2014

意大利葡萄酒年鉴

王桂科题

大红虾控股有限公司　编

U0958906

SPM
南方出版传媒
广东人民出版社

图书在版编目（CIP）数据

意大利葡萄酒年鉴.2014／大红虾控股有限公司编.
--广州：广东人民出版社，2014.9
ISBN 978-7-218-09460-1
Ⅰ.①意… Ⅱ.①大… Ⅲ.①葡萄酒－酿酒工业－意大利－2014－年鉴 Ⅳ.①F454.668-54

中国版本图书馆CIP数据核字（2014）第163851号

YIDALIPUTAOJIUNIANJIAN2014
意大利葡萄酒年鉴2014
大红虾控股有限公司编

出 版 人：曾莹

责任编辑：翟新烨 周锦如
插图设计：刘雨晴

出版发行：广东人民出版社
地 址：广州市大沙头四马路10号（邮编：510102）
电 话：（020）83798714（总编室）
传 真：（020）83780199
网 址：http：//www.gdpph.com
经 销：广东大沿海出版工贸有限公司
印 刷：珠海市鹏腾宇印务有限公司
书 号：ISBN 978-7-218-09460-1
开 本：787mm×1092mm 1/16
印 张：60 插页：20 字数：1100千
版 次：2014年9月第1版 2014年9月第1次印刷
定 价：180.00元

如发现印装质量问题，影响阅读，请与经销公司(0756-2634507)联系调换。
售书热线:(0756)2634512 2634729 2634601 2634122

英文版编委会

出版商
GR USA CORP c/o CSC Services of Nevada Inc
2215-B RENAISSANCE DR
Las Vegas , NV 89119
email: gamberousa@aol.com

大红虾分社
USA nad Canada
by Antique Collector's Club, 6 West 18th Street - Suite 4B, New York, NY 10011 - USA;
UK and Australia by Antique Collector's Club Ltd
Sandy Lane, Old Martlesham, Woodbridge,
Suffolk IP12 4SD - United Kingdom

序

走进意大利葡萄酒的世界

王桂科

“葡萄美酒夜光杯，欲饮琵琶马上催。”一首《凉州词》抒咏了边塞开怀痛饮、激情奔涌的酣醉场面……

“葡萄美酒夜光杯，欲饮琵琶马上催。”一首《凉州词》抒咏了边塞开怀痛饮、激情奔涌的酣醉场面。千百年来，葡萄美酒，它为人类带来多少的陶醉和美妙，留下多少的佳话和故事。

正如生活不能没有歌声和音乐一样，生活同样不能没有美酒。葡萄美酒几乎是人们生活必不可少的调味品，也是人们交往必不可少的润滑剂。古希腊哲学家苏格拉底说过：“葡萄酒能抚慰人们的情绪，让人忘记烦恼，使我们恢复生气，重燃生命之火。小小一口葡萄酒，会如同最甜美的晨露般渗入我们的五脏六腑……葡萄酒不会令我们丧失理智，它只会带给我们满心的喜悦。”

在葡萄酒的世界里，随便打开一扇窗，你都会感觉眼花缭乱，目不暇接。若要问选择什么样的酒，怎么去品赏美酒，委实难以一一道来。无论是新世界还是旧世界，葡萄美酒带给人们的，是如此的丰富多样，如此的纷繁复杂，如此的多姿多彩。

你要进入葡萄酒的世界，那意大利将是你必定要追寻的葡萄酒王国。本书将带你走进意大利葡萄酒的世界，带你领略各式各样的意大利酒庄和葡萄酒。

意大利葡萄酒的历史

意大利葡萄酒，可谓源远流长。早在公元前8世纪，伊特鲁里亚人和希腊移民就在古罗马建立自己的葡萄园。意大利是欧洲最早种植葡萄的国家之一，也是世界最古老的葡萄酒产区之一，在古希腊时期人们就将意大利叫做葡萄酒之国（Oenotria）。传说古时候的罗马将士征战沙场，每占领一处土地，随即在那里种上葡萄树。于是，葡萄种植与葡萄酒业随着战事和领土的扩张慢慢在欧洲传播并兴旺起来。

有人说意大利有三宝：葡萄酒、橄榄油和奶酪。葡萄酒最令意大利人引以为豪，尤其是葡萄酒的历史、产量、品种以及品质。意大利人坚信，他们的葡萄酒是全世界产量最高、品质最好的。

曾经听欧洲的一位葡萄酒专家说过，由于地理上的原因，法国与英国隔海相望，早在15世纪开始，法国就跟随着英国，向世界各地进行侵略扩张和殖民统治，法国人

也就把葡萄酒和葡萄种苗带到了世界各地。此外，严格来说意大利位于欧洲大陆，它只是濒临地中海，离大洋还很远。法国则不同，它西面是烟波浩淼的大西洋，其航海业远比意大利发达，它可以利用其有利的自然条件，源源不断地将葡萄酒输送到世界上任何一个殖民地和贸易区。

虽然罗马帝国历史悠久，但意大利却是一个年轻的国家。16世纪起相继被法国、西班牙、奥地利占领，直至1861年才建立意大利王国。第一次世界大战后奥匈帝国将北部边界地区割让给意大利，才在1919年形成了目前的国土格局，1946年成立共和国。国家的动荡，导致意大利葡萄酒迟迟未能形成产业标准，亦迟迟未能成为庞大出口产业。

在第二次世界大战开始之前的漫长岁月里，意大利是一个农业国，农民在自己的土地悉心照料着一小块一小块的葡萄园，待果实成熟后采摘下来，拿到合作社酿成葡萄酒，供家人享用，或作为馈赠亲友的礼品。

近几十年来，由于庞大的市场需求及其变化，不少意大利酒庄已采用一些现代的酿酒设备和技术，如不锈钢发酵罐、现代温控设施等。总体而言，意大利葡萄酒业是现代酿酒技术和传统酿酒技术并存。直到今天，我们仍然可以在一些古老的酒庄里看到古老的酒窖、酒具和酿酒方式，甚至仍沿用从古希腊和古罗马时代传承下来的酿酒工艺。

随着法国葡萄酒产业的蓬勃发展，葡萄酒作为国家的一个重要支柱产业，其影响力席卷全球。作为邻国的意大利政府终于按捺不住了，分别于1963年和1981年，仿效法国政府的做法，将葡萄酒分为四个等级，后又作了调整完善。这四个等级分别是：

第一等级：保证法定产区酒（Denominazione di Origine Controllata e Garantita，简称DOCG）

第二等级：法定产区酒（Denominazione di Origine Controllata，简称DOC）

第三等级：地区特色酒（Indicazione Geografica Tipica，简称IGT）

第四等级：日常餐酒（Vino da Tavola，简称VDT）

保证法定产区酒和法定产区酒两级均符合欧盟认可的欧盟指定产区优质酒（Quality Wines Produced in Specified Regions，简称QWPSR）；地区特色餐酒和日常餐酒这两个级别则可理解为餐酒类葡萄酒。

四个等级评定制度经过修订调整后，已经较为完善、严谨，这种统一规范的做法是世界上少有的，这也反映了意大利人精准严密的工作作风。

保证法定产区酒级别葡萄酒很容易辨认，它是意大利葡萄酒的最高荣誉，凡评定为该等级的，都会在酒瓶的瓶颈或瓶口上贴上粉红色的长形封条。意大利政府对于该级别酒的葡萄品种、品种比例、葡萄产量、种植间距、葡萄采摘、葡萄发酵和窖藏要求等都有严格的规定。

法定产区酒级别葡萄酒，它表示已取得国家的品质认证，严格规定其生产地区、葡萄品种、酒精含量、酿造方法、窖藏方式和口感特点等。

地区特色酒级别创建于1992年，是政府最迟颁布实施的葡萄酒级别。按理说它应是质量较高的餐酒，但由于缺少相应的地区标准，给各个酒庄提供了较为广阔的发挥空间，使得该级别的酒五花八门，多姿多彩。其实，将其称为酒庄特色酒似乎更合适。因为许多地区特色酒级别的酒是酒庄以特定的葡萄品种和特定的酿造方式酿成的，比如有些酒庄就别出心裁地采用梅洛（Merlot）、西拉（Syrah）、赤霞珠（Cabernet Sauvignon）和莎当尼（Chardonnay）等外来葡萄品种，酿造出来后难以按标准要求进入DOCG或DOC级别，但这些酒却有着鲜明的酒庄特点，有些酒还十分珍贵和罕有，其价格甚至远远高出一些DOCG级别的葡萄酒。

日常餐酒级别通常是指较低品质的葡萄酒，相当于法国的日常餐酒，是最低级别的葡萄酒，只要是意大利出产的葡萄，在意大利生产就可以了。在酒瓶的标签上仅需标明酒精含量、生产商名称即可。

变幻莫测的意大利葡萄酒

意大利国土形似一个长靴子，从南至北，全境4/5的面积是山地和丘陵，阿尔卑斯山脉（The Alps）位于北部，亚平宁山脉（Apennines Mountains）纵贯半岛。北部以高山为屏障，东南西三面临海，属于最利于葡萄生长的典型地中海气候。从阿尔卑斯山到西西里岛，几乎所有地区都种植葡萄。多种多样的地理、土质、气候和环境因素，形成了意大利葡萄酒的个性和特色。

一是狭长的地形。意大利的国土，跨越了10个纬度，南北长达1200公里。北部稍冷，南部炎热，中部温和，正因为意大利气候的多样性造就了葡萄酒的复杂性。

二是丰富的地貌。意大利北部盘亘着阿尔卑斯山，亚平宁山脉纵横南北。假如你从南到北驱车游览意大利全境，你会发现意大利是一个山脉和丘陵遍布之国。刚跨过一座座山脉，经过一片原始森林后，又进入一片高低起伏的丘陵地带，葡萄园往往位于一片山坡或一座丘陵之中。

三是多变的天气。当你来到托斯卡纳地区（Tuscany）或西西里岛（Sicily）的乡间时，常常会遇到这样的景象：早上还下着淅淅沥沥的小雨，中午就阳光灿烂，可是到了傍晚又乌云密布，不一会儿又见绚丽的夕阳。即使是夏天，白天烈日炎炎，晚上也会凉风习习。这种多变天气和温度，为葡萄的生长提供了良好的生态环境。这也是意大利葡萄酒较之欧洲别国其酒精含量更高、果香味更浓厚的一个重要原因。

四是漫长的海岸线。地中海连接着欧、亚、非大陆，给沿岸国家带来了怡人的风光和丰富的物产。意大利国土像一只长长的马靴浅浅地踩在地中海边上，使其拥有漫长的海岸线，呈明显的地中海气候，坐拥湿温相宜、阳光充足和气温适度的葡萄生产沃土。

复杂多样的气候、地形和土质，造就了意大利葡萄酒的口味独特，品种多样。意大利葡萄酒的一个显著特点是其独特而强烈的个性。葡萄酒的个性和特点是由葡萄的品种、土质、气候、酿造方式和酿造技术等因素构成的。不同种类的葡萄树形成众多小型地块的葡萄园，形成了采用人工培植、管理和采摘的原生态传统模式。因此，丰富多样和个性强烈是意大利葡萄酒最大的特色，也是意大利葡萄酒的生命力和灵魂所在。意大利葡萄酒有很多神奇之处，即使同一葡萄品种，在不同的产区、不同的葡萄园，以不同的酿造方式，亦会呈现出不同的个性。所以，意大利的葡萄酒丰富多样，甚至令人眼花缭乱。

遍布意大利各地的葡萄园和酒庄大小各异，约有70万公顷、80万个葡萄园。从等级类别来划分，上好的葡萄酒多不胜数；有16.5万家葡萄酒生产商遍布全国，葡萄酒产量和出口量号称全球第一。

意大利多如牛毛的葡萄种类，真是令人叹为观止。据统计，意大利全国种植的葡萄品种有850多种，其中意大利农业部认证的有300多种。与法国相比，要丰富得多，因为法国政府认证的葡萄品种只有几十种。然而意大利葡萄品种却犹如汗牛充栋，闻名遐迩世界的就有几十种。在这里，不妨列举几种最著名的红葡萄品种，也是意大利人至爱的葡萄。

圣乔维斯（Sangiovese）：是意大利种植最多的一个葡萄品种，原产于中部产区的托斯卡纳（Tuscany）。以其为原料酿造的葡萄酒含有樱桃的果香，还带有野外雪松的味道。主要用于酿造古典康帝（Chianti Classico）、康帝（Chianti）、蒙特奇洛红（Rvosso di Montalcino）和布内罗红（Brunello di Montalcino）等葡萄酒。

巴贝拉（Barbera）：该葡萄品种在意大利久负盛名，主要产于西北部产区皮埃蒙特区（Piedmont）和伦巴第区（Lombardy），以其酿造的葡萄酒有着黑浆果的香气，酿出来的葡萄酒称作顶级巴贝拉（Barbera Superiore）和特酿巴贝拉（Barbera Barricato）（专指用法国橡木桶陈化）等葡萄酒。

内比奥罗（Nebbiolo）：意大利最为昂贵的一个葡萄品种，对种植环境和种植技术要求高，主要产于西北部产区的皮埃蒙特区（Piedmont）。以其酿造的葡萄酒含有野生蘑菇的香味，还带有玫瑰的花香。主要用于酿造著名的巴洛洛（Barolo）和巴巴莱斯科（Barbaresco）等葡萄酒。

科维纳（Corvina）：意大利最具特色的一个葡萄品种，主要产于东北部产区威尼托区（Veneto），以其为主酿造出著名的阿玛诺（Amarone）葡萄酒。每年葡萄采摘下来后，先晾至半干，再酿造成葡萄酒。以科维纳（Corvina）酿造而成的阿玛诺（Amarone）葡萄酒最大的特点是酒精含量高（通常酒精含量在15%以上），糖含量高，酒体丰满，果香浓烈，储放多年后往往价格奇高。

阿吉里安科（Aglianico）：意大利南部产区最有代表性的一个葡萄品种，被称为“南方的高贵品种”，主要出产于坎帕尼亚区（Campania）和巴西利卡塔区（Basilicata）。

黑达沃拉（Nero d'Avola）：意大利南部岛屿西西里岛（Sicily）种植的最著名的葡萄品种，以其酿造的葡萄酒带有李子的果香。

意大利的白葡萄也相当出色。特比安诺（Trebbiano）是意大利全国各地种植最广泛的白葡萄品种之一，以阿布鲁佐（Abruzzo）和拉齐奥（Lazio）出产的葡萄酒最为著名；莫斯卡托（Moscato）产于皮埃蒙特区(Piedmont)，主要用于酿造微泡葡萄酒（Frizzante）和半甜阿斯蒂（Asti）莫斯卡托葡萄酒。此外，努拉古斯（Nuragus）和灰比诺（Pinot Grigio）等葡萄品种亦占重要地位。

星罗棋布的意大利葡萄酒

不知是葡萄选择了意大利，还是意大利选择了葡萄。上帝眷顾意大利，给了意大利得天独厚的生长葡萄的沃土，仿佛意大利的每一寸土地都呼吸着葡萄的气息。葡萄园在意大利可谓满天星斗，星罗棋布。意大利有20个行政区域（相当于中国的省），18个位于陆地，2个是岛屿。有人将意大利相应地划分出20个葡萄酒产区，也有划分为四大产区。直观地看，四大产区的划分容易被人理解，分别为：东北部产区、西北部产区、中部产区和南部产区。

东北部产区：东北部产区受阿尔卑斯山环绕，北纬45.3度至47度，海拔在1000米以下，年平均降雨量为1530毫米。从亚得里海到阿尔卑斯山，到处是大片的葡萄园。东北部产区包括威尼托（Veneto）、特伦蒂诺—阿迪杰（Trentino-Alto Adige）和弗留利—威尼斯朱利亚（Friuli-Venezia　Giulia）三个行政区。著名的商城、水城威尼斯就坐落在该区。该产区生产的葡萄酒种类较多，包括有红葡萄酒、白葡萄酒和起泡酒等。最重要的产区是威尼托

（Veneto），是意大利法定产区酒（DOC）以上等级产量最大的地区，其中以风干葡萄酿造的阿玛诺（Amarone）葡萄酒最为著名。阿玛诺葡萄酒口感粗犷、浑厚，有点像古代斗兽场和现代足球场上的意大利男人：强壮、勇猛，甚至有点暴力的味道。

西北部产区：西北部产区自北至西被阿尔卑斯山及白朗峰环抱，北纬44度至46.5度，海拔从100米至1000米不等，年平均降雨量为850毫米，包括皮埃蒙特(Piedmont)、瓦莱达奥斯塔（Valle d'Aosta）、利古里亚（Liguria）、伦巴第（Lombardy）和艾米利亚—罗马涅（Emilia-Romagna）五个行政区。冬天稍为寒冷，夏天凉快，秋天时节较长。该产区最著名的是皮埃蒙特区（Piedmont）出产的巴洛洛（Barolo）和巴巴莱斯科（Barbaresco）葡萄酒，酒质强劲、圆润，大部分葡萄酒由单一葡萄品种酿造。意大利著名的时尚之都米兰和工业之都都灵就在该产区，皮埃蒙特区则是意大利驰名的葡萄美酒和美食的故乡。

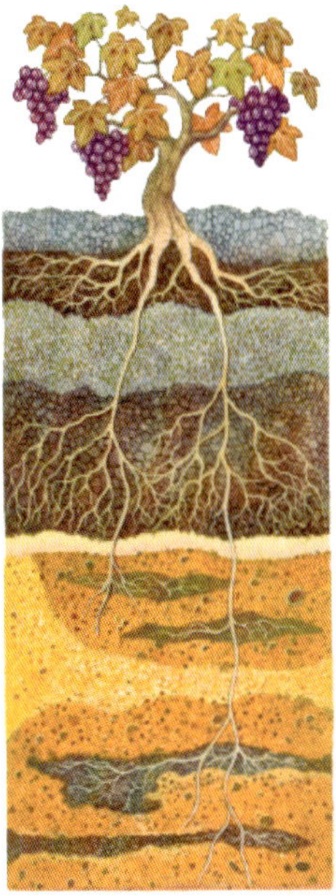

中部产区：中部产区被称作意大利的心脏，罗马和佛罗伦萨都位于产区内，是意大利葡萄酒的核心地带。产区位于北纬41.5度至45度，海拔在700米以下，年平均降雨量为830毫米，包括拉齐奥（Lazio）、翁布里亚（Umbria）、莫里塞（Molise）、马尔凯(Marches)、阿布鲁佐（Abruzz）和托斯卡纳（Tuscany）等六个行政区。产区内山区和丘陵此起彼伏，地形、地貌差异迥然，亚平宁山脉将意大利中部地区分为东西两面，两侧的地中海给沿岸地区带来风格多样的葡萄酒。该产区拥有意大利数量最多的保证法定产区酒（DOCG）级别的葡萄酒，著名的葡萄酒有古典康帝（Chianti Classico）、超级托斯卡纳（Super Tuscan）、布内罗红（Brunello di Montalcino）和贵族酒（Vino Nobile di Montepulciano）等。

该产区地处西面的托斯卡纳（Tuscany）是意大利最为重要的产酒区，其葡萄酒品质最为上乘，拥有意大利一半以上的著名品牌酒庄，有人将其比喻为意大利的波尔多。位于佛罗伦萨西南方的圣古都酒庄（Tenuta San Guido）出产的西施佳雅（Sassicaia），引进法国拉菲庄园葡萄种树，选用85%赤霞珠（Cabernet Sauvignon）和15%品丽珠（Cabernet Franc），更新橡木桶和酿造技术，于1968年西施佳雅（Sassicaia）正式面市。1978年，英国《品醇客》（*Decanter*）杂志在伦敦举办品酒会，评审团从来自11个国家的33瓶极品葡萄酒中一致评定西施佳雅（Sassicaia）为最好的赤霞珠（Cabernet Sauvignon）红葡萄酒，轰动世界葡萄酒业。意大利餐饮协会也将西施佳雅（Sassicaia）评为20世纪的意大利酒王。由此可见托斯卡纳葡萄酒业的强劲实力，它已达到了可与波尔多顶级葡萄酒相媲美的地步。

当你经过长途跋涉来到托斯卡纳山区，下榻于历经数百年沧桑的古堡，在落霞的映照下静静地安坐在古老的餐桌边，夹几片菜园中摘下来的新鲜蔬菜，吃一块嫩滑的生切牛肉片，品一口酒庄酿造的葡萄美酒，嚼一片自己烤制的面包，那种惬意让你返璞归真，有如置身于世外桃源的感觉。

南部产区：南部产区包括坎帕尼亚（Campania）、普利亚（Puglia）、巴西利卡塔（Basilicata）、卡拉布里亚（Calabria）、西西里岛（Sicily）和撒丁岛（Sardinia）等六个行政区。该产区包括意大利半岛南部和南部各个岛屿，位于北纬37度至41.5度，海拔600米以下，年平均降雨量为550毫米。炎热的地中海气候形成了该产区既古典又现代，既特色明显又品种繁多的葡萄酒风格。虽然没有北面三大产区的著名品牌酒庄多，但以阿吉里安科（Aglianico）为代表的葡萄品种所酿造的葡萄酒越来越受人们的喜爱，你会在不经意中获得意想不到的惊喜。南部产区大部分位于丘陵地带，西西里岛（Sicily）和撒丁岛（Sardinia）上的葡萄园大都分布在各式各样的山坡上。普利亚（Puglia）和西西里岛（Sicily）是意大利产量最大的产酒区之一。

打开意大利葡萄酒地图

中国传统商道崇尚的是“酒香不怕巷子深”，而现代商道推崇的则是“好酒还需吆喝”。葡萄酒在意大利很神圣，它凝聚了意大利的历史、文化和艺术，更是一种生活方式，融入了浓厚的人文情怀。近二三十年来，意大利葡萄酒在国际市场上已经异军突起，引领风骚，这得益于意大利社会各界的倾力推介和宣传。“大红虾”（Gambero Rosso）这一意大利家喻户晓的传媒品牌，它的成功就体现在推动意大利葡萄酒文化的传播。

作为意大利著名的传媒企业，大红虾传媒集团通过期刊、电视、图书和网络等跨媒介模式向人们诠释意大利美酒、美食及其文化，探索意大利美酒、美食的奥秘，以全新视野展示意大利人的生活习惯、生活方式和生活情趣。其旗下的《大红虾》杂志（*Gambero Rosso*），自1986年创办以来，深得意大利人追捧，众望所归地成为意大利发

布美酒、美食资讯的权威媒体。与此相映成趣的是，1987年大红虾传媒集团出版了第一本《意大利葡萄酒年鉴》（*Vini d' Italia*），并从此开辟了意大利葡萄酒品评的新时代。在短时间内，《意大利葡萄酒年鉴》不负众望，成为意大利葡萄酒业界最具影响力的葡萄酒专业性出版物。《意大利葡萄酒年鉴》（*Vini d' Italia*）秉承其权威、专业、严谨的一贯风格，由60多位专家组成评审团，历时数月奔波游走于意大利各个葡萄酒产区，以盲品的方式鉴赏数以万计的葡萄酒，以专业的角度评判数以万计的酒庄。这本年鉴，是意大利葡萄酒和酒庄的百科全书，它对种类繁多又风格各异的意大利葡萄酒和酒庄作了客观的描述与评价。

美酒的芬芳是诱人的，也许你会觉得只有身临其境的体会才会抒发出真情实感。不过，当你翻开本年鉴，浏览其中，同样可以做一次身未动、心已远的意大利葡萄酒深度游，领略不同地区的自然风貌，体味不同酒庄的风格，品评不同美酒的特质，了解不同酿酒师的个性，自然而然地就会感觉到意大利葡萄酒文化的博大精深和持久魅力。字里行间，细细读来，也不失为一种文化的体味，一种性情的陶冶。“三杯奖”（Tre Bicchieri）集中体现了意大利葡萄酒业的荣誉，它根据每款酒的不同品质，经过严格的评审，授予其一个到三个杯子的奖项。尤其值得称道的是，意大利人酷爱葡萄酒，更懂得珍惜大自然的恩赐，他们把保护自然资源作为自己义不容辞的使命。为此，评审组织专门为那些在保护当地自然环境方面做出突出贡献的葡萄酒厂商设立“绿色三杯奖”。2014年，共有415款美酒获得“三杯奖”殊荣，从中可以窥见意大利葡萄酒的发展趋向和分布变化。在《意大利葡萄酒年鉴》出版27周年之际，广东大沿海出版工贸有限公司与意大利大红虾传媒集团（Gambero Rosso）联袂推出该书的中文版，以专业的翻译、精心的设计，为广大读者奉上犹如葡萄美酒一样醇厚美妙的图书盛宴。

本书向广大读者展示的仅仅是卷帙浩繁的意大利葡萄酒的精华和缩影，尽管总觉意犹未尽，但它却为人们领略意大利葡萄酒文化提供了十分重要的指南。通过这本年鉴，无论是广大的葡萄酒爱好者还是业内专业人士，都可以得到意大利葡萄酒最为全面而详尽的资讯。

打开本《年鉴》，不啻于打开一本意大利葡萄酒地图，它全景式地展现了当今意大利的葡萄酒文化，带你走进多姿多彩的意大利葡萄酒世界。或者，你会从心底萌发出一种强烈的意欲，有要去一趟意大利进行一次葡萄酒深度游的冲动。

（本文作者系中国出版协会副理事长，中国最佳葡萄酒金樽奖评选组委会主席，广东省出版集团有限公司、南方出版传媒股份有限公司董事长）

A CAMPAIGN FINANCED ACCORDING TO EC REGULATIONS
17
TIMES WINNER
from 1995 to 2014
7
TIMES WINNER
from 1992 to 2006
AMARONE della VALPOLICELLA CLASSICO
AMARONE
DELLA VALPOLICELLA
CLASSICO
Allegrini
LA POJA
LA POJA
Allegrini

Allegrini
THE HOME OF AMARONE
阿玛罗尼之家
5
TIMES WINNER
from 1994 to 2004
19
TIMES WINNER
GIOVANNI ALLEGRINI
GIOVANNI ALLEGRINI
PALAZZO DELLA TORRE
PALAZZO DELLA TORRE
Allegrini

POGGIO AL TESORO
BOLGHERI-ITALIA
EXCELLENCE
HAS NEVER BEEN
SO YOUNG
SONDRAIA 2010
2014
tre bicchieri
Gambero Rosso
DEDICATO A WALTER 2009
2013
tre bicchieri
Gambero Rosso
SONDRAIA
BOLGHERI
POGGIO AL TESORO
DEDICATO A WALTER
CABERNET FRANC
2009
POGGIO AL TESORO

PARCO

COLLESI精酿啤酒

得奖情况

2013
欧洲啤酒之星 – 德国
黑啤酒金奖

世界啤酒锦标赛 – 芝加哥
黑啤酒金奖
红啤酒金奖
三麦啤酒金奖

国际啤酒挑战赛 – 伦敦
黑啤酒金奖
红啤酒铜奖

2012
世界啤酒锦标赛 – 芝加哥
红啤酒金奖
琥珀啤酒金奖
三麦啤酒银奖

纽约国际啤酒大赛
2012 年度最佳全球啤酒厂

国际啤酒挑战赛 – 伦敦
淡色啤酒金奖

世界啤酒大奖赛
欧洲最佳比利时风味深色啤酒
黑啤酒

2011
国际啤酒挑战赛
伦敦
琥珀啤酒银奖
红啤酒铜奖
黑啤酒铜奖

设计和包装奖
黑啤酒铜奖

世界啤酒锦标赛
芝加哥包装大赛

COLLESI 啤酒全系列
“系列”奖

平面设计大类 COLLESI 啤酒
银奖

风格大类 COLLESI 啤酒
铜奖

1870
COLLESI

生产商：Fabbrica della Birra Tenute Collesi • 地址：Località Pian della Serra • 61042 Apecchio (PU)
意大利 • 电话/传真 +39 075 933118 • info@collesi.com • www.collesi.com

蒙塔尔奇诺布鲁耐罗红葡萄酒

CONSORZIO DEL VINO BRUNELLO DI MONTALCINO

www.consorziobrunellodimontalcino.com

SAVE THE DATE
trebicchieri
GAMBERO ROSSO

WINE & SPIRITS 1868 WINE & SPIRITS 1868
WINE & SPIRITS 1868 WINE & SPIRITS 1868
WINE & SPIRITS 1868 WINE & SPIRITS 1868

ARGENTIERA
"DOC BOLGHERI SUPERIORE"
BETWEEN SKY, SEA AND LAND
TENUTA ARGENTIERA
ARGENTIERA
Bolgheri
Denominazione di Origine Controllata
Superiore
Italia
TENUTA
ARGENTIERA
BOLGHERI
TOSCANA - ITALIA
CABERNET SAUVIGNON, MERLOT, CABERNET FRANC
WWW.ARGENTIERA.EU
A CAMPAIGN FINANCED ACCORDING TO EC REGULATIONS N 1234/07

Battistino
is the Italian espresso
è l'espresso italiano
Battistino
Miscele
Pregiate
Battista
dal 1940
Torrefazione Caffè
Michele Battista s.r.l.
Str. Prov. 60 km 3,200 per San Giorgio
70019 Triggiano (BA) Italy
Tel. +39 080 5494492 - Fax +39 080 5494491
caffe@battista.it - www.battista.it
MADE IN ITALY

To the heart of the wine

umaniRONCHI.com

UMANI RONCHI

A CAMPAIGN FINANCED ACCORDING TO EC REGULATIONS N. 1234/07

ISTITUTO MARCHIGIANO DI TUTELA VINI — AZIENDA ASSOCIATA www.imtdoc.it

薇 拉 圣 地

迷人的土地

薇拉圣地是普罗塞柯法定产区酒和瓦尔多比亚优质法定产区酒的最知名酒庄之一。100年历史，独特人文自然风光，为这片土地增添迷人色彩。

传统香槟法起泡酒

极干型、绝干型、桃红的阿玛丽娅•莫莱蒂珍藏起泡葡萄酒，在古老的地下酒窖内，发酵陈年长达3年到7年之久。

梅洛

科波雷，薇拉圣地庄园的旗舰红酒，选用著名的梅洛品种酿造。科波雷是拉丁文“躯体”的意思，传达了这款高贵红酒所具有的饱满酒体。

Gambero Rosso

产自薇拉圣地在卡蒂兹——瓦尔多比亚顶级产区的葡萄园“Vigna La Rivetta”，享负盛名，收获重大奖项。

全球70个国家

从香气、口感和氛围去发现意大利葡萄酒传统魅力。薇拉圣地葡萄酒已被全球70个国家的人们所享用。

1.6公里的地下酒窖

18世纪建立，位于薇拉圣地庄园地下7米到10米深的酒窖，是葡萄酒陈年的绝佳理想之地。

anno 1622

目 录

开卷语

亲爱的读者，现在呈现在您面前的是《意大利葡萄酒年鉴》（以下简称《年鉴》）的第27版。此版《年鉴》是由在葡萄酒领域拥有30年行业资历的大红虾传媒集团的专家团队历经一年精心编制而成的。此次，由60多位出色的葡萄酒专家历时数月、跋涉数千公里，参观葡萄酒产区和数千个酒庄，以精确的标准和严格的盲品方式品鉴了45 000款葡萄酒。这是久经考验的用来品鉴葡萄酒的权威方法，除此之外，世界上可能没有采用如此大规模的评估样品和如此强大的团队对葡萄酒进行全方位的品鉴。该《年鉴》除了原来的意大利语、英语和德语版本，2014年我们第三次推出中文版。另外，日文版本也于今年隆重登场。不同语种的版本数量之多，这是其他葡萄酒指导书所无法比拟的。我们《年鉴》致力于为所有意大利葡萄酒的爱好者提供客观信息，使其掌握葡萄酒的相关知识。最重要的是考虑到现在的经济危机对我们国家的影响，我们很高兴可以借此机会促进意大利葡萄酒出口业，从而在国际市场获得长足的发展。国际事件纷繁众多，难以道清。现在全球关于葡萄酒业有30个协定在有条不紊地履行着，其范围涵盖各大洲现有市场和新兴市场。对于葡萄酒爱好者，尤其是葡萄酒专家来说，这种成功基本上来源于两个因素：一个是我们《年鉴》一视同仁地平等对待每一款不同种类的葡萄酒。二是我们提倡创新，也坚守传统，为葡萄酒爱好者提供全面深刻的信息。今年，我们更新了2 360家酒庄和超过20 000款葡萄酒的信息，充分提供了每个庄园及其出品的详细资料。例如，酒庄是否对外开放、酒庄的对外网址、葡萄的栽培方式以及每款酒品的零售价。与此同时，我们还根据每款酒的味道口感，为它们颁发传统的“一个杯”（Un Bicchiere）、“两个杯”（Due Bicchieri）和“三杯奖”（Tre Bicchieri）。每一款葡萄酒的诞生都是一项巨大的工程，历年来对葡萄的采摘一直采用纯手工的方式，酿酒过程凝聚了专家团队和富有激情的品酒师超群的耐心与娴熟的技艺。本《年鉴》超越了所有意识形态的禁锢，平等自由地表达我们对每一块葡萄种植地的看法与观点，这些优美的种植园与其出产的葡萄酒一样，丰富多样，充满魅力。每个酒庄出产的每一款葡萄酒饱满度各具特色，体现了不同的气候特点和品种特性。葡萄酒业的持续发展最典型地归功于对本地传统葡萄的挖掘与创新，与此同时也引领了国际葡萄品种在意大利的扎根，从其出产的酒品中，我们可以看出这种尝试已取得成功。2014年，我们的辛勤劳动成果由415款“三杯奖”（Tre Bicchieri）获奖葡萄酒体现得淋漓尽致。这些葡萄酒经过我们专家组严格仔细的审查，以及对其余味的细致品鉴，我们一致认为它们拥有获得“三杯奖”（Tre Bicchieri）的资格。甚至令我们难以置信的是，这些酒能如实地适应于变化莫测的气候特点，新兴酒庄能遵循既定的酿造风格与特点。相信你能从以下的酒庄介绍中发现去年意大利的每个酒庄最好的葡萄酒。我们列出的特别奖项也充分体现了意大利葡萄酒在过去一年中所取得的成就。卡尔卡罗勒•杰里耶瑞•里扎迪•阿玛诺2009（CalcaroleGuerrieri Rizzardi Amarone 2009）被评为“年度最佳红葡萄酒”；而产自纳尔斯•玛尔格雷德（Nals Margreid）酒庄的阿尔托•阿迪杰•斯尔米安白比诺2012（Alto Adige Pinot Bianco Sirmian 2012）则获得“年度最佳白葡萄酒”的称号；恩里科•塞拉菲诺（Enrico Serafino）酒庄出品的阿尔塔•兰加干型马埃斯特拉2007（Alta Langa Brut Zero Cantina Maestra 2007）荣膺“年度最佳起泡葡萄酒”。最后，“年度最佳甜葡萄酒”的头衔光荣地落在巴贝拉尼的顶级经典奥维多•姆法•诺比莱2010（Barberani's Orvieto Classico Superiore Muffa Nobile 2010）头上。2014年“年度最佳酒庄”的称号颁给由玛利亚•爱丽丝（Maria Iris）和克劳迪奥•蒂帕（Claudio Tipa）共同经营的接近海岸沼泽地的科莱•马萨丽（Maremma's Colle Massari）酒庄。该酒庄盛产品质一流的葡萄酒，例如圣乔维斯陈酿2009（Montecucco Sangiovese Lombrone Riserva 2009）就是其中一款顶级葡萄酒，除此之外，该酒庄还是葡萄酒行业的领头羊，在保格利小镇（Bolgheri）和蒙塔尔奇诺镇（Montalcino）分别凭借格拉塔马克（Grattamacco）和波吉奥•索托（Poggio di Sotto）取得巨大的成功。“年度最佳种植者”的得奖者是弗留利的亚历山德罗•普林西科（Friuli'sAlessandro Princic），他是科里奥（Collio）地区的天才。获得“年度新兴酒庄奖”的是撒丁岛的的帕尔酒庄（Pal），它已经快速成长为岛上葡萄酒酿造商的楷模。“年度最佳性价比葡萄酒”是产自西西里岛的品质卓越的白葡萄酒——

白马焦雷•拉罗2012（Bianco Maggiore della Rallo 2012）。最后一个特别奖项是“可持续栽培奖”，由盛产蒙特布查诺（Montepulciano）的萨尔切托（Salcheto）获得。该酒庄的米切尔•玛内尔里（Michele Manelli）为我们展现了每个酿造环节精妙绝伦、充满魅力的特点，我们对此表示衷心的感谢。我们也很高兴地向大家宣布可持续发展理念和保护环境的道德准则在葡萄酒酿造商的努力下积极地得到贯彻与发展。今年，评委会对于拥有官方有机认证和生物动力认证的酒庄提高了“三杯奖”（Tre Bicchieri）颁发限制，总共有83款葡萄酒获得该殊荣，占获奖葡萄酒总数的20%，这是个相当了不起的数字。除此之外，我们的调查问卷在可持续发展方面也出现了一些有趣的数据。其中有463家公司在不同程度地采用可持续发展方式，336家公司实行UNI-ISO 14064标准，令人敬佩的是有522家企业使用的能源部分来自再生性能源。总而言之，意大利葡萄园正在逐步向环境友好型的模式悄然变化发展着。这幅纷繁复杂、可爱有趣的全景图让我们对农业和葡萄种植业的未来，特别是我们国家的未来抱有乐观积极的期待。

在此，我们要感谢Bolzano EOS，Cagliari，Trento和Perugia商会以及翁布里亚葡萄酒和橄榄油行业协会的支持，同样感谢the Istituto Marchigiano di Tutela Vini (IMT) in Jesi，Vinea of Offida，Picenos–Consorzio Vini Piceni，ERSA Friuli Venezia Giulia in Pozzuolo，the Istituto Agronomico Mediterraneano of Valenzano，the Ente ViniBresciani，the Centro di Ricerca Riccagioia，the Torrecuso Scuoladel Gusto和Ortovcro municipal authority。还有一些保护性行业协会，比如，Chianti Classico，Brunello di Montalcino，Bolgher，Vino Nobile di Montepulciano，Vernaccia di San Gimignano，Chiant iRufina，Colli Fiorentini，Cortona，Morellino di Scansano，Montecucco，Monteregio di Massa Marittima，Gavi，Nebbioli dell'Alto Piemonte，ViniColli Tortonesi，Barolo Barbaresco Alba Langhe和 Roero 还有 Franciacorta，Oltrepò Pavese，Lugana，Valtenesi，Valtellina，the wines of Valpolicella，Conegliano Valdobbiadene和Samnium。我们还得感谢Roero，Nizza Monferrato，Emilia Romagna of Dozza，Lazio，the Enoteca dei Vini della Provinciadi Torino，the Cantina Regionale della Basilicata of Venosa，Cantina Comunale I Sörì of Diano和the Bottega del Vino of Dogliani的区域酒庄。感谢 Carmignano和 Arezzo葡萄酒行业协会。也特别感谢私营企业，包括La Réserve of Caramanico，the

Calidarium of Venturina， the Carpe Diem restaurant of Montaione， the Due Sorelleof Messina， Millésimes of Collegno, Bottegaccia of Aosta， Caneva of Mogliano Veneto， the Fontanarosa Residence of Fontanarosa。

最后，我们要感谢整个团队成功地举办了很多品酒会，感谢他们为每款酒品所作的评价并把它们整理成册。此外，我们还要特别感谢本《年鉴》德高望重的主编 Giuseppe Carrus。同时，我们也深刻铭记Stephen Rand Jackson这位天才级的优秀作家一直坚持不懈地为翻译本《年鉴》所做出的贡献。

Gianni Fabrizio,
Eleonora Guerini,
Marco Sabellico

出版特别鸣谢：广东大沿海出版工贸有限公司

2014年获“三杯奖”葡萄酒名录

获奖酒品（按大区划分，排名不分前后）	所属酒庄	参考页码
瓦莱达奥斯塔区（Valle d’ Aosta）		
Valle d’Aosta Chambave Moscato Passito Prieuré ’11	La Crotta di Vegneron	27
Valle d’Aosta Chambave Muscat Flétri ’11	La Vrille	31
Valle d’Aosta Chardonnay ’12	Di Barrò	28
Valle d’Aosta Petite Arvine ’12	Château Feuillet	26
Valle d’Aosta Petite Arvine ’12	Elio Ottin	30
Valle d’Aosta Pinot Gris ’12	Lo Triolet	29
皮埃蒙特区（Piedmont）		
Alta Langa Brut Zero Cantina Maestra ’07	Enrico Serafino	165
Barbaresco Asili ’10	Ca’ del Baio	63
Barbaresco Camp Gros Martinenga ’09	Tenute Cisa Asinari dei Marchesi di Grésy	84
Barbaresco Crichët Pajé ’04	I Paglieri - Roagna	137
Barbaresco Currà ’10	Cantina del Glicine	65
Barbaresco Gallina ’09	Piero Busso	61
Barbaresco Pajoré ’10	Sottimano	167
Barbaresco Rabajà ’10	Giuseppe Cortese	93
Barbaresco Rabajà ’10	Bruno Rocca	153
Barbaresco Rombone ’09	Fiorenzo Nada	133
Barbaresco Roncaglie Ris. ’08	Bel Colle	46
Barbaresco Ronchi ’10	Albino Rocca	152
Barbaresco Serraboella ’09	F.lli Cigliuti	84
Barbaresco Vign. in Ovello Ris. ’08	Produttori del Barbaresco	147
Barbera d’Asti Montebruna ’11	Braida	54
Barbera d’Asti Pomorosso ’10	Coppo	90
Barbera d’Asti Sup. La Mandorla ’10	Luigi Spertino	168
Barbera d’Asti Sup. Nizza Acsé ’10	Scrimaglio	163
Barbera d’Asti Sup. Nizza Sotto la Muda ’10	Paolo Avezza	43
Barbera del M.to Sup. Cima ’07	Giulio Accornero e Figli	35
Barolo ’09	Bartolo Mascarello	124
Barolo Arborina ’09	Elio Altare	39
Barolo Baudana Luigi Baudana ’09	G. D. Vajra	173
Barolo Bric dël Fiasc ’09	Paolo Scavino	162
Barolo Bricco Fiasco ’09	Azelia	43
Barolo Bricco Pernice ’08	Elvio Cogno	85
Barolo Bricco Rocche ’09	Ceretto	81
Barolo Brunate ’09	Mario Marengo	122
Barolo Bussia ’09	Giacomo Fenocchio	99
Barolo Bussia Bricco Visette ’09	Attilio Ghisolfi	107
Barolo Bussia Dardi Le Rose ’09	Poderi Colla	143
Barolo Ca’ Mia ’09	Brovia	60
Barolo Castelletto ’09	Giovanni Manzone	119
Barolo Cerequio ’09	Michele Chiarlo	82
Barolo Gavarini Chiniera ’09	Elio Grasso	111
Barolo La Serra ’09	Giovanni Rosso	156
Barolo Le Coste ’09	Diego Conterno	87

2014年获“三杯奖”葡萄酒名录

获奖酒品（按大区划分，排名不分前后）	所属酒庄	参考页码
Barolo Le Rocche del Falletto Ris. '07	Bruno Giacosa	107
Barolo Liste '08	Giacomo Borgogno & Figli	51
Barolo Marenca '09	Luigi Pira	142
Barolo Massara '08	Castello di Verduno	80
Barolo Monfortino Ris. '06	Giacomo Conterno	88
Barolo Monprivato '08	Giuseppe Mascarello e Figlio	125
Barolo Monvigliero '09	F.lli Alessandria	37
Barolo Ornato '09	Pio Cesare	141
Barolo Ravera '08	Flavio Roddolo	155
Barolo Rocche dell'Annunziata '09	Renato Corino	91
Barolo Rocche di Castiglione '09	Poderi e Cantine Oddero	135
Barolo Sarmassa '09	Marchesi di Barolo	121
Barolo Sottocastello di Novello '08	Ca' Viola	64
Barolo V. Cerretta '09	Ca' Rome' Romano Marengo	64
Barolo V. del Gris '09	Conterno Fantino	89
Barolo V. Lazzairasco '09	Guido Porro	145
Barolo Villero Ris. '06	Vietti	175
Carema Et. Bianca Ris. '09	Cantina dei Produttori Nebbiolo di Carema	133
Carema Et. Nera '08	Ferrando	100
Colli Tortonesi Timorasso Derthona '11	Luigi Boveri	53
Colli Tortonesi Timorasso Fausto '11	Vigne Marina Coppi	90
Dogliani Papà Celso '11	Abbona	34
Dogliani Sup. Bricco Botti '10	Pecchenino	139
Dolcetto di Ovada Sup. Du Riva '10	Luigi Tacchino	169
Erbaluce di Caluso La Rustìa '12	Orsolani	137
Erbaluce di Caluso Le Chiusure '12	Favaro	99
Gattinara '09	Torraccia del Piantavigna	172
Gattinara Osso S. Grato '09	Antoniolo	40
Gavi del Comune di Gavi Monterotondo '11	Villa Sparina	177
Ghemme Chioso dei Pomi '07	Rovellotti	156
Langhe Bianco Hérzu '11	Ettore Germano	106
Langhe Nebbiolo Costa Russi '10	Gaja	104
M.to Rosso Sonvico '09	Cascina La Barbatella	73
Montecitorio '11	Vigneti Massa	176
Nebbiolo d'Alba Cumot '10	Bricco Maiolica	58
Roero Bric Valdiana '11	Giovanni Almondo	38
Roero Mompissano Ris. '10	Cascina Ca' Rossa	69
Roero Printi Ris. '09	Monchiero Carbone	127
Roero Ròche d'Ampsèj Ris. '09	Matteo Correggia	92
Roero Sudisfà Ris. '10	Negro Angelo e Figli	134
利古里亚区（Liguria）		
Cinque Terre '12	Samuele Heydi Bonanini	197
Colli di Luni Vermentino Et. Nera '12	Cantine Lunae Bosoni	202
Colli di Luni Vermentino Il Maggiore '12	Ottaviano Lambruschi	201
Riviera Ligure di Ponente Pigato '12	Maria Donata Bianchi	195
Riviera Ligure di Ponente Pigato Cycnus '12	Poggio dei Gorleri	204
Riviera Ligure di Ponente Pigato U Baccan '11	Bruna	198

2014年获“三杯奖”葡萄酒名录

获奖酒品（按大区划分，排名不分前后）	所属酒庄	参考页码
Rossese di Dolceacqua '12	Terre Bianche	205
伦巴第区（Lombardy）		
Brut Cl. '08	Monsupello	238
Franciacorta Brut Blanc de Noir '09	Le Marchesine	236
Franciacorta Brut Collezione Esclusiva Giovanni Cavalleri '05	Cavalleri	227
Franciacorta Brut Emozione '09	Villa	251
Franciacorta Brut Extrême Palazzo Lana Ris. '06	Guido Berlucchi & C.	217
Franciacorta Brut Nature '09	Barone Pizzini	215
Franciacorta Cuvée Annamaria Clementi Ris. '05	Ca' del Bosco	222
Franciacorta Extra Brut '07	Lo Sparviere	248
Franciacorta Extra Brut Vittorio Moretti Ris. '06	Bellavista	216
Franciacorta Nature	Enrico Gatti	233
Franciacorta Pas Dosé 33 Ris. '06	Ferghettina	231
Franciacorta Zero '09	Contadi Castaldi	228
Lugana Brolettino '11	Ca' dei Frati	221
Lugana Molin '12	Provenza - Cà Maiol	245
Lugana Sup. Sel. Fabio Contato '11	Provenza - Cà Maiol	245
OP Barbera Dodicidodici '11	Castello di Cigognola	226
OP Pinot Nero Brut Cl. 1870 '09	F.lli Giorgi	234
OP Pinot Nero Giorgio Odero '10	Frecciarossa	233
OP Pinot Nero Noir '10	Tenuta Mazzolino	237
Valtellina Sforzato Ronco del Picchio '09	Sandro Fay	231
Valtellina Sfursat 5 Stelle '10	Nino Negri	242
Valtellina Sfursat Fruttaio Ca' Rizzieri '09	Aldo Rainoldi	246
Valtellina Sup. Sassella San Lorenzo '10	Mamete Prevostini	244
特伦蒂诺区（Trentino）		
Carmenère '07	Tenuta San Leonardo	281
Fratagranda '10	Pravis	280
Granato '10	Foradori	276
Pinot Nero Rodel Pianezzi '09	Pojer & Sandri	280
Teroldego Rotaliano Pini '09	Roberto Zeni	283
Trentino Müller Thurgau Vigna delle Forche '12	La Vis/Valle di Cembra	277
Trento Brut Altemasi Graal Ris. '06	Cavit	271
Trento Brut Domini Nero '08	Abate Nero	268
Trento Brut Letrari Ris. '08	Letrari	278
Trento Extra Brut Perlé Nero '07	Ferrari	275
Trento Rotari Flavio Ris. '06	MezzaCorona	278
阿尔托-阿迪杰区（Alto Adige）		
A. A. Cabernet Sauvignon Lafòa '10	Cantina Produttori Colterenzio	292
A. A. Gewürztraminer Crescendo Aureus '12	Tenuta Ritterhof	310
A. A. Gewürztraminer Kastelaz '12	Elena Walch	319
A. A. Gewürztraminer Nussbaumer '12	Cantina Tramin	316
A. A. Lago di Caldaro Cl. Sup. Leuchtenburg '12	Erste+Neue	294

2014年获“三杯奖”葡萄酒名录

获奖酒品（按大区划分，排名不分前后）	所属酒庄	参考页码
A. A. Lagrein Abtei Muri Ris. '10	Cantina Convento Muri-Gries	306
A. A. Lagrein Taber Ris. '11	Cantina Bolzano	289
A. A. Moscato Giallo Passito Serenade '10	Cantina di Caldaro	290
A. A. Moscato Rosa '11	Franz Haas	298
A. A. Müller Thurgau Feldmarschall von Fenner zu Fennberg '11	Tiefenbrunner	316
A. A. Pinot Bianco Passion Ris. '11	Cantina Produttori San Paolo	312
A. A. Pinot Bianco Sirmian '12	Cantina Nals Margreid	307
A. A. Pinot Bianco St. Valentin '11	Cantina Produttori San Michele Appiano	312
A. A. Pinot Nero Mazzon '11	Gottardi	296
A. A. Pinot Nero Trattmann Ris. '10	Cantina Girlan	295
A. A. Santa Maddalena Cl. Antheos '12	Tenuta Waldgries	319
A. A. Sauvignon Andrius Andriano '11	Cantina Terlano	315
A. A. Terlano Pinot Bianco '12	Ignaz Niedrist	308
A. A. Terlano Pinot Bianco Eichhorn '12	Manincor	305
A. A. Terlano Pinot Bianco Vorberg Ris. '10	Cantina Terlano	315
A. A. Val Venosta Pinot Bianco Castel Juval '12	Tenuta Unterortl Castel Juval	317
A. A. Val Venosta Pinot Bianco Sonnenberg '12	Cantina Meran Burggräfler	306
A. A. Val Venosta Riesling '12	Falkenstein - Franz Pratzner	295
A. A. Valle Isarco Pinot Grigio '12	Köfererhof Günther Kershbaumer	301
A. A. Valle Isarco Riesling '12	Strasserhof Hannes Baumgartner	314
A. A. Valle Isarco Riesling Kaiton '12	Kuenhof - Peter Pliger	303
A. A. Valle Isarco Sylvaner Praepositus '12	Abbazia di Novacella	288
威尼托区（Veneto）		
Amarone della Valpolicella Cl. Calcarole '09	Guerrieri Rizzardi	355
Amarone della Valpolicella Campo dei Gigli '08	Tenuta Sant'Antonio	377
Amarone della Valpolicella Cl. '09	Allegrini	323
Amarone della Valpolicella Cl. '06	Cav. G. B. Bertani	327
Amarone della Valpolicella Cl. '06	Zymè	395
Amarone della Valpolicella Cl. Campolongo di Torbe '07	Masi	359
Amarone della Valpolicella Cl. Pegrandi '09	Odino Vaona	387
Amarone della Valpolicella Cl. Vign. Monte Ca' Bianca '08	Lorenzo Begali	326
Amarone della Valpolicella Cl. Vign. Monte Sant'Urbano '09	Viticoltori Speri	380
Amarone della Valpolicella Ris. '07	Brigaldara	333
Bardolino Cl. Brol Grande '11	Le Fraghe	353
Cartizze V. La Rivetta	Villa Sandi	392
Colli Berici Carmenère Oratorio di San Lorenzo Ris. '09	Inama	355
Colli Euganei Rosso Gemola '09	Vignalta	390
Colli Euganei Rosso Serro '10	Il Mottolo	367
Custoza Sup. Amedeo '11	Cavalchina	342
Custoza Sup. Ca' del Magro '11	Monte del Frà	363

2014年获“三杯奖”葡萄酒名录

获奖酒品（按大区划分，排名不分前后）	所属酒庄	参考页码
Lugana Sup. Molceo '11	Ottella	370
Montello e Colli Asolani Il Rosso dell'Abazia '10	Serafini & Vidotto	380
Recioto della Valpolicella Cl. '01	Giuseppe Quintarelli	373
Soave Cl. Campo Vulcano '12	I Campi	338
Soave Cl. La Rocca '11	Leonildo Pieropan	371
Soave Cl. Le Bine de Costiola '11	Tamellini	383
Soave Cl. Monte Alto '11	Ca' Rugate	337
Soave Cl. Monte Carbonare '11	Suavia	382
Soave Cl. Monte de Toni '12	I Stefanini	381
Soave Cl. Staforte '11	Graziano Prà	372
Soave Sup. Il Casale '12	Agostino Vicentini	388
Valdobbiadene Brut Rive di Col San Martino Cuvée del Fondatore Graziano Merotto '12	Merotto	361
Valdobbiadene Extra Dry Giustino B. '12	Ruggeri & C.	375
Valdobbiadene Rive di Farra di Soligo Brut Col Credas '12	Adami	322
Valpolicella Cl. Sup. Campo Casal Vegri '11	Ca' La Bionda	335
Valpolicella Cl. Sup. Camporenzo '10	Monte dall'Ora	362
Valpolicella Cl. Sup. Sanperetto '11	Roberto Mazzi	361
Valpolicella Sup. '09	Marion	358
Valpolicella Sup. Maternigo '11	F.lli Tedeschi	385
弗留利-威尼斯朱利亚区（Friuli Venezia Giulia）		
Braide Alte '11	Livon	434
Breg Anfora '06	Gravner	429
COF Friulano '11	Davino Meroi	437
COF Friulano V. delle Robinie '11	Ronc Soreli	449
COF Merlot V. Cinquant'Anni '09	Le Vigne di Zamò	468
COF Pinot Bianco Zuc di Volpe '12	Volpe Pasini	471
COF Pinot Grigio '12	Torre Rosazza	463
COF Rosazzo Bianco Terre Alte '11	Livio Felluga	426
COF Rosso Sacrisassi '11	Le Due Terre	424
COF Sauvignon Zuc di Volpe '12	Volpe Pasini	471
Collio '12	Ronco Blanchis	452
Collio Friulano '12	Franco Toros	463
Collio Malvasia '12	Doro Princic	446
Collio Malvasia '12	Dario Raccaro	447
Collio Malvasia '12	Ronco dei Tassi	453
Collio Malvasia Miklus '10	Draga	423
Collio Sauvignon Ronco delle Mele '12	Venica & Venica	465
Eclisse '12	La Roncaia	450
Friuli Grave Pinot Bianco '12	Vigneti Le Monde	433
Friuli Isonzo Friulano Dolée '11	Vie di Romans	466
Friuli Isonzo Pinot Grigio Gris '11	Lis Neris	433
Malvasia '09	Damijan Podversic	444
Ograde '11	Skerk	459
Vintage Tunina '11	Jermann	430

2014年获“三杯奖”葡萄酒名录

获奖酒品（按大区划分，排名不分前后）	所属酒庄	参考页码
艾米利亚-罗马涅区（Emilia Romagna）		
Albana di Romagna Passito Regina di Cuori Ris. '10	Gallegati	498
Lambrusco di Sorbara del Fondatore '12	Chiarli 1860	492
Lambrusco di Sorbara Rimosso '12	Cantina della Volta	488
Lambrusco di Sorbara V. del Cristo '12	Cavicchioli U. & Figli	490
Reggiano Lambrusco Concerto '12	Ermete Medici & Figli	502
Sangiovese di Romagna I Probi di Papiano Ris. '10	Villa Papiano	515
Sangiovese di Romagna Longiano Primo Segno '11	Villa Venti	516
Sangiovese di Romagna Sup. Limbecca '11	Paolo Francesconi	497
Sangiovese di Romagna Sup. NatoRe '10	Maria Galassi	498
Sangiovese di Romagna Sup. Ora '12	San Patrignano	508
Sangiovese di Romagna Sup. V. del Generale Ris. '10	Casetto dei Mandorli	489
托斯卡纳区（Tuscany）		
Baffo Nero '11	Rocca di Frassinello	624
Biserno '10	Tenuta di Biserno	537
Bolgheri Rosso Sup. Grattamacco '10	Podere Grattamacco	584
Bolgheri Sassicaia '10	Tenuta San Guido	630
Bolgheri Sup. Argentiera '10	Tenuta Argentiera	527
Bolgheri Sup. Campo al Fico '10	I Luoghi	591
Bolgheri Sup. Castello di Bolgheri '10	Castello di Bolgheri	552
Bolgheri Sup. Ornellaia '10	Tenuta dell'Ornellaia	605
Bolgheri Sup. Sapaio '10	Podere Sapaio	635
Bolgheri Sup. Sondraia '10	Poggio al Tesoro	612
Brunello di Montalcino '08	Tenuta Le Potazzine	618
Brunello di Montalcino '08	Uccelliera	646
Brunello di Montalcino Bramante Ris. '07	Podere San Lorenzo	631
Brunello di Montalcino Cerretalto '07	Casanova di Neri	548
Brunello di Montalcino Fornace '08	Le Ragnaie	622
Brunello di Montalcino Madonna delle Grazie '08	Il Marroneto	594
Brunello di Montalcino Phenomena Ris. '07	Sesti - Castello di Argiano	638
Brunello di Montalcino Poggio al Vento Ris. '06	Tenuta Col d'Orcia	564
Brunello di Montalcino PS Ris. '07	Siro Pacenti	605
Brunello di Montalcino Ris. '07	Biondi Santi Tenuta Il Greppo	537
Brunello di Montalcino Ris. '07	Canalicchio di Sopra	543
Brunello di Montalcino Ris. '07	Le Chiuse	561
Brunello di Montalcino Ris. '07	Poggio di Sotto	615
Brunello di Montalcino Schiena d'Asino '08	Mastrojanni	594
Brunello di Montalcino V. delle Raunate '08	Mocali	596
Caberlot '10	Podere Il Carnasciale	546
Chianti Cl. '11	Borgo Salcetino	538
Chianti Cl. '09	Castell'in Villa	549
Chianti Cl. '11	Castello di Monsanto	553

2014年获“三杯奖”葡萄酒名录

获奖酒品（按大区划分，排名不分前后）	所属酒庄	参考页码
Chianti Cl. '10	Fontodi	577
Chianti Cl. '10	Val delle Corti	647
Chianti Cl. Baron'Ugo Ris. '09	Monteraponi	599
Chianti Cl. Bugialla Ris. '09	Poggerino	611
Chianti Cl. Colledilà '10	Barone Ricasoli	534
Chianti Cl. Fizzano Ris. '10	Rocca delle Macìe	623
Chianti Cl. Le Corti '10	Fattoria Le Corti	569
Chianti Cl. Ris. '09	Badia a Coltibuono	530
Chianti Cl. Ris. '10	Brancaia	539
Chianti Cl. Ris. '09	Castello d'Albola	550
Chianti Cl. Ris. '10	Castello di Volpaia	556
Chianti Cl. Ris. '10	Le Miccine	595
Chianti Cl. Vign. di Campolungo Ris. '09	Lamole di Lamole	587
Coevo '10	Famiglia Cecchi	557
Colline Lucchesi Tenuta di Valgiano '10	Tenuta di Valgiano	648
Cortona Syrah '10	Stefano Amerighi	525
Cortona Syrah Il Castagno '10	Fabrizio Dionisio	572
Dofana '10	Fattoria Carpineta Fontalpino	547
Fontalloro '10	Fattoria di Felsina	575
I Sodi di S. Niccolò '09	Castellare di Castellina	549
Le Pergole Torte '10	Montevertine	600
Montecucco Sangiovese '10	Montesalario	599
Montecucco Sangiovese Lombrone Ris. '09	Colle Massari	565
Morellino di Scansano Calestaia Ris. '09	Roccapesta	625
Morellino di Scansano Madrechiesa Ris. '10	Terenzi	640
Nobile di Montepulciano '10	Fattoria del Cerro	560
Nobile di Montepulciano '10	Il Conventino	568
Nobile di Montepulciano '10	Salcheto	627
Nobile di Montepulciano Nocio dei Boscarelli '09	Poderi Boscarelli	538
Oreno '10	Tenuta Sette Ponti	638
Orma '10	Podere Orma	604
Paleo Rosso '10	Le Macchiole	591
Poggiassai '10	Poggio Bonelli	614
Poggio ai Chiari '06	Colle Santa Mustiola	566
Poggio de' Colli '11	Piaggia	609
Rocca di Frassinello '11	Rocca di Frassinello	624
Siepi '10	Castello di Fonterutoli	553
Suisassi '10	Due Mani	573
Torrione '11	Fattoria Petrolo	608
Veneroso '10	Tenuta di Ghizzano	582
Vernaccia di S. Gimignano Campo della Pieve '11	Il Colombaio di Santa Chiara	568
Vernaccia di S. Gimignano Ris. '10	Fontaleoni	577
Vigorello '10	San Felice	629
马尔凯区（Marche）		
Arshura '11	Valter Mattoni	701
Castelli di Jesi Verdicchio Cl. Crisio Ris. '11	Casalfarneto	687

2014年获“三杯奖”葡萄酒名录

获奖酒品（按大区划分，排名不分前后）	所属酒庄	参考页码
Castelli di Jesi Verdicchio Cl. Il Cantico della Figura Ris. '10	Andrea Felici	694
Castelli di Jesi Verdicchio Cl. Plenio Ris. '10	Umani Ronchi	711
Castelli di Jesi Verdicchio Cl. San Paolo Ris. '10	Pievalta	704
Castelli di Jesi Verdicchio Cl. San Sisto Ris. '10	Fazi Battaglia	694
Castelli di Jesi Verdicchio Cl. V. Novali Ris. '10	Terre Cortesi Moncaro	710
Castelli di Jesi Verdicchio Cl. Villa Bucci Ris. '10	Bucci	684
Il Pollenza '10	Il Pollenza	704
Kupra '10	Oasi degli Angeli	703
Offida Pecorino Artemisia '12	Tenuta Spinelli	708
Rosso Piceno Sup. Roggio del Filare '10	Velenosi	712
Verdicchio dei Castelli di Jesi Cl. Sel. GG Ris. '08	Gioacchino Garofoli	696
Verdicchio dei Castelli di Jesi Cl. Sup. Ylice '12	Poderi Mattioli	700
Verdicchio di Matelica Collestefano '12	Collestefano	690
Verdicchio di Matelica Meridia '10	Belisario	682
Verdicchio di Matelica Mirum Ris. '11	La Monacesca	701
Verdicchio di Matelica Vign. Fogliano '10	Bisci	683
翁布里亚区（Umbria）		
Cervaro della Sala '11	Castello della Sala	725
Montefalco Sagrantino '09	Tenuta Bellafonte	721
Montefalco Sagrantino '09	Perticaia	735
Montefalco Sagrantino 25 Anni '09	Arnaldo Caprai	723
Montefalco Sagrantino Arquata '08	Adanti	720
Montefalco Sagrantino Colle alle Macchie '09	Giampaolo Tabarrini	738
Montefalco Sagrantino Collealllodole '10	Fattoria Colleallodole	727
Orvieto Cl. Sup. Campo del Guardiano '11	Palazzone	733
Orvieto Cl. Sup. Il Bianco '12	Decugnano dei Barbi	729
Orvieto Cl. Sup. Muffa Nobile Calcaia '10	Barberani	721
Torgiano Rosso V. Monticchio Ris. '08	Lungarotti	731
拉齐奥区（Lazio）		
Baccarossa '11	Poggio Le Volpi	752
Cesanese del Piglio Romanico '11	Antonello Coletti Conti	748
Ferentano '11	Falesco	749
Montiano '11	Falesco	749
Poggio della Costa '12	Sergio Mottura	751
阿布鲁佐区（Abruzzo）		
Montepulciano d'Abruzzo Cocciapazza '10	Torre dei Beati	776
Montepulciano d'Abruzzo Colline Teramane Adrano '10	Villa Medoro	779
Montepulciano d'Abruzzo Colline Teramane Neromoro Ris. '09	Bruno Nicodemi	772
Montepulciano d'Abruzzo I Vasari '10	F.lli Barba	762
Montepulciano d'Abruzzo Marina Cvetic '10	Masciarelli	771
Montepulciano d'Abruzzo Nativae '12	Tenuta Ulisse	777
Montepulciano d'Abruzzo Ris. '09	Castorani	764
Montepulciano d'Abruzzo Ris. '08	Contesa	768
Pecorino '11	Luigi Cataldi Madonna	765
Pecorino '12	Tiberio	775

2014年获"三杯奖"葡萄酒名录

获奖酒品（按大区划分，排名不分前后）	所属酒庄	参考页码
Trebbiano d'Abruzzo '11	Valentini	778
Trebbiano d'Abruzzo C'Incanta '10	Cantina Tollo	776
Trebbiano d'Abruzzo V. di Capestrano '11	Valle Reale	778
莫利塞区（Molise）		
Molise Aglianico Biorganic '11	Di Majo Norante	784
坎帕尼亚区（Campania）		
Aglianico del Taburno '10	Fattoria La Rivolta	805
Aglianico del Taburno Delius '09	Cantina del Taburno	789
Casavecchia Centomoggia '11	Terre del Principe	810
Falerno del Massico Rosso Et. Bronzo '10	Masseria Felicia	800
Fiano di Avellino '12	Pietracupa	804
Fiano di Avellino Pietramara '12	I Favati	796
Fiano di Avellino Selvecorte '12	Michele Contrada	791
Fiano Tresinus '12	San Giovanni	807
Greco di Tufo Cutizzi '12	Feudi di San Gregorio	797
Greco di Tufo V. Cicogna '12	Benito Ferrara	797
Ischia Biancolella Tenuta Frassitelli '12	D'Ambra Vini d'Ischia	793
Montevetrano '11	Montevetrano	802
Pian di Stio '12	San Salvatore	807
Sabbie di Sopra il Bosco '11	Nanni Copè	803
Taburno Falanghina '12	Fontanavecchia	798
Taurasi Coste '08	Contrade di Taurasi	792
Taurasi Fatica Contadina '08	Terredora	811
Taurasi Radici Ris. '07	Mastroberardino	801
Terra di Lavoro '11	Galardi	798
Trebulanum '10	Alois	788
巴西利卡塔区（Basilicata）		
Aglianico del Vulture Don Anselmo '09	Paternoster	828
Aglianico del Vulture La Firma '10	Cantine del Notaio	824
Aglianico del Vulture Re Manfredi '10	Terre degli Svevi	829
Aglianico del Vulture Titolo '11	Elena Fucci	827
普利亚区（Puglia）		
Castel del Monte Rosso V. Pedale Ris. '10	Torrevento	847
Gioia del Colle Primitivo 17 '10	Polvanera	842
Gioia del Colle Primitivo Et. Rossa '11	Plantamura	842
Gioia del Colle Primitivo Muro Sant'Angelo Contrada Barbatto '10	Chiaromonte	837
Masseria Li Veli '10	Masseria Li Veli	839
Merula '11	Carvinea	836
Primitivo di Manduria Dunico '10	Racemi	843
Primitivo di Manduria Es '11	Gianfranco Fino	838
Primitivo La Signora '10	Morella	840
Salice Salentino Rosso Ris. '10	Leone de Castris	839
Salice Salentino Rosso Selvarossa Ris. '10	Cantine Due Palme	837
Torcicoda '11	Tormaresca	847
Torre Testa '11	Tenute Rubino	845
卡拉布里亚区（Calabria）		
Cirò Rosso Duca Sanfelice Ris. '11	Librandi	859

2014年获“三杯奖”葡萄酒名录

获奖酒品（按大区划分，排名不分前后）	所属酒庄	参考页码
Grisara '12	Roberto Ceraudo	858
Masino '11	iGreco	858
Moscato Passito '12	Luigi Viola	863
西西里岛（Sicily）		
Bianco Maggiore '12	Cantine Rallo	885
Contea di Sclafani Cabernet Sauvignon '10	Tasca d'Almerita	888
Contrada G '11	Passopisciaro	882
Etna Bianco A' Puddara '11	Tenuta di Fessina	875
Etna Bianco Arcuria '11	Graci	879
Etna Bianco Sup. Pietramarina '09	Benanti	871
Etna Rosso Feudo '11	Girolamo Russo	886
Etna Rosso Santo Spirito '11	Tenuta delle Terre Nere	889
Etna Rosso V. Barbagalli '10	Pietradolce	883
Frappato Carolina Marengo '11	Feudi del Pisciotto	876
Il Frappato '11	Occhipinti	881
Malvasia delle Lipari Passito Ris. '10	Hauner	880
Marsala Sup. Ambra Semisecco Ris. '85	Carlo Pellegrino	883
Noto Santa Cecilia '10	Planeta	884
Passito di Pantelleria Ben Ryé '11	Donnafugata	874
Rosso del Soprano '11	Palari	881
Sàgana '11	Cusumano	873
Saia '11	Feudo Maccari	876
Santagostino Rosso Baglio Sorìa '11	Firriato	877
撒丁岛（Sardinia）		
Alghero Rosso Marchese di Villamarina '08	Tenute Sella & Mosca	912
Barrua '10	Agricola Punica	900
Cannonau di Sardegna Dule Ris. '10	Giuseppe Gabbas	905
Cannonau di Sardegna Mamuthone '11	Giuseppe Sedilesu	911
Cannonau di Sardegna Ris. '11	Pala	909
Cannonau di Sardegna Sileno Ris. '10	Ferruccio Deiana	904
Cannonau di Sardegna Vinìola Ris. '10	Cantina Dorgali	905
Capichera '11	Capichera	902
Carignano del Sulcis Is Arenas Ris. '09	Sardus Pater	911
Carignano del Sulcis Sup. Terre Brune '09	Cantina di Santadi	910
Semidano di Mogoro Sup. Puistèris '10	Cantina di Mogoro Il Nuraghe	908
Turriga '09	Argiolas	901
Vermentino di Gallura Sup. Sciala '12	Vigne Surrau	913

最佳奖

年度最佳红葡萄酒

AMARONE DELLA VALPOLICELLA CL. CALCAROLE '09 – GUERRIERI RIZZARDI

年度最佳白葡萄酒

A. A. PINOT BIANCO SIRMIAN '12 – CANTINA NALS MARGREID

年度最佳起泡葡萄酒

ALTA LANGA BRUT ZERO CANTINA MAESTRA '07 – ENRICO SERAFINO

年度最佳甜葡萄酒

ORVIETO CL. SUP. MUFFA NOBILE CALCAIA '10 – BARBERANI

年度最佳酒庄

COLLE MASSARI

年度最佳性价比葡萄酒

BIANCO MAGGIORE '12 – RALLO

年度最佳葡萄种植者

ALESSANDRO PRINCIC

年度最佳新兴酒庄

PALA

年度最佳可持续葡萄栽培技术奖

SALCHETO

“绿色三杯奖”

最近几年，我们一一列出那些特别有环保意识的“三杯奖”酒庄。2014年，我们决定采用更加精细的标准评定“三杯奖”，列出的获奖名单既有来自采用官方有机认证栽培方式的酒庄，也有采用生物动力学的酒庄，后者主要运用于红葡萄酒的酿造过程。今年，获得“三杯奖”的酒品总共有83款，占415款获奖酒品的20%。这个显著的数据体现了意大利的顶级酒庄在全面地推广环境友好型的酿酒模式。总而言之，意大利的葡萄园正在不断改善，我们相信未来意大利的葡萄酒业将步入更美好的世界，我们也相信种植者们会采用更好的葡萄栽培技术来种植。我们希望在不久的将来，有越来越多的酿酒商采用再生性能和遵循新的关于可持续的协议，例如，控制温室气体排放的UNI-ISO 14064，进行葡萄酒的生产。

获奖酒品	所属酒庄	所属大区
A. A. Gewürztraminer Nussbaumer '12	Cantina Tramin	Alto Adige
A. A. Moscato Giallo Passito Serenade '10	Cantina di Caldaro	Alto Adige
A. A. Terlano Pinot Bianco Eichhorn '12	Manincor	Alto Adige
Aglianico del Taburno '10	Fattoria La Rivolta	Campania
Aglianico del Vulture Don Anselmo '09	Paternoster	Basilicata
Aglianico del Vulture La Firma '10	Cantine del Notaio	Basilicata
Barbera d'Asti Sup. Nizza Acsé '10	Scrimaglio	Piedmont
Bardolino Cl. Brol Grande '11	Le Fraghe	Veneto
Barolo Bricco Pernice '08	Elvio Cogno	Piedmont
Barolo Bricco Rocche '09	Ceretto	Piedmont
Barolo Ca' Mia '09	Brovia	Piedmont
Barolo Rocche di Castiglione '09	Poderi e Cantine Oddero	Piedmont
Barolo V. del Gris '09	Conterno Fantino	Piedmont
Bianco Maggiore '12	Cantine Rallo	Sicily
Bolgheri Rosso Sup. Grattamacco '10	Podere Grattamacco	Tuscany
Bolgheri Sup. Campo al Fico '10	I Luoghi	Tuscany
Brunello di Montalcino Fornace '08	Le Ragnaie	Tuscany
Brunello di Montalcino Poggio al Vento Ris. '06	Tenuta Col d'Orcia	Tuscany
Brunello di Montalcino Ris. '07	Le Chiuse	Tuscany
Brunello di Montalcino Ris. '07	Poggio di Sotto	Tuscany
Cannonau di Sardegna Sileno Ris. '10	Ferruccio Deiana	Sardinia
Castel del Monte Rosso V. Pedale Ris. '10	Torrevento	Puglia
Castelli di Jesi Verdicchio Cl. Il Cantico della Figura Ris. '10	Andrea Felici	Marche

Castelli di Jesi Verdicchio Cl. San Paolo Ris. '10	Pievalta	Marche
Castelli di Jesi Verdicchio Cl. Villa Bucci Ris. '10	Bucci	Marche
Chianti Cl. '10	Fontodi	Tuscany
Chianti Cl. '10	Val delle Corti	Tuscany
Chianti Cl. Baron'Ugo Ris. '09	Monteraponi	Tuscany
Chianti Cl. Bugialla Ris. '09	Poggerino	Tuscany
Chianti Cl. Ris. '09	Badia a Coltibuono	Tuscany
Chianti Cl. Ris. '10	Castello di Volpaia	Tuscany
Colli Berici Carmenere Oratorio di San Lorenzo Ris. '09	Inama	Veneto
Colline Lucchesi Tenuta di Valgiano '10	Tenuta di Valgiano	Tuscany
Dofana '10	Fattoria Carpineta Fontalpino	Tuscany
Etna Rosso Feudo '11	Girolamo Russo	Sicily
Etna Rosso Santo Spirito '11	Tenuta delle Terre Nere	Sicily
Franciacorta Brut Nature '09	Barone Pizzini	Lombardy
Gioia del Colle Muro Sant'Angelo Contrada Barbatto '10	Chiaromonte	Puglia
Gioia del Colle Primitivo 17 '10	Polvanera	Puglia
Gioia del Colle Primitivo Et. Rossa '11	Plantamura	Puglia
Granato '10	Foradori	Trentino
Greco di Tufo Cutizzi '12	Feudi di San Gregorio	Campania
Grisara '12	Roberto Ceraudo	Calabria
Il Frappato '11	Occhipinti	Sicily
Malvasia '09	Damijan Podversic	Friuli Venezia Giulia
Masino '11	iGreco	Calabria
Masseria Li Veli '10	Masseria Li Veli	Puglia
Merula '11	Carvinea	Puglia
Molise Aglianico Biorganic '11	Di Majo Norante	Molise
Montecucco Sangiovese Lombrone Ris. '09	Colle Massari	Tuscany
Montepulciano d'Abruzzo Cocciapazza '10	Torre dei Beati	Abruzzo
Montepulciano d'Abruzzo Ris. '09	Castorani	Abruzzo
Moscato Passito '12	Luigi Viola	Calabria
Nobile di Montepulciano '10	Fattoria del Cerro	Tuscany
Nobile di Montepulciano '10	Il Conventino	Tuscany
Nobile di Montepulciano '10	Salcheto	Tuscany
Ograde '11	Skerk	Friuli Venezia Giulia
Orvieto Cl. Sup. Muffa Nobile Calcaia '10	Barberani	Umbria
Pian di Stio '12	San Salvatore	Campania
Pinot Nero Rodel Pianezzi '09	Pojer & Sandri	Trentino
Poggio della Costa '12	Sergio Mottura	Lazio
Primitivo di Manduria Dunico '10	Racemi	Puglia
Roero Mompissano Ris. '10	Cascina Ca' Rossa	Piedmont

Sangiovese di Romagna Longiano Primo Segno '11	Villa Venti	**Emilia Romagna**
Sangiovese di Romagna Sup. Limbecca '11	Paolo Francesconi	**Emilia Romagna**
Sangiovese di Romagna Sup. NatoRe '10	Maria Galassi	**Emilia Romagna**
Sangiovese di Romagna Sup. Ora '12	San Patrignano	**Emilia Romagna**
Santagostino Rosso Baglio Sorìa '11	Firriato	**Sicily**
Soave Cl. La Rocca '11	Leonildo Pieropan	**Veneto**
Suisassi '10	Due Mani	**Tuscany**
Taurasi Coste '08	Contrade di Taurasi	**Campania**
Terra di Lavoro '11	Galardi	**Campania**
Torcicoda '11	Tormaresca	**Puglia**
Torgiano Rosso V. Monticchio Ris. '08	Lungarotti	**Umbria**
Trebbiano d'Abruzzo C'Incanta '10	Cantina Tollo	**Abruzzo**
Trebbiano d'Abruzzo V. di Capestrano '11	Valle Reale	**Abruzzo**
Trentino Müller Thurgau Vigna delle Forche '12	La Vis/Valle di Cembra	**Trentino**
Valpolicella Cl. Sup. Campo Casal Vegri '11	Ca' La Bionda	**Veneto**
Valpolicella Cl. Sup. Camporenzo '10	Monte dall'Ora	**Veneto**
Veneroso '10	Tenuta di Ghizzano	**Tuscany**
Verdicchio di Matelica Collestefano '12	Collestefano	**Marche**
Vernaccia di S. Gimignano Campo della Pieve '11	Il Colombaio di Santa Chiara	**Tuscany**
Vernaccia di S. Gimignano Ris. '10	Fontaleoni	**Tuscany**

1990—2012年获奖葡萄酒列表

	BARBARESCO BAROLO	AMARONE	CHIANTI CLASSICO	BRUNELLO DI MONTALCINO	BOLGHERI	TAURASI
1990	4	5	4	5	5	5
1993	2	4	4	3	3	3
1995	2	5	4	5	3	3
1996	5	3	3	2	3	3
1997	4	4	4	4	4	4
1998	3	3	3	3	5	2
1999	5	3	5	5	5	5
2000	4	4	4	3	3	2
2001	5	5	5	5	5	4
2003	2	2	2	2	1	3
2004	5	4	4	4	3	4
2005	3	4	3	2	3	5
2006	4	3	3	4	4	3
2007	3	5	5	4	5	4
2008	4	4	4	3	4	5
2009	3	3	3		5	3
2010	5		5		3	
2011			3			

	ALTO ADIGE BIANCO	SOAVE	FRIULI BIANCO	VERDICCHIO DEI CASTELLI DI JESI	FIANO DI AVELLINO	GRECO DI TUFO
2002	5	5	2	2	3	2
2003	2	2	1	1	4	3
2004	4	4	4	5	4	3
2005	4	5	3	3	3	2
2006	3	3	5	5	4	5
2007	3	4	5	2	3	3
2008	3	4	3	4	5	4
2009	4	5	4	4	3	5
2010	5	4	2	5	5	5
2011	3	3	3	2	3	2
2012	4	3	4	4	4	4

星级评定

星级酒庄是指那些已经获得了10次或10次以上“三杯奖”的酒庄。在2014《年鉴》，共有177家酒庄被评为“星级酒庄”，它们是意大利酿酒业的精英。其中，Angelo Gaja这么多年来一直领跑这一榜单。现在Gaja酒庄累计获奖数已达51次，平均每年获得两个“三杯奖”。紧随其后的是Ca' del Bosco和La Spinetta，接着是Elio Altare，最后是接下来的一些酒庄，以及多个排名并列的酒庄。今年我们欣喜地看到9个新晋酒庄获奖，它们分别是来自皮埃蒙特区（Piedmont）的Abbona, Azelia, Piero Busso和Villa Sparina；托斯卡纳区（Tuscany）的Podere Grattamacco和San Felice；翁布里亚区（Umbria）的Lungarotti；莫利塞区（Molise）的Di Majo Norante；最后还有来自坎帕尼亚区（Campania）的Pietracupa。

★★★★★

51
Gaja (Piedmont)

★★★

38
Ca' del Bosco (Lombardy)

37
La Spinetta (Piedmont)

32
Elio Altare (Piedmont)

★★

29
Allegrini (Veneto)
Castello di Fonterutoli (Tuscany)
Valentini (Abruzzo)

28
Fattoria di Felsina (Tuscany)

25
Giacomo Conterno (Piedmont)
Masciarelli (Abruzzo)
Tenuta San Guido (Tuscany)
Cantina Produttori San Michele Appiano (Alto Adige)

24
Marchesi Antinori (Tuscany)
Bellavista (Lombardy)
Castello della Sala (Umbria)
Ferrari (Trentino)
Feudi di San Gregorio (Campania)
Jermann (Friuli Venezia Giulia)
Planeta (Sicily)

23
Castello di Ama (Tuscany)
Poliziano (Tuscany)
Tasca d'Almerita (Sicily)
Cantina Tramin (Alto Adige)
Vie di Romans (Friuli Venezia Giulia)

22
Domenico Clerico (Piedmont)
Livio Felluga (Friuli Venezia Giulia)
Gravner (Friuli Venezia Giulia)
Villa Russiz (Friuli Venezia Giulia)

21
Fontodi (Tuscany)
Bruno Giacosa (Piedmont)
Tenuta dell'Ornellaia (Tuscany)
Leonildo Pieropan (Veneto)

20
Argiolas (Sardinia)
Dorigo (Friuli Venezia Giulia)
Paolo Scavino (Piedmont)

★

19
Cantina Bolzano (Alto Adige)
Arnaldo Caprai (Umbria)
Cascina La Barbatella (Piedmont)
Isole e Olena (Tuscany)
Nino Negri (Lombardy)
Schiopetto (Friuli Venezia Giulia)

18
Barone Ricasoli (Tuscany)
Castello Banfi (Tuscany)
Michele Chi-arlo (Piedmont)
Matteo Correggia (Piedmont)
Falesco (Umbria)
Elio Grasso (Piedmont)
Mastroberardino (Campania)
Montevetrano (Campania)
Tenimenti Ruffino (Tuscany)
Tenute Sella & Mosca (Sardinia)
Venica & Venica (Friuli Venezia Giulia)
Elena Walch (Alto Adige)

17
Ca' Viola (Piedmont)
Cantina di Caldaro (Alto Adige)
Castello del Terriccio (Tuscany)
Cantina Produttori Colterenzio (Alto Adige)
Querciabella (Tuscany)
Tenuta San Leonardo (Trentino)
Cantina Terlano (Alto Adige)
Vietti (Piedmont)
Le Vigne di Zamò (Friuli Venezia Giulia)

16
Casanova di Neri (Tuscany)
Conterno Fantino (Piedmont)
Les Crêtes (Valle d'Aosta)
Romano Dal Forno (Veneto)
Gioacchino Garofoli (Marche)
Miani (Friuli Venezia Giulia)
Giuseppe Quintarelli (Veneto)
Luciano Sandrone (Piedmont)
Serafini & Vidotto (Veneto)
Franco Toros (Friuli Venezia Giulia)
Volpe Pasini (Friuli Venezia Giulia)
Fattoria Zerbina (Emilia Romagna)

15
Abbazia di Novacella (Alto Adige)
Roberto Anselmi (Veneto)
Ca' Rugate (Veneto)
Castellare di Castellina (Tuscany)
Aldo Conterno (Piedmont)
Cusumano (Sicily)
Lis Neris (Friuli Venezia Giulia)
Le Macchiole (Tuscany)
Montevertine (Tuscany)
Palari (Sicily)
Roberto Voerzio (Piedmont)

14
Brancaia (Tuscany)
Bricco Rocche - Bricco Asili (Piedmont)
Luigi Cataldi Madonna (Abruzzo)
Donnafugata (Sicily)
Massolino (Piedmont)
Cantina Convento Muri-Gries (Alto Adige)
Fiorenzo Nada (Piedmont)
Albino Rocca (Piedmont)
Bruno Rocca (Piedmont)
Ronco del Gelso (Friuli Venezia Giulia)
San Patrignano (Emilia Romagna)
Cantina di Santadi (Sardinia)
Sottimano (Piedmont)
Uberti (Lombardy)

13
Antoniolo (Piedmont)
Avignonesi (Tuscany)
Firriato (Sicily)
Foradori (Trentino)
Edi Keber (Friuli Venezia Giulia)
Kuenhof - Peter Pliger (Alto Adige)
Livon (Friuli Venezia Giulia)
Maculan (Veneto)
Masi (Veneto)
Monsupello (Lombardy)
Pecchenino (Piedmont)
Fattoria Petrolo (Tuscany)
Produttori del Barbaresco (Piedmont)
Ronco dei Tassi (Friuli Venezia Giulia)
Tua Rita (Tuscany)
Umani Ronchi (Marche)

12
Lorenzo Begali (Veneto)
Cav. G. B. Bertani (Veneto)
Bucci (Marche)
Castello dei Rampolla (Tuscany)
Cavalleri (Lombardy)
Cavit (Trentino)
Tenute Cisa Asinari dei Marchesi di Grésy (Piedmont)
Tenuta Col d'Orcia (Tuscany)
Còlpetrone (Umbria)
Coppo (Piedmont)
Tenute Ambrogio e Giovanni Folonari (Tuscany)
Tenuta di Ghizzano (Tuscany)
Gini (Veneto)
Franco M. Martinetti (Piedmont)
La Monacesca (Marche)
Oasi degli Angeli (Marche)
Doro Princic (Friuli Venezia Giulia)
Dario Raccaro (Friuli Venezia Giulia)
Podere Rocche dei Manzoni (Piedmont)
Viticoltori Speri (Veneto)
Suavia (Veneto)
Velenosi (Marche)

11
Benanti (Sicily)
Biondi Santi - Tenuta Il Greppo (Tuscany)
Borgo San Daniele (Friuli Venezia Giulia)
Braida (Piedmont)
Le Due Terre (Friuli Venezia Giulia)
Poderi Luigi Einaudi (Piedmont)
Falkenstein - Franz Pratzner (Alto Adige)
Galardi (Campania)
Librandi (Calabria)
Malvirà (Piedmont)
Bartolo Mascarello (Piedmont)
La Massa (Tuscany)
Graziano Prà (Veneto)
Prunotto (Piedmont)
Fattoria Le Pupille (Tuscany)
Tenuta Sant'Antonio (Veneto)
Tormaresca (Puglia)
Tenuta Unterortl - Castel Juval (Alto Adige)
Vignalta (Veneto)
Viviani (Veneto)

10
Abbona (Piedmont)
Gianfranco Alessandria (Piedmont)
Azelia (Piedmont)
Piero Busso (Piedmont)
La Cerbaiola (Tuscany)
Di Majo Norante (Molise)
Marchesi de' Frescobaldi (Tuscany)
Podere Grattamacco (Tuscany)
Hilberg - Pasquero (Piedmont)
Tenuta J. Hofstätter (Alto Adige)
Dino Illuminati (Abruzzo)
Lungarotti (Umbria)
Monte Rossa (Lombardy)
Pietracupa (Campania)
Russiz Superiore (Friuli Venezia Giulia)
San Felice (Tuscany)
Villa Matilde (Campania)
Villa Sparina (Piedmont)
Conti Zecca (Puglia)
Zenato (Veneto)

如何使用本《年鉴》

酒庄基本资料

年产量

葡萄种植面积（公顷数）

葡萄栽培方式

标志符号

○　白葡萄酒

⊙　桃红葡萄酒

●　红葡萄酒

评　级

🍷　在其各自的类别中品质为中等良好到良好级别的葡萄酒

🍷🍷　在其各自的类别中品质为非常好到优秀之间的葡萄酒

🍷🍷　在其各自的类别中品质为非常好到优秀之间的葡萄酒，有望进入后期酒评

🍷🍷🍷　在其各自的类别中品质为优秀的葡萄酒

注：只要被列入往年版别《年鉴》中的葡萄酒喝起来依然有之前获奖时的那种水准，在2014年版的《年鉴》中都会以白色酒杯（🍷，🍷🍷，🍷🍷🍷）来表示。

星　形★

已获得10次“三杯奖”的酒庄

价格范围

1.将近€5	2. 从€ 5.01 到€ 10.00
3. 从€ 10.01到€15.00	4.从€ 15.01 到€ 20.00
5. 从€ 20.01 到€ 30.00	6.从€30.01 到€ 40.00
7.从€40.01到€50.00	8. 高于€50.01

注：标出的价格为葡萄酒商店的平均价格。

星　号*

表示品质极其优良

缩略词

A. A. Alto Adige（阿尔托-阿迪杰产区）

C. Colli（丘陵）

Cl. Classic（经典）

C.S. Cantina Sociale （联营酒庄）(co-operative winery)

Cant. Cellar（酒窖）

CEV Colli Etruschi Viterbesi 拉齐奥区维泰博省DOC等级产区）

Cast. Castello (castle)（城堡）

COF Colli Orientali del Friuli（威尼托区弗留利-威尼斯-朱利亚地区DOC等级产区）

Cons. Consorzio (Consortium)（社团）

Coop.Agr. Cooperativa Agricola（合作种植）

C. B. Colli Bolognesi（博洛尼亚产区）

C. P. Colli Piacentini（艾米利亚-罗马涅地区产区）

Et. Etichetta (label)（商标）

M. Metodo (method)（方法）

M.to Monferrato（蒙费拉镇）

OP Oltrepò Pavese（伦巴第区帕维亚省 产区）

P.R. Peduncolo Rosso(red buncstem)（弗留利-威尼斯-朱利亚地区DOC 等级地区）

P. Prosecco（普罗赛科）

Rif. Agr. Riforma Agraria(agrarian reform)（农业改革）

Ris. Riserva（陈酿）

Sel. Selezione （珍选）

Sup. Superiore（顶级）

TdF Terre di Franciacorta（伦巴第区Franciacorta起泡葡萄酒DOCG等级产区）

V. Vigna (vineyard)（葡萄园）

Vign. Vigneto (vineyard)（葡萄园）

V. T. Vendemmia Tardiva(late harvest)（迟摘）

注：书中涉及的地名均以中国地图出版社的意大利地图册为准。

意大利葡萄酒各产区介绍

瓦莱达奥斯塔区
VALLE D'AOSTA

第二次世界大战后经济膨胀，以致很多农田都面临荒废，尤其是那些难以开发或无利可图的地方。瓦莱达奥斯塔区（Valle d'Aosta）的葡萄种植得以保留，有赖于瓦莱达奥斯塔人对他们高山气候的情有独钟，他们不允许祖先辛苦遗留下来的葡萄藤难以繁衍下去。该地区的第一家合作酒厂建于20世纪70年代，他们向那些不想或者没有能力酿酒的葡萄种植者收购葡萄，他们的做法在当时发挥了非常重要的社会功能。时至今日，瓦莱达奥斯塔区（Valle d'Aosta）的葡萄酒复兴事业获得喜人成绩，葡萄园从摩格（Morgex）延至多纳斯（Donnas），面积达400公顷，其中250公顷属法定产区酒（DOC）。合作酒厂的葡萄酒产量对大区的影响举足轻重，他们保持高标准的出品，确保向市场提供质量稳健的葡萄酒。本地葡萄酒在大区内很流行，基本上自给自足，甚少被国外甚至意大利的其他地区所熟知，他们不太擅长酿造低价葡萄酒来吸引外部市场。对于这一点，大区内年轻的以及还处在起步阶段的酿酒商都很清楚。他们坚持稳步发展，通过扩大葡萄种植范围，特别是红葡萄品种如乌乐敏（Vuillermin）、梅亚洛（Mayolet）和科纳林（Cornalin），用于酿制更具本地风土特色的葡萄酒。这是一个有趣的做法，通过种植实验连同认真研究，整合各地区资源，或许能发现最合适的栽培方法。美中不足的是，该项目仅关注到红葡萄品种。虽然瓦莱达奥斯塔生产的多是红葡萄酒，但附近的产区都以生产白葡萄酒著名，当然这跟当地的历史、水土、气候等相关。往年大区的获奖幸运酒庄今年似乎都欠东风，乐斯特酒庄（Les Crêtes）和安瑟梅特庄园（Anselmet）首次失利，他们的葡萄酒堪称地区的代表。年复一年，费留列庄园（Château Feuillet）和奥丁酒庄（Ottin）证明了他们的价值，科达唯纳（Crotta di Vegneron）和拉唯乐（La Vrille）也向我们证明了这个地区可以酿造出优秀的风干葡萄酒。玛科（Marco Martin）的灰皮诺（Pinot Gris）不再令我们惊喜，迪巴洛（Di Barrò）凭借华丽的莎当尼（Chardonnay）重回宝座。

Anselmet

FRAZ. VEREYTAZ, 30
11018 VILLENEUVE [AO]
TEL. 3484127121
www.maisonanselmet.vievini.it

藏酒销售
预约参观
年产量 70 000 瓶
葡萄种植面积 8 公顷

麦讯•安瑟美特酒庄（Maison Anselmet）承载着一个家族世世代代对这片土地的热爱，对它生长的果实以及这里源远流长的葡萄酒传统的强烈情感。雷纳托（Renato）于1978年决心投入到葡萄酒生产中，不仅仅为养家糊口，他还立志要成为这个地区最知名的酒庄之一。一直以来，酒庄始终秉持优选品种，扩大葡萄园面积的同时始终保持葡萄的优良品质。几年前，雷纳托（Renato）将酒庄转至儿子格奥（Giorgio）手中，儿子接手后酒庄的葡萄酒年产量达到惊人的70 000瓶。我们总能在这样的酒庄找到许多特色葡萄酒，首先介绍的一款是散发浓郁水果气息、经过橡木桶陈酿的莎当尼（Chardonnay Eleve en Fut de Chene），清新精致的苹果、香草味道，回味和谐。接着惊艳登场的是小奥铭2012（Petite Arvine 2012），同样突出的水果清爽气息，优质的灰皮诺（Pinot Gris）具有迷人的香梨、山药材味道。

○ Valle d'Aosta Chardonnay Élevé en Fût de Chêne '12	🍷🍷 5
○ Valle d'Aosta Petite Arvine '12	🍷🍷 3*
○ Valle d'Aosta Pinot Gris '12	🍷🍷 3*
○ Valle d'Aosta Chambave Muscat '12	🍷🍷 3
○ Valle d'Aosta Chardonnay '12	🍷🍷 3
● Valle d'Aosta Fumin Élevé en Fût de Chêne '11	🍷🍷 4
● Valle d'Aosta Pinot Noir Élevé en Fût de Chêne '11	🍷🍷 4
● Valle d'Aosta Torrette Sup. '11	🍷🍷 4
○ La Touche	🍷 3
○ Stéphanie	🍷 4
○ Valle d'Aosta Chardonnay Élevé en Fût de Chêne '11	ΥΥΥ 5
○ Valle d'Aosta Chardonnay Élevé en Fût de Chêne '10	ΥΥΥ 5

Château Feuillet

LOC. CHÂTEAU FEUILLET, 12
11010 SAINT PIERRE
TEL. 3287673880
www.chateaufeuillet.vievini.it

藏酒销售
膳宿接待
年产量 30 000 瓶
葡萄种植面积 3 公顷

离开奥斯塔（Aosta）一直向北走至勃朗峰地区（Monte Bianco），您便会来到全球最早酿制葡萄酒的地区之一的托雷特（Torrette）。在这片细小区域的中心地带，您可以看到费留列城堡（Chateua Feuillet），一个小型酒庄，却是这个地区最有趣的的地方之一。毛里奇奥•费奥拉诺（Maurizio Fiorano）出色地经营这个在20世纪60年代还很新兴的葡萄酒产业。他全身心投入在葡萄园，坚持只种植当地的特色葡萄品种，庄园的面积也从1997年的5平方公里扩大到现在的3公顷。毛里奇奥•费奥拉诺（Maurizio Fiorano）酿制的小奥铭（Petite Arvine）再次引起大家关注，明亮的稻草黄色、泛淡绿光圈，带有复杂纤细的矿物味道、苹果香气，还有明显的橘子香。口感上，该酒的年轻形态赋予其特有的活力感和悠长回味。我们还非常喜爱黑莓味浓郁的福民（Fumin）以及黑皮诺（Pinot Nero）葡萄。此外，托雷多（Torrette）和莎当尼（Chardonnay）也是我们推荐的。

○ Valle d'Aosta Petite Arvine '12	🍷🍷🍷 3*
● Valle d'Aosta Fumin '12	🍷🍷 4
● Valle d'Aosta Pinot Nero '12	🍷🍷 3
○ Valle d'Aosta Chardonnay '12	🍷 3
● Valle d'Aosta Torrette '12	🍷 3
● Valle d'Aosta Torrette Sup. '11	🍷 3
○ Valle d'Aosta Petite Arvine '11	ΥΥΥ 3*
○ Valle d'Aosta Petite Arvine '10	ΥΥΥ 3*
○ Valle d'Aosta Chardonnay '10	ΥΥ 2*
● Valle d'Aosta Fumin '08	ΥΥ 3
● Valle d'Aosta Torrette Sup. '10	ΥΥ 3*
● Valle d'Aosta Torrette Sup. '09	ΥΥ 3

★Les Crêtes

Loc. Villetos, 50
11010 Aymavilles [AO]
Tel. 0165902274
www.lescretes.it

藏酒销售
预约参观
年产量 200 000 瓶
葡萄种植面积 20 公顷

十分精明出色的科斯坦丁诺•夏雷尔（Costantino Charrere），继承了200年历史的葡萄酒酿制传统，创建了一个新型的酿酒厂，是意大利最好的酿酒企业之一。科斯坦丁诺（Costantino Charrere）和他的妻子伊梅尔达（Imelda）是出色的企业家。乐斯特酒庄（Les Cretes）顺理成章地成为意大利最现代和最受欢迎的酒窖，体现出完整的葡萄酒酿制的生产哲学和自然愿景。埃莉奥诺拉（Eleonora）负责照料充满鲜花香气的葡萄酒，埃琳娜（Elena）则负责葡萄酒在酒窖的发酵，她们现在都是父母不可或缺的酒庄好帮手。今年，我们尝到另一款经橡木桶陈酿的口感均衡的莎当尼（Chardonnay），鲜明的金黄色，伴有淡雅的水果、香料气息。还有非常优秀的小奥铭（Petite Arvine），淡黄色的色泽、伴有淡淡的绿色光芒，具有柑橘类和山药材类清香，口感柔和、回味悠长。此外，我们还很欣赏具有浓郁色泽、和谐口感的福民（Fumin），带有香料味道。

○ Valle d'Aosta Chardonnay Cuvée Bois '11	🍷🍷 6
● Valle d'Aosta Fumin '10	🍷🍷 4
○ Valle d'Aosta Petite Arvine '12	🍷🍷 3*
○ Valle d'Aosta Chardonnay '12	🍷🍷 3
● Valle d'Aosta Syrah Coteau La Tour '11	🍷🍷 4
● Valle d'Aosta Pinot Noir '12	🍷 3
● Valle d'Aosta Torrette '12	🍷 2
○ Valle d'Aosta Chardonnay Cuvée Bois '10	🍷🍷🍷 6
○ Valle d'Aosta Chardonnay Cuvée Bois '09	🍷🍷🍷 6
○ Valle d'Aosta Chardonnay Cuvée Bois '08	🍷🍷🍷 6
○ Valle d'Aosta Chardonnay Cuvée Bois '07	🍷🍷🍷 6

La Crotta di Vegneron

p.zza Roncas, 2
11023 Chambave [AO]
Tel. 016646670
www.lacrotta.it

藏酒销售
预约参观
餐饮接待
年产量 220 000 瓶
葡萄种植面积 39 公顷

沿袭当地传统，维那拉洛达酒庄（La Crotta di Vegneron）主要种植当地葡萄品种。120位种植者团结协作，在葡萄园收获他们的劳动成果。尽管这是一片贫瘠的土地，却是一片有着久远酿酒历史、可以收获巨大满足感的乐土。取得如此傲人的成绩，有赖于整个肯巴维村人（Chambave）的共同努力。肯巴维村（Chambave）是位于奥斯塔省（Aosta）外沿的小村庄。生长在这里的传统葡萄，天生丽质，加上悉心的专业照料，使得葡萄既具有本土特色，同时又体现出周围山区的自然风气。佩邑（Prieure）由莫斯卡托（Moscato）葡萄干酿制，为该酒庄最顶级的酒。开瓶便能看到迷人鲜亮的金黄色的酒液，优雅的葡萄干香气扑鼻而来，口感香甜合适，大气典雅。具有本地特色的福民（Fumin），是这个地区非常具代表性的红葡萄品种，色泽呈深宝石红，带有水果、香料香气，但仍然新鲜。此外，我们还推荐这里的纳斯马尔维萨（Nus Malvoisie），是灰皮诺（Pinot Grigio）经特殊方法克隆而来。

○ Valle d'Aosta Chambave Moscato Passito Prieuré '11	🍷🍷🍷 5
○ Valle d'Aosta Chambave Muscat '12	🍷🍷 3
● Valle d'Aosta Fumin Esprit Follet '11	🍷🍷 5
○ Valle d'Aosta Nus Malvoisie '12	🍷🍷 3
○ Valle d'Aosta Chambave Moscato Passito Prieuré '08	🍷🍷🍷 5
● Valle d'Aosta Fumin Esprit Follet '09	🍷🍷🍷 3
● Valle d'Aosta Fumin Esprit Follet '07	🍷🍷🍷 3*
○ Valle d'Aosta Chambave Moscato Passito Prieuré '10	🍷🍷 5
○ Valle d'Aosta Chambave Moscato Passito Prieuré '09	🍷🍷 5
● Valle d'Aosta Chambave Sup. Quatre Vignobles '08	🍷🍷 3*
● Valle d'Aosta Fumin Esprit Follet '10	🍷🍷 3*
● Valle d'Aosta Fumin Esprit Follet '08	🍷🍷 3

Di Barrò

Loc. Château Feuillet, 8
11010 Saint Pierre [AO]
Tel. 0165903671
www.vievini.it

藏酒销售
预约参观
年产量 20 000 瓶
葡萄种植面积 2.5 公顷

这个酒庄得名于当地方言“来自橡木桶”的含义，其中的橡木桶特指古时特制的独特小橡木桶，专用于从葡萄园运输到酒窖的手工压榨葡萄汁，或者是装载散装销售的葡萄酒。在村庄节庆之时，葡萄酒可以直接从橡木桶中取出饮用。此外酒庄名也是酒庄创始人巴马士（Barmaz）和罗森（Rossan）名字的缩写，他们是现任庄主的岳父母，他们在1960年经营着这个家族的葡萄园。在1985年，酒庄是第一批允许生产托伦特（Torrette DOC）的酒庄之一，且位于法定产区的中心地带。今年酒庄一款出色的莎当尼刚刚取得了“三杯奖”的荣誉。这款强烈的金黄色酒液，带着泛白的绿色光环，散发着苹果和刺槐花的香味，饱满、平衡的上颚表现，带着悠长的回味。该酒庄作为托伦特（Torrette）法定产区的一员，其风格在狄八罗（Di Barrò）酒庄的酒品中表现得淋漓尽致。带着宝石红色的光泽，结合了优雅的黑色浆果的香味，饱满的口感，平衡且持久的回味。我们也非常欣赏酒庄出品的西拉（Syrah）。

○ Valle d'Aosta Chardonnay '12	🍷🍷🍷 3*
● Valle d'Aosta Syrah V. de Conze '10	🍷🍷 3
● Valle d'Aosta Torrette Sup. Clos de Château Feuillet '10	🍷🍷 3
● Valle d'Aosta Torrette Sup. V. de Torrette '06	🍷🍷🍷 6
● Valle d'Aosta Fumin '10	🍷🍷 4
● Valle d'Aosta Syrah V. de Conze '09	🍷🍷 3
● Valle d'Aosta Torrette Sup. Clos de Château Feuillet '09	🍷🍷 3
● Valle d'Aosta Torrette Sup. V. de Torrette '07	🍷🍷 6

Feudo di San Maurizio

Fraz. Maillod, 44
11010 Sarre [AO]
Tel. 3383186831
www.feudo.vievini.it

藏酒销售
预约参观
年产量 40 000 瓶
葡萄种植面积 7 公顷

这是一个近年由三个合伙人为他们的梦想投资成立的酒庄。1989年，20多岁的他们决定在奥斯特地区（Aosta）外，一个名为萨尔（Sarre）的阳光小镇建立这个酒庄，生产高品质的葡萄酒。随着时间的流逝，他们对这片被忽略的青葱葡萄园的改造促使他们对葡萄酒的酿造和传统的种植产生了热情。酒庄所生产的整个酒品系列主要围绕着当地的葡萄品种。费度酒庄（Feudo di San Maurizio）还为来此度假的人提供食宿。米歇尔酿制的葡萄酒喝起来非常令人愉悦，尤其是那些华丽又时尚的红葡萄酒，迷人又刺激的深度和强度，从未令人失望。今年，我们尤其喜欢分敏（Fumin）这款个性鲜明且形态好的酒，回味持久挥之不去。还有一款超级托伦特（Torrette Superiore）值得一试。我们也被一款入门级别的特伦特和一款纤细如女子的佩蒂（Petite Arvin）所征服了。

● Valle d'Aosta Fumin '10	🍷🍷 4
● Valle d'Aosta Torrette Sup. '11	🍷🍷 4
○ Valle d'Aosta Petite Arvine '12	🍷 3
● Valle d'Aosta Torrette '12	🍷 3
● Saro Djablo '10	🍷🍷 3
○ Valle d'Aosta Chardonnay '10	🍷🍷 3
● Valle d'Aosta Cornalin '10	🍷🍷 4
○ Valle d'Aosta Gewürztraminer '10	🍷🍷 3
○ Valle d'Aosta Petite Arvine '11	🍷🍷 3*
● Valle d'Aosta Torrette Sup. '09	🍷🍷 4

F.lli Grosjean

VILLAGGIO OLLIGNAN, 1
11020 QUART [AO]
TEL. 0165775791
www.grosjean.vievini.it

藏酒销售
预约参观
年产量 90 000 瓶
葡萄种植面积 10 公顷
葡萄栽培方式 有机认证

瓦吕地区（Valgrisenche）有个横跨弗那（Fornet）老村的格尔博（Beauregard）水坝。1781年，格罗斯简家族的先辈就从这里把葡萄酒和栗子都转移到欧力那（Ollignan）作为冬季的粮仓。1969年，多芬老先生在此开始灌瓶并在第一届葡萄酒展中展示他的第一瓶葡萄酒。酒庄位于卡特（Quart）和斯琪斯托（St. Christophe）的交界处，是最好的位置。葡萄园种植的是非主流小众化的葡萄，如佳美（Gamay）、黑皮诺（Pinot Nero）等。最近增加了一些当地的品种，如佩蒂（Petite Arvine）、弗敏（Fumin）、柯娜林（Cornalin）、佩蒙塔（Prëmetta）和维乐明（Uillermin）。尽管酒庄管理很好，但今年的出品不如往年。 这些新的入门级酒中，我们需要提到一款莫斯卡托（Muscat Petit Grain）带着迷人的持久香气。尽管弗敏不如上一年，仍旧是强有力且温热有趣，但是需要一些时间来陈化。

● Valle d'Aosta Fumin V. Rovettaz '10	5
○ Valle d'Aosta Muscat Petit Grain '12	2
● Valle d'Aosta Fumin '06	4
● Valle d'Aosta Fumin V. Rovettaz '07	5
○ Valle d'Aosta Petite Arvine V. Rovettaz '09	4
● Valle d'Aosta Fumin '10	5
● Valle d'Aosta Fumin V. Rovettaz '09	5
● Valle d'Aosta Mayolet '10	3
○ Valle d'Aosta Petite Arvine V. Rovettaz '10	4
● Valle d'Aosta Pinot Noir '10	3
● Valle d'Aosta Torrette Sup. V. Rovettaz '09	3

Lo Triolet

LOC. JUNOD, 7
11010 INTROD [AO]
TEL. 016595437
www.lotriolet.vievini.it

藏酒销售
预约参观
年产量 42 000 瓶
葡萄种植面积 3 公顷

在林卓地区，马克（Marco Martin）和他的家族经营着洛奇酒庄（Lo Triolet）。这个17世纪的建筑是一个迷人的度假农庄，令人感到宾至如归。他最早期的优势在于葡萄栽培技术上。马克（Marco）把这项技术经验带给了家族的葡萄园。在此，他专注于灰皮诺（Pinot Grigio）这款早熟的品种，也给他带来了极大的满足。新葡萄园的种植和生产从1 000瓶升至现在的42 000瓶。所有的葡萄园位于海拔600米到900米的高度，因此赋予了酒品丰富的高山的风土气息，当然，这也离不开酿酒师高明的技术。今年，这个“三杯奖”是属于一款入门级别的灰皮诺（Pinot Grigio），一款非常明亮的麦秸黄葡萄酒，带来了持久的雪梨、洋李子等水果的香气，加之很好的结构和极其出色的优雅和悠长的回味。另一款橡木桶陈化后的版本，尽管也非常令人愉悦，却少了一点活力。我们也很欣赏寇特（Coteau Barrage）。

○ Valle d'Aosta Pinot Gris '12	3*
● Valle d'Aosta Coteau Barrage '11	4
○ Valle d'Aosta Pinot Gris Élevé en Barriques '11	5
● Valle d'Aosta Fumin '11	3
○ Valle d'Aosta Pinot Gris '09	3
○ Valle d'Aosta Pinot Gris '08	3*
○ Valle d'Aosta Pinot Gris '05	3*
○ Valle d'Aosta Pinot Gris Élevé en Barriques '10	5
● Valle d'Aosta Coteau Barrage '09	4
● Valle d'Aosta Coteau Barrage '09	4
○ Valle d'Aosta Pinot Gris '10	3

Elio Ottin

Fraz. Porossan Neyves, 209
11100 Aosta
Tel. 016533487
www.ottinvini.it

藏酒销售
预约参观
年产量 30 000 瓶
葡萄种植面积 4 公顷

艾利奥酒庄（Elio Ottin）在葡萄酒中投入的热情是其不断运转的动力，还有对土地、传统酿造和高山文化的依赖。每一瓶都是基于不可逃避的艰苦劳作之后获得的最终成果。他们继承了世代相传的高山种植者血统，带着这个家族对葡萄酒的热爱。20世纪90年代初期，艾利奥（Elio）就能够结合在农业学院（Agricole Régional）和韦尔佐罗学院（Agrario di Verzuolo）里所学的知识，运用在这个沿袭了几个世纪的酒庄管理上。佩蒂（Petite Arvine）是瓦莱达奥斯塔区（Valle d'Aosta）最受尊崇的白葡萄品种，而艾利奥（Elio）则是最好的诠释。今年，获得"三杯奖"的是2012年出品的艾利奥，带着明亮的稻草黄色，有着高山草本的主导香气，引导出优雅的苹果、柑橘的口感，有着很好的和谐感，酒体均衡。超级托伦特（Torrette Superiore）和弗敏（Fumin）这两款酒也令人印象深刻。我们还在期待着经过橡木陈化的佩蒂（Petite Arvine Nuances）。

○ Valle d'Aosta Petite Arvine '12	🍷🍷🍷 3*
● Valle d'Aosta Fumin '11	🍷🍷 3*
● Valle d'Aosta Torrette Sup. '11	🍷🍷 4
● Valle d'Aosta Pinot Noir '11	🍷🍷 3
○ Valle d'Aosta Petite Arvine Nuances '11	🍷 4
○ Valle d'Aosta Petite Arvine '11	🍷🍷🍷 3*
○ Valle d'Aosta Petite Arvine '10	🍷🍷🍷 3*
● Valle d'Aosta Fumin '10	🍷🍷 3*
● Valle d'Aosta Pinot Noir '10	🍷🍷 3*
● Valle d'Aosta Torrette Sup. '10	🍷🍷 3
● Valle d'Aosta Torrette Sup. '09	🍷🍷 3*

Ermes Pavese

S.da Pineta, 26
11017 Morgex [AO]
Tel. 0165800053
www.vievini.it

藏酒销售
预约参观
年产量 30 000 瓶
葡萄种植面积 4 公顷

在勃朗峰（Monte Bianco）脚下，白雪如同情人般依恋着山峦，只有最坚韧的葡萄栽培者才能在这样的环境下种植独特的葡萄品种：皮尔白（Priè Blanc）——这个通过嫁接的本地葡萄品种。恩门酒庄（Ermes Pavese）是酿制这品种的领导者。该酒庄能在这样寒冷且恶劣的环境下生产出令人激动的葡萄酒，如莫哥（Morgex）的酿造就并非易事，非常值得世人赏识。费维斯（Pavese）是一个有葡萄酒酿制传统的家族，现由沉默却胸怀宽广的恩门（Ermes）负责主管。他的热情就是他的葡萄园和家族，这也就是为什么他总以孩子的名字来为他的酒命名。今年的新品种——帕斯多赛（Pas Dosé）是一个亮点，它的结构好，且口感表现令人满意。瑟特（Sette Scalinate）是强烈且美妙至极的，展现了非常生动的个性，带着集中的苹果、春天花卉的香气，尾随而来的新鲜且刺激的上颚表现，回味悠长。基础级别的莫哥（Morgex）带着鲜明的个性，且忠于原有的形态。

○ Valle d'Aosta Vin Blanc de Morgex et La Salle '12	🍷🍷 2*
○ Valle d'Aosta Vin Blanc de Morgex et La Salle Le Sette Scalinate Carlo Pavese Ris. '11	🍷🍷 6
○ Valle d'Aosta Vin Blanc de Morgex et La Salle Pavese Pas Dosé '10	🍷 3
○ Valle d'Aosta Vin Blanc de Morgex et La Salle Le Sette Scalinate Carlo Pavese Ris. '10	🍷🍷 3*
○ Valle d'Aosta Vin Blanc de Morgex et La Salle Nathan '10	🍷🍷 2*

Cave du Vin Blanc de Morgex et de La Salle

FRAZ. LA RUINE
CHEMIN DES ÎLES, 19
11017 MORGEX [AO]
TEL. 0165800331
www.caveduvinblanc.com

藏酒销售
预约参观
年产量　140 000 瓶
葡萄种植面积　19 公顷

博兰克•摩格酒庄（Blanc de Morgex et de La Salle）前身是由酿酒师自产自销的作坊，导致葡萄酒产量、种类有限，而且质量也不能保证，没有任何品牌形象工作的投入。后来，村民们意识到要保护阿尔皮尼村（Alpine）流传千年的传统酿酒工艺，便自行成立地区葡萄种植者联盟。1983年，借助于瓦莱达奥斯塔区（Valle d'Aosta）的农业支持政策，博兰克•摩格酒庄建立，提前完成摩格（Morgex）地区新型高级总部的收购工作。 酒庄所产多系列的起泡酒和传统型葡萄酒散发独特的高山草本植物和花类植物香气，口感新鲜清淡，酒体结构平衡。我们推荐酒庄的干性起泡酒，基础款摩格（Morgex）还有拉悠（Rayon），均采用精选葡萄酿成。

○ Valle d'Aosta Blanc de Morgex et de La Salle Brut M. Cl. '10	🍷🍷 4
○ Valle d'Aosta Blanc de Morgex et de La Salle Rayon '12	🍷🍷 2*
○ Valle d'Aosta Blanc de Morgex et de La Salle '12	🍷 2
○ Valle d'Aosta Blanc de Morgex et de La Salle Vini Estremi '12	🍷 2
○ Valle d'Aosta Blanc de Morgex et de La Salle '11	🍸🍸 2*
○ Valle d'Aosta Blanc de Morgex et de La Salle Blanc des Glaciers '10	🍸🍸 4

La Vrille

LOC. GRANGEON, 1
11020 VERRAYES [AO]
TEL. 0166543018
www.lavrille-agritourisme.com

藏酒销售
预约参观
膳宿接待
年产量　10 000 瓶
葡萄种植面积　1.5 公顷

路丝纳（Luciana Neyroz）和赫德密（Hervé Deguilllame）一辈子在高山下生活。拉唯乐酒庄（La Vrille）是一个占地仅4公顷的小型庄园，葡萄种植面积才1.5公顷，但应有尽有，养了鸡、羊，有一个菜园，还有农家乐。酒庄位于唯拉（Verrayes）海拔高度650米的地方，尽览阿唯科山（Mount Avic）和艾米利斯山（Mount Emilius）的优美风景。去年，他们的灿贝莫斯卡葡萄酒（Chambave Muscat Flétri Della Vrille）获得“年度甜酒”（Sweet of the Year）殊荣，今年也无例外。该酒呈现金黄色泽，完美无暇的口感，印象深刻的酒体结构，散发干果香气，优雅的香料气息，入口后异常和谐平衡。酒庄生产干型系列酒同样让我们难忘，带有诱人的春天鲜花果实的味道，口腔中萦绕香梨、杏子香气。令人开胃的、金黄色的福民葡萄酒（Fumin）柔和了干果和优雅的香料气息，口感表现异常平衡。

○ Valle d'Aosta Chambave Muscat Flétri '11	🍷🍷🍷 6
○ Valle d'Aosta Chambave Muscat '11	🍷🍷 4
● Valle d'Aosta Fumin '10	🍷🍷 5
○ Valle d'Aosta Chambave Muscat Flétri '10	🍸🍸🍸 5
○ Valle d'Aosta Chambave Muscat Flétri '07	🍸🍸🍸 4*
○ Valle d'Aosta Chambave Muscat '10	🍸🍸 4
○ Valle d'Aosta Chambave Muscat Flétri '09	🍸🍸 5
○ Valle d'Aosta Chambave Muscat Flétri '08	🍸🍸 5
● Valle d'Aosta Cornalin '09	🍸🍸 3
● Valle d'Aosta Cornalin '08	🍸🍸 3
● Valle d'Aosta Fumin '08	🍸🍸 4
● Valle d'Aosta Gamay '10	🍸🍸 3

Coopérative de l'Enfer

via Corrado Gex, 65
11011 Arvier [AO]
Tel. 016599238
www.coenfer.it

藏酒销售
预约参观
年产量 50 000 瓶

● Valle d'Aosta Enfer d'Arvier '12	🍷🍷 4
● Valle d'Aosta Enfer d'Arvier Sup. Clos de L'Enfer '11	🍷🍷 5
● Valle d'Aosta Enfer d'Arvier Bio '12	🍷 3

D&D

via Regione Bioula, 13
11100 Aosta
Tel. 0165552687
www.maisonded.vievini.it

预约参观
年产量 19 000 瓶
葡萄种植面积 2.6 公顷

● Valle d'Aosta Fumin '11	🍷🍷 3
● Valle d'Aosta Pinot noir '11	🍷🍷 3
● Valle d'Aosta Syrah '11	🍷🍷 3

Caves Cooperatives de Donnas

via Roma, 97
11020 Donnas [AO]
Tel. 0125807096
www.donnasvini.it

藏酒销售
预约参观
年产量 150 000 瓶
葡萄种植面积 26 公顷

● Valle d'Aosta Donnas Napoléon '10	🍷🍷 3
● Valle d'Aosta Donnas Vieilles Vignes '09	🍷🍷 4
● Valle d'Aosta Donnas '08	🍷 2

Les Granges

fraz. Les Granges, 8
11020 Nus [AO]
Tel. 0165767229
www.lesgrangesvini.it

藏酒销售
预约参观
年产量 15 000 瓶
葡萄种植面积 2.9 公顷
葡萄栽培方式 有机认证

○ Valle d'Aosta Nus Malvoisie '12	🍷🍷 3*
● Valle d'Aosta Fumin '11	🍷 4
● Valle d'Aosta Pinot Noir '12	🍷 3

Institut Agricole Régional

loc. Région La Rochère, 1a
11100 Aosta
Tel. 0165215811
www.iaraosta.it

藏酒销售
预约参观
年产量 45 000 瓶
葡萄种植面积 7 公顷

○ Valle d'Aosta Petite Arvine '12	🍷🍷 3*
○ Valle d'Aosta Chardonnay '12	🍷🍷 3
○ Valle d'Aosta Nus Malvoisie '12	🍷🍷 3
● Valle d'Aosta Syrah '11	🍷🍷 4

La Source

loc. Bussan Dessous, 1
11010 Saint Pierre [AO]
Tel. 0165904038
www.lasource.it

藏酒销售
预约参观
年产量 40 000 瓶
葡萄种植面积 6 公顷

○ Valle d'Aosta Petite Arvine '11	🍷🍷 3
● Valle d'Aosta Torrette '12	🍷 3
● Valle d'Aosta Torrette Sup. '11	🍷 3

皮埃蒙特区

PIEDMONT

凭借着十分优秀出色的红葡萄酒，皮埃蒙特区（Piedmont）成为蜚声国内外的优质葡萄酒产区。仅靠这几天的品鉴，我们觉得还不能够完全体会，皮埃蒙特区（Piedmont）在方方面面都独领风骚。一个多世纪以前，她是意大利起泡酒的发源地，如今更是强势回归！来自安瑞克酒庄（Enrico Serafino）的零度朗格起泡酒（Alta Langa Brut Zero），作为顶级的意大利经典梅多托（Metodo Classicos）之一，又一举夺得了“年度最佳起泡葡萄酒”大奖（Sparkler of the Year）。我们也不能忘记如今国际知名的莫斯卡托甜白葡萄酒（Moscato d'Asti）和阿斯蒂起泡酒（Asti Spumante），虽然2012年表现欠佳，无缘斩获我们的最高奖，但无可否认，莫斯卡托（Moscato）依然是当地标志性葡萄酒。皮埃蒙特区（Piedmont）依然以内比奥罗（Nebbiolo）为主，今年总共获得的77项“三杯奖”（Tre Bicchieris）中有59个是颁给内比奥罗（Nebbiolo）的单品或混酿葡萄酒，我们也相信其他葡萄品种也同样能开创出专属的未来。其中巴贝拉（Barbera）获得6项“三杯奖”；多赛托（Dolcetto）和帝莫拉索（Timorasso）各获3项“三杯奖”；厄柏露斯（Erbaluce）获2项“三杯奖”；科特赛（Cortese）、雷司令（Riesling）以及两款混酿，各得1项“三杯奖”。今年的获奖者中多了四个新面孔：格利斯尼酒庄（Cantina del Glicine）、迪歌酒庄（Diego Conterno）、吉科莫酒庄（Giacomo Fenocchio）和罗唯洛帝酒庄（Rovellotti）。接下来，我们看看获奖的葡萄酒年份都有哪些？一款2004年，两款2006年，都是窖藏内比奥罗（Nebbiolo）绝佳的年份；剩下的从2007年到2012年都有。炎热干燥是2007年的气候特征，导致收获期提前。一般来说，这样的气候有利于早熟的以及本土葡萄品种，因此，2007年是巴贝拉（Barbera）的好年份，然而内比奥罗（Nebbiolos）却是柔弱的葡萄品种。接下来的年份却相反，潮湿寒冷，非常不利于葡萄成熟。内比奥罗（Nebbiolo）采收于10月中旬至11月初期，巴贝拉（Barbera）和多赛托（Dolcetto）则远远早于这个时间，以致所酿葡萄酒呈现轻酒体、低酒精、高酸度的特点。2009年和2011年很相似，气候炎热，是巴贝拉（Barbera）以及其他早熟品种的优秀年份。两者之间的2010年，则是极其经典的年份，赋予内比奥罗（Nebbiolo）强硕有力的酒体结构、集中的单宁。最后的2012年，则是一个晚收年份，早熟的葡萄品种经历了一个多雨的姗姗来迟的夏天，然而内比奥罗（Nebbiolo）则刚好赶在秋日收成。

★Abbona

Loc. San Luigi
B.ta San Luigi, 40
12063 Dogliani [CN]
Tel. 0173721317
www.abbona.com

藏酒销售
预约参观
年产量 250 000 瓶
葡萄种植面积 45 公顷

这座酒庄位于兰格（Langhe）的一角，与当地优美的景色很好地融合在一起，并因其出产的多尔赛托葡萄（Dolcetto）的优良品质而久负盛名，多年来玛奇埃罗•阿伯纳（Marziano Abbona）在生产这个品种的领域都是领先者。酒庄现存很多品种的葡萄酒，包括以传统酿制法酿制的红葡萄酒、个别白葡萄酒以及巴洛洛系列酒（Barolo）。在这里所有的葡萄酒都有其明确的个性风格并能忠实反映出其主人的鲜明个性，表达他多年来对葡萄酒强烈的情感和信念。在2011年，带有多尔赛托系列酒（Dolcetto）果香的帕切尔索系列酒（Papà Celso）还获得“三杯奖”（Tre Bicchieri）的荣誉。

● Dogliani Papà Celso '11	🍷🍷🍷 3*
● Barolo Pressenda '09	🍷🍷 7
● Barolo Terlo Ravera '09	🍷🍷 6
● Barbera d'Alba Rinaldi '11	🍷🍷 4
● Dogliani San Luigi '12	🍷🍷 3
○ Langhe Bianco Cinerino '12	🍷🍷 4
○ Marziano Abbona Brut M. Cl.	🍷🍷 2
● Nebbiolo d'Alba Bricco Barone '11	🍷🍷 4
● Barolo Pressenda '00	🥂🥂🥂 6
● Barolo Terlo Ravera '08	🥂🥂🥂 6
● Barolo Terlo Ravera '06	🥂🥂🥂 6
● Dogliani Papà Celso '09	🥂🥂🥂 3
● Dogliani Papà Celso '07	🥂🥂🥂 3
● Dogliani Papà Celso '06	🥂🥂🥂 3
● Dogliani Papà Celso '05	🥂🥂🥂 3*

Anna Maria Abbona

Fraz. Moncucco, 21
12060 Farigliano [CN]
Tel. 0173797228
www.annamariabbona.it

藏酒销售
预约参观
年产量 75 000 瓶
葡萄种植面积 12 公顷

弗兰克•斯切尔里罗（Franco Schellino）和安娜•玛利亚•阿伯纳（Anna Maria Abbona）是酿造多格尼尔尼葡萄酒（Dogliani）的专家，这是兰格（Langhe）南部标志性的葡萄酒，其对利古里亚海岸（Ligurian Sea）的葡萄酒产业具有显著的影响力。多尔赛托（Dolcetto）葡萄生长在海拔600米的地方，达到了一定的深度和复杂性，尤其是经过几年的陈化后，它能始终保持其标志性的口感以及强烈的果香。除了那四种多格尼尔尼葡萄酒（Dogliani）之外，该酒庄还提供相当多其他品种的葡萄酒，包括巴洛洛系列酒（Barolo）、兰格•内比奥罗（Langhe Nebbiolo）和巴贝拉•阿尔巴葡萄酒（Barbera d'Alba）葡萄酒，更不用说雷司令（Riesling）和纳斯特（Tannins）这两种白葡萄酒了。

● Barolo '09	🍷🍷 6
● Dogliani Sup. San Bernardo '10	🍷🍷 4
● Dogliani Sorì dij But '12	🍷🍷 2*
● Dogliani Sup. Maioli '11	🍷🍷 3
● Langhe Nebbiolo '10	🍷🍷 3
● Langhe Rosso Cadò '09	🍷🍷 4
● Langhe Dolcetto '12	🍷 2
○ Langhe Nascetta Netta '12	🍷 3
● Dogliani San Bernardo '06	🥂🥂 3
● Dogliani San Bernardo '05	🥂🥂 3
● Dogliani Sup. Maioli '10	🥂🥂 3*
● Dolcetto di Dogliani Sorì dij But '11	🥂🥂 2*
● Dolcetto di Dogliani Sup. '04	🥂🥂 3
● Langhe Rosso Cadò '06	🥂🥂 3

Orlando Abrigo

via Cappelletto, 5
12050 Treiso [CN]
Tel. 0173630232
www.orlandoabrigo.it

藏酒销售
预约参观
膳宿接待
年产量 80 000 瓶
葡萄种植面积 21 公顷

位于特雷索（Treiso）的阿布里格庄园（Abrigo）是由世世代代种植葡萄的一个家族所拥有。乔瓦尼（Giovanni）从父亲手中接管该酒庄。这里的葡萄都是其父亲精心培育和挑选出来的。除传统的三种优质巴巴莱斯科系列酒（Barbaresco）以外，这里还出产经典的内比奥罗•阿尔巴系列酒（Nebbiolo d'Alba）、巴贝拉•阿尔巴系列酒（Barbera d'Alba）和多尔赛托•阿尔巴系列酒（Dolcetto d'Alba）。多年来，乔瓦尼（Giovanni）尝试采用国际葡萄品种，如苏维翁（Sauvignon）、梅洛（Merlot）和莎当尼（Chardonnay）来酿酒，都取得了不错的成绩。这里的葡萄酒是用大的斯拉夫尼亚橡木桶（Slavonian）和225升的法国橡木桶混合陈化而成的。2010年的巴贝拉•阿尔巴•梅维萨诺葡萄酒（Barbera d'Alba Mervisano）具有平衡的口感，而深沉的成熟红莓果香味则带来充满活力的口感。

● Barbera d'Alba Mervisano '10	🍷🍷	3*
● Barbaresco Rocche Meruzzano '10	🍷🍷	5
● Barbera d'Alba V. Roreto '11	🍷🍷	2*
○ Langhe Bianco D'Amblè '12	🍷🍷	2*
● Langhe Nebbiolo Settevie '11	🍷🍷	3
● Nebbiolo d'Alba Valmaggiore '10	🍷🍷	5
● Dolcetto d'Alba V. dell'Erto '12	🍷	2
○ Langhe Tres Plus '11	🍷	3
● Barbaresco Montersino '09	🍷🍷	6
● Barbaresco Montersino '08	🍷🍷	6
● Barbaresco Montersino '07	🍷🍷	6
● Barbaresco Montersino '05	🍷🍷	5
● Barbaresco Rocche Meruzzano '08	🍷🍷	5
● Barbaresco Rocche Meruzzano V. Rongallo '07	🍷🍷	6
● Barbaresco Rocche Meruzzano V. Rongallo '06	🍷🍷	6

Giulio Accornero e Figli

Cascina Ca' Cima, 1
15049 Vignale Monferrato [AL]
Tel. 0142933317
www.accornerovini.it

藏酒销售
预约参观
膳宿接待
年产量 100 000 瓶
葡萄种植面积 22 公顷

在维纳雷•蒙费拉多（Vignale Monferrato）前往卡索尔左（Casorzo）的路上，一个路标会提示你正在靠近皮埃蒙特（Piedmont）最著名的葡萄庄园之一。在一个陡峭的小山脚下，你会看到一大片葡萄园中间矗立着几座房子，艾玛诺（Ermanno）及他的家族和酿酒师马里奥•龙科（Mario Ronco）就生活在那里。多年来，他们的经营让酒庄一直广受好评，所生产的葡萄酒都呈现出极好的品质。艾玛诺（Ermanno）兴奋地告诉我们一个令人激动的消息，强大并和谐的西玛葡萄（Cima）仍在不断完善其优美的精油香味和强烈的口感。布里科•巴蒂斯塔葡萄（Bricco Battista）和吉朱林葡萄（Giulin）所产的酒口味复杂而层次分明，口感耐人寻味。

● Barbera del M.to Sup. Cima '07	🍷🍷🍷	8
● Barbera del M.to Sup. Bricco Battista '10	🍷🍷	5
● Grignolino del M.to Casalese Bricco del Bosco '12	🍷🍷	2*
● Barbera del M.to Giulìn '11	🍷🍷	3
● Casorzo Brigantino '12	🍷🍷	2*
● Grignolino del M.to Casalese Bricco del Bosco V. V. '07	🍷🍷	6
○ Fonsina '12	🍷	2
● M.to Freisa La Bernardina '12	🍷	2
● Barbera d'Asti Bricco Battista '97	🍷🍷🍷	5
● Barbera del M.to Sup. Bricco Battista '09	🍷🍷🍷	5
● Barbera del M.to Sup. Bricco Battista '07	🍷🍷🍷	5
● Barbera del M.to Sup. Bricco Battista '04	🍷🍷🍷	5
● Barbera del M.to Sup. Bricco Battista '99	🍷🍷🍷	5
● Barbera del M.to Sup. Bricco Battista '98	🍷🍷🍷	5
● M.to Rosso Centenario '06	🍷🍷🍷	5

Marco e Vittorio Adriano

FRAZ. SAN ROCCO SENO D'ELVIO, 13A
12051 ALBA [CN]
TEL. 0173362294
www.adrianovini.it

藏酒销售
预约参观
年产量 120 000 瓶
葡萄种植面积 22 公顷

即使在朗格（Langhe）已具有完善的等级顺序和酿酒传统的地方，还是有令人惊喜的创新空间。这些年来，我们见证着马尔科（Marco）和维托里奥•阿德里亚诺（Vittorio Adriano）逐步实现今日的成就和地位。这对兄弟组合在艾尔巴市（Alba）一个名为圣•洛克•赛诺•艾尔维奥（San Rocco Seno d'Elvio）的葡萄种植小村庄开始经营着他们的事业。他们在22公顷的土地上种植着莫斯卡托（Moscato）、巴贝拉（Barbera）、多尔赛托（Dolcetto）、弗雷萨（Freisa）和苏维翁（Sauvignon）葡萄，内比奥罗（Nebbiolo）葡萄则不出意外地达到最优品质，所产的酒呈现出巴萨林（Basarin）和萨纳达耶夫特级（Sanadaive crus）的个性特点。他们的巴巴莘思科系列酒（Barbarescos）口感简单纯粹，而且具有较高商业价值。2010年的巴巴莘思科•巴萨林葡萄酒（Barbarescos Basarin）气质优雅，带有甜烟草、皮革、紫罗兰的气息，单宁圆润而精致。而巴巴莘思科•萨纳达耶葡萄酒（Barbaresco Sanadaive）的前卫口感则在经过瓶装陈化后会变得更顺滑。

● Barbaresco Basarin '10	🍷🍷 4
● Barbaresco Sanadaive '10	🍷🍷 4
● Barbera d'Alba Sup. '11	🍷🍷 2*
● Langhe Nebbiolo '11	🍷🍷 3
○ Langhe Sauvignon Basaricò '12	🍷🍷 2*
○ Ardì '12	🍷 2
● Barbera d'Alba '12	🍷 2
● Dolcetto d'Alba '12	🍷 2
● Langhe Freisa '12	🍷 2
○ Moscato d'Asti '12	🍷 2
● Barbaresco Basarin '08	🍷🍷 4
● Barbaresco Basarin Ris. '06	🍷🍷 5
● Barbaresco Basarin Ris. '05	🍷🍷 5

Claudio Alario

VIA SANTA CROCE, 23
12055 DIANO D'ALBA [CN]
TEL. 0173231808
www.alarioclaudio.it

藏酒销售
预约参观
年产量 46 000 瓶
葡萄种植面积 10 公顷

这座由酿酒师克莱迪奥•阿莱锐欧（Claudio Alario）创立的酒庄，这些年来逐渐打响了名声，在皮埃蒙特地区占有重要的地位，尤以其酿造的帝安诺•多尔赛托（Dolcetto di Diano）最为著名。酒庄在1995年开始生产两种巴洛洛（Barolo）系列酒，包括塞拉伦加•阿尔巴庄园（Serralunga d'Alba）产的巴洛洛•索拉诺葡萄酒（Barolo Sorano）和凡尔杜诺庄园（Verduno）产的巴罗诺•里瓦葡萄酒（Barolo Riva）。帝安诺•多尔赛托（Dolcetto di Diano）的可塔费雷系列酒（Costa Fiore）和蒙塔格里罗系列酒（Montagrillo）是在不锈钢桶陈化的，接着就是在橡木桶陈化的帕杜雷系列酒（Pradurent）。这里的葡萄酒都具有鲜明的个性特点，这恰恰反映出培育他们的那片土壤的风格。2009年的巴洛洛•索拉诺葡萄酒（Barolo Sorano）带有烟草、甘草和奎宁的香气以及红莓果的独特果香，其新鲜的口感来自平衡的酸度和紧密、具有浓郁香味的单宁。

● Barolo Sorano '09	🍷🍷 6
● Dolcetto di Diano d'Alba Costa Fiore '12	🍷🍷 2*
● Barbera d'Alba Valletta '11	🍷🍷 4
● Dolcetto di Diano d'Alba Montagrillo '12	🍷🍷 2*
● Nebbiolo d'Alba Cascinotto '11	🍷🍷 4
● Barolo Riva Rocca '09	🍷 6
● Dolcetto di Diano d'Alba Sup. Sorì Pradurent '11	🍷 3
● Barolo Sorano '05	🍷🍷🍷 7
● Barolo Riva Rocca '07	🍷🍷 6
● Barolo Sorano '06	🍷🍷 7
● Dolcetto di Diano d'Alba Costa Fiore '11	🍷🍷 2*
● Dolcetto di Diano d'Alba Costa Fiore '10	🍷🍷 2*
● Dolcetto di Diano d'Alba Costa Fiore '09	🍷🍷 2*
● Nebbiolo d'Alba Cascinotto '10	🍷🍷 4

F.lli Alessandria

VIA B. VALFRÉ, 59
12060 VERDUNO [CN]
TEL. 0172470113
www.fratellialessandria.it

藏酒销售
预约参观
年产量 80 000 瓶
葡萄种植面积 14 公顷

该酒庄是由亚历山德罗（Alessandro）和他的兄弟吉安•巴蒂斯塔•亚历山德里亚（Gian Battista Alessandria）及其儿子维特勒（Vittore）一起经营的。这个顶级的酒庄也是兰格地区（Langhe）最为出色和可靠的酒庄之一。除了种植莎当尼之外，将近14公顷土地是用来种植传统葡萄品种的，包括法沃里达（Favorita）、多尔赛托（Dolcetto）、巴贝拉（Barbera）和值得一提的佩拉维加（Pelaverga）及内比奥罗（Nebbiolo）葡萄。位于凡尔杜诺（Verduno）的蒙维格里罗葡萄园（Monvigliero）和圣罗兰佐葡萄园（San Lorenzo）及位于蒙福尔特•阿尔巴地区（Monforte d'Alba）的格雷姆里尔葡萄园（Gramolere）都出品巴洛洛葡萄酒（Barolo Crus）。他们将巴洛洛葡萄酒分瓶灌装，在900升酒桶和2 000升至3000升的大橡木桶里陈化，充分体现了该款酒品古典却不老旧的风格。

● Barolo Monvigliero '09	🍷🍷🍷 6
● Barolo Gramolere '09	🍷🍷 6
● Barolo S. Lorenzo di Verduno '09	🍷🍷 6
● Barolo '09	🍷🍷 5
● Langhe Nebbiolo Prinsiot '11	🍷🍷 3
● Verduno Pelaverga Speziale '12	🍷🍷 3
● Barbera d'Alba '12	🍷 2
● Barolo Gramolere '05	🍷🍷🍷 6
● Barolo Monvigliero '06	🍷🍷🍷 6
● Barolo Monvigliero '00	🍷🍷🍷 6
● Barolo Monvigliero '95	🍷🍷🍷 6
● Barolo S. Lorenzo '08	🍷🍷🍷 6
● Barolo S. Lorenzo '04	🍷🍷🍷 6
● Barolo S. Lorenzo '01	🍷🍷🍷 6
● Barolo S. Lorenzo '97	🍷🍷🍷 6
● Barolo Gramolere '08	🍷🍷 6

★Gianfranco Alessandria

LOC. MANZONI, 13
12065 MONFORTE D'ALBA [CN]
TEL. 017378576
www.gianfrancoalessandria.com

藏酒销售
预约参观
年产量 45 000 瓶
葡萄种植面积 7 公顷

位于蒙福尔特•阿尔巴地区（Monforte d'Alba）的家族式经营酒庄，仅占地7公顷，可说是名副其实的一块瑰宝。吉安弗朗克•亚历山德里亚（Gianfranco Alessandria）在他妻子布鲁亚（Bruna）和女儿维特利亚（Vittoria）的帮助下，多年来全身心投入酿制巴贝拉•阿尔巴葡萄酒（Barbera d'Alba）并因此蜚声酒界。得益于每公顷的低产量和酒窖现代化的设备才能出产如此优质的品种。这些在法国小橡木桶里陈化的葡萄酒，大多是香气闭塞，结构平衡。2009年的巴洛洛•圣•乔瓦尼葡萄酒（Barolo San Giovanni），混合单宁和少量香醋的气息，使其具有活泼的口感。

● Barolo S. Giovanni '09	🍷🍷 7
● Barbera d'Alba '12	🍷🍷 3
● Barbera d'Alba Vittoria '10	🍷🍷 5
● Barolo '09	🍷🍷 6
● Langhe Nebbiolo '10	🍷🍷 3
● Barbera d'Alba Vittoria '98	🍷🍷🍷 5
● Barbera d'Alba Vittoria '97	🍷🍷🍷 4*
● Barbera d'Alba Vittoria '96	🍷🍷🍷 6
● Barolo '93	🍷🍷🍷 6
● Barolo S. Giovanni '04	🍷🍷🍷 7
● Barolo S. Giovanni '01	🍷🍷🍷 7
● Barolo S. Giovanni '00	🍷🍷🍷 7
● Barolo S. Giovanni '99	🍷🍷🍷 8
● Barolo S. Giovanni '98	🍷🍷🍷 7
● Barolo S. Giovanni '97	🍷🍷🍷 7
● Barolo '08	🍷🍷 6

Marchesi Alfieri

P.ZZA ALFIERI, 28
14010 SAN MARTINO ALFIERI [AT]
TEL. 0141976015
www.marchesialfieri.it

藏酒销售
预约参观
膳宿接待
年产量 100 000 瓶
葡萄种植面积 21 公顷

在1993年，圣•马尔蒂诺三姐妹（San Martino sisters of San Germano）决定将巴贝拉葡萄酒（Barbera）灌装成瓶出售，于是创立了玛彻斯•阿尔菲利酒庄（Marchesi Alfieri）。从那时起，这座酒庄因其一贯地出品优质而成为阿斯蒂地区（Asti）最重要的酒庄之一。除了占总产量60%的巴贝拉葡萄（Barbera）之外，庄园还种植吉诺林诺（Grignolino）、内比奥罗（Nebbiolo）和黑皮诺（Pinot Nero）葡萄。她们那位于夸里亚（Quaglia）山腰处古老的葡萄园所种植的葡萄，主要用于酿制酒庄的旗舰酒——来自阿斯蒂上阿尔菲利地区（Asti Superiore Alfiera）的巴贝拉葡萄酒（Barbera）。她们出品的葡萄酒果香浓郁、质量上乘，表现出玛彻斯•阿尔菲利酒庄（Marchesi Alfieri）的全能实力。2010年的阿斯蒂上阿尔菲利地区（Asti Superiore Alfiera）出品的巴贝拉葡萄酒（Barbera）结构平衡，口感和谐，带有甜甜的香料气息和黑莓果的果香。

● Barbera d'Asti La Tota '11	🍷🍷 3
● Barbera d'Asti Sup. Alfiera '10	🍷🍷 5
● M.to Rosso Costa Quaglia '10	🍷🍷 4
● M.to Rosso S. Germano '10	🍷🍷 5
● M.to Rosso Sostegno '11	🍷🍷 2*
● Piemonte Grignolino Sansoero '12	🍷 2
● Barbera d'Asti Sup. Alfiera '07	🍷🍷🍷 5
● Barbera d'Asti Sup. Alfiera '05	🍷🍷🍷 5
● Barbera d'Asti Sup. Alfiera '01	🍷🍷🍷 5
● Barbera d'Asti Sup. Alfiera '00	🍷🍷🍷 5
● Barbera d'Asti Sup. Alfiera '99	🍷🍷🍷 5
● Barbera d'Asti La Tota '10	🍷🍷 3*
● Barbera d'Asti Sup. Alfiera '09	🍷🍷 5
● M.to Rosso Sostegno '10	🍷🍷 2*
● Piemonte Grignolino Sansoero '11	🍷🍷 2*

Giovanni Almondo

VIA SAN ROCCO, 26
12046 MONTÀ [CN]
TEL. 0173975256
www.giovannialmondo.com

藏酒销售
预约参观
年产量 100 000 瓶
葡萄种植面积 16 公顷

阿蒙杜家族世世代代在这个地区居住了几百年。他们建立了自己的酒庄，并于1980年开始灌装葡萄酒，在生产罗埃洛的一众顶级酒庄中占有一席之地。葡萄园超过60%面积的沙质土壤专用于种植阿内斯白葡萄（Arneis），海拔360米高度也是它的生长条件之一。葡萄园余下的土地则种植内比奥罗（Nebbiolo）、巴贝拉（Barbera）和布拉彻托（Brachetto）葡萄。酒庄酿制的白葡萄酒口味清新优雅；红葡萄酒现代纯正，结构平衡，可品性很高。此外，荣获了“三杯奖”（Tre Bicchieri）的2011年罗埃洛•布里克•瓦尔迪亚纳葡萄酒（Roero Bric Valdiana），花香和果香完美优雅，单宁柔顺细致，结构感强，口感上乘，余韵悠长。

● Roero Bric Valdiana '11	🍷🍷🍷 5
● Roero Giovanni Almondo Ris. '10	🍷🍷 5
● Barbera d'Alba Valbianchera '11	🍷🍷 3
○ Langhe Bianco Sassi e Sabbia '12	🍷 3
○ Roero Arneis V. Sparse '12	🍷 2
● Roero Bric Valdiana '07	🍷🍷🍷 5
● Roero Bric Valdiana '03	🍷🍷🍷 5
● Roero Bric Valdiana '01	🍷🍷🍷 4
● Roero Bric Valdiana '00	🍷🍷🍷 4*
● Roero Giovanni Almondo Ris. '09	🍷🍷🍷 5
● Barbera d'Alba Valbianchera '10	🍷🍷 3
○ Roero Arneis Bricco delle Ciliegie '10	🍷🍷 3

★★★Elio Altare

Fraz. Annunziata, 51
12064 La Morra [CN]
Tel. 017350835
www.elioaltare.com

藏酒销售
预约参观
年产量 60 000 瓶
葡萄种植面积 11 公顷

在朗格地区（Langhe），伊利奥•阿尔托雷（Elio Altare）一直被看做是葡萄酒酿制领域的领先者和引导者。他开拓了整个行业的视野，为这一代的葡萄业者铺平了道路。尽管时间流逝，但酒庄的理念仍旧不改当初，伊利奥•阿尔托雷（Elio Altare）总是亲身践行他的理念，无论是地窖的工作还是葡萄园的照料，他都亲力亲为。这里所有的葡萄酒，包括基础款的，都是别具一格，酒品纯正细腻，使它们成为该领域的标竿。今年年初，我们品尝了拉利吉葡萄酒（Larigi）和巴洛洛•阿尔柏里纳葡萄酒（Barolo Arborina），它们都保持着新鲜年轻的口味，再次感受到两款酒稳定的口感，不会随时间推移而被破坏。

● Barolo Arborina '09	🍷🍷🍷 8
● Barolo Cerretta V. Bricco '07	🍷🍷 8
● Langhe La Villa '11	🍷🍷 8
● Langhe Larigi '11	🍷🍷 8
● Barolo '09	▼▼ 8
● L'Insieme '11	▼▼ 7
● Langhe Arborina '11	▼▼ 8
● Barolo Cerretta V. Bricco '06	▽▽▽ 8
● Barolo Cerretta V. Bricco '05	▽▽▽ 8
● Langhe Arborina '08	▽▽▽ 8
● Langhe La Villa '06	▽▽▽ 8
● Langhe La Villa '05	▽▽▽ 8
● Langhe Larigi '07	▽▽▽ 7
● Langhe Larigi '04	▽▽▽ 7

Antichi Vigneti di Cantalupo

via Michelangelo Buonarroti, 5
28074 Ghemme [NO]
Tel. 0163840041
www.cantalupo.net

藏酒销售
预约参观
年产量 200 000 瓶
葡萄种植面积 35 公顷

布列克雷玛葡萄酒（Breclema）、卡雷拉葡萄酒（Carella）、巴拉吉奥拉葡萄酒（Baraggiola）和里维利葡萄酒（Livelli）仅是格美系列酒（Ghemme）中的几种，它们是雄伟的安蒂奇•维涅蒂•康塔卢波酒庄（Antichi Vigneti di Cantalupo estate）的主要出品。35公顷的庄园面积中最大一部分用于种植内比奥罗（Nebbiolo）葡萄（又名西班纳葡萄），剩余小部分用于种植维斯波林纳（Vespolina）、拉雅（Uva Rara）、厄柏露丝（Erbaluce）、阿内斯（Arneis）和莎当尼（Chardonnay）葡萄。所酿葡萄酒总能表现出诺瓦拉省（Novara）冰碛层斜坡风土稳定的成熟风格。我们要向阿伦诺家族致敬，在酒庄出品上，他们很好地表现了斯拉夫尼亚橡木桶或法国橡木桶陈酿酒的特性。现在市场上有两种格美系列（Ghemme）的葡萄酒，诠释出该酒庄的风格，出品的葡萄酒香味复杂，口感精致。2005年的科利斯•布列克雷玛葡萄酒（Collis Breclema），带有烟草和煤焦油的气息以及简朴的口感。

● Ghemme Cantalupo Anno Primo '07	🍷🍷 5
● Ghemme Collis Breclemae '05	🍷🍷 6
○ Carolus	▼▼ 2*
● Colline Novaresi Abate di Cluny '07	▼▼ 5
● Colline Novaresi Primigenia '10	▼▼ 2*
● Colline Novaresi Agamium '08	▼ 3
⊙ Mia Ida Brut	▼ 3
● Ghemme '05	▽▽▽ 4
● Ghemme Collis Breclemae '00	▽▽▽ 6
● Ghemme '06	▽▽ 5
● Ghemme Collis Breclemae '04	▽▽ 6
● Ghemme Collis Carellae '07	▽▽ 6
● Ghemme Signore di Bayard '05	▽▽ 6
● Ghemme Signore di Bayard '04	▽▽ 5

Antico Borgo dei Cavalli

via Dante, 54
28010 Cavallirio [NO]
Tel. 016380115
www.vinibarbaglia.it

藏酒销售
预约参观
年产量 25 000 瓶
葡萄种植面积 3 公顷

逾60年历史的安迪科•波尔哥•卡瓦利酒庄（Antico Borgo dei Cavalli）在诺瓦拉（Novara）种植区是一个带有历史传奇色彩的名字。在1946年，由马里奥•巴巴格里亚（Mario Barbaglia）创办的小酒庄，如今由儿子塞尔吉奥（Sergio）和孙女西尔维娅（Silvia）接手经营着。他们具探索性的做法在传统和现代的酿酒工艺之间走出了一条令人佩服的道路。在这里我们很难挑出一个最突出的品种。波卡葡萄酒（Boca）常被看做是最有趣的代表作之一，但那些从优化拉雅（Uva Rara）、克罗地那（Croatina）、维斯柏里娜（Vespolina）和厄柏露丝（Erbaluce）葡萄制作而成的单品葡萄酒以及由三款经典葡萄酒构成的库塞拉系列（Curticella）都具有它们各自的风格和魅力。在预期落成的壮观的家族新波卡葡萄庄园（Boca）中，我们很欣赏2009年的波卡葡萄酒（Boca），其香气近似龙胆草到带血的生肉的气味，令人印象深刻；其紧实的口感带有不具攻击性的单宁质感。

● Boca '09	🍷🍷 5
○ Curticella Caballi Regis Dosaggio Zero M. Cl.	🍷🍷 5
● Colline Novaresi Nebbiolo Il Silente '09	🍷🍷 3
○ Curticella Caballi Regis Brut M. Cl.	🍷🍷 5
○ Colline Novaresi Bianco Lucino '12	🍷 3
● Colline Novaresi Croatina Clea '10	🍷 2
● Colline Novaresi Vespolina Ledi '11	🍷 3
● Boca '08	🍷🍷 5
● Boca '07	🍷🍷 5
○ Colline Novaresi Bianco Lucino '10	🍷🍷 3*
● Colline Novaresi Croatina Clea '09	🍷🍷 3
● Colline Novaresi Nebbiolo Il Silente '07	🍷🍷 3
⊙ Curticella Rosé Brut Uva Rara	🍷🍷 5

★Antoniolo

c.so Valsesia, 277
13045 Gattinara [VC]
Tel. 0163833612
antoniolovini@bmm.it

藏酒销售
预约参观
年产量 60 000 瓶
葡萄种植面积 12 公顷

如果说卡斯特（Castelle）、圣•弗朗西斯科（San Francesco）、伯雷尔（Borelle）、欧索•圣格拉托（Osso San Grato）这些雄伟的酒庄都能在世界上有声望的酒庄排行中占得一席之地的话，那么最有声望的当属由安特尼尔诺（Antoniolo）家族充满热忱和坚定决心经营的酒庄。这些年来，罗桑娜女士（Signora Rosanna）一直推广和提升加地娜拉（Gattinara）内比奥罗葡萄酒的精髓，而她的孩子阿尔伯托（Alberto）和洛雷拉（Lorella）也一直延续着这种精神和干劲。他们的葡萄酒给纯度和香味赋予了新的意义，而对谈了几十年的进化理论，也恰恰是发酵与陈化，传统技术和现代多余技术的争论的体现。数场大冰雹袭击了这个区域使得2009年份的加地娜拉葡萄酒（Gattinara）仅剩两种。欧索•圣格拉托葡萄酒（Osso San Grato）把最新的“三杯奖”（Tre Bicchieri）荣誉带回来，它生长于炎热的时节使其呈现出华丽的结构以及柔和温暖的特性。

● Gattinara Osso S. Grato '09	🍷🍷🍷 8
● Gattinara S. Francesco '09	🍷🍷 7
● Coste della Sesia Nebbiolo Juvenia '11	🍷🍷 4
⊙ Coste della Sesia Rosato Bricco Lorella '12	🍷 3
○ Erbaluce di Caluso '12	🍷 3
● Gattinara S. Francesco '08	🍷🍷🍷 7
● Gattinara S. Francesco '07	🍷🍷🍷 5
● Gattinara Vign. Osso S. Grato '06	🍷🍷🍷 6
● Gattinara Vign. Osso S. Grato '05	🍷🍷🍷 6
● Gattinara Vign. Osso S. Grato '04	🍷🍷🍷 6
● Gattinara Vign. S. Francesco '06	🍷🍷🍷 5
● Gattinara Vign. S. Francesco '05	🍷🍷🍷 6
● Gattinara Vign. S. Francesco '03	🍷🍷🍷 6
● Gattinara Vign. S. Francesco '01	🍷🍷🍷 6

Araldica Castelvero

V.LE LAUDANO, 2
14040 CASTEL BOGLIONE [AT]
TEL. 014176311
www.araldicavini.com

藏酒销售
预约参观
年产量 8 000 000 瓶
葡萄种植面积 900 公顷

今年与卡斯特维洛•安蒂卡•康特（Antica Contea di Castelvero）合并之后，皮埃蒙特•阿拉尔迪卡•维尼（Araldica Vini Piemontesi）现在改名为阿拉尔迪卡•卡斯特维洛（Araldica Castelvero）。这座联营的酒庄酿造出不少于43个酒标，分为四个系列。其葡萄酒源于皮埃蒙特区（Piedmont）最负盛名的酿酒区及相关的法定产酒区，从罗埃罗（Roero）到加维（Gavi），从阿斯提（Asti）到朗格（Langhe），一直到阿尔塔兰加（Alta Langa）。该酒庄一直探索着酿造易入口的品质葡萄酒的方法，热衷于为消费者带来价格合理的产品。阿拉尔迪卡•卡斯特维洛•巴贝拉（Araldica Castelvero Barberas）表现异常出众。我们格外钟情于巴贝拉•阿斯提顶级克罗塞拉2011（Barbera d'Asti Superiore Crocera 2011），肉桂和黑莓香气弥漫，伴着淡淡的奎宁气息，纯朴且复杂的口感，余味绵绵悠长。简单均衡的巴贝拉•达斯提•顶级莱瓦2011（Barbera d'Asti Superiore Rive 2011）有着成熟的樱桃气息。而梅洛•索丽提2011（Merlot Soliti 2011）虽然酒体不复杂，但仍然很迷人。

● Barbera d'Asti Sup. Crocera '11	🍷🍷 3*
● Barbera d'Asti Sup. Rive '11	🍷🍷 3
● Merlot Soliti '11	🍷🍷 2*
○ Gavi '12	🍷 3
○ Piemonte Chardonnay Campo Fiorito '11	🍷 3
○ Riesling Fontanino '11	🍷 2
○ Alta Langa Alasia Brut '08	🍷🍷 3*
⊙ Alta Langa Alasia Brut Rosé '07	🍷🍷 3
● Barbera d'Asti Sup. Crocera '09	🍷🍷 3
● Barbera d'Asti Sup. Rive '08	🍷🍷 3
○ Gavi '11	🍷🍷 3
● Langhe Nebbiolo Castellero '07	🍷🍷 3

Tenuta dell'Arbiola

LOC. ARBIOLA
REG. SALINE, 67
14050 SAN MARZANO OLIVETO [AT]
TEL. 0141856194
www.saiagricola.it

藏酒销售
预约参观
藏酒销售
年产量 100 000 瓶
葡萄种植面积 20 公顷

阿尔比奥拉酒庄（Tenuta dell'Arbiola）属于商赛歌集团（Saiagricola）所有，坐落在蒙费拉托（Monferrato）和朗格（Langhe）之间的同名山丘上。其葡萄园在圣•玛扎诺•奥利维托市（San Marzano Oliveto）的一片沙质的石灰岩地上。它60%的面积都种植着葡萄藤，而巴贝拉（Barbera）是最主要的品种。酒庄的旗舰酒尼扎（Nizza），源于拥有60多年历史的葡萄藤。它所出售的酒呈现代风格，技术上处理得十分干净。它们展现出天然的浓缩和极度丰满。浓稠而富有层次感的巴贝拉•达斯提顶级尼扎罗蜜尔达XIV 2010（Barbera d'Asti Superiore Nizza Romilda XIV 2010）入口辛辣，散发着李子和雨水浸润的泥土气息，紧致而纯朴。它一路过关斩将进入了决赛，尽管它最终与最高奖项失之交臂。巴贝拉•达斯•提卡尔洛塔2011（Barbera d'Asti Carlotta 2011）拥有丰富且密实的水果香气，口感复杂馥郁，其均衡度已经达到充分的状态。奈苏经典梅多特干性起泡酒2010（Nysus Rosé Brut Metodo Classico 2010）有着花香的芬芳和怡人的酸度。

● Barbera d'Asti Sup. Nizza Romilda XV '10	🍷🍷 5
● Barbera d'Asti Carlotta '11	🍷🍷 2*
⊙ Nysus Brut M. Cl. '10	🍷🍷 5
○ Monferrato Bianco Brandé '12	🍷 3
○ Moscato d'Asti Ferlingot '12	🍷 2
○ Nysus Blanc Brut '09 M. Cl.	🍷 5
● Barbera d'Asti Sup. Nizza Romilda XIV '09	🍷🍷🍷 5
● Barbera d'Asti Carlotta '09	🍷🍷 2*
● Barbera d'Asti Carlotta '08	🍷🍷 2*
● Barbera d'Asti Sup. Nizza Romilda VIII '03	🍷🍷 5
● Barbera d'Asti Sup. Nizza Romilda X '05	🍷🍷 5
● Barbera d'Asti Sup. Nizza Romilda XI '06	🍷🍷 5
● Barbera d'Asti Sup. Nizza Romilda XII '07	🍷🍷 5
● Barbera d'Asti Sup. Nizza Romilda XIII '08	🍷🍷 4

L'Armangia

FRAZ. SAN GIOVANNI, 122
14053 CANELLI [AT]
TEL. 0141824947
www.armangia.it

预约参观
年产量 95 000 瓶
葡萄种植面积 10 公顷

开始只出品莎当尼（Chardonnay）、苏维翁（Sauvignon）和莫斯卡托（Moscato）等白葡萄酒，后来一段时间，吉欧维尼家族（Giovine）的酒庄提出要出品更全面品质的葡萄酒，来自于优质的巴贝拉（Barberas）和黑皮诺（Pinot Nero）葡萄。葡萄园坐落于卡内里（Canelli），土壤为黏土石灰岩，而莫阿斯卡葡萄园（Moasca）和圣马尔扎诺葡萄园（San Marzano Oliveto）的土壤则十分肥沃。现代风格的葡萄酒不仅具有其葡萄品种的特性，而且还具有地域特色的风格。吉欧维尼家族（Giovine）出品的葡萄酒真是非常出色。2010年份的阿斯蒂•巴贝拉系列（Barbera d'Asti）的上等尼扎•帝同葡萄酒（Superiore Nizza Titon）能脱颖而出是因为其具有浓郁的黑莓果香和浓厚的带有适量酸度的口感。

● Barbera d'Asti Sup. Nizza Titon '10	🍷🍷 3*
● Barbera d'Asti Sopra Berruti '12	🍷🍷 2*
● Barbera d'Asti Sup. Nizza Vignali '07	🍷🍷 5
○ Moscato d'Asti Canelli '12	🍷🍷 2*
○ Piemonte Chardonnay Robi & Robi '11	🍷🍷 3
● Piemonte Pinot Nero Dall'Alto '11	🍷 3
● Barbera d'Asti Sopra Berruti '11	🍷🍷 2*
● Barbera d'Asti Sopra Berruti '10	🍷🍷 2*
● Barbera d'Asti Sup. Nizza Titon '09	🍷🍷 3
● Barbera d'Asti Sup. Nizza Titon '08	🍷🍷 3*
● Barbera d'Asti Sup. Nizza Vignali '06	🍷🍷 5
● M.to Rosso Pacifico '09	🍷🍷 3

Ascheri

VIA PIUMATI, 23
12042 BRA [CN]
TEL. 0172412394
www.ascherivini.it

藏酒销售
预约参观
膳宿接待
年产量 240 000 瓶
葡萄种植面积 40 公顷

阿斯切里（Ascheri）家族拥有约40公顷的庄园主要分为三个区：塞拉伦加•阿尔巴（Sorano）的索拉诺（Serralunga d'Alba）庄园，拉莫拉（La Morra）和维度诺（Verduno）间的里瓦尔塔庄园（Rivalta）和在布拉罗尔洛（Bra Roero）的蒙塔露巴庄园（Montalupa），他们均出品西拉葡萄（Syrah）和维欧尼（Viognier）葡萄酿造的同名葡萄酒。出品这宽泛而复杂的一系列葡萄酒是为了能获得更高的经济效益并且为穆里维奇旅店（Muri Vecchi Inn）的葡萄酒牌增添美好的一笔。这个旅店由石头作主材建成，位于布拉（Bra）市中心的一排建筑物里，内有一座酒窖和漂亮的酒店。我们强烈推荐大家进去参观品鉴一下，简洁和谐的巴洛洛葡萄酒风格（Barolo）绝对不是其他标准化商业化的葡萄酒能媲美的。在索拉诺葡萄园（Sorano），塞拉伦加（Serralunga）的土地对巴洛洛葡萄的影响是至关重要的，特别是对2009年份的巴洛洛所呈现的味道有非常大的作用。

● Barolo Sorano '09	🍷🍷 5
● Barbera d'Alba Fontanelle '11	🍷🍷 3
● Barolo Pisapola '09	🍷🍷 5
● Dolcetto d'Alba Nirane '12	🍷🍷 2*
● Dolcetto d'Alba S. Rocco '12	🍷 2
○ Langhe Arneis Cristina Ascheri '12	🍷 2
● Nebbiolo d'Alba Bricco S. Giacomo '11	🍷 3
● Barolo Sorano '00	🍷🍷🍷 5
● Barolo Sorano Coste & Bricco '06	🍷🍷🍷 5
● Barolo Pisapola '08	🍷🍷 5
● Barolo Sorano '08	🍷🍷 5
● Barolo Sorano '07	🍷🍷 5
● Barolo Sorano '03	🍷🍷 5*
● Barolo Sorano Coste & Bricco '07	🍷🍷 6
● Barolo Sorano Coste & Bricco '04	🍷🍷 6
● Barolo V. dei Pola '01	🍷🍷 5

Paolo Avezza

REGIONE MONFORTE, 62
14053 CANELLI [AT]
TEL. 0141822296
www.paoloavezza.com

藏酒销售
预约参观
年产量 25 000 瓶
葡萄种植面积 7 公顷

保罗•阿维萨（Paolo Avezza）是家族产业的掌舵人，也是他在背后推动了酒庄在2001年的革新。在过去的十年里，他的出品使酒庄成为了这个地区最有趣的酒庄之一。他们主打两种静态葡萄酒，分别是尼扎•蒙菲拉托地区（Nizza Monferrato）产的尼扎葡萄酒以及由卡内利（Canelli）的葡萄酿制而成的兰格•阿尔塔葡萄酒（Alta Langa），并以其领衔气泡酒系列。酒庄的风格偏向于优雅并带有精准的香气，这是在传统的、区域性的方法的指导下而形成的。2010年的上等巴贝拉•阿斯蒂•尼扎索托•拉穆达葡萄酒（Barbera d'Asti Superiore Nizza Sotto La Muda），带有甜甜的香料气息和优雅的果香，清纯、和谐的口感伴有适当酸度，余韵悠长。

● Barbera d'Asti Sup. Nizza Sotto la Muda '10	🍷🍷🍷 4*
○ Alta Langa Brut '10	🍷🍷 4
● Barbera d'Asti '12	🍷🍷 2*
○ Moscato d'Asti La Commenda '12	🍷🍷 2*
● Barbera d'Asti Sup. Nizza Sotto la Muda '07	🍷🍷🍷 3*
○ Alta Langa Brut '08	🍷🍷 4
● Barbera d'Asti '11	🍷🍷 2*
● Barbera d'Asti '10	🍷🍷 2
● Barbera d'Asti '09	🍷🍷 2*
● Barbera d'Asti Sup. Nizza Sotto la Muda '09	🍷🍷 4
● Barbera d'Asti Sup. Nizza Sotto la Muda '08	🍷🍷 4

★Azelia

FRAZ. GARBELLETTO
VIA ALBA-BAROLO, 53
12060 CASTIGLIONE FALLETTO [CN]
TEL. 017362859
www.azelia.it

藏酒销售
预约参观
年产量 80 000 瓶
葡萄种植面积 16 公顷

这座在卡斯蒂格里奥尼•法雷托地区（Castiglione Falletto）的葡萄庄园有着悠长的历史。他们出品的酒非常优雅成熟。路易吉（Luigi）现在打理的这个葡萄酒窖是由他的祖父在20世纪30年代创立的，至今仍是其家族主业，他的妻子罗雷拉（Lorella）和儿子洛伦佐（Lorenzo）也一直在旁共同经营着。所有的葡萄都是酒庄自产的，所酿造的葡萄酒均是全副心血和一丝不苟的葡萄酒哲学的最佳体现。巴洛洛系列酒（Barolo）非常特别，经过精心打造的葡萄酒结构感和口感尤为出色。酒庄用大型橡木桶和小型小木桶酿制葡萄酒。路易吉•斯卡维诺（Luigi Scavino）的葡萄酒品质之高达到了令人称羡的品质标准。

● Barolo Bricco Fiasco '09	🍷🍷🍷 8
● Barolo '09	🍷🍷 6
● Barolo S. Rocco '09	🍷🍷 8
● Barbera d'Alba Vign. Punta '11	🍷🍷 4
● Barolo Margheria '09	🍷🍷 8
● Dolcetto d'Alba Bricco dell'Oriolo '12	🍷🍷 3
● Langhe Nebbiolo '12	🍷 4
● Barolo Bricco Fiasco '01	🍷🍷🍷 7
● Barolo Bricco Fiasco '95	🍷🍷🍷 7
● Barolo Margheria '06	🍷🍷🍷 7
● Barolo S. Rocco '08	🍷🍷🍷 8
● Barolo S. Rocco '99	🍷🍷🍷 7
● Barolo Voghera Brea Ris. '01	🍷🍷🍷 8
● Barolo '08	🍷🍷 6
● Barolo Bricco Fiasco '08	🍷🍷 8
● Barolo Margheria '08	🍷🍷 8

Osvaldo Barberis

B.TA VALDIBÀ, 42
12063 DOGLIANI [CN]
TEL. 017370054
www.osvaldobarberis.com

藏酒销售
预约参观
年产量 20 000 瓶
葡萄种植面积 8 公顷
葡萄栽培方式 有机认证

这个家族式经营的小型酒庄对待土地和大自然环境有着自己一套严密的原则，因此，它所拥有的有机认证便是其生活和工作哲学的最有力体现。多尔赛托葡萄（Dolcetto），这种当地传统的葡萄品种，是葡萄园里最主要的种植品种，其风格简单实在。此外还有用内比奥罗（Nebbiolo）和巴贝拉（Barbera）葡萄所酿造的葡萄酒，同样令人欣喜且带有葡萄品种的特性。即使这样优质的葡萄酒，价格仍是非常合理的。非常具有说服力的是2011年的内比奥罗•蒙塔加葡萄酒（Nebbiolo Muntajà），其口感深厚、前卫却不失活力。

● Dogliani Sup. Puncin '11	🍷🍷 (red) 3*
● Nebbiolo d'Alba Muntajà '11	🍷🍷 (red) 3*
● Dogliani Avrì '12	🍷🍷 3
● Dogliani Valdibà '12	🍷🍷 2*
● Piemonte Barbera Brichat '11	🍷🍷 2*
● Barbera d'Alba Castella '11	🍷 3
● Barbera d'Alba Castella '08	🍷🍷 (outline) 3
● Dogliani Puncin '10	🍷🍷 (outline) 2*
● Dogliani Puncin '09	🍷🍷 (outline) 2*
● Dogliani Puncin '08	🍷🍷 (outline) 2*
● Dogliani Valdibà '11	🍷🍷 (outline) 2*
● Dolcetto di Dogliani Puncin '05	🍷🍷 (outline) 2*
● Nebbiolo d'Alba Muntajà '09	🍷🍷 (outline) 3
● Nebbiolo d'Alba Muntajà '08	🍷🍷 (outline) 3

Batasiolo

FRAZ. ANNUNZIATA, 87
12064 LA MORRA [CN]
TEL. 017350130
www.batasiolo.com

预约参观
年产量 2 500 000 瓶
葡萄种植面积 107 公顷

自从1978年多哥利阿尼（Dogliani）家族掌管巴塔斯奥罗酒庄（Batasiolo）以来，酒庄逐步发展成为兰格地区（Langhe）最顶级的酒庄之一，这都得益于其在蒙福尔特•阿尔巴地区（Monforte d'Alba）、巴洛洛地区（Barolo）塞拉伦加•阿尔巴地区（Serralunga d'Alba）、和拉莫拉地区（La Morra）的葡萄园，从中酿造出的葡萄酒可谓是这个大区顶级的经典葡萄酒系列。这些葡萄园种植非常优质的葡萄品种，如切尔奎奥（Cerequio）和布伦纳特（Brunate）。酒庄的葡萄均采用古法酿制，通常使用大型斯拉夫尼亚橡木桶陈化。而著名的布里克琳娜•克达•巴洛洛葡萄酒（Barolo Corda della Briccolina）则是个例外，它是在小型法国酒桶中陈化而成的。非常特别的2009年的巴洛洛•布伦特葡萄酒（Barolo Brunate），适度的单宁酸，带有香料和奎宁气息的口感主导着这个中高档次系列的葡萄酒，使其在众多品种中脱颖而出。

● Barolo Brunate '09	🍷🍷 (red) 7
● Barbaresco '10	🍷🍷 5
● Barolo '09	🍷🍷 5
● Barolo Boscareto '09	🍷🍷 7
● Barolo Bussia Vign. Bofani '09	🍷🍷 7
● Barolo Cerequio '09	🍷🍷 7
● Barolo Corda della Briccolina '09	🍷🍷 8
● Dolcetto d'Alba Bricco di Vergne '12	🍷🍷 3
○ Gavi del Comune di Gavi Granée '12	🍷🍷 3
○ Langhe Chardonnay Vign. Morino '11	🍷🍷 5
● Langhe Nebbiolo '11	🍷🍷 3
○ Moscato d'Asti Bosc dla Rei '12	🍷🍷 3
○ Roero Arneis '12	🍷🍷 3
● Barbera d'Alba '11	🍷 3
○ Langhe Bianco Sunsì '12	🍷 3
● Barolo Boscareto '05	🍷🍷🍷 (outline) 7

Fabrizio Battaglino

Loc. Borgonuovo
via Montaldo Roero, 44
12040 Vezza d'Alba [CN]
Tel. 0173658156
www.battaglino.com

藏酒销售
预约参观
年产量 25 000 瓶
葡萄种植面积 5 公顷

法布里奇奥•巴塔里格诺（Fabrizio Battaglino）很用心地经营着这个小型家族式酒庄。他对于出品品质的要求是力求出品平衡且容易入口的葡萄酒，同时能展现其生长土壤的特性。种植有阿内斯（Arneis）和内比奥罗（Nebbiolo）葡萄的葡萄园位于维扎•阿尔巴地区（Vezza d'Alba），和酒庄的总部相隔很近。葡萄园坐落在科拉（Colla）海拔350米的陡峭斜坡上，沙质土壤，里面还种有罗埃洛产区（Roero）的年轻葡萄藤和超过45年的内比奥罗•阿尔巴葡萄藤（Nebbiolo d'Alba）。巴贝拉（Barbera）葡萄则种在位于古阿雷（Guarene）的蒙特贝尔（Montebello）的山坡上，这里的土壤是最适合这个葡萄品种的培育的。2011年的内比奥罗•阿尔巴•科拉葡萄酒（Nebbiolo d'Alba Colla）具有浓厚的果香和淡淡的黑醋芳香，娇气的质感，优雅的单宁香气，口感醇厚。

● Barbera d'Alba V. Munbèl '11	🍷🍷 3*
● Nebbiolo d'Alba V. Colla '11	🍷🍷 4
● Nebbiolo d'Alba '11	🍷🍷 3
○ Roero Arneis '12	🍷🍷 2*
● Nebbiolo d'Alba V. Colla '07	♀♀♀ 3*
● Barbera d'Alba Sup. Madunina '08	♀♀ 3
● Nebbiolo d'Alba '07	♀♀ 2*
● Nebbiolo d'Alba V. Colla '08	♀♀ 3
○ Passito Bric Bastia	♀♀ 4
○ Roero Arneis '11	♀♀ 2*
● Roero Sergentin '10	♀♀ 4
● Roero Sergentin '08	♀♀ 3*
● Roero Sergentin '07	♀♀ 3*

Bava

s.da Monferrato, 2
14023 Cocconato [AT]
Tel. 0141907083
www.bava.com

藏酒销售
预约参观
膳宿接待
年产量 500 000 瓶
葡萄种植面积 55 公顷

这个属于巴伐（Bava）家族的酒庄在过去一个世纪里曾是阿斯蒂地区（Asti）最有特色的风景。过去30年里的多次兼并收购，使得酒庄在皮埃蒙特地区（Piedmont）的葡萄酒制造业中处于领先地位。在蒙费拉托（Monferrato）附近的可可拉图（Cocconato）、阿格里亚诺•特尔梅（Agliano Terme in Monferrato）以及西奥卡罗（Cioccaro），遍布着大大小小的酒庄。这里主产巴贝拉葡萄（Barbera）。位于兰格地区（Langhe）的卡斯提戈里奥内•法雷特（Castiglione Falletto）的酒庄则出产内比奥罗（Nebbiolo）和多尔赛托（Dolcetto）葡萄。在积威里奥酒庄（Giulio Cocchi）还出品优质的气泡酒和以葡萄酒作基底的开胃酒，包括都灵苦艾酒（Vermouth di Torino）和美式开胃酒。这些葡萄酒都很值得一试，风格现代，让人醉心。

○ Alta Langa Brut Bianc 'd Bianc Giulio Cocchi '07	🍷🍷 5
● Barbera d'Asti Libera '11	🍷🍷 3
● Barbera d'Asti Sup. Nizza Piano Alto '10	🍷🍷 4
● Barolo Scarrone '08	🍷🍷 7
○ Moscato d'Asti Bass Tuba '12	🍷🍷 3
○ Alta Langa Brut Toto Corde Giulio Cocchi '07	🍷 4
● Malvasia di Castelnuovo Don Bosco Rosetta '12	🍷 3
○ Piemonte Chardonnay Thou Bianc '12	🍷 3
○ Alta Langa Brut Toto Corde Giulio Cocchi '06	♀♀ 5
● Barbera d'Asti Sup. Nizza Piano Alto '09	♀♀ 4
● Barbera d'Asti Sup. Stradivario '07	♀♀ 6

Bel Colle

Fraz. Castagni, 56
12060 Verduno [CN]
Tel. 0172470196
www.belcolle.it

藏酒销售
预约参观
年产量 180 000 瓶
葡萄种植面积 10 公顷

贝尔•科勒酒庄（Bel Colle）创立于1976年，因其出品的培拉维尔加•维杜诺葡萄酒（Pelaverga di Verduno）非常出众而迅速成名。然而，佛朗哥•旁提格里奥勒（Franco）和卡罗•旁提格里奥勒（Carlo Pontiglione）两兄弟决定致力于生产朗格（Langhe）的经典系列葡萄酒，包括内比奥罗（Nebbiolo）、巴洛洛（Barolo）、巴巴莱斯科（Barbaresco）、巴贝拉（Barbera）和多尔赛托（Dolcetto）等。这些品种在近年来有很大的提升和改善，部分原因是由于酿酒师保罗•多奇奥（Paolo Torchio）的大力协助。他凭借在其他酒庄特别是当地那几间酒庄的工作经验，大大提高了这些酒的独特性，突出其个体风格。他们的酿酒风格非常传统，葡萄酒的陈化是使用斯拉夫尼亚橡木桶同时结合了小型法国橡木桶来适当陈化，这能带来现代化气息。2008年的巴巴莱斯科•龙卡格里•里塞尔瓦（Barbaresco Roncaglie Riserva），淡淡的草药、奎宁、桉树和深色烟草的气息使其口味简朴，具有贵族品味。

● Barbaresco Roncaglie Ris. '08	🍷🍷🍷 5
● Barolo Monvigliero '08	🍷🍷 5
● Nebbiolo d'Alba Bricco Reala '11	🍷🍷 3*
● Barbera d'Alba Sup. '11	▼▼ 3
○ Roero Arneis '12	▼ 2
● Verduno Pelaverga '12	▼ 3
● Barolo Monvigliero '07	▽▽▽ 5
● Barolo Monvigliero '06	▽▽▽ 5
● Barbaresco '08	▽▽ 5
● Barbaresco Roncaglie '07	▽▽ 5
● Barolo '07	▽▽ 5
● Barolo '06	▽▽ 5
● Barolo Monvigliero '05	▽▽ 5
● Barolo Monvigliero Ris. '04	▽▽ 6

Bera

via Castellero, 12
12050 Neviglie [CN]
Tel. 0173630194
www.bera.it

藏酒销售
预约参观
年产量 140 000 瓶
葡萄种植面积 22 公顷

瓦尔特•贝拉（Valter Bera）在过去30年里成功地把其家族酒庄打造成为最有趣的、最著名的阿斯蒂•莫斯卡托葡萄酒（Moscato d'Asti）的酿酒商之一，这里就更不用提那些优秀的红葡萄系列酒了。庄园大部分的葡萄藤平均都已有40岁了，它们位于酒厂旁的一座小山，那里是含有黏土、凝灰的石灰岩土质。种在莫斯卡托（Moscato）葡萄旁的，是多尔赛托（Dolcetto）、巴贝拉（Barbera）、黑皮诺（Pinot Nero）、内比奥罗（Nebbiolo）和莎当尼（Chardonnay）葡萄，它们通常用于酿造阿尔塔•兰格葡萄酒（Alta Langa）。2012年的阿斯蒂•莫斯卡托•苏雷蒙葡萄酒（Moscato d'Asti Su Reimond）是最具代表性的葡萄酒之一，从厚重优美的鼠尾草和玫瑰的香气到淡淡的石灰与草药的香气，适度的酸度和甜份完美融合，酒体结构平衡，口感清新优雅。

○ Moscato d'Asti Su Reimond '12	🍷🍷 2*
● Barbaresco '09	▼▼ 5
● Barbera d'Alba La Lena '10	▼▼ 3
● Barbera d'Asti Sup. '10	▼▼ 2*
● Langhe Nebbiolo Alladio '09	▼▼ 3
○ Moscato d'Asti '12	▼▼ 2*
○ Asti '12	▼ 2
○ Langhe Chardonnay '11	▼ 2
○ Alta Langa Bera Brut '06	▽▽ 3
● Barbera d'Alba '11	▽▽ 2*
● Barbera d'Alba La Lena '09	▽▽ 3
● Barbera d'Asti Sup. '09	▽▽ 2*
● Langhe Sassisto '09	▽▽ 3
○ Moscato d'Asti '11	▽▽ 2*
○ Moscato d'Asti Su Reimond '11	▽▽ 2*

Cinzia Bergaglio

via Gavi, 29
15060 Tassarolo [AL]
Tel. 3484032968
www.vinicinziabergaglio.it

藏酒销售
预约参观
年产量 25 000 瓶
葡萄种植面积 5 公顷

辛扎•贝尔格里奥（Cinzia Bergaglio）十分用心经营的这家小酒庄仅占地5公顷，全部用于种植科特赛葡萄（Cortese）。葡萄园分别坐落在加维市（Gavi）和塔萨洛洛（Tassarolo），加维葡萄园那里是十分厚重的黏土和石灰石土质，而塔萨洛洛葡萄园则是更多含有凝灰土并富含铁元素的土质。罗威里•格里芬葡萄酒（Grifone delle Roveri），是通过简单的冷水浸泡后放入钢桶内陈化而酿成的，而当塔萨洛洛（Tassarolo）的酒庄酿制拉佛尔纳斯葡萄酒（La Fornace）时，是去了葡萄皮后再进行发酵的。酒庄只专注于出品这两种葡萄酒，它们都具有非常突出和清新的风土特点，陈化的时候能使它们更具活力和复杂性。当然，酒庄的葡萄酒总是物有所值，价格合理。

○ Gavi del Comune di Gavi Grifone delle Roveri '12	ΥΥ 2*
○ Gavi La Fornace '12	ΥΥ 2*
○ Pulein Brut M. Cl.	Υ 3
○ Gavi del Comune di Gavi Grifone delle Roveri '11	ΥΥ 2*
○ Gavi del Comune di Gavi Grifone delle Roveri '09	ΥΥ 2*
○ Gavi del Comune di Gavi Grifone delle Roveri '08	ΥΥ 2*
○ Gavi del Comune di Gavi Grifone delle Roveri '07	ΥΥ 2*
○ Gavi del Comune di Tassarolo Fornaci '07	ΥΥ 2*
○ Gavi del Comune di Tassarolo Fornaci '06	ΥΥ 2*
○ Gavi La Fornace '10	ΥΥ 2*
○ Gavi La Fornace '09	ΥΥ 2*
○ Gavi La Fornace '08	ΥΥ 2*

Nicola Bergaglio

fraz. Rovereto
loc. Pedaggeri, 59
15066 Gavi [AL]
Tel. 0143682195
nicolabergaglio@alice.it

藏酒销售
预约参观
年产量 130 000 瓶
葡萄种植面积 17 公顷

贝尔盖格里奥家族（Bergaglio）出品的葡萄酒中，大家最为称赞的是最上乘的加维葡萄酒（Gavis），这仅仅在夏季那几个月才能喝的白葡萄酒，而葡萄酒在经过一些岁月后确实能带来令人惊喜的进步。最好的例子当属米尼亚（Minia）系列酒，从罗维雷托小山上种植的科特赛（Cortese）葡萄经过钢桶陈化后，保持一贯的风格，值得陈酿。这是小品种里的旗舰酒，现在由吉安路易吉•贝尔盖格里奥（Gianluigi Bergaglio）和他的儿子迪亚哥（Diego）共同经营，葡萄酒都是由最基础的加维葡萄（Gavi di Gavi）通过钢桶陈化后酿造而成的。即使没有摘得最高奖项，尼古拉•贝尔盖格里奥（Nicola Bergaglio）的葡萄酒还是呈现出他们一贯的优良品质。

○ Gavi del Comune di Gavi Minaia '12	ΥΥ 3*
○ Gavi del Comune di Gavi '12	ΥΥ 2*
○ Gavi del Comune di Gavi Minaia '11	ΥΥΥ 4*
○ Gavi del Comune di Gavi Minaia '10	ΥΥΥ 4
○ Gavi del Comune di Gavi Minaia '09	ΥΥΥ 4
○ Gavi del Comune di Gavi '11	ΥΥ 3
○ Gavi del Comune di Gavi '10	ΥΥ 2
○ Gavi del Comune di Gavi '09	ΥΥ 3
○ Gavi del Comune di Gavi '07	ΥΥ 2*
○ Gavi del Comune di Gavi Minaia '08	ΥΥ 3*
○ Gavi del Comune di Gavi Minaia '07	ΥΥ 2*
○ Gavi del Comune di Gavi Minaia '06	ΥΥ 2*
○ Gavi del Comune di Gavi Minaia '05	ΥΥ 2*
○ Gavi del Comune di Gavi Minaia '04	ΥΥ 2*

Bersano

P.ZZA DANTE, 21
14049 NIZZA MONFERRATO [AT]
TEL. 0141720211
www.bersano.it

藏酒销售
预约参观
年产量 2 200 000 瓶
葡萄种植面积 240 公顷

巴萨诺（Bersano）酒庄由十多个庄园组成，主要位于阿斯蒂•蒙费拉托（Asti and Monferrato），脱颖而出的是塞拉伦加•阿尔巴葡萄园（Serralunga d'Alba）的巴德琳娜•卡斯西亚（Badarina Cascina）葡萄。酒庄有些葡萄也是从皮埃蒙特大区那些出品优质的区域采购回来的。酒庄的理念是为客人提供大量优质葡萄酒，生产技术要精良，并大量采用当地一些富有地域特性的葡萄品种来酿造葡萄酒。酒庄提供各种葡萄酒，包括用传统酿造法（Metodo Classico）酿制的黑皮诺（Pinot Nero）和莎当尼（Chardonnay）。巴萨诺酒庄计划今年的出品是最优质的，就从最后那两种酒开始做起。2012年的一款卢切•卡斯塔格诺尔•蒙费拉多•圣皮耶特罗葡萄酒（Ruché di Castagnole Monferrato San Pietro），典型的玫瑰和野莓果的香气，酒体深厚，结构和谐。

● Barolo Badarina '08	🍷🍷 6
● Ruché di Castagnole Monferrato S. Pietro '12	🍷🍷 3*
● Barbaresco Mantico '10	🍷🍷 6
● Barbera d'Asti Sup. Cremosina '11	🍷🍷 3
● Barbera d'Asti Sup. Nizza Generala '10	🍷🍷 5
● Barolo Nirvasco '09	🍷🍷 6
● Barolo Ris. '07	🍷🍷 7
○ Moscato d'Asti Monte Olivo '12	🍷🍷 3
○ Gavi del Comune di Gavi '12	🍷 3
● Barbera d'Asti Sup. Generala '97	🍷🍷🍷 5
● Barolo Badarina '07	🍷🍷 7
● Barolo Ris. '06	🍷🍷 7

Guido Berta

LOC. SALINE, 53
14050 SAN MARZANO OLIVETO [AT]
TEL. 0141856193
www.guidoberta.com

藏酒销售
预约参观
年产量 25 000 瓶
葡萄种植面积 10 公顷

吉多•贝尔塔（Guido Berta）酒庄的出品不多，主要关注真正有地方特色的葡萄酒。葡萄园主要位于圣•马尔扎诺•奥利费托（San Marzano Oliveto），还有小的庄园分布在阿格里阿诺•特尔梅（Agliano Terme）和卡拉曼德拉（Calamandrana）。富含钙质的黏土是用于种植那些25至50年的葡萄藤的，而这个区域最重要的品种便是巴贝拉葡萄（Barbera），其种植面积占葡萄园总面积的60%。葡萄园还种其他品种，如莫斯卡托（Moscato）、莎当尼（Chardonnay）和内比奥罗（Nebbiolo）葡萄。今年我们尤其喜爱2010年的巴贝拉•阿斯蒂•苏佩里奥雷•尼扎•康托•卢娜葡萄酒（Barbera d'Asti Superiore Nizza Canto di Luna），法定产区最出色的葡萄酒之一。

● Barbera d'Asti Sup. Nizza Canto di Luna '10	🍷🍷 5
● Barbera d'Asti Sup. '11	🍷🍷 4
○ Moscato d'Asti '12	🍷🍷 3
● Barbera d'Asti Sup. '09	🍷🍷 4
● Barbera d'Asti Sup. '08	🍷🍷 3
● Barbera d'Asti Sup. Nizza Canto di Luna '09	🍷🍷 5
● Barbera d'Asti Sup. Nizza Canto di Luna '08	🍷🍷 5
● Barbera d'Asti Sup. Nizza Canto di Luna '07	🍷🍷 4

Bianchi

via Roma, 37
28070 Sizzano [NO]
Tel. 0321810004
www.bianchibiowine.it

藏酒销售
预约参观
年产量 150 000 瓶
葡萄种植面积 21 公顷
葡萄栽培方式 有机认证

这个由保罗•泰尔帝（Paolo Tealdi Bianchi）和他的母亲伊娃（Eva）共同经营的小酒庄，虽然成长较缓慢，但是相比过去几年，还是有明显进步的。酒庄对有机栽培方法进行一系列实验。葡萄园面积在原本20公顷的基础上扩大了，跨度皮埃蒙特区（Piedmont）北部悠久法定产区（DOC），从加帝纳（Gattinara）到格美（Ghemme），还有那鲜为人知的优质产区司扎诺（Sizzano）。酒庄出品的葡萄酒风格经典传统，我们把这种经典风格理解为同时代葡萄酒中追求纯粹口感、浓郁的水果香只为衬托出更多层次的味道。这一次我们还是与保罗•泰迪（Paolo Tealdi）系列葡萄酒无缘。优雅的西扎诺2008（Sizzano 2008）或者 加帝纳2008（Gattinara 2008），代表了皮埃蒙特北部最具贵族气息的葡萄酒，单宁饱满细致。还有贵族纯种的红葡萄酒，风格进化了的。

● Sizzano '08	🍷🍷 3*
○ Colline Novaresi Bianco Luminae '12	🍷🍷 2*
● Gattinara '08	🍷🍷 4
● Colline Novaresi Nebbiolo '12	🍷 2
● Gattinara Vign. Valferana '08	🍷 4
● Ghemme '09	🍷 3
● Colline Novaresi Rosso Sanclemente '11	🍷🍷 2*
● Gattinara '07	🍷🍷 4
● Gattinara Vign. Valferana '07	🍷🍷 4
● Gattinara Vign. Valferana '06	🍷🍷 4
● Ghemme '08	🍷🍷 3
● Ghemme '07	🍷🍷 3
● Ghemme '07	🍷🍷 3
● Ghemme '05	🍷🍷 3
● Sizzano '07	🍷🍷 3

Enzo Boglietti

via Fontane, 18a
12064 La Morra [CN]
Tel. 017350330
www.enzoboglietti.com

藏酒销售
预约参观
膳宿接待
年产量 100 000 瓶
葡萄种植面积 22.5 公顷

酒庄建立之初就生产自己品牌的葡萄酒，博利帝兄弟（Boglietti Brothers）始终致力于酿造最具个性的本地葡萄酒。他们的系列葡萄酒近年有所增长，酒庄的葡萄园在拉莫（La Morra）有几块重要的片区，艾利龙庄园（Arione Cru）位于 阿尔巴•赛拉路格（Serralunga d'Alba），最近在罗帝诺（Roddino）市也开拓新的葡萄园，主要种植国际葡萄品种。 经小橡木桶陈化，葡萄酒的酒体结构活跃，表现力强，完美的平衡。虽然今年没有一靶中的，但安佐•博列帝庄园（Enzo Boglietti）知名的巴洛洛（Barolo）系列确实名副其实。巴洛洛2009（Barolo Brunate 2009）散发浓郁的香料和烟草气息。巴洛洛•佛萨帝2009（Barolo Fossati 2009）呈现活跃的水果香，还有细微的柏油和森林土地的味道。复杂的陈酿巴洛洛2007（Riserva di Barolo 2007）仍然没到适饮期。

● Barolo Brunate '09	🍷🍷 8
● Barolo Fossati '09	🍷🍷 8
● Barolo V. Arione '09	🍷🍷 8
● Barbera d'Alba Roscaleto '10	🍷🍷 5
● Barbera d'Alba V. dei Romani '09	🍷🍷 6
● Barolo Ris. '07	🍷🍷 8
● Dolcetto d'Alba Tigli Neri '11	🍷🍷 3
● Langhe Nebbiolo '11	🍷🍷 3
● Barbera d'Alba '11	🍷 3
● Barolo Case Nere '09	🍷 8
● Dolcetto d'Alba '11	🍷 2
● Langhe Cabernet V. Talpone '09	🍷 6
● Barolo Arione '06	🍷🍷🍷 8
● Barolo Arione '05	🍷🍷🍷 8
● Barolo Case Nere '04	🍷🍷🍷 8
● Barolo V. Arione '07	🍷🍷🍷 8

Bondi - Cascina Banaia

S.DA CAPPELLETTE, 73
15076 OVADA [AL]
TEL. 0131299186
www.bondivini.it

藏酒销售
预约参观
年产量 20 000 瓶
葡萄种植面积 5 公顷

在今年的《年鉴》中，我们有一些新闻要报导。巴贝拉•巴纳奥塔（Barbera Banaiotta）和多尔塞托•迪•欧瓦达•纳尼（Dolcetto di Ovada Nani）这两款酒已被改为佐餐葡萄酒，虽然它们所用的葡萄品种还是一样，从结果中我们可以判断出，邦迪家族（Bondi）的使命并没有动摇。这个决定很明显就是为了减少那些困扰着酿酒产业的繁文缛节。拉•巴纳奥塔（La Banaiotta）进入了“三杯奖”的决赛。放置在玻璃酒杯中，其红宝石色泽逐渐变成不透明的黑色，新鲜水果的香气和果酱的香味交织融合，口感有着出色的集中度和新鲜度。纳尼（Nani）是一款充满生机、高度复杂的多尔赛托（Dolcetto）葡萄酒，有香脂的气息。

- ● Banaiotta ▼▼ 4
- ● Nani ▼▼ 2*
- ● Ovada Sup. Duién '10 ▼ 4
- ● Barbera del M.to Banaiotta '10 ▽▽ 2*
- ● Dolcetto di Ovada Nani '11 ▽▽ 2*
- ● Dolcetto di Ovada Nani '09 ▽▽ 2*
- ● Dolcetto di Ovada Nani '08 ▽▽ 2*
- ● Dolcetto di Ovada Sup. D'Uien '08 ▽▽ 3
- ● M.to Barbera Banaiotta '09 ▽▽ 4
- ● M.to Barbera Ruvrin Sup. '07 ▽▽ 4
- ● Ovada D'Uien '09 ▽▽ 3

Bongiovanni

LOC. UCCELLACCIO
VIA ALBA BAROLO, 4
12060 CASTIGLIONE FALLETTO [CN]
TEL. 0173262184
www.cascinabongiovanni.it

藏酒销售
预约参观
年产量 40 000 瓶
葡萄种植面积 7.2 公顷

大卫•莫佐翁（Davide Mozzone）的家族酿酒传统可追溯到1950年，他继续满怀激情并有足够的能力经营这座酒庄。卡斯西纳•邦吉奥瓦尼（Cascina Bongiovanni）酿制的葡萄酒的成功是来自对葡萄园的精心照料，并结合了酒窖中创新的酿酒技术而不失对传统的尊重。它们的风格集中体现在正宗性上，这些葡萄酒在年轻的时候有时在口感上有一点粗糙。然而，陈酿之后必然会柔和起来，渐渐变得均衡且和谐。整个系列具有非常大的财富价值。虽然大卫•莫佐翁今年没能斩获任何奖项，但他的生产非常平衡，为皮埃蒙特区（Piedmont）主要的葡萄品种提供了大量的空间和机遇。巴洛洛系列（Barolos）的佩尔纳诺（Pernanno），主要集中在单宁的力量和坚实的适饮性，并且价格十分诱人。果汁味丰富的多尔赛托迪安诺2011（Dolcetto di Diano 2011）非常有趣。

- ● Barbera d'Alba '11 ▼▼ 3
- ● Barolo '09 ▼▼ 5
- ● Barolo Pernanno '09 ▼▼ 6
- ● Dolcetto di Diano d'Alba '12 ▼▼ 2*
- ● Dolcetto d'Alba '12 ▼ 2
- ○ Langhe Arneis '12 ▼ 2
- ● Langhe Rosso Faletto '11 ▼ 4
- ● Barolo Pernanno '01 ▽▽▽ 6
- ● Barbera d'Alba '10 ▽▽ 3
- ● Barolo '07 ▽▽ 5
- ● Barolo '06 ▽▽ 5*
- ● Barolo Pernanno '08 ▽▽ 6
- ● Barolo Pernanno '05 ▽▽ 6
- ● Dolcetto di Diano d'Alba '11 ▽▽ 2*

Borgo Maragliano

VIA SAN SEBASTIANO, 2
14051 LOAZZOLO [AT]
TEL. 014487132
www.borgomaragliano.com

藏酒销售
预约参观
年产量 295 000 瓶
葡萄种植面积 21 公顷

加利亚诺家族（Galliano）的酒庄坐落在阿斯提兰加（Asti Langa）地区的洛阿佐洛（Loazzolo），海拔450米，土壤富含泥灰土和砂岩。博尔格•玛拉格里亚诺（Borgo Maragliano）提供了不同版本的经典的莫斯卡托（Moscato）系列葡萄酒，2011年在它的阵容中增添了布拉彻托（Brachetto），它取材比斯塔尼奥（Bistagno）葡萄——亚历山德里亚省（Alessandria）的一个地区适合种植这个品种。起泡酒主要用黑皮诺（Pinot Nero）和莎当尼（Chardonnay）葡萄酿制而成。古典梅托度（Metodo Classicos）其复杂的酒体、淡雅的风格和丰富的香气使它享誉海内外。今年多格纳白葡萄酒2010（Dogma Blanc de Noirs 2010）给我们留下了深刻的印象，它酿自黑皮诺，是一款复杂而浓缩的酒，拥有红浆果和土司的气息，个性强大，酸味浓郁。相当紧密的朱塞佩•加利亚诺干型葡萄酒2009（Giuseppe Galliano Brut 2009）拥有丰富的水果香气，并隐含淡淡的硬面包的气息。而朱塞佩•加利亚诺干型珍藏2006（Giuseppe Galliano Brut Riserva 2006）葡萄酒纯朴轻松。这两款酒都含有80%的黑皮诺和莎当尼葡萄。

○ Dogma Blanc de Noirs M. Cl. '10	🍷🍷 5
○ Francesco Galliano Blanc de Blancs M. Cl. '10	🍷🍷 4
○ Giuseppe Galliano Brut M. Cl. '09	🍷🍷 4
○ Giuseppe Galliano Brut M. Cl. Ris. '06	🍷🍷 5
⊙ Giovanni Galliano Brut Rosé M. Cl. '09	🍷 4
○ Chardonnay Brut	🍷 2
○ Moscato d'Asti La Caliera '12	🍷 2
○ Piemonte Chardonnay Crevoglio '12	🍷 2
○ Giuseppe Galliano Brut M. Cl. Ris. '01	🍸🍸🍸 4*
○ Francesco Galliano Blanc de Blancs M. Cl. '09	🍸🍸 3
○ El Calié '11	🍸🍸 2*
○ Loazzolo Borgo Maragliano V. T. '09	🍸🍸 5

Giacomo Borgogno & Figli

VIA GIOBERTI, 1
12060 BAROLO [CN]
TEL. 017356108
www.borgogno.com

藏酒销售
预约参观
年产量 110 000 瓶
葡萄种植面积 16 公顷

安德拉（Andrea）——来自伊塔利（Eataly）的世界闻名的奥斯卡•法里内提（Oscar Farinetti）的儿子，是近年来最成功的意大利商人之一。在他的职员协助下，他满怀自信地经营着这座声名远扬的皮埃蒙特酒庄。酒庄建于250多年前，酒窖中酿造出经典传统的葡萄酒，设计目的是让它们在年轻时就绽放光彩，同时又有罕见的陈酿潜力。酒庄的一个独特的关注点在于对老年份酒非凡的收藏，其中有一些年份酒至今还保留着许多瓶，往往能够给我们带来难忘的感官享受。鲜为人知的位于巴洛洛市（Barolo）的利斯特（Liste）庄园以绝对优质的总体表现斩获了最高的奖项。这款巴洛洛2008（Barolo 2008）葡萄酒，单宁紧致强大，但不会减弱口感的淡雅和平衡。巴洛洛珍藏2006（Barolo Riserva 2006）也很出色，其高贵典雅的个性中饱含生机和清新。佛萨提（Fossati）和坎奴比2008（Cannubi 2008）葡萄酒同样优秀。

● Barolo Liste '08	🍷🍷🍷 8
● Barolo Cannubi '08	🍷🍷 8
● Barolo Fossati '08	🍷🍷 7
● Barolo Ris. '06	🍷🍷 7
● Barbera d'Alba Sup. '11	🍷🍷 3
● Barolo '08	🍷🍷 6
● Langhe Nebbiolo No Name '09	🍷🍷 5
● Dolcetto d'Alba '12	🍷 3
● Langhe Nebbiolo '11	🍷 4
● Barolo Cl. '98	🍸🍸🍸 7
● Barolo Liste '07	🍸🍸🍸 7
● Barolo Liste '05	🍸🍸🍸 7
● Barolo V. Liste '06	🍸🍸🍸 7
● Barolo '07	🍸🍸 6
● Barolo Ris. '05	🍸🍸 7
● Barolo Ris. '04	🍸🍸 7

Boroli

Fraz. Madonna di Como, 34
12051 Alba [CN]
Tel. 0173365477
www.boroli.it

藏酒销售
预约参观
膳宿接待
年产量 2 500 000 瓶
葡萄种植面积 32 公顷

酒庄包括两座农场，一座酿酒厂。一边是在离阿尔巴（Alba）中心只有几公里的卡斯西纳•柏姆佩（Cascina Bompè），种植阿尔巴多尔塞托葡萄（dolcetto d'Alba）的科莫玛多纳庄园（Madonna di Como）；另一边是位于卡斯蒂格里翁•法雷托（Castiglione Falletto）的拉布鲁内拉（La Brunella），拥有巴洛洛（Barolo）最著名的庄园，包括布西亚（Bussia）、塞瑞奎奥（Cerequio）和维雷洛（Villero）。酿酒厂是由西尔瓦诺（Silvano）和埃琳娜•博罗里（Elena Boroli）创建于1997年，同时，里面有一个配备着房间和餐厅的旅馆。酒庄出产的几款给人印象深刻的葡萄酒总体表现水平良好，而真正的领衔酒是巴洛洛•塞瑞奎奥2009（Barolo Cerequio 2009）拥有焦油、甘草和红浆果的混合香气，加之浓烈、复杂、如天鹅绒般顺滑的口感。巴洛洛•维雷洛2009（Barolo Villero 2009）则纯朴内敛。维雷洛珍藏2006（Villero Riserva 2006）个性丰富，单宁结构良好。接踵而至的是特级巴洛洛2009（Superb Barolo 2009）不仅味道新鲜，酒体结构展现了浓郁的古典味，并且余韵悠长，精致中含有咸味。

● Barolo Cerequio '09	🍷🍷 7
● Barolo Villero '09	🍷🍷 7
● Barolo Villero Ris. '06	🍷🍷 8
● Barbera d'Alba '11	🍷🍷 2*
● Barbera d'Alba Quattro Fratelli '11	🍷🍷 3
● Barolo '09	🍷🍷 6
● Langhe Rosso Anna '11	🍷🍷 2*
○ Moscato d'Asti Aureum '12	🍷🍷 2*
● Dolcetto d'Alba Madonna di Como '11	🍷 2
○ Langhe Arneis '12	🍷 2
○ Langhe Bianco '12	🍷 2
○ Langhe Chardonnay Bel Amì '11	🍷 3
● Nebbiolo d'Alba '11	🍷 3
● Barolo Villero '01	🍷🍷🍷 6

Francesco Boschis

Fraz. San Martino di Pianezzo, 57
12063 Dogliani [CN]
Tel. 017370574
www.marcdegrazia.com

藏酒销售
预约参观
年产量 40 000 瓶
葡萄种植面积 11 公顷

以多尔塞托葡萄酒（Dolcetto）为起点，博思奇斯（Boschis）家族从1968年开始装瓶经营佳酿。今天，保罗（Paolo）和马尔科（Marco）依然主要专注于多利亚尼（Dogliani）葡萄的栽培，持续酿造普雷伊维格纳（Vigna del Prey）、索里圣马提诺（Sorì San Martino）和西里埃吉奥维格纳（Vigna del Ciliegio）的精选系列。多尔塞托葡萄酒应用传统工艺酿造，体现在古典的风格上，只有西里埃吉奥维格纳（Vigna del Ciliegio）是使用橡木桶酿造。酒庄除了生产多格里亚尼多尔塞托（Dolcetto di Dogliani）之外，还生产阿尔巴巴贝拉（Barbera d'Alba）、吉诺林诺（Grignolino）、弗雷伊萨（Freisa）和产量有限、拥有优秀个性的单一品种朗格苏维翁（Langhe Sauvignon）。苏维翁佳里辛维格纳2012（Sauvignon Vigna dei Garisin 2012）深受称赞，有着纯正的葡萄品种味道，融合了热带水果、鼠尾草和八角的香味，使它独特而魅力非凡。多利亚尼普雷伊维格纳2011（Dogliani Vigna dei Prey 2011）多汁且果香丰富，单宁和酸度均衡协调。

● Dogliani Sup. V. dei Prey '11	🍷🍷 3*
○ Langhe Sauvignon V. dei Garisin '12	🍷🍷 3*
● Dogliani Pianezzo '12	🍷🍷 2*
● Dogliani Sup. Sorì San Martino '11	🍷🍷 3
● Langhe Rosso nei Sorì '10	🍷🍷 4
● Dogliani Sup. V. del Ciliegio '10	🍷 3
● Dogliani Sorì S. Martino '09	🍷🍷 2*
● Dogliani Sorì S. Martino '08	🍷🍷 2*
● Dogliani V. dei Prey '10	🍷🍷 2*
● Dogliani V. dei Prey '09	🍷🍷 2*
● Dogliani V. dei Prey '08	🍷🍷 2*
● Dogliani V. dei Prey '07	🍷🍷 2*
● Langhe Freisa Bosco delle Cicale '10	🍷🍷 2*
● Langhe Rosso nei Sorì '09	🍷🍷 4

Agostino Bosco

VIA FONTANE, 24
12064 LA MORRA [CN]
TEL. 0173509466
www.barolobosco.com

藏酒销售
预约参观
年产量 22 000 瓶
葡萄种植面积 5 公顷

去年该酒庄展现了一系列出色的葡萄酒，而今年它同样给我们带来了印象深刻的精选佳酿，足以赢得我们充分的肯定和称赞。阿格斯蒂诺（Agostino）创建了这座小型的家族酒庄，与他的妻子卡尔拉（Carla）和儿子安德拉（Andrea）一起共同经营，并培植着5公顷的葡萄园。他们以两个巴洛洛（Barolo）庄园为荣：位于威尔顿诺（Verduno）的尼尔兰（Neirane）和拉塞拉（La Serra）——拉莫拉（La Morra）一个历史悠久的庄园，其土壤富含黏土和石灰岩。巴洛洛的两款精选佳酿都进入了我们的最后一轮品尝。出色的巴洛洛尼尔兰2009（Barolo Neirane 2009）融合了淡雅清新的果香、烟草和八角的香味，口感凸显了健硕的结构和坚实的单宁，余味悠长细腻。巴洛洛拉塞拉2009（Barolo La Serra 2009）相比之下比较纯朴，但同样诱人，有强烈的果香，伴着奎宁和药本草香。

● Barolo La Serra '09	🍷🍷 6
● Barolo Neirane '09	🍷🍷 5
● Barbera d'Alba Volupta '11	🍷🍷 3
● Langhe Nebbiolo Rurem '11	🍷🍷 3
● Dolcetto d'Alba Vantrin '12	🍷 2
● Barbera d'Alba Sup. Volupta '11	🍷🍷 3
● Barolo La Serra '08	🍷🍷 5
● Barolo Neirane '08	🍷🍷 5
● Langhe Nebbiolo Rurem '10	🍷🍷 2*

Luigi Boveri

LOC. MONTALE CELLI
VIA XX SETTEMBRE, 6
15050 COSTA VESCOVATO [AL]
TEL. 0131838165
www.boveriluigi.com

藏酒销售
预约参观
年产量 70 000 瓶
葡萄种植面积 15 公顷

在酒庄没有销售主管和营销经理时，一个酿酒师必须充当着杂役的角色。路易吉（Luigi）也不例外，他跟妻子吉尔曼娜（Germana）满怀激情和意志力，承担着这些额外的责任，直到他们的孩子长大了，能够在商业方面助他们一臂之力。当然，路易吉在所有人当中明显地承担着最大的工作量。迄今为止，他们酿制的葡萄酒都保持令人满意的品质。处于科里•托尔托内西（Tortonesi）子分区的这些土壤富含石灰岩，使酿造的葡萄酒拥有显著的矿物特征。两款迪莫拉索（Timorassos）在酒庄中占据主导地位，它们是德尔索纳（Derthona）和费拉里迪莫拉索（Filari di Timorasso）。今年我们更偏爱德尔索纳，它展现了华丽的苹果香味，比上一个年份的版本更清新。事实上，它斩获了我们《年鉴》奖项中最高的荣耀。

○ Colli Tortonesi Timorasso Derthona '11	🍷🍷🍷 4*
● Colli Tortonesi Barbera Vignalunga '10	🍷🍷 5
● Colli Tortonesi Barbera Poggio delle Amarene '11	🍷🍷 4
○ Colli Tortonesi Cortese V. del Prete '12	🍷🍷 2*
○ Colli Tortonesi Timorasso Filari di Timorasso '10	🍷🍷 5
● Colli Tortonesi Barbera Boccanera '12	🍷 2
● Colli Tortonesi Croatina Sensazioni '10	🍷 4
○ Ramasco '12	🍷 2
○ Colli Tortonesi Timorasso Filari di Timorasso '07	🍷🍷🍷 3
● Colli Tortonesi Barbera Poggio delle Amarene '10	🍷🍷 3*
● Colli Tortonesi Barbera Poggio delle Amarene '09	🍷🍷 3*
○ Colli Tortonesi Cortese Vigna del Prete '11	🍷🍷 2*

Gianfranco Bovio

FRAZ. ANNUNZIATA
B.TA CIOTTO, 63
12064 LA MORRA [CN]
TEL. 017350667
www.boviogianfranco.com

藏酒销售
预约参观
年产量 70 000 瓶
葡萄种植面积 10 公顷

吉安弗朗科•柏维奥（Gianfranco Bovio）在朗格（Langhe）餐饮业中是一位重要的名人，而位于拉莫拉（La Morra）的贝尔维德瑞（Belvedere）是许多佳肴爱好者心驰神往的地方。这座酿酒厂创建于1976年，并逐渐茁壮成长，这多亏了沃尔特•柏拉索（Walter Porasso）的品质。酒庄包括三个历史悠久的拉莫拉庄园：佳特拉（Gattera）、阿尔柏里纳（Arborina）和罗彻特维诺（Rocchettevino），以及在卡斯迪格里翁法雷托（Castiglione Falletto）的布里克帕鲁西（Bricco Parussi）。这些巴洛洛葡萄酒（Barolos）风格相当古典，浓浓的果味，且装瓶后前些年几乎没有任何橡木味。巴洛洛•罗彻特维诺2009（Barolo Rocchettevino 2009）是这个小但品质高的葡萄酒系列的核心，带有浓浓的烟草香、香料和淡紫罗兰的芳香，结合了丝绸般无侵略性的单宁。巴洛洛佳特拉2009（Barolo Gattera 2009）在现阶段有点粗糙，其单宁的结构还有待柔和。而巴洛洛阿尔柏里纳2009（Barolo Arborina 2009）拥有清新的香气，以及显著的红浆果味道。

● Barolo Rocchettevino '09	🍷🍷 5
● Barolo Arborina '09	🍷🍷 6
● Barolo Gattera '09	🍷🍷 6
● Barolo Bricco Parussi Ris. '01	🍷🍷🍷 6
● Barolo Rocchettevino '06	🍷🍷🍷 5*
● Barolo V. Arborina '90	🍷🍷🍷 6
● Barolo Arborina '08	🍷🍷 6
● Barolo Bricco Parussi Ris. '04	🍷🍷 7
● Barolo Gattera '08	🍷🍷 6
● Barolo Gattera '07	🍷🍷 6
● Barolo Gattera '06	🍷🍷 6
● Barolo Rocchettevino '08	🍷🍷 6
● Barolo Rocchettevino '07	🍷🍷 5*

★Braida

S.DA PROVINCIALE, 9
14030 ROCCHETTA TANARO [AT]
TEL. 0141644113
www.braida.it

藏酒销售
预约参观
膳宿接待
年产量 600 000 瓶
葡萄种植面积 53 公顷

博洛尼亚家族（Bologna）经营这座酒庄已超过50年，持续保持在皮埃蒙特（Piedmont）酿酒业的顶端。其生产集中在巴贝拉（Arbera）品种上，尤其是罗凯塔•塔纳罗葡萄园（Rocchetta Tanaro）栽培的巴贝拉。而在科斯蒂格里•奥尔阿斯提（Costigliole d'Asti）、卡斯特尔诺沃•卡尔西亚（Castelnuovo Calcea）、曼格（Mango）和特雷佐•提内拉（Trezzo Tinella）栽培的葡萄则用于酿制塞拉•迪费奥里（Serra dei Fiori）白葡萄酒系列。出售的巴贝拉葡萄酒（Barberas）往往代表着这个品种最成功的现代风格诠释，丰满度、复杂度和深度都很优异。巴贝拉•阿斯提•蒙特布鲁纳2011（Barbera d'Asti Montebruna 2011）赢得了“三杯奖”奖项。也许它受到的赞赏没那么多，但依然展现了优美的樱桃香、烟草和奎宁味，柔和而复杂，丰满而协调，加上清新的酸度和非凡的余味。巴贝拉•阿斯提•布里科尤塞伦2011（Barbera d'Asti Bricco dell'Uccellone 2011）也很优秀，酒体复杂，余味悠久。而巴贝拉阿斯提布里科比戈塔2011（Barbera d'Asti Bricco della Bigotta 2011）散发着淡淡的巧克力味，结构强大，酸度适中。

● Barbera d'Asti Montebruna '11	🍷🍷🍷 3*
● Barbera d'Asti Bricco dell'Uccellone '11	🍷🍷 7
● Barbera d'Asti Bricco della Bigotta '11	🍷🍷 7
● Barbera d'Asti Ai Suma '11	🍷🍷 7
● Grignolino d'Asti '12	🍷🍷 2*
○ Langhe Nascetta Regina di Fiori '12	🍷🍷 3
● M.to Rosso Il Baciale '11	🍷🍷 3
○ Moscato d'Asti V. Senza Nome '12	🍷🍷 3
○ Langhe Bianco Il Fiore '12	🍷 3
○ Langhe Riesling Re di Fiori '12	🍷 3
● Barbera d'Asti Bricco dell'Uccellone '09	🍷🍷🍷 6
● Barbera d'Asti Bricco dell'Uccellone '05	🍷🍷🍷 6
● Barbera d'Asti Bricco della Bigotta '07	🍷🍷🍷 6
● Barbera d'Asti Bricco della Bigotta '06	🍷🍷🍷 6

Brandini

FRAZ. BRANDINI, 16
12064 LA MORRA [CN]
TEL. 017350266
www.agricolabrandini.it

藏酒销售
预约参观
年产量 70 000 瓶
葡萄种植面积 9 公顷
葡萄栽培方式 有机认证

这个坐落在拉莫拉市（La Morra）的有趣且年轻的酒庄酿造的葡萄酒是有机认证培植方式所产生的结果，尽管这一点没有在标签中体现。在这广泛的朗格（Langhe）葡萄酒中，我们很难赋予每一款以鲜明、定义分明的区分，但这个酒窖生产的酒忠实地体现了对风土的尊重，在品质方面的进步十分值得我们关注，堪称是这个地区最佳酒窖之一。它们良好的适饮性和合理的价格是该酒庄的王牌，相信被世人发现只是时间的问题。巴洛洛布朗迪尼2009（Barolo Brandini 2009）以它的香料和药本草的气息为显著特征，今年它再现了去年华丽的表现，展现出很好的单宁，平衡而协调的结构。其他的酒款也展现了优良的品质和精细的品种定义，尤其是个性丰富且很好入口的内比奥罗•费拉里•科尔蒂2011（Nebbiolo Filari Corti 2011）。

● Barolo Brandini '09	🍷🍷 6
● Barbera d'Alba Sup. Rocche del Santo '11	🍷🍷 3
● Barolo '09	🍷🍷 5
● Langhe Nebbiolo Filari Corti '11	🍷🍷 4
● Barbera d'Alba Rocche del Santo '10	🍷🍷 3
● Barbera d'Alba Sup. Rocche del Santo '10	🍷🍷 3*
● Barolo '08	🍷🍷 6
● Barolo Brandini '08	🍷🍷 6
● Langhe Nebbiolo V. Sant' Anna '10	🍷🍷 4

Brangero

VIA PROVINCIALE, 26
12055 DIANO D'ALBA [CN]
TEL. 017369423
www.brangero.it

预约参观
年产量 50 000 瓶
葡萄种植面积 9 公顷

尽管马可（Marco）代表着布朗吉洛（Brangero）家族拥有迪亚诺•达尔巴（Diano d'Alba）的第四代，但该酒庄作为企业是从1999年开始的，当时在马克的驱使下，酒庄开始装瓶出售葡萄酒。酒庄周围被8公顷自家的葡萄园所围绕，另外还在威尔顿诺（Verduno）租赁1公顷的葡萄园。酒庄生产的古典系列包括多尔塞托（Dolcetto）、巴贝拉（Barbera）、内比奥罗（Nebbiolo）和兰加（Langa）白葡萄酒，以及有着大约45年历史的蒙维格利埃罗庄园（Monvigliero）所生产的巴洛洛（Barolo）。在布朗吉洛（Brangero）家族和切尔沃（Cervo）的拉吉内斯特拉亚（La Ginestraia）庄园旗下，还有一个沿海的分支，现已进入了利古利亚区（Liguria）介绍的目录中了。巴洛洛蒙维格里埃洛2009（Barolo Monvigliero 2009）在红浆果、龙胆草、烟草和奎宁的气息中展现了它充满芬芳的年轻活力，口感丰满，单宁稳定。典型的内比奥罗•布里科•柏尔东2010（Nebbiolo Bricco Bertone 2010）有着清新的水果气息，口感顺滑且怡人。

● Barolo Monvigliero '09	🍷🍷 6
● Dolcetto di Diano d'Alba Sörì Rabino Soprano '12	🍷🍷 2*
● Langhe TreMarzo '10	🍷🍷 4
● Nebbiolo d'Alba Bricco Bertone '10	🍷🍷 4
○ Langhe Chardonnay Vignacento '12	🍷 3
● Dolcetto di Diano d'Alba Sörì Rabino Soprano '11	🍷🍷 2*
● Dolcetto di Diano d'Alba Sörì Rabino Soprano '10	🍷🍷 2*
○ Langhe Chardonnay Vignacento '11	🍷🍷 3
● Langhe Nebbiolo '10	🍷🍷 3
● Langhe TreMarzo '07	🍷🍷 3
● Nebbiolo d'Alba Bricco Bertone '09	🍷🍷 3
○ Riviera Ligure di Ponente Pigato Via Maestra '11	🍷🍷 3
● Riviera Ligure di Ponente Rossese Tramontana '11	🍷🍷 3

Brema

via Pozzomagna, 9
14045 Incisa Scapaccino [AT]
Tel. 014174019
vinibrema@inwind.it

藏酒销售
预约参观
年产量 150 000 瓶
葡萄种植面积 25 公顷

布雷玛（Brema）是本地区首批装瓶出售的酒庄之一。该家族继续发扬着经典的阿斯提（Asti）葡萄品种，其中巴贝拉（Barbera）葡萄是他们引以为荣的。葡萄园散布在四个地区：科斯蒂格里奥勒•阿斯提（Costigliole d'Asti）、曼戈（Mango）、特雷佐•提内拉（Trezzo Tinella）和卡斯特尔诺沃•卡尔西亚（Castelnuovo Calcea），是多尔赛托（Dolcetto）、布拉彻托（Brachetto）、吉诺林诺（Grignolino）、莫斯卡托（Moscato）和赤霞珠（Cabernet sauvignon）葡萄孕育的摇篮。出售的葡萄酒集中体现了果实的丰满，各种版本应有尽有，从易入口且怡人的基础版本，到更复杂、更典型的著名版本。今年巴贝拉阿斯提•埃•克鲁斯2011（Barbera d'Asti Ai Cruss 2011）进入了决赛，这有赖于它的烟草和奎宁香味，融合了洋李子的气息，美好而丰富的酸味，余韵悠长浓烈。巴贝拉阿斯提顶级沃尔佩托纳2011（Barbera d'Asti Superiore Volpettona 2011）水平欠佳，其辛辣的气息和烧烤味掩盖了果实的味道。莫斯卡托•阿斯提•玛利亚索尔2012（Moscato d'Asti Mariasole 2012）则给人愉悦的享受。

● Barbera d'Asti Ai Cruss '11	🍷🍷 2*
● Barbera d'Asti Sup. Volpettona '11	🍷🍷 5
○ Moscato d'Asti Mariasole '12	🍷🍷 2*
● Dolcetto d'Asti Montera '11	🍷 2
○ Gavi Gavise '12	🍷 2
● Barbera d'Asti Sup. Nizza A Luigi Veronelli '06	🍷🍷🍷 6
● Barbera d'Asti Ai Cruss '10	🍷🍷 2*
● Barbera d'Asti Ai Cruss '09	🍷🍷 2
● Barbera d'Asti Sup. Bricco della Volpettona '09	🍷🍷 5
● Barbera d'Asti Sup. Nizza A Luigi Veronelli '09	🍷🍷 6
● Barbera d'Asti Sup. Volpettona '10	🍷🍷 5
● Grignolino d'Asti Bricleroche '11	🍷🍷 3*
● M.to Rosso Il Fulvo '09	🍷🍷 3

Giacomo Brezza & Figli

via Lomondo, 4
12060 Barolo [CN]
Tel. 0173560921
www.brezza.it

藏酒销售
预约参观
膳宿接待
年产量 80 000 瓶
葡萄种植面积 16.5 公顷
葡萄栽培方式 有机认证

除非你花了几个小时的时间来参观布雷扎（Brezza）家族的旅馆和酒窖，否则你就不能说真正了解朗格（Langhe）和内比奥罗（Nebbiolo）。在这里你会受到西格诺尔•奥雷斯特（Signor Oreste）热情殷切的款待，并不由地赞叹他的儿子恩佐（Enzo）的工作，他的酒品坎奴比（Cannubi）、萨玛萨（Sarmassa），尤其是布里科•萨玛萨•巴洛洛葡萄酒（Bricco Sarmassa Barolos）是古典风格的典范。每一次的收获都使它们更加完整，华丽壮观。这些酒适合陈酿数十年，同时在上市之时能够以惊人的一致性吸引那些没耐心的人。对于这座酒庄来说，优秀的萨玛萨庄园（Sarmassa）往往能够给我们带来最好的成果。巴洛洛•萨玛萨2009（Barolo Sarmassa 2009）展现出复杂的奎宁气息，成熟的树莓和香料味，加以恰当的单宁和醋酸，它清新怡人，个性丰富。现在仍略显闭塞的布里科•萨玛萨2009（Bricco Sarmassa 2009），有很好的陈酿潜力。淡雅的坎奴比2009（Cannubi 2009）需要在酒瓶中放置更长时间以充分发挥其品质。

● Barolo Bricco Sarmassa '09	🍷🍷 7
● Barolo Sarmassa '09	🍷🍷 6
● Barbera d'Alba Sup. '11	🍷🍷 4
● Barolo Cannubi '09	🍷🍷 6
● Barbera d'Alba Santa Rosalia '12	🍷 3
● Dolcetto d'Alba '12	🍷 2
● Langhe Nebbiolo '12	🍷 3
● Nebbiolo d'Alba Santa Rosalia '11	🍷 3
● Barolo Bricco Sarmassa '08	🍷🍷🍷 7
● Barolo Bricco Sarmassa '07	🍷🍷🍷 7
● Barolo Cannubi '01	🍷🍷🍷 6
● Barolo Cannubi '96	🍷🍷🍷 6
● Barolo Sarmassa '05	🍷🍷🍷 6
● Barolo Sarmassa '04	🍷🍷🍷 6
● Barolo Sarmassa '03	🍷🍷🍷 6
● Barolo Cannubi '08	🍷🍷 6

Bric Cenciurio

via Roma, 24
12060 Barolo [CN]
Tel. 017356317
www.briccenciurio.com

藏酒销售
预约参观
年产量 45 000 瓶
葡萄种植面积 15 公顷

布里克森•西里奥（Bric Cenciurio）是一座比较年轻的酒庄。1994年，一位马尔切西巴洛洛（Marchesi di Barolo）的酿酒专家弗朗科•皮塔托尔（Franco Pittatore），在罗埃罗（Roero）和兰加（Langhe），准确地说是在巴洛洛（Barolo）和卡斯特里纳尔多（Castellinaldo）这两个地方购买了葡萄园地。今天这座酒庄是由他的妹夫卡尔洛•萨切托（Carlo Sacchetto）、妹妹费奥瑞拉（Fiorella）及其儿子阿里桑德罗（Alessandro）和阿尔伯托（Alberto）共同经营的。其葡萄酒延续着定义明确的传统系列，在大型斯拉夫尼亚（Slavonian）橡木桶中酿制。巴洛洛•科斯塔•鲁斯（Barolo Costa di Rose）毫无疑问是整个酒庄中最具代表性的酒款。而巴洛洛•蒙洛比奥罗•布西亚2009（Barolo Monrobiolo di Bussia 2009），带有甘草、烟草和红浆果的混合味道。基本的巴洛洛葡萄酒（Barolo）已进化得很好了。而卡斯塔•迪•鲁斯2009（Costa di Rose 2009）仍然处于一个闭塞的阶段。新鲜、易入口的朗格•内比奥罗2010（Langhe Nebbiolo 2010）非常有趣。

● Barolo Monrobiolo di Bussia '09	🍷🍷 5
● Barbera d'Alba Sup. Naunda '10	🍷🍷 4
● Barolo '09	🍷🍷 5
● Barolo Costa di Rose '09	🍷🍷 6
● Langhe Nebbiolo '10	🍷🍷 4
○ Roero Arneis '12	🍷 2
○ Roero Arneis Sito dei Fossili '11	🍷 3
● Barbera d'Alba Naunda '07	🍷🍷 4
● Barbera d'Alba Sup. '10	🍷🍷 2*
● Barolo Costa di Rose '08	🍷🍷 6
● Barolo Costa di Rose '04	🍷🍷 6
● Barolo Costa di Rose '02	🍷🍷 6
● Barolo Costa di Rose '01	🍷🍷 8*
○ Roero Arneis Sito dei Fossili '10	🍷🍷 3
○ Roero Arneis Sito dei Fossili '08	🍷🍷 3*
○ Roero Arneis Sito dei Fossili '07	🍷🍷 3*

Bricco del Cucù

loc. Bricco, 10
12060 Bastia Mondovì [CN]
Tel. 017460153
www.briccocucu.com

藏酒销售
预约参观
年产量 50 000 瓶
葡萄种植面积 10 公顷

保证法定产区酒的引入以及多格里亚尼（Dogliani）生产区的扩张，并吸收了多尔塞托•朗格•蒙瑞格雷西（Dolcetto delle Langhe Monregalesi），使得这个鲜为人知的朗格的角落被更多人所知道。达里奥•索拉（Dario Sciolla）的这个小酒厂是该地区众多培植葡萄和榛果的旧式酒庄之一。巴斯提亚（Bastia）周围的海拔和昼夜温差使这些葡萄酒富有个性和原始风味。多尔塞托（Dolcetto）是酒庄的主导产品，但同时也生产其他值得探索的酒款，都隐藏着巨大的财富价值。多格里亚尼布里科圣博尔纳多2010（Dogliani Bricco San Bernardo 2010）没能再创2009年份的佳绩，但依然达到一个不错的水平。它的酒香复杂，拥有成熟李子、黑樱桃和皮革的混合气息，口感果味浓重，给人放松的感觉。多格里亚尼2012（Dogliani 2012）容易入口，给人有活力的新鲜感。

● Dogliani Sup. Bricco S. Bernardo '10	🍷🍷 2*
● Dogliani '12	🍷🍷 2*
○ Langhe Bianco Livor '12	🍷🍷 2*
● Langhe Dolcetto '12	🍷🍷 2*
● Langhe Rosso Diavolisanti '10	🍷🍷 2*
● Dogliani Sup. Bricco S. Bernardo '09	🍷🍷🍷 2*
● Dogliani '11	🍷🍷 2*
● Dolcetto di Dogliani '10	🍷🍷 2*
● Dolcetto di Dogliani '05	🍷🍷 2*
● Dolcetto di Dogliani Sup. Bricco S. Bernardo '01	🍷🍷 3
○ Langhe Bianco Livor '11	🍷🍷 2*
○ Langhe Bianco Livor '10	🍷🍷 2*
● Langhe Rosso Superboum '09	🍷🍷 2*

Bricco Maiolica

FRAZ. RICCA
VIA BOLANGINO, 7
12055 DIANO D'ALBA [CN]
TEL. 0173612049
www.briccomaiolica.it

藏酒销售
预约参观
年产量 100 000 瓶
葡萄种植面积 21 公顷

柏皮•阿科莫（Beppe Accomo）拥有的位于朗格（Langhe）一个风景优美的角落的酒庄历史悠久，创建于1928年。他的后代渐渐把它发展成为一座一流酒庄，栽培出优秀的果实，为酿制优质的葡萄酒打下了坚实的基础。它的系列非常广泛，包括典型的本地品种和几个有趣的国际品种。其特征和个性巧妙地与不同酒款的古典风格交相融合。内比奥罗•阿尔巴•库莫特2010（Nebbiolo d'Alba Cumot 2010）香气弥漫，展现了红浆果、奎宁、烟草和香脂的气息，口感活泼生动而清新，荣获“三杯奖”奖项当之无愧。巴贝拉•维格纳•维吉亚2010（Barbera Vigna Vigia 2010）多汁且复杂，酒香中弥漫着果实的味道，并带有明显的酸度。

● Nebbiolo d'Alba Cumot '10	🍷🍷🍷 4*
● Barbera d'Alba Sup. V. Vigia '10	🍷🍷 4
○ Langhe Bianco Pensiero Infinito '09	🍷🍷 6
● Diano d'Alba Sup. Sörì Bricco Maiolica '11	🍷🍷 3
○ Langhe Bianco Rolando '11	🍷🍷 3
● Langhe Merlot Filius '10	🍷🍷 5
● Langhe Pinot Nero Perlei '10	🍷🍷 5
● Langhe Rosso Tris '11	🍷🍷 2*
● Barbera d'Alba '11	🍷 2
● Dolcetto di Diano d'Alba '12	🍷 2
● Langhe Nebbiolo '11	🍷 2
○ Langhe Sauvignon Casa Castella '12	🍷 2
● Diano d'Alba Sup. Sörì Bricco Maiolica '07	🍸🍸🍸 3*
● Nebbiolo d'Alba Cumot '09	🍸🍸🍸 4*

Bricco Mondalino

REG. MONDALINO, 5
15049 VIGNALE MONFERRATO [AL]
TEL. 0142933204
www.briccomondalino.it

藏酒销售
预约参观
年产量 80 000 瓶
葡萄种植面积 13 公顷

这座维格纳尔•蒙费拉托（Vignale Monferrato）的酒庄创建于1973年，这只是它开始装瓶并直接销售其葡萄酒的时间。在此之前，它的酒是通过经销商或者未装瓶而出售的。生产集中在本地的葡萄品种上，高迪奥（Gaudio）家族在这方面有着丰富的经验，成为这些品种出色的诠释者。基础版本的吉诺林诺（Grignolino）状态良好，拥有花香和香料的气息，代表着蒙费拉托（Monferrato）古典的最佳诠释之一。马瓦西亚•卡索尔佐•多西斯蒂•诺沃（Malvasia di Casorzo Dolce Stil Novo）带来诱人的品种特征。这款甜酒成功地平衡了糖和醋酸的成分，余味中带有单宁的气息，给你带来意料之外的愉悦之感。

● Grignolino del M.to Casalese '12	🍷🍷 2*
● Malvasia di Casorzo Dolce Stil Novo '12	🍷🍷 2*
● Barbera del M.to Sup. '11	🍷 2
○ M.to Casalese Cortese L'Amor Cortese '12	🍷 2
⊙ M.to Ciarèt Zerolegno Rosé '12	🍷 2
● Barbera d'Asti Il Bergantino '07	🍸🍸 3
● Barbera del M.to Sup. '09	🍸🍸 2
● Barbera del M.to Zerolegno '09	🍸🍸 2*
● Barbera del M.to Zerolegno '08	🍸🍸 2
● Grignolino del M.to Casalese Bricco Mondalino '11	🍸🍸 2*
● Grignolino del M.to Casalese Bricco Mondalino '10	🍸🍸 2
● Grignolino del M.to Casalese Bricco Mondalino '09	🍸🍸 2

Francesco Brigatti

via Olmi, 31
28019 Suno [NO]
Tel. 032285037
www.vinibrigatti.it

藏酒销售
预约参观
年产量 20 000 瓶
葡萄种植面积 6公顷

弗朗赛斯科•布里佳迪（Francesco Brigatti）作为这座酒庄的拥有者、酿酒专家和耕作专家，毫无疑问是诺瓦拉（Novara）区域冉冉升起的新星。他总能用与众不同的葡萄酒引起我们的好奇，这些酒能够把对地域特征的深刻认识与风格独创性结合在一起。酒庄的5公顷葡萄园以及1公顷租赁的土地位于科林诺瓦瑞西（Colline Novaresi）地区。内比奥罗（Nebbiolo）葡萄占据主导地位，同时也种植着拉雅（Uva Rara）、维斯柏里娜（Vespolina）、巴贝拉（Barbera）和厄柏露丝（Erbaluce）葡萄。这些酒酿制于不同大小的橡木桶，却展现了相同的纯朴和怡人的特质。两款冠军酒，莫特吉弗隆2010（Möt Ziflon 2010）和莫特弗雷•内比奥罗（Möttrei Nebbiolos）还有点粗糙，并受橡木酿制的束缚，离发布还为时尚早。因此酒体更为简单的酒款填补了它们的空缺。巴贝拉•康帕吉2012（Barbera Campazzi 2012）果味丰富，受大众的欢迎。维斯柏诺拉2012（Vespolina 2012）充满胡椒味和酸味。今年的领衔者当属平衡而标准的新星杰姆•奥尔特•瑞伊尔•博斯克2009（Ghemme Oltre il Bosco 2009）。

● Colline Novaresi Barbera Campazzi '12	🍷🍷 3
● Colline Novaresi Vespolina '12	🍷🍷 2*
● Ghemme Oltre il Bosco '09	🍷🍷 4
○ Colline Novaresi Bianco V. Mottobello '12	🍷 2
● Colline Novaresi Nebbiolo MötZiflon '10	🍷 3
● Colline Novaresi Nebbiolo Möttrei '10	🍷 3
● Colline Novaresi Uva Rara '12	🍷 2
○ Costabella Passito	🍷 5
● Colline Novaresi Nebbiolo Möt Ziflon '09	🍷🍷 3
● Colline Novaresi Nebbiolo Möt Ziflon '08	🍷🍷 3*
● Colline Novaresi Nebbiolo V. Möttrei '09	🍷🍷 3*
● Colline Novaresi Uva Rara '11	🍷🍷 2*
● Colline Novaresi Vespolina '11	🍷🍷 2*

Vitivinicola Broglia

loc. Lomellina, 22
15066 Gavi [AL]
Tel. 0143642998
www.broglia.it

藏酒销售
预约参观
葡萄种植面积 100 公顷

酒庄由布鲁诺•柏洛格利亚（Bruno Broglia）创立，如今由他的儿子吉安皮耶罗（Gian Piero）和保罗（Paolo）管理，是加维（Gavi）生产区最知名的酒庄之一。它占地大约100公顷，主要种植科特赛葡萄（Cortese），并专门在钢制桶中发酵，为四款不同的酒品奠定了基础。伊尔多格（Il Doge）和拉梅拉纳（La Meirana）在收成之后几个月发布，风格时尚且活泼，而布鲁诺•柏洛格利亚（Bruno Broglia）则在背风处陈酿更长时间。夏马法•洛维瑞洛起泡酒（Charmat-method Roverello Spumante）的白和桃红版本，以及来自多尔赛托（Dolcetto）和巴贝拉（Barbera）的勒佩尼西红葡萄酒（Le Pernici）使整个系列得以完整。在之前的《年鉴》中，我们已经注意到这个酒庄在不断推出新款，但它的精品仍然是布鲁诺•柏洛格利亚（Bruno Broglia），一款协调均衡的白葡萄酒，有着巨大的陈酿潜力。相反地，继承者加维•伊尔•多格（Gavi il Doge）展现了清新的本区域矿物特征。

○ Gavi del Comune di Gavi Bruno Broglia '11	🍷🍷 5
○ Gavi Il Doge '12	🍷🍷 2*
● M.to Rosso Le Pernici '11	🍷🍷 2*
⊙ Roverello Brut Rosé	🍷🍷 3
○ Brut M. Cl. Broglia	🍷 5
○ Gavi del Comune di Gavi La Meirana '12	🍷 3
○ Gavi del Comune di Gavi Spumante Roverello '11	🍷 3
○ Gavi del Comune di Gavi Villa Broglia '12	🍷 3
○ Gavi del Comune di Gavi Bruno Broglia '08	🍷🍷🍷 5
○ Gavi del Comune di Gavi Bruno Broglia '07	🍷🍷🍷 5
○ Gavi del Comune di Gavi Bruno Broglia '10	🍷🍷 5
○ Gavi del Comune di Gavi Bruno Broglia '06	🍷🍷 4

Brovia

via Alba-Barolo, 54
12060 Castiglione Falletto [CN]
Tel. 017362852
www.brovia.net

藏酒销售
预约参观
年产量 60 000 瓶
葡萄种植面积 18 公顷
葡萄栽培方式 有机认证

布罗维雅（Brovia）的葡萄酒已经在朗格（Langhe）的奥林匹斯山（Mount Olympus）葡萄酒业赢得永恒的地位。今天，这个历史悠久的酒庄由克里斯蒂娜（Cristina）和艾琳娜（Elena）两姐妹与亚历杭德罗•桑切斯•索拉纳（Alejandro Sanchez Solana）共同管理运营。酒庄占地大约18公顷，包括位于卡斯提格里翁法雷托（Castiglione Falletto）的维雷洛（Villero）、洛奇（Rocche）、加尔布雷特•苏伊（Garblèt Sué）等葡萄园和位于塞拉朗佳（Serralunga）的卡米亚（Cà Mia）等庄园。这些庄园明亮而宁静，葡萄酒发酵是在水泥大桶中经历15天至20天，并在大型木桶中陈酿大约3年。巴洛洛葡萄酒（Barolos）深受那些追求芳香纯度的人的推崇。巴洛洛卡米亚2009（Barolo Ca' Mia 2009）有着独特的烟草、甘草和焦油的深色气息，爆炸般的单宁不具侵略性。巴洛洛维雷洛2009（Barolo Villero 2009）依然有点保守，但具有很好的陈酿潜力。现阶段的巴洛洛洛奇2009（Barolo Rocche 2009）表现力更加丰富，展现了它的强大和清新的味道。

● Barolo Ca' Mia '09	🍷🍷🍷	8
● Barolo Garblèt Sué '09	🍷🍷	7
● Barolo Rocche dei Brovia '09	🍷🍷	8
● Barolo Villero '09	🍷🍷	8
● Barolo Brovia '09	▼▼	6
● Barolo Ca' Mia '00	▽▽▽	8
● Barolo Ca' Mia '96	▽▽▽	8
● Barolo Monprivato '90	▽▽▽	8
● Barolo Rocche dei Brovia '06	▽▽▽	7
● Barolo Villero '08	▽▽▽	7
● Barolo Villero '06	▽▽▽	7
● Barolo Ca' Mia '08	▽▽	7
● Barolo Garblèt Sué '06	▽▽	7
● Barolo Rocche dei Brovia '08	▽▽	7
● Barolo Rocche dei Brovia '07	▽▽	7
● Barolo Villero '05	▽▽	7

Renato Buganza

loc. Cascina Garbinotto, 4
12040 Piobesi d'Alba [CN]
Tel. 0173619370
www.renatobuganza.it

藏酒销售
预约参观
葡萄种植面积 10 公顷

瑞纳托•布干扎（Renato Buganza）于1978年在皮欧贝西阿尔巴（Piobesi d'Alba）山丘的卡斯西纳•加尔比亚诺托（Cascina Garbianotto）开始营业，并在1996年收购了卡西纳•杰柏尔（Cascina Gerbole），在布里克帕拉迪索（Bric Paradiso）等庄园的灰色泥灰岩土壤上种植了另外5公顷的葡萄藤。这里种植有本地的典型葡萄品种，包括用于酿制红酒的内比奥罗（Nebbiolo）、巴贝拉（Barbera）和多尔塞托（Dolcetto），其藤蔓年龄大约在40岁到50岁之间，还有用于酿制白酒的阿内斯（Arneis）和莎当尼（Chardonnay）。自2003年起，酒庄成为了"重要葡萄酒运动"的一员。布干扎也许缺乏一款旗舰酒，但总体表现还是非常稳定的。罗埃罗珍藏2010（Roero Riserva 2010）的橡木味有点重，但不失个性，风味丰满，带有香料、黑浆果和树根的气息。丰满而复杂的罗埃罗•阿内斯•特里弗拉2012（Roero Arneis dla Trifula 2012）香气中包含了树脂和苹果的味道。巴洛洛2009（Barolo 2009）果味丰富，充满活力。其他的酒款也酿制精良，给人愉快的享受。

● Barbera d'Alba Vija '10	▼▼	5
● Barolo '09	▼▼	6
● Langhe Rosso '09	▼▼	3
○ Roero Arneis dla Trifula '12	▼▼	3
● Roero Ris. '10	▼▼	3
● Barbera d'Alba Gerbole '09	▽▽	5
● Barolo '07	▽▽	6
○ Claudette Brut M. Cl.	▽▽	3
● Nebbiolo d'Alba Gerbole '07	▽▽	4
○ Roero Arneis dla Trifula '10	▽▽	3
● Roero Bric Paradis '08	▽▽	5

G. B. Burlotto

via Vittorio Emanuele, 28
12060 Verduno [CN]
Tel. 0172470122
www.burlotto.com

藏酒销售
预约参观
膳宿接待
年产量 60 000 瓶
葡萄种植面积 15 公顷

酒庄由玛丽娜•柏尔洛托（Marina Burlotto）和朱塞佩•阿里桑德里亚（Giuseppe Alessandria）拥有。在他们儿子法比奥（Fabio）的帮助下，这个由克蒙达托尔（Commendatore Giovanni Battista）创建于19世纪末的品牌历久弥新。庄园主要栽培内比奥罗（Nebbiolo）、蒙维格里埃洛（Monvigliero）、内尔兰（Neirane）、布雷里（Breri）、威尔顿诺洛奇欧尔莫（Rocche dell'Olmo in Verduno）和巴洛洛坎奴比（Cannubi in Barolo）葡萄。酿制的酒呈传统风格，在木桶中酿造而成。酒庄以派勒维佳葡萄（Pelaverga）酿制旗舰酒。而由巴贝拉（Barbera）、多尔赛托（Dolcetto）、苏维翁（Sauvignon）和弗雷伊萨（Freisa）葡萄酿制而来的酒款也同样值得我们注意。巴洛洛阿克里维2009（Barolo Acclivi 2009）展现出淡淡的香脂气息，并带有森林植物和香料的味道，单宁稳定而清新。巴洛洛2009（Barolo 2009）以出色的适饮性而赢得我们的满意。淡雅的巴洛洛坎奴比2009（Barolo Cannubi 2009）展现出顺滑且不具侵略性的单宁。另外，优秀的苏维翁葡萄酒（Sauvignons）也值得我们特别关注。

● Barolo '09	🍷🍷 6
● Barolo Acclivi '09	🍷🍷 6
○ Langhe Sauvignon Dives '11	🍷🍷 3*
● Barbera d'Alba Aves '11	🍷🍷 4
● Barolo Vign. Cannubi '09	🍷🍷 7
● Barolo Vign. Monvigliero '09	🍷🍷 7
● Langhe Freisa '11	🍷🍷 4
● Langhe Nebbiolo '11	🍷🍷 3
○ Langhe Sauvignon Viridis '12	🍷🍷 3
● Verduno Pelaverga '12	🍷🍷 3
● Barolo Acclivi '07	🍷🍷🍷 6
● Barolo Acclivi '08	🍷🍷 6
● Barolo Vign. Monvigliero '08	🍷🍷 6
○ Langhe Bianco Dives '09	🍷🍷 3*
○ Langhe Sauvignon Dives '10	🍷🍷 3*

★Piero Busso

via Albesani, 8
12052 Neive [CN]
Tel. 017367156
www.bussopiero.com

藏酒销售
预约参观
年产量 45 000 瓶
葡萄种植面积 10 公顷

巴巴雷斯科（Barbaresco）庄园由皮埃罗•布索（Piero Busso）家族经营管理，皮埃罗与妻子露西亚（Lucia）、儿子埃曼纽拉（Emanuela）和皮耶古伊多（Pierguido）一起向巴巴雷斯科（Barbaresco）最高的顶端稳步前进。他们的产品已经享誉意大利国内外，并且他们严格的工作得到了一系列可靠的、拥有强烈和完美个性的葡萄酒。这些酒在小型和中型木桶中成熟，即使年轻的时候也很怡人，经过适当的酿制后更能发挥出充分的潜力。巴巴雷斯科•加利纳2009（Barbaresco Gallina 2009）以完美无瑕的表现斩获了一项“三杯奖”。独特的芳香中带着桉树和甜甘草的气息；单宁柔顺，酸度清新，构成无瑕的口感。巴巴雷斯科•蒙蒂诺（Barbaresco Mondino）和圣•斯图内特2010（San Stunet 2010）虽然还很年轻，但富含个性和潜力。

● Barbaresco Gallina '09	🍷🍷🍷 8
● Barbaresco Mondino '10	🍷🍷 5
● Barbaresco S. Stunet S. Stefanetto '10	🍷🍷 7
● Barbaresco Albesani Borgese '10	🍷🍷 6
● Barbera d'Alba Majano '11	🍷🍷 3
● Dolcetto d'Alba V. Majano '12	🍷🍷 3
● Langhe Nebbiolo '11	🍷🍷 4
● Barbaresco Borgese '09	🍷🍷🍷 6
● Barbaresco Borgese '08	🍷🍷🍷 6
● Barbaresco Gallina '05	🍷🍷🍷 7
● Barbaresco S. Stefanetto '07	🍷🍷🍷 7
● Barbaresco S. Stefanetto '04	🍷🍷🍷 7
● Barbaresco S. Stefanetto '03	🍷🍷🍷 7
● Barbaresco S. Stefanetto '01	🍷🍷🍷 7
● Barbaresco S. Stefanetto '00	🍷🍷🍷 7

Ca' Bianca

REG. SPAGNA, 58
15010 ALICE BEL COLLE [AL]
TEL. 0144745420
www.cantinacabianca.it

藏酒销售
预约参观
年产量 650 000 瓶
葡萄种植面积 39 公顷

在距离亚历山德里亚（Alessandria）几公里一个迷人的山腰上，我们发现了卡比安卡（Ca' Bianca）——一座自1954年开始经营的酒庄，巧妙地管理着各种皮埃蒙特葡萄品种。多尔赛托（Dolcetto）、巴贝拉（Barbera）、科特赛（Cortese）和阿内斯（Arneis）在一个配备着最新装备的酒窖中酿制，生产出一系列时尚优雅、常销不衰的葡萄酒。酒庄由格鲁柏伊达利亚诺维尼（Gruppo Italiano Vini）所拥有，目前由皮耶鲁吉•柏尔格纳（Pierluigi Borgna）管理，他既是主管也是酿酒专家，营销方面则由大卫德•马斯卡佐尼（Davide Mascalzoni）协助管理。酒庄出售从本地葡萄品种中酿制而来的葡萄酒，酒体平衡，品质优良。而2012年份的多尔塞托阿克奎伊（Dolcetto d'Acqui）尤其令人欣喜，它有着细腻的果香，给人强大而协调的口感。另外两款巴贝拉阿斯提2011（Barbera d'Astis 2011）和切尔西（Chersì）个性丰富，有着黑浆果的香气和悠长的余味。安特（Antè）展现了樱桃和黑莓的气息，口感集中平衡。

● Barbera d'Asti Sup. Antè '11	🍷🍷 3
● Barbera d'Asti Sup. Chersì '11	🍷🍷 5
● Dolcetto d'Acqui '12	🍷🍷 3
○ Gavi '12	🍷🍷 3
● Barbera d'Asti Teis '12	🍷 3
○ Roero Arneis '12	🍷 3
● Barbera d'Asti Sup. Antè '10	🍷🍷 3
● Barbera d'Asti Sup. Chersì '10	🍷🍷 5
● Barbera d'Asti Sup. Chersì '08	🍷🍷 4
● Barbera d'Asti Sup. Chersì '07	🍷🍷 4
● Barbera d'Asti Teis '11	🍷🍷 3
○ Gavi '11	🍷🍷 3

Ca' d'Gal

FRAZ. VALDIVILLA
S.DA VECCHIA DI VALDIVILLA, 1
12058 SANTO STEFANO BELBO [CN]
TEL. 0141847103
www.cadgal.it

藏酒销售
预约参观
膳宿接待
年产量 15 000 瓶
葡萄种植面积 12 公顷

亚历山德罗•柏伊多（Alessandro Boido）的这座酒庄今年将庆祝它150岁生日，这一点清楚地证明了它在莫斯卡托葡萄（Moscato）世界举足轻重的地位。它所有的葡萄园地几乎都种植了莫斯卡托，在酒庄周围的同一块田地上，土壤从沙质到黏土，到石灰岩各种类型都有。我们所推荐的莫斯卡托葡萄酒（Moscatos）展现了很强的复杂度，并且与一般观念不一样，它们寿命都很长，这可以从维格纳•维恰（Vigna Vecchia）精选的陈酿版本中体现出来，该酒在酒瓶中放置5年之后才上市。今年见证了两款优质的莫斯卡托•阿斯提•维格纳•维恰（Moscato d'Asti Vigna Vecchias），2007年份的展现出非常优雅的鼠尾草和蜜饯的香味，丰满而细腻和谐的口感以及悠长清新的余味；花香馥郁的2012年份的更加甜美，渗透着糖渍橙皮和蜂蜜的味道。回味悠长的莫斯卡托•阿斯提•鲁敏2012（Moscato d'Asti Lumine 2012）和新鲜的阿斯提2012（Asti 2012）都是不错的酒。

○ Moscato d'Asti V. V. '12	🍷🍷 4
○ Moscato d'Asti V. V. '07	🍷🍷 3*
○ Asti '12	🍷🍷 2*
○ Moscato d'Asti Lumine '12	🍷🍷 3
● Barbera d'Asti Cassinasco '11	🍷 3
○ Moscato d'Asti V. V. '11	🍷🍷🍷 3*
○ Asti '11	🍷🍷 2*
○ Asti '09	🍷🍷 2*
○ Asti Dolce '10	🍷🍷 2*
○ Moscato d'Asti Lumine '11	🍷🍷 3
○ Moscato d'Asti Lumine '09	🍷🍷 3*
○ Moscato d'Asti Lumine '08	🍷🍷 3
○ Moscato d'Asti V. V. '09	🍷🍷 3

Ca' del Baio

via Ferrere, 33
12050 Treiso [CN]
Tel. 0173638219
www.cadelbaio.com

藏酒销售
预约参观
年产量 100 000 瓶
葡萄种植面积 25 公顷

从酿制巴巴雷斯科葡萄酒（Barbarescos）质量和稳定性来说，很少酒庄能与卡德尔•百奥（Ca' del Baio）酒庄相匹敌的，酒庄是朱里奥•格拉索（Giulio Grasso）、妻子露西亚纳（Luciana）和女儿宝拉（Paola）、维伦蒂娜（Valentina）和费德丽卡（Federica）共同运营管理的，庄园包括特雷索（Treiso）的瓦尔格兰德（Valgrande）和玛尔卡里尼（Marcarini）、巴巴雷斯科（Barbaresco）的阿西里（Asili）和波拉（Pora），都是将古典的本质编制成现代的风格。它们在法国木桶、一些全新的900升大桶和中型木桶中混制而成。酒体强大，富含果实和香料，需要更长时间的窖藏来达到它们最完美的协调。费德丽卡（Federica）酿制了最新款酒品，活泼且浓烈的巴巴雷斯科•阿西里2010（Barbaresco Asili 2010）混合了迷人的香脂、香料和甘草的气息。波拉2009（Pora 2009）拥有坚实优雅的个性特征。瓦尔格兰德2010（Valgrande 2010）使这个真正出色的巴巴雷斯科（Barbarescos）系列得以完美。值得一提的还有初次登台的雷司令2011（Riesling 2011）。

● Barbaresco Asili '10	🍷🍷🍷 6
● Barbaresco Pora '09	🍷🍷 6
● Barbaresco Valgrande '10	🍷🍷 5
● Dolcetto d'Alba Lodoli '12	🍷🍷 2*
● Langhe Nebbiolo Bric del Baio '11	🍷🍷 3
○ Langhe Riesling '11	🍷🍷 3
○ Moscato d'Asti 101 '12	🍷🍷 2*
● Langhe Nebbiolo '12	🍷 2
● Barbaresco Asili '09	🍷🍷🍷 5
● Barbaresco Asili '06	🍷🍷🍷 5
● Barbaresco Pora '06	🍷🍷🍷 6
● Barbaresco Pora '04	🍷🍷🍷 6
● Barbaresco Valgrande '08	🍷🍷🍷 5
● Barbaresco Valgrande '04	🍷🍷🍷 5
● Barbaresco Valgrande '99	🍷🍷🍷 5
● Barbaresco Valgrande '09	🍷🍷 5

Ca' Nova

via San Isidoro, 1
28010 Bogogno [NO]
Tel. 0322863406
www.cascinacanova.it

藏酒销售
预约参观
膳宿接待
年产量 40 000 瓶
葡萄种植面积 10 公顷

今年《年鉴》中首次出现了这座吉亚达•科黛卡萨（Giada Codecasa）的酒庄，它在1996年创建于博格诺（Bogogno）。在离开她的律师工作之后，吉亚达把精力都投入位于塞西亚（Sesia）和蒂西诺（Ticino）之间冰碛山的土壤之中。10公顷葡萄藤蔓种植于柏格诺（Bogogno）和洛玛格纳诺（Romagnano）之间，主要种植内比奥罗（Nebbiolo）葡萄，诺瓦拉（Novara）地区的品种，展现了优雅平衡的风格，并在装瓶几年后就拥有很怡人的适饮性。这个系列包括不同种类的科林诺瓦瑞西（Colline Novaresi），还有来自厄柏路丝葡萄（Erbaluce）的两款梅多度古典起泡酒（Metodo Classico Sparklers）。杰姆2007（Ghemme 2007）拥有集中淡雅的烟草和龙胆以及可爱清新的胡椒粉气息，口感丰满，单宁紧致，余味多汁悠长。细腻复杂的内比奥罗•梅尔奇沃2007（Nebbiolo Melchiòr 2007）有着完美的酸度。值得一提的还有绝干桃红（Extra Brut Rosé），酵母味如同奶油一般，余韵猛烈刺激。

● Ghemme '07	🍷🍷 4
● Colline Novaresi Nebbiolo Melchiòr '07	🍷🍷 3
○ Extra Brut M. Cl. Jad'Or	🍷🍷 3
⊙ Extra Brut Rosé M. Cl. Jad'Or	🍷🍷 4
○ Colline Novaresi Bianco Rugiada '12	🍷 2
⊙ Colline Novaresi Nebbiolo Aurora '12	🍷 2
● Colline Novaresi Nebbiolo Bocciòlo '07	🍷🍷 2
● Colline Novaresi Nebbiolo Melchiòr '05	🍷🍷 3
● Colline Novaresi Nebbiolo V. San Quirico '06	🍷🍷 4
● Colline Novaresi Nebbiolo V. San Quirico '05	🍷🍷 4
● Colline Novaresi Nebbiolo Bocciòlo '10	🍷🍷 2*
● Ghemme '06	🍷🍷 4
● Ghemme '05	🍷🍷 4

Ca' Rome' Romano Marengo

S.DA RABAJÀ, 86/88
12050 BARBARESCO [CN]
TEL. 0173635126
www.carome.com

藏酒销售
预约参观
年产量 30 000 瓶
葡萄种植面积 5 公顷

应该说是塞拉朗佳阿尔巴（Serralunga d'Alba）的塞瑞塔（Cerretta）和巴巴雷斯科（Barbaresco）的里奥索尔多（Rio Sordo）这两座庄园的出品该酒庄成为顶级生产商的一员。巴洛洛（Barolo）和巴巴雷斯科（Barbaresco）因而成为这座小而精的酒庄的旗舰酒。罗曼诺•马伦格（Romano Marengo）偏爱古典纯朴的个性，使他的酒具有传统而不受潮流趋势影响的风格。罗曼诺得到他的孩子朱塞佩（Giuseppe）和宝拉（Paola）的帮助，他们参与到酒庄运营的大小事务之中。另一个有趣的现象是，他们选择专注于内比奥罗葡萄（Nebbiolo），还有一小部分是巴贝拉（Barbera）葡萄。在许多不同的内比奥罗版本中，特别给我们留下深刻印象的是巴贝拉维格纳塞瑞塔2009（Barolo Vigna Cerretta 2009），它华丽丰富的表现力和极好的平衡性赢得了我们的最高奖。巴洛洛拉佩特2009（Barolo Rapet 2009）和巴巴雷斯科•里奥•索尔多2010（Barbaresco Rio Sordo 2010）也酿制得极其精良。

● Barolo V. Cerretta '09	🍷🍷🍷 7
● Barbaresco Sorì Rio Sordo '10	🍷🍷 6
● Barolo Rapet '09	🍷🍷 7
● Barbaresco Chiaramanti '10	🍷🍷 6
● Barbaresco Chiaramanti Ris. '08	🍷🍷 6
● Barbaresco Maria di Brun '09	🍷🍷 7
● Barolo Rapet '08	🍷🍷🍷 7
● Barbaresco Chiaramanti '09	🍷🍷 6
● Barbaresco Chiaramanti '07	🍷🍷 6
● Barbaresco Maria di Brun '08	🍷🍷 7
● Barbaresco Maria di Brun '06	🍷🍷 7
● Barbaresco Sorì Rio Sordo '08	🍷🍷 6
● Barbaresco Sorì Rio Sordo '06	🍷🍷 6
● Barolo Rapet '07	🍷🍷 7
● Barolo V. Cerretta '06	🍷🍷 7

★Ca' Viola

B.TA SAN LUIGI, 11
12063 DOGLIANI [CN]
TEL. 017370547
www.caviola.com

藏酒销售
预约参观
膳宿接待
年产量 60 000 瓶
葡萄种植面积 10 公顷

魅力迷人的法式风格的卡维奥拉酒庄（Cà Viola）真实地反映了它主人优雅而质朴的风度。意大利主要的酿酒专家柏佩•卡维奥拉（Beppe Caviola），是这座规模小但重要的朗格酒庄的主人。他的葡萄园中有许多古老的藤蔓，受到精心的照料，酿制出的葡萄酒紧密地反映了不同风土和类型的不同点。几年前，他们在主要的品种多尔赛托（Dolcetto）和巴贝拉（Barbera）之上增加了内比奥罗（Nebbiolo）。其中一流的产品系列中排在首位的是巴洛洛（Barolo）。多尔赛托•巴图洛特（Dolcctto Barturot）将会再陈放一年，因此我们要在2014年才能品尝到它。巴洛洛•索托卡斯特罗•迪诺维洛2008（Barolo Sottocastello di Novello 2008）浓烈而复杂，生机蓬勃而细腻微妙，给人们真正的感官享受，是当之无愧获得“三杯奖”的。内比奥罗2011（Nebbiolo 2011）酿制得很好，充满活力。

● Barolo Sottocastello di Novello '08	🍷🍷🍷 7
● Barbera d'Alba Bric du Luv '11	🍷🍷 5
● Langhe Nebbiolo '11	🍷🍷 5
● Barbera d'Alba Brichet '11	🍷🍷 4
● Dolcetto d'Alba Vilot '12	🍷🍷 3
● Barbera d'Alba Bric du Luv '10	🍷🍷🍷 5
● Barbera d'Alba Bric du Luv '07	🍷🍷🍷 5
● Barolo Sottocastello '06	🍷🍷🍷 7
● Dolcetto d'Alba Barturot '07	🍷🍷🍷 3
● Dolcetto d'Alba Barturot '05	🍷🍷🍷 3
● Langhe Nebbiolo '08	🍷🍷🍷 5
● Langhe Rosso Bric du Luv '05	🍷🍷🍷 5
● Langhe Rosso Bric du Luv '03	🍷🍷🍷 5
● Langhe Rosso Bric du Luv '01	🍷🍷🍷 5
● Langhe Rosso Bric du Luv '99	🍷🍷🍷 5

Cantina del Glicine

via Giulio Cesare, 1
12052 Neive [CN]
Tel. 017367215
www.cantinadelglicine.it

藏酒销售
预约参观
年产量 40 000 瓶
葡萄种植面积 4 公顷

只要看一眼这个在17世纪从一砖一瓦建立起来的地下酒窖，就足以深信这趟对坎迪纳德尔格里辛（Cantina del Glicine）的主人阿德里亚纳•玛尔兹（Adriana Marzi）和罗伯托•布鲁诺（Roberto Bruno）的探访是值得的。不仅仅是这个华丽的酒窖，它的产品也值得我们注意。出售的酒是传统的朗格（Langhe）风格，节制而真实地反映了风土，并有着很好的商业价值。酒庄的精品无疑是来自库拉（Currà）和玛尔科里诺（Marcorino）庄园的两款巴巴雷斯科（Barbarescos）。而拉斯康索拉塔（La Sconsolata）和拉多尔米萨（La Dormiosa）是两个巴贝拉阿尔巴（Barbera d'Alba）的精选。今年以华丽的表现赢得了第一个“三杯奖”，这就是巴巴雷斯科库拉2010（Barbaresco Currà 2010），它展现了结构和优雅的完美结合，单宁如丝绸般细腻，口感新鲜而富有活力。此外，巴巴雷斯科•马尔科里诺2010（Barbaresco Marcorino 2010）拥有香脂和烟草的气息，酿制得非常好。特别值得一提的是巴贝拉•斯康索拉塔2011（Barbera La Sconsolata 2011），果味丰富，非常容易入口。

● Barbaresco Currà '10	🍷🍷🍷 4*
● Barbaresco Marcorino '10	🍷🍷 5
● Barbera d'Alba Sup. La Sconsolata '11	🍷🍷 2*
● Barbera d'Alba Sup. La Dormiosa '10	🍷🍷 3
● Dolcetto d'Alba Olmiolo '12	🍷 2
○ Moscato d'Asti Nettare di Stelle '12	🍷 2
○ Roero Arneis Il Mandolo '12	🍷 2
● Barbaresco Currà '09	🍸🍸 4
● Barbaresco Currà '07	🍸🍸 5
● Barbaresco Currà '06	🍸🍸 5
● Barbaresco Marcorino '09	🍸🍸 5
● Barbaresco Marcorino '05	🍸🍸 5*
● Barbaresco Marcorino '04	🍸🍸 5
● Barbera d'Alba La Sconsolata '10	🍸🍸 2*
● Barbera d'Alba Sup. La Dormiosa '09	🍸🍸 3*
● Barbera d'Alba Sup. La Dormiosa '08	🍸🍸 3

Cantina del Nebbiolo

via Torino, 17
12040 Vezza d'Alba [CN]
Tel. 017365040
www.cantinadelnebbiolo.com

藏酒销售
预约参观
年产量 250 000 瓶
葡萄种植面积 260 公顷

这家举足轻重的合作酒庄成立于1901年，原名为维泽阿尔巴合作酒厂（Cantina Sociale Parrocchiale di Vezza d'Alba），在1959年进行重组后起用现在这个名字。今天它拥有175位种植成员，葡萄园坐落在罗埃罗（Roero）和朗格（Langhe）八个不同的市镇区。除了内比奥罗（Nebbiolo）之外，他们还种植巴贝拉（Barbera）、阿内斯（Arneis）、布拉彻托（Brachetto）、弗雷伊萨（Freisa）和法沃里达（Favorita）葡萄。广泛的葡萄酒系列展现了传统风格，他们首先注重的是其适饮性和芳香的集中。今年坎迪纳内比奥罗（Cantina del Nebbiolo）以一系列优质的葡萄酒占据了《年鉴》中很重要的一部分。巴巴雷斯科•梅鲁扎诺2010（Barbaresco Meruzzano 2010）拥有可爱的奎宁、甘草和覆盆子的混合香气，结构中等，但口感一流，单宁精致，余韵中个性丰富。优雅的巴巴雷斯科2010（Barbaresco 2010）有着很好的复杂度，果味丰富。其他的酒款也酿制得很好，尤其是怡人的巴贝拉阿尔巴2011（Barbera d'Alba 2011）和味道浓郁的罗埃罗2010（Roero 2010）。

● Barbaresco Meruzzano '10	🍷🍷 4*
● Barbaresco '10	🍷🍷 4
● Barbera d'Alba '11	🍷🍷 2*
● Langhe La Pranda '11	🍷🍷 2*
● Nebbiolo d'Alba '11	🍷🍷 2*
● Roero '10	🍷🍷 2*
● Barbera D'Alba Sup. '10	🍷 2
○ Roero Arneis '12	🍷 2
○ Roero Arneis Arenarium '12	🍷 2
● Barbera d'Alba '10	🍸🍸 2*
● Nebbiolo d'Alba Valmaggiore '08	🍸🍸 2*
● Roero '09	🍸🍸 2*
● Roero '08	🍸🍸 2
○ Roero Arneis '10	🍸🍸 2

Cantina del Pino

S.DA OVELLO, 31
12050 BARBARESCO [CN]
TEL. 0173635147
www.cantinadelpino.com

年产量 35 000 瓶
葡萄种植面积 7 公顷

雷纳托•瓦卡（Renato Vacca）是巴巴雷斯科（Barbaresco）很好的诠释者，展示了对内比奥罗（Nebbiolo）的敏感性，这在他成为普鲁多图里巴巴雷斯科酒庄（Produttori di Barbaresco）的一员时就很明显地看出来，之后他开始建立自己的酒庄，开发一些古老的田地，在奥维洛（Ovello）和阿尔贝萨尼（Albesan）是最著名的田地。酒窖宽敞且功能化，酿制风格是放松而现代化的，经过长期浸泡并使用小型木桶酿制，生产出果实丰富的葡萄酒，同时保留了本区域典型的单宁结构。这种特点显著的风格随着时间的沉淀成为了一个标杆。巴巴雷斯科2010（Barbaresco 2010）是今年最让我们信服的一款，典型、平衡且非常好喝。两款巴巴雷斯科2008（Barbaresco 2008）——阿尔贝萨尼（Albesani）和欧维洛（Ovello），相比之前的版本不太协调，但在酒瓶中放置一些时间将会使它更温顺。巴贝拉阿尔巴2011（Barbera d'Alba 2011）果味丰富，带有新鲜怡人的果实气息。

● Barbaresco '10	ΨΨ 5
● Barbaresco Albesani '08	ΨΨ 6
● Barbaresco Ovello '08	ΨΨ 6
● Barbera d'Alba '11	ΨΨ 4
● Langhe Nebbiolo '11	ΨΨ 3
● Barbaresco '04	ΥΥΥ 5*
● Barbaresco '03	ΥΥΥ 4*
● Barbaresco Albesani '05	ΥΥΥ 6
● Barbaresco Ovello '07	ΥΥΥ 6
● Barbaresco Ovello '99	ΥΥΥ 5
● Barbaresco '09	ΥΥ 5
● Barbaresco '07	ΥΥ 5
● Barbaresco Albesani '07	ΥΥ 6
● Barbaresco Ovello '09	ΥΥ 6
● Barbaresco Ovello '06	ΥΥ 6
● Barbera d'Alba '10	ΥΥ 4

Cantine Briamara

VIA TRENTO, 1
10014 CALUSO [TO]
TEL. 3358108781
www.cantinebriamara.it

藏酒销售
年产量 16 000 瓶
葡萄种植面积 4 公顷

坎迪尼•布里亚玛拉酒庄（Cantine Briamara）成立于2012年，当时多亏了两位合伙人，他们是玛西米利亚诺•比安科（Massimiliano Bianco）和克劳迪奥•卡维（Claudio Cavi），在勒巴坎迪酒厂（Le Baccanti）中酿制厄柏露丝（Erbaluce）的经历中得来的专业技能。今天，这两位合伙人种植着4公顷葡萄藤蔓，全部用于种植厄柏露丝（Erbaluce）。在技艺娴熟的酿酒专家卢卡•卡拉梅里诺（Luca Caramellino）的帮助下，布利亚玛拉酒庄（Briamara）开发了一个装备完善的酒窖，并在本地生产商之中赢得了盛名。值得特别一提的是帕西托（Passito），一款根据传统惯例酿制的葡萄干酒，其葡萄经过缓慢的干燥，在干燥室中悬挂，并在小型橡木桶中长期陈放。两款帕西托（Passitos）令我们折服，尤其是珍藏2001（Riserva 2001）的版本，它的剩余糖分和醋酸经过在橡木桶中长时间放置后渐渐协调。除此之外，贝雷尼丝起泡酒（Berenice spumante）也达到了完美的水平。

○ Caluso Passito Ris. '01	ΨΨ 5
○ Caluso Passito Pescarolo '07	ΨΨ 4
○ Erbaluce di Caluso Biancamano '12	ΨΨ 2*
○ Erbaluce di Caluso Spumante M. Cl. Berenice '10	ΨΨ 3
○ Caluso Spumante Berenice '05	ΥΥ 4
○ Erbaluce di Caluso San Cristoforo '10	ΥΥ 2*

La Caplana

via Circonvallazione, 4
15060 Bosio [AL]
Tel. 0143684182
lacaplana@email.it

藏酒销售
预约参观
年产量 100 000 瓶
葡萄种植面积 5 公顷

拉卡普拉纳酒庄（La Caplana）是由古伊多•纳塔利诺（Guido Natalino）于20世纪90年代创建的小型家族酒庄，是加维（Gavi）生产区最原始的生产商之一。酒庄依赖于它独特的定位，在多方面来看它是不落俗套的。酒庄位于波西欧（Bosio）亚历山德里亚省（Alessandria）的一个小村庄，在利古里亚亚平宁山脉（Ligurian Apennines）的北部斜坡上，阿达纳河岸的左边，这是一个边境地区。它的风格土特点忠实地反映在至少两条生产线组成的产品之中：一条是加维（Gavi），另一条是多尔塞托•欧瓦达（Dolcetto d'Ovada）、巴贝拉•阿斯提（Barbera d'Asti）和莎当尼•波尔菲里奥（Chardonnay Porfirio）。在波西欧这个既有白葡萄又有红葡萄，即多尔塞托（Dolcetto）和科特赛（Cortese）的地区，古伊多家族（Guido Della Caplana）超越了这两种品种。加维（Gavi）和多尔塞托（Dolcetto）是它们各自法定产区酒中最完美的代表之作。而加维迪加维（Gavi di Gavi）的杏仁味和酸度是它的特点。此外，多尔塞托•纳尔西索（Dolcetto Narciso）展现了黑浆果的果香和多汁的单宁。

● Dolcetto di Ovada Narciso '11	🍷🍷 2*
○ Gavi del Comune di Gavi '12	🍷🍷 2*
● Barbera d'Asti Sup. '11	🍷🍷 2*
● Barbera d'Asti Sup. Rubis '09	🍷🍷 2*
○ Gavi Antico Podere di Vignavecchia '12	🍷🍷 2*
● Dolcetto di Ovada '12	🍷 2
○ Gavi '12	🍷 2
○ Piomonte Chardonnay '12	🍷 2
● Dolcetto di Ovada Narciso '10	🍷🍷 2*
● Dolcetto di Ovada Narciso '09	🍷🍷 3
● Dolcetto di Ovada Narciso '08	🍷🍷 2*
● Dolcetto di Ovada Narciso '07	🍷🍷 2*
○ Gavi del Comune di Gavi '08	🍷🍷 2

La Casaccia

via D. Barbano, 10
15034 Cella Monte [AL]
Tel. 0142489986
www.lacasaccia.biz

藏酒销售
预约参观
年产量 25 000 瓶
葡萄种植面积 6.7 公顷
葡萄栽培方式 有机认证

该酒庄创建于塞拉蒙（Cella Monte），一个以石灰岩建筑而出名的地方，除此之外还是存放葡萄酒的理想之地。若干年前，同是农业学毕业的拉瓦两夫妇着手恢复他们家族的葡萄种植传统。在几年时间里，他们开始生产广泛的酒品，首先是本区域的传统酒款，并取得了优异的成绩。我们品尝到了该酒庄生产的协调的葡萄酒系列。它的大标签没有在这次阵容中出现，但基本的酒款展示了它受到的关怀和照料。朱安宁（Giuanìn）展现了可口的樱桃气息和一流的口感。吉诺林诺（Grignolino）非常怡人。而弗雷萨（Freisa）充满诱人的魅力，淡淡的芳香中带有辛辣的味道，余味给人以愉悦的享受。

● Barbera del M.to Giuanìn '12	🍷🍷 2*
● Grignolino del M.to Casalese Poggeto '12	🍷🍷 2*
● M.to Freisa Monfiorenza '12	🍷🍷 2*
● Barbera del M.to Sup. Bricco del Bosco '10	🍷 2
● Barbera d'Asti Sup. Calichè '07	🍷🍷 2
● Barbera del M.to Sup. Bricco del Bosco '09	🍷🍷 2
● Barbera del M.to Sup. Bricco del Bosco '07	🍷🍷 2*
● Grignolino del M.to Casalese Poggeto '10	🍷🍷 2
● Grignolino del M.to Casalese Poggeto '09	🍷🍷 2*
○ Piemonte Chardonnay Charnò '11	🍷🍷 3

Casalone

VIA MARCONI, 100
15040 LU [AL]
TEL. 0131741280
www.casalone.it

藏酒销售
预约参观
年产量 50 000 瓶
葡萄种植面积 10 公顷

卡萨隆（Casalone）家族在鲁•蒙费拉托（Lu Monferrato）布里科圣塔（Bricco Santa Maria）耕地并种植葡萄已有数百年的历史。随着时间的推移，他们在本地品种中加入了一些国际葡萄品种，例如黑皮诺（Pinot Nero）和梅洛（Merlot），更不用提芳香浓郁的马瓦西亚格雷卡（Malvasia Greca），他们在这品种上取得了很大的成绩，并作为三款产品的原材料：静置白葡萄酒、梅托多古典（Metodo Classico）和帕赛托（Passito）。产品的范围有限，但质量一向都是很出色的。布里科•莫尔兰蒂诺（Bricco Morlantino）状态良好，拥有成熟果实的芳香和强大、酒精丰富的口感。从马瓦西亚格雷卡酿制而来的酒款十分有趣。蒙瓦西亚静置葡萄酒（Monemvasia）芳香浓郁，有着集中可爱的果实气息。梅托多古典（Metodo Classico）则展示了优雅的气泡和香气与口感之间绝妙的平衡。

● Barbera del M.to Sup. Bricco Morlantino '10	▼▼ 2*
● M.to Rosso Rus '10	▼▼ 3
○ Monemvasia	▼▼ 2*
○ Monemvasia Brut M. Cl.	▼▼ 4
● Monferrato Rosso Arnest '09	▼ 3
● Barbera d'Asti Rubermillo '08	▽▽ 3
● Barbera del M.to Sup. Bricco Morlantino '09	▽▽ 2*
● Barbera del M.to Sup. Bricco Morlantino '08	▽▽ 2*
● Barbera del M.to Sup. Bricco Morlantino '07	▽▽ 2*
● M.to Rosso Rus '08	▽▽ 3
○ Monemvasia Passito '09	▽▽ 3
○ Monemvasia V. T. '08	▽▽ 3
● Piemonte Grignolino La Capletta '10	▽▽ 2*

Cascina Barisél

REG. SAN GIOVANNI, 30
14053 CANELLI [AT]
TEL. 0141824848
www.barisel.it

藏酒销售
预约参观
年产量 35 000 瓶
葡萄种植面积 4.5 公顷

这座潘纳家族（Penna）的酒庄尽管葡萄园数量有限，但多年以来一直都是蒙费拉托地区的一个主要的名字。围绕着农场的葡萄园面朝南，土壤富含钙，种植着巴贝拉（Barbera）、莫斯卡托（Moscato）和多尔赛托（Dolcetto）葡萄，而法沃里达葡萄（Favorita）只种植在圣•玛尔扎诺•奥里维托（San Marzano Oliveto）只有半公顷多的小园地上。值得注意的是，这里的许多藤蔓有着40年到60年的历史。巴贝拉阿斯提顶级拉卡佩勒塔2010（Barbera d'Asti Superiore La Cappelletta 2010）经常是同类中的第一，浓郁而复杂，散发着香脂的气息和橡木中而来的辛辣味，黑浆果的味道，淡淡的可可粉气息，口感丰满而淡雅，余韵悠长协调。新鲜的莫斯卡托•阿斯提•坎内里2012（Moscato d'Asti Canelli 2012），果味十分丰富的顶级巴贝拉•阿斯提•里斯托利亚2011（Barbera d'Asti Superiore Listoria 2011）和较简单却很怡人的巴贝拉•阿斯提2012（Barbera d'Asti 2012）都酿制得很好。

● Barbera d'Asti Sup. La Cappelletta '10	▼▼ (red) 4
● Barbera d'Asti '12	▼▼ 2*
● Barbera d'Asti Sup. Listoria '11	▼▼ 2*
○ Moscato d'Asti Canelli '12	▼▼ 2*
○ Enrico Penna Brut M. Cl. '09	▼ 5
● Barbera d'Asti '08	▽▽ 2*
● Barbera d'Asti Barisél '06	▽▽ 2
● Barbera d'Asti Sup. La Cappelletta '09	▽▽ 4
● Barbera d'Asti Sup. La Cappelletta '07	▽▽ 4
● Barbera d'Asti Sup. La Cappelletta '06	▽▽ 4
○ Moscato d'Asti '10	▽▽ 2*
○ Moscato d'Asti Canelli '11	▽▽ 2*

Cascina Ca' Rossa

LOC. CASCINA CA' ROSSA, 56
12043 CANALE [CN]
TEL. 017398348
www.cascinacarossa.com

藏酒销售
预约参观
年产量 80 000 瓶
葡萄种植面积 13 公顷
葡萄栽培方式 有机认证

在儿子斯蒂法诺（Stefano）的支持下，安吉洛费罗（Angelo Ferro）满怀激情和斗志经营着酒庄，品质是他的目标。他尝试用有机方式和生物动力学的方式来达到这个目标。除了以陡峭的坡度、困难的种植条件以及优质的葡萄酒为传奇的著名的卡内尔庄园（Canale）以及蒙皮萨诺（Mompissano）、穆拉萨（Mulassa）和奥迪纳吉奥（Audinaggio）之外，安吉洛费罗还购买并开始种植新的葡萄园。它同样位于维扎阿尔巴（Vezza d'Alba）另一块非常陡峭的地势上。安吉洛费罗推荐的酒款非常地道正宗，有着丰富的个性，更注重淡雅而非力量。卡西纳•卡罗萨酒庄（Cascina Ca' Rossa）以罗埃罗•蒙皮萨诺•珍藏2010（Roero Mompissano Riserva 2010）再次斩获了"三杯奖"，这是一款非常精致微妙的酒，带有集中的森林植物香气和辛辣的花香。丰满的酒体、酸度和淡雅的单宁使它的口感十分出色。罗埃罗•奥迪纳吉欧2011（Roero Audinaggio 2011）缺乏它所固有的淡雅，但有着馥郁的果实。巴贝拉•阿尔巴•穆拉萨2011（Barbera d'Alba Mulassa 2011）果味丰富，十分清新。

● Roero Mompissano Ris. '10	🍷🍷🍷	5
● Roero Audinaggio '11	🍷🍷	5
● Barbera d'Alba '12	🍷🍷	3
● Barbera d'Alba Mulassa '11	🍷🍷	5
○ Roero Arneis Merica '12	🍷	3
● Barbera d'Alba Mulassa '04	YYY	4*
● Roero Audinaggio '07	YYY	5
● Roero Audinaggio '06	YYY	5
● Roero Audinaggio '01	YYY	5
● Roero Mompissano Ris. '07	YYY	6
● Barbera d'Alba '09	YY	2
● Barbera d'Alba Mulassa '10	YY	4
● Roero Audinaggio '10	YY	5
● Roero Audinaggio '09	YY	5
● Roero Mompissano Ris. '09	YY	4

Cascina Chicco

VIA VALENTINO, 144
12043 CANALE [CN]
TEL. 0173979411
www.cascinachicco.com

藏酒销售
预约参观
年产量 320 000 瓶
葡萄种植面积 40 公顷

恩里科（Enrico）和马尔科•法森达（Marco Faccenda）两兄弟把卡西纳•奇科（Cascina Chicco）酒庄建设成为罗埃罗（Roero）酿酒业中的重要一员。他们扩大了酒庄的总部和葡萄藤的种植面积。其葡萄园大部分坐落在罗埃罗（Roero）的几个市镇，主要包括卡内尔（Canale）的蒙皮萨诺庄园（Mompissano）和维扎阿尔巴（Vezza d'Alba）的瓦尔玛吉欧庄园（Valmaggiore），以及卡斯塔格尼托（Castagnito）和卡斯特利娜尔多（Castellinaldo）。值得一提的是洛奇德尔•卡斯特雷托（Rocche del Castelletto）酿造的巴洛洛葡萄酒（Barolo），该酒庄位于蒙佛特阿尔巴（Monforte d'Alba），在吉内斯特拉（Ginestra）地区种植着5公顷的葡萄藤。今年酒庄有两款酒进入了决赛：罗埃罗•蒙特斯皮纳托2010（Roero Montespinato 2011）展示了丰满复杂的香气和紧致而风味浓郁的口感。罗埃罗瓦尔玛格奥珍藏2010（Roero Valmaggiore Riserva 2010）散发着花香和森林植物的芬芳，余味紧致而从容。而经典梅多特绝干起泡酒（Cuvée Zero Extra Brut Metodo Classico）带有可爱的苹果香气和硬面包的气息，口感新鲜缭绕。

● Roero Montespinato '11	🍷🍷	3*
● Roero Valmaggiore Ris. '10	🍷🍷	4
○ Arcass V.T.	🍷🍷	4
● Barbera d'Alba Bric Loira '11	🍷🍷	4
● Barolo Rocche di Castelletto '09	🍷🍷	5
○ Cuvée Zero Extra Brut M. Cl.	🍷🍷	3
● Nebbiolo d'Alba Mompissano '11	🍷🍷	3
● Barbera d'Alba Granera Alta '12	🍷	2
○ Arcàss Passito '04	YYY	4
● Barbera d'Alba Bric Loira '98	YYY	4*
● Barbera d'Alba Bric Loira '97	YYY	4*
● Nebbiolo d'Alba Mompissano '99	YYY	3*
● Barolo Rocche di Castelletto '08	YY	5
● Barolo Rocche di Castelletto '07	YY	5
● Roero Montespinato '10	YY	3
● Roero Valmaggiore '09	YY	4

Cascina Corte

FRAZ. SAN LUIGI
B.TA VALDIBERTI, 33
12063 DOGLIANI [CN]
TEL. 0173743539
www.cascinacorte.it

藏酒销售
预约参观
膳宿接待
年产量 30 000 瓶
葡萄种植面积 5 公顷
葡萄栽培方式 有机认证

就像人们经常说的，如果金钱价值是我们在高度分散的红酒世界中的指南针的话，桑德罗•巴洛西（Sandro Barosi）和他的这座小酒庄构成了一个少见的典范。优秀的酒是通过严格的有机种植方式和辛勤的照料酿制得来的，展现了不同葡萄品种真实的特征，非常诱人的价格也是其中一个重要的因素。多尔塞托（Dolcetto）是酒庄的旗舰酒，但巴贝拉（Barbera）和内比奥罗（Nebbiolo）同样展示了出色的个性特征。这幅迷人的画卷还包含了酒庄主人的友善、谦逊和交际。多格里亚尼顶级皮洛彻塔维奇维格涅2011（Dogliani Superiore Pirochetta Vecchie Vigne 2011）拥有浓郁而多层次的成熟黑莓和可可粉的香气，果味丰富而缭绕的口感展示了平衡协调的单宁和酸度。生机活泼的巴贝拉2011（Barbera 2011）味道非常好。而内比奥罗2011（Nebbiolo 2011）清爽的果味也令人欢喜。

● Dogliani Sup. Pirochetta V. V. '11	🍷🍷 3*
● Barnedòl	🍷🍷 4
● Langhe Barbera '11	🍷🍷 3
● Langhe Nebbiolo '11	🍷🍷 3
● Dogliani '12	🍷 2
● Dogliani Vecchie V. Pirochetta '08	🍸🍸🍸 3*
● Dogliani Pirochetta V. V. '10	🍸🍸 3
● Dogliani Pirochetta V. V. '09	🍸🍸 3*
● Dogliani V. Pirochetta '07	🍸🍸 3*
● Dogliani V. Pirochetta '06	🍸🍸 3
● Dolcetto di Dogliani '09	🍸🍸 2*
● Dolcetto di Dogliani '08	🍸🍸 2*
● Langhe Nebbiolo '10	🍸🍸 3
● Piemonte Barbera '09	🍸🍸 3

Cascina Cucco

LOC. CUCCO
VIA MAZZINI, 10
12050 SERRALUNGA D'ALBA [CN]
TEL. 0173613003
www.cascinacucco.com

藏酒销售
预约参观
年产量 70 000 瓶
葡萄种植面积 12 公顷

斯特罗皮亚纳（Stroppiana）家族企业闻名于世，扎根在皮埃蒙特区（Piedmont）并在著名的塞拉兰加•阿尔巴（Serralunga Alba）地区拥有这座俊俏的酒庄。长期以来酒庄经理皮埃朗杰洛•弗朗奇（Pierangelo Franchi）认真地负责葡萄园和酒窖的运作，使得酿制出的优秀葡萄年复一年地使自己在朗格（Langhe）出色的酒品中的地位越来越重要。酒窖中使用小型和大型木桶以追求不同酒款的完美平衡，它们都定义非常明确，并有着很高的金钱价值。我们印象特别深刻的是浓郁而复杂的巴洛洛塞拉提2009（Barolo Cerrati 2009），有着烟草、皮革和香料的混合气息，单宁和酸度平衡协调。塞拉提维格纳库科2009（Cerrati Vigna Cucco 2009）香气相当闭塞，但口感非常协调，带有红浆果的气息，并融合了坚实而富有活力的单宁。

● Barolo Cerrati '09	🍷🍷 6
● Barolo Cerrati V. Cucco '09	🍷🍷 7
● Barbera d'Alba Sup. '11	🍷🍷 4
● Barolo Cerrati V. Cucco Ris. '07	🍷🍷 8
● Barolo di Serralunga '09	🍷🍷 5
● Langhe Rosso Mondo '11	🍷🍷 4
● Barbera d'Alba '12	🍷 2
● Dolcetto d'Alba '12	🍷 2
○ Langhe Chardonnay '12	🍷 3
● Barbera d'Alba Sup. '10	🍸🍸 4
● Barolo Cerrati '08	🍸🍸 6
● Barolo Cerrati V. Cucco '08	🍸🍸 6
● Barolo di Serralunga '08	🍸🍸 5

Cascina Fonda

Loc. Cascina Fonda, 45
12056 Mango [CN]
Tel. 0173677877
www.cascinafonda.com

藏酒销售
预约参观
膳宿接待
年产量 100 000 瓶
葡萄种植面积 12 公顷

马尔科（Marco）和玛西莫•巴柏洛（Massimo Barbero）两兄弟满怀激情地管理着酒庄，几乎全身心地投入莫斯卡托（Moscato）的生产中。其葡萄园的2/3是由35年到60年的葡萄藤组成，位于曼格镇（Mango），剩下的1/3在内维（Neive），海拔大约450米，面朝东南。酒庄酿制的葡萄酒以淡雅、新鲜和怡人为特点，酒体不会过重。今年见证了该酒庄总体良好的表现，首先是莫斯卡托阿斯提贝尔皮亚诺2012（Moscato d'Asti Bel Piano 2012），它有着鼠尾草和桃子的香气，良好的酸度使得口感平衡、淡雅且悠长。莫斯卡托起泡酒2011（Moscato Spumante Tardivo 2011）展现了麝香和蜜饯的香味，给人新鲜、特点鲜明的口感。怡人悠长的阿斯提起泡酒贝尔皮亚西2012（Asti Spumante Bel Piasì 2012）活泼生动，有着酸橙和桃子的味道。

○ Asti Spumante Bel Piasì '12	▼▼ 2*
○ Moscato d'Asti Bel Piano '12	▼▼ 2*
○ Moscato Spumante Tardivo '11	▼▼ 3
○ Brut M. Cl. '08	▼ 4
○ La Tardja	▼ 3
○ Asti Bel Piasì '11	▽▽ 2*
○ Asti Bel Piasì '09	▽▽ 2*
○ Moscato d'Asti Bel Piano '11	▽▽ 2*
○ Moscato d'Asti Bel Piano '10	▽▽ 2
○ Moscato d'Asti Bel Piano '09	▽▽ 2*
○ Moscato Spumante Tardivo '10	▽▽ 3
○ Moscato Spumante Tardivo '09	▽▽ 3
○ Vendemmia Tardiva '09	▽▽ 3

Cascina Fontana

Loc. Perno
12065 Monforte d'Alba [CN]
Tel. 0173789005
www.cascinafontana.com

藏酒销售
预约参观
年产量 20 000 瓶
葡萄种植面积 5 公顷

马里奥（Mario）和露依莎（Luisa）专心而满怀激情地经营这座孟菲特小型酒庄，通过生产数量有限的优质葡萄酒来表达他们对品质的追求。当然巴洛洛（Barolo）是整场表演的明星，经过在斯拉夫尼亚橡木桶中小心翼翼的照料，酿造出很好的口感，既传统又可饮性高。合理的价格标签也是整个组合中的一部分。它们由三种主要本地品种酿制而成，给酒庄添加了一个显著的亮点。巴洛洛2008（Barolo 2008）表现不错，新鲜典型的气息中带着烟草、药本草、甘草和香料的味道，结构平衡，加上淡雅而融合得很好的单宁。多尔塞托阿尔巴2011（Dolcetto d'Alba 2011）多汁怡人，果味浓郁，很好饮用。内比奥罗2010（Nebbiolo 2010）质地纯朴，给人轻松愉悦之感。

● Barolo '08	▼▼ (red) 7
● Dolcetto d'Alba '11	▼▼ 3
● Langhe Nebbiolo '10	▼▼ 4
● Barbera d'Alba '09	▽▽ 3
● Barolo Villero e Valletta '07	▽▽ 5
● Langhe Nebbiolo '09	▽▽ 3

Cascina Gilli

via Nevissano, 36
14022 Castelnuovo Don Bosco [AT]
Tel. 0119876984
www.cascinagilli.it

藏酒销售
预约参观
年产量 140 000 瓶
葡萄种植面积 21 公顷

詹尼•维格纳诺（Gianni Vergnano）无疑是两种本地葡萄品种最热情的拥护者和最好的诠释者，生产出来的葡萄酒不仅独特，还很传统，这里包括弗雷萨（Freisa）和卡斯特诺瓦马瓦西亚（Malvasia di Castelnuovo）系列。葡萄园坐落在石灰质的黏土之上，同时也是巴贝拉（Barbera）和伯纳达（Bonarda）的摇篮。然而，弗雷萨才是至高无上的，并且该酒庄酿造它的每一个版本，从陈酿到半起泡都有。这些酒表现力强，正宗地道，给人惊喜。今年我们特别喜欢巴贝拉•阿斯提•勒•莫2011（Barbera d'Asti Le More 2011），它展现了很好的结构，带有红浆果和烟草的气息。同样酿制得很好的还有弗雷萨•阿斯提•阿尔维勒2010（Freisa d'Asti Arvelé 2010），拥有胡椒和玫瑰的香气，余韵悠长，个性丰富。我们同样很享受弗雷萨•阿斯提•弗里詹•鲁纳2012（Freisa d'Asti Frizzante Luna di Maggio 2012），它的酒体平衡，结构合理。弗雷萨•阿斯提•伊尔福诺2011（Freisa d'Asti Il Forno 2011）带有胡椒的味道，芬芳的花香和悠长质朴的余味。

● Barbera d'Asti Le More '11	🍷🍷 2*
● Freisa d'Asti Arvelé '10	🍷🍷 3
● Freisa d'Asti Frizzante Luna di Maggio '12	🍷🍷 2*
● Freisa d'Asti Il Forno '11	🍷🍷 2*
● Malvasia di Castelnuovo Don Bosco '12	🍷 2
● Barbera d'Asti Sebrì '09	🍸🍸 3
● Barbera d'Asti V. delle More '10	🍸🍸 2*
● Freisa d'Asti Arvelé '08	🍸🍸 3
● Freisa d'Asti Arvelé '07	🍸🍸 3
● Freisa d'Asti V. del Forno '10	🍸🍸 2*
● Piemonte Bonarda Sernù '08	🍸🍸 2*
● Piemonte Bonarda Sernù '07	🍸🍸 2*

Cascina Giovinale

s.da San Nicolao, 102
14049 Nizza Monferrato [AT]
Tel. 0141793005
www.cascinagiovinale.com

藏酒销售
预约参观
年产量 25 000 瓶
葡萄种植面积 7 公顷

酒庄由布鲁诺•西奥卡（Bruno Ciocca）和安娜•玛利亚（Anna Maria Solaini）创建于1980年，葡萄园坐落在尼扎（Nizza）地区的圣尼克劳（San Nicolao）山丘上，集中生产巴贝拉（Barbera）葡萄。面朝南和面朝西的葡萄园处于沙质的石灰岩的土壤之上，葡萄藤大部分都超过50年历史。巴贝拉（Barbera）是主要种植的品种，还有小部分的赤霞珠（Cabernet Sauvignon）、莫斯卡托（Moscato）和多尔塞托（Dolcetto）。所产的酒以丰富的果实为特征，集中在淡雅型而不是酒体上。卡西纳•吉欧维纳尔（Cascina Giovinale）今年只提交了一款酒，是它的旗舰酒。巴贝拉阿斯提顶级尼扎安赛玛2010（Barbera d'Asti Superiore Nizza Anssèma 2010）直接进入了决赛，它馥郁的香气中融合了香料、干药草的芳香和红果实的味道。口感丰富，风味独特，带有极好的单宁密度，余韵悠长而富有个性。

● Barbera d'Asti Sup. Nizza Anssèma '10	🍷🍷 3*
● Barbera d'Asti Sup. '09	🍸🍸 2*
● Barbera d'Asti Sup. '07	🍸🍸 2*
● Barbera d'Asti Sup. '06	🍸🍸 2*
● Barbera d'Asti Sup. Nizza Anssèma '09	🍸🍸 3*
● Barbera d'Asti Sup. Nizza Anssèma '07	🍸🍸 4
● Barbera d'Asti Sup. Nizza Anssèma '06	🍸🍸 4*
● Barbera d'Asti Sup. Nizza Anssèma '05	🍸🍸 4
● Barbera d'Asti Sup. Nizza Anssèma '04	🍸🍸 4

★Cascina La Barbatella

S.DA ANNUNZIATA, 55
14049 NIZZA MONFERRATO [AT]
TEL. 0141701434
www.labarbatella.com

藏酒销售
预约参观
年产量 22 000 瓶
葡萄种植面积 4 公顷

佩瑞戈家族（Perego）三年前接管卡辛纳•拉•巴尔巴特拉酒庄（Cascina La Barbatella）并继续跟随着安吉•洛松维科（Angelo Sonvico）用热情和技术所开辟出来的道路。其葡萄园处于富含石灰岩和细沙的土壤上，从酒庄总部向周围三个地区辐射。低产量的巴贝拉葡萄酒（Barbera）酿制于维格纳德尔安吉洛（Vigna dell'Angelo）中，而解百纳（Cabernet）和巴贝拉（Barbera）生长在维格纳迪松维科（Vigna di Sonvico）庄园里。酿制的酒呈现代风格，除此之外还有较为传统的高品质巴贝拉葡萄酒，他们追求增强本地和国际品种的结合。获得"三杯奖"的蒙费拉托松维科干红葡萄酒2009（Monferrato Rosso Sonvico 2009）是经典的巴贝拉（Barbera）和赤霞珠（Cabernet Sauvignon）葡萄的混合，散发着樱桃和烟草的香气，淡雅而复杂，展现了协调的酒体和悠长缭绕的余味。浓烈丰满的巴贝拉阿斯提2011（Barbera d'Asti 2011）也表现优秀。强大的巴贝拉阿斯提顶级尼扎拉维格纳安吉洛2010（Barbera d'Asti Superiore Nizza La Vigna dell'Angelo 2010）拥有可爱的酸度。

● M.to Rosso Sonvico '09	🍷🍷🍷 6
● Barbera d'Asti '11	🍷🍷 3*
● Barbera d'Asti Sup. Nizza V. dell'Angelo '10	🍷🍷 5
● M.to Rosso Ruanera '10	🍷🍷 2*
● Barbera d'Asti Sup. Nizza V. dell'Angelo '07	🍷🍷🍷 5
● Barbera d'Asti Sup. Nizza V. dell'Angelo '01	🍷🍷🍷 5
● M.to Rosso Mystère '01	🍷🍷🍷 6
● M.to Rosso Sonvico '06	🍷🍷🍷 5
● M.to Rosso Sonvico '04	🍷🍷🍷 5
● M.to Rosso Sonvico '03	🍷🍷🍷 5
● M.to Rosso Sonvico '00	🍷🍷🍷 7
● M.to Rosso Sonvico '98	🍷🍷🍷 5

Cascina La Maddalena

FRAZ. SAN GIACOMO
LOC. PIANI DEL PADRONE, 257
15078 ROCCA GRIMALDA [AL]
TEL. 0143876074
www.cascina-maddalena.com

藏酒销售
预约参观
膳宿接待
年产量 20 000 瓶
葡萄种植面积 4 公顷

卡辛纳拉玛达勒纳（Cascina La Maddalena）是奥瓦达（Ovada）地区一个小酒庄，酿造经典风格的葡萄酒，由于在酒窖中限制性的干预和操作，这些酒展现出具有原始风味的纯朴特征，保留了它们的个性。这些是真正的产品，往往酿制出色，采用的原材料有梅洛（Merlot）、多尔塞托（Dolcetto）和巴贝拉（Barbera）葡萄。如果气候条件允许的话，整个酿制过程是在一个小家庭旅馆，以及为旅客准备的葡萄酒品尝室的基础上进行的。2012年份的布里科德尔巴加托（Bricco del Bagatto）散发着黑浆果、奎宁和可可粉的香气，是一款口感紧密而强大的活力葡萄酒。基本的多尔塞托（Dolcetto）带有丰富的特征和个性，充满馥郁而丰满的口感。香味集中的罗索迪奥克拉（Rosso d'Ocra）带着可爱的可可粉和甜香料香气，结构协调的口感以及悠长带单宁的余味。

● Barbera del M.to Rossa d'Ocra '11	🍷🍷 2*
● Dolcetto di Ovada '12	🍷🍷 2*
● Dolcetto di Ovada Bricco del Bagatto '12	🍷🍷 3
● Barbera del M.to '12	🍷 2
● Dolcetto di Ovada '11	🍷🍷 2
● Dolcetto di Ovada '10	🍷🍷 2*
● Dolcetto di Ovada '09	🍷🍷 2*
● Dolcetto di Ovada Bricco del Bagatto '11	🍷🍷 3
● Dolcetto di Ovada Bricco del Bagatto '09	🍷🍷 2*
● Dolcetto di Ovada Bricco del Bagatto '06	🍷🍷 3
● Dolcetto di Ovada Migulle '09	🍷🍷 4
● M.to Rosso La Decima Vendemmia '06	🍷🍷 5
● M.to Rosso Pian del Merlo '10	🍷🍷 3
● M.to Rosso Pian del Merlo '07	🍷🍷 3

Cascina Montagnola

S.DA MONTAGNOLA, 1
15058 VIGUZZOLO [AL]
TEL. 3480742701
www.cascinamontagnola.com

藏酒销售
预约参观
年产量 25 000 瓶
葡萄种植面积 10 公顷

卡辛纳•蒙塔格诺拉酒庄（Cascina Montagnola）是多纳塔特拉•吉安诺提（Donatella Giannotti）在1987年投下的一个赌注，现在证明了他是胜者。在收购了亚平宁山脉（Appenines）分叉处的这座华丽酒庄之后，她立即爱上了这里酿制的葡萄酒，并开始从她自己的葡萄园中生产装瓶葡萄酒，以达到最优质的质量为目标。一开始她主要种植白葡萄莎当尼（Chardonnay），并取得了优秀的成果，但当她投入本地葡萄提莫拉索（Timorasso）的栽培当中时，所取得的成就更令人惊叹。这次莫拉索（Morasso）一个豪华版本斩获了一项“三杯奖”，这有赖于它浓烈的苹果香味和诱人的粉红葡萄的气息。红葡萄的版本也表现良好。巴贝拉阿玛兰托2011（Barbera Amaranto 2011）同样进入了决赛，证明了它是整个托尔托纳（Tortona）区域中最强大的巴贝拉（Barberas）之一。罗迪欧2010（Rodeo 2010），一款橡木桶酿制的巴贝拉，也很出众。

● Colli Tortonesi Barbera Amaranto '11	🍷🍷 2*
○ Colli Tortonesi Timorasso Morasso '11	🍷🍷 4
● Colli Tortonesi Barbera Rodeo '10	🍷🍷 5
○ Colli Tortonesi Cortese Dunin '12	🍷🍷 2*
○ Colli Tortonesi Bianco Alcesti '12	🍷 3
● Colli Tortonesi Rosso Donaldo '12	🍷 2
● Colli Tortonesi Barbera Rodeo '09	🍷🍷 5
● Colli Tortonesi Barbera Rodeo '08	🍷🍷 5
○ Colli Tortonesi Cortese Dunin '10	🍷🍷 2*
● Colli Tortonesi Croatina Donaldo '11	🍷🍷 3
○ Colli Tortonesi Timorasso Derthona '10	🍷🍷 3*
○ Colli Tortonesi Timorasso Morasso '09	🍷🍷 4

Cascina Morassino

S.DA BERNINO, 10
12050 BARBARESCO [CN]
TEL. 0173635149
morassino@gmail.com

藏酒销售
预约参观
年产量 20 000 瓶
葡萄种植面积 4.5 公顷

这座小型的家族酒庄成功地在这片多样化的巴巴雷斯科（Barbaresco）产区的顶尖酒庄中为自己占领了一席之地。从品尝马里奥（Mario）和罗伯托•布朗科（Roberto Blanco）所酿制的不同酒品之中，我们更加肯定了这座小酒庄一如既往的超高品质。旗舰酒款巴巴雷斯科（Barbaresco）来自于奥维洛（Ovello）庄园，有着出色特征和个性的风土。其风格保持协调和谐和高水平，并没有任何瑕疵或极端，淡雅而均衡。巴巴雷斯科奥维洛2010（Barbaresco Ovello 2010）展现了甜甘草、香料和药草本的混合香气，口感丰富，但仍然还未达到完美的平衡，单宁明显但不具侵略性。巴巴雷斯科莫拉西莫2010（Barbaresco Morassino 2010）还缺乏表现力，需要在酒瓶中放置更长时间，以充分发挥出它的潜力。

● Barbaresco Ovello '10	🍷🍷 6
● Barbaresco Morassino '10	🍷🍷 5
● Barbaresco Morassino '09	🍷🍷🍷 5
● Barbaresco Morassino '05	🍷🍷 5
● Barbaresco Morassino '01	🍷🍷 5*
● Barbaresco Ovello '09	🍷🍷 6
● Barbaresco Ovello '08	🍷🍷 6
● Barbaresco Ovello '07	🍷🍷 6
● Barbaresco Ovello '06	🍷🍷 6
● Barbaresco Ovello '05	🍷🍷 6
● Barbaresco Ovello '04	🍷🍷 6
● Barbaresco Ovello '03	🍷🍷 6
● Barbaresco Ovello '02	🍷🍷 6
● Barbaresco Ovello '01	🍷🍷 6
● Barbaresco Ovello '00	🍷🍷 6
● Barbera d'Alba Vignot '07	🍷🍷 4*

Cascina Pellerino

LOC. SANT'ANNA, 93
12043 MONTEU ROERO [CN]
TEL. 0173978171
www.cascinapellerino.com

藏酒销售
预约参观
年产量 50 000 瓶
葡萄种植面积 7 公顷

卡辛纳•佩勒里诺（Cascina Pellerino）的充满个性的现代风格葡萄酒在蒙特罗埃罗（Monteu Roero）酿酒业中作为标杆已有30多年的历史了。其葡萄园散布于好几个市镇，从卡内尔（Canale）到蒙特罗埃罗、圣斯蒂法诺罗埃罗（Santo Stefano Roero）和维扎阿尔巴（Vezza d'Alba），种植了典型的本地品种，包括阿内斯（Arneis）、法沃里达（Favorita）、巴贝拉（Barbera）和内比奥罗（Nebbiolo），同时还种植了一些国际品种，例如品丽珠（Cabernet Franc），主要用来酿制朗格红葡萄酒（Langhe Rosso）；莎当尼（Chardonnay）和黑皮诺（Pinot Nero）用于酿制梅托多古典（Metodo Classico）。今年酒庄的两款葡萄酒进入了决赛。巴贝拉•阿尔巴•格朗玛德瑞2011（Barbera d'Alba Gran Madre 2011）展现了成熟的果实和香料的味道，口感和谐，有着很好的余味和酸度。罗埃罗•维科特2011（Roero Vicot 2011）丰满而复杂，有着紧致的单宁和黑浆果的气息。罗埃罗•维格纳•德尔帕德瑞珍藏2010（Roero Vigna del Padre Riserva 2010）也酿制得很好，酒香浓烈多层次，带有香脂和香料的气息。

● Barbera d'Alba Sup. Gran Madre '11	🍷🍷 5
● Roero Vicot '11	🍷🍷 4
● Roero V. del Padre Ris. '10	🍷🍷 5
● Barbera d'Alba Eleonora '12	🍷 3
○ Roero Arneis Atipico '12	🍷 4
● Barbera d'Alba Diletta '11	🍷🍷 3
○ Brut M. Cl.	🍷🍷 4
● Roero André '10	🍷🍷 3
● Roero Vicot '08	🍷🍷 5
● Roero Vicot '06	🍷🍷 5
● Roero Vicot '05	🍷🍷 4
● Roero Vigna del Padre '09	🍷🍷 5

Cascina Salicetti

VIA CASCINA SALICETTI, 2
15050 MONTEGIOCO [AL]
TEL. 0131875192
www.cascinasalicetti.it

藏酒销售
预约参观
年产量 25 000 瓶
葡萄种植面积 16 公顷

卡辛纳•萨里塞迪（Cascina Salicetti）是一个十分典型的家族酒庄，由安赛尔莫（Anselmo）领导，他现在负责的是耕作方面的事务。然而，在他全职投入该酒庄之前，他是在本地的其他酒厂工作，尤其是在加维（Gavi）的工作，让他获益匪浅。这在他酿制的优秀白葡萄酒中体现出来。红葡萄酒也跟着白葡萄酒的方式酿造，现在也差不多达到同样优秀的水平。今年我们的选择是提莫拉索•欧姆布拉•迪•露娜2011（Timorasso Ombra di Luna 2011），这个版本比它之前所有的都要好，并在最后一轮中占据一席之地，可惜的是未能获得“三杯奖”。清新的柑橘香气，伴着燧石的气息，紧致生动的酸度是它的王牌。

○ Colli Tortonesi Timorasso Ombra di Luna '11	🍷🍷 3*
○ Colli Tortonesi Cortese Montarlino '12	🍷🍷 2*
● Colli Tortonesi Dolcetto Di Marzi '10	🍷 2
● Colli Tortonesi Barbera Morganti '10	🍷🍷 2*
● Colli Tortonesi Rosso Risulò '10	🍷🍷 2*
○ Colli Tortonesi Timorasso Ombra di Luna '10	🍷🍷 3
○ Colli Tortonesi Timorasso Principio '10	🍷🍷 3

Cascina Val del Prete

S.DA SANTUARIO, 2
12040 PRIOCCA [CN]
TEL. 0173616534
www.valdelprete.com

藏酒销售
预约参观
年产量 55 000 瓶
葡萄种植面积 13 公顷
葡萄栽培方式 有机认证

该酒庄周围环绕着华丽的葡萄园，位于大约200米的海拔上，在马里奥•罗埃格诺（Mario Roagno）的领导下，成为了提供持续高品质葡萄酒的稳固的酒庄。它在2005年转变为生物动力学的栽培方式，生产出古典的罗埃罗葡萄酒（Roero）。该酒由阿内斯（Arneis）、巴贝拉（Barbera）和内比奥罗（Nebbiolo）葡萄酿制而成。所有的酒款都有着坚实的结构和令人惊叹的成熟果实，尤其是以内比奥罗为基础的红葡萄酒。今年卡辛纳•瓦尔德尔•普雷特（Cascina Val del Prete）很低调，但它仍然和罗埃罗2009（Roero 2009）一起进入了决赛。带着白兰地的果实味，烟草和干芳香草本的气息，伴着纯朴而多汁的口感，酒体非常丰满，并且个性丰富。我们同样也很喜欢巴贝拉阿尔巴顶级卡洛里纳2011（Barbera d'Alba Superiore Carolina 2011），它有着可爱的奎宁和香料的气息，以及隐含的果实味。罗埃罗•阿内斯鲁埃特2012（Roero Arneis Luèt 2012）带有白胡椒粉和热带水果的香气，但余韵中缺乏活力。

● Roero '09	🍷🍷 6 (red)
● Barbera d'Alba Sup. Carolina '11	🍷🍷 5
● Barbera d'Alba Serra de' Gatti '12	🍷 3
○ Roero Arneis Luèt '12	🍷 2
● Nebbiolo d'Alba V. di Lino '00	YYY 5
● Roero '04	YYY 6
● Roero '03	YYY 6
● Roero '01	YYY 6
● Roero '00	YYY 6
● Barbera d'Alba Serra de' Gatti '10	YY 3*
● Barbera d'Alba Sup. Carolina '10	YY 5
● Roero '08	YY 6
● Roero '07	YY 6
● Roero Bricco Medica '09	YY 5

Francesca Castaldi

VIA NOVEMBRE, 6
28072 BRIONA [NO]
TEL. 0321826045
www.cantinacastaldi.it

藏酒销售
预约参观
年产量 10 000 瓶
葡萄种植面积 6.3 公顷

弗朗西斯（Francesca）和朱塞佩•卡斯塔尔迪（Giuseppe Castaldi）有幸成为法拉（Fara）的宣扬者，这是意大利最小的一个产区之一，位于诺瓦拉省（Novara）冰碛丘陵上的区域最南端。两兄弟是该地区历史悠久的家族的后裔，他们在1997年开始移植超过6公顷的葡萄园，种植内比奥罗（Nebbiolo）和少量的维斯柏里娜（Vespolina）和厄柏露丝（Erbaluce）。从这些葡萄品种中他们酿制出小范围的葡萄酒，从最初的年份开始就以清晰必要的风格、弥漫的芳香和葡萄的压榨而为人们所认识。2009年这个生长年份给我们带来了优秀的法拉（Fara），带着精致细腻的香气和口感，依然粗糙的单宁，但很幸运地伴着本地葡萄酒典型的肉质感和浓郁。从所谓的次要品种中酿制而来的葡萄酒——带胡椒味的维斯柏诺拉（Vespolina）和树皮味的乌瓦拉拉（Uva Rara）——其简单令人惊叹。

● Fara '09	🍷🍷 5 (red)
● Colline Novaresi Nebbiolo Bigin '11	🍷🍷 3
● Colline Novaresi Uva Rara Valceresole '12	🍷🍷 3
● Colline Novaresi Vespolina Nina '12	🍷🍷 3
● Colline Novaresi Barbera Martina '11	🍷 3
○ Colline Novaresi Bianco Lucia '12	🍷 3
● Colline Novaresi Barbera Martina '10	YY 2*
○ Colline Novaresi Bianco Lucia '11	YY 2*
● Fara '08	YY 3*
● Fara '07	YY 3
● Fara '06	YY 3*
● Valceresole '11	YY 2*

Castellari Bergaglio

FRAZ. ROVERETO, 136
15066 GAVI [AL]
TEL. 0143644000
www.castellaribergaglio.it

藏酒销售
预约参观
年产量 90 000 瓶
葡萄种植面积 12 公顷

这家历史悠久的酒庄位于加维（Gavi）生产区，马里奥•伯格吉里奥（Mario Bergaglio）负责打理酒庄。他的儿子马尔科（Marco）主要负责酒窖和藏酒销售的工作。科特赛•加维（Cortese di Gavi）是在出产的葡萄酒系列中重点打造的产品。该款酒有好几种不同的酒款：有入门级的萨尔鲁维（Salluvii）、福尔纳奇（Fornaci）和罗洛纳（Rolona）。这些酒款展现了土壤的差异性和位于塔萨罗洛（Tassarolo）以及加维（Gavi）地区的不同葡萄园的特色。还有经过冷浸渍酿造而成的罗韦雷托（Rovereto）和皮林（Pilin）。其中皮林采自古老葡萄园的晚产葡萄，经过橡木桶的陈酿酿造而成。酒庄还出产包括采用部分干葡萄酿造而成的经典梅特多•阿尔德（MetodoClassico Ardé）和加维乌姆（Gavium）。马尔科•伯格吉里奥（MarcoBergaglio）出产的葡萄酒保留了极佳的品质。今年，优雅清新的罗洛纳（Rolona）夺得了“三杯奖”。与此同时，脱颖而出的还有酒庄的另外两款风格各异的葡萄酒：一款是平易近人的萨尔鲁维（Salluvii）；另一款是酒体复杂，散发橡木味的皮林2011（Pilin 2011）。

○ Gavi del Comune di Gavi Rolona '12	🍷🍷 3
○ Gavi Pilìn '11	🍷🍷 5
○ Gavi Salluvii '12	🍷🍷 2*
○ Gavi del Comune di Gavi Rovereto Vignavecchia '11	🍷 3
○ Gavi del Comune di Tassarolo Fornaci '12	🍷 2
○ Gavi Spumante M. Cl. Ardè '10	🍷 4
○ Gavi del Comune di Gavi Rolona '09	🍷🍷 3
○ Gavi del Comune di Gavi Rovereto Vignavecchia '10	🍷🍷 3
○ Gavi del Comune di Gavi Rovereto Vignavecchia '08	🍷🍷 3
○ Gavi del Comune di Gavi Rovereto Vignavecchia '07	🍷🍷 3
○ Gavi del Comune di Tassarolo Fornaci '10	🍷🍷 2
○ Gavi del Comune di Tassarolo Fornaci '08	🍷🍷 2
○ Gavi Pilìn '06	🍷🍷 4

Castello di Gabiano

VIA DEFENDENTE, 2
15020 GABIANO [AL]
TEL. 0142945004
www.castellodigabiano.com

藏酒销售
预约参观
膳宿接待
年产量 100 000 瓶
葡萄种植面积 20 公顷

今年加比亚诺（Gabiano）酒堡让我们见证了它的整体风貌，也让我们有机会了解一些关于该酒庄的历史背景。根据一些文献资料的记载，在18世纪时，加比亚诺（Gabiano）城堡和一座中世纪时期的城镇是这里重要的边境要塞。在漫长的历史岁月中，这座城堡多次辗转于不同的王室贵族之手，同时也得到重要的保护。正因为如此，我们今天才能有机会赞赏它那完整的美貌。我们不应该忘记此处背靠着阿尔卑斯山（The Alps），屹立于波（Po）河旁的惊险景点。今年，它首次登台的整体风貌就展现出了无与伦比的美。加比亚诺珍藏酒（Gabiano Riserva）呈现了红色浆果、烟草和可可粉等复杂的风味，口感强劲有力，匀称和谐，余味悠长，富有特色。我们品尝了两款巴贝拉•阿斯蒂（Barbera d'Astis），一款是富有品种个性、酒体匀称的阿朵尔内斯（Adornes）顶级葡萄酒；另一款是酒体稍欠复杂度，但拥有华丽的嗅觉味觉体验的拉•布拉加（La Braja）。

● Gabiano Matilde Giustiniani Ris. '08	🍷🍷🍷 6
● Barbera d'Asti La Braja '11	🍷🍷 2*
● Barbera d'Asti Sup. Adornes '09	🍷🍷 5
● Grignolino del M.to Casalese Il Ruvo '12	🍷🍷 2*
○ M.to Bianco Corte '12	🍷🍷 3
⊙ M.to Chiaretto Castelvere '12	🍷 2
● Rubino di Cantavenna '10	🍷 3
● Barbera d'Asti Sup. Adornes '07	🍷🍷 5*
● Gabiano Matilde Giustiniani Ris. '07	🍷🍷 6
● Grignolino del M.to Casalese Il Ruvo '10	🍷🍷 2*
● M.to Rosso Gavius '09	🍷🍷 3
● Rubino di Cantavenna '09	🍷🍷 3

Castello di Neive

via Castelborgo, 1
12052 Neive [CN]
Tel. 017367171
www.castellodineive.it

预约参观
年产量 15 000 瓶
葡萄种植面积 27 公顷

近几年，我们在一些重要的场合系统地品尝了来自内维（Castello di Neive）酒庄的年份古老的巴巴莱斯科（Barbaresco）。在举办拉•奇奥•托尔纳文托（La Ciau del Tornavento）餐馆的第十届内比奥罗（Nebbiolo）周年纪念日上，我们见证了这些经典葡萄酒的窖藏能力和可靠的品质，这些葡萄酒都令人愉悦，十分忠实于地域特色。这家酒庄是最优秀的朗格（Langhe）传统的典型代表。酒庄由家族传承了50多年，如今由伊泰洛（Italo Stupino）纯熟经营。品质可靠、制作精良的巴巴莱斯科2010（Barbaresco Gallina 2010）散发着香料和烟草的气息，伴随着优质的单宁架构和适宜的酸度。巴巴莱斯科•阿尔贝萨尼•桑托•斯特凡诺2010（Barbaresco Albesani Santo Stefano 2010）则稍微显得冷漠，但是在酒瓶经过适度的陈年后会发挥出巨大的潜力。一致获得大家认可的还有黑皮诺经典梅特多2009（Pinot Nero Metodo Classico 2009）的表现，该款酒富有特性，口感新鲜，原汁原味。

● Barbaresco Albesani S. Stefano '10	🍷🍷 6
● Barbaresco Gallina '10	🍷🍷 6
● Barbaresco '10	🍷🍷 5
● Barbera d'Alba S. Stefano '10	🍷🍷 3
● Barbera d'Alba Sup. '11	🍷🍷 4
○ Langhe Arneis Montebertotto '12	🍷🍷 2*
● Langhe Pinot Nero I Cortini '11	🍷🍷 4
○ Piemonte Pinot Nero M. Cl. '09	🍷🍷 5
● Barbaresco S. Stefano Ris. '01	🍷🍷🍷 7
● Barbaresco S. Stefano Ris. '99	🍷🍷🍷 7
● Barbaresco Gallina '08	🍷🍷 5
● Barbaresco S. Stefano '09	🍷🍷 6
● Barbaresco S. Stefano '08	🍷🍷 6
● Barbaresco S. Stefano '07	🍷🍷 6
● Barbaresco S. Stefano Ris. '06	🍷🍷 7
● Barbaresco S. Stefano Ris. '04	🍷🍷 8

Tenuta Castello di Razzano

fraz. Casarello
loc. Razzano, 2
15021 Alfiano Natta [AL]
Tel. 0141922124
www.castellodirazzano.it

藏酒销售
预约参观
年产量 150 000 瓶
葡萄种植面积 30 公顷

在阿尔菲亚诺•纳塔（Alfiano Natta）地区阿斯蒂（Asti）省的边界地带，欧力亚洛（Oleаro）打造出一个美妙绝伦的酿酒厂。它的总部位于一个开放供参观的豪华古宅。这座古宅的历史可以追溯到17世纪，现在已经变为旅馆。酒庄广阔的葡萄园就围绕在这座豪华古宅的周围。酒庄出产的大范围的葡萄酒包括了许多扎根于地域特色的酒款，尤其是巴贝拉（Barbera），也是欧力亚洛（Olearo）家族的招牌酒款。除此之外，他们也采用莎当尼（Chardonnay）、黑皮诺（Pinot nero）和梅洛（Merlot）等国际品种酿造葡萄酒。享有声望的瓶装酒缺席了今年的排名，但是其整体的品质是毋庸置疑的。吉诺林诺•皮亚纳奇奥（Grignolino Pianaccio）是一款洋溢着胡椒和玫瑰气息的凝练优雅的酒款。利奥纳（Leona）则是匀称和谐的巴贝拉•阿斯蒂（Barbera d'Asti）。

● Barbera d'Asti La Leona '11	🍷🍷 2*
● Grignolino del M.to Casalese Pianaccio '12	🍷🍷 2*
● M.to Rosso Cuntrà '10	🍷🍷 3
● Barbera d'Asti Sup. Campasso '10	🍷 2
● Barbera d'Asti Sup. Campasso '09	🍷🍷 2*
● Barbera d'Asti Sup. Campasso '08	🍷🍷 3
● Barbera d'Asti Sup. Del Beneficio '10	🍷🍷 4
● Barbera d'Asti Sup. Del Beneficio '09	🍷🍷 4
● Barbera d'Asti Sup. Eugenea '09	🍷🍷 4
● Barbera d'Asti Sup. Valentino Caligaris '10	🍷🍷 5
● M.to Rosso Cuntrà '09	🍷🍷 3
○ Piemonte Chardonnay Costa al Sole '11	🍷🍷 2*
● Piemonte Pinot Nero Onero '11	🍷🍷 3

Castello di Tassarolo

Cascina Alborina, 1
15060 Tassarolo [AL]
Tel. 0143342248
www.castelloditassarolo.it

藏酒销售
预约参观
年产量 130 000 瓶
葡萄种植面积 17 公顷
葡萄栽培方式 有机认证

塔萨罗洛酒堡（Castello di Tassarolo）已经成为亚历山德里亚（Alessandria）省采用有机和生物动力学葡萄栽培方式的行业标杆。这个决定得益于玛斯米利亚娜•斯皮诺拉（Massimiliana Spinola）萌发的灵感和坚持。这座古堡自13世纪以来传承至今，现在由玛斯米利亚娜•斯皮诺拉（Massimiliana Spinola）这个贵族家族的新一代掌门人所经营，并得到了亨利•芬济•康斯坦丁（Henry Finzi -Constantine）和文森佐•穆尼（Vincenzo Munì）的辅助。文森佐•穆尼（Vincenzo Munì）是一位酿酒学家。其出产的葡萄酒几乎都是采用科特赛•加维（Cortese di Gavi）酿造而成。其中有一些酒款在酿造的过程中没有添加亚硫酸盐，包括由巴贝拉（Barbera）和赤霞珠（Cabernet Sauvignon）葡萄混酿而成的蒙费拉托红葡萄酒（Monferrato Rosso）和巴贝拉•提托乌安（Barbera Titouan）。考虑到葡萄酒的数量和其在我们总决赛亮相的频率，我们确信这家酒庄将最终摘得桂冠。酒庄出产的卡斯特罗（Castello）和阿尔伯里纳（Alborina）经过一定程度的橡木桶陈酿后，也展现出独特的个性品质。

○ Gavi del Comune di Tassarolo Alborina '12	🍷🍷 3*
○ Gavi del Comune di Tassarolo Il Castello '12	🍷🍷 2*
○ Gavi del Comune di Tassarolo Spinola '12	🍷🍷 2*
○ Gavi del Comune di Tassarolo Sparkling Spinola No Sulphites '12	🍷 2
● M.to Rosso Cuvée '12	🍷 2
● Piemonte Barbera Titouan '12	🍷 3
○ Gavi del Comune di Tassarolo Il Castello '11	🍷🍷 2*
○ Gavi del Comune di Tassarolo Spinola '10	🍷🍷 2*
○ Gavi del Comune di Tassarolo Titouan '11	🍷🍷 2*
● M.to Rosso No Sulphites '08	🍷🍷 2*

Castello di Uviglie

via Castello di Uviglie, 73
15030 Rosignano Monferrato [AL]
Tel. 0142488132
www.castellodiuviglie.com

藏酒销售
预约参观
年产量 90 000 瓶
葡萄种植面积 25 公顷

西蒙•鲁帕罗（Simone Lupano）已经是这本《年鉴》的常客了，他酿造的葡萄酒代表了他对顾客所许下的品质保证。西蒙（Simone）的雄心和能力，加上酿酒学家马里奥•龙科（Mario Ronco）的实用主义和敏锐的洞察力将这家酒庄打造成为一股无坚不摧之力。这对富有激情的二人组合最新的探索是打造出一款由65%黑皮诺（Pinot Nero）和少分量的莎当尼（Chardonnay）酿造而成的经典梅特多（Metodo Classico）起泡酒。该款酒要经过36个月的残渣浸渍，然后陈酿在12摄氏度恒温的凝灰岩的酒窖里。这款酒的原创性和酿造过程采用的方法赋予了它卓越的纤细灵巧的特征。圣•巴斯蒂亚诺（San Bastiano）最终闯入我们的总决赛，并且获得了梦寐以求的头衔，尽管还是难以理解它的类型。新晋总决赛的勒•卡维（Le Cave）在2011年的酒款中酒体复杂、强劲有力。我们也喜欢首次新晋《年鉴》的超干型经典梅特多•勒•卡维（Extra Brut Metodo Classico Le Cave）葡萄酒，该款酒展现出令人难以忘怀的个性特点和悠长上等的余味。

● Barbera del M.to Sup. Le Cave '11	🍷🍷 3*
● Grignolino del M.to Casalese San Bastiano '12	🍷🍷 2*
● Barbera del M.to Sup. Pico Gonzaga '10	🍷🍷 5
○ Le Cave Extra Brut '09	🍷🍷 5
● M.to Rosso 1491 '10	🍷🍷 5
● Barbera del M.to Bricco del Conte '12	🍷 2
○ Bricco del Ciliegio Passito '09	🍷 5
○ Piemonte Chardonnay Ninfea '12	🍷 2
● Barbera del M.to Sup. Le Cave '09	🍷🍷🍷 3*
● Barbera del M.to Sup. Le Cave '07	🍷🍷🍷 3*
● Barbera del M.to Sup. Pico Gonzaga '07	🍷🍷🍷 4*
● Barbera del M.to Sup. Le Cave '10	🍷🍷 3*
● Barbera del M.to Sup. Le Cave '08	🍷🍷 3*
● Grignolino del M.to Casalese San Bastiano '09	🍷🍷 2*

Castello di Verduno

via Umberto I, 9
12060 Verduno [CN]
Tel. 0172470284
www.castellodiverduno.com

藏酒销售
预约参观
膳宿接待
年产量 60 000 瓶
葡萄种植面积 10 公顷

韦尔杜诺（Castello di Verduno）酒庄的所在地，是世界上没有比它更具历史底蕴和更富魅力的地方了。酒庄的传奇色彩能延续至今，源于出自加布里埃尔•布尔罗托（Gabriella Burlotto）和弗朗哥•比安科（Franco Bianco）这对夫妻团队之手的声名显著的葡萄酒。酒庄年年收获颇丰，出产的葡萄酒精妙绝伦，完美无瑕，这些葡萄酒都是采用派勒维加（Pelaverga）和内比奥罗（Nebbiolo）葡萄酿造而成，向人们证实了这些瓶装酒的特别之处。它们简朴璀璨的特性无以伦比，在漫长的陈年和氧气的作用下，最终形成自己的特色。上市的所有葡萄酒都陈酿在大型的橡木桶里。出产巴洛洛（Barolo）的葡萄园是位于韦尔杜诺（Verduno）的马萨拉（Massara）和蒙维格里阿罗（Monvigliero），而法塞特（Faset）和拉巴佳（Rabajà）则位于巴巴莱斯科（Barbaresco）。广泛葡萄酒系列包括了产自葡萄园的葡萄酒、巴洛洛（Barolo）和巴巴莱斯科珍藏酒（Barbaresco Riservas）。我们最终将票投给了芳香浓郁的马萨拉2008（Massara 2008）。

● Barolo Massara '08	🍷🍷🍷	6
● Barbaresco Faset '09	🍷🍷	5
● Barbaresco Rabajà Ris. '06	🍷🍷	6
● Barolo Monvigliero Ris. '06	🍷🍷	7
● Barbaresco '09	🍷🍷	5
● Barbaresco Rabajà '09	🍷🍷	6
● Barbera d'Alba '12	🍷🍷	3
● Barbera d'Alba Bricco del Cuculo '11	🍷🍷	4
● Langhe Nebbiolo '12	🍷🍷	3
● Verduno Pelaverga Basadone '12	🍷🍷	3
○ Bellis Perennis '12	🍷	2
● Dolcetto d'Alba Campot '12	🍷	2
⊙ S-Ciopét Brut Rosé M. Cl. '10	🍷	5
● Barbaresco Rabajà '04	🍷🍷🍷	6
● Barolo Monvigliero Ris. '04	🍷🍷🍷	7

La Caudrina

s.da Brosia, 21
12053 Castiglione Tinella [CN]
Tel. 0141855126
www.caudrina.it

藏酒销售
预约参观
年产量 200 000 瓶
葡萄种植面积 24 公顷

罗马诺•多格里奥迪（Romano Dogliotti）的酿酒厂几乎投入全部精力专注于栽培莫斯卡托（Moscato）。葡萄藤主要位于卡斯蒂格里奥内•迪内拉（Castiglione Tinella）市区的石灰岩土壤里。这些葡萄藤为拉•考得里纳（La Caudrina）出产的酒品提供原材料。而巴贝拉（Barbera）产自尼扎•蒙费拉托（Nizza Monferrato）。不同版本的莫斯卡托（Moscato）都将其品种特色、优质的集中度和芳香的清晰度诠释得淋漓尽致。比起更富有柑橘和蛋糕甜味口感的拉•贾雷萨2012（La Galeisa 2012），我们今年更亲睐入门级的莫斯卡托•阿斯蒂2012（Moscato d'Asti 2012），具有鲜花和清香的药草气息。极佳的复杂度和个性特征伴随着相当清新、缠绵不绝的余味。阿斯蒂•拉•塞尔瓦迪卡2012（Asti LaSelvatica 2012）尽管余味的甜度显著，但是口感流畅。其他两款巴贝拉•阿斯蒂（Barbera d'Astis）制作精良，其中一款是口感紧致、充满果香的蒙特•韦内雷2010（MonteVenere 2010）；另一款是具极好典型特征的拉•索利斯塔2011（La Solista 2011）。

○ Moscato d'Asti La Caudrina '12	🍷🍷	3*
○ Asti La Selvatica '12	🍷🍷	3
● Barbera d'Asti La Solista '11	🍷🍷	2*
● Barbera d'Asti Sup. Monte Venere '10	🍷🍷	3
○ Moscato d'Asti La Galeisa '12	🍷🍷	3
○ Asti La Selvatica '11	🍷🍷	3
● Barbera d'Asti La Solista '09	🍷🍷	2*
● Barbera d'Asti Sup. Monte Venere '08	🍷🍷	3
○ Moscato d'Asti La Caudrina '11	🍷🍷	3
○ Moscato d'Asti La Caudrina '10	🍷🍷	3
○ Moscato d'Asti La Galeisa '11	🍷🍷	3*

F.lli Cavallotto Tenuta Bricco Boschis

Loc. Bricco Boschis
s.da Alba-Monforte
12060 Castiglione Falletto [CN]
Tel. 017362814
www.cavallotto.com

藏酒销售
预约参观
年产量 110 000 瓶
葡萄种植面积 23.5 公顷

阿尔菲奥（Alfio）、朱塞佩（Giuseppe）和劳拉•卡瓦罗托（Laura Cavallotto）兄妹是该酒庄第五代的传人，在泰努塔•布里科•博斯齐斯（Tenuta Bricco Boschis）从事葡萄酒酿造工作。他们的葡萄园位于迪亚诺•阿尔巴（Diano d'Alba）地区和拉•莫拉（La Morra）地区交界处的卡斯蒂格隆•法勒托（Castiglione Falletto）。所种植的葡萄品种主要包括了多尔赛托（Dolcetto）、巴贝拉（Barbera）、黑皮诺（Pinot Nero）、弗雷伊萨（Freisa）、吉诺林诺（Grignolino）等，但产自巴洛洛（Barolo）地区的内比奥罗（Nebbiolos）一直处于主要地位。产自圣•朱塞佩（San Giuseppe）和维格诺罗（Vignolo）葡萄园的葡萄在罗托马克（Rotomacerator)容器里经过发酵后，装在大型的木桶里进行陈酿。我们再次见证了这家酒庄整体一流的酒品展示。巴洛洛•布里科•博斯齐斯2009（Barolo Bricco Boschis 2009）由于酿酒葡萄品种的特性，显得坚定自信，具有迷人的微妙差异，单宁平滑，口感清爽。维格纳•圣•朱塞佩•珍藏酒2007（Vigna San Giuseppe Riserva 2007）稍欠复杂度，但气息相当内敛含蓄。

- ● Barbera d'Alba Sup. V. del Cuculo '10 — 🍷🍷 5
- ● Barolo Bricco Boschis '09 — 🍷🍷 7
- ● Barolo Vignolo Ris. '07 — 🍷🍷 8
- ● Barolo Bricco Boschis V. S. Giuseppe Ris. '07 — 🍷🍷 8
- ● Langhe Freisa '11 — 🍷🍷 3
- ● Langhe Nebbiolo '11 — 🍷🍷 5
- ● Dolcetto d'Alba V. Scot '12 — 🍷 3
- ● Barolo Bricco Boschis '05 — 🍷🍷🍷 6
- ● Barolo Bricco Boschis '04 — 🍷🍷🍷 7
- ● Barolo Bricco Boschis V. S. Giuseppe Ris. '05 — 🍷🍷🍷 8
- ● Barolo Bricco Boschis V. S. Giuseppe Ris. '01 — 🍷🍷🍷 7
- ● Barolo Bricco Boschis V. S. Giuseppe Ris. '00 — 🍷🍷🍷 7
- ● Barolo Bricco Boschis V. S. Giuseppe Ris. '99 — 🍷🍷🍷 7

Ceretto

Loc. San Cassiano, 34
12051 Alba [CN]
Tel. 0173282582
www.ceretto.com

藏酒销售
预约参观
年产量 900 000 瓶
葡萄种植面积 90 公顷
葡萄栽培方式 有机认证

过去几年，切雷托（Ceretto）家族已经在文化、食品和葡萄酒项目上发展成一个多元化的产业组合。酒庄的品牌在皮埃蒙特区（Piedmont）葡萄酒的历史上占据了主要的地位。在这里，我们只关注这个品牌王冠上的其中一颗明珠。这家酒庄的资产包括了位于卡斯蒂格隆•法勒托（Castiglione Falletto）的布里科•罗彻（Bricco Rocche）葡萄园、位于巴巴莱斯科（Barbaresco）的布里科•阿斯利（Bricco Asili）葡萄园、位于阿尔巴（Alba）地区酒窖周围的葡萄田、位于圣托•斯特凡诺•贝尔波（Santo Stefano di Belbo）的庄园和突出酒庄整体形象的伊维格奈奥里•圣托•斯特凡诺（IVignaioli di Santo Stefano）的中心地带。酒庄所生产的范围广泛、种类众多的葡萄酒既突出了本地葡萄品种的传统风格，也拥有明显的现代且不断进化的风格。此外，迷人的巴洛洛•布里科•罗彻2009（Barolo Bricco Rocche 2009）的单宁架构紧致强劲，支撑了烟草、桉树和干花的清晰气息。

- ● Barolo Bricco Rocche '09 — 🍷🍷🍷 8
- ● Barbaresco Bernardot '10 — 🍷🍷 7
- ● Barolo Prapò '09 — 🍷🍷 8
- ● Barbaresco Asij '10 — 🍷🍷 7
- ● Barolo Brunate '09 — 🍷🍷 8
- ● Barolo Zonchera '09 — 🍷🍷 8
- ● Dolcetto d'Alba Rossana '12 — 🍷🍷 4
- ○ Langhe Arneis Blangé '12 — 🍷🍷 5
- ● Nebbiolo d'Alba Bernardina '11 — 🍷🍷 5
- ● Barbera d'Alba Piana '12 — 🍷 5
- ● Langhe Rosso Monsordo '11 — 🍷 5
- ● Barbaresco Asij '97 — 🍷🍷🍷 5
- ● Barolo Bricco Rocche '00 — 🍷🍷🍷 8
- ● Barolo Prapò '06 — 🍷🍷🍷 8
- ● Barolo Prapò '05 — 🍷🍷🍷 8

Erede di Armando Chiappone

S.DA SAN MICHELE, 51
14049 NIZZA MONFERRATO [AT]
TEL. 0141721424
www.eredechiappone.com

藏酒销售
预约参观
藏酒销售
年产量 35 000 瓶
葡萄种植面积 10 公顷

齐亚朋（Chiappone）家族的每一位成员都参与到这家酒庄的运营事务中。酒庄位于尼扎•蒙费拉托（Nizza Monferrato）上方的圣•米切尔（San Michele）斜坡上。葡萄园则以扇形在酒窖周围展开。园内主要种植了能适应这里的风土条件的巴贝拉（Barbera）。酒庄采用传统的方法酿造巴贝拉（Barbera）的葡萄酒，巴贝拉（Barbera）是所有系列葡萄酒的原材料之一。无论是新酒还是风干甜型葡萄酒，都是尼扎（Nizza）地区最具代表性和重量级别的葡萄酒。葡萄园也有其他的葡萄品种，如多尔赛托（Dolcetto）、科特赛（Cortese）、法沃里达（Favorita）和弗雷伊萨（Freisa）。酒庄计划用它们打造出一款令人关注的陈年版本。由于尼扎•鲁（Nizza Ru）缺席了今年的品酒会，我们对巴贝拉•阿斯蒂•布伦图拉2011（Barbera d'Asti Brentura 2011）感到十分兴奋。在紧实复杂的酒体中，金鸡纳皮和可可粉的华丽气息渐渐引发出樱桃那清新明确的气味。紧致缠绕的口感伴随着鲜明的特性。余味悠长强烈，和谐缠绵。

● Barbera d'Asti Brentura '11	🍷🍷 2*
○ Angel	🍷 2
● Barbera d'Asti Brentura '10	ΥΥ 2*
● Barbera d'Asti Brentura '09	ΥΥ 2
● Barbera d'Asti Brentura '08	ΥΥ 2*
● Barbera d'Asti Brentura '07	ΥΥ 2*
● Barbera d'Asti Brentura '06	ΥΥ 2*
● Barbera d'Asti Sup. Nizza Ru '09	ΥΥ 4
● Barbera d'Asti Sup. Nizza Ru '06	ΥΥ 4
● Barbera d'Asti Sup. Nizza Ru '05	ΥΥ 4
● Freisa d'Asti Sanpedra '05	ΥΥ 2*

★Michele Chiarlo

S.DA NIZZA-CANELLI, 99
14042 CALAMANDRANA [AT]
TEL. 0141769030
www.chiarlo.it

藏酒销售
预约参观
膳宿接待
年产量 1 100 000 瓶
葡萄种植面积 100 公顷

米切尔•齐亚尔洛（Michele Chiarlo）酒庄和意大利葡萄酒的历史在过去的150年里都遵循着同样的轨迹。今天，这个家族式酒庄的葡萄园分布在皮埃蒙特大区（Piedmont）最享有名望的几个法定产区（DOC）的子产区里，其范围从巴洛洛（Barolo）到巴巴莱斯科（Barbaresco），从尼扎（Nizza）到加维（Gavi）。出产的葡萄酒范围包括了一些十分出名的酒款，例如斯利瑰（Cerequi）、坎奴比•巴洛洛（Cannubi Barolos）和巴贝拉•阿斯蒂•尼扎•拉•考特（Barbera d'Asti Nizza La Court）。这使该酒庄不仅在皮埃蒙特地区（Piedmont）成为最优秀的酒庄之一，而且声名远扬。鲜明的现代风格并不妨碍酒庄最好地表达原始的地方风味。齐亚尔洛（Chiarlo）计划出产一系列令人难忘的高品质葡萄酒，尤其以巴洛洛（Barolos）的表现最为突出。今年“三杯奖”花落巴洛洛•斯丽瑰2009（Barolo Cerequio 2009）。该款酒酒体凝练，富有层次，个性丰满，香脂、水果和香料的芳香伴随着悠长的余味。

● Barolo Cerequio '09	🍷🍷🍷 7
● Barbera d'Asti Sup. Nizza La Court '10	🍷🍷 5
● Barolo Tortoniano '09	🍷🍷 5
● Barbaresco Asili '10	🍷🍷 6
● Barbaresco Reyna '10	🍷🍷 5
● Barolo Cannubi '09	🍷🍷 7
○ Gavi del Comune di Gavi Rovereto '12	🍷 3
○ Moscato d'Asti Nivole '12	🍷 2
● Barbera d'Asti Sup. Nizza La Court '09	ΥΥΥ 5
● Barbera d'Asti Sup. Nizza La Court '06	ΥΥΥ 5
● Barolo Cannubi '06	ΥΥΥ 7
● Barolo Cannubi '04	ΥΥΥ 7
● Barolo Cerequio '07	ΥΥΥ 7
● Barolo Cerequio '98	ΥΥΥ 7
● Barolo Cerequio '97	ΥΥΥ 7

Quinto Chionetti

B.TA VALDIBERTI, 44
12063 DOGLIANI [CN]
TEL. 017371179
www.chionettiquinto.com

预约参观
年产量 84 000 瓶
葡萄种植面积 16 公顷
葡萄栽培方式 有机认证

这家品质可靠、值得信赖的酒庄已经成为传统葡萄酒爱好者坚定不移的风向标。这里出产的葡萄酒原汁原味，尊重了最优秀的传统特点。与此同时，尽管葡萄酒出产的年份不同，但是它们的风格一致，精华不变。除了兰格•内比奥罗（Langhe Nebbiolo）采用轻触法酿造以外，其他的葡萄酒都没有陈酿在橡木桶里。年轻的酒龄显得顺滑宜人，口感典雅。作为整个区域真正的领航者，魅力超凡的奎恩特•奇奥内提（Quinto Chionetti）为提高皮埃蒙特（Piedmont）非凡的葡萄酒业的独特性和可靠性做出了重要的贡献。多哥里亚尼•布里柯乐罗2012（Dogliani Briccolero 2012）融合了黑莓、巧克力和烟草的复杂气味，优雅的口感夹杂着少量的干涩感。酒体在充满活力的单宁和清新的酸度的作用下，凸显出极佳的平衡感。圣•路易吉2012（San Luigi 2012）酒体凝练，直率了当且富有活力，酒劲令人愉悦。

● Dogliani Briccolero '12	🍷🍷 3*
● Dogliani S. Luigi '12	🍷🍷 3
● Langhe Nebbiolo '12	🍷🍷 3
● Dolcetto di Dogliani Briccolero '07	🍷🍷🍷 3*
● Dolcetto di Dogliani Briccolero '04	🍷🍷🍷 3*
● Dogliani Briccolero '11	🍷🍷 3*
● Dogliani S. Luigi '11	🍷🍷 3*
● Dolcetto di Dogliani Briccolero '09	🍷🍷 3*
● Dolcetto di Dogliani Briccolero '08	🍷🍷 3*
● Dolcetto di Dogliani Briccolero '06	🍷🍷 3*
● Dolcetto di Dogliani Briccolero '05	🍷🍷 3*
● Dolcetto di Dogliani Briccolero '03	🍷🍷 3
● Langhe Nebbiolo '10	🍷🍷 3
● Langhe Nebbiolo '09	🍷🍷 3

Cieck

FRAZ. SAN GRATO
CASCINA CIECK
10011 AGLIÈ [TO]
TEL. 0124330522
www.cieck.it

藏酒销售
预约参观
年产量 100 000 瓶
葡萄种植面积 16 公顷

在皮埃蒙特（Piedmont）大区和其他区域，几乎很少有酒庄像希克（Cieck）那样有能力在各种类型的广泛葡萄酒系列中，酿造出如此高质量水准的酒品。这家成立于1985年的酒庄以阿格列（Agliè）地区圣•格拉托（San Grato）镇的一处村庄的农场名字命名，现在由乐莫•法尔科涅利（Remo Falconieri）和多梅尼科•卡雷托（Domenico Caretto）负责经营。酒庄出产的葡萄酒大部分集中在厄柏露丝（Erbaluce），包括了两款经典梅特多（Metodo Classicos）陈酿，在不锈钢桶陈化的圣•乔治奥（San Giorgio）和在橡木桶熟成的卡里欧佩（Calliope）。三款不起泡的卡鲁索斯（Calusos）是入门级别葡萄酒中的标准酒款。年份最佳的米索波罗（Misobolo）将在一年后才面世。风干甜型的安拉蒂穆（Alladium）、卡纳韦塞（Canavese）红葡萄酒和奈莱托（Neretto）也显得平易近人。尤其乐莫•法尔科涅利（Remo Falconieri）在所有的酒款中取得了令人满意的成绩，不少于三款葡萄酒最终闯入总决赛。安拉蒂穆2007（Alladium 2007）风干甜型葡萄酒富有风味，口感甘甜。

○ Erbaluce di Caluso Calliope Brut '07	🍷🍷 4
○ Erbaluce di Caluso Misobolo '12	🍷🍷 2*
○ Erbaluce di Caluso Passito Alladium '07	🍷🍷 5
● Canavese Nebbiolo '10	🍷🍷 3
○ Erbaluce di Caluso S. Giorgio Brut '08	🍷🍷 4
○ Erbaluce di Caluso T '11	🍷🍷 3
○ Erbaluce di Caluso '12	🍷 2
⊙ Rosé Brut M.Cl.	🍷 3
○ Erbaluce di Caluso Passito Alladium '06	🍷🍷🍷 5
○ Erbaluce di Caluso Misobolo '11	🍷🍷 2*
○ Erbaluce di Caluso Misobolo '10	🍷🍷 2*
○ Erbaluce di Caluso S. Giorgio Brut '07	🍷🍷 4

F.lli Cigliuti

VIA SERRABOELLA, 17
12052 NEIVE [CN]
TEL. 0173677185
www.cigliuti.it

藏酒销售
预约参观
年产量 30 000 瓶
葡萄种植面积 7.5 公顷

为了对葡萄酒中各种物质有全面的了解和品尝到该酒庄葡萄酒的深度，我们每个人必须品尝几款年份古老的巴巴莱斯科•塞拉伯耶拉（Barbaresco Serraboella）。这款酒为我们提供了难以忘怀的感觉。出产的葡萄酒原料来源酒庄优秀葡萄园的优质果实，然后陈酿在斯拉夫尼亚橡木桶或者是小型的木桶。雷纳托•西格利尤缇（RenatoCigliuti）在他的妻子迪娜（Dina）和两个女儿克劳迪娅（Claudia）和西尔维娅（Silvia）的帮助下，多年来已经成为这家重量级酒庄的掌舵者。他的个性内敛保守，朴素严厉。其个性在推动葡萄酒现代化的过程中体现得淋漓尽致。因此他出产的葡萄酒风格带有他个性特点的烙印。巴巴莱斯科•塞拉伯耶拉2009（BarbarescoSerraboella 2009）当之无愧地将"三杯奖"收入囊中。这款品质可靠、令人难忘的葡萄酒散发着莫利洛黑樱桃和金鸡纳皮深沉的气息，丰富的风味伴随着悠长的余韵。

● Barbaresco Serraboella '09	🍷🍷🍷 7
● Barbaresco Vie Erte '09	🍷🍷 5
● Barbera d'Alba Campass '10	🍷🍷 4
● Langhe Nebbiolo '11	🍷 3
● Barbaresco '83	YYY 6
● Barbaresco Serraboella '01	YYY 6
● Barbaresco Serraboella '00	YYY 6
● Barbaresco Serraboella '97	YYY 6
● Barbaresco Serraboella '96	YYY 7
● Barbaresco Serraboella '90	YYY 6
● Barbaresco V. Erte '04	YYY 6
● Barbaresco Serraboella '08	YY 7
● Barbera d'Alba Serraboella '09	YY 3*
● Langhe Rosso Briccoserra '08	YY 5

★Tenute Cisa Asinari dei Marchesi di Grésy

S.DA DELLA STAZIONE, 21
12050 BARBARESCO [CN]
TEL. 0173635222
www.marchesidigresy.com

藏酒销售
预约参观
年产量 200 000 瓶
葡萄种植面积 35 公顷

这家酒庄早在1797年就由格雷斯（Gresy）家族所拥有。在几百年的历史中，酒庄总体上凭借其出产葡萄酒的纤细灵巧和优雅高贵这两个突出的特点在国内外市场上取得了巨大的成功。这两个特点完美地诠释了他们出产的古典巴巴莱斯科（Barbaresco）的风格。由于阿尔贝托•格雷斯（Alberto Gresy）研发出一种经得起时间考验的可辨别度高的酿酒风格，因此早在40年前，他们就开始出售自己生产的葡萄酒。这就如同他出产的高品质葡萄酒一样并取得了成功。出产的酒品能取得不错的成就源于对所有酿造阶段细节的辛勤投入。葡萄一定要采自于历史悠久的知名葡萄园，例如坎普•格罗斯•马尔廷能加（Camp Gros Martinenga）。产自这里的葡萄，只有在最佳的年份才能用来酿酒。接着葡萄要经过短期的浸渍作用，然后看情况采用不同的橡木桶进行陈酿。巴巴莱斯科•坎普•格罗斯•马尔廷能加2009葡萄酒（Barbaresco Camp Gros Martinenga 2009）具有突出的表现，气息复杂高贵，流露出中草药、大黄和烟草的气味。简朴的口感开胃可口，令人回味无穷。

● Barbaresco Camp Gros Martinenga '09	🍷🍷🍷 8
● Barbaresco Gaiun Martinenga '09	🍷🍷 8
● Barbaresco Martinenga '10	🍷🍷 7
● Barbera d'Asti Monte Colombo '09	🍷🍷 5
○ Langhe Bianco Villa Giulia '12	🍷🍷 3
● Langhe Rosso Villa Martis '10	🍷🍷 3
● Langhe Rosso Virtus '07	🍷🍷 6
○ Langhe Sauvignon '12	🍷🍷 3
○ Moscato d'Asti La Serra '12	🍷🍷 3
● Barbera d'Asti '12	🍷 3
○ Langhe Chardonnay '12	🍷 3
● M.to Rosso Merlot da Solo '07	🍷 5
● Barbaresco Camp Gros '06	YYY 8
● Barbaresco Camp Gros '05	YYY 8
● Barbaresco Camp Gros Martinenga '08	YYY 8

★★Domenico Clerico

LOC. MANZONI, 67
12065 MONFORTE D'ALBA [CN]
TEL. 017378171
info@domenicoclerico.com

预约参观
年产量 110 000 瓶
葡萄种植面积 21 公顷

多梅尼科•克莱里科（Domenico Clerico）凭借其崭新辉煌的高科技酒窖继续成为皮埃蒙特地区葡萄栽培业和酿造业的重要人物之一。这个诚恳踏实、非常可爱、多才多艺的男人现在已经享誉意大利，甚至是全世界。他出产的葡萄酒具鲜明的现代化风格。酒窖由用来陈酿巴洛洛（Barolo）精选酒的225升规格的法国橡木桶占据主要地位。所有的葡萄酒展现出饱满的酒体和浓郁的果香，具有个性鲜明的独特风格。酿酒葡萄来自多梅尼科（Domenico）掌管的大批令人羡慕的葡萄园，而且经过打霜后。所有的葡萄品质上乘卓越。经典的香脂、烟草和甘草的气味是华丽的巴洛洛•西亚伯特•蒙汀2009（Barolo Ciabot Mentin 2009）的品质证明。除此之外，该款酒还拥有紧致的单宁和缠绵的余味。巴洛洛•佩尔克里斯蒂纳2005（Barolo Percristina 2005）则凭借其长期的陈年能力、干花和焦油的芳香以及深沉简朴的口感脱颖而出。

● Barolo Aeroplanservaj '08	🍷🍷 7
● Barolo Ciabot Mentin '09	🍷🍷 8
● Barolo Percristina '05	🍷🍷 8
● Barbera d'Alba Trevigne '11	🍷🍷 6
● Barolo Briccotto '09	🍷🍷 7
● Barolo Pajana '09	🍷🍷 8
● Langhe Rosso Arte '11	🍷🍷 5
● Langhe Dolcetto Visadì '12	🍷 2
● Langhe Nebbiolo Capisme-e '12	🍷 5
● Barolo Ciabot Mentin '08	🍸🍸🍸 8
● Barolo Ciabot Mentin Ginestra '05	🍸🍸🍸 8
● Barolo Ciabot Mentin Ginestra '04	🍸🍸🍸 8
● Barolo Ciabot Mentin Ginestra '01	🍸🍸🍸 7
● Barolo Percristina '01	🍸🍸🍸 8

Elvio Cogno

VIA RAVERA, 2
12060 NOVELLO [CN]
TEL. 0173744006
www.elviocogno.com

藏酒销售
预约参观
年产量 70 000 瓶
葡萄种植面积 13 公顷
葡萄栽培方式 有机认证

这家酒庄值得我们去参观它那酒厂建筑的壮观美景和优美的自然环境。同样地，酒庄所有系列的葡萄酒品质都无与伦比。这由瓦尔特•菲索雷（Valter Fissore）和纳迪亚•科尼奥（Nadia Cogno）夫妻俩共同努力所取得的进步是大家有目共睹的。与此同时，葡萄酒质量的提高也促使他们在领先的国际市场取得巨大的成功。在参观酒庄的过程中，谨慎的精确度也明显地体现在所有的葡萄酒范围中。而在葡萄园的工作中，他们最大限度地尊重当地的风土条件，而且不使用任何农药。酒庄的葡萄酒质量不断得到提高。其中一款巴洛洛•布里科•佩尔尼塞2008（Barolo Bricco Pernice 2008）就将我们的最高奖项收入囊中。该款酒在其优雅感和平衡感上表现得完美无瑕。巴洛洛•维格纳•埃琳娜陈酿2007（Barolo Vigna Elena Riserva 2007）品质可靠，结构扁平。

● Barolo Bricco Pernice '08	🍷🍷🍷 8
● Barbaresco Bordini '10	🍷🍷 5
● Barolo Ravera '09	🍷🍷 7
● Barolo V. Elena Ris. '07	🍷🍷 8
● Barolo Cascina Nuova '09	🍷🍷 6
● Barbera d'Alba Bricco dei Merli '11	🍷🍷 4
● Dolcetto d'Alba V. del Mandorlo '12	🍷🍷 3
○ Langhe Bianco Anas-cëtta '12	🍷🍷 3
● Langhe Rosso Montegrilli '11	🍷🍷 5
● Barolo Bricco Pernice '05	🍸🍸🍸 8
● Barolo Ravera '07	🍸🍸🍸 7
● Barolo Ravera '04	🍸🍸🍸 6
● Barolo V. Elena '04	🍸🍸🍸 8
● Barolo V. Elena '01	🍸🍸🍸 7
● Barolo V. Elena Ris. '06	🍸🍸🍸 8

Colle Manora

S.DA BOZZOLA, 5
15044 QUARGNENTO [AL]
TEL. 0131219252
www.collemanora.it

藏酒销售
预约参观
膳宿接待
年产量 90 000 瓶
葡萄种植面积 20 公顷

乔治奥•舍恩（Giorgio Schon）酒庄开始了新的征程。新任职的销售经理兼酿酒学家皮耶罗•巴拉里奥（Piero Ballario）曾在阿尔巴（Alba）地区和亚历山德里亚（Alessandria）不同的酿酒厂工作过。巴贝拉•阿斯蒂（Barberad'Asti）、蒙费拉托（Monferrato）和阿巴罗莎•雷（Albarossa Ray）都是采用本地的葡萄品种酿造而成，而更广泛的系列葡萄酒则采用国际品种酿造而成，例如取材于苏维翁（Sauvignon）葡萄的米莫萨（Mimosa），取材于莎当尼（Chardonnay）和维欧尼（Viognier）葡萄的米拉（Mila），以及取材于赤霞珠（Cabernetsauvignon）和梅洛（Merlot）的巴尔彻塔红葡萄酒（Rosso Barchetta）。其中2011年款巴尔彻塔红葡萄酒（Rosso Barchetta）呈现出黑加仑和黑莓强烈优雅的芳香，而且伴随着辛辣的肉桂皮香气。巴贝拉•马诺拉2011（Barbera Manora 2011）在馥郁的果香中展现出稳定的结构。与此同时，阿巴罗莎•雷（Albarossa Ray）则表现出凝练的酒体和从容悠闲的风韵。派斯2012（Pais 2012）在嗅觉味觉的体验上拥有优秀的和谐感和十分宜人的递进享受。

● Barbera d'Asti Sup. Manora '11	🍷🍷 3
● Barbera del M.to Pais '11	🍷🍷 2*
○ M.to Bianco Mimosa '12	🍷🍷 2*
● M.to Rosso Barchetta '11	🍷🍷 3
● M.to Rosso Ray '11	🍷🍷 3
○ M.to Bianco Mila '11	🍷 4
● Barbera d'Asti Sup. Manora '09	🍷🍷 3
● Barbera d'Asti Sup. Manora '07	🍷🍷 3
○ M.to Bianco Mila '10	🍷🍷 4
● M.to Rosso Barchetta '09	🍷🍷 4
● M.to Rosso Ray '10	🍷🍷 3
● M.to Rosso Ray '07	🍷🍷 3

La Colombera

S.DA COMUNALE VHO, 7
15057 TORTONA [AL]
TEL. 0131867795
www.lacolomberavini.it

藏酒销售
预约参观
年产量 60 000 瓶
葡萄种植面积 20 公顷

过去几年，科洛姆贝拉（Colombera）酒庄的葡萄酒系列在持续地拓展，现在已经形成了完整的产品体系。这座家族式的酿酒厂现在由皮尔卡罗（Piercarlo）和已成为人母的女儿丽萨（Lisa）一起经营。除了多次获得各种奖项的提莫拉索•蒙蒂诺（Timorasso Montino）以外，酒庄实际上还有广泛系列的酒款因为其优越的性价比而获得大家的赞赏。其生产哲学来自对当地葡萄品种的有效利用，例如尼比奥（Nibiò）以及从托尔托纳（Tortona）地区移植过来的品种多尔赛托（Dolcetto）、科罗蒂纳（Croatina）、科特赛（Cortese）和分量较重的巴贝拉（Barbera）。其中最好的巴贝拉•伊丽莎2010（Barbera Elisa 2010）一路披荆斩棘，闯入总决赛。该款酒洋溢着红色浆果和烟草的芳香，淡淡的咸味差异令它变得非常有趣。另外一款闯入总决赛的是已经被提名的提莫拉索•蒙蒂诺（Timorasso Montino），但可惜与最高奖项擦肩而过。其2011年款的酒品将葡萄品种特有的矿物质味以及白桃和佛手柑更具果味的体验巧妙地整合在一起，显得非常高贵典雅。

● Colli Tortonesi Barbera Elisa '10	🍷🍷 3*
○ Colli Tortonesi Timorasso Il Montino '11	🍷🍷 5
○ Colli Tortonesi Timorasso Derthona '11	🍷🍷 4
● Colli Tortonesi Barbera Vegia Rampana '11	🍷🍷 2*
● Colli Tortonesi Rosso Suciaja '11	🍷🍷 3
○ Colli Tortonesi Cortese Bricco Bartolomeo '12	🍷 2
● Colli Tortonesi Croatina Arché '10	🍷 4
○ Colli Tortonesi Timorasso Il Montino '09	🍷🍷🍷 5
○ Colli Tortonesi Timorasso Il Montino '06	🍷🍷🍷 4
○ Colli Tortonesi Timorasso Derthona '10	🍷🍷 4
● Colli Tortonesi Barbera Elisa '09	🍷🍷 3
● Colli Tortonesi Rosso Vegia Rampana '08	🍷🍷 2*
○ Colli Tortonesi Timorasso Derthona '09	🍷🍷 3
○ Colli Tortonesi Timorasso Il Montino '10	🍷🍷 5

★Aldo Conterno

Loc. Bussia, 48
12065 Monforte d'Alba [CN]
Tel. 017378150
www.poderialdoconterno.com

年产量 120 000 瓶
葡萄种植面积 25 公顷

该酒庄由最近刚去世的奥尔多（Aldo）成立于1969年，现在由他的儿女弗朗科•斯特凡诺（Franco Stefano）和贾科姆普（Giacomoup）捍卫着酒庄的荣誉。酒庄位于布希亚•蒙福特（Bussia di Monforte）地区的罗米拉斯科（Romirasco），奇卡拉（Cicala）和科隆内罗（Colonnello）葡萄园在历史上出产过一些最具经典风格和值得陈年的巴洛洛（Barolos），其中以一款富有传奇色彩的格兰布希亚珍藏酒（Granbussia Riserva）掀开了序幕。这款遗留下来的酒品经过细微的改造后传承至今。这也使得出产的内比奥罗（Nebbiolos）在过去的几年里变得更强劲有力和更温暖舒适。该酒庄也是其他传统葡萄品种的种植基地，例如巴贝拉（Barbera）、多尔赛托（Dolcetto）和弗雷伊萨（Freisa）以及少量的莎当尼（Chardonnay）、赤霞珠（Cabernet Sauvignon）和梅洛（Merlot）。全体葡萄酒系列表现优秀，风格一贯独特。复杂和谐的巴洛洛•布希亚•奇卡拉2009（Barolo Bussia Cicala 2009）呈现出烟草、甘草和香料的气息以及充满活力的单宁。

● Barbera d'Alba Conca Tre Pile '10	🍷🍷 (red)	5
● Barolo Bussia Cicala '09	🍷🍷 (red)	8
● Barolo Bussia Colonnello '09	🍷🍷 (red)	8
● Barolo Bussia Romirasco '09	🍷🍷 (red)	8
● Barolo Bussia '09	🍷🍷	8
○ Langhe Bussiador '10	🍷🍷	5
● Langhe Nebbiolo Il Favot '10	🍷🍷	6
● Barolo Bussia Soprana '86	ΥΥΥ	7
● Barolo Bussia Soprana '85	ΥΥΥ	7
● Barolo Gran Bussia Ris. '01	ΥΥΥ	8
● Barolo Gran Bussia Ris. '95	ΥΥΥ	8
● Barolo Granbussia Ris. '05	ΥΥΥ	8
● Barolo Romirasco '04	ΥΥΥ	8
● Barolo Vigna del Colonnello '82	ΥΥΥ	8

Diego Conterno

via Montà, 27
12065 Monforte d'Alba [CN]
Tel. 0173789265
www.diegoconterno.it

藏酒销售
预约参观
年产量 40 000 瓶
葡萄种植面积 7.5 公顷

这家年轻酒庄的本性在其独特宜人的酒款设计中表现得淋漓尽致。这些酒款成功地表达了酿酒者的真实理念。十年来，迭戈•康特尔诺（Diego Conterno）在儿子斯特凡诺（Stefano）的帮助下，已经成为这颗重要的小型璀璨明珠的掌舵者。在这短短的十年内，他已经成功凭借出产的整体系列葡萄酒的平衡感与和谐感一举成名。酒庄的葡萄园也非常优秀，坐落在珍贵的吉内斯特拉（Ginestra）和勒•科斯特（Le Coste）葡萄园的环抱中。为了消除过于浓烈的橡木味，酒庄采用中等型号的木桶陈酿葡萄酒。迭戈•康特尔诺（Diego Conterno）凭借其大气深沉的巴洛洛•勒•科斯特2009（Barolo Le Coste 2009）第一次获得了"三杯奖"。该款酒洋溢着广泛诱人的气息，而且口感紧密，富有层次。同时，他也计划出产一款制作十分精良的巴洛洛2009（Barolo 2009），该款酒具有鲜明的品种特性和诱人的酒劲。而清新的巴贝拉•阿尔巴•费里奥内2011（Barbera d'Alba Ferrione 2011）则拥有红色浆果的气息。

● Barolo Le Coste '09	🍷🍷🍷 (red)	6
● Barolo '09	🍷🍷 (red)	6
● Barbera d'Alba Ferrione '11	🍷🍷	3
● Nebbiolo d'Alba Baluma '11	🍷	3
● Barbera d'Alba Ferrione '10	ΥΥ	3
● Barbera d'Alba Ferrione '07	ΥΥ	3
● Barolo '07	ΥΥ	6
● Barolo Le Coste '08	ΥΥ	6
● Barolo Le Coste '07	ΥΥ	6
● Barolo Le Coste '06	ΥΥ	6
● Langhe Rosso Monguglielmo '07	ΥΥ	4
● Nebbiolo d'Alba Baluma '10	ΥΥ	3
● Nebbiolo d'Alba Baluma '09	ΥΥ	3*
● Nebbiolo d'Alba Baluma '08	ΥΥ	3*

★★Giacomo Conterno

LOC. ORNATI, 2
12065 MONFORTE D'ALBA [CN]
TEL. 017378221
conterno@conterno.it

预约参观
年产量 60 000 瓶
葡萄种植面积 17 公顷

经过我们对酒庄其他酒款进行的一番仔细地品鉴后，我们发现所有的葡萄酒系列都拥有令人敬畏的综合素质。但毋庸置疑酒庄出产的巴洛洛•蒙福蒂诺（Barolo Monfortino）理所当然应该受到我们大家的尊重，它是展示意大利卓越的酿酒技艺的象征。几年前，酿酒厂将位于重要的塞雷塔（Cerretta）葡萄园的一块葡萄田纳入到享有声望的法兰西亚（Francia）葡萄园。这两个葡萄园都坐落在塞拉伦加•阿尔巴（Serralunga d'Alba）市区。出产的葡萄酒一直以来以传统的风格、深沉纯净的口感、非凡的窖藏能力和由这位知名的皮埃蒙特酿酒商所打造出的独特性脱颖而出。魅力四射的巴洛洛•蒙福蒂诺2006（Barolo Monfortino 2006）最终获得了最高奖项。该款酒凝练集中，典型复杂的气息和广泛绵长的口感证实了它在葡萄酒综合品质上的重要地位。所有的葡萄酒系列都表现优秀。

● Barolo Monfortino Ris. '06	🍷🍷🍷 8
● Barbera d'Alba Cascina Francia '11	🍷🍷 5
● Barolo Cascina Francia '09	🍷🍷 8
● Barbera d'Alba Cerretta '11	🍷🍷 5
● Barolo Cascina Francia '06	🍷🍷🍷 8
● Barolo Cascina Francia '05	🍷🍷🍷 8
● Barolo Cascina Francia '04	🍷🍷🍷 8
● Barolo Monfortino Ris. '05	🍷🍷🍷 8
● Barolo Monfortino Ris. '04	🍷🍷🍷 8
● Barolo Monfortino Ris. '02	🍷🍷🍷 8
● Barolo Monfortino Ris. '01	🍷🍷🍷 8
● Barolo Monfortino Ris. '00	🍷🍷🍷 8
● Barolo Monfortino Ris. '99	🍷🍷🍷 8
● Barolo Monfortino Ris. '74	🍷🍷🍷 8

Paolo Conterno

VIA GINESTRA, 34
12065 MONFORTE D'ALBA [CN]
TEL. 017378415
www.paoloconterno.com

藏酒销售
预约参观
膳宿接待
年产量 70 000 瓶
葡萄种植面积 13.8 公顷

这家有趣的蒙福特（Monforte）酒庄坐落在城镇郊外的乡村旁边。这样的风土条件也就暗示了其出产的葡萄酒风格拥有简朴干涩的特点，一点也不炫耀艳丽。古典的风格已经成为乔治奥（Giorgio）在酿造葡萄酒过程中所遵循的指导原则。非凡的吉内斯特拉（Ginestra）葡萄园是该酒庄王冠上的一颗耀眼明珠，小心谨慎地保障了高品质葡萄的出产。一切努力过后，现在酒庄已经开始享受在国际市场上取得的许多当之无愧的成功。巴洛洛•吉内斯特拉2009（Barolo Ginestra 2009）表现出往常的香脂清新感和充满活力的口感，但是比起之前年份的葡萄酒稍微欠缺了果断自信。可爱的巴洛洛•里瓦•布里克2009（Barolo Riva del Bric 2009）洋溢着干花和辛辣的芳香。清爽经典的兰格•内比奥罗•蒙特2011（Langhe NebbioloA Mont 2011）十分令人信服。

● Barolo Ginestra '09	🍷🍷 8
● Barolo Riva del Bric '09	🍷🍷 6
● Dolcetto d'Alba L'Alto '12	🍷🍷 2*
● Langhe Nebbiolo A Mont '11	🍷🍷 4
● Langhe Nebbiolo Bric Ginestra '10	🍷🍷 5
● Barbera d'Alba Bricco '12	🍷 3
● Barolo Ginestra '06	🍷🍷🍷 8
● Barolo Ginestra '05	🍷🍷🍷 8
● Barolo Ginestra Ris. '06	🍷🍷🍷 8
● Barolo Ginestra Ris. '05	🍷🍷🍷 8
● Barolo Ginestra Ris. '01	🍷🍷🍷 8
● Barbera d'Alba Ginestra '07	🍷🍷 3
● Barolo Ginestra '08	🍷🍷 8
● Barolo Ginestra '07	🍷🍷 8
● Barolo Ginestra Ris. '04	🍷🍷 8

★Conterno Fantino

via Ginestra, 1
12065 Monforte d'Alba [CN]
Tel. 017378204
www.conternofantino.it

预约参观
年产量 140 000 瓶
葡萄种植面积 26 公顷
葡萄栽培方式 有机认证

康特诺•凡蒂诺（Conterno Fantino）酒庄坐落在山顶上，傲视着蒙福特•阿尔巴（Monforte d'Alba）的古城。大型可爱的品酒室俯瞰着酒庄的葡萄园。园内严格地执行有机栽培的模式，这对于发展可持续的葡萄种植业来说是个完美的实践。酒庄的生产哲学是专注于对环境的尊重，我们可以从酒窖窥探到这点。酒窖将能源节约型的技术和可再生能源的使用巧妙地结合在一起。在家族的齐心协力下，奎多•凡蒂诺（Guido Fantino）和克劳迪奥•康特诺（Claudio Conterno）能够继续出产令人自豪的高品质葡萄酒。卓越巴洛洛•维格纳•格里斯2009（Barolo Vigna del Gris 2009）凭借混杂着烟草和斯拉夫尼亚橡木桶的气息以及柔和的薄荷味夺得了我们的最高荣誉。巴洛洛•索里•吉内斯特拉2009（Barolo Sorì Ginestra 2009）口感深沉，酒体复杂。兰格•蒙普拉2010红葡萄酒（Langhe Rosso Monprà 2010）伴随着浆果和香料的生动芳香而让人为之折服。

● Barolo V. del Gris '09	🍷🍷🍷 8
● Barolo Sorì Ginestra '09	🍷🍷 8
● Langhe Rosso Monprà '10	🍷🍷 5
● Barbera d'Alba Vignota '11	🍷🍷 3
● Barolo Mosconi '09	🍷🍷 8
● Dolcetto d'Alba Bricco Bastia '12	🍷🍷 2*
○ Langhe Chardonnay Bastia '11	🍷🍷 5
○ Langhe Chardonnay Prinsìpi '12	🍷 2
● Langhe Nebbiolo Ginestrino '11	🍷 4
● Barolo Sorì Ginestra '07	🍷🍷🍷 8
● Barolo Sorì Ginestra '00	🍷🍷🍷 7
● Barolo Sorì Ginestra '99	🍷🍷🍷 8
● Barolo Sorì Ginestra '98	🍷🍷🍷 8
● Barolo V. del Gris '04	🍷🍷🍷 8
● Barolo V. del Gris '01	🍷🍷🍷 8

Contratto

via G. B. Giuliani, 56
14053 Canelli [AT]
Tel. 0141823349
www.contratto.it

藏酒销售
预约参观
年产量 140 000 瓶
葡萄种植面积 21 公顷

位于卡内利（Canelli）的拉•康特拉托（La Contratto）酿酒厂在酒庄负责人乔治奥•里维迪（Giorgio Rivetti）的带领下，回归到全力专注生产气泡酒的核心业务上。酒庄少数的酒款囊括了所有的葡萄年份。今年酒庄就采取了要经历18个月二次发酵的方法酿造阿斯蒂•米兰达（Asti de Miranda）。这里几乎90%的葡萄是黑皮诺（Pinot Nero），所有的葡萄酒都来自与酒庄合作几十年的葡萄种植者。白英格兰•帕斯•杜塞2009（England Pas dosé Blanc de Noirs 2009）在柑橘风味的衬托下，呈现出洋李子和盛开的刺槐的气息。个性鲜明的口感强劲有力，完美柔滑，平衡匀称且充满活力。阿斯蒂•米兰达2011（Asti De Miranda 2011）洋溢着奶油蛋卷和流露出植物气息的蜜饯果皮的古典味道。口感上表现出完美的标准甜度。余味清新，焕发生机。布兰克干型白葡萄酒2010（Blanc de Blancs Brut 2010）拥有甜蜜的苹果香味，但是浓郁的果香超越了它的新鲜感。

○ Blanc de Blancs Brut '10	🍷🍷 4
○ For England Pas Dosé Blanc de Noirs '09	🍷🍷 5
○ Asti De Miranda '11	🍷🍷 5
○ Millesimato Extra Brut '09	🍷🍷 4
⊙ For England Brut Rosé '09	🍷 5
○ Asti De Miranda M. Cl. '00	🍷🍷🍷 5
○ Asti De Miranda M. Cl. '97	🍷🍷🍷 5
○ Asti De Miranda M. Cl. '96	🍷🍷🍷 5
● Barolo Cerequio '99	🍷🍷🍷 8
● Barolo Cerequio Tenuta Secolo '97	🍷🍷🍷 8
○ Spumante M. Cl. Brut Giuseppe Contratto Ris. '96	🍷🍷🍷 5
○ Spumante M. Cl. Brut Giuseppe Contratto Ris. '95	🍷🍷🍷 5

Vigne Marina Coppi

via Sant'Andrea, 5
15051 Castellania [AL]
Tel. 3385360111
www.vignemarinacoppi.com

藏酒销售
预约参观
年产量 25 000 瓶
葡萄种植面积 4 公顷

就像他的祖父福斯托（Fausto）在众多骑车者中快速提高自己的名次一样，弗朗西斯科（Francesco）在科里•托尔托内斯（Colli Tortonesi）地区，甚至不止这个地区的种植者中也快速地树立了自己的领导地位。尽管他最近才做出全身心投入到葡萄酒世界的决定，但取得的成就已经相当令人印象深刻。他起初只是专注于生产法沃里达（Favorita）葡萄，而且也取得了可靠的成果。后来他凭借巴贝拉（Barbera），尤其是提莫拉索葡萄（Timorasso）获得大家广泛的认可。福斯托（Fausto）凭借明亮的色度、坚实的酸度支撑和鲜明爽快的结构再次将“三杯奖”收入囊中。该款酒富有生机的矿物味流露出白色水果和葡萄的宜人芳香。酒庄出产的红葡萄酒也表现不俗，尤其是两款巴贝拉（Barberas）：一款是美味可口的圣特•安德里亚（Sant'Andrea）；另一款是强劲有力、萃取充分的卡斯泰拉尼亚（Castellania）。

○ Colli Tortonesi Timorasso Fausto '11	🍷🍷🍷	6
● Colli Tortonesi Barbera Sant'Andrea '12	🍷🍷	3*
● Colli Tortonesi Barbera Castellania '10	🍷🍷	4
○ Colli Tortonesi Favorita Marine '11	🍷🍷	5
● Colli Tortonesi Rosso Lindin '10	🍷🍷	5
○ Colli Tortonesi Timorasso Fausto '10	🍷🍷🍷	6
○ Colli Tortonesi Timorasso Fausto '09	🍷🍷🍷	6
● Colli Tortonesi Barbera Castellania '09	🍷🍷	3*
● Colli Tortonesi Barbera I Grop '08	🍷🍷	5
● Colli Tortonesi Barbera Sant'Andrea '10	🍷🍷	3
● Colli Tortonesi Barbera Sup. I Grop '09	🍷🍷	5
● Colli Tortonesi Rosso Lindin '09	🍷🍷	5
○ Colli Tortonesi Timorasso Fausto '08	🍷🍷	6
○ Colli Tortonesi Timorasso Fausto '07	🍷🍷	6

★Coppo

via Alba, 68
14053 Canelli [AT]
Tel. 0141823146
www.coppo.it

藏酒销售
预约参观
年产量 400 000 瓶
葡萄种植面积 22 公顷

自1892年酒庄成立以来，这家历史悠久的酒庄已经成为该地区生产意大利苏打白葡萄酒的行业标杆。不仅如此，在过去的岁月里，酒庄在非起泡酒的品质上也获得一定的声望。酒庄大部分的葡萄园坐落在卡内利（Canelli），也有一部分位于亚历山德里亚（Alessandria）和兰格（Langhe）地区。出产的葡萄酒呈现现代风格，其取材主要来自当地的葡萄品种，尤其是巴贝拉（Barbera），而采用的国际品种则包括黑皮诺（Pinot Nero）和莎当尼（Chardonnay）。莎当尼（Chardonnay）曾是酿造有趣和复杂酒品的基本材料。它们也是一起用来酿造经典梅特多（Metodo Classico）起泡酒的主要原料。今年，酒庄还呈现了具有优秀饱满感和清新感的优质起泡酒。巴贝拉•阿斯蒂•珀莫罗索2010（Barbera d'Asti Pomorosso 2010）为酒庄摘得“三杯奖”的桂冠。该款酒洋溢着黑莓和铅笔芯的气息，优雅的单宁衬托出紧致亲切的余味。以此同时，皮埃蒙特•莎当尼•蒙特利奥罗2009（Piemonte Chardonnay Monteriolo 2009）凭借复杂度和习性向大家证明了它具有的白勃艮第风格。

● Barbera d'Asti Pomorosso '10	🍷🍷🍷	7
○ Piemonte Chardonnay Monteriolo '09	🍷🍷	5
○ Piero Coppo Ris. del Fondatore M. Cl. '04	🍷🍷	5
● Barbera d'Asti L'Avvocata '12	🍷🍷	2*
● Barbera d'Asti Sup. Nizza Riserva della Famiglia '06	🍷🍷	8
● Barolo '09	🍷🍷	7
⊙ Clelia Brut Rosé M. Cl. '09	🍷🍷	5
○ Piemonte Chardonnay Riserva della Famiglia '07	🍷🍷	8
○ Riserva Coppo Brut M. Cl. '07	🍷🍷	5
○ Gavi La Rocca '12	🍷	3
● M.to Alterego '10	🍷	4
● Barbera d'Asti Pomorosso '08	🍷🍷🍷	6
○ Piemonte Chardonnay Monteriolo '08	🍷🍷🍷	5

Giovanni Corino

Fraz. Annunziata, 24b
12064 La Morra [CN]
Tel. 0173509452
www.corino.it

藏酒销售
预约参观
年产量 45 000 瓶
葡萄种植面积 8 公顷

出自乔瓦尼•科里诺（Giovanni Corino）和他儿子朱利亚诺（Giuliano）之手的巴洛洛（Barolos）长期以来已经成为始终如一的品质、完美平衡的风土特点和独特的体验的代名词。无论是年轻的葡萄酒还是经过长期陈酿的葡萄酒，它们的风格都一致地展现出一定程度的酒劲，甚至能满足最苛刻的口感要求。酒庄出产的葡萄酒以浓郁的果香、完美的结构和精细内敛的单宁架构引人注意。在一些领先的国际市场上，这些葡萄酒凭借其亲和力使酒庄声名雀跃，这就如同酒庄出产的始终如一、品质可靠的葡萄酒所取得的荣誉一样。巴洛洛•维格纳•吉亚奇尼2009（Barolo Vigna Giachini 2009）散发着甜烟草和香料的气味，亲切的口感伴随着卓越的单宁。而巴洛洛•阿尔伯里纳2009（Barolo Vigneto Arborina 2009）则拥有突出的莫利洛黑樱桃和斯拉夫尼亚橡木桶的深沉气味。

● Barolo V. Giachini '09	🍷🍷 7
● Barolo '09	🍷🍷 6
● Barolo V. V. '08	🍷🍷 8
● Barolo Vign. Arborina '09	🍷🍷 7
● Barbera d'Alba V. Pozzo '97	🍷🍷🍷 5
● Barbera d'Alba V. Pozzo '96	🍷🍷🍷 5
● Barolo Rocche '01	🍷🍷🍷 7
● Barolo Rocche '90	🍷🍷🍷 7
● Barolo V. Giachini '89	🍷🍷🍷 7
● Barolo V. V. '99	🍷🍷🍷 8
● Barolo V. V. '98	🍷🍷🍷 8
● Barolo V. Giachini '08	🍷🍷 7
● Barolo V. V. '07	🍷🍷 8
● Barolo V. V. '06	🍷🍷 8

Renato Corino

Fraz. Annunziata - B.ta Pozzo, 49a
12064 La Morra [CN]
Tel. 0173500349
renatocorino@alice.it

藏酒销售
预约参观
年产量 50 000 瓶
葡萄种植面积 7 公顷

朗格酒庄（Langhe）地理位置风景优美，最具特色的当属由著名的阿尔伯里纳（Arborina）葡萄园所构成的富丽堂皇的背景。雷纳托•科里诺（Renato Corino）称得上是位出色的葡萄栽培专家。在过去的几年时间里，他一直在精心设计的酒窖里大胆地摸索实践着自己研发出来的新型酿酒技艺。出产的葡萄酒在数量上都保持一致的小批量，但是在质量上始终如一。出自他之手的葡萄酒通常非常有雅量，饱满的酒体呈现出令人印象深刻的力度。这种非凡的力度一直伴随着葡萄酒的整个熟成过程。酒庄的葡萄园是许多古老葡萄藤的栖息地，正是这些古老的葡萄藤保证了酒庄出产的葡萄酒具有深度和特性。今年的"三杯奖"花落到卓越的巴洛洛•罗彻•安农齐亚塔2009（Barolo Rocche dell'Annunziata 2009）身上。该款酒炫耀着浓郁的香味，呈现出香料、焦油和紫罗兰的气息。强劲有力的单宁架构支撑了深沉的口感。我们也喜欢优雅平衡的巴洛洛•阿尔伯里纳2009（Barolo Arborina 2009）和诱人的高品质巴贝拉•阿尔巴•珀佐2010（Barbera d'Alba Pozzo 2010）。

● Barolo Rocche dell'Annunziata '09	🍷🍷🍷 7
● Barbera d'Alba V. Pozzo '10	🍷🍷 5
● Barolo Arborina '09	🍷🍷 7
● Barolo '09	🍷🍷 5
● Barolo Ris. '07	🍷🍷 8
● Barolo Vign. Rocche '06	🍷🍷🍷 7
● Barolo Vign. Rocche '04	🍷🍷🍷 8
● Barolo Vign. Rocche '03	🍷🍷🍷 8
● Barbera d'Alba V. Pozzo '07	🍷🍷 5
● Barbera d'Alba V. Pozzo '06	🍷🍷 5
● Barolo '06	🍷🍷 5
● Barolo Arborina '08	🍷🍷 7
● Barolo Arborina '07	🍷🍷 7
● Barolo V. V. '04	🍷🍷 8
● Barolo V. V. Ris. '05	🍷🍷 8

Cornarea

via Valentino, 150
12043 Canale [CN]
Tel. 017365636
www.cornarea.com

藏酒销售
预约参观
膳宿接待
年产量 90 000 瓶
葡萄种植面积 14 公顷

这个由博文（Bovone）家族拥有的庄园坐落在卡纳莱（Canale）外沿的卡纳里亚（Cornarea）山丘上。酒庄的葡萄园是一块单独的土地，超过2/3的面积种植阿内斯（Arneis），剩下的则种植内比奥罗（Nebbiolo）。这里的土壤是富含镁元素的石灰黏土。在20世纪70年代晚期和80年代早期，卡纳里亚（Cornarea）是实现阿内斯（Arneis）复兴的驱动力量之一，其中一款1983年出品的特殊酒品品尝起来仍然容易上口。虽然酒庄仅拥有少数几个酒标，但所有的出品都相当优秀，传统的风格热切地将葡萄品种的个性和风土条件诠释得淋漓尽致。罗埃罗•阿内斯2012（Roero Arneis 2012）逊色于往年的酒款，虽然令人愉悦，但具有明显的侵略性酸度。然而，我们十分钟情于也是采用阿内斯（Arneis）酿造的塔拉斯科风干甜型葡萄酒2009（Tarasco Passito 2009），复杂平衡的酒体散发着无花果干、咖啡和胡桃的气息，适宜的酸度支撑了绵长稳定的余味。

○ Tarasco Passito '09	🍷🍷 5
● Nebbiolo d'Alba '11	🍷🍷 3
● Roero '10	🍷 4
○ Roero Arneis '12	🍷 3
● Nebbiolo d'Alba '10	🍷🍷 3
● Nebbiolo d'Alba '07	🍷🍷 3
● Roero '09	🍷🍷 4
● Roero '08	🍷🍷 4
● Roero '07	🍷🍷 4
○ Roero Arneis '10	🍷🍷 3*
○ Roero Arneis '08	🍷🍷 3*
○ Tarasco Passito '08	🍷🍷 5
○ Tarasco Passito '07	🍷🍷 5
○ Tarasco Passito '06	🍷🍷 5

★Matteo Correggia

loc. Garbinetto
via Santo Stefano Roero, 124
12043 Canale [CN]
Tel. 0173978009
www.matteocorreggia.com

藏酒销售
预约参观
年产量 130 000 瓶
葡萄种植面积 20 公顷

这家由马泰奥（Matteo Correggia）建立的庄园一直以来欣欣向荣。现在，欧妮娜•科斯塔（Ornella Costa Correggia）的儿子也加入了他的队伍行列。酒庄大部分的葡萄园坐落在卡纳莱（Canale）的市区和圣托•斯特凡诺•罗埃罗（Santo Stefano Roero）地区典型的纹理细密的上新世阿斯蒂（Pliocene Asti）土壤地带。出产酒庄顶级罗埃罗•罗彻（Roero Ròche d'Ampsèj）葡萄酒的那一块葡萄田尤其值得一提，这片地混合了阿斯蒂（Asti）和托尔顿阶土壤（Tortonian）。出产的葡萄酒展示了精美绝伦的技术细节和现代风格。它们是原汁原味的罗埃罗（Roero）。优雅的罗埃罗•罗彻陈酿2009（Roero Ròched'Ampsèj Riserva 2009）夺回了我们的最高奖项。该款酒浓郁的果香衬托出烟草和芳香药草的气息。优质的单宁感伴随着风味丰富、延绵不绝的余味。

● Roero Ròche d'Ampsèj Ris. '09	🍷🍷🍷 6
● Roero La Val dei Preti '11	🍷🍷 5
● Anthos '12	🍷🍷 2*
● Anthos Passito	🍷🍷 4
● Barbera d'Alba '11	🍷🍷 3
● Barbera d'Alba Sup. Marun '11	🍷🍷 5
● Langhe Rosso Le Marne Grigie '11	🍷🍷 6
● Roero '11	🍷🍷 3
○ Langhe Bianco Matteo Correggia '11	🍷 5
○ Roero Arneis '12	🍷 3
● Barbera d'Alba Bricco Marun '94	🍷🍷🍷 5
● Roero Ròche d'Ampsèj '04	🍷🍷🍷 6
● Roero Ròche d'Ampsèj '01	🍷🍷🍷 6
● Roero Ròche d'Ampsèj Ris. '07	🍷🍷🍷 6
● Roero Ròche d'Ampsèj Ris. '06	🍷🍷🍷 6

La Corte - Cusmano

REG. QUARTINO, 7
14042 CALAMANDRANA [AT]
TEL. 0141769091
www.cusmano.it

藏酒销售
预约参观
葡萄种植面积 50 公顷

充满激情的莱蒙多•卡斯美诺（Raimondo Cusmano）有条不紊地管理着农家乐农庄和壮丽的里莱斯•卡拉曼德拉纳（Relais di Calamandrana）以及酿酒厂。酒庄所有的葡萄园都位于海拔高度320米到400米的地带，并零星分布在不同的地区，例如卡拉曼德拉纳（Calamandrana）、卡西纳斯科（Cassinasco）、卡斯特尔•弗格里奥内（Castel Foglione）、卡内利（Canelli）、蒙佩罗内（Momperone）和尼扎•蒙费拉托（Nizza Monferrato），大部分葡萄田都处于石灰质的泥灰土地带。出于对这片土地深沉的爱，莱蒙多•卡斯美诺（Raimondo Cusmano）决定从每个独特的葡萄园酿造各具特色的葡萄酒，旨在追求显著的地域特色。超级巴贝拉•尼扎•阿尔奇卡2010（Barbera d'Asti Superiore Nizza Archincà 2010）再次成为该指定产区最好的葡萄酒。樱桃和覆盆子的浓烈气息伴随着金鸡纳树皮和杜松的味道，紧实平衡的口感延绵悠长，风味丰富。

● Barbera d'Asti Sup. Nizza Archincà '10	YY (red)	2
● Barbera d'Asti La Birba '11	YY	2
● Barbera d'Asti Sup. La Grissa '11	YY	3
○ Moscato d'Asti Preludio '12	Y	2
● Barbera d'Asti La Grissa '09	YY (outline)	4
● Barbera d'Asti Sup. Historical '08	YY (outline)	5
● Barbera d'Asti Sup. Historical '07	YY (outline)	5
● Barbera d'Asti Sup. Nizza Archincà '09	YY (outline)	4
● Barbera d'Asti Sup. Nizza Archincà '08	YY (outline)	4
● Barbera d'Asti Sup. Nizza Archincà '06	YY (outline)	4

Giuseppe Cortese

S.DA RABAJÀ, 80
12050 BARBARESCO [CN]
TEL. 0173635131
www.cortesegiuseppe.it

藏酒销售
预约参观
膳宿接待
年产量 50 000 瓶
葡萄种植面积 8 公顷

朱塞佩•科特赛（Giuseppe Cortese）现在在其儿子皮尔卡罗（Piercarlo）和妻子罗塞拉（Rosella）的协助下管理着他的这家小酒庄。他一直专注于体现葡萄酒的风土特色和风格的一致性，这种坚持使他的小酒庄名声大噪，并且在巴巴莱斯科（Barbaresco）产区树立了自己的地位。位于类似于拉巴加（Rabaja）这种传奇村庄的中心地带的8公顷葡萄园已经产生重要的影响，尤其体现在他们追求传统风格的葡萄酒。这些葡萄酒通常陈酿在大、中型的斯拉夫尼亚橡木桶以及法国橡木桶中。其他葡萄酒系列从巴贝拉（Barbera）到多尔赛托（Dolcetto），包括两款莎当尼（Chardonnays）都是传统古典风格的。另一款毫无争议地夺得我们最高奖项的巴巴莱斯科•拉巴加2010（Barbaresco Rabajà 2010）完美地诠释了这个伟大的酒庄。这款酒的特性与个性通过它的气息充分地体现出来，而且伴随着悠长生动的口感。

● Barbaresco Rabajà '10	YYY (red)	5
● Barbaresco Rabajà Ris. '06	YY (red)	8
● Barbera d'Alba Morassina '11	YY	3
○ Langhe Chardonnay '12	YY	2*
● Barbera d'Alba '12	Y	3
● Dolcetto d'Alba '12	Y	2
● Barbaresco Rabajà Ris. '96	YYY (outline)	8
● Barbaresco Rabajà '09	YY (outline)	5
● Barbaresco Rabajà '05	YY (outline)	5
● Barbaresco Rabajà '01	YY (outline)	5*
● Barbaresco Rabajà Ris. '01	YY (outline)	8
● Barbaresco Rabajà Ris. '99	YY (outline)	8
● Barbera d'Alba '11	YY (outline)	2*
● Barbera d'Alba Morassina '10	YY (outline)	3

Clemente Cossetti

VIA GUARDIE, 1
14043 CASTELNUOVO BELBO [AT]
TEL. 0141799803
www.cossetti.it

藏酒销售
预约参观
膳宿接待
年产量 700 000 瓶
葡萄种植面积 22 公顷

这家隶属于柯塞蒂（Cossetti）家族的知名蒙费拉托（Monferrato）酒庄向世人证明了葡萄酒的质量和数量可以巧妙地结合在一起。酒庄既采用购买的葡萄酿造葡萄酒，也采用位于卡斯特尔•诺沃•贝尔波（Castel Nuovo Belbo）自家葡萄园的葡萄出产了高质量的葡萄酒。酒庄自有的葡萄园土壤颗粒大小适中，富含矿物质。园内的葡萄藤平均树龄超过了30年，主导品种是巴贝拉（Barbera），酒庄用其出产了一些酒款。葡萄园还种植多尔赛托（Dolcetto）、科特赛（Cortese）和莎当尼（Chardonnay）等葡萄品种。酒庄向其他种植者购买的葡萄多来自皮埃蒙特（Piedmont）的一些地区，包括兰格（Langhe）、加维（Gavi）和罗埃罗（Roero）。这里出产的葡萄酒在可饮性、丰富的果香味和宜人性方面尤为突出。超级巴贝拉•阿斯蒂•尼扎2010（Barbera d'Asti Superiore Nizza 2010）伴随着肉桂皮的辛辣味、鲜花的芳香和黑莓的果香，十分令人愉悦，展现了丰富的风味和单宁细腻的匀称酒体。

● Barbera d'Asti Sup. Nizza '10	🍷🍷 4
● Barbera d'Asti La Vigna Vecchia '11	🍷🍷 2*
● Grignolino d'Asti '12	🍷🍷 2*
● Barbera d'Asti La Vigna Vecchia '07	🍷🍷 2*
● Barbera d'Asti Sup. Nizza '09	🍷🍷 4
● Barbera d'Asti Sup. Nizza '08	🍷🍷 4
● Barbera d'Asti Sup. Nizza '07	🍷🍷 4
● Barbera d'Asti Venti di Marzo '10	🍷🍷 3
● Barbera d'Asti Venti di Marzo '08	🍷🍷 2*
● Grignolino D'Asti '09	🍷🍷 2*
● Piemonte Albarossa Amartè '10	🍷🍷 3
● Ruchè di Castagnole Monferrato '10	🍷🍷 3

Stefanino Costa

B.TA BENNA, 5
12046 MONTÀ [CN]
TEL. 0173976336
www.ninocosta.eu

葡萄种植面积 7 公顷

尼诺•科斯塔（Nino Costa）的酒庄是罗埃罗（Roero）最优秀的酒庄之一。酒庄的葡萄园坐落在该地区典型的沙质土壤地带，大部分土地都处在卡纳莱（Canale）市区海拔高达350米到400米的山丘上。葡萄园种植了传统的罗埃罗（Roero）葡萄品种：阿内斯（Arneis）、巴贝拉（Barbera）、布拉彻托（Brachetto）以及内比奥罗（Nebbiolo）。酒庄特制的葡萄酒个性鲜明，酒体匀称，在传统的风格上诠释了该地区的风土特征。罗埃罗•梅迪茨（Roero Medic）依然是酒庄的旗舰酒品。其2010年款口感充满清新感，单宁细腻，衬托出浓郁的果香，唯独缺少一点平衡的酒体结构。一款富有香料香气的巴贝拉•阿尔巴2011（Barbera d'Alba 2011）拥有烟草和成熟浆果的芳香。尽管气味仍带有浓烈的橡木味，但富有个性特点。

● Roero Medic '10	🍷🍷 3*
● Barbera d'Alba '11	🍷🍷 3
● Roero V. V. '09	🍷🍷 4
○ Langhe Bianco Ricordi '11	🍷 3
○ Roero Arneis Sarun '09	🍷 3
● Langhe Nebbiolo '10	🍷🍷 2*
● Nebbiolo d'Alba '09	🍷🍷 2*
● Roero '08	🍷🍷 2*
● Roero Bric del Medic '09	🍷🍷 3*
● Roero Bric del Medic '07	🍷🍷 3*
● Roero Bric del Medic '06	🍷🍷 3
● Roero V. V. '08	🍷🍷 4

Daniele Coutandin

b.ta Ciabot, 12
10063 Perosa Argentina [TO]
Tel. 0121803473
ramie.coutandin@alpimedia.it

预约参观
年产量 2 000 瓶
葡萄种植面积 0.80 公顷

可以十分肯定的说这家位于皮内罗洛（Pinerolo）附近的小型酿酒厂能够被我们收编入本版《年鉴》绝不是因为其葡萄酒的价格优势，而是我们见证了出自达尼埃莱•考丹迪（Daniele Coutandin）和他父母朱利亚诺（Giuliano）和劳拉•佩罗（Laura Pero）之手的葡萄酒。我们喜爱酒庄那具有完美感官享受的葡萄酒，并且十分钦佩酒庄经营者勇于开拓的勇气。他们曾在波马雷托（Pomaretto）地区难以想象的陡峭梯田上辅以由都灵（Turin）省理事会建设的单轨铁路系统来种植葡萄。他们还保留了当地罕见的葡萄品种，例如阿瓦纳（Avanà）、查图斯（Chatus）、贝考厄特（Becouet）、蓝沐斯科•维托纳（Lambrusca Vittona）、阿维伦哥（Averengo）和大贝尔拉（Berla Grossa）。最重要的是这些葡萄品种使黎塞留（Richelieu）挚爱的拉米尔（Ramìe）得到了振兴。因为今年的巴尔比彻（Barbichè）仍然处在陈酿期，我们唯有把注意力转移到拉米尔2011（Ramìe 2011）。该款酒充满黑莓和黑加仑的馥郁果香，这些生机勃勃的气息能被体内的血液和奎宁所缓和，余味悠长。

● Pinerolese Ramìe '11	🍷🍷 4
● Barbichè '05	🍷🍷 3*
● Pinerolese Ramìe '09	🍷🍷 4
● Pinerolese Ramìe '08	🍷🍷 4
● Pinerolese Ramìe '07	🍷🍷 4

Dacapo

s.da Asti Mare, 4
14040 Agliano Terme [AT]
Tel. 0141964921
www.dacapo.it

藏酒销售
预约参观
年产量 42 000 瓶
葡萄种植面积 8 公顷
葡萄栽培方式 有机认证

这家位于阿格里亚诺•特尔梅（Agliano Terme）的古老酒庄成立于1997年，现在已经进行了重新修建，由保罗•达尼亚（Paolo Dania）和迪诺•瑞克芒哥诺（Dino Riccomagno）掌管。酒庄出产的有限系列的葡萄酒都旨在尽可能地充分诠释风土特点和与环境的和谐关系。用于酿造一些酒款的巴贝拉（Barbera）葡萄在酒庄中发挥着主导作用，但是内比奥罗（Nebbiolo）、鲁彻（Ruché）、梅洛（Merlot）、黑皮诺（Pinot Nero）和莎当尼（Chardonnay）葡萄用于酿造酒庄经典梅特多（Metodo Classico）起泡酒的原料也表现良好，用其酿造的葡萄酒十分容易入口，且展示了传统的风格。酒庄的葡萄园坐落在阿格里亚诺•特尔梅（Agliano Terme）和卡斯塔葛诺勒•蒙费拉托地区（Castagnole Monferrato）之间的泥灰质石灰岩地带，园内种植着树龄达60年的葡萄藤。超级巴贝拉•阿斯蒂2010（Barbera d'Asti Superiore Nizza Vigna Dacapo 2010）再次证明了它是指定产区中最优秀的葡萄酒。尽管该款酒仍充斥着甜辣的橡木味和相当坚硬的单宁，但是它的余味悠长，口感紧实，果香丰富。

● Barbera d'Asti Sup. Nizza V. Dacapo '10	🍷🍷 4
● Barbera d'Asti Sanbastiàn '11	🍷🍷 2*
⊙ Brut Rosé M. Cl. '09	🍷 5
● Barbera d'Asti Sanbastiàn '10	🍷🍷 2*
● Barbera d'Asti Sanbastiàn '09	🍷🍷 2*
● Barbera d'Asti Sup. Nizza V. Dacapo '09	🍷🍷 4
● Barbera d'Asti Sup. Nizza V. Dacapo '08	🍷🍷 4
● Barbera d'Asti Sup. Nizza V. Dacapo '07	🍷🍷 4
● M.to Rosso Cantacucco '09	🍷🍷 5
● M.to Rosso Cantacucco '08	🍷🍷 5
● Ruché di Castagnole M.to Bric Majoli '10	🍷🍷 3

Damilano

via Roma, 31
12060 Barolo [CN]
Tel. 017356105
www.cantinedamilano.it

藏酒销售
预约参观
年产量 440 000 瓶
葡萄种植面积 48 公顷

达米拉诺（Damilano）酒庄是巴洛洛（Barolo）地区具有传奇色彩的酒庄之一。酒庄的历史可以追溯到1890年，当时奎多（Guido）、保罗（Paolo）和马里奥（Mario）的曾祖父决定采用当地的葡萄酿造葡萄酒，现在已经成为当地名片。像布鲁纳特（Brunate）、坎努比（Cannubi）和斯丽桂（Cerequio）这些知名的葡萄园和规模虽小但作用重要的利斯特（Liste）都为酒庄出产的一系列风格鲜明、忠实于风土特征的葡萄酒做出了重要的贡献。充满激情的保罗•达米拉诺（Paolo Damilano）和他的两个兄弟奎多（Guido）和马里奥（Mario）一起负责酒庄的日常工作。其中奎多（Guido）主要负责酒窖的工作，马里奥（Mario）则主要负责咨询工作。保罗•达米拉诺（Paolo Damilano）现在已经将出产的葡萄酒推向国际市场，葡萄酒质量也令参与品尝者十分信服。其中大批量生产的巴洛洛•勒•钦奎2009（Barolo Le Cinque vigne 2009）是一款集优雅与酒劲于一体的优秀酒品。而巴洛洛•布鲁纳特2009（BaroloBrunate 2009）则拥有雅致浓郁的芳香和十分令人满意的口感。

● Barolo Brunate '09	🍷🍷 7
● Barolo Cannubi '09	🍷🍷 7
● Barolo Cerequio '09	🍷🍷 7
● Barolo Lecinquevigne '09	🍷🍷 6
○ Langhe Arneis '12	🍷🍷 3
● Langhe Nebbiolo Marghe '11	🍷🍷 3
○ Moscato d'Asti '12	🍷🍷 3
● Barbera d'Alba La Blu '11	🍷 4
● Dolcetto d'Alba '12	🍷 3
● Barolo Cannubi '04	🍷🍷🍷 8
● Barolo Cannubi '01	🍷🍷🍷 6
● Barolo Cannubi '00	🍷🍷🍷 6
● Barolo Brunate '07	🍷🍷 7
● Barolo Cannubi '08	🍷🍷 7
● Barolo Cannubi '07	🍷🍷 8

Deltetto

c.so Alba, 43
12043 Canale [CN]
Tel. 0173979383
www.deltetto.com

藏酒销售
预约参观
年产量 170 000 瓶
葡萄种植面积 21 公顷

德尔迪托（Deltetto）家族的酒庄拥有一系列各式各样的酒款，包括采用传统的当地葡萄阿内斯（Arneis）、内比奥罗（Nebbiolo）和巴贝拉（Barbera）等酿造的经典罗埃罗（Roero）以及由莎当尼（Chardonnay）、黑比诺（Pinot Nero）和内比奥罗（Nebbiolo）等葡萄酿造的结构良好的意大利苏打白葡萄酒和类似巴洛洛（Barolo）和多尔赛托•阿尔巴（Dolcetto d'Alba）的兰格（Langa）葡萄酒。市面出售的葡萄酒制作精良，以浓郁丰富的果香和浓烈的酒劲脱颖而出。布拉加陈酿2010（Braja Riserva 2010）证明了自己是周围酒款中最优秀的罗埃罗（Roeros）葡萄酒之一。该款酒洋溢着浓郁的红醋栗和蓝莓气息，虽然没有强劲的结构，但是在优质单宁的作用下容易入口。德尔迪托（Deltetto）所有系列的葡萄酒在该产区属于最值得信赖的葡萄酒。其中优雅的罗埃罗•阿内斯•圣•米切尔2012（Roero Arneis San Michele 2012）散发着清新的植物气息。各式各样的气泡酒制作精良，令人愉悦。这两种类别的葡萄酒充分地诠释了德尔迪托（Deltetto）所有系列酒的内涵。

○ Roero Arneis S. Michele '12	🍷🍷 3*
● Roero Braja Ris. '10	🍷🍷 4
● Barbera d'Alba Sup. Bramé '11	🍷🍷 3
○ Deltetto Brut M. Cl.	🍷🍷 4
○ Deltetto Extra Brut M. Cl. '09	🍷🍷 5
⊙ Deltetto Rosé Extra Brut M. Cl.	🍷🍷 5
● Langhe Rosso Pinot Nero '11	🍷🍷 3
● Barbera d'Alba Sup. Rocca delle Marasche '04	🍷🍷🍷 5
● Roero Braja Ris. '09	🍷🍷🍷 4*
● Roero Braja Ris. '08	🍷🍷🍷 4
● Roero Braja Ris. '07	🍷🍷🍷 4
● Barbera d'Alba Sup. Bramé '09	🍷🍷 3
● Barolo Sistaglia '08	🍷🍷 5
○ Roero Arneis S. Michele '11	🍷🍷 3

Destefanis

via Mortizzo, 8
12050 Montelupo Albese [CN]
Tel. 0173617189
www.marcodestefanis.it

藏酒销售
预约参观
年产量 60 000 瓶
葡萄种植面积 12 公顷

这家集葡萄栽培和葡萄酒酿造于一身的酿酒厂隐藏在兰格（Langhe）地区最原始和鲜为人知的小村庄里。少数的酒款、巨大的热情和上乘的优秀品质都是酒庄独一无二的特色。马尔科（Marco Destefanis）自信地指导着这家以葡萄酒贸易起家的家族企业。过去几年，酒庄坚定不移的发展进程随着葡萄酒规模的扩大取得了阶段性的成功，这些葡萄酒规模还包括取材于顶级葡萄园的一系列优秀的葡萄酒。多尔赛托（Dolcetto）在该地区占据统治地位，而来自莫尼亚•巴萨（Monia Bassa）葡萄园的精选酒一直以来最好地诠释了酒庄的葡萄酒特色。酒品价格也引人关注，而且性价比高。由马尔科（Marco Destefanis）一手打造的葡萄酒的表现向人们证实了值得信赖的红葡萄酒的上乘品质，尤其以多尔赛托（Dolcettos）最为突出。而蒙特鲁普•阿尔贝斯（Montelupo Albese）则是一款具有优越的风土特色，简单纯朴且容易上口的白葡萄酒。

● Dolcetto d'Alba V. Monia Bassa '12	🍷🍷 3*
● Barbera d'Alba '12	🍷🍷 2*
● Dolcetto d'Alba Bricco Galluccio '12	🍷🍷 2*
● Nebbiolo d'Alba '11	🍷🍷 3
○ Langhe Arneis '12	🍷 2
○ Langhe Chardonnay '12	🍷 2
● Alba '10	🍷🍷 3
● Dolcetto d'Alba Bricco Galluccio '11	🍷🍷 2*
● Dolcetto d'Alba V. Monia Bassa '11	🍷🍷 3*
● Dolcetto d'Alba V. Monia Bassa '10	🍷🍷 3*
● Nebbiolo d'Alba '10	🍷🍷 3
● Nebbiolo d'Alba '08	🍷🍷 3*

Gianni Doglia

via Annunziata, 56
14054 Castagnole delle Lanze [AT]
Tel. 0141878359
www.giannidoglia.it

藏酒销售
预约参观
年产量 70 000 瓶
葡萄种植面积 8 公顷

仅仅十年的时间，年轻的詹尼•多哥利亚（Gianni Doglia）不仅成功地奠定了该酒庄在众多莫斯卡托（Moscato）酿酒商中的领导地位，而且凭借出类拔萃的红葡萄酒获得了显赫的声誉。酒庄的葡萄园大部分坐落在酿酒厂附近的石灰质土壤中。那里海拔高度在300米到350米之间，园内种植了产量超过总产量2/3的莫斯卡托（Moscato），除此之外，还有巴贝拉（Barbera）和小部分的梅洛（Merlot）。酿酒厂的酿造风格注重突出葡萄酒的纤细和酒劲。莫斯卡托•卡萨（Moscato Casa di Bianca）白葡萄精选酒初次登台就大获成功。该款酒展示了原汁原味的品种特点，鼠尾草和八角的清新气息平衡了迷人精致的芳香。莫斯卡托•阿斯蒂（Moscato d'Asti）还是像以往那样令人信服。巴贝拉•博斯克丹内2012（Barbera Boscodonne 2012）则非常容易上口。

● Barbera d'Asti Boscodonne '12	🍷🍷 2*
○ Moscato d'Asti Casa di Bianca '12	🍷🍷 3*
● M.to Rosso ! '10	🍷🍷 5
○ Moscato d'Asti '12	🍷🍷 2*
● Barbera d'Asti Boscodonne '11	🍷🍷 2*
● Barbera d'Asti Boscodonne '10	🍷🍷 2*
● Barbera d'Asti Sup. '10	🍷🍷 3*
● Barbera d'Asti Sup. '09	🍷🍷 3
● Barbera d'Asti Sup. '08	🍷🍷 3
● Barbera d'Asti Sup. '07	🍷🍷 3
● M.to Rosso ! '09	🍷🍷 5
○ Moscato d'Asti '11	🍷🍷 2
○ Moscato d'Asti '10	🍷🍷 2

★Poderi Luigi Einaudi

B.TA GOMBE, 31/32
12063 DOGLIANI [CN]
TEL. 017370191
www.poderieinaudi.com

藏酒销售
预约参观
膳宿接待
年产量 250 000 瓶
葡萄种植面积 52 公顷

这家历史底蕴浓厚的酒庄由路易吉•艾奥迪（Luigi Einaudi）创立。他在掌管酒庄时带来的轰动效应至今仍然深深地烙印在人们心中。2001年，酒厂大规模的整建革新工程完满结束，此次翻新着重改造了酒厂的外观。现在，人们经过酒庄入口的大门时，可以一眼见到那座历史性的建筑，但是整个酒窖实际上位于地面之下，里面配备了最先进的技术，并且保留最漂亮最迷人的兰格（Langhe）庄园的魅力。酒庄的酒品结构主要体现在多尔赛托（Dolcetto）和内比奥罗（Nebbiolo）两款酒品上，其次还有多利亚尼（Dogliani）和多利亚尼•特科（Dogliani Tecc）。再次是特尔罗（Terlo）坎努比（Cannubi）和科斯塔•格里马尔迪•巴洛洛（Costa Grimaldi Barolo）精选酒。三款巴洛洛（Barolos）葡萄酒富有表现力，结构精良。我们稍微偏爱特尔罗2009（Terlo 2009），其黑莓和樱桃的芳香气息和香料香互相交替转化，萦绕于鼻尖，口感上生动的单宁结合了清新的酸度。

● Barolo Costa Grimaldi '09	🍷🍷	7
● Barolo Terlo '09	🍷🍷	6
● Barolo Cannubi '09	🍷🍷	8
● Dogliani '12	🍷🍷	3
● Dogliani Sup. V. Tecc '11	🍷🍷	3
● Langhe Nebbiolo '11	🍷🍷	3
● Piemonte Barbera '11	🍷	3
● Barolo Costa Grimaldi '05	🍷🍷🍷	8
● Barolo Costa Grimaldi '01	🍷🍷🍷	7
● Barolo nei Cannubi '00	🍷🍷🍷	8
● Barolo nei Cannubi '99	🍷🍷🍷	7
● Barolo nei Cannubi '98	🍷🍷🍷	7
● Dogliani Sup. V. Tecc '10	🍷🍷🍷	3*
● Dogliani V. Tecc '06	🍷🍷🍷	4
● Langhe Rosso Luigi Einaudi '04	🍷🍷🍷	5

Tenuta Il Falchetto

FRAZ. CIOMBI
VIA VALLE TINELLA, 16
12058 SANTO STEFANO BELBO [CN]
TEL. 0141840344
www.ilfalchetto.com

藏酒销售
预约参观
年产量 280 000 瓶
葡萄种植面积 38 公顷

近几年，法尔凯托（Tenuta Il Falchetto）酒庄已经成为一家在莫斯卡托（Moscato）和巴贝拉（Barbera）酿造领域稳定可靠的酿酒厂。现在，酒庄多达9个的葡萄园都坐落在阿尔巴（Alba）和阿格里亚诺•特尔梅（Agliano Terme）之间。园内种植了12种不同品种的葡萄，囊括了本地葡萄和以莫斯卡托（Moscato）和巴贝拉（Barbera）为主的国际品种。酒庄最初的核心地带位于圣托•斯特凡诺•贝尔波（Santo Stefano Belbo）的山丘上，现在种植着莫斯卡托（Moscato）。酒庄推荐的葡萄酒都体现了现代风格，而且清晰地展示了地域特征。酒庄豪华的葡萄酒系列包括了超级巴贝拉•阿斯蒂（Barbera d'Asti Superiore）的两种酒款：一款是果香浓郁、口感紧致密实，洋溢着落叶和湿润泥土气息的露雷2011（Lurëi 2011）；另一款则是仍然以突出的橡木味和凝练的酒体著称，又没有沉重感的布里科•帕拉迪索2011（Bricco Paradiso 2011）。

● Barbera d'Asti Lurëi '11	🍷🍷	3*
● Barbera d'Asti Sup. Bricco Paradiso '11	🍷🍷	3*
○ Moscato d'Asti Tenuta del Fant '12	🍷🍷	2*
● M.to Rosso La Mora '11	🍷🍷	3
○ Moscato d'Asti Ciombi '12	🍷🍷	2*
● Nebbiolo d'Alba Barbarossa '11	🍷	3
○ Piemonte Moscato Passito '11	🍷	4
○ Moscato d'Asti Tenuta del Fant '11	🍷🍷🍷	2*
○ Moscato d'Asti Tenuta del Fant '09	🍷🍷🍷	2*
● Barbera d'Asti Pian Scorrone '11	🍷🍷	3
● Barbera d'Asti Sup. Bricco Paradiso '10	🍷🍷	3*
● Barbera d'Asti Sup. Lurëi '10	🍷🍷	3
○ Langhe Chardonnay '11	🍷🍷	5
● M.to Rosso Solo '10	🍷🍷	5
○ Moscato d'Asti Ciombi '11	🍷🍷	2*

Favaro

S.DA CHIUSURE, 1BIS
10010 PIVERONE [TO]
TEL. 012572606
www.cantinafavaro.it

藏酒销售
预约参观
年产量 18 000 瓶
葡萄种植面积 3 公顷

卡米罗•法瓦罗（Camillo Favaro）已经不仅仅是卡纳韦塞（Canavese）地区才华横溢的生产商，更重要的是他已经在意大利的葡萄酒世界树立了一个鲜明的形象。作为一名勃艮第（Burgundy）葡萄酒的权威专家和超级狂热者，他尤其擅长交际和处理重大事件。现在，他掌管了父亲贝尼托（Benito）成立于1992年的位于皮韦罗内（Piverone）的这家酒庄。占地3公顷的葡萄园坐落在塞拉（Serra）壮观的冰碛斜坡上。这里的葡萄园出产了两款厄柏露丝（Erbaluces）。一款是陈酿在不锈钢桶的勒•奇乌苏里（Le Chiusure）；另一款则是经过橡木桶陈酿，在葡萄收成后面世才一年的梅西（Mesi）精选酒。一系列品质非凡的餐饮红葡萄酒取材于西拉（Syrah）、弗雷伊萨（Feisa）和巴贝拉（Barbera）。出自法瓦罗（Favaro）之手的厄柏露丝•卡鲁索（Erbaluce di Caluso）丝毫没有悬念地将“三杯奖”收入囊中，尤其凭借2012年款的质量脱颖而出。该款酒洋溢着丰富的天然烟熏气息，结实的酒体结构完美地协调了各种物质的关系，口感富有风味，充满清新。

○ Erbaluce di Caluso Le Chiusure '12	🍷🍷🍷 2*
○ Erbaluce di Caluso 13 Mesi '11	🍷🍷 3*
● F2 '11	▼▼ 2*
● Rossomeraviglia '11	▼▼ 5
● Basy '11	▼ 3
⊙ Rosacherosanonsei '12	▼ 3
○ Erbaluce di Caluso Le Chiusure '11	▽▽▽ 2*
○ Erbaluce di Caluso Le Chiusure '10	▽▽▽ 2*
○ Erbaluce di Caluso 13 Mesi '10	▽▽ 3*
○ Erbaluce di Caluso 13 Mesi '09	▽▽ 3
● Rossomeraviglia '09	▽▽ 5

Giacomo Fenocchio

LOC. BUSSIA, 72
78675 MONFORTE D'ALBA [CN]
TEL. 017378675
www.giacomofenocchio.com

藏酒销售
预约参观
年产量 80 000 瓶
葡萄种植面积 14 公顷

除了位于蒙福特•阿尔巴（Monforte d'Alba）的布希亚（Bussia）、位于卡斯蒂格隆•法列多（Castiglione Falletto）的维勒罗（Villero）和位于巴洛洛（Barolo）的坎努比（Cannubi），你很难找出比这更享有名望和更优秀的由三个各具特色的内比奥罗（Nebbiolo）葡萄园构成的独特组合。酒庄出产的一系列葡萄酒流畅简朴，突出了菲诺齐奥（Fenocchio）兄弟们想要表达的品种个性，展示了鲜明的地域特征，而且具有良好的陈年能力和极佳的性价比。酒庄的巴洛洛（Barolos）具有令人骄傲的传统风格，但又不会显得过于严峻。它们经过长时间的浸皮，然后漫长地陈酿在3 500升到5 000升的斯拉夫尼亚橡木桶。面世的出品是由巴贝拉（Barbera）、多尔赛托（Dolcetto）和弗雷伊萨（Freisa）等葡萄酿制而成。巴洛洛•布希亚2009（Barolo Bussia 2009）凭借匀称的酒体、和谐的口感、鲜明的个性和诱人的深度等与众不同的特征为菲诺齐奥（Fenocchio）夺得了首个“三杯奖”。巴洛洛•维勒罗2009（Barolo Villero 2009）散发着烟草和香料的气息，厚重但谨慎的单宁铸就了无可挑剔的口感。

● Barolo Bussia '09	🍷🍷🍷 6
● Barolo Bussia Ris. '07	🍷🍷 7
● Barolo Villero '09	🍷🍷 6
● Barbera d'Alba Sup. '11	▼▼ 3
● Barolo Cannubi '09	▼▼ 6
● Langhe Freisa '11	▼▼ 3
● Langhe Nebbiolo '11	▼▼ 3
○ Roero Arneis '12	▼ 3
● Barolo Bussia '06	▽▽ 6
● Barolo Bussia Ris. '06	▽▽ 7
● Barolo Cannubi '08	▽▽ 6
● Barolo Cannubi '06	▽▽ 6
● Barolo Villero '06	▽▽ 6
● Langhe Nebbiolo '10	▽▽ 3

Ferrando

via Torino, 599a
10015 Ivrea [TO]
Tel. 0125633550
www.ferrandovini.it

藏酒销售
预约参观
年产量 50 000 瓶
葡萄种植面积 6.5 公顷

尽管酒庄在该法定产区（DOC）份量微乎其微，但是它出产的葡萄酒数量却与之成反比。该法定产区（DOC）坚持利用从卡雷马（Carema）岩壁开凿形成的梯田来种植葡萄。实际上这里就是皮埃蒙特（Piedmont）的最后哨站——奥斯塔峡谷（Valle d'Aosta）。在这里出产了一些风格最突出、最令人兴奋的内比奥罗（Nebbiolos），这也许让葡萄酒爱好者们浮想联翩。他们也许会认为真正的山地葡萄酒可以从其色泽中判别出轻盈清瘦的酒体，但是实际上这里的葡萄酒却有一股不朽的魔力。酒庄获得的大多荣誉离不开费兰多（Ferrando）家族的努力。他们出产的白厄提彻塔（Etichetta Bianca）通常面世一年后，仅在最佳年份酿造的黑厄提彻塔（Etichetta Nera）才会隆重登场。出自罗伯特•费兰多（Roberto Ferrando）之手的2008年款卡雷马（Carema）增强了来自伊夫雷亚（Ivrea）地区的优质红葡萄品种的内在特点。黑厄提彻塔（Etichetta Nera）的气味丰富复杂，尤其以浆果味和橡木味最为突出。完美和谐的单宁完善了口感的体验。

● Carema Et. Nera '08	▼▼▼ 6
● Carema Et. Bianca '09	▼▼ 5
○ Erbaluce di Caluso Brut M. Cl. La Torrazza '08	▼▼ 4
○ Erbaluce di Caluso Cariola '12	▼▼ 3
● Carema Et. Nera '07	▽▽▽ 6
● Carema Et. Nera '06	▽▽▽ 6
● Carema Et. Nera '05	▽▽▽ 6
● Carema Et. Bianca '08	▽▽ 5
● Carema Et. Bianca '07	▽▽ 5
● Carema Et. Bianca '06	▽▽ 4
○ Erbaluce di Caluso Cariola '11	▽▽ 3*
○ Erbaluce di Caluso Cariola '09	▽▽ 3*

Roberto Ferraris

fraz. Dogliano, 33
14041 Agliano Terme [AT]
Tel. 0141954234
www.robertoferraris.com

藏酒销售
预约参观
年产量 50 000 瓶

这家由斯特凡诺•费拉里斯（Stefano Ferraris）成立于1923年的酒庄，其中心就坐落在历史悠久的巴贝拉•阿斯蒂（Barbera d'Asti）地区的中心地带——阿格里亚诺•特尔梅（Agliano Terme）。这个小型酒庄的哲学理念就是通过降低产量、加强对古老葡萄园的细致管理和尊重这片土地的风土条件，酿造出品质上乘的高质量葡萄酒。酒庄古老的葡萄园种植有超过80年历史的葡萄藤，主要有巴贝拉（Barbera），另外还有用于酿造蒙费拉托红葡萄酒（Monferrato Rosso）的内比奥罗（Nebbiolo）和少数的多尔赛托（Dolcetto）和吉诺林诺（Grignolino）葡萄。巴贝拉•诺比奥2011（Barbera d'Asti Nobbio 2011）拥有气息浓烈的橡木味，紧接着樱桃酱的香味扑鼻而来。饱满的口感酝酿出在适宜酸度作用下的清爽悠长的口感。

● Barbera d'Asti Nobbio '11	▼▼ 3*
● Barbera d'Asti '11	▼▼ 2*
● M.to Rosso Grixa '11	▼▼ 3
● Barbera d'Asti '10	▽▽ 2*
● Barbera d'Asti '09	▽▽ 2*
● Barbera d'Asti Nobbio '10	▽▽ 3
● Barbera d'Asti Nobbio '09	▽▽ 3*
● Barbera d'Asti Sup. La Cricca '09	▽▽ 3*
● Barbera d'Asti Sup. La Cricca '08	▽▽ 3
● Barbera d'Asti Sup. Riserva del Bisavolo '10	▽▽ 3*
● Barbera d'Asti Sup. Riserva del Bisavolo '09	▽▽ 3
● Barbera d'Asti Sup. Riserva del Bisavolo '08	▽▽ 3*
● Monferrato Grixa '09	▽▽ 4
● Monferrato Grixa '08	▽▽ 3

Carlo Ferro

REG. SALERE 41
14041 AGLIANO TERME [AT]
TEL. 0141954000
ferro.vini@tiscali.it

藏酒销售
预约参观
年产量 25 000 瓶
葡萄种植面积 12 公顷

这家由费罗（Ferro）家族创立的酒庄至今已经有100年的历史。然而，就如该地区的其他酒庄一样，该酒庄开始出产瓶装葡萄酒的业务只有20多年的历史。其引以为豪的南向葡萄园每公顷平均种植了4 000株到5 000株经过平顶修剪的葡萄藤。其中巴贝拉（Barbera）占据主力位置，其次是少量当地葡萄品种，例如，多尔赛托（Dolcetto）、赤霞珠（Cabernet Sauvignon）以及内比奥罗（Nebbiolo）。酒庄出产的葡萄酒风格传统，优雅的风韵和迷人的酒劲尤其引人注目。今年出产的巴贝拉（Barberas）系列葡萄酒还是像往常一样优秀。制作精良的巴贝拉•茱莉亚2011（Barbera d'Asti Giulia 2011）仍然拥有显著的烟熏橡木味，但是果味飘香，口感丰富生动，余味悠长，富有特色。其他落选的葡萄酒都是缺少一些浓郁的香味。超级巴贝拉•诺图尔诺2010（Barbera d'Asti Superiore Notturno 2010）具有鲜明的特性，洋溢着黑胡椒和烟草的气息，口感和谐，回味悠长，唯独缺少一些活力。

● Barbera d'Asti Giulia '11	🍷🍷 2*
● Barbera d'Asti Superiore Notturno '10	🍷🍷 2*
● Barbera d'Asti '12	🍷 1*
● Barbera d'Asti Giulia '10	♀♀ 2*
● Barbera d'Asti Giulia '09	♀♀ 2*
● Barbera d'Asti Superiore Notturno '09	♀♀ 2*
● Barbera d'Asti Superiore Notturno '08	♀♀ 2
● Barbera d'Asti Superiore Notturno '07	♀♀ 2*

Fontanabianca

VIA BORDINI, 15
12057 NEIVE [CN]
TEL. 017367195
www.fontanabianca.it

藏酒销售
预约参观
年产量 60 000 瓶
葡萄种植面积 14 公顷

这家由奥尔多•保罗（Aldo Pola）和布鲁诺•费罗（Bruno Ferro）经营的酒庄多年来一直专注于提高葡萄酒的质量。1969年，他们的父母在这里买下了葡萄园和酒窖。从那时起，酒庄就不断地创造出许多成就，特别是产自巴巴莱斯科（Barbaresco）各具特色的葡萄园的葡萄酒更令人赞美有加。酒庄的酒品风格一致，都是在追求着各种各样的品味。例如，奔放现代的巴巴莱斯科•波尔蒂尼（Barbaresco Bordini）和更具内敛传统风格的巴巴莱斯科•塞拉波尔拉（Barbaresco Serraboella）都陈酿在斯拉夫尼亚橡木桶中。这两款酒只有通过长期的陈酿才能使自身的特点得到淋漓尽致的发挥。巴巴莱斯科•塞拉波尔拉2010（Barbaresco Serraboella 2010）散发着浆果和甜甜的烟草气息，饱满的口感回荡着优质的单宁。

● Barbaresco Serraboella '10	🍷🍷 5
● Barbaresco '09	🍷🍷 5
● Barbaresco Bordini '10	🍷🍷 6
● Barbera d'Alba Sup. '11	🍷🍷 3
● Langhe Nebbiolo '11	🍷🍷 3
● Dolcetto d'Alba '12	🍷 2
● Barbaresco Serraboella '06	♀♀♀ 6
● Barbaresco Sorì Burdin '05	♀♀♀ 6
● Barbaresco Sorì Burdin '04	♀♀♀ 6
● Barbaresco Sorì Burdin '01	♀♀♀ 6
● Barbaresco Sorì Burdin '98	♀♀♀ 7
● Barbaresco Bordini '09	♀♀ 6
● Barbaresco Sorì Burdin '07	♀♀ 6
● Barbera d'Alba Brunet '07	♀♀ 3

Fontanafredda

via Alba, 15
12050 Serralunga d'Alba [CN]
Tel. 0173626111
www.fontanafredda.it

藏酒销售
预约参观
膳宿接待
年产量 8 000 000 瓶
葡萄种植面积 90 公顷

要让丰塔纳弗雷达（Fontanafredda）酒庄用最快的方法公平的发展起来将是一个艰巨的任务。新的公司由卢卡•巴菲勾（Luca Baffigo）、奥斯卡•法里纳迪（Oscar Farinetti）和伊特利（Eataly）组成，公司将以日常葡萄酒生产商的形象出现。公司将紧跟当代葡萄酒生产的趋势，使用天然葡萄栽培、生物多样化和能源节省的酿酒方法来生产葡萄酒。我们主要研究了卡萨•伊•迪•米拉费奥拉品牌（Casa E di Mirafiore）旗下的拉萨里托（Lazzarito）、维格拉•拉•罗萨（Vigna la Rosa）和维格拉•拉•维拉（Vigna la Villa）酒庄所选用的内比奥罗（Nebbiolo）葡萄品种，通过使用中等尺寸的橡木桶和部分新型橡木桶陈酿出来的巴洛洛葡萄酒（Barolo）口感非常不错。如今葡萄酒商的经营范围扩张、新酒标变更、设计的更新和产品系列的转换的工作越来越难。但无论如何，酒庄也不会对巴洛洛（Barolo）、雷塞瓦（Riservas）和阿尔塔•朗加（Alta Langas）作出任何改变。富有力量的帕伊奥伽罗2009（Paiagallo 2009）和可口的雷塞瓦•米拉费奥拉2007（Riserva Mirafiore 2007）是我们最喜欢的酒款。

● Barolo Ris. Mirafiore '07	ΥΥ 6
● Barolo Paiagallo Mirafiore '09	ΥΥ 6
○ Alta Langa Brut Contessa Rosa Ris. '08	ΥΥ 5
○ Alta Langa Extra Brut '08	ΥΥ 4
● Barolo Lazzarito Mirafiore '08	ΥΥ 6
● Barolo Serralunga d'Alba '09	ΥΥ 6
● Diano d'Alba La Lepre '12	ΥΥ 3
● Langhe Nebbiolo Mirafiore '10	ΥΥ 4
● Nebbiolo d'Alba Marne Brune '11	ΥΥ 3
● Barbera d'Alba Sup. Mirafiore '10	Υ 4
● Dolcetto d'Alba Mirafiore '12	Υ 3
○ Langhe Bianco Marin '10	Υ 3
○ Roero Arneis Pradalupo '12	Υ 2
● Barolo Casa E. di Mirafiore Ris. '04	ΥΥΥ 8
● Barolo Fontanafredda V. La Rosa '07	ΥΥΥ 7
● Barolo Lazzarito V. La Delizia '04	ΥΥΥ 8

Forteto della Luja

reg. Candelette, 4
14051 Loazzolo [AT]
Tel. 014487197
www.fortetodellaluja.it

藏酒销售
预约参观
年产量 55 000 瓶
葡萄种植面积 9 公顷
葡萄栽培方式 有机认证

庄主西尔维娅（Silvia）和坚尼（Gianni）根据环境条件，扩展了有机产品的生产量，在2007年，酒庄成为世界自然基金会的后备成员。葡萄园位于阿斯蒂省（Asti ）海拔约500米的地方，土壤是肥沃的石灰岩，种植着本地葡萄品种，主要是莫斯卡托（Moscato），也有巴贝拉（Barera）、布拉彻托（Brachetto）和黑皮诺（Pinot Nero）。他们生产传统风格的葡萄酒尽管很老土陈旧，但是酒的品质还是很优秀的。酒庄的生产范围固定而可靠。莫斯卡托•达斯蒂•皮亚萨•桑•毛利次奥2012（Moscato d'Asti Piasa San Maurizio 2012）充满甜甜的水果香气和橘子皮的味道，入口柔软顺滑，酒体结构紧密。巴贝拉•达斯蒂•蒙•罗斯（Barbera d'Asti Mon Ross 2012）色泽清透明亮，带有一丝植物的味道和诱人的香味，酸度平衡性好。而罗爱佐罗•文德米亚•塔迪瓦•皮亚萨•里斯切2009（Loazzolo Vendemmia Tardiva Piasa Rischei 2009）则口感复杂多样，和谐美好。

● Barbera d'Asti Mon Ross '12	ΥΥ 2*
○ Loazzolo V. T. Piasa Rischei '09	ΥΥ 6
● M.to Rosso Le Grive '11	ΥΥ 4
○ Moscato d'Asti Piasa San Maurizio '12	ΥΥ 2*
○ Loazzolo Piasa Rischei '97	ΥΥΥ 6
○ Loazzolo Piasa Rischei '96	ΥΥΥ 6
○ Loazzolo Piasa Rischei '95	ΥΥΥ 6
○ Loazzolo Piasa Rischei '94	ΥΥΥ 6
○ Loazzolo Piasa Rischei '93	ΥΥΥ 6
● M.to Rosso Le Grive '10	ΥΥ 4
● M.to Rosso Le Grive '09	ΥΥ 4

Gabutti - Franco Boasso

B.TA GABUTTI, 3A
12050 SERRALUNGA D'ALBA [CN]
TEL. 0173613165
www.gabuttiboasso.com

藏酒销售
预约参观
膳宿接待
年产量 30 000 瓶
葡萄种植面积 6 公顷

酒庄的名称来源于著名的嘉布缇•巴洛洛产区（Gabutti Barolo），自19世纪70年代早期开始就归属博阿索（Boasso）家族所有。其中有4.5公顷的葡萄种植区域坐落在非常有名的塞拉伦加•达尔巴葡萄园内。优秀的葡萄园区通过谨慎的管理，确保生产质量顶级的葡萄。他们使用传统的酿酒方法，在中等尺寸的斯拉夫尼亚橡木桶中陈酿。酒庄建设了度假村，给酒庄增添了吸引力，并成为值得一游的旅游胜地。在众多优秀的葡萄园中最出名的塞拉伦加•达尔巴葡萄园给巴洛洛•马格黑利亚2009（Barolo Margheria 2009）赋予了力量和吸引力，展现浓郁的烟草和甘草气味，单宁的口感突出但与酸度协调得很好。巴洛洛•嘉布缇2009（Barolo Gabutti 2009）的口感复杂、表现集中，在口中的停留时间长，易于饮用。巴洛洛•塞拉伦加（Barolo Serralunga）散发多种香气。

● Barolo Gabutti '09	▼▼ 5
● Barolo Margheria '09	▼▼ 5
● Barbera d'Alba '10	▼▼ 2*
● Barolo Serralunga '09	▼▼ 5
● Dolcetto d'Alba Meriame '12	▼▼ 2*
● Langhe Rosso Grappoli '11	▼ 3
○ Moscato d'Asti Grappoli '12	▼ 2
● Barolo Margheria '05	▽▽▽ 5*
● Barolo Gabutti '08	▽▽ 5
● Barolo Gabutti '05	▽▽ 5
● Barolo Margheria '08	▽▽ 5
● Barolo Margheria '06	▽▽ 5
● Barolo Serralunga '08	▽▽ 5
● Barolo Serralunga '99	▽▽ 6
● Dolcetto d'Alba Meriame '11	▽▽ 2*

Gaggino

S.DA SANT'EVASIO, 29
15076 OVADA [AL]
TEL. 0143822345
www.gaggino.it

藏酒销售
预约参观
年产量 150 000 瓶
葡萄种植面积 20 公顷

关于加布里埃尔（Gabriele）葡萄种植员的故事很多人都很想知道，他出生在葡萄园，也在葡萄园成长。40岁时，他在葡萄园和酒窖所累积的工作经历是少数在奥瓦达地区（Ovada）的人能做到的。他在30个葡萄园发生的故事，可以作为当地葡萄栽培学的基本材料。他的经历从葡萄栽培、收成、分配、供给及酿制都非常的清晰。他专注于多尔赛托（Dolcetto）、巴贝拉（Barbera）和科特赛基本白葡萄（Cortese-based Whites）的种植，但没有放弃其他葡萄品种的栽培，如霞多丽（Chardonnay）、卡本纳特•苏维翁（Cabernet Sauvignon）、苏维翁•布兰克（Sauvignon Blanc）和希拉（Syrah）。缇科（Tico）展现了浆果和香料的香气，浓郁的口感在口腔中不断发生变化。康薇薇奥（Convivio）仍然有着葡萄酒的细微差别，舌尖能明显感觉酒精的刺激，余味深长。而性价比很高的克尔提西亚罐瓶式起泡酒（Charmat-method Courtesia）的口感令人感到愉悦。

● Barbera del M.to Sup. Il Ticco '09	▼▼ 3*
● Dolcetto di Ovada Il Convivio '11	▼▼ 2*
○ Courteisa Brut	▼ 2
○ M.to Bianco La Bionda '12	▼ 2
● M.to Rosso La Mora '12	▼ 2
● Barbera del M.to La Lazzarina '10	▽▽ 2
● Dolcetto di Ovada Il Convivio '10	▽▽ 2*
● Dolcetto di Ovada Il Convivio '09	▽▽ 2*
● Dolcetto di Ovada Sup. Sant' Evasio '09	▽▽ 3*
● Dolcetto di Ovada Sup. Sant' Evasio '08	▽▽ 3
● Dolcetto di Ovada Un Rosso '10	▽▽ 2*
● M.to Rosso La Mora '11	▽▽ 1*

★★★★★Gaja

via Torino, 18
12050 Barbaresco [CN]
Tel. 0173635158
info@gaja.com

年产量 350 000 瓶
葡萄种植面积 92 公顷

作为世界上最好的意大利产品之一，它的故事背后是一个伟大的名字，一个伟大的家族。安吉洛（Angelo）与他的妻子露西亚（Lucia）和孩子盖亚（Gaia）、罗桑娜（Rossana）及吉奥瓦尼（Giovanni）多年来坚守企业理念，在酿酒业的道路上做出的强有力决策，使酒庄闻名中外。这个伟大的家族支撑起一个意大利的葡萄酒故事。酒庄生产的白葡萄酒非常优秀，具有陈酿的价值，即使著名的红葡萄酒只能屈居第二，再一次证明了酒庄的非凡能力。今年柯斯达鲁斯2010（Costa Russi 2010）出人意料地获得“三杯奖”，然而如果就优雅度和酒体结构来说，同一年份的索里•缇尔丁（Sorì Tildin）和圣•洛伦佐（San Lorenzo）更加优秀，更加受欢迎，虽然现在还不是品尝的最佳时期。2009年份的斯贝斯（Sperss）和康特伊萨（Conteisa）气质优雅的口感给人以非常舒服的感觉。

● Langhe Nebbiolo Costa Russi '10	3 glasses (red)	8
● Barbaresco '10	2 glasses (red)	8
● Langhe Nebbiolo Conteisa '09	2 glasses (red)	8
● Langhe Nebbiolo Sperss '09	2 glasses (red)	8
● Langhe Nebbiolo Sorì S. Lorenzo '10	2 glasses (black)	8
● Langhe Nebbiolo Sorì Tildin '10	2 glasses (black)	8
● Barbaresco '09	3 glasses (white)	8
● Barbaresco '08	3 glasses (white)	8
● Barbaresco '04	3 glasses (white)	8
● Langhe Nebbiolo Costa Russi '08	3 glasses (white)	8
● Langhe Nebbiolo Costa Russi '07	3 glasses (white)	8
● Langhe Nebbiolo Costa Russi '04	3 glasses (white)	8
● Langhe Nebbiolo Costa Russi '03	3 glasses (white)	8
● Langhe Nebbiolo Sorì S. Lorenzo '06	3 glasses (white)	8
● Langhe Nebbiolo Sorì Tildin '07	3 glasses (white)	8
● Langhe Nebbiolo Sorì Tildin '06	3 glasses (white)	8

Filippo Gallino

fraz. Madonna Loreto
Valle del Pozzo, 63
12043 Canale [CN]
Tel. 017398112
www.filippogallino.com

藏酒销售
预约参观
年产量 10 000 瓶
葡萄种植面积 15.5 公顷

加里诺家族（Gallino）的全体成员都在他们自家的酒庄工作，这个家族是首个相信罗埃洛产区（Roero）的生产潜力并为之奋斗的家族。酒庄坐落在卡纳莱（Canale）的公社所属的布里克拉（Briccola）、瑞纳西奥（Renesio）和嫫母匹桑诺（Mompissano）的山坡上，其土质为砂质黏土，种植典型的葡萄品种如：阿内斯（Arneis）、巴贝拉（Barbera）和内比奥罗（Nebbiolo）。目的是通过结合传统工艺和现代设备酿制果汁丰富的葡萄酒。在我们进行葡萄酒品尝的时候，罗埃洛（Roeros）还没完成陈酿，故没有品尝到这款酒。我们很喜欢顶级巴贝拉•达尔巴2011（Barbera d'Alba Superiore 2011），它展现了良好的酒体结构，充满浓郁的果香和香料的味道，口感活跃、余味悠长。罗埃洛阿内斯2011（Roero Arneis 4 Luglio 2011）散发的香料和新鲜的水果气味很集中，口感有趣，酸度强烈导致酒的表达不够清晰。

● Barbera d'Alba Sup. '11	2 glasses (red)	4
○ Roero Arneis 4 Luglio '11	2 glasses (black)	2*
● Barbera d'Alba '12	1 glass (black)	2
○ Roero Arneis '12	1 glass (black)	2
● Barbera d'Alba Sup. '05	3 glasses (white)	4*
● Barbera d'Alba Sup. '04	3 glasses (white)	4*
● Roero '06	3 glasses (white)	4*
● Roero Sup. '03	3 glasses (white)	3
● Roero Sup. '01	3 glasses (white)	5
● Roero Sup. '99	3 glasses (white)	5
● Barbera d'Alba Elaine '09	2 glasses (white)	2*
● Barbera d'Alba Sup. Margherita '08	2 glasses (white)	4
● Roero '09	2 glasses (white)	4
● Roero Sorano Ris. '08	2 glasses (white)	3*

Gancia

C.SO LIBERTÀ, 66
14053 CANELLI [AT]
TEL. 01418301
www.gancia.it

藏酒销售
预约参观
年产量 20 000 000 瓶

劳斯丹•塔里克（Roustam Tariko）占有酒庄90%股份，不管他的俄罗斯式的合作管理方式给公司带来多大的改变，甘西亚（Gancia）始终专注于葡萄酒和起泡酒生产。唯一值得他注意的消息是意大利其他产区的销量风险及其结果对阿斯蒂（Asti）地区造成的重新定位影响。在众多的葡萄酒款中，我们主要关注的有经典起泡酒和来自坦纳特•德伊•瓦拉里诺酒庄（Tenute dei Vallarino）生产的葡萄酒。2010年的阿斯蒂•科威24（Asti Metodo Classico Cuvée 24）散发新鲜、集中的苹果和梨子的香气，优雅的麝香，结合愉悦与悠长的结尾。2003年份的埃尔塔•朗嘉•科威120（Alta Langa Brut Cuvée 120 2003）带来愉悦、舒适和复杂的蛋糕、成熟水果的香味，和顶级巴贝拉•妮萨•布里克•阿希纳里2010（Barbera d'Asti Superiore Nizza Bricco Asinari 2010）的气味、口感相似。而顶级巴贝拉•拉德拉2010（Barbera d'Asti Superiore La Ladra 2010）富含樱桃、水果气息，口感愉悦，平衡性好。

○ Alta Langa Brut Cuvée 120 '03	🍷🍷 5
○ Asti M. Cl. Cuvée 24 '10	🍷🍷 6
● Barbera d'Asti Sup. Nizza Bricco Asinari '10	🍷🍷 4
● Barbera d'Asti Sup. La Ladra '10	🍷 3
○ Alta Langa Brut Cuvée 60 Ris. '06	♀♀ 6
○ Alta Langa Cuvée 36 Brut '09	♀♀ 5
○ Alta Langa Cuvée 36 Brut '08	♀♀ 5
○ Alta Langa Cuvée 60 Brut Ris. '05	♀♀ 5
○ Asti M. Cl. Cuvée 24 '09	♀♀ 6
● Barbera d'Asti Sup. La Ladra '09	♀♀ 3

Tenuta Garetto

S.DA ASTI MARE, 30
14041 AGLIANO TERME [AT]
TEL. 0141954068
www.garetto.it

藏酒销售
预约参观
年产量 110 000 瓶
葡萄种植面积 18 公顷

对葡萄种植充满热情的年轻的葡萄栽培学家亚历山大•加里托（Alessandro Garetto）是葡萄庄园主，该葡萄园的土壤条件尤其适合巴贝拉品种的种植。因此，葡萄园80%的土地用于种植巴贝拉，另外20%的土地则种植多尔赛托（Dolcetto）、吉诺林诺（Grignolino）和霞多丽（Chardonnay）。大部分的葡萄园地有60年至70年的历史，其土壤性质为原始的泥灰质的石灰岩黏土。现代风格的葡萄酒果味丰富，酒体结构良好，具有清晰且突出的芳香气息。这一系列中最好的酒款是顶级巴贝拉•达斯蒂•丽萨•伐瓦2010（Barbera d'Asti Superiore Nizza Favà 2010），在黑莓的香味的支撑下散发秋天落叶的气息和药草的味道，口感清新愉悦，酸度适中。顶级巴贝拉•达斯蒂•佩克朵儿2011（Barbera d'Asti Superiore In Pectore 2011）充满浆果和铅笔芯的气味，口感十分朴素。相比之下巴贝拉•达斯蒂•特拉•纽特2012（Barbera d'Asti Tra Neuit e Dì 2012）则令人愉悦，浆果和雨后大地的气味使人感到非常清新。

● Barbera d'Asti Sup. Nizza Favà '10	🍷🍷 4
● Barbera d'Asti Sup. In Pectore '11	🍷🍷 8
● Barbera d'Asti Tra Neuit e Dì '12	🍷🍷 2*
● Grignolino d'Asti 'l Giget '12	🍷 2
● Barbera d'Asti Sup. Nizza Favà '04	♀♀♀ 4
● Barbera d'Asti Sup. In Pectore '10	♀♀ 8
● Barbera d'Asti Sup. In Pectore '09	♀♀ 3
● Barbera d'Asti Sup. Nizza Favà '09	♀♀ 5
● Barbera d'Asti Sup. Nizza Favà '08	♀♀ 4
● Barbera d'Asti Sup. Nizza Favà '07	♀♀ 4
● Barbera d'Asti Tra Neuit e Dì '10	♀♀ 2*

Ettore Germano

Loc. Cerretta, 1
12050 Serralunga d'Alba [CN]
Tel. 0173613528
www.germanoettore.com

藏酒销售
预约参观
膳宿接待
年产量 90 000 瓶
葡萄种植面积 17.5 公顷

塞尔吉奥•杰尔马诺（Sergio Germano）的酒庄在很多方面还没得到应有的名气和认可。很少皮埃蒙特产区的酒商能生产出酒标可互换的高品质葡萄酒。其葡萄园名气与巴洛洛葡萄园媲美的有普拉博（Prapò）、塞拉塔（Cerretta）和拉萨利托（Lazzarito）等，此外还有来自阿尔塔•朗格（Alta Langa）的安格列庄园（Agliè）生产的具有珍藏价值的葡萄酒、无气泡白葡萄酒和起泡酒。总部坐落在塞尔拉伦加（Serralunga），多年来进行葡萄精华萃取的研究和对不同尺寸的橡木桶及原始橡木桶进行校准。酒庄生产的葡萄酒展现的特征非常全面，2011年份的雷司令•赫尔祖（Riesling Hérzu）酒体饱满活跃，口感多变，富有层次感，是一款充满活力和趣味性极高的酒款，余韵深长让人印象深刻。上佳的巴洛洛•拉萨利托•里塞尔瓦2007（Barolo Lazzarito Riserva 2007）香气缺乏馥郁感，口感集中、复杂，是一个很棒的体验。

○ Langhe Bianco Hérzu '11	🍷🍷🍷 4*
● Barolo Lazzarito Ris. '07	🍷🍷 8
● Barolo Prapò '09	🍷🍷 7
○ Alta Langa Brut '10	🍷🍷 5
● Barbera d'Alba Sup. V. della Madre '11	🍷🍷 5
● Barolo Cerretta '09	🍷🍷 7
● Barolo Serralunga '09	🍷🍷 6
● Dolcetto d'Alba Vign. Lorenzino '12	🍷🍷 2*
○ Langhe Bianco Binel '11	🍷🍷 3
○ Langhe Chardonnay '12	🍷🍷 2*
● Langhe Nebbiolo '11	🍷🍷 3
○ Langhe Nascetta '11	🍷 2
○ Langhe Bianco Hérzu '10	🍷🍷🍷 4*
○ Langhe Bianco Hérzu '09	🍷🍷🍷 5

La Ghibellina

Fraz. Monterotondo, 61
15066 Gavi [AL]
Tel. 0143686257
www.laghibellina.it

藏酒销售
预约参观
年产量 60 000 瓶
葡萄种植面积 7.5 公顷

玛丽娜•西比琳娜（Marina Ghibillina）和埃尔伯多（Alberto）经营的酒庄建立于2000年，呈中等规模，坐落在拥有许多富有特色的保证法定产区（GOCG）葡萄园的蒙特罗顿多•迪•盖韦（Monterotondo di Gavi）的小村庄上。在总面积为20公顷的葡萄园上，拉•西比琳娜酒庄的7.5公顷的土地主要种植用于酿制经典梅朵朵（Metodo Classico）的科特赛（Cortese），还有在不锈钢桶内陈酿的加维•马宁（Gavi Manìn）和部分在橡木桶内陈酿的艾尔缇斯（Altius）。起亚雷托•桑德里诺（Chiaretto Sandrino）和蒙福纳多•罗索•内罗•梦托尼（Monferrato Rosso Nero del Montone）取材巴贝拉（Barbera），而蒙福纳多•罗索•皮土吉（Monferrato Rosso Nero del Montone）混合了梅洛（Merlot）。今年，加维•艾尔缇斯（Gavi Aitius）是酒庄史上最好的酒款，并为酒庄带来最高的荣誉。富有力量的酒体结构结合独特的酸度，高度的陈放价值的白葡萄酒加维•梅宁（Gavi Mainin）和新产品库维•马琳娜（Cuvée Marina），还有口感多样的经典梅多特（Metodo Classico）都是极佳的产品。

○ Gavi del Comune di Gavi Altius '11	🍷🍷 3*
○ Gavi del Comune di Gavi M. Cl. Cuvée Marina	🍷🍷 5
○ Gavi del Comune di Gavi Mainìn '12	🍷🍷 3
● M.to Rosso Nero del Montone '10	🍷🍷 4
○ Gavi del Comune di Gavi Brut M. Cl.	🍷 4
⊙ M.to Chiaretto Sandrino '12	🍷 2
● M.to Rosso Pituj '11	🍷 3
● M.to Rosso Nero del Montone '08	🍷🍷 4
● M.to Rosso Pituj '10	🍷🍷 3
● M.to Rosso Pituj '09	🍷🍷 3

Attilio Ghisolfi

LOC. BUSSIA, 27
12065 MONFORTE D'ALBA [CN]
TEL. 017378345
www.ghisolfi.com

藏酒销售
预约参观
年产量 45 000 瓶
葡萄种植面积 6.5 公顷

为了提高与内比奥罗（Nebbiolo）和黑皮诺（Pinot Nero）的竞争力，吉安马可•希苏尔菲（GianMarco Ghisolfi）把扩展顶级红葡萄品种的种植梦付诸实践。他所生产的巴洛洛（Barolo）葡萄酒与蒙福特酒庄（Monforte）酿制的勃艮第（burgundy）葡萄酒排名并列。在禁止使用化学除草剂后，酒庄为保证葡萄酒的信誉度与保护不同的葡萄品种的风格特性，提高了对土壤的保护力度。诱人的巴洛洛•维赛特2009（Barolo Bussia Bricco Visette 2009）散发复杂、层次分明的烟草、香料、甘草和紫罗兰的味道，香气清新美好。而巴洛洛•里瑟瓦2007（Barolo Fantini Riserva 2007）则给人以酒体深沉、结构紧密，成熟的单宁口感及悠长且充满活力的收尾。

● Barolo Bussia Bricco Visette '09	6
● Barolo Fantini Ris. '07	7
● Barbera d'Alba Maggiora '10	2*
● Barolo Bussia '09	5
● Langhe Nebbiolo '11	3
● Barolo Bricco Visette '05	6
● Barolo Bricco Visette '01	6
● Barolo Fantini Ris. '01	7
● Langhe Rosso Alta Bussia '01	5
● Langhe Rosso Alta Bussia '00	4
● Langhe Rosso Alta Bussia '99	5
● Barolo Bussia Bricco Visette '08	6
● Barolo Bussia Bricco Visette '07	6
● Barolo Fantini Ris. '06	7

★★Bruno Giacosa

VIA XX SETTEMBRE, 52
12057 NEIVE [CN]
TEL. 017367027
www.brunogiacosa.it

年产量 400 000 瓶
葡萄种植面积 18 公顷

意大利除了布鲁诺•吉奥克萨（Bruno Giocosa）以外没有人成为世界级的酿酒师。他出色的兰格（Langhe）葡萄园的知识使他在建立佛雷托（Falletto）酒庄以前就已经能够酿造出最好的巴洛洛（Barolos）和巴巴莱斯科（Barbarescos）了。此后，他生产的葡萄酒以他酒庄命名。酒庄长期得到他的女儿布鲁纳（Bruna）和酿酒学家丹特•斯卡格里奥尼（Dante Scaglione）的辅助。然而，葡萄酒的风格一如从前：经典内比奥罗（Classic Nebbiolos）从头至尾只关注细节，忽略了酒体表现。尽管他们的葡萄酒本来需要几十年的陈酿时间，但上几个年份的葡萄酒已经呈现出可口的果香味。出色的巴洛洛•里瑟瓦2007（Barolo Le Rocche del Falletto Riserva 2007）呈现了浆果、大黄和皮革的味道，紧密的单宁口感和清新的酸度完美结合，给予与众不同的舌尖刺激和深长的表现。优秀的巴洛洛•勒•罗切2009（Barolo Le Rocche del Falletto 2009）散发出丝丝甜烟草和干药草的味道，口感强而有力，单宁顺滑。

● Barolo Le Rocche del Falletto Ris. '07	8
● Barbera d'Alba Falletto '11	5
● Barolo Le Rocche del Falletto '09	8
● Nebbiolo d'Alba Valmaggiore '11	5
○ Roero Arneis '12	4
● Barbaresco Asili '05	8
● Barbaresco Asili Ris. '07	8
● Barbaresco Asili Ris. '04	8
● Barbaresco Santo Stefano '01	8
● Barolo Falletto '07	8
● Barolo Falletto '04	8
● Barolo Falletto '01	8
● Barolo Le Rocche del Falletto '05	8
● Barolo Le Rocche del Falletto '04	8
● Barolo Le Rocche del Falletto Ris. '01	8

Carlo Giacosa

S.DA OVELLO, 9
12050 BARBARESCO [CN]
TEL. 0173635116
www.carlogiacosa.it

藏酒销售
预约参观
年产量 40 000 瓶
葡萄种植面积 5 公顷

如果你能拥有像蒙特菲克（Montefico）、阿西里（Asili）、奥维罗（Ovello）以及科尔（Cole）这样高水平的葡萄园时，葡萄酒优秀的质量就能轻易被证实。所以玛利亚•格拉茨亚•吉阿克萨（Maria Grazia Giacosa）满腔热情和积极管理着这一片葡萄园，年复一年，最终在巴巴莱斯科产区给葡萄园取了一个最合理的名称。她的父亲以多年的葡萄园管理经验考察她的葡萄园，发现她的葡萄酒市场价值非常高，葡萄酒品质优秀，口感好、单宁和酸度和谐美好。它们均使用中等尺寸的橡木桶陈酿。巴巴莱斯科•那宁2010（Barbaresco Narin 2010）充满浆果和烟草的香气，单宁顺滑可口。巴巴莱斯科•卢卡•里瑟瓦2008（Barbaresco Luca Riserva 2008）具有很好的潜力，但是口感闭塞。内比奥罗•玛利亚格赖慈亚2012（Nebbiolo Mariagrazia 2012）则是相当美味可口。

● Barbaresco Narin '10	🍷🍷	5
● Barbaresco Luca Ris. '08	🍷🍷	6
● Barbaresco Montefico '10	🍷🍷	5
● Barbera d'Alba Mucin '12	🍷🍷	3
● Langhe Nebbiolo Maria Grazia '12	🍷🍷	3
● Barbera d'Alba Lina '11	🍷	3
● Dolcetto d'Alba Cuchet '12	🍷	2
● Barbaresco Montefico '08	ＹＹＹ	5*
● Barbaresco Luca Ris. '07	ＹＹ	6
● Barbaresco Montefico '09	ＹＹ	5
● Barbaresco Narin '08	ＹＹ	4*
● Barbaresco Narin '07	ＹＹ	4
● Barbaresco Narin '06	ＹＹ	5*
● Barbera d'Alba Lina '07	ＹＹ	3*

F.lli Giacosa

VIA XX SETTEMBRE, 64
12057 NEIVE [CN]
TEL. 017367013
www.giacosa.it

藏酒销售
预约参观
年产量 500 000 瓶
葡萄种植面积 50 公顷

弗拉特利•吉奥科萨（Fratelli Giacosa）葡萄园的面积和历史是皮埃蒙特产区的主要酒商中最具有代表性的。酒标覆盖了所有重点的传统葡萄品种及其所在的葡萄园。酒庄偏向于口感单一、风格经典的葡萄酒，并致力于葡萄栽培的可持续发展，摒弃农药的使用，安装太阳能恒温系统。巴贝拉•玛利亚•吉奥安娜2010（Barbera d'Alba Maria Gioana 2010）带有淡淡的橡木桶焦味和清新的浆果味道，口感多汁，平衡度好。巴洛洛•曼陀罗2008（Barolo Vigna Mandorlo 2008）的气味充满层次感，分别有烟草、桉树和香料的味道，而富有活力的单宁和控制良好的酸度形成完美的和谐口感。

● Barbera d'Alba Maria Gioana '10	🍷🍷	4
● Barolo V. Mandorlo '08	🍷🍷	7
● Barbaresco Basarin V. Gianmaté '10	🍷🍷	6
● Barolo Bussia '09	🍷🍷	6
○ Langhe Chardonnay Rorea '12	🍷🍷	3
○ Roero Arneis '12	🍷	3
● Barbaresco Basarin '09	ＹＹ	5
● Barbaresco Basarin '06	ＹＹ	5
● Barbaresco Basarin V. Gianmaté '09	ＹＹ	5
● Barbaresco Basarin V. Gianmaté '07	ＹＹ	5
● Barbera d'Alba Maria Gioana '09	ＹＹ	3
● Barolo Bussia '08	ＹＹ	6
● Barolo Bussia '07	ＹＹ	6
● Barolo Bussia '06	ＹＹ	5

Giovanni Battista Gillardi

Cascina Corsaletto, 69
12060 Farigliano [CN]
Tel. 017376306
www.gillardi.it

藏酒销售
预约参观
年产量 35 000 瓶
葡萄种植面积 7 公顷

吉亚克林诺•吉拉迪（Giacolino Gillardi）是技艺高超的葡萄栽培专家，他的酒庄充分反映出他的全能性和创新性。他们的葡萄酒风格有很多，从经典酿制的多尔赛托（Dolcetto）到在法国小型橡木桶陈酿的国际葡萄品种梅洛（Merlot）、希拉（Syrah），尽管品种截然不同，但为达到美味的口感和紧凑集中的香气，所有的葡萄都经过精心的挑选。他们的酒体结构好，尽管年份新但经过合适的陈化，口感也是非常棒的。2011年份的朗格•哈利斯（Langhe Rosso Harys）特别好，黑莓、皮革和奎宁的味道混合展现了复杂、烟熏的气味，多汁的口感，余味深长。杜格利安尼•柯萨烈2011（Dogliani Cursalet 2011）呈现了典型的富含水果味的口感，结构紧实，单宁突出但与清新的酸度平衡得刚刚好。

● Dogliani Cursalet '12	🍷🍷 3*
● Langhe Rosso Harys '11	🍷🍷 6
● Dogliani Maestra '12	▼▼ 2*
● Langhe Fiore di Harys '11	▼ 4
● Dogliani Cursalet '11	▽▽▽ 3*
● Harys '00	▽▽▽ 6
● Harys '99	▽▽▽ 6
● Harys '98	▽▽▽ 6
● Dolcetto di Dogliani Cursalet '10	▽▽ 3
● Dolcetto di Dogliani Cursalet '09	▽▽ 3*
● Dolcetto di Dogliani Cursalet '08	▽▽ 3
● Langhe Harys '10	▽▽ 6
● Langhe Harys '09	▽▽ 6
● Langhe Rosso Harys '07	▽▽ 6

La Giribaldina

Reg. San Vito, 39
14042 Calamandrana [AT]
Tel. 0141718043
www.giribaldina.com

藏酒销售
预约参观
膳宿接待
年产量 70 000 瓶
葡萄种植面积 11 公顷

坐落在卡拉曼德拉娜（Calamandrana）的老农庄吉利巴尔第（Giribaldi）的科伦坡家族（Colombo）的酒庄年建于1995，这里是巴贝拉的种植圣地。葡萄园除了种植70%的巴贝拉，另外30%种植有莫斯卡托（Moscato）、苏维翁（Sauvignon）和吉诺林诺（Grignolino）。酒庄的葡萄园分布在瓦格里奥•塞拉（Vaglio Serra）之间，坐落在其中的葡萄园还有上乘的布里克•卡斯德拉罗（Bricco Castellaro）、卡拉曼德拉纳（Calamandrana）和3公顷的瓦尔•撒马萨（Sarmassa）自然保护区。酒庄出品的葡萄酒具有现代化风格，但也保存了葡萄的品质特性和地域特色。其中两款葡萄酒列入了我们的决赛名单上，一款是口感复杂、平衡度好的巴贝拉•曼德列2010（Barbera d'Asti Superiore Nizza Cala delle Mandrie 2010），散发着浆果、雨后大地和烟草的气息，清爽的酸度掩盖了良好的酒体结构的表现。另一款是带有传统的浆果和秋叶气息的巴贝拉•撒马萨2011（Barbera d'Asti Superiore Vigneti della Val Sarmassa 2011），其酒体表现长，口感浓稠。

● Barbera d'Asti Sup. Nizza Cala delle Mandrie '10	🍷🍷 4
● Barbera d'Asti Sup. Vign. della Val Sarmassa '11	🍷🍷 3*
○ Moscato d'Asti '12	▼▼ 2*
● Barbera d'Asti Monte del Mare '12	▼ 2
○ M.to Bianco Ferro di Cavallo '12	▼ 3
● Barbera d'Asti Sup. Vign. della Val Sarmassa '10	▽▽ 3
● Barbera d'Asti Sup. Vign. della Val Sarmassa '09	▽▽ 3
● Grignolino d'Asti Quercino '11	▽▽ 2*
○ M.to Bianco Ferro di Cavallo '11	▽▽ 3

La Gironda

S.DA BRICCO, 12
14049 NIZZA MONFERRATO [AT]
TEL. 0141701013
www.lagironda.com

藏酒销售
预约参观
年产量 40 000 瓶
葡萄种植面积 8 公顷

阿克斯丁纳•加兰德里诺（Agostino Galandrino）在他女儿苏珊娜（Susanna）和女婿埃尔伯托•阿达莫（Alberto Adamo）的协助下管理着这个新兴、有趣的酒庄。酒庄坐落在最好的葡萄园之一的妮萨•蒙福拉托（Nizza Monferrato），主要种植传统葡萄品种巴贝拉（Barbera），同时也种植莫斯卡托（Moscato）、科特赛（Cortese）、多尔赛托（Dolcetto）和内比奥罗（Nebbiolo），还有一些国际葡萄品种。出品风格愉悦、清新和富有水果气息。巴贝拉•尼克奇2010（Barbera d'Asti Superiore Nizza Le Nicchie 2010）带有浆果、可可粉和奎宁的气味，酒体结构好，质感清晰，酸度适中，单宁柔滑。由内比奥罗（Nebbiolo）酿制的蒙福拉托•索尔2009（Monferrato Rosso Soul 2009）表现时间长而饱满，单宁明显，散发甘草和香料的香气。我们也喜欢充满雨后大地般清新香气的巴贝拉•利帕2012（Barbera d'Asti La Lippa 2012），给人以清新、和谐的感觉。还有果汁味浓郁、酒体结实的巴贝拉•格纳2011（Barbera d'Asti La Gena 2011）。

● Barbera d'Asti Sup. Nizza Le Nicchie '10	🍷🍷 5
● Barbera d'Asti La Gena '11	🍷🍷 3
● Barbera d'Asti La Lippa '12	🍷🍷 2*
● M.to Rosso Soul '09	🍷🍷 5
○ Moscato d'Asti '12	🍷 2
● Barbera d'Asti La Gena '09	🍸🍸 3*
● Barbera d'Asti La Lippa '10	🍸🍸 2*
● Barbera d'Asti Sup. Nizza Le Nicchie '09	🍸🍸 4
● Barbera d'Asti Sup. Nizza Le Nicchie '08	🍸🍸 4
● Barbera d'Asti Sup. Nizza Le Nicchie '07	🍸🍸 4
○ Monferrato Bianco L'Aquilone '10	🍸🍸 2*

La Giustiniana

FRAZ. ROVERETO, 5
15066 GAVI [AL]
TEL. 0143682132
www.lagiustiniana.it

藏酒销售
预约参观
年产量 200 000 瓶
葡萄种植面积 39 公顷

罗姆巴蒂尼家族（Lombardini）的宏伟拉•吉斯蒂亚娜酒庄（La Giustiniana）有400多年历史，坐落在洛维拉托•迪•盖韦（Rovereto di Gavi），是最适合种植科特赛（Cortese）葡萄的园地之一。现在由恩里克•唐马林诺（Enrico Tomalino）进行绿色环保管理，不使用化学除草剂和杀菌剂。酒庄占地面积约40公顷，在海拔300米至500米之间。它是当地第一个进行自主罐瓶的酒庄之一，能从蒙特索拉的红土壤中区分出种植路贾拉拉（Lugarara）所需的灰泥土，成熟的果实放在专用的钢制桶里进行陈酿。罗埃洛葡萄园的Il诺斯特罗•盖韦（Il Nostro Gavi）是经过在酒槽上长时间的陈酿的。尽管恩里克•唐马林诺在近期已经退休，但酒庄依然采取他制定出的方案，生产的加维葡萄酒（Gavis）再一次列入今年的决赛。在这种情况下，路贾拉拉（Lugarara）以其优雅的风格突围而出。蒙特索拉（Montessora）的风格依然年轻、紧凑，口感表现时间长。

○ Gavi del Comune di Gavi Lugarara '12	🍷🍷 3*
○ Gavi del Comune di Gavi Montessora '12	🍷🍷 4
○ Giustiniana Brut M. Cl.	🍷🍷 4
● Piemonte Barbera Grangiarossa '11	🍷 2
○ Roverì Frizzante	🍷 4
○ Gavi del Comune di Gavi Il Nostro Gavi '07	🍸🍸🍸 4
○ Gavi del Comune di Gavi Il Nostro Gavi '06	🍸🍸 4
○ Gavi del Comune di Gavi Il Nostro Gavi '04	🍸🍸 4
○ Gavi del Comune di Gavi Lugarara '11	🍸🍸 3
○ Gavi del Comune di Gavi Montessora '11	🍸🍸 4
○ Spumante M. Cl. '07	🍸🍸 5

★Elio Grasso

Loc. Ginestra, 40
12065 Monforte d'Alba [CN]
Tel. 017378491
www.eliograsso.it

预约参观
年产量 90 000 瓶
葡萄种植面积 18 公顷

伊利奥•格拉索（Elio Grasso）和他的妻子马琳娜（Marina）、儿子吉安卢卡（Gianluca）一起，通过利用酒庄具有的至少两个优势最终使他们的葡萄酒成为最出名的朗格酒之一。他们一方面利用出色罐瓶技术，保证葡萄酒的质量的一致性；另一方面，坚持开创传统结合创新的方法，完成改造内比奥罗的结构。三个上佳的葡萄园紧密交错，维格拉•卡萨•马特（Vigna Casa Matè）和盖瓦林妮•巴洛洛（Gavarini Vigna Chiniera Barolo）葡萄园使用2 500升的斯拉夫尼亚橡木桶进行陈酿，伦科特•维沙华（Runcot Riserva）则使用普通橡木桶。当葡萄是通过压条法培植的时候，技术细节就显得无关紧要。整体口感和谐美好的2009年份的巴洛洛•齐聂拉（Barolo Gavarini Chiniera）轻易的就得到我们的赞赏。优雅的巴洛洛•马特2009（Barolo Ginestra Casa Maté 2009 ）的酒体展现也非常出色。而巴洛洛•维沙华2007（Barolo Runcot Riserva 2007 ）的发展潜力很大。

● Barolo Gavarini Chiniera '09	🍷🍷🍷 8
● Barolo Ginestra Casa Maté '09	🍷🍷 8
● Barolo Rüncot Ris. '07	🍷🍷 8
● Barbera d'Alba V. Martina '10	🍷🍷 4
● Dolcetto d'Alba dei Grassi '12	🍷🍷 3
○ Langhe Chardonnay Educato '12	🍷🍷 3
● Langhe Nebbiolo Gavarini '12	🍷🍷 3
● Barolo Gavarini V. Chiniera '06	🍷🍷🍷 8
● Barolo Gavarini V. Chiniera '01	🍷🍷🍷 7
● Barolo Ginestra Casa Maté '07	🍷🍷🍷 8
● Barolo Ginestra V. Casa Maté '05	🍷🍷🍷 8
● Barolo Ginestra V. Casa Maté '04	🍷🍷🍷 8
● Barolo Ginestra V. Casa Maté '03	🍷🍷🍷 7
● Barolo Rüncot '01	🍷🍷🍷 8
● Barolo Rüncot '00	🍷🍷🍷 8

Silvio Grasso

Fraz. Annunziata, 112
12064 La Morra [CN]
Tel. 017350322
www.silviograsso.com

藏酒销售
预约参观
年产量 90 000 瓶
葡萄种植面积 14 公顷

几年前，费德里科•格拉索（Federico Grasso）与他的妻子玛丽勒纳（Marilena）从父亲西尔维奥（Silvio）的手中接手管理酒庄，总部设在拉•莫拉（La Morra）的卡西纳•卢西亚妮（Cascina Luciani）。酒庄位于安农齐亚塔（Annunziata）的分区，风格较为现代化。出产的葡萄酒还需经过短暂的法国橡木桶中陈酿。最新葡萄品种巴洛洛•坉纳（Barolo Turné），风格较为传统，需要经过长时间的葡萄皮浸泡，使用斯拉夫尼亚橡木桶陈酿。酒庄所生产的葡萄酒具有高度的可靠性和质量保证。巴洛洛•布里克•卢西亚妮2009（Barolo Bricco Luciani 2009）散发黑樱桃、桉树和烟草的香味，使得气味复杂、有趣。精致的巴洛洛•吉亚奇尼2009（Barolo Giachini 2009）展现的是浆果和烟草的香气，单宁如丝绸般顺滑。巴洛洛•坉纳2009（Barolo Turné 2009）的风格特别，葡萄品种明显，美味可口。

● Barolo Bricco Luciani '09	🍷🍷 7
● Barolo Giachini '09	🍷🍷 6
● Barolo Turné '09	🍷🍷 7
● Barbera d'Alba Fontanile '10	🍷🍷 5
● Barolo Annunziata V. Plicotti '09	🍷🍷 7
● Barolo Ciabot Manzoni '09	🍷🍷 8
● Barolo '09	🍷 5
● Barolo Bricco Luciani '04	🍷🍷🍷 7
● Barolo Bricco Luciani '01	🍷🍷🍷 6
● Barolo Bricco Luciani '96	🍷🍷🍷 6
● Barolo Bricco Luciani '95	🍷🍷🍷 6
● Barolo Bricco Luciani '90	🍷🍷🍷 6
● Barolo '08	🍷🍷 7
● Barolo Ciabot Manzoni '08	🍷🍷 7
● Barolo Turné '08	🍷🍷 7

Bruna Grimaldi

via Roddino
12050 Serralunga d'Alba [CN]
Tel. 0173262094
www.grimaldibruna.it

藏酒销售
预约参观
年产量 80 160 瓶
葡萄种植面积 11 公顷

鲁纳•格里马尔蒂（Bruna Grimaldi）和弗朗科•费恩里诺（Franco Fiorino）管理的酒庄既是一座尚待发现的小型家族酒庄，又是一座提供合理价格的伟大经典葡萄酒的酒庄。它以拥有一系列良好的葡萄园而自豪。巴洛洛（Barolo）的精选酒品是酒庄这个系列中的珍品，还有来自罗迪（Roddi）的布里克•安姆布罗吉欧（Bricco Ambrogio），来自格林扎纳•卡维尔（Grinzane Cavour）的卡米拉（Camilla）和巴达丽娜（Badarina），来自塞拉伦加德阿尔巴市（Serralunga d'Alba）的豪华庄园。它所酿制的酒风格明确，以集中的香气和很好的味道为特征。出色的巴洛洛•布里克•安姆布罗吉欧2009（Barolo Bricco Ambrogio 2009）特征极好，香气富有层次且口感深远。而同一年份的巴洛洛•巴达丽娜（Barolo Badarina）酒体复杂，含有果浆和桉树的辛辣香气，以及平衡的口感。果汁浓烈的多尔塞罗迪•阿尔巴圣•玛尔提诺（Dolcetto d'Alba San Martino）值得我们特别关注。

● Barolo Badarina '09	🍷🍷 6
● Barolo Bricco Ambrogio '09	🍷🍷 5
● Dolcetto d'Alba S. Martino '11	🍷🍷 2*
● Barolo Camilla '09	🍷 5
● Barolo Badarina '07	🍷🍷 6
● Barolo Badarina '06	🍷🍷 6
● Barolo Badarina V. Regnola '05	🍷🍷 6
● Barolo Badarina V. Regnola '03	🍷🍷 6
● Barolo Badarina V. Regnola Ris. '06	🍷🍷 6
● Barolo Bricco Ambrogio '08	🍷🍷 5
● Barolo Bricco Ambrogio '07	🍷🍷 5
● Barolo Camilla '07	🍷🍷 5*
● Nebbiolo d'Alba Briccola '10	🍷🍷 3
● Nebbiolo d'Alba Briccola '09	🍷🍷 3

Giacomo Grimaldi

via Luigi Einaudi, 8
12060 Barolo [CN]
Tel. 0173560536
www.giacomogrimaldi.com

藏酒销售
预约参观
年产量 50 000 瓶
葡萄种植面积 13 公顷

如果说伟大的酒开始于葡萄园中，那么这座酒庄拥有许多一流的葡萄园，如位于巴洛洛（Barolo）的勒科斯特庄园（Le Coste）。而维扎德阿尔巴（Vezza d'Alba）的瓦尔玛吉欧雷（Valmaggiore）庄园和诺维洛（Novello）的索托•卡斯特罗（Sotto Castello）庄园应当被列入成功之列。尽管与恩里卡•斯卡维诺（Enrica Scavino）（即著名的卡斯蒂廖内•法莱托（Castiglione Falletto）酿酒商的女婿）结婚的费露西欧•格里麦尔迪（Ferruccio Grimaldi），酿酒的时间还没有多久，但酿制的结果已经展示了非常有趣和清晰的品质。虽然酒窖中装备了所有最新的科技，但它的酒是以古典风格为特征的，被葡萄品种的气息所平衡，清晰地区别了每一款酒标。巴洛洛•索托•卡斯特罗•迪诺维洛2009（Barolo Sotto Castello di Novello 2009）有诱人的红醋栗、草莓和覆盆子的香气，与烟草和金鸡纳树皮的气息交织融合。而巴洛洛•勒•科斯特2009（Barolo Le Coste 2009）散发着更黑暗的焦油和大黄的气息。巴洛洛2009（Barolo 2009）香气非常集中，味道特别好。

● Barolo Sotto Castello di Novello '09	🍷🍷 6
● Barolo '09	🍷🍷 5
● Barolo Le Coste '09	🍷🍷 6
● Nebbiolo d'Alba Valmaggiore '11	🍷🍷 3
● Barolo Sotto Castello di Novello '05	🍷🍷🍷 6
● Barbera d'Alba Fornaci '07	🍷🍷 4
● Barolo '08	🍷🍷 5
● Barolo '07	🍷🍷 5
● Barolo Le Coste '07	🍷🍷 6
● Barolo Le Coste '05	🍷🍷 6
● Barolo Le Coste '05	🍷🍷 6
● Barolo Sotto Castello di Novello '08	🍷🍷 6
● Barolo Sotto Castello di Novello '07	🍷🍷 6
● Barolo Sotto Castello di Novello '06	🍷🍷 6

Sergio Grimaldi Ca' du Sindic

Loc. San Grato, 7
12058 Santo Stefano Belbo [CN]
Tel. 0141840341
www.cadusindic.it

藏酒销售
预约参观
年产量 110 000 瓶
葡萄种植面积 14.5 公顷

整个格里马尔迪家族（Grimaldi）都参与到卡度新迪科（Ca' du Sindic）酒庄中来，它25年来一直都是莫斯卡托（Moscato）生产的标杆酒庄。其葡萄园位于圣斯特•凡诺•贝尔柏（Santo Stefano Belbo），在圣•毛利吉欧（San Maurizio）、圣•格拉托（San Grato）和巴乌达（Bauda）地区的山丘上，树龄高达60岁，种植有莫斯卡托（Moscato）、科特赛（Cortese）、多尔赛托（Dolcetto）、巴贝拉（Barbera）、黑皮诺（Pinot Nero）、法沃里达（Favorita）、布拉彻托（Brachetto）和莎当尼（Chardonnay）。今年，最令人欣喜的莫斯卡托•莱达斯蒂（Moscato d'Asti）版本是细腻、香气集中的卡普苏拉•阿根托2012（Capsula Argento 2012），它有着迷迭香和石灰的气息，以及悠长、新鲜而和谐的余味。卡普苏拉•欧洛2012（Capsula Oro 2012）拥有芳香的鼠尾草和柠檬气息，极好的新鲜感，但稍微缺乏复杂度和深度。文托诺•布鲁特罗斯（Ventuno Brut Rosé）拥有怡人的果浆气息。而巴贝拉达斯蒂2011（Asti SanGrato 2011）有馥郁的果香和平衡的酒体。

○ Moscato d'Asti Capsula Argento '12	🍷🍷 2*
● Barbera d'Asti SanGrato '11	🍷🍷 2*
○ Moscato d'Asti Capsula Oro '12	🍷🍷 3
⊙ Ventuno Brut Rosé	🍷🍷 3
● Barbera d'Asti '11	🍷 2
○ Piemonte Moscato Passito Montaldi '08	🍷 5
● Barbera d'Asti San Grato '10	🍷🍷 2*
○ Moscato d'Asti Capsula Oro '11	🍷🍷 2*

Clemente Guasti

c.so IV Novembre, 80
14049 Nizza Monferrato [AT]
Tel. 0141721350
www.clementeguasti.it

藏酒销售
预约参观
年产量 120 000 瓶
葡萄种植面积 27 公顷

这座古瓦奇家族（Guasti）的酒庄建立于1946年，成功地延续了发展道路，让巴贝拉（Barbera）保持着主导地位，伴随着其他一些重要的皮埃蒙特葡萄酒，从巴洛洛（Barolo）到加维（Gavi）。它有四个庄园：三个在尼扎（Nizza）地区，一个在蒙保路佐（Mombaruzzo）。波斯彻托•维奇欧（Boschetto Vecchio）庄园的葡萄种植在黏性土壤上，呈沙质土壤的丰达•圣•尼克劳（Fonda San Nicolao）庄园生产同名的巴贝拉（Barbera）精选，从而酿制出质朴而传统的风格，特别为陈酿而制。酒庄的两个主要精选葡萄园都表现出色。巴贝拉•达斯蒂特级丰达•圣•尼克劳2009（Barbera d'Asti Superiore Fonda San Nicolao 2009）拥有果浆、肉桂和丁香的气息，虽然在结构上有点欠缺，但依然多汁柔顺。巴贝拉•达斯蒂特级波斯彻托•维奇2009（Barbera d'Asti Superiore Boschetto Vecchio 2009）的奎宁和香料成分平衡，余味展示出吸收雨水的泥土和樱桃的味道。怡人的莫斯卡托•达斯蒂•圣•特瑞莎2012（Moscato d'Asti Santa Teresa 2012）也酿制精良，展现了活泼的酸味。

● Barbera d'Asti Sup. Boschetto Vecchio '09	🍷🍷 4
● Barbera d'Asti Sup. Fonda San Nicolao '09	🍷🍷 4
○ Moscato d'Asti Santa Teresa '12	🍷🍷 3
● Barbera d'Asti Desideria '10	🍷 3
○ Gavi '12	🍷 2
● Barbera d'Asti Desideria '09	🍷🍷 2*
● Barbera d'Asti Sup. Boschetto Vecchio '07	🍷🍷 4
● Barbera d'Asti Sup. Classica '07	🍷🍷 3*
● Barbera d'Asti Sup. Fonda San Nicolao '07	🍷🍷 4
● Barbera d'Asti Sup. Nizza Barcarato '07	🍷🍷 5

★Hilberg - Pasquero

via Bricco Gatti, 16
12040 Priocca [CN]
Tel. 0173616197
www.hilberg-pasquero.com

藏酒销售
预约参观
年产量 24 000 瓶
葡萄种植面积 6.5 公顷
葡萄栽培方式 有机认证

帕斯圭埃罗酒庄（Pasquero）始建于20世纪，创建在布里克加蒂（Bricco Gatti）葡萄园中，在俯瞰普里卡（Priocca）的一座山丘上。在过去的20年里，“米克罗”帕斯圭埃罗（“Miclo" Pasquero）和安妮特•希尔博格（Annette Hilberg）一直满怀激情地照看着它，为增强它的风土做出了很大的贡献。整个葡萄园辐射在酒窖周围，在富含淤泥和黏土的土壤上，种植的是传统的罗埃罗（Roero）红葡萄：巴贝拉（Barbera）、布拉彻托（Brachetto）和内比奥罗（Nebbiolo）。所酿制的葡萄酒总体上都非常圆润，具有良好的单宁。2011年份的内比奥罗•达尔巴（Nebbiolo d'Alba）巩固了它作为旗舰酒的地位，呈现出复杂的气息，还需要时间挥发，具有淡雅香甜的橡木味，以及坚实而细腻的单宁和适度的酸度。新鲜且果肉丰富的巴贝拉•达尔巴顶级2011（Barbera d'Alba Superiore 2011），散发着李子和樱桃的辛辣气息。我们同时也很喜欢粘稠且容易入口的维瑞（Vareij），一款芳香的混酿，混合了70%的布拉彻托（Brachetto）和巴贝拉（Barbera）。

● Nebbiolo d'Alba '11	▼▼ 5
● Barbera d'Alba '12	▼▼ 3
● Barbera d'Alba Sup. '11	▼▼ 5
● Langhe Nebbiolo '11	▼▼ 4
● Vareij '12	▼▼ 3
● Barbera d'Alba Sup. '09	▽▽▽ 5
● Barbera d'Alba Sup. '98	▽▽▽ 5
● Barbera d'Alba Sup. '97	▽▽▽ 5
● Nebbiolo d'Alba '06	▽▽▽ 5
● Nebbiolo d'Alba '05	▽▽▽ 5
● Nebbiolo d'Alba '04	▽▽▽ 5
● Nebbiolo d'Alba '03	▽▽▽ 5
● Nebbiolo d'Alba '01	▽▽▽ 5
● Nebbiolo d'Alba '00	▽▽▽ 4
● Nebbiolo d'Alba '99	▽▽▽ 4*

Icardi

loc. San Lazzaro
s.da comunale Balbi, 30
12053 Castiglione Tinella [CN]
Tel. 0141855159
www.icardivini.it

藏酒销售
预约参观
年产量 360 000 瓶
葡萄种植面积 75 公顷
葡萄栽培方式 生物动力学认证

1914年，艾卡迪酒庄（Icardi）建于卡斯蒂格里翁•提内拉（Castiglione Tinella），最初是由卡瓦利尔•皮埃里诺（Cavalier Pierino）掌管，如今是他的儿子玛利亚格拉吉亚（Maria Grazia）和克劳迪奥（Claudio）指导酒庄事务。现在它已扩大到75公顷的葡萄种植面积，最初只限于酒庄旁边的葡萄园，包括了蒙费拉托（Monferrato）和朗格（Langa）的所有酿酒地区的园地。所出产的酒以果味为基础，同时拥有结构和复杂度。在最近几年，酒庄的风格向有机种植方式和生物动力种植方式改变。在这个思想的指导下，艾卡迪（Icardi）设立了卡斯西纳•圣•拉扎罗（Cascina San Lazzaro）一块生物动力栽培学的实践田地。今年出色的朗格红葡萄酒（Langhe）依然是众酒中的明星。巴洛洛2009（Barolo 2009）和巴巴雷斯科2010（Barbaresco 2010）有着共同的平衡橡木味和丝绸般的单宁，但结构有所不同。令人惊喜的芳香的白达•德里奥2012（Dadelio Bianco 2012），来自卡斯西纳•圣•拉扎罗（Cascina San Lazzaro）。

● Barbaresco Montubert '10	▼▼ 5
● Barolo Parej '09	▼▼ 8
● Barbera d'Asti Nuj Suj '11	▼▼ 5
● Barbera d'Asti Tabaren '12	▼▼ 2*
○ Dadelio Bianco '12	▼▼ 5
● Langhe Rosso Pafoj '10	▼▼ 6
○ M.to Bianco Pafoj '12	▼▼ 4
● Langhe Rosso Dadelio '10	▼ 5
○ Moscato d'Asti La Rosa Selvatica '12	▼ 2
● Barbaresco Montubert '09	▽▽ 7
● Barbera d'Asti Nuj Suj '10	▽▽ 5
● Barolo Parej '08	▽▽ 7
○ Dadelio Bianco '11	▽▽ 5
○ M.to Bianco Pafoj '11	▽▽ 5
○ Moscato d'Asti La Rosa Selvatica '11	▽▽ 3
○ Piemonte Cortese Balera '11	▽▽ 3

Ioppa

Fraz. Mauletta
via delle Pallotte, 10
28078 Romagnano Sesia [NO]
Tel. 0163833079
www.viniioppa.it

藏酒销售
预约参观
年产量 95 000 瓶
葡萄种植面积 16.5 公顷

这座历史悠久的酒庄属于佳姆皮尔洛（Giampiero）和乔治•奥伊欧帕（Giorgio Ioppa）兄弟所有，儿子马尔科（Marco）和安德拉（Andrea）也越来越多地参与到酒庄事务中，它正处在也许能称作是生命的第二个高峰。拥有的16公顷多的葡萄园相隔分布在盖姆梅（Ghemme）和罗玛格纳诺•赛西亚（Romagnano Sesia）之中，盖姆梅法定产区表现在三种版本中：基本款和两个特级款，布里克•巴尔西纳（Bricco Balsina）和圣菲（Santa Fè）。内比奥罗（Nebbiolo）是所有系列的主导品种，但厄柏露丝（Erbaluce）、拉雅（Uva rara）和维斯伯诺拉（Vespolina）也表现出色。维斯伯诺拉同时也可在帕赛托甜酒（Passito）找到。酒庄在经过革新之后，伊欧帕家族取得了巨大的进步，决赛中出现了两款盖姆梅（Ghemmes），并酿制出了完美无瑕的巴特里（Battery）。十分质朴的布里克•巴尔希娜（Bricco Balsina）无雕饰地展现了它盐质的风土。而普通的盖姆梅（Ghemme）似乎更成为大家的焦点。口感丰满的维斯伯诺拉2007（Vespolina 2007）更是前途无量。

● Ghemme '07	🍷🍷 4
● Ghemme Bricco Balsina '07	🍷🍷 4
● Colline Novaresi Nebbiolo '09	🍷🍷 2*
● Colline Novaresi Vespolina '07	🍷🍷 3
○ San Grato Bianco	🍷🍷 2*
⊙ Colline Novaresi Rusin '12	🍷 2
● Stransì	🍷 5
● Colline Novaresi Nebbiolo '08	🍷🍷 2*
● Colline Novaresi Vespolina Coda Rossa '10	🍷🍷 2*
● Ghemme '06	🍷🍷 4
● Ghemme Bricco Balsina '06	🍷🍷 5
● Ghemme Santa Fè '06	🍷🍷 6

Isolabella della Croce

Reg. Caffi, 3
14051 Loazzolo [AT]
Tel. 014487166
www.isolabelladellacroce.it

藏酒销售
预约参观
年产量 90 000 瓶
葡萄种植面积 15 公顷

该酒庄坐落在瓦尔迪赛瑞（Valdiserre）大约500米的海拔上，在环绕着阿斯蒂（Asti）的阿尔塔朗佳（Alta Langa）山丘上，是伊索拉贝拉•德拉•科尔斯（Isolabella della Croce）家族在2001年创建的。其葡萄园已有50多年的历史，每公顷种植多达11 000株葡萄藤。酒庄生产相当广泛的葡萄酒，有来自莫斯卡托（Moscato）和巴贝拉（Barbera）的葡萄，也有来自国际品种，尤其是黑皮诺（Pinot Nero）所酿造的个性独特的现代风格葡萄酒。我们被巴贝拉•阿斯蒂顶级塞瑞娜2010（Barbera d'Asti Superiore Serena 2010）深深吸引，它具有柑桔果皮、药草和浆果的气息，加上甜美的口感和悠长的余韵。同时也钟情于带有鼠尾草味道的洛扎罗•文德米亚•塔尔迪瓦•索里奥2006（Loazzolo Vendemmia Tardiva Solio 2006），野生浆果和香料味的黑皮诺蒙菲拉托•布里科法尔科2009（Pinot Nero Monferrato Rosso Bricco del Falco 2009），浓烈的莫斯卡托•阿斯蒂•瓦尔迪赛瑞2012（Moscato d'Asti Valdiserre 2012），以及淡雅的巴贝拉•阿斯蒂顶级•尼扎奥古斯塔2009（Barbera d'Asti Superiore Nizza Augusta 2009）。

● Barbera d'Asti Sup. Serena '10	🍷🍷 4
● Barbera d'Asti Sup. Nizza Augusta '09	🍷🍷 4
○ Loazzolo V. T. Solio '06	🍷🍷 5
● M.to Rosso Bricco del Falco '09	🍷🍷 5
○ Moscato d'Asti Valdiserre '12	🍷🍷 3
● Barbera d'Asti Sup. Nizza Augusta '08	🍷🍷 4
● Barbera d'Asti Sup. Nizza Augusta '07	🍷🍷 4
● M.to Rosso Bricco del Falco '06	🍷🍷 5
● M.to Rosso Superlodo '07	🍷🍷 4
○ Moscato d'Asti Valdiserre '09	🍷🍷 2
○ Piemonte Sauvignon Blanc '11	🍷🍷 3

Iuli

FRAZ. MONTALDO
VIA CENTRALE, 27
15020 CERRINA MONFERRATO [AL]
TEL. 0142946657
www.iuli.it

藏酒销售
预约参观
膳宿接待
年产量 40 000 瓶
葡萄种植面积 8.5 公顷
葡萄栽培方式 有机认证

在蒙菲拉托•卡萨雷斯（Monferrato Casalese）地区有许多酒庄，就算你盲目地订购它们任意产品，也会被它们所折服。这里的葡萄种植者承担着比皮埃蒙特区（Piedmont）其他著名地区的同行们更多的风险，因为他们相信巴贝拉（Barbera）的寿命，相比其他DNA中含有陈酿基因的品种，更喜欢巴贝拉。而且，他们怀着勇气——或者说是疯狂——把一大批像2004年份的巴贝拉葡萄酒（Barbera）陈放在酒窖。然而当我们品尝的时候，顿时对它们肃然起敬——疯狂到足以让你感受到与世界平和的交融。巴特里（Battery）系列以精美的巴贝拉顶级巴拉巴2004（Barbera Superiore Barabba 2004）为始，专门盛在大酒瓶里，展现出非凡的复杂度和平衡性。罗索瑞（Rossore）达到了最佳状态，其中充满个性的一个版本是以它的植物气息为中心的。而尼诺（Nino）有着诱人的香料草本气息，逐渐发展成为浆果和黑椒的味道。

● Barbera del M.to Sup. Barabba Magnum '04	🍷🍷 5
● Barbera del M.to Sup. Rossore '10	🍷🍷 3*
● M.to Rosso Nino '11	**YY** 5
● Barbera del M.to Sup. Barabba '04	YYY 5
● Barbera del M.to Sup. Barabba '07	YY 5
● Barbera del M.to Sup. Barabba '06	YY 5
● Barbera del M.to Sup. Rossore '09	YY 3*
● Barbera del M.to Sup. Rossore '07	YY 3*
● Barbera del M.to Umberta '08	YY 2
● M.to Rosso Malidea '09	YY 5
● M.to Rosso Malidea '08	YY 5
● M.to Rosso Malidea '07	YY 5
● M.to Rosso Nino '10	YY 5
● M.to Rosso Nino '09	YY 5
● M.to Rosso Nino '08	YY 5

Tenuta Langasco

FRAZ. MADONNA DI COMO, 10
12051 ALBA [CN]
TEL. 0173286972
www.tenutalangasco.it

藏酒销售
预约参观
年产量 60 000 瓶
葡萄种植面积 22 公顷

这座充满魅力的酒庄坐落在风景优美的麦当娜•迪•科莫（Madonna di Como）村庄，位于俯瞰着阿尔巴（Alba）的山丘上。该地区因多尔赛托葡萄（Dolcetto）闻名，它拥有浓浓的风味和富有表现力的力量，由这些葡萄酿制而成的葡萄酒就是很好的例子。与之为伴的是一系列保持高品质的可靠的酒标。酒庄酿造的也包括其它单一品种的葡萄酒，例如，莫斯卡托（Moscato）和布拉彻托（Brachetto），提供了一系列广泛的出色的皮埃蒙特葡萄酒。味道非常优美的内比奥罗•索里•科帕2011（Nebbiolo Sorì Coppa 2011）以它保持原始风味的表现力，清新的活力和复杂的浆果、杜松和奎宁的气息而脱颖而出。多尔赛托•麦当娜•迪•科莫•维格纳•米克雷特2012（Dolcetto Madonna di ComoVigna Miclet 2012）年轻而富有活力，带着黑莓和李子的香气，伴随着的是刺激的、风味饱满的口感。

● Nebbiolo d'Alba Sorì Coppa '11	🍷🍷 4
● Barbera d'Alba Madonna di Como '11	**YY** 2*
● Dolcetto d'Alba Madonna di Como V. Miclet '12	**YY** 2*
● Alba '11	**Y** 4
● Barbera d'Alba Sorì '11	**Y** 3
● Barbera d'Alba Madonna di Como '09	YY 3
● Barbera d'Alba Madonna di Como '08	YY 3
● Barbera d'Alba Madonna di Como '07	YY 3
● Barbera d'Alba Sorì '10	YY 3*
● Dolcetto d'Alba Madonna di Como V. Miclet '11	YY 2*
● Dolcetto d'Alba Madonna di Como V. Miclet '10	YY 2*
● Nebbiolo d'Alba Sorì Coppa '10	YY 3
● Nebbiolo d'Alba Sorì Coppa '09	YY 3
● Nebbiolo d'Alba Sorì Coppa '08	YY 3

Ugo Lequio

via del Molino, 10
12057 Neive [CN]
Tel. 0173677224
www.ugolequio.it

藏酒销售
预约参观
年产量 30 000 瓶

尤格•勒奎欧（Ugo Lequio）安静淡泊，从不摆出领衔者的姿态，但在30多年间已积累了一大批粉丝，他的真挚和保持一致的生产深受赞赏。尽管他没有属于自己的葡萄园，因为他的葡萄都是从马尔科利诺（Marcorino）家族名下的贾丽娜庄园（Gallina）中购买的，但他对风土的了解和酒窖的操作技术往往能够让他酿造出本地区一些最复杂的，并能够在酒窖中珍藏的巴巴瑞斯柯（Barbarescos）葡萄酒。其风格可以当做是古典风格，但并不完全是。葡萄酒主要是在中型法国橡木桶中酿制而成。巴巴瑞斯柯•贾丽娜2010（Barbaresco Gallina 2010）葡萄酒风格淡雅，有着比例协调的甘草味、烟草和桉树的香气，口感丰富而舒适，单宁顺滑，且有悠长持久的余味。朗格•阿尔内斯2012（Langhe Arneis 2012）清新而典型，带有多层次的花香和苹果的香味。

● Barbaresco Gallina '10	🍷🍷 5
○ Langhe Arneis '12	🍷🍷 3
● Barbaresco Gallina '09	🍷🍷 5
● Barbaresco Gallina '08	🍷🍷 5
● Barbaresco Gallina '07	🍷🍷 5
● Barbaresco Gallina '06	🍷🍷 5
● Barbaresco Gallina '05	🍷🍷 5
● Barbaresco Gallina '04	🍷🍷 5
● Barbaresco Gallina Ris. '07	🍷🍷 6
● Barbera d'Alba Sup. Gallina '10	🍷🍷 4
● Barbera d'Alba Sup. Gallina '09	🍷🍷 3
● Barbera d'Alba Sup. Gallina '07	🍷🍷 3
● Dolcetto d'Alba '09	🍷🍷 2
● Langhe Nebbiolo '09	🍷🍷 3

Podere Macellio

via Roma, 18
10014 Caluso [TO]
Tel. 0119833511
www.erbaluce-bianco.it

藏酒销售
预约参观
年产量 20 000 瓶
葡萄种植面积 2.5 公顷

比安科（Bianco）家族的酒庄离卡卢索（Caluso）的主要广场仅有一步之遥。他们从18世纪后半期开始就一直从事酿酒活动，并在20世纪60年代开始装瓶销售。今天，西格诺尔•雷纳托（Signor Renato）和他儿子丹尼尔（Daniele）一起掌管着这座酒庄。它的2.5公顷土地被分隔成四块田地，坐落在卡卢索山丘的马塞里奥（Macellio）地区，在面朝南的斜坡上，海拔310米到340米之间。酒庄年产量只有20 000瓶，主要酒品只有三款：一款静置干白葡萄酒、一款起泡酒和一款在橡木桶中陈酿至少4年到5年的帕赛托甜酒（Passito）。酒庄使用厄柏露丝（Erbaluce）来酿制三款已成为卡卢索（Caluso）生产区域的经典的葡萄酒。今年我们很难从梅特多古典起泡酒（Metodo Classico sparkler）、静置白葡萄酒和部分干酒中选择最佳的酒款，它们都是非常出色的白酒，细腻且精致。

○ Caluso Passito '08	🍷🍷 5
○ Erbaluce di Caluso '12	🍷🍷 2*
○ Erbaluce di Caluso Brut M. Cl.	🍷🍷 3*
○ Caluso Passito '07	🍷🍷 5
○ Caluso Passito '06	🍷🍷 5
○ Caluso Passito '05	🍷🍷 5
○ Caluso Passito '04	🍷🍷 5
○ Erbaluce di Caluso '11	🍷🍷 2*
○ Erbaluce di Caluso '10	🍷🍷 2*
○ Erbaluce di Caluso '07	🍷🍷 2*

Malabaila di Canale

FRAZ. MADONNA DEI CAVALLI, 19
12043 CANALE [CN]
TEL. 017398381
www.malabaila.com

藏酒销售
预约参观
年产量 100 000 瓶
葡萄种植面积 22 公顷

虽然酒庄成立只有25年，但玛拉巴伊拉家族（Malabaila）从16世纪开始就涉足罗埃罗（Roero）的葡萄栽培业和葡萄酒交易。其葡萄园坐落在一个90公顷的庄园中，种植在经典的沙质粘性的阿斯提土壤上。葡萄藤栽培在斜度超过50%的斜坡上。酿制的葡萄酒呈古典风格，风土主要表现在它们坚实的结构和丰满的果味中。罗埃罗•卡斯特雷托珍藏2009（Roero Castelletto Riserva 2009）表现出色，弥漫着黑色浆果、奎宁和烟草的气息，肉质丰富，但仍然很年轻，需要时间来沉淀。巴贝拉•达尔巴•梅扎维拉2010（Barbera d'Alba Mezzavilla 2010）同样很优秀，拥有很好的结构和个性；散发着黑色浆果、杜松和干草的气息，夹杂着辛辣的味道，悠长而有变化的口感中保留着酸度。而更清淡、更容易入口的内比奥•罗达尔巴布里克•梅里2011（Nebbiolo d'Alba Bric Merli 2011）酿制精良。其他展出的酒款也很得体。

● Barbera d'Alba Mezzavilla '10	🍷🍷 3*
● Roero Castelletto Ris. '09	🍷🍷 4
● Nebbiolo d'Alba Bric Merli '11	🍷🍷 3
● Barbera d'Alba Giardino '12	🍷 2
○ Roero Arneis '12	🍷 2
○ Roero Arneis Pradvaj '12	🍷 3
● Barbera d'Alba Mezzavilla '09	🍸🍸 3*
○ Roero Arneis '11	🍸🍸 2*
○ Roero Arneis '10	🍸🍸 2*
○ Roero Arneis Pradvaj '11	🍸🍸 3
● Roero Bric Volta '09	🍸🍸 2*
● Roero Castelletto Ris. '08	🍸🍸 4
● Roero Castelletto Ris. '07	🍸🍸 4

★Malvirà

LOC. CANOVA
VIA CASE SPARSE, 144
12043 CANALE [CN]
TEL. 0173978145
www.malvira.com

藏酒销售
预约参观
膳宿接待
年产量 350 000 瓶
葡萄种植面积 40 公顷

罗伯特•达蒙特（Roberto Damonte）和马西莫（Massimo）一起将马尔维拉酒庄（Malvirà）打造成为罗埃罗（Roero）在葡萄栽培和旅客接待方面的代表酒庄之一，这有赖于他们酿制的葡萄酒和蒂波尔迪山庄（Tiboldi）中的酒店。他们从8个葡萄园中采摘葡萄，大部分园地位于卡内勒市（Canale），包括像蒙贝尔特拉莫（Mombeltramo）、雷内西奥（Renesio）和特琳塔（Trinità）这些地地道道的葡萄园，孕育了高达80年的葡萄藤。出售中的葡萄酒在整个罗埃罗区域是最典型、给人留下深刻印象的酒款之一。产自罗埃罗的酒一向都是指定酒区中最坚实、最值得窖藏的，但在过去几年中都没有达到极好的状态。罗埃罗•雷内西奥珍藏2009（Roero Renesio Riserva 2009）是个例外，橡木味有点重，但在泥炭味中集中了花和果实的香气，口感甜美多汁，单宁紧致并带有悠长的余味。其他上榜的葡萄酒都很怡人，酿制精良，尤其是精致、流畅且果味丰富的罗埃罗•阿尔内斯•特林尼塔2012（Roero Arneis Trinità 2012）。

● Roero Renesio Ris. '09	🍷🍷 5
● Barbera d'Alba S. Michele '10	🍷🍷 3
○ Roero Arneis Renesio '12	🍷🍷 3
○ Roero Arneis Saglietto '12	🍷🍷 3
○ Roero Arneis Trinità '12	🍷🍷 3
○ Roero Arneis '12	🍷 2
● Roero Mombeltramo Ris. '09	🍷 5
● Roero Mombeltramo Ris. '05	🍸🍸🍸 5
● Roero Renesio Ris. '05	🍸🍸🍸 5
● Roero Sup. Mombeltramo '04	🍸🍸🍸 5
● Roero Sup. Mombeltramo '00	🍸🍸🍸 5
● Roero Sup. Trinità '03	🍸🍸🍸 4
● Roero Sup. Trinità '01	🍸🍸🍸 5
● Roero Trinità Ris. '07	🍸🍸🍸 5

Giovanni Manzone

via Castelletto, 9
12065 Monforte d'Alba [CN]
Tel. 017378114
www.manzonegiovanni.com

藏酒销售
预约参观
年产量 40 000 瓶
葡萄种植面积 8 公顷

拥有无数个像这样的酒庄才使得朗格（Langhe）成为一个领先的葡萄酒产区，在历史长河中航行着，虽然不算太耀眼，却一直保持着最优秀酿酒者的地位。乔瓦尼•曼佐尼（Giovanni Manzone）现在还得到了他的儿子毛罗（Mauro）的协助，对于那些追求蒙福特•达尔巴（Monforte d'Alba）风土最正宗的阐释，以及它的最佳庄园如布里卡特（Bricat）、格拉莫雷瑞（Gramolere）和卡斯特雷托（Castelletto）的追求者来说，是一个非常熟悉的名字。酒庄酿制的巴洛洛（Barolos）的结构深刻直爽，并没有什么做标准化的生产。在所有的这些内比奥罗葡萄（Nebbiolo）中，我们也应腾出一点空间给产量较小的罗塞尔托葡萄（Rosserto），这极有可能是利古里亚（Ligurian）的洛塞西（Rossese）的一种白葡萄生物型。复杂多层次的巴洛洛•卡斯特2009（Barolo Castelletto 2009）有着集中明显的香料、药材、奎宁和烟草的气息，以及深远而浓烈的口感，同时还拥有重量但精密的单宁。巴洛洛•格拉莫雷瑞2009（Barolo Gramolere 2009）复杂的酒体中，实现了淡雅和力量感之间的平衡。

● Barolo Castelletto '09	🍷🍷🍷	5
● Barolo Bricat '09	🍷🍷	6
● Barolo Gramolere '09	🍷🍷	6
● Barbera d'Alba Sup. La Serra '10	▼▼	3
● Barolo Gramolere Ris. '06	▼▼	7
● Langhe Nebbiolo Il Crutin '11	▼▼	3
● Barbera d'Alba '11	▼	3
○ Langhe Bianco Rosserto '11	▼	3
● Barolo Bricat '05	▽▽▽	6
● Barolo Gramolere Ris. '05	▽▽▽	7
● Barolo Le Gramolere '04	▽▽▽	6
● Barolo Le Gramolere Ris. '01	▽▽▽	7
● Barolo Le Gramolere Ris. '00	▽▽▽	7
● Barolo Le Gramolere Ris. '99	▽▽▽	7

Paolo Manzone

loc. Meriame, 1
12050 Serralunga d'Alba [CN]
Tel. 0173613113
www.barolomeriame.com

藏酒销售
预约参观
膳宿接待
年产量 85 000 瓶
葡萄种植面积 10 公顷

酒庄的葡萄园坐落在一些最负盛名的酿酒地区，这也是为什么酒庄长久以来都能够建立这样一个完整的、多层面的葡萄酒基地，并成为本区域出色的旗舰酒庄。在可爱的地下酒窖中，葡萄酒在不同大小的木桶中酿制，以保持各个葡萄品种不同特性之间的平衡。保罗•曼佐尼（Paolo Manzone）和他的妻子路易塞拉•科力诺（Luisella Corino）在从事酿酒活动的同时也经营着农业观光事业。葡萄园位于兰加（Langa）的一个难忘的角落里，是这座迷人的酒庄理想的衬托。它所产出的巴洛洛•梅里亚梅2009（Barolo Meriame 2009）复杂的香气中包括了新鲜的浆果味和黑暗的焦油及秘鲁树皮的味道，口感丰满，单宁和酸度平衡均匀。巴洛洛•塞拉伦加2009（Barolo Serralunga 2009）味道极好，展示了结构和优雅之间完美的平衡。

● Barolo Meriame '09	🍷🍷	7
● Barolo Serralunga '09	▼▼	6
● Dolcetto d'Alba Magna '12	▼▼	2*
● Langhe Rosso Luvì '11	▼▼	3
● Barbera d'Alba Fiorenza '11	▼	3
● Nebbiolo d'Alba Miriné '11	▼	3
● Barbera d'Alba Fiorenza '10	▽▽	3
● Barolo Meriame '08	▽▽	7
● Barolo Meriame '01	▽▽	6
● Barolo Meriame '00	▽▽	6
● Barolo Serralunga '08	▽▽	6
● Barolo Serralunga '05	▽▽	5
● Langhe Rosso Ardì '11	▽▽	2*
● Nebbiolo d'Alba Miriné '10	▽▽	4

Marcalberto

via Porta Sottana, 9
12058 Santo Stefano Belbo [CN]
Tel. 0141844022
marcalbertopc@libero.it

藏酒销售
预约参观
年产量 30 000 瓶
葡萄种植面积 5 公顷

马尔科（Marco）和阿尔贝托•肯尼（Alberto Cane）共同拥有的马尔卡柏托酒庄（Marcalberto）是一座完全致力于生产梅托多古典（Metodo Classico）的小规模酒庄。在父亲皮埃罗（Piero）和专家的指导下，生产出一些高品质的葡萄酒，使马尔卡柏托酒庄成为起泡酒生产商中最有趣的新生力量。葡萄园位于圣•斯特凡诺•贝尔柏市（Santo Stefano Belbo）和卡罗索市（Calosso），仅种植经典的起泡酒品种莎当尼（Chardonnay）和黑皮诺（Pinot noir），后者明显占主导位置。酒庄展出的葡萄酒中有两款进入了决赛，强调它在最近几年中质量的增长。马尔卡柏托•米勒斯莫香槟2008（Marcalberto Millesimo Brut 2008）口感精致且复杂，香气中包含了洋李子和野生浆果的味道，含着淡淡的硬皮面包气息，余韵悠长而平衡。而天然马尔卡柏托（Marcalberto Nature）酿制过程中不添加任何亚硫酸盐，相比同一年份的伙伴它少了一份细腻，但它展示了伟大的特征、力量和丰富的酒体，并且酸度适中。

○ Marcalberto Brut M. Cl. '08	🍷🍷 5
○ Marcalberto Nature M. Cl.	🍷🍷 6
⊙ Marcalberto Brut Rosé M. Cl.	🍷🍷 4
○ Marcalberto Sansannée Brut M. Cl.	🍷🍷 4
○ Marcalberto Brut M. Cl. '07	🍷🍷 5
○ Marcalberto Brut M. Cl. '06	🍷🍷 5
○ Marcalberto Brut M. Cl. '05	🍷🍷 5

Poderi Marcarini

p.zza Martiri, 2
12064 La Morra [CN]
Tel. 017350222
www.marcarini.it

藏酒销售
预约参观
膳宿接待
年产量 125 000 瓶
葡萄种植面积 18 公顷

现在是由安娜•马尔卡里尼•巴伐（Anna Marcarini Bava）与她的女儿路易莎（Luisa）以及女婿曼努埃尔•马尔凯蒂（Manuel Marchetti）一起掌握着朗格葡萄酒（Langhe）酒庄的指挥棒。生产围绕在拉莫拉市（La Morra）之内和以外的两个最有名的葡萄园：包括布纳特（Brunate）和拉塞拉（La Serra）。虽然这两个庄园在地理上十分接近，但特征却不尽相同，它们各自的个性通过严格的方法包括长久的浸泡，以及在2000升和4000升的橡木桶中酿制得到了增强。它所酿制的巴洛洛葡萄酒（Barolos）非常经典，酿制豪华。此外，还伴随着罗埃罗蒙塔尔多（Montaldo）的多尔塞托（Dolcettos）、巴贝拉（Barbera）、阿尔内丝（Arneis）和来自内维格列市（Neviglie）的莫斯卡托（Moscato）。今年的两款巴洛洛比其他年份少了一些惊喜，但依然忠于这座酒庄特有的风格。布纳特2009（Brunate 2009）专注于干花和烟草的酯香，并已形成良好而融合的单宁。而巴洛洛•香格里拉•塞拉2009（Barolo La Serra 2009）弥漫着浆果和干花的香气，并伴有淡淡的焦油气息。

● Barolo La Serra '09	🍷🍷 6
● Barbera d'Alba Ciabot Camerano '11	🍷🍷 3
● Barolo Brunate '09	🍷🍷 6
● Dolcetto d'Alba Fontanazza '12	🍷 2
○ Roero Arneis '12	🍷 2
● Barolo Brunate '05	🍷🍷🍷 6
● Barolo Brunate '03	🍷🍷🍷 6
● Barolo Brunate '01	🍷🍷🍷 6
● Barolo Brunate '99	🍷🍷🍷 6
● Barolo Brunate '96	🍷🍷🍷 6
● Barolo Brunate Ris. '85	🍷🍷🍷 6
● Dolcetto d'Alba Boschi di Berri '96	🍷🍷🍷 4*
● Barolo La Serra '08	🍷🍷 6
● Langhe Nebbiolo Lasarin '10	🍷🍷 3*

Marchese Luca Spinola

FRAZ. ROVERETO DI GAVI
LOC. CASCINA MASSIMILIANA, 97
15066 GAVI [AL]
TEL. 0143682514
www.marcheselucaspinola.it

藏酒销售
预约参观
年产量 20 000 瓶
葡萄种植面积 12 公顷

这个简介没有足够的篇幅来列出所有与酒庄的中心和灵魂——卢卡侯爵斯皮诺拉（Marchese Luca Spinola）相关的头衔。酒庄也是以此款酒为命名的，围绕着家族众多古老的酒庄茁壮成长。它共有12公顷的葡萄园，全部种植科特赛葡萄（Cortese），其中有6公顷在塔萨罗洛市（Tassarolo），另外6公顷在经典的加维（Gavi）生产区。它们总共生产三款酒，通过它们不同的风土条件和发酵工艺区分。大部分葡萄用于酿制加维•迪•加维（Gavi di Gavi），而加维•德尔•科穆•塔萨罗洛（Gavi del Comune di Tassarolo）产量仅仅有3 000瓶。玛西米里亚纳（Tenuta Massimiliana）的产量没有比它高，这款酒的发酵速度更慢，并且温度要求更低。古老的利古里家族（Ligurian）在塔萨罗洛（Tassarolo）市内外都拥有许多葡萄园，他们所酿制的葡萄酒都是有质量保证的。这两款来自加维市（Gavi）的酒品非常精细，其中玛西米里亚纳（Tenuta Massimiliana），格外地芳香馥郁；而来自塔萨罗洛（Tassarolo）的加维（Gavi）则缺乏一点活力。

○ Gavi del Comune di Gavi '12	🍷🍷 2*
○ Gavi del Comune di Gavi Tenuta Massimiliana '12	🍷🍷 3
○ Gavi del Comune di Tassarolo '12	🍷 2
○ Gavi del Comune di Gavi '11	🍷🍷 2*
○ Gavi del Comune di Gavi '10	🍷🍷 2
○ Gavi del Comune di Gavi '09	🍷🍷 2
○ Gavi del Comune di Gavi Tenuta Massimiliana '10	🍷🍷 2
○ Gavi del Comune di Tassarolo '10	🍷🍷 2*
○ Gavi del Comune di Tassarolo '09	🍷🍷 2*
○ Gavi Tenuta Massimiliana '08	🍷🍷 3

Marchesi di Barolo

VIA ROMA, 1
12060 BAROLO [CN]
TEL. 0173564400
www.marchesibarolo.com

藏酒销售
预约参观
年产量 1 500 000 瓶
葡萄种植面积 40 公顷

这座重要的酒庄是意大利和世界范围内著名的皮埃蒙特（Piedmont）酒庄之一，拥有40公顷的葡萄园，其中包括如坎奴比（Cannubi）和萨尔玛莎（Sarmassa）般著名的庄园。卡瓦利尔•菲利斯•安博娜（Cavalier Felice Abbona）开始的事业由他的继任者皮埃特罗•埃米利奥•安博娜（Pietro Emilio Abbona）继承，今天则由安娜（Anna）和埃内斯托（Ernesto）继续这事业。酒庄提供了一系列非常广泛而有代表性的酒，其中心支柱自然是巴洛洛（Barolo）。这些葡萄酒展示了互不相同且互补的风格，从现代到传统，部分使用小型的法国橡木桶和大型斯拉夫尼亚（Slavonian）橡木桶酿造。整个2009年份的巴洛洛（Barolos）系列都非常灿烂辉煌，以获得了“三杯奖”的萨尔玛莎（Sarmassa）为首，它有着烟草、香料和紫罗兰的淡雅而复杂的香气，以舒适而紧密的单宁为支撑的口感。坎奴比2009（Cannubi 2009）成分和谐且平衡。而巴洛洛•科斯特•迪•露丝2009（Barolo Coste di Rose 2009）有着令人愉悦的细腻之感。

● Barolo Sarmassa '09	🍷🍷🍷 8
● Barolo Cannubi '09	🍷🍷 8
● Barolo Coste di Rose '09	🍷🍷 6
● Barbaresco '10	🍷🍷 5
● Barbaresco Serragrilli '10	🍷🍷 6
● Barbera d'Alba Ruvei '11	🍷🍷 3
● Barolo del Comune di Barolo '09	🍷🍷 7
● Dolcetto d'Alba Buschet '12	🍷🍷 4
● Dolcetto d'Alba Madonna di Como '12	🍷🍷 3
○ Moscato d'Asti Zagara '12	🍷🍷 3
● Barbera d'Alba Peiragal '11	🍷 4
○ Gavi del Comune di Gavi '12	🍷 3
● Nebbiolo d'Alba Michet '11	🍷 4
○ Roero Arneis '12	🍷 3

Marchesi Incisa della Rocchetta

via Roma, 66
14030 Rocchetta Tanaro [AT]
Tel. 0141644647
www.marchesiincisawines.com

藏酒销售
预约参观
膳宿接待
年产量 40 000 瓶
葡萄种植面积 17 公顷

这座历史悠久的酒庄坐落在蒙费拉托（Monferrato）山丘上的罗凯塔•塔纳罗（Rocchetta Tanaro）。自1986年开始，积极能干的芭芭拉•因奇萨•德拉•罗凯塔（Barbara Incisa della Rocchetta）和她的儿子菲里柏托•马索尼（Filiberto Massone）就掌管着这酒庄。其葡萄园占据着砂质黏土的山腰，主要种植巴贝拉（Barbera），少数的吉诺林诺（Grignolino）、黑皮诺（Pinot Nero）和梅洛（Merlot），自上世纪末开始在这里生长。他们出产的葡萄酒展现了真实的风土，以现代风格为特点，专注于适饮性、芳香和水果的丰满度。2010年份的巴贝拉•达斯蒂•特级圣埃米里亚诺（Barbera d'Asti Superiore Sant' Emiliano）再次印证了其作为酒庄旗舰酒的角色，它带有黑樱桃、香草和烟草的气息，随之是非常传神的口感以及悠长优雅的余味。费拉托•罗索•罗洛内红葡萄酒2012（Monferrato Rosso Rollone 2012）是一款浓缩的精酿，大胆融合了50%的巴贝拉（Barbera）以及50%的黑皮诺（Pinot Nero）。而吉诺林诺•达斯蒂2012（Grignolino d'Asti 2012）肉质而辛辣。

Barbera d'Asti Sup. Sant'Emiliano '10	🍷🍷	4
Grignolino d'Asti '12	🍷🍷	3
M.to Rosso Rollone '12	🍷🍷	3
Barbera d'Asti Valmorena '12	🍷	3
Piemonte Pinot Nero Marchese Leopoldo '11	🍷	4
Barbera d'Asti Sup. Sant'Emiliano '09	🥂🥂	4
Barbera d'Asti Sup. Sant'Emiliano '08	🥂🥂	4
Barbera d'Asti Sup. Sant'Emiliano '07	🥂🥂	4
Barbera d'Asti Valmorena '11	🥂🥂	3
Barbera d'Asti Valmorena '10	🥂🥂	3*
Grignolino d'Asti '11	🥂🥂	3
M.to Rosso Rollone '11	🥂🥂	3
M.to Rosso Rollone '09	🥂🥂	3*

Mario Marengo

via XX Settembre, 34
12064 La Morra [CN]
Tel. 017350115
marengo1964@libero.it

藏酒销售
预约参观
年产量 28 000 瓶
葡萄种植面积 6 公顷

这座小酒庄现由马尔科•马伦格（Marco Marengo）小心翼翼地管理着，不管是在规模方面还是在声望方面，都正快速增长着，是巴洛洛（Barolo）天空中升起的一颗新星。唯一的缺点是，它的葡萄酒仍然很难在意大利找到，因为大部分都出口到其他国家了。它定义明确、理智且淡雅的风格是整个生产的特点，深受赞赏。尤其布纳特庄园（Brunate Cru）表现了这个非凡风土令人难以置信的潜力，同时还有酒庄所付出的同样令人钦佩的技艺水平。这个技术高超的酿酒商已取得了出色的成果，以完美无瑕的巴洛洛•布纳特2009（Barolo Brunate 2009）赢得了我们的最高奖项，它实现了新鲜感和深度之间完美平衡并以之为傲。巴洛洛•布里克•德勒•维奥尔2009（Barolo Bricco delle Viole 2009）给人有力量的、果汁丰富的口感，以及悠长而口味丰满的余味。

Barolo Brunate '09	🍷🍷🍷	6
Barolo Bricco delle Viole '09	🍷🍷	5
Barbera d'Alba Pugnane '11	🍷🍷	3
Barolo '09	🍷🍷	5
Nebbiolo d'Alba Valmaggiore '11	🍷🍷	3
Barolo Brunate '07	🥂🥂🥂	6
Barolo Brunate '06	🥂🥂🥂	6
Barolo Brunate '05	🥂🥂🥂	6
Barolo Brunate '04	🥂🥂🥂	6
Barbera d'Alba Pugnane '08	🥂🥂	3*
Barolo '08	🥂🥂	5
Barolo '07	🥂🥂	5
Barolo Bricco Viole '07	🥂🥂	5
Barolo Bricco Viole '06	🥂🥂	5
Barolo Brunate '08	🥂🥂	6

Claudio Mariotto

S.DA PER SAREZZANO, 29
15057 TORTONA [AL]
TEL. 0131868500
www.claudiomariotto.it

藏酒销售
预约参观
年产量 100 000 瓶
葡萄种植面积 32 公顷

克劳迪奥•马里奥托（Claudio Mariotto）如今是托尔托纳地区（Tortona）酿酒师的标杆，他的皮塔索（Pitasso）是众多由迪莫拉索（Timorasso）葡萄酿制而来的葡萄酒的标志。然而给我们带来惊喜的却是其出售的酒令人惊叹的平均质量水平，特别是它们蕴含的巨大财富价值。像多尔赛托•坎普•德尔•加托（Dolcetto Campo del Gatto）、弗雷萨•布拉格（Freisa Braghè）、巴贝拉•特里托里奥•伊尔•科特西（Barbera Territorio il Cortese）这一类酒从不让人失望，且便于携带。当然，克劳迪奥是以迪莫拉索（Timorasso）精选和顶级巴贝拉（Barberas）而取得最好的成绩。沃系列（Vhò）是当中佳酿之最，有赖于在橡木桶中精心的酿造，不但没有掩盖葡萄的新鲜，而且加强了其品种特性。三个版本的迪莫拉索（Timorasso）都与以往一样精彩纷呈，其中我们发现卡瓦丽娜（Cavallina）今年表现得尤其优秀。

○ Colli Tortonesi Timorasso Cavallina '11	▼▼ 4
○ Colli Tortonesi Timorasso Pitasso '11	▼▼ 5
● Colli Tortonesi Barbera Vho '11	▼▼ 4
● Colli Tortonesi Rosso Territorio '12	▼▼ 3
○ Colli Tortonesi Timorasso Derthona '11	▼▼ 4
○ Colli Tortonesi Cortese Profilo '12	▼ 3
● Colli Tortonesi Freisa Braghè '12	▼ 3
○ Colli Tortonesi Bianco Pitasso '06	▽▽▽ 5
○ Colli Tortonesi Bianco Pitasso '05	▽▽▽ 4
○ Colli Tortonesi Bianco Pitasso '04	▽▽▽ 4
○ Colli Tortonesi Timorasso Pitasso '08	▽▽▽ 5
○ Colli Tortonesi Timorasso Derthona '10	▽▽ 4
○ Colli Tortonesi Timorasso Derthona '09	▽▽ 4
○ Colli Tortonesi Timorasso Pitasso '10	▽▽ 5

Marsaglia

VIA MADAMA MUSSONE, 2
12050 CASTELLINALDO [CN]
TEL. 0173213048
www.cantinamarsaglia.it

藏酒销售
预约参观
年产量 70 000 瓶
葡萄种植面积 15 公顷

卡斯特利娜多（Castellinaldo）是整个罗埃罗（Roero）拥有最多葡萄园和酒庄的市区之一，而埃米利奥（Emilio）和麦丽娜马尔萨利亚（Marina Marsaglia）拥有的这座酒庄则是最有趣和最具代表性的酒庄之一。它以超过50年的葡萄藤为傲，酒庄所有的葡萄园位于所在的市界内，并种植了典型的罗埃罗葡萄品种阿尔内丝（Arneis）、巴贝拉（Barbera）和布拉彻托（Brachetto），此外还有少量用于酿制朗格•康普鲁托（Langhe Complotto）的西拉（Syrah）。以来自同名葡萄园的罗埃罗•布里•德美（Roero Brich d'America）为首的整个系列都展现了真实的风土。今年罗埃罗•布里•德美2009（Roero Brich d'America 2009）表现一流，展示了甜美但相当质朴的风格，突出优越的单宁、奎宁、烟草和香料的气息。经典优雅的巴贝拉•达尔巴•圣•克里斯多福2011（Barbera d'Alba San Cristoforo 2011）表现同样出色，比起肉质和果实的丰满度，它更注重愉悦感，而不会失去任何鲜明的性格，并留下悠长且柔顺的余韵。

● Barbera d'Alba S. Cristoforo '11	▼▼ 3*
● Roero Brich d'America '09	▼▼ 4
● Barbera d'Alba Castellinaldo '09	▼ 4
○ Roero Arneis Serramiana '12	▼ 3
● Barbera d'Alba Castellinaldo '07	▽▽ 4
● Barbera d'Alba Castellinaldo '06	▽▽ 4
● Barbera d'Alba S. Cristoforo '10	▽▽ 3
● Nebbiolo d'Alba S. Pietro '08	▽▽ 3
● Nebbiolo d'Alba San Pietro '10	▽▽ 3
○ Roero Arneis Serramiana '11	▽▽ 3
○ Roero Arneis Serramiana '10	▽▽ 3
● Roero Brich d'America '08	▽▽ 4
● Roero Brich d'America '07	▽▽ 4
● Roero Brich d'America '06	▽▽ 4

★Franco M. Martinetti

via San Francesco da Paola, 18
10123 Torino
Tel. 0118395937
www.francomartinetti.it

预约参观
年产量 130 000 瓶
葡萄种植面积 4 公顷

弗朗科•玛蒂内提（Franco Martinetti）和他精心打造体现他的个性和特点的酒庄拥有独特而出色的诱惑力，足以使人惊叹。弗朗科是一位擅长选择葡萄品种的人，并且对葡萄酒世界有深入的了解，多年来他已从皮埃蒙特区（Piedmont）的葡萄品种中酿制出一系列葡萄酒，赋予它们定义明确的经典风格。2006年份的香槟古瓦朗塔特瑞（Brut Quarantatre）非常诱人，拥有糕点、硬皮面包和香料的香气，结合了充满活力的口感。巴洛洛•马拉斯科2009（Barolo Marasco 2009）有淡淡的香脂气息，伴随着烟草和奎宁的味道以及平衡的单宁。而马丁2011（Martin 2011）是有史以来最好的版本，不容错过。

● Barolo Marasco '09	🍷🍷 7
○ Colli Tortonesi Timorasso Bianco Martin '11	🍷🍷 6
○ Quarantatre Brut M. Cl. '06	🍷🍷 6
● Barbera d'Asti Bric dei Banditi '12	🍷🍷 3
○ Colli Tortonesi Timorasso Biancofranco '11	🍷🍷 5
○ Gavi del Comune di Gavi '12	🍷🍷 3
● Barbera d'Asti Sup. Montruc '06	🍷🍷🍷 5
● Barbera d'Asti Sup. Montruc '01	🍷🍷🍷 5
● Barolo Marasco '01	🍷🍷🍷 7
● Barolo Marasco '00	🍷🍷🍷 7
● M.to Rosso Sul Bric '10	🍷🍷🍷 6
● M.to Rosso Sul Bric '09	🍷🍷🍷 6
● M.to Rosso Sul Bric '00	🍷🍷🍷 5
○ Gavi Minaia '11	🍷🍷 5

★Bartolo Mascarello

via Roma, 15
12060 Barolo [CN]
Tel. 017356125

藏酒销售
预约参观
年产量 30 000 瓶
葡萄种植面积 5 公顷

当玛丽亚•特雷莎•马斯卡瑞罗（Maria Teresa Mascarello）失去了她的父亲巴托罗（Bartolo）的那一刻，面临着相当大的挑战。她是一位集人格魅力和非凡智力于一身的人。她不只是酿造一系列体现自身的生产和文化遗产的葡萄酒，更重要的是，它们用经典的手法酿造，经过长期浸泡并在大型木桶中酿制，展现出特别的优雅和澄净。巴洛洛2009（Barolo 2009）酿制得毫无瑕疵，符合酒庄经典的风格，拥有新鲜感。香气复杂，融合了紫罗兰、药材、浆果和烟草的气息，而口感具有良好的肉质，以及光滑而适度的单宁。

● Barolo '09	🍷🍷🍷 8
● Barolo '07	🍷🍷🍷 8
● Barolo '06	🍷🍷🍷 8
● Barolo '05	🍷🍷🍷 8
● Barolo '01	🍷🍷🍷 8
● Barolo '99	🍷🍷🍷 8
● Barolo '98	🍷🍷🍷 8
● Barolo '89	🍷🍷🍷 8
● Barolo '84	🍷🍷🍷 8
● Barolo '83	🍷🍷🍷 8
● Barolo '08	🍷🍷 8
● Barolo '04	🍷🍷 8
● Barolo '03	🍷🍷 8
● Barolo '00	🍷🍷 8

Giuseppe Mascarello e Figlio

via Borgonuovo, 108
12060 Monchiero [CN]
Tel. 0173792126
www.mascarello1881.com

藏酒销售
预约参观
年产量 60 000 瓶
葡萄种植面积 17 公顷

时间在马斯卡瑞罗家族（Mascarellos）的酒庄中似乎没留下什么痕迹，毛洛（Mauro）和他儿子朱塞佩（Giuseppe）按照最严格的朗格（Langhe）传统在此生产葡萄酒。事实上，早在19世纪后期人们就已经知道，这是这座酒庄的特点。除了巴洛洛（Barolo），它还生产巴贝拉（Barbera）、多尔赛托（Dolcetto）和弗雷伊萨（Freisa），使用长期浸泡和在大型木桶中长久酿造的方法。这些葡萄酒的色泽显得浅淡而优雅，有时伴着令人吃惊的芳香。它们窖藏得非常好，令那些知道如何等待它的人有心情振奋的感觉。诱人的、结构良好的巴洛洛•蒙普利瓦托2008（Barolo Monprivato 2008）得到了我们最高的荣誉，其高贵的香气中含有八角的味道，并伴随着烟草和香料的气息，口感均衡，带有突出但适度的单宁。而巴洛洛•维乐罗2008（Barolo Villero 2008）拥有悠长且口味丰富的口感。

● Barolo Monprivato '08	🍷🍷🍷	8
● Barolo Villero '08	🍷🍷	8
● Barbera d'Alba Sup. Scudetto '09	🍷🍷	5
● Barolo S. Stefano di Perno '08	🍷🍷	8
● Langhe Freisa Toetto '09	🍷🍷	3
● Langhe Nebbiolo '11	🍷🍷	6
● Barolo Monprivato '01	🍷🍷🍷	8
● Barolo Monprivato '85	🍷🍷🍷	8
● Barolo S. Stefano di Perno '98	🍷🍷🍷	8
● Barolo Villero '96	🍷🍷🍷	8
● Barbera d'Alba Sup. Scudetto '05	🍷🍷	5
● Barolo Monprivato '05	🍷🍷	8
● Barolo Monprivato Cà d' Morissio Ris. '03	🍷🍷	8
● Barolo S. Stefano di Perno '06	🍷🍷	8

★Massolino

p.zza Cappellano, 8
12050 Serralunga d'Alba [CN]
Tel. 0173613138
www.massolino.it

藏酒销售
预约参观
年产量 120 000 瓶
葡萄种植面积 21 公顷

对于朗格（Langhe）来说，不是大木桶就能代表传统的酒窖。想想弗朗科（Franco）和罗伯托•玛索里诺（Roberto Massolino）所酿造的巴洛洛（Barolos）；生产了卡斯蒂格•法雷拖（Castiglione Falletto）的帕露西庄园（Parussi），从2007年开始队列齐整优美，包括塞拉伦加（Serralunga）、维格纳里翁达（Vigna Rionda）、帕拉法达（Parafada）和马尔格利亚（Margheria），使酒庄荣誉凸显。这些酒在很多方面展示了从这些山丘灌溉的内比奥罗葡萄（Nebbiolo）的横向诠释。质朴、严格，甚至有些辛辣，但依然拥有能量和果味的力量。无论是巴贝拉（Barbera）、多尔赛托（Dolcetto）、莎当尼（Chardonnay）还是莫斯卡托（Moscato）酿制的酒，都给予我们优越的感官享受。巴洛洛•帕拉法达2009（Barolo Parafada 2009）展示了烟草和浆果的气息，并伴着淡淡的焦油味。而巴洛洛•玛尔格里亚2009（Barolo Margheria 2009）以其新鲜感和平衡适度的单宁为显著特征。巴洛洛•维格纳•里翁达2007（Barolo Vigna Rionda 2007）需要更多的时间来发挥它的全部潜力。

● Barolo Margheria '09	🍷🍷	7
● Barolo Parafada '09	🍷🍷	7
● Barolo Parussi '09	🍷🍷	7
● Barolo V. Rionda Ris. '07	🍷🍷	8
● Barbera d'Alba '12	🍷🍷	3
● Barbera d'Alba Gisep '11	🍷🍷	5
● Barolo Serralunga d'Alba '09	🍷🍷	7
○ Langhe Chardonnay '12	🍷🍷	3
● Langhe Nebbiolo '11	🍷🍷	3
● Dolcetto d'Alba '12	🍷	2
○ Moscato d'Asti '12	🍷	2
● Barolo Margheria '05	🍷🍷🍷	7
● Barolo V. Rionda Ris. '06	🍷🍷🍷	8
● Barolo Vigna Rionda Ris. '05	🍷🍷🍷	8
● Barolo Vigna Rionda Ris. '04	🍷🍷🍷	8

Mazzoni

via Roma, 73
28010 Cavaglio d'Agogna [NO]
Tel. 0322806612
www.vinimazzoni.it

藏酒销售
预约参观
年产量 15 000 瓶
葡萄种植面积 4.5 公顷

在都灵（Turin）发现的旧文件中，证明了马佐尼家族（Mazzoni）早在14世纪就存在于卡瓦格利奥•达格纳（Cavaglio d'Agona）。1999年蒂佳诺（Tiziano）、丽塔（Rita）和戈尔斯（Gilles）决定重新开展这一事业，当收购了新土地并翻新他们的葡萄园时，他们丰富的历史和经验带来了良好的成果。该家族采用了经典的方法，结合大木桶的适度使用，使其葡萄酒具备细腻、纯朴和弥漫的芳香。旗舰酒内比奥罗（Nebbiolo）产生了许多有趣的版本，其中包括来自晒成葡萄干的厄柏露丝（Erbaluce）。格梅•德伊马佐尼2009（Ghemme dei Mazzoni 2009）酒体复杂且多层次，带着完整的果实和紧致质朴的口感。内比奥罗•埃•弗朗科尼2011（Nebbiolo Ai Franconi 2011）同样也带有相当浓缩且纯粹的果实，并结合了良好的酒体平衡和香甜丰满的余味。内比奥罗•蒙特瑞吉欧2011（Nebbiolo Monteregio 2011）更加质朴，伴着干草的气息，紧致的单宁和自信而风味丰满的余味。

● Ghemme dei Mazzoni '09	🍷🍷 5
● Colline Novaresi Nebbiolo Ai Franconi '11	🍷🍷 3
● Colline Novaresi Nebbiolo del Monteregio '11	🍷🍷 3
● Ghemme Ai Livelli '09	🍷🍷 6
○ Passito Le Masche	🍷🍷 5
● Colline Novaresi Vespolina Il Ricetto '12	🍷 3
● Ghemme Ai Livelli '08	🍷🍷 6
● Ghemme Ai Livelli '07	🍷🍷 6
● Ghemme dei Mazzoni '08	🍷🍷 5
● Ghemme dei Mazzoni '07	🍷🍷 5

Moccagatta

s.da Rabajà, 46
12050 Barbaresco [CN]
Tel. 0173635228

藏酒销售
预约参观
年产量 65 000 瓶
葡萄种植面积 12 公顷

塞尔吉奥（Sergio）和弗兰科•米奴托（Franco Minuto）两兄弟坚定不移地继续沿着品质和竞争力的道路走，正是这种坚持，在20世纪90年代给他们带来了第一次的成功，并为他们无论是在意大利还是国外，开拓出一个重要的地位。使它成为巴巴列斯科区（Barbaresco）的顶级酒庄之一。他们的酿制风格是现代的，使用小橡木桶来酿制不同的精选品种。内比奥罗（Nebbiolo）是当地种植的首选，其葡萄藤占据了几乎一半地区，还有莎当尼（Chardonnay）、巴贝拉（Barbera）和多尔赛托（Dolcetto）。他们酿造了一个保持良好的可靠的葡萄酒系列。我们最喜爱的巴巴列斯科2010（Barbarescos 2010）是酒体丰满的布里克•巴林（Bric Balin），它成功地用迷人的成熟果实抵消了来自小木桶的甜味。而科勒（Cole）给人留下深刻印象的是它的单宁，虽然依然有点粗糙。而更细腻的巴萨林（Basarin）中橡木的辛辣味使它稍微不足。

● Barbaresco Bric Balin '10	🍷🍷 6
● Barbaresco Basarin '10	🍷🍷 6
● Barbaresco Cole '10	🍷🍷 6
○ Langhe Chardonnay '12	🍷 2
○ Langhe Chardonnay Buschet '11	🍷 5
● Barbaresco Bric Balin '05	🍷🍷🍷 6
● Barbaresco Bric Balin '04	🍷🍷🍷 6
● Barbaresco Bric Balin '01	🍷🍷🍷 6
● Barbaresco Bric Balin '08	🍷🍷 6
● Barbaresco Cole '08	🍷🍷 6
○ Langhe Chardonnay '11	🍷🍷 2*
○ Langhe Chardonnay Buschet '10	🍷🍷 5

Mauro Molino

FRAZ. ANNUNZIATA
B.TA GANCIA, 111
12064 LA MORRA [CN]
TEL. 017350814
www.mauromolino.com

藏酒销售
预约参观
年产量 70 000 瓶
葡萄种植面积 12 公顷

这座酒庄有着稳固的家族传统和一流的葡萄园。莫罗（Mauro）和他的两个葡萄酒技师儿子认真监督着在葡萄园与酒窖的工作，将他们栽培的优良的葡萄变成复杂的并具有定义良好的品种特征的葡萄酒。巴洛洛（Barolo）自然是酒庄的自豪和快乐，它出售的各个版本成功地增强了具有优雅与和谐风味的区域独特的特征。这些酒年轻时已经很开放，容易入口，它们的可窖藏性和稳健使它们越久越醇。巴洛洛佳里诺托2009（Barolo Gallinotto 2009）表现得非常有说服力，集中在极富表现力的浆果、红叶和烟草的味道，并伴随着精准的口感和适度的单宁。诱人的且味道良好的巴洛洛•维格纳•甘西亚2009（Barolo Vigna Gancia 2009）淡雅而平衡，伴着干花、奎宁和紫罗兰的气息。

● Barolo Gallinotto '09	🍷🍷 6
● Barolo V. Gancia '09	🍷🍷 6
● Barbera d'Alba Sup. Le Gattere '11	🍷🍷 5
● Barolo '09	🍷🍷 5
● Barolo V. Conca '09	🍷🍷 7
● Barbera d'Alba V. Gattere '00	🍷🍷🍷 5
● Barbera d'Alba V. Gattere '97	🍷🍷🍷 7
● Barbera d'Alba V. Gattere '96	🍷🍷🍷 7
● Barolo Gallinotto '03	🍷🍷🍷 6
● Barolo Gallinotto '01	🍷🍷🍷 6
● Barolo V. Conca '00	🍷🍷🍷 7
● Barolo V. Conca '97	🍷🍷🍷 7
● Barolo V. Conca '96	🍷🍷🍷 7
● Barolo Gallinotto '08	🍷🍷 6
● Barolo V. Conca '08	🍷🍷 7

Monchiero Carbone

VIA SANTO STEFANO ROERO, 2
12043 CANALE [CN]
TEL. 017395568
www.monchierocarbone.com

藏酒销售
预约参观
年产量 180 000 瓶
葡萄种植面积 25 公顷

这座由蒙彻埃洛家族（Monchiero）拥有的酒庄，在寻求提升葡萄酒质量和完整开发罗埃罗地区（Roero）的过程中无疑是最具活力和最顽强的酒庄之一。它所酿造的葡萄酒往往注重平衡和芳香的澄净度。在历史上，它的生产集中在卡内勒地区（Canale）。酒庄的葡萄园坐落在罗埃罗最优秀的一些庄园中，包括普林帝（Printi）、蒙比伦（Monbirone）和雷瑞西奥（Renesio），它在维扎达尔巴（Vezza d'Alba）也拥有种植白葡萄的园地以及在普里奥卡（Priocca）大部分种植巴贝拉（Barbera）的园地。罗埃罗•普林帝珍藏2009（Roero Printi Riserva 2009）从额外一年的陈酿中获益匪浅，使它赢得“三杯奖”。其酒体精致而复杂，带有覆盆子和野生草莓的诱人香气，以及淡淡的香料和红叶的气息。尽管它含有新鲜的果实，但坚实而质朴，悠长平衡的口感中带有紧致的单宁。多汁的巴贝拉•达尔巴•蒙比伦2011（Barbera d'Alba Mon Birone 2011）同样是该指定区中最佳的精酿之一，散发着樱桃和雨水浸泡的土地的气息。

● Roero Printi Ris. '09	🍷🍷🍷 5
● Barbera d'Alba MonBirone '11	🍷🍷 5
○ Langhe Bianco Tamardì '12	🍷🍷 2*
○ Roero Arneis Cecu d'la Biunda '12	🍷🍷 3
○ Roero Arneis Recit '12	🍷🍷 2*
● Barbera d'Alba MonBirone '10	🍷🍷🍷 4*
● Roero Printi '04	🍷🍷🍷 5
● Roero Printi '00	🍷🍷🍷 5
● Roero Printi '99	🍷🍷🍷 6
● Roero Printi Ris. '07	🍷🍷🍷 5
● Roero Printi Ris. '06	🍷🍷🍷 5
● Roero Srü '06	🍷🍷🍷 3

Monfalletto Cordero di Montezemolo

FRAZ. ANNUNZIATA, 67
12064 LA MORRA [CN]
TEL. 017350344
www.corderodimontezemolo.com

藏酒销售
预约参观
年产量 240 000 瓶
葡萄种植面积 28 公顷

酒庄成立于六个世纪以前，是朗格地区（Langhe）最古老的酿酒厂之一。今天，它由乔瓦尼•科尔德罗（Giovanni Cordero）负责运行，并得到了他的孩子艾琳娜（Elena）和阿尔伯托（Alberto）的支持。该家庭把他们的承诺和热情投入到不断追求传统与创新的完美平衡之中，无论是在葡萄园还是在酒窖中，同时注重保持形象和经营公共关系。他们28公顷的葡萄园种植了内比奥罗（Nebbiolo）、多尔赛托（Dolcetto）、巴贝拉（Barbera）和阿尔内丝（Arneis），并采用天然有机的种植方式。同时他们高度重视橡木桶的酿制，用小木桶来酿造淡雅的巴洛洛（Barolo）精选的版本。巴洛洛•蒙法雷托2009（Barolo Monfalletto 2009）具有很强的表现，酒体强健，拥有烟草、甘草和香料的混合气息，以及悠长而风味丰富的口感。质朴的巴洛洛•恩里科VI2009（Barolo Enrico VI 2009）的香气依然有点封闭，但是口感非常顺滑，带有适度的单宁和新鲜包围的酸度。

Wine	Glasses	
● Barolo Enrico VI '09	2 (red)	8
● Barolo Monfalletto '09	2 (red)	6
● Barbera d'Alba '12	2 (black)	3
● Barbera d'Alba Sup. Funtanì '10	2 (black)	5
● Barolo Bricco Gattera '09	2 (black)	8
○ Langhe Chardonnay Elioro '11	1 (black)	5
● Barolo Enrico VI '04	3 (white)	7
● Barolo Enrico VI '03	3 (white)	7
● Barolo V. Bricco Gattera '99	3 (white)	8
● Barolo V. Enrico VI '00	3 (white)	7
● Barolo Enrico VI '08	2 (white)	8
● Barolo Enrico VI '07	2 (white)	8
● Barolo Monfalletto '08	2 (white)	6
● Barolo V. Bricco Gattera '07	2 (white)	7

Il Mongetto

VIA PIAVE, 2
15049 VIGNALE MONFERRATO [AL]
TEL. 0142933442
www.mongetto.it

藏酒销售
预约参观
年产量 40 000 瓶
葡萄种植面积 13 公顷

这座维格纳尔•蒙费拉托（Vignale Monferrato）的酒庄快速获得了上升的空间和知名度，显示出巨大的潜力。其生产集中在可窖藏的葡萄酒，包括吉诺林诺（Grignolino），它在酒瓶中经过至少一年的陈放之后获得最吸引人的香气。酒庄除了种植经典的蒙费拉托（Monferrato）品种之外，还种植了梅洛（Merlot）和赤霞珠（Cabernet），与巴贝拉（Barbera）一起混合酿制成费拉托•罗索•特雷格罗（Monferrato Rosso Telegro）。两款巴贝拉（Barberas）进入了我们的视线：蒙费拉托顶级维格内托•蒙格托2010（Monferrato Superiore Vigneto Mongetto 2010）和阿斯蒂•维格内托•古埃拉2010（Asti Vigneto Guera 2010），前者更加浓缩，果味丰富，有着良好的个性和从橡木酿制而来的复杂性；而后者展示了奎宁和黑色浆果的气息。两者都非常强大、浓烈，并给人缭绕的口感。

Wine	Glasses	
● Barbera d'Asti Vign. Guera '10	2 (red)	4
● Barbera del M.to Sup. Vign. Mongetto '10	2 (red)	4
● Grignolino del M.to Casalese '12	2 (black)	3
● M.to Rosso Telegro '10	2 (black)	3
● Barbera d'Asti V. Guera '09	2 (white)	4
● Barbera d'Asti V. Guera '08	2 (white)	4
● Barbera del M.to Sup. V. Mongetto '09	2 (white)	2*
● Barbera del M.to Sup. V. Mongetto '08	2 (white)	2
● Casorzo Vign. Rudifrà '11	2 (white)	2*
● Grignolino del M.to Casalese V. Solin '10	2 (white)	2

Montalbera

via Montalbera, 1
14030 Castagnole Monferrato [AT]
Tel. 0119433311
www.montalbera.it

藏酒销售
预约参观
年产量 400 000 瓶
葡萄种植面积 110 公顷

莫兰（Morando）家族一直在探索和发展路彻葡萄（Ruché）。从葡萄园和酒窖的实验，再到在路彻•迪•卡斯塔格诺尔•蒙费拉托（Ruché di Castagnole Monferrato）指定区创造真正的单一品种，甚至是一系列反映葡萄和该地区的潜力的瓶装酒，都体现了他们的坚持。葡萄园在卡斯塔尼奥兰泽（Castagnole Lanze）多达100公顷，主要种植路彻葡萄（Ruché）以及少量的吉诺林诺（Grignolino）和巴贝拉（Barbera），加上在郎世宁•蒂内拉（Castiglione Tinella）种植的10公顷莫斯卡托（Moscato）。拉森托2012（Laccento 2012）是我们今年最喜欢的路彻•迪•卡斯塔格诺尔•蒙费拉托（Ruché di Castagnole Monferrato），它有着甘草、玫瑰和浆果的细腻与复杂感，结构牢固，品种展现出具有特色的优雅。其他表现不俗的酒款包括芳香的吉诺林诺•迪阿斯蒂•格里格内2012（Grignolino d'Asti Grigné 2012），拥有轻柔、舒适且紧致的单宁的路彻•迪卡斯塔格诺尔•蒙费拉托2012（Ruché di Castagnole Monferrato La Tradizione 2012），以及平衡且果味丰富的巴贝拉•达斯迪•拉•利贝尔2012（Barbera d'Asti La Ribelle 2012）。

● Ruché di Castagnole M.to Laccento '12	🍷🍷 3*
● Barbera d'Asti La Ribelle '12	🍷🍷 2*
● Grignolino d'Asti Grigné '12	🍷🍷 2*
● Ruché di Castagnole M.to La Tradizione '12	🍷🍷 3
● Barbera d'Asti Lequilibrio '11	🍷 3
● L'Accento Passito	🍷 4
● Ruché di Castagnole M.to Limpronta '11	🍷 5
● Barbera d'Asti La Ribelle '11	♀♀ 2*
● Barbera d'Asti Lequilibrio '10	♀♀ 3
● Grignolino d'Asti Grigné '11	♀♀ 2*
● Ruché di Castagnole M.to La Tradizione '11	♀♀ 3*
● Ruché di Castagnole M.to Laccento '11	♀♀ 4
● Ruché di Castagnole M.to Limpronta '10	♀♀ 5

Montaribaldi

fraz. Tre Stelle
s.da Nicolini Alto, 12
12050 Barbaresco [CN]
Tel. 0173638220
www.montaribaldi.com

藏酒销售
预约参观
年产量 100 000 瓶
葡萄种植面积 23 公顷

坐落在巴巴列斯科（Barbaresco）的中心地带，这座酒庄有着朗格丘陵（Langhe）地区最优美的景色。它成立于1968年，今天由卢西亚诺（Luciano）和罗伯特•塔利亚诺（Roberto Taliano）两兄弟掌管，且得到整个家族的支持。他们酿制巴巴列斯科（Barbaresco），采用精选于索里•蒙塔里巴尔迪（Sorì Montaribaldi）和帕拉基纳（Palazzina）庄园的优质葡萄；还有利驰葡萄酒（Ricü），是采用蒙塔里巴尔迪（Montaribaldi）、里奥•索尔多（Rio Sordo）和马尔卡里尼（Marcarini）的混酿型葡萄酒。他们同时酿制产自格林詹•卡瓦尔葡萄园（Grinzane Cavour）的巴洛洛（Barolo Borzoni），现代化的酿制风格，在22 500升的法国橡木桶中发酵。还有蒙塔里巴尔迪酒庄（Montaribaldi）提供的非常广泛的朗格（Langhe）、罗埃罗（Roero）和蒙费拉托（Monferrato）几个系列葡萄酒，以及重要的巴巴莱斯科（Barbarescos）。今年，复杂而果味丰富的巴巴莱斯科•利驰2008（Barbaresco Ricü 2008）近乎完美，备受赞誉。

● Barbaresco Ricü '08	🍷🍷 6
● Barbaresco Palazzina '10	🍷🍷 5
● Barbaresco Sorì Montaribaldi '10	🍷🍷 5
● Barbera d'Alba dü Gir '10	🍷🍷 2*
● Langhe Nebbiolo Gambarin '11	🍷🍷 3
● Langhe Nebbiolo Tre Stelle '11	🍷🍷 2*
○ Roero Arneis Capural '12	🍷🍷 2*
● Barbera d'Alba Frere '11	🍷 2
● Barbera d'Asti La Consolina '11	🍷 2
○ Langhe Chardonnay Stissa d'le Favole '12	🍷 2
● Barbaresco Palazzina '09	♀♀ 4
● Barbaresco Sorì Montaribaldi '09	♀♀ 5
● Barbera d'Alba dü Gir '09	♀♀ 3
● Barolo Borzoni '08	♀♀ 6
○ Langhe Chardonnay Stissa d'le Favole '11	♀♀ 2*
● Langhe Nebbiolo Gambarin '10	♀♀ 3

Tenuta Montemagno

via Cascina Valfossato, 9
14030 Montemagno [AT]
Tel. 014163624
www.tenutamontemagno.it

藏酒销售
预约参观
膳宿接待
年产量 90 000 瓶
葡萄种植面积 15 公顷

蒙特•玛格诺酒庄（Tenuta Montemagno）稳定的葡萄酒品质丰富了它今年的简介。酒庄涉及到四个蒙费拉托（Monferrato）的直辖市：蒙特玛格诺（Montemagno）、维雅里吉、阿尔塔维拉（Altavilla）和卡索尔佐（Casorzo）。酒庄坐落于已在拿破仑一世的地图中标识出来的18世纪的农场中。农场经过改造，现拥有完整的葡萄园和总体上的旅游设施。砖砌的酒窖依然用于酿制如巴贝拉（Barbera）、弗雷萨（Freisa）、露驰（Ruché)、吉诺林诺（Grignolino）、科特赛（Cortese）、迪莫拉索（Timorasso）和卡萨尔佐玛尔维萨（Malvasia di Casorzo）等本地品种以及西拉（Syrah）和苏维翁（Sauvignon Blanc）等国际品种的葡萄酒。酒庄展现了一系列非常广泛且平衡的酒品。米斯特里安姆（Mysterium）显示了良好的个性和复杂性。而第二款巴贝拉•达斯提（Barbera d'Asti）——奥斯特伦姆（Austerum）少了一点复杂度，但显示了出色的感官个性。维欧莱伊（Violae）是一款巴贝拉（Barbera）和西拉（Syrah）集中而微妙的混酿。

● Barbera d'Asti Austerum '10	🍷🍷 2*
● Barbera d'Asti Sup. Mysterium '10	🍷🍷 4
● Grignolino d'Asti Ruber '11	🍷🍷 2*
○ M.to Bianco Nymphae '11	🍷🍷 2*
● M.to Rosso Violae '10	🍷🍷 2*
● Malvasia di Casorzo d'Asti Dulcem '12	🍷 2
● Ruchè di Castagnole M.to '12	🍷 3
○ TM Brut M. Cl.	🍷 5
● Barbera d'Asti Austerum '09	🍸🍸 2*
● Barbera d'Asti Sup. Mysterium '09	🍸🍸 4
○ M.to Bianco Musae '11	🍸🍸 3
● Ruchè di Castagnole M.to '10	🍸🍸 3

Monti

loc. San Sebastiano
fraz. Camie, 39
12065 Monforte d'Alba [CN]
Tel. 017378391
www.paolomonti.com

藏酒销售
预约参观
年产量 50 000 瓶
葡萄种植面积 16 公顷

保罗•蒙蒂（Paolo Monti）开始他的酿酒事业到现在为止已有差不多20年了。怀着创新和实践精神，在培植经典的内比奥罗（Nebbiolo）的同时也栽培着一些不太知名的品种，使他在多年以来能够为地区创立一系列真正非凡的葡萄酒。当然他的焦点依然集中在主要的朗格（Langhe）品种上，酿成的各种酒标总体上平衡良好，风格干净，往往能够令人折服。这些酒在不同尺寸的法国橡木桶中酿制，布西亚庄园（Bussia）堪称是酒庄皇冠上的一颗天然明珠。这些酒在风格上具有连续性，令它们在非常经典的年份中显得十分豪华，但在酷热的年份中有着酒体减轻的风险，这是由于它们自由使用新橡木桶来酿制。结果是，优雅的内比奥罗•达尔巴2010（Nebbiolo d'Alba 2010）以令人折服的香气和新鲜的口感赢得了“三杯奖”。

● Nebbiolo d'Alba '10	🍷🍷🍷 4
● Barolo '09	🍷🍷 7
● Barolo Bussia '09	🍷🍷 8
● Barbera d'Alba '10	🍷 5
● Barbera d'Alba '09	🍸🍸 5
● Barolo '08	🍸🍸 7
● Langhe Dossi Rossi '09	🍸🍸 5
● Langhe Dossi Rossi '07	🍸🍸 5
○ Langhe L'Aura '09	🍸🍸 4
● Nebbiolo d'Alba '09	🍸🍸 4

Stefanino Morra

via Castagnito, 50
12050 Castellinaldo [CN]
Tel. 0173213489
www.morravini.it

藏酒销售
预约参观
年产量 65 000 瓶
葡萄种植面积 10 公顷

莫拉家族（Morra）掌管的这座酒庄位于卡斯特利娜尔多（Castellinaldo），是罗埃罗（Roero）酿酒业中最重要的城市之一。他们在富含细沙的呈粘性土壤的卡内勒（Canale）和维扎达尔巴（Vezza d'Alba）也拥有葡萄园。种植有巴贝拉（Barbera）、内比奥罗（Nebbiolo）、阿内斯（Arneis）和法沃里达（Favorita）等，所酿葡萄酒一如既往地呈现出良好的结构、力量和馥郁的果味，尤其是最著名的酒款——巴贝拉•卡斯特利娜尔多（Barbera Castellinaldo）和罗纳洛（Roero Sräi）。今年的焦点是罗埃罗斯莱珍藏2009（Roero Srai Riserva 2009，其特点是紧密的构造和丰满的单宁，融合了果实和奎宁的香气，并伴随着淡淡的地中海灌木丛的气息。巴贝拉•达尔巴城堡（Barbera d'Alba Castlè）拥有成熟深色的浆果，悠长淡雅的口感和诱人的酸味。罗埃罗•阿内斯•梅托多古典伊琳娜2010（Roero Arneis Metodo Classico Elena 2010）同样非常有趣，是罗埃罗（Roero）的最佳起泡酒之一，带着白色果肉的果实和硬面包的气息。

● Barbera d'Alba Castlè '09	🍷🍷 5
● Roero Srai Ris. '09	🍷🍷 5
● Roero '10	🍷🍷 4
○ Roero Arneis M. Cl. Elena '10	🍷🍷 4
● Barbera d'Alba '10	🍷 3
● Barbera d'Alba '09	🍷🍷 3*
● Barbera d'Alba '08	🍷🍷 3*
● Barbera d'Alba Castellinaldo '09	🍷🍷 4
● Barbera d'Alba Castellinaldo '07	🍷🍷 4
● Barbera d'Alba Castlè '07	🍷🍷 5
● Roero '09	🍷🍷 4
● Roero '07	🍷🍷 4
○ Roero Arneis Vign. S. Pietro '09	🍷🍷 3
● Roero Srai Ris. '07	🍷🍷 5

F.lli Mossio

fraz. Cascina Caramelli
via Montà, 12
12050 Rodello [CN]
Tel. 0173617149
www.mossio.com

藏酒销售
预约参观
年产量 50 000 瓶
葡萄种植面积 10 公顷

莫西奥（Mossio）的多尔赛托（Dolcetto）精选长久以来都是同类中的最上乘。我们相信，这是对莫西奥兄弟在生产理论前进的能力和专业精神最权威的赞赏。他们对酒庄的葡萄园施以谨慎细心的照料，并注意保留它们天然的价值。即使在树丛中长出了野草，他们也只实施必要的措施，以允许这些葡萄发挥出它们完整而真实的潜力。酒庄所酿制的葡萄酒，特别是多尔赛托（Dolcettos）和内比奥罗（Nebbiolos），展示了难得纯粹的口味，并且因价格合理而有竞争力。在今年品尝的所有酒中，朗格•内比奥罗2009（Langhe Nebbiolo 2009）以它对品种的纯正和诱人新鲜的口感而出类拔萃。多汁丰满的多尔塞托•皮安诺•德里•皮尔多尼2012（Dolcetto Piano delli Perdoni 2012）拥有李子和蓝莓的怡人香气，入口轻柔舒适，余味悠长且柔顺。

● Dolcetto d'Alba Piano delli Perdoni '12	🍷🍷 2*
● Langhe Nebbiolo '09	🍷🍷 4
● Dolcetto d'Alba Bricco Caramelli '12	🍷🍷 3
● Dolcetto d'Alba Sup. Gamvs '11	🍷🍷 4
● Barbera d'Alba '11	🍷 4
● Langhe Rosso '10	🍷 4
● Dolcetto d'Alba Bricco Caramelli '00	🍷🍷🍷 3*
● Dolcetto d'Alba Bricco Caramelli '11	🍷🍷 3*
● Dolcetto d'Alba Bricco Caramelli '10	🍷🍷 3*
● Dolcetto d'Alba Bricco Caramelli '09	🍷🍷 3*
● Dolcetto d'Alba Bricco Caramelli '07	🍷🍷 3
● Dolcetto d'Alba Piano delli Perdoni '11	🍷🍷 2*
● Dolcetto d'Alba Piano delli Perdoni '08	🍷🍷 2*
● Langhe Nebbiolo '07	🍷🍷 4

Mutti

Loc. San Ruffino, 49
15050 Sarezzano [AL]
Tel. 0131884119
aziendagricola.mutti@libero.it

藏酒销售
年产量 55 000 瓶
葡萄种植面积 3 公顷

总有一些人付出跟收获不成正比，像安德尔（Andrea Mutti）或许就是其中一个。有一群酿酒师，因为各种原因，无缘得到形形色色的评奖机构的认可，虽然他们的技艺值得如此褒奖。早在几年前，安德尔（Andrea）就应该发光发热，在迪莫拉索（Timorasso）还没被人们所熟知的时候，他就钟情于此，并酿制成无与伦比的卡塔诺利（Castagnoli）。在他的酿酒生涯中遭遇了两个不好的年份，他的光芒都被其他酿酒商遮盖，但是他依然坚持最初的酿酒风格。恬莫拉索（Timorassos）以轻质优雅型为特点，偏重于丝滑度而非强硕的酒体结构。今年，卡塔诺利（Castagnoli）再次追随这种风格，散发灌木丛和杏子香气，悠长的矿物质味道。采用巴贝拉（Barbera）酿制，经不锈钢桶陈年的波斯科（Bosco）同样表现不错。

○ Colli Tortonesi Timorasso Derthona Castagnoli '11	3
● BoscoBarona '12	2*
○ Sull'Aia	2*
○ Colli Tortonesi Bianco Noceto '12	2
● Colli Tortonesi Rosso BoscoBarona '09	2
● Colli Tortonesi Rosso S. Ruffino '07	4
● Colli Tortonesi Rosso Zerba Soprana '10	2*
○ Colli Tortonesi Timorasso Castagnoli '10	3*
● San Ruffino '09	3*
● San Ruffino '08	4
○ Sull'Aia '10	3*

Ada Nada

Loc. Rombone
via Ausario, 12b
12050 Treiso [CN]
Tel. 0173638127
www.adanada.it

藏酒销售
预约参观
膳宿接待
年产量 40 000 瓶
葡萄种植面积 9 公顷

让我们真心送别吉安卡罗（Giancarlo Nada），他自1989年开始接管酒庄，致力于对酒窖和毗邻的葡萄园进行改造，今天我们才能看到如此美丽的酒窖和葡萄园。当一个优秀的建设者逝去，犹如这个世界也变小了。着眼现在、放眼未来，看着如此井然有序的葡萄园，我们相信酒庄能够一如既往地酿造出具有当地特色的优秀葡萄酒。平衡的巴巴莱斯科2009（Barbaresco Valeirano 2009）的质量让人信服，带有香料、桉树和烟草香气，单宁活跃，酸度清新。巴巴莱斯科•欣其2009（Barbaresco Cichin 2009）散发中药草的味道，愉悦的顺滑口感。

● Barbaresco Valeirano '09	5
● Barbaresco Cichin '09	6
● Barbaresco Elisa '09	5
○ Langhe Bianco Neta '12	2
● Barbaresco Cichin '08	6
● Barbaresco Elisa '08	6
● Barbaresco Elisa '07	6
● Barbaresco Elisa '06	6
● Barbaresco Elisa '04	6
● Barbaresco Valeirano '08	5
● Barbaresco Valeirano '07	5
● Barbaresco Valeirano '06	6
● Barbera d'Alba V. 'd Pierin '09	3
● Barbera d'Alba Vigna 'd Pierin '08	3

★Fiorenzo Nada

LOC. ROMBONE
VIA AUSARIO, 12C
12050 TREISO [CN]
TEL. 0173638254
www.nada.it

藏酒销售
预约参观
年产量 40 000 瓶
葡萄种植面积 7 公顷

应该说费奥伦佐（Fiorenzo Nada）是朗格（Langhe）丘陵地区最好的家庭酒庄之一，他全心全意酿造优质葡萄酒。酒庄非常小巧，他的儿子布鲁诺（Bruno）热衷并坚持经营规模小却能保证质量优良的酒庄，所酿葡萄酒得到很多意大利和国外鉴赏家的好评。他们的葡萄酒与众不同，口感新鲜，陈年后相信会更加优雅和复杂。新生代的莫尼卡（Monica）和丹尼洛（Danilo），也在酒庄体现他们的价值、收获他们的成果。巴巴莱斯科2009（Barbaresco Rombone 2009）表现非常优秀，酒体坚硕，有丰腴的草莓、桉树和烟草味，单宁圆润。巴巴莱斯科•曼佐拉2009（Barbaresco Manzola 2009）很有特色，陈年后会更加优秀。

● Barbaresco Rombone '09	🍷🍷🍷 7
● Barbaresco Manzola '09	🍷🍷 6
● Barbera d'Alba '11	🍷🍷 3
● Dolcetto d'Alba '12	🍷🍷 2*
● Langhe Rosso Seifile '09	🍷🍷 7
● Langhe Nebbiolo '11	🍷 3
● Barbaresco '01	🍷🍷🍷 6
● Barbaresco Manzola '08	🍷🍷🍷 6
● Barbaresco Manzola '06	🍷🍷🍷 6
● Barbaresco Rombone '07	🍷🍷🍷 7
● Barbaresco Rombone '06	🍷🍷🍷 7
● Barbaresco Rombone '05	🍷🍷🍷 7
● Barbaresco Rombone '04	🍷🍷🍷 7
● Langhe Rosso Seifile '01	🍷🍷🍷 6

Cantina dei Produttori Nebbiolo di Carema

VIA NAZIONALE, 32
10010 CAREMA [TO]
TEL. 0125811160
www.caremadoc.it

藏酒销售
预约参观
年产量 65 000 瓶

卡利玛（Carema）被认为是葡萄酒爱好者最热衷的产区，在这里没有一般的水果芳香型葡萄酒。这有赖于像普洛托利（Cantina Produttori Nebbiolo di Carema）这样的酒庄存在，即使在最艰难的年代也坚持有创意的种植方式。今天，合作酒厂雇有81名种植者，葡萄园面积达15公顷，其中一小片区坚持在山边种植，使用藤架培植葡萄。卡利玛（Carema）的年份葡萄酒是以黑色酒标为记，而陈酿（Riserva）则用白色背标，两者都需要在大型酒桶陈化24个月至36个月。如果你认真观察该酒庄的酒，你就会发现什么叫专业，可谓完美无瑕。酒庄获得过“三杯奖”（Tre Bicchieri）的是陈酿2009（Riserva 2009），有着深层次的复杂香气，伴随口感风味圆润的单宁。2010年份的风味也很相近。

● Carema Et. Bianca Ris. '09	🍷🍷🍷 3*
● Carema Et. Nera '10	🍷🍷 2*
● Carema Et. Bianca '07	🍷🍷🍷 3*
● Carema Et. Bianca Ris. '08	🍷🍷🍷 3*
● Carema '05	🍷🍷 2
● Carema '04	🍷🍷 2
● Carema Barricato '01	🍷🍷 4
● Carema Et. Bianca '06	🍷🍷 3*
● Carema Et. Bianca '05	🍷🍷 3
● Carema Et. Nera '08	🍷🍷 2*
● Carema Et. Nera '06	🍷🍷 2*
● Carema Ris. '04	🍷🍷 3*
● Carema Ris. '02	🍷🍷 3
● Carema Ris. '01	🍷🍷 3

Lorenzo Negro

FRAZ. SANT'ANNA, 55
12040 MONTEU ROERO [CN]
TEL. 017390645
www.negrolorenzo.com

藏酒销售
预约参观
年产量 30 000 瓶
葡萄种植面积 8 公顷

罗伦佐（Lorenzo Negro）坚信他的工作以及他所酿葡萄酒的优秀质量，时间证明他对整修老酒窖的投入是值得的。他的大部分葡萄园位于蒙特罗（Monteu Roero），酒庄总部位于瑟拉（Serra Lupini）。葡萄园的海拔高度在300米，种植有阿那斯（Arneis）、内比奥罗（Nebbiolo）、巴贝拉（Barbera）、波纳达（Bonarda）、多尔赛托（Dolcetto）以及少量的阿巴洛莎（Albarossa）。葡萄酒风格传统，表现出强硕的酒体和丰富的果香味。进入最后一轮品鉴的巴贝拉2011（Barbera d'Alba 2011），散发热带雨林泥土的气息，口感迷人平衡，带突出的灌木丛和樱桃味道。而制作优良的陈酿罗奥•圣•弗兰斯科2009（Roero San Francesco Riserva 2009）同样出众带香醋味道，单宁紧密。最后是新鲜酸爽的罗奥阿纳斯2012（Roero Arneis 2012）酒体结构良好，散发香梨和杏子的味道。

● Barbera d'Alba '11	♥♥ 2*
○ Roero Arneis '12	♥♥ 2*
● Roero San Francesco Ris. '09	♥♥ 3
● Barbera d'Alba '07	♡♡ 2*
● Barbera d'Alba Sup. La Nanda '07	♡♡ 3
● Barbera d'Alba Sup. La Nanda '06	♡♡ 3
● Langhe Rosso Arbesca '08	♡♡ 3
○ Roero Arneis '11	♡♡ 2*
● Roero San Francesco Ris. '08	♡♡ 3*
● Roero San Francesco Ris. '07	♡♡ 3

Negro Angelo e Figli

FRAZ. SANT'ANNA, 1
12040 MONTEU ROERO [CN]
TEL. 017390252
www.negroangelo.it

藏酒销售
预约参观
年产量 350 000 瓶
葡萄种植面积 60 公顷

纳格洛家族（Negro Family）可以说是罗尔洛（Roero）葡萄酒世界的指南针，他们从17世纪开始就在这片土地上酿造葡萄酒，在蒙特洛（Monteu Roero）、圣托特凡诺（Santo Stefano Roero）以及卡纳洛（Canale）都拥有葡萄园，在纳唯（Neive）也有庄园，酿造巴巴莱斯科（Barbaresco）和多尔赛托（Dolcetto d'Alba）葡萄酒。这些葡萄都是当地经典葡萄品种，主要是阿那斯（Arneis）和内比奥罗（Nebbiolo），这两款葡萄还可以酿制起泡酒，还有巴贝拉（Barbera）、法沃利达（Favorita）和多尔赛托（Dolcetto）。葡萄酒偏现代风格，保持本地风土特色。获得“三杯奖”（Tre Bicchieri）的是陈酿罗尔洛2010（Roero Sudisfà Riserva 2010），优雅复杂，是传统罗尔洛（Roero）葡萄酒的最佳体现，馥郁的树莓、香草味道，口感活力绵长，单宁丝滑。

● Roero Sudisfà Ris. '10	♥♥♥ 6
● Barbaresco Basarin '08	♥♥ 7
● Roero Prachiosso '11	♥♥ 4
● Roero San Bernardo '10	♥♥ 5
● Barbaresco Cascinotta '09	♥♥ 5
● Barbera d'Alba Bertu '11	♥♥ 4
● Barbera d'Alba Nicolon '11	♥♥ 3
○ Roero Arneis Gianat '10	♥♥ 4
○ Roero Arneis Perdaudin '12	♥♥ 3
○ Roero Arneis Serra Lupini '12	♥♥ 2*
● Roero Sudisfà '04	♡♡♡ 5
● Roero Sudisfà '03	♡♡♡ 5
● Roero Sudisfà Ris. '09	♡♡♡ 5
● Roero Sudisfà Ris. '08	♡♡♡ 5
● Barbera d'Alba Nicolon '10	♡♡ 3*
○ Roero Arneis Perdaudin '11	♡♡ 3

Andrea Oberto

B.TA SIMANE, 11
12064 LA MORRA [CN]
TEL. 017350104
www.andreaoberto.com

藏酒销售
预约参观
年产量 100 000 瓶
葡萄种植面积 16 公顷

拉莫拉村（La Morra）孕育了一大批酿制巴洛洛（Barolo）的顶尖酒庄，因而成为区域内最知名、最让人信服的葡萄酒村庄之一。安德（Andrea Oberto）负责最具决定性作用的葡萄园种植工作，他的儿子法比奥（Fabio）负责酒窖和酒庄日常事务的管理。酒庄出品的葡萄酒酒体饱满有活力，尤其在年轻的时候，表现出优质葡萄的果香味和酒体结构，具陈年价值。除了巴洛洛（Barolo），酒庄还生产香气独特的巴贝拉•加达（Barbera d'Alba Giada）葡萄酒，从几年前推出市场以来一直以现代风格呈现。巴洛洛•唯纳托2009（Barolo Vigneto Brunate 2009）风格鲜明，新鲜的香油味道夹杂浆果类的柔软香气，口感长度适中。巴洛洛2009（Barolo Vigneto Albarella 2009）橡木味有些偏重，呈现出淡淡的奎宁和柏油气息。

● Barolo '09	▼▼	6
● Barolo Vign. Albarella '09	▼▼	7
● Barolo Vign. Brunate '09	▼▼	8
● Barolo Vign. Rocche '09	▼	7
● Barbera d'Alba Giada '00	▽▽▽	5
● Barbera d'Alba Giada '97	▽▽▽	5
● Barolo Vign. Albarella '01	▽▽▽	7
● Barolo Vign. Brunate '05	▽▽▽	8
● Barolo Vign. Rocche dell'Annunziata '96	▽▽▽	8
● Barolo Vign. Albarella '06	▽▽	7
● Barolo Vign. Albarella '05	▽▽	7
● Barolo Vign. Albarella '04	▽▽	7
● Barolo Vign. Rocche '08	▽▽	7
● Barolo Vign. Rocche dell'Annunziata '04	▽▽	7

Poderi e Cantine Oddero

FRAZ. SANTA MARIA
VIA TETTI, 28
12064 LA MORRA [CN]
TEL. 017350618
www.oddero.com

藏酒销售
预约参观
年产量 150 000 瓶
葡萄种植面积 35 公顷
葡萄栽培方式 有机认证

酒庄为玛丽亚第纳（Mariacristina）和玛丽亚托利亚（Mariavittoria Oddero）所有，乃朗格丘陵（Langhe）地区最重要的庄园之一。35公顷的葡萄园仅种植内比奥罗（Nebbiolo），用于酿制巴洛洛（Barolo）和巴巴莱斯科（Barbaresco），要知道这并不仅仅是一个数字的问题。酒庄位于卡第力诺（Castiglione Falletto）的唯洛（Villero）和龙池（Rocche）、拉莫拉村（La Morra）的布鲁纳特（Brunate）、蒙佛特（Monforte）的蒙多卡（Mondoca di Bussia Soprana）、瑟拉鲁纳（Serralunga）的唯格纳（Vigna Rionda）以及巴巴莱斯科（Barbaresco）的加利纳（Gallina）都有物业。通过娴熟的酿酒技艺，运用大小橡木桶来获得优雅纤细的葡萄酒风格。细数酒庄种植的葡萄品种，我们有巴贝拉（Barbera）、多尔赛托（Dolcetto）和一些国际葡萄品种以及来自特雷佐（Trezzo Tinella）卡斯纳（Cascina Fiori）的莫斯卡托（Moscato）。巴洛洛•龙池2009（Barolo Rocche di Castiglione 2009）表现非常优异，获得我们的最高奖。该酒散发烟草、紫罗兰、甘草和香料等复杂香气，单宁细密，酸度新鲜。

● Barolo Rocche di Castiglione '09	▼▼▼	7
● Barbaresco Gallina '09	▼▼	6
● Barolo Brunate '08	▼▼	8
● Barbaresco Gallina '10	▼▼	6
● Barbera d'Alba Sup. '10	▼▼	3
● Barbera d'Asti Sup. Vinchio '10	▼▼	3
● Barolo '09	▼▼	6
● Barolo Villero '09	▼▼	7
● Dolcetto d'Alba '12	▼▼	2*
● Langhe Nebbiolo '10	▼▼	3
○ Moscato d'Asti Cascina Fiori '12	▼▼	2*
○ Langhe Chardonnay Collaretto '12	▼	3
● Barbaresco Gallina '04	▽▽▽	6
● Barolo Mondoca di Bussia Soprana '04	▽▽▽	7
● Barolo Vigna Rionda '01	▽▽▽	8

Vigneti Luigi Oddero

FRAZ. S. MARIA
B.TA BETTOLOTTI, 95
12604 LA MORRA [CN]
TEL. 0173500386
www.vignetiluigioddero.it

藏酒销售
预约参观
年产量 100 000 瓶
葡萄种植面积 35 公顷

奥德洛家族（The Oddero Family）对皮埃蒙特葡萄酒的历史、对19世纪末的葡萄酒酿造法产生过十分重要的影响。2006年，路易吉（Luigi Oddero）和他的妻子雷纳（Lena）共同开办路易•奥德洛酒庄（Luigi Oddero & Figli），而在此之前，他和弟弟加科莫（Giacomo）一起打理家族酒庄有50多年。之后他还收购了拉莫尔村（La Morra）几家具代表性的酒庄，包括利唯帕庄园（Rive-Parà）、卡斯特利龙（Castiglione Falletto）的龙池酒庄（Rocche dei Rivera）以及瑟拉路加（Serralunga）的唯纳利达（Vigna Rionda）酒庄。酒庄出产的巴洛洛2009（Barolo 2009）散发烟草、干花等复杂香气，夹杂浆果类、奎宁气息，口感新鲜平衡，酸度明显，收结干净。巴洛洛•唯格纳2007（Barolo Vigna Rionda 2007）风格鲜明，散发诱人集中的水果味道，复杂强硕的口感，单宁紧致，回味悠长。

● Barolo '09	🍷🍷 6
● Barolo Vigna Rionda '07	🍷🍷 8
● Langhe Nebbiolo '10	🍷🍷 3
● Barbera d'Alba '10	🍷 3
● Barbaresco '08	YY 5
● Barolo '08	YY 5
● Barolo Rocche Rivera '06	YY 6
● Barolo Vigna Rionda '06	YY 6
● Langhe Nebbiolo '08	YY 3

Tenuta Olim Bauda

VIA PRATA, 50
14045 INCISA SCAPACCINO [AT]
TEL. 0141702171
www.tenutaolimbauda.it

藏酒销售
预约参观
年产量 180 000 瓶
葡萄种植面积 30 公顷

酒庄建立于1961年，至今已被贝托利诺家族（Bertolino Family）传承至第四代人。从1988年开始，戴安娜（Diana）和弟弟迪诺（Dino）共同打理着酒庄。酒庄在尼扎蒙费拉托市（Nizza Monferrato）的艾索拉阿斯蒂镇（Isola d'Asti）、佛塔尼乐镇（Fontanile）和卡斯特沃卡镇（Castelnuovo Calcea）拥有6个葡萄园，海拔高度在160米到350米之间，土壤条件各不相同，从黏土到砂石土不等，葡萄藤的树龄超过60年。主要种植巴贝拉（Barbera）、莫斯卡托（Moscato）、莎当尼（Chardonnay）和科特赛（Cortese）以及吉诺林诺（Grignolino）葡萄。酒庄的葡萄酒制作精良，展现出愉悦的易饮风格，贝托利诺家族（Bertolino）的出品一向优秀。充满优雅活力的顶级巴贝拉2010（Barbera d'Asti Superiore Nizza 2010）展现出馥郁的新鲜水果香气，夹杂香料味道，回味长久。而拥有丰富水果味道的顶级巴贝拉2011（Barbera d'Asti Superiore Le Rocchette 2011）则散发典型的樱桃和湿润土地的味道，酸味明晰。

● Barbera d'Asti Sup. Le Rocchette '11	🍷🍷 4
● Barbera d'Asti Sup. Nizza '10	🍷🍷 5
● Grignolino d'Asti Isolavilla '12	🍷🍷 2*
● Barbera d'Asti La Villa '12	🍷 2
○ Moscato d'Asti Centive '12	🍷 2
● Barbera d'Asti Sup. Nizza '08	YYY 5
● Barbera d'Asti Sup. Nizza '07	YYY 5
● Barbera d'Asti Sup. Nizza '06	YYY 5
● Barbera d'Asti Sup. Le Rocchette '10	YY 4
● Barbera d'Asti Sup. Nizza '09	YY 5
○ Gavi del Comune di Gavi '11	YY 2*

Orsolani

VIA MICHELE CHIESA, 12
10090 SAN GIORGIO CANAVESE [TO]
TEL. 012432386
www.orsolani.it

藏酒销售
预约参观
年产量 135 000 瓶
葡萄种植面积 19 公顷

吉安•弗兰赛科（Gian Francesco Orsolani）是厄柏露丝葡萄酒（Erbaluce）的开创者之一，他从20世纪60年代开始酿造第一款起泡酒，鼓舞了很多一级酒庄。由圣•安东尼奥（Vignot Sant'Antonio）和拉•路塔（La Rustìa）一起推进了采用卡纳唯赛（Canavese）酿造起泡酒的进程，与轻酒质、即饮型的白葡萄酒不一样。吉安•陆汉斯（Gian Luigi ）跟随他们一起工作很长时间，庄园的面积也拓宽到20公顷，遍布卡路索（Caluso）、玛赛（Mazzè）及圣吉奥（San Giorgio），这里主要种植厄柏露丝（Erbaluce），其他还包括巴贝拉（Barbera）和纳利托（Neretto），其中精选的葡萄品种用于酿制卡利玛（Carema Le Tabbie ），它们都是皮埃蒙特本土红葡萄酒。有着贵族气息的厄柏露丝2012（Erbaluce di Caluso La Rustìa 2012）是意大利最好的白葡萄酒之一。亚军则属经典年份起泡酒：紧致柔和的2009年份和奶油气质多样性的2007年份。厄柏露丝2012（Erbaluce 2012）香气清新自然，比以往表现都要好，价格合理。

○ Erbaluce di Caluso La Rustìa '12	🍷🍷🍷 3*
○ Caluso Brut M. Cl. Cuvée Tradizione '09	🍷🍷 4
○ Caluso M. Cl. Cuvée Tradizione 1968 '07	🍷🍷 5
○ Erbaluce di Caluso '12	🍷🍷 2*
● Canavese Rosso Acini Sparsi '12	🍷 2
○ Caluso Passito Sulé '04	🍷🍷🍷 5
○ Caluso Passito Sulé '98	🍷🍷🍷 5
○ Erbaluce di Caluso La Rustìa '11	🍷🍷🍷 3*
○ Erbaluce di Caluso La Rustìa '10	🍷🍷🍷 2*
○ Erbaluce di Caluso La Rustìa '09	🍷🍷🍷 2*
○ Caluso Brut Cuvée Tradizione '07	🍷🍷 4
○ Caluso Spumante Cuvée Tradizione Gran Riserva '06	🍷🍷 5

I Paglieri - Roagna

LOC. PAJÉ
S.DA PAGLIERI, 7
12050 BARBARESCO [CN]
TEL. 0173635109
www.roagna.com

藏酒销售
预约参观
年产量 50 000 瓶
葡萄种植面积 15 公顷

鉴赏家们都非常怀念在20世纪90年代前酿制的、复古性的品质纯粹、如水晶般澄澈的优质葡萄酒，而今天这种葡萄酒应该重获大家的关注。这家独特的朗格丘陵（Langhe）酒庄拥有整齐的葡萄园，种植地区最高贵的葡萄，古老的葡萄藤天然生长，不施任何化肥。所酿葡萄酒流露出独特的个性，极其易饮，忠实反映风土特征。如此革新与传统融合的葡萄酒风格是不应该被埋没的。华丽的巴巴莱斯科帕亚2004（Barbaresco Crichet Pajè 2004）有着出众的复杂度和魅力，散发干花、奎宁、烟草和甘草香气，伴随优雅悠长的口感。巴巴莱斯科•阿斯利2008（Barbaresco Asili Vecchie Vigne 2008）简朴与复杂，带紫罗兰香气，表现活跃，口感丰满。

● Barbaresco Crichët Pajé '04	🍷🍷🍷 8
● Barbaresco Asili V. V. '08	🍷🍷 8
● Barbaresco Pajè V. V. '08	🍷🍷 8
● Barbaresco Montefico V. V. '08	🍷🍷 8
● Barbaresco Pajè '08	🍷🍷 6
● Barolo La Pira '08	🍷🍷 8
● Barolo La Pira V. V. '08	🍷🍷 8
● Barbaresco Asili V. V. '07	🍷🍷🍷 8
● Barbaresco Pajé '01	🍷🍷 6
● Barbaresco Pajè V. V. '07	🍷🍷 8
● Barolo La Pira '07	🍷🍷 8
● Barolo La Pira V. V. '07	🍷🍷 8
● Barolo La Rocca e La Pira '00	🍷🍷 6
● Barolo La Rocca e La Pira '99	🍷🍷 6

Paitin

LOC. BRICCO
VIA SERRA BOELLA, 20
12052 NEIVE [CN]
TEL. 017367343
www.paitin.it

藏酒销售
预约参观
膳宿接待
年产量 80 000 瓶
葡萄种植面积 17 公顷

该酒庄既是朗格（Langa）地区最古老的庄园之一，又是19世纪生产巴巴莱斯科（Barbaresco）最早的酿酒商之一，酿制的第一瓶巴巴莱斯科（Barbaresco）可追溯回1893年。今天全球著名的巴巴莱斯科（Barbaresco）在当时才刚出现。现在，赛科多（Secondo Pasquero Elia）的儿子吉奥瓦尼（Giovanni）和斯瓦诺（Silvano）共同经营着酒庄，拥有17公顷的葡萄园，所酿葡萄酒为现代风格，活跃平衡的酸度和单宁，酒体丰满。酒庄首当其冲的葡萄酒是巴巴莱斯科•帕第（Barbaresco Sorì Paitin），由老藤葡萄酿造。极具潜力的优秀的巴巴莱斯科2010（Barbaresco Sorì Paitin 2010）虽有点橡木味过重，但散发着出色的柏油、甘草气息，单宁坚实。巴巴莱斯科2010（Barbaresco Serra 2010）新鲜、易饮。

● Barbaresco Sorì Paitin '10	🍷🍷 6
● Barbaresco Serra '10	🍷🍷 5
● Dolcetto d'Alba Sorì Paitin '12	🍷🍷 3
○ Langhe Arneis Elisa '12	🍷🍷 3
● Nebbiolo d'Alba Ca Veja '11	🍷🍷 4
● Barbera d'Alba Serra '11	🍷 4
● Barbaresco Sorì Paitin '07	YYY 5
● Barbaresco Sorì Paitin '04	YYY 5
● Barbaresco Sorì Paitin '97	YYY 5
● Barbaresco Sorì Paitin V. V. '04	YYY 7
● Barbaresco Sorì Paitin V. V. '01	YYY 7
● Barbaresco Sorì Paitin V. V. '99	YYY 8
● Barbaresco Serra '09	YY 5
● Langhe Paitin '09	YY 3*

Armando Parusso

LOC. BUSSIA, 55
12065 MONFORTE D'ALBA [CN]
TEL. 017378257
www.parusso.com

藏酒销售
预约参观
年产量 120 000 瓶
葡萄种植面积 23 公顷

玛科（Marco）和第资纳（Tiziana Parusso）全副身心、坚定地经营着这家重要的、迷人的朗格丘陵（Langhe）庄园，酒庄有着尖端酒窖和一流的葡萄园。葡萄园分布在布西亚（Bussia）、乐科斯特（Le Coste）以及莫斯尼，酒窖（Mosconi）位于蒙佛特市（Monforte），马利奥诺庄园（Mariondino）位于卡斯蒂隆（Castiglione Falletto），种植的葡萄颇具特色。酒庄所产葡萄酒风格多种多样，每一款酒都有着独特的风格，辨识度高，经橡木桶陈年后，远销国际市场。酒庄出产的巴洛洛•莫科尼2009（Barolo Le Coste Mosconi 2009）散发馥郁的樱桃味道，夹杂烟草和甘草气息，口感浓郁，单宁突出。巴洛洛布斯亚2009（Barolo Bussia 2009）有着平衡的优雅与重量感。而成熟的陈酿•巴洛洛1999（Barolo Bussia Riserva Oro 1999）则展现复杂的天鹅绒般的细滑口感。

● Barolo Le Coste Mosconi '09	🍷🍷 8
● Barolo '09	🍷🍷 6
● Barolo Bussia '09	🍷🍷 8
● Barolo Bussia Et. Oro Ris. '99	🍷🍷 8
○ Langhe Bianco '12	🍷🍷 3
○ Langhe Bianco Bricco Rovella '11	🍷🍷 5
● Barbera d'Alba Ornati '12	🍷 3
● Barbera d'Alba Sup. '11	🍷 5
● Dolcetto d'Alba Piani Noci '12	🍷 2
● Barbera d'Alba Sup. '00	YYY 5
● Barolo Bussia V. Munie '99	YYY 8
● Barolo Le Coste Mosconi '03	YYY 7
● Barolo V. V. in Mariondino Ris. '99	YYY 8
● Barolo Le Coste Mosconi '08	YY 8

Massimo Pastura Cascina La Ghersa

via Chiarina, 2
14050 Moasca [AT]
Tel. 0141856012
www.laghersa.it

藏酒销售
预约参观
年产量 160 000 瓶

酒庄拥有3个产品系列、12个品牌，除了最主要的巴贝拉（Barbera），还种植其他8个葡萄品种。这些葡萄都是今天卡斯纳镇（Cascina La Ghersa）的代表品种，马西诺庄园（Massimo Pastura ）构思并创造成为优秀的葡萄酒。维纳帝（Vigneti Unici）、经典一号（I Classici）和皮格帕庄园（Piagè Pali vineyard ）系列都是巴贝拉（Barbera）葡萄酒，从桃红到基础酒，以及旗舰品牌尼扎（Nizza），主要是由莫斯卡托（Moscato）、科特赛（Cortese）和帝莫拉索（Timorasso）酿制而成，独具风格。今年酒庄供我们品鉴的都是巴贝拉（Barbera），其中有三款进入到最后一轮品鉴。乐卡维2010（Le Cave 2010）带有成熟樱桃的味道，隐约的奎宁、龙舌根气息，漂亮紧致的单宁。维纳萨2010（Vignassa 2010）有大雨淋过的土地的感觉，带烟草、香料和熏香的味道，细致的口感，单宁酒精感明显。

● Barbera d'Asti Sup. Camparò '11	🍷🍷 2*
● Barbera d'Asti Sup. Le Cave '10	🍷🍷 3*
● Barbera d'Asti Sup.Vignassa '10	🍷🍷 5
● Barbera d'Asti Sup. Muaschae '10	🍷🍷 6
● Barbera d'Asti Piagé '12	🍷 2
● Barbera d'Asti Sup. Camparò '10	🍷🍷 2*
● Barbera d'Asti Sup. Camparò '08	🍷🍷 2
● Barbera d'Asti Sup. Muascae '09	🍷🍷 6
● Barbera d'Asti Sup.Vignassa '09	🍷🍷 5
● Barbera d'Asti Sup.Vignassa '08	🍷🍷 3
● Grignolino d'Asti Spineira '10	🍷🍷 3*
○ M.to Bianco Sivoy '11	🍷🍷 2*

★Pecchenino

B.ta Valdiberti, 59
12063 Dogliani [CN]
Tel. 017370686
www.pecchenino.com

藏酒销售
预约参观
膳宿接待
年产量 110 000 瓶
葡萄种植面积 26 公顷

这座重要的朗格丘陵（Langhe）庄园由技艺纯熟的两兄弟奥兰多（Orlando）和阿第洛（Attilio Pecchenino）共同经营。在意大利，尤其在国外，他们的葡萄酒受到诸多赞赏。酒庄新增加了巴洛洛（Barolo），还有往往被错误忽略的多尔赛托（Dolcetto）葡萄，为酒庄的产品多样性书写了新篇章。葡萄园被精心打理，最小程度地使用化学肥料。布利科博第2010（Bricco Botti 2010）向我们证明了多尔赛托（Dolcetto）也具陈年价值，散发李子、樱桃、黑莓以及皮革的味道，单宁顺滑细致，这实属对阿尔巴地区（Alba）的葡萄品种的疯狂尝试。巴洛洛2009（Barolo Le Coste 2009）独具特色，多层次的紫罗兰、烟草和香料味道。

● Dogliani Sup. Bricco Botti '10	🍷🍷🍷 4*
● Barolo Le Coste '09	🍷🍷 8
● Barbera d'Alba Quass '11	🍷🍷 4
● Barolo S. Giuseppe '09	🍷🍷 6
● Dogliani S. Luigi '12	🍷🍷 3
● Dogliani Sup. Sirì d'Jermu '11	🍷🍷 3
○ Langhe Maestro '12	🍷 3
● Barolo Le Coste '05	🍷🍷🍷 8
● Dogliani Bricco Botti '07	🍷🍷🍷 4
● Dogliani Sirì d'Jermu '09	🍷🍷🍷 3*
● Dogliani Sirì d'Jermu '06	🍷🍷🍷 4
● Dolcetto di Dogliani Sirì d'Jermu '03	🍷🍷🍷 3
● Dolcetto di Dogliani Sirì d'Jermu '01	🍷🍷🍷 3*
● Dolcetto di Dogliani Sup. Bricco Botti '04	🍷🍷🍷 4

Pelissero

via Ferrere, 10
12050 Treiso [CN]
Tel. 0173638430
www.pelissero.com

藏酒销售
预约参观
年产量 250 000 瓶
葡萄种植面积 38 公顷

时光荏苒，如今佩利萨诺（Pelissero）酒庄已被传递到第三代人手中，在国际市场的地位也越发重要。酒庄拥有38公顷的葡萄园，种植当地本土葡萄，保证着酒庄稳定、可靠的质量。格奥（Giorgio Pelissero）追求创新、个性化的葡萄酒风格：纯粹、易饮和优雅的口感。葡萄酒在各式大小的酒桶中陈年，酒庄较为偏爱实用新橡木桶。巴巴莱斯科•唯图（Barbaresco Vanotu）源自纳唯（Neive）的巴萨利庄园（Basarin）的葡萄，保留最全面的葡萄风格。巴巴莱斯科万图2010（Barbaresco Vanotu 2010）有着明显的奎宁、甘草和柏油气息，活跃细致的单宁。朗格•龙•诺2010（Langhe Long Now 2010）质量令人信服，有着平衡的骨架和新鲜感。而果香型多尔赛托2012（Dolcetto d'Alba Augenta 2012）也值得关注。

● Barbaresco Vanotu '10	🍷🍷 8
● Langhe Rosso Long Now '10	🍷🍷 5
● Barbaresco Nubiola '10	▼▼ 5
● Barbaresco Tulin '10	▼▼ 7
● Dolcetto d'Alba Augenta '12	▼▼ 3
● Dolcetto d'Alba Munfrina '12	▼ 2
● Langhe Nebbiolo '12	▼ 3
○ Moscato d'Asti '12	▼ 2
● Barbaresco Vanotu '08	▽▽▽ 8
● Barbaresco Vanotu '07	▽▽▽ 8
● Barbaresco Vanotu '06	▽▽▽ 8
● Barbaresco Vanotu '01	▽▽▽ 7
● Barbaresco Vanotu '99	▽▽▽ 7
● Barbaresco Vanotu '97	▽▽▽ 6
● Barbaresco Vanotu '09	▽▽ 8

Elio Perrone

s.da San Martino, 3bis
12053 Castiglione Tinella [CN]
Tel. 0141855803
www.elioperrone.it

藏酒销售
预约参观
年产量 170 000 瓶
葡萄种植面积 14 公顷

佩洛家族（The Perrone family）酒庄多年被认为是酿造莫斯卡托（Moscato）葡萄酒的标杆。葡萄园分布在两个地方，其中一个是在卡斯第隆尼村（Castiglione Tinella），360米的海拔，单纯种植莫斯卡托（Moscato）；另一个是在艾索拉阿斯蒂（Isola d'Asti），主要是种植巴贝拉（Barbera），一些葡萄树龄达80年之久，还少量种植莎当尼（Chardonnay）和布拉彻托（Brachetto）。酒庄所酿制的葡萄酒多为传统风格，尤其是莫斯卡托（Moscato）葡萄酒，愉悦易饮。索加2012（Sourgal 2012）质量令人信服，馥郁的花香夹杂酸橙气息，口感清新愉悦，不甜腻，回味悠长。而顶级巴贝拉2011（Barbera d'Asti Superiore Mongovone 2011）更甚，带有熏烤橡木的味道，丰富的樱桃水果、奎宁和杜松子气息，口感集中、细腻。

○ Moscato d'Asti Sourgal '12	🍷🍷 2*
● Barbera d'Asti Sup. Mongovone '11	▼▼ 5
● Barbera d'Asti Tasmorcan '12	▼ 2
● Bigarò '12	▼ 2
○ Gi '12	▼ 3
● Barbera d'Asti Sup. Mongovone '08	▽▽ 5
● Barbera d'Asti Tasmorcan '10	▽▽ 2*
● Barbera d'Asti Tasmorcan '09	▽▽ 2*
○ Moscato d'Asti Clarté '11	▽▽ 3
○ Moscato d'Asti Sourgal '11	▽▽ 2*
○ Moscato d'Asti Sourgal '10	▽▽ 2*

Le Piane

via Cerri, 10
28010 Boca [NO]
Tel. 3483354185
www.bocapiane.com

藏酒销售
预约参观
年产量 48 000 瓶
葡萄种植面积 3.5 公顷

科利多利（Christoph Künzli）被称作今天波卡（Boca）的创作之父是无可争议的。这是一款非常具有历史意义的法定产区酒（DOC）。酒庄是被一个瑞士葡萄酒商从年老的种植者安东尼奥（Antonio Cerr）那里接手过来，成为一个酿酒商，至今已有15年。葡萄园面积约有3.5公顷，分成很多片区，种植品种有内比奥罗（Nebbiolo）、柯洛帝娅（Croatina）以及唯波利纳（Vespolina），某些片区还采取传统的“玛格利纳”栽培方式（"Maggiorina" System）。最知名的品牌非波卡（Boca）莫属，需要在2 500升至2 800升的斯洛文尼亚大橡木桶陈化3年。我们去到的时候，波卡2009（Boca 2009）和科洛第纳（Croatina）酿成的科利诺瓦斯（Colline Novaresi Rosso Le Piane）还没有装瓶，他们呈现给我们一款新酒，叫米莫（Mimmo），作为知名的波卡（Boca）的副牌酒。2010年份展现出灵巧、优雅、复杂的气质，比单调的玛格利纳2012（Maggiorina 2012）更具艺术风格。

● Mimmo '10	🍷🍷 4
● Maggiorina '12	🍷🍷 3
● Boca '08	🍷🍷🍷 7
● Boca '06	🍷🍷🍷 6
● Boca '05	🍷🍷🍷 6
● Boca '04	🍷🍷🍷 6
● Boca '03	🍷🍷🍷 6
● Boca '07	🍷🍷 7
● Colline Novaresi La Maggiorina '09	🍷🍷 3
● Colline Novaresi Le Piane '09	🍷🍷 5
● Colline Novaresi Le Piane '08	🍷🍷 5
● Colline Novaresi Le Piane '07	🍷🍷 5
● Colline Novaresi Le Piane '06	🍷🍷 5
● La Maggiorina '11	🍷🍷 3

Pio Cesare

via Cesare Balbo, 6
12051 Alba [CN]
Tel. 0173440386
www.piocesare.it

预约参观
年产量 400 000 瓶
葡萄种植面积 52 公顷

皮奥瑟萨尔（Pio Cesare）庄园建于1881年，是阿尔巴（Alba）旧城镇现存最古老的酒窖之一，连接着古罗马城墙。今天，酒庄由第五代传人皮奥•波发（Pio Boffa）的表弟和侄子共同经营。酒庄由他们的高曾祖父创立并以他名字命名，几百年来一代传一代，优秀的酿酒传统也在不断积累发扬光大。尽管采用了最新的酒窖管理技术，凭着得天独厚的风土气候条件，酒庄还是可以酿出与以往一样优秀的葡萄酒。葡萄园为酒庄自有，位于优秀的巴洛洛（Barolo）和巴巴莱斯科（Barbaresco）产区，占地50多公顷。巴洛洛•奥纳托（Barolo Ornato）凭借其2009年份的优秀表现获得最高奖，口感完美平衡，优雅，有活力。易饮的巴洛洛2009（Barolo 2009）同样非常出色，散发诱人的烟草、紫罗兰和香料的味道，入口新鲜。

● Barolo Ornato '09	🍷🍷🍷 8
● Barbaresco Il Bricco '09	🍷🍷 8
● Barolo '09	🍷🍷 8
● Barbaresco '09	🍷🍷 8
● Barbera d'Alba Fides '11	🍷🍷 5
○ Langhe Chardonnay Piodilei '11	🍷🍷 6
● Barbera d'Alba '11	🍷 4
● Barbaresco Il Bricco '97	🍷🍷🍷 8
● Barolo Ornato '08	🍷🍷🍷 8
● Barolo Ornato '06	🍷🍷🍷 8
● Barolo Ornato '05	🍷🍷🍷 8
● Barolo Ornato '89	🍷🍷🍷 8
● Barolo Ornato '85	🍷🍷🍷 8
○ Langhe Chardonnay Piodilei '10	🍷🍷 6

Luigi Pira

via XX Settembre, 9
12050 Serralunga d'Alba [CN]
Tel. 0173613106
pira.luigi@alice.it

藏酒销售
预约参观
年产量 50 000 瓶
葡萄种植面积 12 公顷

路易吉（Luigi）庄园建立于20世纪60年代，当初只销售葡萄，大约20年前，他们才开始酿制自主品牌的瓶装葡萄酒。吉安帕罗（Gianpaolo）和罗莫洛（Romolo Pira）如今负责酒庄运营。种植内比奥罗（Nebbiolo）的葡萄园位于赛拉路纳（Serralunga）斜坡上，加上细致的酒窖管理工作，生产的葡萄酒总是有着令人信服的质量。经典巴洛洛（Barolo）和玛格利亚庄园（Margheria）系列需在中型酒桶陈年约2年，玛伦卡（Marenca）和唯纳里达（Vigna Rionda）则需在酒桶与2 500升的橡木桶各陈化一年。各系列葡萄酒的表现都非常优异，巴洛洛•玛伦卡2009（Barolo Marenca 2009）有着强壮的酒体，同时优雅平衡，散发辛辣香油的气息，口感顺滑圆润，回味长久。巴洛洛•唯格纳2009（Barolo Vigna Rionda 2009）酒体坚挺，独具风格，有着平衡的酒体结构、复杂度和新鲜感。

• Barolo Marenca '09	▼▼▼	7
• Barolo Margheria '09	▼▼	6
• Barolo V. Rionda '09	▼▼	8
• Barbera d'Alba '11	▼▼	3
• Barolo Serralunga '09	▼▼	5
• Langhe Nebbiolo '11	▼▼	3
• Barolo Marenca '08	▽▽▽	7
• Barolo V. Marenca '01	▽▽▽	7
• Barolo V. Rionda '06	▽▽▽	8
• Barolo V. Rionda '04	▽▽▽	8
• Barolo V. Rionda '00	▽▽▽	8
• Barolo Margheria '08	▽▽	6
• Barolo Serralunga '08	▽▽	5
• Barolo V. Rionda '07	▽▽	8

E. Pira & Figli Chiara Boschis

via Vittorio Veneto, 1
12060 Barolo [CN]
Tel. 017356247
www.pira-chiaraboschis.com

藏酒销售
预约参观
年产量 35 000 瓶
葡萄种植面积 8.5 公顷
葡萄栽培方式 有机认证

斯拉博思（Chiara Boschis）体现出一个专业酿酒师应用的品质:她热爱她的工作，从葡萄种植到酒窖工作，每一个细节她都一丝不苟地对待。多年来，她酿出了一系列经小橡木桶陈年、鲜明特色的优质葡萄酒。她的葡萄园位于阿尔巴省（Monforte d'Alba），种植有全球著名的堪奴比（Cannubi）以及有趣的唯诺瓦（Via Nuova）和莫斯科尼（Mosconi）。她坚持不使用任何农药，最大程度地保护环境。她酿制的具有艺术气质、优雅细腻的巴洛洛•堪奴比2009（Barolo Cannubi 2009），散发突出的新鲜水果味道，单宁明显却整体口感和谐。巴洛洛•莫斯科尼2009（Barolo Mosconi 2009）稍显粗糙活跃，仍需继续陈年。朗格•内比奥罗2011（Langhe Nebbiolo 2011）也值得关注，易饮、新鲜、结构佳。

• Barolo Cannubi '09	▼▼	8
• Barolo Mosconi '09	▼▼	8
• Barbera d'Alba Sup. '11	▼▼	4
• Barolo Via Nuova '09	▼▼	8
• Langhe Nebbiolo '11	▼▼	4
• Dolcetto d'Alba '12	▼	2
• Barolo '94	▽▽▽	7
• Barolo Cannubi '05	▽▽▽	8
• Barolo Cannubi '00	▽▽▽	8
• Barolo Cannubi '97	▽▽▽	8
• Barolo Cannubi '96	▽▽▽	8
• Barolo Ris. '90	▽▽▽	8
• Barolo Cannubi '08	▽▽	8
• Barolo Cannubi '07	▽▽	8
• Barolo Via Nuova '06	▽▽	8
• Langhe Nebbiolo '10	▽▽	4

Poderi Colla

Loc. San Rocco Seno d'Elvio, 82
12051 Alba [CN]
Tel. 0173290148
www.podericolla.it

藏酒销售
预约参观
年产量 150 000 瓶
葡萄种植面积 26 公顷

这家优秀的科拉（Colla）家族酒庄在卡斯纳（Cascina Drago），紧挨着酒庄有12公顷的葡萄园，其余的8公顷位于罗卡格利（Roncaglie di Barbaresco），还有6公顷在布斯亚（Bussia di Monforte d'Alba。在这26公顷的葡萄乐园里，第诺（Tino）和贝科拉（Beppe Colla）以及它们的衍生品种皮特洛（Pietro）和费德利卡（Federica）能够良好生长，因此才能酿成最能体现朗格丘陵（Langa）风格的葡萄酒:经典、传统、风土，陈年后风格更加细致。优秀的巴洛洛•布斯亚2009（Barolo Bussia Dardi Le Rose 2009）葡萄酒获得最高奖，别致的樱桃、黑莓和树莓味道，伴随奎宁、甘草和香料气息。紧随其后的是香气独特的朗格•布利科2009（Langhe Bricco del Drago 2009）。

● Barolo Bussia Dardi Le Rose '09	🍷🍷🍷 6
● Barbaresco Roncaglie '10	🍷🍷 6
● Langhe Bricco del Drago '09	🍷🍷 4
● Barbera d'Alba Costa Bruna '11	▼▼ 3
● Dolcetto d'Alba Pian Balbo '12	▼▼ 2*
○ Langhe Riesling '12	▼▼ 3
● Nebbiolo d'Alba '11	▼▼ 3
○ Pietro Colla M. Cl. Extra Brut '10	▼▼ 5
● Langhe Pinot Nero Campo Romano '11	▼ 4
● Barolo Bussia Dardi Le Rose '99	▽▽▽ 6
● Barbaresco Roncaglie '09	▽▽ 6
● Barbera d'Alba Costa Bruna '09	▽▽ 3*
○ Langhe Riesling '11	▽▽ 3*
● Nebbiolo d'Alba '10	▽▽ 3*

Paolo Giuseppe Poggio

via Roma, 67
15050 Brignano Frascata [AL]
Tel. 0131784929
www.cantinapoggio.com

藏酒销售
预约参观
年产量 18 000 瓶
葡萄种植面积 3.5 公顷

保罗•波吉奥（Paolo Poggio）的庄园是家族运营，管理经验也是一代代人传承下来，保罗的父亲是地区内酿造葡萄酒的第一人。近年来，得益于当地气候特点，酒庄所出品的葡萄酒风格独特。附近的库洛纳河道（Curone）带来湿冷的空气，无疑增添了保罗工作的难度。天气千变万化，要是遇到好的年份，酿成的葡萄酒堪为有趣。毫无疑问，今年品尝到的好葡萄酒全部是2011年份的，不管是优秀的第莫拉索（Timorasso Ronchetto）还是巴贝拉堪波（Barbera Campo la Bà），都是酒庄最好的作品之一。

● Colli Tortonesi Barbera Campo La Bà '11	▼▼ 2*
○ Colli Tortonesi Cortese Campogallo '12	▼▼ 1*
○ Colli Tortonesi Timorasso Ronchetto '11	▼▼ 3
● Colli Tortonesi Barbera Derio '10	▼ 3
● Colli Tortonesi Rosso Prosone '11	▼ 2
● Colli Tortonesi Barbera Campo La Bà '09	▽▽ 2*
● Colli Tortonesi Barbera Campo La Bà '08	▽▽ 2*
● Colli Tortonesi Barbera Derio '09	▽▽ 3
● Colli Tortonesi Croatina Prosone '10	▽▽ 2*
○ Colli Tortonesi Timorasso Ronchetto '10	▽▽ 2*
○ Colli Tortonesi Timorasso Ronchetto '09	▽▽ 2*

Pomodolce

via IV Novembre, 7
15050 Montemarzino [AL]
Tel. 0131878035
www.pomodolce.it

藏酒销售
预约参观
年产量 12 000 瓶
葡萄种植面积 4 公顷
葡萄栽培方式 有机认证

距离1963年吉赛佩（Giuseppe）和堪米拉（Camilla）在蒙特玛姿诺（Montemarzino）开餐馆，至今已经50多年过去了。虽然他们一直以来自产自酿，但他们的儿子斯唯奥（Silvio）才是真正促进酒庄发展的新生力量。自从种植波莫多托葡萄（Pomodolce）后，他们就采用有机种植的栽培方式。这么多年来一直坚持，成效也是有目共睹的。销售量一直遥遥领先的第莫拉索（Timorasso Grue）葡萄酒引起我们评审团的注意。这款旗舰红葡萄酒几乎压倒其他白葡萄酒。虽然制作精良，但是这两款第莫拉索（Timorassos）没有去年表现好。然而，巴贝拉（Barbera）和科洛帝纳（Croatina）酿造的红葡萄酒却明显不错。玛燊（Marsèn）的酒体强硕有力，质地柔顺和谐，个性独具。佛纳尼诺（Fonanino）单宁细腻，酸度突出。

● Colli Tortonesi Barbera Marsèn '10	🍷🍷	4
● Colli Tortonesi Croatina Fontanino '10	🍷🍷	3
○ Colli Tortonesi Timorasso Diletto '11	🍷🍷	3
○ Colli Tortonesi Timorasso Grue '11	🍷🍷	5
● Colli Tortonesi Rosso Niall '10	🍷	3
○ Colli Tortonesi Timorasso Derthona Grue '07	YYY	4
● Colli Tortonesi Barbera Marsèn '09	YY	4
● Colli Tortonesi Croatina Fontanino '07	YY	3
○ Colli Tortonesi Timorasso Diletto '10	YY	3*
○ Colli Tortonesi Timorasso Grue '10	YY	5
○ Colli Tortonesi Timorasso Grue '09	YY	5

Marco Porello

c.so Alba, 71
12043 Canale [CN]
Tel. 0173979324
www.porellovini.it

藏酒销售
预约参观
年产量 100 000 瓶
葡萄种植面积 15 公顷

酒庄建于20世纪早期，在过去的20年间，马可（Marco Porello）终于把酒庄建成罗纳洛（Roero）地区最好的庄园之一。葡萄园位于卡纳尔和维咋市（Canale and Vezza d'Alba）交界，沙石土质，种植有本地经典的葡萄品种，像阿那斯（Arneis）、内比奥罗（Nebbiolo）、巴贝拉（Barbera）、法沃利达（Favorita）以及巴拉托（Brachetto）。酒庄所酿造的葡萄酒都展现愉悦、和谐、易饮的特点，尤其与来自坎枚利（Camestrì）、莫米安诺（Mommiano）和托利塔（Torretta）地区的葡萄酒迥异。其中罗尔洛2010（Roero Torretta 2010）位于最佳产区，散发红色水果和植物气息，单宁口感稍有些闭塞，回味带有新鲜水果味道。两款2012年份的罗尔洛•阿纳斯（Roero Arneis）表现都很不错，基础款散发浓郁的柑橘味道；坎枚利（Camestrì）则带辛辣感，适合饮用。

● Roero Torretta '10	🍷🍷 (red)	3*
● Barbera d'Alba Filatura '11	🍷🍷	3
● Barbera d'Alba Mommiano '12	🍷🍷	2*
○ Roero Arneis '12	🍷🍷	2*
○ Roero Arneis Camestrì '12	🍷🍷	2*
● Nebbiolo d'Alba '11	🍷	3
● Roero Torretta '06	YYY	3*
● Roero Torretta '04	YYY	3*
● Barbera d'Alba Mommiano '11	YY	2*
● Barbera d'Alba Mommiano '10	YY	2*
● Roero Torretta '09	YY	3*

Guido Porro

VIA ALBA, 1
12050 SERRALUNGA D'ALBA [CN]
TEL. 0173613306
www.guidoporro.com

藏酒销售
预约参观
膳宿接待
年产量 30 000 瓶
葡萄种植面积 8 公顷

古铎（Guido Porro）越来越明晰自己的酒庄定位，他是一位激情敏锐的种植者。在瑟拉路纳（Serralunga d'Alba ）酒窖旁有一个8公顷的葡萄园。葡萄园坐落于拉则利托（Lazzarito），很久以前就是公认的顶级葡萄园，不仅适于种植内比奥罗（Nebbiolo），还有巴贝拉（Barbera）和多尔赛托（Dolcetto）。由拉则拉科（Lazzairasco）和桑塔卡特利纳（Santa Caterina）葡萄园种植出的两款巴洛洛（Barolo）风格各异：前者口感紧致，后者柔和。采用经典酿酒方式，在不锈钢桶或水泥槽中发酵，接着在容量为2 500升的斯洛文尼亚橡木桶长时间陈酿。继两年前首次获得“三杯奖”后，巴洛洛•唯格纳（Barolo Vigna Lazzairasco）2009年份重获雄风，它有着复杂的香气，散发茴香、奎宁和覆盆子的味道，单宁坚挺有力。巴洛洛•桑塔2009（Barolo Santa Caterina 2009）同样意味悠长，令人回味无穷。

● Barolo V. Lazzairasco '09	🍷🍷🍷 5
● Barolo Santa Caterina '09	🍷🍷 5
● Barbera d'Alba V. Santa Caterina '12	🍷🍷 3
● Dolcetto d'Alba V. l'Pari '12	🍷 3
● Barolo V. Lazzairasco '07	YYY 5
● Barbera d'Alba Santa Caterina '11	YY 3
● Barolo V. Lazzairasco '08	YY 5
● Barolo V. Santa Caterina '08	YY 5*
● Barolo V. Santa Caterina '07	YY 5
● Lange Nebbiolo '09	YY 3*
● Lange Nebbiolo Camilu '11	YY 4

Post dal Vin Terre del Barbera

FRAZ. POSSAVINA
VIA SALIE, 19
14030 ROCCHETTA TANARO [AT]
TEL. 0141644143
www.postdalvin.com

藏酒销售
预约参观
年产量 80 000 瓶
葡萄种植面积 115 公顷

这家位于罗彻塔市（Rocchetta Tanaro）的联营酒庄已有50多年历史了，拥有100多名葡萄种植成员，出产具有本土特色的葡萄酒。葡萄园主要种植巴贝拉（Barbera），它是这里所有葡萄酒类型的基础，不管是新鲜易饮的，还是酒体强壮的。葡萄酒的风格是传统经典型，酒庄也是下了很大功夫来酿造最具本土气质的葡萄酒。其他的葡萄则属于蒙费拉托（Monferrato）的特有品种——吉诺林诺（Grignolino）、弗雷萨（Freisa）多尔赛托（Dolcetto）和莫斯卡托（Moscato）等。这一家联营酒厂的酒整体表现不错，最好的要数平衡、易饮的顶级巴贝拉2011（Barbera d'Asti Superiore BriccoFiore 2011），带水果、泥土风味，口感柔软。优秀的吉诺林诺2012（Grignolino d'Asti 2012）散发黑椒气息，口感长久。

● Barbera d'Asti Sup. BriccoFiore '11	🍷🍷 2*
● Barbera d'Asti Maricca '12	🍷🍷 2*
● Barbera d'Asti Sup. Castagnassa '11	🍷🍷 2*
● Grignolino d'Asti '12	🍷🍷 1*
● Barbera d'Asti Maricca '11	YY 2*
● Barbera d'Asti Maricca '10	YY 2*
● Barbera d'Asti Sup. BriccoFiore '09	YY 2*
● Barbera d'Asti Sup. BriccoFiore '08	YY 2*
● Barbera d'Asti Sup. Castagnassa '10	YY 2*
● Barbera d'Asti Sup. Castagnassa '09	YY 2
● Grignolino d'Asti '11	YY 1*
● Grignolino d'Asti '10	YY 1*

Giovanni Prandi

FRAZ. CASCINA COLOMBÈ
VIA FARINETTI, 5
12055 DIANO D'ALBA [CN]
TEL. 017369248
www.prandigiovanni.it

藏酒销售
预约参观
年产量 20 000 瓶
葡萄种植面积 5 公顷

有关帕拉迪（Prandi）庄园的历史，我们要追溯回20世纪20年代，从他们的创办人玛格利诺（Maggiorino Farinetti）说起，是他最先把自家饮用的葡萄酒装瓶出售。到了1978年酒窖正式命名为吉瓦尼产•帕拉迪（Giovanni Prandi）。如今，是由吉瓦尼（Giovanni）的儿子艾森铎（Alessandro）负责酒庄事务。酒庄的葡萄园散落于迪安诺（Diano）和阿尔巴（Alba）之间，年产量达到20 000瓶，质量最优的是多尔赛托（Dolcetto）、索利纳（Sörì Cristina）和索利贝（Sörì Colombè）庄园系列，包括红葡萄酒内比奥罗（Nebbiolo）和巴贝拉（Barbera）；白葡萄酒莎当尼（Chardonnay）和朗格阿纳斯（Langhe Arneis）。其他还有两款多尔赛托（Dolcetto di Diano）也特别出众，本质反映风土，细腻而不浮夸。我们最喜欢索利•科洛贝2012（Sörì Colombè 2012），散发诱人的黑醋栗香气。

● Dolcetto di Diano Sörì Colombè '12	🍷🍷 2*
● Barbera d'Alba Santa Eurosia '12	🍷🍷 2*
● Dolcetto di Diano d'Alba Sörì Cristina '12	🍷🍷 2*
● Nebbiolo d'Alba Colombè '11	🍷 3
● Dolcetto di Diano Sörì Colombè '11	🍷🍷 2*
● Dolcetto di Diano Sörì Colombè '10	🍷🍷 2*
● Dolcetto di Diano Sörì Colombè '09	🍷🍷 2*
● Dolcetto di Diano Sörì Cristina '10	🍷🍷 2*
● Dolcetto di Diano Sörì Cristina '09	🍷🍷 2*
● Dolcetto di Diano Sörì Cristina '08	🍷🍷 2*
● Nebbiolo d'Alba Colombè '10	🍷🍷 3
● Nebbiolo d'Alba Colombè '07	🍷🍷 3*

La Prevostura

CASCINA PREVOSTURA, 1
13853 LESSONA [BI]
TEL. 0158853188
www.laprevostura.it

藏酒销售
预约参观
年产量 15 000 瓶
葡萄种植面积 4 公顷

马克（Marco）和大卫（Davide Bellini ）兄弟俩协助保罗（Paolo Pulze）在乐索纳（Lessona）建设他们的新酒庄。这一切开始于2001年，那时候他们仅有3公顷的土地。2005年开始种植葡萄，到2010年种植的87%为内比奥罗葡萄（Nebbiolo），10%为唯波利纳（Vespolina）以及小部分科洛第纳（Croatina），2009年酿成他们的第一批葡萄酒。与此同时，对葡萄酒的热情促使他们另外在奥贝洛（Orbello）租了2公顷的葡萄园，以及在马瑟拉诺（Masserano）又买了2公顷的地，使他们在巴拉玛特拉（Bramaterra）站稳了脚。2012年，他们对新酒窖完成改造，从此以后，他们告别了以前用900升木桶陈化葡萄酒的历史，从而改用大橡木桶陈年葡萄酒。第一款酒产量约为8 000瓶，是酿酒学家科利斯第诺（Cristiano Garella）和玛利资奥（Maurizio Forgia）的作品，着实令我们大吃一惊。乐索纳2009（Lessona 2009）真实反映风土，单宁细致，散发复杂的铁锈气息。

● Lessona '09	🍷🍷 4
● Coste della Sesia Muntacc '10	🍷🍷 4

Ferdinando Principiano

via Alba, 47
12065 Monforte d'Alba [CN]
Tel. 0173787158
www.ferdinandoprincipiano.it

藏酒销售
预约参观
年产量 80 000 瓶
葡萄种植面积 16 公顷

作为朗格丘陵地区（Langhe）最早开始使用自然种植法的先驱之一，费第纳铎（Ferdinando Principiano）对其建于20世纪早期的家族酒庄进行重组。拒绝使用任何化肥和二氧化硫，酒窖天然培植酵母，所酿巴洛洛（Barolo）当之无愧是葡萄酒爱好者追之若鹜的、具有艺术气质的个性葡萄酒。它们不是为了迎合大众消费者口味而酿造的，而是为了让世人重新对瑟拉路加丘陵（Serralunga Hills）的内比奥罗（Nebbiolo）刮目相看。个性的巴洛洛2009（Barolo Ravera 2009）散发干花、甘草、奎宁和烟草气息，口感新鲜，酒体平衡。巴洛洛•瑟拉路加2009（Barolo Serralunga 2009）带柏油味道，单宁直接有力。

● Barolo Ravera '09	🍷🍷 7
● Barbera d'Alba Laura '12	🍷🍷 2*
● Barolo Boscareto '07	🍷🍷 8
● Barolo Serralunga '09	🍷🍷 5
● Dosset	🍷 1
● Langhe Nebbiolo Coste '12	🍷 3
● Nebbiolo d'Alba Montagliato '11	🍷 3
● Barolo Boscareto '93	🍷🍷🍷 7
● Barbera d'Alba La Romualda '10	🍷🍷 6
● Barbera d'Alba La Romualda '06	🍷🍷 5
● Barolo Boscareto '06	🍷🍷 8
● Barolo Boscareto '05	🍷🍷 6
● Barolo Ravera '06	🍷🍷 7
● Barolo Serralunga '05	🍷🍷 5

★Produttori del Barbaresco

via Torino, 54
12050 Barbaresco [CN]
Tel. 0173635139
www.produttoridelbarbaresco.com

藏酒销售
预约参观
膳宿接待
年产量 450 000 瓶
葡萄种植面积 100 公顷

建于1958年，今天普洛托利（Produttori del Barbaresco）毫无疑问是欧洲最好的联营酒厂之一，同时，它也被认为是性价比最好的葡萄酒供应商之一。在吉安尼（Gianni Testa）的带领下，50多名种植者，打理着100公顷的葡萄园，其中仅有20%的葡萄园是在巴巴莱斯法定产区（Barbaresco DOC）。他们呈现给我们品尝的陈酿巴巴莱斯科2008（Barbaresco Vigneti in Ovello Riserva 2008）获得最高奖，这款酒仅采用内比奥罗（Nebbiolo）酿制，风格传统，某些好年份，选自最多9个葡萄园的精选葡萄进行陈酿。这款酒有着艺术气质的酒体结构，散发干花和奎宁味道，单宁缓和，融为一体。此外，还有其他很优秀的陈酿系列酒令人惊喜，如独具个性的蒙特费科2008（Montefico 2008）。

● Barbaresco Vign. in Ovello Ris. '08	🍷🍷🍷 6
● Barbaresco Vign. in Asili Ris. '08	🍷🍷 6
● Barbaresco Vign. in Montefico Ris. '08	🍷🍷 6
● Barbaresco Vign. in Montestefano Ris. '08	🍷🍷 6
● Barbaresco Vign. in Rio Sordo Ris. '08	🍷🍷 6
● Barbaresco '09	🍷🍷 5
● Barbaresco Vign. in Mungagota Ris. '08	🍷🍷 6
● Barbaresco Vign. in Pajé Ris. '08	🍷🍷 6
● Barbaresco Vign. in Pora Ris. '08	🍷🍷 6
● Barbaresco Vign. in Rabajà Ris. '08	🍷🍷 6
● Langhe Nebbiolo '11	🍷 3
● Barbaresco Vign. in Montefico Ris. '00	🍷🍷🍷 5*
● Barbaresco Vign. in Pajé Ris. '01	🍷🍷🍷 5*
● Barbaresco Vign. in Pora Ris. '07	🍷🍷🍷 6

Cantina Produttori del Gavi

VIA CAVALIERI DI VITTORIO VENETO, 45
15066 GAVI [AL]
TEL. 0143642786
www.cantinaproduttoridelgavi.it

藏酒销售
预约参观
年产量 160 000 瓶
葡萄种植面积 220 公顷

这是亚历山德里亚省（Alessandria）乃至该省附近最优秀的联盟之一，由超过100支种植团队组成。酒庄成立于1951年，于1974年改名为卡蒂娜（Cantina Produttori del Gavi）。在无须牺牲现有资源的前提下，其联合并掌管了相关的大规模生产且物超所值的产品并进行资源整合。这些酒品中囊括了8款非常令人印象深刻的加维白葡萄酒（Gavis），几乎整个酿造和陈化的过程都在钢桶中完成，无乳酸发酵。唯有部分奥勒留（Aureliana）地区精选的酒除外，它们在小橡木桶中陈化。对于这个联盟而言，一款酒拥有多款酒标既是它的优点也是缺点，这也使得许多优秀的酒品可以保持非常高的质量和有竞争力的价格。这么多的酒品中，我们欣赏的是一款名为GG的加维白葡萄酒（Gavi），它拥有好的酒体并完全把纤细和新鲜的优点融为一体。

○ Gavi del Comune di Gavi GG '12	🍷🍷 3*
○ Gavi del Comune di Gavi Et. Nera '12	🍷🍷 2*
○ Gavi del Comune di Gavi La Maddalena '12	🍷🍷 2*
○ Gavi G '12	🍷🍷 3
○ Gavi Primi Grappoli '12	🍷🍷 2*
○ Gavi Et. Nera '12	🍷 3
○ Gavi Cascine dell'Aureliana '05	🍷🍷 2*
○ Gavi del Comune di Gavi Et. Nera '11	🍷🍷 1*
○ Gavi del Comune di Gavi G '11	🍷🍷 2*
○ Gavi del Comune di Gavi GG '11	🍷🍷 2*
○ Gavi del Comune di Gavi GG '07	🍷🍷 2*
○ Gavi G '10	🍷🍷 2*
○ Gavi Primi Grappoli '11	🍷🍷 1*
○ Gavi Primi Grappoli '10	🍷🍷 2

★Prunotto

REG. SAN CASSIANO, 4G
12051 ALBA [CN]
TEL. 0173280017
www.prunotto.it

预约参观
年产量 600 000 瓶
葡萄种植面积 50 公顷

在许多葡萄酒发烧友的脑海中，普诺托（Prunotto）是皮埃蒙特（Piedmont）所有生产高品质葡萄酒的酒庄中最古老和最有信誉的名称之一。自阿尔菲多•普诺托（Alfredo Prunotto）以自己的名称为该酒庄命名以来，已经过了将近100年，也注定了它必将成为国际知名的酒庄。自1989年起，这个享誉一方的酒庄由著名的安蒂诺里（Antinori）家族收购并运营，且维持着传承下来的卓越生产。该酒庄的发展和扩张更进一步证实了它郑重地恪守着品质的承诺，依然为世人呈现一个地方标志性酒庄的姿态。今年，该酒庄的巴洛洛•布鲁萨（Barolo Bussia）带着它优雅的香气和复杂而精致的单宁再次带来惊喜。巴巴莱斯科•比克•图罗2009（Barbaresco Bric Turot 2009）酒体结构表现稳定而优雅，带着新鲜的香气和树莓的果香。巴洛洛（Barolo）入口非常容易接受，隐隐透着黑莓和樱桃的诱人香气，单宁突出，适宜的酸度使得酒体有机会展现出清爽的口感。

● Barolo Bussia '09	🍷🍷 7
● Barbaresco '10	🍷🍷 5
● Barbaresco Bric Turot '09	🍷🍷 6
● Barbera d'Alba '11	🍷🍷 3
● Barolo '09	🍷🍷 6
● Dolcetto d'Alba '12	🍷🍷 2*
● M.to Bricco Colma '08	🍷🍷 5
● Nebbiolo d'Alba Occhetti '10	🍷🍷 4
● Barbera d'Alba Pian Romualdo '10	🍷 4
● Barbera d'Asti Fiulòt '12	🍷 2
● M.to Mompertone '10	🍷 3
○ Moscato d'Asti '12	🍷 2
○ Roero Arneis '12	🍷 3
● Barolo Bussia '01	🍷🍷🍷 8
● Barolo Bussia '99	🍷🍷🍷 8
● Barolo Bussia '98	🍷🍷🍷 8

Renato Ratti

FRAZ. ANNUNZIATA, 7
12064 LA MORRA [CN]
TEL. 017350185
www.renatoratti.com

藏酒销售
预约参观
年产量 300 000 瓶
葡萄种植面积 40 公顷

瑞纳托•拉蒂（Renato Ratti）毫无疑问是一个了不起的文人，一个葡萄酒产业中的历史性人物，一个出版过多部作品的作者，一个对巴洛洛（Barolo）的全新等级界定理论产生影响的人物。他的儿子皮耶丘（Pietro）毕业于阿尔巴（Alba）地区的葡萄酒酿造学校，自1988年起，掌管着这个家族的酒庄，并沿着瑞纳托（Renato）的理念生产。其坐落在安奴西亚塔（Annunziata）的新酒窖非常壮观，为了纪念酒窖创始人，还为游客提供了参观瑞纳托•拉蒂（Renato Ratti）博物馆的机会。这里的葡萄酒呈现传统的风格，都在小法国橡木桶和斯拉夫橡木桶中进行陈化。我们决定延期对其巴洛洛（Barolo）的评判，因为我们发现目前它的酒体不够均衡，且需要在瓶中陈化更多的时间后才能为消费者所享用。内比奥罗 2011（Nebbiolo d'Alba Ochetti 2011）则是生动的，且是与该酒应有的形态吻合的，带着新鲜覆盆子、樱桃和桉树的香气。至于充满生气、鲜美多汁的巴贝拉2011（Barbera d'Asti 2011）非常容易入口。

● Barbera d'Asti '11	🍷🍷 3
● Barolo Marcenasco '09	🍷🍷 6
● Barolo Rocche '09	🍷🍷 8
● M.to Villa Pattono '11	🍷🍷 5
● Nebbiolo d'Alba Ochetti '11	🍷🍷 4
● Barolo Conca '09	🍷 8
○ M.to Bianco I Cedri '11	🍷 4
● Barolo Rocche '06	🍷🍷🍷 8
● Barolo Rocche Marcenasco '84	🍷🍷🍷 6
● Barolo Rocche Marcenasco '83	🍷🍷🍷 6
● Barolo Conca '07	🍷🍷 8
● Barolo Marcenasco '08	🍷🍷 6
● Barolo Marcenasco '07	🍷🍷 6
● Barolo Rocche '08	🍷🍷 8
● Barolo Rocche '05	🍷🍷 8

Ressia

VIA CANOVA, 28
12052 NEIVE [CN]
TEL. 0173677305
www.ressia.com

藏酒销售
预约参观
年产量 25 000 瓶
葡萄种植面积 5.5 公顷

约在15年前，坐落于巴巴莱斯科（Barbaresco）区域内的小酒庄在番切斯科（Francesco Ressia）的管理下，已经在此区域顶级生产商中占有首屈一指的地位。生产卡诺瓦（Canova）的葡萄园，立足于山之高处，此处生长的葡萄有很强的个性且带独特的性质。从葡萄园管理方面观察也保证了既具有风土特征又可信赖的酒品。这些酒品分别在不同大小的橡木桶中逗留，更严格地说是适合长年陈化。有两个年份的巴巴莱斯•科卡诺瓦（Barbaresco Canova）足以说明我们今年对其的品鉴认识。我们略微更喜欢2010年份的，其覆盆子、烟草和香料的香气非常集中，且结构生动，单宁成形。该酒的2009年份也是动人且香气集中的，尽管它的单宁稍有一点粗糙。

● Barbaresco Canova '10	🍷🍷 5
● Barbaresco Canova '09	🍷🍷 5
● Barbera d'Alba Sup. Canova '11	🍷🍷 3
○ Evien	🍷🍷 2*
● Barbera d'Alba Canova '12	🍷 5
● Dolcetto d'Alba Canova '12	🍷 2
● Langhe Nebbiolo Gepù '10	🍷 3
● Barbaresco Canova '06	🍷🍷🍷 5*
● Barbaresco Canova '08	🍷🍷 5*
● Barbaresco Canova '05	🍷🍷 5
● Barbaresco Canova '04	🍷🍷 5
● Barbera d'Alba Sup. Canova '10	🍷🍷 3
● Barbera d'Alba Sup. Canova '07	🍷🍷 3*
○ Evien '10	🍷🍷 2

F.lli Revello

FRAZ. ANNUNZIATA, 103
12064 LA MORRA [CN]
TEL. 017350276
www.revellofratelli.it

藏酒销售
预约参观
年产量 75 000 瓶
葡萄种植面积 17 公顷

我们最近有机会去品尝卡洛（Carlo）和恩佐（Enzo Revello）兄弟在20世纪90年代生产的保管完好无损的一些葡萄酒。无微不至的照顾主要集中在对葡萄园和酒窖的照料中，酒庄所出产的酒品风格集中在最大限度地汲取有辨识度的芬芳和丰富的水果味，以保证酒品是非常令人愉悦且适宜饮用。其巴洛洛（Barolo crus）无疑是酒庄众多参选品中的璀璨明珠，而其他的酒品依旧保持非常好的出品。这个在拉莫拉地区（La Morra）占有一席之地的酒庄因为有一位英俊且好客的庄主而变得完整。巴罗•洛戈亚奇2009（Barolo Giachini 2009）展现了作为典范应有的特质，集中了树莓、烟草和紫罗兰的香气，结合了如丝绸般柔滑的单宁，酸度均衡。尤其值得一提的是巴洛洛2009（Barolo 2009），其展现出很好的形态且新鲜得毫不浮夸，在上颚呈现出细腻紧致的单宁。

● Barolo '09	🍷🍷 5
● Barolo Giachini '09	🍷🍷 7
● Barolo V. Conca '09	🍷🍷 7
● Barolo Rocche dell'Annunziata '09	🍷🍷 8
● Barbera d'Alba Ciabot du Re '05	🍷🍷🍷 5
● Barbera d'Alba Ciabot du Re '00	🍷🍷🍷 5
● Barolo '93	🍷🍷🍷 5
● Barolo Rocche dell'Annunziata '01	🍷🍷🍷 8
● Barolo Rocche dell'Annunziata '00	🍷🍷🍷 8
● Barolo Rocche dell'Annunziata '97	🍷🍷🍷 8
● Barolo V. Conca '99	🍷🍷🍷 7
● Barolo Rocche dell'Annunziata '08	🍷🍷 8
● Barolo V. Conca '08	🍷🍷 7
● Barolo V. Gattera '08	🍷🍷 6
● Barolo V. Gattera '07	🍷🍷 6

Michele Reverdito

FRAZ. RIVALTA
B.TA GARASSINI, 74B
12064 LA MORRA [CN]
TEL. 017350336
www.reverdito.it

藏酒销售
预约参观
年产量 70 000 瓶
葡萄种植面积 8 公顷

在近几年的运营中，这个家族管理模式的小酒庄已跻身朗格地区（Langhe）顶级酒庄之列。米切尔•瑞威第图（Michele Reverdito）在他妻子和父母的帮助下，生产了一系列令人印象深刻且带着明显个性的葡萄酒。一流的葡萄园占据了最佳的位置，这一优势决定了这个酒庄高品质的出品。这款巴洛洛（Barolo）无疑是在意大利乃至海外广被赞誉的极佳品牌。酿酒者本来想酿制正好适合饮用的葡萄酒，这本是一个极好的想法，却产生了相反的效果。我们发觉其中一款早年的陈酿有一些走下坡。我们更欣赏稍年轻的巴洛洛（Barolo），如莫克可2008（Moncucco 2008），它的橡木味没那么浓重，有非常好的水果香。

● Barolo '09	🍷🍷 4
● Barolo Badarina '09	🍷🍷 5
● Barolo Moncucco '08	🍷🍷 5
● Barbera d'Alba Butti '11	🍷 3
● Barbera d'Alba Delia '10	🍷 4
● Barolo San Giacomo Ris. '05	🍷 7
● Langhe Nascetta '12	🍷 2
● Langhe Nebbiolo Simane '11	🍷 3
● Verduno Pelaverga '12	🍷 2
● Barolo Bricco Cogni '04	🍷🍷🍷 6
● Barolo Badarina '07	🍷🍷 5
● Barolo Bricco Cogni '06	🍷🍷 6
● Barolo Moncucco '07	🍷🍷 5
● Barolo Riva Rocca Ris. '06	🍷🍷 6
● Langhe Nebbiolo Simane '10	🍷🍷 3

Giuseppe Rinaldi

via Monforte, 5
12060 Barolo [CN]
Tel. 017356156
rinaldimarta@libero.it

藏酒销售
预约参观
年产量 35 000 瓶
葡萄种植面积 6.5 公顷

到访贝佩（Beppe "Citrico" Rinaldi's）的酒庄真是越来越有趣了，尤其他的两个小女儿玛塔（Marta）和卡洛塔（Carlotta）都在酒庄与他一起工作。这个酒庄里，正在经历着将事业传承给下一代的充满魔力和严苛考验的历程。酒庄的许多酒品也一起见证了这一过程，例如布鲁奈（Brunate-Le Coste）和康纽彼（Cannubi San Lorenzo-Ravera）。他们酿制的巴洛洛（Barolo）是被那些排斥现代技术的爱好者、狂人追捧的对象，这些人不会介意受气候影响所导致的突然减产或酸度剧增，只要能整体保持酒体的均衡，且有非常好的窖藏潜力，最重要的是它带有天然的独特表现，那就是最传统的值得世代相传的佳品。巴洛洛•康纽彼2009（Barolo Cannubi San Lorenzo-Ravera 2009）暗暗透着干花、奎宁和烟草的混合香气，上颚略过紧致的单宁显示出该酒需要更长的瓶中陈化期，需要成长后才表现出它应有的所有潜力。巴洛洛•布鲁奈2009（Barolo Brunate-Le Coste 2009）的香气持久不散，上颚柔滑而单宁明显。

● Barolo Brunate-Le Coste '09	🍷🍷 7
● Barolo Cannubi S. Lorenzo-Ravera '09	🍷🍷 7
● Langhe Nebbiolo '11	🍷🍷 4
● Barolo Brunate-Le Coste '07	🍷🍷🍷 7
● Barolo Brunate-Le Coste '06	🍷🍷🍷 7
● Barolo Brunate-Le Coste '01	🍷🍷🍷 6
● Barolo Brunate-Le Coste '00	🍷🍷🍷 6
● Barolo Brunate-Le Coste '97	🍷🍷🍷 6
● Barolo Cannubi S. Lorenzo-Ravera '04	🍷🍷🍷 6
● Barolo Brunate-Le Coste '08	🍷🍷 7
● Barolo Cannubi S. Lorenzo-Ravera '08	🍷🍷 7
● Barolo Cannubi S. Lorenzo-Ravera '07	🍷🍷 7
● Langhe Freisa '08	🍷🍷 3
● Langhe Nebbiolo '09	🍷🍷 4

Pietro Rinaldi

fraz. Madonna di Como
12051 Alba [CN]
Tel. 0173360090
www.pietrorinaldi.com

藏酒销售
预约参观
膳宿接待
年产量 70 000 瓶
葡萄种植面积 10 公顷

这里的酒品有莫妮卡（Monica Rinaldi）和保罗（Paolo Tenino），是以特征明显的各种各样的葡萄品种酿制的。这些特质在巴洛洛•莫维基尔洛（Barolo Monvigliero）和维尔杜诺（Verduno）地区与常规酒品相比较时展露无遗。瑞纳第酒庄（Rinaldi）的酒品历史非常悠久，他们家族早在18世纪就开始酿制葡萄酒。这些在销的系列酒品经过多年来的发展和扩张达到了现有的多样性，包括许多在法定产区内的酒品样式。酒庄的酒品产量低品质高，价格适宜，足以构成一个结合了朗格（Langhe）地区代表性酒品的完美系列。今年该酒庄的酒品给出了一个超乎以往的卓越表现。巴洛洛•莫维基尔洛2008（Barolo Monvigliero 2008）是均衡且优雅的，带着烟草、奎宁和柏油的复杂香气，紧随其后的是明显而紧致的单宁。多尔赛托2012（Dolcetto d'Alba Madonna di Como 2012）则是果香浓郁，丰厚多汁的，非常妩媚且恰好适合饮用。

● Barolo Monvigliero '08	🍷🍷 6
● Barbaresco San Cristoforo '09	🍷🍷 5
● Barbera d'Alba Monpiano '11	🍷🍷 3
● Barbera d'Alba Sup. Bricco Cichetta '11	🍷🍷 3
● Barolo '09	🍷🍷 5
● Dolcetto d'Alba Madonna di Como '12	🍷🍷 2*
○ Langhe Arneis Hortensia '12	🍷 2
● Langhe Nebbiolo Argante '10	🍷 3
○ Moscato d'Asti d'Ampess '12	🍷 3
● Barbaresco San Cristoforo '08	🍷🍷 5
● Barbera d'Alba Sup. Bricco Cichetta '10	🍷🍷 3
● Barolo '08	🍷🍷 5
● Barolo Monvigliero '07	🍷🍷 6
● Dolcetto d'Alba Madonna di Como '11	🍷🍷 2*

Rizzi

via Rizzi, 15
12050 Treiso [CN]
Tel. 0173638161
www.cantinarizzi.it

藏酒销售
预约参观
膳宿接待
年产量 50 000 瓶
葡萄种植面积 35 公顷

黛拉皮阿娜（Dellapiana）家族已经在这片土地上耕耘了很多年，一步步脚踏实地工作着。尽管酿酒的事业已经进行了近50年，它的出品总体上在最近几年才达到它应有的水平。30多公顷土地被里齐山（Rizzi hill）和帕卓（Pajoré）分割开了，导致多数用于酿酒的葡萄园位于特雷伊索（Treiso）。酒庄成功的秘诀在于其极高的性价比以及培育的内比奥罗（Nebbiolo）葡萄总是出色地达到其最好的状态，饱满而均衡，带着女性的特点。 酒庄多数的酒品是分开发酵，并分别在中型或大型斯拉夫尼亚橡木桶（Slavonian Oak）中陈化。其余系列的表现也非常不错，尤其是多尔赛托（Dolcetto）。巴巴莱斯科2010（Barbaresco Pajoré 2010）带着多层次的香气，伴有均衡的单宁和很好的酸度。巴巴莱斯科•尼沃2010（Barbaresco Nervo Fondetta 2010）是愉悦且适宜饮用的，展示了令人折服的精细的香气，上颚的表现饱满而令人满意。

● Barbaresco Pajorè '10	🍷🍷	6
● Barbaresco Nervo Fondetta '10	🍷🍷	5
○ Extra Brut M. Cl. Rizzi '09	🍷🍷	4
○ Moscato d'Asti '12	🍷🍷	2*
● Barbera d'Alba '10	🍷	2
● Dolcetto d'Alba '12	🍷	2
● Barbaresco Nervo Fondetta '09	🍷🍷	5
● Barbaresco Nervo Fondetta '06	🍷🍷	5
● Barbaresco Nervo Fondetta '05	🍷🍷	5
● Barbaresco Pajorè '06	🍷🍷	5
● Barbaresco Rizzi Boito '08	🍷🍷	5
● Barbaresco Rizzi Boito '07	🍷🍷	5
● Barbaresco Rizzi Boito '06	🍷🍷	5
● Dolcetto d'Alba '11	🍷🍷	2*

★Albino Rocca

s.da Ronchi, 18
12050 Barbaresco [CN]
Tel. 0173635145
www.roccaalbino.com

藏酒销售
预约参观
年产量 130 000 瓶
葡萄种植面积 18 公顷

安格洛（Angelo Rocca）和保罗（Paola）的英年早逝对于葡萄酒爱好者而言是一个可怕的消息。那些认识他们的人一定会一直怀念他们的友善和宴席上的欢乐交谈，还有他们酿制的代表了传统和现代结合的巴巴莱斯科（Dolcetto）。而现在一切都需要看莫妮卡（Monica）、丹尼尔拉（Daniela Rocca）和卡洛（Carlo Castellengo）的努力了，要在这个超过20公顷的葡萄园中继续着重要的冒险，从事着艰巨的葡萄酒事业。内比奥罗（Nebbiolo）一般在20 000升的德国或奥地利橡木桶中陈化，而小的橡木桶一般陈化的是巴贝拉格平（Barbera Gepin）和科特赛（Cortese La Rocca）。巴巴莱斯科•洛奇2010（Barbaresco Ronchi 2010）以它有史以来最佳的年份表现摘取了我们的最高荣誉。在典型的黑醋栗的香气中带着浆果、大黄和紫罗兰花的复杂气味，上颚表现结构紧密且令人满意。巴巴莱斯科•奥维洛2010（Barbaresco Ovello Vigna Loreto 2010）有着悠长且新鲜的口感。

● Barbaresco Ronchi '10	🍷🍷🍷	6
● Barbera d'Alba Gepin '11	🍷🍷	4
● Barbaresco Duemiladieci '10	🍷🍷	5
● Barbaresco Ovello V. Loreto '10	🍷🍷	6
● Dolcetto d'Alba Vignalunga '12	🍷🍷	2*
○ Langhe Chardonnay da Bertü '12	🍷🍷	3
○ Moscato d'Asti '12	🍷🍷	2*
● Nebbiolo d'Alba '11	🍷🍷	3
○ Piemonte Cortese La Rocca '12	🍷🍷	4
● Barbera d'Alba '12	🍷	2
● Barbaresco Ovello V. Loreto '09	🍷🍷🍷	6
● Barbaresco Ovello V. Loreto '07	🍷🍷🍷	6
● Barbaresco Vign. Brich Ronchi '05	🍷🍷🍷	6
● Barbaresco Vign. Brich Ronchi Ris. '06	🍷🍷🍷	8
● Barbaresco Vign. Brich Ronchi Ris. '04	🍷🍷🍷	8

★Bruno Rocca

via Rabajà, 60
12050 Barbaresco [CN]
Tel. 0173635112
www.brunorocca.it

藏酒销售
预约参观
年产量 60 000 瓶
葡萄种植面积 15 公顷

在全球市场中，这款以“羽毛”为标志的特色酒标长期以来都是意大利皮埃蒙特（Piedmont）葡萄酒的代表。布鲁诺（Bruno）充满信心地经营着这个以巴巴莱斯科（Barbaresco）著名的酒庄，现在还拥有最宝贵的来自他两个孩子路易撒（Luisa）和番切斯科（Francesco）的协助。酒庄一直酿制有深度和结构的、无论在年轻时还是陈年后都一样诱人和优雅的酒品。该酒庄核心的酒品是这片区域里最优秀的品种。在瓦辽赛拉（Vaglio Serra）一个新兴的孟非拉托（Monferrato）地区举办的小镇级比赛中，巴贝拉（Barbera d'Asti）的突出表现提升了整个大赛的水准。该酒庄的酒品表现出超乎以往的卓越水平，以拉巴佳2010（Rabaja 2010）为首，是其这么多年来表现最佳的一个年份。它激发了酒品的深度，充满活力的色彩，以黑醋的香气为主调，隐隐透出皮革和香料的味道，尾随而来的是非常持久、逐渐柔软和结构紧凑的上颚表现。巴巴莱斯科•科帕洛萨2010（Barbaresco Coparossa 2010）也是非常吸引人的，带着一点粗糙的单宁，但已经非常适宜饮用。

● Barbaresco Rabajà '10	🍷🍷🍷	8
● Barbaresco Coparossa '10	🍷🍷	8
● Barbaresco '10	▼▼	6
● Barbera d'Alba '11	▼▼	4
● Barbera d'Asti '11	▼▼	4
● Dolcetto d'Alba Vigna Trifolè '12	▼▼	3
● Langhe Rosso Rabajolo '11	▼	5
● Barbaresco Coparossa '04	▽▽▽	8
● Barbaresco Maria Adelaide '07	▽▽▽	8
● Barbaresco Maria Adelaide '04	▽▽▽	8
● Barbaresco Maria Adelaide '01	▽▽▽	8
● Barbaresco Rabajà '09	▽▽▽	8
● Barbaresco Rabajà '01	▽▽▽	8
● Barbaresco Rabajà '00	▽▽▽	8
● Barbaresco Rabajà '98	▽▽▽	8
● Barbaresco Rabajà '88	▽▽▽	7

Rocche Costamagna

via Vittorio Emanuele, 8
12064 La Morra [CN]
Tel. 0173509225
www.rocchecostamagna.it

藏酒销售
预约参观
膳宿接待
年产量 95 000 瓶
葡萄种植面积 14 公顷

这个位于拉莫拉区域（La Morra）的酒庄近几年对产品风格进行了改良，现已经在意大利乃至许多海外市场获得了成功，这一切都要归功于深谙葡萄酒酿制工艺的酒庄创办者兼艺术家克劳迪娅（Claudia Ferraresi）之子亚历山大（Alessandro Locatelli）。他们用于酿制葡萄酒的品种有内比奥罗（Nebbiolo）、巴贝拉（Barbera）和多尔赛托（Dolcetto）。这些酒大部分强劲却不失优雅和贴心，常常带着令人兴奋的上颚表现，它的酿造风格是利用小橡木桶和大型斯拉夫尼亚橡木桶分别运用在不同酒品与不同的陈化阶段。酒庄的主体是一个迷人且景致如画的建筑。巴洛洛•罗切2009（Barolo Rocche dell'Annunziata 2009）因它复杂的香气脱颖而出，逐渐散发出覆盆子、烟草和甘草的香气，上颚呈现细腻且宏伟的单宁，酸度清新提神。布里克2007（Bricco Francesco Riserva 2007）是严肃而高贵的，非常有意思且值得期待。

● Barolo Rocche dell'Annunziata '09	🍷🍷	5
● Barolo Rocche dell'Annunziata Bricco Francesco Ris. '07	🍷🍷	6
● Barbera d'Alba Annunziata '11	▼▼	3
● Barbera d'Alba Sup. Rocche delle Rocche '10	▼▼	4
● Langhe Nebbiolo Roccardo '11	▼▼	3
○ Langhe Arneis '12	▼	2
⊙ Langhe Rosato Osé '12	▼	2
● Barolo Rocche dell'Annunziata '04	▽▽▽	5
● Barbera d'Alba Sup. Rocche delle Rocche '07	▽▽	3
● Barolo Bricco Francesco Rocche dell'Annunziata '06	▽▽	6
● Barolo Rocche dell'Annunziata '07	▽▽	5
● Barolo Rocche dell'Annunziata '05	▽▽	5

★Podere Rocche dei Manzoni

Loc. Manzoni Soprani, 3
12065 Monforte d'Alba [CN]
Tel. 017378421
www.rocchedeimanzoni.it

藏酒销售
预约参观
年产量 250 000 瓶
葡萄种植面积 50 公顷

罗切•德•马佐林酒庄（Rocche dei Manzoni）建于孟非第阿尔巴（Monforte d'Alba）的法定产区中。18世纪，罗多夫的父亲瓦伦迪诺（Valentino Migliorini）收购了这个风光无限且毗邻葡萄园的农场。瓦伦迪诺（Valentino）是一个极有天赋和远见的人物，一个创新者，他是首批在朗格地区使用法国橡木桶，且首个酿制经典梅托多（Metodo Classicos）的人。这款酒是以生长在孟非地区的莎当尼（Chardonnay）和黑皮诺（Pinot Nero）混合酿制而成。这里产的巴洛洛（Barolo）过去是倾向原始的经典类型，现在，它们更多倾向于现代风格，传统的元素略减少了一些。这里核心的酒品喝起来非常有意思，尽管还是橡木味太明显了。大大巴洛洛2009（Barolo Big 'd Big 2009）是复杂且强劲的，带着饱满、开放的上颚表现。而巴洛洛•罗切2008（Barolo Rocche 2008）有着吸引人且精致的奎宁与柏油等深层次的香气。瓦伦迪诺2008（Valentino Brut Riserva Elena 2008）的表现一如既往的好。

● Barolo Rocche '08	🍷🍷 8
● Barolo V. Big 'd Big '09	🍷🍷 8
○ Valentino Brut M. Cl. Riserva Elena '08	🍷🍷 5
● Barolo V. Cappella di S. Stefano '09	🍷🍷 8
● Barolo V. d'la Roul '09	🍷🍷 8
○ Langhe Chardonnay L'Angelica '09	🍷🍷 7
● Barbera d'Alba Sup. Sorito Mosconi '07	🍷 6
● Langhe Bricco Manzoni '07	🍷 6
● Langhe Quatr Nas '07	🍷 7
● Barolo V. Big 'd Big '99	🍷🍷🍷 8
● Barolo V. Cappella di S. Stefano '01	🍷🍷🍷 8
● Barolo V. d'la Roul '07	🍷🍷🍷 8
● Langhe Rosso Quatr Nas '99	🍷🍷🍷 6
○ Valentino Brut Zero Ris. '98	🍷🍷🍷 5

Roccolo di Mezzomerico

Cascina Roccolo Bellini, 4
28040 Mezzomerico [NO]
Tel. 0321920407
www.ilroccolovini.it

藏酒销售
预约参观
年产量 30 000 瓶
葡萄种植面积 5 公顷

这是一个位于梅左梅里科地区（Mezzomerico）的酒庄，它有着辉煌的历史，5公顷的葡萄园具有非常值得一看的田园风光。玛格丽（Margherita）和皮尔托（Pietro）是酒庄的庄主。这里种植的红葡萄品种包括内比奥罗（Nebbiolo）、维斯柏林娜（Vespolina）和柏娜达（Bonarda）；白葡萄包括尔伯鲁斯（Erbaluce）、莎当尼（Chardonnay）。在过去20多年，他们熟练地掌管着葡萄园，尤其是最基础的葡萄栽培。生产过程主要集中在保持土壤使用的一致性，这一切从筛选酿制两款瓦伦蒂娜（Valentina）的内比奥罗（Nebbiolo）开始。内比奥罗•瓦伦蒂娜2009（Nebbiolo Valentina Vendemmia Tardiva Etichetta Oro 2009）展示了深沉中带着墨色的宝石红，带着精致且复杂的黑色浆果的香气，上颚表现饱满、充实，带着扑面而来的新鲜气息。司杜丽（Siduri Francesca Passito）散发出焦糖和干果的味道，有着悠长稠密的上颚表现。内比奥罗2008（Nebbiolo Valentina 2008）综合了黑色浆果和甜香料的香气，伴随着稍稍干涩的收结。

● Colline Novaresi Nebbiolo Valentina V.T. Et. Oro '09	🍷🍷 4
● Colline Novaresi Nebbiolo Valentina '08	🍷🍷 3
○ Siduri Francesca Passito	🍷🍷 4
○ Il Mataccio V. T.	🍷 2
● Colline Novaresi Nebbiolo La Cascinetta '09	🍷🍷 2*
● Colline Novaresi Nebbiolo Valentina '07	🍷🍷 3*
● Colline Novaresi Nebbiolo Valentina '06	🍷🍷 3*
● Colline Novaresi Nebbiolo Valentina V.T. '07	🍷🍷 4

Flavio Roddolo

FRAZ. BRICCO APPIANI
LOC. SANT'ANNA, 5
12065 MONFORTE D'ALBA [CN]
TEL. 017378535

年产量 22 500 瓶
葡萄种植面积 6 公顷

极少朗格地区的葡萄种植者如该酒庄的庄主弗雷维尔（Flavio Roddolo）这样重视并最大限度地严格遵循酿制法定产区酒的规定。他现在扩大了酒窖，这为他提供了更多的空间来放置他的那些陈酿的巴洛洛（Barolo Ravera）、内比奥罗（Nebbiolo）、巴贝拉（Barbera）、多尔赛托（Dolcetto）和卡本内（Cabernet Bricco Appiani），也为他坚持的原则提供了保障。他可以储存着它们直到他认为这些酒可以上市销售为止。他所酿制的各种各样的葡萄酒总是带着与孟非区域与众不同的个性，这也是因为它们都经过了在小橡木桶和中型木桶中漫长的陈化期。表现卓越的陈酿巴洛洛2008（Barolo Ravera 2008），带着非常经典的紫罗兰、烟草、柏油和黑色浆果的香气，完美均衡的酒体带着强有力却细致且有纹理的单宁，为它赢得当之无愧的“三杯奖”。有深度且复杂的内比奥罗2008（Nebbiolo d'Alba 2008）是经典的且非常适宜饮用。

● Barolo Ravera '08	5
● Dolcetto d'Alba Sup. '10	3*
● Nebbiolo d'Alba '08	4
● Dolcetto d'Alba '11	2*
● Barbera d'Alba Sup. Bricco Appiani '07	4
● Barolo Ravera '07	5
● Barolo Ravera '04	5
● Barolo Ravera '01	5
● Barolo Ravera '97	5
● Bricco Appiani '99	5
● Barolo Ravera '06	5
● Dolcetto d'Alba '09	2*
● Dolcetto d'Alba Sup. '09	3*
● Nebbiolo d'Alba '07	4

Ronchi

S.DA RONCHI, 23
12050 BARBARESCO [CN]
TEL. 0173635156
info@aziendaagricolaronchi.it

藏酒销售
预约参观
年产量 30 000 瓶
葡萄种植面积 7 公顷

这个由吉雅卡罗（Giancarlo Rocca）管理的酒庄，在他妻子帕洛拉（Paola）的帮助下运营了一年又一年，展示出它作为一个优秀当地酒品的酿酒者的实力。当然，为葡萄园和酒窖付出的精心照料是成功的关键，必不可少的还有适当推迟葡萄的采收。这些葡萄都生长在巴巴莱斯科（Barbaresco）法定产区里非常优美的一片土地上，这些葡萄酒都是在结合了力量与优美的思路下酿制的，也因为技巧灵活地运用了小木桶和斯拉夫尼亚橡木桶的陈化法。在酿制巴巴莱斯科（Barbaresco）前，酒窖增加了对葡萄进行筛选的工序。而这里也生产非常优秀的巴贝拉（Barbera）和鲜美多汁的莎当尼（Chardonnay）。洛奇（Ronchi Cru）酒庄的这款巴巴莱斯科2009（Barbaresco 2009）是非常有趣的，有别于大部分该类酒品常有的红色水果的香气，该酒整体上带有多汁的黑色浆果香气和草药的味道，上颚结构紧致如肌肉，单宁表现非常大胆而细致。多尔赛托2012（Dolcetto d'Alba 2012）则是异乎寻常的表现优异，多汁且出色，入口舒适。

● Barbaresco '09	5
● Barbera d'Alba Terlé '11	3
● Dolcetto d'Alba '12	2*
● Langhe Rosso '11	4
● Barbaresco Ronchi '04	6
● Barbaresco '07	5
● Barbaresco Et. Blu '08	5
● Barbaresco Et. Rossa '08	5
● Barbaresco Ronchi '07	5*
● Barbaresco Ronchi '06	5*
● Barbaresco Ronchi '05	5
● Barbaresco Ronchi '03	6
○ Langhe Chardonnay '10	3
○ Langhe Chardonnay '09	3

Giovanni Rosso

LOC. BAUDANA, 6
12050 SERRALUNGA D'ALBA [CN]
TEL. 0173613340
www.giovannirosso.com

藏酒销售
预约参观
年产量 55 000 瓶
葡萄种植面积 10 公顷

该酒庄位于朗格（Langhe）地区，在大威德（Davide Rosso）带领下运营了几年，已经在意大利乃至全球的市场中为自己建立了一席之地。这一系列的酒品都表现出非常令人深刻的力量和易于识别的香气。尤其是在其年轻之时就已经非常诱人，尽管如此，在陈年之后，这些酒品依然能有令人震撼的表现。这一说法被巴洛洛•柯伦塔2001（Barolo Cerretta 2001）所证实了，其表现出惊人的果香和深度。巴洛洛•拉色拉2009（The Barolo La Serra 2009）完美诠释了这一说法，带给感官复杂且全方位的感受，显露出八角、烟草、紫罗兰和龙胆草的香气，为上颚有活力、开胃、从容不迫的表现作了很好的铺垫，问鼎“三杯奖”也是名副其实的。巴洛洛•柯伦塔2009（Barolo Cerretta 2009）在香气上仍然还是封闭的，但值得期待。它经过瓶中陈化后，奉献给消费者的是仍需要继续挖掘的完美表现。

● Barolo La Serra '09	🍷🍷🍷 7
● Barolo Cerretta '09	🍷🍷 7
● Barolo V. Rionda Tommaso Canale '09	🍷🍷 8
● Barbera d'Alba Donna Margherita '11	🍷🍷 3
● Barolo di Serralunga d'Alba '09	🍷🍷 5
● Langhe Nebbiolo '11	🍷🍷 4
● Barolo Cerretta '06	🍷🍷🍷 7
● Barolo La Serra '08	🍷🍷🍷 7
● Barbera d'Alba Donna Margherita '10	🍷🍷 3*
● Barbera d'Alba Donna Margherita '09	🍷🍷 3*
● Barolo Cerretta '07	🍷🍷 7
● Barolo Cerretta '05	🍷🍷 7
● Barolo di Serralunga '08	🍷🍷 5
● Barolo V. Rionda Tommaso Canale '08	🍷🍷 8

Rovellotti

INTERNO CASTELLO, 22
28074 GHEMME [NO]
TEL. 0163841781
www.rovellotti.it

藏酒销售
年产量 50 000 瓶
葡萄种植面积 17 公顷

这个属于安东尼罗（Antonello）和保罗（Paolo Rovellotti）的酒庄坐落于皮埃蒙特（Piedmont）上部风景最为优美的地方，是古老的盖木梅（Ghemme）区域的核心地带。他们的出品沿袭了历史上的做法，完全尊重传统的方式和风格，这在酒的活力上却是值得担忧的。葡萄园主要种植内比奥罗（Nebbiolo）、维斯柏林娜（Vespolina）、乌拉（Uva Rara）和尔伯鲁斯（Erbaluce）。他们也曾尝试加一些国际的葡萄品种，诸如赤霞珠（Cabernet）、梅洛（Merlot）和黑皮诺（Pinot Nero）之类。酿酒师除了要承受在严格的酿制标准要求下带来的可灵活的操作空间非常小的挑战外，这些红酒还需要经过很久的橡木桶陈化才能进入市场。从这些方面都可以看出这些酒绝对是固守着经典风格，不过大部分酒品的表现都不如以往的标准，有一定的局限性。但是盖木梅2007（Ghemme Chioso dei Pomi 2007）却迎来了它的第一个“三杯奖”，其上颚表现令人震撼，除了陈酿带来的大气，还反映出了培育它的优越风土。内比奥罗（Nebbiolo Valplazza）一如往常令人印象深刻。

● Ghemme Chioso dei Pomi '07	🍷🍷🍷 4*
● Colline Novaresi Nebbiolo Valplazza '10	🍷🍷 2*
○ Colline Novaresi Bianco Il Criccone '12	🍷 2
⊙ Colline Novaresi Nebbiolo Valplazza '12	🍷 2
○ Colline Novaresi Bianco Vitigno Innominabile Il Criccone '11	🍷🍷 2*
○ Colline Novaresi Bianco Vitigno Innominabile Il Criccone '10	🍷🍷 2*
● Colline Novaresi Vespolina Ronco al Maso '11	🍷🍷 2*
● Colline Novaresi Vespolina Ronco al Maso '10	🍷🍷 2
● Ghemme Chioso dei Pomi '06	🍷🍷 5
● Ghemme Costa del Salmino Ris. '05	🍷🍷 5

Podere Ruggeri Corsini

LOC. BUSSIA CORSINI, 106
12065 MONFORTE D'ALBA [CN]
TEL. 017378625
www.ruggericorsini.com

藏酒销售
预约参观
年产量 75 000 瓶
葡萄种植面积 9.8 公顷

这个家族型酒窖年轻而充满活力。其在孟非地区（Monforte d'Alba）成立于1995年，由充满热情的罗伦达纳（Loredana Addari）和尼克拉（Nicola Argamante）经营管理 。他们都放弃了各自之前的工作，收购了这个酒庄并投身于葡萄酒培育的事业中，现在已成为在意大利耳熟能详的带领国际市场的品牌之一。它生产的朗格（Langhe）地区酒品大部分是经典风格的，如多尔赛托（Dolcetto）、巴贝拉（Barbera）和巴洛洛（Barolo），还有国际品种的白葡萄酒和朗格地区的法定地区葡萄品种。巴洛洛•布鲁萨2009（Barolo Bussia Corsini 2009）具有莫丽罗黑樱桃、甘草和香料的味道，带着结构良好的单宁和新鲜的酸度。巴洛洛2009（Barolo San Pietro 2009）处在一个不好接受的年龄，目前还是展示了优雅和均衡，只是仍然需要时间让它突破自我达到应有的潜质。

● Barbera d'Alba Sup. Armujan '11	🍷🍷 3
● Barolo Bussia Corsini '09	🍷🍷 5
● Barolo San Pietro '09	🍷🍷 5
● Dolcetto d'Alba '12	🍷🍷 2*
○ Langhe Bianco '12	🍷🍷 2*
● Langhe Rosso Argamakow '11	🍷🍷 4
● Langhe Rosso Autenzio '09	🍷🍷 4
● Barbera d'Alba '12	🍷 2
● Langhe Rosso Autenzio '10	🍷 4
● Barbera d'Alba Sup. Armujan '09	YY 3
● Barolo Corsini '06	YY 5
● Barolo S. Pietro '05	YY 5
● Barolo San Pietro '08	YY 5
● Langhe Rosso Autenzio '08	YY 3

Josetta Saffirio

LOC. CASTELLETTO, 39
12065 MONFORTE D'ALBA [CN]
TEL. 0173787278
www.josettasaffirio.com

藏酒销售
预约参观
年产量 25 000 瓶
葡萄种植面积 5.5 公顷

我们首次在本《年鉴》中提到这个酒庄是在20世纪80年代末期，主要归功于其中一些高品质且令人难忘的巴洛洛（Barolo）。历经了这么长时间的休整，它又回来了，比以前扩大了几公顷。现由年轻的萨拉（Sara）掌管，也在支持她。作为其外祖父厄尼斯托（Ernesto Saffirio）在酿酒业的接班人，萨拉（Sara）决定对这个孟非城堡里的酒庄进行一次整改：添加经典风格的巴洛洛（Barolo）且更换了新的标签——巴洛洛48（Barolo Millenovecento 48），这一年正是佐瑟塔（Josetta）的祖父为酒庄种植第一株内比奥罗葡萄的年份。该酒庄同时也生产和销售巴贝拉（Barbera d'Alba）和朗格的内比奥罗（Langhe Nebbiolo）。巴洛洛2009（Barolo Persiera 2009）依次呈现着草药到深色水果的香气，隐隐透出甘草、奎宁的气息，上颚主要表现为收敛的单宁和尖锐的酸度。入口舒适的巴洛洛2009（Barolo 2009）整体感觉很新鲜，黑醋是主要的味道，单宁集中。我们也喜爱巴贝拉2011（Barbera d'Alba 2011）。

● Barbera d'Alba '11	🍷🍷 3*
● Barolo '09	🍷🍷 5
● Barolo Persiera '09	🍷🍷 7
● Barolo Millenovecento48 Ris. '07	🍷🍷 7
● Langhe Nebbiolo '11	🍷🍷 3
● Barolo '89	YYY 6
● Barolo '88	YYY 6
● Barolo Francesco Millenovecento48 '07	YY 7
● Barolo Persiera '08	YY 7
● Barolo Persiera '07	YY 7
● Barolo Persiera '06	YY 7
● Barolo Persiera Ris. '04	YY 8
○ Langhe Bianco '09	YY 3*
○ Langhe Bianco '08	YY 3*

San Bartolomeo

LOC. VALLEGGE
CASCINA SAN BARTOLOMEO, 26
15066 GAVI [AL]
TEL. 0143643180
www.sanbartolomeo-gavi.it

藏酒销售

从酒品卓越的表现可以看出庄主弗维欧（Fulvio）提升了这一系列酒品的整体水平。圣•巴托洛蒙（San Bartolomeo）酒庄，以前是古老的修道院，于1916年由弗维欧（Fulvio）的曾祖父（Giuseppe Bergaglio）收购。这么多年来，这个家族对农场和葡萄园的奉献从来没有动摇过。他们对科特赛（Cortese）的宠爱也从未减少，以至这一个品种就占用了他们20多公顷的种植面积。他们成功的秘诀始终如一：对葡萄园无微不至的照顾，依赖那些长达90年树龄的葡萄藤保持葡萄品种的多样性。该酒庄的两款加维酒标尤托（Quinto）和皮埃欧拉（Pelöia），展示了酒庄热情与传统的历史。我们稍稍更倾向于喜欢尤托（Quinto）2012年份的，它证实了优雅和复杂的并存，在多汁的酸度带动下，整个酒体显得清新怡人。紧随其后的是皮埃欧拉（Pelöia），我们去年确实非常喜欢，只是今年它缺少了一些曾被我们喜欢的元素。

○ Gavi Quinto '12	**YY** 2*
○ Gavi del Comune di Gavi Pelöia '12	**YY** 3
○ Gavi '09	YY 2*
○ Gavi del Comune di Gavi Pelöia '11	YY 3*
○ Gavi del Comune di Gavi Pelöia '09	YY 3
○ Gavi Quinto '11	YY 2*
○ Gavi Quinto '10	YY 2*

Tenuta San Sebastiano

CASCINA SAN SEBASTIANO, 41
15040 LU [AL]
TEL. 0131741353
www.dealessi.it

藏酒销售
预约参观
年产量 70 000 瓶
葡萄种植面积 9 公顷

那些认识罗伯特（Roberto De Alessi）的人一定记得他提到自己的酒庄和葡萄酒是多么自豪与充满热情。这个热情感染了他的儿子费标（Fabio），尽管他仍很年轻，却已经深得葡萄园和酒窖的管理要领。这个酒庄在皮埃蒙特（Piedmont）原始葡萄酒品种最繁多的区域，这里也适宜种植酿制达勒拉（Dalera）的梅洛（Merlo）、赤霞珠（Cabernet Sauvignon）以及用于酿制颂朵（Sol-Do）的黑皮诺（Pinot Nero），这些都能用于酿制一些本《年鉴》未提及的葡萄酒。2010年份的呈现了不可思议的宝石红色泽，带着果酱的香气，个性鲜明，其上颚表现也如它的香气一般优秀。我们欣赏2011年份的巴贝拉（Barbera Monferrato），它丰腴的果香，上颚反映非常和谐。吉诺林诺（Grignolino）入口舒适。达勒拉（Dalera）强劲持久，仍需要时间成长，值得关注。

● Barbera del M.to '11	**YY** 2*
● Barbera del M.to Sup. Mepari '10	**YY** 4
● Piemonte Grignolino '12	**YY** 2*
● M.to Rosso Dalera '10	**Y** 3
● Barbera del M.to '09	YY 2*
● Barbera del M.to Sup. Mepari '09	YY 4
● Barbera del M.to Sup. Mepari '08	YY 4
● Barbera del M.to Sup. Mepari '07	YY 4
● Barbera del M.to Sup. Mepari '06	YY 4
● M.to Rosso Dalera '08	YY 3
● M.to Rosso Sol-Do '09	YY 3
● M.to Rosso Sol-Do '05	YY 3*

★Luciano Sandrone

via Pugnane, 4
12060 Barolo [CN]
Tel. 0173560023
www.sandroneluciano.com

藏酒销售
预约参观
年产量 95 000 瓶
葡萄种植面积 25 公顷

不得不说，这是传统风格酒的追捧者最喜欢的现代风格酒庄。该酒庄很好地运用了朗格（Langhe）地区对内比奥罗（Nebbiolo）的规范中的灵活性。鲁契亚诺（Luciano Sandrone）在他的女儿芭芭拉（Barbara）和哥哥库卡（Luca）的协助下，足以令其巴洛洛（Barolo）的力量和个性特点远远地超越了葡萄酒本身的意义。卡纽（Cannubi Boschis）和拉维尼（Le Vigne）在浸泡了10天之后都经历了24个月的500升橡木桶陈化。巴贝拉（Barbera）和多尔赛托（Dolcetto）是非常相似的类型。没有太多的悬念，整体的表现令人印象深刻。复杂且富深度的巴洛洛康纽2009（Barolo Cannubi Boschis 2009）展现了烟草、奎宁、凤仙花和香料的味道，带着悠长且充满生机的上颚表现。巴洛洛拉维2009（Barolo Le Vigne 2009）的美丽形态和圆润的单宁以及新鲜的酸度都非常令人印象深刻。

● Barolo Cannubi Boschis '09	🍷🍷 (red) 8
● Barolo Le Vigne '09	🍷🍷 (red) 8
● Barbera d'Alba '11	🍷🍷 5
● Nebbiolo d'Alba Valmaggiore '11	🍷🍷 5
● Dolcetto d'Alba '11	🍷 3
● Barolo '83	YYY 7
● Barolo Cannubi Boschis '08	YYY 8
● Barolo Cannubi Boschis '07	YYY 8
● Barolo Cannubi Boschis '06	YYY 8
● Barolo Cannubi Boschis '05	YYY 8
● Barolo Cannubi Boschis '04	YYY 8
● Barolo Cannubi Boschis '03	YYY 8
● Barolo Cannubi Boschis '01	YYY 8
● Barolo Cannubi Boschis '00	YYY 8
● Barolo Le Vigne '99	YYY 8

Cantine Sant'Agata

reg. Mezzena, 19
14030 Scurzolengo [AT]
Tel. 0141203186
www.santagata.com

藏酒销售
预约参观
年产量 150 000 瓶
葡萄种植面积 12 公顷

这个酒庄属于卡威（Cavallero）兄弟考第欧（Claudio）和法兰柯（Franco），有几个数字足以形容这个酒庄：4条生产线，3个产业，20款酒标，8个人为其服务。他们的旗舰酒是茹切（Ruché），他们将酿制该酒的葡萄种植于森佐仑（Scurzolengo）地区围绕酒窖四周的白垩土中。其他的土地在卡尼里（Canelli）地区，大部分是用于酿造莫斯卡托（Moscat）和孟非阿尔巴（Monforte d'Alba）的葡萄，还有酿制两款巴洛洛酒（Barolos）的内比奥罗（Nebbiolo）。科特赛（Cortese）、巴贝拉（Barbera）、吉诺林诺（Grignolino）、黑皮诺（Pinot Nero）和莎当尼（Chardonnay）都是其主要的葡萄品种。卡威（Cavallero）兄弟的这些酒品享誉海外。巴洛洛•布西亚2008（The Barolo Bussia 2008）展现了烟草、草本香料植物的味道，尽管上颚非常干涩，但表现还是很丰满的，因为单宁的侵略性稍稍有点强。而巴巴莱斯科2010（Barbaresco La Fenice 2010）是柔顺的。孟非拉托2011（Ruché di Castagnole Monferrato Pro Nobis 2011）是新鲜且芬芳的。

● Barbaresco La Fenice '10	🍷🍷 4
● Barolo Bussia '08	🍷🍷 5
● Ruché di Castagnole M.to Pro Nobis '11	🍷🍷 3
● Barbera d'Asti Baby '11	🍷 2
● Barbera d'Asti Sup. Cavalé '10	🍷 4
● Ruché di Castagnole M.to 'Na Vota '12	🍷 3
● M.to Rosso Monterovere '09	YY 4
● Ruché di Castagnole M.to 'Na Vota '11	YY 3
● Ruché di Castagnole M.to Genesi '08	YY 5
⊙ Suavissimus Rosé Brut '09	YY 4

Paolo Saracco

via Circonvallazione, 6
12053 Castiglione Tinella [CN]
Tel. 0141855113
www.paolosaracco.it

藏酒销售
预约参观
年产量 600 000 瓶
葡萄种植面积 45 公顷

这个家族酒庄的第三代执掌者保罗（Paolo）大约是世界上最出名的莫斯卡托（Moscato）酿造者之一。近年来，他又添置一些地产为满足酒庄对获取最佳葡萄种植地的需求。如今，他拥有14个不同的葡萄园，平均海拔在300米至400米左右，大部分土壤是砂质地，有一部分是粉砂地和石灰岩地。在紧挨莫斯卡托（Moscato）葡萄的地方，他种植了黑皮诺（Pinot Nero）、雷司令（Riesling）、琼瑶浆（Traminer）和莎当尼（Chardonnay）。莫斯卡托有着深受喜爱的优雅和香气以及令人印象深刻的果实的气息。今天，我们特别喜欢两款皮埃蒙特（Piedmont）的莫斯卡托：一款是莫斯卡托•奥图诺2012（Moscato d'Autunno 2012），它带着浅色新鲜水果的馨香，以及石灰、草药的气息，上颚表现丰富、清新，从容不迫；另一款是时尚且不强劲的莫斯卡托2012（Moscato d'Asti 2012），以水果香味主导，香气诱人。黑皮诺（Pinot Nero）是优雅的，只是单宁稍嫌突出，上颚表现精致优雅，结构紧凑。

○ Moscato d'Asti '12	🍷🍷 3*
○ Piemonte Moscato d'Autunno '12	🍷🍷 3*
● Piemonte Pinot Nero '10	🍷🍷 5
○ Langhe Chardonnay Prasuè '12	🍷 3
○ Langhe Riesling '12	🍷 3
○ Piemonte Moscato d'Autunno '09	🍷🍷🍷 3*
● M.to Rosso Pinot Nero '08	🍷🍷 5
○ Moscato d'Asti '11	🍷🍷 3
○ Piemonte Moscato d'Autunno '11	🍷🍷 3*
○ Piemonte Moscato d'Autunno '10	🍷🍷 3
● Piemonte Pinot Nero '09	🍷🍷 5

Roberto Sarotto

via Ronconuovo, 13
12050 Neviglie [CN]
Tel. 0173630228
www.robertosarotto.com

藏酒销售
预约参观
年产量 700 000 瓶
葡萄种植面积 84 公顷

许多年前，萨伦托（Sarotto）在巴洛洛（Barolo）、巴巴莱斯科（Bararesco）和加维（Gavi）的法定产区内添置了一些葡萄园，同时也开始种植一系列在该区域内的法定葡萄品种。酒庄增加了朗格地区（Langhe）精选的酒品生产，例如多尔赛托（Dolcetto）、巴贝拉（Barbera）、莫斯卡托（Moscato）和少数的以内比奥罗（Nebbiolo）、赤霞珠（Cabernet Sauvignon）混合酿制的朗格红（Langhe Rosso Enrico I）。今天，萨伦托（Roberto Sarotto）亲自主管酿制技术和市场拓展。他的酒是非常新鲜的，非常适宜饮用且价格实惠。超级巴洛洛2009（Superb Barolo Audace 2009）展现了新鲜、集中的红色浆果和奎宁的主导香气。巴巴莱斯科•嘎基亚2010（Barbaresco Gaia Principe 2010），带着黑色水果的特征，逐一展现出烟草和柏油的味道，回味悠长且非常集中。我们也发现了一款表现很好的加维2012（Gavi Bric Sassi Manenti 2012），展现了吸引人的矿物味。

● Barbaresco Gaia Principe '10	🍷🍷 6
● Barolo Audace '09	🍷🍷 5
○ Gavi del Comune di Gavi Bric Sassi Manenti '12	🍷🍷 2*
● Barbera d'Alba Elena La Luna '11	🍷🍷 5
● Barolo Briccobergera '09	🍷🍷 5
○ Gavi Aurora '12	🍷🍷 2*
○ Langhe Arneis Runcneuv '12	🍷🍷 2*
● Langhe Nebbiolo Nativo '11	🍷🍷 3
○ Moscato d'Asti Solatio '12	🍷🍷 3
● Barbaresco Currà Ris. '08	🍷 5
● Barbera d'Alba Briccomacchia '12	🍷 2
● Dolcetto d'Alba Angeli '12	🍷 2
○ Langhe Chardonnay Briccomoro '12	🍷 2
○ Piemonte Chardonnay '12	🍷 3
○ Gavi del Comune di Gavi Bric Sassi Tenuta Manenti '11	🍷🍷 2*

Scagliola

via San Siro, 42
14052 Calosso [AT]
Tel. 0141853183
www.scagliola-sansi.com

藏酒销售
预约参观
年产量 150 000 瓶
葡萄种植面积 37 公顷

这个属于斯卡洛欧拉（Scagliola）家族的酒庄坐落于卡洛索地区（Calosso），是阿斯蒂（Asti）最重要的酒庄之一。依照传统的规定，主要种植莫斯卡托（Moscato）和巴贝拉（Barbera），也有一些其他的品种包括：多尔赛托（Dolcetto）、内比奥罗（Nebbiolo）、布拉彻托（Brachetto）、吉诺林诺（Grignolino）、科特赛（Cortese）、赤霞珠（Cabernet）和莎当尼（Chardonnay）。大部分巴贝拉的葡萄园种植于酒窖的四周，土壤属于石灰岩和黏土的中间结构。莫斯卡托（Moscato）的种植带在卡内利（Canelli）地区，主要以沙质土为主。有两款巴贝拉进入了决赛，包括超级巴贝拉2011（Barbera d'Asti Superiore Sansì – the 2011）和瑟轮泽恩2010（Selezione 2010）。前者优雅而新鲜，带着红色浆果、烟草和奎宁的香气。后者则更加复杂，散发着李子酱、可可粉的香气，如天鹅绒般丝滑，均衡且持久。而令人愉悦的巴贝拉2012（Barbera d'Ast Frem 2012）结构紧密，香料味浓郁。蒙费拉托2011（Monferrato Rosso Azörd 2011）则带来非常好的复杂性。

● Barbera d'Asti Sup. SanSì '11	▼▼	6
● Barbera d'Asti Sup. SanSì Sel. '10	▼▼	7
● Barbera d'Asti Frem '12	▼▼	3
● M.to Rosso Azörd '11	▼▼	5
○ Moscato d'Asti Primo Bacio '12	▼	3
● Barbera d'Asti Sup. SanSì Sel. '01	▽▽▽	6
● Barbera d'Asti Sup. SanSì Sel. '00	▽▽▽	6
● Barbera d'Asti Sup. SanSì Sel. '99	▽▽▽	5
● Barbera d'Asti Frem '11	▽▽	3
● Barbera d'Asti Sup. SanSì '10	▽▽	6
● Barbera d'Asti Sup. SanSì Sel. '09	▽▽	7
● M.to Rosso Azörd '10	▽▽	5

Giorgio Scarzello e Figli

via Alba, 29
12060 Barolo [CN]
Tel. 017356170
www.barolodibarolo.com

藏酒销售
预约参观
年产量 25 000 瓶
葡萄种植面积 5.5 公顷

这个位于巴洛洛（Barolo）镇的酒庄是依靠坚守经典风格和其经久不衰的朗格（Langhe）地区酒维持该酒庄的重要地位。年轻的费德里科（Federico Scarzello）沿袭这个地区自古以来对内比奥罗（Nebbiolo）和巴贝拉（Barbera）酿制的法定规范，并且保持着这些作为珍贵的传统。他的葡萄酒产自葡萄园里精选的葡萄，有着诱人的个性，优雅且新鲜。这也是因为大橡木桶的使用给它们带来了极干的形态。葡萄园占据了最好的地势，因此得以产出异常优秀的葡萄。超级巴贝拉2010（Barbera d'Alba Superiore 2010）是非常好的类型，结构复杂，带着黑莓、樱桃等主导的水果香味，上颚表现活跃，带着标识性干净的酸度和丰厚多汁的各种元素。巴洛洛2008（Barolo 2008）展现了卓越的香气，集中在以黑色水果为主导，逐一带出柏油和烟草的味道，口感浓郁，单宁形态好。

● Barbera d'Alba Sup. '10	▼▼	4
● Barolo del Comune di Barolo '08	▼▼	5
● Barolo V. Merenda '99	▽▽▽	5
● Barbera d'Alba Sup. '08	▽▽	4
● Barbera d'Alba Sup. '07	▽▽	4
● Barolo '07	▽▽	5
● Barolo '06	▽▽	5
● Barolo '05	▽▽	5
● Barolo Sarmassa V. Merenda '06	▽▽	6
● Barolo V. Merenda '06	▽▽	6
● Barolo V. Merenda '05	▽▽	6
● Barolo V. Merenda '04	▽▽	6
● Barolo V. Merenda '01	▽▽	6
● Langhe Nebbiolo '10	▽▽	3

★★Paolo Scavino

FRAZ. GARBELLETTO
VIA ALBA-BAROLO, 59
12060 CASTIGLIONE FALLETTO [CN]
TEL. 017362850
www.paoloscavino.com

藏酒销售
预约参观
年产量 120 000 瓶
葡萄种植面积 23 公顷

这个酒庄的起源要追溯到上个世纪，恩瑞克（Enrico Scavino）是这个酒庄最重要的创始人。他投入了大量资金和心血，倾注于这个朗格（Langhe）地区的酒庄中以保证其在葡萄酒事业上长久、成功地运营下去。这个系列的葡萄酒是这个区域里优秀酒品的代表，其中一些甚至是高品质之星，在全球市场中都赫赫有名。这个酒庄是酿制巴洛洛（Barolo）的名庄，其辉煌的酒窖和葡萄园散落在巴洛洛（Barolo）镇里最珍贵的区域间，酿出的酒品都是非常出名且值得经年窖藏的葡萄酒。我们看到一系列表现出色的的酒品，其中以巴洛洛•比克2009（Barolo Bric dël Fiasc 2009）作为最突出的代表，它包含了红色浆果、薄荷和紫罗兰等复杂的香气，为饱满丰厚的上颚表现做了很好的铺垫。我们也欣赏非常适宜饮用的巴洛洛恩瑞克2009（Barolo Enrico Scavino 2009）。

● Barolo Bric dël Fiasc '09	3 red glasses	8
● Barolo Enrico Scavino '09	2 red glasses	7
● Barolo Monvigliero '09	2 red glasses	8
● Barolo Rocche dell'Annunziata Ris. '07	2 red glasses	8
● Barbera d'Alba '12	2 black glasses	3
● Barbera d'Alba Affinato in Carati '11	2 black glasses	5
● Barolo Bricco Ambrogio '09	2 black glasses	8
● Barolo Cannubi '09	2 black glasses	8
● Barolo Carobric '09	2 black glasses	8
○ Langhe Bianco Sorriso '12	2 black glasses	3
● Langhe Nebbiolo '11	2 black glasses	4
● Dolcetto d'Alba '12	1 black glass	3
● Barolo Bric dël Fiasc '06	3 white glasses	8
● Barolo Monvigliero '08	3 white glasses	8
● Barolo Rocche dell'Annunziata Ris. '05	3 white glasses	8

Schiavenza

VIA MAZZINI, 4
12050 SERRALUNGA D'ALBA [CN]
TEL. 0173613115
www.schiavenza.com

藏酒销售
预约参观
年产量 40 000 瓶
葡萄种植面积 9 公顷

如果说瑟拉仑加（Serralunga）可以酿制令人望而生畏且性格严苛的巴洛洛（Barolo），那么斯齐亚（Schiavenza）的这一款估计是我们所能想到的第一个。帕泊（Prapò）、比克（Bricco Cerretta），波格力欧（Broglio）和泊诺（Perno）这四款曾经是孟非地区（Monforte）顶级酒品，在中型的橡木桶中经过了漫长的陈化，它们需要更多时间来挖掘自身的活性和释放全部的丰富味道。 这个类型的酒可能在一开始是不被接受的，但是一旦你接触到路卡诺（Luciano Pira）这好客的庄主，感受到在这个家族运营下的梯田传来的田野气息，你的感受就不一样了。尤其当你搭配着皮埃蒙特区（Piedmont）的美食来品尝这些美酒的时候，作为皮埃蒙特追捧者必须要试一试的。优雅且强劲是巴洛洛•帕泊2009（Barolo Prapò 2009）与众不同的特征，带着可口且芳香四溢的上颚表现，回味悠长。巴洛洛•波格力欧2009（The Barolo Broglio 2009）散发着黑色水果的显著香气，逐一展示出奎宁、薄荷和柏油的味道。经典风格的巴洛洛2009（Barolo Serralunga 2009）口感怡人。

● Barolo Bricco Cerretta '09	2 red glasses	5
● Barolo Broglio '09	2 red glasses	5
● Barolo Prapò '09	2 red glasses	6
● Barolo Prapò Ris. '07	2 black glasses	7
● Barolo Serralunga '09	2 black glasses	5
● Barolo Broglio '05	3 white glasses	5
● Barolo Broglio '04	3 white glasses	5
● Barolo Broglio Ris. '04	3 white glasses	5
● Barolo Prapò '08	3 white glasses	6
● Barolo Broglio '08	2 white glasses	5
● Barolo Broglio '07	2 white glasses	5
● Barolo Prapò '07	2 white glasses	6
● Barolo Prapò '06	2 white glasses	5
● Barolo Serralunga '08	2 white glasses	5

Scrimaglio

S.DA ALESSANDRIA, 67
14049 NIZZA MONFERRATO [AT]
TEL. 0141721385
www.scrimaglio.it

藏酒销售
预约参观
年产量 700 000 瓶
葡萄种植面积 20 公顷
葡萄栽培方式 有机认证

蒙费拉托（Monferrato）地区的思翠玛丽欧（Scrimaglio）家族，于1920年成立了这个酒庄。酒庄众多的酒品现在划分为几个产品系列，在加入了几款不同类型的巴贝拉（Barbera）之后，现已囊括了皮埃蒙特（Piedmont）几个重要的品种。通过不同的标签和不同形态的瓶子，区分了日常饮用的酒品和结构复杂、带侵略性的酒品。然而，它们都有共同的标准就是：追求固有酿制要求和酒品个性的最佳结合，最大限度地使酒体集中，香气精致。巴贝拉2010（Barbera d'Asti Superiore Nizza Acsé 2010）是这些系列中最优秀的一款，为其赢得“三杯奖”。迷人的黑色浆果和奎宁是其主导的香味，带着淡淡的烟草和香料的味道，紧随而来的是强劲的、芳香四溢的和久久不散的上腭表现。我们还对蒙费拉托2010（Monferrato Rosso Tantra 2010）印象深刻，它是用巴贝拉（Barbera）和20%的赤霞珠（Cabernet Sauvignon）混合酿制，展示了丰厚多汁的、饱满的果香和淡淡的香料气息。其余的巴贝拉保持了以往的水准。

● Barbera d'Asti Sup. Nizza Acsé '10	🍷🍷🍷 5
● M.to Rosso Tantra '10	🍷🍷 5
● Barbera d'Asti Sup. Fiat '11	🍷🍷 4
● Barbera d'Asti Sup. Il Sogno '10	🍷🍷 3
● Barbera d'Asti Sup. RoccaNivo '11	🍷🍷 2*
● Barbera d'Asti Sup. Nizza Acsé '09	🍷🍷🍷 5
● Barbera d'Asti Sup. Nizza Acsé '08	🍷🍷🍷 5
● Barbera d'Asti Sup. Nizza Acsé '07	🍷🍷🍷 5
● Barbera d'Asti Sup. Crôutin '08	🍷🍷 5
● Barbera d'Asti Sup. Fiat '10	🍷🍷 4
● Barbera d'Asti Sup. RoccaNivo '10	🍷🍷 2*
● M.to Rosso Tantra '09	🍷🍷 5

Mauro Sebaste

FRAZ. GALLO
VIA GARIBALDI, 222BIS
12051 ALBA [CN]
TEL. 0173262148
www.maurosebaste.it

藏酒销售
预约参观
年产量 150 000 瓶
葡萄种植面积 22 公顷

摩罗（Mauro Sebaste）在他的妻子玛丽娜（Maria Teresa）的协助下，自信地经营着这个代表了皮埃蒙特（Piedmont）的重要酒窖。酒庄坐拥一流的葡萄园且揽获了许多一级巴洛洛（Barolo）的奖项，这为酒庄赢得了享誉全球的追捧。所有酒品，包括朗格（Langhe）和洛艾洛（Roero），都是极干净且优雅的类型，有完美均衡的酒体，非常适合饮用。巴洛洛•帕泊2009（Barolo Prapò 2009）带着盈亮的宝石红光泽，还有龙胆草、大黄和甘草的细致香气，结构紧密的单宁，绝对悠长的回味。而超级巴贝拉2011（Barbera Superiore Centobricchi 2011）有很好的酒体结构，展现了多汁的果香，新鲜的酸度使得它非常适宜饮用。

● Barbera d'Alba Sup. Centobricchi '11	🍷🍷 4
● Barolo Prapò '09	🍷🍷 7
● Nebbiolo d'Alba Parigi '11	🍷🍷 4
● Barbera d'Alba S. Rosalia '11	🍷 3
○ Langhe Bianco Centobricchi '12	🍷 3
○ Roero Arneis '12	🍷 3
● Barbera d'Alba Sup. Centobricchi '10	🍷🍷 4
● Barolo Brunate '03	🍷🍷 6
● Barolo Brunate '01	🍷🍷 6
● Barolo Monvigliero '07	🍷🍷 6
● Barolo Monvigliero '04	🍷🍷 6
● Barolo Prapò '08	🍷🍷 7
● Barolo Prapò '05	🍷🍷 7
● Barolo Prapò '04	🍷🍷 7

F.lli Seghesio

loc. Castelletto, 19
12065 Monforte d'Alba [CN]
Tel. 017378108
www.fratelliseghesio.it

藏酒销售
预约参观
年产量 60 000 瓶
葡萄种植面积 10 公顷

在喜格士酒庄（F.lli Seghesio），我们很幸运地再次品尝了维拉•巴洛洛2001（Barolo La Villa 2001）和古典（Vintage）葡萄酒，可以证明这两款顶级酒的完整和复杂性，足以满足那些在未来几年寻找它们的人。这个小家族已从农场运营转向稳定的葡萄培植业多年，辛勤地照料着上佳的葡萄园，生产出高品质的葡萄酒。不同的葡萄在不同尺寸的橡木桶里陈化，从而确保上等的水果没有获得太多的橡木味道，使葡萄酒表现平衡。巴贝拉（Barbera）以浓郁的香气和饱满的水果味突围而出，红浆果和秋天叶子的香气支撑着丰富的香草味道。巴洛洛2009（Barolo La Villa 2009）则展现了复杂的香气，在活跃的单宁和适度的酸性包围下，散发出烟草、甜甘草和紫罗兰的气味。

● Barbera d'Alba Vign. della Chiesa '10	YY	4
● Barolo La Villa '09	YY	7
● Barbera d'Alba '12	YY	3
● Barbera d'Alba Vign. della Chiesa '00	YYY	4*
● Barbera d'Alba Vign. della Chiesa '97	YYY	4*
● Barolo Vign. La Villa '04	YYY	6
● Barolo Vign. La Villa '99	YYY	7
● Barolo Vign. La Villa '91	YYY	4*
● Barbera d'Alba Vign. della Chiesa '06	YY	4
● Barbera d'Alba Vign. della Chiesa '05	YY	4
● Barolo Vign. La Villa '08	YY	6
● Barolo Vign. La Villa '07	YY	6
● Barolo Vign. La Villa '06	YY	6
● Barolo Vign. La Villa '05	YY	6

Tenute Sella

via IV Novembre, 130
13060 Lessona [BI]
Tel. 01599455
www.tenutesella.it

藏酒销售
预约参观
年产量 95 000 瓶
葡萄种植面积 21 公顷

塞拉（Sella）家族在比耶拉（Biella）生产区域上的地位，在3个世纪以前就深深扎根在这一片土地上，并一直传承下来。今天我们谈论到勒松娜沙质土壤（Lessona's sandy soil）和布拉梅特拉斑岩（Bramaterra'porphyry）时很大程度上归根于他们的酒，那不仅仅是少见的酿酒研究，还是一片通过混合维斯波琳娜（Vespolina）和克洛艾汀娜（Croatina）两种葡萄而达到增强内比奥罗（Nebbiolo）微妙性的卓越土地风味。在他们的地窖中有25个来自斯拉夫尼亚的100升橡木桶、部分新木桶和技术仪器，成就了展示了真正传统风格的葡萄酒，当然还少不了克里斯蒂亚诺•格瑞拉（Cristiano Garella）的酿酒工艺。导致酒庄的整体成效没能与别的酒庄媲美的原因，仅仅是由于缺少重要标签而导致发布的延迟。然而，我们还是享受塞拉家族给我们带来的愉悦和骄傲，尤其是2007年生产的雷索那精品酒（Lessona）——欧马格诺（Omaggio a Quintino Sella），虽然缺少关注和优雅，但是却以前所未有的柔软取胜。

● Lessona Omaggio a Quintino Sella '07	YY	7
○ Coste della Sesia Bianco Doranda '12	YY	3
● Coste della Sesia Orbello '12	YY	3
● Coste della Sesia Rosso Casteltorto '11	YY	4
⊙ Coste della Sesia Rosato Majoli '12	Y	3
● Bramaterra I Porfidi '07	YYY	5
● Bramaterra I Porfidi '05	YYY	5
● Lessona Omaggio a Quintino Sella '06	YYY	7
● Lessona Omaggio a Quintino Sella '05	YYY	6
● Bramaterra '09	YY	5
● Bramaterra I Porfidi '08	YY	5
● Coste della Sesia Orbello '11	YY	3
● Lessona '09	YY	5
● Lessona S. Sebastiano allo Zoppo '07	YY	6

Enrico Serafino

c.so Asti, 5
12043 Canale [CN]
Tel. 0173979485
www.enricoserafino.it

藏酒销售
预约参观
年产量 500 000 瓶
葡萄种植面积 12 公顷

金巴利集团（Campari）旗下的恩里科•塞拉菲尼酒庄（Enrico Serafino）在近几年东山再起，再次成为罗埃洛（Roero）产区葡萄酒市场的领头羊。目前酒庄创造了多条生产线，包括著名的坎特纳（Roero Cantina Maestra）和阿尔塔兰加（Alta Langa）。罗埃洛（Roero）产区坐落在卡纳莱（Canale）自治市里的一个葡萄园，阿尔塔兰加起泡酒（Alta Langa）是由这一产区里的葡萄酿制，葡萄的种植由塞拉菲尼（Serafino）酒庄的专家监督。此外，在皮埃蒙特产区还盛产很多优质的葡萄酒。阿尔塔兰加不仅是意大利最好的起泡酒之一，还在2013年获得“三杯奖”。其中阿尔塔兰加2007（Alta Langa Brut Zero Cantina Maestra 2007）香气强烈，层次多样，香料、蛋糕和柑橘的味道扑鼻而来，口感简单而不失优雅，回味悠长愉悦。罗埃洛•阿尼斯2012（Roero Arneis 2012）展现的是水果的清新香气，尽管酒精度稍微有点偏高，但还是能体验到阿尼斯紧凑的酒体结构。

○ Alta Langa Brut Zero Cantina Maestra '07	🍷🍷🍷 6
○ Roero Arneis '12	🍷🍷 3
● Barbera d'Alba Bacajé Cantina Maestra '12	🍷 3
● Nebbiolo d'Alba Diauleri Cantina Maestra '11	🍷 3
○ Roero Arneis Canteiò Cantina Maestra '12	🍷 3
○ Alta Langa Brut Zero Cantina Maestra '06	🍷🍷🍷 6
○ Alta Langa Brut Zero Cantina Maestra Ris. '05	🍷🍷🍷 6
○ Alta Langa Brut Zero Cantina Maestra Ris. '04	🍷🍷🍷 4
○ Alta Langa Brut Cantina Maestra '07	🍷🍷 4
● Nebbiolo d'Alba Diauleri Cantina Maestro '10	🍷🍷 3

Aurelio Settimo

Fraz. Annunziata, 30
12064 La Morra [CN]
Tel. 017350803
www.aureliosettimo.com

藏酒销售
预约参观
年产量 40 000 瓶
葡萄种植面积 6. 64 公顷

在19世纪50年代以前，这个庄园一直向当地酿酒商提供葡萄，从19世纪60年代中期开始，庄园决定开启葡萄酒酿制工作。然而，直到1974年所有的葡萄才利用起来。今天，奥雷里奥（Aurelio）的女儿缇兹亚娜（Tiziana）成为企业的接班人和酒窖管理者。葡萄酒风格非常经典、拘谨，尤其是与法国葡萄园名称相同的巴洛洛•齐亚塔（Barolo Rocche dell'Annunziata），真正完美地体现了土壤的风格。庄园在赛迪莫家族（Settimo）的规范化管理下，各个领域都得到良好的成果，特别是对内比奥罗（Nebbiolo）的诠释更是完美。平易近人的巴洛洛2009（Barolo 2009）口感丰盈，单宁顺滑，与风格闭塞、朴素的罗切•齐亚塔2009（Rocche dell'Annunziata 2009）还需要时间比较。

● Barolo '09	🍷🍷 5
● Barolo Rocche dell' Annunziata '09	🍷🍷 6
● Langhe Nebbiolo '08	🍷🍷 3
● Dolcetto d'Alba '11	🍷 2
● Barolo '08	🍷🍷 5
● Barolo '07	🍷🍷 5
● Barolo Rocche '06	🍷🍷 5
● Barolo Rocche '97	🍷🍷 5
● Barolo Rocche '96	🍷🍷 6
● Barolo Rocche dell' Annunziata '08	🍷🍷 6
● Barolo Rocche dell' Annunziata '07	🍷🍷 5
● Barolo Rocche Ris. '04	🍷🍷 7
● Barolo Rocche Ris. '96	🍷🍷 7
● Langhe Nebbiolo '06	🍷🍷 3

Giovanni Silva

Cascine Rogge, 1b
10011 Agliè [TO]
Tel. 012433356
www.silvavini.com

藏酒销售
预约参观
葡萄种植面积 8 公顷

酒庄通过出色的表现再一次在《年鉴》中亮相。这个家族一直以来生活在伊夫雷亚（Ivrea）南部的阿列市（Agliè），以种植葡萄为生，直到1995年才开始瓶装葡萄酒的销售。庄主吉奥康尼（Giocani）在孙子斯特凡诺（Stefano）的帮助下，管理着8公顷的葡萄园。葡萄园主要是围绕厄柏露丝（Erbaluce）品种酿造多种多样的葡萄酒，从普及的斯布曼特（Spumante）到古老的柏西托（Passito）。此外，酒庄生产的红葡萄酒也一样出色，材料从坎纳威塞（Canavese）的多个葡萄品种中获取，其中有：内比奥罗（Nebbiolo）、巴贝拉（Barbera）、弗雷萨（Freisa）、邦纳达（Bonarda）和内拉塔（Neretta）。这一系列的葡萄酒没有任何缺点，后三种葡萄的味道作为前调，以支撑前面两种葡萄在最后的呈现。当然，能获得酒庄最高荣誉的是厄柏露丝2003（Erbaluce Passito Poetica 2003），口感丰盈，平衡感好，回味悠长。与厄柏露丝媲美的是干白，尤其是特拉•齐奥切2012（Tre CiochèTre Ciochè 2012）。

○ Caluso Passito Poetica '03	🍷🍷 5
○ Erbaluce di Caluso Tre Ciochè '12	🍷🍷 2*
● Canavese Nebbiolo '08	🍷🍷 2*
○ Erbaluce di Caluso Dry Silva '12	🍷🍷 2*
○ Caluso Passito Poetica '01	🍷🍷 5
○ Caluso Passito Poetica '00	🍷🍷 5
○ Caluso Passito Poetica '99	🍷🍷 5
○ Caluso Passito Poetica '98	🍷🍷 5
● Canavese Rosso Tre Ciochè '03	🍷🍷 3
● Canavese Rosso Tre Ciochè '01	🍷🍷 3
○ Erbaluce di Caluso Tre Ciochè '06	🍷🍷 2*

La Smilla

via Garibaldi, 7
15060 Bosio [AL]
Tel. 0143684245
www.lasmilla.it

藏酒销售
年产量 100 000 瓶
葡萄种植面积 5 公顷

丹尼罗•奇诺（Danilo Guido）的酒庄坐落在人文学和地理学历史丰富的利古里亚（Liguria）——位于阿勒珊德里亚（Alessandria）省加维产区（Gavi）的最南端，与著名的多尔赛托•欧瓦达产区（Dolcetto di Ovada）交错重叠。由于酒庄靠近海边，土壤条件决定了这一片土地的葡萄种植品种，包括：巴贝拉（Barbera）、多尔赛托（Dolcetto）和科特赛（Cortese）。所有的葡萄酒存放在钢制的容器中，酿制方法简单，但成品不逊于在法国小橡木桶里酿制的加维（Gavi I Bergi）和巴贝拉（Barbera Calicanto）。虽然斯密拉（Smilla）酒庄酿制出来的葡萄酒并不失败，但由于色泽不够红润，不能吸引眼球。在今年的意大利“三杯奖”中，不少于3款来自该酒庄的葡萄酒得到“三杯奖”的评级资格，但最后都没有进入总决赛。以香草为标志的加维•柏吉2011（Gavi I Bergi 2011），酒体还是略显年轻。

○ Gavi del Comune di Gavi '12	🍷🍷 2*
○ Gavi del Comune di Gavi I Bergi '11	🍷🍷 3
● M.to Rosso Calicanto '10	🍷🍷 3
● Barbera del M.to '11	🍷 2
● Dolcetto di Ovada '11	🍷 2
○ Gavi '12	🍷 2
● Dolcetto di Ovada '10	🍷🍷 2*
● Dolcetto di Ovada '09	🍷🍷 2*
● Dolcetto di Ovada '08	🍷🍷 2*
○ Gavi '11	🍷🍷 2*
○ Gavi del Comune di Gavi '11	🍷🍷 2*
○ Gavi del Comune di Gavi '10	🍷🍷 2*
○ Gavi del Comune di Gavi I Bergi '08	🍷🍷 3

Socré

Loc. Tre Stelle
via Riccardo Terzolo, 7
12050 Barbaresco [CN]
Tel. 3487121685
www.socre.it

年产量 20 000 瓶
葡萄种植面积 5.5 公顷

苏克娜（Socre）庄园建立于1871年，一直以来，皮亚桑迪诺（Piacentino）家族对庄园的热情不减，代代相传。其所处的地理位置良好，特级的葡萄园龙坎格利（Roncaglie）也位于其中。19世纪90年代早期是庄园的转折点，今天，马可•皮亚桑迪诺（Marco Piacentino）的儿子吉利奥•洛伦佐（Giulio Lorenzo）加入庄园的管理，完善了专用于酿制巴巴莱斯科（Bararesco）葡萄酒的内比奥罗葡萄的种植。马可（Marco Piacentino)终于在2012年建立起新酒窖，实现自己酿制葡萄酒的梦想。除了出产巴巴莱斯科（Bararesco）和其他经典的朗格葡萄酒，如多尔赛托（Dolcetto）、巴贝拉（Barbera）和内比奥罗（Nebbiolo），酒庄还利用所有条件生产了新款的阿斯蒂法定产区酒（Asti DOC）——科帝亚（Coatina)和斯特纳（Cisterna)。在品酒会上，冠军非魅力无限、果味浓郁的的巴巴莱斯科2009（Barbaresco Roncaglie 2009）莫属，其香气沁心，从树莓香到茴香，层次明显。其次是美妙绝伦、风格朴素的容卡格里耶2010（Roncaglie 2010），其展现的水平也让我们眼前一亮。

● Barbaresco Roncaglie '09	🍷🍷 7
● Barbaresco '10	🍷🍷 5
● Barbaresco '08	🍷🍷 5
● Barbaresco Roncaglie '10	🍷🍷 7

★Sottimano

Loc. Cottà, 21
12052 Neive [CN]
Tel. 0173635186
www.sottimano.it

藏酒销售
预约参观
年产量 85 000 瓶
葡萄种植面积 18 公顷

索蒂马诺家族（Sottimano）的葡萄酒得到众多专业评酒师和爱酒人的好评，即使是在人们激烈讨论着两种风格迥异的内比奥罗（Nebbiolo）时期。通过在小橡木桶酿制、长时间的浸泡以及库娜（Curra）、科塔（Cotta）、法奥松尼（Fausoni）和百佐纳（Pajore）等有声望的葡萄园的精心照料，巴巴莱斯科（Bararesco）更能表现出时代的气息，使内维酒庄（Neive）更坚定不移地保持严谨的朗格传统。新鲜的巴巴莱斯科（Barbaresco）经过适当的氧化，能品尝到丰盈的果汁味和细腻的单宁味，这是巴巴莱斯科（Barbaresco）与众不同的特征。在此给大家纠正，上一年获奖的巴巴莱斯科（Barbaresco Curra）其实是来自古典2008（Vintage 2008）。今年，巴巴莱斯科•柏西纳2010（Barbaresco Pahire 2010）通过其出色的风格和无可挑剔的品味赢得了最高荣誉。品尝过所有的美酒在我们的味蕾上烙下痕迹，深刻难忘。

● Barbaresco Pajoré '10	🍷🍷🍷 7
● Barbaresco Cottà '10	🍷🍷 7
● Barbaresco Currà '09	🍷🍷 7
● Barbaresco Ris. '08	🍷🍷 8
● Barbaresco Fausoni '10	🍷🍷 7
● Barbera d'Alba Pairolero '11	🍷🍷 4
● Langhe Nebbiolo '11	🍷🍷 3
● Dolcetto d'Alba Bric del Salto '12	🍷 2
● Barbaresco Cottà '05	🍷🍷🍷 7
● Barbaresco Currà '08	🍷🍷🍷 7
● Barbaresco Currà '04	🍷🍷🍷 6
● Barbaresco Pajoré '08	🍷🍷🍷 7
● Barbaresco Pajoré '01	🍷🍷🍷 6
● Barbaresco Ris. '05	🍷🍷🍷 8
● Barbaresco Ris. '04	🍷🍷🍷 8

Luigi Spertino

via Lea, 505
14047 Mombercelli [AT]
Tel. 0141959098
www.luigispertino.it

藏酒销售
预约参观
年产量 40 000 瓶
葡萄种植面积 9 公顷

1978年，信念坚定的路易基•斯波蒂诺（Luigi Spertino）不顾家人的反对，坚决把家族两代人的葡萄酒业务转向灌瓶销售。几年后，他的酒庄成为吉诺林诺（Grignolino）当地的倡导者。今天，他的儿子毛罗（Mauro）继承了他的事业，热情不减、意志坚定地追随父亲的信念：只为生产高品质的葡萄酒，尽管毛罗（Mauro）更关心巴巴来斯科的酿制。拉曼多尔拉山丘系列葡萄酒（La Mandorla）是从部分干葡萄和性质稳定一致的优秀葡萄酒样品中提取的。2010年份的巴贝拉•曼多尔拉（Barbera d'Asti Superiore La Mandorla 2010）干葡萄酒的口感集中，黑莓、李子酱果味与奎宁、烟草和雨后大地的清新香气巧妙地组合，结构紧密，质地圆润，余味悠长，因此再次出现在"三杯奖"的获奖名单上。我们也喜爱有着泥土香气、富有活力的巴贝拉2011（Barbera d'Asti 2011）和经典可口的吉诺林诺2012（Grignolino d'Asti 2012）。

● Barbera d'Asti Sup. La Mandorla '10	ΨΨΨ 8
● Barbera d'Asti '11	ΨΨ 4
● Grignolino d'Asti '12	ΨΨ 3
● Barbera d'Asti Sup. La Mandorla '09	ΨΨΨ 8
● Barbera d'Asti Sup. La Mandorla '07	ΨΨΨ 7
● M.to Rosso La Mandorla '09	ΨΨΨ 7
● M.to Rosso La Mandorla '07	ΨΨΨ 5
● Barbera d'Asti '10	ΨΨ 4
● Barbera d'Asti '08	ΨΨ 3
● Grignolino d'Asti '11	ΨΨ 3*
● Grignolino d'Asti '10	ΨΨ 3
● Grignolino d'Asti '09	ΨΨ 3

★★★La Spinetta

via Annunziata, 17
14054 Castagnole delle Lanze [AT]
Tel. 0141877396
www.la-spinetta.com

藏酒销售
预约参观
年产量 500 000 瓶
葡萄种植面积 100 公顷

拉•斯皮内塔（La Spinetta）的故事是皮埃蒙特葡萄区（Piedmont）最伟大的故事之一，受到里维迪家族（Rivetti）企业精神的鼓舞，尤其是深受乔治奥•里维迪（Giorgio Rivetti）的影响，他是扭转庄园命运的人。里维迪（Rivetti）兄弟开始在莫斯卡托（Moscato d'Asti）建立庄园，逐步扩展到托斯卡尼（Tuscany），并生产圣乔维斯（Sangiovese）葡萄酒和橄榄油。巴洛洛•坎佩（Barolo Campè）葡萄园和三个著名的巴巴莱斯科（Barbaresco）葡萄园是拉斯皮内塔（La Spinetta）影响力最大的葡萄园区。结合乔治奥（Giorgio）的商业技能和与众不同的产品风格，使酒庄在很短的时间内产生惊人的成绩。今天，我们能在国际的重要市场上看见拉•斯皮内塔酒庄的酒。巴洛洛（Barolo）和巴巴莱斯科（Barbaresco Riservas）保存在大罐瓶内，并通过10年时间的陈酿，尽管其中两个年份的巴巴莱斯科（Barbaresco Valeirano）和巴洛洛•坎佩（Barolo Campe）非常出色，依然面临着范围广泛的竞争。杰出的巴贝拉2011（Barbaera Bionzo 2011）也成为过去几年的标杆。

● Barbaresco Vign. Valeirano '10	ΨΨ 8
● Barbaresco Vign. Valeirano Ris. '04	ΨΨ 8
● Barbera d'Asti Sup. Bionzo '11	ΨΨ 6
● Barolo Campè '09	ΨΨ 8
● Barbaresco Vign. Bordini '09	ΨΨ 7
● Barbaresco Vign. Gallina '10	ΨΨ 8
● Barbaresco Vign. Starderi '10	ΨΨ 8
● Barbaresco Vign. Starderi Ris. '04	ΨΨ 8
● Barbera d'Alba Vign. Gallina Ris. '04	ΨΨ 6
● Barolo Campè Ris. '04	ΨΨ 8
● Barolo Garretti '09	ΨΨ 7
● M.to Rosso Pin '11	ΨΨ 6
○ Moscato d'Asti Bricco Quaglia '12	ΨΨ 3
○ Moscato d'Asti Passito Oro '06	ΨΨ 6
● Barbera d'Asti Sup. Bionzo '09	ΨΨΨ 6
● Barolo Campè '08	ΨΨΨ 8

Sylla Sebaste

via San Pietro, 4
12060 Barolo [CN]
Tel. 017356266
www.syllasebaste.com

藏酒销售
预约参观
年产量 120 000 瓶
葡萄种植面积 10 公顷

经过一些风浪和接近15年的平淡，这一个坐落在维尔市（Vergne）的老品牌酒庄，终于在2000年收购了梅洛（Merlo）家族产业，并在热爱葡萄酒的企业家艾尔巴（Alba）的带领下，得到了蜕变。从那以后，在年轻的庄主法比兹奥（Fabrizio）和他的得力员工的管理下，酒庄取得了惊人的成绩并重返轨道。2004年，酒庄完成了酒窖的更新和重建。巴洛洛（Barolo）葡萄是希拉•瑟巴斯特（Sylla Sebaste）的核心，占据了6公顷的面积。在布西亚（Bussia）和孟荣尼奥洛•布西亚（Monroniolo di Bussia）、桑•皮埃托（San Pietro）和比克（Bricco delle Viole crus）的葡萄园地则专门种植内比奥罗（Nebbiolo）。第二组葡萄园坐落在坎纳勒（Canale），种植两款巴洛洛（Barolo），其共同特征是和谐与细腻。布西亚（Bussia）葡萄在大型和中型的木桶中陈酿，产量接近2 000瓶，其展现的特征亲近、悠长。我们也喜欢大家普遍饮用的巴贝拉2011（Barbera 2011）。

● Barolo Bussia '09	🍷🍷 (red)	6
● Barbera d'Alba '11	🍷🍷 (black)	3
● Barolo '09	🍷🍷 (black)	6
○ Roero Arneis '12	🍷 (black)	3
● Barolo Bussia '85	🍷🍷🍷 (outline)	6
● Barolo Bussia Ris. '84	🍷🍷🍷 (outline)	6
● Barolo '08	🍷🍷 (outline)	6
● Barolo Bussia '07	🍷🍷 (outline)	7
● Barolo Bussia '06	🍷🍷 (outline)	6
● Nebbiolo d'Alba '09	🍷🍷 (outline)	2*

Luigi Tacchino

via Martiri della Benedicta, 26
15060 Castelletto d'Orba [AL]
Tel. 0143830115
www.luigitacchino.it

藏酒销售
预约参观
年产量 120 000 瓶
葡萄种植面积 12 公顷

我们必须把信用付诸行动。塔奇诺（Tacchino）家族尤其是固执的罗米娜（Romina），在过去10年取得了令人钦佩的成果。之所以说她固执，是当年种植欧瓦达葡萄（Ovada）的时候，整片葡萄都收成不好，造成葡萄的浪费，在遭受到很多葡萄种植者反对的时候，她最终还是坚持自己的选择。在上一版《年鉴》中，杜•里瓦（Du Riva）获得了她第一个"三杯奖"时，我们才终于明白她为什么流下泪水。这并不仅仅是情绪的反应，而是这个奖项肯定了她的选择。塔奇诺（Tacchino）家族展现的葡萄酒系列简单而突出。杜•里瓦（Du Riva）证实多尔赛托（Dolcetto）在欧瓦达（Ovada）葡萄区域的地位是最好的，它的酒体强烈、优雅，红莓、烟草和香料的气息扑鼻而来，给我们带来细腻的口感和结构。风格新颖的艾尔巴罗拉（Albarola）展现了橡木桶和香料的香气以及丰富的水果味，口感强烈、可口，回味时间悠长。

● Dolcetto di Ovada Sup. Du Riva '10	🍷🍷🍷 (red)	4*
● Barbera del M.to Albarola '11	🍷🍷 (red)	5
● Barbera del M.to '12	🍷🍷 (black)	2*
● Dolcetto di Ovada '11	🍷🍷 (black)	2*
○ Gavi del Comune di Gavi '12	🍷🍷 (black)	3
● M.to Rosso Di Fatto '10	🍷🍷 (black)	5
○ Cortese dell'Alto M.to Marsenca '12	🍷 (black)	2
● Dolcetto di Ovada Sup. Du Riva '09	🍷🍷🍷 (outline)	4*
● Dolcetto di Ovada Sup. Du Riva '08	🍷🍷🍷 (outline)	4*
● Barbera del M.to '11	🍷🍷 (outline)	2*
● Barbera del M.to Albarola '09	🍷🍷 (outline)	3*
● Dolcetto di Ovada '10	🍷🍷 (outline)	2*
○ Gavi del Comune di Gavi '11	🍷🍷 (outline)	3
● M.to Rosso Di Fatto '09	🍷🍷 (outline)	5
● M.to Rosso Di Fatto '08	🍷🍷 (outline)	4

Michele Taliano

c.so A. Manzoni, 24
12046 Montà [CN]
Tel. 0173975658
www.talianomichele.com

藏酒销售
预约参观
年产量 60 000 瓶
葡萄种植面积 12 公顷

塔利亚诺（Taliano）家族经营着大范围的罗埃洛（Roero）和朗格（Langhe）葡萄园。所有的罗埃洛葡萄园坐落在蒙特阿（Monta）市的柏素拉区（Bossola）、洛朗迪区（Rolandi）和本那区（Benna），用于种植经典的葡萄品种：阿内斯（Arneis）、巴贝拉（Barera）、法沃里达（Favorita）和内比奥罗（Nebbiolo）。而朗格（Langhe）葡萄园购于19世纪70年代，位于巴巴莱斯科产区，用于种植内巴贝拉（Barbera）、多尔赛托（Dolcetto）和莫斯卡托（Moscato）等品种。葡萄酒的结构坚实、格外朴素，但非常新鲜，酒体强烈而持久。酒中之王是风格传统的巴巴莱斯科2010（Bararesco Ad Altiora 2010），它傲慢、优雅，散发干花、药草和甘草的香气，结构紧密、朴素。巴贝拉•拉伯里奥萨2010（Barbera d'Alba Laboriosa 2010）则是稠密而果味浓郁的。

● Barbaresco Ad Altiora '10	YY 5
● Barbera d'Alba Laboriosa '10	YY 3
● Barbera d'Alba A Bon Rendre '12	Y 2
● Nebbiolo d'Alba Blagheur '11	Y 2
○ Roero Arneis Sernì '12	Y 2
● Roero Ròche dra Bòssora Ris. '09	Y 3
● Barbaresco Ad Altiora '09	YY 5
● Barbaresco Ad Altiora '08	YY 5
● Barbaresco Tera Mia Ris. '05	YY 5
● Nebbiolo d'Alba Blagheur '09	YY 3*
● Roero Ròche dra Bòssora Ris. '08	YY 3

Tenuta La Tenaglia

s.da Santuario di Crea, 5c
15020 Serralunga di Crea [AL]
Tel. 0142940252
www.latenaglia.com

藏酒销售
预约参观
膳宿接待
年产量 120 000 瓶
葡萄种植面积 30 公顷

历史悠久的拉•特纳歌利亚（La Tenaglia）庄园在蒙福拉托（Monferrato Casalese）的起源可以追溯到17世纪。庄园逐渐扩展到了海拔约450米的林地和葡萄园，这一片格外美丽的地方最后成为葡萄种植地。出产的大部分葡萄酒都很好地展现了当地巴贝拉（Barera）和吉诺林诺（Grignolino）葡萄品种的特点。庄园也种植国外的葡萄品种，用于酿制蒙福拉托（Monferrato Rossos）和白葡萄酒。拉•特纳歌利亚庄园的巴贝拉1930（Barbera 1930）和吉诺林诺（Grignolino）给我们在感官与品种特色上留下深刻的印象。仅次于这两款葡萄酒的是风格优雅、复杂的巴贝拉（Barbera Emozioni）。我们也同样十分喜欢口感强烈且优秀的蒙福拉托（Monferrato Rosso Paradiso），这款葡萄酒需要更多的时间去发掘它的潜力。

● Barbera del M.to Sup. 1930 Una Buona Annata '09	YY 5
● Grignolino del M.to Casalese '12	YY 2*
● Barbera d'Asti Bricco Crea '12	YY 2*
● Barbera d'Asti Emozioni '08	YY 5
● M.to Rosso Paradiso '09	YY 5
● Barbera del M.to '12	Y 2
● Barbera del M.to Cappella 3 del Sacro Monte di Crea '12	Y 2
⊙ M.to Chiaretto Edenrose '12	Y 2
○ Piemonte Chardonnay '12	Y 2
● Barbera d'Asti Giorgio Tenaglia '08	YY 3
● Barbera del M.to '11	YY 2*
● Barbera del M.to Cappella 3 del Sacro Monte di Crea '11	YY 2*
● Grignolino del M.to Casalese '11	YY 2*

Terre da Vino

via Bergesia, 6
12060 Barolo [CN]
Tel. 0173564611
www.terredavino.it

藏酒销售
预约参观
年产量 1 200 000 瓶
葡萄种植面积 300 公顷
葡萄栽培方式 有机认证

有赖于农学家丹尼尔拉•埃博拉（Daniele Eberle）和葡萄酒学家布鲁诺•戈尔德罗（Bruno Cordero）的工作效率高，长期在种植园地上劳作，与葡萄种植者交流，皮耶诺•科詹默罗（Piero Quadrumolo）教授在1996年开设的巴贝拉种植项目才能有效进行，并保证了庄园的葡萄酒事业。这一片葡萄园区的合作酿酒商加紧节奏，对总部的要求作出回应，在被挑选的区域与种植者建立紧密和忠实的关系。特雷•达•维诺（Terre da vino）庄园现有200名成员和接近300公顷的葡萄园，提供优质的法定产区酒（DOC）。其中巴洛洛•易森泽2009（Barolo Essenze 2009）是所有产品中最突出的，其富含红莓、烟草和香料的气味，紧密的单宁在口腔中优雅回旋。大瓶装的巴洛洛•易森泽2001（Barolo Essenze 2001）则体现了明朗、有活力的风格，尽管多年过去了，还是能展现其古典的气息。

● Barbera d'Alba Sup. Croere '11	🍷🍷 4
● Barbera d'Asti Sup. La Luna e I Falò '11	🍷🍷 3*
● Barolo Essenze '09	🍷🍷 6
● Barolo Essenze Ris. '01	🍷🍷 8
● Barbaresco La Casa in Collina '10	🍷🍷 4
● Barolo Paesi Tuoi '09	🍷🍷 5
○ Gavi del Comune di Gavi '12	🍷🍷 3
● Langhe Nebbiolo La Malora '11	🍷🍷 4
○ Piemonte Moscato Passito La Bella Estate '11	🍷🍷 5
○ Piemonte Pinot Nero Extra Brut Molinera	🍷🍷 3
● Barbera d'Asti San Nicolao '12	🍷 2
● Barolo Poderi Scarrone '08	🍷 7
● Dolcetto d'Alba Roccabella '12	🍷 2
○ Piemonte Chardonnay Vallerenza	🍷 2
○ Piemonte Sauvignon Chardonnay Tra Donne Sole '12	🍷 2

Terre del Barolo

via Alba-Barolo, 8
12060 Castiglione Falletto [CN]
Tel. 0173262053
www.terredelbarolo.com

藏酒销售
预约参观
年产量 30 000 000 瓶
葡萄种植面积 600 公顷

特雷•德尔•巴洛洛（Terre Del Barolo）是一个由来自不同地区的许多朗格（Langhe）成员联合创立的，总面积达600公顷的葡萄园，巨大的产量确保了可观的收入。葡萄园于1958年成立，从合作到现在走了一条很长的路。今天，马特奥•博斯克（Matteo Bosco）被赋予了独特的身份，成为这个潜力无限的葡萄园管理者。在朗格的一些优质的园区中进行的葡萄园完善设施建设。在生产的酒中，色调明亮、充满生动气息是巴洛洛•坎奴比2007（Barolo Cannubi 2007）的独特之处，混合着红莓和烟草的香气，口感紧密，单宁和谐美好，回味深刻、悠长。还有一款值得留意的酒品是巴洛洛2009（Barolo 2009），具有新鲜的水果味，单宁与酸度的平衡性好。

● Barolo Cannubi '07	🍷🍷 7
● Barolo '09	🍷🍷 5
● Barolo Monvigliero '07	🍷🍷 6
● Barolo Ravera '07	🍷🍷 6
● Barolo Rocche di Castiglione Ris. '06	🍷🍷 7
● Nebbiolo d'Alba '11	🍷🍷 3
● Barbera d'Alba Sup. '11	🍷 2
● Dolcetto d'Alba Castello '12	🍷 2
● Dolcetto di Diano d'Alba '12	🍷 2
● Barolo '06	🍷🍷 5
● Barolo Cannubi '04	🍷🍷 6
● Barolo Rocche Ris. '04	🍷🍷 5*
● Diano d'Alba Cascinotto '11	🍷🍷 2*
● Dolcetto d'Alba Castello '11	🍷🍷 2*

Torraccia del Piantavigna

via Romagnano, 69a
28067 Ghemme [NO]
Tel. 0163840040
www.torracciadelpiantavigna.it

藏酒销售
预约参观
年产量 90 000 瓶
葡萄种植面积 40 公顷

弗朗克里（Francoli）兄弟如何创立他们格美（Ghemme）庄园的商标的故事是吸引人的。托拉西亚（Torraccia）是格美（Ghemme）的一个地名，在1977年第一批内比奥罗（Nebbiolo）葡萄园就种植于此。皮安塔威格纳（Piantavigna）则是他们外祖父的姓。庄园40公顷的种植面积分布在六个不同的产区，跨越了诺瓦拉（Novara）和维切利（Vercelli）。在他们的园地上只种植内比奥罗（Nebbiolo）、维斯波琳娜（Verpolina）和鄂博鲁斯（Erbaluce）三个葡萄品种。在酿酒师吉赛佩•卡维奥拉（Giuseppe Caviola）的支持下，精心酿制出范围广、种类多的葡萄酒，在这些葡萄酒展现其隐藏在橡木桶里惊人的力量前必须经过耐心的等待和精心的照料，最终才能成为声名远扬的葡萄酒商标。酒庄的两款名酒都来自优质的园地，由于同一品种的葡萄种植在由塞西亚河（River Sesia）和行政边界相隔的两个相邻的区域，导致所酿制的两款葡萄酒风味相似。嘉狄娜拉（Gattinara）展现的口感朴素、风格单调；而格美（Ghemme）则表现轻松、舒适。

● Gattinara '09	🍷🍷🍷 5
● Ghemme '09	🍷🍷 5
○ Colline Novaresi Bianco Erbavoglio '12	🍷 3
⊙ Colline Novaresi Nebbiolo Rosato Barlàn '12	🍷 3
● Colline Novaresi Vespolina La Mostella '11	🍷 3
● Gattinara '06	🍷🍷🍷 5
● Gattinara '05	🍷🍷🍷 5
● Ghemme '07	🍷🍷🍷 5
● Ghemme Ris. '07	🍷🍷🍷 5
● Ghemme Ris. '07	🍷🍷🍷 5
● Colline Novaresi Vespolina La Mostella '10	🍷🍷 2*
● Gattinara '08	🍷🍷 5
● Gattinara '08	🍷🍷 5

Giancarlo Travaglini

via delle Vigne, 36
13045 Gattinara [VC]
Tel. 0163833588
www.travaglinigattinara.it

藏酒销售
预约参观
年产量 250 000 瓶
葡萄种植面积 110 公顷

在110公顷的园地上接近有60公顷种植嘉狄娜拉•内比奥罗（Gattinara Nebbiolo）葡萄，这是辛吉亚•特拉法里尼（Cinzia Travaglini）和她的丈夫马西莫•科莱托（Massimo Collauto）在塞尔吉奥•莫林诺（Sergio Molino）的支持下，一直传承到现在的做法。由于生长在空气干燥和通风的环境下，土壤含有较高的铁质，决定了这一葡萄品种轻盈、单调的特征，另外还受到附近阿尔卑斯（Alps）山脉的影响，这些特性在基调中表现出来。而特雷•维格尼（Tre Vigne）和里塞瓦（Riserva）展现出不同的风味则是由于葡萄园的起源、类型和在橡木桶中陈酿的时间长度有所不同所造成的。酒庄通过酿制非常成熟的内比奥罗葡萄而产出索尼奥（Il Sogno）。今年有两款葡萄酒嘉蒂娜拉斯（Gattinaras）和特拉瓦格里尼（Travaglini）表现出色。2008年份的两款红葡萄酒，质量是毋庸置疑的，但口感仍然太年轻，单调的单宁味，酒体呆板。我们比较喜欢与斯佛扎托•迪•瓦尔塔琳娜（Sforzato di Valtellina）使用同样的酿制技术的索尼奥（Sogno），葡萄品种也是内比奥罗。

● Gattinara Ris. '08	🍷🍷 6
● Gattinara Tre Vigne '08	🍷🍷 5
● Gattinara '09	🍷🍷 4
● il Sogno '09	🍷🍷 6
● Coste della Sesia Nebbiolo '11	🍷 3
● Gattinara Ris. '06	🍷🍷🍷 6
● Gattinara Ris. '04	🍷🍷🍷 5
● Gattinara Tre Vigne '04	🍷🍷🍷 5
● Coste della Sesia Nebbiolo '10	🍷🍷 3
● Coste della Sesia Nebbiolo '09	🍷🍷 3*
● Gattinara '08	🍷🍷 4
● Gattinara '07	🍷🍷 4
● Gattinara Ris. '07	🍷🍷 6
● Gattinara Tre Vigne '06	🍷🍷 5
● l'altro Sogno '07	🍷🍷 5

G. D. Vajra

Loc. Vergne
via delle Viole, 25
12060 Barolo [CN]
Tel. 017356257
www.gdvajra.it

藏酒销售
预约参观
年产量 220 000 瓶
葡萄种植面积 50 公顷

瓦拉（Vajra）一直都在为保卫传统和领土的起源而坚守自己的要求。多年过去了，这已成为如何结合优雅的气味、合适的酸度和非常漫长的瓶内陈酿时间的生产的指引。因巴洛洛葡萄园而起名的巴洛洛•布里克•戴尔（Barolo Bricco Delle Viole）葡萄酒就是最好的例子，尽管整个系列都展现了非常突出的性格，包括雷司令•热纳诺（Riesling Renano）白葡萄品种和福瑞伊萨（Freisa）。2009年，瓦拉（Vajra）家族收购了坐落在塞拉伦加•达尔巴（Serralunga d' Alba）的路易基•保丹（Luigi Baudan）庄园，因此他们适当地增加了两个上佳的巴洛洛葡萄园：保丹娜（Baudana）和塞拉塔（Cerretta）的供给。口感复杂、香气多样的巴洛洛•保丹娜2009（Barolo Baudana 2009）获得了“三杯奖”，其展现了烟草、紫罗兰、红莓和奎宁的香气，紧接着优雅的单宁味挥之不去。优雅是这款有活力的多尔赛托•达尔巴•科斯特& 佛萨蒂2011（Dolcetto d'Alba Coste&Fossati 2011）的核心，其单宁柔和细腻，果香丰盈。

● Barolo Baudana Luigi Baudana '09	🍷🍷🍷	6
● Barolo Bricco delle Viole '09	🍷🍷	8
● Barolo Cerretta Luigi Baudana '09	🍷🍷	6
● Dolcetto d'Alba Coste & Fossati '11	🍷🍷	4
● Barbera d'Alba '11	🍷🍷	3
● Barolo Albe '09	🍷🍷	6
○ Langhe Bianco Pétracine '12	🍷🍷	5
● Langhe Freisa Kyè '10	🍷🍷	5
● Barbera d'Alba Sup. '10	🍷	5
● Langhe Nebbiolo '11	🍷	3
○ Moscato d'Asti '12	🍷	3
● Barolo Bricco delle Viole '05	🍸🍸🍸	8
● Barolo Bricco delle Viole '01	🍸🍸🍸	8
● Barolo Cerretta Luigi Baudana '08	🍸🍸🍸	6

Mauro Veglio

Fraz. Annunziata
Cascina Nuova, 50
12064 La Morra [CN]
Tel. 0173509212
www.mauroveglio.com

藏酒销售
预约参观
年产量 60 000 瓶
葡萄种植面积 13 公顷

毛罗•维格里奥（Mauro Veglio）和他的妻子丹妮拉•塞菲里奥（Daniela Seffirio）信心满满地经营着他们的葡萄酒企业。年复一年，他们专注地工作，使企业稳步前进，成为在众多主要市场中为大众所熟悉的葡萄酒企业。酒庄总部和伊利奥•阿尔塔拉（Elio Altare）的家都在同一个院子上，这如诗如画般的朗格一角给他的家增添了不少创意。在蒙福尔特（Monforte d'Alba）市，除了卡斯特列多（Castelletto）区以外，所有的葡萄园都围绕着别墅井然有序地排列着。所出产的葡萄酒的风格主要表现出干净清新的香气和良好的口感。生气勃勃的巴洛洛•加特拉2009（Barolo Gattera 2009）给我们呈现了红莓、甜甜的香料和奎宁等多层清新的香味，单宁柔顺，回味悠长。而巴洛洛•卡斯特列多2009（Barolo Castelletto 2009）则是一款气味多变的葡萄酒，烟草、野生浆果和紫罗兰的香味来回荡漾，粗糙的单宁与可口的酸度营造平衡的口感体验。

● Barolo Castelletto '09	🍷🍷	7
● Barolo Gattera '09	🍷🍷	7
● Barbera d'Alba Cascina Nuova '11	🍷🍷	5
● Barolo '09	🍷🍷	5
● Barolo Rocche dell'Annunziata '09	🍷🍷	8
● Barolo Vign. Arborina '09	🍷🍷	7
● Langhe Nebbiolo Angelo '11	🍷🍷	4
● Barbera d'Alba '12	🍷	3
● Dolcetto d'Alba '12	🍷	2
● Barbera d'Alba Cascina Nuova '99	🍸🍸🍸	5
● Barolo V. Rocche '96	🍸🍸🍸	8
● Barolo Vign. Arborina '01	🍸🍸🍸	6
● Barolo Vign. Arborina '00	🍸🍸🍸	6
● Barolo Vign. Gattera '05	🍸🍸🍸	6

Vicara

Cascina Madonna delle Grazie, 5
15030 Rosignano Monferrato [AL]
Tel. 0142488054
www.vicara.it

藏酒销售
预约参观
年产量 200 000 瓶
葡萄种植面积 51 公顷
葡萄栽培方式 生物动力学认证

现代化和科技没有改变维•卡•拉（Vi.Ca.Ra）酒庄的项目原则，酒庄的名称来源于三个合作人的姓氏：维斯康蒂（Visconti）、卡新尼斯（Cassinis）和拉维萨（Ravizza）。他们坚持根据葡萄园的本质特征、土壤的风格来挑选葡萄品种的种植。加上周围环境的影响和完美的配方，酒庄生产出能与新兴技术酿造的葡萄酒对抗的产品。买入的葡萄在放入酒窖前先经过挑选和处理，保证葡萄是完全成熟并处于最佳的状况，酿制方法在这里只是充当配角。今年，吉诺林诺葡萄酒（Grignolino）再一次入选总决赛，表现出显著多变的风格特征。巴贝拉•罗卡（Barbera La Rocca）葡萄酒首次进入《年鉴》，这是一款带有红莓、烟草和可可粉香味的葡萄酒，香气诱人，口感清新，余韵可口。

● Barbera del M.to La Rocca '10	🍷🍷 3*
● Grignolino del M.to Casalese '12	🍷🍷 3*
● Barbera del M.to Vivace '12	🍷 2
○ M.to Bianco Airales '12	🍷 2
⊙ M.to Chiaretto '12	🍷 2
● Barbera del M.to Sup. Cantico della Crosia '09	🍷🍷 4
● Barbera del M.to Sup. Cantico della Crosia '07	🍷🍷 4
● Barbera del M.to Sup. Vadmò '09	🍷🍷 4
● Barbera del M.to Sup. Vadmò '06	🍷🍷 3*
● Barbera del M.to Volpuva '11	🍷🍷 2*
● Grignolino del M.to Casalese '11	🍷🍷 3*
● Grignolino del M.to Casalese '10	🍷🍷 3*
● M.to Rosso Rubello '09	🍷🍷 4

Giacomo Vico

via Torino, 80/82
12043 Canale [CN]
Tel. 0173979126
www.giacomovico.it

藏酒销售
预约参观
年产量 100 000 瓶
葡萄种植面积 18 公顷

维科（Vico）家族的酒庄成立于18世纪末，曾在1954年业务被中断。近20年来，酒庄的第四代接班人致力于酒庄的重建，使其重整旗鼓。葡萄园主要坐落在维扎•阿尔巴（Vezza d'Alba）和坎纳勒（Canale）的典型的、松散的罗埃洛（Roero）砂质土壤的地势上，这里是经典葡萄品种的种植天堂，种植的葡萄包括巴贝拉（Barbera）、内比奥罗（Nebbiolo）、布拉彻托（Brachetto）、阿内斯（Arneis）和法沃里达（Favorita），还有少数的霞多丽（Chardonnay）。酒庄出产的葡萄酒的特点是时尚以及葡萄品种的多样化，这主要是由特别的种植区域类型而导致的。入选决赛的有巴洛洛2008（Barolo 2008）和罗埃洛2010（Roero 2010），其中，罗埃洛2010风格经典、优雅，带有药草和烟草的香气，口感和谐，充满活力，余味悠长。而巴洛洛2008的香味馥郁，洋茴香和野茴香包含着水果与凤仙花的气息，给我们带来清新水果味。口感新鲜，带有浆果味道的巴贝拉2011（Barbera d'Alba 2011）和花香味浓郁，口感强烈的罗埃洛•阿内斯2012（Roero Arneis 2012）也深受大众喜爱。

● Barolo '08	🍷🍷 6
● Roero '10	🍷🍷 4
● Barbera d'Alba '11	🍷🍷 2*
○ Roero Arneis '12	🍷🍷 2*
● Barbera d'Alba '10	🍷🍷 2*
● Barbera d'Alba Sup. '10	🍷🍷 4
● Langhe Rosso '10	🍷🍷 2*
● Nebbiolo d'Alba '08	🍷🍷 3
● Roero '09	🍷🍷 4
● Roero '08	🍷🍷 4

★Vietti

P.ZZA VITTORIO VENETO, 5
12060 CASTIGLIONE FALLETTO [CN]
TEL. 017362825
www.vietti.com

藏酒销售
预约参观
年产量 250 000 瓶
葡萄种植面积 37 公顷

很难想象这个庄园是由几个有名望的、品种多样的葡萄园组合而成，它们分别是来自卡斯蒂戈隆•法列多（Cstiglione Falletto）的罗切（Rocche）和维尔列罗（Villero），拉•莫拉（La Morra）的布伦纳特（Brunate）和塞拉伦家（Serralunga d'Alba）的拉萨利托（Lazzarito）。庄园生产的巴洛洛（Barolo）完美地表现了时代的敏感性与传统实践的接轨，使设备技术和木桶尺寸的争辩不复存在。对于内比奥罗（Nebbiolo）品种来说，维缇（Vietti）品牌并没有得到葡萄酒爱好者的绝对肯定。在阿尔巴（Alba）和阿斯蒂（Asti）地区，巴贝拉（Barbera）葡萄得到完美的表现，阿内斯（Arneis）、莫斯卡托（Moscato）和多尔赛托（Dolcetto）也能相应地生长得很好。出色的巴洛洛•维尔列多•里瑟瓦2006（Barolo Villero Riserva 2006）虽然经过长时间的陈酿，但并不损害其新鲜的口感，并保持着高贵、严峻的格调。结构坚实、层次分明的巴洛洛•罗切2009（Barolo Rocche 2009）散发出烟草、奎宁、洋茴香和香料的香味，口感饱满且停留时间长。

● Barolo Villero Ris. '06	🍷🍷🍷 8
● Barolo Castiglione '09	🍷🍷 7
● Barolo Lazzarito '09	🍷🍷 8
● Barolo Rocche '09	🍷🍷 8
● Barbaresco Masseria '09	🍷🍷 8
● Barbera d'Alba Scarrone V. Vecchia '11	🍷🍷 6
● Barbera d'Alba Tre Vigne '11	🍷🍷 3
● Barbera d'Asti Sup. Nizza La Crena '10	🍷🍷 5
● Barbera d'Asti Tre Vigne '11	🍷🍷 3
● Langhe Nebbiolo Perbacco '10	🍷🍷 3
○ Roero Arneis '12	🍷🍷 3
● Barbera d'Asti Sup. Nizza La Crena '09	🍷🍷🍷 5
● Barolo Rocche '08	🍷🍷🍷 8
● Barolo Rocche '06	🍷🍷🍷 8
● Barolo Villero Ris. '04	🍷🍷🍷 8

I Vignaioli di Santo Stefano

LOC. MARINI, 26
12058 SANTO STEFANO BELBO [CN]
TEL. 0141840419
www.ceretto.com

藏酒销售
预约参观
年产量 335 000 瓶
葡萄种植面积 35 公顷

这一片庄园于1976年由赛瑞多瑞拓（Ceretto）、桑迪（Santi）和斯卡维诺（Scavino）家族共同建立，在莫斯卡托（Moscato）产区声名好、信誉高。产品范围只限于3个标签是由品种的类型而决定的。大部分的葡萄园位于桑托•斯蒂凡诺•贝尔波（Santo Stefano Belbo），小部分位于海拔320米至450米的卡罗索（Calosso）和卡纳里（Canelli）。生产中心坐落在瓦尔地维拉（Valdivilla）陡峭的南坡上的桑•茂里茨奥（San Maurizio）庄园，种植面积有18公顷。今年酒庄的帕赛特（Passito）甜酒还是没有入选，但是葡萄酒的质量非常优秀。莫斯卡托2012（Moscato d'Asti 2012）香味集中，鼠尾兰、桃子和凤仙花的香味逐层体现，甜味和酸味在口中取得完美的平衡感，给人以清新、愉悦的体验，余味悠长，深受大众喜爱。

○ Asti '12	🍷🍷 3
○ Moscato d'Asti '12	🍷🍷 4
○ Asti '11	🍷🍷 3
○ Asti '10	🍷🍷 3
○ Moscato d'Asti '11	🍷🍷 3
○ Moscato d'Asti '10	🍷🍷 3
○ Moscato d'Asti '09	🍷🍷 4
○ Moscato d'Asti '08	🍷🍷 4
○ Moscato d'Asti '07	🍷🍷 3

Vigne Regali

via Vittorio Veneto, 76
15019 Strevi [AL]
Tel. 0144362600
www.castellobanfi.it

预约参观
年产量 2 000 000 瓶
葡萄种植面积 76 公顷

在阿里桑德利亚（Alessandria）省，韦格内•雷嘉里（Vigne Regali）酒庄的葡萄酒产量和范围令人印象深刻。韦格内•雷嘉里（Vigne Regali）酒庄是班菲（Banfi）集团的一员，经营着横跨几个大洲的国际市场。葡萄种类主要选择本地品种，如阿勒巴罗萨（Albarossa）、多尔赛托•阿克奇（Dolcetto d'Acqui）、科特赛•迪•嘉维（Cortese di Gavi）、莫斯卡托•阿斯蒂（Moscato d'Asti）和布拉彻托（Brachetto d'Acqui）。他们也生产大量的品质高的起泡酒，包括干酒和甜酒。库维•奥罗拉（Cuvee Aurora）起泡酒是由传统的起泡酒酿造工艺酿制，其色泽明亮，气泡细腻。班菲（Banfi Brut）起泡酒则口感复杂、强烈，酒体具有结构性，余味深长。由阿勒巴罗萨（Albarossa）酿制而成的卢斯（Lus）呈深红宝石色，黑莓和奎宁的香气巧妙地混合在一起，给人愉悦悠然的享受。

○ Alta Langa Cuvée Aurora '07	🍷🍷 5
○ Banfi Brut M. Cl.	🍷🍷 3
● Dolcetto d'Acqui L'Ardì '12	🍷🍷 3
○ Gavi Principessa Gavia '12	🍷🍷 3
● Piemonte Albarossa La Lus '10	🍷🍷 5
● Brachetto d'Acqui Rosa Regale '12	🍷 4
○ Moscato d'Asti Sciandor '12	🍷 3
○ Tener Brut	🍷 3
○ Alta Langa Brut Cuvée Aurora '06	🍷🍷 5
⊙ Alta Langa Brut Cuvée Aurora Rosé '09	🍷🍷 5
○ Banfi Brut Talento	🍷🍷 3
● Dolcetto d'Acqui L'Ardì '11	🍷🍷 2*

Vigneti Massa

p.zza G. Capsoni, 10
15059 Monleale [AL]
Tel. 013180302
vignetimassa@libero.it

藏酒销售
预约参观
年产量 80 000 瓶
葡萄种植面积 19.5 公顷

瓦特•马萨（Walter Massa）给我们的惊喜从未停止过，让我们不断追寻他的脚步。上一年，他发布了他的第四代迪莫拉索（Timorasso），之前曾产生过的很多疑问在全新的蒙特奇特里奥（Montecitorio）获得“三杯奖”时全部消失了。今年，我们担心他会在第五代品种上产生怎样的想法，但直到现在我们的大脑还是一片空白。此外，我们还有一个生力军，弗雷萨•劳伦丽娜塔（Freusa L'Avvelenata）与在酒庄的葡萄酒列单上常见的皮尔特拉•达尔•伽罗（Pietra del Gallo）不同，它还在陈酿中。莫斯卡托•安娜起亚•科斯蒂图齐奥罗（Moscato Anarchia Costituzional）和巴贝拉•森迪埃里（Barera Sentieri）品质一如既往的可靠。斯特皮（Sterpi）和柯斯达（Costa del Vento）一直吸引着喜欢口感强烈、葡萄种类丰富的人。而蒙特奇特里奥（Montecitorio）也以其酒体灵活、新鲜感浓郁的特征优胜于其他白葡萄酒，赢得人们的喜爱，连续两年获得“三杯奖”。

○ Montecitorio '11	🍷🍷🍷 6
○ Derthona '11	🍷🍷 5
○ Anarchia Costituzionale '12	🍷🍷 3
○ Costa del Vento '11	🍷🍷 6
● Pietra del Gallo '12	🍷🍷 2*
● Sentieri '12	🍷🍷 4
○ Sterpi '11	🍷🍷 6
● Freisa L'Avvelenata '10	🍷 4
○ Colli Tortonesi Timorasso Derthona '06	🍷🍷🍷 5
○ Colli Tortonesi Timorasso Sterpi '08	🍷🍷🍷 7
○ Colli Tortonesi Timorasso Sterpi '07	🍷🍷🍷 7
○ Derthona '09	🍷🍷🍷 5
○ Montecitorio '10	🍷🍷🍷 6

Villa Giada

REG. CEIROLE, 10
14053 CANELLI [AT]
TEL. 0141831100
www.andreafaccio.it

藏酒销售
预约参观
膳宿接待
年产量 190 000 瓶
葡萄种植面积 25 公顷

安德里亚•法西奥（Andrea Faccio）作为改善阿斯蒂（Asti）葡萄产区的号召人物已超过20年的时间。这是一个典型的产区，莫斯卡托（Moscato）葡萄种植在产区总部旁边的科内里区（Canelli）的赛意罗列山丘（Ceirole）上，巴贝拉（Barera）种植在卡罗索（Calosso）区的丹尼•卡斯西纳（Dani Cascina）、阿格利亚诺•特尔美（Agliano Terme）的山坡和卡斯西纳•达尔•帕洛克（Cascina del Parroco）。其他的种植品种还有内比奥罗（Nebbiolo）、多尔赛托（Dolcetto）、梅洛（Merlot）、霞多丽（Chardonnay）、苏维翁（Sauvignon）、科特赛（Cortese）和贾姆巴•迪•普莱斯（Gamba di Pernice）葡萄。新鲜的巴贝拉•阿斯蒂2010（Barera d'Asti Superiore NizzaBriccoDani2010）散发浓郁的奎宁气息，酒体在口腔中的表现强烈、紧密，虽然口感有些粗犷，但还是魅力不减。而余味悠长的顶级巴贝拉2009（Barera d'Asti Superiore Nizza Dedicato a 2009）则果味丰盈。口感集中的蒙福拉托•罗索2010（Monferrato Rosso Treponti 2010）是由内比奥罗和10%的巴贝拉葡萄酿制而成，具有层次感，散发烟草和覆盆子的香气。

● Barbera d'Asti Sup. Nizza Bricco Dani '10	🍷🍷 4
● Barbera d'Asti Sup. Nizza Dedicato a... '09	🍷🍷 5
● M.to Rosso Treponti '10	🍷🍷 3
● Barbera d'Asti Surì '12	🍷 2
● M.to Rosso Novenove '11	🍷 2
○ Moscato d'Asti '12	🍷 2
● Barbera d'Asti Ajan '10	ΨΨ 2*
● Barbera d'Asti Sup. Nizza Bricco Dani '09	ΨΨ 4
● Barbera d'Asti Sup. Nizza Dedicato a... '08	ΨΨ 5

★Villa Sparina

FRAZ. MONTEROTONDO, 56
15066 GAVI [AL]
TEL. 0143633835
www.villasparina.it

预约参观
膳宿接待
年产量 600 000 瓶
葡萄种植面积 65 公顷

由摩卡加塔（Moccagatta）家族在19世纪70年代购买的斯帕莉娜（Sparina）别墅，如今已改造成为酒窖，同时也是具有餐饮和水疗服务的度假胜地。主要的活动都集中在这一片美不胜收的葡萄园上，种植的葡萄品种有科特赛（Cortese）。而科特赛还种植在多尔赛托•斯奥瓦达（Dolceto s'Ovada）产区的卡辛那列（Cassinelle）的一片相当大的园地上，另有巴贝拉（Barbera）分布在艾尔多•蒙福拉托（Alto Monferrato）产区的 里瓦尔塔（Rivalta）。所有的园地都聚集在一个完美的位置，能诠释葡萄园的目的——把酒瓶放置方式的控制与水果的表现和酒窖的特点结合一起。维拉•斯帕莉娜（Villa Sparina）以惊人的产量、广泛的园地面积以及独特的葡萄酒品质，继续获得法定产区DOC的领先位置。蒙特罗顿多（Monterotondo）以酒体集中有力，口感细腻灵活，复杂多样的特征，成为意大利小群体葡萄酒中的基准酒款之一。蒙特罗顿多2011（Monterotondo 2011）经过长时间的陈酿更是完美。

○ Gavi del Comune di Gavi Monterotondo '11	🍷🍷🍷 6
● Barbera del M.to Sup. Rivalta '10	🍷🍷 6
● Barbera del M.to Villa Sparina '12	🍷🍷 3
○ Villa Sparina Brut M. Cl.	🍷🍷 3
○ Gavi del Comune di Gavi Et. Gialla '12	🍷 3
● M.to Rosso Montej '12	🍷 2
○ Gavi del Comune di Gavi Monterotondo '10	ΨΨΨ 6
○ Gavi del Comune di Gavi Monterotondo '09	ΨΨΨ 6
○ Gavi del Comune di Gavi Monterotondo '08	ΨΨΨ 6
○ Gavi del Comune di Gavi Monterotondo '07	ΨΨΨ 5
● M.to Rosso Rivalta '04	ΨΨΨ 6

Cantina Sociale di Vinchio Vaglio Serra

reg. San Pancrazio, 1
14040 Vinchio [AT]
Tel. 0141950903
www.vinchio.com

藏酒销售
预约参观
年产量 1 640 000 瓶
葡萄种植面积 420 公顷

这个合作性的庄园由200个种植者组成，是具有皮埃蒙特（Piedmont）本土特色的庄园之一。种植中心是在巴贝拉，其葡萄品种具有多样性，且提供大量的来自地区的主要葡萄品种的系列标签，从内比奥罗（Nebbiolo）到科特赛（Cortese），从多尔赛托（Dolcceto）到阿内斯（Arneis），还有从布拉彻托（Brachetto）到莫斯卡托（Moscato）。值得一提的是，这一片广阔的葡萄园地是属于种植者所有，包括几片已有60年历史的小土地。葡萄酒是通过技术设备酿制，风格典型、特色鲜明。其中巴贝拉•茵新塞西斯2007（Barbera d'Asti Superiore Sei Vigne Insynthesis 2007）已成为最好的酒款，丰富的水果气息中混杂了香料、咖啡和甘草的味道，酒体结构紧实、富有活力，余味深长。

● Barbera d'Asti Sup. Sei Vigne Insynthesis '07	🍷🍷 6
● Barbera d'Asti Sorì dei Mori '12	🍷🍷 2*
● Barbera d'Asti Sup. I Tre Vescovi '11	🍷🍷 2*
● Barbera d'Asti Sup. Vigne Vecchie '09	🍷🍷 4
● Barbera d'Asti Vigne Vecchie 50 '11	🍷🍷 3
○ Monferrato Bianco Lipiai '12	🍷 2
● Monferrato Rosso Tutti per Uno '09	🍷 3
○ Piemonte Brut Pinot-Chardonnay Castel del Mago '12	🍷 3
● Barbera d'Asti Sup. Sei Vigne Insynthesis '01	🍷🍷🍷 6
● Barbera d'Asti Sup. Nizza Laudana '09	🍷🍷 3*
● Barbera d'Asti Sup. V. V. '08	🍷🍷 4
● Barbera d'Asti V. V. 50 '10	🍷🍷 3

Virna

via Alba, 73/24
12060 Barolo [CN]
Tel. 017356120
www.virnabarolo.it

藏酒销售
预约参观
年产量 60 000 瓶
葡萄种植面积 12 公顷

以维纳•博购格诺（Virna Borgogno）名称命名的维纳（Virna）酒庄，最近在巴巴莱斯科（Barbaresco）产区成立，并在维纳（Virna）的姐姐和丈夫的辅助下，不断生产出品质优良的葡萄酒并信心满满地走向国际市场。这个小小的朗格（Langhe）酒庄选取了一系列来自上等的葡萄园生产的巴洛洛（Barolo），分别是萨尔马萨（Sarmassa）、普雷达（Preda）和坎奴比•波斯奇斯（Canubi Boschis），放在不同尺寸大小的橡木桶中陈酿，生产出来的葡萄酒风格特别。这无疑是赢得意大利人及各国葡萄酒爱好者喜爱的王牌。曾经获奖的巴洛洛•普雷达•萨尔马萨2009（Barolo Preda Sarmassa 2009）散发着树莓、烟草和紫罗兰的香气，气味复杂、富有层次感，单宁的表现紧密有力，收尾顺滑。巴洛洛•坎奴比•波斯奇斯2009（Barolo Cannubi Boschis 2009）则表现得有些急躁，若在瓶内继续陈酿，效果更佳。

● Barolo Preda Sarmassa '09	🍷🍷 6
● Barbera d'Alba '11	🍷🍷 2*
● Barolo '09	🍷🍷 5
● Barolo Cannubi Boschis '09	🍷🍷 6
● Nebbiolo d'Alba '10	🍷🍷 3
● Barbera d'Alba '10	🍷🍷 2*
● Barbera d'Alba San Giovanni '09	🍷🍷 3
● Barolo '08	🍷🍷 5
● Barolo Cannubi Boschi '04	🍷🍷 5
● Barolo Cannubi Boschis '08	🍷🍷 6
● Barolo Cannubi Boschis '07	🍷🍷 5
● Barolo Cannubi Boschis '04	🍷🍷 5
● Barolo Preda Sarmassa '08	🍷🍷 6
● Barolo Preda Sarmassa '06	🍷🍷 5

F.lli Abrigo

LOC. BERFI
VIA MOGLIA GERLOTTO, 2
12055 DIANO D'ALBA [CN]
TEL. 017369104
www.abrigofratelli.com

藏酒销售
预约参观
年产量 100 000 瓶
葡萄种植面积 25 公顷

● Barbera d'Alba La Galùpa '11	🍷🍷 3
● Diano d'Alba Sup. V. Pietrin '11	🍷🍷 3
● Nebbiolo d'Alba Tardiss '11	🍷🍷 3
● Diano d'Alba Rocche dei Berfi '12	🍷 3

Antica Cascina Conti di Roero

LOC. VAL RUBIAGNO, 2
12040 VEZZA D'ALBA [CN]
TEL. 017365459
www.oliveropietro.it

藏酒销售
预约参观
年产量 100 000 瓶
葡萄种植面积 14 公顷

● Barbera d'Alba '11	🍷🍷 2*
○ Roero Arneis '12	🍷🍷 2*
○ Brut M. Cl.	🍷 4
● Nebbiolo d'Alba '11	🍷 2

Odilio Antoniotti

V.LO ANTONIOTTI, 9
13868 SOSTEGNO [BI]
TEL. 0163860309

● Bramaterra '09	🍷🍷 3*
● Pramartel	🍷🍷 3

Anzivino

C.SO VALSESIA, 162
13045 GATTINARA [VC]
TEL. 0163827172
www.anzivino.it

藏酒销售
预约参观
膳宿接待
年产量 60 000 瓶
葡萄种植面积 11 公顷

● Coste della Sesia Nebbiolo '08	🍷🍷 3*
● Coste della Sesia Faticato '08	🍷🍷 5
● Coste della Sesia Il Tarlo '09	🍷🍷 2*
● Gattinara '08	🍷🍷 4

Antonio Baldizzone Cascina Lana

C.SO ACQUI, 187
14049 NIZZA MONFERRATO [AT]
TEL. 0141726734
www.cascinalanavini.it

藏酒销售
年产量 60 000 瓶
葡萄种植面积 18 公顷

● Barbera d'Asti Sup. Nizza '10	🍷🍷 5
● Barbera d'Asti La Cirimela '12	🍷 2

Cantina Sociale Barbera dei Sei Castelli

VIA OPESSINA, 41
14040 CASTELNUOVO CALCEA [AT]
TEL. 0141957137
www.barberaseicastelli.it

● Barbera d'Alba 50 Anni di Barbera '11	🍷🍷 2*
● Barbera d'Asti '11	🍷🍷 2*
● Barbera d'Asti Sup. La Vignole '10	🍷 2

Battaglio

LOC. BORBORE
VIA SALERIO, 15
12040 VEZZA D'ALBA [CN]
TEL. 017365423
www.battaglio.com

藏酒销售
预约参观
年产量 40 000 瓶
葡萄种植面积 5 公顷

● Barbaresco '10	🍷🍷 6
● Nebbiolo d'Alba Valmaggiore '10	🍷🍷 3
● Barbera d'Alba Madunina '10	🍷 3
○ Roero Arneis Piasì '12	🍷 3

Davide Beccaria

VIA GIOVANNI BIANCO, 3
15039 OZZANO MONFERRATO [AL]
TEL. 0142487321
www.beccaria-vini.it

藏酒销售
年产量 30 000 瓶
葡萄种植面积 10 公顷

● Grignolino del M.to Casalese Grignò '12	🍷🍷 2*
● M.to Freisa Lilàn '12	🍷🍷 2*
● Barbera del M.to Evoè '12	🍷 2
○ Monferrato Bianco Garbello '12	🍷 3

Bel Sit

VIA PIANI, 30
14054 CASTAGNOLE DELLE LANZE [AT]
TEL. 0141875162
www.belsitvini.it

藏酒销售
预约参观
年产量 50 000 瓶
葡萄种植面积 7 公顷

● Barbera d'Asti La Turna '12	🍷🍷 2*
● Barbera d'Asti Sup. Sichivej '10	🍷🍷 5
○ Moscato d'Asti '12	🍷🍷 2*

Antonio Bellicoso

FRAZ. MOLISSO, 5A
14048 MONTEGROSSO D'ASTI [AT]
TEL. 0141953233
antonio.bellicoso@alice.it

藏酒销售
预约参观
年产量 10 000 瓶
葡萄种植面积 4 公顷

● Barbera d'Asti Amormio '12	🍷🍷 2*
● Barbera d'Asti Merum '11	🍷 4

Eugenio Bocchino

FRAZ. SANTA MARIA
LOC. SERRA, 96A
12064 LA MORRA [CN]
TEL. 0173500358
www.eugeniobocchino.it

藏酒销售
预约参观
年产量 30 000 瓶
葡萄种植面积 5.5 公顷

● Barbera d'Alba Tom '11	🍷🍷 4
● Barolo La Morra '09	🍷🍷 5
● Langhe Nebbiolo Roccabella '11	🍷🍷 5

Gilberto Boniperti

VIA VITTORIO EMANUELE, 43/45
28010 BARENGO [NO]
TEL. 0321997123
www.bonipertivignaioli.com

● Colline Novaresi Barbera Barblin '10	🍷🍷 4
● Colline Novaresi Nebbiolo Bartön '10	🍷🍷 4
● Colline Novaresi Nebbiolo Carlin '11	🍷🍷 4
⊙ Rosadisera '12	🍷 3

Bussia Soprana

LOC. BUSSIA, 88A
12065 MONFORTE D'ALBA [CN]
TEL. 039305182
www.bussiasoprana.it

藏酒销售
预约参观
年产量 60 000 瓶
葡萄种植面积 23 公顷

● Barolo V. Colonnello '09	🍷🍷 7
● Barbera d'Alba '10	🍷🍷 4
● Langhe Rosso Zenit '09	🍷🍷 5

Marco Canato

FRAZ. FONS SALERA
LOC. CA' BALDEA, 18/2
15049 VIGNALE MONFERRATO [AL]
TEL. 0142933653
www.canatovini.it

藏酒销售
预约参观
年产量 30 000 瓶
葡萄种植面积 11 公顷

● Grignolino del M.to Casalese Celio '12	🍷🍷 2*
● Barbera del M.to Gambaloita '12	🍷 2

Tenuta Carretta

LOC. CARRETTA, 2
12040 PIOBESI D'ALBA [CN]
TEL. 0173619119
www.tenutacarretta.it

藏酒销售
预约参观
膳宿接待
年产量 480 000 瓶
葡萄种植面积 70 公顷

● Barbera d'Alba Sup. Bric Quercia '11	🍷🍷 3
● Barolo Vigneti in Cannubi '09	🍷🍷 8
○ Roero Arneis Canorei '12	🍷🍷 3
○ Roero Arneis Cayega '12	🍷🍷 3

Carussin

REG. MARIANO, 27
14050 SAN MARZANO OLIVETO [AT]
TEL. 0141831358
www.carussin.it

藏酒销售
预约参观
膳宿接待
年产量 90 000 瓶
葡萄种植面积 22 公顷

● Barbera d'Asti Lia Vì '12	🍷🍷 2*
● Barbera d'Asti Asinoi '12	🍷 2

Cascina Adelaide

VIA AIE SOTTANE, 14
12060 BAROLO [CN]
TEL. 0173560503
www.cascinaadelaide.com

藏酒销售
预约参观
年产量 50 000 瓶
葡萄种植面积 9.5 公顷

● Barolo Cannubi '09	🍷🍷 8
● Barolo Fossati '09	🍷🍷 8
● Barolo Pernanno '09	🍷🍷 8
● Barolo Preda '09	🍷🍷 8

Cascina Bertolotto

REG. ROCCHETTA, 1
15018 SPIGNO MONFERRATO [AL]
TEL. 014491551
www.cascinabertolotto.it

藏酒销售
预约参观
膳宿接待
年产量 60 000 瓶
葡萄种植面积 13 公顷

● Barbera del M.to I Cheini '10	🍷🍷 3
● Dolcetto d'Acqui La Cresta '12	🍷🍷 2*
● Dolcetto d'Acqui La Muïètte '11	🍷🍷 3
● Barbera del M.to La Sbarazzina	🍷 2

Cascina Castlet

S.DA CASTELLETTO, 6
14055 COSTIGLIOLE D'ASTI [AT]
TEL. 0141966651
www.cascinacastlet.com

藏酒销售
预约参观
年产量 240 000 瓶
葡萄种植面积 23 公顷

- ● Barbera d'Asti '12 ŸŸ 2*
- ● Barbera d'Asti Sup. Litina '09 ŸŸ 3
- ● Barbera d'Asti Sup. Passum '09 ŸŸ 5
- ○ Moscato d'Asti '12 Ÿ 2

Cascina del Monastero

FRAZ. ANNUNZIATA
CASCINA LUCIANI, 112A
12064 LA MORRA [CN]
TEL. 0173509245
www.cascinadelmonastero.it

- ● Barbera d'Alba Parroco '10 ŸŸ 3
- ● Barolo Bricco Luciani '09 ŸŸ 5
- ● Barolo Perno '09 ŸŸ 5
- ● Barolo Riund Ris. '07 ŸŸ 7

Cascina Flino

VIA ABELLONI, 7
12055 DIANO D'ALBA [CN]
TEL. 017369231
silvana.bona@uvetitn.it

藏酒销售
预约参观
膳宿接待
年产量 10 000 瓶
葡萄种植面积 4 公顷

- ● Barbera d'Alba Sup. Flin '10 ŸŸ 2*
- ● Barolo San Lorenzo '09 ŸŸ 4
- ● Diano d'Alba V. V. '12 ŸŸ 2*
- ● Nebbiolo d'Alba '11 ŸŸ 2*

Cascina Garitina

VIA GIANOLA, 20
14040 CASTEL BOGLIONE [AT]
TEL. 0141762162
www.cascinagaritina.it

藏酒销售
预约参观
年产量 180 000 瓶
葡萄种植面积 26 公顷

- ● Barbera d'Asti Sup. Caranti '10 ŸŸ 2*
- ● Barbera d'Asti Sup. Nizza 900 Neuvsent '10 ŸŸ 4
- ● M.to Rosso Vera '12 Ÿ 3

Cascina Tavijn

FRAZ. MONTEROVERE, 7
14030 SCURZOLENGO [AT]
TEL. 0141203187
www.cascinatavijn.it

藏酒销售
预约参观
年产量 20 000 瓶
葡萄种植面积 6 公顷
葡萄栽培方式 有机认证

- ● Ruchè di Castagnole Monferrato '12 ŸŸ 3*
- ● Grignolino d'Asti '12 ŸŸ 2*

Cascina Zoina

FRAZ. LORETO
VIA RONCHETTO, 5
28047 OLEGGIO [NO]
TEL. 3356350692
www.cascinazoina.it

藏酒销售
预约参观
年产量 20 000 瓶
葡萄种植面积 6 公顷

- ● Colline Novaresi Cordero della Zoina Mot '07 ŸŸ 4
- ● Colline Novaresi Nebbiolo Centoundici '11 ŸŸ 2*

Renzo Castella

via Alba, 15
12055 Diano d'Alba [CN]
Tel. 017369203
renzocastella@virgilio.it

藏酒销售
预约参观
年产量 25 000 瓶
葡萄种植面积 10 公顷

● Dolcetto di Diano d'Alba '12	🍷🍷 2*
● Dolcetto di Diano d'Alba Rivolia '12	🍷🍷 2*
● Barbera d'Alba Piadvenza '11	🍷 2
● Langhe Nebbiolo Madonnina '11	🍷 2

Castello del Poggio

loc. Poggio, 9
14100 Portacomaro [AT]
Tel. 0141202543
www.poggio.it

藏酒销售
预约参观
年产量 800 000 瓶
葡萄种植面积 158 公顷

● Barbera d'Asti '11	🍷🍷 2*
○ Moscato d'Asti '12	🍷🍷 2*
○ Asti	🍷 3
● Barbera d'Asti Masaréj '10	🍷 4

Le Cecche

via Moglia Gerlotto, 10
12055 Diano d'Alba [CN]
Tel. 017369323
www.lececche.com

藏酒销售
预约参观
葡萄种植面积 5 公顷

● Barbera d'Alba '11	🍷🍷 3
● Barolo Sorano '09	🍷🍷 5
● Diano d'Alba '12	🍷🍷 2*
● Nebbiolo d'Alba '10	🍷🍷 3

Cerutti

via Canelli, 205
14050 Cassinasco [AT]
Tel. 0141851286
www.cascinacerutti.it

预约参观
年产量 20 000 瓶
葡萄种植面积 6 公顷

○ Moscato d'Asti Canelli Sandrinet '12	🍷🍷 2*
● Barbera d'Asti '12	🍷 2
● Barbera d'Asti Sup. Foje Russe '09	🍷 3
○ Piemonte Chardonnay Riva Granda '11	🍷 2

Franco Ceste

c.so Alfieri, 1
12040 Govone [CN]
Tel. 017358635
www.cestevini.com

藏酒销售
预约参观
年产量 180 000 瓶
葡萄种植面积 20 公顷

● Barbaresco '09	🍷🍷 3
● Barbera d'Alba Sup. '10	🍷🍷 3
● Nebbiolo d'Alba La Guardia '10	🍷🍷 2*
● Roero Palliano Ris. '09	🍷🍷 3

Il Chiosso

viale Guglielmo Marconi 45-47a
13045 Gattinara [VC]
Tel. 0163826739
www.ilchiosso.it

● Colline Novaresi Vespolina '11	🍷🍷 3
● Gattinara '08	🍷🍷 3
● Ghemme '08	🍷 3

Paride Chiovini

via Giuseppe Garibaldi, 20
28070 Sizzano [NO]
Tel. 3394304954
www.paridechiovini.it

预约参观

- Colline Novaresi Nebbiolo Priamo '10 ♈♈ 3
- Colline Novaresi Uva Rara Briseide '11 ♈♈ 3
- Colline Novaresi Vespolina Afrodite '11 ♈♈ 3
- Sizzano '09 ♈♈ 3

Ciabot Berton

via Santa Maria, 1
12064 La Morra [CN]
Tel. 017350217
www.ciabotberton.it

藏酒销售
预约参观
年产量 35 000 瓶
葡萄种植面积 10 公顷

- Barolo Rocchettevino '09 ♈♈ 5
- Barolo Roggeri '09 ♈♈ 6
- Langhe Nebbiolo 3 Utin '11 ♈♈ 2*
- Barolo '09 ♈ 4

Cantina Clavesana

fraz. Madonna della Neve, 19
12060 Clavesana [CN]
Tel. 0173790451
www.inclavesana.it

藏酒销售
预约参观
年产量 3 400 000 瓶

- Barolo Olo '09 ♈♈ 5
- Dogliani Sup. 474 '11 ♈♈ 2*
- Dogliani Sup. Il Clou '11 ♈♈ 2*
- Dogliani Clavesana '12 ♈ 2

Aldo Clerico

loc. Manzoni, 69
12065 Monforte d'Alba [CN]
Tel. 017378509
www.aldoclerico.com

藏酒销售
预约参观
年产量 30 000 瓶
葡萄种植面积 6 公顷

- Barbera d'Alba '11 ♈♈ 3
- Barolo '09 ♈♈ 6
- Langhe Nebbiolo '11 ♈♈ 3
- Dolcetto di Dogliani '12 ♈ 2

Collina Serragrilli

via Serragrilli, 30
12057 Neive [CN]
Tel. 0173677010
www.serragrilli.it

藏酒销售
预约参观
年产量 100 000 瓶
葡萄种植面积 15 公顷

- Barbaresco Serragrilli '10 ♈♈ 5
- Langhe Grillorosso '09 ♈♈ 2*
- Barbera d'Alba '11 ♈ 2
- ○ Langhe Grillobianco '12 ♈ 2

Colombo

reg. Cafra, 172
14051 Bubbio [AT]
Tel. 0144852807
www.colombovino.it

- Piemonte Pinot Nero Apertura '10 ♈♈ 5*
- ○ Moscato d'Asti Pastù '12 ♈ 2

Il Colombo - Barone Riccati

via dei Sent, 2
12084 Mondovì [CN]
Tel. 017441607
www.ilcolombo.com

藏酒销售
预约参观
膳宿接待
年产量 12 000 瓶
葡萄种植面积 3 公顷
葡萄栽培方式 有机认证

● Dogliani La Chiesetta '12	🍷2
● Dogliani Sup. Il Colombo '11	🍷2

Giovanni Daglio

via Montale Celli, 10
15050 Costa Vescovato [AL]
Tel. 0131838262
www.vignetidaglio.com

藏酒销售
年产量 15 000 瓶
葡萄种植面积 10 公顷

● Colli Tortonesi Barbera Basinas '11	🍷🍷4
● Colli Tortonesi Barbera Pias '12	🍷🍷2*
○ Colli Tortonesi Timorasso Cantico '11	🍷🍷4
○ Vigna del Re '12	🍷2

Dosio

reg. Serradenari, 6
12064 La Morra [CN]
Tel. 017350677
www.dosiovigneti.com

藏酒销售
预约参观
年产量 60 000 瓶
葡萄种植面积 8 公顷

● Barolo Fossati '09	🍷🍷5
● Barolo '09	🍷🍷4
● Dolcetto d'Alba '12	🍷🍷2*
● Nebbiolo d'Alba '09	🍷🍷2*

Fabio Fidanza

via Rodotiglia, 55
14052 Calosso [AT]
Tel. 0141826921
castellodicalosso@tin.it

藏酒销售
预约参观
年产量 20 000 瓶
葡萄种植面积 10 公顷

● Barbera d'Asti Sup. Sterlino '10	🍷🍷4
● M.to Rosso Que Duàn '11	🍷3

La Fusina

b.go Santa Lucia, 33
12063 Dogliani [CN]
Tel. 017370488
www.lafusina.com

藏酒销售
预约参观
年产量 100 000 瓶
葡萄种植面积 20 公顷

● Barbera d'Alba '11	🍷🍷2*
● Barolo '09	🍷🍷5
● Dogliani Gombe '12	🍷🍷2*
● Langhe Rosso Pinot Nero '09	🍷🍷3

Gianni Gagliardo

b.ta Serra dei Turchi, 88
12064 La Morra [CN]
Tel. 017350829
www.gagliardo.it

藏酒销售
预约参观
膳宿接待
年产量 180 000 瓶
葡萄种植面积 30 公顷

● Barolo Preve '07	🍷🍷8
● Barolo Serre '09	🍷🍷8
● Nebbiolo d'Alba San Ponzio '09	🍷🍷6
● Barolo Gianni Gagliardo '09	🍷7

Cantine Garrone

VIA CADUTI DEL LAVORO, 1
28845 DOMODOSSOLA [VB]
TEL. 0324242990
www.cantinegarrone.it

- ● Valli Ossolane Nebbiolo Sup. Prünent '10 — 3*
- ● Cà d'Maté '10 — 3
- ● Munaloss — 3
- ● Valli Ossolane Rosso Tarlàp '11 — 3

Incisiana

VIA SANT'AGATA, 10/12
14045 INCISA SCAPACCINO [AT]
TEL. 0141747113
www.incisiana.com

藏酒销售
预约参观
膳宿接待
年产量 25 000 瓶
葡萄种植面积 5 公顷

- ● Barbera d'Asti '11 — 3
- ● M.to Rosso Merlotone '10 — 5

Marenco

P.ZZA VITTORIO EMANUELE II, 10
15019 STREVI [AL]
TEL. 0144363133
www.marencovini.com

藏酒销售
预约参观
年产量 300 000 瓶
葡萄种植面积 80 公顷

- ● Brachetto d'Acqui Pineto '12 — 4
- ○ Moscato d'Asti Scrapona '12 — 3

Le Marie

VIA SANDEFENDENTE, 6
12032 BARGE [CN]
TEL. 0175345159
www.lemarievini.eu

藏酒销售
预约参观
膳宿接待
年产量 24 000 瓶
葡萄种植面积 8 公顷

- ○ Blanc de Lissart — 2
- ● Pinerolese Debargès '11 — 3
- ● Pinerolese Dolcetto '12 — 2
- ○ Sant'Agostino — 3

Tenuta La Meridiana

VIA TANA BASSA, 5
14048 MONTEGROSSO D'ASTI [AT]
TEL. 0141956172
www.tenutalameridiana.com

藏酒销售
预约参观
年产量 90 000 瓶
葡萄种植面积 10 公顷
葡萄栽培方式 有机认证

- ● Barbera d'Asti Le Gagie '11 — 2*
- ● Barbera d'Asti Vitis '11 — 2*
- ● Barbera d'Asti Sup. Le Quattro Terre '11 — 2
- ○ Sol Passito '07 — 5

Negretti

LOC. PESO, 53
FRAZ. SANTA MARIA
12064 LA MORRA [CN]
TEL. 0173509850
www.negrettivini.com

藏酒销售
预约参观
年产量 30 000 瓶
葡萄种植面积 12 公顷

- ● Barbera d'Alba Sup. '10 — 3
- ● Barolo '08 — 6
- ● Barolo Mirau '08 — 6
- ● Barolo Bricco Ambrogio '08 — 6

Giuseppe Negro
via Gallina, 22
12052 Neive [CN]
Tel. 0173677468
www.negrogiuseppe.com

藏酒销售
预约参观
年产量 50 000 瓶
葡萄种植面积 8.5 公顷

● Barbaresco Gallina '10	🍷🍷 5
● Barbaresco Pian Cavallo '10	🍷🍷 5
● Barbera d'Alba Pulin '11	🍷🍷 3
● Dolcetto d'Alba Pian Cavallo '12	🍷🍷 2*

Nervi
c.so Vercelli, 117
13045 Gattinara [VC]
Tel. 0163833228
www.gattinara-nervi.it

藏酒销售
预约参观
年产量 100 000 瓶
葡萄种植面积 33 公顷

● Gattinara '06	🍷🍷 4
● Gattinara Vign. Molsino '06	🍷🍷 5
● Coste della Sesia Nebbiolo Spanna dei Ginepri '10	🍷 4

Pace
fraz. Madonna di Loreto
Cascina Pace, 52
12043 Canale [CN]
Tel. 0173979544
aziendapace@infinito.it

藏酒销售
预约参观
年产量 60 000 瓶
葡萄种植面积 22 公顷

● Barbera d'Alba '11	🍷🍷 2*
○ Roero Arneis '12	🍷 2
● Roero Ris. '09	🍷 5

Pelassa
b.ta Tucci, 43
12046 Montà [CN]
Tel. 0173971312
www.pelassa.com

葡萄种植面积 10 公顷

● Barbera d'Alba Sup. San Pancrazio '11	🍷🍷 3
● Barolo '09	🍷🍷 7
● Nebbiolo d'Alba Sot '10	🍷🍷 3
● Roero Antaniolo Ris. '09	🍷🍷 4

Pasquale Pelissero
Cascina Crosa, 2
12052 Neive [CN]
Tel. 017367376
www.pasqualepelissero.com

藏酒销售
预约参观
年产量 20 000 瓶
葡萄种植面积 8 公顷

● Barbaresco Bricco San Giuliano '10	🍷🍷 5
● Langhe Nebbiolo Pasqualin '11	🍷🍷 2*

Pescaja
via San Matteo, 59
14010 Cisterna d'Asti [AT]
Tel. 0141979711
www.pescaja.com

预约参观
葡萄种植面积 19 公顷

● Barbera d'Asti Soliter '12	🍷🍷 2*
○ Roero Arneis '12	🍷🍷 2*
○ Terre Alfieri Arneis '12	🍷🍷 2*
● Barbera d'Asti Sup. Solneri '10	🍷 4

Pianpolvere Soprano

loc. Bussia, 32
12065 Monforte d'Alba [CN]
Tel. 017378421
www.pianpolveresoprano.it

预约参观
年产量 8000 瓶
葡萄种植面积 9 公顷

● Barolo Bussia Ris. '06	🍷🍷 8

Pioiero

Cascina Pioiero, 1
12040 Vezza d'Alba [CN]
Tel. 017365492
www.pioiero.com

藏酒销售
预约参观
年产量 35000 瓶
葡萄种植面积 6 公顷

● Barbera d'Alba '11	🍷🍷 2*
● Nebbiolo d'Alba '11	🍷🍷 3
○ Roero Arneis Cascina Pioiero '12	🍷🍷 3
● Roero '11	🍷 3

Platinetti

via Roma, 60
28074 Ghemme [NO]
Tel. 01119567820
platinettiguido@libero.it

藏酒销售
预约参观
年产量 10000 瓶
葡萄种植面积 5 公顷

● Colline Novaresi Barbera Pieleo '10	🍷🍷 2*
● Ghemme V. Ronco Maso '08	🍷🍷 4

I Pola

via Crosio
15010 Cremolino [AL]
Tel. 3483802465
www.ipola.it

藏酒销售
膳宿接待
年产量 80000 瓶
葡萄种植面积 15 公顷
葡萄栽培方式 有机认证

● Barbera del M.to '11	🍷🍷 2*
○ I Pola Brut M. Cl. '09	🍷🍷 4
● Dolcetto di Ovada '11	🍷 2

Punset

via Zocco, 2
12052 Neive [CN]
Tel. 017367072
www.punset.com

藏酒销售
预约参观
膳宿接待
年产量 100000 瓶
葡萄种植面积 17 公顷
葡萄栽培方式 有机认证

● Barbaresco Ris. '08	🍷🍷 5
● Barbaresco '09	🍷🍷 5
● Barbera d'Alba '12	🍷 2

La Querciola

loc. Piancerreto, 85ter
12060 Farigliano [CN]
Tel. 0713737026
www.laquerciola.com

藏酒销售
预约参观
年产量 100000 瓶
葡萄种植面积 23 公顷

● Barolo Costa di Rose '09	🍷🍷 6
● Dogliani Carpeneta '12	🍷🍷 2*
● Dogliani Sup. Cornole '11	🍷 3
● Langhe Rosso Chicchivello '12	🍷 2

La Raia
S.DA MONTEROTONDO, 79
15067 NOVI LIGURE [AL]
TEL. 0143743685
www.la-raia.it

藏酒销售
预约参观
年产量 120 000 瓶
葡萄种植面积 32 公顷
葡萄栽培方式 生物动力学认证

○ Gavi Pisè '11	♥♥ 3*

F.lli Raineri
VIA TORINO, 2
12060 FARIGLIANO [CN]
TEL. 017376223
www.cantineraineri.it

● Barbera d'Alba Sagrin '11	♥♥ 5
● Dogliani Cornole '12	♥ 3

Rattalino
S.DA GIRO DEL MONDO, 4
12050 BARBARESCO [CN]
TEL. 3492155012
www.massimorattalino.it

年产量 30 000 瓶
葡萄种植面积 5.8 公顷

● Barolo Trentacinque35 '08	♥♥ 5
● Barbaresco Quarantadue42 '09	♥♥ 5
● Barbaresco Quarantatre43 '09	♥♥ 5
● Barolo Trentaquattro34 '08	♥ 5

Carlo Daniele Ricci
VIA MONTALE CELLI, 9
15050 COSTA VESCOVATO [AL]
TEL. 0131838115
www.aziendaagricolaricci.com

藏酒销售
预约参观
膳宿接待
年产量 30 000 瓶
葡萄种植面积 8 公顷

○ Colli Tortonesi Terre del Timorasso '11	♥♥ 3
○ Colli Tortonesi San Leto Et. Blu '04	♥ 3
● Colli Tortonesi Elso '06	♥ 2
○ San Leto Et. Verde '09	♥ 3

Francesco Rinaldi & Figli
VIA CROSIA, 30
12051 BAROLO [CN]
TEL. 0173440484
www.rinaldifrancesco.it

藏酒销售
预约参观
年产量 70 000 瓶
葡萄种植面积 11 公顷

● Barolo Cannubio '09	♥♥ 6
● Barolo Le Brunata '09	♥♥ 6
● Nebbiolo d'Alba '11	♥♥ 3
● Dolcetto d'Alba Roussot '12	♥ 2

Franco Roero
VIA ZUCCHETTO, 8
14048 MONTEGROSSO D'ASTI [AT]
TEL. 0141956160
franco.roero@gmail.com

藏酒销售
预约参观
年产量 75 000 瓶
葡萄种植面积 14 公顷

● Barbera d'Asti Carbunè '12	♥♥ 2*
● Barbera d'Asti Sup. Sichei '11	♥♥ 3
● Barbera d'Asti Cellarino '11	♥ 3

Tenuta Roletto

via Porta Pia, 69
10090 Cuceglio [TO]
Tel. 0124492293
www.tenutaroletto.it

藏酒销售
预约参观
膳宿接待
年产量 160 000 瓶
葡萄种植面积 113 公顷

○ Erbaluce di Caluso Brut M. Cl. '08	♀♀ 6
○ Erbaluce di Caluso Muliné '11	♀♀ 5
○ Erbaluce di Caluso '12	♀ 3
○ Erbaluce di Caluso Passito '08	♀ 6

Rossi Contini

s.da San Lorenzo, 20
15076 Ovada [AL]
Tel. 0143822530
www.rossicontini.com

藏酒销售
预约参观
年产量 20 000 瓶
葡萄种植面积 5 公顷

● Barbera del M.to Sup. Cras Tibi '10	♀♀ 3
● Dolcetto di Ovada Vign. Ninan '10	♀♀ 3
○ Cortese dell'Alto M.to Cortesia '12	♀ 2
● Dolcetto di Ovada San Lorenzo '12	♀ 2

Poderi Rosso

p.zza Roma, 1
14041 Agliano Terme [AT]
Tel. 0141954006
www.poderirossogiovanni.it

藏酒销售
预约参观
年产量 45 000 瓶
葡萄种植面积 12 公顷

● Barbera d'Asti San Bastian '11	♀♀ 2*
● Barbera d'Asti Sup. V. del Carlinet '11	♀♀ 3
● M.to Infine '11	♀♀ 4
● Barbera d'Asti Sup. Cascina Perno '11	♀ 2

Tenuta San Pietro

loc. San Pietro, 2
15060 Tassarolo [AL]
Tel. 0143342422
www.tenutasanpietro.it

藏酒销售
预约参观
年产量 150 000 瓶
葡萄种植面积 30 公顷
葡萄栽培方式 生物动力学认证

○ Gavi San Pietro '12	♀♀ 3
○ Gavi del Comune di Tassarolo Gorrina '10	♀ 6
○ Gavi del Comune di Tassarolo Il Mandorlo '12	♀ 4

Giacomo Scagliola

reg. Santa Libera, 20
14053 Canelli [AT]
Tel. 0141831146
www.scagliolagiacomo.it

藏酒销售
年产量 80 000 瓶
葡萄种植面积 15 公顷

● Barbera d'Asti Sup. La Faia '11	♀♀ 2*
● M.to Rosso La Virasa Vejia '08	♀♀ 4
○ MejtordcheMoj	♀ 5
○ Moscato d'Asti Sifasol '12	♀ 2

Simone Scaletta

loc. Manzoni, 61
12065 Monforte d'Alba [CN]
Tel. 3484912733
www.viniscaletta.com

藏酒销售
预约参观
膳宿接待
年产量 20 000 瓶
葡萄种植面积 4. 75 公顷

● Barbera d'Alba Sarsera '11	♀♀ 3
● Barolo Chirlet '09	♀♀ 6
● Dolcetto d'Alba Viglioni '12	♀ 2
● Langhe Nebbiolo Autin 'd Madama '11	♀ 3

Poderi Sinaglio

Fraz. Ricca
via Sinaglio, 5
12055 Diano d'Alba [CN]
Tel. 0173612209
www.poderisinaglio.it

藏酒销售
预约参观
膳宿接待
年产量 44000 瓶
葡萄种植面积 13 公顷

● Nebbiolo d'Alba Giachét '11	🍷🍷 3
● Barbera d'Alba '12	🍷 3
● Dolcetto di Diano d'Alba '12	🍷 2

Sobrero Francesco e Figli

via Pugnane, 3a
12060 Castiglione Falletto [CN]
Tel. 017362864
www.sobrerofrancesco.it

藏酒销售
预约参观
年产量 90000 瓶
葡萄种植面积 16 公顷

● Barolo Ciabot Tanasio '09	🍷🍷 5
● Barolo Pernanno Ris. '07	🍷🍷 7
● Langhe Nebbiolo '11	🍷🍷 3
● Barbera d'Alba La Pichetera '10	🍷 3

La Spinosa Alta

c.ne Spinosa Alta, 6
15038 Ottiglio [AL]
Tel. 0142921372
www.laspinosaalta.it

藏酒销售
预约参观
膳宿接待
年产量 12000 瓶
葡萄种植面积 3.5 公顷

● Barbera del M.to Sup. La Punta '09	🍷🍷 4
● M.to Rosso Bricco Spinosa '09	🍷🍷 3
● Piemonte Barbera '09	🍷🍷 4

Giuseppe Stella

s.da Bossola, 8
14055 Costigliole d'Asti [AT]
Tel. 0141966142
stellavini@libero.it

藏酒销售
预约参观
年产量 45000 瓶
葡萄种植面积 12 公顷

● Barbera d'Asti Stravisan '11	🍷🍷 2*
● Barbera d'Asti Sup. Bricco Fubine Il Vino del Maestro '09	🍷🍷 3
● Barbera d'Asti Sup. Giaiet '10	🍷 3

Stroppiana

Fraz. Rivalta San Giacomo, 6
12064 La Morra [CN]
Tel. 0173509419
www.cantinastroppiana.com

藏酒销售
预约参观
年产量 35000 瓶
葡萄种植面积 5.5 公顷

● Barolo Leonardo '09	🍷🍷 5
● Barolo V. S. Giacomo '09	🍷🍷 6
● Barolo Gabutti Bussia '09	🍷 6
● Langhe Nebbiolo '11	🍷 3

La Toledana

loc. Sermoira,5
15066 Gavi [AL]
Tel. 0141837287
www.latoledana.it

预约参观
年产量 145000 瓶
葡萄种植面积 28 公顷

● Barolo Lo Zoccolaio '08	🍷🍷 6
● Barolo Ravera Lo Zoccolaio '08	🍷🍷 6
○ Gavi del Comune di Gavi La Toledana '12	🍷 4

La Torretta
SP Cavaglio, 10
28074 Ghemme [NO]
Tel. 0163840764
torretta.vini@hotmail.it

葡萄种植面积 4 公顷

● Ghemme '07	🍷🍷 3*
● Colline Novaresi Rosso Il Tordo '09	🍷🍷 3
○ Colline Novaresi Bianco Fogliaretto '10	🍷 3
● Colline Novaresi Vespolina '11	🍷 3

Laura Valditerra
s.da Monterotondo, 75
15067 Novi Ligure [AL]
Tel. 0143321451
laura@valditerra.it

藏酒销售
预约参观
年产量 40 000 瓶
葡萄种植面积 15 公顷

○ Gavi '12	🍷🍷 2*
○ Gavi Tenuta Merlassino '12	🍷🍷 2*

Alessandro Veglio
fraz. Annunziata, 53
12064 La Morra [CN]
Tel. 3385699102
www.risveglioinlanga.it

年产量 10 000 瓶
葡萄种植面积 3 公顷

● Barolo '09	🍷🍷 5
● Barolo Gattera '09	🍷🍷 7
● Langhe Nebbiolo '11	🍷🍷 3
● Barbera d'Alba '12	🍷 2

Vigneti Valle Roncati
via Nazionale, 10a
28072 Briona [NO]
Tel. 3355732548
www.vignetivalleroncati.it

● Colline Novaresi Nebbiolo '09	🍷🍷 3
● Fara V. di Sopra '10	🍷🍷 3
⊙ Colline Novaresi Nebbiolo Rosato Poderi di Sopra '12	🍷 3

Gianni Voerzio
s.da Loreto, 1
12064 La Morra [CN]
Tel. 0173509194
voerzio.gianni@tiscali.it

藏酒销售
预约参观
年产量 54 000 瓶
葡萄种植面积 12 公顷

● Barbera d'Alba Ciabot della Luna '11	🍷🍷 4
● Barolo La Serra '09	🍷🍷 8
● Langhe Nebbiolo Ciabot della Luna '11	🍷🍷 5
● Dolcetto d'Alba Rocchettevino '12	🍷 3

La Zerba
s.da per Francavilla, 1
15060 Tassarolo [AL]
Tel. 0143342259
www.la-zerba.it

藏酒销售
预约参观
年产量 86 000 瓶
葡萄种植面积 12 公顷

○ Gavi La Zerba '12	🍷🍷 2*
○ Gavi Terrarossa '12	🍷🍷 2*
● Piemonte Barbera '11	🍷 2

利古里亚区
LIGURIA

近年来，利古里亚区（Liguria）已成为意大利最耐人寻味的葡萄酒产区之一。尽管产量低，仅占全国总量的0.4%，但所产葡萄酒，尤其白葡萄酒质量优异，赢得越来越多消费者的亲睐。多年来，利古里亚区（Liguria）给人的印象是固步自封、自给自足，仅仅关注本地的市场和消费，在本地以外的市场无论是在餐馆菜单还是在葡萄酒商店中都见不到利古里亚区（Liguria）葡萄酒的踪影。然而今天，它越来越受到葡萄酒爱好者的喜爱，并得到了社会舆论的广泛关注。原因有很多，其中有两个尤为重要。第一，消费者近年来重视本地葡萄品种，加上当地区域的生产政策，促进了当地葡萄品种的发展，从皮加图（Pigato）到维蒙蒂诺（Vermentino）、阿巴罗拉（Albarola）、罗赛思（Rossese）、欧玛科（Ormeasco）、博斯科（Bosco）、露玛希娜（Lumassina）和特雷维佐杰诺维塞（Bianchetta Genovese）等。第二，现代人口感的新趋势。消费者曾经喜欢甜型、有着丰富水果香以及强壮酒体结构的葡萄酒，如今却更偏好有着复杂口感和香气、风格独特的葡萄酒，而这些特点我们可以在大部分优秀的利古里亚（Liguria）白葡萄酒中找到。这些因素几乎影响了利古里亚（Liguria）所有的葡萄酒产区，像五渔村（Cinque Terre）及更大产量的科利路尼区（Colli di Luni）和波内特河（Riviera Ligure di Ponente），同样关系到大区内唯一值得一提的红葡萄酒罗赛思多卡（Rossese di Dolceacqua）。该地区出品的其他红葡萄酒仍然不能得到我们的亲睐，但欧玛科波尔纳肖（Ormeasco di Pornassio）口感独特，令人信服。今年，尽管2012年份比我们的预期还要复杂，利古里亚区（Liguria）仍获得了7个“三杯奖（Tre Bicchieri）”，特别值得一提的是艾第波尼酒庄（Edy Bonanini）呈现的非常了不起的新五渔村葡萄酒2012（Cinque Terre 2012）。其他的获奖酒品中，有三款是皮加图红葡萄酒（Riviera di Ponente Pigatos），分别是来自玛丽亚酒庄（Maria Donata Bianchi）的2012年份酒，产自梅拉诺（Merano）家族波吉奥格勒瑞（Poggio dei Gorleri）酒庄的库克诺斯2012（Cycnus 2012）以及产自布鲁纳（Bruna）的乌巴堪2011（U Baccan 2011）。有两款是科利维门蒂诺葡萄酒（Colli di Luni Vermentino）获得，分别是奥塔维诺酒庄（Ottaviano Lambruschi）的玛吉奥2012（Il Maggiore 2012），波瑟尼家族（Bosoni）卢安酒庄（Lunae）的艾彻塔2012（Etichetta Nera 2012）。最后，同样重要的，我们高度赞扬菲利普诺德里酒庄（Filippo Rondelli Terre Bianche）出品的罗赛思葡萄酒2012（Rossese Dolceacqua 2012）。

Altavia

Loc. Arcagna
18035 Dolceacqua [IM]
Tel. 018431539
www.altavia.im.it

藏酒销售
预约参观
参观设施
年产量 40 000 瓶
葡萄种植面积 3 公顷

2004年，这个年轻的酒庄的第一瓶瓶装酒在市场上成功推出，现在它已是瓦尔奈维亚（Val Nervia）最有活力的酿酒企业之一。混合了砂质和泥灰岩，葡萄园的土壤更适合灌木类品种生长。除了40年的罗赛思（Rossese）葡萄，其余的葡萄树都在10年左右，并以每公顷8 500株高密度种植。除了罗赛思（Rossese）和维门蒂诺（Vermentino）葡萄，这里也有像卡瑞纳洛（Carignano）、西拉（Syrah）和维欧尼（Viognier）等较为罕见的葡萄品种。葡萄酒的生产让这里变得更现代化，整个酒庄显得结构优良，果实累累。酒庄出产的顶级罗赛思2010（Rossese di Dolceacqua Superiore 2010）呈现新鲜红色浆果味道，隐含香料和灌木丛气息，口感平衡，回味独具风格。他们做了一个很有意思的尝试，泰德2005（Thend 2005）由作为酿造波特酒（Port）的主要葡萄品种——国产图力加（Touriga Naciona）酿制而成，口感浓郁富有果味，但也不算非常复杂，尤其对于一款陈化了8年后的葡萄酒来说。

● Rossese di Dolceacqua Sup. '10	🍷🍷 3*
● Thend '05	🍷🍷 4
○ Noname	🍷 4
● Dapprimo '10	🍷🍷 3*
● Dapprimo '08	🍷🍷 3*
● Grai '07	🍷🍷 3
● Grai '06	🍷🍷 3
○ Noname '10	🍷🍷 3
● Rossese di Dolceacqua Sup. '09	🍷🍷 3

Laura Aschero

p.zza Vittorio Emanuele,7
18027 Pontedassio [IM]
Tel. 3477561709
www.lauraaschero.it

藏酒销售
预约参观
年产量 60 000 瓶
葡萄种植面积 2.9 公顷

酒庄于1981年由拉彻洛（Laura aschero）建立，现在由她的儿子莫罗里索（Mauro Rizzo）管理。这里种植的只有维门蒂诺（Vermentino）、皮加图（Pigato）和罗赛思（Rossese）等当地葡萄品种，葡萄园分为两小块朝西的土地，均由矮石墙围砌而成。这个坐落在蒙蒂区（Monti）的葡萄园只有1公顷大小，海拔150米左右。和其他博赛区（Posai）葡萄园一样，这里的红土中有很多岩石，并混杂着石灰石。而这里的酒始终拥有持久的高质量，非凡的清香，地域性浓厚。作为典范的里维埃拉•利古里亚•波嫩特•维门蒂诺 2012（Riviera Ligure di Ponente Vermentino 2012）味道强烈，闻起来有丛林和水果的清香。口感复杂而丰富，且圆润持久。经典的陈酿利古里亚2012（Riviera Ligure di Ponente Pigato 2012）则拥有甘草药的香味，口感干涩，微酸。

○ Riviera Ligure di Ponente Vermentino '12	🍷🍷 3*
○ Riviera Ligure di Ponente Pigato '12	🍷🍷 3
● Riviera Ligure di Ponente Rossese '12	🍷 3
○ Riviera Ligure di Ponente Vermentino '10	🍷🍷🍷 3*
○ Riviera Ligure di Ponente Pigato '11	🍷🍷 3*
○ Riviera Ligure di Ponente Pigato '08	🍷🍷 3*
○ Riviera Ligure di Ponente Vermentino '11	🍷🍷 3
○ Riviera Ligure di Ponente Vermentino '09	🍷🍷 3
○ Riviera Ligure di Ponente Vermentino '08	🍷🍷 3*
○ Riviera Ligure di Ponente Vermentino '07	🍷🍷 3

La Baia del Sole

FRAZ. LUNI ANTICA
VIA FORLINO,3
19034 ORTONOVO [SP]
TEL. 0187661821
www.cantinefederici.com

藏酒销售
预约参观
年产量 150 000 瓶
葡萄种植面积 24 公顷

25年来，费德里西（Federici）家族已成为卢尼贾纳（Lunigiana）的主要酿酒世家之一。葡萄园位于卡斯泰尔诺沃镇（Castelnuovo Magra）和奥尔托诺沃镇（Ortonovo）之间的高地。维门蒂诺（Vermentino）当属酒庄最重要的葡萄品种，种植在萨帝科拉庄园（Sarticola）。另外，白葡萄品种例如阿巴罗拉（Albarola）、黑马瓦西亚（Malvasia Nera）以及红葡萄像圣乔维斯（Sangiovese）、赤霞珠（Cabernet Sauvignon）、塞立吉洛（Ciliegiolo）、卡内奥洛（Canaiolo）和西拉（Syrah），同样值得一提。酒庄旨在酿制果味丰富、简单易饮的葡萄酒。今年，费德里西（Federicis）系列的科利路尼红葡萄酒（Colli di Luni Rosso Eutichiano）表现突出。优雅的2012年份拥有植物基调，伴随香料味道，口感柔滑持久。科利路尼•维门蒂诺2012（Colli di Luni Vermentino 2012）包括花香型的索拉利斯（Solaris），平衡的迷迭香味道的萨帝科拉（Sarticola）以及独特、口感悠长的奥洛利萨（Oro d'Isèe）。

● Colli di Luni Eutichiano '12	🍷🍷 3*
○ Colli di Luni Vermentino Oro d'Isèe '12	🍷🍷 4
○ Colli di Luni Vermentino Sarticola '12	🍷🍷 5
○ Colli di Luni Vermentino Solaris '12	🍷🍷 3
○ Colli di Luni Gladius '12	🍷 3
○ Liguria di Levante Bianco Muri Grandi '12	🍷 2
● Colli di Luni Eutichiano '11	YY 3
○ Colli di Luni Gladius '11	YY 3
○ Colli di Luni Gladius '10	YY 2
○ Colli di Luni Vermentino Oro d'Isèe '11	YY 4
○ Colli di Luni Vermentino Oro d'Isèe '10	YY 4
○ Colli di Luni Vermentino Solaris '10	YY 2

Maria Donata Bianchi

LOC. VALCROSA
VIA MEREA
18013 DIANO ARENTINO [IM]
TEL. 0183498233
www.aziendaagricolabianchi.it

藏酒销售
预约参观
参观设施
年产量 30 000 瓶
葡萄种植面积 4 公顷

尽管只是里维埃拉•利古里亚•波嫩特（Riviera Ligure di Ponente）的小家庭酒庄，但是仍不容小觑，他们已连续30年产出高质量的葡萄酒。他们大部分的葡萄园位于海拔350米的丘陵地带，土壤为黏土，主要种植维蒙蒂诺（Vermentino）和皮加图（Pigato）。另外三小块石灰土质葡萄园则种植维蒙蒂诺（Vermentino）、格拉纳（Granaccia）和西拉（Syrah）。酒庄专注于酿造充满丰富水果香，口感丰富的葡萄酒。口感浓郁、风格多样的陈酿利古里亚•皮加图2012（Riviera Ligure di Ponente Pigato 2012）便是代表，清新的白色水果香气，伴随松香味道，酒体饱满，口感丰富，偏咸，酸度恰到好处。另外同样很有趣的是，斯菲玖•维蒙蒂诺2012（Antico Sfizio Vermentino 2012）经长时间浸皮，带有清晰的药草味道，口感强烈，酒体饱满，且顺滑易饮。

○ Riviera Ligure di Ponente Pigato '12	🍷🍷🍷 3*
○ Antico Sfizio '12	🍷🍷 4
○ Riviera Ligure di Ponente Vermentino '12	🍷 3
○ Riviera Ligure di Ponente Vermentino '09	YYY 3
○ Riviera Ligure di Ponente Vermentino '07	YYY 3*
○ Riviera Ligure di Ponente Pigato '11	YY 4
○ Riviera Ligure di Ponente Pigato '09	YY 3
○ Riviera Ligure di Ponente Vermentino '11	YY 4
○ Riviera Ligure di Ponente Vermentino '10	YY 3
○ Riviera Ligure di Ponente Vermentino '08	YY 4

BioVio

FRAZ. BASTIA
VIA CROCIATA, 24
17031 ALBENGA [SV]
TEL. 018220776
www.biovio.it

藏酒销售
预约参观
年产量 40 000 瓶
葡萄种植面积 6 公顷
葡萄栽培方式 有机认证

整个维奥（Vio）家族都全身心致力于企业的成长和发展，包括葡萄种植、草药和特级纯橄榄油。小片的葡萄园分散在巴斯蒂亚（Bastia）和兰佐（Ranzo）间的阿罗夏河（Arroscia）山谷之中，那里的红土肥沃，从黏土、石灰岩地到沙地应有尽有。种植的多数是当地的品种，如维蒙蒂诺（Vermentino）、皮加图（Pigato）、格拉纳（Granaccia）和罗赛思（Rossese），所酿制的葡萄酒将土壤的特性表现无疑。作为高品质的典范，陈酿利古里亚2012（Riviera Ligure di Ponente Vermentino aimone 2012）带有碘和柑橘的味道，混合着杏香，酒色清新，口感甜美均衡。制作优良的陈酿利古里亚•波蒙特2012（Riviera Ligure di Ponente Pigato Ma René 2012）散发果香和迷迭香的气息，口感复杂。其他种类的葡萄酒同样品质优异。

○ Riviera Ligure di Ponente Vermentino Aimone '12	🍷🍷 2*
○ Riviera Ligure di Ponente Pigato Ma René '12	🍷🍷 2*
● Bacilò '12	🍷 2
● Granaccia Gigò '12	🍷 3
● Riviera Ligure di Ponente Rossese U Bastiò '12	🍷 2
○ Riviera Ligure di Ponente Vermentino Aimone '11	🍷🍷🍷 2*
● Granaccia Gigò '10	🍷🍷 3*
○ Riviera Ligure di Ponente Pigato Bon in da Bon '10	🍷🍷 3*
○ Riviera Ligure di Ponente Pigato MaRenè '11	🍷🍷 2*
○ Riviera Ligure di Ponente Vermentino Aimone '10	🍷🍷 2*

Enoteca Bisson

C.SO GIANELLI, 28
16043 CHIAVARI [GE]
TEL. 0185314462
www.bissonvini.it

藏酒销售
预约参观
年产量 80 000 瓶
葡萄种植面积 12 公顷

葡萄园种植了维蒙蒂诺（Vermentino）和皮加图（Pigato），以及一些较罕见的品种如特雷维佐杰诺维塞（Bianchetta Genovese）。还有一些几乎被人们遗忘的葡萄哦品种，如塞立吉洛（Ciliegiolo）、格拉纳（Granaccia）、巴贝拉（Barbera）和多赛托（Dolcetto）。最初皮尔诺•卢加诺（Piero Lugano）和女儿玛塔（Piero Lugano）只是生产瓶装酒，现在他们在卡姆佩格里（Campegli）、维瑞希（Verici）和特里戈索（Trigoso）的庄园中种植葡萄，并决心推动利古里亚（Liguria）的当地品种和传统种植业的发展。他们主要在沙地和多卵石的土壤中种植，并用心酿酒，真实地显露出他们内心的快乐。尽管波托菲诺•席米萨2012（Portofino Cimixà L'antico 2012）很简单，但是清爽的果香沁人心脾。而高佛•帝古利奥2012（Golfo del Tigullio Bianchetta Genovese ü Pastine 2012）向我们展示了它复杂迷人的松针树脂的芳香、结构和充实口感的平衡，完成度极高。其他品种的葡萄酒同样让人满意。

○ Golfo del Tigullio Bianchetta Genovese Ü Pastine '12	🍷🍷 2*
○ Portofino Cimixà L'Antico '12	🍷🍷 4
○ Golfo del Tigullio Vermentino V. Intrigoso '12	🍷 3
● Il Granaccio Passito '09	🍷 5
● Braccorosso '09	🍷🍷 4
○ Golfo del Tigullio Vermentino V. Erta '11	🍷🍷 2*
○ Golfo del Tigullio Vermentino V. Erta '10	🍷🍷 2
○ Golfo del Tigullio Vermentino V. Intrigoso '09	🍷🍷 3
● Il Musaico '09	🍷🍷 3

Samuele Heydi Bonanini

via San Antonio ,72
19017 Riomaggiore [SP]
Tel. 0187920959
www.possa.it

藏酒销售
预约参观
年产量 7 000 瓶
葡萄种植面积 1.5 公顷

萨穆埃莱酒庄（Samuele Heydi Bonanini）是五渔村（Cinque Terre）最有趣的酒庄之一。他们尽全力恢复葡萄园的生机，尤其是重建废弃多年的梯田，体现了所出品葡萄酒的高质量，同时也是本地传统和特征的巨大反应。庄园种植着阿巴罗拉（Albarola）、维蒙蒂诺（Vermentino）、博斯科（Bosco）、白罗赛思（Rossese Bianco）和弗拉倍（Frapelao），还有卡内奥洛（Canaiolo）等其他当地的红葡萄品种。艾迪•波纳尼（Edy Bonanini）的五渔村 2012（Cinque Terre 2012）荣获“三杯奖”，口感浓烈又不乏优雅，带有地中海灌木和烟草的味道，口感丰富又持久，给人似乎沐浴在阳光下的感觉。斯阿特2012（Sciacchetrà 2012） 也同样令人满意，橙色与其自身特质相符，入口有榛子、咖啡的甜美味道，同时也能感受到清淡怡人的单宁和持久的药草香。而林纳斯塔2011（Rinascita 2011） 和 维德慈（Vin dei Vecci） 都是复杂而有趣。

○ Cinque Terre '12	🍷🍷🍷 5
○ Cinque Terre Sciacchetrà '11	🍷🍷 8
● Passito La Rinascita '11	🍷🍷 8
○ Vin dei Vecci	🍷🍷 2*
● Rosso U Neigru	🍷 3
○ Cinque Terre '11	🍷🍷 5
○ Cinque Terre '10	🍷🍷 6
○ Cinque Terre '09	🍷🍷 6
○ Cinque Terre Sciacchetrà '10	🍷🍷 8
○ Cinque Terre Sciacchetrà '09	🍷🍷 8
○ Cinque Terre Sciacchetrà '08	🍷🍷 8
○ Cinque Terre Vetua '11	🍷🍷 5
● Passito La Rinascita '10	🍷🍷 8

Cantina Bregante

via Unità d'Italia,47
16039 Sestri Levante [GE]
Tel. 018541388
www.cantinebregante.it

藏酒销售
预约参观
年产量 100 000 瓶
葡萄种植面积 1.5 公顷

酒庄目前由赛尔吉奥（Sergio Sanguineti）管理，其酿酒传统可追溯到19世纪中叶。50多个种植者在帝古利奥（Tigullio Gulf） 至瓦尔格拉维（Val Graveglia）间的葡萄园中辛勤劳作。这里种植有热那亚（Bianchetta Genovese）、维蒙蒂诺（Vermentino）、塞立吉洛（Ciliegiolo）和莫斯卡多（Moscato）等重要品种，同时也有少量的其他当地品种。过去几年里对质量要求的提高使葡萄酒更加香醇，这也是当地土壤特性的最佳体现。主人赛尔吉奥（Sergio Sanguineti）今年获得了大丰收。高佛•帝古利奥2012（Golfo del Tigullio Vermentino Segesta Tigulliorum 2012）有干草药的芳香和清新的果香，口感丰富令人沉醉。经典高佛•帝古利奥2012（Golfo del Tigullio Bianchetta Genovese Segesta Tigulliorum 2012）拥有新鲜的蔬菜清香。而品质优秀的波多菲诺•莫斯卡托2012（Portofino Moscato 2012）则向我们展现了其特有的丛林、蜜桃和甜瓜的味道。

○ Golfo del Tigullio Bianchetta Genovese Segesta Tigullorium '12	🍷🍷 2*
○ Golfo del Tigullio Vermentino Segesta Tigullorium '12	🍷🍷 2*
○ Portofino Moscato '12	🍷🍷 3
● Golfo del Tigullio Ca' du Diau '12	🍷 3
● Golfo del Tigullio Ciliegiolo '12	🍷 2
○ Golfo del Tigullio Passito Sole della Costa '10	🍷 6
○ Golfo del Tigullio Portofino Bianchetta Genovese Segesta Tigullorium '11	🍷🍷 2*
○ Golfo del Tigullio Vermentino '10	🍷🍷 2
○ Portofino Moscato '11	🍷🍷 3

Bruna

FRAZ. BORGO
VIA UMBERTO I,81
18020 RANZO [IM]
TEL. 0183318082
www.brunapigato.it

藏酒销售
预约参观
年产量 38 000 瓶
葡萄种植面积 7.5 公顷

里卡尔多•布鲁纳（Riccardo Bruna）是利古里亚区（Liguria）酿酒业的重要组成部分，尤其是皮加图（Pigato），是此地无可置疑的领先品种。近年来，他的女儿弗兰西卡（Francesca）和女婿罗博特（Roberto）继承里卡尔多（Riccardo）开辟的道路，酿制出融合地域特色、酿制工艺和风格的葡萄酒。酒庄拥有五个葡萄园，它们分散在兰佐（Ranzo）和奥维多（Ortovero）之间的丘陵地带，土壤为卵石红土壤。除了皮加图（Pigato）外，我们也应该提及其他红葡萄品种像格拉纳（Granaccia）、巴贝拉（Barbera）、罗赛思（Rossese）和西拉（Syrah）等。陈酿皮加图（Riviera Ligure di PonentePigato U Baccan）再次荣获“三杯奖”。2011年份有着直接却复杂的矿物质香气，酒体强硕新鲜，饶有趣味。同样不错的有陈酿玛界2012（Riviera Ligure di PonentePigato Majé 2012）水果香气更为突出，隐约带有松香和沙巴拉丛林（Mediterranean）的味道，回味持久且表现和谐。

○ Riviera Ligure di Ponente Pigato U Baccan '11	🍷🍷🍷（红）	5
○ Riviera Ligure di Ponente Pigato Majé '12	🍷🍷（红）	3*
● Rosso Pulin '11	🍷🍷	4
● Riviera Ligure di Ponente Rossese '12	🍷	3
○ Riviera Ligure di Ponente Pigato U Baccan '07	🍸🍸🍸	5
○ Riviera Ligure di Ponente Pigato U Baccan '06	🍸🍸🍸	4
○ Riviera Ligure di Ponente Pigato U Baccan '05	🍸🍸🍸	4

Buranco

VIA BURANCO,72
19016 MONTEROSSO AL MARE [SP]
TEL. 0187817677
www.burancocinqueterre.it

藏酒销售
预约参观
参观设施
年产量 25 400 瓶
葡萄种植面积 2 公顷

格里罗家族（Grillo）位于蒙泰罗索阿尔马雷区（Monterosso al Mare），布兰科河（River Buranco）的沿岸，有着2公顷的单一片区的葡萄园，这在当地是很少见的。简单的干石墙围砌，土壤松散，矿物盐丰富。葡萄园中种有五渔村（Cinque Terre）的传统品种博斯科（Bosco）、维蒙蒂诺（Vermentino）、阿巴罗拉（Albarola）以及红葡萄品种赤霞珠（Cabernet Sauvignon）、西拉（Syrah）和梅洛（Merlot）。布兰科（Buranco）酒庄出品的葡萄酒代表了地区的优良品质。五渔村2012（Cinque Terre 2012）酒色呈葡萄皮颜色，散发树林的气息，兼草药和水果的芳香，优雅独特，香气丰郁，口感强烈新鲜，回味悠长。

○ Cinque Terre '12	🍷🍷（红）	4
○ Cinque Terre Sciacchetrà '11	🍷🍷	8
● Syrah - Cabernet Sauvignon '11	🍷🍷	2*
○ Cinque Terre Mangioa '12	🍷	5
○ Cinque Terre Bianco '09	🍸🍸	4
○ Cinque Terre Sciacchetrà '10	🍸🍸	8
○ Cinque Terre Sciacchetrà '09	🍸🍸	8
○ Cinque Terre Sciacchetrà '07	🍸🍸	8
○ Mojou '08	🍸🍸	4

Cascina Nirasca

FRAZ. NIRASCA
VIA ALPI ,3
18026 PIEVE DI TECO [IM]
TEL. 0183368067
www.cascinanirasca.com

藏酒销售
预约参观
年产量 30 000 瓶
葡萄种植面积 4 公顷

加布里乐（Gabriele Maglio）和马尔（Marco Temesio）在葡萄园与酒窖辛勤工作了十年，才在波内特利古（Ponente Ligure）成就今天的迷人庄园。葡萄园位于海拔400米到500米的阿罗夏河（Arroscia）山谷，土质为岩石和石灰石，种植的葡萄大多为本地经典品种，首先是奥梅斯科（Ormeasco），接着是皮加图（Pigato）、维蒙蒂诺（Vermentino），还有西拉和（Syrah）和圣乔维斯（Sangiovese）。今年，酒庄出产的白葡萄酒让我们惊叹。品质极佳的陈酿利古里亚•波奈特2012（Riviera Ligure di Ponente Vermentino 2012）呈晶莹剔透的水果与矿物色泽，水果味与酸度完美平衡，让人精神飒爽。陈酿利古里亚•波奈特2012（Riviera Ligure di PonentePigato 2012）则含有枸橼西瓜和酸橙的味道，口味简单，略带苦涩。与众不同的奥蒙斯科葡萄酒（Ormeasco di Pornassio）非常完美，尤其是斯亚特拉2012（Sciac-trà 2012）让人难忘。

○ Riviera Ligure di Ponente Vermentino '12	🍷🍷 3*
○ Riviera Ligure di Ponente Pigato '12	🍷🍷 3
● Ormeasco di Pornassio '12	🍷 3
⊙ Ormeasco di Pornassio Sciac-trà '12	🍷 3
● Ormeasco di Pornassio Sup. '11	🍷 3
● Ormeasco di Pornassio '11	🍷🍷 3
● Ormeasco di Pornassio '10	🍷🍷 3
● Ormeasco di Pornassio Sup. '07	🍷🍷 3*
○ Riviera Ligure di Ponente Pigato '11	🍷🍷 3
○ Riviera Ligure di Ponente Pigato '10	🍷🍷 3
○ Riviera Ligure di Ponente Pigato '09	🍷🍷 3
○ Riviera Ligure di Ponente Vermentino '09	🍷🍷 3

Cheo

VIA BRIGATE PARTIGIANE, 1
19018 VERNAZZA [SP]
TEL. 0187821189
bartolocheo@gmail.com

藏酒销售
预约参观
年产量 6 600 瓶
葡萄种植面积 1.7 公顷

在我们的记录中，这是巴尔•托洛•梅奥（Bartolomeo Lercari）和丽丝•伯特伦（Lise Bertram）打理的这家茁壮成长的小酒庄第一次获大丰收。从韦尔纳扎俯瞰，不到2公顷的庄园种植了许多当地经典品种，白葡萄品种有博斯科（Bosco）、皮卡布（Piccabun）、阿巴罗拉（Albarola）和维蒙蒂诺（Vermentino）；红葡萄品种有赤霞珠（Cabernet Sauvignon）等。这里出品的葡萄酒富含矿物质，是本地风味的完美体现。我们最终认为，五渔村•佩慈奥2012（Cinque Terre Perciò 2012）最令人满意，不仅芳香四溢，口感丰富持久，而且味道紧致、和谐。拥有黑色浆果味的里维埃拉•迪•莱万特•罗索2011（Riviera di Levante Rosso 2011）同样令我们很满意。五渔村•斯亚特拉2010（Cinque Terre Sciacchetrà 2010）带有橘皮蜜饯的味道。而五渔村2012（Cinque Terre 2012）则口感更为复杂。

○ Cinque Terre Perciò '12	🍷🍷 4
○ Cinque Terre '12	🍷🍷 4
○ Cinque Terre Sciacchetrà '10	🍷🍷 7
● Riviera di Levante '11	🍷🍷 4
○ Cinque Terre Cheo '11	🍷🍷 3*
○ Cinque Terre Perciò '11	🍷🍷 4
○ Cinque Terre Perciò '10	🍷🍷 4
○ Cinque Terre Sciacchetrà '09	🍷🍷 7
○ Cinque Terre Sciacchetrà '08	🍷🍷 7
○ Cinque Terre Sciacchetrà '07	🍷🍷 7

Cantina Cinqueterre

FRAZ. MANAROLA
LOC. GROPPO
19010 RIOMAGGIORE [SP]
TEL. 0187920435
www.cantinacinqueterre.com

预约参观
年产量 200 000 瓶
葡萄种植面积 45 公顷
葡萄栽培方式 有机认证

酒庄于1973年在五渔村（Cinque Terre）成立，稳步发展的同时，注重环境和生态系统的维护。如今，合作酒庄共有250个成员，成为当地葡萄酒行业的标杆企业。葡萄园分散在很多小片区，大多位于利玛格尔（Riomaggiore）和蒙特罗素（Monterosso）之间。葡萄用于酿制多个品牌系列的葡萄酒，完美地诠释本地风土特点，而且还有精选至不同产区的葡萄酒混酿。三个系列中，我们最喜欢五渔村•科特瑟拉2012（Cinque Terre Coste de Sèra 2012），它拥有水果般晶莹剔透的色泽，口感持久，略带苦涩但令人愉悦。而陈酿五渔村2009（Cinque Terre Sciacchetrà Riserva 2009）虽略微单调，但是口感清新干净，带有杏蜜饯和无花果的味道。

○ Cinque Terre Costa de Sèra '12	🍷🍷 3
○ Cinque Terre Sciacchetrà Ris. '09	🍷🍷 6
○ Cinque Terre Costa da Posa '12	🍷 3
○ Cinque Terre Costa de Campu '12	🍷 3
○ Cinque Terre '10	🍷🍷 2*
○ Cinque Terre Costa da Posa '11	🍷🍷 3
○ Cinque Terre Costa da Posa di Volastra '10	🍷🍷 3
○ Cinque Terre Costa du Campu '10	🍷🍷 3
○ Cinque Terre Sciacchetrà '09	🍷🍷 6
○ Cinqueterre Sciacchetrà Un Paesaggio Un Vino '10	🍷🍷 6

Azienda Agricola Durin

LOC. ORTOVERO
VIA ROMA ,202
17037 ORTOVERO [SV]
TEL. 0182547007
www.durin.it

藏酒销售
预约参观
膳宿接待
年产量 130 000 瓶
葡萄种植面积 15.5 公顷

巴索（Basso）家族的传奇伟业始于上个世纪初。过去几年，他们又在翁佐（Onzo）丘陵增加了一个5公顷大的葡萄园，地表为干燥的碎石，绵延至奥尔托韦罗（Ortovero）平原，与酒窖相毗邻。在杜林（Durin）提议下，采用皮加图（Pigato）、维门蒂诺（Vermentino）、罗赛思（Rossese）、阿里坎特（Alicante）、奥梅斯科（Ormeasco）、圣乔维斯（Sangiovese）、格拉纳（Granaccia）、巴贝拉（Barbera）等葡萄品种酿制各种品类的葡萄酒。这些葡萄酒都具有非凡的香气，风格独特，具辨别度。在两款陈酿利古里亚•皮加图2012（Riviera Ligure di Ponente Pigatos 2012）中，我们更喜欢基础款。宽泛的复杂度，香气从白色水果味到树丛气息，酒体饱满与酸度完美平衡。贝尔2012（Braie 2012）口感浓郁，单宁突出。

○ Riviera Ligure di Ponente Pigato '12	🍷🍷 2*
○ Riviera Ligure di Ponente Pigato V. Braie '12	🍷🍷 3
○ Riviera Ligure di Ponente Vermentino '12	🍷🍷 2*
○ Riviera Ligure di Ponente Vermentino Lunghèra '12	🍷🍷 3
● Alicante '10	🍷 3
○ Bàsura Riunda Brut M. Cl. '07	🍷 5
● Granaccia '12	🍷 3
● I Matti '10	🍷 3
● Ormeasco di Pornassio Sup. '11	🍷 3
○ Pigato Passito '11	🍷 3
● Riviera Ligure di Ponente Rossese '12	🍷 3
● Granaccia '11	🍷🍷 3
○ Pigato Passito '10	🍷🍷 3

Fontanacota

Loc. Ponti
Fraz. Pornassio
via Provinciale
18100 Imperia
Tel. 3339807442
www.fontanacota.it

藏酒销售
预约参观
年产量 40000 瓶
葡萄种植面积 6 公顷

玛丽娜（Marina）和法比奥•贝蒂（Fabio Berta）于2001年建立起方塔纳科塔酒庄（Fontanacota），在此之前，玛丽娜（Marina）对现有酒庄进行重组，目前酒庄由两家酒厂组成。最大的葡萄园位于瓦尔博瑞诺（Val Prino），其中70%的土地种植维蒙蒂诺（Vermentino），剩余的种植皮加图（Pigato）和罗赛思（Rossese）葡萄；最小的葡萄园位于海拔500米的阿罗夏河山谷，专门种植奥蒙斯科（Ormeasco）。酒庄中有40年历史的陈酿酒同样引人注目。今年，陈酿利古里亚•维门蒂诺2012（Riviera Ligure di Ponente Vermentino 2012）最让我们信服。有着浓郁芳香的美帝特拉（Mediterranean Scrub）散发白色水果香气，酒体良好，气质优雅，回味悠久。陈酿利古里亚•皮加图2012（Riviera Ligure di Ponente Pigato 2012）清香扑鼻，令人愉悦，与去年相比，少了咄咄逼人的感觉。顶级奥蒙斯科2011（Ormeasco di Pornassio Superiore 2011）口感持久且平衡。其他品种的葡萄酒也同样令人满意。

○ Riviera Ligure di Ponente Vermentino '12	🍷🍷 3*
● Ormeasco di Pornassio Sup. '11	🍷🍷 3
○ Riviera Ligure di Ponente Pigato '12	🍷🍷 3
● Ormeasco di Pornassio '12	🍷 2
⊙ Ormeasco di Pornassio Sciac-Trà '12	🍷 2
● Riviera Ligure di Ponente Rossese '12	🍷 2
○ Riviera Ligure di Ponente Pigato '11	🍷🍷🍷 3*
● Ormeasco di Pornassio Sup. '10	🍷🍷 3
○ Riviera Ligure di Ponente Pigato '10	🍷🍷 2*
○ Riviera Ligure di Ponente Pigato '09	🍷🍷 2*

Ottaviano Lambruschi

via Olmarello,28
19030 Castelnuovo Magra [SP]
Tel. 0187674261
www.ottavianolambruschi.com

藏酒销售
预约参观
年产量 36000 瓶
葡萄种植面积 6 公顷

在儿子法比奥（Fabio）的帮助下，兰姆伯鲁斯彻（Ottaviano Lambruschi）保留了卢尼贾纳维蒙蒂诺（Lunigianavermentino）的大师级品种。事实上，从此产区出品的葡萄酒是本地出色的代表，完整地体现了本地品类的新鲜感和浓郁的口感。所有的葡萄园都位于小山坡上，土壤黏，伴随着海风徐徐，阳光直射在南部和东南部。这里种植梅洛（Merlot）、圣乔维斯（Sangiovese）和卡内奥罗（Canaiolo）葡萄，当然葡萄酒也由它们酿制而成。今年，科利路尼•玛格奥利二号2012（Colli di Luni Vermentino Il Maggiore 2012）荣获“三杯奖”。这款酒品带有浓郁的干草药味并富含矿物质，酒劲大，清香扑鼻，成色剔透，口感紧致持久，表现其坚韧的特色。同样令人满意的科利路尼•玛利纳2012（Colli di Luni Vermentino Costa Marina 2012）虽酒体结构略为松散，气质深沉，但水果芳香更为浓郁，质感独特。唯一的红葡萄酒玛尼奥2012（Maniero 2012）同样表现出色，令人难忘。

○ Colli di Luni Vermentino Il Maggiore '12	🍷🍷🍷 4*
○ Colli di Luni Vermentino Costa Marina '12	🍷🍷 4
● Maniero '12	🍷🍷 3
○ Colli di Luni Vermentino Costa Marina '11	🍷🍷🍷 4*
○ Colli di Luni Vermentino Costa Marina '09	🍷🍷🍷 3
○ Colli di Luni Vermentino Sarticola '08	🍷🍷🍷 3*
○ Colli di Luni Vermentino Costa Marina '10	🍷🍷 3
○ Colli di Luni Vermentino Costa Marina '08	🍷🍷 3
○ Colli di Luni Vermentino Il Maggiore '11	🍷🍷 4
○ Colli di Luni Vermentino Sarticola '10	🍷🍷 3
○ Colli di Luni Vermentino Sarticola '09	🍷🍷 3

Cantine Lunae Bosoni

FRAZ. ISOLA DI ORTONOVO
VIA BOZZI,63
19034 ORTONOVO [SP]
TEL. 0187669222
www.cantinelunae.com

藏酒销售
预约参观
参观设施
年产量 450 000 瓶
葡萄种植面积 65 公顷

路纳•波索尼（Lunae Bosoni）酒庄的情况较为特殊，在利古里亚区（Liguria）酿酒业罕见。150位种植者，酒窖里熟练的工作人员，15公顷的葡萄园，保证了保罗•波索尼（Paolo Bosoni）的酒庄能够进行大规模生产和保证高质量水平，因此成为科利•路尼（Colli di Luni）法定产区的行业标杆。芳香四溢和丰富的水果味道是其出品葡萄酒的最主要特点。带有桃子和草药气息的科利路尼•维门蒂诺2012（Colli di Luni Vermentino Etichetta Nera 2012）荣获了“三杯奖”，其口感架构显著，清新持久，搭配让人倍感和谐。同样出色的科利路尼•维门蒂诺2012（Colli di LuniVermentinoCavagino 2012）则带有独特复杂的花香，经典让人回味，并伴有略微苦涩。其余品种的葡萄酒也不错。

○ Colli di Luni Vermentino Et. Nera '12	🍷🍷🍷 4*
○ Colli di Luni Vermentino Cavagino '12	🍷🍷 5
○ Colli di Luni Albarola '12	🍷🍷 4
● Colli di Luni Niccolò V Ris. '06	🍷🍷 5
● Colli di Luni Niccolò V '09	🍷 4
○ Colli di Luni Vermentino Numero Chiuso '09	🍷 6
● Horae '11	🍷 5
○ Colli di Luni Vermentino Et. Nera '11	🍷🍷🍷 4*
○ Colli di Luni Vermentino Et. Nera '10	🍷🍷🍷 4
○ Colli di Luni Vermentino Lunae Et. Nera '09	🍷🍷🍷 4
○ Colli di Luni Vermentino Lunae Et. Nera '08	🍷🍷🍷 4*
○ Colli di Luni Vermentino Cavagino '11	🍷🍷 5

Lupi

VIA MAZZINI,9
18026 PIEVE DI TECO [IM]
TEL. 018336161
www.casalupi.it

藏酒销售
预约参观
年产量 160 000 瓶
葡萄种植面积 12 公顷

满腔热情的马西莫•卢皮（Massimo Lupi）巧妙地沿袭了父亲托马索（Tommaso）50多年的辉煌。卢皮（Lupi）所酿葡萄酒都是波蒙特•利古（PonenteLigure）重要且著名的品种，如奥蒙斯科（Ormeasco）、罗赛思（Rossese）、皮加图（Pigato）和维蒙蒂诺（Vermentino）。庄园80%种植经培育的灌木葡萄树，部分是超过了60年的老树。葡萄酒，尤其是白葡萄酒，是在利古里亚区（Liguria）为数不多、经得起时间考验的品种。在过去的几年里，也充分证明了它们的能力。而今年，卢皮（Lupi）用自己的实力证明了传统上更适合红酒酿造的区域同样也能酿出品质优良的白葡萄酒。两种特色酒均令人满意：陈酿利古里亚2011（Riviera Ligure di Ponente Vermentino Le Serre 2011）风格现代，带有矿物质和灌木丛气息，清香扑鼻，口味持久。陈酿利古里亚•皮加图2012（Riviera Ligure di Ponente Pigato 2012）则清新典雅，有水果清香和芳草药的味道，其伟大的特质一览无余。

○ Riviera Ligure di Ponente Pigato '12	🍷🍷 3*
○ Riviera Ligure di Ponente Vermentino Le Serre '11	🍷🍷 3*
○ Riviera Ligure di Ponente Pigato Le Petraie '11	🍷🍷 3
○ Riviera Ligure di Ponente Vermentino '12	🍷🍷 3
● Rossese di Dolceacqua '12	🍷🍷 3
⊙ Ormeasco di Pornassio Sciac-trà '12	🍷 3
○ Vignamare '10	🍷 4
○ Riviera Ligure di Ponente Vermentino Le Serre '09	🍷🍷🍷 3
○ Riviera Ligure di Ponente Vermentino Le Serre '08	🍷🍷🍷 5
○ Riviera Ligure di Ponente Vermentino Le Serre '07	🍷🍷🍷 5

Maccario Dringenberg

via Torre,3
18036 San Biagio della Cima [IM]
Tel. 0184289947
maccariodringenberg@yahoo.it

藏酒销售
预约参观
年产量 23 000 瓶
葡萄种植面积 4 公顷

玛卡利奥酒庄（Maccario Dringen Berg）已成为最成功的酒庄之一。多彻托红葡萄酒（Rossese di Dolceacqua）已在短期内走出形象受损的阴影，凭借其清新独特的口感赢得美誉。位于瓦尔维波尼（Val Verbone）的波萨屋（Posaù），以及位于瓦尔奈亚（Val Nervia）的路瓦拉（Luvaira）乃其最重要的葡萄园，栽培的葡萄藤有100年的树龄。其出品的葡萄酒芳香优雅。庄园首次出品的新酒多彻托红葡萄酒2012（Rossese di Dolceacqua Brae 2012），拥有柑橘皮和胡椒粉的味道，口感顺滑，平衡又紧致。由于柏索（Posaù）和鲁维拉（Luvaira）的缺席，基础酒多彻托红葡萄酒2012（Rossese di Dolceacqua 2012）占据了最大的份额，其红浆果和烟草的味道令人愉悦，味道微酸，酒劲足，但缺乏了其兄弟款的复杂的口感。

● Rossese di Dolceacqua '12	🍷🍷 3*
● Rossese di Dolceacqua Brae '12	🍷🍷 3
⊙ Rosacroce '12	🍷 2
● Rossese di Dolceacqua Sup. Vign. Luvaira '07	🍷🍷🍷 4*
● Rossese di Dolceacqua Sup. Vign. Posaù '10	🍷🍷🍷 3*
● Rossese di Dolceacqua Sup. Vign. Posaù '08	🍷🍷🍷 3
● Rossese di Dolceacqua '11	🍷🍷 3*
● Rossese di Dolceacqua '10	🍷🍷 3
● Rossese di Dolceacqua Sup. Vign. Luvaira '10	🍷🍷 4
● Rossese di Dolceacqua Sup. Vign. Luvaira '08	🍷🍷 4

Il Monticello

via Groppolo,7
19038 Sarzana [SP]
Tel. 0187621432
www.ilmonticello.it

藏酒销售
预约参观
参观设施
年产量 68 000 瓶
葡萄种植面积 10 公顷

在大卫（Davide）和亚历山德罗•内（AlessandroNeri）的领导下，他们的家族酒庄已成为科利路尼（Colli di Luni）法定产区的领军人。其山上的葡萄园常年接受海风的吹拂，黏土沙地相对新鲜，使其出品的葡萄酒富含个性和本地风情。光伏电站更节省能源，因此他们选择了生物动力。两款杰出的维蒙蒂诺（Vermentinos）葡萄酿制的的内里（Neri）是兄弟酒庄的代表。新鲜且复杂的科利路尼2012（Colli di Luni 2012）带有粉红葡萄柚味道，酒体良好，口感持久均衡。2011年出品的波格奥•帕特诺2号（Poggio Paterno Il Bocciato）[这样命名是因为曾经被拒，或者以法定原产地酒委员会制定的波瓷托（"Bocciato"）命名]拥有热情丰富的草药味和热带水果的清香，是勇敢和动感的体现。同样品质兼优的科利路尼•露佩托2012（Colli di Luni Rosso Rupestro 2012）也是芳香扑鼻，酒体结构令人满意。

○ Colli di Luni Vermentino '12	🍷🍷 3*
○ Poggio Paterno Il Bocciato '11	🍷🍷 3*
● Colli di Luni Rosso Rupestro '12	🍷🍷 2*
● Colli di Luni Rosso Poggio dei Magni Ris. '10	🍷 3
⊙ Serasuolo '12	🍷 2
● Colli di Luni Rosso Poggio dei Magni Ris. '07	🍷🍷 3
○ Colli di Luni Vermentino '08	🍷🍷 2*
○ Colli di Luni Vermentino Poggio Paterno '10	🍷🍷 3*
○ Colli di Luni Vermentino Poggio Paterno '09	🍷🍷 3
○ Colli di Luni Vermentino Poggio Paterno '08	🍷🍷 3
○ Colli di Luni Vermentino Poggio Paterno '07	🍷🍷 3*

Conte Picedi Benettini

via Mazzini,57
19038 Sarzana [SP]
Tel. 0187625147
www.picedibenettini.it

藏酒销售
预约参观
参观设施
年产量 30 000 瓶
葡萄种植面积 7 公顷

孔蒂•帕•比锐欧（Conte Picedi Benettini）酒庄的葡萄园横跨马格拉（Magra）山谷和拉斯佩齐亚（La Spezia）海湾位于巴卡诺阿尔科拉（Baccano di Arcola）的乔索（Chioso）庄园和位于菲维扎诺（Fivizzano）的凯斯爱诺（Ceserano）庄园。庄园中种植的多为当地品种，许多品种濒临灭绝，白葡萄品种有维蒙蒂诺（Vermentino）、阿巴罗拉（Albarola）、特比安诺（Trebbiano）、马尔维萨（Malvasia）、达莱洛（Durella）、维杜斯科（Verdusco）和路则赛（Ruzzese）；红葡萄品种有巴拿马（Pollera）、巴拉瓷兰拉（bracciolanera）、圣乔维斯（Sangiovese）、梅洛（Merlot）、维蒙蒂诺皮诺（Vermentinonero）、玛萨里塔（massaretta）和罗莎拉（Rossara）。2012年出品的科利•鲁尼•维蒙蒂诺（Colli di Luni Vermentino）完美平衡，拥有杏仁、桃子、荔枝的果香和芳草香，成色好，口感紧致，令人兴致勃勃。其他品类的科利•鲁尼•维蒙蒂诺（Colli di Luni Vermentino）同样制作精致。依旧年壮的乔索（Chioso）拥有果香和药草香，酒劲猛烈、微苦。

○ Colli di Luni Vermentino '12	🍷🍷 2*
○ Colli di Luni Vermentino Il Chioso '12	🍷🍷 2*
○ Colli di Luni Vermentino Stemma '12	🍷🍷 3
⊙ Ciliegiolo Fattoria di Ceserano '12	🍷 2
⊙ Ciliegiolo '10	🍷🍷 2*
○ Colli di Luni Vermentino Il Chioso '11	🍷🍷 2*
○ Colli di Luni Vermentino Il Chioso '09	🍷🍷 2*
○ Colli di Luni Vermentino Stemma '11	🍷🍷 3*
○ Colli di Luni Vermentino Stemma '10	🍷🍷 3
○ Colli di Luni Vermentino Stemma '09	🍷🍷 2*

Poggio dei Gorleri

fraz. Gorleri
via San Leonardo
18013 Diano Marina [IM]
Tel. 0183495207
www.poggiodeigorleri.com

藏酒销售
预约参观
餐饮接待
年产量 69 000 瓶
葡萄种植面积 6.5 公顷

在短短十年中，梅拉诺（Merano）家族已将波吉奥•格勒瑞（Poggiodei Gorleri）酒庄发展成为利古里亚（Liguria）的佼佼者。为了减少从葡萄种植人员收购葡萄，他们多年来一直不断扩大葡萄园面积。在尊重自然、关爱自然的前提下，他们在阿尔本加（Albenga）、迪亚诺马里纳（Diano Marina）和皮耶韦迪泰科（Pieve di Teco）的沙石地黏土中种植维蒙蒂诺（Vermentino）、格拉纳（Granaccia）、皮加图（Pigato）和奥蒙斯科（Ormeasco）等品种。所酿葡萄酒呈现与伟大的结合。具现代风格的、浓郁的陈酿利古里亚•皮加图2012（Riviera Ligure di Ponente Pigato Cycnus 2012）荣获了今年的“三杯奖”，它带有水果、矿物质味道，口感持久强烈。同样优秀的陈酿利古里亚•索利2012（Riviera Ligure di Ponente Vermentino Vigna Sorì 2012）与陈酿利古里亚•皮加图2011（Riviera Ligure di Ponente Pigatoalbium 2011）也获得很不错的成绩。

○ Riviera Ligure di Ponente Pigato Cycnus '12	🍷🍷🍷 3*
○ Riviera Ligure di Ponente Pigato Albium '11	🍷🍷 5
○ Riviera Ligure di Ponente Vermentino V. Sorì '12	🍷🍷 3*
● Ormeasco di Pornassio Peinetti '12	🍷🍷 3
○ Riviera Ligure di Ponente Vermentino '12	🍷🍷 2*
● Riviera Ligure di Ponente Granaccia Shalok '11	🍷 3
○ Riviera Ligure di Ponente Pigato Albium '10	🍷🍷🍷 5
○ Riviera Ligure di Ponente Pigato Cycnus '10	🍷🍷🍷 3
○ Riviera Ligure di Ponente Pigato Cycnus '09	🍷🍷🍷 3*

Sancio

VIA LAIOLO,73
17028 SPOTORNO [SV]
TEL. 019743255
www.cantinasancio.it

藏酒销售
预约参观
年产量 30 000 瓶
葡萄种植面积 5 公顷

几十年来，圣西奥（Sancio）家族一直在斯波托尔诺（Spotorno）葡萄种植区致力于葡萄栽培。而现在，里卡尔多•圣西奥（Riccardo Sancio）管理着位于葡萄酒法定产区里维埃拉（Riviera Ligure di Ponente）最东部的葡萄庄园，那里种植着当地的典型品种如露玛希娜（Lumassina）、皮加图（Pigato）、罗赛思（Rossese）和维蒙蒂诺（Vermentino）。里卡尔多在葡萄园和酒窖中充分利用太阳能与生物能，在保障质量的同时非常注重环保。今年，我们对浓郁迷人的陈酿利古里亚•皮加图2012（Riviera Ligure di PonentePigato 2012）情有独钟，清香的水果味伴有杏仁味，与微酸的口感平衡，结构完美。陈酿利古里亚•维蒙帝诺2012（Riviera Ligure di PonenteVermentino 2012）同样制作优良，拥有鲜花、杏子和干草药的芳香，但在口感上缺乏掌控。其他品种的葡萄酒也让人满意。

○ Riviera Ligure di Ponente Pigato '12	🍷🍷 3*
○ Riviera Ligure di Ponente Vermentino '12	🍷🍷 3
○ Lumassina Vivace Lilaria '12	🍷 2
○ Riviera Ligure di Ponente Pigato Cappellania '12	🍷 3
● Riviera Ligure di Ponente Rossese '12	🍷 3
● Rosso dell'Orco	🍷 2
○ Riviera Ligure di Ponente Pigato '11	♀♀ 3
● Riviera Ligure di Ponente Rossese '11	♀♀ 3
● Riviera Ligure di Ponente Rossese '10	♀♀ 3*
● Riviera Ligure di Ponente Rossese '10	♀♀ 3*
○ Riviera Ligure di Ponente Vermentino '11	♀♀ 2*
○ Riviera Ligure di Ponente Vermentino '10	♀♀ 3

Terre Bianche

LOC. ARCAGNA
18035 DOLCEACQUA [IM]
TEL. 018431426
www.terrebianche.com

藏酒销售
预约参观
参观设施
年产量 60 000 瓶
葡萄种植面积 8.5 公顷

菲利普罗德里（Filippo Rondelli）已将特利比安彻（Terre Bianche）酒庄发展为利古里亚（Liguria）和多尔恰夸（Dolceacqua）的展示庄园之一，他的此举不仅仅是为了展示法定产区最具代表性的罗赛思（Rossese），还包含了像维蒙蒂诺（Vermentino）和皮加图（Pigato）等清新扑鼻的品种。位于瓦尔奈维亚（Val Nervia）的葡萄园，海拔350米到450米，葡萄园包括：土质为沙壤土的阿卡格纳庄园（Arcagna），种植有上百年树龄的红葡萄；土质为红黏土的斯卡托佐尼庄园（Scartozzoni），种植白葡萄；白黏土土质的特利比安彻（Terre Bianche）庄园以及沙地土质的蒙特库托（Monte Curto）庄园，种植红葡萄有皮加图（Pigato）和维蒙蒂诺（Vermentino）等品种。我们喜欢多彻艾夸2011（Rossese di Dolceacqua Bricco arcagna 2011），水果味清新活泼，带有橡木桶的味道。同样，口感新鲜强烈的陈酿利古里亚•维门蒂诺2012（Riviera Ligure di PonenteVermentino 2012）也充满活力。

● Rossese di Dolceacqua '12	🍷🍷🍷 3*
○ Riviera Ligure di Ponente Vermentino '12	🍷🍷 3*
● Rossese di Dolceacqua Bricco Arcagna '11	🍷🍷 5
○ Riviera Ligure di Ponente Arcana Bianco '10	🍷🍷 4
● Riviera Ligure di Ponente Arcana Rosso '08	🍷🍷 5
○ Riviera Ligure di Ponente Pigato '12	🍷🍷 3
● Rossese di Dolceacqua Bricco Arcagna '09	♀♀♀ 4
● Rossese di Dolceacqua Bricco Arcagna '08	♀♀♀ 5
○ Riviera Ligure di Ponente Vermentino '11	♀♀ 3
● Rossese di Dolceacqua Bricco Arcagna '10	♀♀ 5

Cascina delle Terre Rosse

via Manie,3
17024 Finale Ligure [SV]
Tel. 019698782

藏酒销售
预约参观
年产量 30 000 瓶
葡萄种植面积 4.5 公顷

瓦德蒂米诺•葛璐佐（Vladimiro Galluzzo）的酒庄坐落于梅米（Manie）平原的萨沃纳岛（Savona），是波嫩特里维埃拉（Riviera di Ponente）最重要的酒庄之一。酒庄名字的意思是“红土”，代表当地土壤的颜色，蕴含丰富的亚铁矿。酒庄主要生产白葡萄酒，但并没有忽略红葡萄酒。葡萄园海拔高度在300米，采用有机管理模式。今年，酒庄的葡萄酒产量较低。在所有品类中，我们最喜欢陈酿利古里亚•皮加图2012（Riviera Ligure di PonentePigato 2012），带有经典的白色新鲜水果、杏仁和藏红花味道，口感虽不够丰富，却均衡持久。陈酿利古里亚•维门蒂诺2012（Riviera Ligure di PonenteVermentino 2012）带有柑橘类气质，结构细腻，但回味偏酸，不够爽脆。其他葡萄酒也表现不错。

○ Riviera Ligure di Ponente Pigato '12	🍷🍷 4
○ Apogeo '12	🍷 4
○ Riviera Ligure di Ponente Vermentino '12	🍷 4
● Solitario '11	🍷 7
○ Riviera Ligure di Ponente Pigato '99	🍷🍷🍷 3*
○ Apogeo '11	🍷🍷 4
○ Apogeo '10	🍷🍷 4
○ Apogeo '09	🍷🍷 4
○ Le Banche '10	🍷🍷 7
○ Riviera Ligure di Ponente Pigato '11	🍷🍷 4
○ Riviera Ligure di Ponente Vermentino '09	🍷🍷 4

Vis Amoris

loc. Caramagna
s.da Molino Javè,23
18100 Imperia
Tel. 3483959569
www.visamoris.it

藏酒销售
预约参观
年产量 26 000 瓶
葡萄种植面积 3.5 公顷

罗赞娜•扎帕（Rossana Zappa）和罗伯特•托茨（Roberto Tozzi）的酒庄已经运营了10年了，10年的时间已足够证明他们位于因佩里亚（Lmperia）酒庄的成功。葡萄园种植了当地绝大部分的经典品种，从起泡酒到帕赛托甜酒（Passito），他们已经陆续酿造出6个品种的皮加图（Pigato）。葡萄种植在黏土和石灰土中，管理完善、环保。杜瓷方朵风干甜酒2011（Dulcis in Fundo Passito 2011）在今年大丰收，带有新鲜却浓郁的香草芳香。陈酿利古里亚•宋格诺2011（Riviera Ligure di Ponente Pigato Sogno 2011）令我们很满意，散发精细的矿物质气息，夹杂燧石感，酒体强健。陈酿利古里亚•维路门2012（Riviera Ligure di Ponente Pigato Verum 2012）、陈酿利古里亚•皮加图2012（Riviera Ligure di PonentePigato Domé 2012）以及经典梅多特起泡酒2010（Vis amoris Brut MetodoClassico 2010）也同样制作精良。

○ Dulcis in Fundo '11	🍷🍷 5
○ Riviera Ligure di Ponente Pigato Sogno '11	🍷🍷 4
○ Riviera Ligure di Ponente Pigato V. Domé '12	🍷 3
○ Riviera Ligure di Ponente Pigato Verum '12	🍷 3
○ Vis Amoris Brut M. Cl. '10	🍷 5
○ Dulcis in Fundo '10	🍷🍷 5
○ Dulcis in Fundo '09	🍷🍷 5
○ Riviera Ligure di Ponente Pigato Sogno '10	🍷🍷 4
○ Riviera Ligure di Ponente Pigato Sogno '09	🍷🍷 5
○ Riviera Ligure di Ponente Pigato V. Domè '07	🍷🍷 3*
○ Riviera Ligure di Ponente Pigato V. Domè '05	🍷🍷 3*

Cooperativa Agricoltori della Vallata di Levanto

LOC. GHIARE
VIA SAN MATTEO,20
19015 LEVANTO [SP]
TEL. 0187800867
www.levanto.com/cooperativa

藏酒销售
预约参观
年产量 100000 瓶
葡萄种植面积 3 公顷

- ● Colline di Levanto Rosso Canuet '12 🍷🍷 2*
- ○ Colline di Levanto Vermentino '12 🍷 3

Carlo Alessandri

VIA UMBERTO I,15
18020 RANZO [IM]
TEL. 0183318114
az.alessandricarlo@libero.it

藏酒销售
预约参观
年产量 19100 瓶
葡萄种植面积 2.1 公顷

- ● Ormeasco di Pornassio '12 🍷🍷 2*
- ○ Riviera Ligure di Ponente Vermentino '12 🍷🍷 2*
- ○ Riviera Ligure di Ponente Pigato '12 🍷 2

Massimo Alessandri

VIA COSTA PARROCCHIA ,42
18020 RANZO [IM]
TEL. 018253458
www.massimoalessandri.it

藏酒销售
预约参观
餐饮接待
年产量 35000 瓶
葡萄种植面积 6.5 公顷

- ○ Riviera Ligure di Ponente Pigato Costa de Vigne '12 🍷🍷 3*
- ○ Riviera Ligure di Ponente Pigato Vigne Vëggie '12 🍷🍷 4

Tenuta Anfosso

C.SO VERBONE ,175
18036 SOLDANO [IM]
TEL. 0184289906
www.tenutaanfosso.it

藏酒销售
参观设施
年产量 20000 瓶
葡萄种植面积 4 公顷

- ● Rossese di Dolceacqua Sup. Poggio Pini '11 🍷🍷 4
- ⊙ Antea 🍷 2
- ● Rossese di Dolceacqua Sup. Luvaira '11 🍷 4

Riccardo Arrigoni

LOC. MIGLIARINI
VIA SARZANA,224
19126 LA SPEZIA
TEL. 0187504060
www.awf2000.com

藏酒销售
预约参观
膳宿接待
年产量 200000 瓶
葡萄种植面积 19 公顷

- ○ Cinque Terre Sciacchetrà Tramonti '09 🍷🍷 8
- ○ Colli di Luni Vermentino La Cascina Dei Peri '12 🍷🍷 2*
- ○ Colli di Luni Vermentino V. del Prefetto '12 🍷 3

Luigi Bianchi Carenzo

VIA I. LANTERO,19
18013 DIANO SAN PIETRO [IM]
TEL. 0183429072

藏酒销售
预约参观
年产量 10000 瓶
葡萄种植面积 0.7 公顷

- ○ Riviera Ligure di Ponente Vermentino '12 🍷🍷 2*
- ○ Riviera Ligure di Ponente Pigato '12 🍷 2
- ● Riviera Ligure di Ponente Rossese '12 🍷 2

Cantine Calleri

LOC. SALEA
REG. FRATTI,2
17031 ALBENGA [SV]
TEL. 018220085
postmaster@cantinecalleri.com

年产量 55000 瓶
葡萄种植面积 6 公顷

- ○ Riviera Ligure di Ponente Pigato Albenga '12 — 🍷🍷 3
- ○ Riviera Ligure di Ponente Vermentino I Müzazzi '12 — 🍷🍷 3

Luigi Calvini

VIA SOLARO,76-78A
18038 SANREMO [IM]
TEL. 0184660242
www.luigicalvini.com

藏酒销售
预约参观
年产量 50000 瓶
葡萄种植面积 3 公顷

- ● Riviera Ligure di Ponente Rossese '12 — 🍷🍷 3
- ○ Le Coste '12 — 🍷 2
- ○ Riviera Ligure di Ponente Pigato '12 — 🍷 3
- ○ Riviera Ligure di Ponente Vermentino '12 — 🍷 3

Altare Bonanni De Grazia Campogrande

VIA DI LOCA,189
19017 RIOMAGGIORE [SP]
TEL. 3384063383
info@5terre-marmar.com

预约参观
参观设施
年产量 6000 瓶
葡萄种植面积 2 公顷

- ○ Cinque Terre '11 — 🍷🍷 7
- ● Cinque Terre Telémaco '11 — 🍷🍷 7

Deperi

FRAZ. CANETO,2
18020 RANZO [IM]
TEL. 0183318143
www.deperi.eu

预约参观
年产量 50000 瓶
葡萄种植面积 5 公顷

- ○ Riviera Ligure di Ponente Pigato '12 — 🍷🍷 2*
- ○ Riviera Ligure di Ponente Vermentino '12 — 🍷🍷 2*
- ● Ormeasco di Pornassio '11 — 🍷 3
- ⊙ Ormeasco di Pornassio Sciac-trà '12 — 🍷 2

Forlini Cappellini

LOC. MANAROLA
VIA RICCOBALDI,45
19010 RIOMAGGIORE [SP]
TEL. 0187920496
forlinicappellini@libero.it

预约参观
年产量 7500 瓶
葡萄种植面积 1.1 公顷

- ○ Cinque Terre '12 — 🍷🍷 4

Giacomelli

VIA PALVOTRISIA,134
19030 CASTELNUOVO MAGRA [SP]
TEL. 0187674155

藏酒销售
预约参观
年产量 50000 瓶
葡萄种植面积 8 公顷

- ○ Colli di Luni Vermentino Boboli '11 — 🍷🍷 4
- ● Colli di Luni Rosso Canal di Bocco '11 — 🍷🍷 4
- ○ Colli di Luni Vermentino Pianacce '12 — 🍷🍷 2*

La Ginestraia

via Steria
18100 Cervo [IM]
Tel. 3272683692
www.laginestraia.com

年产量 50 000 瓶
葡萄种植面积 7 公顷

○ Riviera Ligure di Ponente Pigato Via Maestra '12	🍷🍷 3
○ Riviera Ligure di Ponente Pigato '12	🍷 3
○ Riviera Ligure di Ponente Vermentino '12	🍷 3

Podere Grecale

loc. Bussana
via Duca d'Aosta ,52e
18038 Sanremo [IM]
Tel. 01841956107
www.poderegrecale.it/

藏酒销售
预约参观
年产量 20 000 瓶
葡萄种植面积 2. 42 公顷
葡萄栽培方式 有机认证

○ Riviera Ligure di Ponente Pigato '12	🍷🍷 3
○ Riviera Ligure di Ponente Vermentino '12	🍷 3

Nicola Guglierame

via Castello,10
18024 Pornassio [IM]
Tel. 018333037
www.ormeasco-guglierame.it

藏酒销售
预约参观
年产量 20 000 瓶
葡萄种植面积 2. 5 公顷

● Ormeasco di Pornassio Sup. '11	🍷🍷 3
● Ormeasco di Pornassio '11	🍷 3
⊙ Ormeasco di Pornassio Sciac-trà '11	🍷 3

Ka' Manciné

fraz. San Martino
p.zza Otto Luoghi,36
18036 Soldano [IM]
Tel. 0184289089
www.kamancine.it

藏酒销售
预约参观
年产量 13 000 瓶
葡萄种植面积 3 公顷

● Rossese di Dolceacqua Galeae '12	🍷🍷 3*
● Rossese di Dolceacqua Beragna '12	🍷🍷 3
⊙ Ormeasco di Pornassio Sciac-Trà '12	🍷 3

Podere Lavandaro

via Castiglione
54035 Fosdinovo [MS]
Tel. 018768202
www.poderelavandaro.it

○ Colli di Luni Vermentino '12	🍷🍷 3
○ Canizzo Passito '09	🍷 6
● Colli di Luni Rosso '12	🍷 2

Cantine Litan

via Matteotti,32f
19017 Riomaggiore [SP]
Tel. 3407655840
www.litan.it

藏酒销售
预约参观
年产量 4000 瓶
葡萄种植面积 2 公顷

○ Cinque Terre Costa de Sèra '12	🍷🍷 4

Tenuta Maffone

LOC. ACQUETICO
VIA SAN ROCCO 18
18026 PIEVE DI TECO [IM]
TEL. 3471245271
www.tenutamaffone.it

藏酒销售
预约参观
年产量 12000 瓶
葡萄种植面积 2 公顷

- ○ Riviera Ligure di Ponente Pigato '12 🍷🍷 3
- ⊙ Ormeasco di Pornassio Sciac-trà '12 🍷 3

Podere Terenzuola

VIA VERCALDA, 14
54035 FOSDINOVO [MS]
TEL. 0187670387
www.terenzuola.it

- ○ Colli di Luni Vermentino Sup. Fosso di Corsano '12 🍷🍷 3*
- ● Merla della Miniera '11 🍷🍷 3
- ○ Cinque Terre '12 🍷 3

Poggi dell'Elmo

C.SO VERBONE, 135
18036 SOLDANO [IM]
TEL. 0184289148
www.poggidellelmo.com

藏酒销售
预约参观
膳宿接待
年产量 15000 瓶
葡萄种植面积 2 公顷

- ● Rossese di Dolceacqua Sup. Pini Soldano '11 🍷🍷 3*
- ● Rossese di Dolceacqua '11 🍷🍷 3

Valdiscalve

LOC. REGGIMONTI
SP 42
19011 BONASSOLA [SP]
TEL. 0187818178
www.vermenting.com

藏酒销售
年产量 5000 瓶
葡萄种植面积 1 公顷

- ○ Colline di Levanto Bianco Costa di Macinara '12 🍷🍷 2*
- ○ Colline di Levanto Bianco Terre del Salice '12 🍷 3

La Vecchia Cantina

FRAZ. SALEA
VIA CORTA, 3
17031 ALBENGA [SV]
TEL. 0182559881

藏酒销售
预约参观
年产量 18000 瓶
葡萄种植面积 4 公顷

- ○ Riviera Ligure di Ponente Pigato '12 🍷🍷 2*
- ○ Colline Savonesi Passito '05 🍷 4
- ○ Riviera Ligure di Ponente Vermentino '12 🍷 3

Azienda Agricola Zangani

LOC. PONZANO SUPERIORE
VIA GRAMSCI, 46
19037 SANTO STEFANO DI MAGRA [SP]
TEL. 3287665657
www.zangani.it

藏酒销售
预约参观
年产量 25000 瓶
葡萄种植面积 3 公顷

- ● Colli di Luni Il Montale '12 🍷🍷 2*
- ○ Colli di Luni Il Mortedo '12 🍷🍷 2*
- ○ Marfi '12 🍷🍷 2*
- ○ Colli di Luni Vermentino La Boceda '12 🍷 3

伦巴第区
LOMBARDY

2014年，伦巴第区（Lombardy）打破以往纪录，凭借23项“三杯奖”（Tre Bicchieri）的获奖数量奠定了意大利最有影响力的葡萄酒产区之一的地位。取得如此成就的原因有很多，不仅仅只是伦巴第区（Lombardy）非凡的葡萄酒企业家对经济形势的掌控，在商业意义上也显示出其他地区略有缺乏的悲哀。无论如何，在伦巴第（Lombard）酿酒业，作为一个企业家或者酿酒师，喜爱葡萄酒，或者将葡萄园投资视为一种爱好，意味着健康的平衡支出，也是生产优质产品的保证。所有这一切都非常充分有效地表达了弗兰恰科达区（Franciacorta）的历史，这个拥有50年历史的葡萄种植区在过去的30年已取得了非凡的成果。11座“三杯奖”（Tre Bicchieri）也是它作为意大利经典梅特多（Italian Metodo Classico）起泡酒领导者的充分体现。对此，当地得天独厚的风土条件对这一成就起决定性因素，葡萄酒企业家的热情和技能，大型和小型的酒庄不懈的努力，对这一成就也起着同等重要的作用。鉴赏家早已对那卡•戴尔•博斯科（Ca' del Bosco）、贝拉维斯塔（Bellavista）、卡威乐瑞（Cavalleri）、贝卢基（Berlucchi & C.）和费格帝纳（Ferghettina）等名字很熟悉了。还有恩里克盖提（Enrico Gatti）、维拉（Villa）、康塔蒂卡斯塔蒂（Contadi Castaldi）、巴罗内皮兹尼（Barone Pizzini）和乐玛斯尼（Le Marchesine）的再次成功，以及初次登台的洛斯巴维尔（Lo Sparviere），都是他们产品可靠的最好证明。紧随其后的奥尔特波帕韦塞（Oltrepò Pavese）也向我们展示了其杰出的黑皮诺（Pinot Nero）红葡萄酒和起泡酒。和其他种类葡萄酒一样，蒙苏派罗（Monsupello）的布鲁特2008（Brut 2008）非常优秀，弗拉泰利•吉奥格（Fratelli Giorgi）的版本同样品质优良。产自玛佐林诺（Mazzolino）和红箭（Frecciarossa）的黑皮诺（Pinot Neros）再次赢得我们青睐，来自诗果诺拉城堡（Castello di Cigognola）令人愉悦的巴贝拉（Barbera）获得了“三杯奖”。卡戴弗拉迪（Ca' dei Frati）和普罗文萨（Provenza）在伦巴第区（Lombardy）的卢加纳（Lugana）产区起着支配作用，普罗文萨（Provenza）的两款获奖酒品也是它的芳香白葡萄酒吸引力的最好体现。将视线转移到阿尔卑斯山脉（Alps），那里的葡萄种植已有好几千年的历史，我们同样发现来自瓦尔泰利纳（Valtellina）的4款出色的葡萄酒。今年，来自费（Fai）、雷诺帝（Rainoldi）和尼诺•内格里（Nino Negri）的斯佛扎托葡萄酒（Sforzatos）再次凭借其优雅与力量感倍受好评，而来自马米特•普莱奥斯蒂尼（Mamete Prevostini）酒庄的萨塞拉（Sassella）以其风土的纯真与非凡的和谐令我们为之倾倒。总之，伦巴第区（Lombardy）今年的巨大收获，预示着灿烂的未来。

Marchese Adorno

VIA GALLASSOLO, 30
27050 RETORBIDO [PV]
TEL. 0383374404
www.marcheseadorno-wines.it

藏酒销售
预约参观
年产量 250 000 瓶
葡萄种植面积 85 公顷

马齐斯•马塞洛•卡塔内奥•阿多诺（Marchese Marcello Cattaneo Adorno）接管家族酒庄已有16年，遵循传统农业模式，使其成为发展奥特波葡萄酒（Oltrepò）的指路明灯。新地窖的建立，葡萄酒的改造，生产链的合理化，加上酿酒学家弗朗赛科（Francesco Cervetti）的管理，使葡萄酒质量显著提高。巴贝拉•维纳2010（Barbera Vigna del Re 2010）凭借其非凡真实的特性，精致的浆果味，进入我们的最终选择。精准的橡木味，适中的酸度和回味悠长的口感使其结构合理。令人愉悦的波吉奥（Poggio Marino）是由另外一个葡萄园出品，土壤成分的不同，使其水果味更浓厚，口感更好。显得不是很特别的巴贝拉（Barbera）葡萄酒——黑利乐2010（Rile Nero 2010）则是非常好的黑皮诺（Pinot Nero），单宁适度，进一步的酿造会使它口感更完美。

● OP Barbera V. del Re '10	🍷🍷 4
● OP Barbera Poggio Marino '11	🍷🍷 2*
● OP Bonarda Costa del Sole '11	🍷🍷 2*
● OP Pinot Nero Rile Nero '10	🍷🍷 5
○ OP Riesling Sup. Arcolaio '11	🍷🍷 3
○ OP Pinot Grigio Dama D'Oro '12	🍷 2
● OP Pinot Nero Brughero '11	🍷 2
● Cliviano '10	🍷🍷 3*
● OP Barbera V. del Re '08	🍷🍷 5
● OP Bonarda Vivace Costa del Sole '11	🍷🍷 2*
○ OP Pinot Grigio Dama D'Oro '11	🍷🍷 2*
● OP Pinot Nero '08	🍷🍷 3
● OP Pinot Nero Brughero '09	🍷🍷 3
● OP Pinot Nero Rile Nero '09	🍷🍷 5
● OP Pinot Nero Rile Nero '08	🍷🍷 5

F.lli Agnes

VIA CAMPO DEL MONTE, 1
27040 ROVESCALA [PV]
TEL. 038575206
www.fratelliagnes.it

藏酒销售
预约参观
年产量 120 000 瓶
葡萄种植面积 21 公顷

位于奥特波•帕维赛（Oltrepò Pavese）东部边界的洛维斯凯拉（Rovescala），是伯纳达（Bonarda）无可争议的领土。多年来，塞吉奥（Sergio）和克里斯蒂亚诺•艾格尼丝（Cristiano Agnes）的毅力与热情显示出他们对科罗帝纳（Croatina）的才能和优异葡萄园的亲密接触，熟悉皮诺拉（Pignola）——一种接串小果实的品种。所出品的酒类覆盖了大部分的品种：精致葡萄酒、半起泡酒，口感干燥，微甜。无论是新产品还是老产品，所有的酒品保持着始终如一的高质量。今年，太平盛世（Millennium）还未准备就绪，而贴上IGT标签的的波库路2011（Poculum 2011）则带有浓郁的薄荷和巧克力味道，单宁强硕，力量感十足。两个系列的邦纳达2012葡萄酒（Bonarda Vivace 2012），堪波蒙特（Campo del Monte）和利斯塔桂非（Cresta del Ghiffi）一直都是奥特波（Oltrepò）的最佳代表，后者的剩余糖分使其更香醇，而前者口感更有深度。而维纳佐（Vignazzo）和波赛索尼（Possessione del Console）都是静态葡萄酒，均无橡木味，略低于标准水平。

● OP Bonarda Campo del Monte '12	🍷🍷 2*
● OP Bonarda Cresta del Ghiffi '12	🍷🍷 2*
● Poculum '11	🍷🍷 4
● Loghetto '12	🍷 3
● Possessione del Console '12	🍷 3
● Vignazzo '11	🍷 3
● OP Bonarda Campo del Monte '11	🍷🍷 2*
● OP Bonarda Cresta del Ghiffi '11	🍷🍷 2*
● OP Bonarda Millenium '09	🍷🍷 4
● OP Bonarda Millenium '08	🍷🍷 4
● Poculum '10	🍷🍷 3*
● Poculum '09	🍷🍷 3
● Poculum '08	🍷🍷 3
● Vignazzo '08	🍷🍷 2*

Anteo

Loc. Chiesa
27040 Rocca de' Giorgi [PV]
Tel. 038599073
www.anteovini.it

藏酒销售
预约参观
年产量 200 000 瓶
葡萄种植面积 27 公顷

现任老板埃托雷•皮耶罗（Ettore Piero）和安东内拉（Antonella）的父亲——特兰托克利贝拉提（Trento Cribellati）的目标是建立一个完善的酒庄，生产高质量和高数量的起泡酒。地点的选择证明了他们的目标，位于沃奥萨山谷（Val Versa）和斯库罗帕索山谷（Valle Scuropasso）上游的边界的洛卡吉奥（Rocca de' Giorgi），长期以来生产黑皮诺（Pinot Nero）起泡酒，大型地下酒窖执行严格的手工酿制。据我们对酒庄的过去和潜力的了解，我们不得不说，今年的成绩让人失望，但愿这种情况只是暂时的。特伦托•科利贝拉帝（Trento Cribellati）系列下的陈酿波塔2006（Riserva del Poeta 2006）表现很好，拥有奶油慕斯、牛角面包和草药芳香。自然本色 2008（Nature Écru 2008）拥有热带水果和鲜花的味道，但略显沉静。它仍需时间陈酿，过几年将会成为精品。

● OP Bonarda Staffolo '12	2*
○ OP Moscato La Volpe e L'Uva '12	2*
○ OP Pinot Nero Brut Riserva del Poeta '06	6
⊙ OP Cruasé	4
○ OP Pinot Nero Nature Écru '08	5
○ OP Spumante Brut Tradition '07	4
○ OP Pinot Nero Brut Cl. Nature Écru '03	4
○ OP Pinot Nero Brut Cl.	4*
○ OP Pinot Nero Brut Cl. Nature Écru '05	4
○ OP Pinot Nero Brut Cl. Riserva del Poeta '05	6
⊙ OP Pinot Nero Brut Cl. Rosé '06	4
○ OP Riesling Sup. Quadro di Mezzo '11	2*

Antica Fratta

via Fontana, 11
25040 Monticelli Brusati [BS]
Tel. 030652068
www.anticafratta.it

藏酒销售
预约参观
年产量 300 000 瓶
葡萄种植面积 4 公顷

安蒂卡•弗兰塔（Antica Fratta）是新晋的弗兰恰科达区（Franciacorta）的葡萄酒生产商之一。酒庄位于蒙蒂塞利•布鲁赛提（Monticelli Brusati），隶属于吉多博鲁奇酒庄（Guido Berlucchi），目前由马尔塞洛博鲁奇（Marcello Bruschetti）独立运营。酿造所用的葡萄由产区最好的区域购买而来。酒庄坐落在一个建于19世纪，十分华丽的别墅内，经过翻修，酒庄已恢复生机，并拥有四个通道，通向酒庄的地下拱形酒窖，让人叹为观止，被当地人称为堪帝农（“Cantinon”）。绝干陈酿起泡酒（Extra Brut Riserva Quintessence）是酒庄的旗舰酒，进入最后一轮品鉴，是一款霞多丽起泡酒（Chardonnay Cuvée），还有15%的黑皮诺（Pinot Nero），在除酵母泥渣前进行整整70个月的陈化。2006年份带有成熟的水果、香草和柑橘香气，口感柔顺饱满，奶油感的泡沫，回味悠长。艾森萨顿2009（Essence Satèn 2009）同样表现出色，散发甘菊和药草的芳香。

○ Franciacorta Quintessence Extra Brut Ris. '06	7
○ Franciacorta Brut	5
⊙ Franciacorta Rosé Essence '09	5
○ Franciacorta Satèn Essence '09	5
○ Franciacorta Brut Essence '06	5
○ Franciacorta Essence Brut '05	5
○ Franciacorta Quintessence Extra Brut '05	7
⊙ Franciacorta Rosé Essence '08	5
⊙ Franciacorta Rosé Essence '07	5
○ Franciacorta Satèn Essence '08	5

Ar.Pe.Pe.

Via del Buon Consiglio, 4
23100 Sondrio
Tel. 0342214120
www.arpepe.com

藏酒销售
预约参观
年产量 50 000 瓶
葡萄种植面积 12 公顷

目前，酒庄由伊萨贝拉（Isabella）、厄玛卢勒（Emanuele）和吉多佩里扎提（Guido Pellizzati）组成的年轻团队运营，并延续他们父亲阿图罗（Arturo）的宏伟大业。葡萄酒经长时间在大桶浸渍，并在瓶中继续缓慢发酵直到出品。有些葡萄酒需酿造10年，随之而来的风险使它们风格独特，便于识别。近期酿制的葡萄酒味道更香醇、更新鲜，口感更好。不失之前的特色，得到了鉴赏家的喜爱。洛卡红葡萄酒2002（Rocce Rosse 2002）并没有显示出其陈酿年份的特点，普遍复杂的烟草、甘草味和龙胆草的味道，复杂持久的口感。萨瑟拉•乌蒂蜜2006（Sassella Ultimi Raggi 2006）十分特别，口感略微辛辣，有干草药、树根和浆果的味道。充实的口感让我们感受到果肉味和新鲜的酸度。

● Valtellina Sup. Sassella Rocce Rosse Ris. '02 — 🍷🍷 6
● Valtellina Sup. Sassella Ultimi Raggi '06 — 🍷🍷 6
● Rosso di Valtellina '11 — 🍷🍷 3
● Valtellina Sup. Sassella Stella Retica Ris. '06 — ΨΨΨ 4*
● Rosso di Valtellina '10 — ΨΨ 3
● Valtellina Sup. Grumello Rocca de Piro Ris. '06 — ΨΨ 4
● Valtellina Sup. Inferno Fiamme Antiche '06 — ΨΨ 5
● Valtellina Sup. Inferno Fiamme Antiche Ris. '07 — ΨΨ 5
● Valtellina Sup. Sassella Rocce Rosse Ris. '01 — ΨΨ 6
● Valtellina Sup. Sassella Rocce Rosse Ris. '99 — ΨΨ 6
● Valtellina Sup. Sassella Ultimi Raggi '05 — ΨΨ 6

Ballabio

via San Biagio, 32
27045 Casteggio [PV]
Tel. 0383805728
www.ballabio.net

藏酒销售
预约参观
年产量 100 000 瓶
葡萄种植面积 60 公顷

1905年，安吉洛•巴拉比奥（Angelo Ballabio）在卡斯泰焦（Casteggio）上，壮观的圣迪奥（San Biagio）山谷中建立了以他名字命名的酒庄。菲利浦•内维力（Filippo Nevelli）已经管理酒庄多年，并委托经验丰富的弗朗西斯科•切维提（Francesco Cervetti）协助管理这个辉煌的酒庄。菲利浦（Filippo）决心特别增长传统酿造经典梅特多（Metodo Classico）的产量，使酒庄成为奥尔特波（Oltrepò）地区起泡酒酿酒商的基准，成效让人满意。用黑皮诺（Pinot Nero）酿造，优雅而富含矿物气息的法尔法拉（Farfalla），便是在背风处长期发酵的产品。它凭借可口复杂的味道，完善的结构，适中的酸度，以及典型土壤和葡萄品种的最优表现，在我们今年的最终评选中占有一席之地。

○ Brut Cl. Farfalla — 🍷🍷 4
⊙ OP Pinot Nero Brut Cl. Cruasé — 🍷🍷 4
● OP Bonarda V. delle Cento Pertiche '12 — 🍷 3
● Clastidium di Pinot Nero '08 — ΨΨ 4
● Narbusto '09 — ΨΨ 3
● OP Bonarda V. delle Cento Pertiche '11 — ΨΨ 2*
● OP Bonarda V. delle Cento Pertiche '10 — ΨΨ 2*
● OP Bonarda Vivace V. delle Cento Pertiche '09 — ΨΨ 2*
⊙ OP Pinot Nero Cl. Brut Cruasé '07 — ΨΨ 4

Barbacarlo - Lino Maga

S.DA BRONESE, 3
27043 BRONI [PV]
TEL. 038551212
barbacarlodimaga@libero.it

藏酒销售
预约参观
年产量 20 000 瓶
葡萄种植面积 12 公顷

介绍巴巴卡罗（Barbacarlo）酒庄的历史需要一整本书，因为它是奥尔特波（Oltrepò）地区历史的重要一笔。葡萄园位于布罗尼（Broni）和坎内托帕韦塞（Canneto Pavese）盆地之间的独特的山谷之中，种植有科罗帝纳（Croatina）、拉雅（Uva rara）和维斯伯诺拉（Vespolina）葡萄。不同品种的葡萄在旧橡木桶中分别发酵，然后在瓶中进行二次发酵。因此，每年每瓶酒的酒味甜度和气泡各有不同。酒庄也生产30年或更久的半起泡酒。2011年份的酒品果味丰富，15%的酒精含量，加上部分残余的糖分，给我们烟草和香料的味道，口感末梢有杏仁的味道。我们建议大家来参观位于布罗尼（Broni）的古老神奇的酒庄，你会感觉到时间仿佛停止了。

● Barbacarlo '11	🍷🍷 5
● OP Rosso Montebuono '12	🍷 4
● Barbacarlo '10	🍷🍷 5
● Barbacarlo '09	🍷🍷 5
● Barbacarlo '08	🍷🍷 5
● Barbacarlo '07	🍷🍷 5

Barone Pizzini

VIA SAN CARLO, 14
25050 PROVAGLIO D'ISEO [BS]
TEL. 0309848311
www.baronepizzini.it

藏酒销售
预约参观
参观设施
年产量 375 000 瓶
葡萄种植面积 47 公顷
葡萄栽培方式 有机认证

20世纪90年代初，一群布雷西亚（Brescia）商人购买了巴罗内•皮兹尼（Barone Pizzini）的酒庄，并委托希尔瓦诺•布拉斯奇里尼（Silvano Brescianini）掌管，将其改造扩建成一个世界级的酒庄。酒庄在发展的同时，注重环保和可持续发展，使酒庄成为名副其实的葡萄酒行业基准。全新的低强度酒窖非常现代，葡萄酒也运用有机和生物动力学技术。如今弗兰恰科达（Franciacorta）酒庄拥有两个姐妹酒庄：马尔凯区（Marche）的皮尔沃塔（Pievalta）酒庄和托斯卡纳（Tuscany）区的宝乐（Padere Ghiaccioforte）山庄，均采用天然酿酒法。2009年份产品再次向我们证明了它的独特之处，复杂可口，拥有苹果、梨、橘子、全麦和香草的味道，口感让人沉醉、持久，活力四射。弗兰恰科达（Franciacorta）拥有优雅生动的碘味。

○ Franciacorta Brut Nature '09	🍷🍷🍷 5
○ Curtefranca Polzina Bianco '12	🍷🍷 3
○ Franciacorta Brut	🍷🍷 5
○ Franciacorta Brut Bagnadore Ris. '06	🍷🍷 5
○ Franciacorta Extra Brut	🍷🍷 5
⊙ Franciacorta Rosé Brut '09	🍷🍷 5
● Curtefranca Rosso '11	🍷 3
○ Franciacorta Satèn '09	🍷 5
○ Franciacorta Brut Nature '08	🍷🍷🍷 5
⊙ Franciacorta Rosé Brut '08	🍷🍷 5
○ Franciacorta Satèn '08	🍷🍷 5
○ Franciacorta Satèn '07	🍷🍷 5
○ Franciacorta Satèn '07	🍷🍷 5

★★Bellavista

via Bellavista, 5
25030 Erbusco [BS]
Tel. 0307762000
www.bellavistawine.it

预约参观
年产量 1 300 000 瓶
葡萄种植面积 180 公顷

贝拉维斯塔（Bellavista）酒庄是意大利葡萄世界中响当当的名字，同时也是弗兰恰科达（Franciacorta）区地标性的建筑。归莫雷蒂（Moretti）家族所有，乃其他伦巴第（Lombardy）和托斯卡纳（Tuscany）酒庄集团的总部，现由卓越 的企业家维多利奥（Vittorio）管理，女儿弗兰赛卡（Francesca）辅助在旁。酒庄拥有180公顷壮丽的葡萄园，由酿酒专家兼总经理马蒂亚（Mattia Vezzola）管理。不管是知名的陈酿还是无年份的弗兰恰科达（Franciacorta），酒庄出品的风格总是那么清晰，优雅与复杂的完美结合。今年，我们被莫利帝2006（Moretti 2006）迷住了，辛辣、奶油感觉的强烈口感，突出的水果味道，回味悠长且柔和。格兰绝干起泡酒2008（Gran Cuvée Satèn 2008）和陈酿莫利帝2004（Riserva Moretti Teatro alla Scala 2004）同样表现出色，事实上，整个系列都是高水平发挥，我们很满意。

○ Franciacorta Extra Brut Vittorio Moretti Ris. '06	🍷🍷🍷 8
○ Franciacorta Extra Brut Vittorio Moretti Lohengrin Ris. '04	🍷🍷 8
○ Franciacorta Satèn Gran Cuvée	🍷🍷 8
○ Curtefranca Bianco '12	🍷🍷 3
○ Curtefranca Convento SS. Annunciata '10	🍷🍷 6
○ Curtefranca Uccellanda '10	🍷🍷 6
○ Franciacorta Brut Cuvée	🍷🍷 5
⊙ Franciacorta Brut Rosé Gran Cuvée '08	🍷🍷 7
○ Franciacorta Brut Gran Cuvée '04	ΥΥΥ 6
○ Franciacorta Extra Brut Vittorio Moretti '02	ΥΥΥ 8
○ Franciacorta Gran Cuvée Pas Operé '06	ΥΥΥ 8
○ Franciacorta Gran Cuvée Pas Operé '05	ΥΥΥ 7

F.lli Berlucchi

loc. Borgonato
via Broletto, 2
25040 Corte Franca [BS]
Tel. 030984451
www.fratelliberlucchi.it

藏酒销售
预约参观
年产量 400 000 瓶
葡萄种植面积 70 公顷

博鲁奇（Berlucchi）家族对弗兰恰科达区（Franciacorta）的历史有着根本性的作用并与之有着历史渊源。酒庄由众多兄弟姐妹共同拥有，只是用70公顷葡萄园种植的葡萄酿酒，酒庄由充满激情的皮亚多娜塔（Pia Donata）管理，女儿锑丽法利（Tilli Rizzo）帮忙打理。地窖位于博国纳图（Borgonato）建于16世纪的别墅之中。完美精致的弗兰恰科达•卡萨2006（Franciacorta Casa delle Colonne Zero Riserva 2006），凭借其新鲜的水果味，多汁的口感，优雅而富含矿物质气息，适中的酸度和持久的口感进入到最后一轮品鉴。陈酿卡萨起泡酒2006（Riserva Casa delle Colonne Brut 2006）和弗兰恰科达起泡酒2009（Franciacorta Brut 2009）同样质量一流，其余的品类也很出色。

○ Franciacorta Casa delle Colonne Zero Ris. '06	🍷🍷 7
○ Franciacorta Brut '09	🍷🍷 5
○ Franciacorta Casa delle Colonne Brut '06	🍷🍷 7
○ Franciacorta Pas Dosé '09	🍷🍷 5
○ Franciacorta Satèn '09	🍷🍷 5
○ Franciacorta Brut 25	🍷 4
⊙ Franciacorta Brut Rosé '09	🍷 5
○ Franciacorta Brut '06	ΥΥ 4*
⊙ Franciacorta Brut Rosé '08	ΥΥ 5
○ Franciacorta Casa delle Colonne Zero Ris. '05	ΥΥ 7
○ Franciacorta Pas Dosé '07	ΥΥ 5
○ Franciacorta Satèn '08	ΥΥ 5

Guido Berlucchi & C.

LOC. BORGONATO
P.ZZA DURANTI, 4
25040 CORTE FRANCA [BS]
TEL. 030984381
www.berlucchi.it

藏酒销售
预约参观
参观设施
年产量 5 000 000 瓶
葡萄种植面积 650 公顷

1961年，弗朗哥兹利安尼（Franco Ziliani）和朋友吉多博鲁奇（Guido Berlucchi）别出心裁，将当地的葡萄酿制成几千瓶经典梅特多（Metodo Classico）。这也是弗兰恰科达（Franciacorta）的起源，如今，它已经是享誉世界的起泡葡萄酒。50年后，吉多博鲁奇（Guido Berlucchi）已成为意大利著名的品牌之一，年产弗兰恰科达（Franciacorta）超过500万瓶。酒庄由主席弗朗哥（Franco）管理，子女保罗（Paolo）、克里斯蒂娜（Cristina）和酿酒学家阿图罗（Arturo）是他的左膀右臂。今年，制作精良的明星产品是陈酿弗兰恰科达2006（Franciacorta Brut Extrême Palazzo Lana Riserva 2006），获得“三杯奖”轻而易举，作为优雅活力的白皮诺葡萄酒，主题感觉很强烈，给予你印象深刻的复杂矿物味道，夹杂碘酒气息。其他的干性起泡酒（Cuvées）也同样令人满意。

○ Franciacorta Brut Extrême Palazzo Lana Ris. '06	🍷🍷🍷 6
○ Franciacorta Cuvée Imperiale Vintage '07	🍷🍷 5
○ Franciacorta Brut Cuvée 61	🍷🍷 5
○ Franciacorta Brut Cuvée Imperiale	🍷🍷 5
⊙ Franciacorta Brut Rosé Cuvée 61	🍷🍷 5
⊙ Franciacorta Rosé Cuvée Imperiale Max	🍷🍷 5
○ Franciacorta Satèn Cuvée 61	🍷 5
○ Franciacorta Brut Cellarius '07	🍸🍸🍸 5
○ Franciacorta Brut Extrême Palazzo Lana '05	🍸🍸🍸 6
○ Franciacorta Brut Extrême Palazzo Lana '04	🍸🍸🍸 6
○ Franciacorta Cellarius Brut '08	🍸🍸🍸 5

Bersi Serlini

VIA CERETO, 7
25050 PROVAGLIO D'ISEO [BS]
TEL. 0309823338
www.bersiserlini.it

藏酒销售
预约参观
年产量 220 000 瓶
葡萄种植面积 30 公顷

1886年，波西瑟里尼（Bersi Serlini）家族收购了这个霸气十足的酒庄。酒庄位于伊塞奥湖畔（Lake Iseo），曾是拉莫萨（Lamosa）的圣彼得大教堂（San Pietro）僧侣的庄园。经过全新的整修和扩展，酒庄已拥有了现代气息和最先进的技术支持。酒庄的30公顷葡萄园由充满激情、工作能力强的玛塔莲娜•波西•瑟里尼（Maddalena Bersi Serlini）和她的妹妹齐亚拉（Chiara）负责。干性起泡酒4号2008（Brut Cuvée n. 4 2008）由葡萄园最年老的莎当尼葡萄酿造。部分在小橡木桶中发酵，在背风处发酵3年半。显现出别致的平衡和矫情，拥有诱人的水果香和柑橘的味道，接着带有烤面包和榛子的味道，口感奢华悠长。其他品种质量也同样让人满意。

○ Franciacorta Brut Cuvée n. 4 '08	🍷🍷 5
○ Franciacorta Brut Vintage Ris. '06	🍷🍷 7
○ Franciacorta Brut	🍷🍷 5
○ Franciacorta Satèn	🍷🍷 5
⊙ Franciacorta Brut Rosé Rosa Rosae	🍷 6
○ Franciacorta Demi Sec Nuvola	🍷 4
○ Franciacorta Brut Cuvée n. 4 '06	🍸🍸 4*
○ Franciacorta Brut Vintage Ris. '04	🍸🍸 7
○ Franciacorta Extra Brut '02	🍸🍸 5
○ Franciacorta Extra Brut '01	🍸🍸 5

Bertagna

loc. Bande
via Madonna della Porta, 14
46040 Cavriana [MN]
Tel. 037682211
www.cantinabertagna.it

藏酒销售
年产量 110 000 瓶
葡萄种植面积 10 公顷

詹弗兰科•本特纳（Gianfranco Bertagna）代表着家族第五代种植者对酒庄的热情，酒庄位于曼图亚（Mantua）最北角，离加尔达湖（Lake Garda）仅几公里。今年所出品葡萄酒均为地区特色酒（IGT）级别，质量优秀，获得了第一个大满贯，令我们信服。作为赤霞珠（Cabernet）的优秀代表，巴洛尼2009（Rosso del Barone 2009）呈红宝石般的色泽，散发浓郁的水果和花朵味道，精准的橡木味，口感适中。由精致的莎当尼（Chardonnay）酿造而成的蒙特沃佩白葡萄酒2011（Montevolpe Bianco 2011），微妙的橡木味使其更丰满，拥有菠萝和石灰味，伴随着丰富有趣的矿物，酸度适中。优雅的梅洛红葡萄酒2010（Merlot Rosso Del Chino 2010）同样质量优良，口感持久。而蒙特沃佩红葡萄酒2009（Montevolpe Rosso 2009）由于葡萄熟透影响了它的味道。莎当尼2012（Chardonnay 2012）则清新简单，令人愉悦。

○ Montevolpe Bianco '11	▼▼ 3
● Rosso del Barone '09	▼▼ 3
● Rosso del Chino '10	▼▼ 3
○ Chardonnay '12	▼ 2
● Montevolpe Rosso '09	▼ 3
● Rosso del Chino '09	▽▽ 3
● Rosso del Chino '08	▽▽ 3

F.lli Bettini

loc. San Giacomo
via Nazionale, 4a
23036 Teglio [SO]
Tel. 0342786068
bettvini@tin.it

藏酒销售
预约参观
年产量 200 000 瓶
葡萄种植面积 15 公顷

今年，这家由彼特洛（Pietro Bettini）运营的历史悠久的酒庄凭借其高水平的葡萄酒出品，重新被我们《年鉴》收录。作为瓦尔泰利纳（Valtellina）最古老的酒庄之一，位于圣•特格利奥村（San Giacomo di Teglio）维格拉（Valgella）的中心位置，在海拔900米的里申阿尔卑斯山（Rhaetian Alps）斜坡上。15公顷的葡萄园全部种植内比奥罗（Nebbiolo），酿造独具本土风格的葡萄酒。所酿葡萄酒风格独特，质量优秀，产区几乎遍及顶级瓦特利纳（Valtellina Superiore）以及斯佛扎托（Sforzato），运用传统酿酒技艺酿制半风干内比奥罗（Nebbiolo）葡萄酒。优雅的斯弗萨特2010（Sfursat 2010）制作精良，呈现集中辛辣的口感，散发平衡的成熟水果味道，夹杂丁香气息，酒体饱满圆润，回味悠长。普洛迪奥2008（Prodigio 2008）散发深沉复杂的香气，以及干草药和烟草味道，天鹅绒般的单宁，回味持久。

● Valtellina Sfursat '10	▼▼ 5
● Valtellina Sup. Inferno Prodigio '08	▼▼ 3
● Valtellina Sup. Sant'Andrea '09	▼▼ 4
● Valtellina Sup. Valgella V. La Cornella '09	▼▼ 3
● Valtellina Sfursat '09	▽▽ 5
● Valtellina Sfursat '07	▽▽ 5
● Valtellina Sup. Inferno Prodigio '07	▽▽ 3
● Valtellina Sup. Sant'Andrea '07	▽▽ 4
● Valtellina Sup. Sassella Reale '07	▽▽ 3
● Valtellina Sup. Sassella Reale '06	▽▽ 3
● Valtellina Sup. Valgella V. La Cornella '08	▽▽ 3
● Valtellina Sup. Valgella V. La Cornella '07	▽▽ 3

Bisi

Loc. Cascina San Michele
Fraz. Villa Marone, 70
27040 San Damiano al Colle [PV]
Tel. 038575037
www.aziendagricolabisi.it

藏酒销售
预约参观
年产量 90 000 瓶
葡萄种植面积 30 公顷

得到妻子桑德拉（Sandra）的宝贵援助，得力助手安吉洛（Angelo）和来自米兰大学的教授瓦伦蒂莱昂纳多（Leonardo Valenti）施以援手，克劳迪奥•比西（Claudio Bisi）宁愿默默无闻，在他的葡萄园和酒窖里努力工作。最近在酒窖举办的巴贝拉龙科兰格酒（Barbera Roncolongo）品尝会，让人们感觉到他们的葡萄酒给人惊喜，让人捉摸不定，个性强烈，总是给人新鲜。龙科兰格 2010（Roncolongo 2010）并没有在我们的《年鉴》中出现过，读者只有等到明年了。因为克劳迪奥（Claudio）认为它仍需一段时间在瓶中二次发酵。但是酒庄出品的所有葡萄酒毫无瑕疵。包括由巴贝拉（Barbera）葡萄酿造而成的森艾托葡萄酒（Senz'Aiuto），顾名思义，未添加酵母和亚硫酸盐等。色泽澄清，香味独特，表现了其土壤的特性。

○ Bianco Passito Villa Marone '10	🍷🍷 4
● Barbera Senz'Aiuto '11	🍷🍷 3
○ Lagrà '12	🍷🍷 3
● OP Bonarda Vivace La Peccatrice '11	🍷🍷 2*
● Pramattone '11	🍷🍷 3
● Ultrapadum '11	🍷🍷 3
● Calonga '10	🍷 5
● Pezzabianca '11	🍷 3
○ Bianco Passito Villa Marone '09	🍷🍷 4
● Calonga '09	🍷🍷 4
● OP Barbera Roncolongo '08	🍷🍷 3
● OP Barbera Roncolongo '07	🍷🍷 3
● OP Barbera Roncolongo '06	🍷🍷 3
● Primm '09	🍷🍷 4
● Roncolongo '09	🍷🍷 4
● Ultrapadum '10	🍷🍷 3

Tenuta Il Bosco

Loc. Il Bosco
27049 Zenevredo [PV]
Tel. 0385245326
www.ilbosco.com

藏酒销售
预约参观
年产量 1 000 000 瓶
葡萄种植面积 152 公顷

中世纪时期，这座美丽的葡萄庄园由圣塔玛利亚修道院（the Monastery of Santa Maria Teodote)所有。佐尼（Zonin）家族在26年前收购了它，来扩大詹尼佐尼（Gianni Zonin）家族名下的葡萄园面积。从那时起，葡萄园面积从30公顷增加到152公顷，种植了当地最广泛的葡萄品种，如巴贝拉（Barbera）、科罗帝纳（Croatina）和黑皮诺（Pinot Nero）。酿酒学家兼经理皮尔尼克拉•奥尔默（Piernicola Olmo）酿造出了令人惊叹、具有时代意义的经典梅特多（Metodo Classico）。我们等到了他们集团公司决定开始酿制陈年起泡酒，于是很欣喜地享受这两款清新的奥特奈罗经典梅特多（Oltrenero Metodo Classico）。白葡萄酒拥有独特的花香，矿物气息浓厚，风格突出；而科露赛（Cruasé）系列则更偏向野生浆果味道，回味带有淡淡的杏仁味。由黑皮诺（Pinot Nero）酿造，个性风格的波吉奥 2011（Poggio Pelato 2011）同样深受我们的喜爱，典型独特，整体表现平衡。

● OP Bonarda Vivace '12	🍷🍷 2*
⊙ OP Cruasé Oltrenero	🍷🍷 5
○ OP Pinot Nero Brut Cl. Oltrenero	🍷🍷 5
● OP Pinot Nero Poggio Pelato '11	🍷🍷 3
⊙ Brut Martinotti Phileo Rosé	🍷 3
○ OP Malvasia Vivace	🍷 2
○ OP Pinot Nero Brut Martinotti Philèo	🍷 3
○ Brera '11	🍷🍷 3
● OP Bonarda Vivace '10	🍷🍷 2*
● OP Pinot Nero Poggio Pelato '10	🍷🍷 3
● OP Pinot Nero Poggio Pelato '09	🍷🍷 3

Bosio

Loc. Timoline
via Mario Gatti
25040 Corte Franca [BS]
Tel. 030984398
www.bosiofranciacorta.it

藏酒销售
预约参观
年产量 100 000 瓶
葡萄种植面积 30 公顷

凯撒（Cesare Bosio）和她的妹妹劳拉（Laura）在弗兰恰科达区（Franciacorta）建立了一个非常风趣的酒庄。凯撒（Cesare）是一位令人尊敬的农学家，在当地很多葡萄园担当顾问，经济学专业毕业的妹妹则负责处理业务，包括网络销售。她们拥有30公顷的葡萄园，部分为租借，使用低污染的方法种植。葡萄酒味道精致，现代酒窖值得一游。弗兰恰科达•维莎华•吉罗拉莫2006（Franciacorta Riserva Girolamo Bosio 2006）再一次向我们展示了其优雅的特质。味道复杂，拥有苹果、香草和全麦的味道，紧随其后的是优雅的烟草和芳香药草的味道。口感深邃和谐，精益前卫。玫瑰2009（Rosé 2009）同样出色，是保证法定产区酒最优秀的葡萄酒之一。

○ Franciacorta Pas Dosé Girolamo Bosio Ris. '06	🍷🍷 5
○ Franciacorta Brut	🍷🍷 5
⊙ Franciacorta Brut Rosé '09	🍷🍷 5
○ Franciacorta Extra Brut Boschedòr '09	🍷🍷 5
● Curtefranca Rosso '10	🍷 4
○ Franciacorta Satèn	🍷 5
⊙ Franciacorta Brut Rosé '08	🍷🍷 5
○ Franciacorta Extra Brut Boschedòr '08	🍷🍷 5
○ Franciacorta Pas Dosé Girolamo Bosio Ris. '05	🍷🍷 5

La Brugherata

fraz. Rosciate
via G. Medolago, 47
24020 Scanzorosciate [BG]
Tel. 035655202
www.labrugherata.it

藏酒销售
预约参观
年产量 45 000 瓶
葡萄种植面积 8 公顷

我们的任务是在不卷入任何当地纠纷的前提下，介绍每个地区我们最感兴趣的葡萄酒。这就是我们继续赞扬本迪内利（Bendinelli）兄弟的酒庄出品葡萄酒的高质量的原因，尽管酒庄不属于任何团体。今年，我们发现这些品类堪称贝加莫（Bergamo）产区最让我们感兴趣的葡萄酒。莫斯卡托•多格2010（Moscato di Scanzo doge 2010）产于保证法定产区的最优地域，散发胡椒和肉桂的混合香气，夹杂西梅味道以及新鲜饱满的酸爽，回味带有淡淡的杏仁气息。维科瓦多2012（Vescovado del Feudo 2012）同样受到喜爱，采用莎当尼（Chardonnay）酿成，新鲜芳香，拥有热带水果的味道。阿尔贝利科2012红葡萄酒（Rosso di Alberico 2012）是波尔多（Bordeaux）混酿，未添加亚硫酸盐，口感芬芳，拥有水果和香料的味道。

● Moscato di Scanzo Doge '10	🍷🍷 7
○ Vescovado del Feudo '12	🍷🍷 2*
● Moscato Rosso Vermiglio di Roxia '12	🍷 3
● Rosso di Alberico '12	🍷 3
● Vermiglio di Roxia '12	🍷 3
● Moscato di Scanzo Doge '09	🍷🍷 7
● Moscato di Scanzo Doge '08	🍷🍷 7
● Priore '09	🍷🍷 3
○ Valcalepio Bianco Vescovado del Feudo '11	🍷🍷 2*
○ Valcalepio Bianco Vescovado del Feudo '09	🍷🍷 2*
● Valcalepio Rosso Doglio Ris. '10	🍷🍷 4
● Valcalepio Rosso Doglio Ris. '07	🍷🍷 3
● Valcalepio Rosso Doglio Ris. '06	🍷🍷 3

Tenuta Ca' Boffenisio

FRAZ. BOFFENISIO, 3
27040 BORGO PRIOLO [PV]
TEL. 3392154535
www.caboffenisio.it

年产量 50 000 瓶
葡萄种植面积 1 500 公顷
葡萄栽培方式 有机认证

保守地说，玛利亚•格兰蒂（Mariele Galanti）是个活力十足的女性，这个来自西西里岛（Sicilian）的女性有学识，有修养。她于1997年来到奥尔特波•帕韦塞（Oltrepò Pavese），发现卡•波芬尼索酒庄（Ca' Boffenisio）是发挥她天赋的理想之地。这个23公顷的葡萄园非常壮观，呈圆形分布。其中15公顷的葡萄园采用有机种植，所酿的葡萄酒个性十足，随着时间的陈酿愈发醇香。今年，酒庄出品了完美深沉、丰满的特利安国洛2004（Triangolo 2004），芳香四溢，有野生浆果的味道。它是由优雅成熟的科罗帝纳（Croatina）、巴贝拉（Barbera）和黑皮诺（Pinot Nero）混酿而成，动感十足，口感出色。佩特斯托2010（Pretesto 2010）是由苏维翁（Sauvignon）、莎当尼（Chardonnay）、雷司令（Riesling）混酿而成，酒色呈金黄，矿物气息丰厚，花香水果香味浓，拥有月桂叶、青草的芳香。

○ Pretesto '10	🍷🍷 3
● Triangolo '04	🍷🍷 4
○ Ghiaia di Monte '05	♈♈ 3
○ Ghiaia di Monte '04	♈♈ 3*
● OP Bonarda '04	♈♈ 3
○ OP Riesling Sup. '10	♈♈ 4
● Tacabrighe '01	♈♈ 4
● Triangolo '01	♈♈ 4

Ca' dei Frati

FRAZ. LUGANA
VIA FRATI, 22
25019 SIRMIONE [BS]
TEL. 030919468
www.cadeifrati.it

藏酒销售
预约参观
膳宿接待
年产量 1 800 000 瓶
葡萄种植面积 150 公顷

达尔塞罗兄弟（Dal Cero）酒庄用其顶级产品为当地白葡萄酒的发展潜力做出了决定性的贡献。他们将全部精力放在150公顷葡萄园的种植上，葡萄园主要种植特比安娜（Turbiana），酒庄运转灵活，一直对成熟葡萄和葡萄园考虑周全。所出品葡萄酒品类优秀，给人惊喜。博乐帝诺2011（Brolettino 2011）令我们喜爱，作为橡木味浓厚的卢加纳（Lugana），口感紧致完整。弗拉帝2007（Frati 2007）现已达到其最优品质，矿物气息浓厚，口感活泼。多汁的弗拉帝干性起泡酒2009（Cuvée dei Frati Brut 2009）拥有柑橘味道，口感精细。

○ Lugana Brolettino '11	🍷🍷🍷 3*
○ Lugana I Frati Affinato 5 anni in bottiglia '07	🍷🍷 4
○ Cuvée dei Frati Brut '09	🍷🍷 3
⊙ Cuvée dei Frati Brut M. Cl. Rosé '10	🍷🍷 4
○ Lugana Brolettino Affinato 5 anni in bottiglia '07	🍷🍷 5
○ Lugana I Frati '12	🍷🍷 2*
⊙ Riviera del Garda Bresciano I Frati Chiaretto '12	🍷🍷 2*
● Ronchedone '11	🍷🍷 3
○ Tre Filer '09	🍷🍷 3
○ Pratto '11	🍷 3
○ Lugana Brolettino '10	♈♈♈ 3*
○ Lugana Brolettino '07	♈♈♈ 3*
○ Pratto '96	♈♈♈ 3*

★★★Ca' del Bosco

via Albano Zanella, 13
25030 Erbusco [BS]
Tel. 0307766111
www.cadelbosco.it

藏酒销售
预约参观
年产量 1 470 000 瓶
葡萄种植面积 160 公顷

酒庄由创始人兼董事长马里奥（Maurizio Zanella）经营，凭借非一般的高质量葡萄酒水平，卡•戴尔•博斯科酒庄（Ca' del Bosco）再一次证明了奠定其在意大利顶级葡萄酒中的地位。每一年，精致的葡萄园需要不断修整，葡萄园和酒窖的管理工作不断改进，因为他们需要高质量的精选葡萄来酿制能够反映出风土特性的葡萄酒。酒庄建筑尤为壮观，仿佛一个收藏现代艺术的殿堂，堪称全球最现代化酿酒庄园之一，确实值得参观。陈酿安娜玛利亚2005（Riserva Annamaria Clementi 2005 ）毫无意外地获得了我们的最高荣誉，气质深邃复杂，融优雅和易饮为一体。年份酒中，初次登场的2008年份起泡酒， 多萨吉零度（Dosage Zéro ）和萨 顿（Satèn）表现不错。安娜玛利亚桃红2005（Annamaria Clementi Rosé 2005）也同样优秀。

○ Franciacorta Cuvée Annamaria Clementi Ris. '05	🍷🍷🍷 8
○ Curtefranca Chardonnay '10	🍷🍷 7
○ Franciacorta Brut Vintage Collection '08	🍷🍷 6
⊙ Franciacorta Extra Brut Rosé Cuvée Annamaria Clementi '05	🍷🍷 8
○ Curtefranca Bianco '12	🍷🍷 3
● Curtefranca Rosso '09	🍷🍷 3
○ Franciacorta Brut Cuvée Prestige	🍷🍷 5
○ Franciacorta Dosage Zéro Vintage Collection '08	🍷🍷 8
⊙ Franciacorta Rosé Cuvée Prestige	🍷🍷 6
○ Franciacorta Satèn Vintage Collection '08	🍷🍷 6
● Maurizio Zanella '07	🍷🍷 8
● Pinèro '09	🍷🍷 8

Ca' del Gè

fraz. Ca' del Gè, 3
27040 Montalto Pavese [PV]
Tel. 0383870179
www.cadelge.it

藏酒销售
预约参观
年产量 180 000 瓶
葡萄种植面积 40 公顷

恩佐•帕德罗吉（Enzo Padroggi）的酒庄现已交给他的孩子斯蒂芬妮（Stefania）、萨拉（Sara）和卡罗（Carlo）管理。40公顷的出色葡萄园位于蒙塔尔托•帕韦塞（Montalto Pavese）山上，白垩土壤适合种植雷司令（Riesling），并酿造各种版本的葡萄酒。和其他家族酒庄一样，卡尔格酒庄（Ca' del Gè）拥有一系列品牌，提供质优、物有所值的葡萄酒。黑皮诺起泡酒 2007（Pinot Nero Brut 2007）拥有蜜饯、石灰和羊角包的味道，来自土壤的矿物质味浓厚，口感迷人优美。布塔福科2010（Buttafuoco Fajro 2010），葡萄产自斯果诺拉镇（Cigognola)的蒙特斯纳托（Montespinato)庄园，乃该款酒的现代化表现形式，散发香油和香草气息，始终带有水果味道。系列中的其他品类也同样优秀，尤其伯纳达（Bonarda）微起泡酒口感柔滑。

● OP Bonarda Vivace '12	🍷🍷 2*
● OP Buttafuoco Fajro '10	🍷🍷 4
○ OP Pinot Nero Brut '07	🍷🍷 3
○ Chardonnay '12	🍷 2
○ OP Moscato Frizzante '11	🍷 3
○ OP Riesling Italico Filagn Long '12	🍷 2
● O. P. Bonarda La Fidela '10	🍷🍷 3
○ OP Pinot Nero Brut Cl. '06	🍷🍷 3
○ OP Pinot Nero Brut Cl. '05	🍷🍷 3
○ OP Pinot Nero Brut Cl. '02	🍷🍷 3*
○ OP Riesling Italico Filagn Long '11	🍷🍷 2*

Ca' di Frara

via Casa Ferrari, 1
27040 Mornico Losana [PV]
Tel. 0383892299
www.cadifrara.com

藏酒销售
预约参观
年产量 400 000 瓶
葡萄种植面积 46 公顷

很多年前，贝拉里（Bellani）家族在卢卡（Luca）的带领下，在母亲丹妮拉（Daniela）、父亲图利奥（Tullio）和弟弟马特奥（Matteo）的支持下，将酒庄的重心放在葡萄酒的质量上。他们慎重地选择葡萄园，有时甚至在地下酒窖花心思。当然，葡萄酒质量有起有伏，但是一些红酒和白酒在我们的记忆中始终是生产区的最好酒品之一。很多年前，经典梅特多（Metodo Classico）酒计划上市。经典梅多特桃红（Metodo Classico Rosés）均表现出色：色泽清亮的陈酿系列（Riserva），拥有草药的味道，结构独特，酸度适中；自然系列（Nature）的口感良好、自信坦率。雷司令奥利瓦2009（Riesling Oliva 2009）最令我们满意，是葡萄风格的最美诠释，矿物质含量丰富，香味十足，口感悠长。两款红酒——弗拉特2012（Frater 2012）、邦纳达2012（Bonarda La Casetta2012）以及阿波格奥2012（Apogeo 2012）都非常不错。

○ OP Riesling Oliva '09	🍷🍷 3*
● OP Bonarda La Casetta '12	🍷🍷 3
⊙ OP Brut Pinot Nero Rosé Oltre il Classico Ris. '07	🍷🍷 6
⊙ OP Nature Cruasé Oltre il Classico '08	🍷🍷 4
○ OP Riesling Renano Apogeo Raccolta Tardiva '12	🍷🍷 2*
● OP Rosso Il Frater Ris. '10	🍷🍷 6
○ Oltre il Classico Blanc de Blancs	🍷 4
● OP Bonarda La Casetta '10	🍷🍷 3
⊙ OP Cruasé Oltre il Classico '09	🍷🍷 4
○ OP Oltre il Classico Nature	🍷🍷 5
⊙ OP Pinot Nero Brut Oltre il Classico Rosé Ris. '06	🍷🍷 5
○ OP Riesling Renano Apogeo Raccolta Tardiva '11	🍷🍷 2*
● OP Rosso Il Frater Ris. '07	🍷🍷 5

Ca' Lojera

loc. Rovizza
via 1886, 19
25019 Sirmione [BS]
Tel. 0457551901
www.calojera.com

藏酒销售
预约参观
餐饮接待
年产量 160 000 瓶
葡萄种植面积 20 公顷

卡洛拉酒庄（Ca' Lojera）是加尔达湖（Garda）产区最有趣的庄园之一，在湖的南部有占地20公顷的葡萄园。种植卢加纳（Lugana）的片区位于湖边低地，土壤为黏土，用于酿制红葡萄酒的葡萄产于湖周围的冰碛地土壤。酒窖的操作保持最优原则，顶级葡萄酒都需经过长期陈年才上市。采用卢加纳葡萄（Lugana）酿制的陈酿路波2011（Riserva del Lupo 2011），拥有复杂浓郁的芳香，散发苹果、香梨的香气，混合香草、胡椒味道，夹杂矿物气息。口感丰富，干爽。顶级2011（Superiore 2011）表现出乡村气质，突出的蔬菜味道以及单宁，口感活跃。

○ Lugana Riserva del Lupo '11	🍷🍷 4
○ Lugana Sup. '11	🍷🍷 3
● Cabernet Monte della Guardia '11	🍷 2
○ Lugana '12	🍷 2
● Merlot Monte della Guardia '11	🍷 2
⊙ Rosato Monte della Guardia '12	🍷 2
○ Lugana del Lupo '10	🍷🍷 4
○ Lugana Sup. '10	🍷🍷 3
○ Lugana Sup. '09	🍷🍷 3

Ca' Tessitori

via Matteotti, 15
27043 Broni [PV]
Tel. 038551495
www.catessitori.it

藏酒销售
预约参观
年产量 120 000 瓶
葡萄种植面积 40 公顷

去年，我们将荣誉授予吉奥尔吉家族（Giorgi family）的酒庄，目前酒庄由路易吉（Luigi）管理，他的儿子乔瓦尼（Giovanni）和弗朗西斯科（Francesco）帮忙。采用传统方式管理的酒窖位于布罗尼村（Broni）的低地，拥有大型混凝土大桶。葡萄园位于芬尼吉托（Finigeto）和蒙特卡尔沃（Montecalvo Versiggia）的山上。酒庄逐渐弃用橡木桶，改用混凝土大桶已成为酒庄的特色。芭芭拉玛洛妮2009（Barbara Marona 2009）经过12个月的瓶中二次发酵，比去年更出色；由60%的巴贝拉（Barbera）和40%的赤霞珠（Barbera）混酿而成的吉纳萨2010（Gnese 2010），花香味浓厚，单宁惊喜，口感圆润，有果肉的味道。饶有意思的布鲁特2008（Brut 2008），在背风处陈酿了48个月，香味独特。两种伯纳达（Bonarda）品种不同，但都质量优异。

○ Agolo '12	🍷🍷 2*
● Gnese '10	🍷🍷 3
● OP Bonarda Avita '12	🍷🍷 2*
● OP Bonarda Vivace '12	🍷🍷 2*
○ OP Pinot Nero Brut '08	🍷🍷 4
● OP Rosso Borghesa '12	🍷🍷 2*
● OP Barbera Marona '09	♡♡ 4
● OP Barbera Marona '06	♡♡ 3
● OP Bonarda Frizzante '10	♡♡ 2*
● OP Bonarda Vivace '11	♡♡ 2*
⊙ OP Cruasé '09	♡♡ 3
○ OP Pinot Nero Brut '09	♡♡ 4
● OP Rosso Borghesa '10	♡♡ 2*
● OP Rosso Borghesa '09	♡♡ 2*

Il Calepino

via Surripe, 1
24060 Castelli Calepio [BG]
Tel. 035847178
www.ilcalepino.it

藏酒销售
预约参观
年产量 230 000 瓶
葡萄种植面积 15 公顷

年复一年的努力，普莱巴尼（Plebani）家族以其高质量的酒品成为贝加莫（Bergamo）地区葡萄酒业的行业标杆。所出品的起泡酒让人引以为豪，但靠近弗兰恰科达区（Franciacorta）使其优势不明显，也不在瓦卡乐皮奥（Valcalepio）产区的计划之中。尽管如此，酒庄出品的经典梅特多（Metodo Classico）起泡酒同样有实力震慑其竞争对手。酒庄出品的其他系列酒同样以高品质著称。金黄色的弗拉•安博吉奥（Fra' Ambrogio）总是在我们的鉴赏酒中鹤立鸡群。起泡酒口感酥滑，自信满满，在橡木桶中的发酵使它的口感平衡复杂。玫瑰酒（Rosé）同样令我们欣喜，沉稳而独具个性。制作精良的布鲁特（Brut）充实饱满，结构精密，比之前的酒品更复杂。

○ Brut Cl. Fra' Ambrogio	🍷🍷 4
○ Brut Cl. Il Calepino	🍷🍷 3
⊙ Brut Cl. Rosé	🍷🍷 3
● Valcalepio Rosso Surìe Ris. '08	🍷 3
○ Brut Cl. Fra' Ambrogio Ris. '06	♡♡ 4
● Kalòs '08	♡♡ 5
● Kalòs '06	♡♡ 5
● Valcalepio Rosso Surìe Ris. '07	♡♡ 3

Cantrina

Fraz. Cantrina
via Colombera, 7
25081 Bedizzole [BS]
Tel. 0306871052
www.cantrina.it

藏酒销售
预约参观
年产量 30 000 瓶
葡萄种植面积 5.7 公顷

酒庄位于加尔达（Lake Garda）盆地，临近布雷西亚（Brescia），古老的冰川塑造了加尔达（Lake Garda）盆地和周围的冰渍丘陵。酒庄由克里斯蒂娜•印甘尼（Cristina Inganni）和迭戈•拉沃（Diego Lavo）管理。多年的化工法已经变得越来越自然，最初的葡萄园不到6公顷，次于酒窖。酒庄追求风土、人和葡萄的完美结合。从国际品种到当地品种，所有葡萄酿造的葡萄酒均有伟大的个性。克里斯蒂娜（Cristina）的莫格罗派洛（Groppello）酒已成为酒区最令人信服的葡萄酒之一，拥有樱桃和药草的芳香，口感突出，令人愉悦。由利博（Rebo）酿制而成的泽帝2009（Zerdi 2009），浓厚的水果香使其口感更柔软，并没有减弱其柔韧性。而由苏维翁（Sauvignon）、赛美蓉（Sémillon）和雷司令（Riesling）的干葡萄酿制而成的索乐•达利奥（Sole di Dario），向我们透露着其特有的甜蜜。

● Garda Cl. Groppello '12	🍷🍷 2*
○ Sole di Dario '09	🍷🍷 5
● Zerdì '09	🍷🍷 3
● Nepomuceno Esercizio 7 '08	🍷 5
○ Rinè '11	🍷 3
⊙ Rosato '12	🍷 2
● Garda Cl. Groppello Libero Esercizio di Stile '11	🍷🍷 2*
● Nepomuceno Esercizio 7 '07	🍷🍷 5
⊙ Rosanoire '11	🍷🍷 2*

CastelFaglia - Monogram

Fraz. Calino
Loc. Boschi, 3
25046 Cazzago San Martino [BS]
Tel. 0307751042
www.cavicchioli.it

藏酒销售
预约参观
年产量 350 000 瓶
葡萄种植面积 22 公顷

桑德罗•卡维奇奥里（Sandro Cavicchioli）将其全部热情和能力投入到这个壮丽的位于弗兰恰科达（Franciacorta）的酒庄，并凭借其多年清新纯净出名的特酿风格，为酒庄立名。葡萄园位于卡利诺（Calino）的斐格利亚（Faglia）城堡下，梯田，土壤多石，昼夜温差大。现代酒窖设备齐全，巨石使其常年保持恒定温度。作为摩德纳（Modena）蓝沐斯酒（Lambrusco）的大生产商，卡维奇奥里（Cavicchioli）在邦波尔托家族（Bomporto）也拥有贝尔雷（Bellei）葡萄园。今年弗兰恰科达•布鲁特特别版（Franciacorta Extra Brut）毫无意外地进入了我们的最终评选，在我们的《年鉴》中展示了其最好年份的酒。拥有蛋糕般的优雅味道，柑橘类水果和药草，尤其是薄荷的芳香，奶油味浓，口感持久，令人满意。蒙诺格然（Monogram）的桃红系列也同样质量优异。

○ Franciacorta Extra Brut	🍷🍷 4
○ Franciacorta Brut Blanc de Blancs Monogram	🍷🍷 4
○ Franciacorta Brut Monogram '07	🍷🍷 5
⊙ Franciacorta Rosé Monogram	🍷🍷 5
○ Franciacorta Satèn Monogram '07	🍷🍷 5
○ Franciacorta Satèn Monogram	🍷🍷 5
○ Curtefranca Bianco '11	🍷 3
● Curtefranca Rosso '11	🍷 3
○ Franciacorta Brut Monogram Cuvée Giunone '07	🍷🍷 6
○ Franciacorta Brut Monogram Cuvée Giunone '06	🍷🍷 5
○ Franciacorta Satèn Monogram Cuvée Giunone '07	🍷🍷 5

Castello Bonomi

via San Pietro, 46
25030 Coccaglio [BS]
Tel. 0307721015
www.castellobonomi.it

藏酒销售
预约参观
年产量 150 000 瓶
葡萄种植面积 20 公顷

帕拉丁家族（Paladin）在威尼托（Veneto）葡萄酒界赫赫有名，他们在利松—普拉马焦雷（Lison-Pramaggiore）产区拥有两个酒庄。多年以来，位于古典康帝产区（Chianti Classico）的维斯尼酒庄（Vescine）以及最近的位于弗兰恰科达产区（Franciacorta）的邦诺米城堡（Castello Bonomi）比翼双飞。卡洛（Carlo）、罗伯特（Roberto）和露西娅（Lucia）怀抱最大的热情来管理酒庄。邦诺米城堡（Castello Bonomi）壮丽的梯田式葡萄园占地20公顷，位于奥凡诺（Monte Orfano）山脚下科卡利奥村（Coccaglio）优雅的新艺术别墅（Art-Nouveau villa）周围，种植质量上乘的葡萄来酿制优秀的弗兰恰科达酒（Franciacorta）。今年，零度弗兰恰科达2007（Franciacorta dosage Zero 2007）的表现让人印象深刻，呈亮黄色泽，泡沫丰富，散发苹果、香梨、香草和橘类水果味道，口感协调，酒体丝滑，芳香持久。

○ Franciacorta Dosage Zero '07	🍷🍷 8
○ Franciacorta Brut CruPerdü	🍷🍷 6
⊙ Franciacorta Brut Rosé	🍷🍷 7
○ Franciacorta Satèn	🍷🍷 7
○ Franciacorta Brut '05	♀♀ 7
○ Franciacorta Extra Brut Lucrezia '04	♀♀ 8

Castello di Cigognola

p.zza Castello, 1
27040 Cigognola [PV]
Tel. 0385284828
www.castellodicigognola.com

藏酒销售
预约参观
年产量 75 000 瓶
葡萄种植面积 30 公顷

富丽堂皇的城堡于1212年建立在斯库罗帕索（Scuropasso）山谷，与其同名的山涧穿梭在满是葡萄藤的山中。酒庄由吉安马克（Gianmarco）和雷帝斯亚莫拉蒂（Letizia Moratti）管理。词郭诺拉城堡（Castello di Cigognola）最初仅仅关注当地的传统品种，如巴贝拉（Barbera）葡萄。如今，酒庄增加了专门用黑皮诺（Pinot Nero）葡萄酿造的经典梅特多起泡酒（Metodo Classico）。今年多迪多瓷巴贝拉2011（Dodicidodici 2011）获得"三杯奖"。该酒口感完整多汁，拥有甘草和黑胡椒的味道，加上黑莓的果香。拉玛格2010（La Maga 2010）仍需时间陈酿。莫利起泡酒2009（Brut' More 2009）奶油味丰富。莫利桃红起泡酒2010（Brut More Rosé 2010）则拥有玫瑰和红梅果的味道。

● OP Barbera Dodicidodici '11	🍷🍷🍷 3*
⊙ Brut 'More Rosé '10	🍷🍷 4
● OP Barbera La Maga '10	🍷🍷 4
○ OP Pinot Nero Brut 'More '09	🍷🍷 4
○ La Bianca '12	🍷 2
● OP Barbera Castello di Cigognola '07	♀♀♀ 6
● OP Barbera Castello di Cigognola '06	♀♀♀ 6
● OP Barbera Poggio Della Maga '05	♀♀♀ 7
○ OP Pinot Nero Brut 'More '08	♀♀♀ 4*

★Cavalleri

via Provinciale, 96
25030 Erbusco [BS]
Tel. 0307760217
www.cavalleri.it

藏酒销售
预约参观
年产量 250 000 瓶
葡萄种植面积 45 公顷

卡瓦乐庄园（Cavalleri）是弗兰恰科达产区（Franciacorta）历史悠久的酒庄之一，而创始人乔凡尼（Giovanni Cavalleri）也是保证法定产区酒（DOCG）历史的关键人物之一。如今，女儿茱莉亚（Giulia）和热情熟练的员工们继续延续着酒庄的辉煌。凭借拥有位于埃尔布斯科（Erbusco）占地45公顷的最优葡萄园，以及一系列优质葡萄酒，酒庄跻身于弗兰恰科达产区（Franciacorta）的前列。今年，弗兰恰科达•卡瓦利尔（Franciacorta Collezione Esclusiva Giovanni Cavalleri）再一次证明了它的优秀保证法定产区地位，2005年份获得“三杯奖”。精致而浓郁的矿物气息，口感异常平衡优雅。帕斯多赛2008（Pasdosé 2008）口感丰富尖锐，系列的其余葡萄酒也非常好。

○ Franciacorta Brut Collezione Esclusiva Giovanni Cavalleri '05	🍷🍷🍷 8
○ Franciacorta Pas Dosé '08	🍷🍷 5
○ Franciacorta Blanc de Blancs	🍷🍷 5
○ Franciacorta Satèn	🍷🍷 5
○ Curtefranca Bianco '12	🍷 3
○ Franciacorta Au Contraire Pas Dosé '01	⚲⚲⚲ 7
○ Franciacorta Brut Collezione '05	⚲⚲⚲ 6
○ Franciacorta Brut Collezione '99	⚲⚲⚲ 5
○ Franciacorta Brut Collezione Esclusiva '99	⚲⚲⚲ 7
○ Franciacorta Brut Collezione Esclusiva Giovanni Cavalleri '04	⚲⚲⚲ 7
○ Franciacorta Brut Collezione Esclusiva Giovanni Cavalleri '01	⚲⚲⚲ 7
○ Franciacorta Pas Dosé '07	⚲⚲⚲ 5
○ Franciacorta Pas Dosé R. D. '06	⚲⚲⚲ 6

Civielle

via Pergola, 21
25080 Moniga del Garda [BS]
Tel. 0365502002
www.civielle.com

藏酒销售
年产量 500 000 瓶
葡萄种植面积 70 公顷
葡萄栽培方式 有机认证

西维勒（Civielle）联营酒庄拥有70公顷的葡萄园，采用有机种植。葡萄园位于卢加纳—瓦尔特呢丝（Lugana and Valtenesi）产区，加尔达湖（Lake Garda）西部附近。葡萄园土壤种类多样，有冰碛也有湖边的黏土。酒庄拥有一系列广泛的酒品，风格专注于简单芳香。由莫格罗派洛（Groppello）葡萄为主混酿的欧赛比奥2011（Eusebio 2011），拥有原始的芳香，清新的樱桃味以及罗勒（Basil）和草本植物的香气。柔滑的单宁和多汁的口感让人难以抗拒。古佩洛•依莲托2011（Groppello Elianto 2011）给人似曾相识的感觉，浆果和香料味更明显。瓦特•奈斯2011（Valtenesi Pergola 2011）是另一种由莫格罗派洛葡萄（Groppello）为主的混酿，紧致的单宁味让口感非常独特。

● Garda Cl. Groppello Elianto '11	🍷🍷 3
● Valtenesi Eusebio '11	🍷🍷 3
● Valtenesi Pergola '11	🍷🍷 4
○ Garda Cl. Bianco Zublì '12	🍷 3
○ Lugana Biocòra '12	🍷 2
○ Lugana Pergola '12	🍷 3
⊙ Valtenesi Chiaretto '12	🍷 2
● Garda Cl. Groppello Elianto '10	⚲⚲ 3
● Garda Cl. Rosso Sup. Pergola '07	⚲⚲ 4
⊙ Valtenesi Chiaretto Selene '11	⚲⚲ 2*

Contadi Castaldi

LOC. FORNACE BIASCA
VIA COLZANO, 32
25030 ADRO [BS]
TEL. 0307450126
www.contadicastaldi.it

藏酒销售
预约参观
年产量 900 000 瓶
葡萄种植面积 130 公顷

位于奥德罗（Adro）的康塔蒂卡斯塔蒂（Contadi Castaldi）酒庄，隶属于泰诺莫雷蒂（Terra Moretti）集团，它旗下还有贝拉维斯塔（Bellavista）酒庄。如今的酒庄是奥德罗（Adro）的古罗马砖窑，自有的和租赁种植者的葡萄园使他们有能力快速生产接近100万瓶的高质量葡萄酒。酒庄由才华横溢的酿酒学家吉安•卢卡赛•尤里（Gian Luca Uccelli）负责，他曾在母公司磨练工艺数年。今年，零度弗兰恰科达2009（Franciacorta Zero 2009）凭借突出表现，再一次获得“三杯奖”，为酒庄争得荣誉。简单动感的葡萄酒风格，清晰的水果味道，拥有优雅精致的花类和橘类芳香，口感饱满活跃，回味优雅，带矿物味。

○ Franciacorta Zero '09	🍷🍷🍷 5
⊙ Franciacorta Brut Rosé '09	🍷🍷 5
⊙ Franciacorta Rosé	🍷🍷 5
○ Franciacorta Satèn '09	🍷🍷 5
○ Pinodisé	🍷🍷 5
○ Curtefranca Bianco '12	🍷 3
○ Franciacorta Brut	🍷 4
○ Franciacorta Satèn Soul '05	🍷🍷🍷 6
○ Franciacorta Soul Satèn '06	🍷🍷🍷 6

Conte Vistarino

FRAZ. SCORZOLETTA, 82/84
27040 PIETRA DE' GIORGI [PV]
TEL. 038585117
www.contevistarino.it

藏酒销售
预约参观
年产量 380 000 瓶
葡萄种植面积 200 公顷

这个历史悠久的贵族家庭与斯库罗帕索山谷（Valle Scuropasso）渊源很深，19世纪下半叶，孔蒂维梅卡迪（Conte Vistarino）和孔蒂甘璐亚（Conte Gancia）在那里种植法国黑皮诺（Pinot Nero），实验证明，这里的土壤是经典梅特多（Metodo Classico）起泡酒的理想生产地。事实上，在过去的几十年中，用这里种植的葡萄酿造的皮诺气泡酒（Pinot Spumante）已经卖出了上百万瓶。如今，随着奥特维亚（Ottavia）的掌舵，酒庄的目标已成为一个独立的生产商品牌。在我们的品尝中，佩尼斯2010（Pernice 2010）最令我们信服。尽管2006版并没有得到我们的最高荣誉，但它仍然显得独特、朴实，拥有秋叶和水果、香料的气息，口感深邃，随着在瓶中的二次发酵，潜力无限。2006年出品的孔蒂维梅卡迪•布鲁特1865（Conte Vistarino Brut 1865）非常精致，酒色呈金黄，水果味浓厚、多汁，结构完整。由雷司令雷纳诺（Riesling Renano）酿制而成的雷司令7号枪2012（Riesling 7 Giugno 2012）让人印象深刻，拥有热带水果的味道，是很有潜力的一款酒。

● OP Pinot Nero Pernice '10	🍷🍷 5
○ OP Pinot Nero Brut Conte Vistarino 1865 '06	🍷🍷 4
○ OP Riesling 7 Giugno '12	🍷🍷 3
○ OP Pinot Nero Brut Martinotti Cuvée della Rocca	🍷 3
● OP Sangue di Giuda Costiolo '12	🍷 2
● OP Pinot Nero Pernice '06	🍷🍷🍷 4*
● OP Pinot Nero Pernice '08	🍷🍷 5
● OP Pinot Nero Pernice '07	🍷🍷 5
○ OP Riesling 7 Giugno '09	🍷🍷 3

La Costa

FRAZ. COSTA
VIA CURONE, 15
23888 PEREGO [LC]
TEL. 0395312218
www.la-costa.it

藏酒销售
预约参观
膳宿接待
年产量 30 000 瓶
葡萄种植面积 12 公顷
葡萄栽培方式 有机认证

准确来说，布里安扎（Brianza）酒庄并不在意大利最著名的葡萄种植区，但克力帕（Crippa ）家族冒险试图重振雄风，曾被认为失去传统，时间证明了他们的选择正确，酒庄一鸣惊人。坐落于蒙特维齐亚（Montevecchia）和瓦乐库洛尼（Valle del Curone）地区公园的拉卡斯塔（La Costa）酒庄是名副其实的圣地，提供优秀的餐饮和住宿设施。才华横溢的克劳迪娅•克力帕（Claudia Crippa）将生物动力学运用到12公顷的葡萄园上，葡萄园丰富的石灰石土壤主要种植国际品种的葡萄，酿造出的葡萄酒味道独特，酸度新鲜。由100% 雷司令雷纳诺（Riesling renano）酿造而成的索乐斯塔2011（Solesta 2011）令人信服，口感新鲜，可以长时间陈年。拥有集中的汽油味道，带矿物感，口感优雅悠长。黑皮诺•圣吉奥比2011（Pinot Nero San Giobbe 2011）风格经典，拥有结构良好的浆果和香料味道，口感复杂精湛，回味悠长。

○ Solesta '11	🍷🍷 3*
● San Giobbe '11	▼▼ 4
● Serìz '10	▼▼ 3
○ Brigante Bianco '12	▼ 3
● San Giobbe '10	▽▽ 4
● San Giobbe '09	▽▽ 4
● Serìz '09	▽▽ 3
● Serìz '08	▽▽ 3
● Serìz '07	▽▽ 3
● Serìz '06	▽▽ 3
○ Solesta '10	▽▽ 3*
○ Solesta '09	▽▽ 3
○ Solesta '08	▽▽ 3

Costaripa

VIA COSTA, 1A
25080 MONIGA DEL GARDA [BS]
TEL. 0365502010
www.costaripa.it

藏酒销售
预约参观
年产量 400 000 瓶
葡萄种植面积 40 公顷

维佐拉家族（Vezzzola）自1936年开始便在出色酒区瓦尔特呢丝区（Valtenesi）酿造葡萄酒。40公顷的葡萄园覆盖了瓦尔特呢丝区（Valtenesi）和卢加纳（Lugana）产区。如今，酒庄由马蒂亚•维佐拉（Mattia Vezzola）管理，在瓦尔特呢丝区（Valtenesi）几十年的工作和成功为他赢得了声誉与威望。在酒庄工作中，马蒂亚（Mattia）致力于重新界定桃红葡萄酒（Chiaretto）的风格和调查当地葡萄品种莫格罗派洛（Groppello）的潜力，并确定经典起泡酒的生产。今年芬芳无限，结构合理的布鲁特——白中白香槟（Blanc de Blancs）最令我们满意，个性十足，口感柔软，拥有丰富的水果香和香草味。粉红葡萄酒有香槟玫瑰（Brut Rosé），浆果味浓厚，让人兴致勃勃。瓦尔特尼丝•罗莎玛雅桃红葡萄酒 2012（Valtenesi Chiaretto Rosamara 2012）非常优秀，新鲜，口感多汁柔软。恰雷托•莫蒙帝2011（Chiaretto Molmenti 2011）特别值得关注：迷人的玫瑰香，成熟的水果味和复杂丰富的结构令人满意。

○ Costaripa Brut	▼▼ 5
⊙ Costaripa Brut Rosé	▼▼ 4
⊙ Garda Cl. Chiaretto Molmenti '11	▼▼ 4
○ Lugana Pievecroce '12	▼▼ 2*
● Valtenesi Campostarne '11	▼▼ 3
⊙ Valtenesi Chiaretto Rosamara '12	▼▼ 2*
⊙ Palmargentina '12	▼ 4
○ Costaripa Brut Ris. '04	▽▽ 4
⊙ Garda Cl. Chiaretto Rosamara '10	▽▽ 2*
● Garda Cl. Groppello Maim '09	▽▽ 4
● Garda Cl. Groppello Maim '08	▽▽ 4
● Garda Cl. Groppello Maim '07	▽▽ 4
● Garda Cl. Rosso Campostarne '09	▽▽ 2*
● Garda Marzemino Mazane '10	▽▽ 2*
⊙ Valtenesi Chiaretto Rosamara '11	▽▽ 2*

Derbusco Cives

via Provinciale, 83
25030 Erbusco [BS]
Tel. 3929283698
www.derbuscocives.com

藏酒销售
预约参观
年产量 60 000 瓶
葡萄种植面积 12 公顷

如果说埃尔布斯科（Erbusco）是弗兰恰科达（Franciacorta）的中心，那么她的名字就应该在其明星产品酒标上有标注。因此，在2004年，由5个自豪的埃尔布斯科（Erbusco）市民走到一起，在朱佩赛（Giuseppe Vezzoli）的领导下，成立一家名叫埃尔布斯科公民（Citizens of Erbusco）的新酒庄。10年后，酒庄为自己赢得了骄人的声誉——所出品的弗兰恰科达（Franciacortas）酒在我们的《年鉴》中占有一席之地。用于酿造德布斯科（Derbusco）特酿的葡萄来自酒庄占地12公顷的葡萄园，采用环保方式酿造。今年，绝干2008（Extra Brut 2008）最受我们的青睐，进入了我们的总决赛，紧致有力，奶油泡沫丰厚，矿物气息浓厚诱人，口感柔软持久，是我们所有品种中最有趣的版本。

○ Franciacorta Extra Brut '08	🍷🍷 7
○ Franciacorta Brut '07	🍷🍷 6
○ Franciacorta Brut Doppio Erre Di	🍷🍷 5
○ Franciacorta Brut Doppio Erre Di '05	🍷🍷 5
○ Franciacorta Extra Brut '07	🍷🍷 6

Dirupi

loc. Madonna di Campagna
via Grumello, 1
23020 Montagna in Valtellina [SO]
Tel. 3472909779
www.dirupi.com

藏酒销售
预约参观
年产量 15 000 瓶
葡萄种植面积 4.5 公顷

瓦尔泰利纳（Valtellina）葡萄酒业正面临改朝换代的变革，是时候让年轻人施展才华了。这里面包括发挥重要作用的大卫（Davide Fasolini）和皮尔帕奥罗（Pierpaolo di Franco）。酒庄名称的灵感来源于陡峭山坡上的葡萄园。葡萄园是古老的小块片区，秉持可持续发展的种植模式，以及专注于研究多样化的克隆品种。葡萄园种植密度高，但采收率低，以至所酿葡萄酒紧致清爽，活力四射，线性明显。今年是前途无限的斯佛扎托葡萄酒（Sforzato）第一版新鲜出炉。陈酿迪露皮2010（Riserva Dirupi 2010）趣味十足，有新鲜水果和秋叶的味道，香辣味复杂精密。口感丰富浓郁多汁，酸度适中，令人回味悠长。典型的迪露皮2011（Dirupi 2011）展现出水果味道，以及雨后土地的气息，新鲜的酸度使单宁味独特，让人印象深刻。

● Valtellina Sup. Dirupi '11	🍷🍷 4
● Valtellina Sup. Dirupi Ris. '10	🍷🍷 6
● Nebbiolo Olè '12	🍷🍷 3
● Sforzato di Valtellina Dirupi '11	🍷🍷 6
● Valtellina Sup. Dirupi Ris. '09	🍷🍷🍷 6
● Nebbiolo Olè '11	🍷🍷 3
● Valtellina Sup. '08	🍷🍷 4
● Valtellina Sup. Dirupi '10	🍷🍷 4
● Valtellina Sup. Dirupi '09	🍷🍷 4
● Valtellina Sup. Ris. '07	🍷🍷 5

Sandro Fay

Loc. San Giacomo di Teglio
via Pila Caselli, 1
23030 Teglio [SO]
Tel. 0342786071
elefay@tin.it

藏酒销售
预约参观
年产量 38 000 瓶
葡萄种植面积 13 公顷

费（Fay）家族始终坚信瓦尔哈拉（Valgella）的潜力，在保留旧葡萄园，提高土壤质量的同时，大胆投资。酒庄由桑德罗（Sandro）创立，目前由儿子马尔科（Marco）管理，他一直专注于农艺研究，重视海拔高度对葡萄酒质量的影响。品质良好的龙科皮厝2009（Ronco del Picchio 2009）出类拔萃，是斯佛扎托葡萄酒（Sforzato）的优秀体现，带有优雅独特的干草药香，伴随着红浆果和香料的味道。口感柔软、持久，韵律十足、有序。科斯塔巴萨2010（Costa Bassa 2010）令人愉悦，拥有清新水果味和雨季特有的味道。结构坚实，口感脆，有成熟的单宁和独特的味道，回味悠长。

● Valtellina Sforzato Ronco del Picchio '09	🍷🍷🍷	6
● Valtellina Sup. Costa Bassa '10	🍷🍷	3*
● La Faya '10	🍷🍷	4
● Valtellina Sup. Sassella Il Glicine '10	🍷🍷	4
● Valtellina Sforzato Ronco del Picchio '02	♈♈♈	6
● La Faya '09	♈♈	4
● Valtellina Sforzato Ronco del Picchio '07	♈♈	6
● Valtellina Sup. Costa Bassa '09	♈♈	3
● Valtellina Sup. Sassella Il Glicine '09	♈♈	4
● Valtellina Sup. Valgella Ca' Morèi '10	♈♈	4
● Valtellina Sup. Valgella Ca' Morèi '09	♈♈	4
● Valtellina Sup. Valgella Carterìa '10	♈♈	4
● Valtellina Sup. Valgella Carterìa '09	♈♈	4

Ferghettina

via Saline, 11
25030 Adro [BS]
Tel. 0307451212
www.ferghettina.it

藏酒销售
预约参观
年产量 350 000 瓶
葡萄种植面积 140 公顷

罗伯特•加蒂（Roberto Gatti）为他的杰作感到骄傲：20年来，他建立了弗兰恰科达区（Franciacorta）最强大的酒庄之一，从一个小仓库和一个租来的葡萄园发展到140公顷的自有庄园，并在奥德罗（Adro）的总部拥有一个现代化的酒窖。他非凡的家庭对此的贡献不容小觑：妻子安德莱依娜（Andreina），毫无保留地帮助他；酿酒学毕业的孩子劳拉（Laura）和马特奥（Matteo），在生产中起着关键作用。今年，加蒂（Gatti）的酒品弗兰恰科达•维莎华2006（Franciacorta Riserva 2006）得以加冕，又获得了"三杯奖"（Tre Bicchieri）。夏敦埃特酿（Chardonnay Cuvée）由酒庄最优秀葡萄园出品的葡萄酿制而成，在除去酵母余渣前在背风处酿造了80多个月。酒色呈美丽的深黄色，酒液粘稠，拥有水果和鲜花的清香。口感复杂持久，拥有青草和蜜饯的香味，坚实优雅。

○ Franciacorta Pas Dosé 33 Ris. '06	🍷🍷🍷	6
○ Franciacorta Extra Brut '07	🍷🍷	5
○ Curtefranca Bianco '12	🍷🍷	2*
● Curtefranca Rosso '11	🍷🍷	2*
○ Franciacorta Brut Milledì '09	🍷🍷	5
⊙ Franciacorta Rosé Milledì '09	🍷🍷	5
○ Franciacorta Satèn '09	🍷🍷	5
● Merlot Baladello '09	🍷🍷	4
○ Franciacorta Brut	🍷	4
○ Franciacorta Extra Brut '06	♈♈♈	5
○ Franciacorta Extra Brut '05	♈♈♈	5
○ Franciacorta Extra Brut '04	♈♈♈	5
○ Franciacorta Extra Brut '02	♈♈♈	5

Fiamberti

via Chiesa, 17
27044 Canneto Pavese [PV]
Tel. 038588019
www.fiambertivini.it

藏酒销售
预约参观
年产量 140 000 瓶
葡萄种植面积 18 公顷

每一年，一步一步地，我们很高兴看到安博吉奥（Ambrogio Fiamberti）和他的儿子朱利奥（Giulio）始终坚持他们的目标，继续改进产品的整体质量。酒庄的传统和质优的葡萄园使它有能力生产各种类型的葡萄酒，作为奥特波葡萄酒（Oltrepò）生产商，所出品葡萄酒类型经典广泛。目前，葡萄酒的平均质量已大幅度提高，我们有理由相信并等待更加优秀的酒品的到来。酒庄出品的传统葡萄酒味道精美、质量可靠。邦纳达•桑谷2012（Bonarda and Sangue di Giuda 2012）在色泽、口感、清澈度以及单宁的表现都非常出色、和谐。布塔佛科•波德利2009（Buttafuoco Poderi Fiamberti 2009）凭借其全方位的优势在众多酒品中脱颖而出，红色的液体令人愉悦。布鲁特经典梅特多（Brut Metodo Classico）表现完美。

● OP Bonarda Vivace La Briccona '12	🍷🍷 2*
● OP Buttafuoco Poderi Fiamberti '09	🍷🍷 3
○ OP Pinot Nero Brut Cl. Fiamberti	🍷🍷 4
● OP Sangue di Giuda V. Costa Paradiso '12	🍷🍷 2*
⊙ OP Cruasé Fiamberti	🍷 4
○ OP Riesling Italico V. Croce Monteveneroso '12	🍷 2
● OP Rosso Monte Acutello '07	🍷 3
● OP Bonarda Vivace Bricco della Sacca '11	🍷🍷 2*
● OP Buttafuoco Storico V. Solenga '06	🍷🍷 4
● OP Buttafuoco V. Sacca del Prete '07	🍷🍷 4
● OP Pinot Nero Nero '10	🍷🍷 2*
● OP Sangue di Giuda V. Costa Paradiso '11	🍷🍷 2*

Le Fracce

fraz. Mairano
via Castel del Lupo, 5
27045 Casteggio [PV]
Tel. 038382526
www.lefracce.com

藏酒销售
预约参观
年产量 180 000 瓶
葡萄种植面积 40 公顷

勒•弗瑞斯酒庄（Le Fracce）归属于方达资尼集团（Fondazione Bussolera-Branca），并深深融入到了伦巴第区帕维亚省（Oltrepò Pavese）产区的历史长河中。仅凭它的意大利式的庭院，收藏的古董车和车厢，就很值得一游。酒庄位于马伊拉诺（Mairano）的山腰，卡斯泰焦（Casteggio）村庄的上游，那里白色的土壤适合种植雷司令（Riesling）、灰皮诺（Pinot Grigio）和黑皮诺（Pinot Nero）葡萄，分居两侧的黏土含量高，适合种植科罗帝纳（Croatina）和巴贝拉（Barbera）葡萄。酿酒学家罗伯特•戈比诺（Roberto Gerbino）使所有的葡萄酒都显得无比优雅。波和米2007（Bohemi 2007）呈鲜艳红色，初嗅味道有点偏刺激性，接下来复杂的浆果、秋叶伴随着香料味让人痴迷，口感完整，充满活力。波纳达•露比萨2012（Bonarda La Rubiosa 2012）拥有红色浆果和紫罗兰的芳香，口感舒适柔软。加波索2011（Garboso 2011）由巴贝拉（Barbera）酿制而成，口感清爽平衡，让人停不下来。白葡萄酒中，灰皮诺2012（Pinot Grigio Levriere 2012）最受我们青睐。

● Garboso '11	🍷🍷 3
● OP Bohemi '07	🍷🍷 6
● OP Bonarda Vivace La Rubiosa '12	🍷🍷 3
○ OP Pinot Grigio Levriere '12	🍷🍷 3
● OP Cirgà '07	🍷 5
● OP Pinot Nero '08	🍷 6
○ OP Pinot Nero Extra Brut Cuvée Bussolera '10	🍷 3
○ OP Riesling Landò '12	🍷 3
● Garboso '10	🍷🍷 2*
● OP Bonarda Vivace La Rubiosa '11	🍷🍷 3
● OP Cirgà '06	🍷🍷 3
○ OP Pinot Grigio Levriere '11	🍷🍷 3
○ OP Riesling Landò '11	🍷🍷 2*
● OP Rosso Bohemi '06	🍷🍷 6
● OP Rosso Bohemi '05	🍷🍷 6

Frecciarossa

via Vigorelli, 141
27045 Casteggio [PV]
Tel. 0383804465
www.frecciarossa.com

藏酒销售
预约参观
年产量 120 000 瓶
葡萄种植面积 34 公顷

这是奥尔特波帕韦塞（Oltrepò Pavese）最好的酒庄之一，由19世纪的奥德罗别墅及其领地、农场、老酒窖和时尚大楼组成。由酿酒学家吉安卢卡•斯卡格里奥内（Gianluca Scaglione）领导的团队酿造出一系列葡萄酒，纵向对比，老品种的雷司令（Riesling）和黑皮诺（Pinot Nero）已不在市场上销售，使红箭（Frecciarossa）酒庄成为奥尔特（Oltrepò）最好的生产商之一。最近，酒庄将经典梅特多（Metodo）列入他们的生产清单。接下来，便是传统年份黑皮诺•奥德洛2010（Pinot Nero Giorgio Odero 2010）重获“三杯奖”，表现非常出色，红宝石般的色泽，明亮复杂，味道独特，拥有野生浆果、地中海灌木丛和芳香草本植物的混合清香。口感松软紧致，自信洋溢。雷司令2011（Riesling Gli Orti 2011）则是完美水果味的最佳诠释。

● OP Pinot Nero Giorgio Odero '10	🍷🍷🍷	5
● OP Bonarda Vivace Dardo '12	🍷🍷	2*
○ OP Riesling Gli Orti '11	🍷🍷	2*
○ OP Pinot Nero Sillery '12	🍷	2
● Uva Rara '12	🍷	2
● OP Pinot Nero Giorgio Odero '08	🍷🍷🍷	5
● OP Pinot Nero Giorgio Odero '07	🍷🍷🍷	5
● OP Pinot Nero Giorgio Odero '05	🍷🍷🍷	5
● Le Praielle '08	🍷🍷	3
● OP Bonarda Vivace Dardo '11	🍷🍷	2*
○ OP Brut M. Cl. Frecciarossa '08	🍷🍷	6
○ OP Pas Dosé Cl. I Moschettieri '10	🍷🍷	6
● OP Pinot Nero Giorgio Odero '09	🍷🍷	5
○ OP Riesling Gli Orti '10	🍷🍷	2*
● Uva Rara '10	🍷🍷	2*

Enrico Gatti

via Metelli, 9
25030 Erbusco [BS]
Tel. 0307267999
www.enricogatti.it

藏酒销售
预约参观
年产量 120 000 瓶
葡萄种植面积 17 公顷

1975年，恩里克盖提（Enrico Gatti）在埃尔布斯科（Erbusco）成立了酒庄，以他名字命名的酒庄已经有40年的历史，同时也达到巅峰。恩里克的孩子洛伦佐（Lorenzo）和宝拉（Paola）以及女婿恩佐巴扎日尼（Enzo Balzarini）视酒庄为掌上明珠。酒庄只用埃尔布斯科（Erbusco）17公顷葡萄园所种植的葡萄来酿造葡萄酒。更重要的是，盖提家族（Gatti）创造了自己独特的风格，将重心放在充实、浓度和矿物口感上，他们的弗兰恰科达（Franciacortas）不缺清新，酒劲独特。今年，自然系列（Nature）再次荣获“三杯奖”，作为含有15%黑皮诺（Pinot Nero）的莎当尼特酿（Chardonnay Cuvée），部分使用小橡木桶发酵。橘子味道深邃、复杂和圆润，带有榛子和碘的味道，让人兴致勃勃，口感持久柔软、精致活泼，结构完整让人印象深刻。果断给予好评！

○ Franciacorta Nature	🍷🍷🍷	5
○ Franciacorta Brut	🍷🍷	4
⊙ Franciacorta Rosé	🍷🍷	5
○ Franciacorta Satèn '09	🍷🍷	5
○ Franciacorta Brut '05	🍷🍷🍷	6
○ Franciacorta Nature '07	🍷🍷🍷	5
○ Franciacorta Satèn '05	🍷🍷🍷	5
○ Franciacorta Satèn '03	🍷🍷🍷	5
○ Franciacorta Satèn '02	🍷🍷🍷	4
○ Franciacorta Satèn '01	🍷🍷🍷	4
○ Franciacorta Satèn '00	🍷🍷🍷	5
○ Franciacorta Brut '06	🍷🍷	6
○ Franciacorta Satèn '08	🍷🍷	5
○ Franciacorta Satèn '07	🍷🍷	5
○ Franciacorta Satèn '04	🍷🍷	5

F.lli Giorgi

FRAZ. CAMPONOCE, 39A
27044 CANNETO PAVESE [PV]
TEL. 0385262151
www.giorgi-wines.it

藏酒销售
预约参观
年产量 1 600 000 瓶
葡萄种植面积 30 公顷

这家历史悠久的瓦乐维萨（Valle Versa）酒庄与时俱进，不断完善它的两个产品系列：一个是以皮诺微起泡酒（Semisparkling Pinot）为代表，更具商业化，一如既往的高品质，每年出品成千上万瓶的葡萄酒；另一个为顶级酒系列，只选用最优良的葡萄，并且限量生产，由经验丰富的阿尔贝托•穆萨迪（Alberto Musatti）负责，战果累累。经典梅特多1870（Metodo Classido 1870）赢得它的第五个“三杯奖”（Tre Bicchieri），已迅速成为一个经典的奥尔特波（Oltrepò）起泡酒。经典梅特多（Metodo Classico）无比华丽，芳香四溢，矿物气息浓厚，拥有青草香；口感紧致，充满活力，泡沫细腻。库萨（Cruasé）也同样质量优良，新鲜芳香，拥有野生浆果的味道。布达富柯（Buttafuoco）温暖出色，香气丰富。最后也同等重要的詹弗兰科起泡酒 2010（Brut Gianfranco Giorgi 2010）是由黑皮诺（Pinot Nero）酿造的当地起泡酒的典型代表。

○ OP Pinot Nero Brut Cl. 1870 '09	ΨΨΨ	5
⊙ OP Cruasé '10	ΨΨ	4
● OP Buttafuoco Storico V. Casa del Corno '09	ΨΨ	3
○ OP Pinot Nero Brut Cl. Gianfranco Giorgi '10	ΨΨ	5
○ OP Riesling Il Bandito '12	ΨΨ	4
● OP Sangue di Giuda '12	ΨΨ	3
● OP Bonarda Vivace La Brughera '12	Ψ	3
● OP Buttafuoco Clilele '11	Ψ	3
○ OP Pinot Nero Brut Cl. 1870 '08	ΨΨΨ	5
○ OP Pinot Nero Brut Cl. 1870 '07	ΨΨΨ	5
○ OP Pinot Nero Brut Cl. 1870 '06	ΨΨΨ	5
○ OP Pinot Nero Brut Cl. 1870 '05	ΨΨΨ	5

Isimbarda

FRAZ. CASTELLO
CASCINA ISIMBARDA
27046 SANTA GIULETTA [PV]
TEL. 0383899256
www.tenutaisimbarda.it

藏酒销售
预约参观
年产量 130 000 瓶
葡萄种植面积 36 公顷

意斯巴达庄园（Isimbarda）为路易吉（Luigi Meroni）所有，是奥尔特波（Oltrepò）地区的古老庄园之一，17世纪起一直坐落于圣特吉塔（Santa Giulietta）山的最佳位置。葡萄园占地36公顷，土壤为黏土、石灰土到泥灰不等，尤其适合用于种植白葡萄，尤其是雷司令（Riesling）。几年前，酒窖开始侧重于酿造传统的红葡萄酒、白葡萄酒以及起泡酒。维格纳•雷司令2012（Riesling Vigna Martina 2012）可以有两重生命，年轻的版本带有辛辣的花香味道，散发桃子、香梨、藏红花和药草的芳香，酒体结构良好，口感有活力；陈酿后，在保留基础的水果味道的前提下，逐渐散发葡萄酒本身经典的化学味道。蒙洛红葡萄酒2010（Rosso Monplò 2010）同样质量优异，拥有野生浆果的味道，酸度适中，酒体坚硕。

○ OP Riesling Renano V. Martina '12	ΨΨ	2*
● OP Bonarda Vivace V. delle More '12	ΨΨ	2*
● OP Pinot Nero V. del Cardinale '11	ΨΨ	4
● OP Rosso Monplò '10	ΨΨ	3
⊙ OP Cruasé	Ψ	4
○ OP Pinot Nero Brut M. Cl.	Ψ	2
● OP Bonarda Vivace V. delle More '11	ΨΨ	2
○ OP Riesling Renano V. Martina '11	ΨΨ	2*
○ OP Riesling Renano V. Martina '10	ΨΨ	2*
○ OP Riesling Renano V. Martina '09	ΨΨ	2*
○ OP Riesling Renano V. Martina '08	ΨΨ	2*
● OP Rosso Montezavo Ris. '08	ΨΨ	4
○ Varméi '11	ΨΨ	2*
○ Varméi '10	ΨΨ	2

Cantina Sociale La Versa

via F. Crispi, 15
27047 Santa Maria della Versa [PV]
Tel. 0385798411
www.laversa.it

藏酒销售
预约参观
年产量 5 000 000 瓶
葡萄种植面积 1 300 公顷

1905年，切萨雷•古斯塔沃（Cesare Gustavo Faravelli）创建了酒庄，这个传奇的合作酒庄，尤其是黑皮诺经典梅特多（Pinot Nero Metodo Classico）起泡酒，在意大利各地声誉未减。它经历了困难与辉煌：20世纪七八十年代，曾受到杜卡•安东尼奥公司（Duca Antonio Giuseppe Denari）的援助。2000年，在董事长吉安卡洛（Giancarlo Vitali）的领导下，在酒窖经理弗朗斯科（Francesco Cervetti）和继承者科拉多（Corrado Cavalli）的管理下，品牌进行了多次重建，为今后成为意大利葡萄酒业之星做最后的准备。今天，我们很高兴看到酒庄的复兴。由杜卡•德纳利（Duca Denari）酿制的杜卡特酿（Cuvée del Duca），重回顶级起泡酒宝座，柔滑优雅，口感丰富，有着瓦乐•维萨（Valle Versa）河上游黑皮诺（Pinot Nero）典型的风格特征。两款泰斯特罗莎（Testarossa）均表现出色：库拉赛（Cruasé）带有野生浆果和柑橘的味道，令人愉悦；而白葡萄酒酿造独特，有羊角面包的味道。

○ Brut Cl. Cartaoro	🍷🍷 3
○ Brut Cl. Testarossa	🍷🍷 5
○ EIS	🍷🍷 3
● OP Barbera Fermo La Versa '11	🍷🍷 2*
⊙ OP Cruasé Testarossa	🍷🍷 5
○ OP Cuvée del Duca	🍷🍷 4
○ Brut Cl. Cuvée del Duca '04	🍷🍷 4
● OP Barbera '10	🍷🍷 2*
● OP Bonarda Vivace '10	🍷🍷 2
⊙ OP Pinot Nero Brut Cuvée Testarossa Rosé '04	🍷🍷 5
⊙ OP Pinot Nero Brut Rosé Cuvée Testarossa '05	🍷🍷 5
⊙ OP Pinot Nero Brut Rosé Testarossa '07	🍷🍷 3
○ OP Riesling '11	🍷🍷 2*

Lantieri de Paratico

loc. Colzano
via Videtti
25031 Capriolo [BS]
Tel. 030736151
www.lantierideparatico.it

藏酒销售
预约参观
膳宿接待
年产量 150 000 瓶
葡萄种植面积 20 公顷

弗兰恰科达（Franciacorta）传统源于半个世纪前，但该地区优质葡萄酒的生产历史可以追溯到更远。事实上，帕拉提克•兰迪尔瑞（Lantieri de Paratico）家族的葡萄酒质量自17世纪起在欧洲已十分著名。在放弃了之前的职业以后，法比奥•兰迪尔瑞（Fabio Lantieri）把无限热情投入到发扬酿酒传统之中。他使用位于卡普瑞尔罗（Capriolo），靠近伊塞奥湖（Lake Iseo）的20多公顷的葡萄园种植的葡萄，生产酿造一系列的葡萄酒和弗兰恰科达（Franciacorta）。阿卡狄亚（Arcadia）是酒庄的顶级酒：30%黑皮诺的莎当尼（Chardonnay）特酿，在背风处不去除酵母渣进行二次发酵4年。2009年款呈明亮的黄色，泡沫细腻，复杂结构完整，口感有序优雅，矿物气息浓厚持久，拥有橘子的味道。全系列酒品都相当完美。

○ Franciacorta Brut Arcadia '09	🍷🍷🍷 5
○ Curtefranca Bianco '12	🍷🍷 2*
○ Franciacorta Brut	🍷🍷 4
○ Franciacorta Extra Brut	🍷🍷 4
⊙ Franciacorta Rosé Arcadia	🍷🍷 5
○ Franciacorta Satèn	🍷🍷 5
○ Franciacorta Brut Arcadia '08	🍷🍷 5
○ Franciacorta Brut Arcadia '07	🍷🍷 5
○ Franciacorta Brut Arcadia '06	🍷🍷 5
○ Franciacorta Brut Arcadia '05	🍷🍷 5

Majolini

Loc. Valle
via Manzoni, 3
25050 Ome [BS]
Tel. 0306527378
www.majolini.it

藏酒销售
预约参观
年产量 200 000 瓶
葡萄种植面积 24 公顷

马乔里尼（Majolini）酒庄位于奥美（Ome）法兰恰阔尔达区（Franciacorta）的东部，家族是布雷西亚（Brescian）实业家的摇篮，富有激情。1981年，他们创立了这个宏伟的酒庄，专门生产弗兰恰科达起泡酒（Franciacorta），并委托额兹佐•马乔里尼（Ezio Majolini）管理。如今他的工作在干劲十足的侄子西蒙（Simone）的激励下继续进行。位于奥美（Ome）地区的陡峭梯田上的24公顷葡萄园和专业的酿酒家吉安皮埃尔瓦拉德（Jean-Pierre Valade）是酒庄强有力的依靠。萨顿2008（Satèn 2008）散发丝滑奶油味道，泡沫丰富，酒体圆润，拥有热带水果、橘子和花类香气，口感独特，矿物气息强烈，回味有杏仁味道。陈酿绝干白葡萄酒2005（Extra Brut Riserva Blanc de Blancs 2005）则饱满复杂，香气更成熟。而干性起泡酒（Brut）花香浓郁，表现平衡。白皮诺起泡酒（Brut Blanc de Noirs）口感尖酸。

○ Franciacorta Brut	🍷🍷 5
○ Franciacorta Brut Blanc de Blancs Ris. '05	🍷🍷 8
○ Franciacorta Brut Blanc de Noirs	🍷🍷 6
○ Franciacorta Satèn '08	🍷🍷 6
○ Franciacorta Brut Electo '00	🍷🍷🍷 6
○ Franciacorta Brut Electo '99	🍷🍷🍷 5
○ Franciacorta Brut Electo '97	🍷🍷🍷 5
○ Franciacorta Brut Electo '05	🍷🍷 8
○ Franciacorta Pas Dosé Aligi Sassu '06	🍷🍷 8
○ Franciacorta Pas Dosé Aligi Sassu '05	🍷🍷 7
⊙ Franciacorta Rosé Altera	🍷🍷 5
○ Franciacorta Satèn '07	🍷🍷 7
○ Franciacorta Satèn '06	🍷🍷 7

Le Marchesine

via Vallosa, 31
25050 Passirano [BS]
Tel. 030657005
www.lemarchesine.it

藏酒销售
预约参观
年产量 450 000 瓶
葡萄种植面积 44 公顷

勒•玛彻斯尼（Le Marchesine）酒庄于20世纪80年代中期由乔瓦尼（Giovanni）建立，比亚塔（Biatta）家族在布雷西亚（Brescian）葡萄栽培业中历史悠久。他的去世激励儿子洛里斯（Loris）和孙子安德里亚（Andrea）、孙女爱丽丝（Alice）干得更好，家族继续将酒庄创立者留下的辉煌伟业发扬光大。在顾问兼酿酒学家吉安皮埃尔瓦拉德（Jean-Pierre Valade）的帮助下，酒庄44公顷的葡萄园产出的葡萄酿造成了一系列的顶级酒。今年，我们将另一个“三杯奖”授予酒庄杰出的弗兰恰科达•布鲁特2009（Franciacorta Brut 2009）——深沉优雅的黑中白（Blanc de Noirs），紫铜般的耀眼夺目，拥有黑色和红色浆果、蛋糕以及全麦的味道，口感充实紧致，奶油味浓厚，口感诱人，矿物气息强烈，带有些许碘的味道。

○ Franciacorta Brut Blanc de Noir '09	🍷🍷🍷 5
○ Franciacorta Brut Nature Secolo Novo Giovanni Biatta '07	🍷🍷 5
○ Franciacorta Brut	🍷🍷 4
○ Franciacorta Extra Brut	🍷🍷 5
○ Franciacorta Satèn '09	🍷🍷 5
○ Franciacorta Brut '04	🍷🍷🍷 5
○ Franciacorta Brut Secolo Novo '05	🍷🍷🍷 7
○ Franciacorta Brut Secolo Novo '07	🍷🍷 7
○ Franciacorta Brut Secolo Novo '06	🍷🍷 7
○ Franciacorta Dosage Zero Secolo Novo Ris. '05	🍷🍷 7
○ Franciacorta Satèn '08	🍷🍷 5

Tenuta Mazzolino

via Mazzolino, 26
27050 Corvino San Quirico [PV]
Tel. 0383876122
www.tenuta-mazzolino.com

藏酒销售
预约参观
年产量 130 000 瓶
葡萄种植面积 22 公顷

酒庄拥有的19世纪壮观别墅俯瞰着整个波河河谷（Po Valley），在明净的天空可以看到阿尔卑斯山（Alpine Range）的全景。来自勃艮第（Burgundian）的经理吉安•弗兰克斯科•夸德（Jean-François Coquard）和奥尔特波（Oltrepò）以及农学家克劳迪奥•乔治（Claudio Giorgi）热情好客，在他们管理下的酒庄成为一个值得游览的好地方。恩里科（Enrico）和桑德拉•布拉奇提（Sandra Braggiotti）于1980年收购了酒庄，融合意大利和法国葡萄酒的精华，使用黑皮诺（Pinot Nero）、莎当尼（Chardonnay）、科罗帝纳（Croatina），他们酿造出非常出色的葡萄酒，极具优雅，具有时代价值。努瓦尔2010（Noir 2010）不负众望，再次成为意大利最优秀的黑皮诺（Pinot Neros）葡萄酒之一。葡萄酒别具一格，略微辛辣，带有黑莓的香味，口感有序持久，我们授予它“三杯奖”。库赛（Cruasé）清新怡人，边缘透明，泡沫细腻。

● OP Pinot Nero Noir '10	🍷🍷🍷 5
○ OP Chardonnay Blanc '11	🍷🍷 3
⊙ OP Cruasé Mazzolino	🍷🍷 4
○ Pas Dosé Mazzolino Blanc de Blancs	🍷🍷 4
○ Brut Cl. Mazzolino Blanc de Blancs	🍷 4
○ Camarà '12	🍷 2
● OP Bonarda Mazzolino '12	🍷 2
● Terrazze '12	🍷 2
● OP Pinot Nero Noir '09	🍷🍷🍷 5
● OP Pinot Nero Noir '08	🍷🍷🍷 5
● OP Pinot Nero Noir '07	🍷🍷🍷 5
● OP Pinot Nero Noir '06	🍷🍷🍷 5
○ Mazzolino Brut Blanc de Blancs	🍷🍷 3
○ OP Chardonnay Blanc '10	🍷🍷 3*
⊙ OP Cruasé Mazzolino	🍷🍷 3

Mirabella

via Cantarane, 2
25050 Rodengo Saiano [BS]
Tel. 030611197
www.mirabellavini.it

藏酒销售
预约参观
年产量 500 000 瓶
葡萄种植面积 60 公顷

1979年，特瑞斯欧•思嘉唯（Teresio Schiavi）和一群法兰恰阔尔达区（Franciacorta）小酒庄庄主朋友们一起创建了一个全新的酒庄，通过联营来共享品牌。酒庄已度过了它的第35个年头。酒庄的总部非常豪华，酒窖配备了最新的科技装备。酒庄的成功也归功于亚历山德罗•思嘉唯（Alessandro Schiavi）和合作伙伴兼常务董事弗朗西斯科•布拉基（Francesco Bracchi）的强强联手。酒庄所出品的葡萄酒质量优秀，几乎有50万瓶葡萄酒由60公顷的葡萄园所种植的葡萄酿造而成，酒庄小心专注于产品的可持续发展与质量和健康。酒庄的两种葡萄酒进入了我们今年的总决赛：现代平衡的零度多萨吉奥2004（Dosaggio Zero Dom 2004），拥有茴香的味道；以及最新的、零添加二氧化硫的绝干起泡酒（Elite Extra Brut），口感活跃、带有新鲜花朵和柠檬芳香，酒体坚实，不仅为酒庄本身更是为整个保证法定产区酒（DOCG）开辟新道路。

○ Franciacorta Dosaggio Zero Dom '04	🍷🍷 6
○ Franciacorta Extra Brut Elite	🍷🍷 6
○ Franciacorta Brut	🍷🍷 4
○ Franciacorta Satèn	🍷🍷 4
⊙ Franciacorta Rosé Brut	🍷 4
○ Franciacorta Non Dosato '00	🍷🍷 4

★Monsupello

via San Lazzaro, 5
27050 Torricella Verzate [PV]
Tel. 0383896043
www.monsupello.it

藏酒销售
预约参观
年产量 260 000 瓶
葡萄种植面积 50 公顷

波阿迪家族（Boatti）的酒庄再次向我们证明了它坚不可摧的实力。在意大利很难找到一个家族运营的酒庄能拥有如此一致性，出品如此高质量的葡萄酒，包括经典梅特多（Metodo Classico）、白葡萄酒、红葡萄酒、甜酒和半起泡酒。虽然卡罗•波阿迪（Carlo Boatti）已经逝世3年，但他的妻子卡拉（Carla）、孩子佩然格洛（Pierangelo）和劳拉（Laura），天赋秉异的酿酒学家马尔科•伯特勒格尼（Marco Bertelegni）继续将酒庄的辉煌延续下去。今年起，酒庄的布鲁特（Brut）不再拥有之前酒庄的创始人卡罗•波阿迪（Carlo Boatti）赋予它的“经典”，但质量始终如一。2008年份酒浓厚复杂，香味十足，非凡无比，自成一派。卡罗•波阿迪（Carlo Boatti）的自然陈酿2002（Riserva di Nature 2002）则显示出惊人的品格，矿物气息浓厚，有深度，在酒品中深受情人喜爱。除了这两个优秀的酒品外，其他品类的起泡酒则很容易被忽略。

○ Brut Cl. '08	🍷🍷🍷 (red)	5
○ Brut Cl. Nature	🍷🍷 (red)	4
○ Brut Cl. Nature Carlo Boatti Ris. '02	🍷🍷 (red)	8
⊙ Brut Cl. Rosé	🍷🍷	4
○ Chardonnay Senso '11	🍷🍷	5
● OP Barbera I Gelsi '09	🍷🍷	3
● OP Bonarda Vivace Vaiolet '12	🍷🍷	2*
○ OP Cuvée Ca' Del Tava	🍷🍷	6
○ OP Pinot Nero Brut Cl.	🍷🍷	4
○ Pinot Grigio '12	🍷🍷	2*
● Pinot Nero Junior '12	🍷🍷	3
○ Riesling Renano '12	🍷🍷	2*
○ OP Brut Cl. Classese '06	🥂🥂🥂	5
○ OP Brut Cl. Classese '04	🥂🥂🥂	5

Francesco Montagna

via Cairoli, 67
27043 Broni [PV]
Tel. 038551028
www.cantinemontagna.it

藏酒销售
预约参观
餐饮接待
年产量 800 000 瓶
葡萄种植面积 18 公顷

在过去的几年里，我们始终对这个布罗尼（Broni）酒庄关注有加。它成立于1895年，1974年起由波特（Bertè）和柯蒂尼（Cordini）家族共同拥有。20世纪90年代间，纳特勒•波特（Natale Bertè）决心用最好的葡萄酿制顶级酒。酿酒学研究生、儿子马特奥（Matteo）的加入，使葡萄酒的质量直线提高。酒庄新建一个新酒窖和品酒室，并更加关注经典梅特多（Metodo Classicos）酿造法。我们相信，酒庄未来会给我们更多有趣的惊喜。我们应该向马泰奥（Matteo）对经典梅特多（Metodo Classico）的付出致敬。他技艺熟练稳定，今年他的两种起泡酒进入了我们的总决赛，性价比很高。卡萨特酿（Cuvée della Casa）的果香味更浓郁；传统特酿（Cuvée Tradizione）则味道丰富，矿物味强。酒庄的传统葡萄酒也很令人满意，整个系列质量都值得信赖。

○ OP Pinot Nero Brut Cl. Cuvée della Casa Bertè & Cordini	🍷🍷 (red)	5
○ OP Pinot Nero Brut Cl. Cuvée Tradizione Bertè & Cordini	🍷🍷 (red)	5
● OP Bonarda Sabion Bertè & Cordini '12	🍷🍷	2*
● OP Sangue di Giuda '12	🍷🍷	2*
○ OP Pinot Nero Brut Cruasé Bertè & Cordini	🍷	5
● OP Pinot Nero Nuval Bertè & Cordini '10	🍷	3
○ OP Riesling Viti di Luna '12	🍷	2
● OP Bonarda Sabion Bertè & Cordini '11	🥂🥂	2*
⊙ OP Cruasé Bertè & Cordini '09	🥂🥂	3
○ OP Pinot Nero Brut Cl. Cuvée Tradizione '09	🥂🥂	4
● OP Sangue di Giuda '11	🥂🥂	2*
○ OP Sauvignon Bertè & Cordini Masaria '11	🥂🥂	2*

★Monte Rossa

FRAZ. BORNATO
VIA MONTE ROSSA, 1
25040 CAZZAGO SAN MARTINO [BS]
TEL. 030725066
www.monterossa.com

藏酒销售
预约参观
年产量 500 000 瓶
葡萄种植面积 70 公顷

作为弗兰恰科达区（Franciacorta）最具有名望的酒庄之一，蒙特罗萨（Monte Rossa）酒庄由保罗（Paolo Rabotti）和妻子保拉（Paola）于20世纪70年代早期创立，凭借出品具有独特的优雅及纯净度的特酿脱颖而出。目前，酒庄由他们满腔激情的儿子艾玛奴勒（Emanuele）运营，他将自己全部精力都放在葡萄园和一系列顶级酒上，这些酒品获得了近年来最有声望的奖项。酒庄所产葡萄酒经过长时间陈化，以确保弗兰恰科达（Franciacorta）的优雅以及富含矿物气息的特征。卡波传起泡酒（Brut Cabochon）是位于圣马帝诺（Cazzago San Martino）酒庄最具象征意义的葡萄酒，其2008年份的弗兰恰科达（Franciacorta）芳香集中，酒体柔滑，散发成熟水果和香草味道，夹杂浓郁的矿物感。诱人的萨顿葡萄酒（Saten Sanseve）散发清新花朵的芳香，以及灌木丛气息。

○ Franciacorta Brut Cabochon '08	🍷🍷 7
○ Franciacorta Brut P. R.	🍷🍷 5
○ Franciacorta Brut Prima Cuvée	🍷🍷 4
⊙ Franciacorta Brut Rosé P. R.	🍷🍷 5
○ Franciacorta Satèn Sansevé	🍷🍷 5
○ Franciacorta Coupé Non Dosato	🍷 5
○ Franciacorta Brut Cabochon '05	🍷🍷🍷 6
○ Franciacorta Brut Cabochon '04	🍷🍷🍷 6
○ Franciacorta Brut Cabochon '03	🍷🍷🍷 6
○ Franciacorta Brut Cabochon '01	🍷🍷🍷 6
○ Franciacorta Brut Cabochon '99	🍷🍷🍷 7
○ Franciacorta Brut Cabochon '98	🍷🍷🍷 6
○ Franciacorta Brut Cabochon '97	🍷🍷🍷 6
○ Franciacorta Satèn	🍷🍷🍷 5

Montenisa

FRAZ. CALINO
VIA PAOLO VI, 62
25046 CAZZAGO SAN MARTINO [BS]
TEL. 0307750838
www.montenisa.it

预约参观
年产量 300 000 瓶
葡萄种植面积 60 公顷

几年前，安蒂诺里（Antinori）家族与美吉（Maggi）家族达成酒庄管理协议。艾贝拉（Albiera）、爱乐格纳（Allegra）和阿莱西亚（Alessia）姐妹们全身心投入到酒庄的现代化翻修工程以及毗邻壮丽的16世纪别墅和葡萄园的整修工作中。美吉（Maggi）家族在卡利诺（Calino)村庄拥有占地60公顷的葡萄园，种植用于酿造弗兰恰科达（Franciacortas）所有系列的优质葡萄。采用莎当尼葡萄（Chardonnay）及些许白皮诺葡萄（Pinot Bianco）酿造的白葡萄酒珍藏特酿（Cuvée Speciale），在除酵母渣前进行两年陈化，该酒最终进入到我们的最后品鉴，呈现诱人的草黄色泽，散发清晰的水果、蛋糕和香草味道，伴随草本植物气息，口感浓郁饱满，酸度尖锐，回味长久，带开心果味。

○ Cuvée Speciale	🍷🍷 5
○ Franciacorta Brut	🍷🍷 5
⊙ Franciacorta Rosé	🍷🍷 5
○ Franciacorta Dizero	🍷 5
○ Franciacorta Brut Contessa Camilla Maggi '02	🍷🍷 7
○ Franciacorta Brut Contessa Camilla Maggi '01	🍷🍷 6
○ Franciacorta Satèn '06	🍷🍷 6
○ Franciacorta Satèn '04	🍷🍷 6
○ Franciacorta Satèn '03	🍷🍷 6

La Montina

via Baiana, 17
25040 Monticelli Brusati [BS]
Tel. 030653278
www.lamontina.it

藏酒销售
预约参观
餐饮接待
年产量 450 000 瓶
葡萄种植面积 72 公顷

波扎（Bozza）兄弟的酒庄的成功源于由酿酒学家凯撒•法拉利（Cesare Ferrari），农学家埃尔赛迪•托托（Alceo Totò）、罗科马利诺（Rocco Marino）和负责商业事务的米歇尔•波扎（Michele Bozza）组成的技术支撑团队的共同努力。酒庄成立于1987年，以蒙特尼（Montini）家族命名，因为保罗六世教皇（Pope Paul VI）诞生在这个家庭。目前酒庄拥有超过70公顷的葡萄园，分布在法兰恰阔尔达区（Franciacorta）不同的7个城市。总部被安置在一个拥有现代化大型地下酒窖和优雅的酒店的美丽别墅之中。酒庄所出品的酒品一如既往的好，由于缺乏重要年份的酒品，今年并没有达到令人满意的高度。其中两款酒是我们的最爱：香气丰富的绝干弗兰恰科达葡萄酒（Franciacorta Extra Brut Rosatum），是圆润的非年份起泡酒，口感柔滑酸爽；芳香甜美的半干桃红（Rosé Demi Sec），带有野生浆果味道。

○ Franciacorta Brut	🍷🍷 4
⊙ Franciacorta Extra Brut Rosé Rosatum	🍷🍷 5
⊙ Franciacorta Rosé Demi Sec	🍷🍷 4
○ Curtefranca Bianco '12	🍷 2
● Curtefranca dei Dossi '11	🍷 2
○ Franciacorta Extra Brut	🍷 4
○ Franciacorta Satèn Argens	🍷 5
○ Franciacorta Brut '05	ΥΥΥ 5
○ Franciacorta Extra Brut Ris. Vintage '04	ΥΥΥ 6
○ Franciacorta Extra Brut Vintage Ris. '05	ΥΥΥ 6

Monzio Compagnoni

via Nigoline, 98
25030 Adro [BS]
Tel. 0307457803
www.monziocompagnoni.com

藏酒销售
预约参观
年产量 250 000 瓶
葡萄种植面积 30 公顷

几年前，长期种植者马塞洛•梦吉奥•康派格罗尼（Marcello Monzio Compagnoni）在法兰恰阔尔达区（Franciacorta）成立了一个新酒庄，专注于对经典梅特多（Metodo Classico）的狂热，同时在临近的瓦尔卡里皮奥（Valcalepio）酿造杰出的起泡酒。他30公顷葡萄园种植的葡萄，在位于阿德罗（Adro）的现代酒窖中精心酿造，出产一系列法兰恰阔尔达（Franciacortas）酒，同时在斯坎佐罗夏泰（Scanzorosciate）进行同样操作，用来酿造瓦尔卡里皮奥（Valcalepio）酒。今年，绝干弗兰恰科达（Franciacorta Extra Brut）代表酒庄进入了我们的总决赛，2009年份有着清瘦型的欢快气质，平衡的水果味道，夹杂香甜蜜桃和香胶气息。蒙帝•科特2007（Monti della Corte 2007）由100%黑皮诺（Pinot Nero）酿制而成的。陈酿弗兰恰科达（Franciacorta Riserva），散发初始的诱人水果、烟草味道。

○ Franciacorta Extra Brut '09	🍷🍷 5
○ Curtefranca Bianco Ronco della Seta '12	🍷🍷 2*
○ Franciacorta Brut '09	🍷🍷 4
⊙ Franciacorta Brut Rosé '09	🍷🍷 5
○ Franciacorta Dosaggio Zero Monti della Corte Ris. '07	🍷🍷 6
○ Franciacorta Satèn '09	🍷🍷 5
● Moscato di Scanzo Don Quijote '07	🍷🍷 5
● Rosso di Nero '09	🍷🍷 4
○ Curtefranca Bianco della Seta '11	🍷 2
○ Franciacorta Extra Brut '04	ΥΥΥ 5
○ Franciacorta Extra Brut '03	ΥΥΥ 5
○ Franciacorta Brut '08	ΥΥ 4
○ Franciacorta Extra Brut '08	ΥΥ 5
○ Franciacorta Satèn '08	ΥΥ 5
● Moscato di Scanzo Don Quijote '06	ΥΥ 5

Il Mosnel

Loc. Camignone
via Barboglio, 14
25040 Passirano [BS]
Tel. 030653117
www.ilmosnel.com

藏酒销售
预约参观
餐饮接待
年产量 250 000 瓶
葡萄种植面积 40 公顷

伊曼纽拉（Emanuela Barboglio）是最早意识到弗兰恰科达（Franciacorta）酿酒潜力的人之一。事实上，早在20世纪60年代，她就开始将家族19世纪购买的酒庄改造成一个现代化的酒庄。目前酒庄在帕西拉诺（Passirano）拥有40公顷的葡萄园。酒庄中心是一个16世纪的村庄，伊曼纽拉（Emanuela）的孩子露西娅（Lucia）和朱利奥（Giulio）负责接待游客，那里配备有现代化的酒窖装备。绝干弗兰恰科达2008（Franciacorta Extra Brut EBB 2008）轻而易举地进入到我们的最后品鉴会，拥有优雅的气泡，集中的成熟水果香气，微妙的烟草气息，以及隐约的碘酒味道，口感丰富，奶油般的气泡，回味新鲜活跃。其他葡萄酒同样让人满意。

○ Franciacorta Extra Brut EBB '08	🍷🍷 5
● Curtefranca Rosso Fontecolo '10	🍷🍷 2*
○ Franciacorta Brut	🍷🍷 4
⊙ Franciacorta Brut Rosé	🍷🍷 5
⊙ Franciacorta Pas Dosé Parosé '08	🍷🍷 5
○ Franciacorta Satèn '09	🍷🍷 5
○ Curtefranca Bianco Campolarga '12	🍷 2
○ Franciacorta Pas Dosé	🍷 4
○ Franciacorta Pas Dosé QdE Ris. '04	🍷🍷🍷 6
○ Franciacorta Satèn '05	🍷🍷🍷 5
⊙ Franciacorta Pas Dosé Parosé '07	🍷🍷 5
○ Franciacorta Pas Dosé QdE Ris. '06	🍷🍷 6

Muratori - Villa Crespia

via Valli, 31
25030 Adro [BS]
Tel. 0307451051
www.arcipelagomuratori.it

藏酒销售
预约参观
年产量 350 000 瓶
葡萄种植面积 60 公顷

克莱斯比亚酒庄（Villa Crespia）是弗兰恰科达区（Franciacorta）最重要的酒庄之一，60公顷的葡萄园是其产量和质量的保证。穆拉托利（Muratori）兄弟来自一个有着浓厚农业传统的大家族，在酿酒学家弗兰赛科（Francesco Iacono）的协助下，他们建立了名副其实的“群岛”式庄园。除了弗兰恰科达区（Franciacorta）以外，还在桑尼奥（Sannio）的奥比达村（Oppida Aminea）、马内玛（Maremma）的路比亚村（Rubbia al Colle） 以及伊斯基亚岛（Ischia）上的贾尔迪尼（Giardini Arimei）都有庄园。陈酿弗兰恰科达（Franciacorta Riserva Francesco Iacono）是零度“zero-dosage”起泡酒，由黑皮诺（Pinot Nero）酿造，需连渣陈化至少6年。2006年份酒吸引了我们，它拥有黄铜般的稻草黄色泽，以及野生浆果、苹果和全麦的复杂味道。口感浓郁丰富，带奶油感，整体表现良好。由100%莎当尼（Chardonnay）酿制的陈酿孔索利2005（Riserva dei Consoli 2005），同样十分有趣。

○ Franciacorta Dosaggio Zero Francesco Iacono Ris. '06	🍷🍷 7
○ Franciacorta Brut Novalia	🍷🍷 4
○ Franciacorta Brut Riserva dei Consoli '05	🍷🍷 7
○ Franciacorta Brut Simbiotico	🍷🍷 5
⊙ Franciacorta Extra Brut Rosé Brolese	🍷🍷 5
○ Franciacorta Satèn Cesonato	🍷🍷 5
○ Franciacorta Brut Miolo	🍷 5
○ Franciacorta Dosaggio Zero Cisiolo	🍷 5
○ Franciacorta Dosaggio Zero Numerozero	🍷 5
○ Franciacorta Dosaggio Zero Francesco Iacono Ris. '04	🍷🍷🍷 7
○ Franciacorta Dosaggio Zero Cisiolo '04	🍷🍷 5
○ Franciacorta Extra Brut Francesco Iacono Ris. '02	🍷🍷 7

★Nino Negri

VIA GHIBELLINI
23030 CHIURO [SO]
TEL. 0342485211
www.ninonegri.it

藏酒销售
预约参观
膳宿接待
年产量 800 000 瓶
葡萄种植面积 36 公顷

在意大利酿酒业，尼诺涅格（Nino Negri）是一个传奇的名字，也是瓦尔泰利纳（Valtellina）的基准。这个活力四射的酒庄拥有超过110年的历史，目前归意大利酿酒集团（Gruppo Italiano Vini）所有，酒庄的悠久历史促使它不断创新，并时刻关注可持续发展。酒庄拥有该地区最好的葡萄园和经过精挑细选的种植者，还拥有意大利地区最先进的技术团队之一。葡萄酒的风格巧妙地结合了现代与传统，富含本土特色，同时保证质量，始终如一。我们全体同意授予斯佛扎托2010（Sforzato Stelle 2010）“三杯奖”（Tre Bicchieri）。它优雅精致，展示了烟草和香料香味的结合，非常有吸引力，拥有典型的风干葡萄香味。口感丰满有致、浓郁，单宁充满活力，回味持久。内比奥罗2010（Nebbiolo L'Inferno C. Negri 2010）拥有非常特别的甘草和烟草味，红色浆果味更为明显。

● Valtellina Sfursat 5 Stelle '10	🍷🍷🍷 7
● Valtellina Sup. Inferno C. Negri '10	🍷🍷 5
● Valtellina Sup. Vign. Fracia '10	🍷🍷 6
○ Ca' Brione '12	🍷🍷 5
● Valtellina Sup. Grumello V. Sassorosso '10	🍷🍷 4
● Valtellina Sup. Sassella Le Tense '10	🍷🍷 4
● Valtellina Sfursat '05	🍷🍷🍷 8
● Valtellina Sfursat '04	🍷🍷🍷 6
● Valtellina Sfursat 5 Stelle '09	🍷🍷🍷 7
● Valtellina Sfursat 5 Stelle '07	🍷🍷🍷 7
● Valtellina Sfursat 5 Stelle '06	🍷🍷🍷 7
● Valtellina Sup. Vign. Fracia '08	🍷🍷🍷 6
● Valtellina Sfursat '09	🍷🍷 6
● Valtellina Sup. Sassella Le Tense '09	🍷🍷 4

Pasini - San Giovanni

FRAZ. RAFFA
VIA VIDELLE, 2
25080 PUEGNAGO SUL GARDA [BS]
TEL. 0365651419
www.pasiniproduttori.it

藏酒销售
预约参观
餐饮接待
年产量 300 000 瓶
葡萄种植面积 30 公顷

卢卡（Luca）、萨拉（Sara）和保罗帕西尼（Paolo Pasini）已运营家庭酒庄20年。酒庄占地30公顷，位于加尔达湖的西岸，他们专注于卢加纳（Lugana）和瓦尔特呢丝（Valtenesi）产区的葡萄酒。对生产每个阶段的环境都特别关注——从葡萄园，到地窖以及在屋顶上安装大型广电系统，在每个细节都非常注重，甚至在更轻的酒瓶上也有所选择。由莎当尼（Chardonnay）和莫格罗派洛（Groppello）酿造而成的赛波326桃红（Ceppo 326 Rosé）表现出色，拥有野生浆果、饼干和芳香药草的味道，口感充满活力动感，冒着气泡。由100%莫格罗派洛（Groppello）酿造的森托佩托（Centopercento）起泡白葡萄酒，奶油般绵滑，酒体丝滑，带有橘子风味。而两个系列的瓦特尼斯（Valtenesi）红葡萄酒则拥有红浆果和香料的味道，口感复杂精致。

○ Brut M. Cl. Centopercento	🍷🍷 4
○ Brut M. Cl. Lugana	🍷🍷 3
⊙ Brut M. Cl. Rosé Ceppo 326	🍷🍷 4
● Valtenesi Il Valtenesi '12	🍷🍷 2*
● Valtènesi Picedo '12	🍷🍷 2*
○ Brut M. Cl. Ceppo 326	🍷 5
● Garda Cl. Groppello Vign. Arzane '10	🍷 3
○ Lugana Il Lugana '12	🍷 2
● San Gioan Rosso I Carati '09	🍷 4
⊙ Valtenesi Il Chiaretto Il Vino di una Notte '12	🍷 3
● Garda Cl. Groppello Vign. Arzane Ris. '09	🍷🍷 5
● Garda Rosso Cl. Sup. Ca' del Priù '09	🍷🍷 5
● Valtenesi Il Chiaretto Il Vino di una Notte '11	🍷🍷 3
● Valtenesi Picedo '11	🍷🍷 4

Perla del Garda

LOC. LONATO DEL GARDA
VIA FENIL VECCHIO, 9
25017 LONATO [BS]
TEL. 0309103109
www.perladelgarda.it

藏酒销售
预约参观
年产量 120 000 瓶
葡萄种植面积 30 公顷

佩拉•加尔达（Perla del Garda）酒庄是加尔达湖（Lake Garda）布雷西亚湖滨（Brescian）的新兴酒庄之一，占地约30公顷，这里曾经是普拉帝尼（Prandini）家族种植葡萄的地方。特比安诺•卢加纳（Trebbiano di Lugana）和特比安娜（Turbiana）是这里主要种植的葡萄，同时也种植其他品种，保证了酒庄每年产出超过100 000瓶高质量葡萄酒。静止葡萄酒与经典梅特多（Metodo Classico）并驾齐驱。出色的白葡萄酒路加纳2011（Lugana Madreperla 2011）经过在不锈钢桶中的长期发酵，散发优雅馥郁的香气，口感丰富紧致。另一方面，赛帝莫斯洛（Settimo Cielo）起泡酒魅力十足，口味略辛辣，带有桃子和杏子的味道，口感完整多汁，末梢带有橘子味。卢加纳佩尔拉 2012（Lugana Perla 2012）强烈、平易近人。而维德米亚（Vendemmia Tardiva）口感甜蜜诱人。

○ Garda Cl. Brut Settimo Cielo	🍷🍷 6
● Leonatus '09	🍷🍷 4
○ Lugana Madreperla '11	🍷🍷 4
○ Lugana V. T. '11	🍷🍷 4
○ Lugana Perla '12	🍷 3
○ Lugana Sup. Madonna della Scoperta '10	🍷 4
⊙ Rose delle Siepi '12	🍷 3
○ Drajibo Passito '09	🍸🍸 5
○ Lugana Perla '11	🍸🍸 3
○ Lugana Sup. Madreperla '10	🍸🍸 5

Andrea Picchioni

FRAZ. CAMPONOCE, 8
27044 CANNETO PAVESE [PV]
TEL. 0385262139
www.picchioniandrea.it

藏酒销售
预约参观
年产量 70 000 瓶
葡萄种植面积 10 公顷

安德里亚•皮科奇奥尼（Andrea Picchioni）果断专心，使小酒庄的产品在葡萄酒业备受瞩目。葡萄园位于人迹罕至的瓦尔索林格（Val Solinga）山坡，不适合种植克罗蒂纳（Croatina）、巴贝拉（Barbera）和坎内托尤艾塔（Ughetta di Canneto）葡萄。更适合酿制窖藏性更强，需要多年发酵的葡萄酒。近年来，酒庄的品类已经拓展到包括经典梅特多（Metodo Classico）在内的其他类型。今年，两款布塔弗奥科（Buttafuocos）再次表现优异。窖藏莉娃比安卡2009（Riva Bianca 2009）一如既往地简朴，魅力十足，多汁的水果味，略微辛辣，香味十足，单宁结构极好，越酿越发香醇。洛果•瑟拉萨2012（Luogo della Cerasa 2012）令人愉悦，易饮、新鲜、香味更浓。艾斯亚红葡萄酒2009（Rosso D'Asia 2009）香气稍紧闭，但其巨大的潜力不容小觑。

● OP Bonarda Vivace Luogo dei Ronchi '12	🍷🍷 2*
● OP Buttafuoco Bricco Riva Bianca '09	🍷🍷 4
● OP Buttafuoco Luogo della Cerasa '12	🍷🍷 2*
● Rosso d'Asia '09	🍷🍷 4
● OP Sangue di Giuda Fior del Vento '12	🍷 2
● Pinot Nero Arfena '11	🍷 4
● Monnalisa '08	🍸🍸 4
● OP Bonarda Vivace Luogo dei Ronchi '11	🍸🍸 3
● OP Buttafuoco Bricco Riva Bianca '08	🍸🍸 4
● OP Pinot Nero Arfena '10	🍸🍸 3
● Rosso d'Asia '08	🍸🍸 3

Plozza

via San Giacomo, 22
23037 Tirano [SO]
Tel. 0342701297
www.plozza.com

藏酒销售
预约参观
年产量 450 000 瓶
葡萄种植面积 28 公顷

安德里亚•扎诺拉里（Andrea Zanoli）的酒庄成立于1919年，一直走在生产技术、营销策略和海外销售的最前沿。酒窖坐落于瑞士（Switzerland）的蒂拉诺（Tirano）和布鲁西奥（Brusio），葡萄园分布在瓦尔泰利纳（Valtellina）的主要区域。酒庄长期注重瑞士（Swiss）和德国（German）市场，如今，酒庄似乎回归最原始的风格，更简单优雅。斯佛扎托•达卡2009（Sforzato Vin da Ca’ 2009）魅力十足，风格经典。用部分干燥的葡萄酿造，十分完美，拥有樱桃、李子和可可粉的味道，口感强大清新持久，令人满意。陈酿因费诺2009（Inferno Riserva 2009）十分诱人，拥有香料、李子以及西梅味道，酒体结构坚硬，愉悦的水果味道，独具特色。

● Valtellina Sforzato Vin da Ca' '09	🍷🍷	5
● Passione Barrique '09	🍷🍷	6
● Valtellina Numero Uno '10	🍷🍷	7
● Valtellina Sup. Inferno Ris. '09	🍷🍷	3
● Valtellina Sup. Sassella La Scala Ris. '09	🍷🍷	3
● Valtellina Numero Uno '01	🍷🍷🍷	7
● Passione Barrique '07	🍷🍷	6
● Valtellina Numero Uno '09	🍷🍷	7
● Valtellina Numero Uno '07	🍷🍷	7
● Valtellina Sforzato Vin da Ca' '08	🍷🍷	5
● Valtellina Sforzato Vin da Ca' '07	🍷🍷	5
● Valtellina Sup. Inferno Ris. '08	🍷🍷	3
● Valtellina Sup. Sassella La Scala Ris. '08	🍷🍷	3

Mamete Prevostini

via Lucchinetti, 63
23020 Mese [SO]
Tel. 034341522
www.mameteprevostini.com

藏酒销售
预约参观
餐饮接待
年产量 160 000 瓶
葡萄种植面积 18 公顷

酒庄由瓦尔泰利那（Valtellina）葡萄酒协会主席马梅特（Mamete Prevostini）负责。他在坚持酒庄采用环保、可持续发展战略上颇有建树，这不仅是能源消耗量的证明，更是社会文化品质、低损耗的运输和包装，以及财务上的透明化管理的认证。尽管酒窖已经采用现代化管理，但葡萄酒的风格依旧未变，集香气丰富、力量以及纤细度的完美结合。不同的酒标，产自不同的小产区，都是优秀的山区风格的内比奥罗（Nebbiolos）的最佳代表作。萨瑟拉2010（Sassella San Lorenzo 2010）是酿酒技艺与本土特色的完美融合，拥有红色浆果、香料和铅笔芯的味道，口感强烈，质感丰富，酸度适中，整体表现灵巧和谐。有趣简朴的萨瑟拉2011（Sassella Sommarovina 2011）拥有烟草和香料味道，口感柔和，单宁悠长。

● Valtellina Sup. Sassella San Lorenzo '10	🍷🍷🍷	5
● Valtellina Corte di Cama '11	🍷🍷	5
● Valtellina Sforzato Albareda '11	🍷🍷	6
● Valtellina Sup. Sassella Sommarovina '11	🍷🍷	4
● Valtellina Sup. Grumello '11	🍷🍷	3
● Valtellina Sup. Ris. '10	🍷🍷	5
● Valtellina Sup. Sassella '11	🍷🍷	3
○ Vertemate '11	🍷🍷	6
⊙ Rosato '12	🍷	3
● Valtellina Santarita '12	🍷	2
● Valtellina Sforzato Albareda '09	🍷🍷🍷	6
● Valtellina Sforzato Albareda '08	🍷🍷🍷	6
● Valtellina Sforzato Albareda '06	🍷🍷🍷	6
● Valtellina Sup. Ris. '09	🍷🍷🍷	5
● Valtellina Corte di Cama '10	🍷🍷	5
● Valtellina Sforzato Albareda '10	🍷🍷	6

Provenza - Cà Maiol

via dei Colli Storici
25015 Desenzano del Garda [BS]
Tel. 0309910006
www.provenzacantine.it

藏酒销售
预约参观
年产量 1 500 000 瓶
葡萄种植面积 155 公顷

法比奥•康塔托（Fabio Contato）大大促进了家族酒庄的发展，在短短几年内，扩大了葡萄园面积，提高了葡萄酒质量和年产量。以卢加纳（Lugana）为首的葡萄酒始终如一，保持酒庄的声誉。位于加尔达湖（Garda）南部的葡萄园，占地面积超过了100公顷，种植特比安娜葡萄（Turbiana），也种植附近瓦尔特呢丝（Valtenesi）区的红葡萄品种。卢加纳莫林2012（Lugana Molin 2012）由经过严格筛选的葡萄，在钢桶中发酵酿造，已成为所有产区最有趣的葡萄酒之一，实现质的飞跃。优雅独特，鲜花味和水果味十足，口感紧致持久。法比奥•康塔托2011（Fabio Contato 2011）拥有精湛的水果和橡木味，口感复杂精致。红葡萄酒中，内格莱斯科2009（Negresco 2009）让我们印象深刻。

○ Lugana Molin '12	🍷🍷🍷 3*
○ Lugana Sup. Sel. Fabio Contato '11	🍷🍷🍷 5
⊙ Garda Cl. Chiaretto Tenuta Maiolo '12	🍷🍷 3
● Garda Cl. Negresco '09	🍷🍷 4
○ Lugana Brut M. Cl. '08	🍷🍷 4
○ Lugana Dosage Zero Sel. Fabio Contato '07	🍷🍷 7
○ Lugana Prestige '12	🍷🍷 3
⊙ Garda Cl. Chiaretto '12	🍷 3
● Garda Cl. Groppello Joel '11	🍷 3
● Garda Rosso Cl. Sel. Fabio Contato '09	🍷 5
○ Lugana Sel. Fabio Contato '07	🍷🍷🍷 5
○ Lugana Sup. Sel. Fabio Contato '10	🍷🍷🍷 5
○ Lugana Sup. Sel. Fabio Contato '09	🍷🍷🍷 5
○ Lugana Sup. Sel. Fabio Contato '06	🍷🍷🍷 5

Francesco Quaquarini

loc. Monteveneroso
via Casa Zambianchi, 26
27044 Canneto Pavese [PV]
Tel. 038560152
www.quaquarinifrancesco.it

藏酒销售
预约参观
年产量 650 000 瓶
葡萄种植面积 60 公顷
葡萄栽培方式 有机认证

首先对我们去年误报弗朗西斯科（Francesco Quacquarini）已死亡表示最诚挚的歉意。他开玩笑说，我们延长了他的生命。与此同时，在作为酿酒学家的儿子翁贝托（Umberto）和女儿玛利亚特蕾萨（Maria Teresa）的支持下，家族酒庄继续实现数量与质量的稳步提升，并将重心放在盲饮表现出色的奥尔特波（Oltrepo）葡萄酒上。今年，布塔福科•维纳2007（Buttafuoco Storico Vigna Pregana 2007）到达品质最高峰：口感典型浓郁强大，但是并不太重，酸度适中，单宁柔滑，水果味道特别，值得称赞，总体表现平衡。伯纳达（Bonarda）与桑谷桂达（Sangue di Giuda）两款基础酒值得信赖。维纳•卡尔达（Vigna Acqua Calda）一直都是那么完美，味道香醇平衡。

● OP Barbera Poggio Anna '10	🍷🍷 3
● OP Bonarda Vivace '12	🍷🍷 2*
● OP Buttafuoco V. Pregana '07	🍷🍷 5
● OP Sangue di Giuda '12	🍷🍷 2*
● OP Sangue di Giuda V. Acqua Calda '12	🍷🍷 3
● OP Barbera Poggio Anna '09	🍷🍷 2*
● OP Bonarda Vivace '11	🍷🍷 2*
⊙ OP Cruasé '09	🍷🍷 5
● OP Pinot Nero Blau '09	🍷🍷 3
● OP Pinot Nero Blau '07	🍷🍷 3
● OP Pinot Nero Blau '05	🍷🍷 2*
○ OP Pinot Nero Brut Classese '06	🍷🍷 2*
● OP Sangue di Giuda '11	🍷🍷 2*
● OP Sangue di Giuda V. Acqua Calda '11	🍷🍷 3

Aldo Rainoldi

LOC. CASACCE DI CHIURO
VIA STELVIO, 128
23030 CHIURO [SO]
TEL. 0342482225
www.rainoldi.com

藏酒销售
预约参观
年产量 200 000 瓶
葡萄种植面积 9.6 公顷

奥尔多•雷诺尔迪（Aldo Rainoldi）在他祖父于1925年创立的酒庄里发挥着越来越重要的作用。他参与了国际市场推广和在自由葡萄庄园的农业研究，重新定义了酒庄和精挑细选的种植者间的关系。在斯拉夫尼亚（Slavonian）橡木桶中发酵的除了经典萨塞拉（Sassella）、谷梅洛（Grumello），还包括陈酿（Riserva）系列，需陈酿3年才可推出。酒庄由酒体健硕的斯弗萨特（Sfursat Fruttaio Ca' Rizzieri）领跑，该酒在橡木桶陈化15个月，极具陈年价值。2009年份酒缓慢散发带有酒精味道的水果香，隐约含有姜、金鸡纳树皮和烟草气息，口感丰富，单宁坚挺，整体表现平衡，伴随丰富水果味道、悠长的回味。陈酿因费诺2009（Inferno Riserva 2009）非常出色，拥有烟草、李子味道以及下雨天特有的气息，线性独特，适度的酸平衡了水果味，口感悠长经典。

● Valtellina Sfursat Fruttaio Ca' Rizzieri '09	🍷🍷🍷 6
● Valtellina Sfursat '09	🍷🍷 5
⊙ Rosé Nature Cuvée Maria Vitto	🍷🍷 6
● Valtellina Sup. Inferno Ris. '09	🍷🍷 5
● Valtellina Sup. Prugnolo '09	🍷🍷 3
● Valtellina Sup. Sassella '09	🍷🍷 5
⊙ Brut Rosé '09	🍷 4
● Valtellina Sfursat '08	🍷🍷🍷 5
● Valtellina Sfursat Fruttaio Ca' Rizzieri '06	🍷🍷🍷 6
● Valtellina Sfursat Fruttaio Ca' Rizzieri '02	🍷🍷🍷 6
● Valtellina Sfursat Fruttaio Ca' Rizzieri '00	🍷🍷🍷 6
● Valtellina Sfursat Fruttaio Ca' Rizzieri '98	🍷🍷🍷 6

Ricci Curbastro

VIA ADRO, 37
25031 CAPRIOLO [BS]
TEL. 030736094
www.riccicurbastro.it

藏酒销售
预约参观
参观接待
年产量 240 000 瓶
葡萄种植面积 25.5 公顷

谷贝托•李驰（Gualberto Ricci Cubastro）最近离开了我们，他曾是1967年弗兰恰科达区（Franciacortas）法定命名的主要促进者之一，他将自己的一生都投入到葡萄种植事业中。自从20世纪70年代后期，他有利卡多（Riccardo）协助在旁，利卡多是他的四个儿子之一，如今已掌管酒庄多年，并一如既往地满腔激情地承袭父亲的毕生事业。作为弗兰恰科达联盟（Franciacorta Consortium）的前任主席，农学家兼酿酒学家利卡多（Riccardo），目前担任欧洲原产地葡萄酒联盟（European Federation of Origin Wines)主席及欧洲原产地葡萄酒联盟（Feder Doc）主席。酒庄出品各个系列的弗兰恰科达起泡酒（Franciacortas）和其他一些当地酒款。今年两款特酿（Cuvées）进入总决赛。极致平衡的弗兰恰科达2009（Franciacorta Satèn 2009）散发成熟水果味道，新鲜的奶油般的酸度与之平衡。绝干2009（Extra Brut 2009）则魅力十足，迷人的花香味道，优雅独特，口感充沛馥郁，回味悠长。

○ Franciacorta Extra Brut '09	🍷🍷 5
○ Franciacorta Satèn Brut '09	🍷🍷 5
○ Franciacorta Brut	🍷🍷 4
⊙ Franciacorta Brut Rosé	🍷🍷 5
○ Franciacorta Extra Brut M.R. '05	🍷🍷 5
○ Pinot Bianco Sebino '12	🍷🍷 2*
○ Curtefranca Bianco '12	🍷 2
○ Franciacorta Demi Sec	🍷 4
○ Franciacorta Satèn	🍷 4
○ Franciacorta Dosaggio Zero Gualberto '06	🍷🍷🍷 6
○ Franciacorta Extra Brut '07	🍷🍷🍷 5
○ Franciacorta Extra Brut '08	🍷🍷 5
○ TdF Curtefranca V. Bosco Alto '09	🍷🍷 3

Ronco Calino

LOC. QUATTRO CAMINI
FRAZ. TORBIATO
VIA FENICE, 45
25030 ADRO [BS]
TEL. 0307451073
www.roncocalino.it

藏酒销售
预约参观
年产量 70 000 瓶
葡萄种植面积 10 公顷

若干年前，纺织企业家保罗（Paolo Radici）决定购入位于托比•艾托（Torbiato di Adro）的别墅，别墅由著名钢琴家艾托洛（Arturo Benedetti Michelangeli）所有，别墅周围是占地10公顷的壮丽葡萄园。在酿酒顾问乐纳多（Leonardo Valenti）的帮助下，新建的现代化酒窖出品了一系列优质本土葡萄酒以及弗兰恰科达（Franciacortas）葡萄酒。如今，女儿劳拉（Lara Imberti Radici）也在协助保罗（Paolo）一起管理酒庄。今年，起泡酒2008（Brut 2008）在酒庄所出品葡萄酒中脱颖而出，进入我们的总决赛。葡萄酒稳定优雅，拥有洋甘菊花和芳香草药的复杂味道，奶油味悠长，带有软西洋李子和杏子的味道。弗兰恰科达干性起泡酒（Franciacorta Brut）同样令人信服，带有橘子的味道，口感新鲜柔软深邃。其他品类的葡萄酒也挺不错。

○ Franciacorta Brut '08	🍷🍷 5
○ Curtefranca Bianco Lèant '11	🍷🍷 3
● Curtefranca Rosso Ponènt '09	🍷🍷 4
○ Franciacorta Brut	🍷🍷 4
○ Franciacorta Satèn	🍷🍷 5
⊙ Franciacorta Brut Rosé Radijan	🍷 5
○ Curtefranca Bianco '10	🍷🍷 3
○ Franciacorta Nature '08	🍷🍷 5
○ Franciacorta Nature '07	🍷🍷 5

San Cristoforo

VIA VILLANUOVA, 2
25030 ERBUSCO [BS]
TEL. 0307760482
www.sancristoforo.eu

藏酒销售
预约参观
年产量 80 000 瓶
葡萄种植面积 10 公顷

布鲁诺•多蒂（Bruno Dotti）和克劳迪娅•卡瓦拉瑞（Claudia Cavalleri）在他们位于埃尔布斯科（Erbusco）的10公顷葡萄园中投入了他们的全部激情，并使用葡萄园的葡萄酿造纯净优雅的弗兰恰科达（Franciacortas）葡萄酒。他们亲自在葡萄园和酒庄中辛勤劳作，并取得了巨大成就。20年的成就是他们一贯高质量葡萄酒的体现。目前，酒庄产品重心放在以莎当尼（Chardonnay）为主酿造的白中白（Blanc de Blancs）香槟和弗兰恰科达（Franciacortas）葡萄酒上，除此之外，还有全部由黑皮诺（Pinot Nero）酿制而成的玫瑰酒（Rosé）。今年，酒庄没有出品萨顿（Satèn），而帕斯多赛2009（Pas Dosé 2009）进入了我们的总决赛。呈明亮的偏绿稻草黄色，拥有新鲜的苹果和梨子的味道，芳香无比，带有点薄荷的清香。口感持久、优雅前卫，让人欲罢不能。清香扑鼻的弗兰恰科达干性起泡酒（Franciacorta Brut）带有柑橘味道，口感柔滑。

○ Franciacorta Pas Dosé '09	🍷🍷 6
○ Franciacorta Brut '09	🍷🍷 6
○ Franciacorta Brut	🍷🍷 5
⊙ Franciacorta Rosé	🍷 5
○ Franciacorta Brut '08	🍷🍷 6
○ Franciacorta Brut '06	🍷🍷 4
○ Franciacorta Pas Dosé '08	🍷🍷 6
● San Cristoforo Uno '07	🍷🍷 4

Lo Sparviere

via Costa, 2
25040 Monticelli Brusati [BS]
Tel. 030652382
www.losparviere.com

藏酒销售
预约参观
年产量 120 000 瓶
葡萄种植面积 30 公顷

乌戈（Ugo Gussalli Beretta）在世界上最古老工业王朝之一的地位有所下降。他对葡萄酒的狂热使他成立了安格利克勒•古萨尔利•贝瑞塔（Agricole Gussalli Beretta）集团，包括传统基安蒂（Chianti Classico）地区的瑞达卡斯特罗（Castello di Radda），位于阿布鲁佐（Abruzzo）地区的欧兰迪•坎图斯•庞诺（Orlandi Contucci Ponno）和卡斯特勒托•蒙福特阿尔巴（Castelletto di Monforte d'Alba）地区的卡希纳•普雷森达（Cascina Pressenda）。这个150公顷的弗兰恰科达（Franciacorta）酒庄拥有30公顷的葡萄园，环绕着一栋建于16世纪的别墅。绝干弗兰恰科达2007（Franciacorta Extra Brut 2007）是由莎当尼（Chardonnay）和10%的黑皮诺（Pinot Nero）酿制而成的特酿（Cuvée），在我们的总决赛中表现出色，赢得了酒庄的第一项“三杯奖”（Tre Bicchieri）。它带渣陈化5年，呈现特有的亮黄色泽，泡沫细腻丰富，初闻香气复杂，带有水果、香料味道，并伴随着深邃的青草和榛子香，口感清爽，橘子味浓厚，带有香草的清新，非常优雅。

○ Franciacorta Extra Brut '07	🍷🍷🍷	5
○ Franciacorta Brut	🍷🍷	5
○ Franciacorta Dosaggio Zero Ris. '06	🍷🍷	8
⊙ Franciacorta Rosé Monique	🍷	5
○ Franciacorta Brut '08	ΥΥ	5
○ Franciacorta Brut '06	ΥΥ	4
○ Franciacorta Extra Brut '05	ΥΥ	5

Pietro Torti

Fraz. Castelrotto, 9
27047 Montecalvo Versiggia [PV]
Tel. 038599763
www.pietrotorti.it

藏酒销售
预约参观
年产量 30 000 瓶
葡萄种植面积 10 公顷

托提（Torti）家族世世代代都在蒙泰卡尔沃•韦尔西贾（Montecalvo Versiggia）种植葡萄。彼得罗（Pietro）已将酒庄交给儿子桑德罗（Sandro）管理很多年了，他独自处理好每一件事，无论是在葡萄园还是在酒窖中。今年，为了表彰他作为困难地区的小型葡萄酒庄种植者所付出的努力，我们将最高奖项颁给了他的令人信服的葡萄酒。毫无疑问，起泡酒2009（Brut 2009）是所有酒品中最令我们满意的。酒品呈深黄色，带有藏红花、柑橘和热带水果的味道，被氧化的风格，回味带矿物味。带有迷人黄铜色泽的科露赛2010（Cruasé 2010）制作精良，展现了黑皮诺（Pinot Nero）的典型特色，带有野生浆果、秋叶和草本植物的芳香。伯纳达2012（Bonarda Vivace 2012）绝对堪称同类中最好酒品，清香和谐，拥有柔软迷人的野生浆果和帕尔马（Parma）紫罗兰的味道。

○ OP Pinot Nero Brut M. Cl. Torti '09	🍷🍷	3*
● OP Bonarda Vivace '12	🍷🍷	2*
⊙ OP Cruasé '10	🍷🍷	2*
○ Fagù '12	🍷	2
● OP Bonarda Verzello '12	🍷	2
● OP Pinot Nero Otto '10	🍷	3
○ OP Riesling Italico Moglialunga '12	🍷	2
● Castelrotto '09	ΥΥ	5
○ Fagù '11	ΥΥ	2*
● OP Bonarda Vivace '11	ΥΥ	2*

★Uberti

LOC. SALEM
VIA E. FERMI, 2
25030 ERBUSCO [BS]
TEL. 0307267476
www.ubertivini.it

预约参观
年产量 180 000 瓶
葡萄种植面积 24 公顷

阿戈斯蒂诺•尤贝蒂（Agostino Uberti）和妻子埃莉奥诺拉（Eleonora）已酿造出弗兰恰科达酒（Franciacorta）历史中多款魅力十足的特酿（Cuvées），仅仅用了50年，使该地区名声大噪。他们的葡萄园，包括多个如厄布索科（Erbusco）的塞勒姆库马瑞（Comarì del Salem）等顶级葡萄园，提供质优的葡萄供他们在酒窖中充分发挥他们的想象力。萨顿•玛格尼（Satèn Magnificentia）代表酒庄进入了我们的总决赛，持续的奶油香气，柔软的水果味道，诱人的香蕉味。拥有复杂饱满口感的葵曲起泡酒（Quinque Brut），带有碘酒味道，整个系列从2002年到2006年，共5个年份。

○ Franciacorta Satèn Magnificentia	🍷🍷	6
○ Franciacorta Extra Brut Francesco I	🍷🍷	5
○ Franciacorta Extra Brut Quinque	🍷🍷	8
⊙ Franciacorta Rosé Francesco I	🍷🍷	5
○ Franciacorta Brut Francesco I	🍷	5
○ Franciacorta Brut Comarì del Salem '00	YYY	6
○ Franciacorta Brut Comarì del Salem '93	YYY	6
○ Franciacorta Extra Brut Comarì del Salem '03	YYY	6
○ Franciacorta Extra Brut Comarì del Salem '02	YYY	6
○ Franciacorta Extra Brut Comarì del Salem '01	YYY	6
○ Franciacorta Extra Brut Comarì del Salem '98	YYY	6
○ Franciacorta Extra Brut Comarì del Salem '95	YYY	6

Vanzini

FRAZ. BARBALEONE, 7
27040 SAN DAMIANO AL COLLE [PV]
TEL. 038575019
www.vanzini-wine.com

藏酒销售
预约参观
年产量 600 000 瓶
葡萄种植面积 27 公顷

文兹尼（Vanzini）兄弟始终坚持传统酿造工艺与当地风土的完美结合的酿酒理念，致力于为葡萄酒爱好者们提供最真实、最典型、物有所值的奥尔特波（Oltrepò）微型起泡酒。不管是微起泡酒还是查马法（Charmat-method）起泡酒，在压力槽中进行的二次发酵时均保证质量，查马法起泡酒专门由葡萄园自产的黑皮诺（Pinot Nero）酿造而成。我们期待安东尼奥（Antonio）、米凯拉（Michela）和皮耶尔保罗（Pierpaolo）在不久的将来能够增加经典梅多特（Metodo Classico)起泡酒系列。波纳达唯瓦赛（Bonarda Vivace）和桑谷桂达2012（Sangue di Giuda 2012）都是该产区的最好葡萄酒之一，散发新鲜馥郁的红色樱桃和紫罗兰味道。悠久的玛帝诺蒂（Martinotti），查马法起泡酒系列，最近加入了乡村风格，首次尝试短款型酒瓶，以及更甜的口味。但我们还是更喜欢桃红（Rosé），从颜色开始，它的每一个方面都是那么迷人。

● OP Bonarda Vivace '12	🍷🍷	2*
● OP Sangue di Giuda '12	🍷🍷	3
⊙ Pinot Nero Spumante Extra Dry Martinotti Rosé	🍷🍷	3
● OP Barbera '12	🍷	2
● OP Pinot Nero '12	🍷	3
○ Pinot Nero Spumante Extra Dry Martinotti	🍷	3
○ Pinot Nero Spumante Extra Dry Martinotti Aedo	🍷	3
○ Moscato Spumante '11	YY	3
● OP Barbera '10	YY	2
● OP Bonarda Vivace '11	YY	2*
● OP Bonarda Vivace '10	YY	2*
● OP Sangue di Giuda '11	YY	3
● OP Sangue di Giuda '10	YY	2*

Bruno Verdi

via Vergomberra, 5
27044 Canneto Pavese [PV]
Tel. 038588023
www.brunoverdi.it

藏酒销售
预约参观
年产量 100 000 瓶
葡萄种植面积 10 公顷

保罗维迪（Paolo Verdi）正练习一个人独立处理事务，他对待葡萄酒耐心细致，连最小的细节都不放过。他处事果断，活力四射，热情十足，20岁时便接管了家族酒庄，并把它发展为奥尔特波•帕韦塞（Oltrepò Pavese）最可靠的酒庄之一。所出品葡萄酒的平均水平非常高，并逐年攀升，追求卓越，在我们的品尝中给我们惊喜。保罗•维迪（Paolo Verdi）从来没让我们失望过。而今年红葡萄酒并没有像往年那样惊喜十足。这些年卡瓦利奥拉（Cavariola）并没有进入我们的总决赛着实令人意外，但它口感丰满，水果味浓郁，需要更长时间的陈化。我们将“三杯奖”（Tre Bicchieri）授予我们品尝到的最佳科路赛（Cruasé），它拥有野生浆果和芳香药草的味道，口感诱人，矿物气息浓厚。

⊙ OP Cruasé	4
● OP Barbera Campo del Marrone '10	3
● OP Bonarda Vivace Possessione di Vergombera '12	2*
○ OP Moscato Volpara '12	2*
○ OP Riesling Renano V. Costa '11	2*
● OP Rosso Cavariola Ris. '09	5
● OP Sangue di Giuda Dolce Paradiso '12	2*
○ OP Vergomberra Brut Nature '08	4
○ OP Pinot Grigio '12	2
● OP Rosso Cavariola Ris. '07	4
● OP Barbera Campo del Marrone '09	3*
● OP Bonarda Vivace Possessione di Vergombera '11	2*
● OP Buttafuoco '11	2*
● OP Rosso Cavariola Ris. '08	5

Giuseppe Vezzoli

via Costa Sopra, 22
25030 Erbusco [BS]
Tel. 0307267579
www.vezzolivini.it

藏酒销售
预约参观
年产量 130 000 瓶
葡萄种植面积 60 公顷

朱塞佩•维佐利（Giuseppe Vezzoli）的酒庄是弗兰恰科达区（Franciacorta）最有趣的酒庄之一。自15年前朱塞佩（Giuseppe）接管以来，他扩展了原来位于埃尔布斯科（Erbusco）的家族葡萄园的面积，并提升了葡萄酒的数量和质量。如今，酒庄年产量达到130 000瓶，令人吃惊。所有葡萄均来自自有和租赁的60公顷葡萄园。酒庄所出品的弗兰恰科达葡萄酒（Franciacortas）风格纯净，口感完整。绝干（Extra Brut Dizeta）和干性（Brut）系列的奈费尔提蒂（Nefertiti），是维佐利（Vezzoli）酒庄最具代表性的酒品。今年，由100%莎当尼（Chardonnay）酿造，在小木桶中发酵而成的绝干迪泽塔2007（Extra Brut Dizeta 2007）最受我们青睐，它在背风处瓶中二次发酵超过40个月。葡萄酒优雅独特，拥有甘草和水果清香，十分微妙，口感有序优质持久。

○ Franciacorta Extra Brut Nefertiti Dizeta '07	6
○ Franciacorta Brut '09	5
○ Franciacorta Brut	4
⊙ Franciacorta Rosé Brut	5
○ Franciacorta Satèn	5
○ Franciacorta Brut '08	5
○ Franciacorta Brut '07	5
○ Franciacorta Brut '06	5
○ Franciacorta Brut Nefertiti '05	6
○ Franciacorta Brut Nefertiti '04	6
○ Franciacorta Extra Brut Nefertiti Dizeta '06	6
○ Franciacorta Extra Brut Nefertiti Dizeta '05	6
○ Franciacorta Extra Brut Nefertiti Dizeta '04	6

Villa

via Villa, 12
25040 Monticelli Brusati [BS]
Tel. 030652329
www.villafranciacorta.it

预约参观
膳宿接待
年产量 300 000 瓶
葡萄种植面积 40 公顷

让成功的商人亚历山大比安奇（Alessandro Bianchi）引以为豪的比利亚（Villa）酒庄是蒙特塞利•布鲁赛提（Monticelli Brusati）的一个小村庄，他于20世纪60年代收购了它，并精心照顾，让这个历史悠久的村庄和它富有魅力的农场重现生机。庄园占地面积超过100公顷，有约40公顷的葡萄园，主要坐落在罗莎蒙特（Monte Della Rosa）山脚。在保罗•皮泽奥尔（Paolo Pizziol）的管理下，酒庄出品的弗兰恰科达（Franciacortas）葡萄酒优雅独特，风格紧致，无可匹敌。弗兰恰科达起泡酒2009（Franciacorta Brut Emozione 2009）是酒庄特色的完美表达，是精致、奶油泡沫与优雅的结合，味道复杂，拥有苹果和梨的味道，伴随着香草、中草药和茴香的气息。口感独具魅力，花香味和橘类味道浓烈持久，获得“三杯奖”（Tre Bicchieri）当之无愧！

○ Franciacorta Brut Emozione '09	🍷🍷🍷 5
○ Franciacorta Satèn '09	🍷🍷 5
○ Campèi '11	🍷🍷 2*
○ Curtefranca Pian della Villa '09	🍷🍷 3
● Curtefranca Rosso Gradoni '08	🍷🍷 4
⊙ Franciacorta Brut Rosé '09	🍷🍷 5
○ Franciacorta Extra Brut Solomille '07	🍷🍷 6
○ Franciacorta Pas Dosé Diamant '06	🍷🍷 5
⊙ Franciacorta Demi Sec Rosé	🍷 5
○ Franciacorta Extra Brut '98	🍷🍷🍷 4*
○ Franciacorta Brut Emozione '08	🍷🍷 5
○ Franciacorta Extra Blu '07	🍷🍷 5

Chiara Ziliani

via Franciacorta, 7
25050 Provaglio d'Iseo [BS]
Tel. 030981661
www.cantinazilianichiara.it

预约参观
年产量 230 000 瓶
葡萄种植面积 17 公顷

齐亚拉•吉利安尼（Chiara Ziliani）是一位才华横溢的年轻葡萄酒企业家，也是近些年弗兰恰科达区（Franciacorta）新一代种植者的希望。她的现代、装备精良的酒窖位于普洛瓦格尼伊赛欧（Provaglio d'Iseo），17公顷的葡萄园种植密集——每公顷7 000株，采用环境友好型方法打理。葡萄种植在海拔250米的南坡和东南坡，地理位置优越，加上酒窖精心的照料，保证了酒庄的三条生产线上出产的多种酒品具有卓越的品质。我们品尝了他们的很多酒品，其中包括引人注目、奢靡多汁、富含矿物气息的的萨顿资兰尼（Satèn Ziliani）以及同一系列质量同样一流的农多萨托2008（Non Dosato 2008），带有丰富的奶油味道。资兰尼（Brut Ziliani）同样令人满意，整体质量优异。

○ Franciacorta Brut Conte di Provaglio	🍷🍷 3
○ Franciacorta Brut Ziliani C	🍷🍷 3
○ Franciacorta Extra Brut Ziliani C '08	🍷🍷 4
○ Franciacorta Non Dosato Ziliani C '08	🍷🍷 4
⊙ Franciacorta Rosé Conte di Provaglio	🍷🍷 3
⊙ Franciacorta Rosé Ziliani C	🍷🍷 4
○ Franciacorta Satèn Conte di Provaglio	🍷🍷 3
○ Franciacorta Satèn Ziliani C '08	🍷🍷 4
● Curtefranca Rosso Conte di Provaglio '11	🍷 2
○ Franciacorta Brut Duca d'Iseo	🍷 3
○ Franciacorta Satèn Duca d'Iseo	🍷 3
○ Franciacorta Satèn Ziliani C	🍷 3
○ Franciacorta Satèn Ziliani C '07	🍷🍷 4

Elisabetta Abrami

S.DA VICINALE DELLE FOSCHE
25050 PROVAGLIO D'ISEO [BS]
TEL. 0306857185
www.vinielisabettaabrami.it

○ Franciacorta Brut	🍷🍷 5
○ Franciacorta Brut Ris. '06	🍷🍷 5
○ Franciacorta Satèn	🍷🍷 5
⊙ Franciacorta Brut Rosé	🍷 5

Al Rocol

VIA PROVINCIALE, 79
25050 OME [BS]
TEL. 0306852542
www.alrocol.com

藏酒销售
预约参观
膳宿接待
年产量 60 000 瓶
葡萄种植面积 13 公顷

○ Franciacorta Brut Ca' del Luf	🍷🍷 3
⊙ Franciacorta Brut Rosé Le Rive '09	🍷🍷 5
○ Franciacorta Dosaggio Zero Castellini '09	🍷🍷 5
○ Franciacorta Satèn Martignac	🍷 4

Riccardo Albani

LOC. CASONA
S.DA SAN BIAGIO, 46
27045 CASTEGGIO [PV]
TEL. 038383622
www.vinialbani.it

藏酒销售
预约参观
年产量 55 000 瓶
葡萄种植面积 28 公顷
葡萄栽培方式 有机认证

● OP Bonarda Vivace '12	🍷🍷 3

Alziati Annibale Tenuta San Francesco

LOC. FRAZ. SCAZZOLINO
VIA SCAZZOLINO, 55
27040 ROVESCALA [PV]
TEL. 038575261
www.alziati.it

藏酒销售
预约参观
年产量 100 000 瓶
葡萄种植面积 15 公顷

● OP Bonarda Gaggiarone '07	🍷🍷 4
● OP Bonarda Gaggiarone Vitigni Giovani '10	🍷🍷 3
● OP Bonarda Gaggiarone Vitigni Giovani '11	🍷 3
● OP Bonarda Gaggiarone Vitigni Giovani '11	🍷🍷 (outline) 3

Tenuta degli Angeli

FRAZ. SANTO STEFANO
VIA FARA, 2
24060 CAROBBIO DEGLI ANGELI [BG]
TEL. 035687130
www.tenutadegliangeli.it

藏酒销售
预约参观
年产量 12 000 瓶
葡萄种植面积 2 公顷

○ Spumante Extra Brut M. Cl. degli Angeli	🍷🍷 5
○ Valcalepio Bianco Triplok '12	🍷🍷 4
● Valcalepio Moscato Passito '08	🍷🍷 6

Antica Tesa

LOC. MATTINA
VIA MERANO, 28
25080 BOTTICINO [BS]
TEL. 0302691500

藏酒销售
预约参观
年产量 40 000 瓶
葡萄种植面积 10 公顷

● Botticino Pià della Tesa '09	🍷🍷 3
● Botticino V. del Gobbio '09	🍷🍷 5
● Botticino Colle degli Ulivi '09	🍷 2

Avanzi

VIA TREVISAGO, 19
25080 MANERBA DEL GARDA [BS]
TEL. 0365551013
www.avanzi.net

藏酒销售
预约参观
年产量 500 000 瓶
葡萄种植面积 77 公顷

- ● Garda Cl. Groppello Giovanni Avanzi '12 ♥♥ 2*
- ⊙ Garda Cl. Chiaretto Il Vino di una Notte '12 ♥ 2
- ○ Lugana Brut ♥ 3
- ○ Lugana Sirmione '12 ♥ 2

Barboglio De Gaioncelli

FRAZ. COLOMBARO
VIA NAZARIO SAURO
25040 CORTE FRANCA [BS]
TEL. 0309826831
www.barbogliodegaioncelli.it

藏酒销售
预约参观
餐饮接待
年产量 90 000 瓶
葡萄种植面积 60 公顷

- ○ Franciacorta Brut ♥♥ 5
- ○ Franciacorta Satèn ♥♥ 5
- ⊙ Franciacorta Brut Rosé ♥ 5

La Basia

LOC. LA BASIA
VIA PREDEFITTE, 31
25080 PUEGNAGO SUL GARDA [BS]
TEL. 0365555958
www.labasia.it

藏酒销售
预约参观
年产量 17 000 瓶
葡萄种植面积 4 公顷

- ● Garda Cl. Groppello La Botte Piena '11 ♥♥ 2*
- ● Garda Marzemino Le Morene '12 ♥♥ 2*
- ● Valtenesi Chiaretto '12 ♥ 2

Cantina Sociale Bergamasca

VIA BERGAMO, 10
24060 SAN PAOLO D'ARGON [BG]
TEL. 035951098
www.cantinabergamasca.it

藏酒销售
预约参观
年产量 650 000 瓶
葡萄种植面积 90 公顷

- ○ Terre del Colleoni Incrocio Manzoni 6013 '12 ♥♥ 5
- ● Valcalepio Moscato Passito Perseo '08 ♥♥ 4
- ○ Terre del Colleoni Pinot Grigio '12 ♥ 5

Biava

FRAZ. SCANZO
VIA MONTE BASTIA, 7
24020 SCANZOROSCIATE [BG]
TEL. 035655581
www.aziendabiava.it

年产量 6 000 瓶
葡萄种植面积 2 公顷

- ● Moscato di Scanzo '10 ♥♥ 7
- ○ Exenthia ♥♥ 6
- ● Ghibellino '09 ♥♥ 5
- ● Guelfo '09 ♥ 5

Podere Bignolino

LOC. BIGNOLINO
SP 44
27040 BRONI [PV]
TEL. 0383870160
www.poderebignolino.it

年产量 80 000 瓶
葡萄种植面积 40 公顷

- ● OP Barbera Costa Bercé '11 ♥♥ 2*
- ○ OP Chardonnay '12 ♥♥ 2*
- ○ OP Pinot Grigio Dama D'Oro '12 ♥♥ 2*

Bonaldi - Cascina del Bosco

LOC. PETOSINO
VIA GASPAROTTO, 96
24010 SORISOLE [BG]
TEL. 035571701
www.cascinadelbosco.it

藏酒销售
预约参观
年产量 25 000 瓶
葡萄种植面积 4 公顷

- ● Valcalepio Rosso Cantoalto Ris. '10 🍷🍷3
- ○ Brut M. Cl. Bonaldi '10 🍷3
- ○ Valcalepio Bianco '12 🍷2

Borgo La Gallinaccia

VIA IV NOVEMBRE, 15
25050 RODENGO SAIANO [BS]
TEL. 030611314
www.borgolagallinaccia.it

藏酒销售
预约参观
年产量 16 000 瓶
葡萄种植面积 3.4 公顷

- ● Colmo dei Colmi '08 🍷🍷4
- ⊙ Franciacorta Brut Rosé 🍷🍷4
- ○ Franciacorta Brut 🍷4
- ○ Franciacorta Satèn 🍷4

La Boscaiola

VIA RICCAFANA, 19
25033 COLOGNE [BS]
TEL. 0307156386
www.laboscaiola.com

藏酒销售
预约参观
年产量 50 000 瓶
葡萄种植面积 7 公顷

- ○ Franciacorta Brut La Capinera 🍷🍷3
- ○ Franciacorta Dosaggio Zero Zero 🍷🍷3
- ○ Franciacorta Extra Brut Nelson Cenci 🍷6

Alessio Brandolini

FRAZ. BOFFALORA, 68
27040 SAN DAMIANO AL COLLE [PV]
TEL. 038575232
www.alessiobrandolini.com

年产量 50 000 瓶
葡萄种植面积 9 公顷

- ○ Bardughino '12 🍷🍷2*
- ● OP Bonarda Il Soffio '11 🍷🍷2*
- ● OP Bonarda Vivace Il Cassino '12 🍷🍷2*
- ● Beneficio '10 🍷2

Luciano Brega

FRAZ. BERGAMASCO, 7
27040 MONTÙ BECCARIA [PV]
TEL. 038560237
www.lucianobrega.it

藏酒销售
预约参观
年产量 150 000 瓶
葡萄种植面积 70 公顷

- ● OP Bonarda Vivace '12 🍷🍷2*
- ⊙ Brut M. Cl. Gran Montù '10 🍷4
- ● OP Bonarda Casapaia '11 🍷2

Bulgarini

LOC. VAIBÒ, 1
25010 POZZOLENGO [BS]
TEL. 030918224
www.vini-bulgarini.com

藏酒销售

- ○ Lugana 010 '12 🍷🍷3
- ○ Lugana '12 🍷2

Ca' del Santo

LOC. CAMPOLUNGO, 4
27040 MONTALTO PAVESE [PV]
TEL. 0383870545
www.cadelsanto.it

藏酒销售
预约参观
年产量 25 000 瓶
葡萄种植面积 6 公顷

● OP Bonarda Vivace Grand Cuvée '12	🍷🍷 2*
○ OP Pinot Nero Brut Cl. Nature '09	🍷🍷 4
○ OP Riesling Rivalunga '12	🍷 2

Calatroni

FRAZ. 27040
LOC. CASA GRANDE
27040 MONTECALVO VERSIGGIA [PV]
TEL. 038599013
www.calatronivini.it

藏酒销售
餐饮接待
年产量 80 000 瓶
葡萄种植面积 15 公顷

○ OP Riesling '10	🍷🍷 2*
● OP Bonarda Vivace Unico '12	🍷 2
⊙ OP Cruasé	🍷 3

Calvi

FRAZ. VIGALONE, 13
27044 CANNETO PAVESE [PV]
TEL. 038560034
www.andreacalvi.it

藏酒销售
预约参观
年产量 80 000 瓶
葡萄种植面积 35 公顷

○ Brut Rosé M. Cl.	🍷🍷 4
● OP Bonarda Vivace '12	🍷🍷 2*

Caminella

DANTE ALIGHIERI, 13
24069 CENATE SOTTO [BG]
TEL. 035941828
www.caminella.it

藏酒销售
预约参观
年产量 50 000 瓶
葡萄种植面积 5.5 公顷

● Luna Rossa '09	🍷🍷 4
○ Brut Ripa di Luna '10	🍷 3
● Goccio di Sole '10	🍷 5
● Valcalepio Rosso Ripa di Luna '10	🍷 2

Camossi

VIA METELLI, 5
25030 ERBUSCO [BS]
TEL. 0307268022
www.camossi.it

藏酒销售
年产量 60 000 瓶
葡萄种植面积 30 公顷

○ Franciacorta Extra Brut	🍷🍷 5
○ Franciacorta Satèn	🍷🍷 5
⊙ Franciacorta Brut Rosé	🍷 5

Le Cantorìe

FRAZ. CASAGLIO
VIA CASTELLO DI CASAGLIO, 24/25
25064 GUSSAGO [BS]
TEL. 0302523723
www.lecantorie.it

年产量 75 000 瓶
葡萄种植面积 12 公顷

○ Franciacorta Satèn	🍷🍷 5
○ Franciacorta Brut	🍷 4
○ Franciacorta Dosaggio Zero Ris. '06	🍷 5

Cascina Belmonte

FRAZ. MONIGA DEL BOSCO
LOC. TOPPE
25080 MUSCOLINE [BS]
TEL. 3335051606
www.cascinabelmonte.it

预约参观
年产量 15 000 瓶
葡萄种植面积 6 公顷

● Fuochi nella Notte di San Giovanni '11	🍷🍷 3
● Stramonia '11	🍷🍷 3
● Rebo Singia '11	🍷 3
○ Serése '12	🍷 3

Cascina la Pertica

LOC. PICEDO
VIA ROSARIO, 44
25080 POLPENAZZE DEL GARDA [BS]
TEL. 0365651471
www.cascinalapertica.it

藏酒销售
预约参观
年产量 40 000 瓶
葡萄种植面积 11 公顷
葡萄栽培方式 生物动力学认证

⊙ Garda Cl. Chiaretto Le Sincette '12	🍷🍷 3
○ Garda Chardonnay Le Sincette '12	🍷 3
● Garda Cl. Groppello Le Sincette '12	🍷 3
● Garda Marzemino '12	🍷 3

Castello di Gussago

VIA MANICA, 9
25064 GUSSAGO [BS]
TEL. 0302525267
www.castellodigussago.it

藏酒销售
预约参观
年产量 120 000 瓶
葡萄种植面积 15 公顷

○ Franciacorta Brut	🍷🍷 4
⊙ Franciacorta Brut Rosé	🍷 5
○ Franciacorta Satèn	🍷 5

Castello di Luzzano

LOC. LUZZANO, 5
27040 ROVESCALA [PV]
TEL. 0523863277
www.castelloluzzano.it

藏酒销售
预约参观
膳宿接待
年产量 100 000 瓶
葡萄种植面积 70 公顷

● OP Bonarda Vivace Sommossa '12	🍷🍷 2*
● OP Bonarda Carlino '11	🍷 2
○ OP Pinot Nero Brut Martinotti Magòt	🍷 2

Castelveder

VIA BELVEDERE, 4
25040 MONTICELLI BRUSATI [BS]
TEL. 030652308
www.castelveder.it

藏酒销售
预约参观
年产量 90 000 瓶
葡萄种植面积 11 公顷

⊙ Franciacorta Brut Rosé	🍷🍷 5
○ Franciacorta Dosaggio Zero	🍷🍷 5
○ Franciacorta Extra Brut	🍷🍷 4
○ Franciacorta Satèn	🍷 5

Le Chiusure

FRAZ. PORTESE
VIA BOSCHETTE, 2
25010 SAN FELICE DEL BENACO [BS]
TEL. 0365626243
www.lechiusure.net

藏酒销售
预约参观
参观设施
年产量 22 000 瓶
葡萄种植面积 4 公顷

● Campei '10	🍷🍷 3
● Valtènesi '11	🍷🍷 2*
● Benaco Bresciano Rosso Malborghetto '09	🍷 5
⊙ Valtenesi Chiaretto '12	🍷 3

Il Cipresso

FRAZ. TRIBULINA
VIA CERRI, 2
24020 SCANZOROSCIATE [BG]
TEL. 0354597005
www.ilcipresso.info

藏酒销售
预约参观
年产量 20 000 瓶
葡萄种植面积 4 公顷

● Moscato di Scanzo Serafino '10	🍷🍷 6
○ Valcalepio Bianco Melardo '12	🍷 2
● Valcalepio Rosso Dionisio '11	🍷 2

Citari

FRAZ. SAN MARTINO DELLA BATTAGLIA
LOC. CITARI, 2
25015 DESENZANO DEL GARDA [BS]
TEL. 0309910310
www.citari.it

藏酒销售
预约参观
年产量 150 000 瓶
葡萄种植面积 22 公顷

● Garda Rosso Cl. '08	🍷🍷 3
○ Lugana Vign. La Conchiglia '12	🍷 3
○ Lugana Vign. La Sorgente '12	🍷 2

Battista Cola

VIA INDIPENDENZA, 3
25030 ADRO [BS]
TEL. 0307356195
www.colabattista.it

藏酒销售
预约参观
年产量 60 000 瓶
葡萄种植面积 10 公顷

○ Franciacorta Brut	🍷🍷 4
○ Franciacorta Brut Ris. '07	🍷🍷 5
○ Franciacorta Dosage Zero	🍷 5
○ Franciacorta Extra Brut	🍷 4

Corte Aura

VIA COLZANO, 13
25030 ADRO [BS]
TEL. 030 7357281
www.corteaura.com

年产量 75 000 瓶
葡萄种植面积 5 公顷

○ Franciacorta Satèn	🍷🍷 4
○ Franciacorta Demi Sec	🍷🍷 4
○ Franciacorta Brut	🍷 4

Tenuta La Costaiola

VIA COSTAIOLA, 25
27054 MONTEBELLO DELLA BATTAGLIA [PV]
TEL. 038383169
www.lacostaiola.it

藏酒销售
预约参观
年产量 180 000 瓶
葡萄种植面积 17 公顷

○ Brut M. Cl. Nové	🍷🍷 3
● OP Barbera Giada '12	🍷🍷 2*
○ OP Pinot Nero Brut M. Cl. Rossetti & Scrivani	🍷🍷 3

Delai

VIA MORO, 1
25080 PUEGNAGO SUL GARDA [BS]
TEL. 0365555527

年产量 80 000 瓶
葡萄种植面积 8 公顷

● Fronsaga '10	🍷🍷 2*
⊙ Garda Bresciano Chiaretto '12	🍷 2
● Garda Bresciano Groppello Mogrì '11	🍷 2
⊙ Rosé Brut	🍷 3

Lorenzo Faccoli & Figli

via Cava, 7
25030 Coccaglio [BS]
Tel. 0307722761
az.faccoli@libero.it

藏酒销售
预约参观
年产量 50 000 瓶
葡萄种植面积 6.5 公顷

○ Franciacorta Brut	🍷🍷 3
○ Franciacorta Extra Brut	🍷🍷 4
⊙ Franciacorta Brut Rosé	🍷 3
○ Franciacorta Dosage Zero '08	🍷 5

Finigeto

loc. Cella
27040 Montalto Pavese [PV]
Tel. 328 7095347
www.finigeto.com

年产量 50 000 瓶
葡萄种植面积 32 公顷

● OP Barbera Il Ribaldo '12	🍷🍷 2*
○ OP Riesling Lo Spavaldo '12	🍷🍷 2*
● OP Bonarda '12	🍷 2

La Fiòca

fraz. Nigoline
via Villa, 13b
25040 Corte Franca [BS]
Tel. 0309826313
www.lafioca.com

藏酒销售
预约参观
参观设施
年产量 40 000 瓶
葡萄种植面积 4 公顷

○ Franciacorta Brut	🍷🍷 4
⊙ Franciacorta Brut Rosé	🍷🍷 4
● TdF Rosso del Diavolo Allegro '08	🍷🍷 2*
○ Franciacorta Satèn Ris. '05	🍷 6

La Fiorita

via Maglio, 14
25020 Ome [BS]
Tel. 030652279
www.lafiorita.bs.it

藏酒销售
预约参观
年产量 60 000 瓶
葡萄种植面积 7 公顷

⊙ Franciacorta Brut Rosé '09	🍷🍷 4
○ Franciacorta Dosaggio Zero	🍷🍷 4
○ Franciacorta Extra Brut Ris. '06	🍷🍷 4
○ Franciacorta Brut	🍷 4

Franca Contea

via Valli, 130
25030 Adro [BS]
Tel. 0307451217
www.francacontea.it

藏酒销售
预约参观
年产量 70 000 瓶
葡萄种植面积 15 公顷

○ Franciacorta Brut '09	🍷🍷 3
○ Franciacorta Satèn '09	🍷 5

I Gessi - Fabbio De Filippi

fraz. Fossa, 8
27050 Oliva Gessi [PV]
Tel. 0383896606
www.cantinagessi.it

藏酒销售
预约参观
参观设施
年产量 120 000 瓶
葡萄种植面积 30 公顷
葡萄栽培方式 有机认证

○ OP Pinot Nero Brut M. Cl. Maria Cristina	🍷🍷 3
○ OP Riesling I Gessi '12	🍷🍷 1*
⊙ OP Pinot Nero Brut Rosé M. Cl. Maria Cristina	🍷 3

Giorgio Gianatti

via dei Portici, 82
23020 Montagna in Valtellina [SO]
Tel. 0342380033
gianatti.giorgio@alice.it

藏酒销售
预约参观
年产量 8 000 瓶
葡萄种植面积 2 公顷

● Valtellina Sup. Grumello '08	🍷🍷 4
● Valtellina Sup. Grumello San Martino '10	🍷🍷 4

Cantina Sociale di Gonzaga

via Stazione, 39
46023 Gonzaga [MN]
Tel. 037658051
www.cantinagonzaga.it

藏酒销售
年产量 1 000 000 瓶
葡萄种植面积 170 公顷

● Lambrusco Mantovano Rosso della Signoria '12	🍷🍷 3
● Lambrusco Mantovano Rosso Mantè '12	🍷🍷 2*

F.lli Guerci

fraz. Crotesi, 20
27045 Casteggio [PV]
Tel. 038382725
guerci_flli@libero.it

○ OP Pinot Nero Brut M. Cl. 222 a.C.	🍷🍷 3
○ OP Riesling Fior Fiore '12	🍷🍷 2*
● OP Barbera Vignole '08	🍷 3
⊙ OP Cruasé 222 a.C.	🍷 3

La Valle

via Sant'Antonio, 4
25050 Rodengo Saiano [BS]
Tel. 0307722045
www.vinilavalle.it

藏酒销售
预约参观
年产量 50 000 瓶
葡萄种植面积 6 公顷

○ Franciacorta Brut Regium '06	🍷🍷 5
○ Franciacorta Extra Brut Naturalis '06	🍷🍷 5
○ Franciacorta Satèn	🍷🍷 5
⊙ Franciacorta Brut Rosé	🍷 5

Leali di Monteacuto

fraz. Monteacuto
via Dosso, 5
25080 Puegnago sul Garda [BS]
Tel. 0365651291
antonio.leali@genie.it

藏酒销售
预约参观
年产量 40 000 瓶
葡萄种植面积 3 公顷

● Rebo Montagü '11	🍷🍷 4
● Simut '11	🍷🍷 5
⊙ Garda Bresciano Chiaretto '12	🍷 3
○ Garda Riesling '12	🍷 2

Cantina Lovera

via Lovera, 14a
25030 Erbusco [BS]
Tel. 0307760491
www.cantinalovera.it

预约参观
年产量 200 000 瓶
葡萄种植面积 19 公顷

○ Franciacorta Brut '08	🍷🍷 4
○ Franciacorta Dosaggio Zero	🍷🍷 3
○ Franciacorta Brut Adamantis	🍷 5
○ Franciacorta Brut Merum	🍷 5

Lurani Cernuschi

via Convento, 3
24031 Almenno San Salvatore [BG]
Tel. 035642576
www.luranicernuschi.it

藏酒销售
预约参观
餐饮接待
年产量 80 000 瓶
葡萄种植面积 13 公顷

● Valcalepio Rosso Tornago '09	ŸŸ 4
○ Opis '12	Ÿ 2
○ Valcalepio Bianco Armisa '12	Ÿ 3

Marangona

loc. Marangona 1
25010 Pozzolengo [BS]
Tel. 030919379
www.marangona.com

藏酒销售
预约参观
年产量 30 000 瓶
葡萄种植面积 27 公顷

○ Lugana Tre Campane '12	ŸŸ 2*
○ Lugana '12	Ÿ 2

Martilde

fraz. Croce, 4a/1
27040 Rovescala [PV]
Tel. 0385756280
www.martilde.it

藏酒销售
预约参观
年产量 30 000 瓶
葡萄种植面积 15 公顷

○ Malvasia Piume '12	ŸŸ 2*
● OP Bonarda '12	ŸŸ 2*
● OP Bonarda Ghiro Rosso d'Inverno '07	Ÿ 4

Marzaghe

via Consolare, 19
25030 Erbusco [BS]
Tel. 0307267245
www.marzaghefranciacorta.it

年产量 40 000 瓶
葡萄种植面积 6 公顷

○ Franciacorta Satèn Premier	ŸŸ 5
○ Franciacorta Brut Treha	Ÿ 5

Medolago Albani

via Redona, 12
24069 Trescore Balneario [BG]
Tel. 035942022
www.medolagoalbani.it

藏酒销售
预约参观
年产量 200 000 瓶
葡萄种植面积 23 公顷

● Valcalepio Rosso '11	ŸŸ 4
○ Valcalepio Bianco '12	Ÿ 2
● Valcalepio I Due Lauri Ris. '08	Ÿ 4

Marchesi di Montalto

loc. Costa Gallotti, 5
27040 Montalto Pavese [PV]
Tel. 0383870358
www.marchesidimontalto.it

藏酒销售
预约参观
年产量 50 000 瓶
葡萄种植面积 100 公顷

○ OP Riesling Monsaltus '12	ŸŸ 3

Monte Cicogna

VIA DELLE VIGNE, 6
25080 MONIGA DEL GARDA [BS]
TEL. 0365503200
www.montecicogna.it

藏酒销售
预约参观
年产量 150 000 瓶
葡萄种植面积 24.5 公顷

● Garda Cl. Rosso Cardinale '11	🍷🍷 2*
○ Lugana S.Caterina '12	🍷🍷 3
⊙ Garda Cl. Chiaretto Siclì '12	🍷 2
● Garda Cl. Rosso Groppello Beana '11	🍷 2

Tenuta Monte Delma

VIA VALENZANO, 23
25050 PASSIRANO [BS]
TEL. 0306546161
www.montedelma.it

藏酒销售
预约参观
年产量 100 000 瓶
葡萄种植面积 20 公顷

○ Franciacorta Satèn	🍷🍷 5
○ Franciacorta Brut	🍷 4
⊙ Franciacorta Brut Rosé	🍷 5

Montelio

VIA D. MAZZA, 1
27050 CODEVILLA [PV]
TEL. 0383373090
montelio.gio@alice.it

藏酒销售
预约参观
膳宿接待
年产量 130 000 瓶
葡萄种植面积 27 公顷

● OP Bonarda '12	🍷🍷 2*
○ Brut Martinotti La Stroppa	🍷 3
● Comprino Mirosa '07	🍷 4
● OP Rosso Solarolo Ris. '09	🍷 4

Nettare dei Santi

VIA CAPRA, 17
20078 SAN COLOMBANO AL LAMBRO [MI]
TEL. 0371200523
www.nettaredeisanti.it

藏酒销售
预约参观
年产量 600 000 瓶
葡萄种植面积 40 公顷

○ Brut M. Cl. Domm '09	🍷🍷 3

Olivini

LOC. DEMESSE VECCHIE, 2
25015 DESENZANO DEL GARDA [BS]
TEL. 0309910268
www.famigliaolivini.com

藏酒销售
预约参观
年产量 180 000 瓶
葡萄种植面积 26 公顷

○ Lugana '12	🍷🍷 3
○ Lugana Brut M. Cl. '09	🍷 5
○ Lugana Demesse Vecchie '10	🍷 4
○ Lugana Pas Dosé M. Cl. '07	🍷 8

Panigada - Banino

VIA DELLA VITTORIA, 13
20078 SAN COLOMBANO AL LAMBRO [MI]
TEL. 037189103
www.banino.it

藏酒销售
预约参观
年产量 30 000 瓶
葡萄种植面积 5 公顷

● San Colombano Banino V. La Merla Ris. '08	🍷🍷 4
● San Colombano Banino Rosso '12	🍷 3

Angelo Pecis

via San Pietro delle Passere, 12
24060 San Paolo d'Argon [BG]
Tel. 035959104
www.pecis.it

藏酒销售
预约参观
年产量 25 000 瓶
葡萄种植面积 5 公顷

- ● Valcalepio Rosso della Pezia Ris. '07 — 🍷🍷 4
- ○ Valcalepio Bianco San Pietro delle Passere '12 — 🍷 2

Pian Del Maggio

via Valli
25030 Adro [BS]
Tel. 0307254451
www.piandelmaggio.it

预约参观
年产量 25 000 瓶
葡萄种植面积 5.86 公顷

- ○ Franciacorta Brut Nature Furente '06 — 🍷🍷 5
- ○ Franciacorta Brut Proemio — 🍷🍷 4

Piccolo Bacco dei Quaroni

fraz. Costamontefedele
27040 Montù Beccaria [PV]
Tel. 038560521
www.piccolobaccodeiquaroni.it

藏酒销售
预约参观
年产量 35 000 瓶
葡萄种植面积 11.5 公顷

- ⊙ OP Cruasé PBQ '10 — 🍷🍷 3

Pilandro

fraz. San Martino della Battaglia
loc. Pilandro, 1
25010 Desenzano del Garda [BS]
Tel. 0309910363
www.pilandro.it

藏酒销售
预约参观
年产量 200 000 瓶
葡萄种植面积 20 公顷

- ○ Lugana Arilica '11 — 🍷🍷 2*
- ○ Lugana Terecrea '12 — 🍷🍷 2*
- ○ Lugana '12 — 🍷 2

Plozza di Ome

via Lizzana, 13
25050 Ome [BS]
Tel. 0306527775
www.plozzaome.it

藏酒销售
预约参观
年产量 40 000 瓶
葡萄种植面积 4 公顷

- ○ Franciacorta Brut — 🍷🍷 5
- ○ Franciacorta Satèn — 🍷🍷 5

Quadra

via Sant'Eusebio, 1
25033 Cologne [BS]
Tel. 0307157314
www.quadrafranciacorta.it

藏酒销售
预约参观
餐饮接待
年产量 180 000 瓶
葡萄种植面积 30 公顷

- ○ Franciacorta Brut QBlack — 🍷🍷 4
- ○ Franciacorta Brut '08 — 🍷 4

Le Quattro Terre

VIA RISORGIMENTO, 11
25040 CORTE FRANCA [BS]
TEL. 030984312
www.quattroterre.it

藏酒销售
膳宿接待
年产量 40 000 瓶

○ Franciacorta Brut	🍷🍷 5
○ Franciacorta Dosaggio Zero '09	🍷🍷 6
○ Franciacorta Dosaggio Zero '08	🍷🍷 6
○ Franciacorta Satèn	🍷 5

Cantina Sociale Cooperativa di Quistello

VIA ROMA, 46
46026 QUISTELLO [MN]
TEL. 0376618118
www.cantinasocialequistello.it

藏酒销售
预约参观
年产量 1 000 000 瓶
葡萄种植面积 330 公顷

● Gran Rosso del Vicariato di Quistello '12	🍷🍷 1*
● Lambrusco Mantovano Rossissimo '12	🍷🍷 2*

Redaelli de Zinis

VIA N.H. UGO DE ZINIS, 10
25080 CALVAGESE DELLA RIVIERA [BS]
TEL. 030601001
www.dezinis.it

藏酒销售
年产量 200 000 瓶
葡萄种植面积 52. 7公顷

● Garda Cl. Groppello Poggio dei Sassi Ris. '08	🍷🍷 3
⊙ Garda Rosé Brut	🍷 2
● Valtenesi '11	🍷 2

Riccafana - Fratus

VIA FACCHETTI, 91
25033 COLOGNE [BS]
TEL. 0307156797
www.riccafana.com

藏酒销售
年产量 10 000 瓶
葡萄种植面积 15 公顷
葡萄栽培方式 有机认证

○ Franciacorta Brut '09	🍷🍷 4
○ Franciacorta Satèn	🍷🍷 5
○ Franciacorta Brut	🍷 4

Ricchi

FRAZ. RICCHI
VIA FESTONI, 13D
46040 MONZAMBANO [MN]
TEL. 0376800238
www.cantinaricchi.it

藏酒销售
预约参观
年产量 300 000 瓶
葡萄种植面积 40 公顷

○ Spumante Pas Dosé Essenza 0	🍷🍷 4
○ Le Cime	🍷 3
○ Spumante Brut Espressione 8	🍷 4

Riva di Franciacorta

LOC. FANTECOLO
VIA CARLO ALBERTO, 19
25050 PROVAGLIO D'ISEO [BS]
TEL. 0309823701
www.rivadifranciacorta.it

藏酒销售
预约参观
年产量 200 000 瓶
葡萄种植面积 31 公顷

○ Franciacorta Brut	🍷 5
⊙ Franciacorta Brut Rosé	🍷 5
○ Franciacorta Satèn	🍷 5

San Michele

via Parrocchia, 57
25020 Capriano del Colle [BS]
Tel. 0309444091
www.sanmichelevini.it

藏酒销售
预约参观
年产量 80 000 瓶
葡萄种植面积 16 公顷

○ Corso	🍷🍷 2*
● M	🍷🍷 5
○ Capriano del Colle Bianco Netto '12	🍷 2

Poderi di San Pietro

via Steffenini 2/6
20078 San Colombano al Lambro [MI]
Tel. 0371208054
www.poderidisanpietro.it

藏酒销售
预约参观
年产量 300 000 瓶
葡萄种植面积 80 公顷

○ Bianco della Torre '09	🍷🍷 4
● San Colombano Rosso di Valbissera '11	🍷🍷 3
● San Colombano Collada '12	🍷 2

Cantine Selva Capuzza

fraz. San Martino della Battaglia
loc. Selva Capuzza
25010 Desenzano del Garda [BS]
Tel. 0309910381
www.selvacapuzza.it

藏酒销售
预约参观
膳宿接待
年产量 300 000 瓶
葡萄种植面积 25 公顷

○ Lugana Selva '12	🍷🍷 3
○ Lume	🍷🍷 4
⊙ Garda Brut Rosé Hirundo	🍷 3
○ Lugana San Vigilio '12	🍷 2

Le Sincette

loc. Picedo di Polpenazze del Garda
via Rosario, 44
25080 Polpenazze del Garda [BS]
Tel. 0365651471
www.lesincette.it

年产量 30 000 瓶
葡萄种植面积 11 公顷

⊙ Valtenesi Chiaretto '12	🍷🍷 2*
○ Garda Chardonnay '12	🍷 2
● Garda Cl. Groppello '12	🍷 2
● Garda Marzemino '12	🍷 2

Solive

via Bellavista
25030 Erbusco [BS]
Tel. 0307450138
www.solive.it

藏酒销售
预约参观
年产量 100 000 瓶
葡萄种植面积 34 公顷

⊙ Franciacorta Brut Rosé	🍷🍷 5
○ Franciacorta Dosaggio Zero	🍷🍷 5
○ Franciacorta Brut	🍷 5
○ Franciacorta Satèn	🍷 5

Vincenzo Tallarini

via Fontanile, 7/9
24060 Gandosso [BG]
Tel. 035834003
www.tallarini.com

藏酒销售
预约参观
膳宿接待
年产量 240 000 瓶
葡萄种植面积 24 公顷

● Moscato di Scanzo '08	🍷🍷 6
● Serafo '07	🍷 5

Terrazzi Alti

via Del Vecchio Macello, 4D
23100 Sondrio
Tel. 3315207109
www.terrazzialti.com

藏酒销售
预约参观
年产量 3 000 瓶
葡萄种植面积 1 公顷

● Valtellina Sup. Sassella '10	🍷🍷 4
● Valtellina Sup. Sassella '09	🍷🍷 5

Terre d'Oltrepò

via Torino, 96
27045 Casteggio [PV]
Tel. 038551505
www.bronis.it

藏酒销售
预约参观
年产量 4 000 000 瓶
葡萄种植面积 4 500 公顷

● OP Bonarda Bronis '12	🍷🍷 2*
⊙ OP Cruasé	🍷🍷 2*

Torrevilla

via Emilia, 4
27050 Torrazza Coste [PV]
Tel. 038377003
www.torrevilla.it

藏酒销售
预约参观
年产量 3 000 000 瓶
葡萄种植面积 650 公顷

● OP Bonarda La Genisia '12	🍷🍷 3
⊙ OP Cruasé La Genisia '10	🍷🍷 4
○ Brut M. Cl. La Genisia '08	🍷 4

Travaglino

loc. Travaglino, 6a
27040 Calvignano [PV]
Tel. 0383872222
www.travaglino.it

藏酒销售
预约参观
年产量 220 000 瓶
葡萄种植面积 80 公顷

○ OP Riesling Campo della Fojada '12	🍷🍷 3

Cooperativa Agricola Triasso e Sassella

fraz. Triasso, 25
23100 Sondrio
Tel. 034221710
www.cooptriasso.it

年产量 8 600 瓶
葡萄种植面积 2 公顷

● Valtellina Sup. Sassella Sassi Solivi '10	🍷🍷 4

F.lli Turina

via Pergola, 68
25080 Moniga del Garda [BS]
Tel. 0365502103
www.turinavini.it

○ Lugana V. Fenil Boi '12	🍷🍷 2*
○ Lugana '12	🍷 2

Vercesi del Castellazzo

via Aureliano, 36
27040 Montù Beccaria [PV]
Tel. 0385262098
www.vercesidelcastellazzo.it

藏酒销售
预约参观
年产量 80 000 瓶
葡萄种植面积 13 公顷

○ OP Pinot Nero in Bianco Gugiarolo '12	🍷🍷 2*
● OP Bonarda Vivace Luogo della Milla '12	🍷 2
● Pezzalunga '12	🍷 2

Tenuta La Vigna

Cascina La Vigna
25020 Capriano del Colle [BS]
Tel. 0309748061
lavignavini@libero.it

藏酒销售
预约参观
年产量 47 000 瓶
葡萄种植面积 7 公顷

○ Brut M. Cl. Botti	🍷🍷 4
● Capriano del Colle Marzemino '12	🍷 3

Vigna Dorata

fraz. Calino
via Sala, 80
25046 Cazzago San Martino [BS]
Tel. 0307254275
www.vignadorata.it

藏酒销售
预约参观
年产量 70 000 瓶
葡萄种植面积 6 公顷

○ Franciacorta Brut	🍷🍷 4
○ Franciacorta Satèn '08	🍷🍷 6
○ Franciacorta Satèn	🍷🍷 5
○ Franciacorta Extra Brut	🍷 5

Vignenote

fraz. Timoline
via Brescia, 3a
25040 Corte Franca [BS]
Tel. 0309826807
www.vignenote.it

年产量 91 000 瓶
葡萄种植面积 12 公顷

○ Franciacorta Satèn '09	🍷🍷 5
○ Franciacorta Brut	🍷 5
⊙ Franciacorta Brut Rosé	🍷 5

Visconti

via C. Battisti, 139
25015 Desenzano del Garda [BS]
Tel. 0309120681
www.luganavisconti.it

藏酒销售
预约参观
年产量 250 000 瓶
葡萄种植面积 20 公顷

○ Lugana Collo Lungo '12	🍷🍷 2*
⊙ Garda Cl. Chiaretto '12	🍷 3
○ Lugana Et. Nera '12	🍷 3
○ Lugana Franco Visconti '12	🍷 3

Zamichele

via Roveglia Palazzina, 2
25010 Pozzolengo [BS]
Tel. 030918631
cantinazamichele@libero.it

藏酒销售
预约参观
年产量 45 000 瓶
葡萄种植面积 8 公顷

○ Lugana '12	🍷🍷 2*

特伦蒂诺区
TRENTINO

特伦蒂诺区（Trentino）今年进步很大，经典梅特多起泡酒（Metodo Classico）依然处于领先地位，这少不了特伦托（Trento）地域命名的功劳。项目得到了39个酒庄的支持，计划年产量达到700万瓶。经典的酒款设计完美，身份日渐明确，新型干性起泡酒也应运而生。多洛米山脉（Dolomites）最知名的品牌当属法拉利（Ferrari），尽管今年谷利洛（Giulio）没有参加角逐，凭借黑蓓蕾（Perlé Nero）连续四年稳坐冠军宝座。同样获此殊荣的还有内罗尔塔利（Nello Letrari）带领的乐塔利酒庄（Letrari），作为特伦蒂诺区（Trentino）起泡酒的元老级人物，和他女儿露西亚（Lucia）一起，带了将近70款美酒参加比赛，他们的特伦托（Trento）起泡酒优雅与平衡的表现堪称地区的标杆。阿贝特酒庄（Abate Nero）的新款红葡萄酒，陈酿卡维特红葡萄酒（Cavit's Riserva Graal Altemasi）表现确实不赖，最近的一款白皮诺葡萄酒（Blanc de Noirs）也很不错，出品自老手路西亚诺（Luciano Lunelli）和安格尼洛（Eugenio de Castel Terlago）所有的小酒庄。最后但同样非常重要的是，品鉴委员会对第一次露面、由梅佐考罗那（Mezzacorona）联营酒厂酿制的弗拉维奥（Flavio）印象深刻。大区的静止葡萄酒也在不断进步，今年，新出品的特伦蒂诺区第一款穆勒（Müller-Thurgau）获得“三杯奖”，产自瑟姆波拉山谷（Valle di Cembra）的拉维斯（La Vis）酒庄，是多洛米特（Dolomite）山区风格的完美代表，表现出优异的新鲜度、纤细和紧致感。另一个新秀则是曼彻斯（Marchesi Guerrieri Gonzaga）酒庄，他们决定继续陈化他们的顶级酒胜利侯爵堡（San Leonardo），向我们呈现卡门尼而2007（Carmenere 2007），这款酒只有大瓶装，口感回味悠长。采用特洛德高（Teroldego）酿制的系列酒表现出乎意料的好，尤其2011年份，是一款令人愉悦的、成功的、优雅的葡萄酒。伊莉莎贝塔酒庄（Elisabetta Foradori）的所有酒品中，这款堪称“特洛德高（Teroldego）的女王”表现甚好。按照生物动力模式培育的加纳托2010（Granato 2010），凭借其惊人的能量与活力表现，再一次一鸣惊人。我们继续跟大家讲一下特伦蒂诺区（TRENTINO）的红葡萄酒，爱瑞卡（Erika Pedrini）向我们证明了她的天赋，她的佛拉塔格安达（Fratagranda）已经第三次获奖。同时还有三位毕业于圣麦可尔农业大学（San Michele all'Adige）葡萄酒学院的校友以“三杯奖”来庆祝他们毕业40周年。他们是艾丽卡（Erika）和她的父亲多梅尼科（Domenico Pedrini）以及他的同学罗伯特（Roberto Zeni），凭借特洛德高•皮尼红葡萄酒（Teroldego Pini）获奖。1954年毕业的“泰斗级”生物学种植家、农学实验家马利奥（Mario Pojer），由他酿制的极品级黑皮诺（Pinot Nero）获得我们的最高奖项，该项殊荣在特伦蒂诺区（Trentino）可谓史无前例。

Abate Nero

FRAZ. GARDOLO
SPONDA TRENTINA , 45
38014 TRENTO
TEL. 0461246566
www.abatenero.it

藏酒销售
预约参观
年产量 68 000 瓶
葡萄种植面积 65 公顷

路其诺（Luciano Lunelli）向我们展示了一个真正智者的耐心和一位资深酿酒师经久不衰的手艺。他和员工执着于酿制起泡酒，葡萄种植在特兰托（Trento）、拉维斯（Lavis）的高山地带以及琴布拉山谷（Cembra Valley）附近，精挑细选优质葡萄进行酿制。起泡酒得以保存下来有赖于一位著名修道院神父的远见卓识，传统的特雷托起泡酒（Trentodoc）制作方法严格，酿制工艺相当成熟。采用单一品种黑皮诺（Pinot Nero）酿制的多美尼系列（Domini Nero）是一款新型的特雷托起泡酒（Trentodoc），逐渐受到人们喜爱。酿制完成后，酒体强壮复杂，香气柔滑，香气弥漫，回味悠长。在等待品鉴酒窖里其他年份的传统起泡酒的同时，我们也喜欢从不令人失望的干型起泡酒（Brut）、让人心情愉悦的极干起泡酒（Extra Brut）和美味的桃红（Rosé）。

○ Trento Brut Domini Nero '08	▼▼▼ 5
○ Trento Brut Abate Nero '10	▼▼ 4
○ Trento Extra Brut Abate Nero '10	▼▼ 4
⊙ Trento Brut Rosé Abate Nero '10	▼ 5
○ Trento Brut Cuvée dell'Abate Ris. '04	▽▽▽ 6
○ Trento Brut Cuvée dell'Abate Ris. '03	▽▽▽ 5
○ Trento Brut Cuvée dell'Abate Ris. '02	▽▽▽ 5
○ Trento Brut Cuvée dell'Abate Ris. '01	▽▽▽ 5
○ Trento Brut Domini '07	▽▽▽ 5
○ Trento Brut Domini '05	▽▽▽ 5
○ Trento Brut Domini '08	▽▽ 5

Nicola Balter

VIA VALLUNGA II , 24
38068 ROVERETO [TN]
TEL. 0464430101
www.balter.it

藏酒销售
预约参观
年产量 80 000 瓶
葡萄种植面积 12 公顷

在经典酿制工艺盛行的地区，巴尔特酒庄（Balter）却采用传统与现代结合的起泡酒酿制工艺，这有赖于尼克拉（Nicola Balter）的孩子们，他们对特雷托起泡酒（Trentodoc）的酿制贡献良多。吉科摩（Giacomo）仍在攻读农业种植学；克丽门帝那（Clementina）已经在酿酒厂工作半年多了，现在，她正带领酒庄朝新方向发展。他们辛勤耕耘这12公顷的葡萄园，酿制的葡萄酒让人如痴如醉。这里酿制的特雷托起泡酒（Trentodoc）堪称风向标，是收获年份、收获条件、专业种植的完美呈现。跟另外两款巴尔特起泡酒（Balter Sparklers）一样，陈酿特雷托2008（Trentodoc Riserva 2008）尤其优秀，在同类酒中遥遥领先。有力量感的、健硕的赤霞珠（Cabernet Sauvignon）在酒窖装瓶和梅洛拉格雷2012（Lagrein-Merlot 2012）、芳香型苏维翁2012（Sauvignon 2012）一样，都是很不错的简单型葡萄酒，适合开瓶即饮。

● Cabernet Sauvignon '10	▼▼ 3*
○ Trento Brut Ris. '08	▼▼ 5
○ Trento Brut Balter	▼▼ 4
⊙ Trento Brut Rosé Balter	▼▼ 5
● Lagrein-Merlot '12	▼ 3
○ Sauvignon '12	▼ 3
○ Barbanico '97	▽▽▽ 4*
○ Trento Balter Ris. '06	▽▽▽ 5
○ Trento Balter Ris. '05	▽▽▽ 5
○ Trento Balter Ris. '04	▽▽▽ 5
○ Trento Balter Ris. '01	▽▽▽ 5

Barone de Cles

via G. Mazzini, 18
38017 Mezzolombardo [TN]
Tel. 0461601081
www.baronedecles.it

藏酒销售
预约参观
年产量 80 000 瓶
葡萄种植面积 39 公顷

尊贵的克利斯家族（Cles family）是特伦蒂诺区自治的先驱。卡帝奴•贝拿多（Cardinal Bernardo Cesio）是特伦托参议会的支持者之一，并致力于将布科斯里奥城堡（Castello di Buonconsiglio）作为这座城市的象征。此外，他们的王朝与位于蒙佐罗巴多（Mezzolombardo）广袤无垠的卡波龙塔利诺（Campo Rotaliano）葡萄园息息相关，他们世世代代种植并热爱特洛德高葡萄（Teroldego）。学习过经典作物学后，年轻的吉奥德列（Giorgio de Cles）立志成为一名酿酒师，再次刷新家族的光辉历史。在等待卡斯特克列（Castel Cles）旁的葡萄园复苏时，我们在瓦第农酒窖（The Val di Non）品尝了三款特洛德高（Teroldego）所酿的葡萄酒。让我们印象最深刻的是一款为纪念祖先卡帝奈（Cardinal de Cesio）而酿、优雅结构良好的陈酿2009（Riserva 2009），带有黑色格调，张扬浓郁的水果味盖过单宁的重量感。

● Teroldego Rotaliano Maso Scari '11	3
● Teroldego Rotaliano Sup. Riserva del Cardinale '09	5
● Teroldego Rotaliano Primo '12	2
● Rosso del Cardinale '99	4
● Teroldego Rotaliano Maso Scari '04	3
● Teroldego Rotaliano Maso Scari '01	3*

Bellaveder

loc. Maso Belvedere
38010 Faedo [TN]
Tel. 0461650171
www.bellaveder.it

藏酒销售
预约参观
年产量 50 000 瓶
葡萄种植面积 8 公顷
葡萄栽培方式 认证种植

地下酒窖位于最迷人的特伦蒂诺区（Trentino）冲积扇地貌区，还有与圣米凯莱亚拉迪杰（San Michele all'Adige）和法埃多（Faedo）接壤的山地片区，似乎也承载着葡萄种植的神圣使命，那里的葡萄一望无际，整齐而有序。不过短短几年，特然其洛（Tranquillo Lucchetta）成功将陡坡上的葡萄田变为白云石山脉（Dolomites）中最迷人的葡萄园之一。经过一番谨慎的深思熟虑，他决定酿制最具有特色的葡萄酒——特雷托起泡酒（Trentodoc）是首选，最能和谐表达出风土与葡萄园的结合。酒庄酿酒能够最大程度体现葡萄品种的特色，给我们留下的印象十分深刻。包括：陈酿拉格莱恩（Lagrein.NO）略逊于采用单一特洛德高（Teroldego）酿制的玛氏皮科而2011（Mas Picol 2011）；采用优秀的琼瑶浆（Traminer）以上好的酿制工艺酿制，口感美味却直接傲慢的曼孙牧2010（Mansum 2010）；采用牧勒杜嘎（Müller thurgau）酿制的圣罗伦（San Lorenz）和采用苏维翁（Sauvignon Blanc）酿制的的法阿帝白葡萄酒（Faedi）。

● Trentino Lagrein Dunkel Mansum Ris. '10	4
○ Trento Brut Ris. '08	5
○ Sauvignon Faedi '12	4
● Teroldego Mas Picol '11	3
○ Trentino Müller Thurgau San Lorenz '12	2*
○ Trento Brut Nature '08	5
○ Trentino Traminer '12	3
● Trentino Lagrein Mansum '09	4
● Trentino Lagrein Mansum '08	4
○ Trentino Müller Thurgau '11	2*
○ Trento Brut Ris. '07	5

Borgo dei Posseri

LOC. POZZO BASSO, 1
38061 ALA [TN]
TEL. 0464671899
www.borgodeiposseri.com

藏酒销售
预约参观
年产量 60 000 瓶
葡萄种植面积 21 公顷
葡萄栽培方式 有机认证

在不久前，这片山区只可用来放牧。也只有满腔热血的夫妻档——马丁（Martin Mainenti）和妻子玛格丽塔（Margherita de Pilati）愿意面对挑战，将葡萄种植在皮科勒洛麦特山（Piccole Dolomiti）的区域里，那里曾是不可能种植葡萄的地方。他们一直不知疲倦地投身于长期荒废的酒庄重建中，来完成他们和商业伙伴的酿酒项目。这里葡萄非常好，才能酿出非凡优雅风格的葡萄酒，让人几乎辨不出这就是山区酿出的葡萄酒。他们辛勤劳作于葡萄园间，各方面的完善管理给他们带来应有的回报。我们品尝到一款表现优异的新酒，尤其是传统起泡酒，口感浓郁又不失大胆的塔那2008（Tananai 2008），真正的山区风格，美味的干型起泡酒，黑皮诺（Pinot Nero）盖过相对成熟的莎当尼（Chardonnay）。

○ Müller Thurgau Quaron '12	🍷🍷 3
● Pinot Nero Paradis '11	🍷🍷 3
○ Tananai Brut '08	🍷🍷 5
○ Gewürztraminer Arliz '12	🍷 3
○ Sauvignon Furiel '12	🍷 3
● Merlot Rocol '09	🍷🍷 3
● Merlot Rocol '05	🍷🍷 3*
○ Müller Thurgau Quaron '11	🍷🍷 3
● Pinot Nero Paradis '06	🍷🍷 3

Cantina Sociale di Trento

VIA DEI VITICOLTOR, 2
38123 VOLANO [TN]
TEL. 0461920186
www.cantinasocialetrento.it

藏酒销售
预约参观
年产量 250 000 瓶
葡萄种植面积 50 公顷

自1956年以来，这里就是加工从附近山上采摘来的葡萄的城市酒庄。特伦托•特利顿（Trento Tridentum)葡萄园引人注目，从字面上看，这个酒庄三面环山，因此得名，非常适合白云石山脉（Dolomites）的葡萄栽培。合作更加强化了葡萄酒酿造的工艺，由于对每种类型的产品的起源都加以遵从，才出品了一系列不同的葡萄酒，均带有特伦蒂诺区（Trentino）独特的个性。例如，泽尔（Zell）——一种与葡萄庄园同名的特雷托起泡酒（Trentodoc），最早在14世纪的特伦托（Trento）葡萄庄园就有记载。这个合作酒庄不断复苏，它的红酒依旧让人倾心，我们只需静静等待。灰皮诺2012（Pinot Grigio 2012）和经典莎当尼（Chardonnay）依旧是不错的白葡萄酒，引领何雷帝亚（Heredia）系列。这两种精致的葡萄酒口味大众，不失劲道。

○ Trentino Pinot Grigio Heredia '12	🍷🍷 2*
○ Trento Brut Zell	🍷🍷 3
○ Trentino Chardonnay Heredia '12	🍷 2
● Trentino Lagrein Heredia '11	🍷 2
● Trentino Marzemino Sup. dei Ziresi Heredia '11	🍷 2
○ Trentino Traminer 1339 '12	🍷 2

★Cavit

via del Ponte, 31
38040 Trento
Tel. 0461381711
www.cavit.it

藏酒销售
预约参观
年产量 62 000 000 瓶
葡萄种植面积 5 500 公顷

卡维特（Cavit）集团地位稳固，光彩依旧。所出产的酒不仅仅满足于特伦蒂诺区（Trentino），在其他市场份额也在不断增长，葡萄酒质量稳步提高。超过6 000名种植者成员的辛勤劳作，15家酒庄的全力合作，专业工艺的不断整合，是特伦蒂诺区（Trentino）产区的真实反映，造就了更多品质兼优的葡萄酒，拒绝平庸，这一切都注定了全球市场的不断增长。特伦托（Trento）阿特玛斯古拉尔珍藏起泡酒（Altemasi Graal Riserva）已成为手工起泡酒的行业标准，在2006年以“三杯奖”名誉天下。苏打白葡萄酒的奇特品质在每一个芳香的细微差别中都体现无疑，起泡久，口感愉悦。但是卡维特（Cavit）的专业和独特的酿酒风格在十几种葡萄酒中给我们最优之选。

○ Trento Brut Altemasi Graal Ris. '06	🍷🍷🍷 6
○ Trentino Chardonnay Sup. Maso Toresella '11	🍷🍷 4
○ Maso Torresella Cuvée '11	🍷🍷 4
● Teroldego Rotaliano Maso Cervara '10	🍷🍷 4
● Trentino Pinot Nero I Masi Trentini '10	🍷🍷 5
○ Trentino Sup. Müller Thurgau Zeveri '12	🍷🍷 3
● Trentino Sup. Quattro Vicariati '09	🍷🍷 4
○ Trento Brut Altemasi '09	🍷🍷 4
● Teroldego Rotaliano Maso Cervara '07	🍷🍷🍷 4
○ Trento Altemasi Graal Brut '01	🍷🍷🍷 5
○ Trento Altemasi Graal Brut Ris. '03	🍷🍷🍷 6
○ Trento Altemasi Graal Brut Ris. '02	🍷🍷🍷 6
○ Trento Altemasi Graal Brut Ris. '00	🍷🍷🍷 5
○ Trento Brut Altemasi Graal Ris. '05	🍷🍷🍷 7
○ Trento Brut Altemasi Graal Ris. '04	🍷🍷🍷 7

Cesarini Sforza

fraz. Ravina
via Stella, 9
38123 Trento
Tel. 0461382200
www.cesarinisforza.com

藏酒销售
预约参观
年产量 1 300 000 瓶
葡萄种植面积 800 公顷

40年来，塞萨里尼•斯弗扎（Cesarini Sforza）已成为特伦蒂诺区（Trento）起泡葡萄酒的行业基准，证明特伦托（Trento）的确可以成为苏打白葡萄酒之都。目前，拉维斯集团（La Vis）也在不断扩大产量，整合市场资源。特雷托起泡酒（Trentodoc）具有无可争辩的质量，所有品种都属于高水准，连酒庄的图腾——鹰，也象征着权利与优雅的结合。艾葵利亚2006（Aquila Reale 2006）是优秀的特伦托（Trento），口感成熟和满足感融合的典范。所有其他品种的起泡葡萄酒工艺日益提高，从特利顿零度起泡酒2009（Tridentum Dosaggio Zero 2009）的诱人、平易近人的口感，到陈酿2007（Brut 2007）第一口酒酸的魅力，都是特伦蒂诺（Trento）所特有的、张扬不羁的芳香和口感。

○ Trento Aquila Reale Ris. '06	🍷🍷 7
⊙ Trento Brut Rosé '07	🍷🍷 4
○ Trento Extra Brut Tridentum Ris. '07	🍷🍷 5
○ Trento Pinot Nero Dosaggio Zero Tridentum '09	🍷🍷 5
○ Trento Tridentum	🍷🍷 4
○ Trento Aquila Reale Ris. '05	🍷🍷🍷 7
○ Trento Aquila Reale Ris. '02	🍷🍷🍷 7
○ Trento Pinot Nero Dosaggio Zero Tridentum '08	🍷🍷 5
⊙ Trento Tridentum Rosé	🍷🍷 4

Corbelli

FRAZ. SORNI
LOC. MASO DI SOPRA, 22
38015 LAVIS [TN]
TEL. 3495259503
www.cobelli.it

藏酒销售
预约参观
年产量 90 000 瓶
葡萄种植面积 6 公顷

2010年，科贝利斯酒庄（Corbellis)首次被收录进我们《年鉴》，当时，他们每款葡萄酒的芳香、风格的多样化以及无可挑剔的酿造风格让我们印象深刻。年轻的丹尼斯（Denis）和帝扎诺（Tiziano Corbelli）兄弟俩继承了位于佩雷萨诺（Pressano）山腰、面向法埃多（Faedo）和瑟姆波拉山谷（Valle di Cembra）的几块小葡萄园。为充分利用各种风土条件，他们在一个废弃的白垩岩采石场里种植琼瑶浆（Traminer)，在稍平缓的斜坡上种植特洛德高（Teroldego），在靠近法埃多（Faedo）的地方种植诺西奥拉（Nosiola）和莎当尼（Chardonnay），他们在守候着起泡酒的灿烂未来。这家小酒庄的最新出品、准备加入特伦蒂诺（Trentino）顶级种植者联盟的莎当尼•艾乐沃2011（Chardonnay Arlevo 2011），有着葡萄本身特有的浓郁气质，带有栗子和杏子的蜂蜜味道，入口后是苹果和柑橘类味道。琼瑶浆2011（Traminer Gess 2011）同样沁人心脾，散发集中的荔枝和芒果味道，偏向原汁原味。而特洛德高2010（Teroldego Grill 2010）则让人酣畅淋漓，您会被醇厚完美的味道所征服。

○ Chardonnay Arlevo '11	🍷🍷 4
● Teroldego Grill '10	🍷🍷 5
○ Traminer Gess '11	🍷🍷 5

Cantina d'Isera

VIA AL PONTE, 1
38060 ISERA [TN]
TEL. 0464433795
www.cantinaisera.it

藏酒销售
预约参观
年产量 500 000 瓶
葡萄种植面积 246 公顷
葡萄栽培方式 有机认证

电影公司来到伊赛拉（Isera）和玛泽米诺（Marzemino）为电影《维诺顿托》（“Vinodentro”）主题取景，但是，出演该部电影的明星吉瓦纳（Giovanna Mezzogiorno)被卷入到一个情色绯闻中。虽然如此，电影也不容错过，而且会成为推动伊塞拉（Isera）的玛泽米诺（Marzemino）酒庄振兴的动力。葡萄是保证酒庄酿造多样化白葡萄酒的基准，当然，包括令人印象深刻的特雷托起泡酒（Trentodoc）。一款相同的葡萄酒，酒庄至少有六个不同版本，也就是说，依瑟拉（Isera)系列和玛泽米诺系列（Marzemino）至少有六个不同版本，从日常饮用款到精选款，还有有机葡萄版本。维格纳第2010（Vignetti 2010）有着比以往更复杂的天鹅绒般的丝滑口感。其他两款庄园精选酒——桑泽（Sanzel）和科雷（Corè），2011年份同样气质优雅，同样拥有传统拉格利纳（Lagarina）酒特质。

● Trentino Marzemino d'Isera Sup. Corè '11	🍷🍷 4
● Trentino Marzemino d'Isera Sup. Vignetti '10	🍷🍷 4
○ Trento Brut 907	🍷🍷 4
○ Trento Brut Ris. '08	🍷🍷 5
○ Trentino Gewürztraminer '12	🍷 2
● Trentino Marzemino Bio '12	🍷 3
● Trentino Marzemino d'Isera Sup. Sanzel '11	🍷 4
○ Trentino Müller Thurgau '12	🍷 2
○ Trentino Chardonnay '11	🍷🍷 2*
● Trentino Marzemino d'Isera Sup. Sanzel '10	🍷🍷 4
● Trentino Marzemino d'Isera Sup. Vignetti '09	🍷🍷 4

De Vescovi Ulzbach

P.ZZA GARIBALDI, 12
38016 MEZZOCORONA [TN]
TEL. 0461605648
www.devescoviulzbach.it

藏酒销售
预约参观
年产量 20 000 瓶
葡萄种植面积 3.5 公顷

吉里奥•德•维斯科威（Giulio de Vescovi）是特伦蒂诺区（Trentino）葡萄酒行业里年轻有为的酿酒师，他在乌巴彻（Ulzbachs）的家族庄园里崭露头角，这个葡萄园与当地酿酒历史有着不可分离的关系。他减低葡萄产量，这与当地传统价值有些相背离，确切来说，是一种现代化的种植方式。因此，他所酿葡萄酒，尤其是特洛德高系列（Teroldego），不仅在当地，甚至在其他地方，短时间内迅速确立了葡萄酒领军者的地位。所出产的酒，酒体强硕有力又不失优雅，个性独特，前途光明。而现在，不仅特洛德高（Teroldego），他还有其他更有趣的酿酒实验在进行中。吉里奥德维斯科威（Giulio de Vescovi）成功地出乎我们意料之外，不仅简单易饮，而且优雅集中。特洛德歌2011（Teroldego Rotaliano 2011）便是一个很好的例子，它是特伦蒂诺葡萄酒的缩影，产自坎博葡萄园（Campo Rotaliano）。而维吉利2011（Vigilius 2011）更是口感复杂而圆润。

● Teroldego Rotaliano Vigilius Ris. '11	🍷🍷 5
● Teroldego Rotaliano '11	🍷🍷 3
● Teroldego Rotaliano '10	♀♀ 3
● Teroldego Rotaliano '07	♀♀ 3
● Teroldego Rotaliano '05	♀♀ 3
● Teroldego Rotaliano '04	♀♀ 3
● Teroldego Rotaliano Vigilius Ris. '09	♀♀ 5
● Teroldego Rotaliano Vigilius Ris. '04	♀♀ 5
● Teroldego Rotaliano Vigilius Ris. '03	♀♀ 5

I Dolomitici

VIA DAMIANO CHIESA, 1
38017 MEZZOLOMBARDO [TN]
TEL. 0461601046
www.idolomitici.com

多罗米提奇（i Dolomitici）是10家山地种植者之一，他们旨在通过坚持可持续发展的环保理念，来达到最低限度的破坏，保护土地的多样性。商会主席是伊丽莎贝塔•弗拉多里（Elisabetta Foradori），其他处于领导地位的是尼奥罗斯（Eugenio Rosi）、卡斯特（Castel Noarna）的马尔科扎尼（Marco Zani）、亚历山德（Alessandro Fanti）、亚历山德罗波利（Alessandro Poli）、来自维拉尔的（Vilar）的吉吉•斯巴格诺里（Gigi Spagnolli）、伊丽莎贝塔•达尔佐奇奥（Elisabetta Dalzocchio）、朱塞佩•佩德罗迪（Giuseppe Pedrotti）和来自玛索福利（Maso Furli)的马尔科•扎尼（Marco Zanoni）。他们一起酿制斯索（Ciso），采用生于阿维奥（Avio）葡萄园有着100年树龄的弗斯格丽塔（Lambrusco a Foglia Frastagliata）酿成。不是所有人都会推出最新的葡萄酒，除了弗拉多里（Foradori）和波利（Poli），但这些品种都可在大型葡萄酒商店发现。我们发现罗斯桃红（Rosi's Rosé Cabernet）有着传统与新奇酿酒工艺特点。其他酒品还有带乡村风格的优质品种方第（Fanti），佩德第（Pedrotti），波利（Poli）和斯巴诺利（Spagnolli）混酿。

○ Castel Noarna Blanc de Blancs	🍷🍷 5
○ Manzoni Bianco Fanti '10	🍷🍷 4
● Marzemino Vilar/Spagnolli '12	🍷🍷 2*
○ Olivar Cesconi '10	🍷🍷 5
● Pinot Nero Dalzocchio '09	🍷🍷 5
● Riflesso Rosi Eugenio Rosi '12	🍷🍷 3
○ Sauvignon Maso Furli '11	🍷🍷 3
● Schiava Nera Pedrotti '12	🍷🍷 2*
○ Castel Noarna Blanc de Blancs	♀♀ 5
○ Incrocio Manzoni Maso Furli '09	♀♀ 5
○ Isidor Fanti '09	♀♀ 5
○ Olivar Cesconi '09	♀♀ 5
● Schiava Nera Pedrotti '11	♀♀ 4

Marco Donati

via Cesare Battisti, 41
38016 Mezzocorona [TN]
Tel. 0461604141
donatimarcovini@libero.it

藏酒销售
预约参观
年产量 90 000 瓶
葡萄种植面积 20 公顷

马尔科•多纳蒂（Marco Donati）表现出伟大的种植者的自信和洛塔利安娜（Rotaliano）土地上的专业种植。自1863年以来，他的家族一直精心照看着这个葡萄园。洛塔利安娜（Rotaliano）土地很适合种植特洛德高（Teroldego），15世纪老住宅的地窖曾为奥地利帝国法院提供葡萄酒。近年来，多纳蒂（Donatis）拓宽视野，增加其他酒品，也尝试在其他优质产区种植葡萄，即使远离家园。酒庄诚信经营大家有目可睹，出产的葡萄酒既可以即时饮用，也可继续陈化，随着时间的增长变得更加醇厚。就如以下两款特洛德高（Teroldego）系列酒——出色的桑古德拉2011（Sangue di Drago 2011）和拉格雷（Lagrein），这不仅仅是用独特酿造法酿制的泽米诺（Marzemino）葡萄酒，简单易饮，口感直接，风格平易近人。

● Teroldego Rotaliano Marco Donati '12	🍷🍷 3
● Teroldego Rotaliano Sangue del Drago '11	🍷🍷 5
● Trentino Lagrein Rubino Fratte Alte '12	🍷🍷 3
○ Trentino Gewürztraminer Tramonti '12	🍷 3
○ Trentino Müller Thurgau Albeggio '12	🍷 3
○ Trentino Sauvignon Luna Nuova '12	🍷 3
● Teroldego Rotaliano Bagolari '10	YY 3
● Teroldego Rotaliano Sangue del Drago '10	YY 5
● Teroldego Rotaliano Sangue del Drago '09	YY 5
○ Trentino Müller Thurgau Albeggio '11	YY 3
○ Trentino Riesling Stellato '10	YY 3*
● Vino del Maso Rosso '09	YY 3

F.lli Dorigati

via Dante, 5
38016 Mezzocorona [TN]
Tel. 0461605313
www.dorigati.it

藏酒销售
预约参观
年产量 100 000 瓶
葡萄种植面积 13 公顷

当活跃的经典梅特多酿制法（Metodo Classico）与强势的特洛德郭（Teroldego）结合碰撞在一起后所产生的火花，便是多利格帝（Dorigati's）葡萄酒的风格体现。150年来，这个酿酒世家一直在葡萄栽培上倾注其全部热情，旨在带出侃博罗塔利诺（Campo Rotaliano）土地的最优品质。酒庄专注于本地葡萄，从长期合作的种植者那里收购葡萄。年轻的家族成员保罗（Paolo）和米歇尔（Michele）也完全参与到酒庄的工作中来。酒庄葡萄酒的品质日益增长，让人印象深刻。尽管与最高荣誉失之交臂，梅帝苏2007（Methius 2007）也不失为特伦托最好的葡萄酒之一。这是一款实在的起泡酒，香气复杂，酒体坚实，散发清晰的树脂味道，实乃同类中精品，如果再陈酿几年应该会更好！圆润饱满的莎当尼•玛杰拉2011（Chardonnay Majerla 2011）一如既往地让人记忆深刻，果酸与饱满酒体结构完美平衡，回味持久。

○ Trentino Chardonnay Majerla Ris. '11	🍷🍷 3*
○ Trento Brut Methius Ris. '07	🍷🍷 6
● Teroldego Rotaliano '11	🍷🍷 3
● Teroldego Rotaliano Diedri Ris. '10	🍷🍷 5
● Trentino Rebo '11	🍷🍷 3
● Trentino Cabernet '11	🍷 3
○ Trentino Pinot Grigio '12	🍷 3
○ Trento Brut Methius Ris. '06	YYY 6
○ Trento Brut Methius Ris. '05	YYY 6
○ Trento Brut Methius Ris. '04	YYY 6
○ Trento Brut Methius Ris. '03	YYY 6
○ Trento Brut Methius Ris. '02	YYY 6
○ Trento Brut Methius Ris. '00	YYY 6
● Teroldego Rotaliano Diedri Ris. '09	YY 5
○ Trentino Chardonnay Majerla Ris. '09	YY 3*

Endrizzi

loc. Masetto, 2
38010 San Michele all'Adige [TN]
Tel. 0461650129
www.endrizzi.it

藏酒销售
预约参观
年产量 600 000 瓶
葡萄种植面积 55 公顷

感受过去，品位传统，展望未来。安德里奇家族（Endici）经营着安德里资（Endrizzi）酒庄，酒庄名是他们家族名的方言发音。酒庄历史悠久，但他们早已准备好迎接明天的挑战。他们的酒庄位于通向法埃多（Faedo）和蒙雷阿莱（Monreale）的冲积扇地貌区，在一个引人注目的乡间别墅里，他们在这里管理着这个大自然赋予的财产。酒庄出产的葡萄酒代表特伦蒂诺区（Trentino）特有的酿造方式，一成不变。他们和孩子们怀着激情酿造葡萄酒、扩大酒庄的名声，与当地博物馆建立合作项目，投资特洛德高（Teroldego）的不同品种——从简朴到甜蜜，更不用说玫瑰葡萄酒了。口感丰富集中的大马赛托（Gran Masetto）是他们的自有品种，简单易饮，风格平易近人，让人印象深刻，既具国际范又风格传统。

● Gran Masetto '09	🍷🍷 7
○ Masetto Bianco '11	🍷🍷 3
● Teroldego Rotaliano Tradizione '11	🍷🍷 2*
● Trentino Pinot Nero Pian di Castello '10	🍷🍷 3
○ Trento Brut Pian di Castello '08	🍷🍷 4
⊙ Trento Brut Rosé Pian di Castello '07	🍷🍷 4
● Masetto Nero '10	🍷 3
● Trentino Cabernet Sauvignon '11	🍷 2
○ Trentino Gewürztraminer '12	🍷 3
● Gran Masetto '08	🍷🍷 6
● Gran Masetto '07	🍷🍷 6
● Teroldego Rotaliano Sup. '09	🍷🍷 3
● Teroldego Rotaliano Tradizione '10	🍷🍷 2*
○ Trentino Gewürztraminer '09	🍷🍷 3

★★Ferrari

via Ponte di Ravina, 15
38123 Trento
Tel. 0461972311
www.cantineferrari.it

藏酒销售
预约参观
餐饮接待
年产量 4 500 000 瓶
葡萄种植面积 120 公顷

卢内利（Lunelli）是一个享有名望的强大家族名字，他们懂得最大程度地利用自身资源，多元化经营社会责任，一家独大的同时也不忘集体的力量。他们正在加强品牌建设，甚至向更高的海拔地方扩大酒庄和葡萄园，增加他们早已知名的系列葡萄酒产量，在他们最先进的酒窖内进行，这一切由鲁本（Ruben Larentis）主导。这是卢内利（Lunellis）、亚历山德罗（Alessandro）、卡米拉（Camilla）、玛瑟罗（Marcello）和马特奥（Matteo）共同设想的新策略，计划更快速地发展、给他们传奇般的起泡酒行业注入新能量，而不仅局限在意大利。陈酿贵利奥•法拉利（Riserva Giulio Ferrari）和经典佩雷（Perlé）被评为年度起泡酒，完全符合酒庄卓越追求的宗旨。这意味着，黑佩雷（Perlé Nero)不止一次地捍卫了家族荣誉。2007年份表现得非常好，豪放又不失简朴，散发稀有的花香味道，酒体圆润。同样的平衡我们可以在陈酿卢内利2006（Riserva Lunelli 2006）找到。

○ Trento Extra Brut Perlé Nero '07	🍷🍷🍷 8
○ Trento Extra Brut Lunelli Ris. '06	🍷🍷 7
○ Trentino Bianco Villa Margon '11	🍷🍷 3
○ Trento Brut	🍷🍷 5
○ Trento Brut Maximum	🍷🍷 5
⊙ Trento Brut Perlé Rosé '08	🍷🍷 7
○ Trento Démi Sec Maximum	🍷🍷 5
● Trentino Pinot Nero Maso Montalto '10	🍷 5
○ Trento Brut Giulio Ferrari Riserva del Fondatore '01	🍷🍷🍷 8
○ Trento Brut Giulio Ferrari Riserva del Fondatore '00	🍷🍷🍷 8
○ Trento Brut Perlé '02	🍷🍷🍷 5
○ Trento Extra Brut Perlé Nero '06	🍷🍷🍷 8
○ Trento Extra Brut Perlé Nero '05	🍷🍷🍷 8

★Foradori

via Damiano Chiesa, 1
38017 Mezzolombardo [TN]
Tel. 0461601046
www.elisabettaforadori.com

藏酒销售
预约参观
年产量 160 000 瓶
葡萄种植面积 23 公顷
葡萄栽培方式 生物动力学认证

如果说，伊利萨贝塔（Elisabetta Foradori）是特伦蒂诺区（Trentino）的女前辈，倒不如说她是多洛米特山（Dolomite）下的葡萄种植者，卡波龙塔利诺（Campo Rotaliano）的最佳表现者，以及葡萄酒的护工。她不辞劳苦地照看着、观察着她那采用生物动力学原理耕种的葡萄园，这一哲学理念在她生活里也体现无遗。凭借扎实的专业知识，她在纯天然的葡萄园中，耐心地研究和不断试验酿酒方法。葡萄园中长得郁郁葱葱的葡萄藤，正是她努力的最大回报。出产的葡萄酒无与伦比的高质量，在国际舞台也熠熠生辉。格兰纳托（Granato）富贵却不浮夸，圆滑的单宁，冷静温和的酸度，对应其酒精强度，漂亮！获得“三杯奖”轻而易举。其他葡萄酒，某些在双耳细颈酒罐里熟成，质量也紧随其后。比如特洛德歌（Teroldego Sgarzon）和丰腴的莫雷（Morei）都是2011年份。

● Granato '10	🍷🍷🍷 7
○ Manzoni Bianco Fontanasanta '11	🍷🍷 4
● Teroldego Rotaliano Morei '11	🍷🍷 5
○ Nosiola Fontanasanta '11	🍷🍷 4
● Teroldego Rotaliano Foradori '11	🍷🍷 4
● Teroldego Rotaliano Sgarzon '11	🍷🍷 5
● Granato '07	🍷🍷🍷 7
● Granato '04	🍷🍷🍷 6
● Granato '03	🍷🍷🍷 6
● Granato '02	🍷🍷🍷 6
● Granato '01	🍷🍷🍷 6
● Granato '00	🍷🍷🍷 6
● Granato '99	🍷🍷🍷 6

Gaierhof

via IV Novembre, 51
38030 Roverè della Luna [TN]
Tel. 0461658514
www.gaierhof.com

藏酒销售
预约参观
年产量 500 000 瓶
葡萄种植面积 130 公顷

盖尔霍夫（Gaierhof）坐落于特伦蒂诺区（Trentino）和阿尔托阿迪杰（Alto Adige）交界的繁荣之地，半个多世纪以来，是特伦蒂诺区（Trentino）葡萄酒进化的反映。庄主精选地区内的最佳葡萄品种，在他们位于索尼（Sorni）的一个小山坡上种植，拉皮斯（Lapis）之上则是他们用于酿造玛索博利（Maso Poli）葡萄酒的先进酒窖。玛索博利（Maso Poli）系列葡萄酒风格内敛却拥有迷人气质，优雅芳香，该系列还包括一款迷人优质的特雷托起泡酒（Trentodoc）。苏维翁2012（Sauvignon 2012）呈现出该葡萄独有的优雅气质，带有多洛米特山（Dolomites）的特点，在童格（Togn）家族的其他酒品中脱颖而出。特洛德高（Teroldego）和其他的白葡萄酒则展现出独特的芳香神韵，尤其是琼瑶浆（Traminer）和诺西奥拉（Nosiola）。还有特伦托（Trento）风格的斯利斯（Siris），气质淡雅，今年都更胜旧年。

● Teroldego Rotaliano Sup. '10	🍷🍷 3
● Trentino Moscato Rosa '12	🍷🍷 5
○ Trentino Müller Thurgau dei Settecento '12	🍷🍷 3
○ Trentino Nosiola '12	🍷🍷 2*
○ Trentino Sauvignon '12	🍷🍷 3
● Trentino Sorni Rosso Marmoran '09	🍷🍷 3
○ Trento Siris	🍷🍷 4
● Trentino Marzemino '12	🍷 2
○ Trentino Traminer Aromatico '12	🍷 3
● Trentino Moscato Rosa '11	🍷🍷 5
● Trentino Moscato Rosa '09	🍷🍷 5
○ Trentino Müller Thurgau dei Settecento '11	🍷🍷 3
● Trentino Teroldego Rotoliano '11	🍷🍷 2*
○ Trento Siris '07	🍷🍷 4

Grigoletti

via Garibaldi, 12
38060 Nomi [TN]
Tel. 0464834215
www.grigoletti.com

藏酒销售
预约参观
年产量 60 000 瓶
葡萄种植面积 7 公顷

格里格莱迪（Grigoletti）家族葡萄栽培的决心和酿酒的热情令人称赞。这是个令人钦佩的家庭，只有进入他们的酒窖，发掘葡萄园的每一寸土地，通过关注点滴的不寻常才能体会到酿酒的独特。从芳香到经典，他们把一切尽可能保持原味。梅洛（Merlot）是他们的挚爱，在阿迪杰河（Adige）右岸的芝加哥（Chicago）倍受珍视。出自王朝的葡萄酒在从不妥协的种植人员手中把真实和魅力相结合，这才是高质量的完美体现。魅力十足的梅洛（Merlot）是三年份的特酿，用于酒庄的30年纪念，是国家优雅和典型的结合，越酿越醇。他们出产的白葡萄酒也高于平均水平，比如，雷帝科2011（Retiko 2011），是一款以杂交曼佐尼（Manzoni）葡萄为主的混酿葡萄酒。而洛佩拉2012（L'opera 2012）则以莎当尼酿成。

○ Retiko '11	🍷🍷 3
● Speciale 30° '09	🍷🍷 6
○ Trentino Chardonnay L'Opera '12	🍷🍷 3
● Trentino Marzemino '12	🍷🍷 2*
● Gonzalier '10	🍷 5
○ San Martim V.T. '11	🍷 3
● Gonzalier '09	♡♡ 5
○ Retiko '10	♡♡ 3
○ Retiko '09	♡♡ 3
○ Retiko '08	♡♡ 3
○ Trentino Chardonnay L'Opera '11	♡♡ 3
● Trentino Merlot Antica Vigna di Nomi '09	♡♡ 4
● Trentino Merlot Antica Vigna di Nomi '05	♡♡ 4

La Vis/Valle di Cembra

via Carmine, 7
38034 Lavis [TN]
Tel. 0461440111
www.la-vis.com

藏酒销售
预约参观
膳宿接待
年产量 1 000 000 瓶
葡萄种植面积 1 400 公顷
葡萄栽培方式 有机认证

尽管金融管理不善，拉维斯集团（La Vis group）产品的高质量依旧不容置疑，这一切都归功于高度自我激励的高管人员振兴酒庄历史声望的决心和强大的酒庄合作。每个部分都在彻底检查和重组，目标回归到不同种类葡萄园的采集，由熟练的种植成员照管和高质量均匀收成。葡萄酒在被称作“山地窖”的拉维斯（Lavis）和瑟姆波拉（Cembra）酿造。作为瑟姆波拉山谷（Val di Cembra）标志性的葡萄酒，牧勒杜嘎（Müller thurgau）获得了“三杯奖”。将优雅和简单加入到无可挑剔的酿酒业中，能把信誉带到意想不到的地方，同时寻找到新的更适合的农场。

○ Trentino Müller Thurgau Vigna delle Forche '12	🍷🍷🍷 3*
○ Trentino Pinot Grigio Ritratti '12	🍷🍷 3
● Trentino Pinot Nero V. di Saosent '11	🍷🍷 4
○ Trentino Riesling Simboli '12	🍷🍷 2*
○ Trentino Sauvignon Valtini Valle di Cembra '12	🍷🍷 3
● Trentino Schiava Piaggi '12	🍷🍷 3
● Teroldego Rover '11	🍷 3
○ Trentino Gewürztraminer Ai Padri '12	🍷 3
● Trentino Lagrein Greggi '11	🍷 3
○ Trentino Nosiola Sette Fontane '12	🍷 3
○ Trentino Pinot Grigio Arcadia '12	🍷 3
○ Ritratto Bianco '07	♡♡♡ 4
● Ritratto Rosso '03	♡♡♡ 4
● Maso Franch L'Altro Manzoni '10	♡♡ 3*
● Teroldego Rover '10	♡♡ 2*

Letrari

via Monte Baldo, 13/15
38068 Rovereto [TN]
Tel. 0464480200
www.letrari.it

藏酒销售
预约参观
年产量 160 000 瓶
葡萄种植面积 23 公顷

作为特伦蒂诺（Trentino）酒区的元老级人物，雷奈洛（Leonello Nello Letrari）酿过接近70个年份的葡萄酒，而且现在他还负责一线工作，虽然他几年前就已经把酒庄全权交给他的孩子们管理。卢西亚（Lucia）目前负责酿酒，保罗（Paolo）专注销售。生性果断的雷奈洛（Leonello）耐心接受新事物，并为葡萄酒未来的发展方向深谋远虑。他的孩子们继承了他对葡萄园和酿酒的热爱，尤其是特雷托起泡酒（Trentodoc）的酿造，全家人总是全神贯注于其中。乐特利（Letrari)系列的葡萄酒风格与香味息息相关，几乎所有品类的葡萄酒都芳香四溢，无论是柑橘、烤榛还是月桂的芳香，都是精妙无比，越酿越醇。陈酿特伦托2008（Trento Riserva 2008）当之无愧地获得“三杯奖”殊荣，它具有各种花卉的混合香味，清新得让人沉醉。他们也不局限于起泡酒，我们可以从波尔多混酿巴利斯塔路2008（Ballistarius 2008）看到，比往年更加优雅，更加有力量。

○ Trento Brut Letrari Ris. '08	🍷🍷🍷 5
○ Trento Riserva del Fondatore '03	🍷🍷 8
● Ballistarius '08	🍷🍷 5
● Trentino Cabernet Franc '08	🍷🍷 5
● Trentino Marzemino Sel. '12	🍷🍷 5
○ Trento Brut Letrari '10	🍷🍷 5
○ Trento Dosaggio Zero '10	🍷🍷 5
○ Fossa Bandita '12	🍷 3
⊙ Trento Brut Rosé '10	🍷 5
○ Trento Brut Letrari Ris. '07	🍸🍸🍸 5
○ Trento Brut Letrari Ris. '05	🍸🍸🍸 5
○ Trento Brut Ris. '06	🍸🍸🍸 5
● Ballistarius '07	🍸🍸 5
○ Trento Dosaggio Zero '07	🍸🍸 4
○ Trento Dosaggio Zero Ris. '07	🍸🍸 5
○ Trento Riserva del Fondatore 976 '01	🍸🍸 8

MezzaCorona

via del Teroldego, 1
38016 Mezzocorona [TN]
Tel. 0461616399
www.mezzacorona.it

藏酒销售
预约参观
年产量 30 000 000 瓶
葡萄种植面积 2 800 公顷

在意大利甚至在全世界，麦扎科罗娜（Mezzacorona）都是力量和优雅的的化身，倍受尊重的巨人。从葡萄园的管理监控、近1500名特伦蒂诺（Trentino）种植者，到生产线多样化，几乎在每个领域都拥有最先进的设施，酒庄的销售和经营活动已扩充至西西里岛（Sicily）。高质量的葡萄酒也是优质土壤的体现。从灰皮诺（Pinot Grigio）、特雷托起泡酒（Trentodoc），到特洛德高（Teroldego），高产量和优良的葡萄酒让他们在市场上占有重要的地位。特伦托•洛塔利2006（Trento Rotari Flavio 2006）是麦扎科罗娜（Mezzacorona）酒，让“三杯奖”品鉴团最感兴趣、最印象深刻的一款酒。这种纯特伦托（Trento）由莎当尼葡萄（Chardonnay）专门酿制而成，并长期储存在背风处。其强烈的色调加上独特的杏香，使其口感格外细腻，充实持久。作为特伦蒂诺（Trentino）的典型代表，这个品类的特洛德高（Teroldego）让人念念不忘。

○ Trento Rotari Flavio Ris. '06	🍷🍷🍷 5
● Teroldego Rotaliano Ris. '10	🍷🍷 4
○ Trentino Chardonnay Castel Firmian '12	🍷🍷 3
● Trentino Lagrein Castel Firmian '11	🍷🍷 4
○ Trentino Traminer Castel Firmian '12	🍷🍷 3
○ Trento Extra Brut AlpeRegis '07	🍷🍷 5
● Teroldego Rotaliano Castel Firmian '11	🍷 3
● Trentino Marzemino Castel Firmian '12	🍷 3
○ Trentino Nosiola Castel Firmian '12	🍷 3
○ Trentino Pinot Grigio Castel Firmian '12	🍷 3
● Trentino Pinot Nero Castel Firmian '11	🍷 3
○ Trento Rotari Cuvée 28°	🍷 4
⊙ Trento Rotari Rosé	🍷 4
● Teroldego Rotaliano Nos Ris. '04	🍸🍸🍸 5
● Teroldego Rotaliano Nos '07	🍸🍸 5

Casata Monfort Maso Cantanghel

via Carlo Sette , 21
38015 Lavis [TN]
Tel. 0461246353
www.cantinemonfort.it

藏酒销售
预约参观
年产量 150 000 瓶
葡萄种植面积 40 公顷

蒙福特•玛索坎堂厄尔（Monfort-Maso Cantanghel）的核心在拉维斯（Lavis），它在特伦托和瓦尔苏加纳（Valsugana）之间的安迪杰•瓦尔（Val d'Adige ）山坡，沿着斯塔达（Strada dei Forti），那里有很多葡萄园。位于高海拔的西蒙尼斯（Simonis），是第一次世界大战时期哈布斯堡家族（Habsburgs）在坎探格（Cantanghel)建造的军事防御基地，现已转变为酒庄。他们高度重视传统葡萄酒和老式葡萄品种，如万得巴拉（Wanderbara）、圣劳伦（San laurent）、维纳泽罗萨托（Veltriner rosato）和维纳扎（Vernaza)，尤其是他们最为得意的酒——黑皮诺（Pinot Nero），都是从这里出品。这里出品的两个品牌的多种品类的葡萄酒均带有地方特色。一种是在拉维斯（Lavis）生产的特伦托白（Trento）葡萄酒，花香四溢，成熟口感丝滑，有水果的气息；另一种是优雅的黑皮诺（Pinot Nero）玛索•坎堂厄尔2010（Maso Cantanghel 2010），风格浓郁给人全新的口感。索塔萨特酿2011（Sotsaa Cuvée2011）则是由莎当尼（Chardonnay）和苏维翁（Sauvignon）完美调和而成，闻起来有柑橘和柠檬的味道，喝起来口感更加迷人。

○ Sauvignon V. Piccola Maso Cantanghel '12	🍷🍷 3
○ Sotsas Cuvée '11	🍷🍷 3
○ Trentino Gewürztraminer Casata Monfort '12	🍷🍷 3
○ Trentino Müller Thurgau Casata Monfort '12	🍷🍷 2*
● Trentino Pinot Nero Maso Cantanghel '10	🍷🍷 3
○ Trento Brut Monfort '10	🍷🍷 4
○ Blanc de Sers '11	🍷 3
⊙ Trento Monfort Rosé '09	🍷 4
○ Blanc de Sers '10	🍷🍷 2*
○ Moscato Giallo '10	🍷🍷 3
○ Sotsas Cuvée '11	🍷🍷 3
● Trentino Lagrein '09	🍷🍷 3
● Trentino Pinot Nero '09	🍷🍷 3

Opera Vitivinicola in ValdiCembra

fraz. Verla
via Tre Novembre , 8
38030 Giovo [TN]
Tel. 0461684302
www.operavaldicembra.it

藏酒销售
预约参观
年产量 60 000瓶
葡萄种植面积 15 公顷

远处眺望琴布拉山谷（Cembra valley），可以清楚地看到葡萄园坐落在砌墙梯田和令人眼花缭乱的斜坡上，还有钢材、树林、玻璃和斑岩等组成的地窖，这对特雷托起泡酒（Trentodoc）的发展恰到好处，这些是由两个当地热情的商人于2006年设立，梅特多经典（Metodo Classico）的特质加上山谷葡萄的酿制使它迅速得名。酿造的每个阶段都严格把关，对葡萄的精挑细选和严格的酿酒技术让人惊叹。三个品种的特伦托（Trento）——尤其是桃红（Rosé），由单一黑皮诺（Pinot Nero）酿成，真实反映出高山风格，呈现出歌剧式的品质保证。精调的黑中白香槟（Blanc de Noirs）拥有红色的色调，闻起来有棉花糖的味道，让人兴致勃勃。

⊙ Trento Brut Rosé Noir '09	🍷🍷 5
⊙ Trento Brut Rosé	🍷🍷 5
○ Trento Nature '08	🍷🍷 4

Pojer & Sandri

loc. Molini, 4
38010 Faedo [TN]
Tel. 0461650342
www.pojeresandri.it

藏酒销售
预约参观
膳宿接待
年产量 250 000 瓶
葡萄种植面积 26 公顷
葡萄栽培方式 有机认证

马里奥•波捷（Mario Pojer）的专业和佛洛伦蒂诺•桑德里（Fiorentino Sandri）的农艺智慧已经历40年的风雨，其创新的葡萄种植模式、高超的酿酒技术和专业的酒庄管理依旧不衰。他们勇于面对挑战，首先是穆勒•图高（Müller-Thurgau），接着加强型酒（Fortified Wines），甚至低度酒，下一个挑战则是零度酒。他们各种极端的尝试展现出他们的敢于创新，敢于研究任何葡萄酒的酿造法——从醋饮到经典方法。黑皮诺（Pinot Nero）最难酿造和改进，而这正是马里奥波捷（Mario Pojer）这个著名酒庄的酿酒灵魂所在，他们不断创新，激情永在。他的努力得到了2009年的“三杯奖”的肯定——葡萄酒罕见的优雅与大众的完美结合，恰到好处的酸度，柔软丝滑，所特有的绿色让它与众不同。

● Pinot Nero Rodel Pianezzi '09	🍷🍷🍷 5
○ Bianco Faye '10	🍷🍷 5
● Rosso Faye '10	🍷🍷 6
○ Palai '12	🍷🍷 3
⊙ Pojer & Sandri Rosé	🍷🍷 6
○ Besler Biank '08	🍷 3
○ Filii	🍷 2
● Pinot Nero '12	🍷 4
○ Sauvignon '12	🍷 4
○ Bianco Faye '08	🍸🍸🍸 5
○ Bianco Faye '01	🍸🍸🍸 5
● Rosso Faye '05	🍸🍸🍸 5
● Rosso Faye '00	🍸🍸🍸 5
○ Besler Biank '07	🍸🍸 4
○ Bianco Faye '09	🍸🍸 5
● Rosso Faye '09	🍸🍸 5

Pravis

loc. Le Biolche, 1
38076 Lasino [TN]
Tel. 0461564305
www.pravis.it

藏酒销售
预约参观
年产量 200 000 瓶
葡萄种植面积 32 公顷

朱莉娅•佩德里尼（Giulia Pedrini）、阿莱西奥•切斯特（Alessio Chistè）、艾丽卡（Erika）和爱丽丝•扎巴拉达（Alice Zambarda）是这个酒庄的创始人——三个好朋友的后代。作为酿酒家，艾丽卡和朱莉娅•佩德里尼完全参与到酒庄的管理中，而农学家阿莱西奥（Alessio）专注于葡萄种植，生物学家爱丽丝（Alice）则专门负责研究收获和采摘。他们经验丰富，甘于奉献。葡萄园坐落于面对着白云石山脉（Dolomites）的加尔达湖泊（Garda）和山谷之间，依旧保留完好。弗塔格兰达2010（Fratagranda 2010）连续三年荣获“三杯奖”，这是一款直率的葡萄酒，散发年轻的红色浆果味道，口感丰腴，平衡的单宁和酸度，天然去修饰。非同寻常、口感圆润的斯塔维诺2010（Stravino di Stravino 2010）则是由部分过于成熟的葡萄在皂荚木中酿制而成。

● Fratagranda '10	🍷🍷🍷 4*
○ Stravino di Stravino '10	🍷🍷 4
○ L'Ora '10	🍷🍷 4
○ Nosiola Le Frate '12	🍷🍷 2*
● Syrae '09	🍷🍷 4
○ Kerner '12	🍷 2
● Naran Cortis '12	🍷 3
○ Sauvignon Teramara '12	🍷 3
● Fratagranda '09	🍸🍸🍸 4*
● Fratagranda '07	🍸🍸🍸 4
○ Stravino di Stravino '99	🍸🍸🍸 4*
○ L'Ora '05	🍸🍸 4
● Pinot nero Madruzzo '08	🍸🍸 4
○ Soliva '06	🍸🍸 5
○ Stravino di Stravino '09	🍸🍸 4
○ Stravino di Stravino '07	🍸🍸 4

Cantina Rotaliana

via Trento, 65b
38017 Mezzolombardo [TN]
Tel. 0461601010
www.cantinarotaliana.it

藏酒销售
预约参观
年产量 1 000 000 瓶
葡萄种植面积 330 公顷

这里是特洛德高（Teroldego）之家，卡波龙塔利诺（Campo Rotaliano）的招牌酒。联营使它无论是在质量还是在数量上都遥遥领先。健壮的种植人员在山坡的葡萄园中辛勤劳作。为酿造新的挑战——特雷托起泡酒（Trentodoc）而种植白葡萄。他们品种多样，价格合理，产品让人信心十足。莱昂纳多皮拉蒂（Leonardo Pilati）是这家联营酒庄的经理，推出多个种类的葡萄酒，从特伦托•雷多（Trento Redor）到多种特洛德高（Teroldego）。在保证特洛德高（Teroldego）供应充足、潜力无限的同时，仅在最佳年份酿造的瑟苏拉（Clesurae)也是风光无限。我们觉得依帝彻塔（Etichetta Rossa) 和整个系列的白葡萄酒都有着良好的性价比。

● Teroldego Rotaliano Clesurae '10	▼▼ 6
○ Trentino Pinot Bianco '12	▼▼ 2*
○ Trento Brut Redor Ris. '07	▼▼ 5
● Teroldego Rotaliano Et. Rossa '12	▼ 2
○ Trentino Chardonnay '12	▼ 2
○ Trentino Gewürztraminer '12	▼ 3
● Trentino Lagrein '12	▼ 2
○ Trentino Pinot Grigio '12	▼ 2
● Teroldego Rotaliano Clesurae '06	▽▽▽ 5
● Teroldego Rotaliano Clesurae '02	▽▽▽ 5
● Teroldego Rotaliano Ris. '04	▽▽▽ 3
● Teroldego Rotaliano Clesurae '09	▽▽ 5
● Teroldego Rotaliano Clesurae '07	▽▽ 5
○ Thamè Bianco '11	▽▽ 3
○ Trento Brut Redor Ris. '06	▽▽ 5

★Tenuta San Leonardo

fraz. Borghetto all'Adige
loc. San Leonardo
38060 Avio [TN]
Tel. 0464689004
www.sanleonardo.it

藏酒销售
预约参观
年产量 180 000 瓶
葡萄种植面积 25 公顷

充满魅力、优雅以及不可否认的质量是酒庄的标志，酒庄由卡洛侯爵（Marchese Carlo Guerrieri Gonzaga）家族经营。他们主要的目标是尊重、保护、传承坎皮•萨尼（Campi Sarni）当地风土，这里的酿酒史始于1000年前，酿酒质量始终如一，尤其是圣乐纳多（San Leonardo）。儿子安塞尔莫（Anselmo）也参与到酒庄的管理事务中，和一群专业的员工一起生产能够使生活更美好的葡萄酒。圣莱昂纳多2008（San Leonardo 2008）还需在瓶中陈化，因此由唯一的卡蒙奈雷2007（Carmenère 2007）代表酒庄展示他们的独特魅力和突出品质。该酒产量仅仅几千瓶，都是大瓶装，将于2013年年末在市场发售。该酒呈现浓郁暗红色泽，散发香料味道，混合淡淡铅笔芯和浆果类气息，回味悠长。我们同样喜欢维拉格雷帝2008（Villa Gresti 2008）。

● Carmenère '07	▼▼▼ 8
● Terre di San Leonardo '10	▼▼ 3
○ Vette di San Leonardo '12	▼▼ 3
● Villa Gresti '08	▼▼ 5
● San Leonardo '07	▽▽▽ 7
● San Leonardo '06	▽▽▽ 7
● San Leonardo '05	▽▽▽ 7
● San Leonardo '04	▽▽▽ 7
● San Leonardo '03	▽▽▽ 7
● San Leonardo '01	▽▽▽ 7
● San Leonardo '00	▽▽▽ 7
● San Leonardo '99	▽▽▽ 7
● San Leonardo '97	▽▽▽ 7
● Villa Gresti '03	▽▽▽ 6
● Terre di San Leonardo '09	▽▽ 3
● Villa Gresti '07	▽▽ 5

Istituto Agrario Provinciale San Michele all'Adige

via Edmondo Mach, 1
38010 San Michele all'Adige [TN]
Tel. 0461615252
www.ismaa.it

藏酒销售
预约参观
年产量 250 000 瓶
葡萄种植面积 60 公顷
葡萄栽培方式 有机认证

学院按照传统不断研究葡萄栽培和葡萄酒的酿造，已持续了一个多世纪。通过一系列专业课程，吸引了一大批学生，并培养出无数的酿酒家、葡萄种植专家。目前它已发展成专业酿酒的学院，通过生物学技术和动力学的实践，它完全有能力为酿造葡萄酒培养出具有专业知识的酿酒家。爱穆德（Edmund Mach）致力于学院建设，而他自己也亲身投入实践。酒庄经理恩里克•帕特诺斯特（Enrico Paternoster）遵从了葡萄酒固有的本色。多层次的2008年份酒仍在继续改进，并随着时间的增长越发完美。气泡酒、白葡萄酒和红葡萄酒也会越来越出色。

● Trentino Pinot Nero Monastero '10	🍷🍷	6
○ Trento Mach Riserva del Fondatore '08	🍷🍷	5
● Trentino Cabernet Franc Monastero '10	▼▼	3
○ Trentino Müller Thurgau '12	▼▼	3
○ Trentino Sauvignon '12	▼▼	3
○ Trentino Manzoni Bianco '12	▼	3
○ Trentino Traminer Aromatico '12	▼	3
○ Trento Mach Riserva del Fondatore '07	▽▽▽	5
○ Trento Mach Riserva del Fondatore '04	▽▽▽	5
○ Trentino Müller Thurgau Monastero '10	▽▽	3
○ Trentino Pinot Bianco '09	▽▽	2*
● Trentino Pinot Nero '09	▽▽	6
○ Trentino Riesling Monastero '11	▽▽	5
○ Trentino Sauvignon Monastero '10	▽▽	3

Armando Simoncelli

via Navicello, 7
38068 Rovereto [TN]
Tel. 0464432373
www.simoncelli.it

藏酒销售
预约参观
年产量 90 000 瓶
葡萄种植面积 10.5 公顷

葡萄园位于阿迪杰（Adige）河沿岸的冲积扇梯田，那里的罗韦雷托（Rovereto）港口自17世纪中期就已经十分繁荣。阿曼德（Armando Simoncelli）作为一位传奇的葡萄酒酿酒专家，亲自照料葡萄，几年前孩子们也加入葡萄酒酿制工作中。该地区以红葡萄著名，尤其是玛泽米诺（Marzemino）和赤霞珠•圣乔维斯（Cabernet Sauvignon），当然特伦蒂诺区（Trentino）的其他珍贵品种如白皮诺（Pinot Bianco)也颇受青睐。酒庄所酿葡萄酒呈现乡村风格，尤其是真实反映玛泽米诺（Marzemino）和斯查瓦（Schiava）的特色，与此同时，酒庄也投入很多心思在波尔多混酿纳维萨尔（Navesèl）上，以丰富的成熟水果味道著称。玛泽米诺（Marzemino）总是必不可缺。而斯查瓦（Schiava）是我们在该地区品尝到的最出色的葡萄酒之一。

● Trentino Marzemino '12	▼▼	2*
● Trentino Rosso Navesèl '10	▼▼	3
○ Trento Brut '10	▼▼	4
● Vallagarina Schiava '12	▼▼	2*
● Trentino Cabernet Franc '11	▼	3
○ Trentino Pinot Bianco '12	▼	3
● Trentino Marzemino '11	▽▽	2*
○ Trentino Pinot Bianco '11	▽▽	3
● Trentino Rosso Navesèl '08	▽▽	3
● Trentino Rosso Navesèl '07	▽▽	3
● Trentino Rosso Navesèl '06	▽▽	3
○ Trento Brut '09	▽▽	4

Vallarom

FRAZ. MAS, 21
38063 AVIO [TN]
TEL. 0464684297
www.vallarom.it

藏酒销售
预约参观
年产量 45 000 瓶
葡萄种植面积 7 公顷
葡萄栽培方式 有机认证

当我们见到巴贝拉（Barbara）和飞利浦•塞恩扎（Filippo Scienza）的时候，他们正辛勤工作，但是仍然很乐意跟我们谈谈他们对葡萄酒未来的看法，他们觉得葡萄酒是我们生活必不可缺的，葡萄酒也是大自然对种植者的恩赐。他们深思熟虑地选择这种生活方式，在尊重自然的前提下，在花园般的葡萄园中致力于葡萄酒的生产。他们的目的在于恢复本地品种，保护葡萄园中近百年历史的葡萄树。开放、乐观、快乐，正是这两个葡萄种植人的价值体现。无与伦比的葡萄酒展现了其质量的加强：葡萄架间的辛勤劳作和地窖中的发酵造就了黑皮诺2012（Pinot Nero 2010）。这里的葡萄种植可以追溯到11世纪，正是有了时间的沉淀，才有了波尔多混酿坎皮萨尼2010（Campi Sarni 2010）的独具个性的风味。赤霞珠 2010（Cabernet 2010）清新丰满的风味让人痴迷。莫斯卡托（Moscato）酿成的特雷塔利2012（Trentatrè 2012）也同样如此。

● Cabernet Sauvignon '10	YY	3
● Campi Sarni Rosso '10	YY	4
● Pinot Nero '10	YY	4
● Trentino Marzemino '12	YY	3
○ Vo' Dosaggio Zero '10	YY	4
○ Trentatrè '12	Y	3
⊙ Vo' Rosé Dosaggio Zero '10	Y	4
● Cabernet Sauvignon '09	YY	3
● Campi Sarni Rosso '05	YY	4
○ Chardonnay Vign. Casetta '06	YY	3
○ Enantio '11	YY	3
● Lambrusco a Foglia Frastagliata Enantio '11	YY	3
● Pinot Nero '09	YY	4
● Syrah '10	YY	5
● Trentino Marzemino '12	YY	3

Roberto Zeni

FRAZ. GRUMO
VIA STRETTA, 2
38010 SAN MICHELE ALL'ADIGE [TN]
TEL. 0461650456
www.zeni.tn.it

藏酒销售
预约参观
年产量 190 000 瓶
葡萄种植面积 20 公顷

安德里亚（Andrea）和罗伯托泽尼（Roberto Zeni）是现代特伦蒂诺（Trentino）酿造业最具影响力的人物，而年轻的泽尼（Zenis）进步飞速，仅仅用了几年的时间，规模就几乎和他们父辈受人尊敬的专家们持平了。现在，虽然已从事酿酒业40余年，他们乐意为了他们的子孙退居二线。他们正不断地改变，其中一个顶级计划便是由表兄弟鲁迪（Rudy）、马蒂亚（Mattia）、维罗妮卡（Veronica）和马西莫（Massimo）共同经营的斯奇瓦佐夫（Schwarzhof）农场。它位于非常险峻的拉维斯山（Lavis）上，用于种植非同寻常的混合品种的葡萄，并用来生产高档酒。特洛德高•皮尼2009（Teroldego Pini 2009）在其科目击败所有对手，甚至战胜了酒庄的其他明星产品——优秀、杰出的特洛德郭2011（Teroldego Ternet 2011），这是鲁迪泽尼（Roberto Zeni）的小儿子鲁迪（Rudy）在玛索•斯奇瓦佐夫（Maso Schwarzhof）精心酿造的。在特奈特（Ternet）和皮尼（Pini）的对比中，虽然酒龄有点长，由于较好的年份，用熟透了的葡萄酿造的结果，呈现给我们一款风格明晰集中的葡萄酒，不会厌腻。

● Teroldego Rotaliano Pini '09	YYY	6
● Ternet Schwarzhof '11	YY	5
● Teroldego Rotaliano Le Albere '11	YY	3*
○ Trentino Chardonnay Vign. Zaraosti '10	YY	2*
○ Trentino Nosiola Palustella '12	YY	3
● Trentino Pinot Nero Spiazol '10	YY	4
○ Trento Maso Nero Dosaggio Zero '10	YY	5
⊙ Trento Maso Nero Rosé '08	YY	5
● Trentino Moscato Rosa '11	Y	4
○ Trentino Müller Thurgau '12	Y	2
○ Trentino Pinot Bianco Sei Pergole '12	Y	2
○ Trentino Sauvignon Piazzole '12	Y	3
● Ternet Schwarzhof '10	YYY	5
● Teroldego Rotaliano Pini '08	YY	6
● Trentino Pinot Nero Spiazol '09	YY	4
○ Trento Maso Nero '05	YY	5

Acino d'Oro

FRAZ. BORGHETTO ALL'ADIGE
LOC. SAN LEONARDO, 3
38060 AVIO [TN]
TEL. 0464689004

年产量 180 000 瓶
葡萄种植面积 25 公顷

- ● Villa Imperiale '10 ŸŸ 2*

Cantina Aldeno

VIA ROMA, 76
38060 ALDENO [TN]
TEL. 0461842511
www.cantina-aldeno.it

藏酒销售
预约参观
年产量 240 000 瓶
葡萄种植面积 339 公顷

- ○ Trento Brut Altinum ŸŸ 4
- ● Trentino Lagrein Atesim Flumen '11 Ÿ 3
- ● Trentino Merlot Althesin Flumen '11 Ÿ 2
- ● Trentino Pinot Nero '11 Ÿ 3

Bolognani

VIA STAZIONE, 19
38015 LAVIS [TN]
TEL. 0461246354
www.bolognani.com

藏酒销售
预约参观
年产量 60 000 瓶
葡萄种植面积 4.4 公顷

- ● Teroldego Armilo '11 ŸŸ 3
- ○ Trentino Traminer Aromatico Sanròc '11 ŸŸ 3
- ○ Moscato Giallo '12 Ÿ 3
- ○ Pinot Grigio '12 Ÿ 2

Conti Bossi Fedrigotti

VIA UNIONE, 43
38068 ROVERETO [TN]
TEL. 0456832511
www.fedrigotti.it

藏酒销售
预约参观
年产量 160 000 瓶
葡萄种植面积 40 公顷

- ● Fojaneghe Rosso '10 ŸŸ 5
- ● Mas'est '11 Ÿ 3

De Tarczal

FRAZ. MARANO D'ISERA
VIA G. B. MIORI, 4
38060 ISERA [TN]
TEL. 0464409134
www.detarczal.com

藏酒销售
预约参观
餐饮招待
年产量 120 000 瓶
葡萄种植面积 17 公顷

- ● Trentino Marzemino d'Isera Sup. '10 ŸŸ 3
- ● Trentino Cabernet Franc '08 Ÿ 3

Donatoni

LOC. MASI, 6
38063 AVIO [TN]
TEL. 3316320238
www.donatoniwines.i

葡萄种植面积 10 公顷

- ● Terra dei Forti Coletto Ris. '08 ŸŸ 4
- ● Massenà '11 ŸŸ 3
- ● Terra dei Forti Guglia '09 ŸŸ 4

Cipriano Fedrizzi

VIA 4 NOVEMBRE, 1
38017 MEZZOLOMBARDO [TN]
TEL. 0461602328
fedrizzicipriano@alice.it

藏酒销售
预约参观
年产量 32 000 瓶
葡萄种植面积 6.5 公顷

- ● Teroldego Rotaliano Teroldigo '11 — 🍷🍷 3
- ● Teroldego Rotaliano Due Vigneti '11 — 🍷 5

Francesco Moser

FRAZ. MEANO
VIA CASTEL DI GARDOLO, 5
38121 TRENTO
TEL. 0461990786
www.cantinemoser.com

藏酒销售
预约参观
参观设施
年产量 100 000 瓶
葡萄种植面积 10 公顷

- ○ 51'151 '10 — 🍷🍷 5
- ○ Riesling '12 — 🍷🍷 3
- ○ Gewürztraminer '12 — 🍷 3
- ● Lagrein Dea Mater '11 — 🍷 3

Grigolli

VIA SAN BERNARDINO, 10
38065 MORI [TN]
TEL. 3471608619
www.grigollibruno.it

年产量 11 000 瓶
葡萄种植面积 5 公顷

- ● Trentino Rosso Trilogia '07 — 🍷🍷 5
- ● Trentino Rosso Germano '07 — 🍷🍷 4

Maso Martis

LOC. MARTIGNANO
VIA DELL'ALBERA, 52
38121 TRENTO
TEL. 0461821057
www.masomartis.it

藏酒销售
预约参观
年产量 65 000 瓶
葡萄种植面积 12 公顷
葡萄栽培方式 有机认证

- ○ Trento Brut Ris. '07 — 🍷🍷 5
- ○ Trento Dosaggio Zero '10 — 🍷🍷 5
- ○ Trentino Chardonnay L'Incanto '09 — 🍷 3
- ⊙ Trento Brut Rosé — 🍷 5

Pisoni

LOC. SARCHE
FRAZ. PERGOLESE DI LASINO
VIA SAN SIRO, 7A
38076 LASINO [TN]
TEL. 0461564106
www.pisoni.net

藏酒销售
预约参观
年产量 23 500 瓶
葡萄种植面积 16 公顷

- ○ Trento Brut '09 — 🍷🍷 4
- ⊙ Trento Brut Rosé '10 — 🍷🍷 5
- ○ Trento Extra Brut Ris. '07 — 🍷🍷 5

Francesco Poli

LOC. SANTA MASSENZA
VIA DEL LAGO, 13
38070 VEZZANO [TN]
TEL. 0461340090
www.francescopoli.it

藏酒销售
年产量 28 000瓶
葡萄种植面积 6.5 公顷
葡萄栽培方式 有机认证

- ● Trentino Lagrein V. Le Vallette '10 — 🍷🍷 3
- ○ Trentino Nosiola V. Sottovi '12 — 🍷 2

Revì

via Florida, 10
38060 Aldeno [TN]
Tel. 0461842557
www.revispumanti.com

藏酒销售
预约参观
年产量 13 000 瓶
葡萄种植面积 1.7 公顷

○ Trento Extra Brut Bio Revì Paladino '09	🍷🍷 7
○ Trento Brut Revì '09	🍷🍷 4
○ Trento Dosaggio Zero Revì '09	🍷🍷 5
⊙ Trento Rosé Revì '09	🍷🍷 5

Arcangelo Sandri

via Vanegge, 4a
38010 Faedo [TN]
Tel. 0461650935
www.arcangelosandri.it

藏酒销售
预约参观
年产量 20 000 瓶
葡萄种植面积 3 公顷

○ Trentino Chardonnay I Canopi '12	🍷🍷 2*
● Trentino Lagrein Capòr Ris. '10	🍷 3
○ Trentino Müller Thurgau Cosler '12	🍷 2
○ Trentino Traminer Razer '12	🍷 2

Alessandro Secchi

fraz. Serravalle all'Adige
loc. Colleri, 10
38061 Ala [TN]
Tel. 0464696647
www.secchivini.it

藏酒销售
预约参观
年产量 40 000 瓶
葡萄种植面积 12 公顷

● Trentino Cabernet Sauvignon '11	🍷🍷 4
● Trentino Lagrein Cinabro '10	🍷 3
● Trentino Marzemino '12	🍷 4
● Trentino Merlot '10	🍷 4

Toblino

fraz. Sarche
via Longa, 1
38070 Calavino [TN]
Tel. 0461564168
www.toblino.it

藏酒销售
预约参观
餐饮接待
年产量 400 000 瓶
葡萄种植面积 700 公顷

● Elimarò '09	🍷🍷 3
○ Trento Brut Antàres '09	🍷🍷 3
○ L'Ora '10	🍷 3
○ Manzoni Bianco '12	🍷 2

Villa Corniole

fraz. Verla
via al Grec', 23
38030 Giovo [TN]
Tel. 0461695067
www.villacorniole.com

藏酒销售
预约参观
年产量 60 000 瓶
葡萄种植面积 4 公顷

○ Salìsa '09	🍷🍷 5
● Trentino Lagrein Petramontis '11	🍷🍷 3
● Trentino Cabernet Sauvignon Gregiòti '09	🍷 5
○ Trentino Müller Thurgau Petramontis '12	🍷 3

Zanotelli

v.le 4 Novembre, 52
38034 Cembra [TN]
Tel. 0461683131
www.zanotelliwines.com

藏酒销售
预约参观
年产量 40 000 瓶
葡萄种植面积 11 公顷

● Trentino Pinot Nero Le Strope '10	🍷🍷 3
○ Trentino Riesling Le Strope '12	🍷🍷 3
○ Trento Brut Forneri	🍷🍷 4
○ Trentino Müller Thurgau '12	🍷 2-

阿尔托-阿迪杰区

ALTO ADIGE

此时此地，这片成功的产区在区域专业化方面作出努力的同时，也准备在将来以质的飞跃来彰显它所在山区酿造的独特风味的酒。在这个版本的《年鉴》中，白皮诺（Pinot Bianco）在各个方面都彰显着本土特色，因为它能以良好的适应能力和精细度彰显不同产地的特色，它获得了比以前任何一届更多的“三杯奖”（Tre Bicchieri）。上一版的《年鉴》中已经提到，它能体现出不同地区的细腻特性：烟雾弥漫的瓦尔维诺斯塔（Val Venosta），泥土多煤的阿皮亚诺地区（Appiano），微妙而长生的特尔拉诺（Terlano）。特拉尼地区（Termeno）的琼瑶浆（Gewürztraminer）同样品质卓越别有风味，瓦尔维诺斯塔（Val Venosta）和其他地区的雷司令（Riesling）的品质令人惊讶。艾萨卡塔尔（Eisacktal）同样别具特色，酒品口味锋利无比。阿尔托-阿迪杰区（Alto Adige）也许能成为整个半岛的标杆，随着它的发展，显示了它对陈酿葡萄酒的重要性和越来越强的复杂特性。这个产区在其他方面同样个性强烈，或许是因为在地域上与德国文化比较接近，它在相当长一段时间内是用酒瓶盖代替软木塞。酒庄凭借它们多年的尝试，现在已经可以保证生产可靠并具有说服力的产品。阿尔托-阿迪杰区红酒的区域性生产同样很重要。在此之前有两个重要的方面需要思考，一是对施基亚瓦（Schiava）价值的认识，它正致力于从葡萄园开始保证最佳的品质，被公认为是一款伟大的葡萄酒。二是对国际葡萄品种的彰显，首屈一指的便是苏维翁（Sauvignon），它酒品深邃时尚，具有令人难以置信的发展潜力。它的技术支撑来源于负责任地使用小木桶酿造。最后，我们将谈到一个常见但是被低估的品种：灰皮诺（Pinot Grigio）。年复一年，我们将看到它越来越明确的定义，它将有说服力地阐释出惊人的优雅和高贵的品质。

★Abbazia di Novacella

FRAZ. NOVACELLA
VIA DELL'ABBAZIA, 1
39040 VARNA/VAHRN [BZ]
TEL. 0472836189
www.abbazianovacella.it

藏酒销售
预约参观
膳宿接待
年产量 650 000 瓶
葡萄种植面积 20 公顷

阿巴齐亚酒庄（Abbazia di Novacella）建于1142年，俨然成为当地的历史博物馆，展示了建筑与艺术结合的美感。酒庄的建筑风格与葡萄酒密切相关，同时也是奥古斯丁修道院（Augustinian Abbey）的重要组成部分。克拉贝斯博格（Urban Von Klebelsberg）是一位充满活力、精力充沛的庄主；切莱斯蒂诺（Celestino Lucin）则是一位性情随和、能力卓越的酿酒师。他们是阿巴齐亚酒庄（Abbazia）迈向成功的背后功臣。酒庄主要种有威莱•伊萨尔科（Valle Isarco）的白葡萄品种，比如雷司令（Riesling）、斐特丽娜（Veltliner）、科内尔（Kerner）和希瓦那（Sylvaner），还有产自自家葡萄园博尔扎诺（Bolzano）和考那亚诺（Cornaiano）的红葡萄。帕拉波斯图（Praepositus）这一系列的酒一如既往的好。希尔瓦那葡萄酒2012（Sylvaner 2012）今年获得“三杯奖”（Tre Bicchieri），它有着甜瓜、香料以及柔和的鲜花香气，回味香甜久远。此外，雷司令2012（Riesling2012）有矿物的味道。黑皮诺陈酿2010（Pinot Nero Riserva 2010）口感简朴，但酸度可人。维特利纳2012（Veltliner 2012）酒体丰满，干爽。

○ A. A. Valle Isarco Sylvaner Praepositus '12	🍷🍷🍷 4*
● A. A. Pinot Nero Praepositus Ris. '10	🍷🍷 4
○ A. A. Valle Isarco Riesling Praepositus '12	🍷🍷 4
● A. A. Lagrein Praepositus Ris. '10	🍷🍷 5
○ A. A. Valle Isarco Kerner Praepositus '12	🍷🍷 4
○ A. A. Valle Isarco Sylvaner '12	🍷🍷 3
○ A. A. Valle Isarco Veltliner '12	🍷🍷 3
○ A. A. Valle Isarco Veltliner Praepositus '12	🍷🍷 3
○ A. A. Valle Isarco Müller Thurgau '12	🍷 3
○ A. A. Valle Isarco Pinot Grigio '12	🍷 3
○ A. A. Valle Isarco Riesling Praepositus '09	🍷🍷🍷 5
○ A. A. Valle Isarco Riesling Praepositus '08	🍷🍷🍷 5

Baron Widmann

ENDERGASSE, 3
39040 CORTACCIA/KURTATSCH [BZ]
TEL. 0471880092
www.baron-widmann.it

藏酒销售
预约参观
年产量 35 000 瓶
葡萄种植面积 15 公顷

安德里亚斯•威德曼（Andreas Widmann）是一位富有魅力的农场主大亨，他继承了自中世纪以来浪漫的哈姆雷特式的歌塔希（Cortaccia）悠久传统。他是如此彬彬有礼，把酒庄打理得头头是道，酒窖、葡萄园都被细心照料，从而保证酒庄的高品质出品。葡萄酒的风格充分反映出酒庄对葡萄种植和酿酒技术有足够的信心。白皮诺（Pinot Bianco）、琼瑶浆（Gewürztraminer）、罗特（Rot）、苏维翁（Sauvignon）、魏斯（Weiss）和施基亚瓦（Schiava）实在优秀，优雅朴素，个性独立。再一次地，魏斯2012（Weiss 2012）进入到最后的一轮品鉴，酒体丰满坚硕，直接而优雅地给予我们缓缓的矿物、橘子类的香气。

○ Vigneto delle Dolomiti Bianco Weiss '12	🍷🍷 5
○ A. A. Sauvignon '12	🍷🍷 3
● A. A. Schiava '12	🍷🍷 3
● Vigneto delle Dolomiti Rosso Rot '11	🍷 4
A. A. Cabernet-Merlot Auhof '97	🍷🍷🍷 4*
○ Vigneto delle Dolomiti Bianco Weiss '11	🍷🍷🍷 5
○ A. A. Sauvignon '10	🍷🍷 3*
● A. A. Schiava '11	🍷🍷 2*
● A. A. Schiava '10	🍷🍷 2*
○ Vigneto delle Dolomiti Bianco Weiss '10	🍷🍷 5
● Vigneto delle Dolomiti Rosso Rot '10	🍷🍷 4
● Vigneto delle Dolomiti Rosso Rot '09	🍷🍷 3

Besssererhof - Otmar Mair

Loc. Novale di Presule, 10
39050 Fiè allo Sciliar/Völs am Schlern [BZ]
Tel. 0471601011
www.bessererhof.it

藏酒销售
预约参观
年产量 35 000 瓶
葡萄种植面积 1.5 公顷

贝塞雷尔（Besserer）酒庄由奥特马尔（Otmar）和罗斯玛丽•梅尔（Rosmarie Mair）所有，位于瓦莱艾萨科省（Valle Isarco）的最南部城市诺威尔•迪普雷斯（Novale di Presule）那座雄伟高耸的西莉亚山（Sciliar Massif）山脚下。白天是博尔扎诺（Bolzano）的温暖气候，晚上则是瓦莱艾萨科（Val d'Isarco）的凉爽，正因如此才能酿制出如此特别的葡萄酒。自1998年以来，酒庄就开始在陡峭的、地理条件较差的山坡上种植葡萄，酿制瓶装葡萄酒。酒庄主要酿制经典的白葡萄酒，比如，琼瑶浆（Gewürztraminer）、白皮诺（Pinot Bianco）、莎当尼（Chardonnay）和黄麝香（Moscato Giallo），此外还有两种红葡萄酒施基亚瓦（Schiava）和兹威格罗恩（Zweigelt Roan）。这些芳香型、单一品种的葡萄酒，能够带给你饱满的矿物质的美好味觉享受。比如，这款优秀的莎当尼（Chardonnay）发酵和陈化都在木桶中进行，被评为地区年度最好的葡萄酒。今年，科内尔2012（Kerner 2012）表现优异，拥有花草的清新香气，口感和谐，有淡淡的苦涩药草的回味。

○ A. A. Chardonnay Ris. '10	🍷🍷 3
○ A. A. Valle Isarco Eisacktal Kerner '12	🍷🍷 4
○ A. A. Moscato Giallo '12	🍷 4
○ A. A. Pinot Bianco '12	🍷 3
○ A. A. Chardonnay Ris. '09	🍷🍷 3
○ A. A. Chardonnay Ris. '08	🍷🍷 3
○ A. A. Chardonnay Ris. '07	🍷🍷 3
○ A. A. Chardonnay Fellis '04	🍷🍷 8
○ A. A. Moscato Giallo '10	🍷🍷 3
○ A. A. Pinot Bianco '11	🍷🍷 3*
○ A. A. Pinot Bianco '10	🍷🍷 2

★Cantina Bolzano

via Brennero, 15
39100 Bolzano/Bozen
Tel. 0471270909
www.cantinabolzano.com

藏酒销售
预约参观
年产量 1 100 000 瓶
葡萄种植面积 320 公顷

坎蒂纳•博尔扎诺（Cantina Bolzano）酒庄成立于2001年，由建于1908年的格力斯（Gries）酒庄和建于1930年的圣•马达莱娜（Santa Maddalena）酒庄合并而成。如今，它已经成为阿尔托-阿迪杰区（Alto Adige）杰出的酿酒企业之一。酒庄的葡萄园是本地区最好的葡萄园之一，面积有320公顷，位于海拔240米到800米的山坡上，约有200个葡萄种植员。酒庄、葡萄园的正常运作少不了酿酒专家斯蒂芬•菲利皮（Stephan Filippi.）的功劳。这个酒庄主要酿制圣•马达莱娜葡萄酒（Santa Maddalena）和拉格莱恩葡萄酒（Lagrein），其中又以拉格莱恩•泰伯（Lagrein Taber）和马达莱娜•哈卡姆•巴赫（Maddalena Huckam Bach）系列最为顶级，当然其他葡萄酒亦物有所值。拉格莱恩•泰伯陈酿（Lagrein Riserva Taber）是"三杯奖"俱乐部（Tre Bicchieri Club）的老面孔了，2011年份再次领跑本土葡萄酒，香气辛辣、有水果味道，单宁柔软、香甜，入口圆润优雅。

● A. A. Lagrein Taber Ris. '11	🍷🍷🍷 6
○ A. A. Pinot Bianco Dellago '12	🍷🍷 4
● A. A. Santa Maddalena Cl. Huck am Bach '12	🍷🍷 2*
● A. A. Lagrein Grieser Prestige Line Ris. '11	🍷🍷 4
○ A. A. Moscato Giallo Passito Vinalia '11	🍷🍷 3
⊙ A. A. Moscato Rosa Rosis '12	🍷🍷 3
○ A. A. Sauvignon Mock '12	🍷🍷 4
● A. A. Cabernet Mumelter Ris. '11	🍷 6
○ A. A. Chardonnay Kleinstein '12	🍷 4
○ A. A. Gewürztraminer Kleinstein '12	🍷 5
● A. A. Pinot Nero Ris. '11	🍷 5
● A. A. Lagrein Scuro Taber Ris. '07	🍷🍷🍷 6
● A. A. Lagrein Scuro Taber Ris. '05	🍷🍷🍷 5
● A. A. Lagrein Taber Ris. '10	🍷🍷🍷 6
● A. A. Lagrein Taber Ris. '09	🍷🍷🍷 6

Josef Brigl

LOC. SAN MICHELE
VIA MADONNA DEL RIPOSO, 3
39057 APPIANO/EPPAN [BZ]
TEL. 0471662419
www.brigl.com

藏酒销售
预约参观
膳宿接待
年产量 1 200 000 瓶
葡萄种植面积 50 公顷

布里格酒庄（Brigl）是该地区处于领先地位的酒庄之一，其葡萄园的地理位置优越。它的酒窖历史可追溯到15世纪。酒庄现在已交由伊格纳茨•布里（Lgnaz Brigl）和他的儿子约瑟夫（Josef）来传承，他们的任务艰巨而沉重。布里格酒庄（Brigl）大规模生产葡萄酒，以每年酿造100多万瓶葡萄酒的产量占据了阿尔托-阿迪杰区（Alto Adige）大部分的葡萄酒市场，满足了葡萄酒市场需求。不足的是，他们并不致力于挖掘出他们的潜力生产高质量的葡萄酒。今年，优秀的拉格莱恩•陈酿2010（Lagrein Riserva Briglh of 2010）进入了总决赛。酒香中兼具巧克力和樱桃的香甜气息，回味丝般干爽柔滑。清爽美味的圣•玛塔莲娜2012葡萄酒（Santa Maddalena Rielerh of 2012）充分体现了它原有的风味，口感简朴。维德吉琼瑶浆2012（Gewürztraminer Windegg 2012）品质优秀，非常具有代表性。

● A. A. Lagrein Briglhof Ris. '10	🍷🍷	5
○ A. A. Gewürztraminer Windegg '12	▼▼	3
● A. A. Lagrein Anno 1309 Ris. '10	▼▼	3
● A. A. Santa Maddalena Rielerhof '12	▼▼	2*
● A. A. Merlot Windegg Ris. '10	▼	3
○ A. A. Müller Thurgau '12	▼	2
○ A. A. Pinot Grigio Windegg '12	▼	3
● A. A. Schiava Grigia Kaltenburg '12	▼	2
○ A. A. Pinot Grigio Windegg '11	▽▽▽	3*
● A. A. Lago di Caldaro Cl. Sup. Kaltenburg '11	▽▽	2*
● A. A. Lago di Caldaro Scelto Cl. Sup. Windegg '09	▽▽	2*
○ A. A. Pinot Bianco Haselhof '11	▽▽	2*
● A. A. Schiava Grigia Kaltenburg '11	▽▽	2*
○ A. A. Terlano Drei König Hof '11	▽▽	2*
○ A. A. Terlano Drei König Hof '10	▽▽	2*

★Cantina di Caldaro

VIA CANTINE, 12
39052 CALDARO/KALTERN [BZ]
TEL. 0471963149
www.kellereikaltern.com

藏酒销售
预约参观
年产量 2 000 000 瓶
葡萄种植面积 300 公顷
葡萄栽培方式 有机认证

卡达罗（Caldaro）、拉戈•卡达罗（lago di Caldaro）、坎蒂纳•卡达罗（Cantina di Caldaro）和歌塔希•卡顿（Kellerei Kaltern）现已合并为一个整体。这个年轻有活力的团队，在庄主托比亚斯•钦格勒（Tobias Zingerle）和酿酒师安德里亚斯•普拉斯特（Andreas Prast）的专业领导下，成功地将这个合作型酒庄打造为南蒂罗尔地区（South Tyrol）运作最佳的酒庄之一。他们把酿造的重点放在酒窖上，无论是最基础的品种还是最出名的法霍夫（Pfarrhof），或者是其经典的酒品拉戈•卡达罗（lago di Caldaro）。这些精细的酒品，吸引了越来越多的顾客。他们每年出产的黑皮诺（Pinot Nero）和赤霞珠（Cabernet）都属品质上乘佳品。说到白葡萄酒，不得不提到灰皮诺（Pinot Bianco）、苏维翁（Sauvignon）和琼瑶浆（Gewürztraminer）等。尤其要提起风干小夜曲（raisined Serenade），其在意大利多年来被评为最好最甜的白葡萄酒之一。本次评比，风干莫斯卡托甜白（The Moscato Giallo Passito Serenade）取得了它的第十个“三杯奖”（Tre Bicchieri）。

○ A. A. Moscato Giallo Passito Serenade '10	🍷🍷🍷	6
● A. A. Cabernet Sauvignon Pfarrhof Ris. '10	🍷🍷	5
○ A. A. Pinot Bianco Solos Biodinamico Demeter '12	🍷🍷	4
○ A. A. Pinot Bianco Vial '12	🍷🍷	3*
○ A. A. Gewürztraminer Campaner '12	▼▼	3
● A. A. Lago di Caldaro Scelto Cl. Sup. Pfarrhof '12	▼▼	2*
● A. A. Lagrein Spigel '11	▼▼	3
○ A. A. Sauvignon Castel Giovanelli '11	▼▼	5
○ A. A. Sauvignon Premstaler '12	▼▼	3
○ A. A. Pinot Grigio Söll '11	▼	3
● A. A. Pinot Nero Pfarrhof Ris. '10	▼	6
○ A. A. Moscato Giallo Passito Serenade '09	▽▽▽	6

Castel Sallegg

V.LO DI SOTTO, 15
39052 CALDARO/KALTERN [BZ]
TEL. 0471963132
www.castelsallegg.it

藏酒销售
预约参观
年产量 120 000 瓶
葡萄种植面积 30 公顷

克拉贝斯博格家族（The Von Kuenberg）是如何把莫斯卡托桃红葡萄酒（Moscato Rosa）从西西里岛引进阿尔托-阿迪杰区（Alto Adige）的故事，充分体现了该地区吸收了意大利（Italy）和南蒂罗尔（South Tyrol）的文化，且更多地吸收了奥地利（Austria）的文化。格奥尔格•克拉贝斯博格（Georg von Kuenberg）是其家族传统的忠实守护者。家族传统固然美好，但也是沉重的责任。他最近招聘了一位年轻的酿酒师马提亚斯•霍瑟（Matthias Hauser）来为他的葡萄酒项目注入新鲜的血液。葡萄酒质量的大幅提升证实了他的英明决策。梅洛2009（Merlot 2009）口感清爽美味，香气辛辣。味道醇厚、干爽，让人回味无穷。经典的莫斯卡托桃红2010（Moscato Rosa2010）一贯都很传统，混合味道中透露着微妙的酸味。味道极其清新的灰皮诺2012（Pinot Bianco 2012），透露出淡淡的优雅。

● A. A. Merlot '09	🍷🍷 2*
⊙ A. A. Moscato Rosa Passito '10	🍷🍷 6
● A. A. Lago di Caldaro Cl. Bischofsleiten '12	🍷🍷 3
○ A. A. Pinot Bianco '12	🍷🍷 3
● A. A. Merlot Ris. '10	🍷 4
○ A. A. Pinot Grigio '12	🍷 3
○ A. A. Sauvignon '12	🍷 3
● A. A. Lago di Caldaro Scelto Bischofsleiten '11	🍷🍷 3*
● A. A. Lago di Caldaro Scelto Bischofsleiten '10	🍷🍷 2*
● A. A. Lago di Caldaro Scelto Bischofsleiten '09	🍷🍷 2*
○ A. A. Pinot Bianco '07	🍷🍷 2*
○ A. A. Pinot Grigio '10	🍷🍷 2*
○ A. A. Pinot Grigio '09	🍷🍷 2*

Castelfeder

VIA PORTICI, 11
39040 EGNA/NEUMARKT [BZ]
TEL. 0471820420
www.castelfeder.it

藏酒销售
预约参观
年产量 400 000 瓶
葡萄种植面积 20 公顷

卡斯特尔菲德酒庄（Castelfeder）是位于阿迪杰河（Adige Valley）下游的一个新兴酒庄，该酒庄是克缔纳（Cortina all'Adige）建立的家族企业，在南蒂罗尔（South Tyrol）和特伦蒂诺区（Trentino）的边界。该地区属于白葡萄酒的传统产地，如莎当尼（Chardonnay）、灰皮诺（Pinot Grigio）、苏维翁（Sauvignon）和琼瑶浆（Gewürztraminer）。该酒庄由巩特尔•乔万尼（Günther Giovanett）与他的孩子伊尼斯（Ines）和伊凡（Ivan）一起经营，他们都是酿酒师。这样看来，卡斯特尔菲德酒庄（Castelfeder）似乎受益于年轻血液及新思路的注入，与之俱来的是高品质葡萄酒的保证。跟往常一样，灰皮诺2011（Pinot Bianco Tecum 2011）是品质上乘的葡萄酒，酒体晶莹剔透、清爽可口。我们倾情于该酒庄的两款顶级红葡萄酒：其中一款是香气辛辣、酒体丰满的赤霞珠陈酿2009（Cabernet Riserva Burgum Novum 2009），味道淡雅，口感丰富；另一款是拉格莱恩陈酿2010（lagrein Riserva Burgum Novum 2010）透露着淡淡的樱桃味，单宁柔软，酒体丰满，香味持久。

● A. A. Cabernet Burgum Novum Ris. '09	🍷🍷 4
○ A. A. Pinot Bianco Tecum '11	🍷🍷 3*
○ A. A. Gewürztraminer Passito Endidae	🍷🍷 3
● A. A. Lagrein Burgum Novum Ris. '10	🍷🍷 4
○ A. A. Pinot Grigio 15 '12	🍷🍷 2*
● A. A. Pinot Nero Burgum Novum Ris. '10	🍷🍷 5
● A. A. Schiava Breitbacher '12	🍷🍷 2*
● A. A. Pinot Nero Glener '11	🍷 3
○ Sauvignon Raif '12	🍷 3
○ A. A. Pinot Bianco Tecum '10	🍷🍷🍷 3*
● A. A. Cabernet Burgum Novum '09	🍷🍷 4
○ A. A. Gewürztraminer Passito '09	🍷🍷 3*
○ A. A. Gewürztraminer Vom Lehm '11	🍷🍷 3*
● A. A. Pinot Nero Burgum Novum '09	🍷🍷 5

★Cantina Produttori Colterenzio

LOC. CORNAIANO/GIRLAN
S.DA DEL VINO, 8
39057 APPIANO/EPPAN [BZ]
TEL. 0471664246
www.colterenzio.it

藏酒销售
预约参观
年产量 1 400 000 瓶
葡萄种植面积 300 公顷

如果说阿尔托-阿迪杰区（Alto Adige）如今是意大利葡萄酒的领头羊，这也要归功于坎提那卡特琳城堡庄园（Cantina Colterenzio）。路易斯拉斐尔（luis Raifer）于1960年建立了这个酒庄并且经营了许多年，他一直致力于追求卓越的品质。如今，他儿子沃尔夫冈（Wolfgang）接管了这个酒庄，与酿酒师马丁•勒马尔（Martin Lemayr）共事。他们生产的赤霞珠拉菲（Cabernet Sauvignonlafòa）和苏维翁拉菲（Sauvignonlafòa）享誉全球。此外，当之无愧获得“三杯奖”（Tre Bicchieri）的有赤霞珠拉菲2010（Cabernet Sauvignon lafòa 2010），它夹杂着香料、胡椒粉和莓子的味道。高雅的苏维翁拉菲2011（Sauvignon lafòa 2011）与橡木的味道完美融合。琼瑶浆2011（Gewürztraminer Atisis 2011）带有玫瑰、梨子和洋李的芳香，味道非常醇厚，清新美味而令人回味无穷。

● A. A. Cabernet Sauvignon Lafòa '10	🍷🍷🍷 7
○ A. A. Gewürztraminer Atisis '11	🍷🍷 5
○ A. A. Sauvignon Lafòa '11	🍷🍷 5
○ A. A. Chardonnay Cornell Formigar '11	🍷🍷 5
○ A. A. Pinot Bianco Weisshaus '12	🍷🍷 3
● A. A. Pinot Nero St. Daniel '10	🍷🍷 4
● A. A. Pinot Nero Villa Nigra Cornell '10	🍷🍷 5
○ A. A. Sauvignon Prail '12	🍷🍷 3
● A. A. Schiava Mentzenhof '12	🍷🍷 3
○ A. A. Chardonnay Altkirch '12	🍷 2
○ A. A. Pinot Grigio Puiten '12	🍷 3
● A. A. Cabernet Sauvignon Lafòa '09	🍷🍷🍷 7
● A. A. Cabernet Sauvignon Lafòa '04	🍷🍷🍷 6
● A. A. Cabernet Sauvignon Lafòa '03	🍷🍷🍷 7
○ A. A. Pinot Bianco Thurner '11	🍷🍷 2*
○ A. A. Sauvignon Prail Praedium '11	🍷🍷 3*

Cantina Produttori Cortaccia

S.DA DEL VINO, 23
39040 CORTACCIA/KURTATSCH [BZ]
TEL. 0471880115
www.cantina-cortaccia.it

藏酒销售
预约参观
年产量 1 100 000 瓶
葡萄种植面积 180 公顷

坎提那歌塔希庄园（The Cantina Produttori Cortaccia）依靠250名员工和180公顷的葡萄园重新找回了感觉，再次开始生产质量上乘的葡萄酒。正如许多地区以其上等的红葡萄酒和白葡萄酒出名一样，歌塔希（Cortaccia）一直以它无与伦比的卡本内（Cabernets）和梅洛（Merlots）而著称。卡本内菲菲园（Cabernet Freienfeld）毫无疑问是这个地区最好的红葡萄酒，其次还有梅洛翠美纳（Merlot Brenntal）。还有许多其他产自村庄的高海拔地区的杰作，如灰皮诺（Pinot Bianco）、米勒图高（Müller Thurgau）、苏维翁（Sauvignon）和琼瑶浆（Gewürztraminer）。我们的票投给了苏维翁•柯福尔2012（Sauvignon Kofl 2012），它带有篱笆和打火石的香味，入口即可感觉到淡雅而别具一格的咸味。而这款白皮诺2012（Pinot Bianco Hofstatt 2012）散发着清脆苹果的味道，口感微酸而怡人。灰皮诺2012（Pinot Grigio Penòner 2012）则散发着柑橘和葡萄的清香。

○ A. A. Sauvignon Kofl '12	🍷🍷 3*
○ A. A. Chardonnay Pichl '12	🍷🍷 3
○ A. A. Gewürztraminer Brenntal Ris. '10	🍷🍷 5
● A. A. Lagrein Frauriegl '11	🍷🍷 5
○ A. A. Pinot Bianco Hoftatt '12	🍷🍷 3
○ A. A. Pinot Grigio Penòner '12	🍷🍷 3
● A. A. Merlot Brenntal '10	🍷 5
○ A. A. Müller Thurgau Graun '12	🍷 3
● A. A. Schiava Grigia Sonntaler '12	🍷 2
○ Bianco Aruna V.T. '11	🍷 6
○ A. A. Chardonnay Pichl '11	🍷🍷 3
● A. A. Lagrein Frauriegl '09	🍷🍷 5
● A. A. Merlot Brenntal '09	🍷🍷 5
● A. A. Schiava Grigia Sonntaler '11	🍷🍷 2*
○ Aruna Passito '10	🍷🍷 6

Hartmann Donà

via Raffein, 8
39010 Cermes/Tscherms [BZ]
Tel. 3292610628
hartmann.dona@rolmail.net

年产量 35 000 瓶
葡萄种植面积 4. 65 公顷

哈德曼•多纳（Hartmann donà）在盖森海姆大学（German University of Geisenheim）研修了酿酒学，于1994年至2002年在特尔拉诺坎提那（Cantina di Terlano）做酿酒师。2000年，他开始独立酿酒。今年酒庄产量可达30 000瓶到35 000瓶。他精于利用庄园土地矿物质含量丰富的天然优势来酿造佳酒，给人的印象是具优雅典型的芳香，随之而来的是令人愉悦的可饮性。如白多纳葡萄酒（Donà Blanc）由60%的黑皮诺（Pinot Noir）和40%的莎当尼（Chardonnay）混酿而成。罗格多纳（Donà Rouge）主要是由85%的斯基亚瓦（Schiava）、10%的黑皮诺（Pinot Noir）和5%的拉格莱恩（Lagrein）混酿而成。而黑多纳则是纯黑皮诺（Pinot Noir）。今年的桂冠属于黑皮诺黑多纳2009（Pinot Nero donà Noir 2009），它清新的口感，多变的香味，伴随着一丝甘苦，而后演变成微酸。带着典雅矿物气息的红酒罗格多纳2008（Donà Rouge 2008）有着恰到好处的清爽，味觉干爽柔滑。

● A.A. Pinot Nero Donà Noir '09	🍷🍷 3*
● Donà Rouge '08	🍷🍷 3*
○ A.A. Pinot Bianco '11	▼▼ 3
○ Chardonnay '11	▼ 3
○ Donà Blanc '09	▼ 3
○ Gewürztraminer '11	▼ 3
○ Chardonnay '10	▽▽ 3
○ Donà Blanc '08	▽▽ 3
● Donà Noir '08	▽▽ 3*
● Donà Rouge '07	▽▽ 3*
○ Pinot Bianco '10	▽▽ 3
○ Sauvignon Blanc '10	▽▽ 3

Egger-Ramer

via Guncina, 5
39100 Bolzano/Bozen
Tel. 0471280541
www.egger-ramer.com

藏酒销售
预约参观
年产量 100 000 瓶
葡萄种植面积 14 公顷

伊戈•拉梅尔（Egger-Ramer）是位于博尔扎诺（Bolzano）中心地带的一个历史悠久的酒庄。如今，聪慧年轻的伊戈尔•皮特（Peter Egger）经营着这个面积14公顷、年产量100 000瓶的酒庄，这对于一个家庭经营的酒庄来说是一件不容易的事。近年来，凭借质量和正确的定价伊戈•拉梅尔（Egger-Ramer）在阿尔托-阿迪杰区（Alto Adige）的葡萄酒界建立起自己的形象。圣•马达莱娜（Santa Maddalena）和拉格莱恩（Lagrein）葡萄酒作为博尔扎诺（Bolzano）当地特色酒的象征，是他们的巅峰之作，酒品高雅，与众不同。我们最爱的是两种拉格莱恩（Lagrein），一个是果香弥漫的格里斯庄园特酿2010（Gries Tenuta Kristan Riserva 2010）别具一格；另一个是格里斯•拉格莱恩2012（Lagrein Gries 2012）香味朴实，果香浓郁，如泥土般柔和。克雷特泽尔•拉格莱恩2012（Lagrein Rosato Kretzer 2012）散发出干爽果香。经典圣•马达莱娜2012（Santa Maddalena Classico Reisegger 2012）味觉清脆雅致。所有在场的其他酒也都属于酒中佳品。

● A. A. Lagrein Gries Tenuta Kristan Ris. '10	🍷🍷 5
● A. A. Lagrein Gries '12	▼▼ 2*
⊙ A. A. Lagrein Kretzer Gries '12	▼▼ 2*
● A. A. Santa Maddalena Cl. Reisegger '12	▼▼ 2*
○ A. A. Gewürztraminer '12	▼ 3
● A. A. Lagrein Gries Tenuta Kristan '11	▼ 3
○ A. A. Pinot Bianco '12	▼ 2
● A. A. Santa Maddalena Cl. '12	▼ 2
○ A. A. Valle Isarco Müller Thurgau '12	▼ 2
○ A. A. Valle Isarco Müller Thurgau Sabbiolino '12	▼ 2
● A. A. Lagrein Gries Tenuta Kristan '10	▽▽ 3
● A. A. Lagrein Gries Tenuta Kristan Ris. '09	▽▽ 5
● A. A. Lagrein Kristan '09	▽▽ 3*
● A. A. Santa Maddalena Cl. '11	▽▽ 2*
● A. A. Santa Maddalena Cl. Reisegger '10	▽▽ 2*

Erbhof Unterganzner Josephus Mayr

FRAZ. CARDANO
VIA CAMPIGLIO, 15
39053 BOLZANO/BOZEN
TEL. 0471365582
www.tirolensisarsvini.it

藏酒销售
预约参观
年产量 65 000 瓶
葡萄种植面积 9 公顷

约瑟夫斯•麦尔（Josephus Mayr）的霍夫特甘纳庄园（Erbhof Unterganzner）位于博尔扎诺（Bolzano）盆地的远东地区。该庄园历史悠久，约瑟夫斯在阿尔托-阿迪杰区（Alto Adige）的红酒界也是一位非凡的人物。除了最先酿造南蒂罗尔（South Tyrol）特级初榨橄榄油外，他每年都会以高昂的热情和精湛的技艺精心酿造别具特色的葡萄酒。他酿造的拉格莱恩（Lagrein）就是这种原生葡萄的最佳表现形式之一，而他酿制的拉格莱恩干红（Raisined lagrein）中的拉玛莱恩（Lamarein）更是出类拔萃。圣•马达莱娜（Santa Maddalena）别具一格，卡本内（Cabernets）酒品扎实、个性张扬。还有卡本内特酿2010（Cabernet Riserva Kampill 2010）是今年的杰作，水果、香料、胡椒和铅笔芯的完美融合，酒品深厚却未完全打开。单宁紧致而柔顺的坎泊雷夫2010（Composition Reif 2010）品质同样绝佳，皮革和可可粉混入细的香料闻起来味道十足，它们都是红酒中的极品。传说中的拉玛莱恩2011（Lamarein 2011）则是阿尔托-阿迪杰区（Alto Adige）的拉格莱恩（lagrein）非凡马罗风格的演绎。

● A. A. Cabernet Kampill Ris. '10	▼▼ 5
● Composition Reif '10	▼▼ 6
● A. A. Lagrein Scuro Ris. '10	▼▼ 4
● A. A. Santa Maddalena Cl. '12	▼▼ 3
● Lamarein '11	▼▼ 6
⊙ A. A. Lagrein Rosato V. T. '12	▼ 3
○ A. A. Sauvignon Platt & Pignat '12	▼ 3
● A. A. Lagrein Scuro Ris. '05	▽▽▽ 4
● A. A. Lagrein Scuro Ris. '01	▽▽▽ 4
● Lamarein '05	▽▽▽ 6
● A. A. Cabernet Kampill Ris. '09	▽▽ 5
● A. A. Lagrein Scuro Ris. '09	▽▽ 4
● A. A. Santa Maddalena Cl. '10	▽▽ 3
● Lamarein '10	▽▽ 6

Erste+Neue

VIA DELLE CANTINE, 5/10
39052 CALDARO/KALTERN [BZ]
TEL. 0471963122
www.erste-neue.it

藏酒销售
预约参观
年产量 1 000 000 瓶
葡萄种植面积 320 公顷

这家合作型酿酒厂有500名成员，葡萄种植面积达320公顷，每年年产量达100万瓶，是阿尔托-阿迪杰区（Alto Adige）卡尔达罗镇（Caldaro）和在葡萄酒酿造方面最活跃的地区建立的杰出的合作酒庄之一。庞塔（Puntay)是最珍贵的系列，有苏维翁（Sauvignon）、拉格林（Lagrein）、莎当尼（Chardonnay）、琼瑶浆（Gewürztraminer）、梅洛（Merlot）和赤霞珠（Cabernet），而拉戈迪卡尔达罗（Lago di Caldaro）系列则是精选的酒体健硕的葡萄酒。今年，经典顶级拉博格2012（Lago di Caldaro Classico Superiore leuchtenburg 2012）获得“三杯奖”（Tre Bicchieri），它酒体良好，典型的新鲜樱桃和紫罗兰香气，单宁柔和。灰皮诺格拉尔2012（Pinot Grigio Grauer 2012）整体平衡度很出色，新鲜白色水果和春天花朵的香气缭绕口腔。

● A. A. Lago di Caldaro Cl. Sup. Leuchtenburg '12	▼▼▼ 2*
○ A. A. Pinot Grigio Grauer '12	▼▼ 3*
● A. A. Pinot Nero Mezzan '11	▼▼ 3*
● A. A. Cabernet Puntay Ris. '11	▼▼ 5
● A. A. Lago di Caldaro Cl. Sup. Puntay '12	▼▼ 3
○ A. A. Pinot Bianco Prunar '12	▼▼ 3
○ A. A. Anthos Bianco Passito '09	▼ 5
● A. A. Lagrein Puntay Ris. '10	▼ 5
○ A. A. Sauvignon Stern '12	▼ 3
● A. A. Lago di Caldaro Cl. Sup. Puntay '10	▽▽▽ 3*
○ A. A. Sauvignon Puntay '06	▽▽▽ 4
○ A. A. Chardonnay Puntay '10	▽▽ 3
● A. A. Lago di Caldaro Leuchtenburg '11	▽▽ 2*
○ A. A. Pinot Bianco Prunar '11	▽▽ 3*
● A. A. Santa Maddalena Gröbnerhof '11	▽▽ 2*

★Falkenstein Franz Pratzner

via Castello, 15
39025 Naturno/Naturns [BZ]
Tel. 0473666054
www.falkenstein.bz

藏酒销售
预约参观
年产量 45 000 瓶
葡萄种植面积 7 公顷

瓦尔斯塔（Val Venosta）有异于南蒂罗尔（South Tyrol）的其他地方，其特定的环境和丰富的文化使这个山谷成为旅游的理想选择，葡萄被栽培在最佳的区域，小块土地上总能产出优秀的葡萄酒。事实上，种植者的人数不多，但他们注定要被铭记的。来自纳图尔诺（Naturno）的费尔肯斯坦（Falkenstein）酒庄的弗兰兹（Franz Pratzner）就是这样的一个人物，一个真正的默默无闻的种植者。他独特的葡萄酒需要时间唤醒，独具个性，各款雷司令（Rieslings）、白皮诺（Pinot Biancos）、苏维翁（Sauvignons）和黑皮诺（Pinot Neros）葡萄酒都比去年表现好。雷司令2012（Riesling 2012）能够令您精神焕发，微妙的柑橘类水果味道，夹杂白胡椒气息，海洋性的偏咸口感，回味鲜明且优雅，总体来说给予人愉悦的感觉。

○ A. A. Val Venosta Riesling '12	🍷🍷🍷 5
○ A. A. Val Venosta Pinot Bianco '12	🍷🍷 4
○ A. A. Val Venosta Sauvignon '12	🍷🍷 4
○ A. A. Val Venosta Gewürztraminer '12	🍷🍷 4
● A. A. Val Venosta Pinot Nero '10	🍷 5
○ A. A. Val Venosta Pinot Bianco '07	🍷🍷🍷 4
○ A. A. Val Venosta Riesling '11	🍷🍷🍷 5
○ A. A. Val Venosta Riesling '10	🍷🍷🍷 5
○ A. A. Val Venosta Riesling '09	🍷🍷🍷 5
○ A. A. Val Venosta Riesling '08	🍷🍷🍷 5
○ A. A. Val Venosta Riesling '07	🍷🍷🍷 5
○ A. A. Val Venosta Riesling '06	🍷🍷🍷 5
○ A. A. Val Venosta Riesling '05	🍷🍷🍷 5
○ A. A. Val Venosta Riesling '00	🍷🍷🍷 3

Cantina Girlan

loc. Cornaiano/Girlan
via San Martino, 24
39050 Appiano/Eppan [BZ]
Tel. 0471662403
www.girlan.it

藏酒销售
预约参观
年产量 1 000 000 瓶
葡萄种植面积 230 公顷

酿酒师格哈德•科夫勒（Gerhard Kofler），和商务总监奥斯卡•罗兰迪（Oscar lorandi）是一对最佳拍档。自从他们接手管理后，位于科纳艾诺（Cornaiano）的坎蒂那庄园（Cantina Girlan）早已改头换面，过去短短几年完成多项整修，曾经的灰姑娘变成了现在的公主。他们的葡萄酒风格经典富有深度，有力地展现出优秀的风土特色，而且性价比很高。我们先来看一下他们酒窖最顶级的佛洛系列（Flora)以及著名的两款施基亚瓦葡萄酒（Schiavas）——九号法斯（Fass N°9）和基科艾尔（Gschleier）。酒庄在埃尼亚市也有一个历史悠久的酒窖，出品几款非常有趣的葡萄酒。科纳诺产区（Cornaiano-Appiano）逐渐成为黑皮诺（Pinot Nero）以及优秀白葡萄酒的经典产区。陈酿黑皮诺2010（Pinot Nero Trattmann Riserva 2010）荣获“三杯奖”（Tre Bicchieri），复杂的草莓和黑莓类香气，气质欢快、易饮。

● A. A. Pinot Nero Trattmann Ris. '10	🍷🍷🍷 5
○ A. A. Gewürztraminer Flora '12	🍷🍷 5
○ A. A. Pinot Bianco Plattenriegl '12	🍷🍷 3*
● A. A. Schiava Gschleier '11	🍷🍷 4
● A. A. Cabernet Sauvignon Merlot Ris. '10	🍷🍷 5
○ A. A. Chardonnay Flora '11	🍷🍷 5
○ A. A. Pinot Grigio '12	🍷 3
● A. A. Pinot Nero Patricia '11	🍷 4
○ A. A. Sauvignon Flora '12	🍷 5
○ A. A. Sauvignon Indra '12	🍷 4
● A. A. Schiava Faß N° 9 '12	🍷 3
○ A. A. Gewürztraminer Flora '11	🍷🍷🍷 5
○ A. A. Sauvignon Flora '10	🍷🍷🍷 5
○ A. A. Sauvignon Sel. Flora '09	🍷🍷🍷 4

Glögglhof - Franz Gojer

FRAZ. SANTA MADDALENA
VIA RIVELLONE, 1
39100 BOLZANO/BOZEN
TEL. 0471978775
www.gojer.it

藏酒销售
预约参观
年产量 50 000 瓶
葡萄种植面积 2.7 公顷

弗兰兹•高杰尔（Franz Gojer）的酒窖是一个真正的堡垒，躲藏在圣马达莱娜（Santa Maddalena）博尔扎诺山（Bolzano）北部。他与儿子弗洛里安（Florian）一起经营历史悠久的格洛格霍夫（Glögglhof）农场，这里有2.7公顷种植赤霞珠（Sauvignon）、克纳（Kerner）和黑皮诺（Pinot Bianco），传统红葡萄酒的发展很顺利。截至目前为止，格洛格霍夫（Glögglhof）已与圣马达莱娜（Santa Maddalena）及拉格莱恩（Lagrein）连接起来，因为弗兰兹（Franz）是这里真正的主人，而他的葡萄酒总是在所属的品种内名列前茅，他们热爱自己的波特酒（Port），近年来，他们一直在拉格莱恩（Lagrein）的基础上生产具有类似功能的红酒皮帕（Pipa）。拉格莱恩陈酿2010（Lagrein Riserva 2010）对于高洁尔（Gojers）来说是一门真正的酿酒学问。个性十足、富有吸引力的陈年佳酿与果味香料混合，使这种朴实、细腻的酒口感丰富，但不会让人觉得太浓烈。圣马达莱娜（Santa Maddalena）葡萄酒包括厚实浓烈的朗德2012（Rondell 2012）和新鲜优雅的经典2012（Classico 2012）。

● A. A. Lagrein Ris. '10	🍷🍷 4
● A. A. Santa Maddalena Cl. Rondell '12	🍷🍷 3*
● A. A. Santa Maddalena Cl. '12	🍷🍷 2*
● A. A. Vernatsch Alte Reben '12	🍷🍷 2*
○ A. A. Sauvignon Karneid '12	🍷 3
● A. A. Lagrein '09	🍷🍷 3*
● A. A. Lagrein Furggl '11	🍷🍷 3*
● A. A. Lagrein Ris. '09	🍷🍷 4
● A. A. Santa Maddalena Cl. '11	🍷🍷 2*
● A. A. Santa Maddalena Rondell '11	🍷🍷 3*
● A. A. Santa Maddalena Rondell '09	🍷🍷 2*
● A. A. Schiava Karneid '11	🍷🍷 2*

Gottardi

LOC. MAZZON
VIA DEGLI ALPINI, 17
39044 EGNA/NEUMARKT [BZ]
TEL. 0471812773
www.gottardi-mazzon.com

年产量 45 000 瓶
葡萄种植面积 6.5 公顷

戈塔尔迪家族（Gottardi）依靠自身丰富的经验在因斯布鲁克（Innsbruck）销售葡萄酒，在1986年，马宗（Mazzon）山丘上6.5公顷的葡萄园，其传统的中心地带主要用来种植阿尔托-阿迪杰区（Alto Adige）的黑皮诺（Pinot Neros）。第一批黑皮诺戈塔尔（Pinot Nero Gottardi）于1995年首次出现，被称为该地区最好的勃艮第风格葡萄酒（Blauburgunders）之一，今已成为典型法国式的葡萄酒，其优雅和典型特质与其他的品种有所不同。亚历山大戈塔尔（Alexander Gottardi）起初与他的父亲一起管理酒庄，现在单枪匹马，亲自照料葡萄园和酒窖，生产了非常独特的的琼瑶浆（Gewürztraminer）和两种黑皮诺（Pinot Nero）。所酿黑皮诺•马宗2011（Pinot Nero Mazzon 2011）当之无愧是本大区的最佳葡萄酒之一，带有红色浆果、樱桃和草莓味道，芬芳柔顺的单宁充满口腔，酒体优雅，首获“三杯奖”。

● A. A. Pinot Nero Mazzon '11	🍷🍷🍷 5
● A. A. Pinot Nero '06	🍷🍷 4
● A. A. Pinot Nero '05	🍷🍷 5
● A. A. Pinot Nero Mazzon '10	🍷🍷 5
● A. A. Pinot Nero Mazzon '09	🍷🍷 5
● A. A. Pinot Nero Mazzon '07	🍷🍷 5

Griesbauerhof Georg Mumelter

via Rencio, 66
39100 Bolzano/Bozen
Tel. 0471973090
www.griesbauerhof.it

藏酒销售
预约参观
年产量 30 000 瓶
葡萄种植面积 3.5 公顷

1785年，格瑞夫农场（Griesbauerhof）由穆默尔特家族（Mumelter family）所有，位于博尔扎诺（Bolzano）北部、圣达莱娜（Santa Maddalena）及圣朱斯蒂娜（Santa Giustina）的山脚下。处于伦斯那侯（Rentschnerhof）家族旗下酒店附近，由佐治•蒙美特（Georg Mumelter）的两姐妹来管理，古老的农舍被3.5公顷的葡萄园包围，种植有本土品种斯基亚瓦（Schiava）和拉格莱恩（Lagrein），以及灰皮诺（Pinot Grigio）。梅洛产自阿迪杰（Adige）和伊萨尔科河（Isarco）两河流域间的施皮茨（Spitz）葡萄园，而租用的葡萄藤则长于对岸博尔扎诺（Bolzano）的圣莫齐奥庄园（San Maurizio）。陈酿拉格莱恩2010（Lagrein Riserva 2010）呈现出简朴的多汁水果味道，极致优雅的单宁，柔滑的新鲜口感，回味长久。拉格莱恩2011（Lagrein 2011）风格非常典型，散发花园蔬菜的味道，天鹅绒般的单宁萦绕上颚。

● A. A. Lagrein Ris. '10	🍷🍷	5
● A. A. Lagrein '11	▼▼	3
● A. A. Merlot Spitz '11	▼▼	3
● A. A. Santa Maddalena Cl. '12	▼	3
● A. A. Lagrein Ris. '09	▽▽▽	5
● A. A. Lagrein Scuro Ris. '99	▽▽▽	5
● A. A. Cabernet Sauvignon Ris. '05	▽▽	3
● A. A. Lagrein '09	▽▽	2
● A. A. Lagrein '07	▽▽	2*
● A. A. Lagrein Ris. '08	▽▽	4
● A. A. Merlot Spitz '09	▽▽	4
● A. A. Santa Maddalena Cl. '11	▽▽	3
● A. A. Santa Maddalena Cl. '10	▽▽	2*

Gummerhof - Malojer

via Weggestein, 36
39100 Bolzano/Bozen
Tel. 0471972885
www.malojer.it

藏酒销售
预约参观
年产量 100 000 瓶
葡萄种植面积 18 公顷

首次关于古漠尔酒庄（Gummer）的历史记载可以追溯到1480年。而最有意义的时代应该是与玛洁勒家族（The Majoler）有关联的近代历史。1940年，鲁道夫•玛洁勒（Rudolf Malojer）重新开始酿酒，如今，他们全家人——阿尔弗雷德（Alfred）、儿子额尔本（Urban）和妻子伊丽莎白（Elisabeth）一起小规模地酿酒。他们十分专注于酿造古尔祖沙（Gur zu Sand）、洛莫霍夫圣马达莱娜（Loamerhof Santa Maddalena）以及采用精选葡萄酿制的拉格莱恩（Lagrein）葡萄酒，当然，白葡萄酒也相当不错。整个系列的价格都很合理。苏维翁古尔祖沙2012（Sauvignon Gur zu Sand 2012）采用产量控制的葡萄酿造而成，开瓶即芳香的新鲜水果香扑鼻而来，充满能量而气质优雅，回味夹杂春天花朵般丰富的香气。

○ A. A. Sauvignon Gur zur Sand '12	🍷🍷	3*
● A. A. Cabernet Ris. '10	▼▼	4
● A. A. Cabernet-Lagrein Bautzanum Cuvée Ris. '10	▼▼	4
● A. A. Lagrein Ris. '10	▼▼	4
○ A. A. Pinot Bianco '12	▼▼	3
○ A. A. Pinot Grigio Gur zu Sand '12	▼▼	3
● A. A. Pinot Nero Gstrein '11	▼▼	3
○ A. A. Chardonnay Justina '12	▼	3
● A. A. Lagrein Gummerhof Gries '12	▼	2
● A. A. Pinot Nero Ris. '10	▼	4
● A. A. Santa Maddalena Cl. '12	▼	2
● A. A. Lagrein Gries '09	▽▽▽	2*
● A. A. Cabernet Ris. '09	▽▽	4

Gumphof - Markus Prackwieser

LOC. NOVALE DI PRESULE, 8
39050 FIÈ ALLO SCILIAR/VÖLS AM SCHLERN [BZ]
TEL. 0471601190
www.gumphof.it

藏酒销售
预约参观
年产量 45 000 瓶
葡萄种植面积 5 公顷

酒庄由玛库斯•帕克维瑟（Markus Prackwieser）所有，占地5公顷的葡萄园位于陡峭的艾萨科山谷（Isarco Valley）悬崖边上，造就了横扫斯利亚马斯丘陵冷空气的风土条件。到了夏季的晚上，温度会急剧下降，形成葡萄园异常的昼夜温差。玛库斯（Markus）逐步吸收他父亲的经验，加上自身的探索精神，他经常和其他酿酒商互相交流酿酒新思路。酒庄所产葡萄酒越来越受到青睐，品质可靠、口感新鲜、风格经典，并且所酿葡萄酒必须经过木桶陈化。

○ A. A. Pinot Bianco '12	🍷🍷	3*
○ A. A. Pinot Bianco Praesulis '12	🍷🍷	3*
● A. A. Pinot Nero '11	🍷	4
● A. A. Schiava '12	🍷	2
○ A. A. Pinot Bianco Praesulis '06	🍷🍷🍷	3*
○ A. A. Sauvignon Praesulis '09	🍷🍷🍷	3
○ A. A. Sauvignon Praesulis '07	🍷🍷🍷	3*
○ A. A. Sauvignon Praesulis '04	🍷🍷🍷	3*
○ A. A. Pinot Bianco '11	🍷🍷	3*
○ A. A. Pinot Bianco Praesulis '11	🍷🍷	3*
○ A. A. Pinot Bianco Praesulis '10	🍷🍷	3*
○ A. A. Pinot Bianco Praesulis '09	🍷🍷	3*
● A. A. Pinot Nero Gumphof '09	🍷🍷	4
○ A. A. Sauvignon Praesulis '10	🍷🍷	3

Franz Haas

VIA VILLA, 6
39040 MONTAGNA/MONTAN [BZ]
TEL. 0471812280
www.franz-haas.it

藏酒销售
预约参观
年产量 300 000 瓶
葡萄种植面积 50 公顷

弗朗茨•哈斯（Franz Haas）是一位令人敬畏的实验者，时刻拥有理智的想法，乐于接受新的思想和挑战。他寻求新的方式改善农场管理，无论是通过引入有机方法或是在地窖里尝试技术性较低的葡萄酒酿造方法。路易莎•曼纳（Luisa Manna）有必要给外界讲述这一故事。她既是一个投资者又是一个优秀的沟通者，她在意大利建立了多年纵横交错的关系网。莫斯卡托•罗莎2011（Moscato Rosa 2011）闻起来有婉约细腻的玫瑰、咖啡豆、樱桃、糖渍橘子和柚子皮的味道，然后这些味道再逐渐蔓延。施韦策2010（Schweizer 2010）是干性葡萄酒，充满力量，香气丰富，风格经典，回味悠长。

● A. A. Moscato Rosa '11	🍷🍷🍷	5
● A. A. Pinot Nero Schweizer '10	🍷🍷	6
○ A. A. Pinot Grigio '12	🍷🍷	3
● A. A. Pinot Nero '11	🍷🍷	5
○ Manna '11	🍷🍷	4
○ Moscato Giallo '12	🍷	5
● A. A. Moscato Rosa Schweizer '00	🍷🍷🍷	4
● A. A. Pinot Nero Schweizer '02	🍷🍷🍷	5
● A. A. Pinot Nero Schweizer '01	🍷🍷🍷	5
○ Manna '07	🍷🍷🍷	4
○ Manna '05	🍷🍷🍷	4
○ Manna '04	🍷🍷🍷	4

Haderburg

FRAZ. BUCHOLZ
LOC. POCHI, 30
39040 SALORNO/SALURN [BZ]
TEL. 0471889097
www.haderburg.it

藏酒销售
预约参观
年产量 100 000 瓶
葡萄种植面积 3 公顷
葡萄栽培方法 生物动力学认证

阿洛斯（Alois）和他的妻子克里斯蒂娜（Christine）在起泡酒生产方面经验丰富，他们在20世纪70年代便把酒庄变成专门的生产基地。他们是行业内第一人，阿尔托-阿迪杰区（Alto Adige）葡萄酒业界敬佩他们的勇气和远见。大约10年前，家族买下了位于伊萨尔科山谷（Valle Isarco）丘萨（Chiusa）产区的欧贝迈尔霍夫（Obermairlhof）庄园，3公顷的葡萄园种植本土白葡萄品种。优雅且多层次的陈酿经典梅多特起泡酒2004（Metodo Classico Hausmannh of Brut Riserva 2004）满嘴滋味，微妙地散发香草、榛子和蜂蜜等深沉复杂的味道。质朴的陈酿黑皮诺2010（Pinot Nero Hausmannhof Riserva 2010）带有活力的矿物感，有力量而雅致，酒体强硕，回味干爽。

● A. A. Pinot Nero Hausmannhof Ris. '10	🍷🍷 6
○ A. A. Spumante Hausmannhof Ris. '04	🍷🍷 5
○ A. A. Gewürztraminer '12	🍷🍷 3
● A. A. Merlot - Cabernet Sauvignon Erah '09	🍷🍷 5
● A. A. Pinot Nero Hausmannhof '11	🍷🍷 5
○ A. A. Spumante Pas Dosé '09	🍷🍷 5
○ A. A. Chardonnay '12	🍷 3
⊙ A. A. Haderburg Brut Rosé	🍷 5
○ A. A. Haderburg M. Cl. Brut.	🍷 5
○ A. A. Spumante Hausmannhof Ris. '97	🍷🍷🍷 6
○ A. A. Valle Isarco Sylvaner Obermairlhof '05	🍷🍷🍷 3*
○ A. A. Spumante Hausmannhof Ris. '02	🍷🍷 5
○ A. A. Spumante Hausmannhof Ris. '00	🍷🍷 5
○ A. A. Valle Isarco Sylvaner Obermairl '09	🍷🍷 3

Hoandlhof Manfred Nössing

FRAZ. KRANEBIH
VIA DEI VIGNETI, 66
39042 BRESSANONE/BRIXEN [BZ]
TEL. 0472832672
www.manni-noessing.com

预约参观
年产量 17 000 瓶
葡萄种植面积 4 公顷

连接葡萄园到酒窖的工作，从葡萄种植到装瓶，这一系列的工作需要精确的严谨意识，而具有天赋的曼富雷德（Manfred Nössing）却驾轻就熟。他所酿的白葡萄酒风格明晰，堪称伊萨尔科谷（Isarco Valley）的优秀代表。4公顷的葡萄园土质为疏松型土壤，优秀的气候条件确保了矿物质的输给以及保留葡萄本身的芳香物质。我们今天面临的挑战是生产酒精度低、风格独特却不失复杂性的葡萄酒。凭借清新的芳香和紧致，西奈儿2012（Sylvaner 2012）给予我们最接近葡萄本身特色的直接体验——顺滑、纯粹、优雅。维帝纳 2012（Veltliner 2012）散发强烈的水果香，饱满丰富的口感，绵长的顺滑感，回味独特。

○ A. A. Valle Isarco Sylvaner '12	🍷🍷 3*
○ A. A. Valle Isarco Veltliner '12	🍷🍷 3*
○ A. A. Valle Isarco Kerner '12	🍷🍷 3
○ A. A. Valle Isarco Müller Thurgau Sass Rigais '12	🍷🍷 3
○ A. A. Valle Isarco Kerner '10	🍷🍷🍷 3*
○ A. A. Valle Isarco Kerner '06	🍷🍷🍷 3*
○ A. A. Valle Isarco Kerner '05	🍷🍷🍷 3*
○ A. A. Valle Isarco Kerner '03	🍷🍷🍷 3*
○ A. A. Valle Isarco Kerner '02	🍷🍷🍷 3
○ A. A. Valle Isarco Sylvaner '08	🍷🍷🍷 3*
○ A. A. Valle Isarco Sylvaner '04	🍷🍷🍷 3*
○ A. A. Valle Isarco Veltliner '09	🍷🍷🍷 3*
○ A. A. Valle Isarco Veltliner '07	🍷🍷🍷 3

Hof Gandberg Rudolf Niedermayr

s.da Castel Palú, 1
39057 Appiano/Eppan [BZ]
Tel. 0471664152

藏酒销售
预约参观
年产量 10 000 瓶
葡萄种植面积 1.5 公顷
葡萄栽培方法 有机认证

这家通过有机认证的可爱酒庄，由奈德梅尔家族（Niedermayer）世代经营。酒庄面积仅为3.5公顷，种植葡萄的仅有1公顷多，还有部分种植其他水果。葡萄园位于高地，东南朝向，碱性土壤，尤其适合种植白皮诺（Pinot Biancos）。酒庄一共生产五个品牌葡萄酒，都是典型葡萄品种，包括布朗纳（Bronner）、新星（Nova）、索诺兰（Sonnrain）和波尔（Berrl），其中波尔（Berrl）是红葡萄酒。米特贝格2011（Mitterberg 2011）进入到了最后一场品鉴会，美味的树脂味道，夹杂辛辣香料和新鲜切开甜瓜的气息，口感饱满，回味微苦。白皮诺•米特贝格2012（Pinot Bianco Mitterberg 2012）则更胜一筹，散发李子、苹果和香梨的味道，口感绵长浓郁，回味新鲜脆爽。

○ Nova Mitterberg '11	🍷🍷 4
○ Bronner Mitterberg '12	🍷🍷 3
○ Pinot Bianco Mitterberg '12	🍷🍷 4
○ Sonnrain '12	🍷 5
○ A. A. Pinot Bianco '11	🍷🍷 3
○ A. A. Pinot Bianco '10	🍷🍷 3*
● Beerl '10	🍷🍷 5
○ Bronner '11	🍷🍷 3
○ Sonnrain '11	🍷🍷 3

Kettmeir

via delle Cantine, 4
39052 Caldaro/Kaltern [BZ]
Tel. 0471963135
www.kettmeir.com

藏酒销售
预约参观
膳宿接待
年产量 330 000 瓶
葡萄种植面积 36 公顷

1919年，由桂萨帕（Giuseppe Kettmeir）创立的这家酒庄，在阿尔托-阿迪杰区（Alto Adige）扮演着举足轻重的角色，葡萄酒产量也日益增长。1986年，酒厂由圣玛格丽特集团（Santa Margherita Group）接管。集团意识到酒庄的历史价值，推进重组工作。因此，酒庄通过控制产量，打造高品质的葡萄酒项目。起泡酒首当其冲，他们相信阿尔托-阿迪杰区（Alto Adige）白葡萄酒的优秀酸度会让其脱颖而出。此外，复杂优雅的穆勒图尔高州奥塞斯2012（Müller Thurgau Athesis 2012）呈现代简朴风格，最主要的改变便是从果香味变成泥炭味。黑皮诺尼禄•马索•莱纳 2010（Pinot Neroinot Nero Maso Reiner 2010）给予人完全放松的新鲜感，前腭充满草莓等水果味道，夹杂可人的酸度，成熟丝滑的单宁。

○ A. A. Müller Thurgau Athesis '12	🍷🍷 3*
● A. A. Moscato Rosa Athesis '10	🍷🍷 5
○ A. A. Pinot Bianco '12	🍷🍷 2*
● A. A. Pinot Nero Maso Reiner '10	🍷🍷 3
○ A. A. Pinot Bianco Athesis '12	🍷 3
○ A. A. Spumante Brut Athesis M. Cl. '10	🍷 3
⊙ A. A. Spumante Rosé Brut Athesis	🍷 3
○ A. A. Chardonnay '11	🍷🍷 2*
○ A. A. Chardonnay Maso Reiner '10	🍷🍷 3
○ A. A. Chardonnay Reinerhof '08	🍷🍷 3
● A. A. Moscato Rosa Athesis '09	🍷🍷 5
○ A. A. Müller Thurgau Athesis '11	🍷🍷 3
○ A. A. Müller Thurgau Athesis '10	🍷🍷 3
○ A. A. Pinot Bianco '09	🍷🍷 2*

Tenuta Klosterhof Oskar Andergassen

LOC. CLAVENZ, 40
39052 CALDARO/KALTERN [BZ]
TEL. 0471961046
www.garni-klosterhof.com

藏酒销售
预约参观
膳宿接待
年产量 20 000 瓶
葡萄种植面积 3.5公顷

奥斯卡（Oskar Andergassen）和儿子汉纳斯（Hannes）亲自照料葡萄园和酒窖。葡萄园面积为3.5公顷，分散在不同区域，每个片区都种有具体的葡萄品种。东南朝向的锲夫葡萄园（Trifall）位于皮安扎（Pianizza di Sopra）酒厂后方，种植有白皮诺（Pinot Bianco）、莫斯卡托金麻（Moscato Giallo）和梅洛（Merlot）；位于卡尔达罗（Caldaro）南部的帕尼格尔庄园（Panigl），东南朝向，种植黑皮诺（Pinot Nero）；潘塔迪奇（Plantaditsch）位于卡尔达罗湖（Lake of Caldaro）旁边，主要种植斯基亚瓦葡萄（Schiava）。酒窖里，红葡萄酒在木桶内发酵，而白葡萄酒在不锈钢桶内发酵，以保留葡萄的新鲜度和特性。有两款葡萄酒进入到最后的品鉴会：一款是拉戈•卡尔达罗2012（Lago di Caldaro Plantaditsch R 2012），散发有趣的水果味道，口感丰富、平衡；另一款是帕尼格尔黑皮诺2010（Pinot Nero Panigl 2010），带有橡木味，夹杂烟草和红色浆果味道，口感有力紧凑，酸度宜人。

● A. A. Lago di Caldaro Cl. Sup. Plantaditsch R '12	🍷🍷 3*
● A. A. Pinot Nero Panigl '10	🍷🍷 5
● A. A. Lago di Caldaro Cl. Sup. Plantaditsch '12	🍷🍷 2*
○ Oskar Gewürztraminer Passito Mitterberg '12	🍷🍷 4
● A. A. Merlot Ris. '10	🍷 4
○ A. A. Pinot Bianco Trifall '12	🍷 3
● A. A. Lago di Caldaro Cl. Sup. Plantaditsch '10	🍷🍷 2*
○ A. A. Pinot Bianco Trifall '11	🍷🍷 3
○ A. A. Pinot Bianco Trifall '10	🍷🍷 3
● A. A. Pinot Nero Panigl '09	🍷🍷 5

Köfererhof Günther Kershbaumer

FRAZ. NOVACELLA
VIA PUSTERIA, 3
39040 VARNA/VAHRN [BZ]
TEL. 3474778009
www.koefererhof.it

藏酒销售
预约参观
膳宿接待
年产量 80 000 瓶
葡萄种植面积 5 公顷

上伊萨尔科谷（Upper Isarco Valley）的5公顷面积的酒庄是一个以质量为基础的长期项目的核心所在。君特•柯西玛（Günther Kershbaumer）酒庄被普遍认为是杰出的生产商，酿造味道好、富含矿物质的白葡萄酒，反映出温度差异惊人的的葡萄所特有的风味。葡萄酒的风格是尖锐的、表达明确、充满了深度。君特（Günther）年轻时的葡萄酒不容易理解，但几个月后，显示出一种在意大利很少有能与之相媲美的特性。灰皮诺依然不凡。2012年的葡萄酒香味十分浓烈，熟悉的高山草（Alpine Grasses）的味道奋力涌现，但嘴里洋溢着酸味和岩石般的味道。雷司令2012（The Riesling 2012）与矿物质、苯（Benzene）混合，喝起来有像风一样凛冽的感觉。

○ A. A. Valle Isarco Pinot Grigio '12	🍷🍷🍷 3*
○ A. A. Valle Isarco Sylvaner '12	🍷🍷 3*
○ A. A. Valle Isarco Kerner '12	🍷🍷 3
○ A. A. Valle Isarco Gewürztraminer '12	🍷 4
○ A. A. Valle Isarco Müller Thurgau '12	🍷 3
○ A. A. Valle Isarco Pinot Grigio '11	🍷🍷🍷 3*
○ A. A. Valle Isarco Pinot Grigio '09	🍷🍷🍷 3*
○ A. A. Valle Isarco Riesling '10	🍷🍷🍷 4
○ A. A. Valle Isarco Sylvaner R '09	🍷🍷🍷 4
○ A. A. Valle Isarco Sylvaner R '08	🍷🍷🍷 4
○ A. A. Valle Isarco Sylvaner R '07	🍷🍷🍷 4
○ A. A. Valle Isarco Sylvaner R '06	🍷🍷🍷 4

Tenuta Kornell

FRAZ. SETTEQUERCE
VIA BOLZANO, 23
39018 TERLANO/TERLAN [BZ]
TEL. 0471917507
www.kornell.it

藏酒销售
预约参观
年产量 100 000 瓶
葡萄种植面积 15 公顷

泰努塔•科内尔（Tenuta Kornell）有着悠久的传统，早在1210年便开始记载。波利格尔家族（Brigl）作为酿酒师也有悠久的历史，自1927年起他们就已经在这里，于2001年开始生产以酒庄命名的葡萄酒。现在的业主弗洛里安•卜瑞吉（Florian Brigi），极其热爱他的工作和他的15公顷葡萄种植园，热爱这里松散的泥土、沙子、斑岩土壤和温暖的气候，保护它们免遭极端气候的摧残。这些酒都拥有慷慨、精确和可靠的品质。梅洛•丝黛2010（Merlot Staves Riserva 2010）是一款延长陈化期并历经改良的酒品，将复杂的味道带入到水果的香味中，干性且芬芳，新鲜的水果味触碰嘴唇，樱桃从各种果味儿中脱颖而出也体现到了极致。马瑞2011（Marith 2011）凭借优秀的酒体口感和丰富的果酸脱颖而出。

● A. A. Merlot Staves Ris. '10	ΨΨ	5
● A. A. Pinot Nero Marith '11	ΨΨ	6
● A. A. Lagrein Staves Ris. '10	ΨΨ	3
○ A. A. Sauvignon Oberberg '11	ΨΨ	3
● Zeder '11	ΨΨ	3
○ A. A. Pinot Bianco Eich '12	Ψ	3
○ A. A. Sauvignon Cosmas '12	Ψ	3
● A. A. Lagrein Greif '05	ΥΥ	3*
○ A. A. Pinot Bianco Pinus '09	ΥΥ	3
○ A. A. Sauvignon Cosmas '10	ΥΥ	3
○ A. A. Sauvignon Cosmas '09	ΥΥ	3
○ A. A. Sauvignon Cosmas '08	ΥΥ	3
○ A. A. Sauvignon Cosmas '07	ΥΥ	3*
● A. A. Zeder '05	ΥΥ	3*

Tenuta Kränzlhof Graf Franz Pfeil

VIA PALADE, 1
39010 CERMES/TSCHERMS [BZ]
TEL. 0473564549
www.labyrinth.bz

藏酒销售
预约参观
年产量 35 000 瓶
葡萄种植面积 6 公顷

对于坎泽后酒庄（Kränzelhof）来说，葡萄酒仅是其中一个可以展示他们实力的项目。酒庄所有人的心血和人文气质都体现在甚为复杂的酿酒过程中。这一切虽然只是他们共同的小小乌托邦，却是实践人和自然和谐发展的乐土，最佳的明证当属花园。在这一座庞大的迷宫里，你可以看到娱乐与艺术的结合，就像弗兰兹•普费尔（Franz Pfeil）不愿向外界透露酒庄的情况，他确信所有的信息近在眼前，信手拈来。莫仁斯2012（Meranese Baslan 2012）散发馥郁的丰富的森林和水果气息，复杂又简朴，洋溢着干燥泥土和矿石的气息。口感紧致尖锐的白皮诺2012（Pinot Bianco 2012），夹杂西洋李子和葡萄柚的味道。

● A. A. Meranese Baslan '12	ΨΨ	3*
○ Pinot Bianco Mitterberg '12	ΨΨ	4
○ Mitterberg Sauvignon '12	Ψ	5
● Pinot Nero '10	Ψ	6
● A. A. Cabernet Lagrein Sagittarius '09	ΥΥ	5
● A. A. Meranese Hügel Baslan Ris. '05	ΥΥ	3*
○ A. A. Pinot Bianco Helios '08	ΥΥ	4
○ Farnatzer '00	ΥΥ	8
○ Pinot Bianco Helios '10	ΥΥ	4
○ Pinot Bianco Helios '07	ΥΥ	4
● Sagittarius '05	ΥΥ	5
● Schiava Baslan '10	ΥΥ	3*
● Schiava Baslan '09	ΥΥ	3*
● Schiava Baslan '07	ΥΥ	3*

★Kuenhof - Peter Pliger

Loc. Mara, 110
39042 Bressanone/Brixen [BZ]
Tel. 0472850546
pliger.kuenhof@rolmail.net

藏酒销售
预约参观
年产量 27 000 瓶
葡萄种植面积 6 公顷

这片葡萄园由彼得（Peter Pliger）和妻子碧姬（Brigitte）所有并打理。葡萄园位于海拔800多米的斜坡位置上，这里独特的气候条件赋予葡萄酒优秀的香气、风格和酸度。彼得（Peter）致力于保留这样的精粹，以增强其复杂性和表现力，从而酿造最纯粹的葡萄酒。为了生产纯净且富有个性的葡萄酒，他们在风土赋予的浓郁香气和很多其他方面都做了一些改变，来酿造最富有特色的葡萄酒。他们非常了解这片土地，加上酒窖的完美配合，酿成如此完美的佳酿。燧石（Flint）以及灌木篱墙（Hedgerow）是凯顿2012（Kaiton 2012）表现出色的两个方面，带有矿物感的香甜，完美成熟的水果味道，口感强烈。年轻芳香型葡萄酒——维帝纳2012（Veltliner 2012）气势磅礴、丰富，香气强弱和深度各不相同，散发油蜡、甘油到西洋李子、矿物质、泥土和碘等味道。

○ A. A. Valle Isarco Riesling Kaiton '12	🍷🍷🍷	4*
○ A. A. Valle Isarco Veltliner '12	🍷🍷	3*
○ A. A. Valle Isarco Sylvaner '12	🍷🍷	3
○ A. A. Valle Isarco Gewürztraminer '12	🍷	3
○ A. A. Valle Isarco Riesling Kaiton '11	♀♀♀	4*
○ A. A. Valle Isarco Riesling Kaiton '10	♀♀♀	4
○ A. A. Valle Isarco Riesling Kaiton '07	♀♀♀	3*
○ A. A. Valle Isarco Riesling Kaiton '05	♀♀♀	3*
○ A. A. Valle Isarco Sylvaner '08	♀♀♀	3
○ A. A. Valle Isarco Sylvaner '06	♀♀♀	3*
○ A. A. Valle Isarco Sylvaner '03	♀♀♀	3*
○ A. A. Valle Isarco Sylvaner '02	♀♀♀	3*
○ A. A. Valle Isarco Sylvaner V.T. '04	♀♀♀	3*
○ A. A. Valle Isarco Veltliner '09	♀♀♀	3*

Alois Lageder

Loc. Tòr Löwengang
v.lo dei Conti, 9
39040 Magrè/Margreid [BZ]
Tel. 0471809500
www.aloislageder.eu

藏酒销售
预约参观
膳宿接待
年产量 1 500 000 瓶
葡萄种植面积 50 公顷
葡萄栽培方法 生物动力学认证

酒庄分为两部分：一个是拉格德酒庄（Alois lageder），负责从农户那里收购精选葡萄并监管酿酒；一个是朗格达酒庄（Tenutae lageder），出产的葡萄来源于自有的50公顷葡萄园。自20世纪90年代以来，葡萄园一直采用生物动力学法管理。后者的出品为酒庄赢得了荣誉，包括洛文纲（Löwengang）、克拉弗斯（Krafuss）和科尔洛米伯格（Cor Römigberg）。年产量仅300 000瓶，乃优雅创新、真实反映风土特色的葡萄酒。有三款酒进入最后品鉴阶段。拉戈•迪•卡尔达罗2012（Lago di Caldaro 2012），散发强烈的胡椒和樱桃味道，小啜一口便能感受到平衡的和谐口感。灰皮诺•泊乐儿2012（Pinot Grigio Porer 2012）呈现水果皮和黄褐梨色泽，口感丰富紧凑同时又清脆和谐。

○ A. A. Chardonnay Löwengang '10	🍷🍷	6
● A. A. Lago di Caldaro Cl. Romigberg '12	🍷🍷	3*
○ A. A. Pinot Grigio Porer '12	🍷🍷	4
● A. A. Cabernet Löwengang '09	🍷	7
● A. A. Lagrein Lindenburg '09	🍷	5
● A. A. Cabernet Sauvignon Cor Römigberg '08	♀♀♀	7
● A. A. Cabernet Löwengang '08	♀♀	6
○ A. A. Chardonnay Löwengang '08	♀♀	6
○ A. A. Chardonnay Löwengang '07	♀♀	6
● A. A. Lagrein Lindenburg '07	♀♀	6
○ A. A. Pinot Bianco Haberle '09	♀♀	4
○ A. A. Pinot Grigio Porer '11	♀♀	4
● A. A. Pinot Nero Krafuss '09	♀♀	6
● A. A. Pinot Nero Krafuss '08	♀♀	6

Laimburg

LOC. LAIMBURG, 6
39040 VADENA/PFATTEN [BZ]
TEL. 0471969700
www.laimburg.bz.it

藏酒销售
预约参观
年产量 160 000 瓶
葡萄种植面积 50 公顷

莱姆奔庄园（Laimburg）是博尔扎诺省（Bolzano）的农业实验中心，成立于20世纪70年代，主要用来开展研究以促进农业创新。这里的葡萄酒选用的葡萄来自大约50公顷的葡萄园，葡萄园都是小面积种植，分散在博尔扎诺省各地，往往都是地处黄金位置。这片葡萄园分成两行不同的葡萄藤：新年份的泊德（Vini del Podere） 和像橡树一样悠久的精选玛尼尔（Selezione Maniero）。雷司令2012（Riesling 2012）是用黄色的新鲜水果酿造，口感厚实饱满。它在口中慢慢舒展，散发出谷粒和甘草的香味，口感清新。凭借其紧致的单宁，赤霞珠•萨斯ROA 2010（Cabernet Sass Roà 2010）新鲜刺激。在第一轮品鉴中，欧雷腾2012（Ölleiten2012）呈现强烈的酸度，紧接典型的乡村风格，回味简朴。

○ A. A. Riesling '12	🍷🍷 3*
● A. A. Cabernet Sauvignon Sass Roà Ris. '10	🍷🍷 5
● A. A. Lago di Caldaro Scelto Olleiten '12	🍷🍷 3
● A. A. Lagrein Barbagòl Ris. '10	🍷🍷 5
● A. A. Pinot Nero Ris. '11	🍷🍷 3
○ A. A. Pinot Bianco '12	🍷 3
○ A. A. Pinot Grigio '12	🍷 3
● A. A. Lagrein Scuro Barbagòl Ris. '00	🍷🍷🍷 5
● A. A. Lago di Caldaro Scelto Olleitenhof '11	🍷🍷 3
● A. A. Lagrein Barbagòl Ris. '09	🍷🍷 5
● A. A. Lagrein Barbagòl Ris. '07	🍷🍷 5
○ A. A. Pinot Bianco '11	🍷🍷 3*
○ A. A. Riesling '10	🍷🍷 3

Loacker Schwarhof

LOC. SANTA JIUSTINA, 3
39100 BOLZANO/BOZEN
TEL. 0471365125
www.loacker.net

藏酒销售
预约参观
年产量 60 000 瓶
葡萄种植面积 7 公顷

哈佑（Hayo）和弗朗茨•约瑟夫•洛克尔（Franz Josef loacker）的工作体现了生命的坚强与勇敢，使他们与大自然保持一种特殊的关系。葡萄园采用生物动力技术和顺势疗法管理，在酒窖则采用一种全天然的理念来管理。历史悠久的酒庄早在14世纪就坐落在圣马达莱娜（Santa Maddalena）的施瓦兹庄园（Schwarhof），由他们的父亲雷内（Rainer）在1978年购买。如今庄园的运营已经很成熟，那些极富趣味、表现力丰富的原生态的红酒便是最好的证明。耐人寻味的赤霞珠拉格莱恩2010（Cabernet Sauvignon lagrein 2010），色泽像矿物那样层次分明又充满了能量，品尝起来就像优雅的单宁（Tannins）那样香甜可口。白垩色的精致梅洛2011（Refined Merlot 2011）有经典的波尔多（Bordeaux）色彩。拉格莱恩2011（ Lagrein 2011）有水果、香料和香浓可可的味道，浓郁的口感不减当年。

● Cabernet Sauvignon - Lagrein '10	🍷🍷 4
● Merlot '11	🍷🍷 4
● A. A. Lagrein Ris. '10	🍷🍷 4
○ Gewürztraminer '12	🍷🍷 4
● Lagrein '11	🍷🍷 4
● A. A. Santa Maddalena Cl. '12	🍷 3
○ Chardonnay '11	🍷 4
○ Sauvignon '12	🍷 4
● A. A. Merlot Ywain '04	🍷🍷🍷 4*
● A. A. Lagrein Gran Lareyn Ris. '10	🍷🍷 4
● A. A. Santa Maddalena Morit '11	🍷🍷 3
○ Gewürztraminer Atagis '11	🍷🍷 5
● Kastlet '09	🍷🍷 5
● Lagrein Gran Lareyn '10	🍷🍷 5

Manincor

LOC. SAN GIUSEPPE AL LAGO, 4
39052 CALDARO/KALTERN [BZ]
TEL. 0471960230
www.manincor.com

藏酒销售
预约参观
年产量 300 000 瓶
葡萄种植面积 50 公顷

在20世纪90年代，迈克尔•高斯•恩兹伯格（Michael Goëss-Enzenberg）便开始了雄心勃勃的长期冒险以进一步发展他的历史悠久的葡萄园。首先他在大片的葡萄酒地区进行大规模的收购。如马琳科尔（Manincor）于2004年成立的酒窖如今已发展成为阿尔托-阿迪杰区（Alto Adige）最有趣的酒厂之一。此外，他在所有的葡萄园都采用生物动力法，却不会过度地使用这种方法，只是单纯的想生产高质量的葡萄酒。自2008年以来，马琳科尔酒庄已由魅力非凡的赫尔穆特•佐进（Helmut Zozin）管理，他是葡萄酒世界的领军人物，也是一位极富个性的人。酒庄所出产的不寻常的艾希霍恩2012（Eichhorn 2012）是一次异国情调的体验，它由百香果、芒果、甜瓜和葡萄等水果与柚子皮，草药和野生百里香酿造而成，一抹淡淡的泥炭味使它的味道更加深邃。优雅的味道在口中膨胀，回味起来有些干燥却余味难散。德拉伯爵夫人特藏2012（Réserve della Contessa 2012）有黄色花朵的芬芳和春天的浓郁香味。

○ A. A. Terlano Pinot Bianco Eichhorn '12	🍷🍷🍷 5
○ A. A. Terlano Réserve della Contessa '12	🍷🍷 3*
○ Le Petit '11	🍷🍷 5
● A. A. Pinot Nero Mason di Mason '11	🍷🍷 7
○ A. A. Terlano Chardonnay Sophie '12	🍷🍷 5
○ A. A. Moscato Giallo '12	🍷 3
● A. A. Pinot Nero Mason '11	🍷 5
○ A. A. Terlano Sauvignon Tannenberg '12	🍷 5
● A. A. Cabernet Sauvignon Cassiano '97	YYY 5
○ A. A. Terlano Pinot Bianco Eichhorn '10	YYY 4
○ A. A. Terlano Pinot Bianco Eichhorn '09	YYY 4
○ A. A. Terlano Sauvignon '08	YYY 4
○ A. A. Terlano Chardonnay Sophie '11	YY 4
○ A. A. Terlano Réserve della Contessa '11	YY 3*

K. Martini & Sohn

LOC. CORNAIANO
VIA LAMM, 28
39057 APPIANO/EPPAN [BZ]
TEL. 0471663156
www.martini-sohn.it

藏酒销售
预约参观
年产量 230 000 瓶
葡萄种植面积 28 公顷

1979年由卡尔•马天尼（Karl Martini）和他的儿子加布里埃尔（Gabriel）成立的酒庄，如今由他的孙子麻仁（Maren）和卢卡斯（Lukas）负责。麻仁他们做出了很多贡献，例如给葡萄酒确立了风格，给企业带来了新能源，使他们以家族管理方式生产经典可靠的葡萄酒为傲。马天尼酿酒的葡萄大部分来自自家庄园的葡萄园，少部分是种植者那里挑选出来的。该庄园产量较高的是帕那迪恩（Palladium）和马图伦（Maturum）。白皮诺帕拉迪恩2012（Pinot Bianco Palladium 2012）是由成熟的水果、晚李子的甜肉，然后混入花瓣和阿拉伯胶，最后加入黄色果肉的水果，覆盖一层桃花酿造而成。回味起来各种香味由外向内渐渐地蔓延消散。拉戈•卡德罗2012（Lago di Caldaro Felton 2012）是典型的和富有乡村香味的葡萄酒。莎当尼马图伦2011（Chardonnay Maturum 2011）有柑橘类水果和鲜花的味道，然后是淡淡的酸味，让人觉得优雅、纯正，恰到好处。

○ A. A. Pinot Bianco Palladium '12	🍷🍷 3*
○ A. A. Chardonnay Maturum '11	🍷🍷 4
○ A. A. Chardonnay Palladium '12	🍷🍷 3
● A. A. Lago di Caldaro Cl. Felton '12	🍷🍷 2*
● A. A. Lagrein Rueslhof '12	🍷🍷 3
● A. A. Pinot Nero Gurnzan '11	🍷🍷 3
○ A. A. Kerner '12	🍷 2
○ A. A. Sauvignon '12	🍷 3
○ A. A. Sauvignon Palladium '12	🍷 3
● A. A. Schiava Palladium '12	🍷 2
● A. A. Lagrein Maturum '09	YY 5
● A. A. Lagrein Scuro Maturum '07	YY 5
○ A. A. Sauvignon Palladium '11	YY 4

Cantina Meran Burggräfler

via Cantina, 9
39020 Marlengo/Marling [BZ]
Tel. 0473447137
www.cantinamerano.it

藏酒销售
预约参观
年产量 1 000 000 瓶
葡萄种植面积 250 公顷

这家举足轻重的合营酒庄由博格勒酒庄（Cantina Produttori Burggräfler）和梅拉诺酒庄（Cantina di Merano）合并而来，赋予一个品牌全新的生命力。如今，酒庄由董事长卡斯帕•普拉策（Kaspar Platzer）、经理泽诺斯塔夫（Zeno Staffler）和酿酒师斯特凡（Stefan Kapfinger）共同管理，葡萄园的面积从拉娜（Lana）延伸到瓦尔斯塔非凡（Val Venosta）。380名种植者的团队致力于酿造最具本地风土特色的葡萄酒。在这个系列当中，白皮诺•索南伯格2012（Pinot Bianco Sonnenberg 2012）获得了“三杯奖”（Tre Bicchieri），散发新鲜成熟的香梨和李子味道，夹杂杏仁香气，口感分明，余味悠长。梅拉纳萨2012（Meranese 2012）进入最后品鉴，明快迷人的香气萦绕口腔。

○ A. A. Val Venosta Pinot Bianco Sonnenberg '12	🍷🍷🍷 3*
● A. A. Meranese Schickenburg Graf von Meran '12	🍷🍷 3*
○ A. A. Pinot Bianco Graf Von Meran '12	🍷🍷 3
○ A. A. Pinot Grigio Festival '12	🍷🍷 2*
● A. A. Pinot Nero Zeno '11	🍷🍷 5
○ A. A. Riesling Graf von Meran '12	🍷🍷 4
● A. A. Merlot Freiherr '11	🍷 5
○ A. A. Sauvignon Graf Von Meran '12	🍷 4
● A. A. Meranese Schickenburg Graf von Meran '11	🍷🍷🍷 3*
○ A. A. Moscato Giallo Passito Sissi Graf von Meran '08	🍷🍷🍷 5
○ A. A. Val Venosta Pinot Bianco Sonnenberg '08	🍷🍷🍷 2*

★Cantina Convento Muri-Gries

fraz. Gries
p.zza Gries, 21
39100 Bolzano/Bozen
Tel. 0471282287
www.muri-gries.com

藏酒销售
预约参观
年产量 650 000 瓶
葡萄种植面积 55 公顷

穆里格里斯酒庄（Muri Gries）始建于1845年，当时的本笃会修士（Benedictine Monks）从瑞士的穆里修道院（Muri Monastery）被驱逐出来，于1027年受到捐助，在格里斯修道院（Gries）住下。在20世纪初，这里的僧侣开始酿造瓶装酒，并广受赞誉。庄园位于格里斯（Greis）平原，是拉格莱恩（Lagrein）风土的中心地带。毫不意外，拉格莱恩（Lagrein）是酒庄的最佳代表作，20世纪80年代由基督教徒韦斯（Christian Werth）首创，他是一位富有激情、有才华又谦虚的人。现在酒窖的葡萄酒产量大体上相当稳定可靠。拉格莱恩穆里2010（Lagrein Abtei Muri 2010）的品质和陈年潜力都是一种无与伦比的体验，口感略为辛辣、干涩并具有铅笔芯的矿物色调，回味多汁新鲜，单宁细密。优雅的灰皮诺2012（Pinot Grigio 2012）口感辛辣，带陈皮味道。

● A. A. Lagrein Abtei Muri Ris. '10	🍷🍷🍷 5
○ A. A. Pinot Grigio '12	🍷🍷 2*
○ A. A. Bianco Abtei Muri '11	🍷🍷 3
● A. A. Schiava Grigia '12	🍷🍷 2*
○ A. A. Terlano Pinot Bianco '12	🍷🍷 2*
● A. A. Lagrein '12	🍷 3
⊙ A. A. Lagrein Rosato '12	🍷 2
● A. A. Moscato Rosa v.t. Abtei Muri '11	🍷 5
● A. A. Pinot Nero '12	🍷 3
● A. A. Pinot Nero Abtei Muri Ris. '10	🍷 5
● A. A. Lagrein Abtei Muri Ris. '09	🍷🍷🍷 5
● A. A. Lagrein Abtei Ris. '07	🍷🍷🍷 5
● A. A. Lagrein Abtei Ris. '06	🍷🍷🍷 4
● A. A. Lagrein Abtei Ris. '05	🍷🍷🍷 4

Cantina Nals Margreid

via Heiligenberg, 2
39010 Nalles/Nals [BZ]
Tel. 0471678626
www.kellerei.it

藏酒销售
预约参观
年产量 950 000 瓶
葡萄种植面积 150 公顷

这个令人振奋的、成立于1985年的联营酒厂的前身是一个联盟，由两家成熟的酒庄合并而成，其中一家是建于1932年的纳莱斯酒庄（Cantine Nalles），另一家是建于1954年的玛格勒酒庄（Magrè Niclara）。酒庄共有140名员工，葡萄园面积为150公顷。纳尔斯（Nals Margreid）仍在推进新酒窖的能量辐射项目，由马库斯（Markus Scherer）设计。有赖于酒窖经理哈拉德（Harald Schraff）的辛勤工作，酒庄的风格愈加具有风土特色。成功没有捷径，每一个成功都离不开辛勤工作和对环境的的尊重。酒庄出产的白皮诺•斯米安2012（Pinot Bianco Sirmian 2012）呈现烟熏的精致气质，轻嗅散发新鲜白色水果和花朵味道，入口后更是衍生出其他味道，你会很意外地发现苹果和李子花的香气，精美原始的苦涩口感，夹杂高山草地气息。正是由于上述这些因素，今年乃是白葡萄酒年。

○ A. A. Pinot Bianco Sirmian '12	🍷🍷🍷 4*
○ A. A. Moscato Giallo Passito Baronesse '10	🍷🍷 6
○ A. A. Pinot Grigio Punggl '12	🍷🍷 4
● A. A. Schiava Galea '12	🍷🍷 3*
○ A. A. Chardonnay Magré '12	🍷🍷 4
○ A. A. Sauvignon Mantele '12	🍷🍷 4
○ A. A. Chardonnay Baron Salvadori '11	🍷 5
● A. A. Lagrein Gries Ris. '10	🍷 4
○ A. A. Pinot Bianco Penon '12	🍷 3
○ A. A. Pinot Bianco Sirmian '11	YYY 3*
○ A. A. Pinot Bianco Sirmian '10	YYY 3*
○ A. A. Pinot Bianco Sirmian '09	YYY 3*
○ A. A. Pinot Bianco Sirmian '08	YYY 3*
○ A. A. Pinot Bianco Sirmian '07	YYY 3*

Josef Niedermayr

loc. Cornaiano/Girlan
via Casa di Gesù, 15/23
39057 Appiano/Eppan [BZ]
Tel. 0471662451
www.niedermayr.it

藏酒销售
预约参观
年产量 250 000 瓶
葡萄种植面积 30 公顷

约瑟夫•奈德梅尔（Josef Niedermayr）继承家族的传统可以追溯到19世纪。经过多年的努力，他已经改变了酒厂的性质。他从2002年开始在酒窖里工作，降低了生产量，只用自己的葡萄园种植的葡萄来酿酒。这些葡萄酒包括阿斯歌候（Tenuta Ascherhof）、帕莫尔（Tenuta Hof zu Pramol）、凯瑟仁（Kaiserau）、维涅托•南恩（Vigneto Naun）和维涅托•杜斯（Vigneto doss）。酒庄共有30公顷分布在不同地方的葡萄园。他的管理理念专注于质量和以家庭为基础来开展工作。淡雅的白皮诺2012（Pinot Bianco 2012）随时随地都很时尚，草药和芹菜叶散发出菜香味，而果香味则来自白瓜和李子。喝在嘴里有一股活泼的酸味，其次是干涩的味道，最后在嘴里蔓延萦绕。 这种酒所具有的古典的风格使它成为传统上口感最好的葡萄酒。

○ A. A. Terlano Hof zu Pramol '11	🍷🍷 3
○ A. A. Terlano Pinot Bianco '12	🍷🍷 2*
⊙ A. A. Lagrein Gries Rosé '12	🍷 2
● A. A. Pinot Nero Precios '10	🍷 4
○ A. A. Aureus '99	YYY 6
○ A. A. Aureus '98	YYY 6
○ A. A. Aureus '95	YYY 6
○ A. A. Aureus '07	YY 6
○ A. A. Aureus '06	YY 6
● A. A. Lagrein Gries Ris. '10	YY 5
● A. A. Lagrein Gries Ris. '09	YY 5
● A. A. Lagrein Gries Ris. '08	YY 5
○ A. A. Sauvignon Naun '10	YY 3
● A. A. Schiava Ascherhof '11	YY 2*

Ignaz Niedrist

LOC. CORNAIANO/GIRLAN
VIA RONCO, 5
39050 APPIANO/EPPAN [BZ]
TEL. 0471664494
ignazniedrist@rolmail.net

藏酒销售
预约参观
年产量 40 000 瓶
葡萄种植面积 8.5 公顷

艾格纳•奈尔吉（Lgnaz Niedrist）是一位天才型的种植者，凭借他优秀的知识和技艺，成为阿尔托-阿迪杰区（Alto Adige）杰出的葡萄酒生产商之一。他的葡萄园大多位于科奈阿诺（Cornaiano），海拔在400米到500米之间，有几块小片区在其他地域，一些在北格里斯（Greis）北部，其他的则种植在卡尔达罗（Caldaro）南部。每年，他会酿造工艺更纯粹、更引人注目的葡萄酒，展现其最成熟的风土特质，白皮诺2012（Pinot Bianco 2012）便是其中一款重要的具有当地风土特色的葡萄酒。轻轻地开启，小酌一口，你会发现它隐藏了各种各样的水果味道，苹果、雪梨和西柚等，回味带咸。最初向你传达还原感的是伯格2012（Berg 2012），绝对的优雅和整洁，夹杂高山草地、洋茴香与泥土气息，回味强烈。

○ A. A. Terlano Pinot Bianco '12	🍷🍷🍷	3*
● A. A. Pinot Nero '11	🍷🍷	5
○ A. A. Riesling Berg '12	🍷🍷	4
● A. A. Lagrein Berger Gei '11	▼▼	4
○ A. A. Terlano Sauvignon '12	▼▼	4
○ Trias '12	▼▼	4
○ A. A. Riesling Berg '11	▽▽▽	4*
○ A. A. Terlano Sauvignon '10	▽▽▽	3
○ A. A. Terlano Sauvignon '00	▽▽▽	3*
● A. A. Pinot Nero '09	▽▽	4
○ A. A. Riesling Berg '10	▽▽	3
○ A. A. Terlano Pinot Bianco '11	▽▽	3*
○ A. A. Terlano Pinot Bianco '10	▽▽	3*
○ Trias '11	▽▽	4

Niklaserhof - Josef Sölva

LOC. SAN NICOLÒ
VIA DELLE FONTANE, 31A
39052 CALDARO/KALTERN [BZ]
TEL. 0471963434
www.niklaserhof.it

藏酒销售
预约参观
年产量 50 000 瓶
葡萄种植面积 5 公顷

约瑟夫•索尔瓦（Josef Sölva）和他的儿子狄尔特（Dieter）是工匠与种植者，他们能较好地领悟传统种植的方法。这些有知识的农民怀抱最大的热情，以掌握的智慧经营自己的小农庄。他们精细地管理着5公顷的葡萄园，保证提供给酒窖最完美的葡萄。约瑟夫（Josef）是一个赋有灵感的白葡萄酒专家，他总是全身心地致力于白皮诺（Pinot Bianco）的培育。他的葡萄酒很精致，强调葡萄微妙的果香。散发白色水果和春天花蕾气息的灰皮诺2012（Pinot Bianco 2012）充满活力，气质优雅，风格独特，酒香弥漫，挥之不去。新鲜美味的陈酿科纳尔2010（Kerner Mondevinum Riserva 2010）带有成熟水果的香甜和甘油味道，没有添加任何糖分。

○ A. A. Kerner Mondevinum Ris. '10	🍷🍷	4
○ A. A. Pinot Bianco '12	🍷🍷	2*
○ A. A. Bianco Mondevinum Ris. '10	▼▼	4
○ A. A. Kerner '12	▼▼	2*
○ A. A. Pinot Bianco Klaser '10	▼▼	3
○ A. A. Sauvignon '12	▼▼	3
● A. A. Lago di Caldaro Scelto Cl. '12	▼	2
● A. A. Lagrein Mondevinum Ris. '10	▼	4
● A. A. Lagrein-Cabernet Klaser Ris. '10	▼	4
○ A. A. Bianco Mondevinum '05	▽▽	4
○ A. A. Kerner '05	▽▽	2*
○ A. A. Pinot Bianco Klaser '07	▽▽	3
○ A. A. Pinot Bianco Klaser '00	▽▽	3
○ A. A. Pinot Bianco Klaser R '05	▽▽	3*

Obermoser H. & T. Rottensteiner

FRAZ. RENCIO
VIA SANTA MADDALENA, 35
39100 BOLZANO/BOZEN
TEL. 0471973549
www.obermoser.it

藏酒销售
预约参观
年产量 30 000 瓶
葡萄种植面积 3.8 公顷

洛顿斯特那尔家族（Rottensteiner）自1890年购买的第一块地以来，一直倾向于在圣马达莱娜（Santa Maddalena）山丘上种植这些葡萄园。他们的酒庄已经生产出拉格莱恩（Lagrein）和圣马达莱娜（Santa Maddalena）葡萄酒，因为拥有这样根深蒂固的家族传统，它们的风格成为无可挑剔的经典和真实的类型。如今，海因里希（Heinrich）和他的儿子托马斯（Thomas）掌管着酒庄。酒庄产量稳定，拉格莱恩•格拉分雷顿（Lagrein Grafenleiten）便是该类型中最有趣的例子之一。欧贝默瑟尔（Obermoser）今年的表现没有达到其一贯的标准。极度具有挑战性的拉格莱恩•格拉分雷顿陈酿2011（Lagrein Grafenleiten Riserva 2011）进入了总决赛，因为它具有强烈的香气和可爱新鲜的水果香味。在嘴里的味道既浓烈又和谐，回味起来清爽但不细腻。拉格莱恩2012（Lagrein 2012）有单宁味而且很浓郁。而赤霞珠2012（Sauvignon 2012）味道还不成熟，较青涩。

● A. A. Lagrein Grafenleiten Ris. '11	🍷🍷 5
● A. A. Lagrein '12	🍷 3
○ A. A. Sauvignon '12	🍷 3
● A. A. Lagrein Grafenleiten Ris. '09	🍷🍷🍷 4
● A. A. Cabernet Sauvignon Putz Ris. '09	🍷🍷 5
● A. A. Lagrein '11	🍷🍷 3
● A. A. Lagrein Grafenleiten Ris. '10	🍷🍷 5
● A. A. Lagrein Scuro Grafenleiten Ris. '07	🍷🍷 4
● A. A. Santa Maddalena Cl. '11	🍷🍷 3

Pacherhof - Andreas Huber

FRAZ. NOVACELLA
V.LO PACHER, 1
39040 VARNA/VAHRN [BZ]
TEL. 0472835717
www.pacherhof.com

藏酒销售
预约参观
膳宿接待
年产量 30 000 瓶
葡萄种植面积 8 公顷

伊萨尔科山谷（Valle Isarco）酿的酒与这个家族的历史息息相关，也与帕彻洛夫庄园（Pacherof）息息相关。安德烈亚斯•胡贝尔（Andreas Huber ）和他的父亲约瑟夫（Josef）最先在山谷中栽培葡萄，以传统和使命作为开拓者。他们拥有布列瑟农藤（Bressanone）附近8公顷的葡萄园，在高于海平面约600米的诺瓦克拉修道院（Abbey of Novacella），种满了平均年龄是20岁的成熟的葡萄藤。出品的葡萄酒是有趣的，有新鲜的、优雅的、精致的古典风格。所有呈现出来的葡萄酒品质都很好。我们最喜欢绿维特利纳2012（Veltliner 2012 ），颜色艳丽，展示了多种芬芳，其中胡椒和香料覆盖浓浓的水果味。还有几乎全是单宁味，以及浓烈而典型的葡萄味和挥之不去的香味，复杂的，层次分明的灰皮诺2012（Pinot Grigio 2012 ）。

○ A. A. Valle Isarco Veltliner '12	🍷🍷 4
○ A. A. Valle Isarco Pinot Grigio '12	🍷🍷 4
○ A. A. Valle Isarco Sylvaner '12	🍷🍷 3
○ A. A. Valle Isarco Riesling '04	🍷🍷🍷 3
○ A. A. Valle Isarco Sylvaner Alte Reben '05	🍷🍷🍷 4
○ A. A. Valle Isarco Kerner '10	🍷🍷 3
○ A. A. Valle Isarco Pinot Grigio '11	🍷🍷 4
○ A. A. Valle Isarco Riesling '11	🍷🍷 4
○ A. A. Valle Isarco Sylvaner '10	🍷🍷 3
○ A. A. Valle Isarco Sylvaner Alte Reben '10	🍷🍷 5
○ A. A. Valle Isarco Sylvaner Alte Reben '09	🍷🍷 5

Pfannenstielhof Johannes Pfeifer

via Pfannestiel, 9
39100 Bolzano/Bozen
Tel. 0471970884
www.pfannenstielhof.it

藏酒销售
预约参观
年产量 40 000 瓶
葡萄种植面积 4 公顷

约翰内斯•普法伊费尔（Johannes Pfeifer）是一个一丝不苟的种植者，他和他的妻子玛格丽特（Margareth）培育着4公顷的葡萄园，植物生长在雷农（Renon）的阳光明媚的斜坡，松软的土壤是种植施基亚瓦（Schiava）和拉格莱恩（Lagrein）葡萄的理想场所。如果你正在寻找经典葡萄酒的传统风格，你应该来到这个酒庄。这里的和谐使其成为施基亚瓦（Schiava）和拉格莱恩（Lagrein）葡萄的标杆之地。酒庄的标志性酒品是圣马达莱娜（Santa Maddalena），它总是呈现优雅而极富特性的能量。虽然这一系列并不像往常一样令人信服，我们极喜爱黑皮诺2010（Pinot Nero 2010），它带着新鲜的浆果味道，但酒精带来的温热稍稍多了一些。新鲜感和愉悦的单宁带来适度厚实的口感，长时间的回味显示个性。拉格莱恩2012（Lagrein 2012）有相当浓烈的单宁味。陈酿2010（Riserva 2010）味道饱满而和谐。

● A. A. Pinot Nero '10	🍷🍷 4
● A. A. Lagrein Ris. '10	🍷 5
● A. A. Lagrein vom Boden '12	🍷 3
● A. A. Santa Maddalena Cl. '12	🍷 3
● A. A. Santa Maddalena Cl. '09	🍷🍷🍷 2*
● A. A. Lagrein Ris. '09	🍷🍷 5
● A. A. Lagrein Ris. '07	🍷🍷 4
● A. A. Lagrein vom Boden '10	🍷🍷 3*
● A. A. Pinot Nero '07	🍷🍷 3*
● A. A. Santa Maddalena Cl. '10	🍷🍷 3*

Tenuta Ritterhof

s.da del Vino, 1
39052 Caldaro/Kaltern [BZ]
Tel. 0471963298
www.ritterhof.it

藏酒销售
预约参观
膳宿接待
年产量 397 000 瓶
葡萄种植面积 7 公顷

简而言之，里特霍夫酒庄（Tenuta Ritterhof）所产葡萄酒质量可靠、风格经典、价格合理。酒庄由悠久的洛那尔家族（Roner）所有，多年来凭借沿袭其传统而发展起来。酒庄位于卡尔达罗（Caldaro）和特拉尼（Termeno）之间，葡萄园面积达7公顷，约有40名值得信赖的葡萄种植者，由酒窖经理伯恩哈（Bernhard Hannes）负责监管。到酒庄参观的游客可在餐馆愉快用餐。另外，洛那尔家族（Roner）还拥有一家蒸馏厂，生产格拉巴酒（Grappas）和水果烈酒。琼瑶浆2012（Gewürztraminer Crescendo 2012）拥有多层次、清爽的香气，散发玫瑰、天竺兰、干草和甘菊味道，口感略咸，余味悠长。风格典型的圣思2010（Sonus 2010）夹杂鼠尾草和藏红花原始的味道，口感清新。

○ A. A. Gewürztraminer Crescendo Aureus '12	🍷🍷🍷 4*
○ A. A. Gewürztraminer Sonus '10	🍷🍷 5
○ A. A. Pinot Bianco Varius '12	🍷🍷 3
○ A. A. Pinot Grigio Crescendo '11	🍷🍷 4
● A. A. Pinot Nero Crescendo '09	🍷🍷 5
● A. A. Lago di Caldaro Cl. Sup. Novis '12	🍷 3
● A. A. Lagrein Crescendo '10	🍷 4
● A. A. Lagrein Manus '09	🍷 4
○ A. A. Müller Thurgau '12	🍷 2
○ A. A. Pinot Grigio '12	🍷 2
● A. A. Santa Maddalena '12	🍷 3
● A. A. Lago di Caldaro Cl. Ritterhof '10	🍷🍷 2*
○ A. A. Pinot Bianco Ritterhof '10	🍷🍷 2*
○ A. A. Pinot Grigio Ritterhof '11	🍷🍷 2*

Röckhof - Konrad Augschöll

VIA SAN VALENTINO, 22
39040 VILLANDRO/VILLANDERS [BZ]
TEL. 0472847130
roeck@rolmail.net

藏酒销售
预约参观
膳宿接待
年产量 18000 瓶
葡萄种植面积 3 公顷

康拉德奥•古斯科尔（Konard Augschöll）是一位才华横溢的工匠，他能创造当地经典可靠的葡萄酒和传统产品。他是这个15世纪的酒庄的领导，该酒庄位于从丘萨（Chiusa）去维尔兰多（Villandro）的路上，在河伊萨尔科（Isarco）右岸。葡萄园面积3公顷，在海拔600米至700米的高度，几乎都是种植白葡萄品种。还有部分小面积种植红葡萄，包括黑皮诺（Pinot Nero）和茨威格（Zweigelt）。他们会在此农家乐并享用葡萄酒，尤其是在托格伦（Törggelen）收获季节。这些都是普通的葡萄酒，特征鲜明，从不让人乏味，只有耐心地跟随它们，等待它们渐渐成熟。维特利纳•盖尔•福安斯2012（Veltliner Gail Fuass 2012）虽然口感丰富，却散发出淡淡的酸味和花香味。品味起来有矿物质的味道，与咸味融合。它完美地诠释了自己的特点，尽管口感偏重。卡鲁斯2012（Caruess 2012）口感清脆，散发着柑橘类水果的味道与温暖的感觉。

○ A. A. Valle Isarco Veltliner Gail Fuass '12	🍷🍷 3*
○ Caruess '12	🍷🍷 3*
○ A. A. Valle Isarco Riesling Viel Anders '12	🍷 3
○ A. A. Valle Isarco Riesling Viel Anders '08	🍷🍷🍷 3*
○ A. A. Valle Isarco Veltliner '11	🍷🍷🍷 3*
○ A. A. Valle Isarco Riesling Viel Anders '10	🍷🍷 3*
○ Caruess '11	🍷🍷 3*

Hans Rottensteiner

FRAZ. GRIES
VIA SARENTINO, 1A
39100 BOLZANO/BOZEN
TEL. 0471282015
www.rottensteiner-weine.com

藏酒销售
预约参观
年产量 450000 瓶
葡萄种植面积 95 公顷

沿袭悠久的家族传统，托尼（Toni）和汉斯（Hanes Rottensteiner)是真正的葡萄种植专家，葡萄园的红色斑岩土质，是种植斯基亚瓦（schiava)的理想地域。酒庄位于博尔扎诺省（Bolzano）北部，萨伦蒂诺市（Val Sarentino）出口，葡萄的产地表明了他们与长期供应商的特殊关系，比如，克斯特隆（Kristplonerhof）或者沃格尔•马索（Vogels of Maso Premstallerhof）。拉格莱恩精选2010（Lagrein Select 2010）口感带辛辣感和新鲜水果味道，夹杂余烬和泥土的愉悦气息，以及精致的矿物味。典型、经典的坎森奈2012（Cancenai 2012）拥有丰富的苹果、鲜花和草药的味道，口感充满了香味和咸味，并表现出一定的优雅。白皮诺卡尔莫2012（Pinot Bianco Carnol 2012）有细微优雅而精炼的特征。异国水果混合的味道，还有百香果、柑橘皮和冬瓜的味道，给人无尽的吸引力。

○ A. A. Gewürztraminer Cancenai '12	🍷🍷 3*
● A. A. Lagrein Grieser Select Ris. '10	🍷🍷 4
● A. A. Cabernet Select Ris. '10	🍷🍷 4
○ A. A. Pinot Bianco Carnol '12	🍷🍷 3
● A. A. Santa Maddalena Cl. Premstallerhof '12	🍷🍷 2*
⊙ A. A. Lagrein Rosato '12	🍷 2
○ A. A. Müller Thurgau '12	🍷 2
● A. A. Pinot Nero Select Ris. '10	🍷 4
○ A. A. Sauvignon '12	🍷 3
● A. A. Lagrein Ris. '02	🍷🍷🍷 2*
○ A. A. Gewürztraminer Passito Cresta '08	🍷🍷 5
● A. A. Lagrein Grieser Select Ris. '07	🍷🍷 4
● A. A. Lagrein Grieser Select Ris. '05	🍷🍷 4
● A. A. Santa Maddalena Cl. Premstallerhof '09	🍷🍷 2*

★★Cantina Produttori San Michele Appiano

VIA CIRCONVALLAZIONE, 17/19
39057 APPIANO/EPPAN [BZ]
TEL. 0471664466
www.stmichael.it

藏酒销售
预约参观
年产量 200 000 瓶
葡萄种植面积 380 公顷

最近这个合作酿酒厂的成功故事与其经理汉斯特泽尔（Terzer）息息相关。他不仅仅是一位酿酒师，他是这次合作经营真正的核心人物，多年来发挥了他的远见卓识和高超的技巧。产品涵盖了一系列基础款葡萄酒和传说中的三特瓦伦丁（Sanct Valentin）系列，随着时间的推移，塑造了鲜明的个性和令人印象深刻的优质葡萄酒。苏维翁（Sauvignon）一直是他们风格最独特的一款酒，它具有陈年潜力的柠檬柑和橘风味，味道十分诱人。黑皮诺三特瓦伦丁2011（Pinot Bianco Sanct Valentin 2011）是该系列最经典的一款。用精湛的技巧来处理橡木，口感丰富新鲜。它是多种木材和水果混合酿造的，味道丰富、层次鲜明、酸度强烈，具陈年潜力。口感丰富、愉悦的斯库尔塔瑟尔2012（Schulthauser 2012）散发藏红花、李子、柠檬皮和灌木篱墙等混合香气。

○ A. A. Pinot Bianco St. Valentin '11	🍷🍷🍷	5
○ A. A. Chardonnay Merol '12	🍷🍷	3*
○ A. A. Pinot Bianco Schulthauser '12	🍷🍷	3*
○ A. A. Sauvignon St. Valentin '12	🍷🍷	5
○ A. A. Chardonnay St. Valentin '11	🍷🍷	5
○ A. A. Pinot Grigio Anger '12	🍷🍷	3
○ A. A. Pinot Grigio St. Valentin '11	🍷🍷	5
● A. A. Pinot Nero Ris. '10	🍷🍷	4
○ A. A. Riesling Montiggl '12	🍷🍷	3
○ A. A. Pinot Grigio Anger '11	🍷🍷🍷	3*
○ A. A. Sauvignon St. Valentin '10	🍷🍷🍷	5
○ A. A. Sauvignon St. Valentin '09	🍷🍷🍷	5
○ A. A. Sauvignon St. Valentin '08	🍷🍷🍷	5
○ A. A. Sauvignon St. Valentin '07	🍷🍷🍷	5

Cantina Produttori San Paolo

LOC. SAN PAOLO
VIA CASTEL GUARDIA, 21
39050 APPIANO/EPPAN [BZ]
TEL. 0471662183
www.kellereistpauls.com

藏酒销售
预约参观
年产量 1 200 000 瓶
葡萄种植面积 175 公顷

这家位于阿帕诺（Appaino）历史悠久的酒庄，由年轻的沃夫冈（Wolfgang Tratter）接手，他是一位富有激情的酿酒学家，所酿葡萄酒能够真正地反映本土特质，富含能量。酒厂伟大的陈酿（Riservas）品质卓越、展现出优秀的陈年潜力，适合长期储存，激情系列（Passion）的葡萄酒只有经过长时间的陈酿才投入市场。亚历山德•罗里吉（Alessandro Righi）勇敢顽强、不屈不挠，使该酒庄成为本地最成功的酒庄之一。打开白皮诺激情2011（Pinot Bianco Passion 2011）能闻到一股美妙的烟味，还有一丝甘菊味，浓浓的李子、甜瓜和葡萄的味道。口感丰富，饱满诱人。施基亚瓦激情2011（Schiava Passion 2011）散发出丰富的万花筒般的味道加上柔和的单宁，余味无穷。

○ A. A. Pinot Bianco Passion Ris. '11	🍷🍷🍷	4*
● A. A. Pinot Nero Passion Ris. '10	🍷🍷	5
● A. A. Schiava Passion '11	🍷🍷	3*
○ A. A. Chardonnay Kössler '12	🍷🍷	3
● A. A. Lagrein Passion Ris. '11	🍷🍷	5
● A. A. Santa Maddalena Kössler '12	🍷🍷	2*
● A. A. Schiava Missianer '12	🍷🍷	2*
○ A. A. Pinot Bianco Kössler '12	🍷	2
○ A. A. Pinot Bianco Plotzner '12	🍷	2
○ A. A. Pinot Grigio '12	🍷	2
○ A. A. Pinot Grigio Kössler '12	🍷	2
● A. A. Pinot Nero Kössler '11	🍷	2
○ A. A. Sauvignon Kössler '12	🍷	2
○ A. A. Sauvignon Passion '11	🍷	4
○ A. A. Pinot Bianco Passion '09	🍷🍷🍷	4

Peter Sölva & Söhne

via dell'Oro, 33
39052 Caldaro/Kaltern [BZ]
Tel. 0471964650
www.soelva.com

藏酒销售
预约参观
年产量 75 000 瓶
葡萄种植面积 6 公顷

早在18世纪后期，拥有悠久传统历史的葡萄酒生产商索尔瓦家族（Sölva）就被记载，它是卡尔达罗（Caldaro）最重要的家族之一，也是这个区域的标杆。现在该酒庄由斯蒂芬索尔瓦（Stephen Sölva）管理，他在一位年轻的、充满激情的基督教酿酒师柏鲁缇（Belutti）的协助下管理酒窖。酒庄生产阿米斯塔尔（Amistar）和德席尔瓦（De Silva）两款葡萄酒。主打的是白葡萄酒，其风格活力十足、优雅清新。红葡萄酒味道饱满丰富，虽然它们在木制的酒罐里酝酿的时间很久，显得略乏细腻感和新鲜感。白皮诺2012（Pinot Bianco 2012）充满异国情调的色彩，有活泼均衡的酸度，微妙口感，富有柑橘芳香，令人垂涎欲滴。拉戈•迪•卡尔达罗2012（Lago di Caldaro 2012）是一款非常精美的葡萄酒，刚开发出来的一个品种，带着矿物的口感。

○ A. A. Pinot Bianco DeSilva '12	🍷🍷 (red)	4
● A. A. Lago di Caldaro Cl. Sup. '12	▼▼	2*
● A. A. Lagrein Ris. '11	▼▼	3
● A. A. Pinot Nero '11	▼▼	4
○ A. A. Sauvignon DeSilva '12	▼	4
○ A. A. Terlano Pinot Bianco DeSilva '10	▽▽▽	3
○ A. A. Terlano Pinot Bianco DeSilva '09	▽▽▽	3
● A. A. Lago di Caldaro Scelto Cl. Sup. DeSilva Peterleiten '11	▽▽	2*
● A. A. Lagrein DeSilva '08	▽▽	3
○ A. A. Sauvignon Blanc DeSilva '11	▽▽	4
○ A. A. Terlano Pinot Bianco DeSilva '11	▽▽	3*

Stachlburg Baron von Kripp

via Mitterhofer, 2
39020 Parcines/Partschins [BZ]
Tel. 0473968014
www.stachlburg.com

藏酒销售
预约参观
年产量 30 000 瓶
葡萄种植面积 7 公顷
葡萄栽培方法 有机认证

这个家族自1540年以来便已经拥有斯塔克伯格（Stachlburg）的城堡，是西格蒙德•冯•克里普泊夫（Sigmund von Krippof）为庄园的优良传统灌输了新的能量。他负责种植的的第一批葡萄树，是在20世纪90年代种植的。此后，酒庄便成长起来，成为阿尔托-阿迪杰区（Alto Adige）的惊喜之一。所酿造的葡萄酒品质好、有个性、风格独特。年轻的多米尼克伍尔特（Dominic Würth），既管理葡萄园又管理酒窖，酿造的葡萄酒带有瓦尔•维诺斯塔（Val Venosta）的优雅和矿物感，感觉略带烟熏的味道。灰皮诺2011（Pinot Grigio 2011）是一款由许多香料混合，然而保留着整洁韵味的葡萄酒。味道浓烈，让人很放松。白皮诺2012（Pinot Bianco 2012）透着精致的水果味和迷人的芬芳，口感干性优雅，回味长久。

○ A. A. Pinot Grigio '11	🍷🍷 (red)	3*
○ A. A. Valle Venosta Chardonnay '12	▼▼	3
○ A. A. Valle Venosta Pinot Bianco '12	▼▼	3
○ Praesepium Bianco '11	▼▼	2*
○ A. A. Valle Venosta Gewürztraminer '11	▼	3
● A. A. Valle Venosta Pinot Nero '10	▼	3
○ A. A. Valle Venosta Pinot Bianco '10	▽▽▽	3*
○ A. A. Pinot Grigio '09	▽▽	3*
○ A. A. Valle Venosta Chardonnay '11	▽▽	3*
○ A. A. Valle Venosta Gewürztraminer '10	▽▽	3
● A. A. Valle Venosta Pinot Nero '09	▽▽	3
○ A. A.Terlano Sauvignon '11	▽▽	3*

Strasserhof Hannes Baumgartner

FRAZ. NOVACELLA
LOC. UNTERRAIN, 8
39040 VARNA/VAHRN [BZ]
TEL. 0472830804
www.strasserhof.info

藏酒销售
预约参观
膳宿接待
年产量 45 000 瓶
葡萄种植面积 5 公顷

这家传统的斯塔瑟霍夫（Strasserhof）酒庄也提供简单餐食服务，葡萄园在山谷最北端，是伊萨尔科山谷（Valle isarco）最古老的酒庄之一。汉内斯•鲍姆加特纳（Hannes Baumgartner）使用良好的效果确保葡萄酒的口感刺激。该酒庄能在阿尔托-阿迪杰区（Alto Adige）迅速地发展，离不开汉内斯酿造原创的、令人兴奋的且具有鲜明个性的葡萄酒的能力。虽然第一瓶酒仅能追溯到2003年，但是这种优雅、精致的风格是人们早就明确规定好的。打开精致的雷司令2012（Riesling 2012），嘴里先充满活力的力量，其次是美丽广阔的、有节奏的膨胀感，散发出多种花香和香料的芬芳。西万尼2012（Sylvaner 2012）展示了甘油和酸味综合的味道以及白色的甜瓜和葡萄的浓郁香味。

○ A. A. Valle Isarco Riesling '12	YYY 3*
○ A. A. Valle Isarco Sylvaner '12	YY 3*
○ A. A. Valle Isarco Veltliner '12	YY 3
○ A. A. Valle Isarco Gewürztraminer '12	Y 3
○ A. A. Valle Isarco Kerner '12	Y 3
○ A. A. Valle Isarco Müller Thurgau '12	Y 3
○ A. A. Valle Isarco Riesling '11	YYY 3*
○ A. A. Valle Isarco Veltliner '10	YYY 3*
○ A. A. Valle Isarco Veltliner '09	YYY 3*
○ A. A. Valle Isarco Kerner '11	YY 3*
○ A. A. Valle Isarco Riesling '10	YY 3
○ A. A. Valle Isarco Sylvaner '11	YY 3*
○ A. A. Valle Isarco Sylvaner '10	YY 3*

Stroblhof

LOC. SAN MICHELE
VIA PIGANÒ, 25
39057 APPIANO/EPPAN [BZ]
TEL. 0471662250
www.stroblhof.it

藏酒销售
预约参观
年产量 39 000 瓶
葡萄种植面积 5.2 公顷

安德烈亚斯•尼克鲁斯•莱克（Andreas Nicolussi-leck）和妻子罗西汉尼（Rosi Hanny）一起经营这个酒庄，其中包括一个酒店项目，使斯托波尔霍夫（Stroblhof）成为其领土的真正使者。酒庄坐落在阿尔托-阿迪杰区（Alto Adige）最佳白葡萄酒地区之一的核心地带，该庄园正采取可持续发展的管理模式，采取更纯净的形式，以其精致的细微差别来酿制葡萄酒。年轻的时候虽然难以理解，但它拥有陈年潜力。陈酿黑皮诺2010（Pinot Nero Riserva 2010）口感丰满清爽，饱含愉快的色调，小啜一口就能清晰感觉到水果的果汁，酸酸的味道却不失良好的口感。打开一瓶斯塔霍勒尔2012（Strahler 2012）其个性慢慢散发出来，优雅且清晰的果味，主要是李子的味道，让人很放松，喝一口便能感受到挥之不去的香味。皮格诺2011（Pigeno 2011）散发出野生浆果和严峻新鲜的味道。

○ A. A. Chardonnay Schwarzhaus '12	YY 3
○ A. A. Pinot Bianco Strahler '12	YY 3
● A. A. Pinot Nero Ris. '10	YY 6
● A. A. Pinot Nero Pigeno '11	Y 5
○ A. A. Sauvignon Nico '12	Y 4
○ A. A. Pinot Bianco Strahler '09	YYY 3*
● A. A. Pinot Nero Ris. '05	YYY 5
○ A. A. Chardonnay Schwarzhaus '11	YY 3*
○ A. A. Pinot Bianco Strahler '11	YY 3*
○ A. A. Pinot Bianco Strahler '10	YY 3*
○ A. A. Pinot Bianco Strahler '08	YY 3*
● A. A. Pinot Nero Pigeno '09	YY 4
● A. A. Pinot Nero Ris. '09	YY 5
○ A. A. Sauvignon Nico '10	YY 3

Taschlerhof - Peter Wachtler

LOC. MARA, 107
39042 BRESSANONE/BRIXEN [BZ]
TEL. 0472851091
www.taschlerhof.com

藏酒销售
预约参观
年产量 28 500 瓶
葡萄种植面积 4 公顷

1990年以来，彼得•沃特（Peter Wachter）一直致力在伊萨尔科山谷（Valle Isarco）培养小型农场式的葡萄园，这是他从父亲那继承下来的。该地方很适合种白葡萄，保持了当地的传统。东南面的葡萄园在海拔超过500米的地方，页岩土的土质给葡萄酒提供独特的矿物质，彼得以他的精湛的技艺巧妙地保留了这种优势。这种品牌的葡萄酒很少，但它表达了这些本土葡萄的出色特性。克纳2012（Kerner 2012）的质地良好，口感略酸，然后慢慢散发出浓郁的味道和悠闲的感觉。简朴且风格突出的西万尼2012（Sylvaner 2012）有柑橘类水果的香味、口感细腻。拉赫内2012（Lahner 2012）散发着浓郁咸涩的口味。

○ A. A. Valle Isarco Kerner '12	🍷🍷 3*
○ A. A. Valle Isarco Sylvaner '12	🍷🍷 3
○ A. A. Valle Isarco Sylvaner Lahner '12	🍷🍷 4
○ A. A. Valle Isarco Gewürztraminer '12	🍷 4
○ A. A. Valle Isarco Riesling '12	🍷 4
○ A. A. Valle Isarco Gewürztraminer '10	🍸🍸 4
○ A. A. Valle Isarco Kerner '11	🍸🍸 3
○ A. A. Valle Isarco Kerner '10	🍸🍸 3
○ A. A. Valle Isarco Riesling '11	🍸🍸 4
○ A. A. Valle Isarco Riesling '10	🍸🍸 4
○ A. A. Valle Isarco Sylvaner '11	🍸🍸 3
○ A. A. Valle Isarco Sylvaner Lahner '11	🍸🍸 4
○ A. A. Valle Isarco Sylvaner Lahner '10	🍸🍸 4

★Cantina Terlano

VIA SILBERLEITEN, 7
39018 TERLANO/TERLAN [BZ]
TEL. 0471257135
www.cantina-terlano.com

藏酒销售
预约参观
年产量 1 000 000 瓶
葡萄种植面积 4 公顷

这种合作经营的酒厂和土地之间的亲密关系反映出全体成员都在一丝不苟地工作，努力发展葡萄园。这个长期又稳定的成功的秘诀，它的基础是这些动态的、富含矿产资源的葡萄酒。旧年份的酒，自从塞巴斯蒂安•斯多克（Sebastian Stocker）时期就搁置一旁，证明了它能适应不同土壤的特殊能力。2008年，酒厂与安迪阿诺（Andiano）合并了，成为阿尔托-阿迪杰区（Alto Adige）最古老的合作酒庄之一，但它仍然保持了自己的品牌，而所有的葡萄酒都由鲁迪•科夫勒（Rudi Kofler）酿造。沃伯格2010（Vorberg 2010）是一年的熟练演绎，具有时尚动感的轮廓，充斥着多种色调和葡萄散发出来的复杂的香气。最初口感诱人，之后流露出酸味，散发出百香果和柚子的异国情调的感觉，令人回味无穷。

○ A. A. Terlano Pinot Bianco Vorberg Ris. '10	🍷🍷🍷 4*
○ A. A. Sauvignon Andrius Andriano '11	🍷🍷🍷 3*
○ A. A. Sauvignon Floreado '12	🍷🍷 3*
○ A. A. Terlano Chardonnay Rarità '00	🍷🍷 8
○ A. A. Terlano Nova Domus Ris. '10	🍷🍷 6
○ A. A. Chardonnay '12	🍷🍷 3
● A. A. Lagrein Riserva Andriano Tor di Lupo '10	🍷🍷 4
● A. A. Lagrein Rubeno Andriano '12	🍷🍷 3
○ A. A. Pinot Bianco Finado Andriano '12	🍷🍷 2*
● A. A. Schiava Bocado Andriano '12	🍷🍷 2*
○ A. A. Terlano Cl. '12	🍷🍷 2*
○ A. A. Terlano Pinot Bianco Cl. '12	🍷🍷 2*
○ A. A. Terlano Sauvignon Quarz '11	🍷🍷 6
○ A. A. Terlano Sauvignon Winkl '12	🍷🍷 3
○ A. A. Pinot Bianco Vorberg Ris. '09	🍸🍸🍸 3*

Tiefenbrunner

FRAZ. NICLARA
VIA CASTELLO, 4
39040 CORTACCIA/KURTATSCH [BZ]
TEL. 0471880122
www.tiefenbrunner.com

藏酒销售
预约参观
膳宿接待
年产量 800 000 瓶
葡萄种植面积 25 公顷

泰芬布鲁内尔（Tiefenbrunner）稳固的家庭传统现在由克里斯托夫（Christoph）传承，虽然丰富的经验得益于他的父亲赫伯特（Herbert）自1970年以来就运营和发展这家酒厂，但是这种传统将永远存在，它是挑战也是灵感。图木霍夫城堡酒庄（Turmhof Castle）于19世纪开始酿酒，由专注酒庄质量的赫伯特（Herbert）来管理。葡萄酒分为几个产品线，简单品种的葡萄是由种植者挑选出来的。庄园自己种植的葡萄被用于更加雄心勃勃的品种，例如酿制菲尔德马斯克•艾尔冯•芬纳（Feldmarschall Von Fenner）的葡萄来自海拔1 000米的葡萄园。带奶油香气的菲尔德马斯克尔2011（Feldmarschall 2011）散发藏红花的经典味道，以及复杂的、不同寻常的晚收葡萄的气息。陈酿拉格利2010（Lagrein Riserva linticlarus 2010）口感成熟浓郁，还有美味的单宁酸、可可粉和红色浆果的口感。

○ A. A. Müller Thurgau Feldmarschall von Fenner zu Fennberg '11	🍷🍷🍷 5
● A. A. Cabernet Sauvignon Linticlarus '09	🍷🍷 6
● A. A. Lagrein Linticlarus Ris. '10	🍷🍷 5
● A. A. Cabernet - Merlot Linticlarus '10	🍷🍷 6
○ A. A. Chardonnay Linticlarus '10	🍷🍷 5
○ A. A. Chardonnay Turmhof '12	🍷🍷 3
○ A. A. Pinot Bianco Anna Turmhof '12	🍷🍷 3
○ A. A. Sauvignon Kirchleiten '12	🍷🍷 4
○ A. A. Gewürztraminer Turmhof '12	🍷 5
○ A. A. Pinot Grigio Turmhof '12	🍷 3
● A. A. Pinot Nero Linticlarus Ris. '10	🍷 5
● A. A. Lagrein Linticlarus Ris. '07	🍷🍷🍷 5
○ A. A. Pinot Bianco Anna Turmhof '11	🍷🍷🍷 3*
○ Feldmarschall von Fenner zu Fennberg '08	🍷🍷🍷 5

★★Cantina Tramin

S.DA DEL VINO, 144
39040 TERMENO/TRAMIN [BZ]
TEL. 0471096633
www.cantinatramin.it

藏酒销售
预约参观
年产量 1 500 000 瓶
葡萄种植面积 250 公顷
葡萄栽培方法 生物动力学认证

威利•斯图兹（Willi Stürz）和他的工作人员在这个优秀的合作酒庄设计与构建新的酒窖时，已经看过整体情况，而且最重要的是，他们注重未来的发展。这确保了运营的结构坚实牢固，每年生产出广泛的令人印象深刻的葡萄酒，即使是最简单的品种也很可靠。该合作酒庄的旗舰葡萄酒是琼瑶浆（Gewürztraminer），总能诠释什么品种最古老，哪里是最适合种植葡萄的核心地带。品质最好的是卢萨包木尔（Nussbaumer），它质量高，随着年份增加而更加值钱。2012年版是完美无瑕的，它有李子的复杂香气，也有玫瑰、山楂、杏、红茶和泥炭的味道。细细品尝它朝气蓬勃的酸味，风格独特。拉格利（城市）2011（Lagrein Urban 2011）朴实而轻松，多汁且细腻，有浓郁的单宁酸味，口感复杂。

○ A. A. Gewürztraminer Nussbaumer '12	🍷🍷🍷 5
○ A. A. Gewürztraminer Passito Terminum V. T. '11	🍷🍷 7
● A. A. Lagrein Urban '11	🍷🍷 5
○ A. A. Pinot Bianco Moriz '12	🍷🍷 3*
○ A. A. Sauvignon Montan '12	🍷🍷 4
● A. A. Cabernet Merlot Loam '11	🍷🍷 5
○ A. A. Pinot Grigio Unterebner '12	🍷🍷 4
● A. A. Pinot Nero Maglen '11	🍷🍷 5
○ A. A. Sauvignon '12	🍷🍷 3
○ A. A. Gewürztraminer '12	🍷 3
● A. A. Schiava Freisinger '12	🍷 3
○ A. A. Stoan '12	🍷 4
○ A. A. Gewürztraminer Nussbaumer '11	🍷🍷🍷 5
○ A. A. Gewürztraminer Terminum V. T. '07	🍷🍷🍷 5

Untermoserhof Georg Ramoser

via Santa Maddalena, 36
39100 Bolzano/Bozen
Tel. 0471975481
untermoserhof@rolmail.net

藏酒销售
预约参观
膳宿接待
年产量 35 000 瓶
葡萄种植面积 4.5 公顷

拉莫瑟尔家族（Ramoser）从事酿酒已经有三代人了，他们主要种植当地最传统的两款葡萄——拉格莱恩（Lagrein）和施基亚瓦（Schiava）。葡萄园位于圣马达莱娜（Santa Maddalena）核心地带，是由乔治拉•莫瑟尔（Georg Ramoser）打理，目前采用有机管理模式。乔治（Georg）是一位富有激情的葡萄种植者，生产的小规模葡萄酒风格均衡，更显乡村特色及创新气质，比如拉格利系列（Lagrein）和圣塔系列（Santa Maddalena）。陈酿拉格利2010（Lagrein Riserva Untermoserhof 2010）是一款清新的乡村风格的葡萄酒，表现出陈年佳酿的感觉。其口味和发展都很新鲜，散发出干果的香味和整洁干净的感觉。品质优秀的圣马达莱娜2012（Santa Maddalena 2012）是一个清脆的果味酒。

● A. A. Lagrein Untermoserhof Ris. '10	🍷🍷 4
● A. A. Santa Maddalena Cl. '12	🍷🍷 3
● A. A. Lagrein '12	🍷 3
● A. A. Lagrein Scuro Ris. '03	🍸🍸🍸 4*
● A. A. Lagrein '11	🍸🍸 3
● A. A. Lagrein '10	🍸🍸 3
● A. A. Lagrein Ris. '09	🍸🍸 4
● A. A. Lagrein Ris. '08	🍸🍸 4
● A. A. Lagrein Scuro '09	🍸🍸 3*
● A. A. Lagrein Scuro Ris. '07	🍸🍸 4
● A. A. Lagrein Scuro Ris. '06	🍸🍸 4
● A. A. Santa Maddalena Cl. '11	🍸🍸 3
● A. A. Santa Maddalena Cl. '09	🍸🍸 2*

★Tenuta Unterortl Castel Juval

loc. Juval, 1b
39020 Castelbello Ciardes/Kastelbell Tschars [BZ]
Tel. 0473667580
www.unterortl.it

藏酒销售
预约参观
年产量 33 000 瓶
葡萄种植面积 4 公顷

瓦尔斯塔（Val Venosta）对于阿尔托-阿迪杰区（Alto Adige）葡萄酒来说是一个全新的种植基地，花了多年的时间来积淀成为顶级葡萄种植基地。这完全是因为雷司令（Rieslings），但也和刺激浓烈的口感密切相关。虽然葡萄园的海拔高度在600米至900米之间，但马丁（Martin）和吉塞拉奥里希（Gisela Aurich）却了解这样的海拔高度所具备的潜质：尽管在陡峭的地形上种植葡萄有难度，但却能保证葡萄的高水平，稳定的质量。白皮诺2012（Pinot Bianco 2012）传递着优雅精致的感觉。初始散发着烟熏味跟李子香味，然后散发着轻柔的海风的咸味。口感绷紧微妙，美味的酸度与甘油的甜达到了完美的平衡。温德拜彻尔2011（Windbichel 2011）含有清脆的感觉，回味起来有精油的香氛。

○ A. A. Val Venosta Pinot Bianco Castel Juval '12	🍷🍷🍷 3*
○ A. A. Val Venosta Riesling Castel Juval '12	🍷🍷 4
○ A. A. Val Venosta Riesling Windbichel '11	🍷🍷 5
● Juval Gneis '12	🍷🍷 3
○ A. A. Val Venosta Müller Thurgau Castel Juval '12	🍷 3
● A. A. Val Venosta Pinot Nero Castel Juval '11	🍷 5
○ A. A. Val Venosta Pinot Bianco '07	🍸🍸🍸 2*
○ A. A. Val Venosta Riesling '10	🍸🍸🍸 4
○ A. A. Val Venosta Riesling '09	🍸🍸🍸 4
○ A. A. Val Venosta Riesling '08	🍸🍸🍸 4
○ A. A. Val Venosta Riesling '07	🍸🍸🍸 3*
○ A. A. Val Venosta Riesling Castel Juval '11	🍸🍸🍸 4*

Cantina Produttori Valle Isarco

via Coste, 50
39043 Chiusa/Klausen [BZ]
Tel. 0472847553
www.cantinavalleisarco.it

藏酒销售
预约参观
年产量 750 000 瓶
葡萄种植面积 130 公顷

酒庄位于伊萨尔科山谷（Valle isarco）入口处，博尔扎诺（Bolzano）偏北位置。葡萄来源于散布在大区内11个不同区域、总面积达130公顷的葡萄园，酒窖负责收集并酿造。酒窖由托马斯（Thomas Dorfmann）负责，他师从于有着多年酒窖管理经验的父亲。酒庄除了生产基础型葡萄酒，他们还生产阿里斯托系列（Aristos），这是酒庄最顶级的葡萄酒。精制的西万尼•阿里斯托斯普2012（Sylvaner Aristos 2012）口感强烈，酸度活跃，丰富的高山青草过度到白胡椒的气息，有着明显的葡萄特色。威尔泰内•阿里斯托斯普2012（Veltiner Aristos 2012）口感简朴，有冰镇气息和海洋性咸味。口感优雅的西万尼•萨宾欧娜2011（Sylvaner Sabiona 2011）带有轻微茴香味道，馥郁长久、丰富。

○ A. A. Valle Isarco Sylvaner Aristos '12	TT 3*
○ A. A. Valle Isarco Veltliner Aristos '12	TT 3*
○ A. A. Sauvignon Aristos '12	TT 3
○ A. A. Valle Isarco Pinot Grigio Aristos '12	TT 3
○ A. A. Valle Isarco Riesling Aristos '12	TT 4
○ A. A. Valle Isarco Sylvaner Sabiona '11	TT 5
○ A. A. Valle Isarco Gewürztraminer Aristos '12	T 4
○ A. A. Valle Isarco Gewürztraminer Passito Nectaris '11	T 6
○ A. A. Valle Isarco Kerner Passito Nectaris '11	T 6
○ A. A. Valle Isarco Kerner Aristos '05	YYY 3*
○ A. A. Valle Isarco Veltliner Aristos '03	YYY 3*
○ A. A. Valle Isarco Kerner Passito Nectaris '10	YY 6
○ A. A. Valle Isarco Riesling Aristos '11	YY 4

Vivaldi - Arunda

via Josef-Schwarz, 18
39010 Meltina/Mölten [BZ]
Tel. 0471668033
www.arundavivaldi.it

藏酒销售
预约参观
年产量 90 000 瓶

自从20世纪70年代以来，当他决定把重点放在梅托多经典（Metodo Classico）起泡葡萄酒时，约瑟夫•莱特勒（Joseph Reiterer）就已经精心选择最基础的葡萄——霞多丽（Chardonnay）、白皮诺（Pinot Bianco）和黑皮诺（Pinot Nero），将它们投入到生产。酿酒的葡萄由阿尔托-阿迪杰区（Alto Adige）各地区值得信赖的种植者运送给酒庄，让葡萄自由地混合。他们起泡酒的产量占该地区总产量的一半。葡萄酒长期储存在阴凉的地方，至少要24个月。这个非常简单的酒品质惊人。阿鲁达香槟（Arunda Brut）呈现出甜辣的复杂口味，夹带着金合欢花瓣、蜂蜜和榛子的味道。它的口感前卫，具有良好的酸度，回味起来像干红。阿鲁达玫瑰（Arunda Rosé）优雅活泼，香味复杂，虽然干燥但香芬余味常存。

○ A. A. Spumante Brut Arunda	TT 5
○ A. A. Spumante Arunda Cuvée Marianna	TT 5
○ A. A. Spumante Arunda Ris. '08	TT 5
⊙ A. A. Spumante Arunda Rosé	TT 5
○ A. A. Spumante Blanc de Blancs Arunda	T 5
○ A. A. Spumante Extra Brut Arunda	T 5
○ A. A. Spumante Brut Vivaldi '99	YY 3
○ A. A. Spumante Extra Brut Arunda Ris. '05	YY 5
○ A. A. Spumante Extra Brut Arunda Ris. '04	YY 5
○ A. A. Spumante Extra Brut Arunda Ris. '98	YY 5
○ A. A. Spumante Vivaldi Ris. '97	YY 4

★Elena Walch

VIA A. HOFER, 1
39040 TERMENO/TRAMIN [BZ]
TEL. 0471860172
www.elenawalch.com

藏酒销售
预约参观
膳宿接待
年产量 1 500 000 瓶
葡萄种植面积 33 公顷

艾琳娜•威露士（Elena Walch）从挑战到获取胜利的故事表明葡萄酒需要人情味和超越科技的文化。她的酒庄已有20年的历史了，它使得丈夫维尔内（Werner）的悠久的家族传统得到了振兴，并得到了前所未有的发展。最好的葡萄园在林格伯格城堡（Castel Ringberg）和卡斯特拉兹（Kastelaz），后者是真正生产优雅特级琼瑶浆（Gewürztraminer）的地方。2012年生产出来的酒口味复杂，有一股烟熏味，还有山楂、玫瑰、和甘菊甚至洋茴香的味道，其次是扩展的、充满优雅气息的微妙口感。梅洛•卡斯特拉兹2009（Merlot Kastelaz 2009）味道辛辣，令人垂涎欲滴，有野生草莓和李子的香味。白皮诺卡斯特拉兹2012（Pinot Bianco Kastelaz 2012）味浓厚实，散发着李子和百香果的芬芳，口感紧致。

○ A. A. Gewürztraminer Kastelaz '12	🍷🍷🍷 5
● A. A. Merlot Kastelaz Ris. '09	🍷🍷 6
○ A. A. Bianco Beyond the Clouds '11	🍷🍷 6
● A. A. Lagrein Castel Ringberg Ris. '09	🍷🍷 5
○ A. A. Pinot Bianco Kastelaz '12	🍷🍷 4
○ A. A. Pinot Grigio Castel Ringberg '12	🍷🍷 4
● Kermesse '09	🍷🍷 6
○ A. A. Chardonnay Cardellino '12	🍷 3
○ A. A. Chardonnay Castel Ringberg Ris. '11	🍷 5
○ A. A. Gewürztraminer Passito Cashmere '11	🍷 3
○ A. A. Sauvignon Castel Ringberg '12	🍷 4
○ A. A. Gewürztraminer Kastelaz '11	ŸŸŸ 5
○ A. A. Gewürztraminer Kastelaz '10	ŸŸŸ 3*
○ A. A. Gewürztraminer Kastelaz '09	ŸŸŸ 5

Tenuta Waldgries

LOC. SANTA GIUSTINA, 2
39100 BOLZANO/BOZEN
TEL. 0471323603
www.waldgries.it

藏酒销售
预约参观
年产量 70 000 瓶
葡萄种植面积 8.4 公顷

特鲁塔•瓦尔格里斯（Tenuta Walgries）位于圣马达莱娜（Santa Maddalena）的山脚下，由基督教徒普拉特纳（Plattner）管理。普拉特纳（Plattner）拥有娴熟的技能酿造施基亚瓦（Schiava），也是拉格莱恩（Lagrein）专家。葡萄藤是他关注的重心，他花费很多时间和精力来照料，例如，施基亚瓦（Schiava）的古老克隆品种，堪称酒庄葡萄酒产量之最，生长在圣马达莱娜（Santa Maddalena）山丘。安涩欧斯2012（Antheos 2012）是一种非常平衡的葡萄酒，口感活泼喜悦，充满活力，果味也不太强。回味起来干涩，但有滋有味。果味拉格莱恩陈酿2011（Lagrein Riserva 2011）味道清新淡雅，透露着可可的香氛和愉快的节奏感。莫斯卡托罗莎•帕斯提托2010（Moscato Rosa Passito 2010）是非常传统的风格。

● A. A. Santa Maddalena Cl. Antheos '12	🍷🍷🍷 4*
● A. A. Lagrein Ris. '11	🍷🍷 5
● A. A. Moscato Rosa Passito '10	🍷🍷 5
● A. A. Santa Maddalena Cl. '12	🍷🍷 3
○ A. A. Sauvignon '12	🍷🍷 4
● A. A. Cabernet Sauvignon Laurenz '11	🍷 5
● A. A. Lagrein Mirell '11	🍷 6
● A. A. Cabernet Sauvignon '99	ŸŸŸ 5
● A. A. Lagrein Mirell '09	ŸŸŸ 6
● A. A. Lagrein Scuro Mirell '08	ŸŸŸ 6
● A. A. Lagrein Scuro Mirell '07	ŸŸŸ 6
● A. A. Lagrein Scuro Mirell '01	ŸŸŸ 6
● A. A. Santa Maddalena Cl. Antheos '11	ŸŸŸ 4*
● A. A. Lagrein Mirell '10	ŸŸ 6

Josef Weger

Loc. Cornaiano
via Casa del Gesù, 17
39050 Appiano/Eppan [BZ]
Tel. 0471662416
www.wegerhof.it

藏酒销售
预约参观
膳宿接待
年产量 80 000 瓶
葡萄种植面积 3 公顷

瑟夫•维格尔家族（Josef Weger）酒庄的经营始于1820年，至今已传承至第六代人，经验不断积累。如今他们已拥有自家的葡萄园，并且自己种植葡萄。酒庄主要酿制两个系列的葡萄酒——瑟夫•维格尔庄园系列（Tenuta Josef Weger）和顶级马索•阿尔•玫瑰系列（Maso delle Rose）。他们所采用的葡萄精心挑选于科尔诺（Cornaiano）面积仅为3公顷的葡萄园，一般需经木桶陈年。今年向我们呈现的酒表现不是很令人满意，大部分酒现疲乏状态，过于氧化，缺少活力。白皮诺马索阿尔玫瑰2012（Pinot Bianco Maso delle Rose 2012）表现出两种风格，丰富新鲜的柑橘类香气，以及天然的三级元素复杂气息。

○ A. A. Pinot Bianco Maso delle Rose '12	🍷🍷 4
○ A. A. Müller Thurgau Pursgla '12	🍷 3
⊙ A. A. Lagrein Rosé '12	🍷 3
● A. A. Schiava '12	🍷 2
○ A. A. Gewürztraminer Maso delle Rose '11	♡♡ 3
● A. A. Lagrein '09	♡♡ 3
○ A. A. Pinot Bianco Maso delle Rose '10	♡♡ 4
○ A. A. Pinot Bianco Maso delle Rose '09	♡♡ 4
● Joanni Maso delle Rose '06	♡♡ 4

Peter Zemmer

s.da del Vino, 24
39040 Cortina Sulla Strada del Vino/Kurtinig [BZ]
Tel. 0471817143
www.peterzemmer.com

藏酒销售
预约参观
年产量 1 500 000 瓶
葡萄种植面积 65 公顷

该酿酒厂位于科尔蒂纳（Cortina），在这里，恶劣的气候和非常特殊的平整土地相结合给葡萄酒的生产创造了理想的条件。这里的土壤由石灰岩、白云质碎片与巨石黏土混合而成，有冬天常年的积雪融化的流水源源不断。夏天昼夜温差很大使葡萄维持其香味不变。他们生产的酒品很多，最好的葡萄酒当属灰皮诺2012（Pinot Grigio 2012），散发出梨和杏的味道，以及丰富厚实与大方活泼的口感。普格尔2012白葡萄酒（Bianco Punggl 2012）有清晰的水果、新鲜的草药和矿物质的香味，口感悠长和谐而略咸。拉格莱恩陈酿2011（Lagrein Reserve 2011）充满了成熟的果香和自信的单宁味。

○ A. A. Pinot Grigio Peter Zemmer '12	🍷🍷 3*
● A. A. Lagrein Reserve '11	🍷🍷 4
○ A. A. Pinot Bianco Punggl '12	🍷🍷 3
● A. A. Pinot Nero Rollhütt '11	🍷🍷 4
○ A. A. Chardonnay '12	🍷 2
○ A. A. Chardonnay Reserve '11	🍷 4
○ Cortinie Bianco '12	🍷 3
● A. A. Lagrein Reserve '10	♡♡ 4
● A. A. Lagrein Reserve '07	♡♡ 4
○ A. A. Pinot Bianco '11	♡♡ 3
○ A. A. Pinot Grigio '11	♡♡ 3*
● A. A. Pinot Nero '07	♡♡ 3*

威尼托区
VENETO

今年，我们没有将威尼托（Veneto）的排名做很大的改变，不过，在地理划分上威尼托区（Veneto）却发生了翻天覆地的变化，尤其在瓦波里切拉产区（Valpolicella）。近年的新趋势是酿造更多新鲜、简朴的阿玛诺（Amarone），这就导致酿酒商在酿酒时不得不作出妥协，生产单宁更加紧致、风格更多样、口感更具挑战性的阿玛诺（Amarone）。再看一下高级酒品，我们发现顶级瓦波里切拉葡萄酒（Valpolicella Superiore），缓缓散发出野生浆果、新鲜草本植物以及香料的味道，口感紧致，保持了原来面目，而不盲目跟从阿玛诺（Amarone）。所以我们既品鉴了来自知名酒庄的阿玛诺（Amarone），诸如阿莱格里尼（Allegrini）、安东尼奥（Tenuta Sant'Antonio）和贝塔尼（Bertani）等，也见证了来自马兹斯（Mazzis）、特德斯彻伊斯（Tedeschis）、卡斯特拉尼斯（Castellanis）、马里昂（Marion）和蒙特达尔欧拉（Monte dall'Ora）的瓦波里切拉干红（Valpolicellas）。白葡萄酒方面，苏阿维干白葡萄酒（Soaves）和卡斯托扎斯（Custozas）再次领先全局，采用传统的白葡萄酿制，并非最近才兴起，而是与长久以来的酿酒工艺和风土息息相关。加尔达湖（Lake Garda）向我们呈现了香气丰富的奥特拉卢干纳斯（Ottella Luganas），以及产自卡瓦尔齐纳酒庄（Cavalchina）和蒙特德尔弗拉酒庄（Monte del Fra）的卡斯托扎斯葡萄酒（Custozas）。苏阿唯（Soaves）也宣布摒弃以往轻质酒的形态，恢复其丰郁度，维森蒂尼酒庄（Vicentini）和弗朗西斯特撒里酒庄（FrancescoTessari）遥遥领先。在瓦尔多比亚德尼镇（Valdobbiadene），阿达米斯（Adamis）凭借着科尔利达（Col Credas）获得一项“三杯奖”（Tre Bicchieri），以其细腻口感和饱满活力填补了梅罗图（Merotto）、鲁杰（Ruggeri）和维拉桑迪（Villa Sandi）留下的空白。同样令我们振奋的还有采用波尔多（Bordeaux）葡萄酿造的葡萄酒，适合夏季饮用的科利•乌干纳丘陵（Colli Euganei）葡萄酒中又数维干尔塔（Vignalta）和伊尔莫托洛（Il Mottolo Mottolo）最好，而塞拉菲尼（Serafini）和维多托（Vidotto）则宣称他们的本土葡萄酒堪比普罗塞克（Prosecco）酿制的起泡酒。科里•贝里奇（Colli Berici）区，自从茵玛酒庄（Inama）推出一款梦幻般的佳美娜（Carmenere）后，风格与其完全相反的马蒂尔德波吉酒庄（Matilde Poggi）出产了布罗尔甘兰德（Brol Grande）与之遥相呼应，着实给巴多利诺产区（Bardolino）添加了光彩。最后，昆达利尼（Quintarelli）也向我们呈现了一款香气平衡且复杂的勒次托甜葡萄酒（Recioto）。

Stefano Accordini

FRAZ. CAVALO
LOC. CAMPAROL, 10
37022 FUMANE [VR]
TEL. 0457760138
www.accordinistefano.it

藏酒销售
预约参观
年产量 120 000 瓶
葡萄种植面积 13 公顷

专注于酒庄的葡萄园和环境，重新评估高山坡上的葡萄园，促进商务部放弃的传统葡萄品种的发展：所有这些方面显示出啼兹阿诺阿科蒂尼（Tiziano Accordini）的运营理念。他是瓦尔波利塞拉（Valpolicella）和马罗内（Amarone）最敬业和细致的代表人物之一，他的发展理念获得全家支持。新开张的马珠尔勒嘎（Mazzurega）酒庄设施齐全、环境舒适、空间充足，酿酒所选材料全部都是口感厚实的健康水果，马罗内伊尔•佛内托2006（Amarone Il Fornetto 2006）即是这种风格的象征。在最好的年份生产，它的香味由成熟的红色水果、香料和香草香味混合，具有强大的口感和光滑的单宁味。雷盾托2010（Recioto Acinatico 2010）活力充足，更平易近人，具有强烈的水果香气和适度的甜味，且具有淡淡的酸味和单宁味。

● Amarone della Valpolicella Cl. Vign. Il Fornetto '06	8
● Recioto della Valpolicella Cl. Acinatico '10	5
● Amarone della Valpolicella Cl. Acinatico '09	7
● Valpolicella Cl. '12	2*
● Valpolicella Cl. Sup. Ripasso Acinatico '11	3
● Paxxo '11	4
● Amarone della Valpolicella Cl. Acinatico '95	5
● Amarone della Valpolicella Cl. Vign. Il Fornetto '95	5
● Amarone della Valpolicella Cl. Vign. Il Fornetto '93	5
● Recioto della Valpolicella Cl. Acinatico '04	6

Adami

FRAZ. COLBERTALDO
VIA ROVEDE, 27
31020 VIDOR [TV]
TEL. 0423982110
www.adamispumanti.it

藏酒销售
预约参观
年产量 700 000 瓶
葡萄种植面积 20 公顷

普罗塞克（Prosecco）已经在最近几年经历了一些深刻的、革命性的变化。由于法定产区酒（DOC）的扩展已经向市场注入了大量的起泡酒，因此那些达不到传统标准的酒之价格和质量产生了动荡。阿曼多（Armando）和佛朗哥•阿达米（Franco Adami）酒庄由于坚定地追求细腻与精致的优雅品质而让消费者信赖。今年的品酒会上，酒庄展示了经典的特雷维索（Treviso）以及酒厂产品的真正商标。作为一款独具特色的产自托利•科达佐（Torri di Credazzo）的起泡酒，科尔•科雷达（Col Credas）的首演大获成功：干性、尖锐、口感坚实。阿曼多（Armando）和弗兰科（Franco）系列一如既往地呈现出高质量的经典酒品，特别是干性维纳托葡萄酒（Dry Vigneto Giardino）。

○ Valdobbiadene Rive di Farra di Soligo Brut Col Credas '12	4*
○ Valdobbiadene Rive di Colbertaldo Dry Vign. Giardino '12	4
○ Cartizze	5
○ Valdobbiadene Brut Bosco di Gica	3
○ Valdobbiadene Extra Dry Dei Casel	3
○ Prosecco di Treviso Brut Garbèl	2
○ Valdobbiadene P. Frizzante Sul Lievito	3
○ Valdobbiadene Rive di Colbertaldo Dry Vign. Giardino '11	3*
○ Valdobbiadene Rive di Colbertaldo Dry Vign. Giardino '10	3
○ Valdobbiadene Rive di Colbertaldo Dry Vign. Giardino '09	3*

Ida Agnoletti

loc. Selva del Montello
via Saccardo, 55
31040 Volpago del Montello [TV]
Tel. 0423621555
www.agnoletti.com

藏酒销售
预约参观
年产量 50 000 瓶
葡萄种植面积 7 公顷

艾达•安格诺勒啼（Ida Agnoletti）的酒庄坐落在蒙特洛（Montello）南坡的高地上，位于特雷维索省（Treviso）北部。小城市的发展并未破坏这里的特殊环境。用不到10公顷的土地，艾达（Ida）专注于生产标准高的产品，且细分成一系列的品牌，展现着生产者的愿望：不断尝试，挑战自己。最大的品种是波尔多（Bordeaux）黑葡萄品种，普罗塞克（Prosecco）紧跟其后，这跟传统的谷物酿造迥然不同。今年，来自安格洛勒啼（Agnoletti）的梅洛（Merlot）最令人印象深刻。2011年份的酒具有充满活力的植物味道，清爽的口感呼应着水果香味，干燥清新的味道夹杂着平滑的单宁味和浓郁的酸味。其余系列酒品口感亦佳。

● Montello e Colli Asolani Merlot '11	🍷🍷 2*
● Recantina '12	🍷🍷 2*
○ Manzoni Bianco '12	🍷 2
● Montello e Colli Asolani Cabernet Sauvignon '11	🍷 2
● Montello e Colli Asolani Merlot La Ida '11	🍷 2
○ Prosecco di Treviso Frizzante Selva n. 55	🍷 2
○ Prosecco di Treviso Il Tranquillo '12	🍷 2
○ Verdiso '12	🍷 2
● Ludwy '09	🍷🍷 3
● Montello e Colli Asolani Cabernet Sauvignon '10	🍷🍷 2*
● Montello e Colli Asolani Merlot '10	🍷🍷 2*
● Montello e Colli Asolani Merlot La Ida '09	🍷🍷 2
● Seneca '09	🍷🍷 3

★★Allegrini

via Giare, 5
37022 Fumane [VR]
Tel. 0456832011
www.allegrini.it

藏酒销售
预约参观
膳宿接待
年产量 900 000 瓶
葡萄种植面积 100 公顷

毫无疑问这个酒庄比任何其他的酒庄都要使马罗内（Amarone）闻名世界，它品质高，价格合理，在市场上广泛流通。这无疑是由于窖藏的精湛技巧，更归功于超过100公顷的葡萄园已逐渐稳固土地之间气候和土壤的差异，被转化为高超品质的葡萄种植园。最近园内种植的葡萄使用垂直格状的种植体系，老葡萄树仍然用凉棚种植法。最令人印象深刻的桑切斯•阿莱格里尼（Chez Allegrini）葡萄酒是马内罗2009（Amarone 2009），它成功地将酿造传统与新鲜丰富的口感、稳定的味道相结合，因而充满了力量，口感饱满，风味独特。此外，拉伯嘉2009（La Poja 2009）和科维纳（Corvina）等单一品种，也因其柔软而在该系列中最受欢迎。

● Amarone della Valpolicella Cl. '09	🍷🍷🍷 8
● La Poja '09	🍷🍷 8
● Recioto della Valpolicella Cl. Giovanni Allegrini '10	🍷🍷 6
● La Grola '10	🍷🍷 5
● Palazzo della Torre '10	🍷🍷 4
○ Soave '12	🍷🍷 2*
● Valpolicella Cl. '12	🍷🍷 3
● Amarone della Valpolicella Cl. '08	🍷🍷🍷 8
● Amarone della Valpolicella Cl. '07	🍷🍷🍷 8
● Amarone della Valpolicella Cl. '06	🍷🍷🍷 8
● Amarone della Valpolicella Cl. '05	🍷🍷🍷 7
● Amarone della Valpolicella Cl. '04	🍷🍷🍷 7
● La Poja '01	🍷🍷🍷 7
● La Poja '97	🍷🍷🍷 8
● Recioto della Valpolicella Cl. Giovanni Allegrini '00	🍷🍷🍷 5

★Roberto Anselmi

VIA SAN CARLO, 46
37032 MONTEFORTE D'ALPONE [VR]
TEL. 0457611488
www.anselmi.eu

藏酒销售
预约参观
膳宿接待
年产量 700 000 瓶
葡萄种植面积 70 公顷

罗伯托•安塞尔米（Roberto Anselmi）是这个大蒙特福特•阿尔泊尼（Monteforte d'Alpone）酒庄的灵魂，他第一次让品质优良的罗内塞（Veronese）白葡萄酒引起世界的关注。罗伯托（Roberto）的孩子丽莎（Lisa）和托马索（Tommaso）和他一起工作，他们拥有同样的热情和高超的技能。他们的酒窖是该地区最好的酒窖之一，忠实地体现着细致的酿造方法，对于罗伯托（Roberto）一直受到人们的追捧，他们也倍感幸运。尽管产量很大，酒厂始终专注于经典的传统品牌。安塞尔米（Anselmi）提供三种最优质的白葡萄酒，首先是卡皮特尔•克罗齐2011（Capitel Croce 2011），以它在橡木桶里陈酿多年而积累的深度以及和谐为特征，而不仅以香气而获得魅力。卡皮特尔•佛萨卡里诺（Capitel Foscarino）和圣•温琴佐（San Vincenzo）都是2012年的酒，它们更具有芳香气息和热带风情，口感多汁，因此更加平易近人。

○ Capitel Croce '11	🍷🍷 3*
○ Capitel Foscarino '12	🍷🍷 3
○ San Vincenzo '12	🍷🍷 2*
○ Capitel Croce '09	🍷🍷🍷 3*
○ Capitel Croce '06	🍷🍷🍷 3
○ Capitel Croce '05	🍷🍷🍷 3
○ Capitel Croce '04	🍷🍷🍷 3
○ Capitel Croce '03	🍷🍷🍷 3
○ Capitel Croce '02	🍷🍷🍷 3*
○ Capitel Croce '01	🍷🍷🍷 3
○ Capitel Croce '00	🍷🍷🍷 3
○ Capitel Croce '99	🍷🍷🍷 3*
○ Recioto dei Capitelli '87	🍷🍷🍷 8
○ Recioto dei Capitelli '86	🍷🍷🍷 8
○ Recioto dei Capitelli '85	🍷🍷🍷 8
○ Recioto di Soave I Capitelli '96	🍷🍷🍷 5

Antolini

VIA PROGNOL, 22
37020 MARANO DI VALPOLICELLA [VR]
TEL. 0457755351
www.antolinivini.it

藏酒销售
预约参观
年产量 60 000 瓶
葡萄种植面积 8 公顷

皮尔帕洛（Pierpaolo）和斯特凡诺安托利尼（Stefano Antolini）几年前使他们的庄园恢复生气，迅速登上新闻头条，这得益于那些与传统紧密相连的产品。该酒庄最适合种植的土地主要位于玛拉诺山谷（Marano Valley），有几处位于内格艾尔山谷（Negrar Valley），生产出可靠和质朴系列的葡萄酒。这对夫妇于2000年在内格艾尔（Negrar）葡萄园内种植的葡萄品种酿造出了最令人印象深刻的酒——阿玛诺•卡科托 2009（Amarone Ca' Coato 2009）。它明显有着香料和粉碎花朵的香气，口中的变化突出了丰富的味觉，散发出绷紧的酸度和单宁。而里帕索（Ripasso）表现出坚定多汁的口感。

● Amarone della Valpolicella Cl. Ca' Coato '09	🍷🍷 6
● Amarone della Valpolicella Cl. Moròpio '09	🍷🍷 6
● Valpolicella Cl. Sup. Ripasso '11	🍷🍷 3
● Theobroma '10	🍷 4
● Amarone della Valpolicella Cl. Ca' Coato '08	🍷🍷 6
● Amarone della Valpolicella Cl. Ca' Coato '07	🍷🍷 6
● Amarone della Valpolicella Cl. Ca' Coato '06	🍷🍷 6
● Amarone della Valpolicella Cl. Moròpio '06	🍷🍷 5
● Valpolicella Cl. Sup. '10	🍷🍷 3
● Valpolicella Cl. Sup. Ripasso '10	🍷🍷 3
● Valpolicella Cl. Sup. Ripasso '09	🍷🍷 3*
● Valpolicella Cl. Sup. Ripasso '08	🍷🍷 3

Balestri Valda

via Monti, 44
37038 Soave [VR]
Tel. 0457675393
www.vinibalestrivalda.com

藏酒销售
预约参观
年产量 60 000 瓶
葡萄种植面积 20 公顷

从索阿维（Soave）驱车前往卡斯特赛利诺（Castelcerino），我们便可看到桂多（Guido Rizzotto）及其女儿劳拉（Laura）所拥有的酒庄，那里树林环绕，葡萄园朝南，阳光充足。20多公顷的葡萄园出品少量高质量的葡萄酒：索阿维•森吉尔塔（Soave Sengialta）在大木桶中陈酿后于冰凉酒窖里熟成1年。利佐托（Rizzotto）葡萄酒采用高感（Garganega）和特雷比亚诺（Trebbiano di Soave）酿成，属于传统索阿维（Soave）系列。里佐托（Rizzotto）以优雅气质、口感芳香细腻为特点，优雅而浓香，所以我们期待一款有着强烈芳香、细腻紧致、令人垂涎欲滴的葡萄酒。经典索阿维（Soave）的特有表现为微妙的花香味道，与口感相得益彰。露娜龙加（Lunalonga）有着更加丰富成熟的香气和口感。特雷比亚诺（Trebbiano di Soave）和高感（Garganega）混酿，需分别在不锈钢桶和橡木桶陈年。

○ Soave Cl. '12	🍷🍷 2*
○ Soave Cl. Lunalonga '11	🍷🍷 3
○ Recioto di Soave Cl. '09	🍷 5
○ Recioto di Soave Spumante '11	🍷 3
○ Recioto di Soave Cl. '08	♀♀ 5
○ Soave Cl. '11	♀♀ 2*
○ Soave Cl. '09	♀♀ 2
○ Soave Cl. '06	♀♀ 2
○ Soave Cl. Lunalonga '08	♀♀ 3*
○ Soave Cl. Sengialta '11	♀♀ 2*
○ Soave Cl. Sengialta '10	♀♀ 2*
○ Soave Cl. Sengialta '09	♀♀ 2*
○ Soave Cl. Sengialta '08	♀♀ 2*
○ Soave Cl. Sengialta '07	♀♀ 2

Barollo

via Rio Serva, 4b
35123 Preganziol [TV]
Tel. 0422633014
www.barollo.com

藏酒销售
预约参观
年产量 57 000 瓶
葡萄种植面积 30 公顷

巴洛洛家族（Barollo）的酒庄位于威尼斯（Venice）和特雷维索（Treviso）之间，背后是历史悠久的连接这两个城市的维亚特拉格里（Via Terraglio）大街。近30公顷的葡萄园主要种植着黑色的波尔多（Bordeaux）品种，也有当地的格勒那（Glera）和曼佐尼（Manzoni Bianco）品种，它们的品质都较高。自从酒庄成立以来，尼古拉（Nicola）和马克巴洛洛（Marco Barollo）选择并使用行业内领先的专业人才以保证酒庄的迅速发展。最令人印象深刻的酒是弗兰克（Frank）。一瓶品丽珠（Cabernet Franc）融合了辛辣的新鲜红色浆果味，创造了特别优雅、饱满、多汁的口感。赤霞珠（Cabernet Sauvignon）最先获得好评，它的葡萄来自最近种植的葡萄园，拥有热带风情和植物香味，具有活泼和谐的口感。

● Frank! '11	🍷🍷 4
○ Manzoni Bianco '12	🍷🍷 3
○ Sauvignon '12	🍷🍷 3
○ Piave Chardonnay Frater '12	🍷 3
● Piave Merlot Frater '12	🍷 3
○ Pinot Bianco '12	🍷 3
○ Prosecco di Treviso Extra Dry	🍷 2
● Frank '09	♀♀ 3
● Frank '08	♀♀ 3*
● Frank! '10	♀♀ 3*
○ Manzoni Bianco '11	♀♀ 2*
○ Pinot Bianco '11	♀♀ 2*
○ Pinot Bianco '09	♀♀ 2*
○ Pinot Grigio '09	♀♀ 2*

Beato Bartolomeo da Breganze

via Roma, 100
36042 Breganze [VI]
Tel. 0445873112
www.cantinabreganze.it

藏酒销售
年产量 3 500 000 瓶
葡萄种植面积 700 公顷

贝格泽法定产区（Breganze DOC）延伸至巴萨诺（Bassano ）和蒂奈（Thiene）之间的山麓丘陵，呈细长带状，有着不同的气候和土壤条件。贝托雷格则（Cantina Beato Breganze）酒庄是当地最大的联营酒厂，始终在当地酿酒传统及葡萄酒消费市场发挥重要作用，所酿葡萄酒涵盖不同的质量水平：萨瓦多（Savardo）系列是酒庄最顶级的酒品，精选波斯科（Bosco Grande）乃酒庄旗舰酒。贝格泽（Breganze）今年的出品较往年偏低，过分追求浓郁度却忽略了优雅和细腻度。波斯科•格兰德2010葡萄酒（Cabernet Bosco Grande 2010）是其中最好的一款，散发水果和橡木的混合香气，口感坚实，单宁突出。同系列的托克拉托2010（Torcolato 2010）拥有复杂浓郁的甜味。

● Breganze Cabernet Bosco Grande '10	▼▼ 3
○ Breganze Torcolato Bosco Grande Ris. '10	▼▼ 4
● Breganze Cabernet Kilò Ris. '10	▼ 4
● Breganze Cabernet Sup. Savardo '11	▼ 2
○ Breganze Chardonnay Bosco Grande '11	▼ 3
● Breganze Merlot Bosco Grande '10	▼ 3
● Breganze Merlot Sup. Savardo '11	▼ 2
● Breganze Pinot Nero Sup. Savardo '11	▼ 2
○ Breganze Torcolato '10	▼ 4
○ Breganze Vespaiolo Extra Dry	▼ 2
○ Breganze Vespaiolo Sulla Rotta del Bacalà '12	▼ 2
○ Breganze Vespaiolo Sup. Savardo '12	▼ 2
○ Breganze Torcolato '06	▽▽ 5
○ Breganze Torcolato Bosco Grande '09	▽▽ 4

★Lorenzo Begali

via Cengia, 10
37020 San Pietro in Cariano [VR]
Tel. 0457725148
www.begaliwine.it

藏酒销售
预约参观
年产量 60 000 瓶
葡萄种植面积 10 公顷

在过去的20年中，瓦尔波利塞拉产区（Valpolicella）取得了重要发展，知名度也迅速提升，快速发展的机遇吸引了不计其数的新型小酒庄。洛伦佐酒庄（Lorenzo Begali）一直保持稳健的步伐，持续地成长，今天已成为该地区最有代表性的酒庄之一。酒庄10公顷左右的葡萄园一部分位于平原，一部分位于丘陵。酒庄注重使用风干葡萄酿酒，并且凭借其精致的经典口感脱颖而出。另一款蒙特卡白葡萄酒2008（Monte Ca' Bianca 2008）也表现出色，口感丰富，酒体强硕，干性细致的口感实属难见。阿玛诺2009（Amarone Classico 2009）则更新鲜，更平易近人。雷厝托2010（Recioto 2010）呈现活跃的水果和可可味道，口感诱人。最后，便是优秀的瓦尔波利塞拉（Valpolicella）葡萄酒，香气馥郁，风格独特。

● Amarone della Valpolicella Cl. Vign. Monte Ca' Bianca '08	▼▼▼ 8
● Amarone della Valpolicella Cl. '09	▼▼ 6
● Recioto della Valpolicella Cl. '10	▼▼ 6
● Tigiolo '09	▼▼ 5
● Valpolicella Cl. '12	▼▼ 2*
● Valpolicella Cl. Sup. Ripasso Vign. La Cengia '11	▼▼ 3
● Amarone della Valpolicella Cl. Vign. Monte Ca' Bianca '07	▽▽▽ 8
● Amarone della Valpolicella Cl. Vign. Monte Ca' Bianca '06	▽▽▽ 8
● Amarone della Valpolicella Cl. Vign. Monte Ca' Bianca '05	▽▽▽ 8
● Amarone della Valpolicella Cl. Vign. Monte Ca' Bianca '04	▽▽▽ 8

Cecilia Beretta - Pasqua

LOC. SAN FELICE EXTRA
S.DA DELLA GIARA, 135
37131 VERONA
TEL. 0458432111
www.ceciliaberetta.it

预约参观
年产量 351 400 瓶
葡萄种植面积 1 089公顷

帕斯夸家族（Pasqua）获得的大笔遗产包括了帕斯夸（Pasqua）和克里娜贝雷塔（Cecilia Beretta）家族酒庄，后者完全专注于维罗纳（Veronese）的产品生产。在这里，从近100公顷的葡萄园到在圣费利切（San Felice）开业的酿酒厂，生产过程中的每个阶段都受到密切关注，该酒厂涉及生产的各个阶段，技术人员在平静的状态和充足的空间里工作。马罗内• 特里•卡里洛2009（Amarone Terre di Cariano 2009）坚持一贯的纯种特性，与充满活力的干果、香料和芬芳的花朵混合，口感香滑的单宁味让人垂涎欲滴。同一系列的顶级瓦尔波利塞拉2011（Valpolicella Superiore 2011）散发着浓郁的香气和活泼深刻的味道，使之成为该类别中最好的品种之一。同时，所有帕斯夸（Pasqua）葡萄酒饮用起来皆精美别致。

● Amarone della Valpolicella Cl. Terre di Cariano Cecilia Beretta '09	🍷🍷	8
● Amarone della Valpolicella Cecilia Beretta '09	🍷🍷	6
● Amarone della Valpolicella Cl. Villa Borghetti Pasqua '09	🍷🍷	6
● Valpolicella Cl. Sup. Terre di Cariano Cecilia Beretta '11	🍷🍷	3
● Valpolicella Sup. Ripasso Cecilia Beretta '11	🍷🍷	3
○ Soave Cl. Brognoligo Cecilia Beretta '12	🍷	3
● Soraie Cecilia Beretta '10	🍷	5
● Valpolicella Cl. Villa Borghetti Pasqua '12	🍷	3
● Valpolicella Sup. Mizzole Cecilia Beretta '10	🍷	3
● Valpolicella Sup. Ripasso Villa Borghetti Pasqua '11	🍷	3

★Cav. G. B. Bertani

VIA ASIAGO,1
37023 GREZZANA [VR]
TEL. 0458658444
www.bertani.net

藏酒销售
预约参观
年产量 1 800 000 瓶
葡萄种植面积 200 公顷

波塔尼（Bertani）最近加入了安梓家族集团（Angelini），它象征着瓦尔波利塞拉（Valpolicella）传统酒庄能够在创新和现代化中，又保持独特性和习俗。或许最能代表这种风格的当属赛科•波塔尼（Secco Bertani），瓦尔波利塞拉（Valpolicella）使用里帕索（Ripasso）创造出一款大方的葡萄酒，而不是用葡萄干，乔万尼•巴蒂斯塔（Giovan Battista）具有强大的气息。波塔尼•马罗内2006（Bertani's Amarone 2006）的表现可说明一切：香味浓、细腻，具有充分的吸引力和传统的质感。这个经典的法定产酒区从来没有炫耀其高贵的地位。海赛科•波塔尼2011（Secco Bertani 2011）继续在改善，尽管其产量庞大，更令人印象深刻的是它的典型性和精致。白葡萄酒中，我们已经挑出优秀的索阿维•西洛勒2012（Soave Sereole 2012）。

● Amarone della Valpolicella Cl. '06	🍷🍷🍷	8
● Valpolicella Cl. Sup. Ognisanti '11	🍷🍷	4
● Valpolicella Valpantena Secco Bertani '11	🍷🍷	3*
● Amarone della Valpolicella Valpantena Villa Arvedi '10	🍷🍷	6
○ Le Lave '11	🍷🍷	3
● Secco Bertani Vintage Edition '10	🍷🍷	4
○ Soave Sereole '12	🍷🍷	2*
⊙ Bertarose Chiaretto '12	🍷	2
● Amarone della Valpolicella Cl. '05	🍷🍷🍷	8
● Amarone della Valpolicella Cl. '04	🍷🍷🍷	8
● Amarone della Valpolicella Cl. '03	🍷🍷🍷	8
● Amarone della Valpolicella Cl. '01	🍷🍷🍷	8
● Amarone della Valpolicella Cl. '00	🍷🍷🍷	8
● Valpolicella Cl. Sup. Vign. Ognisanti '06	🍷🍷🍷	2*

La Biancara

FRAZ. SORIO
C.DA BIANCARA, 14
36053 GAMBELLARA [VI]
TEL. 0444444244
www.biancaravini.it

藏酒销售
预约参观
年产量 65 000 瓶
葡萄种植面积 13 公顷

今年安吉里诺马乌莱（Angiolino）举办的酒庄25周年庆典是具有开创性的先锋举措，同时也包装了他们的产品。今天他与两个儿子弗朗西斯（Francesco）、贾科莫（Giacomo）、托马索（Tommaso）及亚历山德罗（Alessandro）一起工作。酒庄生产大多在干波拉拉（Gambellara）区域内，与附近科利贝里奇（Colli Berici）的一个虽小却久负盛名的酒庄一起酿造葡萄酒。自然发酵和化学品酒窖储存的目的是生产高品质的葡萄酒。今年我们品尝到了产自马乌莱（Maule）以高感葡萄（Garganega）酿制的葡萄酒，其中有史以来最好的一款皮可（Pico），由采自山坡葡萄园的葡萄自然发酵酿造，再经木桶存放一年，香味惊人、活力四射，它将桃子和杏子，地中海灌木和新鲜的草药混合，酝酿出干燥及非常缠绵的口感。

○ Pico '11	🍷🍷 4
○ Masieri Bianco '12	🍷🍷 2*
○ Sassaia '12	🍷🍷 3
○ Pico '02	ΨΨΨ 4*
○ Recioto di Gambellara '07	ΨΨΨ 5
○ Pico '10	ΨΨ 4
○ Pico '09	ΨΨ 4
○ Pico '08	ΨΨ 4
○ Pico '07	ΨΨ 4
○ Recioto di Gambellara '08	ΨΨ 5
○ Recioto di Gambellara '02	ΨΨ 5
○ Sassaia '10	ΨΨ 3*
○ Sassaia '09	ΨΨ 2*

BiancaVigna

LOC. SAN PIETRO DI FELETTO
VIA CREVADA, 9/1
31010 SOLIGO
TEL. 0438801098
www.biancavigna.it

藏酒销售
住宿接待
年产量 400 000 瓶
葡萄种植面积 18 公顷

艾琳娜（Elena）和恩里科•莫斯凯塔（Enrico Moschetta）拥有的白安卡•维格娜（Bianca Vigna）酒庄有18公顷的面积，这里的葡萄又大又饱满。位于索利戈（Soligo）、圣•皮耶陀迪•费莱托（San Pietrodi Feletto）和科内利亚诺（Conegliano）的山坡是生产顶级葡萄酒的基地，而普通的葡萄酒则在山脚下的葡萄园酿造。恩里科（Enrico）在克莱瓦达（Crevada）的酒窖里监控生产全过程，力求葡萄酒具有极大的技巧和吸引力，之前的业务移至现在正在建设的奥格里阿诺（Ogliano）。科内利亚诺•瓦尔多比亚德尼香槟2012（Conegliano Valdobbiadene Brut 2012）散发出青柠花和阿普利水果的香气，具有浓郁的口感，香味和酸度悠远深长。更平易近人和充满活力的特干2012（Extra Dry 2012）为水果香型，淡淡的甜味，拥有完美平衡的口感。其他的葡萄酒更简洁，更容易接受。

○ Conegliano Valdobbiadene Brut '12	🍷🍷 3
○ Conegliano Valdobbiadene Extra Dry '12	🍷🍷 3
○ Prosecco Brut	🍷 2
○ Prosecco Extra Dry	🍷 2
○ Conegliano Valdobbiadene Brut '11	ΨΨ 3*
○ Conegliano Valdobbiadene Brut '09	ΨΨ 2

Desiderio Bisol & Figli

FRAZ. SANTO STEFANO
VIA FOLLO, 33
31049 VALDOBBIADENE [TV]
TEL. 0423900138
www.bisol.it

藏酒销售
预约参观
年产量 1 800 000 瓶
葡萄种植面积 126 公顷

比索尔（Bisol）家族拥有普罗塞克地区（Prosecco）最典型的酒庄之一，它的起泡酒和葡萄园一样历史漫长。除了这一切，赞布罗塔•比索尔（Gianluca Bisol）在酒庄和品种上有十分高超的技巧。 整个系列细分为不同的生产线，针对不同消费群体提供不同的类型。我们从为数不多的葡萄酒中品尝到，维格内蒂•德尔•弗2012（Vigneti del Fol 2012）以优雅而闻名。特干型的酿酒葡萄来自指定的最佳区域，这种葡萄有新鲜苹果和梨花的香气，酿成的葡萄酒具有脆而多汁的口感与淡淡的甜味，以对抗葡萄酿造的酸味。卓越不凡的经典梅多特•瑞丽欧2009（Metodo Classico Relio 2009）由格勒拉（Glera）产品制成，因而给我们留下了深刻印象，格勒拉（Glera）和杜百奇艾瑞（Due Bicchieri）十分相似。

○ Cartizze '12 🍷🍷	5
○ Valdobbiadene Brut Crede '12	🍷🍷 4
○ Valdobbiadene Extra Dry Vigneti del Fol '12	🍷🍷 4
○ Relio Extra Brut M. Cl. '09	🍷 6
○ Valdobbiadene Extra Dry Colmei Jeio	🍷 2
○ Cartizze '11	🍷🍷 5
○ Cartizze '09	🍷🍷 5
○ P. di Valdobbiadene Extra Dry Vigneti del Fol '06	🍷🍷 3
○ Valdobbiadene Brut Crede '11	🍷🍷 4
○ Valdobbiadene Brut Garnei '10	🍷🍷 3
○ Valdobbiadene Extra Dry Vigneti del Fol '11	🍷🍷 4

F.lli Bolla

FRAZ. PEDEMONTE
VIA ALBERTO BOLLA, 3
37029 SAN PIETRO IN CARIANO [VR]
TEL. 0456836555
www.bolla.it

藏酒销售
预约参观
年产量 12 000 000 瓶
葡萄种植面积 350 公顷

由意大利葡萄酒集团（Gruppo Italiano Vini）领导的这个大维罗纳酒庄（Verona）早已设定了生产优质葡萄酒的标准，它不执着于意识形态，而忠实于传统。在法定产酒区（DOC）最好的葡萄酒要属克里斯蒂安•斯科里兹（Cristian Scrinzi）所酿造，他成功地振兴了酒庄，又保留了强烈的维罗纳（Veronese）特征。原始阿玛诺2008（Amarone Le Origini 2008）是示范性的传统酒中品质最好的一种，它不是特别饱满，年份也不久，相反它有新鲜丰富而又复杂的味道，以及充满活力的浓郁而和谐的口感。我们还喜欢十分成熟的里帕索•乐泊伊阿内2011（Ripasso Le Poiane 2011），它由香醋香气演变成精美紧绷又清新的味道。简单的葡萄酒都表明充分尊重葡萄品种的方法是正确的。

● Amarone della Valpolicella Cl. Le Origini '08	🍷🍷 7
● Creso '10	🍷🍷 4
● Valpolicella Cl. Sup. Ripasso '11	🍷🍷 2*
● Valpolicella Cl. Sup. Ripasso Le Poiane '11	🍷🍷 3
⊙ Bardolino Chiaretto '12	🍷 2
● Bardolino Cl. '12	🍷 2
● Bolla Rosso '11	🍷 2
○ Custoza '12	🍷 2
○ Soave Cl. '12	🍷 3
○ Soave Cl. Retrò '12	🍷 2
○ Soave Cl. Sup. Tufaie '12	🍷 3
● Valpolicella Cl. '12	🍷 3

Borgo Stajnbech

via Belfiore, 109
30020 Pramaggiore [VE]
Tel. 0421799929
www.borgostajnbech.com

藏酒销售
预约参观
年产量 70 000 瓶
葡萄种植面积 14 公顷

普拉马格吉勒酒庄（Pramaggiore）是里维埃拉区（Riviera）最有趣的酒庄之一。俯瞰亚得里亚海（Adriatic）会发现葡萄园14公顷的种植地都是沿海的黏性土，主要种植国际葡萄品种以生产出质量可靠的葡萄酒，这些葡萄晶莹剔透、品种难辨。而传统的本地葡萄品种泰（Tai）和雷弗斯科（Refosco）也用来酿造葡萄酒，它们显示了葡萄和土壤的紧密联系。雷森150•2012（Lison 150 •2012）是最令人印象深刻的瓦伦特（Valent）酒，这归功于白桃子和杏仁的香味以及奶油口感和酸味。斯塔贝奇白葡萄酒2011（Stajnbech Bianco 2011）是一款橡木桶酿造的高品质霞多丽（Chardonnay），口味成熟，具有甜美的果香与奶油香味，加以淡淡的橡木香气，令人感受到如爱抚般的口感。

○ Lison-Pramaggiore Chardonnay Stajnbech Bianco '11	🍷🍷 3
○ Lison-Pramaggiore Cl. 150 '12	🍷🍷 3
● Rosso '09	🍷🍷 3
● Lison-Pramaggiore Refosco P.R. '11	🍷 2
○ Lison-Pramaggiore Sauvignon Bosco della Donna '12	🍷 3
● Malbech '11	🍷 2
● Venezia Cabernet Franc '11	🍷 2
○ Venezia Pinot Grigio '12	🍷 2
○ Lison-Pramaggiore Chardonnay Stajnbech Bianco '10	🍷🍷 4
○ Lison-Pramaggiore Cl. 150 '11	🍷🍷 2*
○ Lison-Pramaggiore Cl. 150 '10	🍷🍷 2*
● Lison-Pramaggiore Stajnbech Rosso '07	🍷🍷 3
● Rosso '08	🍷🍷 5

Borgoluce

loc. Musile, 2
31058 Susegana [TV]
Tel. 0438435287
www.borgoluce.it

藏酒销售
预约参观
膳宿接待
年产量 250 000 瓶
葡萄种植面积 70 公顷

伯格鲁西（Borgoluce）酒庄成立前，洛多维科•朱斯蒂尼亚尼（Lodovico Giustiniani）已介入葡萄酒行业数十年，但伯格鲁西（Borgoluce）酒庄仍然是他最新的企业。该农场占地1000多公顷，用于家畜、放牧、林地和庄稼，庄园的葡萄园很明显是该酒庄的皇冠。尽管其他葡萄也在不断增长，生产主要集中在普罗塞克（Prosecco），所有的工作都在这距离苏塞加纳（Susegana）只有一箭之遥的地方进行。起泡酒利维科托2012（Rive di Collalto 2012）的优势在于表现力丰富以及苹果、梨和紫藤混合的典型香气，这些都通过由酸味渗透出来的甜味来体现。该香槟更轻，更新鲜。而特干型（Extra Dry）显示了鲜明的果香及明快和谐的口感。

○ Valdobbiadene Extra Dry	🍷🍷 3
○ Valdobbiadene Rive di Collalto Extra Dry Mill. '12	🍷🍷 2*
○ Valdobbiadene Brut	🍷 3
○ Valdobbiadene Frizzante Gaiante	🍷 3
○ Prosecco di Valdobbiadene Extra Dry Mill. '09	🍷🍷 3
○ Prosecco di Valdobbiadene Extra Dry Mill. '08	🍷🍷 2*
○ Valdobbiadene Dry Mill. '10	🍷🍷 3
○ Valdobbiadene Rive di Collalto Extra Dry Mill. '11	🍷🍷 2*

Borin Vini & Vigne

FRAZ. MONTICELLI
VIA DEI COLLI, 5
35043 MONSELICE [PD]
TEL. 042974384
www.viniborin.it

藏酒销售
预约参观
年产量 105 000 瓶
葡萄种植面积 28 公顷

在过去十年中，尤根尼恩（Euganean）地区已经发生了质的飞跃，传统酒庄得到了发展，也出现了许多新的酒庄。詹尼•波林（Gianni Borin）在妻子特雷莎（Teresa）和孩子弗朗西斯（Francesco）与詹保罗（Giampaolo）的帮助下，用极大的热情经营家族企业，开发出了一系列独特而出众的葡萄酒。今年我们感觉到领先的葡萄酒使他们在比赛中获得较好的名次，力求更细腻更优雅的品质。缵2011（Zuan 2011）现在是被指定品尝的一款，它呈现出清新明快的味道，红色浆果和药材，加上活泼的美感，令人垂涎欲滴。菲奥雷二盖亚2012（Fiore di Gaia 2012）和科尔特•波林2011（Corte Borin 2011），分别来自弗洛•阿拉恩西（Fior d'arancio）和曼佐尼•比安科（Manzoni Bianco），通过饱满满足的口味来提高品种的特性。

● Colli Euganei Rosso Zuan '11	🍷🍷 3*
○ Colli Euganei Fior d'Arancio '12	🍷🍷 2*
○ Colli Euganei Fior d'Arancio Fiore di Gaia '12	🍷🍷 2*
○ Colli Euganei Manzoni Bianco Corte Borin '11	🍷🍷 3
● Colli Euganei Merlot Rocca Chiara Ris. '10	🍷🍷 4
● Coldivalle '10	🍷 3
● Colli Euganei Cabernet Sauvignon V. Costa '11	🍷 3
○ Colli Euganei Chardonnay V. Bianca '11	🍷 3
● Colli Euganei Merlot V. del Foscolo '11	🍷 2
○ Colli Euganei Pinot Bianco Monte Archino '12	🍷 2
○ Colli Euganei Serprino '12	🍷 2

Bortolomiol

VIA GARIBALDI, 142
31049 VALDOBBIADENE [TV]
TEL. 04239749
www.bortolomiol.com

藏酒销售
预约参观
参观设施
年产量 1 800 000 瓶
葡萄种植面积 5 公顷

波托洛米尔（Bortolomiol）酒庄是为普罗塞克（Prosecco）在全世界的推广和普及作出了最大贡献的酒庄之一。朱利亚诺掌舵（Giuliano）最先起步，如今他的女儿玛丽亚•埃莱娜（Maria Elena）、埃尔维拉（Elvira）、路易莎（Luisa）和朱丽安娜（Giuliana）跟随他的脚步。和往常一样，他们耕种自己的几公顷的葡萄园，同时依托一个储藏丰富的网络种植者，监测全年生产的各阶段，采用葡萄的规模化生产。数量庞大时有必要建立不同的生产线，以精度和技巧诠释歌蕾拉（Glera）产品品种。尤斯自然 2012（Ius naturae 2012）具有苹果和梨的香味以及青松赏心悦目的味道，同时具有有机香槟的优良性能。邦达罗萨2012（Banda Rossa 2012）可能是酒庄最著名的的酒，拥有鲜花和水果的香气与令人垂涎的口感，还带着甜味和酸味的新鲜微妙的香味。干型麦尔（Dry Maior）口感浓郁，有阳光明媚的感觉，回味无穷。

○ Valdobbiadene Brut Ius Naturae '12	🍷🍷 4
○ Valdobbiadene Brut Rive San Pietro di Barbozza Motus Vitae '11	🍷🍷 4
○ Valdobbiadene Dry Maior	🍷🍷 2
○ Valdobbiadene Extra Dry Banda Rossa '12	🍷🍷 3
○ Cartizze '12	🍷 5
⊙ Filanda Rosé Brut	🍷 3
● Piave Cabernet Sauvignon Mormorò '11	🍷 3
○ Riserva del Governatore Extra Brut '11	🍷 3
○ Valdobbiadene Brut Prior	🍷 2
○ Valdobbiadene Demi Sec Suavis	🍷 3
○ Valdobbiadene Extra Dry Senior	🍷 3
○ Valdobbiadene Frizzante Il Ponteggio	🍷 3
○ Valdobbiadene Tranquillo Canto Fermo '12	🍷 3
○ Ris. del Governatore Extra Brut '07	🍷🍷 3
○ Valdobbiadene Extra Dry Banda Rossa '11	🍷🍷 3

Carlo Boscaini

via Sengia, 15
37010 Sant'Ambrogio di Valpolicella [VR]
Tel. 0457731412
www.boscainicarlo.it

藏酒销售
预约参观
膳宿接待
年产量 70 000 瓶
葡萄种植面积 14 公顷

卡罗（Carlo）和马里奥（Mario Boscaini）的酒庄延伸到圣安伯洛（Sant'Ambrogio di Valpolicella）的丘陵地带，该法定产区（DOC）的西部最远至瓦尔达迪哥（Valdadige）。大约60年前，酒庄就开始酿造葡萄酒。始于20世纪90年代，酒庄拥有一个全新的葡萄园，酒窖进行过重修，只酿造自家庄园种植的传统葡萄品种。酒庄致力于酿造酒体结构强硕、口感柔滑细致的葡萄酒。堪称楷模的阿玛诺•圣吉奥2009（Amarone San Giorgio 2009），散发着风干水果、黑胡椒和中草药的混合味道，口感饱满富果味，回味果酸强烈。瓦尔波利塞拉•里帕索2009（Valpolicella di Ripasso Zane 2009）与其相似，但酒体稍轻巧，像拉普欧萨2010（La Preosa 2010）一样，呈现非常传统的成熟风格。

● Amarone della Valpolicella Cl. San Giorgio '09	🍷🍷 5
● Valpolicella Cl. Sup. Ripasso Zane '09	🍷🍷 3
● Valpolicella Cl. Sup. La Preosa '10	🍷 3
● Amarone della Valpolicella Cl. San Giorgio '08	🍷🍷 5
● Amarone della Valpolicella Cl. San Giorgio '07	🍷🍷 4
● Amarone della Valpolicella Cl. San Giorgio '04	🍷🍷 4
● Amarone della Valpolicella Cl. San Giorgio '03	🍷🍷 4
● Valpolicella Cl. Sup. La Preosa '09	🍷🍷 5
● Valpolicella Cl. Sup. Ripasso Zane '08	🍷🍷 3
● Valpolicella Cl. Sup. Ripasso Zane '06	🍷🍷 3
● Valpolicella Cl. Sup. Ripasso Zane '04	🍷🍷 3

Bosco del Merlo

via Postumia, 14
30020 Annone Veneto [VE]
Tel. 0422768167
www.boscodelmerlo.it

藏酒销售
预约参观
年产量 240 000 瓶
葡萄种植面积 84 公顷

圣骑士（Paladin）家族是在威尼斯（Venice）地区最细致的生产商，在普拉玛基尔（Lison-Pramaggiore）有超过100公顷的葡萄园。因靠近亚得里亚海（Adriatic Sea），葡萄园具有黏土丰富的土壤，因对环境的尊重，露西亚（Lucia）、卡罗（Carlo）和罗伯特（Roberto）生产的葡萄酒与该地区自然条件相结合。白索维农•图拉尼2012（Sauvignon Turranio 2012）是威尼托（Veneto）最有趣的白葡萄酒之一，它有充满活力的热带水果和药材的味道，具有典型的植物香味。口感醇厚，酸度适宜且浓郁悠长。我们还喜欢洛吉奥2010（Roggio DEI Roveri 2010）独特的香气和坚定和谐的口味。索安德•里帕索2010（Soandre Passito 2010）显示出复杂的香气和适度的甜味。

● Lison-Pramaggiore Refosco P. R. Roggio dei Roveri '10	🍷🍷 5
○ Lison-Pramaggiore Sauvignon Turranio '12	🍷🍷 4
● 360 Ruber Capitae '10	🍷🍷 5
○ Lison-Pramaggiore Lison Cl. Juti '12	🍷🍷 4
○ Lison-Pramaggiore Verduzzo Soandre '10	🍷🍷 5
○ Prosecco Brut Mill. '12	🍷 4
○ Venezia Chardonnay Nicopeja '12	🍷 3
○ Venezia Pinot Grigio Tudaio '12	🍷 3
● 360 Ruber Capitae '08	🍷🍷 5
● 360 Ruber Capitae '07	🍷🍷 5
● Lison-Pramaggiore Refosco P. R. Roggio dei Roveri '07	🍷🍷 5
● Lison-Pramaggiore Rosso Vineargenti Ris. '08	🍷🍷 6

Brigaldara

FRAZ. SAN FLORIANO
VIA BRIGALDARA, 20
37020 SAN PIETRO IN CARIANO [VR]
TEL. 0457701055
www.brigaldara.it

藏酒销售
预约参观
年产量 250 000 瓶
葡萄种植面积 50 公顷

在阿马罗尼（Amarone）的黄金时代，斯特凡诺•切萨里（Stefano Cesari）已经发展了他的酒庄，现在他管理50公顷葡萄园中的部分经典地区和部分东部地区。除了索阿维（Soave），他的葡萄酒牢牢扎根于瓦尔波利塞拉（Valpolicella），在一个范围内它结合了传统和现代特色。陈酿阿玛诺2007（Amarone Riserva 2007）令人印象深刻，这源于从最经典东部成长最好的地区挑选出的最好的葡萄。它具有干果、可可粉和香料的味道，随之而来的是新鲜的口感与顺滑的单宁味。经典阿玛诺2009（Amarone Classico 2009）有更新鲜的香气和更精简、更优雅的口感。索阿维2012（Soave 2012）和果香型里帕索•伊尔•维格2010（Ripasso Il Vegro 2010）那令人垂涎的风味同样令我们喜欢。

● Amarone della Valpolicella Ris. '07	🍷🍷🍷	8
● Amarone della Valpolicella Cl. '09	🍷🍷	7
○ Soave '12	🍷🍷	3
● Valpolicella Cl. Sup. Ripasso Il Vegro '10	🍷🍷	4
● Valpolicella Cl. '12	🍷	3
● Amarone della Valpolicella Case Vecie '07	🍷🍷🍷	7
● Amarone della Valpolicella Case Vecie '03	🍷🍷🍷	7
● Amarone della Valpolicella Case Vecie '00	🍷🍷🍷	6
● Amarone della Valpolicella Cl. '06	🍷🍷🍷	6
● Amarone della Valpolicella Cl. '05	🍷🍷🍷	6
● Amarone della Valpolicella Cl. '99	🍷🍷🍷	6
● Amarone della Valpolicella Cl. '98	🍷🍷🍷	6
● Amarone della Valpolicella Cl. '97	🍷🍷🍷	6

Sorelle Bronca

FRAZ. COLBERTALDO
VIA MARTIRI, 20
31020 VIDOR [TV]
TEL. 0423987201
www.sorellebronca.com

藏酒销售
预约参观
年产量 250 000 瓶
葡萄种植面积 20 公顷
葡萄栽培方式 有机认证

尽管普罗塞克（Prosecco）目前正经历巨大的成功，布罗卡（Bronca）姐妹并没有失去她们的方向，她们帮助皮耶罗•贝肯（Piero Balcon）稳定发展家族酒庄。虽然起泡酒是庄园生产的核心，葡萄酒并不一定起到辅助作用，但它表达了斐乐塔诺（Felettano）土地和传统之间的密切联系。在20多公顷的葡萄园，热情、认真与尊重环境的管理是酒庄最好的名片。帕帝赛拉68•2012（Particella 68 2012）是威尼托（Veneto）最好的起泡酒之一，拥有苹果和鲜花的香味与悠长明媚的口感。同样出色的辑百丽2010（Ser Bele 2010）是波尔多（Bordeaux）与泽米诺（Marzemino）的调配酒，它具备浓郁果香和光滑紧密的单宁。此外，干型（Brut）和绝干型（Extra Dry）同样非常好。而德里克2012（Delico 2012）有显著的香味。

● Colli di Conegliano Rosso Ser Bele '10	🍷🍷	5
○ Valdobbiadene Brut Particella 68 '12	🍷🍷	4
○ Colli di Conegliano Bianco Delico '12	🍷🍷	3
○ Valdobbiadene Brut	🍷🍷	3
○ Valdobbiadene Extra Dry	🍷🍷	3
○ Valdobbiadene Prosecco Frizzante Difetto Perfetto	🍷	3
● Colli di Conegliano Rosso Ser Bele '09	🍷🍷🍷	5
● Colli di Conegliano Rosso Ser Bele '05	🍷🍷🍷	5
● Colli di Conegliano Rosso Ser Bele '08	🍷🍷	5
● Colli di Conegliano Rosso Ser Bele '07	🍷🍷	5
○ Valdobbiadene Brut Particella 68 '11	🍷🍷	4
○ Valdobbiadene Brut Particella 68 '10	🍷🍷	3
○ Valdobbiadene Extra Dry Particella 68 '09	🍷🍷	3

Luigi Brunelli

via Cariano, 10
37029 San Pietro in Cariano [VR]
Tel. 0457701118
www.brunelliwine.com

藏酒销售
预约参观
膳宿接待
年产量 100 000 瓶
葡萄种植面积 12 公顷

布昂里（Brunelli）家族酒庄坐落在瓦尔波利塞拉（Valpolicella）的经典平原区域，阿尔贝托（Alberto）跟随他的父亲路易吉（Luigi）不断推广葡萄酒，使酒庄日益强大。占地十几公顷的葡萄园主要生产瓦尔波利塞拉（Valpolicella）葡萄酒，还生产少量的其他类型的葡萄酒。陈酿阿玛诺2008（Amarone Riservas 2008）中有两款出色的葡萄酒，一是充满活力的坎波•帝塔利（Campo del Titari）干红，它有浓郁的水果、巧克力和香料的香气与绵密顺畅的单宁口感；二是德利•茵菲力（Degli Inferi），它似乎更柔软，而且平易近人，有樱桃果酱的多汁味道。而雷乔托2011（Recioto 2011）则充满活力，永远是又香又甜的诱人味道。优良的瓦尔波利塞拉（Valpolicella）显示了典型的水果和香料混合的香气与动态活泼的口感。

● Amarone della Valpolicella Cl. Campo del Titari Ris. '08	🍷🍷 8
● Amarone della Valpolicella Cl. Campo Inferi Ris. '08	🍷🍷 8
● Recioto della Valpolicella Cl. '11	🍷🍷 5
● Valpolicella Cl. '12	🍷🍷 2*
● Amarone della Valpolicella Cl. '10	🍷 6
● Corte Cariano Rosso '11	🍷 2
● Valpolicella Cl. Sup. Campo Praesel '11	🍷 3
● Valpolicella Cl. Sup. Ripasso Pa' Riondo '11	🍷 3
● Amarone della Valpolicella Cl. '09	🍷🍷 6
● Amarone della Valpolicella Cl. Campo del Titari Ris. '06	🍷🍷 8
● Valpolicella Cl. '10	🍷🍷 2*
● Valpolicella Cl. Sup. Campo Praesel '10	🍷🍷 3*

Tommaso Bussola

loc. San Peretto
via Molino Turri, 30
37024 Negrar [VR]
Tel. 0457501740
www.bussolavini.com

藏酒销售
预约参观
年产量 70 000 瓶
葡萄种植面积 15 公顷

托马索•布索拉（Tommaso Bussola）得益于多年来阿玛诺（Amarone）系列酒的成功，得益于葡萄园的扩增和酒窖的修整。酒庄现在有大约15公顷的葡萄园，其中一部分位于酒窖周边斜坡，还有一部分位于更高的山坡。这里每年生产不到10万瓶葡萄酒，但酒庄的风格总是受到众人青睐，现在已经变得更精致、更美好了。三款阿玛诺（Amarone）中，我们最喜欢香气新鲜又简单的那一款，它有红色浆果、香料和药材的味道，正是由于酸度和单宁的混合才使得它具有大方的质感，回味无穷。此外，我们还特别喜欢维格内托•奥拓2007（Vigneto Alto 2007），口感更复杂，更加丰富，单宁突出。表现不俗的瓦尔波利塞拉TB 2008（Valpolicella TB 2008），拥有独特的香气以及平衡的风味。

● Amarone della Valpolicella Cl. '07	🍷🍷 8
● Amarone della Valpolicella Cl. TB '08	🍷🍷 8
● Amarone della Valpolicella Cl. TB Vign. Alto '07	🍷🍷 8
● Valpolicella Cl. Sup. TB '08	🍷🍷 5
● Recioto della Valpolicella Cl. '04	🍷🍷🍷 6
● Recioto della Valpolicella Cl. BG '03	🍷🍷🍷 5
● Recioto della Valpolicella Cl. TB '04	🍷🍷🍷 8
● Recioto della Valpolicella Cl. TB '99	🍷🍷🍷 8
● Recioto della Valpolicella Cl. TB '98	🍷🍷🍷 8
● Recioto della Valpolicella Cl. TB '97	🍷🍷🍷 8
● Recioto della Valpolicella Cl. TB '95	🍷🍷🍷 8
● Amarone della Valpolicella Cl. TB '06	🍷🍷 8
● Recioto della Valpolicella Cl. '08	🍷🍷 7
● Recioto della Valpolicella Cl. '05	🍷🍷 6

Ca' Ferri

via Ca' Ferri, 9
35020 Casalserugo [PD]
Tel. 049655518
www.vinicaferri.com

藏酒销售
预约参观
年产量 400 000 瓶
葡萄种植面积 8 公顷

大约十年前，吉安保罗•普兰德斯塔勒（Gian Paolo Prandstraller）在卡费里（Ca' Ferri）建立起酒庄，并在蒙特街（Monte Rua）的山坡上种植几公顷的黑色波尔多（Bordeaux）葡萄，随后在科里•尤金妮（Colli Euganei）中心地带的托雷利亚（Torreglia）也种植葡萄，生产高品质的葡萄酒。卡萨尔塞鲁戈（Casalserugo）周围的平原所种植的葡萄用于生产口味清淡、更容易让人接受的葡萄酒。酒窖得益于圭多•布萨托（Guido Busatto）的技术，由于对当地的深入了解，他强调不同的表现力。酒庄的主推产品是托雷利亚2011（Taurilio 2011），以梅洛（Merlot）为主的葡萄酒是波尔多（Bordeaux）与科里•尤金妮（Colli Euganei）葡萄园的葡萄混合酿造的。醒目鲜明的水果香味和植物的味道相呼应，可爱的浓郁口感是由光滑的单宁和适宜的酸度混合而来，显示出葡萄园土地的肥沃。卡萨尔塞鲁戈（Casalserugo）中著名的瑟尔•乌戈（Ser Ugo）系列，例如出品稳定、口感紧致的赤霞珠2011（Cabernet Sauvignon 2011）。

● Colli Euganei Rosso Taurilio '11	🍷🍷 3
● Corti Benedettine Cabernet Ser Ugo '11	🍷🍷 3
● Corti Benedettine Merlot Ser Ugo '11	🍷 2
● Raboso Ser Ugo '12	🍷 3

Ca' La Bionda

fraz. Valgatara
via Bionda, 4
37020 Marano di Valpolicella [VR]
Tel. 0456801198
www.calabionda.it

藏酒销售
预约参观
年产量 150 000 瓶
葡萄种植面积 30 公顷
葡萄栽培方式 有机认证

亚历山德（Alessandro Castellani）和尼古拉（Nicola）是瓦尔波利塞拉产区（Valpolicella）最早采用有机种植理念的倡导者之一，如今这位于马兰诺镇（Marano)的庄园俨然成为整个产区的标杆企业。位于山坡上的葡萄园占地约30公顷，成为酒庄最出色的旅游名片，尤其是那些受父亲彼得（Pietro）精心打理下的老葡萄藤。玛拉诺（Marano）是整个系列的标杆。酒的风格偏向风干葡萄的紧实和饱满风味之间的平衡。瓦尔波利塞拉2011（Valpolicella Casal Vegri 2011）仅采用新鲜葡萄酿造，能够如实反映出各种特点：散发水果和香料的混合味道，酒体柔滑，酸度适中，伴有强硕的酒体结构。如此优秀的瓦尔波利塞拉葡萄酒（Valpolicella）为阿玛诺（Amarone）抛砖引玉。此外，有意思的科维纳2008（Corvina 2008）采用了一半的黑皮诺（Pinot Nero），但也能保持原始风格。

● Valpolicella Cl. Sup. Campo Casal Vegri '11	🍷🍷🍷 5
● Amarone della Valpolicella Cl. Vign. di Ravazzol '09	🍷🍷 8
● Amarone della Valpolicella Cl. '09	🍷🍷 6
● Corvina '08	🍷🍷 7
● Amarone della Valpolicella Cl. Vign. di Ravazzol '07	🍷🍷🍷 6
● Amarone della Valpolicella Cl. '08	🍷🍷 6
● Amarone della Valpolicella Cl. '07	🍷🍷 6
● Amarone della Valpolicella Cl. Vign. di Ravazzol '08	🍷🍷 7
● Amarone della Valpolicella Cl. Vign. di Ravazzol '06	🍷🍷 6
● Amarone della Valpolicella Cl. Vign. di Ravazzol '03	🍷🍷 6

Ca' Lustra

loc. Faedo
via San Pietro, 50
35030 Cinto Euganeo [PD]
Tel. 042994128
www.calustra.it

藏酒销售
预约参观
年产量 170 000 瓶
葡萄种植面积 20 公顷
葡萄栽培方式 有机认证

佛朗哥•藏维洛（Franco Zanovello）是帕多瓦（Paduan DOC）地区经营最细致的代表人物之一，他拥有20公顷的有机耕种葡萄园。葡萄藤蔓受益于不同的高度和角度的地形，使葡萄具备丰富特质，能够创造出广泛而均衡的高品质产品。虽然强调做基本的产品，然而陈酿（Riservas）的表现力也很突出。今年酒庄做出明智的决定，俄国人使他们的酒窖进一步成熟。产品包括良好的葡萄酒，如口感丰富的霞多丽•洛维勒洛2011（Chardonnay Roverello 2011），它在橡木桶中存放多年。纹理丰富的玛泽米诺•丽城2010（Marzemino Belvedere2010）和梅洛2010（Merlot 2010），即使是刚刚酿造出来的时候也显示成熟的香味和丰盛的味道。

○ Colli Euganei Chardonnay Roverello '11	🍷🍷 2*
○ Colli Euganei Fior d'Arancio '12	🍷🍷 3
● Colli Euganei Merlot '10	🍷🍷 2*
● Marzemino Belvedere '10	🍷🍷 2*
● Marzemino Passito '09	🍷🍷 2*
⊙ Aganoor Rosato '12	🍷 2
● Colli Euganei Cabernet '10	🍷 2
○ Colli Euganei Manzoni Bianco Pedevenda '11	🍷 3
○ Colli Euganei Moscato Secco 'A Cengia '11	🍷 2
● Colli Euganei Cabernet Girapoggio '05	YYY 3
○ Colli Euganei Fior d'Arancio Passito '07	YYY 4
● Colli Euganei Merlot Sassonero Villa Alessi '05	YYY 3
● Colli Euganei Cabernet Girapoggio '08	YY 3*

Ca' Orologio

via Ca' Orologio, 7a
35030 Baone [PD]
Tel. 042950099
www.caorologio.com

藏酒销售
预约参观
膳宿接待
年产量 24 000 瓶
葡萄种植面积 12 公顷
葡萄栽培方式 有机认证

保宁（Baone）区位于科里尤金妮（Colli Euganei）的最南端，这里处于温暖的地中海气候，能酿出诱人的果味浓郁的葡萄酒。所有这一切都是玛丽阿吉雅•罗塞利尼（Mariagioia Rosellini）的产品，他用自己的名字给葡萄酒命名，生产规模虽小但很稳定。大概有十几公顷的有机葡萄园给他们提供了葡萄，波尔多（Bordeaux）品种是生产的核心。卡•奥罗吉（Ca' Orologio）葡萄酒可能是近期才装瓶的，但仍然给我们留下了深刻的印象。在当地，2011年是特别炎热的一年，赋予了卡拉璐（Calaóne）清新扑鼻的水果味，加上酸度适中，使它成为该类别中最好的品种之一。勒洛吉（Relógio）酒庄由卡美娜（Carmenère）与少量赤霞珠（Cabernet Sauvignon）混酿而成，有阳光般明媚的特点。而巴贝拉•路尼索勒（Barbera Lunisóle）果香浓郁，多汁丰满。

● Colli Euganei Rosso Calaóne '11	🍷🍷 4
● Relógio '11	🍷🍷 5
● Lunisóle '11	🍷🍷 4
○ Salaróla '12	🍷🍷 3
● Colli Euganei Rosso Calaóne '05	YYY 3*
● Relógio '09	YYY 4*
● Relógio '07	YYY 4
● Relógio '06	YYY 4
● Relógio '04	YYY 4*
● Colli Euganei Rosso Calaóne '10	YY 4
● Colli Euganei Rosso Calaóne '09	YY 4
● Relógio '10	YY 5
● Relógio '08	YY 4

★Ca' Rugate

via Pergola, 36
37030 Montecchia di Crosara [VR]
Tel. 0456176328
www.carugate.it

藏酒销售
预约参观
年产量 550 000 瓶
葡萄种植面积 58 公顷

位于索阿维法定产区（Soave DOC）的特萨里（Tessari）家族酒庄在应对全球市场的挑战中表现奇佳，它用高调的产品成功地将传统特色、清晰风格与极高精度相融合。这一切都是因为米歇尔（Michele）和父亲阿米（Amedeo）有远见的选择，主要表现在土地投资上做出的努力。现在酒庄有60多公顷土地，包括索阿维（Soave）和瓦尔波利塞拉（Valpolicella）两部分。索阿维•蒙特•费恩迪内（Soave Monte Fiorentine）和蒙特•奥拓（Monte Alto）绝对是两款指定的基准葡萄酒。前者展示了更加自信前卫的特征，蒙特•奥拓（Monte Alto）是一款更加成熟、味道更深的白葡萄酒，散发出在橡木桶中陈酿后的成熟味道。阿玛诺2009（Amarone 2009）和雷乔托2010（Recioto 2010）重申其特有的品质，我们推荐在这个系列里面加入新的品种：帕斯•道斯2008（Pas Dosé 2008），它有非常清新的香味和浓郁的口感。

○ Soave Cl. Monte Alto '11	🍷🍷🍷 3*
● Amarone della Valpolicella '09	🍷🍷 7
○ Recioto di Soave La Perlara '10	🍷🍷 5
○ Soave Cl. Monte Fiorentine '12	🍷🍷 3*
○ Studio '11	🍷🍷 4
○ Lessini Durello Pas Dosé Amedeo M. Cl. '08	🍷🍷 5
○ Soave Cl. San Michele '12	🍷🍷 2*
● Valpolicella Rio Albo '12	🍷🍷 2*
● Valpolicella Sup. Campo Lavei '11	🍷🍷 4
● Valpolicella Sup. Ripasso '11	🍷🍷 3
○ Soave Cl. Monte Alto '10	🍷🍷🍷 3*
○ Soave Cl. Monte Fiorentine '09	🍷🍷🍷 3*
○ Studio '10	🍷🍷🍷 4*
○ Studio '09	🍷🍷🍷 4

Giuseppe Campagnola

fraz. Valgatara
via Agnella, 9
37020 Marano di Valpolicella [VR]
Tel. 0457703900
www.campagnola.com

藏酒销售
预约参观
年产量 4 800 000 瓶
葡萄种植面积 130 公顷

朱萨帕（Giuseppe Campagnola）成功地接手祖父于20世纪初建立的酒庄，扩大了葡萄园，出品不同风格的葡萄酒，有高质量特酿的同时也有基础酒。最具吸引力的系列是其祖母卡特利纳（Caterina Zardini）创立的，包括一款阿玛诺（Amarone）和一款顶级瓦尔波利塞拉（Valpolicella Superiore）。剩下的都是经典维罗纳（Veronese）葡萄酒。今年，顶级瓦尔波利塞拉2011（Valpolicella Superiore Caterina Zardini 2011）最让我们印象深刻，散发出人意料的水果和香料味道，口感强烈的同时不失细腻。同一系列的阿玛诺（Amarone）仍需更长时间的陈化，但不失为该产区最有趣的、更基础的酒款，气质生动，酒体细致。里帕索2011（Ripasso 2011）并不复杂，而且口感很好。

● Valpolicella Cl. Sup. Caterina Zardini '11	🍷🍷 3*
● Amarone della Valpolicella Cl. '09	🍷🍷 6
● Recioto della Valpolicella Cl. Casotto del Merlo '11	🍷🍷 5
● Valpolicella Cl. Sup. Ripasso '11	🍷🍷 3
⊙ Bardolino Cl. Chiaretto Roccolo del Lago '12	🍷 2
● Bardolino Cl. Roccolo del Lago '12	🍷 2
○ Soave Cl. Monte Foscarino Le Bine '12	🍷 2
● Valpolicella Cl. Le Bine '12	🍷 2
● Amarone della Valpolicella Cl. Caterina Zardini '04	🍷🍷🍷 6
● Amarone della Valpolicella Cl. Caterina Zardini '01	🍷🍷🍷 6
● Amarone della Valpolicella Cl. Caterina Zardini '99	🍷🍷🍷 6

I Campi

Loc. Allodola
Fraz. Cellore d'Illasi
via delle Pezzole, 3
37032 Illasi [VR]
Tel. 0456175915
www.icampi.it

藏酒销售
预约参观
年产量 60 000 瓶
葡萄种植面积 14 公顷

每年，弗拉维奥•普拉（Flavio Prà）酒庄出产两款性质完全不同的葡萄酒。一款是白葡萄酒，主要是味道新鲜的索阿维（Soave），另一款是红葡萄酒，特点是拥有瓦尔波利塞拉（Valpolicella）的浓郁果味。经过多年精心经营，葡萄园充分利用不同海拔、土壤和其他方面的条件，使各品种的葡萄以最佳状态生长，找到了能够充分表达混合香味、吸引力、新鲜度以及能量的方式。索阿维•坎波2012（Soave Campo Vulcano 2012）是我们最喜欢的一款，有赖于它独具特色的芳香以及真实反映高感（Garganega）葡萄的本身特质：散发苹果、植物味道，逐步释放的矿物质味道，口感坚实、浓郁、有风格。坎普•里帕索2011（Campo Ciotoli Ripasso 2011）侧重于传统葡萄的活泼味道，但并不复杂。

○ Soave Cl. Campo Vulcano '12	🍷🍷🍷 3*
● Valpolicella Sup. Ripasso Campo Ciotoli '11	🍷🍷 3*
● Amarone della Valpolicella Campo Marna 500 '07	🍷🍷 8
● Campo Prognare '08	🍷🍷 8
○ Soave Campo Base '12	🍷🍷 2*
● Valpolicella Campo Base '12	🍷🍷 3
○ Soave Cl. Campo Vulcano '11	🍷🍷🍷 5
○ Soave Cl. Campo Vulcano '10	🍷🍷🍷 3*
○ Soave Cl. Campo Vulcano '09	🍷🍷🍷 3*
○ Soave Cl. Campo Vulcano '08	🍷🍷🍷 3*
● Valpolicella Sup. Ripasso Campo Ciotoli '10	🍷🍷 6
● Valpolicella Sup. Ripasso Campo Ciotoli '09	🍷🍷 4

Cantina del Castello

corte Pittora, 5
37038 Soave [VR]
Tel. 0457680093
www.cantinacastello.it

藏酒销售
预约参观
年产量 130 000 瓶
葡萄种植面积 12 公顷

坎缇娜•卡斯特罗（Cantina di Castello）坐落在索阿维（Soave）古老产区，其中阿图罗•斯托彻里（Arturo Stocchetti）选择的葡萄来自他在苏瓦尔卡西科地区十几公顷的葡萄园。这块葡萄园经过部分修整，一部分仍然保留了传统的棚架，每年产量稳定在10万瓶，其中逐步减少强大的葡萄酒以腾出更多空间给简单的产品。斯托彻里（Stocchetti）并不寻求浓郁、强大的葡萄酒，因为所有的产品都基于简单的特征和易接受的味道。索阿维•卡斯特罗（Soave Castello）是旗舰酒款，鲜明的苹果和梨的果香混合新鲜的花香味，其次是轻淡的口感和柔软的味道。内西托•科尔特皮托拉2007（Recioto Corte Pittora 2007）则显示出热带特色和独特的甜味。

○ Soave Cl. Castello '12	🍷🍷 2*
○ Recioto di Soave Cl. Corte Pittora '07	🍷 5
○ Soave Cl. Sup. Monte Pressoni '01	🍷🍷🍷 3
○ Soave Cl. Carniga '04	🍷🍷 3*
○ Soave Cl. Pressoni '08	🍷🍷 3*
○ Soave Cl. Pressoni '07	🍷🍷 3
○ Soave Cl. Pressoni '06	🍷🍷 3*
○ Soave Cl. Pressoni '05	🍷🍷 3*
○ Soave Cl. Pressoni '04	🍷🍷 3*

La Cappuccina

FRAZ. COSTALUNGA
VIA SAN BRIZIO, 125
37032 MONTEFORTE D'ALPONE [VR]
TEL. 0456175036
www.lacappuccina.it

藏酒销售
预约参观
膳宿接待
年产量 300 000 瓶
葡萄种植面积 40 公顷
葡萄栽培方式 有机认证

艾琳娜（Elena）、彼得（Pietro）和西斯托特萨里（Sisto Tessari）运营的酒庄位于克斯塔浪咖（Costalunga），是苏瓦尔火山（Volcanic Soave）山脚下的一个小村庄。他们的葡萄园从维罗纳（Veronese）凉棚转换为垂直格栅系统，并进行有机耕作。庄园里40公顷的面积主要生产索阿维（Soave）系列的产品，也有其他的拥有果味和易于接受的葡萄酒。内西托阿兹莫2010（Recioto Arzimo 2010）是一款干型葡萄酒，有成熟桃子、甘草、柑橘和干花的香味，完美地表达了浓郁的甜味和焦糖的口味。我们还喜欢索阿维•方特郭2012（Soave Fontégo 2012），它有着苹果味缠绕着新鲜植物所散发的活泼的气息。圣•布莱兹2011（San Brizio 2011）由于在木桶内陈酿多年，因而享有更深入、更全面的味道。

○ Recioto di Soave Arzìmo '10	🍷🍷 4
○ Soave Fontégo '12	🍷🍷 2*
○ Soave San Brizio '11	🍷🍷 3
● Madégo '12	🍷 2
○ Sauvignon Basaltik '12	🍷 2
○ Soave '12	🍷 2
● Campo Buri '09	🍷🍷 4
● Campo Buri '08	🍷🍷 4
● Madégo '10	🍷🍷 2*
○ Recioto di Soave Arzìmo '09	🍷🍷 4
○ Recioto di Soave Arzìmo '08	🍷🍷 4
○ Soave '11	🍷🍷 2*
○ Soave Fontégo '10	🍷🍷 2*
○ Soave San Brizio '10	🍷🍷 3
○ Soave San Brizio '09	🍷🍷 3

Carpenè Malvolti

VIA ANTONIO CARPENÈ, 1
31015 CONEGLIANO [TV]
TEL. 0438364611
www.carpene-malvolti.com

藏酒销售
预约参观
年产量 5 300 000 瓶
葡萄种植面积 26 公顷

普罗赛科（Prosecco）是当今世界上最知名和最受欢迎的意大利葡萄酒之一，它的成功归功于卡佩呢（Carpenè）家族的决定性贡献。该系列与特雷维索起泡酒（Treviso）有150年的联系，现在的卡佩尼•马沃蒂（Carpenè Malvolti）是整个地区生产顶级普罗赛科（Prosecco Superiore）的最大生产商之一。该酒庄与很多种植者保持着良好的关系，这些种植者给科内利亚诺•威尼托（Conegliano Veneto）酒厂提供了好几代葡萄。卡佩尼（Carpenè）葡萄酒轻轻地增强了葡萄品种的香气，避免了过度或不典型香气。特干型显示出新鲜的水果沙拉味，很好地散发出奶油的香味，完美地平衡了甜味和酸味。香槟具有微妙的味道，呈现出浓郁的香味。最后，干型葡萄酒显示出适中的甜味。

○ Conegliano Valdobbiadene Brut 1868	🍷🍷 3
○ Conegliano Valdobbiadene Dry 1868	🍷🍷 3
○ Conegliano Valdobbiadene Extra Dry 1868	🍷🍷 3
○ Cartizze 1868	🍷 5
○ Conegliano Valdobbiadene Dry Cuvée Oro	🍷🍷 3*

Casa Cecchin

via Agugliana, 11
36054 Montebello Vicentino [VI]
Tel. 0444649610
www.casacecchin.it

藏酒销售
预约参观
年产量 25 000 瓶
葡萄种植面积 6 公顷

事实上，如果全球开始关注都雷洛起泡酒（Durello Spumante），那肯定少不了西其林（Cecchin）家族的功劳，他们一直致力于促进传统的勒辛尼亚（Lessinia）葡萄。有限的葡萄酒数量，得益于沿袭古老的葡萄培植传统，专注于种植高感（Garganega）和杜雷拉（Durella），前者用于酿制静止型葡萄酒，后者则用于酿制静止型和经典工艺葡萄酒。能让您马上能辨认出杜雷拉（Durella）葡萄的显著特征是它的高酸度，这一点在陈酿起泡酒2008（Brut Riserva 2008）得到完美体现：细致的香气，不羁坚实的气质，口感干性，呈现让你为之一震的酸度。他们的静止葡萄酒采用相同的酿造工艺，目前来说属于产区内最有意思的酒款之一：口感柔滑、活跃、突出，带有微妙的新鲜花朵、苹果和香梨味道。风干葡萄系列则展现适中的甜度。

○ Lessini Durello Brut M. Cl. Ris. '08	♥♥ 3
○ Lessini Durello Passito Il Duello '09	♥♥ 5
○ Lessini Il Durello '12	♥♥ 2*
○ Lessini Durello Pietralava '11	♥ 2
○ Lessini Durello Vivace Mandégolo '12	♥ 2
○ Recioto Cl. Gambellara Le Ginestre '09	♥ 5
○ Gambellara Cl. San Nicolò '11	♡♡ 2*
○ Lessini Durello Brut M. Cl. Ris. '07	♡♡ 3
○ Lessini Durello Il Durello '11	♡♡ 2*
○ Lessini Durello Passito Il Montebello '08	♡♡ 4
○ Lessini Durello Sup. '10	♡♡ 2*
○ Lessini Durello Sup. '09	♡♡ 2*
○ Recioto Cl. Gambellara Le Ginestre '08	♡♡ 4

Casa Roma

via Ormelle, 19
31020 San Polo di Piave [TV]
Tel. 0422855339
www.casaroma.com

藏酒销售
预约参观
年产量 250 000 瓶
葡萄种植面积 30 公顷

极吉（Gigi Peruzzetto）是这家位于皮亚韦河（Piave）地区酒庄的生命和灵魂人物。葡萄园面积约30公顷，属黏土及河中碎石的混合土质，出品该产区的经典葡萄酒，以单品葡萄酒为主，呈现与众不同的新鲜芳香以及平易近人的风格。每一年，奈西欧（Nesio）都呈现异常明晰的酒体结构，采用拉波索（Raboso）葡萄酿制，桃红发酵工艺，带酵母陈化30个月。今天，它呈现出生动的水果和干花香气，酒体坚实，回味绵长。同时，我们还喜欢马拉诺特2009（Malanotte 2009），散发干果和新鲜香草味道，浓郁的风味，伴随轻快的酸。

⊙ Nesio Brut M. Cl. '09	♥♥ 5
● Piave Malanotte '09	♥♥ 6
○ Piave Manzoni Bianco '12	♥♥ 2*
○ Marzemina Bianca '12	♥ 3
● Piave Carmenère '12	♥ 2
● Venezia Cabernet Sauvignon '12	♥ 2
○ Venezia Chardonnay '12	♥ 2
● Venezia Merlot '12	♥ 2
○ Venezia Pinot Grigio '12	♥ 2
● Piave Merlot '11	♡♡ 2*
● Piave Raboso '08	♡♡ 4
● Piave Raboso '06	♡♡ 4
● Piave Raboso '02	♡♡ 4
● Raboso Passito Callarghe '07	♡♡ 5

Case Paolin

via Madonna Mercede, 53
31040 Volpago del Montello [TV]
Tel. 0423871433
www.casepaolin.it

藏酒销售
预约参观
年产量 66 000 瓶
葡萄种植面积 10 公顷
葡萄栽培方式 有机认证

阿德利诺（Adelino）、迭戈（Diego）和米克•泊泽伯恩（Mirco Pozzobon）经营的家族酒厂在沃尔帕戈（Volpago），是位于特雷维索（Treviso）平原的蒙特洛（Montello）山麓。当地主要种植波尔多（Bordeaux）葡萄，而格勒拉（Glera）所用的阿索洛•普罗塞克（Asolo Prosecco）葡萄始终扮演着次要的角色。这些卡斯•帕欧琳（Case Paolin）葡萄酒都拥有丰富紧实的风格。以梅洛（Merlot）和赤霞珠（Cabernet Sauvignon）酿成的红葡萄酒都在最佳状态，它们保持了威尼托（Veneto）的传统，挑选生长在蒙特洛（Montello）圣卡罗区（San Carlo）山坡的葡萄，混合红色浆果的芳香与草药的香味，以丰满的口感呈现出浓郁的令人垂涎的香味。梅洛（Merlot）为主的波尔多（Bordeaux）与洛索•德尔米莉欧2010（Rosso del Milio 2010）的混合味道更显得柔顺活泼。有趣的曼佐尼•桑蒂•安杰利2011（Manzoni Santi Angeli 2011）散发强烈且平衡的味道。

○ Manzoni Bianco Santi Angeli '11	🍷🍷 2*
● Montello e Colli Asolani Rosso del Milio '10	🍷🍷 3
● Montello e Colli Asolani Sup. San Carlo '09	🍷🍷 4
○ Asolo Brut	🍷 2
● Cabernet '12	🍷 2
○ Prosecco di Treviso Frizzante	🍷 2
○ Asolo Brut '09	🥂🥂 2*
○ Manzoni Bianco Santi Angeli '10	🥂🥂 2*
● Montello e Colli Asolani Rosso del Milio '09	🥂🥂 3*
● Montello e Colli Asolani Sup. San Carlo '08	🥂🥂 4
● Montello e Colli Asolani Sup. San Carlo '07	🥂🥂 4
○ Soér Passito '09	🥂🥂 4

Michele Castellani

fraz. Valgatara
via Granda, 1
37020 Marano di Valpolicella [VR]
Tel. 0457701253
www.castellanimichele.it

藏酒销售
预约参观
年产量 350 000 瓶
葡萄种植面积 45 公顷

卡斯特莱尼（Castellani）家族酒庄已经营了几十年，位于瓦尔甘塔拉（Valgatara）区，是瓦尔波利塞拉（Valpolicella）经典的核心。在这里，塞尔吉奥（Sergio）由他的孩子米歇尔（Michele）、玛蒂娜（Martina）和玛拉（Mara）管理，他们种植着约40公顷的葡萄园，里面几乎只种植传统品种的瓦尔波利塞拉（Valpolicella）。他们的葡萄酒以力量和丰富性为鲜明特点，分为两种：现代风格的卡德尔皮帕（Ca' del Pipa）和传统风格的艾•卡斯特（I Castei）。内西托•蒙特•法瑟娜拉2010（Recioto Monte Fasenara 2010）显示出优良的香气，它用橡木桶储存，樱桃、干果和香料味显示出新鲜芳香的口感，甜度酸度适中，也带有单宁味。马罗内•克林科斯特尔2009（Amarone Cinquestelle 2009）散发出橡木和水果香味及口感绵密的单宁味。里帕索•科斯塔马兰2011（Ripasso Costamaran 2011）制作精良，成熟柔和。

● Recioto della Valpolicella Cl. Monte Fasenara I Castei '10	🍷🍷 5
● Amarone della Valpolicella Cl. Cinquestelle Collezione Ca' del Pipa '09	🍷🍷 7
● Recioto della Valpolicella Cl. Il Casale Ca' del Pipa '10	🍷🍷 6
● Valpolicella Cl. Sup. Ripasso Costamaran I Castei '11	🍷🍷 3
● Amarone della Valpolicella Cl. Campo Casalin I Castei '09	🍷 6
● Valpolicella Cl. Campo del Biotto I Castei '12	🍷 2
● Amarone della Valpolicella Cl. Campo Casalin I Castei '07	🥂🥂 6
● Recioto della Valpolicella Cl. Il Casale Ca' del Pipa '09	🥂🥂 6

Cavalchina

Loc. Cavalchina
Fraz. Custoza
via Sommacampagna, 7
37066 Sommacampagna [VR]
Tel. 045516002
www.cavalchina.com

藏酒销售
预约参观
年产量 50 000 瓶
葡萄种植面积 30 公顷

皮欧娜（Piona）的兄弟——卢西亚诺（Luciano ）和弗兰科（Franco）经营的酒庄有三个不同的方向：库斯托扎（Custoza）、莫扎巴诺（Mozambano）和瓦尔波利塞拉（Valpolicella），各自根据不同的地区有着不同的特点。加尔达湖（Lake Garda）的南区生产新鲜的、绷紧的葡萄酒；那些在曼托瓦（Mantova）地区生产的葡萄酒，采用国际葡萄品种，有浓郁而充满活力的特色；瓦尔波利塞拉（Valpolicella）葡萄酒，产量大且功能强大。所有的人都见证了酒庄的价值，使它成为维罗纳（Verona）地区最有趣的庄园之一。阿梅多（Amedeo）系列再一次成为皮奥纳（Piona）的最佳葡萄酒，库斯托扎2011（Custoza 2011）散发微妙的橡木、鲜花及水果味道，口感纤长且浓郁均衡。瓦尔波利塞拉（Valpolicella）备受瞩目，追求丰富的口感。我们品尝了阿玛诺雷•欧迪德2009（Amarone Torre d'Orti 2009）。同时，高感•帕洛尼（Garganega Paroni）充满活力，表达精确。

○ Custoza Sup. Amedeo '11	🍷🍷🍷 3*
● Amarone della Valpolicella Torre d'Orti '09	🍷🍷 6
● Bardolino Sup. S. Lucia '11	🍷🍷 3
● Garda Cabernet Sauvignon Vign. Il Falcone La Prendina '10	🍷🍷 5
○ Garda Garganega Paroni La Prendina '11	🍷🍷 4
● Garda Merlot Faial La Prendina '10	🍷🍷 3
○ Garda Sauvignon Valbruna La Prendina '11	🍷🍷 3
● Bardolino '12	🍷 2
⊙ Bardolino Chiaretto '12	🍷 2
○ Custoza '12	🍷 2
● Garda Merlot La Prendina '12	🍷 3
○ Garda Pinot Bianco La Prendina '12	🍷 3
○ Pinot Grigio La Prendina '12	🍷 3

Domenico Cavazza & F.lli

c.da Selva, 22
36054 Montebello Vicentino [VI]
Tel. 0444649166
www.cavazzawine.com

藏酒销售
预约参观
年产量 890 000 瓶
葡萄种植面积 140 公顷

20世纪30年代，卡瓦扎（Cavazza）家族已经在甘贝拉拉（Gambellara）区开始生产并迅速上升到了领先地位。战后时期，他们把注意力转向附近的科利贝里奇（Colli Berici），用同样的激情和技能管理创建了两个不同的酒庄。原来酒庄几乎完全用卡尔卡耐卡（Garganega）葡萄，而国际葡萄品种种植在温暖的科利贝里奇山（Colli Berici）。事实上，卡瓦扎（Cavazza）最有趣的葡萄酒来自科利贝里奇（Colli Berici）。西拉2011（Syrah 2011）产自奇科尼亚（Cicogna），拥有鲜艳的红色浆果香味和坚定浓郁的口感与光滑的单宁。庄园的其他红酒均产自成熟的酒窖，简单而新鲜。当我们品尝解百纳•科斯蒂娜2010（Cabernet Costiera2010）时，谈到西爱丽2010（Creari 2010）和甘贝拉拉（Gambellara）葡萄酒，发现这些其实是非常好的产品。而香格里拉•波卡拉2012（La Bocara 2012）口感出奇的均衡清淡。

○ Gambellara Cl. Creari '10	🍷🍷 3
○ Gambellara Cl. La Bocara '12	🍷🍷 2*
● Syrah Cicogna '11	🍷🍷 4
● Colli Berici Cabernet Costiera '10	🍷 3
● Colli Berici Tai Rosso '12	🍷 3
● Cicogna Syrhae '09	🍷🍷 4
● Colli Berici Merlot Cicogna '10	🍷🍷 4
● Colli Berici Merlot Cicogna '09	🍷🍷 4
○ Gambellara Cl. Creari '09	🍷🍷 3
○ Gambellara Cl. Creari Capitel S. Libera '06	🍷🍷 3*
○ Recioto di Gambellara Cl. Capitel S. Libera '08	🍷🍷 4
● Syrah Cicogna '10	🍷🍷 4
○ Vin Santo di Gambellara Cl. Selva '04	🍷🍷 5

Giorgio Cecchetto

Fraz. Tezze di Piave
via Piave, 67
31028 Vazzola [TV]
Tel. 043828598
www.rabosopiave.com

藏酒销售
预约参观
年产量 200 000 瓶
葡萄种植面积 73 公顷

乔治•西彻迪（Giorgio Cecchetti）和他的妻子克里斯蒂娜（Cristina）已成为皮亚韦河（Piave）酿酒厂的核心，成为整个地区最具影响力的基准指数之一。葡萄园位于平原上，园内土地肥沃，在国际品种和当地经典葡萄之间交替生产，诸如拉沃索（Raboso）和曼佐尼比安科（Manzoni bianco）。该系列的许多葡萄酒是可供日常饮用的。陈酿集中于拉波索（Raboso）、马拉诺特（Malanotte）以及梅洛（Merlot）。而罗莎•布鲁纳（Rosa Bruna）香槟是一款梅托多经典香槟（Brut Metodo Classico），由拉波索（Raboso）葡萄专门制成的，拥有红色浆果和面包皮的香味，有前卫的、缠绵的口感。圣塔红葡萄酒2010（Sante Rosso 2010），由单一梅洛（Merlot）酿成，也很不错：拥有李子和百里香的混合味道，随后又有一丝橡木香味，具备完整而均衡的味道。

● Merlot Sante Rosso '10	🍷🍷 3
⊙ Rosa Bruna Cuvée 21 Brut M.Cl. '10	🍷🍷 3
○ Manzoni Bianco '12	🍷 2
● Piave Raboso '09	🍷 3
● Raboso Passito RP	🍷 4
● Venezia Cabernet Sauvignon '12	🍷 2
● Gelsaia '07	♀♀ 3
● Malanotte Gelsaia '09	♀♀ 5
● Merlot Sante Rosso '09	♀♀ 3*
● Piave Merlot Sante '08	♀♀ 3
● Piave Merlot Sante '07	♀♀ 3
● Piave Raboso '06	♀♀ 3

Gerardo Cesari

Loc. Sorsei, 3
37010 Cavaion Veronese [VR]
Tel. 0456260928
www.cesariverona.it

藏酒销售
预约参观
年产量 1 600 000 瓶
葡萄种植面积 109 公顷

切萨里（Cesari）家族成立于战争期间，并一直在瓦尔波利塞拉法定产区（Valpolicella DOC）运营至今。酿酒葡萄都是庄园自己种植或者向在全年处于监测下的种植者购买的。该酒庄有两个生产中心：圣弗洛里亚努（San Floriano）的瓦尔波利塞拉（Valpolicella）红葡萄酒中心和卡瓦永（Cavaion）酒窖的其他系列的维罗纳（Veronese）葡萄酒中心。该酒庄的目的是生产浓郁、柔顺的葡萄酒。阿玛诺•瑟萨利（Cesari's Amarones ）只发布了经历长期成熟阶段的一款，我们品尝到的博桑2005年（vintage Bosan 2005）系列就是最好的证明。它的香味复杂成熟，有平滑的单宁和令人垂涎的风味。波斯卡2007（Bosco 2007）拥有稳定清新的香味，其次是干燥和谐的口感。瓦尔波利塞拉（Valpolicellas）系列之中马拉2011（Mara 2011）拥有最惊人的芳香和清新活跃多汁的口感。

● Amarone della Valpolicella Bosan '05	🍷🍷 8
● Amarone della Valpolicella Cl. Il Bosco '07	🍷🍷 7
● Jèma Corvina Veronese '09	🍷 5
○ Lugana Cento Filari '12	🍷 2
● Valpolicella Sup. Ripasso Bosan '10	🍷 5
● Valpolicella Sup. Ripasso Mara '11	🍷 3
● Amarone della Valpolicella Bosan '04	♀♀ 8
● Amarone della Valpolicella Bosan '03	♀♀ 8
● Amarone della Valpolicella Cl. '07	♀♀ 5
● Amarone della Valpolicella Cl. Il Bosco '05	♀♀ 7
● Valpolicella Sup. Ripasso Mara '10	♀♀ 3

Italo Cescon

FRAZ. RONCADELLE
P.ZZA DEI CADUTI, 3
31024 ORMELLE [TV]
TEL. 0422851033
www.cesconitalo.it

藏酒销售
预约参观
年产量 800 000 瓶
葡萄种植面积 115 公顷

塞尚（Cescon）兄弟的酒庄位于龙卡德莱（Roncadelle），100多公顷的葡萄园扩展到不同的区域。大部分酒庄位于皮亚韦河（Piave）区域，但也有处于弗留利（Friuli）和瓦尔多比亚德尼区（The Valdonniadene DOC），这里生产的葡萄分为两类。该酒庄的风格是追求葡萄品种的新鲜香气和柔顺以及旗帜鲜明的口感，简单风格的葡萄酒和精品葡萄酒都是如此。酒庄大部分的注意力集中于曼佐尼比安科（Manzoni Bianco），它有两款。斯维友2012（Svejo 2012）提高了葡萄的典型芳香功能，散发出并不复杂却令人垂涎的香味。另一方面，菲尔特拉托2011（Filtrato 2011）用一年多的时间才成熟，以探索葡萄酒品种的潜力。它散发出热带水果和香料的味道，矿物质的味道最明显，给人一种惊人的灿烂和绷紧的口感。

● Chieto '10	🍷🍷 3
○ Manzoni Bianco Non Filtrato '11	🍷🍷 3
○ Manzoni Bianco Svejo '12	🍷 2
● Piave Raboso Rabià '08	🍷 3
○ Sauvignon Mejo '12	🍷 3
● Chieto '09	🍷🍷 3
● Chieto '08	🍷🍷 3
● Chieto '07	🍷🍷 3
○ Manzoni Bianco '10	🍷🍷 2*
○ Manzoni Bianco '09	🍷🍷 2*
○ Manzoni Bianco '08	🍷🍷 2*
○ Manzoni Bianco Svejo '11	🍷🍷 2*
○ Manzoni Bianco Svejo '10	🍷🍷 2*
● Piave Merlot La Cesura Ris. '05	🍷🍷 3
● Piave Raboso Rabià Ris. '03	🍷🍷 3

Coffele

VIA ROMA, 5
37038 SOAVE [VR]
TEL. 0457680007
www.coffele.it

藏酒销售
预约参观
年产量 120 000 瓶
葡萄种植面积 30 公顷

小片区遍布的索阿维（Soave）产区，你很难看到一家拥有单一片区面积达30公顷葡萄园的酒庄。阿尔贝托（Alberto）和奇亚拉凯菲勒酒庄（Chiara Coffele）已经展示了按每个葡萄园的习性进行细分生产的技巧，并给每一种葡萄选择最适合的种植地区。葡萄园完全按照酒庄的要求，使得它可以使用最好的地块种植的葡萄来酿造酒庄的葡萄酒。酿造凯菲勒香槟卡维斯科（Ca' Visco）的葡萄生长在新装修的旧农舍周围的最高的葡萄园。该葡萄酒散发出春天花朵、桃子和原始热带风情的香氛。2012年生产的葡萄酒比过去酿造的葡萄酒更加浓郁和坚定。阿尔扎利（Alzari）在橡木桶里经过多年陈酿而成，有更加成熟的香味和柔顺诱人的口感，回味悠长。

○ Soave Cl. Alzari '11	🍷🍷 3*
○ Soave Cl. Ca' Visco '12	🍷🍷 3*
○ Recioto di Soave Cl. Le Sponde '11	🍷🍷 5
○ Soave Cl. '12	🍷 2
○ Recioto di Soave Cl. Le Sponde '09	🍷🍷🍷 5
○ Soave Cl. Ca' Visco '05	🍷🍷🍷 3*
○ Soave Cl. Ca' Visco '04	🍷🍷🍷 2
○ Soave Cl. Ca' Visco '03	🍷🍷🍷 2
○ Recioto di Soave Cl. Le Sponde '10	🍷🍷 5
○ Soave Cl. Alzari '10	🍷🍷 3*
○ Soave Cl. Alzari '09	🍷🍷 3
○ Soave Cl. Ca' Visco '10	🍷🍷 3*
○ Terra Crea Passito '06	🍷🍷 8

Col Vetoraz

FRAZ. SANTO STEFANO
S.DA DELLE TRESIESE, 1
31040 VALDOBBIADENE [TV]
TEL. 0423975291
www.colvetoraz.it

藏酒销售
预约参观
年产量 800 000 瓶
葡萄种植面积 12 公顷

普罗赛科（Prosecco）的发展经历了两个主要阶段，第一个阶段产生了许多知名品牌；第二阶段是许多优质酒庄生产的特雷维索起泡葡萄酒（Treviso Sparkling Wines）闻名遐迩，比如弗朗西斯科•苗托（Francesco Miotto）、保罗•德保利（Paolo De Bortoli）和洛里斯•达拉奎亚（Loris Dall'Acqua）就属于这一类，而且产品已形成独特风格。由数量众多、分布广泛的葡萄种植者为酒庄提供原料。复刻气酒（The Millesimato Dry）味道丰富浓郁，既有热带水果的浓烈，又有鲜花的清新，酸甜适中，味感极佳。卡蒂滋（Cartizze）的香气散发得更缓慢，但入口即能感受到酸度适中的浓郁芳香和丰厚酒体。最后，干型起泡酒（Brut）味道则偏苦涩。

○ Valdobbiadene Dry Mill. '12	🍷🍷 3
○ Cartizze	🍷🍷 4
○ Valdobbiadene Brut	🍷🍷 3
○ Valdobbiadene Extra Dry	🍷 3

Conte Collalto

VIA 24 MAGGIO, 1
31058 SUSEGANA [TV]
TEL. 0438738241
www.cantine-collalto.it

藏酒销售
预约参观
年产量 850 000 瓶
葡萄种植面积 150 公顷

康帝•科拉尔多（Conti Collalto）的发展历史同特雷维索省（Treviso）密切相关，尤其是该省北部的地形，由南向北从平原缓慢过渡到阿尔卑斯山脚。酒庄酒窖位于苏塞加纳镇（Susegana）——特雷维索省北部少有的平原地区，葡萄园遍布周围山区，面积达150多公顷。种植数量最多的葡萄品种是格勒那（Glera），其次是波尔多（Bordeaux Grape Varieties），然后是杂交曼佐尼•白曼左尼（Incrocio Manzoni）和蓝维特巴赫（Wildbacher）。科内利亚诺•瓦尔多比亚德尼干型葡萄酒（Dry version of the Conegliano Valdobbiadene）带有苹果、梨子和玫瑰的香味，酸甜度恰到好处。杂交曼佐尼2.15•2010（Incrocio Manzoni 2.15 • 2010）更富水果气息，有李子和芳草的强烈香气，口感紧实浓厚。其他类型的优质葡萄酒也恰如其分地体现出各自原料的不同特点。

○ Conegliano Valdobbiadene Dry Mill. '12	🍷🍷 3
● Incrocio Manzoni 2.15 '10	🍷🍷 2*
○ Colli di Conegliano Bianco Schenella I '11	🍷 2
○ Conegliano Valdobbiadene Brut	🍷 2
○ Conegliano Valdobbiadene Extra Dry	🍷 2
○ Manzoni Bianco '12	🍷 2
○ Rosabianco '12	🍷 3
⊙ Rosé Extra Dry	🍷 2
○ Verdiso '12	🍷 2
● Wildbacher '10	🍷 2
● Colli di Conegliano Rosso Vinciguerra '06	🍷🍷 4
○ Conegliano Valdobbiadene Dry Mill. '11	🍷🍷 3
● Piave Cabernet Torrai Ris. '07	🍷🍷 5

Le Colture

FRAZ. SANTO STEFANO
VIA FOLLO, 5
31049 VALDOBBIADENE [TV]
TEL. 0423900192
www.lecolture.it

藏酒销售
预约参观
膳宿接待
年产量 700 000 瓶
葡萄种植面积 40 公顷

鲁杰里（Ruggeri）家族酒庄有两个葡萄种植区，一个位于孔奈利诺法定产区（Conegliano Valdobbiadene DOC zone），另一个位于蒙特洛（Montello）地区，是新收购的葡萄园。葡萄种植面积共达40公顷，它们保证了酿酒所需葡萄的品质。酿酒原料除自种葡萄外，还采用与酒庄有长期专业合作的葡萄种植者提供的葡萄，这些葡萄种植全程都有酒庄的监督。卡蒂滋（Cartizze）以最著名的葡萄园卡蒂滋（Cartizze）命名，能够代表一流的品质。该酒能散发出李子、茉莉和甘菊的浓郁芳香，口感清爽，回味无穷。我们也很喜欢古纳（Cruner）这款令人心旷神怡的干型葡萄酒，它蕴含苹果和柑橘的香气，酸甜完美平衡，泡沫持久。

○ Cartizze	🍷🍷 3
○ Valdobbiadene Dry Cruner	🍷🍷 2
⊙ Roseé Brut	🍷 3
○ Valdobbiadene Brut Fagher	🍷 3
○ Valdobbiadene Extra Dry Pianer	🍷 2
○ Valdobbiadene Prosecco Frizzante Mas	🍷 2

Contrà Soarda

LOC. CONTRÀ SOARDA, 26
36061 BASSANO DEL GRAPPA [VI]
TEL. 0424505562
www.contrasoarda.it

藏酒销售
预约参观
餐饮服务
年产量 80 000 瓶
葡萄种植面积 20 公顷

大约10年前，米尔科•戈塔尔迪（Mirco Gottardi）和妻子格洛里亚（Gloria）在格拉帕（Bassano del Grappa）附近的山地上创建了小酒庄贡特拉•索尔达（Contrà Soarda）。他们改造旧酒庄，恢复生产后，在马尔科•柏娜贝（Marco Bernabei）的帮助下，又多种植了十几公顷的葡萄。酒庄离瓦尔苏加纳（Valsugana）很近，凉爽微风使得这里适宜种植黑皮诺（Pinot Nero）。贡特拉•索尔达•罗索2009（Contrà Soarda Rosso 2009）是以布雷甘泽（Breganze）当地的葡萄品种酿造的，入口能品尝到红莓和森林的自然气息，酒体丰厚多汁，单宁突出。维尼亚•科尔多2010（Vigna Correjo 2010）维持了高品质，以黑皮诺葡萄（Pinot Nero）为原料酿制而成，香味复杂，混合野生浆果和香草的香气，还带有一丝烟熏香味。这款酒醇香美味，令人垂涎欲滴。

● Breganze Rosso Terre di Lava Ris. '05	🍷🍷 5
● Contrà Soarda '09	🍷🍷 3
● Vigna Correjo '10	🍷🍷 7
○ Breganze Torcolato Sarson '10	🍷 5
○ Breganze Vespaiolo Soarda '12	🍷 2
○ Breganze Vespaiolo Vignasilan '10	🍷 4
○ Il Pendio '11	🍷 3
● Marzemino Nero Gaggion '10	🍷 3
● Breganze Rosso Terre di Lava Ris. '09	🍷🍷 (outline) 4
○ Il Pendio '10	🍷🍷 (outline) 3
● Il Saggio '08	🍷🍷 (outline) 4
● Marzemino Gaggion '08	🍷🍷 (outline) 3
● Vigna Correjo '09	🍷🍷 (outline) 7

Corte Gardoni

LOC. GARDONI, 5
37067 VALEGGIO SUL MINCIO [VR]
TEL. 0457950382
www.cortegardoni.it

藏酒销售
预约参观
年产量 200 000 瓶
葡萄种植面积 25 公顷

皮科利（Piccoli）家族酒庄是加达尔中（Garda Denominations）最负盛名的酒庄之一，该酒庄葡萄园占地25公顷，酿造的葡萄酒因其很高的知名度经常销往法国。其采用的原料除了少数是来自世界各地的葡萄的品种外，用于酿制巴多利诺酒（Bardolino）和科斯多佐干白（Custoza）的则是传统葡萄，所以该酒庄出产的葡萄酒都有一种紧实优雅的气质。普拉迪2011（Pradicà 2011）表现独特，香味复杂而深沉，将多重香味完美融合，整体而又不失加达尔•巴多利诺（Garda Bardolinos）的轻盈和耐饮度。科斯多佐干白•梅尔（Custoza Mael）来源于经典配方，得益于2012年收获葡萄中的水果花香，使得酒体柔软，味道浓郁。贝科•罗索2011（Becco Rosso 2011）由科维纳（Corvina）葡萄酿制而成，带有辛辣和烟熏味。巴多利诺酒•丰坦2012（Bardolino Le Fontane 2012）酒体丰满，口感适合大众。

● Bardolino Sup. Pradicà '11	🍷🍷 3*
○ Custoza Mael '12	🍷🍷 3*
● Bardolino Le Fontane '12	🍷🍷 2*
● Becco Rosso '11	🍷🍷 3
⊙ Bardolino Chiaretto '12	🍷 2
○ Custoza '12	🍷 2
○ Bianco di Custoza Mael '09	🍷🍷🍷 2*
○ Bianco di Custoza Mael '08	🍷🍷🍷 2*
○ Custoza Mael '11	🍷🍷🍷 3*
● Bardolino Sup. '06	🍷🍷 2
● Bardolino Sup. Pradicà '10	🍷🍷 3*
● Bardolino Sup. Pradicà '09	🍷🍷 4
● Becco Rosso '09	🍷🍷 3*

Tenuta Corte Giacobbe

VIA MOSCHINA, 11
37030 RONCÀ [VR]
TEL. 0457460110
www.vinidalcero.com

藏酒销售
预约参观
年产量 60 000 瓶
葡萄种植面积 25 公顷

在过去的10年时间里，柯尔特贾贝科（Corte Giacobbe）一直是索阿维（Soave)地区最重要的酒庄之一。达尔•赛罗（Dal Cero）家族的经营活动主要在两个地方，威尼托省的龙沙（Roncà in Veneto）和托斯卡纳的科尔托纳（Cortona in Tuscany），且都成绩斐然。位于龙沙（Roncà）死火山上的葡萄园占地15公顷，酿出的葡萄酒很好地体现了索阿维（Soave）地区的特色。表现极佳的顶级索阿维•伦卡达2011（Soave Superiore Runcata 2011）以葡萄园的名字命名，葡萄园位于两座死火山卡尔瓦瑞纳（Calvarina）和科洛斯塔（Crocetta）之间。该酒在大木桶中酿造，使得白色酒体体现出强烈的矿物质和干花的味道，此外还有较强的酸度，香气浓烈。由单品莎当尼（Chardonnay）酿成的干型起泡酒（Brut），散发直接、平易近人的香气，泡沫细腻。

○ Soave Sup. Runcata '11	🍷🍷 2*
○ Brut M. Cl.	🍷🍷 2
○ Pinot Grigio '12	🍷 2
○ Pinot Grigio Blush '12	🍷 2
○ Soave Corte Giacobbe '12	🍷 2
○ Soave Corte Giacobbe '11	🍷🍷 2*
○ Soave Runcata '10	🍷🍷 2*
○ Soave Runcata '09	🍷🍷 2*

Corte Moschina

via Moschina, 1
37030 Roncà [VR]
Tel. 0457460788
www.cortemoschina.it

藏酒销售
预约参观
年产量 70 000 瓶
葡萄种植面积 28 公顷

帕特里齐亚•尼罗（Patrizia Niero）是科尔特•莫什纳（Corte Moschina）酒庄的灵魂，他见证了家族长期以来参与索阿维（Soave）地区葡萄种植的经过。如今她和丈夫西尔瓦诺（Silvano）一起工作，儿子阿里桑德罗（Alessandro）和贾科莫（Giacomo）也在酒庄运营中起着不小的作用。葡萄园位于意大利最东端，在索阿维（Soave）和莱西尼亚（Lessinia）地区交界处。所酿葡萄酒主要为索阿维（Soave）和达莱洛（Durello），后者通常是起泡酒。索阿维雷乔托2008（Recioto di Soave Incanto 2008）的味道尤其令人印象深刻，这是一款以葡萄干酿制的酒，带有干花和柑橘的香气，甜度适中，味感清新。较晚收获的葡萄用于酿制塔莱（Tarai），也是一款索阿维（Soave），有桃子和香料的成熟浓香，尾调淡香，口感舒适。杜雷洛起泡酒2012（Durello Brut 2012）口感稍苦涩。

○ Recioto di Soave Incanto '08	🍷🍷 4
○ Soave I Tarai '11	🍷🍷 3
● Colle Alto '10	🍷 3
○ Lessini Durello Brut '12	🍷 2
○ Lessini Durello Brut M. Cl. Ris. '07	🍷 5
○ Lessini Durello M. Cl. '09	🍷 4
○ Soave Roncathe '12	🍷 2
○ Soave I Tarai '10	🍷🍷 3*
○ Soave I Tarai '09	🍷🍷 3
○ Soave Roncathe '10	🍷🍷 2*

Corte Rugolin

fraz. Valgatara
loc. Rugolin, 1
37020 Marano di Valpolicella [VR]
Tel. 0457702153
www.corterugolin.it

藏酒销售
预约参观
年产量 100 000 瓶
葡萄种植面积 12 公顷

在瓦尔波利塞拉（Valpolicella）的一些酒庄能够把握机遇，促进业务迅猛发展，比如扩展酒窖、收购葡萄园等。但弗德里科•科埃蒂（Federico Coati）和埃琳娜（Elena）一次只迈一小步，他们尊重传统原则，并密切控制生产全过程。如今该酒庄年产量多达10万瓶，都是采用瓦尔波利塞拉（Valpolicella）本土葡萄酿成。最受欢迎的当之无愧是阿玛诺•蒙特（Amarone Monte Danieli），葡萄生长在面向卡斯特洛托（Castelrotto）方向的山腹位置，酿出的酒散发复杂香气，包含风干红樱桃、中药草、香料和可可粉的味道，酒体饱满，果味馥郁，柔软的酒精度和糖分与单宁相得益彰。超级瓦尔波利塞拉•利帕索2010（Valpolicella Superiore Ripasso 2010）散发丰富的水果味道，酒体圆满，活力四射。

● Amarone della Valpolicella Cl. Monte Danieli '08	🍷🍷 6
● Valpolicella Cl. Sup. Ripasso '10	🍷🍷 4
● Amarone della Valpolicella Cl. Crosara de le Strie '08	🍷 5
● Valpolicella Cl. '12	🍷 2
● Amarone della Valpolicella Cl. Crosara de le Strie '07	🍷🍷 6
● Amarone della Valpolicella Cl. Monte Danieli '07	🍷🍷 7
● Amarone della Valpolicella Cl. Monte Danieli '05	🍷🍷 7
● Amarone della Valpolicella Cl. Monte Danieli '03	🍷🍷 6
● Valpolicella Cl. Sup. Ripasso '09	🍷🍷 3
● Valpolicella Cl. Sup. Ripasso '04	🍷🍷 3
● Valpolicella Cl. Sup. Ripasso '03	🍷🍷 3

Corte Sant'Alda

LOC. FIOI
VIA CAPOVILLA, 28
37030 MEZZANE DI SOTTO [VR]
TEL. 0458880006
www.cortesantalda.it

藏酒销售
预约参观、住宿
年产量 80 000 瓶
葡萄种植面积 20 公顷
葡萄栽培方式 生物动力学认证

“一个人如果坚持卓越的追求，她会竭尽全力来达到这个目标。”这就是玛利拉（Marinella Camerani）在网站上对她生产理念的总结，这个理念伴随着她20年来的葡萄酒职业生涯，其中包括对酒庄进行的大翻修，尤其是在坚持环保和可持续性发展上面。占地20公顷的葡萄园完全采用生物动力学种植方式，酒窖也是尽量少的进行人工干预，酿造纯正的、具有特色的瓦尔波利塞拉葡萄酒（Valpolicella）。瓦尔波利塞拉•玛格利（Valpolicella Campi Magri）采用里帕索（Ripasso）酿造工艺，和传统的阿玛诺（Amarone model）有些不同，有着独特的优雅芳香及紧致风味。阿玛诺2009（Amarone 2009）很自然地有着更加成熟、更诱人的香气，适度的香甜，单宁细致。2012年份的索阿维（Soave）和瓦尔波利塞拉（Valpolicella Ca' Fiui）不算复杂，但独具个性。

● Amarone della Valpolicella '09	🍷🍷 8
● Valpolicella Sup. Ripasso Campi Magri '10	🍷🍷 4
○ Soave V. di Mezzane '12	🍷🍷 3
● Valpolicella Ca' Fiui '12	🍷🍷 3
● Recioto della Valpolicella '11	🍷 6
● Amarone della Valpolicella '06	🍷🍷🍷 7
● Amarone della Valpolicella '00	🍷🍷🍷 7
● Amarone della Valpolicella '98	🍷🍷🍷 7
● Amarone della Valpolicella '95	🍷🍷🍷 7
● Amarone della Valpolicella '90	🍷🍷🍷 7
● Amarone della Valpolicella Mithas '95	🍷🍷🍷 7
● Valpolicella Sup. '03	🍷🍷🍷 3*
● Valpolicella Sup. Mithas '04	🍷🍷🍷 6

Casa Coste Piane

FRAZ. SANTO STEFANO
VIA COSTE PIANE, 2
31040 VALDOBBIADENE [TV]
TEL. 0423900219
casacostepiane@libero.it

藏酒销售
预约参观
年产量 50 000 瓶
葡萄种植面积 6 公顷

如今洛里斯•福拉多尔（Loris Follador）在普罗赛科（Prosecco）是个创新型的角色，它可能是将当地简单、清淡却卓越的葡萄酒传统发挥得最为淋漓尽致的酒庄了。圣诗特凡诺岛（Santo Stefano）的几公顷葡萄园种植的葡萄不多，因而也只能酿造少量的意大利起泡酒。而酒庄最好的酒是在低压和阴天条件下自然瓶装发酵的。酒庄目前只酿造起泡酒，因为只有这种传统的方法才能酿造出体现当地天气地貌的原生态葡萄酒。今年酒庄出产的葡萄酒有过人之处，风格略含蓄，散发成熟蜜桃和野花的香气，味道浓郁，令人神清气爽。

○ Valdobbiadene Naturalmente Frizzante	🍷🍷 7

Luigino Dal Maso

C.DA SELVA, 62
36054 MONTEBELLO VICENTINO [VI]
TEL. 0444649104
www.dalmasovini.com

藏酒销售
预约参观
年产量 450 000 瓶
葡萄种植面积 30 公顷

由路易吉奥•达尔•马索（Luigino Dal Maso）建立的酒庄现在的经营者是他的孩子尼古拉（Nicola）、安娜（Anna）和西尔维亚（Silvia），他们技巧熟练，工作勤奋，把一个普普通通的酒庄打造成了甘贝拉雷（Gambellara）和科里•贝里奇（Colli Berici）地区数一数二的酒庄。酒庄北边的区域专门用于种植卡尔卡耐卡葡萄（Garganega）和生产这种葡萄酿造的酒。而酒庄南边种植维察琴国际葡萄品种（Vicenza International Grape Varieties）和经典的泰•罗索（Tai Rosso）。在贝里奇（Berici）山地，歌海娜（Grenache）葡萄也被叫做"泰•罗索"（Tai rosso），用于制造该地区最有名的一种酒。科比扎达（Colpizzarda）味道浓烈，散发着野生浆果和芳草的气息，单宁顺滑，口感厚实长久。雷乔托•莉娃•杰伊•培拉利（Recioto Riva dei Perari）品质同样非凡，干果和柑橘的芳香四溢，香甜可口，尾调苦涩。

● Colli Berici Tai Rosso Colpizzarda '11	🍷🍷 3*
○ Recioto di Gambellara Cl. Riva dei Perari '11	🍷🍷 5
● Colli Berici Cabernet Casara Roveri '11	🍷🍷 3
● Colli Berici Cabernet Montebelvedere '11	🍷🍷 2*
● Colli Berici Merlot Casara Roveri '10	🍷🍷 4
○ Gambellara Cl. Ca' Fischele '12	🍷🍷 2*
● Terra dei Rovi Rosso '11	🍷🍷 5
○ Gambellara Cl. Riva del Molino '12	🍷 3
○ Serafino '12	🍷 2
○ Gambellara Cl. Riva del Molino '07	🍷🍷🍷 2*
● Colli Berici Tai Rosso Colpizzarda '10	🍷🍷 3*
○ Gambellara Cl. Riva del Molino '11	🍷🍷 3*

De Stefani

VIA CADORNA, 92
30020 FOSSALTA DI PIAVE [VE]
TEL. 042167502
www.de-stefani.it

藏酒销售
预约参观
年产量 300 000 瓶
葡萄种植面积 50 公顷

该酒庄由德芬尼（De Stefani）家族所有、位于特雷维索（Treviso）丘陵的中心地带。酒庄建立于50年前，但是生产的中心如今搬迁到亚历山大（Alessandro）和父亲蒂齐亚诺（Tiziano）曾经种植葡萄的地方。葡萄园占地50公顷，主要散布于三个片区——莫纳斯捷（Monastier）、福萨尔塔迪皮亚韦（Fossalta di Piave）和雷夫托洛（Refrontolo）。在雷夫托洛产区（Refrontolo），重要的格莱拉（Glera）跟玛泽米诺葡萄（Marzemino）一起种植，悉心的照料使得这些葡萄可以酿出富有强硕的酒体及高酒精度的葡萄酒。斯蒂芬（Stefen）系列葡萄酒的酿造花了很多心思，采用玛泽米诺（Marzemino）风干葡萄酿成，然后在橡木桶中长时间陈年。陈化6年后，它散发出丰富的成熟的红色水果、香料和可可粉的浓郁香气，酒体结构强硕，酒精和单宁突出。维塔利斯2012（Vitalys 2012）则更加柔滑更加平易近人，果香型的夏埃敦酒（Chardonnay）。

● Soler '11	🍷🍷 5
● Stefen 1624 '08	🍷🍷 8
○ Vitalys '12	🍷🍷 3
● Cabernet Sauvignon '11	🍷 3
● Colli di Conegliano Refrontolo Passito '07	🍷 6
○ Conegliano Valdobbiadene Brut	🍷 3
● Piave Raboso '09	🍷 8
○ Pinot Grigio '12	🍷 4
○ Prosecco di Treviso Extra Dry Zero	🍷 2
● Terre Nobili '10	🍷 6
○ Tombola di Pin Brut M. Cl. Ris. '07	🍷 5
○ Venis '12	🍷 4
● Kreda '09	🍷🍷 5
○ Olmera '11	🍷🍷 5

Giovanni Fattori

FRAZ. TERROSSA
VIA OLMO, 6
37030 RONCÀ [VR]
TEL. 0457460041
www.fattorigiovanni.it

藏酒销售
预约参观
年产量 270 000 瓶
葡萄种植面积 57 公顷

安东尼奥•法托里（Antonio Fattori）成功地继承了家族产业，既把葡萄酒卖给灌装商，又开始大量生产自由品牌的葡萄酒。他收购了葡萄园，将近60公顷的葡萄园种植高感（Garganega）和瓦尔波利塞拉（Valpolicella）葡萄，以此来保证葡萄酒的生产。他所酿制的葡萄酒令人印象深刻，精妙味道和卓越口感相得益彰。瑞西欧托•莫托•皮亚内2011（Recioto Motto Piane 2011）香调简单，得益于热带水果的香气和甘甜浓香，被誉为最著名的葡萄酒之一。阿玛诺2008（Amarone 2008）同样品质卓越，散发平易近人的水果味道，酒体饱满。我们最喜欢索阿维（Soave）出品的伦卡利斯2012（Runcaris 2012），香气丰富细腻，风味现代细致。苏维翁•诗古乐2012（Sauvignon Vecchie Scuole 2012）则拥有热带水果强烈清晰的香气。

● Amarone della Valpolicella '08	🍷🍷 8
○ Recioto di Soave Motto Piane '11	🍷🍷 4
○ Soave Cl. Runcaris '12	🍷🍷 2*
○ Vecchie Scuole Sauvignon '12	🍷🍷 3
○ Lessini Durello Brut I Singhe	🍷 3
○ Pinot Grigio Valparadiso '12	🍷 3
○ Soave Cl. Danieli '12	🍷 2
● Valpolicella Ripasso Col de la Bastia '10	🍷 5
○ Vino Senza Nome '12	🍷 3
○ Recioto di Soave Motto Piane '10	🍷🍷 4
○ Recioto di Soave Motto Piane '09	🍷🍷 4
○ Soave Motto Piane '11	🍷🍷 3
● Valpolicella Ripasso Col de la Bastia '09	🍷🍷 4

Il Filò delle Vigne

VIA TERRALBA, 14
35030 BAONE [PD]
TEL. 042956243
www.ilfilodellevigne.it

藏酒销售
预约参观
年产量 50 000 瓶
葡萄种植面积 17 公顷

菲奥维格纳酒庄（Filò delle Vigne）位于科利悠格纳（Colli Euganei）产区的最南端，同时也位于塞西莉亚山（Monte Cecilia）的南部，这里是威尼托区（Veneto）最温暖的地带。在这一带，赤霞珠（Cabernet Sauvignon）每年都大获丰收，带着浓郁的水果、香料以及矿物质味道。葡萄园占地20公顷，主要种植红葡萄，每年产量5万瓶，风味浓郁型。酒庄出品最有意思的一款酒要数陈酿博格红葡萄酒2009（Borgo delle Casette Riserva 2009），有着红色浆果和香料的浓郁芳香，慢慢地你会有深层次的矿物感觉，丰富的香气对应的是圆满强硕的酒体结构以及绵长的回味。陈酿塞西莉亚2010（Cecilia di Baone Riserva 2010）于混凝土酒槽中发酵，拥有更加平易近人的、明晰的水果味道，风味更加浓烈，令人愉悦。

● Colli Euganei Cabernet Borgo delle Casette Ris. '09	🍷🍷 5
● Colli Euganei Cabernet V. Cecilia di Baone Ris. '10	🍷🍷 3
○ Colli Euganei Fior d'Arancio	🍷🍷 3
○ Il Calto delle Fate '10	🍷 4
● Colli Euganei Cabernet Borgo delle Casette Ris. '06	🍷🍷🍷 5
● Colli Euganei Cabernet Borgo delle Casette Ris. '08	🍷🍷 5
● Colli Euganei Cabernet Borgo delle Casette Ris. '07	🍷🍷 5
● Colli Euganei Cabernet Borgo delle Casette Ris. '05	🍷🍷 5
○ Colli Euganei Fior d'Arancio Luna del Parco '04	🍷🍷 5

Silvano Follador

Loc. Follo
Fraz. Santo Stefano
via Callonga, 11
31040 Valdobbiadene [TV]
Tel. 0423900295
www.silvanofollador.it

藏酒销售
预约参观
年产量 30 000 瓶
葡萄种植面积 3.5 公顷

瓦尔多比亚德尼（Valdobbiadene）分布着很多小型农场，有的面积还不到1公顷，由于它们都向灌装酒厂提供葡萄原料，所以葡萄产量很可观。而艾伯塔（Alberta）和西尔瓦诺•福拉多尔（Silvano Follador）却独辟蹊径，他们的农场非常重视环境保护，酿制葡萄酒只用自家种植的葡萄，生产的葡萄酒只有三种，而且都不含糖。今年酿的酒没有使用传统方法，但卡蒂滋（Cartizze）和瓦尔多比亚德尼干型葡萄酒（Valdobbiadene Brut）弥补了这一遗憾，前者呈现出花果香，酒体丰厚，味感略苦；后者表现更好，香调简单，有植物水果香，味感顺滑醇厚，怡人心脾。

○ Cartizze Nature '12	🍷🍷 4
○ Valdobbiadene Brut Nature '12	🍷🍷 3*
○ Cartizze Brut '08	🍷🍷🍷 4
○ Cartizze Brut '10	🍷🍷 4
○ Cartizze Brut '09	🍷🍷 4
○ Cartizze Brut Nature '11	🍷🍷 4
○ Dosaggio Zero '09	🍷🍷 4
○ Valdobbiadene Brut Dosaggio Zero M. Cl. '10	🍷🍷 3
○ Valdobbiadene Brut Nature '11	🍷🍷 3*

Fongaro

via Motto Piane, 12
37030 Roncà [VR]
Tel. 0457460240
www.fongarospumanti.it

藏酒销售
预约参观
年产量 68 000 瓶
葡萄种植面积 7 公顷
葡萄栽培方式 有机认证

在一个几乎所有人都是采用查马法（Charmat）酿制起泡酒的地方，你很难找到一家仅采用经典梅特多（Metodo Classico）酿制方法的酒庄。自从酒庄建立于20世纪70年代起，方格洛（Fongaro）家族就坚持传统酿制方法，通过添加紧致的都雷拉（Durella）葡萄，来酿造口感紧实、充满活力的起泡酒。几公顷大的葡萄园采用有机种植方式，周围是林地。所酿葡萄酒品质可靠、风味简朴。品鉴会期间，只有维奥拉起泡酒（Brut Etichetta Viola）适期饮用，其他的都还需要更长时间的陈化。2009年份呈现矿物和面包为主导的香气，紧接着是水果味道，酒体结构坚实，酸度和气泡都很不错。这是一款能够很好表达产于乐西尼亚（Lessinia）葡萄的较为纯朴粗犷的风味。

○ Lessini Durello Brut M. Cl. Et. Viola '09	🍷🍷 5
○ Brut M. Cl. '08	🍷🍷 5
○ Lessini Durello Brut M. Cl. Et. Viola '08	🍷🍷 5*
○ Lessini Durello Pas Dosé M. Cl. Ris. '06	🍷🍷 4

Le Fraghe

Loc. Colombara, 3
37010 Cavaion Veronese [VR]
Tel. 0457236832
www.fraghe.it

藏酒销售
预约参观
膳宿接待
年产量 120 000 瓶
葡萄种植面积 28 公顷
葡萄栽培方式 有机认证

巴多利诺（Bardolino）法定产区北部气候比一般的葡萄种植地更大风、更寒冷，一方面保证了葡萄的质量，另一方面使得产量较小，葡萄个头也较小。玛蒂尔德•波吉（Matilde Poggi）专注于巴多利诺酒（Bardolino），这是酒庄的旗舰酒款，优雅醇厚，品质上乘。今年首次亮相的波尔•格兰德（Brol Grande）是产于2011年的巴多利诺酒（Bardolino），摒弃了清淡口味，而采用了有深度的气味，拥有馥郁丰厚的味道，同时还保留了一贯自由自在的轻松感。我们也非常喜欢巴多利诺2012（Bardolino 2012），跟上款酒一样，但味道更清新。卡伊艾尔2011（Quaiare 2011）是一款完美的赤霞珠（Cabernet Sauvignon）和品丽珠（Cabernet Franc）混酿，而且是在好的年份，表现极好！

● Bardolino Cl. Brol Grande '11	🍷🍷🍷 3*
● Bardolino '12	🍷🍷 2*
○ Garganega Camporengo '12	🍷🍷 2*
● Quaiare '11	🍷🍷 4
⊙ Bardolino Chiaretto Ròdon '12	🍷 2
● Bardolino '11	🍸🍸 2*
● Bardolino '10	🍸🍸 2*
● Bardolino '09	🍸🍸 2*
● Bardolino '08	🍸🍸 2*
○ Garganega Camporengo '11	🍸🍸 2*
○ Garganega Camporengo '09	🍸🍸 2*
○ Garganega Camporengo '08	🍸🍸 2*

Marchesi Fumanelli

Fraz. San Floriano
via Squarano, 1
37029 San Pietro in Cariano [VR]
Tel. 0457704875
www.squarano.com

藏酒销售
预约参观
餐饮服务
年产量 50 000 瓶
葡萄种植面积 23 公顷

卡利亚诺（Cariano）酒庄的圣•彼得洛（San Pietro）是瓦尔波利塞拉（Valpolicella）最美的地方之一，山谷中的小山坡上竖立了一幢别墅，周围都是葡萄园。葡萄园面积很大，而只有长势最好的葡萄才会被酒庄用来酿制葡萄酒。酒庄地窖位于地下，是最近修复的，旨在提升葡萄酒的品质，保留当地的原始风味。今年最引人注目的就是阿玛诺2007（Amarone 2007），散发水果和花草的味道，完美的酸度和适中的单宁，避免过于复杂，酒体醇厚柔滑。顶级瓦尔波利塞拉2009（Valpolicella Superiore 2009）是一款丰富与轻快并重的葡萄酒，不管香气还是口感都让人愉悦

● Amarone della Valpolicella Cl. '07	🍷🍷 5
● Valpolicella Cl. Sup. '09	🍷🍷 3
○ Terso Bianco '08	🍷 3
● Valpolicella Cl. '12	🍷 2
● Amarone della Valpolicella Cl. '06	🍸🍸 5
● Amarone della Valpolicella Cl. Octavius Ris. '05	🍸🍸 8
○ Terso '06	🍸🍸 5
● Valpolicella Cl. Sup. '05	🍸🍸 2*
● Valpolicella Cl. Sup. Squarano '06	🍸🍸 3

★Gini

VIA MATTEOTTI, 42
37032 MONTEFORTE D'ALPONE [VR]
TEL. 0457611908
www.ginivini.com

藏酒销售
预约参观
年产量 200 000 瓶
葡萄种植面积 56 公顷

毫无疑问，桑德罗（Sandro）和克劳迪奥（Claudio Gini）所有的酒庄是索阿维（Soave）能够成为全球闻名的优质葡萄酒产区的推动力之一。跟随着父亲奥林托（Olinto）的脚步，他们把农场经营得井井有条。一些不错的乡村风格的葡萄酒现在成为了顶级葡萄酒，这里面葡萄园功不可没。葡萄种植在产区内最著名的地带，它们被长时间悉心照料，有一些树龄超过百年。今年，吉尼（Gini）酒庄推出了许多让人印象深刻的葡萄酒，首先是，萨尔瓦伦扎2011（Salvarenza 2011），一款经橡木桶陈化的索阿维（Soave），散发馥郁成熟的香气，酒体饱满，风味平衡。接下来，拉佛尔撒2012（La Froscà 2012），有着苹果和花朵的清新香气，风味圆滑。说到甜酒，我们尤其喜欢内诺碧利斯2008（Renobilis 2008），丰富的香气，浓郁的香甜风味。

○ Soave Cl. Contrada Salvarenza V. V. '11	🍷🍷 5
○ Soave Cl. La Froscà '12	🍷🍷 4
● Campo alle More '09	🍷🍷 5
○ Gran Cuveé Brut M. Cl. '08	🍷🍷 4
○ Recioto di Soave Cl. Col Foscarin '08	🍷🍷 4
○ Recioto di Soave Renobilis '08	🍷🍷 4
○ Soave Cl. '12	🍷🍷 3
○ Soave Cl. Contrada Salvarenza V. V. '09	🍷🍷🍷 5
○ Soave Cl. Contrada Salvarenza V. V. '08	🍷🍷🍷 5
○ Soave Cl. Contrada Salvarenza V. V. '07	🍷🍷🍷 5
○ Soave Cl. La Froscà '11	🍷🍷🍷 4*
○ Soave Cl. La Froscà '06	🍷🍷🍷 4*

Gregoletto

FRAZ. PREMAOR
VIA SAN MARTINO, 83
31050 MIANE [TV]
TEL. 0438970463
www.gregoletto.com

藏酒销售
预约参观
年产量 200 000 瓶
葡萄种植面积 15 公顷

佩雷玛尔（Premaor）这个小村庄位于瓦尔多比亚德尼（Valdobbiadene）和科内利亚诺（Conegliano）之间，眼见之处，葡萄园和森林交相辉映，丘陵似乎要把特雷维索（Treviso）平原推到阿尔卑斯山（Alpine）山脚的高度了。格雷格列托（Gregoletto）在这里种植葡萄已经有数百年的历史，酒庄发展成今天的规模，路吉易（Luigi）功不可没。15公顷葡萄园所种植的葡萄并不全是用来酿制普罗塞克（Prosecco）的，该酒庄还酿制一系列静止葡萄酒（Still wines）。这种葡萄酒有很多不错的品种，比如迷人的赤霞珠2011（Cabernet Sauvignon 2011），看起来风味简朴，但香气层次丰富，口感愉悦。普罗塞克2012（Prosecco Tranquillo 2012）是该酒庄的旗舰产品，香气馥郁，味感浓厚。起泡葡萄酒方面，特干（Extra Dry）表现不错；普罗塞克干型起泡葡萄酒（Sparkling Sur Lies Version of the Prosecco）则口感清新，平衡舒适。

● Cabernet '11	🍷🍷 3
○ Colli di Conegliano Bianco Albio '12	🍷🍷 3
○ Conegliano Valdobbiadene Extra Dry	🍷🍷 3
○ Conegliano Valdobbiadene Prosecco Tranquillo '12	🍷🍷 2*
○ Manzoni Bianco '12	🍷🍷 3
○ P. di Treviso Frizzante sui Lieviti '12	🍷🍷 4
○ Chardonnay '12	🍷 3
○ Conegliano Valdobbiadene Extra Dry Monte Corbino	🍷 2
○ Pinot Bianco '12	🍷 3
○ Verdiso Frizzante Sui Lieviti '12	🍷 3
● Cabernet '10	🍷🍷 3*
○ Chardonnay '11	🍷🍷 3
○ Colli di Conegliano Bianco Albio '11	🍷🍷 3
○ Manzoni Bianco '11	🍷🍷 3*
○ Manzoni Bianco '10	🍷🍷 3*

Guerrieri Rizzardi

s.da Campazzi, 2
37011 Bardolino [VR]
Tel. 0457210028
www.guerrieri-rizzardi.it

藏酒销售
预约参观
年产量 700 000 瓶
葡萄种植面积 100 公顷

格瑞利•里萨帝酒庄（Guerrieri Rizzardi）是为数不多的能被称作“威尼托（Veneto）象征”的酒庄。该酒庄的资产主要分布在威尼托地区（Veneto），从索阿维（Soave）到瓦尔达迪吉（Valdadige），从巴多利诺（Bardolino）到瓦尔波利塞拉（Valpolicella），100公顷的面积精心栽种着传统的葡萄品种。位于巴多利诺（Bardolino）的新酒窖主要用来酿造加尔达葡萄酒（Garda Wines），而内格拉尔（Negrar）则仍然是酿造瓦尔波利塞拉葡萄酒（Valpolicella）的生产中心。瓦尔波利塞拉红葡萄酒（Valpolicella）是最受欢迎的，比如今年推出的令人印象深刻的卡尔卡罗勒（Calcarole），它延续了维拉•里萨帝（Villa Rizzardi）的经典传统，两款酒都产于2009年。卡尔卡罗勒（Calcarole）香气醇厚，拥有鲜花和香料的香气，前调是红莓，酒体丰厚，味感平顺。维拉•里萨帝（Villa Rizzardi）更清新、平易近人，适于饮用。而利帕索•波杰佳2011（Ripasso Pojega 2011）的表现也相当不错。

● Amarone della Valpolicella Cl. Calcarole '09	🍷🍷🍷 8
● Amarone della Valpolicella Cl. Villa Rizzardi '09	🍷🍷 7
● Bardolino Cl. Sup. Munus '11	🍷🍷 3
● Castello Guerrieri Rosso '09	🍷🍷 4
○ Soave Cl. Costeggiola '12	🍷🍷 2*
● Valpolicella Cl. Sup. Ripasso Pojega '11	🍷🍷 3
⊙ Bardolino Chiaretto Cl. '12	🍷 2
● Bardolino Cl. '12	🍷 2
⊙ Rosa Rosae '12	🍷 2
○ Soave Cl. '12	🍷 2
● Valpolicella Cl. '12	🍷 2
● Amarone della Valpolicella Cl. Calcarole '06	🍷🍷🍷 8
● Amarone della Valpolicella Cl. Villa Rizzardi '08	🍷🍷🍷 7

Inama

loc. Biacche, 50
37047 San Bonifacio [VR]
Tel. 0456104343
www.inamaaziendaagricola.it

藏酒销售
预约参观
年产量 450 000 瓶
葡萄种植面积 62 公顷
葡萄栽培方式 有机认证

斯特凡诺（Stefano Inama）的酒庄虽然主要酿造传统型白葡萄酒，但仍继续开发在科里•贝里奇（Colli Berici）的项目，那里有着大量的未经开发的红葡萄酒。酒庄的重心位于索阿维（Soave ）产区的弗斯卡利诺山（Monte Foscarino），还在科里•贝里奇（Colli Berici）镇拥有三处不同片区的葡萄园：洛尼戈（Lonigo），主要种植赤霞珠（Cabernet Sauvignon）葡萄；圣洛伦佐（Oratorio di San Lorenzo），种植佳美娜（carmenère）葡萄；最后则是圣日耳曼诺（San Germano）整个村庄。我们欢迎来自科里•贝里奇（Colli Berici）产区的圣洛伦佐2009（Oratorio San Lorenzo 2009），丰富的水果和香料味道，有着标志性的坚实口感和单宁。贝拉帝斯莫2009（Bradisismo 2009），散发出阳光味道，成熟的波尔多混酿（Bordeaux Blend）一如既往的强健酒体。说到白葡萄酒，索阿维杜罗2011（Soave Du Lot 2011）再一次夺冠，经橡木桶陈年后拥有蜜桃、野生花朵和燧石的味道，口感丰富。

● Colli Berici Carmenère Oratorio di San Lorenzo Ris. '09	🍷🍷🍷 6
● Bradisismo '09	🍷🍷 5
○ Soave Cl. Vign. Du Lot '11	🍷🍷 4
● Cabernet Sauvignon Sel. '09	🍷🍷 6
● Carmenere Più '10	🍷🍷 3
○ Soave Cl. Vign. di Foscarino '11	🍷🍷 4
○ Soave Cl. Vin Soave '12	🍷🍷 3
○ Vulcaia Sauvignon '12	🍷🍷 3
○ Chardonnay '12	🍷 3
○ Vulcaia Fumé '11	🍷 5
● Bradisismo '08	🍷🍷🍷 5
○ Soave Cl. Vign. di Foscarino '08	🍷🍷🍷 4
○ Soave Cl. Vign. Du Lot '05	🍷🍷🍷 4
○ Soave Cl. Vign. Du Lot '01	🍷🍷🍷 4

Lenotti

via Santa Cristina, 1
37011 Bardolino [VR]
Tel. 0457210484
www.lenotti.com

藏酒销售
预约参观
年产量 1 500 000 瓶
葡萄种植面积 105 公顷

内诺蒂家族（Lenotti）拥有的葡萄园面积超过了100公顷，主要分布于维罗那（Verona），从加尔达湖（Lake Garda）到索阿维（Soave）和瓦尔波利塞拉（Valpolicella）。年产量近150万瓶，口味经典，醇香浓厚。在里维埃拉（Riviera）法定产酒区（DOC），家族酿制葡萄酒已经有100多年历史了，如今克劳迪奥（Claudio）和父亲詹卡洛（Giancarlo）继续着这项工作。酒庄生产的红酒品种丰富，质量上乘。顶级巴多利诺拉奥列2011（Bardolino Superiore Le Olle 2011）是代表之作，醇熟的红莓香味，丰厚的味感，更有湖边野果的自然气息。阿玛诺2009（Amarone 2009）没有多大力量感，取而代之的是丰厚顺滑的口感。卡珀斯玛斯托2011（Capomastro 2011）完美融合了科维纳（Corvina）和莱博（Rebo）葡萄，气味清爽，可口宜人。

● Amarone della Valpolicella Cl. '09	🍷🍷 6
● Bardolino Cl. Sup. Le Olle '11	🍷🍷 3
● Capomastro '11	🍷🍷 2*
● Valpolicella Cl. Sup. Ripasso Le Crosare '10	🍷🍷 4
⊙ Bardolino Chiaretto Cl. '12	🍷 2
● Bardolino Cl. '12	🍷 2
○ Colle dei Tigli '12	🍷 2
● Massimo '10	🍷 4
○ Soave Capocolle '12	🍷 2
● Valsorda '11	🍷 2
● Amarone della Valpolicella Cl. Di Carlo '07	🍷🍷 8
● Capomastro '10	🍷🍷 2*

Conte Loredan Gasparini

fraz. Venegazzù
via Martignago Alto, 23
31040 Volpago del Montello [TV]
Tel. 0438870024
www.loredangasparini.it

藏酒销售
预约参观
膳宿接待
年产量 400 000 瓶
葡萄种植面积 80 公顷

酒庄位于蒙特洛山（Montello）的南部山坡一个名叫维纳加（Venegazzù）的小镇上，帕拉（Palla）家族从20世纪70年代便开始葡萄种植及酿酒。酒庄如今占地100公顷，其中80公顷用来种植酿酒葡萄。波尔多葡萄（Bordeaux）主要种植在酿酒厂以及奈维莎（Nervesa）周围，而整个吉亚维亚（Giavera）庄园则用于种植普罗赛科（Prosecco）。近年来，酒厂尽量减少小酒桶的使用，逐渐转向使用大酒桶。作为经典波尔多（Bordeaux）混酿的维纳格•卡波2008（Venegazzù Capo di Stato 2008），散发令人印象深刻的红色浆果和香料味道，伴有淡淡的咖啡气息，酒体结构强健，单宁细腻，回味绵长。德拉卡萨红葡萄酒2008（Rosso Della Casa 2008）更富果香味。曼佐尼白葡萄酒2012（Manzoni Bianco 2012）和赤霞珠2011（Cabernet Sauvignon 2011）则风味清爽。

● Capo di Stato '08	🍷🍷🍷 6
● Venegazzù Rosso della Casa '08	🍷🍷 4
○ Manzoni Bianco '12	🍷 2
● Montello e Colli Asolani Cabernet Sauvignon '11	🍷 2
● Capo di Stato '07	🍷🍷 6
● Capo di Stato '06	🍷🍷 6
● Capo di Stato '05	🍷🍷 6
● Capo di Stato '04	🍷🍷 5
● Capo di Stato '02	🍷🍷 5
● Falconera Merlot '08	🍷🍷 3
● Falconera Rosso '09	🍷🍷 4
● Montello e Colli Asolani Cabernet Sauvignon '09	🍷🍷 2*

★Maculan

via Castelletto, 3
36042 Breganze [VI]
Tel. 0445873733
www.maculan.net

藏酒销售
预约参观
年产量 750 000 瓶
葡萄种植面积 40 公顷

马库兰家族（Maculan）位于贝雷甘泽（Breganze）的酒庄受到塞特•孔尼高原（Sette Comuni plateau）吹来的习习凉风影响，造就了温和通风的气候条件。拥有自有和租赁的葡萄园占地约40公顷，为酿造各种高品质葡萄酒提供优质葡萄，而基础款葡萄酒则用从本地葡萄种植者购买的葡萄来酿制。酒庄出品的所有葡萄酒酒体强健、圆润。弗拉塔2010（Fratta 2010）表现绝佳，乃酒庄传统的波尔多混酿（Bordeaux Blend）。近年来，这款酒的酒体没有以前那么厚重，但增添了优雅的气质，散发新鲜水果和橡木的混合香气，余味绵长。帕拉佐托2010（Palazzotto 2010）风格与之相似，但更为清新柔滑。托尔科拉多2009（Torcolato 2009）有着明显的橡木味道，同时散发诱人的干杏仁和干花气息。

● Fratta '10	🍷🍷 8
● Breganze Cabernet Sauvignon Palazzotto '10	🍷🍷 4
○ Breganze Torcolato '09	🍷🍷 6
● Brentino '11	🍷🍷 3
● Crosara '10	🍷🍷 8
● Marzemino Cornorotto '11	🍷🍷 3
○ Bidibi '12	🍷 2
● Breganze Pinot Nero '11	🍷 3
○ Breganze Vespaiolo '12	🍷 2
● Cabernet '11	🍷 2
⊙ Costadolio '12	🍷 2
○ Dindarello '12	🍷 4
○ Ferrata Chardonnay '11	🍷 4
● Madoro '11	🍷 3
○ Pino & Toi '12	🍷 2
● Salgarone '12	🍷 2

Manara

fraz. San Floriano
via Don Cesare Biasi, 53
37029 San Pietro in Cariano [VR]
Tel. 0457701086
www.manaravini.it

藏酒销售
预约参观
年产量 120 000 瓶
葡萄种植面积 10 公顷

乔瓦尼（Giovanni）、法比奥（Fabio）和洛伦佐•马纳拉（Lorenzo Manara）经营着由父亲于20世纪50年代建立的酒庄。如今，约10公顷的葡萄园按照传统的奥维耶托系统（Pergoletta System）种植，为酒庄提供原料。出品的葡萄酒古今结合，卓尔不凡。活力原味的阿玛瑞恩•科尔塔•马纳拉2009（Amarone Corta Manara 2009）工艺精湛，散发着红莓、碎花和药草的芬芳，味感紧致活泼。波斯特拉2008（Postera 2008）则更甘甜醇厚，味感柔软。同一风格的还有口感柔滑的瓦尔波利塞拉•维切尔•罗（Valpolicella Vecio Belo）和温柔亲切的摩热特（Le Morete）葡萄酒。

● Amarone della Valpolicella Cl. Corte Manara '09	🍷🍷 5
● Amarone della Valpolicella Cl. Postera '08	🍷🍷 6
● Recioto della Valpolicella Cl. El Rocolo '10	🍷🍷 5
● Valpolicella Cl. Sup. Vecio Belo '10	🍷🍷 2*
● Guido Manara '08	🍷 6
● Valpolicella Cl. Sup. Le Morete Ripasso '10	🍷 3
● Amarone della Valpolicella Cl. '00	🍷🍷🍷 5
● Amarone della Valpolicella Cl. '05	🍷🍷 5*
● Amarone della Valpolicella Cl. '01	🍷🍷 5*
● Guido Manara '07	🍷🍷 6
● Valpolicella Cl. Sup. Le Morete Ripasso '08	🍷🍷 3
● Valpolicella Cl. Sup. Vecio Belo '09	🍷🍷 2*

Marcato

via Prandi, 10
37030 Roncà [VR]
Tel. 0457460070
www.marcatovini.it

藏酒销售
预约参观
年产量 400 000 瓶
葡萄种植面积 80 公顷

马尔卡托家族（Marcato）几十年来一直在维察琴（Vicenza）和维罗那（Verona）之间的区域80多公顷的葡萄园种植葡萄。恩里科（Enrico）和安德里亚（Andrea）与利诺（Lino）、乔瓦尼（Giovanni）一起管理着这个酒庄，从而促进了由经典方法酿制的起泡葡萄酒莱西尼亚（Lessinia）以及科里•贝里奇（Colli Berici）的生产。前者风味更易辨别，雍容大气，后者风味有时轻盈，有时浓重。得益于达莱拉葡萄（Durella grape）的酸度，酒庄生产的起泡葡萄酒品质非凡。A•R•2004属迟除渣的起泡酒，开瓶后即散发榛子和饼干的香气，风味坚实饱满。另一方面，2007年份更富果味，风味圆满，酸度适中。红葡萄酒方面，我们对梅洛2009（Merlot Baraldo 2009）印象深刻。

● Barattaro Pinot Nero '10	♥♥ 4
● Colli Berici Cabernet Franc La Giareta '11	♥♥ 2*
● Colli Berici Merlot Baraldo La Giareta '09	♥♥ 4
○ Lessini Durello Brut M. Cl. '07	♥♥ 2*
○ Lessini Durello Brut M. Cl. A.R. '04	♥♥ 5
● Colli Berici Merlot Asinara La Giareta '10	♥ 2
● Colli Berici Pianalto Ris. '09	♥ 5
⊙ Cuvée Maffea Rosè Brut M. Cl.	♥ 4
○ Lessini Durello Brut M. Cl. 36 Mesi	♥ 4
○ Soave I Prandi '12	♥ 2
● Colli Berici Cabernet Pianalto La Giareta Ris. '08	♡♡ 6
○ Lessini Durello Brut M. Cl. '06	♡♡ 2*

Marion

fraz. Marcellise
via Borgo Marcellise, 2
37036 San Martino Buon Albergo [VR]
Tel. 0458740021
www.marionvini.it

预约参观
年产量 40 000 瓶
葡萄种植面积 15 公顷

位于维罗那（Verona）东北部的马尔塞里斯（Marcellise）产区是瓦尔波利塞拉（Valpolicella）最有意思、却最鲜为人知的地区之一。酒庄由斯特凡诺（Stefano Capedelli）和妻子尼克莱塔（nicoletta）共同经营，拥有的占地15公顷的葡萄园种植有当地经典葡萄品种，还有外来的葡萄品种。所酿葡萄酒风格经典，品质优越，陈年潜力佳。顶级瓦尔波利塞拉2009（Marion Valpolicella Superiore 2009）堪称同类酒中的经典，采用上等的成熟葡萄，经过酒窖中的慢慢熟成，散发迷人的香料味道，夹杂矿物和水果的混合香气，口感紧致顺滑。阿玛诺2008（Amarone 2008）拥有更加开放的葡萄干风味且口感清新。拥有原始风味的瓦尔波利塞拉2011（Valpolicella Borgomarcellise 2011）也表现不错。

● Valpolicella Sup. '09	♥♥♥ 4*
● Amarone della Valpolicella '08	♥♥ 7
● Calto '08	♥♥ 4
● Teroldego '09	♥♥ 5
● Valpolicella Borgomarcellise '11	♥♥ 3
● Amarone della Valpolicella '06	♡♡♡ 7
● Amarone della Valpolicella '03	♡♡♡ 7
● Amarone della Valpolicella '01	♡♡♡ 7
● Valpolicella Sup. '06	♡♡♡ 4
● Valpolicella Sup. '05	♡♡♡ 4
● Amarone della Valpolicella '07	♡♡ 7
● Valpolicella Sup. '08	♡♡ 4

Masari

Loc. Maglio di Sopra
via Bevilacqua, 2a
36078 Valdagno [VI]
Tel. 0445410780
www.masari.it

藏酒销售
预约参观
年产量 30 000 瓶
葡萄种植面积 4 公顷

马莎里酒庄（Masari）的名字来源于马西莫（Massimo）和阿里安娜（Arianna），这两位年轻的葡萄种植者充分发挥了过去的丰富经验，把位于维察琴（Vicenza）以北阿尼奥（Agno）山谷的几公顷大的酒庄经营到如今的规模。20世纪以来马西莫（Massimo Dal Lago）和阿里安娜（Arianna Tessari）逐渐放弃了葡萄种植，开始了全新探索，酿造超群品质的葡萄酒。酒庄产品链完善，甚至包括了安蒂科帕斯夸里（Antico Pasquale）这样的用葡萄干做的氧化酒（Oxidized Raisined wine），这款酒呈琥珀色，散发着核桃、无花果干和薰衣草的味道，口感甘甜，活力紧致。圣马蒂诺 2010（San Martino 2010）是相同配比的卡百内（Cabernet）和梅洛（Merlot）混酿，香气清新，口感不凡。

○ Antico Pasquale Passito Bianco '06	🍷🍷 8
● Vicenza Rosso San Martino '10	🍷🍷 3*
○ Doro Passito Bianco '10	🍷🍷 5
○ Leon Durello Brut M. Cl.	🍷🍷 4
○ Doro Passito Bianco '08	🍷🍷 5
○ Doro Passito Bianco '07	🍷🍷 5
○ Doro Passito Bianco '06	🍷🍷 5
○ Doro Passito Bianco '05	🍷🍷 4
○ Doro Passito Bianco '04	🍷🍷 4
● Masari '09	🍷🍷 5
● Masari '05	🍷🍷 5
● Masari '04	🍷🍷 5

★Masi

Fraz. Gargagnago
via Monteleone, 26
37015 Sant'Ambrogio di Valpolicella [VR]
Tel. 0456832511
www.masi.it

藏酒销售
预约参观
膳宿接待
年产量 3 000 000 瓶
葡萄种植面积 640 公顷

桑德罗•博萨尼（Sandro Boscaini）是举世闻名的意大利葡萄酒制造商之一，有赖于他们生产的大量能够代表维罗那（Veronese）传统酿酒工艺的葡萄酒，销往全球。酒庄的葡萄园遍布瓦尔波利塞拉（Valpolicella）的许多片区，年产量超过300万瓶。尽管产量庞大，但玛西酒庄（Masi）还十分重视与本地区的链接，专注于酿造阿玛诺（Amarone）和瓦尔波利塞拉（Valpolicella），品质优良，风格独特。阿玛诺（Amarones）是酒庄出品的最出色的酒款，我们品尝了该系列的两款酒——坎波龙郭2007（Campolongo di Torbe 2007）和陈酿科斯塔赛拉2008（Costasera Riserva 2008）。前者摆脱了曾经的颓废感觉，呈现活跃丰富的水果味道。自从首次推出陈酿科斯塔萨拉（Costasera Riserva），一直展现出强硕的酒体，这个年份也是无一例外的。科斯塔赛拉2009（Costasera 2009）也是堪称精品。

● Amarone della Valpolicella Cl. Campolongo di Torbe '07	🍷🍷🍷 8
● Amarone della Valpolicella Cl. Costasera Ris. '08	🍷🍷 8
● Amarone della Valpolicella Cl. Costasera '09	🍷🍷 6
● Brolo di Campofiorin '10	🍷🍷 4
○ Possessioni Bianco '12	🍷 3
● Valpolicella Cl. Sup. Monte Piazzo 650° Anniversario '10	🍷 3
● Amarone della Valpolicella Cl. Campolongo di Torbe '04	🍷🍷🍷 8
● Amarone della Valpolicella Cl. Mazzano '06	🍷🍷🍷 8
● Amarone della Valpolicella Cl. Vaio Armaron Serègo Alighieri '06	🍷🍷🍷 8

Masottina

loc. Castello Roganzuolo
via Bradolini, 54
31020 San Fior [TV]
Tel. 0438400775
www.masottina.it

藏酒销售
预约参观
年产量 1 000 000 瓶
葡萄种植面积 57 公顷

卡斯泰洛蒂罗•干佐罗（Castello di Roganzuolo）是科内利亚诺（Conegliano）东北部的一个小村庄，盛产泡沫丰富的普罗塞克（Prosecco）葡萄酒。在这里，达尔•比安科家族（Dal Bianco）在第二次世界大战后建立了大型酒庄，虽历经磨难，但也成就了今天的规模，产出了质量可靠的葡萄酒。酒庄种植了50公顷葡萄，同时也从可信赖的当地葡萄种植者那里购买葡萄用来酿酒。特雷维索起泡酒（Treviso sparklers）品质上乘，最推荐的是特干型里夫蒂•欧歌利亚诺2012（Extra Dry Rive di Ogliano 2012），散发苹果、梨子和紫藤的香味，口感独特优雅。干型葡萄酒（Brut）和特干型葡萄酒（Extra Dry）同样品质非凡，前者为苹果香型，口感清新；后者有种热带气息，泡沫如丝绸般细腻，尾调干爽。红葡萄酒方面，赤霞珠2009（Cabernet Sauvignon 2009）也表现出色。

○ Conegliano Valdobbiadene Brut	🍷🍷 5
○ Conegliano Valdobbiadene Extra Dry	🍷🍷 5
○ Conegliano Valdobbiadene Extra Dry Rive di Ogliano '12	🍷🍷 5
● Piave Cabernet Sauvignon Vign. ai Palazzi Ris. '09	🍷🍷 4
○ Colli di Conegliano Bianco Rizzardo '10	🍷 7
○ Manzoni Bianco '12	🍷 2
● Piave Merlot Vign. Ai Palazzi Ris. '09	🍷 6
● Colli di Conegliano Rosso Montesco '07	🍷🍷 5
● Piave Cabernet Sauvignon Vign. ai Palazzi Ris. '07	🍷🍷 4
● Piave Merlot Vign. Ai Palazzi Ris. '08	🍷🍷 6
● Piave Merlot Vign. ai Palazzi Ris. '07	🍷🍷 3

Massimago

via Giare, 21
37030 Mezzane di Sotto [VR]
Tel. 0458880143
www.massimago.com

年产量 45 000 瓶
葡萄种植面积 12 公顷

肖夫内（Camilla Rossi Chauvenet）将家族农场改造成酒庄后，不再向合作酒庄出售葡萄，而是开始自行酿造玛西马高葡萄酒（Massimago）。如今，该酒庄只是用梅扎内谷（Mezzane valley）酒庄种植的葡萄酿酒，而且只酿造瓦尔波利塞拉葡萄酒（Valpolicella）。一开始小规模生产，反响不错，渐渐地，这款酒知名度越来越大，成了葡萄酒圈中的黑马。滕波•佩尔（Tempo Per Creare），一款瓦尔波利塞拉2012（Valpolicella 2012），气味清新，散发着香料、野生浆果和传统葡萄的芳香，酒体较窄，味感多汁。高级2011（Superiore 2011）气味更醇熟，口感更具层次。最后，阿玛瑞恩2009（Amarone 2009）散发着水果香气，口感圆润，沁人心脾。

● Amarone della Valpolicella '09	🍷🍷 8
● Valpolicella Sup. Profasio '11	🍷🍷 5
● Valpolicella Tempo per Creare '12	🍷🍷 5
● Amarone della Valpolicella '08	🍷🍷 8
● Valpolicella Cl. Sup. '10	🍷🍷 6

Roberto Mazzi

loc. San Peretto
via Crosetta, 8
37024 Negrar [VR]
Tel. 0457502072
www.robertomazzi.it

藏酒销售
预约参观
膳宿接待
年产量 45 000 瓶
葡萄种植面积 8 公顷

斯特凡诺（Stefano）和安东尼奥•马齐（Antonio Mazzi）一直在经营并改善着父亲罗伯托（Roberto）于20世纪60年代创建的产业，他们扩大了酒窖规模，重组葡萄园，且更重视质量。他们不急功近利，因为他们明白，在葡萄酒界，时间和传统不容忽视。酒庄出品的都属瓦尔波利塞拉（Valpolicella），充满澄澈的水果色，香气优雅。阿玛瑞恩•蓬塔•蒂维拉（Amarone Punta di Villa）发酵时间长，因而散发出更为浓郁的干果、矿物质和植物气息，口感丝滑持久，甜度单宁适中。瓦尔波利塞拉•桑普瑞多2011（Valpolicella Sanperetto 2011）更清新，充满香料植物的味道，保留了当地品种葡萄的特色。

● Valpolicella Cl. Sup. Sanperetto '11	🍷🍷🍷 3*
● Amarone della Valpolicella Cl. Punta di Villa '08	🍷🍷 7
● Valpolicella Cl. '12	🍷🍷 2*
● Valpolicella Cl. Sup. Vign. Poiega '10	🍷🍷 4
● Amarone della Valpolicella Cl. Castel '05	♀♀ 7
● Amarone della Valpolicella Cl. Punta di Villa '05	♀♀ 7
● Recioto della Valpolicella Cl. Le Calcarole '09	♀♀ 5
● Recioto della Valpolicella Cl. Le Calcarole '07	♀♀ 5
● Valpolicella Cl. Sup. Sanperetto '10	♀♀ 3*
● Valpolicella Cl. Sup. Vign. Poiega '08	♀♀ 4
● Valpolicella Cl. Sup. Vign. Poiega '07	♀♀ 4
● Valpolicella Cl. Sup. Vign. Poiega '06	♀♀ 4

Merotto

loc. Col San Martino
via Scandolera, 21
31010 Farra di Soligo [TV]
Tel. 0438989000
www.merotto.it

藏酒销售
预约参观
膳宿接待
年产量 550 000 瓶
葡萄种植面积 8 公顷

在瓦尔波利塞拉地区（Valdobbiadene）有一家近年来酒品质量飞跃发展的酒庄，这就是非摩若多（Merotto）。该酒庄虽然过去名品乏善可陈，但近年来全线产品品质稳步上升，酒庄也在干红方面名扬四海。酒庄除了生产畅销酒外，还大量出品高质量的中低档酒，这些酒都用格莱拉（Glera）酿造，因此活力四射，品质非凡。今年，干型格拉齐亚诺•摩若多2012（Brut Graziano Merotto 2012）再次受到关注，该酒散发着花朵、梨子和杏仁的芬芳，口感紧致，泡沫细腻。卡蒂滋（Cartizze）也非常不错，有着阳光的味道，气味更亲切，酸甜恰到好处。此外，干型巴瑞塔（Brut Bareta）质地坚实，品质卓越。特干型拉法尔（Extra Brut Le Fare）和拉•普里马韦拉•蒂芭芭拉2012（La Primavera di Barbara 2012）同样值得推荐。

○ Valdobbiadene Brut Rive di Col San Martino Cuvée del Fondatore Graziano Merotto '12	🍷🍷🍷 4*
○ Cartizze	🍷🍷 5
○ Le Fare Glera Extra Brut	🍷🍷 2
● Rosso Dogato '10	🍷🍷 4
○ Valdobbiadene Brut Bareta	🍷🍷 2
○ Valdobbiadene Dry Rive di Col San Martino La Primavera di Barbara '12	🍷🍷 3
○ Valdobbiadene Extra Dry Colbelo	🍷🍷 2
⊙ Grani Rosa di Nero Brut	🍷 3
○ Prosecco di Treviso Dry Colmolina Mill. '12	🍷 3
○ Valdobbiadene Brut Rive di Col San Martino Cuvée del Fondatore Graziano Merotto '11	♀♀♀ 4*

Ornella Molon Traverso

FRAZ. CAMPO DI PIETRA
VIA RISORGIMENTO, 40
31040 SALGAREDA [TV]
TEL. 042280480
www.ornellamolon.it

藏酒销售
预约参观
餐饮服务
年产量 350 000 瓶
葡萄种植面积 42 公顷

莫隆酒庄（Molon）无疑是皮亚韦地区（Piave zone）的一面老牌子，是这个酒庄让威尼托酒的（Veneto wines）质量有了飞跃性的改善。30年过去了，奥尔内拉•莫隆（Ornella Molon）和詹卡洛•特拉韦尔索（Giancarlo Traverso）的经营理念一如当初，出品的葡萄酒是该法定产区酒（DOC)的标杆，同时最大限度地保留葡萄的原汁原味。所酿的葡萄酒一半是年轻型葡萄酒，一半是陈酿葡萄酒，如奥尔内拉（Ornella）葡萄酒。罗索•蒂维拉（Rosso di Villa）是单品梅洛（Merlot）葡萄酒，气味醇熟，散发着李子和香草的气息，厚实质地中还带有矿物质和烟熏的香味。蒂奥尔内拉白葡萄酒2009（Bianco di Ornella 2009）表现相当不俗，这是一款由维多佐（Verduzzo）、苏维翁（Sauvignon）和琼瑶浆（Traminer）风干葡萄所酿，散发浓郁的热带水果味道，风味香甜。白葡萄酒方面，推荐具有清新气息的苏维翁2012（Sauvignon 2012）。

○ Bianco di Ornella '09	🍷🍷 4
● Piave Merlot Rosso di Villa '09	🍷🍷 5
● Piave Raboso Ornella '09	🍷🍷 5
○ Sauvignon Ornella '12	🍷🍷 3
● Vite Rossa Ornella '09	🍷🍷 4
● Piave Cabernet Ornella '09	🍷 3
● Piave Merlot Ornella '09	🍷 3
○ Piave Tai Ornella '12	🍷 2
○ Traminer Ornella '12	🍷 3
○ Vite Bianca Ornella '10	🍷 3
○ Piave Tai Ornella '11	♈♈ 2*
● Vite Rossa Ornella '08	♈♈ 4

Monte dall'Ora

LOC. CASTELROTTO
VIA MONTE DALL'ORA, 5
37029 SAN PIETRO IN CARIANO [VR]
TEL. 0457704462
www.montedallora.com

藏酒销售
预约参观
年产量 35 000 瓶
葡萄种植面积 6 公顷
葡萄栽培方式 有机认证

蒙特•达尔奥拉酒庄（Monte Dall'Ora）几年前建立，由卡洛•瑞尼（Carlo Venturini）和妻子亚历山德拉（Alessandra）共同管理。酒庄酒窖和他们的住所都在通向卡斯特洛托（Castelrotto）的山路旁。几公顷大的葡萄园就分布在酒窖周围，所有葡萄按照佩尔戈拉方法（pergola-trained）栽种，给葡萄藤适量的阴处，葡萄园里还有野生的芳香植物，也能吸引昆虫和微生物。酒庄专注于酿造传统的瓦尔波利塞拉酒（Valpolicella），对当地葡萄品种情有独钟。康波伦佐（Camporenzo）是顶级瓦尔波利塞拉（Valpolicella Superiore）的完美诠释，与阿玛诺（Amarone）不同，拥有丰富的香料等馥郁香气，摆脱了单纯的葡萄干的气息。雷乔托•桑特安尔德里科2009（Recioto Sant'Ulderico 2009）则更富野生浆果味道，香甜可口。

● Valpolicella Cl. Sup. Camporenzo '10	🍷🍷🍷 4*
● Recioto della Valpolicella Cl. Sant' Ulderico '09	🍷🍷 6
● Amarone della Valpolicella Cl. Stropa '06	🍷🍷 8
● Valpolicella Cl. Saseti '12	🍷🍷 2*
● Valpolicella Cl. Sup. Ripasso Saustò '09	🍷🍷 5
● Valpolicella Cl. Sup. Ripasso Saustò '07	♈♈♈ 5
● Amarone della Valpolicella Cl. '08	♈♈ 6
● Amarone della Valpolicella Cl. '07	♈♈ 6
● Amarone della Valpolicella Cl. '06	♈♈ 6
● Recioto della Valpolicella Cl. Sant' Ulderico '07	♈♈ 6
● Recioto della Valpolicella Cl. Sant' Ulderico '06	♈♈ 6
● Valpolicella Cl. Sup. Camporenzo '09	♈♈ 4

Monte del Frà

s.da per Custoza, 35
37066 Sommacampagna [VR]
Tel. 045510490
www.montedelfra.it

藏酒销售
预约参观
年产量 1 000 000 瓶
葡萄种植面积 150 公顷

克劳迪奥•波诺莫（Claudio Bonomo）和埃利焦（Eligio）的酒庄从20世纪50年代开始运营，他们已经是第二代管理者了，酒庄一直以来就以高品质著称。马里卡（Marica）、西尔维亚（Silvia）和马西莫（Massimo）负责管理酒窖，这是葡萄酒酿造至关重要的一部分。如今，他们种植着150多公顷葡萄，主要分布在加尔达湖（Lake Garda）南面。莉娜蒂利塞•梅佐（Lena di Mezzo）酒庄以生产瓦尔波利塞拉酒（Valpolicella）出名，追求气质优雅，口感紧致的葡萄酒风格。卡德尔•马格洛2011（Ca' del Magro 2011）是经典的白葡萄酒，香味丰富，融合花朵、桃子和香料的气息，口感紧致圆润。高隆巴拉2011（Colombara 2011）是用成熟的高感（Garganega）葡萄酿制而成，香气馥郁，质地浓厚。最后，阿玛诺2008（Amarone 2008）拥有浓郁的斯卡诺其奥（Scarnocchio）的风干葡萄气息。

○ Custoza Sup. Ca' del Magro '11	🍷🍷🍷 2*
● Amarone della Valpolicella Cl. Scarnocchio Tenuta Lena di Mezzo '08	🍷🍷 7
○ Garda Garganega Vign. Colombara '11	🍷🍷 3*
● Amarone della Valpolicella Cl. Tenuta Lena di Mezzo '09	🍷🍷 7
● Bardolino '12	🍷🍷 2*
○ Custoza '12	🍷🍷 2*
● Valpolicella Cl. Sup. Ripasso Tenuta Lena di Mezzo '11	🍷🍷 3
● Valpolicella Cl. Sup. Tenuta Lena di Mezzo '11	🍷🍷 4
⊙ Bardolino Chiaretto '12	🍷 3
● Valpolicella Cl. Tenuta Lena di Mezzo '12	🍷 2
○ Custoza Sup. Ca' del Magro '10	🍷🍷🍷 2*
○ Custoza Sup. Ca' del Magro '09	🍷🍷🍷 2*

La Montecchia Conte Emo Capodilista

via Montecchia, 16
35030 Selvazzano Dentro [PD]
Tel. 049637294
www.lamontecchia.it

藏酒销售
预约参观
餐饮服务
年产量 130 000 瓶
葡萄种植面积 20 公顷

焦尔达诺•埃莫•卡波蒂利斯塔（Giordano Emo Capodilista） 经营的拉蒙特齐亚（La Montecchia）家族酒庄有着悠久的历史。酒庄位于科利•尤加内（Colli Euganei）北部，另一个酒庄埃莫•卡波蒂利斯塔伯爵（Conte Emo Capodilista），则位于 科利•尤加内（Colli Euganei）最南端。拉蒙特齐亚（La Montecchia）生产的葡萄酒品质非凡，埃莫•卡波蒂利斯塔伯爵（Conte Emo Capodilista）酒庄则利用靠近地中海阳光充裕的优势，所酿葡萄酒酒体强健，口感浓烈。酒庄所产葡萄酒都质量优越，首先是伊累内奥2010（Ireneo 2010），采用种植于卡斯特洛山（Monte Castello）的赤霞珠（Cabernet Sauvignon）酿成，散发丰富成熟的红色浆果、香料的味道，混合橡木气息，风味坚实浓郁。巴布森2010（Baon 2010）是一款赤霞珠葡萄（Cabernet Sauvignon）所占比重较大的波尔多混酿，香气平易近人，酒体顺滑。最后，维拉•卡波蒂利斯塔2010（Villa Capodilista 2010）向我们呈现了最新鲜的香气以及最活跃的风味。

● Baon '10	🍷🍷 5
● Colli Euganei Cabernet Sauvignon Ireneo Capodilista '10	🍷🍷 4
● Colli Euganei Rosso Villa Capodilista '10	🍷🍷 5
○ Colli Euganei Fior d'Arancio Passito Donna Daria '11	🍷🍷 5
○ Colli Euganei Fior d'Arancio Spumante '12	🍷🍷 2*
● Colli Euganei Merlot '10	🍷🍷 3
● Colli Euganei Rosso Ca' Emo '11	🍷🍷 2*
● Godimondo Cabernet Franc '12	🍷🍷 2*
● Turca	🍷🍷 2
○ Acinidoro '11	🍷 5
○ Colli Euganei Pinot Bianco '12	🍷 2
● Forzaté Raboso '11	🍷 2
○ Piùchebello '12	🍷 2

Monteforche

Loc. Zovon
via Rovarolla, 2005
35030 Vò [PD]
Tel. 3332376035
soranzo1968@gmail.com

藏酒销售
预约参观
年产量 19 000 瓶
葡萄种植面积 4.5 公顷

这片美丽的丘陵地区深处于波河峡谷（Po Valley），科利•尤加内（The Colli Eugeni）公园的庇护使其免受工业建设与城市发展的影响。阿方索•索兰佐（Alfonso Soranzo）在此经营着其家族葡萄园，从事着这项威尼托（Veneto）最有魅力的工作。该区的葡萄种植时刻关注环境，采取系统化操作，采用生物动力学方法，酿造出的葡萄酒酒体醇厚，酒质紧致。阿方索•索兰（Alfonso Soranzo）庄园的红葡萄酒仍在酒窖中陈酿，因此并未参加今年的品鉴。不过我们有幸品尝了该酒庄一系列的上等白葡萄酒：灰皮诺2011（Pinot Grigio 2011），该酒呈古铜黄色，果香浓郁，口感圆润。卡朗提亚2011（Vigneto Carantina 2011），乃单品高感（Garganega)葡萄酒，散发灌木丛、甘草和碘酒味道，口感愉悦具特色。

○ Pinot Grigio '11	🍷🍷 3
○ Vigneto Carantina '11	🍷🍷 4
○ Cassiara '11	🍷 4
● Cabernet Franc '10	🍷🍷 5
● Cabernet Franc '09	🍷🍷 5
● Cabernet Franc '08	🍷🍷 5
○ Cassiara '10	🍷🍷 4
○ Cassiara '09	🍷🍷 4
● Vigna del Vento '09	🍷🍷 6
● Vigna del Vento '08	🍷🍷 4
● Vigna del Vento '07	🍷🍷 4
○ Vigneto Carantina '09	🍷🍷 4

Cantina Sociale di Monteforte d'Alpone

via XX Settembre, 24
37032 Monteforte d'Alpone [VR]
Tel. 0457610110
www.cantinadimonteforte.it

藏酒销售
预约参观
年产量 2 000 000 瓶
葡萄种植面积 1 300 公顷

这家拥有众多分支的联营酒厂位于索阿维（Soave）产区的中心位置，产区内拥有大片的葡萄园。其中，坎蒂纳•迪•蒙特福地（Cantina di Monteforte）庄园拥有高品质且丰富的葡萄酒窖藏，面积达1 000公顷的葡萄种植园，技艺纯熟的盖太诺•托宾（Gaetano Tobin），他管理各类葡萄品种并将其分派于各处酿造不同酒品。大部分葡萄酒将运送至别处装瓶，只有品质最高的葡萄酒才能在此庄园装瓶、贴标。因未能达到与去年同等的高品质，坎蒂纳•迪•蒙特福地（Cantina di Monteforte）今年暂未出品新酒。其中最优异的葡萄酒并非产自法定产区（DOC）的瓦尔波利塞拉•里帕索葡萄酒2011（Valpolicella Ripasso 2011），散发丰富的水果味道，香气馥郁，口感紧致。在索阿维（Soave）产区，能与迪尤•比基耶里（Due Bicchieri）媲美的便是卡斯泰拉罗2011（Vigneto di Castellaro 2011），熟成于橡木桶中，酒体醇厚，口感圆润。

● Valpolicella Ripasso '11	🍷🍷 2*
● Amarone della Valpolicella Re Teodorico '10	🍷 5
○ Lessini Durello Brut	🍷 2
○ Lessini Durello Brut M. Cl.	🍷 3
○ Soave Cl. Clivus '12	🍷 1*
○ Soave Cl. Il Vicario '12	🍷 2
○ Soave Cl. Sup. Vign. di Castellaro '11	🍷 2
● Amarone della Valpolicella Re Teodorico '09	🍷🍷 5
○ Soave Cl. Clivus '11	🍷🍷 1*
○ Soave Cl. Clivus '10	🍷🍷 2
○ Soave Cl. Sup. Vign. di Castellaro '10	🍷🍷 2*
○ Soave Cl. Sup. Vign. di Castellaro '09	🍷🍷 2*
○ Soave Cl. Terre di Monteforte '10	🍷🍷 2*
○ Soave Passo Avanti '10	🍷🍷 1*

Montegrande

VIA TORRE, 2
35030 ROVOLON [PD]
TEL. 0495226276
www.vinimontegrande.it

藏酒销售
预约参观
年产量 250 000 瓶
葡萄种植面积 30 公顷

过去十多年中，拉法埃莱•克里斯托法诺（Raffaele Cristofanon）振兴了家族酒庄，改善了葡萄园管理，为酿酒提供上等的葡萄。酒庄别出心裁地用葡萄作为食物的补充，而不仅仅是为了品酒，这样使得酒庄出品的全系列葡萄酒酒力更温和，更优雅动人。高端产品线品质更优良，维尼亚•德勒•罗氏（Vigna Delle Roche）和斯莱诺（Sereo）都为2010年年份，前者是浓香型梅洛葡萄为主的波尔多混酿（Merlot-heavy Bordeaux Blend），带有水果和胡椒的香气，口感清爽；后者酒体更加强硕，带有矿物质和香草的气味，口感丰满。基础酒方面，我们喜欢拥有淡雅气质的科利•乌干奈红葡萄酒2012（Colli Euganei Rosso 2012）。

● Colli Euganei Cabernet Sereo '10	🍷🍷 3
● Colli Euganei Rosso '12	🍷🍷 2*
● Colli Euganei Rosso V. delle Roche '10	🍷🍷 3
○ Castearo '12	🍷 2
○ Colli Euganei Bianco '12	🍷 2
● Colli Euganei Cabernet '12	🍷 2
○ Colli Euganei Chardonnay S. Giorgio '11	🍷 2
○ Colli Euganei Fior d'Arancio Passito '10	🍷 3
● Colli Euganei Merlot '12	🍷 2
○ Colli Euganei Pinot Bianco '12	🍷 2
● Colli Euganei Cabernet Sereo '09	♀♀ 3*
● Colli Euganei Rosso V. delle Roche '09	♀♀ 3

Montetondo

LOC. MONTE TONDO
VIA SAN LORENZO, 89
37038 SOAVE [VR]
TEL. 0457680347
www.montetondo.it

藏酒销售
预约参观
旅馆接待
年产量 200 000 瓶
葡萄种植面积 30 公顷

马格纳波斯科（Magnabosco）家族酒庄从过去落后的耕作到如今的现代农场经营，可以说创造了一个奇迹。虽然酒庄表现看起来平淡无奇，但酒窖中陈酿的葡萄酒却散发着这片土地自然的气息。基诺（Gino）全面负责酒庄的管理，和他的孩子一起引进现代工艺，改善葡萄酒的生产流程和营销手段。葡萄园位于索阿维地区（Soave Area），近年来，他们把葡萄种植的区域拓展到了临近的瓦尔波利塞拉（Valpolicella），在那里新购买了葡萄园。索阿维产区（Soave Area）葡萄园种植的葡萄酿成了很多优质的产品。佛斯卡琳•斯拉维纳斯2011（Foscarin Slavinus 2011），这款陈酿白葡萄酒散发着成熟蜜桃和干花的芳香，还略带矿物质的气息，口感顺滑。蒙特通多2012（Monte Tondo 2012）更清新更充满活力，散发出苹果的植物芬芳，口感轻快。卡赛特•佛斯卡琳2011（Casette Foscarin 2011）有更浓郁的橡木味道，口感多汁。

○ Soave Cl. Sup. Foscarin Slavinus '11	🍷🍷 4
○ Soave Cl. Casette Foscarin '11	🍷🍷 3
○ Soave Cl. Monte Tondo '12	🍷🍷 2*
● Valpolicella Ripasso Campo Grande '10	🍷 4
● Valpolicella San Pietro '11	🍷 2
○ Soave Cl. Monte Tondo '06	♀♀♀ 2*
○ Soave Cl. Casette Foscarin '08	♀♀ 3*
○ Soave Cl. Monte Tondo '11	♀♀ 2*
○ Soave Cl. Sup. Foscarin Slavinus '10	♀♀ 4
○ Soave Cl. Sup. Foscarin Slavinus '09	♀♀ 4
○ Soave Cl. Sup. Foscarin Slavinus '08	♀♀ 3
○ Soave Cl. Sup. Foscarin Slavinus '07	♀♀ 3

Monteversa

VIA MONTE VERSA, 1024
35030 Vò [PD]
TEL. 0499941092
www.monteversa.it

藏酒销售
预约参观
年产量 23 000 瓶
葡萄种植面积 17 公顷
葡萄栽培方式 有机认证

几年前，瓦尔塔扎家族（Voltazza）收购了这家位于科利•尤加内（Colli Euganei）的酒庄，并在圭多•布斯塔托（Guido Busatto）的帮助下，持续改善酒庄的经营。葡萄园位于西山坡，分两处，宾康（Biancone）和斯卡利亚•罗萨（Scaglia rossa）：前者可以俯瞰钦托•埃乌加内奥（Cinto Euganeo），生产红葡萄酒；后者俯瞰沃（Vò），生产白葡萄酒。最优质的葡萄被用于酿造阿尼玛维尔莎（Animaversa），这款酒一经面市就广受好评，是梅洛混酿（Merlot Blends）葡萄酒，散发水果味道，赤霞珠（Cabernet Sauvignon）呈现出了活力和谐的口感，未来这款酒将更加出色。久负盛名的维尔沙沃2011（Versavò 2011）是款芳香、酒体轻柔的白葡萄酒。维尔萨辛托2011（Versacinto 2011）则是水果香型的大众型酒。

● Colli Euganei Animaversa Rosso '10	▼▼	4
○ Colli Euganei Bianco Versavò '11	▼▼	2*
● Colli Euganei Rosso Versacinto '11	▼▼	2*
○ Animaversa Bianco '11	▽▽	4
○ Colli Euganei Chardonnay Animaversa '10	▽▽	4
○ Colli Euganei Fior d'Arancio '10	▽▽	4
● Colli Euganei Rosso Versacinto '10	▽▽	4

Giacomo Montresor

VIA CA' DI COZZI, 16
37124 VERONA
TEL. 045913399
www.vinimontresor.it

预约参观
年产量 2 500 000 瓶
葡萄种植面积 150 公顷

蒙特雷索（Montresor）酒庄是维罗那（Verona）最经典的品牌之一，尽管它的葡萄园遍及好几个意大利的葡萄酒产区，但酒庄的生产中心仍然在维罗那（Verona），在这里，蒙特雷索家族（Montresor）种植着150公顷的葡萄园。酿造的葡萄酒既有面向本地市场，也有面向外地市场的。不过，酒庄对酿酒投入的关注从来没有改变过，出品的葡萄酒细腻高雅，原汁原味。我们品尝了堪称代表作的阿玛诺•卡皮特尔2009（Amarone Capitel della Crosara 2009），散发愉悦的干果和药草味道，酒体丰厚，口感强烈，酸度适中，回味精致。卡斯特利尔2007（Castelliere Delle Guaite 2007）更具现代感觉，稍微橡木味过重。坎波•玛多纳2010（Campo Madonna 2010）则是一款赤霞珠（Cabernet Sauvignon）佳酿，风味浓郁，口感紧致。

● Amarone della Valpolicella Cl. Capitel della Crosara '09	▼▼	8
● Amarone della Valpolicella Cl. Castelliere delle Guaite '07	▼▼	8
● Cabernet Sauvignon Vign. Campo Madonna '10	▼▼	3
○ Soave Cl. Capitel Alto '12	▼	3
● Valpolicella Cl. Sup. Castelliere delle Guaite '10	▼	5
● Amarone della Valpolicella Cl. Capitel della Crosara '08	▽▽	8
● Amarone della Valpolicella Il Fondatore '08	▽▽	6
● Cabernet Sauvignon Vign. Campo Madonna '09	▽▽	3
● Valpolicella Cl. Ripasso Castelliere delle Guaite '08	▽▽	5

Mosole

Loc. Corbolone
via Annone Veneto, 60
30029 Santo Stino di Livenza [VE]
Tel. 0421310404
www.mosole.com

藏酒销售
预约参观
年产量 220 000 瓶
葡萄种植面积 30 公顷

葡萄栽种者卢乔•莫索勒（Lucio Mosole）多年来致力于提高威尼斯平原（Venetian plain）葡萄酒的质量，如今他自己开始了酿酒。这里的黏性土和临近亚得里亚海（Adriatic Sea）的优势使葡萄品质非凡，非常适合酿酒。他与詹尼•梅诺蒂（Gianni Menotti）合作更是令葡萄酒质量上了一个台阶，葡萄酒含蓄内敛，体现了葡萄、土地和人类的完美融合。卢乔（Lucio）非常喜欢用泰葡萄（Tai Grape）酿酒，于是产生了埃雷奥•比安科2012（Eleo Bianco 2012）的精品。该酒有着水果和杏仁的芳香，口感浓郁，优雅大度。表现不俗、出品稳定的奥拉•赛科斯塔2011（Hora Sexta 2011）用佳美娜（Carmenère）和品丽珠（Cabernet Franc）混酿，香气浓郁，口感顺滑。梅洛安诺南2010（Merlot Ad Nonam 2010）散发水果芳香，口感清爽。

● Lison-Pramaggiore Cabernet Hora Sexta '11	🍷🍷 3*
○ Lison-Pramaggiore Lison Eleo Bianco '12	🍷🍷 2*
○ Ad Nonam Passito '11	🍷🍷 4
● Lison-Pramaggiore Merlot Ad Nonam '10	🍷🍷 4
○ Tai '12	🍷🍷 2*
● Venezia Cabernet Franc '12	🍷🍷 2*
● Lison-Pramaggiore Refosco P.R. '12	🍷 2
○ Pinot Grigio '12	🍷 2
○ Sauvignon '12	🍷 2
● Venezia Chardonnay '12	🍷 2
● Lison-Pramaggiore Cabernet Hora Sexta '10	🍷🍷 3
● Lison-Pramaggiore Merlot Ad Nonam '09	🍷🍷 4
○ Tai Eleo Bianco '11	🍷🍷 3*

Il Mottolo

Loc. Le Contarine
via Comezzare
35030 Baone [PD]
Tel. 3479456155
www.ilmottolo.it

藏酒销售
预约参观
年产量 18 000 瓶
葡萄种植面积 6 公顷

科利•尤加内（Colli Euganei）必然是威尼托（Veneto）最著名的葡萄酒产区之一，尤其是最南端，那里是典型的地中海气候。不过塞尔吉奥•佛丁（Sergio Fortin）认为，一款酒的好劣要看是否优雅，因此他酒庄出品的葡萄酒并不一味追求口感浓烈，而是讲究陈年酿造。葡萄园就在酒窖附近，主要种植波尔多葡萄品种（Bordeaux Varieties）。维尼亚尼玛（Vignànima）和赛偌（Serro）都可以算得上是旗舰产品。前者是品丽珠（Cabernet Franc）葡萄酿制，有着浓郁的水果香，口感厚实，充满活力感觉。后者是梅洛波尔多混酿（Merlot Bordeaux Blend），香调优雅丰富，是该地区最著名的红酒之一。风干葡萄酒方面，梅洛（Merlot）和赤霞珠（Cabernet Sauvignon）混酿表现不俗，风味浓郁，口感顺滑。

● Colli Euganei Rosso Serro '10	🍷🍷🍷 3*
● Vingnànima '10	🍷🍷 3*
● Colli Euganei Cabernet V. Marè '11	🍷🍷 2*
○ Colli Euganei Fior d'Arancio Passito V. del Pozzo '11	🍷🍷 3
● Colli Euganei Merlot Comezzara '11	🍷🍷 2*
○ Le Contarine '12	🍷🍷 2*
● Colli Euganei Rosso Serro '09	🍷🍷🍷 3*
○ Colli Euganei Fior d'Arancio Passito V. del Pozzo '10	🍷🍷 3*
● Colli Euganei Rosso Serro '08	🍷🍷 3
● Colli Euganei Rosso Serro '07	🍷🍷 3*
● Colli Euganei Rosso Serro '06	🍷🍷 3*
● Vingnànima '08	🍷🍷 3*

Musella

Loc. Ferrazze
via Ferrazzette, 2
37036 San Martino Buon Albergo [VR]
Tel. 045973385
www.musella.it

藏酒销售
预约参观
年产量 200 000 瓶
葡萄种植面积 40 公顷
葡萄栽培方式 生物动力学认证

酒厂位于古老的穆塞拉（Musella）酒庄内，实际上是离维罗那（Verona）不远的一个小岛，上面遍布森林、葡萄园和橄榄树。酒庄建立时间不到20年，玛达莱娜•帕斯夸（Maddalena Pasqua）一直经营着这里。表弟恩里科•拉贝尔（Enrico Raber）也参与了酒庄的工作，采用先进技术种植葡萄。酒庄内的发酵过程将人工干预降到最低，使葡萄酒保留原汁原味。穆塞拉（Musella）酒庄生产的酒今年表现不错，所有产品质量上乘。2009年收获的葡萄酿制的阿玛诺（Amarone）散发出干果和香料的气味，口感紧致轻盈。陈酿版本（Riserva Version）味道更趋丰富，散发香草味道，风味清新。里帕索2010（Ripasso 2010）也很不错。

● Amarone della Valpolicella '09	🍷🍷 6
● Amarone della Valpolicella Ris. '09	🍷🍷 6
○ Bianco del Drago '12	🍷🍷 2*
● Monte del Drago '09	🍷🍷 5
● Valpolicella Sup. '11	🍷🍷 2*
● Valpolicella Sup. Ripasso '10	🍷🍷 3
● Amarone della Valpolicella Ris. '07	🍸🍸🍸 6
● Amarone della Valpolicella Ris. '08	🍸🍸 7
● Amarone della Valpolicella Ris. '06	🍸🍸 6
● Amarone della Valpolicella Ris. '05	🍸🍸 6
● Amarone della Valpolicella Ris. '04	🍸🍸 6
● Recioto della Valpolicella '06	🍸🍸 5
● Valpolicella Sup. Ripasso '07	🍸🍸 3*

Daniele Nardello

via IV novembre, 56
37032 Monteforte d'Alpone [VR]
Tel. 0457612116
www.nardellovini.it

藏酒销售
预约参观
年产量 30 000 瓶
葡萄种植面积 15 公顷

丹尼尔•纳德洛（Daniele nardello）和妹妹费代丽卡（Federica）经营这间家族酒庄，在这片区的最南端，葡萄种植面积约15公顷。这里土地肥沃，富含丰富的黏土和火山灰，葡萄品质超群，极富地中海特色，由此也能酿制出值得细品的葡萄酒。索阿维•蒙特•佐佩加2011（Soave Monte Zoppega 2011）风格独特，它在橡木桶中发酵，散发出浓郁的水果香，还略带香料和矿物质的气息，口感丰厚多汁。维尼亚•图尔边2012（Vigna Turbian 2012），融合了索阿维葡萄（Trebbiano di Soave）口感清新，酸度较强。索阿维•梅里迪斯2012（Soave Meridies 2012）是款大气优雅，亲切和蔼的白葡萄酒，简单明快。

○ Soave Cl. Monte Zoppega '11	🍷🍷 3*
○ Soave Cl. Meridies '12	🍷🍷 2*
○ Soave Cl. V. Turbian '12	🍷🍷 2*
○ Blanc De Fe '12	🍷 2
○ Recioto di Soave Suavissimus '10	🍷 4
○ Recioto di Soave Suavissimus '09	🍸🍸 4
○ Recioto di Soave Suavissimus '08	🍸🍸 4
○ Recioto di Soave Suavissimus '07	🍸🍸 4
○ Soave Cl. Meridies '11	🍸🍸 2*
○ Soave Cl. Monte Zoppega '10	🍸🍸 3*
○ Soave Cl. Monte Zoppega '09	🍸🍸 3*
○ Soave Cl. V. Turbian '11	🍸🍸 2*
○ Soave Cl. V. Turbian '10	🍸🍸 2*

Angelo Nicolis e Figli

VIA VILLA GIRARDI, 29
37029 SAN PIETRO IN CARIANO [VR]
TEL. 0457701261
www.vininicolis.com

藏酒销售
预约参观
年产量 220 000 瓶
葡萄种植面积 42 公顷

尼克里斯（Nicolis）家族拥有的酒庄建立于50年前，一直在扩大规模，同时保持了当地的传统特色，即使在威尼托（Veneto）葡萄酒生产出现大规模商业趋势时，也是如此。这一切归功于安吉拉（Angela），她将热情传给儿子詹卡洛（Giancarlo）和朱塞佩（Giuseppe），现在他们俩分别管理葡萄园和酒窖。葡萄园分布在传统产区和东部区域，种植的都是传统的瓦尔波利塞拉（Valpolicella）葡萄。酒庄的明星产品是阿玛诺•安邦罗森2007（Amarone Ambrosan 2007），富于醇熟果香，略带香料和橡木的气味，口感紧致顺滑。经典阿玛诺2007（Amarone Classico 2007）口感较清淡。雷乔托2009（Recioto 2009）则口感多汁。在瓦尔波利塞拉酒（Valpolicellas）中，推荐温婉亲切的超级2010（Superiore 2010）。

● Amarone della Valpolicella Cl. Ambrosan '07	🍷🍷 7
● Amarone della Valpolicella Cl. '07	🍷🍷 6
● Recioto della Valpolicella Cl. '09	🍷🍷 5
● Valpolicella Cl. Sup. '10	🍷🍷 3
● Valpolicella Cl. Sup. Ripasso Seccal '10	🍷🍷 3
● Testal '08	🍷 4
● Valpolicella Cl. '12	🍷 2
● Amarone della Valpolicella Cl. Ambrosan '06	🍸🍸🍸 7
● Amarone della Valpolicella Cl. Ambrosan '98	🍸🍸🍸 7
● Amarone della Valpolicella Cl. Ambrosan '93	🍸🍸🍸 6
● Amarone della Valpolicella Cl. '05	🍸🍸 6
● Amarone della Valpolicella Cl. Ambrosan '05	🍸🍸 7

Nino Franco

VIA GARIBALDI, 147
31049 VALDOBBIADENE [TV]
TEL. 0423972051
www.ninofranco.it

藏酒销售
预约参观
膳宿接待
年产量 1 100 000 瓶
葡萄种植面积 2.5 公顷

弗朗哥（Franco）家族拥有的酒庄已有将近100年的历史了。管理人普里莫（Primo）把酒窖打造成了如今意大利最为成功，知名度最高的酒窖之一。20世纪70年代，他只酿造普罗塞克（Prosecco），把这种起泡酒从意大利推向了全世界。如今酿酒用的葡萄来源广泛，葡萄种植过程严格巡视，虽然酒庄面积不大，但品牌辐射力很强。弗朗哥（Franco）酒庄的旗舰产品格拉夫蒂•斯特卡（Grave di Stecca）仍在酒窖中发酵，体现出酿造者对酒品的不懈追求。其他值得品尝的有莉娃蒂•圣•弗洛里亚诺2012（Riva di San Floriano 2012），干型酒（Brut）散发梨子、苹果和杏仁芬芳，口感紧致。卡蒂滋2012（Cartizze 2012）品质不俗。普里莫•弗朗哥2012（Primo Franco 2012）是大家较熟悉的起泡酒。

○ Valdobbiadene Brut V. della Riva di S. Floriano '12	🍷🍷 3*
○ Cartizze '12	🍷🍷 5
○ Prosecco di Treviso Brut Rustico	🍷🍷 2*
○ Valdobbiadene Brut	🍷🍷 3
○ Valdobbiadene Dry Primo Franco '12	🍷🍷 3
⊙ Rosé Brut Faïve	🍷 3
○ Brut Grave di Stecca '09	🍸🍸🍸 5
○ Valdobbiadene Brut Grave di Stecca '08	🍸🍸🍸 5
○ Valdobbiadene Brut V. della Riva di S. Floriano '11	🍸🍸🍸 3*
○ Brut Grave di Stecca '10	🍸🍸 5
○ P. di Valdobbiadene Dry Primo Franco '07	🍸🍸 3
○ P. di Valdobbiadene Dry Primo Franco '05	🍸🍸 3*

Novaia

via Novaia, 1
37020 Marano di Valpolicella [VR]
Tel. 0457755129
www.novaia.it

藏酒销售
预约参观
年产量 40 000 瓶
葡萄种植面积 7 公顷
葡萄栽培方式 有机认证

20年来，瓦尔波利塞拉酒（Valpolicella）的巨大成功，促成了许多酒庄的建立，许多酒庄已是世界闻名。詹保罗•瓦欧那（Giampaolo Vaona）和儿子马尔塞洛（Marcello）脚踏实地，一开始在马拉诺山谷（Marano Valley）种植葡萄，后来开始种植有机葡萄，并翻新酒窖。酒庄产量有限，但品质非凡。阿玛诺•科尔特•瓦欧那2009（Amarone Corte Vaona 2009）散发干果、甘草和干花的芳香，口感紧致多汁，酸度较小。利帕索2010（Ripasso 2010）同样值得品鉴，初闻花香四溢，渐渐散发出香料和野生浆果的馥郁，口感顺滑律动，是瓦尔波利塞拉（Valpolicella）传统的经典演绎。今年，生产的瓦尔波利塞拉（Valpolicella）还获得了“两杯奖”（Due Bicchieri）。

● Amarone della Valpolicella Cl. Corte Vaona '09	YY 5
● Valpolicella Cl. Sup. Ripasso '10	YY 3
● Recioto della Valpolicella Cl. Le Novaje '11	Y 4
● Valpolicella Cl. '12	Y 2
● Valpolicella Cl. Sup. I Cantoni '10	Y 3
● Amarone della Valpolicella Cl. '08	YY 5
● Amarone della Valpolicella Cl. Le Balze '01	YY 6
● Recioto della Valpolicella Cl. Le Novaje '09	YY 4
● Valpolicella Cl. Sup. I Cantoni '09	YY 3
● Valpolicella Cl. Sup. I Cantoni '07	YY 3
● Valpolicella Cl. Sup. Ripasso '10	YY 3*
● Valpolicella Cl. Sup. Ripasso '09	YY 3*

Ottella

fraz. San Benedetto di Lugana
loc. Ottella
37019 Peschiera del Garda [VR]
Tel. 0457551950
www.ottella.it

藏酒销售
预约参观
年产量 350 000 瓶
葡萄种植面积 40 公顷

蒙特雷索家族（Montresor）是加尔达地区（Garda）最有名的葡萄酒生产商，他们把卢多维科（Ludovico）创办的酒庄发展到如今的规模，并取得了广泛的知名度。酒庄的葡萄园有两处，一是位于加尔达湖（Lake Garda）周边黏土丰厚地区，种植卢加纳葡萄（Lugana），另一处在蓬蒂苏尔明乔（Ponti Sul Mincio），种植红葡萄。该酒庄出品的葡萄酒气味清新、口感紧致，旗舰酒款是曾获得“三杯奖”的莫尔塞欧（Molceo）。拉凯利特2012（Le Creete 2012）同样品质非凡，用卢加纳葡萄（Lugana）酿制在不锈钢桶中发酵，散发苹果和白花的香气，口感紧致多汁。在橡木桶中发酵的莫尔塞欧（Molceo）更富阳光味道，更有异域风情，令人垂涎欲滴。普里马•卢斯2010（Prima Luce 2010）同样给人新鲜的矿物质感觉，甜美风雅。

○ Lugana Sup. Molceo '11	YYY 4*
○ Lugana Le Creete '12	YY 3*
● Campo Sireso '11	YY 4
○ Prima Luce Passito '10	YY 5
● Gemei Rosso '12	Y 2
⊙ Roses Roses '12	Y 2
○ Lugana Sup. Molceo '10	YYY 4*
○ Lugana Sup. Molceo '09	YYY 4
○ Lugana Sup. Molceo '08	YYY 4
○ Lugana Sup. Molceo '07	YYY 4
○ Prima Luce Passito '09	YY 5
○ Prima Luce Passito '08	YY 5
○ Prima Luce Passito '07	YY 5

★★Leonildo Pieropan

via Camuzzoni, 3
37038 Soave [VR]
Tel. 0456190171
www.pieropan.it

藏酒销售
预约参观
年产量 400 000 瓶
葡萄种植面积 45 公顷
葡萄栽培方式 有机认证

虽然皮耶洛朋（Pieropan）的家族酒庄不是任何意义上的被认证的瓦尔波利塞拉（Valpolicella）酿酒厂，但这也阻碍不了其红葡萄酒的发展。在特尔纳哥（Trenago），酒庄只生产两种葡萄酒，顶级瓦尔波利塞拉（Valpolicella Superiore）和阿玛诺（Amarone），酒庄似乎在强调他们更钟情于索阿维（Soave），这款酒他们有四个品牌。它们风格独特，散发新鲜明晰的香气，风味优雅、易饮。卢博畔2010（Ruberpan 2010）发挥了比以往都高的水平，香气丰富，口感独特。说到白葡萄酒，我们永远不乏选择。卡尔瓦利诺（Calvarino）拥有平衡的白色水果味道，夹杂淡淡矿物气息，口感丰润。拉罗卡2011（La Rocca 2011）带有阳光般的灿烂感觉，带有热带水果的浓郁味道，风味细致。经典索阿维2012（Soave Classico 2012）充满清新的花香。

○ Soave Cl. La Rocca '11	🍷🍷🍷 5
○ Soave Cl. Calvarino '11	🍷🍷 4
○ Soave Cl. '12	🍷🍷 3
● Valpolicella Sup. Ruberpan '10	🍷🍷 3
○ Soave Cl. Calvarino '09	🍷🍷🍷 4*
○ Soave Cl. Calvarino '08	🍷🍷🍷 4
○ Soave Cl. Calvarino '07	🍷🍷🍷 4
○ Soave Cl. Calvarino '06	🍷🍷🍷 4
○ Soave Cl. Calvarino '05	🍷🍷🍷 3
○ Soave Cl. Calvarino '04	🍷🍷🍷 3
○ Soave Cl. Calvarino '03	🍷🍷🍷 3
○ Soave Cl. Calvarino '02	🍷🍷🍷 3
○ Soave Cl. La Rocca '10	🍷🍷🍷 5
○ Soave Cl. La Rocca '02	🍷🍷🍷 5

Albino Piona

fraz. Custoza
via Bellavista, 48
37060 Sommacampagna [VR]
Tel. 045516055
www.albinopiona.it

藏酒销售
预约参观
年产量 400 000 瓶
葡萄种植面积 77 公顷

不要因为位于维拉弗朗卡（Villafranca）的新酒庄就以为酒庄是起源于这里，实际上，皮奥纳（Piona）家族在加尔达湖（Lake Garda）南端的经营已有很长的历史，是这个葡萄酒产区的标志性品牌之一。他们在湖岸种植70公顷传统的巴多利诺（Bardolino）和科斯多佐（Custoza）葡萄。如今西尔维奥（Silvio）、莫尼卡（Monica）、阿里桑德罗（Alessandro）和马西莫（Massimo）从父亲阿尔比诺（Albino）手里接过经营管理权，秉承了良好的商业道德，扩充产品线。近年来的辛勤工作换来了成功，已经有两款酒获得推荐。科斯多佐SP•2012（Custoza SP 2012）是款品质卓越的酒，散发出矿物质花香，口感顺滑轻盈，酸度、酒精含量较高。活力四射的巴多利诺2011（Bardolino 2011）展示出巴多利诺湖（Bardolino）的自然芳香，口味动感。科斯多佐2012（Custoza 2012）是最值得推荐的一款，香调大气，口感和谐。

● Bardolino SP '11	🍷🍷 2*
○ Custoza SP '12	🍷🍷 2*
● Bardolino '12	🍷🍷 2*
○ Custoza '12	🍷🍷 2*
⊙ Bardolino Chiaretto '12	🍷 2
⊙ Estro di Piona Rosé Brut	🍷 4
○ Gran Cuvée Brut M. Cl.	🍷 4
○ Verde Piona	🍷 2
● Azobé '08	🍷🍷 4
● Bardolino '10	🍷🍷 2*
○ Bianco di Custoza '10	🍷🍷 2*
○ Bianco di Custoza Passito La Rabitta '08	🍷🍷 5
● Campo Massimo Corvina Veronese '09	🍷🍷 2*
○ Custoza SP '11	🍷🍷 2*
○ Custoza SP '10	🍷🍷 2*

Piovene Porto Godi

FRAZ. TOARA
VIA VILLA, 14
36020 VILLAGA [VI]
TEL. 0444885142
www.piovene.com

藏酒销售
预约参观
年产量 100 000 瓶
葡萄种植面积 36 公顷

托马索•皮奥维尼（Tommaso Piovene）的酒窖位于科里•贝里奇（Colli Berici）最南端的托阿拉（Toara）。这里属于地中海气候，使得出产的葡萄酒果香四溢、口感醇厚。托马索（Tommaso）决定顺从自然风物的走向，尽量减小酿酒中的人为干预，使出品的葡萄酒达到极致。葡萄园坐落在酒窖前方的平地和对面的山坡上。山坡上出产的葡萄用于生产高质量的红酒，比如浓郁果香的梅鹿汁弗拉伊布罗利2011（Merlot Fra i Broli 2011），洋溢着药草和李子的芳香，口感清新圆润，酸度适中。卡百内•波扎乐2011（Cabernet Pozzare 2011）味道更激烈，更有阳光的成熟气息。而泰罗索2012（Tai Rosso 2012）则是简明开朗红酒的代表作。

● Colli Berici Merlot Fra i Broli '11	🍷🍷 4
● Colli Berici Cabernet Vign. Pozzare '11	🍷🍷 4
● Colli Berici Tai Rosso Vign. Riveselle '12	🍷🍷 2*
● Polveriera Rosso '12	🍷🍷 2*
○ Thovara Passito '11	🍷🍷 5
○ Colli Berici Garganega Vign. Riveselle '12	🍷 2
○ Colli Berici Sauvignon Vign. Fostine '12	🍷 2
● Colli Berici Cabernet Vign. Pozzare '07	♀♀♀ 3
● Colli Berici Cabernet Vign. Pozzare '08	♀♀ 3
● Colli Berici Merlot Fra i Broli '09	♀♀ 5
● Colli Berici Merlot Fra i Broli '08	♀♀ 5
● Colli Berici Tai Rosso Thovara '09	♀♀ 5

★Graziano Prà

VIA DELLA FONTANA, 31
37032 MONTEFORTE D'ALPONE [VR]
TEL. 0457612125
www.vinipra.it

藏酒销售
预约参观
膳宿接待
年产量 300 000 瓶
葡萄种植面积 33 公顷

格拉齐亚诺•帕拉（Graziano Prà）的酒庄日益呈现出两种风貌。一方面，酒庄生产传统的索阿维酒（Soave），并已维持了30年；另一方面，梅扎内（Mezzane）山谷北边的莫兰迪那（Morandina）酒庄种植的葡萄用来酿造瓦尔波利塞拉酒（Valpolicella Wines）。葡萄园管理日益重视栽培的可持续性，并使出品的葡萄酒更天然健康，较少人为干预。格拉齐亚诺•帕拉（Graziano Prà）一如既往地生产最好的索阿维酒（Soaves），如斯塔福尔特（Staforte），这是一款白葡萄酒，在不锈钢桶中发酵再装瓶，散发着水果、白花的香气，口感和谐振奋。蒙特•格兰德2012（Monte Grande 2012）有着橡木气息，口感温柔优雅。

○ Soave Cl. Staforte '11	🍷🍷🍷 4*
○ Soave Cl. Monte Grande '12	🍷🍷 4
● Amarone della Valpolicella '08	🍷🍷 6
○ Soave Cl. Colle S. Antonio '09	🍷🍷 4
○ Soave Cl. Otto '12	🍷🍷 2*
● Valpolicella Morandina '12	🍷🍷 2*
● Valpolicella Sup. Rip. Morandina '11	🍷🍷 4
○ Soave Cl. Monte Grande '11	♀♀♀ 4*
○ Soave Cl. Monte Grande '08	♀♀♀ 4
○ Soave Cl. Monte Grande '06	♀♀♀ 4
○ Soave Cl. Staforte '08	♀♀♀ 4
○ Soave Cl. Staforte '06	♀♀♀ 4*

★Giuseppe Quintarelli

via Cerè, 1
37024 Negrar [VR]
Tel. 0457500016
giuseppe.quintarelli@tin.it

藏酒销售
预约参观
年产量 60 000 瓶
葡萄种植面积 10 公顷

如今，菲奥伦扎（Fiorenza Quintarelli）在儿子弗朗西斯科（Francesco）的协助下，经营由她父亲建立的历史悠久的酒庄。酒庄把阿玛诺（Amarone）的美名传播到了世界各地。酒庄的葡萄园遍布多个片区，占地十几公顷，酒窖不仅用于简单的发酵过程，更是用于葡萄酒陈年，可以容纳10多年来的优秀葡萄酒。这款仅在优秀年份才酿造的雷乔托甜酒（Recioto），我们盼望多年后终于推出市场。2001年份果然不负众望，经过长时间陈年后，实属一款有着少见的平衡和复杂度的甜酒，散发干果到甜型香料味道，回味带香醋和药草味。入口后，甜而不腻，单宁柔和，风味饱满富果味。瓦尔波利塞拉2004（Valpolicella Superiore 2004）展现富有活力的馥郁口感。

● Recioto della Valpolicella Cl. '01	🍷🍷🍷 8
● Valpolicella Cl. Sup. '04	🍷🍷 7
● Amarone della Valpolicella Cl. '03	YYY 8
● Amarone della Valpolicella Cl. '00	YYY 8
● Amarone della Valpolicella Cl. '98	YYY 8
● Amarone della Valpolicella Cl. '97	YYY 8
● Amarone della Valpolicella Cl. Sup. Monte Cà Paletta '00	YYY 8
● Amarone della Valpolicella Cl. Sup. Monte Cà Paletta '93	YYY 8
● Amarone della Valpolicella Cl. Sup. Ris. '85	YYY 8
● Recioto della Valpolicella Cl. '95	YYY 5
● Recioto della Valpolicella Cl. Monte Ca' Paletta '97	YYY 8
● Rosso del Bepi '96	YYY 8
● Valpolicella Cl. Sup. '99	YYY 7

Le Ragose

fraz. Arbizzano
via Le Ragose, 1
37024 Negrar [VR]
Tel. 0457513241
www.leragose.com

藏酒销售
预约参观
年产量 150 000 瓶
葡萄种植面积 18 公顷

拉格赛酒庄（Le Ragose）的故事要从20世纪60年代开始，当时加洛家族（Gallo）决定接手一家山坡上荒废了的酒庄，如今酒庄发展到了20公顷的规模。保罗（Paolo）和马可（Marco）继承了父母的工作，坚守传统，生产优雅上等的葡萄酒，体现出山坡葡萄的独特风味。他们葡萄园里全部使用佩尔戈拉高架栽培方法（Pergoletta Overhead Training Method），以确保葡萄藤有足够的遮蔽。瓦尔波利塞拉•利帕索2009（Valpolicella Ripasso 2009）飘散着野生浆果、薄荷和胡椒的芬芳，风味极佳，酒体厚实，口感强烈。阿玛诺2006（Amarone Marta Galli 2006）采用风干葡萄酿成，散发着花香，口感清新。出手不凡的雷乔托2009（Recioto 2009）有着红色水果的馥郁，散发着橄榄和百里香的芬芳，口感丰腴。

● Valpolicella Cl. Ripasso '09	🍷🍷 3*
● Amarone della Valpolicella Cl. Marta Galli '06	YY 7
● Recioto della Valpolicella Cl. '09	YY 5
● Valpolicella Cl. '12	YY 2*
● Valpolicella Cl. Sup. Le Sassine '09	YY 3
● Cabernet Sauvignon '08	Y 3
● Amarone della Valpolicella Cl. Marta Galli '05	YYY 8
● Amarone della Valpolicella Marta Galli '01	YY 7
● Valpolicella Cl. Sup. Le Sassine '05	YY 3
● Valpolicella Cl. Sup. Ripasso Le Sassine '07	YY 3

F.lli Recchia

LOC. JAGO
VIA CA' BERTOLDI, 30
37024 NEGRAR [VR]
TEL. 0457500584
www.recchiavini.it

藏酒销售
预约参观
年产量 100 000 瓶
葡萄种植面积 100 公顷

瑞奇亚酒庄（Recchia）尽管种植葡萄已有100多年的历史，而直到最近10多年，质量才有飞跃，生产了高品质的葡萄酒。酒庄位于瓦尔波利塞拉经典产区（Valpolicella Classica Zone），占地面积很大，而只有一小部分用于生产瑞奇亚（Recchia）品牌的葡萄酒。风格继承了维罗那（Verona）地区葡萄酒的传统，气味丰富，口感优雅。阿玛诺（Amarone）和雷乔托（Recioto），采用半风干葡萄酿制而成，品质超群。阿玛诺卡贝尔托尔蒂2006（Amarone Ca' Bertoldi 2006）发酵时间长，散发着水果和可可的醇香，还带有橡木的气息，口感丰富，酒体强硕。至于风干传统葡萄酒系列，阿玛诺•玛苏拉2010（Amarone Masua di Jago 2010）风味厚重、品质稳定。雷乔托拉2009（Recioto La Guardia 2009）富果味，表现不俗。

● Amarone della Valpolicella Cl. Ca' Bertoldi '06	🍷🍷5
● Amarone della Valpolicella Cl. Masua di Jago '10	🍷🍷5
● Recioto della Valpolicella Cl. La Guardia '09	🍷🍷4
● Korvilot '11	🍷5
● Recioto della Valpolicella Cl. Masua di Jago '11	🍷4
● Valpolicella Cl. Masua di Jago '12	🍷2
● Valpolicella Cl. Sup. Le Muraie Ripasso '10	🍷3
● Valpolicella Cl. Sup. Masua di Jago '11	🍷2
● Valpolicella Cl. Sup. Masua di Jago Ripasso '11	🍷2
● Amarone della Valpolicella Cl. Masua di Jago '08	🍷🍷6

Roccolo Grassi

VIA SAN GIOVANNI DI DIO, 19
37030 MEZZANE DI SOTTO [VR]
TEL. 0458880089
www.roccolograssi.it

预约参观
年产量 47 000 瓶
葡萄种植面积 14 公顷

马可（Marco）和弗朗西斯卡•萨尔托利（Francesca Sartori）让生产即饮葡萄酒的家族酒庄面貌一新，成为瓦尔波利塞拉（Valpolicella）著名的酒庄之一。酒庄产品有限，但传统得到了最大程度的保留。酒庄有14公顷的葡萄园，栽培过程对环境无污染，并极其重视葡萄质量。他们还从索阿维（Soave）购买在石灰土上种植的葡萄，而酿造瓦尔波利塞拉红酒（Valpolicella Reds）所用的葡萄则生长在火山爆发形成的玄武岩地区。多年来，萨尔托利（Sartori）一家人克服重重困难，使酿出来的酒酒力适中又不失优雅柔顺。阿玛瑞恩2009（Amarone 2009）口感非凡，散发水果、香料和矿物质的气息，精到且富于力量。顶级瓦尔波利塞拉2010（Valpolicella Superiore 2010）延续了酒庄的传统，口感更清新。

● Amarone della Valpolicella '09	🍷🍷8
● Valpolicella Sup. '10	🍷🍷5
● Amarone della Valpolicella Roccolo Grassi '07	🍷🍷🍷8
● Amarone della Valpolicella Roccolo Grassi '00	🍷🍷🍷7
● Amarone della Valpolicella Roccolo Grassi '99	🍷🍷🍷7
● Valpolicella Sup. Roccolo Grassi '09	🍷🍷🍷5
● Valpolicella Sup. Roccolo Grassi '07	🍷🍷🍷5
● Valpolicella Sup. Roccolo Grassi '04	🍷🍷🍷5
● Amarone della Valpolicella Roccolo Grassi '08	🍷🍷8
● Recioto della Valpolicella Roccolo Grassi '08	🍷🍷5
● Valpolicella Sup. Roccolo Grassi '08	🍷🍷5

Roeno

via Mama, 5
37020 Brentino Belluno [VR]
Tel. 0457230110
www.cantinaroeno.com

藏酒销售
预约参观
膳宿服务
年产量 190 000 瓶
葡萄种植面积 20 公顷

克里斯蒂娜（Cristina）、罗伯塔（Roberta）和朱塞佩•傅加迪（Giuseppe Fugatti）从父亲罗兰多（Rolando）手里继承并发展了酒庄，在瓦尔达迪哥地区（Valdadige）小有名气，这里南邻维罗那（Verona），北接博尔扎诺（Bolzano）。傅加迪（Fugatti）家族的葡萄园位于阿迪杰河（Adige）旁的小山坡上，山谷土地含沙量大，这里的葡萄已经生长了100年之久。今年，克里斯蒂娜2010（Cristina 2010）表现不俗，采用迟摘的苏维翁（Sauvignon）、灰皮诺（Pinot Grigio）、莎当尼（Chardonnay）和琼瑶浆（Traminer）混酿而成，散发柑橘和香料味道，口感甜美平衡。安纳帝奥2009（Enantio Riserva 2009）用阿迪杰河（Adige）旁百年葡萄园里的葡萄酿制，有着香料和深色浆果的气息，口感清新紧致，单宁和酸度恰到好处。

○ Cristina V. T. '10	🍷🍷 5
● Enantio Terra dei Forti '09	🍷🍷 4
● Enantio Terra dei Forti Ris. '09	🍷🍷 4
○ Praecipuus '11	🍷🍷 4
● Rosso Roeno '08	🍷🍷 4
○ Valdadige Pinot Grigio Tera Alta '12	🍷🍷 2*
⊙ Bardolino Chiaretto Brut Mati Rosé	🍷 3
○ Valdadige Chardonnay Le Fratte '12	🍷 2
○ Cristina V. T. '08	🍷🍷🍷 5
○ Cristina V. T. '09	🍷🍷 5
○ Cristina V. T. '07	🍷🍷 5
○ Cristina V. T. '06	🍷🍷 5
● Valdadige Terra dei Forti Enantio Ris. '08	🍷🍷 4

Ruggeri & C.

via Prà Fontana, 4
31049 Valdobbiadene [TV]
Tel. 04239092
www.ruggeri.it

预约参观
年产量 1 000 000 瓶
葡萄种植面积 17 公顷

鲁杰里（Ruggeri）当之无愧是世界上首屈一指的酒庄，酿造瓦尔波利塞拉（Valdobbiadene）已经有60年历史了。如今，朱斯蒂诺（Giustino）、伊莎贝拉•比索尔（Isabella Bisol）和父亲保罗（Paolo）一起经营酒庄，年产量100多万瓶，是当地的标杆酿酒企业。酿酒用的葡萄来自100多位有密切合作的葡萄种植者，严格按照酒庄的要求栽培，加上规范的酒窖管理，保证了出品葡萄酒的高质量。桂斯诺B（Giustino B）系列可能是所有绝干型葡萄酒中表现最好的，飘溢新鲜水果和花朵味道，清新的果酸风味中和了甜腻，回味绵长。维奇维蒂2012（Vecchie Viti 2012）有着葡萄品种特有的干性特质，风味活跃。吉亚尔奥诺（Giall'Oro）是酒庄出品的葡萄酒中最出色的，品质可靠，口感多汁。

○ Valdobbiadene Extra Dry Giustino B. '12	🍷🍷🍷 3*
○ Valdobbiadene Brut Vecchie Viti '12	🍷🍷 3*
○ Cartizze	🍷🍷 4
○ L'Extra Brut '12	🍷🍷 3
○ Valdobbiadene Dry S. Stefano	🍷🍷 3
○ Valdobbiadene Extra Dry Altevigne	🍷🍷 4
○ Valdobbiadene Extra Dry Giall'Oro	🍷🍷 3
○ Valdobbiadene Brut Quartese	🍷 3
○ Valdobbiadene Extra Dry Giustino B. '11	🍷🍷🍷 3*
○ Valdobbiadene Extra Dry Giustino B. '10	🍷🍷🍷 3
○ Valdobbiadene Extra Dry Giustino B. '09	🍷🍷🍷 3

Le Salette

via Pio Brugnoli, 11c
37022 Fumane [VR]
Tel. 0457701027
www.lesalette.it

藏酒销售
预约参观
旅馆接待
年产量 130 000 瓶
葡萄种植面积 20 公顷

弗朗哥•斯康贝尔乐（Franco Scamperle）管理的拉萨莱特（Le Salette）酒窖位于富曼恩（Fumane）山区，由19世纪末一个避难所改建的，因而保留了避难所原来的名字。酒庄大部分经营都在此，在桑特安布罗吉奥（Sant'Ambrogio）的康卡奥罗（Conca d'Oro）和桑弗洛里亚诺（San Floriano）的马苏阿（Masua）山坡上也有酒窖。在富曼恩（Fumane）只种植瓦尔波利塞拉（Valpolicella）传统葡萄品种，酿制出来的葡萄酒古今并蓄。拉玛瑞加2009（La Marega 2009）是酒庄的一款精品，香调质朴，口感优雅大气。阿玛诺佩戈勒2009（Amarone Pergole Vece 2009）洋溢着干果和橡木气息，口感柔和，酒精含量较高。瓦尔波利塞拉•利帕普罗尼2010（Valpolicella Ripasso I Progni 2010）香气醇熟，口感酥软。

• Amarone della Valpolicella Cl. La Marega '09	🍷🍷 6
• Valpolicella Cl. Sup. Ripasso I Progni '10	🍷🍷 3
• Ca' Carnocchio '10	🍷 5
• Recioto della Valpolicella Cl. Pergole Vece '10	🍷 6
• Valpolicella Cl. '12	🍷 2
• Amarone della Valpolicella Cl. Pergole Vece '05	🍷🍷🍷 8
• Amarone della Valpolicella Cl. Pergole Vece '95	🍷🍷🍷 8
• Amarone della Valpolicella Cl. Pergole Vece '07	🍷🍷 8
• Amarone della Valpolicella Cl. Pergole Vece '06	🍷🍷 8
• Recioto della Valpolicella Cl. Pergole Vece '09	🍷🍷 6

San Rustico

fraz. Valgatara di Valpolicella
via Pozzo, 2
37020 Marano di Valpolicella [VR]
Tel. 0457703348
www.sanrustico.it

藏酒销售
预约参观
年产量 170 000 瓶
葡萄种植面积 22 公顷

马可（Marco）和恩里科•坎帕尼奥拉（Enrico Campagnola）管理着家族酒庄，并亲自参与酿酒全过程。恩里科（Enrico）负责葡萄种植，马可（Marco）负责酿制，年产量近20万瓶。大部分葡萄园位于瓦尔波利塞拉经典产区（Valpolicella Classica Zone）中心地带的马拉诺（Marano）山谷，少部分在富曼恩（Fumane）山谷，所有葡萄都用传统的佩尔戈拉方法（Pergola Training System）栽培的。最好的葡萄园加索（Gaso）出产的葡萄用于酿制瓦尔波利塞拉（Valpolicella）、阿玛诺（Amarone）和雷乔托（Recioto）。其中精品有阿玛瑞恩2007（Amarone 2007），经典的干花和香草气息，口感多汁柔软，单宁适中。经典阿玛诺2008（Amarone Classico2008）有着浓郁的乡村气息。利帕索加索2010（Ripasso Gaso 2010）香气深沉，口感充实。

• Amarone della Valpolicella Cl. Gaso '07	🍷🍷 6
• Amarone della Valpolicella Cl. '08	🍷🍷 5
• Valpolicella Cl. Sup. Ripasso Gaso '10	🍷🍷 3
• Recioto della Valpolicella Cl. '11	🍷 5
• Valpolicella Cl. '12	🍷 2
• Valpolicella Cl. Sup. Ripasso '11	🍷 2
• Amarone della Valpolicella Cl. '07	🍷🍷 5
• Amarone della Valpolicella Cl. Gaso '06	🍷🍷 6
• Amarone della Valpolicella Cl. Gaso '05	🍷🍷 6
• Recioto della Valpolicella Cl. '09	🍷🍷 5
• Valpolicella Cl. Sup. '09	🍷🍷 2*

La Sansonina

LOC. SANSONINA
37019 PESCHIERA DEL GARDA [VR]
TEL. 0457551905
www.sansonina.it

预约参观
年产量 21 000 瓶
葡萄种植面积 12 公顷

桑索尼娜酒庄（Sansonina）位于加尔达湖（Lake Garda）附近，15年前，当时卡拉•普洛斯彼罗（Carla Prospero）打算使这个近乎废弃的酒庄重焕生机。农场进行了改造并扩大了规模，从酒窖外面来看，这是个传统与现代并重的酒庄。近年来，酒庄出品从梅洛（Merlot）到当地经典的卢加纳（Lugana）葡萄酒，均风格鲜明，质地醇厚。卢安纳2012（Lugana 2012）澄澈透明，是款白加尔达酒（Garda），洋溢着春天花朵和白肉果的芳香，口感浓厚，葡萄酸味恰到好处。梅洛（Merlot）则散发浓郁果香，还有咖啡和香料的气息。在品鉴中，这款酒气味浓郁，口感多汁，赏心悦目。

○ Lugana Sansonina '12	🍷🍷 3
● Sansonina '10	🍷🍷 6
○ Lugana Sansonina '09	♀♀ 3*
● Sansonina '07	♀♀ 6
● Sansonina '06	♀♀ 6
● Sansonina '05	♀♀ 6
● Sansonina '04	♀♀ 6
● Sansonina '03	♀♀ 6
● Sansonina '01	♀♀ 6
● Sansonina '00	♀♀ 6

★Tenuta Sant'Antonio

LOC. SAN ZENO
VIA CERIANI, 23
37030 COLOGNOLA AI COLLI [VR]
TEL. 0457650383
www.tenutasantantonio.it

藏酒销售
预约参观
年产量 700 000 瓶
葡萄种植面积 100 公顷

卡斯塔格内蒂（Castagnedi）兄弟把酒庄发展得很快，在适应市场需求的同时保护环境和传统。过去10年，他们的旗舰葡萄酒口感丰厚，充满水果香，广受好评。如今，他们有了新点子，希望能在传统葡萄酒丰富的气味和酸度基础上，打造更紧实、香气馥郁的优雅葡萄酒。阿尔托阿迪杰（Alto Adige）最著名的是灰皮诺创立者印记2012（Pinot Grigio Impronta del Fondatore 2012），梨子和草地的气息扑鼻而来，口感优雅。说到普罗赛科（Proseccos），利维•利方托洛起泡酒（Rive di Refrontolo Brut）是该地区最好的葡萄酒之一，香味亲切，口感质朴，不含糖。利松（Lison）红葡萄酒也很不错。

● Amarone della Valpolicella Campo dei Gigli '08	🍷🍷🍷 8
● Recioto della Valpolicella Argille Bianche '06	🍷🍷 5
● Amarone della Valpolicella Sel. Antonio Castagnedi '10	🍷🍷 6
○ Soave Monte Ceriani '11	🍷🍷 3
○ Soave Monte Ceriani Vecchie Vigne '11	🍷🍷 3
● Valpolicella Sup. La Bandina '09	🍷🍷 5
● Valpolicella Sup. Rip. Monti Garbi '11	🍷🍷 3
● Amarone della Valpolicella Campo dei Gigli '07	♀♀♀ 8
● Amarone della Valpolicella Campo dei Gigli '06	♀♀♀ 8
● Amarone della Valpolicella Campo dei Gigli '05	♀♀♀ 8
● Amarone della Valpolicella Campo dei Gigli '04	♀♀♀ 8

Santa Margherita

via Ita Marzotto, 8
30025 Fossalta di Portogruaro [VE]
Tel. 0421246111
www.santamargherita.com

藏酒销售
预约参观
年产量 12 500 000 瓶

现代市场带来的问题，只要积极采取相应行动，就能战胜挑战。马尔佐托酒庄（Marzotto）扩大了规模，新建了酒窖，与葡萄产地圣玛格丽特（Santa Margherita）尤其是阿尔托阿迪杰（Alto Adige）加强了合作关系，这种合作关系对于酒庄旗舰产品灰皮诺（Pinot Grigio）的生产非常重要。如今，普罗塞克（Prosecco）是酒庄的名酒。阿玛诺•坎波2008（Amarone Campo dei Gigli 2008）散发水果香气，慢慢地可以闻到香料和矿物质的气息，口感优雅有力量。雷乔托•阿尔•拉边切2006（Recioto Argille Bianche 2006）经过完美发酵，香气馥郁，口感顺滑，单宁适中。瓦尔波利塞拉酒（Valpolicellas）是创新性的产品，比过去的产品更具活力。

○ A. A. Pinot Grigio Impronta del Fondatore '12	🍷🍷 2*
○ A. A. Pinot Grigio M. Cl. '10	🍷🍷 3
○ Cartizze	🍷🍷 4
● Lison-Pramaggiore Malbech Impronta del Fondatore '11	🍷🍷 2*
● Lison-Pramaggiore Refosco P.R. Impronta del Fondatore '11	🍷🍷 2*
○ Valdobbiadene Brut Rive di Refrontolo 52	🍷🍷 3
○ Valdobbiadene Extra Dry 52	🍷🍷 2
○ Luna dei Feldi '12	🍷 3
⊙ Spumante Extra Dry 52 Rosé	🍷 3
○ Valdadige Pinot Grigio '12	🍷 2
○ Valdobbiadene Brut	🍷 2
○ Valdobbiadene Extra Dry	🍷 2

Santi

via Ungheria, 33
37031 Illasi [VR]
Tel. 0456269600
www.carlosanti.it

藏酒销售
预约参观
年产量 2 000 000 瓶
葡萄种植面积 70 公顷

桑蒂酒庄（Santi）隶属于意大利GIV酒庄集团，是集团的代表性酒庄。酒庄的总部位于瓦尔波利塞拉（Valpolicella），那里有着优质的葡萄，可以酿制优质的葡萄酒。在克里斯蒂安•斯科利兹（Christian Scrinzi）的管理下，酒庄出品的葡萄酒风格鲜明，珍视传统，又不失鲜活，不同酒品各有千秋，产品线囊括了维罗那（Verona）地区的主要品种。阿玛诺•普罗米奥（Amarone Proemio）是酒庄的旗舰产品，仍在酒窖中发酵。利帕索（Ripasso）值得品鉴，多年来品质稳定，散发葡萄干的气息，香味丰富，与阿玛诺（Amarone）截然不同，它口感紧实，丰满润泽。巴多利诺卡波尔德尼斯2012（Bardolino Ca' Bordenis 2012）表现令人振奋。

● Valpolicella Cl. Sup. Ripasso Solane '11	🍷🍷 4
● Bardolino Cl. Vign. Ca' Bordenis '12	🍷🍷 2*
● Valpolicella Cl. Le Caleselle '12	🍷🍷 2*
⊙ Bardolino Chiaretto L'Infinito '12	🍷 2
○ Custoza I Frari '12	🍷 2
● Amarone della Valpolicella Proemio '05	🍷🍷🍷 6
● Amarone della Valpolicella Proemio '03	🍷🍷🍷 6
● Amarone della Valpolicella Proemio '00	🍷🍷🍷 5
● Valpolicella Cl. Sup. Ripasso Solane '09	🍷🍷🍷 3*
● Amarone della Valpolicella Proemio '08	🍷🍷 7
● Amarone della Valpolicella Proemio '07	🍷🍷 6
● Valpolicella Cl. Sup. Solane Ripasso '08	🍷🍷 3*

Casa Vinicola Sartori

FRAZ. SANTA MARIA
VIA CASETTE, 4
37024 NEGRAR [VR]
TEL. 0456028011
www.sartorinet.com

预约参观
年产量 15 000 000 瓶
葡萄种植面积 120 公顷

由萨托利家族（Sartori）管理的酒庄如今的规模不小，在保留了瓦尔波利塞拉（Valpolicella）优秀酿酒传统的同时，与其他酒庄积极开展密切的合作。如今，酒庄出品的很多葡萄酒都是维罗那（Verona）附近数一数二的品牌，精心酿制，口感纯正，酒体结构强健，价格公道。酒庄生产四款阿玛诺（Amarone）酒，风格丰富多样，尤其这款阿玛诺萨托利2008（Amarone I Saltari 2008），酿造于瓦尔波利塞拉（Valpolicella）东部的小酒庄，香气馥郁，散发着葡萄干和药草的芳香，口感丝滑。雷乔托里恩2011（Recioto Rerum 2011）香气明晰，融合了水果与香料的味道，回味甜美丰腴。

● Amarone della Valpolicella Cl. Arena '09	🍷🍷 5
● Amarone della Valpolicella Cl. Corte Brà '08	🍷🍷 7
● Amarone della Valpolicella Cl. Reius '08	🍷🍷 7
● Amarone della Valpolicella I Saltari '08	🍷🍷 8
● Recioto della Valpolicella Cl. Rerum '11	🍷🍷 6
○ Marani '11	🍷 3
○ Recioto di Soave Vernus '11	🍷 5
○ Soave Cl. Sella '12	🍷 2
● Valpolicella Cl. Sup. Vign. di Montegradella '10	🍷 3
● Amarone della Valpolicella Cl. Reius '07	🍷🍷 7
● Amarone della Valpolicella I Saltari '07	🍷🍷 8
● Amarone della Valpolicella I Saltari '06	🍷🍷 8
● Amarone della Valpolicella Le Vigne di Turano I Saltari '04	🍷🍷 8

Secondo Marco

V.LE CAMPOLONGO, 9
37022 FUMANE [VR]
TEL. 0456800954
www.secondomarco.it

预约参观
年产量 40 000 瓶
葡萄种植面积 15 公顷

马尔科•斯佩利（Marco Speri）的酒庄只用了几年时间，就能生产珍视传统的全系列葡萄酒产品。他对葡萄园管理十分用心，对土壤和葡萄种植了如指掌，在父亲贝内德托（Benedetto）多年的悉心指导下，他积累了丰富的经验，知道应如何让葡萄酒体现出葡萄的原始风味。酒庄出品的葡萄酒口感紧实，风味独特，能将本土葡萄的特征体现得淋漓尽致。不像阿玛诺模式（Amarone Model），马尔科•斯佩利（Marco Speri）酿造的利帕索（Ripasso）追求丰富复杂的风干葡萄香气与清新口感之间的平衡，酸度和单宁烘托出酒体的强健，风味丰满。阿玛诺（Amarone）则口感浓郁、饱满，异常醇厚。经典瓦尔波利塞拉2011（Valpolicella Classico 2011）经过一年时间的发酵，品质实属上等。

● Valpolicella Cl. Sup. Ripasso '10	🍷🍷 4
● Amarone della Valpolicella Cl. '08	🍷🍷 7
● Recioto della Valpolicella Cl. '10	🍷🍷 6
● Valpolicella Cl. '11	🍷🍷 3
● Amarone della Valpolicella Cl. '07	🍷🍷 7
● Amarone della Valpolicella Cl. '06	🍷🍷 7
● Recioto della Valpolicella Cl. '09	🍷🍷 6
● Recioto della Valpolicella Cl. '08	🍷🍷 6
● Valpolicella Cl. Ripasso Sup. '08	🍷🍷 6
● Valpolicella Cl. Sup. Ripasso '09	🍷🍷 4

★Serafini & Vidotto

via Carrer, 8/12
31040 Nervesa della Battaglia [TV]
Tel. 0422773281
www.serafinividotto.it

藏酒销售
预约参观
年产量 180 000 瓶
葡萄种植面积 21 公顷

近30年来，塞拉菲尼（Francesco Serafini）和维多图（Antonello Vidotto）的酒窖一直致力争做波尔多（Bordeaux）混合葡萄酒的领导者。如今面临的挑战是来自葡萄园，这些葡萄园都是根据葡萄质量至上的理念来管理的，与此同时，还将对环境的影响控制在最低范围内，未采用任何化学手段，提倡葡萄藤在天然的环境下抵抗外界干扰因素。在生产领域，气泡酒日渐得到关注。精心挑选优质葡萄，香醇的罗斯•戴尔•阿巴则亚酒（Rosso dell'Abazia）给人难忘的体验，野草莓、香料和草药的浓厚香味令人意犹未尽，除此之外还有柔和的丹宁以及爽口的酸度带来的口感。紧随其后的奥尔特里•罗斯2010（Oltre il Rosso 2010）将力量视为重心。瑞堪蒂娜2012（Recantina 2012）口感香浓，令人回味无穷。

● Montello e Colli Asolani Il Rosso dell'Abazia '10	🍷🍷🍷 5
○ Asolo Extra Dry Bollicine di Prosecco	🍷🍷 2
○ Il Bianco '12	🍷🍷 3
○ Montello e Colli Asolani Manzoni Bianco '12	🍷🍷 2*
● Montello e Colli Asolani Phigaia '10	🍷🍷 3
● Oltre Il Rosso '10	🍷🍷 4
● Pinot Nero '10	🍷🍷 5
● Recantina '12	🍷🍷 3
⊙ Bollicine Rosé Brut	🍷 3
○ Prosecco di Treviso Bollicine di Prosecco	🍷 3
● Montello e Colli Asolani Il Rosso dell'Abazia '08	♀♀♀ 5
● Montello e Colli Asolani Il Rosso dell'Abazia '07	♀♀♀ 5

★Viticoltori Speri

loc. Pedemonte
via Fontana, 14
37020 San Pietro in Cariano [VR]
Tel. 0457701154
www.speri.com

藏酒销售
预约参观
年产量 350 000 瓶
葡萄种植面积 50 公顷

为了能经受现代市场的考验，许多酒庄都急需进行大检修，要将市场的模式作为自己的模式。此前，这样的景象在斯贝利（Speri）根本无法想象。他们的勇气来自自身的优质土地和优良传统，这样他们能够放慢迎合现代化市场的步伐，而没有背离自身的品牌理念。斯贝利（Speri）的酒给人香醇的口感，还很强劲。占地50公顷，完全来源于传统品种的葡萄供应着瓦尔波利塞拉葡萄酒（Valpolicella Wines）的生产。呈现优雅的暗红色泽的阿玛诺•蒙特•桑乌巴诺2009（Amarone Vigneto Monte Sant'Urbano 2009）品质极佳，慢慢地散发出香味，先是果香，然后是香料味，最后芳草味扑鼻而来。一经品尝就会为它精湛的工艺所折服。雷桥托拉罗吉亚2010（Recioto La Roggia 2010）给人香甜水果味口感，瓦尔波利塞拉•蒙特桑特厄尔巴诺2010（Valpolicella Monte Sant'Urbano 2010）则含有多重香味，而且口感和谐浓厚。

● Amarone della Valpolicella Cl. Vign. Monte Sant'Urbano '09	🍷🍷🍷 7
● Recioto della Valpolicella Cl. La Roggia '10	🍷🍷 6
● Valpolicella Cl. Sup. Monte Sant'Urbano '10	🍷🍷 4
● Valpolicella Cl. Sup. Ripasso '11	🍷🍷 4
● Valpolicella Cl. '12	🍷 2
● Amarone della Valpolicella Cl. Vign. Monte Sant'Urbano '08	♀♀♀ 7
● Amarone della Valpolicella Cl. Vign. Monte Sant'Urbano '07	♀♀♀ 7
● Amarone della Valpolicella Cl. Vign. Monte Sant'Urbano '06	♀♀♀ 7
● Amarone della Valpolicella Cl. Vign. Monte Sant'Urbano '04	♀♀♀ 7
● Amarone della Valpolicella Cl. Vign. Monte Sant'Urbano '01	♀♀♀ 6

I Stefanini

via Crosara, 21
37032 Monteforte d'Alpone [VR]
Tel. 0456175249
www.istefanini.it

藏酒销售
预约参观
年产量 100 000 瓶
葡萄种植面积 17 公顷

近年来，弗朗西斯科（Francesco Tessari）和其他酿酒商一样，推出优质索阿维（Soave）的新概念，呈现丰腴酒体的同时，不失其易饮和芳香特性。之所以能够酿出如此葡萄酒，有赖于两方面的因素，首先是弗朗西斯（Francesco）优秀的酿酒技艺，另一方面则是拥有优秀的风土条件，尤其是蒙特泰达产区（Monte Tenda），那里有着酒庄最好的葡萄园。弗朗西斯科（Francesco）严格控制葡萄园的产量，即使是用于酿制最基础款酒的葡萄，也是精心培育的，因此，酒庄的旗舰酒品牌都在优秀年份酿制。葡萄来源于邻近葡萄园，但是蒙特德托尼2012（Monte de Toni 2012）和蒙特蒂费斯2012（Monte di Fice 2012）有着非常不一样的风格。它们虽然香气相似，散发丰富的水果和干花味道，但口感却大不相同。费斯（Fice）呈现优雅丰富的口感，而独有个性的托尼（Toni）却给人硫磺味道，而且这个味道甚至盖过了单宁感。新鲜的塞勒斯2012（Selese 2012）富果味，平易近人。

○ Soave Cl. Monte de Toni '12	▼▼▼ 2*
○ Soave Cl. Sup. Monte di Fice '12	▼▼ 3*
○ Soave Il Selese '12	▼▼ 1*
○ Soave Cl. Sup. Monte di Fice '07	▽▽▽ 2*
○ Soave Cl. Monte de Toni '11	▽▽ 2*
○ Soave Cl. Monte de Toni '08	▽▽ 2*
○ Soave Cl. Monte de Toni '07	▽▽ 2*
○ Soave Cl. Monte de Toni '06	▽▽ 2*
○ Soave Cl. Monte di Fice '10	▽▽ 2*
○ Soave Cl. Sup. Monte di Fice '08	▽▽ 2*
○ Soave Cl. Sup. Monte di Fice '06	▽▽ 2*
○ Soave Il Selese '11	▽▽ 1*

David Sterza

via Casterna, 37
37022 Fumane [VR]
Tel. 0457704201
www.davidsterza.it

藏酒销售
预约参观
年产量 30 000 瓶
葡萄种植面积 4.5 公顷

大卫•斯特拉扎（David Sterza）和他的表兄保罗•马斯堪佐尼（Paolo Mascanzoni ）一起经营家族葡萄酒酿酒厂才15年。目前，他们的事业还算不错。他们是成功开拓市场的几家厂商之一，专注限量生产高品质的传统葡萄酒。这些传统型的葡萄酒时不时会出现在他们精心挑选的品种里面。考虑到之前的产品在市场上已经饱和，他们便会推出新鲜的与葡萄类型完美匹配的正统葡萄酒。阿玛诺（Amarone）品质逐年提高，推出的新品葡萄酒散发集中的红色水果类的丰富香气，香料和橡木味贯穿始终。品尝后，酒体强硕，单宁柔滑，再次向我们证明了它的优秀品质。优秀年份的瓦尔波利塞拉（Valpolicella）拥有葡萄品种本身特有的经典香气，混合野生浆果、樱桃和胡椒味道，入口后那“嘎吱嘎吱”的酒酸让你非常享受。

● Amarone della Valpolicella Cl. '09	▼▼ 6
● Valpolicella Cl. '12	▼▼ 2*
● Valpolicella Cl. Sup. Ripasso '11	▼▼ 3
● Corvina Veronese '10	▼ 4
● Amarone della Valpolicella Cl. '08	▽▽ 6
● Amarone della Valpolicella Cl. '07	▽▽ 6

★Suavia

FRAZ. FITTÀ DI SOAVE
VIA CENTRO, 14
37038 SOAVE [VR]
TEL. 0457675089
www.suavia.it

藏酒销售
预约参观
年产量 100 000 瓶
葡萄种植面积 12 公顷

梅丽（Meri）、瓦伦蒂娜（Valentina）和亚历山德拉（Alessandra）共同经营着他们位于费塔（Fitta）小镇的家族酒庄。那里是索阿维（Soave）的中心地带，那里的黑土壤完全不受火山的影响。10多公顷的葡萄园位于高海拔丘陵处，这里白天阳光充足，太阳下山后则吹拂习习凉风。这里种植的都是老藤葡萄，没有国际品种，酒窖里酿造的葡萄酒都是本地风土的最佳产物。2011年是个丰收年，索阿维•蒙特•卡本纳（Soave Monte Carbonare）褪去了以往的尖酸，展现出优雅与平衡。在矿物基调下，散发花朵和新鲜黄色水果风味，入口后丰腴柔滑。玛斯菲蒂2010（Massifitti 2010）是在不锈钢桶中熟成的特雷比亚诺•索阿维（Trebbiano di Soave），质量很好，弥漫着金苹果的香味以及烟熏矿物味，入口后，给人和谐风味。

○ Soave Cl. Monte Carbonare '11	🍷🍷🍷 3*
○ Massifitti '10	🍷🍷 3*
○ Soave Cl. '12	🍷🍷 2*
○ Opera Semplice Dosaggio Zero M. Cl.	🍷 4
○ Soave Cl. Le Rive '02	🍷🍷🍷 4
○ Soave Cl. Monte Carbonare '10	🍷🍷🍷 3*
○ Soave Cl. Monte Carbonare '09	🍷🍷🍷 3*
○ Soave Cl. Monte Carbonare '08	🍷🍷🍷 3*
○ Soave Cl. Monte Carbonare '07	🍷🍷🍷 3*
○ Soave Cl. Monte Carbonare '06	🍷🍷🍷 3*
○ Soave Cl. Monte Carbonare '05	🍷🍷🍷 3*
○ Soave Cl. Monte Carbonare '04	🍷🍷🍷 3

Sutto

LOC. CAMPO DI PIETRA
VIA ARZERI, 34/1
31040 SALGAREDA [TV]
TEL. 0422744063
www.sutto.it

藏酒销售
预约参观
餐饮服务
年产量 150 000 瓶
葡萄种植面积 70 公顷

斯特凡诺（Stefano）和路易吉索托（Luigi Sutto）给他们的父亲费鲁乔（Ferruccio）创办的酿酒厂带来了质量上的转折点。如今，他们在坎坡蒂彼得拉（Campo di Pietra）管理的葡萄园占地70公顷，那里是皮亚韦河地区（Piave）最富盛名的产酒区之一。所酿葡萄酒分为两个系列：一是即饮型葡萄酒，采用优质葡萄，对香气表现很重视；二是酿造陈酿（Riserva）系列酒，因为当地风土因素，所酿酒风味浓郁、典雅，销量也相当好。我们可以从他们家产的红葡萄酒中看到质量的飞跃，例如多歌玛红葡萄酒2011（Dogma Rosso 2011）和坎博萨拉2011（Campo Sella 2011）。前者是赤霞珠（Cabernet Sauvignon）为主的波尔多混酿，有着沁人心脾的香气，散发黑莓、香草和香料味道，口感明晰。后者是开放型葡萄酒，是梅洛丰富果味的典型代表，风格优雅细腻。富果味、酒体柔滑的乌蒂莫2011（Ultimo 2011）采用风干曼佐尼白葡萄（Manzoni Bianco）酿成，同样非常不错。

● Campo Sella '11	🍷🍷 5
● Dogma Rosso '11	🍷🍷 4
○ Manzoni Bianco '12	🍷🍷 2*
○ Ultimo '11	🍷🍷 3
● Cabernet '12	🍷 2
○ Chardonnay '12	🍷 2
● Merlot '12	🍷 2
○ Pinot Grigio '12	🍷 2
● Campo Sella '10	🍷🍷 5
● Dogma Rosso '10	🍷🍷 4
○ Manzoni Bianco '11	🍷🍷 2*
○ Ultimo '10	🍷🍷 3
○ Ultimo '09	🍷🍷 3

T.E.S.S.A.R.I.

Loc. Brognoligo
via Fontana Nuova, 86
37032 Monteforte d'Alpone [VR]
Tel. 0456176041
www.cantinatessari.com

藏酒销售
预约参观
年产量 35 000 瓶
葡萄种植面积 13 公顷

泰萨里（Tessari）的家族庄园如今已步入第20个年头，不过他们与索阿维（Soave）葡萄园的关系可以追溯到半个世纪前。如今，他们的家族庄园是该地区最具活力的新兴酿酒厂之一。他们的葡萄园占地13公顷，全部种植高感（Garganega）葡萄。这种葡萄可用来酿造多种红酒。葡萄园严格地执行藤架培养系统，及时去除生长旺盛的嫩枝，从而控制产量。索阿维•龙格2011（Soave Le Bine Longhe di Costalta 2011）口感极佳，强烈的香味令人回味无穷，它有新鲜的黄果肉香，除此之外还有红花和干花香。入口后，满嘴充斥的都是果肉香，而后逐渐变得美妙无穷，最后清新爽口。索阿维•桂赛拉2012（Soave Grisela 2012）则给人简约感，拥有苹果和梨的香味，酒劲不是那么足，但是甜甜的。雷乔托特里科利2011（Recioto Tre Colli 2011）则带有柑橘和柠檬类风味，甜度适中。

○ Soave Cl. Grisela '12	🍷🍷 2*
○ Soave Cl. Le Bine Longhe di Costalta '11	🍷🍷 3
○ Garganega Brut	🍷 3
○ Recioto di Soave Tre Colli '11	🍷 5
○ Soave Cl. Grisela '11	🍷🍷 2*
○ Soave Cl. Grisela '08	🍷🍷 2*
○ Soave Cl. Grisela '07	🍷🍷 2*
○ Soave Cl. Le Bine Longhe '10	🍷🍷 5*

Tamellini

Fraz. Costeggiola
via Tamellini, 4
37038 Soave [VR]
Tel. 0457675328
piofrancesco.tamellini@tin.it

藏酒销售
预约参观
年产量 250 000 瓶
葡萄种植面积 25 公顷

加埃塔诺（Gaetano）和皮奥弗朗西斯科塔梅里尼（Piofrancesco Tamellini）的酿酒厂建于20世纪90年代末，如今已快速发展成维罗纳（Veronese）一家顶级酒厂，他们的葡萄园在这片宝贵的土地上占地辽阔。这里，也就是维罗纳（Veronese）这片葡萄种植老牌区域的最西边，凝灰岩和石灰岩已逐渐风化成玄武岩，高感（Garganega）是这片区域最常见的葡萄品种。有限的产量以及精心控制葡萄的老化给这里生产酿造的葡萄酒带来了美味的口感。索阿维•比内德•库斯塔纳2011（Soave Le Bine de Costalta 2011）很出色，香气十足，从异国风味的香气到果脯香，还充斥着淡淡的矿物香。口感也是对气味的最佳证明，入口后有和谐之感。已上市的经典索阿维2012（Soave Classico 2012）也很不错。已经三年陈酿的绝干起泡酒2009（the Extra Brut 2009）则给人带来花的香味，口感先是浓郁，随后令人回味无穷。

○ Soave Cl. Le Bine de Costiola '11	🍷🍷🍷 3*
○ Extra Brut M. Cl. 36 mesi '09	🍷🍷 4
○ Soave Cl. '12	🍷🍷 2*
○ Soave Cl. Le Bine '04	🍷🍷🍷 3*
○ Soave Cl. Le Bine de Costiola '06	🍷🍷🍷 3*
○ Soave Cl. Le Bine de Costiola '05	🍷🍷🍷 3*
○ Recioto di Soave V. Marogne '02	🍷🍷 5
○ Soave Cl. Le Bine de Costiola '09	🍷🍷 3*
○ Soave Cl. Le Bine de Costiola '08	🍷🍷 3*
○ Soave Cl. Le Bine de Costiola '07	🍷🍷 3*

Tanorè

FRAZ. SAN PIETRO DI BARBOZZA
VIA MONT DI CARTIZZE, 3
31040 VALDOBBIADENE [TV]
TEL. 0423975770
www.tanore.it

藏酒销售
预约参观
年产量 90 000 瓶
葡萄种植面积 10 公顷

在瓦尔多比亚德尼（Valdobbiadene），世界各地葡萄酒酒庄总是和当地的葡萄种植者达成交易，以获取足够的葡萄供葡萄酒的生产。然而，弗莱多（Follador）兄弟塞尔吉奥（Sergio）和雷纳托（Renato）拥有的塔诺雷酒庄（Tanorè）却属于小圈子运作的葡萄酒酿造厂，他们只挑选专门的国产葡萄，限制酒的产量而专注于酒的品质。塔诺雷酒庄（Tanorè）坐落在卡迪策（Cartizze）山边，这是法定产区（DOC）最负盛名的分区。卡迪策（Cartizze）葡萄酒是弗莱多（Follador）最上乘的酒，取材于酿酒厂边的葡萄园。该酒飘着苹果和紫藤花的芳香，极富植物气息。尝一口，甜味淡淡，酸味多汁，甚是开胃。这种低糖酒制作工序别致，延续了低糖酒的浓郁，与其风格相应，且带有淡淡的柑橘和白葡萄酒之香。

○ Cartizze	🍷🍷 4
○ Valdobbiadene Brut	🍷🍷 3
○ Valdobbiadene Dry Il Tanorè '12	🍷 3
○ Valdobbiadene Extra Dry	🍷 2
○ Cartizze	🍷🍷 4
○ Valdobbiadene Dry Il Tanorè '11	🍷🍷 3
○ Valdobbiadene Dry Il Tanorè '10	🍷🍷 3
○ Valdobbiadene Dry Il Tanorè '09	🍷🍷 3

Giovanna Tantini

LOC. I MISCHI
37014 CASTELNUOVO DEL GARDA [VR]
TEL. 0457575070
www.giovannatantini.it

藏酒销售
预约参观
旅馆接待
年产量 25 000 瓶
葡萄种植面积 11.5 公顷

乔万娜•汤提尼酒庄（Giovanna Tantini）的酿酒厂位于卡斯泰尔诺沃德尔•加达（Castelnuovo del Garda），为科斯多佐（Custoza）和巴多利诺（Bardolino）生产指定的葡萄酒。自2002年首次丰收以来，乔万娜（Giovanna）把重点放于后者，当今已成为这类酒最优质的生产商之一。在费德里科•科泰兹（Federico Curtaz）、阿蒂里奥•帕利（Attilio Pagli）和劳拉•朱达斯（Laura Zuddas）三位酿酒师加入后，庄园重新打造加达尔（Garda）红酒的特质，尝试延续其清爽的口味，增加酒劲，并使其芳香四溢、优雅高尚。通过在酒窖中多酝酿一年，巴多利诺2011（Bardolino 2011）红葡萄酒香味浓郁，口感均衡，有香料和药草的味道，干净醇正，烟熏味持久不散。托雷2009（Ettore 2009）干红葡萄酒是赤霞珠（Cabernet Sauvignon）和科维纳（Corvina）混酿，还添加迟摘的梅洛（Melort），果香浓郁，原汁原味，入口酒体强硕，风味强烈。

● Bardolino '11	🍷🍷 2
● Ettore '09	🍷🍷 4
⊙ Bardolino Chiaretto '12	🍷 2
● Bardolino '10	🍷🍷 2*
● Bardolino '09	🍷🍷 2*
● Bardolino '08	🍷🍷 2*
● Bardolino '07	🍷🍷 2*
● Ettore '08	🍷🍷 4
● Ettore '07	🍷🍷 4
● Ettore '06	🍷🍷 4
● Greta '09	🍷🍷 5
● Greta '08	🍷🍷 5

F.lli Tedeschi

FRAZ. PEDEMONTE
VIA G. VERDI, 4
37029 SAN PIETRO IN CARIANO [VR]
TEL. 0457701487
www.tedeschiwines.com

藏酒销售
预约参观
年产量 500 000 瓶
葡萄种植面积 30 公顷

之前为发展酒庄所付出的所有辛劳，现在都有所回报了。这离不开始终坚持信仰并努力的里卡多（Riccardo）、安赛布瑞娜（Sabrina）和托尼塔（Antonietta）的功劳。葡萄园位于海拔200米至450米的位置，占地30公顷的葡萄园，生产各种类别传统型葡萄酒。同时，第一批在新酒窖酿成的葡萄酒也推出市场。精选瓦尔波利塞拉（Valpolicella Superiore Maternigo）是顶级酒，风格经典、口感纯粹，有着浓郁的水果味道，酒体强硕，却不复杂。复杂的阿马诺•法比利萨拉2007（Amarone La Fabriseria 2007）的香气缓缓而来，散发果脯、矿物和药草味道，口感浓烈饱满，易饮。卡布特•蒙特•欧尔米2008（Capitel Monte Olmi 2008）拥有令人印象深刻的果味，酒体饱满，回味带特别的橄榄味道。

● Valpolicella Sup. Maternigo '11	🍷🍷🍷 4*
● Amarone della Valpolicella Cl. Capitel Monte Olmi '08	🍷🍷 8
● Amarone della Valpolicella Cl. La Fabriseria '07	🍷🍷 8
● Amarone della Valpolicella Cl. '09	🍷🍷 6
● Recioto della Valpolicella Cl. Capitel Monte Fontana '07	🍷🍷 6
● Valpolicella Cl. Sup. La Fabriseria '10	🍷🍷 5
● Amarone della Valpolicella Cl. Capitel Monte Olmi '07	🍷🍷🍷 8
● Amarone della Valpolicella Cl. Capitel Monte Olmi '01	🍷🍷🍷 7
● Amarone della Valpolicella Cl. Capitel Monte Olmi '99	🍷🍷🍷 7
● Amarone della Valpolicella Cl. Capitel Monte Olmi '97	🍷🍷🍷 8

Viticoltori Tommasi

LOC. PEDEMONTE
VIA RONCHETTO, 2
37020 SAN PIETRO IN CARIANO [VR]
TEL. 0457701266
www.tommasiwine.it

藏酒销售
预约参观
年产量 1 000 000 瓶
葡萄种植面积 150 公顷

这是生产维罗纳（Verona）红酒最有名的酒庄之一。托马西（Tommasi）家族自19世纪中期以来就开始酿酒，现拥有150余公顷葡萄园，主要位于瓦尔波利塞拉（Valpolicella），其葡萄酒畅销世界。达里奥（Dario）这一代大大促进了酒庄的发展，现在他的兄弟姐妹都积极参与到了生产葡萄酒的各个阶段，有些在葡萄园工作，有些在酒窖工作，还有些则管理酒庄和负责葡萄酒的营销。其葡萄酒制作工艺传统，酒劲较强。陈酿阿马诺2007（Amarone Ca' Florian Riserva 2007）首次闪亮登场，富有成熟水果和咖啡味道，清香四溢且带有草药味，细细品尝，口感浓郁，余味缭绕。经典阿马诺2009（Amarone Classico 2009）葡萄酒有成熟丰腴的新鲜水果味道，口感柔滑。顶级瓦尔波利塞拉2011（Valpolicella Superiore Rafael 2011）葡萄酒酒味原始，口感强烈，是难得的好酒。

● Amarone della Valpolicella Cl. Ca' Florian Ris. '07	🍷🍷 7
● Amarone della Valpolicella Cl. '09	🍷🍷 7
● Crearo della Conca d'Oro '11	🍷🍷 4
● Valpolicella Cl. Sup. Rafael '11	🍷🍷 3
● Valpolicella Cl. Sup. Ripasso '11	🍷🍷 4
● Arele '11	🍷 3
○ Lugana Vign. San Martino Il Sestante '12	🍷 2
● Amarone della Valpolicella Cl. '07	🍷🍷 6
● Amarone della Valpolicella Cl. '06	🍷🍷 6
● Crearo della Conca d'Oro '07	🍷🍷 4*
● Crearo della Conca d'Oro '06	🍷🍷 4
● Valpolicella Cl. Sup. Vign. Rafael '08	🍷🍷 4

Trabucchi d'Illasi

LOC. MONTE TENDA
37031 ILLASI [VR]
TEL. 0457833233
www.trabucchidillasi.it

藏酒销售
预约参观
年产量 120 000 瓶
葡萄种植面积 25 公顷
葡萄栽培方式 有机认证

特拉布基家族（Trabucchi）拥有的酿酒厂占地超过30公顷，同时生产索阿维白葡萄酒（Soave）和瓦尔波利塞拉红葡萄酒（Valpolicella）。酒庄位于蒙特腾达（Monte Tenda）山腰，处于海拔140米至300米间。葡萄园部分采用居约系统（Guyot System），部分采用藤架培植方式（Pergola-trained），全部有机栽培的葡萄质量上乘。从葡萄采收到送至酒窖发酵，葡萄都完好无缺，尽量少的人工干预。阿玛诺2007（Amarone 2007）表现很好，开瓶时缓缓飘出干果和草药的芳香，随后还有矿物和香料的香味。作为酒庄的旗舰酒，风味独特，有陈酿潜力。瓦尔波利塞拉•瑟雷洛2007（Valpolicella Terra del Cereolo 2007）经过长时间陈酿，以复杂、多层次的香气脱颖而出，风味活跃干冽。辛辣、丰满的瓦尔波利塞拉2012（Valpolicella Un Anno 2012）也非常受欢迎。

● Amarone della Valpolicella '07	🍷🍷 8
● Valpolicella Sup. Terre del Cereolo '07	🍷🍷 5
● Valpolicella Un Anno '12	🍷🍷 2*
○ Margherita '12	🍷 2
● Amarone della Valpolicella '06	🍷🍷🍷 8
● Amarone della Valpolicella '04	🍷🍷🍷 8
● Recioto della Valpolicella Cereolo '05	🍷🍷🍷 8
● Valpolicella Sup. Terre di S. Colombano '03	🍷🍷🍷 4*
● Amarone della Valpolicella Cent'Anni Ris. '04	🍷🍷 8
● Recioto della Valpolicella '06	🍷🍷 7
● Valpolicella Sup. Terre del Cereolo '06	🍷🍷 5
● Valpolicella Sup. Terre di S. Colombano '07	🍷🍷 3*

Spumanti Valdo

VIA FORO BOARIO, 20
31049 VALDOBBIADENE [TV]
TEL. 04239090
www.valdo.com

藏酒销售
预约参观
年产量 9 000 000 瓶
葡萄种植面积 155 公顷

韦尔多（Valdo）是科内利亚诺•瓦尔多比亚德尼（Conegliano Valdobbiadene）产区最具盛名的经典品牌，历史悠久，可以追溯到第一次世界大战期间。19世纪40年代，酒庄为博拉（Bolla）家族所有，现在则归皮耶路易吉（Pierluigi）家族所有。该酒庄生产的葡萄酒质量较高，主要酿造保证法定产区（DOCG）优质葡萄酒，这也正是博拉（Bolla）家族所擅长的。酒庄有广泛的葡萄源网络，以获取每年所需的葡萄。卡慕（Cuvée di Boj）是种口味极致的干葡萄酒，以其纯净浓郁的芳香味在韦尔多（Valdo）众多气泡酒中脱颖而出。绝干1926（Extra Dry 1926）葡萄酒果香四溢，口感丰盈。而卡慕薇薇安娜•卡迪策（Cartizze Cuvée Viviana）葡萄酒则口味独特，香味浓郁，泡沫丰富，有一丝丝酸味。

○ Cartizze Cuvée Viviana	🍷🍷 5
○ Valdobbiadene Brut Cuvée di Boj	🍷🍷 2
○ Valdobbiadene Extra Dry Cuvée 1926	🍷🍷 2*
○ Numero 10 Brut M. Cl. '09	🍷 4
○ Prosecco di Treviso Extra Dry	🍷 2
○ Valdobbiadene Cuvée del Fondatore '11	🍷 3

Cantina Valpolicella Negrar

via Ca' Salgari, 2
37024 Negrar [VR]
Tel. 0456014300
www.cantinanegrar.it

藏酒销售
预约参观
餐饮服务
年产量 7 000 000 瓶
葡萄种植面积 600 公顷
葡萄栽培方式 有机认证

瓦尔波利塞拉（Valpolicella）有几家合作酒厂，其中包括丹尼乐（Daniele Accordini）负责经营的这一家。在过去的几十年间，酒庄见证了这片土地所发生的变化。酒庄出品各种级别的葡萄酒，其中多米尼•维纳帝（Domini Veneti）系列是酒庄的顶级酒。之所以能酿成如此优质的葡萄酒，有赖于葡萄园工人们的辛勤劳动，他们的精耕细作，造就了能够最大程度地反映这片土地、葡萄品种以及纬度特质的佳酿。他们最好的葡萄酒有着优秀的集中强硕口感，以阿玛诺•维纳帝2007（Amarone Vigneti di Jago 2007）为例，葡萄产于内格拉山谷（Negrar Valley）东部斜坡，香气由干红樱桃和巧克力味道主导，入口后，酒体厚重，单宁明显。雷乔托•维涅蒂迪莫龙•2010（Recioto Vigneti di Moron 2010）富果味，风味香甜。在这么多款瓦尔波利塞拉酒（Valpolicellas）中，托尔比2011（Torbe 2011）尤为成功。

● Amarone della Valpolicella Cl. Vigneti di Jago Domini Veneti '07	🍷🍷 6
● Recioto della Valpolicella Cl. Vign. di Moron Domini Veneti '10	🍷🍷 4
● Valpolicella Cl. Sup. Ripasso La Casetta Domini Veneti '10	🍷🍷 4
● Valpolicella Cl. Sup. Ripasso Vign. di Torbe Domini Veneti '11	🍷🍷 3
● Valpolicella Cl. Sup. Verjago Domini Veneti '08	🍷🍷 4
● Valpolicella Cl. Biologico Domini Veneti '12	🍷 2
● Valpolicella Cl. Sup. Domini Veneti '11	🍷 2
● Amarone della Valpolicella Cl. Villa Domini Veneti '05	🍷🍷🍷 8
● Recioto della Valpolicella Cl. Vigneti di Moron Domini Veneti '01	🍷🍷🍷 5

Odino Vaona

loc. Valgatara
via Paverno, 41
37020 Marano di Valpolicella [VR]
Tel. 0457703710
www.vaona.it

藏酒销售
预约参观
年产量 60 000 瓶
葡萄种植面积 10 公顷

阿尔贝托•瓦奥娜（Alberto Vaona）经营着位于玛拉诺谷（Marano）的家族酿酒厂，这也是该经典葡萄种植区的土壤中唯一含有火山残留物的土地。在这里，葡萄园的海拔接近250米。最古老的土地还是采用的维罗纳（Veronese）藤架栽培方式，而新开辟的土地则采用盖约特（Guyot）栽培系统，很有条理地培育葡萄。产量依然有限，但是质量却是亮点，产品包括了阿玛诺（Amarone），气质不失优雅。阿玛诺2009（Amarone Pegrandi 2009）令人印象深刻，水果味和香草味给舌尖带来无限欢快感。陈酿2007（Riserva 2007）更侧重于干花干果香，又不失张力和劲道。阿玛诺•巴维诺2010（Amarone Paverno 2010）风格简朴，酒体饱满圆润。在众多的瓦尔波利塞拉酒（Valpolicellas）中，我们最喜欢香气清新却不失风味的利帕索佩格兰蒂2011（Ripasso Pegrandi 2011）。

● Amarone della Valpolicella Cl. Pegrandi '09	🍷🍷🍷 5
● Amarone della Valpolicella Cl. Pegrandi Ris. '07	🍷🍷 8
● Amarone della Valpolicella Cl. Paverno '10	🍷🍷 5
● Recioto della Valpolicella Le Peagnà '11	🍷🍷 4
● Valpolicella Cl. Sup. Ripasso Pegrandi '11	🍷🍷 3
● Castaroto '10	🍷 4
● Valpolicella Cl. '12	🍷 2
● Valpolicella Sup. '11	🍷 2
● Amarone della Valpolicella Cl. Pegrandi '08	🍷🍷🍷 5
● Amarone della Valpolicella Cl. Paverno '09	🍷🍷 5
● Recioto Cl. Le Peagnè '09	🍷🍷 4

Massimino Venturini

FRAZ. SAN FLORIANO
VIA SEMONTE, 20
37020 SAN PIETRO IN CARIANO [VR]
TEL. 0457701331
www.viniventurini.com

藏酒销售
预约参观
年产量 100 000 瓶
葡萄种植面积 12 公顷

文图里家族（Venturini）葡萄酒的生产已由维亚赛蒙特（Via Semonte）搬到了位于蒙特•奥尔米（Monte Olmi）山山脚下的新酒窖。这里，达妮埃莱（Daniele）和米尔科（Mirco）可以在和平有序的条件下进行生产。另一方面，葡萄园的工作还是按照以往节奏开展，静谧、耐心等待最适合酿酒的葡萄，这样品质的葡萄酒没有辜负产地的名誉以及本身的传统。占地12公顷的葡萄园以及100 000瓶的年产量诠释了酒的质量，胜过任何言语。在文图里（Venturini）酿酒厂，工人们精心酿造阿玛诺（Amarone），推出两款风格完全不同的酒。克莱西2009（Classico 2009 ）的香味是最新收获的果味和香料味，有一种干干的原味感觉。坎波马苏亚2008（Campo Masua 2008）符合干果的概念，具有力量的酒体也完全凸显出来，还伴随着一定的张力。雷乔托2010（Recioto 2010）特别令人欢快，香甜清脆的樱桃味被淋漓尽致地表达出来，没有辜负闻名已久以甜美著称的美誉，入口后一股果酸味却也感觉美味。

● Amarone della Valpolicella Cl. '09	🍷🍷 5
● Amarone della Valpolicella Cl. Campo Masua '08	🍷🍷 6
● Recioto della Valpolicella Cl. '10	▼▼ 5
● Valpolicella Cl. Sup. Ripasso Semonte Alto '09	▼▼ 3
● Massimino '09	▼ 4
● Valpolicella Cl. '12	▼ 2
● Amarone della Valpolicella Cl. Campo Masua '07	▽▽▽ 6
● Amarone della Valpolicella Cl. Campo Masua '05	▽▽▽ 6
● Recioto della Valpolicella Cl. Le Brugnine '97	▽▽▽ 5
● Amarone della Valpolicella Cl. '08	▽▽ 5

Agostino Vicentini

FRAZ. SAN ZENO
VIA C. BATTISTI, 62C
37030 COLOGNOLA AI COLLI [VR]
TEL. 0457650539
www.vinivicentini.com

藏酒销售
预约参观
年产量 100 000 瓶
葡萄种植面积 20 公顷

维亚•巴迪斯蒂（Via Battisti）生产出来的酒是钟爱索阿维葡萄酒（Soave）的人们关注的焦点。不被多数人所知的是它也生产瓦尔波切利塞拉（Valpolicella）系列，近年来，这些酒日渐变得更优雅和有深度，再次证明了不靠酒劲的红酒也能因质量被人赞赏的理念。这样的声誉要归功于做事一丝不苟的年迈的阿戈斯蒂诺（Agostino）和他酿酒技艺超群的儿子曼纽尔勒（Manuele）。曼纽尔勒（Manuele）的姐姐弗朗西丝卡（Francesca）同他们的母亲特瑞莎（Teresa）一起负责商业方面的事物。卡萨莱酒（Casale）是索阿维（Soave）中的一种，它是单纯使用该产区的高感（Garganega）葡萄酿制而成。产量有限，成熟期需精心呵护，这样生产出来的葡萄酒才能带来丰富的香味和坚定的口感，入口后平衡细致。特雷朗格2012（Terre Lunghe 2012）充满原味。说到红葡萄酒，我们比较喜欢易迪亚巴科2010（Idea Bacco 2010），因为其活跃健硕的酒体结构。

○ Soave Sup. Il Casale '12	🍷🍷🍷 3*
○ Soave Vign. Terre Lunghe '12	▼▼ 2*
● Valpolicella Sup. '10	▼▼ 3
● Valpolicella Sup. Idea Bacco '10	▼▼ 5
○ Soave Sup. Il Casale '09	▽▽▽ 3*
○ Soave Sup. Il Casale '08	▽▽▽ 3*
○ Soave Sup. Il Casale '07	▽▽▽ 3*
○ Soave Il Casale '10	▽▽ 3*
○ Soave Sup. Il Casale '11	▽▽ 3*
○ Soave Vign. Terre Lunghe '11	▽▽ 2*
○ Soave Vign. Terre Lunghe '10	▽▽ 2*
○ Soave Vign. Terre Lunghe '09	▽▽ 2*

Vigna Roda

LOC. CORTELÀ
VIA MONTE VERSA, 1569
35030 VÒ [PD]
TEL. 0499940228
www.vignaroda.com

藏酒销售
预约参观
年产量 52 000 瓶
葡萄种植面积 17 公顷

詹尼•斯特扎卡普（Gianni Strazzacapa）和妻子埃琳娜（Elena）拥有的酿酒厂坐落在科利尤甘内（Colli Euganei）的西坡，他们的酿酒厂是该地区最著名的酿酒厂之一。创办于20世纪90年代末的这座家族葡萄园的葡萄品质逐年提高，这一点能在其产品中体现出来，生产的酒醇厚和谐。生产主要集中在梅洛（Merlot）和解百纳（Cabernet）上，这也是威尼托（Veneto）近200年的主要产品。至于白酒，主打则是菲奥尔德阿安桥（Fior d'Arancio）。斯特扎卡普（Strazzacappa）最好的酒当属思嘉莱托（Scarlatto），它一直是波尔多（Bordeaux）混酿的代表，浓郁的水果味道，伴随香料和花园植物的气息，口感强烈，易饮，单宁活跃。埃斯皮罗2012（Espero 2012）是由赤霞珠（Cabernet Sauvignon）酿造，散发平易近人的李子味道，细致的香草气息，给予人新鲜感。

● Colli Euganei Cabernet Espero '12	🍷🍷 2*
● Colli Euganei Rosso '12	🍷🍷 2*
● Colli Euganei Rosso Scarlatto '10	🍷🍷 3
○ Colli Euganei Fior d'Arancio	🍷 4
● Colli Euganei Merlot Il Damerino '12	🍷 4
○ Colli Euganei Serprino Frizzante '12	🍷 2
● Colli Euganei Cabernet Espero '11	🍷🍷 2*
○ Colli Euganei Fior d'Arancio Passito Petali d'Ambra '09	🍷🍷 4
● Colli Euganei Merlot Il Damerino '10	🍷🍷 4
● Colli Euganei Rosso '11	🍷🍷 2*
● Colli Euganei Rosso Scarlatto '09	🍷🍷 3
● Colli Euganei Rosso Scarlatto '08	🍷🍷 3*

Vignale di Cecilia

LOC. FORNACI
VIA CROCI, 14
35030 BAONE [PD]
TEL. 042951420
www.vignaledicecilia.it

预约参观
年产量 20 000 瓶
葡萄种植面积 8 公顷
葡萄栽培方式 有机认证

保罗•布鲁内洛（Paolo Brunello）创办了维尼亚莱蒂塞西尔（Vignale di Cecilia），这座小型酒庄位于蒙特塞西莉亚（Monte Cecilia）山的西南峰，这也是尤甘内法定产酒区（Euganei DOC）变成低地前的最后一座丘陵之一。酿酒厂周围的圆形葡萄园主要种植的是波尔多（Bordeaux）种类，租用的葡萄园种植了卡尔卡耐卡（Garganega）和泰（Tai）。这些还未广为人知的种类在保罗（Paolo）的呵护下培育出来，具有独创性。重重的红酒体现出这片风土上的阳光特色。帕萨卡里亚（Passacaglia）是梅洛为主的波尔多混酿（Merlot Bordeaux），香气丰富，浓郁的水果味道，夹杂香料和药草味道，入口后，突出的单宁和果酸味，让人为之一振。科西埃（Cocài）是采用泰（Tai）葡萄酿造的一款具有夏日气息的葡萄酒，易饮而富果味。而埃尔摩洛2010（El Moro 2010）则是采用佳美纳葡萄（Carmenère）酿成，香气缓缓道来，有着最佳口感，散发矿物味道。

○ Cocài '11	🍷🍷 3
● Colli Euganei Rosso Covolo '10	🍷🍷 3
● Colli Euganei Rosso Passacaglia '09	🍷🍷 4
● El Moro '10	🍷🍷 3
○ Benavides '11	🍷🍷 2*
○ Benavides '10	🍷🍷 2*
○ Benavides '09	🍷🍷 2
○ Cocài '10	🍷🍷 3
○ Cocài '09	🍷🍷 3
● Colli Euganei Rosso Passacaglia '08	🍷🍷 4
● Colli Euganei Rosso Passacaglia '07	🍷🍷 4
● El Moro '08	🍷🍷 3*

★Vignalta

via Scalette, 23
35032 Arquà Petrarca [PD]
Tel. 0429777305
www.vignalta.it

藏酒销售
预约参观
年产量 280 000 瓶
葡萄种植面积 50 公顷

维涅亚尔塔（Vignalta）这家酿酒厂做出的巨大贡献是它使科利尤甘内（Colli Euganei）的名字广为人知。维涅亚尔塔（Vignalta）的葡萄园在其所在地区的南部拥有超过50公顷的领地，由卢乔•戈米尔罗（Lucio Gomiero）掌控。卢乔•戈米尔罗在葡萄园的管理方面与菲力波•斯科特伽纳（Filippo Scortegagna）合作，在酒窖管理方面与米歇尔蒙泰基奥（Michele Montecchio）合作。卢乔•戈米尔罗（Lucio Gomiero）有超过30年的酿酒经验，这就意味着他与同事们可以最大限度利用好葡萄园，根据不同的特点将不同的葡萄园与不同的品牌相匹配，以非侵入性的葡萄酒酿酒方式凸显特点。酒庄的旗舰酒非格莫拉（Gemola）莫属，由梅洛（Merlot）和品丽珠（Cabernet Franc）混酿，年复一年成为产区的代表酒品。散发红色水果、香料和香草的可爱气息，风味明晰欢快，回味持久。我们也喜欢阿尔皮安尼亚2009（Alpianae 2009），去年被收录进入《年鉴》，拥有柑橘类和香甜水果的丰富味道，入口甜腻。

● Colli Euganei Rosso Gemola '09	🍷🍷🍷 5
○ Colli Euganei Fior d'Arancio Passito Alpianae '09	🍷🍷 4
○ Brut Nature M. Cl.	🍷🍷 5
○ Colli Euganei Pinot Bianco '12	🍷🍷 3
● Colli Euganei Rosso Ris. '09	🍷🍷 3
● Marrano '08	🍷🍷 5
○ Colli Euganei Chardonnay '11	🍷 4
○ Colli Euganei Fior d'Arancio Passito Alpianae '08	🍷🍷🍷 4
● Colli Euganei Rosso Arquà '04	🍷🍷🍷 6
● Colli Euganei Rosso Gemola '07	🍷🍷🍷 5
● Colli Euganei Rosso Gemola '01	🍷🍷🍷 5
● Colli Euganei Rosso Gemola '00	🍷🍷🍷 6

Le Vigne di San Pietro

via San Pietro, 23
37066 Sommacampagna [VR]
Tel. 045510016
www.levignedisanpietro.it

藏酒销售
预约参观
年产量 70 000 瓶
葡萄种植面积 10 公顷

勒威格蒂•圣•彼得罗（Le Vigne di San Pietro）庄园创建于20世纪80年代初期。如今，酒庄已在索姆马坎帕尼亚地区（Sommacampagna）有着10公顷的土地。事实上，卡斯多佐和巴多利诺在索姆马坎帕尼亚（Sommacampagna）产区有着强烈的竞争。卡洛尼罗兹亚（Carlo nerozzi）在妻子里贾纳（Regina）的支持下与费德里科•乔托（Federico Giotto）有着亲密的合作，一直致力于寻找能够保持加尔达产区（Garda）葡萄酒色彩、市场所需求的浓度和深度的一个平衡点。他的目标就是要生产出一种富有芳香的红酒，可以保证品质和典雅。这些品质在巴多利诺2012（Bardolino 2012）中有着体现，拥有野生草莓、香料以及香草味道，入口表现平衡，既突出了葡萄酒的强健酒体，却不失细腻度。巴多利诺2012（Bardolino 2012）与科斯多佐2012（Custoza 2012）类似，不过果香更浓。而阿玛罗尼2009（Amarone 2009）是由卡洛（Carlo）那轻巧的双手所酿造。阿玛罗尼2009（Amarone 2009）蕴含着樱桃味和胡椒味，入口后给人无穷的香气感受。

● Bardolino '12	🍷🍷 2*
○ Custoza '12	🍷🍷 2*
● Amarone della Valpolicella Cl. '09	🍷🍷 7
⊙ CorDeRosa '12	🍷 2
● Bardolino '11	🍷🍷🍷 2*
● Refolà Cabernet Sauvignon '04	🍷🍷🍷 6
○ Sud '95	🍷🍷🍷 6
● Bardolino '10	🍷🍷 2*
○ Custoza '11	🍷🍷 2*
○ Custoza '10	🍷🍷 2*
● Refolà '09	🍷🍷 6
● Refolà Cabernet Sauvignon '05	🍷🍷 6

Vigneto Due Santi

V.LE ASIAGO, 174
36061 BASSANO DEL GRAPPA [VI]
TEL. 0424502074
www.vignetoduesanti.it

藏酒销售
预约参观
年产量 100 000 瓶
葡萄种植面积 19 公顷

阿德里亚诺（Adriano）和斯特凡诺•宗塔（Stefano Zonta）成功缔造了维涅托•迪尤•桑蒂（Vigneto Due Santi）酒庄。坐落在巴萨洛•德•格拉帕（Bassano del Grappa）的家族酿酒厂维涅托•迪尤•桑蒂占地19公顷，那里享有朝南的日光，有来自附近瓦尔苏加纳（Valsugana）山谷吹来的微风。他们主要出品波尔多（Bordeaux）系列，简单却不失品牌代表所传递的浓郁鲜明的果香。近年来，在白葡萄酒方面，他们一直致力于追求更新鲜的品质，占据一定量的市场。酿酒厂的新星加本纳•迪尤•桑蒂（Cabernet Due Santi）仍然在酒窖里珍藏着，这就凸显了在如此重要的阶段他们所倾注的心血。2010年的解百纳（Cabernet）和梅洛（Merlot）让我们体验到它们如此丰富的香气，水果味道占主导，还有香料、香草以及橡木味道，每一种香气都不同，给人细微的体验。前者给人满满的阳光的感觉，带着一股惊喜般的酸味；后者则是强健而充满活力。

● Breganze Cabernet '10	🍷🍷 2*
● Breganze Merlot '10	🍷🍷 2*
○ Breganze Sauvignon '12	🍷🍷 3
○ Malvasia Campo di Fiori '12	🍷🍷 2*
○ Breganze Bianco Rivana '12	🍷 2
○ Breganze Torcolato '08	🍷 5
○ Prosecco Extra Dry	🍷 2
● Breganze Cabernet Vign. Due Santi '08	ΨΨΨ 4*
● Breganze Cabernet Vign. Due Santi '07	ΨΨΨ 4
● Breganze Cabernet Vign. Due Santi '05	ΨΨΨ 4
● Breganze Cabernet Vign. Due Santi '04	ΨΨΨ 4
● Breganze Cabernet Vign. Due Santi '03	ΨΨΨ 4*

Villa Bellini

LOC. CASTELROTTO DI NEGARINE
VIA DEI FRACCAROLI, 6
37020 SAN PIETRO IN CARIANO [VR]
TEL. 0457725630
www.villabellini.com

藏酒销售
预约参观
年产量 10 000 瓶
葡萄种植面积 3.5 公顷
葡萄栽培方式 有机认证

坐落在卡斯特罗特（Castelrotto）东部山坡，塞西莉亚特鲁奇（Cecila Trucchi）所有的酒庄是瓦尔波利塞拉酒（Valpolicella）爱好者所推崇的对象，如果你真正喜欢维罗纳（Veronese ）特色葡萄酒，并非仅仅关注酒体的强硕，而是追求更有活力更深层次的香气。酒庄的发展道路并非一帆风顺，这里面包括葡萄园的重新种植，采用有机种植模式减少阿玛诺（Amarone）的产量，才有上乘的葡萄用来酿制塔索系列（Taso）。今天，在对酒窖进行翻修后，他们可以酿制更加集中更加简朴风格的葡萄酒。索托勒伏安切（Sotto le Fresche）是一款瓦尔波利塞拉葡萄酒（Valpolicella），拥有新鲜细致的香气，堪称该品类中的代表。塔索(Taso)在不失去原先口感的情况下追求丰富深层次的香气道路上也异常艰辛，但2010年份的终于取得成效，散发野生樱桃和香料味道，夹杂香脂气息，入口干冽修长，回味持久。

● Valpolicella Cl. Sup. Il Taso '10	🍷🍷 5
● Valpolicella Cl. Sotto le Fresche Frasche '12	🍷🍷 3
● Recioto della Valpolicella Cl. Uva Passa '06	ΨΨ 6
● Recioto della Valpolicella Cl. Uva Passa '04	ΨΨ 6
● Valpolicella Cl. Sup. Il Taso '09	ΨΨ 5
● Valpolicella Cl. Sup. Il Taso '08	ΨΨ 5
● Valpolicella Cl. Sup. Il Taso '07	ΨΨ 5
● Valpolicella Cl. Sup. Il Taso '06	ΨΨ 5
● Valpolicella Cl. Sup. Il Taso '05	ΨΨ 5
● Valpolicella Cl. Sup. Il Taso '04	ΨΨ 5
● Valpolicella Cl. Sup. Il Taso '03	ΨΨ 5

Villa Sandi

via Erizzo, 112
31035 Crocetta del Montello [TV]
Tel. 0423665033
www.villasandi.it

藏酒销售
预约参观
膳宿服务
年产量 4 000 000 瓶
葡萄种植面积 340 公顷

莫雷蒂（Moretti）家族酒厂坐落于克罗塞纳（Crocetta）。葡萄园在蒙特罗山北侧蔓延，拥有大片土地。葡萄园种植的大部分品种是波蒂奥斯（Bordeaux），然而为普罗塞克（Prosecco）提供葡萄的地方是在瓦尔多比亚德（Valdobbiadene）地区，卡提兹（Cartizze）中心的利维塔（Rivetta）葡萄园已经不再被人忽视。它出产的葡萄使用范围广阔，且生产产品良好，例如，经典米托多起泡酒（Metodo Classico Sparkling Wines）。科波雷葡萄酒（Corpore）给红酒的选择带来一丝闪亮光泽，它将梅洛（Merlot）和赤霞珠（Cabernet Sauvignon）葡萄完美结合，颂扬了前者的果香，显露其和谐特性。卡迪策•拉里维塔起泡葡萄酒（Cartizze La Rivetta）展示了其一惯漂亮的作风，呈现出微妙的梨和酸橙花的香味，成为可口的干红，获得尤为精美的进步。在经典米托多起泡酒（Metodo Classico Sparkling Wines）系列中，我们最喜欢奥普里•珍藏•自然干起泡葡萄酒2008（Opere Trevigiane Riserva 2008）。

○ Cartizze V. La Rivetta	🍷🍷🍷 6
● Còrpore '10	🍷🍷 5
○ Marinali Bianco Manzoni '12	▼▼ 4
○ Opere Trevigiane Brut Ris. '08	▼▼ 5
○ Valdobbiadene Brut Mill. '12	▼▼ 3
● Filio Corpore '11	▼ 4
● Marinali Rosso Raboso '09	▼ 3
○ Opere Trevigiane Brut	▼ 4
○ Prosecco di Treviso Il Fresco	▼ 2
○ Valdobbiadene Dry Cuvée Oris	▼ 3
● Venezia Cabernet Sauvignon '12	▼ 2
○ Cartizze Brut V. La Rivetta '09	▽▽▽ 4
○ Cartizze V. La Rivetta '11	▽▽▽ 4*
○ Cartizze V. La Rivetta '10	▽▽▽ 4
● Corpore '09	▽▽ 5

Villa Spinosa

loc. Jago dall'Ora
via Colle Masua, 12
37024 Negrar [VR]
Tel. 0457500093
www.villaspinosa.it

藏酒销售
预约参观
旅馆接待
年产量 45 000 瓶
葡萄种植面积 20 公顷

过去几十年来，内格拉尔山谷（Valley of Negrar）受到了城市发展的影响，它的美丽已被破坏，它的生产区域也减少了，原先的葡萄园已变成了房屋。然而，向上攀爬到达贾戈（Jago），自然景观和葡萄栽培使得这里仍然风景如画。它为属于恩里科卡西拉（Enrico Cascella）的地窖提供一系列设置。酒厂占地约20公顷，在这里以及东面山坡上，只培育了传统的瓦尔波利塞拉（Valpolicella）葡萄，生产过程极为严谨，只使用传统品种。卡西拉（Casella）的阿玛诺尼（Amarone）混合干果和香料的气息，彻底发展为圆满、多汁的口感，拥有巨大的影响力。贾戈（Jago）是贾戈区域的里帕索酒（Ripasso），具有成熟的水果和香草带来的丰富的芳香以及精细的矿物质气味。味觉上，它口感坚实，令人振奋，单宁的密度使得其不够丰富。

● Amarone della Valpolicella Cl. Anteprima '08	▼▼ 6
● Valpolicella Cl. Sup. Ripasso Jago '10	▼▼ 3
● Amarone della Valpolicella Cl. '04	▽▽ 7
● Amarone della Valpolicella Cl. Anteprima '06	▽▽ 5
● Amarone della Valpolicella Cl. Guglielmi di Jago '01	▽▽ 7
● Recioto della Valpolicella Cl. Francesca Finato Spinosa '08	▽▽ 5
● Valpolicella Cl. '07	▽▽ 2*
● Valpolicella Cl. Sup. Figari '08	▽▽ 3*
● Valpolicella Cl. Sup. Figari '07	▽▽ 2*
● Valpolicella Cl. Sup. Figari '06	▽▽ 2*
● Valpolicella Cl. Sup. Ripasso Jago '08	▽▽ 3
● Valpolicella Cl. Sup. Ripasso Jago '06	▽▽ 3

Vigneti Villabella

FRAZ. CALMASINO
LOC. CANOVA, 2
37011 BARDOLINO [VR]
TEL. 0457236448
www.vignetivillabella.com

藏酒销售
预约参观
膳宿接待
年产量 500 000 瓶
葡萄种植面积 220 公顷
葡萄栽培方式 有机认证

德里博瑞（Delibori）和克里斯托弗乐蒂（Cristoforetti）的家庭有机养殖产业坐落在加尔达湖的湖畔（Lake Garda），占地200多公顷，其中大部分在里维埃拉（Riviera）法定产区。酒庄只出产一小部分由其葡萄酿造的葡萄酒并瓶装销售。在巴多利诺（Bardolino）和卡斯陀萨（Custoza）的旁边，当然是瓦尔波利塞拉（Valpolicella）和一系列进口的与传统的葡萄品种的原始混合物。巴多利诺•摩洛哥2012（Bardolino Morlongo 2012）一方面给观众展示了经典的野生浆果和香料的香味，另一方面暗示出泥土味道和芳香药草，在嘴里完全再现，毫不费力地体会到丰富轻盈的口感。费奥蒂勒2010（Il Fiordilej 2010）是一种干红，刺激而活泼的酸度提供了它甜美的味道。而阿玛诺尼•弗拉卡斯托罗2005（Amarone Fracastoro 2005）提供了令人愉悦的粒状单宁和圆润多汁的口感。

● Amarone della Valpolicella Cl. Fracastoro '05	🍷🍷 6
● Bardolino Cl. V. Morlongo '12	🍷🍷 2*
○ Fiordilej Passito '10	🍷🍷 3
⊙ Bardolino Chiaretto '12	🍷 2
⊙ Bardolino Chiaretto Brut	🍷 2
● Bardolino Cl. Sup. Terre di Cavagion '11	🍷 3
○ Custoza '12	🍷 2
○ Pinot Grigio V. di Pesina '12	🍷 2
○ Rebianco Brut	🍷 2
● Valpolicella Cl. I Roccoli '12	🍷 2
● Valpolicella Cl. Sup. Ripasso '10	🍷 3
● Villa Cordevigo Rosso '07	🍷 5
○ Fiordilej Passito '09	🍷🍷 3

★Viviani

VIA MAZZANO, 8
37020 NEGRAR [VR]
TEL. 0457500286
www.cantinaviviani.com

藏酒销售
预约参观
年产量 80 000 瓶
葡萄种植面积 10 公顷

从马扎诺（Mazzano）的高度中，克劳迪奥•维维亚缇（Claudio Viviani）知道了如何充分利用瓦尔波利塞（Valpolicella）的扩张给他的地下室带来既具现代同时又保持传统风格的产品。之前，他扩大了该地区在葡萄树的面积，放弃了传统藤架的种植方法而转向了古奥特（Guyot）系统。最近，他一直在改造他的酒，争取让它们拥有自己的身份特征，用丰富的部分干葡萄来生产葡萄酒，这样做的长处是能带来深度的芳香、优雅和健美。经典阿玛诺尼2009（Amarone Classico 2009）是一个完美的例子，它保留干红的轮廓，也有流动、健美、优雅的口感，揭示了一种之前不曾出现的精细的技巧。而卡萨德贝普2008（Casa dei Bepi 2008）拥有自然、丰富的特性，嗅觉上给人以爱抚，口感暗示了它比过去更加的健美和前卫。坎波莫拉2010（Campo Morar 2010）的主题是圆润的水果和多汁，表示其柔软度的进步。

● Amarone della Valpolicella Cl. Casa dei Bepi '08	🍷🍷 8
● Valpolicella Cl. Sup. Campo Morar '10	🍷🍷 5
● Amarone della Valpolicella Cl. '09	🍷🍷 6
● Valpolicella Cl. '12	🍷🍷 2*
● Amarone della Valpolicella Cl. Casa dei Bepi '05	🍷🍷🍷 8
● Amarone della Valpolicella Cl. Casa dei Bepi '04	🍷🍷🍷 8
● Amarone della Valpolicella Cl. Casa dei Bepi '01	🍷🍷🍷 8
● Amarone della Valpolicella Cl. Casa dei Bepi '00	🍷🍷🍷 8
● Valpolicella Cl. Sup. Campo Morar '09	🍷🍷🍷 5
● Valpolicella Cl. Sup. Campo Morar '05	🍷🍷🍷 5
● Valpolicella Cl. Sup. Campo Morar '01	🍷🍷🍷 5

★Zenato

FRAZ. SAN BENEDETTO DI LUGANA
VIA SAN BENEDETTO, 8
37019 PESCHIERA DEL GARDA [VR]
TEL. 0457550300
www.zenato.it

藏酒销售
预约参观
年产量 2 000 000 瓶
葡萄种植面积 75 公顷

酒厂由塞尔吉奥•泽纳托（Sergio Zenato）创立，如今由他的子女娜迪亚（nadia）和阿尔贝托（Alberto）掌管。酒庄位于最负盛名的维罗纳（Verona），向西至瓦尔波利塞拉（Valpolicella），向东至卢加纳（Lugana）。他们不断努力加强葡萄栽培，发展成为重要的葡萄园，这是这间酒窖的经营理念。在瓦尔波利塞拉（Valpolicella），他们的酒厂是具标准性的。多年来，这里的生产越来越一致化，特别密切关注水果和单宁的高含量。阿玛诺尼•典藏年份红酒2007（Amarone Sergio Zenato Riserva 2007）是其旗下典型的红酒。它充满干红色水果和香料的味道，成为令人愉悦的果酒佳肴，其中单宁的力量也有所控制。卢加纳2010（Lugana 2010）似乎正在改变方向，放弃过去十年的传统，转向芳香优雅和口感的柔韧。优秀的鲁嘎纳•圣•贝内代托2012（Lugana San Benedetto 2012）是批量生产的非常可靠的一种酒。

● Amarone della Valpolicella Cl. Sergio Zenato Ris. '07	🍷🍷 8
○ Lugana Sergio Zenato '10	🍷🍷 5
● Amarone della Valpolicella Cl. '09	🍷🍷 6
○ Lugana S. Benedetto '12	🍷🍷 2*
● Valpolicella Cl. Sup. '10	🍷🍷 3
● Valpolicella Cl. Sup. Rip. Ripassa '10	🍷🍷 4
○ Lugana Brut M. Cl. '10	🍷 4
○ Lugana Vign. Massoni Santa Cristina '12	🍷 3
● Amarone della Valpolicella Cl. '05	🍷🍷🍷 6
● Amarone della Valpolicella Cl. Sergio Zenato '05	🍷🍷🍷 6
● Amarone della Valpolicella Cl. Sergio Zenato '03	🍷🍷🍷 6
○ Lugana Sergio Zenato '08	🍷🍷🍷 4

F.lli Zeni

VIA COSTABELLA, 9
37011 BARDOLINO [VR]
TEL. 0457210022
www.zeni.it

藏酒销售
预约参观
年产量 1 000 000 瓶
葡萄种植面积 25 公顷

福斯托（Fausto）、伊莲娜（Elena）和费德里卡（Federica）掌管着家族庄园，庄园大部分在沿加尔达湖（Lake Garda）的维罗那（Verona）岸边。这一家族与当地许多葡萄种植者一起工作，他们能提供必要数量的葡萄用来生产。庄园有自己的葡萄园，约25公顷，葡萄园种植的葡萄可生产出更为叫座的葡萄酒，它们是对品种和沃土的一种值得尊重的阐释，是整个地区的真正力量所在。佐尼酒厂（Zeni Winery）这一年给出了一些很好的结果，许多葡萄酒质量产生了飞跃。在瓦尔波利塞拉（Valpolicella），阿玛诺尼•维金•阿尔特2009（Amarone Vigne Alte 2009）呈现优良而广阔的香味，这一干红拥有令人惊喜而柔软的口感。利帕索•玛洛尼2011（Ripasso Marogne 2011）和谐地融合了深厚和丰满的味道。而在湖边一带，最好的产品是古典优质芭得里诺乐诺•嘉拉2011（Bardolino Classico Superiore 2011）和卢加纳•维金•阿尔特2012（Lugana Vigne Alte 2012），前者紧致味美，后者饱满而多汁。

● Amarone della Valpolicella Cl. Barrique '08	🍷🍷 6
● Amarone della Valpolicella Cl. Vigne Alte '09	🍷🍷 6
● Bardolino Cl. Filari del Nino '12	🍷🍷 5
● Bardolino Cl. Sup. '11	🍷🍷 3
● Costalago Rosso '11	🍷🍷 3
○ Lugana Vigne Alte '12	🍷🍷 2*
○ Soave Cl. Marogne '11	🍷🍷 3
● Valpolicella Cl. Sup. Ripasso Marogne '11	🍷🍷 3
⊙ Bardolino Chiaretto Brut	🍷 2
⊙ Bardolino Chiaretto Cl. Vigne Alte '12	🍷 2
● Bardolino Cl. Vigne Alte '12	🍷 2
● Corvar '10	🍷 5
○ Lugana Marogne '12	🍷 2
● Recioto della Valpolicella Cl. '11	🍷 4
● Valpolicella Cl. Vigne Alte '12	🍷 2

Zonin

via Borgolecco, 9
36053 Gambellara [VI]
Tel. 0444640111
www.zonin.it

藏酒销售
预约参观
年产量 38 000 000 瓶
葡萄种植面积 2 000 公顷

卓民（Zonin）家族是意大利葡萄酒世界中最大的集团之一，他们的葡萄园分布在意大利及国外等各大产区，但他们的总部依然保留在他们的发源地——甘贝拉拉（Gambellara）。在这里，生产始终忠于传统，提供的葡萄酒拥有新鲜、动人、明亮等显著特点，广受消费者喜爱。除了维琴察（Vincenza）周围的区域生产的葡萄酒，他们正在越来越多地将空地用于生产普罗塞克（Prosecco）。这一最好的葡萄酒来自附近的瓦尔波利塞拉（Valpolicella），同阿玛诺尼2010（Amarone 2010）一样，不仅易饮，而且还增添成熟、妩媚感觉，最终取得成功。利帕索2011（Ripasso 2011）则有更好的气味和更精简的口感。特酿普罗赛克天然起泡酒1821（Proseccos, Brut Cuvée 1821）有着鲜花与水果的香味，品尝后嘴里满是那轻盈、扑鼻的泡沫，与杜比彻利（Due Bicchieri）不相上下。

● Amarone della Valpolicella '10	🍷🍷 6
● Valpolicella Sup. Ripasso '11	🍷🍷 3
○ Gambellara Cl. Podere Il Giangio '12	🍷 2
○ Müller Thurgau Brut	🍷 2
○ Prosecco Brut	🍷 2
○ Prosecco Brut Cuvée 1821	🍷 3
○ Recioto di Gambellara Spumante	🍷 3
● Amarone della Valpolicella '09	🍷🍷 6
● Amarone della Valpolicella '06	🍷🍷 6
● Amarone della Valpolicella '05	🍷🍷 6
● Amarone della Valpolicella '04	🍷🍷 5
● Berengario '09	🍷🍷 4
● Berengario '08	🍷🍷 4
● Berengario '06	🍷🍷 4
○ Recioto di Gambellara Cl. Il Giangio '04	🍷🍷 4
● Valpolicella Sup. Ripasso '07	🍷🍷 3

Zymè

via Ca' del Pipa, 1
37029 San Pietro in Cariano [VR]
Tel. 0457701108
www.zyme.it

藏酒销售
预约参观
年产量 80 000 瓶
葡萄种植面积 30 公顷

塞莱斯蒂诺•加斯帕里（Celestino Gaspari）已开始在他新的地窖里酿酒，地窖在圣彼得•卡里亚诺（San Pietro in Cariano），坐落在一个老砂石场旁边。现在酒庄正大力开发葡萄树下的空地，他们的注意力主要集中在种植传统的瓦尔波利塞拉（Valpolicella）葡萄，同时仍然寻找其他有趣的项目，如使用不寻常的品种或探索新地区，例如，附近的丘陵贝里奇（Colli Berici）。他的生产方法出自20年的坚实经验，从而赋予他的葡萄酒最具特色的个人特质。自从2006年丰收后，阿玛诺尼（Amarone）已在地窖酝酿了很长世间，现在我们可以从其中获得好处了。从嗅觉上，香味慢慢地散发至表面，过于成熟的果实逐渐不敌香料和矿物质的色调。从味觉上，顺滑的单宁同酸度很好的保持着葡萄酒的丰富性。顶级瓦尔波利塞拉2009（Valpolicella Superiore 2009）风格相似，丰富度较差，等级相同。

● Amarone della Valpolicella Cl. '06	🍷🍷🍷 8
● Valpolicella Cl. Sup. '09	🍷🍷 6
○ Il Bianco From Black to White '12	🍷🍷 3
● Kairos '07	🍷🍷 7
● Valpolicella Revirie '12	🍷🍷 2*
● Amarone della Valpolicella Cl. La Mattonara Ris. '01	🍷🍷🍷 8
● Amarone della Valpolicella Cl. '04	🍷🍷 8
● Amarone della Valpolicella Cl. '03	🍷🍷 8
● Amarone della Valpolicella Cl. '01	🍷🍷 8
● Harlequin '06	🍷🍷 8
● Harlequin '01	🍷🍷 8
● Kairos '05	🍷🍷 7

Andreola

loc. Col San Martino
via Cal Longa, 52
31010 Farra di Soligo [TV]
Tel. 0438989379
www.andreola.eu

藏酒销售
预约参观
年产量 700 000 瓶
葡萄种植面积 35 公顷

○ Valdobbiadene Brut Dirupo	🍷🍷 3
○ Valdobbiadene Brut Vign. Dirupo Extra Dry '12	🍷🍷 2*
○ Cartizze	🍷 4

Luciano Arduini

loc. Corrubbio
via Belvedere, 3
37029 San Pietro in Cariano [VR]
Tel. 0457725880
www.arduinivini.it

藏酒销售
预约参观
年产量 45 000 瓶
葡萄种植面积 8 公顷

● Valpolicella Cl. Sup. Ripasso '11	🍷🍷 3
● Amarone della Valpolicella Cl. '09	🍷 5
● Valpolicella Cl. Fontana del Fongo '12	🍷 2

Astoria Vini

via Crevada, 44
31020 Refrontolo [TV]
Tel. 04236699
www.astoria.it

藏酒销售
预约参观
年产量 15 000 000 瓶
葡萄种植面积 40 公顷

○ Cartizze	🍷🍷 4
○ Valdobbiadene Brut Casa di Vittorino	🍷🍷 3
● Colli di Conegliano Rosso Croder '10	🍷 3
○ Valdobbiadene Extra Dry '12	🍷 3

Bellenda

fraz. Carpesica
via Giardino, 90
31029 Vittorio Veneto [TV]
Tel. 0438920025
www.bellenda.it

藏酒销售
预约参观
膳宿服务
年产量 1 000 000 瓶
葡萄种植面积 38 公顷

○ Conegliano Valdobbiadene Brut S.C. 1931 M. Cl.	🍷🍷 3
○ Conegliano Valdobbiadene Sup. Brut San Fermo '12	🍷🍷 3

Antonio Bigai

fraz. Lison
via Caduti per la Patria, 29
30026 Portogruaro [VE]
Tel. 336592660
www.amimanera.com

预约参观
年产量 35 000 瓶
葡萄种植面积 5 公顷

○ A Mi Manera Bianco '12	🍷🍷 2*
○ Malvasia d'Istria '12	🍷🍷 2*
○ Chardonnay A Mi Manera '12	🍷 2
○ Tai '12	🍷 2

Bonotto delle Tezze

fraz. Tezze di Piave
via Duca d'Aosta, 16
31020 Vazzola [TV]
Tel. 0438488323
www.bonottodelletezze.it

藏酒销售
预约参观
年产量 120 000 瓶
葡萄种植面积 44 公顷

○ Manzoni Bianco Novalis '12	🍷🍷 2*
● Piave Malanotte '09	🍷🍷 6
○ Chardonnay Oseada '12	🍷 2
● Piave Raboso Potestà '09	🍷 3

F.lli Bortolin

FRAZ. SANTO STEFANO
VIA MENEGAZZI, 5
31049 VALDOBBIADENE [TV]
TEL. 0423900135
www.bortolin.com

藏酒销售
预约参观
年产量 300 000 瓶
葡萄种植面积 20 公顷

○ Valdobbiadene Extra Dry Rù '12	🍷🍷 3
○ Cartizze	🍷 4
○ Valdobbiadene Brut	🍷 2
○ Valdobbiadene Extra Dry	🍷 2

Canevel Spumanti

LOC. SACCOL
VIA ROCCAT E FERRARI, 17
31049 VALDOBBIADENE [TV]
TEL. 0423975940
www.canevel.it

藏酒销售
预约参观
年产量 700 000 瓶
葡萄种植面积 12 公顷
葡萄栽培方式 有机认证

○ Valdobbiadene Extra Dry '12	🍷🍷 4
○ Valdobbiadene Brut	🍷 3
○ Valdobbiadene Extra Dry	🍷 2
○ Valdobbiadene Extra Dry Vign. del Faè '12	🍷 4

Le Carline

VIA CARLINE, 24
30020 PRAMAGGIORE [VE]
TEL. 0421799741
www.lecarline.com

藏酒销售
预约参观
年产量 400 000 瓶
葡萄种植面积 18 公顷
葡萄栽培方式 有机认证

● Carline Rosso '10	🍷🍷 3
○ Lison-Pramaggiore Cl. '12	🍷🍷 2*
○ Dogale Passito	🍷 3
● Lison-Pramaggiore Refosco P.R. '12	🍷 2

Casa Geretto

VIA VANONI, 3
30029 SANTO STINO DI LIVENZA [VE]
TEL. 0421460253
www.geretto.it

藏酒销售
预约参观
年产量 700 000 瓶
葡萄种植面积 39 公顷

● Friuli Aquileia Refosco P.R. V. V. Merk '11	🍷🍷 3
● Friuli Aquileia Rosso Treuve Merk '11	🍷🍷 3
● Lison-Pramaggiore Merlot Brumaio Merk '12	🍷 2

Castello di Lispida

VIA IV NOVEMBRE, 4
35043 MONSELICE [PD]
TEL. 0429780530
www.lispida.com

藏酒销售
预约参观
年产量 18 000 瓶
葡萄种植面积 8 公顷

○ Amphora '11	🍷🍷 6
● Terraforte '09	🍷🍷 5
○ Terralba '12	🍷🍷 5
● Montelispida '09	🍷 5

Col Sandago - Case Bianche

VIA BARRIERA, 41
31058 SUSEGANA [TV]
TEL. 043864468
www.colsandago.com

藏酒销售
预约参观
年产量 400 000 瓶
葡萄种植面积 20 公顷

○ Conegliano Valdobbiadene Brut Vigna del Cuc	🍷🍷 2*
○ Conegliano Valdobbiadene Extra Dry	🍷🍷 2*

Corte Adami

via Circonvallazione Aldo Moro, 32
37038 Soave [VR]
Tel. 0457680423
www.corteadami.it

预约参观
年产量 50 000 瓶
葡萄种植面积 36 公顷

○ Soave V. della Corte '11	🍷🍷3
● Amarone della Valpolicella '09	🍷6
○ Soave '12	🍷2
● Valpolicella Sup. Ripasso '11	🍷3

Corteforte

loc. Fumane
via Osan, 45
37022 Fumane [VR]
Tel. 0456839104
www.corteforte.com

藏酒销售
预约参观
膳宿服务
年产量 22 000 瓶
葡萄种植面积 2.9 公顷

● Amarone della Valpolicella Cl. Vign. di Osan '05	🍷🍷7
● Valpolicella Cl. Sup. Ripasso Podere Bertarole '10	🍷🍷4

Alla Costiera

via Nina, 900
35030 Vò [PD]
Tel. 0499940492
www.allacostiera.it

年产量 30 000 瓶
葡萄种植面积 7 公顷

● Colli Euganei Cabernet Franc '11	🍷🍷3
● Colli Euganei Cabernet Sauvignon '11	🍷3
○ Colli Euganei Fior d'Arancio Secco Agnese '12	🍷3

Valentina Cubi

via Casterna, 60
37022 Fumane [VR]
Tel. 0457701806
www.valentinacubi.it

藏酒销售
预约参观
年产量 35 000 瓶
葡萄种植面积 10 公顷
葡萄栽培方式 有机认证

● Amarone della Valpolicella Cl. Morar '08	🍷🍷7
● Valpolicella Cl. Iperico '12	🍷🍷2*
● Valpolicella Cl. Sup. Il Tabarro '10	🍷3

Giulietta Dal Bosco

via Capovilla, 10a
37030 Mezzane di Sotto [VR]
Tel. 045 8880396
www.sisure.it

年产量 6 000 瓶
葡萄种植面积 2 公顷

● Amarone della Valpolicella '06	🍷🍷5
● Valpolicella Sup. '07	🍷🍷5
● Valpolicella Sup. Ripasso '07	🍷5

F.lli Farina

loc. Pedemonte
via Bolla, 11
37029 San Pietro in Cariano [VR]
Tel. 0457701349
www.farinawines.com

藏酒销售
预约参观
年产量 600 000 瓶
葡萄种植面积 10 公顷

● Amarone della Valpolicella Cl. Montefante Ris. '07	🍷🍷8
● Valpolicella Cl. Sup. Ripasso Montecorna '11	🍷3

La Ghidina
loc. Dossobuono
via Cadellora, 10
37062 Villafranca di Verona [VR]
Tel. 0458008721
www.ancillalugana.it

○ Lugana La Ghidina '09	🍷🍷 3
○ Lugana 1909 '12	🍷 3
○ Lugana Ancilla '11	🍷 3
○ Lugana Ella '12	🍷 3

Le Morette
v.le Indipendenza
37019 Peschiera del Garda [VR]
Tel. 0457552724
www.lemorette.it

预约参观
年产量 120 000 瓶
葡萄种植面积 24 公顷

○ Lugana Benedictus '11	🍷🍷 3
○ Lugana V. La Mandolara '12	🍷 2

Malibràn
via Barca II, 63
31058 Susegana [TV]
Tel. 0438781410
www.malibranvini.it

藏酒销售
预约参观
年产量 80 000 瓶
葡萄种植面积 7 公顷

○ Valdobbiadene Brut 5 Grammi	🍷🍷 2*
○ Valdobbiadene Dry	🍷🍷 3
○ Valdobbiadene Brut Ruio	🍷 2
○ Valdobbiadene Extra Dry	🍷 2

Le Mandolare
loc. Brognoligo
via Sambuco, 180
37032 Monteforte d'Alpone [VR]
Tel. 0456175083
www.cantinalemandolare.com

藏酒销售
预约参观
年产量 65 000 瓶
葡萄种植面积 20 公顷

○ Soave Cl. Monte Sella '11	🍷🍷 3
○ Il Vignale Passito '10	🍷 4
○ Soave Cl. Corte Menini '12	🍷 2
○ Soave Cl. Il Roccolo '12	🍷 2

Monte Santoccio
loc. Santoccio, 6
37022 Fumane [VR]
Tel. 3496461223
www.montesantoccio.it

年产量 14 000 瓶
葡萄种植面积 3 公顷

● Amarone della Valpolicella Cl. '09	🍷🍷 7
● Valpolicella Cl. Sup. Rip. '10	🍷🍷 4
● Valpolicella Cl. Sup. '10	🍷 4

Monte Zovo
loc. Zovo, 23a
37013 Caprino Veronese [VR]
Tel. 0457281301
www.montezovo.com

藏酒销售
预约参观
膳宿服务
年产量 1 000 000 瓶
葡萄种植面积 100 公顷

● Amarone della Valpolicella '07	🍷🍷 8
● Valpolicella Sup. Ripasso '11	🍷🍷 4
○ Sauvignon Bianco del Veneto '12	🍷 4
● Valpolicella '12	🍷 2

Marco Mosconi

via Paradiso, 5
37031 Illasi [VR]
Tel. 0456529109
www.marcomosconi.it

藏酒销售
预约参观
年产量 25000 瓶
葡萄种植面积 10 公顷

● Amarone della Valpolicella '09	🍷🍷 8
● Recioto della Valpolicella '07	🍷🍷 6
○ Soave Corte Paradiso '12	🍷 2
● Valpolicella Sup. '09	🍷 5

Walter Nardin

loc. Roncadelle
via Fontane, 5
31024 Ormelle [TV]
Tel. 0422851622
www.vinwalternardin.it

预约参观
年产量 350 000 瓶
葡萄种植面积 30 公顷

● Rosso della Ghiaia La Zerbaia '09	🍷🍷 3
● Refosco P. R. La Zerbaia '09	🍷 3
● Venezia Cabernet Franc '12	🍷 2
● Venezia Merlot '12	🍷 2

Orto di Venezia

loc. Isola di Sant'Erasmo
via delle Motte, 1
30141 Venezia
Tel. 0415237410
www.ortodivenezia.com

○ Orto '10	🍷🍷 5

Paladin

via Postumia, 12
30020 Annone Veneto [VE]
Tel. 0422768167
www.paladin.it

藏酒销售
预约参观
膳宿服务
年产量 950 000 瓶
葡萄种植面积 90 公顷

● Malbech Gli Aceri '10	🍷🍷 6
● Lison-Pramaggiore Refosco P.R. '12	🍷 3
○ Prosecco Extra Dry Mill. '12	🍷 3
● Raboso Fiore Frizzante '12	🍷 3

Umberto Portinari

loc. Brognoligo
via Santo Stefano, 2
37032 Monteforte d'Alpone [VR]
Tel. 0456175087
portinarivini@libero.it

藏酒销售
预约参观
年产量 30 000 瓶
葡萄种植面积 4 公顷

○ Soave Albare '11	🍷🍷 2*
○ Soave Cl. Ronchetto '12	🍷🍷 2*
○ Recioto di Soave Oro '10	🍷 5

Raval

via Raval, 1
37011 Bardolino [VR]
Tel. 045 7236569

年产量 95 000 瓶
葡萄种植面积 12 公顷

● Bardolino Cl. Sup. '11	🍷🍷 2*
⊙ Bardolino Chiaretto Brut	🍷 3
⊙ Bardolino Chiaretto Cl. '12	🍷 2
● Bardolino Cl. '12	🍷 1*

Urbano Salvan

Loc. Pigozzo
via Mincana, 143
35020 Due Carrare [PD]
Tel. 049525841
www.salvan.it

藏酒销售
预约参观
年产量 30 000 瓶
葡萄种植面积 20 公顷

● Colli Euganei Cabernet Sauvignon San Marco '09	🍷🍷 3

Marco Sambin

Loc. Valnogaredo
via, Fattorelle 20a
35030 Cinto Euganeo [PD]
Tel. 3493625965
www.vinimarcus.com

藏酒销售
预约参观
年产量 7 600 瓶
葡萄种植面积 3 公顷

● Marcus '10	🍷🍷 5
● Micael '11	🍷🍷 5
● Francisca '09	🍷 5
● Johannes '11	🍷 5

Sanfeletto

via Borgo Antiga, 39
31020 San Pietro di Feletto [TV]
Tel. 0438486832
www.sanfeletto.it

藏酒销售
预约参观
年产量 150 000 瓶
葡萄种植面积 4 公顷

○ Conegliano Valdobbiadene Brut Bosco di Fratta	🍷🍷 2*
○ Conegliano Valdobbiadene Extra Dry	🍷🍷 2*
○ Conegliano Valdobbiadene Brut	🍷 2

Tenuta Sant'Anna

Loc. Loncon
via Monsignor P. L. Zovatto, 71
30020 Annone Veneto [VE]
Tel. 0422864511
www.tenutasantanna.it

藏酒销售
预约参观
年产量 2 500 000 瓶
葡萄种植面积 140 公顷

● Lison-Pramaggiore Cabernet Sauvignon P 47 '09	🍷🍷 3
○ Lison-Pramaggiore Chardonnay Goccia '12	🍷 2

Santa Sofia

fraz. Pedemonte
via Ca' Dedé, 61
37020 San Pietro in Cariano [VR]
Tel. 0457701074
www.santasofia.com

藏酒销售
预约参观
年产量 550 000 瓶
葡萄种植面积 38 公顷

○ Lugana '12	🍷🍷 2*
● Valpolicella Sup. Ripasso '10	🍷🍷 3
● Predaia '06	🍷 4
● Recioto della Valpolicella Cl. '09	🍷 5

Le Tende

fraz. Colà di Lazise
via Tende, 35
37017 Lazise [VR]
Tel. 0457590748
www.letende.it

藏酒销售
预约参观
年产量 80 000 瓶
葡萄种植面积 10 公顷

● Bardolino Cl. Sup. '11	🍷🍷 2*
○ Bianco di Custoza Lucillini '12	🍷🍷 2*
● Bardolino Cl. '12	🍷 2
○ Bianco di Custoza '12	🍷 2

Cantina Sociale della Valpantena

Fraz. Quinto
via Colonia Orfani di Guerra, 5b
37034 Verona
Tel. 045550032
www.cantinavalpantena.it

藏酒销售
预约参观
年产量 8 000 000 瓶
葡萄种植面积 718 公顷

- ● Valpolicella Sup. Ripasso Torre del Falasco '11 — 🍷🍷3
- ● Valpolicella Sup. Torre del Falasco '11 — 🍷2

Villa Angarano

via Corte, 15
36061 Bassano del Grappa [VI]
Tel. 0424503086
www.villaangarano.com

藏酒销售
预约参观
年产量 40 000 瓶
葡萄种植面积 8 公顷

- ○ Ca' Michiel '10 — 🍷🍷4
- ● Quare di Angarano '09 — 🍷🍷3
- ● Breganze Rosso Angarano '10 — 🍷3
- ● Breganze Torcolato San Biagio Ris. '10 — 🍷2

Villa Erbice

via Villa, 22
37030 Mezzane di Sotto [VR]
Tel. 0458880086
agricolavillaerbice@virgilio.it

藏酒销售
预约参观
年产量 90 000 瓶
葡萄种植面积 15 公顷

- ● Amarone della Valpolicella Vign. Tremenel '07 — 🍷🍷6
- ● Recioto della Valpolicella Terrazzine '11 — 🍷🍷5
- ● Valpolicella Sup. Ripasso '09 — 🍷3

Villa Medici

via Campagnol, 11
37066 Sommacampagna [VR]
Tel. 045515147
www.cantinavillamedici.it

年产量 220 000 瓶
葡萄种植面积 32 公顷

- ○ Custoza '12 — 🍷🍷2*
- ● Bardolino '12 — 🍷2
- ● Bardolino Sup. '10 — 🍷3
- ○ Custoza Sup. '11 — 🍷2

Villa Monteleone

Fraz. Gargagnago
via Monteleone, 12
37020 Sant'Ambrogio di Valpolicella [VR]
Tel. 0457704974
www.villamonteleone.com

藏酒销售
预约参观
膳宿服务
年产量 40 000 瓶
葡萄种植面积 6 公顷

- ● Amarone della Valpolicella Cl. '09 — 🍷🍷7
- ● Valpolicella Cl. Campo S. Lena '12 — 🍷🍷2*
- ● Valpolicella Cl. Sup. Campo S. Vito '11 — 🍷4

Zardetto Spumanti

via Martiri delle Foibe, 18
31015 Conegliano [TV]
Tel. 0438394969
www.zardettoprosecco.com

藏酒销售
预约参观
年产量 1 900 000 瓶
葡萄种植面积 25 公顷

- ○ Conegliano Valdobbiadene Sup. Cartizze '12 — 🍷🍷5
- ○ Conegliano Valdobbiadene Sup. Brut Refosso '12 — 🍷🍷3

弗留利-威尼斯朱利亚区
FRIULI VENEZIA GIULIA

弗留利-威尼斯朱利亚区（Friuli venezia giulia）的葡萄酒共有24款酒获“三杯奖”，向人们展示了这个地域葡萄酒丰富而广阔的前景。其中22款是白葡萄酒，另外有两款是红酒，即由西尔维纳（Silvana）和弗拉维欧•巴西利卡塔（Flavio Basilicata）酿制的萨克里萨西干红葡萄酒2011（Sacrisassi Rosso 2011 de Le Due Terre）和扎莫斯梅洛辛古安特阿尼2009（Le Vigne di Zamò's Merlot Vigne Cinquant'anni 2009），一款以它的丰满和复杂度而获奖的酒。让我们来看一下首次获奖的5款白葡萄酒，首先是科里奥镇（Collio）的德拉佳（Draga）酿制的出色的马瓦西亚2010（Malvasia 2010）和来自伦科•布朗彻斯（Ronco Blanchis）迷人的科里奥2012（Collio 2012）；其次是科里•欧里恩塔里（Colli Orientali）偏爱的来自拉•伦卡亚（La Roncaia）的佳酿白埃克里塞2012（Bianco Eclisse 2012）；再次是来自伦克•索瑞丽（Ronc Soreli）的淡雅且充满生机的弗留拉诺•魏格纳•洛宾涅2011（Friulano Vigna delle Robinie 2011），最后是托雷•洛萨扎（Torre Rosazza）酿制的华丽的灰皮诺2012（Pinot Grigio 2012）。在这里我们要肯定的酒庄是科里•欧里恩塔里的酒庄——沃尔皮•帕西尼（Volpe Pasini），它斩获了两个奖，一个是古典的苏维翁•祖迪•沃尔皮2012（Sauvignon Zuc di Volpe 2012），另一个是同系列的白皮诺2012（Pinot Bianco 2012）。另外两款相对出色的科里（Colli）葡萄酒是梅洛伊（Meroi）丰富而多汁的弗留利2011（Friulano 2011）和里维欧•费鲁佳（Livio Felluga）特别古典的罗萨佐•特雷•阿尔特2011（Rosazzo Terre Alte 2011）。沉寂多年之后，一款格拉夫（Grave）白酒终于收获一个奖项，是来自勒•蒙德（Le Monde）一个迅速发展的酒窖的白皮诺2012（Pinot Blanc 2012）。而在我们品尝的许多葡萄酒中，来自弗留利的一些酒款还展现了自然酿制手法最真实、最令人信服的那一面。这就是能与出自无可争议的大师卓斯科•格拉维内尔（Josko Gravner）之手的布雷格•安姆弗拉2006（Breg Amphora 2006）齐驱并驾的柏德维西克（Podversic）的马瓦西亚2009（Malvasia 2009）和斯科尔克（Skerk）的欧格拉得2011（Ograde 2011）。科里奥展示了两款出色的非法定产酒区认证的混合酒：一款是佳尔曼（Jermann）的陈酿图尼纳2010（VintageT unina 2010），它有往常的澄净淡雅；另一款是里文（Livon）的丰满且果香丰富的布雷伊德•阿尔特2011（Braide Alte 2011）。2012年份的科里奥法定产区酒展示了自信的马瓦西亚品种（Malvasias）引导的潮流，如普林西克（Princic）、拉卡洛（Raccaro）和伦科•德伊•塔西（Ronco dei Tassi），它们展出三款美好的诠释而不忽略弗留利托洛斯（ToròsFriulano）和来自维尼卡（Venica）的健壮而可口的苏维翁（Sauvignon）。伊松佐（Isonzo）的两个标杆酿酒商维迪罗曼斯（Vie di Romans）和里斯内利斯（Lis Neris）也表现不俗：前者的弗留利多里2011（Friulano Dolée 2011）和后者的灰皮诺2011（Pinot Grigio Gris 2011）是我们品尝到的最迷人的白葡萄酒中的两款。

Tenuta di Angoris

Loc. Angoris, 7
34071 Cormòns [GO]
Tel. 048160923
www.angoris.com

藏酒销售
预约参观
年产量 750 000 瓶
葡萄种植面积 130 公顷

安格里斯（Angoris）将他酿制的系列起名为古典方式起泡酒1648（Classic Method sparklers1648），以表示对这座已有3个世纪历史及其主人的敬意。杰出的女商人克劳迪娅•洛凯特利（Claudia Locatelli）目前指导酒庄。酒庄面积总达630公顷，从山丘延伸至村庄，其中130公顷种植葡萄。有许多园地包围着弗留利•伊松佐（Friuli Isonzo）法定产酒区的别墅，而其他则位于科里奥（Collio）和科里•欧利恩塔里弗留利法定产酒区（Colli Orientali del Friuli DOCs）。马尔科•西蒙尼特（Marco Simonit）和阿里桑德罗•达尔佐沃（Alessandro Dal Zovo）分别监管葡萄园地和酒窖，保证酿出质量高的葡萄酒。就像去年一样，我们大多都折服于匹格诺洛2007（Pignolo 2007），它带着出色的香脂的影子，充满果味，并带有精致的甘草味。芳香四溢的弗里欧拉诺2012（Friulano 2012）同样也展示了出色的品质。碧安科斯普勒2010（Bianco Spiule 2010）和拉沃斯特红葡萄酒2010（Rosso Ravòst 2010）都拥有很强的个性。

○ COF Friulano '12	🍷🍷 3
● COF Pignolo '07	🍷🍷 5
● COF Ravòst '10	🍷🍷 3
○ COF Spiule '10	🍷🍷 4
○ Friuli Isonzo Friulano Villa Locatelli '12	🍷🍷 2*
○ Friuli Isonzo Pinot Grigio Villa Locatelli '12	🍷🍷 3
○ Friuli Isonzo Pinot Bianco Villa Locatelli '12	🍷 2
○ Friuli Isonzo Sauvignon Villa Locatelli '12	🍷 3
○ Modolet Bianco Brut	🍷 2
○ 1648 Brut '08	🍷🍷 5
⊙ 1648 Rosé '07	🍷🍷 5
○ COF Bianco Spìule '09	🍷🍷 4
○ COF Friulano '11	🍷🍷 3*
○ COF Friulano Vôs da Vigne '10	🍷🍷 3
● COF Pignolo '06	🍷🍷 5
○ COF Sauvignon Vôs da Vigne '10	🍷🍷 3

Antonutti

Fraz. Colloredo di Prato
via D'Antoni, 21
33037 Pasian di Prato [UD]
Tel. 0432662001
www.antonuttivini.it

藏酒销售
预约参观
年产量 700 000 瓶
葡萄种植面积 46 公顷

埃得亚娜（Adriana）和里诺（Lino）是一生的伙伴，他们与各自的孩子卡特里娜（Caterina）和尼克拉（Nicola）一起共同经营着位于乌迪内（Nicola）附近的克罗瑞多迪•普拉图（Colloredo di Prato）和斯普里姆伯格市（Spilimbergo）的巴尔比诺（Barbeano）的两座酒庄。他们的葡萄园横跨巨大的弗留利平原，一个多石的、充满挑战的环境。难怪这座家族酒庄深深根植于它所在的地区和它的酿酒传统中，因为它有着100多年的历史。但是酒庄也对创新有着一定的敏感度，这体现在维斯•特雷（Vis Terrae）系列中。自信而具有独特香气的葡萄酒强烈地展现了这块风土所蕴含的潜力。所品尝的一系列酒肯定了它们完美正派的品质，尤其是相对它们的价格而言。今年我们更倾向于灰皮诺2012（Pinot Grigio 2012），带着干草和成熟的苹果香，以及黑皮诺2011（Pinot Nero 2011），一款迷人的酒，口感柔顺而舒服。

○ Friuli Grave Pinot Grigio '12	🍷🍷 2*
● Friuli Grave Pinot Nero '11	🍷🍷 2*
○ Brut M. Cl. Ant '09	🍷 5
● Friuli Grave Merlot '11	🍷 2
● Friuli Grave Merlot Vis Terrae '08	🍷 3
○ Friuli Grave Pinot Grigio Vis Terrae '11	🍷 3
○ Friuli Grave Traminer Aromatico '11	🍷 2
● Friuli Grave Cabernet '10	🍷🍷 2*
○ Friuli Grave Pinot Grigio '10	🍷🍷 3
○ Friuli Grave Traminer Aromatico Vis Terrae '09	🍷🍷 5
○ Lindul '10	🍷🍷 6
○ Lindul '08	🍷🍷 8

Aquila del Torre

FRAZ. SAVORGNANO DEL TORRE
VIA ATTIMIS, 25
33040 POVOLETTO [UD]
TEL. 0432666428
www.aquiladeltorre.it

藏酒销售
预约参观
膳宿接待
年产量 50 000 瓶
葡萄种植面积 18 公顷
葡萄栽培方式 有机认证

托雷•阿奎拉酒庄（Aquila del Torre）的经营始于20世纪初，在1996年被席亚妮（Ciani）家族收购。他们很快地实行了一个有野心的项目，对葡萄园重新调整，以保存无价的本土生物类型。克劳迪欧•席亚妮（Claudio Ciani）打下了基础，其儿子米歇尔（Michele）有着耕地科学学位并在阿尔塞斯（Alsace）有专业的经验，现在负责监管生产。多层次的酒窖设置在周边树林之中，在这里根据特雷萨维格纳诺（Savorgnano del Torre）斜坡的不同气候而区分的16个葡萄园所种植的葡萄被分别酿制。出色的弗留拉诺•伦科•迪米埃兹2011（Friulano Ronc di Miez 2011）接近我们最高的奖项，展示了精彩的纹理和个性，伴有春天花香和蜂蜡的香味以及浓烈而迷人的口感。苏维翁•维特戴•码兹2011（Sauvignon Vit dai Maz 2011）同样很出众，充满了佛手柑的味道。而欧埃西2011（Oasi 2011）是用皮科里特进行干酿的。

● COF Friulano Ronc di Miez '11	🍷🍷 5
○ COF At Friulano '12	🍷🍷 3
● COF At Refosco P. R. '10	🍷🍷 3
○ COF At Sauvignon Blanc '12	🍷🍷 3
○ COF Picolit '10	🍷🍷 6
○ COF Sauvignon Vit dai Maz '11	🍷🍷 5
○ Oasi '11	🍷🍷 6
○ COF Riesling '11	🍷 3
○ COF At Friulano '11	YY 3
● COF At Refosco P. R. '09	YY 3
○ COF At Sauvignon Blanc '11	YY 3
○ COF At Sauvignon Blanc '10	YY 3*
○ COF Picolit '09	YY 6
● COF Solsire '09	YY 5
○ Oasi '10	YY 6

Bastianich

LOC. GAGLIANO
VIA DARNAZZACCO, 44/2
33043 CIVIDALE DEL FRIULI [UD]
TEL. 0432700943
www.bastianich.com

藏酒销售
预约参观
膳宿接待
年产量 180 000 瓶
葡萄种植面积 33 公顷

差不多每个人都知道乔（Joe）和莉迪亚•巴斯提安尼奇（Lidia Bastianich），美国的连锁餐馆的主人，以他们的意大利食品和葡萄酒出名。1997年，乔决定在塞维戴尔（Cividale）附近的佳格里亚诺（Gagliano）的弗留利（Friuli）创建一座酒庄，他经常到酒庄中参观并亲自指导。一个运作顺利的专家小组照看生产，克劳迪欧•里兹（Claudio Rizzi）是总经理，维恩阳（Wayne Young）负责市场营销和公关，而德尼斯•勒柏尔（Denis Lepore）则负责销售。艾米丽奥•德尔•梅迪克（Emilio Del Medico）丰富的酿酒经验和来自毛里吉奥•卡斯特里（Maurizio Castelli）的建议确保了其葡萄酒的品质。酒庄有三款酒进入了决赛。维斯帕•碧安科2011（Vespa Bianco 2011）是一款特别复杂且多层次的酒款，由同等比例的莎当尼（Chardonnay）和苏维翁（Sauvignon）以及少数神奇的皮科利特（Picolit）混酿，展示了干花、蜂蜜和黄褐梨的香气，如奶油一般，香甜可口。

○ Plus '09	🍷🍷 6
○ Vespa Bianco '11	🍷🍷 5
● Vespa Rosso '10	🍷🍷 5
● Calabrone '09	🍷🍷 8
○ COF Friulano Vigne Orsone '12	🍷🍷 3
○ COF Sauvignon Vigne Orsone '12	🍷🍷 3
○ COF Tocai Friulano Plus '02	YYY 3*
○ Vespa Bianco '04	YYY 4
○ Vespa Bianco '03	YYY 4
○ Vespa Bianco '01	YYY 4
○ Vespa Bianco '00	YYY 3
○ Vespa Bianco '99	YYY 3*
○ Malvasia Istriana '07	YY 4
○ Vespa Bianco '09	YY 5
○ Vespa Bianco '08	YY 5
○ Vespa Bianco '07	YY 5

Benincasa

LOC. SPESSA DI CIVIDALE
S.DA RONCHI SAN GIUSEPPE, 5
33043 CIVIDALE DEL FRIULI [UD]
TEL. 0432716419
vinibenincasa@libero.it

年产量 25 000 瓶
葡萄种植面积 10 公顷

在20世纪90年代早期，弗朗科•本尼卡萨（Franco Benincasa）有机会购买了一块土地，包括一座被葡萄园环绕的小农舍。经过重建，他把这座农舍改变成附有酒窖的舒服的住宅，并与周围自然环境完美地融合在一起。他把酒庄交给两个女儿安娜（Anna）和弗朗塞斯卡（Francesca）管理，负责酒庄的发展和酿制，由莱因尔•吉尔洛克（Rainer Zierok）教授协助。葡萄园委托给卡尔洛•佩特鲁西（Carlo Petrussi）照料，他们选择产量少而质量高的生产模式，并有效利用多纳图•拉纳提（Donato Lanati）珍贵的农耕建议。该酒庄的酒第一年进入被品尝名单，并获得到了相当好的分数。第一名当属风格完美而多样化的苏维翁2010（Sauvignon 2010），它以出色的香气、怡人而持久的口感进入了决赛。

○ COF Sauvignon '10	♈♈ 4
○ COF Chardonnay '11	♈♈ 4
● COF Pignolo '09	♈♈ 7
○ COF Pinot Grigio '11	♈♈ 4
○ COF Valderada '08	♈♈ 5

Borgo del Tiglio

FRAZ. BRAZZANO
VIA SAN GIORGIO, 71
34070 CORMÒNS [GO]
TEL. 048162166

藏酒销售
预约参观
年产量 35 000 瓶
葡萄种植面积 8.5 公顷

尼克拉•曼菲拉里（Nicola Manferrari）所经营的博尔格•德尔•提格里奥酒庄（Borgo del Tiglio）酿的葡萄酒有着他的决心和明确的个性。他过去作为一个药剂师，这带领他去寻找炼金术师和药剂师的灵魂之间的自然平衡，习惯性地用平衡来衡量他自己。他的葡萄酒是严格的葡萄园地选择和低葡萄产量的结果。他致力于酿制能陈放的葡萄酒，复杂、优雅、结构良好，有着良好的层次感和个性，是许多弗留利（Friuli）葡萄酒爱好者的标杆。我们也许得花上几年的时间才能充分欣赏到它们的魅力，但它们值得我们的等待。我们今年只能品尝到两款2010年份的酒，两者都进入了决赛。它们以淡雅、构造和个性出众，证明了是独特的科里奥（Collio）风土的潜力的主要代表。

○ Collio Bianco '10	♈♈ 5
○ Collio Malvasia '10	♈♈ 6
○ Collio Bianco Ronco della Chiesa '06	♈♈♈ 6
○ Collio Bianco Ronco della Chiesa '02	♈♈♈ 6
○ Collio Bianco Ronco della Chiesa '01	♈♈♈ 6
○ Collio Bianco Ronco della Chiesa '09	♈♈ 6
○ Collio Malvasia '09	♈♈ 6
● Collio Rosso della Centa '06	♈♈ 8
○ Collio Sauvignon '09	♈♈ 4

Borgo delle Oche

via Borgo Alpi, 5
33098 Valvasone [PN]
Tel. 0434840640
www.borgodelleoche.it

藏酒销售
预约参观
年产量 40 000 瓶
葡萄种植面积 7 公顷

博尔格•德勒•欧切（Borgo delle Oche）是个新建造的酒庄，于2004年正式开业。它的名字来自它所在的壮丽景观，位于波代诺内省（Pordenone）一个叫瓦尔瓦逊（Valvasone）的中世纪地区。它是由露依莎•梅尼尼（Luisa Menini）和尼克拉•皮提妮（Nicola Pittini）所创建的，露依莎拥有食品科技的学位，尼克拉的专业领域是农业学和酿酒学。露依莎对户外活动怀着深深的热情，经常把她的所有注意力集中在葡萄藤的管理上，以使它们能够生长出完美的果实，而后由尼克拉来酿制。他们的酒高度地诠释了格雷伏（Grave）地区的潜力。这款香甜的特拉米娜阿尔巴2011（Traminer Alba 2011）非常迷人和讨喜，来自半干燥的特拉米娜（Traminer）葡萄，有着蜂胶、干杏和椰枣子的混合味道，口感令人舒服且久久难忘。其他的酒款都很出色，清瘦且芳香浓郁，特别值得赞赏的是斯普曼特•特拉西椰罗•布鲁特起泡酒（Spumante Terra & Cielo Brut）。

○ Traminer Aromatico Alba '11	🍷🍷 5
● Merlot '10	🍷🍷 2*
○ Pinot Grigio '12	🍷🍷 2*
● Rosso Svual '09	🍷🍷 3
○ Terra & Cielo Brut	🍷🍷 3
○ Traminer Aromatico '12	🍷🍷 2*
● Refosco P. R. '10	🍷 2
○ Bianco Alba '09	🍸🍸 3*
○ Bianco Alba '08	🍸🍸 3*
○ Bianco Alba '07	🍸🍸 4
○ Bianco Lupi Terrae '07	🍸🍸 3*
○ Pinot Grigio '07	🍸🍸 2

Borgo Judrio

via Aquileia, 79
33040 Corno di Rosazzo [UD]
Tel. 0432755896
www.viniborgojudrio.it

藏酒销售
预约参观
年产量 20 000 瓶
葡萄种植面积 12 公顷

吉甘特家族（Gigante）和他们位于科尔诺迪罗萨佐（Corno di Rosazzo）的同名酒庄很久以来都是高品质葡萄酒的代名词。阿尔伯托（Alberto）和阿里埃多•吉甘特（Ariedo Gigante）两兄弟在2007年决定走上自由独立的道路，并开始它们自己的酒庄，得到本地最好的两个葡萄栽培地：科里欧（Collio）和弗留利科里•里恩塔利（Colli Orientali del Friuli）的朱德里奥（Judrio）。他们对这里的土地和葡萄园都怀有高度的热情，遵循着经过实践检验的政策，产出的品质保持一致，并定价合理，已培养出一系列以自信和好味道而受业界赞赏的佳酿。今年出色的表现来自于这些新鲜、芳香浓郁且年份好的白葡萄酒。微妙而多样化的苏维翁2012（Sauvignon 2012）用它的白桃香气和愉悦的口感赢得了我们的芳心。同是2012年份的弗留拉诺（Friulano）和里柏拉•佳拉（Ribolla Gialla）展示了可口的柑橘气息，丰满的口味和矿物的性质。

○ COF Friulano '12	🍷🍷 2*
○ COF Ribolla Gialla '12	🍷🍷 2*
○ COF Sauvignon '12	🍷🍷 2*
○ Brut 3 Uve	🍷 2
● COF Cabernet Franc '11	🍷 2
● COF Merlot '11	🍷 2
● COF Refosco P. R. '10	🍷 2
● COF Cabernet Sauvignon '10	🍸🍸 2*
○ COF Chardonnay '10	🍸🍸 2*
○ COF Friulano '11	🍸🍸 2*
○ COF Friulano '09	🍸🍸 2*
● COF Refosco P. R. '09	🍸🍸 2*
● COF Refosco P. R. '06	🍸🍸 2*
○ COF Sauvignon '11	🍸🍸 2*
○ COF Sauvignon '08	🍸🍸 2*
○ COF Verduzzo Friulano '10	🍸🍸 2*

★Borgo San Daniele

via San Daniele, 16
34071 Cormòns [GO]
Tel. 048160552
www.borgosandaniele.it

藏酒销售
预约参观
膳宿接待
年产量 56 000 瓶
葡萄种植面积 18.75 公顷

博尔格•桑•黛内勒（Borgo San Daniele）酒庄讲述了毛洛（Mauro）和阿里桑德拉（Alessandra）两兄妹的故事，他们都怀有巨大的勇气，也许会有点蛮干，决定改变他们的人生道路，全身心投入祖父遗留下来的葡萄园。在很短的时间内，毛洛（Mauro）栽培葡萄带来了极好的果实。酒庄只有四款酒使用博尔格•桑•黛内勒（Borgo San Daniele）这名字，两款是单一品种，两款是混合品种，再加上格特码林（Gortmarin），只在特殊的年份酿造。对于那些允许在园中发芽以抑制这些葡萄藤的生机，从而减少单一的葡萄文化所带来的影响的酒款，他们把它们叫做阿尔比斯（Arbis），或者“野草”。马瓦西亚2011（Malvasia 2011）是今年新增的成员，直接进入了决赛，由于它拥有复杂而怡人的酒香，融合了月桂树叶、薄饼和白巧克力的味道，给人平衡的口感。皮诺•吉里吉欧2011（Pinot Grigio 2011）美好淡雅，带有龙舌兰和黄梅的香气。

○ Friuli Isonzo Malvasia '11	🍷🍷 4
○ Friuli Isonzo Pinot Grigio '11	🍷🍷 4
● Arbis Ros '07	🍷🍷 5
○ Friuli Isonzo Friulano '11	🍷🍷 4
○ Arbis Blanc '11	🍷 4
○ Arbis Blanc '10	🍷🍷🍷 4*
○ Arbis Blanc '09	🍷🍷🍷 4
○ Arbis Blanc '05	🍷🍷🍷 4
○ Friuli Isonzo Friulano '08	🍷🍷🍷 4*
○ Friuli Isonzo Friulano '07	🍷🍷🍷 4*
● Gortmarin '03	🍷🍷🍷 5
○ Friuli Isonzo Friulano '09	🍷🍷 4
● Gortmarin '06	🍷🍷 7

Borgo Savaian

via Savaian, 36
34071 Cormòns [GO]
Tel. 048160725
stefanobastiani@libero.it

藏酒销售
预约参观
年产量 100 000 瓶
葡萄种植面积 18 公顷

博尔格•萨瓦亚恩（Borgo Savaian）酒庄的起源可追溯到2001年，当斯蒂法诺（Stefano）和洛萨纳•巴斯提安尼（Rosanna Bastiani）从他们父亲马里奥（Mario）手中接管该酒庄，并以这座位于蒙特奎林（Monte Quarin）山脚下的科尔蒙斯（Cormòns）的小村庄给它命名。这里的酒窖最近进行重建，极大地扩大了面积，因而斯蒂法诺恩能够更高效地工作，并将他的家族传统和酿酒研究中得来的珍贵知识应用到工作中。合理的价格和保持一致的品质是这些葡萄酒的突出的特点，并且它们对多样化的特征的忠实诠释也赢得了许多人的赞赏。最近的年份产生出三款出色的白葡萄酒：苏维翁2012（Sauvignon 2012），微妙清新且充满芳香，口感令人神清气爽，含有浓浓的柑橘味；马瓦西亚2012（Malvasia 2012）有着轻柔而果香丰富的口味；而白皮诺2012（Pinot Bianco 2012）拥有令人好奇的焦糖气息，口感丰满。

○ Collio Pinot Bianco '12	🍷🍷 3
○ Collio Sauvignon '12	🍷🍷 3
○ Friuli Isonzo Malvasia '12	🍷🍷 3
○ Collio Friulano '12	🍷 3
● Friuli Isonzo Cabernet Franc '12	🍷 3
○ Friuli Isonzo Traminer Aromatico '12	🍷 3
● Collio Merlot Tolrem '08	🍷🍷 4
● Collio Merlot Tolrem '07	🍷🍷 3
○ Collio Pinot Bianco '05	🍷🍷 2*
○ Collio Pinot Grigio '05	🍷🍷 2
○ Collio Sauvignon '08	🍷🍷 3*
● Friuli Isonzo Cabernet Franc '07	🍷🍷 3*
○ Friuli Isonzo Traminer Aromatico '11	🍷🍷 3

Cav. Emiro Bortolusso

via Oltregorgo, 10
33050 Carlino [UD]
Tel. 043167596
www.bortolusso.it

藏酒销售
预约参观
膳宿接待
年产量 120 000 瓶
葡萄种植面积 40 公顷

赛尔吉欧（Sergio）和克莱拉（Clara）一直在发展本地的葡萄种植潜力，紧跟着他们父亲埃米洛（Emiro）的脚步，埃米洛也是阿尼亚法定产区酒（Annia DOC）最重要的倡导者之一。这个种植历史悠久且不断发展的酒庄坐落在阿德里亚提科•里维拉（Adriatic Riviera），在玛拉诺•拉古纳瑞（Adriatic Riviera）天然绿洲后面，矗立在鱼塘和无数排的葡萄藤非常鲜明且非同寻常的景观中。博尔托鲁索（Bortolussos）一家只酿制他们自家种植的葡萄，大海给了它们有利的自然条件，以清脆而丰满为主要口感特征。这些酒富有竞争力的价格增加了它们的吸引力，这一点不可忽视。马瓦西亚2012（Malvasia 2012）由于它充满柑橘味的香气和风味独特，丰满而富含矿物味的口感，总是能够得到肯定。苏维翁2012（Sauvignon 2012）特别柔顺，味道美好。费留拉诺2012（Friulano 2012）弥漫玫瑰和干鼠尾草的香气，风格纯正，碘酒气息令人愉悦。

○ Friuli Annia Friulano '12	🍷🍷	2*
○ Friuli Annia Malvasia '12	🍷🍷	2*
○ Friuli Annia Sauvignon '12	🍷🍷	2*
● Friuli Annia Cabernet Franc '12	🍷	2
● Friuli Annia Refosco P. R. '11	🍷	3
○ Friuli Annia Traminer Aromatico '12	🍷	2
○ Friuli Annia Malvasia '11	YY	2*
○ Friuli Annia Malvasia '10	YY	2*
○ Friuli Annia Malvasia '09	YY	2*
○ Friuli Annia Malvasia '08	YY	2*
○ Friuli Annia Traminer Aromatico '10	YY	2*

Branko

loc. Zegla, 20
34071 Cormòns [GO]
Tel. 0481639826
info@brankowines.com

藏酒销售
预约参观
年产量 45 000 瓶
葡萄种植面积 9 公顷

埃格尔•尔泽蒂克（Igor Erzetic）的酒庄跟他父亲布朗科（Branko）同名，布朗科在1950年正式创立他们的家族酿酒传统，并延续数代人。先是布朗科（Branko），然后是埃格尔（Igor）在科尔蒙斯（Cormòns）附近的泽格拉（Zegla）的酒庄周围种植了一排排葡萄藤，并沿着普雷西瓦（Plessiva）和诺瓦里（Novali）周边的斜坡而下，它们都展示了对格利西亚（Gorizia）地区庄园的高度尊重。酒庄适中的规模和有限度的产量使埃格尔能够把他的精力集中在生产上，从他亲自灌溉、照料并挑选的葡萄中获得尽可能高的品质。今年也有两款酒入选了我们的决赛。灰皮诺2012（Pinot Grigio 2012）的香气精妙而令人信服，口感芳香且充满魅力。苏维翁2012（Sauvignon 2012）带有植物香，纯正的个性特征，在口中留下异域风情的气息。

○ Collio Pinot Grigio '12	🍷🍷	4
○ Collio Sauvignon '12	🍷🍷	4
○ Collio Chardonnay '12	🍷🍷	4
○ Collio Friulano '12	🍷🍷	4
○ Collio Pinot Grigio '08	YYY	3*
○ Collio Pinot Grigio '07	YYY	3
○ Collio Pinot Grigio '06	YYY	3
○ Collio Chardonnay '11	YY	3*
○ Collio Chardonnay '08	YY	3
○ Collio Friulano '11	YY	3*
○ Collio Friulano '08	YY	3
○ Collio Pinot Grigio '09	YY	3

Livio e Claudio Buiatti

via Lippe, 25
33042 Buttrio [UD]
Tel. 0432674317
www.buiattivini.it

藏酒销售
预约参观
年产量 35 000 瓶
葡萄种植面积 8 公顷

克劳迪奥•布亚提（Claudio Buiatti）在他妻子维维亚纳（Viviana）的协助下，经营这座从他父亲里维欧（Livio）继承下来的小酒庄。其酒窖位于布特里奥（Buttrio），8公顷的葡萄藤覆盖在温和且阳光充足的斜坡，从小镇一直延伸至普雷玛利亚科（Premariacco），融入到因蒙特柏尼斯（In Mont e Poanis）小村庄的壮丽景观中。布亚提（Buiattis）世代都坚持着本地传统，但同时也不忘创新，克劳迪奥从他们身上继承了这种热爱，并将之投入他的葡萄藤中，所有的这些使他能够把酒庄创建成为当地最著名的酒庄之一。苏维翁2012（Sauvignon2012）散发出葡萄、椰枣子和迷迭香的香气，柔顺的口感有着很强的酸味。梅洛2011（Merlot 2011）拥有复杂而浓烈的香气，伴着皮革、可可粉和红果酱的气息，舒服的口味富含香味。皮科利特 2011（Picolit 2011）也很可口。

○ COF Friulano '12	🍷🍷 3
○ COF Malvasia '12	🍷🍷 3
● COF Merlot '11	🍷🍷 3
● COF Momon Ros Ris. '09	🍷🍷 4
○ COF Picolit '11	🍷🍷 6
○ COF Sauvignon '12	🍷🍷 3
● COF Cabernet Franc '11	🍷 3
● COF Refosco P. R. '10	🍷 3
○ COF Friulano '11	🍷🍷 3
○ COF Malvasia '11	🍷🍷 3
● COF Merlot '10	🍷🍷 3
● COF Rosso Momon Ros Ris. '05	🍷🍷 4
○ COF Sauvignon '11	🍷🍷 3*

Valentino Butussi

via Prà di Corte, 1
33040 Corno di Rosazzo [UD]
Tel. 0432759194
www.butussi.it

藏酒销售
预约参观
膳宿接待
年产量 100 000 瓶
葡萄种植面积 18 公顷
葡萄栽培方式 有机认证

布图西（Butussi）的葡萄酒历史是世世代代丰富的经历，加上专业知识，根植在弗留利科里•欧里恩塔里法定产区酒（Colli Orientali del Friuli DOC）的科尔诺•迪•拉萨佐（Corno di Rosazzo）普拉•迪•科尔特（Prà di Corte）的砂岩质土壤中。瓦伦蒂诺•布图西（Valentino Butussi）在20世纪初创建了这酒庄，但安吉洛（Angelo）在他的妻子皮耶里纳（Pierina）协助，成就了它今天的卓越，如今是他的四个孩子托比亚（Tobia）、菲利普（Filippo）、马蒂亚（Mattia）和埃里卡（Erika）在协助他。这是一个非常高效的团队，团结紧密的家族和仔细合理的分工，所酿制的结果是相当惊人的产量，非常高的品质水平，以及合理的价格。其白葡萄酒以淡雅的香气和芳香赢得了一直的肯定。弗留拉诺2012（Friulano 2012）体现了非常纯正的香气和口感，后味给人愉悦的享受，稍微有点苦涩。其他的酒款都有着精致的香气和风味独特、平衡而强烈的口感。

○ COF Chardonnay '12	🍷🍷 2*
○ COF Friulano '12	🍷🍷 2*
○ COF Sauvignon '12	🍷🍷 2*
● COF Cabernet Franc '11	🍷 3
○ COF Pinot Grigio '12	🍷 2
○ COF Ribolla Gialla '12	🍷 2
○ COF Chardonnay '11	🍷🍷 2*
○ COF Friulano '09	🍷🍷 2*
○ COF Picolit '08	🍷🍷 6
○ COF Sauvignon '11	🍷🍷 2*
○ COF Sauvignon '09	🍷🍷 2*
○ COF Verduzzo Friulano '10	🍷🍷 2*

Maurizio Buzzinelli

LOC. PRADIS, 20
34071 CORMÒNS [GO]
TEL. 048160902
www.buzzinelli.com

藏酒销售
预约参观
膳宿接待
年产量 100 000 瓶
葡萄种植面积 26 公顷

1937年，路易吉（Luigi）在科尔蒙斯（Cormòns）附近的普拉迪斯（Pradis）村庄创建了这座酒庄，孙子毛利吉欧•布辛内里（Maurizio Buzzinelli）和他妻子玛尔吉雅（Marzia）决定跟随祖父路易吉（Luigi）的脚步。这座矗立在科里欧（Collio）法定产区酒区域的酒庄遍布在一系列光照充足的斜坡上，俯瞰着弗留朗（Friulan）村庄和亚得里亚海（Adriatic）。他们在同样很尊贵的弗留利伊松佐（Friuli Isonzo）种植了数公顷的葡萄园，大部分是红葡萄。毛利吉欧（Maurizio）很好地保留了之前三代酿酒者积累下来的珍贵的专业知识，亲自照看葡萄园并亲自酿酒。今天酿制出的佳酿甚至值得陈放更久的时间。今年有一款酒再次进入了决赛。弗留拉诺2012（Friulano 2012）以它的淡雅和典型的香气，更重要的是以它怡人的口感赢得了我们的青睐。出色的马瓦西亚（Malvasia）酒体和谐平衡，跟之前的年份一样值得我们的赞赏。

○ Collio Friulano '12	🍷🍷 3*
○ Collio Chardonnay '12	🍷🍷 3
○ Collio Malvasia '12	🍷🍷 3
○ Collio Pinot Grigio '12	🍷🍷 3
○ Collio Sauvignon '12	🍷 2
○ Collio Friulano '11	♀♀ 3
○ Collio Malvasia '11	♀♀ 2*
○ Collio Malvasia '10	♀♀ 2*
○ Collio Malvasia Ronc dal Luis '08	♀♀ 3*
○ Collio Pinot Grigio '11	♀♀ 3*
○ Collio Ribolla Gialla '09	♀♀ 2*
● Collio Rosso Frututis '09	♀♀ 2*
○ Collio Sauvignon '09	♀♀ 2*

Ca' Bolani

VIA CA' BOLANI, 2
33052 CERVIGNANO DEL FRIULI [UD]
TEL. 043132670
www.cabolani.it

藏酒销售
预约参观
年产量 2 700 000 瓶
葡萄种植面积 550 公顷

卡•柏拉尼酒庄（Tenuta Cà Bolani）有三座独立的物业，它们是卡•柏拉尼（Ca' Bolani）、卡•维斯科沃（Ca' Vescovo）和莫林•德尔•潘特（Molin del Ponte），都坐落在弗留利阿奎雷雅法定产酒区（Friuli Aquileia DOC）的中心。1970年收购了酒庄之后，佐宁家族（Zonin）恢复了它原本壮丽的模样，对酿酒设施进行重建，用最先进的科技建造了一座新酒窖。在酒庄800公顷的土地中，有550公顷用于种植葡萄，它是意大利北部最大的葡萄园。吉安尼•佐宁庄园（Gianni Zonin Vineyards）拥有正牌系列和一些特殊的精选。酿酒学家马尔科•拉比诺（Marco Rabino）在罗伯特•马尔科里尼（Roberto Marcolini）及佳柏利勒•卡尔柏尼（Gabriele Carboni）的协助下指导团队。瑞弗斯科•达尔•佩敦科罗红葡萄（Refosco dal Peduncolo Rosso）产自阿奎雷雅平原（Aquileia），所酿制的瑞弗斯科•达尔•佩敦科罗红葡萄酒2011（Refosco dal Peduncolo Rosso 2011）口感怡人，值得我们关注。而阿尔图里奥2009（Alturio 2009）拿到今年的奖也是实至名归的，它的果香丰富，和香脂的气息交织相融。

● Friuli Aquileia Refosco P. R. Alturio '09	🍷🍷 4
○ Friuli Aquileia Friulano '12	🍷🍷 3
● Friuli Aquileia Refosco P. R. '11	🍷🍷 3
● Friuli Aquileia Cabernet Franc '11	🍷 3
● Friuli Aquileia Merlot '11	🍷 3
○ Friuli Aquileia Pinot Bianco '12	🍷 3
○ Friuli Aquileia Pinot Grigio '12	🍷 3
○ Friuli Aquileia Sauvignon '12	🍷 3
○ Prosecco Brut	🍷 3
○ Friuli Aquileia Pinot Bianco '09	♀♀♀ 2*
● Friuli Aquileia Merlot '10	♀♀ 2*
● Friuli Aquileia Refosco P. R. '08	♀♀ 2*
○ Friuli Aquileia Sauvignon Aquilis '11	♀♀ 2*
○ Friuli Aquileia Sauvignon Aquilis '10	♀♀ 2*

Ca' Tullio & Sdricca di Manzano

via Beligna, 41
33051 Aquileia [UD]
Tel. 0431919700
www.catullio.it

藏酒销售
预约参观
年产量 300 000 瓶
葡萄种植面积 78 公顷

卡•图里奥酒庄（Ca' Tullio）总部位于阿奎莱亚（Aquileia）一座追溯到20世纪初曾经用于烟草干燥地的宏伟建筑里。今天，它是工业考古学中一个罕见的范例。在1994年人们对它进行了谨慎的翻新，使它恢复了以前的美丽，展现了原始的建筑特点。种植于弗留利•阿奎莱亚法定产酒区（Friuli Aquileia DOC）和弗留利科里•欧里恩塔利（Colli Orientali del Friuli）满扎诺斯蒂里卡（Sdricca di Manzano）的葡萄在此酿制。酒庄的主人保罗•卡利佳里斯（Paolo Calligaris）长久以来依赖于弗朗赛斯科•维辛庭（Francesco Visintin）这位酿酒天才，他同时负责两个系列。今年我们觉得满扎诺斯蒂里卡（Sdricca di Manzano）系列比卡•图里奥（Ca' Tullio）系列更胜一筹。我们尤其偏爱的两款酒是斯奇奥佩提诺•斯蒂里卡2011（Schioppettino Sdricca 2011）和皮格诺洛•斯蒂里卡2010（Pignolo Sdricca 2010），它们生机活跃，活力丰满，已经平衡得很好了，正等待我们去开启。

● COF Pignolo Sdricca '10	🍷🍷 3
○ COF Sauvignon Sdricca '12	🍷🍷 3
● COF Schioppettino Sdricca '11	🍷🍷 3
○ COF Friulano Sdricca '12	🍷 3
○ COF Ribolla Gialla Sdricca '12	🍷 3
○ Friuli Aquileia Friulano '12	🍷 2
○ Friuli Aquileia Pinot Grigio '12	🍷 2
● Friuli Aquileia Refosco P. R. '11	🍷 2
○ COF Friulano Sdricca '09	🍷🍷 3*
● COF Pignolo Sdricca '06	🍷🍷 3
○ Friuli Aquileia Friulano '11	🍷🍷 2*
○ Friuli Aquileia Traminer Viola '08	🍷🍷 2*

Cadibon

via Casali Gallo, 1
33040 Corno di Rosazzo [UD]
Tel. 0432759316
www.cadibon.com

藏酒销售
预约参观
膳宿接待
年产量 55 000 瓶
葡萄种植面积 14 公顷

卡蒂邦酒庄（Cadibon）于1977年由吉安尼邦（Gianni Bon）所创建，现在他的两个孩子弗朗赛斯卡（Francesca）和卢卡（Luca）正满怀激情，用无可争辩的技术管理着它。多年以来我们见证了它品质稳定的增长，使它在葡萄酒的王国中占有一席之地。自从去年春天以来，他们一直都在罗萨佐科尔诺（Corno di Rosazzo）的新酒窖工作，用最新的技术装备着它，并腾出充裕的空间以提供住宿接待和活动场地。最近他们改变整个白葡萄酒系列的酒瓶和标签的款式，这体现他们渴望能够以优雅精致的新形象展示于市场之中并同时展现其酒品的新鲜和芳香。在本地方言中，“邦塔”意味着一杯很好的酒，而弗留利•邦塔2012（Friulano Bontaj 2012）证明了它出色的水准，展示了它典型的芳香和铁锈气息，以及新鲜怡人的味道。斯奇欧佩提诺2011（Schioppettino 2011）和伦科•德尔•农诺2012（Ronco del Nonno 2012）去年的表现同样得到了回报。

○ COF Friulano Bontaj '12	🍷🍷 3
● COF Schioppettino '11	🍷🍷 3
○ Friuli Grave Sauvignon '12	🍷🍷 3
○ Ronco del Nonno '12	🍷🍷 3
● COF Cabernet Franc '11	🍷 3
● COF Refosco P. R. '11	🍷 3
○ COF Ribolla Gialla '12	🍷 3
○ COF Friulano Bontaj '11	🍷🍷 2*
○ COF Friulano Bontaj '10	🍷🍷 2*
○ COF Ribolla Gialla '11	🍷🍷 3
● COF Schioppettino '10	🍷🍷 3
○ Friuli Grave Sauvignon '09	🍷🍷 3*
○ Ronco del Nonno '11	🍷🍷 3*

Canus

LOC. CASALI GALLO
VIA GRAMOGLIANO, 21
33040 CORNO DI ROSAZZO [UD]
TEL. 0432759427
www.canus.it

藏酒销售
预约参观
年产量 45 000 瓶
葡萄种植面积 9 公顷

波尔代诺内（Pordenone）的商人尤格•罗塞托（Ugo Rossetto）在2004年收购了一座酒庄并将之命名为格拉莫格里亚诺•卡纳斯（Canus in Gramogliano），它位于罗萨佐•科尔诺（Corno di Rosazzo）市朱德里奥河（Judrio）的附近，这条河是弗留利•科里•欧里恩塔里（Colli Orientali del Friuli）和科里奥法定产酒区（Collio DOC）的分界线。卡纳斯酒庄（Canus）如今由他的两个怀有远见的孩子达里奥（Dario）和拉拉（Lara）运营着，他们赋予了酒庄质量的推动力，令它在本区域的葡萄酒舞台上保持着重要的角色。主打系列是卡纳（Canus），酿自有机种植的葡萄，而副牌系列伦科•德尔•格里斯（Ronco del Gris）也是强有力的支撑，它提供更清脆的酒款，附着酒精含量少的标签。所有这些葡萄酒都以品种的纯正，口感的怡人和平衡为主要特征。我们一致认为弗留朗诺2012（Friulano 2012）很出色，色泽和香气丰富，风味独特，舒服怡人。白贾思敏2011（Bianco Jasmine 2011）是一款莎当尼（Chardonnay）、苏维翁（Sauvignon）和灰皮诺（Pinot Grigio）混酿。

○ COF Friulano '12	🍷🍷 3*
○ COF Bianco Jasmine '11	🍷🍷 3
○ Pinot Grigio Ronco del Gris '12	🍷🍷 2*
○ Sauvignon Ronco del Gris '12	🍷🍷 2*
○ Bianco Flor di Cuar '12	🍷 2
○ Chardonnay Ronco del Gris '12	🍷 2
○ COF Ribolla Gialla '12	🍷 3
○ Ribolla Gialla Ronco del Gris '12	🍷 2
○ COF Bianco Jasmine '07	🍷🍷 3
○ COF Malvasia Ronco del Gris '11	🍷🍷 2*
● COF Pignolo '08	🍷🍷 4
● COF Refosco P. R. '06	🍷🍷 4

Carlo di Pradis

LOC. PRADIS, 22B
34071 CORMÒNS [GO]
TEL. 048162272
www.carlodipradis.it

藏酒销售
预约参观
年产量 70 000 瓶
葡萄种植面积 15 公顷

这个区域的许多高等级酒庄总部都位于普拉迪斯（Pradis）科尔蒙斯（Cormòns）附近一个充满生机的山丘小镇，享受着壮丽的景观、战略的地理位置，以及独特的土壤和天气条件。卡尔洛•布津内里（Carlo Buzzinelli）一生都在这居住着，并于1992年将酒庄的掌管权交由他的儿子波利斯（Boris）和大卫（David）负责。一直以来他们都合作得天衣无缝。他们宽阔且装备完善的酒窖位于一个山丘上，呈现代风格，完美地与自然景观融合在一起。酒庄的葡萄园差不多一半都围绕着酒窖，因而坐落在科里奥法定产酒区（Collio DOC）。其他的则种植于山丘下面的弗留利•伊松佐（Friuli Isonzo）的平原上。科里欧苏维翁2012（Sauvignon 2012 del Collio）超出了所有酒的出色表现，展现出复杂迷人且浓烈的香气，融合着白桃和橙花的气息，口感亲切，芳香怡人。另外的酒款都充满芳香，柔顺而连贯，香气和口感上都有很好的持续性。

○ Collio Sauvignon '12	🍷🍷 3*
○ Collio Friulano '12	🍷🍷 3
○ Collio Pinot Grigio '12	🍷🍷 3
○ Friuli Isonzo Chardonnay '12	🍷🍷 3
○ Friuli Isonzo Sauvignon '12	🍷🍷 2*
○ Friuli Isonzo Friulano '12	🍷 2
○ Friuli Isonzo Pinot Grigio '12	🍷 2
○ Collio Friulano '11	🍷🍷 3
○ Collio Friulano '08	🍷🍷 3*
○ Collio Friulano Scusse '08	🍷🍷 3*
○ Collio Friulano Scusse '07	🍷🍷 3*
○ Collio Sauvignon '11	🍷🍷 3
● Friuli Isonzo Merlot '10	🍷🍷 3
○ Friuli Isonzo Pinot Grigio '11	🍷🍷 2*

Il Carpino

LOC. SOVENZA, 14A
34070 SAN FLORIANO DEL COLLIO [GO]
TEL. 0481884097
www.ilcarpino.com

藏酒销售
预约参观
年产量 70 000 瓶
葡萄种植面积 16 公顷

如一般情况一样，这座酒庄也是以它所在的地方命名的。卡尔皮诺•波尔格（Borgo del Carpino）坐落在索文扎小镇（Sovenza），沿着连接欧斯拉维亚（Oslavia）和科里奥•圣弗洛里亚诺（San Floriano del Collio）的公路。安娜（Anna）和弗朗科•索锁尔（Franco Sosol）于1987年在此创建了他们的酒庄，现在他们的孩子奈克（Naike）和曼纽尔（Manuel）协助着他们。作为一座家族酒庄，他们可以亲自监督着每一步生产，包括葡萄园、酿制过程、熟成过程和营销。他们的理念偏向于传统方式，比如对酒窖进行扩大，其中有着1500升到2 000升的斯拉夫尼亚（Slavonian）橡木桶。今年这些酒都取得了很高的分数，其中马瓦西亚（Malvasia）不管是在不锈钢桶酿制的或是在木桶中酿制的版本，都证明了是整个系列中最好的一款。马瓦西亚维格纳•伦科2012（Malvasia Vigna Runc 2012）酒品清新而芳香浓郁。马瓦西亚2010（Malvasia 2010）则酒品精致，如奶油一般顺滑。

○ Bianco Runc '12	🍷🍷	3*
○ Collio Malvasia V. Runc '12	🍷🍷	3*
○ Malvasia '10	🍷🍷	5
○ Chardonnay '10	🍷🍷	5
○ Collio Pinot Grigio V. Runc '12	🍷🍷	3
○ Ribolla Gialla '10	🍷🍷	4
○ Vis Uvae '10	🍷🍷	5
○ Collio Bianco V. Runc '10	🍷🍷🍷	2*
○ Collio Malvasia V. Runc '11	🍷🍷🍷	3*
● Rubrum '99	🍷🍷🍷	3*
○ Bianco Carpino '09	🍷🍷	4
○ Bianco Runc '11	🍷🍷	3*
○ Exordium '09	🍷🍷	5
○ Malvasia '09	🍷🍷	5

Casa Zuliani

VIA GRADISCA, 23
34072 FARRA D'ISONZO [GO]
TEL. 0481888506
www.casazuliani.com

藏酒销售
预约参观
年产量 130 000 瓶
葡萄种植面积 17 公顷

卡萨•朱利亚尼（Casa Zuliani）酒庄由朱里亚诺•朱利亚尼（Zuliano Zuliani）创建于90年前，现在由李嘉图•蒙法尔迪诺（Riccardo Monfardino）拥有并管理着。怀着敏锐的商业嗅觉，他对酒庄注入了先见的动力，使它成为顶级的区域酿酒商之一。这座壮丽的酒庄及其酒窖位于法拉迪•伊松佐（Farra d'Isonzo），而葡萄园则在科里奥（Collio）和弗留利伊松佐法定产酒区（Friuli Isonzo DOCs）。十分有才能的酿酒师欧玛尔•卡法尔（Omar Caffar），在吉安尼•梅诺提（Gianni Menotti）的协助下，使酒庄保持着非常高的水平，尽管最佳的果实被酿制成文特尔系列（Winter），即酒庄的正牌酒。文特尔干红葡萄酒5/95 •2009（Winter Rosso 5/95 2009），酿自赤霞珠（Cabernet Sauvignon）和少数梅洛（Merlot），以它的口感变化、复杂的香气和粗壮的口味赢得了我们最后的奖项。而来自梅洛（Merlot）和少许赤霞珠（Cabernet sauvignon）的文特尔干红葡萄酒95/5•2009（ Winter Rosso95/5 2009）也是一款出色的酒，但橡木味还有待发挥。

● Winter Rosso 5/95 '09	🍷🍷	5
○ Collio Friulano '12	🍷🍷	3
○ Collio Malvasia '12	🍷🍷	3
○ Collio Pinot Grigio '12	🍷🍷	3
○ Collio Sauvignon '12	🍷🍷	3
○ Winter Chardonnay '10	🍷🍷	5
● Winter Rosso 95/5 '09	🍷🍷	5
○ Collio Chardonnay '12	🍷	3
○ Collio Ribolla Gialla '12	🍷	3
● Winter Rosso '04	🍷🍷🍷	4
○ Collio Pinot Grigio '11	🍷🍷	3
● Winter Rosso 5/95 '08	🍷🍷	5
● Winter Rosso 95/5 '08	🍷🍷	5

La Castellada

FRAZ. OSLAVIA, 1
34170 GORIZIA
TEL. 048133670
nicolobensa@virgilio.it

藏酒销售
预约参观
年产量 23 000 瓶
葡萄种植面积 9 公顷

来自拉•卡斯特拉达酒庄（La Castellada）的葡萄酒强烈质朴，色泽丰富，香气迷人淳朴。它们缓慢地发挥着，先是在木桶中放置，然后在酒瓶中陈酿，在多年之后才能曝光。所有这些葡萄，甚至是白葡萄，都经历了长时间的浸泡，由于这些葡萄是不去皮的，其发酵都是自发的，而单宁则被萃取出来。这些天然抗氧化剂意味着他们使用非常少量的亚硫酸盐。吉欧而吉奥（Giorgio）和尼可洛•本撒（Nicolò Bensa）开始装瓶于1978年。如今尼可洛两个能量充沛的儿子斯蒂法诺（Stefano）和马特欧（Matteo）协助他们在园地与酒窖的工作。在决赛中我们品尝到两款酒：白科里奥（Collio Bianco）和里柏拉•吉亚拉（Ribolla Gialla），都是来自2008年份的。这两款酒都展示了很强的复杂性，迷人的香气和强大而结构良好的口味。卡斯特拉达干红葡萄酒2001（Rosso della Castellada 2001）同样进入了决赛，它的香气辛辣而香脂丰富，口感馥郁，使人愉悦。

○ Collio Bianco della Castellada '08	🍷🍷 5
● Collio Rosso della Castellada '01	🍷🍷 8
○ Collio Ribolla Gialla '08	🍷🍷 5
○ Collio Bianco della Castellada '99	🍷🍷🍷 5
● Collio Rosso della Castellada '99	🍷🍷🍷 7
○ Collio Tocai Friulano '03	🍷🍷🍷 5
○ Collio Bianco della Castellada '07	🍷🍷 5
○ Collio Friulano '07	🍷🍷 5
○ Collio Pinot Grigio '07	🍷🍷 5
○ Collio Ribolla Gialla '07	🍷🍷 5
○ Collio Ribolla Gialla '05	🍷🍷 5
● Collio Rosso della Castellada '04	🍷🍷 7

Castello di Buttrio

VIA MORPURGO, 9
33042 BUTTRIO [UD]
TEL. 0432673015
www.castellodibuttrio.it

藏酒销售
预约参观
膳宿接待
年产量 50 000 瓶
葡萄种植面积 27 公顷

马尔科•菲鲁格（Marco Felluga）被公认为弗留利-威尼斯朱利亚区（Friuli Venezia Giulia）的品质酿酒先驱之一，这也是符合事实的事。他的直觉经常被证明是合理的，就像在1994年收购的卡斯特罗迪•布特里奥（Castello di Buttrio）酒庄。他的女儿阿里桑德拉（Alessandra）指导这酒庄已有数年了，她孜孜不倦的努力使得古老的酒庄恢复到历史的辉煌。在阿里桑德拉警醒的眼光协助下，最近对紧邻的酒庄及其葡萄园的收购给了酿酒师安德拉•皮塔纳（Andrea Pittana）展示出色的才能更宽广的范围。连续第二年的弗留拉诺2012（Friulano 2012）值得进入我们最后的精选，以它馥郁的香气和口味为特征。苏维翁2012（Sauvignon 2012）也很出色。而其他酒款不管是最新的年份还是珍藏版本，逐渐征服了更多人的心。

○ COF Friulano '12	🍷🍷 3*
○ COF Bianco Mon Blanc '12	🍷🍷 3
○ COF Dolce Mille e una Botte '10	🍷🍷 5
○ COF Sauvignon '12	🍷🍷 3
○ COF Torre Butria Chardonnay Ris. '09	🍷🍷 5
● COF Uve Carate Merlot Ris. '09	🍷🍷 3
● COF Refosco '11	🍷 3
○ COF Ribolla Gialla '12	🍷 3
○ COF Friulano '11	🍷🍷 3*
○ COF Bianco Mon Blanc '11	🍷🍷 3*
○ COF Chardonnay '11	🍷🍷 3
○ COF Friulano '10	🍷🍷 3
● COF Merlot '09	🍷🍷 3*
○ COF Sauvignon '11	🍷🍷 3

Castello di Spessa

via Spessa, 1
34070 Capriva del Friuli [GO]
Tel. 048160445
www.paliwines.com

藏酒销售
预约参观
膳宿接待
年产量 300 000 瓶
葡萄种植面积 80 公顷

洛雷托•帕里（Loretto Pali）在1987年收购了斯佩萨酒庄（Castello di Spessa）及其周边葡萄园之后，给它注入了新的生命，成为一个大型复合体，包括酒庄，一个舒服的度假地，一个18洞的高尔夫球场和一间餐馆的中心。在第二次世界大战期间，占领这里的军队使用一个建于1939年的燃料库来连接城堡和酒窖。今天，它天然稳定的温度是酿制葡萄酒的福音。长期作为咨询顾问的吉安尼•梅诺提（Gianni Menotti）确保了高水品的品质，并协助酿酒专家多蒙尼科•洛瓦特（Domenico Lovat）的工作。今年有两款酒再次入围我们最后的奖项。白皮诺2012（The Pinot Bianco 2012）以它淡雅、精妙的口感赢得了我们的青睐。苏维翁•塞格瑞2012（Sauvignon Segrè 2012）充满柑橘味，芳香浓郁。果香丰富、口味独特、有前途的黑皮诺卡萨诺瓦2009（Pinot Nero Casanova 2009）也值得我们特别的关注。

○ Collio Pinot Bianco '12	♦♦ 3*
○ Collio Sauvignon Segrè '12	♦♦ 5
○ Collio Friulano '12	▼▼ 3
○ Collio Pinot Grigio '12	▼▼ 3
● Collio Pinot Nero Casanova '09	▼▼ 5
○ Collio Sauvignon '12	▼▼ 3
○ Collio Ribolla Gialla '12	▼ 3
○ Friuli Isonzo Chardonnay '12	▼ 3
○ Isonzo Sauvignon '12	▼ 3
○ Collio Pinot Bianco '11	▽▽▽ 3*
○ Collio Pinot Bianco '06	▽▽▽ 3*
○ Collio Tocai Friulano '05	▽▽▽ 3*
● Collio Merlot V. Rosaris '09	▽▽ 5

Castello Sant'Anna

loc. Spessa
via Sant'Anna, 9
33043 Cividale del Friuli [UD]
Tel. 0432716289
centasantanna@libero.it

藏酒销售
预约参观
年产量 25 000 瓶
葡萄种植面积 7 公顷

两座大约12米高的圆堡垒创建于十三四世纪，但重建于17世纪，是卡斯特罗•圣特•安娜（Castello Sant'Anna）矩形墙的边缘。酒庄曾经是来自西维黛勒（Cividale）的贵族家庭的夏季休息地，周围围绕着葡萄藤，于1966年被朱塞佩•吉亚欧提（Giuseppe Giaiotti）所收购。朱塞佩离开他的工作回归田园，因为他感觉到跟乡村有着更多的联系。现在酒庄事务由安德拉（Andrea）管理，他是该家族的第三代，完成了旧葡萄园的重建并新建一座地下恒温酒窖。出色的灰皮诺2011（Pinot Grigio 2011）以它精妙而芳香的香气，特别是丰富怡人的口味而战胜了我们的味觉。同样出色的弗留拉诺2011（Friulano 2011）香气和口感都很馥郁。而梅洛2009（Merlot 2009）风格淡雅复杂，丰富而缭绕。

○ COF Pinot Grigio '11	♦♦ 3*
○ COF Friulano '11	▼▼ 3
● COF Merlot '09	▼▼ 4
● COF Pinot Nero '09	▼ 4
● COF Merlot Ris. '08	▽▽ 4
● COF Pignolo '07	▽▽ 4
● COF Pinot Nero '07	▽▽ 4
○ COF Sauvignon '10	▽▽ 3
○ COF Sauvignon '09	▽▽ 3*
● COF Schioppettino '08	▽▽ 5

Castelvecchio

via Castelnuovo, 2
34078 Sagrado [GO]
Tel. 048199742
www.castelvecchio.com

藏酒销售
预约参观
年产量 180 000 瓶
葡萄种植面积 35 公顷

卡尔索•格里吉亚诺（Carso Goriziano）地区历经了辉煌和毁灭。今天，在原始而迷人的自然风景中依然有着充满挑战的困难生长区，荒芜且多石。这里刚好在萨格拉多（Sagrado）之上，矗立着卡斯特尔维奇奥酒庄（Castelvecchio），特拉内欧家族（Terraneo）满怀激情，以坚持不懈的毅力和专业知识悉心管理着酒庄。经验丰富的萨维里奥•迪•佳科莫（Saverio Di Giacomo）监管酒庄的酿制操作已有一些时间了，并得到了德高望重的专家吉安尼•梅诺提（Gianni Menotti）在决策方面的支持。他们都致力于最大限度地提高品质标准的目标。今年华丽的苏维翁2012（Sauvignon 2012）近乎出色，以迷人的橙子花和接骨木酒香与丰满舒服的口感为特点。同样出众的马瓦西亚迪雷欧2012（Malvasia Dileo 2012）充满香脂和花香的气息。其他的酒款也很不错，口味丰满，魅力迷人。

○ Carso Sauvignon '12	🍷🍷 3*
● Carso Cabernet Franc '10	🍷🍷 4
● Carso Cabernet Sauvignon '10	🍷🍷 4
○ Carso Malvasia Dileo '12	🍷🍷 5
○ Carso Malvasia Istriana '12	🍷🍷 3
● Carso Merlot '07	🍷🍷 5
● Carso Refosco P. R. '10	🍷🍷 4
⊙ Terrano Rosé Brut	🍷🍷 4
○ Brut Masia	🍷 4
● Carso Terrano '12	🍷 3
● Carso Cabernet Sauvignon '09	🍷🍷 4
● Carso Merlot '06	🍷🍷 5
○ Carso Sauvignon '11	🍷🍷 3
● Sagrado Rosso '05	🍷🍷 5

Marco Cecchini

loc. Casali de Luca
via Colombani
33040 Faedis [UD]
Tel. 0432720563
www.cecchinimarco.com

藏酒销售
预约参观
膳宿接待
年产量 35 000 瓶
葡萄种植面积 10 公顷

马尔科•塞奇尼（Marco Cecchini）在1998年创建时这座酒庄几乎只是作为一种消遣。这座酒庄建立在从他祖父继承而来的位于弗留利科里•欧里•恩塔里（Colli Orientali del Friuli）的法埃迪斯（Faedis）中1公顷的葡萄园上。塞奇尼是脱离经济学世界而来的一个自由的灵魂，他首先采取的措施将他和自然紧紧地捆绑在一起。现在他灌溉着10公顷的葡萄园，其中有一半的藤蔓平均年龄高达40岁。塞奇尼认为他在酿酒方面是一位匠师，但在诠释风土环境方面则是艺术家，因为他将本地最好的土壤和气候条件转化成为直爽且优雅、个性丰富的葡萄酒。其中灰皮诺2012（Pinot Grigio 2012）和弗留利2011（Friulano 2011）都很出色，但得到人们最一致肯定的是进入决赛的维尔多佐•弗留利维尔利特2008（Verduzzo Friulano Verlit 2008），它展示了蜂蜜和甜柑橘的香气，美味的口感中渗透着无尽的甜美。

○ COF Verduzzo Friulano Verlit '08	🍷🍷 3*
○ COF Friulano '11	🍷🍷 3
○ Pinot Grigio '12	🍷🍷 3
○ Riesling '10	🍷 5
○ COF Bianco Tovè '10	🍷🍷 3*
○ COF Bianco Tovè '09	🍷🍷 3*
○ COF Bianco Tovè '08	🍷🍷 3*
● COF Refosco P. R. '09	🍷🍷 3
● COF Refosco P. R. '08	🍷🍷 3*
○ Picolit '07	🍷🍷 5
○ Pinot Grigio '11	🍷🍷 3
○ Pinot Grigio Vigneto Bellagioia '08	🍷🍷 2*
○ Riesling '08	🍷🍷 2*

Eugenio Collavini

LOC. GRAMOGLIANO
VIA FORUM JULII, 2
33040 CORNO DI ROSAZZO [UD]
TEL. 0432753222
www.collavini.it

藏酒销售
预约参观
年产量 1 500 000 瓶
葡萄种植面积 173 公顷

酒庄是尤杰尼欧•克拉维尼（Eugenio Collavini）在1896年创建的，位于罗萨佐•科尔诺（Corno di Rosazzo）一个由康提•祖科迪•库卡涅（Conti Zucco di Cuccanea）拥有的小村庄中，这是16世纪一个要塞村。今天曼里奥•卡拉维尼（Manlio Collavini）在儿子路易吉（Luigi）和吉欧瓦尼（Giovanni）的协助下指导着酒庄。克拉维尼在20世纪70年代对酒庄进行扩张，1996年他引进了先进的装备，保障了在农学家的管理下独立的葡萄种植者的工作。这是弗留利区能够提供如此广泛的生产而品质标准从不下降的少数酒庄之一，多亏了瓦尔特•博尔格纳奇（Walter Bergnach）出色的酿酒专业。首先是白布洛依2012（Bianco Broy 2012），它是莎当尼（Chardonnay）、弗留拉诺（Friulano）和科里欧苏维翁（Sauvignon del Collio）的混合酒，我们已品尝过它的许多版本。弗瑞斯科2006（Forresco 2006）也相当出色，由雷弗斯科（Refosco）和皮格诺罗（Pignolo）混酿而成。

● COF Rosso Forresco '06	5
○ Collio Bianco Broy '12	5*
○ COF Ribolla Gialla Turian '12	4*
○ Collio Pinot Grigio '12	2*
○ Collio Sauvignon Blanc Fumât '12	3*
○ Verdàc '09	8
○ Collio Bianco Broy '11	4*
○ Collio Bianco Broy '10	4
○ Collio Bianco Broy '09	4*
○ Collio Bianco Broy '08	4*
○ Collio Bianco Broy '07	4
○ Collio Bianco Broy '06	4
○ Collio Bianco Broy '04	4*
○ Collio Bianco Broy '03	4
● COF Rosso Forresco '05	5
● Collio Merlot dal Pic '06	5

Colle Duga

LOC. ZEGLA, 10
34071 CORMÒNS [GO]
TEL. 048161177
www.colleduga.com

藏酒销售
预约参观
年产量 50 000 瓶
葡萄种植面积 9 公顷

本区域的地图中将科勒•杜佳（Colle Duga）标识为一座山丘，其中穿插着达米安•普令西克（Damian Princic）葡萄园。这是科里奥（Collio）的中心，紧邻斯罗维尼亚（Slovenia）的格里斯卡布拉达山丘（Goriska Brda）。在这里普令西克家族（Princic）世代都投入酿酒事业中。在1991年年轻的达米安（Damian）接管了酒庄的掌管权。他的理念是最大化地表现葡萄酒的感官享受，在结构、个性和典型性之间保持平衡，并且与风土特点融为一体。所有这些酒都有出色的表现，其中有三款近乎完美。芳香馥郁且迷人的弗留拉诺2012（Friulano 2012）完美地与先前的年份保持一致。苏维翁（Sauvignon）和白科里奥（Collio Bianco），同样来自2012年份，展示了令人愉悦的柑橘气息，更重要的是给人满意的口感。

○ Collio Bianco '12	4
○ Collio Friulano '12	3*
○ Collio Sauvignon '12	3*
○ Collio Chardonnay '12	3
● Collio Merlot '11	4
○ Collio Pinot Grigio '12	3
○ Collio Bianco '11	4*
○ Collio Bianco '08	3*
○ Collio Bianco '07	3
○ Collio Friulano '09	3*
○ Collio Bianco '10	3
○ Collio Friulano '11	3*
○ Collio Pinot Grigio '11	3*
○ Collio Sauvignon '11	3*

Colmello di Grotta

LOC. GROTTA
VIA GORIZIA, 133
34072 FARRA D'ISONZO [GO]
TEL. 0481888445
www.colmello.it

藏酒销售
预约参观
年产量 85 000 瓶
葡萄种植面积 15 公顷

露西亚纳•本纳提（Luciana Bennati）在1965年创建了科尔梅洛•迪•格洛塔酒庄（Colmello di Grotta）。她对一座古老破旧的小农舍进行重建，使它变成一座充满生机并装备完善的酒庄，这个项目十分忠于传统。她的女儿弗朗赛斯卡•波尔托洛图•柏萨提（Francesca Bortolotto Possati）现在掌握着管理权，她敏锐的商业嗅觉和饱满的激情令这座酒庄迅速成为本区域酿酒商的佼佼者。葡萄园地遍布在伊松佐（Isonzo）河岸和科里奥•格里兹佳诺法定产区酒（Collio Goriziano DOC）的斜坡上。这两个地方的风土特征形成鲜明的对比，但法比奥•科瑟（Fabio Coser）全面掌握着这个地区，并成功地在每一块园地培养出最好的品质。科里奥的葡萄酒展示了比伊松佐（Isonzo）酒更多的特性。它们果味更加丰富、芳香更加浓郁、结构也更加完善。例如莎当尼2012（Chardonnay 2012）有桃子和茉莉花的香气，入口有出色的后味。此外，香气宽广、口味馥郁的白科里奥•桑菲利普2011（Collio Bianco Sanfilip 2011）和来自莎当尼（Chardonnay）、苏维翁（Sauvignon）和弗留拉诺（Friulano），表现也很出色。

○ Collio Bianco Sanfilip '11	🍷🍷 3
○ Collio Chardonnay '12	🍷🍷 3
○ Collio Friulano '12	🍷🍷 3
○ Collio Pinot Grigio '12	🍷🍷 3
○ Collio Sauvignon '12	🍷🍷 3
○ Collio Ribolla Gialla '12	🍷 3
● Friuli Isonzo Cabernet Franc '11	🍷 3
● Friuli Isonzo Merlot '10	🍷 3
○ Friuli Isonzo Sauvignon '12	🍷 3
○ Collio Friulano '11	YY 3*
○ Collio Ribolla Gialla '10	YY 3*
○ Collio Sauvignon '11	YY 3*
○ Friuli Isonzo Chardonnay '11	YY 2*
● Friuli Isonzo Merlot '04	YY 3
○ Friuli Isonzo Sauvignon '11	YY 2*

Giorgio Colutta - Bandut

VIA ORSARIA, 32
33044 MANZANO [UD]
TEL. 0432740315
www.colutta.it

藏酒销售
预约参观
膳宿接待
年产量 140 000 瓶
葡萄种植面积 21 公顷

乔治欧•科鲁塔（Giorgio Colutta）拥有药学的学位，并对大地有着深深的热爱，是这座酒庄的主人，酒庄过去的名字叫做邦度特（Bandut）。安托尼奥•科鲁塔（Antonio Colutta）在20世纪初购买的18世纪别墅中设置着酒窖和面向顾客及红酒旅游者的宿舍。葡萄园种植在著名的弗留利•科里•欧里恩塔里（Colli Orientali del Friuli）的葡萄树公园（Wine and Vine Park）里，并接受葡萄栽培家安托尼奥•玛吉欧（Antonio Maggio）监管。传统系列通常是以典型的圆润和自信为特征的。现在也有了有趣的起泡酒，以及在较好的生长年份中有些给人印象深刻的特级酒。其品质的持续增长使得皮格诺罗2007（Pignolo 2007）能够在最后一轮中与其他酒款竞争。它能够感染人的情绪，香气复杂，口味诱人。而多样化且芳香浓郁的这些年份葡萄酒同样也展示了很高的品质。

● COF Pignolo '07	🍷🍷 7
○ COF Friulano '12	🍷🍷 3
○ COF Pinot Grigio '12	🍷🍷 3
● COF Refosco P. R. '11	🍷🍷 3
○ COF Ribolla Gialla '12	🍷🍷 4
○ COF Sauvignon '12	🍷🍷 3
○ COF Friulano '11	YY 3
○ COF Friulano '10	YY 3*
● COF Pignolo '06	YY 7
● COF Refosco P. R. '08	YY 3
○ COF Ribolla Gialla '11	YY 4
○ COF Sauvignon '11	YY 3
○ Picolit '07	YY 7

Paolino Comelli

CASE COLLOREDO, 8
33040 FAEDIS [UD]
TEL. 0432711226
www.comelli.it

藏酒销售
预约参观
膳宿接待
年产量 60 000 瓶
葡萄种植面积 12.5 公顷

包丽诺•科梅里(Paolino Comelli)在1946年购买了一个被遗弃的旧村庄，其中有着荒废的农舍，位于法埃迪斯市(Faedis)的索夫姆博尔格•科罗瑞多(Colloredo di Soffumbergo)山丘上。他有着超人的远见，把它改造成一座繁荣的农耕房产。今天的酒庄由皮尔路易吉•科梅里(Pierluigi Comelli)指导，朋友们叫他为皮吉(Pigi)，并得到他妻子丹尼尔拉(Daniela)和儿子尼克拉(Nicola)及菲里柏(Filippo)协助。顾问艾米丽奥•德尔•梅迪科(Emilio Del Medico)相当惊人的才能与技术相呼应，经常能够保持高品质水平，产生出有独特个性的令人愉悦的、多样化而忠诚的葡萄酒。白索夫姆博尔格2011(Bianco Soffumbergo 2011)展示出特别的香气，体现弗留拉诺(Friulano)多样化的个性，充满马瓦西亚(Malvasia)、莎当尼(Chardonnay)和少许皮科里特(Picolit)的香气。弗留拉诺2012(Friulano 2012)和索夫姆博尔格干红葡萄酒2010(Rosso Soffumbergo 2010)肯定了先前年份所得来的赞赏。

○ Bianco Soffumbergo '11	ΨΨ 4
○ COF Friulano '12	ΨΨ 3
○ COF Sauvignon '12	ΨΨ 3
● Rosso Soffumbergo '10	ΨΨ 4
● COF Pignolo '09	Ψ 5
○ COF Pinot Grigio Amplius '12	Ψ 3
○ COF Friulano '11	ΥΥ 3
● COF Pignolo '08	ΥΥ 5
● COF Pignolo '07	ΥΥ 5
○ COF Pinot Grigio Amplius '11	ΥΥ 3
○ COF Sauvignon '09	ΥΥ 3*
● Rosso Soffumbergo '09	ΥΥ 4
● Rosso Soffumbergo '08	ΥΥ 4
● Rosso Soffumbergo '07	ΥΥ 4

Dario Coos

VIA RAMANDOLO, 5
33045 NIMIS [UD]
TEL. 0432790320
www.dariocoos.it

藏酒销售
预约参观
年产量 50 000 瓶
葡萄种植面积 15 公顷

库斯家族(Coos)自从19世纪初便在弗留利•科里•欧里恩塔里(Colli Orientali del Friuli)最北边的陡峭山丘上酿制葡萄酒。达里奥(Dario)在1986年创建了这座酒庄，代表着这些博学多才的酿酒师的第五代传人。他是本地区第一款法定产酒，拉曼多拉(Ramandolo)的创始人之一。这款酒是以尼密斯市(Nimis)一座村庄而命名的，那里的生产主要集中在灰维度佐葡萄(Verduzzo Giallo)上，它们的小小的串和厚厚的皮是自然干燥的完美选择。达里奥依然监管所有的酒窖操作，其高效的队伍同样享受着来自顾问安德拉•皮塔纳(Andrea Pittana)特别的服务和丰富的经验。弗留拉诺(Friulano)、里博拉基亚拉(Ribolla Gialla)和苏维翁(Sauvignon)酿制而成的温多思2011(Vindos 2011)以芬芳的酒香和舒服的口感而出众。果香浓郁的皮格诺罗2009(Pignolo 2009)展示了出色的构造，依然年轻，但有很大的潜力。同样很出色的斯奇奥佩提诺2011(Schioppettino 2011)非常典型，活力四射，充满魅力。

● COF Pignolo '09	ΨΨ 4
● Schioppettino '11	ΨΨ 4
○ Vindos '11	ΨΨ 3
○ COF Friulano '12	Ψ 3
○ COF Malvasia '12	Ψ 3
○ Ramandolo '09	Ψ 4
● Refosco P.R. '10	Ψ 2
○ Ribolla Gialla '12	Ψ 3
○ Sauvignon '12	Ψ 3
○ COF Picolit '06	ΥΥ 6
○ Picolit '10	ΥΥ 6
● Pignolo '08	ΥΥ 4
● Pignolo '07	ΥΥ 4
○ Ramandolo V. T. '04	ΥΥ 4

Cantina Produttori di Cormòns

via Vino della Pace, 31
34071 Cormòns [GO]
Tel. 048162471
www.cormons.com

藏酒销售
预约参观
膳宿接待
年产量 2 250 000 瓶
葡萄种植面积 470 公顷
葡萄栽培方式 有机认证

在20世纪60年代末，一群克雷莫纳（Cremona）酿酒商意识到葡萄酒行业的成功不是建立在跟随过时的潮流之上的，而是要不断发展他们本地的特点。于是他们团结在一起，拟定了一项协议，制定了非常详细的生产准则并约束着所有成员。路易吉•索尼（Luigi Soini）在当时是酒窖掌管者，今天是这座繁荣的酒庄的指导者，有效利用有资质的葡萄栽培学家来监管200多名成员的葡萄园，以及利用顾问洛多而弗•里兹（Rodolfo Rizzi）的专业知识，这在如此多的酒标管理中是不可缺少的条件。今年再次有一款酒进入了我们最终的决选。这是科里奥白皮诺2012（Pinot Bianco 2012 del Collio），以干净而怡人的香气，特别是顺滑的口感而出众。保持迷人魅力的佩斯维诺2008（Vino della Pace 2008）传达了世界和平的理念。

○ Collio Friuliano '12	🍷🍷 3
○ Collio Pinot Bianco '12	🍷🍷 3*
○ Friuli Isonzo Malvasia Istriana '12	🍷🍷 3
○ Vino della Pace '08	🍷🍷 5
○ Collio Pinot Grigio '12	🍷 3
○ Collio Friuliano '11	🍷🍷 2*
○ Collio Friuliano '10	🍷🍷 2*
○ Collio Pinot Grigio '11	🍷🍷 3
○ Collio Sauvignon '10	🍷🍷 2*
○ Friuli Isonzo Friulano '09	🍷🍷 2*
○ Vino della Pace '06	🍷🍷 5

Crastin

loc. Ruttars, 33
34070 Dolegna del Collio [GO]
Tel. 0481630310
www.vinicrastin.it

藏酒销售
预约参观
年产量 35 000 瓶
葡萄种植面积 6 公顷

在20世纪50年代初，奥里沃（Olivo）和科尔内莉亚•科拉里格（Cornelia Collarig）租借土地创建了一个致力于混合农耕的农场。在1980年他们的儿子赛尔吉欧（Sergio）接管了管理权，他察觉到这里的潜力，把大部分的注意力集中在2.5公顷的葡萄园中。他开始酿制明显高品质的葡萄酒并提供给鲁塔尔山丘（Ruttars）农家旅游业的旅客。他扩张葡萄园地到现在的6公顷土地，主要种植白葡萄品种，从科里奥格里佳诺（Collio Goriziano）中酿制出非常宜人、芳香浓郁的葡萄酒。弗留利2012（Friulano 2012）重复去年的荣耀，在最后一轮中获得了一席之地。它复杂且淡雅的酒香之后是怡人的口感，充满着适当的清香、轻柔和矿物气息。其他的酒款也很不错，尤其是与价格的平衡。

○ Collio Friuliano '12	🍷🍷 2*
● Collio Merlot '11	🍷🍷 2*
○ Collio Pinot Grigio '12	🍷🍷 3
○ Collio Ribolla Gialla '12	🍷🍷 2*
○ Collio Sauvignon '12	🍷🍷 3
○ Collio Friuliano '11	🍷🍷 2*
● Collio Merlot '10	🍷🍷 2*
○ Collio Pinot Grigio '11	🍷🍷 3*
○ Collio Ribolla Gialla '09	🍷🍷 2*
○ Collio Sauvignon '11	🍷🍷 3

Conte D'Attimis-Maniago

VIA SOTTOMONTE, 21
33042 BUTTRIO [UD]
TEL. 0432674027
www.contedattimismaniago.it

藏酒销售
预约参观
年产量 400 000 瓶
葡萄种植面积 85 公顷

阿提米斯-曼尼亚格（Attimis-Maniago）家族拥有的17世纪宫殿及其附属旅馆和餐厅都位于波尔代诺内地区（Pordenone）的曼尼亚格（Maniago）。这座由康特•阿尔伯托迪（Conte Alberto d'Attimis-Maniago Marchiò）掌管的酒庄遍布布特里奥（Buttrio）阳光充足的山丘上，其葡萄园享受着附近亚得里亚海（Adriatic）轻抚的海风。追溯到1585年，康特迪•阿提米斯—曼尼亚格（Conte d'Attimis-Maniago）是弗留利区（Friuli）历史悠久的酿酒商之一。它的风格忠实于地域特征，比起进口品种更偏爱本地品种。这使得酒庄的葡萄藤完美地与气候相适应，并生产出真正古典的、品质稳定的葡萄酒。专家弗朗赛斯科•斯皮塔雷里（Francesco Spitaleri）一直以来都负责监管酿制过程。白伦科•布洛伊罗2009（Bianco Ronco Broilo 2009）来自比例相等的弗留利（Friulano）和白皮诺（Pinot Bianco），散发着迷人的干花和烤花生的香气，口感丰满，充满风味。其他的酒款也很出众，获得并保持着高品质水平。

○ COF Ronco Broilo '09	🍷🍷 5
○ COF Malvasia '11	🍷🍷 3
○ COF Picolit '11	🍷🍷 8
● COF Tazzelenghe '08	🍷🍷 6
○ COF Chardonnay '07	🍷🍷 3
○ COF Friulano '09	🍷🍷 3*
○ COF Malvasia '06	🍷🍷 3*
● COF Pignolo '07	🍷🍷 7
○ COF Sauvignon '11	🍷🍷 3*
○ COF Sauvignon '10	🍷🍷 3*
○ COF Sauvignon '09	🍷🍷 3*
● COF Tazzelenghe '07	🍷🍷 6
● COF Tazzelenghe '04	🍷🍷 5
○ COF Verduzzo Friulano Tore delle Signore '11	🍷🍷 3

di Lenardo

FRAZ. ONTAGNANO
P.ZZA BATTISTI, 1
33050 GONARS [UD]
TEL. 0432928633
www.dilenardo.it

藏酒销售
预约参观
年产量 600 000 瓶
葡萄种植面积 45 公顷

迪•乐纳多葡萄园（Di Lenardo Vineyards）的葡萄藤遍布数个地区，酒庄选择将它所有的酒都指定为地区特色酒（IGT）。它位于昂塔格纳诺（Ontagnano）村庄中，在弗留利平原上，离著名的防卫墙帕尔曼诺瓦（Palmanova）——一个九边形城市只有几公里的距离。酒庄事实上已有200年的历史了，但马西莫•迪里纳尔多（Massimo di Lenardo）给它注入了时代的动力马西莫同时也指导酿酒过程，并在吉里亚诺•卡提内里（Giuliano Cattinelli）的协助下。迪•里纳尔多（Di Lenardo）成功地充分利用了平原环境，并远销海外市场，尤其是美国市场。该酒根据当地需求调整了生产。莎当尼父亲的眼睛2012（Chardonnay Father's Eyes 2012）焕发着风情独特的果实、奶油冻和干果的味道，拥有轻柔奶油般的口感。苏维翁2012（Sauvignon Blanc 2012）展现了芳香的黄桃和橘子的酒香，风味多变，口感丰富。梅洛•唯我2010（Merlot Just Me 2010）独具个性，但年轻不好入口。

○ Chardonnay '12	🍷🍷 2*
○ Father's Eyes '12	🍷🍷 2*
○ Friuli Grave Friulano Toh! '12	🍷🍷 2*
● Just Me '10	🍷🍷 4
○ Sarà Brut	🍷🍷 3
○ Sauvignon Blanc '12	🍷🍷 2*
● Cabernet '12	🍷 2
○ Gossip '12	🍷 2
○ Pass the Cookies '12	🍷 3
○ Pinot Grigio '12	🍷 2
○ Chardonnay '11	🍷🍷 2*
○ Chardonnay '10	🍷🍷 2*
○ Come mi vuoi '11	🍷🍷 2*
○ Friuli Grave Friulano Toh! '11	🍷🍷 2*
○ Sauvignon Blanc '11	🍷🍷 2*

★★Dorigo

LOC. BELLAZOIA
VIA SUBIDA, 16
33040 POVOLETTO [UD]
TEL. 0432634161
www.dorigowines.com

藏酒销售
预约参观
年产量 120 000 瓶
葡萄种植面积 20 公顷

“多里戈，一个让人兴奋的品牌，连接未来”，这是阿里西欧•多里戈（Alessio Dorigo）去年发起的口号，宣布了这座家族酒庄的变革。在吉洛拉莫•多里戈（Girolamo Dorigo）的管理下，酒庄在弗留利（Friuli）酿酒史中已有40年了。一座位于柏沃雷托（Povoletto）附近的贝拉佐亚（Bellazoia）的新酒窖代替了它在布特里奥（Buttrio）悠久的总部。除了家族遗传下来的8公顷葡萄园之外，这里也种植着许多葡萄园；每公顷10 000株藤蔓使它们成为本区域最稠密的园地。阿里西欧极大地提高了古典方式酿造的起泡酒产量，并把注意力集中在开发本地固有的葡萄品种上。今年我们最喜爱的当属莎当尼2011（Chardonnay 2011），以淡淡的烟熏味、独特的气息和轻柔奶油般的口感赢得了我们的青睐。高品质水平的蒙特科拉帕德2010（Montsclapade 2010）呈现可可粉、甘草和咖啡味道。出色的红葡萄起泡酒（Blanc de Noir Brut）采用黑皮诺（Pinot Nero）酿成。

○ COF Chardonnay '11	🍷🍷 5
○ Blanc de Noir Brut	🍷🍷 5
○ COF Friulano '12	🍷🍷 3
○ COF Ribolla Gialla '12	🍷🍷 3
● COF Rosso Montsclapade '10	🍷🍷 6
○ COF Sauvignon Ronc di Juri '11	🍷🍷 5
○ COF Sauvignon '12	🍷 3
○ COF Traminer '11	🍷 3
○ Dorigo Brut	🍷 4
● COF Pignolo di Buttrio '03	🍷🍷🍷 8
● COF Pignolo di Buttrio '02	🍷🍷🍷 8
● COF Pignolo di Buttrio '01	🍷🍷🍷 8
● COF Rosso Montsclapade '06	🍷🍷🍷 6
● COF Rosso Montsclapade '04	🍷🍷🍷 6
● COF Rosso Montsclapade '01	🍷🍷🍷 6
● COF Rosso Montsclapade '98	🍷🍷🍷 6

Draga

LOC. SCEDINA, 8
34070 SAN FLORIANO DEL COLLIO [GO]
TEL. 0481884182
www.draga.it

藏酒销售
预约参观
年产量 35 000 瓶
葡萄种植面积 15 公顷

米克鲁斯（Miklus）家族热情地照料他们的葡萄园至今已是第三代了，其庄园位于科里奥•桑弗洛里亚诺（San Floriano del Collio），这里陡峭的斜坡决定了他们要用手工方式种植。米朗•米克鲁斯（Milan Miklus）是负责人，并得到了他的妻子安娜（Anna）和孩子丹尼斯（Denis）及米特提亚（Mitja）的支持。在1982年，米朗对葡萄园进行重建，分割成两块，即德拉佳（Draga）和布雷格（Breg），十年以后他开始装瓶销售，并立即受到了广泛的赞赏。主打系列德拉佳（Draga）和它的酒庄同名。新的系列米克鲁斯（Miklus）凸显了这个家族的努力，出产了个性丰富、特点鲜明的酒。米朗以它的马瓦西亚米克鲁斯2010（Malvasia Miklus 2010）赢得了第一个“三杯奖”。葡萄的浸泡使得这款酒有着充裕的色泽和丰富的果香，包括糖浆、干无花果、奶油冻和榛子奶油泡芙的香味。口感浓烈强大而构造良好。苏维翁米克鲁斯2010（Sauvignon Miklus 2010）同样也如愿以偿进入了最后的决选。

○ Collio Malvasia Miklus '10	🍷🍷🍷 7
○ Sauvignon Miklus '10	🍷🍷 5
○ Collio Negro di Collina '10	🍷🍷 4
○ Collio Sauvignon Draga '12	🍷🍷 3
● Collio Cabernet Sauvignon '10	🍷 4
○ Collio Friulano '12	🍷 3
○ Collio Pinot Grigio '12	🍷 3
○ Collio Ribolla Gialla Draga '12	🍷 3
○ Collio Malvasia Draga '10	🍷🍷 3*
○ Collio Malvasia Miklus '08	🍷🍷 3
● Collio Merlot Miklus '09	🍷🍷 5
● Collio Merlot Miklus '08	🍷🍷 3*
○ Collio Ribolla Gialla Miklus '07	🍷🍷 5

Mauro Drius

via Filanda, 100
34071 Cormòns [GO]
Tel. 048160998
www.driusmauro.it

藏酒销售
预约参观
年产量 50 000 瓶
葡萄种植面积 15 公顷

酿酒师毛洛•度里斯（Mauro Drius）专注于把这里的风土条件，把从伊松佐河（Isonzo）的高原延伸至科里奥（Collio）中心的蒙特古瓦林（Monte Quarin）斜坡上无价的葡萄园地转化为最佳的品质。这个家族的历史悠久，世世代代耕作于科尔蒙斯（Cormòns）。他们的团结也是一个附加的优势，使得度里斯（Drius）能够最充分地发挥他的才能。他的父亲塞尔吉欧（Sergio）依然协助葡萄园的工作，而他的儿子丹尼斯（Denis）、埃里卡（Erika）和瓦伦缇娜（Valentina）还处于成长期中，他的妻子纳迪亚（Nadia）则协助他管理酒庄。整个葡萄酒系列都是一等的。它们之间的差距是非常微小的，其结果很难辨别。我们更喜欢弗留利2012（Friulano 2012 del Collio），因为它有着出众的芳香和显著的典型性。马瓦西亚2012（Malvasia 2012）展示了出色的酒香。而塞里丝白维格尼斯2011（Bianco Vignis di Siris 2011）则保持了它如往常一样无瑕的平衡性。

○ Collio Friulano '12	YY 3*
○ Collio Sauvignon '12	YY 3
○ Friuli Isonzo Malvasia '12	YY 3
○ Friuli Isonzo Pinot Grigio '12	YY 3
○ Friuli Isonzo Vignis di Siris '11	YY 4
○ Friuli Isonzo Chardonnay '12	Y 3
○ Friuli Isonzo Pinot Bianco '12	Y 3
○ Collio Tocai Friulano '05	YYY 3*
○ Collio Tocai Friulano '02	YYY 2*
○ Friuli Isonzo Bianco Vignis di Siris '02	YYY 3*
○ Friuli Isonzo Friulano '07	YYY 3
○ Friuli Isonzo Malvasia '08	YYY 3*
○ Friuli Isonzo Pinot Bianco '09	YYY 3*
○ Collio Sauvignon '11	YY 3*
○ Friuli Isonzo Malvasia '10	YY 3*

★Le Due Terre

via Roma, 68b
33040 Prepotto [UD]
Tel. 0432713189

藏酒销售
预约参观
年产量 20 000 瓶
葡萄种植面积 5 公顷

弗拉维欧•巴西里卡塔（Flavio Basilicata）和西尔瓦娜•福特（Silvana Forte）拥有这座小酒庄，它在小山丘上面只有5公顷葡萄园地，在此他们的房子既当做住宅，也当做酒窖。在挖掘地下酒窖期间，他们发现了可能是古代教堂的石头，因此把一些酒品命名为萨克丽萨西（Sacrisassi）。同时，由石灰岩和黏土混合组成的土壤给了他们为酒庄命名的灵感。它的小尺寸和受限的产量推进弗拉维欧（Flavio）能够实践他一直深信的酿酒理念：周围的酵母、自然的发酵、在法国木桶中长时间的陈放并不加任何推压。萨克丽萨西干红葡萄酒（Sacrisassi Rosso）一年比一年更有趣，其2001年份的酒轻易赢得了“三杯奖”，证明了它绝对的优越。这款酒酿自斯奇奥佩提诺（Schioppettino）和红梗莱弗斯科（Refosco dal Peduncolo Rosso），最常见的本土红葡萄品种，并巧妙地加以混酿。

● COF Rosso Sacrisassi '11	YYY 5
○ COF Bianco Sacrisassi '11	YY 5
● COF Merlot '11	YY 5
● COF Pinot Nero '11	YY 5
○ COF Bianco Sacrisassi '05	YYY 5
● COF Merlot '03	YYY 5
● COF Merlot '02	YYY 5
● COF Merlot '00	YYY 5
● COF Rosso Sacrisassi '10	YYY 5
● COF Rosso Sacrisassi '09	YYY 5
● COF Rosso Sacrisassi '08	YYY 5
● COF Rosso Sacrisassi '07	YYY 5
● COF Rosso Sacrisassi '98	YYY 5
● COF Rosso Sacrisassi '97	YYY 5
○ COF Bianco Sacrisassi '10	YY 5
● COF Merlot '10	YY 5

Ermacora

FRAZ. IPPLIS
VIA SOLZAREDO, 9
33040 PREMARIACCO [UD]
TEL. 0432716250
www.ermacora.com

藏酒销售
预约参观
年产量 175 000 瓶
葡萄种植面积 47 公顷

众所周知，弗留利•科里•欧里恩塔里（Colli Orientali del Friuli）营养贫瘠而矿物质丰富的肥沃的沙质土壤是由始新世的石灰岩和黏土组成的，有助于栽培独特品质的葡萄。埃尔玛科拉家族（Ermacora）早在1922年就了解到这一点，于是他们在埃普里斯山丘（Ipplis）上培植了葡萄园，为生产高贵个性的葡萄酒奠定了基础。露西亚诺（Luciano）和达里奥（Dario）如今在尊重自然韵律和避免过度操作的同时，应用创新技术的简单理念，运营着这座受尊重的先锋派酒庄。所酿制的结果是健全而澄净的葡萄酒，拥有独特的个性和多样化的表现。四款本土酒名列前茅，在不同年份里经过优秀的酿造：弗留利2012（Friulano 2012）伴着典型的野生花的香气；斯奇欧佩提诺2011（Schioppettino 2011）轻柔而辛辣；皮科利特2011（Picolit 2011）味道香甜，焦糖味丰富；皮格诺罗2008（Pignolo 2008）强大而健壮。

○ COF Friulano '12	🍷🍷 3
○ COF Picolit '11	🍷🍷 6
● COF Pignolo '08	🍷🍷 5
○ COF Pinot Bianco '12	🍷🍷 3
○ COF Pinot Grigio '12	🍷🍷 3
● COF Schioppettino '11	🍷🍷 3
○ COF Ribolla Gialla '12	🍷 3
○ COF Sauvignon '12	🍷 3
○ COF Friulano '11	🍷🍷 3
○ COF Friulano '10	🍷🍷 3*
○ COF Picolit '09	🍷🍷 6
○ COF Picolit '07	🍷🍷 6
● COF Pignolo '05	🍷🍷 5
● COF Pignolo '04	🍷🍷 5

Fantinel

FRAZ. TAURIANO
VIA TESIS, 8
33097 SPILIMBERGO [PN]
TEL. 0427591511
www.fantinel.com

藏酒销售
预约参观
膳宿接待
年产量 4 000 000 瓶
葡萄种植面积 300公顷

凡提内尔酒庄（Fantinel）以产量高为傲，且酒品出色。它的历史可追溯到1969年，当时既是酒店管理者也是餐厅管理者的马里奥•凡提内尔（Mario Fantinel）购买他的第一块葡萄园。他的后代都跟随着他的脚步，继续种植家族遗留下来的土地。酒庄如今在三个不同地区约300公顷的葡萄园：位于科里奥（Collio）梵科（Vencò）的圣•和雷纳（Sant'Helena）、位于科里欧里恩塔里（Colli Orientali）尼密斯（Nimis）的拉•伦卡亚（La Roncaia）和位于弗留利格拉夫（Grave del Friuli）斯皮林姆波尔戈陶里亚诺（Tauriano di Spilimbergo）的博尔格•泰西斯（Borgo Tesis）。最后那块是一个优雅的综合建筑，四周围绕着葡萄园，其酒窖由酿酒师吉安尼•坎姆柏•达尔欧托（Gianni Campo Dall'Orto）和阿尔伯托•扎内罗（Alberto Zanello）管理。跟风土紧密相连的个性强大的白葡萄被选中酿造科里奥•白弗伦提尔瑞•圣和雷纳2011（Collio Bianco Frontiere San'Helena 2011）。它融合异域风情的香甜的果香，口感丰满且舒适。我们也注意到新鲜而充满生机的起泡酒黎波拉•吉亚拉（Ribolla Gialla）。

○ Collio Bianco Frontiere Vigneti Sant'Helena '11	🍷🍷 3*
○ Collio Friulano Vigneti Sant'Helena '12	🍷🍷 3
● Collio Rosso Venko Vigneti Sant'Helena '07	🍷🍷 3
○ Collio Sauvignon V igneti Sant'Helena '12	🍷🍷 3
○ Ribolla Gialla Brut	🍷🍷 3
○ Prosecco	🍷 3
○ Collio Bianco Sant'Helena '10	🍷🍷 3
○ Collio Chardonnay Sant'Helena '11	🍷🍷 3*
○ Collio Ribolla Gialla Vigneti Sant'Helena '10	🍷🍷 3
○ Collio Sauvignon Sant'Helena '11	🍷🍷 3
● Friuli Grave Refosco P. R. Sant'Helena '06	🍷🍷 3
○ Ribolla Gialla Vigneti Sant'Helena '11	🍷🍷 3

★★Livio Felluga

FRAZ. BRAZZANO
VIA RISORGIMENTO, 1
34071 CORMÒNS [GO]
TEL. 048160203
www.liviofelluga.it

藏酒销售
预约参观
年产量 800 000 瓶
葡萄种植面积 145 公顷

菲鲁佳家族（Felluga）拥有悠久的历史，起先是存在于奥匈帝国，尔后是年轻的意大利王国。他们开始于布满岩石的伊斯特拉半岛（Istrian peninsula）的海岸，后搬至威尼斯咸水湖边的格拉多（Grado）最后定居在弗留利山丘（Friuli）上。里维欧•菲鲁佳（Livio Felluga）于1914年出生于伊斯特拉的伊索拉（Isola d'Istria），今年将要庆祝他100岁生日，乃弗留利（Friulan）葡萄酒的鼻祖。他继承伟大的酿酒传统，热爱土地，勇于面对挑战，孜孜不倦地维护酒庄品牌的声誉，如今，他把酒庄交给子孙们。他的品牌酒标，是当地一座丘陵的地图图案，1956年由他本人亲自设计。这个新的弗留利法定产区，最近被授予种植白罗萨佐（Rosazzo Bianco），为特雷•阿尔特2011（Terre Alte 2011）带来更多的精彩，再次斩获了我们的“三杯奖”，它美味的香气中渗透着烤榛子和柠檬奶酪的气息，跳跃的口感非常微妙，酒体强健，如天鹅绒般丝滑。

○ Rosazzo Bianco Terre Alte '11	🍷🍷🍷 7
○ COF Bianco Illivio '11	🍷🍷 5
○ COF Friulano '12	🍷🍷 4
○ COF Pinot Grigio '12	🍷🍷 4
● COF Refosco P. R. '09	🍷🍷 5
● COF Rosazzo Sossò Ris. '09	🍷🍷 7
○ COF Bianco Illivio '10	🍷🍷🍷 5
○ COF Rosazzo Bianco Terre Alte '09	🍷🍷🍷 7
○ COF Rosazzo Bianco Terre Alte '08	🍷🍷🍷 7
○ COF Rosazzo Bianco Terre Alte '07	🍷🍷🍷 7
○ COF Rosazzo Bianco Terre Alte '06	🍷🍷🍷 6
○ COF Rosazzo Bianco Terre Alte '04	🍷🍷🍷 6
○ COF Rosazzo Bianco Terre Alte '02	🍷🍷🍷 7
● COF Rosazzo Sossò Ris. '01	🍷🍷🍷 6

Marco Felluga

VIA GORIZIA, 121
34070 GRADISCA D'ISONZO [GO]
TEL. 048199164
www.marcofelluga.it

藏酒销售
预约参观
年产量 600 000 瓶
葡萄种植面积 100 公顷

负责指导酒庄的是罗伯特•菲鲁佳（Roberto Felluga），一个酿酒王朝家族的第五代传人，他们的家族起源于19世纪后半期的伊斯特里亚半岛（Istria）。为了追求财富他们来到了格拉多（Grado），在第一次世界大战之后又搬到了弗留利区（Friuli）。这两个地区相隔只有几公里的距离，但差异性巨大，因而这个家族的财富变化也是极大的。马尔科（Marco）定居在科里奥•格里兹吉亚诺（Collio Goriziano），在1956年创建了这座同名酒庄。他全身心投入于开发和弘扬这个地区，今天成功地给他带来了荣耀。马尔科•菲鲁佳（Marco Felluga）葡萄酒以高品质、传统性和鲜明的个性为特征。皮诺格里吉奥•蒙格里斯珍藏2010（Pinot Grigio Mongris Riserva 2010）拥有圆佛手柑和柠檬奶酪的香气以及芳香浓郁、风味独特的矿物香。多样化的苏维翁2012（Sauvignon 2012）拥有柑橘香，口感清脆而持续。弗留利2012（Friulano 2012）在香脂味道的基础上，弥漫着地中海灌木丛的香气。

○ Collio Pinot Grigio Mongris Ris. '10	🍷🍷 6
○ Collio Chardonnay '12	🍷🍷 5
○ Collio Friulano '12	🍷🍷 5
○ Collio Pinot Grigio '12	🍷🍷 5
○ Collio Sauvignon '12	🍷🍷 5
● Collio Carantan '09	🍷 7
○ Collio Ribolla Gialla '12	🍷 5
○ Collio Friulano '11	🍷🍷 3
● Collio Merlot Varneri '06	🍷🍷 3*
○ Collio Pinot Grigio Mongris '11	🍷🍷 3
○ Collio Pinot Grigio Mongris Ris. '09	🍷🍷 4
○ Collio Pinot Grigio Mongris Ris. '08	🍷🍷 4
○ Collio Pinot Grigio Mongris Ris. '07	🍷🍷 4
● Refosco P.R. Ronco dei Moreri '10	🍷🍷 3

Fiegl

Fraz. Oslavia
Loc. Lenzuolo Bianco, 1
34070 Gorizia
Tel. 0481547103
www.fieglvini.com

藏酒销售
预约参观
年产量 150 000 瓶
葡萄种植面积 30 公顷

一份1782年的契据证明了瓦伦提诺•费埃格（Valentino Fiegl）收购了这座位于奥斯拉瓦亚（Oslavia）一个村庄的葡萄园地，它离斯洛文尼亚（Slovenia）不远，在科里奥（Collio）的北部，一个以酿造出许多享誉盛名的葡萄酒为傲的地区。家族世世代代都跟随着它的典范。今天，亚里西欧（Alessio）、朱塞佩（Giuseppe）和里纳尔多（Rinaldo）三兄弟指导着酒庄，他们还有马尔丁（Martin）、罗伯特（Robert）和马特佳（Matej）这些新生代的参与。他们各自承担不同的责任，合作得天衣无缝，开辟了一条品质保持稳定的轨道，推动该酒庄成为区域内酿酒商的佼佼者。梅洛•里奥柏尔得2007（Merlot Leopold 2007）再次重复去年的成功，进入了最终决选。它原始的气息中有着压碎的红果实味，然后是辛辣而充满香脂的香味，令人满意、循序渐进的口感。这个系列的其他酒款展示了完美体面的品质。

● Collio Merlot Leopold '07	🍷🍷 4
○ Collio Friulano '12	🍷🍷 3
○ Collio Malvasia '12	🍷🍷 3
○ Collio Sauvignon '12	🍷🍷 3
⊙ Fiegl Brut Rosé	🍷🍷 4
○ Meja '01 '09	🍷🍷 5
○ Collio Cuvée Blanc Leopold '10	🍷 4
○ Collio Pinot Grigio '12	🍷 3
○ Collio Ribolla Gialla '12	🍷 3
○ Collio Pinot Grigio '04	🍸🍸🍸 2*
○ Collio Malvasia '07	🍸🍸 3
○ Collio Malvasia '06	🍸🍸 3
● Collio Merlot Leopold '06	🍸🍸 4
● Collio Merlot Leopold '04	🍸🍸 4
○ Collio Sauvignon '07	🍸🍸 3

Flaibani

via Casali Costa, 7
33043 Cividale del Friuli [UD]
Tel. 0432730943
www.flaibani.it

藏酒销售
预约参观
年产量 150000 瓶
葡萄种植面积 3.5 公顷
葡萄栽培方式 有机认证

皮诺•弗拉亚巴尼（Pino Flaibani）的这座酒庄与本区域其他酒庄完全相反，其他酒庄都盛行白葡萄酒而非红葡萄酒。他完全相反的方向也许是由先前就存在着的葡萄园决定的，弗拉亚巴尼购买葡萄园的同时也购买了房屋和小酒窖。他的酿酒历史和1976年发生的恐怖的弗留利地震有关，他回到他出生的乌迪内（Udine）以帮助他的同伴们。在他达到退休年龄时，突然有个想法，就是永久地在此定居，并全身心投入葡萄酒酿制之中。这里的葡萄酒赢得了我们最大的赞赏。梅洛•塞度吉翁珍藏2009（Merlot Seduzione Riserva 2009）融合了丰富的可可粉、碎黑果浆和森林植被的气息，口感舒适，令人回味无穷。赤霞珠2011（Cabernet Sauvignon 2011）充满果香和芳香，香味持久。

● COF Cabernet Sauvignon '11	🍷🍷 3
● COF Merlot '11	🍷🍷 3
● COF Merlot Seduzione Ris. '09	🍷🍷 5
● COF Schioppettino '10	🍷🍷 5
○ COF Pinot Grigio '12	🍷 3
● Refosco P.R. '11	🍷 3
● COF Cabernet Franc '09	🍸🍸 3
● COF Cabernet Sauvignon Ris. '09	🍸🍸 4
● COF Cabernet Sauvignon Ris. '06	🍸🍸 4
● COF Merlot '09	🍸🍸 4
○ COF Pinot Grigio '11	🍸🍸 3
● COF Tentazione '10	🍸🍸 3
○ Pinot Grigio '10	🍸🍸 3
● Refosco P.R. '10	🍸🍸 3

Adriano Gigante

via Rocca Bernarda, 3
33040 Corno di Rosazzo [UD]
Tel. 0432755835
www.adrianogigante.it

藏酒销售
预约参观
年产量 60 000 瓶
葡萄种植面积 25 公顷

该区域许多优秀的酿酒商都位于洛卡•波尔纳尔达（Rocca Bernarda ）山丘上。阿德里亚诺•吉甘特（Adriano Gigante）的酒庄坐落在面朝罗萨佐科尔诺（Corno di Rosazzo）的斜坡上，是个历史悠久的酒窖，很好地表现了弗留利•科里•欧里恩塔里（Colli Orientali del Friuli）地区鲜明的特点。许多人都知道他祖父费露西欧（Ferruccio）的故事：在1957年离开他拥有丰富经验的磨坊事业，全心致力于栽培他认为很有潜力的弗留利托凯（Tocai Friulano）的葡萄园；这个葡萄园名字叫西斯托里克（Historic），至今依然存在着。吉甘特的妻子朱丽亚纳（Giuliana）协助管理酒庄，他堂弟亚里埃多（Ariedo）协助照料酒窖和园地，在他们的帮助下吉甘特不断保持着家族的传统，生产出一系列最高品质的葡萄酒。弗留利•维格内托•斯托里克（Friulano Vigneto Storico）占据我们列表的最高位置，尤其是2011年份的版本，芳香浓郁，口感清脆。同样出色的2012年份不管是香气还是口感，更显清新。其他酒款也很出众。

○ COF Friulano Vign. Storico '11	🍷🍷 4
○ COF Chardonnay '12	🍷🍷 3
○ COF Friulano '12	🍷🍷 3
○ COF Friulano Vign. Storico '12	🍷🍷 4
○ COF Pinot Grigio '12	🍷🍷 3
○ COF Sauvignon '12	🍷🍷 3
○ COF Verduzzo Friulano '09	🍷🍷 3
● COF Cabernet Franc '11	🍷 3
○ COF Ribolla Gialla '12	🍷 3
⊙ Prima Gialla Brut Rosé	🍷 3
⊙ Prima Nera Brut Rosé	🍷 3
○ COF Tocai Friulano Vign. Storico '06	🍷🍷🍷 4
○ COF Tocai Friulano Vign. Storico '05	🍷🍷🍷 4
○ COF Tocai Friulano Vign. Storico '03	🍷🍷🍷 4
○ COF Friulano '11	🍷🍷 3*
○ COF Verduzzo Friulano '08	🍷🍷 3*

Gradis'ciutta

loc. Giasbana, 10
34070 San Floriano del Collio [GO]
Tel. 0481390237
robigradis@libero.it

藏酒销售
预约参观
年产量 60 000 瓶
葡萄种植面积 17 公顷

当罗伯特•普林西克（Robert Princic）创建格拉迪斯•塞埃塔酒庄（Gradis'ciutta）时，他以一座小农舍给它命名，这座农舍位于科里奥•圣弗洛里亚诺（San Floriano del Collio）附近的佳斯巴纳（Giasbana），多年之前就因为蒙文诺索（Monvinoso）闻名，代表着在这些小山上古老的酿酒传统。自从普林西克家族在1780年开始在斯罗维尼亚（Slovenia）附近的克萨那（Kosana）酿酒之后，他们就融入了家族的传统。尽管普林西克非常年轻，但他怀有管理酒庄的才能和强硬的态度，以及对这个地区的品质有着充分的了解。葡萄园地分布在不同的海拔之上，使他能够把不同的品种种植在合适的地方，本土和国际品种都有。今年的弗留利2012（Friulano 2012）打败了同系列其他的更优秀的葡萄酒，成为第一名。带着金苹果和白桃的果香，这款酒展示了如奶油和天鹅绒般的口感。保持优秀品质和浓郁芳香的白布拉提尼斯2011（Bianco Bratinis 2011）酿自莎当尼（Chardonnay）、苏维翁（Sauvignon）和里博拉基亚拉（Ribolla Gialla）。

○ Collio Friulano '12	🍷🍷 2*
○ Collio Bianco Bratinis '11	🍷🍷 3
○ Collio Chardonnay '12	🍷🍷 2*
○ Collio Malvasia '12	🍷🍷 2*
○ Collio Ribolla Gialla '12	🍷🍷 2*
○ Collio Pinot Grigio '12	🍷 3
○ Collio Bianco Bratinis '10	🍷🍷 3*
○ Collio Bianco Bratinis '07	🍷🍷 3*
○ Collio Bianco del Tùzz '05	🍷🍷 3*
○ Collio Friulano '10	🍷🍷 2*
● Collio Merlot '07	🍷🍷 3*
○ Collio Pinot Grigio '08	🍷🍷 2*
○ Collio Ribolla Gialla '07	🍷🍷 2*

★★Gravner

Fraz. Oslavia
Loc. Lenzuolo Bianco, 9
34070 Gorizia
Tel. 048130882
www.gravner.it

藏酒销售
预约参观
年产量 30 000 瓶
葡萄种植面积 18 公顷

卓斯科•格拉维内尔（Josko Gravner）的葡萄酒因特点突出，总能引人思考。多年以来，不管他选择何种培植方式，所酿制的酒往往是令人兴奋的，这是他保持不妥协的理念所带来的成果。格拉维内尔（Gravner）是伟大的酿酒师，也是激情的研究者，尝试着最先进的实践，只是为了往回追溯他所采取的步骤，就像他的父亲预测那样。现在，他不再使用钢铁桶，也不使用法国木桶，只用来自高加索的赤土陶两耳细颈酒罐，葡萄浸泡超过6个月之后再使用大型橡木桶浸泡，因而酿出来的酒能够陈放许多年。其酿制的是呈现黄金色泽的、琥珀色的葡萄酒，是异常良好的葡萄和祖传实践相结合得到的成果。一项“三杯奖”花落布雷格•安弗拉2006（Breg Anfora 2006），它有着迷人的草本香料、酸樱桃和炖梨果汁的香气，口感持久而丰富。同样，里波拉•安弗拉2006（Ribolla Anfora 2006）也斩获了“三杯奖”，有着极好的纹理和个性。首次发布的布雷格干红葡萄酒（Breg Rosso）酿自收获于2003年的皮格诺罗（Pignolo）。

○ Breg Anfora '06	🍷🍷🍷 7
○ Ribolla Anfora '06	🍷🍷 5
● Rosso Breg '03	🍷🍷 7
○ Breg '00	♀♀♀ 8
○ Breg Anfora '03	♀♀♀ 7
○ Breg Anfora '02	♀♀♀ 7
○ Chardonnay '87	♀♀♀ 7
○ Chardonnay '83	♀♀♀ 7
○ Ribolla Anfora '05	♀♀♀ 7
○ Ribolla Anfora '04	♀♀♀ 7
○ Ribolla Anfora '02	♀♀♀ 7
○ Ribolla Anfora '01	♀♀♀ 7
● Rosso Gravner '04	♀♀♀ 7

Jacùss

Fraz. Montina
v.le Kennedy, 35a
33040 Torreano [UD]
Tel. 0432715147
www.jacuss.com

藏酒销售
预约参观
年产量 50 000 瓶
葡萄种植面积 10 公顷

桑德罗（Sandro）和安德拉•伊亚库兹（Andrea Iacuzzi）两兄弟共同操作着这座酒庄，他们配合得天衣无缝。经过多年的混合型农耕之后，他们于1990年决定将这里改造成一座酒庄并将之命名为佳库斯（Jacùss），即他们姓氏的本地方言。今天他们管理着遍布曼缇娜（Montina）山丘西维达勒托雷亚诺（Torreano di Cividale）公社的一个小村庄的葡萄园并酿制葡萄酒。出色的成就推动他们不断改善，这些良好自信的、忠实的葡萄酒征服了许多人。我们偏爱这款白皮诺2012（Pinot Bianco 2012），它有着成熟而白肉的果实和铅笔芯的酒香，如奶油般的口感，余味中渗透着香草的气息。都是2009年份的梅洛（Merlot）和赤霞珠（Cabernet Sauvignon），辛辣的香脂味伴随着口感。

● COF Cabernet Sauvignon '09	🍷🍷 3
● COF Merlot '09	🍷🍷 3
○ COF Picolit '08	🍷🍷 6
○ COF Pinot Bianco '12	🍷🍷 3
○ COF Friulano '12	🍷 3
● COF Refosco P. R. '09	🍷 3
○ COF Sauvignon '12	🍷 3
● COF Tazzelenghe '09	🍷 3
○ COF Verduzzo Friulano '08	🍷 3
○ COF Pinot Bianco '04	♀♀ 2*
○ COF Sauvignon '02	♀♀ 3
● COF Schioppettino Fucs e Flamis '10	♀♀ 3*
● COF Tazzelenghe '08	♀♀ 3
○ COF Verduzzo Friulano '07	♀♀ 3

★★Jermann

FRAZ. RUTTARS
VIA MONTE FORTINO, 21
34072 FARRA D'ISONZO [GO]
TEL. 0481888080
www.jermann.it

预约参观
年产量 900 000 瓶
葡萄种植面积 150 公顷

在1881年，创始者安敦•杰尔曼（Anton Jermann）离开奥地利的酿酒区域汉堡大陆（Burgerland）并深深扎根在弗留利-威尼斯朱利亚区（Friuli-Venezia Giulia）。希尔围殴•杰尔曼（Silvio Jermann）的天生才能和想象力推动酒庄在20世纪70年代成为出色的意大利酿酒商，并走向世界，为这座拥有100多年历史的酒庄开启了一个新纪元。历史悠久的酒窖位于法拉•维拉诺瓦（Villanova di Farra），至今仍然在操作中，但使得这座酒庄如此出名的标志性葡萄酒是酿造于路塔尔斯（Ruttars）的豪华的新酒窖，为这些酒而专门设计的。今年传奇性的图妮娜2011（Vintage Tunina 2011）再次斩获了“三杯奖”。这款令人着迷的酒有着极好的结构，展示了新鲜、芳香、丰富的香气，是苏维翁（Sauvignon）和莎当尼（Chardonnay），加上少数里博拉基亚拉（Ribolla Gialla）、马瓦西亚伊斯特亚纳（Malvasia Istriana）和皮科利特（Picolit）神奇混酿而成的。

○ Vintage Tunina '11	🍷🍷🍷 6
○ W.... Dreams.... '11	🍷🍷 8
○ Pinot Bianco '12	🍷🍷 4
○ Pinot Grigio '12	🍷🍷 4
○ Ribolla Gialla Vinnae '12	🍷🍷 4
○ Riesling Afix '12	🍷🍷 4
○ Capo Martino '10	🍷🍷🍷 8
○ Capo Martino '05	🍷🍷🍷 8
● Pignacolusse '00	🍷🍷🍷 5
○ Vintage Tunina '08	🍷🍷🍷 7
○ Vintage Tunina '07	🍷🍷🍷 7
○ Vintage Tunina '01	🍷🍷🍷 7
○ Vintage Tunina '00	🍷🍷🍷 7
○ W.... Dreams... ...... '09	🍷🍷🍷 6
○ W.... Dreams... ...... '06	🍷🍷🍷 6

Kante

FRAZ. SAN PELAGIO
LOC. PREPOTTO, 1A
34011 DUINO AURISINA [TS]
TEL. 040200255
www.kante.it

年产量 45 000 瓶
葡萄种植面积 13 公顷

艾迪•坎特（Edi Kante）是迸发创意的火山，拥有诗人、画家的情感灵魂，是一位倔强甚至令人好奇的人物。在特里埃斯特（Trieste）周围的卡尔索（Carso）地区，所有人都认为他是始创者，是开路的先锋，一位能够在所有人都认为种植葡萄和酿制葡萄酒很困难甚至是不可能的地区，在所有人的关注下成功地酿造葡萄酒的人。他那给人深刻印象的酒窖，总共有三层，完全由硬石雕刻而来，一个酿酒学上真正的石碑。这些葡萄酒是长时间的酿制操作的成果，还需要一些时间来发挥它们最好的表现，更好地诠释了自然条件下的岩石、寒风和热量所带来的挑战。它们直率而纯正，是它们所在风土强有力的展现。来自2010年份的马瓦西亚（Malvasia）和苏维翁（Sauvignon）以及莎当尼•坎特拉波拉2005（Chardonnay La Bora di Kante 2005）都进入了我们最后的决选。这些能量充沛的酒都有着极好的芳香和复杂度，展现了独具风味的口感，缭绕的矿物质气息，有时还有一点柑橘或碘的味道。

○ Carso Chardonnay La Bora di Kante '05	🍷🍷 6
○ Malvasia '10	🍷🍷 4
○ Sauvignon '10	🍷🍷 4
○ Brut KK	🍷🍷 4
⊙ Brut KK Rosé	🍷🍷 4
○ Chardonnay '10	🍷 4
○ Vitovska '10	🍷 4
○ Carso Malvasia '07	🍷🍷🍷 5
○ Carso Malvasia '06	🍷🍷🍷 5
○ Carso Malvasia '05	🍷🍷🍷 5
○ Carso Chardonnay la Bora di Kante '01	🍷🍷 5
○ Carso Malvasia '09	🍷🍷 5
○ Carso Sauvignon '07	🍷🍷 5
○ Carso Vitovska Sel. '04	🍷🍷 5
○ Sauvignon '08	🍷🍷 5

★Edi Keber

Loc. Zegla, 17
34071 Cormòns [GO]
Tel. 048161184
www.edikeber.it

藏酒销售
预约参观
膳宿接待
年产量 50 000 瓶
葡萄种植面积 12 公顷

科尔波尔（Keber）的名字和那些居住在泽格拉（Zegla）和梅达纳（Medana）的人有着密不可分的关系，这地区曾聚集了来自不同种族的人，他们的聚集有着许多偶然的因素。艾迪•科尔波尔酒庄（Edi Keber）只生产一款酒，那就是科里奥（Collio），这个决定也许有点冒险，也许有点霸道，但这是经过仔细的研究，并在多年实践基础上所做出的决定。确保所有的精力都集中在它的成功上，从葡萄种植到酿制，以及集中在葡萄酒加工的日常监管工作上。马瓦西•亚伊斯特亚纳（Malvasia Istriana）、弗留利托凯（Tocai Friulano）和里博拉•基亚拉（Ribolla Gialla）传统上都用于酿制科里奥白葡萄酒，今年它的2012年份的版本再次引起了我们的注意并得到了赞赏。这款迷人的酒拥有浓郁的芳香，展示了独一无二的风土特征。

○ Collio '12	🍷🍷 3*
○ Collio Bianco '10	ΨΨΨ 3*
○ Collio Bianco '09	ΨΨΨ 3
○ Collio Bianco '08	ΨΨΨ 3*
○ Collio Bianco '04	ΨΨΨ 3*
○ Collio Bianco '02	ΨΨΨ 3
○ Collio Tocai Friulano '07	ΨΨΨ 3
○ Collio Tocai Friulano '06	ΨΨΨ 3
○ Collio Tocai Friulano '05	ΨΨΨ 3
○ Collio Tocai Friulano '03	ΨΨΨ 3*
○ Collio Tocai Friulano '01	ΨΨΨ 3
○ Collio Tocai Friulano '99	ΨΨΨ 3*
○ Collio Tocai Friulano '97	ΨΨΨ 3*
○ Collio Tocai Friulano '95	ΨΨΨ 3*

Renato Keber

Loc. Zegla, 15
34071 Cormòns [GO]
Tel. 0481639844
www.renatokeber.com

藏酒销售
预约参观
膳宿接待
年产量 60 000 瓶
葡萄种植面积 15 公顷

雷纳托•科尔波尔（Renato Keber）已成为本地区酿酒商的标杆。科尔波尔家族（Keber）在19世纪后半期定居于泽格拉（Zegla）村庄，这是一个被战争摧毁的边境地区，将地域和种族人群分割开来。然而科尔波尔一家坚持了下来，当雷纳托（Renato）完成他对酿酒学的研究之后，于20世纪80年代接管了酒庄。很快地他给予这些酒明确的个性特征，与它们生长的地区和谐共生。他用尽可能天然的方式来酿制葡萄酒，从不过分夸大或匆匆忙忙，并且尊重多样化的个性。他的葡萄酒在发布之前，在酒窖的风洞中放置了几年的时间。弗留利•泽格拉珍藏2009（Friulano Zegla Riserva 2009）香气丰富，口味丰满，结构良好且余味缭绕。同样出色的科里奥•白贝利•格里希2010（Collio Bianco Beli Grici 2010）香脂味浓，勇敢大胆。

○ Collio Friulano Zegla Ris. '09	🍷🍷 5
○ Collio Bianco Beli Grici '10	▼▼ 4
○ Collio Friulano Zegla '05	ΨΨΨ 5
○ Collio Friulano Zegla Ris. '08	ΨΨΨ 5
○ Collio Friulano Zegla '07	ΨΨ 5
○ Collio Bianco Beli Grici '05	ΨΨ 5
○ Collio Chardonnay Grici '06	ΨΨ 5
○ Collio Chardonnay Grici '01	ΨΨ 5
○ Collio Friulano Ris. '08	ΨΨ 3
○ Collio Friulano Zio Romi Ris. '09	ΨΨ 5
● Collio Merlot Grici Ris. '06	ΨΨ 5
○ Collio Pinot Grigio '06	ΨΨ 3
○ Collio Ribolla Gialla Extreme '06	ΨΨ 4
○ Collio Sauvignon Grici '05	ΨΨ 5

Thomas Kitzmüller

FRAZ. BRAZZANO
VIA XXIV MAGGIO, 56
34071 CORMÒNS [GO]
TEL. 048163936
www.kitzmuller.it

藏酒销售
预约参观
膳宿接待
年产量 30 000 瓶
葡萄种植面积 6 公顷

在1987年，托马斯•凯茨姆勒（Thomas Kitzmüller）决定经营这个家族葡萄园，它们分布在科里奥（Collio）和弗留利•伊松佐（Friuli Isonzo）地区中间。这些小但迷人的酒窖坐落在科尔蒙斯（Cormòns）市的布拉扎诺（Brazzano）的中心。庄严的18世纪农舍在大约100年前曾住着一位昵称为木梅尔（Mummel）的老阿姨，而今名为木梅尔屋的农家乐正运营着，散发着旧时的魅力。酒庄不大的规模使得凯茨姆勒能够集中注意力在葡萄藤上，生长出健康的果实以酿造直爽的、酒体丰满而可口的葡萄酒。马瓦西亚•朱莱埃2012（Malvasia Juliae 2012）来自弗留利•伊松佐法定产酒区域，展现了典型的柠檬香脂味，酒香中混合着月桂树叶和柠檬叶的香气，口感充满风味，持续悠久。作为经典范例，弗留利2012德尔科里奥（Friulano 2012 del Collio）拥有芳香的香气和柔顺的口感。其他的酒款也很不错，独具风味，芳香浓郁。

○ Collio Friulano '12	🍷🍷 3
○ Friuli Isonzo Malvasia Juliae '12	🍷🍷 2*
● Cabernet Franc Corte Marie '12	🍷 2
○ Collio Ribolla Gialla '12	🍷 3
○ Friuli Isonzo Friulano Corte Marie '12	🍷 2
○ Collio Friulano '11	🍷🍷🍷 3*
○ Collio Friulano '09	🍷🍷🍷 2*
○ Collio Friulano '10	🍷🍷 2*
○ Collio Ribolla Gialla '08	🍷🍷 2*
○ Collio Sauvignon '09	🍷🍷 2*
○ Collio Traminer Aromatico '11	🍷🍷 3
○ Collio Traminer Aromatico '08	🍷🍷 2*
○ Friuli Isonzo Friulano Corte Marie '10	🍷🍷 2*

Albino Kurtin

LOC. NOVALI, 9
34071 CORMÒNS [GO]
TEL. 048160685
www.winekurtin.it

藏酒销售
预约参观
年产量 60 000 瓶
葡萄种植面积 11 公顷

阿尔比诺•库尔丁（Albino Kurtin）从他的祖先那里继承了酿酒的专业技能。这座酒庄创建于1906年，坐落在诺瓦利（Novali），在科尔蒙斯（Cormòns）附近，长久以来以生产高品质葡萄酒而著名，至今已有三代的酿酒史了。依赖于拥有先进设备的新酒窖，库尔丁同时也得到了他儿子亚雷西欧（Alessio）的帮助，他将在酿酒方面所做的研究和在不同意大利酒庄中连续的工作经验带到了酒庄的操作中。他们成功地在尊重传统和适应市场需求之间平衡地行走着。我们所欣赏的白欧培拉普利玛2012（Opera Prima Bianco 2012），是一款白皮诺（Pinot Bianco）、里博拉基亚拉（Ribolla Gialla）和莎当尼（Chardonnay）的混合酒，今年再一次证明了自身对于库尔丁的价值。它的香气中，丰富而复杂的甜瓜香和成熟而独特的果香交织相融，并体现在口感之上，给人留下持久的回忆。

○ Collio Friulano '12	🍷🍷 3
○ Collio Sauvignon '12	🍷🍷 3
○ Opera Prima Bianco '12	🍷🍷 3
○ Collio Ribolla Gialla '12	🍷 3
● Collio Rosso '10	🍷 4
○ Collio Friulano '11	🍷🍷 3
○ Collio Malvasia '11	🍷🍷 3
○ Collio Malvasia '08	🍷🍷 3*
● Collio Rosso '08	🍷🍷 4
○ Collio Sauvignon '11	🍷🍷 3
○ Opera Prima Bianco '11	🍷🍷 3*
○ Opera Prima Bianco '10	🍷🍷 3

Vigneti Le Monde

LOC. LE MONDE
VIA GARIBALDI, 2
33080 PRATA DI PORDENONE [PN]
TEL. 0434622087
www.vignetilemonde.eu

藏酒销售
预约参观
年产量 200 000 瓶
葡萄种植面积 49 公顷

勒蒙德（Le Monde）位于利文扎河（Livenza）和梅杜纳（Meduna）的河岸中间，被公认为是一座真正的特级酒庄，它每公顷的葡萄产量十分低并且藤蔓的平均年龄超过30岁。这些葡萄种植于粘性的钙质土壤上，与弗留利•格拉夫（Friuli Grave）指定区的其他酒庄相当不一样，它们通常是呈碎石土质的。年轻且受到良好训练的酒庄主人埃利斯•玛坎（Alex Maccan），于2008年购买了维格内提•勒蒙德（Vigneti Le Monde），并赋予它现代化的风格和先进的酿酒设施。他还发现了一位同样年轻并充满活力的酿酒师马特欧•博尔纳贝（Matteo Bernabei），他们共同合作并有效利用酒庄的优势。这个酒庄的使命是不断提高品质，因此今年的白皮诺2012（Pinot Bianco 2012）带来了一项“三杯奖”奖项。同款酒标的2001年份的版本也获得了相同的荣誉。这款典范葡萄酒果香丰富，芳香浓郁，轻柔而令人满意，口感非常舒服。

○ Friuli Grave Pinot Bianco '12	🍷🍷🍷 2*
○ Friuli Grave Pinot Grigio '12	▼▼ 2*
● Friuli Grave Refosco P. R. '11	▼▼ 2*
○ Friuli Grave Sauvignon '12	▼▼ 2*
● Friuli Grave Cabernet Franc '11	▼ 2
● Friuli Grave Cabernet Sauvignon '11	▼ 2
○ Friuli Grave Friulano '12	▼ 2
○ Ribolla Gialla '12	▼ 2
○ Friuli Grave Pinot Bianco '01	▽▽▽ 2
○ Friuli Grave Chardonnay '10	▽▽ 2*
○ Friuli Grave Pinot Bianco '10	▽▽ 2*
● Friuli Grave Refosco P. R. '10	▽▽ 2*
● Friuli Grave Refosco P. R. Inaco Ris. '08	▽▽ 4
○ Friuli Grave Sauvignon '10	▽▽ 2*

★Lis Neris

VIA GAVINANA, 5
34070 SAN LORENZO ISONTINO [GO]
TEL. 048180105
www.lisneris.it

藏酒销售
预约参观
年产量 400 000 瓶
葡萄种植面积 70 公顷

里斯•内里斯酒庄（Lis Neris）由阿尔瓦洛•佩科拉里（Alvaro Pecorari）指导运行，坐落在圣•洛伦佐•伊松提诺（San Lorenzo Isontino）小镇上，离它的葡萄园仅有一步之遥，延伸至一个布满深碎石的小高原上，这些碎石是由阿尔卑斯山（Alps）东部融化的冰川流水运输过来的，在斯洛文尼亚（Slovene）边境和伊松佐河（Isonzo）的右岸之间。佩科拉里（Pecorari）代表着这个自1879年开始在此定居的家族的第四代传人。1981年是酒庄至关重要的一年，那年它成功地显露了它明显的风格，我们也可以把它叫做佩科拉里风格，以顺滑、芳香和复杂度为特征的风格。灰皮诺格里斯2011（Pinot Grigio Gris 2011）证明了它不愧为意大利最佳白葡萄酒之一的荣誉，并再一次赢得了我们“三杯奖”的奖项。这款酒有着华丽的香气和迷人的口感。苏维翁皮科尔2011（Sauvignon Picòl 2011）和塔尔鲁克2010（Tal Lùc 2010）同样也进入了决赛。同时我们也很喜欢其他酒款。

○ Friuli Isonzo Pinot Grigio Gris '11	🍷🍷🍷 4*
○ Friuli Isonzo Sauvignon Picòl '11	🍷🍷 4
○ Tal Lùc '10	🍷🍷 8
○ Confini '10	▼▼ 5
○ Friuli Isonzo Chardonnay Jurosa '11	▼▼ 4
○ Friuli Isonzo Friulano La Vila '11	▼▼ 4
○ Friuli Isonzo Pinot Grigio '12	▼▼ 3
○ Lis '09	▼▼ 5
○ Fiore di Campo '06	▽▽▽ 3
○ Friuli Isonzo Pinot Grigio Gris '10	▽▽▽ 4*
○ Friuli Isonzo Pinot Grigio Gris '09	▽▽▽ 4*
○ Lis '03	▽▽▽ 5
○ Pinot Grigio Gris '08	▽▽▽ 4*
○ Pinot Grigio Gris '04	▽▽▽ 4*
○ Sauvignon Picòl '06	▽▽▽ 3*
○ Tal Lùc '02	▽▽▽ 8

★Livon

FRAZ. DOLEGNANO
VIA MONTAREZZA, 33
33048 SAN GIOVANNI AL NATISONE [UD]
TEL. 0432757173
www.livon.it

藏酒销售
预约参观
膳宿接待
年产量 950 000 瓶
葡萄种植面积 180 公顷

1964年，多里诺•利文（Dorino Livon）创建了这个酒庄，后来传给儿子瓦尔内欧（Valneo）和东尼诺（Tonino）。酒庄现有5款葡萄酒品牌值得自豪。酒庄总部位于多勒格纳诺（Dolegnano），是圣吉瓦尼•阿尔•纳提斯松（San Giovanni al Natisone）的一部分。伦科阿尔托（RoncAlto）为科里奥格里吉亚诺（Collio Goriziano）葡萄园珍藏。而奇奥普里斯别墅（Villa Chiopris）则包括了弗留利平原的110公顷的葡萄园。在弗留利区之外，酒庄还有位于基安蒂拉达（Radda in Chianti）的博尔格•萨尔赛提诺（Borgo Salcetino）和位于翁布里亚（Umbria）的科尔圣托（Colsanto）两个庄园。酿酒师里那尔多•斯托科（Rinaldo Stocco）负责监管所有的酒庄。布莱伊德•阿尔特2011（Braide Alte 2011）是一款来自莎当尼、苏维翁、莫斯卡托佳洛和皮科利特的原始混合酒，获得了我们的“三杯奖”。采用梅洛（Merlot）和赤霞珠（Cabernet）酿成的提亚雷布鲁2010（Tiare Blù 2010），以及来自弗留利（Friulano）和里博拉基亚拉（Ribolla Gialla）的科里奥•白索拉尔科2012（Collio Bianco Solarco 2012）都进入了决赛。

○ Braide Alte '11	🍷🍷🍷	5
○ Collio Bianco Solarco '12	🍷🍷	3*
● TiareBlù '10	🍷🍷	4
○ Malvasia Soluna '12	🍷🍷	3
● Picotis '10	🍷🍷	4
○ Collio Ribolla Gialla RoncAlto '12	🍷	3
○ Braide Alte '09	🍷🍷🍷	5
○ Braide Alte '07	🍷🍷🍷	5
○ Braide Alte '00	🍷🍷🍷	5
○ Braide Alte '98	🍷🍷🍷	5
○ Braide Alte '97	🍷🍷🍷	5
● COF Refosco P. R. Riul '02	🍷🍷🍷	3
○ COF Verduzzo Friulano Casali Godia '94	🍷🍷🍷	4
○ Collio Braide Alte '08	🍷🍷🍷	3
○ Collio Friulano Manditocai '10	🍷🍷🍷	5
● TiareBlù '00	🍷🍷🍷	5

Tenuta Luisa

FRAZ. CORONA
VIA CAMPO SPORTIVO, 13
34070 MARIANO DEL FRIULI [GO]
TEL. 048169680
www.viniluisa.com

藏酒销售
预约参观
年产量 300 000 瓶
葡萄种植面积 79 公顷

埃迪•路易撒（Eddi Luisa）和他妻子内拉（Nella）以及他们的儿子米歇尔（Michele）和大卫德（Davide）共同经营这个出色的酒窖。酒窖位于弗留利伊松佐（Friuli Isonzo）指定区的科罗纳•阿•马里亚诺（Corona a Mariano del Friuli）。这两代人的经营使得传统巧妙地和无终止的研究、创新、激情、勇气和远见结合在一起，多年以来取得了显著的成就。这个家庭对酒窖及其周边环境投入的注意力证实了他们对艺术有着无限的热情。其葡萄酒的数量相当多，这令它有必要将埃费瑞提（I Ferretti）系列和正牌系列区别开来。所有这些酒都酿制得非常出色，展现出明显的酒庄痕迹。弗留利•赛勒吉翁埃•费瑞提2011（Friulano Selezione I Ferretti 2011）色泽丰富、香气浓郁且口味宽泛。黛西德里翁2011（Desiderium Selezione I Ferretti 2011）是弗留利（Friulano）、苏维翁（Sauvignon）和莎当尼（Chardonnay）混酿的酒，充满异域风情，并反映在口感上。

○ Desiderium Sel. I Ferretti '11	🍷🍷	4
○ Friuli Isonzo Friulano I Ferretti '11	🍷🍷	3
○ Friuli Isonzo Chardonnay '12	🍷	3
○ Friuli Isonzo Friulano '12	🍷	3
○ Friuli Isonzo Pinot Bianco '12	🍷	3
○ Friuli Isonzo Pinot Grigio '12	🍷	3
● Friuli Isonzo Refosco P. R. '11	🍷	3
○ Friuli Isonzo Sauvignon '12	🍷	3
○ Ribolla Gialla '12	🍷	3
○ Desiderium Sel. I Ferretti '09	🍷🍷🍷	4*
○ Desiderium Sel. I Ferretti '10	🍷🍷	4
○ Friuli Isonzo Chardonnay '10	🍷🍷	3
○ Friuli Isonzo Friulano '11	🍷🍷	3
○ Friuli Isonzo Friulano '10	🍷🍷	3*
○ Friuli Isonzo Pinot Bianco '10	🍷🍷	3*
○ Friuli Isonzo Sauvignon '11	🍷🍷	3

Magnàs

loc. Boatina
via Corona, 47
34071 Cormòns [GO]
Tel. 048160991
www.magnas.it

藏酒销售
预约参观
膳宿接待
年产量 25 000 瓶
葡萄种植面积 10 公顷

在20世纪70年代初，卢西亚诺•维新丁（Luciano Visintin）依靠一个有着数世纪农耕历史的家族的专业技能，决定给一座全新酒庄刻上高度的个人印记，于是创建了马格纳斯酒庄（Magnàs）。他的妻子索尼娅（Sonia）勇敢地协助着维新丁，她把大部分的时间都花在管理它们迷人的农家乐上，而维新丁现已把酿酒方面的工作交由儿子安德拉（Andrea）负责。酒窖位于科尔蒙斯（Cormòns）地区的博雅提纳（Boatina）村庄，而葡萄园则遍布在弗留利伊松佐（Friuli Isonzo）指定区阳光充足的平原上，这里著名的多岩石而少营养、干燥的土壤证明了是种植葡萄藤的理想环境。我们今年也很享受安德拉的葡萄酒，不仅是因为它们保持稳定和浓郁的芳香，也因为它们多样化的风格。马瓦西亚2012（Malvasia 2012）充满柑橘和松香的气息，口感清新而清脆。同是2012年份的弗留利（Friulano）和苏维翁（Sauvignon）口感平衡，令人愉悦。

○ Friuli Isonzo Friulano '12	🍷🍷 3
○ Friuli Isonzo Sauvignon '12	🍷🍷 3
○ Malvasia '12	🍷🍷 3
○ Friuli Isonzo Chardonnay '12	🍷 3
○ Friuli Isonzo Pinot Grigio '12	🍷 3
○ Friuli Isonzo Chardonnay '11	🍷🍷 3
○ Friuli Isonzo Chardonnay '09	🍷🍷 3
○ Friuli Isonzo Friulano '11	🍷🍷 3
○ Friuli Isonzo Friulano '10	🍷🍷 3
○ Friuli Isonzo Friulano '09	🍷🍷 3*
○ Friuli Isonzo Malvasia '09	🍷🍷 3
○ Friuli Isonzo Pinot Grigio '11	🍷🍷 3
○ Friuli Isonzo Sauvignon '11	🍷🍷 3
○ Friuli Isonzo Sauvignon '10	🍷🍷 3
○ Malvasia '11	🍷🍷 3
○ Malvasia '10	🍷🍷 3

Valerio Marinig

via Brolo, 41
33040 Prepotto [UD]
Tel. 0432713012
www.marinig.it

藏酒销售
预约参观
年产量 30 000 瓶
葡萄种植面积 8 公顷

酒庄第四代传人瓦勒里奥•玛林尼格（Valerio Marinig）指导着家族的葡萄酒操作。酒庄至今为止几乎有一个世纪的历史了，自从曾祖父路易吉（Luigi）——一座小农场的主人——在1921年购买第二座农场并注入他所有的酿制技能。今天，玛林尼格（Marinig）在他父亲赛尔吉欧（Sergio）的协助下，以来自祖传的经验技术，带着家族固有的使命感和专业技能管理这座酒庄，并亲自监管着葡萄园和酿酒操作。其葡萄园遍布于普雷柏托（Prepotto）山丘上，这里的气候为真正高品质的葡萄栽培创造条件，并映射在这些独具丰富的风土特色的葡萄酒上。今年来自瓦勒里奥的葡萄酒体现了出色的品质和良好的品种联系，具一致性和无修饰。苏维翁2012（Sauvignon 2012）香气中富含柑橘味，口感直爽。普雷柏托斯奇欧•佩提诺2010（Schioppettino di Prepotto 2010）香气复杂而辛辣，口感细腻且轻柔。

○ COF Friulano '12	🍷🍷 2*
○ COF Pinot Bianco '12	🍷🍷 2*
○ COF Sauvignon '12	🍷🍷 3
● COF Schioppettino di Prepotto '10	🍷🍷 4
● COF Cabernet Franc '11	🍷 2
● COF Refosco P. R. '11	🍷 3
○ COF Verduzzo Friulano '12	🍷 3
● Biel Cûr Rosso '09	🍷🍷 3
○ COF Friulano '11	🍷🍷 2*
○ COF Friulano '08	🍷🍷 2*
● COF Pignolo '08	🍷🍷 4
○ COF Sauvignon '11	🍷🍷 2*
○ COF Sauvignon '09	🍷🍷 2*
○ COF Sauvignon '06	🍷🍷 2

Piera Martellozzo

via Pordenone, 33
33080 San Quirino [PN]
Tel. 0434963100
www.martellozzo.com

藏酒销售
预约参观
年产量 5 000 000 瓶

出生于威尼托的皮埃拉•马尔特洛佐（Piera Martellozzo）在弗留利（Friuli）建立了第二个家。她从家族遗传了葡萄挑选和葡萄酒酿造的艺术，并得到了一位专家的协助，高效并快速地操控所有酿酒程序和营销工作。对土地的热爱和尊重是酒庄的理念中必不可少的一部分，他们的精力集中在来自本土葡萄品种酿制而来的葡萄酒，忠实地反映了弗留利•格拉夫（Grave del Friuli）的风土条件。不管是静置酒还是起泡酒，他们都能满足不同顾客的口味。今年我们主要品尝的是特雷玛格瑞（Terre Magre）系列，其中反映着弗留利格拉夫（Grave del Friuli）干燥、多石的环境。这些酒连贯一致，入口柔顺。而皮埃拉柏尔勒（Perle di Piera）系列是生机活泼、芳香浓郁的起泡酒，更加有趣和怡人。

○ Ribolla Gialla Yellow Pearl	🍷🍷 3
● Friuli Grave Cabernet Franc Terre Magre '12	🍷 2
○ Friuli Grave Chardonnay Terre Magre '12	🍷 2*
○ Friuli Grave Pinot Grigio Terre Magre '12	🍷 3
● Friuli Grave Rosso Tabbor '11	🍷 3
○ Friuli Grave Traminer Aromatico Terre Magre '12	🍷 3
○ Malvasia Terre Magre '12	🍷 3
○ Prosecco Blue Pearl	🍷 3
○ Friuli Grave Bianco Milo '09	🍷🍷 2*
● Friuli Grave Rosso Tabbor '10	🍷🍷 4
○ Ribolla Gialla Brut 075 Carati	🍷🍷 2*

Masùt da Rive

via Manzoni, 82
34070 Mariano del Friuli [GO]
Tel. 048169200
www.masutdarive.com

藏酒销售
预约参观
年产量 80 000 瓶
葡萄种植面积 20 公顷

马苏特•达•里维（Masùt da Rive）是伽罗（Gallo）家族分支的一个昵称，他们自从20世纪初就深深扎根于弗留利•马里亚诺（Mariano del Friuli）地区。在它进入国际市场，特别是北美市场的时候这个昵称就成了酒庄的名字，以避开来自加州中央谷（California's Central Valley）庞大的伽罗家族法律上的挑战。希尔瓦诺•伽罗（Silvano Gallo）在1979年推出了他的第一批酒，他的儿子法布里吉欧（Fabrizio）和马尔科（Marco）管理酒庄已有一段时间了，但依然需要希尔瓦诺（Silvano）的协助，尤其是在葡萄园管理上。这些葡萄园遍布在伊松佐（Isonzo）平原上，富含铁成分的碎石土壤是生产红葡萄和白葡萄最理想的环境。塞米蒂斯干红葡萄酒2009（Rosso Semidis 2009）只在最佳的年份酿制，来自细心挑选的梅洛（Merlot）葡萄。这款酒色泽丰富，酒香浓郁，渗透着烟草、木焦油和黑暗香料的气息，结构良好，口感轻柔而舒服。

○ Friuli Isonzo Chardonnay Rive Alte '12	🍷🍷 3
○ Friuli Isonzo Pinot Grigio Rive Alte '12	🍷🍷 3
● Friuli Isonzo Rosso Semidis '09	🍷🍷 5
○ Friuli Isonzo Friulano '12	🍷 3
● Friuli Isonzo Merlot '11	🍷 4
● Friuli Isonzo Refosco P. R. '11	🍷 4
○ Friuli Isonzo Sauvignon '12	🍷 3
○ Friuli Isonzo Tocai Friulano '04	🍷🍷🍷 3*
○ Friuli Isonzo Pinot Bianco '09	🍷🍷 3*
○ Friuli Isonzo Pinot Bianco '07	🍷🍷 3
○ Friuli Isonzo Pinot Bianco '06	🍷🍷 3
○ Friuli Isonzo Pinot Grigio '08	🍷🍷 3*
● Friuli Isonzo Refosco P. R. '06	🍷🍷 3
○ Friuli Isonzo Sauvignon '07	🍷🍷 3*
○ Friuli Isonzo Sauvignon '06	🍷🍷 3

Davino Meroi

VIA STRETTA, 7B
33042 BUTTRIO [UD]
TEL. 0432673369
www.meroidavino.it

藏酒销售
预约参观
年产量 30 000 瓶
葡萄种植面积 13 公顷

保罗•梅洛伊（Paolo Meroi）和他父亲一起管理着酒庄，父亲给他灌输了许多珍贵的知识，这些知识是从祖父多蒙尼克（Domenico）种植的葡萄园中得来的。葡萄园位于布特里欧（Buttrio）中部轻微起伏的斜坡上，是弗留利科里欧里恩塔里（Colli Orientali del Friuli）山丘起始的地方。超过30年的葡萄藤蔓生产出丰满圆润且集中的葡萄，使它们能够酿造出个性化的风格，这是巧妙的栽种和在木桶陈酿而来的成果。梅洛伊和米亚尼酒庄（Miani）的恩佐•潘托尼（Enzo Pontoni）一起长大，梅洛伊跟恩佐一起分享酿酒的专业技巧，尽管这些技巧在当时是跟潮流相反的，但现在有一些酿酒商跟随着他的方式。年轻的酿酒学家米尔克•代甘（Mirko Degan）协助他管理酒窖和葡萄园。伟大的酒一次又一次赢得了“三杯奖”，这个奇迹就发生在弗留利2011（Friulano 2011）身上，去年它也是以个性独特和紧致感获得了成功。而同样是2011年份的莎当尼（Chardonnay）和弗留利•魏多佐（Verduzzo Friulano）距离获奖也只有一步之遥。

○ COF Friulano '11	🍷🍷🍷	5
○ COF Chardonnay '11	🍷🍷	5
○ COF Verduzzo Friulano '11	🍷🍷	5
● COF Merlot V. Dominin '10	🍷🍷	8
● COF Refosco P. R. Dominim '10	🍷🍷	8
● COF Rosso Ros di Buri '10	🍷🍷	5
○ COF Sauvignon '11	🍷🍷	4
○ COF Friulano '10	🥂🥂🥂	5
○ COF Verduzzo Friulano '08	🥂🥂🥂	5
○ COF Chardonnay '10	🥂🥂	5
○ COF Chardonnay '09	🥂🥂	5
○ COF Picolit '10	🥂🥂	6
○ COF Picolit '09	🥂🥂	6
○ COF Verduzzo Friulano '10	🥂🥂	5

★Miani

VIA PERUZZI, 10
33042 BUTTRIO [UD]
TEL. 0432674327
aletulissi@libero.it

藏酒销售
预约参观
年产量 8 000 瓶
葡萄种植面积 16 公顷

恩佐•潘托尼（Enzo Pontoni）作为一位严谨而富奉献精神的酿酒师，好几次酿成意大利“车库酒”（“garagistes”）的典范。每款酒标他只酿几千瓶，因此无法模仿，成为许多葡萄酒爱好者和收藏家狂热追求的对象。微型酒窖位于弗留利科里欧里恩塔里（Colli Orientali del Friuli）的布特里欧（Buttrio），同时还有16公顷的葡萄园地。这位真正的葡萄栽种大师从早到晚都把注意力投入在这片葡萄园中。温柔而低调的潘托尼对于他珍贵的建议从来都是慷慨赐教的，如同任何一位大师一样，他也有许多弟子，这对于本区域的酿酒业发展来说无疑是一个优势。酒庄的低产量意味着如果你错过了机会，就再也无法找到米亚尼酒庄（Miani）的葡萄酒了。今年我们得以品尝到弗留利2011（Friulano 2011）的两个版本——布里（Buri）和菲利普（Filip），以它们各自不同的葡萄园命名，并且两款都进入了决赛。

○ COF Friulano Buri '11	🍷🍷	5
○ COF Friulano Filip '11	🍷🍷	6
● Calvari '02	🥂🥂🥂	8
● COF Merlot '02	🥂🥂🥂	8
● COF Merlot '99	🥂🥂🥂	8
● COF Merlot '98	🥂🥂🥂	8
● COF Merlot '94	🥂🥂🥂	8
● COF Merlot Filip '06	🥂🥂🥂	8
● COF Merlot Filip '04	🥂🥂🥂	8
● COF Rosso '97	🥂🥂🥂	8
○ COF Sauvignon '96	🥂🥂🥂	6
○ COF Tocai Friulano '00	🥂🥂🥂	6
○ COF Tocai Friulano '98	🥂🥂🥂	6
○ COF Tocai Friulano '96	🥂🥂🥂	6

Moschioni

LOC. GAGLIANO
VIA DORIA, 30
33043 CIVIDALE DEL FRIULI [UD]
TEL. 0432730210
www.michelemoschioni.it

藏酒销售
年产量 80 000 瓶
葡萄种植面积 20 公顷

米歇尔•莫斯奇奥尼（Michele Moschioni）总是能别出心裁，创造惊喜，他生产的红葡萄酒备受尊崇，有着极好的酒体和个性。葡萄在加工过程中，经历的脱水步骤（他更喜欢称之为“干燥”），使得葡萄主要的香气更加集中。其酒精的成分稍微有点高，但能够与其他成分完美地平衡，因此这步骤实际上为葡萄酒总体的和谐做出了贡献。他在佳格里亚诺（Gagliano）酿造，这是科里欧里恩塔里（Colli Orientali）区域中弗留利西维达勒（Cividale del Friuli）的一部分。现在他得到了孩子艾丽西亚（Alessia）和瓦伦提诺（Valentino）的帮助，他们各自在阿根廷和澳大利亚都拥有专业的经验。为了使其普通酒能够在瓶中陈酿更久，就像他几年前所做的那样，他决定推迟一年发布这些酒。我们完全同意他的选择，因为我们发现去年的酒品今年口感上都有了很大的提升。

● COF Rosso Celtico '04	ΨΨΨ 5
● COF Schioppettino '06	ΨΨΨ 6
● COF Pignolo '07	ΨΨ 6
● COF Refosco P. R. '07	ΨΨ 4
● COF Refosco P. R. '07	ΨΨ 4
● COF Refosco P. R. '06	ΨΨ 4
● COF Rosso Celtico '07	ΨΨ 5
● COF Rosso Celtico '06	ΨΨ 5
● COF Rosso Reâl '08	ΨΨ 5
● COF Rosso Reâl '06	ΨΨ 5
● COF Schioppettino '08	ΨΨ 6
● Rosso Pit Franc '08	ΨΨ 6

Mulino delle Tolle

FRAZ. SEVEGLIANO
VIA MULINO DELLE TOLLE, 15
33050 BAGNARIA ARSA [UD]
TEL. 0432924723
www.mulinodelletolle.it

藏酒销售
预约参观
膳宿接待
年产量 100 000 瓶
葡萄种植面积 22 公顷

杰出的酿酒师吉尔吉欧•博尔托西（Giorgio Bertossi）和他的堂弟艾利赛欧（Eliseo）一起合作将酒庄恢复到古时卡萨比安卡（Casa Bianca）的辉煌。这是一座17世纪曾为麻风病院之后在哈布斯堡家族（Habsburgs）拥有时期作为海关大楼的建筑。这项巨大的重建工程为此带来了一个新酒窖，设置在阿奎雷亚（Aquileia）指定区的旺盛的葡萄园中。托勒穆丽诺酒庄（Mulino delle Tolle）酿酒已有许多代人的历史了，但在1988年才开始装瓶销售。阿奎雷亚（Aquileia）的土壤通常能够挖掘出考古遗迹，证明了这地区有着生产佳酿的千年历史。白帕尔玛德2012（Bianco Palmade 2012），来自莎当尼（Chardonnay）、苏维翁（Sauvignon）、弗留利（Friulano）和马瓦西亚•伊斯特亚纳（Malvasia Istriana）的混酿，香气中混合了干草本和地中海灌木丛的气息，口感轻柔而平衡。同样很不错的塞贝利欧斯干红葡萄酒2011（Rosso Sabellius 2011）来自瑞弗斯科•达尔•佩敦科罗红葡萄（Refosco dal Peduncolo Rosso）、梅洛（Merlot）和赤霞珠（Cabernet Sauvignon）。

○ Friuli Aquileia Bianco Palmade '12	🍷🍷 3
○ Friuli Aquileia Malvasia '12	🍷🍷 3
● Friuli Aquileia Rosso Sabellius '11	🍷🍷 3
● Friuli Aquileia Refosco P. R. '12	🍷 2
○ Friuli Aquileia Traminer Aromatico '12	🍷 2
○ Friuli Aquileia Bianco Palmade '08	ΨΨ 2*
○ Friuli Aquileia Friulano '09	ΨΨ 2*
○ Friuli Aquileia Friulano '08	ΨΨ 2*
○ Friuli Aquileia Malvasia '10	ΨΨ 2*
● Friuli Aquileia Refosco P. R. '10	ΨΨ 2*
○ Friuli Aquileia Sauvignon '09	ΨΨ 2*
○ Friuli Aquileia Traminer Aromatico '11	ΨΨ 2*

Muzic

Loc. Bivio, 4
34070 San Floriano del Collio [GO]
Tel. 0481884201
www.cantinamuzic.it

藏酒销售
预约参观
年产量 90 000 瓶
葡萄种植面积 20 公顷

穆吉克（Muzic）酒庄坐落在科里奥圣弗洛里亚科（San Floriano del Collio），创建于1963年，是由现主人吉欧瓦尼•穆吉克（Giovanni Muzic）的父母创建的。他们当时买下了拥有5公顷葡萄藤蔓的庄园。吉欧瓦尼，又叫艾文（Ivan），这名字更出名，是一位真正的葡萄酒匠师，他热爱照料藤蔓并在露天的地方工作。妻子奥里艾塔（Orieta）及年轻的孩子艾丽嘉（Elija）和法比艳（Fabijan）帮助他，同时酿酒学顾问吉尔吉奥•波尔托西（Giorgio Bertossi）也会时不时地在酒窖中助他一臂之力。今年是穆吉克酒庄另一个完美无瑕的一年，弗留利（Friulano）和灰皮诺（Pinot Grigio）都在决赛中获得了跟去年一样的殊荣。前者维格纳•瓦勒里斯2012（Vigna Valeris 2012）将充满香气的淡雅和清脆的紧致感很好地结合在一起，而灰皮诺2012（Pinot Grigio 2012）呈现纯粹的酒香，随后是顺滑细腻的口感。

○ Collio Friulano V. Valeris '12	🍷🍷 3*
○ Collio Pinot Grigio '12	🍷🍷 3*
○ Collio Bianco '12	🍷🍷 3
○ Collio Chardonnay '12	🍷🍷 3
○ Collio Malvasia '12	🍷🍷 3
○ Collio Ribolla Gialla '12	🍷🍷 3
○ Collio Sauvignon V. Pàjze '12	🍷🍷 3
● Collio Cabernet Sauvignon '11	🍷 3
○ Collio Bianco Bric '11	🍷🍷 3*
○ Collio Friulano V. Valeris '11	🍷🍷 3*
○ Collio Malvasia '11	🍷🍷 3
○ Collio Malvasia '09	🍷🍷 3*
○ Collio Pinot Grigio '11	🍷🍷 3*
○ Collio Ribolla Gialla '11	🍷🍷 3
○ Collio Sauvignon V. Pàjze '11	🍷🍷 3

Evangelos Paraschos

Loc. Bucuje, 13a
34070 San Floriano del Collio [GO]
Tel. 0481884154
www.paraschos.it

藏酒销售
预约参观
年产量 14 000 瓶
葡萄种植面积 6.5 公顷

艾文格罗斯•帕拉斯求斯（Evangelos Paraschos）这个名字无疑是来源于希腊，他自从1979年开始在科里奥•圣•弗洛里亚诺（San Floriano del Collio）生活、工作。他满怀激情吸收了本地的酿酒传统，并在1998年创建这座酒庄，开始应用生物动力学的方法种植葡萄。这些葡萄，甚至是白葡萄，都在不去皮的情况下在开放的斯拉夫尼亚橡木桶、大桶或赤土陶两耳细颈酒罐中浸泡。这里无论是葡萄汁还是葡萄酒都从不添加二氧化硫，也从不经过稳定、澄清或过滤，并且装瓶至少都在两年之后。这些酒色泽丰富，偶尔不是很明确，但依然很迷人。口感特别丰富的白昂姆弗雷欧斯2009（Bianco Amphoreus 2009）中新鲜的小麦和野生草本香很好地相融在一起。而马瓦西亚•昂姆弗雷欧斯2010（Malvasia Amphoreus 2010）口感悠长而干燥，香气中充满清脆的月桂香。梅洛罗斯•迪伦2009（Merlot Ros di Lune 2009）中含有腐殖质和烘烤的浓咖啡豆气息，给人持续清脆而柔顺的口感，只是有点单宁的味道。

○ Amphoreus Bianco '09	🍷🍷 5
○ Amphoreus Malvasia '10	🍷🍷 6
● Ros di Lune '09	🍷🍷 3
○ Chardonnay '09	🍷🍷 3
○ Kaj '09	🍷🍷 5
● Merlot '09	🍷🍷 4
○ Ponka '09	🍷🍷 5
○ Ribolla Gialla '09	🍷🍷 5
○ Ribolla Gialla '08	🍷🍷 5
● Skala '07	🍷🍷 5

Alessandro Pascolo

loc. Ruttars, 1
34070 Dolegna del Collio [GO]
Tel. 048161144
www.vinipascolo.com

藏酒销售
预约参观
年产量 25 000 瓶
葡萄种植面积 7 公顷

在20世纪70年代，祖父安吉洛（Angelo）怀有远见，投资在村庄的土地中，今天年轻的亚历山德罗•帕斯科洛（Alessandro Pascolo）管理着7公顷的葡萄藤蔓，它们分布在科里奥多乐格纳（Dolegna del Collio）周围风景优美的鲁塔尔斯（Ruttàrs）山丘的斜坡上，这里光照充足。亚历山德罗是一位农耕学家、酿酒专家和侍酒师，同时也是大自然和户外环境的爱好者。他发挥了他在研究上获得的知识，诠释了这里的风土特色，成功地将它的潜力发挥到最大化。他在葡萄酒中留下的多样化的印记足以展示他的酿酒技艺。亚历山德罗的葡萄酒今年再次站到了品质表中的最顶端，其中每一款都不相伯仲。梅洛精选2010（Merlot Selection 2010），作为一款和谐而可靠的酒款，继续沿着不断提升的轨道往上走。白皮诺2010（Pinot Bianco 2012）则展现了很好的酸度和可爱怡人的树篱丛香气。

○ Bolla Gialla Brut	🍷🍷 3
○ Collio Bianco '12	🍷🍷 3
○ Collio Friulano '12	🍷🍷 3
○ Collio Malvasia '12	🍷🍷 3
● Collio Merlot Sel. '10	🍷🍷 4
○ Collio Pinot Bianco '12	🍷🍷 3
● Collio Rosso Pascal '10	🍷🍷 3
○ Collio Bianco Agnul '10	🍷🍷 3
○ Collio Bianco Agnul '09	🍷🍷 3
○ Collio Friulano '11	🍷🍷 3*
● Collio Merlot Sel. '09	🍷🍷 4
● Collio Merlot Sel. '08	🍷🍷 4
○ Collio Pinot Grigio '11	🍷🍷 3*
● Collio Rosso Pascal '09	🍷🍷 3

Pierpaolo Pecorari

via Tommaseo, 56
34070 San Lorenzo Isontino [GO]
Tel. 0481808775
www.pierpaolopecorari.it

藏酒销售
预约参观
年产量 150 000 瓶
葡萄种植面积 30 公顷

皮尔保罗•佩科拉里（Pierpaolo Pecorari）的酒庄如今得到了他儿子亚历山德罗（Alessandro）在管理方面的协助，酒庄总部位于伊松提诺圣洛伦佐（San Lorenzo Isontino），而葡萄园则遍布在科尔蒙斯（Cormòns）、格里吉亚（Gorizia）和格拉迪斯卡（Gradisca）组成的三角形中。众所周知，酒庄不喜欢在标签中展示法定产区酒的标签，相反地，它喜欢把它的葡萄酒分布于地区特色酒维内吉亚茱莉亚（IGT Venezia Giulia）的名目下。其生产分为三个系列：第一种是酿制于橡木桶中并从欧利威尔斯（Olivers）、克劳斯（Kolaus）和索利斯（Soris）葡萄园中命名；第二种叫做阿尔提斯（Altis），在不锈钢桶中放在背风处酿制而成；第三种则是为年轻的酒而珍藏的系列。今年见证了两款苏维翁（Sauvignon Blancs）、克劳斯（Kolaus）和阿尔提斯（Altis），都是2011年份的，挺进到最后一轮。它们都呈多样化且忠实于本土风味，但前者结构更好，散发出宽广的热带气息；而后者口感更清脆，以山楂花和刺激的番茄叶为特点。

○ Sauvignon Blanc Altis '11	🍷🍷 4
○ Sauvignon Kolaus '11	🍷🍷 5*
○ Chardonnay Soris '11	🍷🍷 5
○ Pinot Grigio Olivers '11	🍷🍷 5
○ Malvasia '12	🍷 3
○ Sauvignon Kolàus '96	🍷🍷🍷 3*
○ Friuli Isonzo Friulano '11	🍷🍷 3*
○ Pinot Bianco Altis '10	🍷🍷 4
○ Pinot Grigio Olivers '09	🍷🍷 4
○ Sauvignon Blanc '10	🍷🍷 3
○ Sauvignon Kolaus '09	🍷🍷 5

Perusini

loc. Gramogliano
via Torrione, 13
33040 Corno di Rosazzo [UD]
Tel. 0432675018
www.perusini.com

藏酒销售
预约参观
膳宿接待
年产量 70 000 瓶
葡萄种植面积 13 公顷

佳科莫•佩鲁西尼（Giacomo Perusini）是目前酒庄主人的祖父，曾经负责保存并发扬皮科利特（Picolit）系列。特雷萨•佩鲁西尼（Teresa Perusini）是一位满怀激情的酿酒师，现在她丈夫佳科莫•德佩斯（Giacomo de Pace）的协助下，用专业技能和奉献精神管理着酒庄。她对艺术和历史有着无限的热情，把一座酒窖建立在经常举办艺术展的地方。新生代卡尔洛（Carlo）、托姆玛索（Tommaso）和米歇尔（Michele）被委任管理分布于科里•欧里恩塔里（Colli Orientali）周围光照充足的格拉莫格里亚诺（Gramogliano）、罗萨佐（Rosazzo）和罗卡•波尔纳达（Rocca Bernarda）山丘上的珍贵的葡萄园。来自梅洛（Merlo）、赤霞珠（Merlot-cabernet Sauvigno）的波斯提格里翁红葡萄酒2009（Rosso del Postiglione 2009）散发着香料和大黄的淡雅香气，随之是柔顺而迷人的口感。此外，雷弗斯科•达尔•佩敦科勒2009（Refosco dal Peduncolo Rosso 2009）带着芬芳的烟草叶和辛辣的矮树丛气息。而灰皮诺2012（Pinot Grigio 2012）展示了清脆的柑橘味。

○ COF Pinot Grigio '12	🍷🍷 3
● COF Refosco P.R. '09	🍷🍷 3
● COF Rosso del Postiglione '09	🍷🍷 3
● COF Cabernet Franc '10	🍷 3
○ COF Picolit '10	🍷 8
○ COF Ribolla Gialla '12	🍷 3
○ COF Sauvignon '12	🍷 3
○ Perusini Brut	🍷 3
● COF Cabernet Franc '09	🍷🍷 3
● COF Cabernet Sauvignon '09	🍷🍷 3
● COF Merlot '09	🍷🍷 3
○ COF Ribolla Gialla '11	🍷🍷 3
● COF Rosso del Postiglione '08	🍷🍷 3
○ COF Sauvignon '11	🍷🍷 3

Petrucco

via Morpurgo, 12
33042 Buttrio [UD]
Tel. 0432674387
www.vinipetrucco.it

藏酒销售
预约参观
年产量 80 000 瓶
葡萄种植面积 20 公顷

保罗•佩特鲁科（Paolo Petrucco）和他妻子丽娜（Lina）于1981年接管了这座位于布特里奥（Buttrio）山丘上的酒庄。这个地方拥有丰富的历史，尽管当年意达罗•巴尔博（Italo Balbo）在这里种植了大量的葡萄，但他没有机会品尝到他亲自酿造的葡萄酒，因为在1940年他乘坐的飞机在利比亚上空被射击而坠毁。从那些古老的葡萄园中精心挑选的最佳葡萄酿制出伦科德尔巴尔博珍藏（Riserva Ronco del Balbo），是佩特鲁科酒庄（Petruccos）的骄傲和喜悦。这些葡萄酒酿制于橡木桶，陈放越久越香。吉安尼•梅诺提（Gianni Menotti）的协助和酿酒专家法拉维欧•卡巴斯（Flavio Cabas）一起为酒庄注入了新的能量。伦科德尔巴尔博（Ronco del Balbo）系列的葡萄酒是最能引起我们兴奋的，进入了决赛的梅洛伦科德尔巴尔博2010（Merlot Ronco del Balbo 2010）拥有自信迷人的欧洲酸樱桃和黑甘草的香味，然后是出色的口感，顺滑、可爱而迷人。

● COF Merlot Ronco del Balbo '10	🍷🍷 3*
○ COF Friulano '12	🍷🍷 3
● COF Pignolo Ronco del Balbo '09	🍷🍷 5
● COF Refosco P. R. '11	🍷🍷 3
● COF Refosco P. R. Ronco del Balbo '10	🍷🍷 4
○ COF Sauvignon '12	🍷🍷 3
○ COF Chardonnay '12	🍷 3
○ COF Pinot Bianco '12	🍷 3
○ COF Pinot Grigio '12	🍷 3
○ COF Ribolla Gialla '12	🍷 3
● COF Merlot Ronco del Balbo '09	🍷🍷 3
● COF Pignolo Ronco del Balbo '08	🍷🍷 5
● COF Refosco P. R. '10	🍷🍷 3*
● COF Refosco P. R. Ronco del Balbo '09	🍷🍷 4
○ COF Ribolla Gialla '11	🍷🍷 3*

Petrussa

VIA ALBANA, 49
33040 PREPOTTO [UD]
TEL. 0432713192
www.petrussa.it

藏酒销售
预约参观
年产量 40 000 瓶
葡萄种植面积 10 公顷

在1986年，当吉安尼（Gianni）和保罗•佩特鲁萨（Petrussa）决定放弃他们稳定的工作和有保障的工资，全身心投入家族酒庄时，他们的父母多少有点惊慌，因为这个决定可能会带来经济上的不稳定和困难的未来。他们确定普雷柏托（Prepotto）的风土有着很大的潜力，并有钢铁般的意志想要带出本地所有的特征，于是他们把祖先在农耕文化方面总结的知识都应用到实践中去，并赋予他们的葡萄酒以个性和真实。这些白葡萄酒和红葡萄酒非常诱人，口感令人满意。白皮诺2012（Pinot Bianco 2012）淡雅的酒香和丝绸般顺滑的口感十分迷人，莎当尼•圣艾琳娜2011（Chardonnay Sant'Elena 2011）展示出奶油般、能触摸到的丰满。弗留利（Friulano）和苏维翁（Sauvignon Blanc）都是来自2012年份，展现了极好的香气和充满清脆果实的口感。

○ COF Pinot Bianco '12	🍷🍷 3*
○ COF Chardonnay S. Elena '11	🍷🍷 4
○ COF Friulano '12	🍷🍷 3
● COF Rosso Petrussa '10	🍷🍷 5
○ COF Sauvignon '12	🍷🍷 3
● COF Merlot '11	🍷 3
○ COF Pensiero '10	🍷 5
○ COF Chardonnay S. Elena '10	🍷🍷 4
○ COF Friulano '11	🍷🍷 3*
○ COF Pinot Bianco '11	🍷🍷 3*
○ COF Sauvignon '11	🍷🍷 3*
● COF Schioppettino di Prepotto '09	🍷🍷 5

Roberto Picéch

LOC. PRADIS, 11
34071 CORMÒNS [GO]
TEL. 048160347
www.picech.it

藏酒销售
预约参观
膳宿接待
年产量 25 000 瓶
葡萄种植面积 7 公顷

无可争议，罗伯特•皮塞奇（Roberto Picéc）在本区域的舞台上是顶级的酿酒师明星之一。这个葡萄园是1963年由他的父亲埃吉迪欧（Egidio）收购，当地人称他父亲为“伊尔利贝尔（il Ribel）”。现在由罗伯特继承，他以顽强的性格，给这些葡萄酒贴上个性化的标签。他对创新持欢迎的态度，并不断寻找新的灵感，他允许他的葡萄长期浸泡，持续数天，甚至白葡萄也如此，酿造出丰满且复杂的葡萄酒。在传统的本地品种里博拉基亚拉（Ribolla Gialla）、弗留利托凯（Tocai Friulano）和马瓦西亚•伊斯特亚纳（Malvasia Istriana）组合酿制成科里奥白杰尔卡2011（Collio Bianco Jelka 2011），一种具有悠久历史的混合酒，野生干草本和干草的香气中蕴含着芬芳的金苹果味，刺激的口感富含矿物质的味道。

○ Collio Bianco Jelka '11	🍷🍷 4
○ Collio Bianco Athena Magnum '10	🍷🍷 7
○ Collio Friulano '12	🍷🍷 3
○ Collio Malvasia '12	🍷🍷 3
● Collio Rosso '11	🍷🍷 3
○ Collio Pinot Bianco '12	🍷 3
○ Collio Bianco Athena '05	🍷🍷🍷 7
○ Collio Bianco Jelka '99	🍷🍷🍷 7
○ Collio Pinot Bianco '11	🍷🍷 3*

Vigneti Pittaro

VIA UDINE, 67
33033 CODROIPO [UD]
TEL. 0432904726
www.vignetipittaro.com

藏酒销售
预约参观
膳宿接待
年产量 400 000 瓶
葡萄种植面积 90 公顷

皮埃洛•皮塔罗（Piero Pittaro）是酿酒界中一位杰出的人士。在他多年的事业生涯中，他已在众多国际性协会中担任角色。他来自一个有着超过450年酿酒历史的家族，致力于把这个以种植葡萄出名的弗留利格拉夫（Grave del Friuli）干旱且富含卵石的田地所具有的最大潜力发挥出来。大部分葡萄园围绕着位于科德罗伊柏（Codroipo）历史悠久的总部而建立，同时酒庄在美丽的拉曼多罗（Ramandolo）山丘上有5公顷的藤蔓。酒窖的主管斯特法诺•特林科（Stefano Trinco）在生产古典的起泡酒，即酒庄展出的酒方面有经过实践检验的经验。这些起泡酒是今年整个队伍的领导者。像皮塔罗•布鲁特•埃提彻塔欧洛2005（Pittaro Brut Etichetta Oro 2005）再次获得殊荣，它不仅酒体丰满，还有淡雅的酒香，纯粹的酒劲和悠长的水珠，浓郁的芳香和绝不逊色的矿物气息，因而能轻易地战胜其他酒款。

○ Pittaro Brut Et. Oro '05	🍷🍷 4
○ COF Friulano Ronco Vieri '12	🍷🍷 3
○ Pittaro Brut Et. Argento	🍷🍷 4
⊙ Pittaro Brut Pink	🍷🍷 5
○ Ramandolo Ronco Vieri '10	🍷🍷 3
○ Friuli Grave Chardonnay Mousqué '12	🍷 3
● Moscato Rosa Valzer in Rosa '12	🍷 3
○ COF Friulano Ronco Vieri '10	🍷🍷 3
○ Pittaro Brut Et. Oro '04	🍷🍷 4
○ Pittaro Brut Et. Oro '03	🍷🍷 6
○ Ramandolo Ronco Vieri '09	🍷🍷 3

Denis Pizzulin

VIA BROLO,43
33040 PREPOTTO [UD]
TEL. 0432713425
www.pizzulin.com

藏酒销售
预约参观
年产量 25 000 瓶
葡萄种植面积 11 公顷

丹尼斯•皮祖林（Denis Pizzulin）是一位年轻的酿酒师，他亲自管理着酒庄的葡萄园。葡萄园遍布在普雷柏托（Prepotto）山丘上，这是一块具有1000年培植葡萄历史的田地。这里的土壤混合了砂岩和泥灰土，是种植葡萄藤的理想环境。葡萄园延伸至斯拉维尼亚（Slovenia）和科里奥•格里吉亚诺（Collio Goriziano）之间一个阳光充足的峡谷，峡谷阻挡来自北方的寒风。这里只有11公顷土地，被分隔成不同的田地，这使他能够仔细认真操作，谨慎地培植出健康且多汁的葡萄。由于他酿造的葡萄酒在本区域是独一无二的，因此很快就受到了人们的赞赏。今年整个酒庄总体上取得了惊人的高水平品质，正牌系列表现得很好。然而得到高分数的是佩敦科罗雷弗斯科•珍藏2009（Refosco dal Peduncolo Rosso Riserva 2009），纯粹淡雅的酒香令它更显高贵，充满香料的辛辣味和圆润的口感。

○ COF Bianco Rarisolchi '12	🍷🍷 3
● COF Merlot '12	🍷🍷 3
○ COF Pinot Bianco '12	🍷🍷 3
● COF Refosco P. R. Ris. '09	🍷🍷 4
● COF Schioppettino di Prepotto '10	🍷🍷 3
○ COF Friulano '12	🍷 3
○ COF Sauvignon '12	🍷 3
○ COF Friulano '11	🍷🍷 2*
○ COF Pinot Bianco '11	🍷🍷 2*
○ COF Pinot Bianco '10	🍷🍷 2
● COF Refosco P. R. Ris. '08	🍷🍷 3
● COF Schioppettino di Prepotto '09	🍷🍷 3

Damijan Podversic

via Brigata Pavia, 61
34170 Gorizia
Tel. 048178217
www.damijanpodversic.com

藏酒销售
预约参观
年产量 22 600 瓶
葡萄种植面积 10 公顷
葡萄栽培方式 有机认证

达米艳•柏德维西克（Damijan Podversic）拥有科里奥（Collio）的这座酒庄。他的葡萄园穿越了格里吉亚（Gorizia）西边，伊松佐河（River Isonzo）右岸的蒙特卡尔瓦里奥（Monte Calvario）可爱的斜坡。在他的理念中，作为农民就意味着要和自然一起工作，尊重季节，也接受它的困难。这里每公顷的产量相当低。没有使用化肥，也没有杀虫剂，什么都没有！达米艳只接受下面这一种酿制方式，绝不妥协——即不去皮进行发酵90天，在橡木桶中长时间浸泡而不加任何酵母片，不进行任何澄清和过滤，使其葡萄酒复杂度强，迷人且独特。达米艳（Damijan）的可靠性在今年得到了回报，总共有三款酒进入了决赛，并且马瓦西亚2009（Malvasia 2009）成功斩获了一项“三杯奖”奖项。它辛辣的香脂中融合了自然干草、百里香、九层塔和榛子仁的气息，其口感虽然带有酒精的温暖，但是干燥顺滑而引人注目。

○ Malvasia '09	🍷🍷🍷 6
○ Kaplja '09	🍷🍷 6
○ Ribolla Gialla '09	🍷🍷 6
○ Nekaj '09	🍷🍷 6
○ Pinot Grigio '10	🍷🍷 6
● Rosso Prelit '09	🍷🍷 6
○ Kaplja '08	🍷🍷🍷 6
○ Kaplja '07	🍷🍷 6
○ Kaplja '06	🍷🍷 5
○ Ribolla Gialla '07	🍷🍷 5
○ Ribolla Gialla '05	🍷🍷 5
● Rosso Prelit '06	🍷🍷 5

Aldo Polencic

loc. Plessiva, 13
34071 Cormòns [GO]
Tel. 048161027
aldopolencic@virgilio.it

藏酒销售
预约参观
年产量 20 000 瓶
葡萄种植面积 6 公顷

阿尔多•柏伦西克（Aldo Polencic）的这座微型酒庄是科里奥（Collio）地区的家族酒庄中的一颗璀璨明珠。它位于普雷西瓦（Plessiva），在科尔蒙斯（Cormòns）市，一个种植葡萄的理想之地。阿尔多是真正的巨匠，或者说是艺术家。这座酒庄的小规模使他能够对葡萄园进行特殊的照料，并在他父亲菲尔迪纳多（Ferdinando）的协助下一切很顺利。最近进行扩大的酒窖中，展示了排列有序的900升橡木桶，这是他的酿酒过程中必不可少的工具。葡萄酒在橡木桶中长时间陈放，白葡萄酒也是如此。这些葡萄酒需要我们耐心等待。它们的丰满和复杂中带有芬芳的气息，提高了我们的期望，并引诱着我们加以品尝。其香气和口味之间的和谐一致是决定性的因素，没错，它们的橡木味依然很明显，但这些酒芳香浓郁，结构精致，口感强有力、顺滑且平衡，风味异常地丰满。

○ Collio Friulano Bianco degli Ulivi '11	🍷🍷 5
● Collio Merlot Rosso degli Ulivi '09	🍷🍷 5
○ Collio Pinot Bianco Bianco degli Ulivi '11	🍷🍷 5
○ Collio Pinot Grigio '11	🍷🍷 4
○ Collio Tocai Friulano '00	🍷🍷🍷 4*
○ Collio Friulano Bianco degli Ulivi '10	🍷🍷 5
○ Collio Friulano Bianco degli Ulivi '08	🍷🍷 5
● Collio Merlot Rosso degli Ulivi '08	🍷🍷 5
● Collio Merlot Rosso degli Ulivi '06	🍷🍷 5
○ Collio Pinot Bianco Bianco degli Ulivi '10	🍷🍷 5
○ Collio Pinot Bianco Bianco degli Ulivi '08	🍷🍷 5

Isidoro Polencic

Loc. Plessiva, 12
34071 Cormòns [GO]
Tel. 048160655
www.polencic.com

藏酒销售
预约参观
膳宿接待
年产量 120 000 瓶
葡萄种植面积 25 公顷

史书为证，柏伦西克家族（Polencics）自从19世纪后半叶开始就在普雷西瓦（Plessiva）山丘居住和工作。1968年，伊西多罗•柏伦西克（Isidoro Polencic）决定开始对他酿制的酒进行装瓶销售，并创建了这座酒庄。现在由他的三个孩子——米歇尔（Michele）、伊莉莎贝塔（Elisabetta）和艾利克斯（Alex）管理。他们在父亲英年早逝之后，迫不得已加快融入酒庄速度。他们进行了任务分工，现在正有技巧并坚持不懈地运营这座酒庄，展示了他们作为年轻人少有的决心。他们已经知道如何最大化利用气候和分布于不同地方的田地的土壤，酿造出爽利怡人的变种葡萄酒。弗留利•费斯科2011（Friulano Fisc 2011）较其他品种之前先完成，它的坚果味、葡萄干和藏红花混合起来具迷人气息，但最主要是它诱人的口感。其他基础的酒款都拥有出色的芳香，容易饮用，有着显著的矿物质味，都是值得赞扬的。

○ Collio Friulano Fisc '11	🍷🍷 4
○ Collio Chardonnay '12	🍷🍷 3
○ Collio Friulano '12	🍷🍷 3
○ Collio Pinot Bianco '12	🍷🍷 3
○ Collio Pinot Grigio '12	🍷 3
○ Collio Friulano Fisc '07	🍷🍷🍷 3*
○ Collio Pinot Bianco '07	🍷🍷🍷 3
○ Collio Tocai Friulano '04	🍷🍷🍷 3*
○ Collio Chardonnay '11	🍷🍷 3
○ Collio Friulano '11	🍷🍷 3*
○ Collio Pinot Bianco '11	🍷🍷 3
○ Collio Pinot Grigio '11	🍷🍷 3

La Ponca

Loc. Scriò, 3
34070 Dolegna del Collio [GO]
Tel. 0422800026
www.laponca.it

藏酒销售
预约参观
年产量 24 000 瓶
葡萄种植面积 16 公顷

科里奥（Collio）的土壤是由分层泥灰土和砂岩组成，当地人叫做“篷卡”，它们在很久以前就被亚得里亚海（Adriatic）的海床举起带到表面，我们可以从它丰富的海洋化石中看出来。科里奥恰当的地形，受到北方来自朱利安阿尔卑斯山脉（Julian Alps）的保护，南方得到亚得里亚海有利的影响，创造了一个出色且温和的气候条件。拉•篷卡（La Ponca）的葡萄园准确来说坐落在斯克里奥（Scriò）村庄内，在科里奥多勒格纳（Dolegna del Collio）附近。保罗•玛逊（Paolo Mason）和路易吉•斯奇奥彻特（Luigi Schiochet）在2005年共同创建了这酒庄，并把酿酒工作委任给经验丰富的安德拉•皮塔纳（Andrea Pittana）。科里奥•弗留利2012（Collio Friulano 2012）以它古典的特征和澄净的香气引来了瞩目，但它的柔顺口感更值得我们的注意，它的口感绝对能让人高兴。科里奥苏维翁2012（Collio Sauvignon 2012）尽管有点粗野，仍保持着很好的品种保真度。而斯奇奥佩提诺2011（Schioppettino 2011）展现了可口的香料味。

○ Collio Friulano '12	🍷🍷 3
○ Collio Sauvignon '12	🍷🍷 3
○ Collio Ribolla Gialla '12	🍷 3
● Schioppettino '11	🍷 3
○ Collio Friulano '10	🍷🍷 3
○ Collio Ribolla Gialla '10	🍷🍷 3

Primosic

FRAZ. OSLAVIA
LOC. MADONNINA DI OSLAVIA, 3
34070 GORIZIA
TEL. 0481535153
www.primosic.com

藏酒销售
预约参观
年产量 200 000 瓶
葡萄种植面积 30 公顷

马尔科（Marko）和波利斯•普里莫西克（Boris Primosic）现在管理着他们父亲西尔维斯特罗（Silvestro）在1956年创建的这座酒庄，拥有能够自豪地炫耀“第一名”的酒瓶。其葡萄园遍布奥斯拉维亚（Oslavia）的山丘，是科里奥和斯拉维尼亚（Slovenia）接壤的边境地区的堡垒，斯拉夫尼亚是一个在通风、日照和温度范围方面具有独一无二的气候条件的地方。为了区别辨认不同的庄园，他们采用分区式的加工，这帮助他们为每个品种找到最合适的地区，并且葡萄酒的名字经常是从葡萄起源的葡萄园的名字得来的。其中科里奥•白克林珍藏2009（Collio Bianco Klin Riserva 2009），是一款苏维翁（Sauvignon Blanc）、里博拉基亚拉（Ribolla Gialla）、莎当尼（Chardonnay）和弗留利（Friulano）的混合酒，以上等的香气和天鹅绒般的口感为傲。除此之外，同样出色的还有梅洛莫尔诺2008（Merlot Murno 2008）、弗留利•贝尔维德瑞2012（Friulano Belvedere 2012）和马瓦西亚•伊斯特拉纳2012（Malvasia Istrana 2012）。

○ Collio Friulano Belvedere '12	🍷🍷 3*
○ Collio Bianco Klin Ris. '09	🍷🍷 5
● Collio Merlot Murno '08	🍷🍷 3
○ Malvasia Istriana '12	🍷🍷 3
○ Ribolla Gialla '12	🍷 3
○ Collio Bianco Klin Ris. '08	🍷🍷 5
○ Collio Chardonnay Gmajne '10	🍷🍷 4
○ Collio Friulano Belvedere '11	🍷🍷 3*
● Collio Merlot '08	🍷🍷 3
○ Collio Pinot Grigio Murno '10	🍷🍷 3
○ Collio Sauvignon Gmajne '10	🍷🍷 4
○ Malvasia Istriana '11	🍷🍷 3

★Doro Princic

LOC. PRADIS, 5
34071 CORMÒNS [GO]
TEL. 048160723
doroprincic@virgilio.it

藏酒销售
预约参观
年产量 60 000 瓶
葡萄种植面积 10 公顷

每一位科里奥格里•吉亚诺（Collio Goriziano）成员都牢记着多罗•普林西克（Doro Princic）是困难时期的一个象征、有魅力的人物和参照的典范。这座创建于1950年的普拉迪斯（Pradis）的酒庄现在由他儿子山德罗（Sandro）及其妻子格拉吉雅（Grazia）管理，这是一对非常好的夫妇，他们在这座历史悠久的酒庄中完美地合作着，现在甚至把酒庄发展得更好了。部分工作是在年轻的拉尔罗（Carlo）的协助下完成，他和山德罗一起在葡萄园和酒窖中工作。他们把从多罗那里继承下来的酿酒技术应用到实践中去，酿造出的葡萄酒对每个品种的特征表示尊重而不添加各种操纵、压制或融合。今年，玛尔瓦西亚2002（Malvasia 2002）获得“三杯奖”，这绝不会引起人们的怀疑，因为这是它第五年获得该奖项了。山德罗•普林西克也酿造他自己的本土品种，其完美而鲜明的香气是对所有爱好葡萄酒的人一份无价的礼物。

○ Collio Malvasia '12	🍷🍷🍷 5
○ Collio Pinot Bianco '12	🍷🍷 5
○ Collio Friulano '12	🍷🍷 5
○ Collio Pinot Grigio '12	🍷 5
○ Collio Ribolla Gialla '12	🍷 5
○ Collio Malvasia '11	🍷🍷🍷 5
○ Collio Malvasia '10	🍷🍷🍷 4
○ Collio Malvasia '09	🍷🍷🍷 4*
○ Collio Malvasia '08	🍷🍷🍷 4
○ Collio Pinot Bianco '07	🍷🍷🍷 3

★Dario Raccaro

FRAZ. RÒLAT
VIA SAN GIOVANNI, 87
34071 CORMÒNS [GO]
TEL. 048161425
az.agr.raccaro@alice.it

藏酒销售
预约参观
年产量 30 000 瓶
葡萄种植面积 6 公顷

拉卡多家族（Raccaros）在科尔蒙斯（Cormòns）已有近百年的历史了。在1928年朱塞佩•拉卡多（Giuseppe Raccaro）决定离开干旱的纳提逊峡谷（Natisone），把旧农舍迁移到蒙特古瓦林（Monte Quarin）的山脚下。他发现这里肥沃的土地很适合耕作。达里奥（Dario）现在自豪地经营着他的事业。20世纪80年代，他决定把事业重心放在葡萄酒和葡萄的生产中来，并成功地对酒庄加以扩张，酒庄中有一个古老的、租借而来的葡萄园，主要种植让他成名的弗留利托凯（Tocai Friulano）：魏格纳•德尔•洛拉特（Vigna del Rolàt）。这个相当微型的酒窖展示了一个只生产几个酒标并长久保持不变的酒庄如何成为一个主要角色并一直保持下去。马瓦西亚2012（Malvasia 2012）继续去年的辉煌，今年同样获得了“三杯奖”。它自信而多层次的香气中融合了干草本、月桂叶和地中海灌木丛的气息，其口感本身也是一种诱惑，在口中弥漫着芳香。

○ Collio Malvasia '12	3 glasses (red)	5
○ Collio Bianco '12	2 glasses (black)	4
○ Collio Friulano V. del Rolat '12	2 glasses (black)	4
● Collio Merlot '11	2 glasses (black)	5
○ Collio Bianco '03	3 glasses (white)	3
○ Collio Bianco '02	3 glasses (white)	3
○ Collio Friulano V. del Rolat '09	3 glasses (white)	4
○ Collio Friulano V. del Rolat '08	3 glasses (white)	4
○ Collio Friulano V. del Rolat '07	3 glasses (white)	4
○ Collio Malvasia '11	3 glasses (white)	4*
○ Collio Tocai Friulano '05	3 glasses (white)	4
○ Collio Tocai Friulano '04	3 glasses (white)	3
○ Collio Tocai Friulano '01	3 glasses (white)	3*
○ Collio Tocai Friulano '00	3 glasses (white)	3
○ Collio Tocai Friulano V. del Rolat '06	3 glasses (white)	4

La Rajade

LOC. PETRUS, 2
34070 DOLEGNA DEL COLLIO [GO]
TEL. 0481639273
www.larajade.it

藏酒销售
预约参观
年产量 40 000 瓶
葡萄种植面积 6.5 公顷

拉雅德酒庄（La Rajade）这名字在弗留利（Friuli）的方言中的意思是“阳光”。它位于科里奥（Collio）最北端的地区，在朱德里奥河（Judrio）流淌的山谷中。主人赛吉奥•坎姆佩欧托（Sergio Campeotto）已把酒庄管理权委任给迪埃格•扎宁（Diego Zanin），虽然他年纪轻轻，但已有丰富的酿酒经验，并得到了安德拉•罗曼诺•洛西（Andrea Romano Rossi）的支持和帮助。葡萄园从伦科•佩特鲁斯（Ronco Petrus）沿着这些山丘的地理轮廓，一直向下延伸到峡谷。这里独特的气候条件和山丘的形状使得葡萄园能够充分享受日光的沐浴，也为良好的温差范围创造了条件，是酿造香气中带有丰富个性的葡萄酒的完美环境。酒庄出产的不管是白葡萄酒还是红葡萄酒珍藏版本，都获得了超出一般的高分数，证明了总体上非常高的品质水平以及表现的一致性。灰皮诺2012（Pinot Grigio 2012）展示了丰富的果汁和爽利的口感。而引人注目的里博拉基亚拉2012（Ribolla Gialla 2012）芳香浓郁，口感极其爽利而不失细腻平滑。

○ Collio Bianco '12	2 glasses (black)	3
● Collio Cabernet Sauvignon Ris. '10	2 glasses (black)	4
● Collio Merlot Ris. '10	2 glasses (black)	4
○ Collio Pinot Grigio '12	2 glasses (black)	3
○ Collio Ribolla Gialla '12	2 glasses (black)	3
○ Collio Sauvignon '12	1 glass (black)	3
○ Collio Bianco '11	2 glasses (white)	3
● Collio Cabernet Sauvignon Ris. '09	2 glasses (white)	4
○ Collio Friulano '11	2 glasses (white)	3
○ Collio Malvasia '10	2 glasses (white)	3
● Collio Merlot Ris. '09	2 glasses (white)	4
○ Collio Sauvignon '11	2 glasses (white)	3

Rocca Bernarda

FRAZ. IPPLIS
VIA ROCCA BERNARDA, 27
33040 PREMARIACCO [UD]
TEL. 0432716914
www.roccabernarda.com

藏酒销售
预约参观
年产量 200 000 瓶
葡萄种植面积 43 公顷

一座豪华的综合体主导着洛卡•波尔纳尔达酒庄（Rocca Bernarda），角落中矗立着四座圆柱形塔，这里曾经在1567年就作为康提•瓦尔萨逊•曼尼亚戈（Conti Valsason Maniago）高贵的居住地。一处碑文上写着酒窖是先于别墅存在的，并且那里的酿酒传统已保持数世纪的历史了，多亏了康提•佩鲁西尼（Conti Perusini）。在1977年他们把酒庄转交给马耳他骑士团（Sovereign Military Order of Malta），但从2006年开始酒庄就由索西埃塔•阿格里科拉（Società Agricola Vitivinicola Italiana）主导，他把酿酒工作交给毛利里奥•奇欧西亚（Maurilio Chioccia）负责。他的目标是能够在保持葡萄酒品种的纯正和传统特征的基础上提高其品质标准。苏维翁2012（Sauvignon 2012）芳香浓郁，展现了良好的柑橘香气和爽利且平衡的口感。皮格诺罗•诺维森托1113-2013（Pignolo Novecento 1113-2013）是2007年份的酒款，为了纪念1113年的马耳他骑士团。它的香料和烟草叶香气引出了美味可口的口感，带有明显但早已被淡化了的单宁。

○ COF Friulano '12	🍷🍷 3
● COF Pignolo Novecento 1113-2013 '07	🍷🍷 5
○ COF Sauvignon '12	🍷🍷 3
○ COF Chardonnay '12	🍷 3
○ COF Ribolla Gialla '12	🍷 3
● COF Merlot Centis '99	🍷🍷🍷 7
○ COF Picolit '03	🍷🍷🍷 7
○ COF Picolit '98	🍷🍷🍷 7
○ COF Friulano '11	🍷🍷 3
○ COF Sauvignon '11	🍷🍷 3

Paolo Rodaro

LOC. SPESSA
VIA CORMONS, 60
33040 CIVIDALE DEL FRIULI [UD]
TEL. 0432716066
www.rodaropaolo.it

藏酒销售
预约参观
年产量 250 000 瓶
葡萄种植面积 50 公顷

洛达罗家族（Rodaros）自1846年开始就酿制葡萄酒了。保罗•洛达罗（Paolo Rodaro）现在管理酒庄，他和酒庄创始人同名。随着对康特•罗曼诺（Conte Romano）农场的收购，他一直监督着酒庄的扩张，但这也有赖于他的父亲路易吉（Luigi）和叔叔埃多（Edo），他们在20世纪六七十年代将这座发展中的小作坊转变成为弗留利科里欧里恩塔里（Colli Orientali del Friuli）地区最重要、最受尊重的酒庄之一。来自罗玛因（Romain）系列的葡萄酒是用收获之后在篓子里放置大约一个月的葡萄酿制而来的。马瓦西亚2012（Malvasia 2012）充满着月桂叶和肉桂的香气。皮科利特2010（Picolit 2010）则散发出椰枣子、干杏子和爽利的杏仁香。弗留利2012（Friulano 2012）展现了很好的典型性，口感爽利，有点柑橘的味道。梅洛•罗玛因2008（Merlot Romain 2008）和皮格诺罗•罗玛因2007（Pignolo Romain 2007）都展现了浓烈的酒香和不相上下的口感，后者还有一点压制的香脂味。

○ COF Friulano '12	🍷🍷 2*
○ COF Malvasia '12	🍷🍷 2*
● COF Merlot Romain '08	🍷🍷 4
○ COF Picolit '10	🍷🍷 5
● COF Pignolo Romain '07	🍷🍷 5
○ COF Ribolla Gialla '12	🍷🍷 2*
○ COF Sauvignon '12	🍷🍷 2*
○ COF Chardonnay '12	🍷 2
● COF Refosco P. R. Romain '03	🍷🍷🍷 6
○ COF Sauvignon Bosc Romain '96	🍷🍷🍷 4*
○ Ronc '00	🍷🍷🍷 3
● COF Merlot Romain '09	🍷🍷 5

Ronc di Vico

Fraz. Bellazoia
via Centrale, 5
33040 Povoletto [UD]
Tel. 3208822002
roncdivicobellazoia@libero.it

藏酒销售
预约参观
年产量 10500 瓶
葡萄种植面积 7 公顷

早在2004年，吉安尼•德尔•法布罗（Gianni Del Fabbro）就意识到他从父亲洛多维克（Lodovico）继承下来的葡萄园具有很大的潜力，于是决定创建这座酒庄。他得到他年轻的儿子的帮助，并从一位酿酒商的朋友那里得到宝贵的建议，他开始种植7公顷葡萄园，一半是自己拥有的，另一半是租借的，分布在法埃迪斯（Faedis）的山丘上。在特别用有机方式种植的田地上，古老的葡萄藤蔓通过专家之手很快地恢复原生态，不久后就生长出葡萄并转变为出色的葡萄酒，直达本地区最优秀的顶峰。梅洛维科洛索2010（Vicorosso 2010）展示了干草本、黑果浆和甘草的混合香味，而它的芳香更是体现在诱人的、结构精致的口感上。弗留利2012（Friulano 2012）依然有点年轻，但它之前的年份已经展现出极高的品质了。皮科利特2011（Picolit 2011）同样也很出色。

○ COF Il Friulano '12	▼▼ 4
○ COF Picolit '11	▼▼ 7
● COF Vicorosso '10	▼▼ 4
○ COF Il Friulano '09	▽▽▽ 4
○ COF Il Friulano '08	▽▽▽ 4*
○ COF Il Friulano '11	▽▽ 4
○ COF Il Friulano '10	▽▽ 4
○ COF Picolit '09	▽▽ 6
○ COF Sauvignon '11	▽▽ 4
● COF Titut Ros '09	▽▽ 5
● COF Vicorosso '09	▽▽ 4

Ronc Soreli

loc. Novacuzzo, 46
33040 Prepotto [UD]
Tel. 0432713005
www.roncsoreli.com

藏酒销售
年产量 100000 瓶
葡萄种植面积 42 公顷

伦科•索瑞里酒庄（Ronc Soreli）是最近才建立的，并且得到酿酒专家埃米里奥•德尔•梅迪科（Emilio Del Medico）的协助，它已是区域中最好的酒庄之一了。它的名字是受到葡萄园所在的山丘的形状启发而来的。葡萄园分布的山丘上有充分持续的阳光照射。在本世纪交接时，弗拉维奥•斯奇拉提（Flavio Schiratti）对这座位于诺瓦库佐博尔格（Borgo di Novacuzzo）老村庄的酒庄进行重建和改造。这个雄心勃勃的项目包括了把别墅恢复到原先的辉煌，同时扩大酒窖并用现代技术来重新整改。近期成熟的葡萄酒至少经过两年时间才会发布上市。伦科•索瑞里（Ronc Soreli）的葡萄酒吸引了不少关注，品质迅速地提升，以至我们非常乐意把“三杯奖”授给弗留利•魏格纳德拉•洛比尼2011（Friulano Vigna delle Robinie 2011），这款酒是本区域最佳的本地品种中的真正绝酿。

○ COF Friulano V. delle Robinie '11	▼▼▼ 3*
○ COF Picolit '08	▼▼ 5
○ COF Bianco Uis Blanc '11	▼▼ 3
○ COF Friulano Otto Lustri '10	▼▼ 5
○ COF Pinot Grigio V. dei Melograni '11	▼▼ 3
○ COF Sauvignon V. dei Peschi '11	▼▼ 3
● COF Schioppettino V. delle Marasche '11	▼▼ 3
○ COF Friulano '09	▽▽ 3*
○ COF Friulano Otto Lustri '09	▽▽ 3*
○ COF Friulano V. delle Robinie '10	▽▽ 3
○ COF Pinot Grigio V. dei Melograni '10	▽▽ 3
○ COF Sauvignon V. dei Peschi '10	▽▽ 3
● COF Schioppettino di Prepotto Ris. '08	▽▽ 5

La Roncaia

FRAZ. CERGNEU
VIA VERDI, 26
33045 NIMIS [UD]
TEL. 0432790280
www.fantinel.com

藏酒销售
预约参观
年产量 50 000 瓶
葡萄种植面积 22 公顷

1998年，酿酒集团梵提内尔（Fantinel）决定购买一座位于尼密斯（Nimis）附近，弗留利•科里欧里恩塔里（Colli Orientali del Friuli）地区非常靠北边的酒庄，它是拉曼多洛（Ramandolo）生长的摇篮——拉•伦卡亚酒庄（La Roncaia）。集团后来又收购了位于弗留利格拉夫（Grave del Friuli）斯皮林姆博尔格陶里亚诺（Tauriano di Spilimbergo）的波尔格特西斯（Borgo Tesis）和位于科里奥梵科（Vencò in Collio）的圣和雷纳（Tenuta Sant'Helena）。拉•伦卡亚酒庄是这个集团的领头羊，这得益于酿酒专家马尔科•佩奇亚里（Marco Pecchiari）的努力。酒庄体现了弗留利区（Friuli）最好的酿酒传统，酿造典型又具有原始风味的高品质葡萄酒。普罗迪斯特里斯2011（Ploe di Stelis 2011）是一款含有相同比例的雷司令（Riesling）、莎当尼（Chardonnay）和苏维翁（Sauvignon Blanc）混酿酒，散发出丰富的杏子、黄梨和蛋糕的气息，口感美味可口。其他白葡萄酒有典型的爽利口感，2010年份的红葡萄酒是饮用的好时机。

○ Eclisse '12	🍷🍷🍷 4*
○ Ramandolo '10	🍷🍷 5
○ COF Friulano '11	🍷🍷 4
● COF Merlot '10	🍷🍷 4
○ COF Picolit '10	🍷🍷 5
● COF Refosco P.R. '10	🍷 5
○ Eclisse '10	🍷🍷 4
○ Eclisse '09	🍷🍷 4
● COF Cabernet Sauvignon '09	🍷🍷 3
○ COF Friulano '10	🍷🍷 3*
● COF Merlot '09	🍷🍷 3
● COF Merlot '07	🍷🍷 3
● COF Refosco P.R. '07	🍷🍷 5

Il Roncal

VIA FORNALIS, 148
33043 CIVIDALE DEL FRIULI [UD]
TEL. 0432730138
www.ilroncal.it

藏酒销售
预约参观
膳宿接待
年产量 120 000 瓶
葡萄种植面积 20 公顷

酒庄当前主人玛尔缇娜•莫雷勒（Martina Moreale），以坚强意志和无可争议的商业技巧，成功地完成了罗伯特•佐尔泽提格（Roberto Zorzettig）在1986年开始的项目，即创建一座传统与科技共存的典范酒庄。罗伯特亲自设计新酒窖，监督微小的细节，并开始建设的工作。之后他决定对葡萄园进行移植和改善，葡萄园位于弗留利科里欧里恩塔里（Colli Orientali del Friuli）中心的蒙特贝罗（Montebello）山丘上。后来，罗伯特（Roberto）英年早逝，令玛尔缇娜（Martina）倍感悲伤，但罗伯特的梦想战胜了她的悲伤。很快地她酿造出具有个性、典型性和爽利特点的葡萄酒。品质优秀的普罗•迪•斯特里斯2011（Ploe di Stelis 2011），含有相同比例的雷司令（Riesling）、莎当尼（Chardonnay）和苏维翁（Sauvignon），散发出丰富的杏子、黄梨和蛋糕的气息，口感美味可口，极具魅力。其他的白葡萄酒展示了典型的爽利口感和香气，而2010年份的红葡萄酒酒体平衡，是饮用的好时机。

○ COF Bianco Ploe di Stelis '11	🍷🍷 4
● COF Cabernet Franc '10	🍷🍷 4
● COF Merlot '10	🍷🍷 3
○ COF Pinot Grigio '12	🍷🍷 3
● COF Refosco P.R. '10	🍷🍷 4
○ COF Sauvignon '12	🍷🍷 3
● COF Schioppettino '10	🍷🍷 4
○ COF Friulano '12	🍷 3
● COF Pignolo '07	🍷 5
○ COF Ribolla Gialla '12	🍷 3
○ COF Verduzzo Friulano '11	🍷 4
● COF Merlot '09	🍷🍷 3
○ COF Pinot Grigio '11	🍷🍷 3
○ COF Ploe di Stelis '10	🍷🍷 3
○ COF Ribolla Gialla '11	🍷🍷 3

Ronchi di Cialla

FRAZ. CIALLA
VIA CIALLA, 47
33040 PREPOTTO [UD]
TEL. 0432731679
www.ronchidicialla.it

藏酒销售
预约参观
年产量 100 000 瓶
葡萄种植面积 26 公顷

在1970年，蒂娜（Dina）和保罗•拉普兹（Paolo Rapuzzi）决定放弃他们先前的工作，并在西亚拉（Cialla）翻新一座农场。西亚拉是一个小峡谷，周围遍布着栗树、橡木和野生樱桃，官方将此作为只种植弗留利区（Friuli）的本地葡萄品种而享誉盛名的子分区。他们创建了伦奇•迪•西亚拉酒庄（Ronchi di Cialla），现在由他们的儿子皮埃保罗（Pierpaolo）和埃文（Ivan）管理，他们怀着激情跟随他们父母的脚步而不断向前。拉普兹家族保留了斯奇奥佩提诺（Schioppettino），使其不会绝种，因而值得我们的赞颂。这款酒后来也成为酒庄的旗舰酒，经过发酵和在橡木桶酿造，收成之后至少陈化5年以后才会上市。西亚拉•斯奇奥佩提诺2009（Schioppettino di Cialla 2009）再次证明了先前年份的纯正的品种。色泽浅淡，口感柔顺诱人，虽然很年轻，但已有丰富的个性和口感。雷弗斯科•佩敦科洛红葡萄酒2009（Refosco dal Peduncolo Rosso di Cialla 2009）拥有芬芳的樱桃香，带着淡淡的薄荷味和辛辣的香脂。

● COF Refosco P.R. di Cialla '09	🍷🍷 6
● COF Schioppettino di Cialla '09	🍷🍷 6
○ COF Cialla Bianco '11	🍷 5
● COF Schioppettino di Cialla '05	🍷🍷🍷 6
○ COF Cialla Bianco '09	🍷🍷 4
○ COF Picolit di Cialla '07	🍷🍷 6
● COF Refosco P.R. di Cialla '08	🍷🍷 6
● COF Schioppettino di Cialla '08	🍷🍷 6
● COF Schioppettino di Cialla '07	🍷🍷 6

Ronchi di Manzano

VIA ORSARIA, 42
33044 MANZANO [UD]
TEL. 0432740718
www.ronchidimanzano.com

藏酒销售
预约参观
年产量 264 800 瓶
葡萄种植面积 55 公顷

罗贝尔塔•波尔杰斯（Roberta Borghese）是一位勤劳的女性，管理着这座由她家族在1984年购买的酒庄。满扎诺伦奇酒庄（Ronchi di Manzano）在弗留利科里•欧里恩塔里（Colli Orientali）地区拥有55公顷土地，分为几个生产区域：围绕着酒庄的斯科萨伊•伦科（Ronc di Scossai）和瑟布尔伦科（Ronc di Subule）酒窖，都建于地下，呈两层结构；葡萄园在罗萨佐（Rosazzo）山丘上，以独特的土壤特征和气候而出名。罗贝尔塔（Rosazzo）被这个地方的大气和自然韵律所吸引。她监管着整个生产程序，从葡萄园到酒窖，并得到技术熟练的同伴的协助。白罗萨佐•埃雷格利2012（Rosazzo Bianco Ellègri 2012）是这里的领头羊。莎当尼（Chardonnay）、苏维翁（Sauvignon Blanc）和弗留利（Friulano）展现了成熟热带水果以及如奶油一般顺滑的香气，并延续到口感中。同系列的其他酒款也很出色，与酒庄享誉已久的声名保持一致。

○ COF Verduzzo Friulano '10	🍷🍷 2*
○ Rosazzo Bianco Ellègri '12	🍷🍷 3*
○ COF Chardonnay '12	🍷🍷 3
○ COF Friulano '12	🍷🍷 3
● COF Merlot Ronc di Subule '09	🍷🍷 4
○ COF Pinot Grigio '12	🍷🍷 3
○ COF Sauvignon '12	🍷🍷 3
● COF Cabernet Sauvignon '11	🍷 3
○ COF Friulano '10	🍷🍷🍷 3
○ COF Friulano '09	🍷🍷🍷 3*
● COF Merlot Ronc di Subule '99	🍷🍷🍷 3*
○ COF Rosazzo Bianco Ellègri '11	🍷🍷🍷 3*

Ronchi San Giuseppe

VIA STRADA DI SPESSA, 8
33043 CIVIDALE DEL FRIULI [UD]
TEL. 0432716172
www.ronchisangiuseppe.com

预约参观
年产量 300 000 瓶
葡萄种植面积 64 公顷

弗留利•科里•欧里恩塔里（Colli Orientali del Friuli）的这个小镇一直都以它的葡萄酒的品质而出名，尤其是佐尔泽提格家族（Zorzettig）酿制的葡萄酒。皮埃特罗（Pietro）创建了这座酒庄。他的儿子多年以前已经开始运营他们自己的酒庄。弗朗科（Franco）和他儿子福尔维欧（Fulvio）则留在这座建于1522年的老酒庄中，以圣朱塞佩（San Giuseppe）教堂名称给它重新命名。他们在本地品种身上投入非常多的精力，曾经很少人知道的这些本地品种只有少数当地人才会享受到它。他们提高了葡萄酒的品质，从而发扬了这无价的传统。今年是这个酒庄第一年展出葡萄酒，事实上它的表现是很不错的。弗留利2012（Friulano 2012）以丰满的香气和美味的口感，进入了我们最后一轮评选。

○ COF Friulano '12	🍷🍷 2*
○ COF Chardonnay '12	🍷🍷 2*
○ COF Pinot Grigio '12	🍷🍷 2*
○ COF Ribolla Gialla '12	🍷🍷 2*
○ COF Sauvignon '12	🍷🍷 2*
○ COF Verduzzo Friulano '12	🍷 2

Ronco Blanchis

VIA BLANCHIS, 70
34070 MOSSA [GO]
TEL. 048180519
www.roncoblanchis.it

预约参观
年产量 40 000 瓶
葡萄种植面积 12 公顷

酒庄位于科里奥格里•吉亚诺地区最高的山丘（Collio Goriziano）之一，具有极好的光照条件。布朗奇斯（Blanchis）因为生产出顶级品质的葡萄酒而著名。史料证明了两个世纪以前它是属于奥地利贵族赫尔兹柏尔格•卡特尔里尼（Catterini de Herzberg）家族所有，而后是属于西班牙国王的牧师——巴古尔顿希尔维里欧（Don Silverio de Baguer）拥有。目前的庄主是吉安卡尔洛•帕拉（Giancarlo Palla），他和儿子阿尔伯托（Alberto）、洛伦佐（Lorenzo）一起，依靠来自吉安•梅诺提（Gianni Menotti）宝贵的酿酒建议生产葡萄酒。伦科•布朗奇斯（Ronco Blanchis）只酿制四款白葡萄酒和一款来自最古老的葡萄园的最佳葡萄，并混合酿制成的葡萄酒——科里奥（Collio），它是这个风土最高的体现。由苏维翁（Sauvignon Blanc）、莎当尼（Chardonnay）和弗留利（Friulano）混合酿制而成的科里奥2012（Collio 2012），其香气和口感都充满馥郁的花香和柑橘香，今年它斩获了“三杯奖”奖项。苏维翁2012（Sauvignon 2012）同样也是一款极佳的酒款，拥有多层次的香气，弥漫在葡萄酒展现的每个阶段。

○ Collio '12	🍷🍷🍷 3*
○ Collio Sauvignon '12	🍷🍷 3*
○ Collio Pinot Grigio '12	🍷🍷 3
○ Collio Friulano '12	🍷 3
○ Collio '10	ΩΩ 3
○ Collio Chardonnay '09	ΩΩ 3*
○ Collio Friulano '11	ΩΩ 3*
○ Collio Friulano '09	ΩΩ 3
○ Collio Friulano Blanchis '11	ΩΩ 3
○ Collio Pinot Bianco '08	ΩΩ 3
○ Collio Pinot Grigio '11	ΩΩ 3*
○ Collio Pinot Grigio '10	ΩΩ 3
○ Collio Pinot Grigio '09	ΩΩ 3*
○ Collio Pinot Grigio '08	ΩΩ 3*
○ Collio Sauvignon '11	ΩΩ 3

★Ronco dei Tassi

loc. Montona, 19
34071 Cormòns [GO]
Tel. 048160155
www.roncodeitassi.it

藏酒销售
预约参观
年产量 110 000 瓶
葡萄种植面积 18 公顷

伦科德伊泰西酒庄（Ronco dei Tassi）由法比奥•科瑟尔（Fabio Coser）于1989年建立。经过在其他不同酒庄获取的大量经验之后，他决定在面朝斯拉维尼亚（Slovenia）的古瓦林山（Mount Quarin），蒙特纳（Montona）附近的科尔蒙斯（Cormòns）市一个美丽的天然公园边缘处购买这座酒庄。很快地他开始着手重建这个偏远的家园，并迁移到这里居住。法比奥也是劳洛魏格纳庄园（Vigna del Lauro）的主人，他是区域中最优秀的酿酒师之一，同时监管着许多酿酒操作。他的儿子马特欧（Matteo）和恩里克（Enrico）在这酒庄中工作已有一段时间了，为酒庄所有的品牌获得一致的肯定和成功做出了贡献。马瓦西亚2012德尔科瑟尔（Malvasia 2012 dei Coser）有着跟去年一样的表现，其口感完美地与香气相融合，伴着令人激动的香味变化。美味可口的皮科利特2009（Picolit 2009）同样值得我们加以赞赏。

○ Collio Malvasia '12	🍷🍷🍷 3*
○ Picolit '09	🍷🍷 6
○ Collio Friulano '12	🍷🍷 3
○ Collio Pinot Grigio '12	🍷🍷 3
● Collio Rosso Cjarandon Ris. '09	🍷🍷 5
○ Collio Sauvignon '12	🍷🍷 3
○ Collio Ribolla Gialla '12	🍷 3
○ Collio Bianco Fosarin '10	🍷🍷🍷 3
○ Collio Bianco Fosarin '09	🍷🍷🍷 3*
○ Collio Bianco Fosarin '08	🍷🍷🍷 3*
○ Collio Bianco Fosarin '07	🍷🍷🍷 3
○ Collio Bianco Fosarin '06	🍷🍷🍷 3
○ Collio Bianco Fosarin '04	🍷🍷🍷 3*
○ Collio Malvasia '11	🍷🍷🍷 3*
○ Collio Sauvignon '05	🍷🍷🍷 3*

★Ronco del Gelso

via Isonzo, 117
34071 Cormòns [GO]
Tel. 048161310
www.roncodelgelso.com

藏酒销售
预约参观
年产量 150 000 瓶
葡萄种植面积 25 公顷

1987年乔治尔•巴丁（Giorgio Badin）完成来了他的研究归来，在科尔蒙斯（Cormòns）附近购买了2公顷贫瘠的、富含卵石、干燥的土地，这是种植葡萄藤的理想环境。这2公顷的土地足以满足他酿酒生涯的开始，第二年他创建了杰尔索•伦科（Ronco del Gelso）酒庄。伴随着他的热忱和决心，酒庄不断成长，至今已有25公顷的葡萄藤了。随着产量的增加，其他空间必须加以扩大，因此建立了一个全新的、现代化的功能酒窖，引进了一个光电设备和锅炉，以废弃物为燃料，保证能量能够自给自足。今年乔治尔（Giorgio）的葡萄酒也获得了跟往常一样的光辉，它们有着爽利的生机、吸引人的酒香和诱人的口感。苏维翁索托蒙特2012（Sauvignon Sottomonte 2012）展示了品种的保真性和充满能量的口感。灰皮诺索特里斯里维斯2012（Pinot Grigio Sot lis Rivis 2012）可以说是口感顺滑且平衡的标准版本。

○ Friuli Isonzo Bianco Latimis '12	🍷🍷 3
○ Friuli Isonzo Friulano Rive Alte Toc Bas '11	🍷🍷 3
○ Friuli Isonzo Pinot Bianco '12	🍷🍷 3
○ Friuli Isonzo Pinot Grigio Sot lis Rivis '12	🍷🍷 3
○ Friuli Isonzo Sauvignon Rive Alte Sottomonte '12	🍷🍷 4
○ Friuli Isonzo Malvasia '10	🍷🍷🍷 3*
● Friuli Isonzo Merlot '01	🍷🍷🍷 4
○ Friuli Isonzo Sauvignon '00	🍷🍷🍷 2
○ Friuli Isonzo Tocai Friulano '06	🍷🍷🍷 3*
○ Friuli Isonzo Tocai Friulano '05	🍷🍷🍷 3
○ Friuli Isonzo Tocai Friulano '04	🍷🍷🍷 3*
○ Friuli Isonzo Tocai Friulano '03	🍷🍷🍷 3*
○ Friuli Isonzo Tocai Friulano '01	🍷🍷🍷 2
○ Friuli Isonzo Tocai Friulano '97	🍷🍷🍷 2

Ronco delle Betulle

Loc. Rosazzo
via Abate Colonna, 24
33044 Manzano [UD]
Tel. 0432740547
www.roncodellebetulle.it

藏酒销售
预约参观
年产量 70 000 瓶
葡萄种植面积 14 公顷

伦科•德尔•贝图勒（Ronco Delle Betulle）是酒庄的品牌，酒庄自1990年开始就由艾瓦娜•阿达密（Ivana Adami）管理，她有着坚强意志和事业心，她是创始者乔梵巴提斯塔（Giovanbattista）的女儿。乔梵巴提斯塔在1967年怀着明智的先知，集中精力在开发罗萨佐（Rosazzo）山丘的潜力上，尽管当时还没人知道这个地方的特点。现在这个地方呈现出很大的重要性，并很快得到了它自己分区的一个名称。艾瓦娜如今在她儿子西蒙（Simone）的协助下，带着经过实践检验的技能和精确性，监管着她的葡萄酒的酿制，尊重原始的特征并保持这些酒强大的典型性。白罗萨佐瓦内萨2010（Rosazzo Bianco Vanessa 2010）主要成分是白皮诺（Pinot Bianco），加上少数弗留利（Friulano）和里博拉基亚拉（Ribolla Gialla），展现了丰富的风味及香草、坚果和蛋糕的混合气息。弗留利2012（Friulano 2012）口感爽利顺滑，充满芬芳的佛手柑香味。灰皮诺2012（Pinot Grigio 2012）也毫不逊色。

○ COF Friulano '12	🍷🍷 3
○ COF Pinot Grigio '12	🍷🍷 3
● COF Refosco P. R. '10	🍷🍷 3
○ COF Rosazzo Bianco Vanessa '10	🍷🍷 3
○ COF Sauvignon '12	🍷🍷 3
○ COF Ribolla Gialla '12	🍷 3
● Franconia '10	🍷 3
○ COF Friulano '10	🍷🍷 3*
○ COF Friulano V. Bocois '11	🍷🍷 3
○ COF Pinot Grigio '11	🍷🍷 3
● COF Rosazzo Pignolo '07	🍷🍷 6
● COF Rosazzo Rosso Narciso '07	🍷🍷 5
● Franconia '09	🍷🍷 3

Ronco Severo

via Ronchi, 93
33040 Prepotto [UD]
Tel. 04337133440
info@roncosevero.it

藏酒销售
预约参观
年产量 22 000 瓶
葡萄种植面积 8 公顷
葡萄栽培方式 有机认证

斯特法诺•诺维洛（Stefano Novello）管理着这座由他父亲塞维洛（Severo）在1968年创建的酒庄。这里现有的数公顷土地所出产的葡萄，使他能够应用在从加利福尼亚和新墨西哥工作经验获得的古老的酿酒实践中。斯特法诺没有使用酵母片，甚至白葡萄也是，使这些葡萄能够在不去皮的基础上持续几个星期或者几个月，让它里面的物质成分能够自然萃取出来，有利于它们持续更长时间的发酵。这种天然的酿制工艺没有使用任何化学产品、人工酵母、酶或二氧化硫。这些不去皮发酵的白葡萄酒之间竞争激烈，最后进入决赛的不只一款，而是两款，弗留利2011（Friulano 2011）仅以毫厘之差屈尊第二名。它的酒体完美平衡，散发着迷人的蛋糕和干花的气息。

○ COF Friulano '11	🍷🍷 3*
○ COF Pinot Grigio '11	🍷🍷 4
● COF Merlot Artiûl Ris. '10	🍷🍷 5
○ Severo Bianco '11	🍷🍷 4
○ COF Friulano Osteria '11	🍷 3
○ COF Friulano Ris. '10	🍷🍷 4
○ COF Friulano Ris. '09	🍷🍷 3
● COF Merlot Artiûl '08	🍷🍷 5
● COF Merlot Artiûl '07	🍷🍷 5
● COF Merlot Artiûl '05	🍷🍷 4
● COF Merlot Artiûl Ris. '09	🍷🍷 5
○ COF Pinot Grigio '10	🍷🍷 4
○ COF Severo Bianco '07	🍷🍷 3*
○ Severo Bianco '09	🍷🍷 3*

Roncùs

via Mazzini, 26
34076 Capriva del Friuli [GO]
Tel. 0481809349
www.roncus.it

藏酒销售
预约参观
膳宿接待
年产量 40 000 瓶
葡萄种植面积 10 公顷

伦库斯酒庄（Roncùs）创建于1985年，当时马尔科佩尔克（Marco Perco）决定对这座家庭酒庄进行改造，从原来的耕种不同谷物，改造为集中在一种葡萄和葡萄酒的生产上。这些葡萄园散布在科里奥（Collio）中心的梯形山坡弗留利卡普利瓦（Capriva del Friuli）上。其中有许多超过50年的历史。他意识到了这个地区的潜力，并致力于诠释每一种独立品种的特征，受阿尔萨斯（Alsace）葡萄酒启发而制定相应的酿造工艺。这些葡萄酒丰满、复杂、集中且长寿。我们必须多等一年才能品尝到白科里奥维奇魏格纳2009（Collio Bianco Vecchie Vigne 2009），同时也必须承认马尔科（Marco）的做法是对的。它现在是一款完整的酒，鲜明且引人注明，夏天干草气息中弥漫着丰富的果香，令人陶醉其中的口味和无止境的后味。

○ Collio Bianco V. V. '09	YY (红)	5
○ Collio Friulano '11	YY	4
● Collio Merlot '11	YY	3
○ Pinot Bianco '11	YY	4
● Val di Miez '09	YY	5
○ Roncùs Bianco V. V. '01	YYY	5
○ Collio Bianco '11	YY	3
○ Collio Bianco V. V. '08	YY	5
○ Collio Friulano '10	YY	4
○ Pinot Bianco '10	YY	4
○ Sauvignon '10	YY	4

★Russiz Superiore

via Russiz, 7
34070 Capriva del Friuli [GO]
Tel. 048180328
www.marcofelluga.it

藏酒销售
预约参观
膳宿接待
年产量 200 000 瓶
葡萄种植面积 50 公顷

在科里奥（Collio）中心的弗留利卡普利瓦（Capriva del Friuli）山丘上，矗立着一座跟顶级鲁西兹（Russiz Superiore）村庄同名的酒庄，它是马尔科•菲鲁佳（Marco Felluga）在1966年创建的，所有人都认为这是区域酿酒的先锋。马尔科有着优秀的创新精神，也有天生的远见，知道怎样才能把这里的风土潜力发挥到最大化，并且创造了一个品牌，确保是整个系列最出色的品质。他的儿子罗伯托（Roberto）现在在管理酒庄方面做得非常出色，他定下了比以往更高的目标，并致力于提高消费者对其白葡萄酒的赞赏。我们品尝的酒大多是2012年份的，其中灰皮诺2012（Pinot Grigio 2012）再次表现出众，散发着出色的果味，特别是油桃的味道，紧随其后的是爽利的强烈的口感。风味丰富、品种纯正的苏维翁2012（Sauvignon 2012）同样进入了决赛，非常柔顺，充满活力。

○ Collio Pinot Grigio '12	YY (红)	4*
○ Collio Sauvignon '12	YY (红)	4*
○ Collio Bianco Col Disôre '10	YY	5
○ Collio Friulano '12	YY	4
○ Collio Pinot Bianco '12	YY	4
○ Collio Bianco Russiz Disôre '01	YYY	5
○ Collio Bianco Russiz Disôre '00	YYY	4
○ Collio Pinot Bianco '07	YYY	4
○ Collio Pinot Grigio '11	YYY	4*
● Collio Rosso Riserva degli Orzoni '94	YYY	5
● Collio Rosso Riserva degli Orzoni '93	YYY	5
○ Collio Sauvignon '05	YYY	3
○ Collio Sauvignon '04	YYY	5
○ Collio Sauvignon '98	YYY	5
○ Collio Tocai Friulano '99	YYY	4

Sant'Elena

VIA GASPARINI, 1
34072 GRADISCA D'ISONZO [GO]
TEL. 048192388
www.sant-elena.com

藏酒销售
预约参观
年产量 130 000 瓶
葡萄种植面积 30 公顷

圣•艾蕾娜（Sant'Elena）酒庄是科罗迪克家族（Klodic）在19世纪创建的，1997年被多米尼克•诺塞里诺（Dominic Nocerino）收购，他是著名的意大利葡萄酒进口商，他的目的是发挥这个在伊松佐法定产酒区最大的潜力。众所周知，这些葡萄园种植在平原上，但其土壤是由红土的表层组成的，富含铁矿，有着冲击土的起源，铺在这些脱钙土壤最上层，缺乏有机物质，但能够生长出顶级品质的葡萄，充满芳香和矿物质，赋予了这些葡萄酒独一无二、无可比拟的特征。今年不仅见证了基础酒的发布，还有2009年份的红酒，以它们的活力和个性吸引了人们的注意。它们当中的第一名当属梅洛•罗斯迪•罗尔（Merlot Ròs di Rôl），带着芳香的复杂性，口感非常有动力。同样很出色的皮格诺罗•古安汤姆（Pignolo Quantum），渗透着大黄和烟草的气息，能量十足。

● Merlot Ròs di Rôl '09	🍷🍷 6
● Friuli Isonzo Pignolo Quantum '09	🍷🍷 7
● Merlot '09	🍷🍷 3
○ Sauvignon '12	🍷🍷 3
● Tato '09	🍷🍷 5
● Cabernet Franc '09	🍷 3
○ Pinot Grigio '12	🍷 3
● Cabernet Sauvignon '08	🍸🍸 3*
● Merlot '08	🍸🍸 3
● Merlot Ròs di Rôl '08	🍸🍸 6
○ Mil Rosis '10	🍸🍸 4
○ Sauvignon '10	🍸🍸 3

Sara & Sara

LOC. SAVORGNANO DEL TORRE
VIA DEI MONTI, 5
33040 POVOLETTO [UD]
TEL. 04323859042
www.saraesara.com

藏酒销售
预约参观
年产量 24 000 瓶
葡萄种植面积 7 公顷

年轻的亚历山德罗•萨拉（Alessandro Sara）巩固了他作为酿酒匠师的一员的地位，他应用古老的技术来生产使人愉悦的葡萄酒，并带来了很大的影响。酒庄是他父亲朱利亚诺（Giuliano）于1954年建立的，位于托雷萨沃而格纳诺（Savorgnano del Torre），即在弗留利•科里•欧里恩塔里（Colli Orientiali del Friuli）的中心，一个水路发达，森林和山丘丰富的地区，由泥灰土和细沙组成的土壤带有黏土的性质。这地区独特的气候促使葡萄孢菌（贵霉菌）在葡萄串中自然形成，有利于部分干燥的维度佐（Verduzzo）和皮科利特（Piccolit）葡萄展现其优雅和独特品质。这些葡萄酒没有经过过滤，从而确保了它们的原汁原味。酒庄不大的规模允许亚历山德罗在葡萄园和酿酒过程中实践匠师规模的方式。他已赢得了人们的认可，首先是他的明星酒，非常甜美的维度佐•弗留利克雷伊（Verduzzo Friulano Crei），这个系列中的2011年版本有着无花果干和橘皮蜜饯的风味。

○ COF Verduzzo Friulano Crei '11	🍷🍷 5
○ COF Picolit '09	🍷🍷 5
● Refosco P. R. '11	🍷 2
○ COF Verduzzo Friulano Crei '10	🍸🍸🍸 5
○ COF Friulano '10	🍸🍸 3
○ COF Picolit '07	🍸🍸 5
● COF Refosco P. R. '10	🍸🍸 3
● COF Rosso Il Rio Falcone '08	🍸🍸 3
○ COF Verduzzo Friulano Crei '09	🍸🍸 5

★Schiopetto

via Palazzo Arcivescovile, 1
34070 Capriva del Friuli [GO]
Tel. 048180332
www.schiopetto.it

藏酒销售
预约参观
年产量 180 000 瓶
葡萄种植面积 30 公顷

玛丽亚•安吉拉（Maria Angela）、卡罗（Carlo）和乔治•斯奇欧佩托（Giorgio Schiopetto）管理这个由马里奥（Mario）始建于1965年的庄园。马里奥•斯奇欧佩托（Mario Schiopetto）有着敏锐的创新与探究精神，他设法善加利用他在国外获得的经验，成功地使法国精致的眼光和德国人在科里奥（Collio）领土中应用的技术相适应。他是第一个将花园葡萄园的概念引进弗留利（Friuli）的人，他把葡萄园委托给赛尔奇（Sirch）和西蒙尼特（Simonit）管理，是葡萄管理者的创造者。斯奇欧佩托（Schiopetto）的葡萄酒至少在两年后才会上市，所以今年首推弗留利2011（Friulano2011），带着芬芳的热带水果和榛子香气，尔后是丰满诱人的口感。紧随其后的是强大的博德瑞•德伊•布鲁梅红葡萄酒2009（Podere dei Blumeri Rosso 2009），口感丰腴，是一次真正的感官盛宴。

○ Collio Friulano '11	🍷🍷 4
● Podere dei Blumeri Rosso '09	🍷🍷 5
○ Blanc des Rosis '11	🍷🍷 4
○ Collio Pinot Bianco '12	🍷🍷 4
○ Collio Pinot Grigio '12	🍷🍷 4
○ Collio Sauvignon '11	🍷🍷 4
● Rivarossa '10	🍷🍷 4
○ Blanc des Rosis '07	🍷🍷🍷 4
○ Blanc des Rosis '06	🍷🍷🍷 4
○ Collio Pinot Bianco '00	🍷🍷🍷 4
○ Collio Tocai Friulano '00	🍷🍷🍷 4
○ Mario Schiopetto Bianco '08	🍷🍷🍷 5
○ Mario Schiopetto Bianco '07	🍷🍷🍷 5
○ Mario Schiopetto Bianco '03	🍷🍷🍷 5
○ Mario Schiopetto Bianco '02	🍷🍷🍷 5

La Sclusa

loc. Spessa
via Strada di Sant'Anna, 7/2
33043 Cividale del Friuli [UD]
Tel. 0432716259
www.lasclusa.it

藏酒销售
预约参观
膳宿接待
年产量 160 000 瓶
葡萄种植面积 30 公顷

佐泽提格（Zorzettig）的家族树上有吉欧巴塔（Giobatta）的名字，他是一个酿酒家族的创始者，他自1963年以来，在弗留利科里欧里恩塔里科利（Colli Orientali del Friuli）的中心地区西维达勒斯佩萨（Spessa di Cividale）工作过。佐泽提格家族的每个分支先后创建了各自的品牌，其中最重要的是吉诺（Gino）。吉欧巴塔现在已经把酒庄传给儿子毛利吉欧（Maurizio）、卢西亚诺（Luciano）和吉曼诺（Germano），之前他已管理酒庄超过40年。新一代的管理者也赞同酒庄的理念，酿造真正的葡萄酒。酒庄的名字是受到来自拉斯克鲁萨（La Sclusa）的部分河流所启发的。今年酒庄的出品获得了高分数，肯定了它总体保持稳定的品质。莎当尼2012（Chardonnay 2012）展示了从头到尾的优良品种。而令人信服的弗留利2012（Friulano 2012）酒体相当有力度，风味丰富。

○ COF Chardonnay '12	🍷🍷 3
○ COF Friulano '12	🍷🍷 2*
○ COF Ribolla Gialla '12	🍷🍷 3
○ COF Sauvignon '12	🍷🍷 3
○ COF Pinot Grigio '12	🍷 2
● COF Refosco P. R. '11	🍷 3
● COF Cabernet Franc '11	🍷🍷 3
○ COF Friulano '11	🍷🍷 2*
○ COF Pinot Grigio '11	🍷🍷 2*
○ COF Pinot Grigio '10	🍷🍷 2
○ COF Ribolla Gialla '11	🍷🍷 3
○ COF Sauvignon '10	🍷🍷 3

Roberto Scubla

FRAZ. IPPLIS
VIA ROCCA BERNARDA, 22
33040 PREMARIACCO [UD]
TEL. 0432716258
www.scubla.com

藏酒销售
预约参观
年产量 60 000 瓶
葡萄种植面积 10 公顷

我们不止一次谈及罗伯托•司库布拉（Roberto Scubla）的远见，他在1991年离开银行的工作后购买几个葡萄园和罗卡•贝纳达（Rocca Bernarda）山坡一个衰退的农舍。这质朴的住宅现已被改造成出色的别墅，温馨的客房被田园气息所包围。限产意味着他们能够付出更多心血在葡萄园中，罗伯托和詹尼•梅诺蒂（Gianni Menotti）之间的友谊显然对酒窖的运行有很大的帮助。白柏梅迪斯（Bianco Pomèdes）的名字来自阿尔卑斯山（Alpine）的度假寓所，他们为这款酒想出了这个名称。维度佐•弗留利•科拉提斯2010（Verduzzo Friulano Cràtis2010）今年再次表现良好，其中蒲公英和蜂蜜的气息占主导的地位。同样进入最后一轮的还有柏梅迪斯2011（Pomèdes 2011），是由优雅的白皮诺（Pinot Bianco）、顺滑的弗留利（Friulano）和芳香的雷司令（Riesling）组成的有趣组合。

○ COF Bianco Pomèdes '11	🍷🍷 5
○ COF Verduzzo Friulano Cràtis '10	🍷🍷 5
○ COF Bianco Speziale '12	🍷🍷 3
● COF Cabernet Sauvignon '11	🍷🍷 3
○ COF Friulano '12	🍷🍷 3
● COF Merlot '11	🍷🍷 3
● COF Cabernet Franc '11	🍷 3
○ COF Pinot Bianco '12	🍷 3
○ COF Bianco Pomèdes '04	🍷🍷🍷 4
○ COF Bianco Pomèdes '99	🍷🍷🍷 4*
○ COF Bianco Pomèdes '98	🍷🍷🍷 4*
○ COF Verduzzo Friulano Cràtis '09	🍷🍷🍷 5
○ COF Verduzzo Friulano Cràtis '06	🍷🍷🍷 5
○ COF Verduzzo Friulano Cràtis '04	🍷🍷🍷 5
○ COF Verduzzo Friulano Graticcio '99	🍷🍷🍷 5

Renzo Sgubin

VIA FAET, 15
34071 CORMÒNS [GO]
TEL. 3385601209
www.renzosgubin.it

藏酒销售
预约参观
年产量 28 000 瓶
葡萄种植面积 12 公顷

伦佐•斯古宾（Renzo Sgubin）的葡萄酒的标签是以蒙特古瓦林山（Monte Quarin，即位于科尔蒙斯后面的山）为标记，这是为了纪念他的出生地。他的父母都出生在这里，后来搬到了横跨科里奥（Collio）和弗留利伊松佐法定产区的普拉迪斯（Pradis），开始作为佃农而工作。20世纪70年代，他们购买了第一个葡萄园。伦佐是个少说话多做事的人，喜欢称自己是农民。在他妻子米歇拉（Michela）的支持下，他在1997年创建了这座酒庄，并在2003年开始装瓶出售葡萄酒，从此之后酒庄进入持续而稳定的发展。独特的科里奥•梅洛2010（Merlot 2010 del Collio）以它的丰满和迷人的酒香，尤其是口感的宽广度和极端的诱惑力，赢得了最后一轮的席位。其他酒款，不管是基础的白葡萄酒还是混合酒，都是品种保真突出的表现。

● Collio Merlot '10	🍷🍷 3*
○ 3, 4, 3 '11	🍷🍷 3
○ Friuli Isonzo Friulano '12	🍷🍷 3
○ Friuli Isonzo Sauvignon '12	🍷🍷 3
● Plagnis '08	🍷🍷 3
○ Friuli Isonzo Chardonnay '12	🍷 3
○ Friuli Isonzo Malvasia '12	🍷 3
○ Friuli Isonzo Pinot Grigio '12	🍷 3
● Collio Merlot '09	🍷🍷 3*
● Collio Merlot '08	🍷🍷 3*
○ Friuli Isonzo Friulano '11	🍷🍷 3
○ Friuli Isonzo Malvasia '11	🍷🍷 3
○ Friuli Isonzo Sauvignon '11	🍷🍷 3
● Plagnis '06	🍷🍷 3

Sirch

via Fornalis, 277/1
33043 Cividale del Friuli [UD]
Tel. 0432709835
www.sirchwine.com

藏酒销售
预约参观
年产量 150 000 瓶
葡萄种植面积 20 公顷

塞尔奇（Sirch）一直在弗留利西维达勒（Cividale del Friuli）地区，位于科里•欧里恩塔里（Colli Orientali）生产葡萄酒，但近来却被费迪•圣•格雷格里奥（Feudi San Gregorio）分开。卢卡•塞尔奇（Luca Sirch）致力于酿制经典的单一品种葡萄酒，并用干净、现代化的方式装瓶，从不注重时尚或潮流。他的葡萄酒自信、爽利、明快，价格合理。2000年，他推出了庄园•查莱（Chale）系列，发挥来自小葡萄园的葡萄酒的特色。这些小葡萄园以它们的年龄、坡向和海拔为特征，并在果实中留下了珍贵的印记。这个高品质的系列在2011年添加了莎当尼（Chardonnay）和苏维翁（Sauvignon Blanc）之后有所增长。当前年份的白葡萄酒获得了最高分，这要归功于富有表现力的酒香和典范的品种特征。弗留利2012（Friulano 2012）展示了极强的典型性——清香、柔顺且风味饱满。其他的酒都有毫不逊色的品质。

○ COF Chardonnay '12	🍷🍷 3
○ COF Friulano '12	🍷🍷 3*
○ COF Malvasia '12	🍷🍷 3
○ COF Pinot Grigio '12	🍷🍷 3
○ COF Ribolla Gialla '12	🍷🍷 3
● COF Cabernet '11	🍷 3
● COF Merlot '11	🍷 3
● COF Refosco P.R. '11	🍷 3
○ COF Sauvignon '12	🍷 3
● COF Schioppettino '11	🍷 3
○ COF Friulano '07	🍸🍸🍸 2*
○ COF Malvasia '11	🍸🍸 3
○ COF Sauvignon '11	🍸🍸 3

Skerk

Fraz. San Pelagio
Loc. Prepotto, 20
34011 Duino Aurisina [TS]
Tel. 040200156
www.skerk.com

藏酒销售
预约参观
膳宿接待
年产量 22 000 瓶
葡萄种植面积 6 公顷
葡萄栽培方式 有机认证

桑迪•斯克尔科（Sandi Skerk）已被证明是来自卡尔索（Carso）的葡萄最佳演绎者之一。在卡尔索，人和岩石之间的冲突是日常生活的一部分。一切都是由手工完成，空间是有限的。这里的红土壤干燥、贫瘠、多岩石，但含有丰富的石灰石和铁。如同花园般的葡萄园往往能够在俯瞰海景的阳光明媚的山坡上看到。桑迪知道如何利用这些特点：他用自然种植的方式来对待他的葡萄，而在可爱的从喀斯特（karstic）岩石炸开而成的酒窖中，这些葡萄经过较长浸渍，没有澄清或过滤，并且只在月缺的第一天装瓶。欧格拉德2001（Ograde 2001）不仅是维托沃斯卡（Vitovska）、马瓦西亚（Malvasia）和苏维翁（Sauvignon Blanc）的混合酒，它的深粉色色调也暗示了其中有一些灰皮诺（Pinot Grigio）的成分，它是一款“三杯奖”的冠军酒，这是它第三年获得该奖项了，这使得它成为真正的传奇。同样很华丽的还有芳香浓郁的马瓦西亚2011（Malvasia 2011）。

○ Ograde '11	🍷🍷🍷 4*
○ Malvasia '11	🍷🍷 5
● Terrano '11	🍷🍷 5
○ Vitovska '11	🍷🍷 5
○ Carso Malvasia '08	🍸🍸🍸 4
○ Ograde '10	🍸🍸🍸 4
○ Ograde '09	🍸🍸🍸 4*
○ Malvasia '10	🍸🍸 5
● Terrano '10	🍸🍸 5
○ Vitovska '10	🍸🍸 5

Edi Skok

LOC. GIASBANA, 15
34070 SAN FLORIANO DEL COLLIO [GO]
TEL. 0481390280
www.skok.it

藏酒销售
预约参观
年产量 38 000 瓶
葡萄种植面积 11 公顷

自1991年以来，艾迪（Edi）和欧里埃塔•斯科克（Orietta Skok）管理着他们的父亲朱佩赛（Giuseppe）与他兄弟阿曼多（Armando）在1968年创建的这座酒庄。酒庄坐落在科里奥•圣•弗洛里亚诺（San Floriano del Collio），与斯洛文尼亚（Slovenia）接壤的地方。一个环境舒适的品酒大厅在古老的别墅中，是项萨尔茨堡（Counts of Salzburg）在16世纪建立的。斯科克家族（Skoks）有着悠久的农耕传统，并跟传统紧密相连，但他们也对创新持欢迎的态度。地窖配备着现代光伏装置，能产生足够的能量对葡萄进行加工、运行的制冷装置，并保持适当的温度。弗留利•扎布拉2012（Friulano Zabura 2012）连续第二年进入了我们最后一轮品尝，这有赖于它吸引人的桃子、柚子、干花和蜂蜜的香气以及同样出色的口感和悠长的余味。科里奥•灰皮诺2012（Collio Pinot Grigio 2012）以梨子和接骨木花的香气为傲，总体上非常平衡。

○ Collio Friulano Zabura '12	🍷🍷 3*
○ Collio Bianco Pe Ar '11	🍷🍷 3
○ Collio Chardonnay '12	🍷🍷 2*
○ Collio Pinot Grigio '12	🍷🍷 3
● Collio Merlot '11	🍷 3
○ Collio Sauvignon '12	🍷 3
○ Collio Bianco Pe Ar '09	🍷🍷 3
○ Collio Friulano Zabura '11	🍷🍷 3*
● Collio Merlot Villa Jasbinae '07	🍷🍷 3
○ Collio Pinot Grigio '11	🍷🍷 3

Leonardo Specogna

VIA ROCCA BERNARDA, 4
33040 CORNO DI ROSAZZO [UD]
TEL. 0432755840
www.specogna.it

藏酒销售
预约参观
年产量 110 000 瓶
葡萄种植面积 18 公顷

斯佩科格纳酒庄（Specogna）是由他们的祖父莱昂纳多（Leonardo）于1963年创建的，现在由年轻的米歇尔（Michele）和克里斯蒂安（Cristian）运营。虽然他们都获得了酿酒学学位，但仍然依靠他们的父亲格拉齐亚诺（Graziano）和叔叔詹尼（Giann）的积极协作。他们接手扩大葡萄园的项目，并把绝佳的操作传递给下一代。葡萄园横跨罗卡贝纳达（Rocca Bernarda）的向阳山坡，享受着理想的气候，并受阿尔卑斯山（Alps）的保护，吹拂着来自附近亚得里亚海（Adriatic）的微风。在完美的协作下，米歇尔和克里斯蒂安生产出与市场预期一致的优良的葡萄酒。苏维翁•度阿丽提2009（Sauvignon Duality 2009）和奥尔特雷葡萄酒2009（Rosso Oltre 2009）都是新装瓶的酒款，是严格选用优质葡萄的成果，表现都非常好，因而进入了最后一轮。前者香气旺盛，口感近乎无穷；而后者是雷弗斯科（Refosco）、皮格诺罗（Pignolo）和斯奇欧佩提诺（Schioppettino）的混合酒，散发出浓烈的香料和烟草叶，口味诱人。

● Rosso Oltre '09	🍷🍷 5
○ Sauvignon Duality '09	🍷🍷 3*
○ COF Friulano '12	🍷🍷 3
● COF Pignolo '09	🍷🍷 6
○ COF Pinot Grigio '12	🍷🍷 3
○ COF Sauvignon '12	🍷🍷 3
● COF Refosco P. R. '11	🍷 3
○ COF Ribolla Gialla '12	🍷 3
○ COF Friulano '11	🍷🍷 3
● COF Merlot Oltre '08	🍷🍷 6
● COF Pignolo '08	🍷🍷 5
○ COF Pinot Grigio '11	🍷🍷 3
○ COF Sauvignon '11	🍷🍷 3

Oscar Sturm

Loc. Zegla, 1
34071 Cormòns [GO]
Tel. 048160720
www.sturm.it

藏酒销售
预约参观
年产量 80 000 瓶
葡萄种植面积 10 公顷

酒庄主奥斯卡•斯特姆（Oscar Sturm）的家族来自奥地利的安德里茨（Andritz），他们在1850年左右定居在泽格拉（Zegla）的科尔蒙斯（Cormòns）。奥斯卡是一个真正为藤蔓而生的男人，也是一个真正的匠师，他已经成功地将他的热情传递给了他的孩子。最小的儿子帕特里克（Patrick），已经担负着运营酒窖的责任，怀着满腔的热情，很快取得了优异的成绩；丹尼斯（Denis），经济学学士，负责宣传和市场推广，他正不断朝着新目标奋斗。酒庄出品的复杂而充满迷人芳香的白科里奥•安德里茨2012（Collio Bianco Andritz 2012）进入了最后一轮品尝。科里奥•安德里茨干红葡萄酒2009（Collio Rosso Andritz 2009）由梅洛（Merlot）、赤霞珠（Cabernet Sauvignon）和雷弗思科（Refosco dal Peduncolo Rosso）混酿而成，保留了其华丽的果味，展示了引人注目的温暖，口感极具吸引力。

○ Collio Bianco Andritz '12	🍷🍷 5
○ Collio Friulano '12	▼▼ 3
○ Collio Pinot Grigio '12	▼▼ 3
● Collio Rosso Andritz '09	▼▼ 7
○ Collio Ribolla Gialla '12	▼ 3
○ Collio Sauvignon '12	▼ 3
○ Collio Sauvignon '06	▽▽▽ 3
○ Collio Tocai Friulano '05	▽▽▽ 3*
○ Collio Friulano '11	▽▽ 3*
○ Collio Pinot Grigio '11	▽▽ 3*
○ Collio Sauvignon '11	▽▽ 3*

Subida di Monte

Loc. Subida
via Subida, 6
34071 Cormòns [GO]
Tel. 048161011
www.subidadimonte.it

藏酒销售
预约参观
膳宿接待
年产量 45 000 瓶
葡萄种植面积 9 公顷

苏碧达•迪•蒙特酒庄（Subida di Monte）位于科里奥•格里吉亚诺（Collio Goriziano）一个陡峭的斜坡上，在伊松佐（Isonzo）和朱德丽奥（Judrio）之间。阳光普照的葡萄园，受阿尔卑斯山（Alps）的庇护且享受着来自亚得里亚海（Adriatic）咸咸的海风。路易吉•安东怒提（Luigi Antonutti）于1972年在此实现了他成为葡萄种植者的梦想。他是一个有远见的人，喜欢创新，并走出了一条路。现在他的儿子安德拉（Andrea）和克里斯蒂安（Cristian）正满怀激情地追随他的脚步。科里奥（Collio）是一个非常适合生产高品质葡萄酒的地方，他们生产出真正如教科书般的葡萄酒，具有集中的香气和极大的可饮性。马瓦西亚2012（Malvasia 2012）以它模范的品种保真度、精致的酒香和近乎无穷的余味，在最后一轮赢得了一席之地。樱桃和覆盆子的香味使得梅洛2011（Merlot 2011）更优雅，同时其口感也给人十分深刻的印象。而弗留利2012（Friulano 2012）口感爽利，风味丰富。

○ Collio Malvasia '12	🍷🍷 3*
○ Collio Friulano '12	▼▼ 3
● Collio Merlot '11	▼▼ 3
● Collio Cabernet Franc '11	▼ 3
○ Collio Pinot Grigio '12	▼ 3
○ Collio Sauvignon '12	▼ 3
○ Collio Friulano '11	▽▽ 3*
○ Collio Malvasia '11	▽▽ 3*
○ Collio Pinot Grigio '11	▽▽ 3*
○ Collio Sauvignon '11	▽▽ 3*
○ Collio Sauvignon '10	▽▽ 2*

Matijaz Tercic

LOC. BUCUIE, 4
34070 SAN FLORIANO DEL COLLIO [GO]
TEL. 0481884920
www.tercic.com

藏酒销售
预约参观
年产量 30 000 瓶
葡萄种植面积 11 公顷

1990年，年轻的玛提亚兹•特尔西克（Matijaz Tercic）开始了给他带来荣誉的事业，他的爽利、芬芳的葡萄酒战胜了苛刻的市场，赢得了消费者的信任。他来自一个世代致力于葡萄种植和葡萄酒酿造的家庭，但在质量上真正的飞跃是在1994年，第一个装瓶的年份。酒庄的地窖面朝着可爱的山谷，以接壤斯洛文尼亚地区的科里奥•圣•弗洛里亚努德尔（San Floriano del Collio）村庄为主导。这个地方享有理想的通风条件，修复其香气的同时干燥葡萄。酒庄在不断地成长中，现已达到了精益求精的顶峰。玛提亚兹（Matijaz）酒庄今年再次获得关注。优雅的苏维翁2011（Sauvignon 2011）散发着热带水果和香草的香味，其口感非常柔顺，令人满意。灰皮诺2011（Pinot Grigio 2011）弥漫着接骨木花和赤褐色梨的香味，极好的紧致感与平滑的口味相辅相成。

○ Collio Pinot Grigio '11	🍷🍷 3*
○ Collio Sauvignon '11	🍷🍷 3*
○ Collio Chardonnay '11	🍷🍷 3
● Collio Merlot '10	🍷🍷 4
○ Friuli Isonzo Friulano '11	🍷🍷 3
○ Vino degli Orti '11	🍷🍷 3
○ Collio Ribolla Gialla '11	🍷 3
○ Collio Pinot Grigio '07	YYY 3*
○ Collio Pinot Grigio '10	YY 3*
○ Collio Sauvignon '10	YY 3
○ Collio Sauvignon Scemen '09	YY 4

Tiare - Roberto Snidarcig

LOC. SANT'ELENA, 3A
34070 DOLEGNA DEL COLLIO [GO]
TEL. 048162491
www.tiaredoc.com

藏酒销售
预约参观
膳宿接待
年产量 100 000 瓶
葡萄种植面积 10 公顷

蒂亚雷（Tiare）在当地方言中是“大地”的意思。这个同名的酒庄是由罗伯托•斯尼达尔西格（Roberto Snidarcig）在1985年创建的，位于科尔蒙斯（Cormòns）的奎瓦林山（Mount Quarin）的山坡上，仅有1公顷多一点的葡萄园。在他妻子桑德拉（Sandra）的支持下，他在1991年把酒庄的总部转移到科里奥•多乐格纳（Dolegna del Collio），建立了一个新酒窖，大大提高了葡萄种植面积。它在一开始也许只是一个小小的规模，然而现在已成为一座令人印象深刻的酒庄，得到了很高的评价并已成为一个酿酒景观，为该地区增加新的亮点。今年，酒庄的佳酿主要是由赤霞珠•帝国2011（Sauvignon Empire 2011）主导，它的香气中弥漫着迷人的热带风情，入口芳香浓郁，做到真正的精致，令人难忘。弗留利2012（Friulano 2012）散发出浓烈的野花、干香草和椰子的气息，美丽且均衡，口感顺滑，充满风味。

○ Collio Friulano '12	🍷🍷 3*
○ Collio Sauvignon Empire '11	🍷🍷 3*
○ Collio Bianco Rosemblanc '11	🍷🍷 5
○ Collio Malvasia '12	🍷🍷 3
○ Collio Pinot Grigio '12	🍷🍷 3
○ Collio Sauvignon '12	🍷🍷 3
● Collio Schioppettino '11	🍷🍷 2*
● Friuli Isonzo Merlot Ronco del Merlo '09	🍷🍷 4
○ Collio Chardonnay '12	🍷 3
○ Collio Chardonnay '11	YY 3
○ Collio Malvasia '11	YY 3*
○ Collio Pinot Grigio '11	YY 3
○ Collio Rosemblanc '10	YY 5
○ Collio Sauvignon '11	YY 3*

★Franco Toros

Loc. Novali, 12
34071 Cormòns [GO]
Tel. 048161327
www.vinitoros.com

藏酒销售
预约参观
年产量 50 000 瓶
葡萄种植面积 10 公顷

像所有的伟人一样，弗朗科•托罗斯（Franco Toros）把他的优质葡萄酒归功于大自然母亲的功劳，即使我们都知道如果没有合适的诠释者，结果将会是不一样。他出身于一个农民家庭，20世纪初，定居于科尔蒙斯（Cormòns）附近一个叫诺瓦利（Novali）的地区，在那里我们很容易看到完美的葡萄园，并很快成为熟练的酿酒师。这些酒以它们澄净、不妥协的品质和对品种特性的尊重而出众，最重要的是尽管它们拥有各自的复杂性，但非常容易入口。弗留利2012（Friulano2012）继续斩获了“三杯奖”，散发精致的春天花朵、药草和八角的混合香气，入口后丰富浓郁的水果味道，回味悠长细腻。

○ Collio Friulano '12	🍷🍷🍷 4*
○ Collio Pinot Bianco '12	🍷🍷 4
○ Collio Sauvignon '12	🍷🍷 4
○ Collio Chardonnay '12	🍷🍷 4
○ Collio Pinot Grigio '12	🍷🍷 4
○ Collio Friulano '11	🥂🥂🥂 4*
○ Collio Friulano '10	🥂🥂🥂 4
○ Collio Friulano '09	🥂🥂🥂 4*
○ Collio Friulano '08	🥂🥂🥂 4*
○ Collio Pinot Bianco '08	🥂🥂🥂 4*
○ Collio Pinot Bianco '07	🥂🥂🥂 4
○ Collio Pinot Bianco '05	🥂🥂🥂 4
○ Collio Pinot Bianco '03	🥂🥂🥂 3
○ Collio Tocai Friulano '06	🥂🥂🥂 4
○ Collio Tocai Friulano '04	🥂🥂🥂 4
○ Collio Tocai Friulano '03	🥂🥂🥂 3

Torre Rosazza

Fraz. Oleis
Loc. Poggiobello, 12
33044 Manzano [UD]
Tel. 0422864511
www.torrerosazza.com

藏酒销售
预约参观
年产量 300 000 瓶
葡萄种植面积 95 公顷

格纳格里科拉（Genagricola）在弗留利（Friuli）拥有包括圣安娜（Tenuta Sant'Anna）、柏吉欧贝洛（Poggiobello）和博尔格•玛格雷多（Borgo Magredo）等资产。1974年，他们还购买了位于满扎诺（Manzano）山丘的蓬勃发展的托雷洛萨扎（Rosazza）酒庄，并迅速成为该集团的核心。葡萄园形成两个壮丽的自然梯田形状的圆形剧场，这里光照持续恒久，包围着18世纪的宫殿德马奇（Palazzo De Marchi），这里设有办公室和地窖。恩里科•拉迪（Enrico Raddi）是酒庄的主管，多纳托•拉纳提（Donato Lanati）在葡萄种植和葡萄酒酿制选择方面予以协助。这里的葡萄酒质量的稳定增长给灰皮诺2012（Pinot Grigio 2012）带来了第一个“三杯奖”奖项。它饱满的热带水果风味，混合坚果和蜂蜜的香气，极大地丰富了品种的品质。同样出色的还有里博拉•基亚拉2012（Ribolla Gialla 2012），拥有如天鹅绒般的柔滑酒体，柑橘风味浓郁，清爽可口。

○ COF Pinot Grigio '12	🍷🍷🍷 3*
○ COF Ribolla Gialla '12	🍷🍷 3*
○ COF Friulano '12	🍷🍷 3
● COF Merlot '11	🍷🍷 3
● COF Merlot L'Altromerlot '09	🍷🍷 5
● COF Pignolo '09	🍷🍷 5
● COF Rosso Bandaròs '09	🍷🍷 5
○ COF Sauvignon '12	🍷🍷 3
○ COF Bianco Ronco del Masiero '10	🥂🥂 3*
○ COF Bianco Ronco del Masiero '09	🥂🥂 3*
○ COF Friulano '11	🥂🥂 3
● COF Merlot L'Altromerlot '08	🥂🥂 5
● COF Pignolo '08	🥂🥂 5
● COF Pignolo '07	🥂🥂 3*
○ COF Pinot Grigio '11	🥂🥂 3
○ COF Sauvignon '11	🥂🥂 3*

La Tunella

FRAZ. IPPLIS
VIA DEL COLLIO, 14
33040 PREMARIACCO [UD]
TEL. 0432716030
www.latunella.it

藏酒销售
预约参观
年产量 390 000 瓶
葡萄种植面积 70 公顷

图娜拉（Tunella）是一个现代化、功能健全的模范酒庄，由马西莫（Massimo）和毛罗•佐尔泽丁格（Mauro Zorzetting）兄弟两人共同经营，同时在葡萄酿酒专家路易吉诺•扎姆宝诺（Luigino Zamporo）的帮助下，生产出品质优秀的葡萄酒。当然，酒窖的成功也少不了一个充满活力的团队，良好的建筑设计，用于存放橡木桶的充裕空间和装备了温度调节和通风系统的干燥室。他们的酿酒经验是经历三代人的实践继承下来的，生产的葡萄酒以令人赏心悦目的口感和气味征服了国际市场。比安科•赛斯托（Bianco Sesto）和其他几款红葡萄酒在最近一年里起色不大，但另外三款新推出的葡萄酒凭借上乘的质量得到很好的反响。富莱诺•里威尔斯2011（The Friulano Col Livius 2011）和比安科•琳娜2011（Bianco La Linda 2011）都入选了总决赛，两款酒的风格相似，香味诱人，丰富的口感在每一个阶段的表现都非常明显。

○ COF Bianco La Linda '11	🍷🍷 5
○ COF Friulano Col Livius '11	🍷🍷 4
○ COF Ribolla Gialla Col de Bliss '11	🍷🍷 4
○ COF Friulano '12	🍷🍷 3
○ COF Malvasia Valmasia '12	🍷🍷 3
○ COF Ribolla Gialla Rjgialla '12	🍷🍷 3
○ COF Sauvignon '12	🍷🍷 3
○ COF Sauvignon Col Matìss '11	🍷🍷 4
● COF Refosco P.R. '11	🍷 3
○ COF BiancoSesto '11	ΨΨΨ 4*
○ COF BiancoSesto '07	ΨΨΨ 3
○ COF BiancoSesto '06	ΨΨΨ 3*
○ COF Noans '10	ΨΨ 5
● COF Pignolo '07	ΨΨ 5
○ COF Ribolla Gialla Rjgialla '11	ΨΨ 3

Valchiarò

FRAZ. TOGLIANO
VIA DEI LAGHI, 4C
33040 TORREANO [UD]
TEL. 0432715502
www.valchiaro.it

藏酒销售
预约参观
年产量 40 000 瓶
葡萄种植面积 12 公顷

托瑞阿诺•席维戴尔（Torreano di Cividale）坐落在丘陵和阿尔卑斯山（Alps）山脉之间，在弗利留产区的东部，由北向南跨过齐阿尔罗河（Chiarò）。酒庄的名称来源于一个村庄，于1991年由六个参与者共同建立，合作完成葡萄酒的生产、运行。凭着阿曼多（Armando）、德瑞斯（Dris）、加里奥诺（Galliano）、劳罗（Lauro）、路易吉（Luigi）和斯特凡诺（Stefano）的热情与友情，创建了葡萄酒协会，利用詹尼•梅诺蒂（Gianni Menotti）的葡萄酒研究技术保证葡萄酒的质量。这看似充满冒险的行为最后被发现是正确的选择。庄重的维度佐•富莱诺2009（Verduzzo Friulano 2009）是在总决赛名单中出现频率最高的酒款，甜而不腻的麦芽糖香气，参杂了黄桃子和干杏仁的味道，在口中表现稳定，甘甜可口。同样受到大众喜爱的还有富莱诺•奈克瑟斯2012（Friulano Nexus 2012），其香气甜美诱人，口感欢畅。

○ COF Verduzzo Friulano '09	🍷🍷 4*
○ COF Friulano Nexus '12	🍷🍷 3
● COF Rosso Torre Qual Ris. '08	🍷🍷 3
○ COF Sauvignon '12	🍷🍷 3*
○ COF Friulano '12	🍷 3
○ COF Pinot Grigio '12	🍷 3
○ COF Friulano Nexus '11	ΨΨ 3
● COF Merlot Ris. '08	ΨΨ 4
● COF Merlot Ris. '07	ΨΨ 4
● COF Refosco P. R. '07	ΨΨ 3
○ COF Sauvignon '11	ΨΨ 2*

Valpanera

via Trieste, 5a
33059 Villa Vicentina [UD]
Tel. 0431970395
www.valpanera.it

预约参观
年产量 450 000 瓶
葡萄种植面积 55 公顷

瓦尔裴妮拉（Valpanera）酒庄的庄主詹姆皮尔特洛（Giampietro Dal Vecchio）和他的儿子乔凡尼（Giovanni）作了一个勇敢但胜券在握的决定。酒庄大门塔楼的“Casa del Refosco”字样，非常清晰地总结出酒庄的生产理念——致力于改善本土最主要的葡萄品种。安奎拉法定葡萄酒产区（Aquileia DOC）的砂质和黏土性土质非常适合红梗莱弗斯科（Refosco dal Peduncolo Rosso）葡萄的种植，来自亚得里亚海的微风，更能帮助葡萄健康成长。少数面积的葡萄园用于其他葡萄品种的种植和延伸。香气饱满、愉悦的莱弗斯科•维萨瓦2008（Refosco dal Peduncolo Rosso Riserva 2008）再一次获得“三杯奖”，香气仍然是清新的水果味中参杂着一丝香料的味道，口感和收尾都是完美的。莱弗斯科•佩顿科洛2009（Refosco dal Peduncolo Superiore 2009）飘逸着野生黑莓和桉树的香气，栩栩如生，让人流连忘返。

● Friuli Aquileia Refosco P. R. Sup. '09	🍷🍷 3*
● Friuli Aquileia Refosco P. R. Ris. '08	🍷🍷 5
● Friuli Aquileia Refosco P. R. '11	🍷 2
● Friuli Aquileia Rosso Alma '07	🍷 5
● Rosso di Valpanera '11	🍷 2
○ Bianco di Valpanera '11	🍷🍷 2*
● Friuli Aquileia Refosco P. R. Ris. '07	🍷🍷 5
● Friuli Aquileia Refosco P. R. Sup. '08	🍷🍷 3*
● Friuli Aquileia Rosso Alma '06	🍷🍷 3*
● Rosso di Valpanera '10	🍷🍷 2*

★Venica & Venica

loc. Cerò, 8
34070 Dolegna del Collio [GO]
Tel. 048161264
www.venica.it

藏酒销售
预约参观
膳宿接待
年产量 257 000 瓶
葡萄种植面积 37 公顷

詹尼（Gianni）和吉尔吉奥•凡尼卡（Giorgio Venica）结合了农村家庭与现代技能的思想，成为技术工匠和商人，推动酒庄的发展，使其列入当地葡萄酒的最高级别。他们是其他葡萄酒的基准对象，也成为主要的国际基准对象成员。这一片土地坐落在赛罗（Cerò）的山坡上，最初由他们的祖父丹尼尔拉（Daniele）建立，有着超过80年历史。今天由奥尔纳拉（Ornella）和詹姆保罗（Giampaolo）成功地发掘它的种植潜力，增添了葡萄园的价值。苏维翁•梅尔2012（Sauvignon Ronc delle Mele 2012）参加比赛很多年，今年再一次赢得了“三杯奖”。它是白苏维翁（Suvignon Blanc）最具有代表性的酒款，能很好地体现出科里奥（Coliio）的地域风格，成为当地专门酿制白苏维翁葡萄品种的生产商的榜样。

○ Collio Sauvignon Ronco delle Mele '12	🍷🍷🍷 6
○ Collio Friulano Ronco delle Cime '12	🍷🍷 4
○ Collio Malvasia Pètris '12	🍷🍷 4
○ Collio Pinot Bianco '12	🍷🍷 4
○ Collio Sauvignon Ronco del Cerò '12	🍷🍷 4
○ Collio Traminer Aromatico '12	🍷🍷 4
○ Collio Sauvignon Ronco delle Mele '11	🍷🍷🍷 6
○ Collio Sauvignon Ronco delle Mele '10	🍷🍷🍷 5
○ Collio Sauvignon Ronco delle Mele '09	🍷🍷🍷 5
○ Collio Sauvignon Ronco delle Mele '08	🍷🍷🍷 5
○ Collio Sauvignon Ronco delle Mele '07	🍷🍷🍷 5
○ Collio Sauvignon Ronco delle Mele '05	🍷🍷🍷 5
○ Collio Tocai Friulano Ronco delle Cime '06	🍷🍷🍷 4
○ Collio Tocai Friulano Ronco delle Cime '02	🍷🍷🍷 5

La Viarte

via Novacuzzo, 51
33040 Prepotto [UD]
Tel. 0432759458
www.laviarte.it

藏酒销售
预约参观
膳宿接待
年产量 100 000 瓶
葡萄种植面积 26.3 公顷

拉•维尔特（La Viarte）最近虽然被艾尔伯特•皮傲文（Alberto Piovan）收购了，但并没有对组织造成影响，相反，收购的目的是为了发掘潜力。庄园始建于1973年，由吉赛佩（Giuseppe）和卡拉•塞斯奇（Carla Ceschin）共同管理。庄园由科尔诺迪罗萨佐（Corno di Rosazzo）至普雷波托（Prepotto）几个迷人的山丘组成，取名为拉•维尔特（La Viarte），弗留利语意为“春天”。酒庄从此开始了一段超过40年的旅程，在当地葡萄酒历史上编写过许多最优秀的章节。自2003年以来，吉利奥（Giulio）带领着一群积极性强和专业程度高的员工为酒庄工作，他们会继续为新的管理人工作。富莱诺2002（Friulano 2002）飘溢着浓郁的花香和柑橘的味道，口感清爽解渴。皮诺•比安科2012（Pinot Bianco 2012）的香气和口感都呈现了优雅高尚的性格。而由梅洛（Merlot）和解百纳苏维翁（Cabernet sauvignon）酿制的罗梭•里塞瓦2009（Rosso Soi Riserva 2009）口感丰盈，风味浓厚且充满活力。

○ COF Bianco Incò '12	🍷🍷 3
○ COF Friulano '12	🍷🍷 3
○ COF Pinot Bianco '12	🍷🍷 3
● COF Rosso Roi Ris. '09	🍷🍷 5
○ COF Pinot Grigio '12	🍷 3
○ COF Ribolla Gialla '12	🍷 3
○ COF Sauvignon '12	🍷 3
○ COF Friulano '11	🍷🍷 3
● COF Merlot '09	🍷🍷 4
● COF Refosco P.R. '09	🍷🍷 4
○ COF Sauvignon '11	🍷🍷 3
● COF Schioppettino di Prepotto '09	🍷🍷 4
● COF Tazzelenghe '08	🍷🍷 5
○ Siùm '07	🍷🍷 5

★★Vie di Romans

loc. Vie di Romans, 1
34070 Mariano del Friuli [GO]
Tel. 048169600
www.viediromans.it

藏酒销售
预约参观
年产量 280 000 瓶
葡萄种植面积 53 公顷

维迪•罗马（Vie di Romans）酒庄是当地葡萄酒庄中实力最强、声誉最高的。由简弗朗克•盖罗（Gianfranco Gallo）于1978创建，总部坐落在弗留利•马里亚诺（Mariano del Friuli）的地窖中。在地下大厅，有数不尽的橡木桶被技巧熟练的工人管理着，里面都灌满了葡萄酒，大部分是白葡萄酒，在推出市场以前需要陈酿至少2年的时间。盖罗家族的故事在世界葡萄园和葡萄酒市场上流传了1个世纪，但是最好的章节当然就是简弗朗克（Gianfranco）编写的这一部分。他酿制的葡萄酒气味芬芳、口感丰富，展现了伊松佐法定产区（Isonzo DOC）的质量特征。葡萄酒的质量上乘，几款葡萄酒轮流获得“三杯奖”。今年，富莱诺•多利2011（Friulano Dolee2011）凭借优雅和刺激的口感取得良好的成绩。苏维翁•威尔斯2011（Sauvignon Vieris 2011）与赢得“三杯奖”多个奖项的苏维翁•皮尔（Sauvignon Piere）相比略显不足。

○ Friuli Isonzo Friulano Dolée '11	🍷🍷🍷 4*
○ Friuli Isonzo Bianco Flors di Uis '11	🍷🍷 4
○ Friuli Isonzo Sauvignon Vieris '11	🍷🍷 5
○ Dut'Un '10	🍷🍷 6
○ Friuli Isonzo Chardonnay Ciampagnis Vieris '11	🍷🍷 4
○ Friuli Isonzo Chardonnay Vie di Romans '11	🍷🍷 5
○ Friuli Isonzo Malvasia Dis Cumieris '11	🍷🍷 4
○ Friuli Isonzo Pinot Grigio Dessimis '11	🍷🍷 5
○ Friuli Isonzo Sauvignon Piere '11	🍷🍷 5
○ Friuli Isonzo Bianco Flors di Uis '09	🍷🍷🍷 4*
○ Friuli Isonzo Rive Alte Sauvignon Piere '07	🍷🍷🍷 4*
○ Friuli Isonzo Sauvignon Piere '10	🍷🍷🍷 4*
○ Friuli Isonzo Sauvignon Piere '08	🍷🍷🍷 4*

Vigna del Lauro

loc. Montona, 19
34071 Cormòns [GO]
Tel. 0481629549
www.vignadellauro.it

藏酒销售
预约参观
年产量 60 000 瓶
葡萄种植面积 10 公顷

1994年，法比奥•克塞（Fabio Coser）已经成为著名的酿酒师，并拥有荣科•塔西（Ronco dei Tassi）酒庄，开展了一个根据产品差异性而满足德国市场需求的项目。为了满足德国市场偏好于口感简单、易于饮用，并且价格不高的葡萄酒需求，酒庄决定把葡萄园建立在被老月桂树环绕的土地上，并以此命名。其他小部分的葡萄园大概有10公顷的面积，坐落在科尔蒙斯（Cormòns）附近，被科里奥（Collio）产区和伊松佐（Isonzo）产区分隔开，部分园地由酒庄耕作，部分租赁出去。2012年份的富莱诺（Friulano）、苏维翁（Sauvignon）和灰皮诺•科里奥（Pinot Grigio del Collio），都充满浓郁的香气和典型的风格。各种香气层层溢出，连续不断，口感简单，给人以完美的体验。同样出色的梅洛2011（Merlot 2011），产自弗留利•伊松佐法定产区（Friuli Isonzo DOC）。

○ Collio Friulano '12	🍷🍷 3*
○ Collio Pinot Grigio '12	🍷🍷 3
○ Collio Sauvignon '12	🍷🍷 3
● Friuli Isonzo Merlot '11	🍷🍷 2*
○ Collio Ribolla Gialla '12	🍷 3
○ Friuli Isonzo Chardonnay '12	🍷 2
○ Friuli Isonzo Traminer Aromatico '12	🍷 2
● Collio Sauvignon '99	🍷🍷🍷 2*
○ Collio Friulano '11	🍷🍷 2*
○ Collio Pinot Grigio '11	🍷🍷 3*
○ Collio Sauvignon '11	🍷🍷 3*
○ Friuli Isonzo Traminer Aromatico '11	🍷🍷 2*

Vigna Petrussa

via Albana, 47
33040 Prepotto [UD]
Tel. 0432713021
www.vignapetrussa.it

藏酒销售
预约参观
年产量 28 000 瓶
葡萄种植面积 6.5 公顷

酒庄成立于1890年，在20世纪早期兴旺繁华，后来有所衰落，直到1995年，希尔德•佩特鲁莎（Hilde Petrussa）决定回到普雷波托（Prepotto）附近的阿尔巴纳（Albana）接手酒庄的管理，酒庄得到重生。她寄厚望于本地葡萄品种，优先选择了里波拉•盖拉（Ribolla Nera）葡萄，用于酿制斯奇派迪诺（Schioppettino），一款永远与普雷波特村庄（Preotto）有着渊源的酒。普雷波特村庄坐落于科里奥（Collio）和科里•欧力恩塔里•弗留利（Colli Orientali del Friuli）的边界地区，有朱德利奥河流（Judrio River）穿过。她经过多年的奋斗，终于使斯奇派迪诺•普雷波特（Schioppettino di Prepotto）成为法定地区产区的分区之一。今年，白葡萄酒基础酒款获得最佳的表现。富莱诺2012（Friulano 2012）以其优雅的水果气息、青草的味道满足人们的味蕾，收尾是经典的带点苦味偏桃仁味道，给人留下深刻印象。苏维翁2012（Sauvignon 2012）充满了夏花、热带水果和药草的香气，带来清新愉悦的体验。

● COF Cabernet Franc '10	🍷🍷 3
○ COF Friulano '12	🍷🍷 3
○ COF Sauvignon '12	🍷🍷 3
● COF Refosco P. R. '11	🍷 4
○ COF Bianco Richenza '10	🍷🍷 4
○ COF Friulano '11	🍷🍷 3
● COF Refosco P. R. '10	🍷🍷 4
○ COF Sauvignon '11	🍷🍷 3
● COF Schioppettino di Prepotto '09	🍷🍷 4

Vigna Traverso

via Ronchi, 73
33040 Prepotto [UD]
Tel. 0422804807
www.vignatraverso.it

藏酒销售
预约参观
膳宿接待
年产量 80 000 瓶
葡萄种植面积 22 公顷

维格拉•特拉韦尔索（Vigna Traverso）曾经是与荣科•卡斯塔涅托（Ronco di Castagneto）一样出名的酒庄，于1998年被莫伦•特拉韦尔索（Molon Traverso）家族购买并重新定位。莫伦•特拉韦尔索（Molon Traverso）是威尼托基本葡萄酒（Veneto-based）的运营商，如今的管理人是年轻的斯特凡诺（Srefano），他获得酿酒学家的学历，并在酒厂中有很长的工作经历，因此得到大家的信任。他积极着手老葡萄园的恢复工作，与葡萄栽培专家斯特凡诺•赞尼诺蒂（Stefano Zaninotti）取得密切的联系。近年来，他享受新兴技术给普雷多特（Prepotte）酒窖带来的好处，在此他再一次介绍水泥大桶是对传统技术的创新和尊重。富莱诺2012（Friulano 2012）是一款散发着经典的干草和野花气味的葡萄酒，每一口都是柔软顺滑，味道可口诱人，使其在价格昂贵的产品中突围而出。灰皮诺2012（Pinot Grigio 2012）的特色是怡人的花香和无可挑剔的口感。索托卡斯泰诺（Sottocastello）的混酿葡萄酒是优秀的。

○ COF Bianco Sottocastello '10	🍷🍷 4
● COF Cabernet Franc '10	🍷🍷 3
○ COF Friulano '12	🍷🍷 3
● COF Merlot '10	🍷🍷 3
○ COF Pinot Grigio '12	🍷🍷 3
● COF Rosso Sottocastello '09	🍷🍷 5
● COF Schioppettino '10	🍷🍷 3
● COF Refosco P. R. '10	🍷 3
○ COF Ribolla Gialla '12	🍷 3
● COF Rosso Troj '10	🍷 3
● COF Cabernet Franc '09	🍷🍷 3*
○ COF Friulano '11	🍷🍷 3
● COF Merlot '09	🍷🍷 3
● COF Rosso Sottocastello '08	🍷🍷 5
○ COF Sauvignon '11	🍷🍷 3

★Le Vigne di Zamò

loc. Rosazzo
via Abate Corrado, 4
33044 Manzano [UD]
Tel. 0432759693
www.levignedizamo.com

藏酒销售
预约参观
年产量 280 000 瓶
葡萄种植面积 67 公顷

图里奥•扎莫（Tullio Zamò）被称为具有质量保证的弗留利葡萄酒的开拓者，1978年在罗卡•贝纳达（Rocca Bernarda）的山坡上建立了里昂酒庄（Vigne dal Leon），数年后创建了阿巴兹亚•罗莎佐（Abbazia di Rosazzo）标签。1996年，他在罗莎佐（Rosazzo）又购买了位于修道院前方的15公顷葡萄园地，随后与他的两个儿子皮尔路易吉（Pierluigi）和西尔维奥（Silvano）共同开始经营萨摩（Le Vigne di Zamò）酒庄。如今，萨摩（Zamò）家族与伊特利（Eataly）美食城的创建商法琳纳迪（Farinetti）集团合并，买下了50%的经营权。雄厚实力企业的加入使他们能更好地巩固自己的特性，保证葡萄酒主要的国际能见度。梅洛•韦格2009（Merlot Vigne Cinquant'Anni 2009）获得"三杯奖"并不使人感到意外。它的气味复杂，富有层次感，分别是红玫瑰花瓣、黑樱桃、巧克力、烤咖啡豆和丁香的味道，口感圆润饱满，令人印象深刻。

● COF Merlot V. Cinquant'Anni '09	🍷🍷🍷 5
○ COF Friulano V. Cinquant'Anni '11	🍷🍷 5
○ COF Dolce Vola... Vola...	🍷🍷 5
○ COF Friulano '12	🍷🍷 3
○ COF Pinot Bianco Tullio Zamò '09	🍷🍷 5
○ COF Rosazzo Bianco Ronco delle Acacie '10	🍷🍷 5
○ COF Sauvignon '12	🍷🍷 3
○ COF Malvasia '11	🍷 4
○ COF Friulano V. Cinquant'Anni '09	🍷🍷🍷 5
○ COF Friulano V. Cinquant'Anni '08	🍷🍷🍷 5
● COF Merlot V. Cinquant'Anni '06	🍷🍷🍷 5
○ COF Rosazzo Bianco Ronco delle Acacie '01	🍷🍷🍷 4
● COF Rosazzo Pignolo '01	🍷🍷🍷 6
○ COF Tocai Friulano V. Cinquant'Anni '06	🍷🍷🍷 5

Villa de Puppi

via Roma, 5
33040 Moimacco [UD]
Tel. 0432722461
www.depuppi.it

藏酒销售
预约参观
年产量 50 000 瓶
葡萄种植面积 25 公顷

路易基•迪•普皮（Luigi de Puppi） 的酒庄建立于1991年，现由他的孩子凯特瑞拉（Caterina）和华弗莱德（Valfredo）管理，总部坐落于莫伊马克（Moimacco）郊外，被酒庄的葡萄园围绕着。另有10公顷扩展园分布在科里•弗留利产区东部（Colli Orientali del Friuli）的罗萨佐（Rosazzo）的美丽山丘上。酒庄最初来源于托斯卡纳（Tuscany），由迪•普皮（De Puppi）家族在卡森蒂诺（Casentino）著名的康迪•贵迪（Conti Guidi）中传承下来，康迪•贵迪（Conti Guidi）曾在13世纪被地主和贪婪的士兵占据。 这个家族在弗留利的土地上建立了主要的政治、法律和教会统治。凯特瑞拉从不推卸葡萄园的工作，并信任马可•裴洽丽（Marco Pecchiari）的酿酒工艺。维拉•迪•帕比（Villa de Puppi）和罗萨•博斯克（Rosa Bosco）酒庄相类似，主要生产口感简单、酒体经典且易于表现的葡萄酒。苏维翁•罗萨•博斯克2010（Sauvignon Rosa Bosco 2010）和霞多丽•凯特2008（Chardonnay Cate 2008）的包装非常华丽，充满香草和榛果的香气，口感令人陶醉。

○ Blanc de Blancs Rosa Bosco Brut M. Cl. '08	🍷🍷 4
○ Chardonnay Cate '08	🍷🍷 5
● Refosco P.R. Cate '09	🍷🍷 4
○ Sauvignon Rosa Bosco '10	🍷🍷 4
● Cabernet '10	🍷 2
● Merlot '10	🍷 2
● Refosco P. R. '10	🍷 3
○ Ribolla Gialla Extra Dry	🍷 3
● Cabernet '09	🍷🍷 2
● Merlot '09	🍷🍷 2
○ Pinot Grigio '11	🍷🍷 3
○ Sauvignon '11	🍷🍷 3
○ Taj Blanc '11	🍷🍷 2
○ Taj Blanc '10	🍷🍷 2*

★★Villa Russiz

via Russiz, 6
34070 Capriva del Friuli [GO]
Tel. 048180047
www.villarussiz.it

藏酒销售
预约参观
年产量 220 000 瓶
葡萄种植面积 40 公顷

这么多年来，美名远扬的维拉•卢西斯（Villa Russiz）酒庄始终如一地生产国际顶级葡萄酒，维拉•卢西斯基金会的成立，就是给酒庄最好的奖励。维拉•卢西斯基金会由法国伯爵特奥多罗•德拉图尔（Teodoro de La Tour）捐赠，如今由希尔瓦诺•斯蒂凡奴蒂（Silvano Stefanutti）负责。1867年，维拉与他的澳大利亚籍妻子艾尔文•瑞特（Elvine Ritter）定居在凯皮瑞伐（Capriva）的山坡上，此后，他从法国引进新的葡萄品种和酿酒技术，当时在当地还没有出现过，由此对科里奥（Collio）酿酒潜力的认识作出了意味深长的贡献。酒庄没有继承人，夫妇俩就把酒庄赠送给贫困的孩子，现在，他们生产的最好的葡萄酒都蕴含着恩人的名字。因为里瑟瓦斯（Riservas）还在陈酿中，我们没能品尝，但这一系列还是得到高分评价。他们生产的白葡萄酒香气怡人，多种花香飘散，如同置身在花园中，口感清爽，给人以清新畅快的感觉。而红葡萄酒则具备良好的酒体结构，口感顺滑，十分美味。

● Collio Cabernet Sauvignon '11	🍷🍷 4
○ Collio Friulano '12	🍷🍷 4
○ Collio Malvasia '12	🍷🍷 4
● Collio Merlot '11	🍷🍷 4
○ Collio Pinot Bianco '12	🍷🍷 4
○ Collio Pinot Grigio '12	🍷🍷 4
○ Collio Sauvignon '12	🍷🍷 4
○ Collio Sauvignon de La Tour '12	🍷🍷 5
○ Collio Chardonnay Gräfin de La Tour '02	🍷🍷🍷 5
● Collio Merlot Graf de La Tour '02	🍷🍷🍷 6
○ Collio Pinot Bianco '07	🍷🍷🍷 3
○ Collio Sauvignon de La Tour '05	🍷🍷🍷 5
○ Collio Sauvignon de La Tour '02	🍷🍷🍷 5
○ Collio Tocai Friulano '04	🍷🍷🍷 3

Tenuta Villanova

LOC. VILLANOVA
VIA CONTESSA BERETTA, 29
34072 FARRA D'ISONZO [GO]
TEL. 0481889311
www.tenutavillanova.com

藏酒销售
预约参观
年产量 600 000 瓶
葡萄种植面积 105 公顷

贵瑟纳（Giuseppina Grossi Bennati）一直在坚持经营由她丈夫阿纳尔多（Arnaldo）——一位卓有远见的企业家——在1932年购买的酒庄。维兰诺（Tenuta Villanova ）酒庄建于1499年，在古老的城墙后面，承载的是5个多世纪的厚重历史。105公顷的葡萄园周围是茂密的丛林，世外桃源般幽静，散布于科利奥丘陵（Collio）。贵瑟纳（Giuseppina）的外甥——阿贝托（Alberto Grossi）担任酒庄总经理，身边有一群训练有素、活力充沛的工程师协助。他们在弗留利（Friuli）只有一个酒庄，现场配备蒸馏室，收集酒渣后酿制优秀的格拉巴酒（Grappa）。位于山坡的优秀地理位置，酒庄的出品一直很好。干爽年轻的灰皮诺2012（Pinot Grigio Ronco Cucco 2012）简单易饮。而莎当妮2011（Chardonnay Ronco Cucco 2011）则给予你满满的核桃蛋糕的享受。

○ Collio Chardonnay Ronco Cucco '11	🍷🍷 4
○ Collio Friulano Ronco Cucco '11	🍷🍷 4
○ Collio Pinot Grigio Ronco Cucco '12	🍷🍷 3
○ Friuli Isonzo Chardonnay '12	🍷 2
○ Friuli Isonzo Malvasia '12	🍷 2
● Friuli Isonzo Merlot '10	🍷 2
○ Friuli Isonzo Pinot Grigio '12	🍷 2
● Friuli Isonzo Refosco P. R. '10	🍷 2
○ Friuli Isonzo Sauvignon '12	🍷 2
○ Friuli Isonzo Traminer Aromatico Villanova '12	🍷 2
○ Collio Chardonnay Monte Cucco '97	🍸🍸🍸 3*
● Fraja '07	🍸🍸 5
○ Friuli Isonzo Malvasia Saccoline '11	🍸🍸 2*
○ Friuli Isonzo Pinot Grigio Mansi di Villanova '11	🍸🍸 2*

Andrea Visintini

VIA GRAMOGLIANO, 27
33040 CORNO DI ROSAZZO [UD]
TEL. 0432755813
www.vinivisintini.com

藏酒销售
预约参观
年产量 150 000 瓶
葡萄种植面积 20 公顷
葡萄栽培方式 生物动力学认证

维斯尼酒庄（Visintini）是一座郊外的农舍，紧挨着当地建于16世纪的瞭望塔。这座瞭望塔守护着格莫利安诺镇（Gramogliano）方圆几百米的古老城堡。在国家文化部的监督下，地下酒窖重新设计，还任用奥里维多（Oliviero）、欣亚（Cinzia）和帕米拉（Palmira）共同管理这座有声望的庄园。古老的葡萄园，加上新鲜的运营血液，是酒庄得以成功的关键。奥里维多（Oliviero）负责葡萄种植，控制过多的人工干预、减少化肥的使用量。酒庄今年的出品都很不错，尤其是白葡萄酒，得分非常高，质量领跑整个系列。苏维翁2012（Sauvignon 2012）散发典型的热带水果香，其他葡萄酒则有着同样突出复杂的香气和口感。

○ COF Bianco '12	🍷🍷 2*
○ COF Friulano '12	🍷🍷 2*
○ COF Pinot Bianco '12	🍷🍷 2*
○ COF Pinot Grigio '12	🍷🍷 2*
○ COF Ribolla Gialla '12	🍷🍷 2*
○ COF Sauvignon '12	🍷🍷 2*
● COF Merlot '11	🍷 2
● COF Refosco P. R. '11	🍷 2
○ COF Bianco '11	🍸🍸 2*
○ COF Friulano '11	🍸🍸 2*
○ COF Pinot Grigio '11	🍸🍸 2
○ COF Sauvignon '11	🍸🍸 2*

Vistorta

via Vistorta, 82
33077 Sacile [PN]
Tel. 0434782490
www.vistorta.it

藏酒销售
预约参观
年产量 250 000 瓶
葡萄种植面积 36 公顷
葡萄栽培方式 有机认证

1800年，富有远见卓识的古铎（Guido Brandolini）把位于弗留利奥斯（Friuli Occidentale）中心维斯多塔村（Vistorta）的农场改造成一个有效率的酒窖。从1980年开始，酒庄由巴蓝帝诺（Brandino Brandolini d'Adda）管理，他曾经在波尔多（Bordeaux）的格雷萨斯（Chateau Greysac）家庭庄园工作过。有着这样的工作背景，巴蓝帝诺（Brandino Brandolini d'Adda）把维斯托塔（Vistorta）改造成一座法国模式的庄园，种植新型葡萄并和现有品种进行混酿，改变以往酿制单一品种红葡萄酒的现象，表现优秀的梅洛（Merlot）则是其中一例。梅洛•维斯塔2010（Merlot Vistorta 2010）表现出诱人的香料、可可粉、梅子酱和烟草的香气，口感年轻有活力，单宁饱满，适合陈年。

● Friuli Grave Merlot Vistorta '10	🍷🍷 4
○ Friuli Grave Sauvignon '12	🍷🍷 2*
○ Friuli Grave Chardonnay '12	🍷 2
○ Friuli Grave Friulano '12	🍷 2
○ Friuli Grave Pinot Grigio '12	🍷 2
○ Friuli Grave Traminer Aromatico '12	🍷 2
● Friuli Grave Merlot Vistorta '07	🍷🍷🍷 4
● Friuli Grave Merlot Vistorta '06	🍷🍷🍷 4
● Friuli Grave Merlot Vistorta '05	🍷🍷🍷 4
○ Friuli Grave Chardonnay '09	🍷🍷 2*
○ Friuli Grave Friulano '08	🍷🍷 2*
● Friuli Grave Merlot Vistorta '08	🍷🍷 4
○ Friuli Grave Sauvignon '08	🍷🍷 2*
○ Friuli Grave Sauvignon '07	🍷🍷 2*

★Volpe Pasini

fraz. Togliano
via Cividale, 16
33040 Torreano [UD]
Tel. 0432715151
www.volpepasini.net

藏酒销售
预约参观
膳宿接待
年产量 400 000 瓶
葡萄种植面积 52 公顷

沃尔波•帕斯尼（Volpe Pasini）是弗留利-威尼斯朱利亚区（Friuli Venezia Giulia）一座具有历史意义的庄园，目前主要由艾米利奥（Emilio Rotolo）和儿子弗兰赛科（Francesco）负责打理。酒庄的成功以及稳定的高水准质量离不开国际著名的农学家、酿酒学家罗伦佐（Lorenzo Landi）的专业指导。现代化的酒窖和葡萄园都管理得井然有序，建于17世纪的罗莎别墅（Villa Rosa），艾米利奥（Emilio）已经送给妻子罗莎（Rosa Tommaselli），用于收藏酒庄所有的珍贵东西。在酒庄的优秀出品中，优雅个性的白葡萄酒尤为突出，红葡萄酒也表现出良好的酒体结构和地域特色。采用苏维翁（Sauvignon）和白皮诺（Pinot Bianco ）酿造的朱斯沃尔系列（Zuc di Volpe）是酒庄的代表产品，两款酒每年都一决高下，今年，同是2010年份的酒，都获得“三杯奖”。苏维翁（Sauvignon）散发薄荷香气，白皮诺（Piont Bianco）则拥有热带水果和奶油气息。

○ COF Pinot Bianco Zuc di Volpe '12	🍷🍷🍷 4*
○ COF Sauvignon Zuc di Volpe '12	🍷🍷🍷 4*
● COF Merlot Togliano Volpe Pasini '10	🍷🍷 2*
○ COF Sauvignon Volpe Pasini '12	🍷🍷 2*
○ Crypto Zuc di Volpe Cuvée Brut	🍷🍷 4
● COF Cabernet Volpe Pasini '10	🍷🍷 2*
○ COF Friulano Volpe Pasini '12	🍷🍷 2*
○ COF Pinot Grigio Grivò Volpe Pasini '12	🍷🍷 2*
○ COF Pinot Grigio Zuc di Volpe '12	🍷🍷 3
○ COF Pinot Bianco Zuc di Volpe '10	🍷🍷🍷 4
○ COF Pinot Bianco Zuc di Volpe '08	🍷🍷🍷 4
○ COF Pinot Bianco Zuc di Volpe '07	🍷🍷🍷 3
○ COF Sauvignon Zuc di Volpe '11	🍷🍷🍷 4*
○ COF Sauvignon Zuc di Volpe '10	🍷🍷🍷 3*
○ COF Sauvignon Zuc di Volpe '09	🍷🍷🍷 3*
○ COF Tocai Friulano Zuc di Volpe '06	🍷🍷🍷 3

Francesco Vosca

FRAZ. BRAZZANO
VIA SOTTOMONTE, 19
34070 CORMÒNS [GO]
TEL. 048162135
www.voscavini.it

藏酒销售
预约参观
年产量 50 000 瓶
葡萄种植面积 10 公顷

弗兰赛科庄园（Francesco Vosca）以悠久的种植传统为傲，它科利奥法定产区（Collio DOC）的中心地带的巴拉诺村（Brazzano）。如今，巴拉诺村是一片盛产优秀葡萄酒、自然环境优越、人们幸福生活的乐土。但20世纪60年代之前，这里却是一个充满悲惨生活的小村子。很多人被迫逃离家乡，当时还是孩童的弗兰赛科（Francesco）就需要到农田帮忙。直至今天，那些散落在科利奥丘陵（Collio）以及艾森佐平原（Isonzo）的葡萄园，还需要手工种植。妻子安妮塔（Anita）为葡萄园做了很多工作，儿子加比尔（Gabriele）则负责酒窖管理。今年弗留利2012（Friulano 2012）进入最后一轮品鉴，香气丰富，简单易饮，散发槐花和接木骨花的香气，伴随清新香蕉味道的夏日气息，给予你丰饶的嗅觉和味觉享受。

○ Collio Friulano '12	🍷🍷 3*
○ Collio Malvasia '12	🍷🍷 3
○ Friuli Isonzo Pinot Grigio '12	🍷🍷 3
○ Collio Ribolla Gialla '12	🍷 3
○ Friuli Isonzo Chardonnay '12	🍷 3
○ Friuli Isonzo Sauvignon '12	🍷 3
○ Collio Friulano '11	🍷🍷 3
○ Collio Malvasia '11	🍷🍷 3*
○ Collio Malvasia '10	🍷🍷 2
○ Collio Malvasia '09	🍷🍷 2*
○ Collio Pinot Grigio '11	🍷🍷 3
○ Friuli Isonzo Chardonnay '11	🍷🍷 3

Zidarich

LOC. PREPOTTO, 23
34011 DUINO AURISINA [TS]
TEL. 040201223
www.zidarich.it

藏酒销售
预约参观
年产量 18 000 瓶
葡萄种植面积 8 公顷

贝尼敏诺庄园（Beniamino Zidarich）建于1988年，虽然面积不大，但对地区葡萄酒事业的贡献良多。庄园位于卡斯特高原（Karst plateau）的特利特片区（Trieste）的佩利托市（Prepotto）都里诺镇（Duino Aurisina），葡萄园位于卡斯特（Karst）高原，直面特利斯特湾（Gulf of Trieste）。酒窖以大石头雕刻而成，这些石头是挖隧道后收集起来的，能够很好地保护木桶。虽然这里的气候限制了葡萄种植的多样化，但是维托斯卡（Vitovska）和特伦诺（Terrano）却能够适应并且在最坏的年份也能保证产量。玛维赛2011（Malvasia 2011）表现优异。普路科2011（Prulke 2011）则是那种能够一下子吸引你目光的葡萄酒，具有非同寻常的香气。采用苏维翁（Sauvignon）、维托斯卡（Vitovska）和玛维萨（Malvasia Istriana）混酿，散发龙舌兰、覆盆子、干花、混合干果和黄果蜜饯的香气。

○ Malvasia '11	🍷🍷 5
○ Prulke '11	🍷🍷 5
● Carso Terrano '11	🍷🍷 5
● Ruje '07	🍷🍷 5
○ Vitovska '11	🍷🍷 5
○ Carso Malvasia '09	🍷🍷🍷 5
○ Carso Malvasia '06	🍷🍷🍷 5
○ Prulke '10	🍷🍷🍷 5
○ Prulke '08	🍷🍷🍷 5
○ Carso Malvasia '10	🍷🍷 5
○ Carso Vitovska '10	🍷🍷 5
○ Carso Vitovska Collection '06	🍷🍷 5
○ Prulke '09	🍷🍷 5
○ Prulke '06	🍷🍷 5
● Ruje '04	🍷🍷 5
● Ruje '03	🍷🍷 5

Zorzettig

Fraz. Spessa
s.da Sant'Anna, 37
33043 Cividale del Friuli [UD]
Tel. 0432716156
www.zorzettigvini.it

藏酒销售
预约参观
膳宿接待
年产量 800 000 瓶
葡萄种植面积 110 公顷

佐庭酒庄（Zorzettig）是大区酿酒行业耳熟能详的名字，他们家族世代从事酿酒事业，位于科利（Colli Orientali del Friuli）的中心区域的斯贝萨（Spessa di Cividale）。同一个品牌下拥有几个酒庄，一般情况下会被重新命名，以免误导消费者，但是卡瓦利尔（Cavalier Giuseppe Zorzettig）建于1986年的酒窖则能够保持原貌。安娜利萨（Annalisa）和弟弟阿列森佐（Alessandro）负责经营事务，为使酒庄脱颖而出，另辟巧道，选择最优秀的葡萄来酿制新的酒品系列——米悦（Myò）。这个雄心壮志的项目少不了酿酒师法比奥（Fabio Coser）的技艺保证。米悦（Myò）系列的葡萄酒是最好的，而基础酒系列表现也相当的不错。富有着馥郁苹果和雪梨香气的弗留利米悦2012（Friulano Myò 2012），可体验天鹅绒般的细滑口感。优雅口感丰富的苏维翁米悦2012（Sauvignon Myò 2012）则表现得更加热情有力量。

○ COF Chardonnay '11	▼▼ 3
○ COF Friulano '12	▼▼ 3
○ COF Friulano Myò '12	▼▼ 4
○ COF Malvasia Myò '12	▼▼ 4
○ COF Pinot Bianco Myò '12	▼▼ 4
○ COF Sauvignon Myò '12	▼▼ 4
○ COF Ribolla Gialla '12	▼ 3
○ COF Ribolla Gialla Myò '12	▼ 4
○ Optimum Brut	▼ 3
○ COF Friulano Myò '11	▽▽ 4
○ COF Malvasia Myò '11	▽▽ 4
● COF Pignolo Myò '09	▽▽ 6
○ COF Pinot Bianco Myò '11	▽▽ 4

Zuani

Loc. Giasbana, 12
34070 San Floriano del Collio [GO]
Tel. 0481391432
www.zuanivini.it

藏酒销售
预约参观
膳宿接待
年产量 70 000 瓶
葡萄种植面积 12 公顷

这座酒庄是由帕特利亚（Patrizia Felluga）建立的，位于格斯巴纳区（Giasbana）圣弗罗利诺（San Floriano del Collio）小山坡上。朱阿尼庄园（Zuani）是多年以来酒窖管理和葡萄园种植经验的累积体现，更是卓有能力的酒庄管理者的精心力作。酒庄当初仅凭一款酒进入市场，这是多么需要勇气的行为，在帕特利亚（Patrizia）非常少见。2001年，他与孩子安东尼奥（Antonio）和卡特利纳（Caterina）一起，开始酿制本地特色酒科利奥（Collio）。这款酒有两种酿制方法，一种在不锈钢桶内，另一种则在橡木桶陈化。这两款酒质量不相上下，去年，更丰富更复杂的经橡木桶的版本略胜一筹；而今年，经不锈钢桶陈化的酒则表现更好，散发清爽的薄荷味道，以及细微热带水果香，口感丰郁。

○ Collio Bianco Zuani Vigne '12	▼▼ (red) 3*
○ Collio Bianco Zuani Ris. '10	▼▼ 5
○ Collio Bianco Zuani Vigne '10	▽▽▽ 3
○ Collio Bianco Zuani Vigne '07	▽▽▽ 3
○ Collio Bianco Zuani '08	▽▽ 5
○ Collio Bianco Zuani Ris. '09	▽▽ 5
○ Collio Bianco Zuani Vigne '11	▽▽ 3
○ Collio Bianco Zuani Vigne '09	▽▽ 3
○ Collio Bianco Zuani Vigne '08	▽▽ 3*

Giuseppe e Luigi Anselmi

via Bassi, 16
33050 Pocenia [UD]
Tel. 0432779157
www.vinianselmi.it

藏酒销售
预约参观
年产量 1 000 000 瓶
葡萄种植面积 160 公顷

- ● Collio Cabernet Sauvignon La Reguta '11 🍷🍷 3
- ○ Collio Sauvignon La Reguta '12 🍷🍷 3
- ○ Collio Friulano La Reguta '12 🍷 3
- ○ Collio Pinot Grigio La Reguta '12 🍷 3

Anzelin

via Plessiva, 4
34071 Cormòns [GO]
Tel. 0481639821
www.anzelin.it

藏酒销售
预约参观
年产量 20 000 瓶
葡萄种植面积 9 公顷

- ○ Collio Friulano '12 🍷🍷 3
- ○ Collio Pinot Bianco '12 🍷🍷 3
- ○ Collio Pinot Grigio '12 🍷🍷 3
- ○ Collio Sauvignon '12 🍷🍷 3

Maurizio Arzenton

fraz. Spessa
via Cormons, 221
33043 Cividale del Friuli [UD]
Tel. 0432716139
www.arzentonvini.it

藏酒销售
预约参观
年产量 40 000 瓶
葡萄种植面积 10 公顷

- ○ COF Pinot Grigio '12 🍷🍷 2*
- ○ COF Sauvignon '12 🍷🍷 2*
- ○ COF Chardonnay '12 🍷 2
- ○ COF Pinot Bianco '12 🍷 2

Bajta

via Sales, 108
34010 Sgonico [TS]
Tel. 0402296090
www.bajta.it

年产量 18 000 瓶
葡萄种植面积 4 公顷

- ○ Vitovska '12 🍷🍷 3
- ○ Malvasia '12 🍷 3

La Bellanotte

s.da della Bellanotte, 3
34072 Farra d'Isonzo [GO]
Tel. 0481888020
www.labellanotte.it

藏酒销售
预约参观
年产量 100 000 瓶
葡萄种植面积 12 公顷

- ● Friuli Isonzo Merlot Roja de Isonzo '10 🍷🍷 4
- ○ Armonico '12 🍷 2
- ○ Collio Friulano '12 🍷 3
- ○ Friuli Isonzo Malvasia Istriana '12 🍷 3

Tenuta Beltrame

fraz. Privano
loc. Antonini, 4
33050 Bagnaria Arsa [UD]
Tel. 0432923670
www.tenutabeltrame.it

藏酒销售
预约参观
年产量 80 000 瓶
葡萄种植面积 25 公顷

- ● Friuli Aquileia Merlot Ris. '09 🍷🍷 3*
- ● Cabernet Sauvignon '09 🍷 3
- ● Friuli Aquileia Refosco P. R. '11 🍷 2
- ○ Pinot Grigio '12 🍷 2

Anna Berra

via Ramandolo, 29
33045 Nimis [UD]
Tel. 0432790296
www.annaberra.it

藏酒销售
预约参观
年产量 23 000 瓶
葡萄种植面积 6 公顷

○ Ramandolo Sel. Anna Berra '08	🍷🍷 4
● COF Merlot Sel. Anna Berra Ris. '07	🍷 5
○ COF Ribolla Gialla La Bernadia '12	🍷 2

Blason

via Roma, 32
34072 Gradisca d'Isonzo [GO]
Tel. 048192414
www.blasonwines.com

藏酒销售
预约参观
年产量 60 000 瓶
葡萄种植面积 16 公顷

○ Friuli Isonzo Bruma Bianco '10	🍷🍷 4
○ Friuli Isonzo Pinot Grigio '12	🍷🍷 2*
○ Malvasia '12	🍷🍷 3*
● Friuli Isonzo Bruma Rosso '09	🍷 4

Blazic

loc. Zegla, 16
34071 Cormòns [GO]
Tel. 048161720
www.blazic.it

藏酒销售
预约参观
年产量 15 000 瓶
葡萄种植面积 6. 5 公顷

○ Collio Friulano '12	🍷🍷 3*
○ Collio Bianco '12	🍷🍷 3
○ Collio Malvasia '12	🍷🍷 3
○ Collio Ribolla Gialla '12	🍷🍷 3

Borgo Magredo

loc. Tauriano
via Basaldella, 5
33090 Spilimbergo [PN]
Tel. 0422864511
www.borgomagredo.it

藏酒销售
预约参观
年产量 710 000 瓶
葡萄种植面积 87 公顷

○ Friuli Grave Friulano '12	🍷 2
○ Friuli Grave Pinot Grigio '12	🍷 2
● Friuli Grave Refosco P. R. '12	🍷 2
○ Friuli Grave Sauvignon '12	🍷 2

La Buse dal Lôf

via Ronchi, 90
33040 Prepotto [UD]
Tel. 0432701523
www.labusedallof.com

藏酒销售
预约参观
年产量 100 000 瓶
葡萄种植面积 25 公顷

○ COF Chardonnay '12	🍷🍷 3
○ COF Friulano '12	🍷🍷 3
○ COF Pinot Bianco In Bocca al Lupo '12	🍷🍷 3
● COF Schioppettino di Prepotto '09	🍷🍷 4

Ca' Ronesca

loc. Lonzano, 27
34070 Dolegna del Collio [GO]
Tel. 048160034
www.caronesca.it

藏酒销售
预约参观
年产量 200 000 瓶
葡萄种植面积 52 公顷

○ Collio Friulano '12	🍷🍷 3
○ Collio Pinot Grigio '12	🍷🍷 3
○ Collio Sauvignon '12	🍷🍷 3
○ Collio Sauvignon Podere di Ipplis '11	🍷🍷 3

Fernanda Cappello

S.DA DI SEQUALS, 15
33090 SEQUALS [PN]
TEL. 042793291
www.fernandacappello.it

藏酒销售
预约参观
年产量 60 000 瓶
葡萄种植面积 130 公顷

○ Friuli Grave Chardonnay '12	🍷🍷 2*
● Friuli Grave Merlot '11	🍷🍷 2*
○ Friuli Grave Sauvignon '12	🍷🍷 2*
○ Friuli Grave Pinot Grigio '12	🍷 2

Lino Casella

VIA ALBANA, 55
33040 PREPOTTO [UD]
TEL. 0432713429
lino.casella@libero.it

年产量 16 000 瓶
葡萄种植面积 3.5 公顷

○ COF Friulano '11	🍷🍷 3
● COF Tazzelenghe '10	🍷🍷 3*
● Franconia '10	🍷🍷 3*
● COF Schioppettino di Prepotto '10	🍷 5

Cencig - Borgo dei Sapori

S.DA DI PLANEZ, 60
33043 CIVIDALE DEL FRIULI [UD]
TEL. 0432732477
www.borgodeisapori.net

预约参观
年产量 27 000 瓶
葡萄种植面积 10.5 公顷

○ COF Sauvignon '12	🍷🍷 2*
○ COF Friulano '12	🍷 2

Colli di Poianis

VIA POIANIS, 34A
33040 PREPOTTO [UD]
TEL. 0432713185
www.collidipoianis.com

膳宿接待
年产量 40 000 瓶
葡萄种植面积 11 公顷

○ COF Chardonnay '12	🍷🍷 3
● COF Rosso Ronco della Poiana '10	🍷🍷 4
○ COF Sauvignon '12	🍷 3
● COF Schioppettino di Prepotto '10	🍷 5

Gianpaolo Colutta

VIA ORSARIA, 32A
33044 MANZANO [UD]
TEL. 0432510654
www.coluttagianpaolo.it

藏酒销售
预约参观
年产量 150 000 瓶
葡萄种植面积 30 公顷

○ COF Bianco Prarion '12	🍷🍷 4
● COF Merlot '09	🍷🍷 3
● COF Tazzelenghe '07	🍷🍷 6
○ COF Friulano '12	🍷 3

Conti Formentini

VIA OSLAVIA, 5
34070 SAN FLORIANO DEL COLLIO [GO]
TEL. 0481884131
www.contiformentini.it

藏酒销售
预约参观
年产量 400 000 瓶
葡萄种植面积 85 公顷

○ Collio Pinot Grigio '12	🍷🍷 5
○ Collio Ribolla Gialla Raiade '12	🍷🍷 5
○ Collio Chardonnay '12	🍷 5
○ Collio Friulano Furlanà '12	🍷 5

Le Due Torri

LOC. VICINALE DEL JUDRIO
VIA SAN MARTINO, 19
33040 CORNO DI ROSAZZO [UD]
TEL. 0432759150
www.le2torri.com

藏酒销售
预约参观
年产量 36 000 瓶
葡萄种植面积 7.6 公顷

○ Malvasia '12	2*
○ Friuli Grave Friulano '12	2
○ Friuli Grave Sauvignon '12	2
○ Ribolla Gialla '12	2

Fantin Nodar

LOC. ORSARIA
VIA CASALI OTTELIO, 4
33040 PREMARIACCO [UD]
TEL. 043428735
www.fantinnodar.it

藏酒销售
预约参观
年产量 40 000 瓶
葡萄种植面积 22 公顷

○ COF Bianco Carato '11	3
○ COF Friulano '11	2*
○ COF Verduzzo Friulano '11	3
● COF Merlot '11	2

Le Favole

LOC. TERRA ROSSA
VIA DIETRO CASTELLO, 7
33077 CANEVA [PN]
TEL. 0434735604
www.lefavole.com

藏酒销售
预约参观
膳宿接待
年产量 55 000 瓶
葡萄种植面积 18 公顷

○ Friuli Annia Pinot Grigio '12	2*
● Friuli Annia Cabernet Franc '11	2
○ Friuli Annia Friulano '12	2
○ Friuli Annia Traminer Aromatico '12	2

I Feudi di Romans

LOC. PIERIS
VIA CÀ DEL BOSCO, 16
34075 SAN CANZIAN D'ISONZO [GO]
TEL. 048176445
www.ifeudi.it

藏酒销售
预约参观
年产量 500 000 瓶
葡萄种植面积 120 公顷

○ Malvasia Istriana '12	2*
● Friuli Isonzo Cabernet Franc '11	2
○ Friuli Isonzo Pinot Bianco '12	2
○ Friuli Isonzo Sauvignon '12	2

Forchir

FRAZ. FELETTIS
VIA CODROIPO, 18
33050 BICINICCO [UD]
TEL. 042796037
www.forchir.it

藏酒销售
预约参观
年产量 1 200 000 瓶
葡萄种植面积 226 公顷
葡萄栽培方式 有机认证

● Refoscone '09	3
○ Friuli Grave Pinot Grigio Lamis '12	2
● Friuli Grave Refosco P. R. Manin '11	2
○ Friuli Grave Traminer Aromatico Glere '12	2

Marcello e Marino Humar

LOC. VALERISCE, 2
34070 SAN FLORIANO DEL COLLIO [GO]
TEL. 0481884094
www.humar.it

藏酒销售
预约参观
年产量 100 000 瓶
葡萄种植面积 30 公顷

○ Collio Friulano '12	3
○ Collio Pinot Grigio '12	2
○ Collio Ribolla Gialla '12	2
○ Collio Sauvignon '12	2

Rado Kocjancic

FRAZ. DOLINA
VIA CROGOLE, 11
34018 SAN DORLIGO DELLA VALLE [TS]
TEL. 3483063298
www.radokocjancic.eu

藏酒销售
预约参观
年产量 15 000 瓶
葡萄种植面积 5 公顷

○ Brejanka '09	5
○ Carso Malvasia Dolina '11	2*
● Carso Refosco P. R. '07	5
● Carso Rosso '11	3

Lupinc

FRAZ. PREPOTTO, 11B
34011 DUINO AURISINA [TS]
TEL. 040200848

藏酒销售
预约参观
年产量 15 000 瓶
葡萄种植面积 3 公顷

○ Carso Malvasia '11	3
○ Carso Vitovska '11	3
○ Stara Brajda '11	3*
○ Dulcis in Fundo '11	3

Obiz

B.GO GORTANI, 2
33052 CERVIGNANO DEL FRIULI [UD]
TEL. 043131900
www.obiz.it

藏酒销售
年产量 100 000 瓶
葡萄种植面积 25 公顷

● Friuli Aquileia Merlot Popone '11	2*
○ Friuli Aquileia Friulano '12	2
● Friuli Aquileia Refosco P.R. Teodoro '11	2
○ Friuli Aquileia Traminer Aromatico '12	2

Norina Pez

VIA ZORUTTI, 4
34070 DOLEGNA DEL COLLIO [GO]
TEL. 0481639951
www.norinapez.it

藏酒销售
预约参观
年产量 40 000 瓶
葡萄种植面积 7 公顷

○ Collio Friulano '12	2*
○ Collio Pinot Grigio '12	2*
● Collio Rosso El Neri di Norina '08	5
○ Collio Sauvignon '12	2*

Piè di Mont

LOC. PIEDIMONTE DEL CALVARIO
VIA MONTE CALVARIO, 30
34170 GORIZIA
TEL. 0481391338
www.piedimont.it

藏酒销售
预约参观
年产量 10 000 瓶
葡萄种植面积 1. 2 公顷

○ Brut Cuvée Mill. '09	6

Pighin

FRAZ. RISANO
V.LE GRADO, 1
33050 PAVIA DI UDINE [UD]
TEL. 0432675444
www.pighin.com

藏酒销售
预约参观
年产量 1 000 000 瓶
葡萄种植面积 180 公顷

● Collio Merlot '10	3
○ Collio Chardonnay '12	3
○ Collio Pinot Grigio '12	3
● Friuli Grave Rosso Ris. '09	3

Tenuta Pinni

via Sant'Osvaldo, 3
33098 San Martino al Tagliamento [PN]
Tel. 0434899464
www.tenutapinni.com

藏酒销售
预约参观
年产量 35 000 瓶
葡萄种植面积 20.7 公顷

○ Chardonnay '12	🍷🍷 2*
○ Pinot Grigio '12	🍷🍷 2*
● Refosco P.R. '11	🍷 2
○ Sauvignon '12	🍷 2

Pitars

via Tonello, 10
33098 San Martino al Tagliamento [PN]
Tel. 043488078
www.pitars.it

藏酒销售
预约参观
年产量 250 000 瓶
葡萄种植面积 125 公顷

○ Friuli Grave Bianco Sèris '11	🍷 3
○ Friuli Grave Pinot Grigio '12	🍷 2
○ Friuli Grave Ribolla Gialla '12	🍷 2
○ Tureis '10	🍷 3

Polje

loc. Novali, 11
34071 Cormòns [GO]
Tel. 047160660
www.polje.com

藏酒销售
预约参观
年产量 22 400 瓶
葡萄种植面积 12 公顷

○ Collio Friulano '12	🍷🍷 3
○ Malvasia '12	🍷🍷 3
○ Collio Ribolla Gialla '12	🍷 3
○ Collio Sauvignon '12	🍷 3

Flavio Pontoni

via Peruzzi, 8
33042 Buttrio [UD]
Tel. 0432674352
www.pontoni.it

藏酒销售
预约参观
膳宿接待
年产量 30 000 瓶
葡萄种植面积 4.5 公顷

○ COF Chardonnay '12	🍷🍷 2*
○ COF Friulano '12	🍷🍷 2*
○ COF Pinot Grigio '12	🍷🍷 2*
● Refosco P. R. '11	🍷 2

Principi di Porcia e Brughera

via Castello, 12
33080 Porcia [PN]
Tel. 0434631001
www.porcia.com

藏酒销售
预约参观
年产量 450 000 瓶
葡萄种植面积 140 公顷

○ Principe Serafino '09	🍷🍷 2*
○ Friuli Grave Pinot Grigio '12	🍷 1*
● Friuli Grave Refosco P. R. Conte di Porcia '08	🍷 3

Pradio

loc. Felettis
via Udine, 17
33050 Bicinicco [UD]
Tel. 0432990123
www.pradio.it

藏酒销售
预约参观
年产量 300 000 瓶
葡萄种植面积 33 公顷

○ Friuli Grave Chardonnay Teraje '12	🍷🍷 2*
○ Friuli Grave Pinot Grigio Priara '12	🍷🍷 2*
● Friuli Grave Cabernet Sauvignon Crearo '11	🍷 2

Puiatti - Tenimenti Angelini

LOC. ZUCCOLE, 4
34076 ROMANS D'ISONZO [GO]
TEL. 0481804101
www.puiatti.com

预约参观
年产量 500 000 瓶
葡萄种植面积 50 公顷

○ Blanc de Blancs Extra Brut	🍷🍷 3
○ Oltre il Metodo Extra Brut '06	🍷🍷 5
○ Chardonnay Emozioni '12	🍷 3
● Pinot Nero Pur '12	🍷 3

Il Roncat - Giovanni Dri

LOC. RAMANDOLO
VIA PESCIA, 7
33045 NIMIS [UD]
TEL. 0432790260
www.drironcat.com

藏酒销售
预约参观
年产量 50 000 瓶
葡萄种植面积 10 公顷

● COF Pignolo Monte dei Carpini '08	🍷🍷 5
● COF Rosso Il Roncat '06	🍷🍷 4
● COF Refosco P.R. '09	🍷 3
○ Ramandolo '10	🍷 5

Ronco dei Folo

VIA DI NOZZOLE, 12
33020 PREPOTTO [UD]
TEL. 055859811
www.tenutefolonari.com

预约参观
年产量 50 000 瓶
葡萄种植面积 25 公顷

○ Collio Friulano '12	🍷🍷 2*
○ Collio Sauvignon '12	🍷🍷 2*
○ Collio Pinot Grigio '12	🍷 3
○ Collio Ribolla Gialla '12	🍷 3

Ronco Margherita

VIA UDINE, 40
33044 MANZANO [UD]
TEL. 0427949809
www.roncomargherita.it

藏酒销售
预约参观
年产量 100 000 瓶
葡萄种植面积 40 公顷

○ COF Chardonnay '12	🍷🍷 3
● COF Merlot '11	🍷🍷 3
● COF Rosso Ovalis '09	🍷🍷 4
○ Ribolla Gialla Brut '12	🍷🍷 3

San Simone

LOC. RONDOVER
VIA PRATA, 30
33080 PORCIA [PN]
TEL. 0434578633
www.sansimone.it

藏酒销售
预约参观
年产量 900 000 瓶
葡萄种植面积 85 公顷

○ Friuli Grave Pinot Grigio Case Sugan '12	🍷🍷 2*
○ Friuli Grave Friulano Case Sugan '12	🍷 2
○ Friuli Grave Pinot Grigio '12	🍷 2
● Friuli Grave Refosco P. R. Re Sugano '11	🍷 2

Scarbolo

FRAZ. LAUZACCO
V.LE GRADO, 4
33050 PAVIA DI UDINE [UD]
TEL. 0432675612
www.scarbolo.com

藏酒销售
预约参观
膳宿接待
年产量 160 000 瓶
葡萄种植面积 30 公顷

○ Friuli Grave Bianco My Time '10	🍷🍷 4
● Friuli Grave Refosco P. R. '09	🍷🍷 4
● Friuli Grave Merlot '11	🍷 3
○ Friuli Grave Sauvignon '12	🍷 2

Cardinali

POD. MONTEPASCOLO
29014 CASTELL'ARQUATO [PC]
TEL. 0523803502
www.cardinalidoc.it

藏酒销售
预约参观
年产量 30 000 瓶
葡萄种植面积 7 公顷

自20世纪70年代以来，离卡斯特尔阿奎亚托（Castell'arquato）村庄不远的小酒庄就由卡蒂纳利（Cardinali）家族管理。阿尔伯托（Alberto）和劳拉卡蒂纳利（Laura Cardinali）最开始只是普通的城市居民，但随着时间的推移，他们开始成为真正的种植者，并致力于那7公顷葡萄园的种植和对大自然的尊重。因此，他们所酿制的葡萄酒也是对当地风俗的真实体现，精心挑选，方向一致——他们的努力使酒庄让人印象深刻。富含当地风土气息的卡拉帝纳利（Gutturnios di Cardinali)是丰富的矿物质和肥沃的土壤的体现，展示了其勇敢和质朴的品质。由伯纳达（Bonarda）和巴贝拉（Barbera）混酿而成的尼池奥2011（Nicchio 2011）则是口感丰富，矿物质含量充足，酸度适中。优雅的顶级佳图丽诺2012（Gutturino Superiore 2012）向我们展示了柔软的口感张力。

● C. P. Gutturnio Cl. Nicchio '11	🍷🍷 3
● C. P. Gutturnio Frizzante Tomà '12	🍷🍷 2*
● C. P. Gutturnio Sup. '12	🍷🍷 3
○ C. P. Monterosso Val d'Arda Solata '11	🍷🍷 2*
○ Moscato V. T. '11	🍷🍷 3
● C. P. Cabernet Sauvignon Ronchello '01	ΥΥ 3
● C. P. Gutturnio Cl. Nicchio '09	ΥΥ 3
● C. P. Gutturnio Cl. Nicchio '07	ΥΥ 3*
● C. P. Gutturnio Cl. Nicchio '06	ΥΥ 3*
● C. P. Gutturnio Cl. Nicchio '03	ΥΥ 3*
● C. P. Gutturnio Cl. Torquato Ris. '05	ΥΥ 4
● C. P. Gutturnio Cl. Torquato Ris. '04	ΥΥ 4
● C. P. Gutturnio Frizzante Tomà '10	ΥΥ 2*
○ C. P. Monterosso Val d'Arda Solata '10	ΥΥ 2*
○ C. P. Monterosso Val d'Arda Solata '07	ΥΥ 2*
○ Moscato V. T. '09	ΥΥ 3

Casetto dei Mandorli

LOC. PREDAPPIO ALTA
VIA UMBERTO I, 21
47010 PREDAPPIO [FC]
TEL. 0543922361
www.vini-nicolucci.it

藏酒销售
预约参观
年产量 60 000 瓶
葡萄种植面积 12 公顷

亚历山德罗•尼古拉奇（Alessandro Nicolucci）继承了其优秀的家族传统，体现了酿酒师对现代趋势的独特看法和立场，他们把重心放在对经典、值得信赖的葡萄酒的酿造上，普通维格纳（Vigna del Generale）便是个完美的例子。它展现了极少数圣乔维斯（Sangiovese）窖酿酒能达到的高雅。这款葡萄酒含有独特的矿物质和水果的芳香，这正是肥沃土壤的反映。普雷达皮•奥阿尔塔（Predappio Alta）是罗马涅（Romagna）葡萄栽培的典型代表，自从18世纪以来，每公顷7 000株的种植方法十分常见。种植经典的桑娇维塞（Sangiovese）品种和一种椭圆形的浆果，并酿制成珍贵的葡萄酒。经过了艰难的年份，维纳德2010（Vigna del Generale 2010）向我们展现出经典和优雅，它的优异表现有赖于葡萄品种本身的高质和独特，散发新鲜蔬菜的香气，不愧为优秀的普雷达皮奥产区（Predappio）葡萄园的品质象征。三洛克2012（Tre Rocche 2012）优雅高贵，具有典型特色，质朴，口感优良。

● Sangiovese di Romagna Sup. del Generale Ris. '10	🍷🍷🍷 5
● Nero di Predappio '11	🍷🍷 5
● Sangiovese di Romagna Sup. Tre Rocche '12	🍷🍷 3
● Sangiovese di Romagna Sup. V. del Generale Ris. '08	ΥΥΥ 5
● Sangiovese di Romagna V. del Generale Ris. '09	ΥΥΥ 5
● Sangiovese di Romagna V. del Generale Ris. '05	ΥΥΥ 4
● Sangiovese di Romagna Sup. Tre Rocche '09	ΥΥ 3
● Sangiovese di Romagna Sup. Tre Rocche '07	ΥΥ 3*
● Sangiovese di Romagna V. del Generale Ris. '07	ΥΥ 3*

Castelluccio

LOC. POGGIOLO DI SOTTO
VIA TRAMONTO, 15
47015 MODIGLIANA [FC]
TEL. 0546942486
www.ronchidicastelluccio.it

藏酒销售
预约参观
参观设施
年产量 100 000 瓶
葡萄种植面积 16 公顷

卡斯泰卢乔（Castelluccio）酒庄是罗马涅区（Romagna）最早的酿酒商之一，向世人展示了罗马涅区（Romagna）也可以酿造优质葡萄酒。据说他们的朗科（Ronco）瓶装酒是那么微细、优雅，安静地在地窖里陈年，时至今日还广受消费者的喜爱。20世纪70年代，酒庄由巴尔迪家族（Baldi）创立，从1999年起，酒庄由维托利奥菲奥里（Vittorio Fiore）管理，并开始酿制葡萄酒。纤细的朗科酒，葡萄产自沙石泥灰土质，优雅独特，富有个性。活力四射的朗科吉奈特2008（Ronco Delle Ginestre 2008）气质优雅，口感丰富饱满，单宁柔和。而乐莫2012（Le More 2012）则水果香味馥郁、口感干爽、收结干净。赤霞珠玛斯科尼2009（Massicone 2009）过于直接简单。重质型的朗科西列2008（Ronco dei Ciliegi 2008）则缺乏表现土壤特性。

● Massicone '09	🍷🍷 3
● Ronco delle Ginestre '08	🍷🍷 4
● Sangiovese di Romagna Le More '12	🍷🍷 2*
● Ronco dei Ciliegi '08	🍷 3
● Massicone '01	🍷🍷🍷 5
● Ronco dei Ciliegi '02	🍷🍷🍷 5
● Ronco dei Ciliegi '00	🍷🍷🍷 5
● Ronco delle Ginestre '90	🍷🍷🍷 5
● Massicone '06	🍷🍷 4
● Massicone '03	🍷🍷 5
● Massicone '02	🍷🍷 5
● Massicone '00	🍷🍷 5
● Ronco dei Ciliegi '03	🍷🍷 5
● Ronco dei Ciliegi '01	🍷🍷 5
● Ronco delle Ginestre '02	🍷🍷 5
● Ronco delle Ginestre '00	🍷🍷 5

Cavicchioli U. & Figli

VIA CANALETTO, 52
41030 SAN PROSPERO [MO]
TEL. 059812411
www.cavicchioli.it

藏酒销售
预约参观
年产量 10 000 瓶
葡萄种植面积 100 公顷

2010年，意大利葡萄酒集团（Gruppo Italiano Vini）收购了卡维奇奥里（Cavicchioli）酒庄，继续聘请桑德罗（Sandro）和克劳迪奥（Claudio）兄弟来管理酒庄，以确保延续产品质量和管理经验。酒庄在合作运营后一直稳健发展，在葡萄酒质量得到提高的同时，酒庄也得以盈利。卡维奇奥里（Cavicchioli）酒庄是酿造经典蓝沐斯（Lambruscos）旗帜性的企业。尤其是索巴拉（Sorbara）地区的蓝沐斯（Lambruscos），已经成为酒庄过去的30年酿酒历史密不可分的一部分。今年索巴拉（Sorbara）产区的葡萄获得大丰收，这使得唯纳斯2012（Vigna del Cristo2012）比往年表现更好，酸度适中、略带咸味、陈年后表现更佳，带有粉红水果香气以及矿物香，余韵有玫瑰和陨石味道，酒体圆润，口感复杂强烈。圆滑的唯纳斯桃红2010（Rosé del Cristo 2010）带有花香，苹果和梨等水果香气，余味有海水味道。

● Lambrusco di Sorbara V. del Cristo '12	🍷🍷🍷 2*
⊙ Rosé del Cristo Brut Rosé '10	🍷🍷 5
● Lambrusco di Modena 1928 '12	🍷🍷 2*
● Lambrusco di Sorbara Secco Marchio Storico '12	🍷🍷 2*
● Lambrusco di Sorbara V. del Cristo '11	🍷🍷🍷 2*
● Lambrusco di Sorbara Rifermentazione Ancestrale Francesco Bellei '09	🍷🍷 4
● Lambrusco di Sorbara Rifermentazione Ancestrale Francesco Bellei '08	🍷🍷 4
● Lambrusco di Sorbara Secco Marchio Storico '11	🍷🍷 2*
● Lambrusco di Sorbara V. del Cristo '10	🍷🍷 3*
● Lambrusco di Sorbara V. del Cristo '08	🍷🍷 2*
● Lambrusco di Sorbara V. del Cristo '07	🍷🍷 2*

Celli

VIA CARDUCCI, 5
47032 BERTINORO [FC]
TEL. 0543445183
www.celli-vini.com

藏酒销售
预约参观
年产量 270 000 瓶
葡萄种植面积 30 公顷

西里（Sirri）和卡萨黛（Casadei）家族管理着这个历史悠久的酒窖，其出品的葡萄酒价格昂贵，质量精湛，即使最低端的品类也同样要求甚高，这是他们的传统。位于贝尔蒂诺罗（Bertinoro）区30公顷的葡萄庄园，部分为个人拥有，其余为租借。该地区的海底凝灰岩使其土壤石灰含量丰富。酒庄所出品的葡萄酒经典，品质优良，值得信赖，使其拥有很多长期的合作伙伴。作为酒庄的公众形象推广人，莫罗西里（Mauro Sirri）一直将重心放在当地酒庄的发展上，进一步扩大酒庄的影响力。瑟科•洛皮2012（Secco Croppi 2012）由经典传统的阿尔巴纳（Albana）酿造而成，单宁精致完美，并以适度的酸度补充其干爽的口感，芳香沁人。而乐格利艾2012（Le grillaie 2012）则由简朴经典的圣乔维斯（Sangiovese）酿制而成，口感优雅独特，其新鲜丰富的水果味让人回味无穷。

○ Albana di Romagna Dolce Le Querce '12	🍷🍷 2*
○ Albana di Romagna Passito Solara '11	🍷🍷 4
○ Albana di Romagna Secco I Croppi '12	🍷🍷 2*
● Sangiovese di Romagna Sup. Le Grillaie '12	🍷🍷 2*
○ Albana di Romagna Passito Solara '08	🍷🍷 3
○ Albana di Romagna Secco I Croppi '10	🍷🍷 2*
○ Albana di Romagna Secco I Croppi '09	🍷🍷 2*
○ Albana di Romagna Secco I Croppi '08	🍷🍷 2*
○ Albana di Romagna Secco I Croppi '07	🍷🍷 2*
○ Albana di Romagna Secco I Croppi '05	🍷🍷 2*
● Sangiovese di Romagna Sup. Le Grillaie '09	🍷🍷 2*
● Sangiovese di Romagna Sup. Le Grillaie Ris. '08	🍷🍷 2

Umberto Cesari

VIA STANZANO, 1120
40024 CASTEL SAN PIETRO TERME [BO]
TEL. 051941896
www.umbertocesari.it

藏酒销售
预约参观
年产量 3 000 000 瓶
葡萄种植面积 280 公顷
葡萄栽培方式 认证种植

在国外市场，罗马涅（Romagna）的奥姆博尔特•西萨利（Umberto Cesari）酒庄几乎无人不知。它是经过多年的投资和奔波筹备才建成的，酒庄保持着古老的葡萄酒酿制传统，并长期专注于当地的文化。酒庄的主人既有农民朴实的心灵，又有商人精明的头脑。酒庄的葡萄酒从深层意义上阐述了罗马涅（Romagna）地区的特色，又恰到好处地将传统的地域特色和国际前沿风格融合在一起，酿造出的葡萄酒既饱满深厚，又不乏对葡萄酒传统特色的表达。今年向我们呈现的葡萄酒普遍酒体结构良好，单宁紧致，橡木味明显，这些特点似乎能在全球消费市场吃得香，但是地域特征表现不够明显。罗伦托2010（Laurento 2010）给人温暖的感觉，带有干燥香草及红色浆果味道，口腔内充满新鲜水果味。

● Sangiovese di Romagna Laurento Ris. '10	🍷🍷 3
○ Liano '10	🍷 4
● Sangiovese di Romagna Sup. Ca' Grande '12	🍷 2
● Tauleto '07	🍷 6
● Liano '09	🍷🍷 5
● Liano '05	🍷🍷 4
● Moma Rosso '04	🍷🍷 2*
● Polvere di Stelle '01	🍷🍷 8
● Sangiovese di Romagna Laurento Ris. '09	🍷🍷 3
● Sangiovese di Romagna Ris. '06	🍷🍷 3*
● Tauleto Sangiovese '05	🍷🍷 6
● Tauleto Sangiovese '04	🍷🍷 5
● Tauleto Sangiovese '04	🍷🍷 5
● Tauleto Sangiovese '01	🍷🍷 5

Chiarli 1860

via Daniele Manin, 15
41100 Modena
Tel. 0593163311
www.chiarli.it

藏酒销售
年产量 900 000 瓶
葡萄种植面积 100 公顷

奇埃尔利家族（Chiarli）的酿酒历史可追溯到19世纪。1860年，其家族曾对意大利葡萄酒业发挥了重要作用。奇埃尔利家族在当地还有很大的影响力，例如由安瑟尔莫（Anselmo）和毛罗•奇埃尔利（Mauro Chiarli）成立的新型现代酒窖专门酿造葡萄酒，增加了摩德纳（Modena）的传统葡萄酒品类，使得摩德纳（Modena）产区的葡萄酒年产量达到2500万瓶。新型协会科利托农业酒庄联盟（Cleto Chiarli Tenute Agricole）在短短几年内重新诠释了蓝沐斯（Lambrusco）葡萄酒的定义。经瓶内陈化的方达托利2012（Fondatore 2012）乃索巴拉蓝沐斯葡萄酒（Lambrusco di Sorbara），香气细致，酒体、口感、余味俱表现独特，带有苦涩橙子味道和泥土气息。

● Lambrusco di Sorbara del Fondatore '12	🍷🍷🍷 3*
● Lambrusco Grasparossa di Castelvetro Villa Cialdini '12	🍷🍷 2*
● Lambrusco di Sorbara Vecchia Modena Premium '12	🍷🍷 2*
● Lambrusco Grasparossa di Castelvetro Centenario '12	🍷🍷 2*
● Lambrusco Grasparossa di Castelvetro Vign. Enrico Cialdini '12	🍷🍷 2*
● Lambrusco di Sorbara Centenario 1860-1960 '12	🍷 2
● Lambrusco di Sorbara del Fondatore '11	🍷🍷🍷 2*
● Lambrusco di Sorbara del Fondatore '09	🍷🍷🍷 2*
● Lambrusco di Sorbara Vecchia Modena Premium '10	🍷🍷🍷 2*
● Lambrusco di Sorbara Vecchia Modena Premium '08	🍷🍷🍷 2*

La Collina

via Paglia, 19
48013 Brisighella [RA]
Tel. 054683110
www.lacollina-vinicola.com

藏酒销售
年产量 17 000 瓶
葡萄种植面积 4 公顷

2002年，安德烈•艾格利（André Eggli）离开了家乡瑞士，到罗马涅（Romagna）定居，完成自己的酿酒梦想，而且挑战困难的风土条件——表现为土壤开始流失，黏土分散，逐渐变成贫瘠的沙石性泥灰土。弗朗科（Francesco Bordini）是协助管理葡萄园和酒窖的顾问，致力于酿造风格独特、气质鲜明的葡萄酒，口感爽脆、水果香明显。拉科尔利那酒庄（La Collina）也生产布里西盖拉产区（Brisighella）优质特级初榨橄榄油。由单一葡萄圣乔维斯（Sangiovese）酿造的吉沃维塔2011（Sangiovita 2011）口感紧致，酸度适好，回味有柑橘类香气。

● Cupola '10	🍷🍷 4
● Sangiovita '11	🍷🍷 3
● Colli di Faenza Sangiovese Cupola '06	🍷🍷 5
● Colli di Faenza Sangiovese Cupola '05	🍷🍷 5
● Colli di Faenza Sangiovese Cupola '04	🍷🍷 5
● Cupola '09	🍷🍷 4
● Cupola '08	🍷🍷 4
● Cupola '07	🍷🍷 5
● Sangiovese di Romagna Sup. Cupola '03	🍷🍷 3
● Sangiovita '10	🍷🍷 3
● Sangiovita '09	🍷🍷 3

Condè

via Lucchina, 27
47016 Predappio [FC]
Tel. 0543940860
www.conde.it

藏酒销售
餐饮接待
年产量 250 000 瓶
葡萄种植面积 80 公顷

弗朗西斯科•康德罗（Francesco Condello）和女儿奇亚拉（Chiara）的收购计划是罗马涅（Romagna）最令人印象深刻的计划之一。他们从20多个所有者手中购置土地，并将这些土地合起来建成一座100公顷的庄园。由费德里克•科尔塔兹（Federico Curtaz）为康德罗（Condello）提供咨询意见，他种植80公顷的圣乔维斯（Sangiovese），全部用来酿酒。目前，他又建造了一个类似经典罗马涅（Romagna）风格的地下酒窖。目标的长期一致开始产生效果。最初的圣乔维斯葡萄（Sangiovese）已经不再种植，只保留了顶级（Superiore)和陈酿（Riserva）系列，正为下一年的酿造做准备。总是让人难忘的风格明晰的顶级2011葡萄酒（Superiore 2011）显示了其独特的精致和优雅；尽管不是最让人印象深刻的葡萄酒，但它的优秀依旧备受称赞。

● Sangiovese di Romagna Sup. '11	🍷🍷 2*
● Sangiovese di Romagna '09	🍷🍷 2
● Sangiovese di Romagna Capsula Nera '10	🍷🍷 2*
● Sangiovese di Romagna Sup. '09	🍷🍷 2*
● Sangiovese di Romagna Sup. Condè Capsula Blu Ris. '09	🍷🍷 5
● Sangiovese di Romagna Sup. Condè Capsula Rossa '10	🍷🍷 3
● Sangiovese di Romagna Sup. Ris. '08	🍷🍷 2*

Leone Conti

loc. Santa Lucia
via Pozzo, 1
48018 Faenza [RA]
Tel. 0546642149
www.leoneconti.it

藏酒销售
预约参观
年产量 80 000 瓶
葡萄种植面积 17 公顷

利昂•康帝（Leone Conti）的葡萄庄园位于凉爽的山麓之中，那里土壤肥沃，是阿尔巴纳（Albana）和白葡萄的理想种植地，有了他侄子的帮助更是如虎添翼，酿造出了康帝的招牌酒。葡萄园主要种植阿尔巴纳（Albana），它风格成熟，小心细致，康帝（Conti）酒庄的探索酿造和实验周期漫长。酒庄的产品质量可靠，风格统一。目前的研究和生产主要集中在冷门葡萄上，但对整个区域的葡萄保持时刻关注。充满能量、有深度却温婉可人的坎第利赛华2009（Contiriserva 2009）带有泥土气息以及香甜的橡木味。

● Sangiovese di Romagna Sup. Contiriserva Ris. '09	🍷🍷 4
○ Albana di Romagna Secco Progetto 1 '12	🍷🍷 3
○ Anghingò '11	🍷🍷 3
○ Oro et Laboro	🍷🍷 5
● Sangiovese di Romagna Sup. Never Walk Alone '12	🍷🍷 2*
○ LeOne '11	🍷 3
○ Albana di Romagna Passito Nontiscordardime '07	🍷🍷🍷 6
○ Albana di Romagna Progetto 1 '08	🍷🍷 2*
○ Albana di Romagna Secco Progetto 1 '10	🍷🍷 2*
○ Albana di Romagna Secco Progetto 1 '09	🍷🍷 2*
● Arcolaio '03	🍷🍷 4
● Colli di Faenza Rosso Le Ghiande '03	🍷🍷 3*
● Sangiovese di Romagna '09	🍷🍷 2*
● Sangiovese di Romagna Sup. Contiriserva Ris. '06	🍷🍷 4

Cantine Cooperative Riunite

via G. Brodolini, 24
42040 Campegine [RE]
Tel. 0522905711
www.riunite.it

年产量 65 000 000 瓶
葡萄种植面积 3 700 公顷

意大利葡萄酒集团（Gruppoltaliano Vini）下属的里欧尼特（Riunite）联营酒庄，拥有2 600名种植成员，总面积3 700公顷的葡萄园以及散布在雷焦艾米利亚（Reggio Emilia）和摩德纳（Modena）之间的9个酒窖。这里是意大利葡萄酒规模最大的生产商。尽管规模庞大，当地种植者一直保护着它的灵魂和价值，从创始人科拉多卡索利（Corrado Casoli）开始，这种指导思想一直延续至今。随着种植面积的不断扩张，种植者更注重对小型阿尔比内亚卡纳利联营酒庄（Albinea）的投资，使酒庄成为高质量产品的“实验室”。里欧尼特（Riunite）酒庄的产品价格相对合理，质量也非常平稳，值得信赖。采用索巴拉（Sorbara）酿成的梅多特2012（Metodo Ancestrale 2012）纯净优雅，酒色正，清香怡人，味道独特。佛格利红葡萄酒2012（Foglie Rosse 2012）朴实无华，果味丰富，口感宽泛平衡。

● Lambrusco Emilia Metodo Ancestrale Albinea Canali '12	🍷🍷 3*
● Lambrusco Chiaro della Falconaia Albinea Canali '12	🍷🍷 2*
● Colli di Scandiano e di Canossa Albore Gasparossa Codarossa Albinea Canali '12	🍷🍷 2*
● Ottocento Nero Lambrusco Albinea Canali '12	🍷🍷 2*
● Reggiano Foglie Rosse Albinea Canali '12	🍷🍷 2*
● Reggiano Lambrusco Secco dell'Olma '12	🍷🍷 2*
● Lambrusco Grasparossa di Castelvetro Il Fojonco '12	🍷 2
⊙ Reggiano Lambrusco Cuvée 1950 '12	🍷 2
⊙ Reggiano Lambrusco Rosato Secco '12	🍷 2
● Lambrusco Emilia Vivante '11	🍸🍸 2*

Corte Manzini

loc. Cà di Sola di Castelvetro
via per Modena, 131/3
41014 Castelvetro di Modena [MO]
Tel. 059702658
www.cortemanzini.it

藏酒销售
预约参观
餐饮接待
年产量 85 000 瓶
葡萄种植面积 12 公顷

曼兹尼家族（Manzinis）一直都是葡萄栽培的典范，伊米莉亚（Emilia）别出心裁，有了新的尝试，酒庄自酿葡萄酒，创立自己的风格。12公顷的葡萄园在摩德纳（Modena）第一群山脉中，种植日益增长的格斯柏索拉（Grasparossa）葡萄，由格斯柏索拉（Grasparossa）所酿制的葡萄酒单宁感突出，口感清新优雅。我们品鉴到具有动物性灵魂的伯拉罗萨2012（Bolla Rossa 2012），带有深层丰富的水果香，入口呈乡村气质，口感纤细、干爽。赛科2012（Secco 2012）则带有紫罗兰、牵牛花、红茶以及苦涩橙皮的味道，单宁活跃紧致。

● Lambrusco Grasparossa di Castelvetro Secco '12	🍷🍷 2*
● Lambrusco Grasparossa di Castelvetro Secco Bolla Rossa '12	🍷🍷 2*
⊙ Lambrusco Grasparossa di Castelvetro Secco Fior di Lambrusco '12	🍷🍷 2*
● Lambrusco Grasparossa di Castelvetro Amabile '11	🍸🍸 2*
⊙ Lambrusco Grasparossa di Castelvetro Fior di Lambrusco '11	🍸🍸 2*
● Lambrusco Grasparossa di Castelvetro Secco Bolla Rossa '11	🍸🍸 2*

Costa Archi

loc. Serra
via Rinfosco, 1690
48014 Castel Bolognese [RA]
Tel. 3384818346
costaarchi.wordpress.com

藏酒销售
预约参观
年产量 15 000 瓶
葡萄种植面积 13 公顷

加布里•苏琦（Gabriele Succi）的葡萄园面积为13公顷，分布在卡斯特尔波伦亚（Castel Bolognese）山丘上的两个独立的地块，其中本尼费欧（Beneficio）庄园位于海拔80米的小高地，而蒙特布鲁洛（Monte Brullo）庄园海拔更高一些。两块分区的土壤都是经过改造的，掺杂了少量淤泥和沙子的红色石灰石黏土。苏琦（Succi）的目标是生产更强劲的葡萄酒，他正钻研圣乔维斯（Sangiovese）新的风格来表达其优雅的特色和口感。蒙特布鲁洛 2009（Monte Brullo 2009）是当地肥沃土壤的最好证明，体现了罗马涅北山黏土土壤的质优。干爽精益，斑驳有致，酒色成色好，水果味独特；其口感柔软均匀，表现其独特的性格。

● Sangiovese di Romagna Sup. Monte Brullo Ris. '09	🍷🍷 2*
● Sangiovese di Romagna Sup. Assiolo '11	🍷🍷 2*
● Colli di Faenza Prima Luce '09	🍷🍷 2*
● Colli di Faenza Prima Luce '07	🍷🍷 2*
● Il Beneficio '08	🍷🍷 2*
● Prima Luce '05	🍷🍷 2*
● Sangiovese di Romagna Sup. Assiolo '10	🍷🍷 2*
● Sangiovese di Romagna Sup. Assiolo '07	🍷🍷 2*
● Sangiovese di Romagna Sup. Il Beneficio '05	🍷🍷 2*
● Sangiovese di Romagna Sup. Monte Brullo Ris. '08	🍷🍷 2*

Denavolo

loc. Gattavera
fraz. Denavolo
29020 Travo [PC]
Tel. 3356480766
denavolo@gmail.com

藏酒销售
年产量 15 000 瓶
葡萄种植面积 3 公顷

位于凡尔特雷比亚（Val Trebbia）上游的德纳维洛（Denavolo）酒庄，遵循该山谷地带的传统，只种植白葡萄，例如，奥图戈（Ortrugo）、马尔瓦西亚坎迪亚芳香（Malvasia di Candia Aromatica）、罗马涅扎比安奴（Trebbiano Romagnolo）和马尔萨那（Marsanne）等。朱利奥阿玛尼（Giulioarmani）凭借其高超的管理能力，以自己的方式，采用长时间浸渍的酿酒方法酿酒。产出的葡萄酒结构复杂，香气丰富，充满活力且清新可口。白葡萄酒口感非凡，在拥有良好平衡的前提下完好保留自身特质和魅力。卡塔维拉2012（Catavela 2012）带有花香、葡萄柚和李子等混合香气，酸度适中，令人满意，美味爽口。德纳维洛2009（Denavolo 2009）则香味更千变万化，黄桃、红茶、野草药和咖喱味等多重味道，层次分明，长期浸渍的单宁，酸度适宜，口感爽脆。

○ Catavela '12	🍷🍷 2*
○ Dinavolo '09	🍷🍷 4
○ Catavela '11	🍷🍷 2*
○ Dinavolino '10	🍷🍷 2*
○ Dinavolino '09	🍷🍷 2*
○ Dinavolo '10	🍷🍷 4
○ Dinavolo '08	🍷🍷 4
○ Dinavolo '07	🍷🍷 4
○ Dinavolo '06	🍷🍷 5
○ Dinavolo '05	🍷🍷 5

Camillo Donati

LOC. AROLA, 32
43013 LANGHIRANO [PR]
TEL. 0521637204
camillo@camillodonati.it

藏酒销售
预约参观
年产量 70 000 瓶
葡萄种植面积 11 公顷
葡萄栽培方式 有机认证

卡米洛•东纳迪（CamilloDonati）始终把他的工作、他的葡萄园作为生活的重心，并激情满满。他坚信大自然赋予的土地是用来造福人类的，作为文化和古老的信仰，葡萄酒是需要分享和共同认识的。人们争相排队去他的酒窖买酒令他感到格外高兴；他对狩猎的热情绝不输于对大自然循环的热爱；他时刻准备接受收获，无论大自然赋予他什么，他都欣然接受。他和侄女米娜（Minia）共同管理着占地11公顷的酒庄，其瓶内发酵的葡萄酒深受消费者喜爱，让人欣喜。拉米亚2012（La Mia Barbera 2012）是一款让人兴奋的葡萄酒，口感香醇，果味浓郁，风格明晰，花香馥郁，含有矿物质味道。

● Il Mio Lambrusco '12	🍷🍷 2*
● La Mia Barbera '12	🍷🍷 2*
○ Il Mio Malvasia '11	🍷🍷 2*
⊙ Il Mio Malvasia Rosa '12	🍷🍷 2*
○ Il Mio Sauvignon '12	🍷🍷 2*
○ Il Mio Trebbiano '12	🍷🍷 2*
● Il Mio Lambrusco '10	🍷🍷 2*
○ Il Mio Malvasia '10	🍷🍷 2*
○ Il Mio Malvasia '09	🍷🍷 2*
⊙ Il Mio Malvasia Rosa '10	🍷🍷 2
○ Il Mio Sauvignon '09	🍷🍷 2*
○ Il Mio Sauvignon '08	🍷🍷 2*
○ Il Mio Sauvignon '07	🍷🍷 2*
○ Il Mio Trebbiano '09	🍷🍷 2*
● La Mia Barbera '10	🍷🍷 2*
● La Mia Barbera '08	🍷🍷 2*

Drei Donà Tenuta La Palazza

LOC. MASSA DI VECCHIAZZANO
VIA DEL TESORO, 23
47100 FORLÌ
TEL. 0543769371
www.dreidona.it

藏酒销售
预约参观
年产量 130 000 瓶
葡萄种植面积 27 公顷

尽管酿酒经验始于1981年，德雷东纳（Drei Donà）家族的酒庄仍然与罗马涅区（Romagna）的渊源很深。克劳迪奥（Claudio）多年来始终坚持高质量酿酒，并精心经营位于唯查诺（Vecchiazzano）的家族酒庄。酒庄生产的葡萄酒展示了一致的风格，紧致深度的口感，丰富成熟的单宁，在该地区一直独占鳌头。普路诺2010（Pruno 2010）继承了其坚实的传统和温暖丰富的口感，紧随其后的是华丽的酸度和紧致的单宁，尽管略微干爽，橡木味明显，但总体上表现平衡良好。优雅简朴的帕拉扎起泡酒2010（Cuvée Palazza 2010），口感干爽且充满活力，带烤面包和薄荷香气。

● Sangiovese di Romagna Sup. Pruno Ris. '10	🍷🍷 5
● Le Vigne Nuove '12	🍷🍷 2*
● Sangiovese di Romagna Sup. Cuvée Palazza Ris. '10	🍷🍷 5
○ Il Tornese '11	🍷 3
● Notturno '11	🍷 3
○ Il Tornese Chardonnay '95	🍷🍷🍷 3*
● Magnificat Cabernet Sauvignon '94	🍷🍷🍷 3*
● Sangiovese di Romagna Sup. Pruno Ris. '08	🍷🍷🍷 5
● Sangiovese di Romagna Sup. Pruno Ris. '07	🍷🍷🍷 5
● Sangiovese di Romagna Sup. Pruno Ris. '06	🍷🍷🍷 5
● Sangiovese di Romagna Sup. Pruno Ris. '01	🍷🍷🍷 4*

Castelluccio

LOC. POGGIOLO DI SOTTO
VIA TRAMONTO, 15
47015 MODIGLIANA [FC]
TEL. 0546942486
www.ronchidicastelluccio.it

藏酒销售
预约参观
参观设施
年产量 100 000 瓶
葡萄种植面积 16 公顷

卡斯泰卢乔（Castelluccio）酒庄是罗马涅区（Romagna）最早的酿酒商之一，向世人展示了罗马涅区（Romagna）也可以酿造优质葡萄酒。据说他们的朗科（Ronco）瓶装酒是那么微细、优雅，安静地在地窖里陈年，时至今日还广受消费者的喜爱。20世纪70年代，酒庄由巴尔迪家族（Baldi）创立，从1999年起，酒庄由维托利奥菲奥里（Vittorio Fiore）管理，并开始酿制葡萄酒。纤细的朗科酒，葡萄产自沙石泥灰土质，优雅独特，富有个性。活力四射的朗科吉奈特2008（Ronco Delle Ginestre 2008）气质优雅，口感丰富饱满，单宁柔和。而乐莫2012（Le More 2012）则水果香味馥郁、口感干爽、收结干净。赤霞珠玛斯科尼2009（Massicone 2009）过于直接简单。重质型的朗科西列2008（Ronco dei Ciliegi 2008）则缺乏表现土壤特性。

● Massicone '09	ΨΨ 3
● Ronco delle Ginestre '08	ΨΨ 4
● Sangiovese di Romagna Le More '12	ΨΨ 2*
● Ronco dei Ciliegi '08	Ψ 3
● Massicone '01	ΨΨΨ 5
● Ronco dei Ciliegi '02	ΨΨΨ 5
● Ronco dei Ciliegi '00	ΨΨΨ 5
● Ronco delle Ginestre '90	ΨΨΨ 5
● Massicone '06	ΨΨ 4
● Massicone '03	ΨΨ 5
● Massicone '02	ΨΨ 5
● Massicone '00	ΨΨ 5
● Ronco dei Ciliegi '03	ΨΨ 5
● Ronco dei Ciliegi '01	ΨΨ 5
● Ronco delle Ginestre '02	ΨΨ 5
● Ronco delle Ginestre '00	ΨΨ 5

Cavicchioli U. & Figli

VIA CANALETTO, 52
41030 SAN PROSPERO [MO]
TEL. 059812411
www.cavicchioli.it

藏酒销售
预约参观
年产量 10 000 瓶
葡萄种植面积 100 公顷

2010年，意大利葡萄酒集团（Gruppo ItalianoVini）收购了卡维奇奥里（Cavicchioli）酒庄，继续聘请桑德罗（Sandro）和克劳迪奥（Claudio）兄弟来管理酒庄，以确保延续产品质量和管理经验。酒庄在合作运营后一直稳健发展，在葡萄酒质量得到提高的同时，酒庄也得以盈利。卡维奇奥里（Cavicchioli）酒庄是酿造经典蓝沐斯（Lambruscos）旗帜性的企业。尤其是索巴拉（Sorbara）地区的蓝沐斯（Lambruscos），已经成为酒庄过去的30年酿酒历史密不可分的一部分。今年索巴拉（Sorbara）产区的葡萄获得大丰收，这使得唯纳斯2012（Vigna del Cristo2012）比往年表现更好，酸度适中、略带咸味、陈年后表现更佳，带有粉红水果香气以及矿物香，余韵有玫瑰和陨石味道，酒体圆润，口感复杂强烈。圆滑的唯纳斯桃红2010（Rosé del Cristo 2010）带有花香，苹果和梨等水果香气，余味有海水味道。

● Lambrusco di Sorbara V. del Cristo '12	ΨΨΨ 2*
⊙ Rosé del Cristo Brut Rosé '10	ΨΨ 5
● Lambrusco di Modena 1928 '12	ΨΨ 2*
● Lambrusco di Sorbara Secco Marchio Storico '12	ΨΨ 2*
● Lambrusco di Sorbara V. del Cristo '11	ΨΨΨ 2*
● Lambrusco di Sorbara Rifermentazione Ancestrale Francesco Bellei '09	ΨΨ 4
● Lambrusco di Sorbara Rifermentazione Ancestrale Francesco Bellei '08	ΨΨ 4
● Lambrusco di Sorbara Secco Marchio Storico '11	ΨΨ 2*
● Lambrusco di Sorbara V. del Cristo '10	ΨΨ 3*
● Lambrusco di Sorbara V. del Cristo '08	ΨΨ 2*
● Lambrusco di Sorbara V. del Cristo '07	ΨΨ 2*

Chiarli 1860

via Daniele Manin, 15
41100 Modena
Tel. 0593163311
www.chiarli.it

藏酒销售
年产量 900 000 瓶
葡萄种植面积 100 公顷

奇埃尔利家族（Chiarli）的酿酒历史可追溯到19世纪。1860年，其家族曾对意大利葡萄酒业发挥了重要作用。奇埃尔利家族在当地还有很大的影响力，例如由安瑟尔莫（Anselmo）和毛罗•奇埃尔利（Mauro Chiarli）成立的新型现代酒窖专门酿造葡萄酒，增加了摩德纳（Modena）的传统葡萄酒品类，使得摩德纳（Modena）产区的葡萄酒年产量达到2500万瓶。新型协会科利托农业酒庄联盟（Cleto Chiarli Tenute Agricole）在短短几年内重新诠释了蓝沐斯（Lambrusco）葡萄酒的定义。经瓶内陈化的方达托利2012（Fondatore 2012）乃索巴拉蓝沐斯葡萄酒（Lambrusco di Sorbara），香气细致，酒体、口感、余味俱表现独特，带有苦涩橙子味道和泥土气息。

- Lambrusco di Sorbara del Fondatore '12 🍷🍷🍷 3*
- Lambrusco Grasparossa di Castelvetro Villa Cialdini '12 🍷🍷 2*
- Lambrusco di Sorbara Vecchia Modena Premium '12 🍷🍷 2*
- Lambrusco Grasparossa di Castelvetro Centenario '12 🍷🍷 2*
- Lambrusco Grasparossa di Castelvetro Vign. Enrico Cialdini '12 🍷🍷 2*
- Lambrusco di Sorbara Centenario 1860-1960 '12 🍷 2
- Lambrusco di Sorbara del Fondatore '11 YYY 2*
- Lambrusco di Sorbara del Fondatore '09 YYY 2*
- Lambrusco di Sorbara Vecchia Modena Premium '10 YYY 2*
- Lambrusco di Sorbara Vecchia Modena Premium '08 YYY 2*

La Collina

via Paglia, 19
48013 Brisighella [RA]
Tel. 054683110
www.lacollina-vinicola.com

藏酒销售
年产量 17 000 瓶
葡萄种植面积 4 公顷

2002年，安德烈•艾格利（André Eggli）离开了家乡瑞士，到罗马涅（Romagna）定居，完成自己的酿酒梦想，而且挑战困难的风土条件——表现为土壤开始流失，黏土分散，逐渐变成贫瘠的沙石性泥灰土。弗朗科（Francesco Bordini）是协助管理葡萄园和酒窖的顾问，致力于酿造风格独特、气质鲜明的葡萄酒，口感爽脆、水果香明显。拉科尔利那酒庄（La Collina）也生产布里西盖拉产区（Brisighella）优质特级初榨橄榄油。由单一葡萄圣乔维斯（Sangiovese）酿造的吉沃维塔2011（Sangiovita 2011）口感紧致，酸度适好，回味有柑橘类香气。

- Cupola '10 🍷🍷 4
- Sangiovita '11 🍷🍷 3
- Colli di Faenza Sangiovese Cupola '06 YY 5
- Colli di Faenza Sangiovese Cupola '05 YY 5
- Colli di Faenza Sangiovese Cupola '04 YY 5
- Cupola '09 YY 4
- Cupola '08 YY 4
- Cupola '07 YY 5
- Sangiovese di Romagna Sup. Cupola '03 YY 3
- Sangiovita '10 YY 3
- Sangiovita '09 YY 3

Stefano Ferrucci

via Casolana, 3045/2
48014 Castel Bolognese [RA]
Tel. 0546651068
www.stefanoferrucci.it

藏酒销售
预约参观
年产量 95 000 瓶
葡萄种植面积 16 公顷

费鲁奇（Ferrucci）在赛拉（Serra）亚带的斜坡中段有16公顷的葡萄园，土质为黏土，位于海拔200米到250米之间，种植的阿尔巴纳（Albanas）备受称赞。圣乔维斯葡萄酒（Sangiovese）是酒庄的招牌，多穆斯葡萄酒（Domus Caia）更是曾经受到罗马涅（Romagna）军方的赞赏。费德里科•乔托（Federico Giotto）、安德里亚•鲁杰里（Andrea Ruggeri）、赛莲娜•费鲁奇（Serena Ferrucci）和埃拉利亚（Ilaria）一起重新研制这款历史悠久、由半干圣乔维斯葡萄酿制而成的葡萄酒，使其略带爽脆优雅，同时不脱离父亲斯特凡诺（Stefano）遗留下的基本风格。拥有复杂花香的多穆斯2010（Domus Caia 2010），带有褐色皮革、香料以及李子干的味道，伴随蜂蜜口感，还带有半风干圣乔维斯葡萄（Sangiovese）的经典风味。散发无花果和杏仁的香气的多穆斯奥利尔2011（DomusAurea 2011），口感带有肥沃土壤和柠檬蜜饯的味道。

○ Albana di Romagna Passito Domus Aurea '11	🍷🍷 5
● Sangiovese di Romagna Sup. Domus Caia Ris. '10	🍷🍷 5
○ Colli di Faenza Bianco Chiaro della Serra '12	🍷 2
● Sangiovese di Romagna Auriga '12	🍷 2
● Sangiovese di Romagna Sup. Centurione '12	🍷 2
○ Trebbiano di Romagna Mattinale '12	🍷 1*
○ Albana di Romagna Passito Domus Aurea '10	🍷🍷 5
○ Albana di Romagna Passito Domus Aurea '09	🍷🍷 5
● Sangiovese di Romagna Auriga '11	🍷🍷 2*
● Sangiovese di Romagna Sup. Domus Caia Ris. '09	🍷🍷 5

Paolo Francesconi

loc. Sarna
via Tuliero, 154
48018 Faenza [RA]
Tel. 054643213
www.francesconipaolo.it

藏酒销售
预约参观
餐饮接待
年产量 20 000 瓶
葡萄种植面积 16 公顷
葡萄栽培方式 有机认证

保罗•弗朗西斯尼（Paolo Francesconi）是一位葡萄种植者，他的葡萄园面积16公顷，位于芬扎（Faenza）外的第一座山峰，红色黏土，采用上好的葡萄酿酒。葡萄园种植完全采用生物动力学方法，在酿酒过程中不使用任何添加剂。过去弗朗西斯尼（Francesconi）的专长是使用圣乔维斯（Sangiovese）葡萄酿酒，而现在，他开始尝试罗马涅（Romagna）的另一个主要品种阿尔巴纳（Albana）。他尝试使用浸渍的方法，产生了有趣的效果。林贝卡2011（Limbecca 2011）采用在第一座山峰的黏土中生长的典型罗马涅•圣乔维斯葡萄（Romagna Sangiovese）酿制而成。多汁，有品味，活力十足，酸度适中，带矿物质味道。浸渍使阿萨艾卡（Arcaica）质量更优，口感干爽，清脆，配合优雅的阿尔巴纳（Albana），混合着夏季的鲜花和草药的味道，使葡萄酒别具一格。

● Sangiovese di Romagna Sup. Limbecca '11	🍷🍷🍷 3*
○ Arcaica '12	🍷🍷 3
● D'Incanto Centesimo Passito '12	🍷🍷 4
● Vite in Fiore '11	🍷🍷 3
● Sangiovese di Romagna Sup. Limbecca '10	🍷🍷🍷 3*
● D'Incanto '11	🍷🍷 5
● D'Incanto '09	🍷🍷 4
● Impavido '09	🍷🍷 5
● Impavido '08	🍷🍷 5
● Sangiovese di Romagna Sup. Le ladi Ris. '08	🍷🍷 5
● Sangiovese di Romagna Sup. Limbecca '09	🍷🍷 3*
● Sangiovese di Romagna Sup. Limbecca '08	🍷🍷 2*

Maria Galassi

LOC. PADERNO DI CESENA
VIA CASETTE, 688
47023 CESENA [FC]
TEL. 054721177
www.galassimaria.it

藏酒销售
预约参观
年产量 18 000 瓶
葡萄种植面积 20 公顷
葡萄栽培方式 有机认证

20多年来，德高望重的玛利亚•加拉西（Maria Galassi）一直精心管理着她的20公顷葡萄园，使它成为罗马涅（Romagna）区最有价值的葡萄园。葡萄园坐落于贝尔蒂诺罗（Bertinoro）和萨维奥（Savio）河山谷里，有着本地特有的土壤——大量活跃的活性石灰岩和海底凝灰岩。酿酒师富兰赛科（Francesco Bordini）有着丰富的酿酒经验，精心挑选葡萄，酿酒工艺成熟一致：酒品充满活力，带矿物感，优雅纯净。纳托雷2010（NatoRe 2010）在大酒桶中酿制，有着土壤特有的优雅。拥有桃子、紫罗兰、树木和土壤的气息，强有力的味道，加上密集成熟的单宁，使其口感持久。而帕特努斯2011（Paternus 2011）则更加开放，有青草香。

● Sangiovese di Romagna Sup. NatoRe '10	🍷🍷🍷 2*
● Sangiovese di Romagna Sup. Paternus '11	🍷🍷 2*
● Sangiovese di Romagna NatoRe Ris. '07	🍷🍷 5
● Sangiovese di Romagna Paternus '07	🍷🍷 2*
● Sangiovese di Romagna Sup. NatoRe '07	🍷🍷 2
● Sangiovese di Romagna Sup. NatoRe Ris. '09	🍷🍷 2*
● Sangiovese di Romagna Sup. NatoRe Ris. '08	🍷🍷 2*
● Sangiovese di Romagna Sup. Paternus '10	🍷🍷 2*
● Sangiovese di Romagna Sup. Paternus '09	🍷🍷 2*

Gallegati

VIA LUGO, 182
48018 FAENZA [RA]
TEL. 0546621149
www.aziendaagricolagallegati.it

藏酒销售
预约参观
参观设施
年产量 15 000 瓶
葡萄种植面积 6 公顷

凯撒（Cesare）和安东尼奥（Antonio Gallegati）共有的完全人工种植的葡萄园，很久以前便是芬扎（Faenza）产区最具标志性的酒庄之一。葡萄园得以有序高效管理，伴随日益增长的自信，加上经典的窖藏工艺，致使黑科拉洛（Corallo nero）成为罗马涅区（Romagna）粘性土壤最具代表性的葡萄品种之一。加莱加圣乔维斯（Gallegati Sangioveses）呈现优秀的口感、复杂度和回味度。而阿尔巴纳2010（Albana Regina di Cuori 2010）则向我们展示了葡萄品种本身特有的单宁感，散发强烈的刺山柑和桉树的味道，还有预期的无花果、杏果和蜂蜜味道，口感丰富，结构复杂。

○ Albana di Romagna Passito Regina di Cuori Ris. '10	🍷🍷🍷 4*
● Sangiovese di Romagna Sup. Corallo Nero Ris. '10	🍷🍷 4
● Colli di Faenza Rosso Corallo Blu Ris. '10	🍷🍷 4
○ Albana di Romagna Passito Regina di Cuori Ris. '09	🍷🍷🍷 4*
● Sangiovese di Romagna Sup. Corallo Nero Ris. '06	🍷🍷🍷 3
● Colli di Faenza Rosso Corallo Blu Ris. '06	🍷🍷 4
● Sangiovese di Romagna Sup. Corallo Nero Ris. '09	🍷🍷 4
● Sangiovese di Romagna Sup. Corallo Nero Ris. '08	🍷🍷 4
● Sangiovese di Romagna Sup. Corallo Nero Ris. '07	🍷🍷 4

Gruppo Cevico

via Fiumazzo, 72
48022 Lugo [RA]
Tel. 0545284711
www.gruppocevico.com

藏酒销售
预约参观
年产量 20 000 000 瓶
葡萄种植面积 6700 公顷
葡萄栽培方式 有机认证

奇维科（Cevico）集团是当地最大的酿酒企业之一，对当地葡萄酒的发展影响深远，在复兴本土传统葡萄酒行业扮演重要角色。奇维科（Cevico）的优势是酿造具有当地特色的高性价比葡萄酒，即使身处一片不被看重的葡萄酒产区，依然自信满满地担任地区的葡萄酒质量大使。奇维科（Cevico）酒庄总面积达6700公顷，葡萄供应商多达4500家，葡萄酒产量占意大利全国总量的2.5%。其顶级葡萄酒系列包括奇维科（Terre Cevico）、维格涅提格拉斯（Vignetigalassi）、马萨丽娜（Tenuta Masselina）、桑克里斯品诺（Sancrispino）、龙科（Ronco）、贝尔纳尔迪（Bernardi）、洛奇马拉特斯蒂安尼（RoccheMalatestiane）和罗曼蒂奥拉（Romandiola）。奇维科（Cevico）集团的瓶装酒表现良好，值得信赖，在过去的几年里独树一帜。顶级奇维科2011（Terre CevicoSuperiore 2011）口感香醇、干爽，单宁适中，让人印象深刻。

● Sangiovese di Romagna Sup. Terre Cevico '11	🍷🍷 3
○ Albana di Romagna Secco Romandiola '12	🍷🍷 3
○ Colli di Rimini Biancame Le Rocche Malatestiane San Gregorio '12	🍷🍷 2*
● Colli di Rimini Rosso Le Rocche Malatestiane '12	🍷🍷 2
● Sangiovese di Romagna Sup. Vign. Galassi '12	🍷🍷 2*
● Sangiovese di Romagna Terre Cevico '12	🍷🍷 2*
● Sangiovese di Romagna Vign. Galassi '12	🍷🍷 2*
● Sangiovese di Romagna Il Malatesta Sup. Romandiola '10	🍷🍷 2*
● Sangiovese di Romagna Sup. Vign. Galassi '10	🍷🍷 2*
● Sangiovese di Romagna Vign. Galassi '11	🍷🍷 2*

Lini 910

loc. Canolo di Correggio
via Vecchia Canolo, 7
42015 Correggio [RE]
Tel. 0522690162
www.lini910.it

藏酒销售
预约参观
年产量 40 000 瓶
葡萄种植面积 25公顷
葡萄栽培方式 有机认证

法比奥（Fabio）和马西莫里尼（Massimo Lini）作为当地酒庄的顾问所获得的无价经验，给他们的家族酒庄用经典方法酿造出更优良的葡萄酒带来机会，他们很享受意大利历史悠久的声誉。而现在，他们的孩子们——艾丽西亚（Alicia）和阿尔贝托（Alberto）的加入给酒庄带来了新鲜血液，他们继续延续酒庄的历史，管理和销售他们名扬天下的葡萄酒。凭借100多年的历史和对质量的不断追求，葡萄酒产品线依旧经典，值得信赖。口感复杂的拉格然起泡酒（La gran Cuvée）是由萨拉米诺（Salamino）2009年份和2010年份混酿而成，略带苦涩和柑橘味道，散发黑茶和泥土气息，经窖藏36个月，口感丰富，干性，带些许辛辣，回味悠长。

○ In Correggio Brut M. Cl. Bianco '09	🍷🍷 4
● In Correggio Brut M. Cl. Gran Cuvée	🍷🍷 4
⊙ In Correggio Lambrusco Rosato '12	🍷🍷 2*
○ In Correggio Moscato Spumante '12	🍷🍷 2*
● In Correggio Lambrusco Scuro '12	🍷 2
○ In Correggio Brut M. Cl. '07	🍷🍷 4
○ In Correggio Brut M. Cl. '06	🍷🍷 4
○ In Correggio Brut M. Cl. '04	🍷🍷 4
● In Correggio Brut Rosso M. Cl. '08	🍷🍷 4
● In Correggio Brut Rosso M. Cl. '05	🍷🍷 3*
● In Correggio Brut Rosso M. Cl. '03	🍷🍷 3*
⊙ In Correggio Lambrusco Rosato '11	🍷🍷 2*
⊙ In Correggio Lambrusco Rosato '10	🍷🍷 2*
● In Correggio Lambrusco Scuro '10	🍷🍷 2*
○ In Correggio Moscato Spumante '11	🍷🍷 2*
○ In Correggio Moscato Spumante '09	🍷🍷 2*

Luretta

Castello di Momeliano
29010 Gazzola [PC]
Tel. 0523971070
www.luretta.com

藏酒销售
预约参观
年产量 30 000 瓶
葡萄种植面积 50 公顷
葡萄栽培方式 有机认证

酒庄于1992年建立，菲利斯•萨拉米尼（Felice Salamini）和儿子卢西奥（Lucio）在管理酒庄中表现出独特的创造力和个性。酒庄的葡萄园面积达50公顷，横跨科里•皮亚芩蒂尼（Colli Piacentini）的多个地区。这里出品的白葡萄酒质量优秀，是酒庄的代表酒，数量和质量显示出萨拉米尼（Salamini）对葡萄酒和经典酿酒法的热情，多年来他一直投身于葡萄酒酿造工作。他最受欢迎的葡萄酒均采用经典酿酒法，普林奇佩萨（Principessa）以及紧随其后的奥纳泰德（Onattend Les Invités），拥有一批忠实的拥护者。阿坦德乐斯2011（Attend Les Invités 2011）充满惊喜，层次多面，千变万化，节奏有致，酒体饱满，回味带榛子和海盐味道。瑟林•阿玛利2011（Selin dl'Armari 2011）乃制作精良、经木桶陈化的白葡萄酒，类似银色色泽，淡淡的白色新鲜水果味道。

⊙ C. P. Brut Rosé On Attend les Invités '11	🍷🍷 4
○ C. P. Chardonnay Selin dl'Armari '11	🍷🍷 4
○ C. P. Malvasia Dolce Le Rane '10	🍷🍷 6
○ Principessa Pas Dosé Brut M. Cl. '09	🍷🍷 4
○ C. P. Malvasia Boccadirosa '12	🍷 3
○ C. P. Sauvignon I Nani e Le Ballerine '12	🍷 3
● C. P. Cabernet Sauvignon Corbeau '00	🍷🍷🍷 4*
● C. P. Barbera Carabas '03	🍷🍷 4
● C. P. Cabernet Sauvignon Corbeau '03	🍷🍷 4
● C. P. Cabernet Sauvignon Corbeau '01	🍷🍷 4
○ C. P. Malvasia Boccadirosa '11	🍷🍷 2*
○ C. P. Malvasia Boccadirosa '10	🍷🍷 2*
○ C. P. Malvasia Boccadirosa '07	🍷🍷 3*
○ C. P. Malvasia Dolce Le Rane '08	🍷🍷 2*
○ C. P. Sauvignon I Nani e Le Ballerine '11	🍷🍷 3
○ C.P. Sauvignon Cardass '07	🍷🍷 3*

Lusenti

loc. Case Piccioni, 57
29010 Ziano Piacentino [PC]
Tel. 0523868479
www.lusentivini.it

藏酒销售
预约参观
年产量 120 000 瓶
葡萄种植面积 17 公顷

卢德维卡•卢森提（Ludovica Lusenti）17公顷的酒庄深深植根于提多尼山谷（Tidone）的上游地区的边界附近。海拔高度约300米，那里清新典雅，非常适宜种植葡萄，拥有巨大的开发潜力。多年来，卢德维卡（Ludovica）一直致力于葡萄园和酒窖的生态发展，采用有机种植模式。新的转变使葡萄酒的酿造更为传统，接近自然，如瓶内发酵的玛维萨•富利咋特（Malvasia Frizzante Emiliana）和古托尼奥（Gutturnio Frizzante Tournesol）。科雷斯塔2009（Cresta al Sole 2009）拥有浓郁的泥土和矿物气息，更拥有野味的风味，单宁紧致，酸味适中。莉亚娜 2012（Emiliana 2012）是不加酵母，在瓶中二次发酵的葡萄酒，呈现独特的橘子芳香，让人愉悦，略微苦涩但酸度适中。

● C. P. Gutturnio Sup. Cresta al Sole '09	🍷🍷 3*
● C. P. Gutturnio Frizzante Tournesol '11	🍷🍷 2*
○ C. P. Malvasia Frizzante Emiliana '12	🍷🍷 2*
○ C. P. Malvasia Passito Il Piriolo '10	🍷🍷 5
● C. P. Bonarda La Picciona '02	🍷🍷 3
● C. P. Cabernet Sauvignon Villante '00	🍷🍷 4
● C. P. Gutturnio Frizzante '10	🍷🍷 2*
● C. P. Gutturnio Frizzante Tournesol '10	🍷🍷 2*
● C. P. Gutturnio Sup. Cresta al Sole '08	🍷🍷 3
● C. P. Gutturnio Sup. Cresta al Sole '07	🍷🍷 3
○ C. P. Malvasia Bianca Regina '08	🍷🍷 3
○ C. P. Malvasia Bianca Regina '07	🍷🍷 3
○ C. P. Malvasia Frizzante Emiliana '11	🍷🍷 2*
○ C. P. Malvasia Passito Il Piriolo '09	🍷🍷 5
○ C. P. Malvasia Passito Il Piriolo '08	🍷🍷 5
● Vigna Martin IV '08	🍷🍷 3

Alberto Lusignani

LOC. VIGOLENO
VIA CASE ORSI, 9
29010 VERNASCA [PC]
TEL. 0523895178
lusignani@agonet.it

藏酒销售
预约参观
年产量 3 000 瓶
葡萄种植面积 10 公顷

维格伦诺（Vigoleno）原来是一座御敌城堡，壮观风景不曾改变。置身其中，游客们仿佛回到了1000多年前。这里酿制桑托酒（Vin Santo），悠久的酿酒传统如今被一部分酿酒商传承着。维格伦诺酒庄（Vigoleno）的葡萄酒采用本土原生葡萄，大部分是梅拉拉（Melara）和圣塔玛利亚（Santamaria），还有贝弗蒂诺（Berverdino）、扎比安奴（Trebbiano）以及有“本地香槟”之称的马尔萨那（Marsanne）。葡萄收成期通常很早，葡萄比较干，然后经历长时间的发酵，接着陈酿几年，期间不添加新酒。露丝格娜尼（Lusignani）主要为家庭酿造，是这一传统产品的主要出品商。桑托2003（Vin Santo 2003）年产量1 000瓶，这在产量很少的家庭酒庄非常罕见。该酒香气复杂，有咖啡、萨巴里安尼（Zabaglione）以及海盐、酸豆、月桂的淡淡气息，入口后有蜜饯柑橘和甘草味道，在口感末梢风味丰富。

○ C. P. Vin Santo di Vigoleno '03	🍷🍷 8
○ C. P. Vin Santo di Vigoleno '02	ΥΥ 6
○ C. P. Vin Santo di Vigoleno '01	ΥΥ 6
○ C. P. Vin Santo di Vigoleno '99	ΥΥ 7
○ C. P. Vin Santo di Vigoleno '98	ΥΥ 6
○ C. P. Vin Santo di Vigoleno '97	ΥΥ 6
○ C. P. Vin Santo di Vigoleno '96	ΥΥ 6
○ C. P. Vin Santo di Vigoleno '94	ΥΥ 6
● Cabernet Sauvignon '03	ΥΥ 2*
● Cabernet Sauvignon '02	ΥΥ 2*
○ Colli Piacentini Vin Santo di Vigoleno '91	ΥΥ 6

Giovanna Madonia

LOC. VILLA MADONIA
VIA DE' CAPPUCCINI, 130
47032 BERTINORO [FC]
TEL. 0543444361
www.giovannamadonia.it

藏酒销售
预约参观
餐饮接待
年产量 55 000 瓶
葡萄种植面积 12 公顷

贝尔蒂诺罗（Bertinoro）的土壤条件在罗马涅（Romagna）区来说很独特，活性石灰岩的含量非常高，海底凝灰岩分布广泛。乔凡娜•马多尼亚（Giovanna Madonia）的另一个不寻常的地方在于马里奥山（Monte Maggio）的风土条件，通常朝海的斜坡更凉爽，葡萄的采摘能推迟20天以后。葡萄酒需要长时间在瓶内陈化，陈酿后的葡萄酒复杂多样，纯粹且十足传统风味。家族的好朋友、漫画家阿尔坦（Altan）设计的酒标很有吸引力。圣乔维斯（Sangiovese）酿造的奥姆博索2009（Ombroso 2009）仍需更长时间的瓶内陈化来证明其质量:明晰的矿物味道，这是一款频临绝种的野生品种，风格清晰、宽泛，带有泥土气息，带有本地特色，极具优雅气质，多年后也能保持如此特质。

● Sangiovese di Romagna Sup. Ombroso Ris. '09	🍷🍷 5
● Colli Romanga Centrale Barlume Ris. '11	🍷🍷 4
○ Albana di Romagna Secco Neblina '12	🍷 2
● Sangiovese di Romagna Sup. Ombroso Ris. '06	ΥΥΥ 5
● Sangiovese di Romagna Sup. Ombroso Ris. '01	ΥΥΥ 5
● Colli Romanga Centrale Barlume Ris. '09	ΥΥ 4
● Sangiovese di Romagna Sup. Fermavento '10	ΥΥ 3
● Sangiovese di Romagna Sup. Fermavento '09	ΥΥ 3
● Sangiovese di Romagna Sup. Ombroso Ris. '08	ΥΥ 5
● Sangiovese di Romagna Sup. Ombroso Ris. '07	ΥΥ 5

Ermete Medici & Figli

loc. Gaida
via Newton, 13a
42040 Reggio Emilia
Tel. 0522942135
www.medici.it

藏酒销售
预约参观
年产量 800 000 瓶
葡萄种植面积 75 公顷

阿尔贝托•美第奇（Alberto Medici）出品的蓝沐斯酒（Lambrusco）在意大利和全世界都享有盛名，他的酒庄也获得了大家的认可和赞赏。多年前，美第奇（Medici）家族就已经开始拓展他们的长期农业计划来完全控制生产链，改进产品质量。酒庄出品的最重要葡萄酒都是用自己葡萄园种植的葡萄酿制而成，葡萄酒典雅、连续、长久。此外，酒庄还生产一款优秀传统的雷焦•艾米利亚（Reggio Emilia）香醋。孔瑟托（Concerto）始终让人难忘，获得了它的第五次“三杯奖”，这是蓝沐斯酒（Lambrusco）前所未有的。葡萄酒简朴深沉，有纯净的果香，甚至在有些时候闻起来有白桃、红茶和紫罗兰的味道。

● Reggiano Lambrusco Concerto '12	▼▼▼ 2*
● Reggiano Assolo '12	▼▼ 2*
● Reggiano I Quercioli '12	▼▼ 1*
○ Colli di Scandiano e di Canossa Malvasia Frizzante Secco Daphne '12	▼ 3
○ Nebbie d'Autunno Frizzante '12	▼ 2
● Reggiano Concerto '10	▽▽▽ 2*
● Reggiano Lambrusco Concerto '11	▽▽▽ 2*
● Reggiano Lambrusco Concerto '09	▽▽▽ 2*
● Reggiano Lambrusco Concerto '08	▽▽▽ 2*
● Reggiano Assolo '09	▽▽ 2
● Reggiano Assolo '08	▽▽ 2*
● Reggiano Assolo '07	▽▽ 2*
● Reggiano Assolo '06	▽▽ 1*
● Reggiano Lambrusco Assolo '11	▽▽ 2*

Monte delle Vigne

loc. Ozzano Taro
via Monticello, 13
43046 Collecchio [PR]
Tel. 0521309704
www.montedellevigne.it

藏酒销售
预约参观
参观设施
年产量 350 000 瓶
葡萄种植面积 60 公顷

安德里亚•法拉利（Andrea Ferrari）和保罗•皮扎罗蒂（Paolo Pizzarotti）把他们大部分资源投入到新计划中。他们新建一个酒窖，栽种数公顷的葡萄园，致力于成为帕尔马地区（Parma）葡萄酒业的潜力新星。他们立志在伊米莉亚（Emilia）生产最原始、非同凡响的静止葡萄酒，他们还投入巨资进行试验。所出品的葡萄酒国际范十足，显示了葡萄园所种植葡萄的优良品种和完善的管理制度。同时，葡萄酒也表现出对土壤质量和葡萄品种的高要求。玛维西亚2012（Malvasia Callas 2012）酸度适中，水果味浓厚，富含锌等微量元素，最不同寻常的是，它含有热带水果的味道。玛维西亚•富利咋特2012（Malvasia Frizzante Dolce 2012）则表现出这款酒最平衡优雅的状态。

○ Callas Malvasia '12	▼▼ 2
● Colli di Parma Malvasia Poem '12	▼▼ 2*
○ Malvasia Frizzante Dolce '12	▼▼ 2*
● Colli di Parma Lambrusco I Calanchi '12	▼ 5
● Lambrusco Emilia '12	▼ 2
● Nabucco '11	▼ 4
● Argille Malvasia '08	▽▽ 5
○ Callas Malvasia '11	▽▽ 4
○ Callas Malvasia '07	▽▽ 3
● Colli di Parma Malvasia Poem '11	▽▽ 2*
● Colli di Parma Rosso Frizzante '10	▽▽ 2*
● Lambrusco '08	▽▽ 2*
● Lambrusco '07	▽▽ 2*
● Lambrusco Emilia '10	▽▽ 2*
● Nabucco '06	▽▽ 4
● Nabucco '03	▽▽ 4

Fattoria Monticino Rosso

via Montecatone, 7
40026 Imola [BO]
Tel. 054240577
www.fattoriadelmonticinorosso.it

藏酒销售
预约参观
年产量 70 000 瓶
葡萄种植面积 18 公顷

吉安尼（Gianni）和卢西亚诺•泽奥利（Luciano Zeoli）的合作，加上吉安卡尔罗•索维尔齐亚（Giancarlo Soverchia）三人耐心的研究，总是给罗马涅（Romagna）带来特色十足的白葡萄酒，酒品随着时间的增长，逐渐被人们所认知和尊重。经过吉安卡尔罗（Giancarlo）的精心研究，虽然有时并不能得到所有人的认可，但所出品的红葡萄酒梦幻原始。他成功地用阿尔巴纳（Albana）葡萄酿造出自己独具特色的葡萄酒。科多其奥（Codronchio）是由阿尔巴纳（Albana）葡萄酿造而成的干葡萄酒，已成为酒庄的代表酒。2011年出品的大瓶装的特别版，口味精致时尚，味道丰富，拥有烤面包、西瓜、李子、鲜花和山草药的味道，充满活力，让人兴致勃勃，矿物质含量丰富。科多其奥2011（Codronchio 2011）味道丰富，咸度适中，酸度持久。

○ Albana di Romagna Secco A Special Edition '11	🍷🍷 3*
○ Albana di Romagna Secco A '12	🍷🍷 2*
○ Albana di Romagna Secco Codronchio '11	🍷🍷 3
○ Albana di Romagna Secco Codronchio Special Edition '10	🍷🍷 3
● Sangiovese di Romagna Sup. Le Morine '09	🍷🍷 3
● Sangiovese di Romagna Sup. Le Morine Ris. '08	🍷🍷 4
● Sangiovese di Romagna Sup. S '11	🍷🍷 2*
○ Albana di Romagna Secco Codronchio '08	🍷🍷🍷 3*
○ Albana di Romagna Secco Codronchio '10	🍷🍷 3*
○ Albana di Romagna Secco Codronchio '09	🍷🍷 3*

Fattoria Moretto

via Tiberia, 13b
41014 Castelvetro di Modena [MO]
Tel. 059790183
www.fattoriamoretto.it

藏酒销售
预约参观
年产量 60 000 瓶
葡萄种植面积 6.4 公顷
葡萄栽培方式 有机认证

凭借独特定位，小酒庄名声显赫，已成为格斯伯索拉（Grasparossa）的顶级生产商之一，这种经典、乡村范十足的蓝沐斯葡萄酒（Lambrusco）很难酿造。葡萄园由方托（Fausto）和费碧奥（Fabio Altariva）共同管理，葡萄园的海拔高度为200米，粘性土壤。整个葡萄园朝向南或东南方，气候条件非常适合种植葡萄，采用有机种植方法。酿酒过程也遵循有机原则，首先进行长时间的浸渍发酵，陈化足够长的时间，从而使葡萄酒经典，个性鲜明。每个葡萄园按照土壤条件不同而酿制方法各异，这种做法很少见。坎诺瓦2012（Canova 2012）是意大利传统风格和克服葡萄品种的复杂品性的完美平衡产物，散发出红茶、樱桃和橘子皮的味道以及丰富的深层次的矿物质气息。

● Lambrusco Grasparossa di Castelvetro Secco Canova '12	🍷🍷 3*
● Lambrusco Grasparossa di Castelvetro Secco Monovitigno '12	🍷🍷 3
● Lambrusco Grasparossa di Castelvetro Secco Tasso '12	🍷 2
● Lambrusco Grasparossa di Castelvetro Secco Canova '11	🍷🍷 3
● Lambrusco Grasparossa di Castelvetro Secco Monovitigno '11	🍷🍷 3*
● Lambrusco Grasparossa di Castelvetro Secco Tasso '11	🍷🍷 2*

Poderi Morini

LOC. ORIOLO DEI FICHI
VIA GESUITA
48018 FAENZA [RA]
TEL. 0546634257
info@poderimorini.com

年产量 100 000 瓶
葡萄种植面积 40 公顷

凭借对法恩扎（Faenza）葡萄品种的钻研和对罗马涅（Romagna）葡萄酒坚持不懈的追求，亚利桑那德罗卡斯特里（Alessandro Morini）已在这一领域建立起强大的关系。40公顷的葡萄园位于奥利奥•罗戴•费奇（Torredi Oriolodei Fichi）、法萨（Faenza）外围的第一山脉当中。已成为这个地区的象征，甚至在名字中使用。2010年，酿酒师毛里奇奥•卡斯特里（Maurizio Castelli）加入了酒庄，酒庄的产品质量直线提高。尽管年份不好，圣乔维斯•利科2010（Sangiovese Nonno Rico 2010）依旧表现得让人满意，清晰浓郁的水果味道，口感集中，单宁柔顺，很不幸的是，植物味道只有在回味之后才能感受到。大家寄予厚望的托雷•奥利诺2011（Torre di Oriolo 2011），简单易饮，口感平衡。

● Sangiovese di Romagna Sup. Nonno Rico Ris. '10	🍷🍷 2*
● Sangiovese di Romagna Sup. Torre di Oriolo '11	🍷🍷 3
○ Albana di Romagna Secco Sette Note '11	🍷 2
● Sangiovese di Romagna Sup. Morale '10	🍸🍸 3
● Sangiovese di Romagna Sup. Nonno Rico Ris. '09	🍸🍸 2*
● Sangiovese di Romagna Sup. Nonno Rico Ris. '04	🍸🍸 3
● Sangiovese di Romagna Sup. Torre di Oriolo '10	🍸🍸 3
● Savignone '11	🍸🍸 2*
● Savignone '06	🍸🍸 2*
● Traicolli '10	🍸🍸 2*

Moro - Rinaldini

FRAZ. CALERNO
VIA ANDREA RIVASI, 27
42049 SANT'ILARIO D'ENZA [RE]
TEL. 0522679190
www.rinaldinivini.it

藏酒销售
预约参观
年产量 100 000 瓶
葡萄种植面积 15.5 公顷

莫罗酒庄（Moro）的历史与利纳迪尼（Rinaldini）家族息息相关，如今，酒庄由帕奥拉（Paola）管理，种植方面的工作则由丈夫马可（Marco Melegari）和儿子卢卡（Luca）负责。在20世纪60年代早期，帕奥拉的父亲里纳尔多（Rinaldo）就已经认识到，为保证家庭餐馆葡萄酒、熟食和原材料的质量，必须对供应链有更完善的控制。这些观点后来成为家庭工作的重心。酒庄坐落于雷焦•艾米利亚（Reggio Emilia）和帕尔马（Parma）之间伸展的第一座丘陵上，那里冲积区的土壤给葡萄提供了丰富的矿物质，并使之平衡。蓝沐斯酒（Lambrusco）的经典诠释——结构良好的普科红葡萄酒2012（Pjcol Ross 2012）口感干涩，由家族一直精心改进的古老当地经典品种酿制而成。桃红2012（Rosé 2012）口感丰富，质地柔顺。

● Lambrusco Reggiano Pjcol Ross '12	🍷🍷 2*
⊙ Rosé Lambrusco Secco '12	🍷🍷 2*
● Lambrusco Reggiano '12	🍷 2
● Colli di Scandiano e di Canossa Cabernet Sauvignon Ris. '04	🍸🍸 3
● Moro del Moro '04	🍸🍸 5
● Moro del Moro '01	🍸🍸 5
● Moro del Moro '00	🍸🍸 5
● Vigna del Picchio '02	🍸🍸 3

Luretta

Castello di Momeliano
29010 Gazzola [PC]
Tel. 0523971070
www.luretta.com

藏酒销售
预约参观
年产量 30 000 瓶
葡萄种植面积 50 公顷
葡萄栽培方式 有机认证

酒庄于1992年建立，菲利斯•萨拉米尼（Felice Salamini）和儿子卢西奥（Lucio）在管理酒庄中表现出独特的创造力和个性。酒庄的葡萄园面积达50公顷，横跨科里•皮亚芩蒂尼（Colli Piacentini）的多个地区。这里出品的白葡萄酒质量优秀，是酒庄的代表酒，数量和质量显示出萨拉米尼（Salamini）对葡萄酒和经典酿酒法的热情，多年来他一直投身于葡萄酒酿造工作。他最受欢迎的葡萄酒均采用经典酿酒法，普林奇佩萨（Principessa）以及紧随其后的奥纳泰德（Onattend Les Invités），拥有一批忠实的拥护者。阿坦德乐斯2011（Attend Les Invités 2011）充满惊喜，层次多面，千变万化，节奏有致，酒体饱满，回味带榛子和海盐味道。瑟林•阿玛利2011（Selin dl'Armari 2011）乃制作精良、经木桶陈化的白葡萄酒，类似银色色泽，淡淡的白色新鲜水果味道。

⊙ C. P. Brut Rosé On Attend les Invités '11	TT 4
○ C. P. Chardonnay Selin dl'Armari '11	TT 4
○ C. P. Malvasia Dolce Le Rane '10	TT 6
○ Principessa Pas Dosé Brut M. Cl. '09	TT 4
○ C. P. Malvasia Boccadirosa '12	T 3
○ C. P. Sauvignon I Nani e Le Ballerine '12	T 3
● C. P. Cabernet Sauvignon Corbeau '00	YYY 4*
● C. P. Barbera Carabas '03	YY 4
● C. P. Cabernet Sauvignon Corbeau '03	YY 4
● C. P. Cabernet Sauvignon Corbeau '01	YY 4
○ C. P. Malvasia Boccadirosa '11	YY 2*
○ C. P. Malvasia Boccadirosa '10	YY 2*
○ C. P. Malvasia Boccadirosa '07	YY 3*
○ C. P. Malvasia Dolce Le Rane '08	YY 2*
○ C. P. Sauvignon I Nani e Le Ballerine '11	YY 3
○ C.P. Sauvignon Cardass '07	YY 3*

Lusenti

Loc. Case Piccioni, 57
29010 Ziano Piacentino [PC]
Tel. 0523868479
www.lusentivini.it

藏酒销售
预约参观
年产量 120 000 瓶
葡萄种植面积 17 公顷

卢德维卡•卢森提（Ludovica Lusenti）17公顷的酒庄深深植根于提多尼山谷（Tidone）的上游地区的边界附近。海拔高度约300米，那里清新典雅，非常适宜种植葡萄，拥有巨大的开发潜力。多年来，卢德维卡（Ludovica）一直致力于葡萄园和酒窖的生态发展，采用有机种植模式。新的转变使葡萄酒的酿造更为传统，接近自然，如瓶内发酵的玛维萨•富利咋特（Malvasia Frizzante Emiliana）和古托尼奥（Gutturnio Frizzante Tournesol）。科雷斯塔2009（Cresta al Sole 2009）拥有浓郁的泥土和矿物气息，更拥有野味的风味，单宁紧致，酸味适中。莉亚娜 2012（Emiliana 2012）是不加酵母，在瓶中二次发酵的葡萄酒，呈现独特的橘子芳香，让人愉悦，略微苦涩但酸度适中。

● C. P. Gutturnio Sup. Cresta al Sole '09	TT 3*
● C. P. Gutturnio Frizzante Tournesol '11	TT 2*
○ C. P. Malvasia Frizzante Emiliana '12	TT 2*
○ C. P. Malvasia Passito Il Piriolo '10	TT 5
● C. P. Bonarda La Picciona '02	YY 3
● C. P. Cabernet Sauvignon Villante '00	YY 4
● C. P. Gutturnio Frizzante '10	YY 2*
● C. P. Gutturnio Frizzante Tournesol '10	YY 2*
● C. P. Gutturnio Sup. Cresta al Sole '08	YY 3
● C. P. Gutturnio Sup. Cresta al Sole '07	YY 3
○ C. P. Malvasia Bianca Regina '08	YY 3
○ C. P. Malvasia Bianca Regina '07	YY 3
○ C. P. Malvasia Frizzante Emiliana '11	YY 2*
○ C. P. Malvasia Passito Il Piriolo '09	YY 5
○ C. P. Malvasia Passito Il Piriolo '08	YY 5
● Vigna Martin IV '08	YY 3

Alberto Lusignani

loc. Vigoleno
via Case Orsi, 9
29010 Vernasca [PC]
Tel. 0523895178
lusignani@agonet.it

藏酒销售
预约参观
年产量 3 000 瓶
葡萄种植面积 10 公顷

维格伦诺（Vigoleno）原来是一座御敌城堡，壮观风景不曾改变。置身其中，游客们仿佛回到了1000多年前。这里酿制桑托酒（Vin Santo），悠久的酿酒传统如今被一部分酿酒商传承着。维格伦诺酒庄（Vigoleno）的葡萄酒采用本土原生葡萄，大部分是梅拉拉（Melara）和圣塔玛利亚（Santamaria），还有贝弗蒂诺（Berverdino）、扎比安奴（Trebbiano）以及有“本地香槟”之称的马尔萨那（Marsanne）。葡萄收成期通常很早，葡萄比较干，然后经历长时间的发酵，接着陈酿几年，期间不添加新酒。露丝格娜尼（Lusignani）主要为家庭酿造，是这一传统产品的主要出品商。桑托2003（Vin Santo 2003）年产量1 000瓶，这在产量很少的家庭酒庄非常罕见。该酒香气复杂，有咖啡、萨巴里安尼（Zabaglione）以及海盐、酸豆、月桂的淡淡气息，入口后有蜜饯柑橘和甘草味道，在口感末梢风味丰富。

○ C. P. Vin Santo di Vigoleno '03	🍷🍷 8
○ C. P. Vin Santo di Vigoleno '02	🍷🍷 6
○ C. P. Vin Santo di Vigoleno '01	🍷🍷 6
○ C. P. Vin Santo di Vigoleno '99	🍷🍷 7
○ C. P. Vin Santo di Vigoleno '98	🍷🍷 6
○ C. P. Vin Santo di Vigoleno '97	🍷🍷 6
○ C. P. Vin Santo di Vigoleno '96	🍷🍷 6
○ C. P. Vin Santo di Vigoleno '94	🍷🍷 6
● Cabernet Sauvignon '03	🍷🍷 2*
● Cabernet Sauvignon '02	🍷🍷 2*
○ Colli Piacentini Vin Santo di Vigoleno '91	🍷🍷 6

Giovanna Madonia

loc. Villa Madonia
via de' Cappuccini, 130
47032 Bertinoro [FC]
Tel. 0543444361
www.giovannamadonia.it

藏酒销售
预约参观
餐饮接待
年产量 55 000 瓶
葡萄种植面积 12 公顷

贝尔蒂诺罗（Bertinoro）的土壤条件在罗马涅（Romagna）区来说很独特，活性石灰岩的含量非常高，海底凝灰岩分布广泛。乔凡娜•马多尼亚（Giovanna Madonia）的另一个不寻常的地方在于马里奥山（Monte Maggio）的风土条件，通常朝海的斜坡更凉爽，葡萄的采摘能推迟20天以后。葡萄酒需要长时间在瓶内陈化，陈酿后的葡萄酒复杂多样，纯粹且十足传统风味。家族的好朋友、漫画家阿尔坦（Altan）设计的酒标很有吸引力。圣乔维斯（Sangiovese）酿造的奥姆博索2009（Ombroso 2009）仍需更长时间的瓶内陈化来证明其质量:明晰的矿物味道，这是一款频临绝种的野生品种，风格清晰、宽泛，带有泥土气息，带有本地特色，极具优雅气质，多年后也能保持如此特质。

● Sangiovese di Romagna Sup. Ombroso Ris. '09	🍷🍷 5
● Colli Romanga Centrale Barlume Ris. '11	🍷🍷 4
○ Albana di Romagna Secco Neblina '12	🍷 2
● Sangiovese di Romagna Sup. Ombroso Ris. '06	🍷🍷🍷 5
● Sangiovese di Romagna Sup. Ombroso Ris. '01	🍷🍷🍷 5
● Colli Romanga Centrale Barlume Ris. '09	🍷🍷 4
● Sangiovese di Romagna Sup. Fermavento '10	🍷🍷 3
● Sangiovese di Romagna Sup. Fermavento '09	🍷🍷 3
● Sangiovese di Romagna Sup. Ombroso Ris. '08	🍷🍷 5
● Sangiovese di Romagna Sup. Ombroso Ris. '07	🍷🍷 5

Cantina Valtidone

via Moretta, 58
29011 Borgonovo Val Tidone [PC]
Tel. 0523846832
www.cantinavaltidone.it

藏酒销售
预约参观
年产量 4 500 000 瓶
葡萄种植面积 1200 公顷

酒庄成立于1966年，拥有1 200公顷的葡萄园，300名种植成员分布在博尔戈诺沃（Borgonovo）、卡斯泰尔圣焦万尼（Castel San Giovanni）、资安诺（Ziano）、皮安纳洛（Pianello）、卡米纳塔（Caminata）、皮奥扎诺（Piozzano）、阿加扎诺（Agazzano）和佩科拉拉（Pecorara）等十个地级市。酒庄负责人维托•佩迪（Vito Pezzati）成功试验了新品种。除了自有品牌，酒庄还与梅特•梅第斯（Ermete Medici）合作，生产杜卡城堡系列（Castelli del Duca），由酿酒学家贝佩（Beppe Caviola）负责，质量让人满意。这款酒不管是质量还是风格，都有别于酒窖中的其他酒。奥塔维奥2011（Ottavio 2011）散发水果和香料味道，凭借完美的新鲜感和单宁，整体表现平衡。然路其澳2011（Ranuccio 2011）拥有集中柔软的口感，酸度突出，带有细致的樱桃味道。

○ Brut M.Cl. Perlage	🍷🍷 6
● C. P. Barbera Castelli del Duca Ranuccio '11	🍷🍷 2*
● C. P. Bonarda Castelli del Duca Ottavio '11	🍷🍷 2*
● C. P. Gutturino Ris. Castelli del Duca Duca Alessandro '10	🍷🍷 2
○ C. P. Malvasia Frizzante Aurora '12	🍷 2
○ C. P. Ortrugo Armonia Frizzante '12	🍷 2
● C. P. Gutturnio Cl. Caesar Augustus '08	🍷🍷 2*
● C. P. Gutturnio Cl. Julius '06	🍷🍷 2*
● C. P. Gutturnio Sup. Borgo del Conte Flerido '04	🍷🍷 2*

Francesco Vezzelli

fraz. San Matteo
via Canaletto Nord, 878a
41122 Modena
Tel. 059318695
aavezzelli@gmail.com

藏酒销售
预约参观
年产量 120 000 瓶
葡萄种植面积 15 公顷

维泽利（Vezzelli）家庭酒庄创建于1958年，家族第三代继承者弗朗西斯科（Francesco）负责葡萄园和酿造，他的儿子罗伯托（Roberto）负责销售。酒窖坐落于临近摩德纳（Modena）的圣马特奥（San Matteo），葡萄园位于索吉咖里（Sozzigalli），河堤坝最低处和塞基亚河（Secchia）堤坝的冲积平原。松散贫瘠的土壤为蓝沐斯（Lambrusco）索尔巴拉（sorbara）葡萄提供了得天独厚的生长条件，并使之口感丰富，植物味浓厚，富含矿物质。精选2012（Selezione 2012）是索尔巴拉（Sorbara）葡萄大丰收的最好体现，味道略咸，酒色澄清，口感优雅。同样做工精良，无过滤的摩洛萨2012（MoRosa 2012），橘味丰富，口感敏锐复杂多面，青草味丰富，紧致有度。

● Lambrusco di Sorbara Il Selezione '12	🍷🍷 2*
⊙ Lambrusco di Sorbara Rosé MoRosa '12	🍷🍷 2*
● Lambrusco Grasparossa di Castelvetro Rive dei Ciliegi '12	🍷 2
● Lambrusco Il Bricco di Checco '12	🍷 2
● Lambrusco di Sorbara '09	🍷🍷 2
● Lambrusco di Sorbara Il Selezione '11	🍷🍷 2*
● Lambrusco di Sorbara Il Selezione '10	🍷🍷 2*
⊙ Lambrusco di Sorbara Rosé MoRosa '11	🍷🍷 2*
● Lambrusco Grasparossa di Castelvetro Rive dei Ciliegi '11	🍷🍷 2*
● Lambrusco Grasparossa di Castelvetro Rive dei Ciliegi '10	🍷🍷 2*
● Lambrusco Grasparossa di Castelvetro Rive dei Ciliegi '09	🍷🍷 2
● Lambrusco Il Bricco di Checco '11	🍷🍷 2*
● Lambrusco Il Bricco di Checco '09	🍷🍷 2

Vigne dei Boschi

LOC. VALPIANA
VIA TURA, 7A
48013 BRISIGHELLA [RA]
TEL. 054651648
www.vignedeiboschi.it

藏酒销售
预约参观
年产量 15 000 瓶
葡萄种植面积 6.5 公顷
葡萄栽培方式 生物动力学认证

保罗巴•比尼（Paolo Babini）敏锐地将葡萄酒的风格定位在复杂的色泽上，多年的耐心、实验、坚持和直觉，使葡萄酒独具特色。葡萄园坐落于拉莫那（Lamone）山谷的上游地区，为肥沃的砂岩土壤。酒庄最有名的酒品是圣乔维斯•波吉奥图拉（Sangiovese Poggio Tura），是由山谷中移植而来的树龄超过100年的葡萄树的葡萄酿造而成。这种开放、复杂而多层次的葡萄酒，酒色纯净微妙，味道充满活力。波吉奥•图拉2009（Poggio Tura 2009）向我们展示了其高岭土所特有的朴实和浓厚多汁的水果味，深沉简朴，矿物气息浓厚。口感略咸，充满活力和能量，控制适当，极具优雅。由30年老树藤产的阿尔巴纳（Albana）葡萄酿制而成的蒙特雷2011（Monteré 2011），线形优美，口感干冽。

● Poggio Tura '09	**▼▼** 4
○ Monteré '11	▼▼ 6
○ Sedici Anime '11	▼▼ 3
● Poggio Tura '05	▽▽▽ 5
○ Borgo Casale '05	▽▽ 4
○ Monteré '06	▽▽ 6
● Nero Selva '06	▽▽ 3
● Poggio Tura '08	▽▽ 4
● Poggio Tura '07	▽▽ 4
● Rosso per Te '06	▽▽ 3
○ Sedici Anime '10	▽▽ 3
○ Sedici Anime '09	▽▽ 3
○ Sedici Anime '08	▽▽ 3
○ Sedici Anime '07	▽▽ 3
● Sette Pievi '03	▽▽ 4
● Sette Pievi '01	▽▽ 4*

Villa di Corlo

LOC. BAGGIOVARA
S.DA CAVEZZO, 200
41126 MODENA
TEL. 059510736
www.villadicorlo.com

藏酒销售
预约参观
年产量 80 000 瓶
葡萄种植面积 25 公顷

玛丽亚（Maria Antonietta Munari）直接管理科洛酒庄（Villa di Corlo），不仅出品葡萄酒，还在她最近翻修的艾瑟踏亚（“Acetaia”）酒窖生产传统巴萨米克醋（Balsamico Tradizionale di Modena）。酒庄拥有两栋建筑。蓝沐斯（Lambrusco）葡萄园位于摩德纳市（Modena）的维拉科洛（Villa di Corlo），国际品种的葡萄则种植在位于雷焦•艾米利亚（Reggio Emilia）丘陵上的卡德•维托（Cà del Vento）。每一片葡萄园都各具风格，摩德纳（Modena）出品的葡萄酒经典传统，而位于卡•德•维托（Cà del Vento）、海拔500米，由数百公顷森林包围的葡萄园所酿成的葡萄酒则更富冒险精神。格斯伯索拉2012葡萄酒（Grasparossa 2012）独具乡村特色，单宁和水果味浓厚，与回味丰富的泥土气息形成鲜明的对比，口感饱满有力量。普利梅沃2012（Primevo 2012）矿物气息浓厚，优雅可口，微妙美味，回味甘冽。产于卡德维托葡萄园（Cà del Vento）的莎当尼葡萄（Chardonnay）酿成的精致清新的富拉利2010（Fraeli 2010）拥有夏天花朵以及金雀花的芳香。

○ Fraeli Brut Blanc de Blancs '10	▼▼ 3
● Lambrusco di Sorbara Primevo '12	▼▼ 2*
● Lambrusco Grasparossa di Castelvetro '12	▼▼ 2*
● Lambrusco di Sorbara '12	▼ 2
● Lambrusco Grasparossa di Castelvetro Corleto '12	▼ 2
● Corleto Lambrusco '08	▽▽ 2*
● Lambrusco Grasparossa di Castelvetro '10	▽▽ 2*
● Lambrusco Grasparossa di Castelvetro '08	▽▽ 2*
● Lambrusco Grasparossa di Castelvetro Amabile '10	▽▽ 2*
● Lambrusco Grasparossa di Castelvetro Corleto '10	▽▽ 2*
● Rosso Estella Lambrusco '09	▽▽ 2*

Villa Liverzano

FRAZ. RONTANA
VIA VALLONI, 47
48013 BRISIGHELLA [RA]
TEL. 054680461
www.liverzano.it

藏酒销售
预约参观
参观设施
年产量 15 000 瓶
葡萄种植面积 3.2公顷
葡萄栽培方式 有机认证

马克•蒙塔纳利（Marco Montanari）把旧的别墅进行翻新，建成了一家华丽的乡村酒店。这个复杂的项目惠及了此地的各种奇观与精致的酒店，以此探索更多的未知。马克（Marco）和酿酒学家弗朗西斯科（Francesco）一致保持着深厚的友谊，对酿制葡萄酒倾注了全部的精力，这里的土壤富含白垩土，随着时间的推移和连续不断的作用，使葡萄酒传达出新鲜、水果味、香料和矿物气息。由品丽珠（Cabernet Franc）和佳美娜（Carmenere）酿造而成的唐2010（Don 2010），优雅而略带辛辣，这些典型的葡萄品种受到海拔高度和土壤的影响，显示出其独特的精炼。水果气息浓厚，显得简朴而新鲜。由梅洛（Merlot）和圣乔维斯（Sangiovese）酿制而成的雷贝洛2010（Rebello 2010），生动有趣，充满活力。

● Don '10	🍷🍷 6
● Donna '09	🍷🍷 7
● Rebello '10	🍷🍷 5
● Trecento '12	🍷🍷 4
● Don '09	🍷🍷 6
● Don '08	🍷🍷 6
● Don '07	🍷🍷 5
● Don '06	🍷🍷 5
● Don '04	🍷🍷 5
● Rebello '08	🍷🍷 5
● Rebello '07	🍷🍷 5
● Rebello '05	🍷🍷 5
● Rebello '04	🍷🍷 5
● Rebello '03	🍷🍷 4
● Trecento '11	🍷🍷 4
● Trecento '10	🍷🍷 4

Villa Papiano

VIA IBOLA, 24
47015 MODIGLIANA [FC]
TEL. 0546941790
www.villapapiano.it

藏酒销售
预约参观
年产量 50 000 瓶
葡萄种植面积 10 公顷

维拉帕•皮亚诺（Villa Papiano）酒庄是罗马涅（Romagna）地区的新兴酒庄之一，由波尔蒂尼（Bordini）家族建立，他们对待葡萄园耐心有致。葡萄园位于罗马涅（Romagna）的边角，奥齐达山（Mount Chioda）的南侧山坡上，约500米的高海拔，位置极端，但是土壤肥沃，富含砂岩，严酷的生态环境造就了独具特色、保存持久的葡萄酒。弗朗西斯科（Francesco Bordini）技艺纯熟、专业，将葡萄酒酿造法朝着更经典、本土气息浓厚的方向发展，风格纯粹，矿物气息浓厚。普洛比2010（Probi 2010）散发香料气息，带有丰富的矿物和、泥土味道，且风格优雅，酸度和单宁适中。乐帕赛2011（Le Papesse 2011）风格简朴、微妙而新鲜感十足。让人兴致盎然的苏维翁特斯彻2012（Sauvignon Le Tresche 2012）带有橙子皮、接骨木花和山药材的味道。

● Sangiovese di Romagna I Probi di Papiano Ris. '10	🍷🍷🍷 3*
○ Le Tresche di Papiano '12	🍷🍷 3
● Sangiovese di Romagna Sup. Le Papesse di Papiano '11	🍷🍷 2*
○ Tregenda Albana Passita '11	🍷🍷 3
● Papiano di Papiano '04	🍷🍷🍷 4
● Sangiovese di Romagna I Probi di Papiano Ris. '09	🍷🍷🍷 3*
○ Albana di Romagna Passito Tregenda Ris. '10	🍷🍷 5
● Sangiovese di Romagna Le Papesse di Papiano '10	🍷🍷 2*
● Sangiovese di Romagna Le Papesse di Papiano '09	🍷🍷 2*
○ Tregenda '10	🍷🍷 3

Tenuta Villa Trentola

LOC. CAPOCOLLE DI BERTINORO
VIA MOLINO BRATTI, 1305
47032 BERTINORO [FC]
TEL. 0543741389
www.villatrentola.it

藏酒销售
预约参观
年产量 50 000 瓶
葡萄种植面积 20 公顷

恩里克•普拉格诺里（Enrico Prugnoli），女儿菲得里卡（Federica），酿酒学家布里兹奥•摩尔塔德（Fabrizio Moltard）将贝尔蒂诺罗区（Bertinoro）清晰有说服力的土壤特点转换成为大众关注的焦点，那里出品的葡萄酒单宁气息浓厚，是胆量和精度的结合。酒庄只用本葡萄园种植的葡萄酿造葡萄酒，这也是葡萄酒高质量的原因。维拉•特伦托拉酒庄（Villa Trentola）组合了三个1890年就属于普拉格诺里（Prugnoli）家族的农庄：维勒（Valle）、科洛巴亚（Colombaia）和莫里诺（Molino）。酒庄缺少了顶级酒，莫罗酒（Moro）并不是由2010年的困难生长期出品的。这一选择正是酒庄严谨的体现，在过去几年中，酒庄连续出品了优质的葡萄酒。普格诺洛2011（Prugnolo 2011）向我们诠释了完美的平衡口感，新鲜感十足，单宁突出。

● Sangiovese di Romagna Sup. Il Prugnolo '11	🍷🍷 3
● Sangiovese di Romagna Sup. Il Moro Ris. '09	🍷🍷🍷 4*
● Sangiovese di Romagna Sup. Il Moro Ris. '08	🍷🍷🍷 4
● Sangiovese di Romagna Sup. Il Moro di Villa Trentola Ris. '07	🍷🍷 4
● Sangiovese di Romagna Sup. Il Prugnolo '08	🍷🍷 3
● Sangiovese di Romagna Sup. Il Prugnolo di Villa Trentola '07	🍷🍷 3
● Sangiovese di Romagna Sup. Il Prugnolo di Villa Trentola '06	🍷🍷 3*
● Sangiovese di Romagna Sup. Ultimo Atto '08	🍷🍷 5
● Ultimo Atto '10	🍷🍷 2*

Villa Venti

LOC. VILLAVENTI DI RONCOFREDDO
VIA DOCCIA, 1442
47020 FORLÌ
TEL. 0541949532
www.villaventi.it

藏酒销售
预约参观
参观设施
年产量 27 500 瓶
葡萄种植面积 7 公顷
葡萄栽培方式 有机认证

维拉温蒂（Villa Venti）酒庄目前有三款维莎华 2009（Riserva 2009）酿造成熟。酒庄由精力旺盛、敏感细致、一丝不苟的毛罗•吉安蒂尼（Mauro Giardini）和戴维德•卡斯特鲁西（Davide Castellucci）负责。葡萄园占地7公顷，海拔160米，土壤由红色黏土和沙质黄色黏土组成。他们的工作耐心以及对大自然的尊重，是现代农业重要的一份子，他们的葡萄酒已成为罗马涅（Romagna），尤其是瑟森纳特（Cesenate）地区葡萄酒的最好诠释。酒庄出品的葡萄酒经典可靠，全部手工酿造，是积极向上的体现。普利莫•瑟诺2011（Primo Segno 2011）口感丰富，独具特色，有内涵：首先是精准的强硕酒体，再是深层次、浓郁的矿物味，准确完美地呈现出圣乔维斯（Sangiovese）葡萄特有的微妙香气。玛格赛2010（Maggese 2010）风格简约独特，土壤气息浓厚；陈酿 2010（Riserva 2010）没有生产。

● Sangiovese di Romagna Longiano Primo Segno '11	🍷🍷🍷 3*
● Sangiovese di Romagna Sup. Maggese '10	🍷🍷 3*
○ Felis Leo '09	🍷🍷 3
○ Serenaro Famoso '12	🍷🍷 3
● Sangiovese di Romagna Sup. Primo Segno '09	🍷🍷🍷 3*
● Sangiovese di Romagna Sup. Primo Segno '08	🍷🍷🍷 3*
● Felis Leo '08	🍷🍷 3
● Felis Leo '07	🍷🍷 3
● Sangiovese di Romagna Sup. Primo Segno '10	🍷🍷 3*
● Sangiovese di Romagna Sup. Primo Segno '07	🍷🍷 3
● Sangiovese di Romagna Sup. Ris. '09	🍷🍷 4

Tenuta La Viola

via Colombarone, 888
47032 Bertinoro [FC]
Tel. 0543445496
www.tenutalaviola.it

藏酒销售
预约参观
年产量 40 000 瓶
葡萄种植面积 7 公顷
葡萄栽培方式 有机认证

自1998年起，斯特法诺•咖贝里尼（Stefano Gabellini）便在波尔蒂尼山坡（Bertinoro），面向大海的7公顷葡萄园中不知疲倦地工作。通过连续几年质量的提升，斯特法诺（Stefano）已将工作重心放在葡萄酒最困难的方面——如何富有表现力。尽管葡萄酒来自完美葡萄园的葡萄和精心管理的地窖，但仍然缺少本土气息，换言之，缺乏紧致感。佩塔•霍诺利2010（Petra Honorii 2010）无法表现出风土特质，尽管质量不错，却永远不是罗马涅（Romagna）圣乔维斯葡萄（Sangiovese）的最佳代表。而贝尔蒂诺罗（Bertinoro）则缺乏我们所期待的柔滑和深度，而隐藏的细节弥补了这种多样性的特征。

● Particella 25 '10	🍷🍷 5
● Sangiovese di Romagna Sup. Il Colombarone '11	🍷 3
● Sangiovese di Romagna Sup. Petra Honorii Ris. '10	🍷 4
● Particella 25 '08	🍷🍷 2*
● Particella 25 '07	🍷🍷 2*
● Sangiovese di Romagna Sup. Il Colombarone '06	🍷🍷 3*
● Sangiovese di Romagna Sup. Il Colombarone '05	🍷🍷 3*
● Sangiovese di Romagna Sup. Petra Honorii Ris. '09	🍷🍷 4
● Sangiovese di Romagna Sup. Petra Honorii Ris. '08	🍷🍷 4
● Sangiovese di Romagna Sup. Petra Honorii Ris. '07	🍷🍷 4

★Fattoria Zerbina

fraz. Marzeno
via Vicchio, 11
48018 Faenza [RA]
Tel. 054640022
www.zerbina.com

藏酒销售
预约参观
年产量 220 000 瓶
葡萄种植面积 30 公顷

法托利亚酒庄（Fattoria Zerbina）在罗马涅地区（Romagna）举足轻重，当地的罗马涅葡萄酒联盟（Consorzio Vinidi Romagna）把玛泽诺（Marzeno）分区交给他们管理。这是对克里斯帝纳（Cristina Geminiani）、对这个项目的成功领导的最合适赞誉。酒庄有30公顷的葡萄园，凭借对葡萄园和酒窖的纯熟管理技术，这里出品的葡萄酒一直是罗马涅优质葡萄酒的代表。对土壤条件和葡萄酒风格特性的准确把握，所酿葡萄酒风格简朴，有力量感，口感饱满紧实，却不乏新鲜。皮特莫拉2009（Pietramora 2009）则酸度适宜，酒体饱满柔软，散发浓郁的干草药味，伴随着简朴的水果味，口感表现出其独特的矿物气息，但单宁粗糙导致口感过于干冽。斯卡科•玛托2009（Scacco Matto 2009）则清新优雅。

○ Albana di Romagna Passito Scacco Matto '09	🍷🍷 3*
● Sangiovese di Romagna Sup. Pietramora Ris. '09	🍷🍷 6
○ Albana di Romagna Secco Ceperano '12	🍷🍷 2*
● Sangiovese di Romagna Sup. Ceregio '12	🍷🍷 2*
○ Tergeno 10 anni dopo '03	🍷🍷 3
○ Trebbiano di Romagna Dalbiere '12	🍷 2
○ Albana di Romagna Passito AR Ris. '06	🍷🍷🍷 8
● Marzieno '08	🍷🍷🍷 4*
● Marzieno '04	🍷🍷🍷 5
● Sangiovese di Romagna Sup. Pietramora Ris. '08	🍷🍷🍷 6
● Sangiovese di Romagna Sup. Pietramora Ris. '06	🍷🍷🍷 6
● Sangiovese di Romagna Sup. Pietramora Ris. '04	🍷🍷🍷 6

Ariola Vigne e Vini

Loc. Calicella di Pilastro
fraz. Pilastro
s.da della Buca, 5a
43010 Langhirano [PR]
Tel. 0521637678
www.viniariola.it

藏酒销售
预约参观
膳宿接待
年产量 1 000 000 瓶
葡萄种植面积 70 公顷

- ● Lambrusco Emilia Marcello '12 — 2*
- ○ Forte Rigoni Malvasia Frizzante '12 — 2

Raffaella Alessandra Bissoni

Loc. Casticciano
via Colecchio, 280
47032 Bertinoro [FC]
Tel. 0543460382
www.vinibissoni.com

藏酒销售
预约参观
年产量 25 000 瓶
葡萄种植面积 5 公顷

- ● Sangiovese di Romagna Sup. '11 — 2*
- ○ Albana di Romagna Passito '09 — 4

Braschi

via Roma, 37
47025 Mercato Saraceno [FC]
Tel. 054791061
www.cantinabraschi.com

年产量 180 000 瓶
葡萄种植面积 10 公顷

- ○ Albana di Romagna '12 — 2*
- ● Sangiovese di Romagna Sup. Il Costone '11 — 3

La Casetta dei Frati

via dei Frati, 8
47015 Modigliana [FC]
Tel. 0546940628
www.casettadeifrati.com

藏酒销售
预约参观
膳宿接待
年产量 12 000 瓶
葡萄种植面积 8 公顷

- ○ Fravento '10 — 2*
- ● Sangiovese di Romagna Modigliana Fratémpo Ris. '11 — 3

Cavim - Cantina Viticoltori Imolesi

fraz. Sasso Morelli
via Correcchio, 54
40026 Imola [BO]
Tel. 054255003
www.cavimimola.it

藏酒销售
预约参观
年产量 400 000 瓶
葡萄种植面积 1 300 公顷

- ○ Colli d'Imola Pignoletto '12 — 2*
- ● Sangiovese di Romagna Sup. '12 — 2*
- ● Sangiovese di Romagna Sup. Moro di Serrafelina Ris. '09 — 2*

Caviro

via Convertite, 12
48018 Faenza [RA]
Tel. 0546629111
www.caviro.it

藏酒销售
预约参观
年产量 25 000 000 瓶
葡萄种植面积 44 公顷

- ● Sangiovese di Romagna Brumale '12 — 2*
- ● Sangiovese di Romagna Terre Forti '12 — 2*

Crocizia

S.DA PER CROCIZIA, 7
43010 LANGHIRANO [PR]
TEL. 0521854450
www.crocizia.com

藏酒销售
年产量 10 000 瓶
葡萄种植面积 5 公顷
葡萄栽培方式 有机认证

- ● Marc'Aurelio '11 ♥♥ 2*
- ○ Znèstra '12 ♥♥ 2*

Donelli

VIA CARLO SIGONIO, 54
41100 MODENA
TEL. 0522908715
www.donellivini.it

年产量 25 000 000 瓶
葡萄种植面积 120 公顷

- ● Lambrusco di Sorbara Secco Sergio Scaglietti '12 ♥♥ 2*
- ● Lambrusco Reggiano Secco Sergio Scaglietti '12 ♥♥ 2*

Fiorini

LOC. GANACETO
VIA NAZIONALE PER CARPI, 1534
41010 MODENA
TEL. 059386028
www.fiorini1919.com

藏酒销售
预约参观
年产量 100 000 瓶
葡萄种植面积 9 公顷

- ● Lambrusco di Sorbara Corte degli Attimi '12 ♥♥ 2*
- ● Lambrusco V. del Caso '11 ♥♥ 2*

Gualdora

LOC. CASE GUALDORA, 196
29010 ZIANO PIACENTINO [PC]
TEL. 3923902160
www.gualdora.it

年产量 10 000 瓶
葡萄种植面积 3 公顷

- ● C.P. Gutturnio Sup. Otto '11 ♥♥ 2*
- ○ C.P. Malvasia Secco Frizzante Blanca '12 ♥♥ 1*

Cantine Intesa

VIA PROVINCIALE FAENTINA, 46
47015 MODIGLIANA [FC]
TEL. 0546941195
www.cantineintesa.it

藏酒销售
预约参观
年产量 100 000 瓶
葡萄种植面积 70 公顷

- ○ Albana di Romagna Poderi delle Rose '12 ♥♥ 2*
- ● Sangiovese di Romagna Poderi delle Rose '12 ♥♥ 2*

Lamoretti

LOC. CASATICO
S.DA DELLA NAVE, 6
43013 LANGHIRANO [PR]
TEL. 0521863590
www.lamorettivini.com

藏酒销售
预约参观
年产量 100 000 瓶
葡萄种植面积 25 公顷

- ○ Colli di Parma Malvasia Frizzante '12 ♥♥ 2*
- ● Colli di Parma Rosso Montefiore '11 ♥ 2

La Piana

via Ossi, 4b
41014 Castelvetro di Modena [MO]
Tel. 059790303
www.lambruscolapiana.it

年产量 40 000 瓶
葡萄种植面积 8 公顷

- ● Lambrusco Grasparossa di Castelvetro Secco Lacrime di Bosco '12 — 🍷🍷 1*

Quarticello

via Matilde di Canossa 1a
42027 Montecchio Emilia [RE]
Tel. 0522866220
www.quarticello.it

年产量 25 000 瓶
葡萄种植面积 5 公顷

- ○ Despina '12 — 🍷🍷 2*
- ⊙ Ferrando '11 — 🍷🍷 2*
- ⊙ Ferrando '11 — 🍷🍷 2*

San Biagio Vecchio

via Salita di Oriolo, 13
48018 Faenza [RA]
Tel. 3393523168
www.cantinasanbiagiovecchio.com

藏酒销售
预约参观
年产量 8 000 瓶
葡萄种植面积 5.5 公顷

- ○ Sabbiagialla '12 — 🍷🍷 2*
- ● Sangiovese di Romagna Sup. Serraglio '09 — 🍷🍷 2*

Vigne di San Lorenzo

via Campiume, 6
48013 Brisighella [RA]
Tel. 3391137070
www.vignedisanlorenzo.it

藏酒销售
预约参观
膳宿接待
年产量 10 000 瓶
葡萄种植面积 3 公顷

- ● Campiume '09 — 🍷🍷 4
- ● San Lorenzo '09 — 🍷🍷 4
- ● Sangiovese Campaglione '11 — 🍷🍷 2*

Tenuta Santini

fraz. Passano
via Campo, 33
47853 Coriano [RN]
Tel. 0541656527
www.tenutasantini.com

藏酒销售
预约参观
年产量 40 000 瓶
葡萄种植面积 22 公顷

- ● Sangiovese di Romagna Sup. Cornelianum Ris. '10 — 🍷🍷 4
- ● Sangiovese di Romagna Sup. Beato Enrico '12 — 🍷 2

Cantina Sociale Settecani

via Modena, 184
41014 Castelvetro di Modena [MO]
Tel. 059702505
www.cantinasettecani.it

藏酒销售
年产量 1000 000 瓶
葡萄种植面积 530 公顷

- ● Lambrusco Grasparossa di Castelvetro Amabile '12 — 🍷🍷 1*
- ● Lambrusco Grasparossa di Castelvetro Secco '12 — 🍷🍷 1*

托斯卡纳区
TUSCANY

2014年，托斯卡纳区（Tuscany）获得更多的“三杯奖”（Tre Bicchieri），毫无疑问成为意大利顶级葡萄酒的代表产区。托斯卡纳区（Tuscany）拥有很多知名的葡萄酒产区，其中很多在国际上享有盛名，然而2014年的冠军当属有不少于24个法定产区酒（DOC）和地区特色酒（IGT）等级的古典康帝产区（Chianti Classico）。托斯卡纳区（Tuscany）地域辽阔，但这也不足以成为它成功的理由，更有赖于其坚持品质优良、愈益精细的风格和保持酿酒传统。圣乔维斯（Sangiovese）也重回它的明星地位，不管是混酿还是单品葡萄酒，它的特征都得到了很好的诠释。我们希望它广受认可的品质能够获得公正的回报，也希望我们如此优秀真诚的葡萄酒生产国在销量和价格方面能够得到相应的认可。2014年的布内罗2008（Brunello di Montalcino 2008）和陈酿2007（Riserva 2007）表现略差于往年，但绝对不是说今年的年份表现都不好。所以，为弥补今年艰难的收成，我们才会设置如此琳琅满目的奖项，更加注重那些保持质量、优雅的葡萄酒，即使博格利产区（Bolgheri）的表现也比以往任何一个年份让人失望。2010年份的酒确实是口感圆润优雅，但不免有酒体轻佻的嫌疑。当然，今年也有不少明星酒能够保持水准，但整体的成绩没有去年好。其中有许多面积较小但重要性不可小觑的产区，它们在酿制多样化葡萄酒方面发挥着重要作用，使得整个大区能够根据不同的经纬度而制造出风格各异的葡萄酒。其中一个有代表性的产区便是马内玛区（Maremma），驳回过去过度重视风土的形象，继续酿制简单型芳香葡萄酒。接着我们有蒙特布查诺（Montepulciano）、卢卡（Lucca）和阿雷佐（Arezzo）等。总而言之，我们必须指出的是，从整个大区来说，就如同整个意大利一样，大型酿酒厂与小型酿酒家相辅相成，尽管背景不一，特征也不一样，但正由于这种共存，使得不同规模的酿酒企业能相互竞争、互为参考，从中得益的将会是整个行业。

Abbadia Ardenga

FRAZ. TORRENIERI
VIA ROMANA,139
53028 MONTALCINO [SI]
TEL. 0577834150
www.abbadiardengapoggio.it

藏酒销售
预约参观
年产量 35 000 瓶
葡萄种植面积 10 公顷

在成为巴迪雅格（Abbadia Ardenga）酒庄的总部之前，自中世纪以来，特罗黛拉城堡（Castello della Torre Nera）都是蒙特其洛镇（Montalcino）最具活力和声誉的村庄之一。如今它属于锡耶纳（Siena）的艾斯库托里（Società di Esecutori di Pie Disposizioni ）所有，提供茶点和住宿。圣乔维斯红葡萄（Sangiovese）种植在大约10公顷的泥灰质土壤上，东北部种植的1/4葡萄在老酒窖里酿制。布内罗红葡萄酒（Brunellos）经过三个星期的浸渍，并在斯拉夫尼亚（Slavonian ）橡木桶里陈酿36个月，无论是基础款还是维纳比格雅庄园系列（Vigna Piaggia），风格都十分传统。凭借布内罗（Brunello）红葡萄酒，2014年酒庄的排名似乎有所调整，口感更显香醇，并带有地中海的特色，更不用说它和谐细致的单宁了。而维纳比格雅（Vigna Piaggia）更是一款佳酿，但香气过于奔放，结构略微粗糙。

● Brunello di Montalcino '08	🍷🍷 5
● Brunello di Montalcino V. Piaggia '08	🍷🍷 5
● Rosso di Montalcino '11	🍷 3
● Brunello di Montalcino '07	🍷🍷 5
● Brunello di Montalcino '06	🍷🍷 5
● Brunello di Montalcino '05	🍷🍷 5
● Brunello di Montalcino '03	🍷🍷 5
● Brunello di Montalcino '01	🍷🍷 5
● Brunello di Montalcino '00	🍷🍷 5
● Brunello di Montalcino V. Piaggia '07	🍷🍷 5
● Brunello di Montalcino V. Piaggia '04	🍷🍷 5
● Brunello di Montalcino V. Piaggia '03	🍷🍷 5
● Rosso di Montalcino '10	🍷🍷 3

Acquabona

LOC. ACQUABONA
57037 PORTOFERRAIO [LI]
TEL. 0565933013
www.acquabonaelba.it

藏酒销售
预约参观
年产量 90 000 瓶
葡萄种植面积 18 公顷

最早关于酒庄的记录是在18世纪，它的名字源于一口纯净泉水，那时候是岛上居民最重要的水源。起初酒庄的主要业务是粮食作物和牧草种植，从20世纪50年代起，酒庄开始把重心放在葡萄酒酿制上，最后形成专业化种植的葡萄园。在20世纪80年代中期，两个伦巴第人（Lombard）——尤葛（Ugo）和马尔塞罗（Marcello）以及来自托斯卡纳（Tuscany）的露西亚诺（Luciano）合资购买了酒庄，并重新经营业务。他们秉承着严谨的态度，一如既往地将自己对环境和地区的尊重态度应用于葡萄种植之中。奥雷帝科2011（Aleatico 2011）香气辛辣，弥漫着树莓果冻和醋栗香，入口饱满可口，醇香萦绕唇边，久久不去。采用单一品种梅洛（Merlot）酿制的本维奴托2011（Benvenuto 2011）香气宜人，酒体强硕饱满，口感柔和。沃翠里奥2009（Voltraio 2009）融合了美味的梅洛（Merlot）和西拉（Syrah），口感丰富，辛辣诱人，历久弥香。

● Aleatico dell'Elba '11	🍷🍷 5
● Benvenuto '11	🍷🍷 2*
● Voltraio '09	🍷🍷 4
○ Elba Ansonica '12	🍷 3
○ Elba Bianco '12	🍷 2
○ Elba Bianco Tradizione '12	🍷 3
⊙ Elba Rosato '12	🍷 2
● Elba Rosso Camillo Bianchi Ris. '09	🍷 4
○ Elba Vermentino '12	🍷 3
● Benvenuto '09	🍷🍷 3
● Elba Rosso '09	🍷🍷 2*

Agricola Alberese

Fraz. Alberese
Loc. Spergolaia
58010 Grosseto
Tel. 0564407180
www.alberese.com

藏酒销售
预约参观
提供住宿
年产量 95 000 瓶
葡萄种植面积 53 公顷
葡萄栽培方式 有机栽培

酒庄位于托斯卡纳区（Tuscany），是意大利最大的农场之一。酒庄的大部分面积都是松树林和森林，但也有很多是耕种土地，种植了许多大麦和橄榄树。相当大的一部分土地用于种植葡萄，葡萄酿成几款不同类型的莫莱里诺（Morellino）。这里还有一大片天然牧草可供牛群喂养，酒庄的牛仔和牧人仍是本地区最传统的专家之一。酒庄也向游客提供农家乐，你可以直接购买葡萄酒。两款莫莱里诺（Morellino）无疑是好酒：塞拉塔•德•卡瓦乐格里2011（Serrata dei Cavalleggeri 2011），浓郁果香中带有一丝辛辣，结构紧密，回味久远。而法托利亚•格兰度卡乐2011（Villa Fattoria Granducale 2011）则因它的地中海风味脱颖而出，香气均衡、回香悠久。

● Morellino di Scansano Barbicato '10	🍷🍷 5
● Morellino di Scansano Serrata dei Cavalleggeri '11	🍷🍷 2*
● Morellino di Scansano Villa Fattoria Granducale '11	🍷🍷 2*
● Morellino di Scansano Pellegrone '11	🍷 3
● Morellino di Scansano Barbicato '07	🍷🍷 5
● Morellino di Scansano Pellegrone '08	🍷🍷 3
● Morellino di Scansano Pellegrone '06	🍷🍷 3*
● Morellino di Scansano Serrata dei Cavalleggeri '10	🍷🍷 2*
● Morellino di Scansano Serrata dei Cavalleggeri '07	🍷🍷 2*
● Morellino di Scansano Villa Fattoria Granducale '09	🍷🍷 2

Agricoltori del Chianti Geografico

Loc. Mulinaccio, 10
53013 Gaiole in Chianti [SI]
Tel. 0577749489
www.chiantigeografico.it

藏酒销售
预约参观
提供住宿
年产量 1 900 000 瓶
葡萄种植面积 580 公顷

该联营酒庄位于佳奥利（Gaiole），每年的葡萄酒产量惊人，品质持久稳定，如此高的水平足以证明了“数量并不意味着质量”这句话不一定都对。这也是酒庄在近几年所达到卓越高度的品质证明。酒庄酿制的葡萄酒呈现出现代风格，没有过多的酿制技巧。因此，它在众酒之中并不平凡，展现了最原始的特征以及当地风格。完美的古典康帝2010（Chianti Classico Montegiachi Riserva 2010）酒味辛辣持久。由圣乔维斯（Sangiovese）和赤霞珠（Cabernet Sauvignon）葡萄酿造的菲拉奥罗2010（Ferraiolo 2010）香气纯粹。采用梅洛（Merlot）葡萄酿制的普乐拉亚2010（Pulleraia 2010）性情温和，相当的微妙精细。古典康帝康特塞•拉达葡萄酒2011（Chianti Classico Contessa di Radda 2011）则口感新鲜，简单易饮。

● Chianti Cl. Montegiachi Ris. '10	🍷🍷 4
● Ferraiolo '10	🍷🍷 5
● Chianti Cl. Contessa di Radda '11	🍷🍷 3
● Pulleraia '10	🍷🍷 5
● Brunello di Montalcino Castello Tricerchi '08	🍷 7
● Chianti Cl. '11	🍷 3
● Rosso di Montalcino Castello Tricerchi '10	🍷 3
● Chianti Cl. Montegiachi Ris. '09	🍷🍷🍷 4*
● Chianti Cl. Montegiachi Ris. '07	🍷🍷🍷 4
● Chianti Cl. Montegiachi Ris. '05	🍷🍷🍷 4
● Brunello di Montalcino Castello Tricerchi '07	🍷🍷 7
● Brunello di Montalcino Castello Tricerchi '05	🍷🍷 7
● Chianti Cl. Contessa di Radda '09	🍷🍷 3

Podere Albiano

LOC. PETROIO
S.DA DI PODERE ALBIANO
53020 TREQUANDA [SI]
TEL. 05776653
www.poderealbiano.it

藏酒销售
预约参观
年产量 15 000 瓶
葡萄种植面积 4 公顷

酒庄建筑坐落在十分漂亮的景观中，属于阿达•贝彻里（Ada Becheri）所有。由于对葡萄酒和这个地方的热爱，她和阿尔伯托•图里（Alberto Turri），共同经营这座酒庄。阿达负责销售和公关，阿尔伯托则全身心投入葡萄园培植和酒窖照料中。酒庄成立于2002年，最初的工作主要集中在耕地和种植葡萄上，尔后他们开始了对整座建筑进行改革。酒窖于2009年完工。它的三款酒都酿制得很成功：纯圣乔维斯特利波罗2009（Tribolo 2009）带有铅笔屑味和皮革味，它的果实特征明显，酒体厚重，余味缭绕。斯利2009（Ciriè 2009）混合了圣乔维斯（Sangiovese）和梅洛（Merlot）葡萄，樱桃味中带有辛辣的香草味，结构柔和优雅，单宁细腻。而极具诱惑力的佩特洛2009（Petro 2009）是由赤霞珠（Cabernet Sauvignon）和梅洛（Merlot）以及少许的小维铎（Petit Verdot）葡萄混酿而成，充满活力和果实味，散发出清新的香脂味和辣椒味，余味可口缭绕。

● Ciriè '09	🍷🍷 3
● Petro '09	🍷🍷 4
● Tribolo '09	🍷🍷 4

Fattoria Ambra

VIA LOMBARDA, 85
59015 CARMIGNANO [PO]
TEL. 3358282552
www.fattoriaambra.it

藏酒销售
预约参观
年产量 80 000 瓶
葡萄种植面积 20 公顷

罗梅•里格里（Romei Rigoli） 家族自20世纪中期开始就一直拥有这座酒庄。葡萄园分布于四个地区，其中包括卡米吉纳诺（Carmignano）区最好的园地，它在13世纪得以重建，以提高其葡萄酒的质量，四个地区分别是克利纳•迪•蒙塔尔比奥罗（Collina di Montalbiolo）、埃尔扎纳（Elzana）、蒙特弗提尼（Montefortini）和皮里圣塔•克里斯提那（Santa Cristina in Pilli）。酒庄致力于酿造能够反映本地风土的葡萄酒，在农学和酿酒专家贝鹏（Beppe Rigoli）的引领下，葡萄的栽培、酒窖的运作以及葡萄酒的酿造精益求精。它同时也有酿造露丝（Rosé）、巴尔科•雷里（Barco Reale）和文圣托（Vin Santo）葡萄酒，文圣托2006（Vin Santo 2006）在口味方面更胜一筹，干果的诱人香味，辛辣、甘甜、精制的酒体，回味悠长。其他的酒款有着突出的单宁，结构复杂、香气馥郁。

● Carmignano S. Cristina in Pilli '11	🍷🍷 3
● Carmignano V. di Montefortini '11	🍷🍷 3
○ Vin Santo di Carmignano '06	🍷🍷 5
● Barco Reale '12	🍷 2
⊙ Rosato di Carmignano Vin Ruspo '12	🍷 2
○ Trebbiano '12	🍷 2
● Barco Reale '11	🍷🍷 2*
● Carmignano Elzana Ris. '09	🍷🍷 4
● Carmignano Elzana Ris. '05	🍷🍷 4
● Carmignano Le Vigne Alte di Montalbiolo Ris. '09	🍷🍷 4
● Carmignano Le Vigne Alte di Montalbiolo Ris. '04	🍷🍷 4

Stefano Amerighi

Fraz. Farneta
via di Poggiobello
52044 Cortona [AR]
Tel. 0575648340
www.stefanoamerighi.it

年产量 5 000 瓶
葡萄种植面积 13.5 公顷

酒庄坐落在一个小村庄，环绕着科托纳（Cortona），它的主人斯特凡诺•阿莫里奇（Stefano Amerighi）建立这座酒庄是为了实现他培植出优质的西拉（Syrah）葡萄的愿望。他希望在尊重国家传统规则的基础上更多地把有机动力学原理运用在葡萄栽培上。从一开始他就十分悉心地照料酒庄，包括选择最适合种植葡萄园的土地，后来加以扩大，以确保酒庄成为一个可持续发展的研究所，在这里所有的耕作部门都能对技术加以运用。在短短数年间，这个最初听起来像是一个虚幻的想法已成为不可颠覆的现实了。在这次“三杯奖”（Tre Bicchieri）评比会上，西拉2010（Syrah 2010）是这酒庄展出的唯一一款酒，它香气优雅，富于变化，中间渗着胡椒的辛辣味，有如脆樱桃味的红浆果，也有如薄荷般的清新。入口细若游丝，却萦绕不断，平衡的单宁中带一丝清新酸味，令人回味无穷。

● Cortona Syrah '10	🍷🍷🍷 5
● Cortona Syrah '09	🍷🍷🍷 5
● Cortona Syrah '08	🍷🍷 5
● Cortona Syrah '07	🍷🍷 5
● Cortona Syrah Apice '09	🍷🍷 5

Amiata

loc. Montegiovi
58033 Castel del Piano [GR]
Tel. 0564974864
www.amiatavini.it

藏酒销售
预约参观
年产量 6 000 瓶
葡萄种植面积 3 公顷

优质葡萄酒只产生于有着悠久酿酒传统的地方，这说法并不完全正确：阿米亚塔（Amiata）虽然是个年轻的酒庄，但它已十分富有家族价值观念。渗着小水沟的由黏土构成的斜坡位于阿米亚塔山——一座古老的火山上，这里主要种植着葡萄和橄榄树。年轻的企业家西门•托尼内里（Simone Toninelli）和斯特凡尼亚•克伦比尼（Stefania Colombini）把他们对酿酒的热情与敏锐的商业嗅觉结合在一起，开始涉足酿酒业，并取得了不错的成绩。在蒙泰库科（Montecucco），圣乔维斯（Sangiovese）葡萄种植于蒙塔尔奇诺法定产酒区（Montalcino DOC）附近，并证明了它也能结出优良的果实。朗维高2009（Montecucco Sangiovese Lavico 2009）初次进入了总决赛，它果香复杂，既有樱桃和黑莓的成熟香气，又有清新的矿物香。它入口饱满，单宁紧致而不粗糙，口味持久而怡人。其他的酒款也是愉悦人心的。

● Montecucco Sangiovese Lavico '09	🍷🍷 3*
● Montecucco Sangiovese Cenere Ris. '08	🍷🍷 3
● Lapillo '10	🍷 3
● Lapillo '09	🍷🍷 3
● Montecucco Sangiovese Cenere Ris. '07	🍷🍷 3
● Montecucco Sangiovese Lavico '08	🍷🍷 3*

Ampeleia

FRAZ. ROCCATEDERIGHI
LOC. MELETA
58028 ROCCASTRADA [GR]
TEL. 0564567155
www.ampeleia.it

藏酒销售
预约参观
年产量 100 000 瓶
葡萄种植面积 40 公顷

阿姆佩拉亚（Ampelaia）酒庄是由几位友人一起共同努力建成的，他们对这片土地和葡萄园有着相同的热爱。酒庄的田地位于三个不同高度，特征各异，这意味着它们需要不断地加以照料和关注。而结果是酒庄研究出了富有动力的葡萄栽培技术，比如这七种品种不同的葡萄，他们根据土地的不同形态特征，栽培出了不同的葡萄品种。每个小区域之间相隔十分远，使得每一种葡萄都有其独特的特征，并酿造成适饮性十分强的葡萄酒。歌海娜（Grenache）的慕维德尔（Mourvèdre）和卡里尼亚洛（Carignano）的克伯丝2011（Kepos 2011） 有着清新而特别的香气，酒体柔和，口味清新，单宁细腻且入口充满果香。品丽珠（Cabernet Franc）最主要的酒款阿姆佩拉亚2010（Ampeleia 2010）也丝丝入味，它的果香馥郁，结构中和。而怡人的尤尼利特罗2012（Unilitro 2012）则是由本地的七款葡萄混酿而成。

● Kepos '11	🍷🍷	3*
● Ampeleia '10	🍷🍷	5
● Unlitro '12	🍷🍷	2*
● Kepos '06	🍷🍷🍷	3*
● Ampeleia '09	🍷🍷	5
● Ampeleia '08	🍷🍷	5
● Ampeleia '07	🍷🍷	5
● Ampeleia '06	🍷🍷	5
● Empatia '07	🍷🍷	4
● Kepos '10	🍷🍷	3*
● Kepos '09	🍷🍷	3
● Kepos '08	🍷🍷	3

★★Marchesi Antinori

P.ZZA DEGLI ANTINORI, 3
50123 FIRENZE
TEL. 05523595
www.antinori.it

预约参观
膳宿接待
年产量 2 000 000 瓶
葡萄种植面积 2 350 公顷

以安东尼庄园（Antinori）为代表的“托斯卡纳（Tuscan）酒庄大世界”包括天娜葡萄园（Tignanello），康帝（Chianti）地区的帕西诺修道院（Badia a Passignano）和碧波葡萄园（Peppoli），马内玛（Maremma)的勒•莫特乐（Le Mortelle）和阿尔多波得斯卡（Fattoria Aldobranesca），以及从蒙特洛（Monteloro）的佛罗伦蒂尼酒庄（Florentine）到科托纳（Cortona）的圣塔•克里斯蒂娜（Santa Cristina），蒙特布查诺的拉•柏拉塞斯卡（La Braccesca）以及蒙特其洛镇（Montalcino）的碧安纳（Pian delle Vigne）。这些主要产区或许是世界上最知名的意大利葡萄酒品牌之一。公司的起源可追溯到中世纪，所酿葡萄酒品质优异，正宗地道，往往更注重葡萄品种的选择。安东尼世家侯爵•陈酿古典康帝红葡萄酒2009（Chianti Classico Marchese Antinori Riserva 2009）果香迷人，入口细腻，风格独特，口感柔和。缇嘎纳洛2010（Tiganello 2010）的风格不太明晰，但很有陈年潜力，结构紧致，有着活力且怡人的单宁。索拉亚2010（Solaia 2010）则入口甜美，带有一丝橡木味。

● Chianti Cl. Marchese Antinori Ris. '09	🍷🍷	5
● Tignanello '10	🍷🍷	8
● Brunello di Montalcino Domus Vitae Pian delle Vigne '08	🍷🍷	7
● Brunello di Montalcino Pian delle Vigne '08	🍷🍷	7
● Brunello di Montalcino Vignaferrovia Pian delle Vigne Ris. '07	🍷🍷	7
● Chianti Cl. Pèppoli '11	🍷🍷	3
● Poggio alle Nane Tenuta Le Mortelle '10	🍷🍷	7
● Solaia '10	🍷🍷	8
● Solaia '07	🍷🍷🍷	8
● Solaia '06	🍷🍷🍷	8
● Tignanello '09	🍷🍷🍷	8
● Tignanello '08	🍷🍷🍷	8
● Tignanello '05	🍷🍷🍷	8
● Tignanello '04	🍷🍷🍷	8

Tenuta di Arceno - Arcanum

Loc. Arceno
fraz. San Gusmé
53010 Castelnuovo Berardenga [SI]
Tel. 0577359346
www.tenutadiarceno.com

藏酒销售
预约参观
年产量 250 000 瓶
葡萄种植面积 90 公顷

历史悠久的艾森诺（Arceno）酒庄及其90公顷的葡萄园在1994年被杰克森（Jess Jackson）和班科（Barbara Banke）收购。他们也是加利福尼亚著名的肯德•杰克逊（Kendall-Jackson）酒庄的主人。现今由他们的女儿茱莉亚接管。酒庄在古典康帝区的南部，离卡斯特诺（Castelnuovo Berardenga）不远，粘性的土质中富含花岗岩和玄武岩。经过多年的发展，著名酿酒学家皮尔（Pierre Seillan）根据本地10个不同气候条件将酒庄分割成63块。旗舰酒的奥秘——阿堪诺（Arcanum）葡萄位于一处独立的葡萄园中。品丽珠（Cabernet Franc）、赤霞珠（Cabernet Sauvignon）和梅洛（Merlot）葡萄酿成了国际品牌。阿尔卡纳姆的成分主要是赤霞珠葡萄，它是深红宝石色，散发出清新的黑莓味和香料味，入口酒味集中坚实，果味富饶，同时不失清新和平衡。瓦拉多纳（Valadrona）的提取程度高，口感浓烈。法奥诺（Fauno di Arcanum）是我们钟爱的一款，它是一种波尔多（Bordeaux）混合酒，主要成分是梅洛和少量圣乔维斯葡萄，味甜，圆润，余韵缭绕。

● Arcanum '08	▼▼ 8
● Il Fauno '08	▼▼ 4
● Chianti Classico '11	▼▼ 3
● Valadorna '08	▼▼ 7
● Arcanum I '07	▽▽ 8
● Arcanum I '04	▽▽ 7
● Arcanum I '03	▽▽ 7
● Arcanum I '02	▽▽ 8
● Arcanum II '04	▽▽ 8
● Arcanum II '02	▽▽ 8

Tenuta Argentiera

Loc. Donoratico
via Aurelia, 412a
57022 Castagneto Carducci [LI]
Tel. 0565773176
www.argentiera.eu

藏酒销售
预约参观
年产量 450 000 瓶
葡萄种植面积 75 公顷

这座酒庄曾经作为弗罗帝纳（Florentine Serristori）家族的财产，也是古老的多诺拉帝科（Donoratico）酒庄的一部分，如今是保格利镇（Bolgheri）真正的典范。酒庄隶属于科拉多（Corrado）和马塞洛•弗拉蒂尼（Marcello Fratini）两兄弟所有，它的葡萄园地在不断地扩大，黏土中富含小碎石，其中一些园地美丽得令人惊叹，举世无双。在500公顷的土地中，有75公顷用于种植葡萄，主要是本地区的经典品种，包括：佛朗（Franc）、解百纳（Cabernet）、苏维翁（Sauvignon）、梅洛（Merlot）和西拉（Syrah）。酒庄以娴熟的葡萄栽培和酿酒技术，创造了优质的葡萄酒。尽管顶级博格利（Bolgheri Superiore Argentiera）在2010年遇到了挑战，但在2014年完成了华丽的回归。它的完整和平衡深深地把我们迷住了，芳香浓郁，快速而准确地抓住了我们的口感，入口充满富饶的果肉味，成熟度高，使它成为2014年最佳的酒款之一。博格利•维拉2010（Bolgheri Villa Donoratico 2010）则稍微欠佳，闻起来不怎么令人满意。

● Bolgheri Sup. Argentiera '10	▼▼▼ 7
● Bolgheri Poggio ai Ginepri '12	▼ 3
● Bolgheri Villa Donoratico '10	▼ 4
● Bolgheri Sup. Argentiera '06	▽▽▽ 7
● Bolgheri Sup. Argentiera '05	▽▽▽ 7
● Bolgheri Sup. Argentiera '04	▽▽▽ 7
● Bolgheri Poggio ai Ginepri '05	▽▽ 2*
● Bolgheri Rosso Poggio ai Ginepri '09	▽▽ 3
● Bolgheri Sup. Argentiera '09	▽▽ 7
● Bolgheri Sup. Argentiera '07	▽▽ 7
● Bolgheri Sup. Argentiera '03	▽▽ 7
● Bolgheri Villa Donoratico '07	▽▽ 4
● Bolgheri Villa Donoratico '05	▽▽ 4
● Bolgheri Villa Donoratico '04	▽▽ 4

Argiano

FRAZ. SANT'ANGELO IN COLLE
53024 MONTALCINO [SI]
TEL. 0577844037
www.argiano.net

预约参观
膳宿接待
年产量 350 000 瓶
葡萄种植面积 51 公顷

2013年蒙塔尔奇诺（Montalcino）最重要的发展之一就是一群富裕的巴西投资者收购了阿尔吉亚诺酒庄（Argiano）。酒庄位于法定产区边远的西南角落，占地100多公顷，其中一半用于种植葡萄。乔治•加百利(Giorgio Gabelli)被任命担任这座豪华酒庄的主管。我们深深地祝福他，同时也很好奇他是否会改变葡萄研究学的基础。酒庄种植的葡萄包括圣乔维斯（Sangiovese）、梅洛（Merlot）、解百纳（Cabernet）、西拉（Syrah）和小维铎（Petit Verdot），风格馥郁而独特。由各种国际葡萄品种酿制而成的地区特色酒（IGT）再一次在品酒会上给人留下了深刻的印象。无悔干红葡萄酒2011（On Confundiur 2011）充满优雅的药草味，果香浓郁，口味坚实紧致而避免了酒体过重和苦涩。索罗2010（Suolo 2010）则辛辣和肉感，同时也更清爽。

● Non Confunditur '11	▼▼ 3
● Suolo '10	▼▼ 8
● Rosso di Montalcino '11	▼ 3
● Brunello di Montalcino Ris. '88	▽▽▽ 7
● Brunello di Montalcino Ris. '85	▽▽▽ 7
● Solengo '97	▽▽▽ 6
● Solengo '95	▽▽▽ 6
● Brunello di Montalcino '04	▽▽ 6
● Brunello di Montalcino '02	▽▽ 7
● Rosso di Montalcino '07	▽▽ 3
● Solengo '08	▽▽ 8
● Solengo '07	▽▽ 8
● Suolo '08	▽▽ 8
● Suolo '07	▽▽ 8

Artimino

FRAZ. ARTIMINO
V.LE PAPA GIOVANNI XXIII, 1
59015 CARMIGNANO [PO]
TEL. 0558751423
www.artimino.com

藏酒销售
预约参观
膳宿接待
年产量 420 000 瓶
葡萄种植面积 88 公顷

阿提米诺酒庄（Artimino）代表着传统——人、土地、红酒和一个历史地区典型的高雅品种。辽阔葡萄园地和广阔的橄榄树林为这个地方增添一道靓丽的风景线。酒庄同时经营着餐馆、红酒商店、旅馆以及一座大概有50间公寓的农家乐。拉•福尔蒂兰达（La Ferdinanda），这个由布翁塔伦蒂（Buontalenti）设计的梅第奇村庄（Medici），是托斯卡纳区最受欢迎的会议和宴会中心之一。这里的葡萄酒活动是十分有趣的，以面朝南的葡萄园为基础，是本地区传统葡萄品种的故乡。出色的格鲁马内罗珍藏2009（Grumarello Riserva 2009）香气丰满多变，有着丁香和成熟果实的味道，也含有一丝香脂味，有很好的品尝性。口感浓烈馥郁，结构良好，余味复杂而持久。口味清新的卡尔米格娜诺2010（Carmignano 2010）令人全身放松。阿提米诺珍藏2009（Riserva Villa Artimino 2009）则比较简单，香气清爽。

● Carmignano V. Grumarello Ris. '09	▼▼ 4
● Carmignano '10	▼▼ 3
● Carmignano Villa Artimino Ris. '09	▼▼ 2*
● Barco Reale '12	▼ 2
⊙ Vin Ruspo '12	▼ 2
○ Vin Santo di Carmignano Occhio di Pernice '08	▼ 5
● Carmignano '09	▽▽ 3
● Carmignano V. Grumarello Ris. '08	▽▽ 4
● Carmignano V. Grumarello Ris. '07	▽▽ 4
● Carmignano Villa Medicea Ris. '08	▽▽ 3
○ Vin Santo di Carmignano Occhio di Pernice '06	▽▽ 5

Assolati

FRAZ. MONTENERO
POD. ASSOLATI, 47
58040 CASTEL DEL PIANO [GR]
TEL. 0564954146
www.assolati.it

藏酒销售
预约参观
膳宿接待
年产量 13 000 瓶
葡萄种植面积 3 公顷

酒庄目前为罗里亚诺•吉安内提（Loriano Giannetti）所有，是由他祖父母建立并被他父母继承下来的，他父母将这个适应地中海气候的地区改造成一片肥沃的土地，同时种植葡萄和橄榄树。罗里亚诺则把这个简单的红酒生产地改变成为优质的红酒区，同时他也生产特级初榨橄榄油，经营一个农家乐，并对本地特色菜有着特别的热情。酒庄出品的罗索2011（Rosso 2011）散发着果味，带着一点辛辣和轻盈平滑的酒体。圣乔维斯2009（Sangiovese 2009）的香味展现出更多矿物味和植物味，酒体稳重，单宁优雅，余味香甜。圣乔维斯珍藏2009（Sangiovese Riserva 2009）的结构均衡，富有层次感，味道持久。

● Montecucco Rosso '11	🍷🍷 2*
● Montecucco Sangiovese '09	🍷🍷 3
● Montecucco Sangiovese Ris. '09	🍷🍷 4
○ Dionysos '12	🍷 2
● Montecucco Rosso '10	🍷🍷 2*
● Montecucco Rosso '08	🍷🍷 2*
● Montecucco Sangiovese Ris. '07	🍷🍷 4

Fattoria di Bacchereto

LOC. BACCHERETO
VIA FONTEMORANA, 179
59015 CARMIGNANO [PO]
TEL. 0558717191
terreamano@gmail.com

藏酒销售
预约参观
膳宿接待
年产量 15 000 瓶
葡萄种植面积 8 公顷

这个位于蒙塔尔巴诺（Montalbano）斜坡的农场自1925年开始属于本思尼•特西（Bencini Tesi）家族所有。农场包括林地、栗树、橄榄林和葡萄园，其中有一些正在进行移植。2001年，在罗塞拉（Rossella）的引导下，这里选择运用有机动力学原理从而使得酿造的酒更天然，他的直觉和坚持彻底改变这酒庄的命运：今天，每株植物出产不足1公斤的葡萄；覆盖作物正在实践当中；杂草都是手工割的。酒窖中使用的酵母都是用于葡萄皮上的。其出品的卡尔米格娜诺2010（Carmignano 2010）酒体坚实稳重、可口怡人、带有浓烈的植物味和地中海味，夹杂着李子和樱桃的味道，它的单宁稳定，并有着引人入胜的酸味和可口的余韵。由特比安诺（Trebbiano）和马尔维萨（Malvasia）葡萄酿制而成的撒索卡尔洛2011（Sassocarlo 2011）经过浸泡，呈现出收敛平衡的结构，散发出氧化的香气。

● Carmignano Terre a Mano '10	🍷🍷 5
○ Sassocarlo '11	🍷🍷 4
○ Vin Santo di Carmignano '03	🍷🍷 6
● Carmignano Terre a Mano '09	🍷🍷 5
● Carmignano Terre a Mano '05	🍷🍷 5
● Carmignano Terre a Mano '03	🍷🍷 4
● Carmignano Terre a Mano '02	🍷🍷 5
○ Sassocarlo '10	🍷🍷 4

Badia a Coltibuono

Loc. Badia a Coltibuono
53013 Gaiole in Chianti [SI]
Tel. 0577746110
www.coltibuono.com

藏酒销售
预约参观
膳宿接待
年产量 350 000 瓶
葡萄种植面积 58 公顷
葡萄栽培方式 有机认证

每个酒庄的主要目标都是希望酿出的酒能够成功地诠释一个地区真正的精神。长久以来，芭堤雅•阿•科尔蒂伯诺酒庄（Badia a Coltibuono）不断地向世人展示它能够完成这个目标的能力。使得这个位于基安蒂（Chianti）地区佳奥利镇（Gaiole）的酒庄成为了红酒业中必不可少的成员。酒庄已经展示了高品质的水准，而且整个生产的风格更加提高了它的水准，表现了它能够诠释十分精致的风格和个性的非凡能力。虽然古典康帝珍藏2009（Chianti Classico Riserva 2009）在气味方面稍微欠佳，但在口味上完美地展示了它的个性，优雅、有活力，回味无穷，并带有一丝柑橘味。单品圣乔维斯（Sangiovese）的圣奥维托2009（Sangioveto 2009）几乎跟它一样优秀，美味可口，细腻精妙。古典康帝2011（Chianti Classico 2011）也是很不错的，虽然偶尔有一点粗犷。

● Chianti Cl. Ris. '09	🍷🍷🍷 5
● Chianti Cl. '11	🍷🍷 3
● Sangioveto '09	🍷🍷 6
● Chianti Cl. '06	🍷🍷🍷 3*
● Chianti Cl. Cultus Boni '09	🍷🍷🍷 4*
● Chianti Cl. Ris. '07	🍷🍷🍷 5
● Chianti Cl. Ris. '04	🍷🍷🍷 5
● Sangioveto '95	🍷🍷🍷 6
● Chianti Cl. '10	🍷🍷 3*
● Chianti Cl. '09	🍷🍷 3
● Chianti Cl. Ris. '08	🍷🍷 5

Badia di Morrona

via del Chianti, 6
56030 Terricciola [PI]
Tel. 0587658505
www.badiadimorrona.it

藏酒销售
预约参观
预约接待
年产量 260 000 瓶
葡萄种植面积 91 公顷

酒庄建筑豪华，里面有很多珍宝都是主人们怀着激情收集起来的，这些都是这座同名酒庄的象征。酒庄位于瓦尔迪•艾拉（Val d'Era）上部的泰里乔拉镇（Terricciola），在比萨省（Pisa）和沃尔泰拉省（Volterra）的中间，占地面积大约600公顷，其中有91公顷种植葡萄，40公顷种植橄榄树。其葡萄表现出本土圣乔维斯（Sangiovese）的特点，同时带有赤霞珠（Cabernet Sauvignon）和梅洛（Merlot）的影子。在种植白葡萄莎当尼（Chardonnay）和维欧尼（Viognier）的同时，也种植本地的葡萄品种维蒙蒂诺（Vermentino）和克伦巴拉（Colombara）。酿制出的酒个性良好，是这个区中的佼佼者。安提亚2010（N'Antia 2010）的主要成分是苏维翁（Sauvignon）葡萄，同时添加了少量品丽珠（Cabernet Franc）和梅洛（Merlot）葡萄，体现了地区青草味特点，萦绕着黑森林果实的味道和法国木桶里陈酿的吐司味。圣乔维斯•维娜•阿尔塔2009（Sangiovese Vigna Alta 2009）也不错。索蒂•德尔•帕雷特奥2012（I Sodi del Paretaio 2012）富含果汁味。

● N'Antia '10	🍷🍷 5
● Vigna Alta '09	🍷🍷 5
● Chianti I Sodi del Paretaio '12	🍷 2
○ Felciaio '12	🍷 2
○ Bianco Pisano di San Torpè Vin Santo '05	🍷🍷 4
● Chianti I Sodi del Paretaio '07	🍷🍷 2*
● N'Antia '09	🍷🍷 4
● N'Antia '07	🍷🍷 4
● N'Antia '06	🍷🍷 4
● N'Antia '05	🍷🍷 4
● N'Antia '01	🍷🍷 5
● Taneto '08	🍷🍷 3*
● Taneto '06	🍷🍷 3*
● Vigna Alta '04	🍷🍷 5
● Vigna Alta '01	🍷🍷 5
● Vign Alta '07	🍷🍷 5

Fattoria di Bagnolo

loc. Bagnolo-Cantagallo
via Imprunetana per Tavarnuzze, 48
50023 Impruneta [FI]
Tel. 0552313403
www.bartolinibaldelli.it

藏酒销售
预约参观
年产量 27 000 瓶
葡萄种植面积 10 公顷

位于康帝干红葡萄酒（Chianti Colli Fiorentini）生产基地的法托利亚•迪•巴格诺罗（Fattoria di Bagnolo）酒庄为马尔科•巴尔托利尼•巴得里（Marco Bartolini Baldelli）所有。他同时在托斯卡纳区（Tuscany）拥有其他农场：在比萨省（Pisa）的圣•米尼亚托（San Miniato）有20公顷葡萄园，在阿雷佐（Arezzo）的卡斯特罗•迪•蒙托佐（Castello di Montozzo）主要生产特级初榨橄榄油。最近他对这些建筑进行重建翻新，在尊重历史特点的基础上，重视生产质量。在一座16世纪的漂亮建筑里，他在橡木桶酒窖的基础上增加了一个现代酒窖。卡坡罗红葡萄酒2010（Capro Rosso 2010），一款由圣乔维斯（Sangiovese）、科罗里诺（Colorino）和赤霞珠（Cabernet Sauvignon）葡萄酿制的混合酒，散发出怡人的薄荷香味，有着柔和、果味富饶的酒体和甜美持久的余味。珍藏酒2009（Riserva 2009）也很不错，主要是富有果味、细致的单宁和可口的余韵。

● Capro Rosso '10	🍷🍷 5
● Chianti Colli Fiorentini Ris. '10	🍷🍷 4
● Chianti Colli Fiorentini '11	🍷 2
● Capro Rosso '09	🍷🍷 5
● Capro Rosso '08	🍷🍷 5
● Capro Rosso '07	🍷🍷 4
● Capro Rosso '04	🍷🍷 4
● Chianti Colli Fiorentini '08	🍷🍷 2
● Chianti Colli Fiorentini Ris. '08	🍷🍷 3
○ Vin Santo del Chianti Ris. '01	🍷🍷 5

I Balzini

loc. Pastine, 19
50021 Barberino Val d'Elsa [FI]
Tel. 0558075503
www.ibalzini.it

藏酒销售
预约参观
年产量 50 000 瓶
葡萄种植面积 840 公顷

文森佐•德•伊萨恩图（Vincenzo d'Isanto）——一位对祖国充满热情的会计师，渴望制造出高品质的葡萄酒，在这欲望的驱使下，他在1980年创建了这座酒庄。他的妻子安东尼拉（Antonella）于2006年辞掉劳动顾问的工作，全身心投入这项事业中。酒庄围绕一座古老的农场成扇形散布开来，葡萄园种植于巴尔兹尼（Balzini）的几个小山脉或梯田上，酒庄也由此得名。它周围的景致极好，因此把酒窖的一部分建在地下从而使它更好地融入到周围的景观中去。这里的红酒生产逐渐扩大，同时不失最原始的风格。由赤霞珠（Cabernet Sauvignon）和梅洛（Merlot）葡萄混制而成的黑标2010（Black Label 2010）给人留下深刻的印象，成熟的樱桃果香中夹杂着一丝辛辣，酒体坚实健壮，单宁细致。柔和的红标2011（Red Label 2011）是一款相似的混合酒，其中添加了少数圣乔维斯（Sangiovese）葡萄；而清新的绿色酒标2012（Green Label 2012）则是由圣乔维斯（Sangiovese）和玛墨兰（Mammolo）葡萄酿制而成的。

● I Balzini Black Label '10	🍷🍷 6
● I Balzini Green Label '12	🍷🍷 2*
● I Balzini Red Label '11	🍷🍷 3
⊙ I Balzini Pink Label '12	🍷 2
● I Balzini White Label '10	🍷 5
● I Balzini Black Label '09	🍷🍷 6
● I Balzini Black Label '08	🍷🍷 5
● I Balzini Black Label '07	🍷🍷 5
● I Balzini Green Label '11	🍷🍷 2*
● I Balzini White Label '08	🍷🍷 5
● I Balzini White Label '07	🍷🍷 5
● I Balzini White Label '05	🍷🍷 5

Bandini - Villa Pomona

Loc. Pomona
s.da Chiantigiana, 222
53011 Castellina in Chianti [SI]
Tel. 0577740930
www.fattoriapomona.it

藏酒销售
预约参观
膳宿接待
年产量 15 000 瓶
葡萄种植面积 4. 6 公顷
葡萄栽培方式 有机认证

位于基安蒂的卡斯特利娜（Castellina）可谓是意大利酿酒技艺的典范，标志着我们的生产传统。维拉•波莫玛（Villa Pomona）酿造的葡萄酒区别于其他酒的地方在于它们经典的风格，从在大型橡木桶里陈酿，到在酒窖中的悉心照料，更重要的是园地里运用有机方式栽培葡萄。酿造出的酒简单纯朴，虽然一开始不好入口，但它表现出原始的特点，个性优越，同时代表着基安蒂（Chianti）现今最稳固的生产区域之一。古典康帝珍藏2010（Chianti Classico Riserva 2010）是同类酒中的佼佼者，它有着清新、正宗的香味，成熟樱桃味和桑葚味的交融，口感如丝绸般柔和而持久。古典康帝2011（Chianti Classico 2011）也是相当不错的，也许有点草味，但它的亮点集中在香味中。

● Chianti Cl. Ris. '10	🍷🍷4 (red)
● Chianti Cl. '11	🍷🍷3
● Chianti Cl. '10	🍷🍷3 (outline)
● Chianti Cl. '09	🍷🍷3 (outline)
● Chianti Cl. Ris. '09	🍷🍷4 (outline)
● Chianti Cl. Ris. '08	🍷🍷4 (outline)
● Chianti Cl. Ris. '07	🍷🍷4 (outline)

Riccardo Baracchi

Loc. San Martino
via Cegliolo, 21
52042 Cortona [AR]
Tel. 0575612679
www.baracchiwinery.com

藏酒销售
预约参观
膳宿接待
年产量 95 000 瓶
葡萄种植面积 25 公顷

里嘉图•巴拉奇（Riccardo Baracchi）是这座传统家族酒庄的主人。它所在的这个地区风景优美，自1860年开始酿制葡萄酒。里嘉图非常注重生产系统的现代化建设，建立了酒窖和实验基地，热衷于酿造特比安诺（Trebbiano）和圣乔维斯（Sangiovese）的起泡酒，并建立一座旅馆，由于他妻子西尔维娅（Silvia）对厨房的悉心管理，旅馆已成为许多美食鉴赏家热衷的目的地。如果说妻子是他的左手的话，那么儿子贝内德托（Benedetto）则是他的右手。葡萄园分布于三个地方，包括酒庄所在的圣马提诺（San Martino）。酒庄出品的葡萄酒根据每个地方不同的特征来选择葡萄品种。由西拉（Syrah）和赤霞珠（Cabernet Sauvignon）葡萄酿造而来的阿尔迪托2010（Ardito 2010）带着浓烈的丁香味和浆果味，天鹅绒般均衡的酒体，以及缭绕持久的余韵。来自圣乔维斯（Sangiovese）、梅洛（Merlot）和西拉（Syrah）葡萄的斯梅里利奥（Smeriglio）系列中，圆润均衡的酒款也是不错的选择。

● Ardito '10	🍷🍷6
● Cortona Smeriglio Merlot '11	🍷🍷4
● Cortona Smeriglio Sangiovese '11	🍷🍷4
● Cortona Smeriglio Syrah '11	🍷🍷4
● Brut Sangiovese '11	🍷5
○ Brut Trebbiano '10	🍷3
● Ardito '09	🍷🍷6 (outline)
● Ardito '08	🍷🍷6 (outline)
● Ardito '06	🍷🍷6 (outline)
● Cortona Smeriglio Merlot '10	🍷🍷4 (outline)
● Cortona Smeriglio Sangiovese '10	🍷🍷4 (outline)

Fattoria dei Barbi

loc. Podernovi,170
53024 Montalcino [SI]
Tel.0577841111
www.fattoriadeibarbi.it

藏酒销售
预约参观
膳宿接待
年产量 600 000 瓶
葡萄种植面积 100 公顷

西内里•克伦比尼（Cinelli Colombini）家族从14世纪中开始就拥有蒙塔尔奇诺（Montalcino）的农场，并从1790年开始拥有法托利亚酒庄（Fattoria dei Barbi），在布内罗红葡萄酒（Brunello）的历史上占据重要的地位。辉煌的历史，努力的当下。斯蒂凡诺（Stefano Cinelli Colombini）和他的团队现在最主要的热情与使命是管理几乎种满桑乔维斯葡萄（Sangiovese grosso）大约100公顷的园地。传统和古典不仅仅是字面上的修饰词，相反，他们更好地诠释了酒庄三种布内罗（Brunello）的风格——维格纳德特级系列（Vigna del Fiore Cru）、珍藏系列（Riserva）和复古系列（Vintage）。布内罗迪芭比（Brunello di Barbi）离另一个重要奖项只有丝毫之差。这多亏了珍藏2007（Riserva 2007），它带着潇洒的怀旧感，夹杂着烟草味和树根味，入口后的咸味逐渐减少，单宁厚重。

● Brunello di Montalcino Ris. '07	🍷🍷 (red)	7
● Brunello di Montalcino '08	🍷🍷 (black)	5
● Morellino di Scansano '11	🍷🍷 (black)	3
● Rosso di Montalcino '11	🍷 (black)	3
● Brunello di Montalcino '07	🍷🍷	5
● Brunello di Montalcino '06	🍷🍷	5
● Brunello di Montalcino '04	🍷🍷	5
● Brunello di Montalcino Ris. '04	🍷🍷	7
● Brunello di Montalcino V. del Fiore '07	🍷🍷	7
● Brunello di Montalcino V. del Fiore '06	🍷🍷	7
● Brunello di Montalcino V. del Fiore '05	🍷🍷	7
● Brunello di Montalcino V. del Fiore '04	🍷🍷	7
● Brusco dei Barbi '08	🍷🍷	2*
● Morellino di Scansano Sole '07	🍷🍷	4

Baricci

loc. Colombaio di Montosoli, 13
53024 Montalcino [SI]
Tel. 0577848109
www.baricci1955.com

藏酒销售
预约参观
年产量 30 000 瓶
葡萄种植面积 4 公顷

巴里西酒庄（Baricci）酿制的葡萄酒成功融合了历史印记和现代口味，使它成为热爱蒙塔尔奇诺圣乔维斯（Montalcino Sangiovese）的葡萄酒爱好者不可错失的酒款。自从这个家族于1955年起拥有坐落于蒙托索利（Montosoli）北部的克伦贝尔酒庄（Colombaio）后，他们便参与到变革布内罗红葡萄酒（Brunello）的工作中去，也见证了布内罗协会（Consortium）早期的发展，更重要的是，他们的酒在表现个性和地域特征方面得到了业内的一致认可，并由此产生了巨大的商业价值。这些酒在钢桶里经过长时间发酵，并在20升和25升斯拉夫尼亚（Slavonian）橡木桶里陈酿，能够表现出原始的味道和果汁丰富的结构，向世人证明它的可靠。蒙塔奇诺干红葡萄酒2011（Rosso di Montalcino 2011）作为复古系列的最佳红酒之一，无疑是一个完美的典范。新鲜的浆果，加上胡椒粉和香料，使得这款酒在口味和提取方面都近乎完美。相反，布内罗2008（Brunello 2008）则略低于正常水平，但它带着白垩粉和新草堆的味道。

● Rosso di Montalcino '11	🍷🍷 (red)	3*
● Brunello di Montalcino '08	🍷🍷 (black)	5
● Brunello di Montalcino '07	🍷🍷🍷	5
● Brunello di Montalcino '83	🍷🍷🍷	5
● Rosso di Montalcino '10	🍷🍷	3

★Barone Ricasoli

LOC. CASTELLO DI BROLIO
53013 GAIOLE IN CHIANTI [SI]
TEL. 05777301
www.ricasoli.it

藏酒销售
预约参观
膳宿接待
年产量 2 000 000 瓶
葡萄种植面积 230 公顷

巴罗内•里卡索利（Barone Ricasoli）是古典康帝（Chianti Classico）法定产酒区最重要的酒庄之一，不仅因为它千年的历史，而是因为它优质的产品，如今更是给人舒心和可信的感觉。几年前，这些酒以它们浓烈复杂的香味、强劲的结构和橡木桶酿制方式为特点，近几年这些特点已有所改变，主要的变化在于减少渗透性橡木的使用，追求更精致和圆滑的风格。这种变化只有在这种水平上的酒庄中，经过对葡萄园和酒窖精心照料之后才能显现出来的。古典康帝布罗里奥珍藏2010（Chianti Classico Brolio Riserva 2010）以浓烈的烟熏味为特征，它的口味展现了其极具个性的完整。瑞卡索罗卡•珍藏干红葡萄酒2010（Chianti Classico Rocca Guicciarda Riserva 2010）品尝起来口味十分鲜明。最具说服力的是权威而优雅的克里迪拉2010（Colledilà 2010）。

● Chianti Cl. Colledilà '10	🍷🍷🍷 7
● Chianti Cl. Brolio Ris. '10	🍷🍷 6
● Chianti Cl. Castello di Brolio '10	🍷🍷 8
● Casalferro '10	🍷🍷 7
● Chianti Cl. Brolio '11	🍷🍷 5
● Chianti Cl. Rocca Guicciarda Ris. '10	🍷🍷 5
● Casalferro '08	🍷🍷🍷 8
● Casalferro '05	🍷🍷🍷 8
● Casalferro '03	🍷🍷🍷 5
● Chianti Cl. Castello di Brolio '07	🍷🍷🍷 8
● Chianti Cl. Castello di Brolio '06	🍷🍷🍷 8
● Chianti Cl. Castello di Brolio '04	🍷🍷🍷 7
● Chianti Cl. Castello di Brolio '03	🍷🍷🍷 5
● Chianti Cl. Castello di Brolio '01	🍷🍷🍷 6
● Chianti Cl. Castello di Brolio '00	🍷🍷🍷 6

Fattoria di Basciano

V.LE DUCA DELLA VITTORIA, 159
50068 RUFINA [FI]
TEL. 0558397034
www.renzomasibasciano.it

藏酒销售
预约参观
年产量 200 000 瓶
葡萄种植面积 35 公顷

马西（Masi）家族从20世纪开始就经营位于基安蒂•鲁芬娜（Chianti Rufina）中心的法托利亚•迪•巴西亚诺酒庄（Fattoria di Basciano）。然而，在创始人的儿子兼酿酒师保罗•马西（Paolo Masi）于20世纪80年代末接管了酒庄之后，酒庄的葡萄园地发生了深刻的变革，在扩大面积的同时，增加了大量的投资，以提升葡萄酒的质量。尽管酒庄最基本的活动是红酒贸易，同时也不忽视对葡萄园进行精心的照料。其出品的酒符合国际的口味，表现在它们的颜色、辛辣而富有层次的香味和对柔和口味的追求上。2014年最出色的一款酒是由西拉（Syrah）、赤霞珠（Cabernet Sauvignon）和圣乔维斯（Sangiovese）葡萄混酿而成的皮尼2011（Pini 2011），闻起来充满香料和胡椒的味道，同时有樱桃的味道和口感良好的果汁味。它的口味柔和，酒体良好，单宁跟酒精融合得天衣无缝。文圣托基安蒂露菲娜珍藏2006（Vin Santo del Chianti Rufina Riserva 2006）的味道香甜，芳香浓郁。

● Chianti Rufina Ris. '10	🍷🍷 3
● I Pini '11	🍷🍷 4
○ Vin Santo Chianti Rufina Ris. '06	🍷🍷 3
● Chianti Ris. '10	🍷 2
● Chianti Rufina '11	🍷 2
● Erta e China '11	🍷 2
● Il Corto '11	🍷 3
⊙ Rosato '12	🍷 1*
● Chianti Rufina '09	🍷🍷 2*
● Erta e China '10	🍷🍷 2*
● Erta e China '09	🍷🍷 2*
● Il Corto '10	🍷🍷 3
○ Vin Santo Rufina '06	🍷🍷 3
○ Vin Santo Rufina '05	🍷🍷 3

Begnardi

LOC. MONTEANTICO
POD. CAMPOROSSO, 34
58030 CIVITELLA PAGANICO [GR]
TEL. 0564991030
www.begnardi.com

藏酒销售
预约参观
膳宿接待
年产量 20 000 瓶
葡萄种植面积 5 公顷

露卡（Luca）和米歇尔•贝娜尔迪（Michele Begnardi）是这座位于法定产酒区（DOC）中心的酒庄主人。从这酒庄的各项经营中，不管是农家乐餐馆，还是葡萄酒生产，都可以看出他们对农业的专心致志和无限热情，同时他们在生产特级初榨橄榄油方面也毫不懈怠。酒庄酿造的葡萄酒展现出明显的地域特征，并体现了他们把质量和质朴融合在一起的实用哲学思想。有两款蒙泰库科酒（Montecucco）在品酒会上崭露头角：皮格娜珍藏干红葡萄酒2010（Riserva Pigna Rossa 2010），果味浓烈，隐约散发出一丝皮革味和烟草味，酒体坚实，余味持久深远；圣乔维斯•塞内罗2011（Sangiovese Ceneo 2011），有着矿物的泥土味道，同时带有药草和黑果味，品尝起来香甜可口，结构良好，单宁综合平衡，带有果汁香的余韵，令人心旷神怡。

● Montecucco Sangiovese Ceneo '11	🍷🍷 3
● Montecucco Sangiovese Pigna Rossa Ris. '10	🍷🍷 5
⊙ Maremma Toscana 34 '12	🍷 2
● Montecucco Rosso '11	🍷 3
● Montecucco Sangiovese Ceneo '09	♀♀ 3
● Montecucco Sangiovese Pigna Rossa Ris. '09	♀♀ 5
● Montecucco Sangiovese Pigna Rossa Ris. '08	♀♀ 5
● Montecucco Sangiovese Pigna Rossa Ris. '07	♀♀ 5

Podere Le Berne

LOC. CERVOGNANO
VIA POGGIO GOLO, 7
53040 MONTEPULCIANO [SI]
TEL. 0578767328
www.leberne.it

藏酒销售
年产量 75 000 瓶
葡萄种植面积 6 公顷

酒庄的名字由伊特鲁里亚语（Etruscan）的“Verna”或“Verena”衍生而来，意思是能避寒的山丘。在20世纪60年代，酒庄主人埃吉斯托•那塔里尼（Egisto Natalini）决定从他的葡萄园中酿制出葡萄酒，于是乐贝尔内（Le Berne）开始了红酒生产活动。从那时开始，他的热情便感染了全家，如今他的儿子安德拉（Andrea），也是蒙特布查诺联合会（Consorzio Vino Nobile di Montepulciano）的主席，负责掌管酒庄。他满怀激情地运用现代技术种植葡萄，从而获得最佳品质的葡萄并使得他的酿酒生产技艺日渐完美。贵族珍藏葡萄酒2009（Nobile Riserva 2009）的果味成熟，结构良好，单宁平衡，口味细腻，使得这款酒卓越出众。乐•阿弗伦托2011（L'Affronto 2011）的成分主要是来自科罗里诺（Colorino）和玛墨兰（Mammolo）葡萄，带着清新可口的酸味和药草香味。文圣托2006（Vin Santo 2006）有着枣椰子和无花果的味道，酒体轻柔腻滑，风格独特，余味持久而愉悦人心。

● L'Affronto '11	🍷🍷 2*
● Nobile di Montepulciano Ris. '09	🍷🍷 5
○ Vin Santo di Montepulciano Ada '06	🍷🍷 5
● Nobile di Montepulciano '10	🍷 3
● Rosso di Montepulciano '12	🍷 2
● Nobile di Montepulciano '06	♀♀♀ 3
● Nobile di Montepulciano '09	♀♀ 3
● Nobile di Montepulciano '08	♀♀ 3
● Nobile di Montepulciano '07	♀♀ 3
● Nobile di Montepulciano Ris. '08	♀♀ 5
● Nobile di Montepulciano Ris. '07	♀♀ 5
● Rosso di Montepulciano '11	♀♀ 2*

Tenuta di Bibbiano

via Bibbiano, 76
53011 Castellina in Chianti [SI]
Tel. 0577743065
www.tenutadibibbiano.com

藏酒销售
预约参观
膳宿接待
年产量 100 000 瓶
葡萄种植面积 25 公顷
葡萄栽培方式 有机认证

这个坐落于基安蒂卡斯特利娜（Castellina in Chianti）的酒庄在1969年售卖它的第一款酒，从那时开始，它就由始而终地坚持这种能够流畅地表现法定产区酒（DOC）特点的风格。葡萄园是采用有机种植的方式管理的，酒窖的管理也最大限度地减少各种人为酿酒技巧的介入，完全依靠葡萄质量来生产红酒。这种思想指导下的结果是，它的葡萄酒特点非常鲜明，个性上能够体现很强的清透性，并与地域特征紧密联系。酿制工艺是采用不锈钢的大桶和小桶。古典康帝2011（Chianti Classico 2011）是一款典型的酒，它的花香扑鼻，有泥土的味道，口味精妙。古典康帝•蒙托纳洛2011（Chianti Classico Montornello 2011）和蒙多尔内罗古典康帝2011（Montornello 2011）由于经过压榨，它的香味有所减弱，但它们出色的地方在于恰如其分、生机勃勃的余韵。维格纳古典康帝珍藏2010（Chianti Classico Vigna del Capannino Riserva 2010）则口感丰满而馥郁。

● Chianti Cl. '11	🍷🍷 3
● Chianti Cl. Montornello '11	🍷🍷 3
● Chianti Cl. V. del Capannino Ris. '10	🍷🍷 5
● Chianti Cl. '10	🍷🍷 3
● Chianti Cl. '07	🍷🍷 3*
● Chianti Cl. '06	🍷🍷 2*
● Chianti Cl. Montornello '10	🍷🍷 3
● Chianti Cl. Montornello '09	🍷🍷 3
● Chianti Cl. Montornello '08	🍷🍷 3
● Chianti Cl. Montornello '06	🍷🍷 2*
● Chianti Cl. V. del Capannino Ris. '06	🍷🍷 5
● Chianti Cl. V. del Capannino Ris. '05	🍷🍷 4

Bindella

fraz. Acquaviva
via delle Tre Berte, 10a
53045 Montepulciano [SI]
Tel. 0578767777
www.bindella.it

藏酒销售
年产量 130 000 瓶
葡萄种植面积 30 公顷

宾黛拉（Bindella）家族从事葡萄种植已有一个多世纪的历史了。大约30年前，他们在瑞士开始酿酒的工作，鲁迪•宾黛拉（Rudy Bindella）是瑞士一位从事食品服务行业的企业家，将蒙特布查诺（Montepulciano）和高贵酒（Vino Nobile）酿制当做实践他的专业葡萄栽培的理想酒款。葡萄园分布在酒庄附近的林地、可耕地和橄榄林之间。他对于土地、葡萄和生活的哲学渗透在每一瓶葡萄酒中，表现出对土地和生活乐趣的热情与追求。奥驰•佩尼斯2004（Occhio di Pernice 2004）展示了诱人的森林水果香味、各种不同的香料和香气满溢的药草味，它的酒体饱满细腻，口感甜美而悠长。魁德里贵族酒2010（Nobile I Quadri 2010）有着清新而充满果香的香气、丰满平衡的酒体以及引人入胜的余韵。贵族酒2010（Nobile 2010）是一款清新、活泼、时尚的烈酒。

○ Vin Santo Occhio di Pernice Dolce Sinfonia '04	🍷🍷 6
● Nobile di Montepulciano '10	🍷🍷 3
● Nobile di Montepulciano I Quadri '10	🍷🍷 5
○ Vin Santo di Montepulciano Dolce Sinfonia '06	🍷🍷 5
● Antenata '10	🍷 3
○ Gemella '12	🍷 3
● Rosso di Montepulciano '12	🍷 2
● Nobile di Montepulciano I Quadri '09	🍷🍷 5
● Nobile di Montepulciano I Quadri '08	🍷🍷 4
● Nobile di Montepulciano I Quadri '07	🍷🍷 4
● Nobile di Montepulciano Ris. '06	🍷🍷 4
● Rosso di Montepulciano Fosso Lupaio '11	🍷🍷 2*
○ Vin Santo Dolce Sinfonia '06	🍷🍷 5

★Biondi Santi Tenuta Il Greppo

Loc. Villa Greppo, 183
53024 Montalcino [SI]
Tel. 0577848087
www.biondisanti.it

藏酒销售
预约参观
膳宿接待
年产量 80 000 瓶
葡萄种植面积 25 公顷

比安迪•桑蒂（Biondi Santi）不仅仅是蒙特其诺镇（Montalcino），或是意大利，甚至是世界酿酒历史中最重要的名人之一，而且他还是一位出色的绅士。他的粉丝永远都会记得他走在通往特奴塔•格雷坡酒庄（Tenuta Il Greppo）大道上的情景，抑或是借助地图或灯光来解释蒙塔尔奇诺（Montalcino）地区的复杂性——它的不同区域、日照和气候条件。他的离世给酿酒历史留下了一个无法填补的空位，但他所酿造的陈酿布内罗（Brunello Riserva）将更加闪闪发光。由格雷坡（Il Greppo）酿制而来的布内罗珍藏2007（Brunello Riserva 2007）也许不像其他版本一样长久，但很轻易地在“三杯奖”（Tre Bicchieri）上获奖了，它给人平凡而鲜明的新鲜感，还很年轻，因此需要更多时间来体现完整的个性，特别之处就在于它充满着香气。内罗珍藏2008（Brunello Riserva 2008）的版本离问世之日还很远，但我们可以期待它像复古系列那样的精妙细腻。

● Brunello di Montalcino Ris. '07	🍷🍷🍷 8
● Brunello di Montalcino '08	🍷🍷 8
● Brunello di Montalcino '06	🍷🍷🍷 7
● Brunello di Montalcino '04	🍷🍷🍷 8
● Brunello di Montalcino '03	🍷🍷🍷 8
● Brunello di Montalcino '01	🍷🍷🍷 8
● Brunello di Montalcino '83	🍷🍷🍷 8
● Brunello di Montalcino Ris. '06	🍷🍷🍷 8
● Brunello di Montalcino Ris. '04	🍷🍷🍷 8
● Brunello di Montalcino Ris. '01	🍷🍷🍷 8
● Brunello di Montalcino Ris. '99	🍷🍷🍷 8
● Brunello di Montalcino Ris. '95	🍷🍷🍷 8
● Brunello di Montalcino '07	🍷🍷 8

Tenuta di Biserno

Loc. Palazzo Gardini
P.zza Gramsci, 9
57020 Bibbona [LI]
Tel. 0586671099
www.biserno.it

年产量 160 000 瓶
葡萄种植面积 99 公顷

酒庄由洛多维科（Lodovico）、皮埃洛•安蒂诺里（Piero Antinori）两兄弟和安姆贝尔托•曼诺尼（Umberto Mannoni）共同建立而成。由于他们的投资，这个被地中海矮树丛所包围的广阔土地在短短的时间内变成了一片壮观的葡萄园。这些葡萄是以波尔多（Bordeaux）风格进行栽培的，波尔多曾被公认为世界上栽培葡萄最好的地方。这些葡萄酒经过在小桶的酿制工艺，是这片土地和酿酒技师心血的有机结合，体现了一种基于压榨、集中和圆滑的风格。酒庄的另一款“三杯奖”（Tre Bicchieri）获奖作品是比塞而诺2010（Biserno 2010），一款经典的波尔多（Bordeaux）混合酒，主要由梅洛（Merlot）和赤霞珠（Cabernet Sauvignon）葡萄酿制而成。它浓烈的芳香表现了森林果实的味道，少许香料和青椒使得这种味道更加高贵。入口味道正宗、丰满而稠密，有着悠长怡人复杂的余味。

● Biserno '10	🍷🍷🍷 8
● Il Pino di Biserno '10	🍷🍷 6
● Insoglio del Cinghiale Campo del Sasso '11	🍷🍷 4
● Biserno '08	🍷🍷🍷 6
● Il Pino di Biserno '09	🍷🍷🍷 6
● Biserno '09	🍷🍷 3
● Il Pino di Biserno '08	🍷🍷 6
● Insoglio del Cinghiale '09	🍷🍷 4*

Borgo Salcetino

LOC. LUCARELLI
53017 RADDA IN CHIANTI [SI]
TEL. 0577733541
www.livon.it

藏酒销售
预约参观
年产量 66000 瓶
葡萄种植面积 20 公顷

里翁家族（Livon），一个著名的弗鲁利亚（Friulia）红酒家族，以生产白葡萄出名。在他们接管两个以生产红葡萄为主的酒庄之后，实现了生产红酒的多样化。这两个酒庄，一个是位于安姆布里亚（Umbria）的科尔圣托（Col Santo），一个是位于托斯卡纳区（Tuscany）的波尔哥•萨塞提诺（Borgo Salcetino），后者坐落于基安蒂（Chianti）的拉达（Radda）的边缘地区，在20世纪90年代中期被收购。酒庄生产的是几款真正享有盛名的酒款，尽管有时不是连续的。它的风格非常忠实于古典康帝（Chianti Classico）的传统规则，开始在大型桶里酿制，口感优雅而有活力。古典康帝2011（Chianti Classico 2011）可以看做只是一款美味佳酿，它的香味干净而轻快，口感紧致收敛，流畅而坚定。露卡雷罗•古典康帝珍藏2010（Chianti Classico Lucarello Riserva 2010）闻起来带有烟熏味，口感清新，有很好的复杂性，稍微欠佳的地方在于它挥之不去的橡木味。

● Chianti Cl. '11	🍷🍷🍷 3*
● Chianti Cl. Lucarello Ris. '10	🍷🍷 4
● Chianti Cl. '10	♀♀ 3
● Chianti Cl. '09	♀♀ 3
● Chianti Cl. '08	♀♀ 3
● Chianti Cl. '07	♀♀ 3*
● Chianti Cl. '03	♀♀ 3
● Chianti Cl. '01	♀♀ 3
● Chianti Cl. Lucarello Ris. '07	♀♀ 4
● Chianti Cl. Lucarello Ris. '06	♀♀ 4
● Chianti Cl. Lucarello Ris. '99	♀♀ 4
● Rossole '08	♀♀ 3
● Rossole '06	♀♀ 3
● Rossole '04	♀♀ 3
● Rossole '02	♀♀ 3
● Rossole '00	♀♀ 3

Poderi Boscarelli

FRAZ. CERVOGNANO
VIA DI MONTENERO, 28
53045 MONTEPULCIANO [SI]
TEL. 0578767277
www.poderiboscarelli.com

藏酒销售
预约参观
年产量 100000 瓶
葡萄种植面积 14 公顷

坡德瑞•伯丝卡雷里酒庄（Podere Boscarelli）位于瓦尔蒂扎纳（Valdichiana）和蒙特布查诺（Montepulciano）之间海拔300米处。埃吉迪奥•科拉迪（Egidio Corradi）的孙子尼科罗（Nicoló）和卢卡（Luca De Ferrari）对葡萄酒与这片地区充满热情，并在1962年决定投资酿制高品质的葡萄酒。他们的分工很明确：尼科罗负责照料葡萄园和酒窖，而卢卡负责销售和公关。为了能够跟上新需求的步伐，他们不断地对酒窖进行现代化改造。葡萄酒独特的风味和特别的酿酒理念，吸引了许许多多托斯卡纳区的红酒爱好者。高贵酒珍藏2008（Nobile Riserva 2008）闻起来很朴素，充满鼠尾草和迷迭香的气味，夹杂着一丝果酱和烟草的味道，酒体稳重而平衡，因为余味更有流畅性。诺西欧•巴斯卡雷里2009（Nocio dei Boscarelli 2009）荣获了“三杯奖”，它有着清新的樱桃和李子的果香味，平衡的酒体，恰如其分的单宁，以及很强的适饮性。

● Nobile di Montepulciano Nocio dei Boscarelli '09	🍷🍷🍷 8
● Nobile di Montepulciano Ris. '08	🍷🍷 6
● De Ferrari '12	🍷 3
● Nobile di Montepulciano '10	🍷 5
● Rosso di Montepulciano Prugnolo '11	🍷 3
● Nobile di Montepulciano Nocio dei Boscarelli '08	♀♀♀ 8
● Nobile di Montepulciano Nocio dei Boscarelli '07	♀♀♀ 8
● Nobile di Montepulciano Nocio dei Boscarelli '04	♀♀♀ 6
● Nobile di Montepulciano Nocio dei Boscarelli '01	♀♀♀ 6
● Nobile di Montepulciano Ris. '06	♀♀♀ 5

★Brancaia

Loc. Poppi, 42
53017 Radda in Chianti [SI]
Tel. 0577742007
www.brancaia.com

藏酒销售
预约参观
膳宿接待
年产量 475 000 瓶
葡萄种植面积 66 公顷

布兰西亚酒庄（Brancaia）的葡萄园散布在卡斯特利娜（Castellina）和基安蒂拉达（Radda in Chianti）的中间，在马内玛（Maremma）拥有一间家庭旅馆。这酒庄经过30多年的发展，它已成为托斯卡纳（Tuscan）葡萄酒酿制业中的顶级酒庄。这主要归功于它的葡萄酒始终保持一致的高品质，风格现代化，酒味芳香浓郁以及酒质厚实的结构。它的这种风格如今依然是令人信服的，不仅能够酿造出散发魅力的酒，也能酿造出更复杂更接近本地区酿造特色的酒，是能够平衡这两者的典范酒庄之一。2014年我们能够再一次品尝到真正的古典康帝珍藏2010（Chianti Classico Riserva 2010），这款酒有着精妙的香气，带有一丝月桂叶的味道，散发着清香，它的口味极好，纵向甚至有点硬，但同时很浓郁、香甜。布鲁2009（Il Blu 2009）是一款由圣乔维斯（Sangiovese）、梅洛（Merlot）和赤霞珠（Cabernet Sauvignon）葡萄酿制的混合酒，尽管结构稍大，但它芳香浓郁，给人以轻松的享受。

● Chianti Cl. Ris. '10	🍷🍷🍷 4*
● Brancaia Il Blu '10	🍷🍷 7
○ Bianco '12	🍷 3
● Brancaia Tre '11	🍷 3
● Ilatraia '11	🍷 6
● Brancaia '99	🍷🍷🍷 6
● Brancaia '98	🍷🍷🍷 6
● Brancaia Il Blu '08	🍷🍷🍷 8
● Brancaia Il Blu '07	🍷🍷🍷 7
● Brancaia Il Blu '06	🍷🍷🍷 6
● Brancaia Il Blu '05	🍷🍷🍷 6
● Brancaia Il Blu '04	🍷🍷🍷 6
● Brancaia Il Blu '03	🍷🍷🍷 6
● Brancaia Il Blu '01	🍷🍷🍷 6
● Brancaia Il Blu '00	🍷🍷🍷 6
● Chianti Cl. Ris. '09	🍷🍷🍷 7

Brunelli - Le Chiuse di Sotto

Loc. Podernovone, 154
53024 Montalcino [SI]
Tel. 0577849337
www.giannibrunelli.it

藏酒销售
预约参观
膳宿接待
年产量 30 000 瓶
葡萄种植面积 6.5 公顷

抛开华丽的辞藻，每当谈起乐奇斯•迪•索托酒庄（Le Chiuse di Sotto）的故事时，我们就不能不提到詹尼•布鲁内利（Gianni Brunelli）这位名人，他对蒙塔尔奇诺（Montalcino）以及其他地区产生了深刻的影响。他的妻子现在继承了这酒庄，这是比葡萄酒酿制更加不朽的财产。这些葡萄酒反映了两个主要酿酒地区——一个位于卡纳里奇（Canalicchi）一个乡村的东北部，另一个位于坡德尔诺翁（Podernovone）南部接壤处——几乎截然不同的特点。这两个地区虽然是不同的，但它们有着共同的传统情感，即对布内罗红葡萄酒（Brunello）家族的专注和耐心。布内罗珍藏2007（Brunello Riserva 2007）是非常值得推荐的一款酒。它是矛盾的统一体，进化的特征与锐利紧致的口感成为鲜明的对比。布内罗红葡萄酒2008（Brunello 2008）入口比较容易，拥有非常经典的树脂香和鞑靼牛排味，但它的余味并不缭绕。

● Brunello di Montalcino '08	🍷🍷 6
● Brunello di Montalcino Ris. '07	🍷🍷 8
● Rosso di Montalcino '11	🍷 4
● Amor Costante '05	🍷🍷🍷 5
● Brunello di Montalcino '07	🍷🍷 6
● Brunello di Montalcino '06	🍷🍷 6
● Brunello di Montalcino Ris. '06	🍷🍷 8

Bulichella

Loc. Bulichella, 131
57028 Suvereto [LI]
Tel. 0565829892
www.bulichella.it

藏酒销售
预约参观
膳宿接待
年产量 60 000 瓶
葡萄种植面积 17 公顷
葡萄栽培方式 有机认证

酒庄建于1983年，那时有四个来自意大利不同地区的家庭决定迁移至一个能够耕种田地的原始古朴的地方。所有用于酿酒的谷物，包括蔬菜和葡萄，都是采用有机方式耕种的。在1999年，这个由宫泽秀之（Mijakawa Hideyuki）和他妻子玛利亚•路易莎•巴萨诺（Maria Luisa Bassano）带领的家族成为了酒庄的独资经营者。他们对酒庄进行投资，建立了一个新酒窖、一个新葡萄园的农庄，所酿制的都是品质极好的酒品。海德2010（Hide 2010）由单一品种西拉（Syrah）葡萄酿制而来，散发出很强的味道，精致而辛辣的胡椒味以及集中的果香。入口后果味丰富，单宁集中而生动，余韵可口缭绕。特索罗2012（Tesoro 2012）是一款主要由维奥涅尔（Viognier）葡萄酿制的新酒，香味非常诱人，尝起来有怡人的奶油味。

● Hide '10	🍷🍷 5
● Aleatico Sfiziale '12	🍷🍷 4
○ Passito Tesoro '12	🍷🍷 3
● Val di Cornia Col di Pietre Rosse '10	🍷🍷 5
● Val di Cornia Merlot Maria Shizuko '10	🍷🍷 6
● Val di Cornia Suvereto Tuscanio '10	🍷🍷 5
○ Val di Cornia Vermentino Tuscanio '12	🍷 3
● Aleatico Sfiziale '11	🍷🍷 4
● Hide '09	🍷🍷 5
● Val di Cornia Rosso Tuscanio '08	🍷🍷 5
● Val di Cornia Suvereto Tuscanio '09	🍷🍷 5

Tenuta del Buonamico

Loc. Cercatoia
via Provinciale di Montecarlo, 43
55015 Montecarlo [LU]
Tel. 058322038
www.buonamico.it

藏酒销售
预约参观
膳宿接待
年产量 140 000 瓶
葡萄种植面积 33 公顷

特奴塔•德尔•伯纳米科（Tenuta del Buonamico）属于丰塔纳（Fontana）家族所有，是蒙特卡尔罗（Montecarlo）地区一座历史悠久的酒庄。坐落于以红酒酿制出名的塞尔卡托加（Cercatoja）区域。这里的风土主要由沙子和黏土组成，自19世纪后半叶起就是多种主要国际葡萄品种的故乡，包括从法国引入的苏维翁（Sauvignon）、赛美芙（Semillon）、瑚珊（Roussanne）、白皮诺（Pinot Bianco）、灰皮诺（Grigio）、梅洛（Merlot）、赤霞珠（Cabernet Sauvignon）、西拉（Syrah）、品丽珠（Cabernet Franc）以及本地的葡萄品种特比安诺（Trebbiano）和圣乔维斯（Sangiovese）。令人信服的塞尔卡托加红葡萄酒2010（Cercatoja Rosso 2010）由圣乔维斯（Sangiovese）、西拉（Syrah）和赤霞珠（Cabernet Sauvignon）葡萄酿制而来，香气扑鼻，带有浆果、香脂和山药草的味道。口味也毫不逊色，它的酸度很好地调节了口腔里的感觉，带有芳香的单宁使它味度更加协调，并且余韵清新悠长。福提诺西拉2010（Fortino Syrah 2010）也是一款很好的酒品，它的香气辛辣而柔和，口味十分诱人。

● Cercatoja Rosso '10	🍷🍷 5
● Il Fortino Syrah '10	🍷🍷 6
● Montecarlo Rosso '11	🍷🍷 3
○ Montecarlo Bianco '12	🍷 2
○ Montecarlo Vermentino '12	🍷 3
● Cercatoja Rosso '09	🍷🍷 5
● Cercatoja Rosso '08	🍷🍷 4
● Il Fortino Syrah '09	🍷🍷 6

Ca' Marcanda

Loc. Santa Teresa, 272
57022 Castagneto Carducci [LI]
Tel. 0565763809
info@camarcanda.com

藏酒销售
预约参观
年产量 450 000 瓶
葡萄种植面积 100 公顷

安吉洛•嘉佳（Angelo Gaja）美丽的保格利（Bolgheri）酒庄有着总共100公顷、令人印象深刻的葡萄园，还有一个未来派风格的大酒窖，使他有足够的空间来把葡萄的优势最大化地展现出来。所酿制的葡萄酒展现出现代的风格，像是在诉说年轻的博格利酒（Bolgheri）的传统。优质的果实酿制和精确使用的橡木技术，使得酿制出的葡萄酒没有辜负大家的期望。栽培的国际葡萄品种包括：赤霞珠（Cabernet Sauvignon）、品丽珠（Cabernet Franc）、梅洛（Merlot）和少许西拉（Syrah），每种酒标的西拉含量都不一样。2010年对这地区来说是困难的一年，然而卡马尔坎达（Camarcanda）依旧如往常一样高品质，它果味馥郁，香气中带有草莓、樱桃酱、麦芽糖和香脂的味道，入口收敛紧致，稍微欠佳的一点是单宁有点口干。这个更为酷热的夏天对2011两款副标酒——马佳丽（Magari）和伯罗米斯（Promis）的结构和集中度来说都是有益的。来自蒙塔尔奇诺•皮维圣塔（Montalcino Pieve di Santa Restituta）的瑞尼纳2008（Rennina 2008）也是很不错的一款酒。

- ● Bolgheri Camarcanda '10 — YY 8
- ● Brunello di Montalcino Rennina Pieve di Santa Restituta '08 — YY 7
- ● Magari '11 — YY 8
- ● Promis '11 — YY 7
- ● Brunello di Montalcino Sugarille Pieve di Santa Restituta '08 — Y 7
- ● Bolgheri Camarcanda '07 — YYY 8
- ● Bolgheri Camarcanda '01 — YYY 8
- ● Magari '03 — YYY 6
- ● Bolgheri Camarcanda '09 — YY 8
- ● Brunello di Montalcino Rennina Pieve di Santa Restituta '07 — YY 7
- ● Brunello di Montalcino Sugarille Pieve di Santa Restituta '07 — YY 7
- ● Magari '10 — YY 8
- ● Promis '10 — YY 7

Tenuta Le Calcinaie

Loc. Santa Lucia, 36
53037 San Gimignano [SI]
Tel. 0577943007
www.tenutalecalcinaie.it

藏酒销售
预约参观
年产量 60 000 瓶
葡萄种植面积 9.5 公顷
葡萄栽培方式 有机认证

西蒙•圣蒂尼（Simone Santini）和他的小宇宙与自然和谐共处，他对葡萄酒的理念忠实于真正的原始风格，虽然表面看来不用过多照料，但实际上酿酒过程却是非常艰苦。在这种特别的理念指导下，他对葡萄和葡萄酒投入了真诚甚至是着迷般的注意力。乐•卡尔奇内（Le Calcinaie）成立于1986年，在桑塔露西亚（Santa Lucia）地区以它的葡萄园和酿酒厂而扬名。1995年开始采用有机方式种植，所酿造的酒的风味更独特。维格纳珍藏2009（Riserva Vigna ai Sassi 2009），总体上给人们留下了非常深刻的印象。这款白酒展现了最优雅的榛子香，在这迷人的香气中夹杂着活泼的绿色植物气息。无疑这是一款浓烈而影响力大的酒品，唯一不足便是缺乏回味。

- ○ Vernaccia di S. Gimignano V. ai Sassi Ris. '09 — YY 3*
- ○ Vernaccia di S. Gimignano '12 — YY 2*
- ● Ingeredienti: Uva — Y 3
- ● Gabriele '07 — YY 4
- ● Teodoro '07 — YY 4
- ● Teodoro '06 — YY 4
- ○ Vernaccia di S. Gimignano '10 — YY 2*
- ○ Vernaccia di S. Gimignano '09 — YY 2
- ○ Vernaccia di S. Gimignano '08 — YY 2*
- ○ Vernaccia di S. Gimignano '07 — YY 2*
- ○ Vernaccia di S. Gimignano Ris. '08 — YY 2*
- ○ Vernaccia di S. Gimignano V. ai Sassi '07 — YY 3
- ○ Vernaccia di S. Gimignano V. ai Sassi '06 — YY 3

Camigliano

Loc. Camigliano
via d'Ingresso, 2
53024 Montalcino [SI]
Tel. 0577816061
www.camigliano.it

藏酒销售
预约参观
膳宿接待
年产量 300 000 瓶
葡萄种植面积 100 公顷

卡米格里亚诺酒庄（Camigliano）位于蒙塔尔奇诺（Montalcino）西部边缘地带，是一个绝对令人称赞的地方。它坐落在一个有着原始景色的矮树丛上，可以瞭望阿尔塔•马内玛（Alta Maremma）和梅塔利费雷山（Colline Metallifere）美丽的风光。格资（Ghezzi）家族于20世纪50年代末收购了酒庄，并赋予它一个全新的生命，以大约100公顷的主要种植圣乔维斯葡萄（Sangiovese）的葡萄园为基础，它已成为一个葡萄酒商业中心。新的地下酒窖有两处吸引人的地方：给人提供一个更宽广的视野；使功能化生产呈现更大的空间。我们依然在等待卡米格里亚诺布内罗（Brunello di Camigliano）在个性和地域特征方面的变化，但2008年份酒的版本酿制得很好，结合了迷人的橡木和清新而充满香脂味。古阿尔托珍藏2007（Gualto Riserva 2007）更显清淡一点，花香更馥郁，但余韵不够悠长持久。

● Brunello di Montalcino '08	🍷🍷 6
● Brunello di Montalcino Gualto Ris. '07	🍷🍷 7
● Rosso di Montalcino '11	🍷 3
● Brunello di Montalcino '08	ΨΨ 6
● Brunello di Montalcino '06	ΨΨ 6
● Brunello di Montalcino '05	ΨΨ 5
● Brunello di Montalcino '04	ΨΨ 5
● Brunello di Montalcino Gualto Ris. '06	ΨΨ 7
● Brunello di Montalcino Gualto Ris. '05	ΨΨ 7
● Brunello di Montalcino Gualto Ris. '04	ΨΨ 7
○ Moscadello di Montalcino L'Aura '10	ΨΨ 5
● Poderuccio '07	ΨΨ 2*
● Rosso di Montalcino '08	ΨΨ 3
● Sant'Antimo Cabernet Sauvignon Campo ai Mori '08	ΨΨ 4
● Sant'Antimo Cabernet Sauvignon Campo ai Mori '06	ΨΨ 4

Camporignano

Fraz. Monteguidi
53031 Casole d'Elsa [SI]
Tel. 0577963915
www.camporignano.com

藏酒销售
年产量 30 000 瓶
葡萄种植面积 10 公顷

伦佐（Renzo）和露西亚•露丝蒂西（Lucia Rustici）酿制的卡姆坡利纳罗葡萄酒（Camporignano）展现出葡萄和土地之间的协调性。这片土地是具有伊特鲁里亚语（Etruscan）历史价值的受保护的地区，紧挨着瓦尔迪埃萨（Val d'Elsa）和瓦尔迪塞西纳（Val di Cecina）之间的贝里格诺（Berignone）森林。这里所种植的葡萄都是与这片土地的特征相适应的国际品种。酒庄的结构中带有一个先进的二氧化碳排出系统，为葡萄酒酿制创造了一个理想的环境。整个酒庄的生产成果是不错的。玛塔奥2010（Mattaione 2010）有着经典的樱桃酱和植物的芳香，结构良好而酒体坚实。梅洛（Merlot）和赤霞珠（Cabernet Sauvignon）葡萄混合酿制的塞罗内罗2010（Cerronero 2010）带有矿物质的香味和清新的香脂味，稳固而圆润的酒体，以及悠长而充满果味的余韵。

● Terre di Casole Mattaione '10	🍷🍷 3
● Cerronero '10	🍷🍷 5
● Camporignano '08	ΨΨ 2
● Cerronero '09	ΨΨ 5
● Cerronero '07	ΨΨ 5
● Cerronero '06	ΨΨ 5
● Mattaione '09	ΨΨ 3

Canalicchio Franco Pacenti

Loc. Canalicchio di Sopra, 6
53024 Montalcino [SI]
Tel. 0577849277
www.canalicchiofrancopacenti.it

藏酒销售
预约参观
膳宿接待
年产量 40 000 瓶
葡萄种植面积 10 公顷

处于大约海拔300米，地面是由呈中等结构的黏土和少数碎石组成，这就是弗朗哥•帕森蒂（Franco Pacenti）的这座小酒庄，它的名字从加纳里奇奥（Canalicchi）地区而来，是蒙塔尔奇诺（Montalcino）北部地区最受尊敬、品质始终如一的酒庄。酒庄有10公顷土地专门用于种植圣乔维斯（Sangiovese），体现内比奥罗葡萄（Nebbiolo）类型的个性特征。所酿制的酒干涩、单宁重。这酒初时酒体强壮，在玻璃杯中经过充分的通风，尤其适合在酒瓶中陈酿。布内罗红葡萄酒（Brunello）经过传统发酵方式，在大型酒桶中长期陈酿。布内罗红葡萄酒2008（Brunello 2008）是一款传统的酒款，带有药味、铁味和树根味，但在稠度和延伸性方面稍微欠佳，可能多陈放一年会更好一点。从珍藏2007（Riserva 2007）中我们能看到它改善的地方，比起往常干燥的速度有所减弱。

● Brunello di Montalcino '08	🍷🍷	5
● Brunello di Montalcino Ris. '07	▼▼	7
● Rosso di Montalcino '11	▼	3
● Brunello di Montalcino '04	▽▽▽	5
● Brunello di Montalcino '07	▽▽	5
● Brunello di Montalcino '06	▽▽	5
● Rosso di Montalcino '10	▽▽	3

Canalicchio di Sopra

Loc. Casaccia, 73
53024 Montalcino [SI]
Tel. 0577848316
www.canalicchiodisopra.com

藏酒销售
预约参观
膳宿接待
年产量 55 000 瓶
葡萄种植面积 15 公顷

在卡纳里奇（Canalicchi）和蒙托索利乐哥蒂（Le Gode di Montosoli）斜坡中间，西蒙内塔（Simonetta）、马尔科（Marco）和弗兰塞斯科•里帕奇奥里（Francesco Ripaccioli）管理着15公顷的土地。酒庄是在1961年由他们祖父普里莫•帕森蒂（Primo Pacenti）建立而成，然后他们的父亲皮尔•路易吉（Pier Luigi）掌管了很长一段时间，现在他们是酒庄的第三代管理者。该酒庄处于蒙塔尔奇诺（Montalcino）一边，面朝布翁孔文托（Buonconvento），是小镇北部接壤的地区。在这个个性十足的地区，他们的目标在于生产出充满能量和口味浓郁丰满风格的葡萄酒，经过长期浸泡的程序，并在3 000升的斯拉夫尼亚（Slavonian）橡木桶中陈酿。2007年是里帕奇奥里酒庄（Ripaccioli）值得纪念的一年，并且2013年在“三杯奖”上获奖的布内罗红葡萄酒复古系列（Vintage Brunello）被列入珍藏版的行列。这个炎热的夏天使得酒的香气更开放，它的辛辣味、海水气息、干燥的药草味和黑橄榄的味道，体现出它的个性和丰满。虽然单宁有点过于厚重，但它活泼且果味丰富的结构展现了它的真正价值。

● Brunello di Montalcino Ris. '07	🍷🍷🍷	8
● Brunello di Montalcino '08	🍷🍷	6
● Rosso di Montalcino '11	▼▼	3
● Brunello di Montalcino '07	▽▽▽	6
● Brunello di Montalcino '06	▽▽▽	6
● Brunello di Montalcino '04	▽▽▽	6
● Brunello di Montalcino Ris. '04	▽▽▽	7
● Brunello di Montalcino Ris. '01	▽▽▽	7
● Brunello di Montalcino '05	▽▽	5
● Brunello di Montalcino Ris. '06	▽▽	8
● Rosso di Montalcino '09	▽▽	3
● Rosso di Montalcino '08	▽▽	3*
● Rosso di Montalcino '06	▽▽	3

Canneto

VIA DEI CANNETI, 14
53045 MONTEPULCIANO [SI]
TEL. 0578757737
www.canneto.com

藏酒销售
预约参观
膳宿接待
年产量 100 000 瓶
葡萄种植面积 29 公顷

在1987年，一群住在苏黎世（Zurich）附近的友人对蒙特布查诺贵族酒（Nobile di Montepulciano）满怀热情，决定开始生产它，而不只是当它的消费者。于是他们在这区域收购了一座农场来酿制他们挚爱的葡萄酒，并且拥有自己的酒窖。这项任务十分耗费他们的精力，首先他们对这座旧建筑进行翻新，之后建立一个酒窖，并购买所有种植葡萄需要的设备，同时也经营农场。它出产的贵族酒珍藏2009（Nobile Riserva 2009）品尝起来很不错，带着一点辛辣味，中间夹杂着部分丁香和肉桂味，森林浆果的味道集中而浓郁。柔和多肉的口感展现优雅且精妙的单宁以及悠长活力的余味。文德米亚•塔尔迪瓦2010（Vendemmia Tardiva 2010）是伊斯特拉（Istrian）和托斯卡纳（Tuscan）的马尔维萨（Malvasia）、小芒森（Petit manseng）、琼瑶浆（Traminer）和雷司令（Riesling）葡萄酿制的混合酒，香气精致，花香浓郁，酒体如奶油般，也如天鹅绒般平滑，余味香甜而拘谨。

● Nobile di Montepulciano Ris. '09	🍷🍷 4
○ Vendemmia Tardiva '10	🍷🍷 4
○ Calamus '12	🍷 2
● Nobile di Montepulciano '10	🍷 3
● Rosso di Montepulciano '12	🍷 2
● Nobile di Montepulciano '09	🍷🍷 3*
● Nobile di Montepulciano '08	🍷🍷 3
● Nobile di Montepulciano '07	🍷🍷 3
● Nobile di Montepulciano Ris. '07	🍷🍷 4
○ Vendemmia Tardiva '09	🍷🍷 3

Capanna

LOC. CAPANNA, 333
53024 MONTALCINO [SI]
TEL. 0577848298
www.capannamontalcino.com

藏酒销售
预约参观
年产量 70 000 瓶
葡萄种植面积 19.5 公顷

帕特里奇奥•森科尼（Patrizio Cencioni）在阐释他对蒙塔尔奇诺•圣乔维斯（Montalcino Sangiovese）的感觉的时候大可以不必夸夸其谈，但他的布内罗红葡萄酒（Brunello），特别是珍藏（Riserva）的版本，却隐藏着稀有的自豪、严厉和简单的紧张感，这是在蒙托索利（Montosoli）葡萄园种植和大型酒桶长期发酵之后所得的结果。主要是梅洛（Merlot）葡萄组成的蒙塔尔奇诺干红葡萄酒（Sant'Antimo Rosso）和纯圣乔维斯（Sangiovese）葡萄酿制的赛罗红葡萄酒（Rosso del Cerro）组成了整个酒品的系列。通常一场丰收之后就会有佳酿，就如卡帕纳酒庄（Capanna）的布内罗红葡萄酒珍藏2007（Brunello Riserva 2007）。黑色丰满的果实，加上表层土和熏香使它的酒味浓郁，香气持久，口感活泼收敛，唯一不足在于余味稍微有点干。布内罗2008（Brunello 2008）也是很出色的酒款。

● Brunello di Montalcino Ris. '07	🍷🍷 7
● Brunello di Montalcino '08	🍷🍷 6
● Rosso di Montalcino '11	🍷🍷 3
● Rosso del Cerro '11	🍷 2
● Brunello di Montalcino Ris. '06	🍷🍷🍷 7
● Brunello di Montalcino Ris. '04	🍷🍷🍷 7
● Brunello di Montalcino Ris. '90	🍷🍷🍷 6
● Brunello di Montalcino '07	🍷🍷 5
● Brunello di Montalcino '06	🍷🍷 5
● Brunello di Montalcino '05	🍷🍷 5
● Brunello di Montalcino '04	🍷🍷 5
● Brunello di Montalcino Ris. '01	🍷🍷 7
● Rosso del Cerro '10	🍷🍷 2*
● Rosso di Montalcino '08	🍷🍷 3

Tenuta Caparzo

LOC. CAPARZO
SP DEL BRUNELLO
53024 MONTALCINO [SI]
TEL. 0577848390
www.caparzo.com

藏酒销售
预约参观
膳宿接待
年产量 455 000 瓶
葡萄种植面积 90 公顷

伊莉莎贝塔•格纳迪（Elisabetta Gnudi）的酒庄是蒙塔尔奇诺（Montalcino）地区一个历史标签，占据大约90公顷的葡萄园，坐落于法定产区酒（DOC）的不同地区。圣乔维斯葡萄（Sangiovese）自然是最主要的品种，同时也有其他品种：莎当尼（Chardonnay）、西拉（Syrah）、解百纳（Cabernet）、琼瑶浆（Traminer）、克罗里诺（Colorino）、梅洛（Merlot）、苏维翁（Sauvignon）和小维铎（Petit Verdot）。它的风格很出名，这归功于拉卡萨酒（La Casa）的最佳版本，这是布内罗红葡萄酒酿造（Brunello）的精选，展现了北部地区的个性特点和现代性，它正逐渐经历一些调整。2014年的品酒会中，2007年份酒的版本进步最多。珍藏酒版本（Riserva）中香味是可推测的，成熟的果实，甘草味，还有一些橡木味，但仍然不失流畅和熟练。拉卡萨（La Casa）相比之下冲突性更强，果酱味使得它的口感比往常更强烈。卡多塔红葡萄酒2010（Rosso La Caduta 2010）同样也展示了现代且自信的风格。

● Brunello di Montalcino La Casa '07	🍷🍷 8
● Brunello di Montalcino Ris. '07	🍷🍷 7
● Morellino di Scansano Doga delle Clavure '11	🍷🍷 3
● Rosso di Montalcino La Caduta '10	🍷🍷 4
● Brunello di Montalcino '08	🍷 6
● Rosso di Montalcino '11	🍷 3
● Brunello di Montalcino La Casa '93	🍷🍷🍷 6
● Brunello di Montalcino La Casa '88	🍷🍷🍷 6
● Brunello di Montalcino '07	🍷🍷 6
● Ca' del Pazzo '07	🍷🍷 5
○ Moscadello di Montalcino V. T. '06	🍷🍷 5

Tenuta di Capezzana

LOC. SEANO
VIA CAPEZZANA,100
59015 CARMIGNANO [PO]
TEL. 0558706005
www.capezzana.it

藏酒销售
预约参观
膳宿接待
年产量 450 000 瓶
葡萄种植面积 80 公顷

酒庄所在的风土条件是酿制出色葡萄酒的保证，使得酒庄能够把酿酒传统继承下来并世代传承下去。卡皮加纳酒庄（Capezzana）在1200年以前就开始生产食用油和葡萄酒，这就是位于卡尔米娜诺（Carmignano）北部的这座酒庄的历史背景，它不仅生产油，同时也生产文•圣托（Vin Santo）和葡萄酒。康提尼•伯纳科西（Contini Bonacossi）最近逝世了，在这个酒庄中留下了他的印记，现在酒庄由他的儿子掌管着。他们非常尊重传统的个性特征，同时也注重革新，这协调的组合使酿制的酒呈现特别现代化的风格。特比安诺2011（Trebbiano 2011）进入了酒品会的决赛，它的香气微妙，富有层次，酒体坚实，味道清新而强烈，余韵深远诱人。804版本酒用西拉葡萄（Syrah）酿制而来，同样也进入了决赛，它强烈的香气中混合着香料的味道，融合了皮革味和成熟的黑果实，口感充满果味，丰满且馥郁，余韵令人愉悦。

● Capezzana 804 '04	🍷🍷 8
○ Trebbiano '11	🍷🍷 4
● Carmignano Villa di Capezzana '09	🍷🍷 4
● Barco Reale '11	🍷 2
⊙ Carmignano Vin Ruspo '12	🍷 2
● Carmignano Villa di Capezzana '07	🍷🍷🍷 4
● Carmignano Villa di Capezzana '05	🍷🍷🍷 4
● Ghiaie della Furba '01	🍷🍷🍷 5
○ Vin Santo di Carmignano Ris. '05	🍷🍷🍷 5
● Barco Reale '10	🍷🍷 2*
● Carmignano Villa di Capezzana '08	🍷🍷 4
● Ghiaie della Furba '08	🍷🍷 5
● Sessanta '07	🍷🍷 2*

Caprili

FRAZ. TAVERNELLE
POD. CAPRILI, 268
53024 MONTALCINO [SI]
TEL. 0577848566
www.caprili.it

藏酒销售
预约参观
年产量 750 000 瓶
葡萄种植面积 18 公顷

巴特罗梅（Bartolommei）家族在20世纪60年代中从卡斯特里•马蒂诺奇（Signori Castelli-Martinozzi）手中收购了卡普瑞丽酒庄（Caprili）。1978年布内罗红葡萄酒（Brunello）开始装瓶销售，展现出非常传统的风格，在斯拉夫尼亚（Slavonian）大橡木桶中经长期陈酿，不同园区先各自酿造后再融为一体：卡皮内洛（Ceppo Nero）、德尔埃斯（Dell'Esse）、皮诺（Del Pino）、库瓦德鲁斯（Quadrucci）、特斯吐奇亚（Testucchiaia）和帕拉泽托（Del Palazzetto）葡萄混合酿成标准酒标的布内罗红葡萄酒；马德里园（Vigna Madre）用于酿制珍藏酒（Riserva）；弗纳西纳园（Vigna della Fornacin）为圣阿提莫白葡萄酒（Sant'Antimo Bianco）和莫斯卡德罗（Moscadello）提供特比安诺（Trebbiano）和马尔维萨（Malvasia）。2014年的表现不如往年精彩，但有着卡普瑞丽酒庄风格的布内罗2008（Brunello 2008）是蒙塔尔奇诺（Montalcino）圣乔维斯葡萄（Sangiovese）忠实的阐释。干燥的花香、黄桃和淡淡的谷氨酸盐体现了第三类香气的发展，入口时温和且口感适宜，入口后温暖而刺激的后味使它的香气显得更坚定。

● Brunello di Montalcino '08	🍷🍷 5
● Brunello di Montalcino '06	🍷🍷🍷 5
● Brunello di Montalcino Ris. '06	🍷🍷🍷 5
● Brunello di Montalcino Ris. '04	🍷🍷🍷 5
● Brunello di Montalcino '07	🍷🍷 5
● Brunello di Montalcino '05	🍷🍷 5

Podere Il Carnasciale

LOC. PODERE IL CARNASCIALE
52020 MERCATALE VALDARNO [AR]
TEL. 0559911142
bettina.rogosky@gmail.com

年产量 3 000 瓶

卡纳西亚乐酒庄（Podere Il Carnasciale）的故事和卡贝洛（Caberlot）的诞生就像一个童话，一个关于贝提娜（Bettina Schnabel）和沃尔夫（Wolf Rogosky）的爱情故事。他们在1963年相遇，1972年他们决定在托斯卡纳区（Tuscany）购买一些土地，建立这个酒庄。1986年他们开始用一种不知名的葡萄酿制葡萄酒，早期的年份令人满意。1991年卡贝洛（Caberlot）成为一款独立的酒品。在1996年沃尔夫逝世了之后贝提娜继续生产这款酒并取得了成功。只装大酒瓶的卡贝洛2010（Caberlot 2010）赢得了另一个“三杯奖”（Tre Bicchieri），它有着独特的、容易辨识的花香，天竺葵混合着马郁兰和薄荷，以红醋栗和樱桃果实的味道为基础。入口坚实丰满，酸味平衡，口味馥郁，单宁精妙，余韵缭绕且愉悦人心。

● Caberlot '10	🍷🍷🍷 8
● Caberlot '08	🍷🍷🍷 8
● Caberlot '05	🍷🍷🍷 8
● Caberlot '04	🍷🍷🍷 8
● Caberlot '00	🍷🍷🍷 8
● Caberlot '09	🍷🍷 8

Fattoria Carpineta Fontalpino

FRAZ. MONTAPERTI
LOC. CARPINETA
53019 CASTELNUOVO BERARDENGA [SI]
TEL. 0577369219
www.carpinetafontalpino.it

藏酒销售
预约参观
膳宿接待
年产量 100 000 瓶
葡萄种植面积 23 公顷
葡萄栽培方式 有机认证

处于蒙特佩蒂（Monteaperti）的这座酒庄在近年来见证了它在品质上的飞跃，虽然这已经不是什么新鲜的事了，然而却是对一个持续被列入法定产区酒（DOC）酒区最佳的酿酒厂之一的品质证明。卡皮内塔•芬塔尔皮诺酒庄（Carpineta Fontalpino）酿制的葡萄酒馥郁无瑕，个性丰富。它的酿制采用小型桶，展现了现代风格，酒质呈现出良好的颜色和稳定的结构，酸度高而且起决定性作用，单宁充满活力，表达良好。这种恰到好处的平衡使得它所酿制的葡萄酒深具说服力，毫无保留地体现了和地域的紧密结合。有着干净而复杂香气的古典康帝2011（Chianti Classico 2011），夹杂着果实的香味和少许香料，口感浓郁、成熟而整洁，充分地表现了它的个性。多法纳2010（Dofana 2010）坚实而朴素，有着多层酒香和丰富的口感。

● Dofana '10	🍷🍷🍷 7
● Chianti Cl. Fontalpino '11	🍷🍷 3*
● Chianti Cl. Fontalpino Ris. '10	🍷🍷 5
● Do ut des '10	YYY 5
● Do ut des '09	YYY 5
● Do ut des '07	YYY 5
● Dofana '07	YYY 8
● Chianti Cl. Ris. '06	YY 5
● Do ut des '08	YY 5
● Do ut des '06	YY 5
● Do ut des '05	YY 5
● Do ut des '04	YY 5
● Do ut des '03	YY 5
● Do ut des '02	YY 5
● Dofana '06	YY 8
● Dofana '04	YY 8

Casa alle Vacche

FRAZ. PANCOLE
LOC. LUCIGNANO,73A
53037 SAN GIMIGNANO [SI]
TEL. 0577955103
www.casaallevacche.it

藏酒销售
预约参观
膳宿接待
年产量 115 000 瓶
葡萄种植面积 20 公顷

这座可爱的酒庄占地大约30公顷，其中有20公顷用于种植葡萄。恰皮（Ciappi）家族选择种植本地一些品种，比如基安蒂马尔维萨（Malvasia del Chianti）、圣乔维斯（Sangiovese）、卡内奥罗（Canaiolo）和维纳奇亚（Vernaccia）葡萄。同时也有几种国际著名品种，如赤霞珠（Cabernet Sauvignon）、梅洛（Merlot）和莎当尼（Chardonnay）葡萄。酒庄的名字来自它的分区路西纳诺（Lucignano），一个曾经用于圈养家禽的地方。酿制出的葡萄酒与当地风土条件和个性特征遥相呼应，表现力十分强，充满青春活力和风味。2014年最佳的一款毫无疑问当属克罗库斯珍藏2010（Gimignano Riserva Crocus 2010），成熟浓郁的酒香与桃子的果味相融合，加上碘味和一丝薄荷香，几种味道协调共存。口感丰满馥郁，入口后一阵新鲜沁脾之感，其酸味使它更加令人心旷神怡而不会太厚重。

○ Vernaccia di S. Gimignano Crocus Ris. '10	🍷🍷 2*
● Chianti Colli Senesi Cinabro Ris. '10	🍷 3
⊙ Rosato '12	🍷 2
○ Vernaccia di S. Gimignano '12	🍷 2
○ Vernaccia di S. Gimignano I Macchioni '12	🍷 2
● Aglieno '08	YY 2*
○ Vernaccia di S. Gimignano '11	YY 2*
○ Vernaccia di S. Gimignano Crocus Ris. '09	YY 3
○ Vernaccia di S. Gimignano Crocus Ris. '08	YY 2*
○ Vernaccia di S. Gimignano I Macchioni '11	YY 2*
○ Vernaccia di S. Gimignano I Macchioni '10	YY 2*
○ Vernaccia di S. Gimignano I Macchioni '09	YY 2*

Casa Emma

LOC. CORTINE
SP DI CASTELLINA IN CHIANTI, 3
50021 BARBERINO VAL D'ELSA [FI]
TEL. 0558072239
www.casaemma.com

藏酒销售
预约参观
膳宿接待
年产量 85 000 瓶
葡萄种植面积 23 公顷

卡萨艾玛酒庄（Casa Emma）位于弗洛伦斯（Florence）省的巴贝里诺•瓦德尔萨（Barberino Val d'Elsa）和锡耶纳基安蒂（Chianti in Siena）的卡斯特利娜（Castellina）之间，是古典康帝保证法定产区酒（Chianti Classico DOCG）产区的中心。这酒庄是布卡洛西（Bucalossi）家族从福罗伦提（Florentine）的贵族艾玛•比扎利（Emma Bizzarri）手中收购而来，多年以来，所酿制的葡萄酒有着鲜明的风格。葡萄酒主要在大型桶中酿制，尽管如此它的个性与地方特色仍然表现得淋漓尽致。美味可口的古典康帝2011（Chianti Classico 2011）在口中感觉出丰富的香味。维格纳帕尔科古典康帝2011（Chianti Classico Vignalparco 2011）的香气相比之下没有那么精致，但它的口感清新而收敛。古典康帝珍藏 2010（Chianti Classico Riserva 2010）由于经过大量橡木桶的酿制过程，在香气和口感上没有那么鲜明。

● Chianti Cl. '11	🍷🍷 3*
● Chianti Cl. Vignalparco '11	🍷🍷 3
● Chianti Cl. Ris. '10	🍷 5
● Chianti Cl. Ris. '95	🍷🍷🍷 4*
● Chianti Cl. Ris. '93	🍷🍷🍷 5
● Soloìo '94	🍷🍷🍷 4*
● Chianti Cl. '10	🍷🍷 3
● Chianti Cl. '08	🍷🍷 3
● Chianti Cl. Ris. '09	🍷🍷 5
● Chianti Cl. Ris. '08	🍷🍷 5
● Chianti Cl. Ris. '07	🍷🍷 5

★Casanova di Neri

POD. FIESOLE
53024 MONTALCINO [SI]
TEL. 0577834455
www.casanovadineri.com

藏酒销售
预约参观
膳宿接待
年产量 225 000 瓶
葡萄种植面积 55 公顷

丰硕的果实使得卡萨诺瓦•内罗酒庄（Casanova di Nero）酿制的葡萄酒轻易地从其他蒙塔尔奇诺（Montalcino）葡萄酒中脱颖而出，它们体现了近年来吉亚科莫•内里（Giacomo Neri）在农耕和酿酒风格上所进行的项目改革。葡萄藤种植于南边斜坡的萨特（Seste）和德尔阿贝特新堡（Castelnuovo dell'Abate）的卡瓦•德尔•阿尼斯（Cava dell'Onice）中间，另外，位于东部充满红土壤的科里塔托（Cerretalto）更是特级葡萄园。生产解百纳葡萄酒（Cabernet）的皮埃特多尼（Pietradonice）、圣阿提莫葡萄酒（Sant'Antimo）和三款布内罗红葡萄酒（Brunello）以及蒙塔尔奇诺干红葡萄酒（Rosso di Montalcino）组成了一个系列，它们受到了特别是国外葡萄酒爱好者的赞赏。诺瓦布内罗红葡萄酒2008（Brunello Tenuta Nuova 2008）是用非常成熟的黑果实酿造。皮埃特多尼2010（Pietradonice 2010）取材蒙塔尔奇诺解百纳葡萄（Montalcino Cabernet），呈现现代风格且经过均匀的压榨，它们都得到了人们充分的肯定。科里塔托2007（Cerretalto 2007）的果酱和吐司味给人们留下深刻的印象，但还需要作出改善。

● Brunello di Montalcino Cerretalto '07	🍷🍷🍷 8
● Brunello di Montalcino Tenuta Nuova '08	🍷🍷 8
● Pietradonice '10	🍷🍷 8
● Brunello di Montalcino '08	🍷 6
● Rosso di Montalcino '11	🍷 5
● Brunello di Montalcino '06	🍷🍷🍷 5
● Brunello di Montalcino Cerretalto '06	🍷🍷🍷 8
● Brunello di Montalcino Cerretalto '04	🍷🍷🍷 8
● Brunello di Montalcino Cerretalto '01	🍷🍷🍷 8
● Brunello di Montalcino Cerretalto '99	🍷🍷🍷 8
● Brunello di Montalcino Tenuta Nuova '06	🍷🍷🍷 8
● Brunello di Montalcino Tenuta Nuova '05	🍷🍷🍷 7
● Brunello di Montalcino Tenuta Nuova '01	🍷🍷🍷 6
● Pietradonice '05	🍷🍷🍷 8

Castell'in Villa

LOC. CASTELL'IN VILLA
53019 CASTELNUOVO BERARDENGA [SI]
TEL. 0577359074
www.castellinvilla.com

藏酒销售
预约参观
年产量 100 000 瓶
葡萄种植面积 54 公顷

酒庄建立于1967年，在1971年生产出第一款基安蒂（Chianti），如今它已酿制了第一款古典康帝（Chianti Classico）。酿酒风格和酒品特色使得这个贝拉登卡新堡（Castelnuovo Berardenga）的酒庄比同侪更出色，同时还保持基安蒂葡萄酒（Chianti）最好的传统。科拉利亚•皮格纳特里（Coralia Pignatelli）酿造的葡萄酒：颜色精致而黯淡，香气中带着鲜明的对比和复杂而细腻的各种混合，所有这些体现了它的优雅和平衡。古典康帝2009（Chianti Classico 2009）风格经典，它带有夏天芳香的浆果、花和药草的味道，接踵而来的是优雅的口感，展现了它的馥郁和突出的余韵。陈酿2008（Riserva 2008）更要加紧努力，闻起来带有泥土味，入口单宁味重，并混有青草味。

● Chianti Cl. '09	🍷🍷🍷 5
● Chianti Cl. Ris. '08	🍷🍷 6
● Chianti Cl. '08	ΥΥΥ 5
● Chianti Cl. Ris. '85	ΥΥΥ 6
● Chianti Cl. Castell'in Villa '05	ΥΥ 5
● Chianti Cl. Poggio delle Rose Ris. '06	ΥΥ 6
● Chianti Cl. Poggio delle Rose Ris. '97	ΥΥ 8
● Chianti Cl. Poggio delle Rose Ris. '96	ΥΥ 8
● Chianti Cl. Poggio delle Rose Ris. '95	ΥΥ 8
● Chianti Cl. Poggio delle Rose Ris. '94	ΥΥ 8
● Chianti Cl. Ris. '06	ΥΥ 6
● Chianti Cl. Ris. '04	ΥΥ 6
● Chianti Cl. Ris. '95	ΥΥ 6
● Santa Croce '07	ΥΥ 6
● Santa Croce '90	ΥΥ 6
○ Vin Santo del Chianti Cl. '95	ΥΥ 8

★Castellare di Castellina

LOC. CASTELLARE
53011 CASTELLINA IN CHIANTI [SI]
TEL. 0577742903
www.castellare.it

藏酒销售
预约参观
膳宿接待
年产量 200 000 瓶
葡萄种植面积 28 公顷

自1968年酒庄建立以来，它就把赌注押在了古典康帝（Chianti Classico）区域上，不仅保护了托斯卡纳区（Tuscany）一个美丽的角落，同时也采用与基安蒂（Chianti）酿酒传统相适应的生产方式，除此之外还栽种本地主要的品种：从经典的圣乔维斯（Sangiovese）到更特别一点的黑马瓦西亚（Malvasia Nera）葡萄。所酿制的结果就是它的风格容易辨识、保持一致的酒品，酒庄的酒标现在已成为法定产区酒（DOC）最重要象征。索迪•尼科罗2009（I Sodi di San Niccolò 2009）是圣乔维斯（Sangiovese）和黑马瓦西亚（Malvasia Nera）葡萄酿制的混合酒，带有浓烈而成熟的香气，轻柔的口感和深远的余韵。维格内托•古典康帝珍藏2010（Chianti Classico Vigneto Il Poggiale Riserva 2010）充满辛辣而美好的香气以及坚实而平衡的口感。古典康帝珍藏2010（Chianti Classico Riserva 2010）清新而风味独特。古典康帝2011（Chianti Classico 2011）也是酒客不错的选择。

● I Sodi di S. Niccolò '09	🍷🍷🍷 8
● Chianti Cl. V. Il Poggiale Ris. '10	🍷🍷 5
● Chianti Cl. '11	🍷🍷 3
● Chianti Cl. Ris. '10	🍷🍷 4
● Coniale '09	🍷 7
● Chianti Cl. V. Il Poggiale Ris. '01	ΥΥΥ 5
● I Sodi di S. Niccolò '08	ΥΥΥ 7
● I Sodi di S. Niccolò '07	ΥΥΥ 7
● I Sodi di S. Niccolò '06	ΥΥΥ 7
● I Sodi di S. Niccolò '05	ΥΥΥ 7
● I Sodi di S. Niccolò '04	ΥΥΥ 7
● I Sodi di S. Niccolò '03	ΥΥΥ 7
● I Sodi di S. Niccolò '02	ΥΥΥ 7
● I Sodi di San Niccolò '01	ΥΥΥ 7

★Castello Banfi

LOC. SANT'ANGELO SCALO
CASTELLO DI POGGIO ALLE MURA
53024 MONTALCINO [SI]
TEL. 0577840111
www.castellobanfi.com

藏酒销售
预约参观
膳宿接待
年产量 10 500 000 瓶
葡萄种植面积 850 公顷

蒙塔尔奇诺（Montalcino）如果没有马里亚尼（Mariani）家族的投入，它依然会在20世纪80年代以来这么著名吗？或许会，或许不会，但这只是一种猜测而已。事实上卡斯特罗•班菲（Castello Banfi）是布内罗红葡萄酒（Brunello）一个必不可少的标杆。这个国际品牌主要是在大约1 000公顷的土地上的营造，由克里斯提纳（Cristina Mariani-May）和詹姆斯（James Mariani）两堂兄妹经过十多年的管理，恩里科•维格利尔奇奥（Enrico Viglierchio）的监督。他们酿制的葡萄酒包括来自阿里塞桑迪亚酒庄（Alessandria）的维格内•雷加里（Vigne Regali），还有班菲•托斯卡纳（Banfi Toscana）系列。这些酒由于简明的风格往往很容易被辨认出来。2014年的系列给人留下一个好的印象，它有多款选择，都体现出优秀的酿酒技术和丰富的物质成分。穆拉珍藏2007（Poggio alle Mura Riserva 2007）是果味过重了一点。2008年份的入门酒，也是一款令人放松和欲罢不能的酒款。

● Brunello di Montalcino Poggio alle Mura Ris. '07	🍷🍷 8
● Brunello di Montalcino '08	🍷🍷 6
● Brunello di Montalcino Poggio all'Oro Ris. '07	🍷🍷 8
● Brunello di Montalcino Poggio alle Mura '08	🍷🍷 7
● Cum Laude '10	🍷🍷 5
● Rosso di Montalcino '11	🍷 3
● Rosso di Montalcino Poggio alle Mura '11	🍷 4
● Summus '10	🍷 6
● Brunello di Montalcino Poggio all'Oro Ris. '04	🍷🍷🍷 8
● Sant'Antimo Excelsus '03	🍷🍷🍷 6
● Sant'Antimo Mandrielle '04	🍷🍷🍷 3

Castello d'Albola

LOC. PIAN D'ALBOLA, 31
53017 RADDA IN CHIANTI [SI]
TEL. 0577738019
www.albola.it

藏酒销售
预约参观
膳宿接待
年产量 800 000 瓶
葡萄种植面积 157 公顷

佐宁（Zonin）的基安蒂（Chianti）酒庄坐落于古典康帝（Chianti Classico）最有趣的酒区之一：拉达（Radda）分区。麦当尼诺（Madonnino）、埃雷里（Ellere）、卡帕奇亚（Capaccia）、马蒙德吉（Mondeggi）圣拉利奥（Sant'Ilario）、塞尔沃尔（Selvole）、兰格乐（Marangole）、和阿西奥罗（Acciaiolo）葡萄园处于350米到550米的海拔上，索拉提奥（Solatio）葡萄园则在几乎600米海拔上。独特的风土条件映射到酿制葡萄酒的风格上，使酒品结构柔顺且尖锐，酸度优雅。大型桶和小型桶的恰当运用使得其基本个性更加和谐。美好的燧石味和红浆果味是古典康帝珍藏2009（Chianti Classico Riserva 2009）的象征，带有活泼美味而平衡的口感。对比鲜明的埃乐雷•古典康帝2010（Chianti Classico Le Ellere 2010）的香气稍微有点内敛。古典康帝2010（Chianti Classico 2010）在纵向方面是不错的。采用单一圣乔维斯（Sangiovese）葡萄酿制的索拉提奥2010（Solatio 2010）口感平滑且轻柔。

● Chianti Cl. Ris. '09	🍷🍷🍷 4*
● Acciaiolo '10	🍷🍷 6
● Chianti Cl. '10	🍷🍷 3
● Chianti Cl. Le Ellere '10	🍷🍷 3
● Il Solatio '11	🍷🍷 5
● Acciaiolo '06	🍷🍷🍷 6
● Acciaiolo '04	🍷🍷🍷 6
● Acciaiolo '01	🍷🍷🍷 6
● Acciaiolo '95	🍷🍷🍷 5
● Chianti Cl. Le Ellere '08	🍷🍷🍷 3
● Chianti Cl. Ris. '08	🍷🍷🍷 4*
● Chianti Cl. '09	🍷🍷 3
● Chianti Cl. Ris. '07	🍷🍷 4

★Castello dei Rampolla

via Case Sparse, 22
50022 Panzano [FI]
Tel. 055852001
castellodeirampolla.cast@tin.it

藏酒销售
预约参观
年产量 80 000 瓶
葡萄种植面积 42 公顷

拉姆坡拉（Castello di Rampolla）家族和拿坡里（Di Napoli）家族自20世纪80年代早期开始就已经在研究所谓的古典康帝（Chianti Classico）和托斯卡纳（Tuscan）红酒的复兴。今天这个基安蒂（Chianti）庞扎诺（Panzano）的酒庄依然是本区域出类拔萃的一员。这不仅因为他们采用严格的有机种植方式栽培葡萄，也因为他们不断寻找这些酒最深刻的特征，不管是从国际品种酿制而来还是从圣乔维斯葡萄（Sangiovese）酿制而来的。2014年的几款酒很难评价。古典康帝2011（Chianti Classico 2011）有着强烈的香气，含糊而干燥的口感，以及过于粗糙的单宁。阿尔塞奥2009（Alceo 2009）经历了炎热的夏天，在香气和口感上都充满酒精味。桑马尔科（Sanmarco）葡萄酒如果在酒瓶中再放置一段时间会更好，现在它的单宁依然有点粗糙。

● d'Alceo '09	🍷🍷 8
● Chianti Cl. '11	🍷 3
● Sammarco '09	🍷 7
● d'Alceo '03	🍷🍷🍷 8
● d'Alceo '01	🍷🍷🍷 8
● d'Alceo '00	🍷🍷🍷 8
● La Vigna di Alceo '99	🍷🍷🍷 8
● La Vigna di Alceo '98	🍷🍷🍷 8
● La Vigna di Alceo '97	🍷🍷🍷 8
● La Vigna di Alceo '96	🍷🍷🍷 8
● Sammarco '05	🍷🍷🍷 8

★Castello del Terriccio

loc. Terriccio
via Bagnoli, 16
56040 Castellina Marittima [PI]
Tel. 050699709
www.terriccio.it

藏酒销售
预约参观
年产量 200 000 瓶
葡萄种植面积 62 公顷

酒庄位于玛里提玛新堡（Castellina Marittima）附近，处于比萨省（Pisa）、里窝那（Livorno）和马内玛（Maremma）三省接壤之处，在山丘和峡谷之间占据一方土地。这里种植着葡萄、橄榄树和谷物。在中世纪时，特里奇奥•卡斯特罗（Castello del Terriccio）曾是个瞭望塔，但从这里建立了第一个农场开始它就被改造成为农业用途。在20世纪80年代末，通过对本区域的深入研究，酒庄选择与本地最相适应的品种和国际上引种的品种，并应用新方法，减少每块田地的产量以最大程度优化葡萄酒的质量。2014年只有三款葡萄酒展出，其中就有两款进入了决赛。来自西拉（Syrah）和小维铎（Petit Verdot）葡萄酿制的特里奇奥•卡斯特罗2008（Castello del Terriccio 2008）散发着辣椒的植物香，其中以香料来作为缓和，同时也有森林果香。入口很美味迷人，果味馥郁，有着很好的厚重感和悠长复杂的余韵。而来自赤霞珠（Cabernet Sauvignon）、梅洛（Merlot）和小维铎（Petit Verdot）葡萄混合酿制而成的鲁皮奇亚2009（Lupicaia 2009）也是一款不错的酒。

● Castello del Terriccio '08	🍷🍷 8
● Lupicaia '09	🍷🍷 8
● Tassinaia '10	🍷🍷 6
● Castello del Terriccio '07	🍷🍷🍷 8
● Castello del Terriccio '04	🍷🍷🍷 8
● Castello del Terriccio '03	🍷🍷🍷 8
● Castello del Terriccio '01	🍷🍷🍷 8
● Lupicaia '07	🍷🍷🍷 8
● Lupicaia '06	🍷🍷🍷 8
● Lupicaia '05	🍷🍷🍷 8
● Lupicaia '04	🍷🍷🍷 8
● Lupicaia '01	🍷🍷🍷 8

Castello di Bolgheri

LOC. BOLGHERI
S.DA LAURETTA, 7
57020 CASTAGNETO CARDUCCI [LI]
TEL. 0565762110
www.castellodibolgheri.eu

藏酒销售
预约参观
膳宿接待
年产量 80 000 瓶
葡萄种植面积 50 公顷

所有关于酒庄的一切都是美好而迷人的，其酒窖的历史在本地区很少有比它更久远的。追溯到1500年，当时酒庄还是归康蒂•黛拉（Conti della Gherardesca）家族所有。今天在吉勒里•达尔•维蒙（Zileri Dal Verme）家族的帮助下，它的品质已达到法定产区酒（DOC）的顶点。在酒庄130公顷的面积中，有大约50公顷是用于种植葡萄的。这里的土质呈黏土和沙地性质，富含卵石和石灰石。酒庄以盛产精致葡萄酒的风格而出名，从不会过重和榨取度过高，相当的优雅。上等保格利卡斯特罗2010（Bolgheri Superiore Castello di Bolgheri 2010）品质极佳，如此轻而易举地反映出年份特点，香气奇妙，散发浓烈的玫瑰香、森林果香和十分精致的东方胡椒香味，入口高贵优雅，如丝绸一般柔滑，展现了完美的果实萃取和优雅的特点。

- Bolgheri Sup. Castello di Bolgheri '10 🍷🍷🍷 6
- Bolgheri Rosso Varvàra '11 ▼ 4
- Bolgheri Sup. Castello di Bolgheri '09 ▽▽▽ 6
- Bolgheri Sup. Castello di Bolgheri '07 ▽▽▽ 6
- Bolgheri Rosso Varvàra '10 ▽▽ 4
- Bolgheri Rosso Varvàra '09 ▽▽ 4
- Bolgheri Rosso Varvàra '08 ▽▽ 4
- Bolgheri Sup. '05 ▽▽ 7
- Bolgheri Sup. Castello di Bolgheri '08 ▽▽ 6
- Bolgheri Sup. Castello di Bolgheri '06 ▽▽ 7
- Bolgheri Varvàra '07 ▽▽ 4
- Bolgheri Varvàra '06 ▽▽ 4

Castello di Bossi

LOC. BOSSI IN CHIANTI
53019 CASTELNUOVO BERARDENGA [SI]
TEL. 0577359330
www.castellodibossi.it

藏酒销售
预约参观
膳宿接待
年产量 702 000 瓶
葡萄种植面积 124 公顷

古典康帝区（Chianti Classico）的卡斯特罗•伯西（Castello di Bossi）、蒙塔尔奇诺（Montalcino）的雷内里（Renieri）和马内玛（Maremma）的特雷•塔拉莫（Terre di Talamo）都是属于巴奇（Bacci）家族所有。仅贝拉登卡新堡（Castelnuovo Berardenga）的面积就达650公顷，其中有超过120公顷用于种植葡萄。这里多岩石的地质主要由凝灰岩、黄黏土和细泥砂构成，范围广阔，从东南一直延伸到西部。圣乔维斯（Sangiovese）葡萄是这里的帝王，同时还有赤霞珠（Cabernet Sauvignon）和梅洛（Merlot）葡萄，它们在这里种植已超过40年。酒庄所酿制的酒风格偏向成熟的果实和强大的结构。由圣乔维斯和赤霞珠葡萄酿造而成的科尔比奥2010（Corbaio 2010）展现了集中的香气和相当活泼的口感，并带有稳重而振奋人心的余韵。贝拉多古典康帝珍藏2010（Chianti Classico Berardo Riserva 2010）的成熟度过高。梅洛•吉罗拉莫2010（Merlot Girolamo 2010）偏向谷味，且比较受制于橡木的味道。雷内里布内罗2008（Brunello 2008）是很好的一款酒品，它精致且余韵悠长。

- Brunello di Montalcino Renieri '08 ▼▼ 7
- Corbaia '10 ▼▼ 7
- Chianti Cl. Berardo Ris. '10 ▼ 5
- Girolamo '10 ▼ 7
- Corbaia '03 ▽▽▽ 6
- Corbaia '99 ▽▽▽ 5
- Chianti Cl. '10 ▽▽ 4
- Chianti Cl. '08 ▽▽ 4
- Chianti Cl. Berardo Ris. '07 ▽▽ 5
- Chianti Cl. Berardo Ris. '06 ▽▽ 5
- Chianti Cl. Berardo Ris. '04 ▽▽ 5
- Girolamo '07 ▽▽ 7
- Girolamo '05 ▽▽ 7

★★Castello di Fonterutoli

loc. Fonterutoli
via Ottone III di Sassonia, 5
53011 Castellina in Chianti [SI]
Tel. 057773571
www.mazzei.it

藏酒销售
预约参观
膳宿接待
年产量 700 000 瓶
葡萄种植面积 117 公顷

卡斯特罗•迪•丰特鲁托里（Castello di Fonterutoli）是历史悠久的古典康帝（Chianti Classico）酒庄之一，也是法定产区酒（DOC）酒区葡萄园地最大的酒庄之一。它被分隔成五个不同地区：巴迪奥拉（Badiola）、贝尔维德（Belvedere）、锡耶皮丰特鲁托里（Fonterutoli）、西艾皮（Siepi）和卡吉奥（Caggio）。酒庄的出品偏向现代风格，酿制的葡萄酒轻柔、结构强大、味道悠长，一般在小型桶中陈酿。位于马内玛（Maremma）的贝尔加多（Belguardo）酒庄也是同样的风格，这里的酒更加古典，更富有地域特征，特别是由圣乔维斯葡萄（Sangiovese）酿制的葡萄酒。锡耶皮2010（Siepi 2010）是圣乔维斯（Sangiovese）和梅洛（Merlot）葡萄酿制的混合酒，有着美妙的浓度，香气干净、高度集中，入口后口味馥郁、复杂而多汁。拉伯古典康帝珍藏2010（Chianti Classico Ser Lapo Riserva 2010）受橡木酿制方式的影响较大。

● Siepi '10	🍷🍷🍷 8
● Mix36 '10	🍷🍷 8
● Chianti Cl. Castello di Fonterutoli '10	🍷🍷 8
● Chianti Cl. Ser Lapo Ris. '10	🍷🍷 5
○ Belguardo Vermentino '12	🍷 4
● Chianti Cl. Fonterutoli '11	🍷 5
● Serrata di Belguardo '11	🍷 4
● Chianti Cl. Castello di Fonterutoli '07	♀♀♀ 6
● Chianti Cl. Castello di Fonterutoli '04	♀♀♀ 6
● Mix36 '08	♀♀♀ 8
● Siepi '08	♀♀♀ 8
● Siepi '06	♀♀♀ 8
● Siepi '05	♀♀♀ 8

Castello di Monsanto

via Monsanto, 8
50021 Barberino Val d'Elsa [FI]
Tel. 0558059000
www.castellodimonsanto.it

藏酒销售
预约参观
膳宿接待
年产量 450 000 瓶
葡萄种植面积 72 公顷

酒庄已有半个世纪的葡萄酒酿制历史，它以革新酿酒技术为标志。首先，它酿成第一支古典康帝特级葡萄酒（Chianti Classico Cru）——坡格（Pogo），同时能很好地种植圣乔维斯（Sangiovese）。这些重要的证据证明了蒙圣托•卡斯特罗（Castello di Monsanto）的价值，它被公认为整个法定产区酒（DOC）酒区最重要的酒庄之一。这些葡萄酒是体现这个地区的潜力最好的例子之一。经过长期的酿制，这种酒在刚出酒窖时就很朴素，风格精细而优雅。古典康帝2011（Chianti Classico 2011）散发出浓郁而干净的香气，美味可口，收敛而复杂，这使它赢得了“三杯奖”（Tre Bicchieri）。坡吉奥•古典康帝•珍藏2009（Chianti Classico Il Poggio Riserva 2009）更为质朴，成熟度过高。

● Chianti Cl. '11	🍷🍷🍷 3*
● Chianti Cl. Il Poggio Ris. '09	🍷🍷 7
● Chianti Cl. Cinquantenario Ris. '08	♀♀♀ 6
● Chianti Cl. Il Poggio Ris. '06	♀♀♀ 6
● Chianti Cl. Il Poggio Ris. '88	♀♀♀ 5
● Nemo '01	♀♀♀ 6
● Chianti Cl. '10	♀♀ 3*
● Chianti Cl. Il Poggio Ris. '04	♀♀ 6
● Chianti Cl. Ris. '09	♀♀ 5
● Chianti Cl. Ris. '08	♀♀ 4
● Chianti Cl. Ris. '06	♀♀ 4
● Fabrizio Bianchi Sangiovese '99	♀♀ 6
● Nemo '00	♀♀ 6
● Tinscvil '00	♀♀ 5

Castello di Poppiano

FRAZ. POPPIANO
VIA FEZZANA, 45
50025 MONTESPERTOLI [FI]
TEL. 05582315
www.conteguicciardini.it

藏酒销售
预约参观
年产量 270 000 瓶
葡萄种植面积 130 公顷

费纳桂蒂尼（Ferdinando Guicciardini）与他妻子一起掌管着坡皮亚诺堡（Castello di Poppiano）酒庄，偶尔侄子佳布里勒（Gabriele）和贝纳多（Bernardo）会协助他们。他们用现代方式把酒庄的酿酒传统发扬光大。酒庄处于弗伦提尼（Florentine）山丘上，桂奇亚迪尼家族（Guicciardini）在此耕种田地已有上百年的历史。20世纪60年代，酒庄经历了一次大改革，将一些土地改造成为种植葡萄和橄榄树的园林，还对酒窖和橄榄油磨坊进行现代化建设。今天他们用本地特选优质品种对葡萄园进行移植改造。同时酒庄也以美丽的文•圣托（Vin Santo）酒窖为自豪，它所生产的酒的品质是出类拔萃的。拉•喜特利亚2010（La Historia 2010）的主要成分是梅洛（Merlot）葡萄，使酒有混合的植物香和果香，从而令它非常迷人，口感馥郁且复杂，单宁均匀平衡，余韵可口美味。西拉2011（Syrah 2011）闻起来辛辣且迷人，口感平滑保守，令人心旷神怡。

● Chianti Colli Fiorentini Ris. '10	🍷🍷	4
● La Historia '10	🍷🍷	5
● Syrah '11	🍷🍷	4
● Toscoforte '11	🍷🍷	4
● Tricorno '10	🍷🍷	6
○ Campo Segreto '12	🍷	3
● Chianti Colli Fiorentini Il Cortile '11	🍷	3
● Morellino di Scansano I Massi '11	🍷	3
● La Historia '09	🍸🍸	4
● Morellino di Scansano Carbonile '11	🍸🍸	3
● Syrah '10	🍸🍸	4

Castello di Radda

LOC. IL BECCO
53017 RADDA IN CHIANTI [SI]
TEL. 0577738992
www.castellodiradda.it

藏酒销售
预约参观
膳宿接待
年产量 100 000 瓶
葡萄种植面积 32.5 公顷

古萨里•贝尔塔（Gussalli Beretta）集团由贝尔塔（Beretta）领导，旗下包括弗朗西亚科塔（Franciacorta）的罗•斯帕维（Lo Sparviere）、阿布鲁佐（Abruzzo）的奥兰多•康图奇（Orlando Contucci Ponnio）和拉达（Radda）的卡斯特罗（Castello）。卡斯特罗酒庄生产的酒十分有趣迷人，尽管在连续性方面还有些不足。酒庄的传统风格使所酿制的酒美好且优雅，表现了地域最原始的特点，并在小型酒桶中很谨慎地酿制。古典康帝珍藏2010（Chianti Classico Riserva 2010）带有馥郁且复杂的香气，以及圆滑而生动的口感。坡吉奥•塞尔瓦古典康帝（Chianti Classico Poggio Selvale）在香气的集中度方面有点不足，但口味复杂可口，非常成功。古典康帝2010（Chianti Classico 2010）表现很好，风味独特且新鲜。

● Chianti Cl. Castello di Radda Ris. '10	🍷🍷	6
● Chianti Cl. Castello di Radda '10	🍷🍷	3
● Chianti Cl. Poggio Selvale '10	🍷🍷	3
● Chianti Cl. Ris. '07	🍸🍸🍸	5
● Chianti Cl. '08	🍸🍸	3
● Chianti Cl. Poggio Selvale '05	🍸🍸	4
● Chianti Cl. Poggio Selvale Ris. '09	🍸🍸	4
● Chianti Cl. Poggio Selvale Ris. '04	🍸🍸	4
● Guss '09	🍸🍸	6

Castello di San Donato in Perano

LOC. SAN DONATO IN PERANO
53013 GAIOLE IN CHIANTI [SI]
TEL. 0577744121
www.castellosandonato.it

藏酒销售
预约参观
膳宿接待
年产量 150 000 瓶
葡萄种植面积 70 公顷

卡斯特罗•迪•圣多纳图（Castello di San Donato）酒庄位于佩拉诺（Perano）海拔350米到500米之间，主要是田地并伴随着一些斜坡，葡萄园的土壤和气候条件是生产经典的基安蒂（Chianti）葡萄的理想环境。尽管酒窖中采用现代化方式管理，但酿造出的酒依然紧紧地与地域特征结合在一起。大型桶和小型桶均匀地混合使用，酿制期间尽可能少地人工干预，使得这些酒非常优雅而精致。古典康帝2011（Chianti Classico 2011）展现了成熟的果实和美妙的品尝过程，使它成为一款平衡而华丽的酒款。古典康帝珍藏2010（Chianti Classico Riserva 2010）不管在香气和口味上都是非常香甜的，香气中弥漫着香草的味道，入口后占据主导的酸味使得口感可口而生动。

● Chianti Cl. '11	🍷🍷 3
● Chianti Cl. Ris. '10	🍷🍷 4
● Chianti Cl. '10	♀♀ 3
● Chianti Cl. '09	♀♀ 3
● Chianti Cl. '07	♀♀ 3*
● Chianti Cl. '06	♀♀ 3*
● Chianti Cl. '05	♀♀ 3*
● Chianti Cl. Ris. '09	♀♀ 4
● Chianti Cl. Ris. '08	♀♀ 5
● Chianti Cl. Ris. '05	♀♀ 5

Castello di Vicchiomaggio

LOC. LE BOLLE
VIA VICCHIOMAGGIO, 4
50022 GREVE IN CHIANTI [FI]
TEL. 055854079
www.vicchiomaggio.it

藏酒销售
预约参观
膳宿接待
年产量 300 000 瓶
葡萄种植面积 33 公顷

维驰奥玛歌城堡（Castello di Vicchiomaggio）从1964年开始便属于马塔（Matta）家族所有，1982年开始加紧提高葡萄酒的质量。今天这个位于格雷韦迪基安蒂（Greve di Chianti）的酒庄所酿制的葡萄酒已经占据佛罗伦萨省（Florence）古典康帝（Chianti Classico）生产区的顶级地位。这些葡萄酒呈现现代风格，但不会过重。根据不同类型的品种，采用大型或小型橡木桶酿制。酒体平衡，富含地域的个性特征，这些酒展现了一如既往的高品质。阿戈斯蒂诺佩特里珍藏2010（Agostino Petri Riserva 2010）酿制得很好，带有现代古典康帝的风味以及馥郁的芳香和怡人的口感，尽管余味略显粗糙。维格纳古典康帝2010（Chianti Classico Vigna La Prima 2010）有着美好的口感和锐利的单宁。圣科坡古典康帝2011（Chianti Classico San Jacopo da Vicchiomaggio 2011）以丰富的果味和美味的口感为特点。由圣乔维斯（Sangiovese）、梅洛（Merlot）和赤霞珠（Cabernet Sauvignon）葡萄酿制而来的瑞帕•得勒•莫尔2010（Ripa delle More 2010）展现了树根的味道和刺激的口感。

● Chianti Cl. Agostino Petri da Vicchiomaggio Ris. '10	🍷🍷 5
● Chianti Cl. San Jacopo da Vicchiomaggio '11	🍷🍷 3
● Chianti Cl. V. La Prima '10	🍷🍷 6
● Ripa delle More '10	🍷🍷 7
● Campostella Villa Vallemaggiore '12	🍷 3
● Colle Alto Villa Vallemaggiore '11	🍷 3
● FSM '09	🍷 8
● Poggio Re Villa Vallemaggiore '10	🍷 3
● FSM '07	♀♀♀ 8
● FSM '04	♀♀♀ 5
● Ripa delle More '97	♀♀♀ 6
● Ripa delle More '94	♀♀♀ 7

Castello di Volpaia

LOC. VOLPAIA
P.ZZA DELLA CISTERNA, 1
53017 RADDA IN CHIANTI [SI]
TEL. 0577738066
www.volpaia.com

藏酒销售
预约参观
膳宿接待
年产量 200 000 瓶
葡萄种植面积 46 公顷
葡萄栽培方式 有机认证

马斯彻罗尼•斯迪安蒂（Mascheroni Stianti）家族不仅为保存古典康帝（Chianti Classico）酒区最迷人的角落之一做出了贡献，更重要的是他们塑造了这个乡村葡萄酒酿制的形象和个性。这些无瑕的葡萄酒呈现现代风格，散发着出色迷人的个性，橡木桶——主要是小型桶的采用恰当平衡，使得这种个性更加突出。充满活力的口感凸显了来自500米海拔的葡萄园的环境特点以及有机的耕作方式。古典康帝珍藏2010（Chianti Classico Riserva 2010）展现出清新的香脂味和浓郁粘稠且复杂的口感。古典康帝2011（Chianti Classico 2011）的口感如长毛绒般丝滑，并带有温暖而集中的香气。来自赤霞珠（Cabernet Sauvignon）和圣乔维斯（Sangiovese）葡萄酿制的巴利菲西奥2009（Balificio 2009）和科尔塔萨拉珍藏2009（Riserva Coltassala 2009）口感略显干燥。

● Chianti Cl. Ris. '10	🍷🍷🍷 5
● Balifico '09	🍷🍷 7
● Chianti Cl. '11	🍷🍷 3
● Chianti Cl. Coltassala Ris. '09	🍷🍷 7
● Balifico '00	🍷🍷🍷 6
● Chianti Cl. Coltassala Ris. '04	🍷🍷🍷 6
● Chianti Cl. Coltassala Ris. '01	🍷🍷🍷 6
● Chianti Cl. Il Puro Vign. Casanova Ris. '08	🍷🍷🍷 8
● Chianti Cl. Il Puro Vign. Casanova Ris. '06	🍷🍷🍷 8
● Chianti Cl. Ris. '08	🍷🍷🍷 5
● Chianti Cl. Ris. '07	🍷🍷🍷 5
● Balifico '08	🍷🍷 6

Castello Romitorio

LOC. ROMITORIO, 279
53024 MONTALCINO [SI]
TEL. 0577847212
www.castelloromitorio.com

藏酒销售
预约参观
膳宿接待
年产量 200 000 瓶
葡萄种植面积 25 公顷

桑德罗•奇亚（Sandro Chia）是一位著名的艺术家，被公认为“超前卫运动”（Transavantgarde）最伟大的代表之一，并且他也是位于蒙塔尔奇诺（Montalcino）的卡斯特罗•罗密托里奥酒庄（Castello Romitorio）的主人。酒庄建于2006年，坐落于古老的庄园脚下。虽然我们能够在这里欣赏到他最初的几个作品，但是他也不会让只对酿酒区感兴趣的人失望。这些布内罗红葡萄酒（Brunellos）展现了蒙塔尔奇诺（Montalcino）西部斜坡地区强烈的个性特点，以及特别的、现代化的而不会过重的口感。罗索2011（Rosso 2011）是另一款表现出色而全面的酒款，以它富有碘味而引人注目，风格独特，但成熟比较难以预测。布内罗红葡萄酒2008（Brunello 2008）的香气更有争议性，带有湿草味、皮革味和淡淡的田野味，结构圆润而单宁紧致。

● Brunello di Montalcino '08	🍷🍷 7
● Brunello di Montalcino Ris. '07	🍷🍷 8
● Morellino di Scansano Ghiaccio Forte '11	🍷🍷 5
● Rosso di Montalcino '11	🍷🍷 4
● Morellino di Scansano Blue Lable '12	🍷 3
● Brunello di Montalcino '05	🍷🍷🍷 7
● Brunello di Montalcino Ris. '97	🍷🍷🍷 8
● Brunello di Montalcino '07	🍷🍷 7
● Brunello di Montalcino '06	🍷🍷 7
● Brunello di Montalcino XXV Vendemmia '06	🍷🍷 8
● Rosso di Montalcino '10	🍷🍷 4

Castelvecchio

Loc. San Pancrazio
via Certaldese, 30
50026 San Casciano in Val di Pesa [FI]
Tel. 0558248032
www.castelvecchio.it

藏酒销售
预约参观
膳宿接待
年产量 100 000 瓶
葡萄种植面积 22 公顷

法托利亚•卡斯特卫奇酒庄（Fattoria Castelvecchio）自1962年开始属于洛奇（Rocchi）家族所有，今天费利浦（Filippo）和斯蒂法尼亚（Stefania）两兄妹满怀热情继承并运营他们祖父建立的这个农场。费利浦负责管理葡萄园和葡萄酒酿制，斯蒂法尼亚主要负责营销、销售和接待工作。1995年以来，半个葡萄园经历了新的移植过程。酒庄在酒窖和葡萄园上的实验非常明显，在热情和细心研究的投入后，酒庄推出一些新的葡萄酒款。来自梅洛（Merlot）、圣乔维斯（Sangiovese）和小维铎（Petit Verdot）葡萄所酿制的布里奇奥利诺2009（Il Brecciolino 2009）再次进入了决赛，在丰富的果实味中带着青椒的植物香，平衡的酒体和适当的压榨使得它的余韵悠长缭绕。来自卡内奥罗葡萄（Canaiolo）的纳姆内罗•奥托2010（Numero Otto 2010）十分诱人，散发着清爽的酸味。维格纳•拉•魁西亚珍藏2010（Riserva Vigna la Quercia 2010）风格简单，清新宜人。

● Il Brecciolino '09	🍷🍷 5
● Chianti Colli Fiorentini V. la Quercia Ris. '10	🍷🍷 3
● Numero Otto '10	🍷🍷 3
● Chianti Colli Fiorentini '11	🍷 2
● Chianti Santa Caterina '11	🍷 2
● Solo Uno '10	🍷 7
● Chianti Colli Fiorentini '09	🍷🍷 2
● Il Brecciolino '08	🍷🍷 5
● Il Brecciolino '07	🍷🍷 5
● Numero Otto '08	🍷🍷 3
● Solo Uno '09	🍷🍷 7

Famiglia Cecchi

Loc. Casina dei Ponti, 56
53011 Castellina in Chianti [SI]
Tel. 057754311
www.cecchi.net

预约参观
年产量 7 200 000 瓶
葡萄种植面积 292 公顷

自1893年起，塞奇（Cecch）家族就是托斯卡纳（Tuscan）和意大利葡萄酒重要的发起者之一。他们一开始只是作为商人，之后不断追求提高品质，这可以从他们收购葡萄园和酒庄，如圣吉米亚诺（San Gimignano）的蒙塔乌托堡（Castello di Montauto）和马内玛（Maremma）的瓦尔•德勒•露丝（Val delle Rose）酒庄中可以看得出来。很明显这些酒品都是大葡萄酒厂商生产的，但这里也能不断酿制出不同系列的葡萄酒，表现出色的个性和特点，极其优越。维拉赛尔纳古典康帝2011（Chianti Classico Villa Cerna 2011）清新的香气，馥郁而厚实的口感引发人们极大的乐趣。法米利亚古典康帝珍藏2010（Chianti Classico Riserva di Famiglia 2010）是一款圆润的葡萄酒，香气中充满花香，入口津津有味而有节奏。风格优雅的科沃2010（Coevo 2010）选用产自古典康帝（Chianti Classico）和马内玛（Maremma）不同产区的葡萄混酿而成，刺激中带有酸味，是一款成功的酒品。

● Coevo '10	🍷🍷🍷 7
● Chianti Cl. Riserva di Famiglia '10	🍷🍷 4
● Chianti Cl. Villa Cerna '11	🍷🍷 3*
● Chianti Cl. Villa Cerna Ris. '10	🍷🍷 5
● Morellino di Scansano Val delle Rose Ris. '10	🍷🍷 4
● Morellino di Scansano Val delle Rose '11	🍷 3
● Chianti Cl. Riserva di Famiglia '07	🍷🍷🍷 5
● Chianti Cl. Villa Cerna Ris. '08	🍷🍷🍷 5
● Coevo '06	🍷🍷🍷 7
● Chianti Cl. Villa Cerna Ris. '09	🍷🍷 5
● Coevo '09	🍷🍷 7
● Morellino di Scansano Val delle Rose Ris. '09	🍷🍷 5

Centolani

loc. Friggiali
s.da Maremmana
53024 Montalcino [SI]
Tel. 0577849454
www.tenutafriggialiepietranera.it

藏酒销售
预约参观
膳宿接待
年产量 260 000 瓶
葡萄种植面积 70 公顷

森托拉尼（Centolani）包括两个小酒庄，位于蒙塔尔奇诺（Montalcino）不同甚至是互补的两个地区。在西部地区，弗里吉亚雷（Tenuta Friggiale）有三块相当大的田地，海拔在250米至450米之间，土壤呈疏松土质。相反，在离圣安提默修道院（Abbey of Sant'Antimo）不远处，皮特拉内拉（Tenuta Pietranera）种植的布内罗葡萄藤之间相隔比较紧密，这是由它的低海拔和泥灰土中带有少许淤泥和黏土的这种更紧致的土壤共同作用而决定的。尽管它们在地域特征方面截然不同，但佩鲁索•森托拉尼（Peluso Centolani）家族的酿酒工艺是紧紧地结合地方特色，酿制出的一系列布内罗红葡萄酒（Brunello），这些都呈现出现代的风格。在2008年份的酒中，皮特拉内拉（Pietranera）是浓郁粘稠而强烈的。弗里吉亚雷（Tenuta Friggiali）则在可口且收敛的口感方面做出了互补。珍藏2007（Riserva 2007）略显不足，有点死板保守，但它的浓郁和辛辣刺激的口感是不可否认的。

● Brunello di Montalcino Tenuta Friggiali Ris. '07	🍷🍷 6
● Brunello di Montalcino Pietranera '08	🍷🍷 5
● Brunello di Montalcino Tenuta Friggiali '08	🍷🍷 5
● Brunello di Montalcino Poggiotondo '08	🍷 5
● Brunello di Montalcino Tenuta Friggiali '04	🍷🍷🍷 5
● Brunello di Montalcino Tenuta Friggiali Ris. '99	🍷🍷🍷 7
● Brunello di Montalcino Tenuta Friggiali '07	🍷🍷 5
● Rosso di Montalcino Tenuta Friggiali '10	🍷🍷 2*

Ceralti

via dei Ceralti, 77
57022 Castagneto Carducci [LI]
Tel. 0565763989
www.ceralti.com

藏酒销售
预约参观
膳宿接待
年产量 50 000 瓶
葡萄种植面积 9 公顷
葡萄栽培方式 有机认证

酒庄由卢提丽（Rutili）家族所运营，他们负责整个生产运作过程，包括葡萄种植和葡萄酒销售。葡萄园种植于卡斯塔内托•卡尔度西（Castagneto Carducci）和保格利镇（Bolgheri）中间的斜坡上，离大海只有1公里的距离，每公顷的密度很高。葡萄酒都充满地方特色，有良好的个性，这都得益于恰如其分地使用橡木桶酿造，品尝起来很有连贯性。塞瑞2011（Bolgheri Scirè 2011）起初品尝的时候有点橡木的味道，但入口后迅速转变成丰富的红果浆味，给人非常好的口感，充满活力。阿尔菲奥特级2010（Bolgheri Superiore Alfeo 2010）非常连贯，给人留下深刻的印象，风格优雅，令人身心放松，可口美味而不会使人感受到无谓的力度。

● Bolgheri Scirè '11	🍷🍷 3
● Bolgheri Sup. Alfeo '10	🍷🍷 5
○ Bolgheri Bianco '12	🍷 3
● Bolgheri Rosso Alfeo '03	🍷🍷 4
○ Bolgheri Vermentino Ceralti '04	🍷🍷 2

★La Cerbaiola

P.ZZA CAVOUR, 19
53024 MONTALCINO [SI]
TEL. 0577848499
www.aziendasalvioni.com

藏酒销售
预约参观
膳宿接待
年产量 1 500 瓶
葡萄种植面积 4 公顷

拉赛巴拉庄园（La Cerbaiola）的葡萄园面积仅为4公顷，位于蒙塔尔奇诺（Montalcino）东北部，海拔高度在400米。在南部也有另外一块富含泥灰土的土地。如果抛开吉利奥•萨尔维奥尼（Giulio Salvioni）的工作和对葡萄个性的敏锐度的话，就完全没有意义了。他对蒙塔尔奇诺（Montalcino）地域的鉴别能力比对葡萄园的管理和技术层面的工作还要出色，这体现在他酿制的布内罗红葡萄酒（Brunello）上。这些酒不仅显露出古典的风格，同时给人悠闲自由的精神享受，与预制的种类不同。这些葡萄酒经过自然发酵，并在2 000升的斯拉夫尼亚（Slavonian）橡木桶中进行陈酿。布内罗红葡萄酒2008（Salvioni's Brunello 2008）无疑是我们品尝的酒款中的最佳酒品之一，尽管在表现力方面有点不一致。含有泥土味和矿物质味的香气，可口的结构和清脆的果味使得它的酒体更稳定，但是富含酒精和辛辣味，以及粗糙的单宁减弱了它的余韵和深度。这是一款值得我们在未来几年密切关注的酒品。

● Brunello di Montalcino '08	🍷🍷 8
● Brunello di Montalcino '06	ΥΥΥ 8
● Brunello di Montalcino '04	ΥΥΥ 8
● Brunello di Montalcino '00	ΥΥΥ 8
● Brunello di Montalcino '99	ΥΥΥ 8
● Brunello di Montalcino '97	ΥΥΥ 8
● Brunello di Montalcino '90	ΥΥΥ 8
● Brunello di Montalcino '88	ΥΥΥ 8
● Brunello di Montalcino '87	ΥΥΥ 8

Cerbaiona

LOC. CERBAIONA
53024 MONTALCINO [SI]
TEL. 0577848660

藏酒销售
预约参观
膳宿接待
年产量 1 800 瓶
葡萄种植面积 3 公顷

迪埃戈（Diego）和诺拉•莫利纳里（Nora Molinari）花费30多年精力打理这座处于蒙塔尔奇诺（Montalcino）的他们深爱的最原始的酒庄。在获得了不菲的养老金后，我们无法预测这座酒庄将会变成什么样。我们所知道的是，不管是谁接管了这酒庄，他都将会继承一大笔遗产，主要是精神上而不是物质上的，他们将有能力把酒庄塑造成功。这里总共有3公顷田地，几乎是完全隐蔽在东部地区。这里的土壤富含碎石，几乎没有黏土。现在让我们尽情地享受当前的布内罗红葡萄酒（Brunellos）和罗索葡萄酒（Rossos），它们比以往更具有代表性。它们的传统酿制方式是在水泥中用酵母自然发酵，并放在3000升的橡木桶中陈酿。塞尔贝奥纳酒庄（Cerbaiona）有两款酒进入了决赛，蒙塔尔奇诺干红葡萄酒2010（Rosso di Montalcino 2010）是令人愉悦的酒品，它的果香浓郁，口感振奋人心。相比之下，布内罗红葡萄酒2008（Brunello 2008）没有令人那么放松，相反地，它展现了黑色的吐司口感，品尝起来相当严肃而不是朴素的风格，跟更佳的版本相比，它缺乏由于浓郁的花香和碘味带来的绝妙之感。

● Brunello di Montalcino '08	🍷🍷 8
● Rosso di Montalcino '10	🍷🍷 8
● Brunello di Montalcino '06	ΥΥΥ 8
● Brunello di Montalcino '04	ΥΥΥ 8
● Brunello di Montalcino '01	ΥΥΥ 8
● Brunello di Montalcino '99	ΥΥΥ 8
● Brunello di Montalcino '97	ΥΥΥ 8
● Brunello di Montalcino '90	ΥΥΥ 8
● Rosso di Montalcino '07	ΥΥΥ 8
● Brunello di Montalcino '07	ΥΥ 8
● Brunello di Montalcino '03	ΥΥ 8
● Rosso di Montalcino '09	ΥΥ 5

Fattoria del Cerro

Fraz. Acquaviva
via Grazianella, 5
53040 Montepulciano [SI]
Tel. 0578767722
www.fattoriadelcerro.it

藏酒销售
预约参观
膳宿接待
年产量 1 000 000 瓶
葡萄种植面积 170 公顷
葡萄栽培方式 有机认证

莎亚格丽科拉（Saiagricola）是属于尤尼珀尔（Unipol）旗下的保险集团的主要生产基地，包括一系列在托斯卡纳区（Tuscany）、翁布里亚区（Umbria）和皮埃蒙特区（Piedmont）的酒庄，这几个大区集中了许多最重要的葡萄酒生产地区。赛罗酒庄（Fattoria del Cerro）是蒙特布查诺贵族酒（Vin Nobile di Montepulciano）最大最负盛名的酒庄之一。这个私人酒庄有着在保证法定产区酒（DOCG）酒区登记中面积最广的葡萄园，其中有些田地是该区域中最古老且最具意义的，曾被当做是识别和选择克隆品种的地方。酒庄同时也生产特级初榨橄榄油，并提供旅游膳宿接待。今年酒庄其中一款获得了“三杯奖”（Tre Bicchieri）的贵族酒2010（Nobile 2010），有着清新、复杂、活泼的森林果味，夹杂着一丝花香，极具活力的口味中带着可口的酸味，具有令人心旷神怡的适饮性。贵族酒珍藏2009（Nobile Riserva 2009）带有成熟的皮革和烟草味道，伴随李子香气，强硕的酒体结构，夹杂沁人心脾、悠远缭绕的芳香。

● Nobile di Montepulciano '10	🍷🍷🍷 3*
● Manero '11	🍷🍷 2*
● Nobile di Montepulciano Ris. '09	🍷🍷 4
● Nobile di Montepulciano Vign. Antica Chiusina '07	🍷🍷 6
● Val di Cornia Rosso Poggio Rivivo Villetta di Monterufoli '10	🍷🍷 2*
● Chianti Colli Senesi '12	🍷 2
○ Manero Bianco '12	🍷 2
● Rosso di Montalcino La Poderina '11	🍷 3
● Rosso di Montepulciano '12	🍷 2
○ Spumante Brut La Grazianella '12	🍷 2
○ Vermentino '12	🍷 2
● Nobile di Montepulciano Ris. '06	🍷🍷🍷 4
● Nobile di Montepulciano Vign. Antica Chiusina '00	🍷🍷🍷 6

Vincenzo Cesani

Loc. Pancole, 82d
53037 San Gimignano [SI]
Tel. 0577955084
www.cesani.it

藏酒销售
预约参观
膳宿接待
年产量 100 000 瓶
葡萄种植面积 20 公顷
葡萄栽培方式 有机认证

这座塞萨尼（Cesani）家族酒庄是圣吉米亚诺维纳奇亚葡萄酒法定产区酒（Vernaccia di San Gimignano DOC）酒区的标杆，不仅仅因为它酿造的高品质葡萄酒，而且也因为它完美地诠释了它所在分区的地域特征。潘科洛庄园（Pancole）位于北部地区，以生产强烈且富含矿物质的白葡萄酒出名，以经典的燧石香气为主导。它们是本地的沙质土壤和比其他地区更干燥的气候共同作用的产物。这使得酒庄开始对酿制过程进行试验，顺利的在小型橡木桶中酿制成功，最终不选择不锈钢桶。非常复杂的萨尼丝•维纳奇亚2011（Vernaccia di San Gimignano Sanice 2011）是整个保证法定产区酒（DOCG）酒区中最具原始风味的诠释之一，香气富有层次感，既有桃子果味，也有藏红花茎和经典的岩石风味。在持续的香气萦绕中，丰富悠远的口感精细而特点鲜明。维纳奇亚2012（Vernaccia 2012）是较简单也较清新的一款，但十分美味可口。

○ Vernaccia di S. Gimignano Sanice '11	🍷🍷 2*
○ Vernaccia di S. Gimignano '12	🍷🍷 2*
● Cellori '09	🍷 2
● Chianti Colli Senesi '12	🍷 2
● Luenzo '99	🍷🍷🍷 4
● Luenzo '97	🍷🍷🍷 4*
○ Vernaccia di S. Gimignano '11	🍷🍷 2*
○ Vernaccia di S. Gimignano '09	🍷🍷 2*
○ Vernaccia di S. Gimignano Pancole '10	🍷🍷 2*
○ Vernaccia di S. Gimignano Sanice '09	🍷🍷 3*
○ Vernaccia di S. Gimignano Sanice '08	🍷🍷 3*

Giovanni Chiappini

LOC. LE PRESELLE
POD. FELCIAINO, 189B
57020 BOLGHERI [LI]
TEL. 0565765201
www.giovannichiappini.it

藏酒销售
预约参观
年产量 40 000 瓶
葡萄种植面积 7 公顷

酒庄的运营开始于1978年，当乔瓦尼•查皮尼（Giovanni Chiappini）决定在宝格利镇（Bolgheri）购买他第一块土地的时候。多年以来，他不断扩大土地的面积，包括增加了著名的库瓦图•杰莫利园（Guado de'Gemoli）。它的产量有限，但葡萄酒的品质使它成为这个地区最有名的小酒庄之一。葡萄藤种植于海拔大约100米的半山丘上，乔瓦尼非常注重对这些葡萄藤的照料，采用与生态和谐共存的方式来耕作，尊重和保护自然环境。酒窖中应用的技术很精密，但不具有破坏性，使得这些葡萄能够保持并加强其个性和区域的特征。丽纳品丽珠葡萄酒2010（Lienà Cabernet Franc 2010）保持正常的出色水平，给人以浓烈的口感，馥郁而富含优雅草香的香气，渗透着一丝辣椒和香脂的味道，使整支酒极具魅力。库瓦图•杰莫利2010（Guado de' Gemoli 2010）仍然有一些橡木味。费尔鲁吉尼2011（Ferrugini 2011）散发着小茴香的味道，口感甜美清新。

● Lienà Cabernet Franc '10	🍷🍷 7
● Bolgheri Rosso Ferruggini '11	🍷🍷 3
● Lienà Cabernet Sauvignon '10	🍷🍷 7
● Bolgheri Sup. Guado de' Gemoli '10	🍷 6
○ Bolgheri Vermentino Le Grottine '12	🍷 3
● Bolgheri Rosso Felciaino '09	🍷🍷 2*
● Bolgheri Sup. Guado de' Gemoli '09	🍷🍷 6
● Bolgheri Sup. Guado de' Gemoli '08	🍷🍷 6
● Bolgheri Sup. Guado de' Gemoli '07	🍷🍷 6
● Lienà Cabernet Franc '09	🍷🍷 7
● Lienà Cabernet Franc '08	🍷🍷 7
● Lienà Cabernet Sauvignon '09	🍷🍷 7
● Lienà Cabernet Sauvignon '08	🍷🍷 7
● Lienà Cabernet Sauvignon '07	🍷🍷 7
● Lienà Cabernet Sauvignon '04	🍷🍷 7
● Lienà Merlot '04	🍷🍷 7

Le Chiuse

LOC. PULLERA, 228
53024 MONTALCINO [SI]
TEL. 055597052
www.lechiuse.com

藏酒销售
预约参观
膳宿接待
年产量 25 000 瓶
葡萄种植面积 6 公顷
葡萄栽培方式 有机认证

将西蒙内塔•瓦利亚尼（Simonetta Valiani）的名字和比安蒂•圣迪（Biondi Santi）家族结合起来不仅仅是家庭纽带，更重要的是勒•丘西酒庄（Le Chiuse）酿造的布内罗红葡萄酒（Brunellos）的风格和地域特征使它们有了共通点。酒庄每年的收获都很稳定，它6公顷的园地位于蒙塔尔奇诺（Montalcino）东北边，面朝蒙特索里（Montosoli）山丘，海拔大约300米，采用有机方式培植。在酒窖中，经过天然发酵、长期浸泡和在2 000升、3 000升和5 000升的橡木桶中陈酿的工序，这些特殊的自然条件被转化成现代化的风格。勒•丘西酒庄所酿制的布内罗红葡萄酒（Brunello）是顶级的，2008年份和2007年份的珍藏版展现出相同的令人振奋的新鲜果香、药草味和东方香料味，各种香味互相融合，优雅而和谐。珍藏版葡萄酒（Riserva）由于它的口感更加馥郁，赢得了“三杯奖”（Tre Bicchieri）。

● Brunello di Montalcino Ris. '07	🍷🍷🍷 8
● Brunello di Montalcino '08	🍷🍷 7
● Rosso di Montalcino '11	🍷🍷 4
● Brunello di Montalcino '07	🍷🍷🍷 7
● Brunello di Montalcino '06	🍷🍷 6
● Brunello di Montalcino Ris. '06	🍷🍷 8
● Rosso di Montalcino '10	🍷🍷 3

Cigliano

via Cigliano, 17
50026 San Casciano in Val di Pesa [FI]
Tel. 055820033
www.villadelcigliano.it

藏酒销售
预约参观
年产量 60 000 瓶
葡萄种植面积 25 公顷

马卡费利•蒙特奇（Maccaferri Montecchi）家族是安提诺里（Antinori）家族的后代，拥有这座位于古典康帝（Chianti Classico）酒区且紧邻佛罗伦萨（Florence）的酒庄。在酿酒方面，它一向都是寻找与地区特征紧紧结合的方式。在克服了最初的一些不定性因素，特别是葡萄酒的香气之后，它已成为保证法定产区酒（DOCG）酒区最令人感兴趣的酒庄之一。酒庄所酿制的葡萄酒优雅、清新，展现出十分古典的风格，这多亏了他们对葡萄园的精心照料和酒窖中有节制的干预，酿制工作主要是在水泥大桶和大型酒桶中进行的。古典康帝2011（Chianti Classico 2011）也许是2014年我们所品尝过的最好的酒款之一，展现了干净集中的香气、紧致强烈的口感、精致怡人而锐利的单宁。同样地，古典康帝珍藏2009（Chianti Classico Riserva 2009）也没有令人失望，成熟朴实的香气和十分可口的口味，拥有自己鲜明的个性。

● Chianti Cl. Cigliano '11	3
● Chianti Cl. Villa Cigliano Ris. '09	4
● Chianti Cl. '10	2*
● Chianti Cl. '07	2*
● Suganella '06	4

Fattoria di Cinciano

loc. Cinciano, 2
53036 Poggibonsi [SI]
Tel. 0577936588
www.cinciano.it

年产量 70 000 瓶
葡萄种植面积 25 公顷

法托利亚•迪•辛恰诺酒庄（Fattoria di Cinciano）位于古典康帝保证法定产区酒（Chianti Classico DOCG）酒区，毗邻波吉邦西镇（Poggibonsi）。过去它酿制的葡萄酒似乎有点自相矛盾，但近年来酒庄似乎下定决心把重点放在酒品的品质、稳定性和区域原始特征方面。这一部分归功于新移植的葡萄园和主要在小型橡木桶里陈酿的有节制的工序。今天酒庄的风格已经更明确了，并展现了它鲜明的个性。古典康帝珍藏2010（Chianti Classico Riserva 2010）有着干净且令人神清气爽的香气、美味的口感、怡人的坚硬度和沁人心脾的余韵。古典康帝2011（Chianti Classico 2011）的香气中充满花香和泥土味，口感复杂。来自赤霞珠（Cabernet Sauvignon）、圣乔维斯（Sangiovese）和梅洛（Merlot）葡萄的混合酒皮埃特拉福特2011（Pietraforte 2011）的集中度更高，橡木味稍微重了些，但有很好的个性特征。

● Chianti Cl. Ris. '10	3*
● Chianti Cl. '11	3
● Pietraforte '11	2*
● Chianti Cl. '06	3
● Chianti Cl. Ris. '06	4
● Chianti Cl. Ris. '05	4
● Pietraforte '07	4

Donatella Cinelli Colombini

Loc. Casato Prime Donne
53024 Montalcino [SI]
Tel. 0577662108
www.cinellicolombini.it

藏酒销售
预约参观
膳宿接待
年产量 170 000 瓶
葡萄种植面积 34 公顷

多纳特拉•西纳里•克伦比尼（Donatella Cinelli Colombini）作为葡萄酒旅游运动（Wine Tourism Movement）的发起者、开放式酒窖（Cantine Aperte）的创始人和大学的专业红酒营销讲师，被人们称为“女性年代酿酒”中最出名的一员。1998年，她放弃了家族生意，在特雷库安达（Trequanda）和蒙塔尔奇诺（Montalcino）分别建立了科尔•法托利亚酒庄（Fattoria del Colle）和卡萨托酒庄（Casato Prime Donne），这是最早的纯女性经营的酒庄之一。她酿制的布内罗红葡萄酒（Brunello）展现了现代风格的成熟果实口味，经过不同类型和起源的橡木桶陈酿，拥有烟味和香料的味道。尽管这款酒的酿制很有技巧，但是我们期待它能够展现出更丰富的个性特征。我们品尝的这两款酒标在这方面并没有什么区别。布内罗•东尼2008（Brunello Prime Donne 2008）呈现出深黑色泽和橡木的口味。珍藏2007（Riserva 2007）在特征上更有第三纪的味道，并有着相当紧致收敛的单宁。

• Brunello di Montalcino Prime Donne '08	🍷🍷	6
• Brunello di Montalcino Ris. '07	🍷🍷	8
• Orcia Leone Rosso '10	🍷	2
• Brunello di Montalcino Prime Donne '01	🍷🍷🍷	6
• Brunello di Montalcino '06	🍷🍷	5
• Brunello di Montalcino '05	🍷🍷	5
• Brunello di Montalcino Prime Donne '07	🍷🍷	6
• Brunello di Montalcino Ris. '06	🍷🍷	7
• Brunello di Montalcino Ris. '05	🍷🍷	6
• Rosso di Montalcino '09	🍷🍷	3

Citille di Sopra

Fraz. Torrenieri
Loc. Citille di Sopra, 46
53024 Montalcino [SI]
Tel. 0577832749
www.citille.com

藏酒销售
预约参观
年产量 35 000 瓶
葡萄种植面积 5.5 公顷

尽管到现在只有十年的历史，法比奥•因诺森迪（Fabio Innocenti）拥有的这座小酒庄已在蒙塔尔奇诺（Montalcino）地区确立成为酿酒业中重要的一员。除了他个人的成功之外，他的三款布内罗红葡萄酒（Brunello）——复古版、伯吉奥•伦康尼（Poggio Ronconi）和珍藏版（Riserva）都展现了持续的活力和正宗的风格，这归功于托瑞尼利（Torrenieri）园地的质量。这里黏土的土壤中富含石灰岩，中间点缀着大片的凝灰质土地。这种土壤决定了必须对酒窖中的工作进行调整以适应年份的需求。经过长期的发酵和在不同尺寸、不同起源的橡木桶中陈酿，2014年我们品尝到的酒款有点过于收敛。布内罗珍藏2007（Brunello Riserva 2007）呈现深黑色泽，强调萃取作用。布内罗2008（Brunello 2008）虽然很严肃，但它展现了更多的能量和清爽的矮树及森林植被的味道。维格纳•伯吉奥•伦康尼2008（Vigna Poggio Ronconi 2008）酒体复杂，更具活力，物质更丰富。

• Brunello di Montalcino V. Poggio Ronconi '08	🍷🍷	5
• Brunello di Montalcino '08	🍷🍷	5
• Brunello di Montalcino Ris. '07	🍷	7
• Rosso di Montalcino '11	🍷	3
• Brunello di Montalcino '06	🍷🍷🍷	5
• Brunello di Montalcino V. Poggio Ronconi '07	🍷🍷🍷	5
• Brunello di Montalcino Ris. '06	🍷🍷	7
• Rosso di Toscana '10	🍷🍷	2*

★Tenuta Col d'Orcia

VIA GIUNCHETTI
53020 MONTALCINO [SI]
TEL. 057780891
www.coldorcia.it

藏酒销售
预约参观
年产量 800 000 瓶
葡萄种植面积 142 公顷
葡萄栽培方式 有机认证

近乎150公顷的科尔多奇亚酒庄（Col d'Orcia）主要位于南部地区，无论是历史上还是现在，或是数量上，都是蒙塔尔奇诺（Montalcino）地区最重要的酒庄之一。布内罗圣乔维斯（Brunello sangiovese）享受着由于靠近阿米亚塔山（Mount Amiata）而拥有的气候条件所带来的有益影响，其少黏土多石灰岩和卵石的土壤等等，所有这些自然条件创造出了波乔维图（Poggio al Vento）葡萄酒。酒庄自20世纪80年代以来已经是最出名的酿制珍藏版葡萄酒的庄园之一，它只生产最好年份的酒并在橡木桶和酒瓶中经过长年的陈酿。系列中有一些酒标也会添加国际葡萄品种。波乔维图珍藏版（Poggio al Vento Riserva）最后终于重新获得跟20世纪80年代和90年代的酒相媲美的品质与稳定性。2006年份的版本酒体年轻，给人五味杂陈之感，散发着樱桃、药草、橄榄酱和粗鞣革的香气，入口后口感精细、自信、清新而美味。

● Brunello di Montalcino Poggio al Vento Ris. '06	🍷🍷🍷 8
● Brunello di Montalcino '08	🍷🍷 7
● Rosso di Montalcino Banditella '10	🍷 5
● Brunello di Montalcino Poggio al Vento Ris. '04	♈♈♈ 8
● Brunello di Montalcino Poggio al Vento Ris. '99	♈♈♈ 8
● Brunello di Montalcino Poggio al Vento Ris. '97	♈♈♈ 7
● Brunello di Montalcino Poggio al Vento Ris. '95	♈♈♈ 7
● Brunello di Montalcino Poggio al Vento Ris. '90	♈♈♈ 7
● Olmaia '01	♈♈♈ 6
● Olmaia '00	♈♈♈ 6
● Olmaia '94	♈♈♈ 6

Col di Bacche

FRAZ. MONTIANO
S.DA DI CUPI
58010 MAGLIANO IN TOSCANA [GR]
TEL. 0564589538
www.coldibacche.com

藏酒销售
预约参观
年产量 80 000 瓶
葡萄种植面积 13.5 公顷

阿尔伯托•卡纳奇亚利（Albeto Carnasciali）夫妇在尤塞利纳自然公园（Parco Naturale dell'Uccellina）旁边建立了这个酒庄。1997年，他们从古典康帝（Chianti Classico）酿酒区搬到这个地方的时候，他们决定在这个以酿制红葡萄酒出名但还没能发挥它全部潜能的地区开始葡萄酒酿制的活动。他们的理念主要是有限的产量、人工照料葡萄园和年复一年地照料葡萄藤，以了解它们特殊的需求。这种耕种方式，往往能够获得好的成效，并且见证了他们一如既往地取得高水平的品质。库皮内罗2011（Cupinero 2011）的主要成分是梅洛（Merlot）葡萄，其中有少许赤霞珠（Cabernet Sauvignon）葡萄，优秀的品质使这酒成功地进入了决赛。该酒的香气中主要有李子和樱桃的味道，在香脂和丁香的调和下，它的香味更加生动活泼，口感丰满，和轻盈的酒体互相调和，展现了稳定的单宁。余韵满是香味，缭绕悠长。我们同样十分喜欢味道正宗而强烈的罗文塔珍藏2010（Riserva Roventa 2010）。

● Cupinero '11	🍷🍷 5
● Morellino di Scansano Rovente Ris. '10	🍷🍷 5
● Morellino di Scansano '12	🍷 3
○ Vermentino '12	🍷 2
● Cupinero '09	♈♈♈ 5
● Morellino di Scansano Rovente '05	♈♈♈ 4
● Cupinero '08	♈♈ 5
● Maremma Toscana Cupinero '10	♈♈ 5
● Morellino di Scansano '11	♈♈ 3
● Morellino di Scansano Ris. '09	♈♈ 4*
● Morellino di Scansano Rovente '08	♈♈ 5
○ Vermentino '11	♈♈ 2*

Fattoria Collazzi

loc. Tavarnuzze
via Colleramole, 101
50029 Impruneta [FI]
Tel. 0552374902
www.collazzi.it

藏酒销售
预约参观
年产量 80 000 瓶
葡萄种植面积 32 公顷

这座生产红酒和橄榄油的酒庄环绕着著名的同名村庄，由米开朗琪罗（Michelangelo Buonarroti）设计建立而成。马尔奇（Marchi）从20世纪30年代以来就拥有这农场，最近他们对葡萄园地和酒窖进行翻新工程，以追求品质更好的葡萄酒。兰贝托•弗雷斯科巴蒂（Lamberto Frescobaldi）被委以管理葡萄园和酿酒过程的重任，并监管所有建筑和系统的翻新改革。土地的特征决定了只能把部分园地用于种植传统的圣乔维斯葡萄（Sangiovese），并加上其他不常见品种如格来克（Greco）葡萄以生产白葡萄酒。科拉兹2010（Collazzi 2010），一款来自品丽珠（Cabernet Franc）、赤霞珠（Cabernet Sauvignon）、梅洛（Merlot）和小维铎（Petit Verdot）葡萄的波尔多（Bordeaux）混合酒，由于含香脂和香料味道，带有柔和圆润、中等重量的口感和悠长而富有层次的余韵，进入了决赛。里波特2011（Libert Libertà 2011）是由梅洛（Merlot）、西拉（Syrah）和圣乔维斯（Sangiovese）葡萄酿制的混合酒，口味清新，入口容易。奥托•穆里2012（Otto Muri 2012）带有矿物的味道，沁人心脾。

● Collazzi '10	🍷🍷	6
● Chianti Cl. I Bastioni '11	🍷🍷	3
● Libertà '11	🍷🍷	2*
○ Otto Muri '12	🍷🍷	3
● Collazzi '09	🍷🍷	6
● Collazzi '08	🍷🍷	6
● Collazzi '07	🍷🍷	6
● Libertà '10	🍷🍷	2*
● Libertà '09	🍷🍷	2*

Colle Massari

loc. Poggi del Sasso
58044 Cinigiano [GR]
Tel. 0564990496
www.collemassari.it

藏酒销售
预约参观
年产量 250 000 瓶
葡萄种植面积 83 公顷
葡萄栽培方式 有机认证

由克劳迪奥（Claudio）和玛利亚•爱丽丝•提帕（Maria Iris Tipa）所拥有的科勒•玛莎莉酒庄（Colle Massari）是一个适合种植圣乔维斯葡萄（Sangiovese）的酒庄。它所在的地点微风阵阵，温差良好。葡萄园主要种植圣乔维斯葡萄，这是在比萨大学的帮助下所作出的选择。酒窖是一栋令人印象深刻的建筑，四层结构的设计使葡萄的加工有足够空间，他们不使用水泵和其他机械。其出品的伦布兰尼珍藏2009（Lombrone Riserva 2009）是酒庄皇冠中的一颗珠宝，超越了所有级别，并在“三杯奖”（Tre Bicchieri）评比中凯旋而归。复杂的香气中充满李子和樱桃的果香，伴有一丝薄荷香和微微的辛辣。口感柔和而丰满，有着完美的单宁和令人津津有味、身心放松的余味。

● Montecucco Sangiovese Lombrone Ris. '09	🍷🍷🍷	6
● Montecucco Rosso Colle Massari Ris. '10	🍷🍷	3*
○ Montecucco Vermentino Le Melacce '12	🍷🍷	3
⊙ Grottolo '12	🍷	2
● Montecucco Rosso Rigoleto '11	🍷	2
○ Montecucco Vermentino Irisse '12	🍷	3
● Montecucco Rosso Colle Massari Ris. '08	🍷🍷🍷	3
● Montecucco Sangiovese Lombrone Ris. '08	🍷🍷🍷	6
● Montecucco Sangiovese Lombrone Ris. '06	🍷🍷🍷	6
● Montecucco Sangiovese Lombrone Ris. '05	🍷🍷🍷	6

Colle Santa Mustiola

via delle Torri, 86a
53043 Chiusi [SI]
Tel. 057820525
www.poggioaichiari.it

藏酒销售
预约参观
年产量 18 000 瓶
葡萄种植面积 5 公顷

这座具有悠久历史的酒庄坐落在丘西镇（Chiusi），托斯卡纳区（Tuscany）和翁布里亚（Umbria）的接壤处。它的故事很特别，是地区、历史和酒庄主人发自肺腑的激情相融合所得的结晶。这个独特的酿酒项目包括检验老圣乔维斯（Sangiovese）葡萄藤和其他几种克隆品种，并将它们以高度密集、半灌木丛的方式种植。位于海洋地带的葡萄藤种植于以细沙、卵石和黏土构成的土壤上。葡萄酒的酿制是在一座曾经作为伊特鲁利亚（Etruscan）坟墓的酒窖中，绝不会有被压迫的痕迹，在大型酒桶和法国橡木桶中陈酿。坡吉奥•艾奇亚里（Poggio ai Chiari）是酒庄最重要的红酒，它由纯圣乔维斯（Sangiovese）葡萄酿制而来，在收成之后的七年以内不会在市场上发布。2006年份的是一款伟大的酒品，色泽偏暗淡，香气复杂，花香和果香中融合了表层土、蘑菇和森林植被的香味。清瘦的口感是地域特征和圣乔维斯葡萄所结合的礼物，呈现最正宗地道的风格。

● Poggio ai Chiari '06	🍷🍷🍷 6
● Vigna Flavia '09	🍷🍷 5
● Poggio ai Chiari '05	🍷🍷 6
● Poggio ai Chiari '04	🍷🍷 6
● Poggio ai Chiari '03	🍷🍷 6
● Poggio ai Chiari '02	🍷🍷 6
● Poggio ai Chiari '01	🍷🍷 6
● Poggio ai Chiari '00	🍷🍷 6
● Poggio ai Chiari '99	🍷🍷 6
● Poggio ai Chiari '94	🍷🍷 6
● Poggio ai Chiari '93	🍷🍷 6

Fattoria Colle Verde

fraz. Matraia
loc. Castello
55010 Lucca
Tel. 0583402310
www.colleverde.it

藏酒销售
预约参观
年产量 30 000 瓶
葡萄种植面积 7 公顷

当皮耶罗•塔塔格尼（Piero Tartagni）和弗朗西斯卡•帕尔蒂尼（Francesca Pardini）在20世纪90年代选择离开城市生活而移居农村时，他们决定把玛塔亚（Matraia）当做目的地。这片土地已经属于弗朗西斯卡家族好几代了，似乎很适合当做他们酿制葡萄酒的基地。今天科勒•维尔德（Colle Verde）是这个地区最著名的酒庄之一。酒庄一开始是采用有机种植方式，经过多年的实践，酒庄已发展为生物动力的种植方式。所酿制的葡萄酒一向都很正宗，风味独特，但现在它们的酿制更加精细以及风格化定义更加明确，特别是单宁方面。佳酿科利•露彻斯2011（Colline Lucchesi Disinòpia pia 2011）是一款优雅集中的葡萄酒，酒体紧实精细，风格正宗地道，口感馥郁。余味偏生硬且收敛，个性丰富，但没有过多的口感。

● Colline Lucchesi Disinòpia '11	🍷🍷 4
○ Colline Lucchesi Bianco Terre di Matraja '11	🍷🍷 2*
● Colline Lucchesi Rosso Brania delle Ghiandaie '09	🍷🍷 4
● Colline Lucchesi Rosso Brania delle Ghiandaie '08	🍷🍷 5
● Colline Lucchesi Rosso Brania delle Ghiandaie '07	🍷🍷 4
● Colline Lucchesi Rosso Brania delle Ghiandaie '06	🍷🍷 4
● Colline Lucchesi Rosso Brania delle Ghiandaie '05	🍷🍷 4
● Colline Lucchesi Rosso Terre di Matraja '09	🍷🍷 2*
● Nero della Spinosa '09	🍷🍷 5
● Nero della Spinosa '08	🍷🍷 5

Collelceto

LOC. CAMIGLIANO
POD. LA PISANA
53024 MONTALCINO [SI]
TEL. 0577816606
www.collelceto.it

藏酒销售
预约参观
年产量 22 000 瓶
葡萄种植面积 6 公顷

自从20世纪初，帕拉泽西（Palazzesi）家族的酒庄建立起来，埃丽亚（Elia）一直生产几款最容易辨别且充满个性特征的布内罗红葡萄酒（Brunello）。酒庄位于法定产区酒（DOC）酒区的西南角落，毗邻翁布罗内河（Ombrone）中间的峡谷，肥沃的黏土中富含沙砾，从海边吹来和煦的海风。酒庄所酿制的圣乔维斯葡萄酒（Sangioveses）展现出独特的含盐的地中海风味，经过长期在酒窖中的法国酒桶或中型橡木桶中陈酿，它的个性表现得更丰富，能够满足不同人的不同口味。这个系列中还有另一款水平非常高的酒款，包括布内罗红葡萄酒2008（Brunello 2008），非常容易入口，虽然有一点过于简单以及水果的香味有点淡。埃丽亚珍藏2007（Elia Riserva 2007）有着相似的局限性，酒体平衡，但没有给人惊喜，糖果味与森林果实的味道也没有那么惊艳。

● Brunello di Montalcino '08	🍷🍷 5
● Brunello di Montalcino Elia Ris. '07	🍷🍷 6
● Rosso di Montalcino '11	🍷 3
● Brunello di Montalcino '06	🍷🍷🍷 5
● Brunello di Montalcino '07	🍷🍷 5
● Brunello di Montalcino Elia Ris. '06	🍷🍷 6
● Rosso di Montalcino '10	🍷🍷 3*

Le Colline di Sopra

VIA DELLE COLLINE 17
56040 MONTESCUDAIO [PI]
TEL. 0586650377
www.collinedisopra.com

藏酒销售
预约参观
年产量 4 800 瓶
葡萄种植面积 5 公顷
葡萄栽培方式 有机认证

酒庄在2006年开始白手起家，沿着原本包含2公顷橄榄树的农场种植了新葡萄。从一开始，它的理念就深深根植于有机的农耕方式之中。葡萄品种的筛选是通过对周围地形和微型气候的仔细研究之后选出来的。它十分注重环境，使用再生能源并以使用的水资源来作为衡量的标准。目前总体的表现很不错。用来自品丽珠（Cabernet Franc）和小维铎（Petit verdot）葡萄酿造的拉曼托2011（Ramanto 2011）有着清新的植物香气，诱人的酒体结构和可口持久的余韵。拉拉2011（Larà 2011），一款梅洛（Merlot）和西拉（Syrah）葡萄的混合酒，有着甜美的巧克力和肉桂的香味，柔和而平衡的酒体和清爽且干净的余味。依奥拉2011（Eola 2011）由梅洛（Merlot）、解百纳（Cabernet）、圣乔维斯（Sangiovese）和西拉（Syrah）葡萄混酿而成，带着丰满而复杂的酒香，给人以坚实而美味的口感和津津有味的余韵。莫斯卡托•路易斯2011（Moscato Lùis 2011）香甜动人，如天鹅一般，魅力不凡。

● Eola '11	🍷🍷 2*
● Larà '11	🍷🍷 2*
○ Moscato Passito Lùis '11	🍷🍷 3
● Ramanto '11	🍷🍷 4
● Montescusaio Sangiovese '10	🍷 3

Il Colombaio di Santa Chiara

Loc. Racciano
San Donato, 1
53037 San Gimignano [SI]
Tel. 0577942004
www.colombaiosantachiara.it

藏酒销售
预约参观
膳宿接待
年产量 60 000 瓶
葡萄种植面积 12 公顷
葡萄栽培方式 有机认证

罗吉（Logi）的这个酒庄是法定产区酒中顶级酒庄之一，知名度越来越大。圣塔•奇亚拉酒庄（Colombaio di Santa Chiara）位于圣•吉米亚诺（San Gimignano）和沃尔泰拉（Volterra）之间的道路上，尽管它的葡萄园散布于不同的地区，但它们与环境相适应，能够表现出本地区不同地方的细微差别，受到了极大的关注。所酿制的葡萄酒体现了这里风土条件的潜力以及对葡萄园的精心照料和对保护自然的果实所付出的努力。所酿制的葡萄酒非常令人信服，绝对是法定产区酒（DOC）酒区中的佳酿之一。康坡•皮埃韦圣吉米亚诺维纳奇亚2011（Vernaccia di San Gimignano Campo della Pieve 2011）是一款出色非凡的酒款，充满活力的白葡萄酒融合了叶绿素的香味，其中又有一丝石灰、白桃、岩石和矿物质的味道。在浓烈的柠檬和柑橘风味中，充满着清新的口味和活力十足的酸度，深深地加强了口感，以分毫之差险胜了维纳奇亚森林干白葡萄酒2012（Vernaccia Selvabianca 2012）。

○ Vernaccia di S. Gimignano Campo della Pieve '11	🍷🍷🍷 3*
⊙ Rosato Cremisi '12	🍷🍷 2*
○ Vernaccia di S. Gimignano Selvabianca '12	🍷🍷 2*
● Chianti Colli Senesi Campale '11	🍷 2
● S. Gimignano Rosso Colombaio '06	🍷🍷 4
● S. Gimignano Rosso Colombaio '05	🍷🍷 4
○ Vernaccia di S. Gimignano Albereta Ris. '10	🍷🍷 3
○ Vernaccia di S. Gimignano Albereta Ris. '08	🍷🍷 3
○ Vernaccia di S. Gimignano Campo della Pieve '10	🍷🍷 3
○ Vernaccia di San Gimignano Selvabianca '11	🍷🍷 2*

Il Conventino

Fraz. Gracciano
via della Ciarliana, 25b
53040 Montepulciano [SI]
Tel. 0578715371
www.ilconventino.it

藏酒销售
预约参观
年产量 55 000 瓶
葡萄种植面积 12 公顷
葡萄栽培方式 有机认证

酒庄属于皮诺（Pino）、阿里山德罗（Alessandro Brini）和多奇奥（Duccio）三兄弟所有，他们都是律师，在庞特德拉（Pontedera）工作，但都对波利齐亚诺（Poliziano）有着深深的喜爱之感。酒庄生产的酒已经深深刻着地域特征印记，尊重自然环境的培植方式体现了他们对这片土地的热情。2003年，他们再收购了两座酒庄——康文蒂诺（Il Conventino）和拉•卡塞拉（La Casella），在此灌输他们的理念。他们的两个孩子也对这项目付出了热情，管理着葡萄园、酒窖和市场营销。贵族酒2010（Nobile 2010）获“三杯奖”，馥郁而复杂的香气中融合了香草、森林果实、肉桂和丁香的味道。口味坚实，充满活力而宽广，并带着悠长而爽口的余韵。风格更质朴的珍藏2009（Riserva 2009）散发着黑莓酱香味和淡淡的香草味，展现了完整平衡的酒体和缭绕的余韵。罗索2012（Rosso 2012）品尝起来很新鲜，给人以愉悦的享受。

● Nobile di Montepulciano '10	🍷🍷🍷 4
● Nobile di Montepulciano Ris. '09	🍷🍷 5
● Rosso di Montepulciano '12	🍷🍷 2*
● Nobile di Montepulciano '09	🍷🍷 4
● Nobile di Montepulciano Ris. '08	🍷🍷 5
● Nobile di Montepulciano Ris. '06	🍷🍷 5

Fattoria Le Corti

LOC. LE CORTI
VIA SAN PIERO DI SOTTO, 1
50026 SAN CASCIANO IN VAL DI PESA [FI]
TEL. 055829301
www.principecorsini.com

藏酒销售
预约参观
膳宿接待
年产量 150 000 瓶
葡萄种植面积 50 公顷

酒庄由杜奇奥•科尔西尼（Duccio Corsini）掌管，是古典康帝保证法定产区酒（Chianti Classico DOCG）酒区中最古老的酒庄之一。它在马内玛（Maremma）也有一个附属酒庄——拉•马西丽亚纳（La Marsiliana）。酒庄近来的生产风格偏向于丰富的色泽、大量橡木桶的使用和严谨的结构。因此，一开始有点不稳定，但现在它似乎已掌握基安蒂（Chianti）传统改革的韵律，首先是在酒的活力和适饮性方面。葡萄园的管理一向都很精细，而酒窖包括水泥大桶、琵琶桶和法国酒桶的使用，都被证明了是一种成功的结合。科特维恰古典康帝珍藏2009（Chianti Classico Cortevecchia Riserva 2009）带有令人着迷的香气，口感馥郁且复杂。古典康帝2010（Chianti Classico 2010）令人惬意的硬度、馥郁的酒体和滋滋有味的余韵使得这款酒很平衡，非常好入口。东•托马索古典康帝2009（Chianti Classico Don Tommaso 2009）由于橡木桶的使用，有点过于厚重。

● Chianti Cl. Le Corti '10	🍷🍷🍷 3*
● Chianti Cl. Cortevecchia Ris. '09	🍷🍷 4
● Chianti Cl. Don Tommaso '09	🍷 5
● Chianti Cl. Cortevecchia Ris. '05	ŸŸŸ 4
● Chianti Cl. Don Tommaso '99	ŸŸŸ 4*
● Chianti Cl. A-101 Ris. '06	ŸŸ 3*
● Chianti Cl. Cortevecchia Ris. '07	ŸŸ 4
● Chianti Cl. Cortevecchia Ris. '06	ŸŸ 4
● Chianti Cl. Don Tommaso '05	ŸŸ 5
● Chianti Cl. Don Tommaso '04	ŸŸ 5
● Marsiliana '04	ŸŸ 6
● Marsiliana '03	ŸŸ 6
● Marsiliana '02	ŸŸ 6

Fattoria Corzano e Paterno

VIA SAN VITO DI SOPRA
50020 SAN CASCIANO IN VAL DI PESA [FI]
TEL. 0558248179
www.corzanoepaterno.com

藏酒销售
预约参观
膳宿接待
年产量 85 000 瓶
葡萄种植面积 17 公顷
葡萄栽培方式 有机认证

自1969年以来，酒庄由戈尔德兹米得慈家族（Goldschmidt）和盖尔帕克家族（Gelpke）共同拥有，创建人是瑞士建筑家温德林•盖尔帕克（Wendelin Gelpke），他以科扎诺农场（Corzano）为起点，在1974年增加了巴特莫酒庄（Paterno），在1976年完成了联盟的进程。酒庄不仅生产葡萄酒、油和羊奶酪，同时也提供假日膳宿服务，所有这些都由家族经营，达到出色的水平。酒庄所在的卡斯奇诺•瓦尔迪佩萨（Casciano Val di Pesa）地区有着伊特鲁里亚（Etruscan）的起源。自1972年开始酿制的葡萄酒主要来自本地的葡萄品种，尽管也有种植一些国际品种。今年两款最终入围的酒款是科扎诺2010（Corzano 2010），由圣乔维斯（Sangiovese）、解百纳（Cabernet）和梅洛（Merlot）葡萄酿制的混合酒，有着成熟且集中的果酱香和香料的味道，令人印象深刻的酒体结构结合了均衡的单宁和缭绕美味的余韵。另一款是来自特比安诺（Trebbiano）和马尔维萨（M alvasia）的帕西托2011（Passito 2011），带着蜂蜜和干果的味道，口感柔和，如奶油一般丝滑，有持久而缭绕的余味。

● Il Corzano '10	🍷🍷 5
○ Passito di Corzano '11	🍷🍷 6
● Chianti Terre di Corzano '11	🍷 3
○ Il Corzanello '12	🍷 2
● Chianti I Tre Borri Ris. '07	ŸŸŸ 5
● Il Corzano '05	ŸŸŸ 5
● Il Corzano '97	ŸŸŸ 6
● Chianti I Tre Borri Ris. '09	ŸŸ 5
● Chianti I Tre Borri Ris. '08	ŸŸ 5
● Il Corzano '09	ŸŸ 5
● Il Corzano '08	ŸŸ 5
○ Passito di Corzano '00	ŸŸ 5

Andrea Costanti

Loc. Colle al Matrichese
53024 Montalcino [SI]
Tel. 0577848195
www.costanti.it

藏酒销售
预约参观
年产量 60 000 瓶
葡萄种植面积 12 公顷

安德里亚•科斯坦蒂（Andrea Costanti）刚庆祝完他的酿酒30周年纪念以及他的第一次30款收成。1983年他接管了科勒•阿尔•马特里彻斯（Colle al Matrichese），同时继承了蒙塔尔奇诺（Montalcino）具有悠久历史的品牌所获得的荣誉和责任。他对布内罗红葡萄酒（Brunello）的理念很快地表现在一系列葡萄酒中，带有很好的陈酿品质，也许会在酒性的强烈方面做出妥协，以获得更好的结构、稳固和质朴。出品的圣乔维斯葡萄酒（Sangiovese）体现了各个葡萄园所在的地理条件并于大型桶和3000升的橡木桶里酿制。布内罗红葡萄酒2008（Brunello 2008）阐释了它的生长年份原始的独特的特点，落叶、表层土和干花味道中带有淡淡的海水味，没有年轻的水果口味，取而代之的是精细而温和的口感，也许在结构上有点不成熟，但充满活力并突出了地域的特点。

● Brunello di Montalcino '08	▼▼	6
● Brunello di Montalcino Ris. '07	▼▼	8
● Rosso di Montalcino '11	▼▼	4
● Brunello di Montalcino '06	▽▽▽	6
● Brunello di Montalcino '88	▽▽▽	6
● Brunello di Montalcino '07	▽▽	6
● Brunello di Montalcino '99	▽▽	6
● Brunello di Montalcino '97	▽▽	6
● Brunello di Montalcino Calbello '00	▽▽	6
● Brunello di Montalcino Calbello '99	▽▽	6
● Brunello di Montalcino Ris. '06	▽▽	8
● Brunello di Montalcino Ris. '01	▽▽	8

La Cura

Loc. Cura Nuova, 12
58024 Massa Marittima [GR]
Tel. 0566918094
www.cantinalacura.it

藏酒销售
预约参观
年产量 30 000 瓶
葡萄种植面积 12 公顷

酒庄是在1968年由现任主人恩里克（Enrico）的父亲——安德里亚西（Andrea Corsi）建立而成的。当他收购这酒庄的时候，酒庄只生产谷物和蔬菜。但安德里亚西对葡萄酒有着真正的热情，因此开始种植了2公顷的葡萄藤。现在恩里克将园地的面积扩大到今天这个规模，并根据当地地形选择种植不同的品种。第一次装瓶是在20世纪90年代，酒品展现了对地域条件很好的诠释，特点鲜明。今年整个系列的总体水平很不错，第一名当属布里塞罗斯2011（Breccerosse 2011），香气很集中，浓浓的樱桃味中带有一点药草香，酒体丰满诱人，带着丰富果汁的余味。梅洛2011（Merlot 2011）的特点是辛辣中带有巧克力味，柔和而令人身心放松的酒体，单宁与酒精成分很好地融合在一起。来自埃丽提科（Aleatico）和梅洛（Merlot）葡萄混酿的皮里迪卡托•帕西托2011（Predicatore Passito 2011）散发着令人信服的丁香味，其中混合着香料味，入口馥郁、柔和而津津有味。

● Merlot '11	▼▼	5
● Monteregio di Massa Marittima Rosso Breccerosse '11	▼▼	3
● Predicatore '11	▼▼	3
○ Cabernets '11	▼	5
● Cavaliere d'Italia '12	▼	2
● Monteregio di Massa Marittima Rosso Colle Bruno '11	▼	2
○ Valdemàr '12	▼	2
● La Cura Merlot '08	▽▽	5
● Merlot '09	▽▽	5
● Monteregio di Massa Marittima Rosso Breccerosse '10	▽▽	3
● Monteregio di Massa Marittima Rosso Breccerosse '09	▽▽	2
● Predicatore '10	▽▽	3
○ Trinus '11	▽▽	2*

Maria Caterina Dei

VIA DI MARTIENA, 35
53045 MONTEPULCIANO [SI]
TEL. 0578716878
www.cantinedei.com

藏酒销售
预约参观
膳宿接待
年产量 200 000 瓶
葡萄种植面积 55 公顷

第一片葡萄园是由阿里布朗多•德伊（Alibrando Dei）种植的，这是一位深爱着祖国的企业家，在很长一段时间里都以售卖他亲自种植的葡萄为生。1985年他酿制了第一支蒙特布查诺贵族酒（Vino Nobile di Montepulciano），它是在蒙特布查诺一个历史中心的酒窖酿制的。后来，他建立了一个崭新的、功能齐全的大酒窖，用木材、石灰石和玻璃这几种与周围环境相融和谐的材料，以独特的设计建立起来。今天酒庄由他孙女玛利亚•卡特里娜（Maria Caterina）运营，她对葡萄酒、建筑和音乐有着独特的热衷。出产的贵族酒2010（Nobile 2010）优雅的香气中融合百里香、月桂、李子和樱桃的味道，使它在决赛中占据一席之地。收敛而充满活力的口感中带有一点清新的感觉，美味缭绕的余味，给人留下深刻的印象。罗索2011（Rosso 2011）非常诱人，美味可口。文圣托2007（Vin Santo 2007）以怡人的浓度抓住了人们的眼球。

● Nobile di Montepulciano '10	🍷🍷 4
● Rosso di Montepulciano '11	🍷🍷 2*
○ Vin Santo di Montepulciano '07	🍷🍷 5
● Nobile di Montepulciano Bossona Ris. '04	🍷🍷🍷 5
● Nobile di Montepulciano '09	🍷🍷 4
● Nobile di Montepulciano '08	🍷🍷 4
● Nobile di Montepulciano Bossona Ris. '08	🍷🍷 5
● Nobile di Montepulciano Bossona Ris. '07	🍷🍷 5
● Nobile di Montepulciano Bossona Ris. '06	🍷🍷 5
● Sancta Catharina '09	🍷🍷 5

Diadema

VIA IMPRUNETANA PER TAVARNUZZE, 19
50023 IMPRUNETA [FI]
TEL. 0552311330
www.diadema-wine.com

藏酒销售
预约参观
膳宿接待
年产量 170 000 瓶
葡萄种植面积 15 公顷

从鞋业到酒店管理，再到红酒业，这就是阿尔伯托•吉安诺提（Alberto Giannotti）的人生轨迹。他在2000年决定开始经营欧尔莫别墅（Relais Villa L'Olmo）。第一个任务就是将宿舍结构重新整改，然后对葡萄园进行整顿，移植一些与本地区相适应的品种，最后一步是对酒窖和旧橄榄油磨坊进行重建。酿制出的葡萄酒风格崭新，并附加独特的包装，最新推出的系列在标签和酒瓶上更显传统，但在品质上依然保持高水平。采用圣乔维斯（Sangiovese），少量赤霞珠（Cabernet Sauvignon）、梅洛（Merlot）和西拉（Syrah）葡萄混酿而成的迪亚德玛2011（Diadema 2011）散发着樱桃和红醋栗的香味，混合着一丝丁香的味道，酒体强烈并带有令人身心放松的余韵。阿玛雷2011（Rosso D'Amare 2011）的成分与迪亚德玛2011相同，但各种葡萄占据的比例不同，是一款给人愉悦感受的葡萄酒，闻起来清新而果味丰富，口感柔顺而活泼。

● D'Amare Rosso '11	🍷🍷 5
● D'Vino '11	🍷🍷 3
● Diadema Rosso '11	🍷🍷 8
○ D'Amare Bianco '12	🍷 4
○ D'Amare Bianco '09	🍷🍷 7
● D'Amare Rosso '10	🍷🍷 5
● Diadema '10	🍷🍷 8
● Diadema '09	🍷🍷 8
○ Diadema Bianco '09	🍷🍷 7
● Diadema D'Amare '07	🍷🍷 7
● Diadema Rosso '08	🍷🍷 7

Fabrizio Dionisio

FRAZ. OSSAIA
LOC. IL CASTAGNO
52040 CORTONA [AR]
TEL. 063223541
www.fabriziodionisio.it

预约参观
年产量 30 000 瓶
葡萄种植面积 15 公顷

原本是一名律师的法布里吉欧•迪翁尼西奥（Fabrizio Dionisio）和他妻子亚丽桑德罗（Alessandra），自2003年起就一直在酿制由西拉（Syrah）葡萄为原料的四款葡萄酒。科尔托纳（Cortona）是西拉这个品种理想的生长环境，有消息称这个地方自从被拿破仑占领之后一直都繁荣昌盛。19世纪60年代，法布里吉欧（Fabrizio）的父亲购买这个酒庄作为乡间别墅，以便他在罗马（Rome）辛苦工作之后能够在此得到休息和放松。多年间它不断扩大并成为一间时髦而富有活力的酒庄，在1992年购买的另一个农场使它扩充到了今天的规模。科尔托纳西拉卡斯塔格诺2010（Cortona Syrah Il Castagno 2010）由于它生动且复杂的香味，其中又融合了胡椒粉和成熟的樱桃果实味道，口感柔和且平衡，单宁与酒精相融合，加上清新的香味，使得余味甜美而缭绕悠远。

● Cortona Syrah Il Castagno '10	🍷🍷🍷 5
● Cortona Syrah Cuculaia '09	🍷🍷 6
● Cortona Syrah Castagnino '12	🍷 3
⊙ Rosa del Castagno '12	🍷 3
● Cortona Syrah Castagnino '09	♀♀ 3*
● Cortona Syrah Cuculaia '08	♀♀ 6
● Cortona Syrah Il Castagno '09	♀♀ 5
● Cortona Syrah Il Castagno '08	♀♀ 5

Donna Olga

LOC. FRIGGIALI
S.DA MAREMMANA
53024 MONTALCINO [SI]
TEL. 0577849454
www.tenutedonnaolga.it

藏酒销售
预约参观
膳宿接待
年产量 25 000 瓶
葡萄种植面积 11 公顷

这11公顷的土地位于蒙塔尔奇诺（Montalcino）西南部，沿着通往马内玛（Maremma）港口的公路，全部只用于种植圣乔维斯葡萄（Sangiovese）。在管理森托拉尼（Centolani）家族酒庄的同时，欧尔嘉•佩鲁索（Olga Peluso）选择这个地方来追求她个人的酿酒项目。位于海拔270米至400米之间，在一块富含沙砾泥灰的土壤上，这个酒庄酿制的是“现代风格”的布内罗红葡萄酒（Brunello）。之所以添加双引号是因为这些酒是经过长期发酵并在3000升的斯拉夫尼亚（Slavonian）橡木桶中酿制而成的，并没有达到过去两年的高度，但这些布内罗红葡萄酒（Brunello）保持着它们受欢迎的、果汁浓郁的个性特征。珍藏2007（Riserva 2007）的单宁过于辛辣刺激，但果味成熟并含香脂的味道。2008年份酒的口感紧致收敛，但缺乏一点清脆和丰满的酒体。

● Brunello di Montalcino '08	🍷🍷 7
● Brunello di Montalcino Ris. '07	🍷🍷 6
● Brunello di Montalcino '06	♀♀♀ 7
● Brunello di Montalcino '01	♀♀♀ 6
● Brunello di Montalcino Collezione Arte '06	♀♀♀ 7
● Brunello di Montalcino Ris. '01	♀♀♀ 6
● Brunello di Montalcino '07	♀♀ 7
● Brunello di Montalcino Favorito '07	♀♀ 7

Due Mani

LOC. ORTACAVOLI
56046 RIPARBELLA [PI]
TEL. 0583975048
www.duemani.eu

年产量 40 000 瓶
葡萄种植面积 10 公顷
葡萄栽培方式 生物动力学认证

在这片贫瘠且特征很极端的土地上，有三个地区被认为是适合种植三种不同葡萄的最佳之处。这里的葡萄园采用生物动力学的方式耕作。酒庄由艾莉娜•塞丽（Elena Celli）和有着20多年酿酒工作经验的露卡•阿托马（Luca D'Attoma）于2000年共同创立，并很快成为了他们研究酿酒的野外实验室。所出产的阿尔特洛维诺2011（Altrovino 2011）是由品丽珠（Cabernet Franc）和梅洛（Merlot）葡萄酿制而来，给人以放松的、精细准确的口感，出色的酸味，带有一丝清新的蓝莓味和黑果浆的味道。西拉苏伊萨西2010（Syrah Suisassi 2010）是它所有年份中最好的诠释之一，辛辣而浓烈，充满地中海的香气，这使它赢得了“三杯奖”的奖项。出色的度埃曼尼2010（Duemani 2010）依然需要更多时间来释放它的魅力。

● Suisassi '10	8
● Altrovino '11	5
● Cifra '11	4
● Duemani '10	8
● Duemani '09	8
● Altrovino '10	5
● Cifra '10	4
● Duemani '08	8
● Duemani '07	8
● Duemani '05	4
● Suisassi '09	8
● Suisassi '05	4

Eucaliptus

VIA BOLGHERESE, 275A
57022 LIVORNO
TEL. 0565763511
www.agriturismoeucaliptus.com

预约参观
膳宿接待
年产量 18 000 瓶
葡萄种植面积 4 公顷

帕斯圭利诺•迪•瓦拉（Pasqualino Di Vaira）自从20世纪60年代起就在保格利镇（Bolgheri）栽种葡萄，当时自产的葡萄酒还是散装卖的。后来建立起这个酒庄，现在由他儿子达里奥（Dario）运营。葡萄园仅占地4公顷，位于通往保格利镇（Bolgheri）的道路旁。种植了用于酿制红葡萄酒的西拉（Syrah）、赤霞珠（Cabernet Sauvignon）、小维铎（Petit Verdot）和圣乔维斯（Sangiovese）葡萄以及酿制白葡萄酒的莎当尼（Chardonnay）和维蒙蒂诺（Vermentino）葡萄。酒庄销售的顶级酒有着良好的结构，成熟而集中，又不失活力和浓度。它们给我们带来惊喜，同时经过我们的品鉴它们被列入2014年最佳酒款的行列。欧卡利普图斯酒庄（Eucaliptus）展出了三款酿制得很成功的酒，其中包括保格利•露丝蒂彻•顶级2010（Bolgheri Superiore Ville Rustiche 2010），它在同类别的酒款中一直保持着最佳的状态。华丽的香味中有着精致的优雅，口味悠长，如丝绸般顺滑，充满鲜明的对比，是一个奇迹。东•克拉莱斯2011（Don Clarice 2011）也是一款不错的酒，在水果香味方面有吐司味和更加香甜。

● Bolgheri Sup. Ville Rustiche '10	5
● Bolgheri Don Clarice '11	3
○ Bolgheri Le Pinete '12	3

I Fabbri

LOC. LAMOLE
VIA CASOLE, 52
50022 GREVE IN CHIANTI [FI]
TEL. 339412622
www.agricolaifabbri.it

藏酒销售
预约参观
年产量 25 000 瓶
葡萄种植面积 11 公顷
葡萄栽培方式 有机认证

法布里酒庄（I Fabbri）是以这个古老乡村的铁匠铺命名的，酒庄俯瞰着农场，从2000年开始酿制葡萄酒。它位于拉莫尔（Lamole）一个小分区，在海拔500米的高度上有一个采用有机方式培植的葡萄园。酒窖的加工尽可能地保持天然，并在900升的小桶、不锈钢桶和水泥桶中陈酿。所酿制的葡萄酒呈现精细的风格，体现了对传统的尊重和这个特殊区域的个性特征。酒体严肃，它的香气和口味渗透着古典康帝保证法定产区酒（Chianti Classico DOCG）最深层的本质。古典康帝奥林托2010（Chianti Classico Olinto 2010）的香气中带着清新扑鼻的感觉，在某种层面上抵消了森林果味的浓烈。珍藏2010（Riserva 2010）是一款华丽的酒。质朴的古典康帝特拉迪拉莫尔2010（Chianti Classico Terra di Lamole 2010）展现了精致的花香。古典康帝2010（Chianti Classico 2010）有着充满魅力的香气和对比鲜明的口感。

● Chianti Cl. Olinto '10	🍷🍷 4
● Chianti Cl. Ris. '10	🍷🍷 4
● Chianti Cl. '10	🍷🍷 4
● Chianti Cl. Lamole '11	🍷🍷 2*
● Chianti Cl. Terra di Lamole '10	🍷🍷 2*
● Chianti Cl. '06	🍷🍷 3*
● Chianti Cl. Olinto '08	🍷🍷 4
● Chianti Cl. Ris. '07	🍷🍷 4
● Chianti Cl. Terra di Lamole '06	🍷🍷 2*

Fanti

FRAZ. CASTELNUOVO DELL'ABATE
POD. PALAZZO, 14
53020 MONTALCINO [SI]
TEL. 0577835795
www.fantisanfilippo.com

藏酒销售
预约参观
年产量 200 000 瓶
葡萄种植面积 50 公顷

在梵蒂家族（Fanti）拥有的这个酒庄总共300多公顷的土地中，有50公顷用于种植葡萄，它是蒙塔尔奇诺（Montalcino）地区最重要的农业生产地之一。在过去几年里，精力充沛的菲利普（Filippo），在他女儿艾丽莎（Elisa）的帮助下取得了成功，这些都可以反映在他的葡萄酒风格上。尽管梵蒂布内罗红葡萄酒（Fanti Brunellos）曾经以它们突出的果汁味和偶尔吸引人的橡木香味出名，但现在我们可以看出它更强调香味的正宗和细腻。这取决于这里富含泥灰土壤的风土条件和来自德尔阿贝特新堡（Castelnuovo dell'Abate）的强大而馥郁的原材料。这个系列再次展现出它富有表现力的特点，特别是珍藏2007（Riserva 2007），在成熟且清脆的果实中带有干净的药草香和干花的味道，只是缺乏一点悠长的口味变化。布内罗2008（Brunello 2008）较简单，但也给人愉悦的享受。

● Brunello di Montalcino '08	🍷🍷 6
● Brunello di Montalcino Ris. '07	🍷🍷 8
● Brunello di Montalcino '07	🍷🍷🍷 5
● Brunello di Montalcino '00	🍷🍷🍷 6
● Brunello di Montalcino '97	🍷🍷🍷 5
● Brunello di Montalcino Ris. '95	🍷🍷🍷 5
● Brunello di Montalcino '06	🍷🍷 5
● Brunello di Montalcino '05	🍷🍷 5
● Brunello di Montalcino '04	🍷🍷 6
● Sant'Antimo Rosso Sassomagno '10	🍷🍷 2*
○ Sant'Antimo Vin Santo '06	🍷🍷 5

★★Fattoria di Felsina

VIA DEL CHIANTI, 101
53019 CASTELNUOVO BERARDENGA [SI]
TEL. 0577355117
www.felsina.it

藏酒销售
预约参观
膳宿接待
年产量 480 000 瓶
葡萄种植面积 94 公顷

几十年以来贝拉登加新堡（Castelnuovo Berardenga）都是法定产区酒（DOC）酒区名字最响亮的酒庄之一，它生产风格严肃而对地区的典型特征极具表现力的葡萄酒。葡萄园位于优质法定酒区最南边，采用生物动力的方式管理。酒窖中尽量减少人为的干预，并在大型橡木桶和法国酒桶中陈酿。吉塞皮•马扎科林（Giuseppe Mazzacolin）是菲尔西纳酒庄（Felsina）标志性的掌管者，更是这十多年来酿制这些优良品质的葡萄酒的主导者。最近他将掌舵的位置让与凯特莉娜（Caterina）的女儿以及创建者多蒙尼科（Domenico）的孙子吉瓦尼•坡吉亚利（Giovanni Poggiali），由他们负责酒店一切事务。古典康帝兰奇亚珍藏2010（Chianti Classico Rancia Riserva 2010）展现了辛辣的香味以及浓烈且持续的口感，复杂而平衡。凡塔罗洛2010（Fontalloro 2010）由于使用橡木桶酿制，展示了浓浓的甜味以及柔和而浓郁粘稠的口感。古典康帝2011（Chianti Classico 2011）美味可口，是同类酒中的代表作。古典康帝珍藏2010（Chianti Classico Riserva 2010）有着很好的酒体结构和持续而优雅的口味变化。

● Fontalloro '10	🍷🍷🍷 6
● Chianti Cl. Rancia Ris. '10	🍷🍷 6
● Chianti Cl. '11	🍷🍷 4
● Chianti Cl. Ris. '10	🍷🍷 4
● Maestro Raro '10	🍷 6
● Chianti Cl. Rancia Ris. '07	🍷🍷🍷 6
● Chianti Cl. Rancia Ris. '05	🍷🍷🍷 5
● Chianti Cl. Rancia Ris. '04	🍷🍷🍷 5
● Chianti Cl. Rancia Ris. '03	🍷🍷🍷 5
● Fontalloro '06	🍷🍷🍷 6
● Fontalloro '05	🍷🍷🍷 6
● Fontalloro '01	🍷🍷🍷 5
● Maestro Raro '08	🍷🍷🍷 6
● Maestro Raro '01	🍷🍷🍷 5

Fertuna

LOC. GRILLI
VIA AURELIA VECCHIA KM 205
58040 GAVORRANO [GR]
TEL. 056688138
www.fertuna.it

藏酒销售
预约参观
年产量 300 000 瓶
葡萄种植面积 50 公顷

酒庄是在1997年白手起家的，并没有任何家族纽带的关系。一项深入的研究表明，这里的地形特点能给种植葡萄和培植最佳葡萄品种提供理想环境。很久以前这里曾居住着罗马人（Romans）和伊特鲁利亚人（Etruscans），由于温和的气候和理想的农耕条件，这里是一个完美的居住地。酒庄的名字由来纯粹是幻想的，取自财富的谐音，象征着对这个地方和它的丰硕出产的赞许。酒庄酿制的葡萄酒呈现现代风格，并能很好地适应国际大众。酒庄同时也有生产特级初榨橄榄油。帕克提欧2011（Pactio 2011）由赤霞珠（Cabernet Sauvignon）、圣乔维斯（Sangiovese）和梅洛（Merlot）混酿，表现很好，复杂的香气中渗透着地中海矮树丛以及黑莓和蓝莓的味道，口味柔和，如丝绸一般顺滑，有着优雅的单宁和悠长的余味。梅西欧2009（Messiio 2009）有相似的成分，但增添了西拉（Syrah）葡萄的风味，带有迷人的香气、稳固的酒体和平衡的口感。

● Messiio '09	🍷🍷 5
● Pactio '11	🍷🍷 3
○ Droppello '12	🍷 3
● Lodai '09	🍷 3
○ Plato Bianco '12	🍷 2
● Lodai '07	🍷🍷 4
● Lodai '06	🍷🍷 4
● Lodai '05	🍷🍷 4
● Messiio '05	🍷🍷 5
● Pactio '10	🍷🍷 2*

Fattoria Fibbiano

FRAZ. TERRICCIOLA
VIA FIBBIANO
56030 TERRICCIOLA [PI]
TEL. 0587635677
www.fattoria-fibbiano.it

藏酒销售
预约参观
膳宿接待
年产量 70 000 瓶
葡萄种植面积 13.9 公顷

酒庄属于康托尼家族（Cantoni），来自伦巴第州（Lombardy），一向从事农业耕作。20世纪60年代，酒庄主人吉塞皮（Giuseppe）曾离开乡村到工业区工作，但他太热爱这片土地，于1997年又重新回到这个地方并对农场进行翻新，改造成一座酒庄，也就是今天他和儿子马泰欧（Matteo）、尼克拉（Nicola）一起运营的酒庄。除了酿制葡萄酒和生产特级初榨橄榄油之外，酒庄同时还经营农家乐。表现良好的丰特•德勒东尼2012（Fonte delle Donne 2012）是由维门蒂诺（Vermentino）和科隆邦纳（Colombana）葡萄酿制的混合酒，带有清新的草本香料植物味道，如马郁兰和柠檬马鞭草，还有白桃的香味，具有丰满馥郁、令人愉快的酒体和可口美味的余韵。由圣乔维斯（Sangiovese）和科罗利诺（Colorino）葡萄酿制的混合酒勒•皮安内特2011（Le Pianette 2011）展现了浓烈的樱桃味和覆盆子味，充满活力的结构中融合了均衡的单宁和丰满活泼的酒体。艾斯佩托2010（Aspetto 2010）中的卡内奥罗（Canaiolo）和圣乔维斯（Sangiovese）葡萄的比例相当，活泼圆润，果味馥郁并且充满活力。

○ Fonte delle Donne '12	🍷🍷 2*
● L'Aspetto '10	🍷🍷 3
● Le Pianette '11	🍷🍷 2*
● Ceppatella '09	🍷 5
● Chianti Sup. Casalini '11	🍷 2
● Sofia '12	🍷 2
● L'Aspetto '06	🍷🍷 3

★Tenute Ambrogio e Giovanni Folonari

LOC. PASSO DEI PECORAI
VIA DI NOZZOLE, 12
50022 GREVE IN CHIANTI [FI]
TEL. 055859811
www.tenutefolonari.com

藏酒销售
预约参观
年产量 1 200 000 瓶
葡萄种植面积 250 公顷

诺佐勒酒庄（Nozzole）位于基安蒂格雷韦（Greve in Chianti），所酿制的葡萄酒呈现代风格，酿造技艺完美，追求果实最大化的成熟度和强大结构并带有小橡木的味道。安布罗吉奥（Ambrogio）和吉奥瓦尼•佛伦纳里（Giovanni Folonari）酿制的酒不缺乏独特的品质，经常达到优越水平。这个家族依赖酒窖的良好管理系统和托斯卡纳区（Tuscany）最好的风土条件生产优质的葡萄酒。拥有包括蒙塔尔奇诺（Montalcino）的拉富加（La Fuga）、保格利镇（Bolgheri）的康姆坡•阿尔•玛雷（Campo al Mare）、和马内玛（Maremma）的维格尼•坡罗纳（Vigne a Porrona）的物业。赤霞珠帕雷托2010（Cabernet Sauvignon Il Pareto 2010）因用橡木酿制而有点束缚感，限制了香味的散发和口味的变化；来自圣乔维斯（Sangiovese）和赤霞珠（Cabernet sauvignon）的卡布雷奥•波尔戈（Cabreo Il Borgo）也是一样。古典康帝2011（Chianti Classico 2011）给人愉悦享受；来自莎当尼（Chardonnay）的白葡萄酒卡布雷奥•皮埃特拉（Cabreo La Pietra）则令人感到津津有味。

● Cabreo Il Borgo '10	🍷🍷 5
● Il Pareto '10	🍷🍷 7
○ Cabreo La Pietra '11	🍷 5
● Chianti Cl. '11	🍷 4
● Cabreo Il Borgo '06	🍷🍷🍷 5
● Chianti Cl. La Forra Ris. '90	🍷🍷🍷 4*
● Il Pareto '09	🍷🍷🍷 7
● Il Pareto '07	🍷🍷🍷 7
● Il Pareto '04	🍷🍷🍷 7
● Il Pareto '01	🍷🍷🍷 7
● Il Pareto '00	🍷🍷🍷 7
● Il Pareto '98	🍷🍷🍷 7
● Il Pareto '97	🍷🍷🍷 7
● Il Pareto '93	🍷🍷🍷 7

Fontaleoni

Loc. Santa Maria, 39
53037 San Gimignano [SI]
Tel. 0577950193
www.fontaleoni.com

藏酒销售
预约参观
膳宿接待
年产量 150 000 瓶
葡萄种植面积 35 公顷
葡萄栽培方式 有机认证

这座特罗亚尼（Troiani）家族的酒庄是保证法定产区酒（DOCG）中的顶级酒庄之一。原先是作为马尔凯（Marche）区的葡萄栽培专家，几年前他们决定在圣吉米纳诺（San Gimignano）投入精力。从1959年开始，酒庄已扩张成为一个充分发展的农耕中心，45公顷的土地散布着葡萄园、橄榄树、耕地和林地。葡萄园坐落于丘陵地带的呈中等结构的轻质土壤上。酿制的葡萄酒正宗而优雅，是诠释本地区潜力的典范，属于最佳酒款之一。2010年份是表现优雅的一年，就像2013年维纳奇亚卡萨诺瓦（Vernaccia Casanova）的表现一样。2014年的珍藏版（Riserva）赢得了“三杯奖”的奖项。这款酒香气复杂而宽泛，有着硬皮面包、新鲜水果和矿物质的味道，加上浓郁粘稠、清脆收敛的口感，以及十分精致的结构，对比鲜明的甜度和酸度的融合令它十分美味。

○ Vernaccia di S. Gimignano Ris. '10	🍷🍷🍷	3*
○ Vernaccia di S. Gimignano '12	▼▼	2*
○ Vernaccia di S. Gimignano Casanova '11	▼▼	2*
○ Vernaccia di S. Gimignano Notte di Luna '12	▼	2
○ Vernaccia di S. Gimignano Casanova '10	▽▽▽	2*
○ Vernaccia di S. Gimignano '10	▽▽	2*
○ Vernaccia di S. Gimignano Notte di Luna '11	▽▽	2*
○ Vernaccia di S. Gimignano Notte di Luna '08	▽▽	2*
○ Vernaccia di S. Gimignano Ris. '09	▽▽	3
○ Vernaccia di S. Gimignano Ris. '08	▽▽	3

★★Fontodi

Fraz. Panzano in Chianti
via San Leolino, 89
50020 Greve in Chianti [FI]
Tel. 055852005
www.fontodi.com

藏酒销售
预约参观
膳宿接待
年产量 300 000 瓶
葡萄种植面积 80 公顷
葡萄栽培方式 有机认证

如果说享誉盛名的庞扎诺康卡•迪•奥洛酒庄（Conca d'Oro di Panzano）是广为人知的古典康帝（Chianti Classico）分区中最佳的酒庄之一，那么在很大程度上功劳当属于马内迪（Manetti）家族从1968年起拥有的这座酒庄，它酿制的葡萄酒真实地诠释了圣乔维斯葡萄（Sangiovese）的地域特征。丰托迪酒庄（Fontodi）离高品质依然还有一段很长的路要走，但是它在葡萄园管理上已明确地沿着有机种植的方式走，越来越把注意力放在葡萄酒的个性和特征上。古典康帝2010（Chianti Classico 2010）拥有成熟且非常干净的香味，入口后的口感变化非常宽泛且极具活力，余味清爽锐利。弗拉奇亚内罗2010（Flaccianello della Pieve 2010）带有精致的黑色水果香味，以及馥郁、浓烈而复杂的口感。有一种奇怪的干涩感让陈酿古典康帝•索伯2010（Chianti Classico Vigna del Sorbo Riserva 2010）失色不少，但口感还是顺滑的。

● Chianti Cl. '10	🍷🍷🍷	4*
● Flaccianello della Pieve '10	🍷🍷	8
● Chianti Cl. V. del Sorbo Ris. '10	▼▼	6
● Syrah Case Via '10	▼	6
● Chianti Cl. V. del Sorbo Ris. '01	▽▽▽	6
● Flaccianello della Pieve '09	▽▽▽	8
● Flaccianello della Pieve '08	▽▽▽	8
● Flaccianello della Pieve '07	▽▽▽	6
● Flaccianello della Pieve '05	▽▽▽	6
● Flaccianello della Pieve '03	▽▽▽	6
● Flaccianello della Pieve '01	▽▽▽	6
● Flaccianello della Pieve '00	▽▽▽	6
● Flaccianello della Pieve '97	▽▽▽	6
● Syrah Case Via '98	▽▽▽	5
● Syrah Case Via '95	▽▽▽	5

Podere Forte

LOC. PETRUCCI, 13
53023 CASTIGLIONE D'ORCIA [SI]
TEL. 0577888510
www.podereforte.it

藏酒销售
预约参观
膳宿接待
年产量 24 000 瓶
葡萄种植面积 35 公顷
葡萄栽培方式 生物动力学认证

坡德瑞•福特酒庄（Podere Forte）属于帕斯圭瓦勒•福特（Pasquale Forte）所拥有，酒庄正开展一项有关酒类研究的项目，以蒙特布查诺（Montepulciano）和蒙塔尔奇诺（Montalcino）之间托斯卡纳区（Tuscany）的一片土地为中心，这里地势极具挑战性，容不得半点马虎。事实上，酒庄的生产效率十分高，葡萄园的管理采用有机方式，最近转变为生物动力的方式。现代化的酒窖增加了酿酒的严谨性，酿制是在900升的小桶和法国酒桶中进行的。它的风格在技巧层面上可以说是无可挑剔的，但也许还欠缺一点个性特征。奥奇亚•佩特鲁西2010（Orcia Petrucci 2010）展示了干净的香气，果味丰富而均衡的口味，和令人回味无穷的余韵，过多的橡木使用稍微减少了它的魅力。清新可口的奥奇亚•佩特鲁西诺2011（Orcia Petruccino 2011）表现良好。来自品丽珠（Cabernet Franc）、梅洛（Merlot）和小维铎（Petit Verdot）葡萄酿制的混合酒古瓦迪亚维格纳2010（Guardiavigna 2010）拥有美好的草味和富有层次感的口味，也是由于橡木味而水平稍微下降。

● Orcia Petrucci '10	🍷🍷 8
● Guardiavigna '10	🍷🍷 8
● Orcia Petruccino '11	🍷🍷 8
● Orcia Guardiavigna '01	🍷🍷🍷 8
● Guardiavigna '09	🍷🍷 8
● Guardiavigna '08	🍷🍷 8
● Guardiavigna '07	🍷🍷 8
● Guardiavigna '05	🍷🍷 8
● Orcia Guardiavigna '04	🍷🍷 7
● Orcia Guardiavigna '03	🍷🍷 7
● Orcia Guardiavigna '02	🍷🍷 7
● Orcia Petrucci '02	🍷🍷 7
● Orcia Petrucci '01	🍷🍷 7
● Orcia Petruccino '06	🍷🍷 5
● Orcia Petruccino '05	🍷🍷 4

Podere Fortuna

VIA SAN GIUSTO A FORTUNA, 7
50037 SAN PIERO A SIEVE [FI]
TEL. 0558487214
www.poderefortuna.com

藏酒销售
预约参观
膳宿接待
年产量 22 000 瓶
葡萄种植面积 6 公顷

根据史料记载，福杜娜酒庄（Fortuna）早在1465年就开始酿制葡萄酒，当时农场还是属于洛伦佐（Lorenzo the Magnificent）所有。经过对地区的大量研究和来自专家的建议，酒庄在1998年选择主要种植黑皮诺（Pinot Nero）葡萄。最初这品种在穆杰罗（Mugello）地区是鲜为人知的，但很快地它被证明了是非常适合本地气候特点和形态的。所酿制的葡萄酒质量取决于葡萄藤而不是酒窖，并且一款优秀的黑皮诺葡萄酒（Pinot Nero）必须是能够很好地诠释地域特征，这一点也是酒庄主人亚历山德罗•伯洛吉（Alessandro Brogi）在他的酿酒实践中基本的理念。麦乐2009（MCDLXV 2009）成功进入了决赛，拥有优雅的红醋栗果香和紫罗兰的花香，口感美味可口，给人轻松的享受，并有着清爽的余味。怡人的福杜尼2010（Fortuni 2010）散发出浓烈的红果浆的香味，酒体稳固但不沉重，余味中带有适当的酸味。

● 1465 MCDLXV '09	🍷🍷 8
● Fortuni '10	🍷🍷 6
○ Greto alla Macchia '10	🍷🍷 5
● Ardito del Mugello '10	🍷🍷 3
○ Campo de' Tre Filari '07	🍷🍷 6
● Coldaia '09	🍷🍷 5
● Coldaia '07	🍷🍷 5
● Fortuni '09	🍷🍷 6
● Fortuni '07	🍷🍷 6
● MCDLXV (1465) '07	🍷🍷 8
● Pinot Nero Fortuni '06	🍷🍷 5

Tenuta La Fortuna

Loc. La Fortuna, 83
53024 Montalcino [SI]
Tel. 0577848308
www.tenutalafortuna.it

藏酒销售
预约参观
年产量 60 000 瓶
葡萄种植面积 18 公顷

安吉洛（Angelo）和罗米纳•藏诺米（Romina Zannoni）两兄妹是在拉•福特纳酒庄（La Fortuna）工作的第六代。他们与父亲吉欧贝托（Gioberto）一起悉心照料着不足20公顷的土地。它们主要位于两个地区：最原始的园地位于蒙塔尔奇诺（Montalcino）的东北部，最近购买的一块在德尔阿贝特新堡（Castelnuovo dell'Abate）附近。园中除了有几排赤霞珠（Cabernet Sauvignon）葡萄以外，明星当属圣乔维斯（Sangiovese）葡萄，所酿的葡萄酒口感强烈、香气馥郁，大部分在中型酒桶中酿制，另外一部分是在法国酒桶中窖藏，是珍藏版（Riserva）。我们所品鉴的圣乔维斯葡萄酒（Sangiovese）完美地体现了它的风格形象。罗索2011（Rosso 2011）没有很出色的香气，但它的亮点在于酒体和萃取工艺。布内罗红葡萄酒珍藏2007（Brunello Riserva 2007）同样也是口感比香气更令人印象深刻。布内罗2008（Brunello 2008）表现更好，是这个年份的酒中最具活力的酒品之一，尽管它奇怪的烧烤味依然需要时间来沉淀。

● Brunello di Montalcino '08	🍷🍷 6
● Brunello di Montalcino Ris. '07	🍷🍷 7
● Rosso di Montalcino '11	🍷🍷 3
● Brunello di Montalcino '06	🍷🍷🍷 6
● Brunello di Montalcino '04	🍷🍷🍷 6
● Brunello di Montalcino '01	🍷🍷🍷 5
● Brunello di Montalcino '07	🍷🍷 6
● Brunello di Montalcino Ris. '06	🍷🍷 6

Frascole

Loc. Frascole, 27a
50062 Dicomano [FI]
Tel. 0558386340
www.frascole.it

藏酒销售
预约参观
膳宿接待
年产量 65 000 瓶
葡萄种植面积 16 公顷
葡萄栽培方式 有机认证

酒庄属于里皮家族（Lippi），这座位于弗拉斯科尔（Frascole）的酒庄由热情洋溢的农业家经营着。酒庄的山丘上散布着古老的伊特鲁利亚（Etruscan）遗迹，其中一些遗迹在进行考古挖掘。在酒庄主人的热情推动下，他们在几年前启动了一个再复原的项目，目的是提高位于高密度低产量的葡萄园所酿制的酒的品质。他们同时对酒窖进行改造和扩张，以增加新的酿造和陈放空间。这里的海拔高度、理想的环境和持续的通风保证了所种葡萄的健康生长，因而酿制出独特的葡萄酒。在短短几年间，文圣托弗拉斯科尔（Vin Santo di Frascole）已成为人们心中的经典了。浓烈的香气持续而缭绕，给人悠闲之感，是清闲时小啜几口的最佳饮品。基安蒂露菲娜2011（Chianti Rufina 2011）表现很好，香气中渗透着矿物质的味道和清晰的森林果香与蓝莓味，酒体稳固均匀，口味新鲜饱满，具有令人愉悦的适饮性。

○ Vin Santo del Chianti Rufina '04	🍷🍷 7
● Chianti Rufina '11	🍷🍷 2*
● Bitornino '11	🍷 2
○ In Albis '11	🍷 2
● Innominato '08	🍷 2
● Chianti Rufina '08	🍷🍷 2
● Chianti Rufina Ris. '08	🍷🍷 3
● Chianti Rufina Ris. '07	🍷🍷 3
○ Vin Santo del Chianti Rufina '03	🍷🍷 7
○ Vin Santo del Chianti Rufina '02	🍷🍷 7
○ Vin Santo del Chianti Rufina '01	🍷🍷 7

Tenuta di Frassineto

s.da Vicinale del Duca, 14
52100 Arezzo
Tel. 0575367033
www.tenutadifrassineto.com

藏酒销售
预约参观
年产量 38 000 瓶
葡萄种植面积 30 公顷

酒庄的建立可追溯至17世纪，乔尔乔•瓦萨里（Giorgio Vasari）是它的主人之一。当时的酿酒活动是由巴洛尼斯•法瓦尔蒂（Baroness Favard）发起的，并从中渗入她的巴黎口味。与其他25个酒庄一起，这里属于无亚硫酸盐葡萄酒（Vini senza Solfiti）中的一员，这是一个关于研究葡萄园和酒窖的技术应用，最少地使用化学添加剂以获得高品质葡萄酒的项目。除了酿酒之外，酒庄也生产高品质的硬质小麦和其他谷物。勒•法托利2011（Le Fattorie 2011），由品丽珠（Cabernet Franc）葡萄酿制，展现了青椒、香脂和森林果实的清新香气，良好的酒体、均匀的单宁和持久的余味给人以温暖的口感。我们同时也钟爱马斯特罗•德拉•吉安娜2011（Maestro della Chiana 2011），由品丽珠（Cabernet Franc）和小维铎（Petit Verdot）葡萄酿制的混合酒，散发着成熟的樱桃香味，混合着淡淡的薄荷香，酒体平衡，余韵迷人。维门蒂诺兰科里2012（Vermentino Rancoli 2012）带着柠檬和柑橘风味，清新怡人，其中还有一点桃子的味道，令香气更细腻。

● Le Fattorie '11	ΨΨ 4
● Maestro della Chiana '11	ΨΨ 4
○ Rancoli '12	ΨΨ 2*
○ Vicinale del Duca V.T. '11	Ψ 4
● Fontarronco '09	ΨΨ 2*
○ Rancoli '07	ΨΨ 2*
○ Vicinale del Duca '07	ΨΨ 4

★Marchesi de' Frescobaldi

via Santo Spirito, 11
50125 Firenze
Tel. 05527141
www.frescobaldi.it

藏酒销售
预约参观
年产量 19 000 000 瓶
葡萄种植面积 1 200 公顷

兰博托•弗里斯科巴尔迪（Lamberto Frescobaldi）是这座拥有700多年历史的意大利酒庄的主席。酒庄包括了在托斯卡纳区（Tuscany）的几个地方：宝米诺（Pomino）、鲁菲娜（Rufina）、马内玛（Maremma）、考里费奥伦提尼（Colli Fiorentini）、蒙塔尔奇诺（Montalcino）和费留利（Friuli）。酒庄在过去几年的发展包括：对葡萄园和酒窖的管理更注重生态可持续性；创建连锁酒吧——弗里斯科巴尔迪（De' Frescobaldi），以进军餐饮业和戈尔戈纳社区项目的实施，即托斯卡纳群岛与调剂中心共同协作而进行葡萄酒酿制活动，调剂中心的工作人员负责葡萄园里的工作。摩尔莫雷托2010（Mormoreto 2010）是一款由品丽珠（Cabernet Franc）和赤霞珠（Sauvignon）、梅洛（Merlot）和小维铎（Petit Verdot）葡萄酿制的混合酒，以它清新的药草、薄荷和森林果实的混合香味，进入了决赛。温暖的口感展现很好的重量感和平衡的酒体，以及持久可口的余味。饶有兴趣的蒙特索迪2010（Montesodi 2010）有着辛辣的香味和圆润而平衡的口感。尼坡扎诺2010（Nipozzano 2010）带有干净的香气和一流的口味。

● Mormoreto '10	ΨΨ 8
● Chianti Rufina Montesodi Ris. '10	ΨΨ 6
● Chianti Rufina Nipozzano Ris. '10	ΨΨ 3
● Brunello di Montalcino Castelgiocondo Ris. '07	Ψ 8
● Morellino di Scansano Pietraregia dell'Ammiraglia Ris. '10	Ψ 5
● Rosso di Montalcino Campo ai Sassi '11	Ψ 5
○ Vermentino Ammiraglia '12	Ψ 3
● Chianti Rufina Montesodi '01	ΨΨΨ 6
● Chianti Rufina Montesodi '97	ΨΨΨ 6
● Mormoreto '05	ΨΨΨ 7
● Mormoreto '01	ΨΨΨ 7
● Mormoreto '97	ΨΨΨ 7

Fuligni

via Saloni, 33
53024 Montalcino [SI]
Tel. 0577848710
www.fuligni.it

藏酒销售
预约参观
年产量 52 000 瓶
葡萄种植面积 12 公顷

这座弗里格尼（Fuligni）家族酒庄自20世纪20年代起就存在于蒙塔尔奇诺（Montalcino），与东部地区的科蒂梅丽（I Cottimelli）酒庄联系紧密。它的葡萄园位于海拔380米到450米的山丘上，是法定产区酒（DOC）酒区中最高的地方之一，土壤中富含泥灰土和碎石。尽管这些布内罗红葡萄酒（Brunellos）有时候有点难以入口，但我们依然能够耐心等待最好的版本。这些酒品随着时间的流逝而变得更加轻快和优雅。这有赖于酒窖中采用现代与古典相结合的方式来操作，即在大型桶里陈酿一段时间，再使用3 000升橡木桶来酿制。2014年我们所品鉴的布内罗红葡萄酒（Brunello）的味道也是值得推荐的。2008年份的版本非常迷人，散发着干花、桃子和肉豆蔻的香味，尽管结构稍微有点轻。珍藏2007（Riserva 2007）毫无疑问地结构更强大，并搭配以严肃的单宁，香气中带有秋天的味道和树根味。

● Brunello di Montalcino '08	🍷🍷 6
● Brunello di Montalcino Ris. '07	🍷🍷 8
● Rosso di Montalcino Ginestreto '11	🍷 4
● Brunello di Montalcino Ris. '01	🍷🍷🍷 8
● Brunello di Montalcino Ris. '97	🍷🍷🍷 8
● Brunello di Montalcino '07	🍷🍷 6
● Brunello di Montalcino '06	🍷🍷 6
● Brunello di Montalcino '01	🍷🍷 6
● Brunello di Montalcino Ris. '06	🍷🍷 8
● Brunello di Montalcino Ris. '04	🍷🍷 8
● Brunello di Montalcino Ris. '99	🍷🍷 8
● Rosso di Montalcino Ginestreto '10	🍷🍷 3
● Rosso di Montalcino Ginestreto '06	🍷🍷 4

Gattavecchi

loc. Santa Maria
via di Collazzi, 74
53045 Montepulciano [SI]
Tel. 0578757110
www.gattavecchi.it

藏酒销售
预约参观
年产量 280 000 瓶
葡萄种植面积 40 公顷

对自然的热爱和对酿酒的热情是这座酒庄成功的秘诀，其即将庆祝它酿酒100年。戈塔维奇家族（Gattavecchi）在多年以来对它进行了彻底改造，但从不丢弃传统，他们亲自管理生产过程的各个环节。现在卢卡（Luca）居于掌舵的位置，他彻底将葡萄园的潜力发挥到最大化，并扩张海外市场。葡萄酒的酿制是在地下洞穴和帕德里塞维提（Padri Serviti）的房屋里进行，它曾经是古老的女修道院，而今是一座历史悠久的酒窖，坐落于蒙特布查诺（Montepulciano）的关口。酒庄旗下的坡吉奥•阿拉萨拉（Poggio alla Sala）展示了最好的成果。贵族酒珍藏2009（Nobile Riserva 2009）的香气富有层次感和多样化，成熟的果实味道，稳固而精细的酒体和缭绕多汁的余味。

● Nobile di Montepulciano Poggio alla Sala '10	🍷🍷 5
● Nobile di Montepulciano Poggio alla Sala Ris. '09	🍷🍷 5
● Chianti Colli Senesi '12	🍷 2
● Chianti dei Colli Senesi Poggio alla Sala '12	🍷 3
● Nobile di Montepulciano Riserva dei Padri Serviti '09	🍷 4
● Rosso di Montepulciano '12	🍷 2
● Rosso di Montepulciano Poggio alla Sala '12	🍷 2
● Nobile di Montepulciano '09	🍷🍷 4
● Nobile di Montepulciano Parceto Poggio alla Sala '09	🍷🍷 3
● Nobile di Montepulciano Poggio alla Sala '09	🍷🍷 5

Poderi di Ghiaccioforte

LOC. CIVITELLA BASSA, 124A
58024 SCANSANO [GR]
TEL. 0309848311
www.baronepizzini.it

预约参观
膳宿接待
年产量 110 000 瓶
葡萄种植面积 13 公顷
葡萄栽培方式 生物动力学认证

酒庄的主人保罗（Paolo）和克里斯丁•恩德里西（Christine Endrici）作为圣米凯莱亚拉迪杰（San Michele all'Adige）的葡萄栽培家，在1999年决定和克里斯丁的哥哥托马斯•凯斯乐（Thomas Kessler）一起投资位于马内玛（Maremma）地区的葡萄园。选择葡萄园种植地不是一件容易的任务。酒庄的名字来自卖给他们土地的一位农民对在这里种植葡萄所面对的挑战说的一句评论。这三人怀着勇敢和决心，对这地方进行研究并仔细挑选栽种的品种和根茎。所酿制的结果显而易见，所得到的成果是很不错的。由圣乔维斯（Sangiovese）、梅洛（Merlot）和解百纳（Cabernet）混制而成的赛尔帕欧罗2011（Serpaiolo 2011）拥有集中的果味，辛辣的香气，萦绕且柔和的口味和清新悠长的余味。梅丽亚2009（Meria 2009）在以上相同成分的基础上，添加了小维铎（Petit Verdot）葡萄也是很不错。植物香味中混合了青椒和草本香料植物，酒体稳固且风格明确，加上精致的单宁与悠长和谐的余韵。

● Meria '09	🍷🍷 3
● Morellino di Scansano '11	🍷🍷 4
● Morellino di Scansano Dono Ris. '09	🍷🍷 4
● Serpaiolo '11	🍷🍷 2*
● Rosso dei Poderi '10	♀♀ 3

★Tenuta di Ghizzano

FRAZ. GHIZZANO
VIA DELLA CHIESA, 4
56037 PECCIOLI [PI]
TEL. 0587630096
www.tenutadighizzano.com

藏酒销售
预约参观
膳宿接待
年产量 80 000 瓶
葡萄种植面积 20 公顷
葡萄栽培方式 有机认证

酒庄与具有魅力的名人吉内瓦拉（Ginevra Venerosi Pesciolini）紧密结合在一起，他是拥有这个酒庄几个世纪的家族的后代。酒庄拥有350公顷土地美丽的自然环境，其中有20公顷用于种植葡萄，是一幅难以言喻的壮丽的景象。这里的自然条件起源于海洋气候，沙质和黏土质的土壤中富含化石。在多年采用有机方式种植之后，酒庄不久前转变为生物动力的方式。所酿制的酒呈现代风格，富含独特的个性。今年纳姆伯洛特2010（Nambrot 2010）缺席主场阵容，但惊人的维内罗索2010（Veneroso 2010）算是一款不错的选择。芳香中渗透着典型的圣乔维斯葡萄酒（Sangiovese）所具有的红果浆味，融合了一丝野味和地中海矮树丛的味道。入口后有很浓的果汁味，十分优雅。2014年它的产量有限，但它的诠释是吉萨诺（Ghizzano）地区一个优雅的典范。

● Veneroso '10	🍷🍷🍷 5
● il Ghizzano '11	🍷🍷 2*
● Nambrot '09	♀♀♀ 6
● Nambrot '08	♀♀♀ 6
● Nambrot '06	♀♀♀ 6
● Nambrot '05	♀♀♀ 6
● Nambrot '04	♀♀♀ 6
● Nambrot '03	♀♀♀ 6
● Nambrot '01	♀♀♀ 8
● Nambrot '00	♀♀♀ 7
● Veneroso '07	♀♀♀ 5
● Veneroso '04	♀♀♀ 5
● Veneroso '01	♀♀♀ 5
● Nambrot '07	♀♀ 6
● Veneroso '09	♀♀ 5
● Veneroso '08	♀♀ 5

Marchesi Ginori Lisci

FRAZ. PONTEGINORI
LOC. QUERCETO
56040 MONTECATINI VAL DI CECINA [PI]
TEL. 058837443
www.marchesiginorilisci.it

藏酒销售
膳宿接待
年产量 35 000 瓶
葡萄种植面积 17 公顷
葡萄栽培方式 有机认证

酒庄属于生产无亚硫酸盐葡萄酒（Vini senza Solfiti）的一员，属于书写佛罗伦萨（Florence）历史的一个家族所有，他们同时拥有这里以他们名字命名的宫殿和街道。今天酒庄由路易吉•马伦奇尼（Luigi Malenchini）运营，他是洛伦佐•吉诺里（Lorenzo Ginori）的孙子，在20世纪80年代末开始管理酒庄。至20世纪90年代末为止，他们彻底废除了过时的葡萄园，并使用更适合这里风土特征的新品种代替。同时从酒庄中分离了一部分并新建了一座酒窖。梅洛2008（Merlot 2008）进入了决赛，展示出巧克力、皮革和樱桃酱的混合味道。入口多汁香甜，酒体稳固而清爽，余韵悠长持久。怡人的马奇安•德尔•鲁坡2009（Macchion del Lupo 2009）拥有清新的植物香，带着淡淡的香料味，余味持久。康姆坡迪戈诺2010（Campordigno 2010）是一款简单良好的酒款，香气活泼而果味浓郁，带有一丝花香，酒体清瘦而多汁。

● Montescudaio Merlot '08	🍷🍷 2*
● Montescudaio Cabernet Macchion del Lupo '09	🍷🍷 3
● Montescudaio Rosso Campordigno '10	🍷🍷 2*
⊙ Bacio '12	🍷 2
○ Vermentino Virgola '12	🍷 2
● Castello Ginori '07	🍷🍷 4
● Castello Ginori '06	🍷🍷 4
● Montescudaio Cabernet Macchion del Lupo '08	🍷🍷 3*
● Montescudaio Macchion del Lupo '07	🍷🍷 3*
● Montescudaio Rosso Campordigno '08	🍷🍷 3*

I Giusti e Zanza

VIA DEI PUNTONI, 9
56043 FAUGLIA [PI]
TEL. 058544354
www.igiustiezanza.it

藏酒销售
预约参观
年产量 100 000 瓶
葡萄种植面积 17 公顷
葡萄栽培方式 有机认证

葡萄栽培对于福瓦格利亚（Fuaglia）和比萨省（Pisa）与里窝那（Livorno）之间的山丘来说并不新鲜，自从19世纪末，这里便一直生产葡萄酒。酒庄建立于20世纪90年代初，今天属于保罗•吉斯提（Paolo Giusti）和他家族所有。富含细沙和黏土的土壤中含有碎石，为了与大自然保持和谐，在农业耕作中采用有机方式和生物动力方式，并经过一丝不苟的酿制和在酒窖中发酵，生产出具有原始风味和展现出明显的现代风格的葡萄酒。杜尔卡马拉2010（Dulcamara 2010）表现很不错，散发着美好而优雅的吐司风味，带有丰满而浓郁的黑果浆味，渗透着精致优雅的香料。平衡的单宁结构使得口感馥郁、复杂而集中。酒瓶中酿制工序是必须的，随着时间的流逝它的香气会更加清晰并且口感会更加圆润。出色的内莫里诺•比安科2012（Nemorino Bianco 2012）口味浓烈，果汁丰富，并有甘菊的清脆感。

● Dulcamara '10	🍷🍷 5
○ Nemorino Bianco '12	🍷🍷 2*
● Belcore '11	🍷 3
● Nemorino Rosso '11	🍷 2
● Belcore '07	🍷🍷 3
● Dulcamara '09	🍷🍷 5
● Dulcamara '08	🍷🍷 5
● Dulcamara '07	🍷🍷 5
● Dulcamara '01	🍷🍷 5
● Dulcamara '00	🍷🍷 5
○ Nemorino Bianco '09	🍷🍷 2*
● PerBruno '10	🍷🍷 4
● PerBruno '09	🍷🍷 4
● PerBruno '06	🍷🍷 4
● PerBruno '05	🍷🍷 4
● PerBruno '04	🍷🍷 4

★Podere Grattamacco

LOC. LUNGAGNANO
57022 CASTAGNETO CARDUCCI [LI]
TEL. 0565765069
www.collemassari.it

藏酒销售
预约参观
年产量 80 000 瓶
葡萄种植面积 13 公顷
葡萄栽培方式 有机认证

这座十分迷人的酒庄是整个地区的一个真实典范，创建于20世纪70年代。数年前酒庄被蒂帕（Tipa）兄弟收购了。他们保持着酒庄的原状，唯一有变化的是提高了葡萄酒优雅品质，使它更具吸引力。这些酒表现出起源地的土壤特征，所采用的葡萄是采摘于海拔100米的树林里，土质根据海拔而呈现不同的成分，低海拔的多数是沙质土壤而高海拔的土壤富含泥灰和石灰石。保格利•格拉塔玛科特级2010（Bolgheri Superiore Grattamacco 2010）是一款优秀的酒。远离生长年份给这个地区所带来的挑战，它经受住风吹雨打，增强了这个年份的品质，带给我们一款个性清瘦、顺滑且成熟，但不会过于精致的红葡萄酒。红果浆和香料的味道中伴着草本、香脂的月桂树叶的味道，入口果汁味浓烈，口感持续变化，令人回味无穷。

● Bolgheri Rosso Sup. Grattamacco '10	▼▼▼ 7
● Bolgheri Sup. L'Alberello '10	▼▼ 6
● Bolgheri Rosso '11	▼▼ 4
● Bolgheri Rosso Sup. Grattamacco '09	▽▽▽ 7
● Bolgheri Rosso Sup. Grattamacco '07	▽▽▽ 7
● Bolgheri Rosso Sup. Grattamacco '06	▽▽▽ 7
● Bolgheri Rosso Sup. Grattamacco '05	▽▽▽ 7
● Bolgheri Rosso Sup. Grattamacco '04	▽▽▽ 7
● Bolgheri Rosso Sup. Grattamacco '03	▽▽▽ 7
● Bolgheri Rosso Sup. Grattamacco '01	▽▽▽ 8
● Bolgheri Rosso Sup. Grattamacco '99	▽▽▽ 7
● Grattamacco '85	▽▽▽ 7
● Bolgheri Rosso Sup. Grattamacco '08	▽▽ 7
● Bolgheri Sup. L'Alberello '09	▽▽ 6
● Bolgheri Sup. L'Alberello '06	▽▽ 6
● Bolgheri Sup. L'Alberello '04	▽▽ 6

Fattoria di Grignano

VIA DI GRIGNANO, 22
50065 PONTASSIEVE [FI]
TEL. 0558398490
www.fattoriadigrignano.com

藏酒销售
预约参观
年产量 250 000 瓶
葡萄种植面积 49. 5 公顷
葡萄栽培方式 有机认证

这个格里纳诺（Grignano）的山庄地处罗马的要塞，由马彻西•甘迪（Marchesi Gondi）于1400年建立，在一座大酒庄中，在19世纪末就呈现它现有的结构。自1972年开始，它就属于在时尚界工作的因格拉米（Inghirami）家族所有。鲁菲娜（Rufina）是基安蒂（Chianti）七块土地划分中的一块，生产结构良好并经得起酒窖陈酿，有着独特酸味的葡萄酒。虽然酿酒是酒庄主要的生产活动，但这里超过600公顷的面积中也有耕地、果树和大面积的橄榄树。圭瓦提埃丽珍藏2008（Riserva Poggio Gualtieri 2008）表现很好，散发皮革和烟草味，夹杂黑莓酱香气，口感纯正地道，单宁与酒精融合得很平衡。文•圣托2005（Vin Santo 2005）给人愉悦的口感，香气中带有杏仁和榛果味，余韵悠长。

● Chianti Rufina Poggio Gualtieri Ris. '08	▼▼ 3
● Chianti Rufina '11	▼ 2
○ Pietramaggio Bianco	▼ 1*
● Pietramaggio Rosso	▼ 1*
○ Vin Santo del Chianti Rufina '05	▼ 4
● Chianti Rufina '09	▽▽ 2
● Chianti Rufina Poggio Gualtieri Ris. '07	▽▽ 3
● Salicaria '05	▽▽ 4
○ Vin Santo del Chianti Rufina '04	▽▽ 4
○ Vin Santo del Chianti Rufina '03	▽▽ 4

Tenuta Guado al Tasso

Loc. Belvedere, 140
57020 Bolgheri [LI]
Tel. 0565749735
www.antinori.it

预约参观
年产量 800 000 瓶
葡萄种植面积 300 公顷

这座特殊的酒庄在19世纪30年代由安东尼世家（Antinoris）继承，是盖拉德斯卡家族（Gherardesca）资产的一部分。在这个拥有美丽的林地和地中海矮树丛的迷人酒庄里，它横跨了1000多公顷的土地，另外还有超过300公顷的葡萄园。这里酿制的葡萄酒来自这个地区的经典品种，主要是梅洛（Merlot）和解百纳（Cabernet）葡萄，还有圣乔维斯（Sangiovese）、小维铎（Petit Verdot）葡萄和白葡萄维门蒂诺（Vermentino）。它们经过集中而毫无瑕疵的酿制，呈现代的风格，是酒庄真正的风格体现。2014年这个享誉盛名的酒庄表现有点低调。我们所挑选的是保格利•圭瓦多特级2010（Bolgheri Superiore Guado al Tasso 2010），一款正在进化的酒款，以吐司味、腌肉的烧烤味和强烈的烟草味为主导，口味更加干净连贯而美味，经过适当的榨取，在各种味道更好的融合之后，在酒瓶中将会得到更好的提升。

● Bolgheri Rosso Sup. Guado al Tasso '10	🍷🍷 8
○ Bolgheri Vermentino '12	🍷🍷 3
⊙ Bolgheri Rosato Scalabrone '12	🍷 3
● Bolgheri Rosso Bruciato '11	🍷 4
● Bolgheri Rosso Sup. Guado al Tasso '01	🍷🍷🍷 8
● Bolgheri Rosso Sup. Guado al Tasso '90	🍷🍷🍷 8
⊙ Bolgheri Rosato Scalabrone '11	🍷🍷 3
⊙ Bolgheri Rosato Scalabrone '10	🍷🍷 3*
● Bolgheri Rosso Bruciato '02	🍷🍷 4
● Bolgheri Rosso Sup. Guado al Tasso '09	🍷🍷 8
● Bolgheri Rosso Sup. Guado al Tasso '08	🍷🍷 8
● Bolgheri Rosso Sup. Guado al Tasso '00	🍷🍷 8
● Bolgheri Rosso Sup. Guado al Tasso '98	🍷🍷 6
○ Bolgheri Vermentino '11	🍷🍷 3
○ Bolgheri Vermentino '10	🍷🍷 3

Guicciardini Strozzi Fattoria Cusona

Loc. Cusona, 5
53037 San Gimignano [SI]
Tel. 0577950028
www.guicciardinistrozzi.it

藏酒销售
预约参观
年产量 600 000 瓶
葡萄种植面积 115 公顷

圭伊奇亚蒂尼•斯特洛兹（Guicciardini Strozzi）家族是意大利最古老的家族之一，在世界酿酒史上具有特殊的地位。由于它辉煌的过去和对葡萄酒的热爱，这酒庄正在经历着一个相当令人兴奋的时期，这有赖于新一代管理者的活力和激情。酒庄在一些地区建立了几处资产，包括马内玛（Maremma）、潘泰莱里亚（Pantelleria）和酒庄的奠基石——圣•吉米纳诺（San Gimignano）。尽管它正经历一段新的成长期和风格定义期，我们依然能感受到这些葡萄酒的集中的优秀品质。惊人的维纳奇亚提托拉托2012（Vernaccia Titolato Strozzi 2012）给人很好的感觉，富含矿物质和岩石的香味中带有柔和而吸引人的药草味，使它极具个性和特点。这是一款十分纯正的葡萄酒，甜美可口，十分柔软，有着迅速发展的能力，如钉子一般坚硬。维纳奇亚•库索纳1933•2011（Vernaccia Cusona 1933 2011）品尝起来没有那么风格分明，香气缓慢且过度了。

● Morellino di Scansano Titolato Strozzi '12	🍷🍷 2*
○ Vernaccia di S. Gimignano Titolato Strozzi '12	🍷🍷 2*
○ Arabesque '12	🍷 2
● Chianti Colli Senesi Titolato Strozzi '12	🍷 2
○ Vernaccia di S. Gimignano Cusona 1933 '11	🍷 3
● Millanni '99	🍷🍷🍷 5
● Bolgheri Rosso Sup. VignaRè Villa Le Pavoniere '07	🍷🍷 6
● Sòdole '08	🍷🍷 5
● Sòdole '07	🍷🍷 5
○ Vernaccia di S. Gimignano Cusona 1933 '10	🍷🍷 3
○ Vernaccia di S. Gimignano Titolato Strozzi '11	🍷🍷 2*
○ Vernaccia di S. Gimignano Titolato Strozzi '10	🍷🍷 2*

Fattoria Il Lago

VIA CAMPAGNA, 18
50062 DICOMANO [FI]
TEL. 055838047
www.fattoriaillago.com

藏酒销售
预约参观
膳宿接待
年产量 50 000 瓶
葡萄种植面积 22 公顷

酒庄原本是属于马彻西家族（Marchesi Vivai Bartolini Salimbeni）的农场，现属于斯帕诺里（Spagnoli）家族所有。在翻新了所有建筑并在两个小村庄之间创建一座农家乐之后，斯帕诺里（Spagnoli）又移植了葡萄园，并对酒窖进行翻新。葡萄栽培一向都是酒庄的主要活动，这可以在建设期间在地下发现的工具中体现出来。基安蒂鲁菲娜2011（Chianti Rufina 2011）拥有各种不同的香气，包括樱桃和黑莓味，平衡的口感中伴有细腻的单宁和怡人而悠长的余味，给人留下深刻的印象。饶有兴趣的黑皮诺2010（Pinot Nero 2010）有着清新的草本香味之外，还有野生果浆的味道，令人放松，如天鹅绒一般的结构，并带有可口清爽的余味。辛辣且富有魅力的西拉2010（Syrah 2010）展现了黑椒、咖喱粉和红草莓的味道，口感体现了出色而均匀混合的单宁以及富含果汁，令人回味无穷的余韵。

● Chianti Rufina '11	🍷🍷 2*
● Pinot Nero '10	🍷🍷 5
● Syrah '10	🍷🍷 3
● Chianti Rufina '08	🍷🍷 2*
● Chianti Rufina Ris. '08	🍷🍷 3
● Pian de' Guardi '06	🍷🍷 4
● Pinot Nero '09	🍷🍷 5
● Syrah '08	🍷🍷 3

★Isole e Olena

LOC. ISOLE, 1
50021 BARBERINO VAL D'ELSA [FI]
TEL. 0558072763
www.isoleolena.it

藏酒销售
预约参观
年产量 200 000 瓶
葡萄种植面积 50 公顷

保罗•马奇（Paolo De Marchi）原本来自皮埃蒙特区（Piedmont），如今已是基安蒂（Chianti）本土人，他也许是黑公鸡派（Gallo Nero）引以为豪的最精确的酿酒师之一。他的工作集中在追求一致性和可靠性上，所有一切能够体现这个地区更深层的品质的东西，并对它的复兴做出了很大的贡献。埃索勒•奥勒纳酒庄（Isole Olena）除了酿制传统葡萄酒之外，同时也会酿制所谓的“国际葡萄酒”。精致的香气，清新的口味，这些酒展现出丰富的个性，明显超过了普通水平。塞帕雷罗2010（Cepparello 2010）再次成为基安蒂（Chianti）最好的纯圣乔维斯（Sangiovese）葡萄酒之一，伴有非常迷人的阵阵香气，果味、花香和香料的交织缠绕。入口充满活力，如同奶油般的优雅，进而缓缓地转变成持久清新而美味的余韵。古典康帝2011（Chianti Classico 2011）同样是一款美味活泼的酒，促进食欲的香甜和酸味互相交织，使得它的口味更加迷人。

● Cepparello '10	🍷🍷🍷 8
● Chianti Cl. '11	🍷🍷 5
● Cepparello '09	🍷🍷🍷 8
● Cepparello '07	🍷🍷🍷 8
● Cepparello '06	🍷🍷🍷 8
● Cepparello '05	🍷🍷🍷 8
● Cepparello '03	🍷🍷🍷 7
● Cepparello '01	🍷🍷🍷 6
● Cepparello '00	🍷🍷🍷 6
● Cepparello '99	🍷🍷🍷 6
● Cepparello '98	🍷🍷🍷 6
● Cepparello '97	🍷🍷🍷 6
● Syrah '99	🍷🍷🍷 5
● Cepparello '08	🍷🍷 8

Lamole di Lamole

LOC. VISTARENNI
53013 GAIOLE IN CHIANTI [SI]
TEL. 0577738186
www.lamole.com

藏酒销售
预约参观
年产量 224 000 瓶
葡萄种植面积 16 公顷

基于威尼托区（Veneto）的圣塔•马格丽塔集团（Santa Margherita）是意大利最重要的葡萄酒生产商之一，在一些全国最好的葡萄生长地区拥有几座酒庄，两座位于基安蒂（Chianti），还有基安蒂格雷韦（Greve di Chianti）的拉莫勒（Lamole di Lamole）、佳奥利（Gaiole）的威斯塔雷尼别墅（Villa Vistarenni）和马内玛（Maremma）的萨索•雷戈尔酒庄（Sasso Regale）。虽然酒庄数量和年产量都很多，但托斯卡纳区（Tuscany）的产品，尤其是来自拉莫勒酒庄的葡萄酒，展示了富有个性的风格和地域的特点。威斯塔雷尼别墅所酿制的酒也保持着淳朴的风格，且绝不平凡。酿制工序是在大型桶和小型桶中进行的。康普伦戈•古典康帝珍藏2009（Chianti Classico Vigna di Campolungo Riserva 2009）拥有集中的香气，随之是重重的、协调的、极具活力的口感。拉莫勒珍藏2009（Riserva 2009 Lamole di Lamole）口感醇香，虽然缺乏一点复杂性，带着柔和的香气和活泼平衡的口味。古典康帝2010（Chianti Classico 2010）口感清脆爽口。

● Chianti Cl. Vign. di Campolungo Ris. '09	🍷🍷🍷 5
● Chianti Cl. Lamole di Lamole '10	🍷🍷 3
● Chianti Cl. Lamole di Lamole Ris. '09	🍷🍷 4
● Chianti Cl. Villa Vistarenni Ris. '09	🍷 4
● Chianti Cl. Vign. di Campolungo Ris. '08	ΥΥΥ 5
● Chianti Cl. Lamole di Lamole '08	ΥΥ 3*
● Chianti Cl. Lamole di Lamole Et. Blu '09	ΥΥ 4
● Chianti Cl. Lamole di Lamole Et. Blu '08	ΥΥ 4
● Chianti Cl. Vign. di Campolungo Ris. '06	ΥΥ 5
● Chianti Cl. Villa Vistarenni Ris. '08	ΥΥ 4

La Lastra

FRAZ. SANTA LUCIA
VIA R. DE GRADA, 9
53037 SAN GIMIGNANO [SI]
TEL. 0577941781
www.lalastra.it

藏酒销售
预约参观
年产量 57 600 瓶
葡萄种植面积 7 公顷

酒庄是由一群葡萄园管理者和酿酒学家建立而成的，他们大胆地在维纳奇亚（Vernaccia）和圣吉米纳诺（San Gimignano）地区的潜力上下赌注。酒庄如今已逐渐受到红酒狂热者的喜爱。酿制的葡萄酒精致、线型、富含活力，而不是直接就给人通畅和顺从的感觉。酒庄酿造纯正的、特别适合在酒瓶中陈放的白葡萄酒。它的明星酒是雷纳托•斯帕奴（Renato Spanu）、纳迪亚•贝蒂（Renato Spanu）和恩里科•帕特诺斯特（Renato Spanu）。葡萄园的土壤主要是粘质粉土，富含碎石和海洋化石，是酿造独特风格的理想环境，也是实践这座可爱酒庄的理念的理想条件。拉斯特拉珍藏2011（Riserva 2011 de La Lastra）是市场中最佳的维纳奇亚葡萄酒（Vernaccias）之一，也是整个指定大区的标杆。当我们品鉴的时候，它有时很难以捉摸，锐利而线型，没有强烈的酒香，而是很收敛并有淡淡的矿物质味。在酒瓶中陈放一些时间将会使这款已经很精彩的酒更加复杂。

○ Vernaccia di S. Gimignano Ris. '11	🍷🍷 3*
○ Vernaccia di S. Gimignano '12	🍷🍷 2*
● Chianti Colli Senesi '11	🍷 2
○ Vernaccia di S. Gimignano Ris. '09	ΥΥΥ 3*
● Rovaio '05	ΥΥ 4
○ Vernaccia di S. Gimignano '11	ΥΥ 2*
○ Vernaccia di S. Gimignano '10	ΥΥ 2*
○ Vernaccia di S. Gimignano Ris. '10	ΥΥ 3*
○ Vernaccia di S. Gimignano Ris. '05	ΥΥ 3*
○ Vernaccia di S. Gimignano Ris. '03	ΥΥ 3
○ Vernaccia di S. Gimignano Ris. '02	ΥΥ 3

La Lecciaia

Loc. Vallafrico
53024 Montalcino [SI]
Tel. 0583928366
www.lecciaia.it

预约参观
年产量 200 000 瓶
葡萄种植面积 15 公顷

马奥罗•帕西尼（Mauro Pacini）拥有的这座酒庄的介绍是我们这本年鉴中深受欢迎的一部分。马奥罗是蒙塔尔奇诺（Montalcino）是最受尊敬的酿酒师之一，也是拉•勒奇亚酒庄（La Lecciaia）的所有者。酒庄于1983年被收购，延伸超过60公顷，其中有15公顷土地种植圣乔维斯（Sangiovese Grosso）葡萄，种在西部地区中心海拔450米上，粘质土壤中含有比例很好的碎石。这种基本条件能够解释正牌酒（Standard）、玛纳佩特拉（Manapetra）和布内罗珍藏（Riserva Brunellos）有时年轻而严肃、干燥而锐利的原因，它们是经过长期浸泡，并主要在5 000升的桶里，少量在大型酒桶里面酿制。2014年勒奇亚酒庄（Lecciaia）没有给我们惊喜，但有着强大而稳固结构的罗索2011（Rosso 2011）是极具魅力的玛纳佩特拉布内罗2008系列酒（Brunello Vigna Manapetra 2008）的序曲，带着烟斗丝、湿土和百花香的味道，只是过重的单宁使得它的口味没有那么令人放松。

● Brunello di Montalcino V. Manapetra '08	🍷🍷 5
● Brunello di Montalcino '08	🍷🍷 5
● Brunello di Montalcino V. Manapetra Ris. '07	🍷🍷 6
● Rosso di Montalcino '11	🍷🍷 3
● Brunello di Montalcino Ris. '07	🍷 6
● Brunello di Montalcino Ris. '04	🍷🍷 6
● Brunello di Montalcino V. Manapetra Ris. '04	🍷🍷 7

Cantine Leonardo da Vinci

via Provinciale Mercatale, 291
50059 Vinci [FI]
Tel. 0571902444
www.cantineleonardo.it

藏酒销售
预约参观
膳宿接待
年产量 4 000 000 瓶
葡萄种植面积 500 公顷

康蒂内•里昂那多酒庄（Cantine Leonardo）创建于20世纪60年代，由大约30个农场联合建立。经过多年的发展，成员的数量增至160名，伴随的是葡萄酒系列的扩大和品质的提高。最初的场所芬奇（Vinci）依然存在，但种植的面积散布在各地，保证了不同葡萄品种培植的理想环境。其中的1公顷由佛罗伦萨大学农业科学学院（Florence University's Faculty of Agricultural Science）的学生照料，作为一项始于几年前的研究项目的一部分。这个联盟同时也拥有蒙塔尔奇诺康蒂内酒庄（Cantina di Montalcino），如今由卡维罗（Caviro）集团监管着。基安蒂里昂那多2012（Chianti Leonardo 2012）凭着野生果浆和香料的混合香味，美味放松的口感，适当的重量和清爽的余韵，再一次被证实是物超所值的一款。达文西康帝珍藏2010（Da Vinci Chianti Riserva 2010）表现良好，酒体平衡，结构厚重。

○ Bianco dell'Empolese Vin Santo '07	🍷🍷 4
● Chianti Da Vinci Ris. '10	🍷🍷 3
● Chianti Leonardo '12	🍷🍷 2*
● Rosso di Montalcino Leonardo '11	🍷🍷 3
● Brunello di Montalcino Da Vinci '08	🍷 6
● Brunello di Montalcino Da Vinci Ris. '07	🍷 6
● Merlot Poggio del Sasso '12	🍷 2
● Sangiovese Merlot '12	🍷 2
● Sangiovese Poggio del Sasso '12	🍷 2
○ Vermentino Poggio del Sasso Cantina di Montalcino '12	🍷 2
○ Bianco dell'Empolese Vin Santo '06	🍷🍷 4
● Chianti Da Vinci '09	🍷🍷 2*

Tenuta di Lilliano

LOC. LILLIANO, 8
53011 CASTELLINA IN CHIANTI [SI]
TEL. 0577743070
www.lilliano.com

藏酒销售
预约参观
年产量 160 000 瓶
葡萄种植面积 35 公顷

利里亚诺酒庄（Tenuta di Lilliano）位于基安蒂卡斯特利娜（Castellina in Chianti）的一个分区。它于1920年被路斯坡里家族（Ruspoli）购买，如今依然是酒庄的主人。装瓶和营销工作始于1958年，是古典康帝（Chianti Classico）酿酒区生产力最强、确立最久的酒庄之一。利里亚诺酿制的古典风格的葡萄酒有着毫无瑕疵的优雅。尽管最近酒庄试图转变为现代风格，但它从不丢弃它自己的传统风格，注重味道的细微差别而不是它的重量或硬度。有着地中海矮树丛风味的古典康帝珍藏2010（Chianti Classico Riserva 2010）口感厚重，酒香缭绕均匀。古典康帝2011（Chianti Classico 2011）展示了十分锐利的单宁，但依然很可口。安娜佳里斯2010（Anagallis 2010）是由科罗利诺（Colorino）、梅洛（Merlot）和圣乔维斯（Sangiovese）葡萄酿制的混合酒。充满活力的维格纳卡特纳2010（Vignacatena 2010），一款由纯梅洛葡萄酿制而成的酒，在2001年后被暂停生产，如今又开始投入生产。

● Chianti Cl. Ris. '10	🍷🍷 5
● Anagallis '10	🍷🍷 5
● Chianti Cl. '11	🍷🍷 3
● Vignacatena '10	🍷🍷 5
● Chianti Cl. '10	🍷🍷🍷 3*
● Chianti Cl. '09	🍷🍷🍷 3
● Anagallis '09	🍷🍷 5
● Anagallis '08	🍷🍷 5
● Chianti Cl. '08	🍷🍷 4
● Chianti Cl. '06	🍷🍷 2*
● Chianti Cl. Ris '08	🍷🍷 5
● Chianti Cl. Ris. '09	🍷🍷 5
● Chianti Cl. Ris. '07	🍷🍷 5
● Chianti Cl. Ris. '06	🍷🍷 5

Lisini

FRAZ. SANT'ANGELO IN COLLE
POD. CASANOVA
53024 MONTALCINO [SI]
TEL. 0577844040
www.lisini.com

藏酒销售
预约参观
年产量 90 000 瓶
葡萄种植面积 21 公顷

里斯尼（Lisini）家族自19世纪末开始就在蒙塔尔奇诺（Montalcino）地区活跃，是现在能够说藏有20世纪60年代珍藏酒的少数人中的一员，这也是酒庄具有历史意义最重要的原因。今天我们也能感受到它的传奇。酒庄主要的10公顷葡萄园都种植着圣乔维斯（Sangiovese），大部分位于赛斯特（Sesta）。美味而淳朴的布内罗红葡萄酒（Brunello）的酿制理念将这个系列的所有版本紧紧结合起来，它的设计目的在于陈酿很长时间，并在中型斯拉夫尼亚（Slavonian）橡木桶中酿制。如往常一样，最有希望的酒款来自布内罗红葡萄酒（Brunello），以尤戈莱亚2007（Ugolaia 2007）为首，比往常更清瘦，带有植物风味，体现出相当粗糙的单宁。而同一年份的珍藏版本（Riserva）展现出相似的特征，但是我们喜欢它十分古典的表现。罗索2011（Rosso 2011）也是表现出色的一款。

● Brunello di Montalcino Ris. '07	🍷🍷 7
● Brunello di Montalcino Ugolaia '07	🍷🍷 8
● Rosso di Montalcino '11	🍷🍷 4
● Brunello di Montalcino '08	🍷 6
● Brunello di Montalcino '90	🍷🍷🍷 5
● Brunello di Montalcino '88	🍷🍷🍷 5
● Brunello di Montalcino Ugolaia '06	🍷🍷🍷 8
● Brunello di Montalcino Ugolaia '04	🍷🍷🍷 8
● Brunello di Montalcino Ugolaia '01	🍷🍷🍷 8
● Brunello di Montalcino Ugolaia '00	🍷🍷🍷 7
● Brunello di Montalcino Ugolaia '91	🍷🍷🍷 7

Livernano

Loc. Livernano, 67a
53017 Radda in Chianti [SI]
Tel. 0577738353
www.livernano.it

藏酒销售
预约参观
膳宿接待
年产量 50 000 瓶
葡萄种植面积 20 公顷

利瓦纳诺酒庄（Livernano）由罗伯特•库伊罗（Robert Cuillo）所有，他在1990年对这座于1953年被抛弃的酒庄进行了修复，并试图恢复它原先的华丽面貌。酒庄位于锡耶纳古典康帝（Sienese Chianti Classico）酒区中拉达（Radda）的一个分区。葡萄园的管理井然有序，周边几乎全是灌木丛，所栽种的葡萄与环境融为一体。酒窖中，葡萄酒只是在法国橡木桶中放至成熟，以遵循酿造丰满、多汁的葡萄酒的风格。康帝珍藏2010（Chianti Riserva 2010）有着集中的酒香，这酒伴随着可爱的药草和淡淡的烟草味，入口果汁浓郁，活力四射，优雅大方。古典康帝2010（Chianti Classico 2010）散发着树根和泥土的芳香，使人品尝到的是清爽而多汁的口感。普罗桑圭2010（Purosangue 2010）是由来自圣乔维斯葡萄（Sangiovese）酿造。利瓦纳诺2010（Livernano 2010）是梅洛（Merlot）、圣乔维斯（Sangiovese）和赤霞珠（Cabernet Sauvignon）葡萄的混酿，酒体呈现优雅的风格。

● Chianti Cl. '10	🍷🍷 3
● Chianti Cl. Ris. '10	🍷🍷 4
● Livernano '10	🍷🍷 6
● Purosangue '10	🍷🍷 5
● Chianti Cl. Ris. '04	🍷🍷🍷 4
● Livernano '05	🍷🍷🍷 6
● Livernano '03	🍷🍷🍷 6
● Livernano '99	🍷🍷🍷 7
● Livernano '98	🍷🍷🍷 6
● Livernano '97	🍷🍷🍷 6
● Chianti Cl. '08	🍷🍷 3*
● Chianti Cl. Ris. '09	🍷🍷 4
● Livernano '08	🍷🍷 6
● Livernano '07	🍷🍷 6

Lunadoro

Loc. Terrarossa Pagliereto
Fraz. Valiano
53040 Montepulciano [SI]
Tel. 0578748154
www.lunadoro.com

藏酒销售
预约参观
膳宿接待
年产量 45 000 瓶
葡萄种植面积 12 公顷
葡萄栽培方式 有机认证

吉里奥拉•卡尔迪纳里（Gigliola Cardinali）和达里欧•卡佩里（Dario Cappelli）在他们家乡瓦尔道尔契亚（Val d'Orcia）多年经营一座农庄，而后他们决定扩张经营范围，并在波利齐亚诺（Poliziano）购买了帕格里亚雷托酒庄（Pagliareto）和葡萄园地，因而开始葡萄酒酿造的新篇章。他们重新整修葡萄园和酒窖。圭尔西翁•贵族酒珍藏2009（Nobile Riserva Quercione 2009）表现出色：清爽干净的口感中带有温和的香料和水果香味，口味馥郁持久，酒体重量适中，带有美味而悠远的余味。富有活力和迷人魅力的普莱莫圣索2011（Rosso Primo Senso 2011）展现了清新的野生果浆香气，伴有香料的气息，营造出出色的口感。奥奇亚•埃利塞2011酒（Orcia Eclisse 2011）呈现一般的风格，各种成分协调平衡，美味可口。

● Nobile di Montepulciano Quercione Ris. '09	🍷🍷 5
● Orcia Eclisse '11	🍷🍷 2*
● Rosso di Montepulciano Primo Senso '11	🍷🍷 3
○ Bianco di Toscana '12	🍷 2
● Nobile di Montepulciano Tradizione '10	🍷 4
⊙ Rosato di Toscana '12	🍷 2
● Nobile di Montepulciano '09	🍷🍷 4
● Nobile di Montepulciano '08	🍷🍷 3
● Nobile di Montepulciano Quercione '05	🍷🍷 4
● Nobile di Montepulciano Quercione Ris. '07	🍷🍷 4

I Luoghi

loc. Campo al Capriolo, 201
57022 Castagneto Carducci [LI]
Tel. 0565777379
www.iluoghi.it

藏酒销售
预约参观
年产量 15 000 瓶
葡萄种植面积 3.5 公顷
葡萄栽培方式 有机认证

这个酒庄的故事代表着对土地的热爱和对红酒的热情，同时它在整个保格利精品葡萄酒世界中也是一座独特的酒庄。它的故事始于1999年，斯蒂法诺•格拉纳塔（Stefano Granata），一位电子工程学的毕业生，决定改变原来的生活并与他妻子宝拉（Paola）一起建立一个小酿酒厂。葡萄园被分割成两半，完美地将它们各自的用途相结合，采用的酿酒技艺是严谨且环保的，因此，所酿葡萄酒的风格经典、独特、优雅。这是马内玛（Maremma）一颗闪耀的明星。保格利•康波阿尔•菲科特级2010（Bolgheri Superiore Campo al Fico 2010）有着迷人的个性。这个年份给我们展现了一种与众不同的酒款，甚至比以往更清瘦。它会给所有喜爱这一类型的爱好者带来真正的快感。主要采用黑诺利奇（Pinot noiresque）葡萄酿制的保格利（Bolgheri）红葡萄酒，给予你细腻的口感享受，而非单调的厚重感，只要品尝上一口，就会马上被它吸引住。

● Bolgheri Sup. Campo al Fico '10	🍷🍷🍷 7
● Bolgheri Sup. Podere Ritorti '10	🍷🍷 5
● Bolgheri Sup. Campo al Fico '09	🍷🍷🍷 7
● Bolgheri Sup. Campo al Fico '08	🍷🍷🍷 7
● Bolgheri Sup. Campo al Fico '07	🍷🍷 7
● Bolgheri Sup. Campo al Fico '06	🍷🍷 7
● Bolgheri Sup. Podere Ritorti '09	🍷🍷 5
● Bolgheri Sup. Podere Ritorti '08	🍷🍷 5
● Bolgheri Sup. Podere Ritorti '07	🍷🍷 4

★Le Macchiole

via Bolgherese, 189a
57020 Bolgheri [LI]
Tel. 0565766092
www.lemacchiole.it

预约参观
年产量 150 000 瓶
葡萄种植面积 22 公顷

这酒庄不仅是保格利镇（Bolgheri）的一个参照典范，也是世界闻名的真正的意大利葡萄酒传奇。勒•马恰乐酒庄（Le Macchiole）在各个方面都表现完美，能够酿制拥有独特个性的优秀的葡萄酒，不同品种的葡萄分别酿制并装瓶销售。辛加•梅里（Cinzia Merli）是酒庄的驱动力，她与丈夫欧金尼奥（Eugenio）一起建立了这座酒庄。不管是培植的品种，还是酿酒工艺，亦或是从葡萄藤的高密度和今天所应用的有机方式，都能够看出它的前瞻性。这些葡萄酒既表达了对今天辉煌的歌颂，也表达了对过去的怀念。帕雷欧•罗索2010（Paleo Rosso 2010）是2014年所有保格利（Bolgheri）酒中给我们印象最深刻的少数几款中的一款。它那出色的、可媲美印度风格的香气展现了浓郁成熟而清脆的果香，隐隐带有月桂叶和地中海灌木丛的气息。同时它的口感也是极好的，入口完美，浓郁饱满，舒适甜美而不失滋味。

● Paleo Rosso '10	🍷🍷🍷 8
● Bolgheri Rosso '11	🍷🍷 4
● Messorio '10	🍷🍷 8
● Scrio '10	🍷🍷 8
● Bolgheri Rosso Sup. Paleo '97	🍷🍷🍷 8
● Messorio '07	🍷🍷🍷 8
● Messorio '06	🍷🍷🍷 8
● Messorio '01	🍷🍷🍷 8
● Messorio '99	🍷🍷🍷 8
● Messorio '98	🍷🍷🍷 8
● Messorio '97	🍷🍷🍷 8
● Paleo Rosso '09	🍷🍷🍷 8
● Paleo Rosso '03	🍷🍷🍷 8
● Paleo Rosso '01	🍷🍷🍷 8
● Scrio '08	🍷🍷🍷 8
● Scrio '01	🍷🍷🍷 8

Le Macioche

SP 55 di Sant'Antimo km 4,85
53024 Montalcino [SI]
Tel. 0577849168
www.lemacioche.it

藏酒销售
预约参观
年产量 18 000 瓶
葡萄种植面积 3 公顷

20世纪80年代末，位于德尔阿贝特新堡（Castelnuovo dell'Abate）和蒙塔尔奇诺（Montalcino）之间的一座勒•玛奇奥彻（Le Macioche）酒庄，由玛泰尔达•泽卡（Matilda Zecca）和阿奇尔•玛佐奇（Achille Mazzocchi）发现并重建，它的海拔仅有400多米。它每年生产的葡萄酒，以优雅细腻的触感，远离花俏的结构和独特的风味，赢得了许多拥护者争相的追捧。这些布内罗红葡萄酒（Brunellos）毫不夸张地展现了原始的特点，并且经过酒窖中必要的操作程序，包括在大橡木桶中用自然酵母发酵，并在4 000升酒桶中长时间陈放。鉴于它既定的风格和风土条件，我们可能无法期待一支出色的2008年份的勒•玛奇奥彻•布内罗（Le Macioche Brunello）葡萄酒，然而我们可以享受到它正宗的小红果浆、药草和树根味，尽管在口味上有点过于简单。

● Brunello di Montalcino '08	▼▼ 7
● Rosso di Montalcino '10	▼▼ 4
● Brunello di Montalcino '07	♀♀ 7
● Brunello di Montalcino '06	♀♀ 6
● Brunello di Montalcino '04	♀♀ 6
● Brunello di Montalcino '00	♀♀ 5
● Brunello di Montalcino '99	♀♀ 5
● Brunello di Montalcino Ris. '06	♀♀ 8
● Brunello di Montalcino Ris. '01	♀♀ 6

La Mannella

loc. La Mannella, 322
53024 Montalcino [SI]
Tel. 0577848268
www.lamannella.it

预约参观
年产量 35 000 瓶
葡萄种植面积 8 公顷

马尔科•克托内西（Marco Cortonesi）凭着毫不自夸和孜孜不倦的工作使他成为蒙塔尔奇诺（Montalcino）最可靠最有成效的酿酒师之一。圣乔维斯•拉•曼内拉斯葡萄酒（Sangiovese de La Mannellas）表现了对10公顷不同地点的地理特点充分的尊重。位于北方靠近酒庄、海拔大约250米的土壤呈粘性土质，而位于南方大约400米海拔上的土壤富含碎石。这里生产两款布内罗红葡萄酒（Brunello）：正牌系列和波格利（Poggiarelli）系列。这些都是在中型木桶和大型桶中陈酿。2014年相对以前来说没有顶级出色的表现，但依然还有一些有趣的结果，尤其是2008年份的布内罗（2008 Brunellos）。这款入门级的版本拥有很强的地中海气息，同时有李子和盐的味道。而波格利1号（1 Poggiarelli）珍藏版口感更为紧致，适合更久窖藏。

● Brunello di Montalcino '08	▼▼ 5
● Brunello di Montalcino I Poggiarelli '08	▼▼ 5
● Brunello di Montalcino Ris. '07	▼ 6
● Rosso di Montalcino '11	▼ 3
● Brunello di Montalcino '07	♀♀ 5
● Brunello di Montalcino '06	♀♀ 5
● Brunello di Montalcino '05	♀♀ 5
● Brunello di Montalcino '04	♀♀ 5
● Brunello di Montalcino Ris. '06	♀♀ 6
● Brunello di Montalcino I Poggiarelli '07	♀♀ 5
● Brunello di Montalcino I Poggiarelli '06	♀♀ 5
● Brunello di Montalcino I Poggiarelli '05	♀♀ 5
● Brunello di Montalcino I Poggiarelli '04	♀♀ 5

Mannucci Droandi

FRAZ. MERCATALE VALDARNO
VIA ROSSINELLO E CAMPOLUCCI, 79
52020 MONTEVARCHI [AR]
TEL. 0559707276
www.mannuccidroandi.com

藏酒销售
预约参观
年产量 70 000 瓶
葡萄种植面积 35 公顷
葡萄栽培方式 有机认证

酒庄属于罗伯特•曼纽西•德洛安迪（Roberto Mannucci Droandi）所有，这是一位对濒临绝种的葡萄品种怀有热情的葡萄栽培家。他已对一些本地品种进行实验并选择最成功的品种生产。这个家族自19世纪开始便在这里栽种葡萄，在此之前他们在卡尔米尼亚诺（Carmignano）工作。今天罗伯特（Roberto）和他妻子玛拉•格拉吉亚（Mara Grazia）、孙子安德拉（Andrea）和玛特奥（Matteo）一起工作。2014年令人关注的产品有：古典康帝塞培托2010（Chianti Classico Ceppeto 2010）达到顶级水平，活泼、有活力的香气，平衡的酒体，轻淡的单宁和充满活力的余韵。由梅洛（Merlot）、圣乔维斯（Sangiovese）和赤霞珠（Cabernet Sauvignon）葡萄混酿而成的康柏露西2008（Campolucci 2008），有着纯朴、成熟的咖啡和烟斗丝的香气，复杂的结构和浓郁的余味。康帝2011（Chianti 2011）清新而酿制精良。巴萨丽娜2009（Barsaglina 2009）非比寻常，充满花香。

● Barsaglina '09	▼▼ 4
● Campolucci '08	▼▼ 4
● Chianti Cl. Ceppeto '10	▼▼ 3
● Chianti Colli Aretini '11	▼▼ 2*
● Chianti Cl. Ceppeto Ris. '09	▼ 4
⊙ Rossinello '12	▼ 2
● Barsaglina '08	▽▽ 4
● Chianti Cl. Ceppeto '08	▽▽ 3
● Chianti Cl. Ceppeto Ris. '08	▽▽ 4
● Foglia Tonda '08	▽▽ 4
○ Vin Santo del Chianti Cl. Ceppeto '05	▽▽ 5

Fattoria Mantellassi

LOC. BANDITACCIA, 26
58051 MAGLIANO IN TOSCANA [GR]
TEL. 0564592037
www.fattoriamantellassi.it

藏酒销售
预约参观
年产量 700 000 瓶
葡萄种植面积 52 公顷

曼特拉西家族（Mantellassi）从事葡萄酒行业已有好几代人，他们的家族警言是劳动克服一切，这充分地说明了他们酿酒的方法和对工作的尽心尽力。很快地，他们的贡献和热情取得了成果。这座位于马格里亚诺（Magliano）的酒庄创立者是莫莱里诺大使，他被人们所铭记。酒庄的第一块葡萄园位于马内玛（Maremma），从1960年开始种植，1978年划为孔索资奥保证法定产区（Consorzio Morellino di Scansano）。今天阿里尔多（Aleardo）和朱佩赛（Giuseppe）两兄弟管理酒庄业务，直接参与生产环节和商业营销。森迪内勒珍藏2009（Riserva Le Sentinelle 2009）进入了决赛，它复杂的香气凸显出成熟的烟草味和皮革味，同时伴着淡淡的李子和香草气息。入口丰满浓郁，随之而来的是相当柔和的单宁和清新的酸味，娇艳欲滴的余韵令人回味无穷。同时我们也推荐由解百纳（Cabernet）葡萄酿制的潘敦•德尔•索伯2010（Punton del Sorbo 2010），它有着馥郁浓烈的芳香。

● Morellino di Scansano Le Sentinelle Ris. '09	▼▼ 4
○ Lucumone '12	▼ 2
● Morellino di Scansano Mentore '12	▼ 2
● Morellino di Scansano San Giuseppe '12	▼ 3
● Punton del Sorbo '10	▼ 3
○ Vermentino Scalandrino '12	▼ 2
● Morellino di Scansano Le Sentinelle Ris. '06	▽▽ 4
● Morellino di Scansano Mentore '11	▽▽ 2*
● Morellino di Scansano Mentore '08	▽▽ 2
● Morellino di Scansano San Giuseppe '09	▽▽ 2
● Morellino di Scansano San Giuseppe '08	▽▽ 2
● Querciolaia '07	▽▽ 4

Il Marroneto

LOC. MADONNA DELLE GRAZIE, 307
53024 MONTALCINO [SI]
TEL. 0577849382
www.ilmarroneto.com

藏酒销售
预约参观
年产量 26000 瓶
葡萄种植面积 6 公顷

通常来说，对于随着时间流逝能唤醒更难忘的气息的葡萄酒，我们建议耐心等待一段时间，然而对于玛伦内托酒庄（Il Marroneto）的圣乔维斯葡萄酒（Sangioveses）这不是建议而是要求。证据可以在一系列简单而非凡的20世纪70年代以来的葡萄酒中看出，这些酒展现了亚历山德罗•莫里（Alessandro Mori）对工作的巨大热情和位于蒙塔尔奇诺（Montalcino）北部蒙特索里（Montosoli）小山丘的风土特征。格雷加麦当娜庄园（Madonna delle Grazie cru）的葡萄酿制于大型斯拉夫尼亚（Slavonian）橡木桶中，这些布内罗红葡萄酒（Brunellos）具有很强的表现性，值得我们密切关注。按照这个惯例，格雷加•麦当娜2008（Madonna delle Grazie 2008）展现出非常年轻的活力并早已显露出出色酒的典范，带有古木、干花和东方香料的气息。甚至我们可以把它称作蒙塔尔奇诺•圣乔维斯葡萄酒（Montalcino Sangiovese）抒情般的诠释，不着痕迹地留下美丽的口味。

● Brunello di Montalcino Madonna delle Grazie '08	🍷🍷🍷 8
● Brunello di Montalcino '08	🍷🍷 7
● Rosso di Montalcino Ignaccio '09	🍷 3
● Brunello di Montalcino '07	🍷🍷 6
● Brunello di Montalcino '06	🍷🍷 6
● Brunello di Montalcino Madonna delle Grazie '07	🍷🍷 8
● Brunello di Montalcino Madonna delle Grazie '06	🍷🍷 8

Mastrojanni

FRAZ. CASTELNUOVO DELL'ABATE
POD. LORETO SAN PIO
53024 MONTALCINO [SI]
TEL. 0577835681
www.mastrojanni.com

藏酒销售
预约参观
年产量 100000 瓶
葡萄种植面积 24 公顷

这是蒙塔尔奇诺（Montalcino）一个经典的牌子，由艾丽家族（Illy）在几年前收购，安德拉•玛彻提（Andrea Machetti）在保持它的风格特征方面做出了主要的贡献。他主张注重葡萄酒的延续性，并已在酒庄中得到执行，所酿的布内罗红葡萄酒（Brunellos）具有非凡魅力，结构稠密，美味可口，这是由它俯瞰德尔阿贝特新堡（Castelnuovo dell'Abate）的地理位置特征所决定的，这也是一件骄傲的事。酒窖中使用不同尺寸的酿酒桶：大型桶酿造维格纳•洛瑞托特级酒（Vigna Loreto cru），小型桶酿造酒庄的另一款冠军酒——维格纳•切埃纳•迪阿西诺（Vigna Schiena d'Asino）。罗索（Rosso）系列酒在酿制过程中投入了充足工作和精力，它不仅仅是一款入门酒。2011年份的罗索（Rosso）拥有轻盈而宽泛的香气，但不缺乏重量和持久。然而2014年系列葡萄酒中真正闪耀的明星是布内罗•维格纳•切埃纳迪阿西诺2008（Brunello Vigna Schiena d'Asino 2008），以它的东方香料味和独特、融合、出色的口感，赢得了“三杯奖”的奖项。

● Brunello di Montalcino Schiena d'Asino '08	🍷🍷🍷 8
● Brunello di Montalcino '08	🍷🍷 5
● Brunello di Montalcino V. Loreto '08	🍷🍷 7
● Rosso di Montalcino '11	🍷🍷 3
● Brunello di Montalcino '97	🍷🍷🍷 7
● Brunello di Montalcino '90	🍷🍷🍷 7
● Brunello di Montalcino Ris. '88	🍷🍷🍷 6
● Brunello di Montalcino Schiena d'Asino '93	🍷🍷🍷 7
● Brunello di Montalcino Schiena d'Asino '90	🍷🍷🍷 7
● Brunello di Montalcino '07	🍷🍷 5
● Brunello di Montalcino Schiena d'Asino '07	🍷🍷 8
● Brunello di Montalcino V. Loreto '07	🍷🍷 7

Melini

LOC. GAGGIANO
53036 POGGIBONSI [SI]
TEL. 0577998511
www.cantinemelini.it

藏酒销售
预约参观
年产量 4 000 000 瓶
葡萄种植面积 145 公顷

位于佩萨河谷圣•卡夏诺（San Casciano Val di Pesa）的波吉邦西镇（Poggibonsi）和马基亚维利（Macchiavelli）的梅里尼酒庄（Melini）是意大利葡萄酒集团（Gruppo Italiano Vini）在古典康蒂（Chianti Classico）的生产中心，在古典康帝的历史发展中起着十分重要的作用。这或许是康蒂葡萄酒品牌在世界上最闻名的酒庄之一，它所酿制的葡萄酒代表着稳定的品质标准。这些产品经过谨慎的照料，主要放在大型橡木桶中酿制，使其紧密联系在一起。它们个性丰富，注重优雅性，偶尔能够达到绝对顶级的水平。古典康帝•格兰纳欧2011（Chianti Classico Granaio 2011）展现了生动活泼、富有层次感的香气和清爽美味的口感。给人同等愉悦感的古典康帝索拉索德尔塔尼2011（Chianti Classico Solatio del Tani 2011）来自发托利亚•玛切瓦里（Fattoria Macchiavelli），酒体协调，只有香味稍微缺乏表现力。纯朴的拉塞尔瓦内拉珍藏2010（La Selvanella Riserva 2010）展现了极其干净的果香，余韵富含清新的樱桃味。

● Chianti Cl. Granaio '11	🍷🍷 3*
● Chianti Cl. La Selvanella Ris. '10	🍷🍷 5
● Chianti Cl. Solatìo del Tani Fattoria Machiavelli '11	🍷🍷 3
● Chianti Cl. V. di Fontalle Fattoria Macchiavelli Ris. '10	🍷 5
● Chianti Governo all'uso Toscano Neocampana '12	🍷 2
● Chianti Cl. La Selvanella Ris. '06	🍷🍷🍷 5
● Chianti Cl. La Selvanella Ris. '03	🍷🍷🍷 4
● Chianti Cl. La Selvanella Ris. '01	🍷🍷🍷 4
● Chianti Cl. La Selvanella Ris. '00	🍷🍷🍷 4
● Chianti Cl. La Selvanella Ris. '99	🍷🍷🍷 5
● Chianti Cl. La Selvanella Ris. '90	🍷🍷🍷 3*
● Chianti Cl. La Selvanella Ris. '86	🍷🍷🍷 4*

Le Miccine

LOC. LE MICCINE
SS TRAVERSA CHIANTIGIANA, 44
53013 GAIOLE IN CHIANTI [SI]
TEL. 0577749526
www.lemiccine.com

藏酒销售
预约参观
膳宿接待
年产量 30 000 瓶
葡萄种植面积 7 公顷

乐•米辛酒庄（Le Miccine）是点缀古典康帝大区（Chianti Classico）的众多工艺精湛的家族酒庄中的一员，其葡萄藤是以天然方式灌溉的，酒庄最近正经历着向有机种植方式转换的过程。酒窖中的酿制程序被削减到最小化，并且所有的葡萄酒都是酿制于木桶和橡木桶中。这些酒直爽清瘦，其风格深深根植于它们生长的基安蒂（Chianti）的分区佳奥利（Gaiole）。总体上来说它们的清瘦性质有时会削弱其复杂性。古典康帝珍藏2010（Chianti Classico Riserva 2010）展现了鲜明的细腻和持久的特点，散发着集中的香气，随之而来的是新鲜的口感，滋滋有味，对比鲜明而不失收敛。古典康帝2011（Chianti Classico 2011）拥有朦胧的香气，淡淡的烧烤味气息，入口给人丰满的口感，余味美味可口。

● Chianti Cl. Ris. '10	🍷🍷🍷 2*
● Chianti Cl. '11	🍷🍷 2*
● Chianti Cl. '09	🍷🍷 2*
● Chianti Cl. '07	🍷🍷 2
● Chianti Cl. '06	🍷🍷 3*
● Chianti Cl. '02	🍷🍷 3
● Chianti Cl. '00	🍷🍷 3
● Chianti Cl. '97	🍷🍷 3
● Chianti Cl. Don Alberto Ris. '07	🍷🍷 4
● Chianti Cl. Don Alberto Ris. '06	🍷🍷 4
● Chianti Cl. Don Alberto Ris. '02	🍷🍷 4
● Chianti Cl. Ris. '09	🍷🍷 2*
● La Pricipessa '06	🍷🍷 3
○ Vin Santo del Chianti Cl. La Gloria '00	🍷🍷 5

Mocali

LOC. MOCALI
53024 MONTALCINO [SI]
TEL. 0577849485
azmocali@tiscali.it

藏酒销售
预约参观
年产量 120 000 瓶
葡萄种植面积 9 公顷

属于提扎诺•恰西（Tiziano Ciacci）的这座酒庄位于蒙塔尔奇诺（Montalcino）西南斜坡，海拔在350米至400米之间，占地面积大约30公顷，其中一半种植葡萄和橄榄树。提扎诺代表着在莫卡利（Mocali）工作的第三代，继续担负着管理这座传统酒庄的任务，酿制出十分独特的蒙塔尔奇诺•圣乔维斯葡萄酒（Montalcino Sangiovese）。年轻的布内罗红葡萄酒（Brunellos）偶尔有点质朴，富有纤维物质，大部分在斯拉夫尼亚（Slavonian）橡木桶中酿制，除了某些酒款或特殊年份是在小型木桶中熟成。华丽的布内罗•维格纳•德拉•露娜特2008（Brunello Vigna delle Raunate 2008）强调的风格并不容易亲近，其香气以富含冲击力的烧烤味为始，干净度并不高，然而其果汁丰富、味道浓烈的口味，稳固的结构和完美无缺的单宁，驱散了人们的所有疑虑。珍藏2007（Riserva 2007）口感稍微缺乏紧致感。布内罗红葡萄酒2008（Brunello 2008）个性不足。

● Brunello di Montalcino V. delle Raunate '08	🍷🍷🍷 6
● Brunello di Montalcino '08	🍷🍷 5
● Brunello di Montalcino Ris. '07	🍷🍷 7
● I Piaggioni '11	🍷 2
● Rosso di Montalcino '11	🍷 2
● Brunello di Montalcino Poggio Nardone '06	🍷🍷 6
● Brunello di Montalcino Ris. '06	🍷🍷 7
● Brunello di Montalcino V. delle Raunate '07	🍷🍷 6
● Brunello di Montalcino V. delle Raunate '06	🍷🍷 6
● Brunello di Montalcino V. delle Raunate Ris. '06	🍷🍷 8
● Brunello di Montalcino V. delle Raunate Ris. '04	🍷🍷 8

Il Molino di Grace

LOC. IL VOLANO LUCARELLI
50022 GREVE IN CHIANTI [FI]
TEL. 0558561010
www.ilmolinodigrace.com

藏酒销售
预约参观
年产量 210 000 瓶
葡萄种植面积 36 公顷
葡萄栽培方式 有机认证

在庞扎诺（Panzano）这个以高品质葡萄闻名的地区，格蕾丝庄园（Molino di Grace）相对来说是一个新人，尽管酒庄的葡萄园建立已有很长一段时间了。酒庄主人弗朗克•格蕾丝（Frank Grace）和管理者格哈德•希尔莫（Gerhard Hirmer）把一个旧时的干草棚改装成现代酒窖以酿制酒庄有机栽培的葡萄。通过三年一次的堆焊耕作方式测试，葡萄园采取尽量少的干预措施。葡萄酒酿制在不同尺寸的橡木桶中，从小木桶到2 500升的大型酒桶。古典康帝2011（Chianti Classico 2011）酿制工艺精良，馥郁芬芳的香气，渗透着干净的草莓味和樱桃味，还有淡淡的药草味，口感丰满优雅而收敛。玛格纳珍藏2009（Il Margone Riserva 2009）风格更成熟，拥有出色的烧烤味，令人放松，如天鹅绒般的口感，以及宽广的余味。

● Chianti Cl. '11	🍷🍷 3*
● Chianti Cl. Il Margone Ris. '09	🍷🍷 5
● Chianti Cl. Il Margone Ris. '05	🍷🍷🍷 6
● Chianti Cl. Il Margone Ris. '04	🍷🍷🍷 6
● Chianti Cl. Ris. '01	🍷🍷🍷 4
● Gratius '04	🍷🍷🍷 6
● Chianti Cl. Il Margone Ris. '06	🍷🍷 6

Tenuta di Montecucco

Loc. Montecucco
58044 Cinigiano [GR]
Tel. 0564999029
www.tenutadimontecucco.it

藏酒销售
预约参观
膳宿接待
年产量 60 000 瓶
葡萄种植面积 10 公顷
葡萄栽培方式 有机认证

蒙特库科（Montecucco）是奇尼基亚诺（Cinigiano）两个古老的地区之一，自从12世纪早期就有史料记录证明这是一个适合葡萄酒生产的好地方，酒庄名字就是来自于这指定酒区的起源。多个世纪以来，酒庄的掌管权一代传一代，现在酒庄归克劳迪欧•提帕（Claudio Tipa）所有。与此同时，他在本地区还拥有科勒马萨里（Colle Massari）酒庄，在保格利小镇（Bolgheri）还拥有格拉塔玛科（Grattamacco）酒庄，在蒙塔尔奇诺（Montalcino）拥有索托酒庄（Poggio di Sotto）。今天葡萄藤是采用病虫害综合治理方式灌溉的，结合了高质量的土壤和有利的气候条件，保证所生产葡萄酒具有良好的个性。酒庄同时提供假期膳宿服务。里格摩洛珍藏2009（Riserva Rigomoro 2009）的表现给人留下深刻的印象，它那馥郁的香气融合了香脂和细腻的果汁气息，怡人且酒体稳固的口感，加上细腻的单宁和清爽的酸味余韵，赋予这款酒可口的适饮性。

● Montecucco Rigomoro Ris. '09	🍷🍷 5
● Canaiolo '12	🍷 2
● Canaiolo '11	🍷🍷 2*
● Montecucco Le Coste '09	🍷🍷 3
● Montecucco Passonaia '08	🍷🍷 2
● Montecucco Rigomoro Ris. '08	🍷🍷 4
● Montecucco Rosso Passonaia '09	🍷🍷 2*
● Montecucco Rosso Passonaia '08	🍷🍷 2*
● Montecucco Sangiovese Le Coste '07	🍷🍷 3
● Montecucco Sangiovese Le Coste '06	🍷🍷 3
● Montecucco Sangiovese Rigomoro Ris. '07	🍷🍷 5
● Montecucco Sangiovese R igomoro Ris. '06	🍷🍷 5

Fattoria Montellori

via Pistoiese, 1
50054 Fucecchio [FI]
Tel. 0571260641
www.fattoriamontellori.it

藏酒销售
预约参观
膳宿接待
年产量 250 000 瓶
葡萄种植面积 44 公顷

尽管酒庄不在传统酿酒区的公认范围之内，但它已在此酿制葡萄酒长达100多年。涅里（Nieri）家族通过仔细挑选葡萄品种和分析土壤条件，生产出一系列非比寻常的葡萄酒，不仅表现了地区的风土特征，更完美地传达了家庭的价值观。他们对当代艺术的热忱使这酒庄成为一个公开博物馆，以珍贵而不寻常的作品为特征。它宽泛多样的系列中包括了一流的传统梅多特起泡酒（Metodo Tradizionale），事实上一开始这款酒在托斯卡纳区（Tuscany）是默默无闻的。怡人的文圣托2006（Vin Santo 2006 ）有着生机活泼的蜂蜜、香草和柑橘香气，黄油和奶油般的口感留下可口而缭绕的余味。帕斯多赛2009（Pas Dosé 2009）起泡酒展示了精致细腻的香气，含着淡淡的花香和面包皮气息，随之而来的是层次良好而无重量感的结构，以及馥郁怡人的余韵。

○ Bianco dell'Empolese Vin Santo '06	🍷🍷 5
○ Blanc des Blancs Pas Dosé '09	🍷🍷 4
● Chianti '11	🍷 2
● Chianti Sup. Caselle '11	🍷 2
● Dicatum '10	🍷 5
○ Mandorlo '12	🍷 2
● Moro '10	🍷 3
● Salamartano '10	🍷 5
○ Sant'Amato '12	🍷 3
○ Bianco dell'Empolese Vin Santo '05	🍷🍷 5
○ Brut Blanc des Blancs Mill. '07	🍷🍷 4
● Moro '09	🍷🍷 3
● Salamartano '09	🍷🍷 6
● Tuttosole '09	🍷🍷 4

Montemercurio

VIA DI TOTONA, 25A
53045 MONTEPULCIANO [SI]
TEL. 0578716610
www.montemercurio.com

藏酒销售
预约参观
年产量 40 000 瓶
葡萄种植面积 10 公顷

在20世纪60年代，达摩•安塞米（Damo Anselmi）创建了一个小葡萄园，然后他的家族不断扩大它的规模，并在整个生产过程中给予细心的照料，使其酿制出优良品质的葡萄酒，现在这些酒已达到一个高水平，香味和口感都能充分表现区域的个性。在2000年，他们开始种植新的葡萄园，而2007年，新建的蒙特莫库里奥（Montemercurio）庄园已能享受第一次收获。由白卡内奥罗（Canaiolo bianco）、马瓦西亚（Malvasia）和格莱切多（Pulcinculo）葡萄混酿的卡度赛欧2012（Caduceo 2012），融合了花香、杏仁和淡淡的苹果跟白桃味，美味可口，给人刺激而有着平衡的酒精味，余味新鲜扑鼻。贵族酒2010（Nobile 2010）有着浓烈的水果香，细腻的酒体，平衡的单宁和可口的余韵。华丽如黄油般的文圣托2009（Vin Santo 2009）拥有十分成熟的香气及温暖如奶油般的口感。

○ Caduceo '12	🍷🍷 3
● Nobile di Montepulciano Messaggero '10	🍷🍷 4
○ Vin Santo di Montepulciano '90	🍷🍷 8
● Nobile di Montepulciano Damo '07	♡♡ 8
● Nobile di Montepulciano Messaggero '08	♡♡ 4
○ Vin Santo di Montepulciano '86	♡♡ 8

Montenidoli

LOC. MONTENIDOLI
53037 SAN GIMIGNANO [SI]
TEL. 0577941565
www.montenidoli.com

藏酒销售
膳宿接待
年产量 100 000 瓶
葡萄种植面积 24 公顷
葡萄栽培方式 有机认证

它不仅是圣吉米纳诺（San Gimignano）一座绝佳的酒庄，同时对整个意大利来说也是一座标杆酒庄，这是由于它的历史、风格和根深蒂固信念都超越了标准的水平。蒙特尼多里酒庄（Montenidoli）是极负盛名的采用自然方式耕作的范例，酿制的酒不仅具有根植土地的特点，而且也展示了优越的个性，总而言之，风格非常原始且独特，无一例外地个性丰富，表现优越，尽管维纳奇亚（Vernaccias）展现了多面的特点。它们不但适合饮用，也适合收藏，推动潮流又高于潮流，永恒隽永。维纳奇亚卡拉图2009（Vernaccia Carato 2009）有深度且复杂性强，具有当地风土条件特别是当前年份的特点，浓郁丰富如天鹅绒般的口感中散发着泥土和松露的芳香，给人缭绕的矿物质之感，只是缺乏普通的细腻感觉。同样地，入围决赛的费尔雷2011（Fiore 2011）展现了浓郁的果香，美味而多汁的口感中藏着淡淡的香料和熏香，以杏仁和烟熏味为收尾。

○ Vernaccia di S. Gimignano Carato '09	🍷🍷 4
○ Vernaccia di S. Gimignano Fiore '11	🍷🍷 3*
○ Vernaccia di S. Gimignano Tradizionale '11	🍷🍷 2*
⊙ Canaiuolo '12	🍷🍷 3
● Chianti Colli Senesi '10	🍷🍷 4
○ Vinbrusco '10	🍷🍷 2*
● Chianti Colli Senesi Il Garrulo '11	🍷 2
● Colorino '11	🍷 3
○ Vernaccia di S. Gimignano Carato '05	♡♡♡ 5
○ Vernaccia di S. Gimignano Carato '02	♡♡♡ 5
○ Vernaccia di S. Gimignano Fiore '09	♡♡♡ 3
● Chianti Colli Senesi Ris. '08	♡♡ 4
○ Vernaccia di S. Gimignano Carato '08	♡♡ 4
○ Vernaccia di S. Gimignano Fiore '10	♡♡ 3*

Monteraponi

Loc. Monteraponi
53017 Radda in Chianti [SI]
Tel. 0577738280
www.monteraponi.it

藏酒销售
预约参观
年产量 30 000 瓶
葡萄种植面积 10 公顷
葡萄栽培方式 有机认证

米歇尔•布拉佳迪（Michele Braganti）的这座酒庄加入古典康帝（Chianti Classico）大家庭只有很短一段时间，但从一开始就由于它酿制的酒具有浓浓的传统风味而出类拔萃，给人一个真实、无法抗拒而生动的穿越时光之旅。这些酒的优点是追求产自拉达（Radda）分区的圣乔维斯葡萄（Sangiovese）最真实、最生动的体现，并一直坚持向这目标努力。它们最显耀的特点是香气时而活泼生动，时而柔和细腻，口感紧致够味，能量充沛。古典康帝•白伦尤格•珍藏2009（Chianti Classico Baron'Ugo Riserva 2009）魅力十足，拥有朦胧而复杂的香气，层次分明的酒体和平衡而活泼的口感。古典康帝•康姆皮特罗珍藏2010（Chianti Classico Il Campitello Riserva 2010）也有活泼而对比鲜明的口感，花香、香草味道鼻尖萦绕。古典康帝2011（Chianti Classico 2011）给人成熟之感，令人垂涎欲滴。

● Chianti Cl. Baron'Ugo Ris. '09	🍷🍷🍷 7
● Chianti Cl. Il Campitello Ris. '10	🍷🍷 5
● Chianti Cl. '11	🍷🍷 3
● Vin Santo del Chianti Cl. '05	🍷🍷 6
● Chianti Cl. Baron'Ugo Ris. '07	🍷🍷🍷 5
● Chianti Cl. '10	🍷🍷 4
● Chianti Cl. '09	🍷🍷 3
● Chianti Cl. '03	🍷🍷 3*
● Chianti Cl. Il Campitello Ris. '09	🍷🍷 5
● Chianti Cl. Ris. Il Campitello '04	🍷🍷 5

Montesalario

Fraz. Montenero d'Orcia
Loc. Montesalario, 27
58040 Castel del Piano [GR]
Tel. 0564954173
www.aziendamontesalario.it

藏酒销售
预约参观
年产量 18 000 瓶
葡萄种植面积 4.5 公顷

酒庄属于帕斯圭（Pasqui）兄弟所有，他们决定在位于格罗塞托（Grosseto）附近的蒙特库科（Montecucco）小区创建一座品质优良的酒庄，同时生产特级初榨橄榄油。他们在朝西的山坡上种了数公顷葡萄，主要是圣乔维斯（Sangiovese），所酿制的葡萄酒个性十足，绝不平庸，结构协调，完美地诠释了这个地区的风土特点。蒙特库科•圣乔维斯2010（Montecucco Sangiovese 2010）成功地进入决赛，多样化的香气中包含了清新的薄荷香、成熟的樱桃果香和浅浅的香料芳香，口感娇嫩欲滴，充分的榨取加上可口宽广的酸味使得它的余韵令人回味无穷。珍藏2009（Riserva 2009）酿制精良，香气中带有皮革、烟草丝和樱桃酱的混合味道，口感坚实而平衡。

● Montecucco Sangiovese '10	🍷🍷🍷 3*
● Montecucco Sangiovese Ris. '09	🍷🍷 4
● Montecucco '10	🍷 2
● Montecucco Sangiovese '09	🍷🍷 3
● Montecucco Sangiovese '06	🍷🍷 3*
● Montecucco Sangiovese '04	🍷🍷 3
● Montecucco Sangiovese Ris. '08	🍷🍷 4

★Montevertine

LOC. MONTEVERTINE
53017 RADDA IN CHIANTI [SI]
TEL. 0577738009
www.montevertine.it

预约参观
年产量 85 000 瓶
葡萄种植面积 15 公顷

很难能找到另外的酒庄像基安蒂拉达（Radda in Chianti）酒庄酿制的酒那样纯粹干净，同时集中了个性、风土特征、适合陈酿并容易入口，很难找到像这酒庄一样能够始终保持稳定的品质。蒙特维丁酒庄（Montevertine）也许是众多极圆润的康帝•圣乔维斯葡萄酒（Chianti Sangiovese）的诞生地，并将继续作为一个典范。马丁诺•玛内提是当之无愧的功臣，他继续走父亲塞吉欧（Sergio）开辟出来的道路，并不受当地酿酒业的潮流所影响。据我们所知，就算是在一个个性丰富的年份里，蒙特维丁酒庄酿制的酒也不会让我们失望。勒•佩格乐托特2010（Le Pergole Torte 2010）简单而非凡，迷人的红果浆、香草味、湿土和落叶的芳香在鼻尖萦绕，尖锐而极具诱惑力的口感，令人垂涎欲滴。蒙特维丁2010（Montevertine 2010）同样很优秀。

● Le Pergole Torte '10	▼▼▼ 8
● Montevertine '10	▼▼ 6
● Pian del Ciampolo '11	▼▼ 4
● Le Pergole Torte '09	▽▽▽ 8
● Le Pergole Torte '07	▽▽▽ 8
● Le Pergole Torte '04	▽▽▽ 8
● Le Pergole Torte '03	▽▽▽ 7
● Le Pergole Torte '01	▽▽▽ 8
● Le Pergole Torte '99	▽▽▽ 8
● Le Pergole Torte '92	▽▽▽ 8
● Le Pergole Torte '90	▽▽▽ 8
● Montevertine '04	▽▽▽ 5
● Montevertine '01	▽▽▽ 5
● Montevertine '09	▽▽ 5

Cantina Vignaioli del Morellino di Scansano

LOC. SARAGIOLO
58054 SCANSANO [GR]
TEL. 0564507288
www.cantinadelmorellino.it

藏酒销售
预约参观
年产量 2 200 000 瓶
葡萄种植面积 450 公顷
葡萄栽培方式 有机认证

这座协作酒庄已逐渐被公认为托斯卡纳•马内玛（Tuscan Maremma）地区领先的行业之一。它成立于1972年，致力于莫瑞里诺葡萄酒（Morellino di Scansano）的生产，葡萄产自150多个成员。其葡萄酒主要分成两个系列：为餐馆、酒吧和红酒商店提供莫瑞里诺维纳欧利（Vignaioli del Morellino di Scansano），为大型超市和零售连锁商店提供莫瑞里诺堪蒂纳（Cantina del Morellino di Scansano）。在莫瑞里诺葡萄酒的无数版本中，2014年的最佳酒款是罗吉亚诺•珍藏2010（Riserva Roggiano 2010），成熟果实的香气，加上皮革和烟斗丝的香味，饱满圆润的口感，出色但不会过重的单宁，以及怡人的余味。其他产品同样也表现很优秀，我们尤其钟情产自阿里坎特（Alicante）和塞立吉洛（Ciliegiolo）的卡坡奇亚2012（Capoccia 2012），圆润的口味十分引人注目。斯堪提亚纳姆2011（Scantianum 2011）由圣乔维斯葡萄（Sangiovese）酿制，混有少数阿里坎特（Alicante）、科罗里诺（Colorino）和卡内奥罗（Canaiolo）葡萄，各种不同香味混合，交相杂陈。

● Maremma Toscana Rosso Capoccia '12	▼▼ 2*
● Morellino di Scansano Roggiano Ris. '10	▼▼ 3
● Scantianum '12	▼▼ 1*
○ Bianco di Pitigliano Sup. Rasenno '12	▼ 2
● Morellino di Scansano Roggiano '12	▼ 2
● Morellino di Scansano Sicomoro Ris. '09	▼ 3
● Morellino di Scansano Vignabenefizio '12	▼ 2
○ Viognier '12	▼ 2
● Morellino di Scansano Cantina del Morellino '11	▽▽ 2*
● Morellino di Scansano Roggiano '08	▽▽ 2*
● Morellino di Scansano Roggiano '07	▽▽ 2
● Morellino di Scansano Roggiano Ris. '08	▽▽ 3
● Morellino di Scansano Vignabenefizio '06	▽▽ 2*
● Morellino di Scansano Vin del Fattore '08	▽▽ 2

Morisfarms

Loc. Cura Nuova
Fattoria Poggetti
58024 Massa Marittima [GR]
Tel. 0566919135
www.morisfarms.it

藏酒销售
预约参观
膳宿接待
年产量 300 000 瓶
葡萄种植面积 71 公顷

莫里斯（Moris）家族世代务农，200年前他们决定从西班牙搬到马内玛（Maremma）以追求酿酒的梦想。部分葡萄园位于莫瑞里诺（Morellino di Scansano）地区，从1995年到2004年这里的许多葡萄藤被移植。从葡萄收成开始就显示出优秀的品质，在酿制过程中葡萄酒的品质达到了顶峰，其酿制技术的结果展现了对葡萄的尊重。最闻名的葡萄酒之一是爱沃尔托瑞（Avvoltore），这在马内玛语中代表猎鹰的意思，这种动物经常被见到在本地区飞行。事实上这款酒最终成功进入了决赛。它是由圣乔维斯（Sangiovese）、赤霞珠（Cabernet Sauvignon）和西拉（Syrah）葡萄酿制的混合酒，闻起来芳香馥郁，从香草的植物香到黑莓酱和瓶装樱桃的成熟果香，入口圆润饱满，带着平衡均匀的单宁，余味浓郁刺激，具有促进食欲的功效。莫雷里诺2012（Morellino 2012）入口清新，适饮性强。蒙特雷吉奥2010（Monteregio 2010）酒体坚实，美味可口。

● Avvoltore '10	🍷🍷 6
● Monteregio di Massa Marittima Rosso '10	🍷🍷 3
● Morellino di Scansano '12	🍷🍷 2*
● Mandriolo '12	🍷 2
○ Monteregio di Massa Marittima Bianco Santa Chiara '12	🍷 2
● Morellino di Scansano Ris. '10	🍷 4
○ Vermentino '12	🍷 2
● Avvoltore '06	🍷🍷🍷 5
● Avvoltore '04	🍷🍷🍷 5
● Avvoltore '01	🍷🍷🍷 5
● Avvoltore '00	🍷🍷🍷 5
● Avvoltore '99	🍷🍷🍷 5

La Mormoraia

Loc. Sant'Andrea, 15
53037 San Gimignano [SI]
Tel. 0577940096
www.mormoraia.it

藏酒销售
预约参观
膳宿接待
年产量 230 000 瓶
葡萄种植面积 40 公顷

拉•莫尔摩拉亚酒庄（La Mormoraia）为帕索尼（Passoni）家族所有，他们多年以来成功地对这异常美丽并潜力无限的酒庄进行翻新，将它改造成圣•吉米纳诺（San Gimignano）地区最引人入胜的葡萄酒商务活动地之一。改造的第一阶段是追求顶级的品质，在此之后，酒庄的风格成功改变，不仅越来越具有原始风味，而且也忠实地反映了本地的风土条件。技艺娴熟的葡萄栽培家马蒂亚•巴扎吉（Mattia Barzaghi）曾经是这个队伍中的一员，为加速改革的进程和提高人们的敏感性做出了努力与贡献。在没有维纳奇亚珍藏（Vernaccia Riserva）的情况下，奥斯特雷2012（Ostrea 2012）精选酒保持着酒庄的标准水平。这是一款风格鲜明、口味美好的白葡萄酒，香气中混合了成熟果香和淡淡的地中海灌木丛、猫薄荷和罗勒的气息，入口干燥、圆润，充满自信，风味多种多样，余韵中带有果味的气息和优雅的盐味。有趣迷人的西拉2011（Syrah 2011）充满黄桃的果汁味和香料的气息。

○ Vernaccia di S. Gimignano Ostrea '12	🍷🍷 3*
● Chianti Colli Senesi '11	🍷🍷 2*
● Syrah '11	🍷🍷 2*
○ Vernaccia di S. Gimignano '12	🍷🍷 2*
○ Vernaccia di S. Gimignano È ReZet Mattia Barzaghi '11	🍷🍷🍷 3*
● Neitea '08	🍷🍷 4
○ Ostrea Grigia '09	🍷🍷 3
● Syrah '08	🍷🍷 2*
○ Vernaccia di S. Gimignano '10	🍷🍷 2*
○ Vernaccia di S. Gimignano '09	🍷🍷 2
○ Vernaccia di S. Gimignano Ostrea Grigia '11	🍷🍷 3
○ Vernaccia di S. Gimignano Ris. '09	🍷🍷 3*
○ Vernaccia di S. Gimignano Ris. '08	🍷🍷 3

Tenuta di Morzano

FRAZ. MORZANO
VIA DI MONTELUPO 69/71
50025 MONTESPERTOLI [FI]
TEL. 0571671021
www.tenutadimorzano.it

藏酒销售
预约参观
膳宿接待
年产量 215 000 瓶
葡萄种植面积 43 公顷

该酒庄建立于1973年，由卢西亚诺（Luciano）和尼诺•米诺里（Nino Mignolli）两兄弟所建立，他们实现了祖父格瓦尼（Giovanni）的梦想。格瓦尼是一位真正的葡萄酒爱好者，他渴望拥有自己的葡萄园，为了纪念格瓦尼，两兄弟把第一块约3公顷的葡萄园地命名为波德雷•诺南尼（Podere del Nonno Nanni）。多年以来，他们的庄园一直在成长，直到1988年他们收购了酒庄并将之命名为莫扎诺（Tenuta di Morzano）。除此之外，这里也生产特级初榨橄榄油，并经营一座农场假日中心。卢西亚诺和他女儿弗朗塞斯卡（Francesca）共同拥有酒庄，并交由女儿管理。尼可索勒2011（Nicosole 2011）成功入围决赛。这是一款由解百纳（Cabernet）、梅洛（Merlot）和圣乔维斯（Sangiovese）葡萄酿制的混合酒，有着活泼的樱桃和李子的果香，伴着淡淡的肉桂和干草的香料气息，温暖而饱满的酒体，圆润的口感，以及令人身心放松的余韵。

● Nicosole '11	🍷🍷 4
○ Bianco di Toscana '12	🍷 1
● Chianti Sup. Emilio '11	🍷 3
● Chianti Montespertoli Ris. '10	♀♀ 3*
● Nicosole '10	♀♀ 4
● Nicosole '09	♀♀ 4
● Nicosole '08	♀♀ 4
● Nicosole '02	♀♀ 4

Tenute Niccolai - Palagetto

VIA MONTEOLIVETO, 46
53037 SAN GIMIGNANO [SI]
TEL. 0577943090
www.tenuteniccolai.it

藏酒销售
预约参观
膳宿接待
年产量 250 000 瓶
葡萄种植面积 44 公顷

酒庄的创立者是露亚诺•尼克莱（Luano Niccolai），一位来自圣•吉米纳诺（San Gimignano）的企业家，从事旅行大篷车生意，但他对农业尤其是与红酒相关的酿酒业充满热情。他父亲曾是一位酒窖管理员兼磨坊主，将他的事业传给了儿子。今天这酒庄由露亚诺的女儿萨柏利纳（Sabrina）拥有，她与丈夫马里奥（Mario）一起经营着酒庄。他们在圣•吉米纳诺（San Gimignano）创建的第一个资产是发托利亚•艾尔•帕拉格托（Fattoria il Palagetto），此外，他们还在蒙特库科地区（Montecucco）拥有塞里庄园（Pian de Cerri），在蒙塔尔奇诺地区（Montalcino）拥有贝拉利娜酒庄（Bellarina）。尼可洛2011（Niccolò 2011），来自维蒙蒂诺（Vermentino）、莎当尼（Chardonnay）和苏维翁（Sauvignon）葡萄酿制的混合酒，表现出色。生机活泼如黄油般的香气与黄桃和杏子的香味融合在一起，并伴随着芬芳的花香。入口柔和圆润，清爽的酸度令余韵缭绕悠久。维纳奇亚•珍藏2009（Vernaccia Riserva 2009）的杏仁香气中带有八角的草本植物香味和成熟的苹果味，坚实而井然有序的口感，以及持久悠远的风味。

○ I'Niccolò '12	🍷🍷 3
○ Vernaccia di S. Gimignano Ris. '09	🍷🍷 3
● Chianti Colli Senesi '10	🍷 2
● Chianti Colli Senesi Ris. '09	🍷 3
○ Vernaccia di S. Gimignano Il Palagetto '12	🍷 2
○ Vernaccia di S. Gimignano V. Santa Chiara '12	🍷 2
● Brunello di Montalcino La Bellarina Ris. '03	♀♀ 6
● San Gimignano Syrah Uno di Quattro '05	♀♀ 6
○ Vernaccia di S. Gimignano '11	♀♀ 2*
○ Vernaccia di S. Gimignano '10	♀♀ 2
○ Vernaccia di S. Gimignano Ris. '07	♀♀ 3
○ Vernaccia di S. Gimignano Ris. '06	♀♀ 3
○ Vernaccia di S. Gimignano Ris. '02	♀♀ 3
○ Vernaccia di S. Gimignano Ris. '01	♀♀ 3

Fattoria Nittardi

LOC. NITTARDI
53011 CASTELLINA IN CHIANTI [SI]
TEL. 0577740269
www.nittardi.com

藏酒销售
预约参观
年产量 94 000 瓶
葡萄种植面积 66 公顷

塔尔达酒庄（Fattoria Nittarda）自1982年起由芬费特•卡纳里（Femfert-Canali）家族所有，位于基安蒂（Chianti）的卡斯特利娜（Castellina）附近，包括1999年在马内玛（Maremma）购买的37公顷附属建筑。所酿制的葡萄酒呈现代风格，在小型木桶中熟成，追求尽可能成熟的果实，重结构和丰满甜美的口味。所有这些都呈现在优雅而精美的葡萄酒中，既不缺深度，也不失个性，经常能达到绝对优越的水平。古典康帝卡萨诺瓦迪尼塔迪2011（Chianti Classico Casanuova di Nittardi 2011）展现了一系列优质的香气，融合了香料和果实的香味，浓厚饱满，充满生机活泼的口感，带着稍微过重的橡木味。香甜的古典康帝珍藏2010（Chianti Classico Riserva 2010）由于使用橡木桶酿制带有一点烧烤味，抑制了它魅力的发挥。

● Chianti Cl. Casanuova di Nittardi '11	🍷🍷 4
● Chianti Cl. Ris. '10	🍷🍷 6
● Nectar Dei '10	🍷🍷 7
● Ad Astra '11	🍷 3
● Ad Astra '08	ΥΥΥ 3
● Chianti Cl. Ris. '98	ΥΥΥ 6
● Ad Astra '07	ΥΥ 3
● Chianti Cl. Casanuova di Nittardi '09	ΥΥ 4
● Chianti Cl. Casanuova di Nittardi '08	ΥΥ 4
● Chianti Cl. Ris. '09	ΥΥ 6
● Chianti Cl. Ris. '08	ΥΥ 6
● Chianti Cl. Ris. '07	ΥΥ 6
● Nectar Dei '09	ΥΥ 7
● Nectar Dei '07	ΥΥ 6

Nottola

FRAZ. GRACCIANO
VIA BIVIO DI NOTTOLA, 9A
53040 MONTEPULCIANO [SI]
TEL. 0578707060
www.cantinanottola.it

藏酒销售
预约参观
膳宿接待
年产量 160 000 瓶
葡萄种植面积 23 公顷

诺托拉酒庄（Nottola）是安特里沃•吉欧马雷里（Anterivo Giomarelli）对乡村生活和佳酿怀有的热情的证明。安特里沃在20世纪80年代末收购了酒庄并对它进行改造，同时小心地保存它主要的个性特点并尊重周围的环境。他的目标是能够酿制出优良品质的葡萄酒，因此应用最新的葡萄栽培和酿酒技术。他的儿子圭里亚诺（Giuliano）亲自参与酒庄的管理，同时生产特级初榨橄榄油并经营农场膳宿业务。怡人的法托雷珍藏贵族酒2009（Nobile Riserva Il Fattore 2009）拥有干净的樱桃香和成熟的烟草味，酒体结构强大，单宁柔顺细致，余味悠远缭绕。罗索2012（Rosso 2012）极具活力和味道，生机勃勃，果味浓郁，口感非常出色。酿制精良的安特里沃2010（Anterivo 2010）风格上更具现代化，相同比例的圣乔维斯（Sangiovese）和梅洛（Merlot）葡萄的成分，散发着香料的气息和天鹅绒般优雅的结构。

● Nobile di Montepulciano Il Fattore Ris. '09	🍷🍷 5
● Anterivo '10	🍷🍷 5
● Rosso di Montepulciano '12	🍷🍷 2*
● Nobile di Montepulciano '10	🍷 3
○ Vin Santo di Montepulciano '07	🍷 5
● Nobile di Montepulciano '09	ΥΥ 3
● Nobile di Montepulciano '07	ΥΥ 3
● Nobile di Montepulciano Il Fattore Ris. '07	ΥΥ 5
● Rosso di Montepulciano '08	ΥΥ 2

Cantine Olivi

Loc. Le Buche
via Caselfava, 25
53047 Sarteano [SI]
Tel. 0578274066
www.lebuche.eu

藏酒销售
预约参观
膳宿接待
年产量 80 000 瓶
葡萄种植面积 30 公顷

这座环绕着锡耶纳（Siena）的山丘特别适合生产葡萄酒，因为地籍图显示古时这里曾有葡萄园的存在。奥利维家族（Olivi）于1996年在此购置他们的第一座酒庄。满怀激情地实施一项新酿酒计划，将托斯卡纳区（Tuscany）的葡萄栽培传统与酒窖里的技术创新相结合，酿制出具有鲜明个性和口味特征明显的葡萄酒。他们对传统的尊重也体现在最近购买的用于种植马瓦西亚（Malvasia）、圣乔维斯（Sangiovese）和特比安诺（Trebbiano）的老葡萄园上。克雷诺2012葡萄酒（Coreno 2012）从特比安诺和马瓦西亚葡萄酿制而来，在法国木桶中熟成，风格非常怡人，有着清新的植物香和水果香味，具有稳定的重结构和令人垂涎的矿物质风味的余韵。不寻常的奥尔霍拉2012葡萄酒（Orhora 2012）是一款用维蒂奇诺（Verdicchio）和白苏维翁（Sauvignon blanc）葡萄酿制的混合酒，在本地区是一款罕见的酒款，带有柑橘味和花香，其口感可爱又协调，给人十分美味和清新的感觉。

○ Coreno '12	🍷🍷 3
○ Orhora '12	🍷🍷 3
● Chianti Sup. '11	🍷 3
● Le Buche '09	🍷 5
○ Coreno '11	🍷🍷 3
● Le Buche '07	🍷🍷 5
● Memento '07	🍷🍷 6
● Memento '06	🍷🍷 6
● Pugnitello '07	🍷🍷 5
● Tempore '08	🍷🍷 6

Podere Orma

via Bolgherese
57022 Castagneto Carducci [LI]
Tel. 0575477857
www.tenutasetteponti.it

年产量 260 000 瓶
葡萄种植面积 5.5 公顷

安东尼奥•莫瑞提（Antonio Moretti）因这座迷人的酒庄而出名。他曾经作为时尚行业的企业家，不久前决定转行至红酒行业，并逐渐对葡萄酒产生浓厚的兴趣。在购买了阿雷佐（Arezzo）附近的七桥酒庄（Sette Ponti）和西西里岛（Sicily）的马卡里福地（Feudo Maccari）之后，他又在保格利小镇（Bolgheri）收购了一个受众人瞩目的小酒庄。这酒庄总共才5公顷，土壤是富含石子的黏土。他选择将精力都放在一款非常令人满意且优雅的酒款上，这款酒现在已成为本区域表现力最强的葡萄酒之一。虽然它可能在技术上并不算是保格利葡萄酒，因为它不属于法定产区酒（DOC）酒区，但是奥尔马2010（Orma 2010）依然体现了保格利的风土特征和风格。这款酒吸收、压缩并凸显了本地的酿酒过程，风格化的果香中伴有成熟樱桃、黑醋栗和桑葚的味道，精确的、近乎雕刻的口感展示了丰满的结构，不失原味，精明且给人无法预测的惊喜。持久而可口的余味中伴有明显但不失平衡的单宁。

● Orma '10	🍷🍷🍷 7
● Orma '09	🍷🍷🍷 6
● Orma '08	🍷🍷🍷 6
● Orma '07	🍷🍷🍷 5
● Orma '06	🍷🍷🍷 6
● Orma '05	🍷🍷 6

★★Tenuta dell'Ornellaia

LOC. ORNELLAIA, 191
FRAZ. BOLGHERI
57022 CASTAGNETO CARDUCCI [LI]
TEL. 056571811
www.ornellaia.it

预约参观
年产量 812 000 瓶
葡萄种植面积 99 公顷

作为国际葡萄酒舞台上最亮眼的意大利葡萄酒企业之一，奥奈拉雅庄园（Tenuta dell'Ornellaia）也是尽已所能为意大利葡萄酒争光。酒庄成立于20世纪80年代初，经过几次易手，如今由花思碟家族（Frescobaldi）拥有。这座独一无二的酒庄，在大区北部的贝拉里亚（Bellaria）也拥有葡萄园。所酿葡萄酒有着多数世界名庄酒的特点，不管是葡萄酒风格还是酿酒技艺都堪称完美无瑕，无不透露着这家企业非一般的创业历史。奥奈拉雅庄园的两款代表酒不相上下，事实上这整个片区的葡萄酒都不错，但在我们看来，奥奈拉雅（Ornellaia）葡萄酒更有优势，它作为整个意大利酿酒业的最佳风格楷模已经有25周年了。它是酿酒技艺的冠军和思想指引，口感和质量非常稳定，给予人香料和泥土的味道以及富含表现力的果香，力量和吸引力方面非常精巧。

● Bolgheri Sup. Ornellaia '10	🍷🍷🍷 8
● Masseto '10	🍷🍷 8
● Bolgheri Rosso Serre Nuove '11	🍷 6
● Le Volte '11	🍷 3
● Bolgheri Sup. Ornellaia '07	🍷🍷🍷 8
● Bolgheri Sup. Ornellaia '05	🍷🍷🍷 8
● Bolgheri Sup. Ornellaia '04	🍷🍷🍷 8
● Bolgheri Sup. Ornellaia '02	🍷🍷🍷 8
● Bolgheri Sup. Ornellaia '01	🍷🍷🍷 8
● Bolgheri Sup. Ornellaia '99	🍷🍷🍷 8
● Masseto '09	🍷🍷🍷 8
● Masseto '06	🍷🍷🍷 8
● Masseto '04	🍷🍷🍷 8
● Masseto '01	🍷🍷🍷 8
● Masseto '00	🍷🍷🍷 8
● Masseto '99	🍷🍷🍷 8

Siro Pacenti

LOC. PELAGRILLI, 1
53024 MONTALCINO [SI]
TEL. 0577848662
www.siropacenti.it

藏酒销售
预约参观
年产量 60 000 瓶
葡萄种植面积 22 公顷

随着时间的流逝，我们愈发看到创新者吉安卡罗•帕森蒂（Giancarlo Pacenti）作为第一个在蒙塔尔奇诺（Montalcino）使用小型木桶酿酒的胆识。今天，他的布内罗红葡萄酒（Brunellos）成为了领先的当代经典葡萄酒。酒庄的两块圣乔维斯（Sangiovese）葡萄园地展现了近乎互补的个性特征：佩拉格利里（Pelagrilli）、潘科内罗（Piancornello）是南部区域的典范，多石的土壤中富含氧化铁。这为品质提供了保障。酒窖主要使用小型橡木桶，所出品的这一系列展示了与众不同的风格特征。以PS系列为开始，包括在最好年份中的一款珍藏酒（Riserva），这是吉安卡罗令人难忘的一次表现。佩拉格利里2008（Pelagrilli 2008）是布内罗红葡萄酒中品质最优良、保存最好的酒款之一，在侵入感和口味的正宗性方面不敌PS 红葡萄酒2011（Rosso PS 2011）。然而真正的冠军当属布内罗红珍藏PS 2007（Brunello PS Riserva 2007），即使是少许削弱的气息也无法阻止坚固的口味变化，并适合窖藏更长的时间。

● Brunello di Montalcino PS Ris. '07	🍷🍷🍷 8
● Rosso di Montalcino PS '11	🍷🍷 5
● Brunello di Montalcino Pelagrilli '08	🍷🍷 6
● Brunello di Montalcino '97	🍷🍷🍷 7
● Brunello di Montalcino '96	🍷🍷🍷 7
● Brunello di Montalcino '95	🍷🍷🍷 7
● Brunello di Montalcino '88	🍷🍷🍷 7
● Brunello di Montalcino '07	🍷🍷 8
● Brunello di Montalcino '06	🍷🍷 8
● Brunello di Montalcino '01	🍷🍷 7
● Brunello di Montalcino '99	🍷🍷 8
● Brunello di Montalcino PS '04	🍷🍷 8
● Brunello di Montalcino PS Ris. '06	🍷🍷 8
● Rosso di Montalcino '08	🍷🍷 5

Palazzo

Loc. Palazzo, 144
53024 Montalcino [SI]
Tel. 0577849226
www.aziendapalazzo.it

藏酒销售
预约参观
年产量 20 000 瓶
葡萄种植面积 4 公顷
葡萄栽培方式 生物动力学认证

帕拉佐酒庄（Palazzo）在蒙塔尔奇诺（Montalcino）东部地区覆盖大约12公顷的面积，海拔仅300多米，所在区域有着典型的干燥而多石的土壤，有始新世的起源。科西莫他罗亚（Cosimo Loia）和他的妻子安东尼塔•帕拉佐（Antonietta Palazzo）、儿子安吉罗（Angelo）和埃利亚（Elia）一起共同经营这座酒庄。他们的任务是继续发扬30年的传统，满怀自信地酿制折衷而活泼风格的圣乔维斯葡萄酒（Sangiovese），其中有两款布内罗红（Brunellos）葡萄酒是在法国木桶和大型木桶中酿制，而一款罗索葡萄酒（Rosso）则在斯拉夫尼亚（Slavonian）橡木桶中熟成。帕拉佐酒庄的圣乔维斯葡萄酒从来都不停止跳动，影响巨大，这有赖于香甜而果汁丰满的布内罗红珍藏2007（Brunello Riserva 2007），渗透着地中海灌木丛的气息，真实地反映在味道馥郁的口味中，只是稍微被单宁限制住。可口的罗索2011（Rosso 2011）能量充沛，适饮性很强。布内罗红葡萄酒2008（Brunello 2008）不是特别迷人，但支撑性良好。

● Brunello di Montalcino '08	▼▼ 6
● Brunello di Montalcino Ris. '07	▼▼ 7
● Rosso di Montalcino '11	▼▼ 3
● Brunello di Montalcino '07	▽▽ 6
● Brunello di Montalcino '06	▽▽ 5
● Brunello di Montalcino Ris. '06	▽▽ 7
● Rosso di Montalcino '10	▽▽ 3
● Rosso di Montalcino '06	▽▽ 3

Panizzi

Loc. Santa Margherita, 34
53037 San Gimignano [SI]
Tel. 0577941576
www.panizzi.it

藏酒销售
预约参观
膳宿接待
年产量 185 000 瓶
葡萄种植面积 40 公顷

帕尼兹酒庄（Panizzi）是圣•吉米纳诺（San Gimignano）葡萄酒业中的旗帜，同时也是本地区历史的旗帜。这个名字唤醒了一位梦想家兼工程师的成就，维奈西卡（Vernaccia）通过探索不可思议的耕作方向和潜力，创新甚至在某种程度上变革了维纳奇亚葡萄（Vernaccia）的生长。今天这座享誉盛名的酒庄由西蒙•尼克莱（Simone Niccolai）掌管，还有一帮助手负责业务的展开。其葡萄园散布于本地区的不同分区，所酿制的葡萄酒在风格上毫无瑕疵，巧妙地结合了现代风格的特征、谨慎的管理技术和个人感觉及正宗地道的风味。维纳奇亚•珍藏2010（Vernaccia Riserva 2010）是一款真正美好的如雕刻般的葡萄酒，拥有极其细腻的木纹和烧烤气息，带有香子兰和乡村风格的黄油风味，与可口的成熟果香互相交融。这些特征清晰地反映在它的口感上，只是稍微缺乏点清新和敏感的感觉。维纳奇亚2012（Vernaccia 2012）的香气中带有花香，舌尖上留下柑橘的气息。

○ Vernaccia di S. Gimignano Ris. '10	▼▼ 5
○ Vernaccia di S. Gimignano '12	▼▼ 2*
⊙ Ceraso Rosa '12	▼ 2
● Chianti Colli Senesi Vertunno Ris. '10	▼ 2
○ Vernaccia di S. Gimignano Ris. '07	▽▽▽ 5
○ Vernaccia di S. Gimignano Ris. '05	▽▽▽ 5
○ Vernaccia di S. Gimignano Ris. '98	▽▽▽ 4*
○ Vernaccia di S. Gimignano '11	▽▽ 2*
○ Vernaccia di S. Gimignano '10	▽▽ 2*
○ Vernaccia di S. Gimignano Ris. '09	▽▽ 5
○ Vernaccia di San Gimignano V. Santa Margherita '11	▽▽ 3*
○ Vernaccia di San Gimignano V. Santa Margherita '10	▽▽ 3

Pasolini dall'Onda Borghese

P.ZZA MAZZINI, 10
50021 BARBERINO VAL D'ELSA [FI]
TEL. 0558075019
www.pasolinidallonda.com

藏酒销售
预约参观
年产量 90 000 瓶
葡萄种植面积 17 公顷

酒庄由帕索里尼•达尔•昂达（Pasolini dall'Onda）家族在13世纪成立于博洛尼亚（Bologna）。葡萄酒酿制于伊莫拉（Imola）附近的蒙特瑞科（Montericco）的酒庄，而它的圣乔维斯（Sangiovese）葡萄藤早在18世纪就已种植于巴尔贝里诺•瓦尔•德尔萨（Barberino Val d'Elsa），有着很长时间的生产高品质葡萄酒的传统，这在1573年开始的文件中有记载。所有塑造康帝（Chianti）和文•圣托葡萄酒（Vin Santo）的程序，从葡萄栽培到陈酿再到装瓶，都在这个中世纪的城市底下的酒窖中发生。这里有宾客接待膳宿服务，还有一座橄榄油磨坊，专门生产特级初榨橄榄油。蒙特佩特瑞2011（Montepetri 2011）是一款来自莎当尼（Chardonnay）和灰皮诺（Pinot Grigio）葡萄酿制的混合酒，表现出色，拥有柠檬和桃子的风味，伴随着不同的花香。其口感生动活泼、清新扑鼻、味道浓烈，并带有持久的余味。古典康帝西塞雷（Chianti Classico Sicelle）的两款优秀版本：2011年份的有果汁味，细腻而可口；珍藏2010（Riserva 2010）的更显质朴，并带有均衡的烟草和皮革味。

● Chianti Cl. Sicelle '11	🍷🍷 3
● Chianti Cl. Sicelle Ris. '10	🍷🍷 4
○ Montepetri Bianco '11	🍷🍷 2*
● Chianti Drove '10	🍷 2
● Chianti Cl. Sicelle '05	🍷🍷 3*
● Chianti Cl. Sicelle '03	🍷🍷 3
○ Montepetri Bianco '10	🍷🍷 2*
○ Montepetri Bianco '09	🍷🍷 2

Petra

LOC. SAN LORENZO ALTO, 131
57028 SUVERETO [LI]
TEL. 0565845308
www.petrawine.it

藏酒销售
预约参观
年产量 350 000 瓶
葡萄种植面积 94 公顷

酒庄是维托里奥•莫雷蒂（Vittorio Moretti）多样化资产中的一部分，他对托斯卡纳区（Tuscany）红葡萄酒进行投资，特别是在保格利小镇（Bolgheri）南部的瓦尔迪•科尼亚（Val di Cornia），这里的气候、富含矿物质的土壤适合种植像圣乔维斯（Sangiovese）一样的本地品种以及梅洛（Merlot）、解百纳（Cabernet）等国际葡萄品种。酒窖由马里奥•柏塔（Mario Botta）设计，也许是世界上最有趣的酒窖之一。佩斯卡亚堡（Castiglione della Pescaia）位于托斯卡纳区（Tuscany）。此外，他还有另外一座酒庄——拉•巴迪奥拉（La Badiola），主要生产白葡萄酒。解百纳佩斯卡亚2010（Cabernet Potenti 2010）进入了决赛，薄荷香中渗入了成熟的李子和香料的味道，馥郁的结构中带有稳固而流线型的单宁以及缭绕持久的余味。给人愉悦享受的伊柏2010（Ebo 2010）展示了古典的气息，带有樱桃的香气和多汁清新的口味。口感丰满的圭塞戈比2010（Quercegobbe 2010）是一款天鹅绒般且味道浓烈的梅洛（Merlot）葡萄酒。而来自纯圣乔维斯（Sangiovese）葡萄的阿尔托2009（Alto 2009）有清纯香气和简单结构。

● Potenti '10	🍷🍷 6
● Alto '09	🍷🍷 6
● Quercegobbe '10	🍷🍷 6
● Val di Cornia Ebo '10	🍷🍷 3
○ Acquadoro Tenuta La Badiola '12	🍷 2
⊙ Acquagiusta Rosato Tenuta La Badiola '12	🍷 2
● Acquagiusta Rosso Tenuta La Badiola '10	🍷 2
○ Acquagiusta Vermentino Tenuta La Badiola '12	🍷 2
● Petra Rosso '04	🍷🍷🍷 7
● Petra Rosso '09	🍷🍷 8
● Potenti '09	🍷🍷 6
● Quercegobbe '08	🍷🍷 6

Fattoria di Petroio

LOC. QUERCEGROSSA
VIA DI MOCENNI, 7
53019 CASTELNUOVO BERARDENGA [SI]
TEL. 0577328045
www.fattoriapetroio.it

藏酒销售
预约参观
年产量 40 000 瓶
葡萄种植面积 15 公顷

这座位于贝拉登加新堡（Castelnuovo Berardenga）的佩特奥（Fattoria di Petroio）小酒庄自1961年开始便由兰兹（Lenzi）家族拥有，现由吉安•路易佳（Gian Luigi）从他祖父路易佳•帕里尼（Luigi Pallini）手中继承下来。虽然经历了一段变化的时间，多亏了他对葡萄和园地极大的热情，其葡萄酒的酿制水平有了很大的提升。今天，他女儿戴安娜（Diana）负责酒庄的经营，并非常注重品质。所出产的酒在风格上呈现一定程度的优雅性，虽然是现代的风格，但不会操作过重，其大型和小型橡木桶的混合使用技术娴熟。2014年酒庄只展现了两款酒，都是古典康帝（Chianti Classico）。2010年份的葡萄酒拥有非常细腻的香气，凸显了它的果汁和泥土的气息，隐隐带有少许烟熏味，良好的结构和循序渐进的口感变化，硬度不失怡人，创造出深刻敏锐的口感。珍藏2008（Riserva 2008）品尝起来似乎定义没那么清晰。

● Chianti Cl. '10	ΨΨ 2*
● Chianti Cl. Ris. '08	Ψ 4
● Chianti Cl. '08	ΨΨ 2
● Chianti Cl. '01	ΨΨ 3*
● Chianti Cl. Ris. '07	ΨΨ 4
● Chianti Cl. Ris. '05	ΨΨ 4
● Chianti Cl. Ris. '04	ΨΨ 4
● Chianti Cl. Ris. '03	ΨΨ 4
● Chianti Cl. Ris. '01	ΨΨ 4

★Fattoria Petrolo

LOC. GALATRONA
FRAZ. MERCATALE VALDARNO
VIA PETROLO, 30
52021 BUCINE [AR]
TEL. 0559911322
www.petrolo.it

膳宿接待
年产量 70 000 瓶
葡萄种植面积 31 公顷

佩特罗酒庄（Petrolo）主要生产葡萄酒和特级初榨橄榄油。它坐落于科里•阿雷提尼（Colli Aretini）山丘中一个美丽而历史悠久的地方，这个地方在1716年大公利奥波德法令颁布之时就已经由于其葡萄的质量而享誉盛名了。巴佐奇（Bazzochi）家族在20世纪40年代收购了酒庄，在80年代露西亚•巴佐奇•桑祖斯特（Lucia Bazzochi Sanjust）开始一系列的变革以追求品质的最优化。土壤的独特性，加上精心选择的土壤管理、有机农耕实践和技艺娴熟的酿酒师，所酿制的葡萄酒在个性和现代性上都呈现本地的特征。酒庄目前由露西亚的儿子卢卡•桑祖斯特（Luca Sanjust）管理运营。在最出名的加拉特罗娜（Galatrona）缺席的情况下，单一品种的圣乔维斯特里翁2011（Torrione 2011）赢得了"三杯奖"（Tre Bicchieri）的奖项。馥郁的樱桃和李子的果香，渗透着淡淡的香味，入口怡人而不会过重，美味的余韵中带有清爽的酸味。柏吉纳2011（Boggina 2011）使用双耳瓶装瓶上市，品尝起来非常有趣，生动活泼。

● Torrione '11	ΨΨΨ 5
● Boggina '11	ΨΨ 8
● Bogginafora '11	ΨΨ 8
● Galatrona '10	ΨΨΨ 8
● Galatrona '09	ΨΨΨ 8
● Galatrona '08	ΨΨΨ 8
● Galatrona '07	ΨΨΨ 8
● Galatrona '06	ΨΨΨ 8
● Galatrona '05	ΨΨΨ 8
● Galatrona '04	ΨΨΨ 7
● Galatrona '01	ΨΨΨ 8
● Galatrona '00	ΨΨΨ 7
● Galatrona '99	ΨΨΨ 7
● Galatrona '98	ΨΨΨ 7
● Galatrona '97	ΨΨΨ

Piaggia

Loc. Poggetto
via Cegoli, 47
59016 Poggio a Caiano [PO]
Tel. 0558705401
www.piaggia.com

藏酒销售
预约参观
年产量 75 000 瓶
葡萄种植面积 15 公顷

酒庄于20世纪70年代由毛洛•樊怒西（Mauro Vannucci）建立而成，这里有利的气候条件和具黏质而干燥的土壤赢得了他的青睐。他和女儿塞尔维亚（Silvia）共同协作造就了今天的皮亚吉亚酒庄（Piaggia）。酒庄坐落于离佛罗伦萨省（Florence）约14公里的地方，其葡萄园在卡尔米尼亚诺法定产区酒（Carmignano DOC）区域内。自从第一瓶皮亚吉亚•卡尔米尼亚诺珍藏（Piaggia Carmignano Riserva）在1991年诞生后，他们对这些葡萄酒的热情日益渐增，并获得了高水平的葡萄酒。一直以来，酒庄在不断扩大，加上不断增长的经验，使它可以创造出新的葡萄酒，并生产出优秀的特级初榨橄榄油。酒庄的两款酒成功进入了决赛：科里2011（Poggio de' Colli 2011）是一款纯品丽珠（Cabernet Franc）葡萄酒，有着清新诱人的植物香，加上青椒和野果浆的香味，入口给人愉悦的享受，口感细腻而美味清爽，伴有渐次加强的余韵。珍藏2010（Riserva 2010）表现非常出色，拥有辛辣的香气和馥郁而怡人的酒体。

● Poggio de' Colli '11	🍷🍷🍷 7
● Carmignano Ris. '10	🍷🍷 6
● Carmignano Il Sasso '11	🍷🍷 5
⊙ Vin Ruspo di Carmignano '12	🍷 2
● Carmignano Ris. '08	🍷🍷🍷 5
● Carmignano Ris. '07	🍷🍷🍷 5
● Carmignano Ris. '99	🍷🍷🍷 5
● Carmignano Ris. '98	🍷🍷🍷 5
● Carmignano Ris. '97	🍷🍷🍷 5
● Carmignano Sasso '07	🍷🍷🍷 4
● Il Sasso '01	🍷🍷🍷 4
● Poggio de' Colli '10	🍷🍷🍷 6
● Carmignano Sasso '09	🍷🍷 4
● Poggio de' Colli '09	🍷🍷 6

Piancornello

Loc. Piancornello
53024 Montalcino [SI]
Tel. 0577844105
piancorello@libero.it

藏酒销售
预约参观
年产量 50 000 瓶
葡萄种植面积 10 公顷

皮安科内罗酒庄（Piancornello）位于蒙特•阿米亚塔（Monte Amiata）的对面，离艾莎河（Asso river）大约250米。建于1991年，他在许多狂热者中作为蒙塔尔奇诺（Montalcino）南部斜坡最佳的诠释者而闻名。在这个温暖的地区，圣乔维斯葡萄（Sangiovese）是第一批最先成熟的品种之一，有赖于地势陡峭、排水良好、富含石子和岩石的土地，加上在酒窖中谨慎的浸泡和压榨程序，并在小型橡木桶中熟成，获得了很好的成效。2014年对皮安科内罗葡萄酒（Piancornello）的仰慕者是不会失望的，从布内罗红葡萄酒2008（Brunello 2008）中我们享受到了馥郁的成熟果味和非常膨胀的结构。罗索2011（Rosso 2011）更是给人印象深刻，重结构和现代风格的结合，但不会过于繁重。

● Brunello di Montalcino '08	🍷🍷 6
● Rosso di Montalcino '11	🍷🍷 3
● Brunello di Montalcino '06	🍷🍷🍷 6
● Brunello di Montalcino '99	🍷🍷🍷 6
● Brunello di Montalcino '07	🍷🍷 6
● Brunello di Montalcino Ris. '06	🍷🍷 6
● Brunello di Montalcino Ris. '04	🍷🍷 6
● Rosso di Montalcino '08	🍷🍷 3*

Pianirossi

Loc. Porrona
pod. Santa Genoveffa, 1
58044 Cinigiano [GR]
Tel. 0564990573
www.pianirossi.com

藏酒销售
预约参观
膳宿接待
年产量 55 000 瓶
葡萄种植面积 14 公顷

蒙特库科（Montecucco）位于格罗塞托省（Grosseto），通常人们认为这是一个能够培植出充分而独特地表现自身特色的圣乔维斯葡萄（Sangiovese）的新兴地区。斯蒂法诺•辛西尼（Stefano Sincini）是皮安纳罗西酒庄（Pianerossi）的所有者，对这个完美的地方怀着展望和梦想。在不懈的努力下，他实现了将自己的理念融入葡萄酒里的梦想。这些酒是生态友好型的，其葡萄藤的栽培采用低环境影响的方式，并且对与自然的结合有很强的欲望。这同样也反映在酒庄的游客设施中。我们钟情于蒙特库科•赛德斯2011（Montecucco Sidus 2011），香气中混合着铅笔芯、皮革和李子酱的味道，口味生动，酒体丰满，给人愉悦浓烈的口感，且余韵醇香。索露丝2010（Solus 2010）也是一款不错的酒品，阿里坎特（Alicante）、蒙特布查诺（Montepulciano）和圣乔维斯葡萄（Sangiovese）葡萄香中混合着香料，给人圆润而平衡的口感，以悠长缭绕的口感回味，并有着出色的余味。

● Montecucco Sidus '11	🍷🍷 4
● Solus '10	🍷🍷 4
● Pianirossi '10	🍷 6
● Pianirossi '09	🍷🍷 6
● Pianirossi '08	🍷🍷 6
● Pianirossi '07	🍷🍷 6
● Pianirossi '06	🍷🍷 6
● Solus '08	🍷🍷 4

Enrico Pierazzuoli

via Valicarda, 35
50056 Capraia e Limite [FI]
Tel. 0571910078
www.enricopierazzuoli.com

藏酒销售
预约参观
膳宿接待
年产量 156 000 瓶
葡萄种植面积 32 公顷

恩里科•皮尔拉佐利（Enrico Pierazzuoli）既是葡萄栽培家，也是卡尔米尼亚诺法定产区酒生产者联盟（Carmignano DOC producers' consortium）的主席，监管着两座家族酒庄的运营。两座酒庄所在的地区都有酿酒的历史渊源。位于基安蒂蒙塔尔巴诺（Chianti Montalbano）的堪塔佳洛酒庄（Tenuta Cantagallo）被收购于1970年，之后加入了法尔内特酒庄（Tenuta Farnete）。它不仅生产橄榄油、蜂蜜和葡萄酒等其他食品，同时也提供假期膳宿接待。为了确保品质的稳步提升，他们在不同地区购置不同的葡萄园，或是从本地葡萄品种中精选能够很好地适应当地气候的克隆品种来进行种植。文•圣托2007（Vin Santo 2007）表现出色，拥有复杂的香气，从干杏子和无花果，到榛果味和黄油味。它的口感浓厚饱满，富含黄油味，在口中萦绕游弋。两款卡尔米尼亚诺葡萄酒（Carmignano）2011年份和珍藏2010（Riserva 2010）的版本也十分出色。巴尔科•雷亚里2012（Barco Reale 2012）有着美好的适饮性。

● Carmignano Le Farnete '11	🍷🍷 3
○ Vin Santo del Chianti Montalbano Millarium Ris. '07	🍷🍷 5
● Barco Reale Le Farnete '12	🍷🍷 2*
● Carmignano Le Farnete Ris. '10	🍷🍷 4
● Chianti Montalbano Cantagallo '12	🍷 2
● Gioveto Tenuta Cantagallo '10	🍷 4
● Carmignano Le Farnete Ris. '97	🍷🍷🍷 6
● Carmignano Le Farnete '10	🍷🍷 3
● Carmignano Le Farnete Ris. '05	🍷🍷 5
● Gioveto Tenuta Cantagallo '09	🍷🍷 4
● Ljatico Le Farnete '11	🍷🍷 5

Pieve Santo Stefano

LOC. SARDINI
55100 LUCCA
TEL. 0585857996
www.pievedisantostefano.com

藏酒销售
预约参观
葡萄种植面积 10 公顷

酒庄是以不远之处的一座教堂命名的，它理想的环境和土壤组成甚至连罗马人都很青睐。在所有酒庄主人中，萨迪尼（Sardini）家族对它有着最深远的影响，事实上最新的一代为这家族赢得了侯爵的高贵头衔。多年来，酒庄主人一直努力做好葡萄栽培工作，但现在的主人才是引进专业化的葡萄园灌溉技术并以饱满激情和细心培植它们的人。由圣乔维斯葡萄（Sangiovese）酿制而成的露多维科•萨迪尼2011（Ludovico Sardini 2011）首次进入决赛，拥有各种迷人而复杂的香气，包括植物和野生果浆的气息。其口感生动活泼，酒体丰满而清新，并有着优美的余味。维拉•萨迪尼2012（Villa Sardini 2012）有不复杂的果香和令人放松的口感，美味可口。利柏2011（Lippo 2011）葡萄酒来自梅洛（Merlot）、品丽珠（Cabernet Franc）葡萄，闻起来有青椒的味道，酒体复杂但均衡，并且有着缭绕持久的余味。

● Colline Lucchesi Ludovico Sardini '11	🍷🍷 2*
● Colline Lucchesi Villa Sardini '12	🍷🍷 2*
● Lippo '11	🍷🍷 3
● Colline Lucchesi Ludovico '08	ΨΨ 2
● Lippo '10	ΨΨ 3

Poggerino

LOC. POGGERINO, 6
53017 RADDA IN CHIANTI [SI]
TEL. 0577738958
www.poggerino.com

藏酒销售
预约参观
膳宿接待
年产量 35 000 瓶
葡萄种植面积 10 公顷
葡萄栽培方式 有机认证

博捷利诺酒庄（Il Poggerino）是严密的葡萄酒技师组织的一部分，他们居住在古典康帝法定产酒区（Chianti Classic DOC），往往能够酿制出非常有趣的酒品。酒庄在20世纪80年代早期开始装瓶销售，从那时开始它在风格上变化极少。这座基安蒂拉达（Radda in Chianti）酒庄出品的葡萄酒风格非常个性化，有时甚至给人意料之外的惊喜，这是由于这个分区的气候凸显了果实的熟成度和追求高度的压榨，而从不丢失细腻的口感和高雅的风格。这些酒是在法国木桶和橡木桶中陈酿。古典康帝步吉亚拉珍藏2009（Chianti Classico Bugialla Riserva 2009）获得了“三杯奖”的奖项，迷人的香气中干花、落叶和湿土的味道互相融合，而口味展示了酸味和甜味的完美对比，余味悠长。古典康帝2010（Chianti Classico 2010）和普瑞玛马特丽雅2009（Primamateria 2009）来自圣乔维斯（Sangiovese）和梅洛（Merlot）葡萄，酒体都不复杂。

● Chianti Cl. Bugialla Ris. '09	🍷🍷🍷 5
● Chianti Cl. '10	🍷 3
● Primamateria '09	🍷 5
● Chianti Cl. Bugialla Ris. '08	ΨΨΨ 5
● Chianti Cl. Ris. '90	ΨΨΨ 4*
● Primamateria '01	ΨΨΨ 5
● Chianti Cl. '08	ΨΨ 3
● Chianti Cl. '06	ΨΨ 3*
● Chianti Cl. '04	ΨΨ 3
● Chianti Cl. '01	ΨΨ 3
● Chianti Cl. Bugialla Ris. '04	ΨΨ 5
● Chianti Cl. Bugialla Ris. '99	ΨΨ 4
● Primamateria '07	ΨΨ 5
● Primamateria '06	ΨΨ 5
● Primamateria '00	ΨΨ 5
● Primamateria '99	ΨΨ 5

Poggio ai Lupi

FRAZ. GIUNCARICO
LOC. BARTOLINA
58023 GAVORRANO [GR]
TEL. 056688082
www.poggioailupi.it

藏酒销售
年产量 28 000 瓶
葡萄种植面积 21 公顷

酒庄为马特奥（Matteo）和马尔科•佳尔塔洛萨（Marco Galtarossa）两兄弟所有。当初在接管此酒庄的时候，他们曾经进行一项深入的研究，目的是决定种植葡萄的地点。最后他们只是挑选一小部分的土地种植葡萄。他们的目标是能够酿制出具有很强的本地特征的葡萄酒，在一个密度与众不同的地区应用新技术。酒庄所酿制的酒呈现现代的风格，超越了大区的标准水平，表现了对起源的尊重。十分怡人的莎当尼•当莫塞2011（Chardonnay Dune Mosse 2011）拥有柑橘果香，淡淡的桃子和香草味道，加上细腻而饱满的口感、生动的酸味和十分干净的余味。我们同时也很钟爱蒙特雷吉奥2011（Monteregio 2011），伴着更辛辣的香气，隐隐渗透着皮革和成熟果香。给人可爱丰满的口感和容易感受到的细致单宁，相当够味的余韵，令人神清气爽。

○ Chardonnay Dune Mosse '11	▼▼	4
● Monteregio di Massa Marittima '11	▼▼	2*
○ Vermentino '12	▼	2
● Alicante '05	▽▽	4
○ Chardonnay Dune Mosse '10	▽▽	4
○ Chardonnay Dune Mosse '09	▽▽	4
● Syrah '04	▽▽	2*
● Syrah Luna Matta '09	▽▽	3

Poggio al Tesoro

LOC. FELCIAINO
VIA BOLGHERESE, 189B
57022 BOLGHERI [LI]
TEL. 0565773051
www.poggioaltesoro.it

藏酒销售
预约参观
年产量 263 000 瓶
葡萄种植面积 60 公顷

酒庄是威尼托•艾丽吉里尼（Veneto Allegrini）家族和意大利——美国进口商里昂那多•罗•卡西欧（Leonardo Lo Cascio）共同合资的成果，在保格利镇（Bolgheri）数个区域都拥有资产。这意味着葡萄园的土壤条件各式各样，从富含卵石的红黏土到重质土甚至沙质土。2014年酒庄的葡萄酒酿制得精良且平衡细致，有着非常清晰的风格。当然，它们都还是很年轻，但经得起酒瓶中陈放。在我们看来，最佳的酒款当属保格利桑德拉亚特级2010（Bolgheri Superiore Sondraia 2010），它优于其他酒款的原因在于能够很好地表现年份特征而没有任何毫无意义的压制。这款精细微妙的酒弥漫着淡淡的粉红葡萄柚和可爱的青草气息，激励人心的酸味冲击味觉，尤其对瓶装陈酿来说，这是一次赌博。德蒂卡托•沃尔特2010（Dedicato a Walter 2010）同样深得人心，弥漫着更黑、更加激动人心的青草香味。

● Bolgheri Sup. Sondraia '10	▼▼▼	5
● Dedicato a Walter '10	▼▼	7
⊙ Bolgheri Rosato Cassiopea '12	▼	2
○ Bolgheri Vermentino Solosole '12	▼	3
● Dedicato a Walter '09	▽▽▽	7
● Bolgheri Sondraia '09	▽▽	5
● Bolgheri Sondraia '08	▽▽	5
● Bolgheri Sondraia '07	▽▽	5
● Bolgheri Sondraia '06	▽▽	5
○ Bolgheri Vermentino Solosole '11	▽▽	3
● Dedicato a Walter '08	▽▽	7
● Dedicato a Walter '07	▽▽	5
● Dedicato a Walter '06	▽▽	5
● Mediterra '10	▽▽	3
● Mediterra '09	▽▽	3
● Mediterra '08	▽▽	3

Poggio Antico

Loc. Poggio Antico
53024 Montalcino [SI]
Tel. 0577848044
www.poggioantico.com

藏酒销售
预约参观
膳宿接待
年产量 120 000 瓶
葡萄种植面积 32 公顷

唯有品尝过20世纪七八十年代的柏吉欧•安提科•布内罗红葡萄酒（Poggio Antico Brunellos）的人，才能理解为什么许多狂热者谈及它们时有着如此深刻的感情。今天也没有任何改变，因为宝拉•戈德乐（Paola Godler）和阿尔伯托•蒙特费奥里（Alberto Montefiori）对它的风格有着清晰的概念，最重要的是，对坐落于南部一个海拔高且通风的生长区，具有明显特色和表现力的葡萄园拥有清晰的概念。这个是丰富且正宗的圣乔维斯葡萄（Sangioveses）理想的种植地，通过高度的压榨并在3 700升和5 500升的橡木桶（对于当前年份和珍藏版）和大橡木桶（阿尔特罗精选）中陈酿，能够保持很地道的原味。进入决赛的是来自柏西欧•安提科（Poccio Antico）的可爱系列。布内罗•阿尔特罗2008（Brunello Altero 2008）虽然有橡木的味道，但是被美好平衡的口味和成熟的单宁很好地抵消了。珍藏2007（Riserva 2007）有点不足，但展示了很好的发展潜力，它比往常含有更多的甘油，因而能够更膨胀，而且它的泥土芳香和烟熏香十分迷人。

● Brunello di Montalcino Altero '08	▼▼ 8
● Brunello di Montalcino Ris. '07	▼▼ 7
● Madre '10	▼▼ 4
● Brunello di Montalcino '08	▼ 7
● Lemartine '11	▼ 4
● Rosso di Montalcino '11	▼ 5
● Brunello di Montalcino '05	▽▽▽ 7
● Brunello di Montalcino Altero '07	▽▽▽ 8
● Brunello di Montalcino Altero '06	▽▽▽ 8
● Brunello di Montalcino Altero '04	▽▽▽ 8
● Brunello di Montalcino Altero '99	▽▽▽ 8
● Brunello di Montalcino Ris. '01	▽▽▽ 7
● Brunello di Montalcino Altero '05	▽▽ 8
● Brunello di Montalcino Altero '03	▽▽ 8
● Brunello di Montalcino Altero '01	▽▽ 6

Poggio Argentiera

Loc. Alberese
s.da Banditella, 2
58010 Grosseto
Tel. 0564405099
www.poggioargentiera.com

藏酒销售
预约参观
年产量 210 000 瓶
葡萄种植面积 40 公顷
葡萄栽培方式 有机认证

吉安保罗•帕格里亚（Gianpaolo Paglia）是一位来自马内玛（Maremma）的农学家，对祖国怀着深深的热爱。他在一个小葡萄园里开始酿制莫瑞里诺葡萄酒（Morellino di Scansano），之后又开发新的葡萄园完善产品。他对葡萄藤的尊重和最少化的人工干预使得这些葡萄藤和自然环境实现了完美的平衡。为了与有机种植方式保持协调，酒窖中的技术干预保持到最低的限度，这些葡萄酒是在中型或大型琵琶桶而非法国木桶中酿制。今年有两款进入决赛。莫瑞里诺•卡帕托斯塔2011（Morellino Capatosta 2011）展示了出色馥郁的森林植被、覆盆子、黑莓和新鲜的樱桃味，各种不同的香气，饱满的口感，加上易感受到的平衡单宁，赋予它味道浓而和谐的回味。莫瑞里诺•贝拉玛西莉亚2012（Morellino Bellamarsilia 2012）拥有芳香的草本、香料和充满生机的李子果香，美味而直爽的口感和悠长萦绕的余味。

● Morellino di Scansano Bellamarsilia '12	▼▼ 2*
● Morellino di Scansano Capatosta '11	▼▼ 5
○ Guazza '12	▼ 2
● Maremmante '12	▼ 2
● Finisterre '07	▽▽▽ 6
● Morellino di Scansano Capatosta '00	▽▽▽ 5*
○ Fonte_40 '10	▽▽ 3
● Maremmante '09	▽▽ 2
● Morellino di Scansano Bellamarsilia '11	▽▽ 2*
● Morellino di Scansano Capatosta '10	▽▽ 5
● Morellino di Scansano Capatosta '08	▽▽ 5
● Morellino di Scansano Capatosta '07	▽▽ 5
● Morellino di Scansano Capatosta '06	▽▽ 5
● Morellino di Scansano Capatosta '05	▽▽ 5
● Morellino di Scansano Capatosta '04	▽▽ 5

Poggio Bonelli

via dell'Arbia, 2
53019 Castelnuovo Berardenga [SI]
Tel. 057756661
www.poggiobonelli.it

藏酒销售
预约参观
膳宿接待
年产量 124 000 瓶
葡萄种植面积 83 公顷

该酒庄是MPS特门帝公司（MPS Tenimenti）的一员，由锡耶纳格鲁柏•蒙特帕斯奇（Gruppo Montepaschi di Siena）拥有，他同时拥有另一座酒庄——萨拉悉尼别墅（Villa Chigi Saracini）。2000年赛恩斯（Sienese）公司从兰度西（Landucci）和克罗西（Croci）家族接管了酒庄的管理权，而柏吉欧•博内里（Poggio Bonelli）作为一座地产自20世纪50年代开始就存在着。酒庄的葡萄园在贝拉登加新堡（Castelnuovo Berardenga）附近，这里所种的葡萄天生有种独特的丰满和力量的个性。酿酒使用了大量橡木桶，主要是小型桶，它用忠实平衡的风格表现自然的特点。来自赤霞珠（Cabernet Sauvignon）和圣乔维斯（Sangiovese）葡萄混酿的柏吉亚萨伊2010（Poggiassai 2010），展现了成熟甜美的红果浆风味，弥漫着香料的气息，伴着圆润、渐进的口感。迷人的康帝•奇吉•萨拉悉尼2012（Chianti Villa Chigi Saracini 2012）拥有可爱的香气和清脆多汁的口味。古典康帝珍藏2009（Chianti Classico Riserva 2009）有些许橡木的气息，需要时间来沉淀。

● Poggiassai '10	🍷🍷🍷	6
● Chianti Villa Chigi Saracini '12	▼▼	3
● Chianti Cl. '11	▼	5
● Chianti Cl. Ris. '09	▼	6
● Poggiassai '08	▽▽▽	5
● Poggiassai '07	▽▽▽	5
● Poggiassai '06	▽▽▽	5
● Chianti Cl. '10	▽▽	3
● Chianti Cl. Poggio Bonelli '09	▽▽	3
● Chianti Cl. Ris. '07	▽▽	5
● Chianti Cl. Ris. '06	▽▽	5
● Chianti Cl. Ris. '05	▽▽	5
● Poggiassai '05	▽▽	5
● Tramonto d'Oca '04	▽▽	5
○ Vin Santo del Chianti Cl. Occhio di Pernice '06	▽▽	8

Poggio Capponi

loc. San Donato a Livizzano
via Montelupo, 184
50025 Montespertoli [FI]
Tel. 0571671914
www.poggiocapponi.it

藏酒销售
预约参观
膳宿接待
年产量 210 000 瓶
葡萄种植面积 33 公顷

这个农场建立于15世纪末，而一个世纪后建立的具有历史意义的酒窖我们至今仍然能够参观到。酒庄从卡柏尼家族（Capponi）一直传承至卢梭•科尔济丝（Rousseau Colzis），其出品的葡萄酒在1935年成为酒庄的主要经营产品，并在近年实现了品质的飞跃。他们同时也生产特级初榨橄榄油且经营一座农家乐。表现出色的提诺索2010（Tinorso 2010）来自梅洛（Merlot）和西拉（Syrah）葡萄，拥有干净、定义明确、如雕刻般的香气，包括辛辣的肉桂香。浅淡的口感不太圆润，浓浓的回味缭绕悠长。有两款康帝（Chiantis）也很不错：佩特里奇欧2010（Petriccio 2010）弥漫着铅笔芯和皮革味，淡淡的李子酱气息，口感宽泛而坚实。康帝2012（Chianti 2012）闻起来清新而生动，给人平衡放松的口感。

● Chianti '12	▼▼	3
● Chianti Montespertoli Petriccio '10	▼▼	4
● Tinorso '10	▼▼	5
○ Bianco di Binto '12	▼	2
● Chianti Poggio Capponi '07	▽▽	2*
● Tinorso '08	▽▽	4
● Tinorso '06	▽▽	4
● Tinorso '05	▽▽	4

Poggio di Sotto

FRAZ. CASTELNUOVO DELL'ABATE
LOC. POGGIO DI SOTTO
53024 MONTALCINO [SI]
TEL. 0577835502
www.poggiodisotto.com

藏酒销售
预约参观
膳宿接待
年产量 35 000 瓶
葡萄种植面积 10 公顷
葡萄栽培方式 有机认证

我们可以判断的是，波吉欧•狄•索托酒庄（Poggio di Sotto）的“新生活”在很多方面都是一个过渡阶段。这座小型的德尔阿贝特新堡（Castelnuovo dell'Abate）的酒庄是皮埃洛•帕尔幕西（Piero Palmucci）在20世纪80年代末建立的，在2011年被提帕（Tipa）家族收购之前，对蒙塔尔奇诺（Montalcino）地区的葡萄酒生产有着深远的影响。这个家族还拥有格拉塔马克（Grattamacco）和科勒马萨里（Colle Massari）两座酒庄，使得这个家族在托斯卡纳区（Tuscany）成就辉煌。要把相同的风格持续下去，并保留大部分的东西，我们需要几个月后才能品尝到在新的管理架构下产生的第一个年份的酒。最新发布的酒款完全符合了我们所期待的最佳状态。在布内罗红葡萄酒2008（Brunello 2008）中，我们感受到相当的冷淡，有点太过谦逊且酸味太重。珍藏2007（Riserva 2007）是纯种的圣乔维斯葡萄（Sangiovese）酿制而来，有着明显的盐味和酵母的气息，伴随着愉悦且丰富的果味。

● Brunello di Montalcino Ris. '07	YYY (red)	8
● Brunello di Montalcino '08	YY (black)	8
● Rosso di Montalcino '10	YY (black)	7
● Brunello di Montalcino '07	YYY (outline)	8
● Brunello di Montalcino '04	YYY (outline)	8
● Brunello di Montalcino '99	YYY (outline)	8
● Brunello di Montalcino Ris. '99	YYY (outline)	8
● Brunello di Montalcino Ris. '95	YYY (outline)	8
● Rosso di Montalcino '07	YYY (outline)	6
● Brunello di Montalcino '06	YY (outline)	8
● Brunello di Montalcino '03	YY (outline)	8
● Brunello di Montalcino '01	YY (outline)	8
● Brunello di Montalcino Ris. '06	YY (outline)	8
● Brunello di Montalcino Ris. '04	YY (outline)	8

Poggio Rubino

LOC. LA SORGENTE, 62
S.DA PROVINCIALE CASTIGLION DEL BOSCO
53024 MONTALCINO [SI]
TEL. 05771698133
www.poggiorubino.it

藏酒销售
预约参观
膳宿接待
年产量 32 000 瓶
葡萄种植面积 7 公顷

波吉欧•露比诺酒庄（Poggio Rubino）位于距离蒙塔尔奇诺（Montalcino）大约470米的西部斜坡中心，有着7公顷由爱德华•科尔西（Edward Corsi）和阿里桑德拉•玛尔佐奇（Alessandra Marzocchi）管理的葡萄园。葡萄园里主要种植的品种是圣乔维斯葡萄（Sangiovese），散布于法定产酒区（DOC）的不同地方，采用生物可持续的方式耕作。酒窖采用传统的方式酿制，如长时间的浸泡和在2 500升和3 000升的橡木桶中陈放。所酿制的两款布内罗红葡萄酒（Brunellos）呈现经典但不怀旧的风格，丰富的质地和紧密的单宁，两款都值得我们等待。波吉欧•露比诺的布内罗红葡萄酒（Brunellos）有着明显而个性化的共性。干草药、薰衣草和百里香的香味使微妙的2008年份的香气与质地很快地在我们的鼻尖显现。珍藏2007（Riserva 2007）更加圆润，盐味更丰富，同时也更加成熟和进步。

● Brunello di Montalcino '08	YY (black)	6
● Brunello di Montalcino Ris. '07	YY (black)	7
● Brunello di Montalcino '07	YY (outline)	6
● Brunello di Montalcino '06	YY (outline)	6
● Brunello di Montalcino Ris. '06	YY (outline)	6

Poggio Trevvalle

LOC. ARCILLE
POD. 348
58042 CAMPAGNATICO [GR]
TEL. 0564998142
www.poggiotrevvalle.it

藏酒销售
预约参观
年产量 65 000 瓶
葡萄种植面积 13 公顷
葡萄栽培方式 有机认证

乌姆贝尔托（Umberto）和博纳多•瓦勒（Bernardo Valle）两兄弟在1998年的年末收购了这座酒庄，期望运用有机方式生产出具有很强本地特征的葡萄酒。他们一开始专注在葡萄的生长上，并在2000年种下葡萄藤，这使得它们能够很好地适应环境，从一开始就能培养良好的结果。酒窖中葡萄的酿制遵循自然的理念而不使用人工酵母。今年，莫瑞里诺•帕塞拉2012（Morellino Passera 2012）进入了决赛，清新的薄荷香中伴着野生果浆的味道以及淡淡的丁香和香料草本味。入口刺激食欲，馥郁美味，令人欲罢不能，回味生动迷人。我们也很享受莫瑞里诺2011（Morellino 2011）平凡的香气中蕴含着容易辨别的樱桃和李子味，坚实而平衡的口感和渐次增强的余味。

● Morellino di Scansano Passera '12	2*
● Morellino di Scansano '11	2*
● Montecucco Rosso '10	3
● Rafele '09	2
● Morellino di Scansano Fròndina '04	2
● Morellino di Scansano Larcille '03	4
● Morellino di Scansano Larcille '00	3
● Rafele '08	2

Tenuta Il Poggione

FRAZ. SANT'ANGELO IN COLLE
LOC. MONTEANO
53024 MONTALCINO [SI]
TEL. 0577844029
www.tenutailpoggione.it

藏酒销售
预约参观
膳宿接待
年产量 500 000 瓶
葡萄种植面积 125 公顷

在蒙塔尔奇诺（Montalcino）不是很多酒庄能有多达100公顷的葡萄园地，但波吉翁酒庄（Il Poggione）却是其中的一个。它坐落于科勒圣安吉洛（Sant'Angelo in Colle）法定产酒区（DOC）的最南部地带，自从19世纪起属于弗朗塞斯奇（Franceschi）家族所有，今天由法布里吉欧•兵多西（Fabrizio Bindocci）管理。在一系列不同的品种中，处于中心地位的当然是圣乔维斯葡萄酒（Sangiovese），它是使用传统酿酒技术，经过20天左右的浸泡并在3 000升和5 000升的法国橡木桶中酿制而成。一小部分的梅洛（Merlot）、维蒙蒂诺（Vermentino）和莎当尼（Chardonnay）葡萄混酿使得这一系列多变的品种得以完整。另一款令人难忘的酒款来自波吉翁酒庄的圣乔维斯葡萄酒（Sangiovese），只是缺少关键的余味。罗素2011（Rosso 2011）有浅淡的、风味独特而不失主要特性的味道，这也是布内罗红葡萄酒2008（Brunello 2008）具备的特点。珍藏2007（Riserva 2007）展现出更完整的风味，尽管在现阶段有突出的单宁，但依然酒体饱满，香料味活泼。

● Brunello di Montalcino V. Paganelli Ris. '07	7
● Brunello di Montalcino '08	6
● Rosso di Montalcino '11	3
● Brunello di Montalcino Ris. '97	7
● Brunello di Montalcino '07	6
● Brunello di Montalcino '06	6
● Brunello di Montalcino '05	6
● Brunello di Montalcino '04	6
● Brunello di Montalcino Ris. '04	6
● Brunello di Montalcino Ris. '01	6
● Brunello di Montalcino V. Paganelli Ris. '06	7
● Rosso di Montalcino '10	3

Tenuta Poggiorosso

loc. Poggio Rosso, 1
57025 Piombino [LI]
Tel. 3485257145
www.tenutapoggiorosso.it

藏酒销售
预约参观
年产量 25 000 瓶
葡萄种植面积 6 公顷

莫内里（Monelli）家族怀着对土地的热爱，渴望酿制具有个性丰富和地区特征的葡萄酒，于2002年收购了这座酒庄。他们从葡萄园开始，到酒窖结束，对酒庄进行彻底的检查。酒庄的名字衍生于葡萄园土地条纹的颜色，其藤蔓长得尤其旺盛。它的酒名和标志都是参照古时伊特鲁里亚的统治政权而命名。泰吉斯2010（Tages 2010）来自圣乔维斯（Sangiovese）和梅洛（Merlot）葡萄，它弥漫着矿物质和香料草本气息，拥有坚实而粗壮的酒体和活泼够味的余韵。维尔修恩2009（Velthune 2009）酿自纯赤霞珠（Cabernet Sauvignon）葡萄，散发着清新的薄荷香和野生红醋栗的气息，拥有坚实多汁且结构良好的酒体，精致的单宁和协调的余韵。

● Tages '10	🍷🍷 3
● Velthune '09	🍷🍷 5
○ Phylika '12	🍷 3
○ Veive '12	🍷 4
○ Phylika '11	🍷🍷 3
○ Veive '11	🍷🍷 4

Poggiotondo

via Torribina, 83
50050 Cerreto Guidi [FI]
Tel. 0571559167
www.poggiotondowines.com

藏酒销售
预约参观
年产量 300 000 瓶
葡萄种植面积 20 公顷

享誉国际盛名的酿酒师阿尔伯拖•安东尼尼（Alberto Antonini）成功地将他的梦想融入生活中。他对家族酒庄进行结构调整，他跟许多酿酒师一起工作，使他获得了有关葡萄品种和酿酒工艺的第一手经验。他们的共同协作创造了一系列新的葡萄酒，很好地体现了他的酿酒理念，即强调对地区特征表示尊重的理念。他将农耕方式转换成生物动力学的方式。维蒙蒂诺2012（Vermentino 2012）有着柑橘、杏子和植物的香气。口感清新，富有活力和令人神清气爽的酸度。康帝•特级2010（Chianti Superiore 2010）复杂而馥郁的香料味与野生果浆很好地混合在一起，柔顺的单宁融合了酒精和生动的余味。

● Chianti Sup. '10	🍷🍷 2*
● Chianti V. delle Conchiglie Ris. '10	🍷🍷 6
○ Vermentino '12	🍷🍷 2*
● Chianti Ris. '10	🍷 5
● Chianti V. delle Conchiglie Ris. '09	🍷 6
● Chianti V. delle Conchiglie Ris. '08	🍷🍷 7
● Marmoreccia '09	🍷🍷 7

★★Poliziano

LOC. MONTEPULCIANO STAZIONE
VIA FONTAGO, 1
53045 MONTEPULCIANO [SI]
TEL. 0578738171
www.carlettipoliziano.com

藏酒销售
预约参观
膳宿接待
年产量 600 000 瓶
葡萄种植面积 140 公顷

迪诺•卡勒迪（Dino Carletti）对土地的热爱驱使他在20世纪60年代在蒙特布查诺（Montepulciano）购买了一块田地并开始种植葡萄藤。他的儿子也做出了相同的选择。在经过一系列有目的的训练以及跟其他生产商合作后，他生产的葡萄酒质量在不断提高。这些葡萄藤种植于购买园地之后的头20年，衍生于20世纪40年代本地的树干，表现了他们对密切保持地区根源特色的欲望。之后他们又购买了马内玛（Maremma）地区的露赫萨酒庄（Lohsa）。今年，挺进决赛的阿辛诺恩贵族酒2010（Nobile Asinone 2010）弥漫着樱桃和草莓的香气，带着香料的气息，柔顺蜿蜒而均匀的口感，与酒精以及浓烈集中持久的余味混合的单宁成分，使得这款酒更显高贵。莫瑞里诺•露赫萨2011（Morellino Lohsa 2011）带有月桂叶、迷迭香和野生果浆的香气，中等协调的结构，清新的醋酸气息和多汁够味的余韵。

● Nobile di Montepulciano Asinone '10	🍷🍷 6
● Morellino di Scansano Lohsa '11	🍷🍷 3
● Mandrone di Lohsa '09	🍷 5
● Nobile di Montepulciano '10	🍷 5
● Rosso di Montepulciano '11	🍷 3
● Le Stanze '03	♡♡♡ 6
● Nobile di Montepulciano '09	♡♡♡ 4*
● Nobile di Montepulciano Asinone '07	♡♡♡ 6
● Nobile di Montepulciano Asinone '06	♡♡♡ 6
● Nobile di Montepulciano Asinone '05	♡♡♡ 6
● Nobile di Montepulciano Asinone '04	♡♡♡ 6
● Nobile di Montepulciano Asinone '03	♡♡♡ 6
● Nobile di Montepulciano Asinone '01	♡♡♡ 6
● Nobile di Montepulciano Asinone '00	♡♡♡ 6
● Nobile di Montepulciano Asinone '99	♡♡♡ 5

Tenuta Le Potazzine

LOC. LE PRATA, 262
53024 MONTALCINO [SI]
TEL. 0577846168
www.lepotazzine.it

藏酒销售
预约参观
膳宿接待
年产量 38 000 瓶
葡萄种植面积 4.6 公顷

朱佩赛•格雷里（Giuseppe Gorelli）和吉利欧拉•吉安内提（Gigliola Giannetti）持续地用圣乔维斯葡萄（Sangiovese）酿制出优雅而轻松活泼的酒品。这是勒•普拉塔（Le Prata）和蒙塔尔奇诺（Montalcino）南部的科勒•圣安吉洛（Sant'Angelo in Colle）完美混合的结果。由于自然发酵、长时间浸泡和在中型斯拉夫尼亚（Slavonian）橡木桶中酿制的技术，勒•波塔京酒庄（Le Potazzine）生产的布内罗红葡萄酒（Brunellos）以澄净透明的水果香和束缚感为特点。由于出色适饮的口味和充沛的能量，其正牌系列特点尤其鲜明，而珍藏版（只生产最佳年份）拥有更独特更刚健的口感。布内罗红2008（Brunello 2008）给酒庄带来第一个"三杯奖"（Tre Bicchieri）的奖项，这有赖于它迷人的香脂和盐味，给人协调的感官享受。珍藏2006（Riserva 2006）精力充沛，与单宁的混合欠佳，但无疑充满丰富的个性，适合陈放更久的时间。

● Brunello di Montalcino '08	🍷🍷🍷 6
● Brunello di Montalcino Ris. '06	🍷🍷 7
● Rosso di Montalcino '11	🍷 4
● Brunello di Montalcino '07	♡♡ 6
● Brunello di Montalcino '04	♡♡ 7
● Brunello di Montalcino Ris. '04	♡♡ 7
● Rosso di Montalcino '10	♡♡ 4

Pratesi

Loc. Seano
via Rizzelli, 10
59011 Carmignano [PO]
Tel. 0558704108
www.pratesivini.it

预约参观
年产量 60 000 瓶
葡萄种植面积 7 公顷

卡尔米尼纳诺法定产酒区（Carmignano DOC）自从梅第奇（Medici）时代开始就被认为是一个很好的酿酒区。普拉泰西（Pratesi）家族的酒庄在此酿酒已有5代人了，准确来说是从1875年开始，表现了对特定生产选择的尊重，如高密度的葡萄园，这种选择在一个偏爱更传统的方式的地区来说是一个极其富有创造性的选择。这些葡萄酒在一个完整的新地下酒窖的法国木桶中熟成，酒窖的建立包含了对环境的尊重，以保持周围地区特有的美丽。2014年酒庄的总体表现很出色：珍藏2010（Riserva 2010）展示了活泼的香气，弥漫着植物以及香料的气息，拥有馥郁圆润的酒体和悠长浓烈的余味。品丽珠（Cabernet Franc）、赤霞珠（Cabernet Sauvignon）和梅洛（Merlot）混酿的卡尔米翁2010（Carmione 2010）有着鲜明的香脂气息，坚实的结构和令人回味无穷的余韵。梅洛2010（Merlot 2010）则拥有迷人的香气和有深度的口感。

● Carmignano Circo Rosso Ris. '10	🍷🍷 4
● Carmione '10	🍷🍷 4
● Merlot Barche di Barchereto '10	🍷🍷 3
● Carmignano '08	🍸🍸 4
● Carmignano '01	🍸🍸 5
● Carmignano '00	🍸🍸 5
● Carmignano Circo Rosso Ris. '08	🍸🍸 5
● Carmignano V. di Carmio Ris. '07	🍸🍸 5
● Carmione '08	🍸🍸 5
● Carmione '07	🍸🍸 5
● Locorosso Rosso '00	🍸🍸 3

★Fattoria Le Pupille

s.da Piagge del Maiano
58100 Grosseto
Tel. 0564409517
www.fattorialepupille.it

藏酒销售
预约参观
膳宿接待
年产量 500 000 瓶
葡萄种植面积 70 公顷

伊莉莎贝塔•杰佩蒂（Elisabetta Geppetti）自从1985年起就是马内玛（Maremma）地区魅力的使者，这是她尊重着、照料着并作为一种生活方式而深爱着的土地。她同时是莫瑞里诺同盟会（Consorzio del Morellino di Scansano）的创立者和第一任主席，最近又再一次被提名为主席候选人。她帮助确认了本大区的葡萄酒是以它优雅精细的风格和优美地反映地区特色而著名的。酒庄很好地示范了如何将创新和传统结合在一起，在2013年年底，她对一座古老的农场进行翻新，现在成为了一间宾客房。莫瑞里诺珍藏2010（Morellino Riserva 2010）由于强烈的红醋栗和黑莓香味，并带有辛辣的青椒和甘草气息而入围决赛。它有着浓厚的口感，细腻精致的单宁，清新的酸味和持久的余味。适饮的莫瑞里诺葡萄酒2012（Morellino 2012）也很不错，伴着清新活泼的香气，柔软的主味和清脆迷人的口感，是一款开胃的佳肴。

● Morellino di Scansano Ris. '10	🍷🍷 3*
● Morellino di Scansano '12	🍷🍷 2*
○ Poggio Argentato '12	🍷 2
● Saffredi '10	🍷 8
● Morellino di Scansano Poggio Valente '04	🍸🍸🍸 5
● Morellino di Scansano Poggio Valente '99	🍸🍸🍸 5
● Morellino di Scansano Poggio Valente '98	🍸🍸🍸 5
● Saffredi '05	🍸🍸🍸 8
● Saffredi '04	🍸🍸🍸 8
● Saffredi '03	🍸🍸🍸 8
● Saffredi '02	🍸🍸🍸 7
● Saffredi '01	🍸🍸🍸 7
● Saffredi '00	🍸🍸🍸 7

La Querce

via Imprunetana per Tavarnuzze, 41
50023 Impruneta [FI]
Tel. 0552011380
www.laquerce.com

藏酒销售
预约参观
膳宿接待
年产量 25 000 瓶
葡萄种植面积 8 公顷

农场在因普鲁内塔（Impruneta）和巴尼奥洛（Bagnolo）道路之间，坐落在基安蒂（Chianti）一个令人陶醉的美丽地区。酒庄属于马尔奇（Marchi）家族所有，他们同时也拥有拉•魁尔斯别墅（Villa La Querce），一座矗立在橄榄树丛和葡萄园中的度假屋。土地应用传统和现代相结合的方式耕作，品种包括圣乔维斯（Sangiovese）和科洛里诺（Colorino）葡萄。相当黏质的土壤，良好的条件和独特的气候共同作用产生了优良品质的葡萄。酒庄是由马尔科•费雷提（Marco Ferretti）监管的。进入决赛的拉魁尔斯2010（La Querce 2010）是圣乔维斯（Sangiovese）和科洛里诺（Colorino）葡萄的混合酒，拥有香脂和香料气息，饱满豪华的酒体和清新美好的余味，其余韵中带有野生果浆的气息。我们也很喜欢M2009，一款纯梅洛葡萄酒，富含巧克力和成熟野生果浆的味道，带有果香丰富而不含侵略性的口感以及丰满的余味。

● La Querce '10	🍷🍷 5
● M '09	🍷🍷 6
● Chianti Colli Fiorentini La Torretta '11	🍷 2
● Chianti Sorrettole '12	🍷 2
● Chianti Colli Fiorentini La Torretta '08	YY 2
● Chianti Colli Fiorentini La Torretta '06	YY 2*
● Chianti Colli Fiorentini La Torretta '05	YY 2
● La Querce '09	YY 5
● La Querce '08	YY 5
● La Querce '07	YY 4
● La Querce '06	YY 4
● M '07	YY 6

Le Querce

loc. Campalto
57021 Campiglia Marittima [LI]
Tel. 0565846535
www.agricolalequerce.com

预约参观
年产量 75 000 瓶
葡萄种植面积 15.5 公顷

依照酒庄生产品质葡萄酒的目的，他们对本地区的特征进行一次仔细的评估，结果引导他们种植国际葡萄品种，只留下维蒙蒂诺（Vermentino）作为本地葡萄品种的代表。他们酿酒的欲望来自对土地的热情：酒庄数十年来在里窝那（Livorno）附近的坎皮利亚•马里蒂马（Campiglia Marittima）地区以生产出色的特级初榨橄榄油闻名。这里的地形各异，从山丘到林地，再到海岸，因适合葡萄酒生产的理想气候条件而优美怡人。他们在短短几年间已经取得令人印象深刻的成绩，尤其是成功地为他们的产品创造出与众不同的个性。卡尔维欧洛2010（Calviolo 2010）是两款解百纳（Cabernets）葡萄的混合酿制品，因清爽迷人的香脂味，数种野生果浆的香气，清新柔顺的酒体和多汁可口的余味进入了决赛。新款特雷迪保拉2012（Terre di Paola 2012）十分有趣，伴着柑橘以及桃子的香味和浓稠活泼的酒体。

● Calviolo '10	🍷🍷 2*
○ Vermentino Il Libeccio '12	🍷🍷 2*
○ Viognier Terre di Paola '12	🍷🍷 2*
○ Il Maestrale '12	🍷 2
● Sancerbone '08	YY 2*

Querce Bettina

Loc Casina di Mocali, 275
53024 Montalcino [SI]
Tel. 0577848588
www.quercebettina.it

藏酒销售
预约参观
年产量 15 000 瓶
葡萄种植面积 2.5 公顷

莫雷提斯（Morettis）夫妻所酿制的布内罗红葡萄酒（Brunellos）在很多方面都不趋传统，首先在于他们在大区西南部一个地区拥有独特的生产条件。2.5公顷的土地坐落在海拔400多米上，黏质土壤中富含粉砂质泥灰岩和石质成分，坐落在法定产酒区（DOC）最光亮、最轻快的地区之一。葡萄酒的风格经典怀旧，通过在2 500升的奥地利橡木桶熟化仅仅几个月，葡萄酒便提升不少。尽管布内罗•贝帝纳（Brunello di Querce Bettina）的年份没有先前的年份好，但它仍然发挥了高水平，这有赖于它直率的单宁、滋滋有味的口感和紧致感。珍藏2007（Riserva 2007）尽管香气稍微模糊不清，且缺乏后味，但它有着天生美好的果味和定义清晰的地域特征。

● Brunello di Montalcino '08	🍷🍷 6
● Brunello di Montalcino Ris. '07	🍷🍷 8
● Rosso di Montalcino '10	🍷 4
● Brunello di Montalcino '06	🍷🍷🍷 7
● Brunello di Montalcino '07	🍷🍷 7
● Brunello di Montalcino Ris. '06	🍷🍷 8
● Rosso di Montalcino '08	🍷🍷 3

★Querciabella

via Barbiano, 17
50022 Greve in Chianti [FI]
Tel. 05585927777
www.querciabella.com

藏酒销售
预约参观
年产量 400 000 瓶
葡萄种植面积 112 公顷
葡萄栽培方式 生物动力学认证

魁奇亚贝拉酒庄（Querciabella）是20世纪80年代末到90年代中古典康帝（Chianti Classico）复兴中的先驱者之一。葡萄园大部分应用有机种植，覆盖了广阔的面积，坐落在本大区最漂亮的分区之一基安蒂格雷韦（Greve in Chianti）周围的山丘。其他葡萄园地在马内玛塔拉蒙（Talamone in Maremma）附近。虽然这些葡萄酒在近几年似乎丢失了些许光泽，主要是失去了一些个性，然而它们依然酿制得很精巧。图尔皮诺（Turpino）是一款由梅洛（Merlot）、品丽珠（Cabernet Franc）和西拉（Syrah）葡萄酿制的混合酒。它的特点在于弥漫的香气和讨喜的硬度。来自赤霞珠（Cabernet Sauvignon）和圣乔维斯（Sangiovese）葡萄混合酿制的卡玛缇娜2010（Camartina 2010）无疑是一款酿制精良的酒款，如果要挑缺点的话就是个性稍微不足。而蒙格拉纳2011（Mongrana 2011）是由圣乔维斯（Sangiovese）、梅洛（Merlot）和赤霞珠（Cabernet Sauvignon）葡萄酿制的混合酒，拥有很好的流动感。

● Turpino '10	🍷🍷 6
● Camartina '10	🍷🍷 8
● Mongrana '11	🍷🍷 3
● Chianti Cl. '11	🍷 3
● Palafreno '10	🍷 8
○ Batàr '98	🍷🍷🍷 8
● Camartina '07	🍷🍷🍷 8
● Camartina '06	🍷🍷🍷 7
● Camartina '05	🍷🍷🍷 7
● Camartina '04	🍷🍷🍷 7
● Camartina '03	🍷🍷🍷 8
● Camartina '01	🍷🍷🍷 8
● Camartina '00	🍷🍷🍷 8
● Camartina '99	🍷🍷🍷 8
● Camartina '97	🍷🍷🍷 8
● Camartina '95	🍷🍷🍷 8

Le Ragnaie

LOC. LE RAGNAIE
53024 MONTALCINO [SI]
TEL. 0577848639
www.leragnaie.com

藏酒销售
预约参观
膳宿接待
年产量 80 000 瓶
葡萄种植面积 15 公顷
葡萄栽培方式 有机认证

里卡尔图（Riccardo）和杰尼佛•卡姆皮诺提（Jennifer Campinoti）拥有的这座酒庄在占领蒙塔尔奇诺（Montalcino）地区市场份额的速度似乎从不落后。酒窖位于法定产酒区（DOC）海拔最高处，接近帕索•德尔•鲁姆•丝潘托（Passo del Lume Spento）的600米处。这是种植于1968年的旧葡萄园所在的地方，2007年份的酒款也是以这葡萄园命名的。其他园地坐落在德尔阿贝特新堡（Castelnuovo dell'Abate）的中西部地区。将这些联结在一起的是布内罗红葡萄酒（Brunello）的酿制理念，层次清晰的果香和细腻的口感，这些都明显比其他操作方式和橡木桶的类型重要。今年这一系列有许多亮点，布内罗佛•耐斯2008（Brunello Fornace 2008）作为一款“温暖”的酒而出类拔萃，拥有无法抵抗的淡淡的红醋栗、黑椒和地中海灌木丛气息，口感既紧密又富有压迫感，其强大的单宁仍然在沉淀着，但它已经值得获得“三杯奖”的荣誉了。

● Brunello di Montalcino Fornace '08	🍷🍷🍷 8
● Brunello di Montalcino '08	🍷🍷 6
● Brunello di Montalcino V. V. '08	🍷🍷 8
● Chianti Colli Senesi '11	🍷 2
● Brunello di Montalcino V. V. '07	🍷🍷🍷 5
● Rosso di Montalcino '10	🍷🍷 4

La Regola

LOC. SAN MARTINO
VIA A. GRAMSCI, 1
56046 RIPARBELLA [PI]
TEL. 058881363
www.laregola.com

藏酒销售
预约参观
年产量 80 000 瓶
葡萄种植面积 20 公顷

酒庄自从20世纪初就为努提（Nuti）家族所有，所在的地方曾经是伊特鲁里亚人居住的，由于肥沃的土壤而被选中。酒庄当前主人卢卡（Luca）和福拉维欧•努提（Flavio Nuti）的曾祖父购买这座酒庄来酿制给自己享用的葡萄酒，而他们的祖父尼罗（Nilo）和父亲洛朗多（Rolando）开始商业运作。在大学毕业之后，卢卡满怀热情地接管了葡萄园地和酒窖，而他哥哥福拉维欧则负责商业方面的事务。瑞格拉2009（La Regola 2009）进入了决赛，这款酒的主要成分是品丽珠（Cabernet Franc）葡萄，混合了少许梅洛（Merlot）和小维铎（Petit Verdot）葡萄，有着令人愉悦且清爽的果香和些许香料的气息，平衡丰满的酒体，果味丰富的口感和缭绕而层次分明的后味。洛斯特莱多2009（Lo Strido 2009）由梅洛（Merlot）葡萄酿制而来，拥有香甜辛辣的香气和柔软的酒体。由圣乔维斯葡萄（Sangiovese）酿制而成的贝罗洛2009（Beloro 2009）酒体很平衡。以赤霞珠（Cabernet Sauvignon）为主的瓦里诺2009（Vallino 2009）质地纯朴，口味不错。

● Beloro '09	🍷🍷 6
● La Regola '09	🍷🍷 6
● Strido '09	🍷🍷 8
● Vallino '09	🍷🍷 5
○ Lauro Bianco '11	🍷 4
○ Spumante Brut M. Cl.	🍷 4
● Montescudaio Rosso Il Vallino '07	🍷🍷 5
● Montescudaio Rosso La Regola '08	🍷🍷 6
● Montescudaio Rosso Vallino '08	🍷🍷 4
● Strido '08	🍷🍷 4

Rocca delle Macìe

Loc. Le Macìe, 45
53011 Castellina in Chianti [SI]
Tel. 05777321
www.roccadellemacie.com

藏酒销售
预约参观
膳宿接待
年产量 4 500 000 瓶
葡萄种植面积 210 公顷

罗卡•德勒•马西（Rocca delle Macìe）酒庄是卡斯特利娜（Castellina）分区的一座坚实的支柱，是由电影制片人以塔罗•津佳瑞里（Italo Zingarelli）在1973年创立的，现在由他儿子塞吉欧（Sergio），也是古典康帝联盟会（Consorzio del Chianti Classico）的主席管理。娴熟的技艺和葡萄酒迷人的魅力确保了酒庄将平衡性和优雅性作为首要考虑的因素，避免平凡，而这些决定使得酒庄能够偶尔生产出品质绝对优越的葡萄酒，特别是近年来。古典康帝（Chianti Classico）并不是主要生产的酒款，因为酒庄在马内玛（Maremma）也有两座资产，它们是康波玛西翁（Campomaccione）和卡萨玛利亚（Casamaria）。古典康帝费扎诺珍藏2010（Chianti Classico Fizzano Riserva 2010）和法米格利亚津佳瑞里珍藏2010（Chianti Classico Fizzano Riserva 2010）都是酿制得不错的酒款，虽然前者的酒体更复杂一点，橡木的味道更直爽一点，后者的亮点明显在于口感。圣乔维斯•赛尔•吉奥维托2010（Sangiovese Ser Gioveto 2010）质地非常柔顺，虽然它过度依赖于水果的甜味。

● Chianti Cl. Fizzano Ris. '10	🍷🍷🍷 5
● Chianti Cl. Famiglia Zingarelli Ris. '10	🍷🍷 4
● Chianti Cl. Famiglia Zingarelli '11	🍷🍷 3
● Chianti Cl. Tenuta S. Alfonso '11	🍷🍷 4
● Roccato '10	🍷🍷 7
● Ser Gioveto '10	🍷🍷 6
● Chianti Vernaiolo '12	🍷 2
● Morellino di Scansano Campomaccione '12	🍷 3
● Chianti Cl. Famiglia Zingarelli Ris. '09	🍷🍷🍷 3*
● Roccato '00	🍷🍷🍷 6
● Roccato '99	🍷🍷🍷 6
● Chianti Cl. Tenuta S. Alfonso '10	🍷🍷 4
● Roccato '09	🍷🍷 6
● Ser Gioveto '09	🍷🍷 6

Rocca di Castagnoli

Loc. Castagnoli
53013 Gaiole in Chianti [SI]
Tel. 0577731004
www.roccadicastagnoli.com

藏酒销售
预约参观
膳宿接待
年产量 450 000 瓶
葡萄种植面积 132 公顷

罗卡•迪•卡斯塔格诺里酒庄（Rocca di Castagnoli）所生产的葡萄酒最基本的特点在于它们连贯的风格，平衡性是它们首要的特点，并且体现了其产地的不同风土特征。这座位于基安蒂格雷韦（Gaiole in Chianti）的酒庄同时也是卡斯特利纳（Castellina）分区的卡普拉亚酒庄（Tenuta di Capraia）和格雷韦（Gaiole）的桑萨诺卡斯特罗酒庄（Castello di San Sano）的生产中心。这种生产格局使得酒庄能够稳定生产出顶级优质的葡萄酒，特别是在最近以来。步里亚诺2009（Buriano 2009）是一款纯赤霞珠（Cabernet Sauvignon）葡萄酿制的酒品，拥有辛辣的香气和收敛有节制的口感。优雅的纯梅洛（Merlot）葡萄酿制的乐•普拉托拉2009（Le Pratola 2009）以浓烈的成熟果实香气和平衡的口感为特点。桑萨诺卡斯特罗古典康帝2011（Chianti Classico del Castello di San Sano 2011）拥有清新的香气，入口味道浓郁，丰富多汁，口感变化好。经典的卡普拉亚古典康帝2011（Chianti Classico della Tenuta Capraia 2011）虽然口感有点仓促，但是无疑是一款令人享受其中的酒款。

● Buriano '09	🍷🍷 6
● Chianti Cl. Castello di San Sano '11	🍷🍷 3
● Chianti Cl. Tenuta di Capraia '11	🍷🍷 3
● Le Pratola '09	🍷🍷 5
● Borro al Fumo '09	🍷 5
● Chianti Cl. Guarnellotto Castello di San Sano Ris. '10	🍷 4
● Chianti Cl. Poggio ai Frati Ris. '10	🍷 4
● Chianti Cl. Rocca di Castagnoli '11	🍷 3
● Chianti Cl. Tenuta di Capraia Ris. '10	🍷 5
● Stielle '09	🍷 6
● Chianti Cl. Capraia Ris. '07	🍷🍷🍷 4
● Chianti Cl. Poggio ai Frati Ris. '08	🍷🍷🍷 4
● Chianti Cl. Poggio ai Frati Ris. '06	🍷🍷🍷 4*
● Chianti Cl. Tenuta di Capraia Ris. '06	🍷🍷🍷 4*

Rocca di Frassinello

Loc. Giuncarico
58023 Gavorrano [GR]
Tel. 056688400
www.roccadifrassinello.it

藏酒销售
预约参观
年产量 200 000 瓶
葡萄种植面积 80 公顷

罗卡•迪•弗拉新内罗酒庄（Rocca di Frassinello）坐落在托斯卡纳马内玛（Tuscany Maremma）的中心，在宝格利镇（Bolgheri）和斯坎萨诺（Scansano）之间，以其结合了本地特征和创新性的法国栽培技术，被举荐为生产最优质葡萄的一个国际项目。这座非常前卫的酒庄是由伦佐•皮埃诺（Renzo Piano）设计的。他们注重生产的方法以避免一些不需要的工序，甚至利用重力来使葡萄自动掉入大桶中，而不通过泵，从而更加有质量保证。同时高科技的应用和酿制过程专家的眼光也对保证酒的品质发挥很大的作用。100%由梅洛（Merlot）葡萄酿成的黑巴弗2011（Baffo Nero 2011）具有很强的地中海特征，弥漫着浓烈而丰满的过分成熟的果浆味道。它入口馥郁丰满，余味中带一点焦油味。罗卡迪弗拉新尼罗2011（Rocca di Frassinello 2011）主要来自圣乔维斯葡萄（Sangiovese），其中点缀着少许的梅洛（Merlot）还有赤霞珠（Cabernet Sauvignon）葡萄，口感丰富且成熟。

● Baffo Nero '11	🍷🍷🍷 8
● Rocca di Frassinello '11	🍷🍷🍷 6
● Le Sughere di Frassinello '11	🍷🍷 4
● Poggio alla Guardia '11	🍷 3
● Vermentino '12	🍷 3
● Baffo Nero '10	🍷🍷🍷 8
● Baffo Nero '09	🍷🍷🍷 8
● Baffo Nero '07	🍷🍷🍷 8
● Le Sughere di Frassinello '10	🍷🍷🍷 4*
● Rocca di Frassinello '08	🍷🍷🍷 5
● Rocca di Frassinello '06	🍷🍷🍷 5
● Rocca di Frassinello '05	🍷🍷🍷 5
● Rocca di Frassinello '10	🍷🍷 6
● Rocca di Frassinello '09	🍷🍷 6

Rocca di Montemassi

Fraz. Montemassi
via Sant'Anna
58027 Roccastrada [GR]
Tel. 0564579700
www.roccadimontemassi.it

藏酒销售
预约参观
年产量 200 000 瓶
葡萄种植面积 160 公顷

洛卡•迪蒙特玛西酒庄（Rocca di Montemassi）位于第勒尼安海（Tyrrhenian Sea）和富含金属的山丘中间。吉安尼•佐宁（Gianni Zonin）是意大利最大的红酒集团的领袖之一，选择投资在此以生产出品质出众且尊重托斯卡纳马内玛（Tuscany Maremma）环境的葡萄酒。他们种植了新的葡萄藤，并且对具有典型地区特征的葡萄藤进行复原，以保留此地现有的特点。酒庄同时也包括农村文明博物馆（Museum of Rural Civilization），馆内有3 000多件诉说本地贸易状况和耕作情况的物品与画像。洛卡•迪•蒙特玛西2011（Rocca di Montemassi 2011）进入了决赛，这款来自赤霞珠（Cabernet Sauvignon）、西拉（Syrah）、梅洛（Merlot）和小维铎（Petit Verdot）葡萄酿制的混合酒拥有诱人的香气，混合了烤青椒、野生果浆和精致的香料，柔顺的酒体中，单宁和酒精成分很好地混合在一起，组成了可口而令人放松的后味。蒙特瑞吉欧•萨莎布鲁纳2011（Monteregio Sassabruna 2011）有着诱人的香气和怡人的口味，也是一款不错的酒。

● Rocca di Montemassi '11	🍷🍷 5
● Monteregio di Massa Marittima Sassabruna '11	🍷🍷 3
○ Astraio '12	🍷 4
○ Calasole '12	🍷 3
● Le Focaie '12	🍷 2
● Rocca di Montemassi '10	🍷🍷🍷 5
● Rocca di Montemassi '09	🍷🍷🍷 5
● Monteregio di Massa Marittima Sassabruna '09	🍷🍷 3
● Monteregio di Massa Marittima Sassabruna '08	🍷🍷 3
● Rocca di Montemassi '08	🍷🍷 5

Roccapesta

Loc. Macereto 9
50854 Scansano [GR]
Tel. 0564599252
www.roccapesta.it

预约参观
年产量 90 000 瓶
葡萄种植面积 18 公顷

在大海和高山之间，火山和沉积土富含矿物质，使得种植的植物有了很好的香气。每一个葡萄园的规划都是在仔细的研究之后而决定的，以优化土壤、岩石和葡萄品种，每个园地都是分别收成和酿制。葡萄在去梗之前都要经过三层选择，而剩余的酿制步骤也遵循严格的技术标准。酒庄只酿制红葡萄酒，它的表现非常好，令人印象深刻，所有展示出来的酒款都达到了很高的标准。卡勒斯塔亚•珍藏2009（Riserva Calestaia 2009）以它清新干净的地中海灌木丛、黑李子和香脂混合的香气，赢得了它的第一个“三杯奖”的奖项，其口感平衡，单宁精妙，余味中包含馥郁的果香。莫瑞里诺利百罗2011（Morellino Ribero 2011）拥有生动而强大的香气和结构良好的口感。

● Morellino di Scansano Calestaia Ris. '09	🍷🍷🍷 5
● Morellino di Scansano Ribero '11	🍷🍷 3*
● Masca '11	🍷🍷 2*
● Morellino di Scansano '11	🍷🍷 3
● Morellino di Scansano Ris. '10	🍷🍷 4
● Pugnitello '11	🍷🍷 5
● Morellino di Scansano '10	🍷🍷 3*
● Morellino di Scansano Ribero '10	🍷🍷 2*
● Morellino di Scansano Ris. '09	🍷🍷 4

Rubbia al Colle

Loc. Poggetto alle Pulledre
57028 Suvereto [LI]
Tel. 0565827026
www.arcipelagomuratori.it

藏酒销售
预约参观
年产量 200 000 瓶
葡萄种植面积 71.5 公顷
葡萄栽培方式 有机认证

按照人们一贯的叫法，包含了一系列意大利周围的酒庄，在法兰恰阔尔达区（Franciacorta）、桑尼奥（Sannio）和伊斯基亚（Ischia），全都属于同一个家族拥有。他们决定将每个品种的葡萄种植在最适合它们特征的地方。卢比亚•阿尔•科勒酒庄（Rubbia al Colle）位于瓦尔迪科尔尼亚（Val di Cornia），从大海一直延伸到山丘，生产红葡萄酒。表现良好的奥尔帕亚2010（Olpaio 2010）拥有辛辣的香气，混合了一点皮革味和平衡的酒体，入口柔和，口感生动富含表现力，还有清新的酸味。勒•普乐德瑞2010（Le Pulledre 2010）也很怡人，这是一款由赤霞珠（Cabernet Sauvignon）、小维铎（Petit Verdot）、西拉（Syrah）、圣乔维斯（Sangiovese）和塞立吉洛（Ciliegiolo）葡萄酿制的混合酒，拥有一系列丰富的香气，伴着植物香和令人放松的酒体结构，具有怡人的适饮性。

● Le Pulledre '10	🍷🍷 6
● Val di Cornia Olpaio '10	🍷🍷 4
● Simbiotico '11	🍷 3
● Val di Cornia Barricoccio '10	🍷 4
● Drumo '03	🍷🍷 3
● Rumpotino '01	🍷🍷 4
● Val di Cornia V. Molisso '08	🍷🍷 5
● Val di Cornia Villa Usilio '08	🍷🍷 5

★Tenimenti Ruffino

P.LE RUFFINO, 1
50065 PONTASSIEVE [FI]
TEL. 05583605
www.ruffino.it

藏酒销售
预约参观
年产量 15 000 000 瓶
葡萄种植面积 600 公顷

酒庄是意大利的领衔酒庄之一，属于美国星座公司。而且在托斯卡纳区（Tuscany），它将一些非常重要和高品质的酿酒商联系在一起，如蒙特布查诺（Montepulciano）的罗多拉•诺瓦（Lodola Nuova）、蒙塔尔奇诺（Montalcino）的格雷波尼•马兹（Greppone Mazzi）、格雷托里奥（Gretolaio）、古典康帝区（Chianti Classico）的桑特达姆（Santedame）、蒙特玛索（Montemasso）、柏吉欧•卡斯西亚诺（Montemasso）和锡耶纳（Siena）附近蒙特利吉欧尼（Monteriggioni）的拉•索拉提亚（La Solatia）。这些酒呈现代风格，在法国木桶中酿制而成，展现很高水平的品质。今年仅有一小部分精选酒品展出。蒙塔尔奇诺布内罗红葡萄酒2008（Brunello di Montalcino 2008）果香丰富，伴随着樱桃酱的香味，酒体坚实，后味浓郁，有良好的收敛感。古典康帝•桑特达姆2010（Chianti Classico Santedame 2010）的香味质朴，口感很好，尽管结构稍微欠佳。

● Brunello di Montalcino Greppone Mazzi '08	🍷🍷 7
● Chianti Cl. Santedame '10	🍷 4
● Brunello di Montalcino Greppone Mazzi '05	🍷🍷🍷 6
● Chianti Cl. Ris. Ducale Oro '04	🍷🍷🍷 5
● Chianti Cl. Ris. Ducale Oro '01	🍷🍷🍷 5
● Chianti Cl. Ris. Ducale Oro '00	🍷🍷🍷 5
● Modus '04	🍷🍷🍷 5
● Romitorio di Santedame '00	🍷🍷🍷 7
● Romitorio di Santedame '99	🍷🍷🍷 7
● Romitorio di Santedame '98	🍷🍷🍷 7

Russo

POD. LA METOCCHINA
VIA FORNI, 71
57028 SUVERETO [LI]
TEL. 0565845105
www.vinirusso.it

藏酒销售
预约参观
年产量 80 000 瓶
葡萄种植面积 14 公顷

这座家族酒庄以悠久的农耕历史为傲，他们在这个地区已经历四代人了。这个古老的农场养殖动物，制造面包、奶酪和熟食，种植水果和蔬菜。酿酒是主要的生产活动，同时也种植橄榄树。尽管酒庄很早就有酿酒了，但直到1998年这些酒才装瓶销售。塞皮塔奥2011（Ceppitaio 2011）表现出色，它主要取材圣乔维斯葡萄（Sangiovese），加上部分科罗里诺（Colorino）和卡内奥罗（Canaiolo）葡萄，有着清新活泼的红醋栗和覆盆子的香味，柔顺而温和的酒体，淡淡的酸味使它更显清爽。撒索布卡托2010（Sassobucato 2010），来自梅洛（Merlot）和赤霞珠（Cabernet Sauvignon）葡萄，主要特点在于它的甜巧克力、咖啡和烧烤味，其中混合着香料，其口感广阔圆润而平衡，余味适中。维蒙蒂诺（Vermentino）是一款由克拉雷特（Claret）和莎当尼（Chardonnay）葡萄酿制的混合酒。皮埃特拉斯卡2012（Pietrasca 2012）香气集中而生动活泼。

○ Pietrasca '12	🍷🍷 2*
● Sassobucato '10	🍷🍷 5
● Val di Cornia Rosso Ceppitaio '11	🍷🍷 2*
● Val di Cornia Rosso Barbicone '00	🍷🍷🍷 4*
● Barbicone '05	🍷🍷 4
● Sassobucato '08	🍷🍷 5
● Sassobucato '06	🍷🍷 5
● Val di Cornia Rosso Barbicone '06	🍷🍷 4
● Val di Cornia Rosso Ceppitaio '08	🍷🍷 2

Sada

SP dei 3 Comuni
56040 Casale Marittimo [PI]
Tel. 0586650180
www.agricolasada.com

藏酒销售
预约参观
年产量 60 000 瓶
葡萄种植面积 11.5 公顷
葡萄栽培方式 有机认证

萨达（Sada）家族在从事红酒业之前是在食品行业工作的。他们生产的理念是所酿制的葡萄酒必须是通过葡萄的特征来体现本地特征，这也成为了酒庄的理念。在2000年，他们在卡萨勒•玛丽提莫（Casale Marittimo）种植了第一块数公顷的葡萄园，而后相继在比博纳（Bibbona）和保格利镇（Bolgheri）种植大概1公顷的园地。表现良好的巴尔多罗2011（Baldoro 2011）是来自赤霞珠（Cabernet Sauvignon）、阿里坎特（Alicante）和蒙特布查诺（Montepulciano）葡萄酿制的混合酒，有着浓烈且多样化的香气，混合了东方香料和李子酱的香味，馥郁丰满的口感，宽泛柔和，令人身心放松。2010年份的保格利特级（Bolgheri Superiore）葡萄酒风格独特而优雅，伴着诱人的香气。长毛绒般的因特格洛2011（Integolo 2011）葡萄酒来自赤霞珠（Cabernet Sauvignon）和蒙特布查诺（Montepulciano）葡萄，有力且结构很好。卡尔柏利2009（Carpoli 2009）混合了赤霞珠、品丽珠（Cabernet Franc）和小维铎（Petit Verdot）葡萄，弥漫着清脆的香气。

● Baldoro '11	🍷🍷 5
● Bolgheri Sup. '10	🍷🍷 6
● Carpoli '09	🍷🍷 5
● Integolo '11	🍷🍷 6
○ Spumante Brut Versò	🍷 4
● Baldoro '08	🍷🍷 5
● Integolo '10	🍷🍷 6

Salcheto

Loc. Sant'Albino
via di Villa Bianca, 15
53045 Montepulciano [SI]
Tel. 0578799031
www.salcheto.it

藏酒销售
预约参观
膳宿接待
年产量 230 000 瓶
葡萄种植面积 50 公顷
葡萄栽培方式 有机认证

为了保持和自然的平衡关系，酒窖的酿制工序展现了对土地和果实的尊重，不具侵略性，使得酿制的葡萄酒能够真正体现当地的风土特征。萨尔彻托酒庄（Salcheto）是这个地区的代表，这里曾经种植着许多柳树。在这个蒙特布查诺（Montepulciano）法定产酒区，他们面临的挑战是生产一款优秀的酒。这在书本中是无法学到的，而应该在葡萄园中体会掌握。每一块园地都是由一组在特殊领域有一技之长的专家管理，并尽可能地不对环境造成影响。我们已经把奖项颁给持续成长着的萨尔彻托酒庄，以表示对米歇尔（Michele）工作的认可。果味丰富的贵族酒2010（Nobile 2010）赢得了“三杯奖”的奖项，这有赖于它活泼而渗透的香气，特点在于它清新的草本味，例如百里香和鼠尾草，以及蓝莓和红醋栗的味道，酒体多汁而活泼，余韵诱人而给人放松的感觉。

● Nobile di Montepulciano '10	🍷🍷🍷 4*
○ Pigliatello V.T. '09	🍷🍷 5
● Salco 2089	🍷🍷 6
● Chianti Colli Senesi '12	🍷 2
⊙ Rosato di Toscana '12	🍷 2
● Rosso di Montepulciano Obvius '12	🍷 3
● Nobile di Montepulciano '97	🍷🍷🍷 3*
● Nobile di Montepulciano Salco Evoluzione '06	🍷🍷🍷 6
● Nobile di Montepulciano Salco Evoluzione '01	🍷🍷🍷 6
● Nobile di Montepulciano '09	🍷🍷 4
● Nobile di Montepulciano Salco Evoluzione Ris. '07	🍷🍷 6

Salustri

Fraz. Poggi del Sasso
Loc. La Cava
58040 Cinigiano [GR]
Tel. 0564990529
www.salustri.it

藏酒销售
预约参观
膳宿接待
年产量 80 000 瓶
葡萄种植面积 15 公顷
葡萄栽培方式 有机认证

经过几代人的努力，萨露丝特里家族（Salustri）根据马内玛（Maremma）的传统，为生产高品质的葡萄酒和橄榄油培养出一个理想的地区环境。在不断的坚持和专家指导下，一个又一个葡萄园被重新种植，因为酒庄主任里昂那多（Leonardo）喜欢不断重复使用祖先塞康多•萨露丝特里（Secondo Salustri）在19世纪末的葡萄藤上取得的原始克隆品种。酒庄致力于保护本地克隆品种，与比萨大学葡萄酒酿酒学学院（Enology Faculty of Pisa University）一起进行一项葡萄园的实验研究。除了酿酒之外，酒庄同时也生产橄榄油并提供假日膳宿接待。圣乔维斯格罗特罗塞2010（Sangiovese Grotte Rosse 2010）进入了决赛，它活泼轻快的香气以地中海灌木丛为特点，混合了野生果浆和清新的矿物质味道。单宁与酒精很好地混合在一起，入口怡人，随之是充满口腔且令人放松的余味。

● Montecucco Grotte Rosse '10	🍷🍷 6
● Montecucco Santa Marta '10	🍷🍷 4
● Montecucco Marleo '11	🍷 3
○ Narà '12	🍷 3
● Montecucco Grotte Rosse '08	🍷🍷🍷 6
● Montecucco Grotte Rosse '07	🍷🍷🍷 5
● Montecucco Santa Marta '06	🍷🍷🍷 4
● Montecucco Grotte Rosse '06	🍷🍷 5
● Montecucco Grotte Rosse '05	🍷🍷 5
● Montecucco Santa Marta '09	🍷🍷 4
● Montecucco Santa Marta '08	🍷🍷 4
● Montecucco Santa Marta '07	🍷🍷 4
● Montecucco Santa Marta '05	🍷🍷 3

Fattoria San Donato

Loc. San Donato, 6
53037 San Gimignano [SI]
Tel. 0577941616
www.sandonato.it

藏酒销售
预约参观
膳宿接待
年产量 70 000 瓶
葡萄种植面积 20 公顷
葡萄栽培方式 有机认证

这座农场的起源在于昂姆贝托•丰兹（Umberto Fenzi）的理念，他祖父于20世纪30年代初在圣•吉米娜诺（San Gimignano）购买了房子跟他家人一起居住。今天，酒庄在农场假日设施方面和农业方面，都是本地区一个标杆酒庄，其生产的葡萄和葡萄酒都是在顶级的水平之上的。酒庄采用有机方式耕作土地，尽可能与周围的自然环境保持和谐。根据我们自己品尝的印象，这些酒受益于这一点。出色的维纳奇亚北内德塔珍藏（Vernaccia di San Gimignano Riserva Benedetta）表现精彩，虽然2010年份不是一个容易的年份，但这版本依然很不错，有圆润的白葡萄和淡淡的烧烤香味，口感更清新更富有活力。2012年份的质地简朴，容易消散。而安吉里卡2011（Angelica 2011）稍微成熟，有橡木味。

○ Vernaccia di S. Gimignano Benedetta Ris. '10	🍷🍷 3*
● Chianti Colli Senesi '10	🍷 2
○ Vernaccia di S. Gimignano '12	🍷 2
○ Vernaccia di S. Gimignano Angelica '11	🍷 3
○ San Gimignano Vin Santo '04	🍷🍷 5
○ Vernaccia di S. Gimignano '11	🍷🍷 1*
○ Vernaccia di S. Gimignano Angelica '07	🍷🍷 2*
○ Vernaccia di S. Gimignano Benedetta Ris. '07	🍷🍷 3
○ Vin Santo di San Gimignano '05	🍷🍷 5

★San Felice

Loc. San Felice
53019 Castelnuovo Berardenga [SI]
Tel. 05773991
www.agricolasanfelice.it

藏酒销售
预约参观
膳宿接待
年产量 1 200 000 瓶
葡萄种植面积 210 公顷

圣•菲利斯酒庄（San Felice）为阿里安兹（Allianz）集团所有，在托斯卡纳区（Tuscany）的酿酒历史上留下了深刻的痕迹，以这座贝拉登加新堡酒庄（Castelnuovo Berardenga）在1968年所提出的超级托斯卡纳（Supertuscan）现象和它的维格瑞罗葡萄酒（Supertuscan）为起点。这座酒庄同时也提倡研究，特别是对保持古老传统葡萄品种的遗产的研究。圣•菲利斯在古典康帝（Chianti Classico）酒区已运行40多年，今天它依靠蒙塔尔奇诺（Montalcino）的康姆柏吉奥瓦尼（Campogiovanni）和马内玛（Maremma）的佩里奥拉（Periolla）提供了一系列粗壮而可靠的葡萄酒。贝拉登加新堡的古典康帝2010（Chianti Classico 2010）是真正的快乐主义，尽管它潜伏着简单性。坎特拉达•圣•菲利斯2011（Contrada San Felice 2011），来自梅洛（Merlot）、赤霞珠（Cabernet Sauvignon）和圣乔维斯（Sangiovese）葡萄，也是一款不错的酒，它没有过重的橡木味，怡人而平衡，拥有很好的青草特征。馥郁而单宁丰富的维格瑞罗2010（Vigorello 2010）风格古典，拥有集中而坚实的结构，再一次赢得了“三杯奖”奖项。

● Vigorello '10	🍷🍷🍷 6
● Chianti Cl. '10	🍷🍷 3
● Chianti Cl. Poggio Rosso Ris. '10	🍷🍷 6
● Contrada San Felice '11	🍷🍷 3
● Chianti Cl. Il Grigio Ris. '09	🍷 3
● Chianti Cl. Poggio Rosso Ris. '03	🍷🍷🍷 5
● Chianti Cl. Poggio Rosso Ris. '00	🍷🍷🍷 5
● Chianti Cl. Poggio Rosso Ris. '95	🍷🍷🍷 5
● Chianti Cl. Poggio Rosso Ris. '90	🍷🍷🍷 5
● Pugnitello '07	🍷🍷🍷 6
● Pugnitello '06	🍷🍷🍷 6
● Vigorello '08	🍷🍷🍷 6
● Vigorello '97	🍷🍷🍷 6
● Vigorello '88	🍷🍷🍷 6

Fattoria San Felo

Loc. Pagliatelli
58051 Magliano in Toscana [GR]
Tel. 056428481
www.fattoriasanfelo.it

预约参观
年产量 100 000 瓶
葡萄种植面积 25 公顷

任何在马内玛（Maremma）酿制的葡萄酒都能够引起人们对它的魅力和展现地区特点的期待。瓦尼家族（Vanni）建立了这座农场并根据传统价值来耕作，从葡萄的灌溉、装瓶，再到葡萄酒运输，所有生产阶段都是自动的，并以最大的精确性来组织。葡萄酒的名字反映了本地重要性、习俗或地理位置，酒庄名字来自于最初运营的两兄弟的名字。有两款白葡萄酒很迷人。维蒙蒂诺乐斯托皮2012（Vermentino Le Stoppie 2012）有着鲜明的柑橘味和花香，口感尖锐，平衡地混合着酒精的味道，后味悠长而丰满。维欧尼尔2012（Viognier 2012）同样很有趣，有着生动活泼的春天花朵、桃子和细腻的草本香味。入口怡人，美好的风味使其余味悠长持久。

○ Le Stoppie '12	🍷🍷 2*
● Morellino di Scansano Dicioccatore Ris. '10	🍷🍷 4
○ Viognier '12	🍷🍷 2*
⊙ Frosali '12	🍷 2
● Morellino di Scansano '11	🍷🍷 2*
● Morellino di Scansano Dicioccatore Ris. '08	🍷🍷 4
● Morellino di Scansano Lampo '10	🍷🍷 2*

San Giusto a Rentennano

Loc. San Giusto a Rentennano, 20
53013 Gaiole in Chianti [SI]
Tel. 0577747121
www.fattoriasangiusto.it

藏酒销售
预约参观
年产量 80 000 瓶
葡萄种植面积 29 公顷
葡萄栽培方式 有机认证

这座由马尔蒂尼家族（Martini）拥有的酒庄酿制的葡萄酒在20世纪70年代中期开始受到瞩目。今天，圣•桂托•雷纳诺庄园（San Giusto a Rentennano）是古典康帝（Chianti Classico）酿酒区名声最响亮的品牌之一，它的正宗而严密的产品有着独特的特征，包括大胆的风格以及跟自然风土紧密的联系，这种产品特性使它的名声更加稳固。这些酒主要在小型木桶中酿制，有时会有些过重的橡木味，但总体上来说都是很平衡的。古典康帝•勒•巴伦科勒珍藏2010（Chianti Classico Le Baroncole Riserva 2010）风采迷人，首先体现在它充满泥土和清新的樱桃气息上，进而发展成非常浓烈且果味丰富的口味。而稍微过重的橡木味这一点是一个遗憾。2011年份的版本有着美好的红果浆，是一款使人愉悦的酒款，虽然口味有点坚硬。

● Chianti Cl. Le Baroncole Ris. '10	🍷🍷 5
● Chianti Cl. '11	🍷🍷 4
● La Ricolma '10	🍷 7
● Percarlo '09	🍷 7
● Chianti Cl. '10	🍷🍷🍷 4*
● Percarlo '07	🍷🍷🍷 7
● Percarlo '99	🍷🍷🍷 7
● Percarlo '97	🍷🍷🍷 6
● Percarlo '95	🍷🍷🍷 6
● Percarlo '88	🍷🍷🍷 6
● Chianti Cl. '09	🍷🍷 3
● Chianti Cl. Le Baroncole Ris. '07	🍷🍷 5
● La Ricolma '07	🍷🍷 7
● Percarlo '06	🍷🍷 7

★★Tenuta San Guido

Fraz. Bolgheri
Loc. Capanne, 27
57022 Castagneto Carducci [LI]
Tel. 0565762003
www.sassicaia.com

预约参观
膳宿接待
年产量 790 000 瓶
葡萄种植面积 90 公顷

西施佳雅（Sassicaia）也许是意大利最出名的葡萄酒之一，能够穿越国界和业界的限制并享誉世界。这款酒和这座酒庄不仅跟土地的联系紧密，而且很好地融合了一种梦想、理念和直觉，能够改变宝格利（Bolgheri）的历史，当然很大程度上是意大利的酿酒历史。圣佳达酒庄（Tenuta San Guida）的王牌在于西施佳雅（Sassicaia）、埃诺娃（Aia Nuova）、奎而西欧（Quercione）和卡斯蒂利翁切洛（Castiglioncello）的葡萄园，魅力不减，风格独特。人们都说，这里出品的葡萄酒完美地诉说着年份，把不同年份的精神阐释得淋漓尽致。这个年份无数次证明了难以匹敌的上等西施佳雅（Sassicaia）真正的本质。因此，这款极其令人陶醉的2010年份的佳酿值得我们去观察它在瓶中的陈放。

● Bolgheri Sassicaia '10	🍷🍷🍷 8
● Guidalberto '11	🍷🍷 6
● Le Difese '11	🍷🍷 4
● Bolgheri Sassicaia '09	🍷🍷🍷 8
● Bolgheri Sassicaia '08	🍷🍷🍷 8
● Bolgheri Sassicaia '07	🍷🍷🍷 8
● Bolgheri Sassicaia '06	🍷🍷🍷 8
● Bolgheri Sassicaia '05	🍷🍷🍷 8
● Bolgheri Sassicaia '04	🍷🍷🍷 8
● Bolgheri Sassicaia '03	🍷🍷🍷 8
● Bolgheri Sassicaia '02	🍷🍷🍷 8
● Bolgheri Sassicaia '01	🍷🍷🍷 8
● Bolgheri Sassicaia '00	🍷🍷🍷 8
● Bolgheri Sassicaia '99	🍷🍷🍷 8
● Guidalberto '08	🍷🍷🍷 6
● Guidalberto '04	🍷🍷🍷 6

Podere San Lorenzo

POD. SANLORENZO, 280
53024 MONTALCINO [SI]
TEL. 3396070930
www.poderesanlorenzo.net

藏酒销售
预约参观
年产量 18000 瓶
葡萄种植面积 4.5 公顷

圣•洛伦佐酒庄（San Lorenzo）作为蒙塔尔奇诺（Montalcino）的顶级酒庄之一，所受到的注意在很大程度上是“自下而上”的。这当然不是偶然的，这是酒庄三代人的共同努力，从创建者博拉曼特（Bramante）到他儿子保罗（Paolo）再到孙子卢西亚诺（Luciano），也就是酒庄今天最著名也最活跃的成员。其葡萄园位于西南部海拔大约500米的地方，是孕育生机活泼同时又优雅柔顺的圣乔维斯葡萄酒（Sangioveses）的温床。这也是适度的酒窖技术加上长时间浸泡，以及在3000升的斯拉夫尼亚（Slavonian）橡木桶中酿制的结果。圣•洛伦佐今年由于一对出色的充满个性和纯物质的布内罗红葡萄酒（Brunellos），而再次绽放光彩。博拉曼特2008（Bramante 2008）的特点在于它有香甜的味道和红润的色泽，只是后味有点不足。博拉曼特珍藏2007（Bramante Riserva 2007）弥漫着森林的气息，并且香味久久不散。

● Brunello di Montalcino Bramante Ris. '07	🍷🍷🍷 8
● Brunello di Montalcino Bramante '08	🍷🍷 6
● Rosso di Montalcino '10	🍷🍷 3
● Brunello di Montalcino Bramante '07	🍷🍷🍷 6
● Brunello di Montalcino Bramante '04	🍷🍷 6
● Rosso di Montalcino '09	🍷🍷 3

San Michele a Torri

VIA SAN MICHELE, 36
50020 SCANDICCI [FI]
TEL. 055769111
www.fattoriasanmichele.it

藏酒销售
预约参观
年产量 200000 瓶
葡萄种植面积 55 公顷
葡萄栽培方式 有机认证

农场位于基安蒂•科里•费欧伦蒂尼（Chianti Colli Fiorentini）和古典康帝（Chianti Classico）酿酒区之间的边缘，另外有6公顷土地在黑伽罗（Gallo Nero）生产区。酒庄现在的主人保罗•诺森蒂尼（Paolo Nocentini）通过翻新、扩大葡萄园面积和应用有机农耕技术，使酒庄恢复生机。农作物和橄榄油的生产也十分重要，这里有30公顷橄榄树。我们可以从酒窖的操作看出酒庄与本地的特征有很强的联系，那些对外开展的活动同样也体现了这一点。除了直接销售之外，酒庄还在佛罗伦萨省（Florence）建立了一间商店和餐馆。穆尔塔斯2011（Murtas 2011）十分迷人，它是由赤霞珠（Cabernet Sauvignon）、圣乔维斯（Sangiovese）和科罗里诺（Colorino）葡萄酿制的混合酒，拥有浓烈的甘草和丁香的香气，融合了黑莓酱的味道，随之是柔顺的口感，加上淡淡的单宁和可口的回味。文•圣托2008（Vin Santo 2008）拥有干桃、杏仁和榛子的味道，伴着如奶油般顺滑而萦绕的酒体。

● Murtas '11	🍷🍷 5
○ Vin Santo '08	🍷🍷 6
● Chicchirossi '11	🍷 3
● Chianti Cl. Tenuta La Gabbiola '07	🍷🍷 3*
● Chianti Colli Fiorentini '10	🍷🍷 2*
● Chianti Colli Fiorentini '09	🍷🍷 2*
● Chianti Colli Fiorentini S. Giovanni Novantasette Ris. '05	🍷🍷 3
○ Chianti Colli Fiorentini Vin Santo '07	🍷🍷 3
● Murtas '09	🍷🍷 5
● Murtas '07	🍷🍷 5

San Polino

Loc. Castelnuovo dell'Abate
pod. San Polino, 163
53024 Montalcino [SI]
Tel. 0577835775
www.sanpolino.it

藏酒销售
预约参观
年产量 10 000 瓶
葡萄种植面积 3 公顷
葡萄栽培方式 生物动力学认证

我们可以确定的是在不久的将来，会有更多人讨论圣•柏丽诺酒庄（San Polino）的葡萄酒和理念。这是一座小农场，仅有3公顷土地，位于蒙塔尔奇诺（Montalcino）的东部。由于本地是地中海气候类型，多风，排水良好的土壤中富含细沙，并有着广阔的泥灰质土地，酒庄应用生物动力学的方式耕作。在路易吉•法布罗（Luigi Fabbro）、卡迪亚•努斯鲍姆（Katia Nussbaum）和阿波尔托•基拉斯卡（Aberto Gjilaska）的带领下，这座年轻酒庄的经营业绩呈上升趋势。他们酿制的布内罗红葡萄酒（Brunellos）在风格上无法分类，这是自然发酵和在法国木桶、橡木桶和大型斯拉夫尼亚（Slavonian）橡木桶中酿制的结果。整个圣柏丽诺布内罗（Brunello di San Polino）精选都很华丽，其中2007珍藏版的表现出众，离最高的地位仅有一步之遥。这不是一款容易入口的酒，有着深黑的色泽和辛辣的香气，使得单宁非常闭塞，但同时也暗示了它需要时间才能散发出来。

- Brunello di Montalcino Ris. '07 🍷🍷 6
- Brunello di Montalcino '08 🍷🍷 7
- Brunello di Montalcino Helichrysum '08 🍷🍷 7
- Brunello di Montalcino '07 🍷🍷 7
- Brunello di Montalcino '05 🍷🍷 6
- Brunello di Montalcino '04 🍷🍷 7
- Brunello di Montalcino '01 🍷🍷 6
- Brunello di Montalcino Helichrysum '06 🍷🍷 7
- Brunello di Montalcino Helichrysum '05 🍷🍷 7
- Brunello di Montalcino Helichrysum '04 🍷🍷 7
- Brunello di Montalcino Ris. '06 🍷🍷 6
- Brunello di Montalcino Ris. '01 🍷🍷 6
- Rosso di Montalcino '08 🍷🍷 4
- Rosso di Montalcino '04 🍷🍷 4

San Polo

pod. San Polo di Podernovi, 161
53024 Montalcino [SI]
Tel. 0577835101
www.poggiosanpolo.com

藏酒销售
预约参观
年产量 160 000 瓶
葡萄种植面积 17 公顷

这座蒙塔尔奇诺（Montalcino）的酒庄由阿里格里尼家族（Allegrini）拥有，一个瓦尔波利塞拉（Valpolicella）的经典名字。经过一年又一年的努力，似乎已建立它自己的特殊身份。酒庄17公顷的土地分布在法定产酒区的东南部，海拔450米，矗立在圣•阿提莫（Sant'Antimo）峡谷的天然梯田上。这个地区有着明显的地中海气候特征，体现在风格相当现代的布内罗红葡萄酒（Brunellos）中，它们是在水泥大桶中发酵，在法国木桶、中型斯拉夫尼亚（Slavonian）和阿利埃（Allier）橡木桶中陈酿。圣•保罗（San Polo）所酿制的一系列酒给我们的感觉是还需发挥更多的个性，但今年我们所品尝的两款酒已经是好的开端。红葡萄酒2011（Rosso 2011）质地多肉而辛辣。布内罗红葡萄酒 2008（Brunello 2008）结构良好，有淡淡的黑果浆气息，但是口感有点过于单调。

- Brunello di Montalcino '08 🍷🍷 6
- Rosso di Montalcino '11 🍷🍷 3
- Brunello di Montalcino '07 🍷🍷 6
- Brunello di Montalcino '06 🍷🍷 6
- Brunello di Montalcino '04 🍷🍷 6
- Brunello di Montalcino '03 🍷🍷 6
- Brunello di Montalcino '99 🍷🍷 6
- Brunello di Montalcino '98 🍷🍷 6
- Brunello di Montalcino Ris. '06 🍷🍷 7
- Brunello di Montalcino Ris. '04 🍷🍷 7
- Rosso di Montalcino '07 🍷🍷 3
- Rubio '10 🍷🍷 2*
- Rubio '08 🍷🍷 2

San Quirico

Loc. Pancole, 39
53037 San Gimignano [SI]
Tel. 0577955007
az.agr.sanquirico@libero.it

藏酒销售
预约参观
年产量 200 000 瓶
葡萄种植面积 26 公顷
葡萄栽培方式 有机认证

在安德拉•维奇翁（Andrea Vecchione）辉煌的事业中，拥有这座美丽的酒庄已从19世纪末延续到现在了。它位于圣•吉米娜诺（San Gimignano）的北部，在著名且条件有利的潘科勒（Pancole）地区，一个可生产高质量的、个性强的葡萄酒的地方。葡萄园种植在300米到400米之间，其多沙的土壤有着海洋的起源。圣•圭莱克酒庄（San Quirico）保持遵循非侵略性的酿酒工序（事实上它现在已获得有机认证），酿制出正宗的、技艺精湛的葡萄酒，能够体现它们最佳的条件和葡萄最本质的特征。每一个还没肯定维纳奇亚•圣•吉米娜诺（Vernaccia di San Gimignano）的陈放能力的人应该品尝一口伊萨贝拉•圣•圭莱克珍藏2006（La Riserva Isabella di San Quirico 2006）。在收成7年之后的今天，这款白葡萄酒不但还没过它的黄金时期，相反地，它现在状态良好，口味丰满。

○ Vernaccia di S. Gimignano Isabella Ris. '06	🍷🍷 4
● Chianti Colli Senesi '11	🍷 2
● San Gimignano Merlot '08	🍷 3
○ Vernaccia di S. Gimignano '12	🍷 2
○ Vernaccia di S. Gimignano Isabella Ris. '04	🍷🍷🍷 3
○ Vernaccia di S. Gimignano '10	🍷🍷 2*
○ Vernaccia di S. Gimignano I Campi Santi Ris. '05	🍷🍷 2*
○ Vernaccia di S. Gimignano Isabella Ris. '05	🍷🍷 4
○ Vernaccia di S. Gimignano Isabella Ris. '99	🍷🍷 3

Sant'Agnese

Loc. Campo alle Fave, 1
57025 Piombino [LI]
Tel. 0565277069
www.santagnesefarm.it

藏酒销售
预约参观
年产量 25 000 瓶
葡萄种植面积 6 公顷

这座圣•阿加塔酒庄（Sant' Agata）是它的创建者无限热情所得的结果，他们一开始选择这个托斯卡纳区（Tuscany）沿海地区是由于它的和平与安静，而后全身心地投入它的建设中。因此通过竞拍来接管这座酒庄的机会，被证明了是一个出色的举动，并带来了稳固的生产成效。经验丰富的专家对传统和行业有着专业的知识，他们的帮助加上正确的装备很快就获得了高品质的葡萄酒。如今由年轻的一代在打理酒庄事务，保罗（Paolo）负责销售工作，阿里山德罗（Alessandro）负责照看葡萄园。斯皮托2008（Spirto 2008）是一款由赤霞珠（Cabernet Sauvignon）和梅洛（Merlot）葡萄酿制的混合酒，拥有复杂的香气，混合了植物和丰富的果香，以及淡淡的香料，散发着坚实而迷人的酒体，后味丰富。100%圣乔维斯（Sangiovese）酿制的利巴提欧2008（Libatio 2008）香味清新而活泼，淡雅的樱桃和李子香与柔顺且重量适中的酒体很好地融合在一起，使得余味富有层次，悠长持久。

● Spirto '08	🍷🍷 5
● Libatio '08	🍷🍷 4
● Val di Cornia Rubido '08	🍷🍷 2*
⊙ A Rose is a Rose '12	🍷 2
○ Val di Cornia Kalendamaia '12	🍷 2
● I Fiori Blu '08	🍷🍷 6
● I Fiori Blu '07	🍷🍷 4
● Spirto '06	🍷🍷 5
○ Val di Cornia Kalendamaia '11	🍷🍷 2*
● Val di Cornia Rubido '09	🍷🍷 2*

Santa Lucia

FRAZ. FONTEBLANDA
VIA AURELIA, 264
58010 ORBETELLO [GR]
TEL. 0564885474
www.azsantalucia.it

藏酒销售
预约参观
膳宿接待
年产量 100 000 瓶
葡萄种植面积 25 公顷

在桑塔•露西亚酒庄（Santa Lucia）中，有一个生产力旺盛的葡萄园，可追溯到1886年，也就是在那一年斯科特（Scotto）家族开始跟酿酒有着重要的联系。新葡萄园一如既往地种植，生产也依然继续着，直到1977年，酒庄被完全现代化，新的家族成员带着他们的技术，以及对土地的热爱和对它们潜力的认可，进入了酿酒事业，并对提高产品质量产生了重大的影响。像往常一样，大部分的工作是手工操作的，这是由于这片土地结构陡峭而独特，墙壁是由干质石构成的。新酒窖在2011年正式开放。怡人的莫瑞里诺•托雷•德尔•莫罗2011（Morellino Tore del Moro 2011），清新的红醋栗和黑莓味渗透着少许草本香味，口感冲击很好而不具侵略性，平衡的圆润感使得后味多汁，给人愉悦的享受。入口容易的莫瑞里诺•阿•露西亚诺2011（Morellino A Luciano 2011）很微妙，展示了红醋栗的香味，锐利的口感和迷人的酒体。维蒙蒂诺•布里坎特2012（Vermentino Brigante 2012）花香馥郁，别具风味。

○ Capalbio Vermentino Brigante '12	🍷🍷 2*
● Morellino di Scansano A Luciano '11	🍷🍷 2*
● Morellino di Scansano Tore del Moro '11	🍷🍷 2*
○ Ansonica Costa dell'Argentario '12	🍷 2
○ Ansonica Costa dell'Argentario Santa Lucia '08	♀♀ 2
● Betto '08	♀♀ 3
● Betto '05	♀♀ 3
● Cabernet Sauvignon '04	♀♀ 3
● Capalbio Cabernet Sauvignon '05	♀♀ 5
● Losco '10	♀♀ 2*
● Morellino di Scansano Tore del Moro '10	♀♀ 2*

Fattoria Santa Vittoria

LOC. POZZO
VIA PIANA, 43
52045 FOIANO DELLA CHIANA [AR]
TEL. 057566807
www.fattoriasantavittoria.com

藏酒销售
预约参观
膳宿接待
年产量 37 000 瓶
葡萄种植面积 35 公顷

这座典型的托斯卡纳（Tuscany）农场建立于18世纪，在瓦尔迪基安蒂（Valdichiana）山丘上，目前由尼克莱（Niccolai）家族所有，玛尔塔（Marta）和父亲弗朗赛斯科（Francesco）在一组专家的协助下，运营着农场。这里种植了不同种类的葡萄，从本地品种和几乎灭绝的品种到本地区较少见的品种如黑迪阿沃拉（Nero d'Avola）。而结果就是生产出一系列具有创新性且有趣的葡萄酒。桑塔维多利亚（Santa Vittoria）和托斯卡纳的实验酿酒协会（Experimental Wine-growing Institute）一起参与到一个项目之中，研究如何酿制出优质的甜葡萄酒。酒庄也生产橄榄油并提供假日膳宿接待。由100%普尼特罗葡萄（Pugnitello）酿制的利欧博尔多2010（Leopoldo 2010）第一次进入了决赛。它的香气中渗透着浓烈的皮革味和烟草味，加上淡淡的甘草香，多层次的酒体展现出优越而不过于强大的单宁，适中的酸味，而后是渐进的后味。文•圣托2008（Vin Santo 2008）有着迷人的椰枣子、无花果干和蜂蜜味，口感浓烈而令人舒适，如奶油般滑腻，后味给人悠闲轻松之感。

● Leopoldo '10	🍷🍷 3*
○ Valdichiana Vin Santo '08	🍷🍷 4
○ Conforta '11	🍷 4
● Poggio al Tempio '10	🍷 3
⊙ Pugnitello Rosato '12	🍷 2
○ Val di Chiana Grechetto '12	🍷 2
● Leopoldo '08	♀♀ 3
● Poggio al Tempio '09	♀♀ 3
● Poggio del Tempio '08	♀♀ 3
● Scannagallo '09	♀♀ 2*
○ Valdichiana Vin Santo Ris. '07	♀♀ 4

Podere Sapaio

LOC. LO SCOPAIO, 212
57022 CASTAGNETO CARDUCCI [LI]
TEL. 0565765187
www.sapaio.com

预约参观
年产量 75 000 瓶
葡萄种植面积 25 公顷

博德瑞•萨帕奥酒庄（Podere Sapaio）首先是一个可爱的项目，这主要归功于马西莫•皮西尼（Massimo Piccini），他最先有了这个想法，然后逐渐付诸实践，在1999年聘请合适的人选并开始这项事业。场所当然也是一个决定性因素，后来被证明了是这项实验和履行他们的创新理念最理想的地方。在酒庄总共40公顷的土地中，有25公顷用于种植葡萄藤，在富含沙子和石灰岩的土壤上种植了典型的本地葡萄品种。所酿制的葡萄酒体现了集中良好的风格，成功、精确而现代化。顶级保格利红葡萄酒2010（Bolgheri Rosso Superiore 2010）尽管是一个困难的年份，但总体上经得起考验。香味浓郁的黑果实和烧烤香，夹杂咖啡气息，口感有着优秀的果肉味，具有陈年潜力，但稍欠缺复古气息。

● Bolgheri Sup. Sapaio '10	🍷🍷🍷 6
● Bolgheri Volpolo '11	🍷🍷 4
● Bolgheri Sup. Sapaio '09	🍷🍷🍷 6
● Bolgheri Sup. Sapaio '08	🍷🍷🍷 6
● Bolgheri Sup. Sapaio '07	🍷🍷🍷 6
● Bolgheri Sup. Sapaio '06	🍷🍷🍷 6
● Bolgheri Sup. Sapaio '05	🍷🍷 6
● Bolgheri Sup. Sapaio '04	🍷🍷 6
● Bolgheri Volpolo '08	🍷🍷 4
● Bolgheri Volpolo '07	🍷🍷 4
● Bolgheri Volpolo '06	🍷🍷 4

Fattoria Sardi Giustiniani

LOC. MONTE SAN QUIRICO
VIA DELLA MAULINA, 747
55100 LUCCA
TEL. 0583341230
www.sardigiustiniani.com

藏酒销售
预约参观
年产量 70 000 瓶
葡萄种植面积 18 公顷
葡萄栽培方式 有机认证

萨尔迪•吉斯蒂尼亚尼酒庄（Fattoria Sardi Giustiniani）离著名的卢卡（Lucca）墙只有很短的距离，俯瞰着大海。酒庄的45公顷土地中，有18公顷种植着葡萄藤。这地区有着典型的温和气候，不同的葡萄园中的土壤各不相同。从2002年开始康特萨•萨尔迪（Contessa Sardi）的侄子佳科柏（Jacopo）和马特奥•吉斯蒂尼亚尼（Matteo Giustiniani）运营着酒庄，给其酿酒活动带来了可见的转折点。目前葡萄园正向有机种植方式改变，而酿制的酒似乎也值得我们密切关注：从没有过分包装，展现了相当的精确性和集中的风格。酒庄在最近几年提供了给人印象深刻的几款酒，我们尤其喜爱两款：维拉萨尔迪2011（Villa Sardi 2011）和红葡萄酒2011（Rosso 2011）。它们也许不是最复杂的酒款，但都有着浓郁的芬芳和风味，多汁而新鲜。我们喜欢它们比喜欢赛巴斯蒂亚诺2010（Sebastiano 2010）稍微多一点，这款也很可爱且成熟，但甜味有点过重。

○ Colline Lucchesi Bianco '12	🍷🍷 1*
● Colline Lucchesi Rosso Villa Sardi '11	🍷🍷 2*
● Fattoria Sardi Rosso '11	🍷🍷 3
● Colline Lucchesi Merlot Sebastiano '10	🍷 3
⊙ Colline Lucchesi Rosato Villa Sardi '12	🍷 2
○ Colline Lucchesi Sauvignon Fattoria Sardi '12	🍷 3
● Colline Lucchesi Merlot Sebastiano '09	🍷🍷 4
● Colline Lucchesi Quinis '06	🍷🍷 3
● Colline Lucchesi Quinis '04	🍷🍷 3
● Colline Lucchesi Rosso Villa Sardi '10	🍷🍷 3
● Colline Lucchesi Sebastiano '06	🍷🍷 4
● Colline Lucchesi Sebastiano '04	🍷🍷 4
● Colline Lucchesi Sebastiano '03	🍷🍷 4
● Fattoria Sardi Rosso '10	🍷🍷 4

Michele Satta

Loc. Casone Ugolino, 23
57022 Castagneto Carducci [LI]
Tel. 0565773041
www.michelesatta.com

藏酒销售
预约参观
年产量 180 000 瓶
葡萄种植面积 26 公顷

米歇尔•萨塔（Michele Satta）开始经营这座保格利（Bolgheri）酒庄是在20世纪80年代末，一个对酿制本地葡萄酒有着有利条件的先锋时代。就像他的酒一样，他本身也是一位著名的人，多年以来在本地区成功地塑造了一个非常个性而原始的酿酒结构。除了常见的非本土葡萄品种如解百纳（Cabernet）和梅洛（Merlot）之外，萨塔（Satta）很快就把注意力集中在有趣但在本地区不常见的品种圣乔维斯葡萄（Sangiovese）上。所酿制的葡萄酒总体上正宗而表现力强，带有刺激锐利的口感和凝练单宁的酒体。我们喜爱这款保格利红葡萄酒2011（Bolgheri Rosso 2011），活泼的香气中充满新鲜的果实和花香，与香料味交织融合，给人顺滑的口感。皮埃斯特拉亚2010（Piastraia 2010）发挥正常水平，很好地集中在它的适饮性和自然表现性上，而不是集中在香气上。其白葡萄酒也很怡人。

● Bolgheri Rosso '11	🍷🍷 3
● Bolgheri Rosso Piastraia '10	🍷🍷 5
○ Costa di Giulia '12	🍷 3
○ Giovin Re '12	🍷 6
● Syrah '11	🍷 5
● Bolgheri Rosso Piastraia '02	🍷🍷🍷 6
● Bolgheri Rosso Piastraia '01	🍷🍷🍷 6
● Bolgheri Rosso Piastraia '08	🍷🍷 6
● Bolgheri Rosso Piastraia '00	🍷🍷 6
● Bolgheri Rosso Sup. I Castagni '08	🍷🍷 8
● Bolgheri Rosso Sup. I Castagni '03	🍷🍷 8
● Bolgheri Rosso Sup. I Castagni '01	🍷🍷 7
● Bolgheri Rosso Sup. I Castagni '00	🍷🍷 7
● Cavaliere '05	🍷🍷 7
● Cavaliere '01	🍷🍷 7

Fattoria Selvapiana

Loc. Selvapiana, 43
50068 Rufina [FI]
Tel. 0558369848
www.selvapiana.it

藏酒销售
预约参观
年产量 220 000 瓶
葡萄种植面积 60 公顷

这座典型的托斯卡纳（Tuscan）农场包括了两个中世纪堡垒，在1827年米歇尔（Michele）收购之后，它属于吉安提尼（Giuntini）家族已有五代人了。目前的主人弗朗赛斯科•吉安提尼•安提诺里（Francesco Giuntini Antinori）是支持康帝露菲娜（Chianti Rufina）这名字的主要功臣，尤其是当这个子分区面临取消的危险时。负责酒庄运营的是费德里克（Federico）和西尔维娅•吉安提尼•玛塞提（Silvia Giuntini Masseti）。赛尔瓦皮耶娜（Selvapiana）是一座传统农场，把经典的圣乔维斯（Sangiovese）葡萄的灌溉和酿制工作放在首要位置。一些非常古老的年份的葡萄酒现在保存在酒窖中，以展示这款本土酒出色的陈酿能力。布塞尔恰乐珍藏2010（Riserva Bucerchiale 2010）在酒体结构方面展现了它的潜力，拥有丰富多样的香气，包括矿物质、皮革和烟草味，与些许果浆气息交织相融。口感强烈，单宁味依然在扩散着但没有侵略性。津津有味的康帝•露菲娜2011（Chianti Rufina 2011）充满新鲜的口味。

● Chianti Rufina Bucerchiale Ris. '10	🍷🍷🍷 5
● Chianti Rufina '11	🍷🍷 2*
● Chianti Rufina '10	🍷🍷 2*
● Chianti Rufina '09	🍷🍷 2
● Chianti Rufina Bucerchiale Ris. '09	🍷🍷 5
○ Chianti Rufina Vin Santo '04	🍷🍷 5
● Fornace '09	🍷🍷 5
○ Passito '03	🍷🍷 5

Sensi

via Cerbaia, 107
51035 Lamporecchio [PT]
Tel. 057382910
www.sensivini.com

藏酒销售
预约参观
年产量 2 000 000 瓶
葡萄种植面积 50 公顷
葡萄栽培方式 有机认证

这座位于焚西（Vinci）的卡拉皮亚诺（Calappiano）农场是本地的领先酒庄之一。应弗朗赛斯科梅德西大公爵（Grand Duke Francesco I de' Medici）的要求，这座农场建立于1500年左右，曾经是托斯卡纳（Tuscany）第一个红酒农场，并将红酒酿制当做主要活动。今天它属于从事多年酿酒行业的森西家族（Sensi）所有。祖先皮埃特罗•森西（Pietro Sensi）开始在本区域市场中销售红酒，而今天酒庄的商业交易已达到国际水平，并且正在实行酒窖的重建计划，同时也对葡萄园进行重新评估，以改善酒庄的风格，更加趋向适饮性和新鲜感。这些酒总体表现良好，论口味的新鲜和活力必须要提到康帝•坎柏露丝2012（2012 Chianti Campoluce），论香气当属淳朴的康帝•达尔坎柏•珍藏2010（Chianti Dalcampo Riserva 2010），淡雅的圣乔维斯（Sangiovese）和克拉莉诺（Colarino）葡萄酿制的混合酒；充满矿物香味的卡拉皮亚诺伦加尔诺2011（Lungarno della Fattoria Calappiano 2011）；轻柔而迷人的保格利撒比亚诺2011（Bolgheri Sabbiato 2011）和结构出色的布内罗博斯克赛尔沃2008（Brunello Boscoselvo 2008）。

● Bolgheri Sabbiato '11	🍷🍷 5
● Brunello di Montalcino Boscoselvo '08	🍷🍷 7
● Chianti Campoluce '12	🍷🍷 2*
● Chianti Dalcampo Ris. '10	🍷🍷 3
● Lungarno Fattoria Calappiano '11	🍷🍷 3
● Chianti Dalcampo '12	🍷 2
● Chianti Vinciano Fattoria Calappiano '12	🍷 3
● Chianti Vinciano Fattoria Calappiano Ris. '10	🍷 4
● Mantello '11	🍷 4
● Testardo '11	🍷 4
○ Vernaccia di S. Gimignano Collegiata '12	🍷 2
● Chianti Dalcampo '11	🍷🍷 2*
● Chianti Dalcampo Ris. '09	🍷🍷 3

Tenuta di Sesta

fraz. Castelnuovo dell'Abate
loc. Sesta
53024 Montalcino [SI]
Tel. 0577835612
www.tenutadisesta.it

藏酒销售
预约参观
年产量 150 000 瓶
葡萄种植面积 30 公顷

这酒庄的名字正是西亚西（Ciacci）家族酿制的布内罗红葡萄酒（Brunellos）风土特征的代表。赛斯塔地区（Sesta）是连接圣•安吉洛（Sant'Angelo）和德尔阿贝特新堡（Castelnuovo dell'Abate）理想的桥梁。这里经常被认为是法定酒产区最适合生长葡萄的地方之一，特别是在较寒冷的年份，它的土壤总体上偏贫瘠，富含石灰岩和一些凝灰岩。虽然它有着悠久的历史，赛斯塔酒庄（Tenuta di Sesta）的圣乔维斯葡萄酒（Sangioveses）直到近些年才展现它们自身的特色，这有赖于它们谨慎而耐心的性情，在中型橡木桶中长时间的浸泡使这种特性更突出。酒庄有着风格协调的一系列酒。红葡萄酒2011（Rosso 2011）和布内罗红葡萄酒2008（Brunello 2008）都非常容易入口，伴着很好的酸味和对比感。珍藏2007（Riserva 2007）酒品更好，尽管它产自一个酷热的年份。精致而花香馥郁，虽然果味有点不足。

● Brunello di Montalcino Ris. '07	🍷🍷 7
● Brunello di Montalcino '08	🍷🍷 5
● Poggio d'Arna '11	🍷🍷 2*
● Rosso di Montalcino '11	🍷🍷 3
● Brunello di Montalcino '07	🍷🍷 5
● Brunello di Montalcino '05	🍷🍷 5
● Brunello di Montalcino '01	🍷🍷 6
● Brunello di Montalcino Ris. '06	🍷🍷 7
● Brunello di Montalcino Ris. '01	🍷🍷 7
● Brunello di Montalcino Ris. '95	🍷🍷 8
● Rosso di Montalcino '10	🍷🍷 3*

Sesti - Castello di Argiano

FRAZ. SANT'ANGELO IN COLLE
LOC. CASTELLO DI ARGIANO
53024 MONTALCINO [SI]
TEL. 0577843921
www.sestiwine.com

藏酒销售
预约参观
年产量 61 000 瓶
葡萄种植面积 9 公顷

朱塞佩（Giuseppe）和艾丽莎•赛斯提（Elisa Sesti）总是能够把蒙塔尔奇诺（Montalcino）西南部斜坡的特点诠释得很到位——平衡、优雅、强大而富含个性。他们的阿尔吉雅诺酒庄（Castello di Argiano）被完全融入在这个美丽的地区的森林和地中海植被中，海风微拂，沙质的土壤中富含凝灰岩。这个地区所种植的葡萄品种在很多方面都是独一无二的，与同样很独特的酿酒商紧密结合在一起，酿制出受哲学和人文思想影响而不是单纯靠技术的布内罗红葡萄酒（Brunellos）。他们针对每个年份的特点来酿制葡萄酒。出品的布内罗红•费诺米娜•珍藏2007（Brunello Phenomena Riserva 2007）拥有一系列丰富多彩的香气，包括桃子、薄荷油和丁香的气息，但没有充分体现地区的特点。入口非常刺激，具强烈的冲击口感，带着微妙的单宁。布内罗红葡萄酒2008（Brunello 2008）稍微在标准水平之下。

● Brunello di Montalcino Phenomena Ris. '07	🍷🍷🍷 8
● Brunello di Montalcino '08	🍷🍷 6
● Rosso di Montalcino '11	🍷🍷 4
● Grangiovese '11	🍷 2
● Brunello di Montalcino '06	🍷🍷🍷 6
● Brunello di Montalcino Phenomena Ris. '01	🍷🍷🍷 8
● Brunello di Montalcino Ris. '04	🍷🍷🍷 8
● Brunello di Montalcino '07	🍷🍷 6
● Brunello di Montalcino Phenomena Ris. '06	🍷🍷 8
● Rosso di Montalcino '10	🍷🍷 4

Tenuta Sette Ponti

LOC. VIGNA DI PALLINO
52029 CASTIGLION FIBOCCHI [AR]
TEL. 0575477857
www.tenutasetteponti.it

藏酒销售
预约参观
膳宿接待
年产量 185 000 瓶
葡萄种植面积 50 公顷

酒庄建立在这块种植康帝（Chianti）和圣乔维斯（Sangiovese）葡萄的土地上，是以连接福罗伦萨（Florence）和阿雷佐（Arezzo）之间的阿尔诺河（Arno river）的七座桥命名的。在20世纪50年代，莫雷提（Moretti）家族从萨沃雅（Savoia）家族手中买下了这块数世纪以来都被认为是酿酒的黄金地点的土地。酒庄目前的主人安东尼奥•莫雷提（Antonio Moretti）把他在时尚界的激情和努力与酿制意大利风格的优雅葡萄酒结合起来。除了阿雷佐之外，莫雷提在马内玛（Maremma）、保格利镇（Bolgheri）和西西里（Sicily）都拥有资产。欧瑞诺（Oreno）今年再次获得了“三杯奖”的奖项。这款2010年份的由赤霞珠（Cabernet Sauvignon）、梅洛（Merlot）和小维铎（Petit Verdot）葡萄酿制的混合酒有着微妙的香气，融合了森林植物、樱桃和黑莓味，混合着香脂的气息。入口非常轻柔而放松，带着平衡适中的单宁，后味渐次浓郁。主要是用圣乔维斯葡萄（Sangiovese）酿制的克罗诺洛2011（Crognolo 2011）味道浓郁，生机活泼。

● Oreno '10	🍷🍷🍷 7
● Crognolo '11	🍷🍷 4
○ Anni '12	🍷 3
● Chianti V. di Pallino '11	🍷 2
● Oreno '09	🍷🍷🍷 7
● Oreno '05	🍷🍷🍷 7
● Oreno '00	🍷🍷🍷 5
● Crognolo '10	🍷🍷 4
● Crognolo '09	🍷🍷 4
● Crognolo '06	🍷🍷 4
● Oreno '08	🍷🍷 7
● Oreno '07	🍷🍷 7
● Oreno '06	🍷🍷 7
● Poggio al Lupo '09	🍷🍷 4

Fattoria Sorbaiano

Loc. Sorbaiano
56040 Montecatini Val di Cecina [PI]
Tel. 058830243
www.fattoriasorbaiano.it

藏酒销售
预约参观
膳宿接待
年产量 100 000 瓶
葡萄种植面积 27 公顷

酒庄坐落在离蒙特卡蒂尼•瓦尔•迪•塞斯纳（Montecatini Val di Cecina）不远处，在过去属于沃尔特拉市（Volterra）的因及拉米（Inghirami）家族所有。在20世纪50年代它被当前的主人收购下来。它的田地和葡萄园面积从大海一直延伸到沃尔特拉市，同时也有酿制文•圣托（Vin Santo）葡萄酒，应用传统的葡萄榨取方式。酒窖最近进行重建，在窖藏和装瓶的地区进行翻新。米捏瑞红葡萄酒2010（Rosso delle Miniere 2010）是圣乔维斯（Sangiovese）、黑马瓦西亚（Malvasia nera）和品丽珠（Cabernet Franc）葡萄混酿的，拥有新鲜活泼的香气，融合着成熟的野生果浆气息。酒体渐渐发挥，使得余味悠长而沉淀。纯品丽珠葡萄酿制的维拉斯里2010（Velathri 2010）拥有美味的青椒和草本香料味，酒体健康而果汁丰富，伴随的是浓烈而有活力的余味。文•圣托2007（Vin Santo 2007）有层次的香气中融合了杏仁和干无花果的味道，诱人的口味如奶油般顺滑。这两款白葡萄酒都有出众的、迷人的酸味。

○ Montescudaio Bianco '12	🍷🍷 2*
○ Montescudaio Bianco Lucestraia '11	🍷🍷 3
● Montescudaio Rosso delle Miniere '10	🍷🍷 4
● Velathri '10	🍷🍷 3
○ Vin Santo di Montescudaio '07	🍷🍷 4
● Montescudaio Rosso '11	🍷 2
● Pian del Conte '10	🍷 3
⊙ Rosato di Toscana '12	🍷 2
○ Montescudaio Bianco Lucestraia '09	🍷🍷 3
● Montescudaio Rosso delle Miniere '09	🍷🍷 4
● Pian del Conte '08	🍷🍷 3
● Velathri '09	🍷🍷 3

Tenimenti Angelini

Loc. Val di Cava
53024 Montalcino [SI]
Tel. 0577804101
www.tenimentiangelini.it

藏酒销售
预约参观
年产量 250 000 瓶
葡萄种植面积 55 公顷

这里介绍的葡萄酒是在安吉利尼（Angelini）从1994年开始拥有的三座托斯卡纳（Tuscan）酒庄中酿制的：位于蒙塔尔奇诺（Montalcino）的瓦尔迪苏佳（Val di Suga）、蒙特布查诺（Montepulciano）的特雷露丝（Tre Rose）和基安蒂卡斯特利娜（Castellina in Chianti）的桑利欧尼诺（San Leonino）。其他三个酒庄介绍分别在威尼托区（Veneto）、弗留利区（Friuli）和马儿凯区（Marche）中有描述。在这里，我们主要关注的是他们在50多公顷种植着蒙塔尔奇诺（Montalcino）的大圣乔维斯葡萄（Sangiovese Grosso）上所付出的努力，这些葡萄分布在三个互补的地方：东北部的瓦尔•迪•苏佳（Val di Suga）和魏格纳•德尔•拉格（Vigna del Lago）、西南部的威戈内托•圣•保罗（Vigneto San Polo）和东南部的魏格纳•斯普塔里（Vigna Spuntali），也是这庄园名字的由来。酿制的一系列葡萄酒展示了古典和现代风格的成功结合，这是一次伟大的壮举！布内罗红葡萄酒系列（Brunellos）在魏格纳•斯普塔里2007（Vigna Spuntali 2007）的加盟下更加突出，谨慎而丰富地展现了一个温暖干燥的年份，只是单宁缺乏一点平衡。

● Brunello di Montalcino V. Spuntali Val di Suga '07	🍷🍷 8
● Brunello di Montalcino Val di Suga '08	🍷🍷 5
● Brunello di Montalcino Val di Suga Ris. '07	🍷🍷 5
○ Busillis Tenuta Trerose '12	🍷🍷 3
● Rosso di Montepulciano Tenuta Tre Rose '11	🍷🍷 2*
○ Vin Santo di Montepulciano Tenuta Tre Rose '05	🍷🍷 5
● Nobile di Montepulciano Tenuta Trerose '10	🍷 3
● Nobile di Montepulciano Villa Romizzi Tenuta Trerose '09	🍷 5
⊙ Rosato di Toscana Tenuta Trerose '12	🍷 2

Tenimenti Luigi d'Alessandro

via Manzano, 15
52042 Cortona [AR]
Tel. 0575618667
www.tenimentidalessandro.it

预约参观
膳宿接待
年产量 130 000 瓶
葡萄种植面积 37 公顷

酒庄创建于1967年，当时阿里山德罗（D'Alessandro）家族在康帝产区（Val di Chiana）的满扎诺（Manzano）酒庄中心购买了100公顷土地，这可以追溯到18世纪。在经过几年的土壤研究和实验之后，于1993年开始种植西拉（Syrah）葡萄，并且高密度种植。这些年间，整个科特那（Cortona）俨然已经成为种植西拉（Syrah）葡萄的理想产地。如今，酒庄由朱佩赛（Giuseppe Calabresi）和马西莫（Massimo d'Alessandro）共同所有，2007年，他们修改了品牌名，也改善了葡萄酒的品质。进入决赛的是西拉•博尔格2011（Syrah Borgo Vecchie Vigne 2011），精妙且风格独特的香气中融合了黑椒、肉桂、活泼的红醋栗和烟斗丝的香味，口味馥郁，单宁圆润精妙，并有着浓郁度逐渐增强的怡人的余味。博尔格2011（Borgo 2011）魅力十足。而风塔尔卡2011（Fontarca 2011）柑橘味丰富，清新而刺激。

● Cortona Syrah Borgo V. V. '10	🍷🍷 5
● Cortona Syrah Borgo '11	🍷🍷 3
○ Fontarca Viognier '11	🍷🍷 2*
○ Bianco del Borgo '12	🍷 3
● Cortona Il Bosco '09	🍷🍷🍷 6
● Cortona Il Bosco '06	🍷🍷🍷 6
● Cortona Il Bosco '04	🍷🍷🍷 5
● Cortona Il Bosco '03	🍷🍷🍷 5
● Cortona Il Bosco '01	🍷🍷🍷 6
● Cortona Syrah Migliara '08	🍷🍷🍷 8
● Cortona Syrah Migliara '07	🍷🍷🍷 8
● Cortona Syrah '10	🍷🍷 3
● Cortona Syrah Migliara '09	🍷🍷 8
○ Fontarca Sauvignon '10	🍷🍷 5

Terenzi

loc. Montedonico snc
58054 Scansano [GR]
Tel. 0564599601
www.terenzi.eu

藏酒销售
预约参观
年产量 350 000 瓶
葡萄种植面积 60 公顷

马内玛（Maremma）是一个独特的地方，富含葡萄园和橄榄树，从山丘一直延伸到大海。酒庄最基本的愿望就是能够把这个地区发扬光大，这个雄心促使特伦兹家族（Terenzi）把他们对这地方的热爱融入到精确而专业酿制的葡萄酒中，并在酿制工艺中体现对环境的尊重。在短短的几年间，他们成功地创造出符合期望的葡萄酒，展现了对这地方起源最准确的印象。除了葡萄酒之外，酒庄同时也生产特级初榨橄榄油和格拉巴酒（Grappa），并提供假日膳宿接待。莫瑞里诺•马德里奇耶萨•珍藏2010（Morellino Riserva Madrechiesa 2010）今年再次获得了“三杯奖”，这有赖于它清新而精致的香气，月桂叶和鼠尾草的香味中渗透着香脂的气息与草莓、蓝莓的果味。口味迂回缭绕，风格独特，清瘦纤细，给人出色的口感和非常迷人悠长的余味。我们同样也很享受莫瑞里诺2012（Morellino 2012），它的气息充满果香，口感纤细并有着澄净的余味。

● Morellino di Scansano Madrechiesa Ris. '10	🍷🍷🍷 5
● Morellino di Scansano '12	🍷🍷 2*
○ Montedonico '12	🍷🍷 3
● Morellino di Scansano Ris. '10	🍷🍷 3
○ Balbino '12	🍷 2
● Bramaluce '12	🍷 3
● Morellino di Scansano Madrechiesa Ris. '09	🍷🍷🍷 5
○ Balbino '11	🍷🍷 2*
● Morellino di Scansano '11	🍷🍷 2*
● Morellino di Scansano '10	🍷🍷 2*
● Morellino di Scansano Ris. '09	🍷🍷 3*
● Morellino di Scansano Ris. '08	🍷🍷 3*

Terradonnà

Loc. Notri, 78
57028 Suvereto [LI]
Tel. 0565829008
www.terradonna.it

藏酒销售
预约参观
年产量 26 000 瓶
葡萄种植面积 6 公顷

在这个苏韦雷托法定产酒区（Suvereto DOC），克拉瓦力家族（Collavari）拥有这座酒庄已有50多年历史，最近他们决定更仔细地专注在葡萄酒生产上。葡萄酒以矿物质命名，这些矿物质赋予这些葡萄酒以独特的本土特征。所种的葡萄品种是经过精心挑选的，与精细的酿制工艺相结合，使酒庄能酿制出出色的葡萄酒。普拉西欧2010（Prasio 2010），来自赤霞珠（Cabernet Sauvignon）和梅洛（Merlot）葡萄，展现了活泼的黑莓酱和矿物气息，口味圆润，如天鹅绒般顺滑可口，具有刺激而多汁的风味。加埃托2010（Gaietto 2010）是一款相似的混合酒，在以上基础添加了圣乔维斯葡萄（Sangiovese），拥有简洁、清瘦而清新的香气，加上平衡而令人放松的口感。而欧克尼奥2010（Okenio 2010）展示了精致的香气，与花香、草本香和黑果浆的气息交相融合。平衡的口感和稍微坚硬的单宁发散成为悠长而怡人的风味。

● Giaietto '10	🍷🍷 2*
● Prasio '10	🍷🍷 3
● Val di Cornia Okenio '10	🍷🍷 5
○ Faden '12	🍷 2
○ Kalsi '12	🍷 2
● Spato '10	🍷 2
○ Kalsi '11	🍷🍷 3
● Prasio '09	🍷🍷 3
● Spato '09	🍷🍷 3

Teruzzi & Puthod

Loc. Casale, 19
53037 San Gimignano [SI]
Tel. 0577940143
www.teruzzieputhod.it

藏酒销售
预约参观
年产量 1 200 000 瓶
葡萄种植面积 90 公顷

高产量、高水平也许是酒庄成为圣•格米诺（San Gimignano）葡萄酒标杆企业的品种保证，它起步于20世纪70年代，如今成为坎帕里（Campari）集团的耀眼明星。加入一个如此举足轻重的团体，该团体是酒庄进行重组及其他生产工作的重要后援支持，同时也是建立权威性的市场地位和收获满意的市场回馈的强大推动力。酒庄生产的葡萄酒带着风格独特的精确性，很好地结合在一起，代表了这个地区最经典最可靠的一面。维纳奇亚珍藏2010（Vernaccia Riserva 2010）展示了酵母和面包皮相结合的气息，加上信心满满的柑橘味。入口有很好的冲击力，可能有点清瘦和紧密，但风味很好。而维纳奇亚2012（Vernaccia 2012）更质朴，总体上来说是一款怡人的酒。

○ Vernaccia di S. Gimignano '12	🍷🍷 2*
○ Vernaccia di S. Gimignano Ris. '10	🍷🍷 4
● Arcidiavolo '08	🍷🍷 5
● Arcidiavolo '07	🍷🍷 5
● Peperino '08	🍷🍷 2*
● Peperino '07	🍷🍷 2*
○ Terre di Tufi '09	🍷🍷 4
○ Vernaccia di S. Gimignano '11	🍷🍷 2*
○ Vernaccia di S. Gimignano '09	🍷🍷 2*
○ Vernaccia di S. Gimignano '08	🍷🍷 2*

Testamatta

via di Vincigliata, 19
50014 Fiesole [FI]
Tel. 055597289
www.bibigraetz.com

预约参观
年产量 500 000 瓶
葡萄种植面积 10 公顷

挪威酿酒商兼艺术家碧比•格拉兹（Bibi Graetz）是特斯塔玛塔（Testamatta）酒庄的主人，酿制的托斯卡纳（Tuscan）葡萄酒来自菲耶索莱（Fiesole）山丘的土地。酒庄从事葡萄酒生产开始于20世纪90年代，采用现代标准来评估他们的葡萄藤的价值，包括圣乔维斯（Sangiovese）、卡内奥罗（Canaiolo）和科罗里诺（Colorino）葡萄，它们的种植历史在30年到60年之间。酒庄酿制的葡萄酒呈现代风格，个性独特。酒庄同时也在吉利奥岛（Giglio）酿制红酒，为当地的酿酒传统的复兴作出巨大的贡献。进入决赛的是索弗康2011（Soffocone 2011），主要来自圣乔维斯葡萄（Sangiovese），还有一小部分的卡内奥罗（Canaiolo）和科罗里诺（Colorino）葡萄，清新有活力的香气中充满森林植物和黑莓的气息，入口带来柔顺的冲击感，后味仍然保持可口和谐，非常令人满意。我们也很喜爱圆润而平衡的特斯塔玛塔2010（Testamatta 2010），一款纯圣乔维斯葡萄酒。

● Soffocone di Vincigliata '11	🍷🍷 5
● Grilli del Testamatta '10	🍷🍷 5
○ Bugia '12	🍷 6
● Canaiolo '09	🍷 8
○ Casamatta Bianco '12	🍷 2
● Casamatta Rosso '12	🍷 2
● Chianti La Cicala '11	🍷 2
○ Cicala '12	🍷 2
● Colore '07	🍷 8
● It's a Game '11	🍷 4
○ Vermentino '12	🍷 2
○ Casamatta Bianco '11	♀♀ 2*
○ Gigliese '11	♀♀ 3
● It's a Game '10	♀♀ 2*

Tiezzi

via delle Querci
53024 Montalcino [SI]
Tel. 0577848187
www.tiezzivini.it

藏酒销售
预约参观
年产量 23 000 瓶
葡萄种植面积 5.5 公顷

这是一座非常传统的酒庄，过去几年间似乎在品质上有了很大的飞跃。或许只是我们把注意力更多地放在恩佐•提埃兹（Enzo Tiezzi）酿制的布内罗红葡萄酒（Brunellos）近乎纯化又不失活力和个性的气息上。这位来自蒙塔尔奇诺（Montalcino）的备受尊重的农学家兼酿酒家在20世纪80年代决定建立酒庄，并买下了塞里诺（Cerrino）和塞佳乐塔（Cigaleta）的酒庄，而后开发了索科尔索（Soccorso），庄园的名字也是由此而来的。这是酒庄总部和酒窖所在的地方，使用发酵木桶和3 500升或4 000升斯拉夫尼亚（Slavonian）橡木桶来熟成。蒙塔尔奇诺柏吉欧塞里科红葡萄酒2011（Rosso di Montalcino Poggio Cerrino 2011）表现出色，这是一款严肃的酒款，具有很强的紧致感和能量。而自信的入围者索科尔索布内罗红葡萄酒2008（Brunello Vigna del Soccorso 2008）唯一的缺点在于它过分清瘦和剧烈，但我们仍然充分赞赏它充满泥土和盐分气息的本地特色。

● Brunello di Montalcino V. del Soccorso '08	🍷🍷 6
● Rosso di Montalcino Poggio Cerrino '11	🍷🍷 3*
● Brunello di Montalcino V. del Soccorso Ris. '07	🍷🍷 6
● Brunello di Montalcino Poggio Cerrino '08	🍷 5
● Brunello di Montalcino '07	♀♀ 5
● Brunello di Montalcino V. del Soccorso '07	♀♀ 6
● Brunello di Montalcino V. del Soccorso '06	♀♀ 6

Tolaini

Loc. Vallenuova
SP 9 di Pievasciata, 28
53019 Castelnuovo Berardenga [SI]
Tel. 0577356972
www.tolaini.it

藏酒销售
预约参观
年产量 250 000 瓶
葡萄种植面积 50 公顷
葡萄栽培方式 有机认证

皮埃路易吉•托莱尼（Pierluigi Tolaini）是迁居至加拿大的移民者，他在1998年开始酿酒事业，并改变方法以适应基安蒂（Chianti）这个相当复杂的地区，他在2002年酿制了第一批葡萄酒。酒庄坐落在皮安内拉（Pianella）和瓦格利亚吉里（Vagliagli）之间，酒庄的成功有赖于对酿酒工序的细心监管和避免压迫的酒窖技术以及适度应用小橡木桶。具有美好的适饮性的古典康帝2010（Chianti Classico Riserva 2010），怡人的个性来自天鹅绒般顺滑的单宁和清新的香脂气息。出色的红果浆香味，继而是馥郁的花香和奎宁，入口流畅顺滑，给人浓烈澄净的余味。

● Chianti Cl. Ris. '10	🍷🍷 5
● Picconero '09	🍷🍷🍷 8
● Valdisanti '08	🍷🍷🍷 8
● Al Passo '09	🍷🍷 4
● Al Passo '07	🍷🍷 4
● Al Passo '06	🍷🍷 4
● Chianti Cl. Ris. '08	🍷🍷 5
● Picconero '08	🍷🍷 8
● Picconero '07	🍷🍷 8
● Picconero '06	🍷🍷 8
● Valdisanti '09	🍷🍷 8

Fattoria Torre a Cona

Loc. San Donato in Collina
50010 Rignano sull'Arno [FI]
Tel. 055699000
www.villatorreacona.com

藏酒销售
预约参观
膳宿接待
年产量 30 000 瓶
葡萄种植面积 14 公顷

托雷•阿•科纳酒庄（Fattoria Torre a Cona）位于佛罗伦萨（Florence）南部的山丘上，一个与酿酒有着传统联系的地区。这栋建筑最古老的核心可追溯到1000年，别墅是在18世纪重建的。原来的旧谷仓现在被改造成品酒屋，而酒庄各个房间则成为了旅游公寓。科迪罗西•迪•蒙特雷拉（Conti Rossi di Montelera）最近对葡萄园进行移植并使酒窖现代化。葡萄酒酿制于科里•费欧伦蒂诺（Colli Fiorentino）指定区，圣乔维斯葡萄（Sangiovese）是这里的主要品种。巴迪亚•柯尔特珍藏2010（Riserva Badia a Corte 2010）是一款非常有趣的酒，清新的香气中弥漫着野生黑果浆的气息，融合多种草本香料，入口怡人，口感保持良好但不会过重，单宁很好地与酒精成分交相融合，余味柔顺悠长。康帝•科里•费欧伦蒂诺2011（Chianti Colli Fiorentini 2011）给人印象深刻，其单宁更显质朴，反映了这个年份的特点。

● Chianti Colli Fiorentini Badia a Corte Ris. '10	🍷🍷 4
● Chianti Colli Fiorentini Conti Rossi di Montelera '11	🍷🍷 3
● Merlot '11	🍷🍷 3
● Chianti Colli Fiorentini '10	🍷🍷 3
● Chianti Colli Fiorentini '09	🍷🍷 3
● Chianti Colli Fiorentini '08	🍷🍷 1
● Chianti Colli Fiorentini '07	🍷🍷 1
● Chianti Colli Fiorentini Ris. '08	🍷🍷 1*
● R09 '09	🍷🍷 4
● Terre di Cino '09	🍷🍷 3
● Terre di Cino '07	🍷🍷 3
○ Vin Santo del Chianti Merlaia '06	🍷🍷 3
○ Vin Santo del Chianti Merlaia '05	🍷🍷 3
○ Vin Santo del Chianti Merlaia '04	🍷🍷 3

Le Torri di Campiglioni

via San Lorenzo a Vigliano, 31
50021 Barberino Val d'Elsa [FI]
Tel. 0558076161
www.letorri.net

藏酒销售
预约参观
膳宿接待
年产量 150 000 瓶
葡萄种植面积 28 公顷

酒庄是由几个想投资的朋友共同在托斯卡纳区建立的，他们对葡萄酒有着同样的热情。1980年，对于这个地区来说是一个关键的时期，当时许多人都对这地方和它的风景产生热爱之情。最主要的兴趣是农耕，他们决定在生产葡萄酒的同时也制造橄榄油，因此买下了一座橄榄磨坊。后来通过对现存的农场进行改造建立了假日旅馆。他们对生产不遗余力，酿制的葡萄酒追求风土特点最完美的平衡，并在国际市场获得了成功。出色的马格里亚诺2009（Magliano 2009）来自赤霞珠（Cabernet Sauvignon）、圣乔维斯（Sangiovese）和梅洛（Merlot）葡萄，带着清新的薄荷和鼠尾草的草本香味，伴着集中而美好的果味，其口感丰富馥郁，单宁轻柔，带有促进食欲的可口的后味。我们同时也很喜欢芳香的、适饮性强的珍藏2010（Riserva 2010）。

● Magliano '09	🍷🍷 5
● Chianti Colli Fiorentini Ris. '10	🍷🍷 3
● Chianti Colli Fiorentini '11	🍷 2
● Meridius '11	🍷 2
○ Soleluna '12	🍷 2
● Chianti Colli Fiorentini '10	🍷🍷 2*
● Magliano '08	🍷🍷 5
● Vigliano '08	🍷🍷 5
● Villa San Lorenzo '07	🍷🍷 5

Travignoli

via Travignoli, 78
50060 Pelago [FI]
Tel. 0558361098
www.travignoli.com

藏酒销售
预约参观
年产量 250 000 瓶
葡萄种植面积 70 公顷

这座特拉维诺里（Travignoli）农场位于露菲娜（Rufina）南部的佩拉格（Pelago）峡谷之上，由吉奥瓦尼•布西（Giovanni Busi），也就是目前康帝酿酒商联盟（Chianti Producers' Consortium）的主席拥有。这座巨大且历史悠久的酒庄曾经是一个成熟的农场，但后来专注在葡萄酒和特级初榨橄榄油生产上，结合了传统和实验的方法。酒庄中有一座伊特鲁利亚（Etruscan）石碑可追溯到公元前500年，描绘了一场宴会，当中满溢着红酒的气息，证明该地区拥有悠久的酿酒历史和名声。特格莱亚珍藏2010（Riserva Tegolaia 2010）表现良好，生动的黑莓和蓝莓的香气，与成熟的皮革味和香脂味交织相融；坚实广泛如天鹅绒般的口感，以及悠长怡人的余味。质朴的康帝露菲娜2011（Chianti Rufina 2011）清新且美好。由莎当尼（Chardonnay）和少许苏维翁（Sauvignon）葡萄混酿而成的佳维格纳诺2012（Gavignano 2012），口感刺激，馥郁宽泛。

● Chianti Rufina Tegolaia Ris. '10	🍷🍷 3
● Chianti Rufina '11	🍷 2
○ Gavignano '12	🍷 2
● Calice del Conte '08	🍷🍷 5
● Chianti Rufina Ris. '05	🍷🍷 3
● Chianti Rufina Tegolaia Ris. '09	🍷🍷 3
● Chianti Rufina Tegolaia Ris. '08	🍷🍷 3
● Chianti Rufina Tegolaia Ris. '07	🍷🍷 3
○ Vin Santo Chianti Rufina '01	🍷🍷 4

Tenuta di Trinoro

via Val d'Orcia,15
53047 Sarteano [SI]
Tel. 0578267110
www.trinoro.it

藏酒销售
预约参观
年产量 80 000 瓶
葡萄种植面积 22 公顷

安德拉•弗朗彻提（Andrea Franchetti）在20世纪80年代初建立了这座酒庄，位于瓦尔迪奥恰（Val d'Orcia），一个托斯卡纳区（Tuscany）的角落，没有人将这里当做著名葡萄酒生产的合适地点。他严格而极端的选择，主要是使用波尔多（Bordeaux）模型，使得这个锡耶纳省（Siena）的酒庄成为整个托斯卡纳区质量最好的酒庄之一。这些葡萄酒展现了非常个性的风格，伴着极其有活力的香气，果实的熟成度几乎到了最边缘的程度，并且特别地在小橡木桶中陈酿。特里诺洛2011（Tenuta di Trinoro 2011），一款由赤霞珠（Cabernet Sauvignon）、品丽珠（Cabernet Franc）、梅洛（Merlot）和小维铎（Petit Verdot）葡萄酿制的混合酒，酿制精良，但甜味持续太长时间。美味可口的乐•库伯乐2011（Le Cupole 2011）的成分相同，但其葡萄摘自更年轻的葡萄园。帕拉兹2011（Palazzi 2011）是馥郁的纯梅洛酒。品丽珠玛格纳科斯塔2011（Cabernet Franc Magnacosta 2011）的橡木气息仍然需要时间来缓和。

● Tenuta di Trinoro '11	🍷🍷 8
● Le Cupole di Trinoro '11	🍷🍷 5
● Magnacosta '11	🍷🍷 8
● Palazzi '11	🍷🍷 8
● Tenuta di Trinoro '08	🍷🍷🍷 8
● Tenuta di Trinoro '04	🍷🍷🍷 8
● Tenuta di Trinoro '03	🍷🍷🍷 8
● Palazzi '10	🍷🍷 8
● Palazzi '09	🍷🍷 8
● Tenuta di Trinoro '10	🍷🍷 8
● Tenuta di Trinoro '09	🍷🍷 8
● Tenuta di Trinoro '07	🍷🍷 8
● Tenuta di Trinoro '06	🍷🍷 8
● Tenuta di Trinoro '05	🍷🍷 8

★Tua Rita

Loc. Notri, 81
57028 Suvereto [LI]
Tel. 0565829237
www.tuarita.it

预约参观
年产量 150 000 瓶
葡萄种植面积 30 公顷

这座苏韦雷托（Suvereto）的酒庄在所有瓦尔迪科尼亚（Val di Cornia）的酒庄当中是一个安全的赌注，能够生产出完美诠释地区特点的葡萄酒。在酒庄50公顷的土地中，有大约30公顷种植葡萄，其中性结构的黏质土富含矿物质。这里种植典型的本地葡萄品种包括：用以酿制红酒的品丽珠（Cabernet Franc）、圣乔维斯（Sangiovese）、赤霞珠（Cabernet Sauvignon）、梅洛（Merlot）和西拉（Syrah）葡萄和用来酿制白葡萄酒的雷司令（Riesling）、特拉米娜（Traminer）、莎当尼（Chardonnay）、特安比诺（Trebbiano）、安索尼卡（Ansonica）和维蒙蒂诺（Vermentino）葡萄。如往常一样，一系列复杂的酒品，包括瑞迪佳菲（Redigaffi）和西拉（Syrah），都是2010年份的，充当领头羊的角色。前者拥有浓烈而几乎无法穿透的香气，混合着植物和香脂的气息，从橡木桶而来的隐约且稍微粗壮的单宁。后者的香气更辛辣，拥有非常活泼的口感，同样也是受单宁味所限制。

● Redigaffi '10	🍷🍷 8
● Syrah '10	🍷🍷 8
● Giusto di Notri '10	🍷🍷 8
● Perlato del Bosco Rosso '10	🍷🍷 5
● Rosso dei Notri '12	🍷🍷 3
● Tierre '11	🍷 3
● Redigaffi '08	🍷🍷🍷 8
● Redigaffi '07	🍷🍷🍷 8
● Redigaffi '06	🍷🍷🍷 8
● Redigaffi '04	🍷🍷🍷 8
● Redigaffi '03	🍷🍷🍷 8
● Redigaffi '02	🍷🍷🍷 8
● Redigaffi '01	🍷🍷🍷 8
● Redigaffi '00	🍷🍷🍷 7
● Giusto di Notri '10	🍷🍷 8
● Perlato del Bosco Rosso '10	🍷🍷 5
● Redigaffi '10	🍷🍷 8

Uccelliera

Fraz. Castelnuovo dell'Abate
Pod. Uccelliera, 45
53020 Montalcino [SI]
Tel. 0577835729
www.uccelliera-montalcino.it

藏酒销售
预约参观
年产量 60 000 瓶
葡萄种植面积 6 公顷

尤塞里埃拉•布内罗红葡萄酒（Uccelliera Brunellos）能够加深人们对蒙塔尔奇诺（Montalcino）风土，特别是在这个最南部地区俯瞰德尔阿贝特新堡（Castelnuovo dell'Abate）更深层的认识。不仅因为它出色的品质，而且也因为其独特的酒品，更重要的是孜孜不倦的安德拉•科尔托内西（Andrea Cortonesi）对这工作付出了坚定而无限的热情。他采用的是只有适应每一块田地和每次收成的特征而应用的酿酒技术，有时除了未经烧烤的斯拉夫尼亚（Slavonian）橡木桶之外，还使用法国木桶。一个气候不错的年份和安德拉•科尔托内西栽种的圣乔维斯葡萄（Sangiovese）天生拥有的力量相遇碰撞出的火花产生了2008年最令人印象深刻、最成功的布内罗红葡萄酒（Brunellos）。风轮菜、月桂树、黑樱桃和辛辣的果香相融合，展示了充沛的能量和强烈的口感，产生了悠长而单宁怡人的余味。

● Brunello di Montalcino '08	🍷🍷🍷 7
● Rosso di Montalcino '11	🍷🍷 4
● Brunello di Montalcino Ris. '07	🍷🍷 8
● Brunello di Montalcino Ris. '97	🍷🍷🍷 8
● Brunello di Montalcino '07	🍷🍷 7
● Brunello di Montalcino '06	🍷🍷 7
● Brunello di Montalcino '05	🍷🍷 6
● Brunello di Montalcino '01	🍷🍷 6
● Brunello di Montalcino Ris. '06	🍷🍷 8
● Brunello di Montalcino Ris. '04	🍷🍷 8
● Brunello di Montalcino Ris. '01	🍷🍷 8
● Rapace '08	🍷🍷 5
● Rosso di Montalcino '10	🍷🍷 4
● Rosso di Montalcino '09	🍷🍷 4
● Rosso di Montalcino '07	🍷🍷 4

Urlari

Loc. Urlari
56046 Riparbella [PI]
Tel. 335215031
www.urlari.com

藏酒销售
预约参观
年产量 30 000 瓶
葡萄种植面积 6 公顷

尤拉里酒庄（Urlari）位于里帕尔贝拉市（Riparbella），由罗伯托•科里斯托弗瑞提（Roberto Cristoforetti）拥有，他成功地将托斯卡纳（Tuscan）的酿酒特征，首先是对圣乔维斯葡萄（Sangiovese）的热衷与法国木桶的影响相融合，精心选择种植波尔多（Bordeaux）葡萄品种，并得到津菲利佩•弗特的帮助。这位法国酿酒学家首次在法国以外将新理论和方法付诸实践。葡萄园的收成是由农学家弗朗赛斯科•维内里尼（Francesco Venerini）负责，他将他的经验跟队里其他人一起分享。佩尔瓦2010（Pervale 2010）是由圣乔维斯（Sangiovese）、赤霞珠（Cabernet Sauvignon）、品丽珠（Cabernet Franc）、梅洛（Merlot）和阿里坎特（Alicante）葡萄酿制的混合酒，拥有活泼的香气，清新的草本香味和红果浆的气息相融合，展示了结构良好而有动力的口感。纯梅洛（Merlot）葡萄酿制的尤洛2010（Urlo 2010）展示了非常澄净的野生果浆香气和协调而馥郁的风味。

● L'Urlo '10	🍷🍷 5
● Pervale '10	🍷🍷 3
● L'Urlo '09	🍷🍷 4
● Pervale '09	🍷🍷 5

F.lli Vagnoni

LOC. PANCOLE, 82
53037 SAN GIMIGNANO [SI]
TEL. 0577955077
www.fratellivagnoni.com

藏酒销售
预约参观
膳宿接待
年产量 120 000 瓶
葡萄种植面积 20 公顷
葡萄栽培方式 有机认证

这座成熟的农场建立于1955年，在潘科勒（Pancole）村庄的侧面，对维纳奇亚（Vernaccia）的狂热者来说是一座风格参照物。这个分区展现了独特的土壤条件和气候特征，并且以出品带有强烈的岩石和黄色水果味道的略为浓郁的葡萄与葡萄酒而脱颖而出。在总共42公顷的面积中，有20公顷种植葡萄，剩下的部分包括橄榄树、果园、耕地和树林。出品的葡萄酒反映了明显的本土印记和酒庄特色。维纳奇亚珍藏2010（Vernaccia Riserva 2010）主要以新鲜而成熟的风味给我们留下深刻的印象，不仅有黄色果肉，也有绿色果肉，个性丰富，口味多变。尽管在酒瓶中放置一段时间，口感依旧非常年轻，带着可爱甜美的果香，少许醋酸的气息和浓郁的后味。同样很出众的维纳奇亚2012（Vernaccia 2012）更具活力，更显活泼。

○ Vernaccia di S. Gimignano I Mocali Ris. '10	YY 3*
○ Vernaccia di S. Gimignano '12	YY 2*
○ Vernaccia di S. Gimignano Fontabuccio '11	Y 2
○ Vernaccia di S. Gimignano '11	YY 2*
○ Vernaccia di S. Gimignano '10	YY 1*
○ Vernaccia di S. Gimignano '09	YY 1
○ Vernaccia di S. Gimignano Fontabuccio '09	YY 2*
○ Vernaccia di S. Gimignano I Mocali Ris. '09	YY 3*
○ Vernaccia di S. Gimignano I Mocali Ris. '08	YY 3

Val delle Corti

LOC. CASE SPARSE VAL DELLE CORTI, 144
53017 RADDA IN CHIANTI [SI]
TEL. 0577738215
www.valdellecorti.it

藏酒销售
预约参观
年产量 30 000 瓶
葡萄种植面积 6 公顷
葡萄栽培方式 有机认证

瓦尔德勒科尔提（Val delle Corti）是一座惊人的酒庄，在这里生长的圣乔维斯葡萄（Sangiovese）达到了它最纯正的表现。位于基安蒂拉达（Radda in Chianti）分区的葡萄园采用有机方式种植，并将酒窖程序降至最低。所酿制的一系列葡萄酒呈现清晰的香气，微妙精致且结构平衡美好，是对这里风土特征最真实的诠释，在古典康帝（Chianti Classico）中几乎是无可匹敌的。除了这些特点之外，它适当的定价政策也是一个加分点。堪称典范的古典康帝2010（Chianti Classico 2010）最初减少产量，逐渐使得它的香气更加美好，花香更丰富，带着一点铁屑和柑橘的气息。口感顺滑刺激，生动浓烈。紧随其后的是古典康帝•珍藏2009（Chianti Classico Riserva 2009），拥有淡淡的香气和清新的口感。

● Chianti Cl. '10	YYY 3*
● Chianti Cl. Ris. '09	YY 5
● Chianti Cl. '09	YYY 2*
● Chianti Cl. '06	YY 2*
● Chianti Cl. '05	YY 2*
● Chianti Cl. '04	YY 2*
● Chianti Cl. '03	YY 2
● Chianti Cl. Ris. '07	YY 4
● Chianti Cl. Ris. '00	YY 4
● Il Campino	YY 2*

Tenuta Val di Cava

LOC. VAL DI CAVA
53024 MONTALCINO [SI]
TEL. 0577848261
www.valdicava.it

年产量 80 000 瓶
葡萄种植面积 27 公顷

瓦尔迪卡瓦（Valdicava）的葡萄酒体现了蒙塔尔奇诺（Montalcino）北部的大气和布内罗红葡萄酒（Brunello）的理念。蒙特索里（Montosoli）山丘位于它的中心，而这些布内罗红葡萄酒在风格上不拘于传统。这是了解文森佐•阿布鲁泽斯（Vincenzo Abbruzzese）工作的一个关键。今天他是布拉曼特•玛尔提尼（Bramante Martini）在1953年购买的这座酒庄的管理者，酒庄在1968年开始生产它自己的品牌。最近进行扩张的酒窖放置了不同大小和来源的橡木桶，尽管近几年大木桶用得比较多。今年的布内罗红葡萄酒（Brunellos），撇开它风格的一致性不谈，我们对它的印象还是矛盾的。麦当娜•德尔•皮耶诺珍藏2007（Madonna del Piano Riserva 2007）反映了馥郁的年份，伴着一丝鸭腿味，与盐味和令人满意的口感形成对比，在辛辣的单宁衬托下，个性更丰富。红葡萄酒2012（Rosso 2012）则更清瘦，但同样也极具个性。

● Rosso di Montalcino '11	3 (2 red glasses)
● Brunello di Montalcino Madonna del Piano Ris. '07	6 (1 red glass)
● Brunello di Montalcino Madonna del Piano Ris. '04	ΨΨΨ 8
● Brunello di Montalcino '07	ΨΨ 4
● Brunello di Montalcino '06	ΨΨ 6
● Brunello di Montalcino '05	ΨΨ 6
● Brunello di Montalcino '04	ΨΨ 6
● Brunello di Montalcino Madonna del Piano Ris. '05	ΨΨ 6
● Rosso di Montalcino '08	ΨΨ 3

Tenuta di Valgiano

VIA DI VALGIANO, 7
55015 LUCCA
TEL. 0583402271
www.valgiano.it

藏酒销售
年产量 70 000 瓶
葡萄种植面积 21 公顷
葡萄栽培方式 生物动力学认证

为了了解瓦尔吉亚诺（Valgiano）项目真正的规模，你必须参观这座酒庄，包括它的地形、葡萄园和酒窖。瓦尔吉亚诺是一个微观缩影，与自然交织相融。在参观了这座华丽的酒庄之后，你可以感受到这里到处采用的生物动力学方式。莫瑞诺•佩特里尼（Moreno Petrini）、科罗比亚诺罗拉（Laura di Collobiano）和萨维里奥•佩特里尼（Saverio Petrilli）的敏感与直觉发挥着作用，他们都是生物动力学方面的领军人物。酿制的葡萄酒是所有这些因素共同作用的结果，它们有很强的陈放能力，是这个地区的标杆之一。充满活力和矿物的气息，依然有些尖锐，能够给人华丽而清瘦的口感。瓦尔迪•吉亚诺2010（Tenuta di Valgiano 2010）口感非常年轻，并且有能力在不破坏它的特征的基础上展现并增强任何年份的特色。

● Colline Lucchesi Tenuta di Valgiano '10	6 (3 red glasses)
● Colline Lucchesi Palistorti Rosso '11	4 (2 red glasses)
● Colline Lucchesi Tenuta di Valgiano '09	ΨΨΨ 6
● Colline Lucchesi Tenuta di Valgiano '08	ΨΨΨ 6
● Colline Lucchesi Tenuta di Valgiano '07	ΨΨΨ 6
● Colline Lucchesi Tenuta di Valgiano '06	ΨΨΨ 6
● Colline Lucchesi Tenuta di Valgiano '05	ΨΨΨ 6
● Colline Lucchesi Tenuta di Valgiano '04	ΨΨΨ 6
● Colline Lucchesi Tenuta di Valgiano '03	ΨΨΨ 6
● Colline Lucchesi Tenuta di Valgiano '01	ΨΨΨ 8
○ Colline Lucchesi Palistorti Bianco '11	ΨΨ 5
○ Colline Lucchesi Palistorti Bianco '09	ΨΨ 2*
● Colline Lucchesi Palistorti Rosso '10	ΨΨ 4
● Colline Lucchesi Rosso dei Palistorti '03	ΨΨ 4

Vecchia Cantina di Montepulciano

via Provinciale, 7
53045 Montepulciano [SI]
Tel. 0578716092
www.vecchiacantina.com

藏酒销售
预约参观
年产量 3 500 000 瓶
葡萄种植面积 1000 公顷

维奇亚坎提纳酒庄（Vecchia Cantina di Montepulciano）位于蒙特布查诺镇（Montepulciano）附近，是托斯卡纳区（Tuscany）最古老的酒庄之一。它最初的目的是能够酿制纵横所有类型的高品质葡萄酒，因此在每个生产阶段都投以注意力。酒庄创建于1973年，第一批酒品酿制于1940年。 从那时开始耕作成员就不断增加并且生产程序也不断完善。这些成员都受酒庄的农学家监督，以不断提高葡萄的质量。除了传统系列之外，维奇亚坎提纳（Vecchie Cantine）同时也创立了两个品质标准更高的商业用途系列：柏吉奥•史黛拉（Poggio Stella）和坎提尼•雷蒂（Cantine Redi）。有三款维诺贵族酒2010（Vino Nobile 2010）在这次品酒会中给人印象深刻：柏吉奥•史黛拉（Poggio Stella）展现了风格独特而冷静的香气，伴着协调的口感和可口的后味。坎提纳•雷蒂更辛辣也更迷人。维奇亚坎提纳（Vecchia Cantina）风格更加古典和传统，酿制得很精良。

● Nobile di Montepulciano Cantine del Redi '10	🍷🍷 4
● Nobile di Montepulciano Poggio Stella '10	🍷🍷 3
● Nobile di Montepulciano Vecchia Cantina '10	🍷🍷 3
● Chianti dei Colli Senesi Poggio Stella '12	🍷 2
● Chianti Vecchia Cantina '12	🍷 2
● Cortona Merlot '11	🍷 2
● Cortona Merlot Poggio Stella '11	🍷 2
● Orbaio Cantine Redi '09	🍷 4
● Rosso di Montepulciano Poggio Stella '12	🍷 2
● Rosso di Montepulciano Vecchia Cantina '12	🍷 2
● Nobile di Montepulciano '09	🍷🍷(白) 3
● Nobile di Montepulciano Poggio Stella Ris. '07	🍷🍷(白) 4

I Veroni

loc. I Veroni
via Tifariti, 5
50065 Pontassieve [FI]
Tel. 0558368886
www.iveroni.it

藏酒销售
预约参观
膳宿接待
年产量 100 000 瓶
葡萄种植面积 15 公顷

酒庄包括一座古老的瞭望塔，属于马勒西家族（Malesci）拥有已有50多年的历史，坐落在露菲娜（Rufina）的最佳场所之一。自从20世纪90年代初，家族就一直致力于葡萄园的移植，今天酒庄主人的儿子洛伦佐•玛利亚尼（Lorenzo Mariani）负责运营酒庄。酒窖的一部分包括以前的酿酒空间，现在经过翻新，被用于木桶的酿制，剩下的部分进行更新建设。文•圣托（Vin Santo）酒窖保存在18世纪的别墅中。珍藏2010（Riserva 2010）十分迷人，其多样而极具活力的香气包括薄荷香和矿物质香味，并与野生果浆交织相融。口味坚实且结构良好，带有缭绕的口味和刺激的余韵。而文•圣托1991（Vin Santo1991）诱人的香气包括了干无花果和榛子的气息，口味甜美而悠长。

● Chianti Rufina '11	🍷🍷 2*
● Chianti Rufina Ris. '10	🍷🍷 4
○ Vin Santo del Chianti Rufina '05	🍷🍷 5
○ Bianco '12	🍷 2
⊙ Rosé '12	🍷 2
● Rosso di Toscana '11	🍷 2
● Chianti Rufina Ris. '09	🍷🍷(白) 4
● Chianti Rufina Ris. '08	🍷🍷(白) 4
● Chianti Rufina Ris. '07	🍷🍷(白) 4
● Chianti Rufina Ris. '06	🍷🍷(白) 4
○ Vin Santo del Chianti Rufina '04	🍷🍷(白) 5
○ Vin Santo del Chianti Rufina '03	🍷🍷(白) 5

Vescine

LOC. VÈSCINE
53017 RADDA IN CHIANTI [SI]
TEL. 0577741144
www.vescine.it

藏酒销售
预约参观
膳宿接待
年产量 70 000 瓶
葡萄种植面积 15 公顷

位于基安蒂拉达（Radda in Chianti）的维斯辛酒庄（Vescine）由帕拉丁家族（Paladin）所有，他们在威尼托（Veneto）和法兰恰阔尔达（Franciacorta）地区的酿酒业中扮演着活跃的角色。其葡萄园种植在两个独特的地区：一个接近基安蒂的卡斯特利娜（Castellina in Chianti）附近的小镇南部，另一个卡斯特尔维奇（Tenuta Castelvecchi）在这个独特的古典康帝（Chianti Classico）分区中心历史悠久的庄园北部。出品的酒展现了很好的风格，注重平衡和细腻感并不断体现了风土特征。小型和大型橡木桶混合使用，互相结合，使酒品在品质上完美而可靠。古典康帝•卡斯特尔维奇2010（Chianti Classico Tenuta Castelvecchi 2010）拥有平衡的红果浆和香料的味道，以及清爽而可口的口味。古典康帝卡斯特维奇珍藏2009（Chianti Classico Tenuta Castelvecchi Riserva 2009）展示了成熟的气息，口感如天鹅绒般顺滑，给人温暖且新鲜的感官享受。

● Chianti Cl. Tenuta Castelvecchi Ris. '09	ŸŸ 4
● Chianti Cl. Tenute di Castelvecchi '10	ŸŸ 5
● Chianti Cl. '07	ŸŸ 3
● Chianti Cl. Lodolaio Ris. '08	ŸŸ 6
● Chianti Cl. Lodolaio Ris. '07	ŸŸ 6
● Chianti Cl. Lodolaio Ris. '06	ŸŸ 6
● Chianti Cl. Lodolaio Ris. '04	ŸŸ 7
● Chianti Cl. Tenute di Castelvecchi '09	ŸŸ 6
● Chianti Cl. Tenute di Castelvecchi '08	ŸŸ 6

I Vicini

FRAZ. PIETRAIA DI CORTONA
LOC. CASE SPARSE
52038 CORTONA [AR]
TEL. 0575678507
www.ivicinicortona.it

预约参观
葡萄种植面积 11 公顷

这座酒庄有趣的是使两个对葡萄酒和本地区有着共同热情的家族走到了一起。罗马律师罗马诺•安托尼奥利（Romano Antonioli）决定投资这片适合酿制葡萄酒的土地，对葡萄园重新移植并开始农耕生意。来自加利福尼亚（California）的企业家安迪•戈尔德法布（Andy Goldfarb）因传播安全气袋而出名，当时他做了一个决定，就是去实现他接近托斯卡纳区（Tuscany）大自然的梦想。于是在安托尼奥利的酒庄隔壁居住下来。他们的相遇促使了另一座酒庄的诞生，联结了两个有着共同目标的人，在他们共同热爱的地方酿制出高品质的酒。这些酒的总体水平都不错，特点鲜明，干净清晰的香气和总体味道很好的口味。西拉2010（Syrah 2010）更显辛辣，酒体结构良好。梅洛2010（Merlot 2010）圆润而协调，伴着果味的口感。赤霞珠（Cabernet Sauvignon）质地淳朴，伴有香脂的香气和坚实、丰满的纹理。

● Cortona Laudario Cabernet Sauvignon '10	ŸŸ 3
● Cortona Laudario Merlot '10	ŸŸ 3
● Cortona Laudario Syrah '10	ŸŸ 3
⊙ Pergolaio '11	Ÿ 2
● Cortona Laudario Cabernet Sauvignon '08	ŸŸ 3
● Cortona Laudario Syrah '09	ŸŸ 3

Villa Pillo

via Volterrana, 24
50050 Gambassi Terme [FI]
Tel. 0571680212
www.villapillo.com

藏酒销售
预约参观
年产量 250 000 瓶
葡萄种植面积 40 公顷

来自美国的戴森（Dysons）夫妇，自1989年开始拥有皮罗酒庄（Villa Pillo）。酒庄位于基安蒂菲欧伦提诺（Chianti Fiorentino）地区的中心，在比萨省（Pisa）附近。他们来到此地之后就对这座古老的中世纪别墅进行翻新，大部分的葡萄园被彻底移植，结果是将当地传统和现代技术很好地结合起来。这体现在享誉国际的葡萄酒的现代风格中。除了圣乔维斯葡萄（Sangiovese）之外，酒庄也栽培各种国际葡萄品种。它的产品一如既往地保持一致。赛普瑞思2011（Cypresses 2011），来自纯圣乔维斯葡萄（Sangiovese），有着直接的香气和柔顺的口感。圣•阿德勒2011（Sant'Adele 2011）来自梅洛（Merlot）葡萄酒，香气复杂，口感充满果味，如长毛绒般舒服平衡。维瓦尔黛亚2011（Vivaldaia 2011）来自品丽珠葡萄（Cabernet Franc），展示了独特的薄荷香和植物香以及柔顺的酒体。其他酒款味道也很不错。

● Cypresses '11	🍷🍷 3
● Merlot Sant'Adele '11	🍷🍷 5
● Vivaldaia '11	🍷🍷 4
● Cingalino '12	🍷 2
● Syrah '11	🍷 5
● Syrah '97	🍷🍷🍷 5
● Borgoforte '09	🍷🍷 3*
● Borgoforte '08	🍷🍷 2*
● Cypresses '10	🍷🍷 3
● Cypresses '09	🍷🍷 3
● Merlot Sant'Adele '10	🍷🍷 5
● Merlot Sant'Adele '08	🍷🍷 5
● Syrah '07	🍷🍷 5
● Syrah '05	🍷🍷 5

Villa Sant'Anna

loc. Abbadia
via della Resistenza, 143
53045 Montepulciano [SI]
Tel. 0578708017
www.villasantanna.it

藏酒销售
预约参观
年产量 80 000 瓶
葡萄种植面积 18 公顷

今天西蒙娜•鲁杰里•法布罗尼（Simona Ruggeri Fabroni）与她女儿安娜（Anna）和马尔洁丽塔（Margherita）共同掌管着酒庄，并宣称“这是一座纯女性酒庄”。酒庄的管理和所有权都遵循家族的女性主义路线。酒庄主要生产本地的冠军酒——蒙特布查诺贵族酒（Vino Nobile di Montepulciano），并包括了简洁的、芳香馥郁的康帝•科里•森内西（Chianti dei Colli Senesi）和酒庄出品皇冠中的珠宝——有重量的文•圣托（Vin Santo）。其出品是现代风格，酒窖中有3 000升的小木桶和法国木桶。今年最优秀的酒是蒙特布查诺•文圣托2004（Vin Santo di Montepulciano 2004），香气中融合了杏脯、椰枣子、杏仁核和橙皮屑的多层次味道。丰满有魅力的口感活泼平衡，伴着令人神清气爽的酸味。同样是2010年份的贵族酒（Nobile）和康帝•科里•森内西（Chianti Colli Senesi）都是可爱而口感柔顺的酒款。

● Nobile di Montepulciano '10	🍷🍷 4
○ Vin Santo di Montepulciano '04	🍷🍷 8
● Chianti Colli Senesi '10	🍷 2
● Nobile di Montepulciano Poldo '07	🍷 5
● Nobile di Montepulciano '07	🍷🍷 4
● Nobile di Montepulciano '06	🍷🍷 4
● Nobile di Montepulciano Poldo '05	🍷🍷 5

Villa Vignamaggio

via di Petriolo, 5
50022 Greve in Chianti [FI]
Tel. 055854661
www.vignamaggio.com

藏酒销售
预约参观
膳宿接待
年产量 220 000 瓶
葡萄种植面积 42 公顷

吉奥瓦尼•巴提丝塔•嫩佳安特（Giovanni Battista Nunziante）在1987年创建了维格纳玛吉奥酒庄（Villa Vignamaggio）。这座属于格雷韦（Greve）法定产酒区的酒庄是古典康帝（Chianti Classico）的标杆酒庄之一。起主导作用的是圣乔维斯葡萄（Sangiovese），但这酒庄的成功在很大程度上是由于一款国际葡萄品种：品丽珠（Cabernet Franc）。酿制的葡萄酒保持一贯高水平的品质，其风格追求淡雅和精致，同样有赖于陈放期间适度使用橡木桶，根据不同类型的酒使用大型桶或法国木桶。2010年份的品丽珠维格纳玛吉奥（Cabernet Franc Vignamaggio）非常不错：淡雅的香气中包含了果香和怡人的青草气息，以及风格独特、平衡浓郁的口感。康帝莫奈丽莎珍藏2010（Chianti Classico Monna Lisa Riserva 2010）展现了可爱的纹理和干净有特色的香气。康帝特雷迪普伦扎诺2011（Chianti Classico Terre di Prenzano 2011）可口而多汁。

● Chianti Cl. Monna Lisa Ris. '10	🍷🍷 5
● Vignamaggio '10	🍷🍷 7
● Chianti Cl. Terre di Prenzano '11	🍷🍷 3
● Chianti Cl. Gherardino '11	🍷 3
● Chianti Cl. Monna Lisa Ris. '99	🍷🍷🍷 5
● Chianti Cl. Monna Lisa Ris. '95	🍷🍷🍷 5
● Vignamaggio '06	🍷🍷🍷 7
● Vignamaggio '05	🍷🍷🍷 7
● Vignamaggio '04	🍷🍷🍷 6
● Vignamaggio '01	🍷🍷🍷 6
● Vignamaggio '00	🍷🍷🍷 6
● Chianti Cl. Gherardino '10	🍷🍷 4
● Chianti Cl. Monna Lisa Ris. '09	🍷🍷 5
● Vignamaggio '09	🍷🍷 7
● Vignamaggio '08	🍷🍷 7

Tenuta Vitereta

via Casanuova, 108/1
52020 Laterina [AR]
Tel. 057589058
www.tenutavitereta.com

藏酒销售
预约参观
膳宿接待
年产量 80 000 瓶
葡萄种植面积 45 公顷
葡萄栽培方式 有机认证

一个引人注目的项目促使了维特瑞塔（Tenuta Vitereta）酒庄的诞生：40年前，比蒂尼（Bidini）和德尔唐戈（Del Tongo）两个家庭，凭借他们对周围环境的热爱和尊重，决定投资建立广泛而组织良好的农业和商业。酒庄主要的产品是葡萄酒和橄榄油，同时他们养殖绵羊和猪，并生产羊奶酪和熟食，也种植各种谷类。酒庄也提供膳宿接待，在购买之初就进行翻新，毗邻假日公寓。文圣托•奥奇欧•迪佩尔尼斯2006（Vin Santo Occhio di Pernice 2006）进入了决赛，拥有一系列复杂的香气，与丁香和李子酱的气息交织相融，如奶油般的丰满口感，余味缭绕持久。可口的里帕•德拉•莫扎2010（Ripa della Mozza 2010）来自圣乔维斯葡萄（Sangiovese），有着新鲜活泼的香气和有活力而温暖的口感。庄严的维拉•博尔内提2009（Villa Bernetti 2009）展现了清新的香气和协调的口感。

○ Vin Santo del Chianti Occhio di Pernice '06	🍷🍷 8
● Ripa della Mozza '10	🍷🍷 3
○ Trebbiano di Toscana '10	🍷🍷 4
● Villa Bernetti '09	🍷🍷 4
● Chianti Lo Sterpo '11	🍷 2
● Capitoni '06	🍷🍷 3
● Ripa della Mozza '07	🍷🍷 3
○ Supremo '03	🍷🍷 6
○ Trebbiano di Toscana '08	🍷🍷 4
○ Trebbiano di Toscana '07	🍷🍷 4
● Villa Bernetti '05	🍷🍷 4
○ Vin Santo '03	🍷🍷 7
○ Vin Santo del Chianti '04	🍷🍷 7
○ Vin Santo del Chianti Occhio di Pernice '05	🍷🍷 8

Abbazia di Monte Oliveto

via Monteoliveto, 15
53037 San Gimignano [SI]
Tel. 0577907136
www.monteoliveto.it

藏酒销售
预约参观
膳宿接待
年产量 120 000 瓶

○ Vernaccia di S. Gimignano '12	🍷🍷 2*
○ Vernaccia din San Gimignano La Gentilesca '12	🍷 3

Roberto Aglieta

loc. Scopetino
53024 Montalcino [SI]
Tel. 0577849442
www.brunelloaglieta.it

● Brunello di Montalcino '08	🍷🍷 5

Agrisole

loc. La Serra
via Serra, 64
56028 San Miniato [PI]
Tel. 0571409825
www.agri-sole.it

年产量 30 000 瓶
葡萄种植面积 6 公顷

● Malvasia Nera '11	🍷🍷 2*
● Chianti Sanminiatello '12	🍷 2
● Mafefa '12	🍷 2

Altura

loc. Mulinaccio
58012 Giglio
Tel. 0564806041
www.vignetoaltura.it

藏酒销售
预约参观
膳宿接待
年产量 9 000 瓶
葡萄种植面积 3.5 公顷

○ Ansonaco '11	🍷🍷 6
● Rosso Saverio '11	🍷 6

Antico Colle

via Provinciale, 9
53040 Montepulciano [SI]
Tel. 0578707828
www.anticocolle.it

藏酒销售
预约参观
年产量 80 000 瓶
葡萄种植面积 40 公顷

● Nobile di Montepulciano '10	🍷🍷 3
● Rosso di Montepulciano '11	🍷 2

★Avignonesi

fraz. Valiano di Montepulciano
via Colonica, 1
53040 Montepulciano [SI]
Tel. 0578724304
www.avignonesi.it

藏酒销售
预约参观
年产量 700 000 瓶
葡萄种植面积 119 公顷

○ Vin Santo di Montepulciano '99	🍷🍷 8
● Vin Santo Occhio di Pernice '99	🍷🍷 8
○ Cortona Chardonnay Il Marzocco '12	🍷🍷 3

Baldetti Alfonso

loc. Pietraia, 71
52044 Cortona [AR]
Tel. 057567077
www.baldetti.com

藏酒销售
年产量 100 000 瓶
葡萄种植面积 15 公顷

● Cortona Crano '11	🍷🍷 3
○ Chagrè '11	🍷 2

Erik Banti

loc. Fosso dei Molini
58054 Scansano [GR]
Tel. 0564508006
www.erikbanti.com

藏酒销售
预约参观
年产量 250 000 瓶
葡萄种植面积 25 公顷
葡萄栽培方式 有机认证

● Morellino di Scansano Ciabatta Ris. '10	🍷🍷 4
○ Vermentino '12	🍷 2

Barbanera

via del Palazzone, 4
53040 Cetona [SI]
Tel. 0578244174
www.barbaneravini.it

● Nobile di Montepulciano Ris. '09	🍷🍷 3
● Nobile di Montepulciano '10	🍷 3
● Rosso di Montepulciano '11	🍷 3
● Vecciano '10	🍷 2

Il Barlettaio

via Barlettaio, 86
53017 Radda in Chianti [SI]
Tel. 0577738322
www.barlettaio.it

年产量 12 600 瓶
葡萄种植面积 2. 2 公顷

● Sangiovese '09	🍷🍷 3
● Chianti Cl. '10	🍷 2
● Merlot '10	🍷 3

Basile

pod. Monte Mario
58044 Cinigiano [GR]
Tel. 0564993227
www.basilessa.it

藏酒销售
预约参观
年产量 25 000 瓶
葡萄种植面积 6 公顷
葡萄栽培方式 有机认证

● Montecucco Sangiovese Ad Agio Ris. '09	🍷🍷 3
● Montecucco Cartacanta '10	🍷 2

Pietro Beconcini

fraz. La Scala
via Montorzo, 13a
56020 San Miniato [PI]
Tel. 0571464570
www.pietrobeconcini.com

藏酒销售
预约参观
年产量 100 000 瓶
葡萄种植面积 12 公顷

● Vigna alle Nicchie '09	🍷🍷 6
● Chianti Ris. '10	🍷 2
● Maurleo '11	🍷 2
○ Vin Santo del Chianti Caratello '04	🍷 5

Cantine Bellini

via Piave, 1
50068 Rufina [FI]
Tel. 0558396025
www.bellinicantine.it

藏酒销售
年产量 900 000 瓶
葡萄种植面积 7 公顷

● Chianti Rufina Ris. '09	🍷🍷 5
● Chianti '12	🍷 4
● Comedia '09	🍷 5

Belpoggio

fraz. Castelnuovo dell'Abate
loc. Bellaria
53024 Montalcino [SI]
Tel. 0423982147
www.belpoggio.it

预约参观
年产量 25 000 瓶
葡萄种植面积 5 公顷

● Rosso di Montalcino '11	🍷🍷 4
● Brunello di Montalcino '08	🍷 6

Le Bertille

via delle Colombelle, 7
53045 Montepulciano [SI]
Tel. 0578758330
www.lebertille.com

● Nobile di Montepulciano '09	🍷🍷 3
● Rosso di Montepulciano '11	🍷🍷 2*
● Chianti Colli Senesi '09	🍷 2

Il Borro

fraz. San Giustino Valdarno
loc. Il Borro, 1
52020 Loro Ciuffenna [AR]
Tel. 055977053
www.ilborro.it

藏酒销售
预约参观
膳宿接待
年产量 150 000 瓶
葡萄种植面积 45 公顷

○ Vin Santo del Chianti Occhio di Pernice '08	🍷🍷 5
● Pian di Nova '11	🍷 3

Brunelli

pod. Martoccia
53024 Montalcino [SI]
Tel. 0577848540
www.tenutabrunelli.it

● Brunello di Montalcino '08	🍷🍷 7
● Brunello di Montalcino Ris. '07	🍷🍷 7
● Rosso di Montalcino '11	🍷 5

Bruni

fraz. Fonteblanda
loc. La Marta, 6
58010 Orbetello [GR]
Tel. 0564885445
www.aziendabruni.it

藏酒销售
预约参观
年产量 400 000 瓶
葡萄种植面积 36 公顷

● Morellino di Scansano Marteto '12	🍷🍷 2*
● Morellino di Scansano Laire Ris. '11	🍷 4
○ Vermentino Perlaia '12	🍷 3
○ Vermentino Plinio '12	🍷 3

La Buca di Montauto

Loc. Montauto
53037 San Gimignano [SI]
Tel. 0577943049
www.labucadimontauto.it

藏酒销售
预约参观
年产量 400 000 瓶
葡萄种植面积 36 公顷

○ Vernaccia di S. Gimignano '12	🍷🍷 2*

Ca' del Vispo

Loc. Le Vigne
via di Fugnano, 31
53037 San Gimignano [SI]
Tel. 0577943053
www.cadelvispo.it

藏酒销售
预约参观
年产量 80 000 瓶
葡萄种植面积 7 公顷

○ Vernaccia di San Gimignano '12	🍷🍷 2*
● Chianti Colli Senesi '12	🍷 2

Cacciagrande

Loc. Tirli
s.da Ampio - Tirli
58040 Castiglione della Pescaia [GR]
Tel. 0564944168
www.cacciagrande.com

藏酒销售
预约参观
年产量 80 000 瓶
葡萄种植面积 20 公顷

● Castiglione '11	🍷🍷 4
● Cacciagrande '12	🍷 2
● Cortigliano '11	🍷 3
○ Viognier '12	🍷 3

La Calonica

fraz. Valiano di Montepulciano
via della Stella, 27
53045 Montepulciano [SI]
Tel. 0578724119
www.lacalonica.com

藏酒销售
预约参观
年产量 300 000 瓶
葡萄种植面积 38 公顷

● Cortona Syrah Arnth '10	🍷🍷 5
● Cortona Sangiovese Calcinaio '12	🍷 3
● Nobile di Montepulciano '10	🍷 4
● Nobile di Montepulciano San Venerio '09	🍷 5

Antonio Camillo

fraz. Alberese
s.da Banditella, 2
58100 Grosseto
Tel. 0564405099
www.poggioargentiera.com

藏酒销售
预约参观
年产量 20 000 瓶
葡萄种植面积 5 公顷
葡萄栽培方式 有机认证

● Vallerana Alta '11	🍷🍷 3*
● Principio '12	🍷 2

Campo alla Sughera

Loc. Caccia al Piano, 280
57020 Bolgheri [LI]
Tel. 0565766936
www.campoallasughera.com

藏酒销售
预约参观
年产量 110 000 瓶
葡萄种植面积 16.5 公顷

○ Bolgheri Achenio '12	🍷🍷 5
● Bolgheri Arnione '10	🍷 6
● Campo alla Sughera '09	🍷 8

Caparsa

CASE SPARSE CAPARSA, 47
53017 RADDA IN CHIANTI [SI]
TEL. 0577738174
www.caparsa.it

藏酒销售
预约参观
膳宿接待
年产量 20 000 瓶
葡萄种植面积 11.37 公顷
葡萄栽培方式 有机认证

- Chianti Cl. Caparsino Ris. '09 — 🍷🍷 4

Casa al Vento

LOC. CASA AL VENTO
53013 GAIOLE IN CHIANTI [SI]
TEL. 0577749068
www.borgocasaalvento.com

藏酒销售
预约参观
膳宿接待
年产量 230 000 瓶
葡萄种植面积 68 公顷

- Chianti Cl. Foho Ris. '10 — 🍷🍷 4

Casa Dei

LOC. SAN ROCCO
57028 SUVERETO [LI]
TEL. 0558300800
www.tenutacasadei.it

藏酒销售
预约参观
年产量 60 000 瓶
葡萄种植面积 14 公顷
葡萄栽培方式 有机认证

- Filare 41 '11 — 🍷🍷 5
- Armonia '12 — 🍷 2
- Filare 18 '11 — 🍷 5
- Sogno Mediterraneo '11 — 🍷 2

Casa Sola

S.DA DI CORTINE, 5
50021 BARBERINO VAL D'ELSA [FI]
TEL. 0558075028
www.fattoriacasasola.it

藏酒销售
预约参观
膳宿接待
年产量 100 000 瓶
葡萄种植面积 27 公顷

- Chianti Cl. Ris. '09 — 🍷🍷 3
- Chianti Cl. '10 — 🍷 4

Fattoria Casabianca

FRAZ. CASCIANO DI MURLO
LOC. MONTEPESCINI
53016 MURLO [SI]
TEL. 0577811033
www.fattoriacasabianca.it

藏酒销售
预约参观
膳宿接待
年产量 230 000 瓶
葡萄种植面积 68 公顷

- Loccareto '11 — 🍷🍷 4
- Chianti Colli Senesi Belsedere Ris. '09 — 🍷 5

Casale Pozzuolo

LOC. BORGO SANTA RITA
58044 CINIGIANO [GR]
TEL. 0564902019
www.casalepozzuolo.it

藏酒销售
膳宿接待
年产量 15 000 瓶
葡萄种植面积 4.5 公顷

- Montecucco Sangiovese Ris. '09 — 🍷🍷 4
- Montecucco Rosso della Porticcia '10 — 🍷 3

Castellani
FRAZ. SANTA LUCIA, 1
56025 PONTEDERA [PI]
TEL. 0587292900
www.castelwine.com

藏酒销售
预约参观
年产量 22 000 000 瓶
葡萄种植面积 200 公顷
葡萄栽培方式 有机认证

● Chianti Cl. Vign. di Campomaggio '10	🍷🍷 3
● Genius Loci '10	🍷 3

Castellinuzza e Piuca
VIA PETRIOLO, 21A
50022 GREVE IN CHIANTI [FI]
TEL. 0558549033
www.castellinuzzaepiuca.it

藏酒销售
预约参观
年产量 10 000 瓶
葡萄种植面积 2 公顷

● Chianti Cl. '10	🍷🍷 3

Castello del Trebbio
VIA SANTA BRIGIDA, 9
50060 PONTASSIEVE [FI]
TEL. 0558304900
www.vinoturismo.it

藏酒销售
预约参观
年产量 250 000 瓶
葡萄种植面积 52 公顷

● Vigneti Trebbio '10	🍷🍷 4
○ Bianco della Congiura '12	🍷 3
● Chianti '12	🍷 2
○ Vin Santo del Chianti '00	🍷 4

Castello di Querceto
LOC. QUERCETO
VIA A. FRANÇOIS, 2
50020 GREVE IN CHIANTI [FI]
TEL. 05585921
www.castellodiquerceto.it

藏酒销售
预约参观
膳宿接待
年产量 600 000 瓶
葡萄种植面积 60 公顷

● Il Sole di Alessandro '09	🍷🍷 7
● Chianti Cl. '11	🍷 3
● Chianti Cl. Ris. '10	🍷 4
● Cignale '09	🍷 7

Castello di Velona
LOC. VELONA
53024 MONTALCINO [SI]
TEL. 0577835700
www.castellodivelonavini.it

● Brunello di Montalcino '08	🍷🍷 3
● Brunello di Montalcino Ris. '07	🍷 3

Castiglion del Bosco
LOC. CASTIGLION DEL BOSCO
53024 MONTALCINO [SI]
TEL. 05771913750
www.castigliondelbosco.com

藏酒销售
预约参观
膳宿接待
年产量 20 000 瓶
葡萄种植面积 67 公顷

● Rosso di Montalcino '11	🍷🍷 3
● Brunello di Montalcino '08	🍷 6

Cecilia

loc. La Pila
pod. la Casina, 8
57034 Campo nell'Elba [LI]
Tel. 024989864
www.aziendacecilia.it

藏酒销售
预约参观
年产量 45 000 瓶
葡萄种植面积 22 公顷

● Oglasa '10	🍷🍷 4
○ Elba Ansonica '12	🍷🍷 2*
● Elba Aleatico Passito '11	🍷 5

Podere La Chiesa

via Volterrana, 467
56030 Terricciola [PI]
Tel. 0587635484
www.poderelachiesa.it

藏酒销售
预约参观
年产量 25 000 瓶
葡萄种植面积 5 公顷

● Chianti Terre di Casanova '12	🍷🍷 2*
● Le Redole di Casanova '11	🍷 2

Podere il Ciabattino

loc. Calzalunga, 181
57028 Suvereto [LI]
Tel. 0565829271
calzalunga@gmail.com

藏酒销售
预约参观
年产量 25 000 瓶
葡萄种植面积 6 公顷

● Milia '11	🍷🍷 3*
● Calzalunga '11	🍷🍷 6
● Podere la Bandita '10	🍷🍷 8

Podere Cigli

loc. Casteani
Casa Cigli, 7
58023 Gavorrano [GR]
Tel. 056680035
www.poderecigli.com

藏酒销售
预约参观
年产量 20 000 瓶
葡萄种植面积 7 公顷

● Monteregio di Massa Marittima CampoMaria '09	🍷🍷 4
○ Monteregio di Massa Marittima Vermentino '12	🍷 3

Le Cinciole

via Case Sparse, 83
50020 Panzano [FI]
Tel. 055852636
www.lecinciole.it

藏酒销售
预约参观
年产量 45 000 瓶
葡萄种植面积 11 公顷
葡萄栽培方式 有机认证

● Chianti Cl. '10	🍷🍷 3

Colle di Bordocheo

loc. Segromigno in Monte
via di Piaggiori Basso, 107
55018 Capannori [LU]
Tel. 0583929821
www.colledibordocheo.com

藏酒销售
预约参观
年产量 30 000 瓶
葡萄种植面积 10 公顷

○ Bordocheo Bianco '12	🍷🍷 4
○ Colline Lucchesi Bianco dell'Oca '12	🍷 4
● Colline Lucchesi Bordocheo Rosso '11	🍷 5
● Picchio Rosso '10	🍷 4

Collelungo
LOC. COLLELUNGO
53011 CASTELLINA IN CHIANTI [SI]
TEL. 0577740489
www.collelungo.com

藏酒销售
预约参观
膳宿接待
年产量 15 000 瓶
葡萄种植面积 19 公顷

● Chianti Cl. '11	🍷🍷 3
● Chianti Cl. Campo Cerchi Ris. '09	🍷🍷 5
● Chianti Cl. Ris. '10	🍷 3

Collemattoni
LOC. SANT'ANGELO IN COLLE
POD. COLLEMATTONI, 100
53020 MONTALCINO [SI]
TEL. 0577844127
www.collemattoni.it

藏酒销售
预约参观
年产量 35 000 瓶
葡萄种植面积 6.7 公顷

● Brunello di Montalcino '08	🍷🍷 6
● Rosso di Montalcino '11	🍷 3

Tenuta di Collosorbo
FRAZ. CASTELNUOVO DELL'ABATE
LOC. VILLA A SESTA, 25
53024 MONTALCINO [SI]
TEL. 0577835534
www.collosorbo.com

藏酒销售
预约参观
年产量 100 000 瓶
葡萄种植面积 27 公顷

● Brunello di Montalcino Ris. '07	🍷🍷 8
● Brunello di Montalcino '08	🍷 6
● Rosso di Montalcino '11	🍷 4

Contucci
VIA DEL TEATRO, 1
53045 MONTEPULCIANO [SI]
TEL. 0578757006
www.contucci.it

藏酒销售
预约参观
膳宿接待
年产量 100 000 瓶
葡萄种植面积 21 公顷

● Nobile di Montepulciano Pietra Rossa '10	🍷🍷 4
○ Santo	🍷🍷 6
● Nobile di Montepulciano '10	🍷 3
● Nobile di Montepulciano Mulinvecchio '10	🍷 5

Corte alla Flora
FRAZ. ACQUAVIVA
VIA DI CERVOGNANO, 23
53040 MONTEPULCIANO [SI]
TEL. 0578766003
www.corteallaflora.it

藏酒销售
预约参观
年产量 200 000 瓶
葡萄种植面积 35 公顷

● Nobile di Montepulciano Ris. '09	🍷🍷 5
● Rosso di Montepulciano '11	🍷🍷 2*
● Nobile di Montepulciano '10	🍷 3
● Pugnitello '11	🍷 5

Croce di Febo
LOC. SANT'ALBINO
VIA DI VILLA BIANCA, 2
53045 MONTEPULCIANO [SI]
TEL. 0578799337
www.crocedifebo.com

藏酒销售
预约参观
年产量 12 000 瓶
葡萄种植面积 9.5 公顷
葡萄栽培方式 有机认证

● Nobile di Montepulciano '10	🍷🍷 4
● Rosso di Montepulciano '11	🍷 3
○ Somaio '12	🍷 3

F.lli Dal Cero

LOC. MONTECCHIO DI CORTONA
SS 403
52044 CORTONA [AR]
TEL. 0457460110
www.vinidalcero.com

藏酒销售
预约参观
年产量 90 000 瓶
葡萄种植面积 55 公顷

○ Podere Bianchino '12	2*
● Cortona Syrah '10	5
● Preziosaterra '11	3
● Selverello '12	2

Tenuta degli Dei

VIA SAN LEOLINO, 56
50022 GREVE IN CHIANTI [FI]
TEL. 055852593
www.deglidei.it

预约参观
年产量 58 000 瓶
葡萄种植面积 8. 7 公顷

● Cavalli '10	6
● Le Redini '11	4

Fattoria di Dievole

FRAZ. VIGLIAGLI
VIA DIEVOLE, 6
53010 CASTELNUOVO BERARDENGA [SI]
TEL. 0577322613
www.dievole.it

藏酒销售
预约参观
膳宿接待
年产量 550 000 瓶
葡萄种植面积 91 公顷

● Chianti Cl. Dieulele Ris. '09	7
● Broccato '09	5
● Chianti Cl. La Vendemmia '11	3
● Chianti Cl. Novecento '09	5

Donna Olimpia 1898

FRAZ. BOLGHERI
LOC. MIGLIARINI, 142
57022 CASTAGNETO CARDUCCI [LI]
TEL. 0565749801
www.donnaolimpia1898.it

藏酒销售
膳宿接待
年产量 160 000 瓶
葡萄种植面积 42 公顷

● Bolgheri Rosso '10	5
○ Bolgheri Bianco '11	5
● Tageto '12	2

Donne Fittipaldi

LOC. BOLGHERI
VIA BOLGHERESE, 148
57022 CASTAGNETO CARDUCCI [LI]
TEL. 0565762175
www.donnefittipaldi.com

● Bolgheri Rosso Sup. 1S '10	5
○ Bolgheri Bianco '12	3
● Bolgheri Rosso '11	3

Fattoi

LOC. SANTA RESTITUTA
POD. CAPANNA, 101
53024 MONTALCINO [SI]
TEL. 0577848613
www.fattoi.it

藏酒销售
预约参观
年产量 50 000 瓶
葡萄种植面积 9 公顷

● Brunello di Montalcino Ris. '07	7
● Brunello di Montalcino '08	5
● Rosso di Montalcino '11	3

Fattoria di Fiano

Loc. Fiano
via Firenze, 11
50050 Certaldo [FI]
Tel. 0571669048
www.fattoriadifiano.it

藏酒销售
预约参观
年产量 150 000 瓶
葡萄种植面积 22 公顷

- ● Fianesco '10 — 🍷🍷 5
- ● Chianti Colli Fiorentini '11 — 🍷 2
- ● Chianti Colli Fiorentini Ris. '09 — 🍷 2
- ● Chianti Ris. Fiano '10 — 🍷 2

Ficomontanino

Loc. Ficomontanino
53043 Chiusi [SI]
Tel. 057821180
www.agricolaficomontanino.it

藏酒销售
预约参观
年产量 50 000 瓶
葡萄种植面积 8 公顷

- ● Chianti Colli Senesi Terre del Fico '10 — 🍷🍷 2*
- ● Lucumone del Fico '09 — 🍷 5

Poderi Fontemorsi

via delle Colline
56040 Montescudaio [PI]
Tel. 3356843438
www.fontemorsi.it

藏酒销售
预约参观
年产量 50 000 瓶
葡萄种植面积 8. 5 公顷
葡萄栽培方式 有机认证

- ● Montescudaio Rosso Spazzavento '11 — 🍷🍷 2*
- ● Guadipiani '10 — 🍷 4
- ⊙ Rosato di Fontemorsi '12 — 🍷 2
- ○ Tresassi '12 — 🍷 2

Le Fonti

Loc. Le Fonti
50020 Panzano [FI]
Tel. 055852194
www.fattorialefonti.it

藏酒销售
预约参观
年产量 45 000 瓶
葡萄种植面积 9 公顷

- ● Chianti Cl. Ris. '09 — 🍷🍷 4
- ● Chianti Cl. '10 — 🍷 3
- ● Fontissimo '09 — 🍷 5

Fornacina

Pod. Fornacina, 153
53024 Montalcino [SI]
Tel. 0577848464
www.cantinafornacina.it

藏酒销售
预约参观
年产量 25 000 瓶
葡萄种植面积 5 公顷

- ● Brunello di Montalcino Ris. '07 — 🍷🍷 7
- ● Brunello di Montalcino '08 — 🍷 5
- ● Rosso di Montalcino '11 — 🍷 3

La Fralluca

Loc. Barbiconi, 153
57028 Suvereto [LI]
Tel. 0565829076
www.lafralluca.com

葡萄种植面积 10 公顷

- ● Syrah Pitis '10 — 🍷🍷 3
- ○ Viognier '11 — 🍷🍷 2*
- ● Suvereto Sangiovese Ciparisso '10 — 🍷 3
- ● Filide '10 — 🍷 3

Giomi Zannoni

via Aurelia Nord, 63
57029 Campiglia Marittima [LI]
Tel. 0565846416
www.giomi-zannoni.com

年产量 18 000 瓶
葡萄种植面积 7 公顷

● Aldo 917 '11	🍷🍷 5
○ Corniola '12	🍷 3
● Val di Cornia Rodantonio '11	🍷 5
○ Vermentino Ninà 910 '12	🍷 3

Cantina del Giusto

via Enea Gaci, 15/17
53045 Montepulciano [SI]
Tel. 0578767229
www.cantinadelgiusto.it

● Nobile di Montepulciano San Claudio II '10	🍷🍷 3
● Nobile di Montepulciano Purth '10	🍷 5
● Nobile di Montepulciano Purth Ris. '07	🍷 5
● Rosso di Montepulciano Purth '10	🍷 5

Il Grillesino Compagnia del Vino

loc. Colle di Lupo
58051 Magliano in Toscana [GR]
Tel. 055243101
www.compagniadelvino.it

藏酒销售
预约参观
年产量 180 000 瓶
葡萄种植面积 20 公顷

● Morellino di Scansano Ris. '10	🍷🍷 3
● Ciliegiolo '12	🍷 2
○ Scalavite '12	🍷 2

Podere Gualandi

loc. Poppiano
via Ripe, 19
50025 Montespertoli [FI]
Tel. 05582336
www.guidogualandi.com

藏酒销售
预约参观
年产量 25 000 瓶
葡萄种植面积 3 公顷
葡萄栽培方式 有机认证

○ Vinum '11	🍷🍷 3
● Chianti Colli Fiorentini Montebetti '11	🍷 2
● Gualandus '08	🍷 5
○ Vinum Porpora '12	🍷 3

Icario

via delle Pietrose, 2
53045 Montepulciano [SI]
Tel. 0578758845
www.icario.it

藏酒销售
预约参观
年产量 140 000 瓶
葡萄种植面积 20 公顷

● Nobile di Montepulciano Vitaroccia Ris. '09	🍷🍷 5
● Nobile di Montepulciano '10	🍷 4
● Rosso di Montepulciano '12	🍷 2
● Rosso Icario '11	🍷 2

Istine

via Roma, 11
53017 Radda in Chianti [SI]
Tel. 0577733684
www.istine.it

● Chianti Cl. '10	🍷🍷 3*
● Chianti Cl. '11	🍷🍷 3

Fattoria Kappa

LOC. LE FABBRICHE
VIA DI GROTTI, 20
57016 ROSIGNANO MARITTIMO [LI]
TEL. 3346619711
www.fattoriakappa.com

藏酒销售
预约参观
年产量 20 000 瓶
葡萄种植面积 6 公顷

● Rosso '11	🍷🍷 3*
● Kappa '10	🍷🍷 3

Fattoria La Striscia

VIA DEI CAPPUCCINI, 3
52100 AREZZO
TEL. 057526740
www.lastriscia.com

藏酒销售
预约参观
年产量 7 800 瓶
葡萄种植面积 14.5 公顷

● Occhini '11	🍷🍷 3
● Chianti '12	🍷 3
● Merlot '09	🍷 3

Maurizio Lambardi

LOC. CANALICCHIO DI SOTTO, 8
53024 MONTALCINO [SI]
TEL. 0577848476
www.lambardimontalcino.it

藏酒销售
预约参观
年产量 17 000 瓶
葡萄种植面积 6.5 公顷

● Brunello di Montalcino '08	🍷🍷 5
● Rosso di Montalcino '11	🍷 3

Podere Lamberto

VIA DEI POGGIARDELLI,16
53045 MONTEPULCIANO [SI]
TEL. 057864601
www.poderelamberto.com

膳宿接待
年产量 5 600 瓶
葡萄种植面积 1.6 公顷
葡萄栽培方式 有机认证

● Nobile di Montepulciano '10	🍷🍷 4
● Rosso di Montepulciano '11	🍷 3

Lavacchio

VIA DI MONTEFIESOLE, 55
50065 PONTASSIEVE [FI]
TEL. 0558317472
www.fattorialavacchio.com

藏酒销售
预约参观
膳宿接待
年产量 100 000 瓶
葡萄种植面积 22 公顷
葡萄栽培方式 有机认证

● Chianti Rufina Cedro Ris. '09	🍷🍷 4
○ Vin Santo del Chianti Rufina Ris. '07	🍷🍷 5

Il Lebbio

LOC. SAN BENEDETTO, 11C
53037 SAN GIMIGNANO [SI]
TEL. 0577944725
www.illebbio.it

藏酒销售
预约参观
膳宿接待
年产量 60 000 瓶
葡萄种植面积 23 公顷

○ Vernaccia di S. Gimignano Tropie '11	🍷🍷 3
● Chianti '11	🍷 2
● I Grottoni '12	🍷 3
○ Vernaccia di S. Gimignano '12	🍷 2

Leuta

via di Pietraia, 21
52044 Cortona [AR]
Tel. 3385033560
www.leuta.it

藏酒销售
预约参观
年产量 15 000 瓶
葡萄种植面积 15 公顷

● Solitario di Leuta '09	🍷🍷 6
● 1⍰618 Merlot '08	🍷 5
● 2⍰618 Cabernet Franc '10	🍷 5
● Leuta Rosso '10	🍷 4

Fattoria Lornano

loc. Lornano, 11
53035 Monteriggioni [SI]
Tel. 0577309059
www.fattorialornano.it

藏酒销售
预约参观
膳宿接待
年产量 250 000 瓶
葡萄种植面积 45 公顷

● Commendator Enrico '10	🍷🍷 4
● Chianti Cl. '10	🍷 3
● Chianti Cl. Le Bandite Ris. '10	🍷 4
● Chianti Cl. Ris. '10	🍷 3

La Madonnina - Triacca

loc. Strada in Chianti
via Palaia, 39
50027 Greve in Chianti [FI]
Tel. 055858003
www.triacca.com

预约参观
年产量 3 527 000 瓶
葡萄种植面积 100 公顷

● Chianti Cl. Bello Stento '11	🍷🍷 2*
● Nobile di Montepulciano Fattoria Santa Venere '10	🍷🍷 3
● Chianti Cl. Ris. '10	🍷 4

Fattoria di Magliano

loc. Sterpeti, 10
58051 Magliano in Toscana [GR]
Tel. 0564593040
www.fattoriadimagliano.it

藏酒销售
预约参观
膳宿接待
年产量 300 000 瓶
葡萄种植面积 50 公顷

● Poggio Bestiale '11	🍷🍷 5
● Morellino di Scansano Heba '12	🍷 2
○ Pagliatura '12	🍷 3
● Sinarra '11	🍷 3

Malenchini

loc. Grassina
via Lilliano e Meoli, 82
50015 Bagno a Ripoli [FI]
Tel. 055642602
www.malenchini.it

藏酒销售
预约参观
年产量 120 000 瓶
葡萄种植面积 17 公顷

● Bruzzico '10	🍷🍷 4
● Chianti Colli '12	🍷 2
● Chianti Colli Fiorentini '11	🍷 2

Cosimo Maria Masini

via Poggio al Pino, 16
56028 San Miniato [PI]
Tel. 0571465032
www.cosimomariamasini.it

藏酒销售
预约参观
年产量 35 000 瓶
葡萄种植面积 17 公顷

○ Vin Santo del Chianti Fedardo '06	🍷🍷 4
○ Annick '12	🍷 2
○ Daphné '11	🍷 4
● Sincero	🍷 3

Podere Monastero

LOC. MONASTERO
53011 CASTELLINA IN CHIANTI [SI]
TEL. 0577740436
www.poderemonastero.com

藏酒销售
预约参观
膳宿接待
年产量 7 000 瓶
葡萄种植面积 3 公顷

● La Pineta '11	🍷🍷 6
● Campanaio '11	🍷🍷 6

Montebelli

LOC. MOLINETTO CALDANA
58020 GAVORRANO [GR]
TEL. 0566887100
www.montebelli.com

藏酒销售
预约参观
年产量 60 000 瓶
葡萄种植面积 16.5 公顷
葡萄栽培方式 有机认证

● Acantos '09	🍷 5
● Monteregio di Massa Marittima Fabula Ris. '10	🍷🍷 4
● Monteregio di Massa Marittima Fabula '10	🍷 2

Fattoria di Montechiari

VIA MONTECHIARI, 27
55015 MONTECARLO [LU]
TEL. 058322189
www.montechiari.com

藏酒销售
预约参观
年产量 7 500 瓶
葡萄种植面积 6 公顷

● Montechiari Cabernet '10	🍷🍷 5

Montecivoli

LOC. PODERONE DI MONTIANO
58051 MAGLIANO IN TOSCANA [GR]
TEL. 3495349727
www.montecivoli.it

● Morellino di Scansano '10	🍷🍷 2*

Montepepe

VIA SFORZA, 76
54038 MONTIGNOSO [MS]
TEL. 0585831042
www.montepepe.com

藏酒销售
预约参观
年产量 15 000 瓶
葡萄种植面积 5.4 公顷

○ Degeres '10	🍷🍷 5
○ Montepepe Bianco '11	🍷 3
● Montepepe Rosso '10	🍷 4

Muralia

VIA DEL SUGHERETO
58036 ROCCASTRADA [GR]
TEL. 0564577223
www.muralia.it

藏酒销售
预约参观
年产量 60 000 瓶
葡萄种植面积 13 公顷

● Manolibera '11	🍷🍷 2*
○ Maremma Toscana Viognier Chiaraluna '12	🍷 4
● Monteregio di Massa Marittima Altana '10	🍷 3
● Muralia '09	🍷 4

Fattoria Ormanni

LOC. ORMANNI, 1
53036 POGGIBONSI [SI]
TEL. 0577937212
www.ormanni.it

藏酒销售
预约参观
膳宿接待
年产量 70 000 瓶
葡萄种植面积 6.8 公顷

● Chianti Cl. '10	🍷🍷 3*

Az. Agr. Ornina

S.DA ORNINA, 121
52016 CASTEL FOCOGNANO [AR]
TEL. 3939410053
www.ornina.it

藏酒销售
预约参观
膳宿接待
年产量 7 000 瓶
葡萄种植面积 3 公顷

● Ornina '10	🍷🍷 3
● Vallechiusa Rosso '11	🍷🍷 2*
● Erigono '09	🍷 3
○ Vallechiusa Bianco '11	🍷 2

Padelletti

VIA PADELLETTI, 9
53024 MONTALCINO [SI]
TEL. 0577848314
www.padelletti.it

藏酒销售
预约参观
年产量 30 000 瓶
葡萄种植面积 6 公顷

● Brunello di Montalcino '08	🍷🍷 8
● Brunello di Montalcino Ris. '07	🍷 8

Pagani de Marchi

LOC. LA NOCERA
VIA DELLA CAMMINATA, 2
56040 CASALE MARITTIMO [PI]
TEL. 0586653016
www.paganidemarchi.com

藏酒销售
预约参观
年产量 3 000 瓶
葡萄种植面积 6 公顷

● Olmata '09	🍷🍷 4
○ Blumea '12	🍷 3
● Casa Nocera '09	🍷 5

Il Palagio

VIA CASE SPARSE, 38
50022 PANZANO [FI]
TEL. 055852175
www.palagiowineandoil.com

藏酒销售
预约参观
膳宿接待
年产量 25 000 瓶
葡萄种植面积 7.68 公顷

● Chianti Cl. '11	🍷🍷 3

Il Palagione

VIA PER CASTEL SAN GIMIGNANO, 36
53037 SAN GIMIGNANO [SI]
TEL. 0577953134
www.ilpalagione.com

藏酒销售
预约参观
年产量 40 000 瓶
葡萄种植面积 10 公顷
葡萄栽培方式 有机认证

○ Vernaccia di S. Gimignano Ori Ris. '11	🍷🍷 3
● Chianti Colli Senesi Drago Ris. '09	🍷 3

La Palazzetta

FRAZ. CASTELNUOVO DELL'ABATE
VIA BORGO DI SOTTO, 40
53024 MONTALCINO [SI]
TEL. 0577835531
www.fanti.beepworld.it

藏酒销售
预约参观
膳宿接待
年产量 50 000 瓶
葡萄种植面积 11 公顷

- Brunello di Montalcino '08 — 5
- Brunello di Montalcino Ris. '07 — 6
- Rosso di Montalcino '11 — 3

Marchesi Pancrazi Tenuta di Bagnolo

FRAZ. BAGNOLO
VIA MONTALESE, 156
59013 MONTEMURLO [PO]
TEL. 0574652439
www.pancrazi.it

藏酒销售
预约参观
年产量 12 000 瓶
葡萄种植面积 5 公顷

- Pinot Nero Villa di Bagnolo '10 — 5
- Pinot Nero V. Baragazza Villa di Bagnolo '09 — 6
- San Donato '12 — 2

Perazzeta

LOC. MONTENERO D'ORCIA
VIA DELL'AIA, 14
58040 CASTEL DEL PIANO [GR]
TEL. 0564954158
www.perazzeta.it

藏酒销售
预约参观
年产量 40 000 瓶
葡萄种植面积 7.5 公顷

- Montecucco Rosso Alfeno '11 — 2*
- Montecucco Terre dei Bocci '10 — 3
- Rosato '12 — 2
- Sara Rosso '12 — 2

Peteglia

POD. PETEGLIA
58033 CASTEL DEL PIANO [GR]
TEL. 0564954108
www.peteglia.com

藏酒销售
预约参观
膳宿接待
年产量 6 000 瓶
葡萄种植面积 4 公顷

- Montecucco Sangiovese Ris. '09 — 4
- Montecucco Vermentino '12 — 2
- Peteglia Rosato '12 — 2

Petricci e Del Pianta

LOC. SAN LORENZO, 20
57028 SUVERETO [LI]
TEL. 0565845140
www.petriccidelpianta.it

藏酒销售
预约参观
年产量 40 000 瓶
葡萄种植面积 11.5 公顷

- Cerosecco '10 — 3
- Val di Cornia Aleatico Passito Stillo '11 — 5
- Val di Cornia Suvereto Sangiovese Buca di Cleonte '10 — 4

Pian delle Querci

VIA GIACOMO LEOPARDI, 10
53024 MONTALCINO [SI]
TEL. 0577834174
www.piandellequerci.it

藏酒销售
预约参观
年产量 45 000 瓶
葡萄种植面积 8 公顷

- Brunello di Montalcino Ris. '07 — 8
- Brunello di Montalcino '08 — 8
- Rosso di Montalcino '11 — 7

Piandaccoli

via di Piandaccoli, 7
50055 Lastra a Signa [FI]
Tel. 0550750005
www.piandaccoli.it

● Maiorem '10	🍷🍷 2*
● Chianti Cosmus '10	🍷 3
● Imprimis '10	🍷 2

Piandibugnano

loc. Pian di Bugnano
58038 Seggiano [GR]
Tel. 0564950773
www.piandibugnano.com

藏酒销售
预约参观
年产量 27 800 瓶
葡萄种植面积 3.8 公顷

● Nanerone '11	🍷🍷 5
● Montecucco Cuccaia '11	🍷 3
○ Montecucco Cuccallegro '12	🍷 2

Pietroso

loc. Pietroso
53024 Montalcino [SI]
Tel. 0577848573
www.pietroso.it

藏酒销售
预约参观
年产量 30 000 瓶
葡萄种植面积 4 公顷

● Rosso di Montalcino '11	🍷🍷 3*
● Brunello di Montalcino '08	🍷🍷 6

Pieve Vecchia

fraz. Campagnatico
SP Le Conce, 44
58042 Campagnatico [GR]
Tel. 0564996452
www.cantinapievevecchia.com

藏酒销售
预约参观
膳宿接待
年产量 120 000 瓶
葡萄种植面积 30 公顷

● Montecucco Rosso Albatrello '11	🍷🍷 2*
○ Montecucco Vermentino Campo del Noce '12	🍷 2
● Pieve dei Monaci '11	🍷 3

La Pievuccia

loc. La Pievuccia
via Santa Lucia, 118
52043 Castiglion Fiorentino [AR]
Tel. 0575651007
www.lapievuccia.it

藏酒销售
预约参观
膳宿接待
年产量 20 000 瓶
葡萄种植面积 5 公顷
葡萄栽培方式 有机认证

○ Valdichiana Chardonnay 119 '11	🍷🍷 2*
⊙ Rosato '12	🍷 2
● Valdichiana Balzanella '10	🍷 2
● Valdichiana Nottelunga '10	🍷 2

Il Pinino

loc. Il Pinino, 327
53024 Montalcino [SI]
Tel. 0577849381
www.pinino.com

藏酒销售
预约参观
年产量 90 000 瓶
葡萄种植面积 16 公顷

● Brunello di Montalcino Pinone Ris. '07	🍷🍷 7
● Rosso di Montalcino '11	🍷🍷 3

Podere 414

Loc. Maiano Lavacchio, 10
58051 Magliano in Toscana [GR]
Tel. 0564507818
www.podere414.it

藏酒销售
预约参观
年产量 110 000 瓶
葡萄种植面积 22 公顷

● Morellino di Scansano '10	🍷🍷 3

Poderi del Paradiso

Loc. Strada, 21a
53037 San Gimignano [SI]
Tel. 0577941500
www.poderidelparadiso.it

藏酒销售
预约参观
膳宿接待
年产量 145 000 瓶
葡萄种植面积 25. 43 公顷

○ San Gimignano Vin Santo '07	🍷🍷 5
○ Vernaccia di S. Gimignano '12	🍷🍷 3

Poderi Firenze

Loc. Abbandonato
58031 Arcidosso [GR]
Tel. 0564967271
www.poderifirenze.it

年产量 120 000 瓶
葡萄种植面积 18 公顷

● Scireza '11	🍷🍷 2*
● Montecucco Rosso Sottocasa '09	🍷 3

Poggio Alloro

Loc.Sant'Andrea
53037 San Gimignano [SI]
Tel. 0577950276
www. fattoriapoggioalloro.com

藏酒销售
预约参观
年产量 200 000 瓶
葡萄种植面积 25 公顷

○ Vernaccia San Gimignano Nicchiaio '12	🍷🍷 2*
⊙ Rosato '12	🍷 2
● San Gimignano Rosso Convivio '11	🍷 2
○ Vernaccia San Gimignano '12	🍷 2

Podere Poggio Bestiale

Loc. Poggio Bestiale, 40
58051 Magliano in Toscana [GR]
Tel. 0564509007
www.poggiobestiale.it

藏酒销售
年产量 60 000 瓶
葡萄种植面积 10 公顷

● Morellino di Scansano '12	🍷🍷 2*
● Morellino di Scansano Capofalco '12	🍷 2
○ Vermentino '12	🍷 2

Poggio Brigante

via Colle di Lupo, 13
58051 Magliano in Toscana [GR]
Tel. 0564592507
www.poggiobrigante.it

藏酒销售
预约参观
年产量 80 000 瓶
葡萄种植面积 10 公顷
葡萄栽培方式 有机认证

○ Guazzalfalco '12	🍷🍷 3

Poggio dell'Aquila
LOC. POGGIOLO, 259
53024 MONTALCINO [SI]
TEL. 0577848533
www.poggiodellaquila.it

●	Brunello di Montalcino '08	🍷🍷 6
●	Brunello di Montalcino Ris. '07	🍷🍷 8

Poggio Leone
FRAZ. MONTENERO D'ORCIA
LOC. CONIELLA
58033 CASTEL DEL PIANO [GR]
TEL. 0564954203
www.poggioleone.it

藏酒销售
预约参观
年产量 10 000 瓶
葡萄种植面积 3 公顷

●	Montecucco Rosso '11	🍷🍷 2*
●	Montecucco Sangiovese '09	🍷 3
●	Montecucco Sangiovese Ris. '09	🍷 3

Poggio Nibbiale
LOC. PERETA
58051 MAGLIANO IN TOSCANA [GR]
TEL. 0564505902
www.nibbiale.com

预约参观
年产量 84 000 瓶
葡萄种植面积 11 公顷
葡萄栽培方式 有机认证

●	Morellino di Scansano Tommaso Ris. '10	🍷🍷 4
●	Morellino di Scansano '11	🍷 2

Poggio Rozzi
S.DA ROMITA, 29
50028 TAVARNELLE VAL DI PESA [FI]
TEL. 0558070012
www.toggenburg.it

藏酒销售
预约参观
膳宿接待
年产量 35 000 瓶
葡萄种植面积 9 公顷

○	Vin Santo del Chianti 1044 '06	🍷🍷 5
●	Chianti L'Alano '11	🍷 3
●	Eccellenza '11	🍷 6
⊙	Idda '12	🍷 3

Il Poggiolo
LOC. POGGIOLO, 259
53024 MONTALCINO [SI]
TEL. 0577848412
www.ilpoggiolomontalcino.com

藏酒销售
预约参观
年产量 40 000 瓶
葡萄种植面积 7 公顷

●	Brunello di Montalcino Poggiolo Ris. '07	🍷🍷 6
●	Rosso di Montalcino Sassello '11	🍷🍷 3
●	Brunello di Montalcino '08	🍷 6
●	Brunello di Montalcino Terra Rossa '08	🍷 6

Poggiopaoli
LOC. POMONTE
VIA LE RAGNAIE, 64
58054 SCANSANO [GR]
TEL. 0564599408
www.poggiopaoli.com

藏酒销售
预约参观
年产量 35 000 瓶
葡萄种植面积 7.5 公顷
葡萄栽培方式 有机认证

●	Morellino di Scansano Lorenzolo '11	🍷🍷 2*
●	Morellino di Scansano Pomonte '11	🍷 3
●	Rosso di Brenno '11	🍷 5

Pometti

LOC. LA SELVA, 16
53020 TREQUANDA [SI]
TEL. 057747833
www.pometti.it

藏酒销售
预约参观
膳宿接待
年产量 20 000 瓶
葡萄种植面积 11 公顷

- ● Orcia Noi '10 ♥♥3
- ● Tarchun Us '10 ♥3
- ● Tinotre '10 ♥4
- ● Villa Boscarello '10 ♥4

Podere Il Pozzo

VIA ARGOMENNA
50065 PONTASSIEVE [FI]
TEL. 0558399102
www.bellinicantine.it

藏酒销售
年产量 40 000 瓶
葡萄种植面积 10 公顷

- ● Chianti Rufina Vignavecchia Ris. '09 ♥♥3
- ● Chianti Rufina '10 ♥2

Provveditore

LOC. SALAIOLO
POD. PROVVEDITORE, 174
58054 SCANSANO [GR]
TEL. 0564599237
www.provveditore.it

藏酒销售
预约参观
年产量 200 000 瓶
葡萄种植面积 30 公顷

- ● Morellino di Scansano Irio '12 ♥♥3
- ○ Bargaglino '12 ♥2
- ● Morellino di Scansano '12 ♥3

Quercia al Poggio

FRAZ. MONSANTO
S.DA QUERCIA AL POGGIO, 4
50021 BARBERINO VAL D'ELSA [FI]
TEL. 0558075278
www.quercialpoggio.com

藏酒销售
预约参观
膳宿接待
年产量 70 000 瓶
葡萄种植面积 15 公顷
葡萄栽培方式 有机认证

- ● Chianti Cl. Quercia al Poggio '09 ♥♥5

Quercia Sola

LOC. STERCOLATI
58044 CINIGIANO [GR]
TEL. 3485602254
www.querciasola.it

葡萄种植面积 7 公顷

- ● Montecucco Sangiovese Solea '11 ♥♥2*
- ● Luvaia '09 ♥3
- ● Quercia Sola '09 ♥3

Rascioni Cecconello

SP SAN DONATO, 73
58010 ORBETELLO [GR]
TEL. 0564884934
www.poggiociliegio.it

- ● Ciliegiolo '10 ♥♥5
- ● Rotulaia Ciliegiolo '12 ♥5

La Rasina

LOC. RASINA, 132
53024 MONTALCINO [SI]
TEL. 0577848536
www.larasina.it

藏酒销售
预约参观
膳宿接待
年产量 60 000 瓶
葡萄种植面积 11 公顷

● Brunello di Montalcino '08	🍷🍷 6
● Brunello di Montalcino Il Divasco Ris. '07	🍷🍷 7

Renicci

VIA DON MINZONI, 94
57028 SUVERETO [LI]
TEL. 0565828110
www.renicci.it

藏酒销售
年产量 20 000 瓶
葡萄种植面积 5 公顷

● Dioré '09	🍷🍷 3
● Il Rosso di Ricci '08	🍷 3
● Sangiovese '09	🍷 2
● Syrah '07	🍷 3

Rietine

LOC. RIETINE, 27
53013 GAIOLE IN CHIANTI [SI]
TEL. 0577731110
www.rietine.com

藏酒销售
预约参观
年产量 70 000 瓶
葡萄种植面积 12 公顷

● Chianti Cl. Ris. '09	🍷🍷 4
● Chianti Cl. '10	🍷 2
● Tiziano '09	🍷 4

Fattoria di Rignana

LOC. RIGNANA, 15
50022 GREVE IN CHIANTI [FI]
TEL. 055852065
www.rignana.it

藏酒销售
预约参观
膳宿接待
年产量 40 000 瓶
葡萄种植面积 13. 5 公顷

● Chianti Cl. '10	🍷🍷 3
● Il Riccio '09	🍷 5

Rigoloccio

LOC. RIGOLOCCIO
VIA PROVINCIALE, 82
58023 GAVORRANO [GR]
TEL. 056645464
www.rigoloccio.it

藏酒销售
预约参观
年产量 40 000 瓶
葡萄种植面积 9. 5 公顷

● Abundantia '11	🍷🍷 6
● Cabernet Alicante '10	🍷 2
○ Chardonnay Fiano '12	🍷 3
⊙ Rosato '12	🍷 2

Tenute delle Ripalte

LOC. RIPALTE
57031 CAPOLIVERI [LI]
TEL. 056594211
www.tenutadelleripalte.it

藏酒销售
预约参观
年产量 60 000 瓶
葡萄种植面积 15 公顷
葡萄栽培方式 有机认证

● Aleatico dell' Elba Alea Ludendo '11	🍷🍷 6
○ Bianco delle Ripalte '12	🍷 3
⊙ Rosato delle Ripalte '12	🍷 3
● Rosso delle Ripalte '11	🍷 3

Rocca di Montegrossi

FRAZ. MONTI IN CHIANTI
53010 GAIOLE IN CHIANTI [SI]
TEL. 0577747977
www.roccadimontegrossi.it

藏酒销售
预约参观
年产量 80 000 瓶
葡萄种植面积 18 公顷
葡萄栽培方式 有机认证

- ● Chianti Cl. '11 — 🍷🍷 3*
- ● Chianti Cl. Vign. S. Marcellino '09 — 🍷🍷 5

Rubicini

LOC. SAN BENEDETTO, 17C
53037 SAN GIMIGNANO [SI]
TEL. 0577944816
www.rubicini.com

藏酒销售
预约参观
年产量 60 000 瓶
葡萄种植面积 10 公顷

- ● Pepenero '09 — 🍷🍷 3
- ○ Vernaccia di S. Gimignano Etherea '11 — 🍷🍷 2*
- ○ Vernaccia di S. Gimignano '12 — 🍷 2

La Sala

LOC. PONTEROTTO
VIA SORRIPA, 34
50026 SAN CASCIANO IN VAL DI PESA [FI]
TEL. 055828111
www.lasala.it

藏酒销售
预约参观
年产量 85 000 瓶
葡萄种植面积 21 公顷

- ● Chianti Cl. '11 — 🍷🍷 3
- ● Campo all'Albero '10 — 🍷 5
- ● Chianti Cl. Ris. '10 — 🍷 5

Podere San Cristoforo

LOC. BAGNO
VIA FORNI
58023 GAVORRANO [GR]
TEL. 3358212413
www.poderesancristoforo.it

藏酒销售
预约参观
膳宿接待
年产量 34 750 瓶
葡萄种植面积 15 公顷

- ● Podere San Cristoforo '12 — 🍷🍷 5
- ● Amaranto '12 — 🍷 2
- ○ Luminoso '12 — 🍷 3
- ● Sangiovese Carandelle '12 — 🍷 3

Fattoria San Fabiano Borghini Baldovinetti

LOC. SAN FABIANO, 33
52100 AREZZO
TEL. 057524566
www.fattoriasanfabiano.it

藏酒销售
预约参观
膳宿接待
年产量 100 000 瓶
葡萄种植面积 270 公顷

- ● Piocaia '10 — 🍷🍷 3
- ● Chianti '12 — 🍷 2
- ● Chianti Et. Nera '11 — 🍷 2
- ○ Chiaro di San Fabiano '12 — 🍷 2

San Ferdinando

LOC. CIGGIANO
VIA DEL GARGAIOLO, 33
52041 CIVITELLA IN VAL DI CHIANA [AR]
TEL. 0575440355
www.sanferdinando.eu

藏酒销售
预约参观
膳宿接待
年产量 20 000 瓶
葡萄种植面积 9 公顷

- ● Ciliegiolo '12 — 🍷🍷 2*
- ● Chianti Podere Gamba '11 — 🍷 2
- ○ Vermentino '12 — 🍷 2

San Filippo

Loc. San Filippo, 134
53024 Montalcino [SI]
Tel. 0577847176
www.sanfilippomontalcino.com

年产量 50 000 瓶
葡萄种植面积 10.5 公顷

● Brunello di Montalcino Le Lucere Ris. '07	🍷🍷 6
● Brunello di Montalcino '08	🍷 6
● Brunello di Montalcino Le Lucere '08	🍷 6
● Rosso di Montalcino Lo Scorno '11	🍷 5

Tenuta San Jacopo

Loc. Castiglioncelli, 151
52022 Cavriglia [AR]
Tel. 055966003
www.tenutasanjacopo.it

藏酒销售
预约参观
膳宿接待
年产量 25 000 瓶
葡萄种植面积 40 公顷
葡萄栽培方式 有机认证

○ Quarto di Luna '12	🍷🍷 2*
● Chianti Cl. Poggio ai Grilli '09	🍷 2
● Orma del Diavolo '08	🍷 3

Santa Maria

Loc. Santa Maria, 298
53024 Montalcino [SI]
Tel. 0577847081
www.santemarie.it

藏酒销售
预约参观
膳宿接待
年产量 8 000 瓶
葡萄种植面积 3 公顷
葡萄栽培方式 有机认证

● Brunello di Montalcino '08	🍷🍷 6

Sassotondo

Loc. Pian di Conati, 52
58010 Sovana [GR]
Tel. 0564614218
www.sassotondo.it

藏酒销售
预约参观
年产量 50 000 瓶
葡萄种植面积 12 公顷
葡萄栽培方式 有机认证

● Ciliegiolo '12	🍷🍷 2*
○ Bianco di Pitigliano Isolina '12	🍷 3
● Tufo Rosso '12	🍷 2

Sedime

Pod. Sedime, 63
53026 Pienza [SI]
Tel. 0578748436
capitoni.marco@libero.it

藏酒销售
预约参观
年产量 12 000 瓶
葡萄种植面积 5 公顷

● Orcia Rosso Frasi '09	🍷🍷 4
● Orcia Rosso Capitoni '10	🍷 3

La Selva

Loc. Fonte Blanda
SP 81 Osa, 7
58010 Orbetello [GR]
Tel. 0564885669
www.laselva-bio.it

藏酒销售
预约参观
膳宿接待
年产量 200 000 瓶
葡萄种植面积 31 公顷
葡萄栽培方式 有机认证

● Morellino di Scansano '12	🍷🍷 2*
● Ciliegiolo '10	🍷 3
● Maremma Toscana Privo '12	🍷 2
○ Vermentino La Selva '12	🍷 2

Fulvio Luigi Serni

LOC. LE LAME, 237
57022 CASTAGNETO CARDUCCI [LI]
TEL. 0565763585
www.sernifulvioluigi.it

藏酒销售
预约参观
年产量 16000 瓶
葡萄种植面积 2.5 公顷

- ● Bolgheri Rosso Tegoleto '11 ΨΨ 3
- ○ Bolgheri Radius '12 Ψ 2
- ● Bolgheri Rosso Acciderba '10 Ψ 4
- ○ Campofitto '12 Ψ 2

Serraiola

FRAZ. FRASSINE
LOC. SERRAIOLA
58025 MONTEROTONDO MARITTIMO [GR]
TEL. 0566910026
www.serraiola.it

藏酒销售
预约参观
年产量 40000 瓶
葡萄种植面积 12 公顷

- ● Monteregio di Massa Marittima Lentisco '11 ΨΨ 3
- ● Campo Montecristo '11 Ψ 5
- ● Shiraz '11 Ψ 3

Setriolo

LOC. SETRIOLO, 61
53011 CASTELLINA IN CHIANTI [SI]
TEL. 3385496589
www.setriolo.com

藏酒销售
预约参观
年产量 20000 瓶
葡萄种植面积 3.5 公顷

- ● Chianti Cl. '11 ΨΨ 3
- ● Chianti Cl. Ris. '09 Ψ 5

Signano

LOC. SANTA MARGHERITA, 36
53037 SAN GIMIGNANO [SI]
TEL. 0577941085
www.casolaredibucciano.com

藏酒销售
预约参观
年产量 80000 瓶
葡萄种植面积 25 公顷

- ● Chianti Colli Senesi '11 ΨΨ 2*
- ○ Vernaccia di S. Gimignano '12 ΨΨ 2*
- ○ Vernaccia di S. Gimignano Poggiarelli '11 Ψ 2

Solaria Az. Agr. Cencioni Patrizia

POD. CAPANNA, 102
53024 MONTALCINO [SI]
TEL. 0577849426
www.solariacencioni.com

藏酒销售
预约参观
膳宿接待
年产量 30000 瓶
葡萄种植面积 9 公顷

- ● Brunello di Montalcino '08 ΨΨ 5
- ● Rosso di Montalcino '11 ΨΨ 4
- ● Brunello di Montalcino 123 Ris. '07 Ψ 6

Michele Ventura Vino Sopra la Ripa

FRAZ. SOVANA
LOC. PODERE SOPRA RIPA
58010 SORANO [GR]
TEL. 0564615579
www.sopralaripa.eu

藏酒销售
预约参观
年产量 43000 瓶
葡萄种植面积 10 公顷
葡萄栽培方式 有机认证

- ● Ripa '11 ΨΨ 3
- ● San Sebastiano '10 Ψ 5

Spadaio e Piecorto

VIA SAN SILVESTRO, 1
50021 BARBERINO VAL D'ELSA [FI]
TEL. 0558072915
www.spadaiopiecorto.it

藏酒销售
预约参观
膳宿接待
年产量 70 000 瓶
葡萄种植面积 14 公顷

● Pietrarossa '10	🍷🍷 2*
● Il Fratuccio '09	🍷 3

Borgo La Stella

LOC. VAGLIAGLI
B.GO LA STELLA, 60
53017 RADDA IN CHIANTI [SI]
TEL. 0577740699
www.borgolastella.com

● Chianti Cl. '10	🍷🍷 3
● Chianti Cl. Ris. '10	🍷🍷 4

Il Tagliato

VIA BARBIANO, 22
50022 GREVE IN CHIANTI [FI]
TEL. 3312290822
www.iltagliato.com

藏酒销售
预约参观
年产量 3 000 瓶
葡萄种植面积 2 公顷
葡萄栽培方式 有机认证

● Balze d'Istrice '10	🍷🍷 6
● Balze d'Istrice '09	🍷 6

Talenti

FRAZ. SANT'ANGELO IN COLLE
LOC. PIAN DI CONTE
53020 MONTALCINO [SI]
TEL. 0577844064
www.talentimontalcino.it

藏酒销售
预约参观
年产量 80 000 瓶
葡萄种植面积 21 公顷

● Brunello di Montalcino '08	🍷🍷 6
● Rosso di Montalcino '11	🍷🍷 3
● Brunello di Montalcino Pian di Conte Ris. '07	🍷 7

Fattoria della Talosa

VIA PIETROSE, 15A
53045 MONTEPULCIANO [SI]
TEL. 0578758277
www.talosa.it

藏酒销售
预约参观
年产量 100 000 瓶
葡萄种植面积 35 公顷

● Nobile di Montepulciano '10	🍷🍷 3
● Nobile di Montepulciano Ris. '09	🍷 4

Tenuta San Martino

VIA CHIANTIGIANA, 339
50100 BAGNO A RIPOLI [FI]
TEL. 055645588
www.tsanmartino.it

● Chianti Sup. Poggio alle Ripe '10	🍷🍷 3
● Chianti Sammartino '11	🍷 2

Terrabianca

Loc. San Fedele a Paterno
53017 Radda in Chianti [SI]
Tel. 057754029
www.terrabianca.com

藏酒销售
预约参观
膳宿接待
年产量 360 000 瓶
葡萄种植面积 52 公顷

- Chianti Cl. San Fedele '10 — 3
- Chianti Cl. Croce Ris. '09 — 5
- Chianti Cl. Scassino '10 — 3

Terre dei Fiori Tenute Costa

S.da Grillese Uno VIII
58100 Grosseto
Tel. 0564405457
www.tenutecosta.it

藏酒销售
预约参观
年产量 100 000 瓶
葡萄种植面积 30 公顷

- Morellino di Scansano Ventaio '10 — 5
- Monteregio di Massa Marittima '11 — 3

La Togata

Loc. Tavernelle
S.da di Argiano
53024 Montalcino [SI]
Tel. 0668803000
www.brunellolatogata.com

藏酒销售
预约参观
年产量 100 000 瓶
葡萄种植面积 22 公顷

- Brunello di Montalcino '08 — 7
- Rosso di Montalcino '11 — 4

Tenuta di Trecciano

SP 52 Montagnola, 16
53018 Sovicille [SI]
Tel. 0577314357
www.trecciano.it

藏酒销售
预约参观
年产量 90 000 瓶
葡萄种植面积 15. 5 公顷

- Chianti Colli Senesi Ris. '10 — 3
- I Campacci '11 — 5

Trequanda

Loc. Pian delle Fonti, 100
53020 Trequanda [SI]
Tel. 0577662001
www.azienda-trequanda.it

藏酒销售
预约参观
膳宿接待
年产量 300 000 瓶
葡萄种植面积 55 公顷

- Chianti Alticato Ris. '10 — 2*
- Orcia Rosso Invidia '10 — 3
- Orcia Rosso TreCalici '10 — 3

Val di Toro

Loc. Poggio La Mozza
S.da delle Campore? 18
58100 Grosseto
Tel. 0564409600
www.valditoro.it

藏酒销售
预约参观
年产量 50 000 瓶
葡萄种植面积 10 公顷

- Morellino di Scansano '11 — 2*
- ○ Auramaris '12 — 3

Tenuta Valdipiatta

VIA DELLA CIARLIANA, 25A
53040 MONTEPULCIANO [SI]
TEL. 0578757930
www.valdipiatta.it

藏酒销售
预约参观
膳宿接待
年产量 1 000 000 瓶
葡萄种植面积 22 公顷

● Nobile di Montepulciano '10	🍷🍷 4
● Chianti Colli Senesi Tosca '11	🍷 2
● Nobile di Montepulciano Ris. '08	🍷 6
● Rosso di Montepulciano '11	🍷 3

Valle di Lazzaro

LOC. VALLE DI LAZZARO, 103
57037 PORTOFERRAIO [LI]
TEL. 0565916387
www.valledilazzaro.com

藏酒销售
预约参观
年产量 12 000 瓶
葡萄种植面积 4 公顷

● Elba Passito Lazarus '11	🍷🍷 4
○ Chardonnay Lazarus '12	🍷🍷 4
○ Elba Vermentino '12	🍷 3
⊙ Rosato '12	🍷 3

Vignavecchia

VIA SDRUCCIOLO DI PIAZZA, 7
53017 RADDA IN CHIANTI [SI]
TEL. 0577738090
www.vignavecchia.com

藏酒销售
预约参观
年产量 65 000 瓶
葡萄种植面积 19 公顷

● Chianti Cl. Ris. '10	🍷🍷 3
● Chianti Cl. Vign. Odoardo Beccari Ris. '10	🍷🍷 4
● Chianti Cl. '11	🍷 3

Villa Calcinaia

FRAZ. GRETI
VIA CITILLE, 84
50022 GREVE IN CHIANTI [FI]
TEL. 055854008
www.villacalcinaia.it

藏酒销售
预约参观
膳宿接待
年产量 100 000 瓶
葡萄种植面积 27 公顷

● Chianti Cl. '10	🍷🍷 3*
● Chianti Cl. Ris. '10	🍷 3

Villa I Cipressi

LOC. VILLA I CIPRESSI
53024 MONTALCINO [SI]
TEL. 0577848640
www.villacipressi.it

● Rosso di Montalcino '11	🍷🍷 6
● Brunello di Montalcino '08	🍷 7
● Brunello di Montalcino Zebras Ris. '07	🍷 7

Villa La Ripa

LOC. ANTRIA, 38
52100 AREZZO
TEL. 0575315118
www.villalaripa.it

藏酒销售
预约参观
年产量 7 000 瓶
葡萄种植面积 2.5 公顷

● Tiratari '10	🍷🍷 4
⊙ Peconio '10	🍷 2

Villa Loggio

fraz. Cignano
loc. Il Loggio, 24
52044 Cortona [AR]
Tel. 0575618306
www.villaloggio.com

预约参观
年产量 150 000 瓶
葡萄种植面积 70 公顷

○ Losna '12	🍷🍷 8
● Curtun '09	🍷 8
● Pinot Nero '08	🍷 4
● Thefarie '08	🍷 3

Villa Pinciana

s.da Villa Pinciana, 2/A
58011 Capalbio [GR]
Tel. 0564896598
www.villapinciana.com

● Terraria '10	🍷🍷 5
● Airali '12	🍷 3
● Tilaria '11	🍷 3

Villa Trasqua

loc. Trasqua
53011 Castellina in Chianti [SI]
Tel. 0577743075
www.villatrasqua.it

藏酒销售
预约参观
年产量 200 000 瓶
葡萄种植面积 54 公顷

● Trasgaia '09	🍷🍷 5
● Chianti Cl. '10	🍷 2
● Chianti Cl. Fanatico Ris. '09	🍷 3

I Vini di Maremma

loc. Il Cristo
58046 Grosseto
Tel. 056434426
www.ivinidimaremma.it

年产量 600 000 瓶
葡萄种植面积 400 公顷

● Maremma Cabernet Sauvignon '09	🍷🍷 3
● Lallegro '11	🍷 3
● Monteregio di Massa Marittima Macchiaiolo '09	🍷 2

Tenuta Vitanza

fraz. Torrenieri
pod. Belvedere, 145
52024 Montalcino [SI]
Tel. 0577832882
www.tenutavitanza.it

藏酒销售
预约参观
年产量 200 000 瓶
葡萄种植面积 26 公顷

● Brunello di Montalcino Andreatta '07	🍷🍷 7
● Brunello di Montalcino Tradizione '08	🍷🍷 5
● Rosso di Montalcino '11	🍷🍷 3
● Chianti Colli Senesi '11	🍷 2

Viticcio

via San Cresci, 12a
50022 Greve in Chianti [FI]
Tel. 055854210
www.fattoriaviticcio.com

藏酒销售
预约参观
膳宿接待
年产量 250 000 瓶
葡萄种植面积 39 公顷

● Chianti Cl. '11	🍷🍷 3*
● Chianti Cl. Ris. '10	🍷 4

马尔凯区

MARCHE

2010年是一个优秀的葡萄年份，经典陈酿卡斯泰利（Castelli di Jesi Verdicchio Classico Riserva）新产区抓住这一良机再次展示了马尔凯区（Marche）在挑选葡萄栽培品种方面不拘一格的天赋。酿酒师们运用出色的专业技术和悟性酿制了风格迥异的葡萄酒，除了有里奥•费里奇酒庄（Leo Felici）生产的清新醇厚的坎尼科（Cantico della Figura）、安佩里诺•布里酒庄（Ampelio Bucci）生产的结构复杂的布奇维拉（Villa Bucci）和法济•巴塔利亚酒庄（Fazi Battaglia）生产的圣西斯托（San Sisto），更不用说乌曼尼•隆基酒庄（Umani Ronchi）生产的芳香浓郁的普雷欧（Pleio）、皮耶瓦尔塔酒庄（Pievalta）生产的圣保罗（San Paolo）和蒙卡洛酒庄生产（Moncaro）的维格纳•诺瓦利（Vigna Novali）。此外，卡洛（Carlo）和詹弗兰科•加罗福利（Gianfranco Garofoli）酿制的优质的2008年款詹弗兰科•加罗福利精选酒（La Selezione Gioacchino Garofoli）和卡萨尔法内托（Casalfarneto）酿制的朴素优雅的2011年款克里希奥（Crisio）更是把这种酿酒理论发展到了新的高度。坡德里•马蒂奥里（Poderi Mattioli）酿制的2012年款耶里斯（Ylice）尤为值得一提，三兄弟组成的团队首次推出新面世的维蒂奇诺（Verdicchio）葡萄酒。马特里卡（Matelica）的表现跟耶西（Jesi）一样出色，阿尔塔•瓦勒斯纳（Alta Vallesina）地区最具代表性的酒庄向世界展示了该地出色的风土条件。拉•莫纳赛斯卡（La Monacesca）酿制的2011年款米鲁姆（Mirum）显示了即使在困难的葡萄种植期，它依然能发挥出高水准。此外，三款出色的白葡萄酒在今年重回顶级行列，它们是：2012年款的科勒斯特法诺（Collestefano）、贝利萨里奥（Belisario）酒庄出品的2010年款梅瑞迪亚（Meridia）和比斯（Bisci）出品的2010年款维格内托（Vigneto Fogliano）。皮切诺（Piceno）地区白葡萄酒的标志性人物是曾在《年鉴》中出现过的鲜为人知的西蒙尼•斯皮内利（Simone Spinelli）。在大批优质精美的派科琳诺（Pecorino）葡萄酒中，他酿制的2012年款阿特米希亚（Artemisia）算得上是旗舰产品。红葡萄酒产品包括了维乐酒庄（Velenosi）出品的一贯可靠的2010年款罗吉奥（Roggio del Filare），还有不可思议的2011年款阿舒拉（Arshura），这款酒是自2000年瓦特•马托尼（Valter Mattoni）酿制出拉罗恰（La Roccia）葡萄酒之后的最佳酒品，力助维乐（Velenosi）酒庄斩获了首项“三杯奖”（Tre Bicchieri）。马尔科（Marco Casolanetti）虽已算不上新人，但他仍能感受到2010年款库普拉（Kupra）带给他的全新的兴奋感。最后，我们要介绍的是埃尔多•布拉奇蒂•裴丽迪（Aldo Brachetti Peretti）出品的精致的2010年款波伦扎（Pollenza），它总共荣获了18项“三杯奖”（Tre Bicchieri）。今年的品酒会上，一些甜葡萄酒的表现同样突出，其原料主要来自半干的维蒂奇诺（verdicchio）和拉玛蒂洛（lacrima di Morro d'Alba）葡萄。佩扎罗（Pesaro）省和马切拉塔（Macerata）省今年一切如常，老话常说，没有消息就是好消息。不过，这里的情况算不上一成不变，1/5的酒庄没有入选到今年的《年鉴》中，充分说明了产品的品质很不稳定。由此看来，他们不应该继续沉浸在过去的辉煌之中了。

Aurora

LOC. SANTA MARIA IN CARRO
C.DA CIAFONE, 98
63073 OFFIDA [AP]
TEL. 0736810007
www.viniaurora.it

藏酒销售
预约参观
膳宿接待
年产量 50 000 瓶
葡萄种植面积 9.5 公顷
葡萄栽培方式 有机认证

一直以来，奥罗拉（Aurora）这个古怪的城堡总是排斥技术干预和机械化。而到如今，它已成长为一个手工艺酿酒的傲人典范。他们团结向上坚持排斥任何化学污染的基本原则。酒庄出产的葡萄酒性情多变、富有戏剧性，个性突出，味道真挚，虽有瑕疵却国际范十足，这主要源于它很长的葡萄成熟期、耐心的陈化、对环境酵母的使用和对亚硫酸盐及其他方法的低限度使用。由于巴瑞卡迪尔罗（Barricadiero）和超级皮切诺红葡萄酒（Rosso Piceno Superiore）仍在陈化中，2011年款的菲奥博（Fiobbo）成了最抢眼的酒品。如同往常，它散发出浓郁的果香，抿上一口，强劲的酒力冲击你的味蕾，一股明显的美味扩散开去，给你的触觉以最大的享受。

○ Offida Pecorino Fiobbo '11	🍷🍷 2*
○ Falerio '12	🍷🍷 2*
○ Offida Passerina Passito '10	🍷🍷 4
○ Passerina '12	🍷🍷 2*
● Marche Rosso '12	🍷 2
● Rosso Piceno '12	🍷 2
● Barricadiero '10	🍷🍷🍷 4*
● Barricadiero '09	🍷🍷🍷 4
● Barricadiero '06	🍷🍷🍷 4
● Barricadiero '04	🍷🍷🍷 3
● Barricadiero '03	🍷🍷🍷 3*
● Barricadiero '02	🍷🍷🍷 3
○ Offida Passerina '11	🍷🍷 2*
○ Offida Pecorino Fiobbo '10	🍷🍷 2*
● Rosso Piceno '11	🍷🍷 2*
● Rosso Piceno Sup. '10	🍷🍷 2*

Belisario

VIA ARISTIDE MERLONI, 12
62024 MATELICA [MC]
TEL. 0737787247
www.belisario.it

藏酒销售
预约参观
年产量 1 000 000 瓶
葡萄种植面积 300 公顷

每一个优秀的葡萄酒产区都有一座追求卓越品质的联营酒庄在其中发挥主心骨的作用，这是了解贝利萨里奥(Belisario)酒庄的关键所在。自1971年至今，它一直是维蒂奇诺（Verdicchio di Matelica）指定产区的中流砥柱，坚持不懈地带领这个小指定区实施多项发展计划，卡姆布鲁吉安诺（Cambrugiano）和梅瑞迪亚（Meridia）精选葡萄酒的高水准、切罗（Cerro）葡萄酒体现的鲜明的风土特色、维格内提（Vigneti Belisario）葡萄酒的有机生产计划、价廉物美的瓦尔波那（Valbona）和乐安法瑞（L'Anfora）葡萄酒无一不体现这一事实。卓越的2010年款梅瑞迪亚（Meridia）将维蒂奇诺（Verdicchio di Matelicas）葡萄的优秀品质展现得淋漓尽致，香橼、杏仁和八角味不停散发优雅清香，饱满和愉悦在嘴里蔓延，锐利却不失优雅的口感绵延不断。

○ Verdicchio di Matelica Meridia '10	🍷🍷🍷 3*
○ Verdicchio di Matelica Passito Carpe Diem '08	🍷🍷 3*
● Enoà '11	🍷🍷 3
○ Verdicchio di Matelica Cambrugiano Ris. '10	🍷🍷 3
○ Verdicchio di Matelica L'Anfora '12	🍷🍷 2*
○ Verdicchio di Matelica Terre di Valbona '12	🍷🍷 2*
○ Verdicchio di Matelica Vign. Belisario '12	🍷🍷 3
○ Verdicchio di Matelica Vign. del Cerro '12	🍷🍷 2*
● Colli Maceratesi Rosso Coll'Amato '12	🍷 2
● Colli Maceratesi Rosso Vigneti B. '12	🍷 2
○ Verdicchio di Matelica Brut Cuvée Nadir '11	🍷 2

Bisci

via Fogliano, 120
62024 Matelica [MC]
Tel. 0737787490
www.bisciwines.it

藏酒销售
预约参观
年产量 120 000 瓶
葡萄种植面积 19 公顷

1980年，雄心勃勃的皮耶里诺（Pierino）和朱塞佩（Giuseppe）两兄弟在马泰利卡（Matelica）和切雷托（Cerreto d'Esi）之间的一块地方建立了一个农场。经过多年来的苦心经营，他们把比斯（Bisci）酒庄打造成了一个声名远播的经典品牌。葡萄酒酿制遵循传统，尽管由马泰利卡（Matelica）克隆葡萄品种酿制而成的维蒂奇诺（Verdicchio）是诠释该地风土的最佳酒品，兄弟俩还是栽种了诸如圣乔维斯（Sangiovese）和梅洛（Merlot）等红葡萄品种。多年来，阿罗尔多（Aroldo Bellelli）熟练地打理着葡萄园和酒窖，他让葡萄酒在最经典的方法下发酵，接着再将酒放入不锈钢或水泥桶里进行漫长的陈化。如果想仔细了解马泰利卡（Matelica）葡萄酒能给你带来什么，我们建议你在酒窖中收藏一瓶维格内托（Vigneto Fogliano）。该酒品的2010年款是一个杰作，它混合了八角、烤过的杏仁和草本植物的芳香，优雅极佳的味觉感受循序渐进地在嘴里蔓延开去，最终形成一股深沉纤细而略带咸味的余韵。

○ Verdicchio di Matelica Vign. Fogliano '10	🍷🍷🍷 3*
○ Verdicchio di Matelica '12	🍷🍷 2*
○ Verdicchio di Matelica Vign. Fogliano '08	🍷🍷🍷 3*
● Piangifame '07	🍷🍷 4
● Rosso Fogliano '10	🍷🍷 3
○ Verdicchio di Matelica '11	🍷🍷 3
○ Verdicchio di Matelica '10	🍷🍷 2*
○ Verdicchio di Matelica '09	🍷🍷 2*
○ Verdicchio di Matelica Senex '03	🍷🍷 4
○ Verdicchio di Matelica Senex '98	🍷🍷 4*
○ Verdicchio di Matelica Vign. Fogliano '07	🍷🍷 3*
● Villa Castiglioni '03	🍷🍷 3

Boccadigabbia

loc. Fontespina
c.da Castelletta, 56
62012 Civitanova Marche [MC]
Tel. 073370728
www.boccadigabbia.com

藏酒销售
预约参观
年产量 100 000 瓶
葡萄种植面积 25 公顷

19世纪后期，波卡迪哥比亚酒庄（Boccadigabbia）采取拿破仑式的管理模式，栽培法国葡萄品种。20世纪50年代末，亚历山德里（Alessandri）家族收购了这座酒庄，并于1986年翻新了葡萄园。不过，园里仍遵循法国式的种植理念，这就是亚德里亚（Adriatic）海岸出现法国最知名葡萄品种的原因。随着时间的推移，庄主还引进了其他几种本土葡萄品种，如马可兰蒂诺（Maceratino）、蒙特布查诺（Montepulciano）和圣乔维斯（Sangiovese）。酒窖近期进行重修和扩建，其出品走的是古典和国际化的道路，不盲从风靡一时的现代风格。以赤霞珠（Cabernet sauvignon）葡萄为原料酿制而成的2008年款艾克龙特（Akronte），在其本质上是干涩的波尔多酒（Bordeaux），青椒味与温暖辛辣的气息交织融合在一起。

● Akronte '08	🍷🍷 7
○ La Castelletta Pinot Grigio '12	🍷🍷 3
● Pix '09	🍷🍷 6
⊙ Roseo '12	🍷🍷 2*
● Rosso Piceno Boccadigabbia '10	🍷 3
● Saltapicchio '08	🍷 4
● Akronte '98	🍷🍷🍷 7
● Akronte '97	🍷🍷🍷 7
● Akronte '95	🍷🍷🍷 7
● Akronte '07	🍷🍷 7
○ Montalperti '07	🍷🍷 4
● Pix Merlot '07	🍷🍷 6
● Rosso Piceno Boccadigabbia '08	🍷🍷 3
● Rosso Piceno Boccadigabbia '06	🍷🍷 3*
● Saltapicchio Sangiovese '07	🍷🍷 4

Borgo Paglianetto

Loc. Pagliano, 393
62024 Matelica [MC]
Tel. 073785465
www.borgopaglianetto.it

藏酒销售
预约参观
年产量 60 000 瓶
葡萄种植面积 18 公顷

这个由罗维西（Roversi）和马里奥•巴斯里斯（Mario Bassilissi）家族拥有的酒庄已逐渐形成了统一的风格，只要一杯白葡萄酒就能准确地表达地域特色。他们选择使用不锈钢桶来充分发挥维蒂奇诺（Verdicchio）葡萄酒的品种特性，该特性在马泰利卡（Matelica）地区指花香、石质矿物和深厚而不过分的酒力。以上特点不仅集中于维迪斯（Vertis）精选酒，在价格公道的入门级葡萄酒也可见一斑。唯一的例外是新品杰拉（Jera）珍藏葡萄酒，它混合了多种葡萄，一部分置于900升的木桶熟化，剩下的采用短暂的葡萄皮浸渍进行发酵。相比之下，虽然酿制精心，但酒庄的红葡萄酒产品仅能勉强让人满意。2009年款的杰拉（Jera）有着鲜明的个性，诠释出经典完美的马泰利卡（Matelica）葡萄酒风味。干果、春天花朵和八角塑造了酒品的优雅与纯净，酒香在嘴里慢慢、持续地扩散开去。

○ Verdicchio di Matelica Jera Ris. '09	🍷🍷 4
○ Verdicchio di Matelica Petrara '12	🍷🍷 2*
○ Verdicchio di Matelica Terravignata '12	🍷🍷 2*
○ Verdicchio di Matelica Vertis '11	🍷🍷 3
○ Verdicchio di Matelica Vertis '09	🍷🍷🍷 3*
● Terravignata '09	🍷🍷 2*
● Terravignata '08	🍷🍷 2*
○ Verdicchio di Matelica Aja Lunga '05	🍷🍷 2*
○ Verdicchio di Matelica Petrara '10	🍷🍷 2*
○ Verdicchio di Matelica Petrara '09	🍷🍷 2*
○ Verdicchio di Matelica Petrara '08	🍷🍷 2*
○ Verdicchio di Matelica Terravignata '11	🍷🍷 2*
○ Verdicchio di Matelica Terravignata '10	🍷🍷 2*
○ Verdicchio di Matelica Terravignata '09	🍷🍷 2*
○ Verdicchio di Matelica Vertis '10	🍷🍷 3*
○ Verdicchio di Matelica Vertis '08	🍷🍷 3*

★Bucci

Fraz. Pongelli
via Cona , 30
60010 Ostra Vetere [AN]
Tel. 071964179
www.villabucci.com

藏酒销售
预约参观
年产量 120 000 瓶
葡萄种植面积 31 公顷
葡萄栽培方式 有机认证

不知多少年前，安培里欧•布奇（Ampelio Bucci）曾因生产出属于自己的珍藏葡萄酒而开心了一年，这款酒也许是整个指定产区最上等的维蒂奇诺（Verdicchio）葡萄酒。在经过深思熟虑之后，安培里欧做出了一个非常艰难的决定，不再生产2011年款的酒品，一方面是因为葡萄种植遭遇了恶劣的天气条件，另一方面也因为他下决心只推出一种能忠实反映品种精髓的酒品。最近推出的2010年款必须在连续两个葡萄收获期之间保持向上的势头。今年，2010年款的布奇维拉（Villa Bucci）成为史上最好的酒款之一。甘菊、干草和草原鲜花以让人熟悉的层次融进了炒杏仁与八角的美味中，循序渐进地在嘴里散发，它不仅迷人、易于上口，还具有复杂的层次，是不可错过的佳品。

○ Castelli di Jesi Verdicchio Cl. Villa Bucci Ris. '10	🍷🍷🍷 6
○ Verdicchio dei Castelli di Jesi Cl. Sup. '11	🍷🍷 3*
● Rosso Piceno Tenuta Pongelli '11	🍷 3
○ Verdicchio dei Castelli di Jesi Cl. Villa Bucci Ris. '09	🍷🍷🍷 6
○ Verdicchio dei Castelli di Jesi Cl. Villa Bucci Ris. '07	🍷🍷🍷 6
○ Verdicchio dei Castelli di Jesi Cl. Villa Bucci Ris. '06	🍷🍷🍷 6
○ Verdicchio dei Castelli di Jesi Cl. Villa Bucci Ris. '05	🍷🍷🍷 5
○ Verdicchio dei Castelli di Jesi Cl. Villa Bucci Ris. '04	🍷🍷🍷 5
○ Verdicchio dei Castelli di Jesi Cl. Villa Bucci Ris. '03	🍷🍷🍷 5
○ Verdicchio dei Castelli di Jesi Cl. Villa Bucci Ris. '01	🍷🍷🍷 5

Campo di Maggio

LOC. PAGLIARE DEL TRONTO
VIA ROCCABRIGNOLA
63036 SPINETOLI [AP]
TEL. 07368905590
www.cantinacampodimaggio.it

藏酒销售
预约参观
年产量 20 000 瓶
葡萄种植面积 9 公顷

在流经约10公里后，特龙托河（River Tronto）注入亚得里亚海（Adriatic Sea）。马尔科（Marco Corradetti）的酒庄俯瞰着的广阔峡谷已被工业化，但是，山坡上的情景却有所不同，没有工厂，只有橄榄林、向日葵园、谷物和一排排的葡萄树。曾为联营酒庄输送过葡萄原料的很多小庄园现在成了手工酿酒厂的核心。坎波（Campo di Maggio）酒庄只关注本土葡萄，生产高性价比的标准型葡萄酒。手工收割葡萄和维持小规模酒窖的做法，使得工人们能监控葡萄酒生产的各个环节。在推出的四款酒中，最引人关注的当属2012年款的派科琳诺（Pecorino），其草药和八角的香气一入口就转化为充满活力、可口的草香和柑橘风味。

○ Offida Passerina '12	🍷🍷 2*
○ Offida Pecorino '12	🍷🍷 2*
● Rosso Piceno '12	🍷🍷 2*
○ Falerio '12	🍷 2

Le Caniette

C.DA CANALI, 23
63065 RIPATRANSONE [AP]
TEL. 07359200
www.lecaniette.it

藏酒销售
预约参观
年产量 60 000 瓶
葡萄种植面积 16 公顷
葡萄栽培方式 有机认证

一个多世纪以来，严谨的瓦尼奥尼家族（Vagnonis）不断积累有关葡萄的知识，成为了葡萄酒业真正的专家。多年来，他们塑造了风格独特、品质可靠的酒品，把葡萄园吸收的日照精华转化成了瓶装酒的鲜亮色泽和充满活力的芳香。有机方法之所以能在这里得到长期运用，是因为附近的亚得里亚海（Adriatic）常年吹来了徐徐的海风。手工酿制的酒品有意呈现出一些新鲜感，这也得益于坚定地使用了木桶来陈化奥菲达•派科琳诺（Offida Pecorino）。小型木桶还被用来陈酿更劲道的红葡萄酒，而钢桶则负责陈酿快产快销的即饮葡萄酒。2007年款的莫勒隆内（Morellone）酒体丰满，出色地诠释了蒙特布查诺（Montepulciano）的丰富内涵。

● Cinabro '10	🍷🍷(红) 8
● Rosso Piceno Morellone '07	🍷🍷(红) 4
○ Offida Pecorino Iosonogaia non sono Lucrezia '11	🍷🍷 4
○ Offida Pecorino Veronica '12	🍷🍷 4
○ Lucrezia '12	🍷 2
● Rosso Piceno Rosso Bello '10	🍷 2
● Cinabro '09	🍷🍷(空) 8
○ Offida Passerina Vino Santo Sibilla '06	🍷🍷(空) 5
○ Offida Pecorino Iosonogaia non sono Lucrezia '10	🍷🍷(空) 4
○ Offida Pecorino Iosonogaia non sono Lucrezia '08	🍷🍷(空) 4
● Rosso Piceno Morellone '06	🍷🍷(空) 4
● Rosso Piceno Rosso Bello '09	🍷🍷(空) 2*

La Canosa

C.DA SAN PIETRO, 6
63030 ROTELLA [AP]
TEL. 0736374556
www.lacanosaagricola.it

藏酒销售
预约参观
年产量 150 000 瓶
葡萄种植面积 28 公顷

卡诺索山（Poggio Canoso）位于阿森西昂山（Mount Ascensione）的山口，海拔较高。当太阳运行到纬度43度时，凉爽的夜晚成为这里的一大优势，平缓的坡度和开阔的峡谷散发着各自的魅力。正是在这个地方，里卡尔多•雷纳（Riccardo Reina）把一个疯狂的想法付诸实践，酿造出了能诠释此处土壤特性和天气特点的葡萄酒，与众不同却又不走极端。这一切没有捷径可走。卡洛•费里尼（Carlo Ferrini）带领着一帮优秀的员工，艾米迪奥•菲里塞提（Emidio Felicetti）掌管着令人着迷、配置先进的酒窖。在还没想出其他的酿酒高招之前，他们仍只能寄望通过多年的努力创造出杰出的酒品。我们品尝到了以圣乔维斯（Sangiovese）葡萄为原料酿成的2011年款奴利乌斯（Nullius），虽然不够复杂，但还是有突出的优雅度和层次井然的单宁。

● Nullius '11	🍷🍷 3
○ Pekò '12	🍷🍷 2*
● Rosso Piceno Sup. Nummaria '11	🍷🍷 2*
○ Servator '12	🍷🍷 2*
● Musè '11	🍷 3
● Rosso Piceno Signator '11	🍷 2
● Musé '10	♀♀ 3
● Nullius '10	♀♀ 3
● Nullius '07	♀♀ 3
● Rosso Piceno Sup. Nummaria '10	♀♀ 2*
● Rosso Piceno Sup. Nummaria '05	♀♀ 2*
○ Servator '11	♀♀ 2*

Carminucci

VIA SAN LEONARDO, 39
63013 GROTTAMMARE [AP]
TEL. 0735735869
www.carminucci.com

藏酒销售
年产量 200 000 瓶
葡萄种植面积 46 公顷

乔瓦尼•卡米努西（Giovanni Carminucci）现在经营着这个由他创建于1928年的酒庄。跟他的父亲一样，这个有着与祖父一样名字的人把他的一生献给了葡萄酿酒造业。他们是种植者，是葡萄酒贸易商，也是装瓶工。他们对葡萄酒领域有着一致的认识，浓缩成两个字——经验。正是依靠这一点，卡米努西（Carminuccis）家族每年都推出一系列可靠、低调和风格现代的本地葡萄酒。葡萄园大部分位于皮切诺（Piceno）葡萄酒的传统产区，处在奥菲达（Offida）和里帕特兰索内（Ripatransone）之间。面积大、结构好的酒窖位于格罗塔姆马雷（Grottammare）后的山丘上，俯瞰着泰西诺峡谷（Tesino Valley）。总的来说，酒庄利用本土葡萄酿制出了多款优质的白葡萄酒，其中2012年款的派科琳诺•贝拉托（Pecorino Belato）最为突出。不过，酒庄的最佳酒品仍属2010年款的超级皮切诺红葡萄酒（Rosso Piceno Superiore Naumachos），李子、单宁和微妙的野味使它具有了强重的酒体与活跃的口感。

○ Casta '12	🍷🍷 2*
○ Falerio Naumachos '12	🍷🍷 2*
○ Offida Pecorino Belato '12	🍷🍷 2*
● Rosso Piceno Sup. Naumachos '10	🍷🍷 2*
○ Falerio Grotte sul Mare '12	🍷 1*
○ Naumachos '11	🍷 2
● Rosso Piceno Grotte sul Mare '12	🍷 1*
○ Falerio dei Colli Ascolani Grotte sul Mare '11	♀♀ 1*
○ Naumachos '10	♀♀ 2*
○ Offida Pecorino Belato '11	♀♀ 2*
● Paccaosso '09	♀♀ 7
● Paccaosso '04	♀♀ 7
● Rosso Piceno Grotte sul Mare '09	♀♀ 1*
● Rosso Piceno Sup. Naumachos '08	♀♀ 2*
● Rosso Piceno Sup. Naumachos '04	♀♀ 2*

Casalfarneto

VIA FARNETO, 12
60030 SERRA DE' CONTI [AN]
TEL. 0731889001
www.casalfarneto.it

藏酒销售
预约参观
年产量 500 000 瓶
葡萄种植面积 43 公顷

从配置先进的酒窖一眼望向葡萄园，景色十分优美，优雅整洁的乡村映入眼帘，颜色缤纷，种满庄稼，点缀着橡树丛林，酒庄的名字便由之而来。托格尼家（Tognis）给这片宁静的土地注入了维蒂奇诺（Verdicchio）的优雅。功能多样的葡萄成就了品种多样的酒款，采用手工收割的葡萄打造出了多款佳品，有风格清新古典、易于上口的冯特夫奇亚（Fontevecchia）；有使用晚摘葡萄低温浸皮来发酵的酒体丰满、口感丰富的格兰卡萨尔（Grancasale）；还有使用带一丝贵霉菌的葡萄酿制的纤细柔美、豪华舒适的西梅奥（Cimaio）。酒庄的最佳酒品是2011年款的克里希奥（Crisio），这是一款朴素文雅的混酿，散发出一丝八角和黄绿色花朵的香气，在层次分明、重点突出的余韵中还带有精致的杏仁气息。

○ Castelli di Jesi Verdicchio Cl. Crisio Ris. '11	▼▼▼ (red)	3*
○ Cimaio '10	▼▼	5
● Merago '09	▼▼	3
○ Verdicchio dei Castelli di Jesi Cl. Grancasale '11	▼▼	3
○ Verdicchio dei Castelli di Jesi Cl. Sup. Fontevecchia '12	▼▼	2*
○ Verdicchio dei Castelli di Jesi Cl. Crisio Ris. '10	▽▽▽	3*
○ Cimaio '09	▽▽	5
● Lacrima di Morro d'Alba Rosae '09	▽▽	2*
● Merago '08	▽▽	3
○ Verdicchio dei Castelli di Jesi Cl. Sup. Fontevecchia '11	▽▽	2*
○ Verdicchio dei Castelli di Jesi Cl. Sup. Fontevecchia '09	▽▽	2*

Maria Pia Castelli

C.DA SANT'ISIDORO, 22
63015 MONTE URANO [FM]
TEL. 0734841774
www.mariapiacastelli.it

藏酒销售
预约参观
年产量 20 000 瓶
葡萄种植面积 8 公顷

尤拉诺山（Monte Urano）虽是一个鞋类制造业的领先城镇，但并非所有的居民都遗忘了他们古老的农业遗产。这里有菜园、橄榄园和一排排葡萄树，收割的农作物通常作为己用。恩里科•巴尔托乐蒂（Enrico Bartoletti）一直对他庄园的潜力怀有坚定的信念。20世纪90年代末，他在这个地处滕纳山谷（Tenna Valley）的庄园里种植了最传统的本地葡萄。低产量、有机农耕方式、自然发酵和长时间放在小木桶里陈化，这些做法赋予了葡萄酒独特的个性。2009年款的额拉斯莫•卡斯泰利（Erasmo Castelli）是一款单一品种的蒙特布查诺（Montepulciano）葡萄酒，在小型橡木桶里陈化了24个月。它混入了干草、新鲜肉类和酸豆，结构紧致，酒体复杂，需开瓶放置一段时间。

● Erasmo Castelli '09	▼▼ (red)	5
○ Stella Flora '11	▼▼	5
● Erasmo Castelli '06	▽▽▽	5
● Erasmo Castelli '07	▽▽	5
● Erasmo Castelli '05	▽▽	5
● Orano '11	▽▽	4
● Orano '10	▽▽	3
○ Stella Flora '10	▽▽	5
○ Stella Flora '09	▽▽	5
○ Stella Flora '07	▽▽	5

Giacomo Centanni

C.DA ASO, 159
63062 MONTEFIORE DELL'ASO [AP]
TEL. 0734938530
www.vinicentanni.it

藏酒销售
膳宿接待
年产量 100 000 瓶
葡萄种植面积 35 公顷
葡萄栽培方式 有机认证

虽然贾科莫•琴坦尼（Giacomo Centanni）刚从酿酒学专业毕业，但他活跃在家族的葡萄园和酒窖已有相当一段时间了。葡萄园种植着传统品种，位置在秀丽的山上，俯瞰着阿索山谷（Aso Valley），远处蓝色的亚德里亚海（Adriatic）确保了即使在最热的天气下，这里也有足够的通风，从而赋予葡萄酒长期陈化的潜力。酒庄酿制的葡萄酒特点明确，呈现迷人的果香味。单一品种的白葡萄酒采用不锈钢桶进行低温浸渍；活跃多汁的红葡萄酒则放在橡木桶里陈化到合适的程度。奥菲达•派科琳诺（Offida Pecorino）现已成功出炉，它的2012年款口感极好，柑橘味突出，紧接着散发出清澈的柑橘气息。

○ Offida Pecorino '12	🍷🍷 2*
● Montefloris '11	🍷🍷 2*
○ Offida Passerina '12	🍷🍷 2*
⊙ Profumo di Rosa '12	🍷🍷 2*
○ Falerio dei Colli Ascolani Il Borgo '12	🍷 2
○ Offida Passerina M. Cl. '11	🍷 4
● Montefloris '08	🍷🍷 2
○ Offida Passerina '10	🍷🍷 2*
○ Offida Passerina '09	🍷🍷 2
○ Offida Pecorino '11	🍷🍷 2*
● Offida Pecorino '10	🍷🍷 2*
● Rosso Piceno Rosso di Forca '10	🍷🍷 2*

Cherri d'Acquaviva

VIA SAN FRANCESCO, 4
63030 ACQUAVIVA PICENA [AP]
TEL. 0735764416
www.vinicherri.it

藏酒销售
预约参观
年产量 160 000 瓶
葡萄种植面积 32 公顷

保罗•凯里（Paolo Cherri）的酒庄位于高山上，俯瞰着亚得里亚海（Adriatic）。虽然植根始于20世纪初期的悠久的家族传统，但直到2003年新酒窖建成后，依靠缓坡上葡萄酒生产的这片沃土，酒庄生产出了优质的葡萄酒。这里阳光明媚，海风终年不断，扎比安奴（Trebbiano）、圣乔维斯（Sangiovese）、蒙特布查诺（Montepulciano）和帕斯琳娜（Passerina）葡萄可以轻松地成熟，而派科琳诺（Pecorino）葡萄则生长在阴凉的方位。酒窖里，他们采用了经典的葡萄酒酿制法，酿制白葡萄酒时注重降低环境的影响，更劲道的红酒则被放入小型橡木桶里陈化。这些做法收到了最佳的效果。2009年款的图姆布鲁斯（Tumbulus）有着迷人的芳香和圆润优美的单宁纹理。

⊙ Ancella '12	🍷🍷 2*
○ Falerio '12	🍷🍷 2*
● Offida Tumbulus '09	🍷🍷 4
● Rosso Piceno Sup. Laudi '09	🍷🍷 4
○ Offida Pecorino Altissimo '12	🍷 3
○ Pecorino Brut	🍷 3
● Rosso Piceno '12	🍷 2
○ Offida Passerina Radiosa '11	🍷🍷 2*
○ Offida Pecorino Altissimo '09	🍷🍷 3
● Offida Tumbulus '07	🍷🍷 4
● Offida Tumbulus '06	🍷🍷 4
● Rosso Piceno Sup. '09	🍷🍷 2*

Ciù Ciù

Loc. Santa Maria in Carro
c.da Ciafone, 106
63035 Offida [AP]
Tel. 0736810001
www.ciuciuvini.it

藏酒销售
预约参观
膳宿接待
年产量 600 000 瓶
葡萄种植面积 130公顷
葡萄栽培方式 有机认证

最近收购了上等葡萄园的做法，使得这个位于奥菲达（Offida）和阿夸维瓦•皮切纳（Acquaviva Picena）之间，处在皮切诺（Piceno）传统产区中心的酒庄更加强大和繁荣。马西米利亚诺（Massimiliano）和瓦特•巴托洛梅（Walter Bartolomei）还完成了一项雄心勃勃的计划——翻新葡萄园，并采用有机模式管理。葡萄园和酒窖由一个年轻上进的团队打理着。面对市场日益增长的对香气浓郁、重点突出、能忠实反映风土的酒品的需求，这个设置精良的酒庄还是能够游刃有余地应对。最受欢迎的酒品来自最典型的品种：蒙特布查诺（Montepulciano）、圣乔维斯（Sangiovese）、派科琳诺（Pecorino）和帕斯琳娜（Passerina）葡萄。2012年款的梅尔乐泰尔（Merlettaie）提高了果香味的活力，使得口感和谐，美味异常。

○ Offida Pecorino Le Merlettaie '12	🍷🍷 2*
● Oppidum '08	🍷🍷 4
○ Evoé '12	🍷 2
○ Falerio Oris '12	🍷 2
● Offida Rosso Esperanto '08	🍷 5
● Rosso Piceno Bacchus '12	🍷 2
○ Evoé '11	🍷🍷 2*
○ Evoé '09	🍷🍷 2*
○ Falerio dei Colli Ascolani Oris '11	🍷🍷 2*
● Offida Rosso Esperanto '05	🍷🍷 5
● Oppidum '07	🍷🍷 4
● Rosso Piceno Sup. Gotico '10	🍷🍷 2*
● Rosso Piceno Sup. Gotico '09	🍷🍷 2*
● Rosso Piceno Sup. Gotico '08	🍷🍷 2*
● Saggio '10	🍷🍷 2*
● San Carro '09	🍷🍷 2*

Tenuta Cocci Grifoni

Loc. San Savino
c.da Messieri, 12
63038 Ripatransone [AP]
Tel. 073590143
www.tenutacoccigrifoni.it

藏酒销售
预约参观
膳宿接待
年产量 330 000 瓶
葡萄种植面积 50 公顷

充满智慧的吉多（Guido）是当地酿酒工艺的标杆，是一个无所畏惧的葡萄种植者。他率先认定了红皮切诺（Rosso Piceno）指定区，也正是他，才使得派科琳诺（Pecorino）葡萄免于落得绝迹的命运。如果当地有设立名人堂的话，他肯定是第一个入选的。现在，他的女儿玛丽莱娜（Marilena）和保拉（Paola Cocci Grifoni）充满激情地追随着父亲的脚步，采纳父亲的经营理念。今天，康特拉达•梅西埃里（Contrada Messieri）酒庄仍然生产着很多无懈可击的酒品，有多才多艺、可窖藏的帕斯琳娜（Passerina）葡萄酒、派科琳诺（Pecorino）白葡萄酒和放在中型橡木桶里长久陈化的干涩的红葡萄酒。在等待了很长时间后，2007年款的维格纳•梅西埃里（Vigna Messieri）终于不负众望，呈现出咄咄逼人的个性，抿上一口，嘴里充满李子和樱桃的典型气味，还有紧实顺滑的单宁酸味。

● Rosso Piceno Sup. V. Messieri '07	🍷🍷 4
○ Offida Passerina Adamantea '12	🍷🍷 2*
○ Offida Pecorino Podere Colle Vecchio '12	🍷🍷 3
● Rosso Piceno Sup. Le Torri '08	🍷🍷 3
○ Offida Passerina Brut Gaudio Magno '12	🍷 3
○ Offida Pecorino Podere Colle Vecchio '10	🍷🍷 3*
○ Offida Pecorino Podere Colle Vecchio '08	🍷🍷 2*
○ Offida Pecorino Podere Colle Vecchio '07	🍷🍷 2*
● Offida Rosso Il Grifone '06	🍷🍷 3
● Rosso Piceno Rubinio '10	🍷🍷 2*
● Rosso Piceno Sup. Le Torri '07	🍷🍷 2*
● Rosso Piceno Sup. V. Messieri '06	🍷🍷 3

Collestefano

LOC. COLLE STEFANO, 3
62022 CASTELRAIMONDO [MC]
TEL. 0737640439
www.collestefano.com

藏酒销售
预约参观
年产量 60 000 瓶
葡萄种植面积 17 公顷
葡萄栽培方式 有机认证

我们很快意识到，橄榄树在埃西诺峡谷上游（Upper Esino Valley）很稀有，因为它们总是受到低温的困扰。这也就合理地解释了为什么马泰利卡的维蒂奇诺（Verdicchiodi Matelica）葡萄比耶西的维蒂奇诺（Verdicchio di Jesi）葡萄更加尖锐，更偏北方。法比奥•马尔基奥尼（Fabio Marchionni）的葡萄园坐落在林地对面，背后是亚平宁山脉（Appenine）的山峰。园里采用有机方式耕种，但拒绝走向极端。生产的维蒂奇诺（Verdicchio）有着鲜明的特性，陈化时间越长，这个特性越突出。虽然要过几年才能饮用，但我们现在已经无法抵挡它朝气蓬勃、丰富活跃的味道。它的2012年款散发着柑橘、山楂和鹅卵石的纯净的芳香，酸味和咸味不断地刺激味蕾，令你兴奋无比。

○ Verdicchio di Matelica Collestefano '12	🍷🍷🍷 2*
⊙ Rosa di Elena '12	🍷🍷 2*
○ Verdicchio di Matelica Collestefano '07	🍷🍷🍷 2*
○ Verdicchio di Matelica Collestefano '06	🍷🍷🍷 2*
⊙ Rosa di Elena '10	🍷🍷 2*
⊙ Rosa di Elena '08	🍷🍷 2*
○ Sauvignon '09	🍷🍷 2*
○ Verdicchio di Matelica Collestefano '11	🍷🍷 2*
○ Verdicchio di Matelica Collestefano '10	🍷🍷 2*
○ Verdicchio di Matelica Collestefano '09	🍷🍷 2*
○ Verdicchio di Matelica Collestefano '08	🍷🍷 2*

Colli di Serrapetrona

VIA COLLI, 7/8
62020 SERRAPETRONA [MC]
TEL. 0733908329
www.collidiserrapetrona.it

藏酒销售
预约参观
膳宿接待
年产量 80 000 瓶
葡萄种植面积 20 公顷

在马尔凯区（Marche），塞拉佩特罗纳（Serrapetrona）的地理环境显得非常独特，山峦的高度快赶上亚平宁山脉(Apennines)。这里种植着本土的黑维奈西卡（Vernaccia Nera）葡萄，这种强健的葡萄个性粗野，通常用于酿制带甜味的起泡酒。已有近10年历史的科里•塞拉佩特罗纳（Colli di Serrapetrona）酒庄对这种葡萄的用途产生了质疑，尝试以它作原料酿制一些层次鲜明的静止红葡萄酒。酒庄形成了很多特有的做法，比如严格遵守酚醛树脂陈化法，用较大的木桶取代此前使用的酒桶。这些做法产生了令人兴奋的效果，所有酿成的单一品种的维奈西卡（Vernaccias）都非常出色。其中2008年款的罗比奥内（Robbione）拥有浓厚果味的芳香和结构紧致的单宁。

● Pinot Nero '09	🍷🍷 5
● Serrapetrona Collequanto '11	🍷🍷 3
● Serrapetrona Robbione '08	🍷🍷 5
● Sommo '09	🍷🍷 4
⊙ Serrarosa '12	🍷 2
● Serrapetrona Collequanto '08	🍷🍷 2*
● Serrapetrona Collequanto '07	🍷🍷 2*
● Serrapetrona Robbione '06	🍷🍷 4
● Sommo '06	🍷🍷 4

Cantina Cològnola

loc. Cològnola
62011 Cingoli [MC]
Tel. 0733616438
www.agrarialombardi.it

藏酒销售
预约参观
年产量 65 000 瓶
葡萄种植面积 20 公顷

如果你是这本《年鉴》的忠实读者，你会发现孔洛格诺拉（Cantina Cològnola）酒庄并不是新面孔，不过，自从在2011年被企业家瓦尔特•达里尼（Walter Darini）从隆巴尔迪（Lombardi）家族手里收购后，它发生了翻天覆地的变化。首先，酒窖按照最先进的标准重新装修。其次，年轻的酿酒师加布里尔•维拉尼（Gabriele Villani）带领的一个技术团队来到这里效力。一些葡萄园和葡萄酒款还保持着过去的面貌，等待新主人加以投入生产。对酒庄最重要的一点是，与斯塔弗洛（Staffolo）咫尺之遥的这片未开发的沃土未曾改变，且已经证明了它能孕育出迷人的酒品。在品酒会上，朴素优雅的2011年款吉法（Ghiffa）让我们印象深刻，散发着八角和药草的芳香，口感精准干净。要不是今年过热的天气使它缺乏一些活力的话，它的品质应该能更上一层楼。

○ Verdicchio dei Castelli di Jesi Cl. Ghiffa '11	🍷🍷 2*
○ Castelli di Jesi Verdicchio Cl. Labieno Ris. '10	🍷🍷 3
○ Brut M. Cl. Tango Brut '09	🍷 5
○ Brut Musa Verde '12	🍷 5
○ Verdicchio dei Castelli di Jesi Cl. Via Condotto '12	🍷 2
○ Esino Bianco Condotto '07	🍷🍷 2*
● Sestiere '06	🍷🍷 3
○ Verdicchio dei Castelli di Jesi Cl. Ghiffa '08	🍷🍷 2*
○ Verdicchio dei Castelli di Jesi Cl. Labieno Ris. '07	🍷🍷 3
○ Verdicchio dei Castelli di Jesi Cl. Sup. San Michele della Ghiffa '07	🍷🍷 3*
○ Verdicchio dei Castelli di Jesi Passito Cingulum '08	🍷🍷 5

Colonnara

via Mandriole, 6
60034 Cupramontana [AN]
Tel. 0731780273
www.colonnara.it

藏酒销售
预约参观
年产量 1 000 000 瓶
葡萄种植面积 120公顷
葡萄栽培方式 有机认证

科洛纳拉（Colonnara）酒庄创立于55年前，是马尔凯区（Marche）最古老的联营酒庄，酒窖显眼高架上摆放着的大量酒箱也在提醒人们它的悠久历史。地下室里，各个年份的库雷斯（Cuprese）葡萄酒陈列其中。这款晶莹剔透的酒是一件珍品，因为它从1991年开始至今大量吸收了维蒂奇诺（Verdicchio）葡萄酒领域的精华。除了架子上的年份酒外，阴凉的房间还放置着许多像谜一样的支架。这些支架象征着酒庄的另一旗舰酒品——起泡酒。2007年款的乌巴尔多•罗斯（Ubaldo Rosi）再次成为本地区最好的经典梅特多（Metodo Classico），它体态优雅，散发着香脂、优质药草和八角的气息，不过太多的柔顺感让它无缘最高奖项。多年来，我们品尝到了最好的库雷斯（Cuprese），它清晰地展现出经典形态，干果、花朵和草地鲜花转化成了柔顺优雅的口感，最后结束在可口的略带苦味的余韵，真可谓是纯正的维蒂奇诺（Verdicchio）葡萄酒。

○ Verdicchio dei Castelli di Jesi Brut M. Cl. Ubaldo Rosi '07	🍷🍷 5
○ Verdicchio dei Castelli di Jesi Cl. Sup. Cuprese '12	🍷🍷 2*
○ Verdicchio dei Castelli di Jesi Cl. Brut Luigi Ghislieri	🍷🍷 4
● Tornamagno '09	🍷 3
○ Verdicchio dei Castelli di Jesi Spumante Cuvée Tradition	🍷 4
○ Verdicchio dei Castelli di Jesi M. Cl. Brut Ubaldo Rosi Ris. '06	🍷🍷🍷 5
○ Verdicchio dei Castelli di Jesi Cl. Portonuovo '10	🍷🍷 2*
○ Verdicchio dei Castelli di Jesi Cl. Sup. Cuprese '11	🍷🍷 2*
○ Verdicchio dei Castelli di Jesi Cl. Sup. Cuprese '10	🍷🍷 2*

Conti di Buscareto

FRAZ. PIANELLO
VIA SAN GREGORIO, 66
60010 OSTRA [AN]
TEL. 0717988020
www.contidibuscareto.com

藏酒销售
预约参观
年产量 220 000 瓶
葡萄种植面积 70 公顷

恩里科•吉亚科梅丽（Enrico Giacomelli）和克劳迪奥•加贝利尼（Claudio Gabellini）的酒庄有三处生产基地。最主要的葡萄品种黑泪珠（Lacrima nera）集中分布在酒庄周围的葡萄园；圣乔维斯（Sangiovese）和蒙特布查诺（Montepulciano）葡萄栽种在更偏南、位于安科纳（Ancona）行政区中心的地块；而维蒂奇诺（Verdicchio）则处于所在指定区最北端的高山上，生长在广阔的阿尔切维亚（Arcevia）葡萄园。酒窖面积大、配置好，出产的葡萄酒不拘一格、紧跟潮流，迎合了市场需求，一些年份适宜的酒还能争取到更多的关注。2010年款的泪珠•帕赛托（Lacrima Passito）是一款佳作，桑葚、矿物质、干玫瑰花瓣和瓶装的黑樱桃融为一体，促成了浓郁的香气、平衡的酒体和细腻稠厚的口感。相信你永远不会对它厌倦。

● Lacrima di Morro d'Alba Passito '10	🍷🍷 3*
● Lacrima di Morro d'Alba '12	🍷🍷 2*
● Lacrima di Morro d'Alba Compagnia della Rosa '07	🍷🍷 3
● Rosso Piceno '11	🍷🍷 2*
○ Verdicchio dei Castelli di Jesi '12	🍷🍷 2*
● Crimà '12	🍷 2
⊙ Rosé '12	🍷 3
○ Tyche '12	🍷 2
● Bisaccione '08	🍷🍷 5
● Bisaccione '07	🍷🍷 5
● Lacrima di Morro d'Alba '10	🍷🍷 2*
● Lacrima di Morro d'Alba '09	🍷🍷 2*
● Lacrima di Morro d'Alba Passito '08	🍷🍷 3
● Rosso Piceno '08	🍷🍷 2*
○ Verdicchio dei Castelli di Jesi '09	🍷🍷 2*

Coroncino

C.DA CORONCINO, 7
60039 STAFFOLO [AN]
TEL. 0731779494
coroncino@libero.it

藏酒销售
预约参观
年产量 45 000 瓶
葡萄种植面积 9.5 公顷

如果你问卢西奥•卡内斯特拉里（Lucio Canestrari）喜欢哪一种耕作方法，他会简洁地说“最切合实际的一种”。这样的回答似乎有些闪烁其词，但真正了解他的人会知道他投入到葡萄园的时间太多了。葡萄园的主要地块位于斯佩斯齐亚（Spescia），处在斯塔弗洛（Staffolo）和库普拉蒙塔纳（Cupramontana）之间，人造化学品甚至重金属在园内都被限制使用。出色的判断力促使卢西奥优先使用成熟的葡萄，由此酿制出的酒品内涵丰富、榨取充分、甘醇油浓度高。酒窖里，人工干预和二氧化硫的使用被限制在最低程度。葡萄汁主要放置在不锈钢桶，盖奥斯皮诺（Gaiospino）的精选系列则被放在不常使用的酒桶里陈化。虽然2010年款的盖奥斯皮诺（Gaiospino）太过温顺柔和，但总的来说，它充满个性，酒体复杂，带有氧化的香气，抿上一口，浓烈的风味喷射而出，绵延不断。2011年款的伊莱•科龙西诺（Il Coroncino）同样如此。

○ Verdicchio dei Castelli di Jesi Cl. Sup. Gaiospino '10	🍷🍷 4
○ Verdicchio dei Castelli di Jesi Cl. Sup. Il Coroncino '11	🍷🍷 2*
○ Verdicchio dei Castelli di Jesi Cl. Sup. Il Bacco '11	🍷 2
○ Verdicchio dei Castelli di Jesi Cl. Sup. Gaiospino '03	🍷🍷🍷 4
○ Verdicchio dei Castelli di Jesi Cl. Sup. Gaiospino '97	🍷🍷🍷 4*
○ Verdicchio dei Castelli di Jesi Cl. Sup. Gaiospino '09	🍷🍷 4
○ Verdicchio dei Castelli di Jesi Passito Bambulè '10	🍷🍷 3
○ Verdicchio dei Castelli di Jesi Passito Oracacio '10	🍷🍷 3

Tenuta De Angelis

via San Francesco, 10
63030 Castel di Lama [AP]
Tel. 073687429
www.tenutadeangelis.it

藏酒销售
预约参观
年产量 500 000 瓶
葡萄种植面积 50 公顷

昆托•法斯蒂（Quinto Fausti）管理着皮切诺（Piceno）地区最著名的酒庄之一，小型的葡萄园位于奥菲达（Offida）的传统中心地带，处在卓越的葡萄酒产区中。昆托在这里充分利用蒙特布查诺（Montepulciano）葡萄的丰富内涵和可靠品质，酿制出了多款酒体丰满成熟、果香突出、单宁微妙的桃红皮切诺葡萄酒（Rosso Piceno）。白葡萄酒的酿制通常采用典型的帕斯琳娜（Passerina）和派科琳诺葡萄（Pecorino），不过昆托也从不放弃使用扎比安奴（Trebbiano）葡萄酿制法雷里奥（Falerio）和单一品种的莎当尼（Chardonnay）。大面积的酒窖成了传统发酵的基地，在还原性环境中酿制出的白葡萄酒倍受当地人的欢迎；红葡萄酒则根据国际销售地的不同被放置在更小的木桶里。派科琳诺2012（Pecorino 2012）优美迷人，香味醇厚，在浓烈风味和丰富果汁之间达到平衡。

○ Offida Pecorino '12	▼▼ 2*
● Anghelos '11	▼▼ 3
○ Offida Passerina '12	▼▼ 2*
● Rosso Piceno '12	▼▼ 1*
● Rosso Piceno Sup. '11	▼▼ 2*
● Rosso Piceno Sup. Oro '09	▼ 3
● Anghelos '01	▽▽▽ 4
● Anghelos '99	▽▽▽ 4*
● Anghelos '10	▽▽ 3
● Anghelos '09	▽▽ 3
● Anghelos '07	▽▽ 3
● Rosso Piceno Sup. '10	▽▽ 2*

Fattoria Dezi

c.da Fontemaggio, 14
63029 Servigliano [FM]
Tel. 0734710090
fattoriadezi@hotmail.com

藏酒销售
预约参观
膳宿接待
年产量 50 000 瓶
葡萄种植面积 15 公顷

机灵的斯特凡诺•德齐（Stefano Dezi）穿梭在整个意大利乃至欧洲地区，目的是向市场推广他的葡萄酒。他是一位典型的马尔凯（Marche）人，实事求是，他为自己的出身感到自豪。但他回到位于康特拉达•凡特玛吉奥（Contrada Fontemaggio）的家中时，摇身一变成为酿酒商、酒窖之王，漫步在储藏着以派科琳诺（Pecorino）、维蒂奇诺（Verdicchio）和马尔维萨（Malvasia）葡萄为主要原料酿制的白葡萄酒的钢槽旁，和放置以单一品种蒙特布查诺（Montepulciano）酿成的雷吉纳•博斯科（Regina del Bosco）和圣乔维斯•索罗（SangioveseSolo）的小木桶边。在酒窖外，他的兄弟大卫（Davide）是个十足的葡萄种植人，无时无刻像修理草坪般悉心打理着葡萄园。葡萄园分布在酒庄周围，有着不同的方位和海拔高度。雷吉纳2010（Regina 2010）性格奔放、令人印象深刻。只需轻轻倒出，浓郁的芳香扑鼻而来，混合了莫利洛黑樱桃和香料的气息，且散发出明显的甘草味。

● Regina del Bosco '10	▼▼ 6
● Dezio '11	▼▼ 3
○ Falerio Pecorino P. '11	▼▼ 3
● Solo '11	▼ 6
● Regina del Bosco '06	▽▽▽ 6
● Regina del Bosco '05	▽▽▽ 6
● Regina del Bosco '03	▽▽▽ 6
● Solo Sangiovese '05	▽▽▽ 6
● Solo Sangiovese '01	▽▽▽ 5
● Solo Sangiovese '00	▽▽▽ 6
○ Le Solagne '10	▽▽ 3
● Regina del Bosco '09	▽▽ 6
● Solo '10	▽▽ 6

Fazi Battaglia

via Roma, 117
60031 Castelplanio [AN]
Tel. 073181591
www.fazibattaglia.it

藏酒销售
预约参观
年产量 2 000 000 瓶
葡萄种植面积 210 公顷

尽管已经是维蒂奇诺酒（Verdicchio）的主要出口商，但是法济•巴塔利亚（Fazi Battaglia）酒庄还是实行了大刀阔斧的改革。最明显的是，它把技术指导的工作委托给洛伦佐•朗迪（Lorenzo Landi），把分销渠道结构的工作交给经验老道的金巴利（Campari）团队负责。酒庄把重心放在耶西（Jesi）的白葡萄品种上，诠释出多种风格的酒品。圣西斯科（San Sisto）一直是醇厚的白葡萄酒，马萨奇奥（Massaccio）现在变得更优雅，而勒莫耶（Le Moie）和厄克奥斯（Ekeos）侧重呈现清新愉悦的香气。酒庄努力改良放在双耳长颈瓶的知名的迪吐鲁斯（Titulus），原因是它过去呈现了太多毫无个性的酒。精美的圣西斯科2010(San Sisto 2010)值得更高的赞誉，因为它口感柔顺连贯，最大化地呈现了维蒂奇诺（Verdicchio）葡萄的价值。

○ Castelli di Jesi Verdicchio Cl. San Sisto Ris. '10	🍷🍷🍷 4*
○ Arkezia '10	🍷🍷 5
○ Verdicchio dei Castelli di Jesi Cl. Sup. Massaccio '10	🍷🍷 3*
● Rosso Conero Ekeos '12	🍷🍷 3
○ Verdicchio dei Castelli di Jesi Cl. Sup. Ekeos '12	🍷🍷 3
○ Verdicchio dei Castelli di Jesi Cl. Sup. Le Moie '12	🍷🍷 2*
● Conero Passo del Lupo Ris. '10	🍷 4
○ Verdicchio dei Castelli di Jesi Cl. Titulus '12	🍷 2
○ Verdicchio dei Castelli di Jesi Cl. San Sisto Ris. '09	🍷🍷🍷 4*
○ Verdicchio dei Castelli di Jesi Cl. San Sisto Ris. '07	🍷🍷🍷 4

Andrea Felici

via Sant'Isidoro, 28
62021 Apiro [MC]
Tel. 0733611431
www.andreafelici.it

藏酒销售
预约参观
年产量 35 000 瓶
葡萄种植面积 7 公顷
葡萄栽培方式 有机认证

里奥•费里奇（Leo Felici）的故事是一个奇迹。他总有用不完的精力，深爱着葡萄种植的工作。出于这一点，他淡定地脱下破旧的工作服，换上时下流行的优雅服饰，或者说，走下拖拉机，坐上前往日本的飞机。他酿制的维蒂奇诺（Verdicchio）葡萄酒只使用不锈钢桶，风格传统而不乏现代感，有机方法的恰当使用造就了酒品的晶莹剔透。在葡萄酒生产上，他的最佳帮手是阿皮罗（Apiro）出色的山地环境，耶西（Jesi）的强度、力度和马泰利卡（Matelica）给予的深厚矿物质气息融为一体。第二代的坎尼科2010（Il Cantico 2010）活力十足，香气清新，风味浓郁，其达到的高度可与2009年款相媲美。它充满个性和潜力，是一款不容错过的好酒。

○ Castelli di Jesi Verdicchio Cl. Il Cantico della Figura Ris. '10	🍷🍷🍷 4*
○ Verdicchio dei Castelli di Jesi Cl. Sup. Andrea Felici '12	🍷🍷 2*
○ Verdicchio dei Castelli di Jesi Cl. Il Cantico della Figura Ris. '09	🍷🍷🍷 4*
○ Verdicchio dei Castelli di Jesi Cl. Il Cantico della Figura Ris. '08	🍷🍷 4
○ Verdicchio dei Castelli di Jesi Cl. Il Cantico della Figura Ris. '07	🍷🍷 4
○ Verdicchio dei Castelli di Jesi Cl. Sup. Andrea Felici '11	🍷🍷 2*
○ Verdicchio dei Castelli di Jesi Cl. Sup. Andrea Felici '10	🍷🍷 2*
○ Verdicchio dei Castelli di Jesi Cl. Sup. Andrea Felici '09	🍷🍷 2

Fiorano

C.DA FIORANO, 19
63030 COSSIGNANO [AP]
TEL. 073598446
www.agrifiorano.it

藏酒销售
预约参观
膳宿接待
年产量 30 000 瓶
葡萄种植面积 5 公顷
葡萄栽培方式 有机认证

小即是美。因为这意味着保罗•伯莱塔（Paolo Beretta）可以在他那种植派科琳诺（Pecorino）、圣乔维斯（Sangiovese）和蒙特布查诺（Montepulciano）的葡萄园里采用有机方法。同时，他也能够监控在与葡萄园咫尺之遥、设计巧妙的酒窖内进行的酒品酿制和陈化等各个阶段。当然，这是一种手工艺生产模式，忠实诠释品种特性，尤其是对于红葡萄酒，旨在呈现收获葡萄的特点和多变天气带来的影响。酒庄唯一的白葡萄酒产品是逐渐减产的单一品种派科琳诺（Pecorino）。在我们的品酒会上，多纳•奥吉拉2012（Donna Orgilla 2012）向我们展示了它的优秀。它桃色果味丰富，动感十足，最后以柑橘风味的余韵结束。

○ Offida Pecorino Donna Orgilla '12	🍷🍷 3
● Rosso Piceno Sup. Terre di Giobbe '10	🍷🍷 3
● Sangiovese '12	🍷 2
● Fiorano Sangiovese '10	🍷🍷 2*
○ Offida Pecorino Donna Orgilla '11	🍷🍷 3
○ Offida Pecorino Donna Orgilla '10	🍷🍷 3*
○ Offida Pecorino Donna Orgilla '09	🍷🍷 3*
● Rosso Piceno Sup. Terre di Giobbe '09	🍷🍷 2*
● Rosso Piceno Sup. Terre di Giobbe '08	🍷🍷 2*
● Rosso Piceno Sup. Terre di Giobbe '06	🍷🍷 3*
● Sangiovese '11	🍷🍷 2*

Cantine Fontezoppa

C.DA SAN DOMENICO, 38
62012 CIVITANOVA MARCHE [MC]
TEL. 0733790504
www.cantinefontezoppa.it

藏酒销售
预约参观
膳宿接待
年产量 290 000 瓶
葡萄种植面积 38 公顷

冯特宗帕（Fontezoppa）酒庄的葡萄酒融合了马切拉塔（Macerata）地区的各种风土特性。位于奇维塔诺瓦•阿尔塔（Civitanova Alta）的葡萄园坐落在海边，方位多变，种植加本内（Cabernet）、梅洛（Merlot）、圣乔维斯（Sangiovese）、派科琳诺（Pecorino）和马可兰蒂诺（Maceratino）葡萄。位于赛拉派特罗纳（Serrapetrona），处在亚平宁山脉（Apennine）前的葡萄园栽种了黑维奈西卡（Vernaccia Nera）和黑比诺（Pinot nero）葡萄。在马泰利卡（Matelica）则栽种了维蒂奇诺（Verdicchio）葡萄。经验老到的酿酒师乔瓦尼•巴索（Giovanni Basso）十分精通处理各个葡萄品种，利用分开发酵和小木桶陈化等各种渠道保持其品种特性。赛拉派特罗纳（Serrapetrona）出产的葡萄反映了地域的最佳风土特性。维奈西卡（Vernaccia）把产地特色赋予了优雅不凡、芳香迷人的经典桃红梅特多葡萄酒2010（Rosé Metodo Classico 2010）和辛辣味、单宁味浓厚却带有微妙青草气息的法尔科托2009（Falcotto 2009）。此外，黑皮诺（Pinot Nero）葡萄造就了优雅浓烈的戴迪卡托•皮埃罗2008（Dedicato a Piero 2008）。

● Dedicato a Piero '08	🍷🍷 6
● Marche Rosso '11	🍷🍷 2*
⊙ Rosé M. Cl. '10	🍷🍷 5
● Serrapetrona Falcotto '09	🍷🍷 4
● Carapetto '10	🍷 5
○ Marche Bianco '12	🍷 2
● Mariné '09	🍷 3
○ Colli Maceratesi Ribona '10	🍷🍷 4
○ Colli Maceratesi Ribona '09	🍷🍷 2*
⊙ Frapicci '11	🍷🍷 3
● Marche Rosso '10	🍷🍷 3
● Marche Rosso '09	🍷🍷 2*
● Serrapetrona Falcotto '08	🍷🍷 5
○ Verdicchio di Matelica '11	🍷🍷 3
○ Verdicchio di Matelica '10	🍷🍷 2*

★Gioacchino Garofoli

via Carlo Marx, 123
60022 Castelfidardo [AN]
Tel. 0717820162
www.garofolivini.it

藏酒销售
预约参观
年产量 2 000 000 瓶
葡萄种植面积 42 公顷

卡罗（Carlo）和詹弗兰科•格洛佛利（Gianfranco Garofoli）的优势在于齐全的酒品系列与各系列酒品的高品质，他们的很多酒款可以步入地区的最佳行列。酒庄的主打酒是维蒂奇诺（Verdicchio），其原料葡萄一部分来自知名墩座墙旁的塞拉•康帝（Serra de' Conti），一部分来自塞拉•菲奥雷塞（Serra Fiorese），前者陈化在不锈钢桶里，后者陈化在小橡木桶里，产出的成品是优雅发泡的白香槟（Blanc de Blancs）。酒庄的另一种主要葡萄蒙特布查诺（Montepulciano），种植在贡雷诺山（Mount Conero）的石灰土上，以其为原料酿制出科内罗（Conero）、美味的桃红科马洛斯葡萄酒（Rosé Kòmaros）和极其迷人的经典桃红梅特多葡萄酒（Metodo Classico Rosé）。坡迪乌姆2011（Podium 2011）是一款佳酿，尽管生产年份的条件不佳，但还能具备最精致的风格，香脂和橙皮混合一体，打造了整洁、紧致的口感。

○ Verdicchio dei Castelli di Jesi Cl. Sel. GG Ris. '08	🍷🍷🍷 6
○ Verdicchio dei Castelli di Jesi Cl. Sup. Podium '11	🍷🍷 4
⊙ Kòmaros '12	🍷🍷 2*
○ Verdicchio dei Castelli di Jesi Brut Delis '10	🍷🍷 4
○ Verdicchio dei Castelli di Jesi Cl. Serra Fiorese '08	🍷🍷 4
○ Verdicchio dei Castelli di Jesi Cl. Sup. Macrina '12	🍷🍷 2*
○ Brut Charmat	🍷 3
○ Verdicchio dei Castelli di Jesi Cl. Sup. Podium '10	🍷🍷🍷 4*
○ Verdicchio dei Castelli di Jesi Cl. Sup. Podium '08	🍷🍷🍷 3
○ Verdicchio dei Castelli di Jesi Cl. Sup. Podium '04	🍷🍷🍷 3*

Fattoria Laila

via San Filippo sul Cesano, 27
61040 Mondavio [PU]
Tel. 0721979353
www.fattorialaila.it

藏酒销售
预约参观
年产量 140 000 瓶
葡萄种植面积 42 公顷

莱本奇（Libenzi）家族的酒庄位于佩扎罗（Pesaro）省的蒙达维奥（Mondavio），种植蒙特布查诺（Montepulciano）、维蒂奇诺（Verdicchio）和圣乔维斯（Sangiovese）的葡萄园坐落在安科纳（Ancona）省。经过漫长的整修工作后，附近的科里纳尔多（Corinaldo）葡萄园开始结出硕果。阿尔蒂德•莱本奇（Artide Libenzi）建立的酒窖以其女儿莱拉（Laila）名字命名，虽然古老，仍能运转高效。钢桶被用来陈酿年代较近的酒品，而小木桶则留来陈酿更为雄心勃勃的酒款。维蒂奇诺•莱鲁姆2011（Verdicchio Lailum 2011）真是一款佳酿，新鲜活跃的芳香混进了柑橘、苹果和杏仁果味，含在口里，虽然它的酒精含量不高，但口感十分强劲。最后，余韵空旷，完美融合了木桶的烟熏味和香橼皮的气息。

○ Verdicchio dei Castelli di Jesi Cl. Lailum '11	🍷🍷 4
● Rosso Conero Fattoria Laila '12	🍷🍷 3
● Rosso Piceno Fattoria Laila '12	🍷🍷 3
○ Verdicchio dei Castelli di Jesi Cl. Eklektikos '12	🍷🍷 3
○ Verdicchio dei Castelli di Jesi Cl. Sup. Fattoria Laila '12	🍷🍷 2*
● Rosso Piceno Lailum '11	🍷 5
● Rosso Conero Fattoria Laila '11	🍷🍷 2*
● Rosso Piceno Fattoria Laila '11	🍷🍷 2*
● Rosso Piceno Lailum '10	🍷🍷 3
○ Verdicchio dei Castelli di Jesi Cl. Eklektikos '11	🍷🍷 2*
○ Verdicchio dei Castelli di Jesi Cl. Sup. Fattoria Laila '11	🍷🍷 2*

Conte Leopardi Dittajuti

via Marina II, 24
60026 Numana [AN]
Tel. 0717390116
www.conteleopardi.com

藏酒销售
预约参观
年产量 250 000 瓶
葡萄种植面积 44 公顷

皮耶维托里奥•莱奥帕尔迪（Piervittorio Leopardi）的酒庄有四处生产基地。主打品种蒙特布查诺（Montepulciano）和一些苏维翁（Sauvignon）葡萄主要种植在邻近亚德里亚海（Adriatic）的高宝•西罗络（Coppo di Sirolo）和萨瓦奇•努马纳（Svarchi di Numana）的白垩土壤上，不过更多的蒙特布查诺（Montepulciano）来自卡斯特尔菲达多（Castelfidardo）周边的蒙特•卡米隆内（Monte Camillone）葡萄园。维蒂奇诺（Verdicchio）葡萄栽种在酒庄在库普拉蒙塔纳（Cupramontana）地区唯一的租用地块上。所有的葡萄园方位极佳，温暖的气候和良好的通风，使得人工种植处理可被控制在最低限度。工人们在酒窖内运用了多种现代的技术。红葡萄酒的陈化在小橡木桶进行。桃红科内罗•马里纳葡萄酒2010（Rosso Conero Villa Marina 2010）相当不错，果香清新，美味醇厚，柔顺紧致的单宁更是锦上添花。

● Rosso Conero Villa Marina '10	🍷🍷 3*
⊙ Rosé del Coppo '12	🍷🍷 2*
● Rosso Conero Fructus '12	🍷🍷 2*
○ Verdicchio dei Castelli di Jesi Cl. Artemano '11	🍷🍷 2*
○ Verdicchio dei Castelli di Jesi Cl. Castelverde '12	🍷🍷 2*
○ Calcare '12	🍷 3
● Conero Pigmento Ris. '10	🍷 5
● Rosso Conero Casirano '11	🍷 3
○ Villamarina Brut	🍷 3
○ Calcare '11	🍷🍷 3*
● Conero Pigmento Ris. '09	🍷🍷 5
● Conero Pigmento Ris. '08	🍷🍷 5
● Rosso Conero Casirano '10	🍷🍷 3
○ Verdicchio dei Castelli di Jesi Cl. Castelverde '11	🍷🍷 2*

Roberto Lucarelli

loc. Ripalta
via Piana, 20
61030 Cartoceto [PU]
Tel. 0721893019
www.laripe.com

藏酒销售
预约参观
年产量 200 000 瓶
葡萄种植面积 26 公顷

橄榄油是卡尔托切托（Cartoceto）的主要产品，马尔凯（Marche）唯一的原产地保护（PDO）橄榄油正来源于此。不过，这片风景的翠绿连绵并非只是来自橄榄树，葡萄藤同样发挥了重要作用，这一点对罗伯托•卢卡雷利（Roberto Lucarelli）酒庄来说更是如此。酒庄的葡萄田主要栽种了本地的白莳萝（Bianchello）和圣乔维斯（Sangiovese）葡萄，以及用来酿制易于上口的单一品种酒或混入圣乔维斯（Sangiovese）所酿酒品的国际品种。酒窖风格现代、配备精良，有各种不同尺寸的钢槽和酒桶。两款白莳萝（Bianchello）向我们呈现了诠释柑橘类植物的艺术。拉里佩（La Ripe）尤为柔软顺滑，而部分陈酿在酒桶里的迷人的罗阔（Rocho）则果汁丰富、美味异常，只是余韵少了一点宽广度。莎当尼2012（Chardonnay 2012）口感非常出色。

○ Bianchello del Metauro La Ripe '12	🍷🍷 2*
○ Bianchello del Metauro Rocho '11	🍷🍷 2*
○ Chardonnay '12	🍷🍷 2*
● Colli Pesaresi Sangiovese Insieme Ris. '11	🍷🍷 4
○ SamuFè	🍷🍷 4
● Colli Pesaresi Sangiovese Goccione '09	🍷 3
○ Esther Brut	🍷 2
○ Sauvignon '12	🍷 2
○ Bianchello del Metauro La Ripe '10	🍷🍷 2*
○ Bianchello del Metauro La Ripe '09	🍷🍷 2*
○ Bianchello del Metauro Rocho '10	🍷🍷 2*
○ Bianchello del Metauro Rocho '09	🍷🍷 2*

Mario Lucchetti

via Santa Maria del Fiore, 17
60030 Morro d'Alba [AN]
Tel. 073163314
www.mariolucchetti.it

藏酒销售
预约参观
年产量 150 000 瓶
葡萄种植面积 25 公顷

莫罗•阿尔巴（Morro d'Alba）小镇位于塞尼加利亚（Senigallia）的后部，盛产芳香独特的本土葡萄黑泪珠（Lacrima Nera）。在这个虽小却活力十足的小镇里，马里奥•卢切蒂（Mario Lucchetti）酒庄是作为里程碑式的存在着。马里奥（Mario）的成功纯粹是靠经验，自20世纪70年代中期起，他就在土地状况佳、方位多样的葡萄田里工作。现在，他的儿子保罗（Paolo）也加入到父亲的经营队伍，给酒庄带来了新的活力。酒庄出品的三款泪珠（Lacrima）非常别致，既有清新芳香的丰收年份葡萄酒，也有结构紧致的卡特罗（Guardengo），阿玛诺（Amarone）风格的马里亚索尔（Mariasole）则源自全干的葡萄。跟往常一样，他们使用维蒂奇诺（Verdicchio）葡萄生产了两款单一品种的白葡萄酒，这个耶西（Jesi）地区的典型品种已经是他们葡萄园里的熟面孔了。品酒会上，可口的卡特罗2011（Guardengo 2011）受到了表彰，它果汁丰富，散发出原种葡萄的浓郁的花香。

● Lacrima di Morro d'Alba '12	🍷🍷 2*
● Lacrima di Morro d'Alba Sup. Guardengo '11	🍷🍷 3
○ Verdicchio dei Castelli di Jesi Cl. Sup. '12	🍷🍷 3
● Lacrima di Morro d'Alba Mariasole '10	🍷 6
○ Verdicchio dei Castelli di Jesi Cl. '12	🍷 2
● Lacrima di Morro d'Alba '08	🍷🍷 2*
● Lacrima di Morro d'Alba Passito '07	🍷🍷 5
● Lacrima di Morro d'Alba Sup. Guardengo '10	🍷🍷 3
○ Verdicchio dei Castelli di Jesi Cl. '11	🍷🍷 2*
○ Verdicchio dei Castelli di Jesi Cl. Sup. '11	🍷🍷 3
○ Verdicchio dei Castelli di Jesi Cl. Sup. '08	🍷🍷 2*

Ma.Ri.Ca.

via Acquasanta, 7
60030 Belvedere Ostrense [AN]
Tel. 0731290091
www.cantinamarica.it

藏酒销售
预约参观
年产量 70 000 瓶
葡萄种植面积 15 公顷

莫里科尼（Moriconi）家族拥有的酒庄位于耶西(Jesi)和莫罗•阿尔巴（Morro d'Alba）之间，至今已有20年的历史。他们花费了相当多的精力来酿造维蒂奇诺（Verdicchio）和黑泪珠（Lacrima Nera）葡萄酒。事实上，这两款酒的生产具有互补性，呈现的品质都证明了起伏平缓的泥灰山丘十分适合它们的生长。酒窖面积大，主要陈列着不锈钢酒槽。葡萄酒的酿制使用古典的发酵法和短暂的陈化。过去几年，我们见识了他们的旗舰酒品图斯乌斯（Tosius）有能力在装瓶后的几年间轻松地提高自身质量。它的2012年款同样具有这种可靠的特质，酒体丰满，果汁丰富，口感绵长，呈现了该葡萄典型的特性。

○ Verdicchio dei Castelli di Jesi Cl. Sup. Tosius '12	🍷🍷 3*
● Lacrima di Morro d'Alba Ramosceto '12	🍷🍷 2*
○ Verdicchio dei Castelli di Jesi Cl. Tregaso '12	🍷🍷 1*
● Baroncesco '11	🍷 2
● Lacrima di Morro d'Alba Sup. Castello di Ramosceto '11	🍷 2
● Lacrima di Morro d'Alba Ramosceto '09	🍷🍷 2*
● Lacrima di Morro d'Alba Sup. Castello di Ramosceto '09	🍷🍷 2*
○ Verdicchio dei Castelli di Jesi Cl. Sup. Aurato Ris. '09	🍷🍷 3
○ Verdicchio dei Castelli di Jesi Cl. Sup. Tosius '10	🍷🍷 2*
○ Verdicchio dei Castelli di Jesi Cl. Tregaso '10	🍷🍷 1*

Stefano Mancinelli

via Roma, 62
60030 Morro d'Alba [AN]
Tel. 073163021
www.mancinellivini.it

藏酒销售
预约参观
膳宿接待
年产量 150 000 瓶
葡萄种植面积 25 公顷

在塞尼加利亚（Senigallia）背后、距离海边约10公里的山丘上，生长着稀有、独特且难驯的黑泪珠（Lacrima Nera）葡萄。显著的花香、强劲浓烈的单宁给一些独特的红葡萄酒打上了烙印。曼齐纳利（Mancinelli）家族最先带领这种酒冲出本地，赢得广泛赞誉。他们研究它的基因特质、适应不同生长条件的能力和做成葡萄干的经营前景。酒窖里，他们甚至使用二氧化碳浸渍法来增加芳香程度，使用半木桶陈化的方法来提高抗酚醛的能力。有了这些，曼齐纳利家族（Mancinellis）成为莫罗•阿尔巴•泪珠（Lacrima di Morro d'Alba）的代名词也就不奇怪了。花香浓郁的顶级泪珠2011（Lacrima Superiore 2011）结构均衡，口感柔顺。

○ Cu de Cu Passito	🍷🍷 5
● Lacrima di Morro d'Alba Passito Re Sole '07	🍷🍷 5
○ Verdicchio dei Castelli di Jesi Passito Stell '08	🍷🍷 5
● Lacrima di Morro d'Alba Santa Maria del Fiore '11	🍷🍷 2*
● Lacrima di Morro d'Alba Sup. '11	🍷🍷 3
● Terre dei Goti '08	🍷🍷 5
● Lacrima di Morro d'Alba Sensazioni di Frutto '12	🍷 2
○ Verdicchio dei Castelli di Jesi Cl. '12	🍷 2
○ Verdicchio dei Castelli di Jesi Cl. Sup. '12	🍷 2
● Lacrima di Morro d'Alba Passito Re Sole '06	🍷🍷 4
● Lacrima di Morro d'Alba Sup. '10	🍷🍷 3*
● Lacrima di Morro d'Alba Sup. '09	🍷🍷 3

Filippo Maraviglia

loc. Pianné, 584
62024 Matelica [MC]
Tel. 0737786340
www.vinimaraviglia.com

藏酒销售
预约参观
年产量 30 000 瓶
葡萄种植面积 27 公顷

在瓦莱西纳上游地带（Upper Vallesina），葡萄酒酿造业的发展似乎比较平缓，但事实远非如此。在独特风土的驱动下，一座座新酒庄拔地而起。菲利波•马拉维格里亚（Filippo Maraviglia）自2004年涉足这个行业起，几年来，我们有趣地看到，在经历了一些坎坷后，他终于酿制出了好的酒品。他遵循手工酿酒的宗旨，发动全家族一起来经营酒庄。他的葡萄园位于海拔350米到450米之间，种植有维蒂奇诺（Verdicchio）、圣乔维斯（Sangiovese）和波尔多（Bordeaux）葡萄。其中，波尔多（Bordeaux）葡萄用来酿制他唯一的红葡萄酒——博斯科（Bosco），它的2011年款充满着红色的浆果，易于上口。不过我们对马泰利卡（Matelicas）更感兴趣。在不锈钢桶里陈化的阿拉里科（Alarico）散发马泰利卡（Matelica）典型的果脯和春天花朵的气息，悠长优雅的美味在嘴里喷薄而出。

○ Verdicchio di Matelica Alarico '12	🍷🍷 2*
○ Verdicchio di Matelica Grappoli d'Oro Ris. '09	🍷🍷 3*
● Colli Maceratesi Rosso Bosco '11	🍷🍷 2*

Marotti Campi

via Sant'Amico, 14
60030 Morro d'Alba [AN]
Tel. 0731618027
www.marotticampi.it

藏酒销售
预约参观
膳宿接待
年产量 185 000 瓶
葡萄种植面积 56 公顷

这座位于莫罗•阿尔巴（Morro d'Alba）的酒庄注定要致力于泪珠（Lacrima）葡萄的生产。这种葡萄具有纯朴粗野的性情，充满了迷人的芳香和浓烈的单宁。洛伦佐•马罗蒂（Lorenzo Marotti）和他的酿酒师罗伯托•伯腾蒂尼（Roberto Potentini）努力消除对酒庄最不利的因素，带领酒庄走向国际市场。与此同时，他们不屈于只把维蒂奇诺（Verdicchio）葡萄酒当做酒品系列的一个附加品，而是想将它打造成有价值的资产，一款能沉着地经受岁月风霜的白葡萄酒。奥乔洛（Orgiolo）和萨尔玛里安诺（Salmariano）精选酒的出炉回报了酒庄众人的辛勤工作。它们有些陈化在小橡木桶里，所有酒品系列的品质都十分可靠。两款泪珠（Lacrima）的品质极为出色。香辣的奥格洛2011（Orgiolo 2011）结构复杂，单宁层次分明。

○ Castelli di Jesi Verdicchio Cl. Salmariano Ris. '10	🍷🍷 3
● Donderè '10	🍷🍷 3
● Lacrima di Morro d'Alba Orgiolo '11	🍷🍷 3
● Lacrima di Morro d'Alba Rùbico '12	🍷🍷 2*
⊙ Rosato '12	🍷🍷 2*
○ Verdicchio dei Castelli di Jesi Cl. Sup. Luzano '12	🍷🍷 2*
● Xyris '12	🍷🍷 2*
⊙ Brut Rosé '12	🍷 3
○ Verdicchio dei Castelli di Jesi Cl. Albiano '12	🍷 1*
○ Verdicchio dei Castelli di Jesi Cl. Salmariano Ris. '08	ΥΥΥ 3*
○ Verdicchio dei Castelli di Jesi Cl. Salmariano Ris. '07	ΥΥΥ 2*

Poderi Mattioli

via Farneto, 17a
60030 Serra de' Conti [AN]
Tel. 0731878676
www.poderimattioli.it

年产量 13 500 瓶
葡萄种植面积 5 公顷

在这个组织有序的新酒庄的墙壁上，排列着记录了家庭特殊时刻的大幅照片。这些照片本质上映射了维蒂奇诺（Verdicchio）已成为马托利（Mattoli）生活中不可或缺的一部分。这一点对其他种植者同样适用，他们来自最广阔、最集约风土之一的塞拉•康帝（Serra De' Conti）。马托利（Mattoli）的三个年龄在三四十岁不等的兄弟姐妹信心十足，因为他们精通于运用本地复杂的葡萄酒生产机制。焦尔达诺（Giordano）和莱蒂齐亚（Letizia）负责管理葡萄园，吉亚科莫（Giacomo）负责用钢桶来发酵和陈化葡萄酒。酒庄暂时只生产一款静止白葡萄酒，不过在未来会生产一款起泡的经典梅特多（Metodo Classico）和一款红葡萄酒。梦幻般的耶里斯2012（Ylice 2012）结合了八角、杏仁和诸如茴香与罗勒的香草芳香，清新和复杂感在口中萦绕，进而形成了优雅且动感十足的姿态。

○ Verdicchio dei Castelli di Jesi Cl. Sup. Ylice '12	🍷🍷🍷 2*
○ Verdicchio dei Castelli di Jesi Cl. Sup. Lauro '10	🍷🍷 3*
○ Verdicchio dei Castelli di Jesi Cl. Sup. Ylice '11	🍷🍷 2*

Valter Mattoni

C.DA PESCOLLA
63030 CASTORANO [AP]
TEL. 073687329

藏酒销售
年产量 5 500瓶
葡萄种植面积 3 公顷

虽然他身份证上的名字是瓦特•马托尼（Valter Mattoni），但大家都叫他拉罗恰（La Roccia）。所有从事皮切诺（Piceno）酿造的圈内人士都知道他的激情和他的外向性格，都能描绘出他的结实体型和与众不同的浓密头发，不过曾经的浓密头发现在也逐渐变为雪白颜色了。他的酒品遵照自然工艺的精神酿成，几公顷的葡萄园种植了古老的本土品种。拉罗恰（La Roccia）凡事亲力亲为，马尔科•卡索拉内蒂（Marco Casolanetti）时常在旁友善地提出建议。他的营销严格采用口头的方式，真诚的态度总让他的策略屡试不爽。阿尔舒拉2011（Arshura 2011）是一款我们期待已久的佳作。它本质上是一款蒙特布查诺（Montepulciano）葡萄酒，最佳的品种特质反映在暗黑的酒色和樱桃的芳香上，进而呈现出丰富的活力和强劲浓厚的果香。

● Arshura '11	🍷🍷🍷 3*
● Rosso Bordò '10	🍷🍷 8
⊙ Cose Cose '12	🍷🍷 2*
○ Trebbien '12	🍷🍷 2*
● Arshura '10	♀♀ 3*
● Arshura '09	♀♀ 3
● Arshura '08	♀♀ 3
⊙ Cose Cose '11	♀♀ 2*

★La Monacesca

C.DA MONACESCA
62024 MATELICA [MC]
TEL. 0733672641
www.monacesca.it

藏酒销售
预约参观
年产量 160 000 瓶
葡萄种植面积 30 公顷

1966年，卡西米罗•席福拉（Casimiro Cifola）买下了由法尔法（Farfa）建造的小教堂和修道院，几年后，这里葡萄园种植的维蒂奇诺（Verdicchio）结出了第一次果实，接着遵循当时并不常见的高品质理念酿造了葡萄酒。1982年，年轻的奥尔多（Aldo）加入了酒庄，开始走上职业的酿酒之路。已于2012年辞世的卡西米罗（Casimiro）亲眼见证了自己的品牌发展壮大，给整个产区争光添彩。米鲁姆（Mirum）这款出色的马泰利卡（Matelica），它的陈化在不锈钢桶里进行，依靠着他的儿子高超的商业技巧，这款酒倍受青睐。即使在糟糕的2011年，米鲁姆（Mirum）依然能延续其内涵丰富的风格，活跃的酸味平衡了残留的甜味，迷人丰裕的芳香，无论从八角花香到干草香，再到悠远的泥煤气息，使得酒品更为完美。

○ Verdicchio di Matelica Mirum Ris. '11	🍷🍷🍷 5
○ Verdicchio di Matelica '12	🍷🍷 3*
● Camerte '10	🍷 4
● Camerte '99	♀♀♀ 5
○ Mirum '94	♀♀♀ 3*
○ Mirus '91	♀♀♀ 5
○ Verdicchio di Matelica '94	♀♀♀ 3
○ Verdicchio di Matelica Mirum Ris. '10	♀♀♀ 4*
○ Verdicchio di Matelica Mirum Ris. '09	♀♀♀ 4
○ Verdicchio di Matelica Mirum Ris. '08	♀♀♀ 4
○ Verdicchio di Matelica Mirum Ris. '07	♀♀♀ 4*
○ Verdicchio di Matelica Mirum Ris. '06	♀♀♀ 4
○ Verdicchio di Matelica Mirum Ris. '04	♀♀♀ 4
○ Verdicchio di Matelica Mirum Ris. '02	♀♀♀ 3

Monte Schiavo

Fraz. Monteschiavo
via Vivaio
60030 Maiolati Spontini [AN]
Tel. 0731700385
www.monteschiavo.it

藏酒销售
预约参观
年产量 1 500 000 瓶
葡萄种植面积 115 公顷

皮尔拉里斯（Pieralisi）家族花一生的时间把橄榄树的耕作方式发展到现在这个规模，并运用相同的理念组织他们的酒庄，在配置先进设备的同时也不低估农艺的巨大价值。这一点在精心打理的葡萄园上显露无遗。除了20世纪90年代留下的遗产，即加本内（Cabernet）和梅洛（Merlot）葡萄外，其他的地块主要种植了本土葡萄品种。酒庄出品的精美维蒂奇诺（Verdicchio）拥有低调而现代的风格；红葡萄酒优雅芳香，但少了一点个性。勒•吉安卡偌陈酿2010（Le Giuncare Riserva 2010）相当出色的柠檬皮和八角散发出迷人的香气，柔软的口感和品种结构透出的风味在口中寻求平衡。不过在装瓶陈化的过程，它可能会暴露出欠缺复杂度。

○ Verdicchio dei Castelli di Jesi Cl. Le Giuncare Ris. '10	🍷🍷 3*
● Rosso Piceno Sassaiolo '10	🍷🍷 2*
○ Verdicchio dei Castelli di Jesi Cl. Coste del Molino '12	🍷🍷 2*
○ Verdicchio dei Castelli di Jesi Cl. Sup. Pallio di S. Floriano '12	🍷🍷 3
● Lacrima di Morro d'Alba Marzaiola '12	🍷 2
○ Verdicchio dei Castelli di Jesi Brut V. Tassanare	🍷 2
○ Verdicchio dei Castelli di Jesi Cl. Sup. Vino dell'Imperatore '11	🍷 3
● Rosso Conero Adeodato '00	🍷🍷🍷 5
○ Verdicchio dei Castelli di Jesi Cl. Sup. Pallio di S. Floriano '11	🍷🍷🍷 2*
○ Verdicchio dei Castelli di Jesi Cl. Sup. Pallio di S. Floriano '10	🍷🍷🍷 2*

Montecappone

via Colle Olivo, 2
60035 Jesi [AN]
Tel. 0731205761
www.montecappone.com

藏酒销售
预约参观
年产量 120 000 瓶
葡萄种植面积 70 公顷

詹卢卡（Gianluca）对维蒂奇诺（Verdicchio）葡萄酒了如指掌，它们充满新鲜浓厚的味道。詹卢卡采纳了洛伦佐•朗迪（Lorenzo Landi）的建议，建立了一个细致的耕作计划，在最热的种植年份里，他提早收割葡萄。酒窖里，他运用了多种形式的冷冻技术，包括干冰、控温技术和使用钢桶陈化以催发香气的产生。酒庄出品的红葡萄酒充分利用了蒙特布查诺（Montepulciano）典型的果香丰富的特性。维蒂奇诺•乌托皮亚2011（Verdicchio Utopia 2011）也许不能因酸度异常和紧实的风格而令人印象深刻，但其年轻的“兄弟酒品”——第二代的费德里科2012（Federico II 2012）正有这种特性，新鲜的果汁和咸咸的气味让它跻身最佳年代酒的行列。

○ Castelli di Jesi Verdicchio Cl. Utopia Ris. '11	🍷🍷 4
○ Verdicchio dei Castelli di Jesi Cl. Sup. Federico II A.D. 1194 '12	🍷🍷 3*
○ La Breccia '12	🍷🍷 3
● Rosso Piceno '12	🍷🍷 2*
● Tabano Rosso '11	🍷🍷 4
● Utopia '10	🍷🍷 5
○ Verdicchio dei Castelli di Jesi Cl. '12	🍷🍷 2*
⊙ Pergolesi 1710 '12	🍷 2
○ Tabano Bianco '12	🍷 3
○ Verdicchio dei Castelli di Jesi Cl. Utopia Ris. '08	🍷🍷🍷 4
○ Verdicchio dei Castelli di Jesi Cl. Utopia Ris. '07	🍷🍷🍷 4*
○ Castelli di Jesi Verdicchio Cl. Utopia Ris. '10	🍷🍷 4

Alessandro Moroder

via Montacuto, 121
60029 Ancona
Tel. 071898232
www.moroder-vini.it

藏酒销售
预约参观
年产量 130 000 瓶
葡萄种植面积 18 公顷
葡萄栽培方式 有机认证

亚历山德罗•莫罗德尔（Alessandro Moroder）多年来对酒庄采取的最重要的措施就是走上有机生产的道路。他在2012年葡萄收获期正好赶上了针对有机葡萄酒的欧洲法律开始生效，他也就顺利地出品了第一批有机认证的葡萄酒。从他1984年进入这一行业至今，这项在漫长发展道路上的最新举措，推动了生长在科内罗（Conero）岬角白垩土壤上的蒙特布查诺（Montepulciano）葡萄的发展。酒庄成功的秘诀是对葡萄园的精心打理。人工干预在酒窖内被加以限制。红葡萄酒在小型和中型的木桶里陈化，时间的流逝让该品种的活泼个性变得温顺。几个糟糕的年份削弱了更上层红葡萄酒的表现。多里科陈酿2009（Dorico Reserva 2009）呈现了一丝超越花香和香脂油的气息，不过入口之后，全面散发出有活力的酸味和丰富的单宁。

○ BianConero '12	🍷🍷 2*
⊙ Brut Rosé '12	🍷🍷 2*
● Conero Dorico Ris. '09	🍷🍷 5
○ Elleno '12	🍷 2
⊙ Rosa di Montacuto '12	🍷 2
● Rosso Conero Aiòn '11	🍷 2
● Rosso Conero Moroder '10	🍷 2
● Conero Dorico Ris. '05	🍸🍸🍸 5
● Rosso Conero Dorico '93	🍸🍸🍸 5
● Rosso Conero Dorico '90	🍸🍸🍸 5
● Rosso Conero Dorico '88	🍸🍸🍸 5
● Conero Dorico Ris. '08	🍸🍸 5
● Conero Dorico Ris. '07	🍸🍸 5
● Rosso Conero Moroder '09	🍸🍸 2*
● Rosso Conero Moroder '08	🍸🍸 2*

★Oasi degli Angeli

c.da Sant'Egidio, 50
63012 Cupra Marittima [AP]
Tel. 0735778569
www.kurni.it

藏酒销售
预约参观
年产量 5 000 瓶
葡萄种植面积 16 公顷

虽然马尔科•巴尔托莱蒂（Marco Casolanetti）学的是工程专业，但他凭着对葡萄酒的爱使他成为了一名葡萄酒评论专家。在生活搭档埃莱奥诺拉（Eleonora）的协助下，作为酿酒商的他运用了批判能力去观察、推断和改造葡萄酒，同时又不拘泥于传统。他的直觉引导他了解种植密度，完全使用酒桶，坚持做研究，从而认识了葡萄栽培和酿酒工艺的新门路。他酿制的葡萄酒，如取材于蒙特布查诺（Montepulciano）葡萄的库尔尼（Kurni）和取材于歌海娜（Grenache）葡萄的库普拉（Kupra），给芳香下了新定义，人们从天气、土壤和葡萄中开发出了酒体的细腻与平衡。出色的库普拉2010（Kupra 2010）有着极其复杂的香味，覆盆子、白巧克力、薰衣草、龙胆和野百里香交织成了一款优雅的混酿，酒体匀称，口感浓烈紧实。

● Kupra '10	🍷🍷🍷 (red) 8
● Kurni '11	🍷🍷 (red) 8
● Kurni '10	🍸🍸🍸 8
● Kurni '09	🍸🍸🍸 8
● Kurni '08	🍸🍸🍸 8
● Kurni '07	🍸🍸🍸 8
● Kurni '04	🍸🍸🍸 8
● Kurni '03	🍸🍸🍸 8
● Kurni '02	🍸🍸🍸 8
● Kurni '01	🍸🍸🍸 8
● Kurni '00	🍸🍸🍸 8
● Kurni '98	🍸🍸🍸 8
● Kurni '97	🍸🍸🍸 8
● Kupra '09	🍸🍸 8
● Kurni '06	🍸🍸 8
● Kurni '05	🍸🍸 8

Pievalta

via Monteschiavo, 18
60030 Maiolati Spontini [AN]
Tel. 0731705199
www.baronepizzini.it

藏酒销售
预约参观
年产量 125 000 瓶
葡萄种植面积 26.5 公顷
葡萄栽培方式 生物动力学认证

精湛的酿酒技术深入到皮耶瓦尔塔（Pievalta）的葡萄酒中，这是亚历山德罗•芬尼诺（Alessandro Fenino）通过悉心工作所收获的成果。巴罗内•皮兹尼（Barone Pizzini）酿酒厂的这个位于马尔凯（Marche）的酒庄由亚历山德罗（Alessandro）管理。他亲自监督整个生产过程，尤其是照料着栽培有维蒂奇诺（Verdicchio）和数行蒙特布查诺（Montepulciano）的葡萄园。在积累了之前的经验后，他们坚持使用的生物动力法变得更加合理，所以他们采用了精选酵母，弃用了木桶。出产的葡萄酒个性丰富，风格直率纯朴。圣保罗2010（San Paolo 2010）把“三杯奖”（Tre Bicchieri）收入囊中。它是唯一一款只使用本土酵母发酵的酒品，个性绝妙，呈现了上千种形态和芳香，最突出的是葡萄柚和罗勒的气味，入口之后，它动感十足，最后还有浓浓咸味的余韵加以修饰。

○ Castelli di Jesi Verdicchio Cl. San Paolo Ris. '10	▼▼▼ (red)	3*
○ Verdicchio dei Castelli di Jesi Passito Curina '11	▼▼ (red)	3*
○ Perlugo Extra Brut M. Cl.	▼▼	3
○ Verdicchio dei Castelli di Jesi Cl. Sup. Pievalta '12	▼▼	2*
● Rosso di Pievalta '12	▼	2
○ Verdicchio dei Castelli di Jesi Cl. Sup. Pievalta '09	▽▽▽	2*
○ San Paolo '06	▽▽	3*
○ Verdicchio dei Castelli di Jesi Cl. Sup. Dominè '11	▽▽	2*
○ Verdicchio dei Castelli di Jesi Cl. Sup. Pievalta '11	▽▽	2*
○ Verdicchio dei Castelli di Jesi Cl. Sup. Pievalta '10	▽▽	2*

Il Pollenza

via Casone, 4
62029 Tolentino [MC]
Tel. 0733961989
www.ilpollenza.it

预约参观
年产量 130 000 瓶
葡萄种植面积 60 公顷

这是一个杰出的酒庄。奥尔多•布拉奇蒂•裴丽迪（Aldo Brachetti Peretti）的家和酒窖位于极其美丽的乡间庄园，周围生长着被精心打理的葡萄园。这里看起来更像波尔多（Bordeaux）的乡村而非狭小的玛可兰特（Macerate）的角落。庄园是所有灵感的来源，这一点从两种加本内（Cabernet）、梅洛（Merlot）和味而多（Petit verdo）葡萄使用昂贵小木桶以及酒瓶的形状和酒款的风格可以看出。对不那么雄心勃勃的酒品，他们使用诸如玛可兰蒂诺（Maceratino）等本土葡萄，放置在装饰过的水泥桶里陈化。在精心打造的优雅风格的指引下，产出的葡萄酒具有国际化的独特宽度。波伦扎2010（Pollenza 2010）混合60%的苏维翁葡萄（Sauvignon）加上一些梅洛（Merlot）、品丽珠（Cabernet Franc）和味而多（Petit Verdot）葡萄，迷人朴素，优雅入微，忠实反映波尔多的精神。

● Il Pollenza '10	▼▼▼ (red)	7
○ Colli Maceratesi Bianco Angera '12	▼▼	3
● Cosmino '10	▼▼	5
⊙ Extra Brut M. Cl. Il Pollenza '09	▼▼	5
○ Pius IX Mastai '11	▼▼	6
⊙ Didì '12	▼	3
● Porpora '10	▼	3
● Il Pollenza '09	▽▽▽	7
● Il Pollenza '07	▽▽▽	7
● Cosmino '09	▽▽	5
⊙ Didì '11	▽▽	3
● Il Pollenza '08	▽▽	7
○ Pius IX '10	▽▽	6

San Giovanni

C.DA CIAFONE, 41
63035 OFFIDA [AP]
TEL. 0736889032
www.vinisangiovanni.it

预约参观
年产量 100 000 瓶
葡萄种植面积 30 公顷
葡萄栽培方式 有机认证

西亚弗内（Ciafone）优越的风土覆盖着广阔的葡萄树，给吉安尼•洛伦佐（Gianni Di Lorenzo）的酒庄带来大量的葡萄，主要有典型的蒙特布查诺（Montepulciano）、圣乔维斯（Sangiovese）、帕斯琳娜（Passerina）、派科琳诺（Pecorino）和扎比安奴（Trebbiano）。很多年前，吉安尼•洛伦佐（Gianni Di Lorenzo）在所有的葡萄园改用了有机方法种植，让新的吉奥（Geo）生产线也加入来完成这项使命。成熟到位的葡萄赋予红葡萄酒以醇厚饱满的口感和丰富的单宁。在钢桶陈酿的白葡萄酒散发出更浓郁的清新，在年轻较短时味道最好。扎格罗斯（Zagros）是一项例外，部分陈化在木桶里。扎格罗斯2011（Zagros 2011）无论在复杂度、强度还是细腻程度上，的确是我们品尝过的最好的酒品之一。

○ Offida Pecorino Kiara '12	ΨΨ 3
● Rosso Piceno Geo '12	ΨΨ 3
○ Zagros '11	ΨΨ 3
○ Brut Passerina Marta	Ψ 3
○ Falerio Pecorino Geo '12	Ψ 2
○ Marta '12	Ψ 3
● Offida Rosso Zeii '09	Ψ 3
○ Passerina Geo '12	Ψ 2
● Rosso Piceno Sup. Leo Guelfus '10	Ψ 3
○ Falerio dei Colli Ascolani Leo Guelfus '10	ΥΥ 2*
○ Marta '11	ΥΥ 3
○ Offida Pecorino Kiara '11	ΥΥ 3
○ Offida Pecorino Kiara '10	ΥΥ 2*
● Rosso Piceno Sup. Leo Guelfus '07	ΥΥ 2*

Poderi San Lazzaro

C.DA SAN LAZZARO, 88
63035 OFFIDA [AP]
TEL. 0736889189
www.poderisanlazzaro.it

藏酒销售
预约参观
年产量 45 000 瓶
葡萄种植面积 7.5 公顷
葡萄栽培方式 有机认证

随着新酒窖的建成和投入运营，保罗•卡普里奥地（Paolo Capriotti）现在可以全情投入到他擅长的领域，依靠手工艺和对本土片区的奉献精神，生产出散发着真实的地域特色的葡萄酒。酒庄的一切不紧不慢地进行着。格里弗拉（Grifola）是一款陈化在小橡木桶里的强劲的蒙特布查诺（Montepulciano）红葡萄酒，在错过了一次评选之后强势归来。同样如此的还有派科琳诺•皮耶蒂洛（Pecorino Pistillo），它的陈化过程更长。酒庄最新的新闻是，随着和马尔科•巴尔托莱蒂（Marco Casolanetti）一起开展了合作项目——重新引入这里叫波尔多（Bórdò）的葡萄，酒庄出炉了稀有的单一品种的歌海娜（Grenache）。波尔多2011（Bordò 2011）稀有而迷人，芳草、红色水果、烟熏气息和东方香料的香气萦绕不止，抿上一口，丰富的口感弥漫口中，味道精准，带有豪爽的余韵。

● Bordò '11	ΨΨΨ 7
● Grifola '10	ΨΨ 4
○ Offida Passerina '12	ΨΨ 2*
○ Offida Pecorino Pistillo '11	Ψ 2
● Polesio '12	Ψ 2
● Grifola '07	ΥΥ 3
○ Offida Passerina '11	ΥΥ 2*
○ Offida Pecorino Pistillo '09	ΥΥ 2*
● Polesio '11	ΥΥ 2*
● Rosso Piceno Sup. Podere 72 '10	ΥΥ 2*
● Rosso Piceno Sup. Podere 72 '08	ΥΥ 2*

Fattoria San Lorenzo

via San Lorenzo, 6
60036 Montecarotto [AN]
Tel. 073189656
az-crognaletti@libero.it

藏酒销售
预约参观
膳宿接待
年产量 100 000 瓶
葡萄种植面积 30 公顷
葡萄栽培方式 有机认证

葡萄酒工艺师娜塔莉诺•科罗娜乐迪（Natalino Crognaletti）是一位真正的维蒂奇诺（Verdicchio）缔造者。他工作起来不知疲倦，亲自打理酿酒的每个阶段，坚持拒用内吸性产品。他在酒窖里保持较低的人工干预。他的风格是毫无雕饰的，因为源自漫长熟化的葡萄，这种风格意味着精准和饱满的风味，产出的酒品芳香四溢。蒙特布查诺（Montepulciano）、圣乔维斯（Sangiovese）和泪珠（Lacrima）葡萄促使了红葡萄酒的蓬勃发展，这个发展计划源于传统和对地域的全身心奉献。坎波•欧奇2010（Campo delle Oche 2010）从过熟的葡萄中吸取了巨大的潜质；在桃子和蜂蜜的背后蕴藏着橙皮的芳香与显露无疑的矿物香，口感温和而且紧实丰满。

○ Verdicchio dei Castelli di Jesi Cl. Sup. Campo delle Oche '10	🍷🍷 4
● Il Solleone '08	🍷🍷 5
● Rosso Piceno Vign. Burello '09	🍷🍷 3
● Vigna Paradiso '08	🍷🍷 4
○ Il San Lorenzo '01	🍷 6
● Rosso Conero Artù '09	🍷 3
○ Verdicchio dei Castelli di Jesi Cl. ...Le Oche... '11	🍷 3
○ Verdicchio dei Castelli di Jesi ...di Gino... '12	🍷 2
○ Verdicchio dei Castelli di Jesi Cl. Vign. delle Oche Ris. '01	🍷🍷🍷 3
● Rosso Conero Vign. La Gattara '07	🍷🍷 2*
○ Verdicchio dei Castelli di Jesi Cl. ...Le Oche... '10	🍷🍷 3*

San Savino - Poderi Capecci

loc. San Savino
via Santa Maria in Carro, 13
63038 Ripatransone [AP]
Tel. 073590107
www.sansavino.com

藏酒销售
预约参观
年产量 120 000 瓶
葡萄种植面积 22 公顷
葡萄栽培方式 有机认证

西蒙尼•卡佩齐（Simone Capecci）一直重视以手工方法充实其酒品。酒品列单中有红酒也有白酒，丰富多样。派科琳诺（Pecorino）和帕斯琳娜（Passerina）葡萄生长在新的润土上，尽可能提早收割，然后采用低温和钢桶留住快要萌发的芳香。所有的红葡萄酒，包括片区酒和单一品种的蒙特布查诺（Montepulciano）和圣乔维斯（Sangiovese）酒，都受益于方位极好的葡萄园、完全的熟化、漫长的浸渍和不同尺寸的酒桶。去年，最好的西皮里亚（Ciprea）葡萄酒之一的酒款散发着苦橙味和清晰的酸味，仅有它的年轻起到了中和作用。它会进化得更好的。

○ Offida Pecorino Ciprea '12	🍷🍷 3*
● Quinta Regio '08	🍷🍷 5
● Fedus '11	🍷🍷 4
● Rosso Piceno Sup. Picus '11	🍷🍷 2*
○ Tufilla '12	🍷🍷 2*
● Rosso Piceno Collemura '12	🍷 2
● Fedus Sangiovese '06	🍷🍷🍷 4
○ Offida Pecorino Ciprea '10	🍷🍷🍷 3*
○ Offida Pecorino Ciprea '09	🍷🍷🍷 3*
○ Offida Pecorino Ciprea '08	🍷🍷🍷 3*
● Quinta Regio '01	🍷🍷🍷 5
● Quinta Regio '00	🍷🍷🍷 5
● Fedus '10	🍷🍷 4
○ Offida Pecorino Ciprea '11	🍷🍷 3*

Santa Barbara

B.GO MAZZINI, 35
60010 BARBARA [AN]
TEL. 0719674249
www.vinisantabarbara.it

藏酒销售
预约参观
年产量 650 000 瓶
葡萄种植面积 45 公顷

斯特凡诺•安东诺奇（Stefano Antonucci）坚信美态和乐趣的价值，这是他在葡萄酒里悉心追求的效果。他对市场了如指掌，每一步战略都瞄准靶心，创造出芳香易懂、易于配菜的酒品。广泛的产品系列以柔顺的维蒂奇诺（Verdicchio）葡萄酒最有成就，它风味饱满，易于陈酿。其余的酒品系列也经悉心雕琢，走国际化的道路。跟往常一样，丰满可口的维蒂奇诺•斯特凡诺•安东诺奇2011（Verdicchio Stefano Antonucci 2011）从所有系列中脱颖而出，黄肉水果和藏红花的气息浓郁；虽然稍微不够复杂，但自由和舒服的口感弥补了这个缺陷。

● Stefano Antonucci Rosso '11	🍷🍷 3*
○ Verdicchio dei Castelli di Jesi Cl. Pignocco '12	🍷🍷 2*
○ Verdicchio dei Castelli di Jesi Cl. Stefano Antonucci Ris. '11	🍷🍷 3*
⊙ Brut Rosé Stefano Antonucci	🍷🍷 5
● Colleravara '11	🍷🍷 3
● Pathos '11	🍷🍷 6
● San Bartolo '11	🍷🍷 2*
⊙ Sensuade '12	🍷🍷 3
○ Verdicchio dei Castelli di Jesi Cl. Le Vaglie '12	🍷🍷 3
○ Verdicchio dei Castelli di Jesi Cl. Tardivo Ma non Tardo '10	🍷🍷 5
○ Verdicchio dei Castelli di Jesi Passito Lina '10	🍷🍷 5
○ Anima Celeste '12	🍷 3

Sartarelli

VIA COSTE DEL MOLINO, 24
60030 POGGIO SAN MARCELLO [AN]
TEL. 073189732
www.sartarelli.it

藏酒销售
预约参观
年产量 280 000 瓶
葡萄种植面积 55 公顷

萨特雷利（Sartarelli）酒庄是属于维蒂奇诺（Verdicchio）葡萄的天下，它被精心栽种在位于艾西诺河（Esino River）左岸的几个葡萄园里。最知名的葡萄园包括位于波吉奥•圣•马尔塞洛（Poggio San Marcello），生产巴尔西安娜（Balciana）葡萄酒的康特拉达•巴尔西安娜（Contrada Balciana）；位于蒙泰卡罗托（Montecarotto），生产特拉利维奥（Tralivio）葡萄酒的科斯特•莫里诺（Coste del Molino）和勒•布希（Le Busche）。用于生产经典酒的葡萄源于生长在卡斯泰尔贝利诺（Castelbellino）和塞拉•康帝（Serra de' Conti）的葡萄园。葡萄的收割是一个地块一个地块进行，分为几个阶段，以确保葡萄已经成熟。酒窖里单一使用不锈钢桶，为的是保持品种的特性。特拉利维奥2011（Tralivio 2011）可以用三个词形容：矿物质、充分发展和优雅，即使在糟糕的年份也是如此。由于脆弱的酸味，它的口感是特定的柔和，但余韵十分强劲，释放出积极的动感。

○ Verdicchio dei Castelli di Jesi Cl. Sup. Tralivio '11	🍷🍷 3*
○ Verdicchio dei Castelli di Jesi Cl. '12	🍷🍷 2*
○ Verdicchio dei Castelli di Jesi Cl. Sup. Balciana Ris. '11	🍷 5
○ Verdicchio dei Castelli di Jesi Cl. Sup. Balciana '09	🍷🍷🍷 5
○ Verdicchio dei Castelli di Jesi Cl. Sup. Balciana '04	🍷🍷🍷 5
○ Verdicchio dei Castelli di Jesi Cl. Sup. Contrada Balciana '98	🍷🍷🍷 5
○ Verdicchio dei Castelli di Jesi Cl. Sup. Contrada Balciana '97	🍷🍷🍷 5
○ Verdicchio dei Castelli di Jesi Cl. Sup. Contrada Balciana '95	🍷🍷🍷 5
○ Verdicchio dei Castelli di Jesi Cl. Sup. Contrada Balciana '94	🍷🍷🍷 5

Selvagrossa

S.DA SELVAGROSSA, 37
61020 PESARO
TEL. 0721202923
www.selvagrossa.it

藏酒销售
预约参观
年产量 32 000 瓶
葡萄种植面积 4 公顷

佩扎罗（Pesaro）的周边地区显然不是酿制国际知名红葡萄酒的沃土，但阿尔伯托（Alberto）和亚历山德罗•塔代伊（Alessandro Taddei）两兄弟还是接受了这个巨大的挑战。但是，他们的志向仅仅是酿制出有名望的酒品。虽然葡萄园只有几公顷大，但他们把每一处细节都研究得很精准，从土壤的成分到可种植的葡萄品种，从特殊克隆葡萄品种的使用到一直用于烘托葡萄酒的小酒桶的质量。仅仅几年，取材于品丽珠（Cabernet Franc）葡萄的珀维里安诺（Poveriano）和取材于圣乔维斯（Sangiovese）和少量绮丽叶骄罗（Ciliegiolo）葡萄的特里皮琳（Tripilin）成为了酒庄皇冠上的明珠，显示了优雅的个性，它们有设计精巧的标签。卡皮塔诺2009（Cappitano 2009）的首次亮相是有趣的，它是一款有国际化风格的梅洛（Merlot）葡萄酒，散发着微妙的橡木味，酒体结构有一定强度，还有紧凑甜甜的单宁。

● Cappitano '09	🍷🍷 7
● Poveriano '10	🍷🍷 5
● Muschèn '11	🍷 2
● Trimpilin '10	🍷 4
● Muschèn '09	🍷🍷 2*
● Muschèn '08	🍷🍷 1*
● Poveriano '09	🍷🍷 5
● Poveriano '08	🍷🍷 5
● Poveriano '07	🍷🍷 3
● Selva Rosso '09	🍷🍷 1*
● Trimpilin '09	🍷🍷 4
● Trimpilin '08	🍷🍷 4

Tenuta Spinelli

VIA LAGO, 2
63032 CASTIGNANO [AP]
TEL. 0736821489
simonespinelli@tiscali.it

藏酒销售
预约参观
年产量 22 000 瓶
葡萄种植面积 5 公顷

像众多年轻种植者一样，西蒙妮•斯皮内利（Simone Spinelli）知道如何把激情、活力和责任感注入到葡萄酒的生产中。他深信着脚下的土地，只使用传统的葡萄品种酿制葡萄酒。唯一有悖传统的是种植了白葡萄，忽略了皮切诺（Piceno）地区丰富的红葡萄。这种做法是很容易理解，因为他的葡萄园深受阿森西昂山（Mount Ascensione）的影响，蒙特米斯奥（Montemisio）地块位于海拔600米的岩床上，用于酿制阿尔特米斯亚（Artemisia）的派科琳诺（Pecorino）葡萄就生长在这里。酒庄的酒窖虽小但运作高效，钢设备和一些谜一样的酒窖用于生产单一品种派科琳诺（Pecorino）的经典梅特多葡萄酒（Metodo Classico）——梅罗耶（Méroe）。阿尔特米斯亚2012（Artemisia 2012）拥有晶莹剔透的柑橘、草地花朵和金雀花的香味，个性丰富，美味丰满，多汁美味的口感渐渐引出了开阔清爽的余韵。

○ Offida Pecorino Artemisia '12	🍷🍷🍷 2*
○ Méroe Pecorino M. Cl. '10	🍷 3
○ Offida Passerina Eden '12	🍷 2
○ Eden '11	🍷🍷 2*
○ Méroe Pecorino M. Cl. '09	🍷🍷 3
○ Offida Pecorino Artemisia '11	🍷🍷 2*

La Staffa

VIA CASTELLARETTA, 19
60039 STAFFOLO [AN]
TEL. 0731779810
www.vinilastaffa.it

藏酒销售
预约参观
年产量 30 000 瓶
葡萄种植面积 6 公顷

里卡尔多•巴尔迪（Riccardo Baldi）陷入了两难境地，是卖了位于斯塔福洛（Staffolo）山丘的小酒庄以支付他的大学学费，还是亲自接手酒庄，把父母这个酒庄改造为一座专业的商业性酒庄。里卡尔多（Riccardo）最后决定打理种植有维蒂奇诺（Verdicchio）和蒙特布查诺（Montepulciano）葡萄的古老葡萄园。他增加了葡萄园的品种，建造了俯瞰位于萨尔玛吉娜（Salmàgina）和卡斯特拉内塔（Castellaretta）行政区葡萄园的新酒窖。多亏卢西奥•卡内斯特拉里（Lucio Canestrari）给予的支持，使这位年轻的葡萄种植者充分发挥了天资，确立了清晰的规划，并努力积累着经验。2012年的收获期是新老庄园的分水岭。精美的维蒂奇诺2012（Verdicchio 2012），具有艾西诺河（River Esino）右岸典型的强劲口感。

○ Verdicchio dei Castelli di Jesi Cl. '12	🍷🍷 2*
○ Verdicchio dei Castelli di Jesi Cl. Sup. La Rincrocca '10	🍷🍷 3
● Rubinia '08	🍷 5
○ Verdicchio dei Castelli di Jesi Cl. Sup. La Rincrocca '11	🍷 3
● Esino Rosso Vivinaja '08	♀♀ 1*
● Rubinia '06	♀♀ 3
○ Verdicchio dei Castelli di Jesi Cl. '08	♀♀ 2*
○ Verdicchio dei Castelli di Jesi Cl. Sup. La Rincrocca '06	♀♀ 2*
○ Verdicchio dei Castelli di Jesi Cl. Sup. Rincrocca '08	♀♀ 2*

Tenuta di Tavignano

LOC. TAVIGNANO
62011 CINGOLI [MC]
TEL. 0733617303
www.tenutaditavignano.it

藏酒销售
预约参观
年产量 100 000 瓶
葡萄种植面积 30 公顷

塔维尼亚诺（Tavignano）置身于美妙的风景之中，坐落在亚得里亚海（Adriatic）和亚平宁山脉（Apennines）的中间。酒庄矗立在山顶，南部是慕索内（Musone）峡谷，北部是艾西诺（Esino）峡谷，处在覆盖着典型黏土和石灰岩的山丘上。最老的葡萄园已有20多年的历史，全部种植维蒂奇诺（Verdicchio）葡萄。周围分布种植少量蒙特布查诺（Montepulciano）、圣乔维斯（Sangiovese）和泪珠（Lacrima）葡萄的葡萄园。酒窖里，白葡萄酒和桃红葡萄酒陈化在钢桶里，红葡萄酒则陈化在不同尺寸的木桶里。米斯科陈酿2011（Misco Riserva 2011）离最顶级的行列仅一步之遥，香味绝妙，味道活泼，唯一的缺陷是产量较小，只有1 500瓶。

○ Castelli di Jesi Verdicchio Cl. Misco Ris. '11	🍷🍷 4
● Rosso Piceno Cervidoni '11	🍷🍷 2*
○ Verdicchio dei Castelli di Jesi Cl. Sup. Misco '12	🍷🍷 3
○ Verdicchio dei Castelli di Jesi Cl. Sup. Villa Torre '12	🍷🍷 2*
⊙ Rosato '12	🍷 2
● Rosso Piceno Libenter '10	🍷 3
○ Verdicchio dei Castelli di Jesi Cl. Vigna Verde '12	🍷 2
○ Verdicchio dei Castelli di Jesi Cl. Misco Ris. '06	♀♀♀ 3*
○ Verdicchio dei Castelli di Jesi Cl. Sup. Misco '10	♀♀♀ 3*
○ Verdicchio dei Castelli di Jesi Cl. Sup. Misco '06	♀♀♀ 3*

Fattoria Le Terrazze

via Musone, 4
60026 Numana [AN]
Tel. 0717390352
www.fattorialeterrazze.it

藏酒销售
预约参观
年产量 90 000 瓶
葡萄种植面积 20 公顷

从法托利亚•里特拉瑟（Fattoria Le Terrazze）一眼望去，你的目光可以扫过亚得里亚海（Adriatic Sea），远到洛雷托•巴西利卡（Loreto Basilica）的穹顶。毗邻海洋的地理位置使得土壤含有大量的沙子。葡萄园虽然已有上百年的历史，但在近期被重修过，最早始于1995年。园里最大的葡萄田上种植了蒙特布查诺（Montepulciano），不过梅洛（Merlot）、西拉（Syrah）和莎当尼（Chardonnay）等国际葡萄品种也给酒庄以强有力的支持。出产的葡萄酒有着朴素、现代的风格，葡萄丰富但不过熟，品种个性被悉心地保留住，不盲目跟风。萨斯•内利2008（Sassi Neri 2008）在带给我们甜甜的温暖的气息外，更有一股更佳的风味渗透进去，口感优雅，酒力虽浓烈但酒体的结构提供了平衡。

○ Le Cave Chardonnay '12	♥♥ 2*
● Rosso Conero Le Terrazze '11	♥♥ 2*
● Rosso Conero Sassi Neri Ris. '08	♥♥ 5
● Rosso Conero Praeludium '12	♥ 2
● Chaos '04	♡♡♡ 5
● Chaos '01	♡♡♡ 6
● Conero Sassi Neri Ris. '04	♡♡♡ 5
● Rosso Conero Sassi Neri '02	♡♡♡ 5
● Rosso Conero Sassi Neri '99	♡♡♡ 5
● Rosso Conero Sassi Neri '98	♡♡♡ 5
● Rosso Conero Visions of J '01	♡♡♡ 7
● Chaos '08	♡♡ 5
● Conero Sassi Neri Ris. '06	♡♡ 5
● Rosso Conero Le Terrazze '10	♡♡ 2*
● Rosso Conero Praeludium '11	♡♡ 2*
● Rosso Conero Visions of J '06	♡♡ 6

Terre Cortesi Moncaro

via Pianole, 7a
63036 Montecarotto [AN]
Tel. 073189245
www.moncaro.com

藏酒销售
预约参观
膳宿接待
年产量 7 500 000 瓶
葡萄种植面积 1 618 公顷

蒙卡洛（Moncaro）联营酒庄的优势是广袤无垠的葡萄园，跨越了马尔凯区（Marche）三个优秀的种植区：卡斯特里•耶西（Castelli di Jesi）、科内罗（Conero）和皮切诺（Piceno）。这意味着只有最好的葡萄才能被用来生产葡萄酒，一系列的酒款带着强化版的现代风格，传达着馥郁的果香，纹理优雅而不突兀，最成功的的酒品还能带给人以纯粹的味觉享受。维格纳•诺瓦利2010（Vigna Novali Riserva 2010）品质杰出，散发着繁复的香气，香橼、芳草、八角和黄桃的气息在口中奔放地回荡。然后，口中的感受是浓郁的、柔滑的，到余韵时，浓烈的味道几乎变为矿物质的气味。

○ Castelli di Jesi Verdicchio Cl. V. Novali Ris. '10	♥♥♥ 3*
● Conero Nerone Ris. '09	♥♥ 5
● Conero Vign. del Parco '10	♥♥ 4
● Rosso Piceno Sup. Roccaviva '10	♥♥ 2*
○ Verdicchio dei Castelli di Jesi Cl. Sup. Fondije '12	♥♥ 3
● Conero Montescuro Ris. '10	♥ 3
○ Madreperla Gran Cuvée	♥ 5
○ Offida Pecorino Ofithe '12	♥ 3
○ Verdicchio dei Castelli di Jesi Cl. Le Vele '12	♥ 2
○ Verdicchio dei Castelli di Jesi Cl. Sup. Verde Ca' Ruptae '12	♥ 3
○ Castelli di Jesi Verdicchio Cl. V. Novali Ris. '09	♡♡♡ 3*
○ Verdicchio dei Castelli di Jesi Cl. V. Novali Ris. '08	♡♡♡ 3*

Tenuta dell'Ugolino

LOC. MACINE
VIA COPPARONI, 32
60031 CASTELPLANIO [AN]
TEL. 360487114
www.tenutaugolino.it

藏酒销售
预约参观
年产量 33 000 瓶
葡萄种植面积 6 公顷

小型的酿酒商无法跻身耶西（Jesi）地区纷繁复杂的葡萄酒全景图，不过，我们认为安德里亚•彼得里尼（Andrea Petrini）是个例外，这位我们期待已久的种植者完美地体现了这些品质。位于酒庄附近的仅仅几公顷葡萄园，他酿制了两款年份较短的维蒂奇诺（Verdicchio）葡萄酒，维格内托•巴尔鲁西奥（Vigneto del Balluccio）取材于处在硅酸土，夹杂大量沙子和鹅卵石的葡萄园精选系列；勒•皮奥勒（Le Piaole）取材于剩下的葡萄。葡萄收割用手工分几个阶段完成，酒窖只使用钢桶以保持品质的新鲜度。巴尔鲁西奥2012（Balluccio 2012）不容错过，它完美结合了优雅度、强度和深度，散发着清晰的杏仁、八角和绿黄色花朵的香气。

○ Verdicchio dei Castelli di Jesi Cl. Sup. Vign. del Balluccio '12	▼▼ 3*
○ Verdicchio dei Castelli di Jesi Cl. Le Piaole '12	▼▼ 2*
○ Verdicchio dei Castelli di Jesi Cl. '10	▽▽ 2*
○ Verdicchio dei Castelli di Jesi Cl. '07	▽▽ 2*
○ Verdicchio dei Castelli di Jesi Cl. '06	▽▽ 2*
○ Verdicchio dei Castelli di Jesi Cl. Sup. Vign. del Balluccio '11	▽▽ 3*
○ Verdicchio dei Castelli di Jesi Cl. Sup. Vign. del Balluccio '10	▽▽ 3
○ Verdicchio dei Castelli di Jesi Cl. Sup. Vigneto del Balluccio '07	▽▽ 3*
○ Verdicchio dei Castelli di Jesi Cl. Sup. Vigneto del Balluccio '06	▽▽ 3
○ Verdicchio dei Castelli di Jesi Cl. Sup. Vigneto del Balluccio '06	▽▽ 3

★Umani Ronchi

VIA ADRIATICA, 12
60027 OSIMO [AN]
TEL. 0717108019
www.umanironchi.com

藏酒销售
预约参观
年产量 2 800 000 瓶
葡萄种植面积 230 公顷

乌曼尼隆基（Umani Ronchi）这个私人酒庄拥有最大的葡萄园之一，暗示着它不仅从未忘记它在葡萄生产上的源头，而且最近启用有机管理的决定还巩固了这一点。有机管理覆盖的面积超过整个葡萄园的一半，始于最佳的风土地域——耶西（Jesi）和科内罗（Conero）岬角之间。酒窖的运作手段是尊重葡萄的品种特点，呈现低调现代的风格，既希望创造出令大众愉悦的口感，也寻求回避最不利的影响，如丧失地域个性。维奇•维格内2011（Vecchie Vigne 2011）尽管有清晰的优雅度和接近品种的特质，但也只能把头把交椅让给了醇厚文雅的普乐尼奥2010（Plenio 2010）。这款维蒂奇诺（Verdicchio）酒部分陈化在橡木桶里，其个性和复杂性混为一体形成丰富的口感。

○ Castelli di Jesi Verdicchio Cl. Plenio Ris. '10	▼▼▼ 4*
○ Maximo '10	▼▼ 4
○ Verdicchio dei Castelli di Jesi Cl. Sup. V. V. '11	▼▼ 4
● Montepulciano d'Abruzzo Jorio '11	▼▼ 3
○ Vellodoro '12	▼▼ 2*
○ Verdicchio dei Castelli di Jesi Cl. Sup. Casal di Serra '12	▼▼ 3
○ Extra Brut M. Cl. Umani Ronchi	▼ 4
● Rosso Conero Serrano '12	▼ 2
○ Verdicchio dei Castelli di Jesi Cl. Villa Bianchi '12	▼ 2
○ Verdicchio dei Castelli di Jesi Cl. Sup. Vecchie Vigne '10	▽▽▽ 4*
○ Verdicchio dei Castelli di Jesi Cl. Sup. Vecchie Vigne '09	▽▽▽ 4

Vallerosa Bonci

via Torre, 15
60034 Cupramontana [AN]
Tel. 0731789129
www.vallerosa-bonci.com

藏酒销售
预约参观
年产量 250 000 瓶
葡萄种植面积 26 公顷

对很多人来说，博斯（Bocci）是维蒂奇诺（Verdicchio）的代名词，但谨慎地说，这是一种特殊类型的维蒂奇诺（Verdicchio），忠于品种特性、味道丰富，总被打造成强劲的而不是轻盈的风格。酒庄采用的方法体现了传统的魔力，库普拉蒙塔纳（Cupramontana）这片广阔、历史丰富的葡萄酒沃土给葡萄烙上了特有的风土，与酿酒方法相契合。混凝土酒槽发酵法运用在所有维蒂奇诺（Verdicchio）酒款和大多数更有价值的酒款上，作为漫长瓶装陈化的途径。桑•米切尔（San Michele）葡萄酒正值状态火热的一年，因为它的原料葡萄源于朝南的桑•米切尔（San Michele）葡萄园。总之，尽管2011年气候炎热，但该酒还是有一丝活力，酒精浓度高却不过度，混合了强劲的美味。或许它不那么长寿，但它在可饮用期间是非常令人愉悦的。曼恰诺2012（Manciano 2012）散发着杏仁和八角的典型气息。

○ Verdicchio dei Castelli di Jesi Cl. Sup. S. Michele '11	🍷🍷 3*
○ Verdicchio dei Castelli di Jesi Cl. Manciano '12	🍷🍷 2*
○ Verdicchio dei Castelli di Jesi Cl. Pietrone Ris. '09	🍷 5
○ Verdicchio dei Castelli di Jesi Cl. Pietrone Ris. '04	🍷🍷🍷 3
○ Verdicchio dei Castelli di Jesi Cl. Sup. Le Case '04	🍷🍷🍷 3*
○ Verdicchio dei Castelli di Jesi Cl. Sup. S. Michele '10	🍷🍷🍷 3*
○ Verdicchio dei Castelli di Jesi Cl. Sup. S. Michele '06	🍷🍷🍷 3
○ Verdicchio dei Castelli di Jesi Cl. Sup. S. Michele '00	🍷🍷🍷 3*

★Velenosi

loc. Monticelli
via dei Biancospini, 11
63100 Ascoli Piceno
Tel. 0736341218
www.velenosivini.com

藏酒销售
年产量 2 500 000 瓶
葡萄种植面积 140公顷

威莱诺斯（Velenosi）酒庄从未错过任何一届葡萄酒展览会或品酒会，安吉拉（Angela）明白她需要做得更多，不能只倚仗风土和片区已有的名望。她知道只有大家品尝过酒后，才会对酒的品质信服。酒窖里，由一流专家构成的组织严密的团队产出的葡萄酒具有非凡的香味，忠于品种特点。这些品种多样的酒品经常取材于本土葡萄，但迎合了多种不同的文化和口感。靠着安吉拉这位天才企业家的奉献，马尔凯（Marche）葡萄酒得以遍布半个世界。罗吉奥•菲拉热2010（Roggio del Filare 2010）仍然是长长生产线的领头羊，它口感活力充沛、果汁丰富，余韵散发出浓郁的果香，醇厚的香料和温暖的香气给人以嗅觉的享受。

● Rosso Piceno Sup. Roggio del Filare '10	🍷🍷🍷 5
○ Offida Pecorino Rêve '11	🍷🍷 4
○ Falerio V. Solaria '12	🍷🍷 3
● Lacrima di Morro d'Alba Querciantica '12	🍷🍷 3
● Lacrima di Morro d'Alba Sup. Querciantica '12	🍷🍷 4
● Offida Rosso Ludi '10	🍷🍷 5
● Rosso Piceno Sup. Il Brecciarolo Gold '10	🍷🍷 4
○ Chardonnay Villa Angela '12	🍷 2
○ Offida Pecorino Villa Angela '12	🍷 3
○ Passerina Villa Angela '12	🍷 3
● Rosso Piceno Sup. Brecciarolo '10	🍷 4
○ Verdicchio dei Castelli di Jesi Cl. Querciantica '12	🍷 2
● Rosso Piceno Sup. Roggio del Filare '09	🍷🍷🍷 5

Vicari

via Pozzo Buono, 3
60030 Morro d'Alba [AN]
Tel. 073163164
www.vicarivini.it

藏酒销售
预约参观
年产量 90 000 瓶
葡萄种植面积 20 公顷

像口头禅一样，维卡里（Vicari）酒庄的所有酒款都“提及”了波佐•博诺（Pozzo Buono）。咋一看，它像是一个地理标签，像是指代葡萄园地带、葡萄烘干处、酒庄和家的所在地的一个地名。实际上，它意味着一种深刻自豪的归属感。虽然葡萄酒以现代风格酿成，运用多种酒窖技巧来呈现酒品的多样性，但葡萄园只种植了黑泪珠（Lacrima Nera）和维蒂奇诺（Verdicchio）。唯一的例外是摩斯卡特罗（Moscatello）葡萄，晒干后用来酿制阿玛比尔2011（Amabile 2011）。它的红葡萄酒“姊妹”阿玛兰托2011（Amaranto 2011）同样迷人，甘油丰富，散发一丝丝令人印象深刻的黑莓香味。

○ Amabile del Pozzo Buono '11	🍷🍷 3
● Lacrima di Morro d'Alba Amaranto del Pozzo Buono '11	🍷🍷 4
● Lacrima di Morro d'Alba Dasempre del Pozzo Buono '12	🍷🍷 2*
○ Verdicchio dei Castelli di Jesi Cl. del Pozzo Buono '12	🍷🍷 2*
● Lacrima di Morro d'Alba Essenza del Pozzo Buono '12	🍷 3
● Lacrima di Morro d'Alba Sup. del Pozzo Buono '11	🍷 3
● Lacrima di Morro d'Alba Amaranto del Pozzo Buono '10	🍷🍷 4
● Lacrima di Morro d'Alba Sup. del Pozzo Buono '10	🍷🍷 3
○ Verdicchio dei Castelli di Jesi Cl. Sup. Insolito del Pozzo Buono '11	🍷🍷 3

Le Vigne di Clementina Fabi

via Franile, 3
63069 Montedinove [AP]
Tel. 0736828217
www.levignediclementinafabi.it

藏酒销售
预约参观
年产量 25 000 瓶
葡萄种植面积 9 公顷

蒙泰迪诺韦（Montedinove）是一个海拔500米的小镇，尽管存在天气的变化，并非所有的葡萄品种能在这样的海拔蓬勃发展，尤其是接近阿森西昂山（Mount Ascensione）的地区，那里夜晚会产生徐徐的冷风。马尔科•法比（Marco Fabi）明智地投资了帕斯琳娜（Passerina）和派科琳诺（Pecorino）葡萄，这些白葡萄能受益于显著的昼夜温差。至于红葡萄他则偏好早熟的梅洛（Merlot），可以防止出现未熟的酚醛。相应地，他出产的葡萄酒完美地诠释了风土特性，展现了丰富的风味和结实的酸味以及浓厚的芳香。这一切最大的受益者是梅洛2011（Merlot 2011），完全摆脱了传统老套的风格，散发着橙花和浆果的紧实香气，果汁迷人且富有活力。

● Merlot '11	🍷🍷 2*
○ Offida Passerina '12	🍷🍷 2*
○ Offida Pecorino '12	🍷🍷 2*
○ Passerina Brut '11	🍷🍷 3

Angeli di Varano

FRAZ. VARANO, 228
60131 ANCONA
TEL. 0718046019
www.angelidivarano.it

藏酒销售
预约参观
膳宿接待
年产量 15 000 瓶
葡萄种植面积 3. 2公顷

● Conero Stile Libero Ris. '10	🍷🍷 4
● MeMoS '11	🍷 4
● Rosso Conero Primo di Tre '11	🍷 2

Cantine di Castignano

C.DA SAN VENANZO, 31
63032 CASTIGNANO [AP]
TEL. 0736822216
www.cantinedicastignano.com

藏酒销售
预约参观
年产量 450 000 瓶
葡萄种植面积 520 公顷
葡萄栽培方式 有机认证

○ Offida Pecorino Montemisio '12	🍷🍷 2*
● Offida Rosso Gran Maestro '09	🍷🍷 3
○ Offida Passerina '12	🍷 1*
● Rosso Piceno Sup. Destriero '11	🍷 1*

La Cantina dei Colli Ripani

C.DA TOSCIANO, 28
63038 RIPATRANSONE [AP]
TEL. 07359505
www.colliripani.it

藏酒销售
预约参观
年产量 1 000 000 瓶
葡萄种植面积 700公顷
葡萄栽培方式 有机认证

○ Falerio Brezzolino '12	🍷🍷 2*
○ Offida Passerina Passito Anima Mundi '07	🍷🍷 5
○ Offida Pecorino Rugaro Gold '12	🍷 3
● Offida Rosso Leo Ripanus '08	🍷 4

Costadoro

VIA MONTE AQUILINO, 2
63039 SAN BENEDETTO DEL TRONTO [AP]
TEL. 073581781
www.vinicostadoro.com

藏酒销售
预约参观
年产量 1 500 000 瓶
葡萄种植面积 87 公顷

○ Offida Pecorino Danù '12	🍷🍷 4
● Rosso Piceno Sup. Il Cardinale '08	🍷🍷 3
○ La Feròla '12	🍷 1*
● Rosso Piceno '12	🍷 2

Cristina Fausti

C.DA CASTELLETTA, 15
63023 FERMO
TEL. 0734620492
www.faustivini.it

藏酒销售
预约参观
年产量 65 000 瓶
葡萄种植面积 11 公顷
葡萄栽培方式 有机认证

○ Falerio Pecorino Ale '12	🍷🍷 3
● Per Domenico Syrah '10	🍷🍷 4
⊙ Rosato '12	🍷 2
● Vespro '11	🍷 4

Fiorini

VIA GIARDINO CAMPIOLI, 5
61040 BARCHI [PU]
TEL. 072197151
www.fioriniwines.it

藏酒销售
预约参观
膳宿接待
年产量 200 000 瓶
葡萄种植面积 45 公顷

○ Bianchello del Metauro Tenuta Campioli '12	🍷🍷 2*
● Colli Pesaresi Rosso Bartis '11	🍷🍷 3

Fosso dei Ronchi

VIA ZONGO, 9
61100 PESARO
TEL. 3395312093
www.fossodeironchi.it

年产量 2 500 瓶
葡萄种植面积 2.5公顷

- ● Colli Pesaresi Focara Pinot Nero Costa del Picchio Ris. '11 — 🍷🍷 3*
- ● Colli Pesaresi Focara Pinot Nero Costa del Riccio Ris. '11 — 🍷🍷 3

Piergiovanni Giusti

LOC. MONTIGNANO
VIA CASTELLARO, 97
60019 SENIGALLIA [AN]
TEL. 071918031
www.lacrimagiusti.it

藏酒销售
预约参观
年产量 51 000 瓶
葡萄种植面积 13 公顷

- ● Lacrima di Morro d'Alba Sup. Luigino '09 — 🍷🍷 4
- ● L'Intruso '10 — 🍷 7
- ● Lacrima di Morro d'Alba '12 — 🍷 2
- ⊙ Le Rose di Settembre '12 — 🍷 2

Luca Guerrieri

VIA SAN FILIPPO, 24
61030 PIAGGE [PU]
TEL. 0721890152
www.aziendaguerrieri.it

藏酒销售
预约参观
膳宿接待
年产量 250 000 瓶
葡萄种植面积 35 公顷

- ● Colli Pesaresi Sangiovese Galileo Ris. '10 — 🍷🍷 3
- ○ Bianchello del Metauro '12 — 🍷 2
- ○ Bianchello del Metauro Celso '12 — 🍷 2
- ● Rosa dei 20 '12 — 🍷 2

Esther Hauser

C.DA CORONCINO, 1A
60039 STAFFOLO [AN]
TEL. 0731770203
zara.hauser@gmail.com

藏酒销售
预约参观
年产量 6 000 瓶
葡萄种植面积 1 公顷

- ● Il Ceppo '10 — 🍷🍷 4
- ● Il Cupo '10 — 🍷🍷 5

Lanari

FRAZ. VARANO
VIA POZZO, 142
60029 ANCONA
TEL. 0712861343
cantinalanari@libero.it

藏酒销售
预约参观
年产量 50 000 瓶
葡萄种植面积 12 公顷

- ● Conero Fibbio Ris. '09 — 🍷🍷 5
- ● Rosso Conero '11 — 🍷🍷 2*
- ● Maria Sole '12 — 🍷 2

Luciano Landi

VIA GAVIGLIANO, 16
60030 BELVEDERE OSTRENSE [AN]
TEL. 073162353
www.aziendalandi.it

藏酒销售
预约参观
年产量 100 000 瓶
葡萄种植面积 18 公顷

- ● Lacrima di Morro d'Alba Sup. Gavigliano '11 — 🍷🍷 3
- ● Lacrima di Morro d'Alba '12 — 🍷 2
- ○ Verdicchio dei Castelli di Jesi Cl. '12 — 🍷 2

La Marca di San Michele

via Torre, 13
60034 Cupramontana [AN]
Tel. 0731781183
www.lamarcadisanmichele.com

藏酒销售
预约参观
年产量 12 000 瓶
葡萄种植面积 6 公顷
葡萄栽培方式 有机认证

○ Capovolto '12	🍷🍷 3
○ Verdicchio dei Castelli di Jesi Cl.Sup. Capovolto '11	🍷 3

Clara Marcelli

via Fonte Vecchia, 8
63030 Castorano [AP]
Tel. 073687289
www.claramarcelli.it

藏酒销售
预约参观
年产量 40 000 瓶
葡萄种植面积 14 公顷
葡萄栽培方式 有机认证

● K'un '11	🍷🍷 3
○ Offida Passerina Raffa '12	🍷 2
○ Offida Pecorino Irata '12	🍷 2

Marchetti

fraz. Pinocchio
via di Pontelungo, 166
60131 Ancona
Tel. 071897386
www.marchettiwines.it

藏酒销售
预约参观
年产量 60 000 瓶
葡萄种植面积 20 公顷

● Conero Villa Bonomi Ris. '10	🍷🍷 4
● Rosso Conero Castro di San Silvestro '12	🍷 2
○ Verdicchio dei Castelli di Jesi Cl. '12	🍷 2

Federico Mencaroni

via Olmigrandi, 72
60013 Corinaldo [AN]
Tel. 0717975625
www.mencaroni.eu

葡萄种植面积 4.5 公顷

○ Verdicchio dei Castelli di Jesi Brut Apollonia '09	🍷🍷 5
○ Verdicchio dei Castelli di Jesi Isola '10	🍷🍷 2*
○ Flora '12	🍷 2

Muròla

c.da Villamagna, 9
62010 Urbisaglia [MC]
Tel. 0733506843
www.murola.it

藏酒销售
预约参观
年产量 200 000 瓶
葡萄种植面积 55 公顷

● Camà '10	🍷🍷 4
○ Colli Maceratesi Ribona '12	🍷🍷 2*
○ Jurek M.Cl. '09	🍷 2
⊙ Millerose '12	🍷 2

Cantina Offida

via della Repubblica, 70
63073 Offida [AP]
Tel. 0736880104
www.cantinaoffida.com

年产量 210 000 瓶
葡萄种植面积 300 公顷

● Rosso Piceno Sup. '10	🍷🍷 2*
● Rosso Piceno Sup. Podestà '09	🍷🍷 3
○ Offida Pecorino '12	🍷 2
● Rosso Piceno '11	🍷 2

Pantaleone

VIA COLONNATA ALTA, 118
63100 ASCOLI PICENO
TEL. 3478757476
www.pantaleonewine.com

年产量 60 000 瓶
葡萄种植面积 11 公顷

● La Ribalta '10	🍷🍷 8
○ Onirocep '11	🍷🍷 3
● Sipario '10	🍷 2

Piersanti

B.GO SANTA MARIA, 60
60038 SAN PAOLO DI JESI [AN]
TEL. 0731703214
www.piersantivini.com

藏酒销售
预约参观
年产量 3 500 000 瓶
葡萄种植面积 3. 5 公顷

○ Verdicchio dei Castelli di Jesi Cl. Sup. Terre di Sampaolo '12	🍷🍷 2*
○ Verdicchio dei Castelli di Jesi Cl. Sup. Bachero '12	🍷 2

Elio Polenta

LOC. COLLINA DI PORTONOVO
VIA CAMPANA, 146
60129 ANCONA
TEL. 071801070
www.cantinapolenta.it

藏酒销售
预约参观
膳宿接待
年产量 12 000 瓶
葡萄种植面积 3 公顷

● Rosso Conero Accipicchia '09	🍷🍷 2*
● Rosso Conero Poy Ris. '09	🍷🍷 4
● Rosso Conero Gianco Ris. '09	🍷 5

Rio Maggio

C.DA VALLONE, 41
63014 MONTEGRANARO [FM]
TEL. 0734889587
www.riomaggio.it

藏酒销售
预约参观
年产量 100 000 瓶
葡萄种植面积 18 公顷

● Colle Monteverde Pinot Nero '10	🍷🍷 4
● Rosso Piceno Rubeo '08	🍷🍷 3
● Rosso Piceno Vign. Contrada Vallone '10	🍷🍷 4

Ripa Marchetti

VIA FONDE SANTA LIBERATA
60030 MAIOLATI SPONTINI [AN]
TEL. 3337376888
www.ripamarchetti.it

年产量 18 000 瓶
葡萄种植面积 6 公顷

○ Castelli di Jesi Verdicchio V. Roncone Ris. '10	🍷🍷 2*
○ Verdicchio dei Castelli di Jesi Cl. Sup. Apicus '11	🍷🍷 2*

Saladini Pilastri

VIA SALADINI, 5
63078 SPINETOLI [AP]
TEL. 0736899534
www.saladinipilastri.it

藏酒销售
预约参观
年产量 1 000 000 瓶
葡萄种植面积 150 公顷
葡萄栽培方式 有机认证

● Rosso Piceno V. Piediprato '11	🍷🍷 3
○ Falerio V. Palazzi '12	🍷 2
● Rosso Piceno V. Monteprandone '11	🍷 5

Santa Cassella

c.da Santa Cassella, 7
62018 Potenza Picena [MC]
Tel. 0733671507
www.santacassella.it

藏酒销售
预约参观
年产量 70 000 瓶
葡萄种植面积 32 公顷

- ● Conte Leopoldo '10 — 3*
- ● Rosso Piceno '11 — 2*
- ○ Donna Angela '12 — 3
- ○ Donna Eleonora '12 — 3

Podere Santa Lucia

via Santa Lucia, 65
60037 Monte San Vito [AN]
Tel. 0717489179
www.poderesantalucia.com

年产量 70 000 瓶
葡萄种植面积 13 公顷

- ○ Verdicchio dei Castelli di Jesi Cl. Sup. Gianni Balducci '11 — 3*
- ○ Verdicchio dei Castelli di Jesi Cl. Fonte della Romita '12 — 2*

Fattoria Serra San Martino

via San Martino, 1
60030 Serra de' Conti [AN]
Tel. 0731878025
www.serrasanmartino.com

藏酒销售
预约参观
年产量 10 000 瓶
葡萄种植面积 3 公顷

- ● Costa dei Zoppi '10 — 4
- ● Lo Sconosciuto '09 — 5
- ● Lysipp '09 — 5
- ● Roccuccio '10 — 3

Silvano Strologo

via Osimana, 89
60021 Camerano [AN]
Tel. 071731104
www.vinorossoconero.com

藏酒销售
预约参观
年产量 70 000 瓶
葡萄种植面积 33 公顷

- ● Rosso Conero Julius '11 — 2*
- ● Conero Decebalo Ris. '08 — 4
- ● Rosso Conero Traiano '08 — 4

Vigneti Vallorani

c.da La Rocca, 28
63079 Colli del Tronto [AP]
Tel. 0736890892
www.vignetivallorani.com

藏酒销售
预约参观
年产量 20 000 瓶
葡萄种植面积 7 公顷

- ○ Falerio Avora '11 — 2*
- ○ Offida Passerina Zaccarì '11 — 2
- ● Rosso Piceno Polisia '11 — 2

Valturio

via dei Pelasgi, 10
61023 Macerata Feltria [PU]
Tel. 0722728049
www.valturio.com

藏酒销售
预约参观
膳宿接待
年产量 40 000 瓶
葡萄种植面积 10 公顷

- ● Olmo '11 — 2*
- ○ Tamerice '12 — 2

翁布里亚区
UMBRIA

我们不同意大家经常把翁布里亚区（Umbria）看成是一个静步不前的葡萄酒产区，大部分的标准化生产仅仅包括几个本土品种和一种可预测到的、简单的风格。过去，该地区确实复制了国际葡萄品种的成功策略，引进了国外的酿酒模式，有点抛弃了经典的法定产区酒（DOC），或是把它们改造成盲从新潮流的产品，但同样不可否认的是，这些年来这里发生了翻天覆地的变化，且可能不是那种乍一看就能明显看出的变化。细细阅读该大区眼下的、尤其是过去几年的进步成绩单，肯定能注意到葡萄酒的全景图比以前复杂多了。这归功于年轻的，甚至非常年轻的葡萄种植者和葡萄酒企业家，他们迈上了一些非常有趣的发展道路，既现代又能吸取过去的经验教训。同样功不可没的是这片灵活的土地，它已准备好在最多样的领域斩获佳绩。葡萄品种也是如此，翁布里亚区的情况似乎比几年前更有趣。该地区可能没有很多传统品种，但考虑到翁布里亚区的面积，这数量足够多了。葡萄酒不再单一取材于圣乔维斯（Sangiovese）、格雷切托（Grechetto）和萨格兰蒂诺（Sagrantino），也取材于重新发现的特比安诺•斯珀勒蒂诺（Trebbiano Spoletino）和绮丽叶骄罗（Ciliegiolo）等葡萄品种，在纳尔尼（Narni）周围和与托斯卡纳（Tuscana）的交界沿线尤其如此；另外还有类似于歌海娜（Grenache）的特拉西梅诺（Trasimeno）佳美葡萄和一些完全被遗忘的品种，包括最近被试验的格雷洛（Grero）葡萄，这种黑格雷切托（Grechetto Nero）葡萄曾在特蒂（Todi）地区生长过。这些只是少数几个例子，它们无疑会经历发展风格的形成，抛弃单一的酿造方法，从而在陈化方式和酒品最终特性上呈现出一系列新情景。换句话说，一切在进展中或变得更好，为该地区描绘了一个更为引人注目的未来，这片土地也从未辜负众望，在意大利葡萄酒世界中总是扮演着重要的角色。请读者跟随我们，从《年鉴》中找到窍门，不要仅仅停步在顶级酒上，而是试着去赞赏各方面活力十足的翁布里亚区（Umbria）的进步。

Adanti

Loc. Arquata
via Belvedere, 2
06031 Bevagna [PG]
Tel. 0742360295
www.cantineadanti.com

藏酒销售
预约参观
年产量 160 000 瓶
葡萄种植面积 30 公顷

就在绝妙的贝瓦尼亚（Bevagna）外，前往蒙特法尔科（Montefalco）的路上，我们就能找到这一带最古老的庄园之一——阿丹提（Adanti）酒庄。阿丹提生产了一些有趣的葡萄酒，给萨格兰蒂诺（Sagrantino）葡萄的拥护者带来了这个品种酿造的传统酒款，依靠传统的种植方式和酒窖技术，如自然发酵，长时间浸渍和置于较大橡木桶陈化。我们可以透过这些技术细节窥探该酒庄的模样，但它成功的秘诀说到底还是它本身的古色古香和酿出的能对抗时间与潮流的酒品。酒庄出产的蒙特法尔科•萨格兰蒂诺2008（Montefalco Sagrantino 2008）继承了以上所有特性，颜色比指定产区的很多酒色都淡，有深红色的边沿。散发着皮革、干花、焦油和地中海灌木的气味与橙子的气息，里层是温和的果心。口感强劲、文雅和醇厚，单宁纹理深厚而不过分。

● Montefalco Sagrantino Arquata '08	🍷🍷🍷 6
○ Colli Martani Grechetto '12	🍷🍷 2*
○ Montefalco Bianco '11	🍷 2
● Montefalco Rosso '09	🍷 3
● Montefalco Sagrantino Arquata '06	🍷🍷🍷 5
● Montefalco Sagrantino Arquata '05	🍷🍷🍷 5
○ Montefalco Bianco Arquata '10	🍷🍷 2*
● Montefalco Rosso '08	🍷🍷 2*
● Montefalco Rosso Ris. '08	🍷🍷 3
● Montefalco Sagrantino Arquata '07	🍷🍷 5
● Montefalco Sagrantino Il Domenico '07	🍷🍷 6
● Montefalco Sagrantino Il Domenico '06	🍷🍷 6
● Montefalco Sagrantino Il Domenico '05	🍷🍷 6

Antonelli - San Marco

Loc. San Marco, 60
06036 Montefalco [PG]
Tel. 0742379158
www.antonellisanmarco.it

藏酒销售
预约参观
膳宿接待
年产量 300 000 瓶
葡萄种植面积 40 公顷

安东内利（Antonelli）家族拥有的辉煌悠久的庄园位于本产区最好的分区之一。中世纪的书籍把圣马可（San Marco de Corticellis）描绘成葡萄、橄榄培育最好的地区之一。1881年，斯波莱托（Spoleto）的律师弗朗西斯科•安东内利（Francesco Antonelli）收购了它，之后，他的家族一直拥有该酒庄。悠久的历史和精致的风土，加上有机耕作的实践，都汇集到了瓶装的酒品中，背后的促成人是这里悟性最高的酿酒师之一，他善于酿制优雅、可窖藏、本土个性突出的葡萄酒。蒙特法尔科•萨格兰蒂诺•丘萨2007（Montefalco Sagrantino Chiusa di Pannone 2007）是一款极具潜力的正宗的佳酿，它的酿制也遵循同样的道理。这个酿制精美的酒款有着随和迷人的芳香姿态，携带着一丝可爱的矿物质气息。尽管单宁稍微过盛，但口感还是非常优雅和醇厚。

● Montefalco Sagrantino Chiusa di Pannone '07	🍷🍷 6
○ Colli Martani Grechetto '12	🍷🍷 2*
● Montefalco Rosso '10	🍷🍷 3
● Montefalco Rosso Ris. '08	🍷🍷 4
○ Trebbiano Spoletino Trebuim '11	🍷🍷 3
● Baiocco '11	🍷 2
● Contrario '10	🍷 3
● Montefalco Sagrantino '08	🍷🍷🍷 5
● Montefalco Sagrantino Chiusa di Pannone '04	🍷🍷🍷 6
○ Colli Martani Grechetto '11	🍷🍷 2*
● Montefalco Rosso Ris. '07	🍷🍷 4
● Montefalco Sagrantino '07	🍷🍷 5
● Montefalco Sagrantino Chiusa di Pannone '06	🍷🍷 6

Barberani

Loc. Cerreto
05023 Baschi [TR]
Tel. 0763341820
www.barberani.it

藏酒销售
预约参观
膳宿接待
年产量 350 000 瓶
葡萄种植面积 55 公顷
葡萄栽培方式 有机认证

巴贝拉尼（Barberani）家族拥有的知名的奥维多（Orvieto）葡萄酒庄园是本地区最出色的酿酒商之一。葡萄园和酒庄位于迷人的山丘上，山下的科尔巴拉湖（Lake Corbara）孕育了出色的诺伯乐洛（Noble Ro）葡萄酒。所有的酒品系列有令人信服的品质，这归功于他们积极的酿造方法和越发新颖的风格定位。从葡萄园到酒窖的运作越来越侧重运用原生态和环境友好型的方式，旨在让酒品呈现自身特性。优秀的维拉•蒙蒂切利•珀尔文托2008（Villa Monticelli Polvento 2008）是本地区最好的红葡萄酒之一，它气派醇厚，草味精致，耐品，口感新鲜和丝滑。

○ Orvieto Cl. Sup. Muffa Nobile Calcaia '10	🍷🍷🍷 5
● Lago di Corbara Rosso Polvento Villa Monticelli '08	🍷🍷 5
○ Orvieto Cl. Sup. Castagnolo '12	🍷🍷 3
○ Orvieto Cl. Sup. Vinoso '12	🍷🍷 4
● Aleatico Passito Villa Monticelli '08	🍷 6
○ Grechetto '12	🍷 3
○ Vermentino '12	🍷 3
● Lago di Corbara Rosso Villa Monticelli '04	🍸🍸🍸 4
● Lago di Corbara Rosso Polvento '06	🍸🍸 5
● Lago di Corbara Rosso Villa Monticelli '05	🍸🍸 4
○ Orvieto Cl. Sup. Calcaia '08	🍸🍸 5
○ Orvieto Cl. Sup. Calcaia '07	🍸🍸 5
○ Orvieto Cl. Sup. Calcaia '06	🍸🍸 5
○ Orvieto Cl. Sup. Vinoso '11	🍸🍸 3*

Tenuta Bellafonte

Loc. Torre del Colle
via Colle Nottolo, 2
06031 Bevagna [PG]
Tel. 0742710019
www.tenutabellafonte.it

预约参观
膳宿接待
年产量 5 500 瓶
葡萄种植面积 7 公顷

泰努塔•贝拉凡特（Tenuta Bellafonte）邻近科勒•托雷（Torre del Colle）和贝瓦尼亚（Bevagna），来自米兰的经理彼特•哈尔布隆（Peter Heilbron）走遍意大利后，终于在翁布里亚（Umbria）的这个迷人的角落实现了梦想，成为了这家酒庄的主人。萨格兰蒂诺（Sagrantino）葡萄藤与树木和橄榄林纵横交错在这片未开发的乡村地带。彼特精心打理着庄园，极其注重细节和对环境的影响。葡萄园和精致酒窖里的工作找不出一点疏忽。在大木桶里自然发酵的酿酒方法把生机勃勃的萨格兰蒂诺（Sagrantino）葡萄打造成了最优雅正宗的酒品。所有的因素使得这款新兴酒品达到了产区、地区乃至整个翁布里亚区（Umbria）明星的高度。酒庄去年战绩优异，今年，它的风格变得成熟，从绝妙的蒙特法尔科•萨格兰蒂诺2009（Montefalco Sagrantino 2009）可以看出。这是唯一的星级酒品，非凡的矿物质气息升华了地中海灌木、鲜切花和浆果的香气。酒体优雅，口感丝滑强劲，余韵绵长，动感精美。

● Montefalco Sagrantino '09	🍷🍷🍷 6
● Montefalco Sagrantino '08	🍸🍸 5

Bigi

Loc. Ponte Giulio
05018 Orvieto [TR]
Tel. 0763315888
www.cantinebigi.it

预约参观
年产量 4 000 000 瓶
葡萄种植面积 196 公顷

在翁布里亚（Umbria），比基（Bigi）这个名字意味着19世纪末积累至今的厚重的历史遗产。据说，庄园创始人路易吉•比基（Luigi Bigi）凭借非凡的激情和远见酿制了一些可爱的经典奥维多（Orvieto）葡萄酒，最初的生产地是拉•特里尼泰（La Trinitài）以前的隐修院，现在改为附近的庞特•朱利奥（Ponte Giulio）地区的角落。后来在成为意大利维尼集团（Gruppo Italiano Vini）的一部分后，酒庄引进了更为现代的经营方法，取代了这段与本地域联系紧密的浪漫往事。今天，酒庄生产质量稳定、无懈可击的现代风格葡萄酒。所有的酒品系列都酿制精美，几款有趣的酒在经典的和更试验性的生产线中脱颖而出。威普拉•罗萨2012（Vipra Rossa 2012）是由圣乔维斯（Sangiovese）和梅洛葡萄（Merlot）混酿，它清新生动，有着令人愉悦的朴实口感。

● Sartiano '11	🍷🍷 3
○ Strozzavolpe '12	🍷🍷 2*
⊙ Vipra Rosa '12	🍷🍷 2*
● Vipra Rossa '12	🍷🍷 2*
○ Orvieto Cl. Vign. Torricella '12	🍷 2
○ Orvieto Cl. Torricella '11	🍷🍷 3
○ Orvieto Cl. Vign. Torricella '10	🍷🍷 2*
● Sartiano '08	🍷🍷 3
○ Strozzavolpe '11	🍷🍷 2*
○ Strozzavolpe Grechetto '09	🍷🍷 2

Bocale

Loc. Madonna della Stella
via Fratta Alzatura
06036 Montefalco [PG]
Tel. 0742399233
www.bocale.it

藏酒销售
预约参观
年产量 20 000 瓶
葡萄种植面积 4 公顷

规模虽小却运转出色的博卡尔（Bocale）是一座保持古老传统的新兴酒庄。博卡尔这个词是瓦伦蒂尼家族（Valentinis）的昵称，也是庄主农业耕作者出身的缩影。庄园坐落在离蒙特法尔科（Montefalco）中心地带几千米远的法拉塔•阿尔扎图拉（Fratta Alzatura），不远处是玛丹娜•斯特拉（Madonna della Stella）避难所。酿制精美的酒品传达了强烈的本土特色，清晰表明了本地带的发展潜力。庄园打理着4公顷的葡萄园，过去几年在红葡萄酒领域取得了优异的成绩。我们觉得，今年这座小巧的酒庄生产了最佳蒙特法尔科•萨格兰蒂诺•（Montefalco Sagrantino Passito）之一的酒品。它浓郁饱满，酒体协调，匀称的单宁和酸度出色地中和了经典的甜味。

● Montefalco Sagrantino Passito '09	🍷🍷🍷 5
● Montefalco Sagrantino '10	🍷🍷 5
● Montefalco Rosso '11	🍷 2
● Montefalco Rosso '09	🍷🍷 4
● Montefalco Rosso '08	🍷🍷 4
● Montefalco Sagrantino '09	🍷🍷 5
● Montefalco Sagrantino '07	🍷🍷 5

Leonardo Bussoletti

S.DA DELLE PRETARE, 62
05035 NARNI [TR]
TEL. 0744715687
www.leonardobussoletti.it

藏酒销售
年产量 15 000 瓶
葡萄种植面积 7 公顷
葡萄栽培方式 有机认证

伦纳德•布索勒提（Leonard Bussoletti）涉足葡萄酒行业也有多年的时间了，但直至最近他才决定酿制自己的酒品，并很快取得成果。作为一名认真、敏锐、味蕾训练有素的种植者，他把灵感灌输到一个新颖完备的计划之中。酒庄以手工生产为主，别出心裁地选择绮丽叶骄罗（Ciliegiolo）作为主要品种，包括一小部分老葡萄树，但同时也能产出好的白葡萄酒，以取材于格雷切托（Grechetto）葡萄的最为突出。庄园为酒品设定了直率的风格，准确无误地侧重口感和纤细度。真是一款可爱的绮丽叶骄罗（Ciliegiolo），或者应该说真是可爱的多款绮丽叶骄罗（Ciliegiolo），因为今年这种酒出了两款。优质的维格纳•韦基亚2010（Vigna Vecchia 2010）随和醇厚、果汁丰富，大量的果肉成熟而新鲜，进入决赛实至名归。它也成为翁布里亚（Umbria）典型的原汁葡萄酒。

● Ciliegiolo di Narni Vigna Vecchia '10	🍷🍷	7
● Brecciaro '11	🍷🍷	3
○ Colle Ozio '12	🍷🍷	3
● Brecciaro '10	🍷🍷	3

★Arnaldo Caprai

LOC. TORRE
06036 MONTEFALCO [PG]
TEL. 0742378802
www.arnaldocaprai.it

藏酒销售
预约参观
年产量 750 000 瓶
葡萄种植面积 136 公顷

开普拉（Caprai）进入葡萄酒全景的方式令人惊讶，摇身一变成为萨格兰蒂诺（Sagrantino）和蒙特法尔科（Montefalco）地区的代言人。然而，庄园的发展故事令人印象深刻，从旧时期直接跨入到令人兴奋的新时期。简而言之，这座酒庄不仅是本土的里程碑，还能集管理才干、辛勤工作和激情于一身，很少人能做到这点。而且，这里出品的葡萄酒风格独特，不但酿制过程困难，且几乎难以模仿。它们醇厚浓烈，发扬了本地域丰裕的自然资源和本地品种的优势。了不起的蒙特法尔科•萨格兰蒂诺（Montefalco Sagrantino 25 Anni）精选酒也许是地区最著名的酒品，今年再次独占鳌头。2009年的收获期孕育了这款醇厚无比的红葡萄酒，口感浓烈，单宁丰富。时间总会让它的年轻气盛变得柔和。

● Montefalco Sagrantino 25 Anni '09	🍷🍷🍷	8
● Montefalco Sagrantino Collepiano '09	🍷🍷	6
○ Colli Martani Grechetto Grecante '12	🍷🍷	4
● Montefalco Rosso '11	🍷🍷	4
● Montefalco Rosso Ris. '09	🍷🍷	6
● Montefalco Sagrantino Passito '09	🍷🍷	7
● Montefalco V. Flaminia Maremmana '10	🍷🍷	3
● Montefalco Sagrantino 25 Anni '08	🍷🍷🍷	8
● Montefalco Sagrantino 25 Anni '07	🍷🍷🍷	8
● Montefalco Sagrantino 25 Anni '06	🍷🍷🍷	8
● Montefalco Sagrantino 25 Anni '05	🍷🍷🍷	8
● Montefalco Sagrantino 25 Anni '04	🍷🍷🍷	8
● Montefalco Sagrantino Collepiano '08	🍷🍷🍷	6
● Montefalco Sagrantino Collepiano '03	🍷🍷🍷	6
● Rosso Outsider '03	🍷🍷🍷	8

Carini

Loc. Canneto
Fraz. Colle Umberto
S.da del Tegolaro
06133 Perugia
Tel. 0756059495
www.agrariacarini.it

藏酒销售
预约参观
年产量 40 000 瓶
葡萄种植面积 10 公顷

卡洛（Carlo）和马尔科•卡里尼（Marco Carini）兄弟的这座翁布里亚区（Umbria）的较小酒庄是一块真正的宝石。它坐落在迷人的特兹奥山（Mount Tezio）和特拉西梅诺湖（Lake Trasimeno）之间，离省会城市不远。它是田园生活的缩影，葡萄酒在这里占据重要位置。我们也许应该称它为一个以葡萄酒为核心产品的现代农场。葡萄在可爱的酒窖里发酵，酒品陈化在酒桶里。红葡萄酒和白葡萄酒的所有系列均具有现代清晰的风格，常见的国际品种占绝大多数。第一代科里•特拉西梅诺•奥斯卡诺（I Colli del Trasimeno Oscano）是走国际化道路，但它植根于本土。这里的主要酒品取材于特拉西梅诺（Trasimeno）佳美葡萄，该品种类似于歌海娜（Grenache），现已成为湖畔地区的经典品种。品尝该酒的2012年款是一种享受，它呈深红色，黑色果肉丰富，散发甘草香气，个性突出，口感浓厚且充满生气。

● C. del Trasimeno Òscano '12	🍷🍷 2*
○ C. del Trasimeno Rile '12	🍷🍷 2*
○ Poggio Canneto '11	🍷 3
○ C. del Trasimeno Rile '11	♀♀ 2*
● Òscano '09	♀♀ 2
● Òscano '08	♀♀ 2*
○ Poggio Canneto '09	♀♀ 3
○ Poggio Canneto '08	♀♀ 3*
○ Poggio Canneto '07	♀♀ 3*
● Tegolaro '08	♀♀ 5
● Tegolaro '07	♀♀ 5
● Tegolaro '06	♀♀ 5
● Tegolaro '05	♀♀ 5
● Tegolaro Selezione Armando '08	♀♀ 5

La Carraia

Loc. Tordimonte, 56
05018 Orvieto [TR]
Tel. 0763304013
www.lacarraia.it

藏酒销售
预约参观
年产量 550 000 瓶
葡萄种植面积 119 公顷

获奖的欧多阿杜•吉亚乐迪（Odoardo Gialletti）团队坚定不移地追求卓越的质量，每年都生产出风格清晰、雕琢细腻的葡萄酒。这些酒十分值得品尝和分享。庄园位于奥维多（Orvieto）地区，种植了本土和国际葡萄品种。出品的葡萄酒风格现代，完美展现了个性和不同品种的印记，诠释了风土特色。弗比安诺2010（Fobiano 2010）呈暗黑色、温暖的姿态，弥漫着的香料和烟熏气息强化了黑莓果的味觉。口感温暖，酒劲有点浓烈，还有一丝单宁味。

● Fobiano '10	🍷🍷 4
● Cabernet Sauvignon '12	🍷🍷 2*
○ Orvieto Cl. Sup. Poggio Calvelli '12	🍷🍷 2*
● Sangiovese '12	🍷🍷 2*
● Giro di Vite '11	🍷 4
○ Le Basque '12	🍷 3
● Tizzonero '11	🍷 3
● Fobiano '03	♀♀♀ 4
● Fobiano '99	♀♀♀ 4*
● Cabernet Sauvignon '11	♀♀ 2*
● Giro di Vite '10	♀♀ 4
○ Orvieto Cl. Sup. Poggio Calvelli '11	♀♀ 2*

Tenuta Castelbuono

LOC. BEVAGNA
VOC. FOSSATO, 54
06031 PERUGIA
TEL. 0742361670
www.tenutacastelbuono.it

年产量 100 000 瓶
葡萄种植面积 32 公顷

卢内里（Lunelli）家族拥有的泰努塔•卡斯泰尔博诺（Tenuta Castelbuono）在很多方面是本地区最有趣的新兴葡萄酒生产商之一。艺术家阿纳尔多•波莫多罗（Arnaldo Pomodoro）设计的酒庄是本地的一颗明珠。它几乎只注重风土和高品质酒品的优雅度，在风格定位的探索道路上也取得了进展。葡萄园坐落在两处不同的地带，一处分布在酒庄周围，邻近贝瓦尼亚（Bevagna）；另一处位于蒙特法科（Montefalco）的市区。我们最近的一次品酒会验证了卢内里家族（Lunellis）和他们的员工全面而新颖地解读了风土特性。他们的酒品在品酒会上不易被读懂，但很迷人，带着强烈的本土和个性特色。简而言之，这就是蒙特法尔科红葡萄酒陈酿2008（Montefalco Rosso Riserva 2008）的特点。它朴实，棱角分明，有时还挺尖刻，但它也非常地道，是餐桌上肉菜的好搭档。

● Montefalco Rosso Ris. '08	🍷🍷 5
● Montefalco Rosso '10	▼▼ 3
● Montefalco Sagrantino '08	▼▼ 5
● Montefalco Rosso '09	YY 3
● Montefalco Rosso '07	YY 3*
● Montefalco Rosso '06	YY 3*
● Montefalco Sagrantino '07	YY 5
● Montefalco Sagrantino '06	YY 5
● Montefalco Sagrantino '05	YY 5
● Montefalco Sagrantino '04	YY 5
● Montefalco Sagrantino '03	YY 5
● Montefalco Sagrantino '01	YY 5

★★Castello della Sala

LOC. SALA
05016 FICULLE [TR]
TEL. 076386051
www.antinori.it

预约参观
葡萄种植面积 140 公顷

一片优质的葡萄园加上一个优秀酿酒家族的创意、专业技术和远见，酿制出迷人的葡萄酒，这是极为正常的事了。当安提诺里（Antinori）家族选定了在菲库莱（Ficulle）海拔500米的石灰石山丘，邻近奥维多（Orvieto）的地方生产优质白葡萄酒后，这一切就发生了。经过20世纪80年代末起步时的几次试验性酿制后，他们开始收获令人震惊的成果，我们可以确定地说他们付出的努力大大超出了预期。绝妙的切尔瓦罗（Cervaro）白葡萄酒在个性和名望上都已走向国际，年轻时和陈化后的酒品一样出色。其2011年款不负众望，散发着紧密的橡树和经烘烤过的气息，完美融合了果香、花香和叶绿素的香味。口感丰满，某些方面比较强劲，但也动感流畅，还有很好的果肉支撑和协调的酸味品性。

○ Cervaro della Sala '11	🍷🍷🍷 6
○ Orvieto Cl. Sup. San Giovanni della Sala '12	▼▼ 3
● Pinot Nero '11	▼ 5
○ Cervaro della Sala '10	YYY 6
○ Cervaro della Sala '09	YYY 6
○ Cervaro della Sala '08	YYY 6
○ Cervaro della Sala '07	YYY 6
○ Cervaro della Sala '06	YYY 6
○ Cervaro della Sala '05	YYY 6
○ Cervaro della Sala '04	YYY 6
○ Cervaro della Sala '03	YYY 5
○ Cervaro della Sala '02	YYY 5
○ Cervaro della Sala '01	YYY 5
○ Cervaro della Sala '00	YYY 5
○ Cervaro della Sala '99	YYY 5

Castello di Magione

via dei Cavalieri di Malta, 31
06063 Magione [PG]
Tel. 075843542
www.castellodimagione.it

藏酒销售
预约参观
年产量 150 000 瓶
葡萄种植面积 44 公顷

1150年至1170年间这个城堡属于马耳他骑士团（Sovereign Military Order of Malta）的王子和大师，当时位于维亚•法朗西格纳（Via Francigena）附近，在前往圣地亚哥•孔波斯特拉（Santiago de Compostela）的路上，是往返于罗马（Rome）和耶路撒冷（Jerusalem）之间的朝圣者们的招待所。它高耸于特拉西梅诺（Trasimeno）山谷，葡萄园分布在周围的山坡，按界定清楚的葡萄园类别区分开来。与这幅非常传统的酿酒场景相比，酒窖显得十分现代。虽然梅洛（Merlot）、圣乔维斯（Sangiovese）、赤霞珠（Cabernet Sauvignon）、特拉西梅诺（Trasimeno Gamay）和黑皮诺（Pinot Nero）等红葡萄品种占主导，但格雷切托（Grechetto）葡萄才是庄园皇冠上的明珠。科里•特拉西梅诺•格雷切托•蒙特隆尼（Colli del Trasimeno Grechetto Monterone）再次出色地诠释了翁布里亚区（Umbria）最传统的白葡萄品种。它酿制精美，酒体优雅，带有矿物质气息，口感完美平衡了咸味和酸味。酒体恰到好处，花香呈现精准。

○ C. del Trasimeno Grechetto Monterone '12	▼▼ 2*
● Novecento '10	▼▼ 3
● Sangiovese '12	▼▼ 2*
● Carpaneto '11	▼ 3
○ C. del Trasimeno Grechetto Monterone '11	▽▽ 2*
○ C. del Trasimeno Grechetto Monterone '10	▽▽ 2
○ C. del Trasimeno Grechetto Monterone '08	▽▽ 2*
● Carpaneto '10	▽▽ 3
● Carpaneto '08	▽▽ 3

Cantina Castello Monte Vibiano Vecchio

loc. Monte Vibiano Vecchio di Mercatello
voc. Palombaro, 22
06072 Marsciano [PG]
Tel. 0758783386
www.montevibiano.it

藏酒销售
预约参观
葡萄种植面积 35 公顷

这座酒庄发展迅猛，值得一提。在它别致的外表下面，是深刻有趣的现代化酿酒的视野，正因如此，酒庄才得以实现二氧化碳的零排放。这座山坡上的城堡邻近佩如格利亚（Perugia），有着雄伟的古墙、美妙的大理石教堂以及点缀了周边风景的古树。多年来，这里的酒品在整体质量和风格上都取得长足的进步，现已成为翁布里亚区（Umbria）葡萄酒全景中的重要角色。今年，科里•帕鲁金尼•拉安德里亚红葡萄酒2009（Colli Perugini Rosso L'Andrea 2009）证明了它名不虚传，虽然比起前几款来可能有点不够迷人，但它仍是顶级的。这款正宗的红葡萄酒混酿采用了50%的圣乔维斯（Sangiovese）葡萄，剩余成分有梅洛（Merlot）、赤霞珠（Cabernet Sauvignon）和西拉（Syrah）葡萄。它内容充实，汁液丰富，时甜时香，有芳香的余韵和微妙的橡木气息。

● Colli Perugini Rosso L'Andrea '09	▼▼ 5
● Colli Perugini Rosso Monvì '10	▼▼ 2*
⊙ Maryam '12	▼▼ 3
○ Maria Camilla '12	▼ 3
● Villa Monte Vibiano Rosso '12	▼ 1*
● Colli Perugini Rosso L'Andrea '08	▽▽▽ 5
● Colli Perugini Rosso Monvì '09	▽▽ 2*

Fattoria Colleallodole

LOC. COLLE ALLODOLE
06031 BEVAGNA [PG]
TEL. 0742361897
www.fattoriacolleallodole.it

藏酒销售
预约参观
年产量 60 000 瓶
葡萄种植面积 12 公顷

令人非常怀念的米尔兹•阿德安塔诺（Milziade Antano）是推动塞格兰蒂诺（Sagrantino）葡萄酒发展的先锋，这座以他名字命名的酒庄虽创立已久，但在最近无论是酒庄还是葡萄园都经历了一些令人惊讶的变化。邻近贝瓦尼亚（Bevagna）的科勒罗多乐（Colleallodole）星级葡萄园，出产的葡萄酒吸收了本地风土的精华，留下了酿酒师灵感的印记。这些酒丰富经典却易于读懂，酿制细腻，诠释到位，具有非凡的陈化潜力，我们不能要求更多了。萨格兰蒂诺（Sagrantino）葡萄酒都很优秀，尽管科勒罗多乐（Colleallodole）佳酿可能以复杂度胜出，但无论认为哪一个更好都是合理的。不过，在品尝了一些陈化出色的瓶装酒后，我们也许会改变看法。这些酒华丽细腻，非常上乘，带着源自黑莓、苦巧克力、烟草和甘草的复杂香味。单宁虽年轻但味道绵长。

● Montefalco Sagrantino Colleallodole '10	8
● Montefalco Sagrantino '10	5
● Montefalco Rosso '11	3
● Montefalco Rosso Ris. '10	5
○ Bianco di Milziade '12	3
● Montefalco Rosso Ris. '08	5
● Montefalco Sagrantino Colleallodole '09	8
● Montefalco Sagrantino Colleallodole '06	6
● Montefalco Sagrantino Colleallodole '05	6
● Montefalco Rosso '10	3
● Montefalco Rosso Ris. '09	5
● Montefalco Sagrantino '09	5
● Montefalco Sagrantino '08	8

★Còlpetrone

LOC. MARCELLANO
VIA PONTE LA MANDRIA, 8/1
06035 GUALDO CATTANEO [PG]
TEL. 074299827
www.colpetrone.it

藏酒销售
预约参观
年产量 200 000 瓶
葡萄种植面积 63 公顷

如果历史的车轮在滚滚前进之时仍不忘它的根源或角色，那带来的结果必然是显著的。自然地，这一点也适用于葡萄酒行业，科尔培特隆（Còlpetrone）酒庄就是一个鲜明的例子。简而言之，这座庄园精于解读风土特性，从一开始就将其诠释得淋漓尽致，首要的是蒙特法尔科•萨格兰蒂诺（Montefalco Sagrantino）葡萄酒，它无论是以前还是现在，都是酒庄顶级的酒品之一。今天，经过很多变化和一次彻底的技术与管理的革新后，酒庄仍是顶尖的酿酒商，具备了长远的发展目光。出产的酒品延续传统，面向未来。它们风格现代而浓烈，具有清晰的酿制风格。作为酒庄特级的精选酒，金蒙特法尔科•萨格兰蒂诺（Montefalco Sagrantino Gold）向外界证明了它是本品种的精美和标杆酒品。其2007年款给大家带来了大量的果肉，由于陈化在橡木桶里，它在气味和口感上都有一丝甜味。

● Montefalco Sagrantino Gold '07	8
● Montefalco Rosso '11	3
● Montefalco Sagrantino '07	5
● Montefalco Sagrantino '04	5
● Montefalco Sagrantino '03	5
● Montefalco Sagrantino '02	5
● Montefalco Sagrantino '01	5
● Montefalco Sagrantino '00	5
● Montefalco Sagrantino '99	5
● Montefalco Sagrantino '98	5
● Montefalco Sagrantino '97	5
● Montefalco Sagrantino '96	5
● Montefalco Sagrantino Gold '05	8
● Montefalco Sagrantino Gold '04	8

Fattoria Colsanto

LOC. MONTARONE
06031 BEVAGNA [PG]
TEL. 0742360412
www.livon.it

藏酒销售
年产量 30 000 瓶
葡萄种植面积 20 公顷

科尔圣托（Colsanto）酒庄的主人利旺家族（Livon）与葡萄种植和葡萄酒酿造有着密不可分的联系，他们在弗留利（Friuli）和意大利的其他葡萄园地带取得了成功。年复一年，庄园在葡萄酒评论家和爱好者群中的口碑越来越好，其中的原因很简单：在这片华丽的贝瓦尼亚（Bevagna）土地上生产的葡萄酒逐年变得出色和新颖，风格也越来越吸引。这一切始于葡萄园，紧接着的是今天经典的葡萄酒酿造技术。随着时间的推移，陈化过程被加以改进，现在主要发生在大酒桶里。如我们所说，所有的酒品都很精美，尤其是粗犷的、有个性的蒙特法尔科•萨格兰蒂诺2009（Montefalco Sagrantino 2009），它的一丝丝野味慢慢引向黑果香味、花香和泥土气息带有血红的色泽。虽然单宁的年份仍有些短，但醇厚、多果肉的口感令人印象深刻。

● Montefalco Sagrantino '09	🍷🍷 5
● Montefalco Rosso '10	🍷🍷 3
● Ruris Rosso '11	🍷 2
● Montefalco Rosso '09	🍷🍷 3*
● Montefalco Sagrantino '08	🍷🍷 5
● Montefalco Sagrantino '07	🍷🍷 5
● Montefalco Sagrantino '03	🍷🍷 5

Custodi

LOC. CANALE
V.LE VENERE
05018 ORVIETO [TR]
TEL. 076329053
www.cantinacustodi.com

藏酒销售
预约参观
年产量 60 000 瓶
葡萄种植面积 40 公顷

我们向您推荐古斯特蒂（Custodi）酒庄生产的葡萄酒，它们有一流的品质和风格，是奥维多（Orvieto）葡萄酒最好的诠释者之一，至少从新颖性和纤细度上可以下此定论。葡萄园和酒窖位于卡纳尔（Canale），总面积约70公顷，其中有一半种植了葡萄藤。大部分葡萄用于酿制本地带的主要指定酒品——经典奥维多葡萄酒（Orvieto Classico）。其他葡萄藤主要生长着圣乔维斯（Sangiovese）和其他国际品种。他们的白葡萄酒最令我们印象深刻，可以毫不犹豫地认定它们是本地带最好的白葡萄酒。例如，经典奥维多•贝罗洛2012（Orvieto Classico Belloro 2012）就非常优秀，它散发精致的花香、鲜果和柑橘气息。简单易饮的口感不负众望，口感适中，余韵明确，在嗅觉上萦绕不止。

○ Orvieto Cl. Belloro '12	🍷🍷 1*
○ Orvieto Cl. Sup. Pertusa V. T. '12	🍷🍷 4
● Piancoleto '12	🍷 2
● Austero '07	🍷🍷 3*
○ Orvieto Cl. Belloro '11	🍷🍷 1*
○ Orvieto Cl. Belloro '10	🍷🍷 1*
○ Orvieto Cl. Belloro '09	🍷🍷 1
○ Orvieto Cl. Belloro '08	🍷🍷 1*
○ Orvieto Cl. Belloro '07	🍷🍷 1*
○ Orvieto Cl. Sup. Pertusa V. T. '07	🍷🍷 4
● Piancoleto '11	🍷🍷 2*
● Piancoleto '09	🍷🍷 2

Decugnano dei Barbi

loc. Fossatello, 50
05019 Orvieto [TR]
Tel. 0763308255
www.decugnano.it

藏酒销售
预约参观
年产量 120 000 瓶
葡萄种植面积 32 公顷

德古格纳诺（Decugnano）是该地区最负盛名的酒庄之一，也是奥维多（Orvieto）葡萄酒的领航者。经历了几个不如意的年头后，酒庄再次生产出一些真正的好酒，从经典的白葡萄酒到一些诠释精准的红葡萄酒。庄园所处的自然环境是一流的：坐落在最好的葡萄酒沃土的山坡，历来有葡萄种植的传统。土壤富含化石，符合葡萄种植者为酿制芳香、动感、有清晰矿物气味的白葡萄酒佳酿所提的所有要求。酒体系列包括可口的经典梅特多（Metodo Classico），在本地区神奇的石灰岩洞穴里经历二次发酵。酒庄生产的第二代顶级经典奥维多白葡萄酒（Orvieto Classico Superiore Il Bianco）是最佳酒品和指定产区最好的酒品之一。其2012年款也许稍微过于芳香，气味过浓而失了一点复杂度，但它是一款真正的白葡萄酒佳酿，浓烈而易饮，带有令人愉快的气味，完美融入了酒的整体架构里。其他酒品也都酿制精美。

○ Orvieto Cl. Sup. Il Bianco '12	🍷🍷🍷 3*
● Il Rosso '11	🍷🍷 4
● Villa Barbi Rosso '11	🍷🍷 2*
○ Decugnano Brut '07	🍷 4
○ Orvieto Cl. Villa Barbi Bianco '12	🍷 2
● "IL" Rosso '98	🍷🍷🍷 5
○ Orvieto Cl. Sup. "IL" '11	🍷🍷🍷 3*
○ Orvieto Cl. Sup. Il Bianco '10	🍷🍷🍷 3
○ Orvieto Cl. Sup. Il Bianco '09	🍷🍷🍷 4
○ Decugnano Brut '06	🍷🍷 4
● Il Rosso di Decugnano '09	🍷🍷 3
● Lago di Corbara "IL" '02	🍷🍷 5
● Lago di Corbara "IL" '01	🍷🍷 5
○ Maris '09	🍷🍷 5
○ Orvieto Cl. Sup. "IL" '01	🍷🍷 3

Di Filippo

voc. Conversino, 153
06033 Cannara [PG]
Tel. 0742731242
www.vinidifilippo.com

藏酒销售
预约参观
年产量 200 000 瓶
葡萄种植面积 30 公顷
葡萄栽培方式 有机认证

这座迷人的庄园位于坎纳拉（Cannara）地区，坐落在无论从历史还是酿酒的角度看都截然不同的两块土地的边界地带。近年来，庄园尽可能以自然方式耕种土地，生产自然的葡萄酒，这些措施似乎给酒庄开辟了新的发展途径。出品的葡萄酒在质量和风格上实现了飞跃。我们对所有的酒品系列都印象深刻，包括经典的白葡萄酒系列，如特比安诺•斯珀勒蒂诺（Trebbiano Spoletino）以及现在的格雷切托（Grechetto）；还有红葡萄酒系列，如萨格兰蒂诺（Sagrantino）也非常出色。蒙特法尔科（Montefalco）地区最普遍的品种造就了新的厄特尼科2009（Etnico 2009），这款新颖的红葡萄酒散发着鲜明的地中海灌木丛、红醋栗和野草莓的气味，引向精炼、醇厚、柔滑并略带烟熏味的口感。

● Montefalco Sagrantino Etnico '09	🍷🍷 5
○ Colli Martani Grechetto '12	🍷🍷 2*
○ Colli Martani Grechetto Sassi d'Arenaria '11	🍷🍷 3
● Colli Martani Sangiovese '12	🍷🍷 2*
○ Farandola Trebbiano Spoletino '12	🍷🍷 2*
● Montefalco Sagrantino Passito '07	🍷🍷 5
● Terre di S. Nicola Rosso '10	🍷🍷 3
● Vernaccia di Cannara '11	🍷🍷 4
⊙ Villa Conversino Rosato '12	🍷🍷 2*
● Montefalco Rosso Sallustio '10	🍷 3
○ Colli Martani Grechetto '11	🍷🍷 2*
○ Colli Martani Grechetto Sassi d'Arenaria '10	🍷🍷 2*
● Montefalco Rosso Sallustio '09	🍷🍷 3
● Vernaccia di Cannara '10	🍷🍷 3
○ Villa Conversino Bianco '11	🍷🍷 1*

Duca della Corgna

via Roma, 236
06061 Castiglione del Lago [PG]
Tel. 0759652493
www.ducadellacorgna.it

藏酒销售
预约参观
年产量 280 000 瓶
葡萄种植面积 55 公顷

近几年来，坎蒂纳•特拉西梅诺（Cantina del Trasimeno）酒庄实施了一个值得高度赞扬的计划，旨在提升湖区典型葡萄酒的形象。这座联营酒庄的顶级酒品带有杜卡•科尔格纳（Duca della Corgna）的标签。庄园的葡萄来源于种植了很多品种的多个葡萄园，酿酒设施和购买点在拉戈堡（Castiglione del Lago），美丽而古老的酒窖则位于彼维•西塔（Città della Pieve）。葡萄园处在岬角的石灰岩土壤上，酒庄特别偏好特拉西梅诺•佳美葡萄（Gamay del Trasimeno），这种现已成为经典的品种有点像歌海娜（Grenache）。所酿的单一品种酒放在小橡木桶里短时间熟化后，成为这座湖畔酒庄年度最佳酒品。迷人的黑狄维娜•维拉•厄蒂切塔2011（Divina Villa Etichetta Nera 2011）散发黑樱桃、香草和红醋栗的气味，还有依稀的草本气息。它丰满而清脆、多汁和动感，尽管该品种有些肥厚、成熟的倾向。

● C. del Trasimeno Baccio del Rosso '12	🍷🍷 2*
● C. del Trasimeno Gamay Divina Villa Et. Nera '11	🍷🍷 3
● C. del Trasimeno Rosso Corniolo Ris. '10	🍷🍷 4
○ Ascanio '12	🍷 2
○ C. del Trasimeno Baccio del Bianco '12	🍷 2
● C. del Trasimeno Gamay Divina Villa Et. Bianca '12	🍷 2
⊙ Martavello Rosato '12	🍷 2
● C. del Trasimeno Baccio del Rosso '11	🍷🍷 2*
● C. del Trasimeno Gamay Divina Villa Et. Bianca '11	🍷🍷 2*
○ C. del Trasimeno Grechetto Nuricante '11	🍷🍷 2*
● C. del Trasimeno Rosso Corniolo '05	🍷🍷 3
● C. del Trasimeno Rosso Corniolo Ris. '09	🍷🍷 4
● C. del Trasimeno Rosso Corniolo Ris. '07	🍷🍷 3

Podere Fontesecca

voc. Fontesecca, 30
06062 Città della Pieve [PG]
Tel. 0763835008
www.fontesecca.it

藏酒销售
预约参观
膳宿接待
年产量 10 000 瓶
葡萄种植面积 3.5 公顷
葡萄栽培方式 有机认证

近年来，翁布里亚区（Umbria）很少给日常葡萄酒的爱好者带来惊喜，这些酒绝不普通，易于上口，有丰富的香味和细腻之处。由此看来酒庄在这方面是相当不寻常的。酒庄的主人保罗•波拉（Paolo Bolla）把家园、仓库和酒窖都搬到了西塔•波维（Città della Pieve）的迷人山丘下。在这里，他酿制了美味地道、反映风土的酒品。该酒庄有化石丰富的土壤，有机耕作方法，单一使用本土品种和注重细节，所有这些是准确理解凡特塞卡（Fontesecca）葡萄酒的关键。厄尔索2012（Elso 2012）外表华贵，有说服力、有层次感的香味，散发着杏仁、春天花朵、黄肉水果和一丝蜂蜜的气味。口感美味，略像黄油，充满个性和细节。

○ Elso '12	🍷🍷 2*
⊙ Canaiolo '12	🍷🍷 3
● Ciliegiolo '11	🍷🍷 3
○ Bianco Fontesecca '09	🍷🍷 3
● Canaiolo '10	🍷🍷 3
● Ciliegiolo '10	🍷🍷 3*
● Pino Sangiovese '09	🍷🍷 3*
● Pino Sangiovese '08	🍷🍷 4

Goretti

LOC. PILA
S.DA DEL PINO, 4
06132 PERUGIA
TEL. 075607316
www.vinigoretti.com

藏酒销售
年产量 400 000 瓶
葡萄种植面积 50 公顷

格雷迪（Goretti）酒庄是典型的家庭式经营的企业，有着深厚的农业传统和出品优质葡萄酒的坚实背景。庄园继续由几代人携手打理着，完美结合了丰富的经验和年轻人的热情。庄园分布在两处地方——比较古老的一处位于帕鲁金尼（Perugini）山丘，就在阿派乐（Apila）镇外，仰视着美丽的地标式高塔，其历史与家族的酿酒史同步。另一处较新的位于蒙特法科（Montefalco），是勒•穆雷•萨拉塞尼（Le Mure Saracene）的原产地，主要用于酿制萨格兰蒂诺（Sagrantino）和当地其他典型酒款。两处庄园的表现都很出色。凡塔内勒2012（Fontanelle 2012）易于上口却绝非普通，红色浆果的味道恰到好处，有优雅的火药和月桂叶的气息。

● Fontanella Rosso '12	2 glasses (black) 2*
● Montefalco Sagrantino Le Mure Saracene '10	2 glasses (black) 3
○ Grechetto '12	1 glass (black) 1*
○ Il Moggio '12	1 glass (black) 3
○ Colli Perugini Chardonnay '11	2 glasses (white) 2*
● Colli Perugini Rosso L'Arringatore '08	2 glasses (white) 3
● Colli Perugini Rosso L'Arringatore '07	2 glasses (white) 3
● Colli Perugini Rosso L'Arringatore '05	2 glasses (white) 3
● Fontanella Rosso '09	2 glasses (white) 2
○ Il Moggio '09	2 glasses (white) 3
● Montefalco Sagrantino Le Mure Saracene '06	2 glasses (white) 5

★Lungarotti

V.LE GIORGIO LUNGAROTTI, 2
06089 TORGIANO [PG]
TEL. 075988661
www.lungarotti.it

藏酒销售
预约参观
膳宿接待
年产量 2 200 000 瓶
葡萄种植面积 250 公顷
葡萄栽培方式 有机认证

伦加罗蒂（Lungarotti）是翁布里亚区（Umbria）最知名的国际品牌之一，在本地区优质葡萄酒的全景里占据特殊地位。历史、传统和开拓精神是这个庄园的立身之本，其在成为典型的现代酒庄的同时又能正确地看待过去。广泛的酒品系列包括了历史悠久的托尔吉亚诺（Torgiano）（包括取材于一些最好葡萄园的几款）和产自位于蒙特法尔科（Montefalco）的酒庄、年代较近的酒。所有这些酒都收获了非凡的成绩，几款瑰宝级的酒品更是让酒庄跻身意大利星级酿酒商的行列。其中，维格纳•蒙蒂奇奥（Vigna Monticchio）佳酿所向披靡。这款珍藏酒多年来为意大利葡萄酒积攒了很多口碑，深受世界各地的评论家的称赞，现仍是许多葡萄酒爱好者心中的偶像级酒品。其2008年款也是传奇性的，可能比最近几年款都要优秀。它酒体优雅，结构复杂，年轻却浓郁醇厚，有着清晰的基本特征，实在是无与伦比。

● Torgiano Rosso V. Monticchio Ris. '08	3 glasses (red) 6
● Torgiano Rosso Rubesco '10	2 glasses (red) 3*
● Montefalco Sagrantino '10	2 glasses (black) 5
○ Torgiano Bianco Torre di Giano V. il Pino Ris. '12	2 glasses (black) 4
○ Torgiano Vin Santo '09	2 glasses (black) 5
○ Torre di Giano '12	2 glasses (black) 2*
○ Torgiano Bianco Torre di Giano V. il Pino Ris. '08	3 glasses (white) 3*
● Torgiano Rosso Rubesco V. Monticchio Ris. '07	3 glasses (white) 6
● Torgiano Rosso V. Monticchio Ris. '06	3 glasses (white) 5
● Torgiano Rosso V. Monticchio Ris. '05	3 glasses (white) 5*
● Torgiano Rosso V. Monticchio Ris. '04	3 glasses (white) 5

Moretti Omero

LOC. SAN SABINO, 19
06030 GIANO DELL'UMBRIA [PG]
TEL. 074290433
www.morettiomero.it

藏酒销售
预约参观
年产量 45 000 瓶
葡萄种植面积 11 公顷
葡萄栽培方式 有机认证

荷马•莫雷蒂（Omero Moretti）拥有的这座可爱的酒庄自始就注册了有机认证，持续提升的产品质量现已让它成为萨格兰蒂诺（Sagrantino）地区最吸引人的酿酒商之一。提醒一句，尽管有此佳绩，但由于这个企业采取了纯工艺的方法，注定了将经历很多曲折。纯技术主义者可能会瞧不上这里的酒品，因为他们无视酿制手法。然而，我们认为，葡萄园栖息在蒙蒂•马塔尼（Monti Martani）山脉的这座小型酒庄的酒品魅力无限、极其地道，白葡萄酒和红葡萄酒都是如此。即使这样，优雅的蒙特法尔科红葡萄酒2010（Montefalco Rosso 2010）还是值得细细道来：烟草气息完美诠释了它的精髓，紧接着是上乘的香料和柔软丝滑的单宁，最后以精致、萦绕不止的苦橙味结尾。

○ Grechetto '12	▼▼ 2*
● Montefalco Rosso '10	▼▼ 3
○ Nessuno '12	▼▼ 2*
● Terre di Giano '12	▼ 2
○ Grechetto dell'Umbria '10	▽▽ 2
● Montefalco Rosso '09	▽▽ 5
● Montefalco Sagrantino '08	▽▽ 5
● Montefalco Sagrantino '07	▽▽ 5
● Montefalco Sagrantino '06	▽▽ 5
● Montefalco Sagrantino '05	▽▽ 5
● Montefalco Sagrantino '02	▽▽ 5
● Montefalco Sagrantino Vignalunga '06	▽▽ 7
○ Nessuno '09	▽▽ 2*
● Sagrantino di Montefalco '01	▽▽ 5

La Palazzola

LOC. VASCIGLIANO
05039 STRONCONE [TR]
TEL. 0744609091
www.lapalazzola.it

年产量 150 000 瓶
葡萄种植面积 28 公顷

斯特凡诺•格瑞利（Stefano Grilli）非常有个性，他是一位有激情和开拓精神的葡萄种植者，也是一位有灵感（可能有点古怪和粗野）的酿酒商。这位翁布里亚区（Umbria）的代表性人物的个性就是这样，或许更甚，他酿制的葡萄酒持续令人称道。他的酒庄位于瓦丝吉格里奥诺（Vasciglіano），紧靠特尔尼（Terni），是真正的葡萄酒盛产地和各个酒种的诠释者。他注重结构良好的红葡萄酒和甜葡萄酒，同时也生产极其诱人的梅特多•安塞斯特拉勒（Metodo Ancestrale）起泡葡萄酒系列。简而言之，他用美味和地道来弥补酿酒工艺所产生的误差。今年出品的各级精选葡萄酒都很有说服力。除了木桶味过重的常见的梅特多•安塞斯特拉勒（Metodo Ancestrale）和出色的鲁比诺（Rubino），我们更偏好翁布里亚风干甜型葡萄酒2008（Umbria Passito 2008），它散发着枣和蜜饯果皮的香味，口感丰满醇厚，余韵绵长。

● Umbria Passito '08	▼▼ 4
○ Riesling Brut Metodo Ancestrale '09	▼▼ 3
○ Riesling Extra Dry Metodo Ancestrale '08	▼▼ 4
● Rubino '09	▼▼ 5
● Syrah '11	▼▼ 3
● Merlot '97	▽▽▽ 4*
○ Gran Cuvée Brut '08	▽▽ 4
○ Riesling Brut M. Cl. '05	▽▽ 3
○ Riesling Brut Metodo Ancestrale '08	▽▽ 3
⊙ Rosé Brut '06	▽▽ 4
⊙ Rosé Brut Metodo Ancestrale '10	▽▽ 4
⊙ Rosé Brut Metodo Ancestrale '09	▽▽ 4
● Rubino '07	▽▽ 5
● Uve Gelate '09	▽▽ 6
○ Vin Santo '06	▽▽ 4

Palazzone

loc. Rocca Ripesena, 68
05019 Orvieto [TR]
Tel. 0763344921
www.palazzone.com

藏酒销售
预约参观
膳宿接待
年产量　130 000 瓶
葡萄种植面积　24 公顷

乔瓦尼•杜比尼（Giovanni Dubini）出品的葡萄酒诠释了奥维多（Orvieto）地区的风土特性。作为酿酒王国，奥维多（Orvieto）长久以来无疑是意大利顶级白葡萄酒的产地之一。洛卡利萨纳（Rocca Ripesana）的迷人山峦给这位技艺精湛的葡萄种植家提供了平台，让他能充分运用他的敏感、贴身感受和酿酒经验。这位指定产区酒的坚定分子是一位性情中人，是年轻一代的偶像，为翁布里亚区（Umbria）的葡萄酒业做出了卓著的贡献。他的酒，尤其是白葡萄酒，体现了地域的精髓，品种特色突出、不做作。我们觉得2011年款的坎波古典诺（Campo del Guardiano)非同寻常，内容可能比眼下的其他酒品更津津有味，渗透着紧致和复杂性。令人着迷的石头和野生药草的香味融进了水果里，果汁丰富，口感有着细腻的纹理，绵长而美味。它活泼精美，带有地中海的气息和典型的杏仁余韵。

○ Orvieto Cl. Sup. Campo del Guardiano '11	▼▼▼	2*
○ Grek '12	▼▼	2*
○ Orvieto Cl. Sup. Terre Vineate '12	▼▼	2*
○ Viognier '12	▼▼	3
● Armaleo '09	▼	5
● Piviere '11	▼	3
● Armaleo '00	▽▽▽	5
○ Orvieto Cl. Sup. Campo del Guardiano '09	▽▽▽	3
○ Orvieto Cl. Sup. Campo del Guardiano '07	▽▽▽	3
○ Orvieto Cl. Sup. Terre Vineate '11	▽▽▽	2*
○ Grechetto '10	▽▽	2*
○ Orvieto Cl. Sup. Campo del Guardiano '10	▽▽	3*
○ Orvieto Cl. Sup. Terre Vineate '10	▽▽	2*

F.lli Pardi

via Giovanni Pascoli, 7/9
06036 Montefalco [PG]
Tel. 0742379023
www.cantinapardi.it

藏酒销售
预约参观
年产量　60 000 瓶
葡萄种植面积　11 公顷

这座庄园创建于1919年，当时的萨格兰蒂诺（Sagrantino）通常以葡萄干为原料酿制成甜葡萄酒。这些年来，庄园的业务有所发展，却也休业了一段时间，直到2002年，一个为蒙特法尔科（Montefalco）葡萄酒历史做出过贡献的家族的年轻一代才给它注入了活力。帕蒂（Pardi）家族的曾祖父辈阿尔弗雷多（Alfredo）、弗朗西斯科（Francesco）和阿尔贝托（Alberto）把庄园传到弗朗西斯科（Francesco）、詹卢卡•里奥（Gianluca Rio）和阿尔贝托•马里奥（Alberto Mario）手中。历史与现在的这种纽带打造了一些精美、有个性、有历史底蕴的葡萄酒。我们尤其喜欢这些葡萄酒的易于上口，同时又不缺复杂。蒙特法尔科•萨格兰蒂诺2008（Montefalco Sagrantino Sacrantino 2008）很好地诠释了地区的旗舰品种，散发着可爱、微酸的浆果香味，口感丰富、饱满而香醇，带着一丝海盐的味道。

○ Colli Martani Grechetto '12	▼▼	2*
● Montefalco Rosso '11	▼▼	2*
● Montefalco Sagrantino Sacrantino '08	▼▼	6
○ Montefalco Bianco Colle di Giove '12	▼	2
○ Spoleto Trebbiano Spoletino '12	▼	2
○ Colli Martani Grechetto '11	▽▽	2*
○ Montefalco Bianco Colle di Giove '10	▽▽	2
● Montefalco Rosso '10	▽▽	2*
● Montefalco Sagrantino '09	▽▽	5
● Montefalco Sagrantino '04	▽▽	5
● Montefalco Sagrantino Passito '09	▽▽	5
● Montefalco Sagrantino Sacrantino '06	▽▽	6
● Rosso di Montefalco '09	▽▽	2*
○ Spoleto Trebbiano Spoletino '11	▽▽	2*

Domenico Pennacchi

FRAZ. MARCELLANO
VIA SANT'ANGELO, 10
06035 GUALDO CATTANEO [PG]
TEL. 0742920069
pennacchidomenico@tiscalinet.it

藏酒销售
预约参观
年产量 12 000 瓶
葡萄种植面积 6 公顷

在马尔塞拉诺（Marcellano）和萨格兰蒂诺（Sagrantino）指定产区范围内的瓜尔多•卡塔内奥（Gualdo Cattaneo）市区里，有一位充满激情的种植者叫多梅尼科•佩纳奇（Domenico Pennacchi）。这座庄园成立于20世纪90年代初期，葡萄园栽种在该地典型的富含褐煤的泥炭土上，海拔达400米。佩纳奇（Pennacchi）的家和酒庄在一起，几乎位于地下，似乎解释了庄园的家庭经营模式和手工艺酿酒方法。酿酒过程遵循传统，进行漫长的葡萄皮浸渍，陈化在法国酒桶里。佩纳奇（Pennacchi）今年酿制的酒比往年的更为出色。最为突出的是一款豪华的蒙特法尔科•萨格兰蒂诺2007（Montefalco Sagrantino2007），它华丽、宽广、优雅，酒体纤细浑厚，有着柔滑的层理。稍微过多的单宁并未破坏它的魅力和易饮性，置于瓶装还能慢慢变得更好。

● Montefalco Rosso Ris. '07	4
● Montefalco Sagrantino '07	5
● Colli di Fontivecchie Rosso '10	2*
● Montefalco Rosso '08	3
● Colli di Fontivecchie Rosso '01	2*
● Montefalco Sagrantino Terre dei Capitani '05	5

Cantina Peppucci

LOC. SANT'ANTIMO
FRAZ. PETRORO, 4
06059 TODI [PG]
TEL. 0758947439
www.cantinapeppucci.com

藏酒销售
预约参观
膳宿接待
年产量 70 000 瓶
葡萄种植面积 12. 5 公顷

佩普奇（Peppucci）家族的这座庄园由年轻、充满热情和激情的菲里波（Filippo）打理着，是该地区越发吸引人的新兴酒庄之一。它坐落在田园景色里，葡萄园朝向特蒂（Todi）的顶峰，酒庄栖息在地区典型山丘的山顶。出品的葡萄酒传达了这些地理特点，无论是取材于传统的还是非原生的品种，它们都是现代风格的，却也植根于这片风土的历史。白葡萄酒和红葡萄酒的品质都在提高，印证了近期采用有前途的创新方案是合适的，确保了这些酒在今年的品酒会上收获颇丰。阿尔特罗2010（Altro 2010）取材于种植在与蒙特法尔科（Montefalco）指定产区咫尺之遥的地方。红葡萄品种的影响也不可磨灭，它散发着浓浓的木质气味，口感却描绘了美好的未来，有着干薄荷、月桂叶、红醋栗和红茶的味道与可爱尖锐的单宁纹理，绝对是醇厚可口的地中海特色酒。

● Altro lo '10	5
● Giovanni '10	4
○ Todi Grechetto Montorsolo '12	2*
○ Todi Petroro 4 '12	2*
● Alter Ego '06	5
● Alter Ego '05	5
○ Colli Martani Grechetto di Todi Montorsolo '10	2
● Giovanni '09	4
● Giovanni '08	4
● Petroro 4 '11	2*
● Petroro 4 '09	3*
● Petroro 4 '08	3*
● Petroro 4 '06	3
○ Todi Grechetto Montorsolo '11	2*

Perticaia

LOC. CASALE
06035 MONTEFALCO [PG]
TEL. 0742379014
www.perticaia.it

藏酒销售
预约参观
年产量 100 000 瓶
葡萄种植面积 15 公顷

珀提卡亚（Perticaia）是萨格兰蒂诺（Sagrantino）葡萄酒生产商群星中最亮眼的一颗之一，其名字揭示了它和土地的深厚联系。它创建于20世纪90年代末到21世纪初，掌舵者是一位技术精湛、知识渊博、经验老道的葡萄种植者，名叫吉多•瓜尔迪利（Guido Guardigli）。他信心满满地创立了这个庄园，活跃在本地舞台上。酒庄和葡萄园位于蒙特法科•卡萨利（Casale di Montefalco），这片土地早已被证明具有内在的纤细度，能通过严格的酿酒过程传递到酒品之中，同时却不妨碍葡萄品种表达它的自然特性。今年的萨格兰蒂诺（Sagrantino）已经重回指定产区巅峰，其2009年款华丽无比，非常精彩，虽然一些温暖气息需要改进，但是口感纤细，质地令人信服。这款优秀的酒品注定要成为酒庄知名精选酒的一大亮点。

● Montefalco Sagrantino '09	🍷🍷🍷 5
● Montefalco Rosso '10	🍷🍷 3
● Montefalco Rosso Ris. '10	🍷🍷 4
○ Trebbiano Spoletino '12	🍷🍷 2*
● Montefalco Sagrantino '07	🍷🍷🍷 5
● Montefalco Sagrantino '06	🍷🍷🍷 5
● Montefalco Sagrantino '05	🍷🍷🍷 5
● Montefalco Sagrantino '04	🍷🍷🍷 5
● Montefalco Rosso Ris. '09	🍷🍷 4
● Montefalco Sagrantino '08	🍷🍷 5
○ Trebbiano Spoletino '11	🍷🍷 2*

Pucciarella

LOC. VILLA
VIA CASE SPARSE, 39
06063 MAGIONE [PG]
TEL. 0758409147
www.pucciarella.it

藏酒销售
预约参观
膳宿接待
年产量 200 000 瓶
葡萄种植面积 58 公顷

在科里•特拉西梅诺（Colli del Trasimeno）指定产区的中心地带，马焦内（Magione）和科尔恰诺（Corciano）之间，普西亚雷拉（Pucciarella）酒庄的58公顷葡萄藤遍布在这里最好的山坡上，产出的葡萄品质优秀。葡萄园海拔300米，处在典型的、松散适度的石质土壤里。技术上而言，这是特拉西梅诺（Trasimeno）最顶级的庄园之一，能生产出一流的葡萄酒。在公司主人储蓄银行养老基金（Fondo Pensioni Cariplo）的推动下，庄园采用了类似商业化的经营方式。在这些因素的直接作用下，取材于本土和国际葡萄品种生产的酒品酿制细腻，专注品质。今年我们认为科里•特拉西梅诺•圣特安娜红葡萄酒陈酿2010（Colli del Trasimeno Rosso Riserva Sant'Anna 2010）很动人，香味活泼，口感多汁，充满鲜果的怡人味道。

● C. del Trasimeno Rosso Sant'Anna Ris. '10	🍷🍷 2*
○ C. del Trasimeno Vin Santo '09	🍷🍷 3
● Empireo '10	🍷🍷 3
○ Arsiccio '12	🍷 3
○ C. del Trasimeno Bianco Agnolo '12	🍷 2
○ Arsiccio '11	🍷🍷 3
○ Arsiccio '08	🍷🍷 2*
● Buggea Trequanda '10	🍷🍷 1*
● C. del Trasimeno Rosso Sant'Anna Ris. '09	🍷🍷 2*
○ C. del Trasimeno Vin Santo '08	🍷🍷 3
● Empireo '07	🍷🍷 3*

Raina

Loc. Turri
via Case Sparse, 42
06036 Montefalco [PG]
Tel. 0742621356
www.raina.it

藏酒销售
预约参观
餐饮接待
年产量 40 000 瓶
葡萄种植面积 10 公顷

年轻的葡萄种植者弗朗西斯科•马里亚尼（Francesco Mariani）有着清晰的头脑，并将继续证明他可以凭借典型的蒙特法尔科（Montefalco）葡萄酒成为明星。拉伊纳（Raina）酒庄成立于2001年，虽然进入葡萄酒全景的时间不长，但从开始就展示了它能发挥独特的作用，至少在风格上是如此。庄园坐落在蒙特法尔科•图里（Turri di Montefalco），葡萄园栽种在相对宽松、多岩石的石灰岩土壤中，海拔在200米到300米之间。看到这些模范酒品，我们可以肯定地说所有的系列都体现了弗朗西斯科追求酒的纤细度和易饮程度，而非一味强调这片自然风土的丰饶。今年的品酒会上，酒庄的风格已深入人心，这座年轻的酒庄清楚自己的发展方向。我们尝过的所有酒品，无论是大牌的红葡萄酒还是基本酒，精选白葡萄酒还是甜酒，都有很高的水准。其中，蒙特法尔科•萨格兰蒂诺•坎波2009（Montefalco Sagrantino Campo di Raina 2009）最为突出，它有丰富的香料、柑橘气息，有一丝干涩和温暖的余韵。

● Montefalco Sagrantino Campo di Raina '09	🍷🍷 4
● Montefalco Rosso '11	🍷🍷 2*
○ Trebbiano Spoletino '12	🍷🍷 2*
● Montefalco Sagrantino Passito '09	🍷 4
● Montefalco Rosso '10	🍷🍷 3
● Montefalco Rosso '09	🍷🍷 3
● Montefalco Sagrantino '08	🍷🍷 5
● Montefalco Sagrantino Passito '07	🍷🍷 5
● Sagrantino di Montefalco '07	🍷🍷 5

Roccafiore

Fraz. Chioano
voc. Collina 110a
06059 Todi [PG]
Tel. 0758942416
www.roccafiorewines.com

藏酒销售
预约参观
膳宿接待
年产量 90 000 瓶
葡萄种植面积 11 公顷
葡萄栽培方式 有机认证

年轻的罗卡菲奥里（Roccafiore）庄园相当出色，成立后不久就在特蒂（Todi）的葡萄酒全景中留下了自己的印记。巴卡瑞里（Baccarelli）家族中的一些成员是杰出的葡萄酒专业人士，他们构思并创造了这座庄园，使它成为所有想洞悉该地葡萄酒人士心中的标杆企业。酒庄的白、红葡萄酒风格现代，个性十足，清爽丰美，芳香怡人，不炫技也不做作，完美符合了他们严格使用的有机耕作方式。顶级特蒂•格雷切托•菲奥尔•菲奥尔雷（Todi Grechetto Superiore Fior Fiore）是酒庄的顶级酒品，虽然不是原种或本土的典型，但它具有非常吸引人的风格。酿制细腻准确，其2011年款接近完美，新颖、有张力，细节丰富，有榛子、乳糖和甘草的气息，入口后味道醇厚温暖，但酒劲稍微有点过烈。

○ Todi Grechetto Sup. Fiorfiore '11	🍷🍷 3*
○ Fiordaliso '12	🍷🍷 2*
● Todi Rosso Melograno '11	🍷🍷 2*
● Todi Sangiovese Rosso '10	🍷🍷 2*
○ Colli Martani Grechetto di Todi Fiorfiore '08	🍷🍷 3
○ Colli Martani Grechetto di Todi Fiorfiore '07	🍷🍷 3*
○ Collina d'Oro Passito '11	🍷🍷 5
○ Collina d'Oro Passito '07	🍷🍷 4
○ Fiordaliso '11	🍷🍷 2*
○ Fiordaliso '09	🍷🍷 2
○ Fiordaliso '08	🍷🍷 2*
○ Fiorfiore Bianco '09	🍷🍷 3
● Prova d'Autore '08	🍷🍷 4
● Roccafiore Rosso '09	🍷🍷 2*
○ Todi Grechetto Sup. Fiordaliso '10	🍷🍷 3

Romanelli

Loc. Colle San Clemente 129a
06036 Montefalco [PG]
Tel. 3479065613
www.romanelli.se

藏酒销售
预约参观
年产量 40 000 瓶
葡萄种植面积 7 公顷

这是一间酿酒历史不久的酒庄，它的主人有丰富的农业耕种经验。这个小作坊式的庄园使用有机耕作方法，在把所有拼图拼凑起来后，我们会清晰了解罗马内利（Romanelli）酒庄的迷人画面。葡萄园坐落在海拔约350米的淤泥粘性土壤上，罗马内利家族也在此生产橄榄油。酒窖的运作遵循传统，进行长时间的表皮浸渍和在多种尺寸的酒桶里陈化。出产的酒品有地域特色、有个性。自从品尝了蒙特法尔科红葡萄酒（Montefalco Rosso）后，我们对它的喜欢更甚于萨格兰蒂诺（Sagrantino），今年的酒款也不例外。与其说该地最知名的指定产区之一没有很多缺陷，不如说这是因为蒙特法尔科红葡萄酒（Montefalco Rosso）的功劳。肯定地说，这是一款出色的酒，尖锐清脆，有矿物气息，还有优雅的黑莓和雪茄盒的香味。

● Montefalco Rosso '09	🍷🍷 3*
○ Colli Martani Grechetto '12	🍷🍷 2*
● Montefalco Rosso Ris. '09	🍷🍷 3
● Montefalco Sagrantino '09	🍷 5
● Montefalco Sagrantino Passito '09	🍷 5
○ Colli Martani Grechetto '11	☐☐ 2*
○ Colli Martani Grechetto '08	☐☐ 2
● Montefalco Rosso '08	☐☐ 3
● Montefalco Rosso '07	☐☐ 3
● Montefalco Sagrantino Passito '08	☐☐ 5

Scacciadiavoli

Loc. Cantinone, 31
06036 Montefalco [PG]
Tel. 0742371210
www.scacciadiavoli.it

藏酒销售
预约参观
年产量 220 000 瓶
葡萄种植面积 32 公顷

斯卡西迪亚沃里（Scacciadiavoli）庄园不仅有无穷的魅力和一个设计精美的酒庄，还是一个活力十足的现代企业，倍受人尊敬。能够炉火纯青地诠释蒙特法尔科（Montefalco）葡萄酒的新潮流。自从21世纪初期对庄园进行大规模的翻修后，这里出品的葡萄酒的风格更加现代，看起来似乎持续注重了酒体平衡和风土特色。除了生产萨格兰蒂诺（Sagrantino）和蒙特法尔科红葡萄酒（Montefalco Rosso）外，酒庄还生产了几款酒，实施了广泛的实验。卡西迪亚沃里（Scacciadiavoli）酒品的风格重塑和发展在如火如荼地进行着。我们尝过的所有酒都有重点、高质量，能表达本土和品种的个性。虽然一些烘烤味起了破坏作用，但萨格兰蒂诺2008（Sagrantino 2008）从味觉和单宁上说还是酒庄的最佳酒品之一。我们推荐您在观看它在酒瓶里变化的同时，享受已经十分美味的蒙特法尔科红葡萄酒2010（Montefalco Rosso 2010）。

● Montefalco Sagrantino '08	🍷🍷 5
● Montefalco Rosso '10	🍷🍷 3
● Montefalco Sagrantino Passito '07	🍷🍷 5
○ Grechetto '12	🍷 2
⊙ Brut Rosé M. Cl. '09	☐☐ 4
○ Brut Scacciadiavoli M. Cl. '08	☐☐ 4
● Montefalco Rosso '09	☐☐ 3*
● Montefalco Rosso '05	☐☐ 3
● Montefalco Sagrantino '07	☐☐ 5
● Montefalco Sagrantino '06	☐☐ 5
● Montefalco Sagrantino '05	☐☐ 5
● Montefalco Sagrantino '04	☐☐ 5
● Montefalco Sagrantino Passito '06	☐☐ 5
● Montefalco Sagrantino Passito '05	☐☐ 5
● Montefalco Sagrantino Passito '04	☐☐ 5

Sportoletti

LOC. CAPITAN LORETO
VIA LOMBARDIA, 1
06038 SPELLO [PG]
TEL. 0742651461
www.sportoletti.com

藏酒销售
预约参观
年产量 220 000 瓶
葡萄种植面积 30 公顷

这座一流的酒庄已经发展成为一家结构健全的企业。虽然家族和这片土地有着深厚的农业背景，但斯伯托雷迪（Sportoletti）的葡萄酒仅在20世纪90年代盛极一时，归功于当时酒庄运作的更新。现代化覆盖了葡萄园、葡萄品种、酒窖和酒品风格。葡萄园坐落在迷人的斯佩罗（Spello）山坡上，与法定产区同名的知名阿西西（Assisi）相距不远。自那时起，酒庄就开始生产高质量的红、白葡萄酒，它们非常柔顺、酿制细腻、个性十足，为翁布里亚区（Umbria）葡萄酒的复兴和这个美丽地区的近代历史做出了巨大的贡献。维拉•菲迪莉娅红葡萄酒（Villa Fidelia Rosso）再次成为了酒庄的旗舰产品和名副其实的翁布里亚超级酒品。这款波尔多葡萄酒（Bordeaux）混酿出色地浓缩了品种的主要香味和感觉，果香浓郁，口感肉感饱满，有丰富的内容和可爱的香料气息。

● Villa Fidelia Rosso '11	4
○ Assisi Grechetto '12	1*
● Assisi Rosso '12	2*
○ Villa Fidelia Bianco '11	3
○ Villa Fidelia Passito '11	4
● Villa Fidelia Rosso '98	4*
○ Assisi Grechetto '11	1*
● Assisi Rosso '11	2*
○ Villa Fidelia Bianco '10	3
● Villa Fidelia Rosso '10	4
● Villa Fidelia Rosso '09	4
● Villa Fidelia Rosso '08	5
● Villa Fidelia Rosso '07	5

Giampaolo Tabarrini

FRAZ. TURRITA
06036 MONTEFALCO [PG]
TEL. 0742379351
www.tabarrini.com

藏酒销售
预约参观
年产量 70 000 瓶
葡萄种植面积 18 公顷

吉亚姆鲍洛•塔巴瑞尼（Giampaolo Tabarrini）被看作是有魄力的人，他对酿酒事业充满激情，觉得酒庄是他的个人创作。我们很难解释为什么他会坚定地投入其中，几乎把酒庄看作他的使命。完美的规划、对打理优质葡萄园的工作的热忱、酒品闪耀的个性和对酒窖的精心管理，从侧面看出这座年轻酒庄获得的巨大成功和热烈追捧是实至名归的。塔巴瑞尼（Tabarrini）得到了一支庞大员工队伍和家族成员的协助，不过说到底他才是核心，没有他就没有酒庄现在的辉煌。该酒庄出产的萨格兰蒂诺（Sagrantino）葡萄酒佳酿至今也有几年了，其酒款因葡萄园和酒窖技术的不同而不同。今年，我们再次钟爱香味浓郁而绝妙的地中海考勒阿莱•马奇耶2009（Mediterranean Colle alle Macchie 2009）。还有阿达曼朵2011（Adarmando 2011）白葡萄酒也同样出色。

● Montefalco Sagrantino Colle alle Macchie '09	6
○ Adarmando '11	3*
● Montefalco Sagrantino Campo alla Cerqua '09	6
● Il Padrone delle Vigne '12	2*
● Montefalco Rosso '10	3
● Montefalco Rosso Colle Grimaldesco '09	5
● Montefalco Sagrantino Colle alle Macchie '08	6
● Montefalco Sagrantino Colle alle Macchie '07	6
● Montefalco Sagrantino Passito '08	6
○ Adarmando '07	3*
● Montefalco Sagrantino Campo alla Cerqua '08	6
● Montefalco Sagrantino Campo alla Cerqua '07	6

Terre de La Custodia

LOC. PALOMBARA
06035 GUALDO CATTANEO [PG]
TEL. 0742929586
www.terredelacustodia.it

藏酒销售
预约参观
年产量 1 000 000 瓶
葡萄种植面积 128 公顷

法尔奇奥尼家族（Farchionis）是国际知名的成功企业家，在种植业方面有着广泛的背景，生产了从橄榄油到谷类作物，从啤酒到葡萄酒等多种产品。大约10年前他们创立了这个酿酒企业，崭新的酒庄和葡萄园跨越了瓜尔多•卡塔内奥（Gualdo Cattaneo）和特蒂（Todi）的市中心。其中瓜尔多•卡塔内奥（Gualdo Cattaneo）主要栽培红葡萄，特蒂（Todi）则种植白葡萄。酿制出的红、白葡萄酒风格现代、华丽细腻，带有非常清晰的风格。最好的酒款通常陈化在橡木桶里。我们被经典梅特多干型格劳迪厄斯（Metodo Classico Brut Glaudius）彻底征服了，它有强劲的酸味，丰富的个性和柔软的酒体在嘴里呈现到极致，突出了酵母和蜜饯的味道。

○ Brut Glaudius	4
⊙ Brut Rosé	5
● Colli Martani Collezione '12	2*
○ Colli Martani Grechetto Plentis '12	3
○ Colli Martani Grechetto '12	2
⊙ Brut Rosé '08	5
○ Colli Martani Glaudius '08	4
○ Colli Martani Grechetto '11	2*
○ Colli Martani Grechetto Plentis '11	3
○ Colli Martani Grechetto Plentis '09	3
● Montefalco Rosso '10	4
● Montefalco Sagrantino '09	6
● Montefalco Sagrantino '06	5
● Montefalco Sagrantino '04	5

Todini

FRAZ. ROSCETO
VIA COLLINA, 29
06059 TODI [PG]
TEL. 075887122
www.cantinafrancotodini.com

藏酒销售
预约参观
膳宿接待
年产量 300 000 瓶
葡萄种植面积 53 公顷

托蒂尼（Todini）酒庄是特蒂（Todi）科勒瓦伦扎（Collevalenza）地区最大的和最高度结构化的酒庄之一。连绵起伏的山峰在这里形成了迷人而和谐的景色。即使自然环境出色，我们还是得说，酒庄离不开大量的投资。葡萄园面积广阔，现代化的酒窖享有着周边地区带来的美妙景色、一个华丽的品酒室和完备的膳宿设施。出产的葡萄酒取材于本地和国际葡萄品种，采用现代的酿酒方法和风格，全面解读了地域特色。托蒂尼（Todini）的葡萄酒甚至比往常的还要好。优质出色的白卡瓦列雷（Bianco del Cavaliere）带来了同样令人愉悦的嗅觉和味觉冲击。色泽明亮，突出了淡黄色和金色，口感醇厚多果肉，有一丝碘酒和金雀花的气息以及稍为突显的单宁和大量的风味。

● Colli Martani Sangiovese Rubro '11	4
○ Grechetto Riesling '12	2*
● Relais Rosso '12	2*
○ Todi Bianco del Cavaliere '12	2*
○ Colli Martani Grechetto di Todi Bianco del Cavaliere '09	3
○ Colli Martani Grechetto di Todi Bianco del Cavaliere '08	3*
● Colli Martani Sangiovese Rubro '06	4
○ Eteria '08	2*
○ Grechetto di Todi Bianco del Cavaliere '10	3
○ Grechetto di Todi Bianco del Cavaliere Sup. '11	3
● Nero della Cervara '08	5
● Nero della Cervara '07	5
● Nero della Cervara '05	5

Tudernum

LOC. PIAN DI PORTO, 146
06059 TODI [PG]
TEL. 0758989403
www.tudernum.it

藏酒销售
预约参观
膳宿接待
年产量 2 000 000 瓶
葡萄种植面积 7 公顷

图德鲁姆（Tudernum）酒庄早已不再是以前那个大量生产普通葡萄酒的酿酒商了。如今，这座杰出的联营酒庄坐落在特蒂（Todi）的山脚，从种植者手中收购了大面积的葡萄园，分布各地，特别是在萨格兰蒂诺（Sagrantino）。今年，酒庄的红、白葡萄酒都有突出的优点，无论旗舰酒品还是很多其他酒款都有很高的性价比。虽然酒庄有使用国际葡萄品种，但本地葡萄品种还是重点，主要是格雷切托（Grechetto）。如果你问酒庄主打红葡萄酒还是白葡萄酒，说实话酒庄是两者兼顾的，不过今年迷人的罗杰诺2011（Rojano 2011）抢尽了风头。这款醇厚的酒品在嗅觉和味觉上都很浓重，香味丝丝入扣，黑果和更为明显的芳草气息和谐地融合在一起，清新成熟、多汁精准，饱满多肉，有着十分复杂又新颖的口感。

● Todi Rosso Sup. Rojano '11	🍷🍷 3*
● Montefalco Rosso '09	🍷🍷 3
○ Todi Grechetto '12	🍷🍷 2*
○ Todi Grechetto Sup. Colle Nobile '12	🍷🍷 2*
● Todi Sangiovese '12	🍷🍷 2*
○ Grechetto di Todi '10	🍷🍷 2*
○ Grechetto di Todi Sup. '10	🍷🍷 2*
○ Le Lucrezie '10	🍷🍷 1*
● Merlot '07	🍷🍷 2*
● Montefalco Sagrantino '07	🍷🍷 5
● Montefalco Sagrantino Fidenzio '08	🍷🍷 5
● Montefalco Sagrantino Tudernum '04	🍷🍷 5
○ Todi Grechetto Sup. Colle Nobile '11	🍷🍷 2*
● Todi Rosso Sup. Rojano '09	🍷🍷 3

Villa Mongalli

VIA DELLA CIMA, 52
06031 BEVAGNA [PG]
TEL. 3485110506
www.villamongalli.com

参观设施
年产量 70 000 瓶
葡萄种植面积 15 公顷

翁布里亚（Umbria）很少有酒庄像维拉•蒙哥里（Villa Mongalli）酒庄这样，在葡萄酒王国里坐拥如此出色的葡萄园。这说明了这座小酒庄出品的葡萄酒为何如此优质，以至迅速成为指定产区的标杆之一。当然，坚定的葡萄种植者皮耶尔保罗•门吉尼（Pierpaolo Menghini）的付出也功不可没，他精心打理葡萄园，产出的葡萄成就了许多令人印象深刻的葡萄酒。维拉•蒙哥里（Villa Mongalli）的出品不仅好，还很地道、有个性和美味，天生丽质又有长足进步。在短短几年时间里，酒庄就凭借酿制风格和一如既往的地道味道成为了一个标杆企业。今年出品的两款萨格兰蒂诺（Sagrantino）都很可口，几近完美。我们偏好出自产区顶级葡萄园的科尔西米诺2010（Colcimino 2010），它酿制细腻，进步明显，体态优雅，不过或许单宁的余韵有点生硬。

● Montefalco Rosso Le Grazie '11	🍷🍷 5
● Montefalco Sagrantino Colcimino '10	🍷🍷 3*
○ Calicanto '12	🍷🍷 5
● Montefalco Sagrantino Della Cima '09	🍷🍷 8
● Montefalco Sagrantino Colcimino '08	🍷🍷🍷 3*
● Montefalco Sagrantino Della Cima '06	🍷🍷🍷 6
● Montefalco Sagrantino Pozzo del Curato '09	🍷🍷🍷 6
● Montefalco Sagrantino Colcimino '07	🍷🍷 3*
● Montefalco Sagrantino Della Cima '08	🍷🍷 3*
● Montefalco Sagrantino Della Cima '05	🍷🍷 6
● Montefalco Sagrantino Pozzo del Curato '08	🍷🍷 6

Tenuta Alzatura

LOC. FRATTA ALZATURA, 108
06036 MONTEFALCO [PG]
TEL. 0742399435
www.tenuta-alzatura.it

预约参观
年产量 36 000 瓶
葡萄种植面积 18.28 公顷

- ● Montefalco Sagrantino Uno di Dodici '09 — 🍷🍷 5
- ● Montefalco Rosso '11 — 🍷🍷 3

Argillae

VOC. POMARRO, 45
05010 ALLERONA [TR]
TEL. 0763624604
www.argillae.eu

藏酒销售
预约参观
年产量 65 000 瓶
葡萄种植面积 70 公顷

- ○ Grechetto '12 — 🍷🍷 2*
- ○ Orvieto '12 — 🍷🍷 2*

Berioli

LOC. CASE SPARSE, 21
06063 MAGIONE [PG]
TEL. 3355490173
www.cantinaberioli.it

年产量 15 000 瓶
葡萄种植面积 12 公顷

- ● Colli del Trasimeno Merlot Spiridione Ris. '09 — 🍷🍷 3
- ○ Colli del Trasimeno Vercanto '12 — 🍷🍷 3
- ○ Colli del Trasimeno Vin Santo Sperello '08 — 🍷🍷 3

Briziarelli

VIA COLLE ALLODOLE, 10
06031 BEVAGNA [PG]
TEL. 07587461
www.cantinebriziarelli.it

藏酒销售
预约参观
膳宿接待
年产量 70 000 瓶
葡萄种植面积 18.5 公顷

- ● Montefalco Rosso '10 — 🍷🍷 2*
- ● Dunarobba '11 — 🍷 2

Brogal Vini

LOC. BASTIA UMBRA
VIA DEGLI OLMI, 9
06083 PERUGIA
TEL. 0758001501
www.brogalvini.com

藏酒销售
预约参观
膳宿接待
年产量 3 000 000 瓶
葡萄种植面积 75 公顷

- ○ Bizante Bianco '12 — 🍷🍷 4
- ○ Grechetto Noi '12 — 🍷🍷 2*
- ● Arteo '10 — 🍷 3
- ● Ligajo '10 — 🍷 3

Cardeto

FRAZ. SFERRACAVALLO
LOC. CARDETO
05018 ORVIETO [TR]
TEL. 0763341286
www.cardeto.com

藏酒销售
预约参观
年产量 4 000 000 瓶
葡萄种植面积 800 公顷

- ○ Grechetto '12 — 🍷🍷 2*
- ○ Orvieto Cl. Sup. '12 — 🍷 2

Castello delle Regine

Loc. Le Regine
via di Castelluccio
05022 Amelia [TR]
Tel. 0744702005
www.castellodelleregine.com

藏酒销售
预约参观
膳宿接待
年产量 400 000 瓶
葡萄种植面积 65 公顷

○ Poggio delle Regine Grechetto '12	🍷🍷 2*
⊙ Rosé delle Regine '12	🍷🍷 2*

Castello di Corbara

Loc. Corbara, 7
05018 Orvieto [TR]
Tel. 0763304035
www.castellodicorbara.it

藏酒销售
预约参观
年产量 200 000 瓶
葡萄种植面积 200 公顷

● Lago di Corbara Cabernet Sauvignon '12	🍷🍷 3
● Lago di Corbara Merlot De Coronis '10	🍷🍷 2*
○ Orzalume '11	🍷🍷 3

Chiorri

Loc. Sant'Enea
via Todi, 100
06132 Perugia
Tel. 075607141
www.chiorri.it

藏酒销售
预约参观
膳宿接待
年产量 100 000 瓶
葡萄种植面积 25 公顷

○ Colli Perugini Bianco '10	🍷🍷 1*
● Colli Perugini Saliato '10	🍷🍷 3
○ Grechetto '12	🍷🍷 2*
○ Colli Perugini Bianco '12	🍷 2

Le Cimate

Loc. Cecapecore, 41
06036 Montefalco [PG]
Tel. 0742290136
www.lecimate.it

藏酒销售
年产量 300 000 瓶
葡萄种植面积 20 公顷

○ Aragon '12	🍷🍷 3
● Montefalco Sagrantino '09	🍷🍷 5

Col di Betto

Loc. Colle Umberto
voc. Col di Betto
06133 Perugia
Tel. 3355779228
www.coldibetto.com

年产量 50 000 瓶
葡萄种植面积 5 公顷

● Terre del Cardinale '09	🍷🍷 2*

Col Falco

Loc. Belvedere
via Montepennino, 5
06036 Montefalco [PG]
Tel. 0742379294
www.viniruggeri.it

藏酒销售
预约参观
年产量 20 000 瓶
葡萄种植面积 5 公顷

○ Grechetto '12	🍷 2

Cantina Dionigi

voc. Madonna della Pia, 92
06031 Bevagna [PG]
Tel. 0742360395
www.cantinadionigi.it

藏酒销售
预约参观
参观设施
年产量 40 000 瓶
葡萄种植面积 6 公顷

○ Colli Martani Grechetto Colle Sorragani '12	🍷🍷 3
● Merlot Passito Civico 92 '11	🍷🍷 3

Il Gheppio

fraz. Fratta
voc. Argentella, 1
06036 Montefalco [PG]
Tel. 3298467868
www.cantineilgheppio.it

藏酒销售
预约参观
年产量 5 500 瓶
葡萄种植面积 2.3 公顷

● Montefalco Sagrantino '09	🍷🍷 4
● Montefalco Sagrantino Passito '09	🍷🍷 4
● Umbria Rosso '11	🍷🍷 2*

Giro di Vento

loc. Schifanoia
s.da Collespino, 39
05035 Narni [TR]
Tel. 3356136353
www.fattoriagirodivento.it

年产量 30 000 瓶
葡萄种植面积 10. 5 公顷

● Ciliegiolo di Narni Spiffero '12	🍷🍷 2*
● Ciliegiolo di Narni Spiffero '11	🍷🍷 2*
○ Lunaria '12	🍷 2
○ Raggio Vermentino '12	🍷 2

Cantina La Spina

fraz. Spina
via Emilio Alessandrini, 1
06055 Marsciano [PG]
Tel. 0758738120
www.cantinalaspina.it

藏酒销售
预约参观
年产量 16 000 瓶
葡萄种植面积 2.2 公顷

● Polimante '11	🍷🍷 3
● Rosso Spina '11	🍷🍷 3
○ V. Maiore '12	🍷🍷 2*
● Cimaàlta '12	🍷 2

Lamborghini

loc. Soderi, 1
06064 Panicale [PG]
Tel. 0758350029
www.lamborghinionline.it

藏酒销售
预约参观
膳宿接待
年产量 140 000 瓶
葡萄种植面积 32 公顷

● Campoleone '10	🍷🍷 5
● Era '11	🍷 3
● Torami '10	🍷 4

Madrevite

via Cimbano, 36
06061 Castiglione del Lago [PG]
Tel. 0759527220
www.madrevite.com

预约参观
年产量 30 000 瓶
葡萄种植面积 7.5 公顷

● Colli del Trasimeno Glanio '11	🍷🍷 3
○ Re Minore '12	🍷🍷 2*

Sabrina Morami

FRAZ. PANICAROLA
VOC. MORAMI
06060 CASTIGLIONE DEL LAGO [PG]
TEL. 0759589107
www.morami.it

藏酒销售
预约参观
参观设施
年产量 10 000 瓶
葡萄种植面积 10.5 公顷

● Renaia '10	🍷🍷 6
○ Pratolungo '10	🍷 3

Pomario

LOC. PIEGARO
06066 PIEGARO [PG]
TEL. 064818418
www.pomario.it

藏酒销售
预约参观
年产量 6 000 瓶
葡萄种植面积 4 公顷
葡萄栽培方式 有机认证

○ Arale '12	🍷🍷 4
● Sariano '10	🍷🍷 3

Terre del Carpine

VIA FORMANUOVA, 87
06063 MAGIONE [PG]
TEL. 075840298
www.terredelcarpine.it

藏酒销售
预约参观
年产量 200 000 瓶
葡萄种植面积 250 公顷

○ C. del Trasimeno Grechetto Grìeco '12	🍷🍷 2*
● C. del Trasimeno Rosso Erceo '11	🍷🍷 1*
● Poggio Villano Merlot '12	🍷🍷 2*

Terre Margaritelli

FRAZ. CHIUSACCIA
LOC. MIRALDUOLO
06089 TORGIANO [PG]
TEL. 0757824668
www.terremargaritelli.com

藏酒销售
预约参观
年产量 130 000 瓶
葡萄种植面积 52 公顷
葡萄栽培方式 有机认证

● Roccascossa '11	🍷🍷 2*
● Torgiano Freccia degli Scacchi '10	🍷🍷 5
○ Greco di Renabianca '11	🍷 3
○ Torgiano Costellato '12	🍷 2

Tenuta Vitalonga

LOC. MONTIANO
05016 FICULLE [TR]
TEL. 0763836722
www.vitalonga.it

藏酒销售
预约参观
膳宿接待
年产量 130 000 瓶
葡萄种植面积 19 公顷

● Elcione '11	🍷🍷 2*
⊙ Rosé '12	🍷🍷 2*
● Terra di Confine '11	🍷 4

Zanchi

VIA ORTANA, 122
05022 AMELIA [TR]
TEL. 0744970011
www.cantinezanchi.it

藏酒销售
预约参观
年产量 100 000 瓶
葡萄种植面积 33 公顷

○ V. Vecchia Trebbiano '10	🍷🍷 5
● Amelia Armané '10	🍷🍷 2*
○ Amelia Grechetto Arvore '12	🍷🍷 2*

拉齐奥区
LAZIO

拉齐奥区（Lazio）葡萄酒酿造业的发展一直都是四平八稳的，没有明显的巅峰期。良好的品质和合适的价格是支持大区酒业发展，取悦消费者的重要基础。不过，平稳的发展步伐并不意味着拉齐奥区（Lazio）的酒一成不变。本土典型的葡萄品种持续走在复兴的道路，下列本土品种，如玛尔维萨•潘提纳塔（Malvasia Puntinata）、贝隆（Bellone）、科里黑博诺（Nero Buono di Cori）、塞森斯（Cesanese）、埃丽提科（Aleatico）和格莱切托（Grechetto）也正获得更多的关注。与此同时，越来越多的酒庄采取了有机技术和生物动力法来生产葡萄酒。一些小型的葡萄酒生产商勇敢地推出具有鲜明个性的酒品，时而解读指定区或某一葡萄品种的特点，时而别出心裁地诠释某个葡萄酿制传统可能略低于标准的地域。在所有葡萄酒生产区里，维贝托（Viberto）为其具有一些本地区最好的葡萄种植者而感到自豪，然而，它还在竭力寻求酿制出以本地葡萄为原料，独具个性的酒品典范，这或许是因为这里的生产商不完全信任本地风土的潜力。这种现象甚至适用于诸如格莱切托（Grechetto）等最负盛名的葡萄。虽然有过塞尔吉奥•莫图拉（Sergio Mottura）的先例，仍有一些酒庄把希望寄托在这种葡萄身上。此外，想要重新定位长期以生产诸如蒙特费阿斯科内（Montefiascone）或奥维多（Orvieto）等廉价葡萄酒为主的指定区，也是非常困难的。因此，很多领先酒庄更愿意出品和推销他们的企业品牌。在罗马城堡区（Castelli Romani），几座知名的酒庄也正寻求重新赢得市场份额，不过与此同时，一些长盛不衰的品牌却似乎有所萎靡，我们衷心希望它们的困境不会持续太久。拉蒂纳省（Latina）仍是老样子，一切都离不开蓬扎岛（Ponza）。从科里（Cori）到位于弗罗西诺内（Frosinone）省和罗马（Rome）省之间，塞森斯（Cesanese）葡萄之乡的特拉西纳（Terracina），葡萄酒业的人员正努力提升该地区的总体表现，试图寻觅出一种风格，让挑剔的罗马市场相信该地葡萄及其产地的优良品质。最后，想说说我们的两点观察。首先是新鲜出炉的罗马法定产区（Roma DOC）葡萄酒，在看了该品牌的第一瓶酒后，我们希望它至少能在市场营销上取得成功，因为它在生产阶段的表现实在让人费解。我们还想提及一个区域，这个区域虽然很小，但在未来几年可能发生非常有趣的变化。就在去年，我们庆祝了《年鉴》的新面孔——来自蓬扎岛（Ponza）的一个酒庄，不过今年，我们能看到白莱拉（Biancolella）带来的丰硕成果。这种葡萄没有让那些信任它的人失望，现在开始结出非常出色的果实，成为本岛的一个主要品种。至于它的表现，让我们拭目以待吧。

Marco Carpineti

LOC. CAPO LE MOLE
SP VELLETRI-ANZIO, KM 14,300
04010 CORI [LT]
TEL. 069679860
www.marcocarpineti.it

藏酒销售
预约参观
年产量 200 000 瓶
葡萄种植面积 37 公顷
葡萄栽培方式 有机认证

诸如马可•卡尔皮内蒂（Marco Carpinet）此类的很多酿酒商一直以来都对所处的地域怀揣着信念，年复一年地运用精湛的技艺生产出最佳的葡萄酒和橄榄油等产品。这一点值得高度赞扬。目前，葡萄园已全速运转，新酒窖的建设也在有条不紊地进行中。同过去一样，酒庄的系列葡萄酒以稳定的高质量而令人称道，更不用说酒庄状态正佳的两款冠军酒品——2009年款的狄图拉姆波司（Dithyrambus）和2011年款的莫罗（Moro）了。前者把地中海的芳香和甜美的香料相结合，不但能在现阶段畅爽人心，还具备良好的陈化潜力。后者散发着丰富的矿物质和碘酒气息，口感强烈醇厚又绵延不断。

● Dithyrambus '09	🍷🍷 5
● Apolide '09	🍷🍷 5
○ Capolemole Bianco '12	🍷🍷 2*
○ Marco Carpineti Brut '10	🍷🍷 3
○ Moro '11	🍷🍷 3
● Capolemole Rosso '11	🍷 2
○ Ludum '10	🍷 4
⊙ Os Rosae '12	🍷 2
● Tufaliccio '12	🍷 2
● Capolemole Rosso '10	🍷🍷 2*
○ Marco Carpineti Brut '09	🍷🍷 3*
○ Marco Carpineti Brut Trentamesi '07	🍷🍷 4

Casale del Giglio

LOC. LE FERRIERE
S.DA CISTERNA-NETTUNO KM 13
04100 LATINA
TEL. 0692902530
www.casaledelgiglio.it

藏酒销售
预约参观
年产量 1 200 000 瓶
葡萄种植面积 164 公顷

2014年是桑塔雷利（Santarelli）家族进入葡萄酒行业的第100个年头，我们在此向他们表示祝贺。为庆祝这个大日子，酒庄主人安东尼奥（Antonio）在蓬扎（Ponza）岛上开展了一个新项目，目标是推广本地的白莱拉（Biancolella）葡萄酒品种。才刚投入生产一年，该酒品就收获了优异的成绩，并保持着良好的上升势头。此外，我们也不应该遗忘酒庄的另一款新酒品：2011年款的特姆普拉尼佐（Tempranijo）。虽然看起来具有异域风情，这款酒却是酿酒师保罗•提耶丰塔尔荷（Paolo Tiefentalher）10多年不断实验的佳作，旨在充分发挥蓬蒂内沼泽（Pontine Marshes）优质生产条件赋予其的特色。

○ Faro della Guardia '12	🍷🍷 3
● Mater Matuta '10	🍷🍷🍷 6
● Tempranijo '11	🍷🍷 4*
○ Antinoo '11	🍷🍷 3
○ Aphrodisium '12	🍷🍷 5
○ Petit Manseng '12	🍷🍷 3
○ Satrico '12	🍷🍷 2*
● Cabernet Sauvignon '10	🍷 4
○ Chardonnay '12	🍷 3
● Madreselva '10	🍷 4
● Petit Verdot '11	🍷 3
○ Sauvignon '12	🍷 3
● Shiraz '11	🍷 3
○ Viognier '12	🍷 3
○ Antinoo '10	🍷🍷 3*
● Cabernet Sauvignon '09	🍷🍷 4
○ Petit Manseng '11	🍷🍷 3*

Casale della Ioria

P.ZZA REGINA MARGHERITA, 1
03010 ACUTO [FR]
TEL. 077556031
www.casaledellaioria.com

藏酒销售
预约参观
年产量 65 000 瓶
葡萄种植面积 38 公顷

保罗•培瑞内里（Paolo Perinelli）在推广塞森斯（Cesanese）葡萄上做出的功绩是传奇性的，但这位酿酒商还继续相信另一种本地葡萄——奥利维拉（Olivella）的潜力，我们也坚信他的付出必将很快得到回报。今年，酒庄出产的三款皮格里奥•赛森斯（Cesanese del Piglios）令人印象深刻。在去年被优质的2010年款坎波•诺沃（Campo Novo）抢尽风头后，2011年款的皮亚诺•托雷（Torre del Piano）今年重返巅峰，其温暖华丽的口感中散发着莫丽洛（Morello）黑樱桃的气息，结构匀称，固体酸突出，单宁润滑直率。2011年款的洛里亚•泰努塔（Tenuta della Ioria）易于入口，国际范十足。而2011年款的坎波•诺沃（Campo Novo）充分发挥了自身的潜力，虽然葡萄园年头不长，但其出品的上升势头已清晰可见。最后，尽管2012年款的白帕斯琳娜（Passerina Colle Bianco）跟往年相比少了一些复杂度，但还是一如既往地令人愉悦。

● Cesanese del Piglio Sup. Torre del Piano Ris. '11	🍷🍷 4
● Cesanese del Piglio Campo Novo '11	🍷🍷 2*
● Cesanese del Piglio Sup. Tenuta della Ioria '11	🍷 3
○ Passerina Colle Bianco '12	🍷 2
● Cesanese del Piglio Campo Novo '10	🍷🍷 2*
● Cesanese del Piglio Torre del Piano '08	🍷🍷 4
○ Colle Bianco '11	🍷🍷 2*

Casale Marchese

VIA DI VERMICINO, 68
00044 FRASCATI [RM]
TEL. 069408932
www.casalemarchese.it

藏酒销售
预约参观
年产量 150 000 瓶
葡萄种植面积 40 公顷

在图斯科拉纳（Tuscolana）地区景色最美妙的火山地带上，坐落着亚历山德罗（Alessandro）和费迪南多•卡莱迪（Ferdinando Carletti）兄弟俩经营的知名酒庄。酒庄最重要的葡萄品种是弗拉斯卡蒂（Frascati）地区传统的白葡萄：玛尔维萨•潘提纳塔（Malvasia Puntinata）、棠比内洛（Trebbiano）、贝隆（Bellone）和博比诺（Bombino），早在公元230年，卡斯泰利（Castelli）地区的名人审查员卡托（Cato the Censor）就把它们记载了下来。此外，这里还栽培一些国际葡萄品种。40公顷的葡萄园位于罗马（Rome）东南方向的火山山丘上，围绕着农舍分布，大部分采用马刺圈划的栽培方法。葡萄藤分布密集，每公顷有4000株到5000株。修剪得很短的葡萄藤和低产量旨在汇聚矿物质的气味与怡人的芳香。我们非常钟爱2011年款的克莱门斯（Clemens），它混合了50%的莎当尼（Chardonnay）和50%的玛尔维萨•潘提纳塔（Malvasia Puntinata）葡萄，芳香柔和，散发着热带水果和藏红花的浓厚气息。

○ Clemens '11	🍷🍷 4
○ Frascati Sup. '12	🍷🍷 2*
● Novum '12	🍷 3
● Rosso Eminenza '12	🍷 3
○ Clemens '09	🍷🍷🍷 3
○ Clemens '10	🍷🍷 3
○ Clemens '07	🍷🍷 3*
○ Clemens '06	🍷🍷 2*
○ Clemens '05	🍷🍷 4
○ Frascati Sup. '11	🍷🍷 2*
○ Frascati Sup. '10	🍷🍷 2*
○ Frascati Sup. '09	🍷🍷 2
○ Frascati Sup. '08	🍷🍷 2*
○ Frascati Sup. '06	🍷🍷 2*
● Rosso di Casale Marchese '03	🍷🍷 2
● Vigna del Cavaliere '00	🍷🍷 4

Cincinnato

via Cori-Cisterna km 2
04010 Cori [LT]
Tel. 069679380
www.cantinacincinnato.it

藏酒销售
预约参观
年产量 3 000 000 瓶
葡萄种植面积 400 公顷

辛辛纳托（Cincinnato）酒庄是拉齐奥区（Lazio），乃至更远地区联营酒庄的标杆企业，这一切归功于种植者们的热情和对酒庄专业的管理。虽然庄园并未忽视邻近地区，如塞森斯（Cesanese）和格雷科（Greco）的葡萄品种，但还是最为重视科里（Cori）的本地品种——黑博诺（Nero Buono）和贝隆（Bellone）。今年，贝隆（Bellone）葡萄的表现尤其抢眼，用它为原料酿制的葡萄酒质优价廉。其中，最为突出的酒品是2012年款的卡斯托雷（Castore）葡萄酒，它的结构匀称，醇厚的风味中带有咸咸的味道，散发着一股柑橘气味，酒体复杂但易于上口。

○ Castore '12	🍷🍷 1*
○ Brut Cincinnato Spumante	🍷🍷 1*
○ Cori Bianco Illirio '12	🍷🍷 2*
● Cori Rosso Raverosse '09	🍷🍷 2
● Ercole Nero Buono '10	🍷🍷 3
○ Pozzodorico Bellone '11	🍷🍷 2*
● Arcatura '11	🍷 3
○ Pantaleo '12	🍷 2
● Pollùce '11	🍷 2
○ Castore '11	🍷🍷 1*
● Ercole Nero Buono '09	🍷🍷 3*

Antonello Coletti Conti

via Vittorio Emanuele, 116
03012 Anagni [FR]
Tel. 0775728610
www.coletticonti.it

藏酒销售
预约参观
年产量 20 000 瓶
葡萄种植面积 20 公顷

如果一位葡萄种植者有胆量在有能力出品五款葡萄酒的情况下选择只出品两款，那么他肯定有一颗不懈追求酒品质量、自信爆棚的心。安托内罗•柯勒迪•孔蒂（Antonello Coletti Conti）就是这样一个人，因为多方面的原因，他决定放弃生产科斯马托（Cosmato）和阿尔卡迪亚（Arcadia），并让他的塞森斯•赫尔尼科斯（Cesanese Hernicus）多熟化一年。这一策略显然让他得到了回报，其出品的两款酒均晋级了品酒会的决赛。其中的一款——2011年款的塞森斯•罗马尼克（Cesanese Romanico)绝对是当代经典酒品，其所达到的高度不亚于该酒的2007年款。凭借着细腻的口感和鲜明的个性，以及浓郁的樱桃、红浆果、石榴和大黄气息，它当之无愧地获得了“三杯奖”（Tre Bicchieri）。

● Cesanese del Piglio Romanico '11	🍷🍷🍷 5
○ Passerina del Frusinate Hernicus '12	🍷🍷 3*
● Cesanese del Piglio Romanico '07	🍷🍷🍷 5
● Cesanese del Piglio Hernicus '11	🍷🍷 3*
● Cesanese del Piglio Hernicus '10	🍷🍷 3
● Cesanese del Piglio Romanico '10	🍷🍷 5
● Cesanese del Piglio Romanico '09	🍷🍷 5
● Cesanese del Piglio Romanico '08	🍷🍷 5
● Cosmato '08	🍷🍷 5

Paolo e Noemia D'Amico

Fraz. Vaiano
Loc. Palombaro
01024 Castiglione in Teverina [VT]
Tel. 0761948034
www.paoloenoemiadamico.it

藏酒销售
预约参观
年产量 150 000 瓶
葡萄种植面积 25 公顷

保罗（Paolo）和埃美柯•娜美亚（Noemia D'Amico）致力于生产高品质葡萄酒已达25年。他们的酒庄坐落在拉齐奥区（Lazio）北部的角落，位于火山土壤和独特冲沟相交织的地带上。葡萄园在海拔420米到550米之间，处在黏土和石灰岩冲积土上，主要种植国际葡萄，如莎当尼（Chardonnay）、梅洛（Merlot）、苏维翁（Sauvignon）和黑皮诺（Pinot Nero）等，同时也有本地的葡萄品种，如圣乔维斯（Sangiovese）、普罗卡尼科（Procanico）、格莱切托（Grechetto）和玛尔维萨（Malvasia）。出品的葡萄酒雕琢细腻，风格现代。几乎专门使用不锈钢桶陈化的2011年款莎当尼•卡兰奇（Chardonnay Calanchi di Vaiano）再一次被证明是拉齐奥区（Lazio）最上乘的白葡萄酒之一，花香气味浓郁，白色果肉诱人，口感强烈且活力十足。

○ Calanchi di Vaiano '11	🍷🍷 3*
○ Falesia '11	🍷🍷 4
● Notturno dei Calanchi '09	🍷 5
○ Orvieto Noe '12	🍷 2
○ Seiano Bianco '12	🍷 2
● Seiano Rosso '12	🍷 2
● Villa Tirrena '09	🍷 3
○ Calanchi di Vaiano '09	🍷🍷 3
○ Calanchi di Vaiano '08	🍷🍷 3
○ Falesia '10	🍷🍷 4
○ Falesia '09	🍷🍷 4

★Falesco

Loc. San Pietro
05020 Montecchio [TR]
Tel. 07449556
www.falesco.it

藏酒销售
预约参观
膳宿接待
年产量 2 600 000 瓶
葡萄种植面积 370 公顷

位于翁布里亚（Umbria）和拉齐奥区（Lazio）交界处的这座酒庄继续证明着它存在的价值。新任意大利酿酒学和酿酒技术协会会长的里卡多•科塔瑞拉（Riccardo Cotarella）与他的兄弟伦佐（Renzo）携手经营酒庄。过去的30年里，科塔瑞拉家族一直在风土、科学和活力方面遵循着相同的理念。葡萄园坐落在博尔塞纳湖（Lake Bolsena）、科尔巴拉湖（Lake Corbara）、蒙泰菲亚斯科内（Montefiascone）和蒙泰基奥(Montecchio)等多个地方，处在沙质、黏土和钙质土等多种地带上。酒庄在大力支持生产小众及古老葡萄品种的同时，也专注于种植经典的国际葡萄品种。此举可谓收效颇丰，出品的系列葡萄酒持续创新高。2011年款的蒙蒂亚诺（Montiano）葡萄酒再次斩获了“三杯奖”（Tre Bicchieri），该酒结合了香料、烟草和森林湿草的芳香，酒体丰满匀称，一杯下喉，你会感受到一种绵长的香脂味余韵。

○ Ferentano '11	🍷🍷🍷 4*
● Montiano '11	🍷🍷🍷 6
● Trentanni '11	🍷🍷 3*
○ Est Est Est di Montefiascone Poggio dei Gelsi '12	🍷🍷 2*
● Marciliano '10	🍷🍷 6
● Montefalco Sagrantino 2R '09	🍷🍷 6
● Pomele '12	🍷🍷 3
○ Soente '12	🍷🍷 3
● Tellus '12	🍷🍷 2*
● Marciliano '04	🍷🍷🍷 5
● Montiano '10	🍷🍷🍷 6
● Montiano '09	🍷🍷🍷 5
● Montiano '08	🍷🍷🍷 5
● Montiano '07	🍷🍷🍷 5
● Montiano '06	🍷🍷🍷 5
● Montiano '05	🍷🍷🍷 5

Fontana Candida

via Fontana Candida, 11
00040 Monte Porzio Catone [RM]
Tel. 069401881
www.fontanacandida.it

藏酒销售
预约参观
餐饮接待
年产量 4 000 000 瓶
葡萄种植面积 94 公顷

这座出产弗拉斯卡蒂（Frascati）葡萄酒的标志性酒庄位于阿格罗•图斯克拉诺（Agro Tuscolano），跨越了格罗塔费拉塔（Grottaferrata）、弗拉斯卡蒂（Frascati）和蒙特波尔齐奥•卡托内（Monteporzio Catone）等多个行政区。酒庄从1958年起走上商业发展之路，目前由新任的孔索尔齐奥（Consorzio di Tutela dei Vini Frascati）副主席毛罗•梅尔兹（Mauro Merz）掌管。占地94公顷的葡萄园坐落在海拔200米至400米之间的火山山丘上，种植的葡萄主要是本地品种，以其为原料酿制的葡萄酒具有浓郁的地域特色。无论是干地亚•玛尔维萨（Malvasia di Candia）、托斯卡纳•棠比内洛（Trebbiano Toscano）、格雷科（Greco）还是拉齐奥•玛尔维萨（Malvasia del Lazio），都充溢着独特风味和矿物质气息。凭借在芳香气息和水果味道之间达到的最佳平衡，酿制精美的2012年款弗拉斯卡蒂超级卢娜•玛特珍藏酒（Frascati Superiore Luna Mater Riserva）终于为酒庄赢回了一次“三杯奖”（Tre Bicchieri）。

○ Frascati Sup. Luna Mater Ris. '12	🍷🍷 3*
○ Frascati Sup. Santa Teresa '12	🍷🍷 2*
○ Frascati Sup. Terre dei Grifi '12	🍷🍷 2*
● Kron '09	🍷 4
○ Roma Malvasia Puntinata '12	🍷 3
● Siroe '12	🍷 2
○ Frascati Sup. Luna Mater '11	♀♀ 3*
○ Frascati Sup. Luna Mater '10	♀♀ 3
○ Frascati Sup. Luna Mater '09	♀♀ 3
○ Frascati Sup. Luna Mater '08	♀♀ 3
○ Frascati Sup. Luna Mater '07	♀♀ 5
○ Frascati Sup. Santa Teresa '11	♀♀ 2*
○ Frascati Sup. Santa Teresa '01	♀♀ 2*
● Kron '01	♀♀ 5
● Sesto 21 Syrah '10	♀♀ 4

Antica Cantina Leonardi

via del Pino, 12
01027 Montefiascone [VT]
Tel. 0761826028
www.cantinaleonardi.it

藏酒销售
预约参观
膳宿接待
年产量 100 000 瓶
葡萄种植面积 37 公顷
葡萄栽培方式 有机认证

成立于20世纪初的莱奥纳尔迪（Leonardi）酒庄如今由维特多利亚（Vittoria）家族的第三代人乌戈（Ugo）和玛拉（Mara）打理着。整个酒庄由两块地构成，一处位于博尔塞纳湖（Lake Bolsena）周边山丘的火山岩土和凝灰质土上，海拔约450米；另一处位于格拉菲尼亚诺（Graffignano）行政区，海拔约400米的小高原上，毗邻翁布里亚（Umbria），俯瞰台伯峡谷（Tiber Valley）。酒庄出产的所有酒品植根于当地的传统，尤其侧重生产以本地葡萄品种为原料酿制的白葡萄酒。格莱切托•彭西尔罗（Grechetto Pensiero）葡萄酒再次成为本酒庄的领跑酒品，其2012年款充满着柑橘和白色果肉的香味，散发着田园蔬菜的香气，抿上一口，味道饱满浓烈，绵延不断。

○ Est! Est!! Est!!! di Montefiascone Poggio del Cardinale '12	🍷🍷 2*
○ Pensiero '12	🍷🍷 2*
○ Luce di Lago '12	🍷 2
○ Vivì '12	🍷 2
● Don Carlo '09	♀♀ 2*
● Don Carlo '08	♀♀ 2*
○ Est! Est!! Est!!! di Montefiascone Poggio del Cardinale '11	♀♀ 2*
○ Le Muffe '10	♀♀ 3*
○ Le Muffe '09	♀♀ 4
○ Pensiero '11	♀♀ 2*

Sergio Mottura

loc. Poggio della Costa, 1
01020 Civitella d'Agliano [VT]
Tel. 0761914533
www.motturasergio.it

藏酒销售
预约参观
年产量 200 000 瓶
葡萄种植面积 37 公顷
葡萄栽培方式 有机认证

该酒庄靠着出色的有机葡萄酒在维贝托（Viberto）省，甚至在大区范围内占据着重要地位。酒庄的主人塞尔吉奥（Sergio）1964年落户此地，目前仍继续活跃在葡萄园和酒窖中，他的妻子亚历山德拉（Alessandra）和孩子们在一旁协助。占地37公顷的葡萄园主要种植着本地葡萄品种，如格莱切托（Grechetto）、维代洛（Verdello）、普洛卡尼科（Procanico）和蒙特布查诺（Montepulciano），不过台伯峡谷（Tiber Valley）肥沃的山沟黏土地带也是培育葡萄的沃土，栽培了苏维翁（Sauvignon）、莎当尼（Chardonnay）、黑皮诺（Pinot Nero）和梅洛（Merlot）葡萄。今年，酒庄再次出产了一系列精美的酒品。清新怡人的科斯塔•波吉奥（Poggio della Costa）向外界证明了其无愧为意大利最佳的白葡萄酒之一，它弥漫着地中海灌木、白色果肉和接骨木花的香气，口感浓烈紧实，带有令人印象深刻的矿物质气息。

- ○ Poggio della Costa '12 — 3*
- ○ Muffo '10 — 5
- ● Nenfro '10 — 4
- ○ Orvieto V. Tragugnano '12 — 3
- ○ Sergio Mottura Brut '07 — 5
- ● Magone '11 — 5
- ● Syracide '10 — 4
- ○ Grechetto Latour a Civitella '06 — 4*
- ○ Grechetto Latour a Civitella '05 — 4*
- ○ Grechetto Latour a Civitella '04 — 4*
- ○ Grechetto Latour a Civitella '01 — 3
- ○ Grechetto Poggio della Costa '10 — 3*
- ○ Grechetto Poggio della Costa '09 — 3*
- ○ Grechetto Poggio della Costa '08 — 3*
- ○ Poggio della Costa '11 — 3*

Principe Pallavicini

via Casilina km 25,500
00030 Colonna [RM]
Tel. 069438816
www.vinipallavicini.com

藏酒销售
预约参观
年产量 200 000 瓶
葡萄种植面积 115 公顷
葡萄栽培方式 有机认证

普林奇佩•帕拉维奇尼（Principe Pallavicini）酒庄有两处产地。最重要的一处是占地65公顷的著名的科隆纳（Colonna）葡萄园，分散于海拔100米到300米不等、火山岩和钙质黏土遍布的科隆纳（Colonna）、帕索利纳（Pasolina）和马尔莫雷勒（Marmorelle）。还有一块在弗拉斯卡蒂（Frascati），占地50公顷，是法定产区里最大的私人葡萄园，主要种植白葡萄品种。另一处产地位于塞尔维托里（Cerveteri）海拔约150米、遍布岩石和石灰土的地方，种植红葡萄品种。凭借精彩的整体表现，这座罗马城堡区（Castelli Romani）的主要酒庄重回发展的正轨。我们偏爱2012年款的弗拉斯卡蒂超级波吉奥•威尔蒂葡萄酒（Frascati Superiore Poggio Verde），它散发出鼠尾草和柑橘的香气，给人以清新柔顺的口感。

- ○ Frascati Sup. Poggio Verde '12 — 2*
- ● Amarasco '11 — 3
- ○ Stillato '12 — 3
- ○ 1670 '11 — 3
- ● Moroello '11 — 5
- ● Rubillo '12 — 2
- ● Syrah '11 — 2
- ● Moroello '05 — 5
- ● Soleggio '10 — 3
- ● Soleggio '08 — 3
- ○ Stillato '10 — 3

La Pazzaglia

s.da di Bagnoregio, 4
01024 Castiglione in Teverina [VT]
Tel. 0761947114
www.tenutalapazzaglia.it

藏酒销售
预约参观
膳宿接待
年产量 44 000 瓶
葡萄种植面积 12 公顷

威尔德齐亚（Verdecchia）家族名下的泰努诺•拉•帕扎格里亚（Tenuta la Pazzaglia）成为图西亚•维特贝塞（Tuscia Viterbese）葡萄栽培区域的知名品牌已有数个年头了。葡萄园分布在酒庄总部的周围，种植了多种葡萄，包括蒙特布查诺（Montepulciano）、圣乔维斯（Sangiovese）、塞立吉洛（Ciliegiolo）、卡内奥洛（Canaiolo）、埃丽提科（Aleatico）、西拉（Syrah）、莎当尼（Chardonnay）和白比诺（Pinot Bianco），重点栽培的是格莱切托（Grechetto）和梅洛（Merlot）。冉多尔福（Randolfo）和安妮丝•威尔德齐亚（Agnese Verdecchia）的女儿玛利亚•特里萨（Maria Teresa）监督着葡萄酒酿造的全过程。出品的葡萄酒风格现代，易于饮用，令人愉快。这些酒品在今年《年鉴》中出尽风头，这归功于2012年款的科诺2号（Il Corno），它混合了70%的格莱切托（Grechetto）、20%的莎当尼（Chardonnay）和少许白比诺（Pinot Bianco）葡萄。风格大胆，口感柔顺，伴随有桃杏味和花香。

○ Il Corno '12	♥♥ 2*
○ Orvieto '12	♥♥ 2*
● Montijone '11	♥ 4
● Palagio '12	♥ 2
○ Il Corno '10	♡♡ 2
● Montijone '08	♡♡ 4
○ Orvieto '11	♡♡ 2*

Poggio Le Volpi

via Colle Pisano, 27
00040 Monte Porzio Catone [RM]
Tel. 069426980
www.poggiolevolpi.it

藏酒销售
预约参观
年产量 230 000 瓶
葡萄种植面积 35 公顷

从1996年建立该酒庄起，年轻的菲利斯•梅尔吉（Felice Mergè）就完全专注于栽培本地葡萄品种。这位酿酒师的热情来自他祖父马里奥（Mario）——一位20世纪20年代葡萄种植者的言传身教。酒庄现已成功跃居为罗马城堡区（Castelli Romani）最具代表性的酒庄之一，酿制的酒品中以弗拉斯卡蒂•爱宝时（Frascati Epos）尤为出名，这完全依靠它种植的干地亚•玛尔维萨（Malvasia di Candia）、玛尔维萨•潘提纳塔（Malvasia Puntinata）、扎比安奴（Trebbiano）、格雷科（Greco）、塞森斯（Cesanese）和黑博诺（Nero Buono）等葡萄。葡萄园位于海拔400米，处在有地域特色的火山土壤上。在弗拉斯卡蒂•爱宝时（Frascati Epos）缺席今年评选的情况下，2011年款的巴卡罗萨（Baccarossa）挺身而出赢得了人们的信任。这款黑博诺（Nero Buono）葡萄酒散发浓郁的香脂和泥土气味，伴有树莓和深色浆果的果香，结构紧凑，重点突出。

● Baccarossa '11	♥♥♥ 4
○ Donnaluce '12	♥♥ 3
○ Frascati Sup. Epos '11	♡♡♡ 2*
○ Frascati Sup. Epos '10	♡♡♡ 2*
○ Frascati Sup. Epos '09	♡♡♡ 2*
● Baccarossa '10	♡♡ 4
● Baccarossa '09	♡♡ 4
● Baccarossa '07	♡♡ 4
● Baccarossa '06	♡♡ 4
● Baccarossa '05	♡♡ 5
● Baccarossa '04	♡♡ 5
○ Donnaluce '10	♡♡ 3
○ Donnaluce '09	♡♡ 3
○ Donnaluce '05	♡♡ 3
○ Frascati Sup. Epos '08	♡♡ 2*
○ Frascati Sup. Epos '06	♡♡ 3

Sant'Andrea

LOC. BORGO VODICE
VIA RENIBBIO, 1720
04010 TERRACINA [LT]
TEL. 0773755028
www.cantinasantandrea.it

藏酒销售
预约参观
年产量 500 000 瓶
葡萄种植面积 80 公顷

特拉西纳•莫斯卡托（Moscato di Terracina）是一个法定产区，也是一种葡萄的名字，它的历史与潘多尔福（Pandolfo）家族酒庄的发展史有着紧密的联系。现在，安德里亚（Andrea）熟练地协助父亲加布里埃尔（Gabriele）管理酒庄。在他们的共同努力下，生产出第六款莫斯卡托（Moscato）葡萄酒，即劲道的哈姆（Hum）葡萄酒，就是水到渠成的事了。这款酒的第一批出品辜负了大家的期望，不过也情有可原，因为该品种在2012年种植得并不顺利，由此生产的经典欧皮达姆（Oppidum）酒体简单，果香逊色于之前几个版本。2012年款的欧皮达姆•布鲁特（Oppidum Brut）表现出色，它充满活力，果香怡人，气味与口感和谐平衡。

● Circeo Rosso Incontro al Circeo '11	🍷🍷 2*
○ Moscato di Terracina Passito Capitolium '11	🍷🍷 4
○ Moscato di Terracina Secco Oppidum Spumante '12	🍷🍷 2*
○ Circeo Bianco Dune '11	🍷 2
● Circeo Rosso Il Sogno '09	🍷 3
○ Moscato di Terracina Amabile Templum '12	🍷 2
○ Moscato di Terracina Hum '12	🍷 2
○ Moscato di Terracina Secco Oppidum '12	🍷 2
⊙ Riflessi Rosé Extra Dry	🍷 2
○ Circeo Bianco Dune '09	🍷🍷 2*
● Circeo Rosso Il Sogno '08	🍷🍷 3
○ Moscato di Terracina Secco Oppidum '11	🍷🍷 2*
○ Moscato di Terracina Secco Oppidum '10	🍷🍷 2*

Tenuta di Fiorano

VIA DI FIORANELLO, 19/31
00134 ROMA
TEL. 0679340093
info@tenutadifiorano.it

藏酒销售
预约参观
年产量 12 000 瓶
葡萄种植面积 5 公顷

这座传奇性的酒庄位于罗马南方的费奥拉内罗（Fioranello），毗邻亚壁古道（Appian Way），因生产经久耐饮的葡萄酒而闻名。酒庄的历史可追溯到第二次世界大战之后，当时韦诺萨（Venosa）王子阿贝里科•邦孔帕尼•路多维西（Alberico Boncompagni Ludovisi）种植了梅洛（Merlot）、赤霞珠（Cabernet Sauvignon）和赛美蓉（Semillon）等国际葡萄品种与本地品种干地亚•玛尔维萨（Malvasia di Candia）。自从他2005年辞世后，他的表弟普林西比（Principe Alessandrojacopo Boncompagni）接手酒庄，依靠5公顷的葡萄园酿制出品质卓越的酒品。其中波尔多（Bordeaux）与费奥拉诺红酒（Fiorano Rosso）混酿而成的葡萄酒和白费奥拉诺葡萄酒（Fiorano Bianco）得名于酒庄的地理位置。2011年款的白费奥拉诺（Fiorano Bianco）氧化葡萄酒体现了它的价值，这款格莱切托（Grechetto）和维奥涅尔（Viogner）的混酿口感复杂，余韵绵长，散发出鼠尾草和藏红花的香味。

○ Fiorano Bianco '11	🍷🍷 4
● Fiorano Rosso '08	🍷🍷 4
○ Fiorano Bianco '10	🍷🍷🍷 5
● Fiorano Rosso '06	🍷🍷 6

Giovanni Terenzi

LOC. LA FORMA
VIA FORESE, 13
03010 SERRONE [FR]
TEL. 0775594286
www.viniterenzi.com

藏酒销售
预约参观
年产量 60 000 瓶
葡萄种植面积 10 公顷

这座由乔凡尼•泰伦齐（Giovanni Terenzi）在半个多世纪前成立的酒庄今年实至名归地赢得了大量的“出镜率”。在乔凡尼（Giovanni）的三个孩子的不懈努力下，酒庄仍保留在他们家族名下。葡萄园方位优越，打理精致，主要种植了倍受青睐的阿菲莱（Affile）塞森斯（Cesanese）的克隆品种，还有用于酿制奎尔西亚罗萨（Querciarossa）的大圣乔维斯（Sangiovese Grosso）和一部分帕斯琳娜（Passerina）。其中，由帕斯琳娜（Passerina）葡萄酿制的葡萄酒款将自身特点发挥得淋漓尽致，果香突出，口感细腻，余韵绵长。四款塞森斯（Cesanese）葡萄酒表现得同样出色，酒品的多样性体现了葡萄品种的多才多艺：从易于饮用的入门级葡萄酒，到风格现代的2010年款瓦乔斯库洛（Vajoscuro），从当代经典的2011年款维罗布拉（Velobra），到年年进步、未来可能成为经典的2011年款科勒•福马（Colle Forma）。

○ Passerina Villa Santa '12	🍷🍷 2*
● Cesanese del Piglio Sup. Colle Forma '11	🍷🍷 4
● Cesanese del Piglio Vajoscuro '10	🍷🍷 5
● Cesanese del Piglio Velobra '11	🍷🍷 2*
● Cesanese del Piglio '12	🍷 2
● Quercia Rossa '11	🍷 3
⊙ Rosato '12	🍷 2
● Cesanese del Piglio Sup. Vajoscuro Ris. '09	🍷🍷 4
● Cesanese del Piglio Velobra '08	🍷🍷 2*
○ Passerina Villa Santa '11	🍷🍷 2*

Trappolini

VIA DEL RIVELLINO, 65
01024 CASTIGLIONE IN TEVERINA [VT]
TEL. 0761948381
www.trappolini.com

藏酒销售
预约参观
年产量 150 000 瓶
葡萄种植面积 25 公顷

自20世纪60年代以很低的葡萄酒出产量起步后，马里奥•彻珀利尼酒庄（Mario Trappolini）不断扩大生产规模，购买了多个葡萄园。虽然酒庄逐渐扩张，马里奥（Mario）仍然保持着一贯的激情和对风土的尊重，重点栽培台伯峡谷（Tiber Valley）的本土红葡萄和白葡萄，例如埃丽提科（Aleatico）、圣乔维斯（Sangiovese）、蒙特布查诺（Montepulciano）、卡内奥洛（Canaiolo）、格莱切托（Grechetto）、扎比安奴（Trebbiano）和玛尔维萨（Malvasia）。现在，酒庄的管理者是马里奥（Mario）的儿子罗伯特（Roberto）和保罗（Paolo），他们另辟蹊径，在这个以出品白葡萄酒更为出色的地区生产红葡萄酒。市场的反应肯定了他们的决策。2011年款的圣乔维斯•帕泰尔诺（Sangiovese Paterno）蝉联酒庄的冠军酒品，它结构匀称，充溢着香料和成熟红浆果的气味。

● Paterno '11	🍷🍷 3
○ Est! Est!! Est!!! di Montefiascone '12	🍷🍷 2*
○ Orvieto '12	🍷🍷 2*
○ Brecceto '12	🍷 3
● Cenereto '12	🍷 2
○ Grechetto '12	🍷 2
● Idea '12	🍷 3
○ Sartei '12	🍷 2
○ Est! Est!! Est!!! di Montefiascone '11	🍷🍷 2*
● Paterno '10	🍷🍷 3*
● Paterno '08	🍷🍷 3*
● Paterno '07	🍷🍷 3*
● Paterno '06	🍷🍷 3*
● Paterno '03	🍷🍷 3*
● Paterno '99	🍷🍷 3*
○ Sartei '11	🍷🍷 1*

Antiche Cantine Migliaccio

VIA PIZZICATO
04027 PONZA [LT]
TEL. 3392822252
www.fienodiponza.com

藏酒销售
预约参观
年产量 8 000 瓶
葡萄种植面积 2 公顷

○ Biancolella di Ponza '12	🍷🍷 5
○ Fieno Bianco '12	🍷 4
⊙ Fieno Rosato '12	🍷 4
● Fieno Rosso '10	🍷 2

Casale Cento Corvi

VIA AURELIA KM 45,500
00052 CERVETERI [RM]
TEL. 069903902
www.casalecentocorvi.com

藏酒销售
预约参观
年产量 300 000 瓶
葡萄种植面积 35 公顷

● Giacché Rosso '11	🍷🍷 6
● Kantharos Rosso '11	🍷 4
○ Kottabos Bianco '12	🍷 2
○ Malvasia '12	🍷 2

Castel de Paolis

VIA VAL DE PAOLIS
00046 GROTTAFERRATA [RM]
TEL. 069413648
www.casteldepaolis.it

藏酒销售
预约参观
餐饮接待
年产量 90 000 瓶
葡萄种植面积 12 公顷

○ Frascati Sup. '12	🍷🍷 3
● Campo Vecchio Rosso '10	🍷 3
○ Frascati Campo Vecchio '12	🍷 2
● Quattro Mori '09	🍷 5

Cantina Sociale Cesanese del Piglio

VIA PRENESTINA, KM 42
03010 PIGLIO [FR]
TEL. 0775502356
www.cesanesedelpiglio.it

藏酒销售
预约参观
年产量 450 000 瓶
葡萄种植面积 18 公顷

● Cesanese del Piglio Sup. Diverso '11	🍷🍷 3
● Cesanese del Piglio Et. Oro '10	🍷 2

Damiano Ciolli

VIA DEL CORSO
00035 OLEVANO ROMANO [RM]
TEL. 069564547
www.damianociolli.it

藏酒销售
预约参观
年产量 23 000 瓶
葡萄种植面积 5 公顷

● Cesanese di Olevano Silene '11	🍷🍷 3*

Colle Picchioni Paola Di Mauro

LOC. FRATTOCCHIE
VIA COLLE PICCHIONE, 46
00040 MARINO [RM]
TEL. 0693546329
www.collepicchioni.it

藏酒销售
预约参观
年产量 90 000 瓶
葡萄种植面积 15 公顷

● Collerosso '12	🍷🍷 2*
○ Donna Paola '12	🍷 3
○ Marino Coste Rotonde '11	🍷 2
● Perlaia '12	🍷 3

Cominium

via Ritinto
03041 Alvito [FR]
Tel. 0776510683
www.cantinacominium.it

葡萄种植面积 13 公顷

● Atina Cabernet Satur '09	🍷🍷 4
○ Maturano '12	🍷🍷 2*
● Colle Alto '10	🍷 3

Cordeschi

loc. Acquapendente
via Cassia km 137,400
00121 Viterbo
Tel. 3356953547
www.cantinacordeschi.it

藏酒销售
年产量 30 000 瓶
葡萄种植面积 8.5 公顷

● Ost '11	🍷🍷 3
○ Palea '12	🍷 2
⊙ Siele '12	🍷 2

Corte dei Papi

loc. Colletonno
03012 Anagni [FR]
Tel. 0775769271
www.cortedeipapi.it

藏酒销售
预约参观
年产量 75 000 瓶
葡萄种植面积 25 公顷

○ Passerina '12	🍷🍷 2*
● Cesanese del Piglio Ottavo Cielo '11	🍷 3
● Cesanese del Piglio San Magno '10	🍷 3

Donato Giangirolami

loc. Borgo Montello
via del Cavaliere, 1414
04100 Latina
Tel. 3358394890
www.donatogiangirolami.it

藏酒销售
预约参观
膳宿接待
年产量 70 000 瓶
葡萄种植面积 38 公顷
葡萄栽培方式 有机认证

○ Apricor Passito '11	🍷🍷 4
○ Propizio '12	🍷🍷 2*
○ Cardito '12	🍷 2
○ Regius '12	🍷 2

Marcella Giuliani

loc. Vico Moricino
via Anticolana, km 5
03012 Anagni [FR]
Tel. 0644235908
www.aziendaagricolamarcellagiuliani.it

藏酒销售
预约参观
年产量 35 000 瓶
葡萄种植面积 10.7 公顷
葡萄栽培方式 有机认证

● Cesanese del Piglio Dives Riserva del Fondatore '07	🍷🍷 4
○ Alagna Bianco Passerina '12	🍷 2
⊙ Alagna Rosato '12	🍷 2

Gotto d'Oro

loc. Frattocchie
via del Divino Amore, 115
00040 Marino [RM]
Tel. 0693022211
www.gottodoro.it

藏酒销售
预约参观
年产量 9 000 000 瓶
葡萄种植面积 1 400 公顷

○ Mitreo Sol '11	🍷🍷 2*
● Castelli Romani Rosso '12	🍷 2
○ Chardonnay '12	🍷 2
● Mitreo Mithra '11	🍷 2

Podere Grecchi

S.DA SAMMARTINESE, 8
01100 VITERBO
TEL. 0761305671
www.poderegrecchi.com

藏酒销售
预约参观
年产量 45 000 瓶
葡萄种植面积 10. 5 公顷

○ San Silvestro '12	🍷🍷 2*
● CEV Poggio Ferrone '11	🍷 2
● CEV Poggio Santirossi '12	🍷 2
○ Poggio Grecchi '12	🍷 2

Le Lase

LOC. RESANO
01028 ORTE [VT]
TEL. 0761281460
www.lelase.com

藏酒销售
预约参观
膳宿接待
年产量 28 000 瓶
葡萄种植面积 12 公顷

● Cautha '10	🍷🍷 3
○ Goccia '11	🍷 3
● Thesan '10	🍷 3
○ Zefiro '11	🍷 2

Cantine Lupo

VIA MEDIANA CISTERNA, 27
04011 LATINA
TEL. 0668309520
www.cantinelupo.com

预约参观
年产量 50 000 瓶
葡萄种植面积 18 公顷

● Primolupo Merlot '11	🍷🍷 2*
● Syranto '11	🍷🍷 2*
● Perseide '10	🍷 4
○ Terra Marique '12	🍷 2

Occhipinti

LOC. MONTEMAGGIORE
01010 GRADOLI [VT]
TEL. 0633249347
www.occhipintiagricola.it

藏酒销售
预约参观
年产量 15 000 瓶
葡萄种植面积 4 公顷

○ Alter Ego '12	🍷🍷 2*
● Caldera '11	🍷🍷 2*

I Pampini

LOC. ACCIARELLA
S.DA FOGLINO, 1126
04010 LATINA
TEL. 0773643144
www.ipampini.it

藏酒销售
预约参观
年产量 20 000 瓶
葡萄种植面积 6. 5 公顷
葡萄栽培方式 有机认证

○ Bellone '12	🍷🍷 2*
● Il Capitano '08	🍷🍷 3
● Kubizzo '10	🍷🍷 2*
● Coboldo '11	🍷 2

Pietra Pinta

SP PASTINE KM 20,200
04010 CORI [LT]
TEL. 069678001
www.pietrapinta.com

藏酒销售
预约参观
膳宿接待
年产量 300 000 瓶
葡萄种植面积 34 公顷
葡萄栽培方式 有机认证

○ Carinthia '12	🍷🍷 2*
● Costa Vecchia Rosso '11	🍷🍷 2*
● Shiraz '11	🍷🍷 2*
○ Viognier '12	🍷 2

Pileum

via del Casalotto
03010 Piglio [FR]
Tel. 3663129910
www.pileum.it

预约参观
年产量 56 000 瓶
葡萄种植面积 9 公顷

● Cesanese del Piglio Sup. Bolla di Urbano Ris. '10	🍷🍷 4
● Cesanese del Piglio Sup. Pila Rocca Ris. '09	🍷🍷 4

Poggio alla Meta

via Valloni
03034 Casalvieri [FR]
www.poggioallameta.it

● Atina Cabernet Il Giovane '11	🍷🍷 3
○ Maturano '12	🍷🍷 2*
○ Piluc '12	🍷🍷 2*
● Lot '11	🍷 3

Il Quadrifoglio

loc. Doganella di Ninfa
via Alessandro III, 5
04012 Cisterna di Latina [LT]
Tel. 069601530
ilquadrifoglio.ss@libero.it

预约参观
年产量 60 000 瓶
葡萄种植面积 30 公顷

○ Pezze di Ninfa '12	🍷🍷 2*
○ Doganella '12	🍷 2
● Syrah '11	🍷 2

La Rasenna

loc. Cerveteri
via della Necropoli, 2
00059 Santa Severa [RM]
Tel. 3924974478
www.larasenna.it

年产量 60 000 瓶
葡萄种植面积 8 公顷

○ Moss '12	🍷🍷 2*
● Cabernet Franc '10	🍷 3
○ Costa Marina Vermentino '12	🍷 2
● Petit Verdot '11	🍷 2

Riserva della Cascina

loc. Fiorano
via Appia Antica, 560
00134 Roma
Tel. 067917221
riservadellacascina.blogspot.com

藏酒销售
预约参观
年产量 45 000 瓶
葡萄种植面积 23.5 公顷
葡萄栽培方式 有机认证

● Castelli Romani Rosso IX Miglio '11	🍷🍷 2*
○ Marino Sup. '12	🍷 2

San Giovenale

loc. La Maccia
01010 Blera [VT]
Tel. 066877877
www.sangiovenale.it

藏酒销售
预约参观
年产量 7 000 瓶
葡萄种植面积 9 公顷
葡萄栽培方式 有机认证

● Habemus '11	🍷🍷 7

Cantine San Marco

loc. Vermicino
via di Mola Cavona, 26/28
00044 Frascati [RM]
Tel. 069409403
www.sanmarcofrascati.it

藏酒销售
预约参观
年产量 1 800 000 瓶
葡萄种植面积 32 公顷

○ Frascati Sup. Crio 12 '12	🍷🍷 3
○ Frascati Sup. Crio 8 '12	🍷 2
● Solomerlot '12	🍷 2
● Soloshiraz '12	🍷 3

Sant'Isidoro

loc. Portaccia
01016 Tarquinia [VT]
Tel. 0766869716
www.santisidoro.net

藏酒销售
预约参观
年产量 65 000 瓶
葡萄种植面积 57 公顷

○ Forca di Palma '12	🍷🍷 2*
● Soremidio '10	🍷🍷 4
● Corithus '11	🍷 3

Tenuta Santa Lucia

loc. Santa Lucia
02047 Poggio Mirteto [RI]
Tel. 076524616
www.tenutasantalucia.com

藏酒销售
预约参观
餐饮接待
年产量 200 000 瓶
葡萄种植面积 43 公顷

○ Falanghina '12	🍷🍷 2*
● Colli della Sabina Collis Pollionis Rosso '11	🍷 3
○ Pecorino '12	🍷 2

Tenuta Le Quinte

via delle Marmorelle, 71
00040 Montecompatri [RM]
Tel. 069438756

○ Malvasia Orchidea '12	🍷🍷 2*
● Nasyr '11	🍷🍷 3
○ Canestraro '12	🍷 2

Terra delle Ginestre

SS 630 Ausonia, 59
04020 Spigno Saturnia [LT]
Tel. 3495617153
www.terradelleginestre.it

藏酒销售
预约参观
年产量 13 000 瓶
葡萄种植面积 4 公顷

○ Invito Senza Solfiti Aggiunti '12	🍷🍷 4
○ Lentisco '10	🍷🍷 2*
○ Letizia '12	🍷🍷 2*
○ Invito '12	🍷 2

Tre Botti

s.da della Poggetta, 10
01024 Castiglione in Teverina [VT]
Tel. 0761948930
www.trebotti.it

藏酒销售
年产量 40 000 瓶
葡萄种植面积 10 公顷
葡萄栽培方式 有机认证

● Bludom '12	🍷🍷 3
○ Orvieto Incanthus '12	🍷 2

Tenuta Tre Cancelli

via della Piscina, 3
00053 Cerveteri [RM]
Tel. 0699060008
tenutatrecancelli@tiscali.it

藏酒销售
预约参观
年产量 25 000 瓶
葡萄种植面积 10 公顷

○ Flere '12	🍷🍷 2*
● Cerveteri Rosso Pacha '11	🍷 2
● Lituo '10	🍷 3
○ Zio Carlo '10	🍷 3

Vigneti Iucci

fraz. Sant'Elia Fiumerapido
loc. La Creta
03043 Cassino [FR]
Tel. 0776311883
www.vignetiiucci.it

● Atina Cabernet Sammichele '11	🍷🍷 3
● Merlot La Creta '11	🍷🍷 2*
● Sant'Elia '11	🍷 2
○ Tenuta La Creta Bianco '11	🍷 2

Villa Caviciana

loc. Tojena Caviciana
01025 Grotte di Castro [VT]
Tel. 0763798212
www.villacaviciana.com

藏酒销售
预约参观
年产量 25 000 瓶
葡萄种植面积 15 公顷
葡萄栽培方式 生物动力认证

● Eleonora '11	🍷🍷 3
● Faustina '11	🍷🍷 6
● Letizia '11	🍷 5
⊙ Tadzio '12	🍷 3

Villa Gianna

fraz. B.go San Donato
s.da Maremmana
04010 Sabaudia [LT]
Tel. 0773250034
www.villagianna.it

藏酒销售
预约参观
年产量 865 000 瓶
葡萄种植面积 50 公顷
葡萄栽培方式 有机认证

○ Elogio Mediterraneo '10	🍷🍷 3
○ Moscato di Terracina Amabile '12	🍷🍷 1*
○ Circeo Bianco Innato '12	🍷 2
○ Circeo Bianco NobilVite '12	🍷 1*

Villa Simone

via Frascati Colonna, 29
00040 Monte Porzio Catone [RM]
Tel. 069449717
www.villasimone.com

藏酒销售
预约参观
年产量 299 000 瓶
葡萄种植面积 33 公顷

○ Frascati Sup. Villa dei Preti '12	🍷🍷 2*
○ Frascati '12	🍷 2
○ Frascati Sup. Vign. Filonardi '12	🍷 3
● La Torraccia '11	🍷 3

Cantine Volpetti

via Nettunense, 21
00040 Ariccia [RM]
Tel. 069342000
www.cantinevolpetti.it

藏酒销售
预约参观
年产量 450 000 瓶
葡萄种植面积 40 公顷

○ Malvasia del Lazio V.T. '09	🍷🍷 3
○ Chardonnay Le Piantate '12	🍷 2
○ Frascati Sup. Feudi dei Papi '12	🍷 1*
● Sangiovese Le Piantate '12	🍷 2

阿布鲁佐区
ABRUZZO

阿布鲁佐区（Abruzzo）不仅是意大利第四大的葡萄酒生产区，而且还是出产品质上乘的优秀葡萄酒基地，在世界各地的葡萄酒架上，你都能发现来自该地区的卓越葡萄酒。而一流的葡萄酒当属意大利第二大类型的蒙特布查诺红葡萄酒（Montepulciano），当然还包括了塞拉索罗（Cerasuolo）、扎比安奴（Trebbiano）。所有的出品性价比高，并且都表现出绝佳的质量。能取得这样的效果，一方面有赖于优质葡萄和酿酒过程的精雕细琢，另一方面也离不开对酿酒传统的遵循与坚持。一直专注于采用本地葡萄品种进行酿制，酒品风格极具地域特色。阿布鲁佐区（Abruzzo）特殊的地形地貌对葡萄酒酿造业也起到了举足轻重的作用，从冰川到亚得里亚海岸（Adriatic），在这仅仅几公里的距离上，葡萄栽培环境、土壤性质和气候条件变化多样，使其出产的酒品散发不同的芳香，呈现多样的风格，反映了不同的地域特点。早在几年前我们编写这本《年鉴》时就已经注意到这个现象，从那时起，我们满怀期待地坚信：随着区域发展的重要性日益突出，该地区获得“三杯奖”（Tre Bicchieri）的葡萄酒数将会越来越多。今年新编选收录的酒庄就证明了这一点。无论是富有竞争力的联营酒庄还是小型的手工酒厂，其出产的酒品质量优良，具有国际影响力。其中，出产自联营酒庄的葡萄酒拥有令人印象深刻的特点，而小型酒庄的葡萄酒则具有独特的品种特性。由于该区专注于生产风格简约淳朴的葡萄酒，最近其葡萄酒业得到了高速的发展。新兴类型的葡萄酒往往给人独特典雅、自然亲切的感觉。托洛（Cantina Tollo）酒庄以今年出产的扎比安奴2010（C'Incanta Trebbiano 2010）和采用古老方法酿造的传统白葡萄酒奠定了令人向往的领航者地位。而其他的葡萄酒常青树还有来自瓦伦蒂尼（Valentini）酒庄绝妙宜人的扎比安奴2011（Trebbiano 2011）和来自马氏（Masciarelli）酒庄的蒙特布查诺红葡萄酒2010（Marina Cvetic Montepulciano 2010）。卡塔尔迪（Cataldi Madonna）酒庄则以其出产的令人称奇的佩科里诺2011（Pecorino 2011）向人们证明了乐阿奎拉省（L'Aquila）这块出产优质葡萄酒地区的实力。瓦乐•利雷拉（Valle Reale）酒庄凭借山川赋予的具有生机勃勃气息的维格内蒂•卡佩斯特拉诺2011（Vignedi Capestrano Trebbiano 2011）脱颖而出。洛雷托•托雷（Loreto-based Torre dei Beati）酒窖被评为杰出的手工艺酒窖，其出产的科齐亚帕扎2010（Cocciapazza 2010）品质也变得越来越好。位于佩斯卡拉（Pescara）山上的提贝托（Tiberio）酒庄毫无疑问地凭借拉斯托拉尼（Castorani）独树一帜。该酒庄曾竭尽全力且坚定不移地复兴葡萄酒的酿酒技艺。在特拉莫省（Teramo）巴尔巴（Barba）酒庄以瓦萨里2010（Vasari 2010）、尼克德米（Nicodemi）和维拉•梅多若（Villa Medoro）这三款酒令人耳目一新。这三款酒以两种截然不同但同样有效的方式重新列入地中海的科林内•特拉马内（Colline Teramane）法定产区。今年的新晋者泰努塔•尤利西斯（Tenuta Ulisse）酒庄凭借优质的酒品在葡萄酒市场占有一席之地，其出产的卓越的蒙特布查诺红葡萄酒2012（Montepulciano 2012）来自采用天然发酵法酿造的自然系列酒（Nativae）。

Agriverde

LOC. CALDARI
VIA STORTINI, 32A
66020 ORTONA [CH]
TEL. 0859032101
www.agriverde.it

藏酒销售
预约参观
膳宿接待
年产量 900 000 瓶
葡萄种植面积 65 公顷
葡萄栽培方式 有机认证

作为有机农耕真正的先锋，著名的奥尔托那（Ortona）酒庄成为认证的葡萄酒生产商已有数十年的历史。酒庄位于阿布鲁佐区（Abruzzo）最南端的一个角落，那里终年阳光普照，加上优质的黏性土壤，吸引大型的联营酒庄聚集于此，使之成为高品质高产量葡萄酒的生产地。吉安尼科拉（Giannicola）为65公顷的葡萄园注册了有机认证。酒庄是根据有机建筑标准设计而成的，还配置了带有理疗中心的迷人的旅游设施。阿格里维德酒庄（Agriverde）生产的系列葡萄酒，从质优价廉的白葡萄酒到传统强劲的蒙特布查诺红葡萄酒（Montepulciano），无论从质量还是数量上都令人称道。一系列卓越的酒款还包括了旗下新生产的维格纳•玛德雷（Vigna Madre）葡萄酒，这款酒与以往的葡萄酒一样有趣而诱人。因葡萄欠收而错过上次评选的2008年款普拉图酒（Plateo）酒体复杂、提取充分，现今仍是生产口感丰富、地中海风格的蒙特布查诺红葡萄酒（Montepulciano）的行业基准。

- ● Montepulciano d'Abruzzo Plateo '08 🍷🍷 6
- ● Montepulciano d'Abruzzo Vignamadre '12 🍷🍷 1*
- ○ Trebbiano d'Abruzzo Solarea '11 🍷🍷 3*
- ● Montepulciano d'Abruzzo Natum '12 🍷🍷 2*
- ● Montepulciano d'Abruzzo Piane di Maggio '12 🍷🍷 2*
- ● Montepulciano d'Abruzzo Solàrea '09 🍷🍷 4
- ● Montepulciano d'Abruzzo Villa Roscià Vignamadre '10 🍷🍷 2*
- ○ Trebbiano d'Abruzzo Natum '12 🍷🍷 2*
- ○ Passerina Riseis '12 🍷 3
- ○ Pecorino Eikos '12 🍷 3
- ○ Pecorino Riseis '12 🍷 3
- ○ Trebbiano d'Abruzzo Piane di Maggio '12 🍷 2
- ○ Trebbiano d'Abruzzo Vignamadre '12 🍷 1*
- ○ Trebbiano d'Abruzzo Villa Roscià Vignamadre '12 🍷 2

F.lli Barba

LOC. SCERNE DI PINETO
S.DA ROTABILE PER CASOLI
64020 PINETO [TE]
TEL. 0859461020
www.fratellibarba.it

藏酒销售
预约参观
参观设施
年产量 350 000 瓶
葡萄种植面积 70 公顷

实力雄厚的法雷特里•巴尔巴（Fratelli Barba）酒庄位于斯塞内（Scerne）和皮内托（Pineto）海岸线上，面朝大海，拥有70公顷的葡萄种植地。酒庄只是农场的一部分，除了酒庄，农场还生产一系列果蔬、桶装葡萄酒和油等产品。酒窖限量推出的葡萄酒既充分体现了地区特色，又诠释了这个独特的葡萄酒村庄风格。除了保留传统的风味之外，复兴的古老酿酒传统塑造了多个系列葡萄酒的传统，涵盖了价廉但不平凡的入门级葡萄酒，到贮藏在双耳瓶发酵的扎比安奴（Trebbiano）葡萄酒，再到令人称奇的蒙特布查诺红葡萄酒（Montepulciano）。风格宜人且品质上乘的简约系列包括了2010年款的瓦萨里（Vasari），这是一款富有竞争力的蒙特布查诺红葡萄酒（Montepulciano），因其复古的烟熏味和年轻、饱满、紧致与富有层次的口感获得“三杯奖”。而这些特点得益于强劲的单宁和令人愉悦的风韵。同样令人敬佩的还有莫瑞诺（Moreno）葡萄酒，这是一款小巧精致、质优价廉的蒙特布查诺红葡萄酒（Montepulciano）。

- ● Montepulciano d'Abruzzo I Vasari '10 🍷🍷🍷 5
- ● Montepulciano d'Abruzzo Colle Morino Et. Bianca '11 🍷🍷 2*
- ○ Vignafranca Bianco '11 🍷🍷 3*
- ● Montepulciano d'Abruzzo Colle Morino '12 🍷🍷 2*
- ● Montepulciano d'Abruzzo Vignafranca '10 🍷🍷 3
- ○ Trebbiano d'Abruzzo '10 🍷🍷 4
- ○ Trebbiano d'Abruzzo Colle Morino '12 🍷🍷 1*
- ● Montepulciano d'Abruzzo I Vasari '09 🍷🍷🍷 5
- ● Montepulciano d'Abruzzo V ignafranca '09 🍷🍷 3*
- ○ Vignafranca Bianco '10 🍷🍷 3*

Barone Cornacchia

Villa Torri, 19
64010 Torano Nuovo [TE]
Tel. 0861887412
www.baronecornacchia.it

藏酒销售
预约参观
参观设施
年产量 300 000 瓶
葡萄种植面积 30 公顷
葡萄栽培方式 有机认证

作为康特罗奎拉地区（Controguerra）的常青树，巴罗内•科尔纳齐亚酒庄（Barone Cornacchia）位于富有竞争力的科林内•特拉马内（Colline Teramane DOC）法定产区。这家以质量闻名的本地企业是所在法定葡萄酒产区的中坚和翘楚。占地约30公顷的葡萄园是本地最好的庄园之一。酒庄遵循精心热忱且严谨传统的管理模式。出产的经典葡萄酒具有强劲的特点，但偶尔会因追求成熟感而缺乏某种平衡。2011年款的经典蒙特布查诺红葡萄酒（Montepulciano）产自有机认证葡萄园，该款酒以其浓郁的果香、饱满紧致的口感和强劲的酒体等特点脱颖而出。2012年款的塞拉索罗（Cerasuolo）同样出自有机认证葡萄园，该款酒富含宜人新鲜的的樱桃和杏仁芳香与层次紧致的口感，是餐桌上的佳配。而富有竞争力的葡萄园偶尔会因过分追求成熟感而陷入困境，失去人们的信任。

● Montepulciano d'Abruzzo '11	🍷🍷 2*
⊙ Montepulciano d'Abruzzo Cerasuolo '12	🍷🍷 1*
● Montepulciano d'Abruzzo V. Le Coste '10	🍷🍷 3
● Montepulciano d'Abruzzo Colline Teramane Vizzarro '08	🍷 5
● Montepulciano d'Abruzzo Poggio Varano '10	🍷 3
○ Trebbiano d'Abruzzo Sup. '12	🍷 2
⊙ Montepulciano d'Abruzzo Cerasuolo '11	🍷🍷 1*
● Montepulciano d'Abruzzo Poggio Varano '09	🍷🍷 2*
● Montepulciano d'Abruzzo Poggio Varano '08	🍷🍷 2*
● Montepulciano d'Abruzzo V. Le Coste '09	🍷🍷 2*

Tenute Barone di Valforte

c.da Piomba, 11
64029 Silvi Marina [TE]
Tel. 0859353432
www.baronedivalforte.it

藏酒销售
预约参观
年产量 270 000 瓶
葡萄种植面积 50 公顷

斯尔维•玛丽娜庄园（Silvi Marina）的瓦尔福特•特努特•巴隆内（Tenute Barone di Valforte）酒庄位于亚得里亚海（Adriatic）的右边海岸，处在佩斯卡拉省（Pescara）和特拉莫省（Teramo）的交界处。酒庄拥有几个各具特色的葡萄园。其主人索里齐奥家族（Sorricchio）长期以来是专业的葡萄栽培专家，遵循现代酿酒技术经营该酒庄。其出产的葡萄酒有趣出色，以其清新纯净的风格大获成功。可口的本土白葡萄酒在技术和风格上能与富有竞争力的科林内•特拉马内（Colline Teramane）红葡萄酒相媲美。酒庄逐渐融合了传统与现代的酿酒工艺，经营得越来越好。酒庄出产的2010年款的蒙特布查诺珍藏酒（Montepulciano Riserva）品质上乘，富含浓郁诱人的柑橘芳香，令人回味的口感，体现了匀称协调的酒体和适宜的酸度。这种酸度不仅保证了葡萄酒的清新可口，也利于葡萄酒的陈放。2009年款的科勒•萨勒（Colle Sale）也是一款具有竞争力的科林内•特拉马内（Colline Teramane ）红葡萄酒，以其独特的酸度和复古的烟熏味最为显著。

● Montepulciano d'Abruzzo Colline Teramane Colle Sale '09	🍷🍷 3*
● Montepulciano d'Abruzzo Ris. '10	🍷🍷 3*
● Montepulciano d'Abruzzo '12	🍷🍷 2*
○ Passerina '12	🍷🍷 2*
⊙ Montepulciano d'Abruzzo Cerasuolo '12	🍷 2
○ Pecorino '12	🍷 2
○ Trebbiano d'Abruzzo Villa Chiara '12	🍷 2
○ Colle Sale Bianco '10	🍷🍷 3
● Montepulciano d'Abruzzo '11	🍷🍷 2*
○ Passerina '10	🍷🍷 2*
○ Trebbiano d'Abruzzo '10	🍷🍷 2*

Nestore Bosco

c.da Casali, 147
65010 Nocciano [PE]
Tel. 085847345
www.nestorebosco.com

藏酒销售
预约参观
年产量 600 000 瓶
葡萄种植面积 70 公顷

阿布鲁佐区（Abruzzo）另一个古老的酿酒厂位于亚得里亚海（Adriatic）的右边海岸，佩斯卡拉（Pescara）山丘中。该地区一直专注于葡萄酒生产。早在一个世纪之前，酒厂就在此地区扎根发展，并将酿造的葡萄酒首次推向富有竞争力的国际市场。诺奇安诺（Nocciano）酒庄的70 公顷葡萄园均出产精致的葡萄。毋庸置疑，用如此绝妙原料生产的2010年款的蒙特布查诺红葡萄酒（Montepulciano）令人称道。该款葡萄酒富含宜人纯朴的香味，以简朴浓郁的果香最为突出。此外，口感优雅丰富，饱满柔和。

● Montepulciano d'Abruzzo R '10	🍷🍷 3*
● Montepulciano d'Abruzzo '10	🍷🍷 2*
● Montepulciano d'Abruzzo Don Bosco '09	🍷🍷 4
● Montepulciano d'Abruzzo Pan '09	🍷🍷 4
○ Trebbiano d'Abruzzo Sup. '12	🍷🍷 2*
○ Pecorino '12	🍷 2
● Montepulciano d'Abruzzo '09	♀♀ 2*
● Montepulciano d'Abruzzo Don Bosco '08	♀♀ 4
● Montepulciano d'Abruzzo Pan '08	♀♀ 4

Castorani

loc. c.da Oratorio
via Castorani, 5
65020 Alanno [PE]
Tel. 3466355635
www.castorani.it

藏酒销售
预约参观
年产量 1 000 000 瓶
葡萄种植面积 70 公顷
葡萄栽培方式 有机认证

阿兰诺（Alanno）酒庄位于佩斯卡拉（Pescara）山丘上，处于群山与海洋的中间地带。由于其独特的地理位置，酒庄不仅享受着沿海微风的熏陶，也感受到来自高海拔带来的清凉空气。酿酒厂拥有一块接近70公顷的葡萄园。其产出的葡萄酒恰到好处地融合了传统与现代酿酒技术，以精湛的技术与诱人的魅力脱颖而出。之所以能取得这样的成果离不开酒庄勇敢冒险的决定。例如，采用混凝土发酵罐进行发酵，这种方法过去在该地区广泛采用过，但并未应用在酿造现代精致的葡萄酒过程中。酒庄出产的酒款以质优量丰而著称。另一个“三杯奖”（Tre Bicchieri）奖项就落在富有潜力的2009年款的宝乐•拉斯托拉尼珍藏酒（Podere Castorani）身上。该款酒取材于上乘的葡萄园，不但富含饱满变化的香味，而且带有来自混凝土发酵罐所产生的独特清新的蒙特布查诺红葡萄酒（Montepulciano）风味。该款酒虽然年轻，但口感紧致宜人，余味展现出生动可人的海洋气息。

● Montepulciano d'Abruzzo Ris. '09	🍷🍷🍷 5
● Montepulciano d'Abruzzo Amorino '09	🍷🍷 3*
⊙ Montepulciano d'Abruzzo Cerasuolo Costa delle Plaie '12	🍷🍷 3*
● Montepulciano d'Abruzzo Cadetto '11	🍷🍷 2*
● Montepulciano d'Abruzzo Costa delle Plaie '10	🍷🍷 3
○ Pecorino Amorino '12	🍷🍷 3
○ Pecorino Le Paranze '12	🍷🍷 2*
○ Trebbiano d'Abruzzo Cadetto '12	🍷🍷 2*
○ Trebbiano d'Abruzzo Sup. Costa delle Plaie '12	🍷🍷 3
⊙ Montepulciano d'Abruzzo Cerasuolo Cadetto '12	🍷 2
○ Passerina Le Paranze '12	🍷 2
○ Pecorino Costa delle Plaje '12	🍷 3
● Rocco '10	🍷 4

★Luigi Cataldi Madonna

Loc. Piano
67025 Ofena [AQ]
Tel. 0862954252
www.cataldimadonna.it

藏酒销售
预约参观
年产量 230 000 瓶
葡萄种植面积 27 公顷

奥菲那（Ofena）酒厂是阿布鲁佐区（Abruzzo）首批采用工艺技术酿造葡萄酒的酒厂之一。酒庄坐落于乐阿奎拉省（L'Aquila）一个小型的高原上，这里完全由山脉包围。白天极其炎热，被人们称为“阿布鲁佐的火炉”。由于受到亚平宁山脉（Apennines）唯一的冰川卡尔德隆内（Calderone）的影响，夜晚却相当寒冷，温度常下降至20摄氏度。由于该大区独特多样的风土条件，酒厂出产的系列酒款一直令人称道。酒庄出品的葡萄酒保留了浓郁的香气，将派科琳诺（Pecorino）葡萄的特性展现得淋漓尽致。其中以托尼葡萄酒（Tonì）最为突出，该款酒酒体复杂，香气富有层次感，混杂了清新的果香和尖锐的矿物香味，口感年轻紧致，是该地区顶级的蒙特布查诺红葡萄酒（Montepulciano）之一。

○ Pecorino '11	🍷🍷🍷 5
● Montepulciano d'Abruzzo Tonì '10	🍷🍷 5
● Montepulciano d'Abruzzo '11	🍷🍷 2*
⊙ Montepulciano d'Abruzzo Cerasuolo '12	🍷🍷 2*
● Montepulciano d'Abruzzo Malandrino '11	🍷🍷 3
○ Pecorino Giulia '12	🍷🍷 3
○ Trebbiano d'Abruzzo '12	🍷 2
○ Pecorino '10	🍷🍷🍷 5
⊙ Montepulciano d'Abruzzo Cerasuolo Piè delle Vigne '10	🍷🍷 3*
○ Pecorino Giulia '11	🍷🍷 3*

Cerulli Irelli Spinozzi

Loc. Casale 26
SS 150 del Vomano km 17,600
64020 Canzano [TE]
Tel. 086157193
www.cerullispinozzi.it

藏酒销售
预约参观
膳宿接待
年产量 180 000 瓶
葡萄种植面积 45 公顷
葡萄栽培方式 有机认证

该酒庄位于马尔凯区（Marche）和阿布鲁佐区（Abruzzo）的分界河——特罗特河（Tronto）的沿岸，土壤肥沃，富含沙质土，因此出产的葡萄酒饱满浓郁，在保留传统的基础上融入现代元素，充分诠释了该区的气候特性。酒庄45公顷的葡萄园均采用有机栽培方式，葡萄得到精心的照料，保证了葡萄的品质，因而酿出的葡萄酒风格清新，富有时代感。虽然出产的酒品数量不多，但质量上乘。遗憾的是现在酒王级的酒品还未面世，我们希望在不久的将来能在令人敬佩的特拉莫（Teramo）酒庄品尝到此类葡萄酒。2008年款的米格里奥瑞（Migliori）是一款科林内•特拉马内（Colline Teramane）葡萄酒，质量上乘，酒力强劲，酒体匀称，散发着优美独特的烟灰味和地中海灌木丛的气息。入口品尝，浓郁的果香伴随着迷人强烈的酸度。

○ Cortalto '12	🍷🍷 2*
● Montepulciano d'Abruzzo '12	🍷🍷 2*
● Montepulciano d'Abruzzo Colline Teramane Torre Migliori '08	🍷🍷 4
○ Trebbiano d'Abruzzo '12	🍷 2
⊙ Montepulciano d'Abruzzo Cerasuolo '11	🍷🍷 2*
● Montepulciano d'Abruzzo Colline Teramane Torre Migliori '07	🍷🍷 4
● Montepulciano d'Abruzzo Colline Teramane Torre Migliori '06	🍷🍷 4

Cirelli

LOC. TRECIMINIERE
VIA COLLE SAN GIOVANNI, 1
64032 ATRI [TE]
TEL. 0858700106
www.agricolacirelli.com

藏酒销售
预约参观
膳宿接待
年产量 26 000 瓶
葡萄种植面积 5 公顷
葡萄栽培方式 有机认证

该酒庄由两兄弟精心打理。兄弟俩虽然年轻，但是对葡萄酒的酿造却有独到的见解。因此，出产的葡萄酒饱满独特，清新古典。酒庄坐落在阿低利（Atri）附近秀丽的山丘上，占地5公顷的农场完全采用有机方式栽种了葡萄和各种农作物。阿低利（Atri）曾是特拉莫（Teramo）地区的中心地带，以盛产迷人有趣的葡萄酒著称。入门级系列葡萄酒芳香可人，价格实惠，讨人喜欢。新系列的葡萄酒用双耳罐进行生产。2012年款的蒙特布查诺红葡萄酒（Montepulciano d'Abruzzo Anfora）虽然没有采用传统的双耳罐进行生产，但是品质极佳。该款酒充分体现了葡萄品种的典型特性。香气浓郁宜人，充满活力；口感富有层次，从入口时的圆润感快速过渡到葡萄酒特有的酸感。

● Montepulciano d'Abruzzo Amphora '12	🍷🍷 5
⊙ Montepulciano d'Abruzzo Cerasuolo Amphora '12	🍷🍷 5
● Montepulciano d'Abruzzo '12	🍷🍷 2*
⊙ Montepulciano d'Abruzzo Cerasuolo '12	🍷🍷 2*
○ Trebbiano d'Abruzzo '12	🍷🍷 2*
○ Trebbiano d'Abruzzo Amphora '12	🍷 5
● Montepulciano d'Abruzzo '11	🍷🍷 2*
○ Trebbiano d'Abruzzo '11	🍷🍷 2*

Citra

C.DA CUCULLO
66026 ORTONA [CH]
TEL. 0859031342
www.citra.it

藏酒销售
预约参观
年产量 18 000 000 瓶
葡萄种植面积 8000 公顷

奇特拉（Citra）这家第二大型的联营酒庄积累了一些具有价值性的数据，用于协调完善酒品的质量和数量。出产的葡萄酒经销到世界各地，在富有竞争力的国际市场中取得了巨大的成功。其他九个酿酒厂坐落在亚得里亚海（Adriatic）右岸，离散地分布在基耶蒂（Chieti）地区，有些位于马耶拉山（Majella）上，有些处在奥尔托纳（Ortona）向阳的山坡上。它们都在奇特拉（Citra）酒庄的管理下运作。这片区域以奥尔托纳（Ortona）为中心形成联营模式，专注于葡萄的栽培，出产的葡萄酒具有典型的现代风格。令人称道的系列葡萄酒就以其现代精致的风格脱颖而出。这些酒款虽然偶尔称不上经典，但都是经过精心的酿造。2011年款的蒙特布查诺•帕里奥红葡萄酒（Montepulciano Palio）拥有浓郁强烈的香味，葡萄品种特有的酸度和诱人紧致的单宁，使口感充满果香。

● Merlot '12	🍷🍷 2*
● Montepulciano d'Abruzzo Laus Vitae '06	🍷🍷 5
● Montepulciano d'Abruzzo Niro '11	🍷🍷 2*
● Montepulciano d'Abruzzo Palio '11	🍷🍷 2*
○ Pecorino Palio '12	🍷🍷 2*
○ Trebbiano d'Abruzzo Citra '12	🍷🍷 1*
○ Aer '12	🍷 2
⊙ Montepulciano d'Abruzzo Cerasuolo Palio '06	🍷 2
● Montepulciano d'Abruzzo Quis '11	🍷 2
○ Moscardello	🍷 2
⊙ Primae Lucis Brut Rosé	🍷 2
● Sangiovese Terre di Chieti '12	🍷 1*
○ Trebbiano d'Abruzzo Palio '12	🍷 2

Collebello

via del Lago, 19
64081 Tortoreto [TE]
Tel. 0861786056
www.collebello.it

藏酒销售
预约参观
年产量 40 000 瓶
葡萄种植面积 18 公顷
葡萄栽培方式 有机认证

酒庄坐落在大萨索山（Gran Sasso）后面的亚得里亚（Adriatic）海岸边，处于托尔托雷托（Tortoreto）山丘的向阳坡上。独特的地理位置使那里的土壤富有生机，十分肥沃，适合酿造出紧致的地中海葡萄酒。古葡萄藤在当地村民的精心照顾下恢复往日的生机，人们对葡萄酒的自然发酵也减少了干扰。尽管有时采用以上的方法带来的效果有限，但的确推进了地中海葡萄酒的品质更上一层楼。葡萄酒的质量日益改善，风格有趣独特，为酒庄树立了良好的品牌形象。2010年款的路易（Luì）充满宜人的烟灰味和浓郁的果香，是一款有机的富有活力的蒙特布查诺红葡萄酒（Montepulciano）。口感紧致浓烈，入口时品尝到动物皮质的香味，紧接着发展为灌木丛的芳香，最后以适宜的单宁余味收场。

● Montepulciano d'Abruzzo Luì Terraviva '10	🍷🍷 2*
○ Ekwo Terraviva '12	🍷🍷 2*
○ Trebbiano d'Abruzzo Mario's 39 Terraviva '11	🍷🍷 2*
● Solorosso Terraviva '11	🍷 2
○ Declivio '11	🍷🍷 2*
● Montepulciano d'Abruzzo Borgo Gaio '07	🍷🍷 2*
○ Trebbiano d'Abruzzo Fonte del Lago '11	🍷🍷 2*

Collefrisio

loc. Piane di Maggio
66030 Frisa [CH]
Tel. 0859039074
www.collefrisio.it

藏酒销售
预约参观
葡萄种植面积 36 公顷
葡萄栽培方式 有机认证

位于奥尔托纳（Ortona）山丘向阳的山坡上的酿酒厂旗下有两个庄园，一个庄园俯瞰着亚得里亚海（Adriatic），另一个则坐落在马耶拉（Majella）山的基耶蒂（Chieti）斜坡上。两个地区都拥有悠久的酿酒历史。科勒弗里斯欧（Collefrisio）是个经验丰富的酿酒家，他酿造的葡萄酒精致清新，充满时代气息，赢得市场的青睐。为了融合传统技术和创新技艺，酒庄采用先进的弗里萨（Frisa）酒窖窖藏葡萄酒，并取得骄人的效果。我们品尝的系列葡萄酒各具特色，令人折服。其中2011年款的蒙特布查诺红葡萄酒（Montepulciano Zero）清新尖锐，成功地诠释了没有采用橡木桶陈酿的酒品风格。

● Montepulciano d'Abruzzo Zero '11	🍷🍷 2*
● Montepulciano d'Abruzzo Morrecine '11	🍷🍷 2*
● Montepulciano d'Abruzzo Uno '10	🍷🍷 3
○ Pecorino '12	🍷🍷 3
○ Trebbiano d'Abruzzo Zero '12	🍷🍷 2*
● Montepulciano d'Abruzzo Collefrisio di Collefrisio '09	🍷 5
○ Trebbiano d'Abruzzo Uno '12	🍷 3
● Montepulciano d'Abruzzo Collefrisio di Collefrisio '08	🍷🍷 5
○ Trebbiano d'Abruzzo Zero '11	🍷🍷 2*

Contesa

C.DA CAPARRONE, 4
65010 COLLECORVINO [PE]
TEL. 0858205078
www.contesa.it

藏酒销售
预约参观
膳宿接待
年产量 240 000 瓶
葡萄种植面积 13 公顷

罗科•帕泽蒂（Rocco Pasetti）是阿布鲁佐（Abruzzo）区的一个葡萄栽培协会，透彻地掌握了该区的风土条件与酿酒传统，并利用丰富的专业知识引领当地葡萄酒的酿造。位于日照充足的佩斯卡拉（Pescara）山丘上的酿酒厂声名显赫，盛产有趣迷人的葡萄酒。这些葡萄酒融合了传统与现代技艺，体现出浓厚的时代气息。13公顷的葡萄园错落有致地分布在科勒•科维诺（Colle Corvino）的斜坡上，俯瞰大海，为酒庄提供了品质上乘的酿酒原料。因此出产的葡萄酒不仅充分体现葡萄品种的特性，令人称道，而且在国际市场上大获成功。佩斯卡拉（Pescara）酿酒厂今年也递交了葡萄酒酿造过程的实况报告。其出产的2008年款的蒙特布查诺（Montepulciano）珍藏酒果香浓郁生动，口感富有生机，层次分明，酸度独特怡人。

● Montepulciano d'Abruzzo Ris. '08	🍷🍷🍷 3*
● Montepulciano d'Abruzzo Amir Ris. '08	🍷🍷 5
⊙ Montepulciano d'Abruzzo V. Corvino '12	🍷🍷 2*
○ Pecorino '12	🍷🍷 3
○ Trebbiano d'Abruzzo '12	🍷🍷 2*
● Montepulciano d'Abruzzo Amir '07	🍷🍷 3*
⊙ Montepulciano d'Abruzzo Cerasuolo '11	🍷🍷 2*
● Montepulciano d'Abruzzo V. Corvino '11	🍷🍷 2*

Nicoletta De Fermo

65014 LORETO APRUTINO [PE]
TEL. 0858289136
www.defermo.it

预约参观
年产量 10 000 瓶
葡萄种植面积 17 公顷
葡萄栽培方式 有机认证

这个位于洛雷托•阿普鲁蒂诺（Loreto Aprutino）的小型酿酒厂因其出产的传统葡萄酒展现了显著的手工艺风格，而快速跻身为葡萄酒酿造业的领航者。酒厂17公顷的葡萄园均采用生物动力法的栽培方式，这种方法在迷人的洛雷拖（Loreto）地区被谨慎地推广着。古老的圆顶酒窖用于盛放与之相配的混凝土发酵桶和一些必要时用于陈酿的大橡木桶。接下来的手工艺活就由斯特凡诺•帕佩第（Stefano Papetti）负责完成。斯特凡诺•帕佩第是一位半路出家的葡萄栽培专家，在此之前他是一名律师。后来，他富有远见地预测到利用严谨的手工技艺酿造的限量版葡萄酒的价值。今年，我们着重品尝了酒庄几款优质的葡萄酒。这些葡萄酒获得我们一致好评，因此酒庄也得到我们全面的认可。2011年款的普罗洛哥（Prologo）融合了烟灰味和浓郁的果香，是一款魅力超凡的蒙特布查诺红葡萄酒（Montepulciano）。由于采用混凝土桶的发酵方式，口感由粗糙发展为柔顺，紧致的单宁促进了葡萄酒的良好发展。

⊙ Montepulciano d'Abruzzo Cerasuolo Le Cince '12	🍷🍷 4
● Montepulciano d'Abruzzo Prologo '11	🍷🍷 5
○ Launegild '12	🍷🍷 5
● Montepulciano d'Abruzzo Prologo '10	🍷🍷 2*

Filomusi Guelfi

via F. Filomusi Guelfi, 11
65028 Tocco da Casauria [PE]
Tel. 085986908
elleffegi@tiscali.it

藏酒销售
预约参观
年产量 60 000 瓶
葡萄种植面积 9.6 公顷

菲罗慕斯•格尔菲（Lorenzo Filomusi Guelfi's Tocco a Causaria）酒庄的悠久历史可以追溯到阿布鲁佐（Abruzzo）区葡萄酒兴起的时期。得益于马耶拉（Majella）山优越的风土条件，这里出产的葡萄酒口感紧致，极具现代风格。而这个富有远见的酒庄和它出产的优质葡萄酒一样充满魅力，令人敬佩。酒庄坐落在这个古老城镇的右边，虽然今年酒庄出产的精品酒数量有限，但是品质绝对上乘。2007年款的凡特•戴伊（Fonte Dei）是一款富有吸引力且风格古典诱人的蒙特布查诺红葡萄酒（Montepulciano），该款酒具有典型的烟灰味和细腻的水果味，口感富有风味，怡人成熟，充满生气。

● Montepulciano d'Abruzzo '10	🍷🍷 2*
● Montepulciano d'Abruzzo Fonte Dei '07	🍷🍷 5
○ Le Scuderie del Cielo '12	🍷🍷 2*
● Montepulciano d'Abruzzo Ris. '07	🍷🍷 2*
○ Casa Scamolla '11	🍷 2
⊙ Montepulciano d'Abruzzo Cerasuolo '08	🍷 2
○ Le Scuderie del Cielo '11	🍷🍷 2*
● Montepulciano d'Abruzzo '08	🍷🍷 2*
● Montepulciano d'Abruzzo Ris. '06	🍷🍷 2*

Cantina Frentana

via Perazza, 32
66020 Rocca San Giovanni [CH]
Tel. 087260152
www.cantinafrentana.it

藏酒销售
预约参观
膳宿接待
年产量 650 000 瓶
葡萄种植面积 22 公顷
葡萄栽培方式 有机认证

福勒塔纳（Cantina Frentana）酒庄和其他联营酒庄一样，由于出产的葡萄酒具有价格优势，在国际市场上获得成功，占有一席之地。在塔波奇•科斯塔（Costa dei Trabocchi）起伏绵延的山丘上，面朝大海，俯瞰着从阿布鲁佐区（Abruzzo）一直延伸至莫利塞区（Molise）的海岸线，这就是酒庄的所在地。充足的阳光和肥沃的石灰质土壤使酒庄出品的葡萄酒强劲有力。由于对葡萄园进行细致的分区和对顶级葡萄藤的筛选，加上采用分开酿制葡萄酒的方法，酒庄成功酿造出一系列优质有趣、物有所值的葡萄酒。现在出产的葡萄酒相较于去年略有逊色。2010年款的帕纳尔达（Panarda）是一款酒体饱满，味道可口的蒙特布查诺红葡萄酒（Montepulciano）。该款酒口感强劲紧致，果香馥郁，酸度适宜，唯一不足的是余味有些苦涩。

○ Cococciola Costa del Mulino '12	🍷🍷 1*
○ Donna Greta '11	🍷🍷 2*
● Montepulciano d'Abruzzo Panarda '10	🍷🍷 2*
● Montepulciano d'Abruzzo Rubesto '11	🍷🍷 2*
○ Passerina Costa del Mulino '12	🍷🍷 1*
○ Pecorino '12	🍷🍷 2*
● Montepulciano d'Abruzzo '11	🍷 2
○ Donna Greta '10	🍷🍷 3*
⊙ Montepulciano d'Abruzzo Cerasuolo Colle del Mulino '11	🍷🍷 1*
● Montepulciano d'Abruzzo Rubesto '10	🍷🍷 2*

Gentile

VIA DEL GIARDINO, 7
67025 OFENA [AQ]
TEL. 0862956618
www.gentilevini.it

藏酒销售
预约参观
年产量 90 000 瓶
葡萄种植面积 12 公顷

阿布鲁佐（Abruzzo）的内陆地区现在正处于葡萄酒的复兴阶段。由于出产的葡萄酒带有令人陶醉的芳香，这个神奇的地方再次获得人们的关注。珍蒂莱（Gentile）酒庄是一家小型的采用手工艺酿酒的酒厂，坐落在奥费纳（Ofena），地处高原，群山环绕，处于终年覆盖着皑皑白雪的卡尔德隆内（Calderone）冰川的左边。昼夜温差使德出产的一系列酒款具有独特的风味与酸度，品质上乘，令人称道。比如，芳香富有层次的扎比安奴2012（Trebbiano 2012），馥郁丰富，既有浓浓的花香也有榛子的香味；口感充满活力，强劲浓烈，醇厚饱满，具有山药材那迷人的甘苦，是一款美味可口的葡萄酒。

○ Trebbiano d'Abruzzo V. di Ofena '12	🍷🍷 2*
● Montepulciano d'Abruzzo V. di Ofena '11	🍷🍷 4
○ Pecorino Vigne di Ofena '11	🍷🍷 2*
⊙ Vigne di Ofena Rosato '12	🍷🍷 2*
● Montepulciano d'Abruzzo V. V. Ris. '10	🍷 4
○ Pecorino Vigne di Ofelia '11	🍷🍷 2*
○ Trebbiano d'Abruzzo V. di Ofena '11	🍷🍷 2*

★Dino Illuminati

C.DA SAN BIAGIO, 18
64010 CONTROGUERRA [TE]
TEL. 0861808008
www.illuminativini.it

藏酒销售
预约参观
年产量 1 100 000 瓶
葡萄种植面积 130 公顷

这个令人敬佩的酿酒厂的光辉历史要追溯到18世纪，那时酒庄自豪地推出一系列酒款，给特拉莫省（Teramo）充满竞争的葡萄酒市场添上了浓墨重彩的一笔。其葡萄酒传统古典的风格一直延续至今。强劲有力的地中海葡萄酒就是该风格的体现，诠释了该地区特有的风土特性。每年出产的葡萄酒从饱满紧致的蒙特布查诺（Montepulciano）葡萄酒，到口感甚好的餐桌红葡萄酒，再到普通的白葡萄酒，无不具有古典卓越的品质和葡萄品种独有的特性。尽管今年酒庄没有采用里帕罗索（Riparosso）赞纳（Zanna）和皮耶鲁尼（Pieluni）葡萄酿制葡萄酒，但是出品的葡萄酒的口感依旧令人称道，毫不逊色。其中品质最为卓越的当属入门级的2012年款蒙特布查诺红葡萄酒（Montepulciano），其风格独特，酒体强劲有力，口感紧致。

● Montepulciano d'Abruzzo Colline Teramane Pieluni Ris. '08	🍷🍷 6
● Montepulciano d'Abruzzo Riparosso '12	🍷🍷 2*
○ Controguerra Pecorino '12	🍷🍷 2*
○ Illuminati Brut '07	🍷🍷 4
⊙ Montepulciano d'Abruzzo Cerasuolo Campirosa '12	🍷🍷 2*
● Montepulciano d'Abruzzo Ilico '11	🍷🍷 2*
● Montepulciano d'Abruzzo Spiano '12	🍷🍷 2*
○ Controguerra Bianco Pligia '12	🍷 2
○ Controguerra Passerina '12	🍷 2
● Montepulciano d'Abruzzo Colline Teramane Pieluni Ris. '07	🍷🍷🍷 6
● Montepulciano d'Abruzzo Colline Teramane Zanna Ris. '08	🍷🍷🍷 4*
● Montepulciano d'Abruzzo Colline Teramane Zanna Ris. '07	🍷🍷🍷 5

★★Masciarelli

via Gamberale, 1
66010 San Martino sulla Marrucina [CH]
Tel. 087185241
www.masciarelli.it

藏酒销售
预约参观
膳宿接待
年产量 2 500 000 瓶
葡萄种植面积 400 公顷

出于对葡萄种植环境、土壤和气候的考虑，酒庄400公顷的葡萄园精选在阿布鲁佐区（Abruzzo）四个不同的省区，分别从亚得里亚海（Adriatic）一直延伸到大萨索山（Gran Sasso）的斜坡上。丰富多样的生长环境赋予了出品的葡萄酒丰富饱满、强劲有力和细腻圆润的特点，巧妙地融合了地域特色与创新风格。酒庄出产的系列葡萄酒标志着著名的阿布鲁佐（Abruzzo）葡萄酒在世界市场上的回归。从大批量的美味实惠的入门级葡萄酒，到高级葡萄园的精品酒，马氏酒庄（Masciarelli）的藏酒风格已成为一种经典。今年另一项“三杯酒”奖项（Tre Bicchieri）落在酒庄2010年款的蒙特布查诺红葡萄酒（Montepulciano Marina Cvetic）身上，该款酒伴随着浓郁的果香和地中海山药材的气息，口感纯净怡人，富有层次。

● Montepulciano d'Abruzzo Marina Cvetic '10	🍷🍷🍷 4*
○ Chardonnay Marina Cvetic '11	🍷🍷 5
○ Trebbiano d'Abruzzo La Botte di Gianni Ris. '10	🍷🍷 5
○ Trebbiano d'Abruzzo Marina Cvetic Ris. '11	🍷🍷 5
● Castello di Semivicoli '11	🍷🍷 3
● Merlot Marina Cvetic '10	🍷🍷 4
● Montepulciano d'Abruzzo '11	🍷🍷 2*
⊙ Montepulciano d'Abruzzo Cerasuolo Villa Gemma '12	🍷🍷 2*
○ Trebbiano d'Abruzzo '12	🍷🍷 2*
○ Villa Gemma Bianco '12	🍷 2
● Montepulciano d'Abruzzo Villa Gemma '06	🍷🍷🍷 7
○ Trebbiano d'Abruzzo Marina Cvetic '10	🍷🍷🍷 5
○ Trebbiano d'Abruzzo Marina Cvetic '09	🍷🍷🍷 5

Camillo Montori

loc. Piane Tronto, 80
64010 Controguerra [TE]
Tel. 0861809900
www.montorivini.it

藏酒销售
预约参观
膳宿接待
年产量 600 000 瓶
葡萄种植面积 50 公顷

诺达瑞斯克（Notaresco）酒庄地处科林内•特拉马内（Colline Teramane）腹地的山丘上，俯瞰亚得里亚海（Adriatic Sea），背靠大萨索山（Gran Sasso）。卡米罗•蒙托里（Camillo Montori）和伊卢米纳蒂（Illuminati）是酒庄的核心人物。其50公顷的葡萄园位于阿布鲁佐区（Abruzzo）和马尔凯区（Marche）的分界线上。酒庄酿造的葡萄酒长期陈化在大型的橡木桶中，酒体饱满匀称。这些葡萄酒质量上乘，窖藏能力很强。其出产的一系列葡萄酒极具古典的王者风范。大受欢迎的日常餐酒级葡萄酒系列是强劲有力的科林内•特拉马内（Colline Teramane）红葡萄酒，采用蒙托里（Montori）当地的葡萄酿造而成。参加今年品鉴活动的葡萄酒质量上乘，尤其以一些品质卓越、风格古典的葡萄酒最为突出。佩科里诺2012（Pecorino 2012）是一款顶级的白葡萄酒，具有灌木丛林的气味和酸橙的味道，体现了优美的地中海气息；口感起初清新柔顺，随着陈年时间的延长，口感会析出淡淡的矿物味。

○ Pecorino Fonte Cupa '12	🍷🍷 3*
○ Trebbiano d'Abruzzo Fonte Cupa '12	🍷🍷 2*
● Montepulciano d'Abruzzo Colline Teramane '09	🍷🍷 2*
⊙ Montepulciano d'Abruzzo Cerasuolo Fonte Cupa '12	🍷 2
○ Trend '12	🍷 2
○ Colli Aprutini Pecorino Trend '11	🍷🍷 2*
⊙ Montepulciano d'Abruzzo Cerasuolo Fonte Cupa '10	🍷🍷 2*
● Montepulciano d'Abruzzo Fonte Cupa '07	🍷🍷 2*
● Montepulciano d'Abruzzo Fonte Cupa '06	🍷🍷 3
○ Pecorino Fonte Cupa '11	🍷🍷 3*
○ Trebbiano d'Abruzzo Fonte Cupa '11	🍷🍷 2*

Bruno Nicodemi

c.da Veniglio
64024 Notaresco [TE]
Tel. 085895493
www.nicodemi.com

藏酒销售
预约参观
年产量 250 000 瓶
葡萄种植面积 30 公顷

这个采用手工艺酿酒的酒庄是科林内•特拉马内（Colline Teramane）葡萄酒世界的领头羊。其30公顷的葡萄园集中分布在阳光明媚的诺达瑞斯克（Notaresco）平原，现在由庄主的第二代传人、充满热情的埃琳娜（Elena）和亚历山德罗•尼克德米（Alessandro Nicodemi）管理。他们独具匠心的管理方法一直完美地沿用至今，其传统的栽培方法和融合传统与现代的窖藏技艺更为如此。出产的葡萄酒饱满强劲，带着典型的地中海风情。从口感直接强烈的日常餐酒级系列葡萄酒，到生机勃勃的科林内•特拉马内法定产区葡萄酒（Colline Teramane DOC），出品丰富，令人称道。今年出产的葡萄酒质量卓越，内罗莫洛2009（Neromoro 2009）轻而易举地获得了“三杯奖”奖项（TreBicchieri）。该款酒华丽匀称的酒体伴随着浓郁的地中海气息，散发出灌木丛的清香，口感具有独特的辛辣味，酸度适宜。

- ● Montepulciano d'Abruzzo Colline Teramane Neromoro Ris. '09 — ▼▼▼ 5
- ● Montepulciano d'Abruzzo Colline Teramane Notàri '10 — ▼▼ 3*
- ● Montepulciano d'Abruzzo '11 — ▼▼ 2*
- ○ Trebbiano d'Abruzzo '12 — ▼▼ 2*
- ○ Trebbiano d'Abruzzo Notàri '12 — ▼▼ 2*
- ⊙ Montepulciano d'Abruzzo Cerasuolo '12 — ▼ 4
- ● Montepulciano d'Abruzzo Colline Teramane Neromoro Ris. '08 — ▽▽ 5
- ● Montepulciano d'Abruzzo Colline Teramane Neromoro Ris. '07 — ▽▽ 5
- ● Montepulciano d'Abruzzo Colline Teramane Notàri '09 — ▽▽ 3*
- ● Montepulciano d'Abruzzo Colline Teramane Notàri '08 — ▽▽ 3
- ○ Trebbiano d'Abruzzo Notàri '10 — ▽▽ 2*

Pasetti

loc. c.da Pretaro
via San Paolo, 21
66023 Francavilla al Mare [CH]
Tel. 08561875
www.pasettivini.it

藏酒销售
预约参观
膳宿接待
年产量 600 000 瓶
葡萄种植面积 65 公顷

帕泽蒂（Pasetti）是一家私人的酿酒厂，出产的葡萄酒质量上乘，数量可观，在阿布鲁佐（Abruzzo）地区的葡萄酒业站稳了脚跟。他们出产的葡萄酒清晰地体现出当地的风土条件和独特的风格。酒庄现在拥有两个庄园——老的葡萄园位于皮斯克桑索内斯克（Pescosansonesc），马耶山的佩斯卡拉（Majella's Pescara）斜坡上。另一个新收购的卡皮斯特拉诺（Capestrano）庄园则处于大萨索山（Gran Sasso）山脚的乐阿奎拉（L'Aquila）省。酒庄以现代的眼光采用富有时代风格的技艺酿造葡萄酒，并将其窖藏在滨海弗兰卡维拉（Francavilla al Mare）古老的酒窖里。从风格清新的本土葡萄酒到口感强劲的蒙特布查诺（Montepulciano），葡萄酒质量优越，可口怡人。但这个令人钦佩的基耶蒂（Chieti）酿酒厂今年的出品稍逊一筹，不如人意。经典蒙特布查诺红葡萄酒2010（Montepulciano 2010）果香馥郁温馨，酒体厚实强劲，并伴随着令人兴奋、独特怡人的酸度。

- ○ Gesmino '10 — ▼▼ 4
- ● Montepulciano d'Abruzzo '10 — ▼▼ 2*
- ⊙ Montepulciano d'Abruzzo Cerasuolo V. Capestrano '12 — ▼▼ 2*
- ○ Testarossa Bianco '11 — ▼▼ 4
- ○ Trebbiano d'Abruzzo Zarachè '12 — ▼▼ 2*
- ● Montepulciano d'Abruzzo Testarossa Rosso '09 — ▼ 4
- ○ Pecorino '12 — ▼ 2
- ⊙ Montepulciano d'Abruzzo Cerasuolo V. Capestrano '11 — ▽▽ 2*
- ● Montepulciano d'Abruzzo Pasetti '09 — ▽▽ 2*
- ● Montepulciano d'Abruzzo Testarossa '08 — ▽▽ 4

Emidio Pepe

via Chiesi, 10
64010 Torano Nuovo [TE]
Tel. 0861856493
www.emidiopepe.com

藏酒销售
预约参观
膳宿接待
年产量 80 000 瓶
葡萄种植面积 15 公顷
葡萄栽培方式 生物动力学认证

在阿布鲁佐（Abruzzo），没有一间酒厂能像佩佩（Pepe）这样在葡萄栽培方面具有举足轻重的地位。这个采用独特的手工艺酿造葡萄酒的酒庄仍然沿袭着创始人马里奥•索尔达（Mario Soldati）古老的传统，50年来这一切在这可爱的托拉诺（Torano）庄园一直都没改变。出品依旧质量上乘，令人回味。岁月流逝，酒庄的主人代代更替，唯独葡萄的种植方式一直延传至今。在15公顷的土地上，酒庄采用自然、非侵略性的农业种植方式，生物动力法也由此应运而生。同时，酒庄的酒窖更亲睐于用混凝土发酵桶陈化葡萄酒。其出产的葡萄酒非比寻常，生动独特，口感具有典型的纯朴风味。酒庄的出品虽然数量有限，但是质量令人惊叹。蒙特布查诺红葡萄酒2010（Montepulciano 2010）就是一款经典独特的葡萄酒。该款酒芳香纯朴，口感柔顺细腻，富有层次，从品尝之时的鼠尾草气味渐渐地发展为富有生气的果香。

● Montepulciano d'Abruzzo '10	🍷🍷 6
○ Trebbiano d'Abruzzo '11	🍷🍷 5
⊙ Montepulciano d'Abruzzo Cerasuolo '12	🍷🍷 5
● Montepulciano d'Abruzzo '98	🍷🍷🍷 8
● Montepulciano d'Abruzzo '09	🍷🍷 5
● Montepulciano d'Abruzzo '08	🍷🍷 5
○ Trebbiano d'Abruzzo '10	🍷🍷 6
○ Trebbiano d'Abruzzo '09	🍷🍷 5

Pietrantonj

via San Sebastiano, 38
67030 Vittorito [AQ]
Tel. 0864727102
www.vinipietrantonj.it

藏酒销售
预约参观
年产量 650 000 瓶
葡萄种植面积 60 公顷

维托里托（Vittorito）酒庄处于马耶山（Mount Majella）的山坡上，隐藏在阿布鲁佐区（Abruzzo）的最深处。由于温差变化大，高山起伏连绵，这里并不利于葡萄的种植和葡萄酒酿造业的发展。利用传统酒窖窖藏的葡萄酒特色鲜明，结构紧实；风味散发着纯朴气息；但是受到该地区风土条件的影响，入口的酸度带有清瘦尖酸感。尽管这个位于乐阿奎拉（L'Aquila）省的美丽古老的酿酒厂最近受到地震的影响，但发展的机遇从未离开过这里。酒庄的生意还和往常一样，其出品的葡萄酒依旧呈现出浓厚的传统特色。切拉诺2009（Cerano 2009）是一款经典优秀的蒙特布查诺红葡萄酒（Montepulciano）。该款酒散发着生机勃勃、强劲浓烈的烟熏味和馥郁的果香，口感紧致厚实，酸度紧涩爽快。

● Montepulciano d'Abruzzo Cerano Ris. '09	🍷🍷 3*
⊙ Montepulciano d'Abruzzo Sup. Cerasuolo Cerano '12	🍷🍷 3*
● Montepulciano d'Abruzzo Cerano '10	🍷🍷 2*
⊙ Montepulciano d'Abruzzo Cerasuolo Arboreo '12	🍷🍷 2*
⊙ Montepulciano d'Abruzzo Cerasuolo Sup. Cerano '11	🍷🍷 3
● Passito Rosso Valle Peligna '09	🍷🍷 4

San Lorenzo

C.DA PLAVIGNANO, 2
64035 CASTILENTI [TE]
TEL. 0861999325
www.sanlorenzovini.com

藏酒销售
预约参观
年产量 800 000 瓶
葡萄种植面积 150 公顷
葡萄栽培方式 生物动力认证

这家雄伟壮观的酒厂横跨特拉莫省（Teramo）和佩斯卡拉省（Pescara），成功结合现代风格与卓越品质的方法来酿制葡萄酒。占地约150公顷的卡斯蒂伦蒂（Castilenti）庄园总能生产出饱满厚重的葡萄酒。同时酒庄也采取现代葡萄酒酿造技艺酿造出纤弱柔顺的酒款来迎合国际市场的需求。无论是采用阿布鲁佐区（Abruzzo）本土经典的葡萄品种，还是国际品种，抑或是丰富的蒙特布查诺红葡萄酒（Montepulciano），由此酿造出的圣•洛伦佐（San Lorenzo）总是散发着地中海成熟怡人的气息。尽管今年的酒王还未面世，但我们相信那仅是时机问题。总体而言，酒品愉悦诱人，不负众望。卡萨布兰卡（Casabianca）自然发酵的系列葡萄酒酒品清新有趣，有意呈现出低调自然的风格，是怡人的佐餐配酒。而2010年款的奥伊诺斯（Oinos）则散发着令人着迷的馥郁清晰的果香，是一款强劲有力的葡萄酒。

● Montepulciano d'Abruzzo Casabianca '11	🍷🍷 2*
● Montepulciano d'Abruzzo Colline Teramane Oinos '10	🍷🍷 4
○ Trebbiano d'Abruzzo Casabianca '12	🍷🍷 2*
● Montepulciano d'Abruzzo Colline Teramane Escol Ris. '09	🍷🍷 4
● Montepulciano d'Abruzzo Sirio '12	🍷🍷 1*
○ Pecorino '12	🍷🍷 2*
○ Trebbiano d'Abruzzo Sirio '12	🍷🍷 1*
○ Trebbiano d'Abruzzo Zerosolfiti '12	🍷🍷 3
● Montepulciano d'Abruzzo Antares '10	🍷🍷 2*
● Montepulciano d'Abruzzo Colline Teramane Escol Ris. '08	🍷🍷 4
● Montepulciano d'Abruzzo Colline Teramane Oinos '09	🍷🍷 4

Nicola Santoleri

VIA DEI CAVALIERI, 20
66016 GUARDIAGRELE [CH]
TEL. 0871893301
www.nicolasantoleri.it

年产量 40 000 瓶
葡萄种植面积 30 公顷

在阿布鲁佐区（Abruzzo），圣托勒里（Santoleri）酒庄的名字已经和葡萄栽培业紧密地联系起来。瓜迪亚格勒（Guardiagrele）酒厂一直坚定不移地遵循已故的创始人——尼古拉•圣托勒里（Nicola Santoleri）留下的传统来酿造葡萄酒。占地30公顷的葡萄园坐落在麦亚娜（Maiella）山下的基耶蒂（Chieti）山麓，由坚韧不拔的农民精心照料着。酒庄第二代的葡萄栽培家将质量上乘的葡萄采用传统独特的手工技艺酿造葡萄酒。他们将葡萄在长时间的浸渍之后，放进橡木桶让其自然无干扰地发酵，不紧不慢地陈酿。在品尝的过程中，我们非常亲睐在酒瓶陈年的古典葡萄酒。酒庄的出品虽然不多，但是质量让人信服。维格纳•拉卓（Vigna Ladra）是一款口感直接，容易入口的蒙特布查诺红葡萄酒（Montepulciano）。但是2011年款的该种葡萄酒品质更胜一筹，酒品散发着樱桃和香草的芳香，紧致的口感呈现出新鲜尖锐、富有层次的酸度。

● Montepulciano d'Abruzzo V. Ladra '11	🍷🍷 2*
⊙ Montepulciano d'Abruzzo Cerasuolo Crognaleto '12	🍷🍷 2*
○ Trebbiano d'Abruzzo Crognaleto '12	🍷🍷 2*
⊙ Montepulciano d'Abruzzo Cerasuolo Crognaleto '11	🍷🍷 2*
⊙ Montepulciano d'Abruzzo Cerasuolo Crognaleto '10	🍷🍷 2*
● Montepulciano d'Abruzzo Crognaleto '06	🍷🍷 2*
● Montepulciano d'Abruzzo Crognaleto '04	🍷🍷 2*
● Montepulciano d'Abruzzo V. Ladra '08	🍷🍷 2*
● Montepulciano d'Abruzzo V. Ladra '07	🍷🍷 2*
○ Trebbiano d'Abruzzo Crognaleto '11	🍷🍷 2*

Strappelli

Loc. Torri, 15
64010 Torano Nuovo [TE]
Tel. 0861887402
www.cantinastrappelli.it

藏酒销售
预约参观
年产量 60 000 瓶
葡萄种植面积 10 公顷
葡萄栽培方式 有机认证

10公顷的葡萄园以有机认证的方式进行耕作，带有传统的乡村风格。斯彻佩里（Strappelli）和可爱的维拉•托瑞（Villa Torri）庄园被亚得里亚海（Adriatic Sea）和大萨索山（Gran Sasso）夹在中间，现在已在富有竞争力的科林内•特拉马内（Colline Teramane）法定产区奠定了稳固的地位，成为其最有趣的酒厂之一。酒庄经常采用的酿酒技艺是将葡萄在长时间的浸渍之后，放进橡木桶，最大限度减少人为的干扰让其自然地陈酿。随着时间的推移，葡萄酒变得优雅柔顺，传统独特的风味和丰富的特点渐渐显现出来。科莱•特拉•塞拉索罗2012（Colle Trà Cerasuolo 2012）是一款有机的佐餐型桃红葡萄酒。该款酒散发出变化多样的红色水果的芳香，口感丰富，充满活力，伴随着生动活泼的水果味和地中海灌木丛的清香，萦绕着海洋的清新气息。

⊙ Montepulciano d'Abruzzo Cerasuolo Colle Trà Sup. '12	🍷🍷 2*
● Montepulciano d'Abruzzo '11	🍷🍷 2*
⊙ Montepulciano d'Abruzzo Cerasuolo '12	🍷🍷 2*
○ Pecorino Soprano '12	🍷🍷 2*
○ Trebbiano d'Abruzzo '12	🍷🍷 2*
● Montepulciano d'Abruzzo '08	🍷🍷 2*
● Montepulciano d'Abruzzo '07	🍷🍷 2*
⊙ Montepulciano d'Abruzzo Cerasuolo '11	🍷🍷 2*
⊙ Montepulciano d'Abruzzo Cerasuolo '10	🍷🍷 2*
● Montepulciano d'Abruzzo Colline Teramane Celibe Ris. '07	🍷🍷 5
● Montepulciano d'Abruzzo Colline Teramane Colle Trà '07	🍷🍷 3*
○ Pecorino Soprano '11	🍷🍷 2*
○ Trebbiano d'Abruzzo '11	🍷🍷 2*

Tiberio

C.da La Vota
65020 Cugnoli [PE]
Tel. 0858576744
www.tiberio.it

藏酒销售
预约参观
年产量 90 000 瓶
葡萄种植面积 30 公顷

毋庸置疑，这个年轻的库格诺里（Cugnoli）酿酒厂让我们印象深刻的是它整套发展成熟的运作模式。30公顷的葡萄园组成一个单一的庄园，由勤快的农民充满热情地精心照料着。它依偎在风景秀丽的佩斯卡拉（Pescara）山丘，两侧环绕着麦伊拉（Majella）和大萨索山（Gran Sasso）。由于受到来自山谷和海洋的微风相互交织的影响，这里气候相当凉爽。因此出产的酒品体现出气候赋予的酸度。酒庄将这些酒品窖藏起来，发展为酒庄的招牌酒。从芳香四溢的本土白葡萄酒到生机勃勃的蒙特布查诺红葡萄酒（Montepulcianos），每种酒款的气味独特怡人，值得品鉴。多才的克里斯蒂安娜•提贝托（Cristiana Tiberio）今年已经酿造出一系列品质相当卓越的酒款。其出产的佩科里诺2012（Pecorino2012）获得星级奖。恰如其分的葡萄收割年份赋予葡萄酒饱满的酒体。尽管酒品混合着普遍的中草药味和苦橙味，但是口感复杂，充满迷人的矿物风味。

○ Pecorino '12	🍷🍷🍷 3*
○ Trebbiano d'Abruzzo Fonte Canale '12	🍷🍷 2*
● Montepulciano d'Abruzzo '11	🍷🍷 2*
⊙ Montepulciano d'Abruzzo Cerasuolo '12	🍷🍷 2*
○ Trebbiano d'Abruzzo '12	🍷🍷 2*
○ Pecorino '11	🍷🍷🍷 3*
○ Pecorino '10	🍷🍷🍷 3
● Montepulciano d'Abruzzo '10	🍷🍷 2*
● Montepulciano d'Abruzzo Althea '09	🍷🍷 4
● Montepulciano d'Abruzzo Althea '08	🍷🍷 4
⊙ Montepulciano d'Abruzzo Cerasuolo '10	🍷🍷 2
○ Trebbiano d'Abruzzo '11	🍷🍷 2*
○ Trebbiano d'Abruzzo '10	🍷🍷 2
○ Trebbiano d'Abruzzo Fonte Canale '11	🍷🍷 2*

Cantina Tollo

via Garibaldi, 68
66010 Tollo [CH]
Tel. 087196251
www.cantinatollo.it

藏酒销售
预约参观
年产量 13 000 000 瓶
葡萄种植面积 3 500 瓶
葡萄栽培方式 有机认证

这个联营酒庄在阿布鲁佐区（Abruzzo）的葡萄种植历史上谱写出一段辉煌的篇章。酒庄坐落在亚得里亚（Adriatic）海和马耶拉（Majella）山脉之间的基耶蒂（Chieti）斜坡上，拥有无数的种植者成员、3 500公顷的种植面积和来自顶级酿酒厂的高达13 000 000瓶的年产量。这些数据促使酒庄出产的各种系列的葡萄酒令人印象深刻，“质”与“量”之间得到和谐发展。与此同时，酒品巧妙地融合了传统与现代的酿酒技艺，体现出优雅沉稳的气质，着实令人称道。从简单的佐餐酒蒙特布查诺红葡萄酒（Montepulcianos）到一些雄心勃勃的葡萄酒，托洛（Tollo）风格的葡萄酒酿造精良，品质上乘，迎合了国际葡萄酒市场的口味。科林塔（C'Incanta）深深地吸引了我们，它是一款具有传统古老风格的有机型扎比安奴（Trebbiano）。该款酒气味富有层次、丰富多样，流露出令人愉悦的纯朴气息，同时伴随着紧涩动人、充满活力、令人享受的口感。

- ○ Trebbiano d'Abruzzo C'Incanta '10 — 🍷🍷🍷 4*
- ● Montepulciano d'Abruzzo Cagiòlo Ris. '10 — 🍷🍷 4
- ● Montepulciano d'Abruzzo Aldiano Ris. '09 — 🍷🍷 3
- ● Montepulciano d'Abruzzo Colle Secco Ris. '09 — 🍷🍷 2*
- ● Montepulciano d'Abruzzo Rubì '09 — 🍷🍷 2*
- ○ Trebbiano d'Abruzzo Biologico '12 — 🍷🍷 2*
- ○ Trebbiano d'Abruzzo Senza Solfiti '12 — 🍷🍷 3
- ○ Abruzzo Cococciola '12 — 🍷 2
- ○ Pecorino '12 — 🍷 3
- ○ Trebbiano d'Abruzzo Aldiano '12 — 🍷 2
- ● Montepulciano d'Abruzzo Cagiòlo Ris. '09 — 🍷🍷🍷 4*
- ● Montepulciano d'Abruzzo Cagiòlo Ris. '08 — 🍷🍷 4

Torre dei Beati

c.da Poggioragone, 56
65014 Loreto Aprutino [PE]
Tel. 0854916069
www.torredeibeati.it

藏酒销售
预约参观
年产量 100 000 瓶
葡萄种植面积 18 公顷
葡萄栽培方式 有机认证

夫妻兼生意伙伴福斯托•阿尔巴内斯（Fausto Albanese）和阿德里亚纳•佳拉索（Adriana Galasso）满怀决心，充满热情地管理自家的酿酒厂。现在这家酒厂已快速成为阿布鲁佐区（Abruzzo）最有趣的葡萄酿酒商之一。这一切有赖于葡萄园运用有机认证的管理方式、酿造过程采用纯粹的手工技艺、窖藏过程中对葡萄酒轻拿轻放、呵护有加以及独特的风土条件起到的关键作用。酒庄的葡萄园位于优美的罗雷托（Loreto），一直延伸到佩斯卡拉（Pescara）山上，这片土地一直是出产佳酿的好地方。在每年出产的系列酒品中，总有一些品质上乘、风味独特的酒款令人印象深刻。科齐亚帕扎2010（Cocciapazza 2010）是一款风格传统古老的蒙特布查诺红葡萄酒（Montepulciano）。该款酒散发着迷人的烟灰味和泥土味，同时伴随着生动活泼、层次清晰的果香。年轻的口感呈现出自由奔放的气息和华丽饱满的风味，以其独特的方式展现出绝妙的风姿。

- ● Montepulciano d'Abruzzo Cocciapazza '10 — 🍷🍷🍷 4*
- ● Montepulciano d'Abruzzo Mazzamurello '10 — 🍷🍷 5
- ● Montepulciano d'Abruzzo '11 — 🍷🍷 2*
- ⊙ Montepulciano d'Abruzzo Cerasuolo Rosa-ae '12 — 🍷🍷 2*
- ○ Pecorino Giocheremo con i Fiori '12 — 🍷🍷 3
- ● Montepulciano d'Abruzzo Cocciapazza '09 — 🍷🍷🍷 4*
- ● Montepulciano d'Abruzzo Mazzamurello '09 — 🍷🍷 5
- ○ Pecorino Giocheremo con i Fiori '11 — 🍷🍷 3*

Tenuta Ulisse

via San Polo, 40
66014 Crecchio [CH]
Tel. 0871407733
www.tenutaulisse.it

藏酒销售
预约参观
年产量 470 000 瓶
葡萄种植面积 60 公顷

这个年轻的酒庄历经尤利西斯（Ulisse）家族三代掌门人坚定执著地经营，现在已发展得相当成熟。其60公顷的葡萄园位于克雷基奥（Crecchio），基耶蒂（Chieti）山的奥尔托纳（Ortona）地区，跨越了丰富多样的区域。尤利西斯（Ulisse）家族采用传统的乡村风格掌管靠近海边和延伸到马耶山（Mount Majella）的两处葡萄藤，这样出产的葡萄在采用还原酿造法的过程中能保存馥郁的芳香。这种方法融合了传统和现代的技艺，使出产的酒品有趣清新，令人愉悦。那提瓦（Nativae）是一款出类拔萃的蒙特布查诺红葡萄酒（Montepulciano）。该款酒洋溢着勃勃生机，散发出富有层次变化的气息，混合了烟灰气味和红浆果的芳香，同时伴随着清爽的酸度，以怡人紧致的单宁脱颖而出。有赖于自然发酵所产生的富有节奏、充满活力的特性，该款酒毫不意外地获得了“三杯奖”（Tre Bicchieri）。

● Montepulciano d'Abruzzo Nativae '12	🍷🍷🍷 4*
○ Trebbiano d'Abruzzo Nativae '12	🍷🍷 4
○ Cococciola Unico '12	🍷🍷 3
● Montepulciano d'Abruzzo Amaranta '11	🍷🍷 4
● Montepulciano d'Abruzzo Sogno di Ulisse '11	🍷🍷 2*
○ Pecorino Brut Unico	🍷🍷 3
○ Pecorino Unico '12	🍷🍷 3
○ Trebbiano d'Abruzzo Unico '12	🍷🍷 3
○ Chardonnay Unico '12	🍷 3
○ Pecorino Amaranta '12	🍷 4
● Montepulciano d'Abruzzo Amaranta '10	♈♈ 4
● Montepulciano d'Abruzzo Cerasuolo Unico '11	♈♈ 3
● Montepulciano d'Abruzzo Unico '10	♈♈ 3
○ Pecorino Unico '11	♈♈ 3

La Valentina

via Torretta, 52
65010 Spoltore [PE]
Tel. 0854478158
www.fattorialavalentina.it

藏酒销售
预约参观
年产量 350 000 瓶
葡萄种植面积 40 公顷

作为阿布鲁佐区（Abruzzo）酿酒业的一个星级酒庄，瓦伦蒂娜酒庄（La Valentina）占地40公顷，分布在两处优质但特点迥异的土地。酒庄的大本营位于斯博尔托瑞地区（Spoltore），处于亚得里亚海（Adriatic）和马耶山（Majella）之间的佩斯卡拉地区（Pescara）阳光普照的山坡上。另一块土地则位于圣瓦伦蒂诺（San Valentino），屹立在马耶拉（Majella）山脉靠近佩斯卡拉（Pescara）的斜坡上。不同的气候特点赋予出产的酒品果香馥郁复杂的特点。酒庄的出品诠释了传统与现代技艺相互交融的艺术，以芳香浓郁、易于识别的风格脱颖而出。一系列的酒品均达到地区酿酒标准，十分有趣，尤其以质优价廉的基础系列的葡萄酒更令人称奇。美妙的口感体现了葡萄酒令人信服、富有魅力的品性。斯佩尔特2012（Spelt 2012）是一款经过充分萃取的蒙特布查诺红葡萄酒（Montepulciano）。该款酒拥有饱满的酒体，散发出怡人的地中海风味和可口的海洋气息确保了有条不紊的熟成过程。

● Montepulciano d'Abruzzo '11	🍷🍷 2*
● Montepulciano d'Abruzzo Binomio '09	🍷🍷 5
⊙ Montepulciano d'Abruzzo Cerasuolo Spelt '12	🍷🍷 3*
● Montepulciano d'Abruzzo Spelt '09	🍷🍷 3*
○ Bianco Fiano '12	🍷🍷 3
● Montepulciano d'Abruzzo Bellovedere '08	🍷🍷 6
⊙ Montepulciano d'Abruzzo Cerasuolo '12	🍷🍷 2*
○ Trebbiano d'Abruzzo '12	🍷🍷 2*
○ Trebbiano d'Abruzzo Sup. Spelt '12	🍷🍷 3
○ Pecorino '12	🍷 2
● Montepulciano d'Abruzzo Bellovedere '05	♈♈♈ 6
● Montepulciano d'Abruzzo Spelt '08	♈♈♈ 3*
● Montepulciano d'Abruzzo Spelt '07	♈♈♈ 3
● Montepulciano d'Abruzzo Spelt '05	♈♈♈ 3

★★Valentini

VIA DEL BAIO, 2
65014 LORETO APRUTINO [PE]
TEL. 0858291138

年产量 30 000 瓶
葡萄种植面积 60 公顷

瓦伦蒂尼（Valentini）葡萄酒一致直追寻着传统的魅力和令人称奇的陈年能力。多年来，弗朗西斯科•保罗（Francesco Paolo）对葡萄酒的酿造倾尽心力，呵护有加，以古老的酿酒技艺保卫着工艺酿酒的地位，运用现代的实际技能和专业知识使酒庄逐渐壮大成熟。洛雷托•阿普鲁蒂诺（Loreto Aprutino）位于佩斯卡拉（Pescara）山脉的中心地带，是葡萄藤和橄榄树的天堂。酒厂60公顷的葡萄园就位于这里。除了出产具有传奇色彩的散装酒以外，阿布鲁佐区（Abruzzo）风格的葡萄藤架每年只产出30 000瓶葡萄酒。酒窖仅使用大木桶和酒瓶，葡萄酒会在瓶内陈酿相当长的时间，以达到精雕细琢的效果。扎比安奴2011（Trebbiano 2011）是一款品质上乘、美味可口、容易驾驭、开瓶即饮的葡萄酒。同时，我们也在等待酒庄出产2010年款的葡萄酒。这款酒散发出野花的青草味，口感生动亲切，富有层次，同样拥有酒厂一贯的独特风格。

○ Trebbiano d'Abruzzo '11	🍷🍷🍷 6
⊙ Montepulciano d'Abruzzo Cerasuolo '12	🍷🍷 6
● Montepulciano d'Abruzzo '06	🍷🍷🍷 8
● Montepulciano d'Abruzzo '02	🍷🍷🍷 8
● Montepulciano d'Abruzzo '01	🍷🍷🍷 8
⊙ Montepulciano d'Abruzzo Cerasuolo '09	🍷🍷🍷 6
⊙ Montepulciano d'Abruzzo Cerasuolo '08	🍷🍷🍷 6
⊙ Montepulciano d'Abruzzo Cerasuolo '06	🍷🍷🍷 6
○ Trebbiano d'Abruzzo '09	🍷🍷🍷 6
○ Trebbiano d'Abruzzo '08	🍷🍷🍷 6
○ Trebbiano d'Abruzzo '07	🍷🍷🍷 6
○ Trebbiano d'Abruzzo '05	🍷🍷🍷 6
○ Trebbiano d'Abruzzo '04	🍷🍷🍷 6
○ Trebbiano d'Abruzzo '02	🍷🍷🍷 6

Valle Reale

LOC. SAN CALISTO
65026 POPOLI [PE]
TEL. 0859871039
www.vallereale.it

藏酒销售
预约参观
年产量 300 000 瓶
葡萄种植面积 50 公顷
葡萄栽培方式 有机认证

佩斯卡拉市（Pescara）山丘刚好并入马耶拉（Majella）山脉，往上升至常年积雪的地方，是一块阿布鲁佐区（Abruzzo）未受污染的内部领地，瓦乐•利雷拉（Valle Reale）酒庄就坐落在这里。50公顷的葡萄园分布在两处地方，一处位于波波利（Popoli），处在酒庄周围，另一处位于乐阿奎拉省（L'Aquila）卡佩斯特拉诺（Capestrano）高原上。天气条件和地域环境打造了山地葡萄栽培模式，产出的葡萄酒体态优雅，香气独特。这是因为运用了有机认证的葡萄园管理模式，酿制采用纯手工的自然发酵方法从而打造出现代风格。在今年盛大的品酒会上我们见证了2011年款的卡佩斯特拉诺•扎比安奴（Trebbiano Vigne di Capestrano）获得"三杯奖"（Tre Bicchieri）。它散发着活跃的龙胆根和烤榛果的味道，口感复杂、有层次感，陈化时间越长，该特性越鲜明。

○ Trebbiano d'Abruzzo V. di Capestrano '11	🍷🍷🍷 5
● Montepulciano d'Abruzzo San Calisto '10	🍷🍷 5
● Montepulciano d'Abruzzo Sant'Eusanio '12	🍷🍷 3*
● Montepulciano d'Abruzzo Vign. di Popoli '11	🍷🍷 3*
● Montepulciano d'Abruzzo '11	🍷🍷 2*
⊙ Montepulciano d'Abruzzo Cerasuolo '12	🍷🍷 2*
○ Trebbiano d'Abruzzo '12	🍷🍷 2*
○ Trebbiano d'Abruzzo Vign. di Popoli '11	🍷🍷 5
● Montepulciano d'Abruzzo San Calisto '08	🍷🍷🍷 5
● Montepulciano d'Abruzzo San Calisto '07	🍷🍷🍷 5
○ Trebbiano d'Abruzzo V. di Capestrano '10	🍷🍷🍷 5

Villa Medoro

C.DA MEDORO
64030 ATRI [TE]
TEL. 0858708142
www.villamedoro.it

藏酒销售
预约参观
膳宿接待
年产量 300 000 瓶
葡萄种植面积 100公顷

费德利卡•莫利科奈（Federica Morricone）这位活跃在本地葡萄酒业的老前辈终于和这个出色迷人的酒庄一起实现了梦想。酒庄像一个全玻璃的太空舱，以白葡萄酒享誉酒界，位于特拉莫省（Teramo），处在亚得里亚海（Adriatic Sea）和阿低利•凡特内勒（Fontanelle di Atri）的大萨索山（Gran Sasso）之间，与这里低矮的山丘景色完美地融为一体。经悉心打理的葡萄园占地100公顷，位于盛产上乘科林内•特拉马内（Colline Teramane）葡萄的地带，出品的酒品每年在质量和数量上都比上一年有所提高。费德利卡（Federica）把大量的关怀和照料倾注在她的葡萄酒上，旨在寻求酒品的推陈出新。阿德拉诺（Adrano）现已成为一款经典的科林内•特拉马内（Colline Teramane）葡萄酒，其2010年款向世人证明了“三杯奖”（Tre Bicchieri）（Tre Bicchieri）的头衔并非浪得虚名。它果香浓厚，散发地中海灌木丛的气息，口感紧致圆润，具有惊人的浓烈风味。

● Montepulciano d'Abruzzo Colline Teramane Adrano '10	🍷🍷🍷 4*
● Montepulciano d'Abruzzo '11	🍷🍷 2*
⊙ Montepulciano d'Abruzzo Cerasuolo '11	🍷🍷 2*
● Montepulciano d'Abruzzo Rosso del Duca '10	🍷🍷 3
○ Pecorino '12	🍷🍷 2*
○ Trebbiano d'Abruzzo '12	🍷🍷 2*
○ Passerina '11	🍷 2
○ Trebbiano d'Abruzzo Chimera '12	🍷 2
● Montepulciano d'Abruzzo '08	☐☐☐ 2*
● Montepulciano d'Abruzzo Colline Teramane Adrano '09	☐☐☐ 4*
● Montepulciano d'Abruzzo Colline Teramane Adrano '08	☐☐☐ 2*
● Montepulciano d'Abruzzo Colline Teramane Adrano '06	☐☐☐ 2*

Ciccio Zaccagnini

C.DA POZZO
65020 BOLOGNANO [PE]
TEL. 0858880195
www.cantinazaccagnini.it

藏酒销售
预约参观
年产量 1 500 000 瓶
葡萄种植面积 180 公顷

这座位于博洛尼亚诺（Bolognano）的杰出酒庄在阿布鲁佐区（Abruzzo）的葡萄酒业一直扮演着重要的角色。斯特内里安•博伊斯（Steinerian Beuys）是地区酿酒工艺的艺术家和领军人物，曾在马耶拉山（Majella）佩斯卡拉市（Pescara）的山麓发表过他的最重要的演讲。他的艺术气息在其多年发展成的时髦酒庄上也显露无疑。酒庄处在这个奇妙的葡萄酒领地，占地超过150公顷，算上租赁地块的话面积会更大，每年都出产令人印象深刻的精选酒款。酒品系列包括简单易制的基本款葡萄酒，雄心勃勃、浓烈且在阿布鲁佐区（Abruzzo）品种特性中融入国际口味的蒙特布查诺红葡萄酒（Montepulciano）。尽管橡木层次感不佳，但2011年款的扎比安奴（Trebbiano d'Abruzzo San Clemente）活跃多汁，口感细腻愉悦，乡土气息鲜明，散发浓烈的果味和野花香。

● Plaisir Passito Rosso '12	🍷🍷 3*
⊙ Montepulciano d'Abruzzo Cerasuolo Myosotis '12	🍷🍷 2*
● Montepulciano d'Abruzzo Cuvée dell'Abate '11	🍷🍷 2*
● Montepulciano d'Abruzzo Rosso di Ciccio Vino del Tralcetto '11	🍷🍷 2*
○ Plaisir Bianco '12	🍷🍷 3
○ Bianco di Ciccio '12	🍷 2
● Clematis '08	🍷 7
● Montepulciano d'Abruzzo Chronicon '10	🍷 3
● Montepulciano d'Abruzzo S. Clemente Ris. '10	🍷 5
○ Yamada '12	🍷 2
● Montepulciano d'Abruzzo Chronicon '09	☐☐ 3*
● Montepulciano d'Abruzzo S. Clemente Ris. '09	☐☐ 5

Angelucci

c.da Vicenne, 7
65020 Castiglione a Casauria [PE]
Tel. 0857998193
www.angeluccivini.it

藏酒销售
预约参观
年产量 150 000 瓶
葡萄种植面积 24 公顷

○ Moscatello Travertine '12	3
○ Leonate Pecorino '12	3

Centorame

loc. Casoli di Atri
via delle Fornaci, 15
64030 Atri [TE]
Tel. 0858709115
www.centorame.it

藏酒销售
预约参观
年产量 90 000 瓶
葡萄种植面积 11 公顷

● Montepulciano d'Abruzzo San Michele '11	2*
● Montepulciano d'Abruzzo Colline Teramane Castellum Vetus '09	4

Col del Mondo

c.da Campotino, 35c
65010 Collecorvino [PE]
Tel. 0858207831
www.coldelmondo.com

藏酒销售
预约参观
年产量 50 000 瓶
葡萄种植面积 9 公顷

● Montepulciano d'Abruzzo Sunnae '11	2*
● Montepulciano d'Abruzzo '10	3
○ Kerrias Pecorino '09	2
○ Trebbiano d'Abruzzo Sunnae '12	2

Antonio Costantini

c.da Madonna della Pace, 36
65013 Città Sant'Angelo [PE]
Tel. 0859699169
www.costantinivini.it

藏酒销售
预约参观
膳宿接待
年产量 130 000 瓶
葡萄种植面积 50 公顷

● Montepulciano d'Abruzzo '08	2*
● Montepulciano d'Abruzzo Tornese '07	3
○ Pecorino '12	2*
○ Trebbiano d'Abruzzo '09	2

Coste di Brenta

c.da Camicie, 50
66034 Lanciano [CH]
Tel. 0872895280
www.costedibrenta.it

藏酒销售
预约参观
年产量 50 000 瓶
葡萄种植面积 15 公顷
葡萄栽培方式 有机认证

○ Elisio Pecorino '12	2*
● Montepulciano d'Abruzzo '11	2*
○ Trebbiano d'Abruzzo '12	2*
○ Gocce di Passione Passito '07	5

De Angelis Corvi

c.da Pignotto
64010 Controguerra [TE]
Tel. 086189475
www.deangeliscorvi.it

藏酒销售
预约参观
年产量 40 000 瓶
葡萄种植面积 8 公顷
葡萄栽培方式 有机认证

● Montepulciano d'Abruzzo Colline Teramane Elevito Ris. '09	5
○ Trebbiano d'Abruzzo Sup. Fonte Raviliano '12	2

Faraone

Loc. Colleranesco
via Nazionale per Teramo, 290
64020 Giulianova [TE]
Tel. 0858071804
www.faraonevini.it

藏酒销售
预约参观
年产量 50 000 瓶
葡萄种植面积 7 公顷

⊙ Montepulciano d'Abruzzo Cerasuolo Le Vigne '12	🍷🍷 2*
○ Passerina Colle Pietro '12	🍷🍷 2*

Tenuta I Fauri

s.da Corta, 9
66100 Chieti
Tel. 0871332627
www.tenutaifauri.it

藏酒销售
预约参观
年产量 150 000 瓶
葡萄种植面积 35 公顷

● Montepulciano d'Abruzzo Baldovino '12	🍷🍷 2*
● Montepulciano d'Abruzzo Ottobre Rosso '12	🍷🍷 2*
● Montepulciano d'Abruzzo Santa Cecilia '10	🍷🍷 4

Feudo Antico

via Perruna, 35
66010 Tollo [CH]
Tel. 0871969128
www.feudoantico.it

藏酒销售
年产量 55 000 瓶
葡萄种植面积 20 公顷

○ Tullum Pecorino '12	🍷🍷 3*
⊙ Rosato '12	🍷🍷 2*

Lidia e Amato

c.da San Biagio, 2
64010 Controguerra [TE]
Tel. 0861817041
www.lidiaeamatoviticoltori.com

藏酒销售
预约参观
年产量 50 000 瓶
葡萄种植面积 12 公顷

○ Controguerra Elena '12	🍷🍷 2*
● Montepulciano d'Abruzzo Colline Teramane Amato Ris. '09	🍷🍷 4
● Montepulciano d'Abruzzo Forty '12	🍷🍷 2*

Mastrangelo

via Istonia, 81
66054 Vasto [CH]
Tel. 3358390720
www.vinimastrangelo.com

藏酒销售
预约参观
膳宿接待
年产量 35 000 瓶
葡萄种植面积 5.5 公顷

○ Trebbiano d'Abruzzo Monsignore '12	🍷🍷 2*
● Montepulciano d'Abruzzo Alma Dei '11	🍷 3
○ Nunthius '12	🍷 3

Antonio e Elio Monti

via Pignotto, 62
64010 Controguerra [TE]
Tel. 086189042
www.vinimonti.it

藏酒销售
预约参观
年产量 80 000 瓶
葡萄种植面积 9 公顷

● Montepulciano d'Abruzzo Voluptas '10	🍷🍷 2*
● Montepulciano d'Abruzzo Colline Teramane Pignotto Ris. '08	🍷🍷 4

Cantine Mucci
C.DA VALLONE DI NANNI, 65
66020 TORINO DI SANGRO [CH]
TEL. 0873913366
www.cantinemucci.com

预约参观
年产量 250 000 瓶
葡萄种植面积 24 公顷

- ● Montepulciano d'Abruzzo Santo Stefano '11 🍷🍷3
- ○ Pecorino Valentino '12 🍷2
- ○ Trebbiano d'Abruzzo Valentino '12 🍷2

Orlandi Contucci Ponno
LOC. PIANA DEGLI ULIVI, 1
64026 ROSETO DEGLI ABRUZZI [TE]
TEL. 0858944049
www.orlandicontucci.com

藏酒销售
预约参观
年产量 180 000 瓶
葡萄种植面积 31 公顷

- ● Montepulciano d'Abruzzo Colline Teramane Podere La Regia Specula '10 🍷🍷3
- ● Montepulciano d'Abruzzo Colline Teramane Ris. '09 🍷🍷5

Praesidium
VIA GIOVANNUCCI, 24
67030 PREZZA [AQ]
TEL. 086445103
www.vinipraesidium.it

藏酒销售
预约参观
年产量 26 000 瓶
葡萄种植面积 5 公顷

- ⊙ Montepulciano d'Abruzzo Cerasuolo Sup. '12 🍷🍷3
- ● Montepulciano d'Abruzzo Ris. '08 🍷🍷5

La Quercia
C.DA COLLE CROCE
64020 MORRO D'ORO [TE]
TEL. 0858959110
www.vinilaquercia.it

藏酒销售
预约参观
年产量 120 000 瓶
葡萄种植面积 13 公顷

- ● Montepulciano d'Abruzzo '11 🍷🍷2*
- ● Montepulciano d'Abruzzo Colline Teramane Primamadre '08 🍷🍷3
- ○ Abruzzo Montonico Santapupa '12 🍷2

Talamonti
C.DA PALAZZO
65014 LORETO APRUTINO [PE]
TEL. 0858289039
www.cantinetalamonti.it

藏酒销售
预约参观
年产量 371 000 瓶
葡萄种植面积 32 公顷

- ● Montepulciano d'Abruzzo Modà '12 🍷🍷2*
- ● Montepulciano d'Abruzzo Tre Saggi '11 🍷🍷3
- ○ Pecorino Trabocchetto '12 🍷🍷3
- ○ Trebbiano d'Abruzzo Trebì '12 🍷2

Valori
VIA TORQUATO AL SALINELLO, 8
64027 SANT'OMERO [TE]
TEL. 086188461
www.masciarellidistribuzione.it

预约参观
年产量 200 000 瓶
葡萄种植面积 20 公顷
葡萄栽培方式 有机认证

- ● Montepulciano d'Abruzzo '12 🍷🍷2*
- ● Montepulciano d'Abruzzo Bio '12 🍷🍷2*
- ○ Trebbiano d'Abruzzo '12 🍷🍷2*

莫利塞区
MOLISE

莫利塞区（Molise）这个狭小的意大利行政区，地处亚得里亚海（Adriatic）和亚平宁山脉（Apennines）之间的极好地带，翠绿的山丘此起彼伏、连绵不绝，一直延伸到海边。几公里的地带尤其适合种植典型的地中海作物——葡萄和橄榄树。这个区域，处于阿布鲁佐（Abruzzo）和坎帕尼亚（Campania）的楔形地带，多种植蒙特布查诺（Montepulciano）、法兰吉娜（Falanghina）、阿吉里安科（Aglianico）和特比安诺（Trebbiano）等传统葡萄品种。这些品种在此扎根已久，十分适应这里的水土条件。但由于土壤特点和气候条件的差异，出产的葡萄具有细微的差别。这里也是传统的红葡萄品种——婷蒂利亚（Tintilia）的栽培天堂，这种品种具有丰富浓郁的水果和药草的芳香，因此需要得到果农更细致的关注和不同的对待。与此同时，该品种的优点也赋予莫利塞区（Molise）葡萄酒别具特色的特点。所以，当我们发觉该地区出产的酒品不能很好地体现土壤特性和气候条件时，我们在每年的品鉴活动中感到越发明显的沮丧。这里的酒品充分展现纯朴的特性，极具古典风格，散发出的强劲有力、过度成熟的水果芳香是当地葡萄品种所不能比拟的。而现在只有少数的酒庄能酿造出这样的葡萄酒。这些酒庄出产的酒品都带有精雕细琢的现代风格。其中最好的酒庄之一是迪•马约•诺让特（Di Majo Norante），其出产的葡萄酒，如阿吉里安科2012（Aglianico 2012 Biorganic）相当具有国际竞争力。总而言之，莫利塞区（Molise）葡萄酒的历史和风土条件使这些酒庄能得到更多的关注，同时也能避免酒庄出现千篇一律的风格，从而屈居次要地位。如果婷蒂利亚（Tintilia）葡萄富有层次变化的重要本性能得到很好的体现，而不是被毫无新意的酿酒模式所压制，它也能有一个伟大的发展机会。而阿吉里安科（Aglianico）和蒙特布查诺（Montepulciano）葡萄也和婷蒂利亚（Tintilia）葡萄一样有潜力来展现独特的品种个性，但由于酿酒商执著于通过过度的熟成来追求酒体的强劲有力，使得品种本身的特性没有得到最好的发挥。所以请到莫利塞（Molise）来吧！我们相信，也等待你来见证！

Borgo di Colloredo

LOC. NUOVA CLITERNIA
VIA COLLOREDO, 15
86042 CAMPOMARINO [CB]
TEL. 087557453
www.borgodicolloredo.com

藏酒销售
预约参观
膳宿接待
年产量 300 000 瓶
葡萄种植面积 60 公顷

这个采用手工技艺的酒庄位于莫利塞区（Molise）传统的葡萄栽培区坎波马里诺小镇（Campomarino）。酒庄60公顷的葡萄园俯瞰着海洋，由迪•朱利奥（Di Giulio）家族进行管理。该家族凭借专业的知识与技术在该地区声名显赫。他们通常只种植当地的葡萄品种和采用传统的管理方式。在传统纯朴但效率高效的管理模式下，产出品质卓越的葡萄。出产的酒品酒体轻盈，相当容易上口，极其令人愉悦。其中生机勃勃的吉洛尼亚2012（Gironia 2012）是一款极佳的佐餐型白葡萄酒。该款酒拥有爽脆紧致并伴随着柑橘香味的口感，入口后随即转变为青草和绿叶的气息。

○ Biferno Bianco Gironia '12	YY	2*
○ Molise Falanghina '12	YY	2*
● Molise Montepulciano '10	YY	2*
⊙ Biferno Rosato Gironia '12	Y	2
● Aglianico '07	YY	2*
○ Biferno Bianco Gironia '09	YY	2*
● Biferno Rosso Gironia '08	YY	3
● Molise Rosso '09	YY	2*
○ Terre degli Osci Greco '11	YY	2*

★Di Majo Norante

FRAZ. NUOVA CLITERNIA
C.DA RAMITELLI, 4
86042 CAMPOMARINO [CB]
TEL. 087557208
www.dimajonorante.com

藏酒销售
预约参观
膳宿接待
年产量 800 000 瓶
葡萄种植面积 90 公顷
葡萄栽培方式 有机认证

在葡萄酒的酿造世界里，你一提到迪•马约•诺让特（Di Majo Norante）就意味着你提到莫利塞区（Molise）。这个历史悠久的酒庄多年来已成为该地区的翘楚。酒庄就坐落在坎波马里诺（Campomarino）这个葡萄酒酿造小镇，群山环绕，右边的山丘一直延伸到海边。酒庄大约90公顷的葡萄园均得到有机认证。庄园的发展非常成熟，其出产的一系列井井有条的酒品均采用传统技艺酿造而成，而且性价比高。无论是怡人、易上口的本地白葡萄酒还是奢华的蒙特布查诺（Montepulciano）和阿吉里安科（Aglianico）葡萄混合的混酿酒，无不致力于现代与传统技艺的最佳融合。这一系列的酒品无论在数量还是质量上都令人印象深刻。动感的阿吉里安科2011（Aglianico Biorganic 2011）葡萄酒充满热情洋溢、厚重强壮的气息，口感层次鲜明，伴随着精细、干涩、收敛的水果味。

● Molise Aglianico Biorganic '11	YYY	2*
○ Molise Apianae '11	YY	4
● Biferno Rosso Ramitello '11	YY	3
● Molì Rosso '12	YY	2*
● Molise Don Luigi '10	YY	5
● Molise Tintilia '10	YY	3
○ Molì Bianco '12	Y	2
● Molise Aglianico Contado Ris. '11	Y	3
○ Molise Falanghina '12	Y	2
○ Molise Falanghina Biorganic '12	Y	2
○ Molise Falanghina Ramì '12	Y	2
● Sangiovese '12	Y	2
● Molise Aglianico Contado Ris. '10	YYY	3*
● Molise Aglianico Contado Ris. '09	YYY	3*
● Molise Don Luigi Ris. '08	YYY	5

Cantine Salvatore

c.da Vigne
86049 Ururi [CB]
Tel. 0874830656
www.cantinesalvatore.it

藏酒销售
预约参观
膳宿接待
年产量 80 000 瓶
葡萄种植面积 15 公顷

乌鲁里（Ururi）酒庄出产的葡萄酒令人信服、精致细腻、富有陈年能力，迎合了国际市场的需求。酒庄位于莫利塞区（Molise）下游地带，这里仍保持着原始风貌。庄园15公顷的葡萄园采用现代管理模式进行细致谨慎的管理，由此出产的一系列酒品有趣迷人、令人兴奋。帕斯夸里•塞尔瓦托（Pasquale Salvatore）一直坚定地执著于振兴一种本地的红葡萄品种——婷蒂利亚（Tintilia）。由此酿造出的葡萄酒令人愉悦，并带有天鹅绒般丝滑的典型特性，酒色清纯，品质精雕细琢，不过偶尔品种特性不是特别明显。今年的坎提内•塞尔瓦托（Cantine Salvatore）并没有名列前茅。婷蒂利亚2011（Tintilia 2011）——这款陈年不久的婷蒂利亚（Tintilia）散发出品种特有的水果芳香，回味无穷的口感萦绕着地中海的气息，极其强劲有力，萃取丰富。

○ L'IndoVINO Bianco '12	🍷🍷 2*
● Molise Tintilia Rutilia '11	🍷🍷 3
● L'IndoVINO Rosso '11	🍷 2
○ Molise Falanghina Nysias '12	🍷 3
● Molise Rosso Don Donà '10	🍷 3
⊙ Ros Is '12	🍷 2
○ Molise Falanghina Nysias '11	♀♀ 2*
○ Molise Falanghina Nysias '09	♀♀ 3*
● Molise Rosso Biberius '09	♀♀ 2*
● Molise Tintilia Rutilia '10	♀♀ 3*
● Molise Tintilia Rutilia '09	♀♀ 3

Terresacre

c.da Montebello
86036 Montenero di Bisaccia [CB]
Tel. 0875960191
www.terresacre.net

藏酒销售
预约参观
膳宿接待
年产量 100 000 瓶
葡萄种植面积 35 公顷

酒庄位于阿布鲁佐区（Bruzzo）和莫利塞区（Molise）交界处的蒙泰内罗•比萨恰（Montenero di Bisaccia）的山坡上，俯瞰着亚得里亚海（Adriatic Sea）。50公顷的庄园被分割成两块，一块用于种植橄榄树，另一块则是葡萄园。酒庄出产的葡萄酒品质良好，但由于酿造过程融合了传统和现代的酿造技艺，可能有点过犹不及。每一年酒庄的一系列出品无论在数量上还是质量上都有长足的进步。一系列令人信服的酒品涵盖了清新悠闲的特比安诺（Trebbianos）和强劲有力、生机勃勃的婷蒂利亚（Tintilias）。婷蒂利亚2009（Tintilia 2009）萃取丰富饱满，精雕细琢，几乎达到获奖的完美标准。极佳的成熟度酝酿出热情的樱桃芳香，催人奋进的口感给人极大的喜悦。

● Molise Tintilia '09	🍷🍷🍷 5
○ Molise Falanghina '12	🍷🍷 3
● Molise Rosso Rispetto '09	🍷🍷 4
⊙ Rosavite '12	🍷🍷 2*
○ Molise Trebbiano Orovite '12	🍷 2
● Molise Rosso Neravite '10	♀♀ 2*
● Molise Rosso Rispetto '07	♀♀ 4
● Molise Rosso Tempora '06	♀♀ 4
● Molise Tintilia '08	♀♀ 5
○ Molise Trebbiano Orovite '08	♀♀ 2

Cantina Catabbo

C.DA PETRIERA
86046 SAN MARTINO IN PENSILIS [CB]
TEL. 0875604945
www.catabbo.it

藏酒销售
预约参观
年产量 164 000 瓶
葡萄种植面积 54 公顷

- ● Molise Tintilia '10 — 🍷4
- ● Molise Tintilia Ris. '09 — 🍷5

Cantine Cipressi

C.DA MONTAGNA
86030 SAN FELICE DEL MOLISE [CB]
TEL. 0874874535
www.cantinecipressi.it

藏酒销售
预约参观
年产量 150 000 瓶
葡萄种植面积 24 公顷
葡萄栽培方式 有机认证

- ● Molise Rosso Mekan '11 — 🍷🍷3*
- ○ Falanghina '12 — 🍷🍷2*

D'Uva

C.DA RICUPO, 13
86035 LARINO [CB]
TEL. 0874822320
www.cantineduva.com

藏酒销售
预约参观
膳宿接待
年产量 80 000 瓶
葡萄种植面积 15 公顷

- ● Molise Tintilia '11 — 🍷🍷2*
- ○ Molise Trebbiano Kantharos '12 — 🍷🍷2*
- ● Gavio '09 — 🍷2
- ○ Keres '12 — 🍷2

Valerio Vini - San Nazzaro

LOC. SELVOTTA
86075 MONTERODUNI [IS]
TEL. 0865493043
www.valeriovini.it

藏酒销售
预约参观
年产量 70 000 瓶
葡萄种植面积 5 公顷

- ● Pentro di Isernia '10 — 🍷🍷5
- ○ Lare Brut M. Cl. '12 — 🍷6

坎帕尼亚区
CAMPANIA

我们并不需要预言坎帕尼亚区（Campania）的未来，因为它迟早会在意大利葡萄酒界占据与之相符的地位。该大区简直是葡萄品种和酿酒风格的全景图，通过一些非常激动人心的葡萄酒可以看出，它们美味而且适合与食物搭配饮用，最重要的是，适合各个层次的消费者。从该大区优质葡萄酒的分布图中，我们可以看出总的趋势。坎帕尼亚区的五个省史无前例地全部斩获了“三杯奖”（Tre Bicchieri），60多款葡萄酒从约1 000次品酒会中脱颖而出晋级决赛，组成了一个真正强大的创新酒品集团。首先，2012年的温暖夏日给一系列新鲜生动、仍有发展空间的白葡萄酒带来的积极影响比预想的少。菲亚诺•阿韦利诺（Fiano di Avellino）仍然是这些品种的标杆。三款新酒品经过层层筛选后获得了我们的最高奖：皮耶特拉库帕（Pietracupa）的入门级葡萄酒、皮耶特拉马拉•法瓦蒂（Pietramara de I Favati）和米切尔•康特拉达（Michele Contrada）的塞尔维科特（Selvecorte）。格雷科•图福（Greco di Tufo）也有两款绝妙的酒品加以回应，如加布里埃尔•菲拉拉（Gabriella Ferrara）的维格纳•奇科尼亚（Vigna Cicogna）和圣•格雷戈里奥（San Gregorio）的库迪兹•福迪（Cutizzi di Feudi）。此外，2012年葡萄酒酿造期记住了伊斯基亚岛（Ischia），在经过近20年的沉寂后卷土重来，位于其中的卡萨•安布拉（Casa d'Ambra）的比安科勒拉•特努塔•法拉斯特里（Biancolella Tenuta Frassitelli）斩获了一项“三杯奖”。至于贝内文托（Benevento），史上的第一项“三杯奖”归属了凡塔纳维切亚（Fontanavecchia）的法兰吉娜•圣尼奥（Falanghina del Sannio）。接着，我们还要提到营造了地道可爱的地中海风情的两款菲亚诺•齐伦托（Fiano del Cilento）：塞尔瓦托（Salvatore）的皮安•斯蒂奥（Pian di Stio）和圣•乔瓦尼（San Giovanni）的特雷斯纳斯（Tresinus）。但是，说到坎帕尼亚区可靠美味的红葡萄酒，我们发现2011年是一个近乎完美的酿造期。坎皮•弗乐格雷葡萄酒（Campi Flegrei Piedirosso）经得起推敲，而科林内•凯亚提内•帕拉格瑞罗（Colline Caiatine Pallagrello）和卡萨维奇亚（Casavecchia），例如特雷•普林西比（Terre del Principe）的森托莫吉亚2011（Centomoggia 2011）、纳尼•科佩（Nanni Copè）的萨比•波斯科酒2011（Sabbie di Sopra il Bosco 2011）和阿洛伊斯（Alois）的特雷布拉努姆2010（Trebulanum 2010）淋漓尽致地诠释了免于遭受灭绝的葡萄的品种特性。还有阿吉里安科（Aglianico），其强劲、带烟熏味的气息弥漫着加迪拉（Galardi）的特拉•拉沃洛2011（Terra di Lavoro 2011）和马塞里亚•费里西亚（Masseria Felicia）的红法拉诺•艾迪奇塔•布隆佐2010（Falerno Rosso Etichetta Bronzo 2010）；拉•瑞沃尔塔（La Rivolta）的阿吉里安科•塔布尔诺2010（Aglianico del Taburno 2010）和坎提纳•塔布尔诺（Cantina del Taburno）的德里乌斯2009（Delius 2009）则带有品种散发的烟草气息；而更加朴素和活泼的感受属于肯彻得•图拉斯（Contrade di Taurasi）的图拉斯•科斯特2008（Taurasi Coste 2008）、特雷多拉（Terredora）的法蒂卡•康塔迪纳2008（Fatica Contadina 2008）和马斯特罗贝尔蒂诺（Mastroberardino）的雷迪斯陈酿2007（Radici Riserva 2007）。在结束之际，我们还要提及西尔维亚•因帕拉托（Silvia Imparato）的另一款获奖酒品：蒙特瓦彻诺酒2011（Montevetrano 2011）。

A Casa

LOC. PIANODARDINE
VIA FILANDE, 6
83100 AVELLINO
TEL. 0825626406
www.cantineacasa.it

藏酒销售
预约参观
年产量 200 000 瓶
葡萄种植面积 40 公顷

几个月前，未满30岁的塞尔吉奥•亚瓦罗内（Sergio Iavarone）接管了阿卡萨（A Casa）酒庄。2007年，他的父亲托马索（Tommaso）与一群在坎帕尼亚区（Campania）政治界、商界活跃了20多年，享有声望的生意伙伴和朋友共同创立了这个酒庄。酒庄总部和酒窖位于阿维利诺（Avellino）旁边的博尔格镇（Borgo Ferrovia），那里曾经是纺织厂，40公顷的葡萄园主要位于伊皮尼亚（Irpinia）和圣尼奥（Sannio）。出品的葡萄酒许多方面的风格仍然还在塑造的过程中，年复一年，口感柔顺、果香浓郁的白葡萄酒和丰饶醇厚的红葡萄酒呈现出显著的个性。由于新的红葡萄年份酒正在为品酒会作准备而缺席，在比往常更有限的酒品系列里，优秀的酒品主要来自伊尔皮尼亚（Irpinian）指定产区。菲亚诺•阿维利诺•奥罗•帕索2012（Fiano di Avellino Oro del Passo 2012）和格雷科•图福•布斯2012（Greco di Tufo Bussi 2012）圆润丰满，有发酵性的风格，结构良好。

○ Fiano di Avellino Oro del Passo '12	🍷🍷 3
○ Greco di Tufo Bussi '12	🍷🍷 3
○ Sannio Coda di Volpe Bebiana '12	🍷 2
○ Sannio Falanghina Cortenuda '12	🍷 3
○ Greco di Tufo Bussi '11	🍷🍷 3
● Irpinia Aglianico Vecchio Postale '09	🍷🍷 4
● Sannio Piedirosso Fiore dell'Isca '10	🍷🍷 2*
● Taurasi V. di Noè Ris. '07	🍷🍷 5

Alois

LOC. AUDELINO
VIA RAGAZZANO
81040 PONTELATONE [CE]
TEL. 0823876710
www.vinialois.it

藏酒销售
预约参观
年产量 160 000 瓶
葡萄种植面积 30 公顷

近几个酿造期以来，米切尔（Michele）和马西诺•阿洛斯（Massimo Alois）致力于重新调整葡萄酒的风格与种类，卡尔曼•瓦伦蒂诺（Carmine Valentino）在旁协助，他们见到了成效。最近，酒庄对葡萄园完成了多次收购，继而把酒庄的中心转移到海拔更高的地带，在这里我们能找到卡亚佐（Caiazzo）山丘的传统葡萄品种，例如帕拉格瑞罗（Pallagrello）、卡萨维奇亚（Casavecchia）、阿吉里安科（Aglianico）和法兰吉娜（Falanghina）。我们也清楚地看到，酿酒过程注重赋予酒品更加古典的风格，陈化方法首先要保证辨识度和易饮程度。我们从特雷布拉努姆2010（Trebulanum 2010）看到了令人惊喜的变化，是今年品尝过的坎帕尼亚区（Campania）最新颖的红葡萄酒之一。这款单一品种的卡萨维奇亚（Casavecchia）陈化在大型酒桶里，虽然香气不够浓郁，但原汁原味具奔放的口感，甜美的水果味萦绕在绵长的西瓜和甘草的余韵中。

● Trebulanum '10	🍷🍷🍷 5
○ Pallagrello Bianco Caiatì '12	🍷🍷 2*
● Settimo '10	🍷🍷 2*
● Campole '11	🍷 2
○ Caulino '12	🍷 2
● Campole '10	🍷🍷 2*
● Campole '08	🍷🍷 2*
● Cunto '10	🍷🍷 4
● Cunto '09	🍷🍷 4

Antonio Caggiano

C.DA SALA
83030 TAURASI [AV]
TEL. 082774723
www.cantinecaggiano.it

藏酒销售
预约参观
餐饮接待
年产量 155 000 瓶
葡萄种植面积 25 公顷

康特拉达•萨拉（Sala）、皮亚诺•蒙特维吉内（Piano di Montevergine）、佩扎•珀瑞蒂（Pezza dei Preti）、圣彼得罗（San Pietro）和科斯特（Coste）是图拉斯（Taurasi）最好的葡萄酒地域，安东尼奥•卡西亚诺（Antonio Caggiano）在这里种植阿吉里安科（Aglianico）葡萄已有近20年了，现在他的儿子皮诺（Pino）全职协助他。他们的主打葡萄酒仍是维格纳•马基亚•格迪（Vigna Macchia dei Goti），它是伊尔皮尼亚（Irpinia）最早分开装瓶的葡萄园精选酒之一，也是最早在这里被试验带有波尔多风格的酒品之一，主要进行乳酸发酵和单独陈化在酒桶里。带黄油味、圆润的菲亚诺（Fiano）和格雷科（Greco）的出炉，使得葡萄酒系列更加完整。这款酒使用的葡萄出自拉皮奥（Lapio）和图福（Tufo）地区经验丰富的种植者之手。虽然各个年代酒并不强劲，但总有好的表现。即便是在2009年这个艰难的种植年份，使得原有的动感果肉和复杂度大打折扣，图拉斯•维格纳•马基亚•格迪（Taurasi Vigna Macchia dei Goti）依然讨人喜爱。

○ Fiano di Avellino Béchar '12	🍷🍷 3
● Taurasi V. Macchia dei Goti '09	🍷🍷 5
○ Greco di Tufo Devon '12	🍷 3
● Irpinia Aglianico Taurì '11	🍷 2
● Taurasi V. Macchia dei Goti '08	🍷🍷🍷 5
● Taurasi V. Macchia dei Goti '04	🍷🍷🍷 5
● Taurasi V. Macchia dei Goti '99	🍷🍷🍷 5
● Irpinia Aglianico Taurì '10	🍷🍷 2*
● Irpinia Campi Taurasini Salae Domini '09	🍷🍷 5
○ Mel '09	🍷🍷 5
● Taurasi V. Macchia dei Goti '07	🍷🍷 5

Cantina del Taburno

VIA SALA, 16
82030 FOGLIANISE [BN]
TEL. 0824871338
www.cantinadeltaburno.it

藏酒销售
预约参观
年产量 1 200 000 瓶
葡萄种植面积 600 公顷

2008年，坎蒂纳•塔布诺（Cantina del Taburno）酒庄正式改名为康索尔齐奥•阿格拉里奥•普罗维西亚勒（Consorzio Agrario Provinciale di Benevento）。在缺席了几个版本后，终于重回《年鉴》。这座联营酒庄拥有约600公顷的种植面积和数以百计的种植者，在福利亚尼塞（Foglianise）酿制了所有主要的圣尼奥（Sannio）品种，包括阿吉里安科（Aglianico）、红脚（Piedirosso）、法兰吉娜（Falanghina）、格雷科（Greco）和柯达•沃尔普（Coda di Volpe）。其广泛的酒品系列有陈化在钢桶中、价格极具吸引力的入门级酒款，也有置于酒桶经过漫长熟化后推出的更为雄心勃勃的精选酒。此外，我们也别忘了酒庄的起泡酒、玫瑰红葡萄酒、晚收葡萄酒和葡萄干酒。我们喜爱两款阿吉里安科（Aglianico），一款是美味绵长的布埃•阿匹斯2008（Bue Apis 2008），它源自老葡萄藤，产量有限；另一款是表现优异的德里乌斯2009（Delius2009），它散发着红色浆果、烟草和香料的复杂香味，外面裹着一层优雅的香脂味。口感浓烈醇和，单宁优雅，有着极好的绵延度，是“三杯奖”的获奖酒品。

● Aglianico del Taburno Delius '09	🍷🍷🍷 4
● Bue Apis '08	🍷🍷 6
○ Falanghina del Sannio Taburno '12	🍷🍷 2*
○ Greco del Beneventano '12	🍷🍷 2*
● Taburno Aglianico '10	🍷🍷 2*
○ Coda di Volpe Amineo '12	🍷 2
○ Falanghina Cesco Dell'Eremo V.T. '12	🍷 3
○ Fiano del Beneventano '12	🍷 2
● Bue Apis '00	🍷🍷🍷 6
● Bue Apis '99	🍷🍷🍷 6
● Taburno Aglianico Bue Apis '04	🍷🍷🍷 8
○ Falanghina del Sannio Taburno '11	🍷🍷 2*

Tenuta del Cavalier Pepe

via Santa Vara
83040 Sant'Angelo all'Esca [AV]
Tel. 082773766
www.tenutacavalierpepe.it

藏酒销售
预约参观
膳宿接待
年产量 300 000 瓶
葡萄种植面积 45 公顷

虽然在比利时（Belgium）长大，但米莱娜•佩佩（Milena Pepe）是一个地道的伊尔皮尼亚（Irpinia）人，也是坎帕尼亚区（Campania）葡萄酒界知名的女强人之一。她和她的父亲安吉洛（Angelo）一起在卡洛雷（Calore）山谷中心，纵横交错的知名小地块上设立了这座一流的庄园和酿酒厂。45公顷的葡萄园主要分布在罗格萨诺（Luogosano）和桑特•安吉洛•欧拉•尔斯卡（Sant'Angelo all'Esca）之间，优先种植阿吉里安科（Aglianico）和柯达•沃尔普（Coda di Volpe）葡萄，此外针对性地收购菲亚诺（Fiano）和格雷科（Greco）葡萄加以补充。酒庄出产了品种多样的葡萄酒，包括精选酒和试验酒，以及易于上口的、陈化在尺寸、产地不一的酒桶里的朴素红葡萄酒。2007年酿造期再次成为特努塔•卡瓦利•佩佩（Tenuta Cavalier Pepe）红葡萄酒的幸运年：继几年前图拉斯•奥佩拉•米亚（Taurasi Opera Mia）跻身决赛后，今年拉•罗吉亚•卡瓦列雷陈酿（La Loggia del Cavaliere Riserva）也跻身决赛。它色泽暗黑但性质活泼，结合了风味、活力、舒适度和朴素的单宁。

● Taurasi La Loggia del Cavaliere Ris. '07	🍷🍷 6
○ Greco di Tufo Nestor '12	🍷🍷 3
● Irpinia Aglianico Terra del Varo '10	🍷🍷 2*
○ Irpinia Coda di Volpe Bianco di Bellona '12	🍷🍷 2*
○ Falanghina Lila '12	🍷 2
○ Fiano di Avellino Brancato '11	🍷 4
○ Fiano di Avellino Refiano '12	🍷 3
○ Irpinia Fiano Passito Chicco d'Oro '10	🍷 4
⊙ Irpinia Rosato Napoli 2012 '12	🍷 2
○ Greco di Tufo Nestor '11	🍷🍷 3
● Irpinia Campi Taurasini Santo Stefano '08	🍷🍷 3
○ Irpinia Coda di Volpe Bianco di Bellona '11	🍷🍷 2*
● Taurasi Opera Mia '08	🍷🍷 5

Colli di Castelfranci

c.da Braudiano
83040 Castelfranci [AV]
Tel. 082772392
www.collidicastelfranci.com

藏酒销售
预约参观
膳宿接待
年产量 160 000 瓶
葡萄种植面积 25 公顷

我们觉得卢西亚诺•格雷格里奥（Luciano Gregorio）和赫拉尔多•科卢奇（Gerardo Colucci）姻亲兄弟经营的酒庄只是挖掘了自身部分的潜力。卡特尔弗兰茨（Casterlfranci）是伊尔皮尼亚省（Irpinia）最适合种植阿吉里安科（Aglianico）葡萄的地带之一，图拉斯（Taurasi）源自于此，高度的酸味和充分的榨取保证了它的耐久存放。科里•卡斯泰尔夫兰奇（Colli di Castelfranci）酒庄在这里生产了两款酒——阿尔塔•威莱（Alta Valle）和陈酿（Riserva），先放在小酒桶里熟化约一年，之后在斯拉夫尼亚（Slavonia）橡木桶和酒瓶里熟化更长时间。他们逐渐确定了个性定位，使他们的白葡萄酒具有辨识度，这些酒专门在钢桶里酿制，以加强清新度和力度。在近期推出的红葡萄酒中，我们尤其喜爱图拉斯•阿尔塔•威莱2009（Taurasi Alta Valle 2009），它紧实浓烈，只是受到糟糕种植年份的影响，稍微缺了点深度。

● Taurasi Alta Valle '09	🍷🍷 5
○ Greco di Tufo Grotte '12	🍷🍷 3
○ Irpinia Greco Vallicelli '11	🍷🍷 4
● Taurasi Alta Valle Ris. '08	🍷🍷 7
○ Fiano di Avellino Pendino '12	🍷 3
● Taurasi Alta Valle '08	🍷🍷 4
● Taurasi Alta Valle '06	🍷🍷 4
● Taurasi Alta Valle Ris. '07	🍷🍷 7

Colli di Lapio

via Arianiello, 47
83030 Lapio [AV]
Tel. 0825982184
www.collidilapio.it

藏酒销售
预约参观
年产量 50 000 瓶
葡萄种植面积 6 公顷
葡萄栽培方式 有机认证

餐馆的葡萄酒菜单上，你经常会看到一款酒被写成菲亚诺•罗马诺•克莱利亚（Fiano di Romano Clelia），而不是它的品牌名字科里•拉齐奥（Colli di Lapio）。这表明了它被看做是高度工艺化酿成的葡萄酒，充分地展现出位于阿历内诺（Arianiello）、斯塔佐内（Stazzone）和斯卡珀内（Scarpone），有着600米海拔高度的葡萄园，其独特的北部感觉。技术干预仅限于晚摘葡萄，通常发生在10月的下半月，然后带渣置于钢桶里陈化，接着在春天和秋收后错开时间将酒装瓶。产出的葡萄酒忠实于酿造期的特性。气候对种植年份的影响对菲亚诺•阿维利诺2012（Fiano di Avellino 2012）体现得很明显。像很多其他来自法定产区的酒一样，它在嗅觉和味觉上缺了一点韵味，嗅觉上充斥着水果的香气，味觉上则缺了酒精的温暖和活泼的酸味，这些仍需要被转化成可口的滋味。

○ Fiano di Avellino '12	🍷🍷 4
○ Greco di Tufo Alèxandros '12	🍷 3
○ Fiano di Avellino '10	YYY 4
○ Fiano di Avellino '09	YYY 4
○ Fiano di Avellino '08	YYY 4*
○ Fiano di Avellino '07	YYY 4
○ Fiano di Avellino '05	YYY 4
○ Fiano di Avellino '04	YYY 4
○ Fiano di Avellino '11	YY 4
○ Greco di Tufo Alexandros '11	YY 4
● Irpinia Campi Taurasini Donna Chiara '09	YY 4
● Taurasi V. Andrea '08	YY 5
● Taurasi V. Andrea '07	YY 5
● Taurasi V. Andrea '06	YY 5

Michele Contrada

c.da Taverna, 31
83040 Candida [AV]
Tel. 0825988434
www.vinicontrada.it

藏酒销售
预约参观
年产量 50 000 瓶
葡萄种植面积 10 公顷

这座成立于2003年的康特拉达（Contrada）家族酒庄向外界清晰表明，新兴酒庄和酿酒老手并不是掀起坎帕尼亚区（Campania）葡萄酒热潮的唯一原因。起初，它因特色十足但有些不协调的葡萄酒而声名远播，直到几年前，它在质量上实现了飞跃。其中起到关键作用的是位于坎迪达（Candida）的肥沃土壤，在这里菲亚诺•阿维利诺（Fiano di Avellino）似乎让拉皮奥（Lapio）山地化的风格和蒙特弗雷戴内（Montefredane）的矿物特质相聚在一起。格雷科（Greco）和柯达•沃尔普（Coda di Volpe）葡萄使得白葡萄品种更加齐全，它们都在钢桶里酿制；阿吉里安科（Aglianico）葡萄则来自坎迪达（Candida）和卡斯特尔弗兰西（Castelfranci）。这些葡萄的生长经历在斩获“三杯奖”的精美顶级菲亚诺•阿维利诺2012（Fiano di Avellino Selvecorte 2012）身上充分体现。虽然仍有点不够开放，但它散发出夏日水果、柑橘和干草的优雅气息；结实的主心骨和活力体现在口感上，由此产生了表现力十足的复杂度和深度。

○ Fiano di Avellino Selvecorte '12	🍷🍷🍷 3*
○ Greco di Tufo Gaudioso '12	🍷🍷 3
○ Irpinia Coda di Volpe Taberna '12	🍷 2
○ Fiano di Avellino Selvecorte '11	YY 3*
○ Greco di Tufo Gaudioso '07	YY 3*
○ Greco di Tufo Gaudioso '06	YY 3*
○ Irpinia Coda di Volpe Taberna '11	YY 2*
○ Irpinia Coda di Volpe Taberna '10	YY 2*

Contrada Salandra

loc. Cuma
80078 Pozzuoli [NA]
Tel. 0815265258
www.dolciqualita.com

藏酒销售
预约参观
年产量 15 000 瓶
葡萄种植面积 4 公顷

佩皮诺•福尔图纳托（Peppino Fortunato）不仅是一位有天赋的种植者，他还是养蜂人。他说的每一句话都展现了智慧和悟性，最重要的是，他无比尊敬仍未被大面积开发的坎皮•佛莱格瑞（Campi Flegrei）土地。在妻子桑德拉•卡斯塔尔多（Sandra Castaldo）的帮助下，他限量生产葡萄酒，原料来自分布在科斯特•库姆（Coste di Cum）、蒙特•圣特•安吉洛（Monte Sant'Angelo）和蒙特如斯赛罗（Monteruscello）共约4公顷的葡萄园，里面种植法兰吉娜（Falanghina）、红脚（Piedirosso）和其他未知的本地品种。白葡萄也采用表皮浸渍的方法，长时间陈化于钢桶里的优质残渣上，使得产出的酒只是表面看起来微妙，带有明显的矿物质气息。在收割葡萄两年后，它们才会被供应上市。即使在酒品更平易近人的2011年，康特拉达•萨兰德拉（Contrada Salandra）的酒品仍然需要耐心等待。法兰吉娜（Falanghina）的苹果和碘酒气味仍不够开放，味道在自然地推进之中，不过重点有所缺失。

● Campi Flegrei Piedirosso '11	🍷🍷 3*
○ Campi Flegrei Falanghina '11	🍷🍷 2*
○ Campi Flegrei Falanghina '10	🍷🍷 2*
○ Campi Flegrei Falanghina '09	🍷🍷 2*
● Campi Flegrei Piedirosso '09	🍷🍷 2*

Contrade di Taurasi

via Municipio, 39
83030 Taurasi [AV]
Tel. 082774483
www.cantinelonardo.it

藏酒销售
预约参观
年产量 20 000 瓶
葡萄种植面积 5 公顷
葡萄栽培方式 有机认证

我们经常预测罗纳多（Lonardo）家族在图拉斯•肯彻得（Contrade di Taurasi）酒庄基础上实施的计划会有一个光明的前途。经历研究调查和风格重塑后，他们的阿吉里安科（Aglianico）现在成为了风格自然、带有真正地域个性的酒品典范。这一点在葡萄园精选酒维格纳•阿尔托（Vigne d'Alto）和科斯特（Coste）体现得尤为明显，它们从2007年开始分开酿造，使用了控制性自然发酵和在中型酒桶陈化的技术。采用有机农耕技术的古老葡萄园位于图拉斯（Taurasi）的东北部，此外还有一些已有100年历史，采用古老的优先培育模式栽培的罗维罗（Roviello），在当地亦称格利科慕斯（Greco Musc），是整个省最有特色的白葡萄品种之一。这次，图拉斯（Taurasi）精选酒令人兴奋，我们早在2007年就欣赏过这种酒品，今年这款精选酒充满生机和单宁气息。

● Taurasi Coste '08	🍷🍷🍷 7
○ Greco Musc' '11	🍷🍷 4
● Taurasi Vigne d'Alto '08	🍷🍷 7
● Taurasi '08	🍷🍷 5
○ Greco Musc' '10	🍷🍷🍷 4*
● Taurasi '04	🍷🍷🍷 6
○ Greco Musc' '09	🍷🍷 4
● Taurasi '07	🍷🍷 5
● Taurasi Coste '07	🍷🍷 7
● Taurasi Vigne d'Alto '07	🍷🍷 7

Marisa Cuomo

via G. B. Lama, 16/18
84010 Furore [SA]
Tel. 089830348
www.marisacuomo.com

藏酒销售
预约参观
餐饮接待
年产量 109 000 瓶
葡萄种植面积 18 公顷

这是弗洛雷（Furore）和阿马尔菲（Amalfi）海岸的一座代表性酒庄，子孙后代的兴旺促进了它近几年的发展。事实上，拉法埃莱（Raffaele）和多拉（Dora）现在帮助他们的父母安德里亚•福瑞埃尔里（Andrea Ferraiol）和马瑞萨•库莫（Marisa Cuomo）打理酒庄，他们继承了父母在这片美丽至极的土地上克服无数困难的干劲。在布满石头的小地块上，种植着很多个性和成熟时间截然不同的本地品种，共同造就了无可挑剔的酒品系列。白葡萄酒陈化在钢桶里，不过菲欧杜瓦（Fiorduva）是个例外。这个系列无懈可击，很多酒款兼具实质和口感，以白雷维洛2012（Ravello Bianco 2012）为首要典型。它风味饱满、温暖而复杂，有花朵和藓苔的香味，仅需在真诚度上有质的飞跃。同时，甜味的、暖烘烘的菲欧杜瓦（Fiorduva）也为2011年炎热的种植年份付出了代价。

○ Costa d'Amalfi Ravello Bianco '12	▼▼ 3*
○ Costa d'Amalfi Furore Bianco '12	▼▼ 4
○ Costa d'Amalfi Furore Bianco Fiorduva '11	▼▼ 6
● Costa d'Amalfi Ravello Rosso Ris. '10	▼▼ 5
⊙ Costa d'Amalfi Rosato '12	▼▼ 3
● Costa d'Amalfi Furore Rosso '12	▼ 3
○ Costa d'Amalfi Fiorduva '08	▽▽▽ 6
○ Costa d'Amalfi Fiorduva '05	▽▽▽ 6
○ Costa d'Amalfi Fiorduva '04	▽▽▽ 6
○ Costa d'Amalfi Furore Bianco '10	▽▽▽ 4
○ Costa d'Amalfi Furore Bianco Fiorduva '10	▽▽▽ 6
○ Costa d'Amalfi Furore Bianco '11	▽▽ 4
○ Costa d'Amalfi Ravello Bianco '11	▽▽ 3

D'Ambra Vini d'Ischia

fraz. Panza
via Mario D'Ambra, 16
80077 Forio [NA]
Tel. 081907210
www.dambravini.com

藏酒销售
预约参观
年产量 500 000 瓶
葡萄种植面积 12 公顷

我们习惯了记住卡萨•阿姆布拉（Casa D'Ambra）酒庄在坎帕尼亚区（Campania）和意大利南部葡萄酒历史上的地位，以致忘记了它辉煌的现在。这座标志性的伊斯其兰岛（Ischia）酒庄不追随千变万化的时尚潮流，多年来出产了一系列完美的传统葡萄酒，这些酒集合了地域个性、有竞争力的售价和很高的产量。这归功于安德里亚•阿姆布拉（Andrea D'Ambra）及其女儿萨拉（Sara）和玛丽娜（Marina）的贡献与激情。她们管理着许多葡萄园和150多位种植者，让他们针对性地购买葡萄，在租来的葡萄园中工作。2012年是一个阳光充足又温和的种植年份，孕育了优秀的法拉斯特里（Frassitelli）。它的活力在嗅觉中展现得很明显，散发着白瓜和金雀花的典型香味，地中海式的温柔个性在口感上展现得淋漓尽致。结果，时隔20多年后，卡萨•阿姆布拉（Casa d'Ambra）酒庄再次赢得了“三杯奖”。

○ Ischia Biancolella Tenuta Frassitelli '12	▼▼▼ 3*
○ Ischia Biancolella '12	▼▼ 3
● Ischia Per' 'e Palummo '12	▼▼ 3
○ Gocce D'Ambra	▼ 5
○ Ischia Bianco '12	▼ 2
○ Ischia Forastera Euposia '12	▼ 3
● Ischia Rosso Dedicato a Mario D'Ambra '09	▼ 4
○ Ischia Biancolella Tenuta Frassitelli '90	▽▽▽ 3*
○ Ischia Biancolella '11	▽▽ 2*
○ Ischia Biancolella Tenuta Frassitelli '11	▽▽ 3*
● Ischia Per''e Palummo '11	▽▽ 3

D'Antiche Terre - Vega

C.DA LO PIANO - SS 7 BIS
83030 MANOCALZATI [AV]
TEL. 0825675358
www.danticheterre.it

藏酒销售
预约参观
膳宿接待
年产量 450 000 瓶
葡萄种植面积 40 公顷

迪安蒂切•特雷（D'Antiche Terre）运营至今已经超过25年，是伊尔皮尼亚（Irpinia）葡萄酒酿造业的标志性符号。这座马诺卡尔扎蒂（Manocalzati）的酒庄由加埃塔诺•西卡雷拉（Gaetano Ciccarella）管理，拥有本省最大和品种最多样化的葡萄园，出产的格雷科（Greco）葡萄酒来自图福（Tufo）、圣塔•保利纳（Santa Paolina）、普拉塔（Prata）和蒙泰富斯科（Montefusco）；菲亚诺（Fiano）葡萄酒来自普拉托拉•塞拉（Pratola Serra）和马诺卡尔扎蒂（Manocalzati）；阿吉里安科（Aglianico）葡萄酒来自皮耶特拉德富西（Pietradefusi）和托雷•勒•诺塞勒（Torre le Nocelle）。这些丰富和带有地域性的酒品系列虽然有时缺乏连续性，但经常凭借自然光亮的风格达到优质葡萄酒的巅峰。多亏所有酒品系列的出色表现，酒庄再次在今年出尽风头。菲亚诺•阿维利诺2012（Fiano di Avellino 2012）是这些杰出酒品的代表，它以动感而且纤细的味道晋级品酒会的决赛。虽然不够浓厚，口感却非常均衡。

○ Fiano di Avellino '12	🍷🍷 3*
● Coriliano '11	🍷🍷 2*
○ Greco di Tufo '12	🍷🍷 3
● Taurasi '08	🍷🍷 5
⊙ Irpinia Aglianico Rosato Elbe '12	🍷 2
○ Irpinia Coda di Volpe '12	🍷 2
○ Sannio Falanghina '12	🍷 2
○ Fiano di Avellino '10	🍷🍷 3
○ Greco di Tufo '10	🍷🍷 3
○ Sannio Falanghina '10	🍷🍷 2*
● Taurasi '07	🍷🍷 5
● Taurasi Il Vicario Ris. '05	🍷🍷 6

Viticoltori De Conciliis

LOC. QUERCE, 1
84060 PRIGNANO CILENTO [SA]
TEL. 0974831390
www.viticoltorideconciliis.it

藏酒销售
预约参观
年产量 200 000 瓶
葡萄种植面积 25 公顷

肯斯里司家族（De Conciliis）近20年来在珀里格纳诺（Prignano）的工作实现了生产价值和社会文化价值的双丰收。他们开辟了齐伦托（Cilento）葡萄栽培业发展的前进道路和疆域，开发了莫里格拉蒂（Morigerati）、圣•乔瓦尼•阿皮罗（San Giovanni a Piro）和阿西亚罗利（Acciaroli）南部曾经无人涉足的丘陵地带。此外，他们还利用实验和影响力生产了风格不断发展的酒品系列。如充满激情的布鲁诺（Bruno）所说，他们就像一支摇滚乐队，每次根据不同的酒款和种植年份唱出不同的乐曲，同时还不忘菲亚诺（Fiano）和阿吉里安科（Aglianico）所发挥的指挥作用。丹纳鲁娜•菲亚诺（Donnaluna Fiano）的表现证明了它理应贵为肯斯里司（Conciliis）风格最令人印象深刻的酒品，其2012年款呈现了果汁丰富的地中海风格，散发着灌木、金雀花和桃子些许单调但动感的气息。如果更紧实更深厚一些的话，那就完美了。

○ Donnaluna Fiano '12	🍷🍷 3*
● Cilento Aglianico Donna Luna '11	🍷🍷 3
● Bacioilcielo Rosso '12	🍷 2
○ Selim Brut	🍷 2
● Naima '01	🍷🍷🍷 5
○ Bacioilcielo Bianco '11	🍷🍷 2*
● Naima '07	🍷🍷 6
● Zero '07	🍷🍷 8

Di Marzo

via Gaetano Di Marzo, 2
83010 Tufo [AV]
Tel. 0825998022
www.cantinedimarzo.it

藏酒销售
预约参观
年产量 150 000 瓶
葡萄种植面积 26 公顷

如果说迪•马尔佐（Di Marzo）酒庄是意大利最古老的酒庄之一，那么答案是肯定的。今天，在菲利普•索姆玛（Filippo Di Somma）及其孩子费兰特（Ferrante）和玛利亚•乔凡娜（Maria Giovanna）的管理下，这座沉睡已久的酒庄已被唤醒。酒庄历来的生产重点是格雷科•图福（Greco di Tufo），希皮奥内•马尔佐（Scipione Di Marzo）在一定程度上被看做是它的鼻祖。葡萄园散布在圣塔•露琪亚（Santa Lucia）、圣保罗•图福（San Paolo di Tufo）和圣塔•保利纳（Santa Paolina）地区，出产的葡萄酒款式不少于五款，包括一款全部陈化在钢桶里的梅特多经典起泡酒。生产技术和风格的变化在我们的品酒会上体现得淋漓尽致，从而把格雷科•图福•西皮奥2011（Greco di Tufo Scipio 2011）送进了决赛。这款令人惊奇的白葡萄酒没有受到炎热种植年份的不利影响，反而有着色泽鲜亮、咸味的，甚至还原自然的本性，散发着个性和活力。

○ Greco di Tufo Scipio '11	🍷🍷	4
○ Fiano di Avellino Donatus '12	🍷🍷	3
● Taurasi Albertus '09	🍷🍷	3
○ Extra Brut M. Cl. Anni Venti	🍷	5
● Irpinia Aglianico Cantine Storiche '11	🍷	3
○ Greco di Tufo Franciscus '11	🍸🍸	3

Di Prisco

c.da Rotole, 27
83040 Fontanarosa [AV]
Tel. 0825475738
www.cantinadiprisco.it

藏酒销售
预约参观
年产量 100 000 瓶
葡萄种植面积 10 公顷

在阿维利诺（Avellino）省，很少有手工艺酒庄能够在白、红葡萄酒的酿造上都持续保持高品质。位于凡塔纳罗萨（Fontanarosa），由帕里斯科•帕斯夸里诺（Pasqualino Di Prisco）打理的酒庄就是其中之一。石灰岩土壤常常能酿造出犀利、带矿物质气味和咸味的图拉西斯•阿吉里安科（Aglianico di Taurasis）。酒庄自家的葡萄园还种植了菲亚诺（Fiano）和沃尔普•柯达（Coda di Volpe），而由外来种植者在蒙泰富斯科（Montefusco）打理的葡萄园所生产的葡萄用于酿制格雷科•图福酒（Greco di Tufo）和皮特瑞洛萨（Pietrarosa）精品酒。两种都陈酿在钢桶里，瞬间产生明显的北方风味、色泽鲜明、几近咸味的姿态。取材于格雷科（Greco）酿制的白葡萄酒再次成为最佳酒品。其2012年款复杂辛辣，有着谷物特征和紧实的口感，如果再多点矿物气息就更好了。

○ Greco di Tufo Pietrarosa '10	🍷🍷	3*
○ Greco di Tufo '12	🍷🍷	2*
○ Fiano di Avellino '11	🍷	2
● Taurasi '08	🍷	5
○ Greco di Tufo '11	🍸🍸🍸	2*
● Taurasi '06	🍸🍸🍸	5
● Taurasi '05	🍸🍸🍸	5*
○ Greco di Tufo Pietrarosa '09	🍸🍸	3*
● Taurasi '07	🍸🍸	5

DonnaChiara

Loc. Pietracupa
via Stazione
83030 Montefalcione [AV]
Tel. 0825977135
www.donnachiara.it

藏酒销售
预约参观
膳宿接待
年产量 200 000 瓶
葡萄种植面积 26 公顷

靠着持续的高水平表现，贝蒂托（Petitto）家族巩固了在葡萄酒竞争激烈的阿韦利诺（Avellino）地区的地位。这归功于翁贝托（Umberto）和齐亚拉（Chiara）意志坚定的女儿伊拉里娅（Ilaria），而安吉洛•瓦伦蒂诺（Angelo Valentino）协助在旁，负责酿制呈现现代风格的伊尔皮尼亚省（Irpinia）品种酒和指定产区酒。白葡萄酒陈化在钢桶里，含渣浸渍很长时间，而图拉斯（Taurasis）葡萄酒主要熟化在小型橡木桶里。葡萄园占地约23公顷，大多数种植阿吉里安科（Aglianico）葡萄，另外还租有3公顷土地，种植买进的菲亚诺（Fiano）、格雷科（Greco）和法兰吉娜（Falanghina）葡萄。我们要强调，多纳西阿拉（Donnachiara）酒庄出品的所有葡萄酒系列的平均水准很高，而现在又多了两款新的葡萄干酒——取材于菲亚诺（Fiano）葡萄的尔索特里科（Esoterico）和取材于格雷科（Greco）葡萄的奥斯汀纳托（Ostinato），两种都是2011年款。不过，酒庄以菲亚诺•阿维利诺2012（Fiano di Avellino 2012）为首的法定产区酒的表现最为出色。

○ Fiano di Avellino '12	▼▼ 3
○ Greco di Tufo '12	▼▼ 3
● Taurasi '09	▼▼ 5
● Taurasi Ris. '08	▼▼ 6
○ Esoterico Fiano Passito '11	▼ 3
● Irpinia Coda di Volpe '12	▼ 3
○ Ostinato Greco Passito '11	▼ 4
○ Greco di Tufo '11	▽▽ 3
● Irpinia Aglianico '09	▽▽ 3
● Irpinia Aglianico '08	▽▽ 3
● Taurasi '08	▽▽ 5
● Taurasi Ris. '07	▽▽ 6

I Favati

p.zza Di Donato
83020 Cesinali [AV]
Tel. 0825666898
www.cantineifavati.it

藏酒销售
预约参观
年产量 80 000 瓶
葡萄种植面积 10 公顷

艾•法瓦蒂（I Favati）酒庄由皮尔萨比奥（Piersabino）、詹卡洛（Giancarlo）及其妻子罗赞娜（Rosanna Petrozziello）经营，文森佐（Vincenzo Mercurio）在旁提供技术支持。酒庄生产广泛的伊尔皮尼亚（Irpinia）葡萄酒系列，总部位于因菲亚诺（Fiano）葡萄出名的萨巴托山谷（Sabato Valley）里的切西纳利（Cesinali）。出品的经典葡萄酒包括菲亚诺•皮耶特拉马拉（Fiano Pietramara）、格雷科•特让蒂卡（Greco Terrantica）和图拉斯•特尔佐特拉托（Taurasi Terzotratto）。第二条生产线生产的是艾迪奇塔白葡萄精品酒（Etichetta Biancas），取材于晚摘葡萄，采用不同方法酿制，白葡萄酒采用预发酵浸渍法，红葡萄酒则陈化在小橡木桶里。在多次与奖项擦肩而过后，艾•法瓦蒂（I Favati）终于凭借菲亚诺•阿维利诺•皮耶特拉马拉2012（Fiano di Avellino Pietramara 2012）实至名归地获得他们的第一个“三杯奖”。这款酒是年份酒中最平易近人、最圆润的酒品之一，优于艾迪奇塔白葡萄酒（Etichetta Bianca），散发着含羞草、白垩和春天芳草的气息。

○ Fiano di Avellino Pietramara '12	▼▼▼ 3*
○ Fiano di Avellino Pietramara Et. Bianca '12	▼▼ 5
○ Greco di Tufo Terrantica '12	▼▼ 3
○ Greco di Tufo Terrantica Et. Bianca '12	▼▼ 5
● Irpinia Campi Taurasini Cretarossa '10	▼ 3
○ Fiano di Avellino Pietramara '11	▽▽ 3*
○ Fiano di Avellino Pietramara '10	▽▽ 3
○ Fiano di Avellino Pietramara Et. Bianca '11	▽▽ 5
○ Greco di Tufo Terrantica '11	▽▽ 3
○ Greco di Tufo Terrantica Et. Bianca '11	▽▽ 5

Benito Ferrara

FRAZ. SAN PAOLO, 14A
83010 TUFO [AV]
TEL. 0825998194
www.benitoferrara.it

藏酒销售
预约参观
年产量 45 000 瓶
葡萄种植面积 9.5 公顷

只要你有毅力登上海拔500米的圣保罗•图福（San Paolo di Tufo）山峰来拜访布里埃尔•菲拉拉（Gabriella Ferrara）和她的丈夫塞尔吉奥（Sergio），你总能收获真诚的微笑和一杯葡萄酒佳酿。你甚至还有可能尝到维格纳•茨科格纳（Vigna Cicogna），这是20世纪90年代分开装瓶的首批格雷科（Greco）精选酒之一，现在仍是该精选酒系列最知名、最典型的一款。南方的朝向、富含黏土和硫磺的土壤使得出产的近期年份酒更为轻盈清澈，在气味上更是如此，同时又不损失它们出名的矿物质气息和填充物。酒庄酿制的基础酒和菲亚诺•阿维利诺（Fiano di Avellino）都单独使用钢桶。2012年对菲拉拉（Ferrara）家族的格雷科（Greco）葡萄酒来说是值得铭记的年份。名为“村庄”的酒品已经是地域风格的拥护者，有着硫磺、苔藓的气息和新鲜的口感。

○ Greco di Tufo V. Cicogna '12	🍷🍷🍷	4*
○ Greco di Tufo '12	🍷🍷	3*
○ Fiano di Avellino '12	🍷🍷	4
● Irpinia Aglianico V. Quattro Confini '11	🍷	3
○ Greco di Tufo V. Cicogna '10	🍷🍷🍷	4
○ Greco di Tufo V. Cicogna '09	🍷🍷🍷	4
○ Greco di Tufo V. Cicogna '11	🍷🍷	4
● Taurasi V. Quattro Confini '08	🍷🍷	5

★★Feudi di San Gregorio

LOC. CERZA GROSSA
83050 SORBO SERPICO [AV]
TEL. 0825986683
www.feudi.it

藏酒销售
预约参观
膳宿接待
年产量 3 500 000 瓶
葡萄种植面积 250 公顷
葡萄栽培方式 有机认证

在活力四射的安东尼奥•卡帕多（Antonio Capaldo）的推动下，在皮埃保罗•萨彻（Pierpaolo Sirch）和许多新员工的协助下，福迪酒庄（Feudi di San Gregorio）无疑已经走进了新时代。酒庄的复兴有多方面的原因：坐拥非凡的葡萄园、重新找到了地域个性更甚以往的酒品风格和重新认真评估了一些酿酒项目，比如一项涉及起泡酒的项目。出品的红葡萄酒越来越倾向于平易近人和无拘无束的风格，而一系列白葡萄酒的风格重塑看起来已接近尾声，现在的基本酒和精选酒都能呈现出高于技术和品种精准度的内容，为首的是格雷科•图福•库迪兹2012（Greco di Tufo Cutizzi 2012）。但最能体现近期生产革新的是基本款的格雷科2012（Greco 2012），产量约1 000 000瓶，向我们展示了油桃香味以及尖锐的辛辣感。

○ Greco di Tufo Cutizzi '12	🍷🍷🍷	3*
○ Fiano di Avellino Pietracalda '12	🍷🍷	3*
○ Greco di Tufo '12	🍷🍷	3*
● Taurasi Piano di Montevergine Ris. '08	🍷🍷	6
● Aglianico del Vulture '10	🍷🍷	3
○ Dubl Brut M.Cl.	🍷🍷	5
⊙ Dubl Rosato Brut M.Cl.	🍷🍷	5
○ Fiano di Avellino '12	🍷🍷	3
● Irpinia Aglianico Dal Re '11	🍷🍷	3
○ Irpinia Fiano Passito Privilegio '11	🍷🍷	6
● Irpinia Rosso Sirica '10	🍷🍷	5
○ Sannio Falanghina Serrocielo '12	🍷🍷	3
● Taurasi '09	🍷🍷	5
● Irpinia Aglianico Rubrato '11	🍷	3
○ Sannio Falanghina '12	🍷	3

Fontanavecchia

VIA FONTANAVECCHIA
82030 TORRECUSO [BN]
TEL. 0824876275
www.fontanavecchia.info

藏酒销售
预约参观
年产量 160 000 瓶
葡萄种植面积 18 公顷

凡塔纳维切亚（Fontanavecchia）是圣尼奥（Sannio）最知名的葡萄酒品牌之一，利贝罗•利洛（Libero Rillo）是最信任本地区潜力的人之一，不仅对法兰吉娜（Falanghina）和阿吉里安科（Aglianico）葡萄，还对诸如菲亚诺（Fiano）、格雷科（Greco）和红脚（Piedirosso）等其他地区葡萄品种怀有信心，这是其种类繁多的酒品背后蕴藏的态度。酒庄造就了陈化在钢桶里的易于上口的基本酒款和在小橡木桶里经历漫长浸渍的精选酒款。前者质量稳定，后者有更好的连贯性和更轻盈的风格，这在20世纪90年代末所出产的，诸如维格纳•卡塔拉特（Vigna Catarratte）和法塞图斯（Facetus）的出色酒款上显露无疑。最近的一次品酒会说明了这些酒很有希望，法兰吉娜•圣尼奥•塔布尔诺2012（Falanghina del Sannio Taburno 2012）巧妙地结合了香味和流线型的活力。

○ Taburno Falanghina '12	▼▼▼ 2*
● Aglianico del Taburno V. Cataratte Ris. '07	▼▼ 4
○ Sannio Fiano '12	▼▼ 2*
● Aglianico del Taburno Grave Mora '07	▼ 5
● Aglianico del Taburno '07	▽▽ 2
○ Sannio Fiano '11	▽▽ 2*
● Sannio Piedirosso '11	▽▽ 2*
○ Taburno Falanghina '11	▽▽ 2*
○ Taburno Falanghina '10	▽▽ 2

★Galardi

FRAZ. SAN CARLO
SP SESSA-MIGNANO
81037 SESSA AURUNCA [CE]
TEL. 0823708900
www.terradilavoro.com

预约参观
年产量 33 000 瓶
葡萄种植面积 10 公顷
葡萄栽培方式 有机认证

凡塔纳•加拉迪（Fontana Galardi）是特拉•拉沃洛（Terra di Lavoro）葡萄酒的代名词，自从酒庄在里卡多•科塔雷拉（Riccardo Cotarella）的帮助下，由路易莎•穆雷纳（Luisa Murena）、弗兰西斯科•卡特罗（Francesco Catello）、阿图罗（Arturo）和多拉•切洛坦诺（Dora Celentano）设立于圣卡罗•塞萨•奥伦卡地区（San Carlo di Sessa Aurunca）以来，它就是酒庄出品的唯一酒款。这款由阿吉里安科（Aglianico）与红脚（Piedirosso）葡萄的混酿凭借明显的烟熏香味、强重的酒体和巨大的陈化潜力，很快便声名远播，尤其在国外更有名气。起初的半试验性栽培收获了新的植株，进而发展成今天酒庄的约10公顷的葡萄田，虽然如此，酒庄的灵魂无疑仍是手工艺生产。此外，多亏越发晴朗、收获颇多的种植年份，最近的特拉•拉沃洛（Terra di Lavoro）散发出地中海特色，这在2011年款中体现得淋漓尽致，在暖烘烘的橡木味的映衬下，李子酱、鲜草和新鲜丰富的果肉成就了温暖、成熟的口感与强劲的单宁。

● Terra di Lavoro '11	▼▼▼ 7
● Terra di Lavoro '10	▽▽▽ 7
● Terra di Lavoro '09	▽▽▽ 7
● Terra di Lavoro '08	▽▽▽ 7
● Terra di Lavoro '07	▽▽▽ 7
● Terra di Lavoro '06	▽▽▽ 7
● Terra di Lavoro '05	▽▽▽ 7
● Terra di Lavoro '04	▽▽▽ 7
● Terra di Lavoro '03	▽▽▽ 6
● Terra di Lavoro '02	▽▽▽ 6
● Terra di Lavoro '99	▽▽▽ 6

Cantine Grotta del Sole

via Spinelli, 2
80010 Quarto [NA]
Tel. 0818762566
www.grottadelsole.it

藏酒销售
预约参观
年产量 700 000 瓶
葡萄种植面积 42 公顷

如果在马图斯切罗（Martusciello）家庭待上一天，你会完全沉浸在坎帕尼亚区（Campania）葡萄酒的历史和地理环境之中。酒庄位于夸尔托（Quarto），它是坎皮·佛莱格瑞（Campi Flegrei）的中心地带，覆盖的地区从伊尔皮尼亚（Irpinia）到阿韦尔萨（Aversa），从维苏威（Vesuvius）到索伦托（Sorrento）半岛。酒庄出品的系列取材于本地主要的传统葡萄品种，其中很多是被格洛塔（Grotta del Sole）酒庄开发出来的，如法兰吉娜（Falanghina）、弗雷格里亚（Flegrea）和用于酿制主要起泡酒的阿斯品诺（Asprinio）葡萄，此外，用于酿制格拉尼亚诺（Gragnano）和莱泰雷（Lettere）的品种也未被忽略。我们再次看到，酒庄出品的所有系列葡萄酒极具潜力，物超所值。这次我们重点关注美味纯正的维苏威·拉科里玛·克里斯蒂红葡萄酒2012（Vesuvio Lacryma Christi Rosso 2012），它带有野生浆果、烤焦的谷糠味以及简洁犀利、重点突出的口感。

○ Campi Flegrei Falanghina Coste di Cuma '11	🍷🍷 3
● Campi Flegrei Piedirosso '12	🍷🍷 2*
○ Fiano di Avellino Tenuta Vicario '12	🍷🍷 3
● Penisola Sorrentina Gragnano '12	🍷🍷 2*
● Vesuvio Lacryma Christi Rosso '12	🍷🍷 3
○ Asprinio d'Aversa Extra Brut M. Cl.	🍷 4
○ Campi Flegrei Falanghina '12	🍷 2
○ Falanghina Spumante Malia Extra Dry	🍷 2
○ Greco di Tufo Tenuta Vicario '12	🍷 3
○ Vesuvio Lacryma Christi Bianco '12	🍷 2
○ Vesuvio Lacryma Christi Dolce	🍷 2
● Aglianico Tenuta Vicario '10	🍷🍷 2*
○ Greco di Tufo Tenuta Vicario '11	🍷🍷 3
● Quarto di Sole '09	🍷🍷 4

La Guardiense

c.da Santa Lucia, 104/106
82034 Guardia Sanframondi [BN]
Tel. 0824864034
www.laguardiense.it

藏酒销售
预约参观
餐饮接待
年产量 3 000 000 瓶
葡萄种植面积 2 000 公顷

为了将根基浅薄的大型酒庄变成现代化的联营酒庄，酒庄里的工作正如火如荼地进行着。在多米兹奥·皮格纳（Domizio Pigna）的带领，以及酿酒咨询师里卡尔多·科塔瑞拉（Ricchardo Cotarella）的协助下，酒庄成为了圣尼奥地区（Sannio）的最佳酒庄之一，拥有近1 000个种植者成员、2 000公顷葡萄园以及3 000 000瓶的预期产量。酒品系列包括物超所值的入门级葡萄酒和加纳勒（Janare）葡萄酒，后者涵盖了更雄心勃勃的精选酒和在厚度与对橡木桶的使用上都更现代的红葡萄酒。然而，跟往常一样，最令人印象深刻的还是一款入门级酒，这次是瓜尔迪奥罗·阿吉里安科2011（Guardiolo Aglianico 2011），它散发着松脆、明净的果香，有着紧实的口感、非常松弛的单宁和出色的宽度。

○ Sannio Falanghina Le Janare Senete '12	🍷🍷 2*
● Sannio Guardiolo Aglianico '11	🍷🍷 2*
● Sannio Guardiolo Rosso Ris. '11	🍷🍷 2*
● Guardiolo Aglianico Cantari Ris. '10	🍷 3
○ Sannio Fiano '12	🍷 2
○ Sannio Fiano Colle di Tilio '12	🍷 3
○ Sannio Greco '12	🍷 2
○ Sannio Greco Pietralata '12	🍷 3
● Guardiolo Aglianico Lùcchero '10	🍷🍷 2*
● Guardiolo Aglianico Lùcchero '09	🍷🍷 2*
● Guardiolo Aglianico Sel. '10	🍷🍷 2*
● Guardiolo Rosso Ris. '08	🍷🍷 2*

Luigi Maffini

FRAZ. SAN MARCO
LOC. CENITO
84048 CASTELLABATE [SA]
TEL. 0974966345
www.maffini-vini.com

藏酒销售
预约参观
年产量 95 000 瓶
葡萄种植面积 11 公顷
葡萄栽培方式 有机认证

路易吉•马菲尔（Luigi Maffini）及其家人的新酿酒总部现正在吉安加诺山（Giungano）逐渐成型，处在面积超过30公顷的单一地块上，栽种的11公顷葡萄已投入生产。不过，地点的改变并未就此停止，因为酒庄寻求的地点必须要更适合生产出紧实度、尺度和可口度更好的酒品，就像有特色的菲亚诺（Fiano）和阿吉里安科（Aglianico）经常做到的那样。不像位于圣马尔科（San Marco）未荒废的葡萄园，新基地位于更高海拔的地区，在海拔250米到300米之间，处在石灰岩泥灰土上。如同往常，路易吉•马菲尔出产了一系列出色的葡萄酒，为首的是菲亚诺•皮耶特让卡特纳塔（Fiano Pietraincatenata）。其2011年款令人钦佩，尤其考虑到其所处的种植年份条件恶劣。适量的橡木味结合了丰富成熟的水果味，以及坚实复杂的纹理，唯一缺乏的是一点点风味。

○ Cilento Fiano Pietraincatenata '11	🍷🍷 5
● Cilento Aglianico Cenito '09	🍷🍷 5
○ Kràtos '12	🍷🍷 3
● Klèos '11	🍷 3
● Cilento Aglianico Cenito '03	♀♀♀ 5
○ Cilento Fiano Pietraincatenata '10	♀♀♀ 4*
○ Pietraincatenata '07	♀♀♀ 4
○ Pietraincatenata '04	♀♀♀ 4

Masseria Felicia

FRAZ. CARANO
LOC. SAN TERENZANO
81037 SESSA AURUNCA [CE]
TEL. 0823935095
www.masseriafelicia.it

藏酒销售
预约参观
年产量 25 000 瓶
葡萄种植面积 5 公顷

布里尼（Brini）家族生产的取材于阿吉里安科（Aglianico）和红脚（Piedirosso）葡萄的葡萄酒代表了当代法拉尔诺（Falerno）地区的形象。这家小型的手工艺酒庄位于卡拉诺（Carano）市的塞萨•奥伦卡（Sessa Aurunca），由年轻的费里西亚（Felicia）及其父亲亚历山德罗（Alessandro）经营，在国内外享有声誉，展示出不断进化的风格。酒庄处在马西莫山脉（Mount Massico）西北部斜坡的火山土壤上，出品的三款法拉尔诺（Falerno）葡萄酒淋漓尽致地呈现出这一特点，口感醇厚，反差强烈，通常需要装瓶放置一段时间来使酒体变得松弛。并不是仅仅因为获得“三杯奖”，才标志着这座地域性的重要酒庄变得成熟，但马赛利亚•费里西亚（Masseria Felicia）酒庄的法拉尔诺•艾迪奇塔•布隆佐2010（Falerno Etichetta Bronzo 2010）获得史上第一次奖项也并非巧合。它拥有最佳酒款具备的十足风味和烟熏活力，还具有优雅的单宁和更为自然、更野味的特点。

● Falerno del Massico Rosso Et. Bronzo '10	🍷🍷🍷 5
○ Falerno del Massico Bianco Anthologia '12	🍷🍷 3
● Falerno del Massico Rosso '11	🍷🍷 2*
● Falerno del Massico Rosso Ariapetrina '10	🍷🍷 3
⊙ Rosalice '12	🍷 3
○ Sinopea '12	🍷 2
● Falerno del Massico Rosso '09	♀♀ 2
● Falerno del Massico Rosso Ariapetrina '09	♀♀ 3
● Falerno del Massico Rosso Ariapetrina '08	♀♀ 3
● Falerno del Massico Rosso Et. Bronzo '09	♀♀ 5
● Falerno del Massico Rosso Et. Bronzo '08	♀♀ 5

★Mastroberardino

via Manfredi, 75/81
83042 Atripalda [AV]
Tel. 0825614111
www.mastroberardino.com

藏酒销售
预约参观
膳宿接待
年产量 2 000 000 瓶
葡萄种植面积 200 公顷

在意大利，很少有酒庄能像马斯特罗贝拉迪诺家族（Mastroberadino）那样能依靠自己的酒窖的，他们有很多珍品，包括二十世纪二三十年代酿制的，现在仍很精美的图拉斯（Taurasi）瓶装酒。这些过去的回忆为今天突出的现代风格铺平了道路，而且分布在伊尔皮尼亚（Irpinia）最佳葡萄酒地域的多个基地为酒庄提供了强大的后盾。酿酒厂位于阿特里帕尔达（Atripalda），不过现在的生产基地位于本省最大的单一葡萄园拉迪奇•米拉贝拉（Radici di Mirabella），这里也是试验性农场、度假村、温泉、摩拉阿比安卡（Morabianca）饭店以及高尔夫俱乐部的所在地。跟往常一样，我们看到所有葡萄酒系列的质量均令人印象深刻，一些白葡萄精选酒和图拉斯（Taurasi）葡萄酒达到了完美的程度，前者善于发酵，而且精美奔放；后者包括一款多汁的拉迪奇2009（Radici 2009），虽然年份艰难，但令人信服，还包括一款值得自豪的“三杯奖”得主——经典的拉迪奇陈酿2007（Radici Riserva 2007）。

● Taurasi Radici Ris. '07	🍷🍷🍷 5
○ Fiano di Avellino Radici '12	🍷🍷 3*
○ Greco di Tufo Novaserra '12	🍷🍷 3*
● Taurasi Radici '09	🍷🍷 4
● Aglianico '11	🍷🍷 2*
○ Greco di Tufo '12	🍷🍷 2*
● Irpinia Aglianico Redimore '11	🍷🍷 2*
○ Irpinia Fiano Passito Melizie '11	🍷🍷 3
● Taurasi Naturalis Historia '07	🍷🍷 5
○ Fiano di Avellino '12	🍷 2
● Irpinia Aglianico Passito Antheres '10	🍷 5
⊙ Lacrimarosa '12	🍷 2
○ Sannio Falanghina '12	🍷 2
○ Vesuvio Lacryma Christi Bianco '12	🍷 2
● Vesuvio Lacryma Christi Rosso '12	🍷 2

Salvatore Molettieri

c.da Musanni, 19b
83040 Montemarano [AV]
Tel. 082763424
www.salvatoremolettieri.it

藏酒销售
预约参观
年产量 65 000 瓶
葡萄种植面积 13 公顷

30年前，萨尔瓦托雷•莫莱蒂耶里（Salvatore Molettieri）决定不再只作为一名种植者，而是开始生产属于自己的葡萄酒，这个决定在某种意义上使他成为了伊尔皮尼亚（Irpinia）现代葡萄栽培的专家。酿制的图拉斯（Taurasi）成为了蒙特马兰诺•阿吉里安科（Montemarano Aglianico）葡萄酒的标杆，这些酒带有浓烈淳朴的特点，同时充满了矿物的活力。人们对他的风格怀有不同的看法，尤其考虑到当下的潮流，但是，我们更应该从钦奎•夸尔塞（Cinque Querce）葡萄园和通常开始于11月的漫长收获季的角度来看待他，而不是严苛地看待他对技术和葡萄酒工艺的选择。今年，反复无常的种植条件导致了图拉斯•偌诺诺2009（Taurasi Renonno 2009）无法复制去年的成功。该酒有着精致多样的气味和多少有些不成熟、不结实的口感。

● Taurasi V. Cinque Querce '08	🍷🍷 6
○ Greco di Tufo '11	🍷🍷 3
● Taurasi Renonno '09	🍷🍷 5
○ Fiano di Avellino '11	🍷 3
● Taurasi Renonno '08	🍷🍷🍷 5
● Taurasi V. Cinque Querce '05	🍷🍷🍷 6
● Taurasi V. Cinque Querce '04	🍷🍷🍷 6
● Taurasi V. Cinque Querce Ris. '05	🍷🍷🍷 7
● Taurasi V. Cinque Querce Ris. '04	🍷🍷🍷 7
● Taurasi V. Cinque Querce Ris. '01	🍷🍷🍷 7
● Irpinia Aglianico O'Calice Rosso '10	🍷🍷 3
● Taurasi V. Cinque Querce '07	🍷🍷 6

Montesole

LOC. SERRA DI MONTEFUSCO
VIA SERRA
83030 MONTEFUSCO [AV]
TEL. 0825963972
www.montesole.it

预约参观
年产量 1 200 000 瓶
葡萄种植面积 200 公顷

在阿韦利诺省（Avellino），能够将高质量、高产量和好价钱完美结合的酒庄屈指可数，其中的一座就是蒙特索勒（Montesole）酒庄。酒庄名字来源于以前的名字蒙泰富斯科（Montefusco），也指代酒庄所处的位置。虽然没有自己的葡萄园，但它管理约200公顷长期租用的土地和有针对性的外包，广泛的葡萄酒系列主要诠释伊尔皮尼亚（Irpinia）和圣尼奥（Sannio）的主要品种。酒庄在起泡酒和系列精选酒上投入了巨大的精力，体现了动感纯正的基本酒款的复杂版本。下面的表格比言语更为有力地呈现了蒙特索勒（Montesole）酒庄的出色酒品。多个酒款能够结合张扬的个性和内涵，尤其是2012年款的格雷科（Greco）。让我们觉得最多才多艺的是丰满、丝滑的图拉斯•维格纳•维尼厄里2007（Taurasi Vigna Vinieri2011），带着充分的榨取和持续的花香味。

● Taurasi V. Vinieri '07	YY	6
○ Fiano di Avellino Sirios '12	YY	4
○ Greco di Tufo '12	YY	3
○ Greco di Tufo Serapis '12	YY	3
○ Greco di Tufo V. Breccia '12	YY	4
○ Greco Spumante Brut	YY	3
○ Fiano di Avellino '12	Y	3
○ Fiano di Avellino V. Acquaviva '12	Y	4
○ Sannio Falanghina '12	Y	3
○ Sannio Falanghina V. Zampino '12	Y	3
○ Spumante Fiano Demi Sec	Y	3
● Taurasi '08	Y	4
○ Fiano di Avellino V. Acquaviva '11	YY	4
○ Greco di Tufo V. Breccia '11	YY	4
● Taurasi '07	YY	4

★Montevetrano

LOC. NIDO
VIA MONTEVETRANO, 3
84099 SAN CIPRIANO PICENTINO [SA]
TEL. 089882285
www.montevetrano.it

藏酒销售
预约参观
住宿接待
年产量 30 000 瓶
葡萄种植面积 5 公顷

20多年来，一个名字体现了西尔维亚•因帕拉多（Silvia Imparato）在世界葡萄酒界的闯荡经历——蒙特维特拉诺（Montevetrano），一个事业起步的圣•西普里亚诺•皮赛恩蒂诺（San Cipriano Picentino）地区；一座决定只注重一个酒款，从最初的有限产量发展到今天30 000瓶的酒庄；一座出产了世界著名的由赤霞珠（Cabernet）、梅洛（Merlot）和阿吉里安科（Aglianico）葡萄混酿的酒庄，该酒凭借经得起潮流变化和风格争议的延续性成为了令人崇拜的葡萄酒。现在，我们该记住另一个名字：自2012年收获季，产自同样山丘的单一品种阿吉里安科•科勒（Aglianico Core）加入了酒品系列之中。科勒2011（Core 2011）的首秀非常成功，虽然有点简略，但水果味令人印象深刻。

● Montevetrano '11	YYY	7
● Core '11	YY	3
● Montevetrano '10	YYY	7
● Montevetrano '09	YYY	7
● Montevetrano '08	YYY	7
● Montevetrano '07	YYY	7
● Montevetrano '06	YYY	7
● Montevetrano '05	YYY	7
● Montevetrano '04	YYY	7
● Montevetrano '03	YYY	7
● Montevetrano '02	YYY	7
● Montevetrano '01	YYY	7
● Montevetrano '00	YYY	6
● Montevetrano '99	YYY	7
● Montevetrano '98	YYY	7
● Montevetrano '97	YYY	7

Nanni Copè

via Tufo, 3
81041 Vitulazio [CE]
Tel. 0823990529
www.nannicope.it

藏酒销售
预约参观
年产量 7 000 瓶
葡萄种植面积 2.5 公顷

吉奥万尼（Giovanni Ascione），别名男尼（Nanni Copè），2008年作为一名葡萄种植者起家，葡萄园仅有2.5公顷，位于科利纳镇（Colline Caiatine）中心的蒙帝瑟利村（Monticelli di Castel Campagnano）。单一片区的葡萄园，种植了采用改良版藤架结构培植方式的黑狐狸尾（Pallagrello Nero）和一些艾格尼科（Aglianico）葡萄，用于酿造单一酒标的萨比•索帕拉葡萄酒（Sabbie di Sopra il Bosco）。这款酒以地域命名，卡亚佐（Caiazzo）沙石为这一片斜坡提供了优秀的排水性能。酒窖内的工作以错开的葡萄收割、温和的榨取和置于中型橡木桶陈化为基础，旨在催生出这款特色酒的优雅度和丰满味道。与前几款相比，萨比耶2011（Sabbie di Sopra il Bosco 2011）在年份特征的表达上达到了新的高度。虽然有些简约，它拥有集中的花朵香味，紧接着的是对比强烈的美味与柔与口感，十分迷人。

● Sabbie di Sopra il Bosco '11	🍷🍷🍷 5
● Sabbie di Sopra il Bosco '10	🍷🍷🍷 5
● Sabbie di Sopra il Bosco '09	🍷🍷🍷 5
● Sabbie di Sopra il Bosco '08	🍷🍷 5

Perillo

c.da Valle, 19
83040 Castelfranci [AV]
Tel. 082772252
cantinaperillo@libero.it

藏酒销售
预约参观
年产量 20 000 瓶
葡萄种植面积 5 公顷

在卡斯泰尔弗兰奇（Castelfranci）、米切尔•佩里罗（Michele Perillo）的酒庄仍藏着许多真正的瑰宝有待被发掘。比起出席宴会和品酒会，这位不知疲倦、文静但热情的种植者明显更喜欢与种在他家后面，以树顶优先培育模式培育的老葡萄藤打交道。正是在这海拔500米的淡色黏土和海沙上，他打理着阿吉里安科（Aglianico）的克隆品种，也称科达•卡瓦罗（Coda di Cavallo）。但他诠释得最好的酒品仍是图拉斯（Taurasi）葡萄酒，用“纯朴”一词来描述它最为准确，这种酒陈化在半新的酒桶和斯拉夫尼亚橡木桶，可以在酒窖里放心地平放和贮藏。长期的酒瓶陈年是充分了解和欣赏由米切尔•佩里罗（Michele Perillo）酿造的图拉斯（Taurasis）葡萄酒的一大关键。其2004年款和2005年款已供应上市，几个月后还会出品纯正、朴素的2006年款。它的香味超过了过去的内比奥罗（Nebbiolo）葡萄，但在酒体和味道深度上更偏地中海风格。

● Taurasi '06	🍷🍷 4
● Taurasi '05	🍷🍷🍷 4
● Irpinia Campi Taurasini '07	🍷🍷 4
● Irpinia Campi Taurasini '06	🍷🍷 4
● Taurasi Ris. '05	🍷🍷 5

Ciro Picariello

VIA MARRONI
83010 SUMMONTE [AV]
TEL. 0825702516
www.ciropicariello.com

藏酒销售
预约参观
年产量 50 000 瓶
葡萄种植面积 7 公顷

西罗•皮卡里耶洛（Ciro Picariello）的成功并不仅仅依赖天赋。这位伊尔皮尼亚（Irpinia）的种植者也是少数能感知到酿酒理念和风格走向的人，进而采取天然的、低干扰的葡萄栽培方法。在酿酒顾问的协助下，他采取简约的酿酒风格，苹果乳酸发酵被削减到最低限度，置于钢桶中熟化，一年半再上市。从酒品分类来看，他的菲亚诺（Fiano）总是排在酒庄出品的领先行列，出色地反映了位于苏姆蒙特（Summonte）和蒙特弗雷戴内（Montefredane）的葡萄园的优点。就像我们常说的，我们不仅仅欣赏那些获得最高奖的酒品。例如，皮尔瑞亚诺（Picariello）的菲亚诺2011（Fiano 2011）就是诠释复杂种植年份的杰作，就算有些缺陷也不要紧，它散发着浓厚、复杂的气味，紧接着呈现温暖的口感和出其不意的余韵。

○ Fiano di Avellino '11	🍷🍷	3*
○ Fiano di Avellino '10	🍷🍷🍷	3*
○ Fiano di Avellino '08	🍷🍷🍷	3*
○ Fiano di Avellino '09	🍷🍷	3
○ Fiano di Avellino '07	🍷🍷	3*
○ Fiano di Avellino '06	🍷🍷	3*
○ Fiano di Avellino '05	🍷🍷	3*

★Pietracupa

C.DA VADIAPERTI, 17
83030 MONTEFREDANE [AV]
TEL. 0825607418
pietracupa@email.it

藏酒销售
预约参观
年产量 50 000 瓶
葡萄种植面积 7.5 公顷

佩皮诺•洛夫雷多（Peppino Loffredo）不满足于被称为世界最好的白葡萄酒生产商之一。他不屈不挠的天性使他偏爱寻求新的挑战，最近的一次是渴望生产出符合地域纯正度、风格能与他杰出的菲亚诺（Fiano）和格雷科（Greco）相媲美的图拉斯（Taurasi）葡萄酒。有了这个想法后，他于2008年在托雷•勒•诺塞勒（Torre le Nocelle）收购了约2公顷土地，这个条件极好的分区能够酿制出和谐、美味而不是强劲的阿吉里安科（Aglianico）葡萄酒，出产的第一款图拉斯（Taurasi）完全取材于他们自家的葡萄，是原味、精干的2008年款。但是，跟往常一样，真正让我们兴奋的还是他们的白葡萄酒。我们很难判断晶莹、朴素的格雷科2012（Greco 2012）和优雅、金属感十足的菲亚诺2012（Fiano 2012）孰优孰劣。后者稍胜一筹，但两者都能媲美极好的2010年款。

○ Fiano di Avellino '12	🍷🍷🍷	3*
○ Greco di Tufo '12	🍷🍷	3*
● Taurasi '08	🍷🍷	5
● Quirico '11	🍷	3
○ Cupo '10	🍷🍷🍷	5
○ Cupo '08	🍷🍷🍷	5
○ Cupo '05	🍷🍷🍷	5
○ Cupo '03	🍷🍷🍷	3*
○ Greco di Tufo '10	🍷🍷🍷	3*
○ Greco di Tufo '09	🍷🍷🍷	3*
○ Greco di Tufo '08	🍷🍷🍷	3*
○ Greco di Tufo '07	🍷🍷🍷	3*
○ Greco di Tufo '06	🍷🍷🍷	3*

Quintodecimo

VIA SAN LEONARDO, 27
83036 MIRABELLA ECLANO [AV]
TEL. 0825449321
www.quintodecimo.it

藏酒销售
预约参观
住宿接待
年产量 36 000 瓶
葡萄种植面积 15 公顷

路易吉•莫伊奥（Luigi Moio）和他的搭档劳拉•马尔基奥（Laura Di Marzio）在米拉贝拉（Mirabella）创建的这座酒庄很大程度上正是伊尔皮尼亚（Irpinia）所缺少的。金托德西莫（Quintodecimo）酒庄是阿韦利诺（Avellino）省内“城堡”生产方法的活动区域，注重使用阿吉里安科（Aglianico）葡萄酿制出齐全的酒品系列，原料来自酒庄周围的葡萄园。另外，他们还收购和租用葡萄田种植格雷科（Greco）、菲亚诺（Fiano）和法兰吉娜（Falanghina）。葡萄等到完全熟透才收获，然后置于小型橡木桶里陈化，酿出的葡萄酒风格现代，有时带有迷人的橡木气息，能够长久地保持良好的结构和酒质。这种高级的酿制方法也反映在细节和价格上。在很大程度上，这还不是该酒庄值得期待的最好酒品，因为新的图拉斯（Taurasi）葡萄酒仍在陈化之中，有来自多变的2011年酿造期的所有白葡萄酒。同时，我们有机会荣幸地品尝到特拉•厄科拉诺2010（Terra d'Eclano 2010）这款小巧却动感清脆的优质图拉斯（Taurasi）葡萄酒。

● Irpinia Aglianico Terra d'Eclano '10	🍷🍷 6
○ Fiano di Avellino Exultet '11	🍷🍷 6
○ Greco di Tufo Giallo D'Arles '11	🍷🍷 6
○ Via Del Campo Falanghina '11	🍷🍷 5
○ Fiano di Avellino Exultet '09	🍷🍷🍷 6
○ Fiano di Avellino Exultet '10	🍷🍷 6
○ Greco di Tufo Giallo D'Arles '10	🍷🍷 6
● Irpinia Aglianico Terra d'Eclano '09	🍷🍷 6
● Taurasi V. Quintodecimo Ris. '07	🍷🍷 8

Fattoria La Rivolta

C.DA RIVOLTA
82030 TORRECUSO [BN]
TEL. 0824872921
www.fattorialarivolta.com

藏酒销售
预约参观
住宿接待
年产量 150 000 瓶
葡萄种植面积 29 公顷
葡萄栽培方式 有机认证

拉•瑞沃尔塔（La Rivolta）庄园被科特罗内奥家族（Cotroneo）于20世纪90年代在同名的地区收购，其29公顷的土地采用有机耕作技术，栽种坎帕尼亚区（Campania）主要的传统葡萄品种。近年来，我们欣赏到了白葡萄酒和玫瑰红葡萄酒散发出的紧凑、鲜亮的风格，这些酒除索格诺•瑞沃尔塔（Sogno di Rivolta）外都经过短暂的低温浸皮，然后置于钢桶里陈化。两款阿吉里安科•塔布尔诺（Aglianico del Taburno）虽然形态有些不同，但表现越发相似。基本酒款陈化在二手的大型酒桶里，特拉•瑞沃尔塔（Riserva Terra di Rivolta）用新的酒桶来陈酿。2012年款的白葡萄酒杰出地诠释了葡萄品种特有的醇厚。

● Aglianico del Taburno '10	🍷🍷🍷 3*
● Aglianico del Taburno Terra di Rivolta Ris. '10	🍷🍷 5
○ Sannio Fiano '12	🍷🍷 3
○ Taburno Coda di Volpe '12	🍷🍷 2*
○ Taburno Falanghina '12	🍷🍷 2*
○ Sannio Taburno Greco '12	🍷 2
● Taburno Piedirosso '12	🍷 2
● Aglianico del Taburno Terra di Rivolta Ris. '08	🍷🍷🍷 5
● Aglianico del Taburno Terra di Rivolta Ris. '09	🍷🍷 5
○ Sogno di Rivolta '11	🍷🍷 3
○ Taburno Falanghina '11	🍷🍷 2*
● Taburno Piedirosso '11	🍷🍷 2*

Rocca del Principe

via Arianiello, 9
83030 Lapio [AV]
Tel. 0825982435
www.roccadelprincipe.it

藏酒销售
预约参观
年产量 23 000 瓶
葡萄种植面积 10 公顷

虽然在阿韦利诺（Avellino）省拉皮欧（Lapio）一直被认为是菲亚诺（Fiano）葡萄酒的家乡，但直到最近，这里的一大群种植者才淋漓尽致地诠释出它的个性。这次菲亚诺（Fiano）葡萄酒复兴的领军人物是伊尔克尔•扎瑞拉（Ercole Zarella）与奥蕾莉亚•法布里奇奥（Aurelia Fabrizio）组成的夫妻档，他们也是罗卡•普林西比酒庄（Rocca del Principe）的主人。他们出品的唯一的菲亚诺（Fiano）葡萄酒结合了来自伦泽（Lenze）、阿里亚尼耶洛（Arianiello）、托格纳诺（Tognano）和坎波勒（Campore）的葡萄，带优质残渣置于钢桶中陈化很长时间，收成超过一年后才上市。他们的第二款酒图拉斯•马特多米尼（Taurasi Materdomini）使用外包的葡萄酿制而成，陈化在橡木桶、木桶和大型酒桶里。酒庄出产的菲亚诺•阿韦利诺2011（Fiano di Avellino 2011）是本酒种的精品之一。他们花很多功夫解决了酷热种植年份带来的问题，使得它带有柑橘、野花和新修理草坪的气味，口感则是醇厚的美味和刺激感。

○ Fiano di Avellino '11	🍷🍷 3*
● Taurasi Mater Domini '09	🍷🍷 5
○ Fiano di Avellino '10	🍷🍷🍷 3*
○ Fiano di Avellino '08	🍷🍷🍷 2*
○ Fiano di Avellino '07	🍷🍷🍷 2*
● Taurasi Master Domini '07	🍷🍷 5
● Taurasi Mater Domini '08	🍷🍷 5

Tenuta San Francesco

fraz. Corsano
via Sofilciano, 18
84010 Tramonti [SA]
Tel. 089876748
www.vinitenutasanfrancesco.it

藏酒销售
预约参观
年产量 40 000 瓶
葡萄种植面积 10 公顷

如果专业的葡萄酒爱好者想要寻找优质且独特无双的葡萄酒，很少有哪个地方能与阿马尔菲海岸（Amalfi Coast）的出品相媲美。这归功于桑•弗朗西斯科（Tenuta San Francesco）这样的酒庄。该酒庄由四位合伙人建立于2004年，现在仅拥有10公顷土地，其中1/3由酒庄所有。我们现在在特拉蒙迪（Tramonti）分区，这个地方对葡萄种植学有着极其深入的研究，种植了未嫁接的丁托列葡萄树（Tintore），用于酿造简朴、具地中海风格的红酒，如夸特罗斯比内陈酿（Quattrospine Riserva）和维格娜•帕拉迪索（È Iss Vigna Paradiso）。钢桶只用于陈化两款法兰吉娜（Falanghina）、贝蓓拉（Pepella）和吉内斯特拉（Ginestra）混酿。近年来，该酒庄在酒品连贯性和风格重点上进步迅猛，出产了很多出色的酒款。我们希望维格娜•帕拉迪索2010（È Iss Vigna Paradiso 2010）和浦伊娃2011（Per Eva）继续进步。特白拉蒙蒂2012（Tramonti Bianco 2012）成为阿马尔菲海岸的年度最佳混酿之一，它味道恬淡、活力十足、不断进步。

○ Costa d'Amalfi Tramonti Bianco '12	🍷🍷 3*
● Costa d'Amalfi Tramonti Rosso '11	🍷🍷 3
● Costa d'Amalfi Tramonti Rosso Quattrospine Ris. '09	🍷🍷 5
● E' Iss V. Paradiso '10	🍷🍷 5
○ Costa d'Amalfi Bianco Per Eva '11	🍷 4
⊙ Costa d'Amalfi Tramonti Rosato '12	🍷 3
○ Costa d'Amalfi Bianco Per Eva '10	🍷🍷 3
○ Costa d'Amalfi Tramonti Bianco '11	🍷🍷 2*
○ Costa d'Amalfi Tramonti Bianco '10	🍷🍷 2*
● Costa d'Amalfi Tramonti Rosso Quattrospine Ris. '08	🍷🍷 5
● Costa d'Amalfi Tramonti Rosso Quattrospine Ris. '07	🍷🍷 5
○ E' Iss V. Paradiso '09	🍷🍷 3*

San Giovanni

c.da Tresino
84048 Castellabate [SA]
Tel. 0974965136
www.agricolasangiovanni.it

藏酒销售
预约参观
住宿接待
年产量 20 000 瓶
葡萄种植面积 4 公顷

直到最近，酒庄所在的地方才有了电源。这个细节足以说明这里的迷人和原生态。1993年，马里奥（Mario）和伊达•科雷多（Ida Corrado）定居此处，并在普恩塔•特雷斯诺（Punta Tresino di Castellabate）建立了阿格里克拉•圣•乔瓦尼（Agricola San Giovanni）酒庄。这个地块与悬崖仅咫尺之遥，处在齐伦托国家公园（Cilento National Park）的保护区内，风景秀丽。不过话说回来，葡萄酒自身就很美丽。4公顷葡萄园几乎全部种植了菲亚诺（Fiano）、阿吉里安科（Aglianico）和一些红脚（Piedirosso）葡萄，出产的葡萄酒带有鲜亮、生机勃勃的风格，增强了其本身地中海式的咸咸的本性。特勒斯努斯2012（Tresinus 2012）正是完全呈现出了这些特点，带有层次感的、地中海式的八角、燧石、甜瓜、面包和树脂气味。

○ Fiano Tresinus '12	🍷🍷🍷 3*
● Castellabate '11	🍷🍷 3
● Ficonera '11	🍷🍷 5
● Maroccia '09	🍷 5
○ Paestum Bianco '12	🍷 3
○ Fiano '11	🍷🍷 2*
○ Fiano Tresinus '11	🍷🍷 3
○ Fiano Tresinus '10	🍷🍷 3*
● Maroccia '07	🍷🍷 5

San Salvatore

via Dionisio
84050 Giungano [SA]
Tel. 08281990900
www.sansalvatore1988.it

藏酒销售
预约参观
住宿接待
年产量 120 000 瓶
葡萄种植面积 16 公顷

圣•萨尔瓦托雷（San Salvatore）酒庄总部所在的山丘俯瞰着齐伦托国家公园（Cilento National Park）的帕厄斯鲁姆（Paestum）、斯蒂诺（Stio）和吉安加诺（Giungano）。这座有机方式管理的酒庄由朱塞佩•帕加诺（Giuseppe Pagano）建立，坐拥16公顷葡萄园，直到最近才涵盖了市场导向的园艺、橄榄油和牛群，旨在为自给自足的家族餐厅和酒店提供物资保障。葡萄园种植了坎帕尼亚区（Campania）的主要葡萄品种，出产的酒风格现代，主打圆润、芳香的白葡萄酒和榨取充分、暖烘烘的红葡萄酒。这些风格展现在我们的品酒会中，在皮安•斯蒂奥2012（Pian di Stio 2012）上表现得最为突出。这款通过控温酿造的纯种菲亚诺（Fiano）葡萄酒侧重呈现其植物精油和苏维翁（Sauvignon）葡萄的特性，口感几无甜味，以石灰和白肉水果为余韵。

○ Pian di Stio '12	🍷🍷🍷 3*
● Omaggio a Gillo Dorfles '10	🍷🍷 6
⊙ Joi Brut Rosé '10	🍷🍷 5
○ Calpazio '12	🍷 3
○ Cecerale Senza Solfiti Aggiunti '12	🍷 3
○ Trentenare '12	🍷 3
● Jungano '10	🍷🍷 3
○ Pian di Stio '11	🍷🍷 3*

Sanpaolo - Magistravini

C.DA SAN PAOLO
83042 ATRIPALDA [AV]
TEL. 0832704398
www.magistravini.it

藏酒销售
预约参观
年产量 250 000 瓶
葡萄种植面积 15 公顷

经历一年的失落，圣保罗（Sanpaolo）酒庄重新回到坎帕尼亚区（Campania）的《年鉴》正文中。这座普利亚区（Puglia）马吉斯特拉维尼（Magistravini）集团拥有的酒庄是少有的由阿韦利诺（Avellino）省以外的投资者设立的酒庄。酒庄以托里奥尼（Torrioni）的一个地区命名，位于格雷科•图福（Greco di Tufo）法定产区中心地带，在伊尔皮尼亚（Irpinia）和圣尼奥（Sannio）产出了系列齐全的葡萄酒种类。这些酒反映了地区特色，从葡萄园精选酒能看出，拉皮奥（Lapio）和蒙泰夫雷达内（Montefredane）生产了菲亚诺•阿韦利诺（Fiano di Avellino），蒙泰富斯科（Montefusco）生产了格雷科•图福（Greco di Tufo），还有超过四款法兰吉娜•贝内文塔诺（Falanghina del Beneventano）葡萄酒，其原料全部种植在成分各不相同的土壤上。酒庄的华丽回归依靠的是很多酒款，特别是白葡萄酒，达到的高度超越了技术性的范畴。精致绚丽的菲亚诺•阿韦利诺•拉皮奥（Fiano di Avellino Lapio）诠释了朴素活泼的2012年种植年份。蒙泰夫雷达内（Montefredane）更是如此，有着更好的矿物质气味余韵。

○ Falanghina Acqua '12	🍷🍷 3
○ Fiano di Avellino Lapio '12	🍷🍷 3
○ Fiano di Avellino Montefredane '12	🍷🍷 3
○ Greco di Tufo '12	🍷🍷 2*
○ Greco di Tufo Montefusco '12	🍷🍷 3
● Taurasi '08	🍷🍷 5
● Taurasi Ris. '08	🍷🍷 5
○ Falanghina Aria '12	🍷 3
○ Falanghina Fuoco '12	🍷 3
○ Falanghina Terra '12	🍷 3
○ Fiano di Avellino '12	🍷 2
○ Falanghina Fuoco '10	🍷🍷 3
○ Fiano di Avellino Lapio '10	🍷🍷 3
○ Fiano di Avellino Montefredane '11	🍷🍷 3
○ Greco di Tufo Montefusco '11	🍷🍷 3

Tenuta Sarno 1860

C.DA SERRONI, 4B
83100 AVELLINO
TEL. 082526161
www.tenutasarno1860.it

藏酒销售
年产量 15 000 瓶
葡萄种植面积 7 公顷

仅仅过了几个收获季后，莫拉•萨尔诺（Maura Sarno）酒庄就凭借唯一的酒款登上了菲亚诺•阿韦利诺（Fiano di Avellino）优质葡萄酒的排行榜。其核心原因是家庭运作和7公顷单一分布在海拔500米坎迪达（Candida）高地上的土地。栽种于2004年的葡萄树处在石灰黏土上，酒窖目前也在这里建造着。虽然设施尚未完工，但自从2009年第一个酿造期后，酒庄的风格已经清晰明确，钢桶里控温发酵、带渣陈化几个月的方法造就了光鲜、芳香馥郁的菲亚诺（Fiano）葡萄酒，突出了重点而不是酒精度。酒庄凭借前途光明的2012年款菲亚诺•阿韦利诺（Fiano di Avellino）跻身到我们《年鉴》的正文部分。八角、柑橘和香草的浓厚芳香扑鼻，贯穿着美味持久的口感，唯一的缺点是少了一点余韵。

○ Fiano di Avellino '12	🍷🍷 3*
○ Fiano di Avellino '11	🍷🍷 3
○ Fiano di Avellino '10	🍷🍷 3*

La Sibilla

FRAZ. BAIA
VIA OTTAVIANO AUGUSTO, 19
80070 BACOLI [NA]
TEL. 0818688778
www.sibillavini.it

藏酒销售
预约参观
年产量 70 000 瓶
葡萄种植面积 9.5 公顷

年轻的温琴佐•梅奥（Vincenzo Di Meo）现在在家庭酒庄里全职工作，酒庄与坎皮•佛莱格瑞（Campi Flegrei）的联系之紧密甚至体现在它的商标上，描绘了维吉尔（Virgil）提及的丘米女巫（Cumaean Sybil）。酒庄进步迅速，成功融合了这片风土桀骜不驯的本性和果汁丰富的风格，尤其体现在给芳香的基本酒款提供支持的精选酒款上。法兰吉娜•科鲁纳（Falanghina Cruna de Lago）带渣放进钢桶里陈化九个月，收成超过一年后才上市。红脚•维格纳•斯特里切（Piedirosso Vigne Storiche）在经过与天然酵母一起发酵，以及放在烤葡萄籽上的最初阶段后，被放进第三节中型橡木桶里陈化。拉•斯比拉（La Sibilla）取得重大进步的一大关键是红脚•维格纳•斯特里切2011（Piedirosso Vigne Storiche 2011）葡萄酒。它在钢桶里发酵后呈现出成熟的气息，结合了水果和烟熏气味，不过它真正原味的精华在于风味醇厚、丰富和有层次的口感以及绵长的柑橘味余韵。

● Campi Flegrei Piedirosso Vigne Storiche '11	🍷🍷 4
○ Campi Flegrei Falanghina Cruna deLago '11	🍷🍷 4
● Campi Flegrei Piedirosso '12	🍷🍷 3
● Marsiliano '10	🍷🍷 5
● Marsiliano '09	🍷🍷 5
○ Campi Flegrei Falanghina '12	🍷 2
⊙ Pedirosa '12	🍷 3
○ Campi Flegrei Falanghina '10	🍷🍷 2*
○ Campi Flegrei Falanghina Cruna deLago '10	🍷🍷 4
● Marsiliano '07	🍷🍷 5

Sorrentino

VIA RIO, 26
80042 BOSCOTRECASE [NA]
TEL. 0818584963
www.sorrentinovini.com

藏酒销售
预约参观
膳宿接待
年产量 220 000 瓶
葡萄种植面积 20 公顷
葡萄栽培方式 有机认证

如果我们形容维苏威火山（Vesuvius）的葡萄酒正从长眠中逐渐苏醒的话，那么背后的功臣当属兢兢业业的索伦蒂诺（Sorrentino）家族。家族拥有的庄园位于博斯科特雷卡塞（Boscotrecase）一座休眠火山海拔400米至500米的南坡上，像一个壮观的生物多样性实验室，20公顷土地主要种植红脚（Piedirosso）、法兰吉娜（Falanghina）、卡普雷托内（Caprettone）和卡塔拉内斯卡（Catalanesca）葡萄。出产的系列多样的酒款带有不断进化的风格。普洛迪维（Prodivi）生产线生产了更为雄心勃勃的酒品，和清晰动感的烟熏气味一起有条不紊地陈化着。无论我们是在谈论新的或旧的酒款，总体来说，今年索伦蒂诺（Sorrentino）酒庄的酒品再次令人印象深刻。维格纳•拉皮洛2011红葡萄酒（Vigna Lapillo Rosso 2011）和弗鲁帕2011（Frupa 2011）都值得一提，前者带有活泼、精美的杏仁果肉，后者是一款单一品种的红脚（Piedirosso）葡萄酒，呈现了更饱满、温暖的橡木气味和出色的矿物质气息。

● Don Paolo '11	🍷🍷 4
● Frupa '11	🍷🍷 5
○ Natì '11	🍷🍷 4
⊙ Vesuvio Lacryma Christi Rosato Versacrum '12	🍷🍷 2*
● Vesuvio Lacryma Christi Rosso V. Lapillo '11	🍷🍷 3
○ Falanghina Versacrum '12	🍷 2
○ Vesuvio Lacryma Christi Bianco V. Lapillo '12	🍷 3
○ Vesuvio Lacryma Christi Bianco Versacrum '12	🍷 2
● Don Paolo '10	🍷🍷 4
● Don Paolo '09	🍷🍷 3
○ Natì '10	🍷🍷 3
● Vesuvio Lacryma Christi Rosso Ver Sacrum '11	🍷🍷 2*

Luigi Tecce

C.DA TRINITÀ, 6
83052 PATERNOPOLI [AV]
TEL. 082771375
ltecce@libero.it

藏酒销售
预约参观
年产量 10 000 瓶
葡萄种植面积 4 公顷

在竞争激烈的伊尔皮尼亚（Irpinia）地区，路易吉•特塞（Luigi Tecce）的图拉斯（Taurasi）葡萄酒所占据的重要地位并不能仅仅从它的表现、获得的分数和品酒记录上体现出来。最重要的是，他创造了一种不同的方法来酿造阿吉里安科（Aglianico），证明了不必总是通过控制来呈现刺激感和新颖性。位于帕特尔诺珀里（Paternopoli）和卡斯特尔弗兰西（Castelfranci），采用树顶优先培育模式的老葡萄园是这里唯一亘古不变的东西。葡萄园和酒窖的工作适应不同种植年份的自然条件，以致在选择用于陈化的浸渍类型、容器的尺寸和来源上不用作过多的考虑。“独特”一词可以准确地形容这里的酿酒风格。不出所料，路易吉•特塞（Luigi Tecce）酒庄对反复无常的2009年的诠释表现了他们的勇气。他们酿造的波利费莫（Poliphemo）散发着树根、甘草、黑浆果和木炭的气息，然后慢慢引向浓烈、饱满的口感和厚重的单宁纹理。

● Taurasi Poliphemo '09	🍷🍷 7
● Irpinia Campi Taurasini Satyricon '10	🍷🍷 5
● Taurasi Poliphemo '08	🍷🍷🍷 6
● Taurasi Poliphemo '07	🍷🍷🍷 6
● Irpinia Campi Taurasini Satyricon '09	🍷🍷 4
● Taurasi Poliphemo '06	🍷🍷 6

Terre del Principe

FRAZ. SQUILLE
VIA SS. GIOVANNI E PAOLO, 30
81010 CASTEL CAMPAGNANO [CE]
TEL. 0823867126
www.terredelprincipe.com

藏酒销售
预约参观
膳宿接待
年产量 55 000 瓶
葡萄种植面积 11 公顷

多亏了我们现在熟知的帕拉格瑞罗（Pallagrello）、卡萨维奇亚（Casavecchia），由贝璐•曼奇尼（Peppe Mancini）和买努伊勒•皮安卡斯特里（Manuela Piancastelli）创建于20世纪90年代的特雷•普林西比（Terre del Principe）酒庄进入了葡萄酒项目的第二阶段。由于拥有自家的葡萄园，他们的工作变得容易很多。这些葡萄园分布在卡斯特尔•卡姆帕格纳诺（Castel Campagnano）山的多个山坡上，斯基勒（Squille）生产设施和陈列用于陈酿红葡萄酒的凝灰岩桶的酒窖也坐落在这里。他们处理本地卡亚佐（Caiazzo）品种的方法有以下几种：使用大部分小型新酒桶熟化阿姆布鲁科（Ambruco）、塞恩托莫吉亚（Centomoggia）、皮安卡斯特里（Piancastelli）和勒•塞罗勒（Le Sérole）精选酒，而钢桶用来陈化帕拉格瑞诺白葡萄酒（Pallagrello Bianco）和芳塔纳维格娜（Fontanaviga）。除了获“三杯奖”，卡萨维奇亚•森托莫吉亚2011（Casavecchia Centomoggia 2011）在风格上是该酒庄最令人信服的酒款。我们喜欢它的无拘无束、层次多样、酒体适中，充满了芳草和树根气味。

● Casavecchia Centomoggia '11	🍷🍷🍷 5
○ Le Serole '11	🍷🍷 5
● Ambruco '11	🍷🍷 5
● Castello delle Femmine '11	🍷🍷 3
○ Fontanavigna '12	🍷🍷 3
● Piancastelli '10	🍷🍷 6
⊙ Roseto del Volturno '12	🍷 3
● Ambruco '06	🍷🍷🍷 5
● Ambruco Pallagrello Nero '10	🍷🍷🍷 5
● Centomoggia '08	🍷🍷🍷 5
● Centomoggia '07	🍷🍷🍷 5

Terredora

via Serra
83030 Montefusco [AV]
Tel. 0825968215
www.terredora.com

藏酒销售
预约参观
餐饮接待
年产量 1 200 000 瓶
葡萄种植面积 200 公顷

卢西奥•马斯特罗贝拉迪奥（Lucio Mastroberardino）的猝然离世给坎帕尼亚区（Campania）以及其他地区的葡萄酒界留下了一个难以磨灭的伤痕。他是饮料企业生产商（Federvini）和伊尔皮尼亚威尼商会（Consorzio di Tutela Vini d'Irpinia）的前任主席，在德兰多娜（Terredora）酒庄担任了近20年的技术经理，这座酒庄是他及其父亲瓦特（Walter）和兄妹保罗（Paolo）、丹妮拉（Daniela）1933年创立的。他们留下了位于伊尔皮尼亚（Irpinia）具有战略意义的一系列庄园，其中蒙泰富斯科（Montefusco）和桑塔•保利纳（Santa Paolina）用于生产格雷科（Greco）；拉皮奥（Lapio）用于生产菲亚诺（Fiano）和阿吉里安科（Aglianico）；皮耶特拉德富西（Pietradefusi）用于生产图拉斯（Taurasi），组成了纷繁复杂的酒品系列。没有其他方法比打开一瓶图拉斯•法蒂卡•康塔迪纳2008（Taurasi Fatica Contadina 2008）更能怀念卢西奥了。这款酿制细腻的优质阿吉里安科（Aglianico）呈现了剥皮水果和非凡的复杂度；虽然因不够成熟而有些生硬，但它朴实、粗犷且可口，实属经典。

● Taurasi Fatica Contadina '08	🍷🍷🍷	5
○ Fiano di Avellino Campo Re '10	▼▼	5
○ Fiano di Avellino Terre Dora '12	▼▼	3
○ Greco di Tufo Terre degli Angeli '12	▼▼	3
○ Coda di Volpe '12	▼	2
○ Falanghina '12	▼	3
○ Greco di Tufo Loggia della Serra '12	▼	3
○ Fiano di Avellino Terre di Dora '10	▽▽	3
○ Greco di Tufo Loggia della Serra '10	▽▽	3
○ Greco di Tufo Terre degli Angeli '10	▽▽	3

Urciuolo

fraz. Celzi
via Due Principati, 9
83020 Forino [AV]
Tel. 0825761649
www.fratelliurciuolo.it

藏酒销售
预约参观
年产量 120 000 瓶
葡萄种植面积 22 公顷

西罗（Ciro）和安东内洛•乌尔修奥罗（Antonello Urciuolo）近年来发展的这个酒庄似乎在很多方面正处在变革的时期。随着产量的提高和酒品系列的不断增加，葡萄园和酿酒厂需要加大投资力度。我们等着看在未来几年，他们是否会重视分销和价格，或者他们是否会偏好通过新颖、有个性的诠释来考验和吸引苛刻的葡萄酒爱好者。在2008年酿造期，我们尝到了他们产自米拉贝拉（Mirbella）葡萄园的第一批图拉斯陈酿（Taurasi Riserva），而源自卡斯泰尔夫兰奇（Castelfranci）和蒙泰富斯科（Montefusco）的葡萄则用来酿制基本款葡萄酒。图拉斯2009（Taurasi 2009）看起来正是困难年份里诠释得最高效的酒品之一，即使它不够复杂。

○ Fiano di Avellino '12	🍷🍷	2*
● Taurasi '09	🍷🍷	4
● Taurasi Ris. '08	▼▼	5
● Aglianico '11	▼	1*
○ Greco di Tufo '12	▼	2
● Taurasi '07	▽▽▽	5
● Taurasi '06	▽▽▽	5*
● Taurasi '05	▽▽▽	5
● Taurasi '08	▽▽	5

Vestini Campagnano Poderi Foglia

FRAZ. SAN GIOVANNI E PAOLO
VIA BARRACCONE, 5
81013 CAIAZZO [CE]
TEL. 0823679087
www.vestinicampagnano.it

藏酒销售
预约参观
年产量 70 000 瓶
葡萄种植面积 8 公顷
葡萄栽培方式 有机认证

这座卡亚佐（Caiazzo）的知名酒庄由巴勒塔（Barletta）和夸兰塔（Quaranta）家族管理，拥有两处地产。位于韦斯提尼•坎帕哥纳诺（Vestini Campagnano）的5公顷土地栽种了帕拉格瑞罗（Pallagrello）和卡萨维奇亚（Casavecchia）葡萄；位于加鲁西奥（Galluccio）坎帕尼亚区•孔卡（Conca della Campania）的宝乐•福利亚（Podere Foglia）的3公顷土地种植了很多高大的阿吉里安科（Aglianico）和法兰吉娜（Falanghina）葡萄树。我们很难在国际化的品种总结出单一的风格，尤其是橡木味和榨取充分的红葡萄酒以及散发浓郁野味、更难以预测的酒款。在今年的品酒会上，酒庄的表现是近年来最令人信服的一次，在经过一段时间后，我们终于筛选出了一款跟康卡罗索2011（Concarosso 2011）一样独特和奔放的加鲁西奥（Galluccio）葡萄酒。这款阿吉里安科（Aglianico）和黑帕拉格雷罗（Pallagrello Nero）葡萄的混酿陈化在钢桶里，结合了可口的水果和丰满、朴素的火山气息。

● Galluccio Rosso Concarosso '11	🍷🍷 2*
○ Galluccio Bianco Concabianco '12	🍷🍷 2*
● Galluccio Rosso Concarosso Ris. '10	🍷🍷 2*
● Pallagrello Nero '10	🍷🍷 5
○ Asprinio da Viti Maritate '12	🍷 2
● Casa Vecchia '10	🍷 5
● Kajanero '12	🍷 2
○ Le Ortole '11	🍷 4
○ Pallagrello Bianco '12	🍷 3
⊙ Vado Ceraso '12	🍷 3
● Casa Vecchia '01	ΩΩΩ 4*
○ Asprinio '11	ΩΩ 2*
● Kajanero '11	ΩΩ 2*

Villa Diamante

VIA TOPPOLE, 16
83030 MONTEFREDANE [AV]
TEL. 0825670014
www.villadiamante.eu

藏酒销售
预约参观
年产量 10 000 瓶
葡萄种植面积 3 公顷
葡萄栽培方式 有机认证

维拉•迪亚曼特（Villa Diamante）小型酒庄拥有的约3公顷葡萄园栽种了维格纳•康格瑞加吉奥内（Vigna Congregazione），生长在托珀尔•蒙泰夫雷达内山（Toppole di Montefredane）海拔400多米部分朝南的石质黏土上，是酿制菲亚诺•阿韦利诺（Fiano di Avellino）葡萄酒的最佳葡萄园之一，安东尼•基亚特（Antonie Gaite）和迪亚曼特•热纳（Diamante Renna）运用娴熟的手艺造就了该酒突出的金属味与烟熏味，他们不采用澄清和过滤，而是侧重放进钢桶里进行长时间的熟化。格雷科•图福（Greco di Tufo Vigna del Ciamillo）和图拉斯•帕特•诺比利斯（Taurasi Pater Nobilis）取材于外包的葡萄，在新酒桶里陈化两年。对我们来说，2011年是维格纳•康格瑞加吉奥内（Vigna della Congregazione）最好的奇数年份之一，而重要的是成功的菲亚诺•阿韦利诺（Fiano di Avellino）产自一个条件困难的年份。虽然它还不够资格获得最高奖项，但是值得关注，带有更甚于以往的地中海特性和标志性的刺激性咸味。

○ Fiano di Avellino Vigna della Congregazione '11	🍷🍷 5
○ Fiano di Avellino Vigna della Congregazione '10	ΩΩΩ 5
○ Fiano di Avellino Vigna della Congregazione '08	ΩΩΩ 4
○ Fiano di Avellino Vigna della Congregazione '06	ΩΩΩ 4
○ Fiano di Avellino Vigna della Congregazione '04	ΩΩΩ 4
○ Fiano di Avellino Vigna della Congregazione '09	ΩΩ 5
● Taurasi Pater Nobilis '07	ΩΩ 5

★Villa Matilde

SS Domitiana, 18
81030 Cellole [CE]
Tel. 0823932088
www.villamatilde.it

藏酒销售
预约参观
膳宿接待
年产量 700 000 瓶
葡萄种植面积 130 公顷

把马蒂尔德（Villa Matilde）酒庄称作当代法拉诺（Falerno）鼻祖有点过于简单。弗朗西斯科•阿瓦龙（Francesco Avallone）和他的孩子玛利亚•艾达（Maria Ida）、萨尔瓦托里（Salvatore）管理着酒庄。他们在圣尼奥（Sannio）收购了特努塔•罗卡•莱昂尼（Tenuta Rocca dei Leoni），在伊尔皮尼亚（Irpinia）买下了特努塔•阿尔塔维拉（Tenuta d'Altavilla），让这座塞罗勒（Cellole）的酒庄摇身一变成为本地区酒业的中坚力量，产出的酒品种类繁多但风格一致，采用法兰吉娜（Falanghina）、阿吉里安科（Aglianico）、皮帝罗索（Piedirosso）、菲亚诺（Fiano）、普利米帝沃（Primitivo）和格雷科（Greco）葡萄酿制而成。入门级酒物超所值、活力非凡，卡麦雷拓（Camarato）和卡拉奇（Caracci）精品酒则浓缩绵厚。如同以往，我们折服于可靠、低价的酒品，如白法拉诺（Falerno Bianco）和法兰吉娜•罗卡•莱昂尼2012（Falanghina Rocca dei Leoni 2012）。

● Cecubo '09	🍷🍷 4
○ Falanghina Tenuta Rocca dei Leoni '12	🍷🍷 2*
○ Falerno del Massico Bianco '12	🍷🍷 3
● Falerno del Massico Rosso V. Camarato Ris. '07	🍷🍷 7
● Aglianico Tenuta Rocca dei Leoni '11	🍷 2
● Deira Aglianico Passito '05	🍷 8
○ Falanghina di Roccamonfina '12	🍷 2
● Falerno del Massico Rosso '10	🍷 3
○ Fiano di Avellino Tenute di Altavilla '12	🍷 3
○ Greco di Tufo Tenute di Altavilla '12	🍷 3
○ Falerno del Massico Bianco V. Caracci '08	🍷🍷🍷 3
○ Falerno del Massico Bianco V. Caracci '05	🍷🍷🍷 3
○ Falerno del Massico Bianco V. Caracci '04	🍷🍷🍷 3*

Villa Raiano

loc. San Michele di Serino
via Bosco Satrano, 1
83020 Serino [AV]
Tel. 0825595550
www.villaraiano.com

藏酒销售
预约参观
年产量 300 000 瓶
葡萄种植面积 26 公顷

伊尔皮尼亚（Irpinia）的发展依靠由萨比诺（Sabino）、西蒙尼•巴索（Simone Basso）兄弟和西蒙尼（Simone）的姻亲兄弟保罗•斯比罗（Paolo Sibillo）经营的酒庄。该酒庄是20世纪90年代的领先酒庄，不过之后致力于重塑风格，收购重要的葡萄园，在确保酒品优质可靠的基础上把重心更多地放在地域特色的呈现上。虽然酒庄不久后会关注卡斯泰尔夫兰奇（Castelfranci）基地的图拉斯（Taurasi）葡萄酒，不过当下的重点仍是白葡萄酒，就像您看到的葡萄园精选酒那样，如马罗塔•蒙特弗鲁斯科（Marotta di Montefrusco）出产的格雷科（Greco），阿里马特•蒙泰夫雷达内（Alimata di Montefredane）和文蒂杜•拉皮奥（Ventidue di Lapio）出产的菲亚诺（Fiano）。虽然酒品系列有所减少，但这些酒在最近的品酒会上还是令人印象深刻。我们还得等到明年检验精选酒，不过现在我们再次被入门级的白葡萄酒所震惊：菲亚诺•阿韦利诺2012（Fiano di Avellino 2012）呈现了紧密的柑橘味。而同年的格雷科•图福（Greco di Tufo）有着谷物的特征和清瘦的口感。

○ Fiano di Avellino '12	🍷🍷 3
○ Greco di Tufo '12	🍷🍷 3
● Taurasi '09	🍷🍷 5
● Aglianico '11	🍷 2
○ Fiano di Avellino Alimata '10	🍷🍷🍷 4
○ Fiano di Avellino '11	🍷🍷 3
○ Fiano di Avellino Alimata '11	🍷🍷 4
○ Fiano di Avellino Ventidue '11	🍷🍷 4
○ Greco di Tufo '11	🍷🍷 3
● Taurasi Raiano '08	🍷🍷 5

Abbazia di Crapolla

Loc. Avigliano
via San Filippo, 2
80069 Vico Equense [NA]
Tel. 3383517280
www.abbaziadicrapolla.it

年产量 12000 瓶
葡萄种植面积 2 公顷

- ● Pinot Nero '11 — 🍷🍷 5
- ○ Sireo Bianco '11 — 🍷🍷 5
- ● Sireo Rosso '11 — 🍷🍷 5

Aia dei Colombi

c.da Sapenzie
82034 Guardia Sanframondi [BN]
Tel. 0824817384
www.aiadeicolombi.it

藏酒销售
预约参观
年产量 60000 瓶
葡萄种植面积 18 公顷

- ○ Falanghina del Sannio Guardia Sanframondi '12 — 🍷🍷 2*
- ○ Falanghina del Sannio Guardia Sanframondi Vignasuprema '11 — 🍷 2

Alepa

via Barraccone
81013 Caiazzo [CE]
Tel. 0823862755
www.alepa.it

预约参观
住宿接待
年产量 15000 瓶
葡萄种植面积 4 公顷

- ○ Maria Carolina '11 — 🍷🍷 5
- ○ Riccio Bianco '11 — 🍷🍷 3
- ● Riccio Nero '09 — 🍷 4

Amarano

c.da Torre, 32
83040 Montemarano [AV]
Tel. 082763351
www.amarano.it

藏酒销售
预约参观
年产量 20000 瓶
葡萄种植面积 3 公顷

- ● Irpinia Campi Taurasini Malambruno '10 — 🍷🍷 3
- ● Taurasi Principe Lagonessa '09 — 🍷🍷 5

Antichi Coloni

c.da Salici
83052 Paternopoli [AV]
Tel. 3472563997
www.antichicoloni.com

藏酒销售
年产量 10000 瓶
葡萄种植面积 1.73 公顷

- ● Taurasi Centaurus '08 — 🍷🍷 5
- ● Vinicius '11 — 🍷 2

Antico Castello

c.da Poppano, 11
83050 San Mango sul Calore [AV]
Tel. 3408062830
www.anticocastello.com

藏酒销售
预约参观
年产量 40000 瓶
葡萄种植面积 10 公顷

- ● Irpinia Aglianico Magis '09 — 🍷🍷 3
- ○ Irpinia Fiano '12 — 🍷 3
- ○ Irpinia Greco '12 — 🍷 3

Giuseppe Apicella

FRAZ. CAPITIGNANO
VIA CASTELLO SANTA MARIA, 1
84010 TRAMONTI [SA]
TEL. 089856209
www.giuseppeapicella.it

藏酒销售
预约参观
年产量 70 000 瓶
葡萄种植面积 7 公顷
葡萄栽培方式 有机认证

- ● Costa d'Amalfi Tramonti Rosso '09 ♥♥ 3
- ● Costa d'Amalfi Tramonti Rosso A' Scippata Ris. '08 ♥♥ 5
- ○ Costa d'Amalfi Tramonti Bianco '12 ♥ 2

Cantine Astroni

FRAZ. ASTRONI
VIA SARTANIA, 48
80126 NAPOLI
TEL. 0815884182
www.cantineastroni.com

藏酒销售
预约参观
膳宿接待
年产量 360 000 瓶
葡萄种植面积 25 公顷

- ● Campi Flegrei Piedirosso Colle Rotondella '12 ♥♥ 2*
- ● Campi Flegrei Piedirosso Tenuta Camaldoli '11 ♥♥ 2*

Bambinuto

VIA CERRO
83030 SANTA PAOLINA [AV]
TEL. 0825964634
info@cantinabambinuto.com

预约参观
年产量 30 000 瓶
葡萄种植面积 4 公顷

- ○ Greco di Tufo '12 ♥♥ 3
- ○ Falanghina '12 ♥ 2

Boccella

VIA SANT'EUSTACHIO
83040 CASTELFRANCI [AV]
TEL. 082772574
www.boccellavini.it

藏酒销售
预约参观
年产量 10 000 瓶
葡萄种植面积 5 公顷
葡萄栽培方式 有机认证

- ● Taurasi Sant'Eustachio '08 ♥♥ 5

Il Cancelliere

C.DA IAMPENNE, 45
83040 MONTEMARANO [AV]
TEL. 082763557
www.ilcancelliere.it

藏酒销售
预约参观
年产量 18 000 瓶
葡萄种植面积 7 公顷
葡萄栽培方式 有机认证

- ● Irpinia Aglianico Gioviano '09 ♥♥ 2*

Cantina dei Monaci

FRAZ. SANTA LUCIA, 206
83030 SANTA PAOLINA [AV]
TEL. 0825964350
www.cantinadeimonaci.it

藏酒销售
预约参观
年产量 80 000 瓶
葡萄种植面积 9.5 公顷

- ○ Greco di Tufo '12 ♥♥ 3

Alexia Capolino Perlingieri
via Marraioli, 58
82037 Castelvenere [BN]
Tel. 0824971541
www.capolinoperlingieri.com

藏酒销售
预约参观
年产量 30 000 瓶
葡萄种植面积 13 公顷
葡萄栽培方式 有机认证

○ Sannio Falanghina Preta '12	2*
○ Sannio Fiano Nembo '12	3
● Sannio Rosso Sciascì '09	3

La Casa dell'Orco
fraz. San Michele
via Limaturo, 52
83039 Pratola Serra [AV]
Tel. 0825967038
www.lacasadellorco.it

藏酒销售
预约参观
年产量 200 000 瓶
葡萄种植面积 30 公顷

○ Fiano di Avellino '12	3
○ Irpinia Coda di Volpe '12	2*
○ Greco di Tufo '12	3

Casa Di Baal
loc. Macchia
via Tiziano, 14
84096 Montecorvino Rovella [SA]
Tel. 089981143
www.casadibaal.it

藏酒销售
预约参观
年产量 23 000 瓶
葡萄种植面积 5 公顷
葡萄栽培方式 有机认证

○ Fiano di Baal '11	3*
● Rosso di Baal '11	2*
● Aglianico di Baal '10	3
○ Bianco di Baal '12	2

Viticoltori del Casavecchia
via Madonna delle Grazie, 28
81040 Pontelatone [CE]
Tel. 3289726688
www.viticoltoridelcasavecchia.it

藏酒销售
预约参观
年产量 18 000 瓶
葡萄种植面积 3 公顷

● Erta dei Ciliegi '11	2*
○ Pallagrello Bianco '12	2*
● Vigna Prea '10	4
⊙ Sfizio Rosa '12	2

Casebianche
via Case Bianche, 8
84076 Torchiara [SA]
Tel. 0974843244
www.casebianche.eu

藏酒销售
预约参观
年产量 30 000 瓶
葡萄种植面积 5. 5 公顷
葡萄栽培方式 有机认证

○ Cilento Fiano Cumalè '12	2*
○ La Matta Dosaggio Zero '12	3
● Cilento Aglianico Cupersito '11	3
● Delle More '11	2

Casula Vinaria
via Mattinelle, 109
84022 Campagna [SA]
Tel. 3485437133
www.casulavinaria.com

藏酒销售
预约参观
年产量 20 000 瓶
葡萄种植面积 2 公顷

○ Melodia '12	2*
● Brigante '11	2

Cautiero

C.DA ARBUSTI
82030 FRASSO TELESINO [BN]
TEL. 3387640641
www.cautiero.it

藏酒销售
预约参观
年产量 16000 瓶
葡萄种植面积 4 公顷
葡萄栽培方式 有机认证

○ Sannio Falanghina Fois '12	🍷🍷 2*
● Sannio Aglianico Donna Candida '10	🍷🍷 4
○ Erba Bianca '12	🍷 2
● Piedirosso '12	🍷 2

Carlo Centrella

VIA GUARDIE, 115
83010 TORRIONI [AV]
TEL. 0825998098
www.centrellavino.it

藏酒销售
预约参观
年产量 6000 瓶
葡萄种植面积 1 公顷

○ Greco di Tufo Selvetelle '12	🍷🍷 3

Colle di San Domenico

SS OFANTINA KM 7,500
83040 CHIUSANO DI SAN DOMENICO [AV]
TEL. 0825985423
www.cantinecolledisandomenico.it

藏酒销售
预约参观
年产量 100000 瓶
葡萄种植面积 20 公顷

○ Fiano di Avellino '12	🍷🍷 3
○ Greco di Tufo '12	🍷 3
● Irpinia Aglianico '11	🍷 2

Di Meo

C.DA COCCOVONI, 1
83050 SALZA IRPINA [AV]
TEL. 0825981419
www.dimeo.it

藏酒销售
预约参观
住宿接待
年产量 500000 瓶
葡萄种植面积 30 公顷

○ Fiano di Avellino Alessandra '10	🍷🍷 3
○ Greco di Tufo Sel. Roberto Di Meo '10	🍷🍷 4
● Aglianico '10	🍷 3
● Isso '11	🍷 2

Cantina Farro

LOC. FUSARO
FRAZ. BACOLI
VIA VIRGILIO, 16/24
80070 NAPOLI
TEL. 0818545555
www.cantinefarro.it

藏酒销售
预约参观
年产量 207000 瓶
葡萄种植面积 20 公顷

○ Campi Flegrei Falanghina '12	🍷🍷 2*
○ Campi Flegrei Le Cigliate '11	🍷🍷 3
● Campi Flegrei Piedirosso '12	🍷 2

Feudo Apiano

VIA CASALE MONACI,8
83030 LAPIO [AV]
TEL. 0825982181
www.feudoapiano.it

藏酒销售
年产量 15000 瓶
葡萄种植面积 6 公顷

○ Fiano di Avellino '12	🍷🍷 3
● Taurasi '05	🍷🍷 5
○ Fiano di Avellino '11	🍷 3

Fonzone Caccese

LOC. SCORZAGALLINE
83052 PATERNOPOLI [AV]
TEL. 0810511118
www.fonzone.it

藏酒销售
年产量 50000 瓶
葡萄种植面积 30 公顷

○ Fiano di Avellino '12	🍷🍷 3
○ Greco di Tufo '12	🍷🍷 2*
● Irpinia Campi Taurasini '10	🍷🍷 4
○ Irpinia Fiano Sequoia '11	🍷 3

Historia Antiqua

VIA VARIANTE EST SS 7BIS, 75
83030 MONOCALZATI [AV]
TEL. 0825675179
www.historiaantiqua.it

藏酒销售
预约参观
年产量 90000 瓶
葡萄种植面积 30 公顷

○ Greco di Tufo '12	🍷🍷 3
● Taurasi '09	🍷🍷 6
○ Fiano di Avellino '12	🍷 3
● Taurasi '08	🍷 6

Il Verro

LOC. ACQUAVALLE, LAUTONI
81040 FORMICOLA [CE]
TEL. 3456416200
www.ilverro.it

藏酒销售
年产量 18000 瓶
葡萄种植面积 3 公顷

○ Sheep '12	🍷🍷 2*
● Casavecchia Lautonis '12	🍷 2
○ Pallagrello Bianco Verginiano '12	🍷 2
● Pallagrello Nero '12	🍷 2

Lunarossa

VIA V. FORTUNATO LOTTO, 10
84095 GIFFONI VALLE PIANA [SA]
TEL. 0898021016
www.viniepassione.it

预约参观
年产量 55000 瓶
葡萄种植面积 4.5 公顷

● Aglianico Camporeale '12	🍷🍷 2*
● Borgomastro '07	🍷🍷 6
● Rossomarea '08	🍷🍷 2
○ Costacielo Bianco '11	🍷 2

Salvatore Magnoni

VIA FRATELLI MAGNONI, 11
84070 RUTINO [SA]
TEL. 0974830018
www.primalaterra.it

藏酒销售
预约参观
年产量 50000 瓶
葡萄种植面积 2 公顷

● Cilento Aglianico Primalaterra '11	🍷🍷 4

Guido Marsella

VIA MARONE, 1
83010 SUMMONTE [AV]
TEL. 0825691005
cantine@guidomarsella.com

藏酒销售
预约参观
年产量 25000 瓶
葡萄种植面积 8 公顷

○ Fiano di Avellino '11	🍷🍷 2*
○ Greco di Tufo Poggi Reali '11	🍷 2

Le Masciare

C.DA BARBASSANO
83052 PATERNOPOLI [AV]
TEL. 3486412799
www.lemasciare.com

年产量 70 000 瓶
葡萄种植面积 9 公顷

○ Greco di Tufo Settepietre '12	🍷🍷 2*
○ Fiano di Avellino Ambra '12	🍷 2
● Irpinia Campi Taurasini '11	🍷 2

Masseria Frattasi

VIA TORRE VARONI, 15
82016 MONTESARCHIO [BN]
TEL. 0823351740
www.masseriafrattasi.it

藏酒销售
预约参观
年产量 150 000 瓶
葡萄种植面积 10 公顷
葡萄栽培方式 有机认证

○ Taburno Falanghina '12	🍷🍷 2*
○ Taburno Falanghina di Bonea '12	🍷🍷 3

Mustilli

VIA CAUDINA, 10
82019 SANT'AGATA DE' GOTI [BN]
TEL. 0823718142
www.mustilli.com

藏酒销售
预约参观
膳宿接待
年产量 150 000 瓶
葡萄种植面积 35 公顷
葡萄栽培方式 有机认证

● Sannio Piedirosso '12	🍷🍷 3
● Sant'Agata dei Goti Aglianico Cesco di Nece '10	🍷🍷 3
○ Sant'Agata dei Goti Falanghina '12	🍷🍷 3

Lorenzo Nifo Sarrapochiello

VIA PIANA
82030 PONTE [BN]
TEL. 0824876450
www.nifo.eu

藏酒销售
预约参观
年产量 70 000 瓶
葡萄种植面积 16 公顷
葡萄栽培方式 有机认证

● Aglianico del Taburno '10	🍷🍷 2*
○ Falanghina del Sannio Taburno '12	🍷🍷 2*
○ Falanghina del Sannio Alenta V.T. '12	🍷 3
○ Sannio Taburno Fiano '12	🍷 2

Ocone

LOC. LA MADONNELLA
VIA DEL MONTE, 56
82030 PONTE [BN]
TEL. 0824874040
www.oconevini.it

藏酒销售
预约参观
年产量 250 000 瓶
葡萄种植面积 49 公顷
葡萄栽培方式 有机认证

● Aglianico del Taburno V. Pezza la Corte '07	🍷🍷 3
● Aglianico del Taburno Diomede '07	🍷 4
○ Falanghina del Sannio Taburno Flora '12	🍷 2

Gennaro Papa

P.ZZA LIMATA, 2
81030 FALCIANO DEL MASSICO [CE]
TEL. 0823931267
www.gennaropapa.it

藏酒销售
预约参观
年产量 18 000 瓶
葡萄种植面积 6 公顷

● Falerno del Massico Conclave '11	🍷🍷 3

La Pietra di Tommasone

via Provinciale Fango, 98
80076 Lacco Ameno [NA]
Tel. 0813330330
www.tommasonevini.it

藏酒销售
预约参观
年产量 100 000 瓶
葡萄种植面积 11 公顷

- ○ Ischia Biancolella '12 🍷🍷 2*
- ○ Ischia Biancolella V. dei Preti '11 🍷 4
- ● Ischia Per'e Palummo '12 🍷 3

Tenuta Ponte

via Carazita, 1
83040 Luogosano [AV]
Tel. 082773564
www.tenutaponte.it

藏酒销售
预约参观
年产量 180 000 瓶
葡萄种植面积 25 公顷

- ○ Fiano di Avellino '12 🍷🍷 3
- ○ Greco di Tufo '12 🍷 3
- ● Irpinia Campi Taurasini Carazita '09 🍷 2

Andrea Reale

loc. Borgo di Gete
via Cardamone, 75
84010 Tramonti [SA]
Tel. 089856144
www.aziendaagricolareale.it

藏酒销售
预约参观
膳宿接待
年产量 120 000 瓶
葡萄种植面积 2.5 公顷

- ⊙ Costa d'Amalfi Tramonti Getis Rosato '12 🍷🍷 4
- ○ Costa d'Amalfi Tramonti Rosso Cardamone '11 🍷🍷 4
- ● Borgo di Gete '09 🍷 6

Regina Viarum

loc. Falciano del Massico
via Vellaria
81030 Falciano del Massico [CE]
Tel. 0823931299
www.reginaviarum.it

藏酒销售
预约参观
年产量 19 000 瓶
葡萄种植面积 5 公顷
葡萄栽培方式 有机认证

- ● Falerno del Massico Barone '10 🍷🍷 5
- ● Falerno del Massico Zero5 '10 🍷🍷 3

Ettore Sammarco

via Civita, 9
84010 Ravello [SA]
Tel. 089872774
www.ettoresammarco.it

藏酒销售
预约参观
年产量 62 000 瓶
葡萄种植面积 13 公顷

- ○ Costa d'Amalfi Ravello Bianco Selva delle Monache '12 🍷🍷 3
- ○ Costa d'Amalfi Ravello Bianco V. Grotta Piana '12 🍷🍷 3

Terra di Vento

via Tevere
84090 Montecorvino Pugliano [SA]
Tel. 0828354597
www.terradivento.it

藏酒销售
预约参观
膳宿接待
年产量 15 000 瓶
葡萄种植面积 10 公顷
葡萄栽培方式 有机认证

- ● Petrale '09 🍷🍷 3
- ○ Faiano '12 🍷 2

Terre Stregate

via Municipio, 105
82034 Guardia Sanframondi [BN]
Tel. 0824817857
www.terrestregate.it

藏酒销售
预约参观
年产量 50 000 瓶
葡萄种植面积 20 公顷
葡萄栽培方式 有机认证

- ○ Falanghina del Sannio Svelato '12 — 2*
- ● Guardiolo Aglianico Scrypta '10 — 3
- ○ Sannio Greco Aurora '12 — 2*
- ○ Falanghina del Beneventano Trama '12 — 2

Torre a Oriente

loc. Mercuri I, 19
82030 Torrecuso [BN]
Tel. 0824874376
www.torreaoriente.eu

藏酒销售
预约参观
膳宿接待
年产量 40 000 瓶
葡萄种植面积 10 公顷

- ● Janico '10 — 2*
- ○ Falanghina del Sannio Taburno Siriana '11 — 2

Torricino

loc. Torricino
via Nazionale
83010 Tufo [AV]
Tel. 0825998119
www.torricino.it

藏酒销售
预约参观
年产量 40 000 瓶
葡萄种植面积 10 公顷
葡萄栽培方式 有机认证

- ○ Fiano di Avellino '12 — 3
- ○ Greco di Tufo '12 — 3

Trabucco

via Vittorio Emanuele, 1
81030 Carinola [CE]
Tel. 0823737345
www.trabucconicola.it

藏酒销售
预约参观
年产量 12 000 瓶
葡萄种植面积 2 公顷

- ● Falerno del Massico Rosso Erre '10 — 2*
- ○ Falerno del Massico Bianco 16 Marzo '12 — 2
- ● Falerno del Massico Rosso Rapicano '10 — 4

Traerte

c.da Vadiaperti
83030 Montefredane [AV]
Tel. 0825607270
info@traerte.it

- ○ Greco di Tufo Tornante '12 — 5
- ○ Fiano di Avellino Aipierti '12 — 5
- ○ Greco di Tufo '12 — 4
- ○ Irpinia Coda di Volpe Torama '12 — 2*

Verrone Antonio

c.da Cannetiello
84043 Agropoli [SA]
Tel. 089236306
verrone.viticoltori@gmail.com

藏酒销售
预约参观
年产量 30 000 瓶
葡萄种植面积 16 公顷

- ○ Cilento Fiano V. Girapoggio '12 — 3
- ● Cilento Aglianico V. Girapoggio '10 — 3

Le Vigne di Raito

FRAZ. RAITO
VIA SAN VITO, 9
84019 VIETRI SUL MARE [SA]
TEL. 089233428
www.levignediraito.com

藏酒销售
预约参观
膳宿接待
年产量 6 000 瓶
葡萄种植面积 1.7 公顷
葡萄栽培方式 有机认证

● Ragis '10	ŸŸ 5
⊙ Vitamenia '12	Ÿ 4

Vigne Guadagno - Vistabella

VIA SANT'ANIELLO
83030 MONTEFREDANE [AV]
TEL. 08251686278
www.vigneguadagno.it

预约参观
年产量 47 000 瓶
葡萄种植面积 10 公顷

○ Greco di Tufo '12	ŸŸ 8
○ Fiano di Avellino '12	Ÿ 8
● Irpinia Aglianico '11	Ÿ 2

Vigne Sannite

LOC. SALELLA
82037 CASTELVENERE [BN]
TEL. 0824941494
www.cesas.it

藏酒销售
年产量 300 000 瓶
葡萄种植面积 150 公顷
葡萄栽培方式 有机认证

○ Falanghina del Sannio '12	ŸŸ 2*
● Sannio Barbera '11	ŸŸ 2*

Vinosia

VIA APPIA, 150
83042 ATRIPALDA [AV]
TEL. 0825628185
www.vinosia.com

住宿接待
年产量 850 000 瓶
葡萄种植面积 40 公顷

● Taurasi Marziacanale '08	ŸŸ 5
● Taurasi Santandrea '07	ŸŸ 4
● Irpinia Campi Taurasini Neromora '11	Ÿ 2
● Taurasi Rajamagra Ris. '05	Ÿ 5

Votino

VIA FIZZO, 14
82013 BONEA [BN]
TEL. 0824834762
www.aziendavotino.com

藏酒销售
年产量 40 000 瓶
葡萄种植面积 5 公顷

● Aglianico del Taburno Furius '08	ŸŸ 3
○ Falanghina Taburno Cocceius '12	ŸŸ 2*
○ Sannio Fiano '12	Ÿ 2

Vuolo

LOC. PASSIONE
84135 SALERNO
TEL. 089282178
www.milavuolo.it

藏酒销售
年产量 1 000 瓶
葡萄种植面积 3.5 公顷
葡萄栽培方式 有机认证

○ Fiano '11	ŸŸ 3
● Aglianico '09	Ÿ 5

巴西利卡塔区
BASILICATA

巴西利卡塔区（Basilicata）今年有四款葡萄酒获奖，比去年《年鉴》所展示的多出一款，体现了即使在如此困难的时期，该地区的优秀酒庄仍敢于担当。巴西利卡塔区的酿酒业之所以有这么大的名气，归功于瓦尔切（Vulture）地区，其产酒量占据大区总量的80%，代表性酒品仅有一款：阿吉里安科•瓦尔切（Aglianico Del Vulture）。在这段艰难的时期，最大的新闻就是瓦尔切葡萄种植者的奉献精神，旨在为他们的酒品寻求和争取保证法定产区酒（DOCG）的地位。自2011年的酿造期起，顶级阿吉里安科•瓦尔切（Aglianico Del Vulture Superiore）必须经历两年在酒窖里的成熟和陈化期，而顶级陈酿（Superiore Riserva）则需要四年，两年置于木桶，两年置于酒瓶。表面上看，这些雄心勃勃的决策似乎与现实情况相冲突，因为眼下市场更偏好便宜易饮的酒品，但对于瓦尔切的葡萄种植者来说，这是义不容辞的，因为深信他们的优质葡萄酒的潜力，这些酒可谓意大利南部酒款中的贵族。凭借华丽的2010年款，坎提内•诺泰奥•阿吉里安科•瓦尔切（Cantine Del Notaio's Aglianico Vulture La Firma）重回巅峰，福西（Fucci）的蒂托洛2011（Titolo 2011）则再次证明了他的杰出。意大利葡萄酒集团（GIV）的特雷•德格里•斯瓦维（Terre Degli Svevi）酒庄酿制的优雅、有层次感的雷•曼菲蒂2009（Re Manfredi 2009）也斩获一项“三杯奖”（Tre Bicchieri）。另一款几乎锁定奖项的是帕斯诺斯特（Paternoster）家族酒窖出产的迷人的唐•安塞尔莫2009（Don Anselmo 2009）。虽然近期经济不景气，一座座新酒庄还是拔地而起，侧面印证这些酿酒师们是多么相信他们产品的优秀程度。而对以坎提内•维诺萨（Cantina Di Venosa）为先锋的联营酒庄们而言，他们对这片土地作出了重要贡献，尤其在提升酒品质量方面。马泰拉（Matera）省上空即将会弥漫工厂排出的烟雾了，因为一些有远大目标的酒窖正在建造，以生产优质产品。普利米沃蒂（Primitivo）开始在我们的品酒会上露脸了。它是阳光灿烂的山丘上的常客，俯瞰爱奥尼亚海（Lonian Sea），向外界呈现出了个性和与众不同的性格。欲知第一瓶来自保证法定产区级的阿吉里安科•瓦尔切（Aglianico Del Vulture DOCG）如何，还请继续关注我们出版的《年鉴》。

Basilisco

VIA DELLE CANTINE, 22
85022 BARILE [PZ]
TEL. 0972771033
www.basiliscovini.it

藏酒销售
预约参观
膳宿接待
年产量 50 000 瓶
葡萄种植面积 27 公顷
葡萄栽培方式 有机认证

位于伊尔皮尼亚（Lrpinia）的福地酒园（Feudi di San Gregorio）充满激情地打理着其下属的位于瓦尔切（Vulture）的酒庄。该企业购买了葡萄园，在巴里莱（Barile）建造了先进的酒窖，现在又收购了米切尔•库托罗（Michele Cutolo）的巴斯里斯克酒庄（Basilisco）。对福地酒园出品来说，经销这个酒庄出品的红葡萄酒自然会更容易盈利。酒庄27公顷的葡萄园马卡里奥（Macario）、巴里莱（Barile）和吉罗西亚（Gelosia）。酿酒顾问洛伦佐•蓝迪（Lorenzo Landi）负责酒庄的技术运作。巴斯里斯克2010（Basilisco 2010）刚刚错过了我们的最高奖。这款味道浓烈、结构良好、朴素的葡萄酒展现了个性，具有十足的风味和诱人的香料和黑莓余韵。

● Aglianico del Vulture Basilisco '10	♥♥ 5
● Aglianico del Vulture Teodosio '11	♥♥ 3
○ Sophia '12	♥ 3
● Aglianico del Vulture Basilisco '09	♡♡♡ 5
● Aglianico del Vulture Basilisco '08	♡♡♡ 5
● Aglianico del Vulture Basilisco '07	♡♡♡ 5
● Aglianico del Vulture Basilisco '06	♡♡♡ 5
● Aglianico del Vulture Basilisco '04	♡♡♡ 5
● Aglianico del Vulture Basilisco '01	♡♡♡ 5
● Aglianico del Vulture Basilisco '05	♡♡ 5
● Aglianico del Vulture Teodosio '10	♡♡ 3*
● Aglianico del Vulture Teodosio '08	♡♡ 3
● Aglianico del Vulture Teodosio '07	♡♡ 3

Cantine del Notaio

VIA ROMA, 159
85028 RIONERO IN VULTURE [PZ]
TEL. 0972723689
www.cantinedelnotaio.com

藏酒销售
预约参观
餐饮接待
年产量 230 000 瓶
葡萄种植面积 30 公顷
葡萄栽培方式 生物动力学认证

吉尔拉多•吉乌拉特拉波切提（Gerardo Giuratrabocchett）把全部精力投入到经营他的家族酒庄中。我们知道他深信着这片土地，因为他在20年前就投资推广它，提高了它的关注度。以前做过研究人员的吉尔拉多是一位充满热情的农学家，充分尊敬自然环境，使用有机认证和生物动力法管理他那30公顷的庄园。位于里奥内罗（Rionero）的古老酒窖建造在凝灰岩中，酒架堆放着用经典方法酿制的起泡酒。其他的酒款产自先进的里帕坎迪达（Ripacandida）酒窖。酒庄的旗舰酒是多汁、时髦的阿吉里安科•拉•费尔马2010（Aglianico La Firma 2010），它层次分明，散发红色浆果、香脂和香料的香味；口感紧致丰满，纯正而动感，以铅笔芯和橡木气味作为结尾。

● Aglianico del Vulture La Firma '10	♥♥♥ 6
● Aglianico del Vulture Il Repertorio '10	♥♥ 4
● Aglianico del Vulture Il Sigillo '09	♥♥ 6
○ Il Preliminare '12	♥♥ 3
○ L'Autentica '11	♥♥ 5
⊙ Il Rogito '11	♥ 3
● L'Atto '11	♥ 3
⊙ La Stipula Brut Rosé	♥ 4
● Aglianico del Vulture La Firma '00	♡♡♡ 5
● Aglianico del Vulture Il Sigillo '07	♡♡ 6
● Aglianico del Vulture La Firma '09	♡♡ 6
● Aglianico del Vulture La Firma '08	♡♡ 6
○ L'Autentica '10	♡♡ 5

Carbone

via Nitti, 48
85025 Melfi [PZ]
Tel. 0972237866
www.carbonevini.it

藏酒销售
预约参观
年产量 45 000 瓶
葡萄种植面积 18 公顷

自20世纪70年代中期以来，鲁卡（Luca）和萨拉•卡本内（Sara Carbone）兄妹俩充满激情地投身于这个家族企业的经营中，与塞尔吉奥•帕特诺斯特（Sergio Paternoster）一同打理着位于梅尔菲（Melfi）的18公顷的可爱葡萄园，产出一系列优质酒款。位于梅尔菲（Melfi）知名中心的古老陈化酒窖被用于举办文化活动和会议，力求振兴该地区。按照计划，葡萄园以低干预的方法管理着，配备先进的发酵酒窖坐落在布雷德（Braide）地区。阿吉里安科400（Aglianico Some 400）红葡萄酒是献给那不勒斯（Naples）国王昂儒•查尔斯（Charles of Anjou）的，在他品尝了阿吉里安科（Aglianico）后，他要求宫廷酒窖必须存有这款酒。其味道十足的2011年款凭借良好的结构、厚度和柔顺单宁的丰富度跻身到我们的决赛之中。

● Aglianico del Vulture 400 Some '11	🍷🍷 4
○ Fiano '12	🍷🍷 3
● Aglianico del Vulture Terra dei Fuochi '11	🍷 2
⊙ Rosa Carbone '12	🍷 3
● Aglianico del Vulture 400 Some '09	🍷🍷 4
● Aglianico del Vulture 400 Some '08	🍷🍷 4
● Aglianico del Vulture Stupor Mundi '08	🍷🍷 5
● Aglianico del Vulture Stupor Mundi '07	🍷🍷 5
● Aglianico del Vulture Terra dei Fuochi '09	🍷🍷 2

Casa Maschito

via F. S. Nitti
85020 Maschito [PZ]
Tel. 097233101
www.casamaschito.it

藏酒销售
预约参观
膳宿接待
年产量 60 000 瓶
葡萄种植面积 10 公顷

1999年，一群年轻的企业家创建了这座酒庄，并不断地扩充葡萄园的面积，今天已拥有了马斯基托（Maschito）市区的10公顷葡萄园。酒庄以追求质量为首要任务，现在年产量达60 000瓶。齐全、出色的酒品系列明显侧重一流的本地酒品阿吉里安科•瓦尔切（Aglianico Del Vulture）。酒体复杂、结构良好的阿吉里安科•拉•特尔拉扎2005（Aglianico La Terrazza 2005）相当绝妙，它展现了可爱的欧洲黑樱桃和红色浆果、匀称的橡木香和优雅的单宁，余韵是欧洲黑樱桃和芳草的清香。

● Aglianico del Vulture Portale Adduca '09	🍷🍷 2*
● Aglianico del Vulture Ris. La Terrazza '05	🍷🍷 6
○ Malvasia Lucana '12	🍷🍷 2*
○ Moscato Passito Majsor '11	🍷🍷 3
● Aglianico del Vulture La Bottaia '09	🍷 3
○ Biancospino '12	🍷 2
● Aglianico del Vulture La Bottaia '08	🍷🍷 3
● Aglianico del Vulture Portale Adduca '08	🍷🍷 2*
● Aglianico del Vulture Portale Adduca '05	🍷🍷 2

Casa Vinicola D'Angelo

VIA PROVINCIALE, 8
85028 RIONERO IN VULTURE [PZ]
TEL. 0972721517
www.dangelowine.it

藏酒销售
预约参观
年产量 300 000 瓶
葡萄种植面积 35 公顷

这座声誉在外的瓦尔切（Vulture）酒庄创建于20世纪30年代，为阿吉里安科•瓦尔切（Aglianico Del Vulture）葡萄酒的推广事业贡献良多。现在，罗科•德•安杰洛（Rocco D'Angelo）和俄尔米尼亚（Erminia）两兄妹经营着酒庄，葡萄园横跨巴里莱（Barile）、拉珀拉（Rapolla）、里奥内罗（Rionero）和瑞帕坎迪达（Ripacandia）四个地方，出产本土葡萄酒。酒品遵循了酒庄朴素、平衡的风格，这源于总是放在大型橡木桶里进行的漫长浸渍和陈化。旗舰酒品阿吉里安科•维格纳•卡塞莱陈酿2008（Aglianico Vigna Caselle Riserva 2008）是一款晶莹透亮的红葡萄酒，它散发着红色浆果、樱桃、欧洲黑樱桃、香料和地中海芳草的复杂香气；口感朴素饱满，温暖丰富，带有优雅的单宁。

● Aglianico del Vulture V. Caselle Ris. '08	🍷🍷 4
● Aglianico del Vulture Valle del Noce '11	🍷🍷 5
● Aglianico del Vulture '11	🍷 2
● Canneto '11	🍷 4
● Aglianico del Vulture V. Caselle Ris. '01	▽▽▽ 3*
● Aglianico del Vulture '09	▽▽ 2*
● Aglianico del Vulture V. Caselle Ris. '07	▽▽ 4
● Aglianico del Vulture V. Caselle Ris. '06	▽▽ 4
● Aglianico del Vulture Valle del Noce '10	▽▽ 5
● Aglianico del Vulture Valle del Noce '09	▽▽ 5
● Canneto '09	▽▽ 4

D'Angelo di Filomena Ruppi

VIA PADRE PIO, 10
85028 RIONERO IN VULTURE [PZ]
TEL. 0972724602
www.agrida.com

藏酒销售
年产量 50 000 瓶
葡萄种植面积 15 公顷

多纳托•德•安杰洛（Donato D'Angelo）是瓦尔切（Vulture）葡萄酒酿造的标志性人物，他最近离开了父母的酒庄，与妻子菲尔欧米娜•卢比（Filomena Ruppai）一起设立了自己的酒庄。占地15公顷的葡萄园主要种植阿吉里安科（Aglianico），多纳托（Donato）用它来酿制惯有的新式、朴素和复杂风格的红葡萄酒。菲尔欧米娜（Filomena）管理特努塔•珀尔塔勒（Tenuta Del Portale），而多纳托在酿酒期间也会来帮忙。多纳托•德•安杰洛2009（Donato d'Angelo 2009）未能跻身同年波尔科那拉（Balconara）酒的顶级行列，但珀尔塔勒（Portale）生机勃勃的阿吉里安科•勒•维格纳•卡潘诺2011（Aglianico Le Vigne a Capanno 2011）则达成这一目标。它风格纯洁，有着完整、紧致和清爽、扎实的单宁基础，余韵优雅绵长。

● Aglianico del Vulture Ris. '08	🍷🍷 3
● Tenuta del Portale Aglianico del Vulture Le Vigne a Capanno '11	🍷🍷 3
● Balconara '09	▽▽▽ 4*
● Aglianico del Vulture Donato D'Angelo '08	▽▽ 3
● Balconara '08	▽▽ 4

Elena Fucci

C.DA SOLAGNA DEL TITOLO
85022 BARILE [PZ]
TEL. 0972770736
www.elenafuccivini.com

藏酒销售
预约参观
年产量 18 000 瓶
葡萄种植面积 7 公顷

如果一定要选出一个酒庄来诉说瓦尔切（Vulture）及其出色的阿吉里安科（Aglianico）的故事，那塞尔瓦托•福西（Salvatore Fucci）的家族酒庄就再合适不过了。现在由塞尔瓦托（Salvatore）的酿酒师女儿埃琳娜（Elena）拥有这座酒庄，管理着酒窖。令人惊奇的是，塞尔瓦托（Salvatore）和埃琳娜（Elena）仅仅酿制一款酒，叫阿吉里安科•蒂托洛（Aglianico Titolo），这个名字来自家族7公顷葡萄园所在地的一个同名的巴里莱（Barile）地区。酒庄的核心秘诀是有着50年历史的以灌木丛式栽培的葡萄藤，由此产出了上乘的葡萄。醇厚、红宝石色泽的蒂托洛2011（Titolo 2011）再次斩获了“三杯奖”（Tre Bicchieri）。它散发着丰富的樱桃、欧洲黑樱桃气息，李子味让步于橡木、烟草和香料味。口感温暖，果香浓郁，圆润饱满，单宁优雅、匀称绵长且年轻动感，以烟熏和铅笔芯的气味作为余韵结尾。

● Aglianico del Vulture Titolo '11	🍷🍷🍷 5
● Aglianico del Vulture Titolo '10	🍷🍷🍷 5
● Aglianico del Vulture Titolo '09	🍷🍷🍷 5
● Aglianico del Vulture Titolo '08	🍷🍷🍷 6
● Aglianico del Vulture Titolo '07	🍷🍷🍷 6
● Aglianico del Vulture Titolo '06	🍷🍷🍷 5
● Aglianico del Vulture Titolo '05	🍷🍷🍷 5
● Aglianico del Vulture Titolo '02	🍷🍷🍷 5
● Aglianico del Vulture Titolo '04	🍷🍷 5
● Aglianico del Vulture Titolo '03	🍷🍷 5

Grifalco della Lucania

LOC. PIAN DI CAMERA
85029 VENOSA [PZ]
TEL. 097231002
grifalcodellalucania@email.it

藏酒销售
预约参观
年产量 65 000 瓶
葡萄种植面积 16 公顷
葡萄栽培方式 有机认证

法布里奇奥（Fabrizio）和赛利亚西•皮森（Cecilia Piccin）都曾在托斯卡纳（Tuscany）的基安蒂（Chianti）和蒙特布查诺（Montepulciano）工作过。大约在10年前，他们决定搬到卢卡尼亚（Lucania），选定在维诺萨（Venosa）建立格里法尔科（Grifalco）酒庄，并精心打理着分布在维诺萨（Venosa）、马斯切托（Maschito）、拉珀拉（Rapolla）和吉内斯塔拉（Ginestra）四个地方的葡萄园。他们用酒桶陈化非常清新的葡萄酒，以最低限度的干预和尊重环境的方法酿成。阿吉里安科•格里科斯2011（Aglianico Gricos 2011）是法定产区最顶级的酒款之一，在品酒会的决赛中大获全胜。它有着红宝石色泽，气味浓郁，散发着有层次的红色浆果、黑莓、李子、大量欧洲黑樱桃和药草的新鲜气息。口感饱满多汁，果肉完整，香味绵长。

● Aglianico del Vulture Gricos '11	🍷🍷 2*
● Aglianico del Vulture Grifalco '11	🍷🍷 3
● Aglianico del Vulture Damaschito '09	🍷 4
● Aglianico del Vulture Bosco del Falco '07	🍷🍷 4
● Aglianico del Vulture Damaschito '08	🍷🍷 4
● Aglianico del Vulture Damaschito '07	🍷🍷 3
● Aglianico del Vulture Gricos '09	🍷🍷 2*
● Aglianico del Vulture Gricos '08	🍷🍷 2*
● Aglianico del Vulture Grifalco '10	🍷🍷 3
● Aglianico del Vulture Grifalco '09	🍷🍷 3
● Aglianico del Vulture Grifalco '08	🍷🍷 3
● Aglianico del Vulture Grifalco '07	🍷🍷 3

Paternoster

C.DA VALLE DEL TITOLO
85022 BARILE [PZ]
TEL. 0972770224
www.paternostervini.it

藏酒销售
预约参观
年产量 150 000 瓶
葡萄种植面积 20 公顷
葡萄栽培方式 有机认证

帕特诺斯特（Paternoster）酒庄创建于1925年，是卢卡尼亚（Lucania）地区葡萄酒酿造业的领先品牌，其高档先进的酒窖位于洛丹托（Rodonto），巴里莱（Barile）的市郊，七个葡萄园散布在本地区最好的位置上，包括蒂托洛山谷（Valle Del Titolo）、马卡里科（Macarico）和吉罗西亚（Gelosia）。今年，维托•帕特诺斯特（Vito Paternoster）娴熟地管理着酒庄，法比奥•梅卡（Fabio Mecca）在旁协助他酿酒。匀称优雅的阿吉里安科•唐•安塞尔莫2009（Aglianico Don Anselmo 2009）斩获了一项"三杯奖"（Tre Bicchieri），它有着惊人的厚度、纤细度和柔滑的单宁，接着以甘草、水果和铅笔芯的温柔绵长的味道作为余韵。

● Aglianico del Vulture Don Anselmo '09	🍷🍷🍷 6
● Aglianico del Vulture Rotondo '10	🍷🍷 5
● Aglianico del Vulture Synthesi '10	🍷🍷 3
○ Biancorte Fiano '12	🍷 3
○ Klino '12	🍷 2
● Aglianico del Vulture Don Anselmo '94	🍷🍷🍷 6
● Aglianico del Vulture Don Anselmo Ris. '05	🍷🍷🍷 6
● Aglianico del Vulture Rotondo '01	🍷🍷🍷 5
● Aglianico del Vulture Rotondo '00	🍷🍷🍷 5

Taverna

C.DA TAVERNA, 15
75020 NOVA SIRI [MT]
TEL. 0835877083
www.aataverna.com

藏酒销售
预约参观
膳宿接待
年产量 150 000 瓶
葡萄种植面积 17 公顷

这个值得称赞的卢卡尼亚（Lucania）酿酒企业极具创新和环保意识。帕斯夸勒•鲁娜蒂（Pasquale Lunati）是酒庄现在的主人，创建者是帕斯夸勒的祖父，另一个帕斯夸勒（Pasquale），酒庄创建于1947年。当时，帕斯夸勒的祖父买下一个葡萄园后，开始发展这个企业，酿制并出售葡萄酒。现在的塔维尔纳（Taverna）酒庄面积280公顷，17公顷种植了葡萄，剩下的面积种植了有机水果、蔬菜和橄榄。酒庄位于诺瓦•斯里（Nova Siri），海拔200米，毗邻爱奥尼亚（Lonia）海岸。维诺萨（Venosa）的葡萄园生产的葡萄用于酿制酒庄的阿吉里安科•瓦尔切（Aglianico Del Vulture）。两款晋级决赛的酒品，其中一款是优雅的阿吉里安科•劳卡尼亚2011（Aglianico Loukania 2011），风味十足，有淡淡的水果味、柔顺的单宁和地中海的气息。

● Aglianico del Vulture Loukania '11	🍷🍷 4
● Matera Moro I Sassi '11	🍷🍷 3*
○ Dry Muscat	🍷🍷 2*
○ Matera San Basile '12	🍷🍷 3
● Il Lagarino di Dioniso '11	🍷 4
⊙ Matera Maddalena '12	🍷 3
● Syrah '11	🍷 3
● Aglianico del Vulture '07	🍷🍷 2*
● Aglianico del Vulture '04	🍷🍷 2*
● Aglianico del Vulture Loukania '08	🍷🍷 2*
● Il Lagarino di Dioniso '08	🍷🍷 2
● Lagarino di Dioniso '06	🍷🍷 3

Terre degli Svevi

LOC. PIAN DI CAMERA
85029 VENOSA [PZ]
TEL. 097231263
www.giv.it

藏酒销售
预约参观
膳宿接待
年产量 230 000 瓶
葡萄种植面积 120 公顷

1998年，意大利葡萄酒集团（Gruppo Ltaliano Vini）决定在新兴和有前途的卢卡尼亚（Lucania）地区进行投资，建立了大型的特利萨维酒庄（Terre degli Svevi）。酒庄位于维瓦萨（Venosa），除了占地120公顷的葡萄园外，还拥有一座现代化的酒窖和一座用作接待室的古老农舍。阿吉里安科（Aglianico）葡萄是这里的主打品种，不过也有芳香的白皮葡萄，其中一些用于酿制芳香白雷•曼菲蒂（Re Manfredi Bianco）。特雷•德格里•斯瓦维（Terre Degli Svevi）在巴里莱（Barile）和马斯切托（Maschito）的优质土地上拥有更多的葡萄园。成功的酒款和清纯的风格可以用来总结今年的雷•曼菲蒂2010（Re Manfredi 2010）。它优雅十足，散发着新鲜的红色浆果和药草的气味，有迷人的香料味和突出的张力。

● Aglianico del Vulture Re Manfredi '10	🍷🍷🍷 4*
● Aglianico del Vulture Taglio del Tralcio '11	🍷🍷 4
○ Re Manfredi Bianco '12	🍷 3
⊙ Re Manfredi Rosato '12	🍷 3
● Aglianico del Vulture Re Manfredi '05	🍷🍷🍷 4
● Aglianico del Vulture Re Manfredi '99	🍷🍷🍷 4*
● Aglianico del Vulture Vign. Serpara '03	🍷🍷🍷 4*
● Aglianico del Vulture '09	🍷🍷 3
● Aglianico del Vulture Re Manfredi '09	🍷🍷 4
● Aglianico del Vulture Serpara '08	🍷🍷 5
● Aglianico del Vulture Serpara '07	🍷🍷 5

Cantina di Venosa

LOC. VIGNALI
VIA APPIA
85029 VENOSA [PZ]
TEL. 097236702
www.cantinadivenosa.it

藏酒销售
预约参观
年产量 800 000 瓶
葡萄种植面积 800 公顷

这座著名的联营酒庄由27位成员于1947年创建。经过多年来的精心管理，它已成为本地区领先的酿酒企业，拥有500位种植者成员和800公顷的葡萄园。现在的董事长是热情无比、有进取心的弗兰西斯科•佩里罗（Francesco Perillo）。出产的广泛多样的酒款都非常物有所值。酒庄的旗舰产品，在酒桶里陈化的阿吉里安科•瓦尔切•特雷•奥拉齐奥2011（Aglianico Del VultureTerre di Orazio 2011）占据了一个决赛名额。我们喜欢它的现代风格、丰富的榨汁和平衡的酒体。余韵呈现的是欧洲黑樱桃和碘酒的优雅气息。

● Aglianico del Vulture Terre di Orazio '11	🍷🍷 3*
○ D'Avalos di Gesualdo '12	🍷🍷 3
○ Dry Muscat Terre di Orazio '12	🍷🍷 2*
● Aglianico del Vulture Bali'Aggio '11	🍷 2
⊙ Terre di Orazio Rosé '12	🍷 3
● Aglianico del Vulture Carato Venusio '08	🍷🍷 5
● Aglianico del Vulture Gesualdo da Venosa '08	🍷🍷 4
● Aglianico del Vulture Gesualdo da Venosa '07	🍷🍷 4
● Aglianico del Vulture Terre di Orazio '09	🍷🍷 3
● Aglianico del Vulture Vignali '09	🍷🍷 2*
○ Dry Muscat Terre di Orazio '11	🍷🍷 2*

Colli Cerentino

via Matteotti, 10
85025 Rionero in Vulture [PZ]
Tel. 0972720329
www.collicerentino.com

藏酒销售
预约参观
年产量 40 000 瓶
葡萄种植面积 9 公顷

- ● Aglianico del Vulture Cerentino '06 ŸŸ 5
- ● Aglianico del Vulture Masquito '06 ŸŸ 6

Cantine Cerrolongo

c.da Cerrolongo, 1
75020 Nova Siri [MT]
Tel. 0835536174
www.cerrolongo.it

藏酒销售
预约参观
年产量 20 000 瓶
葡萄种植面积 25 公顷

- ● Matera Primitivo Akratos '11 ŸŸ 2*
- ⊙ Cerrolongo Rosé '12 Ÿ 2
- ● Passito Il Patrimonio '11 Ÿ 4

Tenute D'Auria

c.da Piano di Croce
85022 Barile [PZ]
Tel. 0972536029
www.tenutedauria.com

藏酒销售
年产量 40 000 瓶
葡萄栽培方式 有机认证

- ● Aglianico del Vulture Rupe di Apollo '07 ŸŸ 5
- ● Aglianico del Vulture Rupe di Apollo '09 Ÿ 5
- ● Aglianico del Vulture Strapellum '10 Ÿ 4

Eleano

fraz. Pian dell'Altare
SP 8
85028 Ripacandida [PZ]
Tel. 0972722273
www.eleano.it

藏酒销售
预约参观
餐饮接待
年产量 35 000 瓶
葡萄种植面积 7.5 公顷

- ● Aglianico del Vulture Dioniso '11 ŸŸ 3
- ● Aglianico del Vulture Pian dell'Altare '09 ŸŸ 4
- ● Teseo '11 Ÿ 2

Eubea

SP 8
85020 Ripacandida [PZ]
Tel. 3284312789
www.agricolaeubea.com

藏酒销售
预约参观
年产量 50 000 瓶
葡萄种植面积 16 公顷
葡萄栽培方式 有机认证

- ● Aglianico del Vulture Roinos '11 ŸŸ 5
- ● Aglianico del Vulture Il Covo dei Briganti '11 Ÿ 3
- ○ Covo dei Briganti '12 Ÿ 2

Lagala Viticoltori in Vulture

c.da La Maddalena
85029 Venosa [PZ]
Tel. 0972375007
www.lagala.it

藏酒销售
预约参观
年产量 40 000 瓶
葡萄种植面积 7 公顷

- ● Aglianico del Vulture Massaro'n Ris. '05 ŸŸ 5
- ○ Maddalena '12 ŸŸ 3
- ● Aglianico del Vulture Nero degli Orsini '07 Ÿ 4
- ● Aglianico del Vulture Rosso del Balzo '07 Ÿ 3

Michele Laluce

via Roma, 21
85020 Ginestra [PZ]
Tel. 3476386630
www.vinilaluce.com

藏酒销售
预约参观
年产量 40 000 瓶
葡萄种植面积 7 公顷

○ Morbino Bianco '12	🍷3
● S'Adatt '09	🍷2

Cantine Madonna delle Grazie

loc. Vignali
via Appia
85029 Venosa [PZ]
Tel. 097235704
www.cantinemadonnadellegrazie.it

藏酒销售
预约参观
年产量 18 000 瓶
葡萄种植面积 8 公顷
葡萄栽培方式 有机认证

● Aglianico del Vulture Bauccio '08	🍷🍷4
● Aglianico del Vulture Liscone '09	🍷🍷3

Armando Martino

via Luigi La Vista, 2a
85028 Rionero in Vulture [PZ]
Tel. 0972721422
www.martinovini.com

藏酒销售
预约参观
年产量 300 000 瓶

● Aglianico del Vulture Oraziano '08	🍷🍷5
● Aglianico del Vulture '10	🍷3
● Aglianico del Vulture Pretoriano '08	🍷5

Mastrodomenico

v.le Europa, 5
85022 Matera
Tel. 0972770108
www.vignemastrodomenico.com

葡萄种植面积 10 公顷

● Aglianico del Vulture Likos '09	🍷🍷4
● Aglianico del Vulture Mos '09	🍷3
● Passito Shekar '11	🍷3

Musto Carmelitano

via Pietro Nenni, 23
85020 Maschito [PZ]
Tel. 097233312
www.mustocarmelitano.it

藏酒销售
预约参观
膳宿接待
年产量 22 000 瓶
葡萄种植面积 9 公顷
葡萄栽培方式 有机认证

○ Maschitano Bianco '12	🍷3
⊙ Maschitano Rosato '12	🍷3
● Maschitano Rosso '11	🍷3

Tenuta Parco dei Monaci

c.da Parco dei Monaci
75100 Matera
Tel. 0835259546
www.tenutaparcodeimonaci.it

预约参观
膳宿接待
年产量 20 000 瓶
葡萄种植面积 5 公顷

● Matera Moro Spaccasassi '11	🍷🍷6
● Matera Primitivo Monacello '11	🍷🍷5
⊙ Matera Rosa per Sempre '12	🍷4

Regio Cantina

Loc. Piano Regio
85029 Venosa [PZ]
Tel. 3346966263
www.regiocantina.it

藏酒销售
预约参观
年产量 38 000 瓶
葡萄种植面积 18 公顷

- ● Aglianico del Vulture Genesi '10 — 🍷🍷 3
- ● Aglianico del Vulture Solagna '10 — 🍷🍷 2*
- ● Aglianico del Vulture Donpà '10 — 🍷 4

Tenute Serra del Prete

Loc. Serra del Prete
85020 Maschito [PZ]
Tel. 3341971231
www.tenuteserradelprete.it

年产量 8 000 瓶
葡萄种植面积 4 公顷

- ● Aglianico del Vulture Amaranthus '10 — 🍷🍷 4

I Talenti - Padri Trinitari

p.zza Don Bosco, 3
85029 Venosa [PZ]
Tel. 097234221
www.trinitarivenosa.it

藏酒销售
预约参观
年产量 6 000 瓶
葡萄种植面积 4 公顷

- ● Aglianico del Vulture Cripta Sant'Agostino '08 — 🍷🍷 5
- ● Aglianico del Vulture Meracius '08 — 🍷 4

Terra dei Re

via Monticchio s. s. 167 Km 2,700
85028 Rionero in Vulture [PZ]
Tel. 0972725116
www.terradeire.com

藏酒销售
预约参观
膳宿招待
年产量 80 000 瓶
葡萄种植面积 31 公顷
葡萄栽培方式 有机认证

- ● Aglianico del Vulture Nocte '10 — 🍷🍷 4
- ● Aglianico del Vulture Vultur '10 — 🍷 2
- ● Pacus '10 — 🍷 3

Vigneti del Vulture

c.da Pipoli
85011 Acerenza [PZ]
Tel. 0971285061
www.vignetidelvulture.it

预约参观
年产量 100 000 瓶
葡萄种植面积 56 公顷

- ● Aglianico del Vulture Piano del Cerro Ris. '08 — 🍷🍷 3
- ○ Greco Fiano Pipoli '12 — 🍷🍷 2*

Vulcano & Vini

c.da Finocchiaro
85024 Lavello [PZ]
Tel. 0972877033
www.vulcanoevini.com

藏酒销售
预约参观
年产量 400 000 瓶
葡萄种植面积 55 公顷

- ● Aglianico del Vulture Gudarrà Ris. '05 — 🍷🍷 5
- ● Aglianico del Vulture Terra di Vulcano '11 — 🍷 2
- ○ Fiano Terre di Vulcano '12 — 🍷 2

普利亚区
PUGLIA

普利亚区（Puglia）现在已经成为葡萄酒消费者最喜欢的葡萄酒生产区之一。诺米斯玛（Nomisma）的调查发现，普利亚区（Puglia）在意大利最受欢迎的葡萄酒生产区中名列第六。从2008年起，其出口的葡萄酒总额实际上已经增长了两倍。今年，普利亚区又一次再创辉煌。越来越多值得信任的系列葡萄酒诞生了，而且这些葡萄酒是从未出现过的新兴品种。这些卓越的葡萄酒保持着该区始终如一的质量。由于该地区的一系列葡萄酒达到了高峰，使得许多酒庄受益，他们联合起来重点发展起着决定性作用的标杆级葡萄酒品种——普里米蒂沃（Primitivo）。当然，改善并不仅仅局限于将葡萄品种的特性完全挖掘出来，因为在去年我们就已经意识到大部分有先见之明的葡萄酒生产商就采取了其他的决定性策略，例如对多样的风土条件进行逐步研究，然后进行优化改善。其中，成功的典型例子当属焦亚•科勒（Gioia del Colle）和曼杜里亚（Manduria）。这些酒庄除了对古老的经过裁剪的矮株葡萄藤进行研究和保护外，还对普利亚（Puglia）的葡萄栽培方式进行针对性的改善，从而使葡萄品种的典型传统和独特优点得到充分的展现，而且也深入了解不同区域的不同特点。同时，这些酒庄也将这种观点推及到葡萄酒的酿造过程，因而其出产的葡萄酒越来越能充分诠释多样的风土条件。尽管如此，也并不是所有的东西都是十全十美的。卡斯特尔•蒙特（Castel del Monte）酒庄就在艰难地挖掘其酒品预期的典型特性，无独有偶，几乎整个萨伦托（Salento）也在经历着这样的探索过程。例如，一些风格各样的次级指定产区级酒庄就充满担忧，就连最重要的萨里斯•萨伦蒂诺（Salice Salentino）现在既没有找到促进其葡萄酒发展的目标，也没有给其出产的葡萄酒一个明确突出的风格定位。这些酒庄并没有在红葡萄酒领域成功探寻出原始的酿造模式，而且酒品的质量也参差不齐，出产的白葡萄酒在国际葡萄品种和当地品种之间徘徊不定，其中菲亚诺（Fiano）的表现脱颖而出，并且出产的桃红葡萄酒酿造精良，有趣迷人，容易上口。我们一致认为这类葡萄酒是普利亚区（Puglia）葡萄酒的宝贵财富和地区特产。只要酿酒商们越来越相信自己的能力，这些葡萄酒的质量保证能更上一层楼，达到巅峰水准。最后，我们要对普利亚区（Puglia）获得“三杯奖”的新晋酒庄普兰塔姆拉（Plantamura）表示衷心的祝贺。该酒庄凭借焦亚•科勒•普里米蒂沃2011（Gioia del Colle Primitivo Etichetta Rossa 2011）在2014年版《年鉴》中首次亮相就崭露头角，取得如此罕见的骄人成绩，可喜可贺，十分精彩！

A Mano

VIA SERGIO LEONE, 8C
70023 GIOIA DEL COLLE [BA]
TEL. 0803434872
www.amanowine.it

预约参观
年产量 165 000 瓶
葡萄栽培方式 有机认证

过去的15年，埃尔维拉•斯巴尔其尔洛（Elvzia Sbalchiero）和马克•山侬（Mark Shannon）一直定居在普利亚（Puglia），现在已经打造出一个令人信赖的品质卓越的酿酒厂。尽管酒厂没有亲自种植葡萄，但他们和其他集产供销一体的酿酒商一样，也要视察众多零散的由小规模种植者参与的古老葡萄园。这些葡萄园所种植的葡萄种类众多，既有用于酿造曼杜里亚（Manduria）、萨瓦（Sava）、托里切拉（Torricella）和马鲁焦（Maruggio）的普里米蒂沃（Primitivo），也有用来酿造圣彼得罗•维尔诺迪克（San Pietro Vernotico）的内格罗阿玛罗（Negroamaro），还有用来酿造普蒂尼亚诺（Putignano）和阿夸维瓦（Acquaviva）的菲亚诺（Fiano）与格雷科（Greco）。他们出产的葡萄酒融合了令人愉悦的酒劲和浓郁清晰的芳香。马克•山侬（Mark Shannon）和埃尔维拉•斯巴尔其尔洛（Elvzia Sbalchiero）推出一款新酒——伊姆普琳特2012（Imprint 2012），这是一款用风干的无核葡萄酿造的普里米蒂沃（Primitivo）葡萄酒。口感清爽，富含浓郁的浆果芳香。

● Imprint '12	🍷🍷 2*
○ Fiano Greco '12	🍷🍷 2*
● Primitivo '11	🍷🍷 2*
⊙ Rosato '12	🍷🍷 2*
● Aleatico Passito '09	🍷 2
⊙ Brut A Mano Rosa	🍷 2
● Negroamaro A Mano '08	🍷🍷 2*
● Prima Mano '09	🍷🍷 3*
● Prima Mano Primitivo '08	🍷🍷 2*
● Primitivo A Mano '08	🍷🍷 2*

Cantina Albea

VIA DUE MACELLI, 8
70011 ALBEROBELLO [BA]
TEL. 0804323548
www.albeavini.com

藏酒销售
预约参观
年产量 380 000 瓶
葡萄种植面积 40 公顷

丹特•雷恩兹丁（Dante Renzini）经营的这家华丽的酿酒厂，建立于20世纪初期，用石头砌成的建筑物和用岩石雕刻而成的水槽都显得十分精致。出产的葡萄酒具有现代的国际风范，凝聚着技艺上的精雕细琢。出产的酒款被划分为三个系列：阿尔贝亚（Albea）归为主要精品酒；迪尤•特鲁利（Due Trulli）和特雷•索勒（Terre del Sole）则是主要采用当地的葡萄品种酿制而成的葡萄酒；还有逐渐担当星级地位的黑特洛亚（Nero di Troia）葡萄酒。由60%的内格罗阿玛罗（Negroamaro）和40%的普里米蒂沃（Primitivo）葡萄混酿而成的里塞尔瓦托2010（Riservato 2010）在今年脱颖而出。品尝前，该款果香馥郁的葡萄酒所散发出的地中海灌木丛气息和香料的味道扑鼻而来，紧接着感受到丰富生动、略带酒精度的口感。

● Riservato '10	🍷🍷 3*
● Lui '11	🍷🍷 5
● Petranera '11	🍷 3
⊙ Petrarosa '12	🍷 3
● Raro '11	🍷 3
● Terra Lucente '12	🍷 2
● Lui '06	🍷🍷🍷 5
● Lui '05	🍷🍷🍷 5
● Lui '10	🍷🍷 5
● Lui '09	🍷🍷 5
● Petranera '10	🍷🍷 3
● Petranera '09	🍷🍷 3
● Raro '09	🍷🍷 3

Antica Enotria

C.DA RISICATA
SP 65
71042 CERIGNOLA [FG]
TEL. 0885418462
www.anticaenotria.it

藏酒销售
预约参观
年产量 100 000 瓶
葡萄种植面积 13 公顷
葡萄栽培方式 有机认证

图奇奥•拉斐尔（Raffaele Di Tuccio）早在20年前就在自家的葡萄园采用有机栽培的模式进行种植。他与妻子安东尼娅（Antonia）、儿子路易吉（Luigi）共同建立了这家酿酒厂。该酒厂出产的葡萄酒不仅如实地反映了当地的风土条件，而且容易上口、酿造精良。此外，酒庄的试验型葡萄酒，陈年在双耳瓶中，不添加亚硫酸盐，白葡萄还要经过浸皮环节。葡萄园位于切利格诺拉（Cerignola）和海洋之间的多风干旱地带，遍布中型颗粒大小的石灰土和黏土。黑特洛亚（Nero di Troia 2010）是一款优秀的葡萄酒典范，浆果的芳香和甘草的清香四溢，口感典雅从容。孔泰萨•斯塔法2012（Contessa Staffa 2012）是一款由蒙特布查诺（Montepulciano）葡萄酿制而成的罗萨托（Rosato）葡萄酒，具浓郁的黄桃香和柑橘蜜饯甜味。而以同等比例的黑特洛亚（Nero di Troia）和阿吉里安科（Aglianico）葡萄酿制的蒂尔奇•奥托伯勒2008（Dieci Ottobre 2008）则为传统酿酒风格做出了有趣的新诠释。这款葡萄酒需装在不锈钢桶陈酿18个月，然后放在大型的橡木桶再陈酿18个月，最终变得成熟柔顺。

⊙ Contessa Staffa '12	🍷🍷2*
● Dieci Ottobre '08	🍷🍷3
● Nero di Troia '10	🍷🍷3
○ Falanghina '12	🍷2
● Vriccio '12	🍷2
● Falù Rosso '08	🍷🍷2*
● Puglia Rosso '09	🍷🍷1*
● Vriccio '11	🍷🍷2*
● Vriccio '10	🍷🍷2*

Cantele

SP SALICE SALENTINO-SAN DONACI KM 35,600
73010 GUAGNANO [LE]
TEL. 0832705010
www.cantele.it

藏酒销售
预约参观
年产量 16 000 000 瓶
葡萄种植面积 150 公顷

多年来，坎特勒家族（Cantele）一直凭借其现代气息浓厚、酿造工艺精雕细琢的葡萄酒系列吸引着葡萄酒爱好者的目光。这些葡萄酒品质优良、容易上口，无论在数量还是质量上都取得均衡的发展。占地50公顷的葡萄园位于瓜尼亚诺（Guagnano）、蒙泰梅索拉（Montemesola）和圣彼得罗•维尔诺迪克（San Pietro Vernotico）地区的红色土壤中。其他的100公顷葡萄园则零星分布在不同的地点，例如，出产普里米蒂沃（Primitivo）的萨瓦（Sava）、出产维戴卡（Verdeca）的阿尔贝罗贝洛（Alberobello）和出产阿吉里安科（Aglianico）的穆尔杰高原（Murge plateau）的东北部地区。它们由一群得到酒厂技术人员支持帮助的种植者栽培管理。酿造精良的萨里斯•萨伦蒂诺陈酿2010（Salice Salentino Rosso Riserva 2010）相比去年的表现似乎有些逊色，但阿玛蒂沃2011（Amativo 2011）在今年反败为胜，凯旋归来。这款由60%普里米蒂沃（Primitivo）和内格罗阿玛罗（Negroamaro）葡萄混酿而成的葡萄酒，其口感紧密，结构匀称，具有典型的地中海气息。

● Amativo '11	🍷🍷🍷4
● Primitivo '11	🍷🍷2*
⊙ Negroamaro Rosato '12	🍷🍷2*
● Salice Salentino Rosso Ris. '10	🍷🍷2*
○ Alticelli Fiano '12	🍷2
● Negroamaro '12	🍷2
○ Teresa Manara Chardonnay '12	🍷3
● Amativo '07	🍷🍷🍷4*
● Amativo '03	🍷🍷🍷3*
● Salice Salentino Rosso Ris. '09	🍷🍷🍷2*
● Amativo '10	🍷🍷4
● Salice Salentino Rosso Ris. '08	🍷🍷2*
● Teresa Manara Negroamaro '09	🍷🍷3
● Varius Syrah '10	🍷🍷2*

Carvinea

VIA PER SERRANOVA, 1
72012 CAROVIGNO [BR]
TEL. 0805862345
www.carvinea.com

藏酒销售
膳宿接待
年产量 34 000 瓶
葡萄种植面积 875 公顷
葡萄栽培方式 有机认证

比伯•德玛利亚 (Beppe De Maria) 是个充满激情的人，他决定采用在阿尔托•萨伦托 (Altosalento) 地区少见的葡萄品种，如蒙特布查诺 (Montepulciano)、阿吉里安科 (Aglianico) 和味而多 (Petit Verdot) 葡萄酿造出一系列葡萄酒。最终，这个决定取得不错的成绩。尽管这些葡萄藤的种植年份不到10年，但是他在葡萄园的工作表现却令人印象深刻。他特意使栽培的每条葡萄藤产量都很低，也正因为如此，由卡尔维内亚 (Carvinea) 酿造出的葡萄酒充分体现了国际风范和完美无瑕的技艺。酒体凝练集中，果味浓郁。今年，由单一葡萄品种酿造的梅鲁拉•蒙特布查诺2011 (Merula Montepulciano 2011) 在卡尔维内亚 (Carvinea) 的参选酒品中非常显眼。口感伴随着甘草和野生茴香的芳香，清新的果香十分吸引人。尽管阿吉里安科•斯尔玛2011 (Aglianico Sierma 2011) 的橡木味有点太明显，但这款酒富含浆果芳香，仍然成为酒庄最大的亮点。

● Merula '11	🍷🍷🍷	3*
● Frauma '11	🍷🍷	5
○ Lucerna '12	🍷🍷	2*
● Sierma '11	🍷🍷	5
⊙ Merularosa '12	🍷	2
● Frauma '08	🍷🍷🍷	4
● Sierma '09	🍷🍷🍷	5
● Lunachiena '09	🍷🍷	2*
● Sierma '07	🍷🍷	5

Castello Monaci

C. DA DEI MONACI
VIA CASE SPARSE
73015 SALICE SALENTINO [LE]
TEL. 0831665700
www.castellomonaci.it

藏酒销售
预约参观
餐饮接待
年产量 2 000 000 瓶
葡萄种植面积 200 公顷

意大利葡萄酒集团 (Gruppo Italiano Vini) 旗下的卡斯特罗•莫纳西 (Castello Monaci) 在这个地区被公认为最值得信赖的地标性庄园。酒庄坐落在萨里斯•萨伦蒂诺 (Salice Salentino) 的外沿，其引以为豪的葡萄园分布在莱彻 (Lecce)、塔兰托 (Taranto) 和布林迪恩 (Brindisi)。园内主要种植本地的葡萄品种，拥有良好的排水系统，肥沃的表层土覆盖在更深的岩石层上。出产的酒品值得信赖、酿造精良，在质量和数量上都值得称赞。葡萄酒有两条生产线：卡斯特罗•莫纳西 (Castello Monaci) 和斐度•莫纳西 (Feudo Monaci)。我们相当喜欢萨伦蒂诺•艾亚斯陈酿2010 (Salentino Rosso Aiace Riserva 2010)，它是法定产区酒 (DOC) 最好的葡萄酒之一。悠长的余味、复杂的酒体和清新浓郁的果香使该款酒充满生机勃勃的活力。普里米蒂沃•阿尔塔斯2011 (Primitivo Artas 2011) 也是一款品质卓越的葡萄酒，散发着巧克力和黑莓果酱的气息。

● Artas '11	🍷🍷	5
● Salice Salentino Aiace Ris. '10	🍷🍷	3*
● Maru '12	🍷🍷	2*
● Pilùna '12	🍷🍷	2*
○ Acante '12	🍷	2
⊙ Kreos '12	🍷	2
● Medòs '12	🍷	3
● Salice Salentino Liante '12	🍷	2
○ Simera '12	🍷	2
● Artas '07	🍷🍷🍷	5
● Artas '06	🍷🍷🍷	4
● Artas '05	🍷🍷🍷	4*
● Artas '04	🍷🍷🍷	3*
⊙ Kreos '11	🍷🍷	2*

Chiaromonte

vico Muro Sant'Angelo, 6
70021 Acquaviva delle Fonti [BA]
Tel. 0803050432
www.vinichiaromonte.it

藏酒销售
预约参观
年产量 60 000 瓶
葡萄种植面积 27 公顷
葡萄栽培方式 有机认证

一直以来，尼古拉•奇阿诺蒙特（Nicola Chiaromonte）以充满热情的态度和喜爱探究的个性投入到自己的工作中。也正因为如此，这不仅对葡萄酒的酿造产生积极的影响，而且也广泛地影响了整个焦亚•科勒（Gioia del Colle）地区。他最近收购了一个古老的葡萄园。占地1公顷的葡萄园种植着差不多100岁的古老葡萄藤。这些葡萄藤曾被先前的种植者连根拔起，现在却变成灌木丛式的葡萄藤株。这种类型的葡萄藤现在已经所剩无几了。酒庄出产的普里米蒂沃（Primitivos）已成为普利亚区（Puglia）葡萄酒的楷模，集饱满的酒体、清新的口感、丰富的风味和浓郁的果香于一体，具有均衡体验。焦亚•科勒•普里米蒂沃2010（Gioia del Colle Primitivo Muro Sant'Angelo Contrada Barbatto 2010）依旧成为普利亚区（Puglia）最顶级的葡萄酒之一。这款华丽的葡萄酒洋溢着地中海风情，散发出清新的黑莓果香、迷迭香和月桂树叶的芳香。口感可口怡人，富有层次，余韵悠长。

● Gioia del Colle Muro Sant'Angelo Contrada Barbatto '10	🍷🍷🍷 7
● Gioia del Colle Muro Sant'Angelo '10	🍷🍷 3*
● Nigredo '10	▼▼ 5
● Elè '11	▼ 4
○ Kimìa '12	▼ 4
● Gioia del Colle Muro Sant'Angelo Contrada Barbatto '09	▽▽▽ 5
● Gioia del Colle Muro Sant'Angelo Contrada Barbatto '08	▽▽▽ 5
● Gioia del Colle Muro Sant'Angelo Contrada Barbatto '07	▽▽▽ 5
● Gioia del Colle Primitivo Ris. '06	▽▽▽ 7
● Gioia del Colle Muro Sant'Angelo '09	▽▽ 3
● Gioia del Colle Primitivo Ris. '09	▽▽ 8

Cantine Due Palme

via San Marco, 130
72020 Cellino San Marco [BR]
Tel. 0831617865
www.cantineduepalme.it

藏酒销售
预约参观
膳宿接待
年产量 10 000 000 瓶
葡萄种植面积 2 500 公顷

时至今日，杜尔•帕尔米酒庄（Cantina Due Palme）已是一个拥有1 200名成员的大型联营酒庄。该酒庄向大家诠释了需要怎样的努力工作和彼此信任才能团结起来成为一个联营酒庄。这种合作模式也为众多小规模的种植者提供了一个安全可靠的选择。酒庄结合遗留下来的传统的灌木丛式葡萄藤株和当地广泛采用的葡萄品种，酿造出质量第一、地域特色浓厚、本地个性突出的葡萄酒。出产的酒品无论技艺还是酒体凝练度都体现了现代气息，同时也拥有更多传统的甜味和更浓郁的成熟果香。萨里斯•萨伦蒂诺陈酿2010（Salice Salentino Rosso Selvarossa Riserva 2010）是一款果香馥郁的葡萄酒，这些丰富的果香主要来自蓝莓、黑莓和地中海灌木丛的芳香，口感怡人。

● Salice Salentino Rosso Selvarossa Ris. '10	🍷🍷🍷 4*
● Serre '12	🍷🍷 3*
● Canonico '12	▼▼ 2*
○ Anthea '12	▼ 3
● Ettamiano '11	▼ 3
● Primitivo di Manduria San Gaetano '12	▼ 3
○ Salice Salentino Bianco Tinaia '12	▼ 3
● Salice Salentino Rosso Selvarossa Ris. '09	▽▽▽ 4*
● Salice Salentino Rosso Selvarossa Ris. '08	▽▽▽ 4
● Salice Salentino Rosso Selvarossa Ris. '07	▽▽▽ 4*

Felline - Pervini

via Santo Stasi Primo
74024 Manduria [TA]
Tel. 0999711660
www.racemi.it

藏酒销售
预约参观
年产量 300 000 瓶
葡萄种植面积 60 公顷
葡萄栽培方式 有机认证

格里格瑞•皮尔鲁奇（Gregory Perrucci）的菲里内•佩尔维尼（Felline Pervini）庄园建立于1994年。它曾引领一场以提高普里米蒂沃（Primitivo）葡萄酒质量水平为目标的改革运动，现在该酒庄已在国际市场上取得成功。这场运动不仅使出产的葡萄酒更突出了鲜亮的果香和纯净的芳香，而且也使普利亚区（Puglia）风格的古老葡萄藤得到保护和复原。随着这两方面的改善，这场改革运动也渐渐进入尾声。酒庄既出产一系列结构平衡、怡人可口的日常佐餐酒，也出产许多由古老葡萄藤酿造的特色酒款。由同等比例的普里米蒂沃（Primitivo）、黑马瓦西亚（Malvasia Nera）和奥塔维内（Ottavianello）葡萄混酿而成的维格纳•费乌多2009（Vigna del Feudo 2009）今年东山再起，进入终评环节。该款酒拥有厚重的单宁和稳定的结构，口感大胆清新，余韵富有黑莓的果香。

● Vigna del Feudo '09	🍷🍷 4
● Alberello '11	🍷🍷 2*
● Primitivo di Manduria Archidamo '12	🍷🍷 2*
● I Monili Primitivo '11	🍷 1*
● Primitivo di Manduria Felline '10	🍷 2
● Primitivo di Manduria Segnavento '12	🍷 2
○ Rufiano '12	🍷 2
⊙ Vigna Rosa '12	🍷 2
● Vigna del Feudo '97	🍷🍷🍷 4*
● Primitivo di Manduria Archidamo '09	🍷🍷 2*
● Primitivo di Manduria Segnavento '10	🍷🍷 2*
● Vigna del Feudo '08	🍷🍷 4

Gianfranco Fino

via Piave, 12
74028 Sava [TA]
Tel. 0997773970
www.gianfrancofino.it

预约参观
年产量 12 000 瓶
葡萄种植面积 14.5 公顷

简弗兰克（Gianfranco）和斯穆那（Simona）依靠他们的第一个葡萄园与第一次出产的2800瓶厄斯（ES）葡萄酒陪伴酒庄走过了漫漫长路。首次出产的2800瓶葡萄酒不但使曼杜里亚（Manduria）享誉全国，而且名扬国际，成为意大利最卓越的葡萄酒之一。现在，为酒庄提供葡萄酒原料的葡萄园位于马图利亚（Maduria）和萨瓦（Sava）地区之间的石灰岩红色土壤上。园内种植着超过50年历史的灌木丛式葡萄藤。除了普里米蒂沃（Primitivo），酒庄还生产一款纳格洛玛（Negroamaro）葡萄酒，名为JO，采取同样的酿造工艺，是普里米蒂沃（Primitivo）的兄弟款酒。这款酒与之前的同款葡萄酒一样采用了相同的酿酒风格，凝聚着相同的激情。今年仅一款普里米蒂沃•曼杜里亚•厄斯2011（Primitivo di Manduria Es 2011）呈现在我们面前，这已经相当不可思议。强烈热情的气味流露出黑莓和地中海灌木丛的气息，而富有香甜果香的口感充满活力、清新怡人，令人回味无穷。

● Primitivo di Manduria Es '11	🍷🍷🍷 7
● Primitivo di Manduria Es '10	🍷🍷🍷 6
● Primitivo di Manduria Es '09	🍷🍷🍷 6
● Primitivo di Manduria Es '08	🍷🍷🍷 6
● Primitivo di Manduria Es '07	🍷🍷🍷 6
● Primitivo di Manduria Es '06	🍷🍷🍷 5
● Jo '08	🍷🍷 6
● Jo '07	🍷🍷 6

Leone de Castris

via Senatore de Castris, 26
73015 Salice Salentino [LE]
Tel. 0832731112
www.leonedecastris.com

藏酒销售
预约参观
膳宿接待
年产量 2 500 000 瓶
葡萄种植面积 250 公顷

林凯酒庄（Leone de Castris）的故事与普利亚区（Puglia）葡萄酒酿造业有着密不可分的联系。这家成立于1665年的酒庄早在1925年就开始酿造自家的葡萄酒，到了1943年酒庄出产了意大利第一款名为五玫瑰（Five Roses）的桃红葡萄酒。酒庄大部分的葡萄园分布在萨里斯•萨伦蒂诺（Salice Salentino）、坎陪（Campi）和谷阿格纳诺（Guagnano）之间，主要种植传统葡萄品种，包括内格罗阿玛罗（Negroamaro）、黑马瓦西亚（Malvasia Nera）以及萨萨曼尼洛（Sussumaniello）。此外，还种植了一些味而多（Petit Verdot）、莎当尼（Chardonnay）和赤霞珠（Cabernet Sauvignon）等国际葡萄品种。出品的众多值得信赖、具有现代气息的系列酒品都迎合了国际市场的需求。萨里斯•萨伦蒂诺•陈酿2010（Salice Salentino Rosso Riserva 2010）今年再次成为该庄园的顶级葡萄酒。该款酒散发着香料和黑莓的芳香，口感均衡怡人，酸度适中。

● Salice Salentino Rosso Ris. '10	🍷🍷🍷 2*
⊙ Five Roses '12	🍷🍷 2*
⊙ Five Roses 69° Anniversario '12	🍷🍷 3
● Primitivo di Manduria Villa Santera '12	🍷🍷 2*
● Salice Salentino Rosso Donna Lisa Ris. '10	🍷🍷 6
○ Don Piero Brut	🍷 2
● Elo Veni '12	🍷 2
○ Imago '12	🍷 2
○ Messapia '12	🍷 2
● Salice Salentino Rosso Donna Lisa Ris. '06	🍷🍷🍷 5
● Salice Salentino Rosso Donna Lisa Ris. '05	🍷🍷🍷 5
● Salice Salentino Rosso Ris. '09	🍷🍷🍷 2*

Masseria Li Veli

SP Cellino-Campi, km 1
72020 Cellino San Marco [BR]
Tel. 0831618259
www.liveli.it

藏酒销售
预约参观
年产量 350 000 瓶
葡萄种植面积 33 公顷
葡萄栽培方式 有机认证

最近几年，由法尔沃（Falvo）家族经营的马塞里亚•里维利（Masseria Li Veli）酒庄在葡萄酒的质量上取得显著的飞跃。酒庄的葡萄园大部分是多沙红色的土壤，它们覆盖在湿润肥沃的下层土上。当地的红葡萄品种在自家的葡萄园占主要地位，而白色的葡萄品种则来自位于瓦莱•伊特里亚（Vallet d'Itria）地区一些租赁的葡萄园，该地区正是普利亚区（Puglia）最好的白葡萄种植区之一。酒庄出产的葡萄酒体现了技艺上的精雕细琢和浓厚的当地特色。今年，酒庄凭借出产的马塞里亚•里维利2010（Masseria Li Veli 2010）获得了一项“三杯奖”。这款由60%的内格罗阿玛罗（Negroamaro）和赤霞珠（Cabernet Sauvignon）葡萄混酿的葡萄酒拥有酸樱桃的芳香与潮湿的泥土气息，并且伴随着精细复杂、层次分明的口感。

● Masseria Li Veli '10	🍷🍷🍷 5
● Aleatico Passito '08	🍷🍷 6
● Primonero '12	🍷🍷 2*
● Susumaniello Askos '12	🍷🍷 3
○ Fiano '12	🍷 2
● Malvasia Nera Askos '12	🍷 3
● Orion '12	🍷 2
● Salice Salentino Rosso Passamante '12	🍷 2
○ Verdeca Askos '12	🍷 3
● Aleatico Passito '07	🍷🍷 6
● Masseria Li Veli '09	🍷🍷 5
● MLV '08	🍷🍷 5
● Salice Salentino Rosso Pezzo Morgana Ris. '08	🍷🍷 3

Tenute Mater Domini

VIA DEI MARTIRI, 17/19
73012 CAMPI SALENTINA [LE]
TEL. 0832792442
www.tenutematerdomini.it

藏酒销售
预约参观
年产量 100 000 瓶
葡萄种植面积 50 公顷

十年来，特努特•马特•多米尼（Tenute Mater Domini）一直坚持将创新的农业技术和现代的酿酒技艺以及传统的萨伦托（Salento）方式融合起来。企业旗下拥有两个主要的庄园：一个是位于阿尔内萨诺（Arnesano）的博尔格•马特•多米尼（Borgo Mater Domini），另一个是位于萨里斯•萨伦蒂诺（Salice Salentino）和维格列（Veglie）之间的特努塔•马特•多米尼（Tenute Mater Domini）。第二个庄园又进一步划分成土壤多石、富含泥灰土的马塞里亚•卡斯里（Masseria Casili），一些较年轻的葡萄园就坐落在这里。另一个是土壤以黏土淤泥著称的马塞里亚•凡特内勒（Masseria Fontanelle），这里的葡萄园种植着一些年轻的以马刺模式修剪的葡萄藤和有60年历史的灌木丛式的内格罗阿玛罗（Negroamaro）与普里米蒂沃（Primitivo）葡萄藤。出品的马兰吉•普里米蒂沃2012（Marangi Primitivo 2012）活泼怡人，洋溢着明亮的浆果芳香。

● Marangi Negroamaro '11	🍷🍷 3
● Marangi Primitivo '12	🍷🍷 2*
● Salice Salentino Casili Ris. '10	🍷🍷 3
⊙ La Nova Rosato '12	🍷 1*
● La Nova Rosso '10	🍷 1*
○ Marangi Bianco '12	🍷 2
⊙ Marangi Rosato '12	🍷 2
● Salice Salentino Casili Ris. '09	🍷🍷🍷 5
● Salice Salentino Casili Ris. '08	🍷🍷🍷 5
○ Marangi Bianco '11	🍷🍷 3
● Marangi Rosso '09	🍷🍷 3
● Salice Salentino Casili Ris. '07	🍷🍷 5

Morella

VIA PER UGGIANO, 147
74024 MANDURIA [TA]
TEL. 0999791482
www.morellavini.com

藏酒销售
预约参观
年产量 18 000 瓶
葡萄种植面积 16 公顷

丽莎•吉尔比（LisaGilbee）与盖塔诺•莫雷纳（Gaetano Morella）在酿酒过程中还是像以往那样充满激情。其出产的葡萄酒原汁原味，完全体现了地域特色，同时伴随着难能可贵的可口清新的浓郁果香。四年前，他们采用生物动力学的栽培方式，而且在酒窖中做出了一些相当有悖传统的选择，例如采用无隔层的混凝土大桶。除了现有的种植了50年到80年历史的灌木丛式葡萄藤的葡萄园，他们最近租赁了一个真正神秘的葡萄园，园内种植的葡萄藤超过100年。此外，他们还在着手准备增加一些古老的葡萄园。尽管令人奇怪的这样一款最具地中海风味的葡萄酒竟出自澳大利亚人之手，但她出产的拉•西格诺拉2010（La Signora 2010）的品质实在让人不容置疑。这是一款品质相当非凡的普里米蒂沃（Primitivo）葡萄酒，深沉可口、强烈大胆的口感伴随着地中海灌木丛和海洋的气息。

● Primitivo La Signora '10	🍷🍷🍷 6
● Old Vines Primitivo '10	🍷🍷 6
● Mezzanotte '11	🍷 3
● Primitivo Malbek '10	🍷 4
● Primitivo La Signora '07	🍷🍷🍷 5
● Primitivo Old Vines '09	🍷🍷🍷 5
● Primitivo Old Vines '08	🍷🍷🍷 5
● Primitivo Old Vines '07	🍷🍷🍷 5

Cosimo Palamà

VIA A. DIAZ, 6
73020 CUTROFIANO [LE]
TEL. 0836542865
www.vinicolapalama.com

藏酒销售
预约参观
年产量 250 000 瓶
葡萄种植面积 15 公顷

帕拉玛家族（Palamà）的酿酒厂具有典型的普利亚区（Puglia）风格。庄园成立于1936年。在1990年，科斯莫（Cosimo）决定生产自己的瓶装葡萄酒。从那时起，他开始专注于提高葡萄酒的质量，在最近几年取得了积极的成果。出产的四个系列的酒款都完美地诠释了当地的风土条件和品种特性，具有极高的性价比。酒庄自有的葡萄园大部分位于库特罗•菲亚诺（Cutrofiano）和马蒂诺（Matino）地区软硬适中的石灰土中。今年，75文德米耶2012（75 Vendemmie 2012）获得了不错的成绩。这款由内格罗阿玛罗（Negroamaro）葡萄酿造的葡萄酒以潮湿的泥土气息和甘草香味最为突出，有趣生动地诠释了普利亚的传统。另一款由内格罗阿玛罗（Negroamaro）葡萄酿造的梅迪乌斯克•罗萨托2012（Metiusco Rosato 2012）同样令我们印象深刻，我们认为，这是普利亚区（Puglia）品质最好的一款桃红葡萄酒，它散发着浆果、桃子和香料的芳香。口感和谐，令人愉悦，余韵清新可口，回味无穷。

● 75 Vendemmie '12 🍷🍷4
⊙ Metiusco Rosato '12 🍷🍷 2*
● Mavro '11 🍷🍷 3
● Albarossa Primitivo '11 🍷 2
● Metiusco Oro Passito '11 🍷 3
● Metiusco Rosso '12 🍷 2
● Salice Salentino Rosso Albarossa '11 🍷 1*
● 75 Vendemmie '11 🍷🍷🍷 4*
● Il Vino d'Arcangelo '08 🍷🍷 3
● Mavro '09 🍷🍷 3*

Pietraventosa

C.DA PARCO LARGO
70023 GIOIA DEL COLLE [BA]
TEL. 0805034436
www.pietraventosa.it

藏酒销售
年产量 12 000 瓶
葡萄种植面积 5.4 公顷
葡萄栽培方式 有机认证

年复一年，玛丽安娜（Marianna）、安尼奥（Annio）和拉斐尔•里欧（Raffaele Leo）经营的小庄园已经发展壮大成为最具内涵与最有趣的酿酒商之一。酒庄的葡萄藤种植在海拔大约380米的葡萄园里。这些葡萄园处在富含矿物质的石灰土上，石灰土下面的岩层深入地表下不到一米。葡萄园被分为两块：一块用来种植古老的顶部栽培葡萄藤，另一块则用来种植以警戒线模式培育和以马刺方式修剪的年轻葡萄藤。今年，玛丽安娜（Marianna）和拉斐尔（Raffaele）仅向我们呈现两款葡萄酒。伊斯特罗萨2012（Est Rosa 2012）采用普里米蒂沃（Primitivo）葡萄酿成，适合开瓶。该款酒洋溢着鲜花的芳香气息，适宜的酸度支撑起果香浓郁的口感。焦亚•科勒•普里米蒂沃陈酿2010（Gioiadel Colle Primitivo Riserva 2010）一如既往地成为法定产区最优秀的葡萄酒之一。该款酒散发着黑莓的气息，口感均衡清新、可口怡人、层次分明，并且伴随着浓郁的果香。

● Gioia del Colle Primitivo Ris. '10 🍷🍷 5
⊙ EstRosa '12 🍷🍷 3
● Gioia del Colle Primitivo Ris. '06 🍷🍷🍷 4
● Gioia del Colle Primitivo Allegoria '08 🍷🍷 3
● Gioia del Colle Primitivo Riserva di Pietraventosa '08 🍷🍷 5
● Gioia del Colle Primitivo Riserva di Pietraventosa '07 🍷🍷 5
● Ossimoro '08 🍷🍷 3

Plantamura

via Santa Candida, 1
70023 Gioia del Colle [BA]
Tel. 3474711027
www.viniplantamura.it

藏酒销售
年产量 50 000 瓶
葡萄种植面积 8 公顷
葡萄栽培方式 有机认证

这家建于20世纪早期的庄园现在由玛瑞安吉拉•普兰塔姆(Mariangela Plantamura)和文森佐(Vincenzo)夫妻俩在打理。夫妻俩全力专注于用普里米蒂沃(Primitivo)葡萄酿造葡萄酒，其出产的三款葡萄酒就是最好的例子。酒庄的葡萄园位于焦亚•科勒(Gioia DelColle)四周的农村，海拔高度大约360米。园内一部分垂直成格状的葡萄藤和一部分灌木丛式的葡萄藤种植在夹杂着黏土与石灰土的土壤里。在干旱时期，这些土壤能得到含水层的滋养。今年，普兰塔姆(Plantamura)葡萄酒华丽地闯入我们的视野。焦亚•科勒•普里米蒂沃2011(Gioiadel Colle Primitivo Etichetta Rossa 2011)彻底地把我们征服了。考虑到该款酒的原料是来自最年轻的葡萄藤，而且只是陈酿在不锈钢桶，因此从理论上，它应该是款并不显眼的葡萄酒。然而，它洋溢着优雅高贵的风韵，散发着浆果的果香和石榴的芳香，口感丰富强劲、生动张扬。着实令人心生喜悦!

● Gioia del Colle Primitivo Et. Rossa '11	🍷🍷🍷 4*
● Gioia del Colle Primitivo Ris. '10	🍷🍷 5
● Gioia del Colle Primitivo Et. Nera '11	🍷🍷 4

Polvanera

s.da vicinale Lamie Marchesana, 601
70023 Gioia del Colle [BA]
Tel. 080758900
www.cantinepolvanera.it

藏酒销售
餐饮接待
年产量 200 000 瓶
葡萄种植面积 60 公顷
葡萄栽培方式 有机认证

皮尔瓦纳拉酒庄(Polvanera)成立于2003年，从那时起，在几个同行酿酒商的共同努力下，酒庄有条不紊地重新改善焦亚•科勒•普里米蒂沃(Primitivo Di Gioiadel Colle)葡萄酒，使之成为一款强劲有力、高酒精度的葡萄酒。该款酒平衡了清新的口感和怡人的鲜味。这样的酒品效果甚至在几年前还是令人难以想象。葡萄园位于阿夸维瓦(Acquaviva)和焦亚•科勒(Gioiadel Colle)之间，处在穆尔贾区域(Murgia)典型的喀斯特地形上。这里土壤稀薄，底下布满坚硬的岩石。除了这个自有的年轻葡萄园以外，皮尔瓦纳拉(Polvanera)也打理着一些约有60年历史的灌木丛式葡萄藤。这些葡萄藤为出产顶级的葡萄酒提供了优质的原料。2010年款的葡萄酒确实取得巨大的成功。焦亚•科勒•普里米蒂沃17(Gioia del Colle Primitivo 17)酒体丰富紧实，散发着黑莓、地中海灌木丛和甘甜的栗子芳香。尽管酒精度较高，但是口感怡人，结构匀称。

● Gioia del Colle Primitivo 17 '10	🍷🍷🍷 5
● Gioia del Colle Primitivo 14 '10	🍷🍷 3*
● Gioia del Colle Primitivo 16 '10	🍷🍷 5
⊙ Rosato '12	🍷🍷 2*
○ Minutolo '12	🍷 3
● Gioia del Colle Primitivo 16 '07	꙳꙳꙳ 2*
● Gioia del Colle Primitivo 17 '09	꙳꙳꙳ 5
● Gioia del Colle Primitivo 17 '08	꙳꙳꙳ 4*
● Gioia del Colle Primitivo Vign. Marchesana 14 '09	꙳꙳ 3

Primis

via G. Scirea
71048 Stornarella [FG]
Tel. 0885433333
www.primisvini.com

藏酒销售
预约参观
年产量 160 000 瓶
葡萄种植面积 24 公顷

吉安尼•马里奥 (Gianni Mauriello) 和尼古拉•塞拉曼 (Nicola Selano) 拥有的年轻酒庄现在被看做是普利亚区 (Puglia) 最有趣的酒庄之一。他们种植了众多的葡萄品种，并且由此出产了一系列由单一葡萄品种酿造的葡萄酒。大部分的葡萄酒装在不锈钢桶里陈酿熟成。酒庄的葡萄园坐落在斯托尔纳雷拉 (Stornarella) 附近，覆盖着软硬适中的钙质黏土。出产的葡萄酒展现了现代风格，富含浓郁的清新果香。独特的果香个性也体现在少数用木桶陈酿的葡萄酒。克鲁斯塔2009 (Crusta 2009) 是一款优秀的单一品种酿造的蒙特布查诺 (Montepulciano) 红葡萄酒。该款酒散发着黑莓、李子和甘草的芳香，洋溢着金鸡纳树皮的气息。浓厚稠密、富含果香的口感同时显现出清新从容、紧致密实的特点。我们认为这是酒庄呈现的所有酒品中最优秀的一款葡萄酒。

● Crusta '09	🍷🍷 3*
⊙ Monrose '12	🍷🍷 2*
● Negroamaro '11	🍷🍷 2*
○ Bombino Bianco '12	🍷 2
● Nero di Troia '11	🍷 2
○ Bombino Bianco '11	🍷🍷 2*
○ Cenerata '10	🍷🍷 2*
● Crusta '08	🍷🍷 3
● Syrah '09	🍷🍷 2*

Racemi

via Santo Stasi Primo, 42
74024 Manduria [TA]
Tel. 0999711660
www.racemi.it

藏酒销售
预约参观
年产量 1 200 000 瓶
葡萄种植面积 120 公顷
葡萄栽培方式 有机认证

格雷格瑞•佩鲁西 (Gregory Perrucci) 的拉西米 (Racemi) 项目在改善普利亚区 (Puglia) 葡萄酒行业、保留萨伦托 (Salento) 地区的葡萄栽培、酿酒传统及地形地貌中起到了引领性的作用。酒庄出产的葡萄酒凝聚了精细的酿酒技艺，体现了对古老的灌木丛式葡萄藤的复兴，和对突出不同地域的个性特点所投入的努力。因此，这些酒品成为了读懂萨伦托 (Salento) 地区葡萄栽培传统的范本。葡萄园位于多种多样的土壤类型中，从靠近海洋的沙质土壤到红土、黑土以及多石土壤。这里催生了一系列有趣迷人、品质卓越的葡萄酒。今年，酒庄凭借出色的普里米蒂沃•曼杜里亚2010 (Primitivo di Manduria Dunico Masseria Pepe 2010) 再次获得“三杯奖”。该款酒突出了爽脆的红色水果味道和具有细微差别的香料味。其他如普里米蒂沃•曼杜里亚 (Primitivo di Manduria) 的表现也非常出色。

● Primitivo di Manduria Dunico Masseria Pepe '10	🍷🍷🍷 5
● Primitivo di Manduria Giravolta Tenuta Pozzopalo '11	🍷🍷 3*
● Primitivo di Manduria Zinfandel Sinfarosa '11	🍷🍷 3*
● Pietraluna Torre Guaceto '12	🍷 2
● Susumaniello Sum Torre Guaceto '11	🍷 4
● Primitivo di Manduria Dunico Masseria Pepe '05	🍷🍷🍷 5*
● Primitivo di Manduria Zinfandel Sinfarosa '06	🍷🍷🍷 3*
● Primitivo di Manduria Zinfandel Sinfarosa '98	🍷🍷🍷 3*
● Anarkos '09	🍷🍷 2*
● Primitivo di Manduria Dunico Masseria Pepe '09	🍷🍷 5

Rasciatano

C.DA RASCIATANO
76121 BARLETTA
TEL. 0883510999
www.rasciatano.com

藏酒销售
预约参观
年产量 91 000 瓶
葡萄种植面积 18 公顷

坐落在穆尔贾（Murgia）的乡村旁，处在海洋与山丘中间的特努塔•拉斯齐亚塔诺酒庄（Tenuta Rasciatano）一直以来在当地的葡萄酒酿造业享有尊贵的荣誉。在2005年，普尔洛家族（Porro）决定将精力投入到出产高品质的葡萄酒。归功于酒庄自产的葡萄品种，酿酒厂得到了二次发展，并且取得更加优秀的成果。于1992年和2002年栽种的葡萄园位于主建筑物周围，这里的沙质土壤覆盖在石灰岩岩层上。在酿酒过程中，酒庄十分重视提高葡萄酒的质量。出产的葡萄酒凝聚了馥郁的果香、精良的结构和优雅的风韵。由于今年没有出产星级酒——拉齐亚塔诺•黑特洛亚葡萄酒（Rasciatano Nero di Troia），酒庄呈现的酒品是名副其实的大杂烩。然而，我们喜欢特努塔•黑特洛亚2010（Tenute Nero di Troia 2010）。它具有浆果的果香和怡人清新、回味无穷的口感。具有新鲜柑橘味的拉齐亚塔诺•白马瓦西亚2012（Rasciatano Malvasia Bianca 2012）展示了优秀的魅力。

○ Rasciatano Malvasia Bianca '12	🍷🍷 3
● Tenute Nero di Troia '10	🍷🍷 2*
⊙ Rasciatano Rosé '12	🍷 3
● Rasciatano Rosso '11	🍷 4
○ Tenute Chardonnay '12	🍷 2
● Rasciatano Nero di Troia '08	🍷🍷🍷 6
● Rasciatano Nero di Troia '07	🍷🍷🍷 6
● Rasciatano Nero di Troia '10	🍷🍷 4
● Rasciatano Rosso '09	🍷🍷 4

Rivera

C.DA RIVERA, SP 231 KM 60,500
76123 ANDRIA [BT]
TEL. 0883569510
www.rivera.it

藏酒销售
预约参观
年产量 1 200 000 瓶
葡萄种植面积 95 公顷

德•科拉托家族（De Corato）掌管的酒庄是卡斯特尔•蒙特（Castel del Monte）地区的旗舰酒庄之一。黑葡萄品种种植在海拔高度200米到220米的凝灰质的石灰土上。而白葡萄品种种植在海拔高度处于300米到350米的穆尔贾（Murgia）山区的典型喀斯特土壤中。这里的气候比该地区的其他地方要凉爽很多，使出产的葡萄获得了更显著的酸度。由此酿造的葡萄酒芳香浓郁，酿造技艺精良。今年的品酒会展现了一系列值得信赖的卡斯特尔•蒙特葡萄酒（Castel del Montes），但是没有出现星级酒。由70%的黑特洛亚（Nero di Troia）和蒙特布查诺（Montepulciano）葡萄混酿而成的传统的卡斯特尔•蒙特陈酿2008（Castel delMonte Rosso Il Falcone Riserva 2008）是款清新大胆的葡萄酒，精良的结构伴随着金鸡纳树皮和黑莓的芳香。

● Castel del Monte Aglianico Cappellaccio Ris. '07	🍷🍷 2*
⊙ Castel del Monte Bombino Nero Pungirosa '12	🍷🍷 2*
● Castel del Monte Rosso Il Falcone Ris. '08	🍷🍷 4
○ Castel del Monte Bianco Fedora '12	🍷 2
○ Castel del Monte Bombino Bianco Marese '12	🍷 2
● Castel del Monte Nero di Troia Puer Apuliae '08	🍷 5
● Castel del Monte Rosso Rupicolo '11	🍷 2
○ Scariazzo '12	🍷 2
● Castel del Monte Nero di Troia Puer Apuliae '04	🍷🍷🍷 6
● Castel del Monte Nero di Troia Puer Apuliae '03	🍷🍷🍷 6

Tenute Rubino

via E. Fermi, 50
72100 Brindisi
Tel. 0831571955
www.tenuterubino.it

藏酒销售
预约参观
年产量 1 000 000 瓶
葡萄种植面积 200 公顷

过去的十年里，由于鲁宾诺家族（Rubino）的酒庄注重提高葡萄酒的质量和全心投入到提高发展地区特色酒，现在它已经成为普利亚区（Puglia）葡萄酒酿造业的核心酒商之一。葡萄园分布在四个主要的地区，从海边一直延伸到布林迪恩市（Brindisi）之上的高原。酒庄的葡萄酒系列几乎全部采用当地的葡萄品种酿造，尤其注重复兴萨萨曼尼洛（Sussumaniello）葡萄。出产的葡萄酒精雕细琢，展现出浓厚的地方特色。萨萨曼尼洛•特雷•特斯塔（Susumaniello Torre Testa）今年再次获得“三杯奖”。由于去年的酒标出现印刷错误，将2010年的葡萄酒印成2011年，所以今年我们实际上品尝的是2011年的葡萄酒。该款酒果味多汁、酒体复杂、果香浓郁、豪华清新。

● Torre Testa '11	🍷🍷🍷 6
● Oltremé '12	🍷🍷 2*
● Punta Aquila '11	🍷🍷 2*
● Visellio '11	🍷🍷 4
○ Giancola '12	🍷 2
○ Libens Extra Dry	🍷 2
○ Marmorelle Bianco '12	🍷 2
● Marmorelle Rosso '11	🍷 2
⊙ Saturnino '12	🍷 2
● Primitivo Visellio '01	🍷🍷🍷 3*
● Torre Testa '02	🍷🍷🍷 5
● Torre Testa '01	🍷🍷🍷 5
● Visellio '10	🍷🍷🍷 4*

Schola Sarmenti

via Generale Cantore, 37
73048 Nardò [LE]
Tel. 0833567247
www.scholasarmenti.it

预约参观
年产量 240 000 瓶
葡萄种植面积 41 公顷
葡萄栽培方式 有机认证

在发生危机的那段时间，纳尔多（Nardò）地区的葡萄藤损失严重，卡罗•马拉（Carlo Marra）和本内德托•罗鲁索（Benedetto Lorusso）团结起来全力抵抗危机，复原了该指定区的葡萄栽培酿酒传统和文化遗产。无独有偶，庄园85%的土地都种上了灌木丛式的葡萄藤，占指定产区中剩下70公顷土地的40%。酒庄出产的葡萄酒拥有浓厚的地域特色，经过精雕细琢的饱满酒体散发着甜蜜的果香。蒂斯奥托2011（Diciotto 2011）一经亮相就让我们过目难忘。该款酒采用酒庄最老的有80年历史的灌木丛式葡萄酿制而成，展现出有别于其他普里米蒂沃（Primitivo）的新风格，既散发着黑色水果的芳香，也洋溢着巧克力的气息。复杂紧实的口感过后是回味无穷的余韵。

● Diciotto '11	🍷🍷 7
● Cubardi '10	🍷🍷 3
● Nardò Nerio Ris. '09	🍷🍷 3
○ Fiano '12	🍷 2
● Nardò Rosso Roccamora '10	🍷 2
● Nauna '11	🍷 4
● Artetica '08	🍷🍷 5
● Nardò Rosso Roccamora '09	🍷🍷 2*
● Primitivo Diciotto '08	🍷🍷 7
○ Salento Fiano '11	🍷🍷 2*

Cantine Soloperto

SS 7
74024 Manduria [TA]
Tel. 0999794286
www.soloperto.it

藏酒销售
预约参观
年产量 2 000 000 瓶
葡萄种植面积 50 公顷

由索罗贝托家族（Soloperto）掌管的庄园成为了普里米蒂沃•曼杜里亚（Primitivo di Manduria）指定产区的领军人物。最近几年，酒庄成功地并购数个葡萄园以生产品质更高的葡萄酒。这些葡萄酒的原料就来自园内种植的灌木丛式的葡萄藤。有些葡萄藤最初来自巴格诺罗（Bagnolo）地区有100多年历史的葡萄园，然后被重新移植到风土条件适宜的佩特罗斯（Petrose）地区的新葡萄园。出产的各式各样的酒品系列不仅容易上口，而且结构精良，陈酿能力强，原汁原味的传统风格突出了馥郁且令人难忘的芳香。今年普里米蒂沃•曼杜里亚2011（Primitivo di Manduria Centofuochi Tenuta Bagnolo 2011）再次杀入总决赛，我们认为这是该指定产区最优秀的葡萄酒款之一。香料、新鲜水果和地中海灌木丛的芳香伴随着优雅怡人的口感。

● Primitivo di Manduria Centofuochi Tenuta Bagnolo '11	🍷🍷 4
● Primitivo di Manduria Rubinum Et. Blu 14° '11	🍷🍷 2*
● Primitivo di Manduria '12	🍷 2
● Primitivo di Manduria Passulentu '11	🍷 4
● Primitivo di Manduria Patriarca '11	🍷 4
⊙ Rosato Salento '12	🍷 2
● Vintia '11	🍷 3
● Primitivo di Manduria Centofuochi Tenuta Bagnolo '10	🍷🍷 4
● Primitivo di Manduria Centofuochi Tenuta Bagnolo '09	🍷🍷 4

Cosimo Taurino

SS 605
73010 Guagnano [LE]
Tel. 0832706490
www.taurinovini.it

藏酒销售
预约参观
年产量 600 000 瓶
葡萄种植面积 85 公顷

成立于40年前的柯西莫•图里诺（Cosimo Taurino）酒庄是普利亚区（Puglia）最著名的酿酒厂之一，凭借其出产的红内格罗阿玛罗（Red Negroamaro）名声响彻全国。像经久不衰的帕特里格利奥尼（Patriglione）和诺塔帕纳洛（Notarpanaro）这类经典红葡萄酒都在普利亚区（Puglia）酿酒历史中扮演着主导的角色。酒庄的葡萄园主要坐落在古安格纳诺（Guagnano）的石灰岩沙土上，几乎90%的土地种植了内格罗阿玛罗（Negroamaro）葡萄。采用这种葡萄酿造的葡萄酒风格传统，窖藏能力强，而且地域特色浓厚。而白葡萄酒主要采用国际葡萄品种酿造。不得不承认，我们对这家知名酒庄近几年的发展趋势感到有些困惑，但我们仍对其保留着较高的期望。尽管帕特里格利奥尼（Patriglione）的离席有一些影响，但整体水平还是不能尽如人意。今年最卓越的葡萄酒当属科斯莫•图里诺2006（Cosimo Taurino 2006）。

● A64 Cosimo Taurino '06	🍷🍷 4
● 7° Ceppo '11	🍷 3
○ I Sierri '12	🍷 2
● Notarpanaro '07	🍷 3
⊙ Scaloti '12	🍷 2
● Patriglione '94	🍷🍷🍷 7
○ I Sierri '10	🍷🍷 2*
● Patriglione '07	🍷🍷 7
● Salice Salentino Rosso Ris. '08	🍷🍷 2*
⊙ Scaloti '11	🍷🍷 2*

★Tormaresca

C.DA TORRE D'ISOLA
LOC. TOFANO
70055 MINERVINO MURGE [BT]
TEL. 0883692631
www.tormaresca.it

藏酒销售
预约参观
膳宿接待
年产量 3 000 000 瓶
葡萄种植面积 348 公顷
葡萄栽培方式 有机认证

1998年，安东尼（Antinori）集团在普利亚区（Puglia）着手成立托尔马勒斯卡（Tormaresca）酒庄。经过15年的发展，现在酒庄已经成为该地区最成功的葡萄酒酒庄之一。葡萄园被分在两个不同的庄园：鲁伯•波卡（Bocca di Lupo），位于德尔蒙特（Castel del Monte）指定区中的穆尔贾（Murgia）山丘上，马塞莉娅•梅姆（Masseria Maime）位于萨伦托（Salento）上部的圣皮尔托•凡尔诺迪克（San Pietro Vernotico），离亚得里亚（Adriatic）海岸不远。阿吉里安科（Aglianico）、黑特洛亚（Nero di Troia）和大部分的白葡萄品种种植在鲁伯•波卡（Bocca di Lupo），而内格罗阿玛罗（Negroamaro）和普里米蒂沃（Primitivo）葡萄主要来自马塞莉娅•梅姆（Masseria Maime）。酒庄出产的葡萄酒体现了现代风格，尤其注重表现平衡的酒体和怡人的口感。普里米蒂沃•托尔奇柯达（Primitivo Torcicoda）已经是第三年蝉联"三杯奖"。其中2011年款大方高贵、生动活泼、果香浓郁、非常怡人。

● Torcicoda '11	🍷🍷🍷 4*
⊙ Calafuria '12	🍷🍷 3
● Fichimori '12	🍷 2
● Morgicchio '11	🍷 3
○ Roycello '12	🍷 3
● Masseria Maime '08	🍷🍷🍷 5
● Masseria Maime '07	🍷🍷🍷 4
● Masseria Maime '06	🍷🍷🍷 4
● Masseria Maime '05	🍷🍷🍷 4*
● Masseria Maime '04	🍷🍷🍷 4*
● Masseria Maime '02	🍷🍷🍷 4
● Torcicoda '10	🍷🍷🍷 3*
● Torcicoda '09	🍷🍷🍷 3
○ Moscato di Trani Kaloro '10	🍷🍷 4

Torrevento

LOC. CASTEL DEL MONTE
SP 234 KM 10,600
70033 CORATO [BA]
TEL. 0808980923
www.torrevento.it

藏酒销售
膳宿接待
年产量 2 500 000 瓶
葡萄种植面积 450 公顷
葡萄栽培方式 有机认证

由弗兰西斯科•李安托尼欧（Francesco Liantonio）创立的托雷温托酒庄（Torrevento）坐落在帕科•鲁拉勒•穆尔贾（Parco Rurale della Murgia）中心地带，是一家优秀的坚持可持续发展和环境保护的模范酿酒厂，在卡斯特尔•蒙特（Castel del Monte）指定产区中起着引领性的作用。酒庄的葡萄园分布在拥有典型喀斯特地貌的穆尔贾（Murgia）高原上，那里遍布多石的石灰性土壤。酒庄包罗万象的葡萄酒系列几乎由本地的葡萄品种酿造而成，其中出产的黑特洛亚（Nero di Troia）占据了主导地位。酒庄出产的酒款都有纤细柔美的口感、爽脆的果味和怡人的可饮性。卡斯特尔•蒙特陈酿（Castel del Monte Rosso Vigna Pedale Riserva）再次轻而易举地进入"三杯奖"名单。2010年款的黑特洛亚（Nero di Troia）口感依旧清新豪迈、结构精良。总而言之，相当容易上口。

● Castel del Monte Rosso V. Pedale Ris. '10	🍷🍷🍷 3*
● Castel del Monte Nero di Troia Ottagono Ris. '11	🍷🍷 4
● Kebir '09	🍷🍷 5
● Matervitae Negroamaro '11	🍷🍷 2*
● Salice Salentino Rosso Sine Nomine Ris. '08	🍷🍷 3
● Castel del Monte Rosso Bolonero '11	🍷 2
● Matervitae Primitivo '11	🍷 2
● Primitivo di Manduria Ghenos '11	🍷 3
● Torre del Falco '11	🍷 3
● Castel del Monte Rosso V. Pedale Ris. '09	🍷🍷🍷 3*
● Castel del Monte Rosso V. Pedale Ris. '08	🍷🍷🍷 3

Agricole Vallone

via XXV Luglio, 5
73100 Lecce
Tel. 0832308041
www.agricolevallone.it

预约参观
年产量 397 000 瓶
葡萄种植面积 161 公顷
葡萄栽培方式 有机认证

这家由维多利亚（Vittoria）和玛利亚•特瑞莎•瓦罗娜（Maria Teresa Vallone）姐妹俩掌管的酒庄在普利亚区（Puglia）葡萄酒酿造业拥有悠久的历史。酒庄分布三处：弗拉米尼奥（Flaminio）坐落在布林迪斯（Brindisi）指定区内；罗勒（lore）位于圣潘克拉齐奥•萨伦蒂诺（San Pancrazio Salentino）周边的乡村地区，是萨里斯•萨伦蒂诺（Salice Salentino）指定区的一部分，专门出产酒庄著名的酒款；卡斯特尔塞拉诺瓦（Castelserranova）位于卡罗维格诺（Carovigno）的周边地区，与亚得里亚海（Adriatic sea）仅咫尺之遥，涵括了酒厂的中心地带。出产的葡萄酒具有传统古典的风格，果味丰富，余味香甜。由于酒庄今年的一系列瓶装葡萄酒出现了瑕疵，我们决定推迟到明年再品尝格拉迪齐亚2009（Graticciaia 2009）。然而，清新的布林迪斯•维格纳•弗拉米尼奥陈酿2009（Brindisi Rosso Vigna Flaminio Riserva 2009）让我们印象深刻，该款酒散发着浓郁的果香和菜园蔬菜的芳香。

● Brindisi Rosso V. Flaminio Ris. '09	♥♥ 3
○ Salento Corte Valesio '12	♥♥ 2*
⊙ Brindisi Rosato V. Flaminio '12	♥ 2
○ Passo delle Viscarde '10	♥ 4
● Graticciaia '03	♡♡♡ 6
● Graticciaia '01	♡♡♡ 6
⊙ Brindisi Rosato V. Flaminio '11	♡♡ 2*
● Brindisi Rosso V. Flaminio '10	♡♡ 2*
● Brindisi Rosso V. Flaminio Ris. '06	♡♡ 2
○ Passo delle Viscarde '07	♡♡ 4

Cantina Sociale Cooperativa Vecchia Torre

via Marche, 1
73045 Leverano [LE]
Tel. 0832925053
www.cantinavecchiatorre.it

藏酒销售
预约参观
年产量 2 200 000 瓶
葡萄种植面积 1 300 公顷

在过去的50年间，维基亚•托瑞（Vecchia Torre）联营酒庄的成员现在已经发展到超过1 300名。这些成员为酒庄提供了葡萄和高品质的葡萄酒。大部分散户种植者位于莱维拉诺（Leverano）的直辖市。由于靠近酿酒厂，这里的情景与萨伦托（Salento）其他地区的情况非常不同。而萨伦托（Salento）地区大部分是被遗弃和荒废的葡萄园，尤其以灌木丛式种植园最为突出。酒庄出产的酒品性价比高。莱维拉诺（Leveranos）家族出产的一系列品质可靠、结构匀称的葡萄酒为酒庄今年逊色的表现增色不少。这些葡萄酒中有伴随着甜蜜果香的、柔美生动的内格罗阿玛罗2011（Negroamaro 2011）。酸度适中、单宁柔顺、散发香料味的萨里斯•萨伦蒂诺陈酿2009（Salice Salentino Rosso Riserva 2009）。以及由内格罗阿玛罗（Negroamaro）酿造而成的罗萨托2012（Rosato 2012），清新怡人、伴随着浆果、石榴和薄荷芳香。最后还有一款富含柑橘味和花香的维蒙蒂诺2012（Vermentino 2012）。

⊙ Leverano Rosato '12	♥♥ 2*
● Negroamaro '11	♥♥ 2*
● Salice Salentino Rosso Ris. '09	♥♥ 2*
○ Vermentino '12	♥♥ 2*
● Arneide '09	♥ 3
● Leverano Rosso '11	♥ 2
● Leverano Rosso Ris. '08	♥ 2
● 50° Anniversario '08	♡♡ 3*
● Arneide '08	♡♡ 3
● Leverano Rosso '10	♡♡ 2*
● Leverano Rosso Ris. '07	♡♡ 2*
● Leverano Rosso Ris. '06	♡♡ 2*

Tenuta Viglione

via Carlo Marx, 44p
70029 Santeramo in Colle [BA]
Tel. 0803023927
www.tenutaviglione.it

藏酒销售
预约参观
年产量 200 000 瓶
葡萄种植面积 40 公顷
葡萄栽培方式 有机认证

乔瓦尼•祖罗（Giovanni Zullo）在特努塔•维格里奥尼（Tenuta Viglione）发布了第三代葡萄酒款，这是焦亚•科勒（Gioia del Colle）指定产区新一波葡萄酒酿造技艺的组成部分，旨在提高葡萄酒的数量和质量。庄园种植了许多不同的葡萄品种，其中普里米蒂沃（Primitivo）占据首要地位，其次是梅洛（Merlot）、圣乔维斯（Sangiovese）、法兰吉娜（Falanghina）、特比安诺（Trebbiano）、蒙特布查诺（Montepulciano）、马瓦西亚（Malvasia）、米努托洛（Minutolo）和莎当尼（Chardonnay）。葡萄园位于软硬适中、富含沙石、矿物质丰富的石灰质黏土上，这里的土壤是穆尔杰（Murge）山脉典型的喀斯特土壤。令人印象深刻的是今年酒庄有两款酒品进入总决赛。焦亚•科勒•普里米蒂沃•马尔皮奥内•陈酿2009（Gioia del Colle Primitivo Marpione Riserva 2009）散发着香料和微弱的炒杏仁芳香。酒体饱满、口感紧实、生动怡人、余韵悠长。焦亚•科勒•普里米蒂沃2011（Gioia del Colle Primitivo 2011）具有容易辨别的黑莓果香、潮湿的泥土芳香和香料味道，单宁显得更柔顺。

● Gioia del Colle Pri-mit-ivo '11	🍷🍷 5
● Gioia del Colle Rosso Marpione Ris. '09	🍷🍷 3*
● Johe '11	🍷🍷 2*
○ Gioia del Colle Bianco Paglione '12	🍷 2
⊙ Nisia '12	🍷 2
● Gioia del Colle Primitivo '09	🍷🍷 2*
● Gioia del Colle Rosso Marpione Ris. '08	🍷🍷 3
● Gioia del Colle Rosso Rupestre '07	🍷🍷 2*
● Johe '11	🍷🍷 2*

★Conti Zecca

via Cesarea
73045 Leverano [LE]
Tel. 0832925613
www.contizecca.it

藏酒销售
预约参观
年产量 2 000 000 瓶
葡萄种植面积 320 公顷

早在500年前，具有贵族血统的那不勒斯泽卡（Neapolitan Zecca）家族就开始定居在莱维拉诺（Leverano）。从那时起，康帝•泽卡（Conti Zecca）酒庄就成为普利亚区（Puglia）葡萄酒行业的领军人物。酒庄有四个分区，它们分别是萨拉切纳（Saracena）、丹纳•马尔齐亚（Donna Marzia）、圣托•斯特凡诺（Santo Stefano）和坎塔鲁皮（Cantalupi）。酒庄出产的各式各样、价格极具吸引力的葡萄酒系列始终如一地保持着高品质。其现代风格的葡萄酒将浓厚的地域特色和容易上口的特点完美地结合起来。尽管今年酒庄并没有获得“三杯奖”，但是参展的系列葡萄酒依旧体现了优秀的水准。我们发现内罗托2010（Neroto 2010）具有浓郁的果香和精良的结构，但是比其他的酒款缺少复杂度，而且橡木味稍微过重。

○ Fiano '12	🍷🍷 2*
● Nero '10	🍷🍷 5
● Cantalupi Negroamaro '11	🍷🍷 2*
● Salice Salentino Cantalupi Ris. '10	🍷🍷 2*
○ Donna Marzia Malvasia Bianca '12	🍷 2
● Donna Marzia Primitivo '11	🍷 2
● Donna Marzia Rosso '11	🍷 1*
○ Luna '12	🍷 3
○ Saraceno Vermentino '12	🍷 1*
● Nero '09	🍷🍷🍷 5
● Nero '08	🍷🍷🍷 5
● Nero '07	🍷🍷🍷 5
● Nero '06	🍷🍷🍷 5
● Nero '03	🍷🍷🍷 5

Masseria Altemura

C.DA PALOMBARA - SP 69
72028 TORRE SANTA SUSANNA [BR]
TEL. 0831740485
www.masseriaaltemura.it

藏酒销售
预约参观
膳宿接待
年产量 400 000 瓶
葡萄种植面积 130 公顷

● Primitivo di Manduria Altemura di Altemura '10	🍷🍷 4
● Sasseo '11	🍷🍷 3
⊙ Rosato '12	🍷 3

Amastuola

VIA MARTINA FRANCA, 80
74016 MASSAFRA [TA]
TEL. 0998805668
www.amastuola.it

藏酒销售
年产量 300 000 瓶
葡萄种植面积 101. 89 公顷
葡萄栽培方式 有机认证

● Vignatorta '10	🍷🍷 2*
○ Calaprice '12	🍷 2
● Onda del Tempo '10	🍷 2
● Primitivo '11	🍷 2

Apollonio

VIA SAN PIETRO IN LAMA, 7
73047 MONTERONI DI LECCE [LE]
TEL. 0832327182
www.apolloniovini.it

藏酒销售
预约参观
年产量 1 500 000 瓶
葡萄种植面积 50 公顷

● Elfo Rosso '12	🍷🍷 2*
● Elfo Susumaniello '11	🍷🍷 2*
● Copertino Divoto Ris. '08	🍷 5
● Salice Salentino Rosso '11	🍷 3

Michele Biancardi

S.DA PROVINCIALE, 68
71042 CERIGNOLA [FG]
TEL. 3394912659
www.michelebiancardi.it

藏酒销售
预约参观
年产量 30 000 瓶
葡萄种植面积 4 公顷
葡萄栽培方式 有机认证

○ Solo Fiano '12	🍷🍷 2*
● L'Insolito '12	🍷 3
● Ponte Viro '11	🍷 3

Cantine Botromagno

VIA ARCHIMEDE, 24
70024 GRAVINA IN PUGLIA [BA]
TEL. 0803265865
www.botromagno.it

藏酒销售
预约参观
膳宿接待
年产量 300 000 瓶
葡萄种植面积 50 公顷

● Gioia del Colle Primitivo Dedicato a Franco e Lucia '10	🍷🍷 6
● 5 Uve Rosse '10	🍷 2
● Nero di Troia '12	🍷 2

I Buongiorno

C.SO VITTORIO EMANUELE II, 71
72012 CAROVIGNO [BR]
TEL. 0831996286
www.giasottolarco.it

年产量 50 000 瓶
葡萄种植面积 10 公顷

● Primitivo '10	🍷🍷
○ Fiano '12	🍷
● Negramaro '10	🍷

C.a.l.o.s.m.

via Pietro Siciliani, 8
73058 Tuglie [LE]
Tel. 0833598051
www.calosm.it

藏酒销售
预约参观
年产量 75 000 瓶
葡萄种植面积 22 公顷

● Donna Stracca '09	🍷🍷 3
● Tisciano '12	🍷🍷 2*
● Villa Valentino Don Carlo '12	🍷🍷 1*

Francesco Candido

via A. Diaz, 46
72025 San Donaci [BR]
Tel. 0831635674
www.candidowines.it

藏酒销售
预约参观
年产量 1 600 000 瓶
葡萄种植面积 142 公顷

● Immensum '09	🍷🍷 3
● Duca d'Aragona '07	🍷🍷 5
● Cappello di Prete '08	🍷 3
○ Salice Salentino Bianco Portafalsa '12	🍷 2

Vini Classici Cardone

via Martiri della Libertà, 32
70010 Locorotondo [BA]
Tel. 0804312561
www.cardonevini.com

藏酒销售
预约参观
年产量 100 000 瓶
葡萄种植面积 6 公顷

● Primaio '12	🍷🍷 3
○ Falera '12	🍷 3
○ Locorotondo Il Castillo '12	🍷 2
⊙ Nausica '12	🍷 2

Castel di Salve

fraz. Depressa
via Salvemini, 30
73026 Tricase [LE]
Tel. 0833771041
www.casteldisalve.com

藏酒销售
预约参观
年产量 150 000 瓶
葡萄种植面积 40 公顷

● Cento su Cento '11	🍷🍷 4
● Armecolo '11	🍷 2
○ Santi Medici Bianco '12	🍷 2
⊙ Santi Medici Rosato '12	🍷 2

Giancarlo Ceci

c.da Sant'Agostino
76123 Andria [BT]
Tel. 0883565220
www.agrinatura.net

年产量 520 000 瓶
葡萄种植面积 70 公顷
葡萄栽培方式 生物动力学认证

○ Castel del Monte Bianco '12	🍷🍷 2*
○ Moscato di Trani Dolce Rosalia '12	🍷🍷 3
● Castel del Monte Rosso Felice Ceci '10	🍷 4

Centovignali

p.zza Aldo Moro, 10
70010 Sammichele di Bari [BA]
Tel. 0805768215
www.centovignali.it

藏酒销售
预约参观
年产量 35 000 瓶
葡萄种植面积 19 公顷
葡萄栽培方式 有机认证

● Gioia del Colle Primitivo Indellicato '10	🍷🍷 4
○ Albiore '12	🍷 3

Masseria Cuturi

Loc. Cuturi
via XX Settembre, 75
74024 Manduria [TA]
Tel. 3382800744
www.masseriacuturi.it

藏酒销售
预约参观
年产量 15 000 瓶
葡萄种植面积 22 公顷
葡萄栽培方式 有机认证

● Primitivo di Manduria Il 1° '11	🍷🍷 4
⊙ Rosa di Cuturi '12	🍷 3
○ Vento di Cuturi '12	🍷 3

D'Alfonso del Sordo

c.da Sant'Antonino
71016 San Severo [FG]
Tel. 0882221444
www.dalfonsodelsordo.it

藏酒销售
预约参观
年产量 350 000 瓶
葡萄种植面积 80 公顷

⊙ San Severo Rosato Posta Arignano '12	🍷🍷 2*
● Casteldrione '10	🍷 2
○ Dammisole '12	🍷 2

De Falco

via Milano, 25
73051 Novoli [LE]
Tel. 0832711597
www.cantinedefalco.it

藏酒销售
预约参观
年产量 200 000 瓶
葡萄种植面积 20 公顷

● Artiglio Rosso '08	🍷🍷 4
● Squinzano Rosso Serre di Sant'Elia '11	🍷🍷 2*
● Salice Salentino Rosso Falconero Ris. '08	🍷 3
● Salice Salentino Rosso Salore '10	🍷 2

Eméra

via Provinciale, 222
73010 Guagnano [LE]
Tel. 0832704398
www.magistravini.it

藏酒销售
预约参观
年产量 200 000 瓶
葡萄种植面积 46 公顷

● Primitivo di Manduria Anima di Primitivo '11	🍷🍷 2*
⊙ Lizzano Rosato Rosé '12	🍷 2
● Sud del Sud '12	🍷 3

Feudi di Guagnano

via Cellino, 3
73010 Guagnano [LE]
Tel. 0832705422
www.feudiguagnano.com

藏酒销售
预约参观
年产量 100 000 瓶
葡萄种植面积 15 公顷

● Le Camarde '10	🍷🍷 2*
● Miralde '12	🍷 1*
● Salice Salentino Rosso '11	🍷 1
● Salice Salentino Rosso Cupone Ris. '10	🍷 2

Feudi di Terra D'Otranto

via Arneo Mare
73010 Veglie [LE]
Tel. 0832966467
www.feudidotranto.com

藏酒销售
预约参观
年产量 80 000 瓶
葡萄种植面积 25 公顷

● Ardentius '10	🍷🍷 4
⊙ Passerose '12	🍷🍷 3
● Le Maschere Primitivo '12	🍷 3
● Le Maschere Syrah '12	🍷 3

Tenuta Fujanera

c.da Quadrone delle Vigne km 2,500
via Bari
71100 Foggia
Tel. 0881652619
www.fujanera.it

预约参观
膳宿接待
年产量 60 000 瓶
葡萄种植面积 10 公顷

● L'Angelo Ribelle '10	🍷🍷 4
● Arrocco '12	🍷 3
○ Bellalma '12	🍷 2
⊙ Re del Cuore '12	🍷 2

Duca Carlo Guarini

l.go Frisari, 1
73020 Scorrano [LE]
Tel. 0836460288
www.ducacarloguarini.it

藏酒销售
预约参观
膳宿接待
年产量 250 000 瓶
葡萄种植面积 70 公顷
葡萄栽培方式 有机认证

● Piutri '10	🍷🍷 2*
● Primitivo Vigne Vecchie '10	🍷🍷 3
⊙ Campo di Mare '12	🍷 2
● Nativo '11	🍷 3

Hiso Telaray - Libera Terra Puglia

vico dei Cantelmo, 1
72023 Mesagne [BR]
Tel. 0831775981
www.hisotelaray.it

藏酒销售
年产量 120 000 瓶
葡萄种植面积 25 公顷
葡萄栽培方式 有机认证

● Renata Fonte '11	🍷🍷 3
⊙ Alberelli De La Santa '12	🍷 2
● Filari de Sant'Antonii '12	🍷 2
● Primitivo Antò '11	🍷 3

Masseria L'Astore

loc. L'Astore
via G. di Vittorio, 1
73020 Cutrofiano [LE]
Tel. 0836542020
www.lastoremasseria.it

藏酒销售
预约参观
年产量 100 000 瓶
葡萄种植面积 25 公顷
葡萄栽培方式 有机认证

● Alberelli di Negramaro '09	🍷🍷 5
⊙ Massaro Rosa '12	🍷🍷 2*
● Jèma '11	🍷 2
○ Krita '12	🍷 2

Paolo Leo

via Tuturano, 21
72025 San Donaci [BR]
Tel. 0831635073
www.paololeo.it

藏酒销售
预约参观
年产量 1 300 000 瓶
葡萄种植面积 35 公顷

● Orfeo '11	🍷🍷 4
⊙ Grecìa Rosé '12	🍷 3
○ Numen '12	🍷 4

Alberto Longo

c.da Padulecchia
SP 5 Lucera-Pietramontecorvino km 4
71036 Lucera [FG]
Tel. 0881539057
www.albertolongo.it

藏酒销售
预约参观
年产量 120 000 瓶
葡萄种植面积 35 公顷

● Cacc'e Mmitte di Lucera '11	🍷🍷 3
● Le Cruste '11	🍷🍷 4
● Capoposto '11	🍷 3

Produttori Vini Manduria

VIA FABIO MASSIMO, 19
74024 MANDURIA [TA]
TEL. 0999735332
www.cpvini.com

藏酒销售
预约参观
年产量 700 000 瓶
葡萄种植面积 900 公顷

- ● Primitivo di Manduria Sonetto Ris. '10 ♈♈ 6
- ● Neama '12 ♈ 2
- ● Primitivo di Manduria Memoria '12 ♈ 2

Cantine Miali

VIA MADONNINA, 1
74015 MARTINA FRANCA [TA]
TEL. 0804303222
www.cantinemiali.com

藏酒销售
预约参观
年产量 400 000 瓶
葡萄种植面积 17 公顷

- ⊙ Ametys Rosato '12 ♈♈ 2*
- ○ Firr '12 ♈♈ 2*
- ○ Martina Dolcimèlo '12 ♈ 2
- ● Mater '08 ♈ 3

Mille Una

L.GO CHIESA, 11
74020 LIZZANO [TA]
TEL. 0996414541
www.milleuna.it

藏酒销售
预约参观
膳宿接待
年产量 70 000 瓶
葡萄种植面积 33 公顷

- ● Primitivo di Manduria Tre Tarante '09 ♈♈ 3
- ● Aladino '07 ♈ 3
- ● Bacmione '09 ♈ 6
- ● Negroamaro Ori di Taranto '11 ♈ 3

Mocavero

VIA MALLACCA ZUMMARI
73010 ARNESANO [LE]
TEL. 0832327194
www.mocaverovini.it

藏酒销售
预约参观
膳宿接待
年产量 600 000 瓶
葡萄种植面积 65 公顷

- ● Salice Salentino Rosso '11 ♈♈ 3
- ● Curtirussi Negramaro '09 ♈ 3
- ● Primitivo '10 ♈ 3
- ● Sjre Primitivo '11 ♈ 2

Mottura

P.ZZA MELICA, 4
73058 TUGLIE [LE]
TEL. 0833596601
www.motturavini.it

藏酒销售
预约参观
年产量 2 500 000 瓶
葡萄种植面积 200 公顷

- ● Negroamaro Le Pitre '11 ♈♈ 5
- ● Primitivo Le Pitre '11 ♈♈ 6
- ○ Fiano Le Pitre '12 ♈ 4
- ⊙ Rosato Le Pitre '12 ♈ 4

Paradiso

V.LE MANFREDONIA, 39
71042 CERIGNOLA [FG]
TEL. 0885428720
www.cantineparadiso.it

年产量 130 000 瓶
葡萄种植面积 16 公顷

- ⊙ Posta Piana Rosato '12 ♈♈ 2*
- ● Angelo Primo '10 ♈ 4
- ● Posta Piana Negroamaro '10 ♈ 2

Pichierri - Vinicola Savese

VIA IPPOLITA PRATO, 3
74028 SAVA [TA]
TEL. 0999726232
www.vinipichierri.com

藏酒销售
预约参观
年产量 350 000 瓶
葡萄种植面积 21 公顷

● Primitivo di Manduria Dolce Naturale Il Sava '07	🍷🍷 5

Pirro Varone

VIA SENATORE LACAITA, 90
74024 MANDURIA [TA]
TEL. 3397429098
www.pirrovarrone.com

藏酒销售
预约参观
年产量 90 000 瓶
葡萄种植面积 16 公顷
葡萄栽培方式 有机认证

● Le Vigne Rare Primitivo '09	🍷🍷 3
● Primitivo di Manduria '11	🍷 3
● Terre Nere '09	🍷 4

Podere 29

VIA RAFFAELLO, 4
76016 MARGHERITA DI SAVOIA [BT]
TEL. 3471917291
www.podere29.it

年产量 46 000 瓶
葡萄种植面积 6 公顷

● Gelso D'Oro '11	🍷🍷 4
● Gelso Nero '12	🍷🍷 2*

Risveglio Agricolo

C.DA TORRE MOZZA
72100 BRINDISI
TEL. 0831519948
www.cantinerisveglio.it

藏酒销售
预约参观
年产量 100 000 瓶
葡萄种植面积 44 公顷

● 72100 '10	🍷🍷 2*
● Brindisi Rosso Simposio Ris. '07	🍷 2

Rosa del Golfo

VIA GARIBALDI, 56
73011 ALEZIO [LE]
TEL. 0833281045
www.rosadelgolfo.com

藏酒销售
预约参观
年产量 300 000 瓶
葡萄种植面积 40 公顷

● Quarantale '08	🍷🍷 5
● Portulano '10	🍷 2
● Scaliere '11	🍷 2

Cantina Cooperativa di San Donaci

VIA MESAGNE, 62
72025 SAN DONACI [BR]
TEL. 0831681085
www.cantinasandonaci.it

藏酒销售
预约参观
年产量 350 000 瓶
葡萄种植面积 543 公顷

● Fulgeo '10	🍷🍷 2*
● Contrada del Falco '11	🍷 2
● Posta Vecchia '11	🍷 2
● Salice Salentino Anticaia '11	🍷 2

Santi Dimitri

C.DA SANTI DIMITRI
VIA GUIDANO
73013 GALATINA [LE]
TEL. 0836565866
www.santidimitri.it

藏酒销售
预约参观
膳宿接待
年产量 130 000 瓶
葡萄种植面积 60 公顷

● Ruvezzo Rosso '11	2*
● Aruca Rosso '10	2
⊙ Rosato Aruca '12	2
● Sharav Primitivo '10	3

Spelonga

VIA MENOLA
71047 STORNARA [FG]
TEL. 0885431048
www.cantinespelonga.altervista.org

藏酒销售
预约参观
年产量 40 000 瓶
葡萄种植面积 10 公顷
葡萄栽培方式 有机认证

● Nero di Troia '12	3
● Samà Rosso '12	2*
○ Samà Bianco '12	2

Vetrere

FRAZ. VETRERE
SP MONTEIASI-MONTEMESOLA KM 16
74100 TARANTO
TEL. 0995661054
www.vetrere.it

藏酒销售
预约参观
膳宿接待
年产量 230 000 瓶
葡萄种植面积 37 公顷

○ Cré '12	3
● Passaturo '12	2*
○ Cré Vendemmia Tardiva '12	3
○ Laureato '12	3

Vigne & Vini

VIA AMENDOLA, 36
74020 LEPORANO [TA]
TEL. 0995315370
www.vigneevini.it

藏酒销售
预约参观
年产量 600 000 瓶
葡萄种植面积 155 公顷
葡萄栽培方式 有机认证

● Primitivo di Manduria Papale Linea Oro '11	5
● 12 e Mezzo Negroamaro '11	2*
● Primitivo di Manduria Papale '11	3

Vigneti Reale

VIA EGIDIO REALE, 55
73100 LECCE
TEL. 0832248433
www.vignetireale.it

预约参观
膳宿接待
年产量 100 000 瓶
葡萄种植面积 84 公顷

● Salice Salentino Santa Croce Ris. '10	4
○ Blasi '12	2
○ Malvasia '12	2
● Norie '11	2

Vinicola Imperatore

VIA MARCONI, 36
70010 ADELFIA [BA]
TEL. 0804594041
www.cantineimperatore.it

藏酒销售
预约参观
年产量 4 000 瓶
葡萄种植面积 1. 8 公顷

● Gioia del Colle Primitivo Il Sogno '09	5
● Cabernet '11	2
⊙ Rosato '11	2
● Sonya '12	2

卡拉布里亚区
CALABRIA

虽然卡拉布里亚区（Calabria）在葡萄酒酿造业有光辉的历史和悠久的传统，但是到20世纪的末期，这个地区不再是生产意大利葡萄酒的前沿地带。然而当我们看到许多新兴的酒厂如雨后春笋般出现在这里，而且在陷入困顿好几年的当地市场崭露头角时，这无疑对该地区停滞不前、固步自封的历史起到重大的影响与触动。就这样，一些变化在千禧之年悄然地发生并实现。面临这些变化，大部分庄园抱着积极的态度响应，他们加大了对葡萄园和酒窖的投资，也促进了良性循环发展，给该地区带来了新的发展契机。在今年的品鉴活动中，该大区有四个酒庄获得了“三杯奖”，更让我们高兴的是其中的一个“三杯奖”落在斯特龙戈利（Strongoli）的罗伯托•塞劳多（Roberto Ceraudo），在20多年前，这个酒庄就是该地区第一个将传统栽培方式转变为有机栽培方式的酒庄，现在又率先引用生物动力学栽培方式。像以往一样，该地区的商业发展引擎是包括克罗托内省（Crotone）在内的西罗（Cirò）区域，是卡拉布里亚区（Calabria）主要的葡萄酒生产地。除提到过的塞劳多（Ceraudo），该区的葡萄酒生产质量在不断地提高。今年，我们还把“三杯奖”颁给利布兰迪（Librandi）酒庄和伊格里克（Lgreco）酒庄，但他们并不是特例，其他的酒庄也表现良好，我们希望在不久的将来能看到更多的酒款展现在大家面前。我们虽然没有太多的篇幅介绍所有值得欣赏的酒窖和出产的酒品，但是如埃娜特利亚（Enotria）、斯卡拉（Scala）、卡波安诺（Capoano）和泰尔米内•格罗索（Termine Grosso）都得到了恰如其分的分数。科森扎省（Cosenza）也在不断地发展改善，每年都有越来越多的酒庄将酒品送给我们进行区域评选。除了特雷•诺比利（Terre Nobili）、马里尼（Marini）和塞拉卡瓦罗（Serracavallo）这些新兴酒庄已声名远扬，还有费罗新托（Ferrocinto）和法尔沃（Falvo）等酒庄刚成立不久，这里尤其要提到卡萨•科梅尔奇（Casa Comerci）这所年轻的酒庄，它也理所当然地出现在这本《年鉴》中。而第四个“三杯奖”花落萨拉切纳（Saracena），这款酒是路易吉•维奥拉（Luigi Viola）的莫斯卡托风干甜型葡萄酒（Moscato Passito）的另一款品质卓越的葡萄酒版本。我们也非常高兴地看到巴贝拉（Barbara）和格雷戈里奥•奥多阿尔蒂（Gregorio Odoardi）的酒窖的生产力重新得到充分的利用发挥，并且在未来的几年，出产的葡萄酒质量标准能最终达到我们的要求。

Roberto Ceraudo

Loc. Marina di Strongoli
c.da Dattilo
88815 Crotone
Tel. 0962865613
www.dattilo.it

藏酒销售
预约参观
膳宿接待
年产量 60 000 瓶
葡萄种植面积 20 公顷
葡萄栽培方式 有机认证

罗伯托•塞劳多（Roberto Ceraudo）庄园是罗伯托（Roberto）梦想的结果，一直以来这位事业型的农民将其充沛的精力和过人的勇气投入到本地葡萄的栽培和对绿色农业方式的实践过程。现在，葡萄园和其在达蒂洛（Dattilo）的种植园都采用了生物动力学的管理方式。这段日子以来，罗伯托（Roberto）的孩子朱塞佩（Giuseppe）帮助父亲打理葡萄园，苏西（Susy）帮忙经营酒庄大受欢迎的餐馆，而最小的孩子卡特琳娜（Caterina）则帮忙管理酒窖。酒庄的出品具有独特的个性特点，铭刻着本地特色的烙印。获得“三杯奖”的格里萨拉2012（Grisara 2012）是一款由佩科勒洛（Pecorello）葡萄酿造而成的气质极其优雅的白葡萄酒，伴随着辛辣的地中海灌木丛的芳香，味道浓厚怡人，口感清新雅致。

○ Grisara '12	🍷🍷🍷 3*
● Dattilo '10	🍷🍷 3*
⊙ Grayasusi Et. Rame '12	🍷🍷 3
○ Imyr '12	🍷🍷 5
⊙ Grayasusi Et. Argento '12	🍷 4
○ Petelia '12	🍷 3
⊙ Grayasusi Et. Rame '11	🍷🍷 3
○ Grisara '11	🍷🍷 3
○ Imyr '11	🍷🍷 5
● Petraro '09	🍷🍷 5

iGreco

Loc. Salice
c.da Guardapiedi
87062 Cariati [CS]
Tel. 0983969441
www.igreco.it

藏酒销售
预约参观
膳宿接待
年产量 250 000 瓶
葡萄种植面积 1 000 公顷
葡萄栽培方式 有机认证

格莱克（Greco）兄弟的酒庄是由他们的父亲托马索（Tommaso）所创建，起初他在卡里亚蒂（Cariati）经营家族式的橄榄油压榨，后来在西罗（Cirò）、西罗•玛丽娜（Cirò Marina）、科耶里（Coeli）、克鲁科利（Crucoli）、斯卡拉（Scala）、泰拉韦基亚（Terravecchia）、卡米格里亚特罗•斯拉诺（Camigliatello Silano）和卡里亚蒂（Cariati）地区种植了1 000公顷的葡萄园。格莱克（Greco）庄园一直采用家族式的管理模式，现在由创办人的七个孩子卡塔尔多（Cataldo）、欧内斯托（Ernesto）、菲罗海娜（Filomena）、纳塔莱•弗朗西斯科（NataleFrancesco）、萨维里奥（Saverio）、玛丽莱娜（Marilena）和詹卡洛（Giancarlo）管理。酒庄出产的优雅别致的葡萄酒基本上采用本地的葡萄品种，例如卡拉贝丝（Calabrese）、格雷科（Greco）和加格里奥波（Gaglioppo），而且整个酿造过程遵循有机方式。获得“三杯奖”的玛斯诺2011（Masino 2011）口感紧致，气味复杂，悠闲从容的口感伴随着适宜的酸度和厚重的单宁，衬托出饱满可口的水果香。

● Masino '11	🍷🍷🍷 5
● Catà '11	🍷🍷 2*
○ Filù '12	🍷 2
○ Riticella '10	🍷 4
⊙ Savù '12	🍷 2
● Masino '10	🍷🍷🍷 5
● Catà '10	🍷🍷 2*
⊙ Savù '11	🍷🍷 2*

Ippolito 1845

via Tirone, 118
88811 Cirò Marina [KR]
Tel. 096231106
www.ippolito1845.it

藏酒销售
预约参观
年产量 1 000 000 瓶
葡萄种植面积 100 公顷

作为伊波里托家族（Lppolitos）的新一代掌门人，吉安卢卡（Gianluca）和文森佐（Vincenzo）掌管着这个始建于1845年的优秀庄园。庄园的葡萄园占地约100公顷，位于传统的西罗（Cirò Classico）地区，划分成两处葡萄种群，一处是延伸到篷塔•爱丽丝（Punta alice）海平面的白葡萄种群，一处是位于海拔高度大约250米的特努塔•曼库索（Tenuta Del Mancuso）山丘上的红葡萄种群。他们精心照顾着自己的葡萄园，保证出产的葡萄质量上乘，这样酿造出的葡萄酒品质卓越、令人愉悦，既拥有本地品种的典型特色，也迎合了市场口味。他们也遵循着一个简单的酿酒秘诀，使得其出产的葡萄酒大获成功且耐于存放。在今年入围国家级决赛的酒品中，160安尼2010（160 Anni 2010）是一款纯净的加格里奥波（Gagliοppo）葡萄酒。酿造该款酒的葡萄首先要在阁楼中风干到11月下旬，然后再拿部分葡萄进行发酵。另外一款和谐的西罗•利贝尔•帕特2011（Cirò Liber Pater 2011）散发怡人的风味，具有独特的辛辣感和香料的芳香气息，品尝一口，口感大胆勇敢、满口果香。

● 160 Anni '10	🍷🍷 5
● Cirò Rosso Cl. Sup. Liber Pater '11	🍷🍷 2*
● Cirò Rosso Cl. Sup. Ripe del Falco Ris. '02	🍷🍷 5
● Calabrise '12	🍷 2
○ Cirò Bianco Res Dei '12	🍷 2
⊙ Cirò Rosato Mabilia '12	🍷 2
● Cirò Rosso Cl. '11	🍷 2
● Cirò Rosso Cl. Sup. Colli del Mancuso Ris. '10	🍷 3
○ Gemma Del Sole '08	🍷 4
● I Mori '11	🍷 2
● 160 Anni '09	🍷🍷 5
● 160 Anni '08	🍷🍷 5
● Calabrise '11	🍷🍷 2*
● Cirò Rosso Cl. Sup. Colli del Mancuso Ris. '09	🍷🍷 3

★Librandi

loc. San Gennaro
SS Jonica 106
88811 Cirò Marina [KR]
Tel. 096231518
www.librandi.it

藏酒销售
预约参观
年产量 2 200 000 瓶
葡萄种植面积 232 公顷

已经逝世的酒庄奠基人托尼诺•利布兰迪（Tonino Librandi）一早已经将酒庄的接力棒移交给年轻的一代。现在由特里萨（Teresa）和弗朗西斯科（Francesco）以及他们的表兄弟拉法埃莱（Raffaele）和保罗（Paolo）共同管理这个家族式的酿酒厂。这使得尼克德莫（Nicodemo）有更充足的时间专注于他一直热衷的改革项目的实施。在过去不足十年的时间里，这个改革项目已经完全改变了酿酒厂的经营哲学，将其从仅仅关心商业的模式转变为现代农业企业，不仅要关注卡拉布里亚区（Calabria）还要关注当地的葡萄品种。酒庄出产的酒品依旧值得信赖，优雅高贵、原汁原味，而且在短时间内已经成为该地区名副其实的生产标杆。其中西罗（Cirò）酿酒厂出产的可圈可点的杜卡•圣菲里斯陈酿2011（Duca Sanfelice Riserva 2011）获得一项“三杯奖”。这款经典的葡萄酒尽管看起没有什么活力，但是经过几分钟的醒酒后，樱桃酱、玫瑰、雪茄和药草的香味就扑鼻而来，加上其诱人的带有矿物质的丝滑口感，充分展现出高贵优雅的风韵。

● Cirò Rosso Duca Sanfelice Ris. '11	🍷🍷🍷 3*
● Gravello '11	🍷🍷 5
● Cirò Rosso Cl. '12	🍷🍷 2*
○ Critone '12	🍷🍷 2*
○ Efeso '12	🍷🍷 4
○ Le Passule '11	🍷🍷 5
● Magno Megonio '11	🍷🍷 4
● Melissa Asylia Rosso '12	🍷🍷 2*
⊙ Cirò Rosato '12	🍷 2
○ Melissa Asylia Bianco '12	🍷 2
⊙ Terre Lontane '12	🍷 2
● Cirò Rosso Duca Sanfelice Ris. '08	🍷🍷🍷 3*
● Gravello '10	🍷🍷🍷 5
● Gravello '09	🍷🍷🍷 5

Salvatore Marini

LOC. SANT'AGATA
VIA TERMOPILI, 47
87069 SAN DEMETRIO CORONE [CS]
TEL. 0984947868
www.vinimarini.it

藏酒销售
年产量 35 000 瓶
葡萄种植面积 7 公顷
葡萄栽培方式 有机认证

圣•德默特里奥•科罗内（San Demetrio Corone）是一座位于斯拉（Sila）山脚的小城镇，一直以来以出产橄榄和柑橘类的水果著称，这里的语言和传统仍保留着浓厚的阿尔贝勒斯（Arberesh）色彩。塞尔瓦托（Salvatore）和玛丽亚•保拉•玛丽尼（Maria Paola Marini）兄妹俩在这个地区拥有一个古老的农场。不久之前，他们将葡萄酒的生产正式纳入他们的产品名单。兄妹俩主要专注于本地葡萄品种，尤其是麦格罗科（Magliocco）。所以直到现在，他们有机酒品的原料仅仅局限于山丘上7公顷的葡萄藤。其出产的葡萄酒结构匀称、优雅高贵且充满活力。今年，酒庄有许多杰出的葡萄酒成为地区精品酒，我们尤其青睐由莎当尼（Chardonnay）和白苏维翁（Sauvignon Blanc）葡萄混酿而成的科里玛丽尼2012干甜型葡萄酒（Collimarini Passito 2012）。该款酒雅致时髦，散发着柑橘蜜饯、坚果和薰衣草的芳香，口感甜蜜清新，回味无穷。

○ Collimarini Passito '12	🍷🍷 6
● Basileus '11	🍷🍷 5
● Elaphe '11	🍷🍷 4
● Koronè '11	🍷🍷 2*
⊙ Brigantino Rosato '12	🍷 2
○ Sandolino '12	🍷 2
● Basileus '10	🍷🍷 5
● Basileus '09	🍷🍷 5
● Elaphe '10	🍷🍷 4

G.B. Odoardi

C.DA CAMPODORATO, 35
88047 NOCERA TERINESE [CZ]
TEL. 098429961
odoardi@tin.it

预约参观
年产量 200 000 瓶
葡萄种植面积 80 公顷

经过了一段时间的反思与沉淀，去年该酒庄低调地回归到我们的《年鉴》。巴贝拉（Barbara）和格雷格里奥•奥多亚迪（Gregorio Odoardi）的酿酒厂带着承诺保证，凭借其一系列品质卓越的顶级葡萄酒凯旋而归。80公顷的庄园绝大部分用来种植葡萄藤，种植密度达到每公顷10 000株。酒庄出产的葡萄酒展现了现代风格，既追求雍容高雅的风韵也追求优良的萃取和酒体的集中。由麦格罗科（Magliocco）、黑格雷科（Greco Nero）、内勒洛卡普奇诺（Nerellocappuccino）和加格里奥波（Gaglioppo）葡萄混酿而成的奥多亚迪G.B. 2011（Odoardi G.B.2011）是一款充满活力、单宁厚重，色泽呈红宝石色的葡萄酒。该款酒以显著的樱桃酱、巧克力和咖啡的芳香令人难忘；口感饱满，单宁紧致，余韵悠长。

● G.B. Odoardi '11	🍷🍷 6
● Savuto '12	🍷🍷 2*
● Terra Damia '12	🍷🍷 3
○ Scavigna Bianco '12	🍷 2
○ Scavigna Pian della Corte '12	🍷 3
⊙ Scavigna Rosato '12	🍷 2
● G.B. Odoardi '09	🍷🍷 6
● Terra Damia '09	🍷🍷 3

Santa Venere

loc. Tenuta Voltagrande
SP 04 km 10,00
88813 Cirò [KR]
Tel. 096238519
www.santavenere.com

藏酒销售
预约参观
年产量 125 000 瓶
葡萄种植面积 25 公顷
葡萄栽培方式 有机认证

斯卡拉（Scala）家族经营着这个面积超过150公顷的综合性农场，其中葡萄园占地25公顷，剩下的用来种植橄榄树和饲养牲畜。酒庄一直以来专注环境保护，在卡拉布里亚区（Calabria），该酒厂是第一个百分之百实行有机栽培的酒厂之一。现在他们已经将生物动力学运用到农场中，使之与环境的关系更友好协调。出产的桑塔•韦内雷（Santa Venere）风格时髦，紧跟时代气息，忠实于品种的原始特性，非常容易上口。经典西罗红葡萄酒2011（Cirò Rosso Classico 2011）轻而易举地晋级国家级决赛，这是个非常完美的经典例子。该款酒散发着浓郁的花香和丰富的异彩纷呈的地中海气味，味道浓烈，令人振奋，余味充满果香，悠闲从容。

● Cirò Rosso Cl. '11	🍷🍷 2*
⊙ Rosé Brut SP 1 '11	🍷🍷 4
● Vurgadà '11	🍷🍷 3
○ Cirò Bianco '12	🍷 2
⊙ Cirò Rosato '12	🍷 2
○ Vescovado '12	🍷 3
● Cirò Rosso Cl. Sup. Federico Scala Ris. '09	YY 5
● Vurgadà '10	YY 3

Senatore Vini

loc. San Lorenzo
88811 Cirò Marina [KR]
Tel. 096232350
www.senatorevini.com

藏酒销售
预约参观
年产量 250 000 瓶
葡萄种植面积 29 公顷

森纳托尔（Senatore）家族在西罗（Cirò）种植葡萄藤的历史已经很悠久，直到最近，庄园的业务仍局限于种植和销售葡萄。在几年前，他们决定采用自家的葡萄打造出自有品牌的葡萄酒。为了让一切有条不紊地进行，他们首先将所有的老葡萄藤修剪更新，然后在圣•洛伦佐（San Lorenzo）种植新的葡萄藤。与此同时，他们也在圣•洛伦（San Lorenzo）佐建造了新型的现代酒窖。出产的大量系列酒高度体现了他们在平衡创新与传统中所做出的努力，同时也赋予众多精品酒值得信赖、精雕细琢、优雅怡人、容易上口的特点。其中进入最终环节的厄霍斯2010（Ehos 2010）是一款由同样比重的梅洛（Merlot）、赤霞珠（Cabernet Sauvignon）和加格里奥波（Gaglioppo）葡萄混酿而成的葡萄酒。该款酒结构稳定，制作精良，十分怡人。

● Ehos '10	🍷🍷 2*
○ Alikia '12	🍷🍷 3
⊙ Cirò Rosato Puntalice '12	🍷🍷 3
● Cirò Rosso Cl. Arcano Ris. '10	🍷🍷 2*
○ Cirò Bianco Alaei '12	🍷 2
● Cirò Rosso Cl. Arcano '10	🍷 3
○ Eukè '12	🍷 3
● Nerello '09	🍷 4
○ Silò '12	🍷 3
⊙ Cirò Rosato Puntalice '11	YY 2*
● Cirò Rosso Cl. Arcano '09	YY 3
● Ehos '09	YY 2*
● Unico S '08	YY 4

Serracavallo

C.DA SERRACAVALLO
87043 BISIGNANO [CS]
TEL. 098421144
www.viniserracavallo.it

藏酒销售
预约参观
餐饮接待
年产量 80 000 瓶
葡萄种植面积 18 公顷

德默特里奥•斯坦卡提（Demetria Stancati）是相信马格利科（Magliocco）和佩科勒洛（Pecorello）这些葡萄品种潜力的第一人，现在他管理着18公顷的葡萄园，葡萄藤大部分种植在海拔超过700米的小型阶梯状的园地。他的经营哲学十分简单，归纳起来就是收获健康且充分成熟的葡萄，以及在葡萄酒的酿造过程中尽可能地减少人为干扰。巨大的昼夜温差使这些操作变得相当容易。同时，这种经营哲学也对葡萄酒的优化起到十分重要的作用，使得出产的葡萄酒结构保持一贯的匀称，各物质成分比例协调，酸度与单宁得到最佳的平衡效果。出品优秀的麦格罗科•维格纳•萨维乌科2009（Magliocco Vigna Savuco 2009）再次晋级终评环节。其竞争优势来源于饱满强劲、由扑鼻的酸度起协调作用的匀称结构，最主要的还是凭借其成熟的红色水果果香、调料香和令人愉悦的碘酒香所呈现出的紧致强烈的气息脱颖而出。

● Vigna Savuco '09	🍷🍷 6
● Terraccia '11	🍷🍷 3
○ Besidiae '12	🍷 2
⊙ Don Filì '11	🍷 3
● Settechiese '12	🍷 2
● Terraccia '10	ΥΥ 3
● Vigna Savuco '08	ΥΥ 6

Statti

C.DA LENTI
88046 LAMEZIA TERME [CZ]
TEL. 0968456138
www.statti.com

藏酒销售
预约参观
餐饮接待
年产量 300 000 瓶
葡萄种植面积 100 公顷

这个优雅高贵、历史悠久的庄园成立于1700年，直到现在仍然由斯塔蒂（Statti）家族精心地管理着，起初，500公顷的庄园大部分用来种植橄榄和柑橘，仅留一小部分的面积栽培葡萄。现在的接班人安东尼奥（Antonio）和阿尔贝托（Alberto）决定增加葡萄酒的产量，因此投入巨资建造新的酿酒厂，并将葡萄园的面积扩大到100公顷左右。无论是顶级上乘的葡萄酒还是批量生产的葡萄酒，其出产葡萄酒的质量都在稳步地提高。品质出众的加格里奥波•巴塔萨罗2011（Gaglioppo Batassarro 2011）散发出慷慨热情的气息，紫罗兰的芳香、香料的甜蜜气息和浆果的果香扑鼻而来。口感单宁紧涩，具有品种特点。

● Batassarro '11	🍷🍷 4
● Arvino '11	🍷🍷 2*
○ Greco '12	🍷🍷 2*
● Gaglioppo '12	🍷 2
○ I Gelsi Bianco '12	🍷 1*
⊙ I Gelsi Rosato '12	🍷 2
● I Gelsi Rosso '12	🍷 1*
● Arvino '10	ΥΥ 2*
● Batassarro '10	ΥΥ 4

Tenuta Terre Nobili

via Carigliato
87046 Montalto Uffugo [CS]
Tel. 0984934005
www.tenutaterrenobili.it

藏酒销售
预约参观
膳宿接待
年产量 37 000 瓶
葡萄种植面积 16 公顷
葡萄栽培方式 有机认证

由莉迪亚•马特拉（Lidia Matera）掌管的可爱酒庄位于海拔大约400米的山丘上，地理位置相当显眼。在36公顷的农场中，采用原始管理模式的葡萄园占地16公顷。在最近几年，莉迪亚（Lidia）越来越注重传承发展当地的酿酒传统，采用麦格罗科（Magliocco）、格雷科（Greco）和内勒罗（Nerello）等当地的葡萄品种代替国际品种。因此，她现在出产的酒具有显著的本地特色，同时也变得越来越优雅高贵、充满魅力。为了着眼于国际市场的发展，她还在不压制葡萄品种特性的情况下，成功地将其打造出具有现代风格的葡萄酒。由甜美的麦格罗科（Magliocco）和卡尼诺（Canino）葡萄混酿而成的卡里格利奥2012（Cariglio 2012）成功晋级最终的评比活动。该款酒高贵典雅，伴随着地中海清新的药草香、烟草香和浆果的果香，拥有怡人均衡的口感。

● Cariglio '12	🍷🍷 3*
● Alarico '12	🍷🍷 3
⊙ Donn'Eleonò '12	🍷 2
○ Santa Chiara '12	🍷 2
● Alarico '11	🍷🍷 3
● Cariglio '10	🍷🍷 3
⊙ Donn'Eleonò '11	🍷🍷 2*

Luigi Viola

via Roma, 18
87010 Saracena [CS]
Tel. 0981349099
www.cantineviola.it

藏酒销售
预约参观
年产量 7 000 瓶
葡萄种植面积 3 公顷
葡萄栽培方式 有机认证

这家庄园已经在路易吉•维欧拉（Luigi Viola）管理下经营了许多年，现在在他三个孩子的帮助下，庄园又收购了几公顷位于波利诺（Pollino）山脚的葡萄园和一个处于萨拉赛诺（Saracena）历史中心地带的酒窖。然而，在这短暂的篇幅中，并不能全面公正地展现酒庄的真实面貌，因为在这款琥珀色的名为莫斯卡托•萨拉切纳（Moscato di Saracena）的琼浆玉液背后有一段鲜为人知的历史。当时路易吉（Luigi）为拯救这款在16世纪首次得到公认和归类的葡萄酒，许多年来，他在经济上做出了牺牲，并且还要与当时的官僚阶级斗争到底。他最近实施的新项目开启了一个良好的开端，该项计划旨在采用有50年历史的麦格罗科（Magliocco）葡萄打造出一款红葡萄酒。酒庄出产的莫斯卡托•风干甜型葡萄酒2012（Moscato Passito 2012）再次当之无愧地获得“三杯奖”。该款酒在精致优雅的气息中散发着杏子和柑橘蜜饯的芳香以及地中海清新的药草香气。清爽深沉的口感伴随着饱满柔顺的主旋律。余韵悠长，充满果香。

○ Moscato Passito '12	🍷🍷🍷 6
○ Rossoviola '11	🍷🍷 4
○ Moscato Passito '11	🍷🍷🍷 6
○ Moscato Passito '10	🍷🍷🍷 6
○ Moscato Passito '09	🍷🍷🍷 6
○ Moscato Passito '08	🍷🍷🍷 6
○ Moscato Passito '07	🍷🍷🍷 6

'A Vita
FRAZ. CIRÒ MARINA
SS 106 KM 279,800
88811 CROTONE
TEL. 3290732473
www.avitavini.it

藏酒销售
预约参观
年产量 15 000 瓶
葡萄种植面积 8 公顷

● Cirò Rosso Cl. '09	🍷🍷 3*
⊙ Rosato 'A Vita '12	🍷 2
● Rosso 'A Vita '09	🍷 3

Caparra & Siciliani
BIVIO SS JONICA, 106
88811 CIRÒ MARINA [KR]
TEL. 0962373319
www.caparraesiciliani.it

藏酒销售
预约参观
年产量 1 000 000 瓶
葡萄种植面积 200 公顷
葡萄栽培方式 有机认证

● Mastrogiurato '09	🍷🍷 3*
⊙ Cirò Rosato Le Formelle '12	🍷🍷 2*
● Cirò Rosso Cl. Sup. Volvito '10	🍷 3
○ Curiale '12	🍷 2

Capo Zefirio
VIA LUNGOFERROVIA, 20
89032 BIANCO [RC]
TEL. 0964911446
www.capozefirio.com

○ Greco di Bianco '09	🍷🍷 7

Colacino
VIA COLLE MANCO
87054 ROGLIANO [CS]
TEL. 09841900252
www.colacino.it

藏酒销售
预约参观
年产量 80 000 瓶
葡萄种植面积 21 公顷

● Savuto Sup. Britto '10	🍷🍷 4
● Amanzio '12	🍷 2
⊙ Savuto Rosato '12	🍷 2

Tenuta del Conte
VIA TIRONE, 131
88811 CIRÒ MARINA [KR]
TEL. 096236239
www.tenutadelconte.it

预约参观
年产量 90 000 瓶
葡萄种植面积 20 公顷

⊙ Cirò Rosato '12	🍷🍷 2*
○ Cirò Bianco '12	🍷 2
● Cirò Rosso Cl. Sup. '11	🍷 2

Du Cropio
VIA SELE, 5
88811 CIRÒ MARINA [KR]
TEL. 096231322
www.viniducropio.it

藏酒销售
预约参观
膳宿接待
年产量 90 000 瓶
葡萄种植面积 30 公顷
葡萄栽培方式 有机认证

● Serra Sanguigna '12	🍷🍷 3*
● Cirò Cl. Sup. Damis '10	🍷🍷 5
● Cirò Cl. Sup. Don Giuvà '12	🍷🍷 3

Masseria Falvo 1727

loc. Garga
87010 Saracena [CS]
Tel. 098127968
www.masseriafalvo.it

藏酒销售
年产量 50 000 瓶
葡萄种植面积 26 公顷
葡萄栽培方式 有机认证

- ● Graneta '11 ⚲⚲ 3
- ○ Donna Filomena '12 ⚲ 3
- ○ Pircoca '12 ⚲ 3

Tenute Ferrocinto

c.da Ferrocinto
87012 Castrovillari [CS]
Tel. 0981415122
www.cantinecampoverde.it

藏酒销售
预约参观
年产量 700 000 瓶
葡萄种植面积 45 公顷
葡萄栽培方式 有机认证

- ● Pollino Magliocco '11 ⚲⚲ 3
- ⊙ Dolcedorme '12 ⚲ 2
- ○ Dovì Brut '10 ⚲ 5
- ○ Pollino Passito 1658 '11 ⚲ 3

Feudo dei Sanseverino

via Vittorio Emanuele, 108/110
87010 Saracena [CS]
Tel. 098121461
www.feudodeisanseverino.it

藏酒销售
预约参观
年产量 20 000 瓶
葡萄种植面积 6 公顷
葡萄栽培方式 有机认证

- ○ Mastro Terenzio '10 ⚲⚲ 5

Cantine Lento

via del Progresso, 1
88046 Lamezia Terme [CZ]
Tel. 096828028
www.cantinelento.it

藏酒销售
预约参观
年产量 500 000 瓶
葡萄种植面积 70 公顷

- ● Federico II '09 ⚲⚲ 5
- ● Magliocco '09 ⚲⚲ 4
- ○ Contessa Emburga '12 ⚲ 4
- ○ Lamezia Greco '12 ⚲ 4

Le Moire

via C.M. Tallarigo, 12
88040 Motta Santa Lucia [CZ]
Tel. 3385739758
www.lemoire.it

藏酒销售
预约参观
膳宿接待
年产量 13 000 瓶
葡萄种植面积 8 公顷

- ● Savuto Mute '12 ⚲⚲ 3
- ● Annibale '12 ⚲ 2
- ⊙ Savuto Shemale '12 ⚲ 3

La Pizzuta del Principe

c.da La Pizzuta, 1
88816 Strongoli [KR]
Tel. 096288252
www.lapizzutadelprincipe.it

藏酒销售
预约参观
膳宿接待
年产量 80 000 瓶
葡萄种植面积 110 公顷

- ⊙ Calastrazza '12 ⚲⚲ 2*
- ○ Melissa Santa Foca '12 ⚲ 2
- ○ Molarella '12 ⚲ 2

Fattoria San Francesco

Loc. Quattromani
88813 Cirò [KR]
Tel. 096232228
www.fattoriasanfrancesco.it

藏酒销售
预约参观
年产量 250 000 瓶
葡萄种植面积 40 公顷

- ⊙ Cirò Rosato San Francesco '12 — 🍷🍷 2*
- ○ Cirò Bianco San Francesco '12 — 🍷 2
- ● Cirò Rosso Cl. Ronco dei Quattro Venti '11 — 🍷 5
- ● Cirò Rosso Cl. San Francesco '12 — 🍷 2

Cantine Spadafora 1915

Zona Ind. Piano Lago, 18
87050 Mangone [CS]
Tel. 0984969080
www.cantinespadafora.it

藏酒销售
预约参观
年产量 600 000 瓶
葡萄种植面积 40 公顷

- ● Donnici Rosso V. Fiego '11 — 🍷🍷 3
- ⊙ Donnici Rosato V. Fiego '12 — 🍷 3
- ● Donnici Telesio Ris. '09 — 🍷 5
- ● Nerello '09 — 🍷 3

Terre del Gufo - Muzzillo

Fraz. Donnici Inferiore
C.da Albo San Martino
87100 Cosenza
Tel. 3357725614
www.terredelgufo.com

藏酒销售
年产量 22 000 瓶
葡萄种植面积 3 公顷

- ● Timpamara '11 — 🍷🍷 5
- ● Donnici Portapiana '11 — 🍷🍷 3
- ⊙ Donnici Kaulòs '12 — 🍷 3
- ⊙ Donnici Rosato Chiaroscuro '12 — 🍷 2

Terre di Balbia

C.da Montino
87042 Altomonte [CS]
Tel. 048161264
www.terredibalbia.it

藏酒销售
预约参观
年产量 15 100 瓶
葡萄种植面积 23 公顷

- ● SerraMonte '08 — 🍷🍷 6
- ● Balbium The Empero's Wine '11 — 🍷 3

Vignaioli del Pollino

C.da Ferrocinto, 151
87012 Castrovillari [CS]
Tel. 098138035
www.vinopollino.com

预约参观
年产量 300 000 瓶
葡萄种植面积 32 公顷
葡萄栽培方式 有机认证

- ● Pollino Rosso '12 — 🍷🍷 2*
- ● Pollino Sup. Harè '08 — 🍷🍷 5
- ⊙ Pollino Ceraso '12 — 🍷 2

Vinicola Zito

Fraz. Punta Alice
via Scalaretto
88811 Cirò Marina [KR]
Tel. 096231853
www.cantinezito.it

藏酒销售
预约参观
年产量 800 000 瓶
葡萄种植面积 70 公顷
葡萄栽培方式 有机认证

- ● Cirò Rosso Cl. '11 — 🍷🍷 2*
- ● Macalla '10 — 🍷🍷 2*
- ○ Cirò Bianco Nosside '12 — 🍷 2
- ● Cirò Rosso Cl. Ris. '10 — 🍷 3

西西里岛
SICILY

在今年的品酒会上，西西里岛（Sicily）收获了19项“三杯奖”，突显出该岛葡萄酒产业发展的健康态势。也正是这里的酒业，迅速敞开门欢迎新的法定产区和西西里原产地保护产区。与此同时，我们注意到，越来越多酿酒厂关注该岛本土葡萄的兴旺，经常采用风格创新的解决方案。所有这一切发生在生态可持续化程度日益提高的农业框架里。拉罗（Rallo）的白马焦雷2012（Bianco Maggiore 2012）当之无愧地获得“三杯奖”，这款淡雅的格里洛（Grillo）重新把这个出色却被忽视的品种带回到聚光灯下。费碧酒庄（Feudi del Pisciotto）的弗莱帕托•卡罗莱纳•马伦戈2011（Frappato Carolina Marengo 2011）相当出色，弗莱帕托（Frappato 2011）也是如此，其酿造者阿里安娜（Arianna Occhipinti）仍然走在天然葡萄酒酿制的道路上。黑达沃拉（Nero d'Avola）一如既往地起主导作用，包括有飞度•马卡里（Feudo Maccari）风土特色浓厚的萨亚2011（Saia 2011）、库苏马诺（Cusumano）醇厚的萨嘎纳2011（Sàgana 2011）和普拉内塔（Planeta）动感的桑塔•塞西利亚2011（Santa Cecilia 2011）。菲维亚托（Firriato）取材于黑达沃拉（Nero d'Avola）和西拉（Syrah）葡萄，教科书般的2011年款桑塔格斯蒂诺•巴格里奥•索里亚（Santagostino Baglio Soria）也引起了轰动。在法罗（Faro）葡萄酒缺席的情况下，塞尔瓦托•格拉奇（Salvatore Geraci）淡雅的索普拉诺2011红葡萄酒（Rosso del Soprano 2011）再次复制了去年的辉煌。此外，塔斯卡•阿尔梅里塔（Tasca d'Almerita）极好的赤霞珠2010（Cabernet Sauvignon 2010）斩获了我们的最高荣誉，多娜佳塔（Donnafugata）经典的潘泰莱里亚•本•尔耶2011（Passito di Pantelleria Ben Ryè 2011）再一次收获该奖。佩莱格里诺（Pellegrino）的顶级马莎拉•阿姆布拉陈酿1985（Marsala Superiore Ambra Riserva 1985）简直是极具诱惑力，再次呈现了这款传奇酒品的非凡个性。接下来说的是一款华丽回归的酒品，它可能是史上最佳版本的马瓦西亚•利帕里•卡罗•豪纳2010（Malvasia delle Lipari Passito Carlo Hauner 2010），充盈着地中海的香气。埃特纳火山（Mount Etna）周边的风土一如既往地出色，卷走了七项“三杯奖”，其中有三款白埃特纳（Etna Bianco），包括了格拉奇（Graci）的阿库利亚2011（Arcuria 2011）、菲斯纳（Fessina）的阿普达拉2011（'A Puddara 2011）和本安蒂（Benanti）酒庄的皮耶特拉玛里纳2009精品酒（Superiore Pietramarina 2009），以及四款红葡萄酒：帕索皮斯奇亚罗（Passopisciaro）的康特拉达•瓜迪奥拉2011（Contrada Guardiola 2011）和三款红埃特纳（Etna Rosso），即皮耶特拉多尔塞（Pietradolce）的维格纳•巴尔巴咖利2010（Vigna Barbagalli 2010）、特雷•内雷酒庄（Tenuta delle Terre Nere）的圣托•斯皮里托2011（Santo Spirito 2011）和吉罗拉莫•鲁索（Girolamo Russo）的飞度2011（Feudo 2011）。这19项“三杯奖”获奖酒品堪称意大利最迷人的葡萄酒产区皇冠上的明珠。

Abbazia Santa Anastasia

C.DA SANTA ANASTASIA
90013 CASTELBUONO [PA]
TEL. 091671959
www.abbaziasantanastasia.it

藏酒销售
预约参观
膳宿接待
年产量 250 000 瓶
葡萄种植面积 65 公顷
葡萄栽培方式 生物动力学认证

庄园占地300公顷，壮丽的葡萄园坐落在马多涅（Madonie）国家公园内，处在绵延向海的肥沃山坡上，受益于高海拔和强劲的海风。莱纳（Lena）家族自20世纪80年代起就是酒庄的主人，建造了带有服务设施的现代酒窖，还涵盖了由鲁杰罗•阿尔塔维拉（Ruggero d'Altavilla）建立于1100年的修道院，酒庄的名字正由来于此。酒庄已经采取了有机耕作模式，不过正在逐渐改为使用生物动力学的方法，意在酿制出带有强烈地域个性的葡萄酒。优雅的第二代黑达沃拉•莫罗2010（Nero d'Avola Il Moro 2010）带有典型的地中海气息。

● Litra '11	🍷🍷 6
● Montenero '11	🍷🍷 4
● Passomaggio '11	🍷🍷 3
● Sens(i)nverso Cabernet Sauvignon '10	🍷🍷 4
● Sens(i)nverso Nero d'Avola '10	🍷🍷 4
● Sens(i)nverso Syrah '11	🍷🍷 4
○ Sens(i)nverso Chardonnay '12	🍷 4
○ Sinestesia '12	🍷 3
● Litra '04	🍷🍷🍷 6
● Litra '01	🍷🍷🍷 7
● Litra '00	🍷🍷🍷 7
● Litra '99	🍷🍷🍷 7
● Montenero '04	🍷🍷🍷 4

Alessandro di Camporeale

C.DA MANDRANOVA
90043 CAMPOREALE [PA]
TEL. 092437038
www.alessandrodicamporeale.it

藏酒销售
预约参观
年产量 150 000 瓶
葡萄种植面积 35 公顷
葡萄栽培方式 有机认证

这座家庭式经营的精美酒庄拥有上百年的葡萄栽培经验，历经亚历山德罗家族（Alessandro）四代人之手，因其优质的地域特色酒和对环境的极大尊重而受到广泛赞誉。现在，尼诺（Nino）、纳塔尔（Natale）和罗索里诺（Rosolino）三兄弟充满激情地管理着它，三人各负责企业运作的一部分。优质的庄园处在黏土和石灰岩丰富的沙质土壤上，坐落在坎波利亚勒（Camporeale）附近曼德拉诺瓦（Mandranova）的山坡，受益于高海拔、大幅度的昼夜温差和本地区常年典型的风。取材于西拉（Syrah）葡萄的经典精选酒凯德2011（Kaid 2011）晋级了决赛，其浓郁的樱桃和甜味令我们折服，营造出动感丝滑、令人满意的口感。

● Kaid '11	🍷🍷 3*
● DonnaTà '12	🍷🍷 2*
○ Grillo V. di Mandranova '12	🍷🍷 3
○ Benedè '12	🍷 2
○ Kaid Sauvignon Blanc '12	🍷 3
● Kaid '10	🍷🍷 3*
● Kaid '09	🍷🍷 3
● Kaid '08	🍷🍷 3*
● Kaid '07	🍷🍷 3
● Kaid '06	🍷🍷 3
● Kaid '02	🍷🍷 4
● Kaid '01	🍷🍷 3

Baglio del Cristo di Campobello

C.DA FAVAROTTA, SS 123 KM 19,200
92023 CAMPOBELLO DI LICATA [AG]
TEL. 0922 877709
www.cristodicampobello.it

藏酒销售
预约参观
年产量 300 000 瓶
葡萄种植面积 30 公顷

由安哥拉•博内塔（Angelo Bonetta）和他的儿子卡梅洛（Carmelo）、多梅尼科（Domenico）组成的三人组，满怀热情地投身于葡萄酒酿造之中，他们深深植根于传统，体现了西西里岛（Sicily）典型的永不妥协的葡萄酒人士形象。他们精致的庄园占地50公顷，其中30公顷葡萄园坐落在邻近坎波贝洛•利卡塔（Campobello di Licata），处在深厚、含有白垩的石灰岩土壤上，附近的海岸吹来咸咸的、有时是猛烈的海风。庄园的核心是建立于18世纪的与世隔绝的农舍和现代的酿酒厂，葡萄藤中间矗立着耶稣雕像，这是酒庄名字的来源，也是千百年来大众的崇拜对象。出色的帕特里2011（Patri 2011）是一款个性十足的单品黑达沃拉（Nero d'Avola）葡萄酒，拥有西洋李子、黑樱桃和巧克力的优雅浓郁味道，伴随活泼的口感和绵长的余韵。

○ C'D'C' Bianco Cristo di Campobello '12	YY 2*
● C'D'C' Rosso Cristo di Campobello '12	YY 2*
○ Laudàri '11	YY 4
● Lu Patri '11	YY 5
● Lusirà '11	YY 5
○ Adènzia Bianco '12	Y 3
● Adènzia Rosso '11	Y 3
○ Lalùci '12	Y 3
● Lu Patri '09	YYY 5
● Adènzia Rosso '10	YY 3
● C'D'C' Rosso Cristo di Campobello '11	YY 2*
○ Lalùci '11	YY 3

Baglio di Pianetto

VIA FRANCIA
90030 SANTA CRISTINA GELA [PA]
TEL. 0918570002
www.bagliodipianetto.com

藏酒销售
预约参观
年产量 400 000 瓶
葡萄种植面积 155 公顷

该酒庄建立于1997年，是满怀激情的康特•保罗•马尔佐托（Conte Paolo Marzotto）为西西里岛（Sicily）献上的杰作，在难忘的20世纪50年代，他像一位“司机”引领着葡萄酒业的发展。酒庄总部位于桑塔•克里斯蒂娜•格拉（Santa Cristina Gela）附近，配置有现代酒窖和一个19世纪的封闭农舍，这个农舍现在已被改造成优雅精致的农家乐旅游设施。除了位于桑塔•克里斯蒂娜（Santa Cristina）山丘的65公顷葡萄园，还有90公顷位于锡拉库萨（Siracusa）附近的康特拉达•巴罗尼（Contrada Baroni），处在厄罗洛（Eloro）和莫斯卡托•诺托（Moscato di Noto）法定产区的中心地带。酒庄的黑达沃拉（Nero d'Avola）、西拉（Syrah）和白莫斯卡托（Moscato Bianco）葡萄来自诺托（Noto），而维奥涅尔（Viognier）、因佐利亚（Inzolia）、梅洛（Merlot）和味而多（Petit Verdot）葡萄生长在桑塔•克里斯蒂娜（Santa Cristina）。取材于黑达沃拉（Nero d'Avola）和梅洛（Merlot）葡萄的拉米奥内2011（Ramione 2011）晋级了决赛，散发着复杂、时髦的气味，进而引向紧实、圆润的口感。

● Ramione '11	YY 3*
● Piana dei Cembali '10	YY 5
○ Ra'is '10	YY 4
● Salici '10	YY 4
● Shymer '11	YY 2*
● Carduni '07	Y 5
○ Ficiligno '12	Y 3
○ Ginolfo '11	Y 4
● Ramione '04	YYY 3*
○ Ra'is '09	YY 4
● Ramione '06	YY 3*
● Salici '07	YY 4

Cantine Barbera

c.da Torrenova, SP 79
92013 Menfi [AG]
Tel. 0925570442
www.cantinebarbera.it

藏酒销售
预约参观
膳宿接待
年产量 80 000 瓶
葡萄种植面积 15 公顷

邻近贝利切河（River Belice）和海洋的地理位置，使得巴贝拉家族（Barbera）的葡萄园拥有极为壮观的生态系统和独特的土壤与气候条件。产出的葡萄不可避免地体现了这些特点，进而转化为带有明显地中海个性的葡萄酒。我们感兴趣的是供应上市的种类繁多的酒品，根据不同岁数的葡萄藤呈现出不同的款式。玛丽莱娜（Marilena）是酒庄的现任庄主，她的祖父在90年前，曾引进因佐利亚葡萄（Inzolia），她父亲皮埃特罗（Pietro）曾经引进国际葡萄品种，经过诸多尝试后，她决定重新采用本土葡萄。采用卡塔拉托（Catarratto）葡萄酿制的阿尔巴•马里纳•文德米亚•塔尔蒂瓦2012（Alba Marina Vendemmia Tardiva 2012）放在葡萄藤上部分风干，带有令人印象深刻的优雅、动感的柑橘气味。

○ Alba Marina V. T. '12	🍷🍷 3
● Microcosmo '11	🍷🍷 3
● Sicilia Inzolia '12	🍷🍷 2*
● Sicilia Nero d'Avola '12	🍷🍷 2*
○ Coste al Vento '12	🍷 4
⊙ La Bambina '12	🍷 2
● Menfi Cabernet Sauvignon La Vota '11	🍷 4
○ Menfi Inzolia Dietro le Case '12	🍷 4
● Menfi Rosso Coda della Foce Ris. '11	🍷 4
○ Albamarina Passito '11	🍷🍷 4
● Menfi Cabernet Sauvignon La Vota '10	🍷🍷 4
● Menfi Merlot Azimut '10	🍷🍷 4
● Microcosmo '10	🍷🍷 3

Barone di Villagrande

via del Bosco, 25
95025 Milo [CT]
Tel. 0957082175
www.villagrande.it

藏酒销售
预约参观
膳宿接待
年产量 180 000 瓶
葡萄种植面积 18 公顷

尼科洛西•阿斯穆恩多（Nicolosi Asmundo）家族的酒庄拥有悠久的历史，有关这个地方生产葡萄酒的记载最早可以追溯到18世纪中期。现任庄主卡罗•尼科洛西•阿斯穆恩多（Carlo Nicolosi Asmundo）早在1968年为埃特纳（Etna）指定产区起草过第一份生产协议。酒庄的16公顷葡萄园位于埃特纳（Etna），海拔约700米，还有2公顷葡萄园位于萨莱纳（Salina）岛，这里生产了马瓦西亚•利帕里（Malvasia delle Lipari）。卡罗（Carlo）的儿子马尔科（Marco）现在负责酒庄的生产，近年来他注重酿制遵循传统、风格现代、优雅的葡萄酒。取材于卡利坎特（Carricante）的顶级白埃特纳2012（Etna Bianco Superiore 2012）极具个性，散发出矿物质和柑橘气味，带着清新、动感的口感和绵长、纯净的余韵。

○ Etna Bianco Sup. '12	🍷🍷 4
● Etna Rosso '11	🍷🍷 4
○ Fiore di Villagrande '11	🍷🍷 4
○ Etna Bianco Legno di Conzo Sup. '10	🍷 6
⊙ Etna Rosato '12	🍷 3
○ Salina Bianco '12	🍷 3
○ Etna Bianco Legno di Conzo Sup. '08	🍷🍷 6
○ Etna Bianco Legno di Conzo Sup. '07	🍷🍷 6
○ Etna Bianco Sup. '11	🍷🍷 2*
○ Etna Bianco Sup. '10	🍷🍷 3
○ Etna Bianco Sup. '09	🍷🍷 2*
○ Etna Bianco Sup. '08	🍷🍷 2*
○ Etna Bianco Sup. '07	🍷🍷 2*
● Etna Rosso Lanza di Mannera '08	🍷🍷 6
○ Fiore '06	🍷🍷 4
● Sciara '05	🍷🍷 4

★Benanti

via G. Garibaldi, 475
95029 Viagrande [CT]
Tel. 0957893399
www.vinicolabenanti.it

藏酒销售
预约参观
年产量 120 000 瓶
葡萄种植面积 45 公顷

卡法里埃•贝南蒂（Cavaliere Benanti）顶着骑士（Cavaliere del Lavoro）的头衔，得到了满怀激情的儿子安东尼奥（Antonio）和萨尔维诺（Salvino）的协助。一段时间以来，他是埃特纳（Etna）葡萄酒酿制唯一的王者，在葡萄酒爱好者看来，他受到的赞誉实至名归，因为他重新发现了该地区葡萄酒的新领域。他的模式是遵循传统并坚定忠诚于历史，成为了照亮很多葡萄种植者道路的明灯。此外，酒庄的运作以无可争议的科学假设和几十年的实验为基础，比如他的环境酵母专利，大大开发了本地品种的发展潜力。强劲的皮耶特拉马里纳2009（Pietramarina 2009）重新获得“三杯奖”，它取材卡利坎特（Carricante）葡萄，其光鲜的青绿色泽和浓郁的燧石与含羞草花朵气味令人赞叹。

○ Etna Bianco Sup. Pietramarina '09	▼▼▼ 5
○ Etna Bianco di Caselle '11	▼▼ 3
● Etna Rosso Rosso di Verzella '10	▼▼ 3
○ Noblesse	▼ 6
○ Etna Bianco Sup. Pietramarina '04	▽▽▽ 6
○ Etna Bianco Sup. Pietramarina '02	▽▽▽ 5
○ Etna Bianco Sup. Pietramarina '01	▽▽▽ 5
○ Etna Bianco Sup. Pietramarina '00	▽▽▽ 5
○ Etna Bianco Sup. Pietramarina '99	▽▽▽ 4
○ Etna Bianco Sup. Pietramarina '97	▽▽▽ 4*
● Etna Rosso Serra della Contessa '06	▽▽▽ 7
● Etna Rosso Serra della Contessa '04	▽▽▽ 7
● Etna Rosso Serra della Contessa '03	▽▽▽ 7
● Il Drappo '04	▽▽▽ 5

Centopassi

via Porta Palermo, 132
90048 San Giuseppe Jato [PA]
Tel. 0918577655
www.centopassisicilia.it

藏酒销售
预约参观
膳宿接待
年产量 300 000 瓶
葡萄种植面积 90 公顷
葡萄栽培方式 有机认证

森托帕斯（Centopassi）的名字引用了巴比诺•尹姆帕斯塔托（Peppino Impastato）的故事，很好地诠释了普雷西多•利佐托（Placido Rizzotto）、拉皮奥•拉托瑞（Pio La Torre）和拉沃洛（Lavoro）三座年轻的合作式酒庄如何促进该地区的发展。庄园总面积为400公顷，葡萄占地面积为90公顷，主要种植了本地葡萄品种，如卡塔拉托（Catarratto）、格里洛（Grillo）和黑达沃拉（Nero d'Avola）。经过几年的试验，森托帕斯（Centopassi）酒庄的很多酒款取材于从独特葡萄园里产出的葡萄，这个方案给整个酒品系列的个性和新颖性产生了重大影响。酒庄再次生产了一系列出色的葡萄酒。黑达沃拉•阿尔吉勒2012（Nero d'Avola Argille di Tagghia Via 2012）带有绝妙的深红宝石色，原味浓郁，散发水果和柑橘的香味。

● Argille di Tagghia Via '12	▼▼ 3
● Argille di Tagghia Via di Sutta '11	▼▼ 3
○ Catarratto Terre Rosse di Giabbascio '12	▼▼ 3
● Centopassi Rosso '12	▼▼ 2*
○ Tendoni di Trebbiano '11	▼▼ 4
○ Centopassi Bianco '12	▼ 2
○ Cimento di Perricone '11	▼ 4
○ Grillo Rocce di Pietra Longa '12	▼ 3
● Argille di Tagghia Via '11	▽▽ 3
● Argille di Tagghia Via '10	▽▽ 3
○ Grillo Rocce di Pietra Longa '11	▽▽ 3
○ Grillo Rocce di Pietra Longa '10	▽▽ 3*
● Marne di Saladino '10	▽▽ 4
● Marne di Saladino '09	▽▽ 3
○ Terre Rosse di Giabbascio '10	▽▽ 3*

Frank Cornelissen

FRAZ. SOLICCHIATA
VIA NAZIONALE, 297
95012 CASTIGLIONE DI SICILIA [CT]
TEL. 0942986315
www.frankcornelissen.it

预约参观
年产量 40 000 瓶
葡萄种植面积 8.5 公顷
葡萄栽培方式 有机认证

几年前，荷兰人弗兰科•科内里森（Frank Cornelissen）选择埃特纳火山（Mount Etna）定居下来，在此耕作土地，与自然和谐相处。他拒绝使用有机方法或生物动力学方法生产酒品，并避免受到这种原理的影响。从广泛的意义上说，他的葡萄种植是纯天然的，不修割农田和葡萄园，或采用单种栽培。庄园占地12公顷，8.5公顷的葡萄园使用灌木丛式培育，通常未嫁接，并排栽种了果树、谷物、蔬菜和野生草本植物。其余的地块根据季节变化在橄榄树之间种植了替代性谷物，蜜蜂是这里宝贵的环境平衡的维护者。葡萄酒放进双耳细颈酒罐和混凝土大桶里发酵，白、红葡萄酒都经过长时间的表皮浸渍，不使用亚硫酸盐。原料来自海拔超过1 000米葡萄园的沐恩杰贝尔•维格纳•阿尔特2012（Munjebel Vigne Alte 2012）味道十分浓郁、紧实，带有矿物质气息，呈现丰富的水果风味和勃勃生机。

● Magma Barbabecchi '10	🍷🍷 8
● Munjebel Vigne Alte 9 '12	🍷🍷 7
● Contadino 10 '12	🍷🍷 4
○ Munjebel Bianco 9 '12	🍷🍷 5
● Munjebel Chiusa Spagnola 9 '12	🍷🍷 7
● Munjebel Monte Colla 9 '12	🍷🍷 7
● Munjebel Rosso 9 '12	🍷🍷 6
⊙ Susucaru '12	🍷🍷 4

Cottanera

LOC. IANNAZZO
SP 89
95030 CASTIGLIONE DI SICILIA [CT]
TEL. 0942963601
www.cottanera.it

藏酒销售
预约参观
年产量 300 000 瓶
葡萄种植面积 55 公顷

酒庄成立于20世纪90年代，当时令人怀念的创建者古列尔莫•坎布里亚（Guglielmo Cambria）在自家的土地上种植了葡萄树，此地坐落在埃特纳（Etna）北部山坡，位于阿尔坎塔拉（Alcantara）沿岸。除了本地葡萄品种，他还引进了主要的国际葡萄品种，栽种在土壤和天气条件适宜的位置。首批出产的红葡萄酒深受好评，使得科塔内拉（Cottanera）酒庄的实力不断壮大，最后凭借传统法定产区酒（DOC）的强势回归达到巅峰。两条生产线都出色反映了火山地貌的风土特性，这是对原材料的尊重和对葡萄栽培、葡萄酒酿造的不懈追求。白埃特纳2012（Etna Bianco 2012）在决赛中晋级，它优雅且矿物气味十足，有着迷人的葡萄柚和青草的芳香，散发着新鲜扑鼻的果香。

○ Etna Bianco '12	🍷🍷 3*
● Etna Rosso '10	🍷🍷 5
○ Barbazzale Bianco '12	🍷🍷 2*
● Barbazzale Rosso '12	🍷🍷 2*
● Fatagione '11	🍷🍷 3
● Sole di Sesta '10	🍷🍷 4
○ Etna Bianco '11	🍷🍷🍷 3*
● Etna Rosso '07	🍷🍷🍷 5
● Etna Rosso '06	🍷🍷🍷 5
● Etna Rosso '05	🍷🍷🍷 5
○ Etna Bianco '10	🍷🍷 3
● Etna Rosso '09	🍷🍷 5
● Etna Rosso '08	🍷🍷 5
● L'Ardenza '09	🍷🍷 4

★Cusumano

C.DA SAN CARLO SS 113
90047 PARTINICO [PA]
TEL. 0918908713
www.cusumano.it

预约参观
年产量 2 500 000 瓶
葡萄种植面积 400 公顷

阿尔伯托（Alberto）和迭戈•库苏马诺（Diego Cusumano）的酒庄建立于21世纪初，之后很快在国际市场上声名鹊起，他生产的葡萄酒新颖且极为可口，忠实反映了源自萨莱米（Salemi）、帕奇诺（Pachino）、皮亚纳•德格里•阿尔巴内斯（Piana degli Albanesi）和布特拉（Butera）的庄园风土特性。这些酒时髦现代，迎合了消费者的需求，并在西西里岛（Sicily）举行了卓有成效的市场宣传活动。最近，他们还在威尔泽拉（Verzella）、埃特纳（Etna）、瓜迪奥拉（Guardiola）和皮耶特拉马里纳（Pietramarina）收购了多块土地。取材于优质黑达沃拉（Nero d'Avola）葡萄的萨嘎纳2011（Sàgana 2011）丰满美味，柔顺而活泼，体态优雅，再次自信地把“三杯奖”收入囊中。

● Sàgana '11	🍷🍷🍷 4*
● Noà '11	🍷🍷 4
● Benuara '12	🍷🍷 3
○ Cubìa '12	🍷🍷 3
○ Inzolia '12	🍷🍷 2*
○ Jalé '12	🍷🍷 3
○ Moscato dello Zucco '09	🍷🍷 5
● Ramusa '12	🍷🍷 3
● Syrah '12	🍷🍷 2*
● Noà '10	🍷🍷🍷 4*
● Sàgana '09	🍷🍷🍷 4
● Sàgana '08	🍷🍷🍷 4
● Sàgana '07	🍷🍷🍷 4

Marco De Bartoli

C.DA FORNARA SAMPERI, 292
91025 MARSALA [TP]
TEL. 0923962093
www.marcodebartoli.com

藏酒销售
预约参观
年产量 100 000 瓶
葡萄种植面积 19 公顷

随着马尔科（Marco De Bartoli）的去世，他挚爱的孩子们朱塞佩娜（Giuseppina）、塞巴斯提亚诺（Sebastiano）和雷纳托（Renato）继承了他未完成的艰巨使命以及经营理念。马尔科是卓绝的马莎拉白葡萄酒（Marsala）的诠释者和守护者，是西西里岛（Sicily）现代酿酒业超凡的人物。他是一位老派的葡萄栽培者，头脑清晰，意志坚定，为西西里岛（Sicily）的传统感到自豪，这一点体现在他酿造的受欢迎的葡萄酒里。他的酒款延续了之前的风格和特点，而朝气勃勃的三位孩子开发了天然葡萄酒的新生产线，即特尔扎•维亚（Terza Via），由雷纳托监管。取材皮纳特洛（Pignatello）葡萄的新式马尔科红葡萄酒2011（Rosso di Marco 2011）顺利进入决赛。透过深红的色泽，我们看到了这款成熟、休闲的葡萄酒，散发着浓郁集中的樱桃、白胡椒、豆蔻和百里香的香气。

● Rosso di Marco '11	🍷🍷 3*
○ Passito di Pantelleria Bukkuram '08	🍷🍷 7
○ Passito di Pantelleria Bukkuram Sole d'Agosto '11	🍷🍷 6
○ Grappoli del Grillo '11	🍷 5
○ Lucido '12	🍷 3
○ Marsala Sup. 10 Anni	🍷🍷🍷 6
○ Grappoli del Grillo '05	🍷🍷 4
○ Marsala Sup. 10 Anni Ris.	🍷🍷 6
○ Marsala Sup. Ris. 1986 '86	🍷🍷 6
○ Passito di Pantelleria Bukkuram '05	🍷🍷 7
○ Passito di Pantelleria Bukkuram '03	🍷🍷 8
○ Vecchio Samperi Ventennale	🍷🍷 6

Disisa

LOC. C.DA DISISA
FRAZ. GRISÌ
SP 30 KM 6
90046 MONREALE [PA]
TEL. 0919127109
www.vinidisisa.it

藏酒销售
预约参观
年产量 120 000 瓶
葡萄种植面积 400 公顷
葡萄栽培方式 有机认证

蒂斯萨（Disisa）是一座封建庄园，占地400公顷，横跨杰托（Jato）和贝利切（Belice）峡谷的山丘，历史可追溯到阿拉伯统治时期。后来，被威廉二世国王（King William II the Good）捐献给天主教蒙雷阿莱总教区（Archbishop of Monreale），直至19世纪被现任庄主迪•洛伦佐（Di Lorenzo）家族买了下来。20世纪70年代起，该家族升级了葡萄园，率先把莎当尼（Chardonnay）葡萄引入西西里岛（Sicily），接着让主要的国际葡萄品种菲亚诺（Fiano）和米勒图尔（Müller thurgau）加入到本地葡萄品种因佐利亚（Inzolia）、卡塔拉托（Catarratto）、黑达沃拉（Nero d'Avola）和格里洛（Grillo）的群体里。2004年，酒庄开始生产自己的葡萄酒，技术运作交给聪明的西西里酿酒师负责。取材于西拉（Syrah）、梅洛（Merlot）和赤霞珠（Cabernet Sauvignon）的托尔纳米拉2008（Tornamira 2008），口感舒适、果肉丰满，带有香脂味，差一点跻身决赛。

● Adhara '10	🍷🍷 2*
○ Chara '12	🍷🍷 2*
○ Grillo '12	🍷🍷 2*
● Tornamira '08	🍷🍷 4
● Monreale Vuaria '09	🍷 3
○ Terra delle Fate '11	🍷 3
● Tornamira '06	🍷🍷 4
● Tornamira '04	🍷🍷 4

★Donnafugata

VIA SEBASTIANO LIPARI, 18
91025 MARSALA [TP]
TEL. 0923724200
www.donnafugata.it

藏酒销售
预约参观
年产量 2 200 000 瓶
葡萄种植面积 270 公顷

这家名列前茅的意大利葡萄酒酿造商出色结合了家族传统和现代气息，是西西里岛（Sicily）酿酒业在国际舞台上的捍卫者之一。吉亚科莫（Giacomo）和噶布利亚拉•拉洛（Gabriella Rallo）成功创造了属于自己新颖的并大获成功的企业经营模式，即从文化、可持续性和尊重环境方面获得启发后，有效结合了有口皆碑的优质葡萄酒和聪明的市场营销手段，展现了其葡萄酒的动人魅力。他们的儿子安东尼奥（Antonio）和约瑟（Josè）现在管理着酒庄，给葡萄酒起画龙点睛的作用。今年推出的取材于莫斯卡托•亚历山德里亚（Moscato d'Alessandria）的本•尔耶2011（Ben Ryé 2011）成功斩获“三杯奖”，它比以往更妩媚迷人，传递了薰衣草、杏子和柑橘的清新气息，带出了舒适绵长的口感。

○ Passito di Pantelleria Ben Ryé '11	🍷🍷🍷 7
● Tancredi '09	🍷🍷 5
○ Contessa Entellina Chardonnay La Fuga '12	🍷🍷 3
○ Contessa Entellina Chiarandà '10	🍷🍷 5
○ Lighea '12	🍷🍷 3
● Sherazade '12	🍷🍷 3
○ Sursur '12	🍷🍷 3
● Contessa Entellina Milleunanotte '06	🍷🍷🍷 7
● Contessa Entellina Milleunanotte '05	🍷🍷🍷 7
○ Passito di Pantelleria Ben Ryé '10	🍷🍷🍷 7
○ Passito di Pantelleria Ben Ryé '09	🍷🍷🍷 7
● Tancredi '07	🍷🍷🍷 4

Duca di Salaparuta Vini Corvo

via Nazionale, SS 113
90014 Casteldaccia [PA]
Tel. 091945201
www.duca.it

藏酒销售
预约参观
年产量 15 000 000 瓶
葡萄种植面积 155 公顷

奥古斯托•雷纳（Augusto Reina）在萨罗诺（Saronno）拥有勒瓦（Llva）集团，它旗下的三个葡萄酒品牌杜卡迪•萨拉帕鲁塔（Duca di Salaparuta）、科尔沃（Corvo）和佛罗里奥（Florio）是西西里岛（Sicily）优质葡萄酒酿造历史的参与者，在世界享有盛誉。这些品牌也体现了该企业拥有者的价值观体系，即把对消费者需求的尊重、远见卓识通过酿制反映在酒品上，并把当代和未来发展的无与伦比的葡萄酒当做根基。所有的酒款，从葡萄干酒到起泡酒，从入门级葡萄酒到高级葡萄酒都酿制精美，技术细腻，完全反映风土和本土品种特色，完美融合了历史传统和现代气息。这家声名远播的酒庄出产的所有酒品系列都很出色。优雅的、外形设计独特的黑达沃拉•杜卡（Nero d'Avola Duca）顺利晋级决赛，它有着成熟水果和表土的突出气息与优秀的结构，呈现了柔软度、酸度和顺滑单宁的最佳平衡。

● Duca Enrico '10	🍷🍷	7
○ Bianca di Valguarnera '11	🍷🍷	5
○ Calanìca Insolia e Chardonnay '12	🍷🍷	2*
● Corvo Irmana '12	🍷🍷	4
○ Kados Risignolo '12	🍷🍷	3
● Lavico '10	🍷🍷	4
○ Malvasia delle Lipari Passito '11	🍷🍷	6
○ Marsala Sup.Targa 1840 Ris. '02	🍷🍷	4
○ Marsala Vergine Baglio Florio '00	🍷🍷	6
○ Marsala Vergine Terre Arse '02	🍷🍷	5
○ Passito di Pantelleria '11	🍷🍷	5
● Duca Enrico '03	🍷🍷🍷	6
● Duca Enrico '01	🍷🍷🍷	6
● Duca Enrico '84	🍷🍷🍷	6

Tenuta di Fessina

loc. c.da Rovittello
via Nazionale 120, 22
95012 Castiglione di Sicilia [CT]
Tel. 057155284
www.cuntu.it

藏酒销售
预约参观
年产量 65 000 瓶
葡萄种植面积 12 公顷

西尔维亚•马斯特里（Silvia Maestrelli）和菲德里科•科塔兹（Feferico Curtaz）为埃特纳（Etna）葡萄种植业的复兴付出了很多心血，对桑塔•玛利亚•里科迪亚（Santa Maria di Licodia）葡萄酒知名度和口碑的提升事业贡献良多。这块鲜为人知的地区位于火山的西南部山坡，他们在这里生产了白埃特纳（Etna Bianco），一款普达拉（Puddara）葡萄酒。最近，他们在火山东部山坡的米罗（Milo）收购了非常适宜卡利坎特（Carricante）葡萄生长的新土地，这样一来，现在酒庄的葡萄酒产自这座山的三个面。红葡萄酒产自北面，白葡萄酒产自南面和东面，它们都优雅突出，带有地域特色，体现原种特点。卡利坎特•普达拉2011（Carricante A' Puddara 2011）实至名归地斩获"三杯奖"，它优雅异常，散发突出的矿物质和柑橘气味，成功融合了紧实、丰满的口感和清新、原味的风格。

○ Etna Bianco A' Puddara '11	🍷🍷🍷	5
○ Etna Bianco Erse '12	🍷🍷	3
● Etna Rosso Erse '11	🍷🍷	4
● Sicilia Ero '12	🍷🍷	3
● Sicilia Laeneo '12	🍷🍷	3
○ Etna Bianco A' Puddara '10	🍷🍷🍷	5
○ Etna Bianco A' Puddara '09	🍷🍷🍷	5
● Etna Rosso Musmeci '07	🍷🍷🍷	6
● Ero '09	🍷🍷	3*
● Etna Rosso Erse '10	🍷🍷	4
● Etna Rosso Musmeci '09	🍷🍷	6
● Etna Rosso Musmeci '08	🍷🍷	6
● Laeneo '11	🍷🍷	3
● Laeneo '09	🍷🍷	3
○ Nakone '11	🍷🍷	3
○ Nakone '10	🍷🍷	3

Feudi del Pisciotto

C.DA PISCIOTTO
93015 NISCEMI [CL]
TEL. 09331930280
www.castellare.it

藏酒销售
预约参观
膳宿接待
年产量 200 000 瓶
葡萄种植面积 50 公顷

保罗•沛纳海（Paolo Panerai）旗下在西西里岛（Sicily）的美丽庄园早在三个世纪前就开始生产葡萄酒，当时正值庄园的漂亮酒柜建造完成。酒柜支持八个大型酒槽同时运作，现已成为老建筑和先进酿酒厂的象征性纽带。葡萄园占地约50公顷，老城镇的中心俯瞰着它，这个城镇现在被完全改造成了一个优雅的度假村。取材于弗莱帕托（Frappato）葡萄的卡罗莱纳•马伦戈2011（Carolina Marengo 2011）斩获了“三杯奖”，它呈现了野浆果、甜甜的香料、渗透集中的橡木气息和清新的雪松味道，具有柔和的口感和新鲜的酸味。

● Frappato Carolina Marengo '11	🍷🍷🍷 4*
○ Passito Gianfranco Ferrè '11	🍷🍷 5
● Baglio del Sole Merlot Syrah '11	🍷🍷 2*
● Baglio del Sole Nero d'Avola '11	🍷🍷 2*
○ Chardonnay Alberta Ferretti '11	🍷🍷 4
○ Grillo Carolina Marengo '11	🍷🍷 4
○ Gurra di Mare Tirsat '12	🍷🍷 4
● L'Eterno '11	🍷🍷 7
● Merlot Valentino '11	🍷🍷 4
● Nero d'Avola Versace '11	🍷🍷 4
● Cerasuolo di Vittoria Giambattista Valli Paris '09	🍷🍷🍷 6
● Nero d'Avola Versace '08	🍷🍷🍷 4*
● Nero d'Avola Versace '07	🍷🍷🍷 4*
○ Passito Gianfranco Ferrè '09	🍷🍷🍷 4

Feudo Maccari

C.DA MACCARI SP PACHINO-NOTO, KM 13,500
96017 NOTO [SR]
TEL. 0931596894
www.feudomaccari.it

藏酒销售
预约参观
年产量 166 000 瓶
葡萄种植面积 50 公顷

莫雷蒂家族（Moretti）的庄园位于诺托（Noto）和帕基诺（Pachino）之间，占地约100公顷，其中一半土地运用西西里岛（Sicily）东部典型的灌木丛式方法种植葡萄。这里被看做是黑达沃拉（Nero d'Avola）葡萄的原产地，因为它正是在这里获得了自己典型的特性。庄园离海仅几公里的独特区域气候，以及对葡萄园无微不至的打理，意味着酒窖可以接收到健康、熟透的葡萄，进而造就了需要在低干扰环境下酝酿的优雅细腻的葡萄酒。萨亚2011（Saia 2011）斩获了一项“三杯奖”，它是一款优雅和深厚至极的黑达沃拉（Nero d'Avola），带有值得赞赏的地方特色，散发出复杂的气味，外面一层是矿物质和花香，呈现了许多果肉和优质新鲜的香脂。

● Saia '11	🍷🍷🍷 4*
● Nero d'Avola '12	🍷🍷 2*
○ Sicilia Sultana '11	🍷🍷 5
○ Grillo '12	🍷 2
● Saia '10	🍷🍷🍷 4*
● Saia '08	🍷🍷🍷 4*
● Saia '07	🍷🍷🍷 4*
● Saia '06	🍷🍷🍷 4
● Mahâris '08	🍷🍷 6
● Mahâris '07	🍷🍷 6
● Mahâris '06	🍷🍷 6
● Mahâris '05	🍷🍷 5
○ Moscato di Noto Sultana '10	🍷🍷 5
● Saia '09	🍷🍷 4
● Saia '05	🍷🍷 3
● Saia '03	🍷🍷 4

Feudo Principi di Butera

C.DA DELIELLA
93011 BUTERA [CL]
TEL. 0934347726
www.feudobutera.it

藏酒销售
预约参观
年产量 900 000 瓶
葡萄种植面积 180 公顷

飞度（Feudo）酒庄的新团队由多门尼克•佐宁（Domenico Zonin）带领，他对这座位于西西里岛（Sicily）的家族酒庄怀有特殊感情，巩固了葡萄酒生产的高质量。自从十年前第一批酒的惊艳亮相以来，我们对这里葡萄酒呈现的高品质感到习以为常。庄园的葡萄园坐落在海拔250米至350米的小山顶，处在石质白垩土壤里，尤为适合葡萄生长。飞度（Feudo）酒庄的葡萄酒呈现出色的可口度，带有真正的个性，那些高级酒品系列更是如此。强劲的黑达沃拉•德列拉2011（Nero d'Avola Deliella 2011）是本品种的顶级酒品，凭借优秀的丰富度和个性，成功晋级到我们的决赛之中。不过入门级葡萄酒的质量也是评价一座酒庄的标准，比如美味芳香的赤霞珠2011（Cabernet Sauvignon 2011），具有极高的性价比。

● Cabernet Sauvignon '11	🍷🍷（红）	3*
● Deliella '11	🍷🍷（红）	6
○ Chardonnay '12	🍷🍷	3
○ Insolia '12	🍷🍷	3
● Nero d'Avola '11	🍷🍷	3
● Riesi '11	🍷🍷	3
● Symposio '11	🍷🍷	5
● Syrah '11	🍷🍷	3
● Cabernet Sauvignon '00	🍷🍷🍷（空心）	5
● Deliella '05	🍷🍷🍷（空心）	6
● Deliella '02	🍷🍷🍷（空心）	7
● Deliella '00	🍷🍷🍷（空心）	6
● Deliella '08	🍷🍷（空心）	6
● Deliella '06	🍷🍷（空心）	6
● Symposio '10	🍷🍷（空心）	4
● Symposio '08	🍷🍷（空心）	4

★Firriato

VIA TRAPANI, 4
91027 PACECO [TP]
TEL. 0923882755
www.firriato.it

藏酒销售
预约参观
年产量 4 250 000 瓶
葡萄种植面积 320 公顷
葡萄栽培方式 有机认证

这个凭借质量、产量和可靠度而积累了国际影响力的品牌酒庄由塞尔瓦托（Salvatore）和温泽亚•迪•加埃塔诺（Vinzia Di Gaetano）于20世纪80年代中期创建。自那时起，爱上西西里岛（Sicily）及其葡萄和葡萄酒的他们就勤勤恳恳地在这里耕耘着。这种喜爱的背后是他们对环境的尊重，对每个酒款的精心雕琢和对呈现地域特色的葡萄酒及其原料的追求。精心打理的庄园包括近期在法维尼亚纳（Favignana）岛买下的卡瓦内拉•埃特纳（Cavanera Etnea）、卡斯蒂戈隆•西西里亚（Castiglione di Sicilia）和卡拉莫尼恩（Calamonion）的土地，这个岛可谓是5公顷葡萄园的明珠，以灌木丛式培育葡萄，深受大海的有利影响，处在凝灰岩的红色沙质土壤上。出品优秀的桑塔戈斯蒂诺•巴格里奥•索里亚2011（Santagostino Baglio Soria 2011）斩获了一项“三杯奖”，以庆祝其在意大利经典葡萄酒中的25岁纪念日。这款黑达沃拉（Nero d'Avola）和西拉（Syrah）葡萄的混酿凭借它的深度、优雅和出色的易饮打动了我们。此外，其余的酒款也相当出色。

● Santagostino Rosso Baglio Soria '11	🍷🍷🍷（红）	3
● Ribeca '11	🍷🍷（红）	5*
● Camelot '11	🍷🍷	5
● Chiaramonte Nero d'Avola '11	🍷🍷	2*
● Etna Rosso Cavanera '11	🍷🍷	5
● Harmonium '11	🍷🍷	5
● Maharajà '11	🍷🍷	3*
○ Passito L'Ecrù '11	🍷🍷	5
○ Quater Bianco '12	🍷🍷	4
● Quater Rosso '11	🍷🍷	5
○ Santagostino Bianco Baglio Soria '11	🍷🍷	3
● Etna Rosso Cavanera Rovo delle Coturnie '09	🍷🍷🍷（空心）	5
● Harmonium '08	🍷🍷🍷（空心）	5*
● Ribeca '10	🍷🍷🍷（空心）	5

Geraci

via Corsica,18
90146 Palermo
Tel. 0916154146
www.tarucco.com

藏酒销售
预约参观
年产量 120000 瓶
葡萄种植面积 15 公顷
葡萄栽培方式 有机认证

这家大型的塔鲁科（Tarucco）封建庄园创建于1382年，当时马丁国王（King Martin）把它转让给天主教蒙雷阿莱（Monreale）教区。自1920年以来，这家位于海拔400米至500米，占地约20公顷的一小部分庄园归杰拉奇（Geraci）家族所有，该家族把这片土地发展成了栽培葡萄和橄榄树的天然圣地。2000年，深爱这片土地的民事律师斯特凡诺•杰拉奇（Stefano Geraci）决定加入酒庄运营，并对酒庄的管理作出了一些革新，用有机认证方法重新栽种了15公顷葡萄藤。精致先进的酒窖见证了这一切的努力和进步。塔鲁科•阿里坎特2011（Tarucco Alicante 2011）呈现了突出的红浆果、刺山干花蕾和地中海的野生芳草气息，果汁丰富，浓郁醇厚，令人愉悦。

● Tarucco Alicante '11	🍷🍷 3
○ Tarucco Colonna Chardonnay Grillo '12	🍷🍷 3
○ Tarucco Grillo '12	🍷🍷 3
● Tarucco Nero d'Avola '10	🍷🍷 3
● Tarucco Peralta '09	🍷🍷 3
○ Tarucco Chardonnay '11	🍷 3
● Tarucco Syrah '09	🍷 3
● Tarucco Alicante '05	♀♀ 3*
○ Tarucco Chardonnay '05	♀♀ 3
○ Tarucco Colonna Bianco '07	♀♀ 2*
● Tarucco Nero d'Avola '05	♀♀ 3*
● Tarucco Nero d'Avola '04	♀♀ 2*

Tenuta Gorghi Tondi

c.da San Nicola
91026 Marsala [TP]
Tel. 0923719741
www.gorghitondi.com

藏酒销售
预约参观
膳宿接待
年产量 1300000 瓶
葡萄种植面积 130 公顷

19世纪晚期，安娜玛利亚（Annamaria）和克拉拉•萨拉（Clara Sala）的曾祖父在普雷奥拉（Preola）与高吉•通迪（Gorghi Tondi）的野生动植物保护区收购了葡萄园，这些葡萄园毗邻大海，靠近马扎拉（Mazara del Vallo），风景优美。2000年，她们着手建造新酿酒厂。这里种植的传统葡萄品种有格里洛（Grillo）、卡塔拉托（Catarratto）和泽比波（Zibibbo），现在还引进了黑达沃拉（Nero d'Avola）和主要的国际葡萄品种。与此同时，她们建造了一个设备齐全的大型酒窖，其风格和比例可与一个传统的封闭式农庄相匹配。这种现代气息和地中海传统的美妙结合反映在她们出品的葡萄酒里。取材黑达沃拉（Nero d'Avola）单一品种的科斯特•普雷奥拉2011（Coste a Preola 2011）再次凭借其突出饱满的果肉和香脂气息晋级了决赛。

● Coste a Preola Rosso '11	🍷🍷 2*
○ Grillo d'Oro '10	🍷🍷 7
○ Kheirè '12	🍷🍷 4
○ Rajah '12	🍷🍷 4
● Segreante '11	🍷🍷 4
○ Coste a Preola Bianco '12	🍷 2
○ Coste a Preola Bianco '10	♀♀ 2*
● Coste a Preola Rosso '10	♀♀ 2*
● Nero d'Avola '08	♀♀ 3
● Segreante '07	♀♀ 3

Graci

LOC. PASSOPISCIARO
C.DA ARCURIA
95012 CASTIGLIONE DI SICILIA [CT]
TEL. 3487016773
www.graci.eu

藏酒销售
预约参观
年产量 13 000 瓶
葡萄种植面积 18 公顷

随着新装瓶生产线的投入运营，埃琳娜（Elena）和阿尔贝托•阿耶洛•格拉奇（Alberto Aiello Graci）的酒庄现在完全能做到自给自足。为了让葡萄酒忠实于原种特征，今年酒庄在一排排木质截锥酒槽的基础上引进了由尼科•韦洛（Nico Velo）设计和建造的差不多数目的混凝土酒槽，用于陈化葡萄酒。从这个酿造期起，酒庄把实际的原产地写在酒品标签上以此强调他们与火山的深厚联系。白埃特纳•埃尔库利亚2011（Etna Bianco Arcuria 2011）获得了最高奖，这款经典的卡利坎特（Carricante）散发着矿物质和新鲜的柑橘香味，烘托出了风味完善和带有酸度的口感，另一方面，各种可口多汁的水果味与之巧妙呼应。

○ Etna Bianco Arcuria '11	🍷🍷🍷	5
● Etna Rosso Quota 600 '11	🍷🍷	5
● Etna Rosso '11	▼▼	3*
○ Etna Bianco '12	▼	4
○ Etna Bianco '10	▽▽▽	4*
○ Etna Bianco Quota 600 '10	▽▽▽	5
○ Etna Bianco '11	▽▽	4
● Etna Rosso '10	▽▽	3
● Etna Rosso '09	▽▽	3
● Etna Rosso '07	▽▽	3
● Etna Rosso Quota 600 '10	▽▽	5
● Etna Rosso Quota 600 '09	▽▽	5
● Etna Rosso Quota 600 '08	▽▽	5
● Etna Rosso Quota 600 '07	▽▽	5
● Etna Rosso Quota 600 '06	▽▽	5

Gulfi

C.DA PATRIA
97012 CHIARAMONTE GULFI [RG]
TEL. 0932921654
www.gulfi.it

藏酒销售
预约参观
膳宿接待
年产量 300 000 瓶
葡萄种植面积 75 公顷
葡萄栽培方式 有机认证

从第一次收获期起，有远见的维托•卡塔尼亚（Vito Catania）就把三个关键概念当做酒庄经营理念的基础：有机耕作方法、本地葡萄品种和呈现最好的风土条件。占地75公顷的葡萄园全部以灌木丛式栽培葡萄，使用天然的灌溉方法，只使用绿色肥料。这些因素可能是造就这些极为迷人的葡萄酒呈现出明确无误风格以及受到种植年份天气的显著影响的原因，有时会使它变得有点不容易接近。由卡利坎特（Carricante）、阿尔巴内罗（Albanello）和莎当尼（Chardonnay）葡萄混酿而成的瓦尔坎兹利亚2012（Valcanzjria 2012）跻身我们的决赛，它有着清新、动感的个性和匀称美味的迷人余韵。

○ Valcanzjria '12	🍷🍷	3*
● Nerobaronj '09	▼▼	5
● Neromàccarj '09	▼▼	6
○ Carjcanti '11	▼	5
● Cerasuolo di Vittoria '12	▼	3
● Rossojbleo '12	▼	3
● Nerobufaleffj '07	▽▽▽	5
● Neromàccarj '08	▽▽▽	6
● Neromàccarj '07	▽▽▽	5
● Neromàccarj '04	▽▽▽	5
● Nerosanlorè '05	▽▽▽	5
● Nerobaronj '06	▽▽	5
● Nerosanlorè '08	▽▽	5
● Nerosanlorè '07	▽▽	5

Hauner

Loc. Santa Maria
via G.Grillo, 61
98123 Messina
Tel. 0906413029
www.hauner.it

藏酒销售
预约参观
年产量 80 000 瓶
葡萄种植面积 18 公顷

20世纪中期，随着岛民们集体移民到意大利大陆，伊奥利亚（Aeolia）岛的农田逐步被抛弃，导致意大利最古老、最知名甜葡萄酒之一的马瓦西亚•利帕里（Malvasia delle Lipari）几近绝迹。20世纪60年代，还没有发展成受欢迎的避暑旅游胜地的萨莱纳（Salina）迎来了一位来自布雷西亚（Brescia）的年轻艺术家，名叫卡洛•豪纳（Carlo Hauner）。他对该岛一见钟情，决定在岛上定居，为了让马瓦西亚（Malvasia）重拾昔日的辉煌，他整修了葡萄园，建造了一个酒窖。卡洛的激情和勤恳终于收获了回报，现在，他的儿子卡洛•朱尼尔（Carlo Junior）接替了他的工作。卡洛•豪纳陈酿2010（Passito Riserva Carlo Hauner 2010）突出呈现了夏日的欢快气息和地中海的香味，其诱人、天鹅绒般的口感和令人印象深刻的绵长度深深迷住了我们，收获了一项“三杯奖”。

○ Malvasia delle Lipari Passito Ris. '10	🍷🍷🍷 8
● Hierà Rosso '11	🍷🍷 3
○ Malvasia delle Lipari '11	🍷🍷 5
○ Malvasia delle Lipari Passito '11	🍷🍷 6
● Rosso Antonello '09	🍷🍷 4
○ Salina Bianco '12	🍷🍷 2*
⊙ Hierà Rosato '12	🍷 3
● Salina Rosso '11	🍷 2
○ Malvasia delle Lipari '10	🍷🍷 5
○ Malvasia delle Lipari Passito '10	🍷🍷 5
○ Malvasia Passito Carlo Hauner '09	🍷🍷 8

Marabino

c.da Buonivini, SP Rosolini - Pachino km 8,5
97017 Noto [SR]
Tel. 3355284101
www.marabino.it

藏酒销售
预约参观
膳宿接待
年产量 100 000 瓶
葡萄种植面积 27 公顷
葡萄栽培方式 有机认证

企业家尼罗•梅西纳（Nello Messina）于2002年创立了这家优秀酒庄，然后马上把它交给了年轻的儿子皮尔帕洛（Pierpaolo）经营，皮尔帕洛集远见卓识、清晰的视野、热情和本领于一身。酒庄的经营理念以尊重环境为中心，从一开始就采用了有机耕作方法。庄园横跨了享有声望的艾洛罗（Eloro）和诺托（Noto）法定葡萄酒产区，眼下正逐步转变为生物动力学的生产方法。值得一提的是现代化的酒窖和游客中心，这些设施按照西西里岛（Sicily）西南部传统农场的风格特点建立而成。我们见证了出色的2012年款的莫斯科托•特雷（Moscato della Torre）进军到我们的决赛之中。它具有深金色的诱人色泽和蜜饯、洋槐蜂蜜和柑橘的淡雅气味，口感丝滑动感，味道绵长。

○ Moscato di Noto Moscato della Torre '12	🍷🍷 5
⊙ Eloro Rosato Rosa Nera '12	🍷🍷 3
○ Eureka '12	🍷🍷 3
○ Moscato di Noto Muscatedda '12	🍷 3
● Noto Rosso '11	🍷 3
● Eloro Archimede '08	🍷🍷 5
● Eloro Archimede '07	🍷🍷 4
● Eloro Pachino Archimede Ris. '10	🍷🍷 5
○ Moscato di Noto Moscato della Torre '10	🍷🍷 5
○ Moscato di Noto Moscato della Torre '09	🍷🍷 5
○ Moscato di Noto Moscato della Torre '08	🍷🍷 5
○ Moscato di Noto Moscato della Torre '07	🍷🍷 5

Occhipinti

C.DA FOSSA DI LUPO VIA DEI MILLE, 55
97019 VITTORIA [RG]
TEL. 0932868222
www.agricolaocchipinti.it

藏酒销售
预约参观
年产量 120 000 瓶
葡萄种植面积 18 公顷
葡萄栽培方式 有机认证

从20岁开始，阿里安娜•奥奇平蒂（Arianna Occhipinti）就开始在不到2公顷的小地块上酿制葡萄酒。现在她年过30，已拥有18公顷的葡萄种植园。同时，虽然酒窖的狭小面积导致酒桶必须一个个竖着堆放，但掩盖不了酒窖已成为一个采用尖端技术的大型设施的事实。阿里安娜的葡萄酒结合了清新、动态的个人风格和传统韵味，其中第二代弗莱帕托2011（Il Frappato Arianna Occhipinti 2011）成功地为她赢得首个“三杯奖”。它气味辛辣淡雅，巧妙地让充裕的红浆果味与清新的芳草和花香相结合，紧接着呈现出优雅却动感十足的口感，清新活泼的单宁和出色的长度。

● Il Frappato '11	🍷🍷🍷 5
● Cerasuolo di Vittoria Cl. Grotte Alte '08	🍷🍷 6
● SP 68 Bianco '12	🍷🍷 4
● SP 68 Rosso '12	🍷🍷 3
● Frappato '07	🍷🍷 5
● Frappato '06	🍷🍷 4
● Frappato '05	🍷🍷 4
● Il Frappato '10	🍷🍷 4
● Il Frappato '08	🍷🍷 4
● Siccagno '09	🍷🍷 5
● Siccagno '08	🍷🍷 5
● Siccagno '06	🍷🍷 4
● Siccagno '05	🍷🍷 5
● SP 68 '09	🍷🍷 3*
● SP 68 Rosso '11	🍷🍷 3
● Vittoria Rosso SP 68 '08	🍷🍷 3*

★Palari

LOC. SANTO STEFANO BRIGA
C.DA BARNA
98137 MESSINA
TEL. 090630194
www.palari.it

年产量 50 000 瓶
葡萄种植面积 7 公顷

这家独特的庄园坐落在几公顷大的陡峭且荒凉的地带上，倾斜度超过80%，被石头阶地和扭曲的灌木丛葡萄藤紧紧包围着。这些葡萄藤有些很老，只挂着寥寥几串葡萄。这里有一座建于18世纪的别墅，风景迷人，里面还隐藏着一个酒窖，墨西拿海峡（Straits of Messina）和卡拉布里亚（Calabria）海岸的美妙景色可在此处一览无余。在建筑师和环球旅行家萨尔瓦托雷•格拉奇（Salvatore Geraci）与他的“实干家”兄弟吉安皮罗（Giampiero）共同经营的知名酒庄里，充盈着手工制作的气息。他们限量生产的葡萄酒姿态典雅，有地域特色，受到了葡萄酒评论家和爱好者的好评，在世界范围内倍受青睐。今年，法罗•帕拉利2011（Faro Palari 2011）将留在酒窖中继续陈酿，但它的众多爱好者不必感到失望，因为也许是最好版本的索普拉诺2011红葡萄酒（Rosso del Soprano 2011）将给他们带来一丝安慰。这款清新的、以马卡斯乃诺（Nerello Mascalese）为主的混酿卓有风格，赢得“三杯奖”轻而易举。

● Rosso del Soprano '11	🍷🍷🍷 4*
● Faro Palari '09	🍷🍷🍷 6
● Faro Palari '08	🍷🍷🍷 6
● Faro Palari '07	🍷🍷🍷 6
● Faro Palari '06	🍷🍷🍷 6
● Faro Palari '05	🍷🍷🍷 6*
● Faro Palari '04	🍷🍷🍷 7
● Faro Palari '03	🍷🍷🍷 6
● Faro Palari '02	🍷🍷🍷 6
● Faro Palari '01	🍷🍷🍷 6
● Faro Palari '00	🍷🍷🍷 6
● Rosso del Soprano '10	🍷🍷🍷 4*
● Rosso del Soprano '07	🍷🍷🍷 4

Tenuta Palmeri

c.da Bochini - Fiumarella
96012 Avola [SR]
Tel. 3345646866
www.cantinapalmeri.it

年产量 28 000 瓶
葡萄种植面积 10 公顷

发生在乌艾力（Ueli）和艾丽卡•布赖特施密德（Erika Breitschmid）身上的故事相当感人，他们在2001年爱上了西西里岛（Sicily），进而决定在这里扎根。乌艾力（Ueli）是一位商人，精通意大利语，生意遍布世界，在欧洲拥有其他葡萄酒庄园。他在这个黑达沃拉（Nero d'Avola）葡萄之乡买下10公顷土地，然后彻底装修庄园，修复酒庄建筑，建造一个配备先进的酒窖。酿酒师和农学家们的工作必须遵守以下一成不变的规则：每株葡萄藤不能有超过四串葡萄，要手工采摘葡萄并放进几公斤容量的板条箱，要一直使用低温以防止预发酵，以及只酿造品质最好的葡萄。取材于黑达沃拉（Nero d'Avola）和赤霞珠（Cabernet Sauvignon）葡萄的帕尔梅里•布鲁2010（Palmeri Blu 2010）拥有墨里带紫的色泽和香脂气息，呈现出无限的活力和非常匀称的酸味、柔软度和单宁。

○ Palmeri Bianco Grillo Chardonnay '09	₮₮ 4
● Palmeri Blu '10	₮₮ 5
● Palmeri Rosso '10	₮₮ 6
● Palmeri Rosso '09	₮₮ 6
○ Palmeri Bianco '11	₮ 4
● Palmeri Rosso '10	♀♀ 6

Passopisciaro

loc. Passopisciaro
via Santo Spirito
95030 Castiglione di Sicilia [CT]
Tel. 0578267110
www.passopisciaro.com

藏酒销售
年产量 60 000 瓶
葡萄种植面积 26 公顷

虽然来自托斯卡纳（Tuscany），但安德里亚•弗朗杰蒂（Andrea Franchetti）可以被看做是埃特纳（Etna）葡萄酒复兴事业的先驱者之一。他的到来给这里的其他酿酒商铺平了道路，随后他们投资了这片独特的风土，在这里同名品种内雷罗•马斯卡雷瑟（Nerello Mascalese）葡萄根据生长位置的不同获得了多样不同的特质。有了这种吸引力后，弗朗杰蒂除了在庄园的主要基地种植诸如塞森斯•阿菲莱（Cesanese d'Affile）、味而多（Petit Verdot）和莎当尼（Chardonnay）等非本地葡萄品种外，多年来还在五个其他地区收购了葡萄园，每一块葡萄园有着不同的海拔高度和土壤成分。虽然2011年是一个困难的种植年份，但他在埃特纳（Etna）还是完成了一个出色的酿造期。取材于内雷罗•马斯卡雷瑟（Nerello Mascalese）葡萄的单一品种康特拉达•G（Contrada G）赢得"三杯奖"。它散发着微妙、淡雅香脂和矿物质气息，带出了一个天鹅绒般的动感的口感和出色的长度。

● Contrada G '11	₮₮₮ 6
● Contrada R '11	₮₮ 6
● Contrada C '11	₮₮ 6
● Contrada P '11	₮₮ 7
● Contrada S '11	₮₮ 6
● Franchetti '11	₮₮ 8
● Passopisciaro '11	₮₮ 5
● Contrada P '10	♀♀♀ 7
● Contrada P '09	♀♀♀ 7
● Contrada C '09	♀♀ 6
● Contrada Porcaria '08	♀♀ 7
● Contrada R '10	♀♀ 6
● Passopisciaro '08	♀♀ 5
● Passopisciaro '07	♀♀ 5

Carlo Pellegrino

via del Fante, 39
91025 Marsala [TP]
Tel. 0923719911
www.carlopellegrino.it

藏酒销售
预约参观
年产量 7 000 000 瓶
葡萄种植面积 100 公顷

自1880年建立以来，酒庄凭借优秀的酒品质量和井井有条的管理跻身西西里岛（Sicily）领先酒庄的行列。今天，在能干的董事长皮耶特罗•阿拉格纳（Pietro Alagna）和首席执行官贝内德托•伦达（Benedetto Renda）的经营下，它摇身一变成为国际知名品牌。古老而迷人的酒窖位于马萨拉（Marsala）市中心，旨在发扬马萨拉（Marsala）酒优秀酿制传统，随着时间的推移，酒庄的占地不断扩大，其他地域的优秀葡萄酒也被引进。他们在潘泰莱里亚（Pantelleria）的工作同样出色，把莫斯科托•亚历山德里亚（Moscato d'Alessandria）葡萄最好的一面呈现出来，该葡萄在西西里岛被叫作泽比波（Zibibbo）。这家知名的酒庄证明了自身的价值，轻而易举地凭借优质的顶级马莎拉•安布拉•塞米塞克陈酿1985（Marsala Superiore Ambra Semisecco Riserva 1985）赢得了“三杯奖”，展现了优秀甜酒独特的细腻度和个性感。

○ Marsala Sup. Ambra Semisecco Ris. '85	4*
○ Duca di Castelmonte Gibelè '12	3*
● Duca di Castelmonte Dinari del Duca Syrah '11	3
○ Duca di Castelmonte Tripudium Bianco '12	3
● Duca di Castelmonte Tripudium Rosso '10	4
● Marsala Fine Rubino	3
○ Marsala Sup. Oro Dolce Ris.	3
● Alicante Incarrozza '10	3
● Syrah Incarrozza '08	3
○ Marsala Vergine Ris. '81	6
○ Passito di Pantelleria Nes '09	5
● Tripudium Rosso Duca di Castelmonte '09	4*

Pietradolce

fraz. Solicchiata
c.da Rampante
95012 Castiglione di Sicilia [CT]
Tel. 3474037792
www.pietradolce.it

年产量 24 000 瓶
葡萄种植面积 12 公顷

当他们决定把占地几公顷的葡萄园改造成完全成熟的酒庄时，活力十足的米歇尔（Michele）和马里奥•法罗（Mario Faro）就制定了一个精密的时间推进表来完成这个项目。到目前为止，他们一切顺利，最近的收购行为使他们的葡萄园面积达到12公顷，其中位于拉姆潘特（Rampante）的三处葡萄园开始投入生产。酒庄的新近酒品系列是一款玫瑰红葡萄酒和一款内雷罗•马斯卡雷瑟（Nerello Mascalese）的优质精选酒，后者的名字来源于处在拉姆潘特（Rampante）海拔900米处的巴尔巴嘎里（Barbagalli）葡萄园。取材于内雷罗•马斯卡雷瑟（Nerello Mascalese）葡萄，极度优雅的埃特纳•维格纳•巴尔巴嘎里2011（Etna Rosso Vigna Barbagalli 2011）巧妙融合了果酱、红浆果、香料和矿物质气味，一举获得了最高奖项。

● Etna Rosso V. Barbagalli '10	8
● Etna Rosso Pietradolce '12	5
○ Etna Bianco Archineri '12	5
⊙ Etna Rosato '12	5
● Etna Rosso Archineri '11	5
● Etna Rosso Archineri '10	5
● Etna Rosso Archineri '08	3*
● Etna Rosso Archineri '07	3*
○ Etna Bianco Archineri '11	5
● Etna Rosso Archineri '09	3

★★Planeta

C.DA DISPENSA
92013 MENFI [AG]
TEL. 091327965
www.planeta.it

预约参观
膳宿接待
年产量 2 300 000 瓶
葡萄种植面积 364 公顷

随着位于埃特纳（Etna）卡斯蒂廖内（Castiglione di Sicilia）的新酒窖的建成，如今在这个自古被认为是西西里岛（Sicily）最好的葡萄酒产地里，普拉内塔（Planeta）酒庄便拥有五处庄园。酒窖是一个美丽匀称的火山石建筑，与周边风景融为一体。公司的经营理念是：最低限度地降低生产设施对环境的影响，充分尊重本地悠久的酿酒传统，最重要的是，努力与本地其他种植者建立良好的关系，和谐共进，他们确信这是促进本地葡萄酒业良性发展的最佳方式。普拉内塔（Planeta）酒庄今年送到品酒会的葡萄酒的质量令我们极为震撼。其中优雅的黑达沃拉•桑塔•塞西莉亚2010（Nero d'Avola Santa Cecilia 2010）成功斩获了“三杯奖”，它完美呈现了西西里岛临近诺托（Noto）的最好葡萄酒产区的特色。

● Noto Santa Cecilia '10	🍷🍷🍷	5
○ Cometa '12	🍷🍷	5
○ Alastro '12	🍷🍷	2*
● Burdese '10	🍷🍷	4
○ Carricante Eruzione 1614 '12	🍷🍷	3
● Cerasuolo di Vittoria Cl. Dorilli '11	🍷🍷	3
○ Chardonnay '11	🍷🍷	5
● Nerello Mascalese Eruzione 1614 '11	🍷🍷	4
○ Passito di Noto '11	🍷🍷	5
● Plumbago '11	🍷🍷	2*
● Sito dell'Ulmo '10	🍷🍷	4
○ Chardonnay '10	🍷🍷🍷	5
○ Cometa '09	🍷🍷🍷	5
○ Cometa '08	🍷🍷🍷	5
● Plumbago '09	🍷🍷🍷	2*

Poggio di Bortolone

FRAZ. ROCCAZZO
VIA BORTOLONE, 19
97010 CHIARAMONTE GULFI [RG]
TEL. 0932921161
www.poggiodibortolone.it

藏酒销售
预约参观
膳宿接待
年产量 80 000 瓶
葡萄种植面积 15 公顷

两个多世纪以来，科森扎（Cosenza）家族在基亚拉蒙泰（Chiaramonte Gulfi）萨拉苏奥罗•维特利亚（Cerasuolo di Vittoria）风土的中心地带耕作着他们的土地，帕拉•帕拉（Para Para）和马扎罗内罗（Mazzarronello）溪流在这里相遇，地中海灌木丛与葡萄藤、橄榄林和小麦交替分布。这座现代化的酒庄由伊尼亚齐奥•科森扎（Ignazio Cosenza）于20世纪70年代早期创建，现任庄主是他的儿子皮耶路易吉（Pierluigi）。在成立20多年后，酒庄在弗莱帕托（Frappato）和黑达沃拉（nero d'Avola）等传统本土葡萄品种的基础上引进了诸如赤霞珠（Cabernet Sauvignon）、西拉（Syrah）和味而多（Petit Verdot）等国际葡萄品种。酒窖还藏有一些黑格罗索（Grosso Nero），这种本地葡萄酒和餐桌酒已几近绝迹。弗莱帕托2011（Frappato 2011）差一点晋级决赛，它有着迷人的水果和香料味以及令人愉悦的口感。

● Addamanera '11	🍷🍷	2*
● Cerasuolo di Vittoria Contessa Costanza '10	🍷🍷	3
● Cerasuolo di Vittoria Poggio di Bortolone '10	🍷🍷	3
● Cerasuolo di Vittoria V. Para Para '10	🍷🍷	4
● Frappato '11	🍷🍷	2*
● Cerasuolo di Vittoria V. Para Para '05	🍷🍷🍷	4
● Cerasuolo di Vittoria Poggio di Bortolone '08	🍷🍷	3
● Cerasuolo di Vittoria V. Para Para '08	🍷🍷	4
● Pigi Rosso '07	🍷🍷	5
● Pigi Rosso '06	🍷🍷	5

Cantine Rallo

via Vincenzo Florio, 2
91025 Marsala [TP]
Tel. 0923721633
www.cantinerallo.it

藏酒销售
预约参观
年产量 250 000 瓶
葡萄种植面积 100 公顷
葡萄栽培方式 有机认证

安德里亚•韦斯科（Andrea Vesco）毫无保留地奉献自己的精力在实现构建精美酒庄的愿望上，他的酒庄是西西里岛（Sicily）首批采用有机生产和认真考虑生物多样性概念的酒庄之一。为了使葡萄酒生产与环境兼容，他让葡萄园和林地交错分布（庄园还有橄榄林、果园和耕地），使用绿色肥料给葡萄藤施肥。格里洛（Grillo）、黑达沃拉（Nero d'Avola）、卡塔拉托（Catarratto）和西拉（Syrah）是四种分布地区最广泛的葡萄品种，它们造就了重点突出、绝不妥协但迷人可口的葡萄酒，其完整的果肉完美呈现了这片风土的特性。安德里亚•韦斯科的酒庄在质量上实现了质的飞跃，这一点充分地体现在今年出炉的优质酒品上。白马焦雷2012（Bianco Maggiore 2012）斩获了“三杯奖”，它拥有花香和热带水果及柑橘气息，并有清新辛辣的口感和绵长的余韵。

○ Bianco Maggiore '12	🍷🍷🍷 3*
○ Alcamo Beleda '12	🍷🍷 2*
○ Passito di Pantelleria Bugeber '10	🍷🍷 5
○ Al Quasar '12	🍷🍷 3
○ Marsala Soleras Venti Anni Ris. '80	🍷🍷 6
● Nero d'Avola Il Principe '12	🍷🍷 2*
● Syrah La Clarissa '12	🍷🍷 2*
● Alcamo Nero d'Avola '09	🍷🍷 2*
○ Beleda '11	🍷🍷 4
○ Bianco Maggiore '11	🍷🍷 3
● Nero d'Avola Il Principe '11	🍷🍷 2*
● Nero d'Avola Il Principe '09	🍷🍷 2*
● Syrah La Clarissa '11	🍷🍷 2*
● Syrah La Clarissa '08	🍷🍷 2*

Tenute Rapitalà

c.da Rapitalà
90043 Camporeale [PA]
Tel. 092437233
www.rapitala.it

藏酒销售
预约参观
年产量 2 800 000 瓶
葡萄种植面积 175 公顷

创建于45年前的拉皮塔拉（Rapitalà）是西西里岛（Sicily）最著名的酒庄之一，也是吉吉•瓜拉斯（Gigi Guarrasi）和胡奎斯•伯纳德（Hugues Bernard de la Gatinais）持久爱情的产物。他们细心地管理着葡萄酒及其这片土地，即从坎波雷亚莱（Camporeale）绵延至阿尔卡莫（Alcamo）和大海的起伏平缓的群山。为了反映自己与这片地域的联系，他们在这里栽种了卡塔拉托（Catarratto）、莎当尼（Chardonnay）、黑达沃拉（Nero d'Avola）和黑皮诺（Pinot Noir）葡萄，旨在创造出楚楚动人、味道丰富精细、风格明朗、个性高贵丰腴的葡萄酒。他们的梦想必须指望儿子劳伦（Laurent）的巧手来实现了，他现在领导的酒庄已成为意大利威尼集团（Gruppo Italiano Vini）的一部分。靠着微妙的香味、动态突出的结构和对橡木的巧妙使用，莎当尼2011（Chardonnay Grand Cru 2011）成功跻身决赛。

○ Conte Hugues Bernard de la Gatinais Grand Cru '11	🍷🍷 4
● Hugonis '11	🍷🍷 5
○ Conte Hugues Bernard de la Gatinais Grand Cru '10	🍷🍷🍷 4*
● Hugonis '01	🍷🍷🍷 6
● Solinero '03	🍷🍷🍷 5
● Hugonis '10	🍷🍷 5
● Hugonis '09	🍷🍷 5
● Nadir '10	🍷🍷 3
● Nuhar '10	🍷🍷 3
● Nuhar '09	🍷🍷 3
● Solinero '10	🍷🍷 5

Riofavara

C.DA FAVARA SP 49 ISPICA - PACHINO
97014 ISPICA [RG]
TEL. 0932705130
www.riofavara.it

藏酒销售
预约参观
膳宿接待
年产量 70 000 瓶
葡萄种植面积 16 公顷
葡萄栽培方式 有机认证

这家小型的家庭经营式酒庄成立于1920年，近四分之三世纪以来专注于葡萄栽培。1994年，马西莫（Massimo）和马里安塔帕多瓦（Marianta Padova）开始生产葡萄酒。他们拥有的16公顷葡萄园位于优质葡萄酒产地，分布在艾洛罗（Eloro）和莫斯卡托•诺托（Moscato di Noto）法定葡萄酒产区的六个地块上。里奥法瓦拉（Riofavara）酒庄的葡萄酒遵守与众不同的区域价值观念，单一取材于有机葡萄，然后使用自选的环境酵母进行酿造，以保持它们完整的属性。在等待斯亚维2011（Sciavè 2011）上市的期间，我们品尝了矿物质气息迷人的优质黑达沃拉•圣巴斯里奥2011（Nero d'Avola San Basilio 2011）。

○ Marzaiolo '12	▼▼	3
○ Moscato di Noto Notissimo '12	▼▼	3
● San Basilio '11	▼▼	3
● Eloro Nero d'Avola Sciavé '10	▽▽	4
● Eloro Nero d'Avola Sciavé '09	▽▽	4
○ Marzaiolo '11	▽▽	2*
○ Moscato di Noto Notissimo '11	▽▽	3
○ Moscato di Noto Notissimo '09	▽▽	3
● San Basilio '10	▽▽	2*

Girolamo Russo

LOC. PASSOPISCIARO
VIA REGINA MARGHERITA, 78
95012 CASTIGLIONE DI SICILIA [CT]
TEL. 3283840247
www.girolamorusso.it

藏酒销售
预约参观
年产量 35 000 瓶
葡萄种植面积 15 公顷
葡萄栽培方式 有机认证

近年来，很多人把埃特纳（Etna）描述成意大利的勃艮第（Burgundy）。这种比喻看似有点牵强，但这座火山确实是很多杰出酿酒师的家园，比如朱塞佩•鲁索（Giuseppe Russo），他在这里觉得自由自在，就像一位在波恩（Beaune）的葡萄种植者一样。他对他的土地和葡萄园怀有很深的感情，历尽心血地亲自打理它们，分开酿造产自不同地块的葡萄。一年到头在葡萄田间的辛勤劳动换来的是地域印记显著、优雅至极、迷人新颖的葡萄酒。取材卡布奇诺（Cappuccio）和内雷罗•马斯卡雷瑟（Nerello Mascalese）的醇厚淡雅的埃特纳•飞度2011红葡萄酒（Etna Rosso Feudo 2011）赢得了“三杯奖”，它散发着丰富的红肉、铁粉和花类味道，口感柔顺、清新。

● Etna Rosso Feudo '11	🍷🍷🍷	5
● Etna Rosso 'A Rina '11	▼▼	5
● Etna Rosso Feudo '11	▼▼	5
● Etna Rosso San Lorenzo '11	▼▼	5
○ Etna Bianco Nerina '12	▼	6
● Etna Rosso Feudo '10	▽▽▽	5
● Etna Rosso Feudo '07	▽▽▽	5
● Etna Rosso San Lorenzo '09	▽▽▽	5
○ Etna Bianco Nerina '11	▽▽	5
● Etna Rosso 'A Rina '10	▽▽	4
● Etna Rosso Feudo '08	▽▽	5
● Etna Rosso San Lorenzo '10	▽▽	5
● Etna Rosso San Lorenzo '07	▽▽	5
● Etna Rosso San Lorenzo '06	▽▽	5

Settesoli

SS 115
92013 MENFI [AG]
TEL. 092577111
www.cantinesettesoli.it

藏酒销售
预约参观
年产量 20 000 000 瓶
葡萄种植面积 6 000 公顷
葡萄栽培方式 有机认证

这家庞大的联营酒庄拥有2 300名种植者和6 000公顷葡萄种植地，几十年来在本领高超的董事长迭戈•普拉内塔（Diego Planeta）的管理下不断扩张，达到了一定的高度。庄园的经营理念以两个概念为基础，听似简单却难以实践：以联系的观点思考、观察和行动；鼓励成员们提高对葡萄园的责任感，奖励优质且健康的葡萄种植活动。2011年年底，迭戈•普拉内塔把董事长的位置让给维托•瓦尔瓦罗（Vito Varvaro），维托（Vito）几年来一直是迭戈出色团队的一员。自20世纪90年代起，马尔拉罗萨（Mandrarossa）生产线涵盖了酒庄的最好酒款及其葡萄园精选酒。靠着个性、填充物以及和谐的丰满度，黑达沃拉•卡塔格胡2011（Nero d'Avola Cartagho 2011）几乎获得了最高奖项。

● Cartagho Mandrarossa '11	🍷🍷 3*
○ Seligo Bianco '12	🍷🍷 3
● Seligo Rosso '12	🍷🍷 2*
○ Urra di Mare Mandrarossa '12	🍷🍷 3
● Cavadiserpe Mandrarossa '12	🍷 4
○ Grillo Isola '12	🍷 2
● Nero d'Avola Isola '12	🍷 2
○ Santannella Mandrarossa '12	🍷 3
● Cartagho Mandrarossa '09	🍷🍷🍷 3*
● Cartagho Mandrarossa '08	🍷🍷🍷 3*
● Cartagho Mandrarossa '06	🍷🍷🍷 3
● Mandrarossa Cavadiserpe '09	🍷🍷 4
● Seligo Rosso '11	🍷🍷 2*

Spadafora

VIA AUSONIA, 90
90144 PALERMO
TEL. 091514952
www.spadafora.com

藏酒销售
预约参观
膳宿接待
年产量 280 000 瓶
葡萄种植面积 95 公顷

20世纪70年代，东•皮特罗•斯巴达弗拉（Don Pietro Spadafora）决定投身经营家族的土地。这块土地位于维尔兹（Virzi），处在阿尔卡莫（Alcamo）和蒙雷亚莱（Monreale）法定产区之间阳光充足的山丘里。他修缮了被1968年地震损坏的农舍，更新了橄榄林和葡萄园，还种植了一些国际葡萄品种，包括卡本内（Cabernet）、莎当尼（Chardonnay）和西拉（Syrah）。1993年，他开始生产自己的葡萄酒，把一部分农舍改造为现代化的酒窖，把另一部分装修成假日旅馆。他的儿子弗朗西斯科（Francesco）从1988年起接过酒庄管理的接力棒，充满热情地亲自监管葡萄酒生产的每个阶段，从葡萄园的有机耕种到酿酒厂的运作。和谐协调的斯奇埃托•黑达沃拉2010（Schietto Nero d'Avola 2010）呈现了淡雅质朴的个性，带有舒适多汁的水果味道。

○ Don Pietro Bianco '12	🍷🍷 2*
● Schietto Nero d'Avola '10	🍷🍷 4
● Schietto Syrah '08	🍷🍷 3
○ Alhambra Bianco '12	🍷 2
● Alhambra Rosso '11	🍷 2
● Don Pietro Rosso '10	🍷 3
⊙ Nero d'Avola Rosato '12	🍷 2
● Syrah '11	🍷 2
● Don Pietro Rosso '09	🍷🍷 3
● Don Pietro Rosso '08	🍷🍷 3
⊙ Nero d'Avola Rosato '11	🍷🍷 2*
● Schietto Cabernet Sauvignon '08	🍷🍷 4
● Sole dei Padri '08	🍷🍷 6
● Syrah '09	🍷🍷 2

★★Tasca d'Almerita

c.da Regaleali
90129 Sclafani Bagni [PA]
Tel. 0916459711
www.tascadalmerita.it

藏酒销售
预约参观
膳宿接待
年产量 3 000 000 瓶
葡萄种植面积 346 公顷

这个杰出的家族与他们的土地有着不解之缘，尤其是位于西西里岛（Sicily）中心的宏伟的雷加勒亚里（Regaleali）庄园。在短短几年间，能量十足且精明的康特•朱塞佩（Conte Giuseppe Tasca d'Almerita）就创立了一个知名的西西里品牌，这个品牌与其他的优质酒庄不同，可谓散装酒海洋中的一个小岛屿。更重要的是，它有能力与意大利乃至更远地区的大牌酒庄相抗衡。卢西奥（Lucio）及其儿子阿尔伯托（Alberto）和朱塞佩（Giuseppe）接过了酒庄的管理工作，他们不仅巩固了过去建立的优势，还投资了位于萨莱纳（Salina）和埃特纳（Etna）岛的新葡萄酒产区。华丽的赤霞珠2010（Cabernet Sauvignon 2010）斩获了"三杯奖"。它有着非凡的水果、突出的香脂和矿物质气息，紧接着呈现宏伟、空灵、淡雅的口感和悠然的余韵。

● Contea di Sclafani Cabernet Sauvignon '10	🍷🍷🍷 (red)	5
○ Chardonnay '11	🍷🍷 (red)	5
⊙ Almerita Rosé Brut '08	🍷🍷	6
○ Buonora '12	🍷🍷	3
○ Cavallo delle Fate '12	🍷🍷	3
○ Contea di Sclafani Almerita Brut '10	🍷🍷	5
○ Contea di Sclafani Almerita Extra Brut '08	🍷🍷	6
○ Diamante d'Almerita '12	🍷🍷	5
● Ghiaia Nera '11	🍷🍷	3
● Cabernet Sauvignon '07	🍷🍷🍷 (outline)	5
○ Chardonnay '06	🍷🍷🍷 (outline)	5
● Contea di Sclafani Rosso del Conte '07	🍷🍷🍷 (outline)	6
● Contea di Sclafani Rosso del Conte '05	🍷🍷🍷 (outline)	6
● Contea di Sclafani Rosso del Conte '04	🍷🍷🍷 (outline)	6
● Contea di Sclafani Rosso del Conte '03	🍷🍷🍷 (outline)	5

Terrazze dell'Etna

c.da Bocca d'orzo
95036 Randazzo [CT]
Tel. 0916236343
www.terrazzedelletna.it

藏酒销售
预约参观
年产量 120 000 瓶
葡萄种植面积 23 公顷

在兰达佐（Randazzo）市区的埃特纳（Etna）西北部海拔700米至800米之间的山坡上，我们找到了尼诺•贝维拉克库阿（Nino Bevilacqua）的庄园，这个地方几年前还是荆棘满布、杂草丛生。尼诺是一位受人尊敬的工程师和葡萄酒爱好者，他在这里建造了有记载以来一个堪称辉煌的酒庄，让这个非凡的地区恢复往日的美丽，同时依靠娴熟的技术和对环境的尊重呈现了这片地域的壮丽风景。他的葡萄酒风格现代，凭借清晰的定位脱颖而出。取材于内雷罗•马斯卡雷瑟（Nerello Mascalese）和卡布奇诺（Cappuccio）的埃特纳•希尔内科红葡萄酒2010（Etna Rosso Cirneco 2010）散发浓郁的黑色浆果和铅笔芯的味道，酒体柔和活跃，余味紧致。

● Etna Rosso Cirneco '10	🍷🍷 (red)	6
○ Ciuri '12	🍷🍷	3
● Etna Rosso Carusu '11	🍷🍷	4
⊙ Rosé Brut '10	🍷🍷	5
○ Cuvée Brut '09	🍷	5
● Etna Rosso Cirneco '09	🍷🍷🍷 (outline)	6
● Etna Rosso Cirneco '08	🍷🍷🍷 (outline)	5
○ Cuvée Brut '08	🍷🍷 (outline)	5
⊙ Rosé Brut '09	🍷🍷 (outline)	5
⊙ Rosé Brut '08	🍷🍷 (outline)	5

Tenuta delle Terre Nere

C.DA CALDERARA
95036 RANDAZZO [CT]
TEL. 095924002
www.tenutaterrenere.com

藏酒销售
预约参观
年产量 200 000 瓶
葡萄种植面积 28 公顷
葡萄栽培方式 有机认证

具备筛选意大利葡萄酒并将其出口至世界各地的工作经验后，马克•德格拉齐亚（Marc De Grazia）决定生产自己的葡萄酒，他选择了埃特纳（Etna）作为落脚点。这位朗格（Langhe）和勃艮第（Burgundy）葡萄酒的专家是首批忠实反映了本省不同区域特色的酿酒者之一。几个世纪以来形成的有层次的数百条熔岩流造就了这片独特的风土。马克的葡萄酒个性直率、不妥协，具有清新、淡雅的风格，虽然能够随着年份的推移而进化得更优质，但现在享用便适合。取材卡布奇诺（Cappuccio）和内雷罗•马斯卡雷瑟（Nerello Mascalese）葡萄的埃特纳•圣托•斯皮里托2011（Etna Rosso Santo Spirito 2011）再次获得了“三杯奖”。这款复杂、优雅的葡萄酒拥有紧密、动感的单宁和看似无穷的余韵。

● Etna Rosso Santo Spirito '11	▼▼▼	6
● Etna Rosso Prephylloxera La V. di Don Peppino '11	▼▼	8
○ Etna Bianco '12	▼▼	3
○ Etna Bianco Le Vigne Niche '11	▼▼	6
⊙ Etna Rosato '12	▼▼	3*
● Etna Rosso Calderara Sottana '11	▼▼	6
● Etna Rosso Feudo di Mezzo Quadro delle Rose '11	▼▼	6
● Etna Rosso Guardiola '11	▼▼	6
● Etna Rosso Feudo di Mezzo Quadro delle Rose '05	▽▽▽	6
● Etna Rosso Prephilloxera La V. di Don Peppino '07	▽▽▽	8
● Etna Rosso Prephilloxera La V. di Don Peppino '06	▽▽▽	8
● Etna Rosso Santo Spirito '10	▽▽▽	6

Valle dell'Acate

C.DA BIDINI
97011 ACATE [RG]
TEL. 0932874166
www.valledellacate.it

藏酒销售
预约参观
年产量 400 000 瓶
葡萄种植面积 100 公顷

飞度•比蒂尼（Feudo Bidini）在迪里洛河（River Dirillo）峡谷拥有逾100公顷土地，希腊人和罗马人把这片丰富的水域称为“忠实的朋友”。实际上，当地这片钙质黏土的山坡有着源远流长的葡萄栽培史。该酒庄可追溯到19世纪，当时的创建者是亚克诺家族（Jacono），现在传到了第六代种植者的手中，掌舵者是活力四射的加塔纳（Gaetana），正是她促成了酒庄在国际范围的成功，此外还恢复了酒窖和更新了设备。她的生产理念侧重于在本土葡萄品种的基础上巧妙融进非本土品种，采用可持续的耕作方法。优雅的第二代黑达沃拉•莫洛2010（Nero d'Avola Il Moro 2010）带有地中海气息。

○ Bidis '11	▼▼	4
● Cerasuolo di Vittoria Cl. '10	▼▼	3
● Il Moro '10	▼▼	3
● Tanè '10	▼▼	5
● Vittoria Il Frappato '12	▼▼	2*
○ Bidis '10	▼	4
● Rusciano '10	▼	4
○ Vittoria Inzolia '12	▼	2
○ Zagra '12	▼	2
○ Bidis '09	▽▽	3
● Cerasuolo di Vittoria Cl. '09	▽▽	3
● Il Moro '09	▽▽	3
● Vittoria Il Frappato '11	▽▽	2*
○ Zagra '11	▽▽	2*

Alliata

via Archi 9
91100 Trapani
Tel. 0923547267
www.alliatavini.com

年产量 100 000 瓶
葡萄种植面积 82 公顷

○ Daxia '11	🍷🍷 3
● Kaspar '10	🍷🍷 5
○ Taya '11	🍷🍷 3
○ Insolia '12	🍷 3

Avide

c.da Mastrella, 346
97013 Comiso [RG]
Tel. 0932967456
www.avide.it

藏酒销售
预约参观
年产量 250 000 瓶
葡萄种植面积 68 公顷

● Cerasuolo di Vittoria Cl. Barocco '07	🍷🍷 6
● Sigillo '07	🍷🍷 6
● Cerasuolo di Vittoria Et. Nera '10	🍷 4
○ Maria Stella Inzolia '12	🍷 4

Biondi

c.so Sicilia, 20
95039 Trecastagni [CT]
Tel. 0957633933
www.levignebiondi.it

藏酒销售
预约参观
年产量 20 000 瓶
葡萄种植面积 14 公顷

○ Carricante Chianta '11	🍷🍷 5
● Cisterna Fuori '11	🍷🍷 5

Biscaris

via Maresciallo Giudice, 52
97011 Acate [RG]
Tel. 0932990762
www.biscaris.it

藏酒销售
年产量 80 000 瓶
葡萄种植面积 10 公顷
葡萄栽培方式 生物动力学认证

● Cerasuolo di Vittoria Pricipuzzu '11	🍷🍷 3
● Frappato Baruneddu '12	🍷🍷 2
● Nero d'Avola Cavalieri '12	🍷 2

Bonavita

loc. Faro Superiore
c.da Corso
98158 Messina
Tel. 3471754983
www.bonavitafaro.it

预约参观
年产量 5 000 瓶
葡萄种植面积 2 公顷

● Faro '11	🍷🍷 5
⊙ Rosato '12	🍷🍷 4

Brugnano

c.da San Carlo, SS 113, km 307
90047 Partinico [PA]
Tel. 0918783360
www.brugnano.it

藏酒销售
预约参观
年产量 120 000 瓶
葡萄种植面积 45 公顷

● Lunario Rosso '10	🍷🍷 3
○ V90 Bianco '12	🍷 2
● V90 Nero d'Avola '11	🍷 2
● V90 Syrah '12	🍷 2

Buceci

LOC. C.DA ROCCABIANCA
VIA UNITÀ D'ITALIA, 3
90035 MARINEO [PA]
TEL. 0918726367
www.bucecivini.it

藏酒销售
预约参观
年产量 100 000 瓶
葡萄种植面积 150 公顷
葡萄栽培方式 有机认证

● Buceci Rosso '09	🍷🍷 3
● Doncarmè Rosso '08	🍷 3
○ Inzolia '12	🍷 2
● Nero D'Avola '12	🍷 3

Calatrasi

C.DA PIANO PIRAINO
90040 SAN CIPIRELLO [PA]
TEL. 0918576767
www.calatrasi.it

藏酒销售
预约参观
膳宿接待
年产量 2 000 000 瓶
葡萄种植面积 650 公顷
葡萄栽培方式 有机认证

● Terre di Ginestra 651 Nero d'Avola Syrah '11	🍷🍷 4
● Terre di Ginestra Magnifico Syrah '11	🍷🍷 3
○ Terre di Ginestra 651 Chardonnay '11	🍷 3

Calcagno

FRAZ. PASSOPISCIARO
VIA REGINA MARGHERITA
95012 CASTIGLIONE DI SICILIA [CT]
TEL. 3387772780
www.vinicalcagno.it

藏酒销售
预约参观
年产量 10 000 瓶
葡萄种植面积 2 公顷

● Etna Rosso Arcuria '11	🍷🍷 4
○ Carricante '12	🍷 3

Paolo Calì

LOC. C.DA SALMÈ
SP VITTORIA PEDALINO, KM 2,500
VIA DEL FRAPPA
97019 VITTORIA [RG]
TEL. 0932510082

年产量 50 000 瓶
葡萄种植面积 14 公顷

● Vittoria Nero d'Avola Violino '10	🍷🍷 3*
● Cerasuolo di Vittoria Cl. Manene '11	🍷 4
⊙ Frappato Rosato Osa '12	🍷 2
● Vittoria Frappato Mandragola '12	🍷 3

Cantina Viticoltori Associati Canicattì

C.DA AQUILATA
92024 CANICATTÌ [AG]
TEL. 0922829371
www.cvacanicatti.it

藏酒销售
预约参观
年产量 900 000 瓶
葡萄种植面积 1 000 公顷

● Aquilae Cabernet Sauvignon '11	🍷🍷 2*
○ Aquilae Catarratto '12	🍷 2
● Aquilae Nero d'Avola '11	🍷 2
○ Fileno '12	🍷 2

Caruso & Minini

VIA SALEMI, 3
91025 MARSALA [TP]
TEL. 0923982356
www.carusoeminini.it

藏酒销售
预约参观
年产量 530 000 瓶
葡萄种植面积 120 公顷

○ Inzolia '12	🍷🍷 3*
○ Corte Ferro '12	🍷 3
● Cutaja '11	🍷 3
○ Timpune Grillo '12	🍷 3

La Casa di Filippo

C.DA ARRIGO SP 59 LINGUAGLOSSA ZAFFERANA KM 2,2
95015 LINGUAGLOSSA [CT]
TEL. 3472347826
www.lacasadifilippo.it

年产量 3 000 瓶
葡萄种植面积 1.5 公顷

- ● Etna Rosso '11 — 🍷🍷 4

Le Casematte

LOC. FARO SUPERIORE
C.DA CORSO
98163 MESSINA
TEL. 0906409427
www.lecasematte.it

- ● Faro Quattroenne '11 — 🍷🍷 5
- ● Figliodiennenne '11 — 🍷🍷 2*

Ceuso

LOC. SEGESTA
C.DA VIVIGNATO
91013 CALATAFIMI [TP]
TEL. 092422836
www.ceuso.it

预约参观
年产量 130 000 瓶
葡萄种植面积 50 公顷

- ● Ceuso '10 — 🍷🍷 5
- ● Fastaia '11 — 🍷🍷 3
- ○ Scurati Grillo '12 — 🍷 2
- ● Scurati Rosso '12 — 🍷 2

Tenuta Chiuse del Signore

C.DA CHIUSE DEL SIGNORE
SP LINGUAGLOSSA-ZAFFERANA KM 2
95015 LINGUAGLOSSA [CT]
TEL. 0942611340
www.gaishotels.com

藏酒销售
预约参观
年产量 45 000 瓶
葡萄种植面积 50 公顷

- ⊙ Rasule Alte Rosato '12 — 🍷🍷 2
- ● Rasule Alte Rosso '12 — 🍷🍷 2*
- ○ Rasule Alte Bianco '12 — 🍷 3

COS

SP 3 AGATE-CHIARAMONTE KM 14,300
97019 VITTORIA [RG]
TEL. 0932876145
www.cosvittoria.it

藏酒销售
预约参观
年产量 160 000 瓶
葡萄种植面积 30 公顷
葡萄栽培方式 有机认证

- ● Cerasuolo di Vittoria Cl. '10 — 🍷🍷 4
- ● Nero di Lupo '12 — 🍷🍷 3
- ● Pithos Rosso '11 — 🍷 4

Curto

SS 115 ISPICA - ROSOLINI KM 358
97014 ISPICA [RG]
TEL. 0932950161
www.curto.it

藏酒销售
预约参观
年产量 70 000 瓶
葡萄种植面积 36 公顷

- ● Eloro Nero d'Avola '10 — 🍷🍷 2*
- ⊙ Eloro Nero d'Avola Eos '12 — 🍷 2
- ● Ikano '09 — 🍷 3
- ○ Poiano '12 — 🍷 2

D'Alessandro

C.DA MANDRASCAVA
92100 AGRIGENTO
TEL. 0633623175
www.dalmin.it

藏酒销售
预约参观
年产量 120 000 瓶
葡萄种植面积 20 公顷

○ Catarratto '12	🍷🍷 3
○ Inzolia '12	🍷 2
● Nero d'Avola '12	🍷 2
● Nero dei Templi '10	🍷 5

Gianfranco Daino

VIA CROCE DEL VICARIO, 115
95041 CALTAGIRONE [CT]
TEL. 093358226
www.vinidaino.it

藏酒销售
预约参观
年产量 18 000 瓶
葡萄种植面积 2.44 公顷

● Suber '11	🍷🍷 5

De Gregorio

C.DA RAGANA
92019 SCIACCA [AG]
TEL. 0925991299
www.cantinedegregorio.it

藏酒销售
预约参观
膳宿接待
年产量 90 000 瓶
葡萄种植面积 15 公顷

○ Dragonara Bianco Grillo '12	🍷🍷 2*
○ Bianco di San Lorenzo '12	🍷 3
● Haris '11	🍷 2
○ Rahana Inzolia '12	🍷 2

Destro

LOC. MONTELAGUARDIA
95036 RANDAZZO [CT]
TEL. 095937060
www.destrovini.com

● Etna Rosso Aspide '09	🍷🍷 5
○ Etna Bianco Isolanuda '12	🍷 4
● Etna Rosso Sciarakè '09	🍷 5
○ Nausìca '12	🍷 4

Di Giovanna

C.DA SAN GIACOMO
92017 SAMBUCA DI SICILIA [AG]
TEL. 09251955675
www.digiovanna-vini.it

藏酒销售
预约参观
年产量 250 000 瓶
葡萄种植面积 53 公顷
葡萄栽培方式 有机认证

○ Grillo '12	🍷🍷 2*
○ Helios '12	🍷🍷 3*
⊙ Gerbino Rosato Nero d'Avola '12	🍷 2
● Nero d'Avola '11	🍷 3

Gaspare Di Prima

VIA G. GUASTO, 27
92017 SAMBUCA DI SICILIA [AG]
TEL. 0925941201
www.diprimavini.it

藏酒销售
预约参观
年产量 50 000 瓶
葡萄种植面积 38 公顷
葡萄栽培方式 有机认证

○ Grillo del Lago '12	🍷🍷 2*
● Villamaura Syrah '08	🍷🍷 6
● Gibilmoro Merlot '10	🍷 3
⊙ Rosé del Lago '12	🍷 2

Fazio Wines

Fraz. Fulgatore
via Capitan Rizzo, 39
91010 Erice [TP]
Tel. 0923811700
www.faziowines.com

年产量 750 000 瓶
葡萄种植面积 100 公顷

○ Erice Catarratto Calebianche '12	🍷🍷 3*
○ Erice Grillo Aegades '12	🍷🍷 3
○ Erice Levantio '12	🍷 3
● Erice Torre dei Venti '11	🍷 3

Ferreri

C.da Salinella
91029 Santa Ninfa [TP]
Tel. 092461871
www.ferrerivini.it

藏酒销售
预约参观
年产量 100 000 瓶
葡萄种植面积 50 公顷

● Nero d'Avola '12	🍷🍷 2*
○ Zibibbo '12	🍷🍷 3
○ Catarratto '12	🍷 2
○ Inzolia '12	🍷 2

Feudo Arancio

C.da Portella Misilbesi
92017 Sambuca di Sicilia [AG]
Tel. 0925579000
www.feudoarancio.it

藏酒销售
预约参观
年产量 800 000 瓶
葡萄种植面积 650 公顷

● Cantodoro '11	🍷🍷 3
○ Hekate Passito '11	🍷🍷 5
○ Dalila '11	🍷 3
● Syrah '11	🍷 3

Feudo di Santa Tresa

S.da comunale Marangio, 35
97019 Vittoria [RG]
Tel. 0932513126
www.santatresa.it

预约参观
年产量 250 000 瓶
葡萄种植面积 38 公顷
葡萄栽培方式 有机认证

● Frappato '12	🍷🍷 2*
● Nivuro '10	🍷🍷 2*
● Cerasuolo di Vittoria Cl. '11	🍷 2
○ Rina Ianca '12	🍷 2

Feudo Montoni

C.da Montoni Vecchi
90144 Cammarata [AG]
Tel. 091513106
www.feudomontoni.it

藏酒销售
预约参观
年产量 180 000 瓶
葡萄种植面积 23 公顷
葡萄栽培方式 有机认证

● Nero d'Avola V. Lagnusa '11	🍷🍷 3*
● Nero d'Avola Vrucara '10	🍷🍷 5
○ Catarratto V. del Masso '12	🍷 3
○ Grillo V. della Timpa '12	🍷 3

Feudo Ramaddini

Fraz. Marzameni
C.da Lettiera
96018 Pachino [SR]
Tel. 09311847100
www.feudoramaddini.com

藏酒销售
预约参观
年产量 35 000 瓶
葡萄种植面积 17 公顷

○ Passito di Noto Al Hamen '12	🍷🍷 5
○ 420 quattroventi '12	🍷 3
○ Nassa '12	🍷 2
● Note Nere Nero d'Avola '11	🍷 2

Fondo Antico

FRAZ. RILIEVO
VIA FIORAME, 54A
91100 TRAPANI
TEL. 0923864339
www.fondoantico.it

藏酒销售
预约参观
年产量 400 000 瓶
葡萄种植面积 35 公顷

● Baccadoro	🍷🍷 3
○ Grillo Parlante '12	🍷 2
● Il Canto di Fondo Antico '10	🍷 3
● Nero d'Avola '12	🍷 2

Giasira

C.DA RITILLINI
96019 ROSOLINI [SR]
TEL. 0931501700
www.lagiasira.it

● Giasira Rosso '11	🍷🍷 3
● Rosso Isabella '11	🍷🍷 4
○ Aurantium '12	🍷 4
○ Keration Catarratto Lucido '12	🍷 3

Giovi

VIA VALDINA, 30
98040 VALDINA [ME]
TEL. 0909942256
www.distilleriagiovi.it

年产量 8 000 瓶
葡萄种植面积 4.5 公顷

● Etna Rosso Akraton '10	🍷🍷 3
● Pirao '10	🍷 4

Tenuta Enza La Fauci

C.DA MEZZANA-SPARTÀ
98163 MESSINA
TEL. 3476854318
www.tenutaenzalafauci.com

藏酒销售
膳宿接待
年产量 14 000 瓶
葡萄种植面积 5 公顷

● Faro Oblì '11	🍷🍷 5
● Terra di Vento '11	🍷 5

Maggiovini

LOC. VITTORIA
S.DA COMUNALE MARANGIO, 35
97019 VITTORIA [RG]
TEL. 0932984771
www.maggiovini.it

藏酒销售
预约参观
膳宿接待
年产量 210 000 瓶
葡萄种植面积 35 公顷
葡萄栽培方式 有机认证

● Amongae '11	🍷🍷 2*
● Cerasuolo di Vittoria V. di Pettineo '12	🍷 2
● Rasula Nero d'Avola '11	🍷 1*
● V. di Pettineo Nero d'Avola '11	🍷 2

Miceli

C.DA PIANA SCUNCHIPANI, 190
92019 SCIACCA [AG]
TEL. 092580188
www.miceli.net

预约参观
年产量 800 000 瓶
葡萄种植面积 60 公顷

○ Passito di Pantelleria Yrnm '11	🍷🍷 3
○ Shahar Adonay '12	🍷 4
● Smodato '11	🍷 5
○ Verver '12	🍷 3

Cantina Modica di San Giovanni

C.DA BUFALEFI
96017 NOTO [SR]
TEL. 09311805181
www.olioevinobufalefi.it

藏酒销售
预约参观
膳宿接待
年产量 60 000 瓶
葡萄种植面积 40 公顷

● Eloro Nero d' Avola Filinona '09	ŸŸ 4
○ Moscato di Noto Dolcenoto '12	ŸŸ 5
○ Lupara '12	Ÿ 3
⊙ Mamma Draja '12	Ÿ 4

Morgante

C.DA RACALMARE
92020 GROTTE [AG]
TEL. 0922945579
www.morgantevini.it

藏酒销售
预约参观
年产量 283 000 瓶
葡萄种植面积 52 公顷

● Don Antonio '11	ŸŸ 5
○ Bianco di Morgante '12	Ÿ 2
● Schinthilì '12	Ÿ 2

Cantine Nicosia

VIA LUIGI CAPUANA
95039 TRECASTAGNI [CT]
TEL. 0957806767
www.cantinenicosia.it

藏酒销售
预约参观
年产量 2 000 000 瓶
葡萄种植面积 260 公顷

○ Etna Bianco Fondo Filara '12	ŸŸ 3*
● Fondo Filara Sosta Tre Santi Nero d'Avola '09	ŸŸ 6

Orestiadi

LOC. C.DA SALINELLA
FRAZ. SANTA NINFA
VIA A. GAGINI, 41
91029 GIBELLINA [TP]
TEL. 092469124
www.orestiadivini.it

藏酒销售
预约参观
年产量 1 300 000 瓶
葡萄种植面积 160 公顷
葡萄栽培方式 有机认证

● Agamennone '12	ŸŸ 2*
● Cassandra '12	Ÿ 3
● Molino a Vento Cabernet Sauvignon '12	Ÿ 2
○ Molino a Vento Inzolia '12	Ÿ 1*

Ottoventi

C.DA TORREBIANCA - FICO
91019 VALDERICE [TP]
TEL. 0923 1892880
www.cantinaottoventi.it

藏酒销售
预约参观
年产量 80 000 瓶
葡萄种植面积 35 公顷

○ Grillo .8 '12	ŸŸ 2*
○ Ottoventi Bianco '12	ŸŸ 3
○ Grillo '12	Ÿ 4
● Ottoventi Nero d'Avola '10	Ÿ 3

Pollara

C.DA MALVELLO
90046 MONREALE [PA]
TEL. 0918462922
www.principedicorleone.it

藏酒销售
预约参观
膳宿接待
年产量 1 300 000 瓶
葡萄种植面积 60 公顷

● Principe di Corleone Sophia '12	ŸŸ 2*
○ Grillo Principe di Corleone '12	Ÿ 2
○ Principe di Corleone Chardonnay '12	Ÿ 2
⊙ Principe di Corleone Rosato '12	Ÿ 2

Porta del Vento

C.DA VALDIBELLA
90043 CAMPOREALE [PA]
TEL. 0916116531
www.portadelvento.it

年产量 40 000 瓶
葡萄种植面积 12 公顷
葡萄栽培方式 有机认证

○ Porta del Vento Catarratto '12	🍷🍷 3
○ Saray '09	🍷🍷 4
⊙ MaQuè Rosé '12	🍷 2
● MaQuè Rosso '11	🍷 3

Rizzuto Guccione

C.DA PICONELLO
92011 CATTOLICA ERACLEA [AG]
TEL. 091333081
www.rizzutoguccione.com

藏酒销售
预约参观
膳宿接待
年产量 60 000 瓶
葡萄种植面积 53 公顷

● Ibisco '06	🍷🍷 5
○ Enzo '12	🍷 3
⊙ Piconello Cabernet Sauvignon Chiaro '12	🍷 3
○ Piconello Grillo '12	🍷 3

Sallier de la Tour

C.DA PERNICE
90144 MONREALE [PA]
TEL. 0916459711
www.tascadalmerita.it

预约参观
年产量 250 000 瓶
葡萄种植面积 41 公顷

● Syrah '11	🍷🍷 2*
○ Grillo '12	🍷 2
○ Inzolia '12	🍷 2
● Nero d'Avola '11	🍷 2

Emanuele Scammacca del Murgo

VIA ZAFFERANA, 13
95010 SANTA VENERINA [CT]
TEL. 095950520
www.murgo.it

藏酒销售
预约参观
膳宿接待
年产量 230 000 瓶
葡萄种植面积 35 公顷

○ Etna Bianco '12	🍷🍷 2*
○ Lapilli '12	🍷🍷 2*
⊙ Etna Rosato '12	🍷 2
⊙ Murgo Brut Rosé '10	🍷 4

Scilio

V.LE DELLE PROVINCIE, 52
95015 GIARRE [CT]
TEL. 095932822
www.scilio.com

藏酒销售
预约参观
膳宿接待
年产量 95 000 瓶
葡萄种植面积 22 公顷
葡萄栽培方式 有机认证

● Sikélios Rosso '07	🍷🍷 4
○ Etna Bianco Valle Galfina '12	🍷 2
⊙ Etna Rosato Valle Galfina '12	🍷 2
● Etna Rosso Orphéus '10	🍷 4

Solidea

C.DA KADDIUGGIA
91017 PANTELLERIA [TP]
TEL. 0923913016
www.solideavini.it

年产量 12 000 瓶
葡萄种植面积 1.8 公顷

○ Ilios '12	🍷🍷 3
○ Passito di Pantelleria '12	🍷🍷 5

Terre di Giurfo

via Palestro, 536
97019 Vittoria [RG]
Tel. 0957221551
www.terredigiurfo.it

藏酒销售
预约参观
年产量 100 000 瓶
葡萄种植面积 40 公顷

- ● Ronna '11 — 🍷🍷 2*
- ● Cerasuolo di Vittoria Maskaria '09 — 🍷 3
- ● Kudyah '12 — 🍷 2
- ● Kuntari '11 — 🍷 3

Terre di Trente

c.da Mollarella, 1
95015 Linguaglossa [CT]
Tel. 3403075433
www.terreditrente.com

膳宿接待
年产量 6 000 瓶
葡萄种植面积 4 公顷

- ○ Etna Bianco Dayini '12 — 🍷🍷 5
- ● Nerello Mascalese '10 — 🍷 4

Valenti

fraz. Passopisciaro
via Roma, 42
95012 Castiglione di Sicilia [CT]
Tel. 0942983016
www.vinicolavalenti.com

藏酒销售
年产量 36 500 瓶
葡萄种植面积 17 公顷

- ● Puritani '10 — 🍷🍷 6
- ○ Etna Bianco Enrico IV '12 — 🍷 5
- ● Etna Rosso Norma '10 — 🍷 5

Vasari

c.da Casale
98046 Santa Lucia del Mela [ME]
Tel. 0909359956
www.biovinivasari.it

藏酒销售
预约参观
膳宿接待
年产量 60 000 瓶
葡萄种植面积 13 公顷
葡萄栽培方式 有机认证

- ● Mamertino Cru Timpanara '10 — 🍷🍷 5
- ○ Mamertino Bianco Pianeta '12 — 🍷 5
- ● Mamertino Nero d'Avola '09 — 🍷 3
- ● Mamertino Rosso '09 — 🍷 3

Vivera

c.da Martinella SP 59/IV
95015 Linguaglossa [CT]
Tel. 095643837
www.vivera.it

预约参观
年产量 120 000 瓶
葡萄种植面积 39 公顷
葡萄栽培方式 有机认证

- ○ A'mami '11 — 🍷🍷 4
- ○ Altrove '12 — 🍷🍷 2*
- ○ Etna Bianco Salisire '11 — 🍷🍷 3*
- ● Terra dei Sogni '10 — 🍷 2

Zisola

c.da Zisola
96017 Noto [SR]
Tel. 057773571
www.mazzei.it

年产量 120 000 瓶
葡萄种植面积 21 公顷

- ● Zisola Nero d'Avola '11 — 🍷🍷 5
- ● Doppiozeta '10 — 🍷🍷 6

撒丁岛
SARDINIA

尽管最近几年，撒丁岛（Sardinia）酿酒厂获得“三杯奖”的数量实际上并没有发生变化，但是我们必须指出整个区已经为葡萄酒的发展做出了更进一步的规划。另外，我们也可以看到今年有大量新兴酿酒厂第一次向我们展现了他们出产的葡萄酒。为了保证高水平的质量标准，葡萄酒的晋级要求越来越严格。尽管如此，他们当中仍有许多酿酒厂成功地进入我们这版《年鉴》。这也进一步证实了那些专注于葡萄酒酿造的酒庄做得十分用心，而且相当有经验。这些酒庄通常是小型的酒庄，他们全力投入到自己几公顷的葡萄园中，虽然采用手工技艺酿造葡萄酒，但他们出产的葡萄酒充满魅力，富有个性。这都是经验智慧的结晶和代代相传的使命。暂且让我们的视线转移到最新年份——2012年，我们可以看到尽管表现比收成不错的2011年稍好，但终究还不是伟大的一年，尤其对于像维蒙蒂诺•加卢拉（Vermentino di Gallura）这类享有声望的白葡萄酒来说更是如此。今年变化的气温再次对葡萄的收成造成不好的影响，这使葡萄酒的产量和质量受到十分明显的影响，特别使那些品质卓越的葡萄酒失去了活力，而热情的活力是这些葡萄酒获得我们最高奖项的必备条件。然而，对于以卡诺纽（Cannonau）为首的红葡萄酒世界来说，它却抒写着另一段迥然不同的历史。酿酒商为了酿造出标准一致的红葡萄酒酒款，他们经常专门将葡萄装在不锈钢桶或混凝土罐发酵，使其酿造出丰富多汁、酒体匀称、开瓶即饮、原汁原味的葡萄酒。现在我们越来越觉得这些葡萄酒的个性魅力与日俱增。同样，卡诺纽陈酿（Cannonau Riservas）也有了质的飞跃。它专注于追求酒品极其细腻的口感，避免过分的熟成和过剩的酒精，从而凸显出华丽的酸度来平衡地中海葡萄酒独特的个性特点。我们将五个令人印象深刻的“三杯奖”颁予当之无愧的卡诺纽（Cannonau），其中有两款酒还是首次获得该奖项，一款是来自帕拉（Pala）的经过一年陈化的陈酿；另二款是来自德亚纳的赛伦诺陈酿（Deiana's Sileno Riserva）。来自苏尔其斯地区（Sulcis）的品质上乘的卡里尼亚诺（Carignano）再次凭借阿尔焦拉斯（Argiolas）、卡皮切拉（Capichera）和萨拉&莫斯卡（Sella & Mosca）这三个元老级酒庄一贯的精彩表现获得该项殊荣。最后，还有来自莫戈罗酒庄（Cantina di Mogoro）的顶级塞米达诺•普伊斯特里斯2010（Semidano di Mogoro Superiore Puistèris 2010）也得到该项荣誉。这款酒采用该指定产区的传统葡萄品种酿造而成，酿造方式独特，充分诠释了地中海白葡萄酒的稳定性，具有极佳的窖藏潜力。

6Mura

LOC. FUNATANONA
09010 GIBA [CI]
TEL. 0781689718
www.6mura.com

藏酒销售
预约参观
年产量 100 000 瓶
葡萄种植面积 30 公顷

6号穆拉酒庄（6 Mura）10年前成立于苏尔其斯（Sulcis）的中心吉巴（Giba），经过短短几年，已经发展成为撒丁岛（Sardinia）最具声望的酒厂之一。酒庄遵循一种明确的途径酿造葡萄酒，首先采用老葡萄藤的葡萄，有些老葡萄藤还经过嫁接。葡萄在酒窖的发酵过程中，在大木桶和天然酵母菌的作用下，充分地发挥出自身的品种特性。卡罗•洛奇（Carlo Locci）和文森佐•阿鲁（VincenzoAru）和是酒庄最富激情的葡萄酒酿造者。他们用积极的工作热情酿造出许多品质优秀，富有魅力的红葡萄酒。除了卡里尼亚诺•苏尔其斯（Carignano del Sulcis），酒庄还出产一款地中海风情的维蒙蒂诺•撒丁岛（Vermentino di Sardegna）葡萄酒。今年，吉巴（Giba）酿酒厂再次向我们呈现出一系列品质可靠、充满魅力的葡萄酒，以富有地域特色、品质优良的卡里尼亚诺•苏尔其斯2010（Carignano del Sulcis 2010）最为突出。该酒的酿造原料来源于精选的古老葡萄藤。单宁圆滑、清新强烈的口感衬托出地中海灌木丛和落叶的气息。各种物质达到最好的协调。

● Carignano del Sulcis Giba '11	ΨΨ 2*
○ Vermentino di Sardegna '12	ΨΨ 4
○ Vermentino di Sardegna Giba '12	ΨΨ 2*
● Carignano del Sulcis '09	ΨΨΨ 5
● Carignano del Sulcis Giba '10	ΨΨ 2*
○ Vermentino di Sardegna '11	ΨΨ 4

Agricola Punica

LOC. BARRUA
09010 SANTADI [CI]
TEL. 0781941012
www.agripunica.it

预约参观
年产量 306 000 瓶
葡萄种植面积 65 公顷

65公顷的葡萄园让位于苏尔其斯（Sulcis）的阿格里科拉•普尼卡（Agricola Punica）酿酒厂引以为豪，大部分土地种植着用来酿造两款红葡萄酒的核心品种卡里尼亚诺（Carignano）。今年他们增加了一款以维蒙蒂诺（Vermentino）为主要成分的白葡萄酒。庄园现在交给曾掌管过圣•吉多（Tenuta San Guido）酒庄的知名人物塞巴斯蒂亚诺•罗萨（Sebastiano Rosa）管理，他还拥有吉亚科莫•塔奇斯（Giacomo Tachis）和桑塔蒂（Santadi）酿酒厂，圣•吉多和安东内洛•皮罗尼（Antonello Pilloni）酒庄。葡萄园除了种植卡里尼亚诺（Carignano），还涵括了国际葡萄品种，主要有卡本内（Cabernet）和少量的梅洛（Merlot）和西拉（Syrah）。由卡里尼亚诺（Carignano）酿造的巴鲁亚2010（Barrua 2010）表现超越了采用国际葡萄品种酿造的葡萄酒，是款最具魅力的酒品之一。清新晶莹的酒体蕴藏着柔和的单宁，展现出纤细柔美的口感。品尝一口，口感富有深度，柔顺圆滑。凭借这些个性特点，该款酒当之无愧地获得“三杯奖”。

● Barrua '10	ΨΨΨ 6
● Montessu '11	ΨΨ 4
○ Samas '12	Ψ 2
● Barrua '07	ΨΨΨ 6
● Barrua '05	ΨΨΨ 5
● Barrua '09	ΨΨ 6
● Barrua '08	ΨΨ 6
● Montessu '10	ΨΨ 4
● Montessu '09	ΨΨ 4

★★Argiolas

via Roma, 28
09040 Serdiana [CA]
Tel. 070740606
www.argiolas.it

藏酒销售
预约参观
膳宿接待
年产量 2 200 000 瓶
葡萄种植面积 230 公顷

安吉奥拉斯酒庄（Angiolas）是撒丁岛最负盛名、最大型的酒厂之一。尽管酒庄的具体事务由弗朗哥（Franco）和佩佩托（Pepetto）的孩子瓦伦蒂娜（Valentina）、弗朗西斯卡（Francesca）、安东尼奥（Antonio）和瓦伦蒂娜（Valentina）的丈夫艾利亚（Elia）操作，但他们夫妻俩仍然掌管着这家酒庄。酿酒师马里亚诺•穆鲁（Mariano Murru）了解酒庄发展史，他们跟他分享各种研究和项目的具体情况。由此出产了一系列令人印象深刻、各式各样的葡萄酒款。无论是年轻易上口的葡萄酒还是屈指可数的陈酿的精品酒，所有的酒款无不令人信服。塞尔迪亚纳（Serdiana）一手打造了一系列新年份和采用令人满意的新鲜原料酿造的葡萄酒。由卡诺纽（Cannonau）、卡里尼亚诺（Carignano）、伯威尔（Bovale）和黑马瓦西亚（Malvasia Nera）葡萄混酿而成的图里加（Turriga）再次吸引了品尝小组，并轻而易举地将“三杯奖”收入囊中。2009年款的葡萄酒以浓郁的地中海灌木丛、烟草叶、可可和树皮芳香最为突出。紧致苦涩的口感展现出生硬但结构协调的单宁和各种优秀的物质。

● Turriga '09	🍷🍷🍷	8
○ Angialis '10	🍷🍷	6
● Cannonau di Sardegna Costera '11	🍷🍷	3*
● Is Selis Rosso '11	🍸🍸	5
● Monica di Sardegna Perdera '11	🍸🍸	3
○ Vermentino di Sardegna Merì '12	🍸🍸	3
○ Is Selis Bianco '12	🍸	3
○ Nuragus di Cagliari S'Elegas '12	🍸	2
○ Vermentino di Sardegna Costamolino '12	🍸	2
○ Vermentino di Sardegna Is Argiolas '12	🍸	3
● Turriga '08	🥂🥂🥂	8
● Turriga '07	🥂🥂🥂	8
● Turriga '06	🥂🥂🥂	6

Cantina di Calasetta

via Roma, 134
09011 Calasetta [CI]
Tel. 078188413
www.cantinadicalasetta.it

藏酒销售
预约参观
年产量 100 000 瓶
葡萄种植面积 300 公顷

撒丁岛（Sardinia）众多的联营酒庄中，卡拉塞塔（Calasetta）坐落在圣特•安蒂奥克（Sant'Antioco）的一个岛屿上。由于种植者的数量和出产的酒品量都非常少，因此这个酒庄算是全岛最小的酒庄之一。然而，在葡萄酒的质量上，这里却书写着一个不同凡响的故事。尤其在最近几年，一系列的成功和奖项证明了酒庄出产卓越酒款的能力。差别细微的卡里尼亚诺•苏尔其斯（Carignano del Sulcis）系列率先起着模范带头作用。特别是那款仅陈酿在不锈钢桶的酒品，它彻底发挥出这种重要葡萄品种的所有典型特性。最后，我们必须指出酒庄出产的所有系列酒都具有优越的性价比。另外，酒庄还再次推出了一些品质卓越的卡里尼亚诺（Carignanos）。我们特别喜欢名为艾纳（Aina）的陈酿2009（Riserva 2009）。该款酒突出了浓郁强烈的黑莓和香桃木芳香。含在口中，口感清新，充满丰富的风味，单宁柔和而不干涩，余韵十分缠绵悠长。

● Carignano del Sulcis Aina Ris. '09	🍷🍷	4
● Carignano del Sulcis Maccòri '11	🍸🍸	2*
● Carignano del Sulcis Piede Franco '11	🍸🍸	2*
● Carignano del Sulcis Tupei '11	🍸🍸	2*
○ Moscato di Cagliari In Fundu '11	🍸	3
● Carignano del Sulcis Tupei '10	🥂🥂🥂	2*
● Carignano del Sulcis Maccòri '10	🥂🥂	2*
● Carignano del Sulcis Piede Franco '10	🥂🥂	2*

Capichera

SS Arzachena-Sant'Antonio, km 4
07021 Arzachena [OT]
Tel. 078980612
www.capichera.it

藏酒销售
预约参观
年产量 250 000 瓶
葡萄种植面积 50 公顷

当提到卡皮切尔拉酒庄（Capichera）的时候，我们就会立刻想起荣登国际榜单前列的华丽高贵且陈年能力强的白葡萄酒。现在由拉格内达家族（Ragnedda）掌管酒庄，他们一直以来专注于提高葡萄酒的质量。在加卢拉（Gallura）地区，酒庄出产的维蒙蒂诺葡萄酒（Vermentino）就凭借质量优势获得成功。酒庄还决定推出具有典型的酒体结构的地中海白葡萄酒，这款酒拥有纤细柔美、清新自然的口感和优雅高贵的酒体。正因为如此，我们发觉酒庄的整体水平在最近几年得到了飞跃性的提高。由这种方式酿造出的酒品逐渐遍布整个葡萄酒系列，而且这种酿造方式也巩固了维蒙蒂诺葡萄酒（Vermentino）的国际地位。一系列绝佳的葡萄酒款全面展现了卓越的品质。我们尤其喜欢由单一的维蒙蒂诺（Vermentino）酿造而成的卡皮切拉2011（Capichera 2011）。该款酒高傲地散发着药草、柑橘、桃子和杏子的芳香。含在口中，你会突然感受到一种清新自然的口感和迷人有趣的风味。凭借如此独特个性，它轻而易举获得“三杯奖”。

○ Capichera '11	🍷🍷🍷 6
● Mantenghja '08	🍷🍷 8
○ Vermentino di Gallura Vigna'ngena '12	🍷🍷 5
○ Capichera V.T. '11	🍷🍷 7
● Carignano del Sulcis Assajè '10	🍷🍷 6
● Liànti '11	🍷🍷 4
○ Santigaini '09	🍷🍷 8
○ Vermentino di Sardegna Lintori '12	🍷🍷 3
○ Vermentino di Gallura Vigna'ngena '10	🍷🍷🍷 5
○ Vermentino di Gallura Vigna'ngena '09	🍷🍷🍷 5

Giovanni Cherchi

Loc. Sa Pala e Sa Chessa
07049 Usini [SS]
Tel. 079380273
www.vinicolacherchi.it

藏酒销售
预约参观
年产量 170 000 瓶
葡萄种植面积 30 公顷

这家历史悠久的切尔奇（Cherchi）酿酒厂已经是我们这本《年鉴》的老面孔。凭借该酒厂在萨萨里（Sassari）区域通过推广传统葡萄品种来促进乌西尼地区（Usini）的发展这一壮举，它就值得我们的赞赏与推崇。除了我们提到的卡诺纽（Cannonau）和维蒙蒂诺（Vermentino）葡萄，酒庄还在卡纽拉里（Cagnulari）种植了一种有趣的本地特有品种。与此同时，酒厂还运营了其他的新项目，曾推出一款以维蒙蒂诺（Vermentino）为主要成分的品质绝佳的新型经典梅特多（Metodo Classico），该款酒将纳入传统的葡萄酒系列。其他的传统酒款还有图瓦奥耶斯（Tuvaoes），这款酒一直是撒丁岛（Sardinia）法定产区级白葡萄酒的典范。今年，酒庄表现突出，尤其以一款卡诺纽•撒丁岛2011（Cannonau di Sardegna 2011）最为引人注目。掀开瓶盖，浓郁的黑莓、樱桃和烟草叶的芳香扑鼻而来，清爽自然的口感酝酿出纯净怡人的余韵。

● Cannonau di Sardegna '11	🍷🍷 3*
● Billia Cagnulari '11	🍷🍷 3
● Cagnulari '11	🍷🍷 3
● Luzzana '11	🍷🍷 4
○ Vermentino di Sardegna Tuvaoes '12	🍷🍷 3
○ Vermentino di Sardegna Billia '12	🍷 2
○ Vermentino di Sardegna Pigalva '12	🍷 2
○ Vermentino di Sardegna Tuvaoes '88	🍷🍷🍷 3
● Cagnulari '10	🍷🍷 3
○ Vermentino di Sardegna Pigalva '11	🍷🍷 2*

Chessa

via San Giorgio
07049 Usini [SS]
Tel. 3283747069
www.cantinechessa.it

藏酒销售
预约参观
年产量 43 000 瓶
葡萄种植面积 12 公顷

几年来，乔凡娜•凯萨（Giovanna Chessa）一直保持谨慎细致的工作脚步。她在乌西尼地区（Usini）拥有大约12公顷的庄园，一直专注于传统葡萄品种，由此出产的葡萄酒成为撒丁岛（Sardinia）西北部区域最好的葡萄酒之一。其中白葡萄酒以维蒙蒂诺（Vermentino）最突出，而红葡萄酒则以卡纽拉里（Cagnulari）最出众。提到卡纽拉里这种棘手的葡萄品种，虽然经常被认为是一款不管口感还是香气都略显粗糙的葡萄酒，但所酿出的乔凡娜（Giovanna）极力让其展现优雅高贵的风韵和纤细柔美的风格。由自然风干的葡萄酿成的香甜型莫斯卡托（Moscato）也在出产的酒品系列中占有一席之地。今年乌西尼（Usini）向我们呈现了两款表现卓越的葡萄酒。卡纽拉里2012（Cagnulari 2012）尽管由并不出名的葡萄品种酿造而成，但拥有柔美优雅的风韵，迷人的迷迭香、鼠尾草和薄荷香超越了浓郁的果香，并且伴随着清爽活泼的口感。我们对维蒙蒂诺•撒丁岛•马塔里加2012（Vermentino di Sardegna Mattariga 2012）的印象也相当深刻。该款酒具有饱满丰富的风味和芳香。

● Cagnulari '12	▼▼ 3
○ Vermentino di Sardegna Mattariga '12	▼▼ 3
● Cagnulari '11	▽▽ 3
● Cagnulari '10	▽▽ 3*
● Cagnulari '09	▽▽ 3*
● Lugherra '10	▽▽ 5

Attilio Contini

via Genova, 48/50
09072 Cabras [OR]
Tel. 0783290806
www.vinicontini.it

藏酒销售
预约参观
年产量 800 000 瓶
葡萄种植面积 70 公顷

在撒丁岛（Sardinia）一说起孔蒂尼酒庄（Contini），我们就会马上想到维奈西雅•奥利斯塔诺（Vernaccia di Oristano）葡萄酒，这款酒很特别，由于难以满足当时人们的口味，它差点绝迹。尽管如此，这家成立于19世纪晚期位于卡布拉斯（Cabras）的酿酒厂还是决定继续生产不同凡响的氧化型葡萄酒。推出这一款超过20年的陈酿（Riservas）葡萄酒，如此有特色有魅力，我们乐此不疲。其他的酒品系列包括了来自奥利斯塔诺（Oristano）附近的由传统葡萄品种酿造而成的酒款和来自岛上其他最优秀葡萄酒产区的酒款。每年康帝尼（Contini）都会向我们呈现众多的葡萄酒系列，其中包括一些不同类型表现出众的葡萄酒。由尼耶德拉（Nieddera）和穆利斯特鲁（Muristellu）葡萄混酿而成的巴里勒2010（Barrile 2010）最终杀进总决赛。酒品的深度和集中度让我们的印象十分深刻。其2010年款的葡萄酒散发出可可和落叶的气息，余味带有一丝干涩。

● Barrile '10	🍷🍷 6
● Cannonau di Sardegna Inu Ris. '10	▼▼ 4
○ Karmis '12	▼▼ 3
● Nieddera Rosso '10	▼▼ 3
○ Pontis '12	▼▼ 5
○ Vermentino di Gallura Elibaria '12	▼▼ 3
○ Brut Attilio	▼ 3
● Cannonau di Sardegna Tonaghe '11	▼ 3
⊙ Nieddera Rosato '12	▼ 2
○ Vermentino di Sardegna Pariglia '12	▼ 2
○ Vermentino di Sardegna Tyrsos '12	▼ 2
○ Vernaccia di Oristano Antico Gregori	▽▽▽ 7
○ Vernaccia di Oristano Ris. '88	▽▽▽ 4*
○ Vernaccia di Oristano Antico Gregori	▽▽ 7

Ferruccio Deiana

LOC. SU LEUNAXI
VIA GIALETO, 7
09040 SETTIMO SAN PIETRO [CA]
TEL. 070749117
www.ferrucciodeiana.it

藏酒销售
预约参观
年产量 500 000 瓶
葡萄种植面积 74 公顷
葡萄栽培方式 有机认证

费鲁西奥•德伊亚那（Ferruccio Deiana）是位才华横溢的酿酒学家。在国外获得灵感和丰富阅历之后，他决定回到家乡创建自己的酒庄。离卡利亚里（Cagliari）几公里远的酿酒厂每年大约生产500 000瓶葡萄酒，酒厂的工作重点放在本地葡萄品种上。葡萄园的四周就是现代的功能性酒窖。酒庄的许多葡萄园已经采用有机栽培的模式，只有一些小块的葡萄园现在还在逐步地推广这种种植方式。因此，酒庄出产的葡萄酒具有现代时髦的风格、复杂的酒体和非常纤细柔美的口感，充分反映了地域特点。我们总是赞扬由费鲁乔•德亚纳（Ferruccio Deiana）酿造的葡萄酒的质量。今年，出自他手的葡萄酒还新增了一款卡诺纽•撒丁岛•赛伦诺陈酿2010（Cannonau di Sardegna Sileno Riserva 2010）红葡萄酒。该款酒不负众望，实至名归地获得了今年的“三杯奖”。其散发出的地中海灌木丛和黑莓的芳香伴随着充满薄荷与香料气息的口感，余味强烈清爽。

● Cannonau di Sardegna Sileno Ris. '10	🍷🍷🍷 3*
● Ajana '10	🍷🍷 6
● Cannonau di Sardegna Sileno '10	🍷🍷 3
○ Oirad '11	🍷🍷 5
○ Vermentino di Sardegna Donnikalia '12	🍷🍷 2*
● Monica di Sardegna Karel '11	🍷 2
● Monica di Sardegna Sanremy '12	🍷 2
○ Pluminus '10	🍷 6
○ Vermentino di Sardegna Sanremy '12	🍷 2
● Ajana '02	🍷🍷🍷 6
● Ajana '09	🍷🍷 6
● Cannonau di Sardegna Sileno '09	🍷🍷 3
● Cannonau di Sardegna Sileno Ris. '09	🍷🍷 3
○ Oirad '10	🍷🍷 5

Cantine Dolianova

LOC. SANT'ESU
SS 387 KM 17,150
09041 DOLIANOVA [CA]
TEL. 070744101
www.cantinedidolianova.it

藏酒销售
预约参观
年产量 4 000 000 瓶
葡萄种植面积 1 200 公顷

这家历史悠久的多利亚诺瓦（Dolianova）酒庄是帕尔特奥拉（Parteolla）地区一家重要的联营酒庄，400多位种植成员在他们1 200公顷的葡萄园里为酒庄提供酿酒原料。和撒丁岛（Sardinia）的许多联营酒庄一样，这家酒庄也在追求卓越的葡萄酒质量。年复一年，其出产的一系列葡萄酒越来越值得信赖。其中最值得骄傲的葡萄酒是卡诺纽（Cannonau）和维蒙蒂诺（Vermentino），但是像努拉古斯•卡利亚里（Nuragus di Cagliari）和纳斯科（Nasco）这些葡萄酒也值得关注。所有的酒款价格都相当实惠。参加品酒会的葡萄酒是酒庄一些顶级的酒款，例如推迟到明年才参加品鉴的法尔科纳洛（Falconaro）。与此同时，我们还有幸品尝到了富有魅力的卡诺纽•撒丁岛•波拉斯奥陈酿2009（Cannonau di Sardegna Blasio Riserva 2009），散发出的樱桃和落叶的气息芬芳怡人，衬托出新鲜紧实、单宁柔和的口感。

● Cannonau di Sardegna Blasio Ris. '09	🍷🍷 3
○ Moscato di Cagliari '10	🍷🍷 3
○ Nuragus di Cagliari Perlas '12	🍷🍷 2*
● Terresicci '08	🍷🍷 5
○ Vermentino di Sardegna Prendas San Pantaleo '12	🍷🍷 2*
○ Caralis Brut	🍷 2
○ Malvasia Scaleri	🍷 3
○ Vermentino di Sardegna Naeli '12	🍷 2
● Cannonau di Sardegna Anzenas '09	🍷🍷 2*
● Cannonau di Sardegna Blasio Ris. '08	🍷🍷 3
● Falconaro '09	🍷🍷 3
● Terresicci '07	🍷🍷 5

Cantina Dorgali

via Piemonte, 11
08022 Dorgali [NU]
Tel. 078496143
www.csdorgali.com

藏酒销售
预约参观
年产量 1 500 000 瓶
葡萄种植面积 750 公顷

这家多尔加利（Cantina di Dorgali）联营酒庄一直以来专门酿造卡诺纽（Cannonau）葡萄酒，而且仅在最适合种植这种传统品种的地方经营该酒庄。由于酒庄的工作人员参与到栽培过程，所以出产的葡萄酒质量得到明显的提高。其中种植者们在葡萄园付出的努力和做出的贡献亦发挥着巨大的作用。酒庄大部分葡萄园坐落在惊险的奥多恩内峡谷（Valle di Oddoenne），一些古老的葡萄园里仍然种植着灌木丛式的葡萄藤。除了像西拉（Syrah）这些早就适应多尔加利（Dorgali）地区风土条件的国际葡萄品种，占据大部分土地的葡萄品种当属维蒙蒂诺（Vermentino）。在今年呈现的各式各样品质绝佳的卡诺纽（Cannonaus）中，维尼奥拉•乌纳陈酿2010（Vinìola una Riserva 2010）最为亮眼，凭借其独特的个性夺得“三杯奖”。该款酒散发着浓烈爽脆的红色浆果香，而且洋溢着桉树和香桃木的气息。含在口中，顺滑优雅的口感彰显出和谐柔顺的单宁。令人兴奋的新鲜感酝酿出让人满意的余韵。

● Cannonau di Sardegna Vinìola Ris. '10	🍷🍷🍷 4*
● Hortos '09	🍷🍷 6
● Cannonau di Sardegna V. di Isalle '12	🍷🍷 3
● Fùili '09	🍷🍷 5
● Norìolo '10	🍷🍷 4
● Cannonau di Sardegna Filieri '12	🍷 2
⊙ Cannonau di Sardegna Rosato Filieri '12	🍷 2
⊙ Nues Brut	🍷 3
● Cannonau di Sardegna Vinìola Ris. '07	🍷🍷🍷 3*
● Cannonau di Sardegna Vinìola Ris. '06	🍷🍷🍷 3*
● Hortos '08	🍷🍷🍷 6

Giuseppe Gabbas

via Trieste, 59
08100 Nuoro
Tel. 078433745
www.gabbas.it

藏酒销售
预约参观
年产量 80 000 瓶
葡萄种植面积 20 公顷

朱塞佩•加巴斯（Giuseppe Gabbas）是一个地道的葡萄种植者。凭着对葡萄园和乡村环境的热爱，这个沉默寡言的男人全心投入到自己的工作中，花费大量的精力悉心照料葡萄。他先对葡萄藤株进行筛选，旨在最大限度地发挥出卡诺纽（Cannonau）葡萄的个性。在出产的五种酒款中，至少不少于三种酒款是卡诺纽•撒丁岛（Cannonau di Sardegna）。这款出自加巴斯（Gabbas）之手的撒丁岛（Sardinia）最有声望的葡萄酒展现了纤细柔美、清新自然、优雅高贵的风韵，同时保留了地中海土壤的气息。出产的系列葡萄酒都是由经过风干的当地红葡萄品种酿造而成的，当然卡诺纽也在整个酒品系列中发挥了重要作用。酒庄出产的最新酒品是值得信赖的维蒙蒂诺•撒丁岛（Vermentino di Sardegna）。加巴斯已经让我们习惯品尝出自他手的杰出的卡诺纽。当然今年也毫不例外凭借杜勒陈酿2010（Dule Riserva 2010）获得“三杯奖”。该款酒具有纤细柔美、优雅高贵的特点，这在撒丁岛广泛种植的品种中是相当罕见的。 刚开启时，红色浆果的果香扑鼻而来，紧接着在柔顺的单宁的支撑下演变成清爽生动的口感。

● Cannonau di Sardegna Dule Ris. '10	🍷🍷🍷 4*
● Cannonau di Sardegna Arbòre Ris. '10	🍷🍷 4
● Cannonau di Sardegna Lillové '12	🍷🍷 2*
○ Vermentino di Sardegna Manzanile '12	🍷🍷 3
● Cannonau di Sardegna Dule Ris. '09	🍷🍷🍷 3*
● Cannonau di Sardegna Dule Ris. '08	🍷🍷🍷 3*
● Cannonau di Sardegna Dule Ris. '07	🍷🍷🍷 3*
● Cannonau di Sardegna Dule Ris. '06	🍷🍷🍷 3*
● Cannonau di Sardegna Dule Ris. '05	🍷🍷🍷 3*
● Cannonau di Sardegna Arbòre Ris. '09	🍷🍷 3*

Cantina Gallura

via Val di Cossu, 9
07029 Tempio Pausania
Tel. 079631241
www.cantinagallura.com

藏酒销售
预约参观
年产量 1 300 000 瓶
葡萄种植面积 350 公顷

位于坦皮奥•保萨尼亚（Tempio Pausania）的加卢拉酒庄（Cantina Gallura）是历史悠久的大型联营酒庄，现在由才华横溢的酿酒学家迪诺•阿迪斯（Dino Addis）掌管。由于他坚持不懈的探究实验，葡萄酒的质量水平尤其在最近几年取得质的发展。他首先从成行的葡萄藤入手，对葡萄园进行筛选，并且选择适合于酿酒的最好的葡萄藤株。这种理念诞生了系列广泛的酒款，而且所有的酒款都突出了纯净的气味和口感以及强烈的空间感。以花岗岩土为主要成分的土壤和古老的葡萄园也对葡萄酒的类型产生影响，酒庄出产的维蒙蒂诺•加卢拉（Vermentino di Gallura）就带有这种独特的痕迹。今年，维蒙蒂诺•加卢拉系列酒再次让人印象深刻，有些酒款的性价比相当不错，例如，皮拉斯2012（Piras 2012）和卡奈利2012（Canayli 2012）。前者散发着柑橘和鲜花的芳香；后者则拥有桃子和杏子的果香。但是展览会上的明星当属风味丰富的精品酒——杰内西2012（Genesi 2012），尽管生长年份的气候炎热，但是依旧充满生机勃勃的活力。

○ Vermentino di Gallura Sup. Genesi '12	🍷🍷🍷 5
○ Vermentino di Gallura Piras '12	🍷🍷 2*
○ Vermentino di Gallura Sup. Canayli '12	🍷🍷 2*
○ Balajana '10	🍷 3
⊙ Campos '12	🍷 2
● Dolmen '09	🍷 3
● Gemellae '11	🍷 2
● Karana '12	🍷 2
○ Moscato di Tempio Pausania	🍷 3
○ Vermentino di Gallura Gemellae '12	🍷 2
○ Vermentino di Gallura Mavriana '12	🍷 2
○ Vermentino di Gallura Sup. Genesi '10	YYY 5
○ Vermentino di Gallura Sup. Genesi '08	YYY 5
○ Vermentino di Gallura Sup. Canayli '11	YY 2*

Antichi Poderi Jerzu

via Umberto I, 1
08044 Jerzu [OG]
Tel. 078270028
www.jerzuantichipoderi.it

藏酒销售
预约参观
年产量 1 500 000 瓶
葡萄种植面积 750 公顷

应该说耶尔祖（Jerzu）是出产卡诺纽（Cannonau）葡萄的精华地带，以至在卡诺纽•撒丁岛法定产区（Cannonau di Sardegna DOC）的章程上将其设为一个特殊的分区。安迪奇•波德里（Antichi Poderi）对岛上享有声望的葡萄品种实行细致的分区管理，旨在精选出最好的葡萄园，然后获得品质上乘的葡萄。用其酿造出口感清爽、容易上口、具有窖藏能力而且不违背品种个性的葡萄酒。当你品尝了霍斯托•米格利奥尔（Josto Miglior）和楚耶拉（Chuerra）这两款珍藏酒，以及个性鲜明、口感纤细的班图（Bantu）最佳年份酒后，你就可以感受到酒庄取得的优秀成果。众多的葡萄酒系列还包括了其他由当地葡萄品种酿造的酒款。实际上，有两款珍藏酒是最值得信赖的，特别是楚耶拉2010（Chuerra 2010），该款酒散发出湿草和树皮朴实的气息，伴随着紧致密实、温柔怡人的口感。

● Cannonau di Sardegna Chuerra Ris. '10	🍷🍷🍷 5
● Akratos '07	🍷🍷 5
● Cannonau di Sardegna Bantu '12	🍷🍷 2*
● Cannonau di Sardegna Josto Miglior Ris. '10	🍷🍷 5
● Cannonau di Sardegna Marghìa '11	🍷🍷 4
⊙ Cannonau di Sardegna Rosato Isara '12	🍷 2
● Monica di Sardegna Camalda '12	🍷 2
○ Vermentino di Sardegna Lucean Le Stelle '12	🍷 3
○ Vermentino di Sardegna Telavè '12	🍷 2
● Cannonau di Sardegna Josto Miglior Ris. '09	YYY 4*
● Cannonau di Sardegna Josto Miglior Ris. '05	YYY 4
● Radames '01	YYY 5

Alberto Loi

SS 125 km 124,1
08040 Cardedu [OG]
Tel. 070240866
www.albertoloi.it

藏酒销售
预约参观
膳宿接待
年产量 250 000 瓶
葡萄种植面积 53 公顷

酒庄现在由罗伊家族（Loi）第三代人掌管。他们仍然致力于出产品质优良、具有地域特色的葡萄酒。这些葡萄酒由单一的卡诺纽（Cannonau）葡萄酿造而成。在葡萄酒的酿造过程中，酒庄采用了大型的木桶让葡萄酒经历长时间的熟成，并且尽量避免人为的干扰。因此出产的葡萄酒展现出诱人的魅力，完美地诠释了品种特性和耶尔祖（Jerzu）分区独特的本土风味。卡诺纽•撒丁岛（Cannonau di Sardegna）精品酒特别需要在酒瓶经过一段时间的熟成，之后才能更充分地展现自身的特色。而有些酒款则完全不需要陈酿。酒庄的酒品系列包括了莫尼卡（Monica）、维蒙蒂诺（Vermentino）和白卡诺纽（Cannonau）。其中白卡诺纽（Cannonau）这款酒虽谈不上奇特，但极其有趣，是由去皮的葡萄发酵而成的。所有的卡诺纽（Cannonaus）都非常优秀。而卡尔德多2010（Cardedo 2010）是我们最喜欢的珍藏酒。该款酒将优越的可饮性和地中海式的个性完美地结合起来，充满着玫瑰和黑莓的芳香，同时夹杂了铁粉和肥肉的气味。清爽柔顺的口感以凤仙花的芳香结束。

● Astangia '10	🍷🍷 4
● Cannonau di Sardegna Jerzu Cardedo Ris. '10	🍷🍷 3
● Cannonau di Sardegna Jerzu Sa Mola '11	🍷🍷 2*
● Cannonau di Sardegna Ris. '09	🍷🍷 3
● Loi Corona '09	🍷🍷 5
● Tuvara '09	🍷🍷 5
○ Leila '11	🍷 4
● Monica di Sardegna Nibaru '12	🍷 2
○ Vermentino di Sardegna Theria '12	🍷 2
● Astangia '06	♀♀ 4
● Cannonau di Sardegna Jerzu Sa Mola '07	♀♀ 2*

Masone Mannu

loc. Su Canale
SS 199 km 48
07020 Olbia
Tel. 078947140
www.masonemannu.com

藏酒销售
预约参观
年产量 100 000 瓶
葡萄种植面积 18 公顷

马索龙•曼努（Masone Mannu）酒庄成立于10年前。自从成立之后，它就为自己在该地区的发展设立了目标，立志追求高品质的葡萄酒。加鲁拉（Gallura）地区尤其适合出产由维蒙蒂诺（Vermentino）酿造的白葡萄酒。占地约18公顷的庄园每年能产出100 000瓶葡萄酒。出产的两款加卢拉（Galluras）具有独特的纯净芳香和极其纤细的口感，让人非常容易辨别。每年出产的顶级酒款都表现出优秀的陈年能力。剩下的酒款系列就是由本地品种和国际品种的葡萄酿造而成的红葡萄酒。其中由国际品种酿制的葡萄酒展现出清新自然、容易上口的风格。科斯塔雷纳斯（Costarenas）系列的顶级维蒙蒂诺•加卢拉（Vermentino di Gallura Superiore）表现优秀，洋溢着成熟桃子的果味和蜜饯果皮的芳香，但缺少一定的活力和清新感。然而，口感富有风味，余韵充满迷人的咸味。

○ Vermentino di Gallura Sup. Costarenas '11	🍷🍷 4 (red)
● Entu '10	🍷🍷 4
○ Vermentino di Gallura Petrizza '12	🍷🍷 3
● Zurria '12	🍷🍷 2*
○ Ammentu '12	🍷 5
⊙ Rena Rosa '12	🍷 3
● Cannonau di Sardegna '09	♀♀ 3*
● Mannu '10	♀♀ 8
○ Vermentino di Gallura Petrizza '11	♀♀ 3
○ Vermentino di Gallura Sup. Costarenas '10	♀♀ 4

Mesa

LOC. SU BARONI
09010 SANT'ANNA ARRESI [CA]
TEL. 0781965057
www.cantinamesa.it

藏酒销售
预约参观
年产量 750 000 瓶
葡萄种植面积 70 公顷

梅萨酒庄（Mesa）是苏尔其斯（Sulcis）地区的私营酒厂之一，现在由广告代理商加维诺•桑娜（Gavino Sanna）掌管。考虑到该地区的风土条件，酒庄决定专注于酿造卡里尼亚诺（Carignano）。按照法定产区（DOC）的章程，几年来酒庄也酿造出干型葡萄酒款。最近几年，酒庄的工作重点在于酿造诱人且容易上口的葡萄酒，大部分呈现出清新优雅的风格。除了卡里尼亚诺•苏尔其斯（Carignano del Sulcis），维蒙蒂诺•撒丁岛（Vermentino di Sardegna）和采用国际葡萄品种酿造的酒款也值得一提。梅萨（Mesa）为我们呈现了以卡里尼亚诺•苏尔其斯陈酿2011（Carignano del Sulcis Buio Buio Riserva2011）为主要亮点的一系列令人难忘的酒品。该款酒突出了地中海灌木丛、香桃木和黑莓的浓郁芳香。尽管缺少一些深度，但简朴和谐的口感依旧令人折服。

● Carignano del Sulcis Buio Buio Ris. '11	🍷🍷 5
● Cannonau di Sardegna Moro '11	🍷🍷 5
● Carignano del Sulcis Buio '12	🍷🍷 3
● Carignano del Sulcis Passito Forte Rosso '11	🍷🍷 5
● Carignano del Sulcis Primo Rosso '12	🍷🍷 2*
● Malombra '10	🍷🍷 6
● Cannonau di Sardegna Primo Scuro '11	🍷 2
⊙ Carignano del Sulcis Rosa Grande '12	🍷 3
○ Vermentino di Sardegna Giunco '12	🍷 3
○ Vermentino di Sardegna Primo Bianco '12	🍷 2
● Buio Buio '10	🍷🍷🍷 4*
● Carignano del Sulcis Primo Rosso '11	🍷🍷 2*
● Malombra '09	🍷🍷 6
○ Vermentino di Sardegna Giunco '11	🍷🍷 3

Cantina di Mogoro Il Nuraghe

SS 131 KM 62
09095 MOGORO [OR]
TEL. 0783990285
www.ilnuraghe.it

藏酒销售
预约参观
年产量 850 000 瓶
葡萄种植面积 400 公顷

我们非常高兴地看到莫格罗（Cantina di Mogoro）这家历史悠久的联营酒庄近几年发展成为本《年鉴》最重要的酒庄之一。所有成果都离不开全体员工付出的辛勤劳动，无论是董事长还是年轻有为的酿酒学家达妮埃莱•曼卡（Daniele Manca），还有几十个默默无闻的种植者，他们都充满激情地投入到400公顷的葡萄园里辛勤工作着。在酒庄出产的众多酒品中我们应该提一提酒庄唯一一款由与酒款同名的本地葡萄品种酿造而成的塞米达诺•莫戈洛（Semidano di Mogoro）和采用另一种最适合种植在坎皮达诺•泰拉尔巴（Campidano di Terralba）地区的传统葡萄品种酿造而成的伯威尔（Bovale）。前者向大家证明了这是一款具有数年陈年能力的品质卓越的白葡萄酒。近几年莫戈洛（Mogoro）酿酒厂获得重大突破，体现在其出产的一系列主要采用撒丁岛传统葡萄品种酿造而成的品质上乘的葡萄酒。最优秀的酒款当属顶级塞米达诺•莫戈洛•普伊斯特里斯2010（Semidano di Mogoro Superiore Puistèris 2010），这款迷人的白葡萄酒充满活力，富有新鲜感。

○ Semidano di Mogoro Sup. Puistèris '10	🍷🍷🍷 4*
● Campidano di Terralba Tiernu '10	🍷🍷 2*
● Cannonau di Sardegna Nero Sardo '11	🍷🍷 2*
○ Sardegna Semidano Mogoro Anastasia '12	🍷🍷 2*
● Monica di Sardegna San Bernardino '10	🍷 2
○ Nuragus di Cagliari Ajò '12	🍷 2
○ Vermentino di Sardegna Don Giovanni '12	🍷 2
● Cannonau di Sardegna Vignaruja '08	🍷🍷 2*
○ Semidano di Mogoro Sup. Puistèris '09	🍷🍷 4
○ Vermentino di Sardegna Don Giovanni '11	🍷🍷 2*

Mura

LOC. AZZANIDÒ, 1
07020 LOIRI PORTO SAN PAOLO [OT]
TEL. 078941070
www.vinimura.it

藏酒销售
预约参观
膳宿接待
年产量 500 000 瓶
葡萄种植面积 12 公顷

优秀的穆拉酒庄（Mura）是一个家族企业，现在由才华横溢的玛丽安娜（Marianna）和她的弟弟管理，而他们的父亲——酒庄的创建者则在幕后辅助他们。酒庄主要位于罗伊利•波尔托•圣保罗（Loiri Porto San Paolo）地区的加卢拉（Gallura）中心地带，专门出产维蒙蒂诺葡萄酒（Vermentino）。近几年，酒庄发愤图强，努力研制出口感清新，带有矿物质味的葡萄酒。这种类型的葡萄酒独特地诠释了撒丁岛东北部的地域特色。就像最近展示的酒款，它们都精确地体现了以上所说的特点。除了一些精品白葡萄酒，酒庄的酒款系列还包括卡诺纽•撒丁岛（Cannonau di Sardegna）和两款由当地葡萄品种酿造而成的酒品。今年酒庄的酒款再次呈现出惊人的质量水平。例如，我们最喜欢顶级维蒙蒂诺•加卢拉•司恩达2012（Vermentino di Gallura Superiore Sienda 2012），拥有浓郁的药草清香、八角香和薄荷油芳香，盖过了清爽自然、富有风味和美妙柔软的口感。

● Vermentino di Gallura Sup. Sienda '12	🍷🍷 3*
● Baja '11	🍷🍷 5
○ Vermentino di Gallura Cheremi '12	🍷🍷 3
● Cannonau di Sardegna Prisma '11	🍷 2
○ Vermentino di Sardegna Prisma '12	🍷 2
● Cannonau di Sardegna Cortes '10	🍷🍷 2*
○ Vermentino di Gallura Cheremi '11	🍷🍷 2*
○ Vermentino di Gallura Sup. Sienda Il Decennio '11	🍷🍷 3*

Pala

VIA VERDI, 7
09040 SERDIANA [CA]
TEL. 070740284
www.pala.it

藏酒销售
预约参观
年产量 450 000 瓶
葡萄种植面积 88 公顷

豪放直率但沉默寡言的马里奥•帕拉（Mario Pala）是一位固执保守的种植者。他喜爱奔波在葡萄园和酒窖中，投入所有的时间研制出一款由本地葡萄品种酿造而成，能彰显地域特色且品质优良的葡萄酒。几年来在追求高品质葡萄酒过程所付出的努力使他的酒厂在国际市场成为撒丁岛最成功的酿酒厂之一。他的葡萄园，包括一些很古老的葡萄园都在为酒庄生产出芳香浓郁的酒品做出贡献。这些酒品气味纯净，口感带有咸味。这种特色使白葡萄酒变得极具魅力，同时也延长了酒的窖藏期限。除了经典的维蒙蒂诺（Vermentino）和卡诺纽（Cannonau），酒庄也在传统的葡萄品种努古拉斯（Nuragus）和伯威尔（Bovale）的种植上付出了努力。功夫不负有心人，在品酒会上，用帕拉（Pala）酿造而成的最新酒款让我们感到出乎意料。这款陈酿在大木桶的卡诺纽•撒丁岛陈酿2011（Cannonau di Sardegna Riserva 2011）散发出的黑莓和烟草的芳香盖过了柔顺圆滑但清新自然的口感。

● Cannonau di Sardegna Ris. '11	🍷🍷🍷 3*
● S'Arai '10	🍷🍷 5
○ Assoluto '12	🍷🍷 5
⊙ Chiaro di Stelle '12	🍷🍷 3
● Siray '10	🍷🍷 3
● Thesys '12	🍷🍷 3
○ Vermentino di Sardegna I Fiori '12	🍷🍷 2*
○ Vermentino di Sardegna Stellato '12	🍷🍷 3
● Monica di Sardegna I Fiori '12	🍷 2
○ Nuragus di Cagliari I Fiori '12	🍷 2
○ Silenzi Bianco '12	🍷 2
⊙ Silenzi Rosato '12	🍷 2
● Silenzi Rosso '12	🍷 2
● S'Arai '08	🍷🍷 5
● Siray '09	🍷🍷 3*

Cantina Pedres

ZONA IND. SETTORE 7
07026 OLBIA
TEL. 0789595075
www.cantinapedres.it

藏酒销售
预约参观
年产量 290 000 瓶
葡萄种植面积 40 公顷

这家位于加卢拉（Gallura）的佩德雷斯（Pedres）酿酒厂现由曼西尼（Mancini）家族后嗣安东内拉•曼西尼（Antonella Mancini）经营。曼西尼家族（Mancini）自19世纪后期以来就专注于葡萄酒生产。他们出产的最好酒款是维蒙蒂诺•加卢拉（Vermentino di Gallura）葡萄酒系列。它成功诠释了撒丁岛（Sardinia）北部花岗岩土壤的所有特质同时忠实于葡萄品种的独特性。其出产的葡萄酒具有强烈清新的口感，且伴随着矿物质气味，随时可开瓶即饮，当然陈酿的效果会更令人满意。酒庄出产的酒品，包括罐式香槟法（Metodo Charmat）起泡酒和卡诺纽（Cannonau），其中卓越的莫斯卡托•特姆皮奥（Moscato di Tempio）占据最重要的地位。我们品尝过的最值得信赖的葡萄酒是维蒙蒂诺（Vermentino）和卡诺纽（Cannonau）。前者的斯里巴斯2012（Thilibas 2012）完美诠释了加卢拉（Gallura）的由来，清瘦的酒体向纵向发展，直至盖过草药的气息。后者则是活泼生动、容易上口的塞拉斯奥（Cerasio）——卡诺纽•撒丁岛2011（Cannonau di Sardegna 2011），带有樱桃和黑醋栗味道。

● Cannonau di Sardegna Cerasio '11	🍷🍷 4
○ Vermentino di Gallura Sup. Thilibas '12	🍷🍷 4
● Cannonau di Sardegna Sulitài '10	🍷🍷 3
● Maranto '11	🍷🍷 2*
○ Vermentino di Gallura Brino '12	🍷🍷 3
○ Vermentino di Gallura Colline '12	🍷🍷 2*
○ Moscato di Sardegna Spumante	🍷 3
● Muros '11	🍷 4
⊙ Pedres Brut Rosé	🍷 3
○ Vermentino di Gallura Sup. Thilibas '10	🍷🍷🍷 3*
○ Vermentino di Gallura Sup. Thilibas '09	🍷🍷🍷 3*

★Cantina di Santadi

VIA CAGLIARI, 78
09010 SANTADI [CI]
TEL. 0781950127
www.cantinadisantadi.it

藏酒销售
预约参观
年产量 1 700 000 瓶
葡萄种植面积 606 公顷

桑塔迪酒庄（Santadi）从20世纪60年代起就致力于出产品质上乘的葡萄酒。与此同时，它让岛上的许多联营酒庄意识到只要通过专心细致的工作，提高葡萄园的质量，他们也一样有能力酿造出优秀的葡萄酒。单凭以上两点影响，这个酒庄足以获得我们的赞扬。酒庄今天取得的所有的成果主要归功于酒庄的董事长安东内拉•皮罗尼（Antonello Pilloni）和他的员工。他们将撒丁岛（Sardinia）的葡萄酒，尤其是卡里尼亚诺•苏尔其斯（Carignano del Sulcis）发扬光大。当然，他们也从这片人杰地灵的土地获得了回馈。酒庄拥有大量经过嫁接的百年老葡萄园，这些葡萄园坐落在沙地上，离海洋仅一步之遥。我们可以细数一下，有多少撒丁岛葡萄酒值得一提。特雷•布鲁内（Terre Brune）保留了酒庄的象征和地域特色，当之无愧地斩获了“三杯奖”。2009年款洋溢着黑莓、莫利洛黑樱桃、落叶和松香等强烈的气息以及豪华醇厚、优雅清瘦的特点。

● Carignano del Sulcis Sup. Terre Brune '09	🍷🍷🍷 7
○ Latinia '08	🍷🍷 5
● Shardana '09	🍷🍷 5
● Araja '11	🍷🍷 3
● Carignano del Sulcis Grotta Rossa '11	🍷🍷 2*
● Carignano del Sulcis Rocca Rubia Ris. '10	🍷🍷 4
⊙ Carignano del Sulcis Rosato Tre Torri '12	🍷 2
● Monica di Sardegna Antigua '12	🍷 2
○ Nuragus di Cagliari Pedraia '12	🍷 2
○ Vermentino di Sardegna Cala Silente '12	🍷 3
○ Vermentino di Sardegna Villa Solais '12	🍷 2
○ Villa di Chiesa '11	🍷 5
● Carignano del Sulcis Sup. Terre Brune '08	🍷🍷🍷 7

Sardus Pater

via Rinascita, 46
09017 Sant'Antioco [CI]
Tel. 0781800274
www.cantinesarduspater.com

藏酒销售
预约参观
年产量 500 000 瓶
葡萄种植面积 295 公顷

萨杜斯•帕特尔（Sardus Pater）是圣•安迪奥科（Sant'Antioco）的一个联营酒庄，也是撒丁岛（Sardinia）西南部三个联营酒庄之一。酒庄的主打酒品是卡里尼亚诺•苏尔其斯（Carignano del Sulcis）。近年来，它已经出产了众多卓越的葡萄酒，有些是地区特色酒，甚至包括了高性价比的更具声望的精品酒。酒庄最好的酒品来自拥有百年历史的葡萄园。许多葡萄园是经过嫁接得来的，然后种植在沙地上。酒庄的葡萄酒系列涵盖了由当地葡萄品种酿造的酒款。这些酒款有采用莫斯卡托（Moscato）酿造的品质卓越的干型葡萄酒和来自维蒙蒂诺•撒丁岛法定产区（Vermentino di Sardegna DOC Zone）的经典梅特多（Metodo Classico）。今年，我们品尝了品种多样的葡萄酒，所有酒品都值得信赖。其中卡里尼亚诺•苏尔其斯（Carignano del Sulcis）的两款顶级酒款表现最好。一款是口感干涩紧致，洋溢着黑莓和灌木丛芳香的阿鲁加2008（Arruga 2008）；另一款是伊斯•阿瑞纳斯陈酿2009（Is Arenas Riserva 2009），该酒融合了极致的可饮性和精良的结构以及复杂的红色浆果气息，获得了“三杯奖”。

● Carignano del Sulcis Is Arenas Ris. '09	▼▼▼ 4*
● Carignano del Sulcis Sup. Arruga '08	▼▼ 6
● Cannonau di Sardegna Foras '11	▼▼ 2*
● Carignano del Sulcis Is Solus '10	▼▼ 2*
● Carignano del Sulcis Nur '11	▼▼ 2*
○ Moscato di Cagliari Amentos '11	▼▼ 4
○ Vermentino di Sardegna Brut AD 49	▼▼ 5
○ Vermentino di Sardegna Lugore '12	▼▼ 3
⊙ Carignano del Sulcis Rosato Horus '12	▼ 2
● Monica di Sardegna Insula '12	▼ 2
○ Nasco di Cagliari Amentos '10	▼ 4
○ Vermentino di Sardegna Terre Fenicie '12	▼ 2
● Carignano del Sulcis Is Arenas Ris. '08	▽▽▽ 4*
● Carignano del Sulcis Is Arenas Ris. '07	▽▽▽ 3*
● Carignano del Sulcis Sup. Arruga '07	▽▽▽ 5

Giuseppe Sedilesu

via Vittorio Emanuele II, 64
08024 Mamoiada [NU]
Tel. 078456791
www.giuseppesedilesu.com

藏酒销售
预约参观
年产量 120 000 瓶
葡萄种植面积 17 公顷

马莫亚达（Mamoiada）是位于巴尔巴吉亚（Barbagia）的一个小镇，那里在很久以前就开始酿造卡诺纽（Cannonau）。塞迪勒苏斯家族（Sedilesus）是个伟大的酿酒家族，现在已经传承到第三代子孙。过去的几年，新生代的塞迪勒苏斯家族（Sedilesus）加大投资，与时俱进，依靠撒丁岛（Sardinia）最重要的葡萄品种追求卓越出品。他们的努力不久之后就有了回报，主要来源于地处高海拔的种植着古老的灌木丛式葡萄藤的美丽葡萄田。这些葡萄园赋予了葡萄酒令人深刻的结构，保留了新鲜感和芳香气息。除了卡诺纽（Cannonau），还有一款由格拉纳扎•马莫亚达（Granazza di Mamoiada）葡萄酿造而成的极不寻常的白葡萄酒。今年对于塞迪勒苏斯（Sedilesu）红葡萄酒而言是收获颇丰的一年，有两款酒品杀入总决赛。马姆索内2011（Mamuthone 2011）当之无愧地斩获“三杯奖”，这是款品质优良、富有地域特色的卡诺纽•撒丁岛（Cannonau di Sardegna）。森林植被的芳香、爽脆的黑色水果果香和树皮荆棘的清香，衬托出柔滑细腻的口感与轻柔的酒体。

● Cannonau di Sardegna Mamuthone '11	▼▼▼ 3*
● Cannonau di Sardegna Ballu Tundu Ris. '10	▼▼ 6
● Cannonau di Sardegna Carnevale Ris. '10	▼▼ 5
⊙ Cannonau di Sardegna Erèssia '12	▼▼ 3
○ Perda Pintà '11	▼▼ 5
● Cannonau di Sardegna S'Annada '11	▼ 3
● Cannonau di Sardegna Mamuthone '08	▽▽▽ 3*
○ Perda Pintà '09	▽▽▽ 4
○ Perda Pintà '07	▽▽▽ 5
● Cannonau di Sardegna Ballu Tundu Ris. '07	▽▽ 6
● Cannonau di Sardegna Carnevale Ris. '08	▽▽ 5
● Cannonau di Sardegna Gràssia '09	▽▽ 3
● Cannonau di Sardegna S'Annada '09	▽▽ 3
● Cannonau di Sardegna S'Annada '08	▽▽ 3*

★Tenute Sella & Mosca

Loc. I Piani
07041 Alghero [SS]
Tel. 079997700
www.sellaemosca.com

藏酒销售
预约参观
年产量 7 600 000 瓶
葡萄种植面积 571 公顷

这个来自阿尔盖罗（Alghero）的酿酒厂近几年已经获得不错的声誉。值得一提的是，在我们最新版的《年鉴》，萨拉&莫斯卡（Sella & Mosca）获得了“年度最佳酒庄”的称号。占地超过500公顷的酒庄不仅是撒丁岛（Saidinia）最大的私有酒庄之一，而且是一个有投资能力的酒庄。一直以来，他们秉承着追求卓越品质的信念，这是唯一一条进军全球市场的成功之道。他们投资了本地的葡萄品种托巴多（Torbato），这仅仅是他们实施这一理念的例子之一。酒庄出产的众多酒款再次全面地表现出上乘的品质。最优秀的葡萄酒当属精雕细琢的马尔凯塞•维拉•马里纳2008（Marchese di Villa marina 2008）。这款口感紧实的地中海葡萄酒，洋溢着芳草的清香和黑莓的果香，并且伴随着灌木丛和森林植被的气息。

● Alghero Rosso Marchese di Villamarina '08	🍷🍷🍷 6
○ Alghero Torbato Terre Bianche Cuvée 161 '12	🍷🍷 3*
○ Vermentino di Gallura Sup. Monteoro '12	🍷🍷 3*
● Alghero Anghelu Ruju Ris. '04	🍷🍷 6
⊙ Alghero Oleandro '12	🍷🍷 3
● Alghero Rosso Tanca Farrà '09	🍷🍷 4
○ Alghero Torbato Terre Bianche '12	🍷🍷 3
● Cannonau di Sardegna Dimonios Ris. '09	🍷🍷 3
● Carignano del Sulcis Terre Rare '10	🍷🍷 3
● Carignano del Sulcis Terre Rare Ris. '09	🍷🍷 4
○ Alghero Thìlion '12	🍷 4
○ Vermentino di Sardegna Cala Reale '12	🍷 3
○ Vermentino di Sardegna La Cala '12	🍷 3
● Alghero Marchese di Villamarina '07	🍷🍷🍷 6
● Alghero Marchese di Villamarina '06	🍷🍷🍷 6

Siddura

Loc. Siddura
07020 Luogosanto [OT]
Tel. 0796513027
www.siddura.com

藏酒销售
预约参观
年产量 30 000 瓶
葡萄种植面积 17 公顷

近几年，最让人欢呼雀跃的惊喜之一就是这个位于加卢拉（Gallura）、刚成立不久的酒庄已经在本《年鉴》的头等名单中占据了主要地位。这成就归功于酒庄无可挑剔的管理、对葡萄酒的酿造方法和风格清楚的定位以及位于花岗岩沙土地带的壮观的葡萄园。极易上口且酒体复杂的葡萄酒充分展示出令人难忘的纵向感，并且伴随着矿物质的优雅和纤细。就像我们所说的，由于出产的一系列令人惊奇的酒品，包括一些卓越的葡萄酒，酒庄现在已经获得了一些成就。其中一款卓越的葡萄酒是麦亚2012（Maìa 2012）——顶级维蒙蒂诺•加卢拉（Vermentino di Gallura Superiore）。该款酒散发着药草、薄荷油和蜡菊的浓郁芳香。含在口中，清新的风味伴随着深沉的口感和极佳的酸度。

○ Vermentino di Gallura Sup. Maìa '12	🍷🍷 5
● Cannonau di Sardegna Fòla '12	🍷🍷 5
● Èrema '12	🍷🍷 4
○ Vermentino di Gallura Spèra '12	🍷🍷 3

Tenute Soletta

Loc. Signor'Anna
07040 Codrongianos [SS]
Tel. 079435067
www.tenutesoletta.it

藏酒销售
预约参观
年产量 100 000 瓶
葡萄种植面积 15 公顷

翁贝托•索勒塔（Umberto Soletta）是科德隆吉亚努斯（Codrongianus）酒庄的脑力兼体力劳动者，其大约15公顷的葡萄园每年约产100 000瓶葡萄酒。在撒丁岛（Sardinia）的西北部，我们对其清瘦的土壤相当感兴趣。这种土壤十分适合葡萄的栽培和葡萄酒的酿造。卡诺纽（Cannonau）和维蒙蒂诺（Vermentino）也为酒庄带来讨人喜欢的酒品。不过翁贝托（Umberto）的目标是酿造出能彰显地域特色且具有优秀陈年能力的品质优良的葡萄酒。除此之外，酒品还需具有优雅纤细的口感。采用芳香浓郁的葡萄酿造而成的干型葡萄酒是撒丁岛最优秀的酒款之一。同样，卡诺纽（Canonau）的陈酿酒让我们更加相信在过去每一年中酒庄对这一目标的追寻。我们从索勒塔（Soletta）看到了它优秀的表现。这次由其酿造的两款卡诺纽•撒丁岛（Cannonau di Sardegnas）闯进总决赛，一款是陈年期限长且易上口的科罗纳•马约雷2010（Corona Majore 2010）；另一款是口感紧实干涩，结构结实，单宁苦涩笨重的凯拉莫斯2009（Keramos 2009）陈酿。

● Cannonau di Sardegna Corona Majore '10	🍷🍷 4
● Cannonau di Sardegna Keramos Ris. '09	🍷🍷 5
○ Kianos '12	🍷🍷 4
○ Vermentino di Sardegna Chimera '12	🍷🍷 3
○ Vermentino di Sardegna Sardo '12	🍷 2
● Cannonau di Sardegna Keramos Ris. '07	🍸🍸🍸 5
● Cannonau di Sardegna Keramos Ris. '04	🍸🍸🍸 4
● Cannonau di Sardegna Corona Majore '09	🍸🍸 3*
● Cannonau di Sardegna Corona Majore '08	🍸🍸 3*
● Cannonau di Sardegna Keramos Ris. '08	🍸🍸 5
● Cannonau di Sardegna Keramos Ris. '06	🍸🍸 4

Vigne Surrau

SP Arzachena - Porto Cervo
07021 Arzachena [OT]
Tel. 078982933
www.vignesurrau.it

预约参观
年产量 250 000 瓶
葡萄种植面积 40 公顷

尽管这是一家相当年轻的酒庄，但是苏拉乌酒庄（Surrau）已经向大家证明了它有能力酿造出令人信服的葡萄酒系列。在其出产的由维蒙蒂诺（Vermentino）为主要成分的白葡萄酒和红葡萄酒中，不乏一些卓越的葡萄酒。新鲜活泼、富有矿物质味的加卢拉（Galluras）忠实地诠释了阿尔扎凯纳（Arzachena）的地域特色。如果采用合适的方式，而且不需要留意陈年能力，白葡萄酒也能表现出同样的特性。与此同时，采用本地品种酿造的红葡萄酒偶尔也会混酿一些国际葡萄品种。由此酿造出的葡萄酒展示了绝佳的可饮性和纤细灵巧的口感。几年来，酒庄的葡萄酒系列还增加了有趣迷人、富有风味的传统维蒙蒂诺苏打白葡萄酒（Vermentino Spumante）。今年，有两款酒进入我们最终的品酒会。其中顶级维蒙蒂诺•加卢拉•斯奇亚拉（Vermentino di Gallura Superiore Sciala）获“三杯奖”。斯奇亚拉2012（Sciala 2012）是法定产区中最优秀的一款葡萄酒，苹果和蜡菊的芳香衬托出清新美味的口感。

○ Vermentino di Gallura Sup. Sciala '12	🍷🍷🍷 5
● Barriu '10	🍷🍷 5
● Cannonau di Sardegna Sincaru '10	🍷🍷 5
● Cannonau di Sardegna Sincaru Ris. '09	🍷🍷 5
● Surrau '11	🍷🍷 4
○ Vermentino di Gallura Branu '12	🍷🍷 4
○ Vermentino di Gallura Sup. Sciala V.T. '12	🍷🍷 5
● Surrau '09	🍸🍸🍸 4*
● Barriu '08	🍸🍸 5
○ Vermentino di Gallura Branu '11	🍸🍸 4
○ Vermentino di Gallura Sciala V.T. '11	🍸🍸 5
○ Vermentino di Gallura Sup. Sciala '11	🍸🍸 5

Cantina Trexenta

V.LE PIEMONTE, 40
09040 SENORBÌ [CA]
TEL. 0709808863
www.cantinatrexenta.it

藏酒销售
预约参观
年产量 1 000 000 瓶
葡萄种植面积 350 公顷

位于塞诺尔比（Senorbì）的特雷森塔（Trexenta）联营酒庄拥有数十位种植者，他们默默无闻地忙碌在大约350公顷的葡萄园里。像大多数的联营酒庄一样，该酒庄建立于20世纪50年代。由于天然的风土条件尤其适合种植维蒙蒂诺（Vermentino）、努拉古斯（Nuragus）和莫斯卡托（Moscato）葡萄，所以酒庄早期主要专注于白葡萄酒的生产。然而，近几十年来，该地区也开始种植红葡萄品种，特别是卡诺纽（Cannonau）。酒庄充分发挥出它的秉性，酿造了价廉质优、十分容易上口的地中海葡萄酒。卡诺纽•撒丁岛（Cannonau di Sardegna）系列的葡萄酒特别让人印象深刻，特别是优雅的酒款科尔特•阿杜亚2011（Corte Adua 2011）。该款酒生动活泼，酒体复杂且富有深度，黑莓的果香和树皮的清香，在口感上衬托出优秀的单宁结构。

● Cannonau di Sardegna Corte Adua '11	🍷🍷 (red) 2*
● Cannonau di Sardegna Baione '11	🍷🍷 2*
● Cannonau di Sardegna Bingias '11	🍷🍷 2*
● Cannonau di Sardegna Goimajor '11	🍷🍷 2*
● Monica di Sardegna Duca di Mandas '11	🍷🍷 2*
○ Vermentino di Sardegna Bingias '12	🍷🍷 2*
● Antigu '12	🍷 4
● Monica di Sardegna Bingias '11	🍷 2
○ Nuragus di Cagliari Tenute San Mauro '12	🍷 2
○ Vermentino di Sardegna Donna Leonora '12	🍷 2
● Antigu '08	🥂🥂 4
● Cannonau di Sardegna Corte Adua '10	🥂🥂 2*
● Cannonau di Sardegna Tanca su Conti Ris. '09	🥂🥂 4
● Monica di Sardegna Duca di Mandas '10	🥂🥂 2*

Cantina del Vermentino Monti

VIA SAN PAOLO, 2
07020 MONTI [SS]
TEL. 078944012
www.vermentinomonti.it

藏酒销售
预约参观
年产量 2 500 000 瓶
葡萄种植面积 500 公顷

在离奥尔比亚（Olbia）不到30公里的加卢拉（Gallura）中心地带，有一个名叫蒙蒂（Monti）的小镇。由于这个酒庄置身于这个小镇中，因此这个联营酒庄也将小镇的名字命名为酒庄的名字。一直以来，葡萄园种植着该地区主要的葡萄品种——维蒙蒂诺葡萄（Vermentino）。其出产的葡萄酒展示出独一无二的特性。这些特性的形成，要归功于以花岗岩为主要成分的土壤、高达500米的海拔高度和显著的昼夜温差。蒙蒂（Monti）出产的葡萄酒表现出独特的风格特点，纯净的气息伴随着清新高雅的口感。但是维蒙蒂诺葡萄（Vermentino）在这里并不是一枝独秀，葡萄园也适合种植当地红葡萄品种，例如卡纽拉里（Cagnulari）。今年，维蒙蒂诺•加卢拉（Vermentino di Gallura）系列的所有酒款在我们最终的品酒会上留下了浓墨重彩的一笔。凡塔纳里拉斯•奥罗葡萄酒（Funtanaliras Oro）散发着春天花朵的芳香、令人愉悦的药草香和浓郁的果香。众多的芳香在含矿物质味的深沉口感中衬托出清新自然、风味丰富的特点。

● Galana '06	🍷🍷 4
○ Vermentino di Gallura Funtanaliras Oro '12	🍷🍷 3
○ Vermentino di Gallura Sup. Arakena V.T. '11	🍷🍷 4
● Cannonau di Sardegna Tàmara '11	🍷 3
● Kiri '11	🍷 3
● Cannonau di Sardegna Kiri '11	🥂🥂 3
○ Vermentino di Gallura Funtanaliras '11	🥂🥂 3*
○ Vermentino di Gallura Sup. Arakena V.T. '10	🥂🥂 4

Angelo Angioi

LOC. COLORAS
09079 TRESNURAGHES [OR]
TEL. 3409357227
saltodicoloras@gmail.com

藏酒销售
预约参观
年产量 5 000 瓶
葡萄种植面积 2.8 公顷

○ Malvasia di Bosa Dolce Salto di Coloras '12	🍷🍷 4

Poderi Atha Ruja

VIA EMILIA, 45
08022 DORGALI [NU]
TEL. 3475387127
www.atharuja.com

藏酒销售
膳宿接待
年产量 25 000 瓶
葡萄种植面积 5 公顷

● Cannonau di Sardegna '10	🍷🍷 3*
● Cannonau di Sardegna Kuentu Ris. '09	🍷🍷 5

Berritta

VIA KENNEDY, 108
08022 DORGALI [NU]
TEL. 078495372
www.cantinaberitta.it

年产量 5 000 瓶
葡萄种植面积 2 公顷

● Cannonau di Sardegna Thurcalesu '11	🍷🍷 2*
● Cannonau di Sardegna Nostranu '12	🍷 2
● Panzale '12	🍷 2

Cantina del Bovale

LOC. S'ISCA
09098 TERRALBA [OR]
TEL. 3460573346
www.cantinadelbovale.it

藏酒销售
住宿接待
年产量 35 000 瓶
葡萄种植面积 9 公顷

● Terralba Majorale '10	🍷🍷 5
○ Vermentino di Sardegna Sabbie d'Oro '12	🍷🍷 2*
● Sinnos '11	🍷 2
● Terralba Arcuentu '10	🍷 3

Cantina delle Vigne Piero Mancini

LOC. CALA SACCAIA
VIA MADAGASCAR, 17
07026 OLBIA
TEL. 078950717
www.pieromancini.it

藏酒销售
预约参观
年产量 1 000 000 瓶
葡萄种植面积 350 公顷

● Cannonau di Sardegna Falcale '11	🍷🍷 2*
○ Vermentino di Gallura Sup. Mancini Primo '12	🍷🍷 4
○ Vermentino di Gallura Sup. Cucaione '12	🍷 2

Carpante

VIA GARIBALDI, 151
07049 USINI [SS]
TEL. 079380614
www.carpante.it

藏酒销售
预约参观
年产量 30 000 瓶
葡萄种植面积 8 公顷

● Carpante '10	🍷🍷 4
● Disizzu '12	🍷🍷 4
○ Vermentino di Sardegna Frinas '12	🍷🍷 4
● Cagnulari '12	🍷 3

Cantina di Castiadas
loc. Olia Speciosa
09040 Castiadas [CA]
Tel. 0709949004
www.cantinacastiadas.com

藏酒销售
预约参观
年产量 150 000 瓶
葡萄种植面积 150 公顷

- ● Cannonau di Sardegna Capo Ferrato Ris. '09 — 🍷🍷 3
- ● Parolto '09 — 🍷🍷 3
- ○ Vermentino di Sardegna Notteri '12 — 🍷 2

Nino Castiglia
via Mosca, 3
07023 Calangianus [OT]
Tel. 079670530
www.cantinacastiglia.it

藏酒销售
年产量 30 000 瓶
葡萄种植面积 5 公顷

- ● Intentu '10 — 🍷🍷 5
- ● Pergula '10 — 🍷🍷 3
- ● Incimbrà '10 — 🍷 5
- ○ Vermentino di Gallura Myali '12 — 🍷 3

Colle Nivera
via Veneto, 14
08100 Nuoro
Tel. 0784294037
www.collenivera.com

藏酒销售
预约参观
葡萄种植面积 15 公顷

- ● Cannonau di Sardegna '10 — 🍷🍷 4
- ● Cannonau di Sardegna I Monili di Colle Nivera '11 — 🍷🍷 4
- ○ Vermentino di Sardegna Talai '12 — 🍷 3

Columbu
via Marconi, 1
08013 Bosa [OR]
Tel. 0785373380
www.vinibosa.com

藏酒销售
预约参观
年产量 4 000 瓶
葡萄种植面积 3. 4 公顷

- ○ Malvasia di Bosa Alvarega '12 — 🍷🍷 2*

Gianluigi Deaddis
loc. San Pietro
SS 134 km 2,2
07030 Bulzi [SS]
Tel. 079588314
www.cantinadeaddis.com

藏酒销售
预约参观
年产量 14 900 瓶
葡萄种植面积 6 公顷

- ● Ultana '10 — 🍷🍷 5
- ○ Vermentino di Sardegna Narami '12 — 🍷🍷 3

Vigne Deriu
loc. Signoranna
07040 Codrongianos [SS]
Tel. 079435101
www.vignederiu.it

藏酒销售
预约参观
年产量 30 000 瓶
葡萄种植面积 6 公顷

- ● Cannonau di Sardegna '11 — 🍷🍷 3
- ● Tiu Filippu '09 — 🍷 5

Fradiles

via Sandro Pertini, 2
08030 Atzara [NU]
Tel. 3331761683
www.fradiles.it

藏酒销售
预约参观
年产量 12 000 瓶
葡萄种植面积 10 公顷

- ● Bagadiu '11 🍷🍷 3
- ● Mandrolisai Antiogu '10 🍷🍷 4

Cantina Giogantinu

via Milano, 30
07022 Berchidda [OT]
Tel. 079704163
www.giogantinu.it

藏酒销售
预约参观
年产量 1 500 000 瓶
葡萄种植面积 320 公顷

- ○ Vermentino di Gallura Lunghente '12 🍷🍷 3
- ○ Vermentino di Gallura Sup. Aldia '12 🍷 2
- ○ Vermentino di Gallura Sup. Vigne Storiche '11 🍷 4

Andrea Ledda

via Musio, 13
07043 Bonnanaro [SS]
Tel. 079845060
agriledda@tiscali.it

藏酒销售
预约参观
年产量 25 000 瓶
葡萄种植面积 13 公顷

- ● Cannonau di Sardegna Mogano '10 🍷🍷 4
- ● Ebano '10 🍷🍷 5

Pietro Lilliu

via Sardegna, 13
09020 Ussaramanna [VS]
Tel. 3939787352
www.cantinalilliu.it

藏酒销售
预约参观
年产量 20 000 瓶
葡萄种植面积 4 公顷

- ● Biazzu '11 🍷🍷 3
- ● Cannonau di Sardegna Dicciosu '11 🍷🍷 3
- ● Presciu '10 🍷🍷 3
- ⊙ Cannonau di Sardegna Pantumas '12 🍷 3

Tenute Massidda

loc. Giuanni Porcu
09040 Donori [CA]
Tel. 3478088683
massiddavini@tiscali.it

藏酒销售
预约参观
年产量 200 000 瓶
葡萄种植面积 45 公顷

- ● L'Orizzonte si Colorava di Rosso '10 🍷🍷 4
- ○ Vermentino di Sardegna Cannisonis '12 🍷🍷 4

Abele Melis

via Santa Suina, 3
09098 Terralba [OR]
Tel. 0783851090
melis.vini@tiscali.it

藏酒销售
预约参观
年产量 100 000 瓶
葡萄种植面积 35 公顷

- ● Bovale '12 🍷🍷 2*
- ○ Vermentino di Sardegna Ereb '12 🍷 3
- ○ Vermentino di Sardegna Iocalia '12 🍷 2

Meloni Vini

via Gallus, 79
09047 Selargius [CA]
Tel. 070852822
www.melonivini.com

藏酒销售
预约参观
年产量 1 000 000 瓶
葡萄种植面积 200 公顷
葡萄栽培方式 有机认证

- ● Cannonau di Sardegna Terreforru '10 ♥♥ 2*
- ● Nue Rosso '11 ♥♥ 2*
- ● Monica di Sardegna Jaccia '11 ♥ 2
- ● Monica di Sardegna Sup. Kre'u '09 ♥ 4

Giovanni Montisci

via Asiago, 7b
08024 Mamoiada [NU]
Tel. 0784569021
www.barrosu.it

藏酒销售
预约参观
年产量 6 000 瓶
葡萄种植面积 2 公顷

- ● Cannonau di Sardegna Franzisca Ris. '10 ♥♥ 6
- ○ Barrosu Bianco Dolce ♥♥ 5
- ● Cannonau di Sardegna Barrosu Ris. '10 ♥♥ 6
- ● Cannonau di Sardegna Rosato '12 ♥♥ 3

Mora&Memo

via Ciusa, 13
09040 Serdiana [CA]
Tel. 3311972266
www.moraememo.it

藏酒销售
年产量 28 000 瓶
葡萄种植面积 30 公顷

- ● Nau&Co. '12 ♥♥ 4
- ○ Tino Sur Lie '12 ♥ 4
- ○ Vermentino di Sardegna Tino '12 ♥ 3

Murales

loc. Piliezzu, 1
07026 Olbia
Tel. 3929059400
www.vinimurales.it

年产量 100 000 瓶
葡萄种植面积 15 公顷

- ○ Vermentino di Gallura Miradas '12 ♥♥ 3*
- ○ Vermentino di Sardegna Tutti i Venti '11 ♥♥ 3

Tenute Olbios

loc. Venafiorita
via Loiri, 83
07026 Olbia
Tel. 0789641003
info@tenuteolbios.com

葡萄种植面积 60 公顷

- ○ Vermentino di Gallura Sup. Lupus in Fabula '12 ♥♥ 5
- ○ Vermentino di Sardegna M. Cl. Blanc de Blancs Dosaggio Zero '08 ♥♥ 5

Olianas

loc. Porruddu
09031 Gergei [CA]
Tel. 0558300800
www.olianas.it

藏酒销售
预约参观
年产量 50 000 瓶
葡萄种植面积 13 公顷

- ● Cannonau di Sardegna '12 ♥♥ 3
- ● Perdixi '11 ♥ 4
- ⊙ Rosato '12 ♥ 3
- ○ Vermentino di Sardegna '12 ♥ 3

Cantina Cooperativa di Oliena

via Nuoro, 112
08025 Oliena [NU]
Tel. 0784287509
www.cantinasocialeoliena.it

年产量 300 000 瓶
葡萄种植面积 180 公顷

● Cannonau di Sardegna Nepente '11 🍷🍷 2*

Cantine di Orgosolo

via Santa Lucia
08027 Orgosolo [NU]
Tel. 0784403096
www.cantinediorgosolo.it

藏酒销售
预约参观
膳宿接待
年产量 17 000 瓶
葡萄种植面积 16 公顷

● Cannonau di Sardegna Neale '12 🍷🍷 3

Gabriele Palmas

v.le Italia, 3
07100 Sassari
Tel. 079233721
gabrielepalmas@tiscali.it

藏酒销售
预约参观
年产量 20 000 瓶
葡萄种植面积 10 公顷

● Syrah '11 🍷🍷 3
○ Vermentino di Sardegna '12 🍷 4

Poderosa

via E. Toti, 14
07047 Thiesi [SS]
Tel. 3283237413
www.agricolapoderosa.it

藏酒销售
预约参观
年产量 15 000 瓶
葡萄种植面积 6 公顷

● Lierra '09 🍷🍷 5
○ Vermentino di Sardegna Lunadu '12 🍷🍷 4
○ Gainu '12 🍷 4
● Monte Santu '10 🍷 3

Giampietro Puggioni

via Nuoro, 11
08024 Mamoiada [NU]
Tel. 0784203516
www.cantinagiampietropuggioni.it

藏酒销售
预约参观
年产量 60 000 瓶
葡萄种植面积 15 公顷
葡萄栽培方式 有机认证

● Cannonau di Sardegna Isula '10 🍷🍷 3
● Cannonau di Sardegna Lakana '11 🍷🍷 3
● Cannonau di Sardegna Mamuthone '11 🍷🍷 3

Quartomoro di Sardegna

via Porcella, 107
09092 Arborea [OR]
Tel. 3467643552
www.quartomoro.it

藏酒销售
预约参观
年产量 6 500 000 瓶
葡萄种植面积 2 公顷

● Memorie di Vite CRG '12 🍷🍷 3*
● Memorie di Vite CGN '12 🍷🍷 3
○ Memorie di Vite NRG '12 🍷🍷 3
○ Memorie di Vite Q Brut M. Cl. 🍷🍷 3

Rigatteri

LOC. SANTA MARIA LA PALMA
REG. FLUMELONGU, 56
07041 ALGHERO [SS]
TEL. 3408636375
www.rigatteri.com

藏酒销售
预约参观
年产量 15 000 瓶
葡萄种植面积 10 公顷

● Cannonau di Sardegna Mirau '12	🍷🍷 2*
● Alghero Rosso Graffiante '12	🍷 3
○ Vermentino di Sardegna Ardelia '12	🍷 3
○ Vermentino di Sardegna Yiòs '12	🍷 2

Santa Maria La Palma

LOC. SANTA MARIA LA PALMA
07041 ALGHERO [SS]
TEL. 079999008
www.santamarialapalma.it

藏酒销售
预约参观
年产量 3 800 000 瓶
葡萄种植面积 700 公顷

● Cannonau di Sardegna Valmell '12	🍷🍷 2*
● Alghero Cagnulari '10	🍷 3
● Cannonau di Sardegna Le Bombarde '12	🍷 2
○ Vermentino di Sardegna I Papiri '12	🍷 3

Su Entu

SP 48 KM 1,800
09025 SANLURI [CA]
TEL. 07093571200
www.cantinesuentu.com

藏酒销售
预约参观
年产量 30 000 瓶
葡萄种植面积 32 公顷

● Cannonau di Sardegna '11	🍷🍷 3
○ Spumante Brut '12	🍷 3
⊙ Spumante Brut Rosé '12	🍷 3
○ Vermentino di Sardegna '12	🍷 3

Tanca Gioia Carloforte

LOC. GIOIA
09014 CARLOFORTE [CI]
TEL. 3356359329
www.u-tabarka.com

藏酒销售
预约参观
年产量 30 000 瓶
葡萄种植面积 7 公顷

● Carignano del Sulcis Roussou '11	🍷🍷 3
○ Giancu '12	🍷🍷 3
○ Perdigiournou '12	🍷🍷 3
● Ciù Roussou '11	🍷 3

Cantina Sociale della Vernaccia

LOC. RIMEDIO
VIA ORISTANO, 6A
09170 ORISTANO
TEL. 078333383
www.vinovernaccia.com

藏酒销售
预约参观
年产量 260 000 瓶
葡萄种植面积 120 公顷

○ Terresinis '12	🍷🍷 2*
● Cannonau di Sardegna Korash Ris. '10	🍷🍷 3
● Monica di Sardegna Don Efisio '11	🍷 2

Zarelli Vini

VIA VITTORIO EMANUELE, 36
08010 MAGOMADAS [OR]
TEL. 078535311
www.zarellivini.it

藏酒销售
预约参观
年产量 20 000 瓶
葡萄种植面积 7 公顷

○ Andula	🍷🍷 5
● Cannonau di Sardegna Sa Costa '11	🍷🍷 2*
○ Inachis '12	🍷 3

索 引

酒庄按首字母顺序排序

酒庄按地区顺序排序